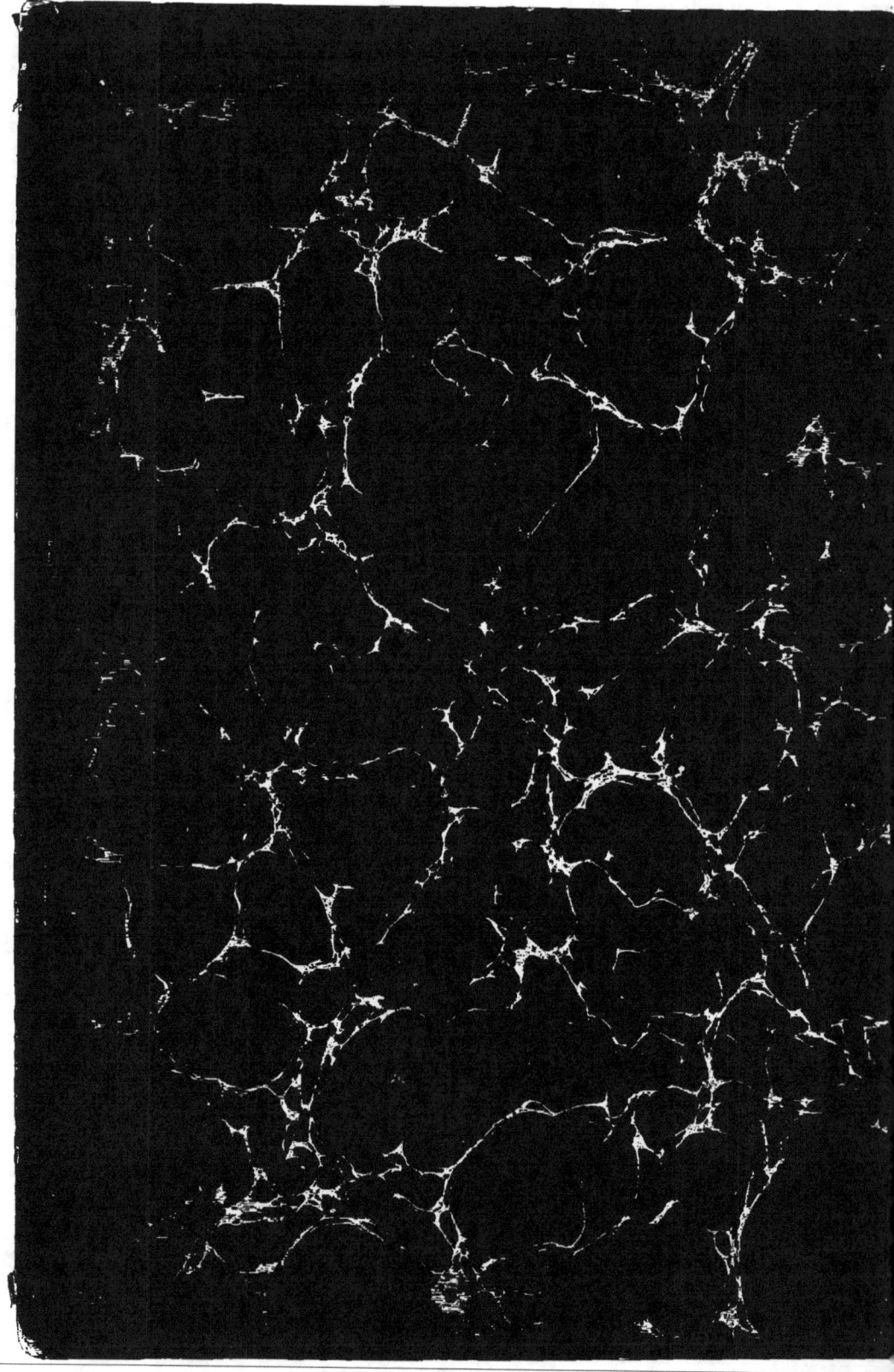

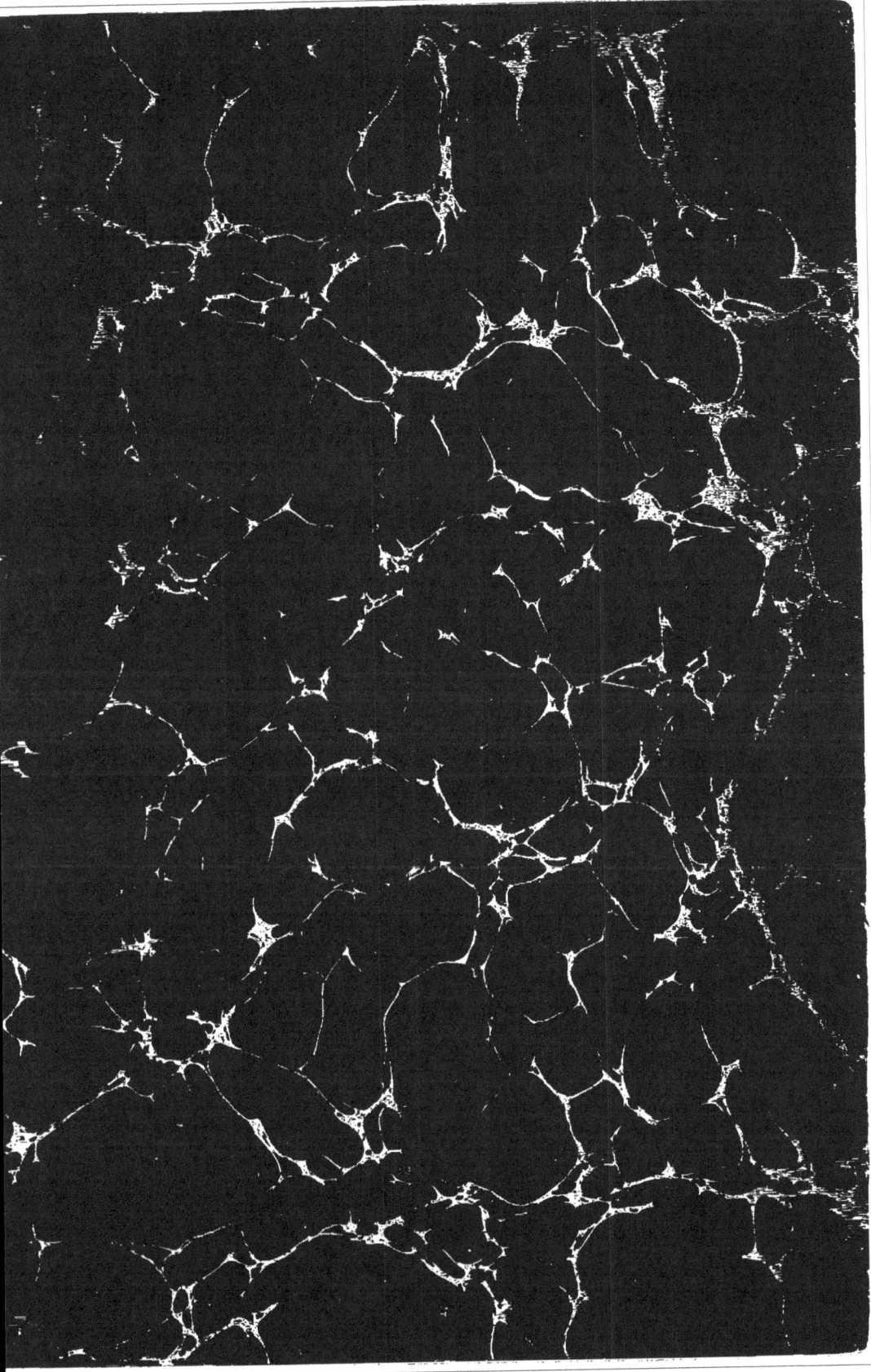

OEUVRES COMPLÈTES

DE SAINT AUGUSTIN

ÉVÊQUE D'HIPPONE

TABLE DES OUVRAGES COMPRIS DANS LE TOME IV

APPENDICE

De la grammaire.	1
Principes de dialectique.	52
Les dix catégories.	71
Principes de rhétorique.	104
Règles pour les clercs.	118
De la vie érémitique.	121
Lettres (i a cv).	244

Traduits par M. H. BARREAU, docteur ès lettres.

PARIS. — IMPRIMERIE PIERRE LAROUSSE, RUE NOTRE-DAME-DES-CHAMPS, 49

ŒUVRES COMPLÈTES

DE

SAINT AUGUSTIN

ÉVÊQUE D'HIPPONE

TRADUITES EN FRANÇAIS ET ANNOTÉES

PAR MM.

PÉRONNE
Chanoine titulaire de Soissons, ancien professeur d'Écriture sainte et d'éloquence sacrée.

ÉCALLE
Professeur au grand séminaire de Troyes, traducteur de la *Somme contre les Gentils*.

VINCENT
Archiprêtre de Vervins.

CHARPENTIER
Doct. en théol., trad. des *Œuvres de S. Bernard*.

H. BARREAU
Docteur ès lettres et en philosophie, chevalier de plusieurs ordres.

renfermant

LE TEXTE LATIN ET LES NOTES DE L'ÉDITION DES BÉNÉDICTINS

TOME QUATRIÈME

APPENDICE. — DE LA GRAMMAIRE. — PRINCIPES DE DIALECTIQUE. — LES DIX CATÉGORIES. — PRINCIPES DE RHÉTORIQUE. — RÈGLES POUR LES CLERCS. — DE LA VIE ÉRÉMITIQUE.
LETTRES I A CV.

PARIS

LIBRAIRIE DE LOUIS VIVÈS, ÉDITEUR
13, RUE DELAMBRE, 13
—
1873

AVERTISSEMENT
SUR LE LIVRE DE LA GRAMMAIRE
ET SUR LES TROIS OPUSCULES SUIVANTS

Nous pensons qu'on doit ranger le *Livre de la Grammaire* publié sous le nom de saint Augustin, dans les premières éditions de ses œuvres, parmi les opuscules qui lui ont été faussement attribués, surtout parce qu'il diffère, aussi bien par la méthode que par le but, de celui que saint Augustin, dans le premier livre de ses *Rétractations* (ch. VI), compte parmi d'autres livres d'éducation composés par lui à Milan, lorsqu'il était sur le point de recevoir le baptême. Il avait en effet écrit ces livres en forme de dialogue et dans l'intention, comme il le dit au même endroit, « de parvenir lui-même ou de conduire les autres comme d'un pas assuré, des choses corporelles aux incorporelles. » En effet, d'après le livre IX de ses *Confessions*, (chapitre IV, n. 7), à partir de sa conversion, tout entier aux choses de la religion, il ne s'occupa plus des lettres qu'autant qu'elles pouvaient servir à Jésus-Christ. Or l'opuscule que nous avons sous les yeux n'est pas en forme de dialogue, et il n'élève pas l'âme aux choses incorporelles. En outre, il ne montre pas même le savoir d'un homme érudit, bien loin de nous rappeler toute la sagacité et l'originalité dont ce grand homme fait particulièrement preuve quand il traite des sujets humbles et vulgaires. Voyez ses livres de la *Musique* et le passage du livre

ADMONITIO
DE LIBRO DE GRAMMATICA ET TRIBUS PROXIME SEQUENTIBUS OPUSCULIS

Librum de Grammatica Augustino in prius excusis attributum inter supposititia censemus opuscula ob eam in primis caussam, quia methodo æque et scopo totus discrepat ab eo, quem ipse in lib. I. Retract. c. VI, una cum aliis disciplinarum libris a se Mediolani jamjam baptismum percepturo elaboratum recognoscit. Quippe hos libros conscripserat dialogi forma, eoque animo ut *per corporalia ad incorporalia, quibusdam quasi pussibus certis*, uti ibidem ait, *vel perveniret, vel duceret*. Ipsi nimirum a tempore suæ conversionis religioni fuit operam dare litteris deinceps, nisi illæ Christo servirent, ex lib. IX. Confess. cap. IV, n. 7. Porro autem subjectum hic opusculum neque dialogi formam gerit, neque ad incorporalia promovet animum. Id præterea eruditi alicujus scriptoris, nedum tanti viri solertiam non refert, quæ tum maxime singularis et summa apparet, cum se ipse in re exercet per se humili ac vulgari. Confer Libros de Musica, nec non eum locum

deuxième de l'*Ordre* où il montre en passant l'ordre des arts entre eux, leur opportunité, leur nature et leurs propriétés et vous comprendrez certainement par là, que saint Augustin écrivant sur la Grammaire n'aurait pas dit que des choses qu'on trouve partout, ni suivi que les chemins battus de tout le monde. Les raisons que nous venons de donner ne sont pas moins concluantes pour les trois autres ouvrages, que nous avons également reportés en cet endroit et qui ont pour titre : *Principes de Dialectique, Les dix Catégories* et *Principes de Rhétorique.* Nous avions conçu un scrupule à cause de ces paroles de notre saint, vers la fin du chapitre vii, livre Ier de ses *Rétractations.* « Cet ouvrage commence ainsi : « *Omnia nomina tredecim* ; » ce qui est le commencement du livre suivant. Mais nous avons découvert la fraude par le moyen de manuscrits tant anciens que plus récents, qui ne contiennent pas les mots en question.

---

libri II, de Ordine, ubi disciplinarum inter se ordinem, earumque occasionem, naturam et proprietates leviter perstringit : hinc profecto intelliges non quidpiam passim obvium, aut quod omnium pedibus tritum esset, de grammatica fuisse ab ipso litteris commendatum. Quæ sane rationes non minus valent adversus tria alia, quæ huc pariter conjecimus opuscula, quæ inscribuntur, *Principia Dialecticæ, Categoriæ decem,* et *Principia Rhetoricæ.* Scrupulum injiciebat clausula capiti vii, lib. I. Retractationum assuta, scilicet : *Hoc opus sic incipit, Omnia nomina tredecim,* quod initium est libri sequentis. At fraudem deteximus ex MSS. tum veteribus, tum etiam recentioribus, qui eam non habent.

APPENDICE
DU TOME PREMIER
DE L'ÉDITION DES BÉNÉDICTINS
CONTENANT QUELQUES OUVRAGES SUPPOSÉS
SAVOIR :

LE LIVRE DE LA GRAMMAIRE.
PRINCIPES DE LA DIALECTIQUE.
LES DIX CATÉGORIES.
PRINCIPES DE LA RHÉTORIQUE.

FRAGMENT DE LA RÈGLE DONNÉE AUX CLERCS.
SECONDE RÈGLE.
LIVRE DE LA VIE ÉRÉMITIQUE A SA SOEUR.

TRAITÉ DE LA GRAMMAIRE [1]

Terminaisons des noms. — Treize lettres terminent tous les noms : cinq voyelles : a, e, i, o, u ; six demi-voyelles : l, m, n, r, s, x ; et deux muettes : c, t. A est masculin dans : Seneca, Catilina, Sylla, Uva, Cinna, Pansa, græca, Sosia, Pareta, afra, Jugurtha, Micipsa. A est féminin dans : femina, femme, musa, muse, regula, règle, norma, modèle, forma, forme, etc.

A est neutre seulement dans les noms grecs : thema, thème, schema, apparence, et aussi dans un nom latin de fleuve, Turia ; car Salluste dit, dans sa *Guerre de Jugurtha*, flumen Turia, le fleuve de Turia. A est commun dans : advena, étranger, convena, compagnon étranger, indigena, indigène, Trojugena, Troyen, etc. Il est des deux genres dans : vipera, vipère, aquila,

APPENDIX
TOMI PRIMI
OPERUM S. AUGUSTINI
COMPLECTENS
QUÆDAM OLIM IPSI PERPERAM ADSCRIPTA
EA SUNT

DE GRAMMATICA LIBER.
PRINCIPIA DIALECTICÆ.
CATEGORIÆ DECEM.
PRINCIPIA RHETORICÆ.

REGULÆ CLERICIS TRADITÆ FRAGMENTUM.
REGULA SECUNDA.
DE VITA EREMITICA AD SOROREM

DE GRAMMATICA LIBER

Terminationes nominum. — Omnia nomina tredecim litteris terminantur : quinque vocalibus, a, e, i, o, u : sex semivocalibus, l, m, n, r, s, x : et duabus mutis, c, t. A masculino, ut Seneca, Catilina, Sylla, Uva, Cinna, Pansa : Græca, Sosia, Pareta : Afra, Jugurtha, Micipsa. A feminino, femina, musa, regula, norma, forma, et talia. A neutro Græca sunt tantum, thema, schema, et unum nomen Latinum fluminis, Turia, dicente Sallustio : Flumen Turia. A communi, advena, convena, indigena, Trojugena, et talia. Ab epicœno, vipera, aquila, musca, locusta, ulula, et talia. Diximus de a littera, nunc de e. Ab e littera vocali nullum Latinum, nisi juncta præpositione, masculinum invenitur, ut proconsule, propraetore. Ergo juncta præpositione fiunt Latina, ut dixi, propraetore, proquaestore. Nam veteres nominativo casu proconsul dicebant, adtendentes nullum nomen Latinum exire in e litteram nominativo casu generis masculini. A feminino nullum Latinum, sed Graeca solum : ut Andromache, Niobe, Libye, Hecate, Euterpe, quorum genitivus in es exit : ut Andromaches, Niobes, Libyes, Hecates, Euterpes. Sed hæc cum Græcis tractamus. A neutro e littera in nominativo, monile, sedile, cubile, et cetera quæ paulo post in regula generis neutri per omnia no-

[1] Bien que ce Traité ne soit pas de saint Augustin, à raison des nombreuses observations grammaticales qu'il renferme, et pour en rendre la lecture plus facile, on a jugé à propos de l'imprimer en caractères différents de ceux employés pour les Appendices.

aigle, musca, mouche, locusta, sauterelle, ulula, chat-huant, etc. Passons maintenant à la voyelle e. On ne trouve aucun nom latin masculin terminé par la voyelle e, si n'est avec une préposition, comme proconsule, le proconsul, proprætore, le propréteur. Ces deux mots deviennent donc latins par l'adjonction de la préposition : le propréteur, le proquesteur. Les anciens, en effet, disaient proconsul au nominatif: ils avaient remarqué qu'aucun nom latin ne se terminait en e au nominatif masculin. E féminin ne termine aucun nom latin, mais seulement des noms grecs, comme Andromache, Niobe, Lybie, Hecate, Euterpe, dont le génitif est en es : Andromaches, Niobes, Lybies, Hecates, Euterpes. Mais, en cela, nous imitons les Grecs. La lettre e se trouve dans nos nominatifs neutres : Monile, collier, sedile, siége, cubile, lit, et autres mots dont nous parlerons plus tard (1) dans la règle du neutre pour tous les noms. E commun ou des deux genres n'existe dans aucun nom. Voyons maintenant quels sont les genres des mots en i au nominatif. Il n'y en a ni de masculins, ni de féminins, on n'en compte qu'un seul au neutre, c'est gummi, gomme, encore est-il ἄπτωτον (2), et on n'en a pas de genre commun. Quant à des noms de tout genre, il y a frugi, sobre, nihili, de rien, et on les décline de la sorte : Hic vir frugi, cet homme sobre; hæc femina frugi, cette femme sobre; hoc mancipium frugi, cet esclave sobre; Hujus viri frugi, de cet homme sobre; Hujus feminæ frugi; Hujus mancipii frugi, etc. De même pour nihili : hic nihili vir, cet homme de rien ; hæc nihili mulier, cette femme de rien ; hoc nihili mancipium, cet esclave de rien. Et c'est avec cette terminaison du nominatif que se déclinent tous les cas. De même au pluriel : viri nihili, des hommes de rien; feminæ nihili, des femmes de rien ; mancipia nihili, des esclaves de rien. Quant à des noms des deux genres, il n'y en a point de terminés en i. La voyelle o termine le nominatif des noms communs masculins, comme ligo ligonis, hoyau ; de noms propres, comme Cato, Cicero, Maro, Nero, Tubero, etc.; de noms communs féminins, comme vertigo, tournoiement, indago, filet, ferrago, dragée, siligo, fleur de farine. On lit dans Juvénal : « Je demanderais volontiers, en voyant une face couverte de tant de préparations et enduite d'un cataplasme (siliginis) si épais : est-ce un visage ? Est-ce un ulcère (Juvén., VI, 461) ? » Sartago, poêle à frire, virago, femme robuste, lanugo, duvet, aurugo, jaunisse, ærugo, rouille, crepido, quai : « N'est-il plus de ponts, plus un quai (crepido), plus un lambeau de natte de jonc? (Juvén.,V, 8)? » Et autres pareils. De noms propres féminins, Carthago, Carthage ; noms pour la plupart étrangers, comme Dido, Ino, Io, Alecto, Celeno, Clio, Manto, dont le génitif est en us : Didus, Inus, Ius Alectus, Celenus, Clius, Mantus ; mais, en cela, nous imitons les Grecs. Point de nominatif en o au neutre. Du genre commun, il y a fullo, foulon,

(1) On ne connaît aucun exemplaire manuscrit de ce livre. — (2) Saint Augustin aurait dit indéclinable, car il ne recourt aux mots grecs que lorsque la nécessité l'y contraint, comme on peut le voir dans son livre Ier de la musique chapitre XII, n. 23.

mina ponemus. A communi nullum nomen est, similiter nullum ab epicœno. Nunc de i littero tractemus in nominativo quæ genera continet. A masculino nullum nomen in i : a feminino nullum: a neutro gummi, et est ἄπτωτον : a communi nullum : ab omni genere, ut frugi, nihili : declinatur sic, hic vir frugi, femina frugi : mancipium frugi : genitivo similiter frugi faciet, hujus viri frugi, hujus feminæ frugi, hujus mancipii frugi, sic per omnes casus frugi dicimus. Sic declinatur nihili, hic nihili vir, hæc nihili mulier, hoc nihili mancipium. Hoc uno nominativi omnes casus declinantur : sic pluraliter, viri nihili, feminæ nihili, mancipia nihili. Ab epicœno nullum similiter exit in i. Ab u littera vocali nominativus terminatus masculino appellativo, ut ligo ligonis. A proprio nomine, ut Caro, Cicero, Maro, Nero, Tubero, et cetera talia. A feminino appellativo, ut vertigo, indago, farrago, filigo. In Juvenali legitur ita : Sed quæ mutatis inducitur atque fovetur Tot medicaminibus, coctaque fili, gynis offas Accipit et madidæ, facies dicetur an ulcus. Sarrago, virago, lanugo, aurugo, ærugo, crepido-In Juvenali, Nulla crepido vacat, nusquam pons et tegetis pars : et talia. A feminino proprio, Carthago : peregrina vero, ut Dido, Ino, Io, Alecto, Celeno, Clio, Manto ; quorum genitivus in us exit, Didus, Inus, Ius, Alectus, Celenus, Clius, Mantus : sed hoc cum Græcis tractemus. A neutro nullus nominativus in o exit. A communi, fullo, latro, caupo, etc. Ab epicœno, struthio, hirundo, hirudo, gurgulio, buffo, et talia. Ab u vocali solum neutrum, quod in singulari indeclinabile est, in plurali declinatur, ut

latro, larron, caupo, cabaretier, etc. Des deux genres : struthio, autruche, hirundo, hirondelle, hirudo, sangsue, gurgulio, œsophage, bufo, crapaud, etc. La voyelle u n'a que des noms neutres, indéclinables au singulier et déclinables au pluriel, comme cornu, corne, veru, broche, genu, genou, tonitru, tonnerre, qui ont la même terminaison à tous les cas du singulier, et font au pluriel : cornua, les cornes, verua, les broches, genua, les genoux ; au génitif : horum cornuum, de ces cornes, veruum, de ces broches, genuum, de ces genoux. Les autres cas se déclinent comme versuum, des vers, fluctuum, des flots.

Des mots qui se terminent par des demi-voyelles, et de leurs genres. — *Mots terminés par des muettes.* — *Terminaison et déclinaison des noms neutres.* — Nous avons parlé des cinq voyelles qui terminent les noms au nominatif, parlons maintenant des demi-voyelles. On voit la lettre l au nominatif des noms communs masculins, comme sal, sel ; et des noms propres, comme Sol, Soleil. Au féminin, il n'y a que le nom d'une dame romaine, c'est Tanaquil. Au neutre, nous avons : mel, miel, fel, fiel. Au commun : pugil, athlète pour le pugilat, vigil, qui veille ; d'où ce mot de Térence, en parlant d'une jeune fille : « On dit qu'elle serait apte au pugilat (pugilem) (*Eun.* II, III, 24). Il n'y a point de noms des deux genres en l. M, comme terminaison du nominatif, n'a point de mots masculins en latin : au féminin, on trouve : Glycerium, Phanium, Dacium, Philocomasium. Au neutre, on a : templum, temple, telum, trait, tectum, toit, et autres dont les pluriels sont faciles. Au commun, il n'y en a point en m ; il en est de même pour les noms des deux genres. Passons à la demi-voyelle n. La lettre n est masculine dans les nominatifs : flamen, flamine, pecten, peigne, lien ou splen, rate ; féminine, dans Siren, Sirène, pluriel Sirenes, et neutre dans carmen, poëme, germen, semence, gramen, gazon, et autres dont nous parlerons après les règles du neutre. Elle est commune dans : tubicen, trompette, tibicen, joueur de flûte, fidicen, joueur de lyre, lyricen, joueur de lyre, cornicen, homme qui joue du clairon. Elle est des deux genres dans oscen, oscène, et dans attagen, gélinotte des bois. Parlons de la demi-voyelle r. Elle termine le nominatif des noms masculins : Cæsar, Arar, la Saône, Nar, le Nar, victor, vainqueur, tutor, tuteur, sopor, sommeil, mœror, chagrin, et autres noms faciles, soit communs, soit propres ; des noms féminins, comme arbor, arbre, soror, sœur ; des noms neutres, marmor, marbre, æquor, mer, etc. ; des noms à genre commun, comme pauper, pauvre, acer, vif, alacer, joyeux, memor, qui se souvient, auctor, auteur ; des noms des deux genres, comme passer, moineau, accipiter, épervier, anser, oie. Quant à la lettre s, elle termine le nominatif des noms masculins, comme justus, juste, doctus, savant, pius, pieux ; des noms féminins, comme dos, qualité, sors, sort, mors, mort, etc. ; des noms neutres, comme vulnus, blessure, pectus poitrine, pecus, troupeau, et

cornu, veru, genu, tonitru : hoc sono enuntiantur omnes casus in singulari, ut diximus : in plurali declinantur, cornua, verua, genua, genitivo horum cornuum, veruum, genuum : et cetera declinabis ad regulam versuum, fluctuum.

De nominibus quæ terminantur in semivocales, e eorum generibus. — *De terminatione et declinatione nominum neutri generis.* — Diximus de vocalibus quinque, quibus terminatur nominativus, nunc de semivocalibus dicamus. L littera nominativus exiens in masculinis appellativis, hic sal, in propriis sol. In femininis unum nomen matronæ tantum, Tanaquil : In neutris, ut mel, fel. In communibus vigil, pugil : unde et Terentius de virgine, Pugilem esse aiunt. In epicœnis nullum nomen est. M, nominativus exiens, in masculinis nullum Latinum est. In femininis, Glycerium, Phanium, Dorcium, Philocomasium. In neutris autem, templum, telum, tectum, et alia quorum plurales faciles sunt. In communibus nullum exit in m : sic et in epicœnis. Nunc tractemus de semivocali n. N littera terminatus nominativus a masculinis, flamen, pecten, lien, quod est splen. A femininis, siren, pluralis sirenes. A neutris carmen, germen, gramen, et cetera talia, quæ post regulas generis neutri tractabimus. A communibus nominativus exiens in n, tubicen, tibicen fidicen, lyricen, cornicen qui inl ituis canit. Ab epicœnis, oscen, id est ab his quæ tradunt augurium, attagen. Nunc de semivocali r. R littera terminatus nominativus a masculinis, ut Cæsar. Arar, Nar, victor, tutor, sopor, mœror, et alia quæ facilia sunt tam in appellativis quam in propriis : a femininis,

autres dont nous parlerons bientôt ; des noms à genre commun, comme sacerdos, prêtre, impos, qui n'est pas maître de, compos, qui est maître de, similis, semblable, nobilis, noble, agilis, agile ; des noms de tout genre, comme nugas, sot, etc. Nous en traiterons bientôt plus au long. Des noms des deux genres, comme tigris, tigre, mus, rat, lepus, lièvre. Enfin, pour ce qui est de la lettre x, elle termine au nominatif des noms masculins, comme vertex, sommet, cortex, enveloppe, pumex, pierre-ponce ; des noms propres, comme Pollux ; des noms féminins, comme nex, mort violente, prex, prière, fex, lie, pax, paix, fax, torche, etc. ; point de noms neutres, sauf quand ils sont des trois genres, comme felix heureux. Restent les deux muettes c et t. C termine le nominatif masculin alec, saumure ; et le nominatif neutre, lac, lait. La lettre t se voit au nominatif neutre caput, tête, sinciput, semicaput, demi-tête. Les noms neutres se terminant en um, se déclinent sur templum. Singulier. N. Hoc templum, ce temple, g. hujus templi, de ce temple, d. huic templo, à ce temple, ac. hoc templum, ce temple, v. o templum, ô temple, abl. ab hoc templo, de ce ou par ce temple. Pluriel. N. Hæc templa, ces temples, g. horum templorum, de ces temples, d. his templis, à ces temples, ac. hæc templa, ces temples, v. o templa, ô temples, abl. ab his templis, de ces ou par ces temples. Ainsi se déclinent : telum, trait, tectum, toit, scamnum, escabeau, bellum, guerre, monstrum, monstre, portentum, prodige, oppidum, ville forte, carpentum, char, chariot, venenum, poison, donum, don, bonum, bien, malum, mal, magnum, grand, pessimum, le pire, parvum, petit, frumentum, froment, medicamentum, médicament, membrum, membre, forum, place publique, metrum, mesure, porrum, poireau, tignum, poutre, solive, plaustrum, char, claustrum, cloître, instrumentum, instrument, olivetum, plant d'olivier, vinetum, vignoble, palmetum, plant de palmier, quercetum, plan de chêne, esculetum, chênaie, lauretum, plan de laurier, argumentum, argument, sacum, sacrifice, testamentum, testament, jugerum, arpent, vinum ; vin, usité seulement au singulier ; il n'y a que les poëtes qui disent vina, des vins, et cicera, des pois chiches. On trouve encore avec la même désinence : oleum, huile, hordeum, orge, triticum, blé, ferrum, fer, viscum, glu, aurum, or, argentum, argent, plumbum, plomb, stagnum, étang, vitrum, verre, electrum, ambre, et autres noms de poids et de mesures. Il en est du genre neutre qui se terminent en ium, génitif ii, comme hoc ingenium, ce génie, hujus ingenii, de ce génie. Tels sont : imperium, imperii, empire, scrinium, scrinii, coffret, capitolium, capitolii, capitole, tentorium, tentorii, tente, armarium, armarii, secrétaire, solarium, solarii, cadran solaire, tectorium, tectorii, couvercle, armamentarium, armamentarii, arsenal, spatium, spatii, espace, sacrarium, sacrarii, sanctuaire, hora-

---

arbor, soror : a neutris, marmor, æquor, et alia : a communibus, pauper, acer, alacer, memor, auctor : ab epicœnis, passer, accipiter, anser. Nunc de s littera semivocali tractemus. S littera terminatus nominativus a masculinis justus, doctus, pius : a femininis, dos, sors, mors, et talia : a neutris, vulnus, pectus, pecus, et cetera quæ mox regula retractabitur : a communibus sacerdos, impos, compos, similis, nobilis, agilis : ab omni genere, ut nugas, etc. de his mox uberius tractabimus : ab epicœnis, tigris, mus, lepus, etc. Nunc de semivocali littera x : Nominativus in x littera : masculinis, vertex, cortex, pumex : a propriis, pollux : a femininis, nex, prex, fex, pax, fax, et alia : a neutris nullum nomen nisi omni generi jungatur, ut felix. Remanent duæ mutæ, c, t, litteræ. Nominativus exiens c littera tenet masculinum, ut alec : tenet neutrum, ut lac. T littera exiens nominativus tenet genus neutrum, ut caput, sinciput, semicaput. Nomina generis neutri in um syllabam exeuntia, ut templum declinantur : n. singulari hoc templum, g. hujus templi, d. huic templo, a. hoc templum, v. o templum, a. ab hoc templo : et pluraliter, n. hæc templa, g. horum templorum, d. his templis, a. hæc templa, v. o templa, a. ab his templis. Simili declinatione hæc omnia procurrunt, telum, tectum, scamnum, bellum, monstrum, portentum, oppidum, carpentum, venenum, donum, bonum : malum, magnum, pessimum, parvum, frumentum, medicamentum, membrum, forum, metrum, porrum, tignum, plaustrum, claustrum, instrumentum, olivetum, vinetum, palmetum, quercetum, esculetum, lauretum, argumentum, sacrum, testamentum, jugerum, vinum : sed nunc tantum in singulari, vina enim poetæ dixerunt : et cicera. Sic oleum, hordeum, triticum, ferrum, viscum, aurum, argentum, plum-

rium, horarii, horaire, salarium salarii, salaire, viridarium, viridarii, verger, pomœrium, pomœrii, enceinte, sacrificium, sacrificii, sacrifice, folium, folii, feuille, solium, solii, trône, testimonium, testimonii, témoignage, rosarium, rosarii, plant de rosier, aviarium, aviarii, volière, augurium, augurii, augure, auspicium, auspicii, auspice, exitium, exitii, ruine, exsilium, exsilii, exil, prodigium, prodigii, prodige, auxilium, auxilii, secours, præsidium, præsidii, garnison, atrium, atrii, vestibule, aucupium, aucupii, chasse aux oiseaux, adjutorium, adjutorii, aide, mancipium, mancipii, esclave, dolium, dolii, tonneau. Il y a une autre forme du genre neutre, en us, comme hoc pecus, ce troupeau. Singulier. N. hoc pecus, ce troupeau, g. hujus pecoris, de ce troupeau, d. huic pecori, à ce troupeau, ac. hoc pecus, ce troupeau, v. o pecus, ô troupeau, abl. ab hoc pecore, par ce ou de ce troupeau. Pluriel. N. hæc pecora, ces troupeaux, horum pecorum, de ces troupeaux, d. his pecoribus, à ces troupeaux, ac. hæc pecora, ces troupeaux, v. o pecora, ô troupeaux, abl. ab his pecoribus, de ou par ces troupeaux. Ainsi se déclinent : ulcus, ulcera, ulcère, facinus, facinora, action, vellus, vellera, toison, viscus, viscera, entrailles, rus, rura, campagne, jus, jura, droit, nemus, nemora, bois, tergus, tergora, peau de bête, pectus, pectora, poitrine, genus, genera, genre pondus, pondera, poids, corpus, corpora, corps

decus, decora, honneur, funus, funera, funérailles, fenus, fenora, intérêts, olus, olera, légume, littus, littora, rivage, opus, opera, ouvrage, rudus, rudera, gravois, thus, thura, encens, tempus, tempus, tempora, temps, fœdus, fœdera, alliance, stercus, stercora, fumier, onus, onera, fardeau, latus, latera, côté. Il y a d'autres noms neutres terminés en ur, comme murmur, murmure. Singulier. N. hoc murmur, ce murmure, g. hujus murmuris, de ce murmure, d. huic murmuri, à ce murmure, ac. hoc murmur, ce murmure, v. o murmur, ô murmure, abl. ab hoc murmure, par ce ou de ce murmure. Pluriel. N. hæc murmura, ces murmures, g. horum murmurum, de ces murmures, d. his murmuribus, à ces murmures, ac. hæc murmura, ces murmures, v. o murmura, ô murmures, abl. ab his murmuribus, par ces ou de ces murmures. Ainsi se déclinent : ebur, ebora, ivoire, femur, femora, cuisse, sulfur, sulfura, souffre, fulgur, fulgura, foudre. Mais il y en a peu de cette terminaison, ainsi que de la terminaison en or, comme marmor, marbre. Singulier. N. hoc marmor, ce marbre, g. hujus marmoris, de ce marbre, d. huic marmori, à ce marbre, ac. hoc marmora, ce marbre, v. o marmor, ô marbre, abl. ab hoc marmore, de ou par ce marbre. Pluriel. N. hæc marmora, ces marbres, g. horum marmorum, de ces marbres, d. his marmoribus, à ces marbres, ac. hæc marmora, ces marbres, v. o marmora, ô mar-

bum, stagnum, vitrum, electrum, et talia quæ ad pondus veniunt vel mesuram, ex ista sunt forma, Generis neutri quæ in ium exeunt, sed hæc in genitivo per duo ii scribuntur, ut hoc ingenium hujus ingenii, sic imperium imperii, scrinium scrinii, capitolium capitolii, tentorium tentorii, armarium armarii, solarium solarii, tectorium tectorii, armamentarium armamentarii, spatium spatii, sacrarium sacrarii : sic horarium horarii, salarium salarii, viridarium viridarii, pomerium pomerii, sacrificium sacrificii, folium folii, solium solii, testimonium testimonii : sic rosarium rosarii, aviarium aviarii, augurium augurii, auspicium auspicii, exitium exitii, exsilium exsilii, prodigium prodigii, auxilium auxilii, præsidium præsidii, atrium atrii, aucupium aucupii, adjutorium adjutorii, mancipium mancipii, dolium dolii. Est alia forma generis neutri quæ per us exit, ut hoc pecus : numero singulari, n. hoc pecus, g. hujus pecoris, d.

huic pecori, a. hoc pecus, v. o pecus, a. ab hoc pecore : et pluraliter, n. hæc pecora, g. horum pecorum, d. his pecoribus, a. hæc pecora, v. o pecora, a. ab his pecoribus. Ad hanc formulam declinabimus ulcus ulcera, facinus facinora, vellus vellera, viscus viscera, rus rura, jus jura, nemus nemora, tergus tergora, pectus pectora, genus genera, pondus pondera, corpus corpora, decus decora, funus funera, fenus fenora, olus olera, littus littora, opus opera, rudus rudera, thus thura, tempus tempora, fœdus fœdera, stercus stercora, onus onera, latus latera. Est alia species generis neutri quæ continet nomina in ur exeuntia : ut hoc murmur in nominativo, g. hujus murmuris, d. huic murmuri, a. hoc murmur, v. o murmur, a. ab hoc murmure : et pluraliter, nominativo hæc murmura, g. horum murmurum, d. his murmuribus, a. hæc murmura, v. o murmura, a. ab his murmuribus. Ad hanc formulam similia declinabis ; ut ebur ebora, femur

bres, abl. ab his marmoribus, de ou par ces marbres. Décliner de même æquor, æquora, mer, cor, corda, cœur. D'autres noms neutres se terminent en ar. Singulier. N. hoc far, ce blé, g. hujus farris, de ce blé, d. huic farri à ce blé, ac. hoc far, ce blé, v. o far, ô blé, abl. ab. hoc farre, par ce ou de ce blé. Le pluriel a trois cas seulement. N. hæc farra, ces blés, ac. hæc farra, ces blés, v. o farra, ô blés. Il n'y a ni génitif, ni datif, ni ablatif. De là leur nom de τρίπτωτα noms à trois cas ; on ne dit pas non plus pour jura, droits, horum jurium, de ces droits, his juribus, à ces droits ; ni pour æra, dettes, ærum, des dettes, æribus, aux dettes ; ni pour mella, miels, mellum, des miels, mellibus, aux miels : de même pour quelques autres en petit nombre. Nous ne pouvons donc dire au génitif, horum farrum, de ces blés, ni au datif, his farribus, à ces blés. Décliner ainsi, mais seulement au singulier : nectar, nectaris, nectar, laser, laseris, laser, instar, instaris, ressemblance. Ces noms ont seulement trois cas, et ne se déclinent qu'au nominatif, au vocatif et à l'accusatif du singulier. D'autres noms neutres se terminent en er, et ne se déclinent qu'au singulier. Exemple : N. hoc piper, ce poivre, g. hujus piperis, de ce poivre, d. huic piperi, à ce poivre, ac. hoc piper, ce poivre, v. o piper, ô poivre, abl. ab hoc pipere, de ce ou par ce poivre. Décliner de même, au singulier seulement : hoc ver, ce printemps, g. hujus veris, de ce printemps, d. huic veri, à ce printemps, ac. hoc ver, ce printemps, v. o ver, ô printemps, abl. ab hoc vere, de ce ou par ce siler printemps, et siler, osier, Virgile a dit : molle siler, le mol osier (*Géorg.*, II, 13). Décliner de même juger, arpent, au pluriel jugera, les arpents, d'après les anciens qui ont dit jugerum, des arpents : ubera, ubera mamelle, tuber, tubera, tumeur. Mais, comme je l'ai dit, il y a peu de noms de cette terminaison. Une autre espèce de noms neutres se terminent en os, comme os, ora, bouche, d'où osculum, baiser ; mais, si nous allongeons ce mot pour osculum, nous le contractons aussi pour os. Voici la déclinaison de os, ossa : Singulier. N. hoc os, cet os, g. hujus ossis, de cet os, d. huic ossi, à cet os, ac. hoc os, cet os, v. o os, ó os, abl. hoc osse, de cet ou par cet os. Pluriel. N. hæc ossa, ces os, g. horum ossium, de ces os, d. his ossibus, à ces os, ac. hæc ossa, ces os, v. o ossa, ô os, abl. ab his ossibus, de ces ou par ces os. Une autre classe de noms renferme des noms neutres en e, comme monile, collier. Singulier N. hoc monile, ce collier, g. hujus monilis, de ce collier, d. huic monili, à ce collier, ac. hoc monile, ce collier, v. o monile, ô collier, abl. ab hoc monili, de ce ou par ce collier. Pluriel. N. hæc monilia, ces colliers, g. horum monilium, de ces colliers, d. his monilibus, à ces colliers, ac. hæc monilia, ces col-

femora, sulfur sulfura, fulgur fulgura. Sed ex hac formula non multa inveniuntur, quoniam pauca sunt generis neutri quæ in or exeunt : ut marmor in nominativo, g. hujus marmoris, d. huic marmori, a. hoc marmor, v. o marmor, a. ab hoc marmore : et pluraliter, n. hæc marmora, g. horum marmorum, d. his marmoribus, a. hæc marmora, v. o marmora, a. ab his marmoribus. Sic æquor æquora, cor corda. Alia species generis neutri quæ continet nomina in ar syllabam exeuntia : ut far nominativo, g. hujus farris, d. huic farri, a. hoc far, v. o far, a. ab hoc farre. In plurali tres casus habet solum. n. hæc farra, accusativo hæc farra, vocativo o farra : non habet ergo genitivum, dativum et ablativum : unde τρίπτωτα dicuntur in plurali, id es trium casuum, ut sunt jura, non dicimus horum jurium, his juribus, hæc ærum æribus, nec mellorum mellibus, et alia pauca, nec enim multa sunt : sic nec horum farrum in genitivo possumus dicere, aut in dativo his farribus. Hanc ergo formam numero tantum singulari declinabis, hoc nectar nectaris, laser laseris, et instar quod est similitudo, sed habet tres casus tantum, nominativum, accusativum et vocativum, et est numeri tantum singularis. Alia species generis neutri quæ continet omnia in er exeuntia, sed numeri tantum singularis, n. hoc piper, g. hujus piperis, d. huic piperi, a. hoc piper. v. o piper, a. ab hoc pipere. Ad hanc formam declinabis numero tantum singulari, ver : n. hoc ver, g. hujus veris, d. huic veri, a. hoc ver, v. o ver, a. ab hoc vere. Sic declinabis hoc siler, ut ait Virgilius, *Molle siler* (II *Georg.*). Similiter declinabis et juger, sed habet pluralem, ut juger jugera secundum antiquos qui dixerunt jugerum : uber ubera, tuber tubera. et in hæc, ut dixi, paucorum nomina sunt. Alia species per os, ut ipsum os ora, unde osculum, sed hoc producimus, aliud corripimus. Ab eo quod sunt ossa declinatur singulariter, Nominativo hoc hos, g. hujus ossis, d. huic ossi, a. hoc os, v. os, a. ab hoc osse : et pluraliter, n. hæc ossa, g. horum

LIVRE DE LA GRAMMAIRE.

liers, v. o monilia, ò colliers, abl. his monilibus, de ces ou par ces colliers. Déclinez de même : sedile, sedilia, siége, præsepe, præsepia, crèche, collare, collaria, carcan, ducale, ducalia, ducal, molle, mollia, mou, grave, gravia, grave, vile, vilia, vil, mite, mitia, doux, suave, suavia, suave, vitale, vitalia, vital, morale, moralia, moral, lene, lenia, doux, leve, levia, léger, ancile, ancilia, bouclier : Virgile a dit : Et de sa main gauche, il portait son bouclier ancile : (*Énéide*, VII, 188). » Facile, facilia, facile, nobile, nobilia, noble, agile, agilia, agile, mare, maria, mer ; mot qui n'a que trois cas au pluriel, le nominatif, le vocatif et l'accusatif ; car nous ne disons pas horum marium, de ces mers, au génitif, ni his maribus, à ces mers, au datif, ni ab his maribus, par ces mers, à l'ablatif, et autres semblables ; si, dans cette classe de noms, l'ablatif est en i au lieu d'être en e, c'est que le genre neutre n'a jamais quatre cas semblables, de manière à faire monile, collier, au nominatif, à l'accusatif, au vocatif et à l'ablatif. Mais il fait ab hoc monili, par ce collier. On peut le voir dans ces exemples de Virgile : « Il établit sa couche (cubili) sur le rocher (*Georg.*, III, 230). » « Au milieu des mers (mari), s'élève une terre sacrée (*Énéide*, III, 73). » « Alors mon père m'exhorte à repasser la mer (mari) (*Ibid.*, 144). » « ..... d'un osier léger (tenui) (*Georg.*, III, 166). »

« Une mort cruelle (crudeli) (*Eglog.*, V, 20). »
« Une blessure mortelle (lethali) (*Ené.*, IX, 580). »
« De votre aimable (dulci) bouche (*En.*, XII, 802). »
Nous disons de même, issu d'une race noble (nobili), et non pas (nobile). Vous remarquerez donc que les noms neutres qui ont le nominatif en e font toujours l'ablatif en i. Une autre classe de noms neutres contient des noms en al, comme animal, animal. Singulier. N. hoc animal, cet animal, g. hujus animalis, de cet animal, d. huic animali, à cet animal, ac. hoc animal, cet animal, v. o animal, ò animal, abl. ab hoc animale, de ou par cet animal. Pluriel. N. hæc animalia, ces animaux, g. horum animalium, de ces animaux, d. his animalibus, à ces animaux, ac. hæc animalia, ces animaux, v. o animalia, ò animaux, abl. ab his animalibus, de ou par ces animaux. Déclinez de même : tribunal, tribunalia, tribunal, lupercal, lupercalia, lupercales, cérémonies en l'honneur du génie appelé Pan, d'où ce mot de Virgile : « Il lui fit voir le froid rocher du lupercal (lupercal) (*Énéide*, VIII, 343). » Une autre espèce de noms neutres renferme des noms en el, comme mel, miel. N. hoc mel, ce miel, g. hujus mellis, de ce miel, d. huic melli, à ce miel, ac. hoc mel, ce miel, v. o mel, ò miel, abl. ab hoc melle, de ou par ce miel. Et N. hoc fel, ce fiel, g. hujus fellis, de ce fiel, d. huic felli, à ce fiel, ac. hoc

---

ossium, d. his ossibus, a. hæc ossa, v. o ossa, a. ab his ossibus. Alia species generis neutri quæ continet nomina in e exeuntia, ut monile: Nominativo hoc monile, g. hujus monilis, d. huic monili, a. hoc monile, v. o monile, a. ab hoc monili : et pluraliter, Nominativo hæc monilia, genitivo horum monilium, d. his monilibus, a. hæc monilia, v. o monilia, a. ab his monilibus. Similiter declinabis sedile sedilia, præsepe, præsepia, collare collaria, ducale ducalia, molle mollia, grave gravia, vile vilia, mite mitia, suave, suavia, vitale vitalia, morale, moralia, lene lenia, leve levia, ancile ancilia : de quo Virgilius, Lævaque ancile gerebat : facile facilia, nobile nobilia, agile agilia, mare maria, sed pluraliter tres casus habet tantum, nominativum, accusativum et vocativum : genitivum, dativum et ablativum non habet : non enim dicimus in genitivo horium marium, aut in dativo his maribus, aut in ablativo ab his maribus. Sic et alia declinabis huic formæ similia. Huic regulæ ablativus in i exit, non in e, quia genus neutrum numquam habet quatuor casus similes, ut faciat in nominativo hoc monile, et accusativo hoc monile, et vocativo o monile, et in ablativo ab hoc monile, sed ab hoc monili : inde Virgilius, In strato saxa cubili : ab hoc cubili : sic, Et sacra mari colitur : item, Hortatur pater ire mari : item, Tenui de vimine : item Crudeli vulnere : item, Lethali vulnere : item, Dulci ex ore coruscent : et cum dicimus, nobili genere natus, non nobile. Sic ergo observabis in nomine neutro quod exit in nominativo singulari in e, ut ablativum in i mittat regula perpetua. Alia species generis neutri quæ continet nomina in al exeuntia, ut animal : Nominativo hoc animal, g. hujus animalis, d. huic animali, a. hoc animal, v. o animal, a. ab hoc animali : et pluraliter, n. hæc animalia, g. horum animalium, d. his animalibus, a. hæc animalia, v. o animalia, a. ab his animalibus. Ad hanc formam declinabis tribunal tribunalia, lupercal lupercalia, quæ sunt sacra illius genii qui Pan vocatur : unde et Virgilius de ipso loco, *Et gelida monstrat sub rupe lupercal* (*Æneid.*, VIII). Alia species neutri quæ continet nomina in el exeuntia, ut mel : n. hoc mel, g. hujus mellis, d. huic melli, a. hoc mel, v. o mel, a. ab hoc melle. Sic declinabis, n. hoc fel, g. hujus fellis, d. huic felli, a. hoc fel, v. o fel, a. ab hoc

fel, ce fiel, v. o fel, ô fiel, abl. ab hoc felle, de ou par ce fiel. Mais ces noms ont seulement trois cas au pluriel, le nominatif, le vocatif et l'accusatif. Une autre espèce de noms neutres renferme des noms se terminant en en. Singulier. N. hoc crimen, ce crime, g. hujus criminis, de ce crime, d. huic crimini, à ce crime ac. hoc crimen, ce crime, v. o crimen, ô crime, abl. ab hoc crimine, de ou par ce crime. Pluriel. N. hæc crimina, ces crimes, g. horum criminum, de ces crimes, d. his criminibus, à ces crimes, acc. hæc crimina, ces crimes, v. o crimina, ô crimes, abl. ab his criminibus, de ou par ces crimes. Déclinez de même : carmen, carminis, poëme, numen, numinis, divinité, flamen, flaminis, flamine, agmen, agminis, bataillon, acumen, acuminis, pointe, gramen, graminis, gazon, flumen, fluminis, fleuve, stramen, straminis, litière, lumen, luminis, lumière, semen, seminis, semence, liquamen, liquaminis, mélange liquide. fulmen, fulminis, foudre, rumen, ruminis, œsophage, bitumen, bituminis, bitume, gluten, glutinis, gluten, legumen, leguminis, légume, fundamen, fundaminis, fondement, tegimen, tegiminis, housse, munimen, muniminis, rempart, levamen, levaminis, soulagement, specimen, speciminis, échantillon, sans pluriel, comme subtegimen, subtegiminis, trame. D'autres noms neutres sont indéclinables, comme genu, genou. Singulier. N. hoc genu, ce genou, g. hujus genu, de ce genou, d. huic genu, à ce genou, ac. hoc genu, ce genou, v, o genu, ô genou, abl. ab hoc genu, de ou par ce genou. Pluriel. N. hæc genua, ces genoux, g. horum genuum, de ces genoux, d. his genibus, à ces genoux, ac. hæc genua, ces genoux, v. o genua, ô genoux, abl. his genibus, de ou par ces genoux. Déclinez de même : cornu, cornua, corne, comme nous l'avons dit plus haut. Veru verua, verges de fer de boucher, d'où ce mot de Virgile : « Et, enfonçant un bois aigu (verubus) dans leurs membres palpitants (*En.*, I, 212). » Tonitru, tonitrua, tonnerre. Mais la déclinaison de ces noms est très-rare. Une autre classe de noms neutres, dont nous avons parlé plus haut, renferme les quatre mots qui se terminent par l'une des deux muettes c et t ; ce sont : caput, tête, sinciput, demi-tête, lac, lait et alec, saumure. Mais ces deux derniers n'ont point de pluriel. Il y a aussi des noms neutres en a ; ce sont des noms grecs, comme : thema, themata, thème. toreuma, toreumata, ouvrage ciselé, schema, schemata, costume, emblema, emblemata, emblème, theorema, theoremata, théorème, boethema, boethemata, secours, etc. Nous rappellerons aussi que toutes les lettres sont du neutre chez les Latins comme chez les Grecs. Nous disons, en effet, unum alpha, un alpha, unum beta, un bêta, unum gamma, un gamma, etc. ; et au pluriel : duo alpha, deux alphas, duo beta, deux bêtas, duo gamma, deux gammas, tria alpha, trois alphas, tria beta, trois bêtas, tria gamma, trois gammas. De là cette expression : τρία κάππα κάκιστα, les trois mauvais c : en parlant de Cornelius Sylla, Cor-

---

felle. Sed plurali numero non nisi per tres casus currit, nominativum, accusativum et vocativum. Alia species generis neutri quæ continet nomina in en syllabam exeuntia : n. hoc crimen, g. hujus criminis, d. huic crimini, a. hoc crimen, v. o crimen, a. ab hoc crimine : et pluraliter, n. hæc crimina, v. o crimina, a. ab his criminibus. Ad hanc regulam similia declinabis, carmen carminis, numen numinis, flamen flaminis, agmen agminis, acumen acuminis, gramen graminis, flumen fluminis, stramen straminis, lumen luminis, semen seminis, liquamen liquaminis, fulmen fulminis, rumen ruminis, bitumen bituminis, gluten glutinis, legumen leguminis, fundamen fundaminis, tegimen tegiminis, munimen muniminis, levamen levaminis, specimen speciminis, sed pluralem non admittit : item **subtegimen subtegiminis**. Alia species generis neutri ἄπτωτα, id est indeclinabilia, ut genu : n. hoc genu, g. hujus genu, d. huic genu, a. hoc genu, v. o genu, a. ab hoc genu : et pluraliter Nominativo hæc genua, g. horum genuum, d. his genibus, a. hæc genua, a. ab his genibus. Ad hanc formam declinabis e hoc cornu, ut supra diximus, cornu cornua, veru verua, quæ sunt virgæ ferreæ laniorum de quibus Virgilius, *Verubusque trementia figunt* (*Æneid.* 1), tonitru tonitrua. Sed talium nominum declinatio perrara invenitur. Alia species generis neutri de qua supra tractavimus, quæ exit in quatuor nomina duarum mutarum, c et t, ut caput et sinciput, lac et alec, sed hæc duo pluralem numerum non admittunt. Exit item genus neutrum in a, sed in græcis nominibus, ut thema themata, toreuma toreumata, schema schemata, emblema emblemata, theorema theoremata, boethema boethemata, et

nelius Cinna et de Cornelius Lentulus, trois Romains désignés, dans les livres sibyllins, par ces trois lettres. Il y a aussi, comme nous l'avons dit, un nom du genre neutre en a : c'est celui du fleuve Turia. Le genre commun se termine en a, comme advena, étranger. Singulier. N. hic, hæc advena, cet étranger ou cette étrangère, g. hujus advenæ, de cet étranger ou de cette étrangère, d. huic advenæ, à cet étranger, ou à cette étrangère, ac. hunc, hanc advenam, cet étranger ou cette étrangère, v. o advena, ô étranger ou étrangère, abl. ab hoc, ab hac advena, de ou par cet étranger ou cette étrangère. Pluriel. N. hi, hæ advenæ, ces étrangers, ces étrangères, g. horum, harum advenarum, de ces étrangers ou étrangères, d. his advenis, à ces étrangers ou étrangères. ac. hos, has advenas, ces étrangers ou étrangères, v. o advenæ, ô étrangers ou étrangères, abl. ab his advenis, de ou par ces étrangers ou étrangères. Déclinez de même : Trojugena, Troyen, Troyenne, Indigena, indigène, Incola, habitant, habitante, agricola, cultivateur, convena, étranger ou étrangère venu ou venue avec d'autres, cœlicola, dieu, déesse, sacricola, prêtre, prêtresse, publicola, qui flatte le public, terricola, habitant, habitante du monde, plebicola, flatteur, flatteuse du peuple, Numida, Numide, Dalmata, Dalmate, ruricola, campagnard, campagnarde, lucifuga, qui fuit la lumière, Persa, Perse, Romulida, etc. Romain, Romaine. Il n'y a point de noms de genre commun ayant le nominatif en e et en i, mais il y en a en o, comme latro, voleur, voleuse. Singulier. N. hic, hæc latro, ce voleur, cette voleuse, g. hujus latronis, de ce voleur ou de cette voleuse, d. huic latroni, à ce voleur ou à cette voleuse, ac. hunc hanc latronem, ce voleur ou cette voleuse, v. o latro, ô voleur ou voleuse, abl. ab hoc, ab hac latrone, de ou par ce voleur ou cette voleuse. Pluriel. N. hi, hæ latrones, ces voleurs, ces voleuses, g. horum, harum latronum, de ces voleurs ou voleuses, d. his latronibus, à ces voleurs ou voleuses, ac. hos, has latrones, ces voleurs, ces voleuses, v. o latrones, ô voleurs, voleuses, abl. ab his latronibus, de ou par ces voleurs ou voleuses. Ainsi se déclinent : homo, homme, femme, ganeo, débauché, débauchée, degulo, glouton, gloutonne, caupo, cabaretier, cabaretière, fullo, dégraisseur, dégraisseuse, nemo, personne, helluo, gourmand, gourmande, gluto, etc., glouton, gloutonne. Il n'y a point de noms de genre commun en u ; mais il y en a avec le nominatif en es, comme comescompagnon, compagne. Singulier. N. hic, hæc comes, ce compagnon, cette compagne, g. hujus comitis, de ce compagnon, de cette compagne, d. huic comiti, à ce compagnon, à cette compagne, ac. hunc, hanc comitem, ce compagnon, cette compagne, v. o comes, ô compagnon, ô compagne, abl. ab hoc, ab hac comite, de ou par ce compagnon, cette compagne. Plu-

alia. Item meminerimus singulas litteras tam in græcis quam in Latinis generis esse neutri. Dicimus enim unum alpha, unum beta, unum gamma sic et aliæ litteræ: pluraliter duo alpha duo beta, duo gamma: sic tria alpha, tria beta, tria gamma : inde est illud τρία κάππα κάκιστα, id est tria cappa pessima: de Cornelio Sylla, de Cornelio Cinna, de Cornelio Lentulo : hi enim per tres litteras designati sunt in libris Sibyllinis. Est et unum nomen generis neutri in a, ut flumen Turia, ut supra diximus. Genus commune exit per a, ut advena : declinatur n. hic et hæc advena, g. hujus advenæ, d. huic advenæ, a. hunc et hanc advenam, v. o advena, a. ab hoc et ab hac advena : pluraliter n. hi et hæ advenæ, g. horum et harum advenarum, d. his advenis, a. hos et has advenas, v. o advenæ, a. ab his advenis. Ad hanc formulam declinabis Trojugena, indigena, incola, agricola, convena, cælicola, sacricola, publicola, terricola, orbicola, plebicola Numida, Dalmata, ruricola, lucifuga, Persa, Romulida, etc. In nominativo e et i, non habet genus commune, sed in o, ut latro, n. hic et hæc latro, g. hujus latronis, d. huic latroni, a. hunc et hanc latronem, v. o latro, a. ab hoc et ab hac latrone : et pluraliter n. hi et hæ latrones, g. horum et harum latronum, d. his latronibus, a hos et has latrones, v. o latrones, a. ab his latronibus. Ad hanc formam declinabis, homo, ganeo, degulo, caupo, fullo, nemo, helluo qui et gluto, et alia. Per u autem nullam habet. In nominativo ergo exit commune per es syllabam, ut comes : n. hic et hæc comes, g. hujus comitis, d. huic comiti, a. hunc et hanc comitem, v. o comes, a. ab hoc et ab hac comite : et pluraliter n. hi et hæ comites, g. horum et harum comitum, d. his comitibus, a. hos et has comites, v. o comites, a. ab his comitibus. Ad hanc formam declinabis similia, ut sospes, locuples, hospes, licet hospitam dixerit Virgilius, *Hospita tellus* :

riel. N. hi, hæ comites, ces compagnons, ces compagnes, g. horum, harum comitum, de ces compagnons, de ces compagnes, his comitibus, à ces compagnons ou compagnes, ac. hos, has, comites, ces compagnons ou compagnes, v. o comites, ô compagnons ou compagnes, abl. ab his comitibus, de ou par ces compagnons ou compagnes. Déclinez de même : sospes, sain et sauf, sainc et sauve, locuples, riche, hospes, hôte, bien que Virgile ait dit : « terre hospitalière (hospita); » miles, soldat, veles, vélite interpres, interprète, ales, oiseau, præpes, oiseau de proie, præs, caution, satelles, satellites deses, oisif, oisive, præses, président, présidente dives, riche, hæres, héritier, héritière, cœles, cœlites, céleste, indiges, indigète. Il y a des noms de genre commun en is, comme similis, semblable. Singulier. N. hic, hæc similis, ce cette semblable, g. hujus similis, de ce, de cette semblable, d. huic simili, à ce, à cette semblable, ac. hunc, hanc similem, ce, cette semblable, v. o similis, ô semblable, abl. ab hoc, ab hac simili, de ou par ce ou cette semblable. Pluriel. N. hi, hæ similes, ces semblables, g. horum, harum similium, de ces semblables, d. his similibus, à ces semblables, ac. hos, has similes, ces semblables, v. o similes, ô semblables. abl. ab his similibus, de ou par ces semblables. Déclinez de même : agilis, agile, facilis, facile, fragilis, fragile, viridis, vert, verte, nobilis, noble, mobilis, mobile, humilis, humble, mitis, doux, douce, lenis, poli, po-

lie, mollis, mou, molle, civis, citoyen, citoyenne, testis, témoin, hostis, ennemi, ennemie, tristis, triste, fortis, fort, forte, suavis, suave, frugalis, frugal, frugale, crudelis, cruel, cruelle, inanis, vain, vaine, gracilis, grêle, immanis, horrible, etc. Il y a des noms de genre commun en os, comme sacerdos, prêtre. Singulier. N. hic, hæc sacerdos, ce prêtre, cette prêtresse, g. hujus sacerdotis, de ce prêtre, de cette prêtresse, d. huic sacerdoti, à ce prêtre, à cette prêtresse, ac. hunc, hanc sacerdotem, ce prêtre, cette prêtresse, v. o sacerdos, ô prêtre, ô prêtresse, abl. ab hoc, ab hac sacerdote, de ou par ce prêtre, cette prêtresse. Pluriel. N. hi, hæ sacerdotes, ces prêtres, ces prêtresses, g. horum, harum sacerdotum, de ces prêtres ou prêtresses, d. his sacerdotibus, à ces prêtres ou prêtresses, v. o sacerdotes, ô prêtres ou prêtresses, abl. ab his sacerdotibus, de ou par ces prêtres ou prêtresses. Ainsi se déclinent : custos, garde, impos, qui n'est pas maître, pas maîtresse de, compos, qui est maître, maîtresse de, nepos, neveu, nièce. Il y en a en us, comme sus, porc, truie. Singulier. N. hic, hæc sus, ce porc, cette truie, g. hujus suis, de ce porc, de cette truie, d. huic sui, à ce porc, à cette truie, ac. hunc, hanc suem, ce porc, cette truie, v. o sus, ô porc, ô truie, abl. ab hoc, ab hac sue, de ou par ce porc, cette truie. Pluriel. N. hi, hæ sues, ces porcs, ces truies, g. horum, harum suum, de ces porcs, de ces truies, d. his suibus, à ces porcs, à ces truies, ac. hos, has sues, ces porcs, ou truies, v. o sues, ô porcs, ô

miles, veles, id est levis armaturæ miles, interpres, ales, præpes, præs, idest fide jussor, satelles, deses, præses, dives, heres, celes, cælites, qui iter sibi faciunt ad cælum, indiges indigetis, etc. Exit in is, ut similis : n. hic et hæc similis, g. hujus similis, d. huic simili, a. hunc et hanc similem, v. o similis, a. ab hoc et ab hac simili : et pluraliter n. hi et hæ similes, g. horum et harum similium, d. his similibus, a. hos et has similes, v. o similes, a. ab his similibus. Ad hanc formam declinantur agilis, facilis, fragilis, viridis, mobilis, humilis, mitis, lenis, mollis, vicis, testis, hostis, tristis, fortis, suavis, frugalis, crudelis, inanis, gracilis, immanis, etc. Exit per os, ut sacerdos : n. hic et hæc sacerdos, g. hujus sacerdotis, d. huic sacerdoti, a. hunc et hanc sacerdotem, v o sacerdos, a. ab hoc et ab hac sacerdote : et pluraliter, n. hi et hæ sacerdotes, g. horum et harum sacerdotum, d. his sacerdotibus, a. hos et

has sacerdotes, v. o sacerdotes, a. ab his sacerdotibus. Ad hanc formam declinantur custos, impos, compos, nepos. Exit et per us, ut sus : n. hic et hæc sus, g. hujus suis, d. huic sui, a. hunc et hanc suem, v. o sus, a. ab hoc et ab hac sue : et pluraliter, n. hi et hæ sues, g. horum et harum suum, d. his suibus, a. hos et has sues, v. o sues, a. ab his suibus. Exit et per er, ut pauper : n. hic et hæc pauper, g. hujus pauperis, d. huic pauperi, a. hunc et hanc pauperem, v. o pauper, a. ab hoc et ab hac paupere : et pluraliter, n. hi et hæ pauperes, g. horum et harum pauperum, d. his pauperibus, a. hos et has pauperes, v. o pauperes, a. ab his pauperibus. Ad hanc formam declinantur et alia, ut acer, alacer, id est, lætus. Exit commune in ex, ut opifex : n. hic et hæc opifex, g. hujus opificis, d. huic opifici, a. hunc et hanc opificem, v. o opifex, a. ab hoc et ab hac opifice : et pluraliter, n. hi et hæ opifices,

truies, abl. ab his suibus, de ou par ces porcs, ou ces truies. Il y en a en er, comme pauper, pauvre. Singulier. N. hic, hæc pauper, ce pauvre, cette pauvresse, g. hujus pauperis, de ce pauvre, de cette pauvresse, d. huic pauperi, à ce pauvre, à cette pauvresse, ac. hunc, hanc pauperem, ce pauvre, cette pauvresse, v. o pauper, ô pauvre, ô pauvresse, abl. ab hoc, ab hac paupere, de ou par ce pauvre, cette pauvresse. Pl. N. hi, hæ pauperes, ces pauvres, ces pauvresses, g. horum, harum pauperum, de ces pauvres, de ces pauvresses, d. his pauperibus, à ces pauvres, ou pauvresses, ac. hos, has pauperes, ces pauvres ou pauvresses, v. o pauperes, ô pauvres ou pauvresses, abl. ab his pauperibus, de ou par ces pauvres ou pauvresses. D'autres mots, tels que : acer, vif, vive, alacer, joyeux, joyeuse, se déclinent de même. Il y en a en ex, comme opifex, ouvrier, ouvrière. Singulier. N. hic, hæc opifex, cet ouvrier, cette ouvrière, g. hujus opificis, de cet ouvrier, de cette ouvrière, d. huic opifici, à cet ouvrier, à cette ouvrière, ac. hunc, hanc opificem, cet ouvrier, cette ouvrière, v. o opifex, ô ouvrier, ô ouvrière, abl. ab hoc, ab hac opifice, de ou par cet ouvrier, cette ouvrière. Pluriel. N. hi, hæ opifices, ces ouvriers ou ouvrières, g. horum, harum opificum, de ces ouvriers ou ouvrières, d. his opificibus, à ces ouvriers ou ouvrières, ac. hos, has opifices, ces ouvriers ou ouvrières, v. o opifices, ô ouvriers ou ouvrières, abl. ab his opificibus, de ou par ces ouvriers ou ouvrières. Déclinez de même : aurifex, orfèvre, artifex, artisan, judex, juge, carnifex, bourreau, index, qui indique, vindex, vengeur, vengeresse, auspex, guide, aruspex, aruspice, signifex, statuaire, etc. Il y en a en eps, princeps, prince, princesse. Singulier. N. hic, hæc, princeps, ce prince, cette princesse, g. hujus principis, de ce prince, de cette princesse, d. huic principi, à ce prince, à cette princesse, v. o princeps, ô prince, ô princesse, abl. ab hoc, ab hac principe, de ou par ce prince, cette princesse. Pluriel. N. hi, hæc principes, ces princes ou princesses, g. horum, harum principum, de ces princes ou princesses, d. his principibus, à ces princes ou princesses, ac. hos, has principes, ces princes ou princesses, v. o principes, ô princes, ô princesses, abl. ab his principibus, de ou par ces princes ou princesses. Ainsi se déclinent : nanceps, adjudicataire, particeps, qui participe, municeps, municipe. Quant aux six mots anceps, douteux, biceps, à deux têtes, triceps, à trois têtes, quatriceps, à quatre têtes, multiceps, à beaucoup de têtes, et præceps, qui se précipite, ils ont, contrairement à la règle précédente, le génitif singulier en itis, au lieu de pis, anceps, douteux, ancipitis, biceps, à deux têtes, bicipitis, triceps, à trois têtes, tricipitis, quatriceps, à quatre têtes, quadricipitis, multiceps, à beaucoup de têtes, multicipitis, præceps, qui se précipite, præcipitis; et la raison de ce génitif en is, c'est qu'ils viennent de caput, capitis, tête, tandis que les

g. horum et harum opificum, d. his opificibus, a. hos et has opifices, v. o opifices, a. ab his opificibus. Ad hanc formam declinabis aurifex, artifex, judex, carnifex, index, vindex, auspex, haruspex, signifex, et alia. Exit genus commune in eps, ut princeps : declinatur sic : Nominativo hic et hæc princeps, g. hujus principis, d. huic principi, a. hunc et hanc principem, v. o princeps, a. ab hoc et ab hac principe : et pluraliter, n. hi et hæ principes, g. horum et harum principum, d. his principibus, a. hos et has principes, v. o principes, a. ab his principibus. Sic declinantur manceps, particeps, municeps. Anceps autem et biceps et triceps et quadriceps, multiceps, præceps, hæc sex nomina genitivum singularem contra regulam superiorem in tis syllabam mittunt, non in pis, ut anceps ancipitis, biceps bicipitis, triceps tricipitis, quadriceps quadricipitis, multiceps multicipitis, præceps præcipitis. Sed ideo in tis syllabam exeunt, non in pis, ut principis, mancipis, quia a capitis significatione veniunt, illa autem superiora a capiendi significatione. Princeps enim dictus est, quod primus capiat, et manceps quod manu capiat. Anceps autem dictus est quod dubii capitis sit, vel inclinati capitis in utrumque partem. Exit genus commune in junx syllabam, ut conjunx : Nominativo hic et hæc conjunx. Exit in ux, ut hic et hæc dux, redux. Exit in eps, quod quidem in omne genus redibit. Exibit in ebs, ut cælebs. Cælebs dicitur qui non habet uxorem, vel quæ non habet maritum : qualia sunt numina in cælo quæ absque conjuge sunt, si agapetas non attendamus : Nominativo hic et hæc cælebs, g. hujus cælibis, d. huic cælibi, a. hunc et hanc cælibem, v. o cælebs, a. ab hoc et ab hac cælibe : et pluraliter, n. hi et hæ cælibes, g. horum et harum cælibum, d. his cælibus, a. hos et has cælibes, v. o cælibes, a. ab his cælibibus. Exit et in yx, ut Phryx : Nominativo hic et hæc phryx, g. hujus phrygis, d. huic

premiers viennent de capio, prendre. Car le mot princeps dérive de ce qu'il prend le premier, et manceps, de ce qu'il prend par la main. Quant à anceps, il dérive de ce que l'on est d'une tête douteuse ou d'une tête qui incline d'une part ou d'autre. Il y a des noms du genre commun terminés en junx, comme conjunx, époux, épouse. N. hic ou hæc conjunx, cet époux, cette épouse. Il y en a en ux, comme hic, hæc dux, ce chef, redux, de retour. Il y en a en eps que nous reverrons plus loin parmi les noms de tous genres. Il y en a en ebs, comme cælebs, célibataire. On appelle célibataire quiconque n'est pas marié : telles les divinités (1) célestes qui n'ont ni époux ni épouses, pour ne point parler des agapètes. Singulier. N. hic, hæc cœlebs, ce, cette célibataire, g. hujus cœlibis, de ce, de cette célibataire, d. huic cœlibi, à ce, à cette célibataire, ac. hunc, hanc cœlibem, ce, cette célibataire, v. o cælebs, ô célibataire, abl. ab hoc, ab hac, cœlibe, de ou par ce, cette célibataire. Pluriel. N. hi, hæ cœlibes, ces célibataires, g. horum, harum cœlibum, de ces célibataires, d. his cœlibibus, à ces célibataires, ac. hos, has cœlibes, ces célibataires. v. o cœlibes, ô célibataires, abl. ab his cœlibibus, de ou par ces célibataires. Il y en a en yx, comme phryx, phrygien, phrygienne. Singulier. N. hic, hæc phryx, ce phrygien, cette phrygienne, g. hujus phrygis, de ce phrygien, de cette phrygienne, d. huic phrygi, à ce phrygien, à cette phrygienne, ac. hunc, hanc phrygem, ce phrygien, cette phrygienne, v. o phryx, ô phrygien, ô phrygienne, abl. ab hoc, ab hac phryge, de ou par ce phrygien, cette phrygienne. Pluriel. N. hi, hæ phryges, ces phrygiens, ces phrygiennes, g. horum, harum phrygum, de ces phrygiens, de ces phrygiennes, d. his phrygibus, à ces phrygiens, ou phrygiennes, ac. hos, has phryges, ces phrygiens ou phrygiennes, abl. ab his phrygibus, de ou par ces phrygiens ou phrygiennes. Il y en a en us, comme ligus, ligurien, lygurienne, qui de même que phryx, désignent les habitants d'un pays. Singulier. N. hic, hæc ligus, ce ligurien, cette ligurienne, g. hujus liguris, de ce ligurien, de cette ligurienne, d. huic liguri, à ce ligurien, à cette ligurienne, ac. hunc, hanc ligurem, ce ligurien, cette ligurienne, v. o ligus, ô ligurien, ô ligurienne, abl. ab hoc, ab hac ligure, de ou par ce ligurien, cette ligurienne. Pluriel. N. hi, hæc ligures, ces liguriens, ces liguriennes, g. horum, harum ligurum, de ces liguriens ou liguriennes, d. his liguribus, à ces liguriens, ou liguriennes, ac. hos, has ligures, ces liguriens ou liguriennes. v. o ligures, ô liguriens, ô liguriennes, abl. ab his liguribus, de ou par ces liguriens ou liguriennes. Il y a des noms du genre commun en il, comme vigil, qui veille. Singulier. N. hic, hæc vigil, celui, celle qui veille, g. hujus vigilis, de celui, de celle qui veille, d. huic vigili, à celui, à celle qui veille, ac. hunc, hanc vigilem, celui, celle qui veille, v. o vigil, ô toi qui veilles, abl. ab hoc, ab hac vigile, de ou par celui ou celle qui veille. Pluriel. N. hi, hæ vigiles, ceux, celles qui veillent, g. horum, harum vigilum, de ceux, de celles qui veillent, d. his vigilibus, à ceux, à celles qui veillent, ac. hos, has vigiles, ceux

(1) Saint Augustin n'avait jamais employé ce mot ainsi.

phrygi, a. hunc et hanc phrygem, v. o phryx, a. ab hoc et ab hac phryge : et pluraliter, Nominativo hi et hæ phryges, g. horum et harum phrygum, d. his phrygibus; a. hos et has phryges, v. o phryges, a. ab his phrygibus. Et in us exit, ut Ligus, quod similiter ut phryx, locale nomen est, Nominativo hic et hæc ligus, g. hujus liguris, d. huic liguri, a. hunc et hanc ligurem, v. o ligus, a. ab hoc et ab hac ligure : et pluraliter, n. hi et hæ ligures, g. horum et harum ligurum, d. his liguribus, a. hos et has ligures, v. o ligures, a. ab his liguribus. Exit genus commune in il, ut vigil : Nominativo hic et hæc vigil, g. hujus vigilis, d. huic vigili, a. hunc et hanc vigilem, v. o vigil, a. ab hoc et ab hac vigile : et pluraliter, n. hi et hæ vigiles, g. horum et harum vigilum, d. his vigilibus, a. hos et has vigiles, v. o vigiles, a. ab his vigilibus. Ad hanc regulam declinabis hic et hæc pugil. Exit in ul, ut exsul : n. hic et hæc exsul, g. hujus exsulis, d. huic exsuli, a. hunc et hanc exsulem, v. o exsul, a. ab hoc et ab hac exsule : et pluraliter, n. hi et hæ exsules, g. horum et harum exsulum, d. his exsulibus, a. hos

celles qui veillent, v. o vigiles, ô vous qui veillez, abl. ab his vigilibus, de ou par ceux, celles qui veillent. Décliner de même hic, hæc pugil, cet athlète pour le pugilat. Il y en a qui se terminent en ul, comme exsul, exilé, exilée. Singulier. N. hic, hæc exsul, cet exilé, cette exilée, g. hujus exsulis, de cet exilé, de cette exilée, d. huic exsuli, à cet exilé, à cette exilée, ac. hunc, hanc exsulem, cet exilé, cette exilée, v. o exsul, ô exilé ou exilée, abl. ab hoc, ab hac exsule, de ou par cet exilé, cette exilée. Pluriel. N. hi, hæ exsules, ces exilés ou exilées, g. horum, harum exsulum, de ces exilés ou exilées, d. his exsulibus, à ces exilés ou exilées, ac. hos, has exsules, ô exilés ou exilées, abl. ab his exsulibus, de ou par ces exilés ou exilées. Ainsi se décline præsul, prélat, hic, hæc præsul, ce prélat, parce qu'il est masculin, comme consul. Il y en a terminés en ur, comme fur, voleur. Singulier. N. hic, hæc fur, ce voleur, cette voleuse, g. hujus furis, de ce voleur, de cette voleuse, d. huic furi, à ce voleur, à cette voleuse, ac. hunc, hanc furem, ce voleur, cette voleuse, v. o fur, ô voleur ou voleuse, abl. ab hoc, ab hac fure, de ou par ce voleur ou cette voleuse. Pluriel. N. hi, hæ fures, ces voleurs ou voleuses, g. horum, harum furum, de ces voleurs ou voleuses, d. his furibus, à ces voleurs ou voleuses, ac. hos, has, fures, ces voleurs ou voleuses, v. o fures, ô voleurs ou voleuses, abl. ab his furibus, de ou par ces voleurs ou voleuses. Ainsi se décline augur, augure. Il y en a terminés en or, comme major, plus grand, plus grande, memor, qui se souvient. Mais memor, à moins d'une autre règle, n'admet pas, de droit, le genre neutre, bien que major, plus grand, fasse majus, au neutre. Singulier. N. hic, hæc memor, celui, celle qui se souvient, g. hujus memoris, de celui ou celle qui se souvient, d. huic memori, à celui ou celle qui se souvient, ac. hunc, hanc memorem, celui ou celle qui se souvient, v. o memor, ô toi qui te souviens, abl. ab hoc, ab hac memore, de ou par celui ou celle qui se souvient. Pluriel. N. hi, hæ memores, ceux ou celles qui se souviennent, g. horum, harum memorum, de ceux ou celles qui se souviennent, d. his memoribus, à ceux ou celles qui se souviennent, ac. hos, has memores, ceux, celles qui se souviennent, v. o memores, ô vous qui vous souvenez, abl. ab his memoribus, de ou par ceux ou celles qui se souviennent. Il admet aussi le genre neutre, mais non selon la règle des noms de tout genre ; comme hoc memor, ce qui souvient, d'où ces deux vers de Virgile :

« Et s'il est quelque divinité qui se souvienne (memor) des douleurs d'une amante, elle le supplie de la venger. » (*Enéid.*, IV, 520.)

N'ayant point de pluriel neutre, il n'est pas par là même de tout genre. Car nous ne disons pas les divinités qui se souviennent (memora ou memoria). Déclinez de même au nominatif singulier, auctor, auteur, hic, hæc auctor, cet auteur, hi, hæ auctores, ces auteurs. Junon n'a-t-elle pas dit : auctor ego audendi : c'est moi qui suis cause (auctor) que vous osiez ? » (*Enéid.*, XII, 159.) Des noms de tout genre sont en ax, ex, ix, ox, ux, ens, ons, ar, ers, ors, us et es. En ax, nous avons pertinax, opiniâtre. Singu-

---

et has exsules, v. o exsules, a. ab his exsulibus. Ad hanc formam declinabis præsulem, hic et hæc præsul : quoniam masculinum est, ut consul. Exit in ur, ut fur : Nominativo hi et hæc fures, g. horum et harum furum, d. his furibus. a. hos et has fures, v. o fures. a. ab his furibus. Ad hanc formam declinabis augur, hic et hæc augur. Exit genus commune in or, ut major, memor. Sed memor, si alia regula est, non admittit genus neutrum in jus, quando major admittit in neutro majus. Nominativo : hic et hæc memor, g. hujus memoris, d. huic memori, a. hunc et hanc memorem, v. o memor, a. ab hoc et ab hac memore : et pluraliter, Nominativo hi et hæ memores, g. horum et harum memorum, d. his memoribus, a. hos et has memores, v. o memores, a. ab his memoribus. Admittit et neutrum sed non in regula generis omnis, ut hoc memor, unde et Virgilius :

Tum si quod non æquo fœdere amantis
Curæ numen habet, justumque memorque precatur,

(*Æneid*, IV).

Pluralem non admittit, inde non est generis omnis. Neque enim dicimus memora vel memoria numina. Similiter declinabis auctorem in nominativo singu-

lier. N. hic, hæc, hoc pertinax, cet, cette, cet opiniâtre, g. hujus pertinacis, de cet, cette, cet opiniâtre, d. huic pertinaci, à cet, cette, cet opiniâtre, ac. hunc, hanc pertinacem, hoc pertinax, cet, cette, cet opiniâtre, v. o pertinax, ô opiniâtre, abl. ab hoc, ab hac, ab hoc pertinaci, de ou par cet, cette, cet opiniâtre. Pluriel. N. hi, hæ pertinaces, hæc pertinacia, ces opiniâtres, g. horum, harum, horum pertinacium, de ces opiniâtres, d. his pertinacibus, à ces opiniâtres, ac. hos, has pertinaces, hæc pertinacia, ces opiniâtres, v. ô pertinaces, o pertinacia, ô opiniâtres, abl. ab his pertinacibus, de ou par ces opiniâtres. Déclinez de même : efficax, efficace, tenax, tenace, pervicax, obstiné, dicax, railleur, sequax, qui suit, rapax, rapace, mordax, mordant, capax, capable, furax, enclin au vol, emax, grand acheteur, fallax, trompeur, mendax, menteur, nugax, mauvais plaisant, vivax, vivace. Tous ces noms et autres semblables ont l'ablatif singulier en i. Les noms en ex suivant les règles ci-dessus ; comme simplex, simple. Singulier. N. hic, hæc, hoc simplex, ce, cette, ce simple, g. hujus simplicis, de ce, cette, ce simple, d. huic simplici, à ce, cette, ce simple, ac. hunc, hanc simplicem, hoc simplex. ce, cette, ce simple, v. o simplex, ô simple, abl. ab hoc, ab hac, ab hoc simplici, de ou par ce, cette, ce simple. Pluriel. N. hi, hæc simplices, hæc simplicia, ces simples, g. horum, harum, horum simplicium, de ces simples, d. his simplicibus, à ces simples, ac. hos, has simplices, hæc simplicia, ces simples, v. o simplices, o simplicia, ô simples, abl. ab his simplicibus, de ou par ces simples. Se déclinent ainsi : duplex, double, triplex, triple, quadruplex, quadruple, quintuplex, quintuple-sextuplex, sextuple, septuplex, septuple, sans m, septemplex étant aussi un mot latin qui se décline comme plus haut. Quant aux mots en ix comme félix, heureux, heureuse, ils se déclinent ainsi : Singulier. N. hic, hæc, hoc felix, cet heureux, cette heureuse, cette chose heureuse, g. hujus felicis, de cet heureux. de cette heureuse, de cette chose heureuse, d. huic felici, à cet heureux, à cette heureuse, à cette chose heureuse, ac. hunc, hanc felicem, hoc felix, cet heureux, cette heureuse, cette chose heureuse, v, o felix, ô heureux, heureuse, chose heureuse, abl. ab hoc, ab hac, ab hoc felici, de ou par cet heureux, cette heureuse, cette chose heureuse, pour le neutre, mais les noms propres ont l'ablatif en e pour le masculin. Pluriel. N. hi, hæ, felices, hæc felicia, ces heureux, heureuses, choses heureuses, g. horum, harum felicium, de ces heureux, heureuses, choses heureuses, d. his felicibus, à ces heureux, heureuses, choses heureuses, ac. hos, has felices, hæc felicia

lari, hic et hæc auctor, ut ait Juno, Auctor ego audendi ; hi et hæ auctores. Exit genus omne in ax, in ex, in ix, in ox, in ux, ans, ens, ars, ers, ors, in us, es. In ax, ut hic et hæc et hoc pertinax, Genitivo hujus pertinacis, Dativo huic pertinaci, a. hunc et hanc pertinacem et hoc pertinax, v. o pertinax, a. ab hoc et ab hac et ab hoc pertinaci : et pluraliter, Nominativo hi et hæ pertinaces, et hæc pertinacia, g. horum et harum et horum pertinacium, d. his pertinacibus, a. hos et has pertinaces, et hæc pertinacia, v. o pertinaces, et o pertinacia, a. ab his pertinacibus. A hanc formam declinabis, efficax, tenax, pervicax, dicax, sequax, rapax, mordax, capax, furax, emax, fallax, mendax, nugax, vivax. Hæc omnia ablativum singularem et talia, in i mittunt. Exit item omne genus in ex, secundum ordinem regularum supra ordinatarum, ut simplex : Nominativo hic et hæc et hoc simplex, g. hujus simplicis, d. huic simplici, a. hunc et hanc simplicem, et hoc simplex, v. o. simplex, a. ab hoc et ab hac et ab hoc simplici : et pluraliter, Nominativo hi et hæ simplices, et hæc simplicia, g. horum et harum et horum simplicium, d. his simplicibus, a. hos et has simplices, et hæc simplicia, v. o simplices, et o simplicia, a. ab his simplicibus. Ad hanc formam declinantur duplex, triplex, quadruplex, quintuplex, sextuplex, septuplex, excluso m, quia et septemplex Latinum est, quod declinatur ut superius. Ex regula in ix, ut felix, quod sic declinatur : Nominativo hic et hæc et hoc felix, g. hujus felicis, d. huic felici, a. hunc et hanc felicem, et hoc felix, v. o felix, a. ab hoc et ab hac et ab hoc felici, ex sono generis neutri : (a propriis nominibus in e exit ab hoc felice, et est generis masculini) et pluraliter, Nominativo hi et hæ felices, et hæc felicia, g. horum et harum et horum felicium, d. his felicibus, a. hos et has felices, et hæc felicia, v. o felices et o felicia, a. ab his felicibus. Ad hanc regulam declinatur pernix, quod significat velocem. Ex regula in ox, ut ferox, declinatur sic : Nominativo hic et hæc et hoc ferox, g. hujus ferocis, d. huic feroci, a. hunc et hanc ferocem, et hoc ferox, v. o ferox, a. ab hoc et ab hac et ab hoc feroci : et pluraliter, Nominativo hi et hæ feroces, et hæc

ces heureux, heureuses, choses heureuses, v. o felices, o felicia, ô heureux, heureuses, choses heureuses, abl. ab his felicibus, de ou par ces heureux, heureuses, choses heureuses. Déclinez de même pernix, prompt. Les noms en ox, comme ferox, fier, se déclinent ainsi : Singulier. N. hic, hæc, hoc ferox, ce fier, cette fière, cette chose fière, g. hujus ferocis, de ce fier, de cette fière, de cette chose fière, d. huic feroci, à ce fier, à cette fière, à cette chose fière, ac. hunc, hanc ferocem, hoc ferox, ce fier, cette fière, cette chose fière, v. o ferox, ô fier, ô fière, ô chose fière, abl. ab hoc, ab hac, ab hoc feroci, de ou par ce fier, cette fière, cette chose fière. Pluriel. N. hi, hæ feroces, hæc ferocia, ces fiers, fières, choses fières, g. horum, harum, horum ferocium, de ces fiers, fières, choses fières, d. his ferocibus, à ces fiers, fières, choses fières, ac. hos, has feroces, hæc ferocia, ces fiers, fières, choses fières, v. ô feroces, o ferocia, ô fiers, fières, choses fières, abl. ab his ferocibus, de ou par ces fiers, fières, choses fières. Déclinez de même atrox, atroce, velox, rapide. De la forme en ux, il n'y a qu'un nom, trux, cruel. Singulier. N. hic, hæc, hoc trux, ce cruel, cette cruelle, cette chose cruelle, g. hujus trucis, de ce cruel, de cette cruelle, de cette chose cruelle; d. huic truci, à ce cruel, à cette cruelle, à cette chose cruelle, ac. hunc, hanc trucem, hoc trux, ce cruel, cette cruelle, cette chose cruelle, v. o trux, ô cruel, ô cruelle, ô chose cruelle, abl. ab hoc, ab hac, ab hoc truci, de ou par ce cruel, cette cruelle, cette chose cruelle. Pluriel. N. hi, hæ truces, hæc trucia, ces cruels, cruelles, choses cruelles, g. horum, harum, horum trucium, de ces cruels, cruelles, choses cruelles, d. his trucibus, à ces cruels, cruelles, choses cruelles, ac. hos, has truces, hæc trucia, ces cruels, cruelles, choses cruelles, v. o truces, o trucia, ô cruels, cruelles, choses cruelles, abl. ab his trucibus, de ou par ces cruels, cruelles, choses cruelles. De la forme en ans, comme præstans, qui l'emporte. Singulier. N. hic, hæc, hoc præstans, celui, celle, ce qui l'emporte, g. hujus præstantis, de celui, de celle, de ce qui l'emporte, d. huic præstanti, à celui, à celle, à ce qui l'emporte, ac. hunc, hanc præstantem, hoc præstans, celui, celle, ce qui l'emporte, v. o præstans, ô toi qui l'emportes, abl. ab hoc, ab hac, ab hoc præstante, de ou par celui, celle, ce qui l'emporte. Pluriel. N. hi, hæ præstantes, hæc præstantia, ceux, celles, les choses qui l'emportent, g. horum, harum, horum præstantium, de ceux, de celles, des choses qui l'emportent, d. his præstantibus, à ceux, à celles, aux choses qui l'emportent, ac. hos, has præstantes, hæc præstantia, ceux, celles, les choses qui l'emportent, v. o præstantes, o præstantia, ô vous qui l'emportez, abl. ab his præstantibus, de ou par ceux,

---

ferocia, g. horum et harum et horum ferocium, d. his ferocibus, o. hos et has feroces, et hæc ferocia, v. o feroces, et o ferocia, a. ab his ferocibus. Ad hanc formam declinabitur atrox, velox. Ex regula in ux, unum nomen est, ut trux : Nominativo hic et hæc et hoc trux, g. hujus trucis, d. huic truci, a. hunc et hanc trucem, et hoc trux, v. o trux, a. ab hoc et ab hac et ab hoc truci, sono generis neutri : et pluraliter, N. hi et hæ truces, et hæc trucia, g. horum et harum et horum trucium, d. his trucibus, a. hos et has truces, et hæc trucia, v. o truces et o trucia, a. ab his trucibus. Ex regula ans, ut præstans : Nominativo hic et hæc et hoc præstans, g. hujus præstantis, d. huic præstanti, a. hunc et hanc præstantem et hoc præstans, v. o præstans, a. ab hoc et ab hac et ab hoc præstanti, ex sono generis neutri : et pluraliter, n. hi et hæ præstantes, et hæc præstantia, g. horum et harum et horum præstantium, d. his præstantibus, a. hos et has præstantes, et hæc præstantia, v. o præstan-

tes et o præstantia, a. ab his præstantibus. Ad hanc formam declinatur amans, clamans, cantans, luctans, constans, prostans, regnans, pugnans, mirans, minans, miserans, æstuans, versans, et talia. Ex regula ens, ut amens : n. hic et hæc et hoc amens, g. hujus amentis, d. huic amenti, a. hunc et hanc amentem, et hoc amens, v. o amens, a. ab hoc et ab hac et ab hoc amenti, sono generis neutri similiter : et pluraliter n. hi et hæ amentes et hæc amentia, g. horum et harum et horum amentium, d. his amentibus, a. hos et has amentes, et hæc amentia, v. o amentes et o amentia, a. ab his amentibus. Ad hanc formam declinatur demens, potens, impotens, præpotens, prudens, imprudens, pudens, impudens, frequens, infrequens, sedens, hærens, moriens, mærens, tenens, egens, ferens, cedens sæviens, serviens, sapiens, incipiens, decipiens, et talia. Ex regula ons, ut sons, quod significat nocens : n. hic et hæc et hoc sons, g. hujus sontis, d. huic sonti, a. hunc et hanc sontem, et hoc sons, v.

APPENDICE.

celles, les choses qui l'emportent. Déclinez de même : amans, aimant, clamans, criant, cantans, chantant, luctans, combattant, constans, constant, prostans, qui est devant, regnans, régnant, purgans, purifiant, mirans, admirant, minans, menaçant, miserans, ayant pitié æstuans, brûlant, versans, tournant, etc. De la forme en ens, comme amens, insensé. Singulier. N. hic, hæc, hoc amens, cet insensé, cette insensée, cet être insensé, g. hujus amentis, de cet insensé, de cette insensée, de cet être insensé, d. huic amenti, à cet insensé, à cette insensée, à cet être insensé, ac. hunc, hanc amentem, hoc amens, cet insensé, cette insensée, cet être insensé, v. o amens, ô insensé, insensée, être insensé, abl. ab hoc, ab hac, ab hoc amenti, de ou par cet insensé, cette insensée, cet être insensé. Pluriel. N. hi, hæ amentes, hæc amentia, ces insensés ou insensées, ces êtres insensés, g. horum, harum, horum amentium, de ces insensés ou insensées, de ces êtres insensés, d. his amentibus, à ces insensés ou insensées, à ces êtres insensés, ac. hos, has amentes, hæc amentia, ces insensés ou insensées, ces êtres insensés, v. o amentes, o amentia, ô insensés ou insensées, ô êtres insensés, abl. ab his amentibus, de ou par ces insensés ou insensées, ces êtres insensées. Se déclinent ainsi : demens, hors de sens, potens, puissant, impotens, impuissant, præpotens, très-puissant, prudens, prudent, imprudens, imprudent, pudens, qui a de la pudeur, impudens, qui est sans pudeur, frequens, fréquent, infrequens, peu fréquenté, sedens, qui est assis, hærens, qui est attaché, moriens, mourant, mærens, affligé, tenens, tenant, egens, indigent, ferens, portant, cedens, cédant, sæviens, sévissant, serviens, servant, sapiens, sage, insipiens, insensé, decipiens, trompant, etc. De la forme en ons, comme sons, coupable. Singulier. N. hic, hæc, hoc sons, ce, cette, cette chose coupabble, d. hujus sontis, de ce, de cette, de cette chose coupable, d. huic sonti, à ce, à cette, à cette chose coupable, ac. hunc, hanc sontem, hoc sons, ce, cette, cette chose coupable, v. o sons, ô coupable, ô chose coupable, abl. ab hoc, ab hac, ab hoc sonti, de ou par ce, cette, cette chose coupable. Pluriel. N. hi, hæ sontes, hæc sontia, ces coupables, ces choses coupables, g. horum, harum, horum sontium, de ces coupables, de ces choses coupables, d. his sontibus, à ces coupables, à ces choses coupables, ac. hos, has sontes, hæc sontia, ces coupables, ces choses coupables, v. o sontes, o sontia, ô coupables, ô choses coupables, abl. ab his sontibus, de ou par ces coupables, ces choses coupables. Sur ce modèle se décline insons, innocent, et ce sont les deux seuls noms de tout ce genre ayant cette terminaison. De la forme en ar, comme par, égal. Singulier. N. hic, hæc, hoc par, cet homme égal, cette femme égale, cette chose égale, g. hujus paris, de cet homme égal, de cette femme égale, de cette chose égale, d. huic pari, à cet homme égal, à cette femme égale, à cette chose égale, ac. hunc, hanc parem, hoc par, cet homme égal, cette femme

---

o sons, a. ab hoc et ab hac et ab hoc sonti, a sono generis neutri : et pluraliter, n. hi et hæ sontes, et hæc sontia, g. horum et harum et horum sontium, d. his sontibus, a. hos et has sontes et hæc sontia, v. o sontes et o sontia, a. ab his sontibus. Ad hanc regulam declinatur insons, id est, innocens. Et hæc duo sunt tantum generis omnis. Ex regula ar, ut par : n. hic et hæc et hoc par, g. hujus paris, d. huic pari, a. hunc et hanc parem et hoc par, v. o par, a. ab hoc et ab hac et ab hoc pari, sono generis neutri : et pluraliter, n. hi et hæ pares et hæc paria, g. horum et harum et horum parium, d. his paribus, a. hos et has pares et hæc paria, v. o pares et o paria, a. ab his paribus. Ad hanc formam declinantur impar, et suppar, quæ sola tria sunt generis omnis. Ex regula ers, ut iners : n. hic et hæc et hoc iners, g. hujus inertis, d, huic inerti, a. hunc et hanc inertem et hoc iners, v. o iners, a. ab hoc et ab hac et ab hoc inerti : et pluraliter. n, hi et hæ inertes et hæc inertia, g. horum et harum et horum inertium, d. his inertibus, a. hos et has inertes et hæc inertia. v. o inertes et o inertia, a. ab his inertibus. Ex regula ors, ut vecors : n. hic et hæc et hoc vecors, g. hujus vecordis, d. huic vecordi, a. hunc et hanc vecordem, et hoc vecors, v. o vecors, a. ab hoc et ab hac et ab huc vecordi, a genere neutro : et pluraliter, n. hi et hæ vecordes, et hæc vecordia, g. horum et harum et horum vecordium, d. his vecordibus, a. hos et has vecordes, et hæc vecordia, v. o vecordes et o

égale, cette chose égale, v. o par, ô homme égal, ô femme égale, ô chose égale, abl. ab hoc, ab hac, ab hoc pari, de ou par cet homme égal, cette femme égale, cette chose égale. Pluriel. N. hi, hæ pares, hæc paria, ces hommes égaux, ces femmes égales, ces choses égales, g. horum, harum, horum parium, de ces hommes égaux, de ces femmes égales, de ces choses égales, d. his paribus, à ces hommes égaux, à ces femmes égales, à ces choses égales, ac. hos, has pares, hæc paria, ces hommes égaux, ces femmes égales, ces choses égales, v. o pares, o paria, ô hommes égaux, ô choses égales, abl. ab his paribus, de ou par ces hommes égaux, ces femmes égales, ces choses égales. Sur ce modèle se déclinent impar, inégal, suppar, à peu près semblable. Et ce sont les seuls noms de tout genre ayant cette terminaison. De la forme en ers, comme iners, inerte, sans force. Singulier. N. hic, hæc, hoc iners, cet homme, cette femme, cet objet sans force, g. hujus inertis, de cet homme, cette femme, cet objet sans force, d. huic inerti, à cet homme, cette femme, cet objet sans force, ac. hunc, hanc inertem, hoc iners, cet homme, cette femme, cet objet sans force, v. o iners, ô homme, femme, objet sans force, abl. ab hoc, ab hac, ab hoc inerti, de ou par cet homme, cette femme, cet objet sans force. Pluriel. N. hi, hæ inertes, hæc inertia, ces hommes, ces femmes, ces choses sans force, g. horum, harum, horum inertium, de ces hommes, de ces femmes, de ces objets sans force, d. his inertibus, à ces hommes, à ces femmes, à ces objets sans force. ac. hos, has inertes, hæc inertia, ces hommes, ces femmes, ces objets sans force, v. o inertes, o inertia, ô hommes, ô femmes, ô objets sans force, abl. ab his inertibus, de ou par ces hommes, ces femmes, ces objet sans force. De la forme en ors, comme vecors, sans cœur. Singulier. N. hic, hæc,

hoc vecors, cet homme, cette femme; ce... sans cœur, g. hujus vecordis, de cet homme, de cette femme sans cœur, d. huic vecordi, à cet homme, à cette femme sans cœur, ac. hunc, hanc, vecordem, hoc vecors, ce, cet homme, cette femme sans cœur, v. o vecors, ô homme, ô femme sans cœur, abl. ab hoc, ab hac, ab hoc vecordi, de ou par ce, cet homme, cette femme sans cœur. Pluriel. N. hi, hæ vecordes, hæc vecordia, ces hommes, ces femmes, ces... sans cœur, g. horum, harum, horum vecordium, de ces hommes, de ces femmes sans cœur, d. his vecordibus, ac. hos, has vecordes, hæc vecordia, ces hommes, ces femmes sans cœur, v. o vecordes, o vecordia, ô hommes, ô femmes sans cœur, abl. ab his vecordibus, de ou par ces hommes, ces femmes sans cœur. Sur ce modèle, vous déclinerez excors, déraisonnable, concors, qui est d'accord, discors, qui n'est pas d'accord, consors, qui participe à, dissors, qui n'entre point en partage. Mais ces deux derniers font au génitif consortis et dissortis. Dissors est pour dissimilis sortis, d'un sort différent. De la forme en us, comme vetus, ancien. Singulier. N. hic, hæc, hoc vetus, cet ancien, cette ancienne, cet objet ancien, g. hujus veteris, de cet ancien, de cette ancienne, de cet objet ancien, d. huic veteri, à cet ancien, à cette ancienne, à cet objet ancien, ac. hunc, hanc veterem, hoc vetus, cet ancien, cette ancienne, cet objet ancien v. o vetus, ô ancien. ô ancienne, ô objet ancien, abl. ab hoc, ab hac, ab hoc veteri(au genre neutre), de ou par cet ancien, cette ancienne, cet objet ancien. Pluriel. N.hi, hæ veteres, hæc vetera, ces anciens, ces anciennes, ces objets anciens, g. horum, harum, horum veterum, de ces anciens, de ces anciennes, de ces objets anciens, d. his veteribus, à ces anciens, à ces anciennes, à ces objets anciens, ac. hos, has veteres, hæc vetera, ces anciens, ces

---

vecordia, a. ab his vecordibus. Ad hanc regulam declinantur excors, concors, discors, dissors. Sed hæc duo, id est consors, et dissors, in genitivo singulari tis habent, ut consortis, dissortis. Dissors autem dicitur dissimilis sortis. Ex regula us, ut vetus : declinatur autem sic : n. hic et hæc et hoc vetus, g. hujus veteris, d. huic veteri, a. hunc et hanc veterem, et hoc vetus,

v. o vetus, a. ab hoc et ab hac et ab hoc veteri, a sono generis neutri : et pluraliter, n. hi et hæ veteres, et hæc vetera, g. horum et harum et horum veterum, d. his veteribus, a. hos et has veteres, et hæc vetera, v. o veteres et o vetera, a. ab his veteribus. Hoc solum nomen in us, est generis omnis. Es, ut teres, quod est rotundum : declinatur hic et hæc et hoc teres : teres autem

anciennes, ces objets anciens, v. o veteres, o vetera, ò anciens, ò anciennes, ò objets anciens, abl. ab his veteribus, de ou par ces anciens. ces anciennes, ces objets anciens. C'est le seul de tout genre terminé en us. La forme es, comme dans teres, rond, et qui se décline ainsi hic, hæc, hoc teres, rond, ronde, rond, etc. Ce mot teres vient de terendo, terere, travailler au tour. Quant à nequam, méchant, il est de la catégorie des indéclinables ἀπτώτων et tous ses cas, dans tous les genres, ont la même terminaison.

NOMS DU GENRE EPICÈNE OU DOUBLE. — *Différence de ces noms d'avec les noms de tout genre ; noms qui n'ont que le singulier ou le pluriel.* — Par genre épicène, on entend celui qui, sous un seul et même article, comprend les deux sexes, le sexe masculin et le sexe féminin, comme hic passer, ce passereau (mâle et femelle). Singulier. N. hic passer, ce passereau, g. hujus passeris, de ce passereau, d. huic passeri, à ce passereau, ac. hunc passerem, ce passereau, v. o passer, ò passereau, abl. ab hoc passere, de ou par ce passereau. Pluriel. N. hi passeres, ces passereaux, g. horum passerum, de ces passereaux, d. his passeribus, à ces passereaux, ac. hos passeres, ces passereaux, v. o passeres, ò passereaux, abl. ab his passeribus, de ou par ces passereaux. Quant aux mots hæc aquila, cet aigle, hæc tigris, ce tigre, hæc hirundo, cette hirondelle, quoique féminins (en latin), ils comprennent aussi le genre masculin avec le même article. De même que les noms hic struthio, cette autruche, hic sorex, cette souris, hic stellio, ce stellion, quoique masculins (en latin) comprennent aussi le féminin avec le même article. Il y a donc cette différence entre le genre commun et le genre épicène, que le genre commun comprend les hommes et les bêtes, tandis que le genre épicène n'embrasse que les bêtes ; que le genre commun a deux articles, hic et hæc, comme dans hic, hæc canis, ce chien et cette chienne ; tandis que le genre épicène n'en a qu'un pour le masculin et pour le féminin, de telle sorte que quand je dis hic passer, je comprends le passereau mâle et le passereau femelle. De même pour l'article du genre neutre, comme hoc pecus, ce troupeau. Par cet article, quoique au neutre, on entend le genre féminin, comme quand Virgile dit : « Lenta salix feto pecori. » (*Egl.* III, 83). Il est évident que bien que pecori soit du neutre, c'est le feminin qu'il entend quand il dit feto pecori, le troupeau prêt à mettre bas. Parlons maintenant des noms qui n'ont que le singulier ou le pluriel, comme cancelli, barreaux, manes, mânes, penates, pénates. Ont seulement un féminin pluriel : thermæ, thermes, eaux chaudes, exsequiæ, funérailles, insidiæ, embûches, divitiæ, riches-

dictum est a terendo. Ex regula autem ἀπτώτων est, nequam, uno enim sono declinantur omnes casus per omnia genera.

De nominibus generis epicœni, et differentia ejusdem generis a communi. — De nominibus aut singularis aut pluralis numeri tantum. — Est autem genus epicœnum, quod sub uno articulo intelligitur sexus, ut puta hic passer, jam sub uno articulo quo sonat hic, illic est et femina : declinatur, n. hic passer, g. hujus passeris, d. huic passeri, a. hunc passerem, v. o passer, a. ab hoc passere : et pluraliter, n. hi passeres, g. horum passerum, d. his passeribus, a. hos passeres, v. o passeres, a. ab his passeribus. Sed et hæc aquila, sub uno articulo quo sonat hæc, ibi et masculinum intelligimus : sic et hæc tigris, sub quo sono intelligitur et masculus. Sic et hæc hirundo, ibi intelligis et masculum, sic et hic struthio, ibi intelligis et feminam, sic sorex, stellio, musca. Ergo hoc interest inter genus commune et epicœnum, quia in genere communi et homines sunt et pecora, in epicœno pecora tantum. Quod in genere communi ambo articuli sunt, id est hic et hæc cum nomine communicat, ut hic et hæc canis : epicœnum autem cum articulo uno masculino communicat nomen femininum, ut cum dico hic passer, sub ipso articulo qui sonat hic, intelligitur et femina. Sic in articulo generis neutri, quod est hoc pecus : sub articulo qui sonat hoc, intelligitur et femina, ut Virgilius ait, *Lenta salix feto pecori* (*Bucol. Eclog.* III). Et in pecore licet sit genus neutrum, auditur illic et genus femininum, cum dixit, feto pecori, id est gravido. Nunc dicendum de nominibus quæ aut sunt numeri singularis tantum, aut numeri tantum pluralis, ut cancelli, manes, penates. In feminino tantum plurali, ut thermæ, exsequiæ, insidiæ, divitiæ, nundinæ : in nominibus civitatum, Amyclæ, Thenæ, Athenæ, Syracusæ, Thebæ, Tubunæ, Saldæ, Abituræ, Macomades, Cales, Carreasi, Relares, Furnitum, quæ loca turnos dicuntur, et alia similia : in neutro tantum singulari, ut aurum, argentum, plumbum, stannum, piper, triticum, oleum, hordeum, vinum. Quamquam Virgilius vina, at Cicero

ses, nundinæ, foire, marché. Ainsi que les noms de villes suivants : Amyclæ, Amycles, Thenæ, Tenès, Athenæ, Athènes, Syracusæ, Syracuse, Thebæ, Thèbes, Tubunæ, Tubunes, Saldæ, Salde, Abitures, Abiture, Macomades, Macomade, Cales, Cale, Cancasi, Carréa, Relares, Relares, Furnitum, Furnitum, lieux qu'on appelle Turnes, et autres semblables. Ont seulement le neutre singulier : aureum, or, argentum, argent, plumbum, plomb, stannum, étain, piper, poivre, tritium, blé, oleum, huile, hordeum, orge, vinum, vin. Toutefois Virgile, usant d'une licence poétique, a dit vina (*Géorg.*, II, 97), et « serite hordea campis » (*Ibid.*, I, 210). On trouve pareille chose dans Cicéron, mais plus rarement, et du reste, on ne trouve ainsi que le nominatif. Ont seulement le pluriel neutre : castra, camp, mœnia, murailles, remparts, arma, armes, exta, viscères, entrailles, Bactra, Bactres, ville du pays des Parthes ; par conséquent cette ville est du genre neutre et n'a que le pluriel. Il y a des noms qui sont formés de deux noms, comme : tribunusmilitum, tribun des soldats, præfectusurbis, préfet de la ville, præfectusfundis, chef des domaines, præfectus annonæ, préfet des vivres, præfectusvigilibus, chef des gardes de nuit, plebiscitum, plebiscite, senatusconsultum, sénatus-consulte. Or, dans ces noms, une partie se décline et l'autre reste indéclinable. Par exemple, præfectusvigilibus. Le nominatif præfectus se décline ainsi. Singulier. N. præfectus, ce préfet. g. præfecti, de ce préfet, d. præfecto, à ce préfet, ac. præfectum, ce préfet, v. præfecte, ô préfet, abl. a præfecto, de ou par ce préfet. Et vigilibus reste indéclinable. Dans senatusconsultum, le mot consultum se décline, et le génitif senatus reste comme il est. N. hoc consultum, ce décret, g. hujus consulti, de ce décret, d. huic consulto, à ce décret, ac. hoc consultum, ce décret, v. o consultum, ô décret, abl. a consulto, de ou par ce décret. Mais nous avons assez parlé du nom, en tant que nom ; il nous faut maintenant passer au pronom, qui est la seconde des huit parties du discours.

Du PRONOM. — *Déclinaison des pronoms de la 1re de la 2e et de la 3e personne.* — Le pronom tire son nom de ce qu'il tient la place du nom, comme ille, ce, iste, cet, ipse, celui. En effet, de même qu'en prononçant le nom, on désigne la personne, par exemple Virgile, de même les pronoms ont à proprement parler la même propriété, quand nous disons sans prononcer le nom ; cet homme a fait telle chose. Or les pronoms sont ou définis ou indéfinis, ou moins que définis. Ils sont définis quand ils marquent une personne déterminée, comme ego, moi, indéfinis, comme quelqu'un, chacun, quiconque, ceux qui, quelques-uns, quelques-unes, ils sont moins que définis quand ils ne définissent pas la personne de telle façon qu'on n'ait plus besoin d'indicateur, ce qui a lieu quand nous disons moi ; ainsi le pronom toi, lui-même, n'est pas entièrement défini, si vous ne montrez la personne du doigt. On doit donc les appeler moins que définis. Ils ne donnent en effet qu'une

---

rarius, poetica licentia dedit plurali, ut *Serite hordea campis* (*Georg.* I.) : declinatur autem nominativus solus. In neutro tantum plurali, castra, mœnia, arma, exta, id est viscera : Bactra, quæ est civitas Parthiæ : ergo et hæc civitas generis neutri est numero tantum plurali. Sane sunt nomina sub duplici enuntiatione, ut tribunusmilitum, præfectusurbis, præfectusfundis, præfectusannonæ, præfectusvigilibus, plebiscitum, senatusconsultum : quorum nominum una pars declinatur, altera non declinatur, ut puta præfectusvigilibus, nominativus ipse flectitur per casus, præfectus, præfecti, præfecto, præfectum, præfecte, a præfecto : vigilibus sic manet, nec flectitur. Ut senatusconsultum, hoc consultum, hujus consulti, huic consulto, hoc consultum, o consultum, ab hoc consulto. Senatus autem genitivus est, hic non flectitur. De nomine quantum rudi conveniebat, plenius exposuimus : nunc de pronomine est dicendum, quod est secunda pars de octo partibus orationis.

DE PRONOMINE. — *De declinatione pronominum I, II, et III personæ.* — Ideo pronomen dicitur, quia vice fungitur nominis : ut ille, iste, ipse. Nam quomodo dicendo nomen explicamus personam, ut Virgilius: sic pronomina proprie ejusdem potestatis sunt, cum tacito nomine dicimus : Hic fecit, iste fecit. Pronomina aut finita sunt, aut infinita, aut minus quam finita. Finita sunt quæ notant certam personam, ut ego. Infinita, ut quis, quisque, quicumque, quæcumque, qui, aliqui, quæ, aliqua. Minus quam finita sunt pronomina, quæ non sic definiunt personam, ut non egeant demonstratore, quomodo

certaine désignation qui n'est point complète comme dans moi ; supposez par exemple une foule ; le pronom toi n'aura pas dans cette foule une signification aussi déterminée que quand un homme parlant dans cette foule dit moi : pour désigner dans une foule un homme que nous cherchons, nous ajoutons le nom, ou nous tendons la main, pour montrer plus clairement celui que nous appelons, donc, toi, celui-là, celui-ci, et autres pronoms qui ne peuvent définir une personne que par un seul côté, pour ainsi dire, doivent être appelés moins que definis.

La première personne est ego, moi. Au singulier comme au pluriel, elle n'a point de vocatif ; car personne ne se nomme, o ego, o nos, ô moi, ô nous. Ce pronom se décline ainsi. Singulier, N. ego, moi. g. mei, de moi, d. mihi, à moi, ac. me, me moi, abl. a me, de ou par moi. Pluriel. N. nos, nous, g. nostrum, de nous, d. nobis, à nous, ac. nos, nous, abl., a nobis, de nous ou par nous. Point de vocatif, avons-nous dit, au singulier ni au pluriel. Singulier. N. tu, toi, g. tui, de toi, d. tibi, à toi, ac. te, toi, v. ò tu, ô toi, abl. a te, de ou par toi. Pluriel. N. vos, vous, g. vestrum, de vous, d. vobis, à vous, ac. vos, vous, v. ô vos, ô vous, abl. a vobis de ou par vous. La première et la seconde personne, moi et toi, sont de tout genre ; car un homme, une femme, un esclave (mancipim) disent moi. De même nous disons toi à un homme, à une femme et à un esclave (mancipium). Même chose pour le pluriel, nous et vous. Quant à la troisième personne, en voici la déclinaison pour les trois genres : ille, illa, illud ; ce, cette, celui-là, celle-là, cela. Singulier masculin. N. ille, illa, illud, lui, elle, cela, g. illius, de lui, d'elle, de cela, de illi, à lui, à elle, à cela, ac. illum, illam, illud, lui, elle, cela. v. o ille, o illa, o illud, ô lui, ô elle, ô cela, abl. ab illo, ab illa, ab illo, de ou par lui, elle ou cela. Pluriel. N. illi, illæ, illa, eux, elles, ces, g. illorum, illarum, illorum, d'eux, d'elles de ces, d. illis, à eux, à elles, à ceux, acc. illos, illas, illi, eux, elles, ces, v. o illi, o illæ o illa, ô eux, ô elles, ô ces, ab. ab illis, de ou par eux, elles ou ces. Déclinez de même aussi bien pour les genres que pour les nombres: Iste, ce cet, celui-ci, celui-là, cela, ipse, moi-même, toi-même, lui-même. Pour ce qui est de ce dernier pronom ipse, on se demande pourquoi, quand on dit au neutre istud et illud, on dit ipsum au neutre, au lieu de ipsud : témoin Virgile : « Atque ipsum corpus amici, le corps même de son ami (*Enéide*, I, 490). » Or voici comment on résoud cette question : Les anciens disaient plus souvent ipsus que ipse au nominatif singulier masculin. Les écrivains prenant en considération cette raison d'anti-

---

dicimus, Ego : nam ipsum, Tu, non plene finitum est, nisi in personam duxeris digitum. Sic ergo hæc minus quam finita dicenda sunt. Habent enim quamdam designationem non plenæ significationis, quomodo ego : ut puta pone esse turbam, tamen non sic, tu, significanter dicitur in turba, quomodo de turba cum unus dixerit ego : sed ut de multis unum significemus quem quærimus, aut nomen addimus, aut digitum intendimus, ut appareat certius quem vocamus. Ergo tu, ille, et iste, et alia quæ quasi possunt ex parte aliqua definire personam, minus quam finita vocanda sunt. Prima persona dicitur ego, tam in singulari numero quam in plurali cum dicimus, nos, non habet vocativum casum : qua nemo vocat se, o ego, o nos. Ergo sic declinatur singulari numero, N. ego, g. mei, d. mihi, a, me, a. a me : et pluraliter, n. nos, g. nostrum, d. nobis, a. nos, a. a nobis. Vocativum enim, ut dixi, non habet, tam in singulari quam in plurali. Nominativo tu, Genitivo tui, Dativo tibi, Accusativo te, Vocativo o tu, Ablativo a te : et pluraliter, n. vos, g. vestrum, d. vobis, a vos, v. o vos,

a. a vobis. Sane prima persona et secunda, id est, ego et tu, generis omnis est : nam et vir dicit ego, et femina ego, et mancipium ego. Sic tu : et viro dicimus tu, et feminæ, et mancipio : sic in plurali generis omnis est, ut nos, vos. Ex tertia persona hæc est declinatio masculino genere numero singulari : n. ille. g. illorum, d. illis, a. illos. v. o illi, a. ab illis. Genere feminino, n. illa, g. illius, d. illi. a. illam, v. o illa, a. ab illa : et pluraliter, n. illæ, g. illarum, d. illis, a. illas, v. o illæ, a. ab illis. Genere neutro numero singulari, n. illud, g. illius, d. illi, a. illud, v. o illud, a. ab illo : et pluraliter, n. illa, g. illorum, d. illis, a. illa, v. o illa, a. ab illis. Iste, similiter et ipse, ad formam superiorem declinabis, tam ad genera quam etiam ad numeros. Sane quæstio est in hoc pronomine ipse, quare cum istud et illud, in genere neutro dicimus, dicamus ipsum, ut ait Virgilius ; *Atque ipsum corpus amici* : (*Æneid.* 1.) non dixit, ipsud. Sed hæc quæstio solvitur hoc modo : Antiqui enim magis ipsus dicebant in nominativo singulari generis masculini quam ipse. Hanc antiquitatis rationem adtendentes artis

quité, ont donné à ce pronom la forme du nom; et de même que l'on disait justus, justa, justum, perfectus, perfecta, perfectum, de même pour le pronom ipse, on disait ipsus, ipsa, ipsum. au lieu de ipsud, comme istud et illud.

DÉCLINAISON DES PRONOMS INDÉFINIS. — *Qui, que, lequel, laquelle.* — Singulier masculin, N. quis, quæ, quod, lequel, laquelle, lequel, g. cujus, duquel, de laquelle, duquel, d. cui, auquel, à laquelle, auquel, ac. quem, quam, quod, lequel, laquelle, laquelle, v. o quis, o quæ, o quod, ô lequel, ô laquelle, ô lequel, abl. a quo, a qua, a quo, de ou par lequel, laquelle, lequel. Pluriel. N. qui, quæ, quæ, lesquels, lesquelles, lesqueles, g. quorum, quarum, quorum, desquels, desquelles, desquels, d. quibus ou quis (1), auxquels, auxquelles, auxquels, ac. quos, quas, quæ, lesquels, lesquelles, lesquels, v. o qui, o quæ, o quæ, ô lesquels, ô lesquelles, ô lesquels, Abl. a quibus, de ou par lesquels, lesquelles, lesquels. Les anciens ont aussi fait quis de genre commun : N. hic, hæc, quis, celui qui, celle qui, g. hujus quis, de celui ou de celle qui, d. huic qui, à celui ou à celle qui, ac. hunc, hanc, quem, celui, celle que, v. o quis, ô celui, ô celle qui, abl. ab hoc, ab hac qui, de celui, celle qui, De là l'ablatif terminé en bus. Quant à l'ablatif pluriel a quis, il vient de l'ablatif en o, de même que l'ablatif en o, donne un datif pluriel en is; ainsi a justo, juste amène, justis, a docto, savant, doctis, a perfecto, parfait, perfectis, a fortunato, heureux, fortunatis. Ainsi, comme je l'ai dit plus haut, les anciens ont dit hic et hæc quis; celui, celle qui, de même que pour les noms, nous trouvons hic et hæc similis, celui, celle qui ressemble, hic et hæc vgilis qui est agile; hic et hæc facilis, facile; de même pour les pronoms, nous voyons hic et hæc quis, celui, celle qui, ab hoc et ab hac qui, de ou par celui ou celle qui. D'où Virgile parlanf de la compagne de Camille, dit : « Quicum partiri curas » pour cum qua partiri curas. Celle avec qui tu partages (*Enéide*, XI, 822). De plus, il y a des pronoms indéfinis qui sont interrogatifs et que l'on décline ainsi : Singulier. N. uter, lequel des deux ? g. utrius, d. utri, auquel des deux, ac. utrum, lequel des deux, v. o uter, ô lequel des deux, abl. ab utro, duquel des deux ? Pluriel. N. utri, lesquels, g. utrorum, desquels d. utris, auxquels ac. utros, lesquels v. o utri, ô lesquels abl. ab utris, de ou par lesquels. La syllabe que y étant ajoutée, on a uterque, l'un et l'autre, dont les terminaisons sont du singulier, et dont la signification est du pluriel. Car quand Virgile a dit : « Constitit in digitos extemplo arrectus uterque; » l'un et l'autre aussitôt dressé sur la pointe du pied (*Enéide*, V, 426).

(1) « *Quis* ante ora patrum à qui sous les yeux de leurs parents, Virgile Enéide, 1, 99. »

scriptores, pronomen hoc ad formam nominis transtulerunt, ut quomodo in nomine justus, justa, justum dicimus, et perfectus, perfecta, perfectum, sic et hoc pronuntiabitur pronomen ipsus, ipsa, ipsum : non ipsud, quomodo istud et illud.

De declinatione infinitorum. — Nominativo quis, g. cujus, d. cui, a. quem, v. o qui, a. a quo : et pluraliter, n. qui, g. quorum, d. quis vel quibus (ut Virgilius, *Quis ante ora patrum,*) a. quos, v. o qui, a. a quibus. Feminino genere, n. quæ, g. cujus, d. cui, a. quam, v. o quæ, a. a qua : et pluraliter, n. quæ, g. quarum, d. quis, a. quas, v. o quæ, a. a quibus. Genere neutro, n. quod, g. cujus, d. cui, a. quod, v. o quod, a. a quo : et pluraliter, n. quæ, g. quorum, d. quis, (sed jam secundum usum quibus dicimus) a. quæ, v. o quæ, a. a quibus. Antiqui, quis genere communi dixerunt n. hic et hæc quis, g. hujus quis, d. huic qui, a. hunc et hanc quem. v. o quis, a. ab hoc et ab hac qui. Inde venit ablativus exiens in bus. A quis autem ablativus pluralis ab ablativo venit qui exit in o, quomodo in regula ablativus cum exierit in o, dativum pluralem in is mittit, ut a justo justis, a docto doctis, a perfecto perfectis, a fortunato fortunatis. Ergo ut superius dixi, antiqui hic et hæc quis dixerunt, et quomodo in nominibus hic et hæc similis, hic et hæc agilis, hic et hæc facilis : sic in pronominibus, hic et hæc quis, ab hoc ét ab hac qui. Inde Virgilius cum de socia Camillæ diceret, ait : *Quicum partiri curas* (*Æneid.*, II) : id est, cum qua partiri curas. Item sunt alia infinita quæ interrogativa, et declinatur, nominativo uter, g. utrius, d. utri, a. utrum, v. o uter, a. ab utro : et pluraliter, n. utri, g. utrorum, d. utris, a. utros, v. o utri, a. ab utris. Inde addita in compositione, que syllaba, facit uterque, et significat ambos : et tamen singulari sono est, sed signi-

par ce mot uterque il a entendu deux individus. Mais en disant arrectus, dressé, il n'a pas voulu qu'on s'attendît à la pluralité, à utrique au pluriel. Mais il y a cette différence que uterque, quoique signifiant deux, ne signifie toutefois que deux, tandis qu'utrique signifie deux, mais de telle sorte qu'il s'applique à grand nombre dans une collection prise à part. Ainsi si vous dites utrique exercitus, chaque armée, j'entends deux armées, sans doute, mais je veux aussi par là que l'on comprenne une foule dans une collection désignée. Ces choses, quoique distinctes, sont cependant confondues par l'usage et les bons auteurs. Quand, en effet, Virgile dit : « Super utraque quassat tempora, » il frappe sur les deux tempes (*Enéide*, v), il fait confusion : il aurait dû dire : « Super utrumque tempus, » car il ne parlait que de deux tempes, et l'accusatif utrumque tempus lui suffisait ; il aurait dû dire : « utrumque quassat tempus. » Le pronom au féminin se déclinera comme au masculin. Singulier. N. utra mulier, laquelle des deux femmes, g. utrius mulieris, de laquelle des deux femmes, d. utri mulieri, à laquelle des deux femmes, ac. utram mulierem, de laquelle des deux femmes, v. o utra mulier, ô laquelle des deux femmes, abl. ab utra muliere, de ou par laquelle des deux femmes. Pluriel. N. utræ mulieres, lesquelles de ces femmes, g. utrarum mulierum, desquelles de ces femmes, d. utris mulieribus, auxquelles de ces femmes, ac. utras mulieres, lesquelles de ces femmes, v. o utræ mulieres, ô lesquelles des femmes, abl, ab utris mulieribus, de ou par lesquelles des femmes. De même au neutre pour utrum mancipium, lequel des deux esclaves. Singulier. N. utrum mancipium, lequel des deux esclaves, g. utrius mancipii, duquel des deux esclaves, d. utri mancipio, auquel des deux esclaves, ac. utrum mancipium, lequel des deux esclaves, v. o utrum mancipium, ô lequel des deux esclaves, abl, ab utro mancipio, de ou par lequel des deux esclaves. Pluriel. N. utra mancipia, lesquels des esclaves, g. utrorum mancipiorum, desquels des esclaves, d. utris mancipiis, auxquels des esclaves, ac. utra mancipia, lesquels des esclaves, v. o utra mancipia, ô lesquels des esclaves, abl. ab utris mancipiis, de ou par lesquels ou lesquelles des esclaves. C'est ainsi que nous déclinerons son contraire qui est neuter, ni l'un ni l'autre. Masculin, neuter ; féminin neutra ; neutre, neutrum ; neutrum mancipium, ni l'un ni l'autre esclave. C'est de là qu'est venu l'usage de dire generis neutri, du genre neutre, quand nous devrions dire generis neutrius. En ajoutant la conjonction que, on décline uterque, selon les règles établies ci-dessus. Masculin, uterque, féminin, utraque ; neutre, utrumque. Et au pluriel masculin, utrique ; féminin, utræque ; neutre, utraque. Il y a un autre pronom, ullus ulla, ullum, quelque, aucun. Singulier. N. ullus, ulla, ul-

---

ficatione duali. Nam cum dixit Virgilius, *Constitit in digito extemplo arrectus uterque* (*Æneid*, v) : duo significati sunt, cum dixerit uterque : cum autem arrectus, noluit exspectari pluralitatem, ut sit in plurali utrique. Sed hoc interest, quia uterque licet duo significet, tamen solum duo : utrique autem duo significat, sed sic ut in singulis multi sint ; si dicas utrique exercitus, duo significo, sed sic in singulis turbam intelligi volo. Hæc quidem distincta sunt, sed item auctoritate confusa sunt. Nam cum ait Virgilius, *Super utraque quassat tempora* (*Æneid*,v), confudit : dicere enim debuit, super utrumque tempus : loquebatur enim de duobus temporibus tantum, qui utrumque tempus sufficiebat accusativus, ut diceret, utrumque quassat tempus. Ergo ut declinavimus masculinum pronomen, sic femininum declinabimus : utra mulier, utrius mulieris, utri mulieri, utram mulierem, o utra mulier, ab hac utra muliere : et pluraliter, Nominativo utræ mulieres, genitivo utrarum mulierum, dativo utris mulieribus, accusativo utras mulieres, vocativo o utræ mulieres, ablativo ab his utris mulieribus. Sic neutro utrum mancipium, utrius mancipii, utri mancipio, utrum mancipium, o utrum mancipium, ab hoc utro mancipio : et pluraliter, nominativo utra mancipia, utrorum mancipiorum, utris mancipiis, utra mancipia, o utra mancipia, ab his utris mancipiis. Sic declinabimus ejus contrarium quod est neuter. Masculino neuter, feminino neutra, neutro genere hoc neutrum mancipium. Unde usus jam arripuit ut dicamus generis neutri cum dicere debeamus neutrius, quomodo utrius. Addita conjunctione, que syllaba, declinatur pronomen ipsum ad regulam supradictam In masculinis, uterque : in femininis, utraque : in neutris utrumque. Sic pluraliter : in masculinis,

lum, aucun, aucune, aucun, g. ullius, d'aucun, d'aucune, d'aucun, d. ulli, à aucun, à aucune, à aucune, acc. ullum, ullam, ullum, aucun, aucune, aucun, v. o ullus, o ulla, o ullum, ô aucun, aucune, aucun, abl. ab ullo, ab ulla, ab ullo, de ou par aucun, aucune, aucun. Pluriel. N. ulli. ullæ, ulla, aucuns, aucunes, aucuns, g. ullorum, ullarum, ullorum, d'aucuns, d'aucunes, d'aucuns, d. ullis, à aucuns, à aucunes, à aucuns, acc. ullos, ullas, ulla, aucuns, aucunes, aucuns, v. o ulli, o ullæ, o ulla, ô aucuns, ô aucunes, ô aucuns, abl. ab ullis, de ou par aucuns, aucunes, aucuns. Sur ce modèle, déclinez : 1° Nullus, nulla, nullum, aucun, aucune. 2° Alius, hujus alius, huic alii, etc., un autre, de cet autre, 3° Alter, hujus alterius, huic alteri, etc., un autre, de cet autre, etc. 4° Totus, hujus totius, huic toti, etc., tout, tout entier, etc. 5° Solus, hujus solius, huic soli. etc., seul, de lui seul, etc. 6° Unus, hujus unius, huic uni, etc., un, un seul, de celui-là seul, etc. De là ce vers de Virgile : « Forsitan huic uni potui succumbere culpæ » (*Enéide*, IV, 19). Peut être aurai-je pu succomber à cette seule faute. Il y a aussi des pronoms de qualité, comme qualis, tel que : Singulier. N. hoc, qualis, hæc qualis, hoc quale, un homme, une femme de cette qualité. g. hujus qualis, un homme, une femme, une chose de cette qualité, etc., etc. Pluriel. N. hi, hæ quales, hæc qualia, des gens, des choses de cette qualité. g. horum qualium, des gens, des choses de cette qualité etc., etc. Il y en a de quantité, comme quantus, tantus. aussi grand que, tel que : Masculin : quantus, tantus, comme justus. Féminim : quanta, tanta, comme justa. Neutre : quantum, tantum, comme justum. De même pour les pronoms quotus, totus, autant que : Singulier masculin, Quotus, totus. Singulier féminin. Quota, tota. Singulier neutre. Quotum, totum. Pluriel masculin. Quoti, toti. Pluriel féminin. Quotæ, totæ. Neutre. Quota, jugera autant d'arpents, quotorum jugerum. Il y a des pronoms relatifs qui répondent à une interrogation. Ex : quis est ? (quel est celui ?) on répond : is est, (c'est celui). On le décline ainsi : Singulier N. is, ea, id, ce, celle, ce, g. ejus, de cet, celle, ce, d. ei, à ce, celle, ce, ac. eam, eum, id, ce, celle, ce, v. o is, o ea, o id, ô ce. celle, ce, abl. ab eo, ab ea, ab eo, de ou par ce, celle, ce. Pluriel. N. ii, eæ, ea, ceux, celles, ces choses, g. eorum, earum, eorum, de ceux, de celles, de ces choses, d. iis, à ceux, celles, ces choses, acc. eos, eas, ea, ceux, celles, ces choses, v. o ii, o cæ, o ea, ô eux, (mas. fém.) ô ces choses, abl. ab eis, de ou par ceux, celles, ces choses. Ainsi, quand nous parlons d'un chemin, le mot étant neutre en latin (iter) il faut dire, per id iter, et non pas per eum iter, parce que eum, à l'accusatif, est du masculin. Au pluriel, on dit ea itinera, ab eis itineribus. De même on dit : per id nostrum, par notre n, per id tectum, par cette maison, per id caput, par cette tête, et

utrique : in femininis utræque : in neutris, utraque mancipia. Est et aliud pronomen, ullus, ullius, ulli, ullum, o ullus, ab ullo : pluraliter ulli, ullorum, ullis, ullos, o ulli, ab ullis. Femininum ulla, ullius, ulli, ullam, o ulla, ab ulla : pluraliter ullæ, ullarum, ullis, ullas, o ullæ, ab ullis. Neutrum ullum, ullius, ulli, ullum, o ullum, ab ullo : sic pluraliter ulla, ullorum, ullis, ulla, o ulla, ab ullis. Ad hanc formam declinabis et nullus, nulla, nullum : sic alius, hujus alius, huic alii : sic alter, hujus alterius, huic alteri : sic totus, hujus totius, huic toti : sic solus. hujus solius, huic soli : sic unus, hujus unius, huic uni : unde Virgilius,

Forsitan huic uni potui succumbere culpæ.
(*Æneid*, IV).

Sunt et qualitatis pronomina, hic et hæc qualis, hujus qualis, genere communia : a genere autem neutro, hoc quale, hujus qualis : pluraliter hæc qualia, horum qualium. Sunt et quantitatis, ut quantus, tantus : quanti, tanti : declinantur ut justus justi. A feminino, ut quanta, tanta, declinantur ut justa. A neutro, quantum, tantum, declinantur ut justum. Item pronomen a masculino, quotus, totus : a feminino quota, tota : a neutro, quotum, totum. Pluraliter a masculino, quoti, toti : a feminino. quotæ totæ : a neutro, quota jugera, quotorum jugerum. Sunt relativa quæ ad interrogantem referuntur, ut quis est ? respondetur, is est : et declinantur a masculino, is, ejus, ei eum, o is, ab eo : pluraliter ii, eorum, eis, eos, o ei, ab eis. A feminino, ea, ejus, ei, eam. o ea, ab ea. A neutro, id, ejus, ei, id, o id, ab eo. Ergo cum loquimur de itinere : per id iter, dicendum est : non per eum iter : quia eum, in accusativo casu, masculini generis est : plurali ; ea itinera, ab eis itineribus. Item per id nostrum, per id tectum, per id

non per eum, qui ne se voit qu'au masculin.

Du VERBE ET DE SES MODES. — *Indicatif, impératif, optatif, subjonctif, infinitif.* — Nous donnons au mot paroles (verba) quatre acceptions différentes : 1° Nous l'employons pour signifier des mensonges : ainsi nous disons, il lui a donné des paroles, pour, il l'a trompé. De là cette expression de Térence : « Cui verba dare difficile est ; » il est difficile de le tromper (*Andr.*, I, III). 2° Comme synonyme de discours : « Cicéron a prononcé un discours (verba) au sénat. » 3° Nous le prenons pour des sentences vulgaires qu'on appelle proverbes. Térence a dit : « Verum illud verbum vulgo est quod dicit solet. » Cette parole pleine de vérité est simplement ce qu'on a coutume de dire (*Ibid.* II, v, 15). 4° Nous appelons verba, verbes, ce que nous conjuguons avec les temps et les personnes, comme : Singulier. Clamo, je crie, clamas, tu cries, clamat, il crie. Ici, il y a trois personnes, je, tu, il, et le temps est présent. Pluriel. Clamamus nos, nous crions, clamatis vos, vous criez, clamant illi, ils crient. A l'imparfait. Singulier. Clamabam ego, je criais, clamabas tu, tu criais, clamabat ille, il criait. Pluriel. Clamabamus nos, nous criions, clamabatis vos, vous criiez, clamabant illi, ils criaient. Au parfait. Singulier. Clamavi ego, je criai, clamavisti tu, tu crias, clamavit illi, il cria. Au plus-que-parfait, où nous voulons dire non-seulement que nous avons fait quelque chose, mais encore qu'il y a longtemps, nous disons : Singulier. Clamaveram ego, j'avais crié, clamaveras tu, tu avais crié, clamaverat ille, il avait crié. Pluriel. Clamaveramus nos, nous avions crié, clamaveratis vos, vous aviez crié, clamaverant illi, ils avaient crié. Au futur. Singulier. Clamabo ego, je crierai, clamabis tu, tu crieras, clamabit ille, il criera, clamabimus nos, nous crierons, clamabitis vos, vous crierez, clamabunt illi, ils crieront. Tout ce qui précède est du mode indicatif, en effet, c'est une simple indication. Mais nous aurons l'impératif, si l'on commande. Ce mode n'a point de première personne, parce qu'on ne se donne pas un ordre à soi-même, il n'a donc qu'une seconde et une troisième personne. Singulier. Clama, crie, clamet, qu'il crie, Pluriel. Clamate, criez, clament, qu'ils crient. Au futur. Singulier. Clamato, tu crieras, clamato, il criera. Il y a bien une raison pour laquelle ce temps fait clamato aussi bien à la troisième personne qu'à la seconde. Mais nous devons la passer maintenant sous silence. Arrivons au pluriel, la seconde personne fait clamatote, vous crierez, et la troisième clamanto, ils crieront. Nous voyons ensuite l'optatif, ainsi nommé parce qu'il parle comme quelqu'un qui désire. Présent optatif. Singulier. Utinam clamarem, que je criasse, utinam clamares, que tu criasses, utinam clamaret, qu'il criât. Pluriel. Utinam clamaremus, que nous criassions, utinam clamaretis, que vous criassiez, utinam clamarent,

---

caput : non per eum, nisi in genere masculino tantum.

DE VERBO. — *Modus indicativus.* — *De modo imperativo.* — *De modo optativo.* — *De modo subjunctivo.* — *De modo infinitivo.* — Verba quatuor modis accipimus : primo modo, cum verba pro fallaciis accipimus. Verba illi dedit, fefellit eum : unde Terentius dixit, *Cui verba dare difficile est* Secundo modo, verba pro oratione dicimus, verba fecisse Ciceronem in curia. Tertio modo, verba dicimus pro vulgaribus sententiis quæ proverbia dicuntur, ut Terentius dixit : *Verum illud verbum vulgo est quod dici solet.* Quarto modo, verba dicimus hæc quæ decurrimus cum temporibus et personis, ut clamo, clamas, clamat. Hic et personæ sunt tres, ut clamo ego, clamas tu, clamat ille : et tempus est præsens. Deinde pluraliter, clamamus nos, clamatis vos, clamant illi. Tempore præterito imperfecto, clamabam ego, clamabas tu, clamabat ille : et pluraliter, clamabamus nos, clamabatis vos, clamabant illi. Tempore præterito perfecto numero singulari, clamavi ego, clamavisti tu, clamavit ille. Tempore præterito plusquam perfecto, ubi significamus non solum nos aliquid fecisse, sed etiam dudum, et dicimus numero singulari, clamaveram ego, clamaveras tu, clamaverat ille : et pluraliter, clamaveramus nos, clamaveratis vos, clamaverant illi. Tempore futuro numero singulari, clamabo ego, clamabis tu, clamabit ille : clamabimus nos, clamabitis vos, clamabunt illi. Hucusque modo indicativo totum hoc quod diximus indicantis est. Ideo dicitur imperativus, quia sonum habet imperandi. Sed iste modus non habet primam personam, quia nemo sibi imperat, sed ad secundam loquitur personam et tertiam. Numero singulari, ad secundam clama, et ad tertiam clamet : et pluraliter, ad secundam clamate, ad tertiam clament. Futuro tempore, ad secundam clamato, ad tertiam similiter clamato. Sed quare similiter facit in secunda et

qu'ils criassent. Passé optatif. Singulier. Utinam clamassen ego, que j'eusse crié, utinam clamasses tu, que tu eusses crié, utinam clamasset ille, qu'il eût crié. Pluriel. Utinam clamassemus nos, que nous eussions crié, utinam clamassetis vos, que vous eussiez crié, utinam clamassent illi, qu'ils eussent crié. Futur optatif. Singulier. Utinam clamen ego, que je crie, utinam clames tu, que tu cries, utinam clamet ille, qu'il crie. Pluriel. Utinam clamemus nosque nous criions, utinam clametis vos, que vous criiez, utinam clament illi, qu'ils crient. Le mode est dit subjonctif, quand il a besoin de quelque chose pour terminer l'idée, par exemple : Cum clamen, quand je crie, cum clames, quand tu cries, cum clamet, quand il crie. Le sens reste ici suspendu, et a besoin de quelque chose pour que l'idée soit terminée : c'est comme si je disais : lorsque je crie, pourquoi me dites-vous de me taire ? C'est pour cela qu'il a été appelé mode conjonctif, parce qu'on lui joint quelque chose, pour que la phrase soit complète. Conjuguons donc ce mode, dans ses trois personnes, comme ceux que nous avons vus plus haut. Subjonctif présent. Singulier. Cum clamem, lorsque je crie, cum clames, lorsque tu cries, cum clamet, lorsqu'il crie. Pluriel. Cum clamemus, lorsque nous crions, cum clametis, lorsque vous criez, cum clament, lorsqu'ils crient. Subjonctif passé imparfait. Singulier. Cum clamarem, lorsque je criais, cum clamares, lorsque tu criais, cum clamaret, lorsqu'il criait. Pluriel. Cum clamaremus, lorsque nous criions, cum clamaretis, lorsque vous criiez, cum clamarent, lorsqu'ils criaient. Subjonctif passé parfait. Singulier. Cum clamaverim, lorsque je criai, cum clamaveris, orsque tu crias, cum clamaverit, lorsqu'il cria. Pluriel. Cum clamaverimus, lorsque nous criâmes, cum clamaveritis, lorsque vous criâtes, cum clamaverint, lorsqu'ils crièrent. Subjonctif plus-que-parfait. Singulier. Cum clamavissem, lorsque j'eus crié, cum clamavisses, lorsque tu eus crié, cum clamavisset, lorsqu'il eut crié. Pluriel. Cum clamavissemus, lorsque nous eûmes crié, cum clamavissetis, lorsque vous eûtes crié, cum clamavissent, lorsqu'il, eurent crié. Subjonctif futur. Singulier. Cum clamavero, lorsque j'aurai crié, cum clamaveris, lorsque tu auras crié, cum clamaverit, lorsqu'il aura crié. Pluriel. Cum clamaverimus, lorsque nous aurons crié, cum clamaveritis, lorsque vous aurez crié, cum clamaverint, lorsqu'ils auront crié. Les modes ci-dessus donnent les trois personnes, mais l'infinitif n'a point de personnes ; de plus, il n'a que le présent, le passé et le futur. Présent, clamare, crier. Passé, clamasse, avoir crié. Futur, clamatum iri, devoir crier. Vous voyez donc qu'il ne désigne que les temps et non les personnes. Car, dans crier, avoir crié, et devoir crier, clamare, clamasse, clamatum iri, on ne connaît

---

tertia, est ratio : sed nunc prætermittenda est. Et ne ad alia transeamus, redeamus ad rem pluralem. Ad secundam personam clamatote, ad tertiam clamanto. Sic autem optativum dicimus, quia optantis modo loquitur, prima persona tempore præsenti, utinam clamarem, ad secundam utinam clamares, ad tertiam utinam clamaret : et pluraliter ad primam personam, utinam clamaremus, ad secundam utinam clamaretis, ad tertiam utinam clamarent. Præterito tempore, ad primam personam utinam clamassem ego, ad secundam utinam clamasses tu, ad tertiam utinam clamasset ille : et pluraliter utinam clamassemus nos, utinam clamassetis vos, utinam clamassent illi. Futuro tempore, prima persona, utinam clamem ego, utinam clames tu, utinam clamet ille : et pluraliter, utinam clamemus, clametis, clament. Ideo autem subjunctivus dicitur, quia eget aliqua re, ut impleat sententiam suam, ut puta cum clamem, clames, clamet : pendet hic sensus, indigetque aliqua re, ut sententia compleatur : ac si dicam, cum clamen, quare me tacere dicis ? Ideo ergo conjunctivus modus dictus est, quia ei conjungitur aliquid, ut sententia locutionis plena fit. Ergo declinemus hunc modum ut superiores. Declinatur autem per personas tres : prima persona præsentis temporis cum clamem, secunda persona cum clames, tertia cùm clamet : et pluraliter prima persona cum clamemus, secunda cum clametis, tertia cum clament. Præterito tempore imperfecto, prima persona cum clamarem, secunda cum clamares, tertia cum clamaret : et pluraliter prima persona cum clamaremus, secunda cùm clamaretis, tertia cum clamarent. Tempore præterito perfecto, prima persona cum clamaverim, cum clamaveris, cum clamaverit : et pluraliter prima persona cum clamaverimus, cum clamaveritis, cum clamaverint. Tempore plusquam perfecto, prima persona cum clamavissem, cum clamavisses, cum clamavisset : et

point de personnes, à moins qu'on ne veuille ajouter et dire : clamare debet ille, celui-ci doit crier. Alors, c'est comme un temps défini. Mais si l'on n'ajoute ni ille, ni ipse, ni iste, ce mode devient comme on dit infinitif, étant indéfini soit pour le singulier, soit pour le pluriel ; puisque quand je dis, clamare, clamasse, on ne détermine pas si je parle d'un ou de deux. Tels sont les modes qui se trouvent dans la conjugaison des verbes.

PREMIÈRE CONJUGAISON. — *Verbes neutres, d'où vient ce nom.* — Passons maintenant en revue les autres verbes selon le modèle de celui que nous venons de conjuguer. Clamo, je crie, clamas tu cries, clamat, il crie. Amo, j'aime amas, tu aimes, amat, il aime. Canto, je chante, cantas, tu chantes, cantat, il chante. Pulso, je frappe, pulsas, tu frappes, pulsat, il frappe. Freno, je retiens, frenas, tu retiens, frenat, il retient. Armo, j'arme, armas, tu armes, armat, il arme. Impugno, j'attaque, impugnas, tu attaques, impugnat, il attaque. Capto, je prends, captas, tu prends, captat, il prend. Paro, je prépare, paras, tu prépares, parat, il prépare. Separo, je sépare, séparas, tu sépares, separat, il sépare. Accuso, j'accuse, accusas, tu accuses, accusat, il accuse. Mando, je mande, mandas, tu mandes, mandat, il mande. Gravo, je charge, gravas, tu charges, gravat, il charge. Lavo, je lave, lavas, tu laves. lavat, il lave. Genero, je produis, generas, tu produis, generat, il produit. Creo, je crée, creas, tu crées, creat, il crée. Ligo, je lie, ligas, tu lies, ligat, il lie. Alligo, j'attache, alligas, tu attaches, alligat, il attache. Sanctifico, je sanctifie, sanctificas, tu sanctifies, sanctificat, il sanctifie. Cito, je cite, citas, tu cites, citat, il cite. Vulnero, je blesse, vulneras, tu blesses, vulnerat, il blesse. Macero, je macère, maceras, tu macères, macerat, il macère. Lacero, je déchire, laceras, tu déchires, lacerat, il déchire. Aro, je laboure, aras, tu laboures, arat, il laboure. Calco, je foule aux pieds, calcas, tu foules aux pieds, calcat, il foule aux pieds. Lanio, je mets en pièces, lanias, tu mets en pièces, laniat, il met en pièces. Memoro, je rappelle, memoras, tu rappelles, memorat, il rappelle. Calceo, je chausse, calceas, tu chausses, calceat, il chausse. Investigo, je recherche, investigas, tu recherches, investigat, il recherche. Vallo, je palissade, vallas, tu palissades, vallat, il palissade. Domo, je dompte, domas, tu domptes, domat, il dompte. Circumvallo, je bloque, circumvallas, tu bloques, circumvallat, il bloque. Curvo, je courbe, curvas, tu courbes, curvat, il courbe. Medico, je soigne, medicas, tu soignes, medicat, il soigne. Consulto, je pourvois, consultas, tu pourvois, consultat, il pourvoit. Intimo, j'intime, intimas, tu intimes, intimat, il intime. Insinuo, j'insinue, insinuas, tu insinues, insinuat, il insinue. Frequento, je fréquente, frequentas, tu fréquentes, frequentat, il fréquente. Celebro, je célèbre, celebras, tu célèbres, celebrat, il célèbre. Ministro, j'administre, minis-

---

pluraliter prima persona cum clamavissemus, cum clamavissetis, cum clamavissent. Tempore futuro prima persona cum clamavero, cum clamaveris, cum clamaverit : et pluraliter prima persona cum clamaverimus, cum clamaveritis, cum clamaverint. Infinitivus dicitur hic modus, quia superiores definiunt persona, primam, secundam et tertiam ; hic autem modus sine personis est, et habet solum tempus prefinitum, præsens, præteritum et futurum : ut puta clamare, præsens est, clamasse, præteritum : clamatum ire, futurum. Ecce vides designare tantum tempora, non personas. Clamare enim, et clamasse, et clamatum ire, nescitur persona, nisi velis jungere et dicere, clamare debet ille : tunc quasi sit finitum. Si autem non subjungas ille vel ipse vel iste, fit ut dicitur infinitivus modus : nam et numero singulari vel plurali infinitus est. Cum enim dico, clamare, clamasse, nec finitum est utrum de uno an de duobus dicam. Isti ergo sunt modi per quos omnia verba cursantur.

De prima conjugatione. — *Quare dicantur verba neutralia.* — Jam ad formam unius verbi quod currimus percurramus cetera verba, similiter clamo clamas clamat, amo amas amat, canto cantas cantat, pulso, pulsas pulsat, freno frenas frenat, armo armas armat, impugno impugnas impugnat, capto captas captat, paro paras parat, separo separas separat, accuso accusas accusat, mando mandas mandat, gravo gravas gravat, lavo lavas lavat, genero generas generat, creo creas creat, ligo ligas ligat, alligo alligas alligat, sanctifico sanctificas sanctificat, cito citas citat, vulnero vulneras vulnerat, macero maceras macerat, lacero laceras lacerat, aro aras arat, calco, calcas calcat, lanio lanias laniat, memoro memoras memorat, calceo calceas calceat, investigo investigas investigat, vallo vallas vallat, domo domas

tras, tu administres, ministrat, il administre. Palpo, je touche, palpas, tu touches, palpat, il touche. Sono, je retentis, sonas, tu retentis, sonat, il retentit. Socio, j'associe, socias, tu associes, sociat, il associe. Muto, je change, mutas, tu changes, mutat, il change. Postulo, je demande, postulas, tu demandes, postulat, il demande. Quasso, je secoue, quassas, tu secoues, quassat, il secoue. Eviscero, j'éventre, evisceras, tu éventres, eviscerat, il éventre. Denso, je condense, densas, tu condenses, densat, il condense. Enervo, j'énerve, enervas, tu énerves, enervat, il énerve. Verbero, je frappe (quelqu'un), verberas, tu frappes, verberat, il frappe. Macto, j'immole, mactas, tu immoles, mactat, il immole. Fugo, je mets en fuite, fugas, tu mets en fuite, fugat, il met en fuite. Elimino, j'élimine, eliminas, tu élimines, eliminat, il élimine. Cœlo, je grave, cœlas, tu graves, cœlat, il grave. Signo, je marque, signas, tu marques, signat, il marque. Ventilo, j'évente, ventilas, tu éventes, ventilat, il évente. Contristo, je contriste, contristas, tu contristes, contristat, il contriste. Sereno, je rassérène, serenas, tu rassérènes, serenat, il rassérène, etc., etc. Ajoutez la lettre r à tous ces verbes, et ils deviennent passifs. Clamor, je suis crié, clamaris, tu es crié, clamatur, il est crié. Amor, je suis aimé, amaris, tu es aimé, amatur, il est aimé. Pulsor, je suis frappé, pulsaris, tu es frappé, pulsatur, il est frappé.

Secor, je suis coupé, secaris, tu es coupé, secatur, il est coupé. Curor, je suis soigné, curaris, tu es soigné, curatur, il est soigné. C'est ainsi que vous conjuguerez tous les verbes dans tous les modes que nous avons indiqués plus haut : indicatif, impératif, optatif, conjonctif et infinitif. Il y a aussi des formes semblables à celles que nous avons vues dans les verbes actifs, c'est-à-dire dans ceux où nous faisons quelque chose, mais elles appartiennent à des verbes neutres. Ne vous effrayez pas de ce nom de verbes neutres. La raison de cette appellation est qu'ils ne sont ni actifs, ni passifs, comme : Sto, je me tiens debout. Jaceo, je suis à terre, cubo, je suis couché, sedeo, je m'assieds. Ces verbes ne sont ni actifs, ni passifs. D'autres ont été appelés neutres par abus, parce qu'étant actifs, ils n'ont point de passif. Ainsi certo, je lutte, est actif; mais on ne dit pas certor, je suis lutté : de même pour curro, je cours. Il y en a beaucoup de cette forme qui, se terminant en o, n'admettent pas la terminaison or. Exemple : Pugno, je combats, pugnas, tu combats, pugnat, il combat. Bello, je fais la guerre, bellas, tu fais la guerre, bellat, il fait la guerre. Cœno, je soupe, cœnas, tu soupes, cœnat, il soupe. Nato, je nage, natas, tu nages, natat, il nage. Ambulo, je marche, ambulas, tu marches, ambulat, il marche. Navigo, je navigue, navigas, tu navigues, navigat, il navigue. Commeo, je vais et je viens,

domat, circumvallo circumvallas circumvallat, curvo curvas curvat, medico medicas medicat, consulto consultas consultat, intimo intimas intimat, insinuo insinuas insinuat, frequento frequentas frequentat, celebro celebras celebrat, ministro ministras ministrat, palpo palpas palpat, sono sonas sonat, socio socias sociat, muto mutas mutat, postulo postulas postulat, quasso quassas quassat, eviscero evisceras eviscerat, denso densas densat, enervo enervas enervat, verbero verberas verberat, macto mactas mactat, fugo fugas fugat, elimino eliminas eliminat, cœlo cœlas cœlat, signo signas signat, ventilo ventilas ventilat, contristo contristas contristat, sereno serenas serenat, et talia. Istis omnibus adjicitur r littera, et sunt, passiva, ut clamor clamaris clamatur, amor amaris amatur, pulsor pulsaris pulsatur, secor secaris secatur, curor curaris curatur. Sic omnia percurreris per illos modos quos superius diximus, indicativum, imperativum, optativum, conjunctivum, infinitivum. Sane ex hoc sono quo verba activa ordinavimus, id est quo nos agere aliquid significavimus, sunt similes soni, sed ad verba pertinent neutralia. Sed ne te commoveat quare dicuntur neutralia, hæc ratio est, quia neque agunt aliquid neque patiuntur, ut est sto, jaceo, cubo, sedeo. Hæc in nulla actione, in nulla passione sunt. Alia neutralia abusu dicta, quæ habent actionem, sed passionem, nullam : ut certo, habet actionem, sed non dicimus certor, ut curro. Ex quo sono multa sunt, quæ cum in o exeunt, or non admittunt, ut hæc verba, pugno pugnas pugnat, bello, bellas, bellat, cœno cœnas cœnat, nato natas natat, ambulo ambulas ambulat, navigo navigas navigat, commeo commeas commeat, æstuo æstuas æstuat, regno regnas regnat, gelo gelas, gelat, dico dicas dicat, exsulo exsulas exsulat, sacrifico sacrificas sacrificat, cachinno cachinnas cachinnat. Hæc omnia primæ conjugationis sunt, quæ secundam personam horum

commeas, tu vas et tu viens, commeat, il va et il vient. Æstuo, j'ai chaud, æstuas, tu as chaud, æstuat, il a chaud. Regno, je règne, regnas, tu règnes, regnat, il règne. Gelo, je gèle, gelas, tu gèles, gelat, il gèle. Dico, je dédie, dicas, tu dédies, dicat, il dédie. Exsulo, je suis en exil, exsulas, tu es en exil, exsulat, il est en exil. Sacrifico, je sacrifie, sacrificas, tu sacrifies, sacrificat, il sacrifie. Cachinno, je ris aux éclats, cachinnas, tu ris aux éclats, cachinnat, il rit aux éclats. Tous ces verbes sont de la première conjugaison et leur seconde personne est en as, comme amo, amas; canto, cantas; pulso, pulsas; freno, frenas; armo, armas; impugno, impugnas; salto, saltas, curvo, curvas; pugno, pugnas. Connaissant donc la première conjugaison, vous devez savoir que la seconde personne de ces verbes est en as. Car c'est de là qu'est venu le mot conjugaison; on réunit, on ramène (conjungit) beaucoup de verbes à la même terminaison. Les Grecs donnent à ces conjugaisons le nom de συζυγια. Cette première conjugaison une fois trouvée, vous conjuguez sur elle tous les autres verbes qui s'y rapportent.

Seconde conjugaison. — C'est aussi par la seconde personne qu'on trouve la deuxième conjugaison; elle se termine en es. Teneo, je tiens, tenes, tu tiens. Moneo, j'avertis, mones, tu avertis. Præbeo, je fournis, præbes, tu fournis. Doleo, je souffre, doles, tu souffres. Tergeo, je frotte, terges, tu frottes. Compleo, j'accomplis, comples, tu accomplis. Arceo, j'éloigne, arces, tu éloignes. Repleo, je remplis, reples, tu remplis. Egeo, j'ai besoin, eges, tu as besoin. Suppleo, je supplée, supples, tu supplées. Terreo, j'épouvante, terres, tu épouvantes. Mordeo, je mords, mordes, tu mords. Mulceo, je caresse, mulces, tu caresses. Spondeo, je réponds, (pour quelqu'un) spondes, tu réponds. Impleo, j'emplis, imples, tu emplis, etc. Ajoutez à ces verbes la lettre r, et ils deviennent passifs. Teneor, je suis tenu, teneris, tu est tenu. Mulceor, je suis caressé, mulceris, tu es caressé. Mordeor, je suis mordu, morderis, tu es mordu. Impleor, je suis empli, impleris, tu es empli. Arceor, je suis éloigné, arceris, tu es éloigné, etc. Vous conjuguerez ces verbes passifs en suivant les modes, les temps et les personnes, les modes de l'indicatif, de l'impératif, de l'optatif, du conjonctif et de l'infinitif; les temps du présent, du passé et du futur; enfin la première, la deuxième ou la troisième personne. Singulier. Teneor, je suis tenu, teneris, tu es tenu. tenetur, il est tenu. Pluriel. Tenemur, nous sommes tenus, tenemini, vous êtes tenus, tenentur, ils sont tenus. Vous observerez donc, toutes ces règles, comme il a été dit. Mais la première conjugaison terminée en as, comme amo, as, possédant comme je l'ai dit plus haut, des verbes neutres, comme certo, as, nato, as, qui ne prennent pas la lettre r, de sorte qu'on ne dit pas, certor, nator, de même dans la seconde conjugaison, qui se termine en eo, es, comme moneo, mones, doceo, doces, il y a beaucoup de verbes qui ne prennent pas la lettre r

---

omnium verborum in as syllabam mittunt, ut amo amas, canto cantas, pulso pulsas, freno frenas, armo armas, impugno impugnas, salto saltas curvo curvas, pugno pugnas. Ergo audisti primam conjugationem, scire debes secundam verbi personam per as syllabam exire. Nam inde dicitur conjugatio, quod sibi ad unum sonum multa conjungat. Has conjugationes Græci συζυγια dicunt. Sic et similia omnia hac inventa percurris.

De secunda conjugatione. — Secunda autem conjugatio est quæ in secunda similiter persona quæritur, et exit per es, ut teneo tenes, præbeo præbes, moneo mones, doleo doles, tergeo terges, arceo arces, egeo eges, terreo terres, mulceo mulces, impleo imples, compleo comples, repleo reples, suppleo supples, mordeo mordes, spondeo spondes, et talia. Et his adjicitur r littera, et fiunt passiva, teneor teneris, mordeor morderis, arceor arceris, mulceor mulceris, impleor impleris. Declinabis hæc passiva per modos et tempora et personas. Per modos, ut dixi, indicativum, imperativum, optativum, conjunctivum, infinitivum, hoc est quod dixi per modos. Per tempora autem, id est præterita, præsentia vel futura. Persona autem dixi, prima, secunda et tertia, ut teneor teneris tenetur, et pluraliter tenemur tenemini tenentur. Hæc sicut dixi observabis. Sed quomodo ut superius dixi, prima conjugatio quæ exit in as, ut amo amas, capit et verba neutralia, ut certo certas, nato natas, in quibus r littera non admittitur, nec enim dicimus certor, nator: sic in hac conjugatione secunda, quæ exit in eo, es, ut moneo mones, doceo doces, sunt multa, quæ non admittunt r litteram in prima persona, ut algeo alges, scateo scates : algeor enim non est latinum :

à la première personne, comme algeo, alges, j'ai froid, scateo, scates, je jaillis; car algeor n'est pas latin. Même chose pour ferveo, ferves, je suis brûlant; torpeo, torpes, je suis engourdi; pendeo, pendes, je suis suspendu; invideo, invides, j'envie, quoique Horace ait dit dans son *Art poétique* (v. 56), invideor, on me porte envie; mais c'était un néologisme. De même pour emineo, emines, je surpasse; nous ne disons pas emineor. Ces deux conjugaisons, la première terminée en as et la seconde en es, comme amo, amas, moneo, mones, font toujours leur futur en bo: amabo, monebo.

Troisième et quatrième conjugaison. — Ainsi ferez-vous partout où vous trouverez le futur terminé par la syllabe bo; mais il y a deux autres conjugaisons qui ont le futur en am et non en bo; ces conjugaisons s'appellent la troisième brève et la troisième longue. La troisième brève a l'impératif terminé en e bref, comme scribe, écris, tolle, enlève, carpe, prends, occide, tue, sere, sème, lege, lis. Cette conjugaison brève a toujours le futur terminé en am et non pas en bo : scribam, tollam, carpam, occidam, seram, legam, et il ne serait pas latin de dire scribebo, legebo, tollebo, carpebo. Quant à la troisième conjugaison longue, elle se tire également de l'impératif. L'impératif y étant terminé en i, comme audi, écoute, nutri, nourris, senti, sens, muni, fortifie, sarci, raccommode, leni, adoucis, cette conjugaison est dite longue. Le futur en est également en am, muniam, leniam, nutriam, audiam. Quant à la troisième conjugaison brève, elle fait à l'infinitif e bref devant la dernière syllabe, comme scribere, tollere, legere, etc. La troisième conjugaison longue, au contraire, a cette syllabe en i et en i long, comme munire, lenire, audire, sarcire, sentire, venire. Donc, dans tous les verbes, vous observerez, comme je l'ai dit plusieurs fois, que les conjugaisons qui ont pour terminaison as et es, ont le futur en bo. Celles qui sont en is, ont le futur en am et jamais en bo, à moins qu'il y ait quelque autorité pour le justifier, car la règle le défend. Voici quelques verbes de la troisième conjugaison brève, au moyen desquels vous jugerez des autres : lego, je lis, tollo, je prends, erigo, j'élève, carpo, je cueille, cognosco, je connais, capio, je saisis, fugio, je fuis, mergo, je submerge, sero, je sème, arguo, j'accuse, accipio, je reçois, pono, je pose, sumo, je prends, accendo, j'enflamme, expono, j'expose, incipio, je commence. Ils prennent la lettre r et forment les verbes passifs legor, carpor, capior, etc. Il y en a de neutres qui ne prennent pas la lettre r, comme

---

sic ferveo ferves, torpeo torpes, pendeo pendes, invideo invides : quamvis Horatius poeta (*In poetica*), invideor dixerit, sed nova usurpatione : sic emineo emines, nec dicimus emineor. Hæc duæ conjugationes prima et secunda, quas dicimus exire in as et in es, ut amo amas, moneo mones, futurum semper tempus in bo syllabam mittunt, ut amabo, monebo. Sic servabis ubicumque futurum tempus in bo syllabam mittas, quia sunt aliæ duæ conjugationes, quæ futurum tempus in am syllabam mittunt, non in bo, et vocantur ipsæ conjugationes tertia correpta et tertia producta.

De tertia et quarta conjugatione. — Tertia correpta est, quæ imperativum modum in e correptam mittit, ut scribe, tolle, carpe, occide fere, lege. Ergo vidisti imperativum sic exire. Tertia itaque conjugatio est correpta, quæ semper futurum tempus in am mittit, numquam in bo, ut scribam, legam, tollam, carpam : quia latinum non est, si dixerit quis, scribebo, legebo, tollebo, carpebo. Tertia similiter conjugatio producta ex eodem imperativo modo colligitur. Cum enim imperativus modus exit in i litteram, tertia conjugatio producta est, ut audi, nutri, senti, muni, sarci, leni, et talia. Similiter etiam hæc futurum tempus in am mittunt, ut muniam, leniam, nutriam, audiam. Sed tertia correpta in infinito modo e correptam habet ante novissimam syllabam, ut scribere, legere, tollere, et talia : tertia autem producta habet in antenovissima syllaba in infinito i, quæ producitur, ut munire, lenire, audire, sarcire, sentire, venire. Unde in omnibus verbis hæ conjugationes observantur, quæ exeunt in as et in es, futurum tempus in bo, mittunt, ut sæpius dixi. Quæ autem in is exeunt, futurum tempus in am mittunt, numquam in bo, nisi auctoritate præsumpta ; nam ars hoc prohibet. Sed aliqua verba ponimus tertiæ conjugationis correptæ, ex quibus et alia consequaris. Sunt autem hæc, lego, tollo, erigo, carpo, cognosco, capio, fugio, mergo, fero, arguo, accipio, pono, sumo, accendo, expono, incipio. Hæc accipiunt r litteram, et faciunt passiva verba legor, carpor, capior, etc. Sub hac forma sunt neutralia, quæ non accipiunt r litteram, ut cado : non enim dicimus cador. Item ruo, neque

cado, je tombe, nous ne disons pas cador; ruo, je pousse en avant, et non pas ruor; facio, je fais, et non pas facior. De même pour fulgesco, je deviens lumineux, nitesco, je deviens brillant, fervesco, je m'échauffe, algesco, je me refroidis, torpesco, je m'engourdis, compesco, je retiens de force, nigresco, je deviens noir. Tous ces verbes en sco sont neutres et ne prennent pas la lettre r. C'est du reste une règle générale qu'il ne faut pas oublier : jamais un verbe neutre ne prend la lettre r.

Origine du verbe commun et de sa conjugaison. — Restent deux autres espèces de verbes qu'on appelle communs et déponents. Les verbes communs sont ceux qui ont à la fois sous la même terminaison le sens passif et le sens actif. De même que dans les noms on appelle genre commun celui qui contient avec la même terminaison le masculin et le féminin, comme hic, hæc homo, cette personne humaine, hic, hæc sacerdos facit, ce prêtre ou cette prêtresse, de même en est-il des verbes communs : jamais ils ne laissent la lettre r, à moins de n'être plus latins. Ainsi, dans osculor, j'embrasse, si vous enlevez la lettre r et si vous écrivez osculo, ce n'est plus latin. Nous disons donc activement osculor te, je vous embrasse, et passivement, osculor a te, je suis embrassé par vous. Nous disons de même criminor te, je vous accuse, quand c'est nous qui faisons l'action, c'est-à-dire quand nous faisons une accusation, et non pas crimino te ; quand au contraire, c'est de nous que l'on fait une accusation, nous disons criminor a te, je suis accusé par vous, c'est alors la signification passive. Or ces verbes se conjuguent, comme les autres, avec les modes, les temps et les personnes. Indicatif présent. Singulier. Criminor, j'accuse, je suis accusé, criminaris, tu accuses, tu es accusé, criminatur, il accuse, il est accusé. Pluriel. Criminamur, nous accusons, nous sommes accusés, criminamini, vous accusez, vous êtes accusés, criminantur, ils accusent, ils sont accusés. Imparfait. Singulier. Criminabar, j'accusais, j'étais accusé, criminabaris, tu accusais, tu étais accusé, criminabatur, il accusait, il était accusé. Pluriel. Criminabamur, nous accusions, nous étions accusés, criminabamini, vous accusiez, vous étiez accusés, criminabantur, ils accusaient, ils étaient accusés. Parfait. Singulier. Criminatus sum, j'accusai, j'ai été accusé, criminatus es, tu accusas, tu as été accusé, criminatus est, il accusa, il a été accusé. Pluriel. Criminati sumus, nous accusâmes, nous avons été accusés, criminati estis, vous accusâtes, vous avez été accusés, criminati sunt, ils accusèrent, ils ont été accusés. Plus-que-parfait. Singulier. Criminatus eram, j'avais accusé, j'avais été accusé, criminatus eras, tu avais accusé, tu avais été accusé, criminatus erat, il avait accusé, il avait été accusé. Pluriel. Criminati eramus, nous avions accusé, nous avions été accusés, criminati eratis, vous aviez accusé, vous aviez été accusés, criminati erant, ils avaient accusé, ils avaient été accusés.

---

enim dicimus ruor: facio, neque enim dicimus facior. Item fulgesco, nitesco, fervesco, algesco, torpesco, compesco, nigresco. Hæc omnia r litteram non habent, et dicuntur verba neutralia quæ exeunt in sco. Ergo neutralia memineris semper numquam admittere r litteram.

De verbo communi unde dicatur, et de conjugatione ejusdem. — Remanent duo alia verba quæ communia dicuntur et deponentia. Sed communia ideo dicuntur, quia communiter simul tenent sub uno sono activum et passivum. Quomodo in nominibus genus commune dicitur quod et masculinum tenet et femininum sub uno sono, ut sacerdos, homo, hic et hæc sacerdos facit, hic et hæc homo. Sic et verba communia dicuntur : et numquam deponunt r litteram, ne non sint latina. Ut osculor, si tollas r litteram et dicas osculo, non est latinum. Et dicimus cum agimus osculor te, dum autem patimur et ab alio affliciumur dicimus osculor a te : sic criminor te, non crimino, cum rationem significamus, id est cum crimen objicimus, criminor te dicimus : cum autem crimen nobis objicitur, criminor a te dicimus, id est crimen a te audio, et est significatio passiva. Declinantur autem verba hæc ut superiora per modos, tempora et personas. Tempore præsenti singulariter criminor criminaris criminatur, et pluraliter criminamur criminamini criminantur. Præterito imperfecto singulariter; criminabar criminabaris criminabatur, et pluraliter criminabamur criminabamini criminabantur. Præterito perfecto singulariter; criminatus sum, criminatus es, criminatus est : et pluraliter ; criminati sumus, criminati estis, criminati sunt. Præterito plusquam perfecto singulariter; criminatus eram, eras, erat : et pluraliter ;

Futur. Singulier. Criminabor, j'accuserai, je serai accusé, criminaberis, tu accuseras, tu seras accusé, criminabitur, il accusera, il sera accusé. Pluriel. Criminabimur, nous accuserons, nous serons accusés, criminabimini, vous accuserez, vous serez accusés, criminabuntur, ils accuseront, ils seront accusés. L'impératif, dans les verbes, est toujours en e, criminare illum, accusez-le. Optatif. Singulier. Utinam criminarer, que j'accusasse, que je fusse accusé, utinam criminareris, que tu accusasses, que tu fusse accusé, utinam criminaretur, qu'il accusât, qu'il fût accusé. Pluriel. Utinam criminaremur, que nous accusassions, que nous fussions accusés, utinam criminaremini, que vous accusassiez, que vous fussiez accusés, utinam criminarentur, qu'ils accusassent, qu'ils fussent accusés. Optatif parfait. Singulier. Utinam criminatus essem, que j'aie accusé, que j'aie été accusé, utinam criminatus esses, que tu aies accusé, que tu aies été accusé, utinam criminatus esset, qu'il ait accusé, qu'il ait été accusé. Pluriel. Utinam criminati essemus, que nous ayons accusé, que nous ayons été accusés, utinam criminati essetis, que vous ayez accusé, que vous ayez été accusés, utinam criminati essent, qu'ils aient accusé, qu'ils aient été accusés. Futur. Singulier. Utinam criminer, que j'accuse, que je sois accusé, utinam crimineris, que tu accuses, que tu sois accusé, utinam criminetur, qu'il accuse, qu'il soit accusé. Pluriel. Utinam criminemur, que nous accusions, que nous soyons accusés, utinam criminemini, que vous accusiez, que vous soyez accusés, utinam criminentur, qu'ils accusent, qu'ils soient accusés. Conjonctif présent. Singulier. Cum criminer, lorsque j'accuse, lorsque je suis accusé, cum crimineris, lorsque tu accuses, lorsque tu es accusé, cum criminetur, lorsqu'il accuse, lorsqu'il est accusé. Conjonctif-imparfait. Singulier. Cum criminarer, lorsque j'accusais, lorsque j'étais accusé, cum criminareris, lorsque tu accusais, lorsque tu étais accusé, cum criminaretur, lorsqu'il accusait, lorsqu'il était accusé. Conjonctif-parfait. Singulier. Cum criminatus sim, lorsque j'accusai, lorsque je fus accusé, cum criminatus sis, lorsque tu accusas, lorsque tu fus accusé, cum criminatus sit, lorsqu'il accusait, lorsqu'il fût accusé. Pluriel. Cum criminati simus, lorsque nous accusâmes, lorsque nous fûmes accusés, cum criminati sitis, lorsque vous accusâtes, lorsque vous fûtes accusés, cum criminati sint, lorsqu'ils accusaient, lorsqu'ils furent accusés. Conjonctif plus-que-parfait. Singulier. Cum criminatus essem, lorsque j'eus accusé, lorsque j'eus été accusé, cum criminatus esses, lorsque tu eus accusé, lorsque tu eus été accusé, cum criminatus esset, lorsqu'il eut accusé, lorsqu'il eut été accusé. Pluriel. Cum criminati essemus, lorsque nous eûmes accusé, lorsque nous eûmes été accusés, cum criminati essetis, lorsque vous eûtes accusé, lorsque vous eûtes été accusés, cum criminati essent, lorsqu'ils eurent accusé, lorsqu'ils eurent été accusés. Conjonctif futur. Singulier. Cum criminatus ero, lorsque j'aurai accusé, lorsque j'aurai été accusé, cum

---

criminati eramus, eratis, erant. Futuro singulariter criminabor criminaberis criminabitur, et pluraliter criminabimur criminabimini criminabuntur. Imperativus autem modus semper in verbis in e exit, ut dicas criminare illum, id est crimen illi ingere. Optativo modo sic, utinam criminarer criminareris criminaretur, et pluraliter, utinam criminaremur criminaremini criminarentur. Præterito perfecto singulariter utinam, criminatus essem, criminatus esses, criminatus esset: et pluraliter, criminati essemus, criminati essetis, criminati essent. Futuro singulariter, utinam criminer crimineris criminetur, et pluraliter, criminemur criminemini criminentur. Conjunctivo modo singulariter cum criminer crimineris criminetur. Præterito imperfecto singulariter, cum criminarer criminareris criminaretur. Præterito perfecto singulariter, cum criminatus sim, criminatus sis, criminatus sit : et pluraliter criminati simus, criminati sitis, criminati sint. Præterito plusquam perfecto singulariter, cum criminatus essem, criminatus esses, criminatus esset : et pluraliter criminati essemus, criminati essetis, criminati essent. Tempore futuro singulariter cum criminatus ero, eris, erit, et pluraliter, cum criminatus erimus, eritis, erunt. Modo infinito, quem diximus nullas significare personas, facit in præsenti, criminari. In præterito, criminatum esse. In futuro, criminatum iri. Ad hanc formam communia verba declinabis sic, hortor, jaculor, osculor, nidificor, tutor, consolor, scrutor, moror, feneror, amplector, et furor, unde est furor furaris furatur, comitor, recordor, reminiscor, percunctor, minor, gestor, piscor, odoror, aucupor, venor, con-

criminatus eris, lorsque tu auras accusé, lorsque tu auras été accusé, cum criminatus erit, lorsqu'il aura accusé, lorsqu'il aura été accusé. Pluriel. Cum criminati erimus, lorsque nous aurons accusé, lorsque nous aurons été accusés, cum criminati eritis, lorsque vous aurez accusé, lorsque vous aurez été accusés, cum criminati erint, lorsqu'ils auront accusé, lorsqu'ils auront été accusés. Au mode infinitif, que nous avons dit plus haut n'avoir aucune personne, il fait au présent, criminari, accuser, être accusé. Au passé, criminatum esse, avoir accusé, avoir été accusé. Au futur, criminatum iri, devoir accuser, devoir être accusé. Sur ce modèle, vous déclinerez les verbes communs, tels que : Hortor, j'exhorte, jaculor, je lance, osculor, j'embrasse, nidificor, je construis un nid, tutor, je garantis, consolor, je console, scrutor, je scrute, je sonde, moror, je retarde, feneror, je prête à intérêt, amplector, j'embrasse, furor, je vole, comitor, j'accompagne, recordor, je me rappelle, reminiscor, je me souviens, percunctor, je m'enquiers, minor, je menace, gestor, je porte, piscor, je pêche, odoror, je flaire, aucupor, je chasse aux oiseaux, venor, je chasse, contemplor, je contemple, speculor, j'observe, sector, je poursuis, je suis, veneror, je vénère, dignor, je daigne, precor, je prie, misereor, j'ai pitié, vador, j'assigne, calumnior, je calomnie. Et autres semblables qui jamais n'abandonnent la lettre r ; car, sans cela, ils ne sont pas latins. Qui dira en effet reminisco, ou recordo, ou digno, ou secto ? Vous vous souviendrez donc que ces verbes prennent toujours la lettre r.

Verbe déponent. — Reste le verbe déponent, ainsi nommé, parce qu'il dépose, laisse quelque chose de la quantité du verbe commun. En effet, si le verbe commun a quatre participes, le présent, le futur, le passé et le futur passif, criminans, accusant, criminaturus, devant accuser, criminatus, accusé, et criminandus, devant être accusé, le verbe déponent n'a pas ce dernier. On l'appelle déponent, parce qu'il dépose un participe du futur au passif, lequel participe est en dus : ainsi opinor, je pense ou minor, je menace, sont des verbes déponents. Opinor, au participe présent, fera opinans; au participe futur opinaturus ; au participe passé, opinatus ; mais il n'aura pas la forme passive opinandus. De même pour minor, minans, minaturus, minatus, mais pas minandus ; ce serait pas latin. Les verbes déponents se conjuguent avec les modes, les temps et les personnes. Mais de même que les verbes communs ne seraient pas latins sans la lettre r, de même les verbes déponents ne le seraient pas non plus s'ils la perdaient. Je mets ici quelques verbes déponents ; l'usage de la langue latine apprendra les autres. Opinor, je pense, minor, je menace, grator, je remercie, gratulor, je félicite, arbitror, je crois, gratificor, je gratifie, auspicor, j'observe le vol des oiseaux, misereor, j'ai pitié, lenocinor, je flatte, meditor, je médite, luctor, je lutte, conor, je tâche, suffragor, je vote pour, vescor, je me nourris, lætor, je me réjouis, morior, je meurs, stomachor, je me fâche, hariolor, je prédis l'avenir, lezor, je suis peint en couleur, argutor, je babille, paciscor, je fais un traité, complector, j'embrasse, adversor, je m'oppose, angor, j'étrangle, queror, je me plains, macior, je me consume, ratiocinor,

---

templor, speculor, sector, veneror, dignor, precor, misereor, vador, id est fide dico, calumnior, et talia quæ nunquam deponunt r litteram : nam si deponunt, latina non sunt. Quis enim dicat reminisco, aut recordo, vel digno, vel secto ? Ergo memineris hæc semper cum r littera enuntiare.

De verbo deponenti. — Restat verbum deponens, quod ideo dicitur, quia deponit aliquid de quantitate communis verbi. Nam cum participia quatuor habeat verbum commune: præsens, ut criminans : futurum, criminaturus : præteritum, criminatus : futurum criminandus, a passiva significatione criminandus, hoc non habet verbum deponens. Et ideo dicitur deponens, quia deponit unum participium futuri temporis a verbo passivo, quod exit in dus syllabam, ut puta opinor vel minor verba sunt deponentia. Venit a participio præsentis temporis, et facit minans, futuro tempore facit minaturus, præterito facit minatus. Futuro a significatione passivi non facit minandus : sic opinans opinaturus opinatus, opinandus non facit : vel si dicas moriens moriturus mortuus, non facit moriendus, quia non est latinum. Ergo et hoc deponens verbum sic percurrit per modos et tempora et personas. Quomodo

APPENDICE.

je raisonne, argumentor, j'argumente, blandior, je caresse, fabulor, je converse, nitor, je m'efforce, labor, je glisse, vagor, je vais ça et là, rusticor, je demeure à la campagne, concionor, je parle au peuple, mercor, je fais le commerce, vociferor, je vocifère, nanciscor, je trouve, suspicor, je soupçonne, etc. Souvenez-vous, je vous l'ai dit, de les employer avec la lettre r : car on ne dit pas blandio ou pacisco. Tous ces verbes se conjuguent comme nous avons vu que se conjuguent le verbe criminor.

Verbes neutres passifs ; verbes unipersonnels. — Nous avons parlé des verbes actifs, ainsi nommés de l'action ; des verbes neutres, ainsi nommés de ce qu'ils ne sont ni actifs, ni passifs ; comme sto, jaceo, sedeo, cubo, etc.; d'autres verbes neutres, comme nato, curro ; d'autres, pour ainsi dire passifs, sans être actifs, comme vapulo, je suis battu, sudo, je sue, algeo, j'ai froid, æstuo, j'ai chaud, ferveo, je bouillonne, febrio, j'ai la fièvre, somnio, j'ai sommeil, ou je dors, meridio, je fais la méridienne, rigeo, je suis roide, frigeo, j'ai froid, tumeo, je suis enflé, langueo, je languis, oleo, je sens, rubeo, je rougis, fulgeo, je brille, stupeo, je suis stupéfait. Or, tous ces verbes, ceux qui ne sont ni actifs ni passifs, ceux qui sont actifs sans être passifs, et ceux qui sont pour ainsi dire passifs, sans être actifs, n'admettent jamais la lettre r ;

autrement ils cesseraient d'être latins. Nous avons aussi parlé des verbes communs et montré qu'ils s'appelaient ainsi, parce qu'ils avaient en même temps le sens actif et le sens passif. Nous n'avons pas oublié non plus les verbes déponents, ainsi appelés de ce qu'ils déposent le participe futur en us, à la signification passive. Ainsi, nous ne disons pas moriendus, gloriandus, blandiendus, et autres mots qui pourraient venir des verbes déponents. Sans doute, les écrivains ont ajouté un autre genre de verbes qu'ils ont appelés neutres-passifs, mais c'est l'euphonie seule qui a trouvé ce nouveau genre de verbe, et il ne s'en trouve que très-peu d'exemples ; soit gaudeo, je me réjouis. Comme il était dur de dire gavisi, je me suis réjoui ; on a changé cette forme, et prenant le passé passif, on a dit gravisus sum. De même pour audeo, oser; ausus sum ; pour soleo, avoir coutume, solitus sum, fido, se fier, fisus sum. Mais, je le répète, il y a très-peu de verbes de cette espèce.

Il y a aussi quelques autres verbes en petit nombre, nommés unipersonnels et qui se terminent en et en tur. Pudet, j'ai honte, tædet, je m'ennuie, decet, il convient, libet, il plaît, pænitet, je me repens, patet, il est évident, miseret, j'ai pitié, piget, je regrette, liquet, il est clair. On les appelle unipersonnels parce que, manquant des deux premières personnes, ils

---

supra dictum est, commune verbum non deposita r littera latinum est, deposita autem latinum non est: sic etiam deponentia cum perdiderint r litteram, latina non sunt. Subjicio itaque nunc pauca verba deponentia, cetera usus latinus docebit. Sunt autem, opinor, minor, grator, gratulor, arbitror, gratificor, auspicor, misereor, lenocinor, meditor, luctor, conor, suffragor, vescor, lætor, morior, stomachor, hariolor, lezor, id est colore pingor, argutor, paciscor, complector, adversor, angor, queror a significatione querelæ, macior, ratiocinor, argumentor, blandior, fabulor, nitor, labor a significatione lapsus, vagor, rusticor, concionor, id est ad populum loquor, mercor, vociferor, nanciscor, quod est invenio, suspicor, et alia. Memineris, ut jam dixi, cum r littera enunciare : nam nemo dicit blandio, aut pacisco. Sic hæc omnia declinantur ad formam declinationis communis verbi quod dixi criminor.

De neutro passivis et impersonalibus. — Tractavimus ergo verba activa, quæ ideo dicuntur ab agendo : tractavimus neutralia, quæ ideo tale nomen accipiunt, quod nec agunt aliquid, nec patiuntur : ut diximus, sto, jaceo, sedeo, cubo, et alia. Tractavimus etiam alia neutralia, quæ agunt aliquid, sed non patiuntur, et quasi semineutralia dicuntur : ut nato, curro. Alia quæ patiantur, et non agant : ut vapulo, pendeo, sudo, algeo, æstuo, ferveo, febrio, somnio, meridio, rigeo, frigeo, tumeo, langueo, oleo, rubeo, fulgeo, stupeo, et alia. Hæc omnia tam in iis, quæ nequaquam aliquid agunt, nec patiuntur, quam etiam in iis quæ agunt, nec patiuntur, quamque in iis quæ patiuntur aliquid, nec tamen agunt, numquam adjicitur in his littera r, natura non esse latina. Tractavimus item communia, exposuimus unde communia dicuntur, quia actionem in se tenent, et passionem. Tractavimus deponentia, et exposuimus quare dicantur deponentia, quia deponunt futuri temporis participium a significatione passiva, quod exit in dus, quia moriendus, gloriandus, blandiendus, et alia quæ veniunt a deponentibus verbis, non dici-

n'ont que la troisième. Nous ne dirons pas en effet pudeo, pudes, tædeo, tædes, deceo, deces, libeo, libes, pæniteo, pænites, pateo, pates, misereo, miseres, pigeo, piges, liqueo, liques. Sachez de plus que patet et liquet ont la signification de notre expression ; il est manifeste. C'est comme si vous disiez, s'il est manifeste (si patet) que vous avez dit telle chose, vous avez fait une calomnie ; il en de même pour liquet. Tædet signifie avoir de l'ennui, comme piget veut dire avoir du regret, de la répugnance. Quand, en effet, nous disons piget me fecisse, j'ai regret d'avoir fait, c'est dire : mon esprit ne se hâte pas d'approuver ce que j'ai fait. Or, tous ces verbes se conjuguent ainsi : pudet me, j'ai honte, piget me, j'ai regret, miseret me, j'ai pitié, pænitet me, je me repens, libet, il plaît, licet, il est permis, patet, il est évident, liquet, il est clair. Pour ces quatre derniers, nous mettons le datif et nous disons : libet mihi, il me plaît, licet mihi, il m'est permis, patet mihi, il est évident pour moi, liquet mihi, il est clair pour moi (1). Une autre espèce de verbes unipersonnels se termine en tur : itur, on va, il est allé, curritur, on court, il est couru, certatur, ou lutte, on dispute, il est lutte, disputé, pugnatur, on combat, il est combattu. Ces verbes n'ont point de première ni de seconde personne, et l'on ne dit pas eor, iris, curror, curreris, certor, certaris, pugnor, pugnaris. Voici comme ils se conjuguent : présent. Itur a me, il est allé par moi (je vais), itur a te, il est allé par vous, itur ab illo, il est allé par lui, pugnatur a me, il est combattu par moi (je combats), pugnatur a te, il est combattu par vous, pugnatur ab illo, il est combattu par lui. Imparfait. Ibatur a me, il était allé par moi (j'allais), ibatur a te, il était allé par vous, ibatur ab illo, il était allé par lui. Pugnabatur a me, il était combattu par moi (je combattais), pugnabatur a te, il était combattu par vous, pugnabatur ab illo, il était combattu par lui. Certabatur a me, il était disputé par moi (je disputais), certabatur a te, il était disputé par vous, certabatur ab illo, il était disputé par lui. Parfait. Itum est a me, il fut allé par moi (j'allai), itum est a te, il fut allé par vous, itum est ab illo, il fut allé par lui. Cursum est a me, il fut couru par moi (je courus), cursum est a te, il fut couru par vous, cursum est ab illo, il fut couru par lui. Pugnatum est a me, il fut combattu par moi (je combattis), pugnatum est a te, il fut combattu par vous, pugnatum est ab illo, il fut combattu par lui. Certatum est a me, il fut disputé par moi, certatum est a te, il fut disputé par vous, certatum est

---

(1) S. Augustin emploie indifféremment l'accusatif.

---

mus. Sane artium scriptores adjecerunt aliam verbi speciem, quam vocaverunt neutro passivam, sed hoc novellum genus verbi euphonia invenit, et in paucis est verbis, ut gaudeo. Quoniam durum erat ut diceremus præterito tempore gavisi, mutaverunt illi sonum de præterito tempore passivi verbi, gaudeo gavisus sum, sic audeo ausus sum, soleo solitus sum, sic fido fisus sum. Sed hujus novi generis perpauca. Sunt et alia quædam pauca verba, quæ impersonalia dicuntur, et exeunt per syllabas, et, tur : Pudet, tædet, decet, libet, pænitet, patet, piget, miseret, liquet : et inde dicuntur impersonalia, quia carent personis duabus, prima et secunda, et solam habent tertiam personam. Nam nec pudeo pudes dicimus, nec deceo deces, nec libeo libes, nec pigeo piges, nec misereo miseres, nec pæniteo pænites, nec pateo pates, nec liqueo liques. Scias autem patet et liquet hoc significare, quod dicimus: manifestum est. Ut si dicas : Et si patet te hoc dixisse, injuriam fecisti : hoc significat et liquet, id est manifestum est. Tædet autem tædium esse significat, quomodo piget, quasi pigritiam significat. Nam cum dicimus, piget me fecisse, hoc est dicere, non surgit meus animus probare quod feci. Hæc autem omnia verba sic declinantur : Pudet me, piget me, miseret me, pænitet me. Præter hæc, libet et licet, patet et liquet. His enim dativum jungimus casum, ut libet mihi, licet mihi, patet mihi, liquet mihi.

Verbum impersonale in tur. — Altera vero species quæ in tur exit, et ipsa impersonalium verborum est, ut itur, curritur, certatur, pugnatur : primam et secundam personam non habent : nam nec eor iris, nec curror curreris, nec pugnor pugnaris, nec certor certaris dicitur. Et declinantur hæc verba, itur a me, a te, ab illo : pugnatur a me, a te, ab illo. Sic in præterito imperfecto, ibatur a me, a te, ab illo : pugnabatur a me, a te, ab illo : certabatur a me, a te, ab illo. Sic in præterito perfecto, itum est a me, a te, ab illo ; cursum est a me, a te, ab illo : pugnatum est a me, a te, ab illo : certatum est a me, a te, ab illo. Sic in præterito plusquam

ab illo, il fut disputé par lui. Plus-que-parfait. Itum erat a me, il avait été allé par moi (j'étais allé), itum erat a te, il avait été allé par vous, itum erat ab illo, il avait été allé par lui. Cursum erat a me, il avait été couru par moi (j'avais couru), cursum erat a te, il avait été couru par vous, cursum erat ab illo, il avait été couru par lui. Pugnatum erat a me, il avait été combattu par moi, pugnatum erat a te, il avait été combattu par vous, pugnatum erat ab illo, il avait été combattu par lui. Certatum erat a me, il avait été disputé par moi, certatum erat a te, il avait été disputé par vous, certatum erat ab illo, il avait été disputé par lui. Futur. Ibitur a me, il sera allé par moi, ibitur a te, il sera allé par vous, ibitur ab illo, il sera allé par lui. Curretur a me, il sera couru par moi, curretur a te, il sera couru par vous, curretur ab illo, il sera couru par lui. Pugnabitur a me, il sera combattu par moi, pugnabitur a te, il sera combattu par vous, pugnabitur ab illo, il sera combattu par lui. Certabitur a me, il sera disputé par moi, certabitur a te, il sera disputé par vous, certabitur ab illo, il sera disputé par lui. Pluriel. Certabitur a nobis, il sera disputé par nous, certabitur a vobis, il sera disputé par vous, certabitur ab illis, il sera disputé par eux. Impératif. Eatur a me, qu'il soit allé par moi (que j'aille), eatur a te qu'il soit allé par vous, eatur ab illo, qu'il soit allé par lui, eatur a nobis, qu'il soit allé par nous, eatur a vobis, qu'il soit allé par vous, eatur ab illis, qu'il soit allé par eux. Optatif. Utinam iretur a me, qu'il fût allé par moi, utinam iretur a te, qu'il fût allé par vous, utinam iretur ab illo, qu'il fût allé par lui, utinam iretur a nobis, qu'il fût allé par nous, utinam iretur a vobis, qu'il fût allé par vous, utinam iretur ab illis, qu'il fût allé par eux. Parfait. Plus-que-parfait. Utinam itum esset a me, qu'il ait été allé par moi, utinam itum esset a te, qu'il ait été allé par vous, utinam itum esset ab illo, qu'il ait été allé par lui, utinam itum esset a nobis, qu'il ait été allé par nous, utinam itum esset a vobis, qu'il ait été allé par vous, utinam itum esset ab illis, qu'il ait été allé par eux. Futur. Utinam eatur a me, qu'il soit allé par moi, utinam eatur a te, qu'il soit allé par vous, utinam eatur ab illo, qu'il soit allé par lui, utinam eatur a nobis, qu'il soit allé par nous, utinam eatur a vobis, qu'il soit allé par vous, utinam eatur ab illis, qu'il soit allé par eux. Conjonctif présent. Cum curratur a me, lorsqu'il est couru par moi, cum curratur a te, lorsqu'il est couru par vous, cum curratur ab illo, lorsqu'il est couru par lui, cum curratur a nobis, lorsqu'il est couru par nous, cum curratur a vobis, lorsqu'il est couru par vous, cum curratur ab illis, lorsqu'il est couru par eux. Conjonctif imparfait. Cum curreretur a me, lorsqu'il était couru par moi, cum curreretur a te, lorsqu'il était couru par vous, cum curreretur ab illo, lorsqu'il était couru par lui, cum curreretur a nobis, lorsqu'il était couru par nous, cum curreretur a vobis, lorsqu'il était couru par vous, cum curreretur ab illis, lorsqu'il était couru par eux. Conjonctif parfait. Cum cursum sit a me, lorsqu'il fut couru par moi, cum cursum sit a te, lorsqu'il fut couru par toi, cum cursum sit ab illo, lorsqu'il fut couru par lui, cum cursum sit a nobis, lorsqu'il fut couru par nous, cum cursum sit a vobis, lorsqu'il fut couru par vous, cum cursum sit ab illis, lorsqu'il fut couru par eux. Conjonctif plus-que-parfait. Cum cursum esset a me, lorsqu'il aurait été couru par moi, cum cursum esset a te, lorsqu'il aurait été couru par vous, cum cursum esset ab illo, lors-

perfecto ; itum erat a me, a te, ab illo : cursum erat a me, a te, ab illo : pugnatum erat a me, a te, ab illo, certatum erat a me, a te, ab illo. Sic in futuro tempore ; ibitur a me, a te, ab illo : curretur a me, a te, ab illo, pugnabitur a me, a te, ab illo : certabitur a me, a te, ab illo : sic plurale; a nobis, a vobis, ab illis. Imperativo modo, eatur a me, a te, ab illo : a nobis, a vobis, ab illis. Modo optativo, utinam iretur a me, a te, ab illo ; a nobis, a vobis, ab illis. Præterito perfecto et plusquam perfecto, utinam itum esset a me, a te, ab illo : et pluraliter ; a nobis, a vobis, ab illis. Futuro tempore, utinam eatur a me, a te, ab illo : pluraliter ; a nobis, a vobis, ab illis. Modo conjunctivo tempore præsenti, cum curratur a me, a te, ab illo : et pluraliter a nobis, a vobis, ab illis. Præterito imperfecto, cum curreretur a me, a te, ab illo : pluraliter a nobis, a vobis, ab illis. Præterito perfecto, cum cursum sit a me, a te, ab illo : pluraliter a nobis, a vobis, ab illis. Præterito plusquam perfecto, cum cursum esset a me, a te, ab

qu'il aurait été couru par lui, cum cursum esset a nobis, lorsqu'il aurait été couru par nous, cum cursum esset a vobis, lorsqu'il aurait été couru par vous, cum cursum esset ab illo, lorsqu'il aurait été couru par eux. Conjonctif futur. Cum cursum erit a me, lorsqu'il aura été couru par moi, cum cursum erit a te, lorsqu'il aura été couru par vous, cum cursum erit ab illo, lorsqu'il aura été couru par lui, cum cursum erit a nobis, lorsqu'il aura été couru par nous, cum cursum esset a vobis, lorsqu'il aura été couru par vous, cum cursum esset ab illis, lorsqu'il aura été couru par eux. Infinitif présent. Curri debet a me, il doit être couru par moi (je dois courir), curri debet a te, il doit être couru par vous, curri debet ab illo, il doit être couru par lui, curri debet a nobis, il doit être couru par nous, curri debet a vobis, il doit être couru par vous, curri debet ab illis, il doit être couru par eux. Infinitif passé. Cursum esse debuit a me, il a dû avoir été couru par moi (j'ai dû avoir couru), cursum esse debuit a te, il a dû avoir été couru par vous, cursum esse debuit ab illo, il a dû avoir été couru par lui, cursum esse debuit a nobis, il a dû avoir été couru par nous, cursum esse debuit a vobis, il a dû avoir été couru par vous, cursum esse debuit ab illis, il a dû avoir été couru par eux. Infinitif futur. Cursum iri debet a me, il doit être couru par moi (je dois courir), cursum iri debet a te, il doit être couru par vous, cursum iri debet ab illo, il doit être couru par lui, cursum iri debet a nobis, il doit être couru par nous, cursum iri debet a vobis, il doit être couru par vous, cursum iri debet ab illis, il doit être couru par eux.

Verbes inchoatifs fréquentatifs et désidératifs. — Il y a d'autres verbes nommés inchoatifs, et qui tirent leur origine d'une affection, d'un sentiment subit : ils se terminent en sco : Ardeo, ardesco, prendre feu, s'enflammer, candeo, candesco, blanchir, devenir d'un blanc éclatant, labo, labesco, chanceler, tepeo, tepesco, devenir, tiède, s'échauffer, ferveo, fervesco, s'échauffer, bouillir, vireo, viresco, devenir vert, algeo, algesco, se refroidir, dormio, dormisco, s'endormir, etc. Ces verbes n'ont point de passé. Car on peut faire calui et fervi, mais calesco et fervesco ne peuvent faire caluifecit et fervifecit. Fervi et calui viennent très-bien de ferveo et caleo ; quant à fervescui et virescui, ils ne sont pas latins. On comprend que les verbes inchoatifs n'aient point de parfait ; en effet, ce que nous commençons n'est pas encore achevé. Maintenant, tous ces verbes se terminant en sco sont toujours neutres et ne prennent pas la lettre r ; voilà pourquoi je les ai appelés neutres. Ne soyez pas toutefois étonnés de voir certains verbes terminés en scor, et, malgré cela, un parfait, comme : obliviscor, oblitus sum, oublier, paciscor, pactus sum, faire un traité, adipiscor, adeptus sum, acquérir. C'est une exception à la règle posée, que tout verbe neutre manque du parfait. En outre, il y a des verbes appelés fréquentatifs ; qui veulent dire qu'on fait plus fréquemment l'action qu'ils indiquent, comme : de dicto, je dis, on a fait dictito, je dis souvent, de lego, je lis, lectito, lire souvent, de scribo, écrire, scriptito écrire souvent, de clamo, crier, clamito, crier souvent, de cio, proférer, mouvoir, cito, citer, appeler souvent : de là vient que maintenant nous appelons citati ceux qui sont cités, c'est-à-dire appelés souvent par la voix du crieur public. Enfin, il y a quelques verbes qu'on appelle dé-

illo : pluraliter ; a nobis, a vobis, ab illis. Futuro, cum cursum erit a me, a te, ab illo : pluraliter ; a nobis, a vobis, ab illis. Modo infinito, curri debet a me, a te, ab illo : et pluraliter ; a nobis, a vobis, ab illis. Præterito tempore, cursum esse debuit a me, a te, ab illo : et pluraliter ; a nobis, a vobis, ab illis. Tempore futuro, cursum iri debet a me, a te, ab illo : et pluraliter ; a nobis, a vobis, ab illis.

De inchoativis, frequentativis, et desiderativis verbis. — Sunt alia verba, quæ inchoativa dicuntur, et ex subita affectione nascuntur, et exeunt in sco syllabam, ut ardeo ardesco, caleo calesco, candeo candesco, labo labasco, tepeo tepesco, ferveo fervesco, vireo viresco, algeo algesco, dormio dormisco, et reliqua. Hæc omnia præteritum non habent : nam potest calui et ferui facere, et non calesco vel fervesco caluifecit vel fervifecit : sed a ferveo fervi, a caleo calui, nam calescui, fervescui et virescui, latina non sunt. Et ideo dicuntur inchoativa præteritum tempus non habere : quia quæ inchoamus, adhuc perfecta non sunt. Et omnia hæc quæ dixi in sco exire, semper

sidératifs, comme : esurio, c'est-à-dire je désire manger, j'ai faim, parturio, je désire enfanter. C'est ainsi que Cicéron a dit de certains philosophes, morituriunt, ils désirent mourir. Mais, je l'ai dit, ces verbes, introduits dans la langue latine, sont en petit nombre.

DE L'ADVERBE. — L'adverbe se nomme ainsi parce qu'il s'attache au verbe, et se trouve près de lui. Un verbe ne peut avoir de signification tout à fait précise, si l'on n'y joint un adverbe. Ainsi, dico, je dis, navigo, je navigue, valeo, je me porte, curro, je cours, etc. n'ont point de signification complète si l'on n'y ajoute des adverbes, comme bene, bien, male, mal, docte savamment, feliciter heureusement : il dit bien, il dit mal, il navigue heureusement, malheureusement, il se porte bien, il se porte mal, il court vite, il court lentement. Comme on le voit, la signification des vebes ne peut être complète, sans y joindre des adverbes. On joint aussi d'autres adverbes pour achever, compléter la signification des verbes, comme sont les adverbes de lieu et de temps : je dis ici, hic, j'habite ici, hic, je vais dedans, intro, je suis dedans, intus, je vais, je suis dehors, foras, foris, je navigue de là, hinc. Pour le temps ; je navigue aujourd'hui, demain, hodie, cras ; et autres adverbes appropriés à d'autres situations et faciles à comprendre. Aussi, n'ai-je pas voulu les mettre ici, parce que, pour ne pas ennuyer, il est bon d'être court. Nous devons observer dans les adverbes que l'ablatif montre quand ils doivent se terminer par un e ou par ter. En effet, quand l'ablatif est en o, l'adverbe se termine par e : docto, docte, savamment, justo, juste, justement, perfecto, perfecte, parfaitement, pio, pie, pieusement, valido, valide, fortement, fortunato, fortunate, avec bonheur, magno, magne, grandement, amplo, ample, amplement, minimo, minime, nullement, etc. C'est aussi l'ablatif qui, je l'ai dit, montre que l'adverbe se termine en ter. Agili, agiliter, avec agilité, humili, humiliter, humblement, acri, acriter, vivement, forti, fortiter. courageusement, levi, leviter, légèrement, gravi, graviter, gravement, jugi, jugiter, continuellement. Il y en a quelques-uns qui, devant être durs à l'oreille ont été mis de côté, et ne doivent pas être formés d'après cette règle : ainsi, nous ne disons pas : miti, mititer, doucement, tristi, tristiter, tristement. Alors, pour qu'ils ne sonnent pas d'une manière rude aux oreilles, ces adjectifs ont perdu la dernière syllabe, et l'on dit : sapienti, sapienter, sagement, au lieu de sapientiter, prudenti, prudenter, prudemment, au lieu de prudenditer, præstanti, præstanter d'une manière efficace, et non præstantiter. Nous devons donc faire en sorte de ne point plier l'euphonie à la règle, ou

neutralia sunt, nec accipiunt r litteram, et ideo admonui esse neutralia. Nec te conturbent quædam verba in scor exeuntia, et tamen admittere præteritum tempus, ut obliviscor oblitus sum, paciscor pactus sum, adipiscor adeptus sum : etiam hæc dum neutralia sunt, in quibus diximus præterita tempora cessare. Præterea alia quæ frequentativa dicuntur, quibus aliquid frequentius factum significatur, ut a dicto dictito, a lego lectito, a scribo scriptito, a clamo clamito, a cio cito, quod significat frequenter vocito, unde nunc aliquos voce præconis citatos dicimus, id est frequenter vocatos, et alia. Sunt et alia perpauca, quæ desiderativa dicuntur, ut esurio, Id est edere desidero, parturio parere desidero, et ut dictum est a Cicerone de philosophis, morituriunt, mori desiderant. Sed hæc, ut dixi, pauca sunt, quæ in sonum latinitatis introducta sunt.

DE ADVERBIO. — Adverbium ideo dictum est, quia adhæret verbo : nec potest verbi vis significantius sonare, nisi jungatur adverbium : ut puta verbum est dico, navigo, valeo, curro, et alia : hæc non plenæ significationis sunt, nisi adjiciantur adverbia, ut bene, male, docte, feliciter: ut bene dicit, imperite dicit, prospere navigat, infeleciter navigat, integre valet, debiliter valet, agiliter currit, tardius currit. Vides quia plena verborum significatio esse non potest, nisi fuerint adverbia conjuncta. Sic alia adverbia junguntur ad explendam verbi significationem, ut sunt locorum adverbia, temporum adverbia: ut hic dico, hic habito, intro eo, intus sum, foras eo, foris sum, hinc navigo. Sic de tempore : cras navigo, hodie navigo : et alia, quæ aliis artibus dicta sunt, et intellectu plana sunt, ideo hic ponere nolui, quia ad dicendi fastidium brevitas opportuna est. Sane in adverbiis hæc observare debemus, quando in e exeunt, quando in ter syllabam, hoc ablativus casus docet. Nam quando ablativus exit in o, adverbium in e mittit, ut a docto docte, a justo juste, a perfecto perfecte, a pio pie, a valido valide, a fortunato fortunate, a magno magne, ab amplo ample, a minimo minime, et alia. Quando autem in ter syllabam exit adverbium similiter, ut dixi, ablativus docet : ab agili agiliter, ab humili humiliter, ab acri acriter, a forti

de ne pas rejeter l'euphonie. Car l'euphonie, c'est-à-dire la douceur du son a été admise dans la langue latine pour tempérer les sons trop durs ; et avec raison, on a laissé la règle, là où la dureté des sons aurait offensé l'oreille. C'est ainsi que Cicéron dit : « La raison a permis de faire une faute pour cause de douceur dans les sons. » Toutefois, cela n'est admis que dans un petit nombre de mots ; car la raison et la règle dominent toujours chez les plus élégants écrivains de la langue latine. Du reste, sur toutes ces règles, l'exemple autorise des exceptions quelquefois hardies, comme Cicéron, humaniter, au lieu de humane, humainement ; et comme Térence : « Vitam parce et duriter agebat, » au lieu de dure : « Il menait une vie économe et dure (*Andrienne*, I, 1, 47). » Toutefois, les auteurs eux-mêmes n'ont osé aller contre la règle qu'avec beaucoup de réserve et avec une certaine pudeur. S'ils ont dit : falso, pour false, faussement, necessario, pour necessarie, nécessairement, sedulo, pour sedule, avec soin, raro, pour rare, rarement, crebro, pour crebre, fréquemment, et tuto, pour tute, sûrement, etc., ces exceptions sont peu nombreuses, et ils les ont faites avec modération et non avec licence. Il y a des adverbes qui ont d'autres terminaisons, comme : funditus, jusqu'au fond, de fundus, fond, cœlitus, du ciel, de cœlum, ciel, radicitus, jusqu'aux racines, de radice, racine, penitus, profondément, de penetrabilibus locis, des lieux intimes, stirpitus, radicalement, de stirps, souche. Il y en a qui se terminent en im, en is, en ens : vicatim, de rue en rue, de vicus, rue ; ostiatim, de porte en porte, de ostium, porte, viritim, par homme, de viro, homme, nimis, trop, de nimio, trop grande quantité. Ne plus nimis, rien de trop. Recens, c'est-à-dire recenti tempore, récemment. Virgile a dit : « Sole recens orto : Le soleil venant de se lever (*Géorg.*, III, 156). » Mais il n'y a point de différence dans le sens de ces adverbes. Entre intro et intus, dedans, il y a au contraire cette différence que intro suppose mouvement et intus repos : intro eo, je vais dedans, intus sum, je suis dedans. Eo, je vais, marque mouvement, et sum, je suis, marque repos. Il y a quelquefois des nuances entre certains adverbes, comme : secundo, en second lieu, secundum, pour la deuxième fois, tertio, en troisième lieu, tertium pour la troisième fois, quarto, en quatrième lieu, quartum, pour la quatrième fois, quinto, en cinquième lieu, quintum, pour la cinquième fois, sexto, en sixième lieu, sextum, pour la sixième fois. Ainsi, dans ces deux phrases : Secundo factus est consul, et : Secundum

---

fortiter, a levi leviter, a gravi graviter, a jugi jugiter. Sed sunt quædam quæ cum aspere sonarent, dimissa sunt, nec ad hanc regulam tractanda sunt, ut a miti mititer non dicimus, a tristi tristiter non dicimus. Talia ne aspere sonarent, perdiderunt ultimam syllabam, ut a sapienti sapienter, sapientiter, a prudenti prudenter, non prudentiter, a præstanti præstanter, non præstantiter. Sic ergo observemus, ut nec euphoniam applicemus ad regulam, aut euphoniam rejiciamus. Nam euphonia, id est suavitas bene sonandi admissa est ad latinum sermonem, ut aspera temperet : et ab arte ex ratione recessum est, ubi asperitas offendebat auditum. Sic Cicero ait : Impetratum est a ratione, ut peccare suavitatis caussa liceret. Sed tamen in paucis admissa euphonia est. Nam ratio locuples est et viris latinissimis. Sane circa has regulas auctoritas ausa est, et in paucis præsumpsit, ut diceret Cicero, humaniter, cum humane dicere debuit : et Terentius, *Vitam parce ac duriter agebat* (*In Andria*) pro dure. Sed tamen ipsi auctores modestius et cum quodam pudore contra regulam pauca præsumpserunt. Nam et falso dixerunt pro false, et necessario pro necessarie, et sedulo pro sedule, et raro pro rare, et crebro pro crebre, et tuto pro tute : sic et alia, tamen pauca, non licenter, sed verecunde sunt usurpata. Sane sunt adverbia et per alias syllabas exeuntia, ut a fundo funditus, a cœlo cœlitus, a radice radicitus, a penetralibus locis penitus, a stirpe stirpitus. Item in im, ut a vico vicatim, ab ostio ostiatim, à viris viritim. Item à nimio nimis, ut ne quid nimis. Exeunt in ens, ut recens, id est recenti tempore. Virgilius : *Sole recens orto* : id est recenti tempore. Ergo hæc omnia adverbia sunt sine differentia. Item inter intro, et intus hoc interest, intro in motu est, intus in situ : ut intro eo, intus sum. Est enim motus, eo : sum, situs est. Est etiam quædam obscuritas in adverbiis, secundo, tertio, quarto, quinto, sexto : et secundum, tertium, quartum, quintum, sextum : utputa secundo factus est consul, et secundum factus fuit consul. Secundo autem pertinet ad ordinem, secundum ad numerum : utputa cum dico, Secundo factus est consul : pertinet, ut dixi, ad ordinem, quod primo alter factus sit, et sic alter secundo. Cum autem dicimus secundum consul, vel tertium, vel quartum, vel quintum, vel sex-

factus est consul. Secundo se rapporte à l'ordre, et secundum au nombre, de sorte que quand je dis : secundo factus est consul, le mot secundo se rapportant à l'ordre, cela veut dire qu'un autre fut fait premièrement consul et que celui-ci ne vint qu'après. Quand je dis au contraire secundum, tertium, quartum, quintum, sextum consul, ces mots se rapportent au nombre et signifient qu'il a été deux fois, trois fois, etc., six fois consul. C'est ainsi que Cicéron dit de Marius : « Sextum consul, septimum consul, » c'est-à-dire qui a obtenu sept fois le consulat. C'est Varron qui a fait cette distinction dans ses livres des *Nombres*. Quant au reste, il n'y a point de difficulté dans les adverbes, et le tout est facile à comprendre par des exemples quelconques. L'adverbe est une partie du discours qui, jointe au verbe, explique et achève sa signification, comme scribo bene, j'écris bien, lego optime, je lis très-bien. Les adverbes ont une signification, une forme, un degré. Les adverbes sont des mots racines, comme heri, hier, nuper, naguère : ou bien, ils viennent d'autres mots, comme docte, sapienter, savamment, sagement, de doctus et de sapiens, savant, sage. Les adverbes ont plusieurs significations : il y en a de temps, comme heri, hier, nuper, naguère ; de personne, comme mecum, tecum, avec moi, avec toi ; de lieu, comme hic, istic, ici, là : il y a des adverbes de lieu interrogatifs, comme unde, d'où, ubi, où, qua, par où, avec les adverbes de réponse : illinc, de là, hinc d'ici, illo, là. Il y a des adverbes à forme double, comme intus, intro, dedans, foris, foras, dehors ; voici leur emploi : avec foris et intus, on est dans le lieu, on est dehors du lieu, comme : Intus est, fuit, futurus est, erat, futurus erat ; il est, il fut, il doit être, il devait être dedans. Foris erat, fuerat, futurus erat, il était, il avait été, il devait être dehors ; ou bien on en vient, comme : intus venio, je viens de dedans : foris venio, je viens de dehors. Quant à foras et à intro, ils signifient mouvement vers un lieu ; foras eo, je vais dehors, foras venio, je viens dehors, intro eo, je vais dedans, intro venio, je viens dedans, foras ieram, j'étais allé dehors, intro ieram, j'étais allé dedans. Quatre formes montrent ces significations : per locum, ad locum, in loco, e loco, à travers le lieu, vers le lieu, dans le lieu, du lieu. Per locum, comme dans : hoc iter Elysium nobis ; c'est par là que s'ouvre pour nous le chemin vers l'Élysée (*En.*, VI, 542). Ad locum, comme dans : huc ades, o Galatea ! c'est ici que tu viens, ò Galatée (*Ecl.*, IX, 39) ! In loco, comme dans : hic, etc., Narytii posuerunt mœnia Locri ; c'est là que les Locriens de Naryce ont fondé leur ville (*En.*, III, 339). E loco, comme danc : hinc me digressum vestris Deus appulit oris ; c'est au sortir de là que le dieu m'a poussé vers vos rivages (*En.*, II, 715). Il y a des adverbes qui ont à la fois la signification de in loco et de de loco, comme

---

tum, ad numerum pertinet quod sexies fuerit consul. Inde Cicero de Mario sic ait, Sextum consul, id est qui sex consulatus meruit, et septimum consul, quod est, septimum consulatum meruit. Hoc Varro distinxit in libris Numerorum. Et cetera jam plana sunt in Adverbiis, et ex quibusvis artibus intellectu facilia. Adverbium est pars orationis, quæ adjecta verbo significationem ejus explanat atque implet : ut scribo bene, lego optime. Adverbio accidunt significatio, figura, gradus. Adverbia aut a se nascuntur ut heri, nuper : aut ab aliis transeunt, ut docte, sapienter, ab eo quod est doctus et sapiens. Adverbiorum significationes sunt multæ. Sunt enim aut temporis, ut heri, nuper : aut personæ, ut mecum, tecum : aut loci, ut hic, istic. Et adverbia localia interrogativa, ut unde, ubi, qua. Responsiva, illinc, hinc, illo. Sunt duplicis formæ, ut intus intro, foris foras. Quorum observatio talis est, foris et intus in loco, ut intus est, intus fuit, futurus est : intus erat futurus erat : foris erat, fuerat, futurus erat. De loco, intus venio, foris venio. Foras autem et intro ad locum significant ut foras eo, foras venio, intro eo, intro venio, foras ieram, intro ieram. Hæc quatuor modis figurantur, per locum, ad locum, in loco, e loco. Per locum, ut *Hac iter Elysium nobis* (*Æneid.* VI). Ad locum, ut *Huc ades o Galatea* (*Eclog.* IX). In loco, ut *Hic et Naritti posuerunt Mœnia Locri* (*Æneid.* III). E loco, ut *Hinc me digressum vestris Deus appulit oris* (*Ibidem*). Sunt quæ pariter in loco significant et de loco, ut intus sum, intus venio. Sunt quæ in loco et in locum et e loco, ut penitus sum, eo venio. Sunt adverbia significationem numeri habentia, ut semel, bis, ter. Demonstrationis, ut en, ecce. Affirmationis, ut quidem, quippe. Hortationis, ut eia. Interrogationis, ut cur, quare. Similitudinis, ut sic, quasi. Comparationis vel prælationis, ut magis, potius. Dubitandi, ut fortasse. Annuendi, ut plane, sane. Discretionis, ut seorsum, segregatim. Optandi,

intus sum, intus venio, je suis dedans, je viens de dedans. Il y en a qui ont celle de in loco, in locum et de e loco, comme penitus sum, eo, venio, je suis, je vais jusqu'au fond, je viens de jusqu'au fond. Il y a des adverbes qui ont la signification numérique, comme : semel, bis, ter, une fois, deux fois, trois fois. La signification démonstrative : en, ecce, voici. La signification affirmative : quidem, quippe, en vérité. Exhortative : eia, allons, courage. Interrogative : cur, quare, pourquoi. De similitude : sic, quasi, de même, comme si. De comparaison ou de préférence : magis, potius, plus, plutôt. Dubitative : fortasse, peut-être. D'assentiment : plane, sane, certainement, sans doute. De séparation : seorsum, segregatim, séparément, à part. De désir : utinam, plaise au ciel! Appellative : heus, ho! De réponse : he, oui. De dérogation : nequaquam, frustra, nullement, en vain. De serment : OEdepol, OEcastor, par Pollux, par Castor! Prohibitive : ne, que ne. Négative : non, haud, minime, non, ne pas, point du tout. De réunion : una, simul, ensemble, à la fois, en même temps. D'ordre : deinde, denique, ensuite, enfin. D'admiration : papæ, ho! D'éloge : euge, très-bien. D'exclamation : proh! oh! De douleur : heu! hélas! De choix : vah! bien! De gémissement : hei! hélas! Comme ces derniers mots expriment une disposition de l'âme, beaucoup de grammairiens les appellent interjections : ils séparent l'interjection de l'adverbe, et veulent que ce soit une partie du discours, par la raison que le propre de l'adverbe est d'être joint au verbe. Mais les Grecs ne séparent pas l'interjection de l'adverbe, par la raison qu'ils attribuent à la qualité tous les mouvements de l'âme, et qu'ils regardent tous ces mots comme adverbe de qualité. Il y a des adverbes de qualité : bene, male, bien mal. Les adverbes ne viennent pas seulement de noms communs, comme : pulchre, bien, de pulcher, beau, mais encore de noms propres, tulliane, de Tullius, à la manière de Cicéron. Ils dérivent aussi de pronoms, de meus, tuus, le mien, le tien, comme meatim, tuatim, à ma manière, à ta manière. De verbes, comme cursim, à la course, de curro, courir. D'autre sont pris d'un nom et d'un verbe, comme pedetentim, en marchant avec précaution, de pede, pied et de tento, j'essaie. Il en est encore d'autres dont on ne sait pas s'ils viennent d'un nom ou d'un verbe, comme furtim, à la dérobée : on ne sait pas en effet au juste s'il vient de fur, voleur qui est un nom, ou du verbe furor, furaris, dérober. Quelques auteurs ne veulent pas qu'il en vienne des participes; toutefois, on en trouve, comme decenter, convenable ment, de decens, qui convient.

Les adverbes tirés des noms ont six terminaisons. — *Règle générale.* — Les adverbes tirés des noms ont six terminaisons différentes. 1° En è, comme doctè, savamment, pulchrè, bien, honestè, honnêtement ; 2° en r, comme velociter, rapidement ; 3° en im, comme ubertim,

---

ut utinam. Vocandi, ut heus. Respondendi, ut he. Derogandi, ut nequaquam, frustra. Jurandi, ut Ædepol, Æcastor. Prohibendi, ut ne. Negandi, ut non, haud, minime. Congregandi, ut una, simul. Ordinandi, ut deinde, denique. Mirandi, ut papæ. Laudandi, ut euge. Exclamandi, ut pro. Dolendi, ut heu. Eligendi, ut vah. Ingemiscendi, ut hei. Sed hæc quia animi affectum significant, a multis Interjectiones, dicuntur, quod interjectionem separatam ab adverbio, et partem orationis aliquam idcirco volunt, quia adverbij proprium est, quod verbo adjungi potest. Græci autem interjectionem ab adverbio non separant : propterea quia motus animi qualitati assignant, et hæc omnia sub genere qualitatis putant adverbia. Sunt adverbia quantitatis, ut longe, late. Qualitatis, ut bene, male. Adverbia non solum ab appellationibus transeunt, hoc est a nominibus appellativis, ut a pulchro, pulchre : sed a propriis, ut Tullius Tulliane. A pronominibus etiam, a meo, tuo, meatim, tuatim : a verbis quoque, ut a curro cursim. Deprehenduntur ex utroque, ut pedetentim a pede et tento, id est a nomine simul et verbo. Sunt etiam adverbia, quæ utrum a nomine transeant, an a verbo incertum est, ut furtim. Incertum est enim an a fure, quod nomen est, transeat, an a verbo furor furaris. A participiis quidam nolunt, sed inveniuntur, ut a decente decenter.

Adverbia *a nominibus tracta sex habent terminationes: regula communis.* — A nominibus tracta adverbia sex modis terminantur: aut in e, ut docte, pulchre, honeste; aut in r, ut velociter: aut in im, ut ubertim, singillatim: aut in us, ut radicitus, mordicus: aut in u, ut noctu, diu: aut in i, ut domi, humi, vesperi. Adverbia qualitatis in e litteram exeuntia

abondamment, singillatim, en particulier; 4° en us, comme radicitus, jusqu'à la racine, mordicus, opiniâtrément; 5° en u, comme noctu, de nuit, diu, de jour; 6° en i, comme domi, à la maison, humi, à terre, vesperi, le soir. Les adverbes de qualité en e doivent être longs. Toutefois, s'écartent de cette règle ceux qui ont un comparatif ou un superlatif, comme benè, male, ainsi que ceux qui ne viennent pas d'un nom, comme impune, impunément, sæpe, souvent. Au reste, facile et difficile, pris pour ad verbes, sont des noms d'où viennent les adverbes faciliter, difficiliter, facilement, difficilement; mais l'usage les a consacrés comme adverbes. Tous les noms de qualité ou de quantité, ayant le datif singulier terminé par o, font des adverbes terminés en e long ; juste, justement, de justo ; toutefois, les anciens les ont formés indifféremment, comme humaniter, duriter. Les noms terminés par i au datif, ont leurs adverbes terminés en ter, comme nobili, nobiliter, noblement, audaci, audaciter, audacieusement, agili, agiliter, agilement, difficili, difficiliter, difficilement. Mais, pour cause d'euphonie, il y en a quelques-uns que nous prononçons avec syncope, comme audacter, difficulter, sapienter et constanter. Il y a des adverbes qui se confondent avec les autres parties du discours. Ainsi avec les noms, quand on dit : falso queritur de natura sua genus humanum, c'est à tort que le genre humain se plaint de sa nature (Salluste, In Jug.): falso est pour falsa. Ou bien « et pede terram crebro ferit, » et du pied il frappe souvent la terre (Géorg., III, 500).

« Multa Jovem manibus supplex orâsse supinis, » les mains renversées, il demande en suppliant bien des choses à Jupiter (Enéide, IV, 205). Quand l'adverbe est joint à la conjonction ut, celle-ci a plusieurs significations : 1° La comparaison : « Ut quondam Creta fertur Labyrinthus in alta » (Enéide, V, 588), autrefois, comme on le rapporte du labyrinthe de Crète. 2° Le temps: « Ut regem æquævum » (Enéide, II, 561), dès qu'elle eût vu le vieux roi; « Ut vidi, ut perii, ut me malus abstulit error » (Eglog., VIII, 41), dès que je la vis, je me desséchai d'amour, et un funeste égarement m'entraîna. 3° La qualité : « Trojanas ut opus et lamentabile regnum » (Enéide, II, 4), comment les grecs ont renversé la puissance de Troie et son royaume lamentable. 4° La quantité :

Quibus Hector ab oris,
Exspectate venis ? ut te post multa tuorum
Funera. . . . . (II, 282),

de quels rivages viens-tu, Hector désiré? en quel état te revoyons-nous après la mort de tant des tiens! 5° La conjonction :

Ut faciem mutatus et ora Cupido
Pro dulci Ascanio (I, 662),

afin que Cupidon, changeant de forme et de visage vienne à la place du doux Ascagne. 6° La préposition ; elle remplace alors pro. La forme, dans les adverbes, peut être simple,

---

produci debent. Hæc tamen dissentiunt quæ aut in comparativo, aut in superlativo gradu vacillant, ut bene, male: aut quæ ab appellatione non transeunt, ut impune, sæpe. Ceterum facile et difficile, quæ adverbia ponuntur, nomina sunt, ex quibus hæc nascuntur adverbia, faciliter, difficiliter : sed usus hæc quasi adverbia vindicavit. Quæcumque nomina qualitatis aut quantitatis, casu dativo singulari, o littera terminantur, adverbia in e productam mittunt: ut a justo, juste. Sed hæc veteres indifferenter posuerunt, ut humaniter, duriter. Quæ autem in litteram terminantur, in ter syllabam mittunt: ut agili, nobili, audaci, difficili : agiliter, nobiliter, audaciter, difficiliter, Sed ex iis quædam per syncopem euphoniæ caussa dicimus, ut audacter, difficulter, sapienter et constanter. Sunt adverbia communia cum aliis partibus orationis, Nominibus sunt communia, ut ait Salustius: Falso queritur de natura sua genus humanum (Sall., in Jugurth.) : pro falso, Virgilius, Et pede terram crebro ferit. (Georg., III.). Et Multa Jovem manibus supplex orasse supinis. (Æneid, II.) Conjunctioni, ut quando adverbium secum est, plura significat. Similitudinem sic, Ut quondam Creta fertur Labyrinthus in alta. (Æneid. V.) Tempus sic, Ut regem æquævum. (Æneid. II), etc. Ut vidi ut perii, ut me malus abstulit error. (Eclog. VIII.) Qualitatem: ut, Trojanas ut opes et lamentabile regnum. (Æneid., II.) Quantitatem, ut, Quibus Hector ab oris Exspectate venis? ut te post multa tuorum Funera (Ibidem). Conjunctionem autem significat sic, Ut faciem mutatus et ora Cupido, Pro dulci Ascanio. (Æneid., XV.) Præpositioni, ut pro. Sed figura in adverbiis aut simplex est, ut docte, prudenter : aut composita, ut indocte, imprudenter. Gradus adverbiis accidunt quoties appellationes unde transeunt comparantur, ut docte, doctius, doctissime. Reci-

comme docte, prudenter; ou composée, comme indocte, imprudenter. Les adverbes ont aussi des degrés, toutes les fois que les mots, dont ils sont tirés, sont mis en comparaison; docte, savamment, doctius, plus savamment, doctissime, très-savamment. Ils deviennent aussi diminutifs, comme meliuscule, un peu mieux. Il en est de même pour ceux qui sont des mots racines; ils ont des degrés d'augmentation ou de diminution : nuper, dernièrement, nuperrime, tout dernièrement. On ne doit point joindre séparément une préposition à un adverbe, quoique l'on voie, dans Térence, l'expression *abhinc*. « Interea mulier quædam *ob hinc* triennium, » cependant après trois ans une femme (*Andr*. I, 1, 40).Virgile dit : « Exinde per altum Mittitur Elysium, » de là il avance dans l'Elysée (*Enéide*,VI, 743-744): « Dehinc talia fatur,» ensuite il dit (*Ibid*., 1, 256); « Deinde feraces Plantæ immittuntur, » puis les plantes fertiles (*Géorg*., II, 79-80).Toutes ces expressions et autres semblables encore, comme proinde, par conséquent, ont été formées contre la règle; on les a resserrées pour qu'elles ne parussent pas donner des prépositions ajoutées à des adverbes.

PARTICIPES. — *Règle générale*. — Cette partie du discours tient lieu du verbe et du nom; de là sa dénomination de participe. Elle se termine au présent par les syllabes ans et ens, comme amans, qui aime, legens, qui lit. Au futur, par rus, comme amaturus, devant aimer, lecturus, devant lire. Au passé, amatus, aimé, lectus, lu. Futur, amandus, devant être aimé, legendus, devant être lu. On voit par là que cette partie du discours a des temps; elle les emprunte au verbe, car les temps appartiennent au verbe. Que maintenant, elle ait des cas, c'est là ce qu'elle emprunte au nom; car la déclinaison par cas est du ressort du nom. Ainsi : N. hic legens, celui qui lit; G. hujus legentis, de celui qui lit; D. huic legenti, à celui qui lit; Acc. hunc legentem, celui qui lit; V. o legens, ô celui qui lit; Abl. ab hoc legente, de ou par celui qui lit. Cette partie du discours, ayant des temps et ayant des cas, s'appelle donc participe, par la raison qu'elle participe au verbe et au nom. En tout cas, loin d'être pénible à comprendre, elle est très-facile. Car, avons-nous dit, au présent, elle se termine en ans et en ens; amans, legens. Au futur actif, en rus; amaturus, lecturus. Au passé passif, en tus; amatus, lectus. Au futur passif, en dus; amandus, legendus. Quant au passé, trois syllables peuvent le terminer; tus, comme lectus, scriptus; sus, comme occisus, tué, visus, vu; xus, comme fixus, fixé. Il n'y en a pas d'autres. Pour résumer : participe présent en ans et ens; futur en rus; passé en tus, sus, xus; futur passif en dus. Maintenant, il y a des noms qui, à première vue, semblent des participes, mais qui réellement sont des noms; car on n'appelle

---

cipiunt et diminutionem ut meliuscule. Quamquam comparationem recipiunt et diminutionem, et quæ a se nascuntur, ut nuper nuperrime. Adverbiis omnibus præpositio separatim adjici non debet, quamquam lectum sit, abhinc apud Terentium, *Interea mulier quædam abhinc triennium*. (In Andria.) Et apud Virgilium, *Exinde per altum Mittitur Elysium*. (*Æneid*., VI.) Et dehinc : :ut, *Dehinc talia fatur* (*Æneid*., VI,) et *Deinde feraces Plantæ immittuntur* (*Georg*., II) : quæ omnia, et si qua alia sunt similia, ut proinde : placuit contra regulam accentum proferri, ne separatim additæ præpositiones videantur abverbiis.

DE PARTICIPIIS; *Regula communis*. Hæc pars orationis, et a verbo accipit partem, et a nomine: namque inde participium dicitur. Exit autem hæc pars orationis in præsenti tempore in ens et in ans syllabas, ut legens et amans. Futuro tempore in rus, ut legens lecturus, amans amaturus. In præterito lectus, amatus. Futuro legendus, amandus. Vides hanc partem orationis esse per tempora: omnia hæc a verbo mutuatur. Nam verbo conveniunt tempora. Quod autem declinatur per casus, hoc a nomine mutuatur. Nam declinatio casualis ad nomen pertinet, ut hic legens, hujus legentis, huic legenti, hunc legentem, o legens, ab hoc legente. Ergo quod hæc pars orationis, vel per tempora, vel per casus currit, participium vocatur, quod partem capiat nominis partemque verbi. Non laboriosa pars est orationis, sed intellectu facilis. Nam præsentis temporis exit in ans et in ens, ut amans, legens. Futuro agendi significatione in rus, ut amaturus, lecturus. A patiendi significatione in tus et in dus, ut amatus, legendus. Sane ipsum præteritum tempus tribus syllabis terminatur. In tus, ut lectus, scriptus. In sus, ut occisus, visus. In xus, ut fixus, plus non

participes que les mots venant des verbes, comme legens, lectus, lecturus, legendus de lego. Par conséquent tunicatus, vêtu d'une tunique, galeatus, couvert d'un casque, clypæatus, armé d'un bouclier et tropæatus, honoré d'un trophée, sont des noms et non pas des participes, par la raison qu'ils ne viennent pas d'un verbe. Il y a un participe passé en uus, qui aurait dû finir en us, par un seul u et non pas deux. Car dès que la lettre u doublée est un nominatif, elle appartient dès lors à un nom et non pas à un participe : fatuus, sot, ingenuus, ingénu, arduus, ardu, carduus, chardon, exiguus, exigu, belluus (selon Cicéron) de bête. Mortuus, mort, passe pour un participe en us, contraire à la règle de semblables participes; mais, au fond, on lui a donné la force d'un nom et on l'a rangé dans cette classe.

CONJONCTION. — La conjonction est une partie du discours qui joint ensemble et ordonne deux ou plusieurs propositions. On considère dans les conjonctions la forme, l'ordre et le rôle qu'elles jouent. La forme sous laquelle se présente la conjonction est fort simple. L'ordre fait voir celles qui se doivent mettre avant un autre mot comme nam, car, ou après, comme que, enfin celles qu'on peut mettre avant et après, comme igitur, donc. Le rôle ou la force des conjonctions peut se considérer sous cinq points de vue différents. Il y en a 1° de copulatives, comme et, que, at, ast, atque, et, aussi. 2° Il y en a de disjonctives, aut, vel, ve, ou nec, neque, neve, ni, ne pas, an, utrum, si. 3° Il y en a d'explétives, quidem, equidem, à la vérité, utique, sans doute, autem, mais, quant à, tamen, cependant, toutefois, porro, or, videlicet, à savoir, proinde, par conséquent, denique, enfin. 4° Il y en a de cause, si, si, etsi, tametsi, quoique, etiamsi, quand même, siquidem, quando, puisque, equidem, certainement, quin, quinetiam, que ne, sin, sinetiam, sin autem, mais si, quanquam, quamvis, quoique, seu, sive, soit, soit que, namque, enim, etenim, car, en effet, nisi, nisi si, sinon, si ce n'est, à moins que, sed, mais, ut, afin que, pour que, præterea, en outre, interea, pendant ce temps, quamobrem, quare, c'est pourquoi, præsertim, surtout, item, itemque, de même, aussi, cæterum, du reste, alioquin, autrement. 5° Il y en a de rationnelles ou de conséquence, ita, ainsi, itaque, c'est pourquoi, ainsi donc, enim, enimvero, en effet, quapropter, c'est pourquoi, quippe, en effet, c'est vrai, quoniam, quoniamquidem, parce que, ergo, igitur, donc, ideo, idcirco, voilà pourquoi, scilicet, à savoir, præterea, en outre. De ces conjonctions, la copulative et a une foule de sens, et souvent elle joue un autre rôle et a une autre force. 1° Elle est explétive : « Et quæ tanta fuit Romam tibi causa videndi » (Eglog., I, 27)? Quel si grand motif avez-vous eu de voir Rome? 2° Elle s'emploie pour la qualité et la quantité : « Timeo

---

invenies. Ergo ut diximus, præsens in ens et in ans, futurum in rus, præteritum in tus, futurum semper in dus. Sunt sane nomina, quæ sono participia putantur, sed nomina sunt. Participia enim illa sunt, quæ a verbis veniunt, ut a lego legens, lecturus, lectus, legendus. Tunicatus et galeatus et clypeatus et trophæatus, nomina sunt, non participia, qu'a non a verbo veniunt. Est unum participium præteriti temporis in uus, quod exire debuit per unum u, non per duo. Nam ubi geminata u littera nominativus est, nomen est, non participium, ut fatuus, ingenuus, arduus, carduus, exiguus, belluus, ut Cicero dixit. In us, ut talium contra regulam participiorum, mortuus putatur esse participium, sed in vim regulamque nominis conversum est.

DE CONJUNCTIONE. — Conjunctio est pars orationis nectens ordinansque sententiam. Conjunctioni accidunt, figura, ordo, potestas. Figura est, quæ apparet figura simplex. Sed equidem ordo quoque apparet, quæ præponi tantum possit, ut nam: quæ subjungi, ut que: quæ præponi et subjungi, ut igitur. Potestas conjunctionum in quinque species dividitur. Sunt enim copulativæ, et, que, ast, at, atque. Disjunctivæ, aut, vel, ve, nec, neque, neve, an, utrum. Explétivæ, quidem, equidem, autem, tamen, porro, videlicet, proinde, denique, utique. Causales, si, etsi, tametsi, etiamsi, siquidem, quando, equidem, quin, quinetiam, sin, sinetiam, quamquam, quamvis, sinautem, seu, sive, namque, nisi, nisi si, enim, etenim, sed, ut, præterea, interea, quamobrem, quare, præsertim, item, itemque, ceterum, alioquin. Rationales, ita, itaque, enim, enimvero, quapropter, quippe, quoniam, quoniamquidem, ergo, igitur, ideo, idcirco, scilicet, præterea. Ex his, et, copulativa multa significat. Sæpe autem transit in alterius speciem potestatis. Modo in expletivam, ut, Et quæ tanta fuit Romam tibi sacau

Danaos et dona ferentes « (*Eneide*, II, 49). Je crains les Grecs, même quand ils apportent des présents. 3° Elle est quelquefois disjonctive : « Et quisquam numen Junonis adoret. Præterea, aut supplex aris imponat honorem » (*Eneide*, I, 52). Et qui désormais voudra adorer la puissance de Junon, ou viendra suppliant mettre des victimes sur ses autels ? 4° Elle s'emploie pour conjonction de cause : « Quorum Iphytus ævo Jam gravior, Pelias et vulnere tardus Ulyssei » (*Eneide*, II, 475). De ces deux, Iphytus était déjà appesanti par l'âge ; Pélias même était ralenti par la blessure que lui avait faite Ulysse. Or ici, et est pour etiam vulnere tardus. 5° Tantôt, on le prend pour adverbe d'ordre : « Corpusque lavant frigentis et ungunt (VI, 219). » On lave le corps du cadavre refroidi, ensuite on l'oint de parfums. Et est ici pour deinde ungunt. Aut, conjonction, a aussi plusieurs significations : 1° Elle est prise tantôt pour un adverbe de séparation :

Ante urbem pueri et primævo flore juventus
Exercentur equis, domitantque in pulvere currus,
Aut acres tendunt arcus, aut lenta lacertis
Spicula contorquent (*Eneide* VII, 163).

Devant la ville, les enfants et la jeunesse florissante s'exercent avec les coursiers, et dirigent des chars dans l'arène ; ou bien ils bandent des arcs puissants, ou bien encore de leurs bras ils brandissent de flexibles javelots. 2° Tantôt pour le temps :

Aut ante ora Deum pingues spatiatur ad aras,
Instaurat donis epulas (IV, 62).

Tantôt, devant les images des dieux, elle (Didon) s'avance vers les autels chargés de victimes, et ouvre chaque jour par de nouvelles offrandes. Ici, aut est pour nunc. Et encore :

Aut agmina curru
Proterit, aut raptas fugientibus ingerit hastas
[(IX, 762).

Tantôt, de son char il écrase les bataillons, tantôt il jette contre les fuyards les javelots qu'il a arrachés. Il y a deux formes de conjonctions : la forme simple, comme nam, et la forme composée, comme namque. L'ordre des conjonctions consiste en ce qu'elles sont placées avant les mots, comme at et ast, ou placées après, comme que, ou communes, comme et, igitur. Il y a certaines locutions desquelles on ne sait s'il faut les nommer prépositions ou adverbes, bien qu'elles se reconnaissent facilement, car on trouve des conjonctions qui, changeant de rôle, sont mises à la place d'autres conjonctions.

DE LA PRÉPOSITION. — *Prépositions qui régissent l'accusatif, l'ablatif ; prépositions régissant à la fois l'ablatif et l'accusatif.* — Le nom général pour tous ces mots est préposition. Mais quant aux espèces, les unes régissent l'accusatif, les autres l'ablatif, d'autres enfin régis-

---

videndi? (*Eclog.*, I). Pro qualitatis et quantitatis, ut, *Timeo Danaos et dona ferentes* (*Æneid.* I), Et, modo pro disjunctiva, ut, *Et quisquam numen Junonis adoret Præterea? aut supplex aris imponet honorem?* (*Ibidem*). Modo pro causali ponitur, ut, *Quorum Iphytus ævo Jam gravior, Pelias et vulnere tardus, Vlyssi* (*Æneid*, II): pro, *etiam vulnere tardus*. Modo pro adverbio accipitur ordinandi, ut, *Corpusque lavant frigentis et ungunt* : pro, *deinde ungunt* Item aut, conjunctio multa signiflæt. Modo enim pro adverbio discretionis accipitur : ut,

Ante urbem pueri et primævo flore juventus
Exercentur equis, domitantque in pulvere currus,
Aut acres tendunt arcus, aut lenta lacertis
Spicula contorquent (*Æneid*, VII).

Modo pro tempore significat, ut,

Aut ante ora Deum pingues spatiatur ad aras,
Instaurat donis epulas (*Æneid*, XII),

id est, nunc ante ora deum spatiatur ad aras. Item,

Aut agmina curru
Proterit, aut raptas fugientibus ingerit hastas (*Æneid*),

Figuræ conjunctionum duæ sunt, simplex, ut nam : composita, ut namque. Ordo conjunctionum in hoc est, quia aut præpositivæ conjunctiones sunt, ut at-ast : aut subjunctivæ, ut que : aut communes, ut et, igitur. Sunt etiam dictiones, quas incertum est utrum præpositiones an adverbia nominemus, quæ tamen omnes facile dinoscuntur. Nam et conjunctiones pro aliis conjunctionibus positæ inveniuntur, potestate mutata.

DE PRÆPOSITIONE. — *Præpositiones accusativæ.* — *Præpositiones ablativæ.* — *Præpositiones utriusque.* — Omnes præpositiones dicuntur generaliter. Species autem hæ, aliæ accusativæ, aliæ ablativæ, aliæ utriusque. Accusativæ, per casum accusativum enuntiantur, ut ad, apud, ante, adversus, cis, citra,

sent à la fois l'accusatif et l'ablatif. Les prépositions qui régissent l'accusatif sont : Ad, à, vers, auprès, pour, apud, chez, auprès, ante, avant, devant, adversus, contre, vis-à-vis de, cis, citra, en deça de, circum, autour de, circa, aux environs de, contra, contre, vis-à-vis de, erga, envers, à l'égard de, extra, hors de, outre, excepté, infra, au dedans de, intra, au dedans de, juxta, auprès de, ob, devant, pour, à cause de, penes, au pouvoir de, per, par, à travers, pendant, pone, après, derrière, post, après, depuis, præter, au delà de, hors, outre, excepté, prope, près de, auprès de, propter, pour, à cause de, secundum, le long de, selon, suivant, supra, sur, au-dessus de, trans-ultra, au delà de. Or dans toutes ces prépositions, on doit garder le genre des noms, c'est-à-dire le masculin, le féminin, le neutre et le commun. On doit aussi garder les nombres, masculin singulier, ad agrum, au champ; pluriel ad agros. Au féminin singulier, ad villam, à la villa, ou ad possessionem, au domaine, pluriel, ad villas, ou ad possessiones. Neutre singulier, ad templum, au temple, ad capitolium, au capitole, pluriel, ad templa, ad capitolia. De même pour le genre commun, singulier, ad civem, au citoyen, ad hostem, à l'ennemi, ad sacerdotem, au prêtre, pluriel, ad cives, ad hostes, ad sacerdotes. Vous ferez donc ainsi pour toutes les prépositions, en observant, comme je l'ai dit, les genres et les nombres. De même pour les genres des pronoms : singulier masculin, ad hunc, à lui, pluriel, ad hos, à eux. Singulier féminin, ad hanc, à elle, pluriel, ad has, à elles. Singulier neutre, ad hoc templum vado, je vais à ce temple, pluriel, ad hæc templa vado, je vais à ces temples. Genre commun, ad hunc et ad hanc sacerdotem, pluriel, ad hos et ad has sacerdotes, ad hos et ad has hostes, à ce prêtre, à ces prêtresses, à cet ennemi, à ces ennemies. Les prépositions qui régissent l'ablatif font de même au singulier et au pluriel et gardent les genres et les nombres. A, ab, abs, de, par, depuis, absque, sans, clam, à l'insu de, coram, devant, en présence de, cum, avec, de, de, sur, touchant, palam, devant, en présence de, e, ex, de, depuis, par, devant, en comparaison de, pro, pour, devant, au lieu de, eu égard à, sine, sans, tenus, jusqu'à. Masculin singulier, a fratre, du frère, pluriel, a fratribus. Féminin singulier, a sorore, de la sœur, pluriel, a sororibus, a civitate, a civitatibus. Singulier masculin, ab amico, de l'ami, pluriel, ab amicis, ab agro, du champ, ab agris. Féminin singulier, ab urbe, de la ville, pluriel, ab urbibus. Neutre singulier, a templo, du temple, pluriel, a templis. Commun singulier, a cive, du citoyen, pluriel, à civibus, ab hoste, de l'ennemi, ab hostibus. Observez cette manière de décliner dans toutes les prépositions qui régissent l'ablatif, selon les genres et les nombres. Reste la troisième classe des prépositions, c'est-à-dire de celles qui régissent à la fois l'accusatif et l'ablatif. Beaucoup ignorent, à moins qu'on ne l'expose clairement, par suite de quelle distinction on

circum, circa, contra, erga, extra, intra, infra, juxta, ob, penes, per, prope, propter, præter, post, pone, secundum, supra, trans, ultra. In his præpositionibus servanda genera nominum, id est, masculinum, femininum, neutrum, commune. Servandi etiam numeri, utputa masculino singulari, ad agrum : plurali, ad agros. Feminino singulari, ad villam, vel ad possessionem : plurali, ad villas, vel ad possessiones. Sic neutrum singulare, ad templum, ad Capitolium : plurale, ad templa, ad capitolia. Sic communi genere singulari numero, ad civem, ad hostem, ad sacerdotem : plurali, ad cives, ad hostes, ad sacerdotes. Sic ergo omnes præpositiones observabis, servatis, ut dixi, generibus, servatis numeris singulari et plurali. Servatis similiter pronominibus secundum genera : masculino, ad hunc, plurali, ad hos : feminino, ad hanc : plurali, ad has. Neutro, ad hoc templum vado : plurali, ad hæc templa. Sic communi genere, ad hunc et ad hanc sacerdotem : plurali, ad hos et ad has sacerdotes, sic ad hos et ad has hostes. In his ablativum adtendunt tam in singulari quam in plurali, servatis generibus nume, risque : utputa, a, ab, abs, cum, coram, clam, de, e, ex, pro, præ, palam, sine, absque, tenus. Masculino singulari, ut a fratre, plurali a fratribus. Feminino singulari, a sorore, vel a sororibus, vel a civitate, a civitatibus. A singulari masculino, ab amico, plurali ab amicis, ab agro, ab agris. Feminino singulari ab urbe, plurali ab urbibus. Neutro singulari a templo, plurali a templis. A communi singulari a cive, plurali a civibus, ab hoste, ab hostibus. Hanc declinationem serva in omnibus his ablativis præpo-

saisit la nature de ces prépositions. Or cette différence se trouve dans le mouvement et le repos. Mais, selon quelques grammairiens, le mouvement ne veut qu'un cas, savoir l'accusatif; ils se trompent, il veut les deux cas, mais à titre différent. Le mouvement, en effet, veut l'accusatif quand nous voulons montrer que l'on passe d'un lieu dans un autre, comme curro in forum ou in campum, je cours au forum ou à la campagne. Si nous disons que d'un autre lieu nous courons dans le forum ou dans la campagne, nous avons l'accusatif. Si, au contraire, nous ne courons que dans un seul et même lieu, c'est alors l'ablatif; ainsi, curro in foro, in campo, ambulo in foro, in campo, je cours, je marche dans le forum, dans la campagne. Si d'un autre lieu nous allons dans le forum, il faut l'accusatif, dans l'autre circonstance nous devons mettre l'ablatif, ambulo in foro, je me promène dans le forum, de même pour cadit in forum et cadit in foro, il tombe sur ou dans le forum. Virgile a dit : « Ingrediturque solo, et caput inter nubila condit (*Enéide*, IV, 177). » Elle marche sur la terre, et cache sa tête dans les cieux. « In arvis altius ingreditur(*Georg.*, III, 75). » Ils'avance plus fièrement dans les champs. C'est-à-dire, ambulat, il marche. Vous voyez qu'il y a mouvement, et cependant les mots sont à l'ablatif; c'est que, comme je l'ai dit, il y a mouvement dans un lieu, et non pas d'un lieu à un autre lieu. C'est ainsi que nous disons lapsum in piscinam et lapsum in piscina, tombé dans une piscine. Si d'un autre lieu, on tombe dans la piscine, accusatif; mais si, se trouvant dans la même piscine, on tombe, ablatif. Venio, je viens, veut toujours l'accusatif, parce qu'on vient d'un lieu à un autre. Mais dès que l'on est dans le lieu, le mouvement cesse. De même volvo ou evolvo, je roule, indique un mouvement d'un lieu à un autre. « Reperire viam qua evolvere posset, In mare se Xanthus (*Énéide*, v, 807). » Trouver une route par où le Xanthe pût rouler ses eaux dans la mer (de son lit dans la mer). Mais pour volvi, il y a ablatif : « Fundo volvuntur in imo (*Énéide*, VI, 581). » Ils se roulent au fond du précipice. La préposition sub, sous, marquant mouvement d'un lieu à un autre, veut l'accusatif. Virgile dit d'un javelot, sub pectus, sub illam rem. Sub, prend l'ablatif dans ce vers de l'Énéide : « Trojæ sub mœnibus altis, Contigit oppetere (I, 99, 100). » Ceux qui ont eu le bonheur de périr sous les hautes murailles de Troie, c'est-à-dire de tomber, d'être couchés. Voici maintenant un exemple de mouvement d'un lieu à un autre. « Sive sub incertas zephyris mutantibus umbras (*Eglog.*, v, 5). Soit qu'au retour des zéphyrs, nous nous retirions sous les ombres tremblantes. Ici, se joint succedimus, c'est-à-dire un verbe qui indique mou-

---

sitionibus secundum genera et numerum. Remanet tertia species præpositionum, quæ dicuntur utriusque, quæ et accusativum tenent casum et ablativum. Sed plerosque ratio harum præpositionum præterit, ex qua distinctione intelligatur, ut non appareat expositu ejus : differentia hæc est in motu et in situ. Sed motum putaverunt quidam accusativum tantum tenere : tenet autem utrumque, sed certa ratione. Nam motus tunc tenet accusativum casum cum a locis in alia loca nos moveri significamus, ut curro in forum, vel in campum. Et si ex alio loco dicimus nos currere in forum vel in campum, accusativum casum tenemus. Si autem in uno eodemque loco, ablativum : ut curro in foro, curro in campo : sic ambulo in foro, et ambulo in campo. Si de alio loco ambulamus in forum, accusativum tenemus. Si in eodem loco ambulamus, ablativum tenemus, ut ambulo in foro : sic, cadit in forum, et cadit in foro. Virgilius : *Ingrediturque solo, et caput inter nubila condit* (*Æneid.* IV), ut est, *In arvis altius ingreditur* (*Georg.* IV), id est ambulat : vides motum esse, et tamen ablativum sibi vindicare; sed in loco, ut dixi, non de loco in locum. Sic lapsum in piscinam, et lapsum dicimus in piscina. Si de alio loco in piscinam labatur, accusativus est : si vero in eadem labatur piscina, ablativus est. Venio autem semper accusativus est, quia de loco ad locum quis venit. In loco autem jam cum sit quisque, cessat motus. Item motus de loco in locum, volvo vel evolvo : *Reperire viam qua evolvere possit. In mare se Xanthus* (*Æneid.* v) : scilicet ab alveo in mare. In ipso autem volvi, ablativum tenet : ut, *Fundo volvuntur in imo* (*Æneid.* VI). Sic, sub, e loco in locum motus accusativum tenet. De hasta Virgilius sic ait. *Sub pectus, sub illam rem* (*Æneid.* I.) Item sub ablativo; *Trojæ sub mœnibus altis. Contigit oppetere*, id est cadere vel jacere *Trojæ*, inquit, *sub mœnibus altis*. Item de loco in locum, *Sive sub incertas zephiris mutantibus umbras* (*Eclog.* v). Et subjunxit, *succedimus*, ubi est motus de loco in locum. Super motus : *Super Garamantas et Indos Proferet imperium* (*Æneid.* VI), motus est. In loco autem : *Gemina super-*

vement d'un lieu à un autre. Il y a mouvement pour super, sur, au-dessus de; dans cet exemple : « Super Garamantas et Indos proferet imperium » (*Énéide*, VI, 794). Il étendra son empire sur les Garamantes et les Indiens. Il n'y a pas de mouvement dans cet autre : « Geminæ super arbore sidunt » (*Ibid.*, 203). Toutes deux se tiennent sur l'arbre. De même pour subter, sous, au-dessous de. Il y a mouvement : « Dixit, et angusti subter fastigia tecti. Ingentem Œneam duxit » (*Énéide*, VIII, 366). Il dit, et sous le toit de l'étroite demeure, il conduisit le grand Enée. Il n'y a pas mouvement dans cet autre exemple : ..... « Quum tamen omnes, Ferre libet subter densa testudine casus » (*Ibid.*, IX, 513). Bien que cependant, sous l'épaisse tortue, il fût permis d'affronter tous les hasards. Ainsi donc, s'il y a mouvement d'un lieu à un autre, sub gouverne l'accusatif, comme sub speluncam curro, je cours sous la caverne. Mais si, une fois dans la caverne, vous vous mettez à courir, sub gouverne alors l'ablatif, comme sub spelunca curro. De même, s'il y a mouvement d'un lieu à un autre, super gouverne l'accusatif, super tectum curro, je cours sur le toit. Mais si, une fois placé sur le toit, on se met à courir, super gouverne alors l'ablatif, super tecto curro. De même, dans cette phrase, subter fluctus mergo, je plonge sous les flots, il faut l'accusatif, si le mouvement se fait du rivage dans les flots; mais si l'on est déjà dans les flots, alors c'est l'ablatif, subter fluctibus mergo. Deux adverbes de lieu, quo et ubi, servent beaucoup à déterminer précisément cette manière de parler. Quo indique mouvement d'un lieu à un autre, ubi indique le contraire. Quo venit telum? in hostem. Où s'est dirigé le trait? sur l'ennemi. Ubi hæsit? in hoste. Où s'est-il attaché? sur l'ennemi. Quo voluit Catilina telum dirigere? in consulis corpus. Où Catilina a-t-il voulu diriger son trait? sur le consul. Ubi voluit defigi? in consulis corpore. Où a-t-il voulu qu'il fût enfoncé? dans le corps du consul. Ainsi quand nous disons : quo fugimus? où fuyons-nous? In locum, dans tel lieu. Ubi latet? in loco? où se cache-t-il? dans tel lieu. Comme je l'ai déjà dit, ces deux adverbes servent beaucoup pour distinguer quel cas doivent gouverner ces prépositions à deux cas. C'est d'après ce système des adverbes, que l'on rectifie ce passage des Verrines : « Quo ille in caput ab hostium duce acceperat. » Il avait reçu un coup dirigé contre sa tête, mais c'est sur la tête, in capite, qu'il l'a reçu. Disons-nous : quo accipis vulnus? pas du tout, mais bien ubi. « Quo ire jubes, dit Virgile en voulant signifier mouvement d'un lieu à un autre : ubi ponere sedes » (*Énéide*, III, 88), en voulant dire repos dans un lieu. La position dans un lieu veut l'ablatif, parce qu'elle est contraire au mouvement. Le mot lui-même indique une certaine action de s'arrêter, une certaine halte, comme par exemple : sum in foro, eram in foro, fui in foro, futurus sum in foro, je suis, j'étais, je fus, je

---

arbore sidunt. Item subter, de loco in locum : ut, *Angusti subter fastigia tecti Ingentem Æneam duxit*. In loco autem : *Omnes Ferre libet subter densa testudine casus* (*Æneid*. VIII). Sic sub, si de loco ad locum fiat motus, accusativum tenet : ut, sub speluncam curro. Si autem positus sub ipsa spelunca curras, ablativum tenet : ut, sub spelunca curro. Sic super, si de loco ad locum fiat motus, accusativum tenet, super tectum curro. Si autem positus quis super tectum currat, ablativum tenet : super tecto curro. Sic, subter fluctus mergo, si ex littore motus fit in demersione, accusativus est, ut mergo subter fluctus. Si autem quis sit jam in fluctibus ; subter fluctibus mergitur. Sed multum juvant hanc locutionem et observationem duo adverbia locorum, quo et ubi : quo, in locum motus est : ubi, in loco situs est : ut, quo venit telum? in hostem : ubi hæsit? in hoste, quo voluit Catilina telum dirigere? in consulis corpus? ubi voluit defigi? in consulis corpore. Sic enim ait de sica : ut eam putes in consulis corpore defigere. Sic cum dicimus, quo fugimus? scilicet in locum. Ubi latet? in loco. Ergo, ut diximus, adjuvant adverbia hæc duo, ad confusionem distinguendi præpositiones utriusque casus. Sic namque de hac adverbiorum ratione purgatur et illud in Verrinis : Quod ille in caput ab hostium duce acceperat. Acceperat ergo vulnus directum in caput, acceptum in capite. Numquid quo accipis vulnus, dicimus? minime : sed, ubi accipis. Et Virgilius, *Quo ire jubes*? in locum significat. In loco autem, *ubi ponere sedes*? Situs vero ablativum tenet, quia contrarius est motui. Nam ipsum nomen, sessionem quamdam significat, ut puta, sum in foro, eram in foro, fui in foro, futurus sum in foro. Sic simplici-

dois être dans le forum. Voilà pourquoi nous disons simplement sedeo, je m'assieds, jaceo, je suis couché, cubo, je me couche, sto, je me tiens debout, consisto, je m'arrête, hæreo, je demeure, tous ces verbes se rapportent au non-mouvement. Il nous faut donc méditer ces préceptes et en faire usage, pour que, dans cette espèce de prépositions, nous montrions par notre langage correct et sans aucune hésitation que nous les avons étudiés avec soin.

INTERJECTION. — L'interjection n'est pas une partie du discours, mais un signe qui sert à exprimer les mouvements vifs et subits de l'âme. Elle marque la joie, evax, la douleur, heu, chez les grecs, φεῦ. Autant de mouvemements passionnés de l'âme, autant d'expressions : on les appelle interjections, parce qu'elles interrompent le discours, comme dans ces vers :

Hic inter densas corylos modo namque gemellos
Spem gregis, ah! silice in nudâ connixa reliquit
(*Eglog.*, 1, 14-15).

sous l'ombrage épais elle vient de mettre bas deux petits, espoir du troupeau, hélas ! elle les a laissés sur la roche nue. Comme on le voit la syllabe ah ! a été interjetée, ici au milieu de la phrase. Nous avons parcouru toutes les parties du discours, et ce que nous avons dit en abrégé suffit pour ceux qui étudient comme pour les autres. Au reste, nous donnons au traité du nom ce que nous avons pu laisser de côté. Maintenant, nous devons savoir que les noms de nombre, de quatre à cent, sont indéclinables et de tout genre : quatuor viri, quatuor feminæ, quatuor mancipia, quatre hommes, quatre femmes, quatre esclaves. De même pour tous les cas : G. quatuor virorum, quatuor mulierum, quatuor mancipiorum, des quatre hommes, des quatre femmes, des quatre esclaves ; D. quatuor viris, quatuor mulieribus, quatuor mancipiis, aux quatre hommes, aux quatre femmes, aux quatre esclaves ; Acc. quatuor viros, quatuor mulieres, quatuor mancipia, les quatre hommes, les quatre femmes, les quatre esclaves ; V. o quatuor viri, o quatuor mulieres, o quatuor mancipia, ô quatre hommes, ô quatre femmes, ô quatre esclaves ; Abl. quatuor viris, quatuor mulieribus, quatuor mancipiis, des ou par les quatre hommes, des ou par les quatre femmes, des ou par les quatre esclaves. J'ai dit que les nombres, de quatre à cent, étaient indéclinables, ἄπτωτα, mais duo, deux et tres, trois, se déclinent à tous les cas, N. duo, deux ; G. duorum, deux ; D. duobus, deux ; Acc. duos ou duo, deux ; V. o duo, ô deux ; ab his duobus, deux. Tres, trois. N. hi, hæ tres, hæc tria, trois ; G. horum, harum, horum trium, trois ; D. his tribus, trois ; Acc. hos, has tres, hæc tria, trois ; V. o tres, o tria, ô trois ; Abl. ab his tribus, trois. C'est d'après cela que nous comprenons maintenant la déclinaison de duumvir ; c'est comme unus vir duorum hominum. De même pour triumvir ; c'est comme unus vir trium hominum. Ici donc, il y a géni-

ter sedeo, jaceo, cubo, sto, consisto, hæreo. Omnia hæc ad situm pertinent. Meditanda igitur sunt et in usum ducenda, ut jam in hac præpositionum forma, et recte et nulla hæsitatione loquentes studuisse no diligentius indicemus.

DE INTERJECTIONE. — Interjectio, non pars orationis est, sed signum affectionis erumpentis animi in vocem. Et significat aut lætitiam, ut evax : aut amaritudinem, ut heu, apud Græcos, φεῦ. Ergo quot sunt perturbati animi motus, tot voces reddunt : et vocantur interjectiones, quod interrumpant orationem, ut est illud, *Hic inter densas corylos modo namque gemellos Spem gregis* (*Eclog.* I) : mox interjectio per litteram a, *Ah silice in nuda connixa reliquit*. in medium orationis interjecta est a littera.

Omnes partes orationis decursæ a nobis sunt, quæ ad compendium sufficiant, aut occupatis, aut negligentibus. Sane quæ omisimus, in tractatu nominis reddimus. Scire enim debemus nomina numerorum a quatuor usque ad centum ἄπτωτα esse, et generis omnis : ut quatuor viri, quatuor feminæ, quatuor mancipia. Sic per omnes casus, quatuor dicimus : utputa virorum quatuor, mulierum quatuor, mancipiorum quatuor. Sic dativo viris quatuor, feminis quatuor, mancipiis quatuor. Sic A. viros quatuor, feminas quatuor, mancipia quatuor. Sic v o viri quatuor, o feminæ quatuor, o mancipia quatuor. Sic A. a viris quatuor, a feminis quatuor, a mancipiis quatuor. Sed ideo dixi, a quatuor ἄπτωτα esse usque ad centum ; quia duo declinantur, duorum, duobus, duos vel duo, o duo, a, ab his duobus. Sic declinantur, et currunt per casus: hi et hæ tres, G. horum et harum trium, D. his tribus, A. hos et has tres, v. o tres, A. ab his tribus. A genere neutro, hæc tria, horum trium, his tribus, hæc tria, o tria, ab his tribus. Ex hac ergo forma intelligimus quomodo

tif. Mais dès là que quatuor est indéclinable, nous disons : quatuor viri, ou quinque viri, ou sexviri, quatre ou cinq ou six hommes. D'après cela, quand Lucien a dit : Septemvirque epulis, il a fait de septem un génitif. De deux cents à neuf cents, ducenti, nongenti, les noms de nombre se déclinent. Exemple : N. hi ducenti, hæ ducentæ, hæc ducenta, etc. Mille (mille) est indéclinable.

---

declinemus : hic duumvir, quasi duorum hominum unus vir. Sic trium hominum unus vir. Ergo hic admisit genitivum. Jam quatuor ubi indeclinabile est, quatuor viri dicimus, vel quinque viri, vel sex viri. Unde Lucanus, *Septemvirque epulis* : pro genitivo posuit, septem. A ducentis usque ad nongentos declinantur nomina numerorum, ut hi ducenti, hæ ducentæ, neutro ducenta : mille, indeclinabile est.

PRINCIPES DE DIALECTIQUE [1]

CHAPITRE PREMIER.

Des mots simples.

La dialectique est l'art de bien discuter. Nous discutons à l'aide de mots. Les mots sont ou simples ou réunis. Les mots simples sont ceux qui ne signifient qu'un seul objet, comme lorsque nous disons : homme, cheval, discute, court. Ne vous étonnez pas de ce que le mot *disputat*, discute, bien que formé de deux mots soit rangé parmi les mots simples. La raison en est dans notre définition : on appelle en effet, mot simple celui qui ne signifie qu'une seule chose. Aussi renfermons-nous dans cette définition ce que nous ne renfermons pas dans le mot *loquor*, je parle. Quoique ce soit un mot simple, il n'a cependant pas une signification simple, puisqu'il veut dire en même temps la personne qui parle : ce qui le rend déjà sujet à la vérité ou à l'erreur, car il peut être nié aussi bien qu'affirmé. C'est pourquoi toute première et toute seconde personne d'un verbe, bien qu'énoncée isolément se trouve rangée parmi les mots réunis qui n'ont pas une signification simple. En effet, si quelqu'un dit : « je me promène, » il donne à entendre et la promenade qu'il fait et lui-même qui la fait. Que quelqu'un dise : « tu te promènes » il entend également et le fait qui a lieu et la personne qui l'accomplit. Mais qu'un autre dise : « il se promène, » il ne donne à entendre que la promenade elle-même. Ainsi la troisième personne d'un verbe est toujours comptée parmi les mots simples : et l'on ne peut pas encore affirmer ou nier si ces mots, par suite de l'habitude du langage, portent nécessairement en eux la signification de la personne, comme lorsque nous disons : « il pleut, il neige. » Quand bien même ici, on n'ajoute point qui est-ce qui pleut ou qui neige, cependant, comme on le comprend, ces mots ne peuvent être rangés parmi les mots simples.

(1) Cet opuscule a été corrigé de nouveau sur cinq manuscrits ayant pour titre : *Traité de la Dialectique* : on l'attribue à saint Augustin, mais il a été imprimé à Bâle en 1558, avec le nom de Chirius Fortunatianus.

PRINCIPIA DIALECTICÆ [a]

CAPUT I.

De simplicibus verbis.

Dialectica est bene disputandi scientia. Disputamus autem verbis. Verba igitur aut simplicia sunt, aut conjuncta. Simplicia sunt, quæ unum quiddam significant : ut cum dicimus homo, equus, disputat, currit. Nec miroris quod, disputat, quamvis ex duobus positum sit, tamen inter simplicia numeratum est. Nam res definitione illustratur. Dictum est autem id esse simplex, quod unum quiddam significet. Itaque hoc includimus hac definitione, quod non includimus cum dicimus loquor. Quamvis enim unum verbum sit, non habet tamen simplicem significationem, siquidem significat etiam personam quæ loquitur. Ideo jam obnoxium est veritati aut falsitati, nam et negari et affirmari potest. Omnis itaque prima et secunda persona verbi quamvis singillatim enuntietur, tamen inter conjuncta verba numerabitur, quæ simplicem non habent significationem. Siquidem quisquis dicat, ambulo : et ambulationem facit intelligi, et seipsum qui ambulat. Et quisquis dicit, ambulas ; similiter et rem quæ sit, et eum qui facit, significat. At vero qui dicit, ambulat : nihil aliud quam ipsam significat ambulationem. Quamobrem tertia persona verbi, semper inter simplicia numerabitur ; et nondum au affirmari aut negari potest, nisi talia verba sint, quibus necessario cohæret personæ significatio consuetudine loquendi, ut cum dicimus ; pluit aut ningit, etiam si non addatur quis pluat aut ningat, tamen quia intelligitur, non potest inter simplicia numerari.

(a) *Opusculum istud castigatum est de novo ad MSS. quinque in quibus inscribitur. Tractatus de Dialectica, et Augustino tribuitur. At Chirii Fortunatiani nomine editum est Basileæ an 1558.*

CHAPITRE II.

Mots réunis.

Les mots réunis sont des mots qui, rassemblés, signifient plusieurs choses, comme lorsque nous disons : un homme marche, un homme marche à la hâte sur la montagne, et autres semblables. Or, parmi les réunions de mots, il en est qui renferment une pensée, comme celles que nous venons de voir : d'autres ne contiennent pas de pensée et appellent autre chose; ainsi le dernier exemple que nous avons donné, si on en retranche le mot marche. Il y a bien une réunion de mots dans : l'homme à la hâte sur une montagne : cependant le sens est encore suspendu. Les mots qui ne forment pas une pensée étant mis de côté, il reste les mots réunis qui renferment une pensée. Il y en a de deux espèces. Ou bien, ils contiennent seulement une pensée susceptible d'être affirmée ou niée comme : tout homme marche, tout homme ne marche pas, et autres de ce genre : ou bien, la pensée est exprimée de telle sorte qu'elle ne peut être ni affirmée ni niée, bien qu'elle exprime entièrement le but que s'est proposé l'esprit : ainsi lorsque nous commandons, souhaitons, maudissons ou faisons quelque chose de ce genre. En effet si quelqu'un dit : va à la ville, puisse-t-il aller à la ville ! ou : que les dieux le confondent ! on ne peut l'accuser de mensonge, ni croire qu'il dit vrai : car il n'a rien affirmé, rien nié. Par conséquent, de telles phrases ne forment point question, n'amènent point de contradiction.

CHAPITRE III.

Phrases simples. — Phrases réunies.

Mais les phrases qu'on emploie dans l'argumentation sont ou simples ou réunies. Elles sont simples, quand elles sont énoncées sans liaison aucune avec une autre proposition, comme celle de tout à l'heure : tout homme marche. Les propositions réunies sont celles dont la liaison forme un jugement, comme : si tout homme marche, tout homme se meut. Mais puisque le jugement est le résultat de la liaison des propositions, cette liaison dure jusqu'à ce qu'on arrive à la dernière : or la dernière se forme des propositions accordées. Voici ma pensée : Quand je dis : s'il se promène, il se meut, je veux prouver quelque chose. Si la conséquence est accordée, il me reste à affirmer la première proposition : il se promène; cela fait, il en découle une proposition qu'on ne peut nier, c'est celle-ci : il se meut; et je ne pourrais plus admettre cette autre : il ne se promène pas. Mais si je dis : cet homme marche, c'est une proposition simple. Si on l'accorde, j'en puis ajouter une autre qui préparera l'achèvement de ma pensée : or, quiconque marche, se meut. Si on me l'accorde encore, de l'union de ces deux propositions énoncées et accordées isolément, il décou-

CAPUT II.

Verba conjuncta.

Conjuncta verba sunt, quæ sibi connexa res plures significant, ut cum dicimus, homo ambulat, aut homo festinans in montem ambulat, et si quid tale. Sed conjunctorum verborum alia sunt, quæ sententiam comprehendunt, ut ea quæ dicta sunt : alia quæ non comprehendunt, sed exspectant aliquid ; ut eadem ipsa quæ diximus, si subtrahas verbum quod positum est, ambulat, quamvis enim verba conjuncta sint, homo festinans in montem ; tamen adhuc pendet oratio. Separatis igitur his verbis quæ non implent sententiam, restant ea verba conjuncta quæ sententiam comprehendunt : horum item duæ species sunt. Aut enim sic sententia comprehenditur, ut vero aut falso teneatur obnoxia, ut est, omnis homo ambulat ; aut, omnis homo non ambulat ; et si quid hujusmodi. Aut sic impletur sententia, ut licet, perficiat propositum animi, affirmari tamen negative non possit : ut cum imperamus, cum optamus, cum exsecramur, et his similia. Nam si quis dicat, perge ad villam, vel utinam pergat ad villam, aut, dii illum perdant, non potest argui quod mentiatur, aut credi quod verum dicat. Nihil enim affirmavit vel negavit ; ergo nec tales sententiæ in quæstionem veniunt, aut disputatorem requirunt.

CAPUT III.

Quæ simplices sententiæ, quæ conjunctæ.

Sed illæ quæ requiruntur, aut simplices sunt, aut conjunctæ. Simplices sunt, quæ sine ulla copulatione sententiæ alterius enuntiantur, ut est illud quod dicimus, omnis homo ambulat. Conjunctæ sunt de quarum copulatione judicatur, ut est, si ambulat, movetur. Sed cum de conjunctione sententiarum judicium sit, tamdiu est donec perveniatur ad summam. Summa autem est quæ conficitur ex concessis. Quod dico tale est. Qui dicit, Si ambulat movetur, probare vult aliquid, ut hoc concesso, verum esse restet illi dicere, quod ambulet : et summa consequatur, quæ jam negari non potest, id est quod movetur : quæ item non potest concedi, id est quod non ambulat. Rursus si hoc modo velit dicere, homo iste ambulat, simplex sententia est, quam si concessero, et aliam quæ aliquid expectat ad completionem sententiæ adjunxerit : quisquis autem ambulat, movetur. Et hanc etiam si

lera une dernière qu'il faudra nécessairement accorder aussi, savoir : donc cet homme se meut.

CHAPITRE IV.

Subdivision des propositions réunies.

Après ce court exposé, examinons chacune de ces choses à part. Et d'abord les deux premières espèces de propositions. L'une, composée de mots dits simples, où se trouve comme la matière de la dialectique; l'autre, composée de mots dits réunis, où déjà l'édifice semble se montrer. La proposition simple se nomme *de loquendo*, les paroles. La proposition composée comprend trois subdivisions. Car, abstraction faite de la réunion de mots qui n'exprime pas une idée, il y a celle qui, contenant une idée, ne constitue point encore de question, ne soulève aucune contradiction : elle s'appelle *de eloquendo*, l'énoncé. Puis, celle qui complète un sens de manière à tirer un jugement d'idées simples : elle se nomme *de proloquendo*, l'affirmation. Enfin, celle qui embrasse tellement l'idée, que le jugement se tire de la liaison même des propositions, elle s'appelle *de proloquiorum summá*, la conclusion. Nous donnerons de chacune de ces parties une explication plus étendue.

CHAPITRE V.

Comment la logique traite des choses, des mots, des vocables et des expressions. Différence entre le vocable et l'expression.

Le mot est le signe d'une chose : il est employé par celui qui parle, pour être compris par l'auditeur. On entend par chose, tout ce qui est perçu par l'esprit ou par les sens, ou bien ce qui leur échappe. On connaît en effet les choses corporelles, on comprend les spirituelles : mais Dieu et la matière sans forme nous échappent. Dieu est ce qui n'est ni corps, ni être animé, ni sens, ni intelligence, ni quelque autre chose que l'on puisse concevoir. La matière sans forme est la mobilité des choses variables, mobilité capable ou susceptible de toutes les formes. Un signe est ce qui se montre soi-même aux sens, et qui en dehors de soi montre encore quelque chose à l'esprit. Parler, c'est donner un signe à l'aide d'un son articulé. J'appelle son articulé celui qui peut être représenté par des lettres. Toutes nos définitions sont-elles justes, ou bien les mots de nos définitions ont-ils besoin d'autres définitions ? Vous le verrez à l'article qui traite de l'art de définir. Pour le moment, écoutez attentivement ce qui suit. Tout mot fait entendre un son. Car lorsqu'il est écrit, ce n'est pas un mot, c'est le signe d'un mot qui, présentant ses lettres aux yeux du lecteur, montre à son esprit ce qu'il doit émettre verbalement. Que font, en effet, les lettres, sinon de se montrer aux yeux, et, en outre de montrer des mots à l'esprit ? Nous avons dit tout à l'heure qu'un signe était ce qui se manifestait aux sens, et, en dehors de lui-même montrait quelque chose à l'esprit; en conséquence, les lettres que nous lisons ne sont pas des mots, mais les signes des mots. De même que nous abusons du mot pour nommer lettre ce qui n'est cependant qu'une très-petite partie d'un son articulé; de même, dis-je, que nous

---

concessero, ex hac conjunctione sententiarum quamvis singillatim enuntiatarum et concessarum, illa summa sequitur, quæ jam necessario concedatur, id est igitur homo iste movetur.

CAPUT IV.

Conjunctas sententias subdividit.

His igitur breviter constitutis, singulas partes consideremus. Nam sunt primæ duæ, una de iis quæ simpliciter dicuntur, ubi est quasi materia dialecticæ ; altera de iis quæ conjuncta dicuntur, ubi jam quasi opus apparet. Quæ de simplicibus, vocatur de loquendo. Illa vero quæ de conjunctis est; in tres partes dividitur. Separata enim conjunctione verborum quæ non implet sententiam, illa quæ sic implet sententiam, ut nondum faciat quæstionem vel disputatorem requirat, vocatur de eloquendo. Illa vero quæ sic implet sensum, ut de sententiis simplicibus judicetur, vocatur de proloquendo. Illa quæ sic comprehendit sententiam, ut de ipsa etiam copulatione judicetur, donec perveniatur ad summam, vocatur de proloquiorum summa. Has ergo singulas partes diligentius explicemus.

CAPUT V.

Quomodo de rebus, verbis, dicibilibus, dictionibus tractetur in logica.

Verbum est uniuscujusque rei signum, quod ab audiente possit intelligi, a loquente prolatum. Res est quidquid intelligitur vel sentitur vel latet. [Sciuntur enim corporalia, intelliguntur spiritalia ; latet vero ipse Deus, et informis materia. Deus est quod neque corpus est, neque animal est, neque sensus est, neque intellectus est, neque aliquid quod excogitari potest. Informis materia est mutabilitas mutabilium rerum, capax omnium formarum.] Signum est et quod seipsum sensui, et præter se aliquid animo ostendit. Loqui est articulata voce signum dare. Articulata autem dico quod comprehendi litteris potest. Hæc autem omnia quæ definita sunt, utrum recte definita sint et utrum hactenus verba definitionis aliis definitionibus prosequenda fuerint, ille indicabit locus, in quo definiendi disciplina tractetur. Nunc quod instat accipe intentus. Omne verbum sonat. Cum enim est in scripto, non verbum, sed verbi signum est. Quippe inspectis a legente litteris, occurrit animo, quod voce pro-

l'appelons lettre, lorsque nous la voyons représentée par l'écriture, toute muette qu'elle soit, sans le moindre son et n'étant que le signe d'une partie du son; de même aussi nous appelons parole un mot écrit, bien que ce signe de la parole ne rende pas le son qu'il signifie. Donc, comme j'avais commencé de le dire, tout mot rend un son. Mais ce qui est sonore n'est pas du domaine de la dialectique. On traite en effet de la sonorité du mot, lorsqu'on cherche ou qu'on fait remarquer par quelle disposition de voyelles un mot se trouve adouci, ou par quel concours de voyelles un mot est coupé, comment un mot se trouve coulant et lié, par la répartition des consonnes, ou hérissé et rude, par leur accumulation, quel est le nombre et quelle est la qualité de ses syllabes, là où les grammairiens traitent du rhythme poétique et de l'accent sous le rapport de l'oreille. Cependant, toutes ces discussions ne sont pas étrangères à la dialectique, puisqu'elle est la science de discuter. Mais les mots sont les signes des choses quand c'est d'elles qu'ils tirent leur force, tandis que ceux dont on discute ici sont les signes des mots. En effet, puisque nous ne pouvons parler des mots sans le secours des mots, ni parler sans parler de quelque chose, l'esprit voit que les mots sont les signes des choses, sans cesser d'être des choses eux-mêmes.

Ainsi quand un mot sort de la bouche, s'il sert à son sujet, c'est-à-dire pour une demande ou une discussion sur le mot lui-même, il est bien lui-même la question, la chose dont il s'agit, celle qui est en discussion; mais cette chose s'appelle mot. Or, dans un mot, tout ce qui est perçu, non par l'oreille, mais par l'esprit, et que l'esprit garde en lui-même, se nomme le dicible, dicibile. Mais quand le mot sort de la bouche, non pas à son sujet, mais pour signifier quelque autre chose, il se nomme expression. dictio. Quant à la chose elle-même qui n'est plus le mot ni la conception du mot dans l'esprit, qu'elle ait un mot qui puisse la signifier, ou qu'elle n'en ait point, elle ne s'appelle que de son nom propre : objet. Il y a donc ces quatre choses à distinguer : le mot, le dicible, l'expression et l'objet. Ce que j'appelle mot est un mot et signifie un mot; ce que j'appelle dicible est aussi un mot, il ne signifie pourtant pas le mot, mais ce qui est compris dans le mot et contenu dans l'esprit ; ce que j'appelle expression est aussi un mot, mais un mot tel qu'il signifie deux choses à la fois, savoir le mot lui-même, et ce qui se passe dans l'esprit au sujet du mot; ce que j'appelle objet est un mot qui, outre les trois dernières significations que nous venons d'énumérer, signifie encore tout ce qui reste à exprimer. Mais des exemples doivent, je crois, éclairer ceci. Supposez donc qu'un grammairien interroge de la sorte un enfant : à quelle partie du discours appartient le mot arma armes? Le mot arma est ici énoncé en vue de lui-même, c'est-à-dire que c'est un mot énoncé en vue du mot lui-même; ce qui suit : à quelle partie du discours ce mot appartient-il ? est ajouté non pour soi, mais en vue du mot arma; il est compris par l'esprit ou énoncé par la voix : s'il est compris et saisi par l'esprit, avant l'énonciation, c'est alors le dicible; et, pour

---

rumpat. Quid enim aliud litteræ scriptæ , quam seipsas oculis, et præter se animo voces ostendunt? Quia et paulo ante diximus, signum esse quod seipsum sensui, et præter se animo aliquid ostendit : quæ legimus igitur non verba sunt, sed signa verborum. Sed ut ipsa littera, cum sit pars minima vocis articulatæ, abutimur tamen hoc vocabulo ut appellemus litteram etiam cum scriptam videmus, quamvis omnino tacita sit, neque ulla pars vocis, sed signum partis vocis appareat : ita etiam verbum appellatur cum scriptum est quamvis verbi signum significantis vocis non eluccat. Ergo, ut cœperam dicere, omne verbum sonat. Sed quod sonat, nihil ad dialecticam. De sono enim verbi agitur, cum quæritur, vel animadvertitur, quanta vocalium, vel dispositione leniatur, vel concursione dehiscat : item consonantium vel interpositione nodetur, vel congestione asperetur, et quot vel qualibus syllabis constet, ubi poeticus rhythmus accentusque a grammaticis solo aurium tractatur negotio. Et tamen cum de his disputatur, præter dialecticam non est, hæc enim scientia disputandi est. Sed tunc verba sunt signa rerum, quando de ipsis obtinent vim : verborum autem, illa de quibus disputatur. Nam cum de verbis loqui nisi verbis nequeamus, et cum loquimur non nisi de aliquibus rebus loquamur, occurrit animo ita esse verba signa rerum, ut res esse non desinant. Cum ergo verbum ab ore procedit, si propter se procedit, id est ut de ipso verbo aliquid quæratur aut disputetur, res est utrique disputationi quæstionique subjecta. Sed ipsa res verbum vocatur. Quidquid autem ex verbo non auris, sed animus sentit, et ipso animo tenetur inclusum, dicibile vocatur, cum vero verbum procedit, non propter se, sed propter aliud aliquid significandum, dictio vocatur. Res autem ipsa, quæ jam verbum non est, neque verbi in mente conceptio, sive habeat verbum, quo jam significari possit, sive non habeat, nihil aliud quam res vocatur proprio jam nomine. Hæc ergo quatuor distincte teneantur, verbum, dicibile, dictio, res. Quod dixi verbum, et verbum est, et verbum significat : Quod dixi dicibile, verbum est; nec tamen verbum, sed quod in verbo intelligitur et in animo continetur, significat. Quod dixi dictionem verbum est, sed tale quo jam illa duo simul, id est ipsum verbum, et quod fit in animo per verbum, significantur. Quod dixi rem, verbum est, quod præter illa tria, quæ dicta sunt, quidquid restat, significat. Sed exemplis hæc illustranda esse perspicio. Fac igitur a quodam grammatico puerum inter-

les raisons que j'ai données, s'il est manifesté au dehors par la voix, il devient expression. Arma, qui ici n'est qu'un mot, quand il a été prononcé par Virgile, était une expression. Il fut, en effet, prononcé non point en vue de lui-même, mais bien pour signifier ou les guerres que fit Énée, ou le bouclier et autres armes que Vulcain fabriqua pour Énée. Quant aux guerres et aux armes, les unes, entreprises, les autres portées par Énée, guerres et armes qui dans l'instant de l'action ou de leur existence tombaient sous les sens, pourraient se voir ou se toucher du doigt si elles existaient encore maintenant, et n'en auraient pas moins existé quand même elles ne seraient pas rappelées par la pensée : ces guerres et ces armes, dis-je, ne sont pas elles-mêmes ni des mots, ni des dicibles, ni des expressions. Ce sont des choses nommées de leur propre nom, choses ou objets. Nous traiterons donc dans cette partie de la dialectique des mots, des expressions, des dicibles et des objets. De ces quatre sujets à traiter, les uns signifient des mots, tandis que les autres ne signifient pas des mots. Car il n'y a rien qu'il ne faille discuter avec des mots ; aussi, discute-t-on tout d'abord sur ce qui sert à discuter sur le reste. Donc, tout mot, à part le son, dont on peut bien discuter aussi, appartient à l'exercice de la dialectique, et non à la science de la dialectique : comme les harangues de Cicéron sont du domaine de la rhétorique, sans être pour cela la science même de la rhétorique.

CHAPITRE VI.

Origine du mot. D'où vient le mot verbum *? Opinion des Stoïciens sur l'origine du mot verbe.*

Ainsi donc, tout mot se manifestant par la voix, soulève nécessairement quatre questions : son étymologie, sa force, sa déclinaison, son rang. On cherche l'étymologie d'un mot, quand on s'enquiert de l'origine de sa formation ; recherche trop curieuse à mon avis et peu nécessaire. Je ne me crois pas tenu de dire ce que Cicéron a cru pouvoir avancer : car qui a besoin d'autorité dans une chose si évidente ? S'il y avait plaisir et agrément à développer l'origine d'un mot, ce serait une folie d'entreprendre ce dont la poursuite serait pour ainsi dire infinie. Car qui pourrait trouver, dans tout ce qui a été dit, la raison pourquoi cela a été dit ainsi ? Il arrive ici ce qui a lieu pour l'interprétation des songes : chacun explique, d'après ses idées, l'étymologie des mots. Mettons le mot *verbum* lui-même en question. Il vient, suivant l'un, de ce qu'il *frappe* en quelque sorte l'oreille : *verberare aurem*. Il vient plutôt, dit un autre, de ce qu'il *frappe* l'air : *verberare aerem*. Pour nous, ce n'est pas là un grand sujet de litige, car enfin ces deux explications nous ramènent également à *verberare*. Mais voyez comment un troisième se met en opposition avec ce qui précède : De ce que nous sommes

rogatum hoc modo : Arma, quæ pars orationis est. Quod dictum est arma, propter se dictum est, id est verbum propter ipsum verbum : cetera vero quod ait, quæ pars orationis est, non propter se, sed propter verbum, quod arma dictum est, vel animo sensa, vel voce prolata sunt. Sed cum animo sensa sunt, ante vocem dicibilia sunt. Cum autem propter id quod dixi, proruperunt in vocem, dictiones factæ sunt. Ipsum vero arma, quod hic verbum est, cum a Virgilio pronuntiatum est (*Æneid.*, 1), dictio fuit : non enim propter se prolatum est, sed ut eo significarentur vel bella quæ gessit Æneas, vel scutum, vel cetera arma, quæ Vulcanus Æneæ fabricatus est. Ipsa vero bella vel armo, quæ gesta sunt aut ingesta ab Ænea ; ipsa, inquam, quæ cum gererentur atque essent, videbantur, quæque si nunc adessent, vel digito monstrare possemus, aut tangere, quæ etiam si non cogitarentur, non eo tamen fit ut non fuerint : ipsa ergo per se nec verba sunt, nec dicibilia, nec dictiones ; sed sunt res, quæ jam proprio nomine res vocantur. Tractandum est igitur nobis in hac parte dialecticæ de verbis, de dictionibus, de dicibilibus, de rebus : in quibus omnibus cum partim verba significentur, partim non verba (nihil est enim de quo non verbis disputare necesse sit) itaque de his primo disputatur, per quæ de ceteris disputare conceditur. Igitur verbum quodlibet, excepto sono, de quo bene disputatur, ad facultatem dialecticæ pertinet, non ad dialecticam disciplinam. Ut defensiones Ciceronis sunt quidem rhetoricæ facultatis, sed non his docetur ipsa rhetorica.

CAPUT VI.

De origine verbi. —
Verbum unde dictum. — *Stoicorum de origine verbi opinio.*

Ergo omne verbum propter id quod sonat, quatuor quædam necessaria vocat in quæstionem, Originem suam, vim, declinationem, ordinationem. De origine verbi quæritur, cum quæritur, unde ita dicatur : res mea sententia nimis curiosa, et non nimis necessaria. Neque hoc mihi placuit dicere, quod sic Ciceroni quoque idem videtur, quamvis quis egeat auctoritate in re tam perspicua ? Quod si omnino multum juvaret explicare originem verbi, ineptum esset aggredi, quod persequi profecto infinitum est. Quis enim reperire possit, quod quid dictum fuerit, unde ita dictum sit ? Huc accedit, quod ut somniorum interpretatio, ita verborum origo pro cujusque ingenio prædicatur,

obligés de dire la vérité, et qu'aux yeux mêmes de la nature le mensonge est odieux, verbum, dit-on, a été ainsi nommé de verum, vrai. Il existe une quatrième interprétation. Il en est qui pensent que verbum vient de verum; mais tout en tenant suffisamment compte de la première syllabe, il ne faut pas négliger la seconde. Lorsque nous disons en effet verbum, la première syllabe de ce mot signifie verum, vrai, et la seconde représente le son. Ils veulent que ce son soit bombum, retentissement, d'où Ennius a appelé le bruit des pieds bombum pedum. Le verbe crier des Grecs est βοᾶσαι, et Virgile a dit : « Reboant sylvæ, » les forêts retentissent. (Georg., III, 223.) Donc le mot verbum vient, pour ainsi parler, de verum boare, faire retentir la vérité. S'il en est ainsi, ce mot est comme une loi qui nous défend de mentir lorsque nous parlons. Mais je crains que les partisans de cette étymologie ne mentent eux-mêmes. Par conséquent, à vous de juger maintenant si nous devons tirer verbum de verberare ou de verum, ou de verum boare. Laissons plutôt de côté son origine, puisque nous comprenons ce qu'il signifie. Toutefois, je désire que vous ayez en quelques mots des notions sur l'origine des mots pour ne pas paraître avoir laissé de côté une partie de l'œuvre que nous avons commencée.

Les stoïciens, dont Cicéron se moque, pensent qu'il n'est aucun mot dont on ne puisse donner la raison et l'origine certaine. Et si vous regardez comme infini, ce travail de reprendre sans cesse les mots dont vous vous serez servi pour expliquer les autres, en recommençant pour eux les mêmes recherches d'étymologie, nous répondrons qu'il faut au moins le poursuivre jusqu'à ce que la chose ait quelque ressemblance avec le son du mot: comme quand nous disons ; le tintement de l'airain, le hennissement des chevaux, le bêlement des brebis, la fanfare des trompettes, le bruit des chaînes. Vous le voyez, ces mots rendent le son des choses qu'ils signifient. Mais comme il y a des choses qui ne rendent aucun son, c'est la comparaison de la sensation du toucher qui prévaut en ce cas, de sorte que si elles font éprouver au toucher une sensation douce ou dure, cette douceur ou cette dureté passe aux lettres du mot, et leur nom ainsi formé fait passer cette sensation au sens de l'ouïe. C'est ainsi que quand nous prononçons le mot lene, doux, un son doux se fait entendre. Qui ne sent que l'âpreté est âpre jusque dans son nom ? Il est doux à l'oreille d'entendre dire volupté, et dur d'entendre prononcer le mot croix : c'est ainsi que les mots se ressentent des sensations que font éprouver les choses elles-mêmes. Autant le miel est suave au goût, autant le mot qui le désigne frappe agréablement l'oreille. Âcreté est dur dans l'objet comme dans le mot; laine et ronces font éprouver au toucher la sensation qu'ils produisent à l'oreille. Voici donc, d'après les stoïciens, la véritable origine des mots: il y a rapport entre les sensations provenant des objets et les sensations provenant des noms. Puis on s'est donné carrière, et on s'est contenté de la simple ressemblance des choses entre elles. Ainsi, crux, croix, a pris ce nom parce que la dureté du mot a quelque rapport avec l'âpreté de la douleur que fait éprouver cet instrument de supplice. Ce

---

Ecce enim verba ipsa quispiam ex eo putat dicta, quod aurem quasi verberent : immo inquit alius, quod aurem. Sed nostra non magna lis est. Nam uterque a verberando hujus vocabuli originem trahit. Sed e transverso tertius vide quam rixam inferat. Quod enim verum, ait, nos loqui oportet, odiosumque sit natura ipsa judicante mendacium, verbum a vero cognominatum est. Nec ingenium quartum defuit. Nam sunt qui verbum a vero quidem dictum putent, sed prima syllaba satis animadversa, secundam negligi non oportere. Verbum enim cum dicimus, inquiunt, prima ejus syllaba verum significat, secunda sonum. Hoc autem volunt esse bombum. Unde Ennius sonum pedum, bombum pedum dixit . et βοᾶσαι Græci clamare. Et Virgilius, Reboant sylvæ (Georg., III). Ergo verbum dictum est quasi a vero boando, hoc est verum sonando. Quod si ita est, præscribit quidem hoc nomen, ne cum verbum faciamus, mentiamur : sed vereor ne ipsi qui dicunt ista, mentiantur. Ergo ad te jam pertinet judicare, utrum verbum a verberando, an a vero solo, an a vero boando dictum putemus ; an potius unde sit dictum non curemus, cum quod significet intelligamus. Breviter tamen hunc locum notatum esse de origine verborum, volo paulisper accipias, ne ullam partem suscepti operis prætermisisse videamur. Stoici autumnant, quos Cicero in hac re irridet, nullum esse verbum, cujus non certa ratio explicari possit. Et quia hoc modo suggerere facile fuit, si diceres hoc infinitum esse, quibus verbis alterius verbi originem interpretareris, eorum rursus a te originem quærendam esse, donec perveniatur eo, ut res cum sono verbi aliqua similitudine concinat, ut cum dicimus, æris tinnitum, equorum hinnitum, ovium balatum, tubarum clangorem, stridorem catenarum. Perspicis enim hæc verba ita sonare, ut res quæ his verbis significantur. Sed quia sunt res, quæ non sonant, in his similitudinem tactus valere, ut leniter vel aspere sonsum tangunt, lenitas vel asperitas litterarum ut tangit auditum, sic eis nomina pepererit. Et ipsum lene cum dicimus, leniter sonat. Quis item asperitatem non et ipso nomine asperam judicet? Lene est auribus, cum dicimus voluptas : asperum est cum dicimus crux. Ita res ipsæ afficiunt, sicut verba sentiuntur. Mel, quam suaviter res ipsa

pendant crura, les jambes ont été ainsi appelées non point à cause de la vivacité de la douleur, mais bien parce que leur longueur et leur roideur, si on les compare aux autres membres, les rendent plus semblables au bois de la croix. L'abus s'est ensuite introduit. Ce n'est plus la ressemblance de la chose, mais la proximité, pour ainsi dire, qui a donné le nom. En effet, quelle ressemblance de signification y a-t-il entre parvus, petit, et minutus, diminué, puisqu'il peut y avoir du petit, parvum, qui non seulement n'ait pas été diminué, mais qui ait même reçu quelque accroissement : cependant, à cause de la proximité, nous disons minutus pour parvus. Mais cet abus du mot est à la discrétion de celui qui parle; c'est du reste peu de chose, pour ne pas dire moins encore. Voici qui a mieux traité ce que nous voulons démontrer. On appelle piscine dans les bains, un réservoir d'eau où il n'y a aucun poisson, ni rien de ce genre; il semble pourtant que ce nom vient de piscis, poisson, à cause de l'eau dans laquelle vivent les poissons. Cette dénomination ne vient donc pas de la ressemblance, mais elle est empruntée à la proximité. Si l'on aime mieux dire, les hommes, en nageant, ressemblent à des poissons, et c'est de là qu'est venu le mot piscine, ce serait sottise que d'y contredire, puisque les deux explications ne s'éloignent pas de l'objet, et que les deux y sont renfermées. Cet exemple pourtant est fort convenable pour nous montrer d'une manière évidente la différence entre l'étymologie prise dans la promixité, et celle qui se tire de la similitude. De là on est allé ensuite jusqu'au contraire, car on pense que lucus, bois sacré, vient de ce qu'il y fait peu de jour (minime luceat) : et bellum, guerre, de ce que ce n'est pas une belle chose. Le mot fœdus, alliance, vient de ce que c'est une chose qui n'est pas ignoble, honteuse; res non fœda, Si ce nom lui vient, comme quelques-uns le veulent, de fœditas porci, laideur du porc, l'étymologie se tire alors de la proximité, puisque fœdus, alliance, emprunte son nom à l'objet qui sert à la former (1). Cette étymologie de proximité est très-étendue, et a lieu de plusieurs manières : par propriété de produire un résultat, comme ici l'enseigne fœditas porci, qui produit l'alliance; par l'effet, comme puteus, puits, qu'on croit dérivé de potatio, action de boire, parce que l'effet du puits est d'abreuver; ou bien par le contenant; ainsi Urbs, ville, viendrait de orbs, orbis, circuit, parce qu'on a coutume, quand on a choisi un endroit pour bâtir une ville, de tracer son circuit avec une charrue, fait que signale Virgile dans le vers où il nous montre Énée traçant avec une charrue l'enceinte d'une ville. Ou bien par le contenu; quelqu'un, par exemple, changera en r la lettre d de hordeum, orge, et il en dérivera le mot horreum, grenier; ou par abus; ainsi nous faisons venir horreum de hordeum, orge, et nous y enfermons du blé; ou en faisant venir le tout de la partie; ainsi quelques-uns donnent au glaive le nom de mucro, pointe, qui n'en signifie que l'extrémité. Ou bien en

---

(1) Il y avait des enseignes militaires composées d'une pique surmontée d'une tête de porc.

---

gustum, tam suaviter nomen tangit auditum. Acre, in utroque asperum est : lana et vepres, ut audiuntur verba, sic illa tanguntur. Hæc quasi cunabula verborum esse crediderunt, ut sensus rerum cum sonorum sensu concordarent. Hinc ad ipsarum inter se rerum similitudinem processisse licentiam nominandi : ut cum, verbi causa, crux propterea dicta sit, quod ipsius verbi asperitas cum doloris, quem crux efficit asperitate concordat : crura tamen non propter asperitatem doloris, sed etiam longitudine atque duritia inter membra cetera sint ligno crucis similiora, sic appellata sunt. Inde ad abusionem ventum est, ut usurpetur non tam rei similis, sed quasi vicinæ. Quid enim simile inter significationem parvi et minuti, cum possit parvum esse, quod non modo nihil minutum sit, sed etiam aliquid creverit ? dicimus tamen propter quamdam vicinitatem, minutum pro parvo. Sed hæc abusio vocabul, in potestate loquentis est : habet enim parvum, ut minutum non dicatur. Illud magis pertinet ad id quod volumus ostendere, quod cum piscina dicitur in balneis, in qua piscium nihil sit, nihilque piscibus simile habeat, videtur tamen a piscibus dicta propter aquam, ubi piscibus vita est. Ita vocabulum non translatum similitudine, sed quadam vicinitate usurpatum est. Quod si quis dicat homines piscibus similes natando fieri, et inde piscinæ nomen esse natum, stultum est hoc refutare, cum ab re neutrum abhorreat, et utrumque lateat. Illud tamen bene accidit, quod uno exemplo dilucidare jam possumus, quid distet origo verbi, quæ de vicinitate arripitur, ab ea quæ de similitudine ducitur. Hinc facta est progressio usque ad contrarium. Nam lucus dictus putatur, quod minime luceat : et bellum, quod res bella non sit : et fœderis nomen, quod res fœda non sit, quod si a fœditate porci dictum est, ut nonnulli volunt, redit ergo ad illam vicinitatem, cum id quod sit, ab quo per quod sit nominatur. Nam et ista omninno vicin tas late patet, et per multas partes secatur. Aut per efficientiam, ut hoc ipsum a fœditate porci, per quem fœdus efficitur : aut per effectum, ut puteus, quod ejus effectus potatio est, creditur dictus : aut per id quod continet, ut urbem, ab orbe appellatam volunt, quod auspicato loco circumduci aratro solet : cujus rei et Virgilius meminit, ubi Æneas urbem designat aratro (Æneid., I), aut per id quod continetur, ut si quis horreum mutata, d, littera affirmet ab hordeo nominatum : aut per abusionem, ut cum hordeum dicimus, et ibi triticum conditur, vel a parte totum, ut mucronis nomine, quæ summa pars es gladii, totum gladium vocant : vel a toto pars, ut

tirant la partie du tout; ainsi capillus, chevelure, qui n'est pour ainsi dire que capitis pilus, poil de la tête. Mais à quoi bon continuer? Tout ce qu'on pourrait ajouter vous montrerait dans la ressemblance des choses et des sons, la proximité et l'opposition des objets, la source étymologique des mots. Nous ne pouvons pas même poursuivre l'étymologie au delà de la ressemblance du son; et encore ici même, ne le pouvons-nous pas toujours. Car il y a une quantité innombrable de mots dont on ne peut point rendre raison. Ils n'ont point d'étymologie, je pense; ou bien, comme le veulent les stoïciens, elle nous échappe. Donnez cependant quelque attention, à la manière dont ils croient être parvenus au berceau ou plutôt, pour ainsi dire, à la racine, ou même à la semence des noms. Au delà, ils défendent toute espèce d'étymologie; et quiconque tenterait de le faire, n'obtiendrait, disent-ils, aucun résultat. Personne ne conteste que les syllabes où la lettre v est employée comme consonne, ont un son lourd e puissant: venter, ventre, vafer, rusé, velum, voile, vinum, vin, vomis, charrue, vulnus, blessure. Notre manière habituelle de parler vient à l'appui de ce fait; car nous retranchons cette lettre à certains mots, pour éviter qu'ils ne pèsent à l'oreille. C'est en effet la raison qui nous fait dire amásti plus volontiers que amavisti, abiit pour abivit; et il en est de même pour une infinité de mots. Ainsi donc, quand nous disons vis, force, le son du mot, nous l'avons dit, a quelque rapport avec la violence de la chose qu'il signifie. Vincula, chaînes, semble être ainsi appelé à cause de la proximité du résultat, c'est-à-dire parce qu'il produit de la violence. Vimen, branche flexible, parce qu'on s'en sert pour lier quelque chose. De là est venu vitis, vigne, parce que la vigne se suspend à l'aide de nœuds, de vrilles qui l'attachent. C'est de là aussi que Térence a appelé vietum, par ressemblance, un vieillard courbé par l'âge. De même, cette portion du sol qui se développe en longues sinuosités, qui est foulée par les pieds des voyageurs s'appelle via, voie. Si on tire ce mot via de ce que la terre est violemment, vi, foulée aux pieds, l'étymologie vient alors de la proximité. Mais supposons que ce mot vienne par ressemblance de vitis ou de vimen, c'est-à-dire admettons qu'il vienne de flexus, sinuosité; quelqu'un me demandera alors comment en vient le mot via : je réponds : il vient de flexus, sinuosité, parce que les anciens ont joint flexum à vietum aussi bien que incurvum : D'où l'on a nommé vieti les bois de roues entourés d'une bande de fer. Si l'on continue et qu'on me demande pourquoi on a appelé vietum ce qui est courbé, je répondrai : à cause de la ressemblance avec la vigne, vitis. On persiste et l'on veut que je dise d'où vient ce mot vitis, je réponds, de ce que la vigne enchaîne, vincit, ce qu'elle saisit: on demande encore l'origine du mot vincire, lier : De vis, violence, répondrai-je. Et pourquoi ce mot de vis? nous revenons alors à cette raison que le son fort et puissant de ce mot est en rapport avec ce qu'il signifie. Voilà la limite au delà de laquelle toute recherche est vaine. Il serait maintenant hors de propos d'examiner de combien de manières l'étymologie des mots varie par suite de la corruption des sons; ce serait trop long et moins nécessaire que ce que nous venons de voir.

capillus quasi capitis pilus. Quid ultra provehar? Quidquid alii annumerari potest, aut similitudine rerum ipsarum, aut vicinitate, aut contrario, contineri videbis originem verbi, quam prosequi non quidem ultra soni similitudinem possumus; sed hoc non semper utique possumus. Innumerabilia enim sunt verba, quorum ratio reddi non possit : aut non est, ut ego arbitror : aut latet, ut Stoici contendunt. Vide tamen paululum, quomodo perveniri putant ad illa verborum cunabula, vel ad stirpem potius atque adeo sementum, ultra quod quæri originem vetant, nec si quis velit potest quidquam invenire. Nemo ambigit syllabas, in quibus, v, littera locum obtinet consonantis, ut sunt in his verbis, venter, vafer, velum, vinum, vomis, vulnus crassum et quasi validum sonum edere. Quod approbat etiam loquendi consuetudo, cum quibusdam verbis subtrahimus, ne onerent aurem. Nam iam est quod amasti, libentius dicimus quam amavisti, et abiit, non abivit; et in hunc modum innumerabilia. Ergo cum dicimus, vim, sonus verbi, ut dictum est, quasi validus congruit rei, quæ significatur. Jam ex illa vicinitate per id quod efficiunt, hoc est quia violenta sunt, dicta vincula possunt videri, et vimen quo aliquid vinciatur. Inde vites, quod adminiculis quibus vinciantur nexibus pendent. Hinc etiam propter similitudinem, incurvum senem vietum Terentius appellavit. Hinc terra, quæ pedibus itinerantium flexuosa et trita est, via dicitur. Si autem via, quæ vi pedum trita est, creditur dicta, redit origo ad illam vicinitatem. Sed faciamus a similitudine vitis vel viminis, hoc est a fluxu esse dictam : quærit ergo me quispiam, quare via dicta est? respondeo, a flexu, quia flexum velut incurvum vietum veteres dixerunt : unde vietos quod cantho ambiantur, rotarum ligna vocant, persequitur quærere, unde vietum flexum dicatur, et hic respondeo, a similitudine vitis. Instat atque exigit unde istud sit vitis nomen : dico quia vincit ea quæ comprehenderit. Scrutatur ipsum vincire, unde dictum sit : dicemus, a vi. Vis quare sic appellatur, requiret : redditur ratio, quia robusto et valido sono verbum rei, quæ significatur, congruit, ultra quod requirat non habet. Quot modis autem verborum origo corruptione vocum varietur, ineptum est prosequi : nam et longum, et minus quam illa quæ dicta sunt, necessarium est.

CHAPITRE VII

De la force du mot

Examinons maintenant, autant qu'il se pourra, la force des mots. J'appelle ainsi ce qui fait connaître la valeur des mots; elle est en raison de l'impression qu'ils produisent sur celui qui entend. Or un mot impressionne l'auditeur ou par lui-même ou par ce qu'il signifie, ou par l'un et l'autre à la fois: quand il il impressionne par lui-même, cette impression vient de l'oreille ou des règles de l'art ou des deux réunies. L'oreille est impressionnée ou par sa nature ou par l'habitude. La nature est impressionnée ou par un froissement qu'elle éprouve, comme si quelqu'un nommait par exemple le roi Artaxercès, ou bien par un plaisir qu'elle ressent, comme d'entendre nommer Euryale: qui, en effet, sans avoir même jamais entendu parler de ceux qui ont porté ces noms, ne sentira pas que le premier nom est très-dur, et que le second est harmonieux? L'oreille est impressionnée par l'habitude, quand elle est choquée d'entendre certains sons, en dehors de leur harmonie ou de leur discordance, l'impression qu'ils produisent tenant alors à ce que l'organe les reçoit à leur passage dans ses canaux, comme des hôtes connus ou comme des étrangers inconnus. L'auditeur est impressionné par l'art, quand à l'audition d'un mot, il remarque à quelle partie du discours ce mot appartient, ou bien s'il contient quelque autre chose qui ait trait aux règles qu'on donne des mots. On juge d'un mot par l'oreille et par la science, lorsque la raison prend acte des appréciations de l'oreille et leur donne un nom. Quand on prononce optimus, aussitôt que la langue et les deux brèves de ce mot ont frappé l'oreille, l'esprit, au moyen de la science, reconnaît sur-le-champ un dactyle. Un mot impressionne l'oreille non par lui-même, mais par ce qu'il signifie, lorsqu'un signe étant reçu par le moyen d'un mot, l'esprit ne fait attention qu'à l'objet même, ainsi, au nom d'Augustin, c'est moi-même qui viens à la pensée de celui dont je suis connu; ou bien c'est quelqu'autre qui se présente à la pensée de l'auditeur, s'il ne me connaît pas, ou s'il en connaît un autre qui, comme moi, s'appelle Augustin. Quand un mot impressionne l'auditeur, et par lui-même et par ce qu'il représente, alors le mot lui-même et l'objet qu'il désigne sont remarqués. D'où vient en effet qu'une oreille chaste ne se trouve point blessée par cette phrase; manu, ventre, pene, bona patria laceraverat; ses mains, son ventre, ses débauches avaient dilapidé son patrimoine, tandis qu'elle serait offensée si les parties honteuses du corps étaient appelées de leur nom vulgaire et grossier? c'est que l'obscénité du mot et de la chose choquerait l'oreille et l'esprit, si l'indécence de l'objet exprimé n'était voilée par la beauté de l'expression, quoique ce soit la même chose que les deux mots servent à nommer. Telle une courtisane debout devant son juge ou voluptueusement couchée dans sa chambre, sera la même personne, mais sous un extérieur différent. Nous avons ainsi vu rapidement quelles étaient la force et l'étendue du mot: le manque de temps

CAPUT VII.

De vi verbi.

Nunc vim verborum, quantum res patitur, breviter consideremus. Vis verbi est, qua cognoscitur quantum valeat: valet autem tantum, quantum audientem movere potest. Porro movet audientem, aut secundum se, aut secundum id quod significat, aut ex utroque communiter. Sed cum secundum se movet, aut ad solum sensum pertinet, aut ad artem, aut ad utrumque. Sensus autem aut natura movetur, aut consuetudine. Natura movetur in eo, quod offenditur si quis nominet Artaxerxem regem vel mulcetur cum audit Euryalum. Quis enim etiamsi nihil utique de his hominibus audierit, quorum ista sunt nomina, non tamen in illo asperitatem maximam, et in hoc judicet esse lenitatem? Consuetudine movetur sensus, cum offenditur cum audit quiddam: nam hic ad suavitatem soni vel insuavitatem nihil interest; sed tamen valent aurium penetral a movere, utrum per se transeuntes sonos quasi hospites notos, an ignotos recipiant, Arte autem movetur auditor, cum enuntiato sibi verbo, adtendit quæ sit pars orationis, vel si quid aliud in his disciplinis, quæ de verbis traduntur, accepit. At vero ex utroque, id est et sensu et arte de verbo judicatur. cum id, quod aures metiuntur, ratio notat, et nomen ita pónitur; ut dicitur, optimus: mox ut autem longa una syllaba et duæ breves hujus nominis percusserint, animus ex arte statim pedem dactylum agnoscit. Sensum vero non secundum se, sed secundum id quod significat verbum movet, quando per verbum accepto signo, animus nihil aliud quam ipsam rem intuetur, cujus illud signum est quod accepit; ut cum Augustino nominato, nihil aliud quam ego ipse cogitor ab ipso, cui notus sum : aut quilibet hominum menti occurrit, si forte hoc nomen, vel qui me ignorat audierit, vel qui alium novit, qui Augustinus vocetur. Cum autem simul et secundum se verbum movet audientem, et secundum id quod significat, tunc et ipsa enuntiatio, et id quod ab eo enuntiatur, simul advertitur. Unde enim sit quod non offenditur aurium castitas, cum audit, Manu, ventre, pene, bona patria laceraverat? Offenderetur autem si obcœna

nous a permis seulement d'effleurer la question. Il résulte de notre examen qu'un mot a deux significations, l'une pour exposer la vérité, l'autre pour veiller à son élégance. La première est du domaine de la dialectique, le seconde appartient principalement à l'art oratoire. Bien qu'il ne convienne pas à ma discussion d'être frivole, et que l'éloquence ne doive pas être trompeuse, souvent et presque toujours pourtant, le plaisir de l'oreille fait mépriser dans l'une les charmes de l'instruction, et dans l'autre, la foule ignorante prend pour des paroles de vérité des phrases élégantes. La part de chacun ainsi faite, il est donc évident que le dialecticien, s'il a quelque désir de plaire, doit pour ainsi dire, donner à sa parole une teinte de rhétorique, et l'orateur s'il veut convaincre de la vérité, doit fortifier son discours avec ce qu'on pourrait appeler l'organisme nerveux et osseux de la dialectique. C'est ainsi que la nature a fait pour notre corps; elle n'a rien enlevé à la vigueur de ses forces, et n'a pas permis cependant qu'il y eût dans son extérieur rien qui choquât la vue. Maintenant, pour discerner cette vérité dont la dialectique fait profession, voyons à l'aide de la force des mots dont nous avons çà et là émis quelques principes, quels obstacles se dressent devant elle.

CHAPITRE VIII

Obscurité et ambiguïté. Différence entre l'une et l'autre. Qu'il y a trois sortes d'obscurités.

L'obscurité ou l'ambiguïté empêche l'auditeur de voir la vérité dans les termes. Entre l'obscurité et l'ambiguïté il y a cette différence que dans l'ambiguïté il se présente plusieurs sens, sans que l'on sache auquel donner la préférence, au lieu que dans l'obscurité, on ne voit rien ou fort peu de ce que l'on attendait. Là où il apparaît quelque chose, l'obscurité ressemble à l'ambiguïté; comme un voyageur qui se trouve en présence de deux, de trois ou même d'un plus grand nombre de chemins, mais que l'épaisseur du brouillard empêche de distinguer au milieu de toutes ces routes. C'est donc d'abord l'obscurité qui le retient dans sa marche. Mais dès que le brouillard a commencé à s'éclaircir, il remarque quelque chose. Est-ce sa route, ou bien la couleur plus brillante du champ voisin? Il n'en sait trop rien. Voilà l'obscurité qui ressemble à l'ambiguïté. L'atmosphère devenant suffisamment nette, la direction de toutes ces routes apparaît : mais laquelle faut-il prendre? Ce n'est plus l'obscurité, mais l'ambiguïté qui cause le doute. De même, il y a trois sortes d'obscurité. L'une, péné-

---

pars corporis sordido ac vulgari nomine appellaretur: in hoc autem sensum animumque utriusque deformitas offenderet, nisi illa turpitudo rei quæ significata est, decore verbi significantis operiretur, cum res eadem sit, cujus utrumque vocabulum est, veluti non alia meretrix, sed aliter tamen videtur eo cultu, quo ante judicem stare adsolet, aliter eo quo in luxurioso cubiculo jaceret. Cum igitur tantam vim tamque multipiscem appareat esse verborum, quam breviter pro tempore summatimque adtigimus, duplex hic ex consideratione sensus nascitur; partim propter explicandum veritatem, partim propter servandum decorem, quorum primum ad dialecticum, secundum ad oratorem maxime pertinet. Quamvis enim nec disputationem deceat ineptam, nec eloquientiam oporteat esse mendacem, tamen in illa sæpe atque adeo pene semper audiendi delicias discendi cupido contemnit, et in hac imperitior multitudo quod ornate dicitur, etiam vere dici arbitratur. Ergo cum appareat quid sit uniuscujusque proprium, manifestum est et disputatorem, si qua ei delectandi cura est, rhetorico colore aspergendum, et oratorem, si veritatem persuadere vult, dialecticis-quasi nervis atque ossibus esse roborandum, quæ ipsa natura corporibus nostris, nec firmitati virium subtrahere potuit, nec oculorum offensioni patere permisit. Itaque nunc propter veritatem dijudicandam, quod dialectica profitetur, ex hac verborum vi, cujus quædam semina sparsimus, quæ impedimenta nascuntur videamus.

CAPUT VIII.

Obscursum et ambiguum. Differentiæ obscuri et ambigui. Tria genera obscurorum.

Impedit auditorem ad veritatem videndam in verbis, aut obscuritas aut ambiguitas. Inter obscurum et ambiguum hoc interest, quod in ambiguo plura se ostendunt, quorum quid potius ancipiendum sit ignoratur, in obscuro autem nihil aut parum quod attendatur, apparet. Ubi parum est quod apparet, obscurum est ambiguo simile : veluti si quis ingrediens iter, excipiatur aliquo bivio, vel trivio, vel etiam, ut ita dicam, multivio loco, sed densitate nebulæ nihil viarum quod est eluceat : ergo a pergendo prius obscuritate tenetur. At ubi aliquantum rarescere nebulæ cœperint, videtur aliquid, quod utrum via sit; an terræ proprius et nitidior color incertum est : hoc est obscurum ambiguo simile. Dilucescente cœlo quantum oculis sat's sit, jam omnium viarum deductio clara est, sed qua sit pergendum, non obscuritate, sed ambiguitate dubitatur. Item sunt obscurorum genera tria : unum est quod sensui patet, animo clausum est, tamquam si quis malum punicum pictum videat, qui neque viderit aliquando, nec omnino quale esset audierit, non oculorum est, sed animi, quod

trée par le regard, mais se renfermant dans l'esprit ; exemple ; quelqu'un voit une grenade en peinture. Il n'en a jamais vu, il n'en a jamais ouï parler, il ignore quel objet représente cette peinture : l'ignorance provient donc ici non de la vue, mais de l'intelligence. Il y a une autre sorte d'obscurité, c'est celle où l'objet serait perçu par l'esprit, s'il n'était caché aux regards. Tel le portrait d'un homme placé dans les ténèbres. En effet, s'il tombait sous la perception de la vue, l'esprit ne douterait pas que ce fût la représentation ou l'image d'un homme. Enfin, il y a une troisième espèce d'obscurité dans laquelle un objet se dérobe aux regards, qui, s'il était dévoilé, n'en serait pas plus saisissant pour l'esprit. C'est le genre d'obscurité le plus ténébreux ; comme par exemple si un ignorant était contraint de reconnaître même au sein des ténèbres la même grenade représentée sur une toile. Reportez maintenant votre attention sur les mots dont tous ces exemples ne sont que des comparaisons. Supposez qu'un grammairien, au milieu de ses élèves réunis et silencieux, dise à voix basse : temetum. Ceux qui sont assis près de lui ont suffisamment entendu ce qu'il a dit ; ceux qui sont plus loin, l'ont un peu saisi, et ceux qui sont tout à fait éloignés, n'ont pas perçu le moindre son. Or, une partie des élèves savaient la signification du mot temetum. Ce sont ceux qui, par je ne sais quel hasard, se trouvaient les plus éloignés. Les autres l'ignoraient complètement. Tous se trouvent enchaînés par l'obscurité. Vous voyez dans cet exemple tous les genres d'obscurité. Ceux qui, en effet, n'ont aucun doute sur l'audition du mot, se trouvent victimes du premier genre d'obscurité, qui est la grenade peinte et exposée aux regards des ignorants. Ceux qui connaissent le mot, mais qui l'ont peu ou qui ne l'ont nullement entendu, sont frappés de la seconde espèce d'obscurité ; c'est notre portrait de tout à l'heure, placé non pas en évidence, mais au sein des plus épaisses ténèbres. Ceux qui non-seulement ne connaissaient pas le mot, mais encore ignoraient sa signification, sont tombés dans la troisième espèce d'obscurité qui est la pire de toutes. Quant à l'obscurité ressemblant à l'ambiguïté dont nous avons parlé, vous pouvez la remarquer dans ceux qui connaissaient le mot, mais qui ne l'ont point entendu, ou ne l'ont entendu que d'une manière peu certaine. On évitera donc ces différentes obscurités dans les mots en parlant à voix suffisamment haute, sans vice de prononciation, et en employant des termes très-connus. Voyez encore par cet exemple tiré du grammairien, combien l'ambiguïté des mots apporte d'autres obstacles dans l'obscurité. Supposez donc que les élèves présents aient suffisamment entendu la voix du maître et qu'il ait d'ailleurs prononcé un mot connu de tous, le mot magnus, grand, par exemple, et qu'ensuite, il se soit arrêté. Remarquez l'incertitude qui règne parmi les élèves à l'audition de ce mot. Que veut dire ce mot ? à quelle partie du discours appartient ce mot ? S'il veut parler des mètres, quelle espèce de pied forme-t-il ? Fait-il une question d'histoire ? veut-il parler du grand Pompée ; dire combien il a fait de guerres ? veut-il parler de poésie ? désigner Virgile, le grand et pour ainsi dire le seul poëte ? Quelle surprise si, pour gourmander la paresse de ses écoliers, il lance

---

cujusce rei pictura sit, nescit. Alterum genus est, ubi res animo pateret, nisi sensui clauderetur, sicut est homo pictus in tenebris : nam ubi oculis apparuerit, nihil animus hominem pictum dubitabit. Tertium genus est, in quo etiam sensui absconditur, quod tamen si nudaretur, nihilo magis animo emineret : quod genus est omnium obscurissimum, ut si imperitus malum illud punicum pictum etiam in tenebris cogeretur agnoscere. Refer nunc animum ad verba, quorum istæ sunt similitudines constitutæ. Pone quempiam grammaticum convocatis discipulis, factoque silentio suppressa voce dixisse, temetum, quod ab eo dictum, qui prope assidebant, satis audierunt : qui remotius, parum : qui autem remotissime, nulla omnino voce perstricti sunt. Horum autem partim sciebant, illi scilicet qui nescio quo casu remotiores erant, quid esset temetum ; reliquos prorsus latebat omnes obscuritate impediebantur. Et hic jam perspicis omnia illa genera obscuritatum. Nam qui auditu nihil dubitabant, primum illud genus patiebantur, cui simile est, malum punicum ignorantibus, sed in luce pictum. Qui noverant verbum, sed auribus aut parum aut omnino non acceperant vocem ; secundo illo genere laborabant, cui similis est hominis imago, sed non in conspicuo, sed omnino tenebroso loco. Qui autem non solum vocis, sed et significationis verbi expertes erant ; tertii generis, quod omnino deterrimum est, cæcitate involvebantur. Quod autem dictum est, quoddam obscurum ambiguo simile, in his perspici potest, quibus verbum erat quidem notum, sed vocem penitus nullam, aut non omnino certam perceperant. Omnia igitur obscura loquendi genera vitabit, qui et voce quantum satis est clara, nec ore impedito, et verbis notissimis utetur. Vide nunc in eodem grammatici exemplo, quam longe alias impediat ambiguitas quam obscuritas verbi. Fac enim eos qui aderant et satis sensu accepisse vocem magistri, et illum verbum enuntiasse, quod esse omnibus notum, utputa , fac cum dixisse, magnus, et deinde siluisse : attendo quid incerti hoc audito nomine patiantur. Quid si dicturus est, quæ pars orationis est ? Quid si do metris quæsiturus, qui s't pes ? Quid si historiam interrogaturus, utputa, magnus Pompeius quot bella gesserit ? Quid si commendandorum carminum gratia dicturus est, Magnus et pene solus poeta Virgilius ? Quid si objurgaturus

alors ces mots : « Magnus vos ob studium disciplinæ torpor invasit! » Un grand engourdissement pour l'étude la grammaire s'est emparé de vous. Ne remarquez-vous pas combien ce mot, bien que loin d'être obscur, a, pour ainsi dire, mis en relief une infinité de sens ? Car ce mot, mis en avant, est un nom, un trochée ; il se rapporte à Pompée, à Virgile, à torpor et à un nombre infini d'objets que je n'ai pas rapportés, et qui cependant, à son audition, peuvent se présenter en foule à la mémoire.

CHAPITRE XIX.

Qu'il y a deux sortes d'ambiguïtés.

Les dialecticiens ont donc eu raison de dire que tout mot était ambigu : et l'on ne doit point s'étonner de voir, dans Cicéron, Hortensius accusé de cette manière : « Ils se disent forts à saisir les mots ambigus et à les expliquer nettement ; ils disent même que tout mot est ambigu ; comment donc expliqueront-ils l'ambiguïté par l'ambiguïté ? Car c'est porter une lumière éteinte au milieu des ténèbres. » Cela est dit avec beaucoup d'esprit et de finesse. Mais on trouve aussi dans Cicéron ce mot d'Antoine à Scévola : « C'est enfin pour paraître aux sages parler avec éloquence, et aux fous avec vérité. » En effet, que fait ici Hortensius, sinon de faire passer dans une pointe d'esprit, et grâce à l'ornement du style, une idée nuageuse qu'il sert aux ignorants comme une coupe d'un vin pur et excellent ? Tout mot est ambigu ; cela doit s'entendre de chaque mot pris en particulier. L'ambiguïté s'éclaircit par la discussion, et certes, personne ne discute à l'aide de mots pris isolément. Personne n'expliquera donc des mots ambigus avec le secours de mots ambigus. Et cependant, comme tout mot est ambigu, personne n'éclaircira un mot ambigu qu'avec l'aide d'autres mots. Mais ces mots sont réunis, ils ne sont plus ambigus. Que l'on dise, par exemple : « Tout soldat a deux pieds, » il ne s'ensuit pas néanmoins qu'une escorte entière se compose de soldats ayant leurs deux pieds. De même, quand je dis que tout mot est ambigu, je ne dis pas ; toute proposition, toute discussion, bien qu'elles se composent de mots. Par conséquent, tout mot ambigu n'expliquera pas une discussion qui n'est pas ambiguë. Voyons maintenant les espèces d'ambiguïtés. Il y en a d'abord de deux sortes : l'une qui engendre le doute au sujet des paroles, l'autre au sujet des mots qui ne sont qu'écrits. En effet, supposons que quelqu'un entend prononcer le mot acies (pointe), et qu'un autre le lit ; si la proposition ne jette aucun jour, on sera incertain si ce mot acies doit être pris pour une ligne de bataille, la pointe d'une épée ou la prunelle de l'œil. Mais que quelqu'un trouve écrit le mot leporem, il ne distinguera pas dans quel sens il a été écrit ; il sera donc incertain si la pénultième de ce mot doit être longue, ce qui le ferait venir de lepos, beauté, ou bien si elle doit être brève ; il viendrait

---

negligentiam discipulorum, in hæc deinde verba prorumpat, Magnus vos ob studium disciplinæ torpor invasit ? Vides-ne remota nebula obscuritatis, illud quod supra dictum est quasi eminuisse multivium ? Nam hoc unum quod dictum est, magnus, et nomen est, et pes chorius est, et Pompeius est, et Virgilius est, et negligentiæ torpor. Et si qua alia vel innumerabilia non commemorata sunt, quæ tamen per hanc enuntiationem verbi possunt intelligi.

CAPUT IX.

Ambiguorum genera.

Itaque rectissime a dialecticis dictum est, ambiguum esse omne verbum. Nec moveat quod apud Ciceronem calumniatur Hortensius, hoc modo : Ambigua se aiunt audire acute, explicare dilucide : item omne verbum ambiguum esse dicunt, quomodo igitur ambigua ambiguis explicabunt ? nam hoc est in tenebras exstinctum lumen inferre. Facile quidem atque callide dictum. Sed hoc est quod apud eumdem Ciceronem Scævolæ dicit Antonius : Denique ut sapientibus diserte, stultis etiam vere videaris dicere. Quid enim aliud loco ille facit Hortensius, nisi acumine ingenii et lepore sermonis, quasi meraco et suavi poculo imperitis caliginem offundit ? Quod enim dictum est, omne verbum ambiguum esse, de singulis verbis dictum est. Explicantur ambigua disputando, et nemo utique verbis singulis disputat. Nemo igitur ambigua verba verbis ambiguis explicabit. Et tamen cum omne verbum ambiguum sit, nemo verbum ambiguum nisi verbis, sed etiam conjunctis, quæ jam ambigua non sunt, explicabit. Ut enim si diceretur : Omnis miles bipes est, non ex eo sequeretur, ut cohors ex militibus bipedibus tota constaret. Ita cum dico ambiguum omne verbum, non dico sententiam, non disputationem, quamvis verbis ista texantur. Omne igitur ambiguum verbum non ambigua disputatione explicabitur. Nunc ambiguitatum genera videamus. Quæ prima duo sunt : unum in iis etiam, quæ dicuntur ; alterum quod in iis solis, quæ scribuntur, dubitationem facit. Nam si quis audierit, acies, et si quis legerit, poterit incertum habere, nisi per sententiam clarescat, utrum acies militum, an oculorum dicta vel scripta sit. At vero si quis inveniat scriptum, verbi causa, leporem, nec appareat qua sententia positum sit, profecto dubitabit, utrum penultima hujus verbi syllaba producenda sit, ab eo quod est lepos, an ab eo quod est lepus corripienda. Quam scilicet non pateretur ambagem, si accusativum hujus nominis casum voce loquentis acciperet. Quid si quis dicat loquentem male pronun-

alors de lepus, lièvre. Il n'éprouverait pas cet embarras, s'il entendait une personne prononcer l'accusatif de ce mot. Mais, dira-t-on, on peut aussi mal prononcer ce mot. L'incertitude de l'auditeur vient alors, non pas de l'ambiguïté, mais de l'obscurité, de cette obscurité néanmoins qui ressemble à l'ambiguïté. Car, dans ce cas, le mot mal prononcé ne conduit pas l'auditeur à imaginer plusieurs sens, mais il le mène à ce qu'il croit avoir entendu. Ces deux sortes d'ambiguïtés sont donc bien différentes l'une de l'autre. La première, à son tour, se divise aussi en deux autres, car tout ce qui se dit peut avoir plusieurs termes. Or ces termes multiples peuvent être contenus dans un seul mot, dans une seule définition, ou bien dans un seul mot mais par différentes expositions. Ceux qu'une seule définition peut contenir se nomment termes univoques; ceux qui, sous un même mot, nécessitent des définitions diverses s'appellent termes équivoques. Voyons d'abord les univoques, afin de faire voir par des exemples comment cette espèce se montre à nous. Quand nous disons un homme, nous entendons aussi bien un enfant qu'un adolescent ou un vieillard, un fou comme un sage, un grand comme un petit, un citoyen comme un étranger, un citadin comme un campagnard, un mort comme un vivant, un homme assis comme un homme debout, un riche comme un pauvre, un homme au travail comme au repos, dans la joie comme dans la douleur, ou ni l'un ni l'autre. Or, dans toutes ces expressions, il n'y a rien qui ne reçoive le nom d'homme, de sorte même qu'il n'y a rien que ne puisse renfermer la définition de l'homme. Car on définit l'homme;

un animal mortel, doué de raison. On ne peut donc pas appliquer cette définition d'animal mortel et raisonnable au jeune homme seulement et la refuser au vieillard ou à l'enfant, etc., appeler ainsi le sage seul, et point l'insensé. Bien plus, toutes ces expressions et les autres que nous avons données, sont renfermées dans la définition comme elles le sont dans le nom d'homme. En effet, soit un enfant, soit un insensé, ou un pauvre, ou un être endormi, s'il n'est pas un animal mortel et doué de raison, ce n'est pas un homme. Mais c'est un homme, donc il est nécessairement contenu dans la définition. Il n'y a point de contestation sur le reste. Quant à l'enfant tout petit, à l'insensé tout à fait fou, à celui qui est dans le sommeil, dans l'ivresse, la fureur, il s'élève le doute de savoir comment ils peuvent être des animaux raisonnables. On peut le prouver, mais ce serait trop long, nous avons hâte de passer à autre chose. Il suffit à la question que cette définition de l'homme ne soit pas juste, si elle ne renferme tout l'homme et rien de plus que l'homme. Les univoques sont donc des termes qui non-seulement sont contenus dans un seul nom, mais encore dans une seule définition de ce même nom, bien qu'ils puissent se distinguer par des mots et des définitions particulières à chacun. Car les divers mots, enfant, adolescent, riche et pauvres, libre et esclave, ayant entre eux des significations différentes, auront aussi des définitions particulières; mais comme le nom d'homme leur est commun à tous, de même aussi la définition d'animal mortel doué de raison leur est commune à tous.

---

tiare potuisso, jam non ambiguitate, sed obscuritate impediretur auditor. Ex illo tamen genere quod ambiguo simile est, quia male latine pronuntiatum verbum, non in diversas rationes trahit cogitantem, sed ad id quod apparet impellit. Cum igitur ista duo genera inter se plurimum distent, primum genus rursus in duo dividitur : nam quidquid dicitur, aut per plura intelligi potest, eadem scilicet plura aut uno vocabulo e una interpretatione, aut tantum uno tenentur vocabulo, sed diversis expeditionibus explicatur. Ea quæ una definitio potest includere, univoca nominantur : illis autem quæ sub uno nomine necesse est definire diverse, æquivoci nomen est. Prius ergo consideremus univoca, ut quomodo genus hoc jam patefactum est, illustretur exemplis. Hominem cum dicimus, tam puerum dicimus quam juvenem, quam senem, tam stultum quam sapientem, tam magnum quam parvum, tam civem quam peregrinum, tam urbanum quam agrestem, tam qui jam fuit quam qui nunc est, tamen sedentem quam stantem, tam divitem quam pauperem, tam agentem aliquid quam cessantem, tam gaudentem quam mærentem vel neutrum. Sed in his omnibus dictionibus nihil est, quod non

ut hominis nomen accepit, ita etiam hominis definitione claudatur : nam definitio hominis est, Animal rationale, mortale ; non ergo quisquam potest dicere animal rationale mortale juvenem tantum, non etiam senem et puerum, etc. aut sapientem esse tantum, non etiam stultum : imo et ista et cætera, quæ numerata sunt, sicut hominis nomine, ita etiam definitione contineantur : nam sive puer, sive stultus, sive pauper, sive etiam dormiens, si animal rationale mortale non est : nec homo est. Est autem homo, illa igitur definitione contineatur necesse est : et de ceteris quidem nihil ambigitur. de puero autem parvo aut stulto, sive prorsus fatuo, aut de dormiente, vel ebrio, vel furente dubitari potest, quomodo possunt esse animalia rationalia, etiam si possit defendi, sed ad alia properantibus longum est. Ad id quod agitur illud satis est, non esse istam definitionem hominis rectam, nisi et omnis homo eadem contineatur, et præter hominem nihil. Hæc sunt igitur univoca, quæ non solum nomine uno, sed una etiam ejusdem nominis definitione clauduntur : quamvis et inter se propriis nominibus et definitionibus distingui possunt. Diversa enim nomina, puer, adolescens, dives et

CHAPITRE X

Il y a plusieurs ambiguïtés provenant des équivoques.

Passons maintenant aux équivoques qui se dressent comme une forêt hérissée d'ambiguïtés sans nombre. Je tâcherai cependant de leur donner une classification distincte. Le résultat répondra-t-il à mes efforts? vous en jugerez vous-même. Je distingue d'abord trois espèces d'ambiguïtés provenant des équivoques : l'une vient de la science, l'autre de l'usage, la dernière des deux réunis. Je dis de la science, à cause des noms que les règles de la grammaire imposent aux mots. Autre, en effet, est la définition que les grammairiens font de l'équivoque, et autre celle que font les dialecticiens. Et pourtant, ce mot seul que je prononce, Tullius, est en même temps un nom propre, un dactyle, et une équivoque. Aussi, si quelqu'un me presse de définir ce que c'est que Tullius, je réponds en expliquant un sens quelconque, car je puis dire, Tullius est un nom signifiant un homme qui fut un grand orateur et qui, pendant son consulat, étouffa la conjuration de Catilina. Remarquez que j'ai mis de la subtilité en disant que c'est un nom. Car si j'avais eu à définir Cicéron de son vivant et que j'eusse pu le montrer du doigt, je n'aurais point dit : Tullius est un nom qui signifie un homme, mais, Tullius est un homme, etc. J'aurais pu de même répondre : Tullius est un dactyle composé de telles et telles lettres, et il eût fallu montrer qu'il renfermait en effet telles et telles lettres. On peut dire : Tullius est un mot qui donne lieu à toutes les équivoques que nous avons rapportées et à toute autre que vous pourrez trouver. Mais je dis : puisque ce mot Tullius, d'après les termes de la science, a pu recevoir les différentes définitions que j'en ai données, pourquoi douter qu'il y a une espèce d'ambiguïté provenant des équivoques, et que l'on peut appeler à juste titre ambiguïté provenant de la science ? Nous avons dit que les équivoques sont des pensées qui ne peuvent se renfermer dans une seule définition comme elles sont contenues dans un seul mot ; de là vient une autre espèce d'ambiguïté qui a son origine, avons-nous dit, dans l'usage des mots.

J'appelle ici usage ce qui nous fait connaître les mots : car quel est celui qui rassemble et réunit des mots pour des mots seulement? Supposez donc un homme qui entende prononcer ce mot, et sache fort bien qu'on ne veut parler ni des parties du discours, ni de pieds métriques, ni d'aucune règle de la grammaire : Eh bien ! en entendant dire *Tullius*, il peut encore se trouver dans les embarras de l'ambiguïté. Ce mot peut, en effet, signifier et l'homme qui fut un grand orateur et son portrait ou sa statue, et le volume qui contient ses ouvrages, et ce qui peut rester de son corps dans le tombeau. Nous

---

pauper, liber et servus, et si quod aliud differentiarum est, et inter se ideo proprias definitiones habebunt : sed ut illis unum commune nomen est homo, sic animal rationale mortale definitio una communis est.

CAPUT X

Ambiguitas ex æquivocis varia.

Nunc æquivoca videamus, in quibus ambiguitatum perplexio prope infinita silvescit: conabor tamen eas in genera certa distinguere. Utrum autem conatum meum hæc facultas sequatur, tu judicabis. Ambiguitatum igitur, quæ ab æquivocis veniunt, primo genera tria sunt : unum eb arte, alterum ab usu, tertium ab utroque. Arte nunc dico, propter nomina quæ in verborum disciplinis verbis imponuntur. Aliter enim definitur apud grammaticos quid sit æquivocum, aliter apud dialecticos, et tamen hoc unum quod dico, Tullius, et nomen est, et pes dactylus, et æquivocum. Itaque si quis ex me efflagitet, ut definiam quid sit Tullius, cujuslibet notionis explicatione respondeo. Possum enim recte dicere, Tullius nomen est, quo significatur homo quidam summus orator, qui Catilinæ conjurationem consul oppressit. Subtiliter attende me nomen ipsum definisse : nam si mihi Tullius ipse, qui si viveret, digito monstrari potuisset, definiendus foret, non dicerem, Tullius est nomen, quo significatur homo : sed dicerem, Tullius est homo, et ita cetera adjungerem. Item respondere possem, hoc nomen Tullius est dactylus, his litteris constans : quod enim eas litteras habeat, opus est innuere. Licet enim illud dicere, Tullius est verbum, per quod æquivocantur inter se omnia cum hoc ipso, quæ supra dicta sunt, et si quid aliud inveniri potest. Sed dico, Cum ergo hoc nomen quod dixi, Tullius, secundum artium vocabula tam varie mihi licuit definire, quid dubitamus esse ambiguorum genus ex æquivocis venientium, quod merito dici possit ex arte contingere ? Diximus enim æquivoca esse, quæ non ut uno nomine, ita etiam una definitione possunt teneri. Unde nunc alterum genus est, quod ex loquendi usu venire memoravimus. Usum nunc appello illud verbum, propter quod verba cognoscimus. Quis enim verba propter verba conquirat et colligat ? Itaque jam constitue aliquem sic audire, ut notum ei sit ; nihil de partibus orationis, aut de metris quæri, aut de verborum aliqua disciplina : tamen adhuc potest cum dicitur, Tullius, æquivocorum ambiguitate impediri. Hoc enim nomine et ipse qui fuit summus orator, et ejus picta imago vel statua, et codex quo ejus litteræ continentur, et si quis est in sepulcro ejus cadaveris, significari potest. Diversis enim rationibus dicimus

disons dans des sens bien différents : « Cicéron arracha la patrie à sa ruine, Cicéron est en or au Capitole, vous devez lire Cicéron en entier, Cicéron est enseveli dans ce lieu. » C'est le même nom, il est vrai, mais toutes ces situations ont besoin de différentes définitions. C'est donc un genre d'équivoque où l'ambiguïté ne provient pas des règles des mots, mais des choses signifiées. Si la confusion dans l'esprit de l'auditeur ou du lecteur vient en même temps de la science et de l'usage, ne devrons-nous pas compter une troisième espèce d'ambiguïté? En voici un exemple palpable dans cette phrase; que l'on dise : beaucoup d'écrivains se sont servis du dactyle, comme Tullius, Tullius est-il cité ici comme exemple du pied dactyle, ou bien comme exemple d'un poëte qui s'est servi de ce pied? Il y a incertitude, provenant d'un côté de la science, de l'autre de l'usage des mots. Cela arrive aussi pour les mots détachés, comme nous l'avons vu plus haut, quand le maître ne fait que prononcer un mot à ses élèves. Ces trois espèces d'ambiguïté sont donc parfaitement distinctes les unes des autres. La première, à son tour, se subdivise en deux, car les mots qui donnent lieu à une équivoque provenant de la science, peuvent tantôt être donnés pour exemple, et tantôt ne le peuvent pas. Quand je donne la signification de nomen, je puis donner en exemple que le mot nomen est un nom. Car il se décline ainsi : nomen, nominis, nomini, etc. De même, quand je définis le dactyle, dactylus, je puis citer ce mot comme exemple, car, en le prononçant, nous faisons une longue et deux brèves. Mais quand j'explique l'adverbe, je ne puis pas donner le mot adverbe pour exemple. Car en prononçant adverbe, c'est un nom que nous énonçons. Ainsi, d'après un sens, un adverbe est toujours un adverbe, et jamais un nom, et d'après une autre idée encore, adverbe n'est pas adverbe, puisque c'est un nom. De même, si l'on définit le critique, criticus, on ne peut pas donner ce mot comme exemple, car ce mot se prononce, la première syllabe longue, et les deux autres brèves, or, il signifie la réunion d'une longue, d'une brève et d'une longue. Ainsi, en suivant une idée, critique est toujours critique et jamais dactyle, et en en suivant une autre, criticus n'est pas un critique, mais un dactyle. Quant à la seconde espèce d'ambiguïté que nous avons dit provenir de l'emploi des mots, à cause de la grammaire, elle se présente sous deux formes : car les sens équivoques viennent d'une origine commune, ou d'une origine différente. Je dis d'une origine commune, quand ils sont renfermés dans un même mot, mais non point dans une seule définition, comme le mot Tullius : c'est un homme, une statue, un livre et un cadavre. Ces différents sens ne peuvent se comprendre dans une seule définition, ils ont néanmoins la même origine, à savoir : cet homme, dont cette statue, ce livre et ce cadavre sont la statue, le livre et le cadavre. J'ai dit d'une origine différente : par exemple, nepos a deux significations d'origine diverse. Il veut dire : neveu, petit-fils, et aussi débauché. Rappelons nous donc ces distinctions et celle que je vais donner de l'ambiguïté que j'appelle d'origine commune. Celle-ci, en effet, se subdivise en deux :

Tullius ab interitu patriam liberavit, et, Tullius inauratus in Capitolio stat, et, Tullius tibi totus legendus est, et Tullius hoc loco sepultus est : unum enim nomen est, sed diversis hæc omnia definitionibus explicanda sunt. Hoc igitur genus æquivocorum est, in quo jam nulla de disciplina verborum oritur ambiguitas, sed de ipsis rebus quæ significantur. At si utrumque confundat audientem vel legentem, sive quod ex arte, sive ex loquendi usu dicitur, tertium genus recte annumerabitur? Cujus exemplum in sententia quidem apertius apparet, ut si quis dicat, multi dactylico metro scripserunt, ut est Tullius : nam his incertum est utrum Tullius pro exemplo dactyli pedis, an dactylio poetæ positum sit : quorum illud ex arte, hoc ex usu loquendi accipitur. Sed in simplicibus etiam verbis contingit, licet tantum vocem hujus verbi grammaticus audientibus discipulis enuntiet, ut supra ostendimus. Cum igitur hæc tria genera manifestis rationibus inter se differant, cursum primum genus in duo dividitur. Quidquid enim ex arte, verborum facit ambiguitatem, partim sibi pro exemplo esse potest, partim non potest. Cum enim definio quod significat nomen, possum hoc ipsum exempli gratia supponere, quod dico nomen, utique nomen est : hac enim lege per casus flectitur dicendo nomen, nominis, nomini, etc. Item cum definio quid significet dactylus, hoc ipsum potest pro exemplo esse. Enim cum dicimus, dactylus, unam syllabam longam et duas deinde breves enuntiamus. At vero cum definitur adverbium quid significet, non potest hoc ipsum pro exemplo dici : etenim cum adverbium dicimus, hæc ipsa enuntiatio nomen est. Ita secundum aliam notionem, adverbium utique adverbium est, et nomen non est : secundum aliam vero adverbium, non est adverbium quia nomen est. Item pes creticus, quando quid significet definitur, non potest hoc ipsum pro exemplo esse : hæc enim ipsa enuntiatio quando dicimus, creticus, prima longa syllaba, deinde duabus brevibus constat; quod autem significat, longa syllaba et brevis et longa est : ita et hic secundum aliam notionem, creticus nihil aliud est quam creticus. et dactylus non est: secundum aliam vero creticus non est creticus quia dactylus est. Secundum igitur genus, quod jam propter disciplinas verborum ad loquendi usum dictum est pertinere, duas habet formas. Nam æquivoca dicta sunt, aut ex eadem origine venientia, aut ex diversa. Ex eadem origine appello, quando uno nomine ac non sub una definitione teneantur, uno

l'une, l'ambiguïté par translation, l'autre, l'ambiguïté par déclinaison. Je dis par translation, quand un mot se rapporte à plusieurs choses : ou par la similitude, comme Tullius qui désigne et l'éminent orateur et sa statue : ou bien, quand le nom du tout passe à la partie ainsi Tullius désignant aussi le cadavre de l'orateur : ou bien quand le nom de la partie signifie le tout, ainsi nous disons un toit pour une maison tout entière : quand le nom de l'espèce passe au genre, ainsi les Romains appellent principalement verbes, verba, les mots que nous employons pour parler; cependant les verbes proprement dits sont ces mots que nous conjuguons par modes et par temps : ou bien, quand l'espèce tire son nom du genre, ainsi, on appelle scholastiques non-seulement du nom propre, mais même du nom dérivatif ceux qui sont encore sur les bancs de l'école ; ce nom toutefois est pris par tous ceux qui s'occupent des lettres : lorsque l'effet prend le nom de l'agent : ainsi Cicéron est l'ouvrage composé par Cicéron ; lorsque la cause tire son nom de l'effet ; on dit la terreur, pour ce qui produit la terreur ; lorsque le contenu prend le nom du contenant ; ainsi, on dit la maison pour ceux qui sont de la maison : lorsque le contenant tire son nom du contenu, ainsi châtaigne pris pour l'arbre aussi bien que pour le fruit, et ainsi des autres choses que l'on peut trouver en tirant le nom d'une origine commune par translation. Vous voyez, je pense, ce qui fait l'ambiguïté dans les mots. Quant aux ambiguïtés provenant d'une origine commune, et qui viennent du mode de conjugaison, en voici quelques-unes : supposé que quelqu'un dise pluit, ce mot a deux significations différentes : il pleut, il a plu. Qu'on dise de même : Scribere, on ne sait si l'on doit entendre par là l'infinitif actif écrire, ou l'impératif passif, sois écrit. Homo n'est qu'un seul et même nom, cependant, il peut être un nominatif, ou un vocatif : l'homme, ô homme ! Docte et doctius sont deux inflexions différentes du même mot. Le mot doctius a une signification différente quand nous disons : doctius mancipium, esclave plus savant, que lorsque nous disons : doctius illo disputavit, il a discuté plus savamment que lui. Ainsi donc, l'ambiguïté provient de la déclinaison. Car, maintenant, j'appelle déclinaison tout ce qui fait subir aux mots certaines inflexions, soit dans les sons, soit dans leur signification. Doctus et docti ne sont changés que quant au son : homo et homo le sont quant à la signification. Mais ce serait un travail sans fin que de vouloir suivre et détruire en détail cette espèce d'équivoque. Il suffit de l'avoir fait remarquer, surtout à un esprit tel que le vôtre.

Examinez maintenant les ambiguïtés provenant d'une origine différente. Elles se divisent encore en deux espèces principales : l'une vient de la différence des langues, comme lorsque nous disons iste. Iste est un mot ayant chez nous une signification différente de celle qu'il a chez les Grecs. Tout le monde ne saisit pas cette espèce d'équivoque : celui-là seul peut la saisir qui connaît ces deux langues ou qui discute à leur sujet. L'autre espèce d'ambiguïté a lieu dans la même langue, mais elle provient de la différence d'origine des choses signifiées

tamen quasi fonte dimanant, ut et istud, quia Tullius et homo et statua et codex et cadaver intelligi potest; non possunt quidem ista una definitione concludi, sed tamen unum habent fontem, ipsum scilicet verum hominem, cujus et illa statua, et ille liber, et illud cadaver est. Ex diversa origine, ut cum dicimus, nepos, longe ex diversa origine filium filii et luxuriosum significat. Hæc ergo distincta teneamus, et inde illud genus, quod ex eadem origine appello , in quæ item dividatur : nam dividitur in duo, quorum unum translatione , alterum declinatione contingit. Translationem voco, cum vel similitudine unum nomen sit multis rebus, ut Tullius, et ille in quo magna eloquentia fuit, et statua ejus dicitur. Vel ex toto, cum pars cognominatur,ut cum cadaver illius Tullius dici potest: vel ex parte totum, ut cum tecta dicimus totas domus. Aut a genere species : verba enim principaliter dicunt Romani, quibus loquimur ; sed tamen verba proprie nominata sunt, quæ per modos et tempora declinamus. Aut ab specie genus : nam cum scholastici non solum proprie, sed et primitus dicantur ii, qui adhuc in schola sunt ; omnes tamen qui in litteris vivunt, nomen hoc usurpant. Aut ab efficiente effectus, ut Cicero est liber Ciceronis. Aut ab effectu efficiens, ut terror, quia terrorem fecit. Aut a continente quæ continentur, ut domus etiam qui in domo sunt dicuntur. Aut a conversa vice, ut castanea arbor dicitur quæ et fructus : vel si quod aliud inveniri potest, quod ex eadem origine quasi transferendo cognominetur. Vides, ut arbitror, quid faciat in verbis ambiguitatem. Quæ autem ad eamdem originem pertinentia conditione declinationis ambigua esse dicimus, talia sunt. Fac verbi causa quemque dixisse, pluit. Et hæc diverse utique definienda sunt. Item scribere cum dicit, incertum est utrum in infinitivo activi, an imperativo passivi pronuntiatum sit. Homo cum unum nomen sit, et una enuntiatio, tamen sit aliud ex nominativo, aliud ex vocativo. Quid doctius et docte verbi enuntiatio quoque diversa est. Doctius aliud est cum dicimus, doctius mancipium : aliud quum dicimus, doctius illo disputavit. Declinatione igitur ambiguitas orta est ; nam declinationem nunc appello, quidquid sive per voces, sive per significationes flectendo verba contingit. Hic doctus et docte, tantum per voces flexum est. Hic homo et homo secundum solas significationes. Sed hujusmodi genus ambiguitatum minutatim concidere ac prosequi pene infinitum est. Itaque locum ipsum bactenus notasse suffecerit,

par un même mot : tel le mot nepos rapporté plus haut. Cette dernière se subdivise encore en deux autres, ou bien, c'est la même partie du discours, comme nepos qui, tout en restant substantif, signifie aussi bien neveu que débauché, ou bien, ce n'est pas la même partie du discours, comme dans ce vers de Térence :

> Qui scis ergo istuc nisi periculum feceris (1)?
> (*Andr.*, III, 3)

où le mot istuc peut être soit un pronom, soit un adverbe.

Quant à la troisième espèce d'équivoque que nous avons dit venir de la science et de l'emploi des mots, il peut y avoir autant d'espèces d'ambiguïtés que nous en avons montrées dans les deux précédentes. Reste donc cette ambiguïté qui ne se trouve que dans l'Écriture. Elle a lieu de trois manières, ou par la quantité des syllabes, ou par leur accent, ou par la quantité et l'accent tout à la fois. Par la quantité, comme ce mot écrit venit. A quel temps est-il? on hésite à cause de la quantité de la première syllabe qui n'est pas indiquée. Par l'accent, comme ce mot pone. Vient-il du verbe pono, ou bien faut-il lui donner le sens qu'il a dans ce vers :

> Pone sequens, namque hanc dederat Proserpina legem (2).
> (*Georg.*, IV, 48.)

C'est douteux à cause de l'incertitude de la place de l'accent. Par la quantité et l'accent tout à la fois, comme dans le mot lepore, dont nous avons déjà parlé. Non-seulement, en effet, il faut marquer la quantité, mais encore l'accent de la pénultième de ce mot pour voir s'il vient de lepos ou de lepus.

ingenio præsertim tuo. Vide nunc ea, quæ ex diversa origine veniunt: nam ipsa dividuntur adhuc in duas primas formas, quarum una est, quem contingit diversitate linguarum, ut cum dicimus isto ; hæc una vox aliud apud Græcos, aliud apud nos significat. Quod genus tamen non omnis novit : non enim unicuique perspicuum est, nisi qui linguas nosset, aut qui linguas disputaret. Altera forma est, quæ in una quidem lingua facit ambiguitatem, diversa tamen eorum origine, quæ uno vocabulo significantur, quale est illud, quod de nepote supra posuimus. Quod rursus in duo scinditur. Aut sub eodem genere partis orationis, sicut nomen est nepos, cum filium filii, et cum luxuriosum significat. Aut sub diversis, ut dictum est a Terentio. Qui scis ergo istuc nisi periculum feceris ? sed etiam istuc pronomen, istuc adverbium. Jam ex utroque, id est arte et usu verborum, quod in equivocis tertium genus posueramus, tot ambiguitatem formæ possent existere, quot in duobus superioribus posueramus. Restat ergo illud genus ambiguum, quod in scriptis solis reperitur. Cujus tres sunt species: aut enim spatio syllabarum sit tale ambiguum, aut acumine, aut utroque. Spatio autem, ut cum scribitur, venit, de tempore incertum est, propter occultum primæ syllabæ spatium. Acumine autem, ut cum scribitur, utrum ab eo quod est pono, an ut dictum : *Pone sequens, namque hanc dederat Proserpina legem*(Geor. 48) : incertum est propter latentem acuminis locum. At vero ex utroque sit, ut in superioribus de lepore diximus; nam non solent producenda, sed acuenda est etiam penultima syllaba hujus verbi, si ab eo quod est lepos, non ab eo quod est lepus, deflexum est.

(1) Comment savez-vous donc si vous n'avez pas ici fait quelque dommage ? ou ; causé ce dommage ?
(2) Il marchait après ; telle était en effet la condition imposée par Proserpine.

AVERTISSEMENT SUR L'OPUSCULE QUI SUIT

Nous avons revu l'opuscule des *Dix catégories* sur sept manuscrits, dont l'un très-ancien appartenant à la bibliothèque de Saint-Germain, porte en tête ces mots : « Prologue d'Alcuin à Charles
» Auguste sur les *catégories* d'Augustin. Ce petit livre contient les dix paroles de la nature ; elles
» renferment, prodige étonnant, tout ce qui peut entrer dans notre intelligence. Que celui qui le
» lira admire le génie merveilleux des anciens, et s'efforce de cultiver le sien par un semblable
» travail, embellissant ainsi de titres honorables les jours qui lui ont été donnés. Le docteur
» Augustin s'est plu à le tirer des trésors des anciens Grecs, en se servant pour cela du latin.
» Grand roi, qui suivez et aimez la sagesse, vous qui chérissez de tels présents, je vous envoie
» maintenant ce livre pour que vous le lisiez. »

(*Catégories* d'Aristote traduites du grec en latin par Augustin.)

Le manuscrit de Michaelis et l'édition d'Amerback reproduisent ces mêmes vers, mais ils ne portent pas cette suscription : Prologue d'Alcuin, etc. Nous présumons que c'est ce même opuscule qui, dans le livre premier de la *Vie d'Odon*, abbé de Cluny, est désigné par ces mots : « Pendant ce temps, Odon se rendit à Paris où il lut entièrement la *Dialectique* que saint Augustin envoya à son fils Adéodat (1) ; il lut aussi fréquemment Marcien pour étudier les arts libéraux car pour toutes ces études, il eut Remi pour maître. »

Ainsi, depuis longtemps, on croyait que l'auteur de cet opuscule était saint Augustin à qui,

---

(1) Par une fausse interprétation, certains manuscrits, entre autres celui de Michaëlis, portent en marge : « Il envoya ces catégories à son fils Adéodat. »

ADMONITIO DE SEQUENTI OPUSCULO

Opusculum de decem Categoriis castigavimus denuo ad MSS. septem, e quibus Germanensis pervetustus codex hæc in illius fronte præfert : « Prologus Alchuini ad Karolum Augustum super categorias Augustini. »

Continet iste decem naturæ verba libellus ;
Quæ jam verba tenent rerum, ratione stupenda,
Omne quod in nostrum poterit decurrere sen-
[sum,
Qui legat ingenium veterum mirabile laudet,
Atque suum studeat tali exercere labore,
Exornans titulis vitæ data tempora honestis.
Hunc Augustino placuit transferre magistro,
De veterum gazis Græcorum clave latina.
Quem tibi Rex magnus Sophiæ sectator amator
Munere qui tali gaudes, modo mitto legendum.

Categoriæ Aristotelis ab Augustino de græco in latinum mutatæ. Eosdem versus exhibent MS. Michaelinus et Amerbachiana editio, sed superscriptione illa carent, Prologus Alchuini, etc. Istud ipsum opinamur, opusculum in lib. I, de Odonis Cluniacensis abbatis vita designatur hisce verbis : Odo his diebus adiit Pa-

personne ne l'ignore, bien d'autres ouvrages ont été attribués faussement par les anciens. Au reste, saint Augustin ne mentionne nulle part qu'il ait traité des catégories, et l'on ne trouve pas ici, comme nous l'avons fait remarquer, les caractères du livre de la *Dialectique* indiqués dans les *Rétractations* (liv. I, ch. VI) : où saint Augustin dit avoir écrit ce livre en forme de dialogue, et dans le but de parvenir ou de conduire aux choses spirituelles par le moyen des corporelles. Vous voyez en outre combien l'auteur de cet opuscule fait de cas des *Catégories* d'Aristote qu'il dit avoir apprises par un travail assidu, et sous la direction du philosophe Thémiste ; tandis qu'au contraire saint Augustin, au livre V, chap. XIV, de son *traité contre Julien*, reproche à cet hérétique son engouement insensé pour les *Catégories* d'Aristote, et qu'il affirme dans ses *Confessions* (liv. IV, ch. XVI) qu'il a compris les *Catégories* sans difficulté et sans le secours d'un maître. De plus, saint Augustin préférait Platon à Aristote, comme on peut le voir dans la *Cité de Dieu* (liv. VIII, ch. XII). Notre auteur, au contraire, préfère sans aucun doute Aristote aux autres ; car, par antonomase, il l'appelle souvent, le philosophe. Enfin, il faut bien dire que le nom d'Adéodat, placé dans les éditions après ces mots : ô fils ; ne se trouve dans les manuscrits, qu'écrit par une autre main en marge ou entre les lignes.

risium, ibique Dialecticam S. Augustini (a) Deodato filio suo missam perlegit, et Marcianum in liberalibus artibus frequenter lectitavit, præceptorem quippe in his omnibus habuit Remigium.

Itaque jam olim istius opusculi auctor credebatur Augustinus, cui alia complura a veteribus falso tributa fuisse nemo nescit. Et certe nusquam ipse meminit se de Categoriis tractasse : neque vero, uti supra observamus, deprehenduntur hic notæ eædem libri de Dialectica in I, Retract. VI, memorati, quem videlicet dialogi forma scripserat, eoque consilio ut per corporalia ad incorporalia perveniret, aut duceret. Vides præterea quanti facit istius opusculi scriptor Aristotelicas categorias, quas jugi labore, nec non Themistii Philosophi magisterio se assecutum fuisse profitetur : cum e contra Augustinus in lib. V contra Julianum, c. XIV, illi adversario suo exprobret, quod Aristotelis categorias insipienter sapiat, easque in lib. IV Confess., c. XVI, nullo se negotio, et absque magistri sui subsidio intellexisse testetur. Atque hic Aristoteli Platonem anteferebat, ut videre est in lib. VIII de Civitate Dei, c. XII, ille haud dubie ceteris Aristotelem, qui ab ipso Philosophus vocitatur per antonomasiam. Illud demum non est prætereundum silentio, Adeodati nomen, quod in editis habetur initio post verba, o fili, non reperiri in MSS., nisi forte a secunda manu in marginali aut interlineari spatio superscriptum.

(a) *Per errorem ex glossemate* MSS. *e quibus Michael. in margine sic habet* : Categorias transmisit filio nomine Adeodato.

LES DIX CATÉGORIES D'ARISTOTE

CHAPITRE PREMIER.

Du discours. — Etendue de la signification du mot οὐσία.

Bien que le discours seul puisse traiter de la science et de la méthode des différents arts, cependant, mon fils, on n'a encore trouvé personne qui, instruit dans tous les genres, ait voulu traiter de l'origine ou du principe de ce même discours. C'est pourquoi nous devons admirer le zèle du philosophe Aristote, qui, désireux de disserter sur toutes choses, commença par l'examen de cette question qu'il savait avoir été laissée de côté par tous, quoique nécessaire à chacun. C'est donc lui qui nous a fait connaître que de ces huit choses que les grammairiens appellent parties du discours, celle qui indique une chose et la désigne par un nom a seule le droit d'être appelée ainsi. D'après Aristote, nous ne devons admettre que le nom et le verbe comme parties du discours; quant aux autres, elles se forment de celles-ci, et l'on doit plutôt les nommer conjonctions que parties du discours. Le nom, en effet, indique une personne, et le verbe ce que l'on fait ou ce que l'on souffre. De là, d'après le même philosophe, nous devons remarquer par quelle économie, le discours resserré peu à peu par degré, embrasse tout ce qui existe en le réunissant en un seul mot. La dénomination de mortels est diverse et innombrable, et on ne peut embrasser une si grande diversité de noms; cependant vous les comprenez tous, quand vous prononcez le mot homme. Il en est de même pour les autres objets, comme le cheval qui s'appelait Ξανθός, Xanthe, Αἴθριος, Pur, ou Δῖος, Divin, ou pour tout autre. Bien que l'étendue de ces noms soit infinie, lorsque quelqu'un dira cheval, il les indiquera tous. Si l'on donne des noms aux lions, ce qui a coutume de se faire, ou aux bœufs, la connaissance particulière de chacun d'eux s'étendra à l'infini, et la pénétration de l'esprit en souffrira : si, au contraire, vous dites lion ou taureau, tous les animaux de ce genre répandus dans l'univers tombent sous cette

CATEGORIÆ DECEM

EX ARISTOTELE DECERPTÆ

CAPUT I.

De oratione, et quam late pateat significatio οὐσία.

Cum omnis scientia disciplinaque artium diversarum non nisi oratione tractatur, nullus tamen, o fili, in quovis genere pollens inventus est, qui de ipsius orationis vellet origine principiove tractare. Idcirco miranda est Aristotelis philosophi diligentia, qui disserendi de omnibus cupidus, ab ipsius cœpit examine, quam sciret et prætermissam a cunctis et omnibus necessariam. Is igitur nos docuit ex octo his, quæ grammatici partes orationis vocant, eam solam recte appellari orationis partem quæ indicaret aliquid, vocabuloque signaret. Itaque solas orationis partes, auctore Aristotele, nomen et verbum debemus accipere : ceteras vero ex his fieri, et compagines orationis potius, quam partes ejus debere nominari. Nomen namque personam demonstrat, verbum quid quisque faciat patiaturve. Dehinc quoque hoc docente debemus advertere, quo compendio paulatim oratio coarctata per gradus cuncta quæ sunt uno vocabulo capta concluserit. Nam cum sit diversa innumerabilisque mortalium nuncupatio, nec comprehendi possit nominum tam lata diversitas, uno tamen vocabulo cum hominem dixeris, noscis omnes. Similiter et cetera, ut equus Ξανθός vel Αἴθριος vel Δῖος vel ille atque ille. Et quamquam sit horum nominum infinita comprehensio, equum tamen cum quis dixerit, monstrabit omnes. Et si quis leonibus, quod fieri solet, vel bobus imponat nomina in immensum tenditur uniuscujusque cognitio, et acies mentis obtunditur : sed cum leonem, vel taurum dixeris, omnes qui ubique sunt, sub uno nomine naturæ succidunt. Verum orationis vis, quæ infinita genera procreandi varietate singulis vocabulis colligaverat, parum fecisse visa est, nisi eadem coarctata in unum singulari nuncupatione concluderet. Ideoque et hominem et feram et equum dixit animal dans cunctis nomen quod omnia possi-

dénomination. Mais le discours qui avait réuni sous des noms particuliers à chacun d'eux les genres infinis d'animaux produits par la variété de la création, eût paru avoir peu fait, s'il n'eût renfermé sous une même dénomination ces mêmes genres, réunis en un seul. C'est pourquoi, on nomma animal l'homme, la bête féroce et le cheval ; donnant à chacun un nom qui les comprît tous. On marqua non moins brièvement les choses inanimées qui avaient une foule de dénominations. En effet, comme il y a des arbres qu'on appelle noyer, châtaignier chêne, pommier, et une multitude d'autres espèces; en les appelant genre ligneux, le discours les a tous réunis dans une dénomination particulière et commune à tous. De même, on appela d'une manière abrégée pierres précieuses les différentes pierres qui servent d'ornement. Enfin, bien qu'on eût considéré suffisamment les genres dispersés çà et là, en les réunissant chacun sous une indication spéciale, cependant voulant embrasser tout ce qui est, sous un nom d'une étendue et d'une signification infinies, on se servit du mot οὐσία (substance) dénomination en-dehors de laquelle rien ne se peut trouver ni imaginer. C'est là une des dix catégories.

Or, il est certain que les catégories furent ainsi appelées, parce qu'on ne peut les reconnaître qu'au moyen de sujets, ὡς κατὰ τινῶν λεχθεῖσαι (comme ayant été dites de certains objets). Qui pourrait, en effet reconnaître ce que c'est qu'un homme s'il ne plaçait un homme sous ses yeux, comme sujet ? Dans le cours de son ouvrage où il est nécessaire d'employer beaucoup d'exemples, de peur d'être obligé de répéter toujours les mêmes noms, pour empêcher qu'en donnant souvent pour exemple le mot Hortensius ou le mot homme, qui a plus d'étendue, ou le mot animal, qui en a davantage, ou le mot essence, qui comprend tout ce qui existe, il ne causât de l'ennui, Aristote a substitué à ces mots d'autres expressions détournées, pour servir aux philosophes dans leurs dissertations. C'est pourquoi, il a donné aux mots Hortensius, noyer, cheval, Xanthus et autres semblables les noms de αἰσθητά, ἄτομα, ἐνάριθμα, καθέκαστα, αἰσθητά, parce qu'ils tombent sous le sens ; ἄτομα, parce qu'ils ne peuvent être ni divisés ni coupés. Qui croirait, en effet, qu'Hortensius puisse être divisé en parties ? Si on le fait, Hortensius ne sera plus ; ἐνάριθμα, parce qu'ils sont comptés dans un seul nombre ; καθέκαστα, parce qu'ils sont un à un : il s'agit ici de choses qu'on ne peut rassembler deux à deux. Ensuite, les philosophes appellent εἴδεα ou ἰδέας les noms dont la signification a plus d'étendue : tels sont les mots homme, cheval, lion, arbre, comme étant des parties des genres et des formes de choses. De là, ils ont donné le nom de genres à ceux dont la signification est encore plus étendue, comme les animaux, le genre ligneux, les pierres précieuses, les pierres ; car d'eux naissent les parties ou les formes. Cependant, ces mêmes genres peuvent aussi s'appeler espèces, parce qu'ils ont quelque chose de plus étendu qu'eux, c'est-à-dire l'essence d'où ils semblent sortir et naître. Quant à l'essence elle-même, au-dessus de laquelle il n'y a plus rien, les philosophes ont voulu qu'on l'appelât le genre.

---

deret. Nec minus ea quæ sine anima sunt, brevi ex immensa demonstratione signavit : nam cum sit arbor et nucis et castaneæ et glandis et mali, ceteraque inexplicabilia genera virgultorum, surculum vocans, singulari omnia et communi vocabulo adstrinxit. Similiter ornamentorum diversos lapides compendiose vocavit gemmas. Postremo licet abunde prospexerat dispersa passim genera speciali nota concilians, tamen ingenti quodam et capaci ad infinitum nomine omne quidquid est comprehendens dixit οὐσίαν extra quam nec inveniri aliquid, nec cogitari potest. Hæc est una de categoriis decem. Appellatas vero categorias constat, propterea quod non possunt nisi ex subjectis agnosci, ὡς κατὰ τινῶν λεχθεῖσαι. Quis enim quid sit homo possit agnoscere, nisi aliquem sibi hominem ponat ante oculos, quasi subjectum homini ? Ne autem progrediente tractatu, in quo plurimis exemplis opus est, eadem ad docendum nomina repetantur, ac sæpe accidat ut vel Hortensii vel altius hominis, vel superius animalis, vel excelsius usiæ frequentata exempla in fastidium reciderent, alia his vocabula quibus ad disserendum philosophi uterentur, inflexit : itaque Hortensium, et nucis arborem, et equum Xanthum, et his similia, αἰσθητά, ἄτομα, ἐνάριθμα, καθέκαστα vocavit : αἰσθητα, quod tactu sentiantur : ἄτομα, quod dividi et secari nequeant : quis enim credat Hortensium cædi posse per partes ? quod si fiat, Hortensius jam non erit : ἐνάριθμα, quod sint numeri unius : καθέκαστα, quod singularia : neque enim hæc in uno quovis geminari possunt. Deinde altiora, id est, hominem, equum, leonem, arborem, εἴδεα vel ἰδέας ars dicit, quasi partes generis et rerum formas. Dehinc superiora, id est animalia et virgulta et gemmas et lapides, genera nuncupavit, ex quibus partes vel formæ nascuntur. Eadem tamen genera, species vel ideæ etiam nominari possunt, quod habent excelsius aliquid, id est usiam, ex qua oriri videntur et nasci. Ipsam vero usiam, supra quam nihil est, genus appellari voluerunt.

CAPUT II

De æquivocis et multivocis.

His ita compositis, ea quæ mente concepta signari et demonstrari possunt, aggressurus Aristoteles, omi-

CHAPITRE II

Homonymes et synonymes.

Ayant ainsi disposé les choses, Aristote, sur le point de traiter de ce qui, une fois conçu dans notre esprit, peut se désigner et se démontrer, a omis, cependant, ce qui a rapport à la définition des mots : vu qu'il arrive dans l'usage des langues que beaucoup de choses sont désignées par un seul nom, et qu'il y a beaucoup de noms pour désigner une seule chose. Aux choses qu'un seul nom renferme, la philosophie a donné deux appellations ; les unes sont nommées homonymes, et les autres synonymes. Elles sont homonymes quand plusieurs choses recevant un même nom, sont différentes dans la signification, par exemple : un homme peint et un homme véritable : ici le nom est le même ; mais si l'on revient à la définition ou à la signification d'homme, on trouve que ces deux choses sont différentes. En effet, lorsque vous dites qu'un homme vrai est un animal qui peut rire et raisonner, et que vous ne pouvez en dire autant d'un homme peint, vous trouvez nécessairement une différence entre eux. Or, régulièrement, nous devons admettre que tout nom qui, quoique propre, peut être commun à d'autres hommes, doit être appelé homonyme : comme Cicéron ; il n'y en a pas qu'un seul, mais plusieurs. Mais si, laissant le nom de côté, vous voulez plutôt me montrer par des signes quel est le premier Cicéron, le second, le troisième, il faut me parler de signes qui soient particuliers à l'un d'eux, de sorte que vous appellerez l'un gros, l'autre mince ; ou bien l'un grand, l'autre petit ; l'un blond, l'autre brun. Donc, comme ces choses, différant entre elles, ne sont réunies que par le nom, on les appelle homonymes, c'est-à-dire les mêmes par le nom, mais différentes par l'interprétation. Les synonymes, au contraire, sont des choses équivalentes par le nom et la signification, ainsi animal : ce mot pouvant se dire de l'homme, du cheval, de la bête féroce et des oiseaux : un animal est un être qui prend de la nourriture, qui est mortel et qui a des sens.

Venons-en maintenant aux choses qui, chacune en particulier, reçoivent d'ordinaire plusieurs dénominations. Si Aristote a omis cette partie, comme nous l'avons dit plus haut, c'est parce qu'il a pensé devoir traiter non de ce qui est signifié, mais de ce qui signifie. Or, ici, il est question non des choses, mais des mots. Ces mots se divisent également en deux partie ; les uns sont πολυώνυμα, polyonymes, ἑτερώνυμα, hétéronymes. Ils sont polyonymes, quand on emploie plusieurs noms pour signifier une seule chose, et qu'on ne rend pas raison de la différence des noms ; tels sont ensis, gladius, mucro, épée : en effet, on ne peut distinguer ni rendre compte pourquoi on a employé tant de mots pour désigner le même objet. Les hétéronymes désignent également un seul objet par plusieurs noms, mais dans ce cas, la diversité des noms a une raison ; par exemple : homme terrestre, mortel : homme, à cause de l'humanité ; terrestre, à cause de la terre, de laquelle toutes choses sont formées ; mortel, parce qu'il doit nécessairement mourir. Il est donc évident que, dans ce cas, on cherche l'origine des noms, et dans l'autre, celle des choses. Aussi Aristote, omettant les premiers, a-t-il préféré traiter des secondes. Revenons aux homonymes, qui se divisent en deux par-

---

sit illa interim quæ de verborum ratione tractantur, cum in linguæ usu provenerit, ut uno nomine res multæ, et multis nominibus res una nuncupetur. His rebus quas unum nomen complectitur, duo vocabula ars dedit, ut ex his alia homonyma, alia synonyma vocaret. Homonyma sunt, cum res quidem plures commune nomen accipiunt, interpretatione vero ejusdem rei separantur, ut homo pictus et verus. In hoc namque idem nomen est : verum si ad definitionem vel ad interpretationem hominis redeas, inveniuntur ista disparia. Cum enim dixeris, verum hominem animal esse quod risum capiat et vim rationis admittat, cum de picto idem non possis dicere, necessario inveniuntur esse disparia. Regulariter autem accipere debemus, omne nomen licet proprium, quod possit esse commune cum ceteris homonymon vocari, ut Cicero non unus, sed plures. Sed si omisso nomine signis potius demonstrare velis quis sit ille Cicero, quis alius, quis tertius, alia de alio signa narranda sunt, ut alium crassum dicas, alium tenuem : vel longus dicatur alius, alter brevis, candido colore quis, alter nigro. Hæc igitur quoniam inter se discrepant, solo sociata nomine, homonyma dicta sunt, vocabulo juncta, rei interpretatione discreta. Synonyma vero sunt, res quæ et nomine et sui interpretatione junguntur, ut est animal : id enim de homine et equo et de fera et de avibus dici potest. Animal est quod cibum capiat, quod mortale sit, quod sensu moveatur. Nunc ad eas res, quæ singulæ multis nominibus signari solent, veniamus. Quamquam hanc partem Aristoteles, ut superius dictum est, prætermiserit, idcirco quod de his quæ significantur, non de his quæ significant, disserendum putavit. In his autem non rerum, sed nominum vertitur quæstio. Hæc divisa sunt similiter in partes duas, et alia πολυώνυμα, alia ἑτερώνυμα sunt. Polyonyma sunt, cum multa nomina unam rem significant, neque ulla de differentia nominum redditur ratio, ut ensis, mucro, gladius, hæc enim cur unam rem tot significent, nec discerni nec defini potest. Dehinc heteronyma a multis æque nominibus res singulas tenent. Verum in his habet rationem diversitas nominum, velut est homo terrenus mortalis : homo ab

ties : en effet, ou ils se présentent fortuitement, quand, par hasard, quelqu'un reçoit le même nom qu'un autre ; ou ils arrivent volontairement, quand un nom semblable est donné à dessein par celui qui l'impose. Or, ceux qui viennent du soin ou de la volonté de quelqu'un sont de quatre genres ; εἰκὼν, κατ'ἀναλογίαν, ἀφ' ἑνός, πρός ἕν ; et, pour les traduire en latin et en français ; similitudo, ressemblance ; proportio, rapport ; ab uno, du même ; ad unum, au même. Il y a ressemblance, comme l'homme peint et l'homme vrai, qui n'ont entre eux de commun que la seule ressemblance. Il y a rapport, ce que les Grecs appellent κατ'ἀναλογίαν, par analogie, lorsque, de même que nous disons que le cœur est le principe de l'animal, ainsi nous disons que la source est le principe de l'eau. C'est du même, quand, par exemple, du mot médecine nous tirons les expressions : instrument médicinal, science médicinale, usage médicinal, précepte médicinal : on descend du particulier au général. C'est au même, ad unum, dans ces expressions : cette potion est salutaire, ce médecin est salutaire, cet instrument est salutaire : car toutes ces expressions semblent tendre à ce seul et même mot, le salut.

CHAPITRE III

Ce dont Aristote traite dans les Catégories.

La première question qu'on pose est souvent celle-ci : quelles sont les principales choses dont Aristote a voulu traiter? Il parle d'abord de ce qui est ; deuxièmement, de ce que l'on conçoit ; troisièmement, de ce que l'on dit. En premier lieu, arrivent toutes les choses que la nature a produites ; en second lieu, on perçoit les choses dont par la vue nous formons et renfermons les images dans notre âme ; en troisième lieu, on prononce les paroles au moyen desquelles nous faisons connaître aux autres les choses dont l'image est peinte dans notre âme. Car tout ce que nous concevons par l'esprit, nous l'indiquons par le langage. Mais, selon l'opinion de Thémestius, savant philosophe de notre siècle, Aristote commence par traiter des choses que l'on conçoit, et il les nomme en grec σημαινόμενα ou φαντασίας, c'est-à-dire images des choses qui se fixent dans notre esprit : mais, se proposant de traiter des choses que l'on conçoit, il doit nécessairement parler de ce qui est et de ce que l'on dit. Car les conceptions naissent de ce qui est, et que nous percevons par la vue ; mais on ne peut indiquer les conceptions, si on ne les explique au moyen de la parole. Donc, bien qu'il doive par la suite définir séparément ce qui est, nous devons admettre cependant que la dissertation se composera du mélange des trois choses, car celui qui parle des conceptions doit aborder l'origine des choses et employer le secours de la parole. C'est donc soulever une question superflue que de dire qu'il faut rechercher pourquoi Aristote, au commencement de son traité, a parlé des homonymes, ou en

---

humanitate, terrenus a terra, in qua cuncta gignuntur, mortalis a necessitate mortis. Claret igitur in his nominum originem quæri, in superioribus rerum : quamobrem his omissis, Aristoteles superiorum maluit movere tractatum. Ergo ad homonyma redeamus, quæ dividuntur in duas partes, aut enim fortuitu fiunt, aut hominum voluntate nascuntur. Fortuitu fiunt enim, cum quodam casu simile quis alteri nomen accipit. Voluntate, cum similitudo nominis ex industria imponentis affigitur, horum autem quæ industria vel voluntate nascuntur, quatuor sunt genera, εἰκὼν, κατ'ἀναλογίαν, ἀφ' ἑνός, πρός ἕν ; : ut eadem latinus quoque sermo declaret, similitudo, proportio, ab uno, ad unum. Similitudo est, ut homo pictus et verus in sola similitudine copulantur. Proportio est quod κατα ἀναλογίαν Græci vocant, ut quo pacto principium animalis cor dicimus, ita principium aquæ fontem dicamus, proportio enim sui similitudo nominis videtur adjuncta. Ab uno est, cum dicimus a medicina medicinale ferramentum, medicinalis scientia, medicinalis usus, medicinale præceptum, ab uno in cuncta descendunt. Ad unum est, ut illa portio salubris est, ille medicus salubris est, ferramentum illud salubre. Hæc enim cuncta unum, id est salutem videntur adtingere.

CAPUT III

Quid Aristoteles agat in categoriis.

Sed plerique movere adsolent quæstionem, de quibus magis Aristoteles voluit inchoare tractatum. Primo de iis quæ sunt, secundo de iis quæ percipiuntur, tertio de iis quæ dicuntur. Primo sunt res omnes, quas natura peperit : secundo percipiuntur ea, quorum imagines animo videndo formamus et recondimus : tertio dicuntur illa, quibus ea, quæ sunt impressa animo, efferuntur. Id namque quod quis concipit animo lingua prosequente declarat. Sed ut Themistio nostræ ætatis erudito philosopho placet, de his Aristoteles tractare incipit, quæ percipiuntur, quæque ipse vocat græco nomine σημαινόμενα sive φαντασία, id est, imagines rerum insidentes animo : verum cum de perceptis proposuerit disputare et de iis quæ sunt, et de iis quæ dicuntur, necessario locuturus est. Percepta enim ex his oriuntur quæ sunt, quæ videndo percipimus : perceptorum autem deerit demonstratio, nisi eorum, quæ dicuntur, auxilio fuerint demonstrata. Ergo quamquam separatim postea ea quæ sunt definiturus sit, mixtam tamen de tribus disputationem debemus accipere. Nam de perceptis qui loquitur, et originem rerum trahit, et præsidia orationis implorat. Superfluam igitur quæstionem movet, qui dicit, scru-

a tracé les règles, alors qu'il allait traiter des choses que l'on conçoit, puisqu'il est évident qu'on ne peut dire que ce qu'on a conçu, et qu'on ne peut concevoir quelque chose qu'autant qu'il existe un être dont l'image ait été perçue par le sens de la vue.

CHAPITRE IV

Les dérivés. — Les paronymes diffèrent des homonymes.

Ceci posé, occupons-nous des paronymes qui tiennent le milieu entre les homonymes et les synonymes, et ne peuvent être appelés ainsi s'ils ne réunissent en eux les propriétés des deux autres, c'est-à-dire s'ils ne paraissent avoir à la fois et le nom des homonymes et la réalité des synonymes ; de même que de sagesse, nous disons sage, ou médecin de médecine, la même, similitude et d'acte et de nom paraît dans médecin et médecine. C'est pourquoi on a appelé avec raison paronyme ce qui a reçu d'une autre chose son appellation nominale. Cependant, de peur que les paronymes et les homonymes qui tirent leur nom de ὁμός, semblable, ne paraissent être les mêmes, nous devons reconnaître cette différence, que les paronymes, tout étant, il est vrai, homonymes entre eux à cause de la ressemblance du nom, sont cependant dits paronymes d'un nom, d'où ils ont reçu leur appellation nominale : Ainsi, par exemple, du mot sagesse nous avons fait homme sage, conseil sage. Or, conseil sage et homme sage sont homonymes entre eux, mais ils sont paronymes du mot sagesse. Cependant, il faut observer que leur dernière syllabe change ; en effet, les paronymes ne se terminent pas de la même manière que les mots dont ils tirent leur origine ; ainsi medicina et medicus : autre est la terminaison de medicina et autre celle de medicus. Si donc les paronymes n'avaient pas cette différence et s'ils ne s'unissaient à la fois aux synonymes par l'objet, et aux homonymes par le nom, on les nommerait plutôt homonymes que paronymes. Par exemple, si de malice nous tirons le mot vicieux, ce mot convient aux synonymes par la chose, mais il diffère des homonymes par le nom. En effet, vicieux et malice ne sont pas semblables, bien qu'ils présentent le même sens. Mais si de malitia, malice, on tire malus, méchant, la ressemblance et le sens s'y trouvent bien réunis. La dernière syllabe ne changera pas si du mot sapientia, sagesse, nous tirons verba sapientia, paroles sages. Là, comme il n'y a aucune syllabe de changée, on refuse à ces expressions le nom de paronymes. D'où il résulte que ces expressions et autres semblables doivent plutôt être rangées parmi les homonymes. Nous devons aussi savoir que les mots sont simples ou joints entre eux. Ils sont liés entre eux dans : le le cheval court ; ils sont simples, quand ces mots sont divisés et qu'on les prononce un à un, comme : le cheval, il court. Mais je crois avoir assez parlé des choses signifiées.

---

tari oportere cur Aristoteles in principio suo homonyma lege vel dixerit, vel detexerit, si de his quæ percipiuntur fuerat tractaturus, cum liqueat non posse dici aliquid, nisi quod perceptum fuerit, nec percipi aliquid posse, nisi res fuerit de qua imago intuendo capiatur.

CAPUT IV

De denominativis. Differunt paronyma ab homonymis

His ergo cognitis, paronyma videamus, quæ sunt in homonymorum et synonymorum medio constituta, et quæ nec paronyma dici possunt, nisi in se habuerint utrorumque contractum, id est nisi et nomen homonymorum et negotium synonymorum videantur habere commune, ut a sapientia sapientem, vel medicum a medicina dicamus, eadem in medico quæ in medicina et actus similitudo videtur et nominis. Propterea recte paronymum dictum est, quod aliunde nomen acceperit. Verum ne eadem videantur paronyma et homonyma, quæ ab uno dicuntur, id est, ὁμού hanc differentiam debemus agnoscere, quod ipsa paronyma inter se quidem propter similitudinem nominis homonyma sunt, illius tamen nominis paronyma dicuntur, unde nomen acceperunt, utputa a sapientia dicamus hominem sapientem, sapiens consilium : inter se hæc homonyma sunt, ipsius vero sapientiæ paronyma. Observari tamen oportet, ut commutationem ultimæ syllabæ habeant : neque ita finiantur paronyma quemadmodum desinunt ea de quibus originem ducunt, ut medicina et medicus, medicina aliis litteris clauditur, aliis medicus. Hanc igitur differentiam nisi paronyma habuerint, et nisi cum synonymis negotio, cum homonymis nomine fuerint copulata, homonyma potius quam paronyma nominantur. Ut si a malitia vitiosum dicamus, negotio quidem cum synonymis convenit, sed ab homonymis discrepat nomine. Neque enim vitiosus et malitia similia sunt, quamquam eodem intellectu sentiantur. Quod si a malitia dicatur malus, recte utrumque convenit. In ultima vero syllaba non mutantur hoc modo, ut si dicamus a sapientia verba sapientia. Hic cum nulla commutata est syllaba paronymi exclusa est nuncupatio. Unde constat hæc et his similia homonymis potius debere conjungi. Scire etiam debemus, verba aut simplicia esse, aut certe conjuncta. Conjuncta sunt, equus currit : simplicia, cum hæc separantur et dicuntur singula, ut equus, currit. Sed jam satis de his quæ significantur, dictum puto.

CHAPITRE V

Substance. — Accident.

Il nous reste à dire comment Aristote a traité des choses qui existent. Ce sont les choses que nous percevons au moyen des sens, ou que nous réunissons dans notre esprit et dans notre pensée. Nous percevons par les sens les choses que nous connaissons ou par la vue, ou par le toucher, ou par l'ouïe, ou par le goût, ou par l'odorat. Nous percevons les choses par l'intelligence comme il arrive lorsque, après avoir vu un cheval, ou un homme, ou un animal quelconque, sachant bien que c'est là un corps, on remarque de plus qu'il est composé de plusieurs parties. Et en effet, la tête forme une partie, les pieds une autre, et ainsi de tous les membres. Dans la tête elle-même, les oreilles forment des parties, et la langue en forme une autre. Les parties elles-mêmes prises en particulier ont beaucoup d'autres parties qui peuvent être séparées et divisées ; de telle sorte que la chair forme une partie, la peau une autre, les veines une autre, les nerfs une autre, les poils une autre encore. Nous rassemblons donc dans notre esprit ou dans notre pensée ces choses auxquelles nos sens ne peuvent atteindre. Nous les considérons aussi ; et, par l'application de notre esprit, nous connaissons que l'homme ou tout autre animal peut croître, vieillir, s'arrêter ou marcher, être tourmenté par les soucis, ou jouir d'un esprit calme et tranquille, quelquefois posséder une bonne santé, d'autres fois ressentir de la douleur : qu'il peut devenir blanc de noir qu'il était, ou noir de blanc, habile d'inhabile, savant d'ignorant, cruel de doux, doux de cruel. C'est pourquoi, comme parmi les choses qui existent, les unes sont perçues par les sens, les autres par l'esprit, les savants ont mieux aimé distinguer ces deux sortes de choses par des noms particuliers, et ils ont appelé ce qui est connu par les sens οὐσία, substance, et ce qui est perçu par la réflexion et qui change souvent συμβεβηκὸς, accident. Et comme on sait que les accidents se trouvent dans la substance permanente, ils ont voulu qu'on appelât la substance ὑποκείμενον, subjacens, sujet, et non in subjecto. Au contraire, ils ont nommé les accidents ἐν ὑποκειμένῳ, in subjacenti, dans le sujet. Cependant, il nous faut reconnaître sans aucun doute que de même que nous proclamons la substance meilleure que les accidents, de même nous jugeons l'indivisible, ἄτομον, ou le singulier, καθ' ἕκαστον c'est-à-dire cet homme ou ce lion, meilleur que les choses qui sont communes, ou appelées du nom commun d'animaux.

CHAPITRE VI

Ce qu'on appelle du sujet : ce qui est dans le sujet.

Aristote revient ensuite aux choses qui sont signifiées, afin de montrer de combien de manières les choses qui sont, ont coutume d'être signifiées. Donc, parmi les choses qui existent, les unes sont enten-

CAPUT V
Substantia et accidens.

Restat ut eorum quæ sunt, quo pacto Aristoteles tractaverit, enarremus. Sunt igitur illa quæ aut percipimus sensibus, aut mente et cogitatione colligimus. Sensibus tenemus quæ aut videndo, aut contrectando, aut audiendo, aut gustando, aut odorando cognoscimus. Mente; ut cum quis equum, aut hominem, aut quodlibet animal viderit quanquam unum corpus, esse respondeat, intelligit tamen multis partibus esse concretum. Siquidem alia pars sit capitis, alia pedum, ceterumque membrorum, in ipso capite partes suas aures habeant, habeat proprium lingua. Ipsæ quoque partes singulæ multa in se habeant, quæ dividi et separari possint : ut caro sit aliud, aliud corium, aliud venæ, aliud nervi, aliud capilli. Ergo hæc mente vel intellectu colligimus, ad quæ nostri sensus penetrare non possunt. Consideramus etiam illa, et animi intentione cognoscimus vel hominem, vel aliud animal, crescere, senescere, nunc stare, nunc movere gressus; modo angi curis, modo secura mente conquiescere; sanitate alias frui, alias dolorem perpeti; ex nigro album, nigrum ex albo colore mutari: peritum ex imperito, doctum ex indocte; ex mansueto ferum, ex feroci mansuetum. Cum igitur in iis quæ sunt, alia sensibus, alia mentibus colligantur, separare hæc propriis nominibus homines eruditi maluerunt; et id quod dignoscitur sensibus jam dici οὐσίαν, illud autem quod animi tractatu colligitur, ac sæpe mutatur, συμβεβηκὸς, id est accidens, nominare voluerunt. Et quoniam in permanente usia ea, quæ accidunt, inesse noscuntur, ipsam usiam ὑποκείμενον, id est, subjacens, et non in subjecto appellari voluerunt, illa vero quæ accidunt, ἐν ὑποκειμένῳ, id est in subjacenti, dixerunt. Sine dubio tamen illud oportet a nobis agnosci, ut potiorem usiam accidentibus dicimus, sic potius ἄτομον, vel καθ' ἕκαστον, id est hunc hominem vel hunc leonem, iis quæ fuerint communia, vel communi vocata animalium nomine judicare.

CAPUT VI
Quæ dicuntur de subjecto, quæ sunt in subjecto.

Rursus ad ea quæ significantur, Aristoteles regressus est, quot modis ea quæ sunt significari adsolent, monstraturus. Ex his igitur quæ sunt, alia de subjecto significantur, et in subjecto non sunt, ut homo. De subjecto quidem significatur, aliquo homine : neque enim homo dici posset, nisi esset aliquis de quo diceretur. In subjecto autem nullo est, cum ipse sit usia,

dues du sujet et ne sont pas dans le sujet, comme homme. En effet, un homme est entendu du sujet; car on ne pourrait pas dire homme s'il ne s'en trouvait quelqu'un dont on le dise. Mais homme n'est dans aucun sujet, puisque lui-même est une substance, laquelle avons-nous dit plus haut, n'est dans aucun sujet, par la raison qu'elle est elle-même sujet pour les autres. D'autres choses, au contraire, ne sont ni dans le sujet, ni entendues du sujet, comme Cicéron. Il n'est pas dans le sujet, puisque c'est une substance, et il ne peut s'entendre de quelque sujet, puisqu'il possède un nom né de lui-même, et qu'on ne peut le concevoir d'ailleurs. Nous avons dit que les choses qui appartiennent à la substance sont entendues de deux manières, l'une plus élevée qui s'appelle κοινὸν commune ; l'autre, inférieure, qui s'appelle καθ' ἕκαστον, c'est-à-dire particulière. Maintenant, quant à ce qui regarde les accidents, il nous faut dire de quelle manière on les entend. Il y en a donc qui sont dans le sujet, et qui sont entendus du sujet, comme la science ou la couleur. Ils sont dans quelque sujet, c'est-à-dire dans l'esprit ou dans le corps ; car la science ne peut exister, s'il n'y a comme sujet une âme qui la contienne, et la science ne pourrait être si ce n'est d'un sujet ou objet, la grammaire par exemple. Pourrait-il y avoir quelque couleur si ce n'est dans un sujet, dans un corps ? Et pourrait-on la concevoir si ce n'est d'un sujet, c'est-à-dire d'une couleur ? Ainsi, ces accidents sont donc dans le sujet et sont entendus du sujet.

Mais de ces mêmes accidents, il en est qui, bien qu'étant dans le sujet, ne sont nullement entendus du sujet, comme cette grammaire, ou cette couleur blanche. Ils sont, il est vrai, dans le sujet, c'est-à-dire dans l'âme ou dans le corps ; mais ils ne sont pas entendus de lui. En effet, leur dénomination ne vient pas de lui ; ils sont désignés par leur nom propre et spécial. Nous nommons commun l'accident dont nous avons parlé plus haut ; quant à celui dont nous avons parlé en dernier lieu et où il s'agit d'une partie du tout, il est dit καθ' ἕκαστον. Au reste, pour qu'on ne crût pas qu'il eût passé quelque fait sans le mettre en évidence, et donné ainsi l'occasion de soulever des difficultés, Aristote a voulu traiter avec plus de soin de ce qui est dans le sujet, et en donner la définition, afin de fermer la bouche aux critiques. Il définit donc, comme étant dans un sujet, ce qui est dans quelque autre chose, de manière que, sans être une partie de cette chose, il ne peut jamais exister sans la chose dans laquelle il est. Cette définition a été ajoutée, parce qu'on pourrait dire que le doigt ou le pied, par exemple, sont dans le sujet, c'est-à-dire dans le corps. Aristote a donc prévenu cette objection dans une définition pleine de sagesse, en disant : qui est dans le sujet, sans en faire partie. Or il est évident que le doigt ou le pied sont une partie du corps. Les critiques auraient pu dire que l'eau ou le vin qui sont dans un vase sont comme dans le sujet : mais sa docte définition ne permet pas cette objection, ajoutant, comme elle le fait, que la chose est dans le sujet et ne peut pas exister sans le sujet. Or, on ne peut douter que le vin et l'eau ne puissent être ailleurs, sans le vase dans lequel ils se trouvent. Cependant nous devons remarquer ici avec quel art est faite cette définition,

quam superius diximus in nullo umquam subjacenti esse; quippe cum sit ceteris ipsa subjecta. Alia vero nec in subjecto sunt, nec de subjecto significantur, ut est Cicero; nec in subjecto est, quia usia est; nec de subjecto aliquo significatur, siquidem cum a se ortum vocabulum teneat, neque intelligi possit aliunde. Dicta sunt duo quæ ad usiam pertinent, quo pacto significentur, quorum superius κοινὸν, id est commune, inferius καθ' ἕκαστον, id est singulare dicitur. Nunc ea quæ sunt ex accidentibus, quonam modo significentur dicendum est. Sunt igitur ex iis alia quæ et in subjecto sunt, et significantur de subjecto, ut est scientia vel color. Sunt enim in subjecto aliquo, id est animo vel corpore : neque enim scientia potest esse, nisi sit anima subjecta qua contineatur; nec significari scientia posset, nisi de subjecta grammatica, vel color quisquam posset esse, nisi in subjecto corpore, nec significari posset, nisi de subjecto aliquo colore : ita sit ut et in subjecto sint, et de subjecto significentur. Alia vero sunt ex iisdem συμβεβηκόσι, id est accidentibus, quæ in subjecto quidem sunt sed de subjecto minime significantur, ut est, hæc grammatica, vel hic albus color. In subjecto quidem sunt, animo vel corpore, de subjecto autem non significantur. Neque enim his aliunde vocabulum pendet, sed suo et speciali nomine designantur. In iis quoque accidens superius, commune nominamus, inferius ubi jam certa res est pro parte, hoc est καθ' ἕκαστον dicitur. Verum ne aliquid non apertum prætereire Aristoteles existimaretur, et oriundis quæstionibus occasionem daret, de eo quod in subjecto est, voluit tractare diligentius, ac definire quid esset, ut calumniantibus aditus clauderetur. Definit ergo in subjecto esse quod in altero est aliquo, non ut pars sit quædam, neque sine eo in quo est potest unquam esse. Hæc definitio addita propterea est, quia dici posset digitum vel pedem in subjecto esse, id est in corpore: hoc igitur exclusit cauta definitione, dicendo id esse in subjecto, quod ejus pars non sit in quo est : digitum autem vel pedem partem esse corporis constat. Dehinc a calumniantibus dici posset, aquam vel vinum in quodam cado quasi in subjecto esse : sed id oriri docta definitione non sinit, addens id esse in subjecto, quod sine subjecto esse non possit : vinum autem, vel aquam, sine cado in quo fuerit posse alibi esse, non potest dubitari. Interea hoc loco debemus advertere qua arte definitio

En effet, il faut d'abord qu'elle s'étende à l'infini en commençant par le genre ; ensuite que courant peu à peu à travers les parties, elle parvienne à la chose seule dans laquelle se trouve l'objet défini. De même que ceux qui font des statues, choisissent d'abord un bloc énorme, puis diminuant et retranchant peu à peu ce qui est de trop, parviennent à former le visage et les membres ; ainsi la définition commençant par le genre, après avoir écarté peu à peu la généralité des mots, tend à s'approcher du siége propre de la chose à désigner. Mais revenons à notre but. Nous avions à parler de ce qui est, et de la manière de l'exprimer ; comme nous avons déjà beaucoup dit sur ce sujet, on doit admettre que tout ce qui est particulier, exprimé par un seul nombre, indivisible, sensible, comme cet homme, ou ce cheval, ou cet arbre ne peut être entendu du sujet. Au contraire, ces mêmes choses, si elles se rapportent aux accidents, comme la couleur, la science, elles peuvent être dans le sujet. En effet, comme nous l'avons démontré plus haut, aucun accident ne peut exister sans sujet. Nous savons donc maintenant comment nous pouvons reconnaître le sujet et ce qui est dans le sujet.

CHAPITRE VII

Définition du genre et de l'espèce.

Aristote nous enseigne ensuite comment nous pouvons connaître les choses qui sont entendues du sujet. Or, dans ces choses, il y a cela de particulier qu'on trouve dans le sujet lui-même les mêmes choses qui sont dans ce qu'on entend du sujet. En effet, de même que animal peut s'entendre du sujet, homme ou cheval, de même faut-il que homme soit entendu de quelque homme établi comme sujet. Or, Cicéron est homme et animal. Donc, tout ce qu'on peut dire de l'animal on le dit de l'homme et de Cicéron. C'est pourquoi, ce que l'on trouve dans ce qui est entendu du sujet doit nécessairement se trouver dans le sujet. De sorte que, si vous dites qu'un animal est ce qui prend de la nourriture, ce qui est mortel et ce qui est excité par la sensation, comme animal est entendu du sujet homme, il est nécessaire que les mêmes choses que l'on a affirmées de l'animal, puissent s'affirmer de l'homme, et que les mêmes choses qui ont été dites de l'homme puissent aussi se dire de Socrate. Or, il est certain que Socrate est sujet (mis au-dessous comme généralité) de l'homme, et l'homme de l'animal. Donc tout ce que l'on dira des choses qui sont entendues du sujet, on le dira aussi des choses que nous appelons sujets. Or les choses qui ne peuvent être connues par elles-mêmes sont régulièrement entendues du sujet ; de même que animal ne peut être entendu sinon de son sujet homme, ainsi l'homme ne peut pas non plus être entendu si l'on ne le connaît par un homme pris en particulier, que l'on a sous les yeux et qui est sujet. Maintenant, comme Aristote va parler des genres, de toutes

---

disponatur. Primum enim hanc per immensum tendi oportet incipientem a genere : dehinc paulatim per partes currendo pervenire debet ad id in quo solum est id quod definitur. Ut ii qui signa formant, primum immensum subdeligunt lapidem, dehinc paulatim minuendo et abscindendo superflua ad formandos vultus et membra perveniunt. Sic definitio a genere incipiens depulsa paulatim generalitate verborum, ad proprium demonstrandæ rei cubile tendit accedere. Sed ad propositum revertamur : tractatus enim erat de iis quæ sunt, quemadmodum significentur, de quibus quoniam jam multa dicta sunt, illud regulariter nobis tenendum est, omnia καθ'ἕκαστα, vel, ἐνάριθμα, vel ἄτομα, vel αἰσθητά, id est hunc hominem, vel hunc equum, vel hanc arborem de subjecto significari non posse. Sin vero hæc eadem de accidentibus fuerint, id est hic color, hæc disciplina, in subjecto esse posse : quemadmodum enim superius demoustratum est, omne accidens sine subjecto esse non potest. Docti igitur sumus quo pacto, vel subjectum, vel in subjecto possimus agnoscere.

CAPUT VII
Quid genus, quid species.

Dehinc nos Aristoteles docet, et illa quæ de subjecto significantur, qua ratione noscamus. In his autem speciale illud est, quod eadem in ipso subjecto inveniuntur, quæ sunt in eo quod de subjecto significatur : ut enim animal de subjecto significatur homine vel equo, sic et homo de subjecto aliquo homine significetur necesse est : Cicero autem et homo est et animal. Quæcumque igitur prædicari de animali possunt, eadem et de homine et Cicerone prædicantur. Quapropter ea quæ in eo, quod de subjecto significatur, inveniuntur, et in eo, quod subjectum est, necesse est inveniri : ut si dicas, animal est quod cibum capiat, quod mortale sit, quod sensu moveatur : animal autem de subjecto significatur homine, eadem tamen et de homine dicta necesse est, quæ de animali dicta sunt. Deinde quæ de homine dicta fuerint, eadem et de Socrate. Certum autem est Socratem subjectum esse homini, hominem autem animali. Quidquid igitur in iis, quæ de subjecto significantur, dictum fuerit, idem et de iis, quæ subjecta dicimus, prædicabitur. Regulariter autem illa de subjecto significantur, quæ per seipsa cognosci non possunt, ut animal intelligi non potest nisi de subjecto homine, sic homo adverti non potest nisi de subjecto aliquo homine dignoscatur. Nunc quoniam de categoriarum omnium generibus et speciebus et differentia locuturus est inspiciendum prius videtur quid sit genus, quid species, quid differentia. Genus igitur est quod secundum multa et differentia,

les catégories, des espèces et de la différence, il nous semble devoir tout d'abord examiner ce que c'est que le genre, l'espèce et la différence.

Le genre est l'attribut essentiel applicable à plusieurs espèces différentes entre elles comme la substance. Nous disons substance, en général, mais ce nom est divisé par l'espèce, quand nous disons, par exemple, animal ou pierre. Il arrive ainsi que les choses qui sont comme jointes ensemble par un seul mot sont séparées par l'espèce. La différence est ce qui, en présence de choses nombreuses et non les mêmes, indique non pas qu'une chose est, mais quelle elle est dans son espèce : un animal marche, il vole, il va dans l'eau, il a deux pieds ou il en a quatre. Donc l'espèce fait connaître le genre et la différence. Par l'espèce, on peut reconnaître ce qu'est le genre et quelle est la différence. Or l'espèce que quelques-uns appellent forme est ce qui, entre différents objets, nous en désigne et nous en fait connaître un en particulier comme homme. Ce mot embrasse tous les hommes, et paraît jouer le même rôle que l'espèce rapportée à un homme en particulier, avec l'idée de nombre ou quantité ; ce premier, ce second, ce troisième. Cependant pour montrer le tout par un exemple, le genre sera animal ; la différence, bipède, quadrupède ; l'espèce, homme, cheval. Mais de même qu'il n'y a aucun genre qui n'ait une différence ; de même nous ne devons concevoir aucune différence sans une espèce : ainsi le noir et le blanc n'ont point la différence, parce qu'il ne découle d'eux aucune espèce. En effet, quelle espèce de noir ou de blanc peut-on trouver ?

Puis donc que nous avons montré séparément ce que c'est que le genre, la différence et l'espèce, revenons maintenant à ce que dit Aristote. Nous avons compris d'après sa doctrine que les différences et les espèces des genres qui sont différents entre eux ne peuvent être les mêmes. Autres, en effet, sont l'espèce et la différence, quand on parle de la substance, autres quand on parle de la qualité, autres quand c'est de la quantité. Ainsi, si vous voulez faire connaître la différence d'un animal, vous direz volatile, bipède, qui marche ; si vous voulez faire connaître l'espèce, vous direz : c'est un homme, ou un oiseau, ou un cheval. Mais on ne pourrait indiquer la même différence et la même espèce pour science, parce que les genres animal et science sont différents. En effet, animal appartient à la catégorie de substance, et science à celle de qualité. Enfin, les genres qui sont joints entre eux par une association réciproque ἐπάλληλα, ont les mêmes différences et les mêmes espèces ; telle est substance dont l'espèce est animal. Mais comme le même mot animal est genre pour d'autres choses, on l'appelle pour cette raison espèce et genre. C'est pourquoi, comme ces deux genres qu'Aristote a nommés aussi ἐπάλληλα se tiennent mutuellement, ils ont les mêmes différences ; de sorte que si vous dites que la substance est un animal mortel, bipède, capable de rire, vous pourrez dire la même chose du mot animal. Un animal est un homme mortel, bipède et capable de rire ; vous pouvez dire encore la même chose d'un homme. Il est donc certain qu'on trouve les mêmes différences et les mêmes espèces dans les genres qui sont joints entre eux ;

---

quid sit, specie ostenditur atque significatur, ut est usia. Omnino quidem usiam dicimus ; sed hoc commune nomen specie separatur, cum dicimus animal vel lapidem. Ita sit uno quasi conjuncta vocabulo, specie separentur. Differentia vero est, quæ secundum multa et differentia, non quid sit, sed quale sit specie prædicatur, ut est animal gressutum, volatile, aquatile, bipes, quadrupes. Genus ergo et differentia specie significantur. Sed genus quid sit, differentia autem qualis sit specie possunt agnosci. Species autem est, quam quidam et formam vocant, quæ secundum multa et differentia, quid sit numero prædicatur atque cognoscitur, ut est homo. Hoc nomen homines cunctos complectitur, et videtur id facere quod species, quæ de aliquo homine prædicatur, qui numerum in seipso contineat ; ut est, hic primus, ille secundus, iste tertius. Ut tamen hæc tria uno exemplo monstremus. Genus est, animal : differentia, bipes, quadrupes : species, homo, equus. Sed ut genus nullum est, quod non habeat differentiam : sic nec differentiam intelligere debemus, quæ species non habebit, ut nigrum et album non habent differentiam, propterea quod ex se species non emittunt. Quæ enim alia species inveniri potest albi vel nigri ? Quoniam igitur quid sit genus, quid differentia, quid species, separatum est : ad Aristotelis jam dicta veniamus : Hoc enim docente cognovimus, eorum generum quæ inter se diversa sunt, nec differentias easdem posse esse, nec species. Alia enim et species et differentia est, dum quæritur quid sit, alia dum quale sit, alia dum quantum sit : ut si velis animalis dicere differentiam, dicas volatile, bipes gressutum : si velis speciem, dicas hominem vel avem vel equum. Numquidnam et de disciplina eadem differentia vel species dici potest, propterea quod genera diversa sunt, animal et disciplina ? Animal enim categoria est usiæ, disciplina categoria qualitatis. Denique illa genera, quæ alterna sibi societate ἐπάλληλα conjuncta sunt, easdem differentias et easdem species habent, ut est usia, cujus species est animal. Sed idem animal genus est ceteris, ideoque et species et genus dicitur. Quoniam hæc igitur duo genera invicem se tenent, quæ Aristoteles quoque ἐπάλληλα nominavit, easdem differentias habent, ut si dicas usiam esse animal mortale, bipes, risus capax : eadem et de animali potes dicere, animal est homo mortalis, bipes, risus capax, eadem et de homine

mais pareille chose ne peut se rencontrer dans des genres différents.

CHAPITRE VIII

Des catégories en général.

Aristote revient de nouveau aux choses exprimées ou aux mots, quoique nous ayons dit plus haut qu'on ne peut traiter des unes sans traiter des autres. Car celui qui dit quelque chose parle de ce qui est, et il ne le peut faire comprendre à un autre sans le lui dire. Les mots, quand ils sont pris isolément, expriment donc chacun l'une des idées suivantes, ou la substance, ou la quantité, ou la qualité, ou la relation, ou la situation, ou l'action, ou la passion, ou le lieu, ou le temps, ou l'état. Telles sont les dix catégories dont la première est la substance, celle sur laquelle se fondent toutes les autres. Les neuf autres sont des accidents. Et parmi ces neuf autres, les unes sont dans la substance, les autres en dehors, d'autres tout à la fois en dedans et en dehors. La qualité, la quantité et la situation sont dans la substance : en effet, aussitôt que nous nommons une substance, un homme ou un cheval, nous remarquons nécessairement qu'elle est bipède ou quadrupède, blanche ou noire, debout ou couchée. Toutes ces choses sont dans la substance, et ne peuvent exister sans elle. D'autres sont hors de la substance, tels que le lieu, le temps, l'état. En effet, le lieu n'appartient pas à la substance non plus que le temps, le vêtement, l'amour : mais ils sont séparés d'elle. D'autres sont communes, c'est-à-dire en dedans et en dehors de la substance; ce sont la relation, l'action, la passion. La relation, comme plus grand et plus petit; car on ne peut pas dire les deux, à moins qu'on n'ajoute une autre chose qui soit plus grande ou plus petite. De même l'action est en dedans et en dehors de la substance; ainsi, on ne peut pas dire que quelqu'un bat, s'il n'y a quelqu'un de battu, ni qu'on lit. s'il n'y a quelqu'un qui lit et quelque chose qui est lu. Cet accident est donc en dedans et en dehors de la substance. Il en est de même de la passion; personne, en effet, ne peut être battu ou brûlé, à moins qu'il ne souffre de la part d'un autre; cet accident est donc aussi dans la substance et en dehors d'elle. Donc, quand ces accidents sont seuls, ils n'affirment rien; mais s'ils sont combinés les uns avec les autres, ils forment entre eux un discours soit προστακτικὸν soit εὐκτικὸν, soit ἐρωτηματικὸν, soit ἀπόφασιν; ou bien, en latin, soit imperatum, impératif, soit optatum, optatif, soit interrogatum, interrogatif, soit vocatum, vocatif. Cependant, ces quatre genres de discours sont parfois inachevés et séparés, par conséquent imparfaits. Car on ne comprend pas encore ce qui est impératif, ou optatif, ou interrogatif, ou vocatif, à moins qu'on n'y joigne le genre ἀποφαντικὸν énonciatif, qui porte en lui comme une sentence de confirmation pour ajouter ou ôter quelque chose. C'est ce qu'Aristote appelle κατάφασιν et ἀπόφασιν, affirmation et négation; exemple : ce ciel tourne sur lui-même; ce ciel ne tourne pas sur lui-même. Enfin, le discours énonciatif est faux ou vrai. C'est pourquoi Aristote ayant omis ces quatre genres de discours qui appartiennent plutôt aux grammairiens ou aux orateurs, fait mention du

---

potes dicere. Certum est ergo invicem sibi conjunctis generibus, easdem et differentias et species inveniri. In diversis autem generibus hoc provenire non posse.

CAPUT VIII

De prædicamentis in generali.

Rursus Aristoteles ad ea, quæ dicuntur, revertitur, quanquam superius dixerimus alterum sine altero tractari non posse. Nam et qui dicit aliquid, de eo dicit quod est : et id potest, non potest ab altero intelligi, nisi dicatur. Eorum ergo quæ nulla sui copulatione dicuntur, quodcumque singulare dictum fuerit, aut usiam significat, aut quantitatem, aut qualitatem, aut ad aliquid, aut jacere, aut facere, aut pati, aut ubi, aut quando, aut habere. Hæ sunt categoriæ decem, quarum prima usia est, scilicet quæ novem ceteras sustinet. Reliquæ vero novem, συμβεβηκότα, id est accidentia sunt. Ex quibus novem, sunt alia in ipsa usia, alia extra usiam, alia intra et extra. Qualitas, quantitas, et jacere in ipsa usia sunt; mox enim ut usiam vel hominem vel equum dixerimus, advertamus necesse est bipedalem, quadrupedalem : aut album, aut nigrum ; aut stantem, aut jacentem, hæc in ipsa usia sunt, et sine hac ipsa esse non possunt. Alia sunt extra usiam, ubi, quando, habere : et locus ad usiam non pertinet, et tempus, et vestiri et armari, sed ab usia separata sunt. Alia sunt communia, id est et intra et extra usiam: ad aliquid, et facere et pati; ad aliquid ut majus et minus: utraque enim dici non possunt, nisi conjuncto altero quo majus sit vel minus, propterea ergo unum in se habent, aliud extra se. Item facere, extra est et intra, ut cædere quisque non potest dici, nisi alterum cædat : vel legere, nisi ipse legens aliud sit, aliud quod legit. Ita ergo et in usia hæc est, et extra usiam. Pati similiter, cædi enim vel uri nullus potest, nisi ab altero patiatur. Propterea hæc quoque et in usia est et extra usiam. Hæc igitur cum singularia sunt, nihil affirmant : copulata vero faciunt ex se aliquem sermonem, vel προστακτικὸν, vel εὐκτικὸν, vel, ἐρωτηματικὸν, vel ἀπόφασιν : ut hæc quoque latino ore monstremus, vel imperatum, vel optatum, vel interrogatum, vel vocatum. Hæc quoque sermonis quasi quatuor genera suspensa sunt atque simplicia interim ideoque semiplena. Neque enim jam intelligitur vel quid imperativum sit, vel quid optativum, vel quid

discours énonciatif qui est du ressort des philosophes.

CHAPITRE IX

De l'essence ou substance. — Substance proprement dite.

Ce qui se rapporte à la substance seconde.

Après avoir exposé tout ce qui est nécessaire à ceux qui discutent, il a fallu définir chacune des catégories. Mais comme la substance ne pouvait se définir selon les règles de la science qui veulent que la définition, afin de pouvoir s'étendre plus loin, commence par le genre (or l'essence n'a pas de genre, puisqu'elle sert de fondement à tous les genres); Aristote a voulu la définir par ses parties, afin qu'on pût connaître ce qu'elle est non-seulement par sa définition, mais aussi par l'explication de ses parties. Donc, on appelle proprement et principalement substance, ce qui ne se dit point d'un sujet et ne se trouve point dans un sujet; par exemple, un homme, un cheval. On appelle substance seconde le genre et l'espèce; exemple : animal et homme. Aristote dit qu'on les appelle substances secondes parce que la première qui n'est ni dans le sujet ni dite du sujet l'emporte sur les autres. Or, le genre et l'espèce ont été appelés substances secondes, parce que seuls, ils indiquent la première. De sorte que si quelqu'un ne veut ou ne sait pas dire Socrate, il n'a qu'à dire animal, ou homme, c'est-à-dire le genre ou l'espèce; par ces seuls mots, on reconnaît ce qu'est Socrate. Mais s'il dit autre chose, par exemple : « Il court ou il se promène »; on ne pourra rien reconnaître. Or il est évident que les choses qui se disent du sujet ont de commun avec celles qui sont sujets et le nom et la définition du nom. Ainsi, homme est dit d'un homme quelconque, comme sujet, mais vous trouverez dans ce sujet non-seulement l'appellation nominale, mais encore la même définition que celle que vous pourrez trouver dans ce qui est dit du sujet. Ensuite, parmi les substances secondes, l'espèce l'emporte sur le genre; car l'espèce est plus proche de la première substance que le genre. Si, en effet, on veut montrer ce que c'est que la substance première, on le montrera plus facilement en indiquant l'espèce qu'en indiquant le genre. Ainsi, qu'on veuille dire Socrate, en taisant son nom, on le désignera mieux en disant homme, qu'en disant animal. En effet, par le mot animal, nous pouvons entendre aussi un cheval ou un aigle. Ensuite, de même que les substances premières sont le sujet de toutes les autres choses, et que tout se base sur elles, de même aussi l'espèce sert de base au genre, et se trouve plus substance que le genre.

Il faut aussi prendre garde que ce que nous croyons espèce seulement ne soit aussi genre; de sorte que si l'on dit animal, on indique aussi le genre. Si l'on dit, homme, cheval, poisson, oiseau, affirmerons-nous que toutes ces choses ne sont que des espèces ? Homme et cheval sont manifestement des espèces; mais poisson et oiseau sont à la fois

---

interrogativum, vel quid vocativum, nisi accesserit genus ἀποφαντικὸν, id est pronuntiativum, quod habeat in se quamdam confirmandi sententiam, quae aliquid aut addat aut demat : quod Aristoteles κάταφασιν et ἀποφασιν dixit. ut est, cœlum hoc volubile est, cælum hoc non est volubile. Ipsum denique pronuntiativum, quod diximus apophanticon, aut falsum est aut verum. Quamobrem omissis illis quatuor quæ magis ad grammaticos, vel oratores pertinent hujus apophantici, quod ad philosophos adtingit, Aristoteles habuit mentionem.

CAPUT IX

De usia sive substantia. Usia proprie. Secundæ usiæ quæ dicantur.

Expositis igitur omnibus quæ disputaturis necessaria videbantur, singulas categorias oportuit definiri. Sed usia quoniam secundum artem definiri non poterat, quæ præcipit, ut definitio quo possit tendi latius, a genere sumat exordium, ipsa autem usia genus non habet, cum omnia ipsa sustineat, per partes eam voluit definire, ut quid sit non solum ejus definitione, verum partium quoque cognitione noscatur. Est igitur usia proprie et principaliter dicta, quæ neque in subjecto est, neque de subjecto significatur, ut est hic homo, vel hic equus. Secundæ dicuntur usiæ, genus et species, id est animal et homo. Has ergo secundas substantias nominari dicit, propterea quod illa sit potior quæ neque in subjecto est, neque de subjecto prædicatur. Secundæ autem substantiæ idcirco dictæ sunt genus et species, quod solæ indicent primam. Ut si quis nolit vel nesciat dicere Socratem, dicat animal vel hominem, id est genus vel speciem, his vero dictis quid sit Socrates agnoscitur. Aliud autem si dicat, vel currit, vel ambulat, nihil possit agnosci. Manifestum est autem ea, quæ de subjecto significantur, cum iis, quæ subjectum sunt, et nomen et rationem nominis habere communem, ut homo et de subjecto aliquo significatur homine, sed non solum nomen, verum etiam rationem eamdem in subjecto invenies, quam in eo quod de subjecto significatur poteris invenire. Ipsarum deinde secundarum usiarum potior est species genere : magis enim proxima est species primæ usiæ quam genus. Si enim quis velit ostendere quid sit prima usia, facilius monstrabit si dixerit speciem, quam si dixerit genus. Ut si quis Socratem volens dicere omisso ejus nomine, magis cum significet si hominem dixerit,

genre et espèce, car la forme des poissons et des oiseaux n'est pas la même : c'est pourquoi, on les nomme genre et espèce. Quant aux choses qui sont seulement espèces, comme homme, cheval, aigle, taureau, ce sont des substances de même degré. De même en effet que l'homme est une substance, de même en est-il du cheval, de l'aigle et du taureau. Aristote ayant ainsi parcouru les parties qui définissent la substance, voulut encore la définir d'une autre manière, en montrant ce qui, nécessairement et naturellement, doit se trouver en elle. Ce qu'il y a dans chaque espèce convient ou au particulier et au général, ou au particulier et non au général, ou au général et non au particulier, ou bien ni au particulier ni au général. C'est ce que les Grecs appellent : ἐν μόνῳ καὶ ἐν παντί, ἐν μόνῳ καὶ οὐκ ἐν παντί, ἐν παντὶ καὶ οὐκ ἐν μόνῳ, οὐκ ἐν μόνῳ καὶ οὐκ ἐν παντί. Par exemple : si quelqu'un voulant définir l'homme, disait que l'homme est un être capable de rire ; cela serait dans le particulier et dans le général. Car pris en particulier, l'homme rit, et il est naturel à tous de rire. Secondement, au particulier et non au général, comme si quelqu'un définissant l'homme disait que c'est un être doué de science. Cela peut en effet se trouver dans un homme en particulier, mais non pas cependant dans tous, tous n'ayant pas appris une science. Troisièmement, au général et non au particulier comme si, définissant l'homme, on disait que l'homme est ce qui marche, et prend de la nourriture. Cela se trouve en effet dans tout homme, mais non pas dans l'homme seul, les animaux domestiques et les bêtes féroces courant et prenant de la nourriture. Quatrièmement, ni au particulier ni au général ; comme si, en définissant l'homme, on disait que c'est ce qui est blanc. Or cela n'est ni au particulier ni au général ; car la nature humaine, prise en particulier, n'est pas blanche, et tous les bœufs, ni tous les chevaux, ni tous les hommes ne sont pas blancs. Il y a donc deux choses qui offrent lumière à nos investigations, et deux autres qui ne peuvent nous donner rien de certain. 1° Nous ne pouvons rien reconnaître par ce qui n'est ni dans le particulier ni dans le général, si cela est général. 2° C'est la même chose pour ce qui est dans le général, et non dans le particulier : il faut donc également le rejeter. Restent deux autres indications qui pourront faire voir par des signes certains ce en quoi les choses se trouvent, savoir : 1° Dans le particulier et dans le général : on ne peut douter que quand vous aurez trouvé cette indication, vous ne prononciez ce qu'est la chose à laquelle se rapporte cette indication. 2° L'autre indication est celle qui convient au particulier et non au général ; non qu'elle ait la même force que la première ; mais à défaut de l'une, il faut nécessairement recourir à l'autre pour définir une chose. Pour désigner, définir la substance, Aristote commence par discuter ce qui se trouve dans le général et non dans le particulier. C'est ainsi qu'il démontre qu'il y a des substances secondes, qu'on a le droit d'appeler de ce nom, parce qu'on peut trouver en elles ce qu'on trouve dans les premières. Il en suit ensuite qu'il y a cela de commun à chaque substance qu'elle n'est pas dans un sujet. En conséquence,

quam si animal. Animal enim et equum et aquilam possumus agnoscere. Deinde ut primæ substantiæ subjectæ sunt omnibus, et his omnia sustinentur ; ita etiam species generi, atque ideo magis usia ista, quam cetera. Videndum est etiam, ne quam speciem solam putamus, eadem sit et genus : ut si quis animal dixerit, dixit et genus. Deinde si dicat hominem, equum, piscem, avem, pronuntiemusne omnia solas species esse? Cum enim sint homo et equus, species manifestæ sunt, piscis autem et avis, genera et species (non enim una forma est avium et piscium) propterea ergo et species et genera nominantur. Illæ autem quæ solum species sunt, sicuti est homo, equus, aquila, taurus, æqua virtute usiæ sunt. Ut enim homo usia est, sic et equus, et aquila, et taurus in suo genere. Decursis igitur partibus per quas usia definita est, et alio modo voluit eam definire. si ostenderet ea, quæ necesse est in ea naturaliter inveniri. Ea enim quæ insunt cuique, aut in solo et in omni, aut in solo et non in omni, aut in omni et non in solo, aut nec in solo nec in omni. Hæc Græci vocant, ἐν μόνῳ καὶ ἐν παντί, ἐν μόνῳ καὶ οὐκ ἐν παντί, ἐν παντὶ καὶ οὐκ ἐν μόνῳ, καὶ οὐκ ἐν μόνῳ καὶ οὐκ ἐν παντι. Ut si hominem definire volens, dicat visus capacem esse, hoc et in solo est, et in omni. Solus namque homo ridet, et cunctis ridere naturale est. Secundo, in solo et non in omni, ut si hominem definiens, capacem disciplinæ dicat esse, hoc in solo quidem homine inveniri potest, non tamen in omni : neque enim omnes disciplinas aliquas didicerunt. Tertio, in omni et non in solo, ut si quis hominem definiens, dicat id hominem esse quod ambulat, et quod cibum capit : hoc in omni quidem est homine, non tamen in solo : nam et pecudes cibum capiunt, et feræ currunt. Quarto, nec in solo, nec in omni, ut si quis in hominis definitione id esse hominem dicat, quod album est, nec in solo, nec in omni est. Neque enim aut homo solus candidus invenitur, et non bos aut equus, aut omnis homo albus est. Duo ergo sunt, quæ ad investigandum aliquam viam monstrant, et duo, quæ certum aliquid significare non possunt. Id quod est nec in solo, nec in omni, nihil ex hoc possumus agnoscere ; siquidem generale est. Alterum in omni, non in solo, non habet differentiam ; propterea que similiter respuendum est. Duo sunt reliqua, quæ certis signis id in quo fuerint, poterunt demonstrare, id est in solo et in omni. Dubitari enim non potest, quin cum in-

comme on ne trouve ni le genre ni l'espèce dans un sujet, il est évident que l'on doit nommer ces deux choses substances secondes. Il nous montre ensuite que le genre et l'espèce sont des substances secondes, parce que tout ce qui est dans un sujet peut quelquefois avoir une appellation mais non pas cependant une définition commune avec ce qui lui est sujet, tandis que le genre et l'espèce ont avec les sujets, par exemple, un homme pris en particulier, une certaine liaison de nom et de définition. Après avoir défini les substances secondes, c'est-à-dire le genre et l'espèce, il ne restait plus que la différence, qui se fait reconnaître comme un accident à celui qui la considère attentivement. Ainsi, quand on appelle un animal bipède, ou mortel, ou raisonnable, on ne montre pas ce qu'il est, mais quel il est : aussi, cet accident paraît-il avoir le rôle de la qualité. Mais lorsque la différence sort tout d'abord du genre, et qu'ainsi, arrive l'espèce, on ne doit pas alors la compter parmi les accidents. Voilà pourquoi Aristote l'a nommée mixte, à cause de sa signification ; mais à cause de sa force, il a jugé qu'on devait la compter au nombre des substances : car, selon lui, on trouve en elle les mêmes choses que dans les autres substances ; c'est-à-dire qu'elle peut avoir de commun avec un sujet l'appellation et la définition. Quand, en effet, nous appelons l'homme un marcheur, nous pouvons trouver dans le sujet le même mot et la même définition : Socrate, en effet, est homme et marcheur. Aristote développe ensuite divers raisonnements, montrant qu'il y a dans la substance certaines choses qu'elle possède seule et tout entière ; d'autres, qu'elle possède seule et non entière, d'autres, tout entière et non seule ; d'autres enfin, ni seule ni tout entière. Comme tout cela se trouve clairement énoncé dans Aristote, il nous a paru inutile de l'exposer ici ; d'autant plus que nous ne nous sommes pas proposé dans ce traité de traduire tout ce que le philosophe a écrit, mais bien d'expliquer plus clairement ce qui aurait paru obscur à des commençants.

CHAPITRE X.

De la quantité.

Après avoir décrit la substance, attendu que, pour les raisons indiquées ci-dessus, il ne pouvait la définir, Aristote, pour suivre le plan qu'il avait adopté, devait nécessairement définir les accidents. Le premier est la quantité, et ce n'est pas sans motif : car, lorsque nous voyons quelque chose, il est nécessaire que nous en estimions la grandeur. Or, on ne peut trouver la grandeur, si on ne fait une comparaison avec une mesure. Si donc, laissant de côté la largeur, on veut seulement mesurer la longueur, la longueur soumise à une mesure, abstraction faite de sa largeur, s'appellera ligne. Il n'y a sans doute point de longueur sans largeur, mais celui qui mesure une longueur seule est dit mesurer une ligne. La longueur mesurée avec la largeur s'appelle surface. Si maintenant la hauteur s'associe aux autres di-

veniris, pronunties quid sit id, in quo inesse cognoscitur. Alterum est in solo, non in omni, non quidem virtutis ejusdem, verumtamen quod ad definiendam rem necessario quærendum sit, si primum non potuerit inveniri. Nunc igitur ut designet usiam, ab in omni, non in solo argumentari incipit, cum demonstrat esse secundas usias, quas idcirco secundas dicit, esse, quia id in his inveniri poterit, quod in primis. Denique dicit commune hoc esse cuilibet usiæ, ut in subjecto non sit. Cum igitur nec genus nec species in subjecto inveniantur, manifestum est hæc secundas usias debere nominari. Deinde hinc quoque ostendit genus et speciem secundas usias esse, quod omnia quæ sunt in subjecto, cum iis, quæ sibi subjecta sunt, interdum solum nomen, non tamen et rationem possunt habere communem. Genus autem et species cum subjecto, id est cum aliquo homine certam et rationis habent et nominis societatem. Monstratis ergo secundis usiis, id est genere et specie, differentia sola restabat, quæ consideranti diligentius, quasi accidens esse videtur. Siquidem bipes vel mortale vel rationale cum animal dicitur, non quid sit, sed quale sit potius demonstratur, ideoque videtur vim tenere qualitatis. Verum quando a genere prima oritur differentia, et sic sequitur species, in accidentibus non debet nume- rari. Atque ideo Aristoteles eam significatione quidem mixtam dixit, virtute autem inter usias habendam decrevit : eadem enim in hac inveniri pronuntiat, quæ et in ceteris substantiis reperiuntur : id est cum subjecto posse, et nomen et rationem habere consimilem. Cum enim gressutum hominem dicimus, in subjecto idem et vocabulum, et ejus rationem eamdem possumus invenire : Socrates enim et homo est et gressutus. Similiter prosequitur cetera argumentando variata, demonstrans quædam inesse usiæ, quæ sola et omnis habeat, quædam quæ sola et non omnis, quædam quæ omnis et non sola quædam nec sola nec omnis. Quæ quoniam in Aristotele ipso manifesta sunt, superfluum visum est aperire : maxime cum hic sermo non transferre omnia quæ a philosopho sunt scripta, decreverit, sed ea planius enarrare, quæ rudibus videbantur obscura.

CAPUT X

De quantitate.

Descripta igitur usia, quia definiri non potuit propter eas caussas quas superius memoravi, accidentium

84 APPENDICE.

mensions, les trois forment un corps. Toutefois, nous n'envisageons pas ce corps de la même manière que nous envisageons d'ordinaire un corps naturel, afin de ne pas retomber dans la substance. Nous mesurons ensuite l'espace dans lequel quelque chose est placé. Le temps est aussi soumis à la mesure : car lorsque quelque chose se meut, il faut que le temps pendant lequel a lieu ce mouvement ait aussi une mesure, puisque nous disons qu'il a duré un ou deux ou trois ans, un mois, un jour, un instant. C'est donc de cette manière que l'on trouve la quantité de chaque objet. Mais il y a quelque chose d'attaché à la quantité et quelque chose qui en est séparé. Ainsi, la ligne, la surface, le corps, l'espace, et le temps y sont attachés; en eux, la mesure ne peut avoir des bornes pour chaque partie. Au moment, en effet, où vous placez un point au milieu d'une ligne, pour lui donner comme une borne et une mesure, cette borne devient commune aux deux parties qui font que la ligne est divisée, de sorte qu'on ne sait pas à quelle partie la division s'applique, tant chaque partie s'y joint et y adhère. C'est par une cause semblable que la surface est dite aussi jointe et adhérente : Que quelqu'un veuille la partager, il lui faut mener aussi une ligne au milieu : quand cette ligne qui divise la surface en aura fait deux parts, la ligne commencera à être elle-même une borne commune, car elle y adhère si bien qu'on ne voit pas à laquelle des deux parties elle sert de limite. De même si l'on veut partager un corps, il est nécessaire qu'une ligne ou une surface soit la borne qui serve à diviser le corps; car il faut que l'intersection de la ligne avec la surface descende dans le corps : et voilà pourquoi, on ne sait au juste à quelle partie la ligne ou la surface servent de limite, puisque le corps étant divisé, on trouve nécessairement une surface sur chaque partie du corps. Il y a donc adhérence dans le corps en qui est la limite commune servant à diviser ses parties : même chose pour le temps : car si nous voulons lui donner une limite en le partageant, nous disons : maintenant. Or le moment présent est tellement confondu avec le passé et le futur, que l'on ne sait pas bien auquel des deux il doit appartenir. Quant à l'espace, qui entoure chaque corps, ou qui est occupé par les parties du corps; une limite commune le partage, aussi bien que le corps : C'est pourquoi il est nécessaire qu'on l'appelle adhérent, comme le reste. Quant au nombre et à la parole, ils se divisent aussi. Qui ne remarque en effet que un est séparé de deux, et deux de trois, par des termes spéciaux ? Dans la parole, toutes les syllabes ne sont-elles pas séparées ? Elles sont divisées par leur nature et par le nombre, puisque nous nommons l'une brève et l'autre longue, et que nous disons qu'il y a une ou deux syllabes. On voit donc clairement que ces deux accidents appartiennent à la quantité, et qu'il faut les dire divisés. Il existe encore une autre différence dans ces quantités : car, il y en a parmi elles, dont

definitionem necessarius ordo poscebat. Quorum primum est, quantum, nec sine caussa : nam cum aliquid viderimus, id necesse est, quantum sit, æstimare. Quantum vero sit, inveniri non potest, nisi fuerit adhibita mensura collectum. Si ergo omissa latitudine, solam quis longitudinem voluerit emetiri, longitudo sine latitudine mensuræ subjecta, γραμμη dicitur. Non quod sit longitudo aliqua quæ careat latitudine, sed quod solam quis metiens longitudinem γραμμην metiri dicitur. Emensa vero cum longitudine atitudo, dicitur, ἐπιφάνεια. Sin autem et altitudo fuerit mensuræ sociata, corpus cuncta perficiunt. Quod tamen non ita accipimus, quemadmodum solemus accipere naturale corpus, ne ad usiam reverti videamur. Deinde metimur et locum, in quo aliquid constitutum est. Tempus quoque mensuræ subjicitur : nam cum movetur aliquid, ipso motu necesse est et temporis habere mensuram, cum dicimus primo, vel secundo, vel tertio anno pervenit, vel mense, vel die, vel hora, vel momento. Hoc modo igitur quantum sit quidque colligitur. Ipsius autem quanti aliud est cohærens, aliud separatum. Cohærens est gramme, epiphania, corpus, locus et tempus. In his enim singularum partium terminos non potest habere mensura. Simul namque ut grammes medio punctum figens quasi certum mensuræ terminum dederis, utrarumque partium, quæ divisa gramme factæ sunt, sit terminus ille communis, ut incertum sit cui parti affixus terminus videatur : adeo pars utraque sibi cohæret atque conjuncta est. Epiphania quoque, simili de caussa, connexa dicitur et cohærens. Denique si quis hanc dividere voluerit, in ejus medio grammen ponat necesse est : cum grammæ hæc, quæ epiphaniam dividit, ex hac duas partes fecerit, ipsarum duarum partim ipsa gramme terminus incipit esse communis : sic enim sibi connexa est, ut non appareat cui terminus videatur infixus. Similiter corpus si quis secare voluerit, dividendi corporis terminus gramme vel epiphania sit necesse est : ipsa enim præcisio, quam gramme facit cum epiphania, necesse est in corpus descendat : atque ideo incertum est, sive gramme, sive epiphania, cui parti terminum dederint, cum diviso corpore in utraque parte epiphaniam necesse est inveniri. Ideoque corpus cohærens est in quo facundarum duarum partium communis est terminus. Temporis quoque similis ratio est, cui dividendo si velimus terminum dare, dicamus, modo. Modo autem inter præteritum et futurum tempus ita confusum est, ut incertum sit quod debeat separari. Locus autem quomodo corpus quodcunque circumdat, et corporis partibus occupatur, ita communi termino partitur, quemadmodum partitur et corpus : ac propterea cum

les parties ont une position qui fait reconnaître quelle partie les touche ; tandis qu'il y en a d'autres dont les parties ne peuvent avoir de position. Or, je dis position, quand nous voyons de chaque chose la droite, la gauche, le dessus, le dessous, le devant, le derrière, l'éloignement, la proximité. Voici celles dont les parties sont jointes par une position déterminée ; la ligne, la surface, le corps et l'espace. Dans la ligne, en effet, dans la surface ou dans n'importe laquelle de ces quantités, si vous faites des parties en y établissant des bornes, bien qu'elles paraissent adhérentes et jointes ensemble, vous pourrez cependant remarquer où se trouve telle partie, quelle est sa voisine, et celle à laquelle elle est jointe. Mais il y en a dont les parties n'ont point de position ; ce sont le temps, le nombre et la parole. En effet, quand nous disons seulement le nombre, sans compter quelque chose de corporel, nous ne voyons ni sa droite, ni sa gauche : car comme cela ne consiste que dans un mot, dans un son et non dans un corps quelconque, il ne peut indiquer la position des parties, à moins que nous ne parlions d'ordre, parce que de deux suit un : mais dans ces quantités prises isolément, on ne peut trouver la position. Il en est de même pour le temps et pour la parole, surtout quand ces quantités paraissent passer à l'instant, puisque pendant que je parle, le temps s'écoule. Quant à la parole, si elle n'est pas prononcée, elle n'existe pas : si elle l'est, elle n'existe plus. Il est donc évident que ces trois quantités n'ont pas de position dans leurs différentes parties. Donc, à proprement parler, cela seul que nous avons dit peut s'appeler quantités, et si l'on trouve quelque part autre chose que cela, on doit le regarder comme un accident. Il y a certaines choses, en effet, qui conviennent aux accidents eux-mêmes ; quand nous disons, beaucoup de blanc, ce n'est pas que le blanc lui-même soit immense, mais parce que la surface sur laquelle se trouve le blanc a une grande étendue. Il est donc évident, lorsque nous disons, beaucoup de blanc, que c'est par la quantité de la surface que nous jugeons le blanc attribué à cette surface. De même, lorsque nous disons, de longs actes, ce n'est pas parce que les actes sont immenses qu'on dit qu'ils sont longs, mais c'est par la mesure du temps qui contient ces actes que nous en jugeons la quantité.

Nous devons toutefois reconnaître d'une manière spéciale, qu'il n'y a rien de contraire à la quantité. En effet, il n'y a rien de contraire ni à la surface, ni à la ligne, ni à deux ou à trois coudées, à moins que par erreur, nous ne pensions que grand et petit soient contraires, sans remarquer que ces deux quantités doivent être mises au nombre des choses qu'on appelle relatives. Rien, en effet, ne peut être appelé grand ou petit, s'il n'est comparé à autre chose : ainsi, quand nous disons qu'une montagne est peu élevée, nous indiquons qu'il y en a une plus haute à laquelle nous la comparons : Ou bien, quand nous appelons gros un grain de millet, nous montrons qu'il est plus gros que ne le sont d'ordinaire les grains de son espèce. C'est pourquoi, il est évident que les mots grand et court, gros et petit ont tiré leur appellation d'une comparaison avec autre chose. Et non-seulement, c'est se tromper que

---

necesse est cohærentem ut cetera nominari. Separata vero sunt, numerus et oratio. Quis enim non advertat propriis terminis unum separatum esse a duobus, duos a tribus ? Et in oratione singulæ syllabæ separatæ sunt : natura enim et numero segregantur, cum alteram brevem, alteram longam et unam vel duas dicimus. Nimirum apparet hæc, quæ diximus, et ad quantum pertinere, et separata oportere nominari. Horum quantorum est et alia differentia : nam ex his alia sunt, quorum partes positionem habent, ex qua possit agnosci quæ pars cuique jungatur : alia vero sunt quorum partes positionem habere non possunt. Positionem autem dico, cum videmus cujusque rei dexteram, lævam, superiora, inferiora, ante, post, longe, juxta. Sunt ergo quorum partes sibi manifesta positione junguntur hæc, gramme, epiphania, corpus, locus. Sive enim in gramme, sive in epiphania, sive in quolibet horum positis terminis partes feceris, quamquam sibi cohærentes videantur atque conjunctæ, tamen adverti corporaliter licet, quæ pars ubi sit, cui vicina sit, cuique jungatur. Sunt vero quorum partes positionem non habent, hæc, tempus, numerus,

oratio. Unum enim cum dicimus, ipsum numerum solum dicentes, non aliquid corporaliter numerantes, non videmus vel ejus dextram vel sinistram : quippe cum in verbo sit tantum in sono, et in nullo sit corpore, positionem suarum partium non potest demonstrare, nisi forte ordinem dixerimus, quod unum sequuntur duo : posito autem in his dumtaxat non potest inveniri. Similiter et in tempore atque sermone maxime hoc videatur labi, cum dixeris, et tempus currit; et sermo cum nondum dictus fuerit, non est; et cum dictus fuerit, non apparet. Manifestum est igitur hæc tria positionem diversarum partium non habere. Proprie igitur hæc sola, quæ dicta sunt quanta nominantur : si qua vero præter hæc inveniri potuerint, debent pro accidentibus poni. Sunt enim quædam, quæ accidentibus ipsis accidunt, ut si dicamus, multum album : propterea multum album dicitur, non quod ipsum album sit immensum, sed quod epiphania in qua album est, multa cernatur. Manifestum est igitur cum multum album dicimus, ex epiphaniæ quantitate album, quod illi accidit, æstimari. Similiter cum longos actus dicimus, non quod actus

de penser que gros et petit doivent être joints à la quantité, mais c'est se tromper encore que de juger que ces deux choses sont contraires : ce qui ne peut absolument avoir lieu. Car si, trompés par quelque erreur, nous disons que ces choses sont contraires, il arrivera que dans un seul objet et dans un seul et même temps, ces choses paraîtront se contredire. Un seul objet pourra être nommé dans un seul et même temps plus grand par rapport à un plus petit que lui, et plus court par rapport à un plus grand que lui : la nature des choses ne permet pas que cela arrive, et la raison elle-même s'y oppose. C'est pourquoi, il faut rejeter l'opinion de ceux qui croient que ces choses sont contraires. En effet, il ne peut y avoir plus de contrariété dans la quantité que dans un cercle : et les anciens à cause de la distance du ciel et de la terre, ont dit que dessus et dessous étaient contraires, affirmant que la terre est partout dessous, et le ciel partout dessus. Quand, en effet, nous contemplons l'univers, la terre que nous voyons au milieu est partout dessous; car nos antipodes qui, dit-on, marchent les pieds opposés aux nôtres, ont le ciel au-dessus d'eux. Il est donc évident que la terre est toujours placée en bas. Les physiciens y ajoutent encore cette raison ; la terre, disent-ils, est opposée au ciel dans ses différentes parties, c'est-à-dire que celui-ci est toujours en haut et celle-là toujours en bas, parce que toutes les choses qui sont plus lourdes sont naturellement portées vers la terre, tandis que celles qui paraissent plus légères s'élèvent nécessairement vers le ciel. En conséquence, ils ont dit que le ciel et la terre étaient contraires, parce qu'une nécessité naturelle a placé la seconde en bas et le premier en haut. C'est donc ainsi que s'établit la définition de tous les contraires : on appelle contraires les choses qui, dans un seul et même genre, sont les plus éloignées les unes des autres. Mais ceux qui tiennent ces opinions doivent remarquer que l'on doit plutôt rapporter cette question à la catégorie de la relation. En effet, on ne peut pas dire le dessus sans désigner aussi le dessous. S'il plaît à quelques-uns de faire de la critique, le dessus et le dessous peuvent paraître plutôt se trouver dans la catégorie du lieu : car lorsqu'on dit dessus et dessous, on reconnaît où une chose se fait. Mais tout cela, comme nous l'avons dit, est l'affaire des épilogueurs : quant à nous, nous ne devons pas croire que le contraire se trouve dans la quantité. Toutefois, nous pouvons remarquer à l'occasion de cette discussion qu'autres sont le haut et le bas naturels, autres ceux qui dépendent de nous. Celui qui est naturel ne peut être changé : quant à celui qui dépend de nous, il change par le déplacement des hommes, de sorte que si quelqu'un, étant en bas, monte, ou si étant en haut, il descend, toutes les choses ne sont plus pour lui ce qu'elles étaient auparavant, puisque quand il est descendu, il voit en haut ce qui était en bas.

Il y a aussi cela de particulier dans la quantité, prise en général il est vrai et non en particulier, qu'elle n'admet pas le plus et le moins. Quand nous disons une mesure de deux coudées, nous ne pouvons pas dire une mesure de deux coudées plus

---

immensi sint, longi dicuntur, sed ex temporis mensura, quo continentur actus, actuum quantitas æstimatur. Illud tamen speciale debemus agnoscere, quanto contrarium nihil esse. Epiphaniæ enim, sive grammæ, sive duobus cubitis, sive tribus contrarium est nihil. Nisi forte errore quodam multum et exiguum putemus esse contraria, non advertentes hæc in eorum numerum quæ ad aliquid dicuntur debere transferri. Nihil enim multum vel exiguum dicitur, nisi alteri fuerit comparatum. Cum enim dicimus montem brevem, grandiorem esse alterum, cui comparatus est, indicamus. Vel cum dicimus grande milii granum, comparatione sui generis, in quo brevius aliquid invenitur, illud esse grandius monstramus. Ac propterea manifestum est, multum et exiguum, grande et breve, cum aliquo comparata sui vocabulum reperire. Nec in hoc solo errat, qui putat multum et exiguum quanto debere conjungi, verum etiam si existimet esse contraria: quod fieri penitus non potest. Nam si hæc quodam errore decepti contraria dicimus, fiet ut in una re uno atque eodem tempore contraria videantur incidere. Una enim res, et major a minore, et brevis a majore, uno atque eodem tempore poterit nominari : quod fieri nec rerum natura patitur, nec ratio ipsa permittit. Ac propterea eorum repellenda sententia est, qui hæc credunt esse contraria. Nec magis in quanto contrarietas, quam in circulo convideri potest. Veteres enim supra et infra propter cæli terræque distantiam contraria sibi esse dixerunt, undiquaque versum afferentes terram subter esse, cælum super. Contemplantibus enim nobis naturam rerum, terra, quæ videtur in medio, ubique subtus est : nam et antipodes nostri, qui nobis dicuntur figere adversa vestigia, cælum super se habent. Claret igitur semper terram in inferioribus constitutam. Deinde illa quoque a physicis jungitur ratio, quod propterea ex diversitate locorum terra cælo contraria est, id est illud semper sursum, hæc deorsum, quod omnia, quæ pondere gravia sunt, naturaliter feruntur ad terram, ad cælum vero levari necesse est, quæ videntur esse leviora. Hic igitur cælum terramque contraria sibi esse dixerunt, quod hanc deorsum, illud vero superius naturalis necessitas collocavit. Ex hac igitur ratione videtur contrariorum omnium definitio constituta. Dicuntur enim illa esse contraria, quæ cum sint ex uno eodemque genere, multo tamen a se spatio separantur. Sed hæc qui asserunt, habent advertere ad aliquid dictis potius debere conjungi.

grande ou plus petite : car la seconde mesure est égale à la première. Et s'il y en avait une plus grande que l'autre, ce ne serait plus une mesure de deux coudées, mais elle prendrait le nom d'une autre mesure. Le nombre n'admet pas non plus le plus ni le moins : car s'il y a un trois plus grand et un trois plus petit, c'est une absurdité de dire trois. Le même temps ne peut pas non plus être plus grand ou plus petit. Il est donc évident par ce que nous venons d'exposer que le plus et le moins ne peuvent se trouver dans la quantité. Maintenant, la propriété la plus spéciale de la quantité, et elle se trouve dans la quantité prise en général et en particulier, c'est que toutes ses parties sont dites égales ou inégales en quantité : ainsi, un nombre se dit égal et inégal en quantité : si un nombre est égal en quantité, on ne dit pas qu'il est égal en hauteur : ou s'il est inégal en quantité, on ne dit pas qu'il est inégal en hauteur. De même, les nombres pris en général, ne sont pas dits égaux ou inégaux en hauteur, mais égaux ou inégaux en quantité. Quant aux autres choses qui n'appartiennent pas à la quantité, on les appelle plutôt semblables qu'égales : de sorte qu'une espèce de blanc est dite semblable ou non semblable à une autre. En effet, ce mot égal parait avoir été assigné spécialement aux quantités.

Siquidem supra dici non potest, nisi et infra fuerit designatum. Quod si calumniari quibusdam libet, supra et infra in categoria magis, quæ ubi dicitur, videri potest : cum enim supra et infra dicimus, ubi aliquid geratur, agnoscimus. Sed hæc, ut diximus, garrientium sunt : nos vero in quanto admitti contrarium credere non debemus. Advertere interea licet hujus occasione tractatus, aliud esse super et subter naturale; aliud vero quod circa nos. Naturale enim non potest immutari, nostrum autem migratione hominum commutatur : ut si quis cum in inferioribus fuerit, ad superiora conscendat, aut e superioribus velit ad inferiora descendere, omnia illi, quæ ante fuerant, commutantur, cum descendenti, inferiora quæ fuerant, superiora cernantur. Illud quoque quanto inest, in omni quidem, non tamen in solo, ut non recipiat magis et minus, quod Græce dictum est μᾶλλον καὶ ἧττον. Bipedale enim cum dicimus, non possumus aliud bipedale magis vel minus dicere. Simili enim modo bipedale secundum est, quemadmodum et primum. Quod si aliud alio amplius fuerit, jam non bipedalis, sed alterius mensuræ suscipit nomen. Nec numerus magis aut minus sustinet, siquidum tres magis aut minus tres nominare dementia est. Et tempus non potest esse tempore magis aut minus. Claret igitur his expositis magis et minus in quanto inveniri non posse. Proprium vero quanti, et quod in omni et in solo invenitur, illud est, ut omnia ejus paria aut imparia dicantur. Ut numerus par et impar; non æqualis numerus, si par est; aut si impar, non inæqualis dicatur. Similiterque ejus omnia non æqualia, aut inæqualia, sed paria aut imparia nuncupatur. Cetera vero quæ ad quantum non pertinent,

CHAPITRE XI
De la relation.

La troisième catégorie est celle qui s'appelle en latin *ad aliquid*, en grec πρός τι, et en français relation. Ce n'est pas le rang qui nous la fait placer la troisième, mais la nécessité de l'exposition ; car après la quantité venait la qualité. Mais comme à la fin du chapitre de la quantité, il y avait certaines parties de cette catégorie qui paraissaient pouvoir être attribuées à la relation, Aristote a voulu nécessairement mettre en troisième lieu cette catégorie qui était la quatrième, afin de pouvoir, après avoir éclairci et démontré ce qui convenait à chacune de ces catégories, éviter ainsi la confusion qui naissait souvent. Aristote ne commence pas par ses définitions, mais par les termes de ceux qui, avant lui, ont voulu définir faussement la relation. Nous devons cependant examiner ces erreurs, comme étant nécessaires à l'exposition de notre sujet. Car le philosophe lui vient en aide adroitement, et il cherche un remède, une position meilleure aux bornes mal placées, afin de pouvoir ensuite, en donnant la sienne propre, écarter toutes les définitions inexactes de la relation. Nous appelons donc relations ou relatifs les choses dont l'existence se

similia sibi potius quam æqualia nominamus: ut album albo simile, aut non simile dicatur. Hoc enim verbum specialiter iis, quæ in quanto sunt, videtur infixum.

CAPUT XI
Ad aliquid.

Categoriarum tertia est quæ latine ad aliquid, græce πρός τι censetur. Et quidem hanc tertiam non ordo, sed tractatus necessitas fecit ; nam post quantum quale sequebatur. Verum quoniam in fine quanti, quædam ejusdem generis ad aliquid videbantur posse transferri, hanc categoriam, quæ quarta fuerat, necessario tertiam voluit ordinare, ut discussis atque monstratis omnibus, quæ cuique convenirent, frequens orta confusio solveretur. Incipit autem non a definitionibus suis Aristoteles, sed ab eorum terminis, qui ante se ad aliquid perperam definire voluerunt. Ita tamen hæc debemus audire, quasi tractatui necessaria. Astute id dat illis auxilium philosophus, et medelam male positis terminis : quærit postea suæ prolatione sententiæ omnia quæ improprie definita sunt repulsurus, περὶ τοῦ πρός τι. Ad aliquid ergo categoriam vocamus eam, qua id quod est dicitur ex altero, sine cujus societate esse non possit, et cujus vis omnis ex alterius conjunctione descendit : ut duplum simpli dicitur duplum, majus minoris dicitur majus, simile simili dicitur simile. Claret igitur ad aliquid non sua vi, sed alterius conjunctione consistere. Eodem modo accipienda sunt cetera quæ ejusdem categoriæ esse noscuntur, ut est habitus, affectio, disciplina, positio, sensus. Hæc Aristoteles, ἕξιν, διάθεσιν, ἐπιστήμην, θέσιν, αἴσθησιν, nominavit. Et hæc namque pendent ex altero. Siquidem habitus alicujus

fond avec leur rapport quelconque à une autre chose (1) ; ou bien : celles quelconques qui sont dites, d'autres choses, ou qui se rapportent à d'autres choses, de quelque façon que ce soit(2). Ainsi, le double est appelé double à cause du simple ; plus grand est dit plus grand à cause du plus petit, et semblable est dit semblable à cause d'un objet qui lui ressemble. Il est donc évident que la relation subsiste non par sa propre force, mais par son union à autre chose. Il faut envisager de la même manière les autres choses que l'on sait appartenir à cette catégorie ; telles sont, possession, disposition, science, position, sensation. Aristote les a nommées : ἕξις, διάθεσις, ἐπιστήμη, θέσις, αἴσθησις. Toutes ces choses dépendent en effet d'autre chose. La possession, par exemple, c'est la possession de quelque chose. La disposition se dit de la disposition morale ou physique de quelqu'un pour quelque chose : la science, la position et la sensation sont connues de la même manière. Il ne faut pas trouver étrange que l'on dise, qu'il y a certaines choses de cette catégorie qui paraissent s'unir à la qualité. En effet, la possession, la disposition, la science et autres que nous avons nommées, paraissent très-bien convenir à la qualité. Mais nous devons avoir égard à la différence qui sépare l'une de l'autre ces deux catégories de la qualité et de la relation. En effet, toutes les fois que la science d'une certaine chose qui peut être sue, est dite science, et que la sensation d'une chose qui tombe sous les sens est dite sensation, nous devons regarder cela comme appartenant à la relation ; mais lorsque la science ne se dit pas d'une chose, mais d'un homme, nous devons y reconnaître la qualité. Si nous voulons convenablement définir la catégorie dite de relation, voilà la différence qui la distingue des autres ; elle paraît empiéter sur toutes, mais nous devons la définir autrement, de peur qu'en ne la considérant que superficiellement, nous ne tombions en quelque erreur. Il y a donc véritablement et proprement relation quand, sous une seule et même origine on trouve ce qui est joint et ce à quoi il est joint ; comme, par exemple, esclave et maître : tous deux sont ou ne sont pas en même temps. En effet, lorsque vous dites maître, l'esclave existe nécessairement ; enlevez-vous le maître, on ne voit plus d'esclave. Il en est de même du double et du simple ; l'un ou l'autre s'excluent ou s'appellent ; car lorsque le double apparaît, le simple naît ; le double est-il détruit, le simple ne pourra demeurer. De même, si le simple n'existe pas, le double n'existe pas non plus ; mais si le simple existe, le double apparaîtra nécessairement. Toutefois, pour que cette catégorie soit encore mieux connue, voici une règle spéciale qui devra nous guider : on ne peut dire exactement qu'il y a relation, que quand le singulier se rapporte au singulier. En effet, quand nous disons double, nous n'entendons certainement pas le double en général, mais le double en particulier, et nous disons le double d'un simple pris en particulier. C'est pourquoi, il y a vraiment catégorie de relation, toutes les fois que, par exemple, nous disons que le visage de Socrate était semblable à celui de Chrysippe. D'ailleurs, comment démon-

rei habitus dicitur, et affectio alicujus ad aliquid affectio, et scientia et positio et sensus simili ratione noscuntur. Non nos autem perturbet, quod quædam hujus categoriæ esse narrantur, quæ et qualitati videntur esse conjuncta. Habitus enim et affectio et scientia et cetera quæ cum his dicta sunt, qualitati videntur maxime convenire. Sed differentiam debemus advertere, qua hæc duæ categoriæ, id est qualitas, et ad aliquid, sive πρός τι καὶ ποιότης, a se invicem separantur. Quoties enim scientia cujuslibet rei quæ sit scibilis, scientia dicitur, et sensus rei ejus, quæ sit sensibilis, sensus dicitur, hoc ad aliquid debemus accipere : at cum scientia aut disciplina non rei cujuslibet, sed hominis dicitur, qualitatem debemus agnoscere. Hæc est interim differentia, licet si proprie hanc categoriam, quæ ad aliquid dicitur, volumus definire, ut a ceteris separetur, (in omnes enim videtur incurrere) alio modo eam definire debemus, ne semper parum considerantibus error oriatur. Tunc ergo et vere et proprie ad aliquid dicitur, cum sub uno ortu atque occasu, et id quod jungitur, et id cui jugitur, invenitur : ut puta servus et Dominus, utrum-

(1) *Catégories d'Aristote*, ch. VII, 24. — (2) *Id.*, VII, 1.

que vel simul est, vel simul non est. Etenim cum Dominum dixeris, necessario existet et servus : cum vero Dominum tuleris, nec servus apparet. Similiter duplum et simplum, alterutrum se vel ostendunt : apparente enim duplo, nascitur simplum, duplo pereunte, nec simplum poterit permanere. Similiterque si simplum non sit, nec duplum est : at si simplum fuerit, et duplum necessario apparebit. Specialiter tamen ac regulariter, ut hæc categoria manifestius dignoscatur, hæc via est, qua debemus advertere, non recte dici ad aliquid, nisi cum καθέκαστον πρός καθέκαστον ἀναφέρεται, hoc est singulare ad singulare refertur, si quidem cum dicimus duplum, sine dubio non generaliter, sed specialiter hoc duplum dicimus, et hujus simpli duplum dicimus. Ac propterea tunc vere ad aliquid categoria est, quoties, verbi gratia, Socratem Chrysippo dicimus esse vultu consimilem. Ceterum quo pacto vel quis, vel cui sit similis, demonstrabimus, nisi et quis similis sit, et cui sit similis personaliter indicemus? Sed sunt quidam qui huic definitioni velint movere superfluam quæstionem asserentes inveniri posse ad aliquid dictum quod ante sit, et postea nas-

trerons-nous quel est celui qui est semblable, ou à qui il est semblable, si nous n'indiquons personnellement quel est celui qui est semblable et à qui il est semblable? Mais il en est qui voulant soulever une question inutile à propos de cette définition, avancent qu'on peut trouver une relation qui existe déjà auparavant, et qu'ensuite il naît de qui doit tirer son nom de cette relation, de manière que ces deux choses ne paraissent plus être jointes ensemble ni par l'origine ni par la fin. Ils donnent l'exemple d'une chose qui peut être sue et de la science de cette chose, et ils affirment que la chose pouvant être sue a existé d'abord, et que la science de cette chose est arrivée ensuite. Ainsi, en géométrie, la ligne ou le cercle existaient auparavant; mais ensuite leur science a été connue par les savants; et c'est pourquoi la chose pouvant être sue a existé auparavant, afin qu'on pût y trouver la science. Ils montrent par cet argument qu'il y a beaucoup de choses de cette catégorie dont la naissance et la destruction ne paraissent pas être communes. Selon eux, il en est de même du sensible et de la sensation; puisque ce qui est sensible existait auparavant. Car les éléments dont chaque corps est formé, ont existé avant qu'il fût formé d'eux quelque corps dans lequel la sensation devait exister. Ils montrent par là que la définition de la catégorie appelée relation n'est pas exacte. Voilà ce qu'ont coutume de dire ceux qui ne considèrent pas soigneusement la nature des choses.

En effet, tout ce qui est, est dit exister ou par une puissance naturelle, ou par l'effet d'une action, ce que les Grecs appellent δύναμις καὶ ἐνέργεια, puissance et efficacité. Qu'on veuille les séparer et ne pas les confondre par aucune association, on comprendra que ce qui est dit relation ne peut exister sans l'objet avec lequel il est dit être en relation. Car la science a été associée à son objet, la ligne ou le cercle, dès la création du monde. Aussitôt qu'un objet de science eut commencé à exister, il a eu sa science; mais cette science n'a pas encore été montrée par l'action. Donc, la science de ce qui peut être su, n'a pas encore commencé à exister quand l'effet de l'action a commencé d'être, mais elle est née avec ce qui peut être su, et l'opération, l'effet n'est venu qu'après. Il nous faut considérer le commencement de l'opération; car c'est alors que nous pouvons remarquer que la science a été créée en même temps que son objet, et que son effet ou opération n'a apparu qu'après, par suite des recherches des sages. Ce point étant éclairci, c'est une excellente définition des relatifs, de dire, qu'ils se détruisent ou naissent en même temps. Nous devons nous rappeler aussi que les relatifs n'ont pas toujours leur rapport avec l'objet de leur relation exprimé par le même cas: mais que les uns sont joints entre eux par le génitif les autres par le datif et la plupart par l'ablatif. Par le génitif: l'esclave du maître, le double du simple. Par le datif; semblable au semblable, égal à l'égal. Par l'ablatif: sensible par un sens, qui peut-être su par une science qu'on apprend et autres choses pareilles pouvant être associées par différents cas. Il y a encore ceci de remarquable pour cette catégorie seule et tout entière, qu'entre deux choses jointes ensemble et dé-

---

catur quod de ipso debeat nuncupari, ut jam videantur hæc duo nec ortu nec occasu sibi esse conjuncta: ac dant exempla scibilis et scientiæ, afferentes, ante scibile fuisse, et post ejus scientiam consecutam. Verbi gratia apud geometricos ante γραμμή, vel circulus fuit, sed eorum scientia postea a sapientibus comprehensa est: proptereaque ante fuisse scibile, in quo possit scientia reperiri. Hoc argumento igitur monstrant multa esse hujus categoriæ, quibus non et ortus et occasus videatur esse communis. Et sensibili enim sensusque exemplum simili ratione constare contendunt: siquidem sensibilia ante fuerint. Elementa enim quibus omne corpus constat, ante fuerunt quam corpus ex his aliquod nasceretur, in quo sensus existeret. His igitur argumentis ostendunt definitionem categoriæ, quæ ad aliquid dicitur, non recte esse defixam. Hæc solent parum diligenter naturam rerum intuentes adstruere. Omnia enim quæ sunt, aut naturali potentia dicuntur esse, aut operatione faciendi, quae Græci δύναμιν καὶ ἐνέργειαν, vocant. Quas si quis separare voluerit, nec ulla societate confundere, intelliget ad aliquid dictum non posse esse sine altero, cujus esse dicitur. Scibili enim γραμμή, sive circulo, in ipso ortu naturæ, scientia sociata est. Simul namque ut scibile esse cœpit, habuit scientiam sui, sed necdum ἐνέργεια, id est operatione monstrata est. Non ergo tunc cœpit esse scientia ejus, quando cœpit operari, sed cum ipso scibili orta est, operatio postea est consecuta. Discernere enim nos oportet operationis exordium: tunc enim possumus advertere scientiam cum scibili esse procreatam, operationem vero ejus, apparuisse postea indagatione prudentium. Quibus depulsis, optima definitio est ad aliquid relatorum, semper ea simul vel existingui vel nasci. Illud sane debemus memoria continere, non omnia ad aliquid dicta eisdem casibus referri ad ea, quibus jungitur; sed alia genitivo casui alia dativo, pleraque ablativo copulari. Et genitivo quidem, ut servus Domini, duplum simpli. Dativo, simile, simili, par pari. Ablativo vero, sensibile sensu sensibile, scibile scientia scibile, et cetera hujusmodi, quæ variis casibus alterius societate nectuntur. Inest autem huic categoriæ et soli et omni, ut inter conjuncta duo, quæ ex se pendeant, sit alterna conversio, quæ græce dicitur ἀντιστροφή. Ut duplum simpli dicitur, et simplum dupli, et servus Domini, et Dominus servi. Apparet ergo hæc copulata vicaria in semet replica-

pendant l'une de l'autre, il peut y avoir un renversement alternatif, appelé en grec ἀντιστροφή : de sorte qu'on dit, le double du simple et le simple du double, l'esclave du maître et le maître de l'esclave : on voit que ces expressions réunies ensemble peuvent se retourner sur elles-mêmes, de telle sorte qu'un terme tienne la place d'un autre, pourvu toutefois que ce changement se fasse avec connaissance et sagesse. Car si l'on retourne ces mots sans art, il en résulte une grande confusion : comme si un ignorant disait ; l'aile de l'oiseau, ce serait absurde : car toutes les ailes n'appartiennent pas qu'aux oiseaux, puisqu'il y a des ailes qui ne sont pas d'oiseaux. Telles sont celles des cigales, des mouches, et autres animaux que la nature a formés pareillement. Si l'on dit d'une aile : l'aile d'un ailé, ce sera juste. Ici il nous est permis d'éclaircir quelques obscurités, qui d'ordinaire proviennent de la ressemblance des catégories. Quand nous disons l'aile de l'ailé, la tête d'un être doué de tête, nous paraissons placer dans les accidents les parties de la substance : En effet, l'aile est sans aucun doute une partie de la substance, comme la tête ou la main : si l'on rapporte ces choses à la relation, on ne verra plus aucune différence entre la substance et la *relation*. Afin donc d'éviter toute confusion, il nous faut la véritable et propre définition de la relation. Or, voici cette définition ; on appelle relation, une chose dont l'existence dépend d'une autre, et qui, nécessairement et particulièrement, doit pouvoir se retourner de manière à ce qu'un terme prenne la place d'un autre. Ceci considéré,

on verra qu'on ne peut attribuer à la relation ni l'aile de l'ailé, ni la tête de l'animal ayant tête. En effet, nous ne pouvons pas dire l'ailé de l'aile ou l'animal de la tête, comme nous disons l'aile de l'ailé, etc.: on se moquerait de celui qui le dirait. Ce n'est pas en tant qu'un oiseau est oiseau, qu'on dit son ailé, mais c'est en tant qu'il est ailé : l'aile est l'aile d'un animal ailé, et l'animal ailé est ailé par l'aile. De même pour l'autre exemple. Mais ce qui, réellement est une relation, peut avoir une réciprocité, comme nous l'avons dit plus haut : le maître de l'esclave. et l'esclave du maître. De plus, ôtez l'esclave, le maître n'existe plus ; ôtez le maître, il n'y a plus d'esclave. Or l'ailé pourra exister, même quand l'aile aura disparu ; et en outre, l'aile pourra exister, après la disparition de l'ailé. Ces détails sur la définition de cette catégorie, aideront à dissiper la confusion qui naît de la ressemblance.

Nous pouvons aussi de la même manière, éclaircir pour cette catégorie, la confusion qui naît de la ressemblance des opposés. Aristote nomme les opposés ἀντικείμενα, et ils ont une certaine ressemblance avec cette catégorie. En effet, le chaud et le froid paraissent unis entre eux par une association d'opposition ; mais nous ne disons pas : le chaud est le chaud du froid, mais, le chaud est opposé au froid, Nous ne disons pas le bien est le bien du mal, mais le bien est opposé au mal. Si Aristote, comme nous l'avons dit au commencement de cette catégorie, cite beaucoup d'exemples qui ne paraissent pas s'y rapporter d'une manière certaine, c'est qu'il veut blâmer par les circonstances qu'il

---

tione converti, si tamen scienter et prudenter ista fiat conversio. Nam si imperite hæc vocabula convertantur, oritur magna confusio : ut siquis imperite dixerit, avis pennam, stulta conversio est. Non enim penna omnis avis est : si quidem sunt quædam pennæ, quæ non sunt avium, ut cicadarum, muscarum, ceterorumque animalium, quæ similiter natura formavit. Quod si quis pennam pennati dixerit, quasi rata conversio est. Hoc loco libitum est, quasdam tenebras, quæ emergere ex categoriarum similitudine adsolent, aperire. Siquidem cum dicimus pennam pennati, et caput capitati, videmur usiæ partes in accidentibus ponere. Penna enim sine dubio pars usiæ est, vel caput vel manus, quæ si ad aliquid referantur, inter usias et ad aliquid videbitur nulla esse discretio. Ut igitur amoveatur universa confusio, advertere nos oportet quo pacto, et vere et proprie ad aliquid definitum sit. Ita enim ejus definitio se habet, ut dicatur ad aliquid, cujus id quod est pendet ex altero, cuique necesse sit singulariter, id est καθ' ἕκαστον, vicaria in semet mutatione converti Hoc quis considerato reperiet, nec pennati pennam, nec capitati caput recte posse ad aliquid nominari : non enim ut pennati pennam dicimus, sic possumus dicere pennæ pennatum, vel capi-

tis capitatum : id namque qui dixerit, irridebitur. Esse enim pennato, non ex penna descendit : neque penna ex pennato constat. Similiterque capitatum non constat ex capite, neque caput ea capitato videtur consistere. At quod vere ad aliquid dicitur, converti per vices potest, ut superius diximus, dominus servi per vices potest, ut superius diximus, dominus servi dominus, et servus domini servus : et rursus subtracto servo dominio non est, remoto domino nec servus apparet. Pennatum vero esse poterit, etiam penna pereunte : et rursus penna, pereunte pennato, potest esse. Considerata ergo definitione hujus categoriæ, poterit etiam confusionis ex similitudine exortæ discretio reperiri. Eodem pacto possumus hanc categoriam et ab oppositorum similitudine separare. Nam et opposita, quæ ἀντικείμενα, Aristoteles vocat, quamdam hujus categoriæ similitudinem reddunt. siquidem calidum et frigidum videntur sibi oppositionis societate conjuncta; sed calidum non frigidi calidum, sed frigido oppositum dicimus; et justum non injusti justum, sed injusto contrarium nominamus. Aristoteles quidem, ut in principio hujus categoriæ diximus, multa exempla proponit, quæ ad hanc non sub certa forma pertinere videantur, volens de consequentibus reprehendere vitia ceterorum, qui hanc secus definire voluerunt.

tire de leur définition, ceux qui ont essayé de définir autrement la relation. Enfin, il a donné, comme relatifs, la bonté à la méchanceté, l'ignorance à la science, et a dit que toutes deux pouvaient admettre le contraire, non pas que le sujet l'exige ainsi, mais afin de pouvoir mettre au jour la faute de ceux qui raisonnent sans connaissance de cause. Ces choses, en effet, comme nous l'avons expliqué plus haut, doivent plutôt être regardées comme des opposés que comme des relatifs. Pour moi, et c'est aussi l'avis d'Aristote, il me semble que cette catégorie ne peut admettre le plus et le moins, ni en général, ni en particulier. Nous pouvons dire, semblable à quelqu'un, plus semblable, moins semblable. Mais cette locution ne peut s'employer pour tout ce qui est relatif. On ne peut dire, ni plus père, ni moins père, ni moins fils, ni plus fils ; ni moins double, ni plus double. Nous ne pouvons admettre qu'il y ait relation, quand nous disons, par exemple ; le cheval d'un tel, le bois d'un tel, la terre d'un tel, : car ces expressions indiquant le maître ou le possesseur ne doivent pas être regardées comme des relatifs. Nous avons expliqué, autant que nous l'avons pu cette catégorie, bien qu'elle paraisse tellement mêlée aux autres, qu'Aristote lui-même, dont on comprend, après tout, les longues et continuelles hésitations, n'a pu trouver facilement ce qui la distingue des autres.

CHAPITRE XII

De la qualité. Deux espèces de qualités : possession, disposition.

Venons-en maintenant à la qualité, qui fait que les choses existantes s'appellent qualia. Plusieurs demandent ce que c'est que la qualité et ce que c'est que le quale. Cela est facile à distinguer. Nous appelons qualité, la douceur, l'austérité, la blancheur, le noir. Le quale, au contraire, se reconnaît toutes les fois que nous disons que quelque chose est blanc, ou doux, ou austère, ou noir. Cependant Aristote a employé indifféremment le quale pour la qualité et la qualité pour le quale. C'est pourquoi, suivant son exemple, nous avons pensé qu'on pouvait les confondre. On veut que cette catégorie soit plus difficile que les autres, parce qu'elle paraît empiéter plus facilement sur toutes les autres, ainsi, on la trouve dans la substance, quand nous disons : un homme grammairien ; dans la quantité : une surface blanche ou noire; dans la relation : un père prudent, un fils excellent ; dans l'action : il danse sans élégance; dans la passion ; il supporte couragement les blessures; dans le lieu : un lieu obscur; dans le temps : un mois chaud ou froid; dans la situation : il est couché sur le dos ou sur le ventre; dans la possession : armé convenablement. Il ne faudra donc pas beaucoup de prudence pour discerner avec la vivacité de l'esprit, cette catégorie de la qualité qui se trouve mêlée à presque toutes les autres. Il y a quatre espèces de qualité. Aristote les a posées comme genres, sans doute parce qu'elles peuvent avoir chacune leurs espèces. Lorsque cela arrive, on appelle les espèces subalternes, ce que les Grecs désignent par ὑπάλληλα. Or, le premier genre est l'habitude et la disposition : le second, la puissance naturelle ; le troisième, les qualités passives ou les passions : le quatrième,

---

Denique et virtutem malitiæ et scientiam ignorantiam, quasi ad aliquid posuit, eaque dixit posse recipere contrarium, non quo ita res postulet, sed ut indocte differentium vitia posset ostendere. Hæc namque, ut superius explicavimus, opposita potius quam ad aliquid dicta judicanda sunt. Mihi vero, ut ex ipsi Aristoteli placet, magis et minus hæc categoria, non omnis quidem, nec sola videtur posse suscipere. Simile enim cuilibet, et magis simile, et minus simile possumus dicere. Sed h c non in omnibus, ut dixi, quæ sunt ad aliquid poterit inveniri. Namque nec magis pater, nec minus pater potest dici; nec minus filius, aut magis filius, nec minus duplum, aut magis duplum. Non nos autem fallat, ut putemus ad aliquid esse quoties, verbi gratia, dicimus, cujus equus, vel cujus lignum, vel cujus fundus: hæc enim dominum, vel possidentis personam monstrantia, non ad aliquid dicta censenda sunt. De qua categoria quantum potuimus, explanavimus : licet tanta huic cum ceteris videatur esse permixtio, ut ipse quoque Aristoteles hujus discretionem haud facile repererit, cujus etiam longa ac diuturna non sit indecens retractatio.

CAPUT XII

De qualite. — Species qualitatis quatuor. — Habitus. Affectio.

Nunc de qualitate tractemus, secundum quam ea quæ sunt, qualia nuncupantur. Multi autem quærunt quid sit qualitas, et quid quale, quorum facilis separatio est. Qualitatem namque dicimus dulcedinem, austeritatem, albedinem, nigredinem. Quale vero intelligitur, quoties album aliquid, vel dulce, vel austerum, vel nigrum dicimus. Licet Aristoteles indifferenter et pro qualitate quale posuerit, et qualitatem pro quali propterea que etiam nos eumdem secuti similia senserimus. Hanc autem categoriam propterea ceteris difficiliorem volunt, quia facilius quam ceteræ in omnes videtur incurrere : utputa in usia invenitur, cum dicimus, homo grammaticus : in quanto, alba vel nigra epiphania : in ad aliquid, prudens pater, optimus filius : in facere, dure saltat : in pati, fert fortiter vulnera : in loco, obscurus locus : in tempore, calidus mensis, aut frigidus : in jacere, pronus aut supinus jacet : in

APPENDICE.

les formes et les figures : ou comme dit Aristote: ἕξιν καὶ διάθεσιν φυσικὴν δύναμιν, παθητικὰς ποιότητας καὶ πάθη σχήματα καὶ μορφάς. L'habitude est une affection de l'âme, qui persévère pendant longtemps: telles sont la vertu et la science, naturellement durables et persistantes, à moins qu'une maladie du corps ou quelque faiblesse arrivée par accident ne les détruise. La disposition, au contraire, est une impulsion variable de l'esprit, ou un léger désir qui s'efface bientôt. L'habitude peut donc paraître une affection ; car elle commence par là, et si l'affection demeure, l'habitude naît. La disposition, au contraire, ne peut se confondre avec l'habitude ; car arrivée à cet état, elle perd son nom. Il est convenable ici, d'analyser et de faire connaître en peu de mots, une chose dont on s'informe souvent, savoir ce qui distingue la vertu et la science. C'est sans doute que la science réside seulement dans cette partie de l'âme, que l'on appelle raisonnable, tandis que la vertu embrasse toutes les parties de l'âme, gouverne et tient sous son empire l'âme tout entière, de sorte qu'elle dompte la colère, et éloigne les passions, chose que la science ne peut faire.

Il y a puissance naturelle toutes les fois qu'on paraît naturellement pouvoir ou ne pas pouvoir faire quelque chose : ainsi, la plupart du temps, après avoir examiné le corps et les membres des enfants, nous prédisons quelque chose pour l'avenir, et nous disons qu'ils seront propres au pugilat ou à la course : non qu'ils possèdent déjà cet art ou cette aptitude, mais parce que, par la disposition de leur corps, ils paraissent devoir y arriver. De même,

nous appelons bien portants ou débiles, ceux qui deviennent difficilement ou facilement malades. Car on remarque de même en eux une puissance naturelle qui les fait plus souvent tomber malades ou conserver une santé perpétuelle. Lorsqu'on dit, dur ou mou, cela montre aussi une puissance naturelle. En effet, on appelle dur ce qui, par la solidité de sa nature, ne se laisse pas facilement altérer ; on appelle mou, au contraire, ce qui est d'une nature moins ferme et n'est pas capable de résister à la violence.

Le troisième genre ou la troisième espèce de qualité, sont les qualités passives et les passions, comme par exemple ; l'amertume, la chaleur, le froid, la blancheur, le noir. On ne les appelle pas qualités passives parce qu'elles souffrent quelque chose, mais parce qu'elles produisent une sensation. Car de ce que le miel est doux, il n'a rien ressenti de la douceur, mais il produit un sensation douce chez ceux qui le goûtent. On appelle avec plus de raison, qualités passives, la blancheur et le noir, et celles qui tiennent le milieu entre les deux, c'est-à-dire la rougeur et la pâleur : en effet, celles-ci ne naissent pas sans quelque affection de l'âme ou du corps. Que quelqu'un devienne noir, c'est une affection du corps ; qu'il pâlisse ou qu'il rougisse, c'est une affection de l'âme qui, ne pouvant supporter la honte et l'opprobre, répand, comme pour se cacher, une quantité de sang dans les parties extérieures du corps, ce qui fait que nous rougissons par suite d'une trop grande honte. La pâleur consiste aussi dans une semblable affection de l'âme, quand,

---

habere, decenter armatus. Erit igitur non parvæ prudentiæ, qualitatem cum ceteris pene confusam, mentis vivacitate secernere. Hujus sunt species numero quatuor, quas Aristoteles pro generibus posuit scilicet propterea quia et ipsæ singulæ habent species suas Id vero cum acciderit, subalterna nominantur, quæ Græci ὑπάλληλα, vocaverunt. Ergo primum genus est habitus, et affectio : secundum, potentia naturalis : tertium, passivæ qualitates sive passiones : quartum formæ ac figuræ. Hæc Aristoteles ἕξιν καὶ διάθεσιν dixit, φυσικὴν δύναμιν, παθητικὰς ποιότητας καὶ πάθη, σχήματα καὶ μορφάς. Habitus, affectio est animal longo tempore perseverans : ut est virtus et disciplina, quæ perseveratione sui et perpetuitate temporis æstimantur nisi forte eas languor corporis aliquis, et casu injecta debilitas amputaverit. Affectio vero est mutabilis mentis impulsio, vel cupiditas levis, quæ brevi tempore deleatur. Habitus ergo et affectio videri potest : ab hac namque incipit, et si ipsa permanserit, habitus nascitur. Affectio autem habitus videri non potest : si enim ad habitum pervenerit, vocabulum proprium non tenebit. Hoc loco non est incongruum, quod sæpe quæsitum est, brevi tractatu dissolvere ac docere, quid

virtutem disciplinamque discernat. Hoc profecto quod disciplina in ea parte animæ, quæ rationalis dicitur, tantummodo diversatur : virtus vero omnes animæ partes amplectitur, omnemque animam suo imperio gubernat ac regit : ut et iracundiam domet, et cupiditates animo amoveat quod disciplina facere haudquaquam valet. Potentia naturalis est, quoties quis videtur vel posse, vel non posse aliquid per naturam facere : ut verbi gratia, plerumque visis corporibus puerorum, et contemplatis artubus pronuntiamus aliquid de futuro, eosque dicimus vel pugillatores fore, vel cursores ; non quod jam hac arte vel studio teneantur, sed quod videantur positione corporis hæc facilius impleturi. Similiter salubres vel imbecilles dicimus, qui aut facile aut non facile recipiunt ægritudinem. Eodem modo namque et in his potentia naturalis advertitur, quæ eos facit vel languori crebrius subjacere, vel retinere perpetuam sospitatem. Durum quoque molle cum dicitur, ostendit potentiam naturalem. Durum siquidem est, quod firmitate naturæ corruptionem sui non facile admittat. Molle vero, in quo est natura laxior, nec ad contraria repellenda sufficiens. Tertium genus qualitatis sive species, passivæ qualitates et passiones, quæ sunt hujusmod

frappée d'une trop grande crainte, elle se réfugie au fond du cœur, le sang la suit, de sorte que le corps étant abandonné par le sang dans ces parties visibles, devient blanc. Les philosophes disent que cette affection est si vraie, que si la pâleur ou la rougeur persistaient continuellement dans le corps, l'affection subsisterait également. Si donc ces qualités persévéraient dans le corps, comme c'est d'après ces affections que nous sommes dits quales, ces qualités seraient regardées aussi comme des qualités passives : mais si elles ne durent que peu de temps et cessent promptement, nous les appelons plutôt affections. Quelqu'un s'est mis en colère pendant quelque temps, il a rougi, il s'est échauffé, il s'est calmé ; or, s'il doit bientôt revenir à son état naturel, on ne pourra pas l'appeler rouge ou colère, ou chaud ou froid bien qu'il ait souffert quelque chose pendant un certain temps. Il y aura donc entre les qualités passives et les affections, cette différence, que les affections temporaires changent facilement, tandis que les qualités passives d'après lesquelles nous sommes appelés quales durent continuellement.

Parlons maintenant de la quatrième espèce de qualité, où se trouvent les formes et les figures. Les figures s'attribuent aux choses inanimées et les formes aux êtres animés. Nous désignons des figures, quand nous disons triangle, carré, cône, cylindre, sphère : nous nommons des formes, quand nous affirmons de quelqu'un qu'il est beau ou laid. La rectitude ou la courbure, sont dans le même genre de qualité. Car nous traduisons ainsi les mots εὐθύτητα et καμπυλότητα, au moyen desquels on nomme quelque chose de courbe ou de droit. La douceur et l'aspérité, la rareté et la densité, mots par lesquels on désigne ce qui est rare, dense, doux et rude, sont mises aussi au nombre des qualités mais ces mots s'interprètent différemment. En effet, le mot dense, paraît montrer une plus grande cohésion des parties jointes entre elles : le mot rare, au contraire, semble indiquer que l'union des parties est moins étroite, et qu'il y a de fréquents intervalles entre elles. Le mot doux semble indiquer proprement, que dans le corps les parties sont placées d'une manière si convenable et si égale, que la mesure de l'une ne dépasse réellement pas celle de l'autre. L'aspérité provient au contraire de la différence des parties jointes ensemble ; car il n'y a que l'inégalité des parties qui engendre l'aspérité, de telle sorte que l'une est longue et l'autre courte. C'est pourquoi quelques-uns veulent rattacher la douceur et l'aspérité à une autre catégorie que les Grecs appellent κεῖσθαι, les Latins jacere, ce qui peut peut indiquer la situation, comme le veut Angorius, que je tiens pour un des hommes les plus instruits. En effet, il est évident que chacune des parties qui composent un corps, ont une position : cependant, quand nous disons doux ou rude, dense ou rare, nous montrons une qualité, et tout ce que nous avons dit plus haut des qualités, paraît appartenir à l'interprétation de la nature de l'objet, plutôt qu'à celle du nom : c'est pour cela que la raison nous force à compter aussi ces choses parmi les qualités. Les qualificatifs, qualia, sont donc nommés par dériva-

---

austeritas, caliditas et frigiditas : sic enim θερμότητα et ψυχρότητα placet dicere, et albedo et nigredo : quæ non idcirco passivæ qualitates dicuntur, quod patiantur aliquid, sed quod faciunt passionem. Mel namque ut dulce sit, non a dulcedine aliquid passum est, sed dulcem gustantibus efficit passionem. Passivæ autem qualitates rectius dicuntur, albedo et nigredo, et horum media, id est rubor et pallor : hæc enim nonnisi animæ vel corporis passione nascuntur. Ut enim nigrescat aliquis, corporis passio est; ut pallescat vel rubescat, animæ, quæ cum turpitudinis verecundiam ferre nequiverit, quasi ad obtentum sui, sanguinis copiam in exteriores corporis partes fundit, eoque fit ut pudore nimio rubescamus. Pallor quoque simili animæ passione consistit, cum perculsa metu nimio ad cordis ulteriora confugit, eamque sanguis insequitur, adeo ut desertum sanguine, quod est in conspectu, corpus albescat. Hæc animæ passio ita a philosophis vera esse firmatur, ut etiamsi pallor vel rubor in corpore jugiter perseveret, simili passione afferant evenisse. Hæc igitur qualitates si in corpore perseverent, quia secundum eas quales dicimur, ipsæ quoque qualitates passivæ censentur. Sin vero ad breve tempus extiterint, ita ut cito discedant, passiones eas potius nominamus. Non enim quis si ad tempus iratus est, aut erubuit, aut incaluit, aut refrixit, mox ad statum naturæ iterum rediturus, rubicundus vel iracundus vel calidus vel frigidus appellari potest, si ad tempus aliquid passus est. Erit ergo inter passivas qualitates et passiones ista discretio, quod passiones ad tempus exortæ facile commutantur, passivæ vero qualitates secundum quas quales dicimur, perpetuo perseverant. Quartam nunc qualitatis speciem retractemus, in qua sunt formæ et figuræ inanimalibus, formæ animalibus tribuuntur. Figuras enim tunc designamus, cum vel trigonum, vel tetragonum, vel conum, vel cylindrum, vel sphæram dicimus. Formas autem cum formosos asserimus aliquos vel deformes. In eodem qualitatis genere sunt, curvitas et rectitudo. Audemus enim εὐθύτητα καὶ καμπυλότητα, hoc pacto convertere. Ab iis namque rectum vel curvum quippiam dicitur : lenitudo quoque et asperitas et raritas ac densitas, e quibus nsum, lene etrarum, de asperum designamus, qualitatum quidem numero sociantur, sed habent alteram interpretationem sui. Siquidem densum coartationem nimiam conjunctarum partium videtur ostendere :

tion des qualités que nous avons énumérées, comme doux de douceur, dense de densité, etc. Mais il arrive quelquefois, bien que rarement, que les qualificatifs ne descendent pas par dérivation de leur qualité : ainsi de virtus, vertu, on ne peut pas dire virtuosus, mais moderatus et industrius. De même en grec ; de ἀρέτη, vertu, on ne dis pas ἀρετός, mais σπουδαῖος, d'où l'on voit que les qualificatifs existent même indépendamment de la dérivation des paronymes.

Mais c'est assez ; voyons maintenant les conséquences et les propriétés de la qualité pour laquelle nous avons expliqué ces différentes espèces. Et d'abord, nul doute que les qualités n'admettent des contraires. Qui doute, en effet, que la maladie soit le contraire de la santé, l'injustice de la justice, la chaleur du froid, le bien du mal, la science de l'ignorance ? Mais on ne trouve pas cela dans chaque qualité : car rien ne peut être contraire au pâle, au brun, au carré, au triangle. Il ne sera donc pas mal à propos de donner une règle qui puisse faire reconnaître les qualités qui n'admettent pas de contraires. Les savants sauront donc que les qualités qui tiennent le milieu des contraires, et celles qui naissent des formes et des figures, repoussent entièrement les contraires. J'ai dit : « les qualités qui tenaient le milieu des contraires : exemple, le brun et le pâle. En effet, ces deux qualités naissent de la blancheur et du noir, et tiennent le milieu entre ces deux couleurs. Le blanc et le noir sont contraires, mais il n'y a rien de contraire au brun et au pâle. Il est donc évident que les qualités qui tiennent le milieu des contraires n'ont point de contraires. Bien plus, la qualité qui provient de la forme ou de la figure n'admet pas de contraires. En effet, que donnera-t-on comme contraire au carré, au triangle ou au cercle ? ou au cône, ou au cylindre ? Nous tiendrons pour règle que la qualité qui admet le contraire ne peut pas former un tout, ni être seule. Et il ne faut pas manquer de dire que les contraires sont de la même catégorie où l'on trouve ce qui leur est opposé : ainsi l'injustice est contraire à la justice. La justice est une qualité ; donc l'injustice est aussi une qualité. De même, la blancheur est une qualité ; par conséquent, il est nécessaire que le noir soit aussi une qualité. Il arrive de là que, régulièrement, les contraires sont toujours unis par la catégorie. Etudiant ainsi les propriétés de la qualité, nous avons vu qu'il ne lui appartient pas toujours et pas exclusivement d'admettre des contraires ; passons à autre chose. Et d'abord, la qualité admet le plus et le moins : nous pouvons dire plus blanc et plus noir, plus musicien ou moins musicien. Mais cela même ne pourra se trouver dans toute la qualité ni dans elle seule. En effet, qui pourrait dire une prudence plus prudente que la prudence, ou une blancheur plus blanche que la blancheur, ou une science plus savante que la science, ou un triangle plus triangle qu'un triangle, ou un carré plus carré qu'un carré ? Si c'est un triangle, il ne peut être plus que triangle ; ou s'il l'est plus ou moins, il ne le sera plus. Cependant il convient de discerner les qualités qui admettent le plus et le moins, de celles qui refusent ce degré de

---

rarum contra, in quo intervallis frequentibus laxior partium videtur esse conjunctio : quinetiam lene illud proprie videtur ostendere, in quo positio partium ita apte pariliterque digesta est, ut nulla earum mensurae alterius emineret. Contra, asperum discrepantia conjunctarum partium facit : asperitatem namque non gignit nisi inæqualitas partium, ut sit longior una, altera inferior. Ac propterea hæc quidam volunt categoriæ alteri sociare, quæ apud græcos κεῖσθαι, apud nos jacere, sive ut Augorius, quem ego inter doctissimos habeo, voluit, situs dicitur. Claret enim unumquodque earum partium, quæ corpus efficiunt, positione constare : verumtamen cum lene vel asperum vel densum vel rarum dicimus, qualia demonstramus, eaque omnia, quæ de his superius explicata sunt, ad interpretationem non vocabuli, sed naturæ videntur potius pertinere : qua de caussa cogit ratio, ut hæc quoque inter qualia numeremus. Ab his igitur quas enumeravimus, qualitatibus παρωνύμως qualia nominantur, ut lene a lenitate, a densitate densum, ceteraque his similia. Sed plerumque accidit, licet raro, ut qualia non παρωνύμως a sua qualitate descendant, ut a virtute non potest dici virtuosus, sed moderatus et industrius. Nec in græco quidem ἀπὸ τῆς ἀρετῆς, ἀρετός dicitur, sed σπουδαῖος. Unde apparet qualia, etiam neglecta plerumque paronymorum derivatione constared hæc hactenus. Nunc qualitatis hujus propter quam diversas species explanavimus, consequentias, et proprium videamus. Et primum quidem contrarietatem recipere qualitates, nulla dubitatio est. Quis enim dubitat saluti contrarium esse languorem, justitiae injustitiam, calorem frigori, malo bonum, non erudito litteris eruditum ? Sed hoc non in omni qualitate reperies : nam pallido, vel fusco, vel quadrato, vel trigono, nihil potest esse contrarium. Non ergo erit incommodum regulam quamdam dare, qua quae qualitates contrarietatem non recipiant, possit adverti. Erit igitur notum doctis, eas qualitates, quæ contrariis mediae sunt, et eas quae ex formis figurisque nascuntur, contrarietatem penitus excusare. Contrariis autem medias dixi, ut est fuscum et pallidum : haec enim duo de albedine nigredineque nascuntur, ac sunt his media ; ipsa vero albedo et nigredo sibi sunt contraria ; fusco autem pallidoque contrarium nihil est. Claret ergo contrariorum media, contrarium non habere ; quinetiam qualitas, quæ ex forma vel figura consistit,

comparaison. Posons donc cette règle que les qualités elles-mêmes ne peuvent admettre ni le plus ni le moins, quant aux choses qui en sont formées : elles peuvent recevoir plus ou moins les degrés de comparaison, de sorte que si on ne peut dire une éloquence plus grande ou plus petite que l'éloquence, on peut dire cependant de celui qui passe pour éloquent, qu'il est plus ou moins éloquent que les autres. Il est donc évident que plus ou moins peuvent se trouver dans les qualificatifs, mais qu'ils ne peuvent jamais tomber sur les qualités. Les figures également, comme nous l'avons dit plus haut, n'admettent pas le plus et le moins : en effet, si vous ajoutez quelque chose au cercle ou si vous en retranchez quelque chose, il ne portera plus le nom de cercle, mais il prendra le nom d'une autre figure.

Nous avons indiqué suffisamment les qualités qui admettent ces degrés de comparaison et celles qui ne les admettent point. Il nous reste maintenant à chercher quel est le propre, ἴδιον, de la qualité. La substance a cela de propre qu'étant particulière et une, elle admet les contraires : je dis qu'elle les admet et non pas qu'elle les a. Or, il faut nous rappeler que quand nous avons traité de la substance, nous avons dit qu'il n'y avait rien de contraire à elle. Donc, comme le propre de la substance est d'admettre les contraires, par exemple tantôt la santé, tantôt la maladie ; c'est-à-dire celui de la quantité, τοῦ πόσου, d'être égale ou inégale ; des relatifs, τοῦ δὲ πρὸς τί, d'être ἀντίστροφα, c'est-à-dire de pouvoir se changer l'un pour l'autre et d'être de même nature, ainsi le propre de la qualité est que toutes les qualités se disent semblables ou dissemblables. En effet, une chose douce au goût peut se dire semblable ou dissemblable à une autre chose douce ; un objet blanc à un autre objet blanc : un fou à un fou : un objet doux au toucher à un autre objet doux au toucher ; un objet chaud à un autre objet chaud. Si on les appelle autrement, ces qualités n'auront pas une autre dénomination qui leur soit propre. Mais, pour qu'on ne trouve pas étrange que l'affection, la capacité et la science, placées dans la relation, ἐν τοῖς πρός τι, sont aussi unies à la qualité, nous donnons cette différence que les catégories se rattachent à la relation, quand ce sont des genres, et à la qualité, quand ce sont des espèces. Par exemple, si vous nommez la science qui est un genre par rapport à d'autres, il faudra l'attribuer à la relation ; car la science est la connaissance de ce qui peut être su. Nommez-vous la musique ? La musique est une espèce de la science et non un genre. Il faut donc la rattacher à la qualité : en effet, nous ne disons pas la musique du musicien, mais la science du musicien. De même l'affection et l'habitude, en tant que genres et espèces, se rattachent tantôt à la relation, tantôt à la qualité, puisque, si vous nommez l'affection ou l'habitude comme genres, c'est-à-dire par rapport à la science, elles se rapportent à la relation, tandis que si vous les

---

contrarietatis ignara est. Quid enim quadrato vel trigono, quid circulo vel cono vel cylindro contrarium quis opponat? Regulariter ergo teneamus contrarietatis receptricem qualitatem, nec omnem posse esse, nec solam. Nec illud est omittendum, ut sciamus in contrariis qualitatum, sub eadem categoria esse alterum, sub qua aliud invenitur : ut justitiæ injustitia contraria est; qualitas justitia; et injustitia igitur qualitas est. Item qualitas est albedo; quare nigredinem quoque esse qualitatem necesse est. Quo fit, ut regulariter contrariæ qualitates categoria semper eadem vinciantur. Quærentes interea quid sit proprium qualitatis, quoniam contrarietatem suscipere nec solius est, nec totius, aliud perscrutemur. Video enim magis et minus, hoc est μᾶλλον καὶ ἧττον, in se recipere qualitatem. Namque magis album, vel magis nigrum, vel magis musicum, vel minus musicum possumus dicere, Verum id quoque nec in omni qualitate, nec in sola poterit inveniri. Quis enim prudentiam prudentia prudentiorem possit dicere, vel albedinem clariorem albedini, vel doctrinam doctrina doctiorem, vel trigono magis trigonum, vel quadrato magis quadratum ? Si enim trigonum fuerit, magis esse quam trigonum non potest. Aut si magis aut minus fuerit, jam trigonum non erit. Separare tamen placet ac discernere eas qualitates, quæ magis et minus recipiunt, ab iis quæ hunc gradum comparationis excusent. Sit ergo hæc regula, qualitates ipsas magis et minus non posse suscipere. Ea vero, quæ ex iis fiunt, comparata, vel magis recipere posse vel minus : ut eloquentiam magis eloquentiam, seu minus nullus dicere potest : cum vero qni eloquens dicitur, magis vel minus ceteris eloquentem possumus dicere. Claret ergo magis et minus in qualibus inveniri posse, numquam posse in qualitates incidere. Figuræ quoque, ut superius explicatum est, non admittunt magis et minus : siquidem circulo, si aliquid addas vel minuas, circuli jam vocabulum non tenebit, et in alterius figuræ nomen migrabit. Manifesto igitur designatum est quæ qualitates hujusmodi gradus comparationis accipiunt, et quæ ab his videntur esse alienæ. Reliquum est, ut qualitatis proprium, quod apud græcos est ἴδιον, investigemus : namque usia habet hoc proprium, ut singularis atque una numero, contraria in se suscipiat : suscipiat autem dixi, non habeat contraria. Meminisse autem nos oportet, quod usiæ, cum de ea tractaremus, nihil esse diximus contrarium. Ergo ut ejus est proprium suscipere contraria, id est, sanitatem modo, modo ægritudinem : quanti vero, id est τοῦ ποσου ut par imparve dicatur : τοῦ δὲ πρός τι, ad aliquid, ut sint ἀντίστροφα, hoc est, in se convertantur, ac sint sibi natura conjuncta : ita et qualitatis hoc proprium est,

nommez comme espèces, c'est-à-dire par rapport à la musique ou à la grammaire, nous devons les reconnaître comme des qualités. Aristote lui-même, si grand par le génie, a presque consenti à ce mélange ; et il a dit qu'il était possible que ce qui se rapporte à la qualité se rapportât aussi à la relation ; et qu'il n'y avait rien d'absurde à ce qu'une seule et même chose fût classée dans deux catégories.

CHAPITRE XIII

Action. — Passion.

Nous avons dit tout ce qui avait rapport aux quatre plus grandes et plus difficiles catégories. L'ordre veut maintenant qu'après la qualité, nous traitions de l'action et de la passion. Ces deux catégories paraissent découler de la qualité comme de source ; en effet, ce qui rend chaud est nécessairement chaud ; or, nous savons que chaud est un qualificatif. De même, ce qui devient chaud reçoit une qualité par la passion qu'il éprouve. Celui qui enseigne est maître lorsqu'il enseigne, et il fait un élève, mais tous les deux, maître et élève, sont des qualificatifs. En considérant le reste de la même manière, on reconnaît parfaitement que ces deux catégories se traitent par celle de la qualité dont nous avons parlé. Beaucoup ont dit que ces deux catégories, l'action et la passion, ne pouvaient provenir que de leurs contraires. Ainsi, ce qui est doux rend doux ce qui ne l'est pas ; car si ce qui souffre l'action est doux de sa nature, il ne pourra pas recevoir la douceur. Il est donc nécessaire que ce qui souffre l'action ne soit pas doux, afin de recevoir une douceur venant d'ailleurs. C'est pourquoi, quand le sujet de l'action est doux, celui de la passion ne l'est pas : ils doivent donc nécessairement être regardés comme contraires. D'autres, pensant autrement, avancent qu'on ne peut trouver ces deux catégories que dans les semblables et qui sont du même genre ; et que quelque chose ne peut agir ou souffrir sans faire un semblable ou sans souffrir d'un semblable. En effet, le doux et l'amer, le chaud et le froid, bien que paraissant contraires, prouvent qu'ils sont semblables, puisqu'ils tombent sous le même sens. Ils disent enfin que la définition de l'action et de la passion ne peut se composer de choses étrangères et tout à fait différentes. Ainsi, que fera le nombre dans ce qui est amer ? ou bien, que pourra souffrir la blancheur du nombre ? Mais laissons ces débats à d'autres, pour nous cette règle suffira : à savoir que l'action et la passion sont unies par le genre, et séparées par l'espèce. En effet, le chaud, qui fournit au froid sa chaleur, est du même genre que le froid, mais il en diffère par la qualité, par ce qu'il échauffe. Quand un savant instruit un ignorant, tout deux sont du même genre, mais ils diffèrent par la qualité. Il est donc évident

---

ut cuncta qualia similia, aut dissimilia nominentur : et dulce enim dulci, et albo album, et stulto stultum' et leni lene, et calido calidum, similia vel dissimilia proprie nuncupantur. Aliter enim si dicta fuerint, nuncupationem propriam non habebunt. Ne autem nonnulli in legendo turbentur, quod et affectio, et habitus, et disciplina, quæ in ad aliquid dictis, id est ἐν τοῖς πρός τι positæ, eidem qualitati quoque connexæ sunt, hanc discretionem damus, ut tunc categoriæ ad aliquid socientur quando sunt genera, cum vero species, qualitati : ut puta si disciplinam dixeris, quæ est genus ceterarum, ad aliquid referenda est. disciplina enim discibilis rei disciplina dicitur : quod si musicam dixeris, musica disciplinæ species est, non genus, qualitati nectenda est : neque enim musici musicam possumus dicere, sed musici disciplinam. Similiter et affectio et habitus secundum genera et species, nunc ad aliquid, nunc qualitati nectuntur. Siquidem si affectum vel habitum, hoc est διάθεσιν, et ἕξιν, generis dixeris, id est disciplinæ, ad aliquid referentur : sin autem affectum sive habitum speciei esse dixeris, id est musicæ vel grammaticæ, qualitates debemus agnoscere. Quamvis ipse quoque Aristoteles magnus ingenio huic pene permixtioni concesserit ac dixerit , posse contingere , ut quod qualitatis fuerit , idem referatur ad aliquid , nec esse importunum, si una res duarum categoriarum vocabulo concludatur.

CAPUT XIII

De facere et pati.

Dicta sunt autem omnia quæ ad quatuor categorias maximas atque difficiles pertinebant : nunc ordo commonet ut post qualitatem de facere et pati tractatus habeatur. Quæ duo videntur ex qualitatis fonte descendere : id namque quod calidum facit, calidum sit necesse est : calidum vero quale esse cognoscimus. Similiter quod calidum fit., passione sui accipit qualitatem : et qui docet, cum docet doctor est, et discipulum facit : uterque autem sive doctor, sive discipulus qualis est : et cetera his similia considerata demonstrant recte has duas categorias præposita qualitate tractari. Hæc duo autem facere et pati multi dixerunt, non posse nisi iis, quæ fuerint contraria, provenire. Id enim quod dulce est, dulce non facit, nisi id quod dulce non fuerit : nam si id quod patitur dulce fuerit per naturam sui, alterius dulcedinem quo recipiat, non habebit, necesse est ergo dulce non esse id quod patitur, ut dulcedinem recipiat alienam : ac propterea cum quod facit dulce est, et quod patitur dulce non est, necessario dicuntur videri contraria. Nonnulli diversa senserunt, asserentes non posse hæc nisi in similibus inveniri, et sub eodem genere constitutis ; nec posse aliquid pati vel facere,

que l'action et la passion sont semblables quant au genre, mais contraires quant à la qualité. Toutefois ces deux catégories, nous l'avons dit, semblent si bien liées à la qualité, non-seulement par le rang, mais encore par la définition, qu'elles admettent les mêmes propriétés que nous avons attribuées à la qualité. Car elles ne rejettent pas l'opposition que la qualité admet ; elles admettent le plus et le moins, et nous avons vu que la qualité les recevait aussi. Quant à la propriété spéciale de ces deux catégories, on ne doit pas nous la demander, puisque Aristote lui-même n'en a pas parlé.

CHAPITRE XIV
De la position ou de la situation.

Il nous reste ensuite à parler de la position ou de la situation. Cette catégorie paraît suffisamment traitée dans ce que nous avons dit de la relation. En effet, ce qui est placé quelque part occupe une certaine position. Or, ce qui occupe une place a rapport à la position, et la position a rapport à ce qui est placé. C'est pourquoi, ainsi que le fait Aristote, que nous suivons ici, passons à autre chose.

CHAPITRE XV
Du lieu et du temps.

Où et quand paraissent être le lieu et le temps, bien qu'ils ne le soient pas ; mais ils sont dans le lieu, dans le temps ; comme : à Rome, dans le Sénat, avant trois heures, après le mois de mars. Ceci, nous l'avons dit, se trouve dans le lieu et dans le temps, mais n'est pas le lieu et le temps. Enfin, puisque Aristote, jugeant ces catégories assez claires pour n'avoir besoin d'aucune explication, les a laissées de côté, nous le ferons aussi. Du reste, sur le temps et sur le lieu, il y a entre les philosophes les plus distingués une ancienne et grande discussion, les uns voulant que ce soit des choses corporelles, et les autres les jugeant privées de corps.

CHAPITRE XVI
De la possession.

Avoir ou posséder s'emploie de différentes manières. Aussi, quand nous avons traité ce sujet, avons-nous trouvé huit espèces environ dans cette catégorie. La première espèce a lieu quand nous possédons quelque chose dans l'âme, comme la justice, la chasteté, l'injustice ou la volupté. La seconde, quand nous sommes dits posséder quelque chose dans notre corps, comme la blancheur, la noirceur, la variété de couleurs, ou autre chose qui se trouve dans le corps en tant que qualité. La troisième provient de la quantité ; si l'on dit par exemple que nous avons quatre ou cinq pieds de hauteur. La qua-

---

nisi simile faciat, aut a simili patiatur. Dulce enim et amarum, vel calidum et frigidum, licet contraria videantur, tamen cum sub eodem sensu fuerint, similia esse confirmant. Denique ab alienis penitusque discretis patiendi faciendive rationem dicunt non posse consistere : ut verbi gratia, quid enim faciet numerus in amaro, vel quid albedo pati possit a numero. Sed hæc sit conflictio ceterorum : nobis autem regula illa sufficiat, ut sciamus facere et pati genere esse conjuncta, qualitate discreta. Etenim calidum, quod frigido præstat calorem sui, sub eodem genere est, quo est et frigidum, sed discrepat qualitate quod calet : et doctus cum docet indoctum, sub eodem genere est, sed qualitate discernitur. Claret ergo facere et pati genere esse similia, contraria qualitate. Sed hæc duo, ut superius diximus, adeo videntur qualitati non modo ordine, sed etiam ratione conjungi, ut eadem recipiant, quæ recipere diximus qualitatem. Namque et contrarietatem non respuunt, quam qualitas recipit, et magis et minus admittunt, quorum qualitatem quoque diximus receptricem. Harum vero categoriarum proprium , quod est græce ἴδιον, quoniam ipse quoque Aristoteles, omisit, nec a nobis lector inquirat.

CAPUT XIV
De jacere, sive situ.

Sequitur ut de jacere dicamus, sive de situ, ut quidam putant, quæ categoria in ad aliquid relatis jam videtur esse tractata. Siquidem quod jacet, positum jacet, positum vero positionis est, et positio positi. Qua de caussa, ut ipse quoque Aristoteles, quom sequimur, fecit, ad alia transeamus.

CAPUT XV
De ubi et quando.

Ubi et quando videntur locus esse et tempus, cum non sint; sed sunt in loco et tempore : ut, Romæ, in senatu: ante horam tertiam, post mensem Martium. Hæc, ut diximus, in loco sunt: et in tempore, non locus et tempus. Denique ut claras et nullius tractatus indigas has categorias Aristoteles quoque transgressus est , quod nos etiam faciemus. De tempore enim et loco inter summos philosophos vetus et magna quæstio est, quibusdam volentibus hæc corporata esse, aliis vero sine corporibus æstimari.

CAPUT XVI
De habere.

Non uno modo habere aliquid dicimur. Quantum enim tractando colligimus, sub hoc verbo octo sunt quasi quædam species. Prima est, quoties animo habemus aliquid, ut justitiam, castitatem, injustitiam vel libidinem. Secunda, quoties in corpore habere aliquid dicimur, ut albedinem et nigredinem, varietatem, vel cetera quæ per qualitatem corpori insidunt.

trième a lieu quand on affirme que nous avons quelque chose, non pas dans tout le corps, mais dans une de ses parties : un anneau au doigt, des souliers ou des cothurnes aux pieds. La cinquième, lorsqu'on dit que nous avons quelque chose, non pas dans le corps, mais autour du corps ; tels sont les vêtements et tout ce que nous portons. La sixième quand on énonce les différentes parties du corps que nous possédons, comme les mains, les pieds, la tête, ou tout ce qui forme l'assemblage des membres. La septième, a rapport au lieu ; ainsi, un vase contient du blé ou du vin. La huitième, montre notre avoir ou nos domaines. Comme si je dis, un tel possède un bâtiment, une campagne ou les tombeaux de ses ancêtres. Voilà les différentes manières de posséder, comprises ici, au nombre huit. Si quelqu'un peut en trouver un plus grand nombre, il ne devra pourtant pas nous accuser de négligence, puisque le philosophe lui-même, a laissé le champ libre aux investigateurs. Beaucoup de savants affirment que c'est parler improprement, que de dire qu'une femme a un mari, ou un homme une femme, ou un père un fils, ou un fils, un père : et ils rejettent ces locutions. Car, disent-ils, ce qui possède, ne peut être possédé. Ils pensent donc qu'il est mieux de dire : Le mari est à la femme, ou la femme au mari, ou le père au fils, le maître aux esclaves. Bref, ils prétendent que le même mot ne peut à la fois signifier et celui qui possède et ce qui est possédé.

CHAPITRE XVII

Supplément aux catégories.

Enfin, nous avons traversé les flots de cette vaste mer, nous avons parcouru le nombre entier des catégories ! Peut-être aurons-nous eu le bonheur de ne pas déplaire aux savants, en nous efforçant d'être clairs pour ceux qui veulent s'instruire. Il nous reste encore à traiter de certains détails, qui prolongeront quelque peu cet ouvrage. Dans chaque catégorie, en effet, nous avons parlé des contraires, disant celle qui les admettait et celle qui les rejetait : cependant, nous n'avons encore indiqué nulle part ce qu'on entend par contraires : de plus, il nous reste à montrer la force, le rôle et la propriété de certains mots. C'est pourquoi, avisons à dire quelque chose des contraires, ce que nous croyons d'une certaine nécessité.

CHAPITRE XVIII

Des opposés. — Trois espèces de Contraires.

Il y a quatre espèces d'opposés, Une chose est opposée à une autre ; 1° par les rapports, la relation : 2° par les contraires ; 3° par la possession ou la privation : ici, nous devons entendre le mot *habitus*, possession, comme venant de *habere*, avoir, et non comme nous l'avons défini plus haut, une affection permanente de l'âme; 4° par l'affirmation ou la né-

---

Tertia de quantitate descendit, quoties quatuor vel quinque pedum habere dicimur longitudinem. Quarta, cum non in toto corpore, sed in parte corporis aliquid habere firmamur, ut in digito annulum, in pede calceos vel cothurnos. Quinta species est, cum non in corpore, sed circa corpus habere aliquid dicimus, ut est vestimentum atque indumenta omnia. Sexta, quoties ipsas partes corporis habere narramur, ut manus, pedes, caput, aut reliqua quæ sunt in compage membrorum. Septimus vero locus est, quoties far vel vinum vas aliquod habere dicitur. Octavus habendi gradus est, qui possessionem nostram vel dominium videtur ostendere, cum ædes vel rus quis habere dicitur, vel sepulcra majorum. Ili sunt habendi modi, quos designato numero comprehendimus, extra quem si quis potuerit invenire, desidiæ nostræ culpa non erit, cum philosophus ipse liberum dimiserit arbitrium inquirentibus. Sane illud verbum multi doctorum respuunt, atque improprie proferri confirmant, cum mulier habere maritum dicitur, vel vir uxorem, vel pater filium, vel filius genitorem ; propterea quod asserunt non haberi posse, quod habeat habentem : sed rectius dicis autumant esse mulieri virum, vel uxorem viro esse, patrem filio esse, famulis dominum. Siquidem hujus verbi vim in hoc esse contendunt, ut significare non possit, et habere aliquem et haberi.

CAPUT XVII

De postprædicamentis.

Tandem quasi magni æquoris freta transgressi, categoriarum numerum terminavimus, ut arbitror non insuasibiliter doctis, satis vero clare voluntibus discere : sed quædam restant, quæ calcem libri hujus nos tangere contradicunt. Nam et in categoriis singulis de contrarietate tractatum est, cum quæ reciperet contrarium, et quæ respueret diceremus. Tamen quid sit ipsum contrarium, nullus adhuc tractatus ostendit : et adhuc quædam verba remanent, quorum vis ac proprietas debeat explicari. Qua de caussa ad oppositorum tractatum necessarium transeamus.

CAPUT XVIII

De oppositis

Oppositorum species quatuor sunt : opponitur namque aliud alteri : primo, aut figura ejus categoriæ, quæ ad aliquid dicitur : secundo, aut contrariorum modo : tertio, aut eorum, quorum circa nos esse dicitur vel habitus vel privatio ; habitum sane hoc loco ex habendo debemus accipere, non ut in superioribus definivimus, esse habitum affectionem animi quamdam sempiternam. Quarto modo, cum aut confirmamus aliquid, vel negamus : ut verbi caussa, ab iis quæ ad aliquid dicuntur, ponamus exemplum.

gation, à propos, par exemple des choses dites de relation ou des relatifs. Comme premier opposé, nous donnons le double au simple, le père au fils. Le second sera celui des contraires, le mal au bien. Le troisième, des choses qui sont de possession et de privation, comme la cécité et la vision Le quatrième, des choses dans lesquelles se trouve la négation et l'affirmation, comme *il court, il ne court pas*. Or, la distinction pour les contraires et les relatifs est évidente, à qui veut réfléchir. Les relatifs sont dits opposés entre eux; le simple est naturellement l'opposé du double et le double l'opposé du simple : au lieu que les contraires ont d'eux-mêmes ce qu'on leur attribue et n'ont pas besoin d'autre chose. Qui pourrait dire en effet le mal du bien ou le bien du mal ? La différence est donc claire et précise entre ces deux espèces d'opposés. Mais les contraires, se subdivisent en trois espèces : ou bien, ils ont un intermédiaire, c'est-à-dire, quelque chose qui tient le milieu entre eux, ou bien, ils n'en ont pas; ou bien encore, comme on le remarque dans quelques-uns, ils ont en effet un intermédiaire, mais dont on ne trouve pas le nom, à moins de dire qu'il consiste dans la négation des deux opposés. Ainsi, le blanc et le noir ont un intermédiaire : on y peut placer le pâle et brun, ces deux couleurs, sont dites opposées. En ce cas, il n'est pas besoin qu'on trouve dans un corps un des deux opposés : ainsi, si un corps n'est pas noir, il pourra être brun, s'il n'est pas blanc, il pourra être pâle. Quant aux opposés qui n'ont pas d'intermédiaire, il faut que l'un des deux exclue absolument l'autre : telles sont la santé et la maladie, qui n'ont point d'intermédiaire parce que, nécessairement, le corps de l'homme est sain ou malade. Quant aux opposés qui ont un intermédiaire, mais dont le nom manque, à moins qu'il ne soit formé par la négation des opposés, ce sont juste et injuste. Il y a bien quelque chose d'intermédiaire, mais ce quelque chose n'a pas de nom : il faudrait que la négation des deux opposés lui créât un nom, de sorte que nous n'appelions ni juste, ni injuste ce qui serait intermédiaire.

Occupons-nous maintenant avec plus de soin des opposés qui arrivent par la possession et la privation. Il faut d'abord remarquer qu'ils doivent être tous les deux dans la même chose, dans le même lieu, et dans le temps convenable. Dans la même chose sont la cécité et la vision, qui consistent dans le fait d'y voir ou de n'y pas voir. Elles sont aussi dans le même lieu, le lieu de la cécité et de la vision étant dans les yeux. Cependant, c'est surtout ici que l'opportunité du temps est requise : car on ne peut raisonnablement appeler quelqu'un chauve, à moins qu'il n'ait pas de cheveux au moment où il devrait en avoir ; et l'on ne pourra pas appeler édenté un enfant à qui son âge tendre a encore refusé des dents. La privation, en grec στέρησις, doit montrer que quelqu'un a eu quelque chose naturellement et qu'il ne l'a plus. Toutefois, il convient que nous nous rappelions qu'autre chose est la vue et la cécité, autre chose est de posséder la vue et d'en être privé, de peur que si nous jugions que

---

Primum oppositum videtur duplum simplo, vel pater filio. Secundum vero contrariorum exemplum sit, malum bono. Tertium eorum quoque quæ per habitum et privationem dicuntur, sicut cæcitas et visio. Quartum illorum etiam, in quibus est negatio et affirmatio, sicut, currit, non currit. Discretio vero contrariorum, et eorum quæ ad aliquid dicuntur, contemplantibus manifesta est : ad aliquid enim dicta, de sibi oppositis nominantur ; simplum namque oppositum dupli est, et duplum oppositum simpli. Contraria vero id quod dicuntur ex se habent, neque alterius indigent. Quis enim malum boni dixerit, aut quis bonum mali? Hæc est ergo harum duarum specierum, quæ ex oppositis veniunt, dilucida et clara discretio. Ipsa vero contraria in tres species dividuntur : aut enim mediata sunt, id est, habent aliquid inter se medium ; aut sine medio ; aut ut in quibusdam reperit ratio, habent quidem medium, sed ejus vocabulum non apparet, nisi utriusque oppositi negatione consistat. Mediata ergo sunt hæc, album et nigrum, inter quæ quando nasci potest pallidum vel fuscum, mediata hæc opposita dicuntur. Quæ vero mediata sunt, non necess. est unum de duobus oppositis in corpore reperiri : si enim nigrum non fuerit, potest esse fuscum : aut si album defuerit, pallidum poterit inveniri. At vero ex his oppositis quæ mediata non sunt, unum necesse est accidere de duobus, ut est salus et ægritudo. Horum medium nihil, est, propterea quod aut salutem necesse est, aut ægritudinem humana corpora retinere. At illa quibus est quidem medium, sed caret nomine, nisi huic oppositorum negatione formetur, sunt hæc, justus et injustus : est aliquid in medio, sed non habet nomen, atque ideo utriusque oppositi negatio ei vocabulum creat, ut nec justum, nec injustum dicamus id, quod est medium. Nunc ea opposita quæ per habitum privationemque fiunt, diligentius retractemus : in his namque observari oportet, ut sint utraque in eodem negotio, in eodem loco, in opportuno tempore. In eodem negotio sunt, cæcitas et visio : in videndo enim, et in non videndo consistunt. Hæc et in eodem loco sunt, utrique namque et cæcitati et visioni in oculis locus est. Maxime tamen in his opportunitas temporis quæritur : nemo enim recte calvus dicitur, nisi in eo tempore, quo capillos habere debuerit, non habebit : nec sine dentibus, quem νωδόν Græci vocant, infantem quisquam poterit dicere eum, cui dentes adhuc ætas parva denegavit. Siquidem privatio, quæ græce στέρησις dicitur, hanc vim tenet, ut ostendat quemlibet habuisse aliquid per naturam, et non habe-

c'est la même chose, notre raison ne parut être troublée. Si l'on regarde cela comme douteux ou peu certain, qu'on remarque ce qui en résulte. Si, en effet, aveugle et aveuglement étaient la même chose, tous les deux se diraient d'une même chose ; or, nous disons un homme aveugle, mais on ne peut pas dire un homme aveuglement ; il est donc clair qu'autre chose est d'être aveugle, autre chose est l'aveuglement. L'affirmation et la négation ne sont pas non plus la même chose que ce qui tombe sous l'affirmation et la négation. En effet, l'affirmation et la négation sont des mots qui affirment ou nient quelque chose; mais ce qui tombe sous l'une ou sous l'autre est tout différent : ainsi, Socrate discute, Socrate ne discute pas. Cependant, toutes ces choses sont également regardées comme opposées entre elles. Quelquefois les maux sont opposés aux maux, quand des biens tiennent le milieu entre des contraires ; telles sont l'indigence et la superfluité, en grec ἔνδεια et ὑπερβολή. On trouve en effet que la médiocrité tient le milieu entre ces deux maux opposés entre eux. Suivant cette méthode, les péripatéticiens ont dit que les vertus tenaient le milieu, de sorte qu'ils ont appelé πλεονεξίαν ce qui est au delà de la justice et μειονεξίαν ce qui est en deçà : ils ont mis la justice entre les deux. Ils ont mis de même la prudence entre la ruse et la stupidité ; la tempérance entre le désir immodéré et l'insensibilité, ἀναισθησία : le courage entre la timidité et l'audace. C'est ainsi que la raison, en allant au fond des choses, découvre un nouveau genre d'opposés, de sorte que, parfois, on trouve que des maux sont opposés à des maux. Aristote a expliqué plus au long et de plusieurs manières les propriétés et les différences des quatre espèces d'opposés : pour nous, qu'il nous suffise d'avoir établi le genre et les espèces, dans la crainte qu'en nous occupant de détails minutieux, nous ne rendions ennuyeux ce qui est nécessaire.

CHAPITRE XIX

De la priorité.

Une chose peut être antérieure à une autre de cinq manières : 1° Quand nous disons que quelqu'un est plus vieux ou moins vieux qu'un autre ; 2° quand une chose provient d'une autre, mais de telle sorte que si la première vient à disparaître, la seconde disparaît aussi, tandis que la dernière disparaissant, la première demeure intacte. Ainsi, naturellement, un précède deux, car deux vient de un, et sans un, deux ne peut exister, comme sans deux, l'état de un est le même. Deux existe-t-il ? il faut alors qu'il y ait eu un, tandis que quand un apparaît, il n'est pas nécessaire qu'il y ait deux. 3° L'idée de priorité s'applique à un ordre quelconque, comme nous le voyons dans les sciences et dans les arts. Et, en effet, dans la grammaire, il faut tout d'abord apprendre les formes et les noms des lettres, ensuite connaître la réunion des syllabes, puis prendre connaissance des mots. Enfin, il nous faut prendre l'usage du langage pour lequel nous étudions toutes ces phases, qui sont comme des

---

ro. Inter hæc meminisse nos convenit, aliud esse visionem et cæcitatem, aliud habere visionem et ea esse privatum, ne si hæc eadem esse judicemus, confundi ratio videatur. Quod si quis hoc dubium putat, aut parum certum, quid quamque rem sequatur advertat. Etenim si esset idem cæcus et cæcitas, de uno utraque dicerentur : dicimus autem hominem cæcum ; sed homo dici cæcitas non potest : claret igitur, aliud cæcum esse, aliud cæcitatem. Nec affirmatio et negatio idem est, quod sunt, sub affirmatione negationeque cadentia. Affirmatio enim sive negatio, est verbum confirmans aliquid aut negans : alia vero sunt, quæ sub his inveniuntur, ut est, Socrates disserit, Socrates non disserit. Similiter tamen omnia sibi habentur opposita. Aliquoties autem mala malis opponuntur, quoties contrariorum media bona sunt, ut est indigentia et redundantia, quæ Græci ἔνδειαν καὶ ὑπερβολὴν vocant. His enim duobus malis sibi oppositis, mediocritas media reperitur. Hanc rationem Peripatetici secuti, virtutes medias esse dixerunt, ut plus justo πλεονεξίαν, minus justo μειονεξίαν dicerent : inter quæ mala, mediam justitiam locaverunt, Similiter inter versutiam et hebetudinem, prudentiam posuerunt : inter libidinem insensibilitatemque, quam græci ἀναισθησίαν vocant, temperantia constituta est : inter timiditatem et audaciam fortitudo. Ita occultum quoddam genus oppositorum reperit perscrutata ratio, ut interdum mala malis inveniantur esse contraria. Sed Aristoteles harum quatuor specierum, quæ ex oppositis veniunt, proprietates et differentias latius et multis modis explicavit : nos autem et genus et species posuisse sufficiat, ne minutioribus occupati, fastidium necessariis asseramus.

CAPUT XIX

De priori.

Quinque modis aliud altero prius dicitur : quorum primum est, cum dicimus aliquem tempore seniorem. Secundus modus est, in quo aliquid nascitur ex priore; sed priore pereunte secundum perit, secundo pereunte prius incolume perseverat; ut est unum naturaliter prius duobus : ex eo enim nascuntur duo, sed sine uno duo esse non possunt, sine duobus status unius manet, et duobus exstantibus esse unum necesse est, uno vero apparente duo esse nulla necessitas cogit. Tertio modo ordo quidam prius alterum alteri facit, ut in disciplinis et artibus liberalibus invenimus : namque in grammatica prius est singularum discere formas et nomina litterarum, dehinc syllaba-

membres allant en avant. Il en est de même dans la rhétorique : dans cette science, il y a place à la priorité. Nous disons tout d'abord l'exorde, puis la narration, puis la réfutation, puis la confirmation. Enfin, nous terminons par la péroraison. Ces trois exemples démontrent assez le troisième mode de priorité. 4° Le quatrième mode n'est pas très-commun ; et Aristote lui-même ne le donne qu'en passant : c'est ainsi que l'on dit généralement que l'homme qu'on estime, qu'on aime le plus, est le premier des hommes. Mais, à mon avis, ce genre de priorité ne doit pas être admis.

Voilà donc déjà, quatre modes de priorité : mais il en existe encore un autre plus difficile. Supposons deux choses qui se peuvent prendre l'une pour l'autre, celle qui est cause de l'existence de l'autre est à bon droit appelée la première. Exemple : si l'homme existe, nous pouvons dire ; il est un animal raisonnable, mortel et capable de rire. Et si l'animal ainsi défini existe, il est vrai que l'homme existe. Il y a donc ici réciprocité, c'est-à-dire qu'il y a vérité dans la définition de l'homme, et dans l'homme de la définition. Mais comme la définition ne pouvait être vraie, si la nature de l'homme ne s'était tout d'abord montrée, de ces deux choses que nous avons dites réciproques, l'homme doit tenir le premier rang, puisque l'existence de sa définition exprime et montre la vérité de sa propre existence.

CHAPITRE XX
De la simultanéité.

Voici venu le moment d'exprimer la propriété du mot par lequel nous disons que certaines choses sont simultanées. La raison paraît en effet demander qu'après avoir traité de la priorité, on traite des choses qu'on appelle *simultanées*. La simultanéité a lieu de trois manières : 1° quand des choses co-existent ou apparaissent dans le même temps, de telle sorte que ni l'une ni l'autre des deux n'est la première ou ne suit l'autre, mais que la naissance de toutes deux paraît être commune : ainsi la chaleur et la lumière du soleil; 2° quand deux choses existent naturellement à la fois, sans cependant qu'aucune d'elles l'emporte : ainsi, le simple et le double ; nécessairement, ils existent à la fois ; mais le double ne fait pas que le simple existe, comme aussi le simple ne fait pas que le double existe. Il ne faut pas ici confondre, sous peine de paraître contredire ce que nous avons dit plus haut, lorsque traitant des relatifs, nous avons dit qu'un relatif était ce qui dépendait d'une autre chose. Nous avons soutenu en effet que tous les relatifs étaient dits, mais non pas qu'ils étaient d'une autre chose. Il n'y aura donc aucune erreur si l'on examine avec attention ce que vaut chacune de nos paroles.

3° Les choses d'un même genre, mais placées

---

rum conjunctiones cognoscere, tum verborum sumere notionem : postremus nobis est orationis usus assumendus, propter quem cuncta ejus, quasi præcurrentia membra cognoscimus. Et in rhetorica prioris locus similiter collocatur : nam prius proœmium dicimus, dehinc narrationem, post depulsionem, tunc confirmationem: postremus epilogus ponitur : His igitur exemplis tertium prioris modum sufficiat demonstrasse. Quartus vero modus est non multum probabilis, et ab ipso Aristotele improbatus exponitur, ut cum fortuna meliores vel clariores, priores vulgus adsolet dicere. Sed mea sententia, vis hujus prioris explosa est. Hi sunt quatuor ejus, quod prius dicitur, modi : sed occultior quidam quintus adjungitur, quoties ex duobus, quæ in se invicem convertuntur, illud est potius quod esse alterum facit : ut exempli gratia : si est homo, recte dicimus eum animal rationale, mortale, risus capax. Et si vera est hominis ista definitio, esse hominem verum est. Ita utrumque esse convertitur, hoc est et hominis veram esse definitionem, et definitionis hominem verum. Sed quoniam definitio vera esse non posterat, nisi natura hominis appareret, idcirco ex his duobus, quæ in semet converti diximus, homo prioris locum tenet, cujus existantia definitionis suæ exprimit veritatem.

CAPUT XX
De simul.

Sequitur ut proprietatem verbi, quo simul esse quædam dicimus, exprimamus. Ratio enim videtur exigere, ut post prioris tractatum de his disputetur, quæ simul esse firmantur. Simul ergo dicuntur tribus modis : cum qualibet simul existunt uno tempore vel apparent, ita neutrum de duobus vel prius sit, vel alterum consequatur, sed utriusque ortus videatur esse communis, sicut calor et splendor, in sole. Secundus locus est eorum, quæ naturaliter simul sunt, nullum tamen eorum præstat alteri : ut verbi gratia, si simplum et duplum ponamus, necesse est simul esse naturaliter, sed neque duplum facit ut simplum sit, neque simplum efficit duplum. Hoc loco nos confundere non oportet, ne quoniam cum de ad aliquid dictis tractaremus, id esse ad aliquid diximus, quod penderet ex altero, videamur nunc contra superius definita tractare. Omnia namque ad aliquid dicta, dici ex altero, non esse ex altero disputavimus : nec ullus error est, si quis verborum nostrorum pondera diligentius perscrutetur. Tertius locus est, quoties ex eodem genere manantia simul videntur esse natura, sed specie discernuntur : neque vero sibi in eo, quod dicuntur, aliquid præstant, ut est animal ; idem genus est, sed species longe discreta. Nec vero

dans des divisions différentes les unes des autres, sont dites aussi simultanées par nature. Il n'y a point chez elles de priorité, en ce qu'elles sont divisées; c'est le même genre, mais les espèces sont divisées l'une de l'autre. Ainsi l'animal se divise en volatile, en terrestre, en aquatique; mais de toutes ces choses, aucune n'est antérieure ou postérieure à l'autre. Elles coexistent naturellement, et naissent toutes simultanément de l'animal, c'est-à-dire d'un seul genre.

CHAPITRE XXI
Du mouvement.

Toute modification (en grec μεταβολή) se fait de trois manières 1° Du non-sujet dans le sujet, comme commencement ou naissance, en grec γένεσις, genèse. 2° Du sujet dans un non-sujet, comme la la mort ou la corruption, en grec φθορά. 3° Du sujet dans le sujet, comme par exemple le mouvement, en grec κίνησις. Mais il y a trois espèces dans le mouvement lui-même, l'accroissement, la diminution, la modification de la qualité ou du lieu. Les Grecs ont nommé ces trois espèces : αὔξησις, μείωσις, ἀλλοίωσις ou φορά; car ils ont voulu donner le nom de φορά à la modification du lieu que nous autres, d'accord en cela avec les docteurs, nous avons préféré nommer passage au delà. Quant à cet ordre qu'après mûr examen, nous avons adopté dans le présent chapitre, en nous écartant du livre des *Catégories*, Aristote lui-même l'a suivi dans ses livres d'histoire naturelle : mais, donnant dans ses *Catégories* un enseignement plus abrégé, il n'a pas hésité à prendre l'espèce pour le genre, c'est-à-dire le mouvement pour la modification : de telle sorte qu'il appliqua au mouvement, comme genre, les six espèces suivantes, que nous nommons en françois : naissance ou génération, destruction, accroissement, décroissement, modification, déplacement dans le lieu, et en grec : γένεσις, φθορά αὔξησις, μείωσις, ἀλλοίωσις ποιότητος, κατὰ τὸν τόπον μεταβολή. Ces six espèces diffèrent en tous points de chacune d'elles; à moins peut-être que, pour quelqu'un de peu intelligent, il ne semble se faire, les autres espèces existant quand même, une modification de la qualité, de sorte que quand il y a une naissance, ou une destruction, ou un accroissement, ou un décroissement, on l'appelle une simple modification. Mais la raison enseigne que cela est faux; car ce qui croît ou décroît est modifié en quantité et non pas changé dans la qualité. Le changement appartient proprement à la qualité. Il faut nous souvenir ici qu'autre chose est le changement, autre chose la modification. Le changement est genre, tandis que la modification est une espèce au-dessous du mouvement, lequel est lui-même une espèce de changement. En tous cas, donnons un exemple pris dans la géométrie, pour rendre cette différence évidente. Supposons un quadrilatère, que différentes lignes tracées dans son intérieur ont divisé en petits quadrilatères : si vous enlevez un de ceux-ci, le premier devient moins grand, vous l'avez diminué. Mais si, à la place du quadrilatère enlevé, vous ap-

---

aut volatile quidquam pedestri tribuit ut sit, aut volatile pedestre, aut omnino aliud alteri, in eo quod est, ullam substantiam subministrat; nullumque alteri aliud prius est, sed simul omnia ab animali, id est ab uno genere orta nascuntur.

CAPUT XXI
De motu.

Omnis immutatio quæ μεταβολή, græce est, fit tribus modis : aut ex non subjecto in subjectum, ut est ortus vel nativitas, quam Græci γένεσιν vocant : aut ex subjecto non subjectum, ut est interitus vel corruptio, quam φθοράν, græci dixerunt : aut ex subjecto in subjectum ut est motus, qui græce κίνησις dicitur. Sed et ipse motus tres species habet, id est, incrementum, imminutionem, commutationem qualitatis sive loci. Hæc a græcis αὔξησις, μείωσις, ἀλλοίωσις, sive φορά, dicta sunt. Namque commutationem circa locum, φορὰν dici voluerunt, quam nos quoque transgressionem maluimus dicere, secuti doctores. Verum hunc ordinem quem nos in præsenti, quasi discrepantes ab eo libro, qui categoriarum dicitur, diligenti examinatione digessimus, ipse quoque Aristoteles in naturalium libris exposuit : in categoriis autem secutus docendi compendium, speciem pro genere, id est motum pro immutatione non dubitavit assumere : ut motui diceret quasi generi sex species esse subjectas, γένεσιν, φθοράν, αὔξησιν, μείωσιν, ἀλλοίωσιν ποιότητος, κατα τὸν τόπον μεταβολήν. Hæc nos latino sermone ortum diximus, interitum, augmentum, imminutiouem commutationem qualitatis, transgressionem loci. Hæ sex species omni a se ratione discretæ sunt ; nisi forte cuiquam parum docte intelligenti, qualitatis commutatio, id est ἀλλοίωσις, etiam ceteris existentibus fieri videatur, ut cum nascetur aliquid, aut interit, aut crescit, aut minuitur, tunc facta dicatur etiam commutatio. Sed id falsum ratio docet : nam quæ crescunt aut minuuntur, quantitate immutantur, non commutantur qualitate. Commutatio enim proprie est qualitatis. Meminisse autem nos oportet aliud esse immutationem, aliud commutationem. Namque immutatio genus est, commutatio species subjecta motui, quam immutationi, speciem diximus. Denique ut horum sit manifesta discretio, geometricum ponamus exemplum Si tetragonum majus, quod intra depictum est currentibus per medium lineis in brevia tetragona partiaris, eique post unum breve tetragonum detrahas, minuisti tetragonum majus : at si detracti loco addas gnomonem, qui hemicycli specie ponitur, plus tetra-

pliquez un gnomon, vous avez rendu au plus grand quadrilatère plus que vous ne lui aviez enlevé : c'est là de la quantité, et non de la qualité. Et cette opération, il faut plutôt l'appliquer au changement qu'à la modification ; et par cela même, il y a entre ces deux choses une grande différence. La différence de toutes choses se fait aussi de trois manières : par la matière, par la main-d'œuvre, ou par l'une et l'autre réunies. 1° Par la matière : ainsi, deux anneaux semblables dont l'un est en or, et l'autre en argent. 2° Par la main-d'œuvre : si, par exemple, avec de l'or on fait deux anneaux dissemblables. 3° Par la matière et l'œuvre à la fois, si l'anneau est en or et le style en argent. Il est évident que ces sortes de modifications ne sont jointes entre elles ni par la matière, ni par l'œuvre, ni par les deux à la fois. Elles sont, au contraire, tellement séparées, que quelques-unes d'elles paraissent même se contrarier. Qui doute, en effet, que la mort soit contraire à la naissance, et le décroissement à l'accroissement ? Quant aux changements soit de la qualité, soit du lieu, bien que n'étant pas du même nombre d'espèces, ils ont cependant quelque chose qui paraît être contraire. Il y a, en effet, changement de qualité quand, de blanc, quelque chose devient noir, ou de noir devient blanc ; ce qui est manifestement contraire. Le changement de lieu aussi, que nous avons appelé déplacement, admet les contraires de supériorité ou d'infériorité ; et c'est pour cela que cette espèce de mouvement se montre comme ayant aussi des contraires.

CHAPITRE XXII
Conclusion de l'ouvrage.

Tels sont, mon très-cher fils, les enseignements que nous avons laborieusement suivis, alors que nous recevions les leçons de Thémistius, ce philosophe de mémoire si chère et si illustre ; ces enseignements, nous les avons, pour votre profit, traduits du grec en latin. Notre désir est que vous retiriez bon profit de ces enseignements, et de l'étude que j'en ai faite. Vous réparerez ainsi le dommage que vous ont causé, ainsi qu'à nous-même autrefois, la poursuite de biens pleins de dangers et de vanités. Nous n'avons rien omis, dans ce livre, de ce qui peut faire plaisir à ceux qui sont déjà instruits de son objet, ou instruire complétement ceux qui ne le connaissent pas encore.

---

gono majori, quam detraxeras, reddidisti : idque quantitatis est, non qualitatis, et immutationi potius quam commutationi tribuitur, eoque a se plurimum differunt. Fit autem differentia rerum omnium tribus modis : aut materia, aut opere, aut utroque. Materia, si sint annuli similes duo, unusque sit aureus, alter argenteus : opere, si ex auro dissimiles annuli fabricentur : utroque, si annulus sit aureus, et stilus argenteus. Claret igitur has immutationis species, nec materia sibi, nec opere, nec utroque conjungi : adeo autem sejunctæ sunt, ut earum nonnullæ etiam sibi contrariæ videantur. Quis enim dubitet γένεσει φθοράν, id est ortui interitum esse contrarium, augmento imminutionem ? Ipsa quoque commutatio sive qualitatis sive loci, licet non ex eodem specierum numero, tamen habent quod sibi contrarium videatur. Nam commutatio qualitatis est, cum ex albo fit aliquid nigrum, vel album de nigro, quæ sibi manifeste contraria sunt. Loci quoque commutatio, quam transgressionem diximus, superiorum inferiorum contrarietatem patitur, et propterea eam quoque habere contraria apparet.

CAPUT XXII
Conclusio Operis.

Hæc sunt, fili carissime, quæ jugi labore assecuti, cum nobis Themistii nostra memoria egregii philosophi magisterium non deesset, ad utilitatem tuam de græco in latinum convertimus, scilicet ut ex iis quoque bonam frugem studii a nobis profecti suscipias, si te non dissimilem nostri, aliarum rerum quæ lubricæ atque inanes sunt, cupiditas retentaverit. Nihil namque omisimus in hoc libro quod posset aut delectare jam doctos, aut indoctos manifestius erudire.

PRINCIPES DE RHÉTORIQUE [A]

CHAPITRE PREMIER
Devoir de l'orateur.

Le devoir de l'orateur, une question civile étant donnée, est de voir tout d'abord si elle est générale ou particulière, simple ou composée, absolue ou comparative. Cela fait, il doit rechercher les points qui font sa division, et leur rapporter des idées morales ou naturelles. Ces idées trouvées, il lui faut les examiner, rejeter celles qui ne vont pas bien au sujet, et classer de manière distincte, celles qu'il aura jugées convenables. Bien qu'en effet on ait trouvé une foule de pensées ayant trait au sujet, toutefois si on ne leur donne pas la place légitime qu'exigent leur nature et leur élévation, elles seront nuisibles ou ne donneront du moins que fort peu d'avantages. Après la disposition, l'orateur devra s'occuper du développement du sujet. Il consiste en deux choses, la construction et l'harmonie des mots. C'est ce que fait la mémoire que la plupart des Grecs et Cicéron avec eux, regardent comme de première nécessité pour l'orateur : ce qui ressort, je crois, de ces paroles : « J'aborde maintenant le trésor de toutes choses, c'est-à-dire la mémoire. Si elle n'intervient comme gardienne dans l'invention, et dans la disposition du discours, c'en est fait, je crois, de toutes les pensées de l'orateur, même des plus brillantes. » Après la mémoire, vient le débit que Démosthène considère comme devant être le premier, même le seul souci de l'orateur. Le débit embrasse deux choses, le geste du corps et le son de la voix. Je n'ai fait qu'effleurer la question des devoirs de l'orateur ; c'est, je crois, suffisant. Reste à voir quel doit être son but.

CHAPITRE II
But de l'orateur.

En toutes choses, le but est, selon moi, la fin à

PRINCIPIA RHETORICES [a]

CAPUT I
Oratoris officium.

Oratoris officium est, proposita quæstione civili dumtaxat, primum ipsam intelligere, generalis sit an specialis, simplex an conjuncta ex pluribus, absoluta an comparativa. Deinde cum intellexerit, invenire in ea congruentes partitioni locos, et his morales seu naturales accomodare sententias. Exinde judicare de inventis, repudiare quæ parum commode occurrerint : tum iis quæ judicio examinavit, dare ordinem certum. Etenim quamvis multa pertinentia inventa sint, tamen nisi pro qualitate et magnitudine sua, certis et quasi legitimis sedibus colloceutur, aut oberunt, aut non magnopere proficient. Subinde ordinationi rhetor explicationem rerum commodare debebit. Quæ duabus partibus constat, structura qualitate et quantitate verborum. Hæc omnia memoria suscipit, quam et plerique græcorum, et M. Tullius in primis oratori affirmat necessariam, hoc, ut opinor, modo : venio nunc ad thesaurum rerum omnium memoriam, quæ nisi custos inventis, ordinatisque rebus adhibeatur, intelligimus omnia, etiamsi præclarissima sint, in oratore peritura. Memoriam pronuntiatio sequetur, res ut Demostheni videtur, inter oratoria officia vel prima vel sola, quæ consistit duobus, motu corporis et sono vocis. Hæc tantum summatim tetigisse satis est, quæ sunt oratoris officia. Reliquum est videre quid sit finis.

CAPUT II
Quis sit finis oratoris.

Finis est, ut opinor, in omnibus rebus, ad quem cuncta referuntur, cujus caussa fiunt reliqua omnia, a

---

[A] Nous n'avons trouvé aucun exemplaire manuscrit de cet opuscule. L'auteur, contrairement à l'habitude de saint Augustin, y emploie, sans nécessité, beaucoup de mots grecs.

[a] *Opusculi hujus exemplar ullum* MS. *non reperimus. Auctor græca vocabula citra necessitatem usurpat, contra morem Augustini.*

laquelle se rapporte la cause d'où tout procède ; les Grecs l'appellent τέλος. Dans presque toutes leurs discussions, les philosophes demandent quelle est la fin d'une vie sage ; la vertu ou le plaisir ? De même, il y a partage d'opinions sur la fin, le but de l'orateur. Quelques-uns ont cru que le premier des devoirs de l'orateur consistait à bien dire; d'autres, à dire vrai; certains, à persuader. Ceux qui veulent que la fin de l'orateur soit de bien dire ou de dire, ne rejettent pas la persuasion comme fin de l'orateur, de sorte que, pour eux, la fin de l'orateur est de bien dire, et la fin de bien dire, persuader. Ainsi donc, d'après un consentement presque universel, la fin que doit se proposer l'orateur, c'est de persuader. Mais comme on pouvait encore subtiliser, (car l'orateur ne persuade pas toujours, et lors même qu'il ne persuade pas, il ne perd point pour cela le talent et le nom d'orateur), Hermagoras, pour couper court à toute chicane, a ajouté : « que le but de l'orateur était de persuader, autant que le permet la nature des personnes et des affaires. » Ce mot de persuader a donné lieu à une nouvelle objection trouvée par Platon, et exposée au long dans son *Gorgias*. Mais, longtemps après, quelques scholiastes, violents contradicteurs d'Hermagoras, en firent un usage plus fréquent. Ils affirmaient que la persuasion n'était pas le but particulier de l'orateur, mais qu'elle était commune à presque tous les hommes ; car les mathématiciens persuadent de ce qu'ils ont appris, les médecins des principes de leur art ; les ouvriers, les aubergistes, les artisans, et autres personnes de ce genre, peuvent à force d'art et de raison, convaincre tout le monde sur l'objet de leurs préoccupations. Par conséquent, le but n'est point complètement indiqué, s'il paraît commun à plusieurs, et manque de spécialité : or, la persuasion est dans ce cas, donc elle n'est pas la fin propre de l'orateur. Hermagoras répond victorieusement à cette objection. Le propre de l'orateur, dit-il, est de persuader dans la condition des personnes et des affaires, seulement dans les questions civiles, tandis que les discussions des médecins et des philosophes sont en dehors des affaires civiles, appelées politiques par les Grecs.

CHAPITRE III

Des questions civiles. Différence entre les questions générales et les questions particulières.

Il y a des questions civiles dont la connaissance peut-être saisie par la conception commune de l'esprit, ἔννοια chez les Grecs. Mais pour mieux faire comprendre ce que je me propose d'établir ici, j'ajouterai : toutes les choses dont l'ignorance nous fait rougir, si bien que nous dissimulons de notre mieux, quand nous les ignorons en effet, forment une question civile, lorsqu'elles sont mises en doute, je dis toutes les choses dont l'ignorance nous fait

---

græcis τέλος dicitur. Quod etiam in philosophorum pene omnibus disputationibus quæritur, quis sit finis bene vivendi, virtus, an voluptas ? Idem igitur proprium oratoris officii alius alium probaverunt. Quibusdam enim visum est, summam oratoris officii in benedicendo esse, quibusdam in recte dicendo, quibusdam in persuadendo consistere. Quinetiam illi qui bene aut vere dicere finem oratoris officii putaverunt, non abnuunt tamen horum ipsorum finem esse, persuadere, ut sit finis oratoris officii benedicere, finis bene dicendi persuadere. Ergo quasi consensu omnium finis est ora oris officii, persuadere. Hoc quia in calumniam videbatur posse recedere, non enim semper persuadet orator : nec si aliquando persuadere non possit, facultatem et nomen oratoris amittit ; addidit Hermagoras, quo calumniam effugeret, finem esse oratoris officii, persuadere, quatenus conditio rerum personarumque patitur. Alia subinde ex codem verbo persuadendi calumnia nascitur, inventa sane a Platone, tractata multum in *Gorgia*: sed post ac multo impudentius a quibusdam technicis obtrectantibus Hermagoræ frequentata. Negant quippe proprium esse finem oratoris officii persuadere, sed communem pene cum universis : nam et mathematicos de iis, quæ in arte notitiam ipsorum ceciderunt, persuadere; et medicos de iis, quæ in arte ipsorum contineantur, persuadere : et medios de iis quæ in arte ipsorum contineantur, persuadere, opifices etiam et tabernarios, fabros, et si quis hujusmodi sunt, posse de eo, quod agant, cuivis probabiliter persuadere, quasi ratione faciant: ergo non esse integrum finem, qui solam communitatem habeat, careat persuadere : esse actum persuadendi communem cum multis, et idcirco non esse persuadere proprium finem oratoris officii. Huic quoque calumniæ Hermagoras percommode obsistit. Dicit enim esse oratoris officium, persuadere, quatenus rerum et personarum conditio patitur : dumtaxat in civilibus quæstionibus : nam medicorum et philosophorum et ceterorum hujusmodi quæstiones extra regulam civilem, quam πολιτικήν, Græci vocant, collocantur.

CAPUT III

De civilibus quæstionibus, et differentia generalium et specialium.

Sunt autem civiles quæstiones, quarum perspectio in communem animi conceptionem potest cadere, quam Græci ἔννοιαν vocant. Verum ut facilius intelligas, quæ sit hæc ipsa conditio quam demonstratam esse volumus, omnia quæcumque hujusmodi sunt, ut nescire pudoris sit, et quæ vel ignorantes quasi sciamus, tamen cum simulatione præ nobis ferimus, quotiescumque in dubitationem vocatur, efficiunt

rougir; en effet, si l'on nous interroge sur le poids d'un objet, nous n'aurons pas à rougir, d'ignorer combien de livres il pèse ; si l'on nous demande sa longueur, ce ne sera point une honte pour nous, d'ignorer combien il a de poids ; et ainsi de ses autres qualités qu'il serait trop long d'énumérer. Aussi, toutes les fois que de telles choses sont en doute, bien qu'elles fassent une question, elles ne peuvent constituer une question civile. Mais que l'on demande si tel acte est juste ou injuste, honnête ou déshonnête, louable ou répréhensible, digne de récompense ou de châtiment, utile ou inutile, etc, il n'est personne, en dehors même de tout art et de toute science, qui ne rougisse de paraître ignorer cette distinction. Voilà pourquoi tous sont persuadés et n'hésitent pas à persuader les autres qu'ils peuvent concevoir la distinction du juste et de l'injuste, de l'honnête et du deshonnête, et autres qualités rapportées tout à l'heure : et les doutes qui s'élèvent à leur sujet forment des questions civiles, comme n'étant point particulières à quelques-uns, mais communes à tous. Cela étant, et pouvant, à juste titre, être compris par la commune conception de l'esprit, les questions qui peuvent être saisies par l'intelligence sont appelées civiles. Ce sont celles que l'orateur doit traiter et auxquelles il doit s'arrêter.

Il y a deux espèces principales et comme générales de questions civiles, appelées par les Grecs, l'une thèse, θέσις, et l'autre sous-thèse, ὑπόθεσις. Nous ne pouvons donner à la première, que son nom grec ; et c'est seulement pour sembler avoir essayé de nommer la seconde que nous l'avons appelée controversia, controverse (1), nom qui peut convenir aussi bien à la thèse qu'à la sous-thèse. Dans l'une et l'autre, en effet, se trouve la question, c'est-à-dire , la controverse. La signification de ὑπόθεσις, se voit dans la composition même du mot ; c'est quelque chose qui est ὑπὸ τὴν θέσιν, c'est-à-dire, c'est comme une espèce sous le genre. La thèse est une chose qui admet une explication raisonnée sans définition de personnes. L'hypothèse ou la controverse, pour l'appeler improprement, est une chose qui admet une discussion raisonnée avec définition de personnes. Des exemples feront mieux comprendre. La thèse serait cette question : faut-il naviguer ? faut-il faire de la philosophie ? L'hypothèse serait : faut-il ordonner le combat ? Hermagoras a encore ici une foule de contradicteurs, à la tête desquels Apollodorus qui nie la distinction entre la thèse, l'hypothèse, et la valeur de la distinction des personnes ; malgré tout ce que peut en dire Hermagoras, la question de l'hypothèse ne lui semble pas moins infinie et illimitée que celle de la thèse. En effet, lorsqu'on demande : faut-il sévir, oui ou non, contre Oreste, ce n'est pas la personne mais le fait qui constitue la question, il n'importe en rien si la demande est celle-ci ;

civilem quæstionem. Quod dico hujusmodi est, si de pondere alicujus rei quæratur, si non videamus scire quot librarum sit, non est erubescendum : si de longitudine non videris scire quot pedum sit, non est erubescendum : si de ceteris hujusmodi rebus quas persequi longum est : et ideo quotiescumque in dubitationem venerint, licet faciant quæstionem, tamen civilem facere non possunt. At ubi quæritur, sitne aliquid justum an injustum, honestum an inhonestum, laudandum an reprehendendum, præmio afficiendum an supplicio, utile an inutile, et si qua hujusmodi sunt, nemo non etiam extra omnem artem et scientiam collocatus erubescat, si hæc nescire videatur. Inde est quod omnes persuasum habeant, certe aliis persuadere non dubitant, posse se concipere animo discrimen justi et injusti, honesti et inhonesti, ceterorumque quæ supra diximus : et ideirco quæ dubitationes in hujusmodi rebus oriuntur, civiles vocantur quæstiones, quasi non propriæ paucorum, sed communes universorum. Quæ cum ita sint, meritoque communi conceptione animi perspici possint, quæstiones quæ διὰ τὴν ἔννοιαν deprehendi possunt, civiles vocantur et sunt, in quibus versari et perstare debebit orator. Duo sunt primi et quasi generales civilium modi quæstionum, quorum alter θέσις, alter ὑπόθεσις vocatur à Græcis. Nos priori nomen nisi græcum dare non possumus, ne posteriori quidem, quam quod videamur dedisse, dedimus quippe ; controversiam dicimus, quod nomen tamen in τὴν θέσιν, quam in τὴν ὑπόθεσιν potest cadere : in utroque enim quæstio, hoc est controversia est. Porro τῆς ὑποθέσεως significatio, et declaratur ex ipso composito nomine, et est aliquid quod est ὑπὸ τὴν θέσιν, id est sub illo genere quasi species. Thesis est res quæ admittit rationalem considerationem , sine definitione personæ. Hypothesis est seu controversia, ut improprio nomine utamur, res quæ admittat rationalem contentionem cum definitione personæ : melius autem declarabuntur sub exemplo. Thesis est quæstio hujusmodi, an navigandum, an philosophandum : hypotesis est quæstio hujusmodi, an decernendum duelli prælium. Nec desunt qui hinc etiam Hermagoram criminentur : et Apollodorus in primis, qui negat quidquam aliud esse hypothesim, quam thesim, et nullius momenti esse discrimen personarum, quamquam utrumque hoc genus quæstionis Hermagoras distinxisse videatur : non minus enim infinitam et interminatam esse hypotheseos quam theseos quæstionem. Nam cum quæratur, sit necne animadvertendum

(1) Cicéron traduit θέσις par *propositum* ou *consultatio*, et ὑπόθεσις par *causa* ou *controversia*.

(a) Cicero thesin propositum aut consultationem vocat : hypothesin caussam aut controversiam.

faut-il sévir, oui ou non, contre un parricide, etc. Et ainsi, il n'y aurait aucune différence entre l'hypothèse et la thèse. Pour nous, nous dirons d'abord : la quantité des personnes apporte une différence dans les questions ; et dans les hypothèses elles-mêmes, c'est-à-dire dans les controverses : il arrive souvent que des actes semblent devoir être punis ou impunis, honorés ou rester sans honneur, non pas tant à cause de la qualité des choses que de celles des personnes. Ensuite, nous voyons entre les deux espèces de questions, cette différence que dans la thèse, on examine la nature de l'affaire, tandis que dans l'hypothèse, on la discute. Autant donc l'examen diffère de la discussion, autant la thèse diffère de l'hypothèse. De plus, dans la thèse, on cherche ce que tout le monde doit faire ; dans l'hypothèse, ce que l'un ou l'autre, ou bien quelques hommes, mais toujours un nombre limité, doivent faire. Il y a même encore cette différence ; dans la thèse, nous cherchons ce qu'il y a de mieux à faire, comme ne le sachant pas ; dans l'hypothèse, nous le défendons, comme le connaissant déjà. Puis, toute thèse a trait à des choses futures, l'hypothèse, rarement ; je dirai même qu'elle ne forme question que de ce qui est passé ou se fait actuellement. personne, en effet, ne peut être coupable sans un acte commis ou supposé tel, ni demander une récompense ou quelque chose de semblable, s'il ne l'a déjà méritée ou censé méritée. On objecte ici ceux qui sont coupables de tyrannie, de trahison ou d'empoisonnement, crimes qu'un but quelconque a fait commettre, et autres imaginations de ce genre. L'objection pèche dans la manière d'incriminer ; car dans le traître, la question ne porte pas sur l'avenir, c'est-à-dire sur la trahison ; mais on cherche s'il a formé le dessein de trahir, ce qui est bien réellement antérieur : de même pour le tyran, s'il a conçu le dessein de tyranniser ; de même pour le parricide et l'empoisonneur, s'ils ont voulu commettre ces crimes. Ainsi donc la question, dans l'hypothèse, a toujours trait au passé ou au présent ; dans la thèse, au contraire, à l'avenir seulement. Par conséquent, la différence est assez marquée par ces traits.

CHAPITRE IV

Quelles circonstances composent la controverse.

Puisque nous avons suffisamment établi la différence entre les questions générales et particulières, et distingué la thèse de l'hypothèse, par la différence du nom et de la chose, il me semble logique de dire maintenant ce qui forme l'hypothèse, c'est-à-dire la controverse. C'est donc la circonstance des choses, appelée par Hermagoras περίστασις, sans laquelle il ne peut y avoir de cause. Mais qu'est-ce que la circonstance περίστασις ? Il est plus facile de le comprendre par la classification de ses parties que par sa définition. Il y a sept parties dans la

---

in Orestem, non personam esse, quæ faciat quæstionem, sed factum; et nihil interesse an ita quæratur, sit necne animadvertendum in matricidam : quod si ita est, nihil inter hypothesin, thesinque distaret. Ad hæc nostri, primo omnium qualitatem personarum quæstionibus differentiam afferre, ipsisque etiam hypothesibus, id est controversiis sæpe evenire, ut punita et impunita, honorata et inhonorata, quædam relinquenda videantur, non tam ex rerum qualitate, quam qualitate personæ. Deinde etiam illo distare hæc duo genera quæstionum, quod in thesi perspectio sit alicujus rei qualis sit, in hypothesi contentio, et quantum interest inter perspectionem et contentionem, tantum inter thesin et hypothesin esse discriminis. Deinde in thesi quæri, quid omnes oporteat facere, in hypothesi quid unum aut alterum aut paulo plures, certe definitum hominum modum. Et etiam illa differentia accidit, quod in thesi, quasi ignorantes quærimus quid sit optimum factu : in hypothesi, quasi scientes defendimus, tum quod omnis thesis de futuro est ; hypothesis raro: quin immo numquam nisi de præterito, et eo quod jam agatur, facit quæstionem ; nemo enim neque reus fieri potest, nisi fecerit aut fecisse dicatur, neque præmium aut aliquid hujusmodi petere, nisi jam meritus sit, aut meritum esse se contendat. Huic loco opponunt tyrannidis et proditionis reos, et veneficii imperati, et si qua in eumdem modum excogitari possunt in quo studio criminandi falluntur. Nam et in eo quod proditionis reus est, non de futura re quæritur, id est de ipsa proditione, sed de eo an susceperit consilium proditionis, quod utique præcessit ; et de tyrannide æque, an cogitarit tyrannidem, et de parricidio num perpetrato, et de veneficio. Ergo semper aut de præterito, aut de præsenti in hypothesi nascitur quæstio; in thesi contra numquam nisi de futuro : quæ si ita sunt, satis utriusque declarata est diversitas.

CAPUT IV

Quæ sint circonstantiæ controversiam facientes.

Nunc quoniam quidem de differentia generalium, et specialium quæstionum satis dictum est, separataque thesi ab hypothesi, ut perinde distaret re ac nomine, consequens esse videtur dicere, quid sit quod hypothesin, id est controversiam efficiat. Est igitur circumstantia rerum quæ περίστασιν Hermagoras vocat, sine qua ulla omnino controversia non potest esse. Quid sit autem περίστασις, facilius partitione quam definitione ejus deprehendi potest. Sunt igitur partes circumstantiæ id est περιστάσεως, septem, quas Hermagoras μόρια περιστάσεως vocat, Theodorus στοιχεῖα πραγμάτων, id est elementa : quod ex eorum conjunctione quæstiones fiant, perinde atque ex conjunctione litterarum, nomina et verba fieri videmus. Sed sive στοιχεῖα sive μόρια rectius dicantur, nos omissa controversia nominis, quæ sint ipsa dicamus. Sunt igitur hæc, quis, quid, quando, ubi, cur,

circonstance. Hermagoras les nomme divisions de la circonstance, μόρια περιστάσεως, et Théodore, éléments des affaires, στοιχεῖα πραγμάτων, parce que de leur réunion se forment les questions, comme nous voyons les noms et les mots se former de l'assemblage des lettres. Qu'on ait raison de les appeler divisions ou éléments, peu importe; laissons de côté toute dispute de mots et disons ce qu'elles sont. Les voici donc : quis, qui, quid, quoi, quando, quand, ubi, où, cur, pourquoi, quemadmodum, comment, quibus adminiculis, par quels moyens. Les Grecs les appellent les principes des circonstances, περιστάσεως ἀφορμάς. Leur réunion totale ou l'assemblage de quelques-unes fait par le raisonnement ou par la loi, forme une question. Mais exprimons ici les propriétés de chacune. 1° Quis signifie la personne; elle peut se considérer sous deux points de vue, le nom et la qualité. Le nom; ainsi, qui est-ce? Camille, Caius Marius, L. Sylla? La qualité; qui est-ce? un riche, un pauvre, un chef? L'examen est limité dans les noms, et illimité dans les qualités des personnes : le nom seul, en effet, tombe seulement sous l'appellation, tandis que la fortune, l'âge, la condition, la manière d'agir et autres propriétés innombrables sont du domaine de la qualité. 2° Quid signifie la chose qui a été ou est, ou sera faite, dite ou pensée par quelqu'un; chose bonne ou mauvaise, honnête ou deshonnête, juste ou injuste, utile ou inutile, nécessaire ou de peu d'importance, grande ou petite, habituelle ou nouvelle. 3° Quando signifie le temps; la nuit ou le jour, un jour sacré ou un jour ordinaire; et les accidents qui parfois donnent au temps une qualité, comme en temps de guerre ou de paix, pendant une sédition ou durant l'harmonie des citoyens, en liberté ou en dépendance, tout ce qui peut ainsi modifier le temps. 4° Ubi représente le lieu; comme dans la ville ou hors de la ville, dans un lieu sacré ou dans un lieu profane, sur terre ou sur mer. 5° Cur signifie la cause de l'acte, de la parole ou de la pensée : à mon avis, c'est une circonstance très-nécessaire pour former la question. 6° Quemadmodum signifie la manière, comment l'acte s'est fait, se fera ou se fait; secrètement, ouvertement, par violence ou par ruse, etc. 7° Les principes, ἀφόρμαι, que nous appelons moyens, représentent les objets au moyen desquels le fait est dit s'être passé; une épée, un filet, du poison, des lettres, un messager, des ordres, un esclave, un complice, un sicaire. Le concours raisonné de toutes ces circonstances ou de quelques-unes, comme je l'ai dit plus haut, forme donc une question civile.

CHAPITRE V

Les questions rationnelles ont lieu de quatre manières.

Hermagoras appelle les questions rationnelles questions logiques, λογικάς, ce nom est, à mon avis, plus juste que celui de verbales. Les hommes de l'art le leur ont conservé logiques, tirant cette appellation, non pas de parole, mais de raison, car le mot λόγος signifie tantôt parole et tantôt raison. Or

---

quemadmodum, quibus adminiculis, quas Græci ὑποστάσεως ἀφορμὰς vocant. Horum autem omnium, aut rationalis plurimorum congregatio constat quæstionem, aut legalis. Sed nimirum singulorum proprietas experimenta est. Quis, significantiam habet personæ quæ spectatur duobus modis, ex nomine et qualitate. Ex nomine, hoc modo : Quis? Camillus, C. Marius. L. Sylla. Ex qualitate : Quis? dives, pauper, imperator. Est autem definita in nominibus, infinita in qualitatibus personarum perspectio, quando in appellationem nihil præter nomen cadit; in qualitatem et fortuna, et ætas, et conditio, et disciplina, et cetera quæ sunt infinita numero. Quid, significantiam habet rei quæ facta ab aliquo, vel dicta, vel cogitata, fieri, dici, cogitari, futurum esse, dictum, cogitatum iri videatur, bona vel mala, honesta vel inhonesta, justa vel injusta, utilis vel contra, necessaria vel parva, magna vel parum usitata vel nova. Quando, temporis significationem habet, velut interdiu an noctu, sacro an in irreligioso die : etiam ex accidentibus, quæ interdum dant tempori suam qualitatem, velut in belli an pacis tempore, in seditione an in concordia, in libertate an in dominatione, et si qua in eumdem modum cadere possunt. Ubi, loci significationem habet, veluti in civitate an extra, in sacro loco an in profano, in mari an in terra. Cur, significat caussam faciendi, vel dicendi, vel cogitandi, res (ut mea fert opinio) ad constituendam quæstionem in primis necessaria. Quemadmodum, significationem habet ex facti, vel quod fiat, futurumve sit demonstrationem, veluti clam, palam, per vim, per dolum, et si qua sunt similia, in eumdem modum cadunt. Ἀφορμαί, quas nos adminicula dicimus, demonstrationem habeat earum rerum per quas factum esse aliquid dicatur, ut est laqueus, gladius, venenum, litteræ, internuntius, mandata, servus, conscius, sicarius. Horum articulorum, ut supra dixi, aut omnium aut plurimorum rationales incursus facient civilem quæstionem.

CAPUT V

Quæstiones rationales fiunt quatuor modis.

Rationales quæstiones quas Hermagoras, λογικὰς vocat, melius enim puto sic eas cognominari quam verbales : quia λογικαὶ non ex verbi, sed rationis significationis appellatæ sunt a technicis, cum alioquin, λόγος, interdum verbum significet, interdum rationem. Igitur rationales, sive λογικαὶ quæstiones, fiunt modis quatuor. Hoc enim in illis quæritur, an sit, quid sit, quale sit, an induci in judicium debeat. Ubi quæritur an sit, genus id quæstionis Hermagoras στοχασμὸν vocat : nos

les questions rationnelles ou logiques se forment de quatre manières. On demande, y a-t-il une chose ? Quelle est sa propriété ? Quelle est sa qualité ? Doit-elle être portée en jugement ? La question ; y a-t-il une chose ? est appelée σοκασμὸν, par Hermagoras ; nous pouvons la nommer conjecture. Théodore lui donna le nom de question de l'existence ; car on ne peut voir une chose qui n'a pas d'existence, et un fait ne peut se produire sans avoir l'existence. Quelques-uns ont appelé cette question du mot qui sert à la faire ; an sit. La seconde question rationnelle est celle qu'Hermagoras appelle la fin : Théodore, question de la propriété ; d'autres, quid sit ; quelques-uns, question de l'un et de l'autre. Tous sont d'accord à nommer la troisième question, de la qualité. Quant à la quatrième, ainsi conçue ; doit-elle être portée en jugement ? il y a grande controverse. Le plus grand nombre nient que ce soit une question. Mais ici, l'autorité d'Hermagoras est supérieure aux opinions des autres. Il pense donc que c'est une question et une question principale, très-usitée au barreau ; et que dans les autres situations, il faut l'employer dès le début de la discussion, si la nature de la cause le comporte. Rien, en effet, n'est plus dans l'intérêt de la cause de ceux contre qui on poursuit un jugement, que d'éviter ce jugement. Cette intention même d'éviter le jugement a déjà quelque apparence de jugement. Car si un homme pouvait éviter une cause, chaque fois qu'il le voudrait, il n'y aurait plus de question. Mais comme il y a toujours opposition de la part de quelque autre, cette divergence qui fait que l'un appelle le jugement, tandis que l'autre le refuse, donne lieu à ce genre de débat qu'Hermagoras désigne sous le nom de ἀσύστατον. Parmi nous, quelques-uns l'ont nommé réfutation ; d'autres plus nombreux, rejet d'accusation ; et, en cela, tous ont quelque bonne raison. On peut l'appeler réfutation, parce que lorsqu'elle est produite en justice, la cause est réfutée, et, pour ainsi dire, retirée. On l'a nommé rejet d'accusation, parce que le coupable, sans rejeter entièrement le débat s'en défend pour le moment, et veut le rapporter à un autre jugement ou passé ou futur.

CHAPITRE VI

Des quatre questions légales.

Il y a quatre autres questions nommées νομικαὶ par ceux qui les ont trouvées, et que nous appelons légales. Ce sont ; l'écriture et la volonté ῥητόν καὶ διάνοια, l'antinomie, ἀντινομρια que nous appelons la discordance des lois : l'ambiguïté ἀμφιβολία, et la récapitulation συλλόγη. Nous en parlerons plus au long tout à l'heure, de manière à donner la signification de chacune, et à ajouter l'espèce aux genres. En attendant, il nous faut, je crois, dire par quels liens, par quels nœuds, la question s'enchaîne et arrive à former un tout parfait

---

conjecturam possumus dicere. Item Theodorus περὶ τῆς οὐσίας, id est de substantia. Nihil enim factum videri potest, quod non habuerit substantiam, neque futurum, quod non habiturum sit substantiam. Quidam hoc genus quæstionis ex eo, quod per id quæritur, an sit vocaverunt. Altera rationalis est quæstio, quam Hermagoras finem vocat, Theodorus περὶ τῆς ἰδιότητος, id est de proprietate : quidam, quid sit, nonnulli, de eodem et altero, περὶ τοῦ αὐτοῦ καὶ ἑτέρου. Tertiam rationalem quæstionem uno nomine omnes qualitatem vocant. De quarta, magna contentio est, quam supra de inducendo judicio diximus. Plerique enim negant, esse eam, quando id agant, ne res possit venire in quæstionibus. Sed inter omnes Hermagoræ præcellit auctoritas, qui et questionem putat, et in primis necessariam, et agitari in foro multum, et adhibendam etiam in ceteris statutis primo statim congressu, si caussæ conditio patiatur. Nihil enim statuto tam interesse eorum quibus judicium intenditur, quam declinare judicium. Porro ipsam declinationem judicii habere nonnullam judicii speciem. Nam si ita res ageretur, ut quoties reus nollet aliquis caussam judici, esset hoc in ipsius potestate, nulla erat quæstio. Nunc autem cum semper exsistant, qui impediant, ipsa illa contentio, qua alter in judicium vocat, alter recusa judicium, facit quæstionem, quod controversiæ genus Hermagoras ἀσύστατον appellat, nostrorum pauci reprehensionem, plerique translationem vocaverunt, utrique sane rationem secuti. Qui reprehensionem dixerunt, eo scilicet, quod cum maxime inducatur in judicium, caussa reprehenditur, et quasi retrahitur : qui translationem, quod reus non omnino excludat actionem, sed in præsentem conditionem actionis excuset, in aliud genus judicii transferat, vel habitum jam, vel futurum.

CAPUT VI

De quatuor quæstionibus legalibus.

Sunt item aliæ quæstiones quatuor, quas inventores νομικὰς, nos legales appellamus νομικὰ sunt scriptum et voluntas, quod illi ῥητόν καὶ διάνοιαν appellant : ἀντινομία, quam nos contentionem legum contrariarum vocamus : ambiguitas, quam illi ἀμφιβολίαν, collectio, quam illi συλλογήν vocant. Verum hæc paulo post diligentius tractabimus, ita ut significantia cujusque evidentius exprimatur, et species generibus addatur. Interim mihi videtur esse dicendum, quibus omnis quæstio articulis, et qualibus modis subinde adstricta, ad perfectam speciem sui veniat.

CAPUT VII

Quibus quæstio articulis nectatur.

Est aliquod dictum quod græci φάσιν nominant id,

CHAPITRE VII

Par quels nœuds s'enchaîne une question.

Il y a un mot que les Grecs appellent φάσις, proposition. Il se présente de deux manières : ἀπόφασις, négation, et κατάφασις, affirmation. Nous pouvons définir celle-ci : l'accusation intentée par la parole, ou la parole qui accuse un criminel ; ainsi : tu as frappé, tu as trahi, tu as tué. La négative ἀπόφασις, nous l'appellerons la négation du crime qu'impute le mot accusateur ; par exemple : Je n'ai pas frappé, je n'ai pas trahi, je n'ai pas tué. De ces deux choses, la demande et la réponse ou l'accusation et la négation, naît une question intermédiaire ; l'accusation est : tu as tué ; la négation : je n'ai pas tué ; la question sera : a-t-il tué ? Mais sortons des conjectures. Voici l'accusation : tu as tué injustement ; puis la négation : je n'ai pas tué injustement ; enfin la question : a-t-il tué injustement ? Sur chaque point légal on dira : L'accusation est : la loi ne te permettait pas de faire cela ; la négation : la loi me permettait de le faire ; la question : la loi permettait-elle de le faire ? Cette dernière forme, quelques-uns, nous l'avons dit, l'ont nommée la question ; quelques autres, l'état, parce qu'il s'y trouve le commencement et la fin de la question. Elle s'y trouve en effet tout d'abord d'une manière éloignée, lorsqu'on dit d'un côté qu'un fait s'est passé, et de l'autre qu'il ne s'est point passé ; point de lutte encore, mais comme la matière à une lutte à venir. Puis, lorsqu'on a considéré de plus près et qu'on en est venu aux mains, la question intermédiaire : y a-t-il fait, oui ou non ? intervient au milieu de l'altercation et de la lutte mutuelles. Tout se résume en elle, et ce qui précède est oublié. D'où le nom d'état imposé à cette question. Théodore l'appelle question capitale, κεφάλαιον, tirant cette appellation de la principale partie du corps humain. En effet, résumant en elle les deux allégations contradictoires, elle devient comme la tête de tout le débat. C'est ici qu'importe ou même qu'il est tout à fait nécessaire de démontrer ce que c'est que la cause, le point fondamental de la question, et le sujet en litige, appelés par Hermagoras αἴτιον, συνέχον, et τὸ κρινόμενον. La cause est donc le fait sans l'antériorité duquel le débat ne peut exister. Ainsi, un fils est renié par son père. Il n'y a pas de débat, puisqu'aucune cause antérieure ne se présente pour motiver cet acte du père. Mais ajoutons une cause, et le débat a lieu aussitôt. Le fils a juré de ne pas se marier, et il est renié ; voilà la cause, c'est-à-dire ce qui l'a fait méconnaître. Le point fondamental est le motif qu'on semble apporter pour repousser la cause. Par exemple : Un général a tué un soldat qui avait juré de déserter, et il est accusé de meurtre. La cause du jugement, c'est qu'un général a tué un soldat, car il ne serait pas accusé s'il ne l'avait pas tué. Le point fondamental de la question, c'est ce qui l'a déterminé au meurtre, c'est-à-dire le serment qu'avait fait le soldat de déserter. Hermagoras appelle cela tantôt συνέχον, parce qu'il contient toute la défense de l'accusation, tantôt αἴτιον αἰτίου,

---

scinditur in duas partes : et est ejus alterum ἀπόφασις, et alterum κατάφασις, intentionem verbo factam possumus dicere, id est verbum quo crimen intenditur, veluti, pulsasti, prodidisti, occidisti. Quod autem illi ἀπόφασιν, nos abnuentiam criminis ejus, quod verbum accusator intenderit, veluti, non pulsavi, non prodidi, non occidi. Ex his duobus dicto et responso, vel 'niento et negato, media nascitur quæstio, hoc modo. Intentio est, occidisti : negatio, non occidi : quæstio, an occiderit. Sed ut jam a conjecturali modo recedamus : intentio est, injuria occidisti : negatio, non injuria occidi : quæstio, an injuria occiderit. Vel in aliquo legali statu ; intentio est, non licebat tibi hoc facere per legem : negatio est, licebat mihi facere per legem : quæstio est, licueritne hoc facere per legem. Hanc quidam, ut nos usque adhuc diximus, quæstionem vocaverunt, quidam statum nominaverunt, ab eo videlicet quod in ea, et exordium quæstionis, et summa consisteret. Primo enim quasi eminus, cum hinc dicatur factum esse, inde non esse factum, nulla pugna est, sed futuræ pugnæ meditatio. Deinde cum propius accessum est, et quasi ad manus ventum, altercationi et contentioni mutuæ mediæ quæstio intervenit, sit necne factum : in ea uterque consistit, omisso quod ante dicebat. Unde ei quæstioni status nomen impositum est. Hoc eidem Theodorus κεφάλαιον appellat, translatione usus, videlicet a principali parte corporis : quod in hoc etiam complexu duorum, quæ utrimque dicta sunt, quasi caput quoddam totius controversiæ efficitur. Consequens huic locus est, aut perinde, aut magis etiam necessarius, quo demonstratur qui caussa, quid continens, quid de quo contenditur. Caussam Hermagoras αἴτιον vocat ; συνέχον continens ; de quo contenditur τὸ κρινόμενον. Est ergo caussa, quæ nisi præcesserit, controversia fieri non potest. Quod dico tale est : Abdicatur a patre filius, controversia idcirco non est, quia nulla, cur, abdicaretur a patre, caussa præcessit. Denique addamus caussam, et statim controversia effecta est. Juravit se non ducturum uxorem, abdicatur. Quod juravit, αἴτιον factum est, id est caussa cur abdicationem mereretur. Συνέχον vel continens est, quod ad refutandam αἴτιον, id est ad refellendam caussam videtur afferri, ut est in hac materia : Militem qui juraverat se desertorum, imperator occidit, et reus fit cædis : hic enim αἴτιον, id est caussa judicii est, quod occidit : neque enim fieret reus, nisi occi-

la cause de la cause. En effet, comme la cause de l'inculpation est que tel général a tué un soldat, de même la cause du meurtre, c'est que le soldat avait juré de déserter. Sachant ce que c'est que la cause et le point fondamental de la question, passons maintenant au sujet en litige. Or, ce n'est pas autre chose que l'examen du motif de la cause. Voyons notre exemple, car il faut poursuivre la même discussion, afin que nos expositions soient plus lucides. La cause, c'est : tel général a tué un soldat ; le point fondamental, est le fait sur lequel s'appuie l'inculpé, c'est-à-dire le motif qui l'a déterminé à tuer ce soldat, parce qu'il avait juré de déserter. Le sujet en litige sera l'examen du motif qu'apporte l'inculpé pour sa défense. On y recherche si le général n'a pas eu d'autre raison pour tuer le soldat, et on avance que le meurtre n'est pas la suite du serment du soldat, mais qu'il a été amené par un motif d'inimitié ou de jalousie. On pourra même traiter ce point de la sorte : Lors même que le soldat aurait fait ce serment, était-ce une raison suffisante pour justifier sa mort ? Et tout ce développement du motif, qui se rapporte à la cause, s'appelle le sujet en litige.

Il arrive cependant quelquefois que, dans une même affaire, la cause, le point fondamental et le sujet en litige sont traités non-seulement une fois, mais à plusieurs reprises, et qu'ils sont remis en examen. Comme dans ces débats : Ulysse a enfreint les lois nationales en mettant à mort les prétendants, voilà la cause du jugement. Le point fondamental est : Il a mis a mort des hommes qui pillaient ses biens et tendaient des embûches à l'honneur de sa femme. Le sujet en litige sera : Bien que ces raisons soient antérieures, ne peut-on en alléguer une autre ? Ou bien : Ils avaient mérité un châtiment, il est vrai ; mais devait-il les mettre à mort sans les entendre ? Puis, à ce sujet en litige, Ulysse donne un nouveau motif fondamental, en disant qu'il les a tués sur l'ordre de Minerve. Cet autre motif appelle un autre sujet en litige où l'on demande : S'il a commis ce meurtre sur l'ordre de Minerve ; et si, dans cette affaire, il aurait dû obéir à la déesse ?

Donc, la cause, αἴτιον, est le propre de l'accusateur, le point fondamental de la question, συνέχον, celui du défenseur, et l'affaire en litige, τὸκρινόμενον, est commun à tous deux.

CHAPITRE VIII

Différents genres de débuts.

Je crois devoir dire tout de suite comment et de combien de manières un débat judiciaire devient caduc ἀσύστατον, bien que cependant ce qui n'a pas de consistance ne doive pas s'appeler controverses, mais plutôt choses frivoles, πλέγματα, ou ἄλογα. Or les débats deviennent caducs de quatre manières : d'abord, lorsqu'il manque une circonstance (chose fort importante, comme nous l'avons vu), c'est-à-dire lorsqu'il manque aux questions ou la cause ou

---

disset : συνέχον, id est continens, est id propter quod occidisse dixit, jusjurandum scilicet militis, quod se desertorum juraverat. Hoc interdum συνέχον Hermogoras, id est continens appellat, ab eo quod omnis rei defensio ab eo contineatur, interdum αἴτιον αἴτιον vocat, quasi caussam caussæ : nam quemadmodum reatus caussa est, quod militem occidit, ita occidendi caussa, quod miles desertorum se esse juravit. Nunc quoniam scimus quid sit caussa, quid continens, videamus etiam quid sit de quo contenditur, id est quid sit τὸ κρινόμενον. Est autem nihil aliud quam exploratio contintis, τοῦ συνέχοντος. Quod dico tale est (etenim in controversia perseverandum puto, quo sint lucidiora quæ tradimus) αἴτιον est quod occidit militem imperator : συνέχον est, quo reus nititur, id est ratio propter quam se occidisse dicit est autem quod miles juravit se desertorum : κρινόμενον est, examinatio hujus ipsius, quod ad defensionem reus adtulit. In quo illa quæritur, num alia caussa imperatori fuerit, cur occiderit militem : et hoc prætexitur ; ut videatur ; non quia juraverit, occisus, sed quaqua vel simultatis vel invidiæ caussa. poterit etiam hoc modo articulus iste tractari, an etiamsi juraverit, parum tamen hæc justa caussa fuerit. cur debuerit occidi : et tota perfectio totius συνέχοντος, quod ad αἴτιον affertur, κρινόμενον, vocatur. Evenit tamen nonnumquam, ut in una controversia non simul αἴτιον et συνέχον et κρινόμενον, sed sæpius ipsa omnia per vices revoluta tractentur ; ut in hac controversia. Reus is Ulysses lege reipublicæ, quod proces occiderit. Hic enim αἴτιον est, quod occiderit : συνέχον, quod eos qui bona sua depopulabantur, et pudicitiæ uxoris insidiabantur, occidit κρινόμενον, est, numquid tametsi hæc res præcesserit, alia tamen caussa, quam prætexit, occiderit : vel numquid ne pessime quidem de se meritos, indemnatos debuerit occidere ? Deinde ad hoc κρινόμενον, aliud συνέχον affert Ulysses, quo dicat se jussu Minervæ interemisse. Deinde ad hoc ipsum συνέχον sit κρινόμενον, quo quæritur utrumnam propter jussum Minervæ occiderit, et in tali re ne Minervæ quidem obtemperare debuerit : est autem αἴτιον proprius accusatoris locus συνέχον defensoris, κρινόμενον utriusque commune.

CAPUT VIII
Modi controversiarum.

Subinde dicendum puto, quemadmodum et quot modis controversia ἀσύστατος fiat. Tametsi ne dici quidem controversias oportet, quæ statum non habent, sed πλέγματα irrationabilia, id est ἄλογα. Fiunt autem ἀσύστατα modis quatuor : unum cum aliquid deest ex circumstantia : quæ autem vis sit circumstantiæ, et

la personne ou le lieu ou quelque autre chose dont nous avons dit que se compose une circonstance. Ce genre de défaut dans un procès ne saurait rentrer dans la matière de la rhétorique, puisqu'il ne peut y avoir de thèse sans une circonstance. Quelquefois cependant, il arrive fort bien qu'il manque quelque chose et que la cause soit déjà compromise par l'imprudence de l'avocat, quand elle vient devant le juge. Il y a une autre espèce de nullité qu'on appelle d'égalité, κατ'ἰσότητα; si nous ne pouvons lui donner un nom en notre langue, il faut cependant en comprendre la force. Car, bien que les deux parties disent la même chose, et qu'il n'y ait pas même la plus petite différence dans leurs raisons, cependant un pareil ensemble avec la parité des raisons, implique un état de question. Ainsi : deux jeunes gens qui, voisins l'un de l'autre, et ayant chacun une femme d'une beauté remarquable, se rencontrent au milieu de la nuit, et s'accusent mutuellement d'adultère. La raison qu'apporte l'un est nécessairement apportée par l'autre. Voici comment : Il est vraisemblable que vous vouliez commettre un adultère, parce que vous êtes jeune. — Il est vraisemblable que vous aussi vous aviez ce dessein, car vous êtes jeune. — Cela est vraisemblable, car j'ai une épouse parfaitement belle. — Cela me paraît aussi vraisemblable, car mon épouse est aussi parfaitement belle. — La proximité vous a fourni l'occasion. — Vous aussi, la même proximité vous a donné l'occasion. — Pourquoi vous rencontré-je la nuit ? — Pourquoi vous aussi, vous trouvez-vous la nuit devant moi ? — Il n'y a pas de différence. Si l'un des deux accuse l'autre, il s'inculpe lui-même ; s'il se disculpe, il défend son adversaire qu'il voulait incriminer.

Il y a une troisième espèce de nullité que les Grecs nomment καθ'ἑτερομερίαν, c'est-à-dire selon la partie adverse. C'est lorsque l'inculpé n'a point le moyen de défense, et qu'on ne trouve pas de prétexte dans le fait, ou bien que le prétexte est peu probable. Ce qui faisait dire ordinairement à mon précepteur Démocrate que ces sortes de débats où l'on cherche si longtemps une distinction quelconque n'ont pas d'état. Mais il disait plus souvent : si l'on donne pour la défense quelque prétexte même peu probable, nous l'admettons : mais la cause est-elle évidemment avouée, nous le rejetons comme il est juste dès lors. Quelquefois, surtout dans les causes vraies, il arrive une foule de questions qui sont d'un grand secours pour l'accusateur et de nul avantage pour l'accusé. Nous ne les appelons pas débats, mais lieux communs. Car il n'y a en eux aucune preuve du crime, mais un certain relief qui rend le délit comme saillant et évident.

Il y a une quatrième espèce de nullité, tellement ténébreuse que souvent elle surprend les hommes même les plus instruits : car elle a une certaine apparence de probabilité et de consistance. Telle est une cause dans laquelle le juge ne peut examiner la raison de la sentence qu'il doit porter. Les Grecs

---

supra diximus, id est cum quæstionibus, aut caussa, aut persona, aut locus, aut aliquid eorum deest, quibus effici circumstantiam diximus. Hoc autem genus asystati in scholasticam materiam non potest cadere, idcirco quia esse non poterit ullum thema deficiente circumstantia. In veritate tamen nonnumquam evenit, ut aliquid horum desit, et per imprudentiam actoris profligata caussa veniatur ad judicem. Alter est modus asystati, quem κατὰ ἰσότητα appellant. Nos tamen si nomen latinum dare non possumus, tamen vim intelligere debemus : nam cum eadem utrimque dicuntur, et nulla re, ne parva quidem, discernuntur, tamen hujusmodi πλέγμα, propter æqualitatem utriusque partis, statum implicat. Ut vicini adolescentuli, qui speciosas uxores habeant, noctu alter alterum obvium habuerant, accusant invicem adulterii : nam quidquid altera pars dixerit, hoc altera dicat necesse est. Veri simile est te adulterium voluisse committere, quia adolescens es. Te quoque veri simile est voluisse, quia adolescens es. Veri simile est, quia speciosam uxorem habeo. Te quoque veri simile est, quia et ego speciosam habeo. Facultatem tibi vicinitas præbuit, et tibi eadem vicinitas præbuit facultatem. Cur nocte in me ? cur tu autem in me incidisti ? Nihil est quod distinguatur ; et idcirco uter eorum sive accusat alterum, se criminatur, sive se purgat, defendit eum, quem criminari videtur. Tertium est, asystati genus quod Græci καθ' ἑτερομερίαν appellant, id est secundum alteram partem, cum reo nulla defensio est, et aut color in facto non invenitur, aut parum probabilis color invenitur. Unde etiam Democrates præceptor meus solitus erat dicere, eas etiam controversias, in quibus color diu quæritur, statum non habere. Verum ille constantius, nos si afferatur aliquid ad defensionem vel mediocriter probabile admittimus. Sed si evidenter confessa caussa est ut oportet secundum heteromeriam explodemus. Nonnumquam incidunt quæstiones, maxime in veritate, quæ summam accusatori, nullam reo largiuntur facultatem : eas non controversias, sed communes locos dicimus quippe est in his non probatio criminis, sed ut in expressum atque evidens facinus expressio. Quartus est modus asystati vel caliginosissimus, adeo ut nonnumquam doctis etiam hominibus soleat obrepere. Habet enim nonnullam speciem probabilis consistentisque materiæ. Ea est hujusmodi, in qua judex ferendæ sententiæ rationem explorare non potest : hoc Græci ἄπορον vocant. Sed subjiciamus exemplum : Potebat ab alio usuram quasi pecuniæ creditæ ille accepisse se pecuniam confitebatur, sed depositam, et idcirco velle se restituere sortem sine usura. Pendente interea judicio, lex de novis tabulis lata est : repetit ille quasi depositam hic retinet quasi creditam. Non

la nomment ἄπορον embarrassante. Donnons un exemple : Quelqu'un réclamait d'un autre les intérêts d'une somme qu'il lui avait prêtée. Celui-ci avouait qu'il avait reçu cette somme, mais comme en dépôt ; que, par conséquent, il voulait bien la rendre, mais sans intérêts. Le procès était pendant, quand arriva la promulgation de la loi sur l'abolition des dettes. Notre prêteur demande la somme comme un dépôt qu'il avait confié ; l'autre, au contraire, la garde comme une dette contractée par emprunt. Je ne vois pas ici sur quoi peut s'appuyer le juge, pour porter la sentence, puisque le demandeur dit tantôt qu'il a prêté la somme, tantôt qu'il l'a confiée, et que, de son côté, le défendeur affirmait tout à l'heure qu'il l'avait reçue en dépôt, et maintenant qu'il l'a reçue en prêt, ni l'un ni l'autre ne s'en tient à son premier moyen de défense ; mais chacun use du moyen précédent de son adversaire.

CHAPITRE IX

Formes des débats.

Il rentre, je crois, quelque peu dans notre sujet de connaître les formes des débats, comment ils diffèrent entre eux, afin de mieux montrer comment nous traitons chacun en particulier. Il y a donc quatre sortes de thèses ou de genres de débats : 1° Celui que nous pouvons nommer de bonne renommée, εὔδοξον ; 2° celui que nous pouvons appeler de renommée à la fois bonne et mauvaise, ἀμφίδοξον ; 3° celui que nous appellerons de mauvaise renommée παράδοξον, bien que quelques personnes parlant assez mal le grec, prennent ce mot pour ce qui est de bonne renommée : d'où est venu le mot de paradoxes, ordinairement donné aux vainqueurs olympiques et à ceux d'autres jeux sacrés. C'est un fruit de l'habitude plutôt que de la raison : car le mot παράδοξον vient, je crois de παρά, et de δόξα, c'est-à-dire contre la bonne renommée. Enfin, bien que nous préférions approuver les autres significations de ce mot, toutefois, les praticiens, les mathématiciens, aussi bien que les philosophes ayant inventé une foule de mots, nous devons ici nous laisser guider moins par l'habitude que par la nature du précepte. 4° Les Grecs ont nommé ἄδοξον, la quatrième forme de débat. Nous, nous l'appelons, non pas de son nom vulgaire, de mauvaise renommée, mais bien, de nulle renommée, c'est-à-dire vile et méprisable. Des exemples feront clairement ressortir ces différences. 1° Le débat de bonne renommée est celui dans lequel la personne et l'affaire sont honorables. Soit : Scipion ayant défait les Carthaginois demande pour récompense d'assister aux jeux, couronné de lauriers. Ici, la personne de Scipion est honorable, et ce qu'il demande n'est pas honteux. 2° Le débat de renommée à la fois bonne et mauvaise est celui dans lequel la honte de la chose entache l'honneur de la personne ; comme si le même Scipion demandait pour récompense la mort de Tibérius Asellius ; la personne du demandeur est honorable, mais la chose demandée est mauvaise. Ou, au contraire, si après avoir été destitué, il a fait un acte de courage, et demande pour récompense de retourner à la maison de ses pères. La personne est flétrie par la destitution ; mais le retour chez elle qu'elle demande est

---

enim video quid sit hic, quod in sententia ferenda judex sequi possit, cum petitor idem interdum credidisse, interdum deposuisse se dicat, et ille alter interdum depositam accepisse, interdum creditam, et neuter sua priore, sed uterque alter alterius præterita sententia utatur.

CAPUT IX
De figuris controversiarum.

Pertinere etiam nonnihil ad rem videtur scire figuras controversiarum, quibus invicem differant, quo magis in evidenti sit, quemadmodum quamque tractemus. Sunt igitur themata, id est figuræ controversiarum, quatuor : εὔδοξον, quod nos opinionis bonæ possumus dicere : ἀμφίδοξον, quod nos opinionis ex utroque bono ac malo confusæ possumus dicere : παράδοξον, quod nos opinionis malæ possumus dicere : tametsi quidam parum diligenter græce loquentes, paradoxon pro his quæ sunt bonæ opinionis, accipiunt. Unde vulgo etiam Olympionicas et ceteros victores sacrorum certaminum, paradoxos vocant, magis consuetudine quam ratione ducti : nam, ut opinor, παράδοξόν est, quod est παρά τήν δόξαν, id est contra opinionem bonam. Denique licet alias vulgares significationes probare malimus hujus nominis, tamen hoc loco ut multa nova tam a technicis et mathematicis, quam a philosophis cognominantur. accipere debemus non tam pro solito usu consuetudinis, quam pro conditione præcepti. Quarta est species controversiæ, quæ græce ἄδοξος dicitur, quam nos non ut vulgo malæ opinionis, sed nullius opinionis dicimus, id est humilem et sordidam. Sed evidenter hæc propositis exemplis liquebunt. Εὔδοξος controversia hujusmodi est, in qua tam persona quam res est honesta, velut Scipio victis Pœnis petit in præmium ut spectet ludos laurea coronatus : et persona honesta est Scipionis, et quod petitur non improbum. Ἀμφίδοξος est, in qua vel honestatem personæ turpitudo rei maculat, velut si idem Scipio petat præmii nomine mortem Tyberii Asellii : nam petitoris persona honesta est; quod autem petitur, inhonestum.

honnête. 3° Le débat de mauvaise renommée est celui dans lequel la personne et la chose sont sans honneur. Ainsi : quelqu'un qui a fait un acte de courage, est accusé d'impudicité. Il demande alors en récompense la mort de son accusateur. Or, ici, le demandeur est flétri, puisqu'il est accusé d'impudicité, quoique, par son acte de courage il ait quelque peu diminué son deshonneur : et, d'un autre côté, ce qu'il demande est deshonorant. 4° Le débat sans aucune renommée est celui où ne se trouve aucune gloire ; c'est un débat vil et méprisable. Un pauvre vendait des habits ; survient un autre pauvre qui les revendique et soutient qu'on les lui a volés ; alors le vendeur affirme qu'il les lui a enlevés quand il l'a surpris en adultère. Ils s'accusent donc réciproquement, l'un d'adultère, l'autre de vol. Dans ce cas, les personnes sont des personnes basses ; et les choses qui semblent former la question, savoir la réclame et la connaissance des habits, sont méprisables. Et bien, qu'intervienne ici le motif d'adultère qui n'est pas une raison de peu de valeur, cependant, comme avant l'affirmation. il y a des motifs bas et sordides, la forme tout entière des débats s'en ressent.

CHAPITRE X

De quelle utilité est la connaissance de ces formes.

La connaissance des différentes formes de débats, outre plusieurs autres avantages, a celui de nous mettre à même de trouver une matière convenable à la qualité de la cause pour préluder, c'est-à-dire poser les principes de la controverse. Car ce n'est pas la même espèce de principes dans la thèse de bonne renommée, de renommée bonne et mauvaise, et de mauvaise renommée. D'abord, pour le genre de débat de bonne renommée, Hermagoras prétend qu'il faut entrer en matière sans préambule. « Car, dit-il, si c'est pour nous concilier la bienveillance que nous avons coutume de faire un exorde dans une thèse honorable, comme est celle de Scipion, ceux auprès de qui nous devons parler sont déjà remplis de bienveillance ; il est donc inutile de préparer ce qui est déjà prêt. » Mais, n'en déplaise à ce grand homme, je suis d'un avis différent. Il ne faut pas toujours, en effet, s'en tenir à l'autorité, surtout quand la raison est supérieure. Rien n'empêche donc, je crois, que nous ne fassions quelque peu d'exorde dans un débat de bonne renommée. Car il n'y a pas de mal, selon moi, à se rendre, par quelques mots préalables, des juges bienveillants plus bienveillants encore, et de tâcher, si nous les voyons mal disposés contre nos adversaires, d'accroître encore par l'exorde cette mauvaise disposition. Enfin, nous voyons les joueurs de flûte, de guitare, et autres artistes de ce genre qui ne se posent pas comme orateurs, dire quelques paroles avant de jouer. De plus, c'est un discours tronqué et sans tête qu'un discours sans exorde et commençant ex abrupto. Dans les controverses de bonne renommée, employons donc des préludes, mais qu'ils soient courts, justes, pleins de confiance et

Vel contra, si abdicatus fortiter fecerit. et petat præmii nomine reditum in domum patris : persona quæ petit inhonesta abdicati, res quam petit honesta ut in domum patris redeat. Παράδοξον est controversiæ genus. ut supra definiebam. in quo utraque sunt inhonesta, tam res quam persona, velut impudicitiæ reus fortiter fecit, petit præmii nomine accusatoris sui mortem : nam et persona petentis inhonesta est, siquidem fuit reus impudicitiæ, tametsi aliquid turpitudini derogaverit, quod fortiter fecit ; et res quam petit, improba. Ἄδοξον, est controversiæ genus sine opinione utraque, humile et sordidum. Pauper vestimenta vendebat, exsistit alius pauper, qui vendicaret ea, et furto ablata sibi esse diceret : ille venditor ait se ab adultero deprehen o illa vestimenta detraxisse : invicem accusant, ille adulterii, hic furti hic enim et personæ humiles pauperum, et res quæ videntur fecisse quæstionem abjectæ, vestimentorum vindicatio et agnitio : et quamquam intervenerit crimen adulterii non abjectum, tamen quia plura sunt ante περίστασιν humilia et sordida, totius controversiæ speciem sibi vindicant.

CAPUT X

Quid utilitatis præ se ferat figurarum ejusmodi agnitio.

Dignoscere autem has controversiarum figuras, cum ad multa alia convenit, tum vel in primis ad id, ut modum præfandi, id est principia edendi, congruentem qualitati materiam invenire possimus : non enim eadem species debet esse principii in themate εὐδόξῳ et ἀμφιδόξῳ et παραδόξῳ, sed sua cuique forma tribuenda. Jam primum in εὐδόξῳ genere materiæ Hermagoras negat esse præfandum : nam si benevolentiæ, inquit, conciliandæ gratia præfari solemus in bonæ opinionis themate, quale illud est Scipionis : benigni sunt hi, apud quos locuturi sumus : nihil autem adtinet parare quod paratum est. Sed mihi longe aliter videtur, et pace tanti viri dixerim : neque enim est semper spectanda auctoritas, utique cum ratione vincatur. Censeo igitur nihil prohibere in εὐδόξῳ genere materiæ, quominus præfemur. Nihil enim, opinor, mali est, benignos judices benigniores reddere præfando, ut cum offensos adversariis videmus, offensionem illam dicendo augere conamur. Denique auloedos et citharoedos et ceteros hujusmodi artifices, quamquam non polliceantur orationem, videmus tamen præloqui ante actionem. Et omnino curta et sine capite oratio est, quæ sine principio ab ipsis rebus oriditur. Utemur etiam principiis in bonæ opinionis controversiis : sed brevioribus et erectioribus paulo, et confidentibus et plenis dignitatibus, sine jactantia

de dignité, surtout sans fierté, afin de ne pas faire naître la jalousie. Tel est l'exorde de Cicéron contre le discours de Métellus, où il semble dire, dans un transport de fierté : « Il me faudra, je crois, le poursuivre dans sa fuite, puisque je ne puis éprouver sa résistance dans une lutte corps-à-corps. » Il n'aurait certainement pas commencé par parler avec tant de hardiesse, si la personne de l'avocat n'eût été honnête, et le sujet qu'il devait traiter, honorable. De même, en cet autre passage, lorsqu'il parle du châtiment des conspirateurs : « Je vois, Sénateurs, tous vos visages et tous vos regards tournés vers moi. » Ce sont des exordes où l'avocat semble se fier avec assurance et à sa bonne réputation et à la bonté de sa cause. Il y en a plusieurs de ce genre dans Gracchus, homme d'un esprit si relevé; mais personne ne les supporterait dans la bouche de Mérucius ou de quelqu'un des Cannéens. Dans un débat bon et mauvais, c'est-à-dire honnête d'un côté et peu honorable de l'autre, il faudra user d'une certaine modération dans l'exorde, de manière à couvrir d'un voile ce qu'il y a de honteux dans la cause, et à augmenter l'éclat de la dignité qui se trouve dans la personne ou la chose ; ou à mélanger si bien les deux parties que la noblesse de l'une couvre la honte de l'autre. Non pas cependant qu'il faille agir avec autant de fierté que dans le genre précédent, mais bien avec une certaine retenue mêlée de confiance. Si la chose est honteuse, portons, autant que possible, l'attention du juge sur la dignité de la personne. Si, au contraire, la honte s'attache à la personne, réfugions-nous dans la dignité de la chose, comme un homme qui abandonne un endroit dangereux pour un lieu de sûreté, mais cependant peu à peu, légèrement, paraissant plutôt mépriser un soupçon de crainte que le concevoir. En mêlant, pour ainsi parler, la dignité de la personne et celle de la chose, nous ferons en sorte d'avoir plus de confiance dans l'honnêteté que de crainte de la honte. Mais afin de rendre plus saisissable ce genre d'exorde, voici un exemple que donne Cicéron dans sa défense de M. Scaurus. Le débat était en effet bon et mauvais. Car M. Scaurus, personnage remarquable, était sous le poids d'une accusation flétrissante, celle de concussion. Or, dans son exorde, l'orateur mêle tout de suite les deux parties, de manière à couvrir la honte du crime de l'éclat de la personne, pas trop longuement ni avec trop de fierté, mais assez cependant pour manifester quelque indice de crainte : « Il eût été à désirer, juges, pour M. Scaurus, que n'ayant encouru la haine de personne, sans aversion, sans embarras, etc.... » Dans un débat de mauvaise renommée, où la personne et la chose seront en suspicion, il faudra,

---

dumtaxat, ne res pariat invidiam : ut est illud apud M. Tullium contra concionem Metelli, in qua exsultare videtur : *Sic enim, ut opinor, insequar fugientem, quoniam congredi non licet cum resistente.* Quod numquam profecto tam magnifice dicere in exordio statim orsus fuisset, nisi et ipsius actoris esset honesta persona, et res de qua locuturus erat, non improba. Itemque alio loco, cum de conjuratorum animadversione loqueretur : *Video, Patres conscripti, in me omnium vestrum ora atque oculos esse conversos :* et deinceps. Quæ omnia hujusmodi sunt, ut actor et splendori suo et rebus his de quibus locuturus est, quasi honestissimis videatur merito confidere. Pleraque hujusmodi exordia apud Q. Gracchum, quanto nobilioris fuit spiritus, quæ dicentem profecto Merucium, aut aliquem ex Cannensi caterva nemo ferret. In ἀμφιδόξῳ genere materiæ moderatione quadam utendum est, cum principiamus, ut et turpitudinem quæ subest (*a*), et dignitatem quæ est in re aut persona vel illustrando augeamus, vel ita varie utrumque misceamus, ut alterius partis turpitudinem alterius honestas tegat. Neque tamen cum tanta jactatione, quanta in illo superiori genere materiæ, sed quasi cum quadam confidenti verecundia. Si in re turpitudo erit, quantum fieri poterit, avocabimus judicem ad personæ dignitatem. Si in persona, ad rei dignitatem quasi de periculoso in tutiorem locum refugiemus, sed summatim leviterque cedentes, ut despicere potius suspicionem metus, quam timere videamur. Laborabimus autem in eo, ut confusa utraque dignitate rei et personæ, plus fiduciæ in honestate, quam metus in turpitudine habere videamur. Sed ut limpidius hoc genus principiandi deprehendatur, dabo exemplum quod habuit M. Tullius, cum pro M. Scauro loqueretur. Erat enim controversia ἀμφιδόξος : quippe qui niteretur dignitate personæ M. Scauri, premeretur turpitudine criminis de pecuniis repetundis. Utrumque in principio statim ita confudit orator, ut et turpitudem criminis dignitate personæ contegeret, neque tamen largiter nimium, neque exsultanter, sed ita ut expromat nonnullam etiam metus suspicionem. *Maxime fuit optandum M. Scauro judices, ut nullo suscepto cujusdam odio, sine offensione ac molestia :* et cetera. In παραδόξῳ, id est in malæ opinionis themate, ubi et persona et dignitas pariter laborabit, longioribus principiis utendum erit, et purgandis suspicionibus opera tribuenda, et demisse loquendum, cum sententiis, tum verbis etiam propius blanditiam sitis, et querimonia quasi falsi illati criminis, et falsæ infamiæ compositæ adversum nos per invidiam, etiam submissiore toto corpore conformato ad verecundiam, submisso vultu, oculis terram intuentibus, neque illa acriter, sed si possumus etiam timore simulato. In ἀδόξῳ, id est in humili genere materiæ proxima sermoni debent esse principia : neque sen

(*a*) Obtegendo minuamus. *Tale quiddam videtur deesse.*

dans un long exorde, s'attacher à éloigner les soupçons, parler avec humilité, se fortifiant de quelques bonnes maximes, usant de paroles flatteuses, paraissant se plaindre d'une fausse accusation et d'une mauvaise opinion suscitées contre nous par la jalousie : tenir le corps dans une pose respectueuse, courber la tête, et attacher les yeux à terre; point d'ostentation, mais plutôt une certaine apparence de timidité. Dans un débat de nulle renommée, l'exorde doit être court ; point de pensées trop relevées, ni de mots extraordinairement agencés : que la phrase n'y soit pas trop brillante, mais comme brisée et simple. Il faudra tirer la force de toutes les pensées que nous émettrons dans ce débat, du déplacement de la question, en la faisant passer du particulier au général, et disant qu'il es de l'intérêt de tous de voir une telle issue à l'affaire. Plus, en effet, les pensées sont simples, plus elles sont capables de frapper le grand nombre. Il ne faut pas tant s'arrêter à considérer la dignité des personnes et des choses que la nature du juste et de l'injuste, du vrai et du faux. La force de ces motifs est aussi vive dans les petites causes que dans les grandes. Tels sont la plupart des exordes de Démosthène dans ces livres qui ont pour titre *les Idiotiques*, et surtout ceux de Lysias et de quelques-uns de nos anciens orateurs. Cicéron n'a pas eu d'autre exorde dans son discours pour le poëte Archias.

tentiis alte petitis, neque verbis ultra modum ornatis, neque structura graviore, sed quasi resoluta et simplici. Vis autem omnium sententiarum, quam his principiis adhibemus ea esse debebit, ut rem a proprietate revocet ad communitatem, et dicat omnium interesse illam rem vindicari : propterea quod quanto quæque minora sunt, tanto crebrius et magis inter multos cadere possint. Nec tam oportere spectari magnitudinem rerum et personarum, quam rationem æqui et iniqui, veri et falsi : eamdem enim esse horum in minimis vim, quam in maximis. Talia principia sunt pleraque apud Demosthenem in iis libris qui inscribuntur Idiotici, et magis apud Lysiam, et apud quosdam ex nostris veteribus. Certe Marcus Tullius cum pro Archia diceret, non aliter exorsus est.

AVERTISSEMENT SUR L'OPUSCULE SUIVANT

Les savants rejettent unanimement ce traité des œuvres de saint Augustin. Luc Holstenius dans son *Recueil des règles*, seconde partie, lui donne avec plus de raison le titre de *Consensoria monachorum*. Toutefois, il nous a paru inutile de changer le titre qui depuis longtemps déjà est admis dans cet appendice, privés que nous sommes, surtout de l'autorité de vieux exemplaires ; car nous n'avons trouvé aucun manuscrit de cet ouvrage.

ADMONITIO DE SEQUENTI OPUSCULO.

Hoc opusculum una omnium eruditorum sententia abjudicatur Augustino. Apud Lucam Holstenium in codice Regularum parte secunda, *Consensoria Monachorum* inscribitur, aptiore titulo. Attamen receptam dudum in hac appendice inscriptionem mutare visum non est, præsertim destitutis veterum librorum auctoritate, quippe nullum hujus opusculi MS. exemplar reperimus.

FRAGMENTS

QUI NOUS RESTENT DE LA RÈGLE DES CLERCS

D'un commun accord, nous avons établi une règle que personne dans la suite ne devra violer. Il a plu à nous tous qui habitons, au nom de Notre Seigneur Jésus-Christ un monastère, de n'avoir, pour nous conformer à la tradition apostolique qu'un seul sentiment dans le Seigneur, et de posséder tout en commun, ainsi qu'il est écrit : « Ayez dans le Seigneur un seul sentiment. » (*Sag.*, I, 1). Que personne donc ne réclame quelque chose comme lui appartenant en propre, mais qu'on se conforme à ce qui est écrit dans les actes des apôtres : « Ils avaient tout en commun » (*Act.*, II., 44 ; IV. 32) et personne ne se serait permis de se dire le possesseur de quoique ce fût. C'est ce que nous avons écrit. Vivons donc avec le Seigneur par les liens de l'observance, et persévérons-y jusqu'à la fin ; car il est écrit dans la loi : « Celui qui persévérera jusqu'à la fin, celui-là sera sauvé. » (*Matth*, x., 22.) Celui qui désire entrer dans la congrégation des frères qui semblent ne faire qu'une seule famille, ne doit pas ignorer ce texte de l'Evangile : « Qu'il vende tous ses biens et en distribue le prix aux pauvres et aux indigents. » (*Matth.*, XIX, 21.) Et ailleurs : « Qu'il se renonce lui-même, qu'il porte sa croix et qu'il me suive. » (*Luc*, IX, 23.) Qu'il ne se préoccupe ni de la nourriture, ni de l'habillement, ni de toute autre nécessité de son corps ; car le Seigneur nous en avertit dans l'Evangile et nous dit : « Ne pensez pas en vous-même et ne dites pas ; que mangerons-nous, et comment nous vêtirons-nous ; ce sont les païens qui se préoccupent de ces choses. Votre Père sait que vous avez besoin de cela ; cherchez d'abord le royaume de Dieu et sa justice ; et tout le reste vous sera donné par surcroît. » (*Matth.*, VI, 31-33.) Cependant, avant de se décider à s'enfermer dans un monastère, qu'il étudie le genre de vie et l'exemple des frères, et qu'il soit examiné dans toutes ses actions par celui qui préside ; qu'ensuite, il soit admis avec le consentement de tous, et cela, pour se conformer au conseil et au précepte que nous donne la Sainte Ecriture ; quand elle dit : « ne choisissez pas votre ami sans réflexion. » S'il arrive que

REGULÆ CLERICIS

TRADITÆ FRAGMENTUM.

Communi definitione decrevimus apud nos, quod numquam postmodum ab ullo poterit infringi. Residentibus nobis in monasterio, in nomine Domini nostri Jesu Christi, omnibus placuit secundum apostolicam traditionem, unum sentire in Domino et communiter possidere. Sicut scriptum est : *Vnum sentite in Domino* (*Sap.*, I, 1). Et nemo quidem proprium sibi vindicet quidquam, sed fiat sicut scriptum est in Actibus Apostolorum, *Habentes omnia communia* (*Act.*, II, 44. *Etc.* IV, 32), nemo quidquam esse suum dicebat. quod a nobis scriptum est. In Domino ergo jure observationis nos teneamus, et in eo usque in finem permaneamus : quoniam in lege scriptum est, *Qui perseveraverit usque in finem, hic salvus erit* (Matt., x, 22). Si quis autem venire desiderat ad congregationem fratrum, qui in unum esse videntur, non ignoret Evangelii dictum, quod dixit : *Vendat omnia sua, et eroget egenis et pauperibus* (*Matth.*, XIX, 21). Et iterum : *Abneget semetipsum, sibi tollat et crucem suam, et sequatur me* (*Luc.*, IX, 23). Et ne tractet in corde suo de victu aut vestitu, et ceteris, quæ necessaria sunt corpori, ipso Domino præmonente in Evangelio et dicente : *Nolite cogitare dicentes, quid editis, aut quid vestiemini : hoc enim gentes cogitant. Scit pater vester quia horum omnium indigetis : quærite primum regnum Dei, et justitiam ejus ; et hæc omnia apponentur vobis* (*Matth.*, VI, 31). Verumtamen antequam statuat esse in monasterio, probet propositum fratrum atque exemplum, et ipse probetur in omni conversatione ab illo, qui prior est, et ceteris consentientibus, propter illud quod Scriptura docet et admonet, dicens : *Amicum noli cito comprobare*. Sed si contigerit ut ali-

quelqu'un se trouve dans la nécessité de quitter la communauté, qu'il n'ait pas le dessein d'emporter quoi que ce soit de ce qui était dans le monastère, soit qu'il l'ait apporté avec lui, soit qu'il l'ait gagné avec ses frères. Car il est certain que les frères ne doivent rien avoir, rien posséder, rien donner, rien recevoir, sans la permission du supérieur. Que si quelque parent, quelque ami, ou quelqu'un des frères veut donner quelque chose, qu'on demande d'abord la permission au prieur, et qu'on reçoive, s'il l'a ordonné. Sur cet article, on ne doit rien faire que ce qui plaît au Prieur ou que ce qu'il permet : car il serait fortement à craindre de voir arriver ce qui est écrit : « L'homme dont la langue est sujette au changement tombe dans le mal. » (*Prov.*, XIII, 3.). Cela est nécessaire pour que personne n'en appelle à son propre jugement et ne paraisse le destructeur plutôt que le fondateur du monastère. Car il est écrit : « Celui qui n'est pas avec moi est contre moi, et celui qui ne ramasse pas avec moi, dissipe. » (*Matth.*, XII, 30.) Si un frère, à l'instigation de quelqu'autre, éprouve la tentation de quitter le monastère, il doit en repousser l'instigateur, ou auparavant, le faire connaître à l'abbé; car, à mon avis, on ne doit rien lui cacher de ce que nous avons voulu être en commun. Il est écrit : « Que vos amis soient nombreux, mais qu'entre mille un seul soit votre conseiller. » (*Eccli.*, VI, 6.) Il faut donc que cette règle soit observée avec le plus grand soin depuis le prélat jusqu'au dernier des frères. Si quelqu'un entend une doctrine qui ne soit pas la même que celle qu'il a apprise dans le monastère de celui à qui il s'est confié, qu'il la reçoive et en fasse part à celui qui enseigne, parce qu'il est écrit : « Tout ce qui est révélé est lumière. » (*Ephes.*, V, 13,) Si cette doctrine est bonne, elle sera louée ; si, au contraire, elle est mauvaise, elle sera rejetée. Si parmi les frères qui demeurent dans l'unité, il en est un qui tout à coup ait quelque altercation avec son prélat, il faut le supplier de revenir, non-seulement une fois, mais deux et trois fois, ainsi que nous le recommande l'Evangile. (*Matth.*, XVIII, 15. 17.) Mais, s'il ne veut pas s'amender, celui qui a reçu l'injure, après une première et même une seconde correction, en supposant qu'elles n'aient point produit d'effet, instruira le prélat, de peur que, par son silence, il ne se mette en péril de périr en même temps que son frère ; car Salomon a dit : « Celui qui cache une inimitié, prépare et ourdit une trahison. » Si, comme cela arrive de notre temps, une invasion soudaine ou une guerre empêche les frères de prendre la fuite ensemble, à cause de la poursuite de l'ennemi, et si, par la grâce de Dieu, ils échappent au danger et peuvent parvenir au lieu où s'est réfugié leur prélat, ils doivent se hâter de s'y rendre, comme des enfants vers leur père. Car ils ne peuvent en aucune façon se séparer, ceux que la charité divine a unis, parce qu'il est écrit : « L'amour parfait met la crainte dehors. » (I *Epit.*,

---

quis ex qualibet caussa necessitatis a monasterio fuerit abstractus, ne vel mente concipiat secum aliquid ferre de iis omnibus, quæ in monasterio fuerunt, sive etiam quæ secum aliquando adtulerat, sive ea quæ cum patribus adquisierat : quia certum est fratres nihil habere, possidere, dare, vel accipere debere sine superioris licentia. Quod si propinquus, vel amicus, vel quilibet fratrum, aliquid offerre voluerit, primo quidem Priori insinuetur, et sic suscipiatur, si ipse mandaverit; de quo tamen nihil fiat aliud, nisi quod Priori placuerit, vel permiserit : quoniam valde verendum est, ne sibi eveniat quod scriptum est : *Vir mutabilis in lingua incidit in mala* (*Prov.*, XIII. 3). Et iterum, ut nullum omnino de fratribus secum provocet, ne magis destructor quam ædificator monasterii videatur : propter id quod scriptum est, *Qui non est mecum, contra me est : et qui mecum non congregat, dispergit* (*Matt.*, XII, 30). Et quicumque provocatus ab aliquo, de monasterio voluerit, abscedere, aut redarguat provocantem, aut ante indicet (*a*). Præposito, cui utique de iis, quæ in communi decrevimus nihil esse censeo subtrahendum, quia scriptum est, *Pacifici sint tibi multi, sed unus ex mille sit tibi consiliarius* (*Eccl.*, VI, 6). Igitur hæc quæ scripta sunt, cum summa diligentia observanda sunt a Præposito usque ad omnes fratres. Et si quis ab aliquo doctrinam audierit, præter quam in monasterio consecutus est ab eo, cui se credidit, hanc autem suscipiat, et eam non subtrahat doctori : quia scriptum est, *Omne quod manifestatur, lux est* (*Eph.*, V, 13). Si enim bona fuerit, collaudanda est : si vero prava, reprobanda. De iis autem fratribus, qui in unitate consistunt, si quis subito adversus Præpositum altercatus fuerit, non solum semel, sed secundo et tertio, ut Evangelium docet (*Matt.*, XVIII, 20), licet exorare. Si autem noluerit se emendare, illi vel injuriam irrogatus est, post primam vel secundam correctionem, qui non revocaverit contumacem, denuntiet et illud Præposito, ne per taciturnitatem, et ille, et frater suus periclitentur, sicut Salomon ait, *Qui occultat inimicitiam, instruit dolum*. Si vero (ut fieri solet) incursio repentina supervenerit, aut hostilitas, ut impossibile sit fratribus in unum fugam petere propter insecutionem inimicorum, et posmodum Deo favente evaserint, et potuerint pervenire ubi Præpositum esse cognoverint, veluti filii ad patrem festinare debebunt. Nec ullo modo poterunt separari, quos divina caritas sociavit, quia scriptum est, *Perfecta dilectio foras mittit timorem*

(*a*) 1 *Rétract.* c. XI, n. 3.

Jean., IV, 18.) Si, pour les raisons que nous venons de dire, quelqu'un est obligé de garder ce qu'il a emporté du couvent, il devra, dès qu'il le pourra, le rapporter là où se trouve le prélat ; car il ne peut retenir ce qui, par suite de conventions, appartient à tous, et se trouve par conséquent consacré à Dieu. Mais s'il forme le dessein de garder quelque chose, qu'il n'ignore pas qu'il agit contre la parole de l'apôtre : « Ne devez rien à personne, sinon une affection mutuelle. » (Rom., XIII, 8.) Que les frères observent donc tout ce qui est écrit dans ce livre, et que ceux qui veulent bien vivre y souscrivent. C'est pour ceux qui sont reconnus constants en tout que toutes ces règles ont été disposées et écrites.

(Joan IV, 18). Si quis autem quod superius diximus caussa necessitatis detinet id, quod a monasterio secum portavit, necesse habebit, ubi Præpositus suus est, illud perferre : quia non poterit sibi retinere, quod per pactum ad omnes pertinet, et Deo utique est consecratum. Sed si cogitaverit de his aliquid retinere contra dictum Apostoli agere videtur, qui ait, *Nemini quidquam debeatis , nisi ut invicem diligatis vos* (Rom., XIII, 8). Omnia ergo quæ in isto libro continentur, omnes fratres observent, atque subscribant, qui boni esse desiderant. Verum propter illos sunt cauta, id est scripta, qui in omnibus stabiles esse noscuntur.

AVERTISSEMENT SUR L'OPUSCULE SUIVANT

Nous avons comparé cet opuscule avec l'exemplaire trouvé à Corbeil, qui remonte, semble-t-il, à mille ans. Il s'y rencontre quelques variantes : ainsi l'exemplaire de Corbeil porte, au lieu de : Psaumes 5, 62, etc ; « Trois psaumes ; le 62e, le 5e et le 89e. » Ce texte concorde assez avec les textes de Luc Holstenius, dans sa table des règles, et avec ceux des éditions d'Amerberg, d'Erasme et de Louvain. Ici se trouve une petite lacune, un mot d'environ six lettres, effacé, et ensuite : « A tierce, on dira un psaume pour répons : puis deux antiennes, une leçon, et la terminaison. On dira de la même manière sexte et none. A l'office du soir, un psaume répons, quatre antiennes, un autre psaume répons, une leçon et la terminaison. Au moment qui paraîtra le plus convenable, après l'office du soir, tout le monde étant assis, on lira les leçons.... » ici un mot effacé.... « après cela, on récitera les psaumes habituels avant le coucher, et pour les prières de la nuit, au mois de novembre, etc. » Le mot *completorium* qu'on retrouve deux fois paraît avoir la même signification que la formule employée par notre Père saint Benoît, deux fois aussi, dans la règle qu'il pose pour les matines ; *Et completum est* « et le tout s'est terminé. » C'est-à-dire ; c'est ainsi que finira l'office ; ou bien, on ajoutera une oraison finale, semblable à celle qu'on trouve dans les anciens missels, sous ce titre : *ad completorium*, pour terminer. Dans ce même exemplaire, l'opuscule commence ainsi, aussitôt après le titre : *Ante omnia*, etc ; et après ces paroles : *de vestra salute, amen*, suit immédiatement, et dans le même verset, la règle de saint Augustin, pour les hommes, comme nous l'avons déjà fait remarquer, et qui finit par ces mots : *Explicit regula sancti Augustini et episcopi* : fin de la règle de saint Augustin évêque.

ADMONITIO DE SEQUENTI OPUSCULO.

Contulimus istud opusculum ad exemplar Corbeiense ante mille annos, uti videtur, exaratum, quo in exemplari ab eo loco, *Psalmi* III. LXII. etc. (ubi Lucas Holstenius in codice Regularum parte secunda cum editis Amerb. Eras. et Lov. satis concordat) variat hunc in modum : *Psalmi tres, sexagesimus secundus, quintus, et octogesimus nonus.* (lacuna hic est exigua deleto, uti videtur, verbo sex circiter litterarum, et mox sequitur) *Ad tertiam psalmus ad respondendum dicetur ; deinde antiphonæ duæ, lectio, et completorium. Simili modo sexta et nona. Ad Lucernarium autem psalmus responsorius unus, antiphonæ quatuor, item psalmus unus responsorius, lectio, et completorium. Et tempore opportuno post lucernarium omnibus sedentibus legantur lectiones.* (hic erasum est unum verbum, et proxime sequitur). *Post hæc autem consuetudinarii psalmi ante somnium dicantur, nocte autem orationes, mense Novembri* etc., ubi quod semel et iterum dicitur, *et completorium*, videtur sonare idem cum isthac formula a Patre nostro Benedicto Matutinorum officium ordinante, his usurpata, *et completum est*, id est peractum sic erit officium, vel, addetur finalis oratio, qualis ea scilicet quæ in antiquis missalibus *ad complendum* vocitatur. Porro in eodem codice opusculum absque titulo sic incipit : *Ante omnia* etc. Sed ad hæc ultima verba, *de vestra salute amen*, continenter et in eodemmet versu subjicitur Regula S. Augustini viris aptata, uti jam observavimus, cum hisce verbis in fine *Explicit Regula sancti Augustini Episcopi*.

SECONDE RÈGLE

1. Avant tout, mes très-chers frères, il faut aimer Dieu, et ensuite le prochain ; car ce sont là les deux préceptes qui nous ont été spécialement donnés. Nous allons indiquer comment nous devons prier et réciter les psaumes. Aux matines, on dira les psaumes III, LXII, VI et LXXXVIII, avec leurs antiennes, versets et répons. A prime et à tierce, les psaumes propres avec deux antiennes et deux leçons. On dira également à sexte et à none, les psaumes propres avec leurs antiennes et les répons. La même règle sera observée pour vêpres et complies. A l'office du soir, le psaume, un répons, trois antiennes, trois leçons. Au moment qui paraîtra le plus convenable, après l'office du soir, tout le monde étant assis, on lira les leçons. Pour les prières de nuit, pendant les mois de novembre, décembre, janvier et février, douze antiennes, six psaumes, trois leçons. Pendant les mois de mars, avril, septembre et octobre, dix antiennes, cinq psaumes, trois leçons. En mai, juin, juillet et août, huit antiennes, quatre psaumes, deux leçons.

2. On travaillera depuis le matin jusqu'à sexte. à none, on se livrera à la lecture. Les volumes seront rendus à none. Après le repas, on travaillera des mains, soit au jardin, soit dans tout autre lieu, où il sera nécessaire, jusqu'à l'heure de l'office du soir. Que nul ne s'attribue rien en propre, ni en quoi que ce soit. Car nous voulons suivre le genre de vie des apôtres (*Act.*, XI, 43). Qu'on ne fasse rien avec murmure, pour ne pas encourir le châtiment des murmurateurs ; qu'on obéisse fidèlement, qu'on honore son père après Dieu ; qu'on respecte le supérieur, comme il convient aux saints. Qu'à table, on écoute la lecture en silence. Si quelque chose manque, le supérieur doit y prendre garde. Le samedi et le dimanche, suivant la coutume, ceux qui le voudront, pourront prendre du vin. Si, pour les besoins du couvent, on doit aller au dehors, on sortira deux ensemble. Que nul, sans un ordre exprès, ne mange et ne boive hors du couvent : agir autrement, serait détruire la règle. Si quelques frères sont envoyés avec mission de vendre les ou-

REGULA SECUNDA

Ante omnia, fratres carissimi . diligatur Deus (*Deut.*, VI, 5), deinde et proximus, quia ista præcepta principaliter nobis sunt data (*Matt.*, XXII, 37). Qualiter autem nos oportet orare vel psallere, describimus : id est, in matutinis dicantur Psalmi III, LXII, VI, et LXXXVIII, cum debitis antiphonis, versibus et responsoriis. Ad primam et tertiam dicantur sui psalmi, antiphonæ duæ, lectiones duæ. Simili modo ad sextam et nonam dicantur sui psalmi, cum debitis responsoriis et antiphonis. Hoc idem in vesperis et completoriis servetur. Ad lucernarium autem psalmus, responsorium unum, antiphonæ tres, lectiones tres. Et tempore opportuno post lucernarium, omnibus sedentibus legantur lectiones. Nocturnæ autem orationes mense Novembri, Decembri, Januario et Februario, antiphonæ duodecim, psalmi sex, lectiones tres. Martio, Aprili, Septembri, Octobri, antiphonæ decem, psalmi quinque, lectiones tres. Maio, Junio, Julio, et Augusto, antiphonæ octo, psalmi quatuor, lectiones duæ.

Operentur a mane usque ad sextam, et a sexta usque ad nonam vacent lectioni, et ad nonam reddant codices Et postquam refecerint sive in horto, sive ubicumque necesse fuerit, faciant opus usque ad horam lucernarii. Nemo sibi aliquid vindicet proprium sive in vestimento, sive in quacumque re : Apostolicam enim vitam optamus vivere (*Act.*, V, 32). Nemo cum murmure aliquid faciat ut non simili judicio murmuratorum pereat : fideliter obediant : patrem suum honorent post Deum : Præposito suo deferant sicut decet sanctos : sedentes ad mensam taceant audientes lectiones : si autem aliquid opus fuerit, Præpositus eorum sit sollicitus Sabbato et Dominica sicut (*a*) consuetudo est, qui volunt vinum accipiant,

(*a*) MSS. Corb. *Constitutum est.*

rages faits au couvent, qu'ils veillent avec soin à ne rien faire contre ce qui leur a été enjoint, se souvenant toujours qu'ils irritent Dieu dans ses serviteurs. De même, s'ils ont quelque chose à acheter pour les besoins du monastère, qu'ils se conduisent toujours en fidèles serviteurs de Dieu. Qu'on n'entende parmi nous aucune parole oiseuse. Depuis le matin, qu'ils se tiennent à leur travail : après tierce, qu'ils y retournent également : qu'ils évitent de se tenir debout en conversation, à moins qu'on n'ait quelque chose à dire pour le bien de l'âme. On sera donc assis en travaillant et l'on gardera le silence, à moins qu'il n'y ait nécessité à ce que quelqu'un parle. Si quelqu'un n'applique pas toute sa vertu à accomplir cette règle, s'il y est rebelle et la méprise, qu'il soit averti une fois et même deux ; s'il ne s'amende pas, qu'il sache se soumettre, comme il convient, à la discipline du couvent : et si son âge y est un empêchement, qu'il soit même renvoyé. Si vous observez fidèlement et pieusement cette règle au nom de Notre Seigneur Jésus-Christ, vous avancerez, et nous ressentirons une grande joie de votre salut: Ainsi soit-il.

Tels sont les points de règle que nous vous ordonnons d'observer à vous, qui vous trouvez dans un monastère. Premièrement, etc.

. . . . , ... , .

Voir la règle de saint Augustin.

Si opus fuerit ad aliquam necessitatem monasterii mitti, duo eant. Nemo extra monasterium sine præcepto manducet neque bibat, non enim hoc ad disciplinam pertinet monasterii. Si opera monasterii nittantur fratres vendere, sollicite observent ne quid faciant contra præceptum, scientes quia Deum exacerbant in servis ipsius : sive aliquid emant ad necessitatem monasterii, sollicite et fideliter ut servi Dei agant. Otiosum verbum apud eos non sit. A mane ad opera sua sedeant : post orationem tertiæ eant similiter ad opera sua. Non stantes fabulas contexant, nisi forte aliquid sit pro utilitate animæ : sed sedentes ad opera taceant, nisi forte necessitas operis exegeri, ut loquatur quis. Si quis autem non omni virtute adjuvante misericordia Dei hæc conatus fuerit implere sed contumaci animo despexerit, semel atque iterum commonitus, si non emendaverit, sciat se subjacere disciplinæ monasterii sicut oportet : si autem talis fuerit ætas ipsius, etiam vapulet. Hæc autem in nomine Christi fideliter et pie observantes, et vos proficietis, et nobis non parva erit lætitia de vestra salute. Amen. Hæc sunt quæ ut observeti s præcipimus in monasterio constituti. Primo, etc.

AVERTISSEMENT SUR L'OPUSCULE SUIVANT

Que cet opuscule ne soit pas de saint Augustin, c'est ce qui, entre mille autres preuves, ressort clairement, des éloges qui y sont donnés à la règle de saint Benoît (ch. XIV et XIX). Luc Holstenius dit savoir de source certaine que cet ouvrage est du Bienheureux Aëlred, abbé de Rhievall en Angleterre, lequel écrivait au milieu du XIIe siècle (Livre des règles, 2e partie). Et en effet, à la table des œuvres de cet Aëlred, deuxième centurie des écrivains de Bretagne, n° 99, on le trouve indiqué sous ce titre : *De l'institution des recluses. Depuis plusieurs années, vous me demandez, etc.* En outre, on a le tiers à peu près de ce même opuscule parmi les œuvres attribuées à saint Anselme ; ce sont les méditations XVe, XVIe et XVIIe.

ADMONITIO DE SEQUENTI LIBRO

Augustini non esse hunc librum cum ex aliis multis argumentis, tum ex eo liquet, quod B. Benedicti regula in 14 et 19 capite laudatur. Esse B. Aëlredi Rhievallensis in Anglia abbatis, qui nimirum medio sæculo duodecimo scribebat, certo se scire ait Lucas Holstenius in codice Regularum, parte secunda. Et revera in indice operum S. Aëlredi Centuria 2. Scriptorum Britanniæ n. 99. recensetur sub hoc titulo : *De Institutione inclusarum Lib. 1. Jam pluribus annis exigis a me.* Habes ejusdemmet libri partem circiter tertiam inter operæ S. Anselmi nomine vulgata, scilicet meditationes XV. XVI. et XVII.

DE LA VIE ÉRÉMITIQUE

(OUVRAGE DÉDIÉ A SA SŒUR)

CHAPITRE PREMIER

Pourquoi la vie monastique a-t-elle été instituée ?

Depuis plusieurs années, vous me demandez, ma sœur, de vous tracer, sur la manière de vivre que vous avez embrassée pour Jésus-Christ, des principes fixes, qui vous servent à diriger vos actes et a régler la vie religieuse aussi bien que tous ses exercices. Vous devriez le demander à un homme plus avancé que moi dans la sagesse, qui puisse instruire les autres, non point d'après des conjectures, mais d'après les leçons de l'expérience. Etant néanmoins votre frère par la chair et par l'esprit, je ne puis refuser d'accéder à votre demande. Je ferai donc selon vos désirs, et, recueillant dans les différentes règles des Pères tout ce qui peut vous servir, je tâcherai de vous donner des principes certains pour régler l'état extérieur de l'homme : j'y ferai quelques additions, selon l'exigence des temps et des lieux, et mêlerai, quand je le croirai utile, le spirituel au temporel.

Vous devez d'abord savoir la raison, le motif qu a engagé les anciens à instituer, à embrasser ce genre de vie. Il y a des gens pour qui il est tout à fait mauvais de vivre au milieu de la foule : d'autres pour lesquels cette vie, sans être aussi pernicieuse, est néanmoins nuisible : quelques autres enfin n'ont à redouter aucun de ces malheurs ; bien plus, ils pensent que la vie du monde a pour eux plus d'avantages. Aussi, pour éviter leur perte, ou se soustraire au danger, ou bien encore pour exhaler plus librement leurs brûlants soupirs dans les bras de Jésus-Christ, les anciens choisirent la vie solitaire. De là vint que plusieurs allèrent s'établir seuls au fond des déserts, soutenant leur vie du travail de leurs mains : mais ceux qui ne voyaient point leur sûreté dans la liberté de la solitude et la faculté d'errer çà et là, jugèrent plus opportun et

DE VITA EREMITICA
AD SOROREM, LIBER.

CAPUT I

Ut instituta est eremitica vita.

Jam pluribus annis exigis a me soror, ut secundum modum vivendi quem arripuisti pro Christo, certam tibi formulam tradam, ad quam et mores tuos dirigere, et vitam religionis, et vitæ religiosæ possis exercitia ordinare. Utinam a sapientiore id peteres et impetrares, qui non conjectura qualibet, sed experientia didicisset, quod alios doceret. Ergo certe qui carne et spiritu tibi frater sum, quoniam negare non possum, quidquid injungis : faciam quæ hortaris, et ex diversis Patrum institutis aliqua quæ tibi videntur necessaria excerpens ad componendum exterioris hominis statum certam tibi regulam tradere curabo, pro loco et tempore quædam adjiciens : et spiritualia corporalibus, ubi utile visum fuerit interserens.

Primum oportet scire, qua caussa, quave ratione vita hæc ab antiquis vel instituta sit vel usurpata. Sunt quidam quibus inter multos vivere perniciosum est. Sunt et alii quibus etsi perniciosum non est tamen dispendiosum est. Sunt et nonnulli quibus et nihil horum timendum est : sed potius habitare magis æstimant fructuosum. Itaque antiqui vel ut vitarent periculum, vel ne paterentur dispendium, vel ut liberius ad Christi anhelarent et suspirarent amplexum, singulariter vivere elegerunt. Hinc est, quod plures in eremo soli secedebant, vitam manuum suarum opere sustentantes. Illi vero qui nec hoc securum sibi inter solitudinis libertatem, et vagandi potestatem arbitrabantur, includi potius, et intra cellulam obstruso exitu contineri tutius æstimabant.

CAPUT II
Reclusio corporis solius nihil prodest.

Quid tibi visum fuit, cum te huic institutioni voveres?

plus sûr de s'enfermer et de s'emprisonner dans l'étroite enceinte d'une cellule.

CHAPITRE II

La réclusion du corps seul n'est rien.

Quelle a été votre pensée en vous vouant à ce genre de vie? Car quelques personnes ignorant la raison de cette conduite, ou ne s'en souciant point, pensent qu'il suffit d'enfermer le corps dans des murailles, tandis que l'esprit non-seulement divague dans sa pensée, est agité de soucis et d'inquiétudes, bouleversé de désirs impurs et défendus, mais encore que la langue, pendant toute la durée du jour, parcourt à loisir les bourgs, les villes, les places et les marchés.

CHAPITRE III

Conversation des recluses avec les femmes du dehors.

Vous trouverez à peine une de ces recluses de nos jours, sans voir assise devant sa fenêtre une vieille, babillarde et conteuse de sornettes, qui l'entretient de fables, la nourrit de rumeurs ou de médisances, lui décrit l'extérieur, le visage, les habitudes de tel ou tel moine, de tel ou tel ecclésiastique, ou de toute autre personne. Elle insinue même la séduction, dépeint la coquetterie des jeunes filles, la liberté des veuves qui ont leurs coudées franches, les ruses des femmes pour tromper leurs maris et satisfaire leur volupté. Et pendant ce temps, on sourit, on éclate, et le poison pris avec délices se répand dans les veines et dans tout le corps.

CHAPITRE IV

Danger des entretiens avec les femmes du dehors.

Ainsi, quand l'heure les aura forcées de se séparer, elles se retireront toutes deux, la recluse remplie d'images de voluptés, et la vieille chargée de vivres. Rendue au repos, l'infortunée repasse dans son esprit les descriptions qu'elle a entendues; et le feu allumé par l'entretien de tout à l'heure devient un incendie qu'avivent ses pensées. Semblable à un homme ivre, elle chancelle dans le chant des psaumes, tombe dans sa lecture et vacille pendant l'oraison. Au retour du jour, les femmes du dehors la rappellent, ajoutant de nouveaux contes aux anciens, et ne cessent qu'après l'avoir livrée comme une esclave aux coups plus libres des démons. Car le langage dépouille ses voiles; ce n'est plus pour allumer mais pour alimenter le feu des voluptés qu'elles parlent. Où, quand, et par le moyen de qui pourra-t-elle satisfaire ses désirs? tel est l'objet de leur entretien. La cellule se change en un lieu de prostitution; une ouverture secrète est ingénieusement pratiquée, et la recluse sort ou bien l'adultère entre. Ce malheur, comme on en voit souvent la preuve de nos jours, est un piége très-commun pour beaucoup.

CHAPITRE V

Avarice de quelques recluses.

Il en est d'autres qui, tout en repoussant les entretiens honteux, babillardes quand même, sont

---

Nam multi rationem hujus ordinis vel ignorantes, vel non curantes, membra tantum intra parietes cohibere satis putant esse : cum mens non solum per vagationem dissolvatur, curis et sollicitudinibus dissipetur, immundis etiam et illicitis desideriis agitetur, sed etiam lingua tota die per vicos et civitates, per foros et nundinas otiose discurrant.

CAPUT III
Reclusarum cum externis mulieribus confabulationes.

Vix aliquam inclusarum hujus temporis solam invenies, ante cujus fenestram non anus garrula vel nugigerula mulier sedeat, quæ eam fabulis occupet, rumoribus aut detractionibus pascat, illius vel illius monachi vel clerici vel alterius cujuslibet ordinis viri formam vultum, moresque describat. Illecebrosa quoque interferat, puellarum lasciviam, viduarum, quibus licet quidquid libet, libertatem, conjugum in viris fallendis explendisque voluptatibus astutiam depingat. Os interea in risus cachinnosque dissolvitur, et venenum cum suavitate bibitum per viscera membraque diffunditur.

CAPUT IV
Ex confabulatione cum externis mulieribus quæ pernicies.

Sic cum discedere ab invicem hora compulerit, inclusa voluptatibus, anus cibariis onerata recedat. Reddita quieti misera eas quas auditus induxerat, in corde versat imagines, et ignem præmissa confabulatione conceptum vehementius sua cogitatione succendit : quasi ebrius in psalmo titubat, in lectione cadit, fluctuat in oratione. Refusa mundi luce citantur mulierculæ additæ nova veteribus, non cessant, donec captivam liberius dæmonibus illudendam exponunt. Nam manifestior sermo non jam de accendenda, sed potius de satianda voluptate procedunt : ubi et quando et per quem possit explere quod cogitat, in commune exponunt. Cella vertitur in prostibulum, et delicato qualibet arte foramine, aut illa egreditur, aut adulter ingreditur. Infelicitas hæc, ut sæpe probatur, pluribus caussa viris in hoc nostro sæculo communis est.

toujours en société de bavardes, prêtent tout le jour leur langue à une curiosité excessive et leurs oreilles aux discours oisifs. D'autres se souciant peu de ces bruits (et ce vice s'est glissé chez presque toutes les recluses de notre époque) n'aspirent qu'à entasser de l'argent, à augmenter leurs troupeaux. Elles y apportent une si grande sollicitude que vous les prendriez pour des mères de famille ou des maîtresses de maison, et non pour des anachorètes. Elles demandent à certaines gens des pâturages, des bergers qui achètent et gardent leurs troupeaux : elles s'informent auprès des gardiens du prix, du poids ou du nombre des produits. On suit les achats et les ventes, de sorte que la pièce s'ajoute à la pièce pour augmenter le trésor et allumer la soif de l'avarice. De telles personnes sont le jouet de l'esprit malin, en se persuadant que tout cela est utile et nécessaire pour distribuer des aumônes, nourrir des orphelins, recevoir avec charité des parents ou des amis et recueillir de pieuses femmes. Ce n'est pas là votre devoir : il vous sied bien mieux de recevoir, pauvre vous-même, l'aumône avec les pauvres, que d'aller, après avoir tout quitté pour Jésus-Christ, chercher de quoi faire des aumônes. C'est le signe d'une grande infidélité chez une recluse de s'inquiéter du lendemain, quand le Seigneur a dit : « Cherchez d'abord le royaume de Dieu, et le reste vous sera donné par surcroît (*Matth.*, VI, 33). » En conséquence, tâchez de dépouiller votre esprit de tout souci des choses temporelles, et de le décharger de toute sollicitude.

CHAPITRE VI

Une recluse ne doit pas avoir de richesses, sous prétexte de pauvre et d'hospitalité. Qu'elle ait pour son usage une servante éprouvée, et n'élève point de jeunes filles.

Qu'une recluse tâche, si cela est possible, de vivre du travail de ses mains. C'est là une perfection. Si elle en est empêchée par l'infirmité ou la faiblesse, avant de se renfermer, elle doit chercher des personnes sûres, et recevoir humblement d'elle journellement ce qui suffit à un seul jour, sans rien de plus, ni pour les pauvres, ni pour les voyageurs. Autour de sa cellule, on ne doit entendre,ni les cris des pauvres, ni les pleurs des orphelins, ni les lamentations de la veuve. Mais, direz-vous, qui les empêchera ? Vous-même, restez tranquille, taisez-vous, supportez ces bruits. Dès qu'on saura que vous n'avez rien, qu'on n'a rien à recevoir, fatigué, on se retirera. C'est inhumain, criez-vous ! Si dans votre nourriture et dans votre habillement, vous avez plus que le nécessaire, vous n'êtes pas une religieuse : que donnerez-vous donc ? Une recluse, s'il lui reste quelque chose de son travail des mains, doit le confier à quelque personne fidèle pour le distribuer aux pauvres. Je ne veux pas qu'une vieille, habituée à dresser des embûches à la pudeur, se glisse parmi les pauvres pour vous approcher, vous apporte des eulogies de la part de quelque moine ou ecclésiastique ; ne vienne pas

CAPUT V

Reclusarum quarumdam avaritia.

Sunt aliæ quæ, licet turpia declinent, loquaces, tamen loquacibus assidue sociantur, nimium curiositati linguam et aures tota die otio rumoribusque dedentes. Aliæ non multum ista curantes (quod fere vitium per omnes hujus temporis serpit inclusas) pecuniæ congregandæ vel multiplicandis pecoribus inhiant : tantaque cum hac sollicitudine in his extenduntur, ut eas matres vel dominas familiarum existimes, non anachoretas. Quærunt aliquibus pascua pastores, qui procurent, qui custodiant greges, fructus vel pretium vel pondus, vel numerum a custodibus expetunt. Sequitur emptio et venditio, ut nummus nummo cumulum exigat, et avaritiæ sitim accendat. Fallit enim tales spiritus nequam pro impertiendis eleemosynis vel orphanis alendis. Pro advenientium parentum vel amicorum caritate, et religiosarum feminarum susceptione, hoc utile esse ac necessarium suadentes. Non est hoc tuum, ad quam magis pertinet, ut pauper cum pauperibus stipem accipias, quàm relictis omnibus tuis pro Christo aliena quærere, ut eroges. Magnæ infidelitatis signum est, si inclusa de crastino sit sollicita, cùm Dominus dicat, « Primum quærite regnum Dei et hæc omnia adjicientur vobis. (*Matth.*VI, 33.») Quapropter providendum est ut mens omni rerum temporalium cura exuatur, et exoneretur sollicitud ne.

CAPUT VI

Reclusane pauperum aut hospitum prætextu facultates habere velit. Utatur ancilla prabata. Non puellas doceat.

Quod ut fiat, videat inclusa, ut si fieri potest, de labore manuum suarum vivat. Hoc enim perfectum est. Si autem aut infirmitas aut teneritudo non permittat, antequam includatur, certas personas quærat, à quibus singulis diebus quod uni dici sufficiat, humiliter recipiat, nec caussa pauperum vel hospitum quicquam adjiciat. Non circa cellulam ejus pauperes clament, non orphani plorent, non vidua lamentetur. Sed quis, inquies, hoc poterit prohibere? Tu sede, tu tace, tu sustine. Mox ut scient te nihil habere, seque nihil recepturos, vel fatigati discedent. Inhumanum hoc clames. Ceterum si præter necessarium victum et vestitum aliquid habes, monacha non es. Quid ergo erogabis? præcipitur tamen inclusæ, ut quidquid de labore manuum suarum victui superfuit, mittat cuidam fideli, qui pauperibus eroget. Nolo ut insidiatrix

vous murmurer doucement des paroles flatteuses, ou vous les siffler à l'oreille, tout en baisant votre main, en reconnaissance de l'aumône qu'elle a reçue. Une recluse doit aussi se garder de se charger du fardeau de l'hospitalité, sous prétexte de recevoir des femmes pieuses. Car parmi les bonnes, se glissent très-souvent des femmes mauvaises qui, s'établissent devant la fenêtre de la solitaire, commencent à dire quelques rares paroles de religion, débitent ensuite des histoires mondaines, puis y glissent des amourettes et passent la nuit presque entière sans dormir. Evitez donc tout cela, si vous ne voulez pas être forcée d'entendre ce que vous avez horreur de regarder. Telles choses vous paraîtront peut-être insupportables, si vous les entendez raconter, ou si vous les voyez : qui ensuite, deviendront agréables à votre pensée. Si vous craignez le scandale, la même raison qui éloigne de vous les pauvres, vous oblige à ne point recevoir d'étrangers. Lorsque tous auront reconnu votre dénûment, personne ne vous fera de reproches. Si vous ne voulez pas vous charger d'argent pour les pauvres ou les étrangers, vous aurez moins besoin d'une nombreuse maison. Choisissez-vous donc quelque vieille femme, ni babillarde, ni causeuse, ni querelleuse, et ne colportant point de sornettes, mais qui ait toujours de bonnes mœurs, et ait de tous un bon témoignage. Elle gardera la porte de votre cellule recevra et conservera ce qu'il faut. Qu'elle prenne sous sa tutelle une fille plus robuste pour porter les fardeaux, apporter l'eau et le bois, cuire les fèves ou les légumes, et si la maladie le demande, préparer les médicaments. Qu'elle soit tenue sous la discipline de la verge, de peur que sa légèreté ne vienne par hasard à souiller votre sainte habitation, et n'appelle l'outrage sur votre personne. Ne permettez jamais aux jeunes garçons et aux jeunes filles de vous approcher. Il y a des recluses qui s'occupent d'instruire les enfants, et qui, de leur cellule, font une école. Celle-ci s'assied à la fenêtre, celle-là siége sous le portique ; une autre fixe chacune de ses élèves ; et au milieu de ce mouvement d'enfants, se fâche, rit, menace, frappe, caresse, embrasse, on fait approcher une qui pleure pour la corriger de plus près, touche le visage, étreint le cou, et le couvrant de baisers, la nomme tantôt sa fille, tantôt son amie. Comment, au milieu de tout cela, subsistera la pensée de Dieu ? Car, enfin, ce ne sont que des choses charnelles et du siècle qui, bien qu'incomplètes, ne laissent pas cependant que de s'agiter et de se peindre, pour ainsi dire, à vos yeux. Ces deux femmes vous suffisent donc pour vous entretenir et vous servir.

CHAPITRE VII

La recluse doit chercher le silence, parler rarement et avec modestie.

Nous engageons surtout la personne retirée du monde, à observer rigoureusement le silence. Là, en effet, se trouvent un grand calme et des fruits abondants : et le silence est la pratique de la jus-

pudicitiæ vetula mixta pauperibus accedat proprius, deferat ab aliquo monachorum vel clericorum eulogias, non blanda verba in aure susurret, ne pro accepta eleemosyna osculans manum in aure insibilet. Cavendum præterea est, ut nec ob susceptionem religiosarum feminarum, quodlibet hospitalitatis onus inclusa suscipiat. Nam inter bonas plerumque etiam pessimæ veniunt, quæ ante inclusæ fenestram discumbentes præmissis valde paucis de religiosis sermonibus ad sæcularia devolvuntur, inde subtexere amatoria, et noctem fere totam insomnem ducere. Sane tu tale devita. ne cogaris audire, quod videre horreas. Forte enim videbuntur amara, cùm audiuntur, vel cernuntur : quæ sequuntur dulcia, cum cogitantur. Si scandalum times, eo quod nec pauperibus erogas, non suscipis hospites ; cum omnes tuam nuditatem didicerint, non erit, qui reprehendat. Si verò nec pro pauperibus, nec pro hospitibus te velim pecuniosam esse : multo utique minùs occasione grandioris familiæ. Itaque eligatur tibi aliqua anus, non garrula, non vaga, non litigiosa, non nugigerula ; sed quæ bonos mores excoluerit, et ab omnibus habuerit testimonium veritatis. Hæc ostium cellulæ custodiat, et quod debuerit, vel admittat, vel conservet. Habeat sub cura sua fortiorem ad onera sustinenda puellam, quæ aquam et ligna comportet, coquat fabas, et si hoc infirmitas exegerit, præparet potiora. Hæc sub virgæ disciplina custodiatur, ne forte ejus lascivia tuum sanctum habitaculum polluatur, propositum blasphemetur. Pueris et puellis nullum ad te concedas accessum. Sunt quædam inclusæ, quæ in docendis puellis occupantur, et cellam suam vertunt in scholam. Illa sedet ad fenestram, ista in porticu residet. Illa intuetur singulas, et inter puellares motus nunc irascitur, nunc ridet, nunc minatur, nunc percutit, nunc blanditur, nunc osculatur. nunc flentem vocat pro verbere propius, palpat faciem, stringit collum, et in amplexum ruens nunc filiam vocat, nunc amicam. Qualiter inter hæc memoria Dei, nisi sæcularia et carnalia, et si non perficiantur moventur tamen, et quasi sub oculis depinguntur. Tibi utique duæ illæ sufficiant ad colloquium et ad obsequium.

CAPUT VII

Studeat silentio, et raro modesteque loquatur.

Silentii gravitatem inclusæ servandam præcipue suademus. Est enim in ea quies magna et fructus multus. Nam cultus justitiæ silentium, sicut ait Hie-

tice. Comme le dit Jérémie : « Il est bon d'attendre en silence le salut de Dieu; » et aussitôt : « Il est bon pour l'homme, lorsqu'il aura porté le joug, (*Thren.*, III,26,27),»de s'asseoir solitaire et de garder le silence. C'est de là qu'il est écrit : « Ecoute, Israël, et garde le silence. » Faites donc ce que dit le prophète : « J'ai dit ; je garderai mes voies, pour ne point pécher dans ma langue. J'ai posé une garde à ma bouche, (*Psal.* XXXVIII). » C'est ainsi que craignant de pécher par la langue que, selon l'apôtre saint Jacques, nul homme ne peut dompter entièrement, la recluse doit placer une garde à sa bouche, demeurer dans la solitude et observer le silence. Qu'elle parle intérieurement et ne se croie pas seule, quand elle est seule. Car, alors, elle est avec Jésus-Christ qui ne veut pas être avec elle dans la foule. Qu'elle demeure donc seule, écoutant en silence Jésus-Christ parlant avec lui, et qu'elle mette une garde à sa bouche. Qu'elle prenne garde d'abord à parler rarement, ensuite qu'elle fasse attention à ce dont elle parle, à qui et comment elle parle. Elle doit parler rarement, c'est-à-dire, à des heures fixes et réglées : nous en parlerons plus loin. A qui ? à des personnes sûres et qu'on lui aura désignées. Comment ? avec humilité, modération, à voix peu élevée, sans dureté, sans flatterie, sans rire. Car si tout cela ne convient point à un homme qui se respecte, combien moins à une femme ! combien moins à une vierge ! combien moins à une recluse ! Solitude donc, ma sœur, et silence. Si vous êtes forcée de parler, parlez peu, avec humilité et modestie ; et que l'entretien roule sur les nécessités de la vie corporelle, ou du salut de l'âme.

CHAPITRE VIII

Avec quelles personnes doit parler une recluse.

Désignons maintenant les personnes avec lesquelles une recluse doit s'entretenir. Heureuse celle qui n'a pas eu d'époux, ne veut voir aucun homme, ni parler à aucun ! Mais quelle recluse de nos jours suit cet exemple ? Il suffit à celles d'aujourd'hui d'avoir pu conserver la chasteté du corps, sans avoir eu besoin de soulager leur sein d'un fardeau et de jeter les cris d'un honteux enfantement. Nous ne pouvons leur imposer un silence continuel qui les empêche de parler avec les hommes avec qui elles peuvent le plus honnêtement s'entretenir. Que la recluse cherche donc, si cela peut se faire, dans un grand monastère ou dans quelque église, un prêtre âgé, de mœurs éprouvées, auquel elle parle rarement, si ce n'est de confession ou de direction, de qui elle reçoive conseil dans ses doutes et consolation dans ses troubles. Mais comme ce mal que nous craignons, qui rallume les feux éteints et fait fondre les glaces de la vieillesse, se trouve répandu dans nos membres, que la recluse ne tende jamais au prêtre sa main à toucher ou à presser. N'ayez aucun souci de la pâleur de votre visage, de la maigreur de vos bras et de la rudesse de votre peau.

---

remias, « Bonum est cum silentio exspectare salutare Dei (*Thren.*,III,26). Et iterum, « Bonum est viro cum portaverit jugum : » ut sedeat solus et taceat. Unde scriptum est : « Audi Israël, et tace III, 27. » Fac ergo quod ait Propheta, « Dixi custodiam vias : ut non delinquam in lingua mea. Posui ori meo custodiam (*Psal.*, XXXVIII). » Sic inclusa timens casum linguæ, quam secundum Apostolum Jacobum nemo hominum domare potest, ponat custodiam ori suo, sola sedeat, et taceat ore ; spiritu loquatur : et credat se non esse solam, quando sola est. Tunc enim cum Christo est, qui non dignatur in turbis esse cum ea. Sedeat ergo sola, taceat Christum audiens, et cum Christo loquens, ponat custodiam ori suo. Primum, ut raro loquatur. Deinde quid loquatur, quibus, et quomodo loquatur, attendat. Raro loquatur, id est certis et constitutis horis, de quibus postea dicemus. Quid loquatur, id est certis personis, et quales ei fuerint designatæ. Quomodo loquatur, id est humiliter, moderate, non alta voce, nec dura, nec blanda, nex mixta risu. Nam si hoc ad quem libet virum honestum non pertinet, quando magis ad feminam ? quanto magis ad virginem ? quanto magis ad inclusam ? Sede ergo soror mea et tace. Si compelleris loqui, parum loquere, humiliter et modeste : sive de corporalium rerum necessitate, sive de animæ salute sermo incubuerit.

CAPUT VIII
Quibuscum personis loqui decet Reclusam.

Jam nunc personas quibus loqui debet, designemus. Felix illa quæ nec maritum admisit, nullum virorum videre volens, nec alloqui. Sed quæ nunc reclusarum hoc sequitur exemplum ? Sufficiunt illis quæ modo sunt, si hanc corporalem castitatem conservent, si non onusto ventre non extrahantur, si non fletus infamis partum ediderit. Quibus perpetuum, ne cum viris loquantur, indicere non possumus silentium, cum quibus honestius loqui possint, videamus. Ergo si fieri potest, provideatur in magno monasterio vel ecclesia presbyter aliquis senex, maturus moribus : cui raro, nisi de confessione et animæ ædificatione loquatur. A quo consilium accipiat in dubiis, in tribulationibus consolationem. Verum quia inclusum membris malum illud, quod timemus, plerumque suscitat, et emollit emortuam senectutem, nec ipsi manum suam tangendam præbeat vel palpandam. Nulla vobis de macie vultus, de exilitate brachiorum, de cutis asperitate sit cura.

CHAPITRE IX

Sur la prière de sa sœur, il écrit une règle de vie pour les recluses.

Ces choses, ma sœur, Dieu merci, n'ont pas dû se dire pour vous ; mais comme ce n'est pas pour vous seule, mais aussi pour les femmes plus jeunes qui, d'après vos conseils, veulent embrasser une vie semblable, que j'ai voulu vous donner cette règle, j'ai cru devoir y insérer tout cela, afin que si quelque personne portant un grand nom ou ayant une grande renommée, un abbé, par exemple, ou un prince, a le désir de s'entretenir avec une recluse, il le fasse en présence de quelqu'un.

CHAPITRE X

De l'entretien avec différentes personnes. Ce qu'une recluse doit observer en cette occasion.

Je ne voudrais pas qu'aucune personne vous visitât trop fréquemment, et que dans ses visites trop fréquentes, elle eût avec vous des entretiens secrets. Car l'assiduité de quelques personnes, a certainement du danger pour la réputation d'une vierge ; la conscience aussi est en péril. En effet, plus vous voyez souvent le même visage et entendez la même voix, plus aussi l'image s'imprime profondément dans votre souvenir. Aussi, une recluse doit-elle parler à un homme la face voilée ; elle doit éviter de le regarder et ne prêter à ses discours qu'une oreille craintive. Car, entendre souvent la voix du même homme n'est point, je crois, sans danger pour quelques âmes. Evitez les discours des jeunes gens et des personnes suspectes ; n'en admettez aucun de près vous, si ce n'est pour l'écouter s'il s'adresse à vous ; et encore, faut-il que la nécessité l'exige. Ne parlez donc à aucun visiteur, sauf un évêque, ou un abbé, ou un prieur renommé, sans la permission ou l'ordre du prêtre qui vous dirige, afin que la difficulté de pouvoir vous parler soit pour vous un garant de tranquillité. Jamais de messages entre vous et un homme quelconque, sous prétexte de la charité, de nourrir de bons sentiments, de chercher une liaison ou une amitié spirituelle. Ne recevez d'eux aucun petit cadeau, aucune lettre, et ne leur envoyez point ces présents d'usage, comme des ceintures, des bourses tissées et brodées de fils de différentes couleurs, et autres choses de ce genre, que les moines donnent aux plus jeunes par la main des clercs. C'est le levain d'un amour illicite et l'occasion d'un grand mal.

CHAPITRE XI

La recluse doit travailler des mains. — La modestie doit être son ornement.

Faites vous-mêmes, les travaux que la nécessité demande ou que l'utilité prescrit, et employez-en le prix à votre usage, s'il en reste quelque chose ;

CAPUT IX

Scribit vivendi formam Reclusis rogatus a sorore.

Hæc tibi soror (gratias Deo) dicenda non fuerant : sed quia nec solum propter te, sed etiam propter adolescentiores, quæ similem vitam tuo consilio arripere gestiunt, hanc tibi formulam tradi voluisti, hæc interferenda putavi, si aliqua magni nominis vel bonæ æstimationis persona, abbas scilicet, vel prior, cum inclusa loqui voluerit, aliquo præsente loquatur.

CAPUT X

De colloquio cum variis personis, quid hac in re observandum a Reclusa.

Nullam certe personam te frequentius visitare vellem, nec cum aliqua te crebrius visitante, familiare vellem tecum habere secretum. Periclitatur enim fama virginis crebra certe alicujus personæ salutatione, periclitatur et conscientia. Nam quanto sæpius eumdem videris vultum, vel vocem audieris, tanto expressius ejus imago tuæ memoriæ imprimetur. Et ideo inclusa etiam facie velata loqui debet cum viro, et ejus vitare conspectum, cui cum timore solum debet præstare auditum. Nam eamdem viri vocem sæpe admittere, quibusdam periculosum esse non dubito. Adolescentium et suspectarum personarum devita colloquium : nec umquam tecum, nisi tu audientiam illius, qui tibi proprio loquitur, et hoc si certa necessitas poposcerit. Cum nullo itaque advenientium, præter episcopum, aut abbatem, vel magni nominis priorem, sine ipsius presbyteri licentia vel præcepto loquaris, ut difficultas loquendi tecum, tibi præstet quietem. Numquam inter te et quemlibet virum, quasi occasione exhibendæ caritatis, vel nutriendi affectus, vel expetendæ familiaritatis aut amicitiæ spiritualis, discurrant nuntii : nec eorum munuscula litterasque suscipias, nec illis tua dirigas, prout moris est, puta zonas, marsupia, quæ diverso stamine et subtegmine variata sunt, et cetera quæ hujusmodi adolescentioribus monachi per clericos mittunt, quod fomentum est amoris illiciti, et magni materia mali.

CAPUT XI

Operetur manibus, ornetur verecundia.

Operare proinde ea, quæ vel necessitas poscit, vel præscribit utilitas, et eorum pretium tuis cedat usibus, quibus si non eguaris, aut necessaria ecclesiæ, aut

donnez, comme nous l'avons dit, le nécessaire à l'église et aux pauvres. La modestie doit orner tous les mouvements, toutes les paroles d'une recluse. Celle-ci doit contenir sa langue, apaiser ses colères et éviter les querelles. Car, s'il lui sied à peine de dire honnêtement des choses honnêtes, quelle honte n'est-ce pas pour elle de parler sans retenue, fût-elle harcelée d'injures et aiguillonnée par la fureur.

CHAPITRE XII
Conduite d'une recluse à qui on cherche querelle.

Une recluse ne doit donc pas répondre à qui lui cherche querelle, ni réprimander qui la contrarie ni riposter à qui la provoque ; mais, dans tout ce qu'on lui reproche, sur tout ce qu'on murmure d'elle, tant en public qu'en secret, elle doit, avec calme, laisser tomber son dédain du haut de sa conscience, disant avec l'apôtre : « Peu m'importe que je sois jugée par vous (I *Cor.*, IV. 3). » La recluse doit principalement s'étudier, en conservant la tranquillité de son esprit et la paix de son cœur, à prendre comme hôte continuel de son âme, celui dont il est écrit : « Sa demeure est établie dans la paix (*Ps.*, LXXV). » Et ailleurs, le Seigneur dit par la bouche de son prophète : « Sur qui se reposera mon esprit, si ce n'est sur l'homme humble et pacifique et qui craint mes commandements (*Is.*, LXVI, 2) ? » Les sottes conversations non-seulement troublent ce saint état de l'esprit, mais le détruisent ?

Rien donc, je crois, ne doit plus attirer votre attention que l'observation du silence.

CHAPITRE XIII
Du temps de parler et du temps de se taire.

Mais distinguons quel est le temps de parler et le temps de se taire. Ainsi, depuis l'exaltation de la sainte Croix jusqu'au carême, la recluse doit garder le silence de la fin des Complies à l'aurore. Le matin après Prime, si elle veut rappeler à sa servante quelques-unes des nécessités du jour, qu'elle le fasse en peu de mots, et ne parle ensuite à personne jusqu'à Tierce. Entre Tierce et None, elle peut répondre directement aux nouveaux arrivés, pourvu qu'ils soient admissibles, et donner à ses servantes les ordres qu'il lui plaît. Après None, le repos étant pris, elle doit éviter toute occasion d'entretien et de dissipation, afin que ce mot de l'Écriture ne s'applique point à elle : « Le peuple s'est assis pour boire et manger, et il s'est levé pour s'amuser. » (*Ex.*, XXXII, 6.) Après avoir dit les prières du soir, elle peut s'entretenir avec sa domestique des besoins de la maison, jusqu'au moment de la collation. En temps de carême, la recluse devrait observer un silence absolu : mais comme on l'a jugé chose trop dure et impossible, elle peut parler avec son confesseur et sa servante, mais plus rarement que dans un autre temps, et jamais avec d'autres, à moins que quelque personnage respectable n'arrive de

---

pauperibus, sicut diximus, tribuas. Ornet etiam omnes motus, omnes sermones inclusæ, verecundia, quæ linguam compescat, iram mitiget, jurgia caveat. Quam enim pudere decet honeste honesta loqui : quantæ impudentiæ est, ut inhonesta, licet lacessita injuriis aut stimulata furore, loquatur.

CAPUT XII
Reclusa verbis lacessita ut se gerere debet.

Inclusa igitur litiganti non respondeat, detrahenti non improperet, lacessenti non contradicat : sed in omnibus quæ in publico, vel in occulto aut objiciuntur, aut susurrantur, ex conscientiæ serenioris arce contemnat, dicens cum apostolo, « Mihi autem pro minimo est ut a vobis judicer (I *Cor.*, IV, 3). » Super omnia enim inclusa studere debet, ut tranquilitatem spiritus, et pacem cordis jugiter retinens illum sui pectoris æternum habeat inhabitatorem : de quo scriptum est, « In pace factus est locus ejus (*Psal.*, LXXV, 3). » Et alias Dominus per Prophetam, « Super quem, inquit, requiescet spiritus meus, nisi super humilem et quietum, et timentem sermones meos (*Isa.*, LXXVI, 2)? » Hunc sacratissimum mentis statum, non solum stultiloquia evertunt, sed et pervertunt. Nihil tam esse tibi censeo sectandum, quam silentium.

CAPUT XIII
De tempore loquendi et tacendi.

Jam nunc tempus loquendi, ac tacendi tempus distinguamus. Igitur ab exaltatione sanctæ crucis usque ad quadragesimam, post completorium usque ad auroram silentium teneat : et tunc dicta prima, si aliud de diurna necessitate voluerit suggerere servienti, paucis hoc faciat verbis, nihil cuiquam postea usque ad tertiam loquatur. Inter tertiam vero et nonam, his qui supervenerint, prius si admittendi sunt, competenter respondeat, et ministris, quod placuerit, injungat. Post nonam sumpto cibo omne colloquium et dissolutionis materiam caveat, ne impingatur ei illud, quod scriptum est : « Sedit populus manducare et bibere, et surrexerunt ludere (*Exod.*, XXXII, 6). » Porro vespertina laude soluta, cum ministra usque ad tempus collationis de necessariis conferat. Tempore vero quadragesimæ inclusa semper silentium tenere deberet : sed quia hoc durum impossibileque putatur, cum confessore suo et ministra, rarius quam aliis temporibus, loquatur; et cum nullo alio, nisi forte aliqua reverenda persona ex aliis provinciis supervenerit. Post Pascha vero usque ad tempus prædictum, a completorio usque ad solis ortum silentio custodito, cum horam primam in diurnis obsequiis celebraverit,

province étrangère. Après Pâques, jusqu'au temps dont nous avons parlé, silence depuis Complies jusqu'au lever du soleil. Quand, dans ses obligations de chaque jour, elle aura récité Prime, elle peut, s'il le faut, s'entretenir avec ceux de sa maison, et entre None et Vêpres, avec les étrangers. L'heure des Vêpres passée, qu'elle prenne avec ses servantes les dispositions nécessaires jusqu'à la collation.

CHAPITRE XIV

Ses exercices depuis les calendes de novembre jusqu'au carême.

Cela réglé, déterminons le temps du travail manuel, de la lecture et de l'oraison. Car l'oisiveté est l'ennemie de l'âme, et la recluse doit l'éviter par dessus tout. C'est la mère de tous les maux, elle sert la volupté, alimente les imaginations vagabondes, entretient les vices. C'est un levain d'ennui, un foyer de tristesse. En elle, est le germe des plus mauvaises pensées ; elle recherche les affections illicites, éveille les désirs, enfante le dégoût pour la vie tranquille et inspire de l'horreur pour la cellule. Que le tentateur ne vous trouve jamais imprévoyante, jamais oisive. Mais puisque notre esprit sujet à la vanité dans cette vie ne peut pas toujours rester dans le même état, il faut mettre l'oisiveté en fuite par la variété des exercices, et établir le repos sur le retour successif de nos travaux. Ainsi, depuis les calendes de novembre jusqu'au carême, la recluse, si elle le veut, pourra reposer jusqu'à minuit passé, puis, se levant le plus modestement possible, d'après la règle de saint Benoît, elle célébrera les nocturnes, suivies de l'oraison qu'elle prolongera ou abrégera selon le secours que lui donnera l'Esprit saint. Qu'elle évite surtout qu'une oraison trop prolongée n'engendre le dégoût. Car il est bien plus utile de prier souvent et peu, que de prier longuement en une seule fois, à moins cependant qu'une dévotion extraordinaire ne vienne, à l'insu de l'âme qui prie, prolonger l'oraison. Après l'oraison, elle achèvera l'office en l'honneur de la Vierge, en y ajoutant les commémoraisons des saints. Mais ne vous imposez point comme une règle, un certain nombre de psaumes ou de commémoraisons. Récitez les psaumes autant que vous y trouverez de la consolation : aussitôt que vous sentirez la fatigue passez à la lecture. Si celle-ci vous ennuie, levez-vous pour prier ; fatiguée de tous ces exercices, passez au travail des mains, afin de récréer votre esprit par cette alternative salutaire, et de repousser la tristesse. Après avoir dit les commémoraisons dont le nombre ne doit pas être une contrainte imposée à l'attention de la voix, mais une inspiration dictée par la dévotion, le temps qui reste jusqu'à l'aurore peut se partager entre le travail des mains et le chant des psaumes. Aux premières teintes de l'aurore, on dira Laude et Prime avec les hymnes et les oraisons. Puis, alternant les lectures et les psaumes dans l'ordre que dictera la dévotion, on attendra Tierce : après quoi on devra s'occuper de travail manuel jusqu'à l'heure de None. Le repas achevé, et les grâces terminées, la recluse reprendra le cours

cum ministris suis loquatur si oportuerit ; cum supervenientibus, inter nonam et vesperam. Finita hora vesperarum, disponat cum ministris quod opus fuerit usque ad collationem.

CAPUT XIV
Quibus exercitiis vacandum a Kal. Novemb. ad quadragesimam.

His inspectis operi manuum, lectioni et orationi certa tempora deputentur. Otiositas quippe inimica est animæ, quam præ omnibus cavere debet inclusa. Est enim omnium malorum parens, libidinis artifex pervagationum altrix, nutrix vitiorum, fomentum acediæ, tristitiæ incentivum. Ipsa pessimas cogitationes seminat, affectiones illicitas quærit, suscitat desideria. Ipsa quietis fastidium parit, horrorem incutit cellæ. Numquam te improvidam, numquam te spiritus inveniat otiosam. Sed quia mens nostra, quæ in hac vita subdita est vanitati, numquam in eodem statu permanet, otiosas exercitiorum varietate fuganda est, et quies nostra quadam operum vicissitudine fulcienda. Itaque a calendis Novembris usque ad quadragesimam secundum æstimationem suam, plus media nocte repauset, et sic surgens cum qua potest devotione, secundum formam regulæ beati Benedicti, nocturnas vigilias celebret ; quibus mox succedat oratio, secundum quod eam Spiritus-sanctus adjuverit, aut protelare debet aut abbreviare. Caveat autem ne prolixior oratio fastidium pariat. Utilius est enim sæpius orare breviter, quam semel nimis prolixe : nisi forte orationi devotio inspirata ipso nesciente, qui orat, prolongaverit. Post orationem in honorem virginis debitum solvat officium, sanctorum commemorationes adjiciens. CAVE AUTEM ne de numero Psalmorum, vel commemoratione, aliquam tibi legem imponas : sed quamdiu te psalmi delectant, utere illis. Si tibi cœperint esse onerosi, transi ad lectionem : quæ si fastidium ingerit, surge ad orationem. Sic ad opus manuum, his fatigata, pertransies, ut salubri alternatione spiritum recrees, et pellas acediam. Finitis commemorationibus quarum numerum non propositioni, vel voci necessitas extorqueat : sed inspirans devotio dictat, tempus quod restat usque ad auroram, operi manuum cum psalmorum modulatione deserviat. Albescente aurora matutinas laudes cum horæ primæ hymnis persolvat : et sic in alternatione lectionum, orationum, psalmorum quoque prout ea devotio variaverit, tertiam exs-

paisible des exercices que j'ai tracés, mêlant aux exercices spirituels le travail des mains jusqu'à Vêpres. Pendant quelques instants, elle doit faire en son particulier une lecture sur la vie des saints, leurs écrits ou leurs miracles, afin que, sortant de là avec quelque componction, elle puisse dire Complies avec une grande ferveur intérieure et se mettre au lit, le cœur rempli de pieuses pensées. Celle qui ne sait pas lire, doit insister davantage sur le travail des mains. Quand elle sera un peu fatiguée, qu'elle se lève, se mette à genoux et prie quelque peu son Seigneur, pour reprendre aussitôt l'ouvrage qu'elle avait interrompu. Elle doit faire ainsi et dans le temps de la lecture et dans celui du travail, répétant fréquemment pendant la même occupation l'oraison Dominicale, en y mêlant, si elle le veut, quelques psaumes.

CHAPITRE XV

Des exercices depuis Pâques jusqu'aux Calendes de Novembre.

Depuis Pâques jusqu'aux Calendes de Novembre, la recluse se lèvera pour les vigiles, de manière à ce que les hymnes et les prières des nocturnes étant dites, elle commence les prières du matin après un peu de repos. Ensuite, jusqu'au lever complet du soleil, elle devra s'adonner à la prière et à la récitation des psaumes ; et après Prime, elle commencera le travail du jour, jusqu'à Tierce. Elle occupera alors son esprit par des lectures pieuses et par l'oraison jusqu'à Sexte. Après Sexte, elle prendra son repas, et se reposera sur son lit jusqu'à None, après quoi elle travaillera des mains jusqu'à Vêpres. Après les Vêpres, nouvelles prières et nouveaux psaumes. Elle règlera l'heure de la collation, de manière à se mettre au lit avant le coucher du soleil, car elle doit prendre soin, en toute saison que la nuit n'ait pas étouffé de ses ténèbres toute la lumière du jour avant qu'elle aille dormir, pour n'être pas forcée de dormir quand elle doit veiller.

CHAPITRE XVI.

Du jeûne du Carême.

Sur le point de parler du Carême, je dois, ce semble, en faire remarquer l'excellence. Bien qu'il y ait plusieurs sortes de jeûnes pour les fidèles, celui du carême l'emporte sur tous les autres. Il se présente appuyé de l'autorité divine, non point seulement pour quelques personnes en particulier, pour les gens de telle ou telle condition, mais pour tous les chrétiens en général. Les preuves de son excellence se tirent de la Loi, des Prophètes et de l'Evangile. Car Moïse, ce grand serviteur de Dieu, jeûna 40 jours et 40 nuits, pour être digne de recevoir la loi de Dieu. Le prophète Elie, après avoir mangé du pain cuit sous la cendre et bu l'eau que l'ange lui avait donnée, jeûna 40 jours et 40 nuits, et mérita ensuite d'entendre la voix de Dieu. Notre

pectet, qua dicta in opere manuum usque ad horam nonam occupetur. Cibo autem sumpto et grat'arum actionibus Deo solutis, ad præscriptam mansuetudinem spiritalibus exercitiis, opus corporale intermittens usque ad vesperas. Facto autem parvo intervallo aliquam lectionem de vitis patrum, vel institutis vel miraculis eorum sibi secretius legat : ut orta ex his aliqua compunctione, in quodam fervore spiritus completorium dicat : ut cum pleno pectore devotionis lectulo membra componat : illa sane quæ litteras non intelligit, operi manuum diligentius insistat. Ita ut cum paulatim fuerit fatigata, surgat et genua flectat, et breviter oret Dominum suum, et statim opus, quod intermiserat resumat : et hoc faciat tempore scilicet utroque lectionis et laboris, Dominicam orationem crebrius inter opera eadem repetens : et si quos psalmos voluerit, interserens.

CAPUT XV

De exercitiis a Pascha ad Kalendas Novemb.

A Pascha vero usque ad prædictas Calendas sic surgat ad vigilias ut finitis nocturnis hymnis et orationibus, parvissimo intervallo præmisso matutinas incipiat. Quibus expletis usque ad plenum solis ortum orationibus vacet et psalmis, et tunc dicta prima sacrificium diurni operis inchoet, usque ad horam tertiam in lectione et oratione usque ad sextam spiritum occupet. Post sextam sumpto cibo, pauset in lectulo suo usque ad nonam : et sic usque ad vesperam manibus operetur. Post vesperam vero orationibus vacet et psalmis, horam collationis ita temperans, ut ante solis occasum lectulus membra recipiat. Cavendum enim est omni tempore ne totam diei lucem nox antequam dormitum eat, suis obducat tenebris, et dormire cogatur cum vigilare debet.

CAPUT XVI

De quadragesimali jejunio.

De tempore quadragesimali locuturi, primo excellentiam ejus credimus commendandam. Cum multa sunt Christianorum jejunia, omnibus excellit quadragesimale jejunium, quod divina auctoritate non singulis quibuscumque personis, non illius vel illius ordinis hominibus, sed omnibus indicitur Christianis. Habet autem testimonium excellentiæ a Lege, a Prophetis et ab Evangelio. Nam Moyses famulus Dei jejunavit quadraginta diebus et quadraginta noctibus, ut legem Domini accipere mereretur. Helias autem propheta cum manducasset de pane subcinericio, aquamque bibisset, quam Angelus ei ministraverat, jejuna-

Seigneur et Sauveur ayant jeûné 40 jours et 40 nuits triompha du tentateur, et les anges s'approchèrent de lui et ils le servaient.

CHAPITRE XVII

Puissance du jeûne.

Le jeûne est donc un secours contre toute espèce de tentations, contre tout état de péché. C'est un refuge utile dans toutes les tribulations, et pour nous tous, un appui incontestable. Jésus-Christ lui-même a bien voulu nous dire quelle était cette puissance du jeûne. On n'avait pu chasser le démon qui s'était emparé du lunatique. « On ne chasse ce genre de démons, dit Jésus, que par la prière et le jeûne (*Marc*, IX, 28). »

CHAPITRE XVIII

Que signifie le Carême ?

Mais bien que le jeûne doive toujours être le compagnon inséparable de la religion, et que sans lui la chasteté ne puisse se trouver en sûreté, ce jeûne du Carême contient particulièrement une grande signification. Notre première demeure fut le paradis ; la seconde, c'est ce monde tout rempli de misères ; la troisième sera le ciel, où nous habiterons avec les anges et les saints. Or, ces quarante jours signifient tout le temps qui s'écoulera depuis l'expulsion d'Adam du paradis terrestre jusqu'au jour suprême où nous serons affranchis de cet exil.

Nous sommes ici dans la crainte, le travail et la douleur, chassés de devant la face de Dieu, exclus des joies du paradis, et privés de la nourriture du ciel. Nous devons sans cesse considérer et déplorer notre misère, montrer dans toutes nos œuvres que nous sommes des étrangers et des voyageurs dans ce monde. Or, comme ce n'est pas chose facile à la fragilité humaine, l'Esprit saint a fixé un temps où nous puissions remplir ce devoir, et il a réglé dans l'Eglise certaines observances pouvant rappeler la raison de ce temps. Il montre, en effet, que nous avons été expulsés, que nous sommes sujets à la mort en vertu de cette parole que Dieu a dite à Adam en le chassant du paradis, et qu'on nous redit au jour des Cendres : « Tu es poussière, et tu retourneras en poussière (*Gen.*, III, 19). » Afin que nous sachions aussi que dans ce lieu d'exil, la vision de Dieu nous est refusée, un voile s'étend entre nous et le saint des saints. Et pour nous remettre en mémoire que nous sommes relégués loin de la société de ceux dont il est écrit : « Bienheureux ceux qui habitent dans votre maison, Seigneur, ils vous loueront dans les siècles des siècles (*Ps.* LXXXIII), » nous omettons le mot si usité *alleluia*. Par ce jeûne plus austère qui nous lie, l'Esprit saint nous rappelle que dans cette vie nous n'avons pas la paix céleste comme nous le voulons. Ainsi donc, dans ce temps, tout chrétien doit ajouter quelques pratiques à ses devoirs, et veiller plus attentivement sur son cœur et sa bouche. Mais la recluse surtout comprend plus parfaitement la raison de l'institution de ce

---

vit quadraginta diebus et quadraginta noctibus, et tunc vocem Domini audire promeruit. Dominus et salvator noster cum jejunavit quadraginta diebus et quadraginta noctibus, superavit tentatorem, et accesserunt Angeli et ministrabant ei.

CAPUT XVII

Persequitur de virtute jejunii.

Est ergo jejunium contra omnia tentamenta et peccabilem statum. In omni tribulatione utile refugium, omnibus nostris irrefragabile fulcimentum. Quantæ autem virtutis sit jejunium ipse Christus non tacuit, cur dæmonem, qui lunaticum invaserat, ejicere non potuerunt. « Hoc genus, inquit, dæmoniorum non potest ejici, nisi in oratione et jejunio (*Marc.*, IX, 28). »

CAPUT XVIII

De significatione quadragesimæ.

Licet autem religionis comes semper debeat esse jejunium, sine quo castitas tuta esse non potest : hæc tamen quadragesimalis observatio magnum in se continet sacramentum. Primus locus habitationis nostræ paradisus fuit. Secundus mundus iste plenus ærumnis. Tertius in cælo cum Angelis et Spiritibus. Significant autem isti quadraginta dies totum tempus, ex quo pulsus est Adam de paradiso usque ad ultimum diem, in quo plene liberabuntur ab hoc exsilio. Hic autem sumus in timore, in labore, in dolore projecti a facie oculorum Dei, exclusi a gaudiis paradisi, jejuni ab alimento cælesti : semper autem debemus hanc miseriam nostram considerare, et deplorare, et ostendere in operibus nostris quod sumus advenæ et peregrini in mundo. Sed quia hoc facile non potest humana fragilitas, constituit Spiritus-sanctus tertium tempus, quo id faciamus, et quasdam observationes in Ecclesia fieri ordinavit, quibus ipsius temporis caussam animadvertere valeamus. Nam ubi ostendit nos pulsos esse, adjectos morti propter verbum, quod dixit Dominus ad Adam, cum eum expelleret de paradiso, cum cinerum adspersione dicitur nobis, « Pulvis es, et in pulverem reverteris (*Gen.*, III, 19). » Ut sciamus etiam quod in hoc exsilio negatur nobis visio Dei, appenditur velum inter nos et sancta sanctorum. Verum ut reducamus ad memoriam, quod longe sumus ab eorum societate de quibus scriptum est : « Beati qui habitant in domo tua Domine, in sæcula sæculorum laudabunt te (*Psal.*, LXXXII, 5). » Usitatum verbum laudis intermittimus. Quod vero nos ipso hoc altiori jejunio constringimur, recordari nos facit, quod in hac vita

temps, d'autant plus qu'elle la reconnaît plus expressément dans sa propre vie. Elle doit donc par de saintes prières, au moyen desquelles nous désirons surtout plaire à Jésus-Christ, se vouer entièrement à Dieu et se sanctifier. Trêve avec toutes les délices, loin d'elle tout entretien ; et regardant ce temps comme un jour nuptial, qu'elle aspire avec toute l'avidité de son âme aux chastes embrassements du Christ. Elle doit plus fréquemment vaquer à l'oraison, plus fréquemment se jeter aux pieds de Jésus, plus fréquemment répéter son nom pour s'exciter à la componction, provoquer ses larmes et s'affranchir de toute idée étrangère. Qu'après les veilles sacrées, elle donne à l'oraison et à la méditation l'intervalle qui sépare Laudes de Matines. Ensuite, Prime une fois récitée, qu'elle chante les psaumes ou lise jusqu'à Tierce. Tierce achevée, elle doit dévotement s'adonner au travail des mains jusqu'à None, en y mêlant par intervalles quelques courtes prières. Qu'elle dise ensuite Vêpres, et attende en psalmodiant l'heure de Complies.

CHAPITRE XIX

Qualité et quantité du boire et du manger.

C'est vraiment chose superflue de vous donner des règles sur la qualité et la quantité du boire et du manger, à vous, ma sœur, qui depuis l'enfance jusqu'à la vieillesse qui affaiblit maintenant vos membres, soutenez à peine votre corps d'un peu de nourriture. Mais pensant qu'elle pourra être utile à d'autres, je tâcherai de fixer pour eux une règle à ce sujet. Le bienheureux Benoît accorde au moine une livre de pain et une hémine de vin. Je ne les refuse pas aux recluses qui sont plus délicates. Néanmoins, il est très-utile aux jeunes qui sont plus robustes de s'abstenir de tout ce qui peut enivrer. Le pain blanc et les mets délicats doivent être évités comme un poison pour la chasteté. Que la recluse consulte ses besoins de manière à chasser la faim sans rassasier l'appétit. Ainsi, celles qui ne veulent pas aller jusqu'à la parfaite abstinence, doivent se contenter d'une livre de pain et d'une hémine de vin étendu d'eau, soit qu'elles prennent deux ou un seul repas. Elles peuvent avoir un plat d'herbages ou de légumes, ou même de farine auquel s'ajoute un peu d'huile, de beurre ou de lait pour corriger la fadeur de ce mets ; c'est assez, quand la recluse doit faire un second repas. Au souper, elle prendra un peu de lait ou de poisson, ou ce qu'elle pourra se procurer en ce genre ; mais qu'elle se contente d'une seule espèce de mets, avec des fruits ou des herbes crues, si elle en a. Quand elle ne fait qu'un seul repas par jour, elle pourra ajouter ces fruits ou ces herbes au mets principal. Pour les vigiles des saints toutefois, ainsi que pour les quatre temps, et même pour le mercredi et le vendredi, en dehors du temps de Carême, elle devra s'astreindre à la règle du jeûne quadragésimal. Or,

cœlesti pane non satiamur. In hoc ergo tempore omnis Christianus aliquid addere dicitur solitæ obsequiis, et diligentius atque frequentius circa cordis et oris custodiam occupari. Sed inclusa maxime institutionis temporis hujus rationem multo melius intelligit, quanto eam in propria vita sua expressius recognoscit. In his proinde sacris orationibus Christo placere præcipue desideramus totam se Deo voveat atque sanctificet. Omnes delicias respuat, omnes confabulationes abjuret, et quasi dies nuptiarum hoc tempus existimans ad amplexus Christi omni aviditate suspiret. Frequentius solito incumbat orationi, crebrius se pedibus Jesu prosternat, crebra nominis illius repetitione compunctionem excitet, lacrymas provocet, cor ab omni vagatione compescat. Finis itaque sacris vigiliis intervallum, quod a nocturnis laudibus dividit matutinas, orationi et meditationi observat. Dictaque post matutinas prima usque ad plenam tertiam psalmis ac lectionibus vacet. Tertiæ vero horæ laude completa, opori manuum usque ad horam nonam devota insistat, breves per intervalla orationes inserens ; dicta post hoc vespera corpus reficiet, et sic tempus completorii psallens exspectet.

CAPUT XIX

De cibi et potus qualitate et quantitate.

Jam de cibi et potus qualitate vel quantitate, ex abundanti quidem tibi legem imponere soror, quæ ab ipsa infantia usque ad senectutem, quæ nunc tua membra debilitat, parcissimo cibo vix corpus sustentas : pro aliis cum quibus id utile futurum arbitrans, certa mode his præscribere regulam tentabo. Beatus Benedictus libram panis et heminam potus concedit monacho : quod nos inclusis delicatioribus non negamus : adolescentibus tamen in corpore robustis, ab omni quod inebriare potest, abstinere utilissimum est. Panem nitidum et cibus delicatos quasi impudicitiæ venenum evitet. Sic necessitati consulat, ut et famem repellat, et appetitum non satiet. Itaque quæ ad perfectiorem abstinentiam progredi non valent, libra panis et hemina lautioris potus contentæ sint : sive bis comedant, sive semel. Unum habeant de oleribus vel leguminibus pulmentum, vel certe de farinaceis. Cui modicum olei, vel butyri vel lactis injicies, hoc condimento fastidium repellat. Et hoc ei, si ea die cœnatura est sufficiat. Ad cœnam vero parum lactis sibi vel piscis modicum, vel aliquid hujusmodi si præsto fuerit, apponat. Uno genere cibi contenta cum pomis et herbis crudis, si quas habuerit, hæc ipsa si semel comederit, in die prælibato pulmento possunt apponi. In vigiliis sanctorum tamen et quatuor temporum jejuniis, omnium etiam feriarum quarta et sexta, extra quinquagesimam in cibo quadragesimali jejunet. In quadragesima vero unum quotidie ei sufficiat pulmentum.

pendant le Carême, un seul plat chaque jour doit lui suffire ; si même sa faiblesse ne s'y oppose pas, elle jeûnera le vendredi au pain et à l'eau. Depuis l'Exaltation de la Sainte-Croix jusqu'au Carême, elle prendra un repas par jour à l'heure de None. Pendant le Carême, elle ne rompra le jeûne qu'après Vêpres. De Pâques à la Pentecôte, elle prendra son repas à Sexte et en silence ; ce qu'elle observera aussi pendant tout l'été, excepté le mercredi et le vendredi, et les jours de jeûnes solennels. Aux jours où elle jeûne, elle peut, pendant l'été, entre Matines et Prime, donner à son corps quelques instants de repos.

CHAPITRE XX

Du vêtement et de la chaussure.

Il doit suffire à la recluse d'avoir des vêtements pour la garantir du froid. Qu'elle emploie de grossières fourrures et des peaux pour l'hiver, et qu'elle ait une tunique pour l'été. En toute saison, deux chemises d'étoupes. Son voile ne doit pas être d'une étoffe fine ou précieuse, mais d'une étoffe commune ou de couleur noire, dans la crainte que la variété des couleurs ne paraisse une affectation de parure. Qu'elle ait en quantité suffisante les chaussures, souliers et sandales. Gardienne vigilante de la pauvreté, elle doit tâcher d'avoir toujours un peu moins que peuvent autoriser ses besoins. Voilà, ma très-chère sœur, ce que, sur vos instances, j'ai cru devoir écrire sur la tenue et la règle de vie ; ce n'est point la ferveur des anciens, mais j'ai suivi les coutumes de notre époque. J'adoucis quelque peu la sévérité du régime pour les faibles, laissant aux forts la liberté de suivre une direction plus parfaite.

CHAPITRE XXI

La solitude est préférable à la société, pour conserver la virginité.

Et maintenant, puissent-elles entendre et comprendre mes paroles, toutes celles qui, renonçant au monde, ont choisi cette voie de la solitude, désirant se cacher aux regards des hommes et s'ensevelir comme mortes avec Jésus-Christ dans le tombeau. Avant tout, souvenez-vous toujours que vous devez préférer la solitude à la société des hommes. « La vierge, dit l'Apôtre, pense aux choses de Dieu : comment elle plaira à Dieu et sera sainte de corps et d'esprit (*I Cor.*, VII, 34). » C'est là un sacrifice volontaire, une oblation spontanée, à laquelle la loi n'oblige pas. Le besoin y conduit, le précepte n'y contraint pas. C'est pourquoi le Seigneur dit dans l'Evangile : « Que celui qui peut le comprendre, le comprenne (*Matth.*, XIX, 12). » Qui peut le comprendre ? Certainement celui à qui Dieu a inspiré ce désir et donné la force de l'accomplir. Par conséquent, comme vierge, recommandez d'abord avec une grande dévotion de cœur, votre dessein à celui-là même qui vous l'a inspiré, lui demandant dans une prière fervente de vous faire sentir, par la grâce, ce que, de vous-même, vous pouvez com-

---

Et nisi infirmitas impediat, feria sexta in pane et aqua jejunet. Ab Exaltatione sanctæ crucis usque ad quadragesimam semel in die hora nona reficiat. In quadragesima dicta vespera jejunium solvat. A Pascha usque ad Pentecosten ad sextam prandeat, et ad prandium silentium teneat : quod etiam tota æstate faciet, præter ferias quarta et sexta, et sollemnibus jejuniis Diebus autem quibus jejunat, licet ei in æstate pro somno meridiano inter matutinas et primam modicum quietis indulgere corpusculo.

CAPUT XX

De vestimentis et calceamentis.

Porro talia ei vestimenta sufficiant quæ frigus repellant. Grossioribus pelliceis utatur, et pellibus propter hyemem, propter æstatem autem unam habeat tunicam : utroque vero tempore duas de stupacio camisias vel staminas. Velamen capitis non sit de panno subtili vel pretioso, sed mediocri nigro : ne videatur colore vario affectare decorem. Calceamenta, pediles, caligas, quantum satis fuerit habeat. Et paupertatis suæ custos sollicite consideret, ut etiam aliquantulum minus habeat quam indulgere sibi possit justa necessitas. Hæc soror carissima, de exterioris hominis conversatione non pro antiquitatis fervore, sed pro hujus nostri temporis spatio te compellente conscripsi, infirmis temperatum quemdam modum vivendi proponens, fortioribus ad perfectiora progrediendi libertatem relinquens.

CAPUT XXI

Solitudo est hominum consortio præferenda propter conservationem virginitatis.

Sed jam nunc audiat et intelligat verba mea, quæcumque abrenuntians mundo vitam hanc solitariam elegerit, abscondi desiderans non videri, et quasi mortua sæculo in spelunca Christo consepeliri. Primum tibi solitudinem hominum debeas præferre consortio diligenter attende. « Virgo, » inquit Apostolus, « cogitat quæ sunt Dei, quomodo placeat Deo, ut sit sancta corpore ac spiritu (*I Cor.*, VII, 34), » Voluntarium hoc sacrificium est, oblatio spontanea, ad quam non lex impellit. Sed necessitas cogit, non urget præceptum. Unde Dominus in Evangelio « Qui potest capere capiat (*Matth.*, XIX, 12). » Quis potest ? Ille certe cui Dominus hanc inspiraverit voluntatem et præstiterit facultatem. Primum igitur ut virgo bonum propositum tuum ipsi qui inspiravit

prendre. Songez toujours combien précieux est le trésor que vous portez, et fragile le vase qui le contient ; quelle récompense, quelle gloire, quelle couronne procure la conservation de la virginité. Ayez en outre présent à l'esprit quelle peine, quelle confusion, quelle condamnation résulte de sa perte ! Qu'y a-t-il de plus précieux que ce trésor ? c'est le prix du ciel, la joie des anges. Jésus-Christ lui-même en est avide ; c'est ce trésor qui le porte à nous aimer, et l'entraîne à nous donner, oserai-je le dire ? lui-même et tout ce qu'il a. Oui, le parfum de votre virginité exhalant son odeur jusque dans le ciel, fait que le roi du ciel aspire à votre beauté ; et c'est votre Seigneur, votre Dieu. Voyez quel époux vous vous êtes choisi : quel ami vous vous êtes procuré ! C'est le plus beau des enfants des hommes. Sa beauté est plus éclatante que le soleil, plus resplendissante que tout l'éclat des étoiles. Son esprit est plus doux que le miel, et son héritage plus que le miel et le rayon de miel. Sa droite embrasse l'espace, et sa gauche les richesses et la gloire. Il vous a déjà choisie lui-même pour son épouse : mais il ne vous couronnera que quand vous aurez été éprouvée. L'Ecriture dit aussi : « Celui qui n'a pas été tenté, n'a pas été éprouvé (*Eccles.*, xxxiv, 9). » La virginité, c'est l'or, la cellule la fournaise, le fondeur, le démon, le feu la tentation, la chair d'une vierge, le vase d'argile dans lequel se trouve l'or ; et ce vase une fois brisé, aucun art ne peut le réparer.

CHAPITRE XXII

Qu'il faut religieusement veiller à son vœu de chasteté.

Qu'une vierge songe continuellement à garder dans la plus grande crainte et avec le plus grand soin le trésor si précieux de la virginité : car la possession en est très-précieuse et la perte irréparable. Elle doit penser sans cesse à la couche nuptiale de celui à qui elle est destinée, aux embrassements de celui à qui elle est promise, et se représenter cet agneau qu'elle doit suivre partout où il ira. Qu'elle contemple la bienheureuse vierge Marie précédant les chœurs des vierges, et entonnant avec la voix de la virginité ce doux cantique que les vierges de l'un et l'autre sexe pourront seuls chanter, et desquels il est écrit : « Ce sont ceux qui ne se sont point souillés avec les femmes : car ils sont vierges (*Apoc.*, xiv, $\frac{1}{4}$). » Et n'allez pas croire que ces mots ne regardent point la souillure que peut contracter un homme sans une femme et une femme sans un homme, puisque le crime détestable accompli d'homme à homme et de femme à femme est jugé plus condamnable que tous les crimes. Mais même en dehors de tout commerce avec une chair étrangère, la virginité est souvent corrompue et la chasteté violée. Quand un feu trop ardent s'attaquant à la chair se sera soumis la volonté et aura saisi les membres, la vierge doit penser qu'elle a été tout entière consacrée à Dieu, donnée sans tache à Jésus-Christ et dédiée à l'Es-

---

cum summa devotione cordis commenda, intentissima oratione deposcens, ut quod impossibile est per meritum, facile sentiat per gratiam. Cogita semper, quam pretiosum thesaurum in quam fragili vasculo portes, et quam mercedem, quam gloriam, quam coronam virginitas servata ministret. Quam insuper pœnam, quam confusionem, quam damnationem importet amissa, indesinenter animo revolve. Quid hoc pretiosius thesauro : quo cœlum emitur, quo Angelus delectatur, cujus ipse Christus cupidus est, quo illicitur ad amandum, et ad præstandum provocatur. Quid ? Audeo dicere seipsum et omnia sua. Itaque nardus virginitatis tuæ etiam in cœlestibus dans odorem suum, facit ut concupiscat rex decorem tuum, et ipse est Dominus Deus tuus. Vide qualem tibi sponsum elegeris, qualem tibi amicum adulteris. Ipse est speciosus forma præ filiis hominum. Species or etiam sole et super omnem stellarum pulcritudinem. Spiritus ejus super mel dulcis et hæreditas ejus super mel et favum. Longitudo in dextera ejus, et in sinistra ejus divitiæ et gloria. Ipse te jam elegit in sponsam. Sed non coronabit nisi probatam. Et dicit Scriptura : « Qui non est tentatus, non est probatus (*Eccli.*, xxxiv, 9). » Virginitas aurum est, cella fornax, conflator diabolus, ignis tentatio, caro virginis vas luteum in quo aurum reconditur, nec vas ulterius a quolibet artifice reparatur.

CAPUT XXII

Ut virginitatis propositum religiose custodiendum.

Hæc virgo jugiter cogitans pretiosissimum virginitatis thesaurum, qui tam utiliter possidetur, tam irrecuperabiliter amittitur, summa diligentia, summo cum timore custodiat. Cogitet sine intermissione ad cujus ordinatur thalamum, ad cujus præparatur amplexum : proponat sibi agnum quem sequi habet, quocumque ierit. Contempletur beatissimam Mariam præcedentem choros virginum et præcinentem dulce illud cum virginitatis tympano canticum, quod nemo potest canere nisi utriusque sexus virgines. De quibus scriptum est. « Hi sunt qui cum mulieribus non sunt coinquinati, virgines enim sunt (*Apoc.*, xiv, 4). » Nec sic hoc dictum æstimes, quasi non vir sine muliere, aut mulier sine viro possit fœdari. Cum detestandum illud scelus, quo vir in virum, vel femina in feminam, omnibus flagitiis damnabilius judicatur. Sed et absque alienæ carnis consortio virginitas plerumque corrumpitur, castitas violatur. Si vehementior æstus carnem concutiens voluntatem sibi subdiderit, et rapuerit membra, cogitet virgo super omnia sua sanctificata

prit-Saint. Elle doit penser quelle indignité, c'est de livrer à Satan ce qui appartient à Jésus, et rougir de souiller, même par un seul mouvement, ses membres vierges.

CHAPITRE XXIII

Il faut craindre de perdre sa chasteté à table et dans les conversations.

Qu'elle mette donc toute son attention à la garde de sa virginité. Une vierge doit examiner toutes ses pensées, pour qu'affamée de la perfection de cette vertu, elle considère la faim comme ses délices et la pauvreté comme sa richesse. Dans le boire, le manger, dans le sommeil et la conversation, elle doit toujours appréhender de perdre la chasteté, craignant que donner plus qu'il ne faut à sa chair ne soit fournir des armes à son adversaire et nourrir un ennemi caché. En s'asseyant à table, elle doit donc se rappeler la beauté de la pureté, et, soupirant après la perfection de cette vertu, avoir en dédain la nourriture et la boisson en horreur, prendre avec regret et honte, quelquefois même en pleurant, ce que la nécessité lui commande ou la raison lui suggère de prendre. Si elle a un entretien avec quelqu'un, elle doit toujours craindre d'entendre quelque parole qui puisse jeter même le moindre nuage sur la pureté de sa vertu. Qu'elle sache bien qu'elle doit se regarder comme abandonnée de la grâce si elle venait à proférer même un seul mot contre la pudeur.

CHAPITRE XXIV

Avant le sommeil, il faut examiner sa conscience et se repentir de ses péchés.

Etendue dans votre lit, recommandez à Dieu votre virginité ; et, armée du signe de la croix, repassez dans votre esprit comment vous avez vécu dans ce jour, si vous avez offensé les regards de votre Seigneur en paroles, actions ou désirs ; si vous avez été plus légère, plus oisive, plus négligente dans le travail : si, prenant une nourriture plus abondante, vous permettant une boisson plus copieuse, vous avez dépassé les bornes de la nécessité. Surprenez-vous qu'il se soit glissé en vous quelqu'une de ces fautes, poussez des soupirs, frappez-vous la poitrine ; et, par ce sacrifice du soir, réconciliée avec votre époux, jetez-vous dans ses bras.

CHAPITRE XXV

Dans les tentations contre la pureté, il faut se rappeler l'histoire de la vierge Agnès.

Si, réveillée soudain, vous sentez que le repos du sommeil, ou les artifices du tentateur ont ravivé le feu de vos sens, que l'ennemi a rusé a envahi votre sommeil, et troublé le calme de votre pureté par des pensées étrangères, qu'il vous a proposé des délices séduisantes, et inspiré l'horreur pour la dureté de votre vie, rappelez en votre esprit

Deo, incorrupta Christo, Spiritui-sancto dedicata. Indignum judicet quod Christi est tradere satanæ, et virginea ejus membra erubescat vel simplici motu maculari.

CAPUT XXIII

Castitatis dispendium in mensa timendum, et in colloquiis.

Itaque proinde in virginitatis suæ custodiam totum animum tendat. Cogitationes expendat, ut virtutis hujus perfectionem esuriens famem delicias putet, divitias paupertatem. In cibo, in potu, in somno, in sermone semper timeat dispendium castitatis, ne si plus debito carni reddiderit, vires præbeat adversario, et occulto nutriat hostem. Sedens igitur ad mensam decorem pudicitiæ mente revolvat, et ad ejus perfectionem suspirans cibos fastidiat, potum exhorreat, etiam quod sumendum necessitas judicaverit, aut ratio dictaverit, cum dolore aut pudore aliquando cum lacrymis sumat. Si ei sermo fuerit cum aliquo, semper metuat aliquid audire, quod vel modicum, serenitatem castitatis obnubilet, deserenda se a gratia non dubitet, si vel unum verbum contra honestatem proferat.

CAPUT XXIV

Ante somnum conscientia excutienda et dolendum de peccatis.

Prostrata lectulo pudicitiam tuam commenda Deo, et sic signo crucis armata revolve animo quomodo die illo vixisti, si verbo, si opere, si affectu Domini tui oculos offendisti : si levior, si otiosior, si negligentior debito fuisti. Si plus cibo crudior, potu dissolutior metas necessitatis excessisti. Si subreptum tibi aliquid horum deprehendis, suspira, pectus tunde, et hoc sacrificio vespertino tuo reconciliatam sponso sponsus excipiat.

CAPUT XXIV

In tentationibus impudicis recogitanda Virginis Agnetis historia.

Si vigilanti subito, aut quiete soporis, aut arte tentatoris calor corporis fuerit excitatus, et in somnum callidus hostis invexerit, diversisque cogitationibus quietem pudicitiæ infestaverit, proposueritque delicias, vitæ durioris horrorem incusserit, veniat tibi in mentem beatæ virginis, quæ in tenera ætate tam crebro reportavit de implissimo hoste triumphum.

l'exemple de cette bienheureuse vierge qui, dans l'âge le plus tendre, remporta de si grandes victoires sur le plus impie des ennemis. Songez à bienheureuse Agnès, aux yeux de qui l'or, l'argent, les habits les plus somptueux, les pierres précieuses et toute la pompe et la gloire du siècle n'étaient que du fumier. Citée au tribunal, elle s'y rend : le juge la flatte, elle le méprise ; elle en rit, craignant bien plus d'être épargnée que d'être punie. Elle change le lupanar infâme en un lieu de prières. Un ange y pénètre avec elle, remplit de lumière ce lieu de ténèbres, et frappe de mort celui qui en voulait à la pudeur d'Agnès. Vous aussi, si vous priez et levez contre ce brandon de débauche les armes de vos larmes, à coup sûr, votre cellule ne manquera pas de recevoir l'ange qui secourut Agnès dans le lieu prostitution. Il était bien juste que le feu matériel n'eût point de prise sur la bienheureuse Agnès, elle qui avait calmé le feu de sa chair et qui s'était embrasée des feux de la charité. Toutes les fois que le malin esprit vous suggérera des choses illicites, et qu'un feu plus ardent aura envahi vos sens, sachez que celui qui sonde les reins et les cœurs est près de vous, et que toutes vos actions, toutes vos pensées tombent sous ses regards. Témoignez un grand respect pour le Seigneur qui vous assistera, n'en doutez pas, et répondez à l'esprit séducteur : J'ai un ange qui m'aime, et qui, avec un grand zèle, veille sur mes sens : dans une telle nécessité, aidez vos efforts d'une abstinence discrète ; car là où règne l'affliction de la chair, il n'y a point ou il ne peut y avoir que peu de délectation.

Cogita Agnem beatissimam a qua aurum, argentum, vestes pretiosissimæ, lapides pretiosi et tota sæcularis gloriæ pompa quasi quædam stercora sunt reputata. Vocata ad tribunal non abfuit; blandiebatur judex, contempsit; minabatur, irrisit, magis metuens ne parceret quam ne puniret : fœdumque lupanar vertit in oratorium : quod cum virgine ingrediens Angelus lucem infudit tenebris, et insectatorem pudicitiæ morte mulctabat. Si igitur et tu oraveris, et contra libidinis incentorem lacrymarum tuarum arma levaveris, non certe Angelus tuo casto deerit cubiculo, qui prostibulo non defuit. Merito beatam Agnem ignis iste materialis nequivit adurere, cui carnis flamma tepuerat, quam ignis succenderat caritatis. Quotiescumque nequam spiritus illicita quæque suggesserit, vehementior incubuerit æstus, illum qui scrutatur corda et renes, scito esse præsentem : et sub ejus oculos esse quidquid agis vel cogitas. Habe proinde reverentiam Domino, quem tibi assistere non dubites, et deprædatori responde : « Angelum habeo amatorem, qui nimio zelo custodit corpus meum.» Adjuvet conatum tuum in tali necessitate discreta abstinentia. Quia ubi multa carnis afflictio, aut nulla, aut parva aliqua potest esse delectatio.

CHAPITRE XXVI.

Dans la jeunesse, la chasteté ne peut se conserver intacte sans la componction du cœur et la macération du corps.

Que personne ne se flatte, que personne ne se trompe ni ne s'abuse. Jamais les jeunes gens, sans une grande componction de cœur et une grande affliction de la chair, ne pourront acquérir ou conserver la chasteté, qui, très-souvent, chancelle chez les infirmes et les vieillards. En effet, bien que la continence soit un don de Dieu et que personne ne puisse être chaste, si Dieu ne le lui accorde, et que ce don ne soit pas un fruit de nos mérites, mais un effet gratuit de la grâce, néanmoins il ne juge indignes de ce don que ceux qui refusent de subir quelque peine pour l'acquérir, veulent être chastes au milieu des délices, vierges au sein des festins, vivre au milieu des jeunes garçons et des jeunes filles sans être tentés, se remplir d'humeurs impures au milieu des plats et des bouteilles sans être souillés, entourer leurs yeux d'un cercle de flammes et ne pas brûler. Vous voyez bien que c'est chose difficile ou impossible.

CHAPITRE XXVII.

D'un moine qui comprimait à peine les élans de la chair par les plus dures macérations, et ne pouvait complétement les étouffer.

J'ai connu un moine qui, dans les commencements de sa conversion, était tellement tourmenté

CAPUT XXVI

Castitas in juvenili ætate sine magna cordis et corporis attritione non stat integra.

Nemo se palpet, nemo blandiatur sibi, nemo se fallat. Nunquam ab adolescentibus sine magna cordis contritione et carnis afflictione castitas conquiritur, vel servatur, quæ plerumque ægris vel senibus periclitatur. Nam licet continentia donum Dei sit, et nemo possit esse continens, nisi Deus det, nec ullis nostris meritis donum hoc, sed ejus gratuitæ sit gratiæ adscribendum, illos tamen tanto dono indignos judicat, qui aliquid laboris pro eo subire detrectant, volentes inter delicias casti esse, inter epulas continentes, inter pueros et puellas conservari et non tentari : in comessationibus et ebrietatibus fœdis distendi humoribus et non coinquinari : ligare visum suum cum flammis et non exuri. Difficile hoc; utrum aut impossibile tu videris.

CAPUT XXVII

De monacho stimulum carnis duris macerationibus vix comprimente, non penitus exstinguente.

Novi ego monachum, qui cum initio suæ conversio-

par les aiguillons de la chair, la violence d'une habitude vicieuse et les suggestions du tentateur, qu'il craignait que sa pureté ne fût en danger. Il s'éleva contre lui-même, et concevant pour sa chair la plus belle des haines, il ne recherchait rien tant que ce qui pût la mater. Ainsi, il macérait son corps par l'abstinence, et lui retranchant ce qui lui était dû, comprimait même ses plus simples mouvements. Mais une trop grande faiblesse l'ayant contraint d'être plus indulgent pour lui-même, voici que sa chair, levant de nouveau la tête, troublait, pensait-il, la tranquillité qu'il avait acquise. Se jetant donc fréquemment dans l'eau glacée, il psalmodiait et priait pendant quelque temps au milieu des frissons. Souvent aussi, quand il ressentait des mouvements défendus, il frottait son corps avec des orties, et par l'incendie qu'il allumait sur sa chair, il étouffait l'incendie des passions. Tout cela n'étant point suffisant, quand l'esprit de fornication le le pressait encore, il ne lui restait qu'à se prosterner aux pieds de Jésus, priant, pleurant, soupirant, demandant, suppliant, conjurant son Dieu ou de le faire mourir ou de le guérir. Souvent il criait : « Je ne m'en irai point, je ne resterai pas tranquille et je ne vous quitterai point que vous ne m'ayez béni. » Il lui fut accordé un peu de relâche, mais la sécurité lui fut refusée. Pendant que les aiguillons de la chair lui laissaient quelque repos, les amours illicites le poursuivaient dans l'esprit. Mon Dieu ! quelles croix, quels tourments supporta alors ce malheureux, jusqu'au jour où il se répandit dans son cœur un si grand amour pour la chasteté qu'il rejeta toutes les voluptés que l'on peut éprouver ou imaginer : alors aussi la tentation l'abandonna. Aujourd'hui, la maladie s'est jointe à la vieillesse ; et néanmoins il ne se flatte pas, maintenant encore d'être en sûreté.

CHAPITRE XXVIII

Contre les vieillards qui ne veulent pas se priver du commerce des concubines.

Quelle est honteuse l'impudicité de ceux qui, après avoir vieilli dans les impuretés, ne veulent pas se priver du commerce de personnes suspectes ; et, on ose à peine le dire, partageant un même lit avec elles : ils prétendent au milieu des embrassements et des baisers, être sûrs de leur chasteté, eux qui, un corps glacé par l'âge, n'ont que froideur pour le ciel. Infortunés et les plus malheureux des hommes qui, tout en étant privés de la faculté de commettre le crime, ont encore celle de rester dans la souillure ! Il n'y a pas de repos pour leurs honteux désirs, bien que les glaces de l'âge leur refusent satisfaction. Qu'ils examinent cependant si l'iniquité dit vrai ou si elle se ment à elle-même, et si, pendant qu'ils s'efforcent de voiler un crime, il ne s'en découvre pas deux en eux : lorsque parfois une illusion nocturne vient se jouer de leurs membres décrépits, et que ce mal intérieur tourmente maintes fois leur morte vieillesse.

nis, tam naturalibus incentivis, tam violentia vitiosæ consuetudinis, tam suggestione callidi hostis tentaretur, ut pudicitiam suam periclitari timeret, erexit se contra se, et adversus suam carnem suavissimum concipiens odium, nihil magis quam quod ad eam affectaret expeteret. Itaque inedia macerabat corpus, et quæ ei de se debebantur subtrahens, etiam motus ejus simplices comprimebat. Sed cum iterum nimia debilitas sibi plus indulgere compelleret, ecce caro rursus caput erigens adquisitam, ut putabatur, infestabat quietem, plerisque se frigidis aquis injiciens, tremens aliquamdiu psallebat et orabat. Sæpe etiam illicitos sentiens motus, urticis fricabat corpus, et nudæ carni aperius incendium incendio superabat. Et cum hæc omnia non sufficerent, nihilominus eum spiritus fornicationis urgeret, tunc quod solum supperfuit, prostratus ante pedes Jesu orat, plorat, suspirat, rogat, adjurat, obtestatur, ut aut occidat, vel sanet, clamat crebro, non abibo, non quiesco, nec te dimittam nisi benedixeris mihi : præstatur ad horam refrigerium, sed negatur securitas. Quiescentibus enim paululum carnis stimulis affectiones illicitæ pectus invadunt. Deus meus quas cruces, quæ tormenta tunc pertulit miser ille, donec tanta infusa est ei dilectio castitatis ; ut omnes quæ sentiri possunt, vel cogitari, quasvis injiceret voluptates, et tunc quoque recessit ab eo. Sed usque ad tempus et nunc senectuti morbus accessit, nec sic tamen se de securitate blanditur.

CAPUT XXVIII
Contra senes, qui concubinarum consortio carere nolunt.

Unde non parum pudet quorumdam impudicitiæ, qui cum in sordibus senuerunt, nec sic suspectarum personarum volunt carere consortio. Cumque, quod dictu nefas est, eodem lectulo cubantes inter amplexus et oscula de sua castitate se dicunt esse securos, quos frigescente corpore ad cælos leposcentia membra deficiunt. Infelices isti et præ cunctis mortalibus miseri, quibus cum desit sceleris perpetrandi facultas, adhuc manet in ipsa fœditate facultas. Non quiescit turpe desiderium, quamvis ei frigiditas neget effectum. Videat tamen utrum verum dicat, aut mentiatur iniquitas sibi, et dum nititur velare unum, duplex in se prodat flagitium ; cum et fere decrepitos nocturnum aliquando plasma deludat, et emortuam senectutem intestinum hoc malum sæpius inquietet.

CHAPITRE XXIX

Que la vierge toujours craintive se fortifie dans la méditation de la parole de Dieu.

Quant à vous, ma sœur, je veux que vous ne soyez jamais en pleine sécurité, mais toujours dans la crainte, et que votre fragilité vous soit toujours suspecte. Je veux vous voir comme les colombes timides habiter le bord des eaux, et comme dans un miroir y distinguer l'image de l'épervier voltigeant au-dessus, et échapper à ses serres. Le bord des eaux sont les pensées des Saintes Écritures qui, sorties de la source la plus pure de la Sagesse, nous font connaître les suggestions diaboliques, pour nous mettre en garde contre elles et les éviter. Rien, en effet, ne chasse plus les pensées inutiles ou ne comprime mieux les pensées impures que la méditation de la parole de Dieu qu'une vierge doit rendre si familière à son esprit, qu'elle ne doit plus vouloir ni rien méditer autre chose. Que le sommeil la surprenne sur les Ecritures. Qu'à son réveil, la première pensée qui se présente à elle soit une pensée de l'Ecriture, et que sa mémoire en mêle quelqu'une dans les songes de son sommeil.

CHAPITRE XXX

Contre ceux qui n'embrassent pas la rigueur de l'abstinence, de crainte de tomber en langueur.

Mais il en est qui se détournent de ces salutaires exercices, dans la crainte de tomber en langueur par suite d'une trop longue abstinence ou de veilles immodérées, et de devenir ainsi une charge pour les autres et un supplice pour eux-mêmes. Voilà notre excuse dans nos péchés. Qu'ils sont peu nombreux aujourd'hui ceux qu'enflamme un si grand zèle ! nous sommes tous sages, tous prévoyants, tous discrets. De loin, nous haïssons la guerre, et avant de sentir la maladie dans notre cœur, nous la redoutons. Mais cette langueur que nous ressentons actuellement dans l'âme, nous la négligeons, nous craignons de la guérir, comme s'il était plus facile de supporter les feux de la volupté que de souffrir les criantes réclamations de l'estomac ; ou comme s'il valait moins éviter l'impureté par une langueur continuelle de la chair, que d'être réduit sous sa servitude en restant sain et bien portant. Qu'importe, en effet, que notre chair rebelle soit abattue par la langueur, pourvu que la chasteté soit sauvegardée par l'abstinence ? Mais, dit-on, il faut bien se donner quelque relâche, de peur, à l'occasion de notre faiblesse, de succomber aux attraits de la volupté. Certes, si la chair languit, si elle est malade, si les entrailles souffrent, si l'estomac est desséché, les délices, quelles qu'elles soient, seront plutôt un fardeau qu'une jouissance.

CHAPITRE XXXI

D'un jeune homme revenant au bien, et voyant Jésus-Christ à l'heure de sa mort.

J'ai connu un jeune homme qui, terrassé par la force de l'habitude, n'avait pu persévérer dans sa

CAPUT XXIX

Virgo semper pavida, se ipsa muniat verbi Dei meditatione.

Te soror numquam volo esse securam, sed timere, semperque tuam fragilitatem habere suspectam, ad instar pavidæ columbæ frequentare rivos aquarum, et quasi in speculo accipitris cernere supervolantis effigiem et cavere. Rivi aquarum sententiæ sunt Scripturarum, quæ de limpidissimo sapientiæ fonte profluentes diabolicarum suggestionum produnt imaginem et sensum, quo caveantur, et eludant. Nihil enim magis cogitationes excludit inutiles, vel compescit lascivias quam meditatio verbi Dei, quod sic ad animum suum virgo debet assuescere, ut aliud nolens, non possit aliud meditari. Cogitanti de Scripturis somnus obrepat. Evigilanti primum aliquid de scripturis occurrat. Dormientis somnia memoria aliqua de Scripturis sententia condiat.

CAPUT XXX

Contra eos qui rigorem abstinentiæ non amplectuntur, ne corporis languorem incurrant.

Sed quidam a salutaribus exercitiis retrahuntur timore, ne videlicet propter nimiam abstinentiam vel vigilias immoderatas incidant in languorem, et ita efficiantur aliis oneri, sibi autem dolori, hæc excusatio nostra in peccatis nostris : quam pauci sunt hodie quos talis fervor ignivit, omnes sapientes sumus omnes providi, omnes discreti : procul oderamus bellum, et sic morbum corporis antequam sentiatur, formidamus : ut languorem animæ quem præsentem sentimus, territi negligamus, quasi tolerabilius sit flammam libidinis, quam ventris tolerare rugitum. Aut multo melius sit continuo languore carnis vitare lasciviam quam sanum et incolumem in ejus redigi servitutem. Quid enim interest utrum abstinentia, an languore caro superbiens comprimatur, ut castitas conservetur ? Sed remissio, inquit, cavenda est, ne forte occasione infirmitatis incurramus illecebras voluptatis, certe si languet, si ægrotat, si torquentur viscera, si arescit stomachus, quælibet deliciæ oneri magis erunt quam delectationi.

CAPUT XXXI

De adolescente resipiscente et Christum hora mortis vidente.

Vidi hominem, qui cum pænitentia sua, vi consue-

pénitence. Enfin, rentrant en lui-même, il rougit au delà de ce qu'on peut dire. Bientôt, son cœur s'échauffe dans sa poitrine et s'enflamme pour la méditation. Concevant ensuite une salutaire colère contre lui-même, il entre dans le transport le plus violent, déclare la guerre à son corps, lui retranchant même ce qui semblait le plus nécessaire. A sa légèreté succéda la gravité; à sa loquacité le silence. Personne, dans la suite, ne le vit jouer; personne ne le surprit à rire; personne n'entendit une parole oiseuse sortir de sa bouche. Il eut en tel dédain, en telle horreur les consolations de ce monde et tout ce qui passe pour agréable à la chair, qu'il ne se permettait aucun repos, aucun soulagement du boire et du manger. Il apportait une telle vigilance, un si grand scrupule dans ses pensées, qu'en cela seul il paraissait excessif. Debout, assis, il avait le visage et les yeux baissés, au point que, craintif et tremblant, il semblait comparaître au tribunal de Dieu. C'est avec de telles armes qu'il remporta sur son tyran un glorieux triomphe. Car, à la suite d'une langueur de longue durée, étant tombé dans une grande maladie, et se trouvant déjà proche de l'heure où il devait jouir du repos, il dit ces paroles : « Laissez, voici Jésus qui vient ! »

CHAPITRE XXXII

La vraie sagesse consiste à préférer l'âme au corps.

Je dis cela pour faire connaître la sagesse qui est la mère et la nourrice de toutes les vertus. Mais réprimons la gourmandise, cette source des vices, renfermons dans des limites nécessaires le repos de notre corps, la familiarité des femmes et des gens efféminés, ainsi que les festins, parce que souvent, sous un faux prétexte de sagesse, nous cachons un motif de plaisir. La vraie sagesse, en effet, consiste à placer l'âme avant le corps, et quand tous les deux sont en danger, le salut de l'une ne pouvant s'opérer que par la perte de l'autre, il faut mépriser la perte du corps pour le salut de l'âme. Tout ceci est pour vous faire remarquer combien grande doit être votre sollicitude à veiller sur votre chasteté. Elle est, il est vrai, la fleur et l'ornement de toutes les vertus; mais sans l'humilité, elle se dessèche et se flétrit.

CHAPITRE XXXIII

Orgueil. — Différentes espèces d'orgueil.

Il est certain que ce n'est pas un fondement solide que celui des vices, puisque tout ce qu'on y bâtit tombe en ruines. Le commencement de tout péché est l'orgueil qui a chassé les anges du ciel et l'homme du paradis terrestre. Il existe de cet arbre funeste une multitude de branches : toutes cependant se résument en deux espèces, l'orgueil de la chair et l'orgueil de l'esprit. L'orgueil de la chair consiste à s'enorgueillir des choses de la chair; l'orgueil de l'esprit des choses de l'esprit. L'orgueil de la chair se subdivise ensuite en deux, la jactance et la vanité. Il y a vanité si une servante de Jésus-Christ se glorifie intérieurement dans son esprit

tudinis oppressus, continere non posset, tandem in se reversus supra modum erubuit : et mox concaluit cor ejus intra eum, et in meditatione ejus exarsit ignis. Deinde salubriter irascens sibi, invectione gravissima irruit in seipsum, et bellum indicens corpori, etiam ei quæ necessaria videbantur, ademit. Successit gravitas levitati, loquacitati silentium. Nemo cum postea vidit jocantem, ridentem nemo conspexit, nemo ex ore ejus otiosum sermonem audivit. Temporales consolationes, et quidquid carne suave putabatur, ita contempsit et exhorruit, ut nullam sibi requiem, nullam in cibo vel potu consolationem indulgere ei pateretur. Cogitationum suarum ita sollicitus et scrupulosus erat, ut in hoc solo nimius videretur. Ita demisso vultu oculisque dejectis stabat, sedebat, ut timens et tremens divinis tribunalibus videretur assistere. Talibus armis gloriosum retulit de tyranno triumphum. Nam gravissimum stomachi incurrens incommodum post diuturnum languorem, cum jam dormitionis ejus hora instaret : Sine, inquit, ecce Jesus venit.

CAPUT XXXII

Vera discretio, carni animam præponere.

Hæc dico ut discretionem, quæ omnium virtutum et mater et nutrix est, detegam : sed vitiorum materias gulam comprimamus requiem corporis, feminarum et effeminatorum familiaritatem atque convictum intra metas necessarias cohibeamus; quia sæpe falso nomine discretionis palliamus negotium voluptatis. Vera enim discretio est animam carni præponere, et ubi periclitatur utraque, nec sine hujusmodi incommodo ille potest salus consistere. pro illius utilitate istam negligere. Hæc diximus ut quanta tibi debeat in consideranda pudicitia esse sollicitudo, adverteres. Quæ cum omnium virtutum flos sit et ornamentum, sine humilitate tamen aret atque marcescit.

CAPUT XXXIII

De superbia et ejus speciebus.

Hoc est certum haud securum peccatorum omnium fundamentum, et quo quidquid ædificas ruinæ patet. Initium omnis peccati superbia, quæ angelum de cælo, hominem de paradiso expulit. Hujus pessimæ cum multi sint rami omnes tamen in duas species dividuntur, in carnalem scilicet et spiritualem. Carnalis superbia est de carnalibus : spiritualis est de spiritualibus superbire. Carnalis postea in duas subdivi-

d'être née de parents illustres, si elle se réjouit d'avoir préféré pour Jésus-Christ la pauvreté aux richesses; si elle s'efforce de se mettre au-dessus des personnes plus pauvres et de basse condition; si elle admiré, comme une grande action, d'avoir dédaigné la main des riches.

CHAPITRE XXXIV
D'une certaine vanité qui consiste dans l'ornementation de la cellule et de l'oratoire.

Il y a aussi une espèce de vanité qui consiste à prendre son plaisir dans une décoration affectée de sa cellule. On orne les murailles de peintures diverses et de reliefs; on décore l'oratoire de différentes boiseries et images. Evitez tous ces ornements comme contraires à votre profession.

CHAPITRE XXXV
Même sujet.

Et de quel droit vous glorifier de votre fortune et de votre naissance, vous qui voulez passer pour l'épouse de Celui qui s'est fait pauvre, lorsqu'il était riche, qui a choisi une mère pauvre, une famille pauvre, une chaumière pauvre et l'abandon de la crèche? Devez-vous ainsi vous glorifier d'avoir préféré le Fils de Dieu aux fils des hommes, d'avoir méprisé la souillure de la chair pour la beauté de la virginité, d'avoir acheté les richesses éternelles du Ciel et ses délices avec les souffrances des saints?

CHAPITRE XXXVI
On doit préférer l'ornement des vertus.

Si vous vous glorifiez dans le Seigneur, vous le servirez avec crainte. Mais n'allez pas, sous une certaine apparence de dévotion, poursuivre cette gloire dans les peintures ou les sculptures, dans les plumes des oiseaux et dans les différentes représentations de bêtes ou de fleurs aux couleurs variées. Laissez cette gloire à ceux qui n'ont intérieurement rien dont ils puissent se glorifier: ils se procurent des objets extérieurs, sur qui ils placent leurs complaisances. Toute la gloire de cette fille du roi est intérieure: les bords de ses vêtements sont d'or, elle est revêtue d'une robe à mille couleurs. Or, si déjà vous êtes la fille du roi, étant l'épouse du fils du roi, et si vous avez entendu la voix du Père vous dire: « Ecoutez, ma fille, voyez et prêtez l'oreille (*Ps.*, XLIV), » votre gloire doit être toute intérieure: tâchez que votre gloire soit le témoignage de votre conscience. Qu'il y ait en elle la plus belle variété des vertus; que les couleurs différentes s'y rencontrent et s'y marient si bien, que la beauté de l'une rehausse la beauté de l'autre; et que celle qui, naturellement, a moins d'éclat, apparaisse plus brillante par son union avec une autre.

ditur species: in jactantiam scilicet et vanitatem, vanitas est, si ancilla Christi intus in animo suo glorietur se nobilibus ortam natalibus: Si se divitiis paupertatem prætulisse pro Christo delectetur: Si se pauperibus et ignobilioribus præferre conetur: Si se contemsisse divitum nuptias quasi aliquid magnum admiretur.

CAPUT XXXIV
De quadam specie vanitatis in cellulæ oratoriique ornamentis.

Est etiam quædam species vanitatis, in affectata aliqua pulcritudine, etiam intra cellulam delectari, parietes variis picturis et celaturis ornare: oratorium pannorum et imaginum varietate decorare. Hæc omnia quasi professioni tuæ contraria cave.

CAPUT XXXV
Rursus de quadam inani gloria.

Qua enim fronte de divitiis vel natalibus gloriaris, quæ illius vis sponsa videri, qui pauper factus est, cum esset dives, pauperem matrem, pauperem familiam, domum etiam pauperculam et præsepii vilitatem elegit? Itane gloriandum tibi est, quod Dei filium hominum filiis prætulisti, quod fœdam carnem pro virginitatis decore sprevisti, quod æternas cæli divitias atque delicias martyriis sanctorum commutasti?

CAPUT XXXVI
De ornamentis virtutum præferendis.

Si gloriaris in Domino, servias ei cum timore. Sed illam tu noli quasi sub specie devotionis sequi gloriam in picturis, vel sculpturis, in pennis avium, vel bestiarum aut diversorum florum imaginibus variatis. Sint hæc illorum, qui nihil intus, in quo glorientur, habentes, exterius sibi comparant, in quibus delectentur. « Omnis gloria ejus, filiæ regis ab intus, in fimbriis aureis circumamicta varietatibus (*Psal.*, XLIV, 15). » Si autem tu jam filia regis es, utpote filii regis sponsa, patrisque vocem audisti, dicentis: « Audi filia, et vide, et inclina aurem tuam. » Sit tua omnis gloria ab intus, vide ut gloria tua sit testimonium conscientiæ tuæ. Ibi pulcherrima virtutum varietas. Ibi diversi colores sic conveniant, et sic jungantur sibi, ut alterius pulcritudinem alter augeat: et qui in sua natura minus lucet, alterius collatione lucidior appareat.

CHAPITRE XXXVII

De l'ornement des vertus. — Suite.

Que l'humilité s'unisse à la chasteté, et il n'y aura rien de plus beau ; qu'à la prudence se joigne la simplicité, et il n'y aura rien de plus brillant ; que la miséricorde s'allie à la justice, et il n'y aura rien de plus doux ; au courage, ajoutez la modestie, et il n'y aura rien de plus utile. Occupez à cette variété les yeux de votre esprit ; mettez tous vos soins à former dans votre âme ce tissu des vertus ; si vous y ajoutez des franges d'or, vous avez tissé cette robe aux couleurs variées dont l'époux aime tant à vous voir revêtue. Les franges sont l'extrémité du vêtement, c'est comme sa fin. Or, la fin du précepte de la charité est un cœur pur, une bonne conscience et une fidélité sincère.

CHAPITRE XXXVIII

Comment, par la considération du lin qui orne les autels, on arrive à régler sa conduite.

Cherchez là votre gloire, là votre plaisir ; à l'intérieur et non à l'extérieur, dans les vraies vertus et non dans les peintures et les portraits. Ornez votre autel d'étoffes de lin, dont l'éclatante blancheur recommande la chasteté et annonce la simplicité. Pensez quel travail, quelles manipulations il faut pour que ce lin dépouille la couleur de la terre dans laquelle il a poussé, et parvienne à un tel état de pureté qu'il orne les autels et enveloppe le corps de Jésus-Christ. Nous naissons tous avec une couleur de terre : « Car j'ai été conçu dans l'iniquité, et ma mère m'a engendré dans le péché (*Ps.*, iv). » Ainsi d'abord, ma bien-aimée sœur, le lin est plongé dans l'eau : nous, nous sommes ensevelis avec le Christ dans les eaux du baptême. Là s'efface notre iniquité ; mais notre infirmité ne se guérit point entièrement : nous recevons quelque pureté dans la rémission de nos fautes, mais nous ne dépouillons pas encore complétement la couleur de la terre, à cause de la corruption de notre nature qui demeure. Au sortir de l'eau, on fait sécher le lin : il est nécessaire qu'en sortant des eaux du baptême, notre cœur, macéré par l'abstinence, se dépouille des honneurs illicites. Ensuite le lin est brisé à coups de marteau : notre chair est accablée sous une foule de tentations. Le lin est déchiré avec des peignes de fer, pour qu'il laisse ce qu'il a de superflu : nous, déchirés par les ongles de la discipline, nous retenons à peine le nécessaire. Après cela, le lin est soumis à une douce épuration de ses pailles légères : nous, après avoir à grand'peine surmonté nos plus mauvaises passions, nous nous purifions de nos fautes légères de chaque jour par une confession simple et la satisfaction. Les fileuses étendent ensuite le lin en longs fils : la longanimité nous porte en avant. Enfin, pour acquérir une plus grande beauté et perfection, le lin passe par l'eau et le feu : nous, il nous faut passer par le feu de la tribulation et les eaux de la

CAPUT XXXVII

Persequitur de virtutum ornamentis.

Jungatur castitati humilitas et nihil erit splendidius Prudentiæ societur simplicitas, et nihil erit lucidius Copuletur misericordia justitiæ, et nihil erit suavius. Adde fortitudini modestiam, et nihil erit utilius. In hac varietate tuæ mentis oculos occupa. Hanc in anima tua omni studio forma : cui si fimbrias aureas addas, vestem polymitam, in qua te sponsus cum summa dilectione conspiciat, texuisti, fimbria extrema pars, quasi finis est vestimenti. « Finis autem præcepti caritas est de corde puro, et conscientia bona, et fide non ficta (I *Tim.*, 1, 5). »

CAPUT XXXVIII

Ex lini, quo altare ornatur, consideratione quomodo mores instituendi.

In his glorieris, in his delecteris ; intus, non foris ; in veris virtutibus, non picturis et imaginibus. Panni linei candidi tuum adornent altare, qui castitatem suo candore commendent, et simplicitatem præmonstrent. Cogita quo labore, quibus tonsionibus terrenum, in quo crevit, linum colorem exuerit, et ad talem candorem pervenerit, ut ex eo ornetur altare, Christi corpus velatur. Cum terreno colore omnes nascimur : quoniam « in iniquitatibus conceptus sum, et in peccatis concepit me mater mea (*Psal.*, L. 7). » Primum igitur carissima linum aquis immergitur : nos in aquis baptismatis Christo consepelimur, ibi deletur iniquitas ; sed necdum sanatur infirmitas. Aliquid candoris recipimus in peccatorum remissione, sed necdum plene terreno colore exuimur pro naturæ, quæ restat, corruptione. Post aquas linum siccatur : quia necesse est, post aquas baptismatis corpus per abstinentiam maceratum, illicitis honoribus vacuetur. Deinde linum malleis tunditur, et caro nostra multis tentationibus fatigatur. Post hoc linum ferreis aculeis discerpitur, ut deponat superflua : et nos disciplinæ ungulis rasi, vix necessaria retinemus. Adhibetur post hoc lino suavior stimulorum leviorque purgatio, et nos victis cum magno labore pessimis passionibus, a levioribus et quotidianis peccatis simplici confessione et satisfactione mundamur. Jam tunc a nentibus linum in longum producitur : et nos in anteriora longanimitate extendimur. Porro ut ei perfectio accedat perfectio, et pulcritudo, ignis adhibetur et aqua : et nobis transeundum est per ignem tribulationis, et aquam compunctionis, ut perveniamus ad refrigerium castitatis. Hæc tibi oratorii tui ornamenta.

componction, pour parvenir au repos de la chasteté. Telles sont les pensées qu'il faut concevoir à la vue des ornements de votre oratoire, au lieu de repaître vos yeux de ses dessins variés.

CHAPITRE XXXIX

L'image de Jésus crucifié et celles de Marie et de saint Jean, de chaque côté, doivent suffire à l'oratoire des religieuses.

Il vous suffit d'avoir sur votre autel l'image du Sauveur attaché à la croix, pour vous représenter sa passion que vous devez imiter. Que ses bras étendus vous invitent à ses embrassements qui doivent être vos délices ; qu'il découle de ses mamelles mises à nu un lait plein de suavité qui vous réconforte. Et si cela vous plaît, afin de vous remettre à l'esprit l'excellence de la virginité, vous pouvez avoir l'image de la Vierge, et celle du disciple vierge, aux deux côtés de la croix, penchés vers l'image du Christ, pour vous faire penser combien Jésus a pour agréable dans l'un et l'autre sexe cette virginité qu'il a couronnée dans sa mère et dans le disciple qu'il aima le plus. Aussi, du haut de la croix où il était attaché, les unit-il dans une si étroite alliance, qu'il donna l'une pour mère à son disciple, et l'autre pour fils à sa mère. Combien vous fûtes heureux de cette parole, disciple bien-aimé, à qui l'ornement de tout le genre humain, le trésor du monde, la gloire du ciel, le refuge des malheureux, le soulagement des affligés, la consolation des pauvres, l'espoir des désespérés, la réconciliation des pécheurs, enfin, la maîtresse du monde, la reine du ciel, fut confiée comme par l'autorité d'un testament ! Que ces images soient pour vous un stimulant de charité et non un étalage de vanité : car, par le moyen de tous ces objets, vous devez tendre à une seule chose, puisqu'une seule chose est nécessaire. Cette seule chose est celle qui ne se trouve que dans celui-là seul, auprès de celui-là seul, avec celui-là seul chez qui il n'y a ni changement, ni ombre de vicissitude. Qui s'attache à lui ne fait qu'un seul et même esprit avec lui : il passe dans ce Dieu toujours un qui est toujours le même, dont les années n'ont point de fin. Cette union de charité est comme la fin spéciale et la frange de l'ornement de nos âmes.

CHAPITRE XL.

De l'amour de Dieu et du prochain; et d'abord, comment les religieuses doivent exercer l'amour envers le prochain.

La robe nuptiale une fois formée de vertus variées, il faut la border de franges d'or, c'est-à-dire des brillants de la charité qui contient toutes les vertus, les résume en une seule, et communiquant l'éclat qui lui est propre de plusieurs objets n'en forme qu'un, et avec plusieurs s'attache à un seul ; de telle sorte que désormais tous ne sont plus multiples, mais un seul. Or, la charité se divise en deux ; la charité envers Dieu et la charité envers le prochain. L'amour du prochain se subdivise aussi, en

---

repræsentent, non oculos tuos varietatibus montis pascant.

CAPUT XXXIX

Imago crucifixi, et assistentis hinc inde Mariæ ac Johannis sat esse debet in sanctimonialium oratorio.

Sufficiat tibi in altari tuo Salvatoris in cruce pendentis imago, quæ passionem tibi repræsentet, quam imiteris; expansis brachiis ad suos te invitet amplexus in quibus delecteris; nudatis uberibus lac suavitatis infundat, quo consoleris. Et si hoc placet, ad commendandam tibi virginitatis excellentiam, virgo mater in sua, et virgo discipulus in sua, juxta crucem curventur imagine, ut cogites quam grata sit Christo utriusque sexus virginitas, quam in mater et præ ceteris sibi dilecto discipulo consecravit. Unde eos pendens in cruce tanto fœdere copulavit, ut illa discipulo matrem, illum matri filium delegaret. O beatissimum hoc testimonio Johannem, cui totius humani generis decus, opes mundi, gloria cæli, miserorum refugium, afflictorum solatium pauperum consolatio, desperatorum erectio, peccatorum reconciliatio, postremo orbis domina, cæli regina, testamenti auctoritate committitur. Hæc tibi præbeant incentivum caritatis, non spectaculum vanitatis, his enim omnibus ad unum necesse est ut contendas; quoniam unum est necessarium. Illud est unum, quod non invenitur nisi in uno, apud unum, cum uno apud quem non est transmutatio, nec vicissitudinis obumbratio. Qui adhæret ei, unus cum eo spiritus efficitur, transiens in illud unum, quod semper idem est, et cujus anni non deficiunt. Adhæsio ista caritatis quasi specialis est ornatus finis et fimbria.

CAPUT XL

De dilectione Dei et proximi, ac primum ut in proximum exercenda a sanctimonialibus

Vestis quippe nuptialis ex virtutum varietate contexta, oportet ut fimbriis aureis, id est caritatis splendoribus ambiatur, quæ omnes virtutes contineat, et constringat in unum, et suam singularem claritatem impertiens, de multis unum faciat, et cum multis uni adhæreat : ut jam omnia non sint multa, sed unum. Caritas autem in duo dividitur, in Dei videlicet dilectionem et proximi. Porro dilectio proximi in duo subdividitur, in innocentiam et beneficentiam, videlicet ut nulli noceas : benefacias quibus potueris : scriptum est quippe : « Quod tibi non vis fieri, alter ne

innocuité et en bienfaisance ; ce qui se rapporte à deux mots ; ne nuisez à personne, et faites le bien à qui vous pouvez : Comme il est écrit : « Ne faites pas à autrui ce que vous ne voulez pas qu'on vous fasse à vous-même (*Tob.*, IV, 16). » Voilà l'innocuité : Comme aussi le Seigneur dit dans son Evangile : « Tout ce que vous voulez que les hommes vous fassent, faites-le leur vous-même (*Matth.*, VII, 12). » Voilà la bienfaisance. Remarquez avec attention, quel rapport ces deux choses ont avec vous. D'abord ne nuire à personne, ensuite ne vouloir nuire à personne. Le premier point vous est facile, puisque vous ne pouvez atteindre personne, si ce n'est peut-être avec la langue. Le second ne vous sera point difficile, si vous considérez quel est votre but, si vous aimez ce dépouillement que vous avez embrassé. Il ne peut en effet y avoir de matière à un mauvais vouloir contre quelqu'un, là où il n'y a plus de cupidité, où l'on n'aime plus ce qui se peut ravir, où l'on n'enlève rien de ce qui se doit aimer. Enfin, veuillez du bien à tous, et soyez utile à qui vous pouvez. En quoi ? direz-vous, puisqu'il ne m'est pas permis de posséder la plus petite chose que je puisse donner aux indigents.

CHAPITRE XLI

Exemple de Marthe et de Marie. La vie active et la vie contemplative.

Reconnaissez votre condition, ma chère sœur. Il y avait deux sœurs, nommées Marthe et Marie : la première travaillait, la seconde ne faisait rien ; l'une donnait, l'autre demandait ; l'une rendait service, l'autre nourrissait son amour. Enfin, sans marcher, sans courir çà et là, ne s'inquiétant point de recevoir ses hôtes, s'affranchissant de tout souci du ménage, et inattentive aux cris des pauvres, elle était assise aux pieds de Jésus, et écoutait sa parole. Telle est votre part, ma sœur, vous qui, morte et ensevelie pour le monde, devez être sourde aux flatteuses paroles du siècle, muette pour lui parler. Vous devez non point vous tourmenter mais vous recueillir, vous enrichir et non vous dépouiller. Que Marthe ait sa part, on ne nie pas qu'elle soit bonne, mais on proclame celle de Marie la meilleure. Est-ce que Marie porte envie à Marthe ? c'est plutôt cette dernière qui porte envie à la première. De même aussi que les personnes qui semblent les meilleures dans le monde portent envie à votre état, et non pas vous au leur. La distribution des aumônes appartient à ceux qui ont des possessions sur la terre, ou à ceux à qui est confiée la dispensation des biens de l'Eglise.

CHAPITRE XLII

De la distribution des biens ecclésiastiques.

Les évêques, les prêtres et les clercs reçoivent les biens que les fidèles donnent aux églises, pour les distribuer et non pour les enfouir, pour en faire des aumônes et non des possessions. Tout ce qu'ils ont appartient aux pauvres, aux veuves, aux orphelins,

---

feceris (*Tob.*, IV, 16), » et hæc innocentia. Et Dominus in Evangelio, « Omnia, inquit, quæcumque vultis ut faciant vobis homines, et vos facito illis (*Matt.*, VII, 12), » hæc beneficientia. Quantum ad te duo ista pertineant, diligenter adverte. Primum ut nulli noceas, deinde ut nulli velis nocere. Primum illud facile tibi cum nec id possis nisi forte lingua percusseris : secundum illud non erit difficile, si propositum attendas tuum ; si professam dilexeris nuditatem. Non enim tibi poterit erga aliquam esse malæ voluntatis materia, ubi cupiditas nulla, ubi nihil diligitur, quod possit auferri ; nihil tollitur, quod debeat amari. Demum bene velis omnibus, prosis quibus possis. In quo ? inquis, cum mihi non liceat vel modicum, quod egentibus tribuam, possidere.

CAPUT XLI

De exemplo Mariæ et Marthæ, deque vita activa et contemplativa

Agnosce conditionem tuam, carissima. Duæ sorores erant Martha et Maria : laborabat illa, vacabat ista. Illa erogabat, ista petebat : illa præstabat obsequium, ista nutriebat affectum. Denique non ambulans, vel discurrens huc atque illuc, non de suscipiendis hospitibus sollicita non cura reis familiaris distenta, non pauperum clamoribus intenta sedebat ad pedes Jesu, et audiebat verbum illius. Hæc pars tua carissima, quæ mundo mortua atque sepulta, surda debes esse ad omnia sæculi blandimenta audienda ad loquendum muta : nec debes distendi, sed extendi ; impleri, non exhauriri. Exsequatur partem suam Martha : quæ licet non negetur bona, Maria tamen melior prædicatur. Numquid invidit Marthæ Maria ? illa potius isti ita etiam quæque optimæ videantur in sæculo ; tuam vitam æmulentur, non illarum tu. Ad illos spectat eleemosynarum largitio ; quorum est terrena possessio, vel quibus credita est rerum ecclesiasticarum dispensatio.

CAPUT XLII

De rerum ecclesiasticarum dispensatione.

Quæ enim sacrosanctis ecclesiis a fidelibus collata sunt, episcopi, sacerdotes et clerici dispensanda suscipiunt, et non recondenda, non possidenda, sed eroganda. Quidquid habent, pauperum est, viduarum et orphanorum, et eorum qui altari deserviunt, ut de

et à ceux qui servent à l'autel, pour qu'ils vivent de l'autel. Mais les biens donnés aux monastères pour l'usage des serviteurs du Christ, doivent être gérés par des personnes sûres, afin que ce qui reste de superflu après les besoins des frères ne soit point enfermé dans des bourses, mais distribué aux hôtes, aux pèlerins et aux pauvres.

CHAPITRE XLIII

Suite.

Ce soin appartient à ceux à qui est confiée la part de Marthe, et non à ceux qui, avec Marie, vivent dans un salutaire repos : ainsi, les vierges cloitrées ne doivent avoir aucune sollicitude pour les pauvres, aucune inquiétude pour accueillir les hôtes : car il ne doit y avoir chez elles ni souci du lendemain, ni prévoyance pour le boire et le manger ; qu'elles prennent leur repas dans la pourpre, qu'elles se nourrissent d'aliments spirituels ! Quant à ces personnes inférieures établies pour le jugement, elles embrassent l'ordure, elles sont les bœufs dont la fiente sert à lapider le paresseux.

CHAPITRE XLIV

L'administration des choses temporelles ne convient point aux cénobites, et moins encore à la vierge recluse.

Il en est en effet qui, lâches et paresseux pour les choses spirituelles, comme le peuple prévaricateur, se dégoûtent de la manne céleste, et portant envie aux gens occupés d'affaires temporelles, les jalousent, les décrient, murmurent, et à cause des ordures dont ils sont eux-mêmes souillés, portent en eux les aiguillons de la jalousie et de l'amertume. Si, par hasard, ils venaient à recevoir la charge de quelque administration temporelle, on pourrait dire d'eux avec justice : « Ceux qui prenaient leur repas dans la pourpre, ont embrassé l'ordure (*Thren.*, IV, 5). » Puis donc qu'il n'est pas accordé à ceux qui sont dans les monastères de s'occuper de plusieurs choses, (et cependant ils ont bien quelque rapport avec Marthe), combien moins cela vous est-il permis, à vous qui êtes entièrement sortie du siècle, vous qui non-seulement ne pouvez posséder, mais ne devez ni voir, ni entendre les choses du siècle.

CHAPITRE XLV

Une religieuse doit distribuer ce qui lui reste.

Si personne, en effet, ne vous donne pour faire l'aumône, où prendrez-vous de quoi la faire ? Si vous avez quelque chose provenant de votre travail, s'ils vous vient des aliments en abondance, distribuez tout cela, non de votre propre main, mais par une main étrangère. Pourquoi distribueriez-vous des biens étrangers, lorsqu'il ne vous est pas permis d'avoir plus que le nécessaire ? Quelles largesses pourrez-vous donc faire au prochain ? Rien n'est plus riche que la bonne volonté, comme dit un saint : faites-

---

altari vivant. Sed ea, quæ in usus servorum Christi monasteriis conferuntur, a certis personis dispensari oportet, ut quod necessatibus superest fratrum, non includatur marsupiis : sed hospitibus, peregrinis atque pauperibus erogetur.

CAPUT XLIII

Claustrales non debent pauperum et hospitum cura distendi.

Et hoc illorum interest, quibus pars et Marthæ commissa, non qui salutari otio vacant cum Maria. Ita claustralibus nulla debet esse pro pauperibus sollicitudo, nulla pro hospitibus suscipiendis distentio : quippe quibus nulla debet esse de crastino cura, nulla cibi vel potus providentia : nutriantur potius in croceis, spiritalibus pascantur. Altius autem hi qui contemtibiles sunt constituti ad judicandum, amplexantur stercora. Ipsi quippe sunt boves, quorum piger stercoribus lapidatur.

CAPUT XLIV

Administratio temporalium haud conveniat cœnobitis multoque minus Virgini reclusæ

Sunt enim quidam, qui circa spiritualia desides et pigri instar populi peccatoris, super manna cæleste nauseant, videntesque alios circa temporalia occupatos invident, detrahunt, murmurant, et pro stercoribus quibus ipsi fœdantur, zeli et amaritudinum stimulos ferunt : de quibus si forte aliquam temporalium dispensationem fuerint adepti, convenienter, dici potest : « Qui nutriti erant in croceis, amplexati sunt stercora (*Thren.*, IV, 5). » Cum igitur nec illis, qui in cœnobiis sunt, quibus in Martha non parva communio est, circa plurima occupari conceditur, quanto minus tibi, quæ tu totam de sæculo exuisti, cui non solum possidere, sed nec videre, nec audire licet, quæ sæculi sunt?

CAPUT XLV

Ut sanctimonialis debet et quid sibi superest, erogare.

Si enim nihil tibi quisquam det ad erogandum, unde habebis quod eroges? si vero ex tuo aliquid habes labore, ea non tua, sed alterius manu ; si abunde tibi provenit victus. Unde aliena distribuere, cum nihil tibi supra necessarium liceat usurpare. Quid ergo beneficii impendes proximo ?. Nihil ditius bona voluntate, ut ait quidam sanctus, hanc largire. Quid humanius pietate? hanc impende. Quid utilius oratione? hanc largire.

en des largesses. Rien de plus humain que la pitié, distribuez-la. Rien de plus utile que la prière, donnez-la largement.

CHAPITRE XLVI

Quel genre d'aumônes convient aux religieuses.

Ainsi donc, embrassez le monde entier dans le cercle de votre charité. Voyez-y d'un seul regard tous les bons pour les féliciter ; voyez-y tous les méchants pour pleurer sur eux. Qu'à votre esprit se présentent la misère des pauvres, les gémissements des orphelins, la désolation des veuves, la tristesse des affligés, les besoins des voyageurs, les dangers des navigateurs, les vœux des vierges, les tentations des moines, la sollicitude des prélats, les fatigues des guerriers : à tous ouvrez le sein de votre charité : répandez pour eux vos larmes, pour eux vos prières. Voilà l'aumône la plus agréable à Dieu, la mieux accueillie auprès du Christ, la plus convenable à votre profession, la plus fructueuse à ceux pour qui elle est faite. L'emploi d'un tel bienfait vient en aide à votre dessein, il ne trouble pas l'amour du prochain, il l'augmente et ne le diminue pas, il conserve la tranquillité de l'esprit, il ne l'arrête pas. Il ne faut pas désirer d'avoir de quoi faire des largesses, puisque ne rien posséder est une perfection : que dire de plus, puisque les saints, afin de pouvoir aimer parfaitement le prochain, s'étudièrent à n'avoir rien eu ce monde, à ne rien posséder, à ne rien désirer même ? Vous connaissez les paroles de saint Grégoire : voyez combien un grand nombre ont des goûts contraires : en effet, pour remplir la loi de la charité, ils cherchent à avoir de quoi donner, tandis que ce saint attribue la perfection de cette vertu à ceux qui pensent, qu'on ne doit rien avoir, rien posséder, rien désirer.

CHAPITRE XLVII

L'amour de Dieu doit être excité par la méditation des mystères de Jésus-Christ.

A ce que je viens de dire sur l'amour du prochain, j'ajouterai quelques mots sur l'amour de Dieu (1). Bien que les deux sœurs aimassent Dieu et le prochain, Marthe cependant s'occupait spécialement du soin des étrangers, tandis que Marie s'abreuvait à la source de l'amour divin : Or, il y a deux choses dans l'amour divin, les affections du cœur et les effets des actes : ces actes consistent dans l'exercice des vertus, et les affections du cœur dans les douceurs du goût spirituel. L'exercice des vertus se trouve dans une certaine manière de vivre, les jeûnes, les veilles, le travail, la charité, la prière, la pauvreté, et autres choses de ce genre : les affections s'entretiennent par une méditation salutaire. Mais afin que cet amour pour Jésus, le plus doux de tous, augmente dans votre affection, il vous faut méditer sur trois points, le passé, le présent et l'avenir : C'est-à-dire méditer sur le souvenir des choses passées, sur l'expérience des présentes, et la prévoyance des futures. Ainsi, quand votre esprit

CAPUT XLVI

Quod eleemosynæ genus a monialibus impendi decet.

Itaque totum mundum uno dilectionis sinu complectere, ubi simul omnes, qui boni sunt, considera, congratulare : ubi mali, intuere et luge. Ibi occurrant animo miseria pauperum, orphanorum gemitus, viduarum desolatio, tristium mæstitudo, necessitates peregrinantium, pericula navigantium, vota virginum, tentationes monachorum, prælatorum sollicitudo, labor militantium. Omnibus pectus tuæ dilectionis aperias : his tuas impende lacrymas : pro his tuas preces fundas. Hæc eleemosyna Deo gratiosior, Christo acceptior, tuæ professioni aptior, his quibus impenditur fructuosior. Hujus munus beneficii tuum propositum adjuvat : non perturbat dilectionem proximi : auget, non minuit ; mentis quietem servat, non impedit. Quod nihil sit appetendum ut habeatur ad largiendum : cum nihil habere sit perfectum. Quid his plura dicamus ? Cum sancti ut perfecte possent proximos diligere, studuerunt in hoc mundo nihil habere, nihil vel sine appetitu possidere. Agnoscis verba beati Gregorii. Vide quam contra multi sapiunt : ut enim caritatis impleant legem, quærunt ut habeant quod erogent, cum ejus perfectionem ipsis adscribat, qui nihil habendum, nihil vel sine appetitu possidendum arbitrantur.

CAPUT XLVII

De dilectione Dei concitanda in meditatione mysteriorum Christi.

His de proximi dilectione præmissis, de dilectione Dei pauca subjungam. Nam (a) licet utraque soror Deum proximumque dilexerit, specialiter tamen circa obsequium proximorum occupabatur Martha ; ex divinæ vero lectionis fonte hauriebat Maria. Ad Dei vero dilectionem duo pertinent, affectus mentis, et effectus operis. Et opus hoc in virtutum exercitio : affectus vero mentis in spiritualis gustus dulcedine. Exercitium virtutum in certo vivendi modo, in jejuniis, in vigiliis, in opere, in dilectione, in oratione, in paupertate et cæteris hujusmodi commendatur : affectus salutari meditatione nutritur. Itaque ut ille dulcissimus amor Jesu in tuo crescat affectu, triplici medita-

---

(1) Le reste de ce livre se trouve parmi les œuvres de saint Anselme. (*Méditations* XV-XVII).
(a) *Reliqua pars hujus libri est inter opera S. Anselmi Meditatio* XV, XVI, *et* XVII.

DE LA VIE ÉRÉMITIQUE.

a aura été purifié de toute souillure des pensées, par l'exercice des vertus, vous pourrez tourner en arrière vos regards épurés. D'abord avec Marie dans votre cellule, parcourez les livres qui prédisent l'enfantement de la Vierge et la venue de Jésus. Attendez-y la venue de l'ange, pour le voir entrer, l'entendre faire sa salutation : et, comme remplie de crainte et d'extase, saluez avec l'ange votre très douce maîtresse. Criez avec lui : « Je vous salue, pleine de grâce, le Seigneur est avec vous ; vous êtes bénie entre toutes les femmes (*Luc*, I, 8). » Répétant ces paroles avec plus de force encore, considérez quelle est cette plénitude de grâce d'où le monde entier a reçu la grâce, puisque « le Verbe s'est fait chair, et qu'il a habité parmi nous plein de grâce et de vérité (*Joan.*, I, 14), » et admirez le Seigneur qui remplit le ciel et la terre se renfermant dans le sein d'une jeune vierge que le Père a sanctifiée, que le Fils a rendue féconde, et que le Saint-Esprit a couverte de son ombre. O ma douce maîtresse, de quelles délices vous étiez enivrée, de quel amour brûlant vous étiez enflammée, alors qu'il prenait sa chair dans votre chair, et se formait dans vos membres, des membres où la plénitude de la divinité devait habiter comme corporellement! Tout cela a été fait pour vous, ô vierge, afin de vous faire aimer la Vierge que vous vous proposez d'imiter, et le fils de la Vierge que vous avez pris pour époux. Prenez ensuite avec votre douce maîtresse le chemin des montagnes, et assistez aux doux embrassements de la femme stérile et de la Vierge. Contemplez ce devoir de déférence, où le serviteur renfermé dans les entrailles d'une femme déjà vieille, reconnaît son maître dans le sein d'une vierge, le héraut, son juge, la voix, le Verbe lui-même, et le salue dans un indicible transport de joie. Heureuses entrailles, d'où est sorti le salut du monde entier, et dans lesquelles se trouve prédite une éternelle joie succédant aux ténèbres de la douleur. Que tardez-vous, ô vierge? venez donc, accourez, mêlez-vous à de si grandes joies, prosternez-vous aux pieds de ces deux femmes : dans le sein de l'une, embrassez votre époux, et dans le sein de l'autre, vénérez l'ami de votre époux : avec toute la dévotion dont vous êtes capable, suivez Jésus allant à Béthléem : et entrant dans l'étable, restez avec Marie, aidez-la dans son accouchement : puis, après avoir placé le petit enfant dans la crèche, éclatez en cris de joie, et dites avec Isaïe : « Un petit enfant nous est né, et un fils nous est donné (*Isaï.*, IX, 6). » Embrassez cette chère crèche : que l'amour triomphe du respect, que l'affection éloigne la crainte : attachez vos lèvres à ces pieds sacrés, et redoublez vos baisers. Représentez-vous ensuite les veilles des pasteurs, contemplez la milice des anges, mêlez vos chants à l'harmonie des cieux, disant en même temps de cœur et de bouche : « Gloire à Dieu dans les hauteurs des Cieux (*Luc*, II, 14). »

---

tione opus habes : de præteritis scilicet, præsentibus et futuris, id est de præteritorum recordatione, de experientia præsentium, de consideratione futurorum. Cum igitur mens tua fuerit ab omni cogitationum sorde (*a*), virtutum exercitio purgata, jam oculos decæcatos ad posteriora retorque. Ac primum cum beata Maria ingressa cubiculum, libros quibus virginis partus cum Christi prophetatur adventu, evolve. Ibi adventum Angeli præstolare, ut videas intrantem, audias salutantem : et sicut repleta stupore et exstasi dulcissimam dominam tuam cum Angelo salutante salutes, clama dicens : « Ave gratia plena, Dominus tecum : benedicta tu in mulieribus (*Luc*, I, 28). » Hoc plenius repetens, quæ sit hæc gratiæ plenitudo, de qua totus mundus gratiam mutuavit, quoniam « Verbum caro factum est, et habitavit in nobis plenum gratiæ et veritatis (*Johan.*, I, 14), » contemplare, et admirare Dominum, qui terram implet et cælum, intra unius puellæ viscera claudi, quam pater sanctificavit, filius fecundavit, obumbravit Spiritus-sanctus. O dulcis domina, quanta inebriabaris dulcedine, quo amoris igne succendebaris, cum sentires in mente et ventre tantæ majestatis præsentiam ; cum de tua carne sibi carnem assumeret, et membra quibus corporaliter omnis plenitudo divinitatis habitaret, e tuis sibi membris aptaret? Hæc omnia propter te, virgo, ut virginem, quam imitari proposuisti, diligas, et virginis fructum (*b*), cui nupsisti. Jam nunc cum dulcissima domina tua in montana conscende, et sterilis et virginis coævum intuere complexum ; et salutationis officium, in quo servulus Dominum, præco judicem, vox verbum, intus anilia viscera conclusus, in virginis utero clausum agnovit, et indicibili gaudio salutavit. Beati ventres in quibus totius mundi salus exoritur, pulsisque tenebris tristitiæ, sempiterna lætitia prophetatur. Quid agis o virgo ? Accurre quæso, accurre, et tantis gaudiis admiscere, prosternere ad pedes utriusque, et in unius ventre sponsum tuum amplectere, amicum vero ejus in alterius utero venerare. Hunc euntem in Bethleem cum omni devotione prosequere, et in hospitium divertens, cum illa assiste, et obsequere parienti ; locatoque in præsepio parvulo, erumpe in vocem exsultationis, clamans cum Isaïa : « Parvulus natus est nobis, et filius datus est nobis (*Isa.*, IX, 7). » Amplectere dulce illud præsepium. Vincat verecundiam amor, timorem depellat affectus, ut sacratissimis pedibus figas labia, et oscula gemines (*c*). Ex inde pastorum excubias mente pertracta, Angelorum exercitum admirare, cælesti melodiæ tuas interpone partes : corde simul et ore decanta : « Gloria in excelsis Deo. »

(*a*) *Apud Anselm.* fuerit absque cogitationem tumultu. (*b*) *Apud Anselm.* virginis filium. (*c*) *Apud Anselm.* et oscula genibus, ac paulo post : tuas interpone preces.

CHAPITRE XLVIII

De l'adoration des Mages. — Fuite de Jésus en Egypte. Le larron crucifié à la droite de Jésus-Christ.

N'oubliez pas les présents des Mages dans votre méditation, et ne laissez pas votre Dieu en Egypte sans l'accompagner. Regardez comme vrai ce trait que l'on raconte, dans son voyage, il fut surpris par des voleurs, et il s'échappa, grâce à un jeune homme qui, rapporte-t-on, était le fils du chef de la bande: Maître du butin, ayant trouvé un petit enfant sur le sein de sa mère, et voyant tant de majesté répandue sur son visage tout éclatant de beauté il n'hésita pas à voir en lui plus qu'un homme, et l'embrassa dans un transport d'amour. « O le plus heureux des enfants, dit-il ensuite, si quelque jour, je dois devenir un objet de pitié, alors souviens-toi de moi, et n'oublie point ce jour. » On rapporte que c'est ce larron qui, crucifié à la droite de Jésus, reprit l'autre qui blasphémait, en lui disant : « Ne crains-tu pas Dieu, toi qui subis le même supplice? Pour nous, nous souffrons justement, car nous recevons le châtiment dû à nos actions; mais lui, il n'a fait aucun mal. » Tourné vers le Seigneur, regardant cette majesté qui lui était apparue dans un petit enfant, il lui dit, plein du souvenir de sa première demande : « Souvenez-vous de moi, quand vous serez dans votre royaume. (*Luc.* XXIII, 40-42). » Je ne crois pas inutile d'avoir recours à cette tradition, pour enflammer votre amour; toutefois, je n'ai pas la témérité de vouloir en affirmer la stricte vérité.

CHAPITRE XLIX

De la contemplation de Jésus-Enfant.

En outre, pensez-vous n'éprouver aucune douceur, en contemplant Jésus enfant au milieu des enfants de Nazareth ? En le voyant obéir à sa mère, et l'assister dans les soins du ménage? Que sera-ce si vous le considérez à l'âge de 12 ans montant à Jérusalem avec ses parents, et si, à leur retour, vous le cherchez avec sa mère, pendant qu'à leur insu, il restait trois jours dans la ville ? Oh ! quelles larmes abondantes couleront de vos yeux en entendant sa mère lui faire ce doux reproche : « Mon fils, pourquoi en avez-vous ainsi agi avec vous ? Voici que votre père et moi, nous vous cherchions, plongés dans l'affliction (*Luc.*, II, 48). »

CHAPITRE L

Considération sur le baptême, le jeûne et la tentation de Jésus-Christ.

Si vous voulez suivre l'époux vierge partout où il ira, aimez à pénétrer sa vie intérieure et cachée, afin d'écouter sur les bords du Jourdain le Père dans la voix qui se fit entendre, de voir le Fils dans la chair, et le Saint-Esprit sous la forme de colombe.

CAPUT XLVIII

De magorum adoratione, fuga Christi in Ægyptum et de latrone ad Christi dextram crucifixo.

Noli in tua meditatione Magorum munera præterire: nec fugientem in Ægyptum incomitatum relinque (a). Opinare verum esse quod dicitur, cum a latronibus deprehensum in via, et adolescentuli cujusdam beneficio ereptum. Erat is, ut dicunt, principis latronum filius, qui præda potius, cum parvulum in matris gremio compererisset, tanta ei in ejus speciosissimo vultu splendoris majestas apparuit, ut eum supra hominem esse non ambigens, incalescens amore amplexatus sit eum. Et o, inquit, beatissime parvulorum; si aliquando se tempus obtulerit mihi miserendi, tunc memento mei, et hujus temporis noli oblivisci. Ferunt hunc esse latronem, qui ad Christi dexteram crucifixus, cum alterum blasphemantem corripuisset, dicens : « Neque tu times Deum, qui in eadem damnatione es ? Et nos quidem juste, nam digna damna factis recipimus hic autem nihil mali fecit (*Luc,* XXIII, 40) : » conversus ad Dominum eum in illa quæ in puerulo apparuerat, intuens majestate, pacti sui non immemor, « Memento, » inquit, « mei cum veneris in regnum tuum. » Itaque ad incentivum amoris, non inutile arbitror hac uti opinione, remota omni affirmandi temeritate.

CAPUT XLIX

De contemplatione Christi pueri.

Præterea nihilne tibi suavitatis æstimas accessurum, si eum apud Nazareth puerum inter pueros contempleris? Si obsequentem matri, si operanti nutritio assistentem intuearis? Quid si duodenem cum parentibus Jerosolymam adscendentem, et illis redeuntibus et nescientibus in urbe remanentem per triduum cum matre quæsieris? O quanta copia fluent lacrymæ cum audieris matrem dulci quadam increpatione filium verberantem : « Fili quid fecisti nobis sic ? Ecce pater tuus et ego dolentes quærebamus te (*Luc,* II, 48.) »

CAPUT L

De consideratione baptismi, jejunii et tentationis Christi.

Si autem (b) virginem vis sequi quocumque ierit,

(a) *Apud Anselm* tredecim circiter lineæ hic loci interponuntur. (b) *Apud Anselm.* sponsum Virginem.

Là, initié aux noces spirituelles, vous recevez votre époux des mains du Père, vous recevez la purification des mains du Fils, et le gage de l'amour du Saint-Esprit. Il vous offre ensuite les richesses de la solitude, la sanctification du jeûne, vous marquant les circonstances du combat à soutenir contre un ennemi perfide. Considérez qu'il a fait cela à votre intention que tout cela a été accompli pour vous, voyez comment cela a été fait Aimez celui qui l'a fait et imitez-le.

CHAPITRE LI

Femme surprise en adultère.

Il me revient maintenant en mémoire le trait de cette femme qui fut surprise en adultère. On demanda à Jésus son avis : Souvenez-vous de ce qu'il fit et de ce qu'il dit. Il écrivit sur la terre, et après avoir appelé les Juifs hommes de la terre et non point du ciel : « Que celui d'entre vous, dit-il, qui est sans péché, lui jette la première pierre. » Il les enchaîna tous par cette sentence, et les chassa du temple. Imaginez-vous quels regards de pitié, il jeta ensuite sur cette femme ; combien douce fut la sentence de pardon qu'il prononça lui-même ! Pensez qu'il poussa des soupirs, et pleura, en disant : « Femme, personne ne vous a condamnée, je ne vous condamnerai pas non plus. » Heureuse, dirai-je, heureuse cette femme surprise en adultère, qui reçut le pardon de ses fautes passées, et l'assurance pour l'avenir. O bon Jésus, qui la condamnera, quand vous avez dit : « Je ne vous condamnerai point ? » Dieu justifie, qui oserait condamner ? Au reste, écoutons votre voix : « Allez, et ne péchez plus (*Joan.* VIII, 7). »

CHAPITRE LII

De la femme qui inonde les pieds de Jésus de ses larmes.

Entrez dans la maison du Pharisien, et considérez-y Notre Seigneur qui se repose : approchez-vous de ses pieds avec la bienheureuse pécheresse, baignez-les de vos larmes, essuyez-les avec vos cheveux, couvrez-les de baisers, et oignez-les de parfums. N'êtes-vous pas déjà imprégnée de cette sainte liqueur ? S'il vous refuse ses pieds, persistez à prier, levez vers lui vos yeux chargés de larmes, et par de profonds et ineffables soupirs, arrachez-lui ce que vous lui demandez. Luttez avec Dieu comme Jacob, afin que lui-même se réjouisse de sa défaite. Quelquefois, vous croirez qu'il détourne les yeux, ferme son oreille et cache ses pieds si désirés. Faites néanmoins de nouvelles instances, suppliez, importunez, criez : « Jusques à quand détournerez-vous de moi votre face ? Jusques à quand crierai-je, et ne m'entendrez-vous point (*Ps.* XII) ? » Rendez-moi, ô mon bon Jésus, la joie de votre salut, parce que mon cœur vous a dit : « J'ai cherché votre face, je la chercherai toujours (*Ps.* XXVI). » Il ne refusera

---

delectet altiora ejus et secretiora scrutari : ut in Jordanis flumine audias in voce Patrem, in carne Filium, in columba videas Spiritum-sanctum. Ibi tu ad spirituales (*a*) initiata nuptias sponsum suscipis datum a Patre, purgationem a Filio, pignus amoris a Spiritu-sancto. Exinde solitudinis tibi secreta ditavit, sanctificavit jejunium, ibi subeundum docens cum callido hoste conflictum. Hæc tibi facta, et pro te facta, et quomodo facta diligenter attendas, Dilige a quo facta sunt, et imitare quæ facta sunt.

CAPUT LI

De muliere in adulterio deprehensa.

Occurrit jam nunc memoriæ mulier illa deprehensa in adulterio, et Jesus rogatus sententiam, quid egerit, quidve dixerit recordare. Cum enim scribens in terra terrenos eos, non cœlestes, prodidisset. « Qui sine peccato est, » inquit, « vestrum, primum lapidem in illam mittat (*Luc.* VIII, 7) (*b*). » Cum vero omnes sententia tenuisset et expulisset de templo, imaginare quam pios oculos in illam levaverit, quam dulcem suam voce sententiam absolutionis ejus protulerit. Puta quod suspiraverit, quod lacrymatus sit, cum diceret ? «Nemo te condemnavit mulier? Nec ego te condemnabo. » Felix, ut ita dicam, hæc, quæ in adulterio deprehensa mulier, quæ etiam de præteritis absolvitur, secura efficitur de futuris. Jesu bone te dicente, « non condemnabo, » quis condemnabit ? « Deus qui justificat, quis est qui condemnet ? » Audiatur de cetero vox tua : « Vade, et jam amplius noli peccare. »

CAPUT LII

De muliere lacrymis pedes ejus rigante.

Jam nunc domum ingredere Pharisæi, et recumbentem ibi Dominum tuum attende. Accede cum illa beatissima peccatrice ad pedes ejus; lava lacrymis, terge capillis, demulce osculis, et fove unguentis. Nonne jam sacri illius liquoris odore perfunderis? Si tibi adhuc suos negat pedes, insta, ora, et gravidos lacrymis oculos attolle, imisque suspiriis et inenarrabilibus extorque quod petis. Luctare cum Deo sicut Jacob, ut ipse se gaudeat superari. Videbitur tibi aliquando, quod avertat oculos, quod aures claudat, quod desideratos pedes abscondat. Tu nihilominus insta opportune, importune, clama, « Usquequo faciem tuam avertis a me ? Usquequo clamabo, et non

---

(*a*) *Apud Anselm.* invitata. (*b*) *Apud Anselm.* O mira et inexstinguibilis Christi benignitas ! Quam condemnare juste potuit adverte quam pie et quam caute liberavit. Cum enim omnes sententia trivisset.

certainement pas ses pieds à une vierge, lui qui les a donnés à baiser à une pécheresse.

CHAPITRE LIII

Du paralytique descendu par un toit, et guéri dans son corps et dans son âme.

Vous ne manquerez pas non plus de vous arrêter à cette maison où le paralytique fut descendu par le toit jusqu'aux pieds de Jésus, et où se rencontrèrent la miséricorde et la puissance. « Mon fils, dit Jésus, vos péchés vous sont remis (*Matth.*, IX, 2). » Prodigieuse clémence! miséricorde ineffable! L'heureux malade reçut de ses fautes un pardon que n'avait point précédé la confession, que n'avait point mérité la satisfaction, rendu nécessaire la contrition, alors qu'il demandait la guérison du corps et non celle de l'âme! Il est vrai, Seigneur, que la vie dépend de votre volonté. Si vous avez résolu de nous sauver, personne n'osera dire : « Pourquoi faites-vous ainsi? Pharisien, pourquoi murmurer en toi-même? Ton œil est-il mauvais parce que je suis bon? » Dieu a pitié de qui il veut : pleurons, et prions-le de vouloir bien avoir pitié de nous ; que par les bonnes œuvres s'accroisse notre prière, s'augmente notre dévotion, s'excite notre amour. Levons dans la prière nos mains pures que n'a point touchées le sang de l'impureté, que n'ont point souillées les attouchements illicites, auxquelles l'avarice n'a point donné de dureté. Elevons aussi un cœur sans colère et sans querelle, un cœur où règne la tranquillité, où trône la paix, et qu'anime la pureté de la conscience. On ne lit pas que le paralytique ait rien fait de tout cela ; cependant il mérita, est-il dit, d'être absous de ses péchés : c'est là un effet de l'ineffable miséricorde de Jésus. De même que c'est un blasphème de la nier, de même est-ce le comble de la folie de la présumer pour soi. Jésus peut dire efficacement, à qui il veut, ce qu'il a dit à ce paralytique : « Vos péchés vous sont remis. » Mais quiconque attend cette parole sans y joindre le travail, la contrition ou la confiance, ou la prière, ne recevra jamais la rémission de ses péchés.

CHAPITRE LIV

Jésus accueilli dans la maison de Marthe et de Marie.

Mais il nous faut sortir de là et passer à Béthanie, où les liens les plus saints de l'amitié ont été consacrés par l'autorité du Seigneur. Car Jésus aimait Marthe, Marie et Lazare. Il tenait à eux par ce sentiment familier de l'hospitalité qui les attachait à lui ; c'est ce que chacun sait ; la preuve en est, du reste, dans les douces larmes qu'il versa et mêla à leurs larmes, et que le peuple tout entier prit pour une marque de vive affection. « Voyez, disait-on, comme il l'aimait! » Voici qu'ils lui donnent à

exaudies (*Psal.*, XII, 1)? » Redde mihi Jesu bone lætitiam salutaris tui, quia tibi dixit cor meum : « Quæsivi faciem tuam, faciem tuam requiram. » Certe non negabit pedes suos virgini, quos osculandos præbuit peccatrici.

CAPUT LIII

De paralytico per tegulas invecto et corporaliter spiritualiterque sanato.

Sed et domum illam non præteribis, ubi per tegulas paralyticus ante pedes ejus submittitur, ubi pietas et potestas obviaverunt sibi. « Fili, » inquit, « remittuntur tibi peccata tua (*Matth.*, IV, 2).» O mira clementia, o indicibilis misericordia! Accipit felix remissionem peccatorum, quam non petebat, quam non præcesserat confessio, non meruerat satisfactio, non exigebat contritio. Corporis salutem petebat, non animæ: et salutem recepit corporis et animæ. Vere Domine vita in voluntate tua. Si decreveris salvare nos, non est qui audeat dicere : Cur ita facis? Pharisæe, a te quid murmuras? an oculus tuus nequam est, quia ipso bonus est? Certe misereatur cui voluerit, ploremus et oremus ut velit. Bonis etiam operibus pinguescat oratio, augeatur devotio, dilectio excitetur. Leventur puræ manus in oratione, quas non sanguis immunditiæ maculavit, tactus illicitus non fœdavit, non exasperavit avaritia. Leventur et cor sine ira et disceptatione, quod tranquillitas sedavit, pax composuit, puritas conscientiæ animavit. Sed nihil horum paralyticus iste legitur præmisisse, qui tamen legitur remissionem peccatorum meruisse. Hæc est ineffabilis ejus misericordiæ virtus, cui sicut blasphemum est derogare, ita et hoc sibi præsumere stultissimum. Potest cuicumque vult hoc ipsum efficaciter dicere, quod dixit illi paralytico : « Dimittuntur tibi peccata tua. » Sed quicumque sine suo labore, vel contritione, vel confessione' vel etiam oratione sibi hoc dicendum exspectat, numquam ei remittentur peccata sua.

CAPUT XIV

De receptione Christi in domo Marthæ et Mariæ.

Sed exeundum est hinc, et ad Bethaniam veniendum, ubi sacratissima fœdera amicitiæ auctoritate Domini consecrantur. Diligebat enim Jesus Martham et Mariam, et Lazarum, quod (a) hospitalis amicitiæ, qua illi familiariori adhærebant affectu, detineri nemo qui ambigat. Testes sunt lacrymæ illæ dulces, quibus lacrymatus est cum lacrymantibus, quas totus populus amoris interpretatur judicium. « Videte, » inquiunt, « quomodo amabat eum, et ecce ponunt ei

---

(a) *Apud Anselm.* quod ad speciale amicitiæ privilegium, quo illi etc. dictum nemo est qui ambigat.

manger; Marthe servait à table, Lazare était au nombre des convives : Or, Marie prit un vase de parfums, et ayant brisé le vase, le répandit sur la tête de Jésus (*Joan.*, xi, 36; xii, 2, 3). Réjouissez-vous donc d'assister à ce repas, et remarquez l'emploi de chacun. Marthe sert, Lazare est à table, Marie répand les parfums. Ce dernier emploi est le vôtre. Brisez donc le vase de votre cœur, et tout ce que vous avez de dévotion, d'amour, de désirs, d'affection, répandez-le sur la tête de votre Epoux, adorant l'homme en Dieu, et Dieu en l'homme. Si le traître frémit, s'il murmure, s'il est jaloux, s'il appelle cette dévotion une perte, ne vous en souciez pas. « Pourquoi, dit-il, cette perte ? on pouvait vendre ce parfum bien cher, et en donner le prix aux pauvres. » Le Pharisien murmure, jaloux de la repentie : Judas murmure, envieux du parfum répandu. Mais le juge, sans admettre l'accusation, absout l'accusée. « Laissez-la, dit-il, car elle a fait envers moi une bonne œuvre (*Mar.*, xiv, 4-6). » Que Marthe travaille, qu'elle serve à table, donne l'hospitalité au voyageur, le pain à celui qui a faim, le vêtement à celui qui a froid; moi, je suis seul à Marie, et elle à moi. Qu'elle me donne tout ce qu'elle a, et attende de moi tout ce qu'elle veut. Eh quoi ! conseillez-vous à Marie de laisser ces pieds qu'elle a si tendrement embrassés ? de détacher ses regards de cette face si belle qu'elle contemple ? de détourner son oreille de cette parole si douce qui la réconforte ?

CHAPITRE LV.

De l'entrée de Jésus à Jérusalem au milieu des enfants qui criaient Hosanna !

Mais il est temps de nous le lever, sortons d'ici; pour aller.... où ? dites vous : accompagner le maître du ciel et de la terre assis sur le petit d'une ânesse : confondue d'étonnement en pensant que de si grandes choses se fassent pour vous, mêlez des louanges à celles des enfants qui crient et répètent : « Hosanna au fils de David ! Béni soit celui qui vient au nom du Seigneur (*Matth.*, xxi, 9) ! » Montez ensuite avec lui dans la salle où une grande table est dressée, et réjouissez-vous de participer aux délices de la cène du salut.

CHAPITRE LVI

De la Cène du Seigneur et de ce qui s'y passa.

Que l'amour triomphe du respect, que l'affection chasse la crainte, afin que le maître fasse au moins à vos demandes l'aumône des miettes de cette table. Ou bien, tenez-vous éloignée, et comme un pauvre qui a les yeux attachés sur le riche, tendez la main pour recevoir quelque chose, trahissez votre faim par les larmes. Puis, lorsque se levant de table, Jésus s'est ceint d'une serviette, qu'il a versé l'eau dans le bassin, songez quelle est cette majesté, cette puissance qui lave et essuie les pieds des hommes;

cœnam ibi, et Martha ministrabat. Lazarus autem erat unus ex discumbentibus. Maria autem sumsit alabastrum unguenti, et fracto alabastro effudit super caput Jesu. » Gaude quæso huic interesse convivio, singulorum distingue officia Martha ministrat, discumbit Lazarus, ungit Maria. Hoc ultimum tuum est. Frange igitur alabastrum cordis, et quidquid habes devotionis, quidquid amoris, quidquid desiderii, quidquid affectionis, totum effunde super sponsi tui caput, adorans in Deo hominem, et in homine Deum. Si fremit, si murmurat, si invidet, si proditor perditionem vocat devotionem, non sit tibi curæ. « Ut quid, » ait, « perditio hæc? Posset hoc unguentum venumdari multo, et dari pauperibus (*Marc*, xiv, 4). » Pharisæus murmurat, invidens pœnitenti : murmurat Judas, invidens effusioni unguenti. Sed judex accusationem non recipit, accusatam absolvit. « Sinite, » inquit, « illam. Bonum enim opus operata est in me. » Laboret Martha, ministret, paret hospitium peregrino, esurienti cibum, vestem algenti. Ego solus Mariæ, et illa mihi : totum præstet, quod habet; a me quidquid optat, exspectet. Quid enim ? Tune Mariæ consulis relinquendos pedes, quos tam dulciter osculatur? Avertendos oculos ab illa speciosissima facie quam contemplatur? Amovendum auditum ab ejus suavi sermone quo reficitur ?

CAPUT LV

De ingressu Christi in Jerusalem pueris acclamantibus Osanna, etc.

Sed jam surgentes eamus hinc. Quo, inquis ? Certe ut insidentem asello cæli terræque Dominum comiteris, tanta fieri pro te obstupescens, puerorum laudibus tuas inseras clamans et dicens : « Osanna filio David : benedictus qui venit in nomine Domini. » Jam nunc adscende cum eo in cœnaculum grande stratum, et salutaris cœnæ interesse deliciis gratulare.

CAPUT LVI

De cœna Domini et rebus in ea gestis.

Vincat verecundiam amor, timorem excludat affectus : ut saltem de micis mensæ illius eleemosynam præbeat mendicanti. Vel a longe sta, et quasi pauper intendens in divitem, ut aliquid accipias extende manum, famem lacrymis prode. Cum jam surgens a cœna linteo se præcinxit, posuitque aquam in pelvim, cogita quæ majestas, quæ potestas hominum pedes abluit et extergit : quæ benignitas proditoris vestigia sacris manibus tangit. Specta et exspecta, et ultima omnium tuos ei præbe abluendos : quia quem ipse non lavit, non habebit partem cum eo. Quid modo

cette bonté qui touche de ses mains divines les membres du traître Judas. Regardez et attendez. Puis, la dernière de tous, donnez-lui vos pieds à laver; car celui qu'il n'aura pas lavé, n'aura point de part avec lui. Pourquoi vous hâter de sortir ? Attendez un peu. Voyez et dites-moi quel est celui qui repose sur sa poitrine, et penche sa tête sur son sein ? Heureux quel qu'il soit ! Oh ! voici que je le vois, son nom est Jean. O Jean ! que de douceur, de grâce et de suavité, de lumière, et de dévotion ne puiserai-je pas à cette source, dites-moi ! Là, sont tous les trésors de la sagesse et de la science; là, la fontaine de miséricorde ; là la demeure de la piété, et le rayon de l'éternelle douceur. D'où vous viennent toutes ces faveurs, ô bienheureux Jean ? Etes-vous plus élevé que Pierre, plus saint qu'André, plus agréable que tous les autres apôtres ? C'est un privilège spécial de la virginité. Parce que vous êtes vierge, vous êtes choisi de Dieu avant que, ô bien-aimé, vous ne soyez donné à sa mère. Soyez maintenant transportée d'amour, ô vierge, approchez-vous, et n'hésitez pas à réclamer pour vous quelque part à cette tendresse. Si vous ne pouvez prétendre aux faveurs spéciales, donnez à Jean votre cœur, afin que le vin de la joie l'enivre dans la connaissance de la divinité. Quant à vous, courant aux mamelles de l'humanité, exprimez-en un lait qui vous nourrisse. Quand, au milieu de ces mystères sacrés, recommandant ses disciples à son père, il aura dit cette prière : « O mon Père ! conservez-les en mon nom : » inclinez la tête, afin de mériter aussi d'entendre ces mots : « Je veux que là où je suis, ils soient, eux aussi, avec moi (*Joan.*, XVII, 11-24). »

CHAPITRE LVII

Agonie de Jésus sur le mont des Oliviers.

Il est bon pour vous d'être ici : mais il faut partir. Jésus lui-même vous précède sur la montagne des Oliviers, suivez-le. Bien qu'après avoir pris Pierre et les deux fils de Zébédée, il se soit retiré à l'écart, considérez cependant de loin comment il fait passer nos besoins en lui. Voyez comment le maître de toutes choses commence à trembler et à devenir triste. « Mon âme, dit-il, est triste jusqu'à la mort (*Matth.*, XXVI, 38). » D'où vient cette tristesse, ô mon Dieu ! Vous souffrez sous l'apparence d'un homme, afin de paraître, en quelque sorte, ignorer que vous êtes Dieu. Prosterné la face contre terre, vous priez et une sueur se répand sur vous comme de gouttes de sang coulant à terre (*Luc*, XXII, 44). Qu'attendez-vous ? Accourez, abreuvez-vous de ces gouttes si suaves, et essuyez la poussière de ses pieds. Ne dormez point avec Pierre, pour ne pas entendre ces paroles : « Eh quoi ? vous n'avez pu veiller une heure avec moi (*Matth.*, XXVI, 40) ? »

CHAPITRE LVIII

Jésus-Christ est trahi.

Mais déjà la foule des impies suit les pas du traître. Judas a donné son baiser. Ils portent les mains

---

festinas exire? Sustine paululum. Videsne quisnam ille est, rogo te, qui supra pectus ejus recumbit, et in sinu ejus caput reclinat? Felix quicumque ille est. O ecce video, Johannes est nomen ejus. O Johannes, quid ibi dulcedinis, quid gratiæ et suavitatis, quid luminis et devotionis ab illo hauriam fonte, dicito. Ibi certe omnes thesauri sapientiæ et scientiæ : Ibi fons misericordiæ, domicilium pietatis, et favus æternæ suavitatis. Unde tibi, o Johannes, omnia ista? Numquid tu sublimior Petro, Andrea sanctior, ceteris omnibus Apostolis gratior ? Speciale hoc virginitatis privilegium, quia virgo es electus a Domino, antequam ires cum matre dilectus (*a*). Jam misericordiæ exsulta virgo, accede propius, et aliquam tibi hujus dulcedinis portionem vindicare non differas. Si ad potiora non potes, dimitte Johanni pectus, ubi cum vinum lætitiæ in divinitatis cognitione inebriet : tu currens ad ubera humanitatis, lac exprime, quo nutriaris. Inter hæc sacratissima illa oratione discipulos commendans patri dixerit. « Pater serva eos in nomine tuo, » inclina tuum caput, ut et tu merearis audire : « Volo ut ubi sum ego, et illi sint mecum (*Johan.*, XVII, 11). »

(*a*) *Apud Anselm.* atque inter ceteros magis dilectus.

CAPUT LVII

De Christi agonia, in monte Oliveti.

Bonum est tibi hic esse Sed exeundum est, præcedit ipse ad montem Oliveti, tu sequere. Et licet assumpto Petro et duobus filiis Zebedæi ad secreta secesserit; vel a longe intuere, quomodo in te nostram transtulit necessitatem. Vide quomodo ille, cujus sunt omnia, pavere incipit et tædere. « Tristis est anima mea, » inquiens, « usque ad mortem (*Matth.*, XXVI, 38). » Unde hoc Deus meus? Compateris mihi exhibens hominem, ut quodammodo videaris nescire quod Deus es : prostratus in faciem, oras, « et factus est sudor » tuus « sicut gutta sanguinis decurrentis in terram » (*Luc*, XXII, 44). » Quid stas? accurre, et suavissimas illas guttas lambe, et pulverem pedum illius linge. Noli dormire cum Petro, ne merearis audire : « Sic non potuisti una hora vigilare mecum (*Ibid.*, 40) ? »

CAPUT LVIII

De Christi traditione.

Sed ecce jam proditorem præeuntem impiorum turba subsequitur, et osculum præbente Juda, manus inji-

sur votre Seigneur, le tiennent, l'attachent, et ses douces mains sont chargées de chaînes. Qui pourra le souffrir ? Je le sais; la piété s'empare maintenant de votre cœur, toutes vos entrailles s'enflamment de zèle : mais laissez, je vous prie, souffrir celui qui souffre pour vous. Pourquoi désirer un glaive ? pourquoi vous fâcher ? pourquoi vous indigner ? si, comme Pierre, vous coupez l'oreille à quelqu'un, si vous lui abattez un bras, si vous lui tranchez un pied, Jésus lui rendra tout cela. Bien plus, si vous tuez quelqu'un, sans aucun doute, il lui rendra la vie.

CHAPITRE LIX

Des injures faites à Jésus-Christ chez le Prince des prêtres, et chez Pilate.

Suivez plutôt Jésus jusqu'au vestibule du Prince des prêtres, et lavez avec vos larmes cette face si belle qu'ils couvrent de crachats. Voyez avec quels regards de pitié, avec quelle bonté, quelle efficacité il regarde Pierre qui l'a renié trois fois, lorsque cet apôtre revenu à lui, rentre en lui-même, et pleure amèrement ! Faites, ô bon Jésus, que votre œil si doux me regarde, moi qui, si souvent, à la voix d'une servante effrontée, vous ai renié pour les œuvres et les affections les plus coupables de ma chair. Mais le jour ayant paru, Jésus est livré à Pilate. Il est accusé, il se tait; car, comme une brebis, il est mené à la boucherie, comme un agneau que l'on tond, il n'ouvre pas la bouche. (*Isaïe*, LIII, 7; *Act.*, VIII, 32). Voyez, considérez comment il se tient devant son juge, la tête baissée, les regards fixés à terre, le visage calme, parlant peu, prêt à subir les opprobres, prompt même à se livrer aux verges. Je le sais, vous ne pouvez en souffrir davantage : Ces flancs délicats labourés par les fouets, ce visage brisé de soufflets, cette tête vénérable couronnée d'épines, cette droite qui soutient le ciel et la terre, tenant un roseau de dérision : Vos regards ne peuvent supporter ces horreurs. Le voilà flagellé, on le fait sortir, portant une couronne d'épines et une robe de pourpre. Et Pilate dit : « Voilà l'homme. (*Joan.*, XIX, 5). » Oui, voilà l'homme ; qui en doute ? Ces plaies faites par les verges, ces ulcères livides, ces crachats dégoûtants le témoignent assez. Oui, je connais, maintenant, ô Satan, que voilà l'homme. C'est vraiment un homme, dis-tu : mais pourquoi donc, au milieu de tant d'injures, ne s'irrite-t-il pas comme un homme ? Ne s'émeut-il pas, ne s'indigne-t-il pas de ses tourments comme un homme ? Il est donc plus qu'un homme. Mais qui le connaît ? Oui, on reconnaît un homme supportant, subissant les jugements des impies ; mais il sera reconnu comme un Dieu quand il rendra son jugement.

CHAPITRE LX

Passion de Jésus-Christ. — Déception du Démon.

Tu l'as reconnu trop tard, Satan : que crois-tu faire au moyen de cette femme ? Le renvoyer ? Tu as parlé trop tard. Le juge est assis sur son tribunal, la sentence est rendue. Déjà, il porte ta croix, il est conduit à la mort. O spectacle ! ne vois-tu pas ? Voici

---

ciunt in Dominum tuum, tenent, ligant, et illas dulces manus vinculis adstringunt. Quis ferat ? Scio occupat nunc cor tuum pietas, omnia viscera tua zelus inflammat. Sine rogo patiatur, qui pro te patitur. Quid optas gladium ? Quid irasceris ? Quid indignaris ? Si instar Petri cujuslibet aurem abscideris, si ferro brachium tuleris, si pedem truncaveris, ipse restituet omnia qui etiam si quem occideris, absque dubio suscitabit.

CAPUT LIX

De injuriis Christo apud Principem sacerdotum et apud Pilatum illatis.

Sequere potius eum usque ad atrium principis sacerdotum, et speciosissimam ejus faciem, quam illi sputis illinunt, tu lacrymis lava. Intuere quam piis oculis, quam misericorditer, quam efficaciter tertio negantem respexit Petrum, quando ille conversus et in se reversus flevit amare. Utinam, bone Jesu, tuus me dulcis respiciat oculus, qui te toties ad vocem ancillae procacis, carnis meae, pessimis operibus affectibusque negavi. Sed jam mane facto traditur Pilato. Ibi accusatur, et tacet : quoniam « tamquam ovis ad occisionem ducitur, et sicut agnus coram tondente se, sic non aperuit os suum (*Isa.*, LIII, 7 ; *Act.*, VIII. 32). » Vide, adtende quomodo stat ante praesidem, inclinato capite, demissis oculis, vultu placido, sermone raro, paratus ad opprobria, promptus etiam ad verbera. Scio non potes ulterius sustinere, nec dulcissimum dorsum ejus flagellis atteri, nec faciem alapis caedi, nec venerandum illud caput spinis coronari, nec dexteram, quae caelum et terram continet, arundine dehonestari, tuis oculis adspicere poteris. Ecce educitur flagellatus, portans spineam coronam, et purpureum vestimentum. Et dicit Pilatus : « Ecce homo (*Johan.*, XIX, 5). » Vere homo est, quis dubitet ? Testes sunt plagae virgarum, livor ulcerum, foeditas sputorum. Jam nunc cognosco, Zabule, quia est homo. Vere homo est, inquis. Sed quid est, quod in tot injuriis non irascitur ut homo, non movetur ut homo, non suis tortoribus indignatur ut homo ? Ergo plus est quam homo : Sed quis cognoscit illum. Cognoscitur certe homo impiorum judicia sustinens. Sed cognoscetur Deus judicium faciens.

CAPUT LX

De passione Christi, et deceptione diaboli.

Sero animadvertisti Zabule. Quid tibi per mulierem

que son royaume est sur ses épaules (*Isaïe*, IX, 6). Voilà la verge de la justice, la verge de son royaume. On lui donne du vin mêlé avec du fiel : on le dépouille de ses vêtements, et les soldats se les partagent. Sa tunique n'est point divisée ; le sort l'a donnée à un seul. Ses mains et ses pieds délicats sont percés par des clous, et, étendu sur la croix, il est élevé entre deux larrons.

CHAPITRE LXI

De Jésus-Christ en croix.

Le médiateur de Dieu et des hommes, suspendu entre le ciel et la terre, unit les choses inférieures aux choses supérieures, celles de la terre à celles du ciel. Le ciel est dans l'étonnement, la terre dans l'admiration. Et vous ? Ce n'est pas étonnant, si le soleil est contristé, que vous le soyez vous-même : que vous trembliez quand la terre tremble : que votre cœur se déchire lorsque les rochers se fendent, et que vous versiez des pleurs avec les femmes en larmes au pied de la croix.

CHAPITRE LXII

Admirable patience de Jésus-Christ sur la croix.

Mais au milieu de tout cela, considérez le cœur tranquille de Jésus. Comme il a conservé son calme ! comme il a eu compassion des autres ! Il ne fait pas attention à l'injure qu'il reçoit, il ne pense pas à ses peines, il ne sent point ses affronts. Il a plutôt pitié de ceux qui le font souffrir, il guérit ceux qui le couvrent de blessures, donne la vie à ceux qui le font mourir. Avec quelle douceur d'esprit, quelle dévotion, quelle plénitude de charité, il s'écrie : « O mon Père ! pardonnez-leur ! (*Luc*, XXIII, 34). »

CHAPITRE LXIII

La Vierge est la plus proche de la Croix.

Me voici, ô mon Dieu ! j'adore votre majesté, je ne tue point votre corps ; je vénère votre mort, je ne me ris point de votre passion, je contemple votre miséricorde, je ne méprise point votre faiblesse : que votre douce humanité intercède donc pour moi : que votre ineffable affection me recommande à votre Père. Dites donc, ô mon doux Seigneur ! « Père, pardonnez-lui. » Mais vous, vierge, qui avez plus de confiance auprès du fils de la Vierge, que les saintes femmes qui demeurent à l'écart, approchez-vous de la croix avec la Vierge Mère et le disciple vierge, et regardez de près ce visage couvert de pâleur. Eh quoi ! vous verrez sans pleurer les larmes de votre aimable maîtresse ? Vous resterez les yeux secs, pendant qu'un glaive de douleur transperce son âme ? Sans pousser un sanglot, vous entendrez Jésus dire à sa mère : « Femme, voici votre Fils » et à Jean : « Voici votre Mère ! (*Joan.*, XIX, 26-27). » Pendant qu'il confiait sa Mère à son disciple, et promettait le paradis au larron, un des soldats lui ouvrit le côté

---

visum est agere, ut dimittatur ? Tarde locutus es. Sedet pro tribunali judex, prolata est sententia, jam portat propriam crucem, ducitur ad mortem. O spectaculum. Videsne ? «Ecce principatus super humerum ejus (*Isa.*, IX, 6). » Hæc est virga æquitatis, virga regni sui. Datur ei vinum felle mixtum. Exuitur vestimentis suis, et inter milites dividuntur. Tunica non scinditur : sed sorte transit ad unum. Dulces manus ejus et pedes clavis perforantur, et extensus in cruce inter latrones suspenditur.

CAPUT LXI

De Christo in cruce.

Mediator Dei et hominum, inter cœlum et terram medius pendens, ima superis unit, et cœlestibus terrena conjungit. Stupet cœlum, et terra miratur; Quid tu ? Non mirum si sole contristato, tu contristaris. Si terra tremiscente, tu contremiscis, si scissis saxis cor tuum scinditur. Si flentibus juxta crucem mulieribus, tu collacrymaris.

CAPUT LXII

De mira Christi patientia in cruce.

Verum in his omnibus considera illud dulcissimum pectus, quam tranquillitatem servaverit, quam habuerit pietatem. Non suam adtendit injuriam, non pœnam reputat, non sentit contumelias. Sed illis potius patitur, ille compatitur : a quibus vulneratur, ille medetur : vitam procurat, a quibus occiditur. Cum qua mentis dulcedine cum qua spiritus devotione, in qua caritatis plenitudine, clamat, « Pater ignosce illis (*Luc*, XXIII, 34) ?»

CAPUT LXIII

Virgo proprior adstat cruci.

Ecce ego, Domine, tuæ majestatis adorator, non tui corporis interfector ; tuæ mortis veneratur, non tuæ passionis irrisor ; tuæ misericordiæ contemplator, non infirmitatis contemptor. Interpellet itaque pro me tua dulcis humanitas, commendet me Patri tua ineffabilis pietas. Dic ergo dulcis Domine,·« Pater ignosce illi. » At tu virgo, cui major est apud Virginis filium confidentia quam mulieribus, quæ longe stant, cum matre virgine et discipulo virgine accede ad crucem, et perfusum pallore vultum cominus intuere. Quid ergo ? Tu sine lacrymis, amantissimæ dominæ lacrymas videbis, tu siccis oculis manes, et ejus animam pertransit gladius doloris. Tu sine singultu audies dicentem matri, « Mulier ecce filius tuus : » et Joanni. « Ecce mater tua (*Johan.*, XIX, 26). » Cum discipulo matrem committeret, latroni paradisum promitteret : tunc « unus ex militibus lancea latus ejus aperuit, et exivit sanguis et aqua (*Ibid.*, 34). » Festina ne tardave-

d'un coup de lance, et il en sortit du sang et de l'eau (*Ibid.*, 34). Hâtez-vous, ne tardez pas : mangez le rayon avec le miel. Buvez votre vin avec votre lait. Pour vous, le sang se change en vin, afin de vous enivrer : l'eau se change en lait, pour vous nourrir. Pour vous, un fleuve est sorti du rocher : pour vous, des blessures se sont ouvertes dans ses membres : pour vous, s'est formée une caverne dans les parois de son corps, où vous pourrez vous cacher comme une colombe, et vous livrer à vos saints embrassements. Par son sang, vos lèvres deviennent comme des bandelettes de pourpre, et votre parole devient douce.

CHAPITRE LXIV

Du Décurion.

Mais attendez encore, jusqu'à ce que vienne ce Décurion qui, arrachant les clous, délivra ses mains et ses pieds. Voyez avec quel bonheur il embrasse ce corps de ses bras, comment il le presse contre sa poitrine. Alors ce saint homme put s'écrier : « Comme un bouquet de myrrhe, mon bien-aimé a reposé sur mon sein (*Cant.*, I, 12). » Suivez ce précieux trésor, le plus précieux du ciel et de la terre. Ou bien portez les pieds ; ou bien, soutenez les mains et les bras ; ou bien, recueillez soigneusement le sang précieux qui tombe goutte à goutte, et essuyez la poussière de ses pieds. Voyez ensuite avec quelle tendresse le bienheureux Nicodème toucha de ses mains les blessures sacrées, les oignit de parfums, l'enveloppa d'un linceul et le plaça dans le sépulcre, aidé du pieux Joseph.

CHAPITRE LXV

Madeleine visitant le sépulcre.

N'oubliez pas, non plus, d'accompagner Madeleine ; mais préparez les aromates, et souvenez-vous de visiter avec elle le tombeau du Seigneur. Oh ! s'il vous était permis de voir en esprit ce que ses yeux ont vu, un ange assis sur la pierre renversée du sépulcre, puis un autre dans l'intérieur assis à la tête du monument, et un troisième assis au pied, tous trois annonçant la gloire de la résurrection, enfin Marie pleurant Jésus lui-même, et Jésus regardant Marie tout attristée avec un regard si doux, et lui disant d'une voix si suave : « Marie ! » Qu'y a-t-il de plus doux, de plus suave, de plus agréable que ce mot : Marie ! A cette parole, toutes les cataractes de la tête s'ouvrent, les larmes s'échappent de la partie la plus intime des yeux, les sanglots et les soupirs sortent du fond de la poitrine. Marie, heureuse Marie, quels furent vos mérites, quel fut votre cœur, lorsqu'à ce mot vous vous prosternâtes, et rendant la salutation de Jésus, vous lui dîtes en vous écriant : « Maître ! » Avec quel amour, dites-moi, quel désir, quel transport de l'esprit, vous avez crié : « Maître ! » Les larmes vous empêchent d'en dire davantage, l'amour vous ferme la bouche, et un transport trop violent absorbe tous les sentiments de votre âme, tous les sens

---

rls, comede favum cum melle tuo. Bibe vinum tuum cum lacte tuo. Sanguis tibi in vinum vertitur, ut inebrieris : in lac aqua mutatur, ut nutriaris. Facta sunt tibi in petra flumina, in membris ejus vulnera, et in maceria corporis ejus caverna, in quibus instar columbæ latitas, et deoscularis singula. Ex sanguine ejus fiant sicut vitta coccinea labia tua, et eloquium tuum dulce.

CAPUT LXIV

De decurione.

Sed adhuc exspecta donec nobilis ille decurio veniens extractis clavis, manus pedesque dissolvat. Vide quomodo felicissimis brachiis corpus complectitur, ac suo adstringit pectori. Tunc dicere potuit vir ille sanctissimus : « fasciculus myrrhæ, dilectus meus mihi inter ubera commorabitur (*Cant.*, I, 12). » Sequere tu pretiosissimum illum cœli terræque thesaurum, vel pedes porta ; vel manus brachiaque sustenta ; vel certe defluentes minutatim pretiosissimi sanguinis stillas curiosius collige, et pedum illius pulverem linge. Cerne præterea quod dulciter beatissimus Nicodemus sacratissima ejus vulnera tractavit digitis, fovit unguentis, et cum sancto Joseph involvit sindone, collocavit in sepulcro.

CAPUT LXV

De Magdalena sepulcrum visitante.

Noli præterea Magdalenæ deserere comitatum : sed paratis aromatibus, cum ea Domini tui sepulcrum visitare memento. O si quod illa oculis, tu in spiritu cernere merearis, nunc super lapidem revolutum ab ostio monumenti Angelum residentem, nunc intra monumentum unum ad caput, alium ad pedes resurrectionis gloriam prædicantes. Nunc ipsum Jesum, Mariam flentem, et tristem tam dulci respicientem oculo, tam suavi voce dicentem, « Maria (*Johan.*, xx, 16). » Quid hac voce dulcius, quid suavius, quid jucundius, « Maria ? » Rumpuntur ad hanc vocem, omnes capitis cataractæ, ab ipsis medullis eliciuntur lacrymæ, singultus atque suspiria ab imis trahuntur visceribus, « Maria. » O beata quid tibi pro meritis fuit, quid animi, cum ad hanc vocem te prosterneres, et reddens vocem salutanti inclamares, « Rabboni. » Quo rogo affectu, quo desiderio, mentisque ardore clamasti « Rabboni ? » Nam plura dicere lacrymæ prohibent, cum vocem occludat affectus, omnesque animæ corporisque sensus, nimius ardor absorbeat. Sed o dulcis Jesu, cur a sacratissimis ac desideratissimis pedibus tuis sic arces amantem ? O verbum durum.

de votre corps. Mais, ô doux Jésus, pourquoi éloignez-vous ainsi cette amante de vos pieds aimables et sacrés ? O dure parole ! « Ne me touchez point, dit-il (*Joan.*, xx, 17). » Comment, Seigneur ? pourquoi ne toucherai-je pas ces pieds percés de clous, ces pieds inondés de sang pour moi ? Je ne les toucherai point, je ne les embrasserai point ? n'êtes-vous pas aussi aimant, parce que vous êtes plus glorieux ? Mais, je ne vous quitterai point, je ne m'éloignerai pas de vous, je ne cesserai de pleurer, ma poitrine se rompra sous les sanglots et les soupirs, si je ne vous touche. Et lui : « Ne me touchez pas ! » Ne craignez rien : ce bonheur ne vous est point ravi, il n'est que différé : « Allez cependant, et annoncez à mes frères que je suis ressuscité. » Elle court aussitôt avec le désir de retourner : elle revient avec d'autres femmes. Venant à leur rencontre, Jésus, par une douce salutation, relève celles qui étaient consternées, et console celles qui étaient tristes : Approchez ; maintenant vous est accordé ce qui fut différé tout à l'heure. Et, en effet, elles s'approchèrent et baisèrent ses pieds. Autant que vous le pourrez, Vierge, demeurez dans ce lieu : que le sommeil n'interrompe pas vos délices, qu'aucun bruit extérieur ne les trouble.

CHAPITRE LXVI

Du mépris du monde et des choses présentes.

Mais, parce que dans cette misérable vie, il n'y a rien de stable, rien d'éternel, que jamais l'homme ne reste dans le même état, il faut que notre âme, pendant la vie, se nourrisse, pour ainsi dire, d'une certaine variété. Du souvenir des choses passées, passons donc à l'expérience des choses présentes, afin que par elles nous puissions tous apprendre aussi combien nous devons aimer Dieu. Repassez toutes ces choses dans votre esprit, afin que votre amour converge tout entier vers Dieu. Qu'à vos yeux, le monde soit vil, tout amour charnel, méprisable. Oubliez que vous êtes en ce monde, vous qui avez transporté votre amour sur ceux qui sont dans les cieux et vivent de Dieu. Là où est votre trésor, là aussi est votre cœur. N'allez pas avec des images d'argent enfermer votre âme dans une vile bourse ; votre âme qui, sous le poids des écus, ne pourra jamais voler vers le ciel. Pensez que vous pouvez mourir chaque jour, et vous ne songerez pas au lendemain. Que la stérilité de l'avenir ne vous épouvante pas, et que la crainte d'une famine future n'abatte point votre esprit. Mais que votre confiance s'attache à celui qui nourrit les oiseaux et habille les lis : qu'il soit votre grenier, votre cellier, votre bourse, vos richesses : qu'en tout, il soit lui seul tout pour vous. Mais c'est assez sur les choses présentes.

CHAPITRE LXVII

Les Saints désirent la mort.

Combien celui qui accorde tant de biens aux siens dans le présent, ne leur en réserve-t-il pas dans l'avenir ! Le commencement de l'avenir, la fin du présent, c'est la mort. Quelle créature ne l'a pas en horreur ? De qui n'épouvante-t-elle pas les senti-

---

« Noli, » inquis, « me tangere. » Ut quid Domine ? Quare non tangam desiderata illa vestigia tua pro me perforata clavis, perfusa sanguine, non tangam, non deosculabor ? An inimicior es eo, quia gloriosior ? Ecce non dimittam te, non recedam a te, non parcam lacrymis, pectus singultibus suspiriisque rumpetur, nisi tangam. Et ille : « Noli me tangere. » Noli timere : non aufertur tibi bonum hoc, sed differtur : vade tamen et nuntia fratribus meis quia surrexi. Currit, cito volens redire. Redit cum aliis mulieribus. Quibus Jesus occurrens blanda salutatione, dejectas sic erigit, tristes consolatur. Adverto. Tunc est datum, quod ante fuit dilatum. Accesserunt enim et tenuerunt pedes ejus. Hic quamdiu potes virgo morare. Non has delicias tuas somnus interpolet, nullus exterior tumultus impediat.

CAPUT LXVI

De mundi et rerum præsentium contemtu.

Verum quia in hac misera vita nihil stabile, nihil æternum est, numquam in eodem statu permanet homo ; necesse est, ut anima nostra, dum vivimus, quadam varietate pascatur. Unde a præteritorum recordatione ad experientiam præsentium transeamus, ut ex his quoque quantum a nobis sit Deus diligendus, omnes intelligere valeamus. Hæc omnia revolve animo, ut in eum totus tuus resolvatur affectus. Vilescat tibi mundus, omnis amor carnalis sordescat. Nescias te esse in hoc mundo, quæ ad illos, qui in cælis sunt et Deo vivunt, tuum amorem transtulisti. Ubi est thesaurus tuus, ibi et cor tuum. Noli cum argenteis simulacris vili marsupio tuum includere animum, qui numquam cum nummorum pondere poterit transvolare ad cælum : puta te quotidie morituram, et de crastino non cogitabis. Non te futuri temporis sterilitas terreat, non futuræ famis timor tuam mentem dejiciat. Sed ex ipso tota fiducia tua pendeat, qui aves pascit et lilia vestit. Ipse sit horreum tuum, ipse apotheca, ipse marsupium, ipse divitiæ tuæ, ipse solus sit tibi omnia in omnibus. Et hæc interim de præsentibus satis sint.

CAPUT LXVII

Mors a sanctis desideratur.

Qui autem tanta suis præstat in præsenti, quanta illis servat in futuro ? Principium futurorum, et finis præsentium mors. Hanc cujus natura non horret, cujus non expavescit affectus ? Nam bestiæ fuga, latibu-

ments ? En effet, c'est par la fuite, c'est en se cachant dans leurs repaires, c'est par mille autres moyens que les bêtes fuient la mort et défendent leur vie. Examinez maintenant avec attention ce que vous répond votre conscience, ce que présume votre foi, ce que promet votre espérance, ce qu'attend votre amour. Si la vie pour vous est une charge, le monde un dégoût, la chair une douleur, vous désirez sans aucun doute la mort qui fait tomber ce joug pesant, enlève le dégoût, et met fin aux douleurs du corps. Ceci seul, je crois, est bien au-dessus de toutes les délices, de tous les honneurs et de tous les trésors de ce monde; si, à cause de la sérénité de votre conscience, de la fermeté de votre foi, et de la certitude de votre espérance, vous ne craignez point la mort. C'est ce que peut éprouver surtout celui qui, pendant quelque temps, soupirant sous le poids de cette servitude, s'est enfui à travers les airs d'une conscience libre. Que la foi surmonte l'horreur naturelle des approches de la mort, que l'espérance les tempère, et que la conscience tranquille les repousse, elles sont les prémices salutaires de votre bonheur futur.

CHAPITRE LXVIII
La mort est pour le juste le commencement de la félicité.

Voyez comment la mort est le commencement du bonheur, le terme des peines, la fin des vices. Car il est écrit : « Bienheureux les morts qui sont morts dans le Seigneur, car maintenant, dit l'Esprit, ils se reposent de leurs travaux (*Apoc.*, xiv, 13). » C'est de là que le Prophète distinguant la mort des méchants de celle des justes, dit cette parole : « Tous les rois dormiront dans la gloire, et chacun aura son tombeau : quant à toi, tu as été rejeté de ton sépulcre comme un tronc inutile, souillé et enveloppé dans la foule (*Isaï.*, xiv, 18, 19). »

CHAPITRE LXIX
Du repos ou du supplice de l'âme à sa sortie du corps.

Oui, ils dorment dans la gloire ceux dont la mort a été accompagnée d'une bonne conscience. « Car la mort de ses saints est précieuse aux yeux du Seigneur. » Il dort sans doute dans la gloire celui au trépas duquel assistent les anges, accourent les saints et les citoyens du ciel, en lui offrant leur secours et lui procurant du soulagement. Ils résistent à ses ennemis, repoussent leurs assauts, réfutent leurs accusations, et accompagnant ainsi cette âme sainte jusque dans le sein d'Abraham, la placent dans le lieu de la paix et du repos. Il n'en est pas ainsi des impies. Les démons, avec les instruments de l'enfer, tirent de leurs corps, comme d'un sépulcre fétide, leurs âmes souillées par les plaisirs, enveloppées dans leurs passions, les jettent dans les flammes pour y être brûlées, les livrent aux vers qui doivent les dévorer, et les envoient suffoquer dans d'éternelles infections. « Car l'attente du juste, c'est la joie : quant à l'espérance des impies, elle périra (*Prov.*, x, 28). »

---

ls, et alliis mille modis mortem cavent, et vitam tenent. Jam nunc diligenter attende, quid tua tibi respondeat conscientia : quid præsumat fides tua : quid spes promittat, quid exspectet affectus. Si vita tua tibi oneri est, si mundus fastidio, si caro dolori, profecto desiderio mors est tibi ; quæ jugum hujus oneris deponit, tollit fastidium, corporeos dolores abrumit. Hoc unum dico omnibus mundi hujus præstare deliciis, honoribus atque divitiis si ob conscientiæ serenitatem, fidei firmitatem, spei certitudinem, mortem non timeas. Quod ille maxime poterit experiri, qui aliquo tempore sub hac servitute suspirans, in liberioris conscientiæ auras evasit. Hæc sunt futuræ beatitudinis tuæ primitiæ salutares, ut morte superveniente naturalem horrorem fides superet, spes temperet, conscientia secura repellat.

CAPUT LXVIII
Mors Justo felicitatis principium est.

Et vide quomodo mors beatitudinis principium est, laborum meta, peremptoria vitiorum. Sic enim scriptum est : « Beati mortui, qui in Domino moriuntur, amodo enim jam dicit spiritus, ut requiescant a laboribus suis (*Apoc.*, xiv, 13). » Unde Propheta reproborum ab electorum morte discernens : « Omnes, » inquit, « reges dormient in gloria in domo sua. Tu autem projectus es de sepulcro tuo, quasi stirps inutilis, pollutus et obvolutus (*Isai.*, xiv, 19). »

CAPUT LXIX
De animæ e corpore exeuntis requie vel supplicio.

Dormiunt quippe in gloria quorum mortem bona commendat conscientia. Quoniam pretiosa est in conspectu Domini mors sanctorum ejus. Dormit sane in gloria, cujus dormitioni assistunt angeli, occurrunt sancti et concives, suum præbentes auxilium, et impertientes solatium, hostibus se opponunt, obsistentes repellunt, refellunt accusantes : et sic usque ad sinum Abrahæ sanctam animam comitantes in loco pacis collocant et quietis. Non sic impii, quos de corpore, quasi de fœtenti sepulcro, pessimi spiritus cum instrumentis infernalibus extrahentes, pollutos libidine, obvolutos cupiditate, injiciunt ignibus exurendos, tradunt vermibus lacerandos, æternis fœtoribus deputant suffocandos. Vere « Exspectatio justorum lætitia : Spes autem impiorum peribit (*Prov.*, x, 28). »

CHAPITRE LXX

Du repos éternel et de la gloire des saints.

Quel est ce repos, quelle est cette paix, quel est ce bonheur du sein d'Abraham, promis à ceux qui doivent y reposer, et qu'ils attendent maintenant? C'est ce que l'expérience n'a pas appris, ce que le discours ne pourra jamais expliquer. Ils attendent dans le bonheur, jusqu'à ce que le nombre de leurs frères soit complet ; afin qu'au jour de la résurrection, revêtus d'une double robe, ils jouissent également et dans leur âme et dans leur corps d'une perpétuelle félicité.

CHAPITRE LXXI

Du jugement dernier.

Considérez maintenant l'horreur de ce jour, quand les vertus des cieux seront ébranlées, les éléments se dissoudront sous la chaleur du feu, les enfers s'ouvriront, et tout ce qui est caché sera mis à découvert. Le juge irrité descendra des cieux, ardent dans sa fureur, et son char volera comme la tempête. Il apportera dans sa colère la vengeance et la dévastation dans le feu et la flamme. Heureux celui qui est prêt à paraître devant lui ! que seront alors les pauvres âmes ? Combien seront alors malheureux ceux que souille maintenant la luxure, que l'avarice étreint, et qu'enfle l'orgueil ! Les anges viendront qui sépareront les méchants d'avec les justes, plaçant ceux-ci à droite, et ceux-là à gauche.

Figurez-vous maintenant devant ce tribunal, entre ces deux camps, sans être encore séparée pour l'un ou pour l'autre. Portez vos regards à gauche du juge, et contemplez cette multitude infortunée.

CHAPITRE LXXII

Confusion et peine des méchants.

Quelle horreur ! Quelle crainte ! Quelle infection ! Quelle douleur ! Malheureux, ils sont là debouts, grinçant des dents, nus, palpitants : leur aspect est horrible, leur visage difforme, la honte les courbe vers la terre. Confus de la laideur et de la nudité de leurs corps, ils veulent se cacher, et ils ne le peuvent point ; ils tentent de fuir, la fuite leur est interdite. S'ils lèvent les yeux, ils voient au-dessus d'eux un juge irrité ; s'ils abaissent leurs regards, l'horreur de l'abîme infernal les envahit. Aucune excuse de leurs fautes ne se présente à eux ; aucun prétexte ne pourra empêcher le jugement. Tout ce qui sera décrété, sera trouvé juste par la conscience des criminels.

CHAPITRE LXXIII

L'amour pour Dieu doit payer la grâce de la prédestination.

Voyez maintenant combien doit être aimé celui qui vous a choisie dans la société des damnés par la prédestination, qui vous en a séparée par la vocation et vous a purifiée par la justification. Reportez ensuite vos yeux à droite et remarquez au milieu de quelle gloire, il doit vous placer.

CAPUT LXX

De requie æterna et gloria sanctorum.

Sane qualis sit illa requies, quæ pax illa, quæ jocunditas de sinu Abrahæ, quæ illic quiescentibus promittitur, et exspectatur, quia experientia non docuit, stilus explicare non poterit. Exspectant felices, donec impleatur numerus fratrum suorum ; ut in die resurrectionis duplici stola induti, corporis pariter et animæ perpetua felicitate fruantur (*Apoc.*, VI, 11).

CAPUT LXXI

De extremi judicii die.

Jam nunc intuere dici illius terrorem, quando virtutes cælorum movebuntur, elementa ignis calore solventur, patebunt inferi, oculta omnia nudabuntur. Veniet de super judex iratus, ardens furor ejus, et ut tempestas currus ejus, ut reddat in iram vindictam et vastationem in flamma ignis. Beatus qui paratus est occurreri illi. Quid tunc miseris animis erit ? quam tunc miseri erunt, quos nunc luxuria fœdat, avaritia dissipat, extollit superbia ? Exibunt Angeli, et separabunt malos de medio justorum, istos a dextris, alios a sinistris statuentes. Cogita nunc te ante tribunal inter utramque hanc societatem assistere, necdum in partem alteram separatam. Deflecte nunc oculos ad sinistram judicis, et miseram illam multitudinem specta.

CAPUT LXXII

De confusione et pœna malorum.

Qualis tibi horror, quis timor, quis fœtor, qui dolor ? Stant miseri, et infelices stridentes dentibus nudo latere palpitantes, adspectu horribiles, vultu deformes, dejecti præ pudore, præ corporis turpitudine et nuditate confusi latere volunt, et non datur fugere tentant, et non permittuntur. Si levant oculos desuper, judicis imminet furor : si deponunt, inferam lis putei eis ingeritur horror. Non suppetit criminum excusatio, nec de iniquo judicio aliqua poterit esse caussatio : cum quidquid decretum fuerit, justum esse ipsam eorum conscientiam non latebit.

CAPUT LXXIII

Amor Deo rependendus pro prædestinationis gratia.

Cerne nunc quam amandus sit, qui te ab hac damn

CHAPITRE LXXIV

De la gloire des bons.

Quelle gloire! Quel honneur! Quelle félicité! Quelle sécurité! Au jour du jugement, les uns siégeront sur un trône élevé, d'autres resplendiront sous la couronne du martyre, ceux-ci seront éclatants sous la fleur de la virginité; ceux-là seront riches de l'abondance de leurs aumônes; ces autres brilleront par la science et l'érudition; tous seront unis par le même lien de charité. Sur eux, se reflétera le visage de Jésus, non pas terrible, mais aimable, non pas sévère, mais doux, non pas semant l'effroi, mais prodiguant les caresses.

CHAPITRE LXXV

C'est la grâce seule de Dieu qui nous met au rang des justes.

Tenez-vous maintenant au milieu, sans savoir à qui vous joindra la sentence du juge. Cruelle attente! « La crainte et la terreur descendirent en moi, et m'environnèrent de ténèbres (*Ps.*, LIV). » Si Dieu me joint à ceux de gauche, je ne pourrai l'accuser d'injustice; s'il me réunit à ceux de droite, il faut l'attribuer à sa grâce et non à mes mérites. Oui, Seigneur, la vie dépend de votre volonté. Voyez donc combien votre cœur doit se dilater dans l'amour de Dieu qui, pouvant sans injustice vous envelopper dans la sentence portée contre les impies, a mieux aimé vous mettre au nombre des justes et des élus. Figurez-vous maintenant au milieu de cette société, entendant cette sentence de Dieu: « Venez, les bien-aimés de mon Père, possédez le royaume qui vous a été préparé depuis le commencement du monde; » tandis que les méchants entendront cette parole dure, pleine de colère et de fureur: « Eloignez-vous de moi, maudits, allez au feu éternel. » Puis ils iront aux supplices sans fin; tandis que les justes iront dans la vie éternelle (*Matth.*, xxv, 35, 41, 46). Sort affreux! Cruelle séparation!

CHAPITRE LXXVI

Du règne de Dieu après le jugement.

Après que les damnés auront été enlevés à la vue des splendeurs de Dieu, et que les justes auront été placés, chacun selon son rang et son mérite, dans les ordres angéliques, alors se déploiera cette glorieuse procession où le Christ, notre chef, sera à la tête de tous les membres qui suivront ses pas; et le règne sera donné à Dieu et au Père, pour qu'il règne lui-même en eux, et qu'eux-mêmes règnent avec lui, et en ce royaume qui leur a été préparé dès le commencement du monde.

CHAPITRE LXXVII

Bonheur du royaume de Dieu.

Nous ne pouvons nous représenter par la pensée la condition de ce royaume; encore moins pouvons-nous l'exprimer par la parole et l'Écriture. Il faut

---

nata societate prædestinando discernit, vocando separavit, justificando purgavit. Retorque nunc ad dexteram oculos, et quibus te glorificando sit inserturus, advertere.

CAPUT LXXIV

De gloria bonorum.

Quis ibi decor, quis honor, quæ felicitas, quæ securitas? Alii die judiciaria sede sublimes. Alii martyrii corona splendentes. Alii virginitatis flore candidi. Alii eleemosynarum largitione secundi. Alii doctrina et eruditione præclari, uno caritatis fœdere copulantur. Lucet eis vultus Jesus Christi non terribilis, sed amabilis; non amarus, sed dulcis; non terrens, sed blandiens.

CAPUT LXXV

Ex sola Dei gratia salvandis accensemur.

Sta nunc in medio, nesciens quibus te judicis sententia deputabit. O dura exspectatio. « Timor et tremor venerunt super me, et contexerunt me tenebræ (*Psal.*, LIV, 6). » Si me sinistris sociaverit non caussabor injustum: si dextris adscripserit, gratiæ ejus hoc non meis meritis est imputandum. Vere, Domine, vita in voluntate tua. Vides ergo quantum in amore ejus tuus extendi debeat animus, qui cum juste posset in impios prolatam, in te quoque retorquere sententiam, justis to maluit ac salvandis inserere. Jam te puta sanctæ illi societati conjunctam vocis illius audire, decretum: « Venite benedicti Patris mei, percipite regnum, quod vobis paratum est ab origine mundi (*Matt.*, xxv, 35). » Miseris audientibus verbum durum, plenum iræ et furoris: « Discedite a me maledicti in ignem æternum. Tunc ibunt hi in supplicium æternum: justi autem in vitam æternam. » O dura separatio, o miserabilis conditio.

CAPUT LXXVI

De regno Dei post judicium.

Sublatis vero impiis ne videant gloriam Dei: justis quoque singulis secundum gradum suum et meritum angelicis ordinibus insertis, fiet illa gloriosa processio Christo præcedente capite nostro: omnibus membris suis sequentibus, et tradetur regnum Deo et patri; ut ipse regnet in ipsis et ipsi regnent cum eo; illud percipientes regnum, quod paratum est illis ab origine mundi.

CAPUT LXXVII

De Regni Dei felicitate

Cujus regni status nec cogitari quidem potest a nobis, multo minus dici vel scribi. Hoc sciendum, quod

savoir qu'il n'y manquera rien de ce qu'on pourrait y désirer, et qu'il n'y aura rien de ce qu'on ne voudrait pas. Ainsi, point de deuil, de larmes, de crainte, de douleurs. Loin du ciel la défiance, la jalousie, la tribulation, la tentation, les variations, ou les corruptions de l'atmosphère. Les soupçons, l'ambition, l'adulation, la médisance, les chagrins, la vieillesse, la mort, la pauvreté en seront bannies. Plus de ténèbres ; aucun besoin désormais de boire, de manger ou de dormir ; plus de fatigues, plus de défaillances. Quel bien y a-t-il donc, là où ne se trouvent ni deuil, ni pleurs, ni douleurs, ni tristesse ? Qu'y a-t-il, sinon une joie parfaite. Là où il n'y a ni tribulations, ni tentation, ni changement de température, ni corruption de l'air, ni la chaleur étouffante de l'été, ni les rigueurs de l'hiver, qu'y a-t-il sinon une parfaite combinaison des choses, une vraie et souveraine tranquillité de l'esprit et de la chair ? Où il n'y a rien à craindre, n'est-ce pas le comble de la sécurité ? Où il n'y a ni discorde, ni jalousie, aucun soupçon, aucune ambition, aucune flatterie, aucune médisance, que peut-il y avoir sinon un vrai et parfait amour ? Où ne se trouvent ni la pauvreté, ni la cupidité, qu'y a-t-il sinon la plénitude de tous les biens ? Du lieu où la laideur est bannie, qu'y a-t-il sinon la vraie beauté ? Où il n'y a ni travail ni faiblesse, qu'y a-t-il sinon un parfait repos, une force parfaite ? Où il n'y a ni fardeau, ni charge, qu'y a-t-il sinon la plus grande aisance de vie ? Où l'on n'attend point la vieillesse, où l'on ne craint point la maladie, que peut-il y avoir sinon la véritable santé ? Où il n'y a ni nuit, ni ténèbres, qu'y a-t-il sinon une lumière parfaite ? Où la mort, où tout ce qui est mortel n'existe pas, qu'aura-t-il sinon la vie éternelle ? Qu'avons-nous encore à chercher de plus ? Ce qui est au-dessus de tout cela, c'est-à-dire la vue, la connaissance et l'amour du Créateur. Il se fera voir en lui-même, il se fera voir en ses créatures, gouvernant tout sans sollicitude, soutenant tout sans fatigue, se donnant lui-même et en quelque sorte, se donnant à chacun selon sa capacité, sans diminution, sans division de lui-même. Nous le verrons, ce visage aimable et digne d'admiration, que les anges brûlent de contempler, et dont la beauté, l'éclat et la douceur dépassent toute expression. Nous verrons le Père dans le Fils, le Fils dans le Père, et l'Esprit-Saint, dans l'un et l'autre. On le verra, non dans un miroir et comme en énigme, mais face à face. On le verra tel qu'il est, selon cette promesse qui dit : « Celui qui m'aime sera aimé de mon Père, et je l'aimerai et je me montrerai à lui (*Joan.*, XIV, 21). » De cette vue découlera la connaissance dont il est écrit : « C'est la vie éternelle, afin qu'ils connaissent te un seul Dieu, et celui que vous avez envoyé, Jésus-Christ (*Joan.*, XVIII, 3). » De tout cela, naîtra un si grand amour, une si grande ardeur de l'amour, une si grande douceur de charité, une telle ferveur, une telle véhémence de désir, que la satiété ne diminuera pas le désir, et que le désir n'empêchera

omnino nihil aberit, quod velis adesse; nec quidquam aderit, quod velis abesse. Nullus igitur ibi luctus, fletus nullus, non timor, non dolor, non diffidentia, non invidia, non tribulatio, non tentatio, non aeris mutatio vel corruptio, non suspicio, non ambitio, non adulatio, non detractio, non aegritudo, non senectus, non mors, non paupertas, neque tenebrae, non edendi vel bibendi vel dormiendi ulla necessitas, nulla fatigatio, defectio nulla : quid ergo boni ibi est, ubi nec luctus, nec fletus, nec dolor est, neque tristitia ? quid potest esse nisi perfecta laetitia, ubi nulla tribulatio, nulla tentatio, nulla temporum mutatio, vel aeris corruptio, aestus vehementior, nec hyems asperior ? Quid potest esse nisi summa quaedam rerum temperies, et mentis et carnis vera ac summa tranquillitas : ubi nihil est, quod timeas, quid potest esse nisi summa securitas ? ubi nulla discordia, nulla invidia, nulla suspicio, nulla ambitio, nulla adulatio, detractio nulla ; quid potest esse nisi summa et vera dilectio ? ubi nulla paupertas, nulla cupiditas, quid potest esse nisi bonorum omnium plenitudo ? Ubi nulla deformitas, quid potest esse nisi vera pulcritudo ? ubi nullus labor vel defectio, quid erit, nisi requies summa et fortitudo ? Ubi nihil est, quod gravet vel oneret, quid est nisi summa facilitas ? Ubi nec senectus exspectatur, nec morbus timetur, quid potest esse nisi vera sanitas ? ubi neque nox, neque tenebrae, quid erit nisi lux perfecta ? ubi mors et mortalitas omnis absorpta, quid erit nisi vita aeterna ? Quid est ultra quod quaeramus ? Certe quod his omnibus excellit, id est, visio, cognitio, et dilectio Creatoris. Videbitur in se, videbitur in creaturis suis, regens omnia sine sollicitudine, sustinens omnia sine labore, impertiens se, et quodam modo dispertiens singulis pro sua capacitate, sine sui diminutione vel divisione. Videbitur ille vultus amabilis et desirabilis in quem desiderant Angeli prospicere, de cujus plenitudine, de cujus lumine, de cujus suavitate quid dicetur ? Videbitur Pater in Filio, Filius in Patre, Spiritus-sanctus in utroque. Videbitur non per speculum et in aenigmate, sed facie ad faciem. Videbitur enim sicuti est, impleta illa promissione, qua dicit : « Qui diligit me, diligetur a Patre meo, et ego diligam eum, et manifestabo ei meipsum (*Johan.*, XIV, 3). » Ex hac visione, illa procedit cognitio, de qua ipse ait : Haec est vita aeterna, ut cognoscant te unum Deum, et quem misisti Jesum Christum (*Ibid.*, XVII, 3). » Ex his tanta nascitur dilectio, tantus ardor paterni amoris (*a*), tanta dulcedo caritatis, tanta fervendi copia, tanta desiderii vehe-

(*a*) *Apud Anselm.* pii amoris, *et mox*, tanta fruendi copia.

pas la satiété. Qu'est-ce donc? L'œil n'a point vu, l'oreille n'a point entendu, l'esprit n'a jamais compris ce que Dieu a préparé pour ceux qui l'aiment.

CHAPITRE LXXVIII

Epilogue.

J'ai tâché, ma sœur, de jeter ces quelques germes de méditation spirituelle sur le souvenir des bienfaits passés de Jésus-Christ, l'expérience des choses présentes, et l'attente des futures, pour qu'il en sorte l'arbre de l'amour et que cet arbre produise des fruits abondants : pour que la méditation entretienne l'amour, pour que l'amour enfante le désir, que le désir excite les larmes ; pour que vos larmes soient votre pain jour et nuit, jusqu'à ce que vous paraissiez en présence de votre Dieu, que vous soyez reçue dans ses embrassements, et que vous répétiez cette parole du Cantique : « Mon bien-aimé est à moi, et moi, je suis à lui (*Cant.*, I, 12). » Vous avez maintenant, selon votre demande, des constitutions matérielles, d'après lesquelles une recluse peut régler son extérieur. Vous avez la loi qui règle l'homme intérieur, peut vous purifier de vos fautes et vous orner de vertus. Dans ces trois sujets de méditation, vous avez de quoi exciter, nourrir et enflammer votre amour. Ce sont de douces consolations de l'âme que je vous donne : mais elles ne vous seront d'aucune utilité, si vous ne les conservez par le travail et l'action.

S'il en est qui retirent quelque profit de ce petit livre, pour reconnaître mon travail et mes soins, ils devront intercéder pour mes péchés auprès de mon Sauveur, auprès de mon Rémunérateur que j'attends, auprès de mon Juge que je redoute.

---

mentia : ut nec satietas desiderium minuat, nec desiderium satietatem impediat. Quid est hoc? certe quod oculus non vidit, nec auris audivit, nec in cor hominis adscendit; quæ præparavit Deus diligentibus sn.

CAPUT LXXVIII

Epilogus operis.

Hæc tibi soror de beneficiorum præteritorum Christi memoria, de præsentium experientia, de exspectatione futurorum quædam meditationum spiritualium semina præseminare curavi, ex quibus divini amoris fructus uberior oriatur et crescat : ut meditatio affectum exerceat, affectus desiderium pariat, lacrymas desiderium excitet : ut sint lacrymæ tuæ panes die ac nocte, donec appareas in conspectu ejus, et suscipiaris ab amplexibus ejus : dicasque illud, quod in Canticis scriptum est : « Dilectus meus mihi, et ego illi (*Cant.* I, 12). » Habes nunc, sicut petisti, corporales constitutiones, quibus inclusa exterioris hominis mores componas. Habes formam præscriptam, qua interiorem hominem, vel purges a vitiis, vel virtutibus ornes. Habes in triplici meditatione quomodo in te dilectionem excites, nutrias, et accendas.

Versus notabiles.

Dulcia sunt animæ solatia, quæ tibi mando.
Nam prosunt minime nisi serves hæc operando.

Si quis igitur in hujus libelli locutione profecerit, hanc labori meo vel studio vicem impendat : ut apud Salvatorem meum quem diligo, apud remuneratorem meum quem exspecto, apud judicem meum, quem timeo, pro peccatis meis intercedat.

LETTRES

DE

SAINT AUGUSTIN

TRADUITES EN FRANÇAIS AVEC DES NOTES

PAR

H. BARREAU

DOCTEUR ÈS-LETTRES ET EN PHILOSOPHIE, OFFICIER DE L'INSTRUCTION PUBLIQUE

Chevalier de plusieurs ordres.

PRÉFACE

DU

TOME DEUXIÈME DE L'ÉDITION DES BÉNÉDICTINS

De même que les yeux l'emportent sur les autres sens du corps, ainsi les Lettres des hommes illustres l'emportent sur leurs autres écrits. En effet, dans les Lettres, comme dans le double miroir des yeux, brillent les qualités personnelles des auteurs, leurs affections, leurs vertus et leurs vices ; et si nul ne saurait manifester ce qu'il est, d'une manière plus vive que par ses regards, ainsi personne ne saurait mieux être connu que par ses Lettres. Si cette vérité se montre dans les lettres d'un auteur quelconque, elle ressort évidente de celles de saint Augustin. C'est là que brillent particulièrement le génie de ce saint docteur, son éloquence sans fard, sa prudence, son zèle, la constance de son cœur, son amour de la vérité et de la piété, son humanité, sa modestie et ses autres vertus. Déjà, dans les *Confessions*, se reflétait clairement l'image de saint Augustin, mais non pas, s'il est permis de parler ainsi, d'une manière aussi complète que dans ses Lettres. En effet, lorsque les saints écrivent quelque chose sur eux-mêmes, si ce qu'ils en disent est mauvais, ils l'exagèrent beaucoup, si c'est bon, ils le dépriment et l'abaissent au delà de toute justice. D'un autre côté, si quelque auteur publie des écrits sur le compte des saints, il ne saurait pénétrer suffisamment dans

IN TOMUM SECUNDUM

PRÆFATIO.

Ut oculi aliis corporis sensibus præstant, ita illustrium virorum Epistolæ ceteris eorum scriptis passim antecellunt. In eis enim tanquam in gemino oculorum speculo emicant personæ dotes, affectus, virtutes et vitia ; sic ut nemo magis ad vivum ea exprimere possit, nemo alibi melius quam in Epistolis intueri. Id si de cujusquam alius, certe de Augustini litteris constat, in quibus sanctissimi Doctoris genius, eloquentia citra fucum, prudentia, zelus, animi constantia, veritatis ac pietatis studium, humanitas, modestia, aliæque virtutes resplendent. Jam quidem in Confessionum libris se ipse luculenter expresserat Augustinus : at non ita (si dicere licet) genuine sicut in Epistolis. Fit enim ut quæ de se ipsis scribunt sancti, aut immodice extollant, si mala sint ; aut plus æquo deprimant, si bona. Si vero quis alius de ipsis scribit, non satis eorum intima penetrare

PRÉFACE.

ce qu'ils ont de plus intime, ou s'il le peut, il lui est difficile de l'expliquer d'une manière satisfaisante, mais dans leurs diverses lettres, les auteurs se montrent et se peignent eux-mêmes spontanément sous les véritables couleurs que la nature, le lieu, l'occasion, les personnes, la matière du sujet, leur fournissent : et cela même sans qu'ils y pensent. Aussi est-ce dans les écrits épistolaires qu'un véritable observateur peut voir et examiner de près la personne et l'esprit d'un auteur.

Mais, ce qui, de plus, augmente le mérite des Lettres de saint Augustin, c'est que ce saint pontife ayant eu à s'occuper des plus graves intérêts de l'Eglise, la collection de ses Epîtres, embrasse non-seulement l'histoire de sa vie privée, mais encore presque toute l'histoire ecclésiastique de ce temps. Si donc, on veut rechercher avec soin, et bien comprendre ce qu'ont fait les Donatistes et les Pélagiens, deux sortes d'hérétiques qui, pendant toute cette époque, ont le plus infesté l'Eglise, qu'on lise les Lettres de saint Augustin, qu'on les étudie soigneusement, et l'on arrivera au but que l'on s'est proposé.

Dans les éditions précédentes, l'ordre des Lettres de saint Augustin était tellement confus, qu'on n'aurait pu arriver à ce but que par une longue méditation et par une lecture souvent répétée. En effet, les lettres de la même époque et sur le même sujet étaient jetées pêle-mêle dans la collection où on les avait réunies. Les premières étaient mises après celles écrites postérieurement, et souvent rejetées à la fin ; mais, ce qui était le comble de la confusion, c'est que les réponses de saint Augustin étaient quelquefois séparées par une longue distance des lettres par lesquelles il était interrogé et consulté. Bien plus, ces réponses précédaient les questions sur lesquelles on demandait son avis, au point que les lettres d'Evodius, consultant saint Augustin, venaient après la réponses du saint, et en étaient séparées par beaucoup d'épîtres intermédiaires. Il était donc à désirer que les Lettres de saint Augustin fussent rangées méthodiquement et selon l'ordre des temps. Saint Augustin l'aurait fait sûrement lui-même, s'il avait pu achever le recensement qu'il avait commencé de ses Epîtres. En effet, dans la préface de ses *Rétractations*, il exprime le désir que ses œuvres soient lues selon l'ordre dans lequel il les a écrites, et il ajoute qu'il apportera tous ses soins à cet égard, pour que les lecteurs comprennent la marche qu'il a suivie dans ses écrits.

possit; aut etiam si possit, aptissime explicare non valeat. At in variis Epistolis auctores sponte se ipsi produnt pinguntque nativis coloribus, quos natura, locus, occasio, personæ, argumenti materia, etiam a non cogitantibus exprimunt : adeo ut diligens quivis rerum æstimator in epistolaribus scriptis auctoris faciem et animum a propinquo intueri possit.

Sed illud insuper Augustini Epistolis dignitatem addit, quod cum Sanctissimus Pontifex gravissimis Ecclesiæ negotiis fuerit occupatus, Epistolarum ejus collectio non tantum ipsius privatam, sed et totam fere ecclesiasticam illius temporis historiam complectatur. Unde si quis Donatistarum, et Pelagianorum, quæ duæ hæresesEcclesiam per id tempus maxime infestarunt, res gestas studiose indagare ac plene intelligere cupit, Augustini Epistolas legat, ac sedulo revolvat, et votis tandem suis optatum finem imponet.

Verum in superioribus editionibus adeo perturbatus erat Augustinianarum Epistolarum ordo, ut non facile quisquam id assequi potuisset absque longa et sæpe repetita lectione ac meditatione. Nam ejusdem temporis et argumenti Epistolæ per totum collectionis corpus hinc inde dispersæ erant, tum priores posterioribus postpositæ et in finem rejectæ; ac demum (quæ intoleranda confusio erat) Augustini rescripta quam longissime ab interrogatis et consultis nonnumquam aberant : imo rescripta consultis longæ præferebantur : adeo ut Evodii v. g. consulentis Epistolæ post multas interjacentes Epistolas Augustini responsum consequerentur. Quapropter optandum erat ut Augustini Epistolæ in rectum ordinem pro temporum ratione digererentur. Quod procul dubio curaturus fuisset Augustinus ipse, si earum recensionem quam susceperat, ei absolvere licuisset.

PRÉFACE.

Bien des motifs nous empêchaient de faire ce travail, savoir : l'ordre suivi antérieurement, le classement adopté depuis environ cent soixante-dix ans, les citations faites jusqu'ici qu'il nous paraissait dangereux de violer ou d'intervertir. Nous craignions que ces changements ne donnassent beaucoup de peine aux personnes studieuses. De plus, nous étions encore très-embarrassés pour établir dans les Lettres un ordre qui fût approuvé de tout le monde, puisque les savants eux-mêmes ne sont pas d'accord sur l'époque de quelques-unes de ces lettres ; mais ce qui nous arrêtait le plus, c'est que dans notre travail, nous ne voulions ni contrarier, ni favoriser sans de bonnes raisons le sentiment de n'importe quel savant. Telles sont les raisons qui nous détournaient de changer l'ordre de ces Lettres, et il nous paraissait difficile d'entreprendre ce travail en opposition aux éditions précédentes.

D'un autre côté, nous y étions excités, non-seulement par l'exemple des divers critiques qui ont publié des Lettres de saint Cyprien, de saint Léon, etc., mais encore par l'autorité d'hommes aussi distingués par leur science que par leur dignité, et qui jugeaient que dans cette nouvelle édition, on devait surtout s'occuper de la postérité. Aussi, forts de ces exemples et de ces autorités, nous nous sommes enfin décidés à classer, autant que cela était possible, les Lettres de saint Augustin selon l'ordre des années où elles ont été écrites ; et pour ne pas paraître adopter ce classement avec légèreté, nous avons pris tous les soins possibles pour l'établir, non-seulement d'après nos vues et nos études, mais encore d'après les conseils des autres. Un peu plus bas, après avoir fait quelques observations préliminaires sur cette nouvelle édition des *Lettres*, nous soumettrons au lecteur les raisons qui nous ont déterminé à adopter l'ordre que nous avons suivi.

D'abord, après avoir rangé les lettres dans un ordre chronologique, nous les avons distribuées en quatre classes. La première contient les lettres que saint Augustin a écrites avant son élévation à l'épiscopat. En cela, nous avons suivi l'exemple de saint Augustin lui-même, qui, dans le premier livre des *Rétractations*, fait seulement le recensement des opuscules

---

Quippe in Retractationum suarum prooemio optare se testatur, ut opera sua eo quo scripta sunt ordine perlegantur, eique rei daturum se operam, quo demum intelligant lectores *quomodo scribendo profecerit.*

At quo minus id tentaremus intercedebant diversae res, nempe usus superiorum temporum, receptus ordo ab annis circiter centum septuaginta, citationes usitatae, quas violare, aut demum pervertere nefas esse videbatur, ne mutatio haec plurimum negotii studiosis facesseret. Ad haec non leves difficultates in constituendo Epistolarum ordine, qui omnibus probetur; cum de nonnullarum aetate disputent eruditi. Atque haec potissimum nos ratio morabatur ; quippe qui id praecipue in animum induximus, hoc in labore nostro neutrorum sententiae temere adversari aut favere. Haec ergo momenta a mutando Epistolarum ordine nos deterrebant, nec facile id a nobis contra superiores editiones sescipiendum videbatur.

Ex adverso tamen aliud suadebant non tantum varia eruditorum exempla in Epistolis S. Cypriani, S. Leonis, etc., sed etiam virorum non minus scientia quam dignitate praestantium auctoritas, qui posteritati hac nova editione consultum volebant. His omnino exemplis et auctoritatibus adducti, tandem consensimus, ut Augustini Epistolae ad annorum seriem (quoad fieri posset) accuratam revocaremus. Et ne levi fundamento hanc seriem designasse videamur, non modo nostris, sed etiam alienis eam studiis et consiliis investigare sategimus. Nostrarum hanc in rem momenta rationum, quibus ordinem a nobis constitutum comprobamus, paulo inferius subjicienda sunt, postquam nonnulla circa novam hanc Epistolarum editionem hic praemiserimus.

Principio Epistolarum chronologico ordine constituto, eas in quatuor classes distinximus, quarum prima illas exhibet, quas Augustinus nondum episcopus scripsit. Qua in re Augustinum ipsum secuti auctorem sumus, qui in Retractationum priore libro ea dumtaxat recensuit opuscula, quae

qu'il avait publiés avant d'être évêque. La seconde classe renferme les Epîtres qu'il a écrites depuis le commencement de son épiscopat, jusqu'à la conférence de Carthage avec les Donatistes, et jusqu'à l'apparition en Afrique de l'hérésie pélagienne. Ces Lettres, en décrivant avec soin le commencement, les progrès et la condamnation de ces erreurs, ont principalement pour but de les faire connaître et de les détruire. La troisième classe de Lettres renferme celles que le saint Docteur a écrites depuis ce temps jusqu'à la fin de sa vie, et auxquelles on peut assigner une époque précise. Enfin, dans la quatrième classe nous avons rangé les autres lettres que saint Augustin a écrites pendant son épiscopat, et dans le texte desquelles rien n'indique soit le temps, soit les circonstances où elles ont été publiées. Ainsi, cette distinction des lettres en quatre classes aura l'avantage que nous avons signalé précédemment, c'est-à-dire que le lecteur studieux verra de suite et d'un seul coup d'œil, tout ce qui a rapport aux hérésies des Donatistes et des Pélagiens.

Nous devons aussi prévenir le lecteur que nous avons laissé à leur place certains traités qui, jusqu'à ce jour, avaient été rangés parmi les Lettres, quoique des raisons assez importantes parussent nous y engager. De ce genre est le testament public par lequel saint Augustin désigne Héraclius pour son successeur futur, ainsi que quelques autres opuscules plus étendus dont il fait mention dans les *Rétractations*, et cela nous ne l'avons fait que pour consulter autant que possible la commodité des lecteurs.

Mais nous n'avons pas hésité à rejeter dans l'Appendice ce qu'on appelle la controverse avec Pascentius qui figurait comme la cent soixante-dix-huitième parmi les Lettres de saint Augustin ; il est évident que c'est une pièce supposée, comme nous l'avons prouvé dans l'avertissement que nous avons placé en tête de cette controverse.

Nous avons cru en outre faire chose utile et agréable aux hommes studieux, en rapportant ici quelques lettres, non-seulement celles que saint Augustin envoyait à d'autres en son nom, mais encore certaines de celles qui lui étaient adressées par beaucoup de personnes. Par exemple, les lettres de Timase et de Jacques, celles des empereurs Honorius et Théodose,

---

antequam fieret episcopus in lucem protulerat. In secunda classe repræsentantur Epistolæ, quas ab initio episcopatu ad collationem cum Donatistis Carthagine habitam et Pelagianæ hæreseos in Africam invectionem edidit. In his enim duobus sive retegendis, seu extirpandis erroribus versantur ut plurimum hæ litteræ, quæ eorum initia, progressus, atque damnationem accurate describunt. Tertia Epistolarum classis eas complectitur, quas ab eo tempore S. Doctor ad vitæ finem exaravit, quibus scilicet certa epocha potest assignari. In quartam demum classem reliquas Augustini litteras redegimus, quas quidem scripsit episcopus, nulla tamen alia præfixa temporis aut circumstantiarum nota, quæ certum tempus præ se ferat. Ex hac porro quadruplicis classis distinctione id commodi eveniet, quod antea observabamus, ut studiosus Lector ea quæ ad hæreses Donatistarum et Pelagianorum pertinent, uno fere conspectu ac tenore percipiat.

Deinde monendus est Lector nonnullos tractatus, qui hactenus in Epistolarum ordinem relati sunt, loco motos a nobis non fuisse tametsi id non levis momenti rationes suadere videbantur. In eo genere est publicum illud instrumentum, quo Eraclium futurum sibi successorem designat Augustinus, præter aliquot prolixiora opuscula quæ ab ipso in Retractationibus censentur inter libros. Id vero a nobis præstitum haud fuit, quo vel sic lectorum commodo (quantum fas esset) consuleretur. Verum nihil cunctandum censuimus, quin rejiceretur in Appendicem vulgata illa Altercatio cum Pascentio, quæ CLXXVIII, numerabatur inter Augustini Epistolas. Hanc enim supposititiam esse manifestis constat argumentis, quæ in Admonitione eidem Altercationi præfixa retulimus.

Præterea rem gratam utilemque studiosis facturos nos arbitrati sumus, si quasdam huc revocaremus Epistolas, non solum quas Augustinus nomine suo misit ad alios, sed ex illis etiam quæ ad

de Quodvultdeus, de saint Prosper, d'Hilaire et celles d'un anonyme à saint Augustin. Il en est de même des lettres envoyées par le saint Docteur à Pélage, à Simplicien, touchant l'ouvrage qui lui avait été dédié, à Aurélius, à Valère, à Claude, à Quodvultdeus, concernant les livres désignés sous leur nom ; lettres qui jusqu'à ce jour manquaient dans ce recueil. Toutes ces Lettres, nous avons eu soin de les insérer en leur lieu et place. Nous avons fait de même pour les rescrits des évêques catholiques au tribun Marcellin, à l'occasion de la conférence de Carthage, ainsi que la lettre relative à Leporius, adressée à Procule et à Cylinnius évêques des Gaules. Tous ces écrits peuvent être considérés comme des œuvres appartenant réellement à saint Augustin, ainsi que ses lettres envoyées à Innocent au nom du Synode de Carthage et de Milève que tout le monde admet parmi les Epîtres de ce saint docteur, parce qu'elles ont été écrites sous sa dictée.

On aurait pu également publier ici le traité *sur le bien du veuvage* ; mais nous n'avons pas voulu le faire parce que depuis longtemps l'usage a prévalu de désigner ce Traité sous le titre de *Livre sur le bien du veuvage*. Cependant, ce n'est véritablement qu'une lettre adressée par saint Augustin à Julienne. C'est pour cette raison, qu'il n'en est pas parlé au livre des *Rétractations*. A cette même catégorie appartient la lettre que le saint Docteur écrivit contre Pétilien, et qu'il adressa aux fidèles soumis à sa juridiction. Cette lettre, dès le temps de saint Augustin ainsi qu'il le dit lui-même dans ses *Rétractations* (Livre II, chap. xxv) formait le premier livre de sa réponse aux lettres de cet hérétique. Se présentait encore la lettre de Secondin, manichéen, à saint Augustin. Comme cette lettre ne contient rien de remarquable et qui soit digne de l'attention des savants, nous l'avons renvoyée au tome sixième des œuvres de saint Augustin ; sa seule utilité est de faire mieux comprendre les questions que traite le saint Docteur en réfutant les erreurs de Secondin.

Nous ne nous sommes pas bornés à reproduire les lettres déjà publiées, mais il en est quelques-unes qui paraissent pour la première fois dans cette édition. Parmi elles se trouve la lettre si remarquable de saint Augustin, alors simple prêtre, à Alype évêque de Thagaste.

ipsum a multis sunt directæ. Sic Timasii et Jacobi, sic Honorii et Theodosii Imperatorum, Quodvultdei, Prosperi, Hilarii atque Anonymi ad Augustinum litteras : sic et ab ipso datas ad Pelagium, ad Simplicianum de opere ipsi dicato, ad Aurelium, ad Valerium ad Claudium, ad Quodvultdeum super libris eorum nomine nuncupatis, quæ hic antea desiderabantur, suo inferendas loco curavimus : uti et catholicorum Episcoporum rescripta ad Marcellinum Tribunum occasione collationis Carthaginensis, necnon Epistolam ad Proculum et Cylinnium Gallicanos antistites Leporii caussa transmissam : quæ nimirum scripta non minus pro veris ac germanis Augustini fetibus habenda sunt, quam Epistolæ illæ Carthaginensis ac Milevitanæ Synodi nomine ad Innocentium directæ, quas uti a S. Doctore dictatas cum aliis ejus Epistolis omnes recipiunt.

Huc vero etiam revocandus erat Tractatus *de Bono Viduitatis*, nisi id prohibuisset usus jam pridem receptus, qui *Libri* titulum ei assignat, tametsi vera sit Augustini *ad Julianam* Epistola, eoque nomine nulla ejus peculiaris mentio in Retractationum libris habeatur. Ejusdem conditionis est ea Epistola, quam S. Doctor fidelibus *ad suæ dispensationis curam pertinentibus* scripsit contra Petilianum, quæ ab Augustini tempore, sicuti in lib. II Retractationum c. xxv, testatur, prioris adversus ejusdem hæretici litteras libri locum obtinuit. Occurrebat præterea *Secundini Manichæi* ad Augustinum Epistola, quæ ut nihil continet observatione dignum, quod eruditorum oculis merito subjiciatur, relicta est in sexto Augustinianorum operum tomo, ob id solum legenda, ut ea plenius intelligantur, quæ illic adversus Secundini errores disputat Augustinus.

Neque vero editas dumtaxat Epistolas recudimus ; sed novas aliquot primi damus in lucem : in quibus occurrit Augustini tum Presbyteri insignis ad Alypium episcopum Thagastensem Epistola, cujus perquam egregium est argumentum. Jam pridem Christianorum convivia compotationesque

PRÉFACE.

Le sujet de cette lettre est très-digne d'attention. Depuis longtemps, au jour anniversaire de la mort des saints, les Chrétiens avaient coutume de se réunir pour boire et pour manger dans l'enceinte des basiliques. Saint Augustin apporta tous ses soins pour faire disparaître un tel usage. Voici ce qu'il dit à ce sujet dans la lettre vingt-deuxième (n° 5), adressée à Aurèle : « *Il faut faire disparaître le mal, non avec rigueur, mais comme il est écrit, dans un esprit de douceur et de mansuétude. Ce n'est ni par la dureté ni par des manières impérieuses que l'on triomphe de cette sorte d'abus ; ils cèdent plutôt aux avertissements qu'aux menaces. C'est ainsi qu'il faut agir avec la multitude des pécheurs.* » Il raconte dans la lettre à Alype comment, pendant trois jours et particulièrement le jour anniversaire de la fête de saint Léonce, s'appuyant sur l'autorité de l'Ecriture sainte, employant les prières, les larmes, les gémissements dans cette assemblée solennelle, il insista pour qu'une si honteuse coutume disparût de l'église. Dès qu'il vit que ses paroles avaient ému le cœur de quelques assistants, il redoubla de zèle, multiplia ses exhortations, puis *ayant fait mettre les fidèles en prières*, il employa le secours des âmes pieuses. C'est ainsi qu'avec l'aide de Dieu, on cessa de se réunir dans les églises pour y boire et y manger. Parmi les autres observances de la discipline ecclésiastique rapportées dans cette lettre, il faut remarquer les rites observés dans les solennités des saints, savoir : le sermon adressé au peuple, les lectures saintes, les psaumes chantés et répétés alternativement, et la solennité *des Vêpres* qui devaient être célébré *chaque jour*.

Nous avons également publié deux autres lettres qui complètent ainsi le nombre de celles que saint Augustin écrivit à saint Paulin de Nole, nombre indiqué dans l'index de Possidius. Ces lettres sont courtes, il est vrai, mais remplies d'un sentiment de piété et de bienveillance chrétienne. Saint Augustin y exprime le vif désir qu'il a de recevoir les lettres de saint Paulin ainsi que l'opuscule contre les païens, composé par ce saint.

La lettre à Mercator est plus longue et plus remarquable. Le tiers en avait paru autrefois dans le livre adressé à Dulcitius, mais nous la donnons ici tout entière. Elle montre tout à la fois le caractère vif de Mercator et la grande modestie de saint Augustin qui accueille, par des félicitations, cet homme irrité de n'avoir pas reçu de réponse à ses lettres. Dans

in basilicis natali Sanctorum diei fieri solitas e medio tollere satagebat Augustinus. Ejus hanc in rem verba sunt in Epist. XXII, ad Aurelium, n. 5. *Auferendum est malum non aspere, sed sicut scriptum est, in spiritu lenitatis et mansuetudinis. Non duriter, non modo imperioso ista tolluntur ; magis monendo quam minando. Sic enim agendum est cum multitudine peccantium.* Narrat ergo hic quemadmodum per tres dies, nominatimque in Leontii natali die, auctoritatibus ex divina Scriptura petitis, tum precibus, fletibus ac lacrymis apud solemnem concionem instabat, fœda ut hæcce consuetudo ab Ecclesia eliminaretur : quæ ubi paucorum movere animos intellexit, mox acriore studio alia atque alia subjecit hortamenta, et *imperata oratione* priorum suffragia adhibuit : sic ut Deo donante tandem a compotationibus istis cessatum fuerit. Inter alia vero quæ hic referuntur ecclesiasticæ disciplinæ monumenta, notandi ritus in Sanctorum solemnitatibus tum usurpati, nempe sermo habitus ad populum ; sacræ lectiones et Psalmorum modulatio alternis vicibus repetitæ ; *acta Vespertina* sacra, quæ *quotidie* celebrari solerent.

Prodeunt simul e tenebris aliæ duæ, quibus numerus Epistolarum Augustini ad Paulinum Nolensem in Possidii indice adnotatus completur ; breviores quidem illæ, sed Christianæ pietatis ac benevolentiæ sensu plenissimæ. His Paulini litteras et opusculum contra Paganos, quod ab ipso elaborari didicerat Augustinus, ardentissimis votis expetere se contestatur.

Prolixior insigniorque est ad Mercatorem Epistola, ex tertia parte olim exhibita in lib. ad Dulcitium, nunc autem primum ex integro data : quæ ut peracre Mercatoris ingenium, ita singularem modestiam Augustini prodit, qui succensentem quod sibi non rescripsisset, accipit gratan-

cette Épître, on remarque où en étaient les controverses entre les Catholiques et les Pélagiens, état de choses parfaitement expliqué, quant à ce qui regarde la question du baptême des petits enfants et de la mort, châtiment du péché. On y voit aussi l'époque précise des lettres de saint Augustin à Sixte et au diacre Célestin; mais ce qui est surtout digne de remarque, c'est que cette même lettre nous apprend que les écrivains catholiques qui n'habitaient pas l'Afrique, avaient coutume d'adresser à saint Augustin les écrits qu'ils publiaient contre les Pélagiens. Cette conjecture était facile à tirer de la lettre peu étendue adressée à Sixte (Nomb. 1), mais toute espèce de doute à ce sujet disparaît devant les paroles de saint Augustin à Mercator : « *Il s'en faut de beaucoup, mon très-cher fils, que je vous néglige et que j'accueille avec indifférence vos lettres ou les écrits que vous m'envoyez pour les examiner.* »

Nous conservons dans cette édition les chapitres qui avaient été précédemment introduits dans quelques lettres. Dans d'autres, nous en avons établi de nouveaux où cela nous paraissait utile. Enfin, dans toutes nous désignons les fréquentes divisions par nombre, comme nous avons commencé à le faire dans les opuscules du tome premier, pour rendre ainsi plus facile l'usage des livres de saint Augustin, et plus expéditive la recherche des différents passages. Ensuite, nous avons revu et corrigé, avec le plus grand soin, les matières et les arguments des lettres qui fourmillaient de fautes et d'erreurs, signalées par les savants comme contraires à l'histoire. Quoique notre dessein ne soit nullement d'imposer notre manière de juger et de penser aux savants, nous n'avons pu nous empêcher de joindre quelques petites notes, non-seulement dans les principales corrections du texte généralement admis, mais encore dans tous les passages qui nous paraissaient propres à établir l'époque des lettres. Nous croyons inutile de passer ici en revue toutes les fautes que nous avons corrigées avec l'aide d'un très-grand nombre de manuscrits : mais ce qui ne nous a pas permis de les faire disparaître toutes, c'est que quelques lettres du saint Docteur, se trouvaient seulement dans un seul manuscrit peu correct, comme pourra le voir quiconque voudra consulter la table des exemplaires dont nous avons fait usage, et que nous avons ajoutée à la fin de ce volume.

---

tissime. Notandus in ea controversiarum inter Catholicos et Pelagianos status, quod ad quæstionem de baptismo parvulorum ac de morte peccato retributa pertinet, liquido explicatus. Notanda itidem epocha litterarum Augustini ad Sixtum et ad Cælestium diaconum hic definita. Sed illud in primis observatione dignum est, quod ex eadem epistola intelligimus, nempe catholicos scriptores extra Africam positos sua Augustino scripta, quæ adversus Pelagianos edebant, dirigere solitos fuisse. Hujus quidem rei conjecturam capere licebat ex breviore ad Sixtum Epistola n. 1. Verum id longe certius liquet ex his Augustini verbis ad Mercatorem : *Ego itaque te, fili dilectissime, scribentem mihi vel ad me consideranda tua scripta mittentem, absit ut negligenter accipiam*, etc.

Jam vero in hacce editione capitulationes, quæ paucas in epistolas antehac inductæ erant, retinemus; novas in aliis, ubi commodum videtur, instituimus ; porro in omnibus sectiones designamus frequentes, affixis numericis notis : uti jam in primi tomi opusculis fieri cœpit, quo esset deinceps facilior Augustini usus, expeditiorque locorum inquisitio. Deinde Epistolarum argumenta, quæ plurima gravissimis scatere erratis historiæque adversari observarant eruditi, castiganda curavimus. Et quamquam consilium nostrum minime sit animi nostri sensa et cogitata doctis obtrudere, temperare non potuimus tamen, quin notatiunculas quasdam adnecteremus, tum in præcipuis vulgati textus emendationibus, tum iis in locis qui ad stabiliendam Epistolarum epocham visi sunt idonei. Nihil porro est, quod hic omnia recenseantur menda, quæ sane innumera MSS. exemplarium ope resecuimus. Cur autem omnia resecare non licuerit, id in caussa est, quod aliquot S. Doctoris Epistolæ unico dumtaxat codice MS. eoque non satis emendato continerentur, uti constabit codicum, quibus usi fuimus, Syllabum in fine voluminis adjectum consulenti.

PRÉFACE.

Dans la crainte que cette nouvelle édition des Lettres ne laissât à désirer quelque chose qui dépendît de nous, nous y avons ajouté quatre tables. La première indique le nouvel ordre des Lettres comparé avec celui qui avait été publié précédemment. La seconde contient l'ordre suivi jusqu'à ce jour, mais mis en concordance avec le nouveau que nous avons établi. La troisième comprend, par ordre alphabétique, les noms de ceux à qui saint Augustin a adressé des lettres, ou de ceux dont il en a reçu. Enfin, la dernière distribue les lettres d'après les principales matières qui y sont traitées (1). Nous avions aussi pensé à faire une cinquième table de ces lettres, qui répondît à l'ordre dans lequel on le trouve ordinairement dans les manuscrits ; mais ce travail eût été inutile et sans profit, non-seulement à cause de la grande variété des manuscrits parmi lesquels nous ne savons pas s'il est possible d'en trouver deux ou trois qui s'accordent entre eux à cet égard, mais principalement parce qu'il y en a fort peu qui contiennent même la moitié des lettres du saint Docteur. En sorte que, d'après ces manuscrits, il est impossible d'établir quelque chose de certain, de fixe et de régulier, à l'exception de quelques-uns portant la date d'environ six siècles, et qui renferment six ou sept lettres antérieures rangées dans l'ordre suivi par les éditions qui ont paru jusqu'à ce jour, les autres y sont placées d'une manière différente et sans ordre déterminé.

Il nous reste donc, comme nous l'avons promis, à donner ici les raisons du classement nouveau que nous avons adopté dans la publication des Lettres.

(1) Cette dernière table est la seule que nous ayons conservée dans la présente édition.

Ne quid vero in hac Epistolarum editione (quod nostrum certe esset) desideraretur ; quatuor earum indices adtexuimus. Primus quidem novum huncce Epistolarum ordinem cum hactenus vulgato comparatum exhibet. Alter vulgatum prius ordinem continet quatenus ad hunc novum reducitur. Tertius constat eorum nominibus alphabetico ordine digestis, ad quos Augustinus dedit Epistolas, vel a quibus ipse vicissim accepit. Postremus denique Epistolas distribuit in præcipua argumenta, quæ in eis tractantur. Statueramus aliquando quintam quoque Epistolarum seriem intexere, quæ ordini illi responderet, qui in MSS. codicibus usitatior est. Verum incassus labor et, prorsus inutilis fuit, tum ob maximam MSS. codicum varietatem, inter quos nescimus an duos tresve reperias qui inter se hac in re conveniant : tum maxime quod pauci admodum reperiantur, qui media saltem ex parte S. Doctoris contineant Epistolas ; adeo ut ex illis nihil certum, nihil fixum ordinatumque possit constitui ; si codices nonnullos exceperis annorum 600 circiter ætatem præferentes, qui Epistolas sex aut septem priores exhibent ea serie, quam editiones vulgatæ repræsentant, aliis longe diverso nulloque legitimo ordine contextis.

Superest igitur ut (quod antea polliciti sumus) novi Epistolarum ordinis rationes hoc loco exhibeamus.

ORDRE CHRONOLOGIQUE
DES
LETTRES DE SAINT AUGUSTIN
AVEC PREUVES A L'APPUI

PREMIÈRE CLASSE

LETTRES ÉCRITES AVANT L'ÉPISCOPAT DE SAINT AUGUSTIN

DE 386 A 395

LETTRE I (écrite vers la fin de l'an 386). — De même que dans les Rétractations, on trouve au premier rang les livres *Contre les Académiciens* écrits par saint Augustin dans la campagne de Cassiciacum, peu de temps après sa conversion, ainsi doit-on placer en tête de ses lettres, celle qui fut adressée à *Hermogénien* à l'occasion de ces mêmes livres. En quelle année cette lettre ou ces livres ont-ils paru? C'est ce qu'on peut établir ainsi qu'il suit. Saint Augustin avait commencé l'ouvrage en question quelque peu avant l'anniversaire de sa naissance, 13 novembre, comme on le peut voir *Rétractations*, liv. I, chap. II. Il était dans sa trente-troisième année quand il l'acheva, comme il le dit lui-même à la fin de l'ouvrage, liv. III, chap. xx, n. 43. Or Possidius, chap. xxxi, nous apprend que saint Augustin a vécu soixante-seize ans; et personne jusqu'à ce jour n'a encore mis en doute la date de sa mort, 28 août 430, donnée par la chronique de Prosper. Il faut donc qu'il soit né le 13 novembre 354, qu'il se soit retiré à Cassiciacum après sa conversion en 386, et qu'il ait publié ses livres *Contre les Académiciens* à la fin de cette même année, quatre mois environ avant son baptême, qui eut lieu l'année suivante.

Bien que cette manière d'établir les chiffres paraisse facile et commode; cependant il est bon d'insister un peu sur les motifs qui la font adopter. En effet, comme le livre III des *Lettres*

EPISTOLARUM ORDO CHRONOLOGICUS
ARGUMENTIS DEMONSTRATUS.

EPISTOLÆ I. CLASSIS

Quas Augustinus nondum episcopus scripsit,
ab anno Christi 386. ad 395.

EPISTOLA I (scripta circiter finem an. 386). — Ut primum locum in Retractationibus tenent libri *contra Academicos*, in agro Cassiciaco scripti ab Augustino paulo post ipsius conversionem : ita ceteras ipsius Epistolas hic jure præcedit illa, quæ eorumdem librorum occasione data fuit ad *Hermogenianum*. Annus vero quo isthæc epistola sive libri iidem prodierunt, hac ratione investigatur. Exorsus fuerat id operis Augustinus aliquanto tempore ante suum natalitium diem, qui in 13 Novemb. incidebat ex lib. I *Retractationum* c. II. Cum autem id opus absolveret, trigesimum tertium ætatis annum agebat, uti sub ejusdem operis finem, lib. III, c. xx, n. 43, testatur. Jam vero Possidius, c. xxxi, fidem facit vixisse Augustinum annos septuaginta sex. Nullusque hactenus in dubium revocavit, quin ejus obitus in 28 Augusti an. 430, juxta Prosperi chronicon, inciderit. Illum igitur natum fuisse oportet 13 Novemb. an. 354, conversum autem a sæculo secessisse in villam Cassiciacum an. 386, eodem labente anno libros *de Academicis* edidisse; quatuor circiter menses ante baptismum, quem insequenti anno percepit.

Quamquam hæc facilis et expedita chronologiæ ratio videatur, in ea tamen constituenda necesse

contre Pétilien, chap. xxv, nous apprend que saint Augustin n'est revenu en Afrique qu'après la mort du tyran Maxime arrivée sur la fin de juillet ou d'août 388, comme, d'autre part, il est bien certain aussi, *Confessions*, liv. IX, chap. viii-x-xi, que sainte Monique est morte à Ostie, au retour d'Augustin en Afrique après le baptême reçu à Milan en la solennité pascale, alors qu'ils se préparaient à s'embarquer ensemble, le saint ayant alors trente-trois ans, les érudits ont d'après ces données, adopté des opinions différentes : les uns veulent que Possidius en donnant à saint Augustin soixante-seize années de vie les ait comptées d'après les fastes consulaires, prenant pour la première ce temps très-court écoulé depuis le 13 novembre, date de la naissance de saint Augustin, jusqu'au 1er janvier, et pour la soixante-seizième, le temps qui sépare le 1er janvier du 28 août : ainsi saint Augustin serait né le 13 novembre 355, et en réalité il aurait vécu non plus soixante-seize mais soixante-quatorze ans et neuf ou dix mois. Les autres veulent que saint Augustin, parle non d'années commencées ou courantes mais d'années complétement écoulées, quant au livre III ci-dessus mentionné, *Contre les Académiciens*, aussi bien qu'au liv. I, chap. x, des *Soliloques*, (ouvrage écrit aussi avant son baptême), il déclare avoir trente-trois ans. Ils soupçonnent que c'était sa manière de compter ses années, d'après ces passages des *Confessions*, liv. VI, chap. xi, où il dit qu'il a trente ans, après avoir dit au chap. vi qu'il a fait l'éloge de l'empereur ; ils sont persuadés qu'il s'agit du panégyrique qu'il prononça en présence du consul Bauto entrant en charge aux calendes de janvier 385, *Lettres contre Pétilien*, liv. III, chap. xxv, bien qu'il soit plus vraisemblable que ces paroles ont trait à un autre panégyrique appelé précisément par saint Augustin, *Éloge de l'Empereur*. D'après ce dernier calcul, la naissance de saint Augustin est rapportée à l'année 354, sa conversion et sa retraite à 387, son baptême enfin à 388 ; alors qu'ayant accompli sa trente-troisième année, il était dans sa trente-quatrième.

Mais ces deux opinions font violence au texte de saint Augustin et de Possidius, elles en détournent le sens sans raison aucune. Qui nous empêche en effet de supposer que saint Augustin, après la mort de sa mère, se préparant à s'embarquer pour l'Afrique aura été retardé par quelque accident imprévu ? Qui nous oblige aussi à penser qu'il s'embarqua pour l'Afrique aussitôt après la mort de sa mère, tandis qu'il ne le dit point ? Bien plus au livre Ier des *Rétractations*, chap. vii-viii-ix, il

est paulum immorari. Nam quoniam ex lib. III *contra Petill. litt.*, c. xxv, liquet Augustinum non repetiisse Africam, nisi post Maximi Tyranni necem, quæ exeunte Julio vel Augusto an. 388, contigit ; cumque ex lib. IX *Confess.* cap. viii, x, xi, æque certum sit Monicam ad Ostia Tiberina, cum Augustinus in Africam post baptismum in Paschali solemnitate Mediolani perceptum remearet, seseque simul navigationi instaurarent, ex hac vita migrasse, anno ætatis ipsius Augustini 33, hinc fit ut viri eruditi in diversas abeant opiniones ; velintque alii Possidium, ubi Augustinum annos 76, vixisse scribit, ipsius annos ex Consulum fastis numerare, proque anno primo perbreve illud computare spatium temporis a die 13 Novemb., quo in lucem editus est Augustinus, ad diem 1 Januarii ; tum pro septuagesimo sexto id censere quod a 1 die Januarii ad 28 Augusti extenditur. Sicque Augustinum natum esse 13 Novemb. an. 355, conversum an. 387, baptizatum an. 388, et reipsa vixisse annos non 76, sed 74, supra novem aut decem menses. Dicunt alii Augustinum, tum in lib. III *contra Academicos*, supra laudato loco, tum in cap. x, lib. I *Soliloquiorum* (quod etiam opus ante suum baptisma perfecit), ubi se 33 annum agere profitetur, non inchoatum currentemve annum, sed transactum prorsus et elapsum intelligere. Sic enim suos annos numerare solitum suspicantur ex lib. VI *Confess.*, c. xi, in quo se tricenariam ætatem gerere ait, postquam, c. vi, meminit se laudes Imperatoris recitasse, illum ipsum panegyricum esse rati, quem Bautoni Consulatum ineunti dixit Kal. Jan. an. 385, ex lib. III *cont. Petil. litt.*, c. xxv, licet veri similius sit hanc aliam fuisse panegyrim, quam *Imperatoris laudes* appellat Horum igitur calculo pertinet Augustini ortus ad an. 354, conversio secessusque ad an. 387, baptisma denique refertur ad an. 388, quo jam Augustinus ætatis 33 expleto anno, tricesimum quartum decurrebat.

Verum hæ duæ sententiæ verba Augustini Possidiique a genuino sensu per vim detorquent, nulla id exigente caussa. Quid enim obstat quominus

PRÉFACE.

énumère les ouvrages qu'il a composés à Rome, après son baptême, or on peut voir qu'il ne lui eut pas été possible d'achever tous ces travaux dans le peu de temps qu'il resta à Rome avant la mort de sa mère, puisqu'il n'était pas encore remis des fatigues du voyage de Milan à Rome quand il arriva à Ostie : « Là, dit-il, après la fatigue d'un long voyage nous nous disposions à prendre la mer. » C'est pourquoi son séjour à Rome doit être placé non avant mais après la mort de sa mère, et il faut croire que quelque obstacle sera venu retarder son départ pour l'Afrique.

L'histoire de cette époque nous apprend que le tyran Maxime pénétra en Italie à la tête d'une armée, cette même année 387, vers le mois d'août, et qu'après en avoir chassé Valentinien, il se rendit aussi maitre de l'Afrique. Il a donc pu se faire que saint Augustin informé des événements, alors qu'il était retenu à Ostie par la maladie de sa mère, (dont rien n'empêche d'assigner le trépas au mois qui précède août) changea tout à coup ses projets et préféra attendre l'issue de tous ces bouleversements, à Rome même, persuadé qu'il y serait plus à l'abri des horreurs de la guerre civile qu'à Tagaste. Ajoutons que si l'on veut rapporter la conversion à l'année 387, il faudra dire que saint Augustin était en repos dans sa retraite aux environs de Milan, en ce temps même, où toute l'Italie était agitée par le fait de l'invasion de Maxime, alors que Valentinien était expulsé, c'est-à-dire au plus fort de la tempête qui grondait surtout à Milan où l'empereur tenait ordinairement sa cour, au temps même où, comme Baronius croit pouvoir l'inférer des paroles de sainte Ambroise, les habitants de Milan avaient pensé à prendre la fuite.

LETTRE II (écrite à peu près au même temps). — Vient ensuite la lettre à *Zenobius*, le même, à ce qu'il nous semble, auquel sont adressés les livres de l'*Ordre* écrits à la fin de 386. Comparez cette lettre avec le liv. II, chap. VII, n. 20, de l'*Ordre* où saint Augustin dit que : « Zenobius a souvent disserté avec lui sur l'*Ordre*, » et indique qu'il a commencé à ce moment un long voyage. Dans cette lettre il regrette l'absence de Zenobius et témoigne le désir d'achever avec lui l'étude commencée.

LETTRE III (écrite en 387). — La lettre placée ici la troisième est adressée à Nebridius, elle fut écrite peu de temps après le livre des *Soliloques* dont la composition fut achevée au commencement de 387 : en effet, saint Augus-

---

intelligamus Augustino sub matris obitum ad suos navigare paranti moram allatam fuisse aliquo casu? quidve cogit credere ipsum statim ab obitu matris in Africam solvisse, cum id minime dicat? Quin potius in I *Retractat*. lib. cap. VII, VIII, IX recenset opuscula post baptismum a se Romæ conscripta, quibus profecto perficiendis sat esse non potuisset tantillum temporis, quo in Urbe ante matris suæ mortem resedisset; quando quidem ab itineris labore, quem Mediolano rediens cum suis toleraverat, nondum recreatus erat, cum ad Ostia Tiberina pervenit : « illic enim post longi itineris, inquit, laborem, instaurabamus nos navigationi. » Quapropter ejus commoratio Romæ non ante, sed post obitum Monnicæ reponenda, credendumque est quidpiam ei fuisse impedimento, quo minus in Africam tam cito remearet.

Nam illius temporis historia prodit Maximum Tyrannum hoc ipso anno 387, circiter mensem Augustum infesto agmine descendisse in Italiam, et pulso ex ea Valentiniano, Africam pariter occupasse. Fieri ergo potuit ut de his certior factus Augustinus, cum ægritudine matris (cujus obitum in mensem Augusto citeriorem referre nihil vetat), ad Ostia Tiberina detineretur, mutato subinde consilio, hujus tumultus exitum opperiri Romæ statuerit, ubi a civilis belli cladibus tutior quam Thagaste degere poterat. Ad hæc, si Augustini conversionem referas in annum 387, dicere cogeris cum in secessu prope Mediolanum ruri quievisse, illa ipsa tempestate, qua universa Italia Maximo invadente turbabatur, et ex ea Valentinianus Imperator expellebatur, hoc est in medio belli turbine, qui circa Mediolanum præcipue detonabat, cum in ea urbe Comitatus Imperatoris plerumque resideret : quo tempore censet Baronius ex Ambrosii verbis intelligi posse Mediolanenses cives de fuga cogitasse.

EPISTOLA II (scripta circ. idem tempus). — Subsequitur epistola *ad Zenobium*, illum ipsum, uti quidem nobis videtur, cui nuncupati sunt libri *de Ordine*, editi exeunte anno 386. Confer hanc Epistolam cum lib. II *de Ordine*, cap. VII, n. 20, quo loco dicit Augustinus, « secum sæpe de rerum ordine contulisse » Zenobium, ipsumque tunc temporis peregre profectum fuisse significat. Hac autem in Epistola desiderat absentem Zenobium, optatque ut disputationem cum ipso inchoatam simul absolvant.

EPISTOLA III (scripta an. 387). — Quæ hic or-

tin indique que ce livre avait été publié récemment, quand il dit, n. 1 : « Si Nebridius avait lu les *Soliloques* il se réjouirait bien davantage, et ne trouverait d'autre nom à me donner que celui de bienheureux, » et n. 4 : « Que rien de tout cela ne se puisse faire, c'est ce que j'ai dit dans les *Soliloques.* » Ces passages font entendre que les livres *Contre les Académiciens*, *Sur la vie heureuse* et les autres écrits publiés à la fin de 386 et au commencement de 387 avant les *Soliloques* avaient plu à Nebridius au point, qu'emporté par la fougue de ses sentiments, il n'avait pu s'empêcher d'appeler l'auteur bienheureux. Cette lettre doit être rangée parmi celles dont saint Augustin dit, *Confessions*, liv. IX, chap. IV : « Là, c'est-à-dire à Cassiciacum, mes lettres font voir de quoi j'ai traité par correspondance avec Nebridius absent. » En effet, Nebridius n'avait pas accompagné saint Augustin dans sa retraite : « Il avait échappé à notre amitié, » dit saint Augustin, *Confessions*, liv. VIII, chap. VI : « pour aider dans son enseignement le grammairien Verecundus de Milan notre intime ami. » C'est pour cela qu'à la fin de sa lettre il lui propose quelques questions sur la conjugaison des verbes.

LETTRE IV (écrite dans le même temps). — Dans ce même séjour à Cassiciacum il écrivit cette autre lettre à Nébridius que nous plaçons ici la quatrième : il répond à ses questions en lui disant les avantages de sa retraite. On n'a plus les autres que saint Augustin écrivit de là à Nébridius, et que le livre neuvième des *Confessions* cité plus haut, nous fait croire nombreuses et écrites avec un soin tout particulier.

LETTRE V (écrite vers la fin de 388). — La cinquième lettre est celle que saint Augustin reçut de Nébridius après son retour à Tagaste, où il revint après la mort du tyran Maxime arrivé en juillet ou août 388. Nébridius admire qu'Augustin appelé sans cesse à s'occuper des affaires des habitants de Tagaste, n'en soit point impatienté ; il regrette qu'il n'ait pu obtenir encore comme il l'avait tant désiré, d'être débarrassé de la sollicitude des affaires. Cette lettre paraît donc devoir être rapportée à la fin de l'année 388 ou au commencement de l'année suivante : car saint Augustin n'a pu différer après son retour de mettre à exécution le projet qu'il avait formé lors de son baptême, de se retirer le plus tôt possible avec quelques amis

dine Tertia est, *ad Nebridium* data, prodiit haud multo post *Soliloquiorum* opus, quod sub initium anni 387, perfectum fuit : quippe id operis a se recens editum esse innuit Augustinus n. 1. « Quid, ait, si *Soliloquia* legisset Nebridius, lætaretur multo exundantius, nec tamen reperiret plus aliquid quod me appellaret, quam beatum. » Et n. 4. « Nihil autem horum fieri posse, *Soliloquia* nostra jam continent. » Ex quibus verbis intelligitur libros *de Academicis*, *de Beata vita* aliosque exeunte anno 386 et ineunte 387, ante *Soliloquia* ab Augustino compositos, Nebridio legenti arrisisse, ut gestientis animi motu velut abreptus continere se non potuerit, quo minus eum beatum nuncuparet. Hæc itaque Epistola in iis numeranda est, de quibus Augustinus in lib. IX *Conf.*, cap. IV dicit. « Ibi (id est apud Cassiciacum) quid egerim in litteris..... cum absente Nebridio, testantur Epistolæ. » Scilicet Augustinum illuc secedentem secutus non erat Nebridius : « Amicitiæ enim nostræ cesserat, inquit Augustinus in lib. VIII *Conf.*, c. VI, ut omnium nostrum familiarissimo Verecundo Mediolanensi civi et grammatico subdoceret. » Hinc porro est quod in extrema parte Epistolæ aliquot illi de verborum conjugationibus quæstiunculas proponit.

EPISTOLA IV (scripta circ. idem tempus). — Ex eodem agro Cassiciaco dedit Epistolam hic Quartam *ad Nebridium*, qua illi satisfaciebat inquirenti quantum in secessu profecisset. Exciderunt reliquæ epistolæ ab Augustino per id otii ad Nebridium dictatæ, quas majori numero atque impensiori studio conscriptas fuisse ex allato loco lib IX *Conf.* subintelligimus.

EPISTOLA V (scripta circ. fin. an. 387). — Quinta est ea quam *a Nebridio* recepit cum esset Thagaste in Africa ; quo ex Italia rediit post Maximi Tyranni necem, quæ an. 388 mense Julio vel Augusto accidit. Miratur Nebridius Augustinum se Thagastensium civium negotiis interpellatum non impatienter ferre, doletque nondum redditam ipsi fuisse, quam tantopere exoptabat, a mundanis curis cessationem. Videtur itaque collocanda isthæc Epistola in fine ejusdem anni 388, aut in sequentis anni exordio. Nam Augustinus Thagastem reversus, haudquaquam sustinuit, quin conceptum jam inde a suo baptismate consilium secedendi cum amicis in agros, quos ad Thagastem possidebant, exsequeretur quamprimum liceret. Et reipsa illic in secessu, a se jam alienatis curis sæcularibus, transegit ferme triennium, ex Possidio cap. III, donec Hipponem

dans une propriété qu'il possédait dans sa campagne voisine de Tagaste. Et de fait s'étant soustrait aux occupations terrestres il passe trois années dans cette solitude, ainsi qu'il est marqué dans Possidius, chap. III, avant que, rappelé à Hippone par quelque raison il y fut ordonné prêtre, ce qui arriva au commencement de 391. On peut dire cependant que même en sa retraite, comme il était très-aimé de ses concitoyens et qu'il les aimait lui-même beaucoup, il aurait bien pu parfois consentir à s'occuper de quelque affaire grave dont on l'aurait prié de se charger.

LETTRES VI et VII (écrites vers le commencement de 389). — La date de la sixième lettre est jugée par conjecture d'après un passage de la lettre suivante où, n° 4, il nomme « Verecundus autrefois son ami. » En effet, saint Augustin, à Milan, n'aurait pu parler ainsi de Verecundus encore vivant, à plus forte raison à Cassiciacum, où il habitait la maison de campagne de Verecundus : d'autre part, on ne peut rapporter ces deux lettres au temps où Augustin était à Rome, en supposant même que Verecundus fût mort en ce temps, car cela ne pourrait justifier le mot *autrefois* et du reste nous n'avons aucun indice de correspondance alors existante entre saint Augustin et Nebridius.

Ainsi donc la sixième lettre qui est de Nebridius à saint Augustin, et la septième de saint Augustin à Nebridius ont dû être écrites, à ce qu'il nous semble, après le retour en Afrique.

LETTRES VIII, IX, X, XI, XII, XIII, XIV (écrites vers le même temps). — Il en faut dire autant et avec plus d'assurance encore de celles qu'ils échangèrent ensuite, la huitième, la neuvième, la dixième, la onzième, la douzième, la treizième, la quatorzième. Bien qu'on ne puisse assigner la date précise de chacune, l'ordre dans lequel nous les plaçons ici se déduit facilement des rapports qu'elles ont entre elles. Enfin il est entièrement certain que les lettres à Nebridius ont toutes été écrites avant l'année 391. Car saint Augustin parlant de la mort de Nebridius dit au livre IX des *Confessions*, ch. III, n° 6 : « Lui que vous avez rappelé à vous peu de temps après ma conversion et ma régénération par le baptême; » paroles qui nous font voir clairement que Nebridius mourut avant l'élévation d'Augustin au sacerdoce; or, il fut ordonné en 391 comme le concluent les savants, d'après deux témoignages de Possidius qui, en premier lieu, ch. III, atteste qu'Augustin revenu d'Italie en Afrique, passa *environ trois ans* dans sa retraite des environs de Tagaste, après quoi il fut ordonné

data quadam occasione profectus, ibi presbyter ordinaretur, quod anno 391, ineunte contigit. Attamen dici potest ipsum suo etiam in secessu, cum nimium ille et a civibus suis amaretur, et ex æquo cives suos redamaret, suscepisse interdum, curam graviorum negotiorum, quæ ad ipsum perferebantur.

EPISTOLÆ VI et VII (scriptæ circ. initium an. 389). — Sextæ Epistolæ tempus utcumque habetur ex Augustini rescripto proxime subsequente, ubi n. 4. « Verecundum familiarem quondam » suum appellat. Nempe Augustinus apud Mediolanum existens de Verecundo, si illic adhuc in vivis ageret, non sic loqueretur ; et multo minus apud Cassiciacum, ubi ipse in Verecundi villa versabatur. Neque de cetero videtur referenda utraque Epistola ad illud tempus, quo Romæ morabatur Augustinus, licet Verecundus per id temporis e vivis excesserit ; tum quia istud cum voce « quondam » non congruit, tum quia nullum ejuscemodi litterarii commercii, quod tunc Augustino cum Nebridio intercesserit, indicium nobis suppetit. Sic ergo Epistolas Sextam Nebridii et Septimam Aug. ad Nebridium, illis jam in Africa constitutis scriptas fuisse colligimus.

EPITOLÆ VIII, IX, X, XI, XII, XIII et XIV (scriptæ circ. idem tempus). — Idem porro de reliquis Epistolis quas ad se vicissim miserant, id est Octava, Nona, Decima, Undecima, Duodecima, Tertiadecima et Quarta-decima longe magis liquet. Quamquam enim temporis articulum quo singulæ datæ fuerunt, haud expeditum sit distincte adsignare : is tamen ordo quem hic inter se tenent facile constituitur ex mutuo earum respectu. Ad extremum id certo certius est, omnes ad Nebridium Epistolas ante annum 391, prodiisse. Quippe de obitu Nebridii scribit Augustinus in libro IX. *Confessionum* c. III, n. 6. « Quem non multo post conversionem nostram et regenerationem per baptismum... carne solvisti. » Quibus verbis aperte docemur mortuum fuisse Nebridium antequam ad presbyterium assumeretur Augustinus. Atqui ad id munus assumptus fuit anno 391, ex eruditorum observatione, duobus nixa Possidii testimoniis, qui primum cap. III, fidem facit Augustinum ex Italia in Africam regres-

prêtre à Hippone. Or, comme nous l'avons dit, saint Augustin revint en 388 après la mort de Maxime. En second lieu, au chap. XXXI, Possidius dit que saint Augustin passa « tant dans la cléricature que dans l'épiscopat, à peu près quarante ans; » en comptant jusqu'au 28 août 430. Or, son ordination, selon l'opinion de quelques-uns, aurait eu lieu au commencement du carême, ou bien comme nous le croyons, un peu avant. En effet, saint Augustin dit dans sa vingt-unième lettre, qu'ayant fait après son ordination au sacerdoce, l'essai de ses forces dans ces fonctions saintes et dans la prédication, il a cru nécessaire de demander à l'évêque Valère un repos momentané et la permission de se retirer jusqu'à Pâques, afin de vaquer à l'étude des saintes lettres en lesquelles il ne se trouvait pas encore assez versé.

LETTRE XV (écrite en 390). — La lettre à Romanien, qui est ici la quinzième, aurait été écrite alors que saint Augustin était déjà évêque, si l'on en croit Baronius qui conclut même des termes de cette lettre que, jusqu'à l'an 142, les évêques avaient coutume d'écrire leurs lettres sur des tablettes d'ivoire ou sur du papier, n'employant les parchemins qu'à défaut de papier. Mais comme dans cette lettre le saint docteur annonce à Romanien, auquel il était très-attaché, que « le livre de la *Vraie Religion* est achevé et qu'il va le lui envoyer au premier jour; » elle appartient nécessairement au temps qui précéda immédiatement sa promotion au sacerdoce, car dans les *Rétractations* il range ce livre parmi les derniers qu'il composa avant son ordination. Ce même livre était certainement un des cinq qu'Alype, en 395, et par conséquent avant l'épiscopat d'Augustin, envoya à Paulin. Voyez lettres vingt-quatrième et vingt-septième.

LETTRES XVI et XVII (écrites vers 390). — La dix-septième, adressée à Maxime de Madaure, dont saint Augustin avait reçu auparavant quelques lettres, paraît avoir été écrite dans sa retraite à la campagne de Tagaste. Nous le concluons, non-seulement de ce qu'elle fait voir qu'il y avait quelques relations entre ce païen et saint Augustin, à cause, sans doute, du voisinage; Tagaste et Madaure n'étant qu'à une petite distance; mais surtout de ce qu'il n'y est fait nulle mention du sacerdoce ou de l'épiscopat de saint Augustin, et de ce que le culte des idoles (prohibé par les empereurs vers le commencement de 391) s'exerçait encore publiquement, comme la lettre l'indique en différents passages : Il faut donc à notre avis l'attribuer à l'année 390.

LETTRES XVIII, XIX et XX (écrites vers le même temps). — Les lettres suivantes *à Céles-*

---

sum in secessu Thagastensi « ferme triennio » constitisse, tumque ordinatum fuisse presbyterum apud Hipponem. Porro regressus est Augustinus anno, ut diximus, 388, post Maximi necem. Deinde cap. XXXI, ipsum in clericatu vel in episcopatu annis ferme quadraginta, » scilicet ad diem usque 28 Augusti anni 430, vixisse testatur. Porro illa ipsius ordinatio nonnullis Quadragesima incipiente, nobis aliquanto ante dierum spatio facta videtur. Quippe cum Augustinus presbyteratu suscepto se vitium suarum in eo munere atque in divini verbi prædicatione periculum fecisse in Epistola XXI, innuat, obidque a Valerio episcopo flagitare se dicat dierum aliquot inducias et facultatem ad Pascha usque secedendi, ut sacris litteris, in quibus minus peritum se jam tum intelligebat, operam navet.

EPISTOLA XV (scripta circ. an. 390). — Epistolam *ad Romanianum*, quæ hic ordine Quintadecima est, scriptam ab Augustino jam episcopo credidit Baronius, adeoque ex hac ipsa ad annum 142, observavit episcopos consuevisse scribere litteras in tabellis eburneis vel in chartis; raro vero nonnisi chartæ inopia in membranis. Sed quando in ea S. Doctor librum *de vera Religione* Romaniano, cui maxime dicabatur, absolutum esse, ipsique propediem transmittendum renuntiat; pertinet dubio procul ad illud tempus quod Augustini presbyteratum proxime antecessit. Nam istum librum in Retractationibus postremum inter eos recenset Augustinus, quos nondum presbyter edidit. Certe hic idem liber erat unus ex quinque illis, quos Alypius ante annum 395, adeoque ante Augustini episcopatum. dono misit Paulino, de quibus in Epistola XXIV et XXVII.

EPISTOLÆ XVI et XVII (scriptæ circ. an. 390). — Septima-decima *ad Maximum Madaurensem*, a quo litteras prius acceperat Augustinus, data videtur ex Thagastensi secessu. Quod colligimus non modo ex eo quod nonnullam Augustino cum Ethnico illo consuetudinem fuisse indigitet; fortean quia non procul ab invicem agebant, cum esset Madaura Thagasti finitima : sed præsertim ex eo quod nullum aut episcopatus aut sacerdotii ejus exstet in ea vestigium; quodque idolorum cultus (qui sub ini-

tinus, *à Gaius*, *à Antonin*, dans lesquelles saint Augustin, ne joint à son nom aucun titre de dignité, ont dû être écrites quand il était encore laïque. Cela se reconnaît aussi au style qui est un peu plus élégant, comme en tous ses premiers ouvrages ; vient à l'appui, l'ordre même dans lequel elles sont rangées dans les anciens recueils, à côté des quinze premières ; et même il est des manuscrits qui ne les donnent pas, par exemple, celui très-ancien qu'on conserve dans la bibliothèque de Saint-Germain.

LETTRE XXI (écrite au commencement de 391). — La vingt-unième n'est autre chose que cette supplique que saint Augustin adressa à l'évêque Valère peu après son ordination pour demander, qu'éprouve faite de son insuffisance pour ses fonctions saintes, on lui accordât « quelque délai, jusqu'à Pâques, par exemple » pour s'appliquer tout entier à l'étude des saintes écritures. Cette lettre doit donc être rapportée au commencement de l'année 391, où comme nous l'avons prouvé, eut lieu son ordination.

LETTRE XXII (écrite vers 392). — Il s'était écoulé un temps assez long depuis son ordination quand Augustin prêtre écrivit cette vingt-deuxième lettre adressée à Aurèle. En effet « le nombre des frères avait déjà commencé à grandir » dans le monastère fondé à Hippone; n° 1. Dans cet écrit il répond aux lettres, aujourd'hui perdues, que lui avait adressées Aurèle récemment appelé au gouvernement de l'Eglise de Carthage. Il dit l'espérance conçue par tous les gens de bien avec lui, que le moment est enfin venu où Dieu aura pris en pitié les afflictions des églises d'Afrique, puisqu'il prépare un remède à tous leurs maux en donnant à un tel prélat l'autorité principale. Les termes de cette lettre adressée à un intime ami portent à croire qu'Aurèle dans sa correspondance l'avait instamment prié, de l'aider à porter son nouveau fardeau, et par ses sages conseils et par ses ferventes prières. Ce qui ferait conclure qu'Aurèle qui, en 388, était diacre de Carthage, quand Augustin le vit dans cette ville à son retour d'Italie, *Cité de Dieu*, liv. XXII, chap. VIII, n'aurait été élevé à l'épiscopat qu'en 391. Et de fait son prédécesseur Genetulius présida, le 19 mai 390 le second concile de Carthage : plus tard, en 393, nous voyons le concile d'Hippone du 8 octobre et les autres conciles africains des années suivantes célébrés sous la présidence d'Aurèle. Au reste nous croyons que c'est cette même lettre qui décida Aurèle à convoquer ce con-

tium an. 391, Imperatorum lege prohibitus fuit) adhuc publicus foret, ut hic passim ipse subinnuit. Unde licet inferre scriptam fuisse anno 390.

EPISTOLÆ XVIII, XIX et XX (scriptæ circ. idem tempus). — Epistolæ proxime subsequentes, *Ad Cœlestinum*, *ad Gaium*, *ad Antoninum*, in quarum inscriptione nullum nomini suo dignitatis titulum adjunctum assumit Augustinus, ab eo adhuc laico videntur datæ. Id vero etiam confirmatur ex stilo, qui ut in primis ipsius scriptis, paulo elegantior est ; nec non ex ordine, quo in vetustis codicibus reperiuntur collocatæ, videlicet juxta priores quindecim Epistolas, adeo ut nec desint MSS. qui præter illas prorsus nihil contineant : cujuscemodi perantiquus liber in bibliotheca Germanensi asservatur.

EPISTOLA XXI (scripta sub ineuntem an. 391). — Epistola vigesima prima nihil aliud est, quam supplex ille libellus, quem episcopo *Valerio* porrexit Augustinus aliquanto post suam ordinationem, postulans ut quia jam vires suas huic obeundo muneri inferiores expertus fuerat, concederetur sibi « parvum tempus, velut usque ad Pascha, » quo Scripturarum sacrarum studio totus vacaret. Hæc igitur Epistola sub initium anni 391, quo presbyterum creatum Augustinum fuisse probavimus, collocari debet.

EPISTOLA XXII (scripta circ. an. 391). — Effluxerant ab ejus ordinatione dies bene multi, cum Epistolam vigesimam secundam *ad Aurelium* scripsit *presbyter* Augustinus. Jam tum enim erecto Hipponensi monasterio « fratrum cœtus coalescere cœperat, » ex n. 1. Hac Epistola respondet litteris quibusdam, quæ hodie non exstant, receptis ab Aurelio ; cui Carthaginensis ecclesiæ regimen recens commissum esse indigitat, ubi meminit spei, quam secum probi quique conceperant, fore ut Deus Africanarum ecclesiarum ægritudinibus, collata in ipsum auctoritate, medelam aliquando tandem adhibeat. Sicque omnino familiari suo rescribit, ut facile credas Aurelium ab ipso per litteras instanter petiisse, ut sibi sub novo onere laboranti, qua consiliis opportunis, qua emissis ad Deum precibus, subveniret. Quocirca existimare licet Aurelium, qui anno 388, cum eum ex Italia rediens Augustinus apud Carthaginem vidit ex lib. XXII, *de Civ. Dei* cap. VIII, diaconi Carthaginensis munus obibat, non citius

celle d'Hippone pour faire cesser, par son autorité, les repas que les chrétiens d'Afrique donnaient dans les églises mêmes, sous un prétexte pieux : « La plaie de ce mal était si grave, écrit ici saint Augustin, n° 4 ; qu'elle ne pouvait efficacement être guérie que par l'autorité d'un concile. »

LETTRE XXIII (écrite vers le même temps). — La vingt-troisième lettre, adressée à *Maximin*, a été écrite, comme le prouve sa signature même, par saint Augustin, prêtre, mais en quel temps? on l'ignore complétement.

LETTRES XXIV et XXV (écrites vers la fin de 394 avant l'hiver). — Les deux lettres suivantes, sous la signature de *Paulin*, ont été envoyées par lui de Nole en Afrique en 394, l'une à Alype, *Père*, c'est-à-dire évêque : il avait, en effet, appris son élévation à cette dignité par les lettres mêmes qu'il dit avoir reçues d'Alype ; l'autre à Augustin, *Frère*, qu'il savait n'être encore que Prêtre et dont il se trouvait l'égal par le partage du même office, *officio sociatus*, ou, comme porte un manuscrit cistercien, par le partage de la dignité sénatoriale, *officio senatus*. Un passage de la première de ces lettres, n° 2, nous fait voir quelles ont été toutes deux écrites en même temps. Le dé-

but de la lettre trentième, écrite sans aucun doute par Paulin, à Augustin, au commencement de 395, nous fait savoir d'une manière certaine que la lettre à *Augustin*, la vingt-cinquième et celle à *Alype*, la vingt-quatrième, ont été écrites « avant le dernier hiver » par conséquent à l'automne de 394.

LETTRE XXVI (écrite peut-être en 395 et envoyée avec celle qui suit). — La vingt-sixième lettre est adressée par saint Augustin à un ancien élève *Licentius*. Au n. 3 il parle de Paulin comme d'une connaissance très-particulière, ce qui porte à croire que cette lettre aura été écrite après la réception de celle ci-dessus, que lui avait adressée Paulin, et après la visite du messager qu'il avait envoyé le saluer de sa part. Dans la lettre suivante il parle, n. 6, de cette lettre à Licentius, et profitant de l'occasion il lui envoie cette même lettre ou au moins une copie.

LETTRE XXVII (écrite au commencement de 395). — Nous plaçons au commencement de l'année 395 la vingt-septième lettre à *Paulin*. Après avoir reçu de Paulin son messager d'avant l'hiver, il lui répond par cette lettre confiée à Romanien, n. 4. Romanien, père de Licentius ci-dessus nommé retournait en Italie,

anno 391, episcopali dignitate auctum fuisse. Et reipsa antecessor ipsius Genethlius concilio Carthaginensi II, præfuit anno 390, die 19 Maii. Deinceps vero, id est anno 393, concilium Hipponense die 8 octobris, aliaque insequentium annorum Africana concilia, sub Aurelio habita prænotantur. Ceterum hac ipsa, qua de agimus, Epistola permotum credimus Aurelium ad cogendum istud concilium Hipponense, quo ejus auctoritate comessationes, quibus Afri pietatis prætextu in ecclesiis vacabant, prohiberet. « Tanta nimirum erat pestilentia hujus mali, ut hic scribit Augustinus n. 4, ut sanari prorsus nisi concilii auctoritate non posset. »

EPISTOLA XXIII (scripta circ. idem tempus). — Vigesima tertia *ad Maximinum* vel ipsa inscriptione intelligitur scripta ab Augustino, cum adhuc presbyter esset, quo autem anno minime compertum est.

EPISTOLÆ XXIV et XXV (scriptæ sub fin. an. 394, ante hyemem). — *Paulini* sunt duæ subsequentes Epistolæ, ab ipso ex urbe Nola in Africam an. 394, transmissæ ; altera Alypio *patri*, id est episcopo. Hanc enim dignitatem ipsi competere didicerat haud dubie ex litteris, quas ab Alypio se recepisse

profitetur. Altera autem Augustino *fratri*, quem scilicet presbyterum adhuc agere audiverat, cuique ait n. 4, *officio sociatus*, sive juxta Cisterciensem MS, « officio senatus æquabatur. » Atque ex priore quidem Epistola n. 2, habemus hanc simul cum illa datam fuisse. Ex principio vero Epistolæ xxx, quam ad Augustinum sub initium anni 395, indubitanter scripsit Paulinus, hanc eamdem *ad Augustinum*, scilicet vigesimam quintam ; immo et alteram *ad Alypium*, hic vigesimam quartam « ante hyemem superiorem, » id est autumno anni 394, directam fuisse certo cognoscimus.

EPISTOLA XXVI (scripta forte ineunte an. 395 et missa cum sequente). — Vigesima sexta Augustinii est *ad Licentium* discipulum quondam suum. Laudat n. 3, Paulinum tamquam sibi tunc temporis notissimum. Quapropter eam forte scripserit post acceptas superiores Paulini litteras, postque visum illum, quem Paulinus ad ipsum salutandum direxerat. Porro in Epistola proxime subsequente n. 6, recordatur hujus ad Licentium scriptæ, eamque eadem occasione, sive ejus saltem exemplum Paulino ipsi legendum transmittit.

EPISTOLA XXVII (scripta circ. ineunt. an. 395).

pour veiller à la conduite de ses affaires et de son patrimoine, c'était probablement au printemps de 393, en tout cas avant l'épiscopat de saint Augustin, comme le prouvent les lettres trente-unième et trente-deuxième.

LETTRE XXVIII (écrite en 394 ou en 395). — Au commencement de la vingt-huitième lettre, à Jérôme, saint Augustin parle d'Alype élevé à l'épiscopat depuis son retour du voyage chez saint Jérôme. Or Baronius rapporte à l'an 393 le départ d'Alype pour la Palestine et à l'an 394 sa promotion à l'épiscopat. Cette lettre est donc de 394 ou au moins de 395, mais pas plus tard, Augustin n'étant pas encore évêque quand il l'écrivit comme on peut le voir d'après la lettre LXXI, chap. I, n. 2. Ajoutons que l'opinion de saint Jérôme sur les remontrances de saint Paul à saint Pierre, désapprouvée ici par saint Augustin, est encore combattue, sans nom d'auteur il est vrai, au livre du *Mensonge*, chap. v et xx. Or cet ouvrage dans les *Rétractations* est rangé parmi les derniers écrits avant le sacre.

LETTRE XXIX (écrite en 395). — Nous avons cru devoir aussi attribuer à l'année 395 cette admirable lettre *à Alype* tirée d'un très-ancien recueil des RR. PP. Cisterciens de Sainte-Croix de Jérusalem à Rome, et qui est ici publiée pour la première fois. On ne peut lui donner une date plus récente, puisqu'elle a été écrite par saint Augustin prêtre, et on sait qu'il fut ordonné évêque dans cette même année, ni une plus ancienne, quand tout porte à croire qu'Alype, qui est ici appelé évêque de Tagaste, n'a été élevé à cette dignité qu'en 394, du reste cette élévation n'était pas non plus tout à fait récente, comme le font entendre ces paroles d'Augustin, au n. 12 : « Nous jouissons avec vous d'un doux repos, nous ressentons une vive allégresse et une sainte ferveur à la nouvelle si souvent renouvelée des merveilles de grâce qui se produisent dans l'église de Tagaste. » La même conclusion se tire également de cette considération, qu'Alype tout au début de son épiscopat n'eût pu s'absenter de son diocèse, et cependant il est dit dans cette épître, n. 2, qu'il est parti pour Hippone, et même peu après le commencement de l'année, si l'on croit devoir rapporter cette lettre au commencement du carême, ne voulant pas voir une erreur de copiste dans l'exemplaire où on lit : « Après que le carême

— Vigesima septima *ad Paulinum* epistola sub initium anni 395, a nobis collocatur. Quippe acceptis litteris Paulini sibi ante hyemem scriptis, hanc illi Epistolam præferendam Augustinus tradidit Romaniano, uti n. 4 significat, qui Romanianus, Licentii supra nominati pater, in Italiam rei familiaris et domesticæ caussa navigabat; forte verno tempore prædicti anni 395, certe Augustino nondum episcopo, ex Epist. XXXI et XXXII.

EPISTOLA XXVIII (scripta an. 394 aut 395). — Sub initium Epistolæ vigesimæ octavæ *ad Hieronymum* laudatur Alypius, episcopalem dignitatem post suum ab Hieronymo regressum jam consecutus. Porro Alypii profectionem in Palestinam ad annum 393 revocat Baronius; promotionem ejusdem ad episcopatum in annum 394. Est igitur Epistola hoc anno 394 aut certe anno 395 scripta; non serius, cum cam Augustinus scripserit nondum episcopus, ex Epist. LXXI, c. I, n. 2. Huc facit quod Hieronymi de Petro reprehenso a Paulo sententiam hic improbatam exagitat itidem Augustinus (tacito tamen auctoris nomine) in libro *de Mendacio* capp. v et xx, quod opusculum in *Retract.*, lib. I, inter illa quæ scripsit nondum episcopus, postremo loco reponit.

EPISTOLA XXIX (scripta an. 395). — Ad annum eumdem 395 referre visum est eximiam illam *Alypio* datam epistolam, quæ ex vetustissimo codice RR. PP. Cisterciensium S. Crucis in Jerusalem in Urbe nunc primum vulgatur. Neque vero serius collocanda fuit, quando eam scripsit Augustinus eo tempore, quo adhuc in presbyteri munere merebatur: quippe labente hoc ipso anno ad episcopale munus evectus fuit. Neque etiam citius: quia eamdem episcopalis muneris dignitatem ipsi Alypio, qui hic Thagastensium episcopus dicitur, ante annum 394, collatam fuisse nullo argumento apparet. Enimvero non adeo recens hoc munus adiverat Alypius, uti satis intelligitur ex illis verbis Augustini n. 12, « Magna sane ex parte vobiscum requiescimus cum alacritate fervoris, quia spiritalis ecclesiæ Thagastensium tam crebra nobis dona nuntiantur, » necnon ex eo quod in eadem Epistola n. 2 significatur, ipsum Alypium Hippone, ubi certe relicta ecclesia sua haud quamquam peregrinatus fuisset novitius episcopus, profectum esse nuperrime, et quidem non multo post ineuntem annum, si nimirum isthæc Epistola referatur ad initium Quadragesimæ, neque librarii erratum sit in exemplari, ubi legitur, « Postea vero quam dies Quadragesimæ illuxisset. » In quam lectionem nonnihil suo loco adnotatur.

LETTRE XXX (écrite en 395).—La trentième lettre a été écrite par *Paulin* avant la réception de celle que nous plaçons la vingt-septième, et qui fut envoyée par Romanien. En effet, ce saint à la lecture des écrits de saint Augustin avait conçu pour lui une affection si vive, que n'ayant point vu revenir encore le messager envoyé avant l'hiver, et ne sachant si ses lettres avaient été remises, ne put comprimer plus longtemps l'élan de son cœur, mais il écrivit cette seconde lettre confiée à Romain et Agile pour exprimer de nouveau à saint Augustin son estime et son affection, et aussi pour lui témoigner son ardent désir de le voir.

EPISTOLA XXX (scripta an. 395). — Trigesimam Epistolam scripsit *Paulinus* antequam Augustini rescriptum, quæ superius est XXVII Epistola, a Romaniano recepisset. Nempe vir ille sanctus incredibili Augustini desiderio ex ipsius lectione incensus, cum nuntium, quem ante hyemem in Africam transmiserat, in itinere videret remorari, ac de litteris suis perlatis dubius foret, officium suum diutius suspendere non valuit: sed ad Augustinum secundas litteras dedit Romano et Agili, ut sui in eum animi studium et observantiam, simulque ejus visendi desiderium flagrantissimum testaretur.

DEUXIÈME CLASSE

LETTRES ÉCRITES PAR SAINT AUGUSTIN DEPUIS SA PROMOTION A L'ÉPISCOPAT, AVANT LA CONFÉRENCE DE CARTHAGE AVEC LES DONATISTES ET AUSSI AVANT L'APPARITION DU PÉLAGIANISME EN AFRIQUE DE L'AN 396 A L'AN 410.

LETTRE XXXI (écrite au commencement de 396).— La lettre que nous plaçons ici la trente-unième a été écrite par saint Augustin déjà évêque, à *Paulin*, et retournée immédiatement par Romain et Agile en réponse au dernier message dont nous avons parlé. Il informe Paulin de son élévation à l'épiscopat, ce qui lui fera voir qu'il ne peut penser maintenant à l'aller visiter en Italie; il le presse lui, plus libre d'affaires ecclésiastiques (Paulin n'était pas encore évêque) de venir, de sa personne, en Afrique. Or le sacre de saint Augustin eût lieu à l'approche de Noël, *Hom.*, 25, chap. III, et très-certainement avant l'année 397 en laquelle le troisième concile de Carthage, célébré le 1ᵉʳ septembre ou le 28 août, ordonna qu'avant l'ordination on donnerait lecture aux évêques et aux clercs des décrets des conciles;

EPISTOLÆ II CLASSE

QUAS AUGUSTINUS JAM EPISCOPUS, ANTE COLLATIONEM CARTHAGINENSEM CUM DONATISTIS HABITAM ET ANTE DETECTAM IN AFRICA PELAGII HÆRESIM SCRIPSIT, AB ANNO CHRISTI 393 AD 410.

EPISTOLA XXXI (scripta ineunte an. 396). — Epistolam ad *Paulinum* hic tricesimam primam jam demum episcopus Augustinus, acceptis posterioribus Paulini litteris reddidit, per Romanum et Agilem ei continuo referendum. In hac Epistola de sua ad episcopatum promotione certiorem fecit Paulinum, quo ille intelligeret se de profectione in Italiam ejus invisendi caussa, cogitare non posse; ipsumque ecclesiasticis curis expeditiorem (nondum enim episcopus erat Paulinus) ad trajiciendum in Africam invitaret. Porro autem contigit Augustini promotio imminente Domini Natali ex Homil. 25, inter 50, c. III, atque certo certius ante annum 397, quo concilium Carthaginense III, die prima septembris aut 28. Augusti celebratum sancivit, ut ordinandis episcopis vel clericis decreta Conciliorum prælegantur, quæ nimirum sanctio constituta fuit ipsius Augustini rogatu, qui et eidem Concilio subscripsit. Verum de annis 395 et 396, uter illorum Augus-

PRÉFACE.

cette décision fut prise à la prière de saint Augustin qui figure parmi les signataires de ce concile.

Mais saint Augustin a-t-il reçu l'ordination épiscopale en 395 ou bien en 396? C'est ce que nous n'avons pu éclaircir ; nous pencherions pour 396 ; en effet, les premiers livres qu'il a écrits après son sacre, sont comme il nous l'apprend, *Rétractations*, liv. II, chap. II, les deux à Simplicien, qu'il appelle, dans l'épître dédicatoire et au commencement du premier livre, du nom de père, ce qui semble indiquer que Simplicien avait déjà succédé à saint Ambroise; cependant la mort de saint Ambroise n'arriva qu'en l'année 397, 4 avril; accordons si l'on veut que saint Augustin a bien pu donner ce titre à Simplicien simple prêtre puisque dans les *Confessions*, liv. VIII, chap. II, il le nomme père spirituel de saint Ambroise; pourquoi, dirons-nous toujours, quand il parle de ces mêmes livres dit-il constamment qu'il les a adressés ici à : « Simplicien pontife de l'église de Milan, » là : « à Simplicien évêque, successeur de saint Ambroise. » Ainsi *Rétractations*, liv. II, chap. I, *De la prédestination des Saints*, chap. IV, *Du don de la persévérance*, chap. XX? Ailleurs encore, il dit : « Qu'il a traité des sujets sur lesquels Simplicien évêque l'avait consulté, » ainsi dans le livre à *Dulcitius*, question 6 ? C'est ce qui fait que Jean Rivius rapporte ces livres à l'année 397, certain qu'alors Simplicien était déjà évêque, en quoi il paraît avoir suivi l'opinion de Baronius. Du reste si nous voulons placer l'ordination de saint Augustin avant l'année 396, il nous faudra avouer qu'il a été environ deux ans sans rien écrire ; ce qu'on peut difficilement supposer du saint Docteur, qui dans les soins qu'il devait à ses ouailles, regardait comme chose principale : « de les aider par sa parole et par ses écrits dans leur louable ardeur à étudier la doctrine de Jésus-Christ, » c'est ainsi qu'il s'exprime dans le liv. III de la *Trinité*, chap. I. Ajoutez qu'il dit dans le livre *De la prédestination des Saints*, chap. IV. Que les livres à Simplicien ont été écrits au commencement de son épiscopat. Cependant Prosper sous le consulat d'Olibrius et de Probinus, c'est-à-dire en 395, écrivait : « Augustin disciple du bienheureux Ambroise, admirable de science et d'éloquence est ordonné évêque d'Hippone la Royale. » Et tous ceux qui ont écrit la vie de saint Augustin ont regardé ce témoignage si pieux, comme fixant la chronologie d'une manière positive, complète, absolument certaine ; aussi quelque fondée que nous paraisse notre déduction, n'est-ce pas sans quelque scrupule que nous nous en écartons. Dès lors nous avons dû

---

tini ordinatione insignitus sit, res est apud nos haud satis explorata. Et quidem facile inclinaret animus in annum 396, quoniam *librorum quos*, ut ait lib. II. *Retract.* c. I, « episcopus elaboravit, primi duo sunt ad Simplicianum, » quem in Epistola nuncupatoria et initio libri I, titulo *Patris* exornat: qui titulus indicare videtur jam Simplicianum successisse B. Ambrosio, cujus tamen obitus nonnisi anno 397, die 4 Aprilis contigit. Sed demus Augustinum pro singulari : in tantum virum observantia, non cum alia nuncupatione donaturum, quamvis solum presbyter foret, utpote quem ipse in lib. VIII, Confess. c. II, S. Ambrosii spiritalem Patrem nominat : quid quod de iis libris loquens, constanter dicit eos se nunc ad *Simplicianum Mediolanensis ecclesiæ antistitem*, nunc ad *Simplicianum episcopum S. Ambrosii successorem scripsisse*, ut lib. II. *Retract.* c. I et lib. *de Prædest. SS.* c. IV et lib. *de dono Persev.* c. XX, modo etiam quod a se *Simplicianus Mediolanensis Episcopus aliquando quæsivit* pertractasse, sic lib. *ad Dulcit.* q. VI. Quo fit ut eosdem libros in annum 397, referat Johan. Rivius, haud dubius sane Simplicianum jam tum esse episcopum, qua in re Baronii sententiam videtur secutus. Jam itaque si ordinationem Augustini ante annum 396, constituerimus, fateamur necesse erit, ipsum annos propemodum duos a scribendo abstinuisse : quod vix credi possit de sancto illo Doctore, qui curas, quas fratribus suis impendere tenebatur, in hoc potissimum reponebat, « ut eorum in Christo laudabilibus studiis, lingua ac stilo suo, quas bigas in eo caritas agitabat, maxime serviret, » sicuti loquitur ipse in lib. III, *de Trinit*, c. I. Adde quod supra laudatos ad Simplicianum libros a se *in ipso exordio episcopatus sui scriptos fuisse*, in lib. *de Prædest SS.* c. IV, testatur. Attamen Prosper sub Olibrio et Probino Coss. id est anno Chr. 395, scribit : « Augustinus B. Ambrosii discipulus, mira facundia doctrinaque excellens, Hippone-regio in Africa episcopus ordinatur. » Et quotquot Augustini gesta scripsere, hanc omnes adeo liquidam auctoritatem velut epocham chronologicam ratam fixam minimeque dubiam habuere : unde ob conjecturam, quantumvis nostro judicio validam, religio est ab illa discedere.

rapporter au commencement de 396, cette épître à *Paulin* écrite par saint Augustin peu après son ordination épiscopale, et par suite, comme vous l'entendez bien, il a fallu marquer la date de quelques-unes des lettres qui précèdent ou suivent, une année de différence avec ce que vous pouvez lire ailleurs.

LETTRE XXXII (écrite peu de temps après la précédente). — Romain et Agile étant revenus d'Afrique, *Paulin* ne pût s'empêcher de communiquer aussitôt à Romanien les heureuses nouvelles qu'il recevait de ses saints amis, celle surtout de l'élévation d'Augustin à l'épiscopat ; il lui adresse donc à ce sujet dès le lendemain cette trente-deuxième lettre, voulant aussitôt faire partager comme il était convenable, sa joie et son bonheur, à ce saint personnage.

LETTRE XXXIII (écrite au commencement de l'épiscopat de saint Augustin). — On ne peut déterminer par des raisons bien convaincantes si Augustin était déjà évêque ou simplement prêtre, quand il écrivit cette trente-troisième lettre à *Proculéien*, évêque donatiste d'Hippone. Nous croirions plus volontiers qu'il était évêque, pour cette raison surtout que parlant des honneurs qu'on leur rendait, il écrit, n° 5 : « c'est qu'on veut voir terminer près de nous les affaires séculières dont on est préoccupé, alors on a besoin de nous....... et à cause de ces affaires, on nous salue avec la plus grande humilité. » Nous ne voyons point que ceux qui n'étaient que simples prêtres aient pu ou dû terminer les affaires ou les procès des particuliers, à moins peut-être que pour quelque grave motif on ait cru devoir confier cette charge à quelqu'un d'entre eux, comme saint Augustin lui-même le fit pour le prêtre *Heraclius*, après avoir pour cela demandé l'agrément de son peuple, et alors qu'Heraclius était déjà désigné pour être son successeur dans l'épiscopat. Quoi qu'il en soit la date de cette lettre ne peut être reculée au delà du commencement de l'épiscopat de saint Augustin, alors que Valère vivait encore ; car dans la lettre qui suit, et qui fut écrite après celle-ci, il se dit lui-même *novice* dans l'épiscopat.

LETTRE XXXIV (écrite après la précédente). — Voici donc les paroles de saint Augustin dans la trente-quatrième lettre *à Eusèbe* : « Je ne comprends pas bien, du reste, pourquoi cet homme qui compte plusieurs années d'épiscopat craindrait une conférence avec moi qui ne suis que novice dans ces fonctions. » Par ces paroles, il marque bien le début de son épiscopat et il nous apprend que Proculéien avait

Igitur Epistolam hancce *ad Paulinum*, ab Augustino recens episcopo datam, ad anni 396, exordium revocari oportuit. Hinc etiam superiorumque aliquot Epistolarum tempus, uti probe intelligis, uno anno citius quam alias videri posset, figendum fuit.

EPISTOLA XXXII (scripta paulo post superiorem). — Reversis ex Africa Romano et Agili, non continuit sese Paulinus, quin continuo nuntios gratissimos exinde acceptos de sanctis viris, atque in primis de Augustini ad episcopatum provectione, communicaret cum Romaniano, ad quem hanc Epistolam Trigesimam secundam *postera die* dedit super ea ipsa re, de qua apud illum, prout sanctum Dei hominem lætari, par erat, gratulatur.

EPISTOLA XXXIII (scripta initio episcopatus Augustini). — Epistolam Trigesimam tertiam *ad Proculeianum* Donatistarum apud Hipponem episcopum, presbyterne an episcopus cum esset scripserit Augustinus, haud liquido satis argumento decerni potest. Facilius tamen crediderimus ipsum jam tum episcopum fuisse, ob id maxime quod de honoribus n. 5, scribit, quos illis deferebant « homines, causas suas sæculares, inquit, apud nos finire cupientes, quando eis necessarii fuerimus..... pro quibus rebus quotidie submisso capite salutamur. » Non enim comperiri arbitramur, eos qui tantum sacerdotes essent, aut debuisse aut potuisse negotia et lites plebis dirimere, nisi forte quibus ob gravem causam demandata fuisset isthæc provincia, uti ab ipso Augustino postea demandata fuit presbytero Eraclio, sed postulata prius plebis assensione, eique suo jam in episcopatu successori designato. Ut ut sit, non serius initio sui episcopatus eam Epistolam dedit ; quippe cum adhuc in vivis ageret Valerius ; atque ipse in proxime subjecta Epistola, quam postea scripsit, sese adhuc « tironem » in episcopatu confiteatur.

EPISTOLA XXXIV (scripta post superiorem). — Igitur in Epistola Trigesima quarta *ad Eusebium* n. 6, sic loquitur Augustinus : « Quamquam et iste qui se tot annorum episcopum dicit, quid in me tirone timeat, quo minus mecum velit conferre sermonem, non satis intelligo » quibus verbis primum episcopatus sui tempus signat docetque Proculeianum mutatum esse animum, cui jam aliud placeret quam quod de eo sibi renuntiatum fuisse dicebat

eculé, lui qui ne voulait plus ce qu'on disait avoir été demandé par lui, ainsi que nous apprend la lettre précédente, n. 20, à savoir qu'il lui fût accordé de conférer avec Augustin, « devant des juges choisis parmi les gens de bien. » Cela suffit à préciser la date et le rang de cette lettre.

LETTRE XXXV (écrite après la précédente). — La trente-cinquième lettre *au même Eusèbe* est aussi de cette époque; elle a été écrite peu de temps après la précédente.

LETTRE XXXVI (écrite peut-être en 396 ou au commencement de 397). — Avons-nous bien marqué le temps de la trente-sixième lettre *à Casulanus*, c'est ce dont on jugera d'après les paroles suivantes prises du ch. xiv, n. 32 : « Je vous dirai ce que m'a répondu là-dessus le vénérable Ambroise, évêque de Milan, de qui j'ai reçu le baptême. » Ces paroles peuvent porter à croire qu'elle a été écrite avant la mort d'Ambroise qui arriva la veille de Pâques 397. Comme rien dans la lettre n'est contraire à cette manière de voir, nous avons cru devoir la ranger parmi celles que saint Augustin a écrites au commencement de son épiscopat.

LETTRE XXXVII (écrite vers 397). — La trente-septième lettre se place ordinairement en tête *des questions à Simplicien*, ayant été écrite à l'occasion de ce livre ; or, on pense généralement qu'il est lui-même de 397. Nous en avons suffisamment parlé déjà à propos de la lettre XXXI.

LETTRE XXXVIII (écrite vers le milieu de l'année 397). — La trente-huitième lettre a été écrite environ un mois après la mort de Megalius, primat de Numidie ; or Megalius mourut peu de temps avant le concile tenu à Carthage le 28 août 397 ; car dans ce concile Aurèle parle d'une lettre qu'il a reçue de Crescentianus, et les termes de cette lettre font comprendre que Crescentianus était primat de Numidie ; c'est pourquoi nous la plaçons vers le milieu de 397; du reste une autre particularité indique bien la date de cette lettre ; car elle a été portée à *Profuturus* par Victor qui, devant aller à Constantine, en avait averti saint Augustin ; les paroles du n. 3 ne permettent pas de douter que Profuturus ne soit cet évêque de Cirta ou Constantine, duquel il est dit au livre *De l'unité du baptême contre Pétilien* ch. xvi, livre composé vers l'an 400, qu'il est mort depuis quelques années et qu'il était prédécesseur de Fortunat en ce moment évêque de la même ville. Profuturus, promu à l'épiscopat vers 394 ou 395, était mort peu de temps après, comme on

in superiore Epistola n. 2, quod nimirum « vellet bonis viris sedentibus » conferre cum Augustino, atque hinc Epistolæ hujus ordo tempusque adscribitur.

EPISTOLA XXXV (scripta post superiorem). — Ejusdem temporis est Trigesima quinta, *ad eumdem Eusebium* paulo post superiorem data.

EPISTOLA XXXVI (scripta forte an. 396 aut sub initium 397). — Trigesimæ sextæ *ad Casulanum* ætatem an vere assecuti fuerimus, judicabunt alii ex his verbis cap. xiv, n. 32. « Indicabo tibi quid mihi de hoc requirenti responderit venerandus Ambrosius a quo baptizatus sum, Mediolanensis episcopus, » quæ verba inducere possunt, ut credatur scripta ab Augustino ante Ambrosii obitum, qui pridie Paschatis contigit an. 397. Cui opinioni quia in Epistola nihil usquam occurrit quod refragetur, visum est illam referre inter Epistolas, quas sub initium episcopatus sui dictavit.

EPISTOLA XXXVII (scripta circ. an. 397). — Epistola trigesima septima præfigi solet libris *quæstionum ad Simplicianum*, quorum occasione scripta fuit. Porro hos libros ad annum circiter 397 pertinere communis opinio est. De his jam supra diximus ad Epist. xxxi.

EPISTOLA XXXVIII (scripta circ. medium an. 397). — Epistola Trigesima octava scripta fuit exactopropemodum mense a morte Megalii Numidiæ primatis, ex n. 2. Megalius porro paulo ante obierat, quam concilium Carthagine an. 397, die 28 Augusti haberetur. Hoc enim in concilio testatur Aurelius litteras Crescentiano sibi transmissas fuisse, quibus se ipse Crescentianus Numidiæ primatem esse insinuabat. Quapropter hanc Epistolam sub medium annum 397 reponimus, quod ejus tempus ex alio itidem capite facile investigatur. Nam cum *ad Profuturum* perlata sit Epistola per Victorem, qui Constantinam perrecturus, de eo præmonuerat Augustinum, ex n. 3 non potest in dubium vocari, quin iste Profuturus ille ipse sit Cirtæ seu Constantinæ Episcopus, qui in cap. xvi, lib. *de unico baptismo cont. Petil.*, circiter an. 400 edito, *ante paucissimos annos defunctus*, et Fortunati tunc sedem illam occupantis prædecessor dicitur. Nempe Profuturus anno 394 aut 395 ordinatus episcopus, non multo post e vita decessit, uti collatis Epistolis xxviii, n. 1 et lxxi,

le voit en comparant les lettres XXVIII, n. 1, LXXI, ch. I, n. 2, avec la lettre LXXII, ch. I, n. 1, et il faut qu'il n'ait survécu que de très-peu à Megalius puisque son successeur Fortunat a été ordonné avant Possidius le successeur immédiat, à ce qu'on pense, de Megalius. C'est la conclusion légitime que tire Henri de Noris, *Histoire de Pélage*, liv. II, chap. IX, de ce que dans la conférence de Carthage en 411, et dans la lettre du synode de Milève, 416, Fortunat est nommé avant Possidius. En effet, chez les évêques d'Afrique on a toujours gardé religieusement l'ordre qu'assignait à chacun l'ancienneté de l'ordination ; le concile de Milève tenu le 27 août 402 règle que cet ordre devra être constamment gardé.

LETTRE XXXIX (écrite probablement en 397). — Præsidius faisant voile pour l'Occident, *saint Jérôme* lui remit cette lettre placée ici la trente-neuvième, c'était la seconde qu'il adressait à saint Augustin ; la première confiée au diacre Astère a été perdue, elle avait pour objet, comme il est dit ici, n. 1 : « De donner au plus tôt à saint Augustin, le retour gracieux de ses salutations. » Non point que l'auteur en eût reçu auparavant une lettre, mais, comme l'indique saint Augustin lui-même dans la lettre suivante n. 1 : « Pour un salut écrit à la suite d'un message étranger. » Dans cette lettre, n. 2, saint Jérôme salue Alype *pope* et i donne le même titre à saint Augustin, ce qu nous fait conclure qu'elle n'a pas été écrite avant l'année 396. S'il n'adresse point ses félicitations à saint Augustin, pour sa promotion à l'épiscopat, c'est à notre avis, parce qu'i l'avait fait dans la lettre confiée, l'année précédente, au diacre Astère. De plus, il dit dans cette lettre, que retiré dans son monastère, il n'en est pas moins « agité par diverses tempêtes ; » ce qui nous fait conclure qu'elle n'est pas postérieure à 397 et qu'elle précède la réconciliation avec Jean de Jérusalem ; car nous ne connaissons rien, depuis cette réconciliation jusqu'aux persécutions suscitées contre lui par les intrigues pélagiennes, qui ait pu donner à saint Jérôme l'occasion de formuler une semblable plainte. Si quelqu'un veut tenir cette lettre pour postérieure à la soixante-huitième, et croire qu'elle est celle-là même dans laquelle le saint rappelait qu'il avait envoyé la soixante-huitième par le diacre Astère, comme on le voit dans la lettre LXXXII, n. 1. Personne, du moins nous l'espérons, ne trouvera mauvais que, nous attachant à d'autres conjectures, nous adoptions un ordre qui nous paraît mieux convenir au plus grand nombre des documents.

---

c. I, n. 2 cum Epistola LXXII, c. I, n. 1 intelligitur. Et sane ipsum Megalio nonisi perbreve tempus supervixisse oportet quando ipsius successor Fortunatus prius ordinatus fuit, quam Megalii proximus (ut putant) successor Possidius ; quemadmodum ex eo probe colligit Henricus de Noris in lib. II *histor. Pelag.*, cap. VIII, quod in collatione Carthaginensi an. 411 et in Epistola Milevitanæ synodi an. 416, Fortunatus ante Possidium nominetur. Is enim inter Africanos patres ordo religiose servabatur, qui pro suscepto episcopatu cuique competebat. De quo more constanter retinendo actum est in synodo Milevitana an. 402, die 27 Augusti celebrata.

EPISTOLA XXXIX (scripta forte an. 397). — Præsidio in Occidentem naviganti *Hieronymus* Epistolam hic Trigesimam nonam commendavit. Hæ secundæ sunt ipsius ad Augustinum litteræ. Nam primas, quæ exciderunt, per Asterium diaconum miserat, « promtum, ut hic n. 1, ait, reddens obsequium : » non quidem pro receptis ante ab Augustino litteris, sed (ut ipse Augustinus in subsequente Epistola n. 1 rescribit) pro *subscripta salutatione*. In hacce Epistola n. 2, Hieronymus salvare jubet Alypium *Papam*, eodemque titulo donat Augustinum ; ex quo intelligimus eam non ante annum 396 scripsisse : cumque Augustino ad episcopatum provecto in ea non gratuletur, id credimus ab ipso præstitum litteris superiore anno per Asterium directis. Ad hæc significat Hieronymus se in monasterio constitutum, nihilominus « variis hinc inde fluctibus quati. » Quapropter Epistolam non post annum 397 scriptam ducimus, sed antequam ipse cum Johanne Jerosolymitano rediisset in gratiam : cum minime legamus ipsum ab illa reconciliatione usque ad persecutiones in eumdem a Pelagianis concitatas occasionem ita conquerendi habuisse. Si quis porro sentiat hanc Epistolam Sexagesima octava posteriorem, et hanc ipsam esse in qua Hieronymus, uti in Epistola LXXXII, n. 1 legitur, Epistolam illam LXVIII per Asterium se misisse recolebat : nemo tamen, speramus, moleste feret nos aliis ex conjecturis hunc ejus constituisse ordinem, ad quem pleraque non male quadrant.

EPISTOLA XL (scripta circ. idem tempus). — Sub idem tempus secundas etiam *ad Hieronymum* litteras, Epistolam scilicet Quadragesimam ex Africa

LETTRE XL (écrite à peu près dans le même temps). — Vers le même temps saint Augustin adressait aussi d'Afrique une seconde lettre à saint *Jérôme* portant, ch. v, n. 8, que déjà il avait envoyé une première lettre qui n'avait point été remise, et disant tout d'abord combien il était reconnaissant de ce que « pour un simple salut donné par occasion il lui avait retourné une lettre entière » bien que « trop courte à son gré ». Ces paroles désignent non la lettre XXXIX ci-dessus, mais une autre qui est perdue, dans laquelle saint Jérôme blâmait Origène, comme on peut le voir ici, chap. vi, n. 9. Sans doute Augustin avait parlé de cet auteur dans les quelques mots de salut ajoutés à la suite d'une lettre de quelque ami. Cette lettre de saint Jérôme nous paraît être celle dont fut chargé Astère, écrite probablement en 396 pour rendre à saint Augustin ses salutations. Quant à la lettre XL qui nous occupe, Paul qui en avait été chargé abandonna son projet de voyage, lettre LXXII, ch. i, n. 1, et cependant il ne rendit pas à saint Augustin son message; lettre LXXIII, n. 5. C'est pourquoi il s'en répandit des copies dans l'Italie entière avant que saint Jérôme n'en eût pris connaissance; ce qui aurait pu semer entre eux la discorde, si l'humilité de saint Augustin et la charité de chacun d'eux n'en eût étouffé le germe. Déjà pour la première lettre à saint Jérôme, écrite avant celle-ci, il était arrivé que celui qui la devait porter, Profuturus, au moment même où il se préparait à partir, fut élevé à l'épiscopat, et ne put se rendre en Palestine, comme on le voit par la lettre LXXII, ch. i, n. 1, et la lettre LXXI, ch. i, n. 2, où saint Augustin nous dit que : « la première avait été écrite quand il n'était encore que prêtre, » ce qui nous fait assez entendre que la suivante, la deuxième, doit être rapportée au temps de son épiscopat.

LETTRE XLI (écrite au commencement de l'épiscopat de saint Augustin). — Nous croyons devoir attribuer la lettre quarante-unième, aux premières années de l'épiscopat de saint Augustin, elle porte la signature d'Alype et d'Augustin qui félicitent *Aurèle*, de ce, surtout, qu'il permet aux prêtres de prêcher en sa présence ; l'usage contraire était général dans toutes les églises d'Afrique, et on avait blâmé l'évêque Valère d'avoir permis à saint Augustin, prêtre, d'annoncer l'Evangile en sa présence. Mais, remarque Possidius, chap. v : Quand la haute renommée des instructions adressées par Augustin au peuple d'Hippone, se fut répandue partout, les évêques jugèrent utile de suivre l'exemple de Valère. On peut croire qu'Aurèle avait devancé les autres dans cette

---

mittebat Augustinus, significans c. v, n. 8, se priores ad illum litteras dedisse, quæ perlatæ non sunt ; atque in exordio « gratiam habens quod pro subscripta salutatione, plenam sibi Epistolam reddidisset, » licet *breviorem*. Quibus verbis non superiorem Epistolam xxxix notat, sed alteram hactenus desideratam, in qua Hieronymus Origenem carpebat: uti videre est hic cap. vi, n. 9, de quo Origine forte Augustinus verbum fecerat, cum alterius cujusdam litteris subscribens cum officiose salutavit. Ea est, opinamur, Epistola, quam per Asterium Hieronymus misit anno forsan 396 ut Augustino salutationis officium redhiberet. Quod autem ad xl, de qua agimus, Epistolam attinet, Paulus qui eam perferendam acceperat, navigationis consilium mutavit, ex Epist. lxxii, c. i, n. 1, nec tamen eam ad Augustinum retulit juxta Epist. lxxiii, n. 5, unde hæ litteræ prius per Italiam sparsæ sunt, quam ad Hieronymum pervenirent , quod inter utrumque discordiam animorum serere poterat, nisi Augustini humilitas et utriusque caritas offensionis semina suffocasset. Jam de altera Epistola ante hanc Hieronymo scripta contigerat, ut ejus perlator Profuturus dum sese itineri accingit, continuo episcopus creatus, non trajiceret in Palæstinam, ex Epistola lxxii, n. 1, necnon ex Epist. lxxi, c. i, n. 2, ubi *primas* istas litteras a se « adhuc presbytero præparatas » monet Augustinus, ut secundæ posterioresque ipso jam episcopo dictatæ intelligantur.

EPISTOLA XLI (scripta sub initium episcopatus Augustini). — Ad annos episcopatus Augustini priores referendam ducimus Epistolam Quadragesimam primam, conscriptam nomine Alypii et Augustini, qui *Aurelio* Carthaginensi gratulantur ob hanc præcipue caussam, quod presbyteris se præsente verbum Dei apud populum tractare jamjam permittat. Aliud enim ferebat consuetudo per Africanas ecclesias ubique recepta; in quam offendisse vituperabatur Valerius, qui Augustino presbytero potestatem fecisset prædicandi Evangelii præsente ipso episcopo. Sed observat Possidius c. v, cum fama sacrarum concionum, quas ad populum Hipponensem habebat Augustinus, longe lateque diffunderetur, consultius visum esse episcopis aliis, Valerii

voie, cette lettre le fait assez entendre, et c'est pour cela qu'il ne paraît pas possible d'en reculer beaucoup la date.

LETTRE XLII (écrite sur la fin de l'été de 397). — La quarante-deuxième lettre à *Paulin* empruntée à un manuscrit de Phimarques, paraît aujourd'hui pour la première fois ; elle est de l'année 397, ayant été écrite vers la fin du second été depuis la réception de la dernière lettre de Paulin 395. Comparez cette lettre avec la lettre XXXI, n. 8.

LETTRES XLIII et XLIV (écrites vers la fin de 397 ou au commencement de 398). — Les deux lettres suivantes adressées à *Glorius*, *Eleusius* et aux *Félix* peuvent sans inconvénient être rapportées à une même date, à notre avis, vers la fin de 397 ou au commencement de 398. En effet dans la quarante-troisième que nous croyons avoir été écrite avant l'autre, saint Augustin parle avec une très-grande liberté de la tyrannie d'Optat de Thamugade, chap. VIII, n. 24, mais en des termes pourtant qui nous font entendre qu'elle n'avait pas encore cessé : Or, elle prit fin en 398 comme nous le faisons remarquer en son lieu, à la lettre XLIII. Il dit dans cette même lettre, combien les Donatistes sont aveugles de ne pas reconnaître le châtiment de leurs sacriléges dans les fléaux, dont frappe le Seigneur, par le moyen des puissances ordinaires de l'homme ou de la nature. Mais cela se rapporte parfaitement aux temps qu'on a appelés Macairiens, à propos desquels l'évêque donatiste Fortunius souleva la discussion dans la conférence de Tiburce, voyez la lettre suivante XLIV, chap. II, n. 4.

Il est à propos de rechercher à quelle époque eut lieu la conférence ici mentionnée, entre Augustin et Fortunius. Les savants suivant les annales de Baronius la placent communément en 412 mais les raisons que nous allons développer nous obligent à nous éloigner de cette opinion. Quand saint Augustin allait de Tibursique à Cirte, comme le dit cette lettre, ce n'était point, ainsi que l'a cru Baronius, à l'occasion de cette assemblée que l'édition de Louvain place à *Cirta*, tandis que toutes les précédentes ainsi que les anciens manuscrits portent constamment *Zerta*, et dans les *Rétractations*, liv. II, chap. LX, et dans la lettre CXLI : mais bien pour l'ordination d'un évêque, comme il le dit clairement dans cette lettre XLIV, chap. VI, n. 13. Or il s'agissait de donner un successeur, sinon à Fortunat lui-

exemplum æmulari. Qua in re Aurelium reliquis præivisse fas est existimare ; et vero satis intelligitur ex hac ipsa Epistola : quæ proinde in ulteriores annos remittenda non fuit.

EPISTOLA XLII (scripta exeunte æstate an. 397). — Epistola Quadragesima secunda *ad Paulinum*, ex Phimarconensi manuscripto nunc primum vulgata, pertinet ad annum 397 scripta videlicet labente secunda æstate a receptis ultimis Paulini litteris anni 395. Confer hanc Epistolam cum Epistola XXXI, n. 8.

EPISTOLÆ XLIII et XLIV (scriptæ circ. fin. an. 397, aut init. 398). — Duæ subsequuntur *Glorio Eleusio Felicibusque* inscriptæ Epistolæ, quas nihil obstat, quominus sub unum et idem tempus, id est sub annum exeuntem 397 aut ineuntem 398 conscriptas arbitremur. Et quidem in XLIII, quam priorem altera suspicamur, Optati Thamugadensis Tyrannidem summa dicendi libertate commemorat Augustinus c. VIII, n. 24, sed iis tamen verbis, quæ illam nondum desiisse innuant. Desiit autem illa tyrannis anno 398, uti ad Epistolam LIII, suo loco observamus. Dicit quoque ibidem quam injuste sacrilegia sua per ordinarias humanas potestates flagellis temporalibus emendari nolint Donatistæ. Sed id refertur quam optime ad tempora, ut vocabant, Macariana, de quibus in Tiburicensi colloquio Fortunius episcopus Donatista querelam movit, ex subsequente Epistola XLIV, c. II, n. 4.

Æquum vero est demonstrare quandonam Augustinus ad istud Fortunii colloquium venerit. Id enim eruditos viros Baronianis annalibus insistentes ad Christi annum 412 referre passim videmus. A quorum opinione revocant nos subjecta rationum momenta. Cum Tiburisico Augustinus Cirtam pergeret, ut fert hæcce Epistola XLIV, n. 1, id iter agebat, non quidem, quod Baronio visum est, occasione synodi (quam Lovaniensium editio *Cirtensem*, priores vero editiones et antiqui MSS. constanter *Zertensem* nominant, cum in *Retract*. libro II, c. XL, tum in Epistola CXLI), sed episcopi ordinandi caussa eo vocatus, uti disertis verbis ipse testatur Augustinus in hac Epistola XLIV, c. VI, n. 13. Porro sufficiendus erat successor, si non ipsi Fortunato, qui anno 416 Cirtensem Ecclesiam adhuc regebat, inter Milevitanæ synodi Patres ante Possidium nominatus, certe Profuturo, qui episcopatum anno 394 aut 395 adeptus, brevi post tempore defunctus est. Atqui huic

même, qui en 416 gouvernait encore l'église de Cirta, puisqu'il est nommé parmi les pères du synode de Milève avant Possidius ; au moins Profuturus qui élevé à l'épiscopat en 394 ou 395 était mort peu de temps après; c'est à lui que succéda Fortunat dont l'ordination ne peut guère être reculée au delà du commencement de 398, d'après ce que nous avons dit plus haut, à propos de la lettre XXXVIII.

D'autre part il est certain que cette conférence avec Fortunius eut lieu avant l'année 411, comme on le comprend très-bien ne fût-ce que par les dispositions de saint Augustin encore très-éloigné de poursuivre les hérétiques, voyez ici même, chap. IV-V, et l'on sait que les Donatistes étaient alors parfaitement en repos ; toute la lettre affirme la pleine liberté dont ils jouissent : or cela n'eut plus lieu après 411. Il est constant aussi que quand Fortunius lui présenta la lettre du faux concile de Sardique ou de Philippopolis, chap. II, n. 6. Augustin ne savait ce que cela pouvait être : or il le savait bien, quand il écrivit même avant 411 les livres contre Cresconius, puisqu'il en parle comme d'un conventicule arien, liv. III, chap. XXXIV. Il est certain aussi par les paroles de saint Augustin, chap. I, n. 1, que Fortunius était plus ancien que lui dans l'épiscopat; or il n'était plus évêque en 411 puisque Janvier, évêque de Tibursique de Numidie, pour les Donatistes assiste à la conférence de Carthage, ce qui prouve que Fortunius était mort en 411. Aussi croirions nous très-facilement qu'il était celui-là même qui est au dixième rang parmi les 312 évêques donatistes qui célèbrent en 394, le concile de Bagaie. Toutes ces raisons nous font conclure que la conférence en question eut lieu environ 15 ans plus tôt que ne le dit Baronius. Il ne faut pas oublier non plus, que les paroles par lesquelles saint Augustin rappelle, chap. IV, n. 7, la mention qui fut faite de saint Ambroise dans cette même conférence laissent croire que ce prélat vivait encore, qu'à propos de la persécution des Donatistes contre les Maximianistes, il n'est rien dit absolument de Prétextat et de Félicien qu'ils avaient cependant reçus parmi eux, au commencement de 397. De tout cela, plusieurs seront portés à conclure que la conférence de Tubursique ne peut être placée plus tard que le commencement de 397. Mais pour que cela fût entièrement certain il faudrait établir surtout que Megalius était mort vers le milieu de 396, puisque Profuturus survécut à Mégalius, et que la conférence avec Fortunius eut lieu dans le voyage que fit saint Augustin, pour donner un successeur à Profuturus. C'est pourquoi entre Megalius et Crescentianus il faudra pla-

successit ipse Fortunatus cujus ordinatio ultra initium anni 398 remitti vix possit ex dictis supra ad Epistolam XXXVIII.
Ast etiam aliunde constat huncce Augustini cum Fortunio congressum contigisse ante annum 411, idque intelligere est vel ex ipso Augustini animo a persequendis hæreticis adhuc alieno hic c. IV et V. Et prorsus patet Donatistas tunc temporis quietos fuisse, totaque Epistola eos plena gaudere libertate notat : quod numquam accidit ab uno 411. Liquet pariter Augustinum, cum ei Fortunius pseudo-Sardicensis seu Philippopolitani concilii Epistolam exhibuit c. II, n. 6, quid hoc esset tunc ignorasse. At illud in libris contra Cresconium ante annum 411, scriptis jam notum habet, et ut Arianorum conventum explodit in lib. III, c. XXXIV. Est etiam perspicuum ex Augustini verbis c. I, n. 1, hunc Fortunium fuisse antiquiorem ipso episcopum, qui tamen episcopus non erat anno 411, cum Januarius Tubursicensis in Numidia episcopus ex parte Donatistarum interfuerit collationi Carthaginensi ; adeoque Fortunius post annum 411, in vivis esse non potuit : quam idcirco facilius crediderimus esse illum ipsum, qui decimus numeratur inter trecentos et decem episcopos Concilii Bagaiensis a Donatistis anno 394 celebrati. Itaque ex his rationum momentis conficimus colloquium istud ante annos circiter 15 quam retulit Baronius, constituendum esse.
Neque id silentio transeundum, ubi in eodem colloquio de Ambrosio sermo incidit, in hac Epistola c. IV, n. 7. Augustini verba movere posse, ut sanctus ille Antistes in vivis adhuc egisse credatur : atque ubi actum est de persecutione Donatistarum in Maximianistas, nihil omnino dictum reperiri de Prætextato et Feliciano, quos illi tamen receperant sub initium anni 397. Ex quibus forte non nemo reputaverit aut serius ineunte prædicto anno 397, habitum fuisse illud Tubursicense colloquium. Verum ut id constet statuere oportet imprimis obiisse Megalium medio circiter anno 396 ; quandoquidem Profuturus Megalio superstes fuit, atque Augustino ad ordinandum Profuturi successorem proficiscente habitum est cum Fortunio colloquium. Itaque inter

cer un autre primat, ou bien on devra dire qu'une année entière s'est écoulée, avant qu'on eût proclamé celui qui, par droit d'ancienneté, devrait succéder à Mégalius dans la dignité de primat. En effet, Crescentianus n'eut ce titre qu'en 397, peu avant le concile de Carthage du 28 août, dans lequel Aurèle déclare avoir reçu tout dernièrement les lettres de Crescentianus primat de Numidie, comme « il le déclare lui-même, » dit-il, paroles qui font voir qu'Aurèle ne savait pas encore qu'il fût primat, lui qui, cependant, devait en être averti un des premiers. Quoique rien n'empêche d'intercaler un primat entre Mégalius et Crescentianus, ce qui serait selon nous dans le vrai, cependant les raisons ci-dessus exposées n'y obligent pas non plus ; c'est pourquoi nous avons préféré placer la conférence à la fin de l'année 397, ou plutôt au commencement de 398, alors que la mort du tyran Gildon pouvait faire craindre aux Donatistes, qu'ils ne fussent persécutés à cause de leur Optat satellite de Gildon, ce à quoi paraissent se rapporter les paroles citées dans cette lettre.

LETTRE XLV (écrite en 398). — La quarante-cinquième lettre à *Paulin* dont nous enrichissons notre édition d'après un manuscrit de Phimarques a été écrite deux ans entiers après le retour de Romain et Agile vers Paulin. Or, ils prirent congé d'Augustin, au commencement de 396 ; ainsi cette lettre est du commencement de 398.

LETTRES XLVI et XLVII (écrites vers le même temps). — La quarante-sixième lettre est de *Publicola* ; il consulte saint Augustin comme un évêque d'une autorité bien établie et très-propre à donner lumière aux scrupules qui troublaient la délicatesse de sa conscience cette lettre et la suivante d'Augustin à *Publicola* sont attribuées à la même époque, car elles paraissent avoir été écrites alors que le culte des idoles était encore public et l'on sait qu'il fut interdit en 399.

LETTRE XLVIII (écrite probablement en 398). — La quarante-huitième lettre à *Eudoxius*, de l'île de Caprée, abbé, (les anciens manuscrits lui donnent ce titre), fut écrite à ce qu'on croit en l'année 398. Saint Augustin y parle avec éloge de deux moines d'une vertu éprouvée, Eustasius et André qui étaient venus de cette île en Afrique, où l'un deux Eustasius était mort. On pense que c'était les deux qui avaient accompagné Mascézil général de l'armée romaine, lequel cinglant vers l'Afrique pour y combattre le tyran Gildon, « relâcha, comme le rapporte Orose, liv. VII, chap. XXXVII « à l'île de Caprée, où il engagea par ses pressantes sollicitations quelques vénérables servi-

Megalium et Crescentianum primas aliquis erit inserendus, aut certe dicendum erit annum prius effluxisse, quam is renuntiaretur, qui Megalio in officio primatus jure antiquitatis succederet. Nam Crescentianus primatum non adiit ante annum 397, paulo ante Concilium Carthaginense die 28 Augusti celebratum, in quo Aurelius testatur se litteras non ita pridem accepisse a Crescentiano, primæ sedis Numidiarum, *ut ipse insinuat*, inquit ; qua ex clausula patet nescisse tunc Aurelium, eum esse Primatem ; quod tamen in primis scire debuerat. Licet autem Megalium inter Crescentianum Primatem interseri nihil vetet ; ut tamen id ita contigisse arbitremur, non exigunt superius allatæ rationes. Quocirca maluimus istud colloquium reponere in fine anni 397, sive potius in principio anni 398 quo tempore Gildonis tyranni occasus persecutionis metum Donatistis, propter Optatum suum Gildonis satellitem, injicere poterat. Eo enim spectare videntur quæ dicta, narrantur in hac Epistola, c. v, n. 1.

EPISTOLA XLV (scripta an. 398). — Epistola quadragesima quinta *ad Paulinum*, quæ huic editioni ex Phimarconensi manuscripto accedit, scripta est biennio toto postquam Romanus et Agilis ad Paulinum rediissent elapso. Hos porro a se dimisit Augustinus circiter ineuntem annum 396, sicque isthæc Epistola est ineuntis anni 398.

EPISTOLÆ XLVI et XLVII (scriptæ circ. hoc tempus). — Quadragesima sexta *Publicolæ* est S. Augustinum consulentis, ut episcopum jam auctoritate pollentem, et iis quibus vir ille tenerioris conscientiæ permovebatur, scrupulis removendis idoneum. Porro hæc et sequens Epistola Augustini *ad Publicolam* ad hanc ætatem referuntur ; quia scriptæ videntur vigente idolorum cultu, qui anno 399 prohibitus fuit.

EPISTOLA XLVIII (scripta forte an. 398). — Epistola Quadragesima octava *ad Eudoxium* insulæ Capraniæ, ut antiqui codices præferunt, *Abbatem* creditur scripta sub annum 398, quoniam in ea, n. 4, laudat Augustinus duos probatæ vitæ monachos, qui inde in Africam trajecerant, Eustasium et Andream, quorum Eustasius jam ibi defunctus erat. Nempe putant esse illos ipsos, qui Mascezil Romani exercitus ducem comitabantur. Hic enim sub ann.

leurs de Dieu à le suivre, et s'adonnant avec eux aux jeûnes à la prière, passant les jours et les nuits, à chanter des psaumes, il mérita de vaincre sans combat et de venger son maître sans répandre le sang. »

LETTRE XLIX (écrite en 398). — Quant à la date de la quarante-neuvième lettre, on n'en peut dire qu'une chose, c'est qu'il est tout à fait vraisemblable quelle est de ces premières années de l'épiscopat de saint Augustin où les Donatistes n'étaient pas encore aussi acharnés contre la vérité, qu'ils le furent plus tard; Honorat un de leurs évêques du voisinage d'Hippone avait fait annoncer par Eros à saint Augustin qu'il serait heureux de correspondre avec lui sur le sujet du schisme, pour traiter avec le calme et la modération convenables un sujet d'une si grande importance. Augustin qui depuis longtemps désirait conférer avec lui, lui dit dans cette lettre que la proposition lui est très-agréable, et entamant de suite la question il l'invite à répondre.

LETTRE L (écrite probablement en 399). — Baronius rapporte à l'édit d'Honorius de 399 contre les idoles, ce que saint Augustin, dans cette cinquantième lettre, demande aux anciens de la colonie de Suffecte : dans cette ville, une statue d'Hercule avait été jetée à bas et mise en pièces par les Chrétiens; les Païens les attaquèrent les armes à la main et en massacrèrent soixante, que le martyrologe romain place au rang des saints martyrs à la date du 30 août.

LETTRE LI (écrite en 399 ou 400). — La cinquante-unième lettre, à *Crispus*, fut écrite après la mort d'Optat de Thamugade, à la mémoire duquel saint Augustin adresse cet éloge ironique, n. 3 : « On célèbre la sainte mémoire de votre illustre tribun Optat, » mais avant celle de Prétextat d'Assur, dont saint Augustin parle de la même façon que de Félicien de Muste qui vivait encore, et ce qui prouve mieux encore, il dit, n. 4, en parlant des deux ensemble : « Tous ceux qu'ils ont alors baptisés, ils les ont avec eux et avec vous. » Or la vie d'Optat ne se prolongea guère après la mort du tyran Gildon arrivée en 398; d'autre part Prétextat était déjà mort, quand saint Augustin mettait la dernière main au liv. III *contre Parménien*, c'est-à-dire vers l'an 400 ; on le voit par le dernier chapitre de ce livre : c'est pourquoi nous plaçons cette lettre en 399 ou 400. Ce que saint Augustin dit au n. 3 que les donatistes avaient coutume de reprocher aux catholiques : « de les faire poursuivre par les puissances de la terre, » se doit entendre non de l'édit de

hujus initium navigans in Africam adversus Gildonem tyrannum, « Capráriam insulam adiit, ut scribit Orosius lib. VII. c. xxxvi, unde secum sanctos servos Dei aliquot permotos precibus suis sumsit : tumque his in orationibus, jejuniis, psalmis dies et noctes continuans sine bello victoriam meruit, ac sine cæde vindictam. »

EPISTOLA XLIX (scripta cir. an. 398). — De tempore Epistolæ Quadragesimæ nonæ *ad Honoratum*, id solum statui potest, admodum veri simile esse his prioribus annis episcopatus Augustini, quibus nondum Donatistæ tam infenso animo veritati adversabantur, Honoratum illorum partis episcopum et Hipponi vicinum, significasse Augustino per Erotem, ut libenter cum eo per litteras de schismate collaturum, ut de re tanti momenti, ea qua per erat lenitate et animi tranquillitate agerent. Cui Augustinus qui jampridem illius colloquium expetebat, ejus sibi consilium multum placere hac Epistola rescripsit, et caussam pro suis partibus aggressus ipsum ad respondendum invitavit.

EPISTOLA L (scripta forte an. 399). — Ad rescripta Imperatoris Honorii, data anno 399, adversus idola, refert Baronius id de quo Augustinus in Epistola Quinquagesima expostulat apud « seniores Suffectanæ Coloniæ, » qua in Colonia cum Herculis simulacrum deturbatum fuisset et communitum, Gentiles armis Christianos aggressi, ex eis trucidarunt sexaginta, qui in Martyrologio Romano SS. Martyrum numero adscripti sunt ad diem 30 Augusti.

EPISTOLA LI (scripta an. 399, aut 400). — Prodiit Epistola Quinquagesima prima *ad Crispinum* post mortem Optati Thamugadensis, cujus memoriam facete laudat Augustinus n. 3, his verbis, « Etiam Optati illius tribuni vestri sancta memoria prædicatur : » ante obitum vero Prætextati Assurtani, de quo non aliter atque de Feliciano Mustitano adhuc vivente passim hic loquitur ; quodque ad rem propius facit de ambobus dicit n. 4. « Quotquot ergo eo tempore baptizaverunt, nunc secum et vobiscum habent. » Porro exstinctus est Optatus paulo post Gildonis tyranni necem anno 398. Prætextatus vero jam obierat, cum Augustinus libro III, contra Permenianum circiter annum 400, apices ultimos apponebat, ut patet ex ejusdem libri postremo

405, mais d'autres plus anciens, rendus en 377 et plus tard.

LETTRE LII (écrite vers 400). — La cinquante-deuxième lettre à *Séverin* doit être rangée parmi les premières que saint Augustin écrivit contre les Donatistes, et cependant on ne peut guère la placer avant l'an 400, car au n. 3 il dit : « On vit paraître parmi eux tant de scélérats, et ils les ont tolérés pendant tant d'années, pour ne pas diviser le parti de Donat : » de semblables paroles furent souvent employées après la mort de Donat pour exprimer sa tyrannie de dix ans.

LETTRE LIII (écrite vers l'an 400). — On peut rapporter à peu près au même temps la cinquante-troisième lettre à *Generosus*; en effet elle fut écrite sous le pontificat du pape Anastase, n. 3, et peut-être aussi du vivant de Prétextat, comme le fait conjecturer le n. 6.

LETTRES LIV et LV (écrites vers 400). — Les lettres cinquante-quatre et cinquante-cinq qui sont deux livres en réponse *aux Questions de Janvier*, sont placées dans les *Rétractations* parmi les opuscules écrits vers l'an 400, un peu avant les livres contre les lettres de Pétilien, dont la composition ne peut être postérieure à 402, puisque Anastase qui mourut cette année occupait le siège de Rome, quand fut écrit le chap. LI du liv. II contre les lettres de Pétilien, comme l'affirme saint Augustin.

LETTRES LVI et LVII (écrites vers 400). — Les lettres cinquante-six et cinquante-sept, à *Célère*, furent écrites probablement avant la conférence de Carthage, puisqu'elles n'en disent rien, mais après la composition de certains traités contre les Donatistes, dont il lui propose la lecture, c'est pourquoi il parait à propos de les attribuer au même temps que les précédentes.

LETTRE LVIII (écrite vers la fin de 401). — La cinquante-huitième lettre à *Pammachius* parait avoir été écrite vers la fin de 401, et confiée aux envoyés qui allaient présenter une supplique aux empereurs, de la part du concile de Carthage célébré aux ides de septembre ; en effet, de même qu'au commencement de ce concile on cite les vexations et les attaques commises par les Donatistes contre l'église catholique, de même à la fin de cette lettre, saint Augustin parlant des embûches des hérétiques dit : « Vous entendrez toutes ces choses de la bouche de nos frères, que je recommande instamment à votre bonne amitié. »

LETTRE LIX (écrite vers la fin de 401). —

---

capite. Unde hanc Epistolam anno 399, aut 400, scriptam esse adnotamus. Quod itaque scribit Augustinus n. 3. Donatistas catholicis objectare solitos esse, quod ipsos « per potestates terrenas persequerentur, » non ad edicta anni 405, sed ad superiora referri oportet, quæ nonnulla anno 377, et deinceps contra ipsos emanarunt.

EPISTOLA LII (scripta scripta circ. an. 400). — Epistola Quinquagesima secunda *ad Severinum* in primis Augustini contra Donatistas scriptis censenda videtur, nec tamen multo ante annum 400, collocanda ; quoniam n. 3, hæc dicit : « Tam multi scelerati apud eos emerserunt, et toleraverunt illos per tot annos, ne partem Donati consciderent. » Cujusmodi verbis, sublato e vivis Optato, decennalem ejus tyrannidem persæpe significat.

EPISTOLA LIII (scripta circ. an. 400). — Ad idem circiter tempus Epistolam Quinquagesimam tertiam *ad Generosum* referre licet : quippe cum sedente Romæ Anastasio scripta fuerit ex n. 3, et forsitan in vivis agente adhuc Prætextato, uti conjicitur ex n. 6.

EPISTOLÆ LIV et LV (scriptæ circ. an. 400). — Epistolæ Quinquagesima quarta et Quinquagesima quinta, quæ sunt libri duo « ad inquisitiones Januarii, » locum in Retractationibus medium tenent inter opuscula circiter annum 400 elaborata ; recenseturque aliquando ante libros contra litteras Petiliani non serius anno 402, scriptos : quandoquidem Anastasius, qui hoc ipso anno decessit, in Romana cathedra sedebat eo die, quo scribebatur cap. LI, lib. II, contra prædictas litteras Petiliani, uti testatur illic Augustinus.

EPISTOLÆ LVI et LVII (scriptæ circ an. 400). — Epistolas Quinquagesimam sextam et Quinquagesimam septimam *ad Celerem* dedit proculdubio ante collationem Carthaginensem, de cujus actis nihil dicit : sed post editos a se libros aliquot adversus Donatistas, quos ipsi legendos exhibet. Quocirca videtur commode reponi sub hoc idem tempus.

EPISTOLA LVIII (scripta versus exeuntem an. 401). — Quinquagesima octava *ad Pammachium* scripta fortassis versus finem anni 401 et commendata legatis, qui Carthaginensis Concilii, idibus Septembris habiti nomine preces Imperatoribus detulerunt. Nam ut in hujusce concilii exordio notantur Donatistarum insidiæ et improbitates, quibus Africanam ecclesiam catholicam graviter vexabant : ita in istius Epistolæ fine de hæreticorum insidiis loquens Augustinus, « Audies tamen hæc, ait, a

Ayant reçu le 5 des ides de novembre la lettre circulaire de *Victorin* qui appelait, comme primat de Numidie, les évêques à un concile, Augustin répond par cette cinquante-neuvième lettre, dans laquelle il dit que Xantippe de Tagose se déclare en possession de « la dignité de primat. » Or Xantippe obtint cette dignité au plus tard en 402, comme l'indique la lettre LXV écrite cette année, avant la fête de Pâques, à l'adresse de Xantippe *Ancien* c'est-à-dire primat ; comme le prouve surtout le synode de Milève de la même année 27 août, dans lequel il est dit évêque du premier siège de Numidie ; si donc Victorin réussit à obtenir dans cette compétition les suffrages de ses collègues, la lettre LIX a pu être écrite un peu plus tôt, mais à coup sûr depuis 397, puisqu'en cette année la dignité de primat échut à Crescentianus ; si comme il est plus probable, il échoua dans ses prétentions, notre lettre se place à juste titre à la fin de 401.

LETTRE LX (écrite vers la fin de 401). — Dans la lettre soixantième *à Aurèle*, il parle de deux frères qui ayant quitté son monastère, sans permission, étaient allés se réfugier au diocèse de Carthage. Augustin n'admet pas qu'Aurèle puisse accepter dans le clergé les déserteurs de son institut ; l'un des deux, Donat ayant été ordonné avant le règlement établi sur ces matières dans le concile de Carthage de l'an 401, saint Augustin l'abandonne à la prudence et à la discrétion d'Aurèle, il juge tout autrement de l'autre, surtout parce qu'il avait été cause de la fuite de Donat. Tout cela nous porte à conclure que cette lettre a dû être écrite peu de temps après le concile de Carthage.

LETTRE LXI (écrite à la fin de 401 ou peu après). — La lettre soixante-unième *à Théodore* parait avoir été écrite dans le même temps. Saint Augustin y déclare sous la foi du serment, qu'il conservera aux clercs donatistes qui reviendront à l'Eglise, leur ordre et leur rang ; aux termes du dernier concile cela était abandonné à la discrétion de l'évêque du lieu, qui pouvait, s'il le jugeait à propos, recevoir les dissidents avec leurs honneurs et leurs dignités.

LETTRES LXII et LXIII (écrites vers le même temps). — Les lettres soixante-deux et soixante-trois *à Sévère* ont été écrites à cause de Timothée à l'occasion duquel le concile de Milève du 27 septembre 402 a donné, croyons-nous, le canon suivant : « Quiconque aura exercé, ne

fratribus meis, quos plurimum commendo eximietati tuæ. »

EPISTOLA LIX (scripta circ. exeuntem an. 401). — Tractoria quinto idus Novembris a *Victorino* accepta, qua is Concilium ut Numidiæ Primas convocabat, rescripsit illi Augustinus Epistolam quinquagesimam nonam, significans Xantippum Tagosensem dicere, « quod eum Primatus ipse contingat). » Porro Xantippus primatum adeptus erat quum tardissime anno 402, ut liquet ex Epistola LXV, ipsi *Seni*, id est primati ante Paschale festum hoc anno data ; maximeque ex Synodo Milevitana eodem anno celebrata 27 Augusti, in qua idem « episcopus primæ sedis Numidiæ » appellatur. Igitur si caussam suam collegis probavit Victorinus, pertinet forte Epistola LIX, ad superiorem aliquem annum a 397 quo primas renuntiatus fuit Crescentianus, elapsum. Sin autem ille, quod veri similius est, a caussa cecidit, non immerito collocatur exeunte anno 401.

EPISTOLA LX (scripta circiter finem an 401). — In Epistola Sexagesima *ad Aurelium* agitur de duobus fratribus, qui de monasterio non obtenta licentia recedentes ad eumdem Aurelium transierant ; a quo tales instituti sui desertores cooptari in clerum non probat Augustinus. Et alterum quidem Donatum nomine, qui ordinatus fuerat ante constitutionem ea de re factam a Carthaginensi concilio die 13 Septembris anno 401 habito, prudentiæ illius arbitrioque permittit. De altero autem, et maxime quia ejus caussa Donatus de monasterio abcesserat, aliud videri sibi significat. Unde colligimus hanc Epistolam non multo post idem concilium scriptam fuisse.

EPISTOLA LXI (scripta exeunte an. 401 aut paulo post). — Sub idem tempus data videtur Epistola Sexagesima prima *ad Theodorum*, qua interposito juramento pollicetur Augustinus se clericis Donatistis ad Ecclesiam redeuntibus honorem sui ipsorum ordinis servaturum. Nam prædicti concilii decreto id relictum erat voluntati arbitrioque episcopi cujusque Catholici, ut si ipsi expedire videretur, eosdem deinceps cum suis honoribus et ordinibus reciperet.

EPISTOLÆ LXII et LXIII (scriptæ cir. idem tempus). — Epistola Sexagesima secunda et Sexagesima tertia *ad Severum* scriptæ fuerunt in Timothei caussa, cujus occasione opinamur conditum fuisse

fût-ce qu'une seule fois, les fonctions de lecteur dans une église, ne devra pas être attaché au clergé d'une autre église. » Dans la lettre LXIII où saint Augustin avertit Sévère de se demander bien sérieusement devant Dieu, s'il est permis de ne pas regarder véritablement comme lecteur Timothée, qui a exercé les fonctions de cet ordre plusieurs fois, et en différents lieux du diocèse d'Hippone, il ne fait nulle mention du canon de Milève, où la chose fut nettement décidée, cela nous prouve qu'il n'est pas permis de reculer ces lettres au delà de ce temps.

LETTRE LXIV (écrite peu après la fête de Noël 401). — Dans la soixante-quatrième lettre *à Quintien*, écrite peu après la fête de Noël, comme il est dit au n. 2, saint Augustin nous apprend au n. 3 : Qu'il a été statué dans un concile célébré récemment, que « ceux qui seraient sortis, ou auraient été chassés de quelque monastère, ne devraient pas être admis ailleurs dans le clergé, ni mis à la tête des monastères. » Ce décret ne peut être autre que celui du concile de Carthage du 13 septembre 401, qui commence ainsi : « De même, nous avons décidé que, si quelque membre d'un monastère étranger, etc. » *Recueil des canons africains*, ch. LXXX.

LETTRE LXV (écrite au commencement de 402). — La soixante-cinquième lettre *à Xantippe Ancien* a été écrite un peu avant le dimanche de Pâques, qui devait être cette année-là, le huitième des Ides d'avril, d'après le n. 2. Or Xantippe étant Ancien ou comme ce titre paraît l'indiquer, jouissant de la dignité de primat, Pâques ne tomba le 6 avril qu'en l'année 402, comme l'observent Péronne dans le livre contre la réponse du roi d'Angleterre, ch. XLVIII, et Noris au livre II, ch. VIII, de *l'Histoire de Pélage*.

LETTRE LXVI (écrite vers le même temps). — C'est vers ce temps et non plus tard que fut commis par Crispinus de Calame, ce crime dont saint Augustin demande compte à ce même *Crispinus*, dans la lettre soixante-sixième, car au ch. LXXXIII, le livre II des *Lettres contre Pétilien*, écrit en 402, porte que ce crime était « récent » et que saint Augustin « en avait encore les larmes aux yeux. » Bien que la signification de ce mot récent s'étende quelquefois à plusieurs années, et qu'à la rigueur ce crime de Crispinus pourrait avoir été commis en l'une des années précédentes, cependant, comme il ne nous est pas possible d'assigner cette année, il nous a paru bon de placer ici cette lettre.

---

illum canonem a Milevitana synodo 27 Septembris anno 402. « Ut quicumque in ecclesia vel semel legerit, ab alia Ecclesia ad clericatum non teneatur. » Certe in Epistola LXIII, n. 4. ubi Severum rogat Augustinus, ut apud se ipse consulto Deo perpendat, utrum Timotheus, qui Lectoris officio non semel, neque in uno loco diœcesis Hipponensis functus fuisset, judicari possit aut debeat non Lector fuisse : haud quaquam mentionem facit de isto Milevitani concilii canone, quo res tamen liquido explicata fuit. Quapropter has Epistolas ultra tempus istud remittere non licet.

EPISTOLA LXIV (scripta paulo post Nathal. Christi anni 401). — In Epistola Sexagesima quarta *ad Quintianum*, paulo post Christi natalem, sicuti ex n. 2. habetur, conscripta significat Augustinus n. 3. « Statutum esse recenti Concilio, ut de aliquo monasterio qui recesserint vel projecti fuerint, non fiant alibi clerici, aut præpositi monasteriorum, » quod non aliud proculdubio est nisi Carthaginensis concilii 13 Septemb. an. 401, decretum istud : « Item placuit, ut si quis de alterius monasterio reperturn, etc. » in Cod. can. Afric. c. LXXX.

EPISTOLA LXV (scripta ineunte an. 402). — Epistola Sexagesima quinta *ad Xantippum Senem* scripta est aliquanto ante « Dominicum Paschæ, qui futurus erat octavo idus Aprilis » ex n. 2. Atqui Xantippo *Sene*, seu quod eo titulo significari videtur, primatum gerente, Pascha in diem 6 Aprilis non incidit, nisi anno 402 uti optime observant Perronius in lib. adversus responsionem Regis Britanniarum c. XLVIII et Norisius in lib. II, hist. Pelag. c. VIII.

EPISTOLA LXVI (scripta cir. idem tempus). — Non serius hoc tempore commissum est a Crispino Calamensi facinus illud, de quo in Epistola Sexagesima sexta apud cumdem *Crispinum* expostulat Augustinus. Quippe in lib. II, contra litt. Petiliani, cap. LXXXIII, quem scribebat anno 402, testatur hoc *nuper* contigisse, idque se *adhuc lugere* dicit. Quia tamen vocis *nuper* significatus ad plures interdum annos porrigitur : posset istud Crispini factum ad aliquem e superioribus annis referri : sed cum nobis incompertum sit, quo anno contigerit, visum est hanc Epistolam hoc loco reponere.

EPISTOLÆ LXVII et LXVIII (scriptæ circ. an. 402).

PRÉFACE.

LETTRES LXVII et LXVIII (écrites vers 402). — La soixante-septième *à Jérôme*, et la soixante-huitième *de Jérôme* à Augustin ont été écrites après le retour de Paulinien d'Occident en Palestine, puisque Augustin lui adresse le salut et à son tour le reçoit de lui par l'entremise de Jérôme. Or Paulinien, envoyé en 397 par son frère Jérôme en Occident, pour y vendre leur commun patrimoine, comme le dit saint Jérôme dans la vingt-sixième lettre à Pammachius ne revint à Bethléem qu'à la fin de 401. En outre saint Jérôme envoie en même temps que sa lettre, son apologie contre Ruffin, soit la première, soit la seconde dont saint Augustin cite quelques paroles dans la lettre CLXVI, ch. v, n. 15. Il est certain que Ruffin avait déjà adressé de ses libelles à saint Jérôme, comme il est dit dans cette lettre LXVIII, n. 3, ce qu'il fit après la première apologie et donna ainsi occasion à la seconde, comme il est indiqué dans la dernière partie ; or cette seconde apologie appartient à l'an 402. Le messager de saint Jérôme fut encore ce même Astère qui, six ans auparavant, avait déjà apporté la correspondance dont il est parlé plus haut, lettre XXXIX ; et qui n'étant désignée que par les mots *Hommage et salutations* doit par là même ne pas être confondue avec celle-ci. Au reste, ici, n. 1, il est dit que la lettre d'Augustin a été apportée par le diacre Sysinnius alors que Paula était malade, ce qui prouve que ce n'est pas ici le même Sysinnius qui, en 406, c'est-à-dire deux ans après la mort de Paula, se rendit à Jérusalem, ou, si c'est le même, il aura dû faire deux fois le voyage, contrairement à ce que pense Baronius.

LETTRE LXIX (écrite à la fin de 402). — La soixante-neuvième lettre, *à Castorius*, doit être rapprochée des actes du synode de Milève du 27 août 402. En effet ce Maximien qu'Alype et saint Augustin louent pour avoir déposé la charge épiscopale, par un motif de piété et de paix, et auquel ils souhaitent de voir succéder son frère Castorius dans l'administration de son église de Vagine, est le même, au jugement de quelques savants, que Maximien de Bagaïe à qui un décret du synode de Milève permit de quitter son siége ; voyez *Recueil des canons africains*, ch. LXXXVIII. Ainsi l'a pensé Rivius, ainsi Baronius avant lui, à propos de l'année 402 ; ce dernier cependant avertit qu'il avait autrefois pensé que ce Maximien de Bagaïe, tué par les Donatistes qui le précipitèrent du haut d'une tour, comme le rapporte saint Augustin dans

---

— Sexagesima septima *ad Hieronymum* et Sexagesima octava *Hieronymi* ad Augustinum, scriptæ sunt post Pauliniani regressum ex Occidente in Palæstinam : quando quidem Augustinus ipsum salutat, vicissimque ab ipso per Hieronymum salutatur. Porro missus Paulinianus a fratre suo Hieronymo in Occidentem an. 398, ut suum commune patrimonium divenderet, de quo Hieronymus in XXVI Epist. ad Pammachium, non rediit Bethlehem nisi sub finem an. 401. Præterea Hieronymus Augustino nunc transmittit Apologiam suam adversus Ruffinum seu primam, seu secundam, cujus verba quædam profert Augustinus in Epistola CLXVI, c. v, n. 15. Certe jam ad Hieronymum *maledicta sua miserat* Ruffinus, uti dicitur in hac Epist. LXVIII, n. 3, quod quidem fecit ille post Apologiam priorem, sicque occasionem posteriori præbuit, ut ex eadem posteriore Apologia patet quæ Apologia pertinet ad an. 402. Perlatore Hieronymus utitur Asterio per quem ante sex annos misit primas litteras supra in Epistola XXXIX, memoratas, quas cum nonnisi *salutationis obsequium* appellet, ab hoc de quo agimus, rescripto diversas esse vel inde conjectare licet. Denique hic n. 1, adnotandum venit exempla litterarum Augustini per Sysinnium diaconum allata esse Hieronymo sub id tempus, quo Paula ægrotabat. Ex quo intelligas diaconum huncce non eumdem esse cum Sysinnio, qui an. 406, id est biennio post Paulæ obitum navigavit Jerosolymam ; aut si idem ipse est, eum secundo illuc trajecisse, contra quam existimavit Baronius.

EPISTOLA LXIX (scripta exeunte an. 402). — Epistola Sexagesima nona *ad Castorium* conferenda est cum synodo Milevitana die 27 Augusti anno 402, celebrata. Is enim Maximianus quem laudant Alypius et Augustinus, quod episcopale onus *pacifica permotus pietate deposuerit*, cuique in Vaginensis ecclesiæ administratione fratrem ipsius Castorium succedere cupiunt, ille ipse est, eruditiorum quorumdam judicio, Maximianus Bagaiensis, qui episcopali Sede cedere permittitur illius synodi decreto, in Cod. can. Afr. c. LXXXVIII. Sic Rivius, sic ante illum sensit Baronius ad annum 402. Ubi tamen admonet, se aliquando putasse Maximianum episcopum illum Bagaiensem, qui scilicet a Donatistis cæsus et de turri præcipitatus fuisse norratur ab Augustino in Epist. CLXXXV, n. 26 et LXXXVIII, n. 7, et in libro III, contra Cresconium c. XLIII, eumdem

la lettre CLXXXV, n. 26 et LXXXVIII, n. 7, ainsi qu'au livre III, *contre Cresconius*, ch. XLIII, était le même que celui du synode de Milève, mais que maintenant il pense que c'en est un autre, et qu'il faut lire aux actes du synode, non pas Maximien de Bagaïes, mais M. de Vagies : peut-être aurons-nous occasion de revenir sur ce sujet.

LETTRE LXX (écrite vers le même temps). — Nous pensons que la soixante-dixième lettre *à Naucellion*, a été écrite postérieurement à l'année 400, après la mort de Prétextat. En effet on ne peut trouver d'autre raison pour expliquer comment il se fait que saint Augustin ne parle que de Félicien et point de Prétextat, sinon que le premier seul était encore vivant. La cause de ces deux personnages était la même, la sentence avait été commune, les mêmes intrigues avaient été employées pour les dépouiller de leurs évêchés ; la même occasion à savoir la volonté impérative du Gildonien Optat, et enfin l'acceptation des mêmes conditions avaient amené leur réconciliation. Jusqu'alors le saint docteur avait toujours cité ensemble les deux noms comme réplique aux attaques des Donatistes leur faisant voir combien ils étaient peu autorisés à reprocher aux Catholiques ce qu'eux-mêmes avaient fait dans la cause des Maximianistes, et en particulier contre Prétextat et Félicien.

LETTRE LXXI (écrite vers 403). — Saint Augustin n'avait pas encore reçu la lettre à Astère avec l'apologie contre Ruffin, lorsqu'il remit au diacre Cyprien cette soixante-onzième lettre, pour *saint Jérôme*. En effet, il n'y fait aucune mention de la querelle avec Ruffin, et même il dit avec beaucoup de liberté son opinion sur le travail entrepris pour traduire de l'hébreu, les livres de l'Ancien Testament, ce qu'il n'eût pas fait avant que saint Jérôme ne se fût apaisé, s'il eût su par des lettres précédentes, qu'il avait pu se tenir pour blessé et offensé. Il envoyait en même temps trois autres lettres écrites précédemment, ch. I, n. 2, dont l'une, la XXVIII, n'avait certainement pas été remise; pour les deux autres, à savoir la XL et la LXVII, le fait était douteux.

LETTRE LXXII (écrite en 403 ou 404). — Nous pensons que la lettre suivante, de *saint Jérôme*, a dû être écrite vers le même temps, d'après le ch. IV, n. 2, où l'auteur répète quelques paroles de la lettre LXVII qui lui avait été adressée l'année précédente; il répond du reste, tant à cette lettre LXVII qu'à une autre que nous n'avons plus, et dans laquelle saint Augustin demandait réponse à une missive confiée d'abord à Profuturus, puis envoyée par un autre messager, qui « craignant les dangers de la mer, avait abandonné son projet de voyage ». Cette lettre de saint Jérôme ne fut cependant

---

esse cum isto, de qua in Milevitana synodo actum est ; sed jam videri sibi esse ab eo diversum, atque in illius synodi Actis legendum esse Maximianum *Vagiensem* non *Bagaiensem*. Qua de re forte alius occurret dicendi locus.

EPISTOLA LXX (scripta forte circ. hoc tempus). — Post annum 400, scriptam credimus Epistolam Septuagesimam *ad Naucellionem*, sive mortuo jam Prætextato. Non enim venit in mentem alia ratio, cur nunc de illo sileat Augustinus, solumque commemoret Felicianum, nisi quia hic solus superstes erat. Nam cum una fuisset amborum caussa, una in ambos, dicta sententia, eadem etiam postea adversus ambos, ut e suis pellerentur ecclesiis, intentatæ lites ; atque eadem occasione, compellente nimirum Optato Gilduniano, iisdemque demum conditionibus facta amborum reconciliatio; producebantur antehac simul ab Augustino, ubicumque S. Doctor argumentum istud contra Donatistas retorquebat, ostendens frustra a schismaticis objici in Catholicos, quæ ipsi in Maximianistarum caussa, et præsertim erga Prætextatum et Felicianum perpetrassent.

EPISTOLA LXXI (scripta circ. an 403). — Hieronymi litteras per Asterium cum Apologia in Ruffinum allatas nondum receperat Augustinus, cum Septuagesimam primam Epistolam Cypriano diacono ad Hieronymum perferendam dedit. Quippe de illius cum Ruffino discordia nullum verbum facit ; aperitque etiam hic libere quid de illius in libris veteris Testamenti ex Hebræo vertendis labore sentiat : haud quaquam id facturus, non sedato in primis Hieronymi animo, si cum prioribus Epistolis suis commotum offensumque fuisse intellexisset. Mittebat simul tres alias Epistolas antehac scriptas, ex cap. I, n. 2, quarum unam, scilicet XXVIII, non fuisse perlatam sciebat : de alteris vero duabus nempe XL et LXVII, incertus erat.

EPISTOLA LXXII (scripta an. 403, aut 404). Subsequens Epistola a Hieronymo sub hoc tempus dic-

pas envoyée avant le retour de Cyprien, qui se trouva porteur à la fois, d'après le n. 30, ch. IV, de la LXXXII lettre, et de cette présente épître et d'une autre encore, la LXV écrite à la fin de 404 ou un peu plus tard. Enfin il faut prendre garde à ce que dit saint Jérôme, ch. I, n. 1, que la lettre de saint Augustin, la XL dont il est demandé réponse, avait été trouvée environ cinq ans auparavant par Sysinnius dans une île de la mer Adriatique.

LETTRE LXXIII (écrite vers 404). — Pendant ce temps, c'est-à-dire après le départ de Cyprien pour la Palestine, saint Augustin, ayant vu par la lettre LXVIII apportée par Astère, que saint Jérôme avait été blessé de ses lettres, et qu'il se plaignait qu'elles eussent été répandues en Italie, avant d'avoir été remises à celui à qui elles étaient adressées, écrivit immédiatement cette LXXIII lettre dans laquelle il s'efforce de donner satisfaction aux plaintes de saint Jérôme; il dit qu'il a reçu l'apologie contre Ruffin, qu'il a été effrayé de cette dissension élevée entre eux, en voyant aussi dans la lettre qu'il venait de recevoir les marques d'un grave mécontentement contre lui-même. C'est pourquoi il faut rapporter cette lettre à peu près à l'an-

née 404, où saint Augustin avait déjà cinquante ans; il se dit vieux, chap. II, n° 5, sans entendre ici par ce mot, comme il le fait quelquefois, la vieillesse du dernier âge, après la soixantaine; autrement il faudrait reporter cette lettre jusqu'en 414.

LETTRE LXXIV (écrite en même temps que la précédente. — La soixante-quatorzième lettre à *Presidius*, fut écrite à l'occasion de la précédente. Saint Augustin, confie à Presidius sa lettre, et il le supplie d'écrire lui-même à saint Jérôme, pour tâcher de l'apaiser. Ce Présidius, que saint Augustin appelle son frère dans le sacerdoce, étant donc aussi évêque, et il y a tout lieu de croire que c'est le même que Jérôme recommandait à Augustin à son départ de la Palestine, par la lettre XXXIX écrite probablement en 397; il le disait diacre, et affirmait qu'il lui était « extrêmement attaché. »

LETTRE LXXV (écrite vers la fin de 404). — Quand Cyprien revint en Afrique, *saint Jérôme* lui donna les lettres LXXII et LXXV pour saint Augustin, comme nous l'apprend la lettre LXXII chap. V, n. 36. Dans cette soixante-quinzième, il répond aux trois que lui avait apportées

tata intelligitur ex cap. II, n. 4, ubi nonnulla de verbo repetit ex Epistola LXVII, superiore anno sibi directa. Et partim quidem isti LXVII, respondet; partim etiam alteri, quæ minime reperitur, in qua nimirum Augustinus significabat Epistolam quamdam, cui responsum flagitabat, a se primum Profuturo traditam, secundo missam fuisse per quemdam alium, atque hunc « maris timuisse discrimina, et navigationis mutasse consilium. » Istud tamen rescriptum suum Hieronymus non misit ante Cypriani reditum, qui simul et illius perlator fuit, juxta Epist. LXXXII, c. IV, n. 30, et alterius, scilicet Epistolæ LXXV, scriptæ exeunte anno 404, vel serius paulo. Denique observandum quod Hieronymus cap. I, n. 1, dicit, Epistolam Augustini, puta XL, de qua hic expostulat, in insula Adriæ ante hoc ferme quinquennium repertam fuisse a Sysinnio.

EPISTOLA LXXIII (scripta circ. an. 404). — Hoc interim tempore, id est post Cypriani profectionem in Palæstinam, cum Augustinus reddita sibi per Asterium Epistola LXVIII, sentiret Hieronymum nonnihil offensum suis litteris, quas per Italiam sparsas fuisse, nec tamen ad ipsum cui scriptæ erant, perlatas querebatur; non distulit quin continuo Epistolam Septuagesimam tertiam rescriberet; ubi dum ejus querelis facere satis studet, testatur se

Apologiam adversus Ruffinum accepisse, aitque se illius inter eos enatæ dissensionis exemplo territum, cum quædam ad se in Hieronymi Epistola legeret ipsius indignationis indicia. Itaque pertinet hæcce Epistola ad an. circ. 404, quo jam annum ætatis quinquagesimum adtigerat Augustinus, qui se senem esse profitetur cap. II, n. 5, nequaquam ibi senis nomine (uti interdum solet) notans ætatem ultimam, quæ ab anno 61, inchoatur. Alioquin remittenda esset Epistola ultra annum Christi 414.

EPISTOLA LXXIV (scripta cum superiore). — Epistola Septuagesima quarta *ad Præsidium* data est occasione superioris Epistolæ, quam per Hieronymo mitti, immo etiam Hieronymum per ejus litteras sibi placari postulat Augustinus. Porro Præsidius, qui hic consacerdos, id est episcopus appellatur, videtur omnino is esse, quem Hieronymus ex Palæstina trajicientem commendabat Augustino per Epistolam XXXIX, anno forte 397, scriptam, diaconum eum vocans, et significans sibi esse *germanissimum*.

EPISTOLA LXXV (scripta cir. finem an. 404). — Cypriano in Africam revertenti duas ad Augustinum Epistolas, LXXII et LXXV, dedit Hieronymus, juxta Epist. LXXXII, c. V, n. 36. In hac Septuagesima

Cyprien, XXVIII, XL et LXXI ; il ne dit rien de la lettre LXXIII que, bien sûr, il n'avait pas encore reçue ; cette lettre est de la fin de 404 pas plus tôt puisque saint Jean Chrysostome avait déjà été condamné, comme l'indique clairement le chap. III, n. 6.

LETTRE LXXVI (écrite au commencement de 404 ou à peu près). — A la suite d'un décret qui l'ordonnait ainsi, tous les évêques donatistes avaient été appelés par acte public, chacun par l'évêque catholique de la même ville, à un concile plénier de toute l'Afrique, pour le 25 août 403; on les invitait à venir sans crainte à une conférence pacifique, mais ils répondirent « en des termes pleins d'amertume, de fourberie et d'injures » comme le dit le livre III contre Crescent, chap. XLV. A Hippone, Proculeianus répondit d'abord aux avances de saint Augustin, que les évêques de son parti se réunissaient en concile pour y délibérer sur une réponse commune; puis, poussé davantage, il finit par refuser nettement la conférence, lettre LXXXVIII, n. 7. C'est à ce propos que saint Augustin crut devoir interpeller les laïques mêmes dans cette soixante-seizième lettre adressée *aux Donatistes*. « Vos évêques, dit-il n. 4, vous répondront au moins à vous laïques, s'ils ne veulent entrer en conférence avec nous. Si les loups se sont entendus pour ne pas répondre aux pasteurs, comment les brebis ont-elles perdu le sens, au point de courir elles-mêmes aux antres des loups ? » Cette lettre fut donc écrite au commencement de 404, il y est fait mention de Félix et non de Prétextat, parce que comme nous l'avons dit, Prétextat était mort à cette date.

LETTRES LXXXII et LXXVIII (écrites probablement en 404 vers le 26 juin). — Viennent ensuite deux lettres sur l'affaire de Boniface et de Spes. Saint Augustin les a écrites, comme nous le fait croire la lettre LXXVIII, n. 8, du vivant de Proculcianus, évêque donatiste d'Hippone, et un certain temps après le décret rendu par le concile de Carthage du 13 septembre 401, sur l'admission des clercs donatistes. En effet, saint Augustin fait mention de deux diacres qui convertis, du parti de Donat, sont ensuite tombés, et réprime la vaine gloire et l'agitation de certains catholiques qui, à l'occasion de cette chute s'étaient moqués de « la discipline de Proculeianus. » Peut-être faut-il rapporter ces lettres au temps du synode célébré à Carthage le 26 juin 404, alors qu'il n'était pas possible au saint évêque de revenir aussitôt à Hippone

---

quinta respondet tribus ex allatis sibi per Cyprianum Epistolis, scilicet XXVIII, XL et LXXI, nihil vero de LXXIII, dicit, quam haud dubie nondum receperat. Scribebat ergo versus finem an. 404. Certe non citius, quando quidem jam exauctoratus erat Johannes Chrysostomus, uti non obscure significat hic cap. III, n. 6.

EPISTOLA LXXVI (scripta ineunte an. 404, aut circiter). — Cum ex decreto generalis totius Africæ concilii, quod anno 403, die 25 Augusti celebratum est, facta fuisset Donatistarum episcopis, per quemque catholicum episcopum in sua diœcesi, citatio publicorum Actorum forma, ut ad pacificam collationem venire ne cunctarentur, responderunt illi « verbis dolo, maledictione, amaritudine plenis » ex lib. III, contra Cresc. c. XLV. Ipse etiam Proculeianus apud Hipponem ab Augustino interpellatus, primo quidem respondit suæ partis episcopos concilium habituros et illic deliberaturos quod responsum redderent. Tum denuo pulsatus collationem aperte recusavit ex Epist. LXXXVIII, n. 7. Quapropter ipsos eorum Laicos Epistola Septuagesima sexta ad *Donatistas* inscripta interpellandos censuit Augustinus. « Vel vobis Laicis, inquit n. 4, ad ista respondeant episcopi vestri, si nobiscum loqui nolunt etc. Si lupi concilium fecerunt, ut pastoribus non respondeant, quare oves consilium perdiderunt, ut ad luporum speluncas accedant. » Itaque scripta est Epistola sub initium anni 404. In ea Feliciani mentio sit non Prætextati, quod uti supra observavimus, jam Prætextatus obiisset.

EPISTOLÆ LXXVII et LXXVIII (scriptæ forte an. 404, circ. 26 Junii). — Subsequuntur super Bonifacii et Spei caussa Epistolæ duæ, quas vivente adhuc Proculeiano Hipponensium Donatistarum episcopo, necnon aliquanto temporis spatio post editum a Carthaginensi concilio anno 401, die 13 Septembris de Donatistis clericis recipiendis decretum conscriptas fuisse intelligimus, ex ea quæ est LXXVIII, n. 8. Nam illic duorum diaconorum, qui ex Donati parte ad catholicam Ecclesiam accesserant, commemoratur lapsus, simulque catholicorum quorumdam, animus inani veluti gloria agitatus, quoniam ob illorum lapsum « disciplinæ Proculeiani insultaverant, » castigatur. Forsitan pertinent ad tempus synodi habitæ Carthagine anno 404, die 26 Junii, quo tempore cum sancto Episcopo non licerit statim reverti Hipponem, ut obortum in

pour arracher ce scandale de son Eglise; il fait les plus grands efforts pour arriver à ce résultat par lettres. Dans celle qui est adressée *au clergé, aux anciens et au peuple d'Hippone*, il accorda enfin n. 4, qu'on efface des diptyques le nom du prêtre Boniface. Ce qui nous fait voir qu'elle est postérieure à celle adressée à *Félix* et *Hilarinus* auxquels saint Augustin écrit n. 2 « Qu'il n'ose prévenir la sentence de Dieu en supprimant ou effaçant le nom. » Les deux personnages en question n'étaient point évêques, (on ne sait pourquoi Erasme et les éditeurs de Louvain leur en donnent le titre), c'étaient des notables de l'église d'Hippone; la lettre le dit assez. On peut avec raison admettre que cet Hilarinus est le même que saint Augustin, à la fin de la lettre XLI, recommande à Aurèle « Notre frère Hilarinus premier et principal médecin d'Hippone. »

LETTRE LXXIX (écrite probablement en 404). — La soixante-dix-neuvième a été adressée *à un manichéen* prêtre que nous pensons n'être pas autre que ce Félix qui fut vaincu par saint Augustin dans une dispute publique en 404 au mois de décembre, d'après le tome VI des sujets traités avec Félix. C'est l'opinion de Bernard Vindingue, qui se fonde sur ce qu'il est dit, que Fortunat était le prédécesseur de ce prêtre, et en effet saint Augustin paraît insinuer cette particularité *Rétractations* 1, liv. III, chap. VIII.

LETTRE LXXX (écrite en 405 vers le mois de mars). — La quatre-vingtième *à Paulin*, nous indique n. 1, qu'elle a été écrite vers le temps où l'on attendait le prochain retour des évêques Theasius et Evodius, qui, envoyés à Honorius par le concile de Carthage de l'année précédente, durent rentrer le plus tôt possible en Afrique après la promulgation des lois du 12 février contre les Donatistes.

LETTRE LXXXI (écrite probablement en 405). — La quatre-vingt-unième lettre est de *saint Jérôme*, qui la fit remettre par Firmus; il s'excuse de ce que poussé, contraint par saint Augustin à répondre, il l'a fait malgré lui, à savoir par la lettre LXXV qu'on peut dès lors regarder comme ayant quelque peu précédé cette LXXXI. Saint Augustin dans la lettre suivante, chap. I, n. 1, paraît soupçonner que sa lettre LXXIII aurait été remise à saint Jérôme avant qu'il n'écrivît cette LXXXI. C'est ce qui fait qu'on est fondé à la rapporter à peu près à l'an 405.

LETTRE LXXXII (écrite vers le même temps). — Après avoir reçu la lettre ci-dessus, saint Augustin écrivit aussitôt *à saint Jérôme* cette quatre-vingt-deuxième lettre, dans laquelle il ré-

---

ecclesia sua scandalum de medio tolleret, id per litteras agendum pro virili curavit. Porro in ea Epistola, quam *Clero et senioribus plebique Hipponensi* inscripsit, concessit demum n. 4, ut Bonifacii presbyteri nomen non recitaretur in diptychis. Unde liquet hanc datam fuisse paulo post alteram *ad Felicem et Hilarinum,* quibus n. 2, scribit Augustinus, se non audere Dei « præverire sententiam in delendo vel supprimendo ejus nomine. » Erant ambo illi, non episcopi, (quam ipsis dignitatem, nescimus qua auctoritate, tribuerunt Erasmus et Lovanienses) sed in Catholicis Hipponensibus primarii quidam viri : quod ipsa Epistola satis loquitur. Nec temere credideris hunc Hilarinum esse eumdem ac illum, quem Aurelio in fine Epistolæ XLI. Augustinus commendat « Fratrem Hilarinum Hipponensem Archiatrum et Principalem. »

EPISTOLA LXXIX (scripta forte an. 404). — Septuagesima nona data est ad *quemdam Manichæum* presbyterum, quem suspicamur non alium esse a Felice illo, qui ab Augustino publica disputatione convictus fuit anno 404, mense Decembri, ex Actis cum Felice, tom. VI, sicque sentit Bernardus Vindingue, eo quod istius presbyteri prædecessor dicatur Fortunatus : hunc ipsum enim Felicis fuisse prædecessorem videtur innuere Augustinus in lib. I *Retract.*, c. VIII.

EPISTOLA LXXX (scripta an. 405, circ. mens. Martium). — Octogesima *ad Paulinum* n. 1 se ipsa prodit scripta sub illud tempus, cum proxime futurus speratur reditus episcoporum Theasii et Evodii : qui videlicet a Carthaginensi concilio superioris anni ad Honorium missi, legibus contra Donatistas die 12 Februarii ab Imperatore promulgatis, reditum in Africam haud dubie maturarunt.

EPISTOLA LXXXI (scripta forte an. 405). — Epitolam octogesimam primam Hieronymus per Firmum transmisit, excusans quod ab Augustino provocatus compulsusque ad respondendum, id demum fecerit vel invitus, scilicet Epistola LXXV, quod idcirco pauco tempore istam LXXXI præcessisse videtur. Suspicatur quoque Augustinus in subsequente Epistola, cap. I, n. 1, Hieronymo priusquam hanc LXXXI ad ipsum dictaret, redditam fuisse Epistolam suam LXXXIII. Itaque ista LXXXI non temere ad annum circiter 405 revocatur.

pond, tant à cette lettre que venait de lui remettre Firmus, qu'aux deux autres qu'avait apportées Cyprien, savoir la LXXII et la LXXV.

LETTRE LXXXIII (écrite vers 405). — En quel temps aura eu lieu la discussion de cette affaire dont parle saint Augustin, dans la quatre-vingt-troisième lettre *à Alype*, c'est ce qu'on ne peut conjecturer que par ce qu'il dit au n. 4; qu'il a conféré avec l'évêque Samsucius; or, Samsucius au commencement de l'épiscopat de saint Augustin, était déjà évêque, distingué par sa foi et l'autorité qu'il avait acquise, voir lettre XXXII. Mais après 407 on ne trouve plus aucune mention de lui; cette conjecture se fortifie par ce que dit la lettre, que ceux de Thiave étaient alors revenus à la paix de l'Eglise; sans doute par suite des lois de 405 contre les Donatistes.

LETTRE LXXXIV (écrite vers ce même temps, en tout cas avant l'année 411). — La quatre-vingt-quatrième lettre *à Novat* a été écrite un peu avant la conférence de Carthage; car il est parfaitement établi que Novat, qui assista à la conférence comme évêque de Sétif, entama, aussitôt sa promotion, une correspondance avec saint Augustin, pour obtenir que son frère le diacre Lucile lui fût rendu; la présente lettre fut écrite à cette occasion même, et saint Augustin y fait clairement entendre que Novat est évêque depuis peu, puisqu'elle indique qu'il n'a encore mis en fonction aucun ministre de l'Eglise.

LETTRE LXXXV (écrite vers 405). — La quatre-vingt-cinquième lettre dans laquelle saint Augustin admoneste l'évêque *Paul*, si éloigné aujourd'hui de ses saintes résolutions, ne peut guère se placer à une époque bien antérieure puisqu'il est dit de Paulin, « le fils spirituel de saint Augustin, » qu'il a déjà bien mérité de l'Eglise, et lui a procuré de nombreux retours; on ne peut la reculer non plus de beaucoup, puisque Boniface, que la lettre XCVII, n. 3, appelle évêque de Cataque, était déjà, d'après la lettre XCVI, n. 2, placé sur le siége de Paul en 408. En effet, les savants Verlin, Vindingue, Holstenius, n'hésitent point à faire du Paul de la XCVI lettre et de celle dont il est parlé ici un seul et même personnage, ce qui du reste ressort clairement de la comparaison de ces lettres.

LETTRE LXXXVI (écrite vers 405). — La demande adressée *à Cécilien* dans la quatre-vingt-sixième lettre, d'accorder aussi à Hippone et aux pays voisins : « la faveur d'un arrêté proconsulaire, après qu'il a déjà, par voie d'autorité, contribué puissamment à rendre l'unité catholique aux autres contrées de l'Afrique, » nous prouve que cette lettre n'a été

EPISTOLA LXXXII (scripta sub idem tempus). — Lecta superiore Epistola mox octogesimam secundam *ad Hieronymum* rescripsit Augustinus, qua tum isti postremæ per Firmum allatæ, tum aliis duabus quas Cyprianus retulerat, scilicet LXXII et LXXV, respondet.

EPISTOLA LXXXIII (scripta circ. an. 405). — Quo tempore discutiendum venerit id negotii, de quo in Epistola Octogesima tertia *ad Alypium* tractatur, non aliter innotescit, nisi quod n. 4 scribit Augustinus, rem se cum Samsucio episcopo contulisse. Porro Samsucius sub exordium episcopatus Aug. jam erat episcopus fide et auctoritate præclarus, uti intelligitur ex Ep. XXXII. At ab an. 407 nihil de eo deinceps reperitur. Conjecturæ favet quod hic Thiavenses dicuntur *nunc Catholicæ paci accessisse*; forte propter leges an. 405, in Donatistas.

EPISTOLA LXXXIV (scripta circ. hoc tempus, seu ante an. 411). — Epistola Octogesima quarta *ad Novatum* aliquanto ante collationem Carthaginensem scripta est, cum dubium non sit Novatum qui collationi interfuit Sitifensis episcopus, de restituendo sibi fratre suo Lucillo diacono (quæ res huic Epistolæ caussam dedit) egisse apud Augustinum statim atque episcopale onus in se suscepit. Et sane ipse Augustinus hoc rescripto suo innuit, non ita pridem illum adeptum esse eam dignitatem : quippe qui aliquos Ecclesiæ ministros nondum per se instituisset.

EPISTOLA LXXXV (scripta circ. an. 405). — Octogesima quinta Epistola, qua Augustinus *Paulum* episcopum ab arrepto sancto proposito quam longissime discedentem objurgat, haud collocari posset multo ante hoc tempus, quando quidem *is in Christo per Evangelium* ab Augustino *genitus*, subindeque bene meritus de Ecclesia, multos ad eam jam collegisse dicitur. Neque porro serius reponenda videtur, quando Bonifacius in demortui Pauli locum, juxta Epistolam XCVI, n. 2 suffectus jam erat anno 408. Cataquensis episcopus appellatus in Epistola XCVII, n. 3. Eumdem enim in illa Epistola XCVI, quem hic in Epistola Octogesima quinta Paulum notari non dubitant Verlinus, Vindingus, Holstenius, claretque collatis invicem Epistolis.

écrite qu'après les lois de 405 portées contre les Donatistes par Honorius. Ce Cécilien est assurément le même qui en 407 devint préfet du prétoire, et comme il n'est guère croyable, qu'un homme élevé à cette dignité ait pu ensuite être chargé d'un proconsulat en Afrique, on est fondé à attribuer la présente lettre à l'an 405.

LETTRE LXXXVII (écrite peut-être en 405, en tout cas, avant 411). — Quant au temps de la quatre-vingt-septième lettre *à Emeritus*, deux choses sont certaines, 1° saint Augustin n'avait encore jamais vu Emeritus, et il ne le connaissait que de réputation, d'après les n. 1, 4, 10. Par conséquent, la conférence de Carthage n'avait pas encore eu lieu, car cet homme, au témoignage de saint Augustin, (*Rétractations*, liv. II, chap. LI), était « un des sept » que les Donatistes avaient choisis pour défendre leur cause, et il eut dans cette affaire un rôle très-important; 2° il n'est pas moins certain que les lois portées par Honorius en 405, furent un peu plus sévères que ne l'avaient demandé les députés du concile de Carthage de 404 : Car « ces députés étant arrivés à Rome, » comme il est dit au n. 7 de la lettre suivante, « les cicatrices » des plaies affreuses, et toutes récentes, que l'évêque catholique de Bagaïes avait reçues, émurent vivement l'empereur et lui firent rendre ces lois en la forme qu'il voulut dès lors leur donner ; c'est ce que saint Augustin lui-même, dit à Emeritus, n. 8.

LETTRE LXXXVIII (écrite après le commencement de l'année 406). — La quatre-vingt-huitième lettre *à Janvier*, métropolitain des Donatistes, comme portent nos manuscrits, a été écrite par les clercs de l'église d'Hippone, et envoyée un peu avant la conférence avec les Donatistes, conférence vivement désirée par eux, comme il est dit à plusieurs reprises. Ils écrivent au n. 10 : « Vos collègues venus par mer ont déclaré qu'ils étaient venus pour être entendus par les gouverneurs ; » ces paroles se rapportent sans aucun doute à ce qui fut allégué, n. 124, à la troisième conférence de Carthage « tenue en présence des gouverneurs devant qui le parti adverse, » celui des schismatiques, « avait tant demandé à être entendu, » et qui est indiqué, n. 141 de la même conférence, comme ayant eu lieu « à Ravenne,

EPISTOLA LXXXVI (scripta forte an. 405). — Quod a *Cæciliano* petitur in Epistola Octogesima sexta, « ut qui per alias Africæ terras unitati Catholicæ mirabili efficacia consuluisset, » jam tandem Hipponensi regioni et vicinia partibus « præsidiali edicto subveniret, » id plane argumento est scriptam non fuisse Epistolam, nisi post emissas ineunte anno 405 leges ab Honorio contra Donatistas. Cum vero Cæcilianus hic idem haud dubie sit, qui anno 409 præfectus Prætorio fuit, neque verisimile videatur virum ea dignitate functum in præsidiali apud Africam administratione postea meruisse, idcirco hancce Epistolam ad annum circiter 405 pertinere conjectamus.

EPISTOLA LXXXVII (Scripta forte an 405, certe ante an. 411). — De tempore Epistolæ Octogesimæ septimæ *ad Emeritum*, duo certa sunt : primum nondum Emeritum viderat Augustinus, neque omnino virum nisi fama noverat ex num. 1, 4 et 10, adeoque nondum habita fuerat Carthaginensis collatio, qua nimirum in collatione Emeritus, « unus corum septem, quos » Donatistæ pro suæ caussæ defensione delegerant, in eadem caussa maxime laboravit, inquit Augustinus in lib. II, *Retract*. c. LI. Deinde quod non minus liquidum est, jam Honorius tulerat leges anni 405, paulo severiores quam impetrare voluissent legati synodi Carthaginensis anni 404. Nempe « cum legati Romam venerunt, » uti in subsequenti Epistola n. 7, narratur, « jam cicatrices » episcopi Catholici Bagaïtani horrendæ ac recentissimæ Imperatorem commoverant, ut leges tales mitterentur, quales et missæ sunt. Hoc ipsum est quod Emerito significat August. hic n. 8.

EPISTOLA LXXXVIII (scripta post initium an. 406). — Hipponensium Clericorum Epistola Octogesima octava *ad Januarium* « primæ sedis partis Donati, » ut nostri MSS. ferunt) missa est aliquanto tempore ante initam cum Donatistis collationem, quam illi se vehementer expetere multis contestantur. Quod autem n. 10, his verbis obtendunt : « Vestri enim collegæ qui navigaverant, apud præfectos dixerunt se audiri venisse : » cum citra omnem dubitationem ad gesta illa pertineat, quæ producta leguntur in Carthaginensi collatione III, n. 124, « in judicio habita præfecturæ, ubi se pars adversa, » id est schismaticorum, « audiri tantopere flagitavit : » quæve in eadem collatione n. 141, notantur confecta « Ravennæ sub die tertia Kalendas Februarias, Domino nostro Arcadio perpetuo Augusto et Probo quartum Consule, » id est anno Christi 406, id profecto demonstrat scriptam Epistolam post hujusce anni exordium.

EPISTOLA LXXXIX (scripta circ. idem tempus).

le trois des calendes de février, sous le consulat d'Arcadius notre maître toujours Auguste et celui de Probus, pour la quatrième fois, » c'est-à-dire en 406. C'est une preuve qu'il faut fixer la composition de cette lettre après le commencement de cette même année.

LETTRE LXXXIX (écrite vers le même temps). — La quatre-vingt-neuvième à *Festus* a été écrite après les susdites lois d'Honorius, comme le font entendre les n. 2, 6 et 7 : mais après la conférence de Carthage, saint Augustin n'en faisant aucune mention, bien qu'il y défende très-longuement la cause catholique contre les Donatistes.

LETTRES XC et XCI (écrites en 408 après le 1ᵉʳ janvier). — La date des deux lettres suivantes se peut conclure des paroles d'Augustin, répondant à *Nectaire* et lui disant (n. 8) : « Malgré les lois toutes récentes, les païens ont célébré avec grande agitation leurs sacriléges solennités et une de leurs fêtes, aux calendes de juin. » Baronius et quelques érudits veulent qu'il soit question ici des lois portées par Honorius en 399 contre les païens ; nous croyons au contraire, qu'il s'agit de la loi donnée à Curtius le 17 des calendes de décembre ; Code Théodose, liv. XV, titre X, loi 19 : loi qui fut portée à Rome le 8 des calendes de décembre, et promulguée à Carthage aux calendes de juin, sous le consulat de Bassus et Philippe, Code Théodosien, appendice, p. 35. En effet ce sont les paroles mêmes de cette loi que saint Augustin a pris soin de rapporter ici, se plaignant « qu'on eût, contrairement aux lois, célébré avec grande agitation cette solennité. » D'autant plus que les lois promulguées en 399 défendaient d'offrir des sacrifices aux idoles, mais non pas d'en célébrer les fêtes avec solennité. En cette même année, le 13 des calendes de septembre, Honorius porta une loi disant : « De même que nous avons déjà proscrit, par une loi salutaire, les rites profanes, de même aussi ne voulons nous pas qu'on empêche les joyeuses réunions des citoyens et qu'on interdise l'allégresse commune et publique. » Ajoutez que les lettres que nous plaçons ici XCIV et XCV ayant été écrites l'une au mois de mai, l'autre à la fin de l'année où eut lieu le crime de Calame, de l'aveu de tous les savants, ne peuvent être attribuées à l'an 399. Du reste Mélanie l'ancienne n'avait point encore été en Afrique en 398, et cependant d'après le n. 2 de la lettre XCIV, on peut conclure avec certitude, que saint Augustin l'avait vue peu avant l'affaire de Calame.

Il est à propos de remarquer aussi que la

— Octogesima nona *ad Festum* data est post prædictas Honorii leges, uti intelligitur ex n. 2, 6 et 7, sed ante Carthaginensem collationem : quippe cujus nullam prorsus mentionem Augustinus facit, quamvis Ecclesiæ caussam adversus Donatistas ibi fuse persequatur.

EPISTOLÆ XC et XCI (scriptæ an. 408, post. 1 diem Junii). — Duarum proxime sequentium ætatem repetere oportet illis ex verbis Augustini *ad Nectarium* rescribentis n. 8. « Contra recentissimas leges Kalendis Juniis festo Paganorum sacrilega sollemnitas agitata est, » quæ quidem verba Baronius et nonnulli eruditi ad leges anno 399, contra Paganos ab Honorio latas referunt. Sed ea spectare non dubitamus legem Curtio datam XVII Kalend. Decembris in Cod. Theod. lib. XVI, tit. X, leg. XIX, sive datam VIII Kalend. Decemb. Romæ, et propositam Carthagine nonis Juniis, Basso et Philippo Coss. ex Append. Cod. Theod. pag. 35. Enimvero ipsissima sunt hujusce legis verba, quæ huc transferenda curavit Augustinus, conquerens « sollemnitatem contra leges agitatam fuisse. » Præterquam quod legibus anno 399, promulgatis sacrificia idolis fieri prohibentur, non solemnia festa celebrari. Immo eodem isto anno XIII Kalend. Septemb. legem tulit Honorius in hæc verba : « Ut profanos ritus jam salubri lege submovimus : ita festos conventus civium, et communem omnium lætitiam non patimur submoveri. » Ad hæc Epistolæ hic ordine XCIV et XCV, quarum alteram mense Maio, alteram sub finem ejusdem anni, quo illud a Calamensibus flagitium admissum est prodiisse nullus dubitaverit, non possunt anno 399, collocari. Neque enim Melania senior versata est in Africa anno 398. Cum tamen ex Epistola XCIV, n. 2, certo colligatur illam ab Augustino visam fuisse proxime ante tempus negotii Calamensis.

Jam vero observare convenit, illius ad Curtium legis promulgationem factam fuisse prius in Numidia, posterius Carthagine, ubi die 5 Junii proposita lex in Codicis Theod. Appendice notatur : aut certe illud de quo agitur Calamensium facinus nonnisi anno 409, contigisse. Quod postremum nobis videtur minus verisimile, cum animo reputamus Possidium, qui ab Imperatoris comitatu, quem illius negotii causa adierat, non ante mensem Aprilem

promulgation de cette loi à Curtius fut faite d'abord en Numidie, puis à Carthage, où l'appendice du Code Théodosien dit qu'elle fut publiée le 5 juin, sans cela il faudrait dire que le crime de Calame n'a été commis qu'en 409; ce qui nous paraît peu vraisemblable. En effet, Possidius qui était allé trouver l'empereur à ce sujet, et n'en avait pas pris congé avant le mois d'avril, fut chargé par le concile de Carthage du 14 juin 410, d'une nouvelle ambassade à la cour. C'est pourquoi nous avons mieux aimé attribuer cette lettre *de Nectaire* et la réponse de saint Augustin, à l'année 408. Dans la lettre CIV saint Augustin affirme que sa lettre, qui nous occupe ici, a été écrite environ sept mois avant le 27 mars de l'année suivante, ce qui revient au commencement d'août.

LETTRE XCII (écrite vers 408).— La quatre-vingt-douzième lettre dans laquelle saint Augustin console *Italique* de la mort de son époux fut écrite peu avant la CXIX adressée à la même personne. Dans cette XCIX, n. 3, il rend le salut « aux petits enfants d'Italique, » ce qui prouve que son veuvage ne datait pas de bien longtemps.

LETTRE XCIII (écrite vers 408). — La lettre quatre-vingt-treizième, à *Vincent le Rogatiste*, garde le plus profond silence sur la conférence de Carthage, bien qu'elle traite spécialement et très-au long du schisme des Donatistes. Comme saint Augustin y parle fort au long aussi des lois portées contre eux, en excusant leur sévérité, et qu'il ne dit pas un mot du rescrit d'Honorius de 407, par lequel il était permis à chacun de suivre la religion qu'il voudrait, ni de ce qui se passa vers la fin de 408, aussitôt après la mort de Stilicon, alors que les païens et les donatistes, non contents de répandre de fausses rumeurs en Afrique, à savoir que les édits rendus contre eux, n'avaient point émané de la volonté d'Honorius, mais bien de la haine jalouse de Stilicon, et que dès lors ils avaient perdu toute autorité ; mais qu'outre cela ils s'insurgèrent contre les catholiques et massacrèrent quelques-uns de leurs évêques : on est porté à croire que cette lettre a été écrite avant 411, et même avant la fin de 408, alors pourtant que saint Augustin cherchait à obliger les hérétiques à se conformer aux lois. Vincent trouvait cette manière d'agir peu conforme à son caractère car, dit-il dans sa lettre à Augustin, n. 51 : « Je sais très-bien que dans ce temps où vous étiez fort éloigné de la foi catholique, et adonné à l'étude des lettres, vous étiez ami de la paix et de l'honnêteté, » tant saint Augustin s'était acquis une grande réputation d'honnêteté même en ce temps qu'il déplore

insequentis anni discessit, legationem aliam ad Imperatorem in Carthaginensi concilio m. 410, die 14 Junii suscepisse. Quocirca hanc *Nectarii* Epistolam, rescriptumque Augustini anno 408, collocare satius duximus. Id vero suum rescriptum mensibus ferme octo ante diem 27 Martii anni insequentis a se redditum testatur Augustinus in Epistola civ, n. 1, id est sub initium Augusti.

EPISTOLA XCII (scripta circ. an. 408).— Epistola Nonagesima secunda, qua Augustinus *Italicam* super obitu mariti consolatur, data est paulo ante xcix. Italicæ eidem inscriptam. In ista enim xcix, n. 3, *parvulos* ipsius resalutat, indicatque hoc ipso eam non ita pridem viro suo viduatam.

EPISTOLA XCIII (scripta circ. an. 408). — De collatione Carthaginensi altum ubique silentium in Epistola Nonagesima tertia *ad Vincentium Rogatistam*, tametsi adversus Donatistarum schisma ex professo et copiose disseratur. Cumque tam prolixum sermonem de latis in eos legibus instituat ibidem Augustinus, quo earumdem legum severitatem excuset ; nullum tamen verbum facit sive de Honorii rescripto sub finem anni 409, dato, ut eam quam quisque vellet religionem libere profiteretur, sive de iis quæ a Stilichonis nece statim acciderunt circiter exeuntem annum 408, cum Pagani et Donatistæ in Africa non modo falsos rumores spargerent, leges videlicet in ipsos nequaquam Honorii voluntate, sed Stilichonis invidia latas fuisse, adeoque nihil jam obtinere roboris, sed etiam in Catholicos graviter insurgerent, nonnullis episcopis necem afferentes. Unde conjectare licet aliquanto ante annum 411, immo ante finem 408, scriptam fuisse hancce Epistolam, eo tamen tempore, quo Augustinus sedulo agebat ut hæretici legibus parerent. Quod ab ejus moribus alienum reputabat Vincentius, « Cum optime inquiebat ille in sua ad Augustinum Epistola hic n. 51, noverim te longe adhuc a fide Christiana sepositum, et studiis olim deditum litterarum, quietis et honestatis fuisse cultorem. » Tam singularem inter homines honestatem præ se tulit Augustinus, vel ea ætate, quam amaro stilo et gravi adeo luctu persequitur in Confessionum libris.

avec des accents si amers et une si profonde lamentation au livre *des Confessions*.

LETTRES XCIV et XCV (écrites en 408). — *Paulin*, l'auteur de la quatre-vingt-quatorzième lettre, en indique la date, mois et jour, n. 8 quand il dit : « La veille des ides de mai, le diacre Quintus est venu chercher notre réponse, et il put partir le jour des Ides avant la sixième heure; » saint Augustin nous donne l'année dans la quatre-vingt-quinzième lettre, n. 1, en disant : « Au milieu de cette joie que vous cause la venue de Possidius, vous comprendrez la vérité de ce que je dis, quand vous aurez appris de lui le triste sujet de son voyage. » Cette triste affaire qui occasionna le voyage de Possidius en Italie, n'est autre que le malheur de son église de Calame détruite par les païens, au mois de juin 408. Saint Augustin, a pu confier cette lettre à Possidius lui-même, à son départ, pour la remettre à Paulin, du moins la lui aura-t-il expédiée peu de temps après ce départ, car il l'écrivit alors « qu'il était à Carthage pendant l'hiver ; » lettre CXXI, n. 14 ; entendez au commencement ou à la fin de l'hiver ; car au milieu de l'hiver il était à Hippone comme le fait voir la lettre XCVII (n. 1). A moins qu'on ne veuille entendre par le mot *media hyems*, l'époque la plus défavorable à la navigation. Nous avons trouvé en tout cela un grand embarras par suite de l'opinion d'un savant qui rapporte ces deux lettres à l'an 399, pensant que la mort de Publicola dont il est parlé ici, ne peut être renvoyée à une date voisine de 409 : attendu, dit-il, que l'auteur de la vie de Mélanie la Jeune, nous apprend qu'elle fut mariée à Pierre à l'âge de 14 ans, et qu'elle quitta le siècle à 20 ans, après la mort de Publicola son père : or Palladius, dans son *Histoire*, chap. CXVIII, nous apprend que Mélanie l'Ancienne ayant appris que Mélanie sa petite-fille, qui s'était mariée, voulait quitter le monde, revint de Palestine à Rome ; et, l'on pense que c'est au temps du pape Sirice que Mélanie l'Ancienne revint de Rome avec Ruffin. C'est pourquoi selon la conclusion de ce savant, Mélanie la Jeune était déjà mariée en l'année 397 qui fut la dernière du pape Sirice, et l'on ne peut rapporter à l'an 409 la mort de Publicola qui arriva la vingtième année de Mélanie et la sixième ou septième depuis son mariage. Malgré tout, après y avoir bien réfléchi, nous avons trouvé plus de force aux raisons alléguées ci-dessus, à propos de la lettre XC pour fixer le temps du désastre de Calame, désastre auquel se rapportent sans aucun doute, de l'aveu de notre savant, les paroles citées ici

EPISTOLÆ XCIV et XCV (scriptæ an. 408). — Mensem diemque datæ a se Epistolæ Nonagesimæ quarta in dicat *Paulinus* n. 8, his verbis : « Pridie Idus Maias venit ad nos Quintus diaconus, ut rescripta peteret, et Idibus ante sextam dimitti obtinuit. » Annum vero Augustinus ipse in Epistola Nonagesima quinta n. 1, rescribens : « Proinde ad istam lætitiam, qua vobiscum est frater Possidius, cum ex ipso audieritis, quam tristis eum caussa compulerit, hoc me verissime dicere cognoscetis. » Nempe tristis illa caussa quæ Possidium in Italiam navigare compulit, non alia est, quam Ecclesiæ suæ Calamensis calamitas perniciesque a Paganis anno 408, mense Junio illata. Cui Possidio proficiscenti dubio procul traditum est istud rescriptum perferendum Paulino, aut certe non multo post ejus profectionem transmissum fuit ; quando quidem tum illud scripsit Augustinus, « cum Carthagine hyemaret » ex Epistola CXXI, n. 14, id est hyeme ineunte, vel exeunte, nam media hyeme erat apud Hypponem ex Epistola XCVII, n. 3. Nisi forte media hyems tempus navigationi jam maxime adversum significat.

Nonnihil negotii nobis hoc loco exhibuit opinio Viri eruditi, qui hasce duas epistolas ad annum 399, revocat, putans Publicolæ obitum, de quo veluti adhuc recenti in Epistola XCIV, agitur, non posse in tempus anno 409, proximum remitti. Quoniam, uti argumentatur, scriptor quidem vitæ Melaniæ junioris narrat eam Piniano junctam fuisse anno ætatis 14 tum eamdem post Publicolæ patris sui obitum sæculo valedixisse anno ætatis 20. Palladius autem in *Histor. Laus.* c. CXVIII, tradit Melaniam seniorem, cum neptem suam Melaniam nupsisse et velle sæculo renuntiare audisset, Romam ex Palæstina rediisse. Denique Melania senior creditur rediisse cum Ruffino tempore Siricii Papæ. Quapropter, uti Vir eruditus infert, anno 397, qui postremus Siricio fuit, jam nupserat Melania junior ; neque Publicolæ obitus, qui ætatis Melaniæ anno 20 et a nuptiis ejusdem 6 aut 7 contigit, in annum Christi circiter 409, referri potest. Attamen re matura considerata visæ sunt longe certissimæ rationes illæ, quibus negotii Calamensis tempus supra ad Epist. XC, investigatur; de quo negotio Augustinum in Epistola XCV, verbis hic allatis intelligendum esse non

de saint Augustin, lettre XCV. Nous n'avons pas trouvé suffisamment fondé ce qui est dit plusieurs fois, que Mélanie revint de Palestine en Italie avec Ruffin au temps du pape saint Sirice, tandis que d'après nos calculs le retour de Mélanie peut à peine se placer en 402; aussi n'avons-nous pas cru pouvoir fixer la date de ces deux lettres d'après l'opinion ci-dessus exposée, nous avons dû l'abandonner.

LETTRE XCVI (écrite en 408 vers le commencement de septembre). — Ayant appris la promotion *d'Olympius* à une dignité élevée, saint Augustin lui écrivit aussitôt la quatre-vingt-quinzième lettre, alors que la nouvelle déjà arrivée en Afrique « n'y avait pas encore été confirmée » n. 1. Or Olympius obtint la charge de maître des offices, dont il est ici question, après la mort de Stilicon arrivée le 23 août 408. C'est pourquoi il semble que cette lettre a été écrite vers le commencement de septembre.

LETTRE XCVII (écrite à la fin de 408). — La quatre-vingt-dix-septième lettre, seconde *à Olympius*, fut envoyée après la première, au milieu de l'hiver, voir n. 3. Il l'avertit des troubles excités dans l'Église d'Afrique par les prétentions des païens et des hérétiques voulant que les lois portées contre eux eussent été rendues contre la volonté de l'empereur, ou à son insu, et par là soulevant avec violence contre l'Église l'esprit des ignorants. Il lui demande donc de porter, au plus tôt, remède à ce mal, et d'employer son autorité pour faire sentir efficacement aux ennemis de l'Église, que les lois en question étaient bien conformes à la volonté de l'empereur. C'est pour le même objet que le concile de Carthage du 13 octobre 408 envoya vers l'empereur une ambassade de deux évêques, Restitutus et Florentius, « au temps même où furent tués Sévère et Macaire. » Voir *Code des canons africains*, chapitre CVI.

LETTRE XCVIII (écrite probablement en 408). — Nous avons cru devoir placer ici quatre-vingt-dix-huitième, la lettre à l'évêque *Boniface* qui n'est sûrement pas antérieure aux précédentes, car c'est ce successeur de Paul, cet évêque de Cataque dont font l'éloge les lettres ci-dessus à Olympius.

LETTRE XCIX (écrite à la fin de 408 ou au commencement de 409). — La quatre-vingt-dix-neuvième lettre *à Italique* fut écrite au temps du ravage de Rome, au premier siège qui en fut fait par Alaric, voir n. 1. Or les pa-

---

dubitat Vir eruditus. Id vero nobis apparuit minus exploratum, quod passim dicitur, Melaniam scilicet in Ruffini comitatu fuisse, quando ille Siricio Romano Pontifice ad Italiam appulit; cum Melaniæ ex Palæstina reditus ante an. 402, nostro quidem calculo, reponi vix possit. Adeoque de harum Epistolarum epocha, non ex illa opinione constituere visum est, sed e contra.

EPISTOLA XCVI (scripta an. 408, circ. init. Septemb.). — Audito provectum esse *Olympium* ad celsiorem dignitatem, Augustinus mox ad ipsum scripsit Epistolam Nonagesimam sextam, cum « utrum vera esset » fama, quæ in Africam de ipsius provectione pervenerat, « nondum fuisset confirmata, » ut ait n. 1. Porro munus Magistri officiorum, quod hic notatur, adeptus est Olympius Stilichone an. 408, die 23 Augusti interemto. Quocirca isthæc Epistola non procul a Septembris initio data videtur.

EPISTOLA XCVII (scripta exeunte an. 408). — Altera *ad Olympium* ordine Nonagesima septima missa est post superiorem et media hyeme ex n. 3. Hac Epistola ipsum admonet de concitatis in Africana ecclesia perturbationibus, quod exstincto Stilichone Pagani et hæretici jactarent, leges contra se præter voluntatem Imperatoris, vel eo nesciente missas fuisse, atque hinc imperitorum animos adversus Ecclesiam vehementer accenderent. Ideo postulat ut quamprimum succurrat, faciatque pro sua auctoritate, quo Ecclesiæ inimici leges illas ex Imperatoris voluntate constitutas intelligant. Ob eam causam in Carthaginensi concilio anno 408, die 13 Octobris legationem ad Imperatorem susceperunt Restitutus et Florentius episcopi, « eo tempore quo Severus et Macarius occisi sunt, » uti legitur in Cod. can. Afr. c. 106.

EPISTOLA XCVIII (scripta forte an. 408). — Visum est hunc in locum referre Epistolam Nonagesimam octavam *ad Bonifacium* episcopum, non ante hoc tempus conscriptam; siquidem hic ipse est, qui in superioribus ad Olympium Epistolis laudatur, Pauli non ita pridem defuncti successor, et Cataquen is episcopus.

EPISTOLA XCIX (scripta exeunte an. 408 aut ineunte 409). — Epistola Nonagesima nona *ad Italicam* data pertinet ad tempus cladis populo Romano illatæ prima Urbis per Alaricum obsidione, de qua n. 1. Porro hanc primam obsidionem in finem

roles de Zosime rapportées ici (page 268, édit. in-folio, note 6), nous obligent à placer ce siége à la fin de l'année 408.

LETTRE C (écrite vers le même temps). — Dans la centième lettre, n. 2, saint Augustin tâche d'obtenir du proconsul *Donat* « qu'il publie au plus tôt un édit qui fasse connaître aux Donatistes que les lois portées contre eux sont en pleine vigueur ; bien qu'ils prétendent avec fierté qu'elles n'ont plus de valeur ». Cela nous fait entendre que la lettre est de la fin de 408, alors que parurent de nouveaux édits contre les hérétiques et notamment un du 24 novembre adressé directement à Donat lui-même ; or dans le commencement de son message, saint Augustin parle à Donat comme à un proconsul récemment entré en fonctions.

LETTRE CI (écrite vers le même temps). — La lettre cent unième *à Memorius*, fut confiée, n. 1, à Possidius, évêque de Calame, quand il se rendit en Italie comme nous l'avons dit déjà pour plaider la cause de son église contre les païens, soit à la fin de 408, soit plutôt au commencement de 409 ; car au 27 mars de cette année saint Augustin ignorait encore quelle réparation avait obtenue Possidius, épître CXIV, n. 1, et, d'autre part, la lettre XCV pour Paulin, donnée à Possidius à son départ ou envoyée peu après ce départ, avait été écrite pendant l'hiver.

LETTRE CII (écrite vers le même temps). — La cent deuxième lettre *à Deogratias*, est un livre auquel saint Augustin lui-même a donné ce titre : *Six questions traitées contre les païens* : elle n'a rien qui puisse nous faire connaître sa date. Nous la plaçons ici parce qu'au livre II des *Rétractations*, ch. XXXI, elle est rangée parmi les ouvrages écrits après 406 et avant 411.

LETTRES CIII et CIV (écrites en 409 vers le mois de mars). — La dernière lettre *de Nectaire*, placée la cent troisième fut remise à saint Augustin le 27 mars et peu après il répondit par la cent quatrième, dans laquelle, au n. 1, il demande à Nectaire pourquoi il a tant tardé à lui écrire ; en effet, huit mois s'étaient écoulés depuis la XCI lettre à lui adressée. Or, on peut soupçonner que Nectaire, après la mort de Stilicon, avait négligé de répondre parce qu'il voyait en quels troubles se trouvait l'église, et croyait, comme le bruit en avait couru, que les lois données en sa faveur du vivant de Stilicon avaient été mises à néant. Maintenant, il en revenait à demander pardon pour le crime de ses concitoyens, en voyant que de nouvelles lois en faveur de l'Eglise venaient d'être pu-

---

anni 400, referre verba Zozimi, quæ habes hic pag. 268, not. 6.

EPISTOLA C (scripta circ. idem tempus). — In Epistola Centesima n. 2 agit Augustinus apud *Donatum* proconsulem, ut « cito per ipsius Edictum noverint hæretici Donatistæ, manere leges contra errorem suum latas, quas jam nihil valere arbitrantur et jactant. » Unde intelligas scribere ipsum sub finem an. 408 mox ut nova contra hæreticos rescripta prodierunt : inter quæ exstat lex ad ipsummet Donatum die 24 Novembris directa. Porro cum Donato sic pro exordio loquitur, quasi ille proconsulatum Africæ recens adierit.

EPISTOLA CI (scripta circ. idem tempus). — Epistolæ Centesimæ primæ ad *Memorium* perlator fuit Possidius episcopus Calamensis ex n. 1, qui propter Ecclesiæ suæ caussam adversus Paganos, uti jam observavimus, in Italiam navigavit, aut exeunte an. 408, aut potius ineunte an. 409, tum quia hoc anno die 27 Martii Augustinum adhuc latebat utrumnam Possidius quidquam in flagitiosos impetrasset ex Epist. CIV, n. 1, tum quia XCV Epistola, quam proficiscente vel recens profecto Possidio ad Paulinum datam diximus, hyeme dictata fuit.

EPISTOLA CII (scripta circ. idem tempus). — Epistola Centesima secunda ad *Deogratias*, qui liber est inscriptus ab Augustino, *Sex quæstiones contra Paganos expositæ*, nullum ætatis suæ characterem præfert. Hunc ei locum assignamus, quoniam inter libros post annum 486 et ante annum 411 editos recensetur in lib. II *Retract.*, c. XXXI.

EPISTOLÆ CIII et CIV (scriptæ an. 409, sub mens. Martium). — *Nectarii* posteriorem Epistolam, hic Centesimam tertiam die 27 Martii recepit Augustinus, m xque eidem Centesimam quartam reddidit, ex n. 1, ubi a Nectario inquirit cur sibi tam sero dat rescripta : quippe qui Epistolæ XCI nonuisi post menses ferme octo respondeat. Porro suspicari pronum est, Nectarium post Stilichonis necem idcirco rescribendi curam abjecisse, quod Ecclesiam in magnis perturbationibus incidisse perspiceret, crederetque leges, quæ ejus caussa vivo Stilichone datæ fuissent, jamjam, ut rumor ferebat. prorsus abrogatas. Nunc vero ad petendam veniam flagitii ci-

bliées par l'empereur, non-seulement à la fin de 408, mais aussi au commencement de 409. En effet il y a une loi qui porte « que les Donatistes, les Juifs ou les Païens.... ne s'imaginent pas que les dispositions des lois portées autrefois contre eux ont été abandonnées : tous les juges ont ordre de les exécuter en tout ponctuellement, etc. » Le *Code Théodosien*, liv. XVI, titre 5, loi 46, donne à juste titre à cet édit la date du 15 janvier de cette même année 407. Sirmond, au contraire, appendice, page 45, prétend qu'elle a été portée le 18 des calendes de février, sous le neuvième consulat d'Honorius et le cinquième de Théodose, c'est-à-dire en 412 ; cette date est fautive, attendu que Théodose, préfet du prétoire, à qui cette loi est adressée fut remplacé par Cécilien, lequel fut honoré de cette dignité aux premiers jours de 407 ou à peu près.

LETTRE CV (écrite au commencement de 409). — Nous pensons que la cent cinquième, *aux Donatistes*, a été écrite vers le même temps, d'abord à cause des paroles suivantes du n. 6 : « Lequel vaut mieux, de produire de vrais commandements des empereurs pour l'unité, ou de publier des tolérances supposées en faveur de l'iniquité comme vous l'avez fait, remplissant bientôt toute l'Afrique de vos rumeurs mensongères, » ce qui a trait manifestemens aux faux bruits que les Donatistes répandirent après la mort de Stilicon, par rapport aux lois qu'ils disaient abrogées : ensuite à cause de ces autres paroles de saint Augustin qui, parlant de l'affaire de Cécilien, dit au n. 8 : « Exigez de nous des preuves positives, et si nous ne pouvons les donner, faites de nous tout ce que vous voudrez, » par où il faut entendre que la conférence avec les Donatistes, sur ce sujet, n'avait pas encore eu lieu, et que même le décret de l'empereur qui l'ordonna n'avait pas encore été rendu.

LETTRES CVI CVII et CVIII (écrites probablement en 409). — La lettre cent-sixième, à *Macrobe* récemment ordonné évêque, fut écrite vers le même temps ainsi que la suivante de *Maxime* et *Théodose* à Augustin. Macrobe avait succédé à Proculéien le donatiste sur le siège d'Hippone comme le fait entendre la cent-huitième au même *Macrobe*. En effet, étant venu dans la ville avec un grand train, n. 14, il commença à remplir les fonctions épiscopales, étendant sa sollicitude pastorale, n. 17 et 20, sur le même peuple qu'Augustin, sur les mêmes familles divisées en deux partis. C'est le même sans aucun doute qui, dans la conférence de Carthage, I, n. 201, est appelé évêque Hipponien. Or Proculéien n'était point mort encore à la fin de 403, puisqu'alors, pour obéir au

vium suorum propterea convertisse animum, quod intellexisset novas pro Ecclesia leges ab Imperatore emanasse, non modo in fine anni 408, sed etiam initio anni 409. Nam exstat lex in hæc verba : « Ne Donatistæ..... Judæi atque Gentiles..... arbitrentur legum ante adversum se datarum constituta tepuisse, noverint judices universi præceptis eorum fideli devotione parendum, etc. » Quæ quidem lex in Cod. Theod., lib. XVI, tit. V, l. XLVI, recte subnotatur data hoc anno 409, die 15 Januarii. At in Sirmundi Appendice pag. 45, data XVIII Kal. Febr. Honorio IX et Theodosio V Coss. id est 412; male prorsus : quandoquidem Theodorum, cui lex Præfecto prætorio inscribitur, Cæcilianus excepit, id munus adeptus non procul ab ineunte anno 409.

EPISTOLA CV (scripta ineunte an. 409). — Sub hoc tempus Epistolam Centesimam quintam *ad Donatistas* scriptam intelligimus, tam ex his verbis n. 6. « Quid est melius, proferre veras Imperatorum jussiones pro unitate, an falsas indulgentias pro perversitate ; quod vos fecistis, et mendacio vestro subito totam Africam implestis : quæ aperte notant rumores dolose ab ipsis post Stilichonis mortem de superiorum legum abrogatione jactatos, tum ex istis, quæ de Cæciliani caussa loquens Augustinus ait n. 8. « Exigite hoc a nobis, probemus vobis ; et si non probaverimus, facite de nobis quidquid potueritis, quibus innuit super ea re nondum collationem cum Donastis habitam; immo neque datum adhuc ab Imperatore de habenda collatione rescriptum.

EPISTOLÆ CVI, CVII et CVIII (scriptæ forte an. 409. — Epistola Centesima sexta scripta est *ad Macrobium* episcopum, ordinatum « nuper, » juxta subsequentem ejusdem temporis *Maximi et Theodori* ad Augustinum Epistolam. Suffectus erat Macrobius in Proculeiani locum apud Hipponem, uti ex Epistola Centesima octava *ad Macrobium* eumdem data intelligitur. Etenim cum magno comitatu in eam urbem ingressus, ex n. 14, ibi deinceps episcopum egit, eidem cum Augustino plebi, eisdemque duas in partes distractis familiis pastorali cura invigilans ex n. 17 et 20. Estque dubio procul ille ipse qui in Carthaginensi collatione I, n. 201, no-

concile de Carthage du 25 août de cette année, saint Augustin le fit citer à la conférence, selon la lettre LXXXVIII, n. 7. De plus quand les clercs d'Hippone parlent de lui dans leur lettre de 406, ils ne font nulle mention de sa mort. Cela pourra faire croire à quelques-uns que la cent sixième lettre et les deux suivantes n'ont pu être écrites avant 406. En tout cas, il est certain pour nous qu'elles ne sont pas antérieures aux lois portées en 405 contre les Donatistes, lois indiquées dans cette lettre CVI, n. 14, par ces paroles : « Ce n'est pas seulement chez vous, c'est-à-dire après qu'ils se sont ralliés à vous, mais auparavant et par votre fait, que les Maximianistes ont eu à souffrir, » et plus clairement encore au n. 18 : « On fuit l'unité... on nous oblige à demander des lois pour nous protéger contre les méchanceté des vôtres, on arme ensuite contre ces mêmes lois, les circoncellions qui les combattent avec cette fureur que vous leur avez connue, quand ils se sont tournés ensuite contre vous-mêmes. » A une autorité si positive, on objectera en vain que Prétextat d'Assur qui mourut vers l'an 400 est dit ici au n. 5, mort récemment, *nuper*; en effet, il est beaucoup plus naturel de prendre le mot *nuper*, *récemment* en un sens un peu large, les écrivains l'appliquant parfois,

comme chacun sait, à un espace de quinze années et plus, surtout dans la controverse, lorsqu'ils veulent empêcher l'ignorance ou la dissimulation de la part de leur adversaire. Remarquons encore cette parole, n. 18 : « Avant cette loi qui vous a causé tant de joie, en vous rendant la liberté, etc. » Si ces paroles ne doivent pas se rapporter aux édits de Julien, elles prouvent que la lettre a été écrite à la fin de 409, après le rescrit d'Honorius qui permettait à chacun de suivre la religion qu'il voudrait : Voyez les notes que nous avons données à ce sujet. Du reste cet état de choses que nous représente la lettre ne peut être reporté plus loin que le milieu de 410 ou à peu près. C'est pourquoi nous croyons qu'il faut effacer ce qu'on lit au n° 19 : « En parlant de ce Marcellinus vous le dites fermier de l'Eglise, » car le tribun Marcellinus qui paraît être celui, dont s'occupe la lettre, ne fut envoyé en Afrique que vers la fin de 410 pour préparer la conférence de Carthage, et cependant il n'est pas dit ici un mot de cette conférence. On voit facilement d'où vient l'erreur, non pas sans doute par la comparaison des manuscrits puisque nous n'avons que celui du Vatican, mais par l'examen du texte même dans lequel, le copiste a glissé par mégarde une note qu'un lecteur inintelligent

---

minatur *Episcopus Hipponiensis*. Porro Proculeianus nondum e vivis excesserat exeunte anno 403, quo tempore Augustinus ex decreto Synodi Carthaginensis eodem anno ad die 25 Augusti celebratæ, ipsum semel et iterum ad collationem citandum curavit, juxta Epistolam LXXXVIII, n. 7, quinetiam ibi cum ejus mentionem faciunt Hipponenses Clerici jam progrediente 406 anno scripta Epistola, de ipsius obitu nullum verbum habent. Quocirca non nemo forte existimaverit Centesimam sextam, duasque proxime subjectas Epistolas non ante annum 406 exaratas. Nobis vero id saltem constat non anteriores esse legibus anno 405 in Donatistas promulgatis, quæ leges monstrantur in c. hac VI Epist. n. 14 his verbis : « Persecutionem non solum postea vobiscum, » id est postea quam ad vos redierunt, « sed prius et a vobis pertulerunt » Maximianistæ. Et apertius n. 18. « Fugitur unitas, ut nos adversus vestrorum..... improbitates quæramus publicas leges, et adversus ipsas leges armantur circumcelliones, quas eo ipso furore contemnant, quo in vos eas cum furerent excitarunt. « Cui tam liquidæ auctoritati frustra opponas Prætextatum Assuritanum,

quem circiter annum 400 obiisse jam supra ad Epistolam LI observavimus, dici hic n. 5 « nuper defunctum. » Cum ibi longe æquius sit, particulam *nuper* sumere in ampliori significatu, quem scriptores interdum ad quindecim et ad plures annos extendere nemo nescit, id quod inter disputandum tum præsertim faciunt, cum rem ignorari aut dissimulari ab adversario nolunt. Venit etiam illud observandum n. 18. « Ante istam legem, qua gaudetis vobis redditam libertatem, etc., » quod si forte ad Juliani rescriptum non pertinet, ostendit scriptam Epistolam sub. finem an. 409 post ipsius Honorii edictum, quo sancivit ut religionem quam quisque optaret, sectari sineretur, de quo vide adnotationem in hunc locum. Ceterum is rerum status, qui in Epistola repræsentatur, non patitur illam ultra medium circiter annum 410 remitti. Unde expungendum censemus id quod legitur n. 19. « De isto Marcellino scribens, Ecclesiæ colonum dicis : » cum Marcellinus Tribunus, qui laudatus videtur, nonnisi exeunte anno 410 missus fuerit in Africam, collationis Carthaginensis procurandæ caussa; de qua tamen collatione nullus hic sermo est. Depre-

PRÉFACE.

avait écrite en marge, après avoir vu la lettre CXXXIX à *Marcellinus*, dans laquelle saint Augustin parle d'un diacre rebaptisé nommé Donat, et qu'il dit avoir été fermier de l'Eglise.

LETTRES CIX et CX (écrites peut-être vers la fin de l'an 409). — Les deux lettres qui suivent n'ont pas de date bien connue ; la cent neuvième est de *Sévère* à saint Augustin et la cent dixième est de saint Augustin au même *Sévère* ; ce personnage était non pas abbé, comme le disent Erasme et les éditeurs de Louvain, mais bien évêque, puisqu'il donne à Augustin, qui alors l'était certainement, le nom de frère, et que de son côté ce dernier l'appelle son collègue de sacerdoce. Sévère, que saint Augustin dit lui être uni par des liens si étroits n'est autre que l'évêque de Milève dont il dit, dans la lettre LXXXIV à Novat, n. 1 : « Tant que vaille la parenté qui nous unit par le sang, elle ne saurait être plus forte que l'intime amitié qui unit mon frère Sévère et moi... Cependant je ne puis l'entretenir maintenant que comme à la dérobée et par de toutes petites lettres. » Or, Sévère mourut en 426, comme on le voit par la lettre CCXXIII. Il paraît qu'il a écrit la lettre CIX après avoir lu le livre des *Confessions* et quelques autres pieux opuscules, à la lecture desquels il dit avoir trouvé autant de plaisir que d'utilité.

LETTRE CXI (écrite à la fin de 409 peut-être au mois de novembre). — Le tableau tracé dans la cent onzième lettre, à *Victorien* du triste aspect de l'univers affligé de tant de désastres, où il se trouvait à peine une contrée qui ne connût les tristes excès déplorés par Victorien, convient très-bien à l'année 409 ; saint Augustin ajoute : « des provinces d'Espagne, qui semblaient épargnées jusqu'à ce jour, voici qu'on annonce aussi des nouvelles semblables. » En effet, cette même année les Vandales étaient entrés en Espagne, selon Cassiodore et Prosper dans sa Chronique ; il faut même y ajouter les Alains et les Suèves selon la chronique d'Idatius, qui nous apprend que leur entrée en Espagne est fixée par les uns au 28 septembre, par les autres au 13 octobre. C'est pourquoi, il est probable que cette lettre aura été écrite au mois de novembre saint Augustin y fait aussi mention du massacre des moines par les Barbares dans les solitudes de l'Egypte, ce même *massacre des saints* qui est le sujet de la sixième conférence de Cassien.

LETTRE CXII (écrite à la fin de 409 ou au

---

henditur facile erratum, non ex MSS. quidem exemplaribus, quæ præter Vaticanum nulla suppetunt, sed ipso ex contextu, in quem librarius incaute retulit id quod in margine annotarat lector imperitus visa Epistola cxxxix ad Marcellinum ubi Augustinus Donatum quemdam diaconum rebaptizatum Ecclesiæ colonum fuisse dicit.

EPISTOLÆ CIX et CX (scriptæ forte versus an. 409. — Duæ subsequuntur non ita determinatæ ætatis Epistolæ, scilicet Centesima nona *Severi* ad Augustinum, et Centesima decima Augustini *ad eumdem Severum* ; non Abbatem, qui titulus ab Erasmo et Lovaniensibus ipsi tribuebatur, sed episcopum : cum ipse Augustinum, tunc certe episcopum, *fratrem*, Augustinus vero ipsum *consacerdotem* appellet. Neque Severus ille, quem secum tam stricte conjunctum profitetur hic Augustinus, alius est a Milevitano antistite, de quo item ipse in Epist. LXXXIV, ad Novatum n. 1, scribit : « Quantumlibet valeat germanitas tui sanguinis, non vincit amicitiæ vinculum, quo nobis invicem ego et frater Severus inhæremus... Qui mecum tamen nunc vix et interdum per exiguas chartulas loquitur. » Porro Severus obiit an. 426, ut patet ex Epist. CCXIII. Videturque prædicta cix. Epistolam scripsisse perlectis Confessionum libris, aliisque piis Augustini opusculis, in quibus voluptatem fructumque plurimum se capere significat.

EPISTOLA CXI (scripta exeunte an. 409, forte mense novemb.) — In annum 409, apprime convenit, quæ in principio Epistolæ Centesimæ ad *Victorianum* exprimitur, tristissima illa facies universi orbis tantis cladibus afflicti, ut pene pars nulla terrarum esset, ubi non talia, qualia Victorianus scripserat, committerentur atque plangerentur. Addit Augustinus, « De Hispanis quoque tot provinciis, quæ his malis diu videbantur intactæ, cœperunt jam talia nuntiari, » quod scilicet hoc eodem anno Vandali Hispanias occupassent juxta Cassiodorum et Prosperum in Chron. Immo et Alani et Snevi juxta Chron. Idatii, qui eorum in Hispanias irruptionem ab aliis 28 septembris, ab aliis 13 octobris notari testatur. Quapropter isthæc Epistola data fuerit forte mense novembri. Meminit quoque hic Augustinus necis Monachis in Ægypti solitudine a barbaris illatæ. « De hac eadem Sanctorum nece » Cassiani exstat Collatio sexta.

EPISTOLA CXII (scripta exeunte an. 409, aut

commencement de 410). — La cent douzième lettre, à *Donat*, lui fut adressée après son proconsulat, et peu de temps après qu'il eût été déchargé du soin des affaires publiques, comme on le voit au n. 1. Quelle année et quel mois Donat a-t-il cessé d'être proconsul d'Afrique? C'est ce que nous n'avons pu découvrir; nous savons seulement que cet événement arriva avant le 25 juin 410, puisque la loi donnée ce même jour est adressée à Macrobe proconsul d'Afrique.

LETTRES CXIII, CXIV, CXV et CXVI (écrites vers le même temps, pas avant 409, pas après 423). — Les quatre lettres suivantes, à *Cresconius*, à *Florentinus*, à *Fortunat*, à *Generosus*, ont le même objet; on ne peut les placer avant 409 ni après 423. En effet saint Augustin y donne le texte même de la loi portée par Honorius le 21 janvier 409, sur la présentation et la mise en liberté provisoire des accusés; cette loi, qui se trouve dans le code Théodosien, liv. IX, titre 2, loi 6, porte : « Si quelque accusé inscrit déjà au registre des prisons est autorisé par le tribunal à conserver l'administration de son patrimoine, on devra lui demander par acte public, s'il veut conformément aux dispositions arrêtées par mon glorieux père résider en ville, sous une garde vigilante, mais non par trop gênante, pendant les trente jours qui lui sont accordés, afin d'être plus à même de veiller à ses affaires et faire rentrer ses revenus : S'il le demande on ne devra pas lui refuser cette faveur. » Ces paroles rapportées textuellement dans la lettre de saint Augustin, prouvent clairement qu'il avait lu cette loi; attendu que celle qui fut portée par Théodose en 380, sur le même sujet, se trouve exprimée, en termes très-différents, dans le code Théodosien même endroit, loi 2 : saint Augustin du reste en citant cette loi fait entendre qu'il parle de l'empereur régnant, puisqu'il dit toujours *la loi de l'Empereur*; c'était Honorius, qui mourut le 15 août 423.

LETTRES CXVII et CXVIII (écrites peut-être en 410 ou au commencement de 411). — La lettre cent dix-septième de *Dioscore* et la cent-dix-huitième de saint Augustin à *Dioscore* ont été écrites dans la vieillesse de saint Augustin comme il parait le dire en parlant de lui-même au n. 9; on ne peut donc les placer avant 410 quand le saint avait déjà cinquante-six ans; d'autre part on ne peut reculer au delà des premiers jours de 411, car au n. 12 avertissant Dioscore de s'occuper des erreurs des hérétiques, qui désolaient alors l'Eglise, plutôt que de réchauffer les vieilles discussions des philo-

ineunte 410). — Epistola centesima duodecima *ad Donatum* jam Exproconsulem scripta est, ac paulo postquam ille curis publicis expeditus fuisset, uti ex n. 1, intelligur. Quonam autem die vel mense proconsulatum Africæ posuerit Donatus, haud a nobis comperiri potuit, nisi quod accidisse ante 25. Junii anni 410, ex lege ad Macrobium Africæ proconsulem eo die data didicimus.

EPISTOLÆ CXIII, CXIV, CXV et CXVI (scriptæ circ. hoc tempus, sive non ante 409, nec post 423). — Quatuor proxime subsequentes Epistolæ, *ad Cresconium*, *ad Florentinum*, *ad Fortunatum*, *ad Generosum*, super eadem caussa, conscriptæ, neque ante annum 409, neque post 423, collocandæ fuerunt. Quippe in iis Augustinus adducit legem de exhibendis vel transmittendis reis ab Honorio latam die 21. Januarii an. 409, quæ in cod. Theod. l. IX, tit. II, l. VI, sic habet : « Si quos præcepto judicium præmisso inscriptionis vinculo reos factos adminiculum curiæ propriæ dirigere jussum fuerit; municipalibus actis interrogentur, an velint juxta præceptum triumphalis patris nostri triginta diebus sibi concessis sub moderata et diligenti custodia propter ordinationem domus propriæ, parandosque sibi sumtus, in civitate residere. Quod si fieri voluerint, hoc genus beneficii cupientibus non negetur, » ipsissima, ut perspicis, verba in prædictis Epistolis relata, ut minime dubium sit quin hanc ipsam legem jam tum vidisset Augustinus. Quippe cum lex super eadem re a Theodosio edita an. 380, verbis constet longe diversis in cod. Theod. ibib. leg. II. Innuit etiam Augustinus illius se legem obtendere, qui tunc temporis imperium administrabat, quando eam constanter appellat « Imperatoris legem, » id est Honorii, qui anno 423, die 15. Augusti decessit.

EPISTOLÆ CXVII et CXVIII (scriptæ forte an. 410, aut ineunte 411). — Epistola Centesima decima septima *Dioscori* et Centesima decima octava Augustini *ad Dioscorum*, quæ canescente jam Augustino scriptæ suut, uti rescribens de se ipse n. 9, testari videtur, vix reponi possunt citius anno Christi 410, quo Augustinus annum ætatis 56, agebat. Neque vero serius ineunte 411, quoniam n. 12, ubi Dioscorum de pernoscendis hæreticorum tunc temporis Ecclesiæ fidem impugnantium erroribus potius

sophes, il cite les Donatistes, les Maximiens, les Manichéens en Afrique, les Ariens, les Eunoméens, etc., en Orient, mais ne fait aucune mention des Pélagiens ; et cependant c'est contre eux que fut tenu le concile de Carthage de 411. C'est pourquoi si Alype est appelé ancien par Dioscore, il faut entendre ce mot de l'âge et non de la dignité de primat, puisqu'il ne fut primat de Numidie que dans les dernières années de saint Augustin.

LETTRES CXIX et CX (écrites probablement vers le même temps). — Saint Augustin s'était retiré à la campagne quand on lui remit la lettre cent dix-neuvième, de *Consentius*, comme il est dit au n. 1 ; si l'on veut rapporter à cette retraite ce qu'il dit à Dioscore n. 34, qu'il s'est éloigné d'Hippone pour quelque temps, à cause de sa mauvaise santé, nous n'y verrons aucune difficulté. Nous faisons remarquer seulement que la lettre cent vingtième à *Consentius* fut écrite vers le même temps : en effet saint Augustin, comme il le dit au n. 13, avait déjà beaucoup écrit sur la question de la Trinité, or le traité de la Trinité que dans la lettre CLXXIV il dit avoir commencé dans sa jeunesse, et publié dans sa vieillesse, était déjà l'objet de ses soins dès l'an 400, bien qu'il ne l'ait achevé qu'en 416.

LETTRE CXXI (écrite vers 410). — La lettre de *Paulin*, que nous mettons ici la cent vingt-unième, paraît quelque peu postérieure à la lettre XCV écrite vers la fin de 408 ; puisqu'au n. 14 il demande une seconde copie de cette lettre qu'il avait déjà reçue ; mais antérieure à la lettre CXLIX écrite en 414, puisque entre ces deux il y en eut quelques-unes d'échangées de part et d'autre, notamment la réponse de saint Augustin aux questions que lui pose ici Paulin, mais cette correspondance a été perdue, voyez la lettre CXLIX n. 1.

LETTRE CXXII (écrite vers le même temps). — La lettre cent vingt-deuxième dans laquelle saint Augustin s'efforce de réchauffer la bonne volonté pour l'aumône, dans ses fidèles d'Hippone qui s'étaient laissé attiédir par la cruauté des maux qui les menaçaient, est raportée par Baronius à la fin de 409, attendu qu'elle paraît convenir très-bien à cette époque, où l'on craignait la ruine de l'empire Romain, mais cette crainte s'accorde tout aussi bien avec l'année 410 vers la fin, alors qu'Alaric ayant pris Rome, se préparait à passer en Sicile selon Orose liv. VII, chap. XLIII, puis à tenter la conquête de l'Afrique, d'après Jornandès dans son livre de l'*Histoire des Goths*.

---

quam de sopitis olim veterum Philosophorum discidiis recoquendis admonet, recensens Donatistas, Maximianenses, Manichæos ex Africa, tum Arianos, Eunomianos, etc., ex Oriente, non facit ullam de Pelagianis mentionem; in quos tamen ante anni 411, finem celebrata fuit synodus apud Carthaginem. Itaque Alypius a Dioscoro *senex* dicitur ætatis nomine, non primatus ; cum hanc dignitatem in Numidia nonnisi sub extremos Augustini annos sit consecutus.

EPISTOLÆ CXIX et CXX (scriptæ forte circ. idem tempus). — In villam se receperat Augustinus, cum ipsi data est Epistola Centesima decima nona *Consentii*, ut ibi dicitur n. 1. Huc porro si quis spectare velit quod idem sanctus ad Dioscorum n. 34, scribit, seipsum post ægritudinem aliquandum ab Hippone removisse, nihil repugnabimus. Id solum observamus Epistolam Centesimam vigesimam *ad Consentium* rescriptam fuisse circiter hoc tempus. Quippe Augustinus, uti n. 13, significat, multa jam tum ad quæstionem de Trinitate pertinentia litteris, mandaverat : porro opus de Trinitate, quod in Epist. CLXXXIV, a se juvene inchoatum, a sene editum dicit, elaborabat ab anno prope 400, licet non ante annum 416, absolverit.

EPISTOLA CXXI (scripta circ. an. 410). — *Paulini* Epistolam hic ordine Centesimam vigesimam primam, esse apparet et aliquanto posteriorem XCV, sub finem anni 408, scripta ; cum istius sibi jam datæ aliud exemplum hic n. 14, sibi transmitti petat : et aliquanto priorem CXLIX, scripta circiter annum 414, cum hanc inter et illam, aliquot ultro citroque Epistolæ, atque in iis Augustini responsio ad quæstiones hic a Paulino propositas, emanaverint, quæ tamen omnes interciderunt. Confer Epistolam CXLIX, n. 1.

EPISTOLA CXXII (scripta circ. idem tempus). — Epistola Centesima vigesima secunda, qua suos *Hipponenses* ob ingruentium malorum metum in eleemosynarum erogatione refrigescentes inflammat Augustinus, refertur a Baronio ad finem anni 409, eo quod tempori huic quo interitus Romani timebatur imperii, valde congruat. Verum non minus quadrat in finem anni 410, quo Alaricus capta Roma et direpta Italia transire in Siciliam moliebatur juxta Orosium in lib. VII, c. XLIII, inde ad

LETTRE CXXIII (écrite peut-être à la fin de 410). — La cent vingt-troisième lettre de *Jérôme* est tout énigmatique, les auteurs ne s'accordant nullement dans les explications qu'ils en donnent ; il n'est pas facile de dire qui est dans le vrai, ou de ceux qui en appliquent les premières paroles à la condamnation des Pélagiens en Palestine, ou de ceux qui entendent la lettre entière, comme parlant de la prise de Rome, ou l'hérésie des Origénistes, voyez la note sur cette lettre dans le cinquième volume, et aussi nos remarques sur la lettre CXCV.

EPISTOLA CXXXIII (scripta forte sub finem an. 410). — Centesima vicesima tertia *Hieronymi* tota est ænigmatica, qua in explicanda cum in diversa ferantur auctores, non facile dixeris quinam ejus subigendam Africam navigaturus juxta Jornandem in lib. de Geticis rebus. mentem consequantur, an qui prima verba de condemnatis in Palæstina Pelagianis intelligunt, an potius qui totam Epistolam sive de capta Urbe, sive de Origenistis interpretantur. Vide not. in eamdem Epist. pag. 363, et quod observamus infra ad Epistolam cxcv.

TROISIÈME CLASSE

LETTRES ÉCRITES PAR SAINT AUGUSTIN DEPUIS LA CONFÉRENCE DE CARTHAGE AVEC LES DONATISTES, ET L'APPARITION DU PÉLAGIANISME EN AFRIQUE, JUSQU'A SA MORT C'EST-A-DIRE DE 411 A 430.

LETTRES CXXIV, CXXV et CXXVI (écrites vers le commencement de 411). — La cent vingt-quatrième lettre, à *Albina*, *Pinien* et *Mélanie* fut écrite pendant l'hiver, peu après leur arrivée en Afrique, où ils vinrent de Sicile, comme le dit l'auteur de la vie de Mélanie la Jeune, seulement à la fin de 410. En effet, il est constant qu'ils passèrent l'année dans cette île d'après Ruffin dans sa lettre à Ursace ; voyez la note sur cette lettre CXXIV, dans le cinquième volume. Ayant passé quelques jours à Tagaste, comme il y a lieu de le croire, Pinien et Mélanie se rendirent à Hippone pour y voir saint Augustin, et c'est là qu'eut lieu le fait dont il est parlé dans les deux lettres suivantes : c'est pourquoi nous les attribuons à l'année 411.

LETTRE CXXVII (écrite peut-être en 411).— Vers l'an 411 parut la lettre cent vingt-septième, à *Armantaire* et *Pauline;* on le peut conclure de ces paroles du n. 1 : « A moins qu'on ne croie encore digne d'attachement ce monde brisé par de si terribles événements, qu'il a

EPISTOLÆ III CLASSIS

QUAS AUGUSTINUS A TEMPORE COLLATIONIS HABITÆ CUM DONATIS CARTHAGINE, ET PELAGIANÆ HÆRESEOS IN AFRICAM INVECTÆ, AD OBITUM USQUE SUUM SCRIPSIT, ID EST AB ANNO CHRISTI 411, AD 430.

EPISTOLÆ CXXIV, CXXV et CXXVI (scriptæ circ. ineuntem an. 411). — Centesima vigesima quarta *ad Albinam, Pinianum et Melaniam*, hieme scripta est, haud multo post eorum adventum in Africam, quo nonnisi sub finem anni 410, trajecerunt, scilicet ex Sicilia, ut refert scriptor vitæ Melaniæ junioris. In ista enim insula moratos illos fuisse isto eodem anno, prodit Ruffinus in Epistola ad Ursacium. Vide Not. in hanc cxxiv. Epistolam pag. 363. Paucis quoque apud Thagastem transactis diebus, ut credere pronum est, cum Hipponem visendi Augustini caussa sese contulissent Pinianus et Melania, contigit ea res, de qua in duabus proxime sequentibus Epistolis tractatur : quas idcirco ad initium anni 411, revocamus.

EPISTOLA CXXVII (scripta forte an. 411). — Circiter annum 411, prodiit Epistola Centesima vigesima septima *ad Armantarium et Paulinam*, uti probe ex illis infertur verbis n. 1. « Nisi forte adhuc mundus amandus est, tanta rerum labe contritus, ut etiam speciem seductionis amiserit, » et istis n. 4,

perdu même l'apparence d'une séduction » et de ces autres du n. 4. « Quand Rome elle-même, la capitale du plus illustre empire, était hier encore ravagée par l'incursion des Barbares. »

LETTRE CXXVIII (écrite en 411 peu avant le 1er juin). — Marcellinus ayant donné son second édit pour proposer aux évêques des deux partis déjà rassemblés à Carthage, (comme le dit saint Augustin dans la petite réunion du premier jour, chap.III), le lieu et l'ordre de la conférence, demandant aux uns et aux autres de lui écrire : « pour déclarer s'ils acceptaient ou non ses propositions, » les évêques catholiques répondirent par cette lettre cent vingt-huitième : elle fut signée au nom des autres par deux primats seulement, à savoir Aurèle de Carthage et Silvain investi déjà de la même dignité pour la Numidie. Mais elle avait été délibérée dans une réunion de près de trois cents évêques, comme nous l'apprend saint Augustin dans le livre de *Gestis cum Emerito*. Ce qui fait conclure qu'elle appartient aux jours qui ont précédé, immédiatement la conférence, dont la première séance eut lieu le 1er juin 411.

LETTRE CXXIX (écrite peu après la précédente). — C'est en ce même temps, que fut écrite la lettre cent vingt-neuvième, opposée par les évêques catholiques à l'écrit ou *Monitoire* des donatistes, qui de leur côté, avaient répondu à Marcellinus, qu'ils ne pouvaient agréer les propositions de son édit portant, que ceux-là seulement assisteraient à la conférence que leurs collègues auraient délégués pour traiter, et demandé que tous pussent être admis, voir : *Petite réunion du premier jour*, chap. IV.

LETTRE CXXX (écrite vers l'an 412). — La lettre cent trentième, a *Proba*, fut écrite peu après son arrivée en Afrique, alors qu'elle avait eu déjà quelques entrevues avec saint Augustin comme on le voit n. 1. Or Proba avec sa fille Julienne et sa petite-fille Démétriade se réfugia en Afrique aussitôt quelle put échapper aux mains des Barbares qui l'avaient retenue captive après la prise de la ville : lisez à ce sujet la lettre VIII de saint Jérôme à Démétriade; c'est pourquoi on peut placer en 411 ou 412 la première lettre que lui écrivit saint Augustin, on ne peut guère la reculer davantage, attendu qu'au n. 30, où il parle de sa belle-fille la veuve Julienne, exhortant à la prière les veuves et les vierges placées sous la vigilance de Proba, il ne dit pas un mot de Démétriade, et certainement il n'eût pas manqué de la mentionner, si déjà elle eût fait profession de virginité, ce qu'elle fit en 413; de plus, saint Augustin rappelle cette lettre à la fin du livre de *bono viduitatis*,

« Modo cum ipsa Roma, domicilium clarissimi imperii, barbarico vastaretur incursu. »
EPISTOLA CXXVIII (scripta an. 411, paulo ante 1, diem junii). — Edicto Marcellini secundo, quo ille « proposuit jam præsentibus apud Carthaginem utriusque partis episcopis (inquit Augustinus in *Brevic. collat.* die 1, c. III), qui locus et qui modus collationis futurus esset; admonens ut ei pars utraque rescriberet, utrum placerent quæ Edicto comprehendit, » responsum est a Catholicis Epistola hæc Centesima vigesima octava. Quod rescripto a duobus tantummodo primatibus nomine cetero-rum episcoporum subsignatum reperitur, ab Aurelio videlicet Carthaginensi et a Silvano jam Numidiæ primate : attamen in frequentissimo conventu episcoporum pene trecentorum confectum fuisse, prodit Augustinus in lib. *de Gestis cum Emerito*. Unde colligitur pertinere ad dies elapsos proxime ante Carthaginensem collationem, haberi cœptam 1, die Junii an. 411.
EPISTOLA CXXIX (scripta paulo post superiorem). — Ejusdem temporis est Epistola Centesima vigesima nona, qua nimirum episcopi Catholici occurrendum putarunt rescripto, seu *Notoriæ*, ut vocant, Donatistarum, qui pro suis partibus Marcellino respondebant, non sibi placere quod in Edicto suo proposuerat, ut ad collationis locum hi soli ex episcopis convenirent, quos ad ipsam caussam peragendam ceteri delegissent; petentes ut omnes potius qui Carthaginem venerant, adesse permitteret, ex *Brevic. collat.* die 1, c. IV.
EPISTOLA CXXX (scripta versus an. 412). — Epistola Centesima tricesima *ad Probam* data est aliquanto tempore post ipsius in Africam adventum, et habito jam aliquoties ab ipsa colloquio cum Augustino, ut ex n. 1, perspicitur. Porro Proba cum filia Juliana et Demetriade nepte se recepit in Africam mox ut barbarorum manus, in quas capta Urbe inciderat, effugere licuit : de quo legenda est Hieronymi Epist. VIII, ad Demetriadem. Quocirca potest Augustini prior ad ipsam Epistola collocari anno 411, aut anno 412, certe non multo serius, tum quia n. 30, ubi ipsius nurus Julianæ viduæ meminit, viduas virginesque sub cura Probæ

qu'il écrivit peu de temps après que Démétriade eut embrassé le saint état de virginité, selon ce mot du chap. XIX : « elle a récemment commencé. »

LETTRE CXXXI (écrite vers le même temps). — La cent trente-unième lettre, écrite *à la même Proba*, ne peut guère être renvoyée à une date postérieure; car déjà en 413, Proba était chargée d'années et fort avancée en âge, comme il est dit au livre du *Bien de la viduité*, chap. XIX et XXIII.

LETTRE CXXXII (écrite vers le commencement de 412). — La cent trente-deuxième lettre *à Volusius*, est un peu antérieure aux lettres CXXXV et CXXXVI, qui furent écrites au commencement de l'année 412.

LETTRE CXXXIII (écrite vers le même temps). — Après la conférence de Carthage les Donatistes ne s'étant point soumis, l'empereur Honorius résolut de sévir et publia la loi du 30 janvier 412, insérée au code Théodosien, livre XVII, titre V, loi 52 : pleins de colère contre les catholiques ils commencèrent alors à les poursuivre à outrance. Saint Augustin ayant appris que quelques-uns des leurs avaient été convaincus en justice et de l'assassinat du prêtre Restitutus, et de celui d'un autre prêtre catholique nommé Innocent, à qui ils avaient arraché un œil et coupé un doigt, écrivit la cent trente-troisième lettre *au tribun Marcellus*, demandant instamment qu'on ne les envoyât pas au supplice ; c'est pourquoi il nous a paru à propos de placer cette lettre peu après le commencement de l'année 412.

LETTRE CXXXIV (écrite en même temps que la précédente). — En même temps et pour le même objet, fut écrite la cent trente-quatrième lettre *au juge Apringius*, qui était frère de Marcellin, n. 2, et qui exerçait alors la charge de proconsul, d'après la lettre précédente, n. 3.

LETTRES CXXXV, CXXXVI, CXXXVII et CXXXVIII (écrites au commencement de 412). — Les quatre lettres suivantes, la cent trente-cinquième de *Volusien*, la cent trente-sixième de *Marcellin*, la cent trente-septième d'Augustin *à Volusien* et la cent trente-huitième *à Marcellin*, furent écrites peu de temps avant la CXXXIX dans laquelle, n. 3, saint Augustin dit « qu'il a écrit récemment » les deux dernières.

LETTRE CXXXIX (écrite en 412). — La cent-trente-neuvième lettre *à Marcellin*, fut écrite peu de temps après les lettres CXXXIII et CXXXIV, dont saint Augustin dit ici, n. 2 ;

constitutas ad studium orationis exhortans, nullum verbum habet de Demetriade, quam procul dubio laudasset hoc loco, si illa jam virginem professa fuisset; quod ipsa anno 413, præstitit : tum etiam quia hanc Epistolam commemorat in fine libri de *Bono Viduitatis*, quem Demetriade virginitatis institutum recens amplexa conscripsit, juxta illud ibidem c. XIX, *quæ modo cœpit*.

EPISTOLA CXXXI (scripta circ. idem tempus). — Centesima trigesima prima *ad eamdem Probam* scripta, remitti non potest in longum tempus. Jam tum enim, sive anno 413 grandæva erat Proba et ad senectam provecta, ut patet ex lib. de *Bono Viduitatis*, cap. XIX et XXIII.

EPISTOLA CXXXII (scripta circ. ineuntem an. 412). — Centesima trigesima secunda *ad Volusianum* nonnullo tempore prior est Epistolis CXXXV et CXXXVI, quæ sub ineuntem annum 412 conscriptæ fuerunt.

EPISTOLA CXXXIII (scripta circ. idem tempus).— Cum Donatistas post Collationem Carthaginensem contumaces plecti vellet Honorius Imperator, sancivissetque in eos legem die 30 Januarii, an. 412, quæ exstat in codice Theod., lib. XVII, tit. V, l. LII, tum vero illi insurgere vehementius in Catholicos, et ferocius sævire cœperunt. Audito autem eorum quosdam judicibus exhibitos, simulque de homicidio in Restitutum presbyterum patrato, deque Innocentii alterius catholici presbyteri cæde, de oculo ipsius elfossio digitoque præciso fuisse convictos, scripsit Augustinus Epistolam Centesimam trigesimam tertiam *ad Marcellinum Tribunum*, enixe rogans ne iis mortis pœna infligeretur. Quapropter visum est istam Epistolam paulo post initium anni 412 collocare.

EPISTOLA CXXXIV (scripta cum superiore). — Eodem tempore atque super eadem re data est Centesima triginta quarta *ad Apringium judicem*, qui Marcellini frater fuit ex n. 2, et proconsulatum gessit ex superiore Epistola n. 3.

EPISTOLÆ CXXXV, CXXXVI, CXXXVII et CXXXVIII (scriptæ sub initium an. 412). — Quatuor subsequentes Epistolæ scilicet Centesima trigesima quinta *Volusiani*, Centesima trigesima sexta *Marcellini*, ad Augustinum, Centesima trigesima septima Augustini *ad Volusianum*, et Centesima trigesima octava *ad Marcellinum* haud multo tempore præcesserunt Epistolam CXXXIX, in qua n. 3, istas duas a se recens datas Augustinus memorat.

« Si le proconsul veut ou si vous voulez tous deux porter la sentence, s'il persiste à frapper les coupables bien qu'il soit chrétien, et qu'il ne soit pas naturellement porté, comme nous avons pu le croire, à user de la dernière sévérité, s'il pense que la nécessité lui en fait un devoir, ordonnez qu'on relate dans la procédure les deux lettres que j'ai cru devoir vous adresser sur ce sujet. »

LETTRE CXL (écrite après la précédente). — Nous connaissons la date de la cent quarantième lettre, qui n'est autre que le livre intitulé *De la grâce du Nouveau Testament*, par le liv. II *des Rétractations*, chap. xxxvi, où saint Augustin dit que « les questions qu'il travaille à résoudre dans cette lettre lui ont été adressées dans le temps où il était le plus occupé par la lutte contre les Donatistes et où il commençait déjà à écrire contre les Pélagiens. » Nous la connaissons aussi par la lettre précédente CXXXIX, dans laquelle le saint docteur dit au n. 3. « Je travaille maintenant au livre à Honoratus en réponse à cinq questions qu'il m'a proposées par lettre et dont il exige la solution ; vous voyez vous-mêmes, combien il est nécessaire de lui répondre aussitôt. »

LETTRE CXLI (écrite le 14 juin 412). — La cent quarante-unième lettre est *du concile de Zerte aux Donatistes*, elle porte la date précise, l'année et le jour.

LETTRE CXLII (écrite vers le même temps). — Nous avons voulu placer immédiatement après la lettre *à Saturnin, Eufrate* et autres clercs du parti de Donat, revenus à l'Eglise, attendu qu'au n. 3, à propos des évêques donatistes confondus à la conférence de Carthage, on retrouve les mêmes expressions qui se lisent aux n. 4 et 6, de la lettre CXLI. De plus, à la fin, saint Augustin recommande de prier pour ceux qui adhèrent *encore* au schisme, pour obtenir la guérison de cette faiblesse charnelle, que leur a fait contracter une longue habitude : ce qui nous fait comprendre que la lettre a été écrite quelque temps après la conférence de Carthage.

LETTRE CXLIII (écrite vers la fin de 412). — La cent quarante-troisième lettre *à Marcellin*, est de la fin de 412, comme on le voit par le n. 12, où saint Augustin fait remarquer que ce qu'il a écrit dans la lettre CXXXVII, de la virginité de la sainte mère de Dieu, si admirable et si étonnant qu'il paraisse, ne doit point pour cela être regardé comme moins digne de foi. Ajoutons qu'ici au n. 1, il répond aux lettres

---

EPISTOLA CXXXIX (scripta an. 412). — Epistola Centesima trigesima nona *ad Marcellinum* paulo posterior est Epistolis cxxxvi et cxxxiv de quibus Augustinus hic n. 2. « Si Proconsul, inquit, vel simul ambo in illos estis sententiam prolaturi, et forte ille persistit velle gladio vindicare, quamquam sit Christianus, et quantum advertere potuimus, non sit ad hæc cruciamenta proclivis ; tamen si necesse fuerit, etiam Gestis jubete allegari Epistolas meas, quas de hac re singulas vobis mittendas putavi. »

EPISTOLA CXL (scripta post superiorem). — Ætatem Centesimæ quadragesimæ *ad Honoratum*, qui liber est *de Gratia novi Testamenti* inscriptus, habemus cum ex lib. II *Retract.*, c. xxxvi, ubi Augustinus fidem facit quæstiones illas, quibus enodandis incumbit in hacce Epistola, ad se « eo tempore quo contra Donatistas vehementer exercebatur, et contra Pelagianos exerceri, jam cœperat missas fuisse:» tum etiam ex superiore Ep. cxxxix, in qua S. Doctor n. 3 dicit. « Nunc in manibus habeo librum ad Honoratum nostrum de quæstionibus quibusdam quinque, quas mihi proposuit, et per litteras intimavit : cui non continuo respondere vides quas minime oporteat. »

EPISTOLA CXLI (scripta 14 Jun. an. 412). — Epistola Centesima quadragesima prima *Concilii Zertensis ad Donatistas*, diem et Consulem adscriptum habet.

EPISTOLA CXLII (scripta circ. idem tempus). — Proxime adjungi curavimus Epistolam *Saturnino et Eufrati* aliisque clericis ex Donatistarum schismate ad Ecclesiam conversis inscriptam : quoniam n. 3, quædam de convictis in Carthaginensi collatione Donatistarum episcopis dicuntur sub iisdem verbis, quæ in Epistola cxli, n. 4 et 6, legere est. Præterea circiter finem admonet Augustinus orandum pro illis, qui *adhuc* schismati inhærent, quo in eis sanetur carnalis animi infirmitas ex diuturna consuetudine contracta, unde intelligas ipsum aliquanto post collationem Carthaginensem scribere.

EPISTOLA CXLIII (scripta circ. finem an. 412). — Prodiit Epistola Centesima quadragesima tertia *ad Marcellinum* circiter finem anni 412, quod probe colligitur ex n. 12, ubi quidpiam de virginitate S. Mariæ Deiparæ a se in Epistola cxxxvii, scriptum, neutiquam propterea quod res mira et singularis sit, fide indignum esse observat Augustinus. Adde quod hic n. 1, respondet Marcellini litteris acceptis

de Marcellin apportées par l'évêque Boniface, lequel se trouvait près de Marcellin, quand fut écrite la lettre CXXXIX, comme le montre le n. 2 ; on pense que c'est à son retour qu'il se sera chargé des lettres en question.

LETTRE CXLIV (écrite vers le même temps). — La cent quarante-quatrième lettre adressée *à ceux de Cirta* revenus du parti donatiste à l'unité de l'Église est, ce nous semble, du même temps : en effet il y est dit que leur obstination a été vaincue par la force de la vérité, à laquelle ils avaient résisté d'abord. « Quoiqu'elle fût révélée très-manifestement et en quelque sorte mise sous les yeux de tous, » sous-entendez après les lumières répandues par la conférence de Carthage. De plus, le saint docteur a grand soin de les avertir de rapporter leur conversion à l'action de Dieu, non à celle de l'homme, comme s'il voulait les prémunir contre une erreur nouvelle qu'on venait de découvrir en Afrique, celle des Pélagiens. Comparez le commencement de cette lettre avec la fin de la CXLIe lettre.

LETTRE CXLV (écrite en 412 ou en 413). — Dans la lettre cent quarante-cinquième *à Anastase*, saint Augustin fait voir que ce n'est pas par la loi, mais par la grâce, non par une servile crainte, mais par une charité libre qu'est accomplie la justice, et il déclare au n. 8, qu'il traite ce sujet, « à cause de quelques-uns, qui accordent trop à la volonté humaine, la regardant comme capable d'accomplir la loi, quand elle est une fois connue ; » « s'abstient de leur donner encore le nom d'hérétiques, il n'en voulait arriver là qu'après la preuve de leur opiniâtreté ; on doit donc placer cette lettre vers 413.

LETTRE CXLVI (écrite vers 413). — A la même année 413, se rapporte la cent quarante-sixième lettre, écrite par saint Augustin à Pélage, quand il eut connu ses erreurs, non pas encore par ses écrits ; mais par la rumeur publique, comme il l'atteste au livre *des Actions de Pélage*, chap. XXVI ; « J'avais déjà appris par les rumeurs venues jusqu'ici, qu'il s'efforçait de supprimer la grâce qui nous justifie. »

LETTRE CXLVII et CXLVIII (paraissent écrites en 413). — Le livre de la vue de Dieu adressé *à Pauline*, et le *commonitorium à Fortunatius* de Sicques, sur le même sujet, et qui se trouvent ici la cent quarante-septième et la cent quarante-huitième lettre, sont rangées par saint Augustin dans les *Rétractations*, aussitôt après les livres écrits en 412 et en 413. Du reste Fortunatien qui gouvernait l'église de Sicques en 411, comme nous l'indique la con-

per Bonifacium Episcopum, qui Bonifacius apud Marcellinum egit eo tempore, quo data fuit Epistola CXXXIX, ut ubi n. 2, indicatur : postque inde revertens prædictas litteras secum adtulisse creditur.

EPISTOLA CXLIV (scripta circ. hoc tempus). — Centesimam quadragesimam quartam *ad Cirtenses* a Donatistarum factione ad Catholicam unitatem conversos datam circiter idem tempus arbitramur : tum quia « vi veritatis evicta » dicitur eorum contumacia, qua « eidem veritati manifestissimæ et et quodammodo publicæ, » id est re jam ante per Carthaginensem collationem ad liquidum perductæ, resistebant : tum quia hic sedulo monet S. Doctor, ut suam illi conversionem divino operi tribuant, non humano : quasi adversus aliquum detectum nuper in Africa Pelagianum errorem communiri eosdem oporteat. Confer hujusce Epistolæ initium cum fine Epistolæ CXLI.

EPISTOLA CXLV (scripta circ. an. 412 aut 413). — In Epistola Centesima quadragesima quinta *ad Anastasium* commonstrat Augustinus haud quaquam per Legem, sed per gratiam, neque omnino servili timore, sed tantummodo libera caritate impleri, justitiam : idque argumenti tractare se dicit n. 8 « propter quosdam qui nimium arrogant humanæ voluntati, quam Lege dura putant ad eam implendam sibi posse sufficere, » ubi parcit adhuc hæreticorum istorum nomini, quos nonnisi post compertam eorum pertinaciam exagitare decreverat. Est igitur collocanda Epistola circiter annum 413.

EPISTOLA CXLVI (scripta circ. an. 413). — Ad eumdem annum 413, revocatur Epistola Centesima quadragesima sexta, quam Pelagio scripsit Augustinus, cum jam hæresin illius non quidem ex scriptis a Pelagio editis, sed sparso rumore ac sermone intellexisset, uti testatur in lib. *de Gestis Pelagii* c. XXVI. « Jam enim audieram, inquit, contra gratiam, qua justificamur, quando hinc aliqua commemoratio fieret, aperta eum contentione conari. »

EPISTOLA CXLVII et CXLVIII (scriptæ videntur an. 413). — Librum de Videndo Deo *ad Paulinam*, et Commonitorium *ad Fortunatianum* Siccensem super eodem argumento conscriptum, quæ hic sunt Epistolæ Centesima quadragesima septima et Centesima quadragesima octava, recenset Augusti-

férence de Carthage, eut pour successeur Urbain, vers 413 assurément, car cet évêque était allé à Rome et en était déjà revenu en 416, comme on le voit par un fragment renvoyé au dernier volume.

LETTRE CXLIX (écrite vers 414). — On ne peut guère placer avant 414, la cent quarante-neuvième lettre à *Paulin*, d'abord parce que entre cette lettre et la CXXI écrite en 410 par Paulin, aux questions duquel saint Augustin donne réponse pour la seconde fois; il y avait eu de l'un à l'autre échange de quelques lettres aujourd'hui perdues, voyez n. 2; ensuite parce qu'il est fait ici n. 32, mention d'Urbain évêque de Sicques, et si c'est le même qu'Urbain prêtre mentionné dans la lettre CXLIII, il n'avait pas encore été élevé à l'épiscopat vers la fin de 412. D'autre part on ne peut guère le reculer plus, car le diacre Peregrinus qui avait accompagné Urbain, quand il alla recevoir la consécration épiscopale, n'était pas encore revenu à Hippone, quand saint Augustin écrivit cette lettre; il le dit positivement à la fin.

LETTRE CL (écrite vers la fin de 413). — La cent cinquantième, *à Proba et a Juliana*, fut écrite à l'occasion de la consécration à Dieu de leur fille Démétriade, qui ayant puisé dans les instructions de saint Augustin un grand mépris pour le monde, fit profession de virginité. Bien que Démétriade eût déjà entendu le saint à Carthage, lorsqu'il s'y était rendu pour la conférence avec les Donatistes, elle ne paraît cependant pas avoir pris le voile avant l'an 413. En effet, saint Jérôme n'écrivit que cette année, ou plutôt même, l'année suivante, sa lettre VIII à Démétriade, au sujet de sa consécration à Dieu (dont le bruit comme dit ici saint Augustin, s'était répandu au loin avec une grande rapidité). C'est ce qui nous fait penser que cette lettre de saint Augustin appartient à 413, ou au commencement de l'année suivante.

LETTRE CLI (écrite à la fin de 413 ou au commencement de 414). — La cent cinquante-unième lettre *à Cécilien*, a trait au meurtre de saint Marcellin, comme le font voir les notes qui l'accompagnent, ce qui nous prouve qu'elle a été écrite à la fin de 413.

LETTRES CLII, CLIII, CLIV et CLV (écrites vers 414). — Le temps où furent écrites les quatre lettres suivantes, se peut fixer de cette manière : *Macedonius* dans la cent cinquante-deuxième dit, n. 3, qu'il n'a pas encore reçu ceux de ses ouvrages que lui avait promis saint Augustin, et il le prie de les lui envoyer enfin.

---

nus in Retractationibus proximo loco post eos libros, quos anno 412 aut 413 elaboravit. Enimvero Fortunatianus qui Siccensem ecclesiam anno 411 ex Carthaginensi collatione regebat, habuit Urbanum successorem circiter annum 413, quando quidem hic ipso Episcopus Romam iter susceperat, indeque jam redierat anno 416 ex fragmento I, Tomo X.

EPISTOLA CXLIX (scripta sub an. 414). — Vix ante annum 414, collocari possit Epistola Centesima quadragesima nona *ad Paulinum* : tum quia hanc inter et CXXI Epistolam anno 410, rescriptam a Paulino, cujus quæstionibus iterato solutionem adhibet Augustinus, missæ sunt ultrocitroque Epistolæ aliquot quæ exciderunt ex n. 2, tum etiam quia hic n. 32, fit mentio Urbani Siccensis episcopi, qui si idem est ac Urbanus Presbyter in Epistola CXLIII, n. 1, commemoratus, nondum episcopalem dignitatem anno 412, in finem inclinante consecutus fuerat. Vix etiam possit serius reponi. Quippe Peregrinus diaconus, qui Urbano ad sarcinam Episcopatus subeundam pergente cum eo simul profectus fuerat, nondum remeaverat Hipponem, cum hancce Epistolam dictaret Augustinus, uti in fine testatur.

EPISTOLA CL. (scripta circ. exeuntem an. 413). — Centesima quinquagesima *ad Probam et Julianam* scripta est occasione consecrationis filiæ earum Demetriadis, quæ audita Augustini exhortatione ad mundi contemptum incensa fuerat, et virginem professa. Tametsi vero Demetrias jam tum audivisset ipsum Carthagine, cum eo collationis cum Donatistis habendæ caussa se contulit Augustinus, non videtur tamen velum suscepisse ante annum 413. Quippe cum Hieronymus Epistolam VIII, ad Demetriadem super eadem consecratione (quam quidem ubique velocissime fama celeberrima prædicavit, ut hic Augustinus n. 1, dicit) nonnisi hoc anno, aut (quod longe veri similius est) insequente scripserit. Quo fit ut hancce Augustini Epistolam ad finem anni 413, aut ad subsequentis exordium pertinere judicemus.

EPISTOLA CLI (scripta exeunte an. 413, aut ineunte 414). — De S. Marcellini cæde sermonem in Epistola Centesima quinquagesima prima *ad Cæcilianum* haberi ostenditur in Notis ad eamdem Epistolam : unde facile intelligas datam fuisse circiter exeuntem 413.

EPISTOLÆ CLII, CLIII, CLIV et CLV (scriptæ circ.

Dans la cent cinquante-quatrième, il annonce qu'il les a reçus et lus; or il suffit de lire la réponse de saint Augustin, ici la cent cinquantième lettre, n. 2, pour comprendre que les écrits en question sont les trois premiers livres de la *Cité de Dieu*, qui parurent au 413 et auxquels il en ajouta un quatrième et un cinquième en 415, lettre CLXIX, n. 1.

LETTRES CLVI et CLVII (écrites en 414). — La cent cinquante-sixième lettre d'*Hilaire de Syracuse* et la cent cinquante-septième d'Augustin au même *Hilaire* ont été écrites en 414, comme on le voit par le notes qu'on y a jointes (V° volume). Au moins est-il prouvé qu'il ne faut pas les attribuer à 411, comme a fait Baronius, car saint Augustin dit ici au n. 22, qu'il a déjà traité dans d'autres écrits et dans des discours prononcés à son église, plusieurs des questions que lui propose Hilaire au sujet du pélagianisme.

LETTRES CLVIII, CLIX, CLX, CLXI, CLXII, CLXIII et CLXIV (écrites en 414). — Les lettres d'*Evodius* à saint Augustin et les réponses qui y sont adressées, ont été tout à fait mal classées dans les éditions publiées jusqu'à ce jour. En effet, il est constant que la cent cinquante-huitième d'*Evodius* qui était auparavant la CCLVIII a donné occasion à la cent cinquante-neuvième, qu'on avait placé la C à *Evodius*; Constant dit aussi que cette dernière a été écrite peu de temps avant la cent-soixante-deuxième dans laquelle saint Augustin répondant aux lettres d'*Evodius*, cent soixantième et cent soixante-unième, dit au n. 3, qu'il a tout récemment envoyé la cent-soixante-neuvième. Aussitôt après, vient la cent soixante-troisième, qu'Evodius écrivit avant d'avoir reçu la CLXII; car il y renouvelle toutes les questions posées dans les lettres précédentes, et en ajouté deux nouvelles; et saint Augustin en traitant ces deux dernières questions, dans la lettre cent soixante-quatrième, rappelle qu'il a répondu déjà aux autres, sauf pourtant celle de la vision de Dieu par le corps. Le saint dans ses lettres CLXI et CLXII revenant sur une idée déjà émise dans la lettre CXXXVII écrite à *Volusien* en 412, nous sommes portés à croire, que la correspondance ici mentionnée est du même temps; c'est-à-dire peu avant la lettre CLXIX au même *Evodius* laquelle est de la fin de 415.

LETTRE CLXV (écrite peu après 410.) — La

an. 414). — Quatuor subsequentium Epistolarum tempus hac ratione constituimus. *Macedonius* in Centesima quinquagesima secunda n. 3, dicit se nondum recepisse quæ ipsi Augustinus de suis scriptis promiserat, rogatque ut ea demum transmittat. Tum in Epistola Centesima quinquagesima quarta Augustino renuntiat se receptos ab ipso libros perlegisse. Hos autem libros nemo qui Augustini rescriptum, id est Epistolam hic Centesimam quinquagesimam quintam n. 2, inspexerit, non intelliget esse illos ipsos tres priores operis de *Civitate Dei*, qui anno 413, prodierunt, et quibus quartum et quintum librum addidit Augustinus an. 415; juxta Epistolam CLXIX, n. 1.

EPISTOLÆ CLVI et CLVII (scriptæ an. 414). — Epistolas Centesimam quinquagesimam sextam *Hilarii Syracusani*, et Centesimam quinquagesimam septimam Augustini *ad eumdem Hilarium* scriptas anno 414, colliges ex Nota *b*. pag. 542. Saltem haud quaquam putabis Baronio ad annum 411, eas revocanti assentiendum : quando Augustinus hic n. 22, multa jam de quæstionibus contra Pelagianos ab Hilario propositis, testatur se dixisse in aliis suis opusculis et ecclesiasticis sermonibus.

EPISTOLÆ CLVIII, CLIX, CLX, CLXI, CLXII, CLXIII et CLXIV (scriptæ sub. an. 414). — Quod ad *Evodii* litteras Augustinique ad ipsum rescripta adtinet, ea præpostere admodum fuerunt in hactenus editis ordinata. Constat enim Centesimam quinquagesimam octavam *Evodii*, quæ olim ordine CCLVIII, fuit occasionem dedisse Centesimæ quinquagesimæ nonæ, quæ fuit, c. *ad Evodium*; tum hanc scriptam fuisse pauco tempore ante Centesimam sexagesimam secundam, qua Augustinus Evodianis Centesimæ sexagesimæ et Centesimæ sexagesimæ primæ respondens n. 3, testatur se *nuperrime* Epistolam illam CLIX, rescripsisse. Mox vero subsecuta est Epistola Centesima sexagesima tertia ab Evodio ante scripta quam CLII, recepisset. Quippe superiorum Epistolarum suarum quæstiones iterato proponit Evodius adjungens alias duas. Unde Augustinus his duabus discussis in Epistola Centesima sexagesima quarta n. 22, monet se ad quæstiones illas antehac missas, excepta quæ de Dei visione per corpus proponebatur, responsum dedisse. Jam vero cum in Epistolis CLXI et CLXII, quæstio versetur de sententia quadam Epistolæ CXXXVII, ad Volusianum an. 412, scriptæ, conficitur has omnes Epistolas, de quibus dicimus, prodiisse sub hoc tempus; videnturque dictatæ paulo ante CLXIX, ad eumdem Evodium, quæ est exeuntis anni 415.

EPISTOLA CLXV (scripta non multo post an. 410).

cent soixante-cinquième de *saint Jérôme* est adressée à Marcellin, tribun en Afrique, n. 1. Or Marcellin exerça cette charge environ trois ans, de 410 à 413 ; c'est au mois de septembre de cette dernière année qu'il fut surpris et mis à mort par les hérétiques, ce qui l'a fait mettre au nombre des martyrs ; voyez la note jointe à cette lettre.

LETTRE CLXVI (écrite au printemps de 413). — La cent soixante-sixième, à *saint Jérôme*, fut écrite, d'après le n. 2, pour profiter de l'occasion du voyage du prêtre Orose qui s'embarqua pour la Palestine au printemps de 415.

LETTRE CLXVII (écrite en même temps que la précédente). — En même temps que cette lettre, Orose fut aussi chargé de la cent-soixante-septième : c'est ce qu'indiquent et saint Augustin dans cette lettre CLXVII, n. 1, dans la CLXIX, chap. IV, n. 13, dans le liv. II des *Rétractations*, chap. XLV ; et saint Jérôme dans sa réponse qui est ici la lettre CLXXII n. 1.

LETTRE CLXVIII (écrite probablement en 415). — La cent soixante-huitième lettre est de *Timase* et *Jacob* ; ils remercient saint Augustin pour l'envoi du livre de la *Nature et de la Grâce* ; or nous savons tous que ce livre est de 415.

LETTRE CLXIX (écrite à la fin de 415). —

La cent soixante-neuvième à *Evodius* fut écrite par saint Augustin, après qu'il eut achevé le livre de la *Nature et de la Grâce*, la même année où il publia le quatrième et le cinquième livre de la *Cité de Dieu*, et écrivit les deux lettres CLXVI et CLXVII à saint Jérôme ; c'est lui-même qui le dit ici, n. 1 et 13.

LETTRES CLXX et CLXXI (écrites probablement en 415). — La cent soixante-dixième, à *Maxime*, et la cent soixante-onzième, à *Pérégrin*, sont du même temps ; en tout cas, elles ne peuvent être antérieures à 413, car Pérégrin, évêque, avec lequel saint Augustin et Alype sont si intimement liés, paraît être le même qui n'était encore que diacre en 412, d'après les lettres CXXXIX et CXLIX, et même postérieurement à 413, d'après la lettre CXLIX n. 34.

LETTRE CLXXII (écrite au commencement de 416).—La lettre de *saint Jérôme*, que nous plaçons ici cent soixante-douzième, paraît la réponse apportée par Orose à son retour de Palestine en Afrique, au printemps de 416.

LETTRE CLXXIII (écrite vers le même temps). — La cent soixante-treizième, au prêtre *Donat*, fut écrite quelque temps après la conférence de Carthage, puisque saint Augustin parle des actes de cette assemblée au

— Centesima sexagesima quinta *Hieronymi* est, ad Marcellinum Tribunum in Africa agentem transmissa, ex n. 1. Egit vero Marcellinus in ea regione tres circiter annos a 410, ad 413, quo anno mense septembri hæreticorum dolis occisus in Martyrum numerum migravit. Vide *Not. b.* p. 584.

EPISTOLA CLXVI (scripta an. 415, verno tempore). — Centesima sexagesima sexta *ad Hieronymum* occasione Orosii Presbyteri in Palestinam anno 415, sub vernum tempus navigantis dictata est ex n. 2.

EPISTOLA CLXVII (scripta simul cum superiore). — Alteram quoque hic centesimam sexagesimam septimam simul ipsi perferendam accepit Orosius. Eodem tempore cum superiore scriptam fuisse indicat non modo Augustinus hacce Epistola CLXVII, n. 1 et CLXIX, c. IV, n. 13, et lib. II. *Retract.* c. XLV, sed etiam Hieronymus rescripto suo, quæ est Epistola hic CLXXII, n. 1.

EPISTOLA CLXVIII (scripta forte an. 415). — *Timasii* et *Jacobi* est Centesima sexagesima octava Epistola, qua gratiarum actionem Augustino exhibent pro libro *de natura et gratia* ; quem librum anno 415, editum esse nulli dubitamus.

EPISTOLA CLXIX (scripta exeunte an. 415). — *Ad Evodium* Centesimam sexagesimam nonam Epistolam dedit Augustinus post perfectum librum *de Natura et Gratia*, eodemque anno quo librum quartum et quintum *de civitate Dei*, duasque ad Hieronymum Epistolas CLXVI et CLXVII dictaverat, uti fitetur ipse hic n. 1 et 13.

EPISTOLÆ CLXX et CLXXI (scriptæ forte an. 415). — Centesima septuagesima *ad Maximum* et Centesima septuagesima prima *ad Peregrinum* eodem tempore datæ fuerunt : non ante annum 413, siquidem Peregrinus episcopus, quo tam familiariter utuntur hic Augustinus et Alypius, videtur fuisse idem cum illo Peregrino, qui diaconatus munere fungebatur anno 412 ex Epistola CXXXIX et CXLIX, immo post annum 413, ex Epistola CXLIX, n. 34.

EPISTOLA CLXXII (scripta ineunte an. 416). — *Hieronymi* Epistola hic Centesima septuagesima secunda reddita putatur Augustino per Orosium redeuntem ex Palæstina in Africam anno 415, sub vernum tempus.

EPISTOLA CLXXIII (scripta circ. hoc tempus). — Centesima septuagesima tertia *ad Donatum* presby-

n. 17; et même après les lois qu'Honorius publia ensuite contre les Donatistes. En effet, Donat n'aurait pu être, ainsi qu'il est dit,n.1 appréhendé par force et conduit à l'Église, sans l'autorité des lois impériales ; mais on ignore si cela est arrivé aussitôt après les lois portées contre les schismatiques à la suite du meurtre de Marcellin, ou seulement à l'arrivée du tribun Dulcitius envoyé en Afrique pour veiller à l'exécution des édits.

LETTRE CLXXIV (écrite vers le même temps). — La cent soixante-quatorzième, à *Aurèle*, ne peut être placée avant l'an 416, puisqu'au liv. XIII de la *Trinité* ouvrage alors complétement achevé, et adressé en même temps à Aurèle, il est fait mention du liv. XII de la *Cité de Dieu* qui ne fut terminé qu'en 416.

LETTRE CLXXV (écrite en 415). — La lettre du *Concile* de Carthage, à *Innocent*, placée ici cent soixante-quinzième est rapportée à 416. attendu, premièrement que le prêtre Orose qui donna aux pères du concile, alors réunis, l'occasion d'écrire cette lettre en leur remettant les lettres d'Héros et Lazare contre Pélage, ne revint de Palestine que cette même année au printemps ; ensuite, que la réponse d'Innocent à ce même concile, porte la date du VI des calendes de février, après le consulat de Théodose pour la septième fois, et Junius Quartus pour la cinquième, ce qui revient à 417.

LETTRE CLXXVI (écrite peu après la précédente). — Le même jour, Innocent répondit aux pères de Milève qui lui avaient adressé leur lettre synodale, ici cent soixante-seizième, excités disaient-ils par l'exemple du concile de Carthage. La lettre est donc aussi de 416.

LETTRE CLXXVII (écrite vers le même temps). — Les mêmes raisonnements nous font découvrir la date de la cent soixante-dix-septième lettre, écrite après les lettres synodales sus-mentionnées, voyez n. 1.

LETTRE CLXXVIII (écrite vers le même temps). — La lettre cent soixante-dix-huitième, à *Hilaire* évêque, porte l'indication de la date dans les paroles suivantes, n. 2 : « Quand je traçais ces lignes, nous savions qu'un décret du concile tenu par les évêques réunis dans l'église de Carthage, avait été rendu contre eux, et qu'il devait être adressé, avec une lettre, au saint et vénérable Innocent pape; nous-même du concile de Numidie, nous avions aussi écrit déjà au même siége apostolique. »

LETTRE CLXXIX (écrite vers le même temps). — Saint Augustin n'avait pas encore

teram aliquanto tempore posterior est Carthaginensi collatione, de cujus actis ibi sermonem habet Augustinus, n. 7, posterior etiam legibus ab Honorio postmodum datis in Donatistas; haud quaquam enim Donatus ille per vim comprehensus ad Ecclesiam sic adduceretur, quomodo hic n. 1 refertur, si legum imperialium auctoritas non intercessisset. Quo autem anno id contigerit, an statim post leges audita Marcellini cæde rescriptas in schismaticos, au posteaquam Dulcitius Tribunus legum imperialium executor in Africam venit, incertum est.

EPISTOLA CLXXIV (scripta circ. hoc tempus). — Centesima septuagesima quarta *ad Aurelium* non citius anno 416 reponi potest, cum in libro XIII *de Trinitate*, quod opus numeris omnibus suis absolutum hic Aurelio transmittitur, mentio fiat libri XII *de civitate Dei*, qui non ante annum 416 perfectus fuit.

EPISTOLA CLXXV (scripta an. 416). — Concilii Carthaginensis ad Innocentium Epistola, hic ordine Centesima septuagesima quinta, refertur in annum 416, primum quia Orosius Presbyter, qui Africanis patribus synodum de morte agentibus scribendæ hujusce Epistolæ occasionem Herotis videlicet e Lazari in Pelagium litteras protulit, rediit ex Palæstina hoc ipso anno verna tempestate. Tum quia rescriptum Innocentii ad eamdem synodum consignatur die VI Kal. Febr., post Consulatum Theodos. VII, et Junii Quarti V. C., id est an. 417.

EPISTOLA CLXXVI (scripta paulo post superiorem). — Eodem die responsum dedit Innocentius Patribus qui synodicam ipsi super eadem re, scilicet Epistolam hic Centesimam septuagesimam sextam transmiserant. Carthaginensium exemplo provocati, uti aiunt n. 5. Pertinet itaque ad eumdem annum 416.

EPISTOLA CLXXVII (scripta circ. idem tempus). — Iisdem argumentis deprehenditur tempus Epistolæ Centesimæ septuagesimæ septimæ, post superiores synodicas dictatæ ex n. 1.

EPISTOLA CLXXVIII (scripta eodem tempore). — Ætatem suam Epistola Centesima septuagesima octava *ad Hilarium* episcopum consignatam præfert his verbis, n. 2. « Jam enim, ait Augustinus, cum ista scriberem, cognoveramus in ecclesia Carthaginensi adversus eos episcopalis Concilii conditum

reçu les actes du synode de Diospolis célébré à la fin de l'année 415, lorsqu'il écrivit la cent soixante-dix-neuvième lettre destinée à Jean de Jérusalem, voyez n. 7, mais déjà il avait vu certaine apologie écrite par Pélage et adressée par lui aux évêques d'Afrique, au lieu de ces actes, apologie par laquelle il prétendait répondre aux objections d'Héros et Lazare; déjà aussi, saint Augustin avait écrit à Jean de Jérusalem sur le même sujet, depuis le retour d'Orose; en effet, au n. 1, il suppose que la réponse de Jean de Jérusalem ne lui a pas été envoyée, faute d'occasions favorables.

LETTRE CLXXX (écrite vers la fin de l'année 418). — La lettre cent quatre-vingtième, à *Oceanus*, a été écrite peu de temps après le retour d'Orose en Afrique, voyez n. 5.

LETTRES CLXXXI, CLXXXII et CLXXXIII (écrites au commencement de 417). — Les trois qui suivent ont été envoyées en Afrique par le pape Innocent : elles portent l'indication du jour et des consuls ; ces notes les rapportent au mois de janvier de l'année 417.

LETTRE CLXXXIV (écrite vers le même temps). — Nous pensons que la cent quatre-vingt quatrième, de *saint Innocent* à Aurèle et à Augustin, est du même temps, puisque le pape Innocent est mort au mois de mars ou de juillet 417.

LETTRE CLXXXV (écrite vers 417). — Dans la lettre cent quatre-vingt-cinquième, à *Boniface*, n. 6, saint Augustin fait mention du concile de Carthage, mais il indique la date avec plus de précision dans les *Rétractations*, où après avoir parlé du livre des *Actions de Pélage*, qui est de 417, il dit, que la présente lettre fut écrite dans le même temps, et il la place immédiatement avant le livre à Dardanus qui fut écrit pendant l'été de 417.

LETTRE CLXXXVI (écrite vers le milieu de 417). — Plusieurs indices nous font connaître le temps de la cent quatre-vingt-sixième lettre, à *Paulin*, d'abord d'après les n. 1 et suivants, les actes du synode de Diospolis étaient déjà aux mains de saint Augustin; ensuite il avait lu les réponses du pape Innocent sur Pélage données au commencement de l'an 417, car, à partir de ce moment il commence, n. 28, à objecter aux Pélagiens la parole du seigneur : « Si vous ne mangez la chair du fils de l'homme, etc., » faisant en même temps re-

---

fuisse decretum, per Epistolam sancto et venerabili Papæ Innocentio dirigendum et nos de concilio Numidiæ ad eamdem apostolicam Sedem jam similiter scripseramus. »

EPISTOLA CLXXIX (scripta circ. idem tempus). — Diospolitanæ synodi sub exeunte anno 415 celebratæ Gesta nondum receperat Augustinus, cum Epistolam Centesimam septuagesimam nonam Johanni Jerosolymitano perferendam dedit ex n. 7. Sed jam viderat conscriptam a Pelagio atque ad Africanos istorum Gestorum loco transmissam apologiam quamdam, qua se ille ad Herotis et Lazari objecta respondisse jactabat; scripseratque jam Augustinus alteram ad Johannem Epistolam super eadem caussa, post Orosii reditum, uti opinamur. Quippe n. 1 rescripta sibi a Johanne credit non reddita, quod ipsi perlator defuerit.

EPISTOLA CLXXX (scripta circ. finem an. 416). — Centesima octogesima *ad Oceanum* data est aliquanto post Orosii reditum in Africam ex n. 5.

EPISTOLÆ CLXXXI, CLXXXII et CLXXXIII (scriptæ init. an. 417). — Tres subsequentes Epistolæ, ab Innocentio in Africam transmissæ, diem et consulem consignatum habent, quæ notæ incidunt in mensem Januarium anni 417.

EPISTOLA CLXXXIV (scripta sub idem tempus). — Centesimam octogesimam quartam *Innocentii* ad Aurelium et Augustinum sub idem tempus scriptam credimus, quandoquidem Innocentius anno 417 obiit mense Martio vel Julio.

EPISTOLA CLXXXV (scripta circ. an. 417). — In Epistola Centesima octogesima quinta *ad Bonifacium* collationis Carthaginensis meminit Augustinus n. 6. Sed ejus ætatem expressius indicat in Retractationibus, ubi recensito libro *de Gestis Pelagii*, qui versus ineuntem annum 417 editus est, testatur eam se tempore eodem conscripsisse; proximum ei locum ante librum Dardano sub æstatem anni 417 scriptum adsignans.

EPISTOLA CLXXXVI (scripta circ. medium an. 417). — Tempus Centesimæ octogesimæ sextæ Epistolæ *ad Paulinum* datæ monstrant complura. Primum Gesta Diospolitanæ synodi jam pervenerant in Augustini manus ex n. 1, 31, ac sequentibus. Deinde rescripta Innocentii contra Pelagianos initio anni 417 data legerat. Exinde enim n. 28 Dominicam sententiam, « Nisi manducaveritis carnem Filii hominis, » etc., incipit Pelagianis obtendere : id tamen prudenter observandum curans, testimonium illud ab apostolica Sede eo fine adhibitum fuisse, « ut ne parvuli non baptizati vitam posse habere credantur. » Adhæc audiverat Innocentii obitum ex n. 2, qui anno 417, die 28 Julii contigit calculo Baronii, cui Acta veterum Pontificum apud Bollan-

marquer avec soin que le saint siège s'est servi de ce texte pour empêcher de croire que « les enfants non baptisés peuvent avoir la vie. » De plus, d'après le n. 2, on voit qu'il avait appris la mort du pape Innocent, arrivée le 28 juillet 417, d'après le calcul de Baronius qui s'accorde avec les actes des anciens pontifes dans Bollandus, avec Anastase le bibliothécaire, avec le nouveau martyrologe Romain ; ou plutôt le 12 mars, comme le portent les martyrologes de Bède, d'Usuard, d'Ado et Notker, mais surtout le vieux martyrologe Romain dont se servit Ado. Le témoignage des martyrologes est confirmé par les lettres de Zosime aux églises des Gaules, qui dans Sirmond ont la date du 22 mars 417, par celle de Paschasin évêque de Lilybée, adressée en 443 au Souverain-Pontife Léon, où il est dit que les églises d'Occident sous le pontificat de Zosime en 417, ont fait erreur sur le jour pascal, qui tombant cette le 22 avril fut célébré par elles le 25 mars. Enfin Prosper, dans sa chronique, dit que Zosime a gouverné l'église un an neuf mois huit jours, ou, selon quelques éditions, neuf : Or, Zosime mourut le 26 décembre 418 ; il avait donc commencé son pontificat le 17 ou le 18 mars 417. Enfin ce qui donne bien aussi le temps où fut écrite cette lettre à Paulin, c'est qu'alors Zosime successeur d'Innocent n'avait encore rien fait ni pour ni contre Pélage, puisque la lettre ne dit pas un mot de lui.

LETTRE CLXXXVII (écrite vers le milieu de 417). — Le livre à Dardanus rangé dans toutes les éditions qui ont précédé, parmi les lettres de saint Augustin appartient au milieu de 417 ou à peu près : en effet saint Augustin dit au n. 1 qu'il l'a écrit dans le cours de l'été, et dans les *Rétractations*, il le place entre le livre des *Actions de Pélage* composé à la fin de 416 ou au commencement de 417, et les livres de la *Grâce et du péché originel* écrits vers le mois de mai 418.

LETTRE CLXXXVIII (écrite vers la fin de 417 ou le commencement de 418). — La lettre cent quatre-vingt-huitième fut adressée par saint Augustin et Alype, à *Julienne*. Les deux évêques désiraient savoir si le livre anonyme adressé à Démétriade et placé ici dans l'appendice comme lettre XVII, était de la main de Pélage. Or, dans le traité de la *Grâce du Christ* saint Augustin attribue ce livre à Pélage : pour lui c'est un fait certain, nullement contesté ; il est donc clair que la présente lettre a été écrite avant le traité de la *Grâce* composé en 418, mais peu de temps avant, car ici au n. 14 saint

---

dum, Anastasius Bibliothecarius, et recens Martyrologium Romanum suffragantur. Seu potius contigit 12 die Martii, ut præferunt Martyrologia Bedæ, Usuardi, Adonis et Notkeri ; sed ante hos omnes vetus Romanum, quo usus est Ado. Martyrologiis autem fidem conciliant Zosimi ad Galliarum Ecclesias litteræ, quæ apud Sirmundum datæ notantur 22 Martii an. 417, tum etiam Paschasini Lilybætani episcopi ad Leonem Romanum Pontificem Epistola anno 443 scripta, ubi is narrat Occidentales anno 417 Zosimo tunc Pontifice errasse in festo Paschatis, quod cum in 22 Aprilis incideret, celebratum ab illis fuit 25 Martii. Denique Prosper in Chronico tradit Zosimum Ecclesiam rexisse annum unum menses novem, dies octo, aut juxta nonnullas editiones, novem. Atqui Zosimus obiit 26 Decembr. an. 418. Suscepit itaque regimen Ecclesiæ die 17 aut 18 Martii anni 417. Porro quod etiam hujusce ad Paulinum Epistolæ ætatem indicat, Innocentii successor Zosimus nondum tentaverat quidquam sive in favorem, sive in condemnationem Pelagianorum ; quandoquidem nullum de ipso verbum habet isthæc Epistola.

EPISTOLA CLXXXVII (scripta sub medium an. 417). — Liber *ad Dardanum* inter Augustini Epistolas in hactenus editis recensitus, pertinet ad medium circiter annum 417. Quippe æstate labente conscriptum a se prodit Augustinus n. 1, tribuitque eidem libro in Retractationibus medium locum inter librum *de Gestis Pelagii* exeunte anno 416 aut ineunte 417 elaboratum, et libros *de Gratia et peccato originali* scriptos versus mensem Maium anni 418.

EPISTOLÆ CLXXXVIII (scripta exeunte an. 417 aut ineunte 418). — *Ad Julianam* Epistola Centesima octogesima octava mittitur nomine Alypii et Augustini, qui certiores fieri cupiunt, an a Pelagio profectus sit anonymus ad Demetriadem liber, quæ est hic in Appendice Epistola XVII. Porro in opere de *gratia Christi* librum eumdem Pelagio adscribit Augustin is tamquam auctori plane comperto et comprobato. Prodiit ergo isthæc Epistola ante dictum opus de *gratia* an. 418, elaboratum : non tamen multo ante tempore ; quando hic n. 14, loquitur Augustinus de altera Pelagii Epistola, quæ sub initium anni 417. Innocentio scripta, ejusque succes-

Augustin parle d'une autre lettre de Pélage qui, adressée au pape Innocent au commencement de 417, ne fut remise qu'au mois de septembre, à son successeur Zosime.

LETTRE CLXXXIX (écrite vers 418). — Ce que dit saint Augustin au commencement de la cent quatre-vingt-neuvième lettre, à *Boniface*, qu'après avoir écrit déjà une lettre pour lui, et l'avoir remise aux mains du porteur, il avait été engagé par ce même personnage à lui adresser encore cette seconde : « pour lui donner quelques paroles propres à l'édification de son âme, » les éditeurs de Louvain après Erasme l'entendent de la lettre CLXXXV au même Boniface : Nous ne pouvons adopter cette opinion, attendu que cet écrit est appelé par saint Augustin dans les *Rétractations*, non pas une lettre, mais un livre, et que d'ailleurs au sujet qui y est traité on n'avait rien à ajouter pour l'édification de l'âme : cependant cette lettre CLXXXIX peut très-bien être rapportée à ce temps où saint Augustin avait appris par la renommée n. 8, les vertus de Boniface, mais non pas encore par sa fréquentation ou ses entretiens intimes.

LETTRE CXC (écrite peu après le milieu de l'an 418). — Nous connaissons le temps de la cent quatre-vingt-dixième lettre, à *Optat*, partie par les n. 22 et 23, où il est parlé de la condamnation des Pélagiens par le pape Zosime, et de l'encyclique contre eux envoyée à toutes les églises de l'univers, par ce même pontife ; partie par le n. 1, dans lequel saint Augustin dit, qu'étant à Césarée il avait été décidé à écrire cette lettre par les exhortations de René et de Murès : or il se rendit à Césarée après le concile de Carthage du 1er mai 418 ; de Carthage il était allé directement en Mauritanie, d'après la lettre CXCIII, n. 1, et, il se trouvait encore à Césarée le 20 septembre de la même année, d'après le livre des *Sujets traités avec Emeritus*.

LETTRES CXCI, CXCII et CXCIII (écrites à la fin de 418). — Les trois lettres qui suivent, cent quatre-vingt-onze, cent quatre-vingt-douze, à *Célestin*, et cent quatre-vingt-treize, à *Mercator*, furent écrites par saint Augustin pour profiter de l'occasion du retour d'Afrique de l'Acolythe Albin de l'Eglise Romaine ; le saint venait de rentrer à Hippone comme il le dit au commencement de chacune de ces trois lettres, il venait de la Mauritanie césarienne, d'après la lettre CXCIII, n. 1, et par conséquent après le 20 septembre, puisque cette date est celle des *Sujets traités avec Emeritus* à Césarée.

---

sori Zosimo nonnisi versus mensem Septembrem reddita est.

EPISTOLA CLXXXIX (scripta circ. an. 418). — Quæ initio Centesimæ octogesimæ nonæ *ad Bonifacium* dicit Augustinus, rescribere ad eum a se jam dictata, eaque perlatori in manus tradita fuisse, cum ab eodem perlatore inductus fuit, ut hanc insuper Epistolam adderet, « scribens aliquid quod ipsum ædificet ad sempiternam salutem, » ea Lovanienses post Erasmum intelligunt de CLXXXV, ad eumdem Bonifacium Epistola. Quibus etsi non assentimus, quod illud prius scriptionis genus non Epistola, sed liber ab Augustino censeatur in Retractationibus ; præterquam quod in eo versatur argumento, ut ad Bonifacii ædificationem nihil insuper desiderari potuisset. Commode tamen adhoc tempus refertur isthæc Epistola, de qua agimus CLXXXIX, quo tempore Bonifacii virtutes fama rescierat Augustinus ex n. 8, sed nondum forte usu ipsius aut consuetudine satis familiari.

EPISTOLA CXC (scripta paulo post medium an. 418). — Ætatem Epistolæ Centesimæ *ad Optatum* habes partim ex n. 22 et 23, ubi de damnatis a Zosimo Pelagianis dicitur, deque Tractoria quæ in eos per universum orbem ante medium an. 418, ab ipso emissa fuit : partim ex n. 1, in quo innuit Augustinus se cum apud Cæsaream ageret, scribendæ huic Epistolæ adjecisse animum, impulsu Renati et Muressis. Porro Cæsaream petiit post Carthaginense concilium die 1 Maii an. 418, celebratum, iter Carthagine recta in Mauritaniam suscipiens, ex Epistola CXCIII, n. 1, agebatque adhuc Cæsareæ die 20 Septembris ejusdem anni, ex *Actis cum Emerito*.

EPISTOLÆ CXCI, CXCII et CXCIII (scripta sub finem an. 418). — Tres subsequentes Epistolas Centesimam nonagesimam primam *ad Sixtum*, Centesimam nonagesimam secundam *ad Cælestinum*, et Centesimam nonagesimam tertiam *ad Mercatorem* una eademque occasione Albini Romanæ Ecclesiæ acolythi ex Africa profecturi rescripsit Augustinus, postquam remeasset Hipponem, uti ipse initio cujusque harum Epistolarum profitetur, id est post suum reditum ex Mauritania Cæsariensi, juxta Epistolam CXCIII, n. 1, adeoque post diem 20 Septembris, quo die apud Cæsaream confecta notantur *Acta cum Emerito*.

LETTRE CXCIV (écrite peu après les précédentes). — La cent quatre-vingt-quatorzième lettre fut envoyée à *Sixte* par le prêtre Firmin, peu de temps après le départ de l'Acolythe Albin, voyez n. 1.

LETTRE CXCV (écrite peut-être en 418). — Dans la cent quatre-vingt-quinzième *Jérôme* paraît féliciter saint Augustin de ce qu'enfin le pélagianisme a été condamné dans tout l'univers ; il le loue « de ce qu'il a résisté aux souffle des vents par l'ardeur de sa foi ; » peut-être veut-il par là indiquer sa constance à poursuivre l'hérésie des Pélagiens alors que les Romains trompés par leurs artifices avaient semblé les favoriser. Nous ferons remarquer que deux manuscrits du monastère de Vendôme placent à la suite de cette lettre une autre fort courte que nous avons placée la CXXI, ils les joignent par ces mots : « Aussitôt après la signature. Plusieurs déjà boitent des deux pieds, etc. »

LETTRE CXCVI (écrite à la fin de 419). — La lettre cent quatre-vingt-seizième *à Asellicus*, fut écrite alors que Donatien était primat de Byzacène par droit d'ancienneté, n. 1. dignité qui lui est attribuée au concile de Carthage en 418. D'autre part, saint Augustin fait entendre, au n. 7, que les Pélagiens ont déjà été condamnés par Innocent ; voici ses paroles : « Ils ont été récemment atteints par le jugement du ciel, ils ont été séparés de la communion catholique par la diligente sollicitude des fidèles serviteurs de Dieu. »

LETTRES CXCVII et CXCVIII (écrites à la fin de 418 ou au commencement de 419). — Des trois lettres qui suivent la cent quatre-vingt-dix-neuvième *à Hesychius* fut écrite en 419 comme on le voit par le n. 20. C'est ce qui fait qu'on doit, ce semble, rapporter la cent quatre-vingt-dix-septième et la cent quatre-vingt-dix-huitième écrites peu auparavant, à la fin de l'année 418, ou au commencement de 419. Cette conjecture se fortifie de ce que dit Hesychius dans la lettre CXCVIII, n. 5, qu'on a vu alors des signes dans le ciel, indiquant sans doute par là, ce qui est arrivé en 418, au témoignage des historiens : l'émotion qu'en ressentit Hesychius fut pour lui l'occasion de consulter saint Augustin sur le dernier jour du monde.

LETTRE CC (écrite à la fin de 418 ou au commencement de 419). — La deux centième lettre *au comte Valère* lui fut envoyée avec le livre *des Noces* qui lui est dédié ; ce livre, comme nous le ferons voir en son lieu, a été écrit au commencement de 419. En effet saint Augustin dans le livre I, *à Boniface*, chap. v,

---

EPISTOLA CXCIV (scripta paulo post superiores). — Centesima nonagesima quarta *ad Sixtum* paulo post Albini acolythi profectionem per Firmum presbyterum missa est ex n. 1.

EPISTOLA CXCV (scripta forte an. 418). — In Epistola Centesima nonagesima quinta Augustino gratulari videtur *Hieronymus* de Pelagianis toto jam orbe damnatis ; cumque laudat quod « contra flantes ventos ardore fidei perstiterit », indicat fortean S. Doctoris constantiam in expugnanda Pelagianorum hæresi, quando eorum arte delusi Romani patrocinari iis videbantur. Porro in MSS. duobus monast. Vindocinensis observamus huicce Epistolæ alteram perbrevem a Hieronymo scriptam, quæ supra ordine est CXXI, proxime subjungi, interjectis his tribus verbis : « Jam post suscriptionem. Multi utroque claudicant etc. »

EPISTOLA CXCVI (scripta exeunte an. 418). — Epistola Centesima nonagesima sexta *ad Asellicum* scripta est eo tempore, quo Donatianus Byzacenæ provinciæ primatem antiquitatis jure agebat, ex n. 1, quæ illi dignitas in Concilio Carthaginensi anni 418, tribuitur. Præterea Pelagianos ab Innocentio et Zosimo jam damnatos significat Augustinus n. 7, hisce verbis. « Qui recenti judicio Dei, per diligentes et fideles servos ejus etiam catholica communione privati sunt ».

EPISTOLÆ CXCVII et CXCVIII (scriptæ exeunte an 418, aut ineunte 419). CXCIX (scripta sub an. 419). — Ex tribus proxime sequentibus Epistolis Centesima nonagesima nona *ad Hesychium* sub annum Christi 419, data intelligitur ex n. 20. Quapropter Centesima nonagesima septima et Centesima nonagesima octava, quæ paulo ante scriptæ fuerant, revocandæ videntur ad annum exeuntem 418, aut ad ineuntem 419. Adjuvat conjecturam quod Hesychius in CXCVIII. Epistola n. 5, dicat tempus per id tempus in cœlo visa fuisse : ea dubio procul indicans quæ anno 418, contigisse memorant Historici ; quibus ille signis permotus occasionem sumsit consulendi Augustinum de ultimo die mundi.

EPISTOLA CC (scripta exeunte an. 418, aut ineunte 419). — Epistola Ducentesima *ad Valerium*

PRÉFACE.

dit qu'il l'a publié « après la condamnation de Célestius et de Pélage, » et il ajoute aussitôt : « J'ai cru devoir dire ces choses parce qu'il prétend que mes paroles ont été acceptées par ses ennemis en haine de la vérité ; je ne veux aucunement que personne s'imagine, que les nouveaux hérétiques ennemis de la grâce de Jésus-Christ ont été condamnés à cause de mon livre. » Ce qui nous fait conclure que le livre des *Noces* a été composé peu après la condamnation de ces mêmes hérétiques.

LETTRE CCI (écrite au mois de juin 419). — La deux cent unième lettre écrite par les empereurs *Honorius et Théodose à Aurelius*, et adressée également dans la même forme à Augustin porte l'indication du jour et des consuls.

LETTRE CCII (paraît écrite vers la fin de 419). —La lettre qui est placée ici deux cent deuxième est regardée par Baronius comme la dernière de celles qu'écrivit saint Jérôme. Il la rapporte à l'an 420, date de la mort du saint, d'après la chronique de Prosper. Ce qu'il y a de certain c'est qu'on ne peut guère placer avant 320 le trépas de la vierge Eustoquie, dont la perte affecta si douloureusement saint Jérôme comme il le dit ici. En effet, Palladius écrivant l'histoire Lausiaque en 419 ou 420, la croit encore vivante, chapitre cxxv. Quant au porteur de la lettre, le prêtre Innocent, il fut envoyé en 419 par les évêques d'Afrique pour demander à Cyrille les canons de Nicée ; il revint le 26 novembre, même année, comme il est clair par le recueil des canons de l'église d'Afrique, n. 137 : c'est sans aucun doute dans ce voyage qu'il vit saint Jérôme et en reçut le message en question, cette même année et non pas la suivante. Car au commencement de la lettre, saint Jérôme tirant excuse de ce « qu'Innocent ne paraissant pas l'année précédente devoir retourner en Afrique, » n'a pas reçu sa réponse pour saint Augustin, donne manifestement à entendre qu'Innocent a fait deux voyages en Orient. Celui dans lequel il ne savait s'il retournerait en Afrique ne peut être le même que celui qu'il entreprit pour obéir aux pères du Synode africain en 419 : c'est à tort que Baronius conclut des paroles citées de saint Jérôme que la lettre a été envoyée l'année qui suivit l'ambassade d'Innocent.

LETTRE CCIII (écrite sans doute en 420). — La lettre deux cent troisième *à Large* a été écrite dans le temps où ce personnage heureux

---

Comitem missa est cum libro primo *de Nuptiis* eidem nuncupato, quem librum suo loco demonstrabimus conscriptum fuisse exeunte anno 418, aut ineunte 419. Enimvero ipse Augustinus in lib. 1, *ad Bonifacium* c. v, dicit se id operis « post damnationem Pelagii Celestiique » edidisse. Tum addens continenter : « Quod ideo dicendum putavi, quoniam iste dicit ab inimicis suis in odium veritatis dicta mea fuisse suscepta : ne ideo quisquam existimet propter hunc librum meum inimicos gratiæ Christi novos hæreticos fuisse damnatos : » argumentum præbet quo eumdem librum non multo post eorum hæreticorum damnationem prodiisse concludamus.

EPISTOLA CCI (scripta an. 419, mense junio). — Ducentesima prima, quæ *ab Imperatoribus Honorio et Theodosio ad Aurelium*, et seorsim ad Augustinum eodem tenore data est, diei et Consulum notam affixam gerit.

EPISTOLA CCII (scripta videtur versus finem an. 419). — Quæ Ducentesima secunda hic est, earum quæ Hieronymus scripsit, Epistolarum omnium novissimam putat Baronius, remittitque ad annum 420, in quem Hieronymi obitus, juxta Prosperi chronicum incidit. Certe quidem Eustochi virginis dormitio, cujus dolore se vehementer occupatum testatur hic Hieronymus, non multo ante prædictum annum 420, reponi potest. Quandoquidem Palladius Lausiacam historiam an. 419, aut 420, scribens, in vivis eam agere credit in cap. cxxv. Quod vero ad Epistolæ perlatorem Innocentium presbyterum attinet, is anno 419, ad perquirendos Nicænos canones missus a Patribus Africanis ad Cyrillum, inde rediit in Africam anno eodem ante 26. Novembris, ut ex Cod. can. Eccl. Afric. titulo c. 137, liquet : eaque dubio procul occasione viso Hieronymo, Epistolam de qua agitur, afferendam accepit, hoc ipso anno ; non subsequenti. Quippe Epistolæ initio cum Hieronymus excusat, quod Innocentius « anno præterito quasi nequaquam in Africam reversurus, » ipsius ad Augustinum scripta non sumpserit, indicat unam et alteram Innocentii peregrinationem in Oriente : quarum prima, siquidem Innocentius de suo in Africam reditu incertus erat, non eadem est cum illa quam an. 419. Africanæ synodi auctoritate suscepit. Neque recte Baronius iii ex verbis Hieronymi colligit Epistolam anno sequent a legatione Innocentii datam fuisse.

EPISTOLA CCIII (scripta forte circ. an. 420). — Epistola Ducentesima tertia *ad Largum* eo tempore scripta est, quo ille res prosperas ante expertus, versabatur in adversis, potestque ad annum circiter

jusque-là, était tombé dans l'adversité ; elle peut se rapporter à l'an 420, car ce Large qui est salué *seigneur illustre et très-distingué*, qui est gratifié du titre d'*Excellence* peut à bon droit être regardé comme le même qui était proconsul d'Afrique en 415, 418 et 419.

LETTRE CCIV (écrite vers le même temps). — La deux cent quatrième, à *Dulcitius*, tribun et exécuteur des décrets impériaux contre les Donatistes, a été écrite comme on le voit par les n. 4 et 9, peu de temps après les livres *contre Gaudentius*, le dernier ouvrage contre les Donatistes et qui est de 420.

LETTRE CCV (écrite vers 420). — On ne peut guère douter que la lettre deux cent cinquième à *Consentius*, ne soit adressée au même personnage que le livre *contre le Mensonge* ni qu'elle ne soit du même temps. En effet celui à qui ce livre fut adressé vers 420, (comme on le prouvera ailleurs) vivant au milieu des Priscillianistes, qui désolaient alors l'Espagne ; *l* avait écrit à saint Augustin « bien des choses fort tristes, » comme il est dit au commencement du livre, au sujet du mensonge employé par ces hérétiques, pour cacher leurs erreurs ; c'était leur usage constant et ils ne craignaient point d'y joindre le parjure quand il paraissait utile à leur but. Or saint Augustin dit ici qu'il a reçu *une lettre* de Consentius, et de plus un petit écrit, où étaient proposées les questions auxquelles il répond. On voit par là que sous le nom de lettres, il entend un écrit plus étendu, auquel il répondit plus tard dans le livre *contre le Mensonge*, faisant excuse pour le retard de sa réponse. De plus ce que dit saint Augustin, chap. I, n. 1, convient très-bien à un personnage habitant l'Espagne, et préoccupé de l'idée de se réfugier en Afrique ; il affirme en effet qu'il désire voir Consentius ; « mais dans des temps plus tranquilles et moins agités, pour que le voyage puisse paraître le résultat plutôt d'une sainte charité que d'une fâcheuse nécessité. » Or dans le chap. IV, n. 18, il parle du livre qu'il écrit, *de la Foi et des Œuvres*, livre qui est de 413.

LETTRE CCVI (écrite vers le même temps). — La deux cent sixième est adressée *à Valère*, ce même comte à qui fut envoyé le livre *des Noces* vers 419 : elle doit être rapportée à ce même temps, le saint écrit comme à un ami à qui l'unissaient déjà des relations d'intimité.

LETTRE CCVII (écrite en 421 ou peu après). — La deux cent-septième *à Claudius*, fut envoyée avec les quatre livres *contre Julien*. Or ces livres ont été écrits en 421 ; pas avant, car saint Augustin au livre I, chap. VII, parle de saint Jérôme comme étant déjà mort. Or la mort de saint Jérôme n'arriva que le 30 septembre 420.

LETTRE CCVIII (écrite probablement vers

420, revocari; siquidem Largus iste, qui « dominus insignis et præstantissimus » salutatur, quique « Eximietatis titulo donatur, haud immerito creditur idem cum eo, qui Proconsulatum in Africa gerebat annis 415, 418, et 419.

EPISTOLA CCIV (scripta circ. hoc tempus). — Ducentesima quarta *ad Dulcitium* Tribunum et jussionum imperialium in Donatistas executorem, constat ex n. 4 et 9, datam fuisse paulo ante libros *contra Gaudentium* : quod opus adversus Donatistas postremum emisit Augustinus circiter annum 420.

EPISTOLA CCV (scripta forte versus an. 420). — Dubitare vix licet, quin Ducentesima quinta Epistola *Consentio* eidem, cui *contra Mendacium* liber, atque eodem ferme tempore scripta fuerit. Is enim cui liber ille circiter annum (uti alias probabitur), 420, compositus nuncupatur, vivebat inter Priscillianistas, qui per id tempus Hispaniam infestabant; *multaque lugenda miserat* Augustino, ut in ejusdem libri exordio dicitur, agens de mendacii usu ad illorum retegendam hæresim, quam perjuriis etiam adhibitis occultare ipsi solerent. In hac autem Epistola testatur Augustinus missam sibi fuisse *Epistolam* a Consentio, et insuper in alia chartula quæstiones illas, ad quas modo respondet. Ubi *Epistolæ* nomine significare videtur scripta prolixiora, quibus postea in lib. *contra Mendacium* respondit, tarditatem rescriptorum suorum ibidem excusans. Deinde in hominem apud Hispaniam constitutum, atque inde in Africam confugere cogitantem convenit egregie, quod hic cap. I, n. 1, testatur Augustinus, optare quidem se videre Consentium, sed *quietioribus et tranquillioribus rebus humanis, ut id honestæ caritatis sit potius, quam molestæ necessitatis*. Porro in cap. IV, n. 18, meminit scripti a se libri *de Fide et operibus*, qui liber est anni 413.

EPISTOLA CCVI (scripta circ. hoc tempus). — Ducentesima sexta est *ad Valerium*, illum ipsum Comitem, cui primus *de Nuptiis* liber circiter initium

423). — Si l'on compare la deux cent huitième lettre adressée *à Félicie*, avec la CCIX à Célestin, on voit que les scandales qui troublaient la conscience de cette vierge revenue du schisme des Donatistes à l'unité de l'Eglise, peuvent être attribués à l'évêque Antoine qui, chargé de diriger l'église de Fussale, revenue à la communion catholique, s'était montré par la corruption de ses mœurs indigne de ces saintes fonctions et en avait été déposé par la sentence des évêques ; si cette conjecture est fondée la présente lettre doit être rapportée à l'année 423.

LETTRE CCIX (écrite peut-être au commencement de 423). — Le n. 1 de la deux cent neuvième lettre *à Célestin*, la fait attribuer aux premiers temps de son pontificat; en effet saint Augustin y félicite le pape de son élection faite sans dissidence aucune parmi les Romains. Or Célestin succéda immédiatement à Boniface dont Baronius indique la mort au huit des Calendes de novembre 423, s'autorisant pour le jour du témoignage d'Anastase, mais n'ayant pour l'année d'autre garant que le récit de Prosper et de Marcellin, qui disent que le successeur fut élu en 423; il pourrait cependant bien se faire que Boniface étant mort à la fin de 422, son successeur n'eût été promu qu'en 423. Aussi bien dans les mêmes chroniques est-il dit, que Célestin fut élu pape avant la mort d'Honorius arrivée en août 423. De plus le pontificat de Boniface fut de trois ans et quelques mois, comme en conviennent tous les auteurs anciens et modernes, latins ou grecs, à l'exception de Nicéphore dont l'autorité n'est pas grande et quelques éditions de Prosper qui donnent à Boniface quatre ans de pontificat, ce qui peut même se concilier avec les autres témoignages, si on entend la quatrième année comme non achevée. On trouve dans un manuscrit de Corbie, vieux de plus de onze cents ans, une suite des pontifes romains, qui va jusqu'au pape Vigile ; elle attribue à Célestin, neuf ans dix mois six jours, à Boniface seulement trois ans huit mois six jours. Or Boniface fut élevé au souverain pontificat le 29 décembre 418; ainsi sa mort peut être rapportée à la fin de 422, ainsi que l'élection de Célestin son successeur, peut-être les chroniques ne l'ont-elles portée qu'en 423 parce

---

anni 419, transmissus fuit. Ad idem fere tempus pertinere videtur isthæc Epistola, qua sic ipsi scribit Augustinus, quasi jam ante in ipsius amicitiam et familiaritatem receptus.

EPISTOLA CCVII (scripta an. 421, aut paulo post). — Ducentesima septima *ad Claudium* cum quatuor *contra Julianum* libris transmissa est. Porro hi libri editi sunt sub annum 421, non citius, cum Augustinus in libro 1, c. vii, loquatur de Hieronymo quasi jam defuncto, hic autem anno 420, die 30 septemb. obierit.

EPISTOLA CCVIII (scripta forte versus an. 423). — Ducentesima octava, quæ *Feliciæ* data est, cum CCIX, ad Cælestinum comparetur, venit in mentem exorta scandala, quibus virgo illa ex Donatistarum schismate ad Ecclesiæ unitatem conversa perturbabatur, posse in Antonium episcopum referri; qui nimirum Antonius præfectus Fussalensi plebi, quæ ex Donatistis redierat ad catholicam communionem, huic ecclesiæ pravis suis moribus perverse adeo consulebat, ut ejus regimine sententia episcoporum privatus fuerit. Quæ nos conjectura si non fallit, pertinet Epistola ad annum circiter 423.

EPISTOLA CCIX (scripta forte ineunte an. 423). — Ducentesima nona *ad Cælestinum* initio Pontificatus ipsius data intelligitur ex n. 1, ubi Pontifici gratulatur Augustinus de ipsius electione citra ullum plebis Romanæ discidium peracta. Porro Cælestinus proxime successit Bonifacio; cujus obitum Baronius anno adsignat 423, octavo Kal. novembris, diem scilicet ex Anastasii fide, annum autem non alia auctoritate statuens, nisi quod Prosper et Marcellinus in Chronicis successoris ipsius ingressum eodem hoc anno referant : cum evenire tamen potuerit, ut Bonifacio sub anni 422, finem defuncto Cælestinus nonnisi anno 423, fuerit subrogatus. Et vero in iisdem Chronicis ante Honorii imperatoris obitum, qui in mensem Augustum anni 423, incidit, Cælestini pontificatus exordium consignatur. Ad hæc Bonifacii pontificatum trium annorum et mensium aliquot spatio definiunt magno consensu prisci recentioresque, Latini et Græci scriptores; si exceperis Nicephorum, cujus non tanta est fides; et nonnullas Prosperi editiones, in quibus Bonifacio pontifici tribuuntur anni quatuor : quæ facile cum aliis concilientur, si annum quartum non plenum intelligamus. Exstat in Corbeiensi codice ante centum et mille annos exarato series Romanorum Pontificum in Vigilio desinens, quæ Cælestino quidem annos 9, mens. 10 et dies 6, adscribit : Bonifacio autem annos tantum 3, mens. 8, dies 6. Porro Bonifacius ad Pontificatum assumptus fuit die 29 decemb. an. 418. Itaque ad anni 422, finem revocari potest ejus obitus, nec non Cælestini successoris

qu'elle aura eu lieu quelques jours seulement avant le commencement de cette année.

LETTRE CCX (écrite probablement vers le même temps). — Il y a tout lieu de croire que la deux cent-dixième lettre *à Félicité et à Rustique*, aura été écrite à l'occasion du tumulte qui avait agité une maison de religieuses; ce serait pour l'apaiser que saint Augustin aurait écrit cette lettre.

LETTRE CCXI (écrite vers le même temps). — La deux cent onzième *aux Religieuses*, est postérieure au concile de Carthage et aux lois contre les schismatiques, qui furent publiées ensuite. En effet, l'Eglise alors se réjouissait du retour des Donatistes, n. 4. Cependant elle n'est guère antérieure à 424 ; car la sœur de saint Augustin supérieure de ce monastère n. 4, était morte depuis peu, ayant comme dit Possidius, n. 26, « servi Dieu pendant longtemps dans l'état de viduité, et conservé jusqu'à sa mort la conduite des servantes de Jésus-Christ. »

LETTRE CCXII (écrite vers 425). — A la fin de la deux cent douzième lettre écrite au sujet des reliques du saint martyr Etienne (qui furent apportées pour la première fois en Occident par Orose au retour de Jérusalem selon la chronique de Marcellin), saint Augustin dit *à Quintilien* : « Votre sainteté n'ignore pas combien elle leur doit rendre d'honneurs, ainsi que nous l'avons fait nous-mêmes. » Ces paroles, à notre avis, ont trait au monument qui fut élevé à Hippone en mémoire du saint martyr ; or, au ch. VIII, liv. XXII, *De la Cité de Dieu*, ouvrage dont s'occupait saint Augustin vers la fin de 426, on lit : « Deux ans ne se sont pas encore écoulés depuis qu'Hippone la Royale possède ce monument, etc. » Nous sommes donc fondés à croire que cette lettre a été écrite vers l'an 425.

LETTRE CCXIII (écrite le 26 septembre 426). — *Les actes ecclésiastiques*, rédigés à l'occasion du choix d'Heraclius, successeur de saint Augustin, et qui figurent ici comme deux cent treizième lettre, portent l'indication du jour et des consuls.

LETTRES CCXIV et CCXV (écrites vers Pâques 426 ou 427). — La deux cent-quatorzième et la deux cent quinzième, *à Valentin* abbé du monastère d'Adrumète, paraissent être du même temps d'après les premières paroles de chacune; l'une aurait été écrite un peu avant Pâques, l'autre un peu après cette fête, non pas en 418 comme l'a cru Baronius ; en effet la lettre plus longue à Sixte dont il est parlé dans les deux présentes, et dont une fausse interprétation avait amené de la division parmi les moines

---

ipsius electio; quæ forte ad insequentem annum idcirco relata est in Chronicis, quod paucis ante ipsius initium diebus facta fuerit.

EPISTOLA CCX (scripta forte circit. hoc tempus). — Non tenuis suspicio est, Epistolam Ducentesimam decimam *ad Felicitatem et Rusticum* scriptam esse occasione tumultus in Sanctimonialium sodalitio exorti ; cujus compescendi gratia subsequentem Epistolam ad Sanctimoniales misit Augustinus.

EPISTOLA CCXI (scripta circ. hoc tempus). — Ducentesima undecima *Sanctimonialibus* data, posterior est Carthaginensi collatione legibusque deinceps in schismaticos promulgatis. Quandoquidem Ecclesia tum maxime de *Donatistis in unitate* gaudebat ex n. 4. Nec sane multo ante annum 424. Quippe non recens obierat Augustini germana soror ejusdem monasterii præposita ex n. 4, quæ tamen narrante Possidio cap. XXVI. « Vidua Deo serviens multo tempore usque in diem obitus sui præposita ancillarum Dei vixit. »

EPISTOLA CCXII (scripta circ. an. 425). — Sub finem Epistolæ Ducentesimæ duodecimæ de Stephani Martyris reliquiis (quæ an. 416, per Orosium Jerosolymis redeuntem, juxta Marcellini Chronicum, primo in Occidentem advectæ fuerunt) sic *ad Quintilianum* loquitur Augustinus : « quas, ait, non ignorat sanctitas vestra, sicut et nos fecimus, quam convenienter honorare debeatis. Ubi, nostra quidem opinione, indicat memoriam ejusdem S. Martyris apud Hipponem exstructam. Atqui in c. VIII, lib. XXII, *de civitate Dei*, cui scribendo versus finem an. 426, incumbebat, isthæc verba leguntur : « Nondum est biennium ex quo apud Hipponem-regium cœpit esse ista memoria, etc. » Quapropter Epistolam circiter an. 425, scriptam arbitramur.

EPISTOLA CCXIII (scripta 26 sept. an. 426). — *Acta ecclesiastica in designando Augustini successore Eraclio* confecta, quæ hic Epistolæ Ducentesimæ decimæ-tertiæ loco exhibentur, diei et Consulum notam præferunt.

EPISTOLÆ CCXIV et CCXV (scriptæ circ. Pascha an. 426, aut 427). — Epistolæ Ducentesima decimaquarta et Ducentesima decima-quinta *ad Valentinum* Adrumetini monasterii Abbatem eodem tempore conscriptæ intelliguntur ex primis earum verbis, illa paulo ante Pascha, hæc paulo post idem festum,

d'Adrumète, ne remonte pas plus haut que la fin de 418; mais bien en 426 ou 427, attendu que le livre *De la Grâce et du libre arbitre*, avec lequel elles furent envoyées, comme le fait voir le n. 22 de la lettre CCXV, ne peut pas être placé plus tard. puisque dans les *Rétractations* il figure parmi les livres composés vers 427; ni plus tôt, puisqu'il y est placé au dernier rang, avec le livre *De la correction et de la Grâce* adressé aux mêmes moines.

LETTRE CCXVI (écrite peu après les deux précédentes). — Saint Augustin avait demandé dans les lettres précédentes qu'on lui envoyât le moine Florus accusé d'être l'auteur du tumulte survenu dans le monastère; Florus ayant accepté de grand cœur et sans aucune hésitation *Valentin* lui remit cette deux cent-seizième lettre en réponse à celles du saint. Voyez n. 6.

LETTRE CCXVII (écrite vers le même temps). — Touchant la lettre deux cent dix-septième, à *Vital*, une seule chose est certaine, c'est qu'elle ne fut écrite qu'après l'apparition du pélagianisme, mais il est probable qu'elle est postérieure aussi aux lettres CCXIV et CCXV, qui ne la mentionnent point parmi les écrits publiés contre Pélage et très-capables d'instruire les moines d'Adrumète. En effet dans le livre *De la Grâce et du libre arbitre*, ch. VII et suivants, saint Augustin ayant amplement établi que le commencement même de la foi et de la bonne volonté est un don de Dieu, Vital (si nous ne nous trompons) en fut ému et commença à parler contre cette doctrine, et à répliquer aux passages de l'épître aux Philippiens et du psaume XXXVI cités dans le ch. XVI de ce livre comme on le voit dans cette lettre, ch. I et IV. Or ce même verset du psaume XXXVI qu'il n'avait fait qu'indiquer, au livre *Du libre arbitre*, saint Augustin le reprend plus complétement et l'explique contre Vital, il fait de même pour les prières de l'Eglise par lesquelles il le réfute longuement; il n'avait touché que très-légèrement cet argument dans le ch. XIV : pour tous les autres témoignages, toutes les autres preuves se rapportant au même sujet, il en avait traité d'une manière très-ample et très-suffisante, il n'est donc pas étonnant qu'il n'y revienne point ici.

LETTRE CCXVIII (écrite probablement dans le même temps). — Nous plaçons ensuite la lettre *à Palatinus* dans laquelle saint Augustin l'exhorte à ne point placer en ses propres forces l'espoir d'une vie vertueuse; car « l'oraison

---

anni Christi non quidem 418, quod Baronio visum fuit. Nam prolixior ad Sixtum Epistola, de qua in Epistolis hisce duabus agitur, cujusve Epistolæ non recta interpretatione emerserant quædam inter Adrumetinos monachos contentiones, non citius exeunte eodem anno 418, dictata est; sed anni 426, aut 427, quandoquidem liber *de gratia et libero arbitrio*, cum quo simul transmissæ sunt, uti patet ex Epistola CCXV, n. 2, vix potest vel tardius reponi; cum in Retractationum libris circiter annum 427, elaboratis recenseatur : vel citius, cum in iisdem Retractationibus locum una cum libro *de correptione et gratia* ad eosdem monachos postremum teneat.

EPISTOLA CCXVI (scripta paulo post duas superiores). — Cum vero in superioribus litteris petiisset Augustinus, ut Florus qui tumultus auctor fuisse dicebatur, ad se veniret, eo perlubenter et absque cunctatione ulla id ipsum pergente *Valentinus* Epistolam hic Ducentesimam decimam sextam rescripsit ex n. 6.

EPISTOLA CCXVII (scripta sub idem tempus). — De Ducentesima decima septima *ad Vitalem* Epistola unum liquidum est, eam Pelagiana hæresi jam ante condemnata prodiisse : alterum verisimile admodum, scilicet posteriorem quoque esse Epistolis CCXIV et CCXV, in quibus inter scriptiones contra Pelagianos emissas et instruendis Adrumentinis monachis perutiles non profertur. Nempe cum in libro *de gratia et libero arbitrio*, cap. VII, et subsequentibus fuisset ab Augustino copiose assertum, ex Dei dono ipsum bonæ voluntatis fideique initium provenire, hoc permotus Vitalis (nisi male conjectamus) contradicere cœpit, et testimoniis ex Philipp. II et ex Psal. XXXVI, in eodem libro, cap. XVI, adhibitis respondere, ut patet in hacce Epistola n. 1 et 4. Porro versiculum Psal. XXXVI quem in libro *de libero arbitrio* tantummodo indicarat Augustinus, urget hic explicatque contra Vitalem, tum etiam ipsum ex Ecclesiæ precibus, quod argumentum in dicto libro cap. XIV, levissime tetigerat, operosius refellit. De ceteris vero tam multis testimoniis et argumentis ad camdem caussam æque pertinentibus, quia satis superque illic explicata erant, nihil mirum est si tractandum hic non curavit.

EPISTOLA CCXVIII (scripta forte eodem tempore). — Subjicimus hoc loco Epistolam *ad Palatinum*, in qua dum cum Augustinus hortatur, ut ne spem bene vivendi collocet in propriis viribus, « ipsa

dominicale elle-même, lui dit-il, vous avertit que vous avez besoin du secours de votre Dieu, » et un peu plus loin, « demandez que celui-là achève l'œuvre qui a donné même le commencement. » Ensuite il cite les mêmes autorités de l'épître aux Philippiens et du psaume XXXVI comme dans la lettre précédente à Vital, ce qui nous ferait croire qu'elles sont toutes deux du même temps.

LETTRE CCXIX (écrite en 426 ou 427). — Pour la date de la deux cent dix-neuvième lettre adressée par saint Augustin et trois autres évêques d'Afrique, aux Gaulois *Proculus* et *Cylinnus* à l'occasion de Leporius consultez la note qui y est jointe : (V° volume).

LETTRE CCXX (écrite vers la fin de 427). — La lettre deux cent vingtième, *à Boniface*, fut écrite au temps de la guerre qui lui fut faite comme traître et rebelle. C'est pour cela que tout au commencement saint Augustin lui dit « qu'il n'aurait jamais pu trouver un messager plus sûr que Pierre pour porter ses lettres, » et au n. 2 il dit que dans la position dangereuse où il était, les lettres écrites pour lui, n'ont pu lui être envoyées à cause du péril qui menaçait le porteur, et « de peur aussi, ajoute saint Augustin, que mes messages ne tombassent en d'autres mains que celles auxquelles je les destinais. » Cette guerre éclata sous le consulat d'Hière et d'Ardebure, c'est-à-dire en 427, par suite de la jalousie de Félix le maître des milices, selon la *Chronique* de Prosper, ou d'après Paulin diacre, *Mélanges historiques*, liv. XIV; de la trahison du comte Aetius qui ne pouvait souffrir l'accroissement de puissance que Boniface chargé du gouvernement de la Lybie occidentale, venait de recevoir en Afrique. C'est pour cela que saint Augustin au n. 5 dit à Boniface : « Vous dites que votre cause est juste, je n'en veux point juger, etc. Vous deviez accepter ce qu'on vous offrait pour en user comme le demande la piété, non pas revendiquer ce qu'on vous refusait ou vous retirait, au risque de vous jeter dans cette fâcheuse extrémité. » La lettre ne paraît guère devoir être reculée au delà de 427, saint Augustin ne s'y plaignant nullement de l'invasion des Vandales, qui, appelés par Boniface, pénétrèrent en Afrique au mois de mai 428.

LETTRES CCXXI, CCXXII, CCXXIII et CCXXIV (écrites en 427 et 428). — Les deux lettres de *Quodvult Deus*, et les deux réponses de saint Augustin sont du même temps et ont le même objet ; seulement les deux premières

---

quippe oratio (dominica), inquit n. 3, admonet te, quod indigeas adjutorio Domini tui. » Et postea. « Ab illo, ait, pete ut perficiatur a quo datum est ut inciperetur. » Tum adducit testimonia ex Philipp. 2, et Psal. 36, uti in Epistola superiore ad Vitalem : quæ suadere possint utramque Epistolam pertinere ad idem tempus.

EPISTOLA CCXIX (scripta sub an. 426, aut 427). — De ætate Epistolæ Ducentesimæ decimæ nonæ, ab Augustino aliisque tribus Africanis episcopis *ad Gallicanos Proculum et Cylinnium* directæ occasione Leporii, consule adnotationem pag. 810, a.

EPISTOLA CCXX (scripta circ. exeuntem an. 427). — Epistola Ducentesima vigesima *ad Bonifacium* data est tempore belli in ipsum tamquam in Imperii perduellem illati. Hinc enim Augustinus initio significat « fideliorem litterarum suarum perlatorem quam Petrum, numquam potuisse reperire. » Et n. 2, ait litteras ipsi in suis periculis numquam mitti potuisse propter periculum perlatoris, « Et ne ad eos, inquit, ad quos nollem Epistola mea perveniret. » Gestum est hoc bellum consulatu Hierii et Ardaburii, id est an. 427, invidia Felicis Magistri militum, juxta Prosperum in Chronico ; vel prodi- tione Aetii Comitis, juxta Paulum diaconum in hist. Miscel. lib. XIV, cum Bonifacium Occidentalis Libyæ principatu potitum, et apud Africam potentia auctum animo ferret iniquiori. Unde Augustinus n. 5, sic Bonifacio loquitur, « Justam quidem dicis habere te caussam, cujus judex ego non sum, etc. Et oblata quidem sumere debuisti, ut eis utereris ad pietatem; non autem negata vel delegata sic quærere, ut propter illa in istam necessitatem perducereris. » Neque referenda videtur Epistola longe ultra finem an. 427, cum nullam querelam Augustinus moveat de Vandalorum irruptione, qui subsidio vocati a Bonifacio penetrarunt in Africam anno 428, mense Maio.

EPISTOLÆ CCXXI, CCXXII, C XXIII et CCXXIV (scriptæ an. 427 et 428). — Quodvultdei Epistolæ duæ, Augustinique ad eas rescripta ejusdem sunt temporis et argumenti, nisi quod priores ad annum forte 427, pertinent, posteriores ad 428. Certe in ea quæ ordine est CCXXIV, testatur Augustinus libros duos Retractationum, quos anno 427, vel ut serius 428, emisit in publicum, jam esse antehac absolutos.

EPISTOLA CCXXV (scripta an. 428, aut 429). —

pourraient bien être de 427 et les deux autres de 428. Dans la CCXXIV saint Augustin déclare que les deux livres des *Rétractations* qui sont de 427, ou au plus tard de 428, étaient déjà publiés.

LETTRE CCXXV (écrite en 428 ou 429). — La lettre de *Prosper*, ici deux cent vingt-cinquième, fut écrite au temps où saint Hilaire gouvernait l'église d'Arles n. 3. Or ce prélat fut choisi en 428 ou 429 pour remplacer Honorat mort huit ou neuf jours avant la fête de l'Epiphanie. Voyez la note ajoutée à cette lettre au V° volume.

LETTRE CCXXVI (écrite vers le même temps). — La deux cent vingt-sixième qui est du laïque *Hilaire* fut envoyée avec la précédente comme le dit Hilaire lui-même au n. 10; c'est à l'un et à l'autre, Prosper et Hilaire, que répond saint Augustin par le livre *De la Prédestination des saints*.

LETTRE CCXXVII (écrite après Pâques en 428 ou 429). — La deux cent vingt-septième, *à Alype Ancien* doit de l'aveu de tous être rapportée à 429 ou environ, à moins qu'on ne pense qu'il s'agit ici d'un autre Alype que l'évêque de Tagaste, ou que le mot ancien n'a pas ici le sens de primat; dans la lettre CCXXIV à Quodvult Deus en 428, saint Augustin ne donnait point encore ce titre d'ancien à Alype, il l'appelait simplement *frère*.

LETTRE CCXXVIII (écrite en 428 ou 429). — La deux cent vingt-huitième lettre, *à Honorat*, évêque de Thiare, fut écrite « alors que l'invasion des Vandales était imminente ». Voyez Possidius, ch. xxx.

LETTRE CCXXIX, CCXXX et CCXXXI (écrites à la fin de la vie de saint Augustin, peut-être en 429). — La lettre deux cent vingt-neuvième, *au comte Darius*, fut écrite par saint Augustin dans sa dernière vieillesse, n. 1. Darius avait été envoyé en Afrique pour y rétablir la paix, non par l'effusion du sang, mais en empêchant l'effusion du sang n. 2, pour apporter remède et fin aux maux « qui avaient mis le comble à toutes les calamités » comme il s'exprime lui-même dans la lettre CCXXX. Quel succès a-t-il obtenu, c'est ce qu'il dit en ces termes : « Si nous n'avons pu éteindre entièrement ces guerres, au moins nous les avons différées. » A quoi se rapportent ces paroles, en dehors de la guerre contre Boniface et les Vandales, c'est ce qu'on ne peut voir au temps de la vieillesse de saint Augustin, ou au moins depuis l'an 421, date au delà de laquelle ne remonte certainement pas cette mission de Darius, puisque l'*Enchiridion de la foi, de l'espérance et de la cha-*

Prosperi Epistola hic ordine Ducentesima vigesima quinta scripta fuit per id tempus, quo Arelatensi ecclesiæ præerat Hilarius ex n. 9. Hic porro in locum Honorati octo vel novem diebus ante sacra Epiphania defuncti suffectus est, anno 428, aut 429, ut patet ex Nota ad eamdem Epistolam pag. 823.

EPISTOLA CCXXVI (scripta eodem tempore). — Ducentesima vigesima sexta, quæ *Hilarii* laici est, transmissa fuit simul cum superiore, ut hic testatur Hilarius n. 10. Unde utrique, Prospero Hilarioque simul respondit Augustinus, nuncupato ambobus *de prædestinatione SS.*

EPISTOLA CCXXVII (scripta post Pascha anno forte 428, aut 429). — Ducentesima vigesima septima *ad Alypium Senem* nullus dubitaverit referen lam esse ad annum circiter 429. Nisi forte quis alium hic ab Alypio Thagastensium episcopo subintelligendum putet, aut *Senis* nomine non significari primatem : quem titulum Alypio episcopo in Epistola ccxxiv, ad Quodvultdeum data anno 428, nondum tribuebat Augustinus, ipsum *fratrem* duntaxat appellans.

EPISTOLA CCXXVIII (scripta sub an. 428, aut 429). — Ducentesima vigesima octava *ad Honoratum* Thiavensem episcopum scripta est, « cum Vandali hostes impenderent, » ex Possidio cap. xxx.

EPISTOLÆ CCXXIX, CCXXX et CCXXXI (scriptæ sub finem vitæ Aug. forte anno 429). — Dario Comiti Epistolam Ducentesimam vigesimam nonam scripsit Augustinus sub ultimam senectutem ex n. 1. Venerat in Africam Darius procuraturus pacem, non ut eam per sanguinem quæreret, sed ne cujusquam sanguis quæreretur, legatione missus, ex n. 2, atque ut malis « quæ ad quemdam calamitatum apicem increverant, » sicuti Darius ipse in Epistola ccxxx, n. 3, rescribit, remedium finemque adferret. Quo in negotio quid profecisset indicans, « Si non extinximus bella, inquit, certe distulimus. » Quo vero hæc referri possint, præter Bonifacii Vandalorumque bellum nihil occurrit aliud extrema Augustini ætate, aut saltem ab anno 421, quem haud dubie annum non præcessit isthæc Darii legatio : quandoquidem *Enchiridion de fide spe et caritate*, quod opusculum non citius dicto anno editum fuit, ad Darium nunc temporis cum Epistola ccxxxi, n. 5, legendum transmittitur. Narrat reipsa Procopius in lib. I, de bello

rité, opuscule qui n'est point antérieur à cette année fut adressé à Darius avec la lettre CCXXXI. Voyez n. 5. Procope dans le livre I de *la Guerre des Vandales* raconte que quelques-uns des amis de Boniface vinrent le trouver à Carthage, de la part de Placidie, et lui ayant découvert les fourberies d'Aetius contre Boniface, lui jurèrent que Placidie rendrait ses bonnes grâces à ce général, s'il voulait travailler à faire cesser les malheurs des Romains en Afrique. Par suite de ces ouvertures, Boniface s'était séparé des Vandales, ce qui amena le siége d'Hippone la Royale où Boniface vaincu s'était retiré. Possidius parle aussi, ch. XXVIII, de ce siége d'Hippone par les Vandales, quand Boniface s'y fut retiré, et il ajoute qu'au troisième mois de ce siége, saint Augustin se mit au lit atteint de la fièvre : ce fut la maladie dont il mourut.

Vandalico, nonnullos ex Bonifacii amicis Carthaginem navigantes Placidiæ jussu ipsum convenisse : tumque Aetii in Bonifacium fraude detecta, jurasse Placidiam sese æquam Bonifacio fore, si eum ad avertendam rei Romanæ in Africa stragem inclinarent. Hinc vero Bonifacium recessisse a Vandalis, qui Hipponem-regium, quo sese ille bello victus receperat, obsederunt. De hac Hipponis-regii obsidione, Bonifacio intra urbem recepto, scribit etiam Possidius cap. XXVIII, addens S. Augustinum tertio obsidionis mense febribus decubuisse, et ultima ægritudine exerceri cœpisse.

QUATRIÈME CLASSE

LETTRES DONT LA DATE EST INCONNUE.

Il y encore trente-neuf lettres, que nous placerons dans la quatrième classe, attendu qu'il ne nous a été possible en aucune façon de leur assigner un rang de date. Il est facile de voir quelles sont toutes de saint Augustin déjà promu à l'épiscopat, mais il en est peu qui portent aucun signe qui permette de préciser davantage le temps où elles ont été composées. On soupçonne qu'il est question des lois d'Honorius contre les Idoles en 399 ou de celles de l'année 408 dans la lettre CCXXXII, *à ceux de Madaure*, quand il est dit au n° 3 « vous voyez les temples des idoles en partie détruits, en partie fermés, quelques-uns affectés à une autre destination, les idoles elles-mêmes ou mises en pièces ou brûlées, etc. Vous voyez que les puissances mêmes du siècle ont dirigé contre les idoles leurs efforts et leurs lois. » La lettre à *Pascentius*, semblerait indiquer que saint Augustin n'était pas encore avancé en âge,

EPISTOLÆ IV CLASSIS

QUARUM TEMPUS MINUS COMPERTUM.

Reliquæ sunt Epistolæ numero triginta novem in Classe quarta comprehensæ, quibus proprium certumque locum præscribere ex ætate haudquaquam licuisset. Nam facile quidem intelliguntur scriptæ omnes Augustino jam Episcopo : paucæ vero in illis sunt, quæ definiti paulo amplius temporis characterem gerant. Scilicet suspicio est Honorii ipsius leges contra Idola anno 399, aut alias an. 408, sancitas indicari in CCXXXII *ad Madaurenses* Epistola n. 3 his verbis : « Videtis certe simulacrorum templa partim diruta, partim clausa, partim in usus alios commutata ; ipsaque simulacra vel confringi, vel incendi, etc., atque ipsas hujus sæculi potestates... contra eadem simulacra... impetus suos legesque vertisse. Tum quæ *ad Pascentium* diriguntur, prodiisse Augustino nondum sene ; quando se ipse in CCXXXVIII, n. 1 « ætate ac dignitate » Pascentio inferiorem profitetur : sed eo tamen tempore, quo S. Doctor famæ celebritate jam clarissimus evase-

PRÉFACE.

puisque lui-même (lettre CCXXXVIII, n° 1), se déclare inférieur à Pascentius et par l'âge et par la dignité, mais elle nous laisse comprendre cependant que déjà il jouissait de l'éclat d'une grande renommée (voir même lettre n° 8). La lettre CCL, à *Auxilius*, paraît être des dernières années, puisque saint Augustin demandant la grâce de Classiciacus dit au n° 2, « Me voici vieillard en présence d'un homme plus jeune, évêque depuis tant d'années, je suis prêt à recevoir des leçons de celui qui ne l'est que d'hier. » Il en faut dire autant de la lettre CCLIX, *à Cornelius* et de la CCLXIX à *Nobilius* dans lesquelles il se dit très-avancé en âge. Nous avons jugé bon de classer ces lettres et les autres dont le temps est encore moins connu, en tenant compte des sujets qu'elles traitent, donnant d'abord toutes celles qui combattent les ennemis de la foi, Païens, Manichéens, Priscillianistes, Ariens, puis celles qui traitent de différents points de morale, et en dernier lieu celles qui ont été inspirées par un motif de charité.

rat, uti ex eadem Epist., n. 8 apparet. Denique ad ultimos Augustini annos pertinere CCL *ad Auxilium*, apud quem de sententia in Classiciacum ab eo lata sic expostulat n. 2. « En adsum, senex a juvene, et Episcopus tot annorum a collega necdum anniculo paratus sum discere. » Itemque CCLIX *ad Cornelium*, et CCLXIX *ad Nobilium*, in quibus se provectiorem ætatem degere significat. Has ergo aliasque longe minus explorati temporis Epistolas visum est habita argumenti ratione sic ordinare, ut primum locum occuparent quæ Christianæ fidei hostes, Paganos, Manichæos, Priscillianistas, Arianos spectant : tum demum quæ ad recte informandos mores conferunt, officiosæque aliquot S. Doctoris litteræ succederunt.

D'après cet exposé il n'est personne qui ne remarque aussitôt, pour peu qu'il y prenne garde, combien nous avons mis de soin et d'attention à ranger dans un ordre méthodique ces lettres de saint Augustin, combien nous avons eu à cœur de rendre aussi faciles que nous l'avons pu les travaux de ceux qui voudront étudier cette correspondance. L'ordre que nous avons adopté a été déterminé quelquefois par des raisons décisives, ou au moins très-fortes, quelquefois par des conjectures, ou le lien mutuel et la suite naturelle des lettres, quelquefois aussi par l'autorité des savants qui s'en sont occupés avant nous, persuadés qu'en ces matières, ces autorités doivent être prises en très-grande considération, quand on n'a pas de preuves certaines et positives. Nous n'avons pas l'intention d'exalter ici notre œuvre, bien plus, convaincus de notre peu d'habileté, nous ne voudrions pas nier que nous sommes peut-être tombés en bien des erreurs qui mériteront la censure des érudits. Aussi chaque fois que la bienveillance du lecteur voudra bien nous les signaler. Nous les reconnaîtrons volontiers, et nous aurons soin de les corriger dès qu'il sera possible. Mais ce que nous pouvons affirmer sans crainte d'être accusés de jactance et d'orgueil, c'est que l'ordre

Ex his nemo non videt, si modo rem tantisper expendat, quantum in recte ordinandis Augustini Epistolis operæ consiliique a nobis positum sit, quantum diligentiæ, ut studiosorum labores pro modulo levaremus. Hunc ordinem passim quidem ex certa, aut sane quam maxime probabili ratione ; sed tamen aliquando ex conjecturis, aut ex mutuo earumdem Epistolarum inter sese nexu et consecutione, aliquando etiam ex eruditorum hominum qui hac de re scripserunt auctoritate instituimus : rati in his rebus valere plurimum id generis argumenta, ubi certa et explorata nos deficiunt. Nobis hic operam nostram venditare non est animus : quin immo propriæ inscientiæ conscii, in errata non pauca, quæ eruditorum censuram mereantur, nos incidisse infitiari non audemus. Et vero ea, quam primum a benevolis lectoribus exposita fuerint, et libenter agnoscemus, et quantocius emendare satagemus. Verum illud citra jactantiæ notam polliceri non veremur, novum hunc ordinem a nobis constitutum, qualiscumque tandem sit, longe conducibiliorem

que nous fixons ici, bien qu'imparfait sans doute, est infiniment préférable à celui qu'on avait adopté jusqu'alors ; l'utilité de ce changement, ses avantages réels pour les travaux littéraires, compenseront largement les inconvénients que certaines gens voulaient y voir ; fasse le ciel qu'il en soit comme nous l'avons pensé et souhaité, puisse notre travail être accueilli favorablement par l'indulgence des lecteurs.

esse, quam antehac usu receptum : nec levi rei litterariæ fructu ac fœnore compensatum iri incommodum, quod ex futura illa mutatione nonnulli opponebant. Faxit Deus, ut id ex sententia contingat pro votis nostris, et laborem hunc nostrum lectores æqui bonique consulant.

TABLE

DES LETTRES DE SAINT AUGUSTIN

RANGÉES SELON L'ORDRE DES MATIÈRES PRINCIPALES.

LETTRES THÉOLOGIQUES.

De Dieu, lettres 118, 120.
Du mystère de la Sainte Trinité, 11, 120, 169, 170, 232, 238, 239, 241, 247.
De la présence de Dieu partout, et spécialement dans les saints comme dans son temple, 187.
De la bonté de Dieu et de sa justice dans le choix des hommes, 186, 190, 194.
De la prédestination divine, 186, 225, 226.
De la vision de Dieu, 92, 147, 148, 162.
De Jésus-Christ, 102, 187.
De l'Incarnation du Verbe de Dieu, 11, 137, 140.
De l'âme de Jésus-Christ et de son origine, 164.

Que Jésus-Christ est partout, 187.
Que Jésus-Christ est la seule voie de salut, 102.
De la naissance de Jésus-Christ d'une vierge, et des miracles qu'il a faits, 137, 143.
De la descente de Jésus-Christ aux enfers, 164.
De sa Résurrection. Pourquoi il a mangé après sa résurrection, et des cicatrices qu'il a conservées sur son corps, 102.
Pourquoi, après sa résurrection, il a été reconnu par quelques-uns et méconnu par quelques autres, 121, 149.
Du corps de Jésus-Christ, et de ce qu'il est présentement, 205.
Si Jésus-Christ voit Dieu des yeux de son corps, 92, 162.
Du second avènement de Jésus-Christ, 197, 198, 199.

EPISTOLARUM SANCTI AUGUSTINI

INDEX SECUNDUM

PRÆCIPUA EARUM ARGUMENTA DIGESTUS.

EPISTOLÆ THEOLOGICÆ.

De Deo Epistolæ, 118, 120.
De SS. Trinitatis mysterio, 11, 120, 169, 170, 232, 238, 239, 241, 247.
De præsentia Dei ubique, et speciali ratione in sanctis ut in suo templo, 187.
De ejus bonitate et justitia in hominum discretione, 186, 190, 194.
De ratione divinæ prædestinationis, 186, 225, 226.
De videndo Deo, 92, 147, 148, 162.
De Christo, 102, 187.

De Incarnatione Verbi Dei, 11, 137, 140.
De Anima Christi, unde sit, 164.
Christus quatenus ubique exsistat, 187.
Christum esse unicam salutis viam, 102.
De ortu ejus ex Virgine, deque miraculis ab ipso factis, 137, 143.
De ejus ad inferos descensu, 164.
De ejus resurrectione, quomodo post hanc comederit, et cicatrices in corpore servaverit, 102.
Unde a quibusdam agnitus, ab aliis non agnitus sit post resurrectionem, 121, 149.
De ejus corpore, quale nunc sit, 205.
An oculis corporis Deum videat, 92, 162.
De secundo ejus adventu, 197, 198, 199.
De homine ad imaginem Dei condito,
De Animæ origine, 143, 165, 166, 180, 190.
De Felicitate hominis, 118, 155.
De Fine sæculi, 197, 198, 199.

238 TABLE DES LETTRES DE SAINT AUGUSTIN.

De l'homme fait à l'image de Dieu, de l'origine de l'âme, 143, 165, 166, 180, 190,
De la félicité de l'homme, 118, 155.
De la fin du monde, 197, 198, 199.
De la résurrection, 102, 205.
Du péché originel, 156, 157, 178, 186, 193, 194, 217.
Du libre arbitre, 156, 157, 177, 178, 179, 186, 188, 194, 217.
De la grâce, 140, 176, 177, 179, 186, 188, 194, 217.
De l'ancienne loi, et dans quel but elle a été donnée, 145, 190, 196.
Des sacrifices de l'ancienne loi, 102.
De l'abrogation de l'ancienne loi, 136, 138, 193.
Du Nouveau-Testament. Quelle en est la grâce et la différence avec l'Ancien, 140.
De l'Écriture Sainte et de son autorité, 143.
Quelle en est la profondeur, 137.
Où l'on en recommande la lecture, 132.
Du baptême et de sa nécessité, 98, 186, 194.
Contre la réitération du baptême, 23, 93, 106, 108.
De la participation à l'Eucharistie, 54.
De la célébration du sacrement de l'eucharistie, 149.

LETTRES POLÉMIQUES.

Celles qui concernent les Payens, 16, 17, 91, 232, 233, 234, 335.
Sur les Manichéens, 79, 236.
Sur les Novatiens, 265.
Sur les Priscillianistes, 237.
Sur les Ariens, 238, 239, 240, 241, 242.
Sur les Donatistes, 23, 33, 34, 35, 43, 44, 49, 51, 52, 53, 56, 57, 58, 61, 66, 70, 76, 86, 87, 88, 89, 93, 97, 100, 105, 106, 107, 108, 111, 112, 128, 129, 133, 134, 139, 141, 142, 144, 173, 185, 204.
Sur les Pélagiens, 140, 146, 156, 157, 168, 175, 176, 177, 178, 179, 181, 182, 183, 186, 187, 188, 190, 191, 193, 196, 201, 202, 214, 215, 216, 217, 218, 225, 226.

LETTRES EXÉGÉTIQUES.

Des semaines de Daniel, 197, 198, 199.
Allégorie de Jonas englouti par une baleine, 102.
Sur le psaume XXI : *Mon Dieu, mon Dieu, pourquoi m'avez-vous abandonné*, etc., 140.
Sur le psaume XV, 3. *Aux saints qui sont sur la terre*, etc, 121, 149.

De Resurrectione, 102, 205.
De peccato originali, 156, 157, 178, 186, 193, 194, 217.
De libero arbitrio, 156, 157, 177, 178, 179, 186, 188, 194, 217.
De Gratia, 140, 176, 177, 179, 186, 188, 194, 217.
De veteri Lege, cui bono data sit, 145, 190, 196.
De sacrificiis veteris Legis, 102.
De veteris Legis abrogatione, 136, 138, 196.
De Novo Testamento. Quæ ejus gratia, et ab Veteri differentia, 140.
De Scriptura sacra, quæ ejus auctoritas, 143.
Ejus profunditas, 137.
Ejus lectio commendatur, 132.
De Baptismo. Ejus necessitas, 98, 186, 194.
Contra ejus iterationem, 23, 93, 106, 108.
De Eucharistiæ sumptione, 54.
Sacramenti Eucharistiæ celebratio, 149.

EPISTOLÆ POLEMICÆ.

Quæ spectant Paganos, 16, 17, 91, 232, 233, 234, 235.
Manichæos, 79, 236.
Novatianos, 265.
Priscillianistas, 237.
Arianos, 238, 239, 247, 241, 242.
Donatistas, 23, 33, 34, 35, 43, 44, 49, 51, 52, 53, 56, 57, 58, 61, 66, 70, 76, 86, 87, 88, 89, 93, 97, 100, 105, 106, 107, 108, 111, 112, 128, 129, 133, 134, 139, 141, 142, 144, 173, 185, 204.
Pelagianos, 140, 146, 156, 157, 168, 175, 176, 177, 178, 179, 181, 182, 183, 186, 187, 188, 190, 191, 193, 196, 201, 202, 214, 215, 216, 217, 218, 225, 226.

EPISTOLÆ EXEGETICÆ.

De Hebdomadibus Danielis, 197, 198, 199.
Allegoria de Jona absorpto a ceto, 102.
Psal. XV, 3. *Sanctis qui in terra sunt ejus*, etc. 121, 149.
Psal. XXI. *Deus Deus meus ut quid dereliquisti me*, etc. 140.
Psal. LXVII, 22. *Verumtamen Deus conquassabit*, etc., 121, 149.
Matth. XXII, 13. *Tenebræ exteriores*, 140.

TABLE DES LETTRES DE SAINT AUGUSTIN.

Psaume LXVII, 22, *mais Dieu brisera*, etc., 121, 149.

Sur les ténèbres extérieures, 13, 140.

Saint Matth. XXV, 2, *les cinq vierges sages*, etc., 140.

Saint Marc IV, v. 24, *on se servira envers vous de la même mesure avec laquelle vous avez mesuré les autres*, 102.

Saint Luc II, 35, *et ton âme sera percée d'un glaive*, 149.

Saint Jean I, 14, *le Verbe a été fait chair*, 140.

Saint Paul aux Romains II, 28, *par rapport à l'Evangile, il est vrai qu'ils sont ennemis à cause de vous; mais à l'égard de l'élection, ils sont aimés à cause de leur père*, 121, 124.

Saint Paul aux Galates II, 14, *je dis à Pierre : Si tout Juif que vous êtes, vous vivez comme les Gentils et non comme les Juifs, pourquoi obligez-vous les Gentils à judaïser*, 76, 82.

Saint Paul aux Éphésiens III, 18, *afin qu'ayant pris racine profondément dans la charité, vous puissiez comprendre*, etc., 140.

Saint Paul aux Éphésiens IV, 2, *Dieu a établi dans son Eglise les uns comme apôtres*, etc., 121, 149.

Saint Paul aux Colossiens II, 18, *que personne ne vous séduise par des dehors d'humilité*, etc., 121, 149.

Saint Paul à Timothée, épître première, II, 1, *je vous conjure avant tout que l'on fasse des supplications*, 121, 149.

Saint Jacques, II, 10, *celui qui violera la loi en un seul point, sera coupable comme s'il l'avait violée tout entière*, 167.

Saint Pierre, épître première, III, 19, *il est allé prêcher aux esprits retenus en prison*, 164.

LETTRES ECCLÉSIASTIQUES.

Sur l'Eglise.

Que l'Eglise catholique est l'Eglise de Jésus-Christ, 23, 49, 53, 87, 93, 105, 108, 129, 142, 185.

Qu'on est obligé de tolérer les méchants dans l'Eglise, 87. 108, 141, 208, 212, 248, 249.

Sur les rites de l'Eglise : des diverses coutumes qui s'observent en divers lieux sur la célébration des mystères des jours de fête, des jeûnes, etc., 54, 55.

De la solennité de Pâque. 55.

Des festins qui se faisaient autrefois en l'honneur des martyrs, 22, 29.

De la lecture et de l'explication qu'on faisait au peuple de l'Ecriture sainte, les jours de fête, 29.

De la psalmodie, des hymnes, et des psaumes, 29, 55.

Des cérémonies du baptême, 98, 193, 194.

Matth. XXV, 2. *Quinque prudentes virgines*, etc., 140.

Marc. IV, 24. *In qua mensurâ mensi fueritis, remetietur vobis.* 102.

Lucæ II, 35. *Et tuam ipsius animam pertransibit gladius.* 149.

Johan. I. 14 *Et verbum caro factum est.* 140.

Rom. II, 28. *Secundum Evangelium inimici quidem propter vos, secundum electionem dilecti.* 121, 149.

Galat. II, 14. *Si tu cum Judæus sis gentiliter vivis et non Judaice; quomodo Gentes cogis Judaizare* 76, 82.

Ephes. III, 18. *In caritate radicati et fundati, ut possitis comprehendere,* etc. 140.

Ephes. IV, 11. *Quosdam quidem dedit Deus in Ecclesia Apostolos,* etc. 121, 149.

Coloss. II, 18. *Nemo vos seducat volens in humilitate,* etc. 121, 149.

I Tim. II, 1. *Obsecro itaque primum omnium fieri obsecrationes,* etc. 121, 149.

Jacob. II, 10. *Qui offenderit in uno, factus est omnium reus.* 167.

I Pet. III, 19. *His qui in carcere erant spiritus veniens prædicavit.* 164.

EPISTOLÆ ECCLESIASTICÆ.

De Ecclesia.

Catholicam esse Christi Ecclesiam, 23, 49, 53, 87, 93, 105, 108, 129, 142, 185.

Malos in ea tolerari oportere, 87, 108, 141, 208, 210, 248, 249.

De ritibus Ecclesiæ.

Variæ Locorum consuetudines in celebratione Sacramentorum, Festorum dierum, Jejunii, etc. 54, 55.

De Paschate. 55.

De conviviis in Martyrum honorem fieri solitis. 22, 29.

Lectio et tractatio Scripturæ sacræ ad populum diebus festis, 29.

Du sacrement de l'Eucharistie, 54, 55, 149.
Du jeûne, le jour du sabbat, 36, 54, 55.
Du lavement des pieds, de l'oblation, et de la rupture du jeûne, le jour de la Cène, 54, 55.
Sur les évêques et les clercs, des fonctions d'évêque, de prêtre et de diacre ; combien elles sont difficiles et dangereuses, et de l'obligation d'être versé dans la science des Ecritures pour s'en bien acquitter, 21.
Qu'il faut renoncer volontairement à l'épiscopat pour conserver la paix de l'Eglise. 69. 128.
Exhortation à quelqu'un pour l'engager à accepter l'épiscopat, 69.
Reproches à un évêque qui remplissait mal ses devoirs, 83.
Diverses sentences portées contre de mauvais évêques, 209.
De l'interdiction des fonctions ecclésiastiques pour les prêtres menant une mauvaise conduite, 65.
Qu'il ne faut pas admettre légèrement les accusations des hérétiques contre un prêtre catholique, 251.
S'il convient de recevoir dans l'ordre des clercs, ceux qui ont abandonné les monastères, 60.

Touchant les clercs donatistes qui doivent être reçus dans le rang de leur cléricature, 61.
S'il est permis aux évêques et aux clercs de prendre la fuite pendant les temps de persécution, 228.
De l'héritage d'un prêtre de l'église de Thiave, pour savoir si cet héritage appartient à cette église ou au monastère dans lequel il avait vécu précédemment, 83.
De la discipline de l'Eglise à l'égard des pêcheurs. Si toute une famille peut être excommuniée pour le péché d'un seul, 250 et fragment ajouté, 250.
Pourquoi la pénitence publique n'était accordée qu'une seule fois, 153.
De ce que l'on doit faire pour réprimer les hérétiques, 86, 97, 98, 100, 139, 185, 204.
D'une orpheline confiée à la tutelle de l'Eglise, 252, 253, 254, 255.

LETTRES MORALES.

Exhortations à la vie chrétienne et au mépris du monde, 26, 32, 112, 127, 189, 220, 243.
Piété des évêques chrétiens intercédant pour les criminels, 152, 153.
Qu'il ne convient pas aux évêques de s'occuper de questions frivoles, 118.

De hymnorum et Psalmorum cantu, 29, 55.
De ritu Baptismi. 98, 193, 194.
De Jejunio sabbati, 36, 54, 55.
Sacramenti Eucharistiæ, 54, 55, 149.
De oblatione, lotione pedum et relaxatione jejunii in die cœnæ, 54, 55.
De episcopis et Clericis.
Quam arduum sit et periculosum Episcopi, Presbyteri ac Diaconi munus, deque comparanda Scripturarum scientia ad illud digne obeundum, 21.
De Episcopatu pro Ecclesiæ pace sponte abdicando, 69, 128.
Adhortatio ad suscipiendum Episcopatum, 69.
Objurgatio Episcopi perperam defungentis suo munere, 85.
Sententiæ variæ in Episcopos malos prolatæ, 209.
De abdicando Ecclesiastica functione infami Presbytero, 65.
Contra catholicum Presbyterum hæreticorum accusationes non esse admittendas, 251.
An monasteriorum desertores deceat ad Clerum assumi, 60.

De Donatistarum Clericis in sui ordinis gradu recipiendis, 61.
An Episcopis vel Clericis fugere liceat in persecutione, 228.
De hæreditate Presbyteri Ecclesiæ Thiavensis, cujus sit, an hujus Ecclesiæ ; an monasterii Thagastensis, in quo ille prius degerat, 83.
De Disciplina Ecclesiæ in delinquentes,
An ob unius peccatum tota familia possit excommunicari, 250 et Frag. sub, 250.
Pænitentia publica cur semel tantum concessa. 153.
De coercendis Hæreticis, 86, 97, 98, 100, 139. 185, 204.
De pupilla Ecclesiæ tutelæ commissa, 252, 253, 254, 255.

EPISTOLÆ MORALES.

Ad vitam Christianam et ad mundi contemptum exhortatio, 26, 32, 112, 127, 189, 220, 243.

Règle de vie pour un général d'armée, 189.
Avec quelle équité et dans quel esprit les magistrats et les juges doivent se conduire pour la punition des criminels, 152, 153.
Combien les vraies vertus sont nécessaires aux magistrats, pour servir utilement l'Etat, 155.
De la punition des crimes, 91.
Que les religieux doivent faire tourner leur loisir au profit de leur piété et non de la paresse, et qu'ils ne doivent pas refuser leur secours à l'Eglise lorsqu'elle le demande, 48.
Reproches adressés à des religieux, et règle de conduite qui leur est prescrite, 211.
Du voile qui se donnait aux vierges, 150.
Qu'il faut s'acquitter des vœux qu'on a faits, 127, 220, 262.
Quel usage les riches chrétiens doivent faire de leurs richesses, 130, 157.
S'il est permis à une femme de disposer de ses biens à l'insu de son époux, 262.
Des vertus.
Quelles sont les vraies vertus, 155.
Que la foi en Jésus-Christ est toujours nécessaire pour être sauvé, 102.
Que la foi de ceux qui présentent les enfants au baptême, tourne au profit de ces enfants, 98, 193.
Que c'est en Dieu, et non dans nos propres forces qu'il faut mettre l'espérance de bien vivre, 218.
Que la charité n'est complète que par la justice, 147.
Qu'il n'y a dans cette vie d'autres vertus que d'aimer ce qui doit être aimé, c'est-à-dire Dieu, 155.
De la bienveillance que les amis se doivent mutuellement, 192.
De la correction fraternelle, 210.
Reproches de saint Paul à saint Pierre, 28, 40, 82, 180.
De l'aumône, 126.
De la prière à Dieu, 130.
De la continence, 259.
De la patience dans l'adversité, 99, 111, 203, 210, 244, 264.
De la patience dans la mauvaise santé, 38.
De la pénitence. 91, 153.
De la pénitence de saint Pierre, 54.
De la tristesse qu'éprouvent les Saints 248.
Des vices.
Si tous les péchés sont égaux, 104, 167.

Episcoporum Christianorum pro reis intercedentium pietas, 152, 153.
Curiosas quæstiones non decore tractari ab Episcopis, 118.
Duci in militia merenti vitæ ratio præscribitur, 180.
Magistratus et Judices in puniendis reis qua æquitate quove animo se gerere debeant, 152, 153.
Virtutes veræ iis necessariæ, ut recte consulant rebus humanis, 155.
De puniendis sceleribus, 91.
Monachi otio ad pietatem, non ad ignaviam utantur, et si Ecclesia eorum operam desideret, ne detrectent, 48.
Sanctimonialium objurgatio, et scripta ipsis Regula, 211.
De virginitatis velo. 150.
De votis persolvendis, 127, 220, 262.
Divites Christiani quomodo divitiis uti debeant, 130, 157.
An liceat mulieri inscio viro bona sua distribuere, 262.

DE VIRTUTIBUS. — Quænam virtutes veræ, 155.
T. IV.

De fide in Christum semper ad salutem necessaria, 102.
Parvulis in baptismo prodest offerentium fides, 98, 193.
De spe bene vivendi non in propriis viribus, sed in Deo collocanda, 218.
De Caritate, qua sola justitia impletur, 147.
Non esse in hac vita virtutem nisi diligere quod diligendum est, id est Deum, 155.
De mutua inter animos benevolentia, 192.
De fraterna correctione, 210.
De reprehensione Petri a Paulo, 28, 40, 82, 180.
De Eleemosyna, 126.
De orando Deo, 130.
De Continentia. 259.
De patientia in adversis, 99, 111, 203, 210, 244, 264.
De toleranda adversa valetudine. 38.
De Pænitentia, 91, 153. Pænitentia Petri, 54.
De Tristitia sancta, 248.
De vitiis.
An omnia peccata sint paria, 104, 167. Peccata ue sint impunita, 91. Deum pro peccato temporali non injuste rependere supplicium æternum, 102.

16

Qu'il n'y a pas de péchés impunis, 91.
Que ce n'est pas injustement que Dieu punit éternellement les péchés des hommes, 102.
De la calomnie, et de ce qu'il faut faire pour l'éviter, 125.
Des contentions, 22.
De la curiosité et du désir d'une vaine science, 118.
De la discorde, 68, 73.
De l'ivrognerie, 22, 29.
Du larcin et de la restitution du bien qu'on a dérobé, 153.
De l'homicide, 47.
De l'impudicité, 259.
Des jugements téméraires, 78.
De la colère, 9, 38.
Du désir des louanges humaines, 22, 231.
Du mensonge officieux 28, 75, 82, 130.
Des parures inutiles, tels que le fard et les pendants d'oreilles, 245.
Du péché contre le Saint-Esprit, 185.
Du parjure, 47, 157.
Des scandales et des moyens que doivent employer les hommes pieux pour ne pas en être troublés, 77, 78, 108.
De l'orgueil, 22.
Des moyens d'éviter les soupçons, 225.

LETTRES PHILOSOPHIQUES.

Des Académiciens, 1.
Sur les idées des choses sensibles et des choses intelligibles, 9, 14.
De l'entendement, de la mémoire et des fantômes de l'imagination, 6, 7.
Des songes et des apparitions nocturnes, 8, 9.
De l'âme dégagée du corps et des visions merveilleuses, 159, 162.
S'il y a dans l'âme quelque chose de corporel, 13.
Comment les démons s'aperçoivent de tous les mouvements de notre âme, et comment ils nous envoient des pensées et des songes, 9.
Du destin, et contre les astrologues, 246.
Qu'il ne convient pas aux évêques de s'occuper des questions des philosophes et des orateurs profanes, et que c'est pour eux une science inutile, 101, 118.

LETTRES HISTORIQUES.

Du siège et de la prise de Rome par Alaric, 99, 123.
Du ravage des Gaules, des Espagnes et des autres pays, 111.

De Calumnia et quomodo illi occurrendum, 125.
De Contentionibus, 22.
Curiositate et vanæ scientiæ appetitu, 178.
Discordia, 68, 73.
Ebrietate, 22, 29.
Furto, et restitutione rei ablatæ, 153.
Homicidio, 47.
Impudicitia, 259.
Judicio temerario, 78.
Ira, 9, 38.
Laudis humanæ appetitu, 22, 231.
Mendacio officioso, 28, 75, 82, 180.
Ornatu superfluo, fucis et inauribus, 245.
Peccato in Spiritum-sanctum, 185.
Perjurio. 47, 157.
Scandalis, quod iis pios perturbari non oportet, 77, 78, 208.
De Superbia, 22.
De suspicione vitanda, 225.

EPISTOLÆ PHILOSOPHICÆ.

De Academicis, 1.
De Ideis rerum, et differentiis sensibilibus, 9, 14.
De intellectu, memoria et phantasiis, 6, 7.
De somniis et nocturnis imaginibus, 8, 9.
De Anima corpore soluta, deque visis prodigiosis, 159, 162.
An sit quoddam animæ corpus, 13.
Quomodo animi nostri motus a spiritibus sentiantur, et ab iis ingerantur cogitationes et somnia, 9.
De fato contra Mathematicos, 246.
Quæstiones Philosophorum et Oratorum sæcularium non decore tractari ab Episcopis, neque utiliter disci, 101, 118.

EPISTOLÆ HISTORICÆ.

De obsessa et capta Roma per Alaricum, 99, 123.
De Galliarum, Hispaniarum, aliorumque regionum vastatione, 111.
De vastatione Africæ bellum gerente Bonifacio, 171.
De Judiciis habitis in Cæciliani episcopi caussa adversus Donatistas, 48, 88, 89, 93, 105, 141, 185.
De Collatione Carthaginensi cum Donatistis, 128, 129, 141.

Des ravages exercés en Afrique pendant la guerre faite par le comte Boniface, 171.

De ce qui eut lieu dans l'affaire de Cécilien, évèque, contre les Donatistes, 48, 88, 89, 93, 105, 141, 185.

De la conférence de Carthage avec les Donatistes, 128, 129, 141.

Des conciles tenus contre les Pélagiens et de leur condamnation, 175, 176, 181, 182, 186, 190, 191, 215.

Sanction des empereurs contre les hérétiques, 201.

Du meurtre de Marcellin et de son frère, 151.
Du meurtre des martyrs de Suffecte, 50.
De l'élection de Célestin au pontificat, 209.

LETTRES DIVERSES.

Lettres de consolation, 111, 244, 263.
Lettres de réprimande, 85, 220, 259.
Lettres de louanges adressées par saint Augustin, 27, 31, 110, 200, 229, 263.
Lettres à la louange de saint Augustin, 25, 109, 121, 135, 154, 216, 225, 226, 230, 260.
De l'autorité des écrivains ecclésiastiques, 143.
De la traduction des saintes Ecritures par saint Jérôme, 20, 71, 75.
Du livre de saint Jérôme sur les écrivains ecclésiastiques, 40.
De saint Jérôme et de ses démêlés avec Ruffin, 68, 73.
Des arts libéraux, 101.
Comment et dans quel but il faut étudier, 118.
Sur le mot *Deo gratias*, 41.

De Conciliis in Pelagianos habitis, deque eorum damnatione, 175, 176, 181, 182, 186, 190, 191, 215.
Imperatorum sanctio in eosdem, 201.
De S. Marcellini et ejus fratris nece, 151.
De cæde Suffectanorum Martyrum, 50.
De electione Cælestini in Rom. Pontificem, 209.

EPISTOLÆ VARIÆ.

Consolatoriæ, 111, 244, 263.
Objurgatoriæ, 85, 220, 259.
Laudatoriæ ab Aug., 27, 31, 110, 200, 229, 263.
Laudatoriæ ad Aug. 25, 109, 121, 135, 154, 216, 225, 226, 230, 260.
De Auctoritate scriptorum Ecclesiasticorum, 143.
De Translatione Scripturarum facta ab Hieronymo, 28, 71, 75.
De libro Hieronymi, *de scriptoribus Ecclesiasticis*, 40.
De Hieronymo, ac illius cum Ruffino discordia, 68, 73.
De liberalibus disciplinis, 101.
Quomodo, et quo fine studendum, 118.
De voce *Deogratias*. 41.

LETTRES DE SAINT AUGUSTIN

RANGÉES SELON L'ORDRE DES TEMPS

ET DIVISÉES EN QUATRE CLASSES

La première contient celles qu'il écrivit avant d'être évêque, et qui datent depuis l'an du Christ 386 jusqu'à l'an 395.

La seconde, celles qu'il a écrites depuis l'an 396 jusqu'à l'an 410, avant la conférence qu'eurent à Carthage les évêques catholiques avec les Donatistes, et avant l'apparition du Pélagianisme en Afrique.

La troisième, celles qu'il a écrites pendant le reste de sa vie, depuis 411 jusqu'à 430.

La quatrième contient celles qu'il écrivit pendant son épiscopat, et auxquelles on ne peut assigner de date certaine.

PREMIÈRE CLASSE

LETTRE PREMIÈRE [1]

Saint Augustin explique à Hermogénien, quel était son dessein en écrivant ses livres contre les Académiciens, et il lui demande son avis sur ce qu'il a dit vers la fin de son troisième livre concernant ces mêmes philosophes.

AUGUSTIN A HERMOGÉNIEN.

1. Je n'oserais jamais, même en plaisantant, attaquer les Académiciens. Je respecterais l'autorité de ces grands hommes, si je n'étais pas en outre convaincu que leur pensée était tout autre que celle qu'on leur attribue généralement. C'est pourquoi, autant que je l'ai pu, je les ai imités au lieu de les combattre, ce qui d'ailleurs serait sûrement au-dessus de mes forces. En effet, à cette époque, si quelque chose de pur découlait de la source platonicienne on jugeait à propos de la transmettre pour la nourriture spirituelle d'un petit nombre d'hommes, par un canal couvert d'ombre et entouré d'épines, au lieu de le conduire par un lit découvert où les animaux, en s'y préci-

[1] Écrite vers la fin de l'an 386. — Cette lettre était la 213e dans les éditions antérieures à l'édition des Bénédictins, et celle qui était la 1re se trouve maintenant la 132e.

I CLASSIS

EPISTOLA I.

Consilium aperit Augustinus suorum librorum de Academicis, et Hermogenianum sententiam rogat de eo, quod sub finem tertii libri de iisdem philosophis pronuntiavit

HERMOGENIANO AUGUSTINUS.

Academicos ego ne inter jocandum quidem umquam lacessere auderem : quando enim me tantorum virorum non moveret auctoritas, nisi eos putarem longe in alia, quam vulgo creditum est, fuisse sententia? Quare potius eos imitatus sum quantum valui, quam expugnavi, quod omnino non valeo. Videtur enim mihi satis congruisse temporibus, ut si quid sincerum de fonte Platonico flueret, inter umbrosa et spinosa dumeta potius in (a) pastionem

(a) Sic MSS. At Lov. *In possessionem.*

pitant, auraient fini par en troubler la pureté et la limpidité. N'est-ce pas, en effet, se rapprocher de la bête de croire que l'âme est un corps? C'est contre l'opinion des hommes de cette espèce, qu'on a, selon moi, inventé avec tant de bonheur les moyens et l'art de cacher la vérité. Mais dans ce siècle où nous ne voyons plus d'autres philosophes que ceux qui en portent l'habit, et qui sont indignes d'un nom aussi respectable, il me paraît nécessaire de ramener à l'espérance de trouver et de voir encore la vérité, ceux auxquels les sophismes des Académiciens auraient persuadé qu'on ne peut rien connaître avec certitude. Autrement il serait à craindre que ce qui a été approprié aux temps et aux circonstances, pour détruire des erreurs profondément enracinées, ne fût présentement un obstacle à la propagation de la science.

2. A cette époque, les diverses sectes étaient animées d'une extrême ardeur et il était à craindre qu'on ne prît le faux pour le vrai. En effet, chacun, ébranlé par mille arguments dans ce qu'il croyait le mieux savoir, s'appliquait à chercher autre chose, avec une persévérance et une précaution exigées par la science morale dont le cercle s'était agrandi, et l'on était persuadé que la vérité était profondément cachée, et dans la nature des choses et dans la nature même de l'esprit. Aujourd'hui qu'on néglige tant le travail et les bonnes études, si l'on entend dire que les philosophes les plus habiles croient impossible de rien connaître avec certitude, les esprits se découragent, et dans leur abattement, se ferment pour toujours à la lumière. En effet, ils n'osent pas se croire plus pénétrants que ces philosophes, ni capables de découvrir ce que Carnéades n'avait pu découvrir malgré son application à l'étude, son génie, ses loisirs, sa science si grande, si étendue, et le cours d'une longue vie. Si cependant il se trouve encore quelques hommes qui, luttant contre leur paresse, lisent les livres dans lesquels ces mêmes philosophes cherchent à démontrer que la connaissance du vrai est interdite à la nature humaine, ils se laissent aller à une telle torpeur, à un tel assoupissement, que la trompette céleste ne pourrait les réveiller.

3. Or, comme rien ne m'est plus agréable que la sincérité de votre jugement sur mes

---

paucissimorum hominum duceretur, quam per aperta manans irruentibus passim pecoribus nullo modo posset liquidum purumque servari. Quid enim convenientius pecori est, quam putari animam corpus esse? Contra hujusmodi homines opinor ego illam utiliter excogitatam Dei veri artem atque rationem. Hoc autem sæculo cum jam nullos videamus philosophos, nisi forte (a) amiculo corporis, quos quidem haud censuerim dignos tam venerabili nomine, reducendi mihi videntur homines (si quos Academicorum (b) per verborum ingenium a rerum comprehensione deterruit sententia) in spem reperiendæ veritatis : ne id quod eradicandis altissimis erroribus pro tempore accommodatum fuit, jam incipiat inserendæ scientiæ impedimento esse.

2. Tantum enim tunc variarum sectarum studia flagrabant, ut nihil metuendum esset nisi falsi approbatio. Pulsus autem quisque illis argumentis ab eo, quod se firmum et inconcussum temere crediderat, tanto constantius atque cautius aliud quærebat, quanto et in moribus major erat industria, et in natura rerum atque animorum altissima et implicitissima latere veritas sentiebatur. Tanta porro nunc fuga laboris et incuria bonarum artium, ut simul atque sonuerit, acutissimis philosophis esse visum nihil posse comprehendi : dimittant mentes et in æternum obducant. Non enim audient vivaciores se illis credere, ut sibi appareat, quod tanto studio, ingenio, otio, tam denique multa multiplique doctrina, postremo vita etiam longissima Carneades invenire non potuit. Si vero etiam aliquantum obnitentes adversus pigritiam, legerint eosdem libros, quibus quasi ostenditur naturæ humanæ denegata perceptio; tanto torpore indormiscunt, ut nec cælesti tuba evigilent.

3. Quamobrem cum gratissimum habeam fidele judicium tuum de libellis meis, tantumque in te momenti ponam, ut nec error in tuam prudentiam, nec in amicitiam simulatio cadere possit, illud magis peto diligentius consideres, mihique rescribas, utrum approbes quod in extremo

---

(a) MSS. duodecim habent, clanculo corporis.
(b) Lov. perversorum ingenium a rerum comprehensione deterruisset, in spem etc. At qua ratione perversi Academici, siquidem ut mox dictum est, artem et rationem tegendi veri (sic enim legendum censemus, non, Dei veri, ut libri omnes habent) utiliter excogitarunt? quapropter locum emendavimus ad decem. MSS. qui habent, per verborum ingenium, deterruit, sive terruit, e quibus tamen nonnisi duo retinent vocem, sententia.

livres ; comme j'ai en vous une confiance assez grande pour croire qu'aucune erreur ne peut altérer votre jugement, et que votre amitié pour moi ne diminue pas votre franchise, j'insiste pour que vous examiniez avec plus de soin ce que j'avance vers la fin de mon troisième livre, et pour que vous m'écriviez si vous approuvez mes idées qui sont plutôt des conjectures que des certitudes, mais dont, selon moi, l'utilité l'emporte sur l'incertitude. Quoi qu'il en soit de mes écrits, ce qui me réjouit le plus, ce n'est pas tant d'avoir vaincu les Académiciens, comme vous me l'écrivez, avec plus de bienveillance que de vérité, mais c'est d'avoir rompu la chaîne odieuse qui m'empêchait d'approcher mes livres du sein de la philosophie et qui me faisait désespérer de trouver la vérité, cette nourriture de l'esprit.

LETTRE II [1]

Saint Augustin exprime à Zénobe son désir de terminer et de résoudre ensemble une question qu'ils avaient commencé à examiner.

AUGUSTIN A ZÉNOBE.

1. Nous reconnaissons l'un et l'autre, si je ne me trompe, que tout ce qui peut être atteint par les sens ne peut un seul instant rester dans le même état, mais que tout cela s'écoule, se dissipe et n'a pas de durée permanente, ou, pour parler comme les Latins, n'existe pas nécessairement. Aussi, une philosophie véritable et céleste nous invite à réprimer et à éteindre le funeste amour de ces biens visibles, source de tant de peines, afin que notre esprit, même, lorsqu'il est uni au corps, se porte tout entier et avec ardeur vers les choses immuables, dont l'attrait ne vient pas d'une beauté empruntée. Quoique mon esprit vous voie en lui-même comme vous êtes simple et vrai, tel qu'on peut vous aimer sans crainte et sans inquiétude, nous vous l'avouons cependant, lorsque par le corps vous vous éloignez de nous, et qu'une certaine distance vous sépare de nous, nous recherchons cependant, nous désirons, autant qu'il est possible, vos entretiens et votre présence. Ce défaut, si je vous connais bien, vous l'aimez en nous : et quoique vous souhaitiez toute espèce de biens aux amis qui vous sont chers, vous craignez sans doute de les voir guéris de cette maladie. Si vous avez sur vous-même un empire assez fort pour reconnaître que cette amitié est un piège, et pour vous moquer de ceux qui s'y laissent prendre, certes vous êtes plus grand et tout autre que nous. Pour moi, lorsque je regrette l'éloignement d'un ami, je veux qu'il

---

(1) Ecrite vers la fin de l'année 386. — Cette lettre était la 214e dans les éditions antérieures à celle des Bénédictins, et celle qui était la 2e se trouve maintenant la 135e.

---

tertii libri suspiciosius fortasse quam certius, utilius tamen, ut arbitror, quam incredibilius putavi credendum. Equidem quoquo modo se habeant illæ litteræ, non tam me delectat quod, ut scribis, Academicos vicerim (scribis enim hoc amantius forte quam verius) quam quod mihi abruperim odiosissimum retinaculum, quod ab philosophiæ ubere desperatione veri, quod est animi pabulum, refrænabar.

EPISTOLA II

Zenobio desiderium exponit suum, ut disputationem inter se cœptam, inter se finiant.

ZENOBIO AUGUSTINUS.

1. Bene inter nos convenit, ut opinor, omnia quæ corporeus sensus adtingit, ne puncto quidem temporis eodem modo manere posse, sed labi, effluere et præsens nihil obtinere, id est, ut latine loquar, non esse. Horum itaque perniciosissimum amorem, pœnarumque plenissimum, vera et divina philosophia monet frenare atque sopire : ut se toto animus, etiam dum hoc corpus agit, in ea quæ semper ejusdemmodi sunt, nec peregrino pulcro placent, feratur atque æstuet. Quæ cum ita sint, et cum te verum ac simplicem, qualis sine ulla sollicitudine amari potes, in semetipsa mens videat, fatemur tamen congressum istum atque conspectum tuum, cum a nobis corpore discedis, locisque sejungeris, quærere nos, eoque dum licet cupere. Quod profecto vitium, si te bene novi, amas in nobis : et cum omnia bona optes carissimis et familiarissimis tuis, ab hoc eos sanari metuis. Si autem tam potenti animo es, ut et agnoscere hunc laqueum, et

regrette à son tour mon absence. Je prends garde néanmoins, autant que je le puis et je m'efforce de ne rien aimer qui puisse m'être ravi malgré moi. Mais quelle que soit votre manière de penser à cet égard, je vous engage, dans notre intérêt commun, à terminer la question que nous avons commencé à débattre. Je ne voudrais pas la terminer avec Alype, quand même il le voudrait ; mais il ne le veut pas. Il ne veut pas pousser la complaisance jusqu'à s'unir à moi pour vous retenir par des entretiens littéraires, lorsque je ne sais quelle nécessité vous appelle ailleurs.

LETTRE III [1]

Saint Augustin répond à Nébride qu'il ne mérite point d'être appelé heureux, puisqu'il ignore tant de choses. Il examine ensuite en quoi consiste la vraie félicité.

AUGUSTIN A NÉBRIDE [2].

1. Je ne sais ce que j'éprouve dans mon esprit. Est-ce une réalité? est-ce un effet de vos paroles bienveillantes? Je suis à cet égard dans une grande incertitude. Mais ce sentiment m'a envahi tout à coup, et je n'ai pas eu le temps d'examiner jusqu'à quel point je devais y croire. Vous attendez sans doute que je m'explique. Que croyez-vous? Vous m'avez presque persuadé non pas que je suis heureux, ce qui est le partage exclusif du sage, mais que je suis presque heureux, comme nous appelons homme celui qui ne l'est pas entièrement, en comparaison de l'homme tel qu'il existait dans la pensée de Platon ; comme aussi nous disons de certains corps qu'ils sont ronds ou carrés, quoiqu'ils ne le soient pas avec cette exactitude rigoureuse dont peu d'hommes seulement peuvent juger. J'ai lu vos lettres à la lumière, après mon repas du soir. J'étais près de me mettre au lit, mais non pas de dormir; car après m'être couché, je réfléchis longtemps, me parlant à moi-même, c'est-à-dire Augustin parlant à Augustin. Est-il donc vrai, comme Nébride s'est plu à me le dire, que je sois heureux? Non sans doute, car je suis encore bien loin d'être sage, et lui-même n'oserait pas en disconvenir. Si pourtant la vie heureuse peut être le partage de ceux qui ne sont pas encore parvenus à la sagesse? Cela est dur, car n'est-ce pas

---

(1) Écrite l'an 387. — Cette lettre était la 151ᵉ dans les éditions antérieures à l'édition des Bénédictins, et celle qui était la 3ᵉ se trouve maintenant la 137ᵉ.
(2) Nébride était un jeune homme des environs de Carthage qui se convertit à peu près en même temps que saint Augustin.

---

eo captos irridere valeas, ne tu magnus atque alius. Ego quidem quamdiu desidero absentem, desiderari me volo. Invigilo tamen, quantum queo, et enitor, ut nihil amem quod abesse a me invito potest. Quocun officio commoneo te interim, qualiscumque sis, inchoatam tecum disputationem perficiendam, si curæ nobismetipsis sumus. Nam eam cum Alypio perfici nequaquam sinerem, etiamsi vellet. Non vult autem. Non enim est humanitatis ejus nunc mecum operam dare, ut in quam multis possumus litteris te nobiscum teneamus, nescio qua necessitas fugientem.

EPISTOLA III

Nebridio respondet Augustinus immerito se ab ipso vocari beatum, qui tam multa ignoret. Qua in re sita sit vera beatitudo.

NEBRIDIO AUGUSTINUS.

1. Utrum nescio quo, ut ita dicam, blandilo quio tuo factum putem, an vero ita res habeat : incertum apud me est. Nam repente accidit, nec satis deliberatum est, quatenus debeat committi fidei. Expectas quid istuc sit. Quid censes? Prope persuasisti mihi, non quidem beatum esse me : nam id solius sapientis prædium est : sed certe quasi beatum : ut dicimus hominem, quasi hominem in comparatione hominis illius quem Plato noverat ; aut quasi quadra rotunda et quasi ea quæ videmus, cum longe ab eis absint quæ paucorum animus videt. Legi enim litteras tuas ad lucernam jam cœnatus ; proxime erat cubitio, sed non ita etiam dormitio : quippe diu mecum in lecto situs cogitavi, atque has loquelas habui, Augustinus ipse cum Augustino : Nonne verum est quod Nebridio placet, beatos nos esse? non utique, nam stultos adhuc esse, nec ipse audet negare. Quid si etiam stultis beata vita contingit? durum, quasi vero parva, vel alia ulla miseria sit quam ipsa stultitia. Unde ergo illi visum est? an lectis illis libellis etiam

une grande misère, et même est-il une autre sur la terre que l'absence de la sagesse? Quelle chose donc a pu inspirer cette idée à Nébride? Serait-ce la lecture de mes opuscules qui lui a fait croire que j'étais sage? Non, la joie ni l'amitié n'ont pu faire naître un jugement si téméraire dans l'esprit d'un homme dont je connais si bien la prudence et la circonspection. Voici ce qu'il en est : il m'aura écrit ce qu'il croyait m'être le plus agréable, ayant trouvé lui-même de l'agrément dans la lecture de mes lettres; et dans sa joie il m'a écrit sans songer à ce qu'il était convenable de confier à une plume conduite par la joie et par l'amitié. Que serait-ce donc s'il avait lu mes *Soliloques*? Sa joie eût été encore plus grande et plus pleine; et pourtant il n'aurait rien trouvé de plus fort à me dire que de m'appeler heureux. Il m'a donné soudainement le nom le plus grand et le plus élevé, et il n'a réservé aucun titre qu'il pût me prodiguer dans l'expansion d'une joie plus grande encore. Voyez où la joie peut conduire.

2. Mais en quel lieu est donc cette vie heureuse? Où est-elle? Ah! dans la vie heureuse, on rejetterait les atomes d'Épicure. Dans la vie heureuse, on saurait que hors du monde il n'y a ni haut ni bas. Dans la vie heureuse on saurait que sur une sphère les points les plus rapprochés des pôles tournent plus lentement que les autres, et d'autres choses semblables que nous connaissons également. Mais maintenant comment et pourquoi me dire heureux moi qui ignore pourquoi le monde a cette grandeur déterminée, puisque d'après la figure des parties qui le composent il pourrait être indéfiniment plus grand? Et encore ne peut-on pas me dire, bien plus ne sommes-nous pas forcés d'avouer que les corps sont divisibles à l'infini; de sorte que d'un corps, d'une étendue certaine, on pourra toujours tirer une certaine quantité de corps plus petits. Ainsi puisqu'il n'y a pas de corps dont on puisse dire qu'il est le plus petit possible, pourquoi dirait-on d'un corps, qu'il ne peut pas être dépassé par un plus grand? A moins qu'il n'y ait quelques grandes vérités cachées dans ce que je dis un jour à Alype ; c'est-à-dire que si les nombres intelligibles peuvent croître à l'infini; ils ne peuvent cependant pas être diminués à l'infini, puisqu'il n'y a rien au-dessous de l'unité, tandis que les nombres sensibles (et les nombres sensibles sont-ils autre chose que la quantité et l'étendue des corps?) peuvent être diminués à l'infini, mais non pas croître dans la même proportion. C'est sans doute pour cela que les philosophes font à bon droit consister la richesse dans les choses intelligibles, et la pau-

---

sapientem me ausus est credere? Non usque adeo temeraria est lætitia gestiens, præsertim hominis, cujus quanti ponderis consideratio sit, bene novimus. Illud igitur est : scripsit quod nobis putavit dulcissimum fore; quia et illi dulce factum est, quidquid posuimus in illis litteris, et scripsit gaudens, nec curavit quid committendum gaudenti calamo esset. Quid si *Soliloquia* legisset? lætaretur multo exundantius, nec tamen reperiret plus aliquid, quod me appellaret, quam beatum. Cito ergo summum nomen effudit in me, nec sibi aliquid reservavit, quod de me lætitior assereret. Vide lætitia quid faciat.

2. Sed ubi est ista beata vita? (a) ubi? ubinam? O si ipsa esset, repelleret atomos Epicuri. O si ipsa esset, sciret nihil deorsum esse præter mundum. O si ipsa esset, nosset extrema sphæræ tardius rotari quam medium, et alia similia, quæ similiter novimus. Nunc vero quomodo vel qualiscumque beatus sum, qui nescio cur tantus mundus sit, cum rationes figurarum per quas est, nihil prohibeant esse, quanto quis voluerit, ampliorem? Aut quomodo non mihi diceretur, immo non cogeremur confiteri corpora in infinitum secari, ut a certa velut basi in quantitatem certam certus corpusculorum numerus surgeret? Quare cum corpus nullum esse minimum sinitur, quo pacto sinamus esse amplissimum, quo amplius esse non possit : nisi forte illud quod Alypio aliquando dixi occultissime, habet magnam vim : ut quoniam numerus ille intelligibilis infinite crescit, non tamen infinite minuitur, nam non eum licet ultra monadem resolvere : contra sensibilis (nam quid est aliud sensibilis numerus, nisi corporeorum vel corporum quantitas?) minui quidem infinite, sed infinite crescere nequeat. Et ideo fortasse merito philosophi in rebus intelligibilibus divitias ponunt, in sensibilibus egestatem. Quid enim ærumnosius quam minus atque

---

(a) Unus Vaticanus codex, *beata vita? ubi nisi in anima? O si ipsa esset.* Vaticani alii duo habent, *beata vita? ubi vero O si ipsa etc.*

vreté dans celles qui tombent sous les sens. En effet, quoi de plus misérable que la faculté de s'amoindrir continuellement? Quoi de plus heureux et de plus riche que de croître et de s'agrandir à volonté, que d'aller où l'on veut, que d'en revenir à son gré, et de n'aimer avec passion que ce qui ne peut éprouver aucune diminution. Aussi ceux qui, par leur intelligence, pénètrent bien dans la nature de ces nombres, n'aiment rien tant que l'unité ; et il n'y a rien d'étonnant en cela puisque de l'unité toutes les autres choses tirent ce qui peut les faire aimer. Mais cependant, pourquoi le monde a-t-il sa grandeur actuelle ? Ne pouvait-il pas, en effet, être plus grand ou plus petit ? C'est ce que j'ignore. Tout ce que je sais, c'est qu'il est tel qu'il est. Pourquoi occupe-t-il dans l'espace telle place, plutôt que telle autre. Mais il est inutile de poser des questions sur une matière où il y en aurait toujours quelqu'une à faire, quelle qu'elle fût d'ailleurs. Après tout, ce qui était le plus important selon moi, c'était que les corps pussent se diviser à l'infini. Peut-être ai-je répondu à cette question en parlant de la propriété contraire des nombres intelligibles.

3. Mais attendez, examinons un peu ce que peut-être ce je ne sais quoi qui se présente à mon esprit. On dit que ce monde sensible est l'image de je ne sais quel autre monde intelligible. Il y a du merveilleux dans les images que réfléchissent les miroirs : en effet, quelque grands que soient ces miroirs, ils n'agrandissent pas l'image des objets, quelque petits que soient ces objets en eux-mêmes. Au contraire, dans les petits miroirs, comme par exemple dans les prunelles des yeux, quelque grande que soit la figure de l'objet, elle paraît plus petite en proportion de la petitesse du miroir. Ainsi en diminuant les miroirs, on diminue les images des corps, et en augmentant les miroirs, on n'augmente point ces images. Sans doute il y a là-dessous quelque vérité cachée ; mais il est temps de dormir. En effet, aux yeux de Nébride ce ne sont pas mes recherches, mais plutôt mes découvertes qui me rendent heureux.

Qu'ai-je donc enfin découvert ? Serait-ce ce raisonnement que j'ai coutume de caresser, comme si c'était mon raisonnement unique et auquel j'aime trop à m'arrêter ?

4. De quoi sommes-nous composés ? D'une âme et d'un corps. De ces deux parties quelle est la meilleure ? L'âme sans contredit. Que peut-on louer dans le corps ? A mon avis, rien autre chose que la beauté. Qu'est-ce que la beauté du corps ? L'accord et l'harmonie des parties relevée en outre par la douceur des tons. Mais cette beauté n'est-elle pas meilleure quand elle est vraie que quand elle est fausse ?

---

minus semper posse fieri? Quid ditius, quam crescere quantum velis, ire quo velis, redire cum velis, quousque velis, et hoc multum amare, quod minui non potest? Quisquis namque intelligit istos numeros, nihil sic amat ut monadem, nec mirum, cum per eam fiat, ut ceteri amentur. Sed tamen cur tantus est mundus? Poterat enim esse vel major, vel brevior : nescio. Tale enim : Et cur hoc loco potius quam illo, nec in ea re debet esse quæstio, ubi quidquid esset, quæstio esset. Unum illud multum movebat, quod infinite corpora secarentur. Cui fortasse responsum est, de vi contraria intelligibilis numeri.

3. Sed expecta, videamus quid sit hoc nescio quid, quod suggeritur menti : certe sensibilis mundus, nescio cujus intelligibilis imago esse dicitur. Mirum autem est, quod in imaginibus, videmus quas specula referunt : nam quamvis ingentia specula sint, non reddunt majores imagines, quam sunt corpora etiam brevissima objecta. In parvis autem specillis, sicut in pupillis oculorum, etsi magna facies sese opponat, brevissima imago pro modo speculi formatur. Ergo et imagines corporum minui licet, si specula minuantur : augeri, si augeantur, non licet. Hic profecto aliquid latet, sed nunc dormiendum est. Neque enim Nebridio beatus quærendo videor, sed fortasse aliquid inveniendo. Id autem aliquid quid est? an illa ratiocinatio, cui tamquam unicæ meæ blandiri soleo, et ea me nimis oblectare?

4. Unde constamus? ex animo et corpore. Quid horum melius? videlicet animus. Quid laudant in corpore? nihil aliud video quam pulcritudinem. Quid est corporis pulcritudo? congruentia partium cum quadam coloris suavitate. Hæc forma ubi vera melior, an ubi falsa? quis dubitet ubi vera est, esse meliorem? Ubi ergo vera est? in anima scilicet. Animus igitur magis amandus est quam corpus. Sed in qua parte animi ista est veritas? in mente atque intelligentia. Quid huic adversatur? sensus. Resistendum ergo sensibus totis animi viribus? liquet. Quid si sensibilia nimium delectant? fiat ut

Sans contredit c'est quand elle est vraie. Mais où est-elle dans toute sa vérité? Dans l'âme. L'âme doit donc être aimée plus que le corps. Mais dans quelle partie de l'âme réside cette vérité? Dans l'esprit et dans l'intelligence. Par quoi l'intelligence peut-elle être obscurcie? Par les sens. Ne devons-nous donc pas résister aux sens de toutes les forces de notre âme? Évidemment. Que faut-il faire si les choses sensibles ont pour nous trop d'attrait? Nous efforcer de diminuer cet attrait. Comment y parvenir? Par l'habitude de s'en passer et d'en désirer de meilleures. Qu'arriverait-il si l'âme était mortelle? Qu'avec elle mourrait aussi la vérité, ou que l'intelligence et la vérité ne sont pas la même chose, ou que l'âme n'est pas le siége de l'intelligence, ou qu'enfin un être qui renferme l'immortalité peut être lui-même mortel. Or, mes *Soliloques* ont prouvé que rien de tout cela ne peut être, et je suis convaincu moi-même de cette vérité. Mais enfin je ne sais par quelle habitude des maux nous chancelons et nous éprouvons encore des terreurs. Enfin, quand bien même l'âme mourrait, ce qui ne peut être en aucune manière, la vie heureuse n'est pas dans la joie et les plaisirs que nous procurent les choses sensibles. C'est ce que j'ai suffisamment éprouvé dans ma retraite. Sans doute c'est pour cela et pour d'autres pensées semblables, que je parais à mon Nébride sinon tout à fait heureux, du moins presque heureux; puissé-je me croire tel! Qu'ai-je à y perdre? et pourquoi ne croirais-je pas à la bonne opinion qu'il a de moi? Voilà ce que je me dis à moi-même. Je fis ensuite ma prière, selon mon habitude, et je m'endormis.

5. Il m'a été doux de vous écrire ces choses : car vous me faites plaisir en me remerciant de ne rien vous cacher de ce qui me vient sur les lèvres, et en cela votre joie fait la mienne. En effet, à qui pourrais-je confier plus librement mes rêveries qu'à celui auquel je suis sûr de ne pas déplaire. Si l'amitié d'un homme pour un autre dépend de la fortune, voyez combien je dois être heureux de trouver tant de plaisir dans des choses que je tiens du hasard, et c'est un bien, je l'avoue, que je désire voir s'accroître de plus en plus. Mais les véritables sages, les seuls qu'il est permis d'appeler heureux, n'ont pas voulu qu'on désirât ni qu'on craignit ce qui vient de la fortune. (*Cupi timeri.*) Mais, à propos, de ces mots, dites-moi : suis-je bien correct en disant cupi, ne faudrait-il pas *cupiri*? C'est de vous que je tiens à savoir les règles de ce verbe; plus j'étudie ceux avec qui il a quelque ressemblance, et plus je m'y embrouille : je trouve bien *cupio, fugio, sapio, jacio, capio*, mais je ne sais point s'il faut dire à l'infinitif, *fugiri* ou *fugi*, *sopiri* ou *sapi* : *jaci* et *capi* me pourraient guider; mais n'ai-je point à craindre d'être moi-même pris (*capi*) et balancé (*jaci*) comme un vain jouet, par quelque fin grammairien me prouvant qu'on dit, d'une part, *jactum* et *captum* et de

---

non delectent. Unde fit? consuetudine iis carendi appetendique meliora. Quid si moritur animus? ergo moritur veritas, aut non est intelligentia veritas, aut intelligentia non est in animo, aut potest mori aliquid in quo aliquid immortale est, nihil autem horum fieri posse *Soliloquia* nostra jam continent, satisque persuasum est : sed nescio qua consuetudine malorum territamur atque titubamus. Postremo etiamsi moritur animus, quo nullo modo posse fieri video, non esse tamen beatam vitam in lætitia sensibilium, hoc otio satis exploratum est. His rebus fortasse atque talibus Nebridio meo si non beatus, at certe quasi beatus videor. videar et mihi : quid inde perdo, aut cur parcam bonæ opinioni ? Hæc mihi dixi, deinde oravi, ut solebam, atque dormivi.

5. Hæc placuit scribere tibi. Delectat enim me quod mihi gratias agis, si nihil te quod in buccam venerit celem, et gaudeo, quia sic tibi placeo. Apud quem igitur libentius ineptiam, quam cui displicere non possum? At si in potestate fortunæ est, ut hominem amet homo, vide quam beatus sim, qui de fortuitis tam multum gaudeo, et talia bona, fateor, desidero mihi ubertim adcrescere. Fortunæ autem bona verissimi sapientes, quos solos beatos fas est vocari, nec timeri voluerunt, nec cupi, an cupiri, tu videris. Et belle accidit. Nam volo me declinationis hujus gnarum facias. Cum enim adjungo verba similia, incertior fio. Nam ita est cupio, ut fugio, ut sapio, ut jacio, ut capio ; sed utrum fugiri an fugi, utrum sapiri an sapi, sit modus infinitus, ignoro. Possem adtendere jaci et capi, ni vererer ne me caperet, et pro ludibrio jaceret quo vellet, qui aliud jactum et captum, aliud fugitum, cupitum, sapitum esse convinceret. Quæ item tria, utrum penultima longa et inflexa,

l'autre, *fugitum, capitum, sapitum*. Encore sur ces trois derniers, nouvelle ignorance de ma part, car je ne sais vraiment pas, si la pénultième doit être longue et accentuée ou bien brève et sans accent. Vous voilà, je l'espère, provoqué à m'écrire en termes moins concis. Tâchez donc, je vous prie, de m'adresser une plus longue épître, car je ne puis exprimer tout le plaisir que j'éprouve à vous lire.

LETTRE IV [1]

Augustin annonce à Nébride quels progrès il a faits, pendant sa retraite, dans la contemplation des choses éternelles.

AUGUSTIN A NÉBRIDE.

1. J'ai été bien étonné lorsque contre toute espérance en cherchant celles de vos lettres auxquelles j'avais encore à répondre, je n'en ai trouvé qu'une seule qui me fit votre débiteur. C'est celle où vous me priez de vous dire quels progrès nous avons faits dans la connaissance des choses qui distinguent la nature sensible de la nature intelligible, pendant ce grand loisir dont vous croyez que nous pourrions jouir près de vous, ou que vous aimeriez à partager avec nous. Vous n'ignorez pas, je le sais, que si les fausses opinions s'enracinent en nous, à mesure que notre esprit s'y plonge davantage, il en arrive de même et plus facilement encore lorsqu'il est question de vérités ; mais cela se fait par un progrès insensible, comme celui de l'âge. En effet, quoiqu'il y ait une grande différence entre l'enfant et le jeune homme, on aurait beau interroger chaque jour un enfant sur les progrès de son âge, il ne pourrait pas dire quand il est devenu jeune homme.

2. Ne croyez pourtant pas que je veuille par là vous faire croire que mon intelligence a grandi et s'est fortifiée dans ces choses élevées, au point d'être parvenue à cette jeunesse que l'âme peut acquérir ; non : je suis toujours un enfant, mais comme on a coutume de dire un bel enfant, et qui n'annonce rien de mauvais en lui ; car les yeux de mon esprit, troublés et aveuglés pour ainsi dire par les soins et les soucis que cause l'aspect des choses sensibles, s'ouvrent et se relèvent par ce court raisonne-

---

(1) Ecrite l'an 387. — C'était la 117ᵉ dans les éditions antérieures à l'édition des Bénédictins, et celle qui était la 4ᵉ est maintenant la 36ᵉ.

---

an gravi brevique pronuntianda sint, similiter nescio. Provocaverim te ad epistolam longiorem, peto ut paulo diutius te legam. Nam non queo tantum dicere, quantum volupe est legere te.

EPISTOLA IV

Augustinus Nebridio, significans ei quantum profecerit in secessu, contemplatione rerum æternorum.

NEBRIDIO AUGUSTINUS.

1. Mirum admodum est, quam mihi præter spem evenerit, quod cum requiro quibus epistolis tuis mihi respondendum remanserit, unam tantum inveni, quæ me adhuc debitorem teneret, qua petis ut tanto nostro otio, quantum esse arbitraris tecum, aut nobiscum cupis, indicemus tibi quid in sensibilis atque intelligibilis naturæ discernentia profecerimus. Sed non arbitror occultum tibi esse, si falsis opinionibus tanto quisque inseritur magis, quanto magis in eis familiariusque volutatur, multo id facilius in rebus veris animo accidere. Ita tamen paulatim ut per ætatem proficimus. Quippe cum plurimum inter puerum et juvenem distet, nemo a pueritia quotidie interrogatus se aliquando juvenem dicet.

2. Quod nolo in eam partem accipias, ut nos in his rebus quasi ad quamdam mentis juventutem firmioris intelligentiæ robore pervenisse existimes. Pueri enim sumus, sed ut dici adsolet, forsitan belli, et non (a) mali. Nam plerumque perturbatos et sensibilium plagarum curis refertos mentis oculos illa tibi notissima ratiuncula in (b) respirationem levat, mentem atque intelligentiam oculis et hoc vulgari adspectu esse meliorem : quod non ita esset, nisi magis essent illa quæ intelligimus, quam ista quæ cernimus. Cui ratiocinationi utrum nihil valide inimicum sit, peto mecum consideres. Hac ego

---

(a) Am. Er. et MSS. duo, *non male*.
(b) MSS. plerique, *in respiratione*.

ment que vous connaissez si bien ; savoir, que l'esprit et l'intelligence sont bien au-dessus du sens grossier de la vue, ce qui ne serait pas, si les choses que nous percevons par l'intelligence n'étaient pas bien supérieures à celles qui sont aperçues par nos yeux. Examinez, je vous prie, avec moi si l'on peut opposer quelque chose de bien solide à ce raisonnement : pour moi, depuis qu'il a, pour ainsi dire, renouvelé mon être, et qu'après avoir appelé à mon secours l'aide de Dieu, je me suis élevé vers le ciel et vers les choses éternellement vraies ; mon âme est tellement remplie de l'avant-goût de ce qui est immuable, que je suis étonné d'avoir besoin de recourir à ce même raisonnement pour croire à l'existence de choses qui nous sont aussi présentes que chacun l'est à soi-même. Examinez, je vous prie, car vous êtes en cela plus exact que moi, si je ne vous dois pas encore quelques réponses. Pour moi, je ne suis pas sûr de m'être dégagé si subitement du poids des dettes que, sous ce rapport, j'avais contractées envers vous. Je crois cependant que vous avez entre les mains quelques-unes de mes lettres auxquelles j'attends toujours une réponse.

LETTRE V [1]

Nébride plaint saint Augustin de ce que les affaires de ses concitoyens le détournent trop de la contemplation.

NÉBRIDE A AUGUSTIN.

1. Est-il donc vrai, mon cher Augustin, que les affaires des particuliers prennent toutes vos forces, toute votre patience, sans que vous puissiez revenir à ce loisir et à cette douce retraite que vous désirez tant? Quels sont, je vous le demande, ceux pour lesquels vous avez la bonté d'y renoncer ainsi? Des gens qui ne savent pas ce que vous aimez, ce que vous désirez. N'est-il donc aucun de vos amis qui puisse leur apprendre ce qui fait l'objet de toutes vos aspirations? Quoi ni Romanien? ni Lucinien ne sauraient le faire? Ah! s'ils pouvaient m'entendre, je leur crierais et je leur attesterais que vous n'aimez que Dieu, que c'est Dieu seul que vous voulez servir, à qui vous voulez vous attacher! Ah! si je pouvais vous attirer à ma maison de campagne, et vous y faire goûter quelque repos, je ne craindrais pas de passer pour un ravisseur près de ces concitoyens que vous aimez trop, et dont vous êtes trop aimé!

---

[1] Ecrite vers la fin de l'année 388. — C'était la 114e dans les éditions antérieures à l'édition des Bénédictins et celle qui était la 5e se trouve maintenant la 138e.

---

interim recreatus, cum Deo in auxilium deprecato, et in ipsum, et in ea quæ verissime vera sunt adtolli cœpero, tanta nonnumquam rerum manentium præsumptione compleor, ut mirer interdum illa mihi opus esse ratiocinatione, ut hæc esse credam, quæ tanta insunt præsentia, quanta sibi quisque sit præsens. Recole tu quoque; nam te fateor hujus rei esse diligentiorem, ne quid forte nesciens rescriptis adhuc debeam. Nam mihi non facit fidem tam multorum onerum, quæ aliquando numeraveram, tam repentina depositio : quamvis te accepisse litteras meas non dubitem, quarum rescripta non habeo.

EPISTOLA V

Augustinum Nebridius deplorat, quod nimium interpelletur civium negotiis ab otio contemplationis.

AUGUSTINO NEBRIDIUS.

1. Itane est, mi Augustine, fortitudinem ac tolerantiam negotiis civium præstas, necdum tibi redditur illa exoptata cessatio? Quæso, qui te tam bonum homines interpellant? credo qui nesciunt quid ames, quid concupiscas. Nullusne tibi est amicorum, qui eis amores referat tuos? Nec Romanianus nec (a) Lucinianus? Me certe audiant. Ego clamabo, ego testabor, te Deum amare, illi servire atque inhærere cupere. Vellem ego te in rus meum vocare, ibique adquiescere. Non enim timebo me seductorem tui dici a civibus tuis, quos nimium amas, et a quibus nimium amaris.

(a) In MSS. aliquot scribitur hic, *Lucianus*; et in epist. x. *Lucitianus*, mox in Victorino codice legitur, *mei certe. Audiant me* etc.

LETTRE VI [1]

Nébride écrit à saint Augustin que selon lui, le mémoire ne peut exister sans l'imagination. Car ce n'est pas des sens, mais bien plutôt d'elle-même que l'imagination tire les images des choses.

NÉBRIDE A AUGUSTIN.

1. J'aime à conserver vos lettres comme la prunelle de mes yeux, car elles sont importantes non par leur étendue, mais par la grandeur des choses qu'elles contiennent, et les preuves qu'elles en donnent. Dans les unes, je crois entendre Jésus-Christ; dans les autres, Platon; dans d'autres, Plotin. Elles seront donc pour moi douces à entendre à cause de leur éloquence, faciles à lire par leur brièveté, salutaires à suivre par la sagesse dont elles sont remplies. Ayez donc soin de m'instruire de tout ce que votre esprit jugera bon et salutaire. Quant à cette lettre, vous y répondrez lorsque vous aurez approfondi quelques développements à me donner sur la nature de l'imagination et de la mémoire. Car bien que l'imagination ne soit pas toujours accompagnée de la mémoire, je pense que la mémoire ne peut pas fonctionner sans l'imagination. Peut-être me direz-vous: Comment se fait-il, que nous nous souvenons d'avoir conçu quelque chose, ou d'y avoir pensé? Voici la raison de ce fait. Lorsqu'une chose corporelle et sujette au temps devient l'objet de notre intelligence et de notre pensée, nous avons produit ce qui appartient à l'imagination. En effet, ou nous recourons alors à des mots pour exprimer ce que nous comprenons et ce que nous pensons, et ces mots sont assujettis aux temps, et appartiennent par conséquent aux sens ou à l'imagination; ou bien notre intelligence a reçu par la pensée une impression qui s'est peint dans notre imagination et a pu exciter la mémoire. Je vous écris cela, comme à mon ordinaire, sans ordre et sans y avoir bien réfléchi. Veuillez examiner cette question et lorsque vous en aurez écarté ce qu'elle peut avoir de faux, dites-moi dans vos lettres ce qu'elle contient de vrai.

2. Ecoutez encore ceci: pourquoi, je vous le demande, ne disons-nous pas que l'imagination

---

(1) Ecrite vers le commencement de l'année 389. — Cette lettre était la 71° dans les éditions antérieures à l'édition des Bénédictins, et celle qui était la 6° se trouve maintenant la 92°.

EPISTOLA VI

Scribit Nebridius videri sibi memoriam sine phantasia esse non posse; tum etiam phantasia vim non a sensu, sed a se potius imagines rerum habere.

AUGUSTINO NEBRIDIUS.

1. Epistolas tuas perplacet ita servare ut oculos meos. Sunt enim magnæ, non quantitate, sed rebus, et magnarum rerum magnas continent probationes. Illæ mihi Christum, illæ Platonem, illæ Plotinum sonabunt. Erunt igitur mihi, et ad audiendum propter eloquentiam dulces, et ad legendum propter brevitatem faciles, et ad intelligendum propter sapientiam salubres. Curabis ergo quod tuæ menti sanctum bonumve fuerit visum, me docere. His autem litteris respondebis, cum de phantasia et memoria subtilius aliquid disputaris. Mihi enim ita videtur, quod quamvis non omnis phantasia cum memoria sit, omnis tamen memoria sine phantasia esse non possit. Sed dicis, Quid cum recordamur nos intellexisse, aut cogitasse aliquid? Contra hæc ego respondeo et dico, propterea hoc evenisse, quia cum intelleximus vel cogitavimus corporeum ac temporale aliquid, genuimus quod ad phantasiam pertinet: nam aut verba intellectui cogitationibusque nostris adjunximus, quæ verba sine tempore non sunt, et ad sensum vel phantasiam pertinent: aut tale aliquid intellectus noster cogitatione passus est, quod in animo (a) phantastico memoriam facere potuisset. Hæc ego inconsiderate ac perturbate, ut soleo, dixi: ut explorabis, et falso rejecto, veritatem in litteris conferes.

2. Audi aliud: Cur, quæso te, non a se potius quam a sensu phantasiam habere omnes imagines dicimus? Potest enim, quemadmodum animus intellectualis ad intelligibilia sua videnda a sensu admonetur potius quam aliquid accipit, ita et phantasticus animus ad imagines suas contemplandas, a

---

(a) Sic MSS. tres. At editi habent, *quod in animo phantasticam memoriam etc.*

tire les images des choses d'elle-même, plutôt que des sens? En voici peut-être la raison : De même que, dans son action intellectuelle, l'âme est avertie par les sens pour voir les choses intelligibles qui sont de son domaine, sans cependant rien recevoir des sens eux-mêmes, de même l'imagination, pour contempler les images qui sont de son ressort, est avertie par les sens plutôt qu'elle ne leur emprunte quelque chose, et c'est peut-être pour cela qu'elle a la faculté de voir ce que les sens eux-mêmes ne voient pas; ce qui indique qu'elle a en elle, et tire d'elle-même toutes ces images. Vous me direz aussi dans votre réponse ce que vous pensez à cet égard.

LETTRE VII [1]

Saint Augustin examine les deux questions soulevées par Nébride.

SAINT AUGUSTIN A NÉBRIDE.

CHAPITRE Ier. — 1. Je laisse de côté tout préambule et je commence de suite à vous dire ce que vous attendez depuis longtemps, d'au-tant plus que ma lettre sera longue. Selon vous, la mémoire ne peut pas exister sans les images ou les vues de l'imagination auxquelles vous donnez le nom de fantômes : pour moi, je pense autrement. Il faut donc remarquer avant tout que ce n'est pas seulement des choses passagères que nous nous souvenons, mais encore, et la plupart du temps, de celles qui demeurent. Car, quoique la mémoire revendique pour elle la faculté de conserver l'idée du passé, elle s'étend également sur les choses qui nous quittent, aussi bien que sur celles dont nous nous séparons nous-mêmes. En effet, lorsque je me souviens de mon père, je me souviens de quelque chose qui m'a quitté et qui n'est plus; mais quand je me souviens de Carthage, ma mémoire se porte sur une chose qui existe encore et que moi-même j'ai quittée. Dans l'un ou l'autre cas, c'est du temps passé que ma mémoire conserve l'idée ; car je me souviens de cet homme et de cette ville par ce que j'ai vu et non par ce que je vois.

2. Peut-être me demandez-vous : Où tend votre raisonnement? Vous remarquez vous-même que ni l'une ni l'autre de ces choses ne pourraient se présenter à votre mémoire, si votre imagination n'en avait pas gardé l'impression. Il me suffit présentement d'avoir dé-

---

(1) Ecrite l'an 389. — Cette lettre était la 72e dans les éditions antérieures à l'édition des Bénédictins, et celle qui était la 7e se trouve maintenant la 143e.

---

sensu admoneri potius quam aliquid assumere. Nam forte inde contingit, ut ea quæ sensus non videt, ille tamen adspicere possit : quod signum est, in se et a se habere omnes imagines. De hac re quoque quid sentias, respondebis.

EPISTOLA VII

Augustinus quæstionem utramque a Nebridio discutit.

NEBRIDIO AUGUSTINUS.

CAPUT I. — 1. Proœmio supersidam, et cito incipiam quod me jamjamque vis dicere, præsertim non cito desiturus. Memoria tibi nulla videtur esse posse sine imaginibus vel imaginariis visis, quæ phantasiarum nomine appellare voluisti : ego aliud existimo. Primum ergo videndum est, non nos semper rerum præstereuntium meminisse, sed plerumque manentium. Quare cum sibi memoria præteriti temporis vindicet tenacitatem, constat eam tamen partim eorum esse, quæ nos deserunt, partim eorum, quæ deseruntur a nobis. Nam cum recordor patrem meum, id utique recordor quod me deseruit, et nunc non est : cum autem Carthaginem, id quod est, et quod ipse deserui. In utroque tamen generum horum, præteritum tempus memoria tenet. Nam et illum hominem et istam urbem, ex eo quod vidi, non ex eo quod video memini.

2. Hic tu fortasse quæris : Quorsum ista? Præsertim cum animadvertas utrumlibet horum non posse in memoriam venire, nisi viso illo imaginario. At mihi satis est sic interim ostendisse, posse dici earum etiam rerum, quæ nondum interierunt, memoriam. Verum quid me adjuvet, facito intentus accipias. Nonnulli calumniantur adversus Socraticum illud nobilissimum inventum, quo asseritur, non nobis ea quæ discimus, veluti nova inseri, sed in memoriam recordatione revocari : dicentes memoriam præteritarum rerum esse, hæc autem quæ intelligendo discimus, Platone ipso auctore, manere semper, nec posse interire, ac per hoc non esse

montré que ce qu'on appelle la mémoire, comprend aussi les choses qui ne sont pas encore passées. Quel avantage puis-je tirer de là? Ecoutez-le avec attention. Quelques hommes calomnient cette admirable idée de Socrate, lequel prétend que ce que nous apprenons n'est pas chose nouvelle, mais revient en notre mémoire comme des souvenirs. Ils soutiennent qu'il n'y a que les choses passées qui sont du ressort de la mémoire, et, s'appuyant de l'autorité de Platon, ils prétendent que tout ce que nous apprenons au moyen de l'intelligence, demeure toujours et ne peut périr, et qu'ainsi on ne peut pas mettre cela au rang des choses passées. Mais ils ne font pas attention que cette première vue, par laquelle les choses intellectuelles se sont d'abord offertes à notre esprit, est passée, et que quand nous nous en sommes détournés, pour nous porter vers d'autres objets, c'est par réminiscence, c'est-à-dire par la mémoire que nous y revenons. Ainsi l'éternité, pour ne pas citer d'autres exemples, est une chose qui ne passe pas et qui n'a point besoin des représentations de l'imagination, comme de véhicules pour être présente à notre esprit, c'est pourtant la mémoire qui l'y rappelle. L'action de la mémoire est donc indépendante de l'imagination.

Chapitre II. — 3. L'âme, vous paraît-il, peut, sans l'entremise des sens, imaginer des choses corporelles. Cette opinion est fausse, et je vais vous le prouver. Si l'âme avant de faire aucun usage des sens corporels pour la perception des corps, pouvait se les représenter par l'imagination, et si, comme personne ne peut en douter, elle éprouvait des impressions plus saines et plus pures, avant d'être assujettie aux sens, source de tant d'erreurs, il s'ensuivrait que l'état d'un homme endormi serait préférable à celui d'un homme éveillé, et la condition d'un frénétique meilleure que celle d'un homme qui jouit de son bon sens; car dans le sommeil ou la frénésie ces hommes sont affectés par des images qui ont précédé en eux l'action si trompeuse des sens. Ainsi le soleil qu'ils voient serait plus vrai que celui qui brille aux yeux des personnes saines et éveillées, et ce qui est faux et chimérique vaudrait mieux que tout ce qui est vrai et positif. Si les conséquences sont absurdes comme elles le sont réellement, vous voyez, mon cher Nébride, que l'imagination n'est autre chose qu'une plaie faite à l'âme par les sens, qui ne sont pas, comme vous le croyez, la source de ces images qui se représentent à l'âme, mais la cause qui apporte dans l'âme, ou pour parler plus exactement, qui produit en elle ces impressions de mensonge et de fausseté. Vous avez de la peine à comprendre, et non sans raison, comment des formes et des visages que nous n'avons jamais vus peuvent se retracer à notre pensée. Cette explication va rendre ma lettre plus longue qu'à l'ordinaire, mais elle ne le sera point trop pour vous, qui trouvez mes lettres d'autant plus agréables que je m'y entretiens plus longtemps avec vous.

---

præterita, qui non atdendunt illam visionem esse præteritam, qua hæc aliquando vidimus mente ; a quibus quia defluximus, et aliter alia videre cœpimus, ea nos reminiscendo revisere, id est per memoriam. Quamobrem si, ut alia omittam, ipsa æternitas semper manet, nec aliqua imaginaria figmenta conquirit, quibus in mentem quasi vehiculis veniat, ne tamen venire posset, nisi ejus meminuissemus, potest esse quarumdam rerum sine ulla imaginatione memoria.

CAPUT II. — 3. Jam vero quod tibi videtur anima etiam non usa sensibus corporis corporalia posse imaginari, falsum esse convincitur isto modo : Si anima priusquam corpore utatur ad corpora sentienda, eadem corpora imaginari potest, et melius (quod nemo sanus ambigit) affecta erat antequam his fallacibus sensibus implicaretur, melius afficiuntur animæ dormientium quam vigilantium, melius phreneticorum quam tali peste carentium : his enim afficiuntur imaginibus, quibus ante istos sensus vanissimos nuntios afficiebantur : et aut verior erit sol quem vident illi, quam ille quem sani atque vigilantes ; aut erunt veris falsa meliora. Quæ si absurda sunt, sicuti sunt, nihil est aliud illa imaginatio, mi Nebridi, quam plaga inflicta per sensus, quibus non, ut tu scribis, commemoratio quædam fit ut talia formentur in anima, sed ipsa hujus falsitatis illatio, sive, ut expressius dicatur, impressio. Quod sane te movet, qui fiat ut eas facias formasque cogitemus, quas numquam vidimus, acute movet. Itaque faciam quod ultra solitum modum hanc epistolam porrigat; sed non apud te, cui nulla est pagina gratior, quam quæ me loquaciorem apportat tibi.

4. Omnes has imagines, quas phantasias cum

4. Toutes ces images que vous et beaucoup d'autres appelez des fantômes peuvent être selon moi, justement et véritablement divisées en trois classes. Les unes provenant d'impressions faites sur les sens, les autres sur l'imagination et la troisième espèce reposant sur des certitudes. Lorsque je crois voir votre visage, ou la ville de Carthage, ou notre défunt ami Verecundus (1), ou une chose quelconque, soit qu'elle subsiste encore ou qu'elle n'existe plus et que cependant j'ai vue et sentie, ce sont là des images de la première espèce. Dans la seconde classe sont celles qui nous représentent les choses que nous croyons avoir été ou que nous croyons être encore telles qu'elles se peignent à notre esprit, comme ces fictions par lesquelles nous ornons nos discours, sans nuire toutefois à la vérité ; ces suppositions que nous formons en lisant l'histoire, en écoutant ou en composant des fables. C'est ainsi que, selon mon gré ou l'impression du moment, je me représente le visage d'Énée, ou de Médée avec ses dragons ailés et attachés au joug, ou de Chremès et de quelque Parménon (2). Il faut aussi ranger dans cette classe toutes les fictions sous le voile desquelles les sages ont caché quelque vérité, ou ces rêves que la folie et la superstition ont donnés pour vrais, comme le Phlégéton du Tartare, les cinq cavernes habitées par la race des ténèbres, l'aiguille du nord qui soutient le ciel, et mille autres chimères semblables nées du cerveau des poëtes et des hérétiques, de même, lorsque dans des discussions nous disons : Supposez qu'il y ait trois mondes l'un sur l'autre, bien qu'il n'en existe qu'un seul ; ou que la terre soit carrée et autres choses semblables ; toutes ces fictions et ces suppositions qui se présentent à notre esprit, selon les mouvements de la pensée, appartiennent aussi à cette seconde espèce d'images. Dans la troisième classe il faut ranger celles que les nombres et les dimensions forment en nous. Parmi ces images les unes sont comme le reflet de la nature même des choses, lorsque par exemple on découvre quelle est la figure du monde et que l'image en accompagne la pensée. Les autres tiennent à la science de la géométrie, à l'étude des rythmes de la musique et à l'infinie variété des nombres. Quelque vraies qu'elles soient, à mon avis, elles ne laissent pourtant pas de faire naître dans l'imagination de fausses idées dont la raison a

---

(1) Verecundus était de Milan, où il enseignait la grammaire, lorsque saint Augustin y professait la rhétorique. Il était païen, mais il se convertit et reçut le baptême dans la maladie dont il mourut. C'est à lui qu'appartenait la maison de campagne de Cassiciacum où saint Augustin se retira avec sa mère et quelques amis, et où il composa ses livres *contre les Académiciens*, ceux *de la Vie heureuse*, *de l'Ordre* et les *Soliloques*.

(2) Personnages de quelque comédies de Térence.

---

multis vocas, in tria genera commodissime ac verissime distribui video. Quorum est unum sensis rebus impressum, alterum putatis, tertium ratis. Primi generis exempla sunt, cum mihi tuam faciem, vel Carthaginem, vel familiarem quondam nostrum Verecundum, et si quid aliud manentium vel mortuarum rerum, quas tamen vidi atque sensi, in se animus format. Alteri generi subjiciuntur illa, quæ putamus ita se habuisse vel ita se habere, velut cum disserendi gratia quædam ipsi fingimus nequaquam impedientia veritatem, vel qualia figuramus cum legimus historias, et cum fabulosa vel audimus vel componimus vel suspicamur. Ego enim mihi ut libet atque ut occurrit animo, Æneæ faciem fingo, ego Medeæ cum suis anguibus alitibus junctis jugo, ego Chremetis et alicujus Parmenonis. In hoc genere sunt etiam illa, quæ sive sapientes, aliquid veri talibus involventes figuris, sive stulti variarum superstitionum conditores pro vero adtulerunt, ut est tartareus Phlegethon, et quinque antra gentis tenebrarum, et stilus septemtrionalis continens cælum, et alia poetarum atque hæreticorum mille portenta. Dicimus tamen et inter disputandum, puta esse tres super invicem mundos, qualis hic unus est : et, puta quadrata figura terram contineri ; et similia. Hæc enim omnia, ut se cogitationis tempestas habuerit, fingimus et putamus. Nam de rebus quod ad tertium genus adtinet imaginum numeris maxime atque dimensionibus agitur : quod partim est in rerum natura, velut cum totius mundi figura invenitur, et hanc inventionem in animo cogitantis imago sequitur : partim in disciplinis tamquam in figuris geometricis et rhythmicis musicis, et infinita varietate numerorum : quæ quamvis vera, sicut ego autumo, comprehendantur, gignunt tamen falsas imaginationes, quibus ipsa ratio vix resistit : tametsi nec ipsam disciplinam disserendi carere hoc malo facile est, cum in divisionibus et conclusionibus quosdam quasi calculos imaginamur.

5. In hac tota imaginum silva, credo tibi non videri primum illud genus ad animam, priusquam

de la peine à se défendre. C'est un mal sans doute, mais inhérent à la science de la dialectique ; car dans les divisions et les conclusions, nous avons recours à certaines marques comme à ces jetons dont on se sert pour les calculs.

5. Dans toute cette multitude d'images, je ne pense pas que la première espèce vous paraisse se former dans l'âme avant qu'elle soit engagée dans les sens. Il est donc inutile de nous arrêter plus longtemps là-dessus. Les deux autres pourraient encore sans doute présenter quelques difficultés à résoudre, s'il n'était pas évident que l'âme, avant d'être sous l'influence de la vanité des sens, était beaucoup moins sujette à l'erreur, et ces deux sortes d'images sont indubitablement plus fausses que celles qui naissent des objets sensibles. Car ce qui est l'objet de nos suppositions et de nos fictions est toujours entièrement faux, et comme vous devez le reconnaître, il y a bien plus de vérité dans ce que nous voyons et que nous sentons. Pour cette troisième espèce d'images bien qu'elles semblent être produites en moi par des raisons scientifiques qui ne conduisent point à l'erreur, cependant dès que je me les représente comme quelque chose d'étendu et de corporel, ces mêmes raisons m'en découvrent la fausseté. Je suis donc ainsi convaincu, qu'avant d'avoir senti par le corps, avant d'avoir éprouvé par le ministère si trompeur des sens les impressions de ce qui est passager et mortel, l'âme n'était point exposée à la honte de tomber si souvent et si fortement dans l'erreur.

CHAPITRE III. — 6. Comment notre pensée peut-elle donc se porter sur des choses que nous n'avons pas vues ? Que croyez-vous à cet égard, sinon que l'âme est naturellement douée d'une faculté et d'une certaine force qu'elle porte partout avec elle, et qui lui permettent d'augmenter ou de diminuer les images de ce qu'elle a vu, comme il est aisé de s'en convaincre principalement dans les nombres. C'est ainsi que l'image d'un corbeau placée sous les yeux de notre esprit, telle que la vue nous l'a fait connaître, peut par l'augmentation et la diminution que l'imagination lui fait subir, produire en nous l'image d'une chose que nous n'avons jamais vue. C'est pour nous être accoutumés à former et à rouler sans cesse de telles figures dans notre esprit, qu'elles envahissent soudainement nos pensées. L'âme en augmentant ou en diminuant, comme nous l'avons dit, l'idée des objets qui ont fait impression sur elle par les sens, peut donc produire des images qui ne viennent pas tout entières des sens, mais qui sont composées des différentes parties de ce qu'elle a perçu par les sens dans telle et telle autre chose. C'est ainsi que nous qui sommes nés et qui avons été élevés au milieu des terres, nous avons pu nous faire une idée de la mer en voyant un peu

inhæreat sensibus, pertinere; neque hinc diutius disputandum : de duobus reliquis jure adhuc quæri posset, nisi manifestum esset, animam minus esse obnoxiam falsitatibus, nondum passam sensibilium sensuumque vanitatem : at istas imagines quis dubitaverit istis sensibilibus multo esse falsiores ? Nam illa quæ putamus et credimus, sive fingimus ; et ex omni parte omnino falsa sunt, et certe longe ut cernis veriora sunt, quæ videmus atque sentimus. Jam in illo tertio genere quodlibet spatium corporale animo figuravero, quamquam id rationibus disciplinarum minime fallentibus cogitatio peperisse videatur, ipsis rursum rationibus arguentibus, falsum esse convinco. Quo fit, ut nullo pacto animam credam nondum corpore sentientem, nondum per sensus vanissimos mortali et fugaci substantia, verberatam, in tanta falsitatis ignominia jacuisse.

CAPUT III. — 6. Unde ergo evenit, ut quæ non vidimus cogitemus ? Quid putas, nisi esse vim quamdam minuendi et augendi animæ insitam, quam quocumque venerit necesse est afferat secum? quæ vis in numeris præcipue animadverti potest. Hac fit, verbi gratia, ut corvi quasi ob oculos imago constituta, quæ videlicet adspectibus nota est, demendo et addendo quædam, ad quamlibet omnino numquam visam imaginem perducatur. Hac evenit ut per consuetudinem volventibus sese in talibus animis, figuræ hujuscemodi velut sua sponte cogitationibus irruant. Licet igitur animæ imaginanti, ex his quæ illi sensus invexit, demendo, ut dictum est, et addendo, ea gignere, quæ nullo sensu attingit tota; partes vero eorum, quæ in aliis atque aliis rebus adtigerat. Ita nos pueri apud mediterraneos nati atque nutriti, vel in parvo calice aqua visa, jam imaginari maria poteramus ; cum sapor fragorum et cornorum, antequam in Italia gustaremus, nullo modo veniret in mentem. Hinc est quod a prima ætate cæci, cum de luce coloribusque interroga-

d'eau dans une petite coupe, tandis que nous n'aurions pu nous représenter le goût des fraises et des cornouilles avant d'en avoir mangé en Italie. C'est également ainsi que les aveugles de naissance, quand on les interroge sur la lumière et les couleurs ne savent quoi répondre, car n'ayant jamais éprouvé dans leurs sens l'impression d'un objet coloré, ils ne peuvent imaginer rien de semblable.

7. Vous ne devez point vous étonner que l'âme, quand elle vient animer notre corps, ayant été jusque-là étrangère à toutes sensations extérieures, ne possède aucune image de la nature des choses ni des fictions que nous y mêlons. Car dans l'indignation ou la joie et les autres mouvements semblables de l'âme, notre visage subit des changements d'expression et de couleurs, avant même que la pensée nous apprenne que nous pouvons les produire en nous. Tous ces divers mouvements de l'âme ne font que suivre par des modes merveilleux que je vous laisse à méditer, les impressions secrètes éprouvées par l'âme sans le secours d'aucune image corporelle. Je veux ainsi vous faire comprendre que l'âme étant capable de tant de mouvements étrangers à ces images sur lesquelles vous me consultez, elle est attachée au corps auquel elle est échue par un autre mouvement que par la représentation des choses corporelles, puisqu'elle ne peut, selon moi, recevoir ces images, qu'après avoir commencé à se servir de son corps et de ses sens. C'est pourquoi; très-cher et très-agréable ami, par notre affection mutuelle par la fidélité que Dieu nous commande d'avoir les uns pour les autres, je vous exhorte à ne contracter aucune amitié avec ces ombres de la région des ténèbres, et de ne point balancer à rompre tout lien qui pourrait vous y avoir déjà attaché. Car ce n'est point résister aux sens, comme notre sainte religion nous l'ordonne, que de flatter les plaies et les blessures qu'ils ont faites à notre âme (1).

---

(1) Saint Augustin fait ici allusion à certaines erreurs des Manichéens.

---

tur, quid respondeant non inveniunt. Non enim coloratas ullas patiuntur imagines, qui senserunt nullas.

7. Nec mirere quo pacto ea, quæ in rerum natura figurantur et fingi possunt, non primo in anima quæ omnibus inest commistia volvantur, cum ea numquam extrinsecus senserit. Nam etiam nos cum indignando aut lætando, ceterisque hujuscemodi animi motibus, multos in nostro corpore vultus coloresque formamus, prius nostra cogitatio quod facere possimus tales imagines concipit. Consequuntur ista miris illis modis, et committendis cogitationi tuæ cum in anima sine ulla (a) corporalium figura falsitatum numeri actitantur occulti. Ex quo intelligas velim cum tam multos animi motus esse sentias expertes omnium, de quibus nunc quæris, imaginum, quolibet alio motu animam sortiri corpus quam sensibilium cogitatione formarum, quas eam, priusquam corpore sensibusque utatur, nullo modo arbitror pati posse. Quamobrem pro nostra familiaritate, et pro ipsius divini juris fide sedulo monuerim, carissime mihi ac jocundissime, nullam cum istis infernis umbris copules amicitiam, neve illam, quæ copulata est, cunctere divellere. Nullo enim modo resistitur corporis sensibus, quæ nobis sacratissima disciplina est, si per (b) eos inflictis plagis, vulneribusque blandimur.

(a) Sic elegantiores MSS. At excusi habent, *corporali figura.*
(b) Editi *per eas.* At MSS. magno consensu præferunt, *per eos.* Quod ad sensus refertur. Nam paulo supra dicitur; *nihil est aliud imaginatio* sensibilium rerum hoc in corpore, *quam plaga inflicta per sensus.* Hinc intelliges in lib. de vera religione c. XXXIV, n. 64. id quod Augustinus adversus Manichæos, dicit, *Da'e qui resistat sensibus carnis, et plagis quibus per illos in anima vapulavit* Neque porro *infernas umbras,* a quibus hic Nebridium revocat, intelligere alias videtur præter phantasias seu phantasmata illa, quæ amplexabantur Manichæi ex lib. III, Confess. c. VI et lib. IX, c. IV.

LETTRE HUITIÈME [1]

Nébride demande à saint Augustin comment les puissances célestes peuvent nous envoyer pendant le sommeil des visions et des songes.

NÉBRIDE A AUGUSTIN.

Voulant en venir promptement au fait, je laisse de côté toute préface et tout exorde. Par quel moyen, mon cher Augustin, les puissances supérieures, je veux dire les puissances célestes peuvent-elles, à leur gré nous envoyer des songes pendant notre sommeil? Quel mode, dis-je, quel artifice, quels secrets, quelles machines, quels instruments, quels philtres emploient-elles pour cela? sont-ce leurs propres pensées qui font impression sur notre âme, de manière à en éveiller de semblables en nous? Ce qu'elles offrent et font voir à notre esprit ne serait-il pas les images mêmes qui se forment dans leur corps ou leur imagination? Si c'est dans leur corps, nous avons donc au dedans de nous-mêmes des yeux corporels pour voir pendant notre sommeil les images qui se sont formées dans le corps de ces puissances? Si leur corps n'est pour rien en cela, si leur imagination seule enfante ces visions transmises à notre imagination, pourquoi, je vous prie, mon imagination ne peut-elle pas forcer la vôtre à enfanter des visions que j'aurai déjà formées dans la mienne. Car certainement j'ai aussi une imagination capable de représenter ce que je veux; et cependant je ne puis vous envoyer aucun songe, et je vois que c'est notre corps lui-même qui les produit en nous, car une fois qu'il a reçu les impressions des divers mouvements de l'âme avec laquelle il est vrai il est uni, il les transmet à l'imagination par des moyens merveilleux. Souvent dans le sommeil, lorsque nous avons soif, nous rêvons que nous buvons, et quand nous avons faim, nous croyons manger. Nous éprouvons beaucoup d'autres effets semblables, qui, par je ne sais quel secret commerce, vont fantastiquement du corps à l'âme. Ne vous étonnez point si par suite de mon ignorance et de l'obscurité même de la matière, mes explications, manquent d'élégance et de subtilité. Je compte sur vous pour les éclaircir autant que vous le pourrez.

(1) Écrite l'an 389, peu de temps après la précédente. — Cette lettre était la 245e dans les éditions antérieures à l'édition des Bénédictins, et celle qui était la 8e se trouve maintenant la 27e.

EPISTOLA VIII

Quanam cœlestium potestatum in animam actione fiat ut imagines ac somnia dormienti subrepant.

AUGUSTINO NEBRIDIUS.

1. Festinanti mihi ad rem pervenire, nullum proœmium, nullum placet exordium. Qui fit, mi Augustine, vel qui modus est ille, quo utuntur superiores potestates, quas cœlestes intelligi volo, cum eis placet nobis dormientibus aliqua somnia demonstrare? Qui, inquam, modus est, id est quomodo id. faciunt, qua arte, quibus (a) manganis, quibusve instrumentis aut medicamentis ? (b) animumne nostrum per cogitationes suas impellunt, ut nos etiam ea cogitando imaginemur? An ipsa in suo corpore, vel in sua phantasia, facta nobis offerunt et ostendunt? Sed si in suo corpore ea faciunt, sequitur ut et nos alios oculos corporeos intrinsecus habeamus cum dormimus, quibus illa videamus, quæ illi in suo corpore formaverint. Si vero ad istas res non corpore adjuvantur suo, sed in phantastico suo ista disponunt, atque ita phantastica nostra contingunt, et fit visum, quod est somnium ; cur quæso te, non ego phantastico meo tuum phantasticum ea somnia generare compello, quæ mihi primo in eo ipse formavi? Certe et mihi est phantasia, et quod volo potens est fingere, cum omnino nullum tibi facio somnium, sed ipsum corpus nostrum video in nobis somnia generare. Nam cum semel habuerit per affectum quo animæ copulatur, cogit nos idipsum miris modis per phantasiam simulare. Sæpe dormientes cum sitimus, bibere somniamus, et esurientes quasi comedentes videmur; et multa talia, quæ quasi commercio quodam à corpore in animam phantastice transferuntur. Hæc pro sui obscuritate pro nostraque imperitia ne mireris, si minus eleganter minusque subtiliter explicata sunt, tu id facere quantum poteris laborabis.

(a) Lov. *machinis* cujus loco MSS. habent *manganis*. Idem significat ; hinc enim μαγγανέλλα bellica quædam instrumenta, Suidas porro, μάγγανον, παράδοξόν τι, mirum quidpiam interpretatur aliqui, præstigia.
(b) Lov. *aut medicamentis animum nostrum*, mutavimus nonnihil ad MSS. fidem.

LETTRE NEUVIÈME [1]

Saint Augustin répond à la question de Nébride sur les songes que les puissances supérieures nous envoient.

AUGUSTIN A NÉBRIDE.

1. Quoique le fond de mon cœur vous soit connu, vous ignorez peut-être combien je voudrais jouir de votre présence. Dieu m'accordera sans doute quelque jour ce grand bienfait. J'ai lu votre lettre si juste et si vraie dans laquelle vous vous plaignez de votre solitude, et d'être en quelque sorte abandonné de vos amis, avec lesquels la vie aurait pour vous tant de douceur. Mais que puis-je vous conseiller à ce sujet, sinon ce que, j'en suis persuadé, vous ne manquez point de faire. Rentrez en vous-même, et autant que possible élevez votre âme vers Dieu. Vous nous trouverez en lui non par ces images corporelle auxquelles nous sommes forcés d'avoir recours pour entretenir nos souvenirs, mais en pensant que ce n'est point par les lieux que nous sommes ensemble.

2. En repassant attentivement vos lettres auxquelles j'ai longuement répondu, sachant bien que vous n'aimez pas à rester dans le doute, il en est une qui m'a effrayé. C'est celle où vous me demandez comment les puissances supérieures ou les démons peuvent faire naître en nous des pensées et des songes ; c'est une grande question à laquelle votre sagacité doit vous faire voir que ce n'est point par une lettre, mais par une longue conférence ou même un livre qu'il est possible de répondre. Connaissant du reste la pénétration de votre esprit, j'essaierai de jeter sur cette question quelques lumières qui vous permettront de trouver le reste vous-même, ou vous donneront du moins l'espoir d'en découvrir une solution satisfaisante.

3. Je crois que tous les mouvements de l'âme produisent quelque impression sur le corps, et que ces impressions se révèlent à nos sens, quelque faibles et imparfaits qu'ils soient d'ailleurs, avec d'autant plus de force que les mouvements de l'âme sont plus considérables, comme dans la colère, la tristesse ou la joie.

---

(1) Ecrite environ dans le même temps. — Cette lettre était la 115e dans les éditions antérieures à l'édition des Bénédictins et celle qui était la 9e se trouve maintenant la 40e.

EPISTOLA IX

Quæstioni de somniis per superiores potestates immissis respondet.

NEBRIDIO AUGUSTINUS.

1. Quamquam mei animi cognitor sis, fortasse tamen ignoras quantum velim præsentia tua frui. Verum hoc tam magnum beneficium Deus quandoque præstabit. Legi rectissimam epistolam tuam, in qua de solitudine questus es, et quadam desertione a familiaribus tuis, cum quibus vita dulcissima est. Sed quid aliud hic tibi dicam, nisi quod te non dubito facere. Confer te ad tuum animum, et illum in Deum leva, quantum potes. Ibi enim certius habes et nos, non per corporeas imagines, quibus nunc in nostra recordatione uti necesse est; sed per illam cogitationem, qua intelligis non loco esse nos simul.

2. Epistolas tuas cum considerarem, quibus non dubium tibi quærenti magna respondi, vehementer me illa terruit, qua percontaris quomodo fiat, ut nobis a superioribus potestatibus vel a dæmonibus, et cogitationes quædam inserantur et somnia. Magna enim res est, cui tu quoque pro tua prudentia perspicis, non epistola, sed aut præsenti collocutione, aut aliquo libello respondendum esse. Tentabo tamen, callens ingenium tuum, quædam quæstionis hujus (a) lumina præseminare, ut aut cetera tecum ipse contexas, aut posse ad rei tantæ probabilem investigationem perveniri minime desperes.

3. Arbitror enim omnem motum animi aliquid facere in corpore. Id autem usque ad nostros exire sensus, tam hebetes, tamque tardos, cum sunt majores animi motus ; velut cum irascimur, aut tristes, aut gaudentes sumus. Ex quo licet conjicere, cum etiam cogitamus aliquid, neque id nobis in nostro corpore apparet, apparere tamen posse aeriis æthereisve animantibus, quorum et sensus acerrimus, et in cujus comparatione noster ne

---

(a) Lov. *limina*. At MSS. et antiquiores editiones, *lumina*.

D'où l'on peut conjecturer que même lorsque nos pensées ne produisent aucune impression visible sur notre corps, il n'en est pas de même pour les êtres aériens ou célestes, dont les sens sont très-pénétrants, et en comparaison desquels les nôtres ne sont rien. Ainsi, puisque les empreintes de tous ses mouvements que l'âme laisse pour ainsi dire sur le corps, peuvent demeurer et devenir comme une forme habituelle, secrètement agitées et touchées, elles peuvent au gré de celui qui les agite et qui les touche, produire en nous des pensées et des songes avec une merveilleuse facilité. Si les musiciens, les funambules, et tant d'autres qui nous donnent chaque jour le spectacle d'une incroyable souplesse, sont parvenus à ce merveilleux résultat, par le seul exercice des organes terrestres et grossiers; est-il absurde de croire que des êtres auxquels un corps aérien et céleste permet naturellement de pénétrer d'autres corps, puissent avec plus de facilité encore exciter en nous, selon leur volonté des mouvements imperceptibles, mais dont nous ne laissons pas néanmoins de ressentir les effets? Sentons-nous comment l'abondance de la bile nous porte à de fréquents accès de colère? Elle nous y pousse cependant avec d'autant plus de violence qu'elle est elle-même devenue plus abondante par nos redoublements de colère.

4. Si vous ne voulez pas reconnaître la justesse de cette comparaison que nous faisons en passant, méditez-la sérieusement autant que vous le pourrez, et vous trouverez que l'esprit qui rencontre sans cesse quelque difficulté qui gêne son action et qui l'empêche d'accomplir ce qu'il veut, est dans un état continuel d'irritation. Car la colère n'est autre chose, si je ne me trompe, qu'un désir ardent de faire disparaître tout obstacle au libre exercice de nos actions. C'est pourquoi, la plupart du temps, notre colère ne tombe pas seulement sur les hommes, mais sur toute espèce d'objets. L'écrivain s'irrite contre sa plume qu'il brise et qu'il broie, le joueur contre ses dés, le peintre contre ses pinceaux, chacun enfin contre l'instrument dont il croit avoir à se plaindre. Cet état continuel d'irritation augmente, selon les médecins, l'abondance de la bile, et par cet accroissement de bile, on finit par s'irriter plus facilement et même presque sans motifs. Ainsi ce que le mouvement de l'âme a produit dans le corps, excite à son tour de nouveaux mouvements dans l'âme.

5. On pourrait multiplier ces observations et rendre plus évidente encore par de nombreux exemples la vérité que nous avançons. Mais joignez à cette lettre celle que je vous ai récemment adressée sur les images et la mémoire. Relisez-la avec attention, car votre ré-

---

sensus quidem putandus est. Igitur ea quæ, ut ita dicam, vestigia sui motus animus figit in corpore, possunt et manere, et quemdam quasi habitum facere, quæ latenter cum agitata fuerint et contrectata, secundum agitantis et contractantis voluntatem, ingerunt nobis cogitationes et somnia, atque id fit mira facilitate. Si enim nostrorum corporum terrenorum et tardissimorum exercitationes, agendis organis musicis, seu in funiambulo, ceterisque hujuscemodi spectaculis innumerabilibus, et quædam incredibilia pervenisse manifestum est; nequaquam est absurdum, eos qui aërio vel æthereo corpore aliquid in corporibus agunt, quæ naturali ordine penetrant, longe majore uti facilitate ad movendum quidquid volunt, non sentientibus nobis, et tamen inde aliquid perpetientibus. Neque enim etiam quomodo fellis abundantia nos ad iram crebriorem cogat sentimus; et tamen cogit, cum hæc ipsa, quam dixi, abundantia facta sit irascentibus nobis.

4. Sed hoc tamen si non vis simile a nobis prætereunter accipere, versa id cogitatione quantum potes. Nam si animo exsistat assidue aliqua difficultas agendi atque implendi quod cupit, assidue irascitur. Ira est autem, quantum mea fert opinio, turbulentus appetitus auferendi ea, quæ facilitatem actionis impediunt. Itaque plerumque non hominibus tantum, sed calamo irascimur in scribendo, eumque collidimus atque frangimus; et aleatores tesseris, et pictores penicillo et cuique instrumento quilibet, ex quo difficultatem se pati arbitratur. Hac autem assiduitate irascendi fel crescere etiam medici affirmant. Cremento autem fellis rursus et facile ac prope nullis caussis exsistentibus irascimur. Ita quod suo motu animus fecit in corpore, ad eum rursus commovendum valebit.

5. Possunt latissime ista tractari, et multis rerum testimoniis ad certiorem plenioremque perduci notitiam. Sed huic epistolæ adjunge illam, quam tibi nuper de imaginibus et de memoria misi, et

ponse me fait croire que vous ne l'avez point parfaitement comprise. Joignez-y encore ce que je vous ai dit dans une lettre précédente sur la faculté naturelle de l'âme, qui peut par la pensée augmenter ou diminuer tout ce qui lui plaît ; peut-être alors comprendrez-vous mieux, comment il est possible que, soit par la pensée, soit dans les songes, nous nous représentions des formes corporelles que nous n'avons jamais vues.

LETTRE DIXIÈME [1]

Saint Augustin parle à Nébride des moyens de passer leur vie ensemble, loin du tumulte des choses du monde.

AUGUSTIN A NÉBRIDE.

1. Jamais aucune des difficultés sur lesquelles vous m'avez consulté, n'a autant agité mon esprit que le reproche que je trouve dans votre dernière lettre. Vous dites que je néglige de rechercher les moyens qui nous permettraient de passer notre vie ensemble. Cette accusation n'est pas légère, et pourrait avoir de graves conséquences, si elle était fondée. Mais comme de solides raisons établissent que, nous pouvons nous donner cette commune satisfaction, plus facilement ici qu'à Carthage et même à la campagne, je ne sais, mon cher Nébride, comment je dois faire avec vous. Dois-je vous envoyer une voiture pour vous amener ici commodément? Mais notre ami Lucinien prétend que vous pouvez sans danger vous faire transporter dans une litière. Il est vrai que votre mère, qui ne pouvait consentir à votre absence quand vous étiez en bonne santé, supporterait encore bien moins votre départ dans l'état de votre faiblesse où vous êtes. Irai-je donc moi-même vous trouver ? Mais j'ai ici des amis qui ne pourraient pas m'accompagner, et qu'il ne m'est pas permis de quitter. Vous pouvez, vous, trouver en quelque sorte une habitation douce et agréable dans votre âme ; mais ceux que j'ai près de moi sont loin de pouvoir en faire autant. Faut-il que j'aille et vienne sans cesse, pour être tantôt avec eux, tantôt avec vous? Mais cela ne serait pas être ensemble, ni vivre selon

---

(1) Ecrite comme la précédente vers l'an 389. — Cette lettre était la 116e dans les éditions antérieures à l'édition des Bénédictins, et celle qui était la 10e se trouve maintenant la 71e.

---

eam diligentius pertracta. Nam minus plene a te intellecta, rescripto tuo mihi apparuit. Huic ergo quam nunc legis, cum adjunxeris de illa quod dictum ibi est, de naturali quadam facultate animi minuentis, et augentis cogitatione quodlibet : fortasse etiam formae corporum, quas numquam vidimus, vel cogitando apud nos vel somniando figurentur (*a*).

EPISTOLA X

De convictu cum Nebridio et secessione a mundanarum rerum tumultu.

NEBRIDIO AUGUSTINUS.

1. Numquam aeque quidquam tuarum inquisitionum me in cogitando tenuit aestuantem, atque illud quod recentissimis litteris tuis legi, ubi nos arguis quod consulere negligamus, ut una nobis vivere liceat. Magnum crimen, et nisi falsum esset, periculosissimum. Sed cum probabilis ratio demonstrare videatur, hic nos potius quam Carthagini, vel etiam ruri, ex sententia posse degere, quid tecum agam mi Nebridi, prorsus incertus sum. Mittatur ne ad te accommodissimum tibi vehiculum ? nam (*b*) basterna innoxie te vehi posse noster Lucinianus auctor est. At matrem cogito, ut quae absentiam sani non ferebat, imbecilli multo minus esse laturam. Veniamne ipse ad vos ? at hic sunt qui nec venire mecum queant, et quos deserere nefas putem. Tu enim potes et apud tuam mentem suaviter habitare : ii vero ut idem possint, satagitur. Eamne crebro et redeam, et nunc tecum, nunc cum ipsis sim ? at hoc neque simul (*c*), neque

---

(*a*) Hic epistola terminatur apud Lov. et veteres MSS. At apud Bad. Am. et Er. ad vocem *figurentur*, epistola XIV, detracto exordio *Recentissimis* etc. subjungitur continenter ab hisce verbis : *tametsi actus* etc.
(*b*) In editis, *basiderna* At in veteribus libris scribitur, *basterna*. Quae vox apud Isidorum in Gloss. exponitur, *tecta manualis*, unde quibusdam videtur esse gestatoria sella, aut lectica, quae famulorum manibus portabatur, aliis porro lectica jumentorum dorso imponi solita, ex eodem Isidoro in Orig. lib. XX, c. XII. hujusmodi erat illa, de qua Gregorius Turon. in Franc. hist. lib. III, n. 26.
(*c*) In MSS. omittitur conjunctio, *neque*.

vos vues. Le trajet est assez long d'ailleurs, et l'entreprendre souvent ne serait pas le moyen d'arriver à ce repos qui fait l'objet de tous nos vœux. Ajoutez à cela mes infirmités physiques qui, comme vous le savez, m'empêchent de faire tout ce que je veux, et qui me forcent à m'en tenir à vouloir seulement ce que je puis.

2. Penser ainsi pendant toute sa vie à disposer des voyages qu'on ne peut accomplir sans trouble et sans difficulté, n'est pas le propre d'un homme dont toute la pensée doit se reporter vers ce dernier voyage qu'on appelle la mort, et qui seule, comme vous le savez, doit être le véritable objet de notre pensée. Dieu a fait, il est vrai, à quelques hommes qu'il a choisis pour gouverner son Eglise, la grâce non-seulement d'attendre cette mort avec courage, mais encore d'en faire l'objet de leurs vœux les plus ardents, tout en accomplissant sans trouble et sans tourment leurs laborieuses pérégrinations. Mais pour ceux qui se laissent entraîner à des emplois de ce genre par amour des honneurs temporels, ou qui, pouvant vivre en simples particuliers, recherchent le tracas des affaires, ils ne peuvent obtenir au milieu du bruit, des inquiétudes, des réunions et des courses souvent répétées, l'immense bienfait de se familiariser avec l'idée de la mort. Tandis que cette familiarité si désirable eût été pour eux le fruit du calme et du repos à la faveur desquels ils se fussent élevés jusqu'à Dieu. S'il n'en est point ainsi je suis le plus insensé, ou du moins le plus faible des hommes, de ne pouvoir goûter et aimer ce bien pur et suprême que dans le repos et la retraite. Croyez-moi, on a besoin d'être bien éloigné du tumulte de toutes les choses passagères de ce monde pour arriver à ne rien craindre, sans qu'il y ait de notre part ni dureté de cœur, ni audace, ni désir d'une vaine gloire, ni superstitieuse crédulité. C'est ainsi qu'on peut goûter cette joie durable, à laquelle nul autre plaisir ne peut se comparer.

3. Que si une telle vie n'est pas le partage de la nature humaine, d'où vient cette tranquillité d'âme que l'on goûte quelquefois? Pourquoi l'éprouve-t-on d'autant plus qu'on se retire plus intimement dans le sanctuaire de son âme pour y adorer Dieu? Pourquoi, dans l'accomplissement même d'un acte humain, cette tranquillité ne nous abandonne-t-elle pas, si c'est de ce sanctuaire qu'on sort pour agir? Pourquoi, lorsque nous parlons, ne craignons-nous pas la mort, et pourquoi dans le silence allons-nous, même jusqu'à la désirer? Je vous dis cela, et je ne le dirais pas à tout le monde,

---

ex sententia vivere est. Non enim brevis est via, sed tanta omnino, cujus peragendæ negotium sæpe suscipere, non sit ad optatum otium pervenisse. Huc accedit infirmitas corporis, qua ego quoque, ut nosti, non valeo quod volo, nisi omnino desinam quidquam plus velle quam valeo.

2. Profectiones ergo quas quietas et faciles, habere nequeas, per totam cogitare vitam, non est hominis de illa una ultima, quæ mors vocatur, cogitantis; de qua vel sola intelligis vere esse cogitandum. Dedit quidem Deus paucis quibusdam, quos gubernatores ecclesiarum esse voluit, ut et illam non solum exspectarent fortiter, sed alacriter etiam desiderarent, et earum obeundarum labores sine ullo angore susciperent: sed neque iis, qui ad hujusmodi administrationes temporalis honoris amore raptantur, neque rursum iis, qui cum sint privati, negotiosam vitam appetunt, hoc tantum bonum concedi abitror, ut inter strepitus inquietosque conventus atque discursus, cum morte familiaritatem, quam quærimus, faciant: dedicari enim utrisque in otio licebat, Aut si hoc falsum est, ego sum omnium ne dicam stultissimus, certe ignavissimus: cui nisi proveniat quædam secura cessatio, sincerum illud bonum gustare atque amare non possum. Magna secessione a tumultu rerum labentium, mihi crede, opus est, ut non duritia, non audacia, non cupiditate inanis gloriæ, non superstitiosa credulitate fiat in homine, nihil timere. Hinc enim sit illud etiam solidum gaudium nullis omnino lætitiis ulla ex particula conferendum.

3. Quod si in naturam humanam talis vita non cadit (a), cur aliquando evenit ista securitas? cur tanto event crebrius, quanto quisque in mentis penetralibus adorat Deum? cur in actu etiam humano plerumque ista tranquillitas manet, si ex illo adyto ad agendum quisque procedat? cur interdum et cum loquimur, mortem non formidamus, cum autem non loquimur, etiam cupimus? Tibi dico, non enim hoc cuilibet dicerem, tibi inquam dico, cujus

(a) In prius editis, *cui aliquando* substituimus, *cur*, ex MSS.

mais je le dis à vous, mon cher Nébride, dont je connais les élans vers le ciel ; et je vous demande à vous qui avez si souvent éprouvé combien la vie est douce, quand l'âme est morte à l'amour du corps, si l'on peut nier que l'homme ne puisse goûter une vie exempte de trouble et de crainte, et mériter véritablement ainsi le nom de sage. Je vous demande encore si cette disposition d'esprit, qui est la base et le soutien de la raison, vous l'avez éprouvée dans d'autres moments que quand vous vous étiez le plus profondément retiré dans l'intimité de votre âme? Cela étant ainsi, vous voyez que la seule chose qui reste à faire est d'aviser de votre côté aux moyens de parvenir à passer notre vie ensemble. Que faire à l'égard de votre mère que votre frère Victor ne quitte pas? Vous le savez mieux que moi. Je ne veux rien ajouter pour ne pas détourner votre esprit de cette pensée.

LETTRE ONZIÈME [1]

Pourquoi dit-on que le Fils seul s'est fait homme, tandis que les trois personnes divines sont inséparables.

AUGUSTIN A NÉBRIDE.

1. Vivement agité par la question que depuis longtemps vous m'aviez adressée, et à propos de laquelle vous me faisiez naguère des reproches si affectueux, à savoir par quels moyens nous pourrions vivre ensemble, j'avais résolu de ne vous écrire et de ne vous demander de réponses que sur ce sujet seul, en mettant de côté tout ce qui appartient à nos études et à nos méditations, jusqu'à ce que ce point fût fixé entre nous. Mais votre dernière lettre si pleine de raison dans sa brièveté, m'a rendu le calme à cet égard. Vous me dites, en effet, que nous n'avons plus à nous occuper de cela, puisque, dès que je le pourrai, j'irai vers vous, et que de votre côté vous viendrez vers moi, dès que cela vous sera possible. Me trouvant ainsi tranquillisé, je me suis mis à examiner toutes vos lettres pour voir celles auxquelles je devais répondre ; mais j'y trouve tant de questions accumulées, que quand bien même elles seraient faciles à résoudre, leur nombre suffirait pour absorber tout ce qu'on a d'esprit et de loisir. En outre, elles sont si difficiles, que si une seule d'entre elles m'était posée, je me trouverais encore surchargé de travail. Ce préambule a seulement pour but de vous prier de renoncer pendant quelque temps à me poser de nouvelles questions, jusqu'à ce que je sois

[1] Ecrite en 389. — Cette lettre était la 218e dans les éditions antérieures à l'édition des Bénédictins, et celle qui était la 11e se trouve maintenant la 75e.

itinera in superna bene novi, tunc cum expertus sæpe sis quam dulce vivat, cum amori corporeo animus moritur, negabis tandem totam hominis vitam posse intrepidam fieri, ut rite sapiens nominetur? aut hanc affectionem, qua ratio nititur, tibi accidisse unquam, nisi cum (a) in intimis tuis angeris, asserere audebis ? Quæ cum ita sint, restare unum vides, ut tu quoque in commune consulas, quo vivamus simul. Quid enim cum matre agendum sit, quam certe frater Victor non deserit, tu multo melius calles quam ego. Alia scribere, ne te ab ista cogitatione averterem, nolui.

EPISTOLA XI

Cur hominis susceptio Filio soli tribuitur, cum divinæ personæ sint inseparabilis.

NEBRIDIO AUGUSTINUS.

1. Cum me vehementer agitaret quæstio, a te dudum cum quadam etiam familiari objurgatione proposita, quonam pacto una vivere possemus, et de hoc solo statuissem rescribere tibi, et rescripta flagitare, neque ad aliud aliquid, quod ad nostra studia pertinet, stilum avertere, ut inter nos istud ipsum terminaretur, cito me securum fecit recentis epistolæ tuæ brevissima et verissima ratio : propterea scilicet hinc non esse cogitandum, quia vel nos cum potuerimus ad te, vel tu cum potueris ad nos necessario venturus sis. Hinc ergo, ut dixi, securus consideravi omnes epistolas tuas, ut viderem quarum responsionum debitor sim. In quibus tam multas quæstiones reperi, ut etiam si facile dissolvi possent, ipso acervo cujusvis ingenii, otiumque superarent. Tam vero difficiles sunt, ut et si una earum mihi esset imposita, non dubitarem me onustissimum confiteri. Hoc autem proœmium ad id valet, ut tantisper desinas nova quærere, donec toto ære alieno liberemur, et de solo judicio tuo mihi rescri-

(a) Ita Lov. At Er. *cum intimis angereris*. Bad. Am. et Gemeticensis codex, *cum intimis tuis ageris*. in ceteris fere MSS *cum in intimis tuis ageris* ; forte pro *ageres*.

délivré de toutes mes dettes envers vous, et vous m'ayez fait part de votre jugement sur mes réponses. Je n'ignore pourtant pas quel sacrifice je m'impose en différant ainsi de participer à ce qu'il y a de grand et de divin dans vos pensées.

2. Voici donc mon opinion sur le mystère de l'Incarnation qui a été opéré pour notre salut, comme notre sainte religion nous commande de le croire et de le connaître. Cette question que j'ai choisie entre toutes, n'est pas la plus facile à résoudre. Celles qui ont le monde pour objet ne me paraissent pas assez propres à obtenir la vie bienheureuse vers laquelle doivent tendre tous nos efforts; et si les recherches de ce genre procurent quelque plaisir, il est cependant à craindre qu'elles ne prennent un temps qu'on pourrait consacrer à des choses plus utiles. Dans la question qui nous occupe présentement, j'ai peine à comprendre pourquoi vous êtes étonné de ce que c'est le Fils et non le Père ou le Saint-Esprit qui ait revêtu la nature humaine; car dans les principes de la foi catholique, cette Trinité est inséparable; mais peu d'âmes sont assez saintes et assez heureuses pour comprendre que tout ce qui est fait par cette Trinité, doit être considéré comme fait simultanément par le Père, le Fils et le Saint-Esprit; que le Père ne fait rien sans la coopération du Fils et du Saint-Esprit; que le Saint-Esprit ne fait rien sans celle du Père et du Fils, et qu'enfin le Fils ne fait rien sans que le Père et le Saint-Esprit ne le fassent également. Ne doit-on pas de là tirer la conséquence que la Trinité tout entière a revêtu la nature humaine; car s'il n'y a que le Fils qui ait revêtu cette nature et non le Père et le Saint-Esprit, les personnes de la sainte Trinité peuvent donc agir chacune séparément. Pourquoi donc, dans les mystères et dans nos saintes cérémonies, l'Incarnation n'est-elle attribuée qu'au Fils? Cette question est tellement remplie de difficultés et touche à une chose si grande et si élevée, que je ne puis ni vous expliquer assez clairement ce que j'en pense, ni appuyer mon opinion sur des preuves assez sûres et assez solides. Mais comme c'est à vous que j'écris, j'ose cependant vous donner un aperçu plutôt qu'une explication de ma pensée; votre génie, ainsi que l'amitié que j'ai pour vous, et qui vous a donné une connaissance si parfaite de moi-même, feront le reste.

3. Il n'y a, mon cher Nébride, aucune nature, aucune substance qui ne renferme ces trois propriétés, premièrement, d'être, secondement,

---

bas. Quamquam scio quam sit adversum me, qui tuarum divinarum cogitationum vel tantisper particeps esse differo.

2. Accipe igitur quid mihi videatur de susceptione hominis mystica, quam propter salutem nostram factam esse religio, qua imbuti sumus, credendum cognoscendumque commendat, quam quæstionem non facillimam omnium elegi, cui potissimum responderem. Illa namque, quæ de hoc mundo quæruntur, nec satis ad beatam vitam obtinendam mihi videntur pertinere; et si aliquid adferunt voluptatis, cum investigantur, metuendum est tamen ne occupent tempus rebus impendendum melioribus. Quamobrem quod ad hoc pertinet susceptum in præsentia, prius miror te esse commotum, cur non Pater sed Filius dicatur hominem suscepisse, sed etiam Spiritus-sanctus. Nam ista Trinitas catholica fide ita inseparabilis commendatur et creditur, ita etiam a paucis sanctis beatisque intelligitur, ut quidquid ab ea fit, simul fieri sit existimandum, et a Patre, et a Filio, et a Spiritu-sancto. Nec quidquam Patrem facere, quod non et Filius et Spiritus-sanctus, nec quidquam Spiritum-sanctum, quod non et Pater et Filius, nec quidquam Filium, quod non et Pater et Spiritus-sanctus faciat. Ex quo videtur esse consequens, ut hominem Trinitas tota susceperit: nam si Filius suscepit, Pater autem e Spiritus-sanctus non susceperunt, aliquid præter invicem faciunt. Cur ergo in mysteriis et sacris nostris hominis susceptio Filio tributa celebratur. Hæc est plenissima quæstio ita difficilis, et de re tam magna, ut nec sententia hic satis expedita, nec ejus probatio satis secura esse possit. Audeo tamen, siquidem ad te scribo, significare potius quid meus animus habeat, quam explicare, ut cetera pro ingenio tuo et familiaritate nostra, qua sit ut me optime noveris, per te ipse conjectes.

3. Nulla natura est, Nebridi, et omnino nulla substantia, quæ non in se habeat hæc tria, et præ se gerat, primo ut sit, deinde ut hoc vel illud sit, tertio ut in eo quod est maneat quantum potest. Primum illud, caussam ipsam naturæ ostentat, ex qua sunt omnia: alterum, speciem per quam fabricantur, et quodammodo formantur omnia: tertium, manentiam quamdam, ut ita dicam, in qua sunt omnia. Quod si fieri potest ut aliquid sit, quod non

d'être ceci ou cela, troisièmement de demeurer en elle-même ce qu'elle est autant qu'elle le veut. La première de ces propriétés nous montre le principe même de la nature de laquelle tout provient ; la seconde nous découvre l'espèce des choses et le modèle d'après lequel elles ont été formées ce qu'elles sont ; la troisième la force de consistance qui les maintient dans ce qu'elles sont en elles-mêmes. S'il était donc possible qu'une chose fût sans être ceci ou cela et sans demeurer dans son genre et dans sa nature, ou bien qu'elle fût ceci ou cela sans être et sans rester dans son espèce, autant qu'elle le peut, ou bien qu'elle restât dans sa nature selon la mesure de ses forces, sans avoir l'être, et sans être ceci ou cela, il s'ensuivrait aussi que dans la Trinité une personne pourrait faire quelque chose sans la coopération des autres. Si au contraire, vous admettez la nécessité, que dès qu'une chose est, il faut qu'elle soit continuellement ceci ou cela, et qu'elle demeure dans son espèce autant que sa nature le comporte, il est clair que les trois personnes ne peuvent rien faire séparément l'une de l'autre. Je vois bien que je n'ai encore touché qu'à la partie qui rend très-difficile la solution de votre question ; mais j'ai voulu vous faire voir en peu de mots, si toutefois je suis arrivé au but que je me proposais, tout ce qu'il y a de force et de vérité dans le dogme catholique, de l'union indissoluble de la sainte Trinité.

4. Voici maintenant ce qui peut apaiser l'inquiétude qui semble agiter votre esprit. La spécialité qu'on attribue particulièrement au Fils appartient à une règle, à un certain art, si l'on peut se servir de ces mots dans des matières aussi sublimes, à une science par lesquels l'esprit se forme en pensant et en réfléchissant aux choses. Ainsi, puisque l'union de la nature divine et de la nature humaine s'est faite pour nous donner une règle de conduite, et pour que cette règle s'insinuât dans notre esprit et notre cœur par la majesté lumineuse des préceptes de Jésus-Christ, c'est donc avec raison que tout cela est attribué au Fils Quoique dans les nombreuses questions que je soumets à votre réflexion et à votre sagesse, se trouvent renfermées des choses bien diverses, il y en a toujours quelqu'une qui domine et qui se distingue par une propriété particulière : C'est ce que nous voyons dans ces trois sortes de questions qu'on peut faire sur toute chose. Vous demandez si une chose est, c'est évidemment demander aussi ce qu'elle est, puisque rien ne peut être, sans être une certaine chose, c'est demander en même temps quels sont ses défauts ou ses qualités, car tout ce qui est, doit être bon ou mauvais ; de même lorsqu'on demande ce qu'une chose est, on suppose nécessairement qu'elle est et qu'elle a un degré quelconque d'imperfection ou de perfection. De même quand on demande la qualité d'une chose, il s'ensuit qu'elle est quelque chose ; mais quoique ces trois ques-

---

hoc vel illud sit, neque in genere suo maneat ; aut hoc quidem aut illud sit, sed non sit, neque in genere suo maneat quantum potest , aut in suo genere quidem pro ipsius sui generis viribus maneat, sed tamen nec sit, neque hoc vel illud sit : fieri etiam potest, ut in illa Trinitate aliqua persona præter alias aliquid faciat. At si cernis necesse esse, ut quidquid sit, continuo et hoc aut illud sit, et in suo genere maneat quantum potest, nihil tria illa præter invicem faciunt. Video adhuc partem me egisse hujus quæstionis, qua sit difficilis solutio. Sed breviter tibi aperire volui, si tamen egi quod volui, quam subtiliter, et quanta veritate in Catholica intelligatur hujusce inseparabilitas Trinitatis.

4. Nunc accipe quomodo possit non movere animum illud quod movet. Species quæ proprie Filio tribuitur, ea pertinet etiam ad disciplinam, et ad artem quamdam, si bene hoc vocabulo in his rebus utimur, et ad intelligentiam qua ipse animus rerum cogitatione formatur. Itaque quoniam per illam susceptionem hominis id actum est, ut quædam nobis disciplina vivendi, et exemplum præcepti, sub quarumdam sententiarum majestate ac perspicuitate insinuaretur, non sine ratione hoc totum Filio tribuitur. In multis enim rebus, quas cogitationi et prudentiæ committo tuæ, quamvis multa insint, aliquid tamen eminet, et ideo sibi proprietatem quamdam non absurde vindicat ; velut in illis tribus generibus quæstionum, etiam si quæratur an sit, ibi est et quid sit, esse enim non potest profecto, nisi aliquid sit ; ibi etiam probandum improbandumve sit, quidquid enim est, nonnulla æstimatione dignum est : ita cum quæritur quid sit, necesse est ut et sit, et aliqua æstimatione pendatur. Hoc modo etiam cum quæritur quale sit, et aliquid est utique ita, cum sibi inseparabiliter juncta sunt omnia,

tions soient intimement liées l'une à l'autre, cependant une question ne tire pas son nom de tout cela ensemble, mais de la fin que se propose celui qui la fait. Une règle de conduite est nécessaire aux hommes; il faut que leur esprit s'en pénètre et s'y conforme : les effets de cette règle et de cette discipline sont assurément quelque chose de très-noble, digne d'exciter nos plus ardents désirs; mais comme la connaissance doit marcher la première pour nous faire arriver là où nous devons demeurer, il fallait avant tout que cette science et cette discipline céleste apparussent aux hommes; et c'est ce qui s'est fait par l'union de la nature divine à la nature humaine spécialement attribuée au Fils d'où sont venues comme une suite naturelle, et la connaissance du Père, principe unique de toute chose, et la douceur intime et ineffable que nous trouvons à demeurer dans cette connaissance, et à mépriser toutes les choses mortelles, ce qui est le don particulièrement attribué au Saint-Esprit. Mais quoique tout cela s'opère par l'union intime indivisible des trois personnes, il fallait nous le montrer séparément à cause de la faiblesse de notre nature tombée de l'unité dans la multiplicité. En effet, on ne peut élever personne au degré où l'on est soi-même, sans descendre un peu au point où est celui qu'on veut élever. Cette lettre ne résoudra pas, sans doute, toutes vos difficultés sur une matière si importante, mais elle donnera peut-être à vos pensées une base et un point d'appui. La perspicacité de votre esprit que je connais du reste, vous permettra de pénétrer plus avant dans ce mystère, et la piété sur laquelle il faut principalement s'appuyer, vous en donnera l'intelligence et la solution.

LETTRE DOUZIÈME [1]

Saint Augustin reprend la question qu'il avait commencé de traiter dans la lettre précédente.

AUGUSTIN A NÉBRIDE.

1. Vous prétendez m'avoir envoyé plus de lettres que je n'en ai reçu effectivement. Mais je dois vous croire, comme je ne doute pas que vous me croyiez vous-même dans mes affirmations. Bien que le nombre de mes réponses ne soit pas égal à celui de vos lettres, je mets autant de soin à conserver les vôtres que vous à les multiplier. Vous n'avez reçu de moi que deux grandes lettres et non trois : c'est un point sur lequel nous sommes d'accord. En repassant

---

[1] Écrite l'an 389. — Cette lettre était la 269e dans les éditions antérieures à l'édition des Bénédictins, et celle qui était la 12e se trouve maintenant la 67e.

---

nomen tamen quæstio non ex omnibus accipit, sed ut sese habuerit quærentis intentio. Ergo disciplina hominibus est necessaria, qua imbuerentur, et qua ad modum formarentur. Non tamen idipsum, quod per hanc disciplinam fit in hominibus, aut non esse possumus dicere, aut non appetendum ; sed scire prius intendimus, et per quod conjicimus aliquid, et in quo maneamus. Demonstranda igitur prius erat quædam norma et regula disciplinæ, quod factum est per illam suscepti hominis dispensationem, quæ proprie Filio tribuenda est, ut esset consequens et ipsius Patris, id est, unius principii, ex quo sunt omnia, cognitio per Filium, et quædam interior et ineffabilis suavitas atque dulcedo, in ista cognitione permanendi contemnendique omnia mortalia, quod donum et munus proprie Spiritui-sancto tribuitur. Ergo cum agantur omnia summa communione et inseparabilitate, tamen distincte demonstranda erant propter imbecillitatem nostram, qui ab unitate in varietatem lapsi sumus. Nemo enim quemquam erigit ad id in quo ipse est, nisi aliquantum ad id in quo est ille descendat. Habes epistolam, non quæ tuam curam de hac re finierit, sed quæ cogitationes tuas certo fortasse aliquo fundamento inchoaverit, ut cetera ingenio, quod mihi notissimum est, persequaris, et pietate cui maxime standum est, consequaris.

EPISTOLA XII.

Quæstionem in superiore epistola perstrictam iterum tractandam suscipit.

NEBRIDIO AUGUSTINUS.

1. Plures epistolas te scribis misisse quam accepimus ; sed neque tibi possum non credere, neque mihi tu. Etsi enim rescribendo par esse non valeo ; tamen non minore a me diligentia servantur litteræ tuæ, quam frequentantur abs te. Prolixiores autem nostras, non te amplius quam binas accepisse convenit inter nos, non enim misimus tertias. Sane

votre correspondance, je vois que j'ai presque répondu à cinq de vos questions; il en est une cependant que je n'ai fait qu'effleurer; j'avais bien là-dessus le droit de compter sur la pénétration de votre esprit, pourtant j'avouerai que, peut-être, je n'ai pas satisfait entièrement à votre avidité. Il faut la refréner un peu et vous contenter parfois de mes courtes réponses. Si cependant, en épargnant trop mes paroles, je ne parviens pas à me faire comprendre, ne m'épargnez pas : c'est le droit de l'amitié, il est pour moi le plus sacré de tous; rien ne m'est plus agréable que d'y faire honneur, vous pourrez exiger que je paie tout ce que je vous dois. Vous compterez cette lettre parmi mes plus petites; elle diminuera néanmoins le nombre des réponses que j'ai encore à vous faire et que vos moindres lettres augmentent sans cesse. Quant à ce que vous demandez touchant le Fils de Dieu, c'est-à-dire pourquoi il a revêtu la nature humaine plutôt que le Père, puisqu'ils sont inséparables l'un de l'autre; vous répondrez vous-même facilement à cette question, si vous vous rappelez nos entretiens dans lesquels, autant que je l'ai pu (car c'est un mystère ineffable), je vous ai expliqué ce qu'est le Fils de Dieu qui s'est uni à nous. Pour y revenir ici en quelques mots, je vous dirai que le Fils est cette forme de Dieu, cette raison suprême par laquelle toutes choses ont été faites. Or, tout ce qui a été fait par cet homme uni à la nature divine, l'a été pour nous instruire et nous former (1).

. . . .
. . . .

LETTRE TREIZIÈME (2)

La question de savoir, si l'âme outre le corps auquel elle est unie, n'en aurait pas quelque autre plus subtil, est inutile et il n'y a plus à y revenir.

AUGUSTIN A NÉBRIDE.

1. Je n'aime point à vous écrire des choses communes, et je ne puis vous en écrire de nouvelles. Les premières ne vous plaisent point, et le temps me manque pour m'occuper des secondes. Depuis que je vous ai quitté, je n'ai eu ni l'occasion ni le loisir de réfléchir et de penser à ce qui fait l'objet accoutumé de nos re-

---

(1) Il manque ici 67 lignes dans le manuscrit du Vatican d'où cette lettre a été tirée.
(2) Écrite sur la fin de l'année 389. — Cette lettre était la 218e dans les éditions antérieures à l'édition des Bénédictins, et celle qui était la 13e se trouve maintenant la 68e.

---

recognitis exemplaribus animadverti, quinque fere tuis rogationibus esse responsum, nisi quod una ibi quæstio quasi transeunter perstricta, quamquam non temere ingenio tuo commissa sit, non tamen fortasse satisfecit avaritiæ tuæ ; quam refrenes aliquantulum opus est, et nonnulla compendia libenter feras. Ita plane ut si quidquam fraudo intelligentiam; dum sum parcus in verbis, nihil parcas mihi, sed tu jure, quo mihi valentius esset forte aliquid, si quidquam posset esse jucundius, totum quod debetur efflagites. Hanc igitur epistolam numerabis inter minores epistolas meas, quam tibi, non sibi nihil mihi de acervo minuere. Non enim et tu mittis minores, quæ non eumdem acervum augeant. Quare illud quod de Filio Dei quæris, cur ipse potius dicatur hominem suscepisse, quam Pater, cum simul uterque sit, dignosces facilime si sermocinationum nostrarum, quibus ut potuimus (nam ineffabile quiddam est) quid sit Dei Filius, quo conjuncti simus, recorderis. Quod ut hic breviter adtingam, disciplina ipsa et forma Dei, per quam facta sunt omnia, quæ facta sunt, Filius nuncupatur. Quidquid autem per susceptum illum hominem gestum est, ad eruditionem informationemque nostram gestum est (*cætera desiderantur*).

EPISTOLA XIII

Quæstionem de animæ quodam corpore, ad se nihil pertinentem rogat dimittant.

NEBRIDIO AUGUSTINUS.

1. Usitata tibi scribere non libet, nova non licet. Alterum enim video tibi non convenire, alterum non mihi vacare. Nam ex quo abii abs te, nulla mihi opportunitas, nullum otium datum est ea, quæ inter nos quærere solemus, agitandi atque versandi. Sunt quidem hiemales nimis longæ noctes, nec a me totæ dormiuntur : sed se objiciunt magis cogitanda cum otium est, quæ (a) difirmando sunt otio

---

(a) Lov. *definiendo*, quo pro MSS. omnes a nobis inspecti, et unus Vaticanus habent, *diffirmando*.

cherches. Les nuits d'hiver sont bien longues, et quoique je ne les passe point tout entières à dormir, cependant à mes heures de loisir, je n'ai pas d'autres pensées que celles qui peuvent contribuer à mon repos et à mon loisir même. Que ferai-je donc? resterai-je muet avec vous? Garderai-je le silence. Ce n'est ni ce que vous voulez, ni ce que je veux moi-même. Voici donc ce que j'ai pu tirer de moi à la fin de cette nuit, et que j'ai fait écrire sous ma dictée.

2. Il est nécessaire que vous vous rappeliez la question que nous avons agitée si souvent ensemble, et qui dans l'embarras qu'elle nous causait nous tenait comme hors d'haleine. Il s'agissait de savoir si l'âme n'a point quelque corps ou une espèce de corps dont elle est inséparable et que quelques-uns appellent son véhicule. Il est clair que ce corps, quelqu'il soit, s'il peut changer de place, n'est pas intelligible. Or, ce qui est inintelligible ne saurait se comprendre. Si ce qui échappe à l'intelligence, n'échappe pas aux sens, on peut du moins avec quelque vraisemblance l'apprécier et le connaître. Quant aux choses qui ne tombent ni sous l'intelligence ni sous les sens, il est illusoire et téméraire de vouloir s'en former une opinion. Telle est la question que nous discutons présentement, si tant est que notre discussion repose sur quelque chose. Laissons donc de côté je vous prie, une question aussi frivole, et avec l'aide de Dieu élevons-nous uniquement vers la suprême sérénité de sa nature souverainement vivante.

3. Quoique les corps, me direz-vous peut-être, ne puissent pas être perçus par l'intelligence, nous pouvons cependant acquérir la connaissance des choses qui appartiennent aux corps. Nous connaissons par exemple, qu'il y a des corps. C'est une chose que non-seulement on ne saurait nier, mais qui fait plutôt partie des certitudes que des vraisemblances. Ainsi quoique les corps ne soient connus que d'une manière vraisemblable, il est cependant de toute certitude qu'il y a dans la nature des choses qu'on appelle des corps. Un corps sensible peut donc être un corps intelligible; autrement on ne pourrait pas le comprendre. Je ne sais quels sont ces corps, dont il est ici question, qui aideraient comme on le croit, l'âme à passer d'un lieu à un autre et qui non perceptibles à nos sens, le sont à des sens plus subtils et plus exquis que les nôtres. Cependant, de savoir si ces corps existent, c'est ce qui appartient à l'intelligence.

---

necessaria. Quid ergo faciam, mutusne apud te, an tacitus sim? neutrum vis, neutrum volo. Quare age atque accipe quod de me excudere potuit ultimum noctis, quamdiu exsequebatur, quo hæc epistola scripta est.

2. Necesse est te meminisse quod crebro inter nos sermone jactatum est, nosque jactavit anhelantes atque æstuantes, de animæ scilicet (a) vel perpetuo quedam corpore, vel quasi corpore, quod a nonnullis etiam dici vehiculum recordaris. Quam rem certe, siquidem loco movetur, non esse intelligibilem, clarum est. Quidquid autem intelligibile non est, intelligi non potest. At quod intellectum fugit, si saltem sensum non refugit, æstimare inde aliquid (b) verisimiliter non usquequaque denegatur. Quod vero neque intelligi neque sentiri potest, temerariam nimis atque nugatoriam gignit opinionem; et hoc de quo agimus tale est; si tamen est. Cur ergo, quæso te, non nobis ad hanc quæstiunculam indicimus ferias, et nos totos imprecato Deo in summam serenitatem naturæ summe viventis adtollimus?

3. Hic forsitan dicas, quamquam corpora percipi nequeant, multa nos tamen ad corpus pertinentia intelligibiliter posse percipere, ut est quod novimus esse corpus. Quis enim neget, aut quis hoc verisimile potius quam verum esse fateatur? Ita cum ipsum corpus verisimile sit, esse tamen in natura tale quiddam verissimum est, ergo corpus sensibile, esse autem corpus intelligibile judicatur: non enim posset aliter percipi. Ita nescio quid illud, de quo quærimus, corpus, quo inniti anima, ut de loco ad locum transeat, putatur, quamquam etiamsi non sensibus nostris, tamen quibusdam longe vegetioribus sensibile sit, utrum tamen sit, intelligibiliter cognosci potest.

4. Hoc si dices, veniat in mentem illud, quod intelligere appellamus, duobus modis in nobis fieri: aut ipsa per se mente atque ratione intrinsecus, ut cum intelligimus esse ipsum intellectum: aut

---

(a) Sic MSS. At Lov. *velut perpetuo*.
(b) Lov. *verisimile*. MSS. *porro verisimiliter*.

4. Si vous parlez ainsi rappelez-vous que ce que nous appelons comprendre s'opère en nous de deux manières; ou intérieurement par l'action de l'âme et de la raison, comme lorsque nous concevons l'existence de l'intelligence même, ou par l'avertissement des sens, lorsque nous comprenons qu'il y a des corps. Dans le premier cas, la connaissance se forme au fond de notre esprit à l'aide de la lumière divine qui s'applique à ce qui est au dedans; dans le second elle provient de cette même assistance céleste, qui nous éclaire sur ce qui vient du dehors et nous est affirmé par les sens. S'il en est ainsi, personne ne peut rien savoir de l'existence de ces corps avant que les sens lui en aient révélé quelque chose. Je ne sais si, parmi les êtres vivants, il s'en trouve dont les sens soient assez exquis pour cela, mais connaissant l'imperfection des nôtres, je crois avoir parfaitement prouvé ce que j'avais commencé à vous dire plus haut, c'est qu'il nous est impossible de résoudre une pareille question. Pensez-y souvent, et faites-moi connaître le résultat de vos méditations.

LETTRE QUATORZIÈME [1]

Saint Augustin répond à Nébride qui lui avait demandé pourquoi le soleil ne fait pas la même chose que les autres astres, et si la vérité suprême renferme la raison de chaque homme.

AUGUSTIN A NÉBRIDE.

1. Si je réponds de préférence à vos dernières lettres, ce n'est point par dédain pour vos questions précédentes, ni parce qu'elles m'ont été moins agréables, mais c'est que pour y répondre, je médite quelque chose de plus grand que vous ne pensez. Vous me recommandez de vous écrire une lettre plus longue que la plus longue de toutes celles que je vous ai adressées, mais je n'ai pas autant de loisir que vous croyez, et que j'en ai toujours souhaité, comme vous savez et que j'en souhaite encore. Ne me demandez pas pourquoi il en est ainsi. Il me serait plus facile de vous exposer tout ce qui m'empêche, que de vous dire pourquoi je suis empêché.

2. Vous demandez la raison pour laquelle le soleil ne fait pas la même chose que les autres astres, tandis que vous et moi, bien que différents l'un et l'autre, nous faisons beaucoup

---

(1) Ecrite vers la fin de l'année 389. — Cette lettre était la 115ᵉ dans les éditions antérieures à l'édition des Bénédictins, et celle qui était la 14ᵉ se trouve maintenant la 72ᵉ.

admonitione a sensibus, ut id quod jam dictum est, cum intelligimus esse corpus. In quibus duobus generibus illud primum per nos, id est, de eo quod apud nos est Deum consulendo; hoc autem secundum de eo quod a corpore sensuque nuntiatur, nihilominus Deum consulendo intelligimus. Quæ si rata sunt, nemo de illo corpore utrum sit intelligere potest, nisi cui sensus quidquam de illo nuntiarit. In quo animantium numero si ullus est, nos quoniam non esse perspicimus, illud etiam perfectum puto, quod supra dicere cœperam, non ad nos istam pertinere quæstionem. Hæc etiam atque etiam cogites velim, et quod cogitando genueris, ut noverim cures.

EPISTOLA XIV

Quare sol non idem præstat quod cetera sidera. Veritas summa in hominis cujusque rationem contineat.

NEBRIDIO AUGUSTINUS.

1. Recentissimis litteris tuis respondere malui, non quod contempserim præcedentia quæsita tua, minusve me delectaverint : sed quod in respondendo majora quam opinaris molior, Quamquam enim longiorem, quam longissima est, epistolam tibi mittendam esse præscripseris, non tamen tantum habemus otii, quantum existimas, et quantum nos semper optasse nosti et optamus. Nec quæras cur ita sit. Illa enim facilius quibus impedior, quam cur impediar exposuerim.

2. Scribis cur ego et tu cum simus singuli eadem multa faciamus, sol autem non idem faciat quod cetera sidera. Cujus rei caussam conarer. Nam si

de choses qui se ressemblent. Je chercherais en vain la raison de ce qui n'est pas. Car si nous faisons des choses qui nous sont communes, le soleil en fait aussi beaucoup qui lui sont communes avec les autres astres. Je marche et vous marchez ; le soleil se meut et les astres se meuvent. Je veille et vous veillez ; le soleil luit et les astres luisent. Je discute et vous discutez le soleil tourne et les astres aussi. Je ne veux pas toutefois par là établir de comparaison entre les actes de l'esprit et les choses qui frappent nos yeux. Mais si, pour établir plus de conformité, vous comparez l'esprit à l'esprit, vous trouverez que sous le rapport de l'intelligence, si toutefois il y a quelques principes d'intelligence dans ces grands corps célestes, vous trouverez, dis-je qu'il y a bien plus de ressemblance entre celle du soleil et celle des autres astres, que dans l'intelligence des hommes entre eux. En observant avec votre attention accoutumée les mouvements mêmes des corps, vous verrez qu'il n'y a point deux hommes dont les mouvements se ressemblent. Lorsque nous nous promenons ensemble, croyez-vous que notre marche soit égale ? Vous êtes trop éclairé pour ne pas comprendre, que celui de nous deux qui est le plus près du nord dépassera l'autre bien qu'en marchant d'un pas égal au sien, ou bien qu'il doit ralentir sa marche.

Cette différence est insensible il est vrai, mais si je ne me trompe, vous basez votre jugement sur ce qui tombe sous l'intelligence et non sous les sens. Si nous marchions par exemple du septentrion au midi, côte à côte, le plus près possible l'un de l'autre, sur un chemin de marbre ou d'ivoire parfaitement poli, il y aura cependant toujours entre votre mouvement et le mien la même différence qu'entre le battement de notre pouls, qu'entre notre visage et la forme de notre corps. Mettez à notre place les enfants de Glaucus, vous n'y gagnerez rien ; ils ont beau être jumeaux, ils auront nécessairement chacun des mouvements particuliers, comme l'a été leur naissance.

3. Mais, direz-vous, cette différence n'est perçue que par la raison, tandis que celle qui existe entre le soleil et les autres astres se manifeste clairement aux sens. Si c'est sur la grandeur du soleil que je dois établir cette différence, vous savez tout ce que l'on dit de la distance qui le sépare des autres astres, et dans quelle incertitude nous laisse cette apparente différence de grandeur. Et quand je vous accorderais que cette apparence est, comme je le crois, conforme à la réalité, ne voyons-nous pas de ces inégalités aussi sensibles entre les hommes, comme celle de ce Nœvius plus grand

eadem nos agimus, multa et ille cum ceteris agit. Si non ille, nec nos. Ambulo et ambulas, movetur et moventur ; vigilo et vigilas; lucet et lucent ; disputo et disputas ; circuit et circumeunt : (*a*) tametsi actus animi nullo modo est iis, quæ videmus, comparandus. Si autem animum ita ut æquum est, animo conferas, magis idem vel cogitare vel contemplari, vel si quid aliud commodius dicitur, si ullus eis inest animus, sidera quam homines consideranda sunt. Ceterum in corporum motibus, si, ut soles, diligenter adtendas, nihil omnino a duobus idem fieri potest. An tu cum deambulamus simul, statim idem nos agere existimas ? absit a prudentia tua. Septemtrioni namque viciniornostrum qui deambulat, aut alterum pari motu antecedat, aut tardius ingrediatur necesse est : neutrum tamen

sentiri potest. Sed tu, ni fallor, quid intelligamus, non quid sentiamus exspectas. Quod si ab axe in meridiem tendamus, conjuncti nobis atque inhærentes quantum valemus, innitamurque marmori lævi et æquali, vel etiam ebori, tam non potest esse amborum idem motus, quam venæ pulsus, quam forma, quam facies. Remove nos et pone (*b*) Glauciam prolem, nihil egeris. Quippe his etiam similimis geminis tanta est necessitas, ut proprie moveantur, quanta fuit ut singuli nascerentur.

3. At enim hoc, inquies, rationi tantum : quod autem sol ab astris differt, sensibus etiam clarum atque manifestum est. Si magnitudinem me cogis respicere, nosti de intervallis quam multa dicantur, et ad quantum incertum perspicuitas ista revocetur. Sed ut concedam ita esse ut apparet, sic enim et

---

(*a*) Apud Bab. Am. et Er. reliqua pars hujus epistolæ, confunditur cum epistola IX, detractis videlicet verbis, quæ huc husque præmittuntur. Attamen antiqui MSS. Vaticani duo, Gervasiani collegii Parisiensis codex Corbeiensis annorum fere 900, aliique optimæ notæ necnon Lov. hanc epistolam scorsum totamque exhibent ut hic edita est.
(*b*) MSS. prope omnes, *Clausiam prolem*.

d'un pied que les hommes les plus grands dont la taille ne dépasse point six pieds? C'est sans doute faute d'avoir trouvé, malgré vos recherches, un homme de cette grandeur, que vous me demandez une lettre de la taille de Nœvius. S'il y a de telles inégalités entre les choses de la terre, est-il étonnant qu'on en trouve aussi dans le ciel? Que s'il vous paraît étrange que le soleil soit le seul astre dont la lumière produise le jour, dites-moi, je vous prie, quel homme a jamais paru dans le monde avec autant de grandeur, que cet homme à qui Dieu s'est uni bien plus intimement qu'à tout ce qu'il y a eu d'autres saints et d'autres sages sur la terre? Si vous le comparez au reste des hommes, vous trouverez qu'il y a entre eux et lui une bien plus grande différence qu'entre le soleil et les autres astres. Réfléchissez attentivement à cette comparaison, que j'indique en passant, et peut-être l'excellent esprit qui vous distingue y trouvera la solution d'une question que vous m'avez autrefois proposée sur l'humanité de Jésus-Christ.

4. Vous me demandez encore si cette vérité suprême, cette suprême sagesse, ce modèle des choses par qui tout a été fait, et que notre sainte religion reconnaît comme étant le Fils unique de Dieu, renferme non-seulement l'idée générale de l'homme, mais encore celle de chaque homme en particulier. C'est une grande question. Ce que j'en puis juger, c'est que dans la formation de l'homme, ce n'est ni l'idée de Nébride, ni celle d'Augustin que le Créateur a eue en vue, mais celle de l'homme en général, et que dans la succession des temps, les diverses idées des hommes subsistent et se conservent dans l'éternelle raison de Dieu. Cela est fort obscur, je l'avoue, et je ne trouve aucune comparaison qui puisse l'éclaircir, à moins de recourir aux sciences dont l'idée est au fond de notre esprit. Dans la géométrie, par exemple, l'idée que j'ai de l'angle est unique, aussi bien que celle du carré. Quand je veux désigner un angle, mon esprit n'en conçoit qu'une seule idée, mais quand je veux décrire un carré, il faut que je conçoive l'idée de quatre angles à la fois. C'est ainsi que chaque homme a été fait d'après l'idée unique par laquelle il est homme, mais quand il s'agit d'un peuple tout entier, quoique l'idée qui s'en présente à moi soit une, ce n'est plus cependant celle d'un seul homme, mais l'idée générale d'hommes. Si donc Nébride fait partie de l'universalité des hommes, ce qui est incontestable, si cette

credo, cujus tandem et sensum fefellit illa proceritas Nævii (a) pede longioris quam qui est sex longissimus? cui te credo nimium quæsisse hominem æqualem, et cum minime reperises, usque in ejus formam nostram epistolam tendere voluisse. Quare cum in terris quoque aliquid tale exsistat, nihil de cælo puto esse mirandum. Si autem te movet, quod præter solem nullius sideris lumen implet diem: quis quæso te, hominibus tantus apparuit quantus ille homo quem Deus suscepit, longe aliter quam ceteros sanctos atque sapientes. Quem si cum aliis hominibus conferas, majori distantia continetur, quam collatione solis cetera sidera. Quam sane similitudinem diligenter intuere. Fieri enim potest mente, qua excellis, ut quamdam quæstionem de homine Christo a te propositam transeuntes dissolverimus.

4. Item quæris utrum summa illa veritas et summa sapientia et forma rerum, per quem facta sunt omnia, quem Filium Dei unicum sacra nostra profitentur, generaliter hominis, an etiam uniuscujusque nostrum rationem contineat. Magna quæstio. Sed mihi videtur, quod ad hominem faciendum adtinet, hominis quidem tantum non meam vel tuam ibi esse rationem : quod autem ad orbem temporis, varias hominum rationes in illa sinceritate vivere. Verum hoc cum obscurissimum sit, qua similitudine illustrari possit, ignoro : nisi forte ad artes illas, quæ insunt animo nostro confugiendum est. Nam in disciplina metiendi una est anguli ratio, una quadrati. Itaque quoties demonstrare angulum volo, non nisi una ratio anguli mihi occurrit. Sed quadratum nequaquam scriberem, nisi quatuor simul angulorum rationem intuerer : Ita quilibet homo una ratione, qua homo intelligitur, factus est. At ut populus fiat, quamvis et ipsa una ratio, non tamen hominis ratio, sed hominum. Si igitur pars hujus universi est Nebridius, sicut est : et omne universum partibus confit, non potuit universi conditor Deus rationem partium non habere. Quamobrem quod plurimorum hominum ibi ratio est

(a) Bad. Am. et Er. habent *ne septem pedes longiores quamquam sex longissima*. Lov. *ne septem pedum longioris, quam qua sex longissimus*. Sed legendum haud dubie uti MSS. ope correximus, quamquam sic in illis scribatur *ne vii nomen*, videri ut possit significari, *ne septem* : sed nostram lectionem confirmat id quod in fine epistolæ præferunt, *excesserim Navium*; ubi rursus in editis corrupte legitur, *excesserim veniam*.

universalité est composée de parties, Dieu créateur de l'universalité a eu nécessairement l'idée des parties qui la composent. C'est pourquoi ce qui est ici l'idée de plusieurs hommes, n'appartient plus à l'homme même, quoique par des moyens merveilleux, tout soit ramené à l'unité. Méditez tout cela à votre aise, mais en même temps contentez-vous de cette lettre, bien qu'elle n'ait pas la taille de Nœvius.

LETTRE XV [1]

Saint Augustin promet à Romanien [2] de lui envoyer le livre qu'il a écrit sur la vraie religion, et l'exhorte à occuper utilement son loisir.

AUGUSTIN A ROMANIEN.

1. Si cette lettre vous fait voir que je suis pauvre en papier, elle ne vous prouvera pas que je suis plus riche en parchemin. Je me suis servi des tablettes d'ivoire que j'avais, pour écrire à votre oncle. Vous m'excuserez donc de vous adresser ces lignes sur ce morceau de parchemin. Je ne pouvais point différer de dire à votre oncle ce que je lui ai écrit, et je ne pouvais me résoudre à ne pas vous écrire aussi. Si vous avez des tablettes qui m'appartiennent, veuillez me les renvoyer car j'en ai grand besoin. J'ai écrit sur la religion catholique, autant que le Seigneur a daigné m'inspirer, un livre que je veux vous envoyer avant mon arrivée, si toutefois le papier ne me manque pas. Il faudra donc vous contenter d'une écriture telle que la permet ce qui sort de la boutique de Majorin [3]. Des ouvrages dont vous me parlez, je ne me rappelle que les livres de l'*Orateur*. Mais je n'ai pu à ce sujet vous répondre autre chose que de vous engager à choisir vous-même ceux qui vous conviendraient, et je suis toujours du même avis. Que puis-je faire de plus, n'étant point près de vous?

2. Vous m'avez fait bien plaisir en m'invitant, dans votre dernière lettre, à venir partager votre joie domestique. Mais voulez-vous que j'ignore ce qu'il faut penser de « la surface d'une mer tranquille et des vagues en repos ? »

---

(1) Écrite l'an 390. — Cette lettre était la 113ᵉ dans les éditions antérieures à l'édition des Bénédictins et celle qui était la 15ᵉ se trouve maintenant la 73ᵉ.
(2) Romanien était de Tagaste comme saint Augustin dont il était, dès la plus tendre jeunesse, l'ami et le confident intime. Il avait été entraîné dans les erreurs des Manichéens par saint Augustin, qui l'en retira ensuite, et composa pour lui le livre *De la vraie religion*. C'est ce même Romanien que saint Augustin, dans la lettre 27ᵉ, recommande particulièrement à la sollicitude de saint Paulin.
(3) Les anciennes éditions donnent *ex officina meorum*, sept manuscrits portent *ex officina majorini*. Nous avons adopté ce texte, quoique les Bénédictins paraissent vouloir le corriger en changeant la ponctuation, et en écrivant *ex officina majorum codicibus*

---

non ad ipsum hominem pertinet, quamquam miris rursum modis ad unum omnia redigantur. Sed tu id commodius cogitabis : his contentus sis interim peto, quamquam jam non excesserim Nævium.

EPISTOLA XV

Significat scriptum a se opusculum de religione, transmittendum Romaniano, quem hortatur ut otium datum bene collocet.

ROMANIANO AUGUSTINUS.

1. Non hæc epistola sic inopiam chartæ indicat, ut membranas saltem abundare testetur. Tabellas eburneas, quas habeo, avunculo tuo cum litteris misi. Tu enim huic pelliculæ facilius ignosces, quia differri non potuit quod ei scripsi, et tibi non scribere etiam ineptissimum existimavi. Sed tabellas, si quæ ibi nostræ sunt, propter hujusmodi necessitates, mittas peto. Scripsi quiddam de catholica religione, quantum Dominus dare dignatus est, quod tibi volo ante adventum meum mittere, si charta interim non desit. Tolerabis enim qualemcumque scripturam ex officina (a) majorum. De codicibus, præter libros de Oratore, totum mihi excidit. Sed nihil amplius rescribere potui, quam ut ipse sumeres quos liberet, nunc in eadem maneo sententia. Absens enim quid plus faciam non invenio.

2. Gratissimum mihi est, quod in ultima epistola me participem domestici tui gaudii facere voluisti. Sed, « Mene salis placidi vultum fluctusque quietos Ignorare jubes (*Vir.* v, *Ænei.*) ? » quamquam nec me jubeas, nec ipse ignores. Quare si ad melius cogitandum quies aliqua data est, utere divino

---

(a) MSS. septem habent, *ex officina majorini*, antiquiores editiones ad marginem, *ex officina meorum*. Num forte sic textus interpungendus est ? *Ex officina majorum de codicibus* etc.

(*Énéid.*, v). Vous ne le voulez certainement point, et vous ne l'ignorez pas vous-même. Si vos loisirs vous permettent d'élever votre esprit vers de meilleures pensées, profitez de ce bienfait divin. Lorsqu'un pareil bonheur nous arrive, ce n'est pas à nous qu'il faut en savoir gré, mais à ceux qui nous le procurent ; parce qu'une administration juste et charitable des biens temporels accompagnée de calme et de paix, peut nous faire mériter les biens éternels, si les richesses que nous possédons ne nous possèdent pas, si leur accroissement n'est pas pour nous un sujet d'embarras, si lorsque nous croyons les maîtriser, elles ne sont pas maîtresses de nous-mêmes. La Vérité ne nous dit-elle pas de sa propre bouche : « Si vous n'avez pas été fidèles dans ce qui n'est point à vous, qui vous donnera ce qui vous appartient (*Luc*, XVI, 12). » Dégageons-nous donc du soin des choses changeantes et périssables pour chercher les biens durables et solides. Élevons-nous au-dessus des richesses de la terre. Si l'abeille a des ailes, c'est pour échapper à l'abondance de son miel où elle resterait attachée et trouverait la mort.

LETTRE XVI [1]

Maxime grammairien de Madaure [2] *cherche à défendre les Païens, en disant que sous divers noms, ils n'adorent qu'un seul Dieu. Il s'indigne qu'on préfère des hommes morts aux dieux des Gentils, et se moque de certains noms puniques, faisant, croyons-nous, allusions aux Chrétiens, à qui il reproche leur vénération pour les tombeaux des martyrs, et leur coutume de ne point admettre les profanes à la célébration de leurs mystères.*

MAXIME A AUGUSTIN.

1. Comme je désire renouveler souvent le plaisir et la joie que me causent vos lettres, et que tout récemment encore vous m'avez attaqué par vos fines et agréables railleries, qui n'ont rien de blessant pour l'amitié, je ne puis résister au désir de vous rendre la pareille, de peur que vous ne preniez mon silence pour du dépit. Si vous trouvez que mon langage se ressent trop de ma vieillesse, veuillez cependant l'accueillir avec indulgence. Les Grecs appellent le mont Olympe la demeure des dieux. C'est

---

(1) Écrite l'an 390. — Cette lettre était la 45ᵉ dans les éditions antérieures à l'édition des Bénédictins, et celle qui était la 16ᵉ se trouve maintenant la 74ᵉ.

(2) Madaure était une ville épiscopale de la province de Numidie, non loin de Tagaste. Maxime y enseignait la grammaire, et c'est peut-être sous ce maître que saint Augustin fit ses études d'humanités ; car notre saint fut envoyé fort jeune dans cette ville qui avait le titre de colonie. Les habitants de Madaure bien qu'attachés à l'idolâtrie avaient une grande vénération pour saint Augustin, qu'ils appelaient leur père, comme on le voit dans la lettre 232ᵉ.

---

beneficio. Nec enim debemus nobis, cum ista proveniunt, sed illis, per quos proveniunt, gratulari : quoniam justa, et officiosa, et pro suo genere pacatior atque tranquillior rerum temporalium administratio recipiendorum æternorum meritum gignit, si non teneat cum tenetur, nec implicet cum multiplicatur, si non cum (*a*) pacatur involvat. Ipsius enim veritatis ore dictum est ; « Si in alieno fideles non fuistis, quod vestrum est quis dabit vobis (*Luc.* XVI, 12) ? » Laxatis ergo curis mutabilium rerum, bona stabilia et certa quæramus, supervolemus terrenis opibus nostris. Nam et in mellis copia, non frustra pennas habet apicula, necat enim hærentem.

EPISTOLA XVI

Maximus grammaticus Madaurensis Augustino, excusans a Paganis unum Deum variis nominibus coli, indignans mortuos homines Gentium diis præferri, irridens Punica quædam nomina; perstringens, opinamur, Christianos, quod venerarentur sepulcra Martyrum, ac notans quod profanos ad sua sacra non admitterent.

MAXIMI MADAURENSIS AD AUGUSTINUM.

1. Avens crebro tuis affatibus lætificari, et instinctu tui sermonis, quo me paulo ante jucundissime salva caritate pulsasti, paria redhibere non destiti, ne silentium meum pœnitudinem appellares. Sed

---

(*a*) MSS. prope omnes, *putatur forte pro*, *portatur*.

une fable qu'on n'est pas obligé de croire, mais ce qu'il y a de certain et ce que nous voyons nous-mêmes, c'est que la place publique de notre ville est habitée par des divinités dont nous éprouvons la salutaire assistance. Il n'y a qu'un seul Dieu suprême, sans commencement, sans progéniture, Père souverainement grand et magnifique de tout ce qui existe. Il n'est personne d'assez insensé et d'assez borné, pour ne pas reconnaître cette vérité. C'est ce Dieu dont nous invoquons sous différents noms la puissance répandue dans tout l'univers, sans que nous sachions quel est son véritable nom, car Dieu est un nom commun à toutes les religions. C'est toujours lui que nous adorons tout entier par des cultes divers, dans nos divinités qui en sont comme les membres.

2. Mais je ne puis vous cacher qu'il règne parmi vous de grandes erreurs que je ne saurais supporter. Comment souffrir en effet qu'on préfère un Mygdon à Jupiter qui lance la foudre; une Sanaë à Junon, à Minerve, à Vénus, à Vesta, et (chose impie), l'archimartyr Namphanion (1) à tous les dieux immortels. Je vois encore parmi tous ces personnages figurer un Lucitas pour qui vous avez une égale vénération, ainsi que pour un grand nombre d'autres dont les noms sont en horreur aux dieux et aux hommes et qui ajoutant de nouveaux crimes à ceux que leur conscience leur reprochait déjà ont trouvé sous l'apparence d'une mort glorieuse une fin digne de leur vie. Et pourtant, s'il faut le dire, des insensés délaissent les temples des dieux et négligent les mânes de leurs ancêtres, pour visiter les tombeaux de ces hommes! Ainsi semble s'accomplir le vers prophétique du poëte indigné : « Rome dans les temples mêmes de ses dieux a juré par des ombres (LUCAIN). » Cela me rappelle cette bataille d'Actium où les monstres d'Egypte lançaient des traits impuissants contre les dieux des Romains.

3. Ce que je demanderais à un homme aussi sage que vous, ce serait de laisser de côté cette vigueur d'éloquence que tout le monde vous reconnaît, et tous ces arguments de Chrysippe et de dialectique dont les efforts ne prouvent rien de certain, pour m'exposer nettement quel est ce Dieu que vous autres chrétiens vous revendiquez comme appartenant à vous seuls, et que vous prétendez voir dans les lieux cachés. Pour nous, c'est en plein jour et aux yeux de

---

(1) Namphanion, premier martyr d'Afrique fut mis à mort à Madaure. Le martyrologe romain en fait mention au 14 juillet.

---

quæso ut si hæc quasi seniles artus esse duxeris, benignarum aurium indulgentia prosequaris. Olympum montem deorum esse habitaculum, sub incerta fide Græcia fabulatur. At vero nostræ urbis forum salutarium numinum frequentia possessum nos cernimus et probamus. Equidem unum esse Deum summum sine initio, sine prole naturæ ceu patrem magnum atque magnificum, quis tam demens, tam mente captus neget esse certissimum ? Hujus nos virtutes per mundanum opus diffusas, multis vocabulis invocamus, quoniam nomen ejus cuncti proprium videlicet ignoramus. Nam Deus omnibus religionibus commune nomen est. Ita fit ut dum ejus quasi quædam membra carptim, variis supplicationibus prosequimur, totum colere profecto videamur.

2. Sed impatientem me esse tanti erroris, dissimulare non possum. Quis enim ferat Jovi fulmina vibranti præferri (a) Mygdonem ; Junoni, Minervæ, Veneri, Vestæque Sanaem, et cunctis (pro nefas) diis immortalibus archimartyrem Namphanionem, inter quos Lucitas etiam haud minore cultu (b) suscipitur, atque alii interminato numero (diis hominibusque odiosa nomina) qui conscientia nefandorum facinorum, specie gloriosæ mortis, scelera sua sceleribus cumulantes, dignum moribus factisque suis exitum maculati repererunt. Horum busta si memoratu dignum est, relictis templis, neglectis majorum suorum manibus, stulti frequentant, ita ut præsagium vatis illius indigne ferentis emineat,

Inque Deum templis juravit Roma per umbras.
(LUCANUS.)

Sed mihi hac tempestate propemodum videtur bellum Actiacum rursus exortum, quo Ægyptia monstra in Romanorum Deos audeant tela vibrare, minime duratura.

3. Sed illud quæso, vir sapientissime, uti remoto facundiæ robore atque exploso, qua cunctis clarus es, omissis etiam quibus pugnare solebas Chrysippeis argumentis, postposita paululum dialectica,

---

(a) MSS. duodecim *Migginem* ac paulo post habent plerique, *Sanamem*, pro *Sanaem*. nonnulli etiam *Namphamouem*, pro *Namphanionem*. Porro celebratur martyr *Namphanio* in martyrologio Rom. ad diem 4 julii.
(b) MSS. quinque, *suscipitur*.

tous que nous adorons nos dieux. Tous les mortels peuvent entendre les pieuses prières que nous leur adressons. Nous cherchons à nous les rendre favorables par de doux sacrifices ; et nous exposons ces actes à la vue et à l'approbation de tout le monde.

4. Mais faible vieillard je ne veux point prolonger plus longtemps cette lutte, et j'en reviens volontiers à cette pensée du poëte de Mantoue : « Chacun suit son plaisir (*Virg., Eglog.*, 3). » Du reste je ne doute pas, homme éminent, qui vous êtes séparé de ma religion, que si cette lettre vient à vous être dérobée, elle ne périsse dans les flammes ou de toute autre manière, mais le papier seul sera perdu, et non mes paroles qui resteront toujours dans le cœur des hommes vraiment religieux. Que les dieux vous conservent, ces dieux sous le nom desquels, nous tous mortels qui sommes sur la terre, nous honorons de mille manières différentes le Dieu unique, que d'un accord unanime nous reconnaissons et adorons comme le père commun de tous les hommes.

LETTRE XVII [1]

Saint Augustin répond au grammairien Maxime de manière à lui faire voir qu'il juge la lettre qu'il a reçue de lui digne de risée bien plus que de réponse.

AUGUSTIN À MAXIME DE MADAURE.

1. S'agit-il entre nous de quelque chose de sérieux, ou n'est-ce qu'un badinage ? La tournure de votre lettre, soit par la faiblesse de la cause que vous soutenez soit par la disposition de votre esprit enclin à la plaisanterie, me fait douter si votre dessein a été d'être enjoué plutôt que sérieux. Vous commencez en effet par comparer le mont Olympe à votre place publique ; j'ignore dans quel but, à moins que ce ne soit pour me rappeler que Jupiter établit son camp sur cette montagne, lorsqu'il faisait la guerre à son père, comme nous l'apprend ce conte que les vôtres appellent une histoire sacrée, et pour me rappeler aussi que sur cette même place il y a deux statues, l'une de Mars nu, l'autre de Mars armé, près desquelles une

---

[1] Ecrite l'an 390. — Cette lettre était la 44ᵉ dans les éditions antérieures à l'édition des Bénédictins, et celle qui était la 17ᵉ se trouve maintenant la 39ᵉ.

---

quæ nervorum suorum luctamine nihil certi cuiquam relinquere nititur, ipsa re approbes, quis sit iste Deus, quem vobis Christiani, quasi proprium vindicatis, et in locis abditis præsentem vos videre componitis. Nos etenim deos nostros luce palam ante oculos, atque aures omnium mortalium piis precibus adoramus, et per suaves hostias propitios nobis efficimus, et a cunctis hæc cerni et probari contendimus.

4. Sed ulterius huic certamini me senex invalidus subtraho, et in sententiam Mantuani rhetoris libenter pergo :

Trahit sua quemque voluptas.
(Virg. *in Buc. Eccl.* 3).

Post hæc non dubito, vir eximie, qui a mea secta deviasti, hanc epistolam aliquorum furto detractam, flammis vel quolibet pacto perituram. Quod si acciderit, erit damnum chartulæ, non nostri sermonis, cujus exemplar penes omnes religiosos perpetuo retinebo. Dii te servent, per quos et eorum atque cunctorum mortalium communem patrem, universi mortales, quos terra sustinet, mille modis concordi discordia veneramur et colimus.

EPISTOLA XVII

Augustinus Maximo grammatico respondet ad superiora, sed sic ut ostendat indigna quibus respondeatur, digna quæ rideantur.

AD MAXIMUM MADAURENSEM.

1. Seriumne aliquid inter nos agimus an jocari libet ? Nam sicut tua epistola loquitur, utrum caussæ ipsius infirmitate, an morum tuorum comitate sit factum, ut malles esse facetior, quam paratior, incertum habeo. Primo enim Olympi montis et fori vestri comparatio facta est : quæ nescio quo pertinuerit, nisi ut me commonefaceret in illo monte Jovem castra posuisse, cum adversus patrem bella gereret, ut ea docet historia, quam vestri etiam sacram vocant : et in isto foro recordarer esse in duobus simulacris unum Martem nudum, alterum armatum, quorum dæmonium infestissimum civibus, porrectis tribus digitis contra collocata statua humana comprimeret. Ergone umquam

autre statue d'homme avance trois doigts pour conjurer l'influence du mauvais génie de ce dieu funeste à votre cité. Croirai-je jamais qu'en rappelant à mon souvenir cette place publique et de pareilles divinités, vous n'avez pas voulu plaisanter plutôt que parler sérieusement? Mais lorsque vous dites que de telles divinités sont comme les membres d'un seul grand Dieu, daignez, je vous prie, vous abstenir de ces facéties sacriléges. Si ce Dieu dont vous parlez est celui que tous, savants et ignorants, s'accordent à reconnaître, comme l'ont dit quelques anciens, pour seul et unique Dieu, peut-il avoir pour membres des divinités dont la cruauté, ou, si vous aimez mieux, la puissance est arrêtée par l'image d'un homme mort? J'en pourrais dire bien plus à ce sujet, car vous êtes assez éclairé pour voir combien ce passage de votre lettre prête à la critique. Mais je me retiens, de peur que vous ne m'accusiez de recourir à la rhétorique plutôt qu'à la vérité.

2. Quant à ces noms puniques de personnages qui ne sont plus, noms que vous avez recueillis pour en prendre sujet de lancer vos outrageants sarcasmes contre notre religion, je ne sais pas si je dois réfuter ou passer sous silence une pareille folie. Si ces choses paraissent à votre gravité aussi légères qu'elles le sont, je n'ai guère le temps de m'en amuser avec vous. Si, au contraire, elles vous paraissent sérieuses, je suis étonné que, choqué par la bizarrerie de quelques noms, vous n'ayez point pensé qu'il y a des Eucaddires parmi vos prêtres et des Abaddires parmi vos divinités. Vous ne l'aviez certainement pas oublié, lorsque vous m'avez écrit, mais comme vous êtes d'humeur enjouée, vous avez voulu, en me le rappelant, vous égayer un peu et me faire voir combien de choses risibles il y a dans votre superstition. Car il faudrait avoir oublié que vous êtes Africain, écrivant à des Africains, et que l'un et l'autre nous habitons en Afrique, pour croire que l'étrangeté de quelques noms puniques vaille la peine d'être relevée. Du reste, en interprétant le sens de ces noms on trouvera que Namphanion signifie un homme qui vient d'un pied favorable, c'est-à-dire un homme dont l'arrivée porte bonheur. Nous avons coutume de dire également en latin, qu'un homme est entré d'un pied favorable, lorsque son arrivée a été suivie de quelque événement heureux. Si c'est la langue punique qui vous déplaît, niez donc, malgré l'assertion des hommes les plus érudits que cette langue ait laissé à la mémoire une foule d'excellentes

---

ego crediderim, mentione illius fori facta, numinum talium memoriam mihi te renovare voluisse, nisi jocari potius quam serio agere maluisses? Sed illud plane quod tales deos quædam Dei unius magni membra esse dixisti, admoneo, quia dignaris, ut ab hujusmodi sacrilegis facetiis te magnopere abstineas. Siquidem illum Deum dicis unum, de quo (ut dictum est a veteribus) docti indoctique consentiunt, hujusne tu membra dicis esse, quorum immanitatem, vel (si hoc mavis) potentiam, mortui hominis imago compescit? Plura hinc possem dicere: vides enim pro tua prudentia, quam locus late iste pateat reprehensioni. Sed me ipse cohibeo, ne a te rhetorice potius quam veridice agere existimer.

2. Nam quod nomina quædam Punica mortuorum collegisti, quibus in nostram religionem festivas (ut tibi visum est) contumelias jaciendas putares, nescio utrum refellere debeam, an silentio præterire. Si enim res istæ videntur tam leves tuæ gravitati quam sunt, jocari mihi non multum vacat. Si autem graves tibi videntur, miror quod nominum absurditate commoto, in mentem non venerit habere tuos et in sacerdotibus (a) Eucaddires, et in numinibus Abaddires. Non puto ego ista tibi cum scriberes in animo non fuisse, sed more humanitatis et leporis tui, commonefacere nos voluisti ad relaxandum animum, quanta in vestra superstitione ridenda sint. Neque enim usque adeo teipsum oblivisci potuisses, ut homo Afer scribens Afris, cum simus utrique in Africa constituti, Punica nomina exagitanda existimares. Nam si ea vocabula interpretemur, Namphanio quid aliud significat, quam boni pedis hominem, id est cujus adventus afferat aliquid felicitatis; sicut solemus dicere, secundo pede introisse, cujus introitum prosperitas aliqua consequuta sit? Quæ lingua si improbatur abs te, nega Punicis libris, ut a viris doctissimis proditur, multa sapienter esse mandata memoriæ. Pæniteat te certe ibi natum, ubi hujus linguæ cunabula recalent. Si vero et sonus nobis non rationabiliter displicet, et me bene interpretatum illud vocabulum recognos-

(a) In pluribus MSS *Eucadarres*.

choses. Regrettez d'avoir reçu le jour ici, sur cette terre berceau de cette langue. Si ce n'est pas le son du mot qui vous choque, ce qui du reste ne serait pas raisonnable, si vous reconnaissez d'ailleurs la fidélité avec laquelle j'en ai donné le sens, prenez-vous-en à votre Virgile, qui invite en ces termes votre Hercule au sacrifice offert par Évandre : « Sois-nous propice et viens d'un pied favorable vers nous et vers le sacrifice que nous t'offrons. » Souhaiter qu'Hercule vienne d'un pied favorable, c'est désirer qu'il vienne comme le signifie Namphanion, au sujet duquel il vous a plu de nous insulter. Si cependant vous aimez à rire, vous trouvez pour cela ample matière dans votre religion. N'avez-vous pas le dieu Sterculius, la déesse Cloacine, la Vénus chauve, la déesse Peur, la déesse Pâleur, la déesse Fièvre et une infinité d'autres divinités de cette espèce, en l'honneur desquelles les anciens Romains ont élevé des temples et institué des sacrifices? Si vous n'en faites aucun cas, vous manquez ainsi aux dieux de Rome, et vous passerez pour n'être pas initié aux mystères des Romains. Et cependant vous méprisez et dédaignez les noms puniques, comme le ferait un homme sincèrement attaché à la religion des Romains.

3. Mais peut-être en vous-même faites vous encore moins de cas que nous de toutes ces divinités, et sont-elles seulement pour vous un moyen de passer plus agréablement le temps; car vous paraissez le faire entendre en vous appuyant sur ce vers de Virgile : « Chacun suit son plaisir (*Eglog.*, III). » Si l'autorité de Virgile vous plaît, comme elle le paraît effectivement, elle doit aussi vous plaire, lorsqu'il dit : « Saturne est le premier qui vint de l'Olympe éthéré, fuyant les armes de Jupiter, et chassé de son royaume dont ce fils l'avait dépouillé, (*Enéid.*, VIII). » Sans compter beaucoup d'autres passages, où il veut faire entendre que vos dieux ont été des hommes, car il avait lu une de vos anciennes histoires authentiques, également connue de Cicéron, qui dans ses *Dialogues* dit la même chose avec plus de détails que nous n'aurions osé lui en demander, et s'efforce d'en donner connaissance aux hommes, autant que le lui permettait l'époque où il écrivait.

4. Quand vous dites que votre religion est préférable à la nôtre, parce que vous honorez publiquement vos dieux, tandis que nos assem-

---

cis, habes quod succenseas Virgilio tuo, qui Herculem vestrum ad sacra, quæ illi ab Evandro celebrantur, invitat hoc modo :

Et nos et tua dexter adi pede sacra secundo.

Secundo pede optat ut veniat. Ergo venire Herculem optat Namphanionem, de quo tu multum nobis insultare dignaris. Veruntamen si ridere delectat, habes apud vos magnam materiam facetiarum: deum Sterculium, deam Cloacinam, Venerem calvam, deum Timorem, deum Pallorem, deam Febrem, et cetera innumerabilia hujuscemodi, quibus Romani antiqui simulacrorum cultores templa fecerunt, et colenda censuerunt : quæ si negligis, Romanos deos negligis : ex quo intelligeris non Romanis initiatus sacris, et tamen Punica (a) nomina, tamquam nimium Romanorum altaribus deditus, contemnis ac despicis.

3. Sed mihi videris omnino plus quam nos fortasse illa sacra nihili pendere, sed ex eis nescio quam captare ad hujus vitæ transitum voluptatem : quippe qui etiam non dubitaveris ad Maronem confu-

gere, ut scribis, et ejus versu te tueri, quo ait : « Trahit sua quemque voluptas (VIR., in Buc. Egl., III). » Nam si tibi auctoritas Maronis placet, sicut placere significas, profecto etiam illud placet,

Primus ab æthereo venit Saturnus Olympo,
Arma Jovis fugiens, et regnis exsul ademptis.
(VIRG., VIII, Æneid.)

Et cetera, quibus eum atque hujuscemodi deos vestros velit intelligi homines fuisse. Legerat enim (b) ille multam historiam vetusta auctoritate roboratam, quam etiam Tullius legerat, qui hoc idem in dialogis plus quam postulare auderemus commemorat, et perducere in hominum notitiam, quantum illa tempora patiebantur, molitur.

4. Quod autem dicis, eo nostris vestra sacra præponi, quod vos publice colitis deos, nos autem secretioribus conventiculis utimur : primo illud abs te quæro, quomodo oblitus sis Liberum illum, quem paucorum sacratorum oculis committendum putatis. Deinde tu ipse judicas nihil aliud te agere vo-

---

(a) Lov. *numina* sed melius MSS. *nomina*.
(b) Ita in quindecim MSS. et in antiquioribus editionibus. At apud Lov. habetur, *legerat Evgameri historiam*.

blées sont secrètes, je vous demande d'abord comment vous avez pu oublier ce Liber(1) dont les mystères sont seulement dévoilés aux yeux d'un nombre restreint d'initiés. En me rappelant la célébration publique de vos cérémonies votre but a sans doute été de remettre devant nos yeux le spectacle des décurions et des chefs de votre cité courant comme des furieux et des bacchantes à travers vos places publiques. Si dans une pareille fête, vous êtes sous l'influence d'un dieu, voyez quel peut être ce dieu qui vous ôte la raison? Si cette influence n'est qu'une feinte, que pouvons-nous croire de votre culte secret, à en juger d'après celui qui est public? Etes-vous transportés par un esprit de divination, pourquoi alors ne prédisez-vous point l'avenir? et si vous êtes dans votre bon sens, pourquoi dépouillez-vous les gens que vous rencontrez sur votre chemin?

5. Puisque votre lettre a rappelé à notre mémoire ces choses et beaucoup d'autres que je passe maintenant sous silence, pourquoi ne nous moquerions-nous pas de vos dieux dont vous faites adroitement l'objet de vos railleries, comme n'en saurait douter quiconque a lu vos lettres et connaît la finesse de votre esprit? C'est pourquoi, si vous voulez encore traiter avec nous à ce sujet quelque question d'une manière convenable à votre âge, à votre sagesse et à ce que nos amis les plus chers ont le droit d'exiger de nous, choisissez-en une qui mérite d'être discutée. Parlez en faveur de vos dieux, en homme qui veut les défendre et non comme un prévaricateur en leur cause, qui par son langage nous donnerait les moyens de les attaquer. Enfin, pour qu'il ne vous arrive pas de retomber encore dans des imputations et des railleries sacriléges, sachez bien que les chrétiens catholiques dont une église est établie dans votre ville n'adorent pas les morts, ni rien de ce qui a été fait par la main de Dieu, mais Dieu lui-même, souverain créateur de toutes choses. Avec l'aide de ce seul et vrai dieu nous discuterons tout cela plus amplement, quand je verrai que vous voulez le faire sérieusement.

---

(1) Les habitants de Madaure adoraient Bacchus sous le nom de *Liber* ou Lenœus Patio.

---

luisse, cum publicam sacrorum vestrorum celebrationem commemorares, nisi ut nobis decuriones et primates civitatis per plateas vestræ urbis bacchantes ac furentes, ante oculos quasi spectacula poneremus : in qua celebritate, si numine inhabitamini, certe videtis quale illud sit, quod adimit mentem. Si autem fingitis, quæ sunt ista etiam in publico vestra secreta, vel quo pertinet tam turpe mendacium? deinde cur nulla futura canitis, si vates est? aut cur spoliatis circumstantes, si sani estis?

5. Cum igitur hæc nos et alia, quæ nunc prætermittenda existimo, per epistolam tuam feceris recordari, quid nos non derideamus deos vestros, quos abs te ipso subtiliter derideri nemo non intelligit, qui et ingenium tuum novit, et legit litteras tuas? Itaque si aliquid inter nos his de rebus vis agamus, quod ætati tuæ prudentiæque congruit, quod denique de nostro proposito jure a carissimis nostris flagitari potest, quære aliquid nostra discussione dignum: et ea pro vestris numinibus cura dicere, in quibus non te caussæ prævaricatorem putemus, quo nos magis commoneas, quæ contra illos dici possunt, quam pro eis aliquid dicas. Ad summam tamen, ne te hoc lateat, et in sacrilega convitia imprudentem trahat, scias a Christianis catholicis, quorum in vestro oppido etiam Ecclesia constituta est, nullum coli mortuorum, nihil denique ut numen adorari, quod sit factum et conditum a Deo, sed unum ipsum Deum, qui fecit et condidit omnia. Disserentur ista latius, ipso vero et uno Deo adjuvante, cum te graviter agere velle cognovero.

LETTRE XVIII [1]

Trois sortes de natures: Dieu, les esprits et les corps.

AUGUSTIN A CÉLESTIN [2].

1. Il est une chose que je voudrais vous répéter sans cesse, c'est qu'il faut nous débarrasser de tous soins inutiles, pour nous charger seulement de ceux qui sont utiles et salutaires. Car de vivre en ce monde exempt de tous soucis, c'est une chose qu'on ne saurait espérer. Je vous ai écrit, et n'ai point reçu de réponse. Je vous ai envoyé parmi mes livres contre les Manichéens ceux qui étaient prêts et revus, et vous ne m'avez pas encore fait connaître ce que vous en pensez. Je crois maintenant pouvoir vous les redemander, comme vous pouvez me les rendre. Veuillez donc ne différer ni ce renvoi, ni votre réponse, par laquelle je désire savoir à quoi mes livres vous ont servi, ou si vous avez besoin de nouvelles armes pour combattre cette erreur.

2. Voici pour vous que je connais une question qui, malgré sa brièveté, n'en est pas moins grande. Il y a une nature muable par rapport au temps et aux lieux; c'est le corps. Il y a aussi une nature muable, non par rapport aux lieux, mais par rapport au temps, c'est l'âme: il y a enfin une nature qui n'est muable ni par rapport aux lieux ni par rapport au temps, et c'est Dieu. Ce que je vous indique comme muable d'une manière quelconque s'appelle créature ; ce qui est immuable en tous points s'appelle créateur. Or, comme les choses ne sont qu'autant que nous pouvons dire qu'elles subsistent et qu'elles sont unies, et que l'unité est la forme et le principe de toute beauté, il vous est facile de voir dans cette division des natures, ce qui est d'une manière souveraine, et ce qui tout en tenant le dernier degré de l'être, ne laisse pourtant pas d'exister; comme ce qui tient le milieu entre ces deux degrés, c'est-à-dire ce qui est au-dessus du plus bas, et ce qui est au-dessous du plus haut. Le plus haut degré, ou l'être souverain, c'est la béatitude même ; le plus bas, n'est ni la béatitude, ni le malheur. Le degré intermédiaire est malheureux s'il penche vers le plus bas, comme il est heureux s'il se tourne vers le plus haut, c'est-à-dire vers l'être souverain. Celui qui croit en Jésus-Christ n'aime pas le degré inférieur, ne s'enorgueillit point d'occuper le degré du milieu, et devient capable de s'attacher au degré supérieur, c'est-à-dire à l'être suprême. Cela comprend tout ce qu'on nous ordonne de faire, ce qu'on nous enseigne, et ce qui doit être l'objet de nos vœux les plus ardents.

[1] Ecrite l'an 390. — Cette lettre était la 53ᵉ dans les éditions antérieures à l'édition des Bénédictins, et celle qui était la 18ᵉ se trouve maintenant la 81ᵉ.
[2] Quel est ce Célestin? Serait-ce ce même diacre à qui saint Augustin écrivit en 418 la lettre 192ᵉ, et qui fut pape quelques années après?

EPISTOLA XVIII

Naturarum genus triplex perstringitur.

AUGUSTINO CÆLESTINO.

1. O utinam possem assidue tibi aliquid dicere! Id autem aliquid est, ut curis exueremur inanibus, et curis indueremur utilibus. Nam de securitate nescio utrum quidquam in hoc mundo sperandum sit. Scripsi, nec recepi ulla rescripta. Misi adversum Manichæos libros, quos paratos et emendatos mittere potui, nec quidquam ex illis judicii motusque nostri notum mihi factum est. Nunc eos repetere jam me, vos autem restituere convenit. Peto itaque ne differatis eos remittere cum rescriptis, quibus nosse cupio quid de illis geritis, vel adhuc ad illum errorem expugnandum quid armaturæ vobis opus esse arbitremini.

2. Sane quoniam te novi, accipe hoc quiddam grande et breve. Est natura per locos et tempora mutabilis, ut corpus. Et est natura per locos nullo modo, sed tantum per tempora etiam ipsa mutabilis, ut anima. Et est natura quæ nec per locos, nec per tempora mutari potest, hoc Deus est. Quod hic insinuavi quoquo modo mutabile, creatura dicitur : quod immutabile, Creator. Cum autem omne quod esse dicimus, inquantum manet dicamus, et inquantum unum est, omnis porro pulcritudinis forma unitas sit : vides profecto in ista distributione naturarum, quid summe sit, quid infime, et tamen sit ; quid medie, majusque infimo, et minus summo sit. Summum illud est ipsa beatitas : infimum, quod nec beatum esse potest, nec miserum : quod vero medium, vivit inclinatione ad infimum, misere ; conversione ad summum, beate vivit. Qui Christo credit, non diligit infimum, non superbit in medio, atque ita summo inhærere fit idoneus et hoc est totum, quod agere jubemur, monemur, accendimur.

LETTRE XIX [1]

Saint Augustin envoie ses livres à Gaïus que par ses entretiens il avait attiré à l'Église, et l'exhorte à persévérer dans ses bonnes résolutions.

AUGUSTIN A GAÏUS.

Je ne saurais vous dire combien de douceur j'ai déjà éprouvée et combien j'en éprouve encore, en pensant à vous, depuis que je vous ai quitté. Je me rappelle cette modestie que ni le feu de la discussion, ni votre ardeur si admirable à rechercher la vérité, ne pouvaient altérer. Il serait bien difficile de trouver quelqu'un de plus vif pour interroger, et de plus calme pour écouter. C'est pourquoi je voudrais m'entretenir fréquemment avec vous, et quelque fréquents que fussent ces entretiens, ils ne le seraient jamais trop, car je ne saurais assez conférer avec vous. Mais cela est difficile, et il n'est pas besoin d'en chercher les motifs. La difficulté est grande, je le répète. Peut-être un jour cela sera-t-il plus aisé. Dieu le veuille ! mais aujourd'hui il en est autrement. J'ai chargé le frère qui vous porte cette lettre, de vous remettre tous mes ouvrages, pour que vous les lisiez avec cette sagesse et cette charité que je vous connais. Vous accueillerez, je l'espère, avec plaisir ce qui vient de moi, car je sais toute la bienveillance que vous avez pour moi au fond de votre cœur. Si après avoir lu mes ouvrages et reconnu la vérité de ce qu'ils contiennent vous les jugez dignes de votre approbation, ne regardez pas ce que vous y trouverez de bon comme venant de moi, mais comme m'ayant été donné, et tournez-vous vers celui qui vous a donné à vous-même ce qu'il faut pour reconnaître et approuver la vérité. Ce n'est pas dans un livre ni dans l'auteur qui l'a écrit que le lecteur voit ce qui est vrai, mais plutôt en lui-même si quelque rayon de l'éternelle lumière de la vérité, brillant et dégagé des sens grossiers du corps, a pénétré dans son esprit. Que si, au contraire, vous trouvez dans mes livres quelque chose de faux et que vous ne puissiez approuver, attribuez-le à ces nuages qui couvrent l'intelligence humaine, et regardez-le comme venant véritablement de moi. Je vous exhorterais bien à chercher encore la vérité, si je ne voyais pas en quelque sorte votre cœur s'ouvrir pour la recevoir et la

---

(1) Écrite l'an 390. — Cette lettre était la 84ᵉ dans les éditions antérieures à l'édition des Bénédictins, et celle qui était la 19ᵉ se trouve maintenant la 82ᵉ.

EPISTOLA XIX

Gaio, quem forte disputatione traxerat ad Ecclesiam, mittit suos libros legendos adhortans ut perseveret in bono proposito.

(a) GAIO AUGUSTINUS.

1. Ut abs te abscessimus, dici non potest quanta suavitate nos perfuderit recordatio tui, ac sæpe perfundat. Recolimus enim ardore inquisitionis tuæ, cum esset mirabilis, non fuisse perturbatam modestiam disputandi. Nam neque flagrantius percontantem, neque tranquillius audientem, quemquam facile invenerim. Vellem itaque tecum multum loqui : non enim multum esset quantumcumque esset, si tecum loquerer. Sed quia difficile est, quid opus est caussas quærere? Prorsus difficile est : erit fortasse aliquando facillimum, ita Deus velit ; nunc certe aliud est. Dedi ergo negotium fratri, per quem litteras misi, ut omnia nostra legenda præbeat prudentissimæ caritati tuæ. Non enim aliquid meum inculcabit invito : novi enim quid benignitatis in nos animo geras, quæ tamen si lecta probaveris, et vera pervideris, nostra esse non putes, nisi quia data sunt, eoque te convertas licet, unde tibi quoque est ut ea probares datum. Nemo enim quod legit, in codice ipso cernit verum esse, aut in eo qui scripserit ; sed in se potius si ejus menti quoddam non vulgariter candidum, sed a fæce corporis remotissimum lumen veritatis impressum est. Quod si falsa aliqua atque improbanda compereris, de humano nubilo irrorata scias, et ea vere nostra esse deputes. Hortarer autem te ad quærendum, nisi videre mihi viderer hiantia quædam ora cordis tui ; hortarer etiam, ut quod verum cognoveris viriliter teneas, nisi præ te ferres evidentissimum robur animi et consilii tui. Totum enim se mihi brevi tempore, prope discussis corporis tegumentis, quod in te vivit, aperuit. Neque ullo

(a) Apud Lov. scribitur *Caius*. At in MSS. et antiquioribus editionibus, *Gaius*.

chercher de lui-même. Je vous exhorterais aussi à vous en tenir fermement à ce que vous avez reconnu comme vrai, si vous ne portiez en vous la preuve évidente d'un esprit rempli de force et de sagesse. Car le peu de temps que j'ai passé près de vous m'a permis, comme si le voile qui enveloppe votre corps s'était écarté, de pénétrer jusqu'au fond de vous-même. La providence miséricordieuse de Notre Seigneur ne souffrira pas qu'un homme aussi bon que vous et doué d'aussi brillantes qualités, demeure séparé du troupeau catholique de Jésus-Christ.

LETTRE XX [1]

Saint Augustin remercie Antonin de son amitié et de la bonne opinion qu'il a de lui. Il exprime le désir de voir toute la famille de son ami embrasser la religion catholique.

SAINT AUGUSTIN A ANTONIN.

1. Nous étions deux qui vous devions des réponses ; l'un va s'acquitter amplement, puisque vous le verrez en personne : ce que vous entendrez de sa bouche, regardez-le comme entendu de la mienne. Quant à moi je ne vous aurais pas écrit, si cet ami ne me l'avait point ordonné, car lui partant, cette lettre paraissait inutile. Je m'entretiens peut-être plus abondamment avec vous que si j'étais en votre présence, puisqu'indépendamment de la lettre que je vous envoie, vous entendrez encore celui qui, comme vous le savez, me porte dans son cœur. C'est avec une grande joie que j'ai lu et relu la lettre de votre sainteté, parce qu'elle porte le cachet d'un esprit vraiment chrétien, plein d'amitié pour moi, et qui ne se ressent en aucune manière de l'iniquité des temps où nous vivons.

2. Je vous félicite et je rends grâces à Dieu, Notre Seigneur, et à vous-même en lui, de l'espérance, de la foi et de la charité qui vous portent à avoir une assez bonne opinion de moi, pour me regarder comme un fidèle serviteur de Dieu, et d'aimer cela en moi sincèrement et de tout votre cœur, quoique à cet égard je devrais plutôt vous féliciter de votre bienveillance, que vous adresser des remerciments. En effet, c'est un grand bien pour vous que d'aimer le bien, et c'est l'aimer que d'aimer, à tort ou à raison, ceux dans lesquels on le suppose. Il y a seulement une chose à craindre en

---

(1) Écrite l'an 390. — Cette lettre était la 126ᵉ dans les éditions antérieures à l'édition des Bénédictins, et celle qui était la 20ᵉ se trouve maintenant la 233ᵉ.

---

modo siverit Domini nostri misericordissima providentia, ut a catholico Christi grege tu vir tam bonus et egregie cordatus alienus sis.

EPISTOLA XX

Antonino pro existimatione bona ac dilectione sibi impensas gratias refert Augustinus, optatque ut familia ipsius tota catholicam religionem profiteatur.

AUGUSTINUS (a) ANTONINO.

1. Cum a duobus tibi scripta deberentur cumulatissime magis pars reddita est, quod unum nostrum præsentem vides, cujus ex ore cum me quoque accipis, poteram non rescribere, nisi ipso jubente fecissem, quo proficiscente supervacaneum videbatur esse quod feci. Quapropter fertilius tecum fortasse colloquor, quam si coram adessem, cum et epistolam meam legis, et eum audis in cujus pectore me habitare optime nosti. Cum magno gaudio litteras sanctitatis tuæ consideravi atque digessi, quod et Christianum animum tuum sine ullo fuco iniqui temporis, et in nos amicissimum præ se gerunt.

2. Gratulor tibi, et gratias ago Deo et Domino nostro de spe et fide et caritate tua, tibique apud eum, quod de nobis tam bene existimas, ut fideles Dei servos esse credas, idque ipsum in nobis corde purissimo diligas : quamquam hinc etiam gratulandum benevolentiæ tuæ potius, quam gratiæ tibi agendæ sint. Tibi enim prodest ipsam diligere bonitatem, quam profecto diligit qui eum diligit quem credit bonum, sive ille se ita, sive aliter quam creditur habeat. Unus tantum in hac re cavendus est error, ne quisquam non de homine, sed de ipso hominis bono aliter sentiat, idque ipsum veritas postulat. Tu vero frater dilectissime, qui nullo modo erras credendo vel sciendo, magnum bonum esse libenter

---

(a) Apud Bad. Am. Er. scribitur, *Antonio*. At apud Lov. et præstantiores MSS. *Antonino*.

cela, c'est non pas de juger d'un homme, mais de porter sur ce qui constitue le bien de l'homme, un jugement qui ne soit pas conforme à la vérité. Pour vous, très-cher frère, qui ne vous trompez pas, en croyant et en sachant que le plus grand bien est de servir Dieu avec fidélité et pureté de cœur, et qui n'aimez un homme que parce que vous croyez qu'il participe à ce bien suprême, le fruit de cette affection vous reste, quand bien même celui que vous aimez ne serait pas tel que vous le croyez. C'est donc vous qu'on doit féliciter en cela et non celui qu'on aime, parce qu'on le croit bon. Il n'a droit à nos félicitations, qu'autant qu'il est tel que le pense celui par qui il est aimé. Mais à l'égard de ce que je suis, et des progrès que j'ai faits en Dieu, cela ne peut être vu et apprécié que par celui qui ne peut se tromper ni sur ce qui constitue le bien de l'homme, ni sur l'homme lui-même. Pour obtenir la récompense de la béatitude, c'est assez pour vous de m'aimer de tout votre cœur, parce que vous me croyez tel que doit être un serviteur de Dieu. Je vous rends encore d'abondantes actions de grâces de ce que les éloges que vous me donnez, en me croyant tel, sont d'amirables exhortations pour que je le devienne réellement. Je vous en rendrai encore plus, si vous n'oubliez pas de prier pour moi comme vous me recommandez de prier pour vous. La prière qu'on fait pour un frère, est plus agréable à Dieu parce qu'elle est accompagnée du sacrifice de la charité.

3. Je salue affectueusement votre jeune enfant, et souhaite qu'il grandisse selon les préceptes salutaires du Seigneur ; je désire sincèrement et demande aussi dans mes prières, que toute votre famille n'ait qu'une seule foi et une vraie piété, ce qui se trouve seulement dans la religion catholique. Si pour cela vous jugez ma coopération nécessaire, ne balancez pas à la réclamer. C'est un droit que vous donnent et la charité et le maitre commun que nous servons ensemble. Je recommande surtout à votre religieuse sagesse, d'inspirer au cœur de votre femme et d'augmenter de plus en plus en elle une crainte solide et véritable de Dieu, par de graves entretiens et la lecture de l'Ecriture sainte. Quand on est inquiet sur son âme, et qu'à cet effet on cherche sans entêtement à connaître la volonté de Dieu, il est facile, avec le secours d'un guide éclairé, de voir la différence qui existe entre un schisme quelconque et la seule et véritable Eglise, c'est-à-dire l'Eglise catholique.

Deo casteque servire, cum quemlibet hominum propterea diligis, quod hujus boni participem credis, tecum est fructus tuus, etiam si ille non ita sit. Quapropter tibi de hac re gratulandum est, illi autem non si propterea diligitur; sed si talis est, qualem esse existimat a quo propterea diligitur. Quales itaque nos simus, quantumque in Deum promoverimus, ipse viderit, cujus non solum de hominis bono, sed de homine ipso non potest errare judicium. Tibi ad mercedem beatitudinis, quod ad hanc rem adtinet, satis est, quod nos tales credens quales oportet esse servos Dei, totu sinu cordis amplecteris. Gratias vero tibi uberes agimus, quod nos cum laudas, tamquam tales simus, mirabiliter hortaris, ut tales esse cupiamus; uberiores etiam, si non solum te commendes orationibus nostris, sed etiam non præternittas orare pro nobis. Gratior est enim Deo pro fratre deprecatio, ubi sacrificium caritatis offertur.

3. Parvulum tuum plurimum saluto, et secundum præcepta Domini salutaria opto grandescere. Domui quoque tuæ unam fidem et devotionem veram, quæ sola catholica est, provenire desidero et precor: in quam rem, si quam forte aliam nostram operam necessariam existimas, ne tibi vindicare dubites et communi domino fretus et jure caritatis. Illud sane admonuerim religiosissimam prudentiam tuam, ut timorem Dei non irrationabilem vel inseras infirmiori vasi tuo, vel nutrias, divina lectione gravique colloquio. Nemo enim fere solicitus de statu animæ suæ, atque ob hoc sine pertinacia inquirendæ voluntati Domini intentus est, qui bono demonstratore usus non dinoscat quid inter schisma quodlibet atque unam catholicam intersit.

LETTRE XXI [1]

Saint Augustin a été ordonné prêtre de l'Eglise d'Hippone à l'effet surtout de répandre la parole de Dieu. Considérant combien il est difficile de remplir les devoirs d'un saint prêtre, il prie l'évêque Valère [2] de trouver bon qu'il se retire pour quelque temps, afin de travailler, par l'étude et par la prière, à se rendre capable de remplir l'emploi dont on l'avait chargé.

A son bienheureux et vénérable maître l'évêque VALÈRE, qu'il chérit dans le Seigneur, comme son père, avec une sincère charité, AUGUSTIN prêtre de Jésus-Christ, salut.

1. Je laisse avant tout à votre piété et à votre sagesse le soin de considérer que dans cette vie et surtout dans le temps où nous sommes, rien n'est plus facile, plus agréable et plus recherché que les fonctions d'évêque, de prêtre ou de diacre, quand on veut les remplir avec négligence, et en flattant les hommes; mais qu'aux yeux de Dieu, rien n'est plus malheureux, plus pernicieux et plus condamnable. Considérez de même que dans cette vie et surtout dans ce temps, rien n'est plus difficile, plus pénible, plus dangereux que de remplir les fonctions d'évêque, de prêtre ou de diacre, comme aussi rien n'est plus heureux ni plus saint aux yeux de Dieu, que de les remplir selon les ordres du chef de notre sainte milice. Mais, ni dans mon enfance, ni dans ma jeunesse, je n'ai appris le moyen d'y parvenir. Au temps même où je commençais à l'apprendre, on m'a fait violence, sans doute en punition de mes fautes, car pour quelle autre cause pourrais-je croire qu'on m'ait confié la seconde place au gouvernail, à moi qui ne savais même pas manier une rame.

2. Je crois que par là Dieu a voulu me châtier d'avoir osé relever les fautes de beaucoup de nautoniers, avant d'avoir fait mon apprentissage dans ce métier, comme si j'étais plus savant et meilleur que ceux que je reprenais. C'est seulement, après avoir été engagé dans cet emploi, que j'ai commencé à sentir la témérité de mes réprimandes, quoique déjà j'eusse compris tous les dangers de ce saint ministère. De là, les larmes, qu'au moment de mon ordination quelques-uns de mes frères m'ont vu verser dans la ville. Ils ignoraient les causes de

---

(1) Ecrite l'an 390. — Cette lettre était la 148ᵉ dans les éditions antérieures à l'édition des Bénédictins, et celle qui était la 21ᵉ se trouve maintenant la 234ᵉ.
(2) Valère, évêque d'Hippone, était Grec de naissance. Possidius, dans la *Vie de saint Augustin*, dit qu'il savait très peu la langue latine. C'est la difficulté qu'il avait à s'exprimer en cette langue, qui l'engagea à substituer saint Augustin pour parler à sa place.

EPISTOLA XXI

Augustinus in presbyterum Hipponensem ordinatus præsertim ad dispensandum verbum Dei, secumque reputans quam difficile sit sacerdotem pium agere, obsecrat Valerium ut patiatur ipsum in secessu precibus et studio hoc agere, ut sit idoneus imposito muneri.

Domino beatissimo et venerabili, in conspectu Domini sincera caritate charissimo patri VALERIO episcopo AUGUSTINUS presbyter in Domino Salutem.

1. Ante omnia peto, ut cogitet religiosa prudentia tua, nihil esse in hac vita, et maxime hoc tempore facilius et lætius, et hominibus acceptabilius episcopi, aut presbyteri, aut diaconi officio, si perfunctorie atque adulatorie res agatur: sed nihil apud Deum miserius, et tristius, et damnabilius. Item nihil esse in hac vita, et maxime hoc tempore difficilius, laboriosius, periculosius episcopi, aut presbyteri, aut diaconi officio, sed apud Deum nihil beatius, si eo modo militetur quo noster imperator jubet. Quis autem iste sit modus, nec a pueritia, nec ab adolescentia mea didici: et eo tempore quo discere cœperam, vis mihi facta est, merito peccatorum meorum, (nam quid aliud existimem nescio) ut secundus locus gubernaculorum mihi traderetur, qui remum tenere non noveram.

2. Sed arbitror Dominum meum propterea me sic emendare voluisse, quod multorum peccata nautarum, antequam expertus essem quid illic agitur, quasi doctior et melior reprehendere audebam. Itaque posteaquam missus sum in medium, tunc sentire cœpi temeritates reprehensionum mearum: quamquam et antea periculosissimum judicarem hoc ministerium. Et hinc erant lacrymæ illæ, quas me fundere in civitate ordinationis meæ tempore nonnulli fratres animadverterunt, et nescientes caussas doloris mei, quibus potuerunt sermonibus, qui omnino ad vulnus meum non pertinerent, tamen

ma douleur qu'ils ont cherché à adoucir autant qu'ils l'ont pu par leurs paroles pleines de charité, qui, cependant, n'allaient point à la cause de mon mal. Mais l'expérience m'a démontré combien cette administration était plus difficile que je ne l'avais pensé; non pas que je visse pour la première fois des flots et des tempêtes qui me fussent inconnus, et dont je n'eusse jamais entendu parler, que mes lectures ou mes méditations ne m'eussent jamais fait apercevoir, en m'indiquant les moyens de les éviter ou de les vaincre, mais je ne m'étais pas encore rendu compte de l'habileté et des forces qui m'étaient nécessaires : et pourtant j'y mettais quelque confiance ; mais le Seigneur s'est ri de moi, et a voulu dans les choses mêmes me montrer ce que je suis.

3. Que si Dieu l'a fait par un effet de sa miséricorde plutôt que de sa colère, comme la conscience que j'ai acquise de ma faiblesse me le fait espérer, je dois du moins, dans ses Saintes Écritures, dans la prière et dans la lecture, chercher des remèdes afin de rendre mon âme assez forte pour remplir des fonctions si périlleuses. Jusqu'à ce jour, je ne l'ai pas fait, parce que je n'en avais pas le loisir, et j'ai reçu l'ordination, au moment où je pensais à prendre du temps pour connaître et approfondir les Écritures divines, et à me procurer le repos nécessaire à cette fin. Ce qui est vrai, c'est que je ne savais pas encore ce qui me manquait pour l'accomplissement d'une telle œuvre qui, aujourd'hui, me tourmente et m'accable. Si après avoir appris par expérience ce qui est nécessaire à un homme chargé de dispenser au peuple les sacrements et la parole de Dieu, il ne m'est pas permis d'acquérir ce que je reconnais ne pas encore posséder ; vous voulez donc, ô Valère, mon père, que je meure à l'œuvre! Où est votre charité ? M'aimez-vous ? Aimez-vous l'Eglise dont vous avez voulu me confier l'administration ? Je suis certain que vous m'aimez et que vous aimez également cette Eglise, mais vous me croyez capable, tandis que je me connais mieux que vous ne me connaissez, moi qui ne me serais jamais connu, si l'expérience n'était venue m'apprendre ce que je suis.

4. Votre Sainteté dira peut-être : « Je voudrais savoir ce qui manque à votre instruction. » Les choses qui me manquent sont si nombreuses, que je pourrais plus facilement énumérer celles que j'ai que celles que je n'ai point encore. J'oserais bien avancer que je sais et que je crois avec une foi sincère tout ce qui regarde notre salut ; mais la manière de le dispenser aux autres pour leur salut, sans chercher ce qui m'est utile à moi-même, mais ce qui est utile à plusieurs pour qu'ils soient sauvés, voilà ce que j'ignore. Il y a peut-être, et on ne doit pas en douter, à puiser dans les livres

---

bono animo consolati sunt. Sed multo valde ac multo amplius expertus sum, quam putabam : non quia novos aliquos fluctus aut tempestates vidi, quas ante non noveram, vel non audieram, vel non legeram vel non cogitaveram : sed ad eas evitandas aut perferendas solertiam et vires meas omnino non noveram, et alicujus momenti arbitrabar. Dominus autem irrisit me, et rebus ipsis ostendere voluit meipsum mihi.

3. Quod si non damnando, sed miserando fecit, hoc enim spero certe vel nunc cognita ægritudine mea, debeo Scripturarum ejus medicamenta omnia perscrutari, et orando ac legendo agere, ut idonea valetudo animæ meæ, ad tam periculosa negotia tribuatur : quod ante non feci, quia et tempus non habui. Tunc enim ordinatus sum, quum de ipso vacationis tempore ad cognoscendas divinas Scripturas cogitaremus, et sic nos disponere vellemus, ut nobis otium ad hoc negotium posset esse. Et quod verum est, nondum sciebam quid mihi deesset ad tale opus, quale me nunc torquet et conterit. Quod si propterea in re ipsa didici quid sit homini necessarium, qui populo ministrat sacramentum et verbum Dei, ut jam non mihi liceat assequi, quod non habere cognovi ; jubes ergo ut peream, pater Valeri ? Ubi est caritas tua ? certe diligis me, certe diligis ipsam ecclesiam, cui me sic ministrare voluisti, et tamen certus sum quod et me et ipsam diligis. Sed putas me idoneum, cum ego melius me noverim, qui tamen nec ipse me nossem, nisi experiendo didicissem.

4. Sed dicit fortasse sanctitas tua ; Vellem scire quid desit instructioni tuæ. Tam multa autem sunt, ut facilius possim enumerare quæ habeam, quam quæ habere desidero. Auderem enim dicere, scire me, et plena fide retinere quid pertineat ad salutem nostram. Sed hoc ipsum quomodo ministrem ad salutem aliorum, non quærens quod mihi utile est, sed quod multis, ut salvi fiant? Et sunt fortasse aliqua, immo non est dubitandum esse in sanctis libris

saints des conseils dont la connaissance peut aider l'homme de Dieu à remplir dignement les fonctions ecclésiastiques, à vivre en paix avec sa conscience au milieu des méchants, ou à mourir, pour ne pas perdre cette vie après laquelle soupirent les cœurs remplis de la douceur et de l'humilité chrétienne. Mais comment y parvenir, si ce n'est en suivant les paroles du Seigneur, c'est-à-dire en demandant, en cherchant, en frappant à la porte, ou en d'autres termes à force de prières, de lectures et de gémissements. C'est pour cela que j'ai fait demander à votre sincère et vénérable charité, par quelques-uns de mes frères, et que je vous demande encore de m'accorder à cet effet, le peu de temps qui nous sépare de la fête de Pâques.

5. Qu'aurai-je à répondre au Seigneur quand il me jugera ? Lui dirai-je qu'une fois accablé par les affaires ecclésiastiques, il ne m'a plus été possible de m'instruire; mais si le Seigneur me répond : « Méchant serviteur, si quelques dommages arrivaient à un des domaines de l'Eglise dont on recueille les revenus avec le plus grand soin ; du consentement de tous, sur l'ordre et les sollicitations de quelques-uns, balanceriez-vous à négliger le champ que j'ai arrosé de mon sang pour aller défendre devant les juges de la terre, ce bien temporel de l'Eglise ? Et si un jugement était prononcé contre vous, n'iriez-vous pas au delà des mers ? Personne alors n'élèverait de plaintes sur votre absence d'un an, ou plus longue encore, pour empêcher un autre de s'emparer d'une terre nécessaire à la nourriture, non de l'âme, mais du corps des pauvres, dont les arbres vivants de mon Eglise, s'ils étaient cultivés avec soin, apaiseraient la faim d'une manière bien plus facile et plus agréable pour moi ? Pourquoi donc, quand il s'agit d'apprendre à cultiver mon champ, prétextez-vous un manque de temps et de loisir ? » Que pourrai-je répondre au Seigneur, je vous le demande ? Voulez-vous que je lui dise : Le vieillard Valère, me croyant suffisamment instruit de toutes choses, par trop de tendresse pour moi, ne m'a pas permis d'apprendre ce qui m'était nécessaire ?

6. Réfléchissez, ô vénérable Valère à tout ce que je vous écris, je vous en supplie par la bonté et par la sévérité du Christ, par la miséricorde et par la justice de celui qui vous a inspiré pour moi une tendresse si grande, que je ne voudrais pas vous offenser, même pour le bien de mon âme. Vous prenez à témoin

conscripta consilia, quibus cognitis et apprehensis possit homo Dei rebus ecclesiasticis (a) ordinatioribus ministrare, aut certe inter manus iniquorum vel vivere conscientia saniore, vel mori, ut illa vita non amittatur, cui uni Christiana corda humilia et mansueta suspirant. Quomodo autem hoc fieri potest, nisi quemadmodum ipse Dominus dicit, petendo, quærendo, pulsando, id est orando, legendo, plangendo ? Ad quod negotium mihi parvum tempus velut usque ad Pascha impetrare volui per fratres a tua sincerissima et venerabili caritate, et nunc per has preces volo.

5. Quid enim responsurus sum Domino judici : Non poteram ista jam quærere, cum ecclesiasticis negotiis impediri? Si ergo mihi dicat ; « Serve nequam, si villa ecclesiæ calumniosum aliquem pateretur, cujus fructibus colligendis magna opera impenditur, neglecto agro quem rigavi sanguine meo, si quid agere pro ea posses apud judicem terræ, nonne omnibus consentientibus, nonnullis etiam jubentibus et cogentibus pergeres, et si contra te judicaretur, etiam trans mare proficiscereris : atque hoc modo vel annuam vel eo amplius absentiam tuam nulla querela revocaret, ne alius possideret terram, non animæ, sed corpori pauperum necessariam : quorum tamen famem vivæ arbores meæ multo facilius mihique gratius, si diligenter colerentur, explerent? Cur ergo ad discendam agriculturam meam vacationem temporis tibi defuisse caussaris ? Dic mihi quid respondeam, rogo te ? » An forte vis dicam ; Senex Valerius dum me omnibus rebus instructum esse credidisset, quanto amplius me dilexit, tanto minus ista discere permisit ?

6. Attende omnia ista, senex Valeri, obsecro te per bonitatem et severitatem Christi, per misericordiam et judicium ejus, per eum qui tantam tibi inspiravit erga nos caritatem, ut ne te, nec pro lucro animæ nostræ, audeamus offendere. Sic autem mihi Deum et Christum testem facis innocentiæ et caritatis, et sinceri affectus quem circa nos habes, quasi ego non de his jurare omnibus possim.

(a) Ita Lov. At Er. et MS. Gemet. habent *et ordinationibus*. Bad. et plerique MSS. absque conjunctione, *ecclesiasticis ordinationibus*.

Dieu et Jésus-Christ de l'innocence, de la charité et de l'affection sincère dont vous m'entourez, comme si je n'en étais pas assez assuré pour en jurer moi-même. C'est cette même charité, c'est cette même affection que j'implore, pour que, me prenant en pitié, vous m'accordiez le temps que je vous ai demandé afin d'arriver à l'accomplissement de mes désirs. Prêtez-moi l'appui de vos prières, pour que ces désirs ne soient pas vains, et que mon absence tourne au profit de l'Église, à l'utilité de mes frères et de tous ceux qui servent Jésus-Christ avec moi. Je sais que Dieu ne rejettera pas les prières d'une charité comme la vôtre, intercédant pour moi, et qu'il les accueillera comme un sacrifice de bonne odeur. Peut-être même, qu'en moins de temps que je n'en ai demandé, il m'instruira par les saints et salutaires conseils de ses divines Ecritures.

LETTRE XXII [(2)]

Saint Augustin écrit à Aurèle, évêque de Carthage, pour déplorer les festins qu'en Afrique, on faisait dans les cimetières, pour célébrer la mémoire des martyrs, et sous prétexte de religion. Il le conjure de remédier à ce mal. Il se plaint *ensuite que les clercs eux-mêmes sont trop avides des louanges humaines, et n'évitent pas assez les contentions.*

AUGUSTIN, PRÊTRE, A AURÈLE, ÉVÊQUE (2).

CHAPITRE I.— 1. J'ai cherché longtemps, en quels termes pleins de gratitude, je pourrais répondre à la lettre de votre sainteté : mes efforts n'ont pu aboutir, toutes mes facultés se trouvent subjuguées, par cet amour si ardent déjà, et que rend bien plus brûlant encore la lecture de votre lettre ; alors je m'en suis remis à Dieu pour qu'il voulût bien suppléer à mon impuissance et me permettre de vous répondre d'une manière conforme à notre zèle commun envers Dieu et envers l'Église, ainsi qu'à votre dignité et à l'obéissance que je vous dois. Avant tout, non-seulement je ne repousse pas, mais encore j'accepte avec empressement ce que vous daignez me dire, que mes prières vous sont d'un grand secours. Mais ce qu'il y a d'assuré, c'est que si mes prières n'ont point assez de valeur, au moins par le mérite des vôtres, obtiendrai-je d'être exaucé. Je vous remercie, plus que mes paroles ne pourraient vous l'exprimer, d'avoir permis à notre frère Alype de rester au milieu de nous, pour servir d'exemple aux autres frères qui désirent

---

(1) Écrite vers l'an 392. — Cette lettre était la 44e dans les éditions antérieures à l'édition des Bénédictins, et celle qui était la 22e se trouve maintenant la 235e.
(2) Aurèle était originaire des Gaules ou d'Italie, avant d'être élevé à l'épiscopat il avait exercé les fonctions de diaconat dans l'Église de Carthage.

Ipsam ergo caritatem et affectum imploro, ut misereraris mei, et concedas mihi, ad hoc quod rogavi, tempus quantum rogavi, atque adjuves me orationibus tuis, ut non sit inane desiderium meum, nec infructuosa ecclesiæ Christi atque utilitati fratrum et conservorum meorum absentia mea. Scio quod illam caritatem pro me orantem, maxime in tali caussa, non despiciet Dominus, et eam sicut sacrificium suavitatis accipiens, fortassis breviore tempore quam postulavi me saluberrimis consiliis de Scripturis suis reddet instructum.

EPISTOLA XXII

Augustinus presbyter Aurelio Carthaginensi episcopo, deflens comessationes et ebrietates per Africam in cœmeteriis et memoriis Martyrum frequentari specie religionis : cui malo obtestatur ut mederi velit. Dolet subinde etiam contentionem et humanæ laudis appetitum ab ipso Clericorum ordine non exsulare.

AURELIO episcopo AUGUSTINUS presbyter.

CAPUT I. — Qua gratia responderem litteris sanctitatis tuæ, cum diu hæsitans non reperirem (omnia enim vicit affectus animi mei, quem jam sponte surgentem lectio epistolæ tuæ multo ardentius excitavit) commisi me jam Deo, qui pro viribus meis operaretur in me, ut ea rescriberem quæ utrique nostrum studio in Domino et cura ecclesiastica pro tua præstantia et mea obsecundatione congruerent. Atque illud primum, quod orationibus meis te adjuvari credis, non solum non defugio, verum etiam libenter amplector. Ita enim, et si non meis, certe tuis, me Dominus noster exaudiet. Quod fratrem Alypium in nostra conjunctione mansisse, ut exemplo sit fratribus curas mundi hujus vitare cupientibus, benevolentissime accepisti, ago gra-

s'éloigner des soins et des embarras de ce monde. C'est un bienfait dont le Seigneur vous récompensera. C'est pourquoi cette communauté de frères qui commence à se former autour de nous, vous garde une si vive gratitude à vous qui séparé par de si grandes distances, n'en êtes pas moins présent de cœur au milieu de nous et tout préoccupé de pourvoir à nos besoins. Aussi, prions-nous Dieu de tout notre cœur pour qu'il daigne, vous protéger vous et le troupeau confié à votre garde ; que son secours ne vous abandonne jamais ; et qu'il fasse sentir à son Église, par votre ministère, toute l'étendue de sa miséricorde, telle que la lui demandent pour elle les larmes et les prières de tous les hommes pieux !

2. Sachez donc, seigneur bienheureux et vénérable par l'abondance de votre charité, que loin de désespérer, nous espérons fortement que le Seigneur notre Dieu, par l'autorité attachée à la dignité dont vous êtes revêtu, et qui réside en votre esprit bien plus que dans l'éclat extérieur qui vous environne, voudra, moyennant la gravité de vos conseils, purger l'Église d'Afrique des excès et des souillures qu'elle souffre dans beaucoup de ses membres, et dont si peu gémissent. En effet, lorsque l'Apôtre expose brièvement dans un passage les trois genres de vices qu'on doit éviter et détester, et d'où s'élève pour ainsi dire une moisson de vices innombrables, celui qu'il indique en second lieu mérite d'être puni le plus sévèrement par l'Église ; mais les deux autres, c'est-à-dire le premier et le dernier, paraissent dignes de quelque tolérance, et peuvent même arriver peu à peu au point de n'être plus considérés comme des vices. En effet, que dit le vase d'élection : « Ne vous laissez pas aller aux excès de la table et de l'ivrognerie, à la dissolution des mœurs et aux impudicités, à l'esprit de contention et de fourberie, mais revêtez-vous de Notre Seigneur Jésus-Christ, et ne faites pas consister le soin du corps dans les désirs de la sensualité (*Rom.*, XIII, 13). »

3. De ces trois sortes de vices, les dissolutions et les impudicités sont regardées comme un si grand crime, que celui qui s'en est souillé, non-seulement n'est pas digne du ministère ecclésiastique, mais encore de la participation aux sacrements. Et cela est de toute justice. Mais pourquoi cette sévérité contre un seul vice ? Aujourd'hui les excès de la table et de l'ivrognerie, sont regardés comme licites, on s'y abandonne non-seule-

---

tias, quas nullis verbis explicare possim : Dominus hoc rependat in animam tuam. Omnis itaque fratrum cœtus, qui apud nos cœpit coalescere, tanta tibi prærogativa obstrictus est, ut locis terrarum tantum longe disjunctis ita nobis consulueris tamquam præsentissimus spiritu. Quapropter precibus quantum valemus incumbimus, ut gregem tibi commissum tecum Dominus sustinere dignetur, nec te uspiam deserere, sed adesse adjutor in opportunitatibus, faciens cum Ecclesia sua misericordiam per sacerdotium tuum, qualem spiritales viri ut faciat, lacrymis eum gemitibusque interpellant.

2. Scias itaque Domine beatissime et plenissima caritate venerabilis, non desperare nos, immo sperare vehementer, quod Dominus et Deus noster per auctoritatem personæ quam geris, quam non carni, sed spiritui tuo impositam esse confidimus, multas carnales fœditates et ægritudines, quas Africana Ecclesia in multis patitur, in paucis gemit, consiliorum gravitate, et tua possit sanare. Cum enim Apostolus tria breviter genera vitiorum detestanda et vitanda uno in loco posuerit, de quibus innumerabilium vitiorum exsurgit seges, unum horum quod secundo loco posuit, acerrime in Ecclesia vindicatur ; duo autem reliqua, id est primum et ultimum, tolerabilia videntur hominibus, atque ita paulatim fieri potest, ut nec vitia jam putentur. Ait enim vas electionis : « Non in comessationibus et ebrietatibus, non in cubilibus et impudicitiis, non in contentione et dolo sed induite vos Dominum Jesum Christum ; et carnis curam ne feceritis in concupiscentiis (*Rom.*, XIII, 13). »

3. Horum ergo trium, cubilia et impudicitiæ tam magnum crimen putantur, ut nemo dignus non modo ecclesiastico ministerio, sed ipsa etiam sacramentorum communione videatur, qui se isto peccato maculavit. Et recto omnino. Sed quare solum ? Commessationes enim et ebrietates ita concessæ et licitæ putantur, ut in honorem etiam beatissimorum Martyrum, non solum per dies solemnes, (quod ipsum quis non lugendum videat, qui hæc non carnis oculis inspicit,) sed etiam quotidie celebrentur. Quæ fœditas si tantum flagitiosa et non etiam sacrilega esset, quibuscumque tolerantiæ viribus sustentandam putaremus. Quamquam ubi est illud, quod cum multa vitia enumerasset idem Apostolus, inter quæ posuit ebriosos (*1 Cor.*, v, 2), ita con-

ment dans les jours solennels, célébrés en l'honneur des bienheureux martyrs (ce qui serait déjà fort regrettable pour quiconque ne regarde pas ces choses avec les yeux de la chair), mais on s'y livre encore chaque jour. Ces excès, s'ils n'étaient que honteux et n'allaient pas jusqu'au sacrilège, pourraient être, considérés comme un moyen d'éprouver la force de notre patience, quoique en cet endroit où l'Apôtre énumère plusieurs vices, parmi lesquels il place l'ivrognerie, il termine en disant qu'il ne faut pas même prendre sa nourriture en compagnie de telles gens. Supportons ces vices et ces dérèglements dans la vie domestique, dans les festins qui se font dans l'intérieur des maisons ; recevons le corps de Jésus-Christ en compagnie de ceux avec lesquels on nous défend de manger le pain, mais écartons-les, comme une honte et un déshonneur, des tombeaux où reposent les corps des saints, des lieux où l'on reçoit les sacrements, et des maisons de la prière. Autrement, sera-t-il jamais possible d'interdire chez les particuliers, ce qu'on souffrirait dans les lieux saints comme un honneur rendu aux martyrs ?

4. Si l'Afrique essayait la première de faire disparaître ces coutumes du reste de la terre, elle mériterait d'être imitée. Mais puisque dans la plus grande partie de l'Italie, et dans toutes, ou du moins dans presque toutes les autres églises d'outre-mer, il n'y a aucune trace de ces désordres, qui n'y ont jamais existé, ou bien soit nouveaux soit anciens, ont été supprimés par le zèle, les soins multipliés des saints évêques, uniquement préoccupés de la vie future ; pourrions-nous douter qu'après tant d'exemples, nous ne puissions aussi faire disparaître de nos mœurs cette tache et cette souillure, nous qui avons un évêque de ces pays-là, ce dont nous remercions sincèrement Dieu ? Mais d'ailleurs, sa modération, sa douceur, sa prudence, sa sollicitude en Notre Seigneur sont telles, que fût-il même africain, il comprendrait bien vite, d'après les saintes Ecritures, qu'il faut chercher à guérir cette plaie qu'une liberté dégénérée en licence a faite à l'Eglise. Il est vrai que la contagion de ce mal a fait tant de progrès, qu'à mon avis, l'autorité d'un concile est seule capable de le guérir. Néanmoins, si une église doit donner l'exemple, c'est celle de Carthage. Car il y aurait autant de témérité à vouloir changer ce que cette église maintiendrait, qu'il y aurait d'impudence à maintenir ce qu'elle aurait supprimé ; et quel autre évêque pourrait-on désirer pour cela, sinon celui qui avait ces pratiques en horreur, lorsqu'il n'était encore que diacre (1).

5. Mais ce qui était alors à déplorer, doit

(1) Voyez la note 2e page 287.

clusit, ut dicere cum talibus nec panem edere? Sed feramus hæc in luxu et labe domestica, et eorum conviviorum, quæ privatis parietibus continentur, accipiamusque cum eis corpus Christi, cum quibus panem edere prohibemur ; saltem de sanctorum corporum sepulcris, saltem de locis sacramentorum, de domibus orationum tantum dedecus arceatur. Quis enim audet vetare privatim, quod cum frequentatur in sanctis locis, honor Martyrum nominatur?

4. Hæc si prima Africa tentaret auferre a ceteris terris, imitatione digna esse deberet : cum vero et per Italiæ maximam partem, et in aliis omnibus aut prope omnibus transmarinis Ecclesiis, partim quia numquam facta sunt, partim quia vel orta vel inveterata, sanctorum et vere de vita futura cogitantium episcoporum diligentia et animadversione exstincta atque deleta sint, dubitamus quomodo possumus tantam morum labem, vel proposito tam lato exemplo emendare? Et nos quidem illarum partium hominem habemus episcopum, unde magnas agimus gratias Deo : quamquam ejus modestiæ atque lenitatis est, ejus denique prudentiæ et sollicitudinis in Domino, ut etiam si Afer esset, cito illi de Scripturis persuaderetur curandum, quod licentiosa et male libera consuetudo vulnus inflixit. Sed tanta pestilentia est hujus mali, ut sanari prorsus, quantum mihi videtur, nisi concilii auctoritate non possit. Aut si ab una ecclesia inchoanda est medicina, sicut videtur audaciæ, mutari conari quod Carthaginensis ecclesia tenet ; sic magnæ impudentiæ est, velle servare quæ Carthaginensis ecclesia correxit. Ad hanc autem rem quis alius episcopus esset optandus, nisi qui ea (a) diaconus exsecrabatur?

5. Sed quod erat tunc dolendum, nunc auferendum

(a) Aurelius Carthaginensis ecclesiæ episcopus creatus est forte an. 391, certe ante 390, quippe hoc anno antecesso ipsius Genethlius præfuit conc. Carthaginensi II. At sub Aurelio habitum est Hipponense an. 393.

être maintenant extirpé, non avec dureté, mais comme le dit l'Ecriture dans « un esprit de douceur et de mansuétude (*Gal.*, VI, 1). » En effet, la charité fraternelle qui a dicté votre lettre me donne la confiance de vous parler comme à moi-même. Non, ce n'est, à mon jugement, ni par l'aigreur, ni par la dureté, ni par des paroles impérieuses, que de pareils maux peuvent être supprimés, mais par des exhortations plutôt que par des ordres, par des avertissements plutôt que par des menaces. C'est ainsi qu'il faut agir avec la multitude. La sévérité ne convient qu'à un petit nombre des pécheurs ; et si nous recourons à la menace, ce doit être à regret, et au nom des saintes Ecritures quand nous annonçons des châtiments futurs, afin que ce ne soit pas nous qu'on craigne dans notre pouvoir, mais Dieu dans nos discours. Nous ferons d'abord impression sur l'esprit des hommes spirituels, ou sur ceux qui sont près de l'être, et leur autorité autant que leurs exhortations douces mais pressantes, entraîneront facilement le reste de la multitude.

6. Mais puisque ces ivrogneries, ces somptueux festins dans les cimetières sont regardés, par le peuple ignorant et charnel, non-seulement comme un honneur rendu aux martyrs, mais aussi comme une consolation pour les morts, il sera facile, à mon avis, de détourner de ces honteux désordres, en s'appuyant, pour les défendre, sur l'autorité de l'Ecriture. Comme il est vrai cependant que les offrandes faites pour les âmes des défunts, sont pour elles un soulagement, que du moins ces oblations soient modestes et sans faste. Qu'on y fasse participer avec empressement et sans orgueil tous ceux qui le désirent, et qu'on n'en fasse pas un sujet de trafic. Si par dévotion c'est une offrande d'argent que l'on veut faire, il faut distribuer immédiatement cet argent aux pauvres. Ainsi le peuple ne croira pas qu'on veuille lui faire oublier ce qu'il doit à la mémoire de ceux qui lui sont chers, (ce qui pourrait être pour lui le sujet d'une grande douleur) et l'Eglise ne verra plus se célébrer dans son sein ce qui est contraire à la décence et à la piété. Voilà pour ce qui regarde ces désordres de festins et d'ivrogneries.

CHAPITRE II. — 7. Quant à l'esprit de contention et de fourberie, il ne m'appartient pas d'en parler, puisque ces vices sont plus grands dans nos rangs que dans ceux du peuple. La source de ces maladies de l'âme, c'est l'orgueil et l'amour des louanges humaines, qui souvent engendrent l'hypocrisie. On ne peut résister à

est, non aspere, sed sicut scriptum est, « In spiritu lenitatis et mansuetudinis (*Galat.*, VI, 1). » Dant enim mihi fiduciam litteræ tuæ indices germanissimæ caritatis, ut tecum tamquam mecum audeam colloqui. Non ergo aspere, quantum existimo, non duriter, non modo imperioso ista tolluntur : magis docendo quam jubendo, magis monendo quam minando. Sic enim agendum est cum multitudine : severitas autem exercenda est in peccata paucorum. Et si quid minamur, cum dolore fiat, de Scripturis comminando vindictam futuram, ne nos ipsi in nostra potestate, sed Deus in nostro sermone timeatur. Ita prius movebuntur spiritales vel spiritalibus proximi, quorum auctoritate, et lenissimis quidem sed instantissimis admonitionibus cetera multitudo frangatur.

6. Sed quoniam istæ in cœmeteriis ebrietates et luxuriosa convivia, non solum honores Martyrum a carnali et imperita plebe credi solent, sed etiam solatia mortuorum ; mihi videtur facilius illic dissuaderi posse istam fœditatem ac turpitudinem, si et de Scripturis prohibeatur, et oblationes pro spiritibus dormientium, quas vere aliquid adjuvare credendum est, super ipsas memorias non sint sumtuosæ, atque omnibus petentibus sine typho, et cum alacritate præbeantur : neque vendantur ; sed si quis, pro religione aliquid pecuniæ offerre voluerit, in præsenti pauperibus eroget. Ita nec deserere videbuntur memorias suorum, (quod potest gignere non levem cordis dolorem), et id celebrabitur in Ecclesia quod pie et honeste celebratur. Hæc interim de comessationibus et ebrietatibus dicta sint.

CAPUT II. — 7. De contentione autem et dolo quid me adtinet dicere, quanto ista vitia non in plebe, sed in nostro numero graviora sunt ? Horum autem morborum mater superbia est, et humanæ laudis aviditas, quæ etiam hypocrisim sæpe generat. Huic non resistitur, nisi crebris divinorum librorum testimoniis incutiatur timor et caritas Dei : si tamen ille qui hoc agit, seipsum præbeat patientiæ atque humilitatis exemplum, minus sibi assumendo quam offertur ; sed tamen ab eis qui se honorant nec totum nec nihil accipiendo, et id quod accipitur laudis aut honoris, non propter se qui totus coram Deo esse debet et humana contemnere, sed

ce mal qu'en imprimant dans son cœur la crainte et l'amour de Dieu, par la lecture assidue des divines Ecritures. Celui qui veut y résister, doit être le premier à donner l'exemple de la patience et de l'humilité, en ne prenant qu'une part modeste des louanges qu'on lui donne. Cependant s'il ne reçoit pas entièrement tout ce qu'on veut lui en donner, il ne doit pas non plus les rejeter entièrement ; des honneurs et des louanges qu'il reçoit, il ne doit rien garder pour lui, qui doit être tout entier en présence de Dieu et mépriser tout ce qui vient des hommes, mais à cause et pour le bien de ceux à qui il ne pourrait être utile en s'abaissant par trop lui-même. En effet, c'est à cela que tendent les paroles de l'Apôtre quand il dit : « Que personne ne vous méprise sous prétexte que vous êtes jeune (*Tim.*, IV, 12), » après avoir dit dans un autre endroit : « Si je cherchais à plaire aux hommes, je ne serais pas serviteur de Jésus-Christ (*Gal.*, I, 10). »

8. C'est une grande chose que ne pas se réjouir des honneurs et des louanges des hommes, mais de retrancher toute cette vaine pompe, et de n'en retenir que ce qui est nécessaire pour le faire servir à l'utilité et au salut de ceux qui nous honorent ; car ce n'est point en vain qu'il a été dit : « Dieu brisera les os des hommes qui veulent plaire (*Ps.*, LII, 6). » Qu'y a-t-il, en effet, de plus faible, de plus dénué de cette fermeté et de cette vigueur, figurées par les os, qu'un homme qui se laisse abattre par les propos des médisants, bien qu'il connaisse la fausseté de leurs paroles ? La douleur que cause la médisance ne déchirerait pas les fibres de son cœur, si l'amour des louanges ne brisait pas ses os. Je connais d'avance toute la force de votre esprit, c'est pourquoi je vous dis ce que je me dis à moi-même. Daignez considérer avec moi combien ces choses sont graves et difficiles. L'orgueil et la vanité sont des ennemis dont on ne connaît la force, que quand on leur a déclaré la guerre. En effet, s'il nous est facile de nous passer de louanges quand on nous en refuse, il est difficile de ne pas s'en réjouir quand on nous en donne ; et cependant notre âme doit tellement être attachée et suspendue, pour ainsi dire, à Dieu, que si l'on nous loue sans raison, nous devons reprendre ceux qui le font, de peur qu'ils ne croient qu'il se trouve en nous quelque chose qui n'y est pas, ou qu'ils ne nous attribuent ce qui vient de Dieu, ou qu'enfin ils ne louent en nous des choses qui s'y trouvent même abondamment, mais qui ne seraient pas dignes de louanges, comme le sont tous ces biens que nous avons en commun avec les animaux, ou avec les hommes impies. Mais si c'est Dieu qui est en nous l'objet des louanges que nous recevons, félicitons-en ceux qui nous les donnent, parce que, c'est le vrai bien qui leur plaît, et glorifions nous de plaire aux hommes alors seulement

---

propter illos accipiatur quibus consulere non potest, si nimia dejectione vilescat. Ad hoc enim pertinet quod dictum est, « Nemo juventutem tuam contemnat (1 *Tim.*,IV,12) : » cum hoc ille dixerit, qui alio loco ait, « Si hominibus placere vellem, Christi servus non essem (*Gal.*, I, 10.) »

8. Magnum est de honoribus et laudibus hominum non lætari, sed et omnem pompam inanem præcidere, et si quid inde necessarium retinetur, id totum ad utilitatem honorantium salutemque conferre. Non enim frustra dictum est : « Deus confringet ossa hominum placere volentium (*Ps.*, LII. 6). » Quid enim languidius, quid tam sine stabilitate ac fortitudine, quod ossa significant, quam homo quem male loquentium lingua debilitat, cum sciat falsa esse quæ dicuntur ? Cujus rei dolor nullo modo animæ viscera dilaniaret, si non amor laudis ossa ejus confringeret. Præsumo de robore animi tui. Itaque ista quæ tecum confero, mihi dico : dignaris tamen credo mecum considerare, quam sint gravia, quam difficilia. Non enim hujus hostis vires sentit, nisi qui ei bellum indixerit ; quia si cuiquam facile est laude carere dum denegatur, difficile est ea non delectari cum offertur ; et tamen tanta mentis in Deum debet esse suspensio, ut si non merito laudemur, corrigamus eos quos possumus ; ne arbitrentur aut in nobis esse quod non est, aut nostrum esse quod Dei est, aut ea laudent, quæ quamvis non desint nobis, aut etiam supersint, nequaquam tamen sunt laudabilia ; velut sunt bona omnia, quæ vel cum pecoribus habemus communia, vel cum impiis hominibus. Si autem merito laudamur propter Deum, gratulemur eis quibus placet veram bonum ; non tamen nobis quia placemus hominibus, sed si coram Deo tales sumus, quales nos esse credunt, et non tribuitur nobis, sed Deo, cujus dona sunt omnia, quæ vere meritoque laudantur. Hæc mihi ipse canto quo-

que nous sommes devant Dieu tels qu'on nous croit; car ce qui plaît en nous, ce n'est pas à nous qu'il faut l'attribuer, mais à Dieu qui seul dispense aux hommes des dons véritablement dignes de louanges. Voilà ce que je me dis chaque jour, ou plutôt voilà ce que me dit celui dont les préceptes sont si salutaires, soit que nous les trouvions dans les livres divins, soit qu'ils nous viennent du fond même de notre âme. Et cependant moi-même, malgré l'ardeur de ma lutte contre l'ennemi, j'en reçois souvent des blessures, lorsque je ne puis rester insensible au plaisir des louanges qu'on m'adresse.

9. Je vous écris ces choses afin que, si elles ne sont pas nécessaires à votre sainteté, soit que vous ayez à ce sujet des pensées plus utiles, soit que votre sainteté n'ait aucun besoin de ce remède, mes maux vous soient du moins connus, et que vous sachiez comment vous devez prier Dieu pour les infirmités de mon âme. Accordez-moi cette grâce, je vous en conjure par l'humanité de Celui qui nous a prescrit de porter mutuellement les fardeaux les uns des autres. Il y a encore beaucoup de choses de ma vie, que je ne puis écrire et que je déplorerais dans un entretien particulier avec vous, et mieux encore, s'il pouvait y avoir entre mon cœur et le vôtre quelque mystérieuse communication autre que celle qui s'établit par la parole et l'ouïe. Mais si notre vénérable et très-cher père, le saint vieillard Saturnin (1), dont j'ai pu apprécier la bienveillance et la tendresse fraternelles pour vous, lorsque j'étais à Carthage, daignait venir vers moi, quand l'occasion lui en paraîtra opportune, je pourrais lui parler affectueusement, à peu près comme si je m'entretenais avec vous-même. Je vous conjure donc, avec plus d'instance que mes paroles ne peuvent en exprimer, de tâcher d'obtenir cette grâce de lui, car ceux d'Hippone craignent beaucoup et même beaucoup trop que mon absence ne me tienne tant éloigné d'eux, et ils ne veulent pas se fier à moi comme je me fierais à vous. Avant la réception de votre lettre, j'avais appris par notre saint frère Parthenius, comme moi serviteur de Dieu, entre beaucoup d'autres choses que je désirais savoir, la libéralité et la prévoyance avec lesquelles vous avez donné un champ à nos frères. Le Seigneur nous permettra de voir accomplir ce qui nous reste encore à désirer.

(1) Il y a lieu de croire que c'est le même Saturnin, évêque d'Ussale, dont saint Augustin parle au livre XXII° de la *Cité de Dieu*, ch. VIII, et qu'il avait vu à Carthage avec Aurèle, à son retour d'Italie en 388.

tidie, vel potius ille cujus salutaria præcepta sunt, quæcumque sive in divinis lectionibus inveniuntur, sive quæ intrinsecus animo suggeruntur; et tamen vehementer cum adversario dimicans, sæpe ab eo vulnera capio, cum delectationem oblatæ laudis mihi auferre non possum.

9. Hæc propterea scripsi, ut si tuæ sanctitati jam non sunt necessaria, sive quod plura hujusmodi ipse cogites atque utiliora, sive quod tuæ sanctitati medicina ista non opus sit, mala tamen mea nota sint tibi, sciasque unde pro mea infirmitate Deum rogare digneris : quod ut impensissime facias, obsecro per humanitatem illius, qui præceptum dedit, ut invicem onera nostra portemus. Multa sunt quæ de vita nostra et conversatione deflerem, quæ nollem per litteras ad te venire, si inter cor meum et cor tuum ulla essent ministeria præter os meum et aures tuas. Si autem venerabilis nobis omniumque nostrum tota sinceritate carissimus, cujus in te vere fraternam cum præsens essem, benignitatem studiumque perspexi, senex (a) Saturninus dignatus fuerit, quando opportunum videbitur, ad nos venire, quidquid cum ejus sanctitate, et spirituali affectu colloqui potuerimus, aut nihil, aut non multum distabit, ac si cum tua dignatione id ageremus. Quod ut nobiscum ab eo petere atque impetrare digneris, tantis precibus posco, quantis verba nulla sufficiunt. Absentiam enim meam tantum longe Hipponenses vehementer nimisque formidant, neque ullo modo mihi sic volunt credere, ut et ego vobis. Agrum fratribus datum provisione et liberalitate vestra didicimus, ante epistolam tuam, per sanctum fratrem et conservum nostrum Parthenium, a quo multa alia, quæ audire desiderabamus, audivimus. Præstabit Dominus ut etiam cetera, quæ adhuc desideramus, impleantur.

(a) Nescimus an hic sit ille ipse, qui in lib. XXII de civitate Dei c. VIII. laudatur episcopus quondam *Usalensis beatæ memoriæ Saturninus*, quem videlicet an 388. Carthagine simul cum Aurelio vidit August.

LETTRE XXIII [1]

Saint Augustin à Maximin évêque donatiste, qu'on accusait d'avoir rebaptisé un diacre catholique, pour l'engager à avouer le fait, ou à se déclarer orthodoxe. Il l'invite également à une conférence de vive voix ou par écrit pour rétablir la concorde dans l'Eglise.

A SON TRÈS-CHER SEIGNEUR ET HONORABLE MAXIMIN [2], AUGUSTIN, PRÊTRE DE L'EGLISE CATHOLIQUE, SALUT EN NOTRE SEIGNEUR.

I. Avant d'en venir à l'objet à propos duquel j'ai voulu écrire à votre bienveillance, je tiens à vous rendre brièvement compte du titre de cette lettre, afin que ni vous ni personne n'en soyez troublés. J'ai dit d'abord à *mon Seigneur*, parce qu'il est écrit : « Vous êtes appelés mes frères à la liberté ; ayez soin cependant que cette liberté ne soit point pour vous une occasion de vivre selon la chair, mais assujettissez-vous les uns aux autres par la charité (*Gal.*, xv, 13). » Puisque c'est la charité et le désir de vous servir qui m'ont inspiré cette lettre, ce n'est pas sans raison que je vous appelle mon Seigneur, et cela en vue de notre unique et véritable Seigneur dont j'ai suivi le précepte. Je vous ai appelé *très-cher* : Dieu seul connaît que non-seulement je vous aime, mais que je vous aime comme moi-même, puisque j'ai la conscience de vous souhaiter autant de bien qu'à moi-même. Si j'ai ajouté le mot *honorable*, ce n'est pas pour rendre honneur à votre épiscopat, car, à mon égard, vous n'êtes pas évêque. Je ne dis pas cela pour vous offenser, mais avec cette sincérité qui veut que dans notre bouche il y ait seulement oui ou non. En effet, vous n'ignorez pas, et personne de ceux qui nous connaissent n'ignore que vous n'êtes pas mon évêque et que moi je ne suis pas votre prêtre. Je vous ai appelé *honorable* parce que vous êtes homme, et que l'homme est fait à l'image et à la ressemblance

---

(1) Ecrite l'an 392. — Cette lettre était la 203º dans les éditions antérieures à l'édition des Bénédictins et celle qui était la 23º se trouve maintenant la 98º.
(2) Maximin alors évêque donatiste à Sinit, petite ville voisine d'Hippone, revint plus tard à l'Eglise catholique et resta évêque dans le même siège comme on le voit à l'épître cv. Saint Augustin en fait une mention honorable dans le livre XXII de la *Cité de Dieu*. C'est au sujet du retour de cet évêque à l'Eglise catholique que les Donatistes publièrent ce décret : « Quiconque sera lié de communion avec Maximin, doit s'attendre à voir brûler sa maison. » On verra dans la lettre 43º et dans plusieurs autres, des détails plus circonstanciés sur les Donatistes schismatiques qui avaient rompu toute alliance avec l'Eglise, dès l'an 311. Ils ne reconnaissaient pour chrétiens que ceux de leur communion, et lorsque quelques catholiques embrassaient leur schisme, ils le rebaptisaient, parce que le baptême qu'ils avaient reçu dans l'Eglise catholique était nul à leurs yeux. C'est au sujet d'un diacre catholique de Mutagenne, auquel les Donatistes avaient imposé un nouveau baptême, que saint Augustin adresse cette lettre 23º à l'évêque Maximin.

EPISTOLA XXIII

Augustinus Maximino episcopo Donatistæ, qui diaconum catholicum rebaptizasse dicebatur, ut aut fateatur factum, aut profiteatur se orthodoxum, invitans illum vel ad colloquium, vel ad rescribendum, ut concordia Ecclesiæ sarciatur.

DOMINO DILECTISSIMO ET HONORABILI FRATRI (a) MAXIMINO, AUGUSTINUS PRESBYTER ECCLESIÆ CATHOLICÆ, IN DOMINO SALUTEM,

1. Prius quam ad rem veniam, de qua tuæ benevolentiæ scribere volui, tituli hujus epistolæ, ne vel te, vel alium quempiam moveat, rationem breviter reddam. *Domino*, scripsi ; quia scriptum est, « Vos in libertatem vocati estis, fratres, tantum ne libertatem in occasionem carnis detis, sed per caritatem servite invicem (*Galat.*, v, 13). » Cum ergo vel hoc ipso officio litterarum per caritatem tibi serviam, non absurde te dominum voco propter unum et verum Dominum nostrum, qui nobis ista præcepit. *Dilectissimo* autem quod scripsi, novit Deus quod non solum te diligam, sed ita diligam ut meipsum : quandoquidem bene mihi sum conscius, bona me tibi optare quæ mihi. *Honorabili* vero quod addidi, non ad hoc addidi, ut honorarem episcopatum tuum ; mihi enim episcopus non es, neque hoc cum contumelia dictum acceperis, sed ex animo quo in ore nostro debet esse. Est, est ; Non, non. Neque enim ignoras, aut quisquam hominum qui nos novit ignorat, neque te esse episcopum meum, neque me presbyterum tuum. Honorabilem igitur ex ea

---

(a) In Gervas. MM, et aliis v, scribitur, *Maximianus*. in Corb. *Macrovius*. Porro Maximinus Siniti in Hipponensi vicinia episcopus tunc Donatista, amplexus postea catholicam pacem ex epist. cv, in eadem sede remansit. Ejus honorifice meminit Augustinus in lib. XXII, de civit. Dei c. viii.

de Dieu, et que dans l'ordre et les lois de la nature, il occupe une position honorable, si toutefois il conserve ce rang en comprenant ce qu'il faut comprendre ; car il est écrit que : « L'homme qui avait été établi en honneur n'ayant pas compris son avantage, a été comparé aux bêtes privées de raison, et leur est devenu semblable (*Ps.*, XLVIII, 21). » Pourquoi donc ne vous appellerais-je pas honorable, puisque vous êtes homme, et que tant que vous serez dans cette vie, je ne désespère pas de votre salut et de votre retour à la vraie foi ? Si je vous ai appelé *frère*, vous n'ignorez pas que Dieu lui-même nous a prescrit de dire, même ceux qui ne veulent pas être nos frères : Vous êtes nos frères. Cela répond précisément à la cause pour laquelle j'ai voulu écrire à votre fraternité. Maintenant que je vous ai rendu compte des paroles par lesquelles j'ai commencé cette lettre, écoutez dans un esprit de paix ce qui va suivre.

2. Comme je parlais un jour, en la maudissant, de la malheureuse et déplorable habitude des hommes de ce pays qui, tout en se glorifiant du nom de chrétiens, n'hésitent pourtant pas à rebaptiser des chrétiens, j'ai entendu quelques personnes faire votre éloge et dire que vous n'agissiez pas ainsi. Je vous avoue que d'abord je n'ajoutai pas foi à leurs paroles. Considérant ensuite que la crainte de Dieu pouvait s'emparer d'une âme humaine qui pense à la vie future, et que cette crainte peut la détourner d'un crime si visible, j'ai cru à ce qu'on me disait, je me suis réjoui de ce que par cette résolution vous n'aviez pas voulu rester tout à fait étranger à l'Eglise catholique. Je cherchais donc l'occasion de conférer avec vous, afin de faire disparaître, si cela se pouvait, la dissidence, bien légère, qui subsistait encore entre nous, lorsqu'il y a quelques jours on vint m'annoncer que vous aviez rebaptisé notre diacre de Mutugenne. J'éprouvai une vive douleur de la chute de ce malheureux et du crime imprévu dans lequel, vous mon frère, vous étiez tombé vous-même. Je sais ce que c'est que l'Eglise catholique. Toutes les nations sont l'héritage de Jésus-Christ, et son domaine n'a d'autres limites que celles de la terre. Vous le savez comme moi, ou si vous ne le savez pas, apprenez-le. Cela est facile pour les hommes de bonne volonté. Rebaptiser un homme hérétique qui a déjà reçu ce sceau de la sainteté, selon les traditions de la discipline chrétienne, c'est un péché : mais rebaptiser un catholique, c'est un crime immense. Cependant la bonne opinion que j'avais de vous ne

---

regula te libenter appello, qua novi te esse hominem, et novi hominem ad imaginem Dei, et similitudinem factum, et in honore positum ipso ordine et jure naturæ, si tamen intelligendo, quæ intelligenda sunt, servet honorem suum. Nam ita scriptum est, « Homo in honore positus non intellexit, comparatus est jumentis insensatis, et similis factus est illis (*Psal.*, XLVIII, 21). » Cur ergo te honorabilem inquantum homo es, non appellem, cum præsertim de tua salute atque correctione, quamdiu in hac vita es, desperare non audeam ? *Fratrem* vero ut vocem, non te latet præceptum nobis esse divinitus, ut etiam eis, qui negant se fratres nostros esse, dicamus : Fratres nostri estis : et hoc vehementer valet ad caussam, propter quam scribere volui fraternitati tuæ. Jam enim reddita ratione cur epistolæ tatem januam fecerim, audi placidissime quæ sequuntur.

2. Ego cum in ista regione consuetudinem hominum lugendam atque plangendam, qui cum Christiano nomine glorientur, Christianos rebaptizare non dubitant, quibus verbis poteram detestarer, non defuerunt laudatores tui, qui mihi dicerent te ista non facere. Fateor, primo non credidi. Deinde considerans posse fieri ut animam humanam de futura vita cogitantem Dei timor invaderet, ut se ab scelere apertissimo temperaret, gratulatus credidi, quod tali proposito ab Ecclesia catholica nolueris esse nimis alienus. Quærebam sane occasionem loquendi tecum, ut si fieri posset ea, quæ parva remanserat, inter nos dissensio tolleretur : cum ecce ante paucos dies diaconum nostrum Mutugennensem te rebaptizasse nuntiatum est. Dolui vehementer, et illius miserabilem lapsum, et tuum, frater, inopinatum scelus. Novi enim quæ sit Ecclesia catholica. Gentes sunt hereditas Christi, et possessio Christi termini terræ. Nostis et vos, aut si non nostis, advertite, facillime a volentibus sciri potest. Rebaptizare igitur hæreticum hominem, qui hæc sanctitatis signa perceperit quæ Christiana tradidit disciplina, omnino peccatum est : rebaptizare autem catholicum, immanissimum scelus est. Tamen non adeo credens, quia de te mihi bene persuasum tenebam, Mutugennam ipse perrexi ; et cum quidem miserum videre non potui, a parentibus vero ejus audivi, quod vester jam etiam

me permettait pas d'y croire. J'allai moi-même à Mutugenne, mais je ne pus voir ce malheureux. J'appris seulement, par ses parents que vous l'aviez fait diacre parmi vous. Et cependant aujourd'hui encore, je pense si bien de votre cœur, que je ne puis croire que vous l'ayez rebaptisé.

3. C'est pourquoi, très-cher frère, je vous conjure par la divinité et l'humanité de Notre Seigneur Jésus-Christ, de daigner me répondre pour me dire ce qu'il en est, et de m'écrire, en pensant que je veux lire votre lettre dans l'Eglise à tous nos frères. J'ai voulu vous en prévenir pour ne pas offenser votre amitié, en faisant une chose qui serait contre votre attente, et prévenir toute juste plainte que vous pourriez porter contre moi près de nos amis communs. Je ne vois pas ce qui vous empêcherait de me répondre. Car si vous rebaptisez, vous n'avez rien à craindre des hommes de votre secte, en me disant dans votre réponse que vous faites une chose qu'ils vous forceraient eux-mêmes de faire, quand bien même vous ne le voudriez pas. D'un autre côté, en justifiant cette coutume par toutes les raisons et les arguments que vous pourrez trouver, vous obtiendrez leurs éloges plutôt que leur colère. Mais si vous ne rebaptisez pas, armez-vous de la liberté chrétienne, frère Maximin, armez-vous-en, les yeux fixés sur le Christ, sans redouter le blâme ni craindre la puissance de qui que ce soit. Les honneurs de cette vie passent, elle passe aussi cette ambition qui nous les fait désirer; mais devant le tribunal de Jésus-Christ, à quoi nous serviront ces trônes élevés de tant marches, ces chaires couvertes d'un dais, ces troupes et ce cortège de vierges consacrées à Dieu qui viennent au-devant de nous en chantant des cantiques, je vous le demande, à quoi cela servira-t-il à notre défense, quand la conscience commencera à élever sa voix pour nous accuser, et que l'arbitre des consciences prononcera son jugement? Les honneurs présents deviendront alors des fardeaux, et ce qui nous relève aujourd'hui nous écrasera alors. Toutes ces choses que, selon les circonstances, on fait en notre honneur pour le bien de l'Eglise, seront peut-être justifiées, si la conscience est à l'abri de tout reproche, mais elles seront impuissantes pour défendre une conscience criminelle.

4. Si donc, comme j'aime à le croire, vous avez soin en esprit de piété et de religion, de vous abstenir de réitérer le baptême de l'Eglise catholique, l'approuvant plutôt comme celui de la véritable mère qui présente son

---

diaconus factus sit. Et tamen tam bene adhuc de tuo corde sentio, ut eum rebaptizatum esse non credam.

3. Quare te frater dilectissime per divinitatem et humanitatem Domini nostri Jesu Christi obsecro, ut rescribere mihi digneris quid gestum sit. Et sic rescribere, ut noveris me in Ecclesia fratribus nostris epistolam tuam velle recitare. Quod ideo scripsi, ne cum id postea facerem, quod me non sperares esse facturum, offenderem caritatem tuam, et justam de me apud communes amicos querelam deponeres. Quid ergo te impediat ad rescribendum, non video. Si enim rebaptizas, nihil est quod homines de tuo collegio formides, cum id te rescripseris facere, quod te illi facere etiam si nolles juberent. Cum autem id quantis potueris documentis faciendum esse defenderis, non solum non succensebunt, sed etiam prædicabunt. Si autem non rebaptizas, arripe libertatem Christianam, frater Maximine, arripe quæso te; non cujusquam hominis, in contemplatione Christi, aut reprehensionem verearis, aut exhorreas potestatem. Transit honor hujus sæculi, transit ambitio. In futuro Christi judicio, nec absidæ gradatæ, nec cathedræ velatæ, nec sanctimonalium occursantium atque cantantium greges adhibebuntur ad defensionem, ubi coeperit accusare conscientiæ, et conscientiarum arbiter judicare. Quæ hic honorant, ibi onerant; quæ hic relevant, ibi gravant. Ista quæ pro tempore propter Ecclesiæ utilitatem honori nostro exhibentur, defendentur forte bona conscientia, defendere autem non poterunt malam.

4. Quod ergo tam pio et tam religioso animo facis, si tamen facis, ut Ecclesiæ catholicæ baptismum non iteres, sed approbes potius tamquam unius verissimæ matris, quæ omnibus gentibus, et regenerandis præbet sinum, et regeneratis ubera infundit, tamquam unius possessionis Christi, sese usque ad terræ terminos porrigentis; si hoc vere facis, cur non erumpis in exsultantem et liberam vocem? cur lucernæ tuæ tam utilem splendorem premis sub modio? Cur non discissis atque abjectis veteribus pellibus timidæ servitutis, Christiana potius indutus fiducia exis et dicis, Ego unum baptismum novi, Patris et Filii et Spiritus-sancti nomine consecratum atque signatum? Hanc formam

sein à toutes les nations pour les régénérer, et qui, après les avoir régénérées, les nourrit du lait de ses mamelles ; les regardant toutes comme un même héritage de Jésus-Christ qui n'a d'autres limites que celles du monde : si dis-je c'est là votre pratique, pourquoi n'élevez-vous pas votre voix librement et avec joie, pourquoi cachez-vous sous le boisseau l'éclat de votre lumière ? Pourquoi, écartant et déchirant l'ancienne enveloppe de la crainte et de la servitude pour vous revêtir d'une confiance chrétienne, ne vous avancez-vous pas et ne dites-vous pas : « Je ne connais qu'un seul baptême, celui qui est scellé et consacré par le nom du Père, du Fils et du Saint-Esprit ? Partout où je vois ce signe, je dois l'approuver. Je ne puis détruire ce que je reconnais comme venant de mon Seigneur, je ne puis souffler sur l'étendard de mon roi. Ceux qui se sont partagé la robe du Christ, ne l'ont point déchirée, (*Jean*, XIX, 24), et cependant en le voyant expirer ils ne croyaient pas à sa résurrection. Si les persécuteurs n'ont pas déchiré ses vêtements quand il était suspendu à la croix, comment des chrétiens peuvent-ils détruire le sacrement de celui qui maintenant est assis au plus haut des cieux? Si j'avais été juif du temps de l'ancienne loi, ne pouvant pas faire mieux, j'aurais reçu la circoncision. Ce sceau de la justice de la foi, avait tant d'autorité avant qu'il fût aboli par l'avénement de Notre Seigneur, qu'un ange aurait étouffé le fils de Moïse, si sa mère, saisissant un caillou, (*Exod.*, IV, 24), n'eût circoncis l'enfant, et par ce signe ne l'eût sauvé de la mort qui le menaçait. C'est ce signe sacré qui arrêta le cours du Jourdain, et le fit remonter à sa source. Ce sacrement, Notre Seigneur lui-même, quoiqu'il l'ait aboli et effacé par sa croix, le reçut pourtant à sa naissance. Ces signes n'ont pas été condamnés, mais ils ont disparu devant des signes meilleurs : car de même que Notre Seigneur par son premier avénement, a fait cesser l'usage de la circoncision, de même par son second avénement, il fera cesser celui du baptême. De même aussi que depuis le règne de la liberté que nous donne la foi, et la délivrance du joug de l'ancienne servitude, aucun chrétien n'est plus circoncis dans la chair ; de même, lorsque les justes règneront avec le Seigneur, et que les impies seront condamnés, personne ne recevra plus le baptême ; mais ce que représente ce signe, c'est-à-dire la circoncision du cœur et la pureté de conscience demeurera éternellement. Si donc j'étais juif de l'ancienne loi, et qu'un samaritain, voulant renoncer à l'erreur que le Seigneur lui-même a condamnée, en disant : « Vous adorez ce que vous ne connaissez pas, mais nous, nous adorons ce que nous connaissons, car le salut vient

---

ubi invenio necesse est ut approbem; non destruo quod Dominicum agnosco, non exsufflo vexillum regis mei. Vestem Christi, et qui diviserunt, non violaverunt (*Johan.*, XXIX, 24); et illi adhuc Christum non resurrecturum crediderant, sed morientem videbant. Si a persecutoribus vestis non conscissa est pendentis in cruce, cur a Christianis destruitur sacramentum sedentis in cælo? Si veteris populi temporibus Judæus essem, quando aliud esse melius non possem, accepissem utique circumcisionem (*Rom.*, IV). Quod signaculum justitiæ fidei tantum illo tempore valuit, antequam Domini evacuaretur adventu ut infantem filium Moysi Angelus præfocasset, nisi mater arrepto calculo circumcidisset puerum (*Exodi*, IV, 24), et hoc sacramento imminentis perniciem depulisset. Hoc sacramentum etiam Jordanem fluvium refrenavit, et reduxit in fontem. Hoc sacramentum ipse Dominus, quamvis evacuaverit crucifixus, tamen natus accepit. Non enim signacula illa damnata sunt, sed succedentibus opportunioribus decesserunt. Nam sicut circumcisionem abstulit Domini primus adventus, sic baptismum auferet secundus adventus. Sicut enim nunc posteaquam venit libertas fidei, et remotum est servitutis jugum, nullus Christianus circumciditur carne; sic tunc regnantibus justis cum Domino, damnatisque impiis, nemo baptizabitur, sed illud quod ista præfigurant, id est circumcisio cordis et munditia conscientiæ manebit in æternum. Si ergo illo tempore Judæus essem, et veniret ad me Samaritanus, velletque illo errore derelicto, quem etiam Dominus improbavit, dicens : « Vos adoratis quod nescitis, nos adoramus quod scimus; quoniam salus ex Judæis est (*Johan*, IV, 22). » Vellet ergo Samaritanus, quem Samaritani circumciderant, fieri Judæus, vacaret certe iterationis audacia, et id quod apud hæresim factum erat, quod præceperat Deus, non repetere sed approbare cogeremur. Quod si in carne circumcisi hominis non invenirem locum ubi circumcisionem repeterem, quia unum est illud mem-

des Juifs (*Jean*, IV, 22). » Si dis-je, un samaritain déjà circoncis par des samaritains, voulait se faire juif, aurais-je la témérité de le circoncire une seconde fois? Ce qui a été fait, même par des hérétiques, par cela seul qu'ils l'ont fait conformément aux prescriptions de Dieu, je ne pourrais pas le recommencer, mais je serais forcé de l'approuver. Si dans la chair d'un homme déjà circoncis, il est impossible de trouver une place pour y pratiquer de nouveau la circoncision, puisqu'il n'y a qu'un membre où il puisse la recevoir, à plus forte raison trouverait-on moins dans un seul cœur une place qui pût recevoir un second baptême du Christ. Ainsi, vous qui voulez donner deux fois le baptême, cherchez à cet effet un homme qui ait un double cœur.

5. Proclamez donc à haute voix que vous faites bien en ne donnant pas un second baptême. Proclamez-le, non-seulement sans crainte, mais encore écrivez-le moi, je vous prie. Ne craignez rien, mon frère, de ce que peuvent faire ou dire les vôtres à cet égard. Si cela leur déplaît, ils ne sont pas dignes de vous posséder, si cela leur plaît, espérons que, par la miséricorde de Dieu qui n'abandonne jamais ceux qui le craignent et qui s'efforcent de lui plaire, la paix sera bien vite entre vous et nous. Il ne faut pas que pour des honneurs dangereux qui pèsent sur nous comme un lourd fardeau, et dont nous devrons rendre compte un jour, des peuples malheureux, croyant en Jésus-Christ, aient dans leurs maisons des repas communs, et ne puissent pas s'asseoir ensemble à la table du Christ. N'est-il pas déplorable qu'un homme et une femme qui, au nom de Jésus-Christ, se jurent fidélité dans l'union de leur corps, déchirent, en se séparant de communion, le corps de ce même Christ? Si ce scandale, ce triomphe du démon, cette perte et cette mort de tant d'âmes, peuvent par votre sagesse, votre prudence et l'amour que nous devons à Celui qui a répandu son sang pour nous, disparaître de ces régions, quels termes peut-on trouver pour dire la palme que le Seigneur vous réserve, en récompense du salutaire exemple que vous aurez donné et qui sera bientôt imité pour guérir de leur mal les autres membres qui, dans toute l'Afrique, gémissent et se dessèchent dans leur misère. Ma seule crainte est que, ne pouvant pas voir le fond de mon cœur, vous n'aperceviez dans mon langage le désir de vous offenser, et non la preuve de mon affection pour vous. Que puis-je donc sinon prendre Dieu à témoin de mes intentions, comme je vous prends pour juge de mes paroles?

6. Éloignons donc de nous toutes ces vaines objections que se font l'un à l'autre des partis ignorants. Ne m'objectez pas les temps macariens, comme moi-même je ne vous rappellerai

---

brum; multo minus invenitur locus in uno corde, ubi baptismus repetatur. Ideo qui duplicare baptismum vultis, necesse est omnino ut corda duplicia requiratis.

5. Clama ergo recte te facere, si non rebaptizas, et non solum sine trepidatione, sed etiam cum gaudio mihi inde rescribe. Nulla te tuorum concilia, frater, exterreant. Si enim hoc eis displicuerit, non sunt digni qui te habeant, si autem placuerit, credimus de misericordia Domini, qui timentes sibi displicere, et conantes placere numquam deserit, quod inter vos et nos cito pax erit : ne propter honores nostros, de qua sarcina periculosa ratio reddetur, miseræ plebes credentes in Christum habeant in domibus suis communes cibos, et mensam Christi communem habere non possint. Nonne ingemiscimus quod vir et uxor, ut fideliter conjungant corpora sua, jurant sibi plerumque per Christum, et ipsius corpus Christi diversa communione dilaniant? Hoc tantum scandalum, tantus diaboli triumphus, tanta pernicies animarum, si per tuam modestiam et prudentiam et dilectionem, quam debemus ei, qui pro nobis suum sanguinem fudit, ablata de medio in his regionibus fuerit ; quis explicet verbis, quam tibi palmam præparet Dominus, ut ad cetera membra sananda, quæ per totam Africam tabefacta miserabiliter jacent, a te proficiscatur tam imitabile medicinæ documentum? Quam vereor, quoniam cor meum videre non potes, ne tibi cum insultatione potius quam cum dilectione loqui videar. Sed certe amplius quid faciam non invenio, nisi ut inspiciendum sermonem meum tibi offeram, animum Deo.

6. Tollamus de medio inania objecta, quæ a partibus imperitis jactari contra invicem solent, nec tu objicias tempora Macariana, nec ego sævitiam Circumcellionum. Si hoc ad te non pertinet, nec illud ad me. Area Dominica nondum ventilata est, sine paleis esse non potest. Nos oremus, atque agamus quantum possumus, ut frumentum simus. Ego

pas la cruauté des Circoncellions (1). Si ce premier état de choses ne vous regarde pas, le second ne me regarde pas davantage. L'aire du Seigneur n'est pas entièrement criblée, et par conséquent il s'y trouve encore de la paille. Prions donc et faisons tous nos efforts pour en être le froment. Je ne puis toutefois garder le silence au sujet de notre diacre rebaptisé. Je sais trop à quel danger m'exposerait mon silence ; car je ne songe pas à passer inutilement mon temps dans les honneurs ecclésiastiques, mais je pense au compte que je devrai rendre un jour, au prince de tous les pasteurs, des brebis confiées à ma garde. Peut-être ne voudriez-vous pas me voir entrer dans tous ces détails. Si je le fais, pardonnez-le, frère, à la crainte qui m'agite, car mon silence et ma dissimulation pourraient peut-être vous engager à rebaptiser encore d'autres catholiques. J'ai donc pris la résolution, autant que le Seigneur daignera m'en donner le pouvoir et la force, de conduire cette affaire, de manière à faire voir, par nos entretiens pacifiques, à tous ceux de notre communion, combien grande est la différence entre l'église catholique et les schismes ou les hérésies, et combien il faut éviter ces zizanies si pernicieuses à l'Eglise et ces sarments retranchés de la vigne du Seigneur. Si vous consentez volontiers à conférer avec moi et à ce que je lise nos lettres en public, j'en éprouverai une joie ineffable. Si au contraire cette proposition ne vous est pas agréable, puis-je faire autre chose, frère, sinon de lire, même malgré vous, nos lettres au peuple catholique, pour les faire tourner à son instruction. Si vous ne daignez pas me répondre, j'ai résolu du moins de lire les miennes, pour faire connaître aux Catholiques le peu de confiance que vous avez en votre cause, et leur inspirer la honte d'accepter un second baptême.

7. Je ne le ferai pas toutefois, tant qu'il y aura des soldats ici, pour ne pas laisser croire que je cherche à exciter des troubles plutôt qu'à ramener la paix. Mais après le départ de ces troupes, je le ferai, pour faire comprendre à ceux qui nous entendent, que mon but n'est pas de forcer les hommes à embrasser malgré eux une communion quelconque, mais de

---

(1) Les Donatistes, dans leur défense, faisaient revenir à tout propos les temps macariens, c'est-à-dire les persécutions auxquelles ils prétendaient avoir été en butte à cette époque. Vers le milieu du IV° siècle, l'empereur Constant avait envoyé en Afrique deux personnes de sa cour nommées Paul et Macaire. Leur mission était de distribuer des aumônes aux pauvres. Comme dans ces distributions ils cherchaient à faire rentrer les schismatiques dans le sein de l'Eglise, ces hérétiques, entre autres Donat, évêque de Carthage, ainsi qu'un autre évêque et un autre, et qui occupait le siège épiscopal de Bagaie attroupèrent un grand nombre de partisans, pour s'opposer aux exhortations des envoyés de l'empereur. Ces troupes de Donatistes, parcourant tout le pays, y occasionnèrent des désordres, et se livrèrent à des brigandages et à des cruautés de toute espèce. Sur la demande des autres évêques catholiques, on fut obligé d'arrêter par la force, le mal qu'ils faisaient partout. Dans leur résistance, beaucoup d'entre eux périrent, et les Donatistes qui se prétendaient persécutés par la répression qu'on opposait à leur fureur, et par la mort accidentelle d'un certain nombre de leurs partisans, donnèrent à cette époque le nom de temps macariens, du nom de Macaire l'envoyé de l'empereur Constant.

Les circoncellions n'étaient autre chose que des attroupements de Donatistes, exerçant de toutes parts des violences inouïes. Ils entouraient quelquefois les maisons des Catholiques et en faisaient comme le siège ; de là leur nom d'après saint Augustin : « *Circumcelliones dicti quia circum cellas vagantur.* »

---

de rebaptizato diacono nostro silere non possum : scio enim quam mihi silentium perniciosum sit. Non enim cogito in ecclesiasticis honoribus tempora ventosa transigere, sed cogito me principi pastorum omnium rationem de commissis ovibus redditurum. Si forte nolles ut hæc tibi scriberem, oportet te frater ignoscere timori meo. Multum enim timeo ne me tacente et dissimulante, alii quoque rebaptizentur a vobis. Decrevi ergo, quantum vires et facultatem Dominus præbere dignatur, caussam istam sic agere, ut pacificis collationibus nostris omnes, qui nobis communicant, noverint ab hæresibus aut schismatibus quantum catholica distet Ecclesia, et quantum sit cavenda pernicies vel zizaniorum vel præcisorum de vite Domini sarmentorum. Quam collationem mecum si libenti animo susceperis, ut concordibus nobis amborum litteræ populus recitentur, ineffabili exsultabo lætitia. Si autem id æquo animo non accipis, quid faciam, frater, nisi ut te quoque invito epistolas nostras populo catholico legam, quo esse possit instructior ? Quod si rescribere dignatus non fueris, vel meas legere decrevi, ut saltem diffidentia vestra cognita rebaptizari erubescant.

7. Neque id agam cum miles præsens est, ne quis vestrum arbitretur tumultuosius me agere voluisse, quam ratio pacis desiderat ; sed post abscessum militis, ut omnes qui nos audiunt intelligant, non hoc esse propositi mei, ut inviti homines ad cujusquam communionem cogantur, sed ut quietissime quærentibus veritas innotescat. Cessabit a nostris partibus terror temporalium potestatum : cesset etiam a vestris partibus terror congregatorum Circumcellionum. Re agamus, ratione agamus,

faire connaître la vérité à ceux qui la cherchent paisiblement. Ainsi comme de votre côté vous n'aurez plus à redouter la terreur des armes et de la puissance temporelle, faites en sorte que nous n'ayons plus de notre côté à craindre les circoncellions. Occupons-nous de la chose en elle-même. Prenons la raison seule pour guide, et les divines Écritures pour seule autorité. Demandons avec calme et tranquillité. Cherchons, frappons, pour trouver et recevoir, et pour que la porte nous soit ouverte. Avec l'aide du Seigneur bénissant nos efforts et écoutant nos prières, nous verrons disparaître de nos régions cette honte et cette impiété qui désolent la terre africaine. Si vous ne croyez pas que je veuille attendre le départ des soldats pour agir ainsi, ne me répondez pas auparavant, et si pendant leur présence ici je donnais au peuple lecture de ma lettre, produisez-la pour me convaincre de mauvaise foi envers vous. Puisse la miséricorde de Dieu me préserver d'une action contraire à mes mœurs et au but qu'il m'a inspiré, lorsque je me suis soumis à son joug.

8. Si mon évêque était ici, peut-être vous aurait-il écrit lui-même, ou du moins je l'aurais fait sur son ordre et par son autorité ; mais comme pendant son absence j'ai appris récemment qu'un diacre catholique avait été rebaptisé chez vous, je n'ai voulu par aucun délai laisser tomber l'actualité de ce fait, car la véritable mort d'un de mes frères me remplissait de la douleur la plus vive et la plus cuisante. Peut-être la miséricorde et la providence de Dieu compenseront et adouciront par le retour de la concorde entre nous, la douleur que j'éprouve aujourd'hui. Que Dieu, très-cher seigneur et frère, daigne vous inspirer un esprit de concorde et de paix !

LETTRE XXIV [1]

Saint Paulin écrit à l'évêque Alype pour lui accuser réception des livres de saint Augustin, et pour s'excuser de lui envoyer un peu tard l'histoire d'Eusèbe. Il témoigne le désir de connaître la naissance et la vie d'Alype. Il lui donne quelques renseignements sur lui-même, et lui envoie un pain en signe de communion.

A NOTRE HONORABLE SEIGNEUR ET BIENHEUREUX PÈRE ALYPE, PAULIN [2] ET THÉRÈSE, PAUVRES PÉCHEURS.

1. C'est une vraie charité, une affection parfaite que celle dont vous avez bien voulu en-

---

(1) Écrite l'an 394. — Cette lettre était la 35ᵉ dans les éditions antérieures à l'édition des Bénédictins, et celle qui était la 24ᵉ se trouve maintenant la 201ᵉ.
(2) Saint Paulin était évêque de Nole. Quoique illustre par la dignité consulaire et par celle de sénateur, quoique distingué par sa naissance, par ses talents et son immense fortune, rien ne put l'empêcher de se donner tout à fait à Dieu et à la perfection chrétienne. Il se retira du monde avec Thérèse son épouse qu'il ne regarda plus que comme sa

---

divinarum Scripturarum auctoritatibus agamus, quieti atque tranquilli quantum possumus petamus, quæramus, pulsemus, ut accipiamus et inveniamus, et aperiatur nobis ; ne forte fieri possit, ut adjuvante Domino concordes conatus et orationes nostras, tanta deformitas atque impietas Africanarum regionum de nostris terris incipiat aboleri. Si non credis post discessum militum me velle agere, post discessum militum tu rescribe. Si enim præsente milite litteras meas legere populo voluero, prolata epistola mea demonstrabit me fidei violatorem. Quod misericordia Domini avertat a moribus atque instituto meo, quod mihi per jugum suum inspirare dignatus est.

8. Episcopus meus benevolentiæ tuæ fortasse potius litteras misisset, si esset præsens, aut ego illo vel jubente vel permittente scripsissem. Sed illo absente cum diaconi rebaptizatio recens esse dicitur, frigescere actionem ipsam dilatione non passus sum, de fraterna et vera morte acerbissimi doloris aculeis excitatus. Quem dolorem meum adjuvante misericordia et providentia Domini, pacis fortasse compensatio lenitura est. Deus et Dominus noster tibi mentem pacatam inspirare dignetur, domine dilectissime frater.

EPISTOLA XXIV

Paulinus Alypio episcopo de libris Augustini, quos recepit, excusans quod serius miserit ad illum Eusebii Chronica. Cupit edoceri de genere et vita Alypii : ipse vicissim de se nonnulla aperiens. Panem unum dono mittit.

DOMINO MERITO HONORABILI, ET BEATISSIMO PATRI ALYPIO, PAULINUS ET THERASIA PECCATORES.

1. Hæc est vera caritas, hæc perfecta dilectio, quam tibi circa humilitatem nostram inesse docuisti, Domine vere sancte, et merito beatissime ac desi-

tourer notre humilité, ô Seigneur vraiment saint, vraiment bienheureux et digne de tous nos vœux. Nous avons reçu par Julien, un de nos serviteurs, revenant de Carthage, les lettres où votre sainteté se montre à nous d'une manière si visible, qu'il nous semblait non pas connaître pour la première fois, mais reconnaître votre charité pour nous. Cette affection et cette charité émanent de celui qui, dès l'origine du monde, nous a prédestinés pour lui, de celui en qui nous étions faits, même avant notre naissance, « car c'est lui qui nous a faits et non pas nous qui nous sommes faits nous-mêmes (*Ps.*, XCIX, 3), » de celui qui a créé tout ce qui devait être un jour. Formés par sa prescience et son opération la similitude des volontés, dans l'unité de la foi ou dans la foi de l'unité ; nous avons été tellement unis ensemble par cette affection et cette charité qui ont devancé notre connaissance, que notre esprit, par une sorte de révélation nous a fait connaître l'un à l'autre, même avant que nous nous fussions vus par les yeux du corps. C'est pourquoi nous nous en félicitons, et nous nous en glorifions dans le Seigneur qui, seul et toujours le même, produit partout dans les siens sa charité, par l'opération du Saint-Esprit qu'il répand sur toute chair, réjouissant ainsi par l'abondance de son fleuve céleste, la cité qui lui appartient, où, sur un siége apostolique, il vous a établi parmi les princes de son peuple. Nous aussi nous étions brisés, lorsqu'il nous a tirés de la poussière de notre pauvreté pour nous faire partager vos honneurs. Mais nous nous félicitons encore bien plus de la bonté avec laquelle le Seigneur nous a permis d'habiter dans votre cœur, où il nous a mis si profondément que nous avons le droit de croire à votre très-particulière affection. Aussi en retour de vos dons et de vos bons offices, nous est-il permis de vous aimer en toute confiance et de tout notre cœur.

2. Comme gage de votre affection et de votre sollicitude pour nous, nous avons reçu l'ouvrage en cinq livres de notre frère Augustin, de cet homme saint et parfait en Notre Seigneur Jésus-Christ, et donc nous admirons tellement les écrits, que les paroles nous semblent en avoir été dictées par l'Esprit Saint. Encouragés par l'accord qui règne entre vous et nous, nous avons pris sur nous de lui écrire à lui-même, persuadés que vous daigneriez excuser auprès de lui notre faiblesse, et nous recommander à sa charité. Nous vous prions de

---

sœur, et reçut, à l'âge de trente-huit ans, le baptême à Bordeaux lieu de sa naissance, des mains de saint Dauphin qui en était évêque. Il fut fait prêtre à Barcelone, le jour de Noël, vers l'an 392, par l'évêque Lampius qui fut presque forcé par le peuple de lui donner les ordres, comme il le dit lui-même au n° 4 de cette lettre : *per vim inflammatæ subito plebis sacratus, etc.* Personne n'ignore l'affection que saint Paulin et saint Augustin ont toujours eue l'un pour l'autre, et combien le nom du premier se mêle souvent au souvenir du second. Saint Paulin fut instruit dans la piété et la pratique des vertus chrétiennes par saint Martin et saint Ambroise. Après avoir distribué tous ses biens aux pauvres, il se retira à Nole, en Italie, dont il fut fait évêque vers l'an 409. Il y mourut à la fin du mois de juin de l'an 431.

---

derabilis. Accepimus enim per hominem nostrum Julianum de Carthagine revertentem litteras, tantam nobis sanctitatis tuæ lucem afferentes, ut nobis caritatem tuam non agnoscere, sed recognoscere videremur. Quia videlicet ex illo, qui nos ab origine mundi prædestinavit sibi, caritas ista manavit, in quo facti sumus antequam nati, « quia ipse fecit nos, et non ipsi nos (*Psal.*, XCIX, 3), » qui fecit quæ futura sunt. Hujus igitur præscientia et opere formati in similitudinem voluntatum et unitatem fidei vel unitatis fidem præveniente notitiam caritate connexi sumus, ut nos invicem ante corporales conspectus revelante spiritu nosceremus. Gratulamur itaque et gloriamur in Domino, qui unus atque idem ubique terrarum operatur in suis dilectionem spiritu-sancto, quem super omnem carnem effudit, fluminis impetu lætificans civitatem suam. In cujus te civibus principalem cum principibus populi sui, sede apostolica merito collocavit : nosque etiam, quos erexit elisos, et de terra inopes suscitavit, in vestra voluit sorte numerari. Sed magis gratulamur in eo Domini munere, quo nos in pectoris tui habitatione constituit ; quoque ita visceribus tuis insinuare dignatus est, ut peculiarem nobis caritatis tuæ fiduciam vindicemus, his officiis atque muneribus provocati, ut nos diffidenter aut leviter te amare non liceat.

2. Accepimus enim insigne præcipuum dilectionis et sollicitudinis tuæ, opus sancti et perfecti in Domino Christo viri, fratris nostri Augustini libris quinque confectum, quod ita miramur atque suspicimus, ut dictata divinitus verba credamus. Itaque fiducia suscipiendæ nobis unanimitatis tuæ, et ad ipsum scribere ausi sumus, dum nos illi per te, et de imperitia excusandos, et ad caritatem commendandos præsumimus ; sicut et omnibus sanctis,

saluer en notre nom, avec le même zèle et la même affection, tous les saints dont vous avez daigné nous transmettre les témoignages de bienveillance, tant ceux qui, dans le clergé, sont associés aux travaux évangéliques de votre sainteté, que ceux qui, dans les monastères, imitent votre foi et vos vertus. Car bien que vous viviez au milieu du peuple sur lequel vous avez été établi, vous veillez sans cesse, comme un pasteur attentif sur le troupeau du Seigneur. Cependant, après avoir rompu avec le siècle, et vous être affranchi de l'esclavage de la chair et du sang, vous vous êtes fait à vous-même un désert, en vous séparant de la multitude, pour vivre dans la société d'un petit nombre d'amis.

3. Par un échange de bienveillance, quelque inférieure qu'elle soit à la vôtre, je me suis, selon vos ordres, procuré l'histoire générale d'Eusèbe, évêque de Césarée (1). Je n'ai pu répondre plus tôt à votre demande; parce que je n'avais pas ce livre, mais d'après vos instructions, je l'ai trouvé à Rome entre les mains de notre saint père Domnion, qui me l'a accordé avec d'autant plus d'empressement, que j'ai dit que c'était pour vous. Comme vous avez daigné m'indiquer l'endroit où vous êtes, j'ai, d'après votre avertissement, écrit à notre père Aurèle, votre vénérable collègue dans l'épiscopat, afin que, si vous étiez à Hippone, il daignât vous y envoyer notre lettre avec la copie de l'ouvrage d'Eusèbe, quand il aura fait terminer cette copie à Carthage. A cet effet, nous avons prié les saints hommes Comite et Evode, dont vos lettres nous ont fait connaître la bienveillance, de faire au vénérable Aurèle la même recommandation, afin que notre père Domnion ne fût pas longtemps privé de son exemplaire, et que vous en eussiez une copie, que vous ne fussiez point obligé de rendre.

4. Puisque, contre mon attente et sans l'avoir mérité, vous me comblez des marques de votre tendresse, je vous prie, en échange de cette Histoire des temps, de m'apprendre celle de votre sainteté. Quelle est votre famille, quel est le lieu de votre naissance, comment le Seigneur vous a inspiré votre vocation, quand et comment, après avoir quitté le sein de votre mère et avoir renoncé aux biens de la chair et du sang, vous êtes entré dans le sein de cette autre mère à qui seule est réservée la joie de donner des enfants à Dieu? N'oubliez pas de m'apprendre aussi comment vous avez été élevé à la royauté du sacerdoce. En me disant

---

(1) Les meilleures éditions des lettres de saint Paulin, portent *episcopi Cæsariensis*, au lieu de *episcopi constantinopolitani*, qui se lit ici dans le texte latin des Bénédictins.

---

quorum nos et absentium officiis sospitare dignatus es, pari proculdubio curaturus affectu, ut per sanctitatem tuam, nostris invicem salutentur obsequiis, et in clero sanctitatis tuæ comites, et in monasteriis fidei ac virtutis tuæ æmulatores. Nam et si in populis ac super populum agas, oves pascuæ Domini regens sollicitis vigil pastor excubiis : tamen abdicatione sæculi, et repulsa carnis ac sanguinis, desertum tibi ipse fecisti, secretus a multis, vocatus in paucis.

3. Sane vicario aliquatenus munere, licet per omnia tibi impar, ut jusseras, providi illam Eusebii venerabilis episcopi Constantinopolitani de cunctis temporibus historiam. Sed in hoc fuit obtemperandi mora; quod instructu tuo, quia ipse non haberem hunc codicem, Romæ reperi apud parentem nostrum vere sanctissimum Domnionem, qui proculdubio promtius mihi paruit in hoc beneficio, quod tibi deferendum indicavi. Verumtamen quia et loca tua mihi significare dignatus es, ut ipse monuisti, ad venerabilem socium coronæ tuæ, patrem nostrum Aurelium ita scripsimus, ut si nunc Hipponeregio degeres, illo tibi litteras nostras, et transscriptam Carthagine membranam mittere dignaretur. Quod et sanctos viros, quos indices caritatis ipsorum, tuo sermone cognovimus, Comitem et Evodium rogavimus, ut hæc scribere ipsi curarent, ne vel parenti Domnioni diutius codex suus deforet, et tibi transmissus sine necessitate redhibendi maneret.

4. Specialiter autem hoc a te peto, quoniam me immerentem et inopinantem magno tui amore complesti, ut pro hac historia temporum, referas mihi omnem tuæ sanctitatis historiam : ut qui genus, unde sis domo, tanto vocatus a Domino, quibus exordiis segregatus ab utero matris tuæ, ad matrem filiorum Dei prole lætantem, abjurata carnis et sanguinis stirpe, transieris, et in genus regale et sacerdotale sis translatus, edisseras. Quod enim indicasti, jam de humilitatis nostræ nomine apud Mediolanum te didicisse, cum illic initiareris, fateor curiosius me velle condiscere, ut omni parte te noverim, quo magis gratuler, si a suspiciendo mihi patre nostro Ambrosio, vel ad fidem invitatus

que c'était à Milan, lorsque vous y reçûtes le baptême, que notre humble nom était parvenu jusqu'à vos oreilles, vous avez, je l'avoue, éveillé ma curiosité, et le désir de vous connaître entièrement. Ma joie sera bien plus grande si c'est Ambroise qui vous a attiré à la foi, ou consacré au sacerdoce, et si nous avons ainsi le même père. Pour moi, j'ai été baptisé à Bordeaux par Dauphin, et ensuite ordonné prêtre à Barcelone, en Espagne, par Lampius, qui fut presque obligé de céder à la volonté du peuple, dont la violence éclata tout à coup. Cependant c'est la tendresse d'Ambroise qui m'a nourri et élevé dans la foi, c'est lui qui soutient et échauffe encore mon zèle dans l'ordre du sacerdoce. Enfin, il a voulu que je fisse partie de son clergé, de sorte que, malgré la distance qui me sépare de lui, je suis censé être prêtre de son église.

5. Mais afin de ne rien ignorer de ce qui me concerne, apprenez que je suis un ancien pécheur ; qu'il n'y a pas longtemps encore que j'ai été tiré des ténèbres et des ombres de la mort, pour respirer l'esprit qui donne la vie ; qu'il n'y a pas longtemps que j'ai mis la main à la charrue, et que j'ai commencé à porter la croix du Seigneur. Aussi pour la porter jusqu'au bout, ai-je besoin d'être aidé par vos prières ; et vous aurez mis le comble à vos bienfaits si, par votre intervention, je deviens capable de soutenir mon fardeau. Le saint qui assiste celui qui souffre, (car je n'ose pas dire son frère) sera élevé en honneur comme une grande cité. Pour vous, vous êtes comme cette grande ville de l'Évangile bâtie sur la montagne, vous êtes cette lampe allumée sur le chandelier, toute brillante de la lumière des sept dons du Saint-Esprit. Mais nous, nous sommes cachés sous le boisseau de nos péchés. Visitez-nous par vos lettres, faites jaillir sur nous quelques rayons de cet éclat dont vous brillez du haut du chandelier d'or. Votre éloquence éclairera le sentier où nous marchons. L'huile de votre lampe se répandra comme une sainte onction sur notre tête ; et notre foi deviendra plus ardente et plus vive, lorsque le souffle de votre bouche aura donné la nourriture à notre esprit et la lumière à notre âme.

6. Que la paix et la grâce de Dieu soient avec vous, et que la couronne de justice vous demeure en ce jour, ô Seigneur, notre père très-chéri, très-vénérable et très-digne de nos vœux ! Bénis soient les compagnons et les imitateurs de votre sainteté ! Nous vous prions de saluer, avec une vive affection et une grande soumission, tous nos frères, (si toutefois nous osons les nommer ainsi), tant ceux qui sont dans les églises que dans les monastères, à Carthage, à Tagaste, à Hippone, et ceux qui, dans la foi catholique, consacrent leurs services au Seigneur, dans toutes vos paroisses et dans tous les lieux de l'Afrique qui vous sont con-

---

es, vel ad sacerdotium consecratus, ut eumdem ambo videamur habere auctorem. Nam ego etsi a Delphino Burdegalæ baptizatus, a Lampio apud Barcilonem in Hispania, per vim inflammatæ subito plebis, sacratus sim : tamen Ambrosii semper et dilectione ad fidem innutritus sum, et nunc in sacerdotii ordine confoveor. Denique suo me clero vindicare voluit, ut etsi diversis locis degam, ipsius presbyter censear.

5. Sed de me ne quid ignores, scias antiquissimum peccatorem, non ita olim de tenebris et umbra mortis eductum, spiritum auræ vitalis hausisse, nec ita olim posuisse in aratro manum, et crucem Domini sustulisse ; quam ut in finem perferre valeamus, orationibus tuis adjuvemur. Accumulabitur hæc meritis tuis merces, si interventu tuo onera nostra relevaveris. Sanctus enim laborantem adjuvans (quia fratrem non audemus dicere) exaltabitur sicut civitas magna. Et tu quidem super montem civitas ædificata es, vel accensa super candelabrum lucerna in septiformi claritate colluces ; nos sub modio peccatorum delitescimus : visita litteris tuis, et profer in lucem in qua ipse versaris, super aurea candelabra conspicuus. Eloquia tua lumen semitis nostris erunt, et oleo lucernæ tuæ impinguabitur caput nostrum. Et accendetur fides, cum spiritu oris tui cibum mentis et lumen animæ sumpserimus.

6. Pax et gratia Dei tecum, et corona justitiæ tibi maneat in die illo, Domine pater merito dilectissime et venerabilis et exoptatissime. Benedictos sanctitatis tuæ comites et æmulatores, in Domino fratres (si dignantur) nostros, tam in ecclesiis quam in monasteriis, Carthagini, Thagastæ, Hippone-regio, et totis parochiis tuis atque omnibus cognitis tibi per Africam locis, Domino catholice servientes, multo affectu et obsequio salutari rogamus. Si ipsam membranam sancti Domnionis acceperis, transcriptam nobis

nus. Si le livre même du saint père Domnion vous est remis, daignez me le renvoyer dès que vous l'aurez fait transcrire. Mandez-moi aussi laquelle de mes hymnes vous avez lue. Nous envoyons à votre sainteté un pain en signe de communion et comme un symbole de la substance de la Sainte Trinité; vous en ferez une eulogie si vous daignez en accepter l'offrande (1).

LETTRE XXV [1]

Saint Paulin écrit à saint Augustin, en lui prodiguant des éloges au sujet des cinq livres, contre les Manichéens, qu'il avait reçus d'Alype, et lui envoie un pain en signe de communion.

A LEUR SEIGNEUR ET FRÈRE COMMUN, AU VÉNÉRABLE AUGUSTIN, PAULIN ET THÉRÈSE, PÉCHEURS.

1. Si, mettant de côté toute crainte, nous avons assez de confiance pour vous écrire, c'est la charité de Jésus-Christ qui nous y engage, cette charité qui, par l'unité de la foi, lie entre eux ceux qui sont éloignés l'un de l'autre. Cette charité vous a mis bien avant dans mon cœur à cause de vos ouvrages remplis d'éloquence, aussi doux que les rayons du miel céleste et qui sont pour mon âme un remède et une nourriture salutaires. Je veux parler de votre traité en cinq livres que j'ai reçu par les soins de notre béni et vénérable évêque Alype. Ces livres serviront non-seulement à notre instruction, mais seront encore d'une grande utilité à beaucoup d'églises. Je lis présentement ces ouvrages ; j'en fais mes délices ; j'en fais ma nourriture, non cette nourriture périssable, mais celle qui est comme la substance de la vie éternelle, par la foi qui nous incorpore à Notre Seigneur Jésus-Christ ; puisque par la charité qui nous fait croire aux vérités révélées par le Tout-Puissant, notre foi, en se détournant des choses visibles, pour aspirer aux invisibles, puise de nouvelles forces dans les écrits et les exemples des fidèles. O véritable sel de la terre qui préservez nos cœurs de la corruption et des erreurs de ce siècle ! ô lampe si dignement placée sur le chandelier de l'E-

---

1) Le mot d'eulogie dont saint Paulin se sert, signifie *bénédiction*. Saint Paul et quelques anciens Pères donnent à ce mot la signification de la sainte Eucharistie. On donnait aussi ce nom aux pains que l'on distribuait publiquement dans l'Eglise, à ceux qui ne pouvaient pas encore communier, par exemple aux catéchumènes. Saint Augustin, liv. II, c. XXVI, *de remissione peccatorum* (sur la remission des péchés) dit en parlant de ce pain : Ce n'est pas, à la vérité, le corps de Jésus-Christ, mais cependant il est saint et plus saint que celui dont nous faisons notre nourriture.

L'eulogie, dont parle saint Paulin, est la coutume pratiquée par les prêtres et par les évêques qui envoyaient à leurs amis, en signe d'amitié et de communion, un pain qu'ils avaient béni à leur table. La fin de la lettre 25e, *rogamus accipienda benedicas*, nous montre aussi que souvent un prêtre envoyait à un évêque, et même des prêtres à des prêtres, en signe d'honneur, des pains qu'ils ne bénissaient pas mais qu'ils les priaient au contraire de bénir.

(2) Ecrite l'an 394. — Cette lettre était la 31e dans les éditions antérieures à l'édition des Bénédictins, et celle qui était la 25e se trouve maintenant la 195e.

---

remittere dignaberis. Et hoc rogo scribas mihi, quem hymnum meum cognoveris. Panem unum sanctitati tuæ unitatis gratia misimus, in quo etiam Trinitatis soliditas continetur. Hunc panem eulogiam esse tu facies dignatione sumendi.

EPISTOLA XXV

Paulinus Augustino, exquisitis cum laudibus exornans pro quinque ejus adversus Manichæos libris, quos ab Alypio acceperat. Panem ipsi dono mittit.

DOMINO FRATRI UNANIMO ET VENERABILI AUGUSTINO, PAULINUS ET THERASIA PECCATORES.

1. Caritas Christi quæ urget nos, et absentes licet per unitatem fidei alligat, ipsa fiduciam ad te scribendi pudore depulso præstitit : teque per litteras tuas visceribus meis intimavit, quas et de scholasticis facultatibus affluentes, et de cœlestibus favis dulces, ut animæ meæ medicas et altrices, in quinque libris interim teneo, quos munere benedicti et venerabilis nobis episcopi nostri Alypii, non pro nostra instructione tantum, sed etiam pro Ecclesiæ multarum urbium utilitate suscepimus. Hos igitur nunc libros lectioni habeo ; in his me oblecto ; de his cibum capio, non illum qui perit, sed qui operatur vitæ æternæ substantiam per fidem nostram, qua adcorporamur in Christo Jesu Domino nostro : cum fides nostra, quæ visibilium negligens, invisibilibus inhiat, per caritatem omnia secundum veritatem omnipotentis Dei credentem, litteris et exemplis fidelium roboretur. O vere sal terræ, quo præcordia nostra non possint sæculi vanescere errore, condiuntur. O lucerna digne supra candelabrum ecclesiæ posita, quæ late catholicis urbibus de septiformi lychno pastum oleo lætitiæ lumen effundens,

glise, dont la lumière, entretenue par l'huile sainte du candélabre aux sept branches, se répand au loin sur toutes les villes catholiques, et dissipe les ténèbres épaisses de l'hérésie, en faisant jaillir la lumière de la vérité du sein même des ténèbres par la clarté et la splendeur de votre langage !

2. Vous voyez, mon frère, vous si admirable et si digne d'être recherché en Notre Seigneur Jésus-Christ, combien il m'est doux de vous connaître, combien je vous admire, avec quelle affection, avec quel amour je vous embrasse dans mon cœur, moi qui chaque jour jouis de l'entretien de vos écrits, moi qui me nourris du souffle de votre bouche. Car votre bouche est comme un canal d'eau vive et comme une veine des sources célestes; en effet, Jésus-Christ est devenu en vous une source qui jaillit jusque dans la vie éternelle. C'est en vous que mon âme a soif de cette eau divine. Je suis comme une terre sèche qui demande à s'abreuver des eaux fécondes de votre fleuve. Maintenant que votre Pentateuque m'a suffisamment armé contre les Manichéens, si vous avez encore d'autres moyens de défense contre les ennemis de la foi catholique, (car, comme nos ennemis multiplient leurs artifices pour nous nuire, il faut leur opposer autant de traits qu'ils dressent de pièges contre nous), tirez, je vous en prie, de votre arsenal, et envoyez-moi pour les combattre, des armes de justice. Car je suis un pécheur accablé encore sous le poids de mes fautes; je suis un vétéran dans les rangs des pécheurs, mais un soldat nouveau dans la milice du roi éternel. Malheureux, j'ai admiré jusqu'à ce jour la vaine sagesse du monde; j'ai passé mes jours dans des études inutiles et dans la recherche de cette sagesse réprouvée, et comme un insensé, je suis resté muet pour mon Dieu. Mais, après avoir vieilli parmi mes ennemis, après avoir vu toutes mes pensées s'évanouir comme une vaine fumée, j'ai levé les yeux vers les montagnes c'est-à-dire vers les préceptes de la loi et les dons de la grâce. C'est de là que m'est venu le secours du Seigneur, qui, ne me traitant pas selon mes iniquités, a dissipé les ténèbres qui m'aveuglaient, délié les chaînes par lesquelles j'étais attaché, et qui m'a abaissé, lorsque je dressais orgueilleusement la tête, pour me relever ensuite, quand il m'a vu pieusement humilié.

3. Je suis donc, mais encore à pas inégaux, les grandes traces des justes. Puissé-je par vos prières

---

densas licet hæreticorum caligines discutis, et lucem veritatis a confusione tenebrarum splendore clarifici sermonis enubilas.

2. Vides frater unanime, admirabilis in Christo Domino et suscipiende, quam familiariter agnoverim te, quanto admirer stupore, quam magno amore complectar, qui quotidie colloquio litterarum tuarum fruor, et oris tui spiritu vescor. Os enim tuum fistulam aquæ vivæ et venam fontis æterni merito dixerim, quia fons (a) in te aquæ salientis in vitam æternam (Joan., IV, 14) Christus effectus est. Cujus desiderio sitivit in te anima mea, et ubertate tui fluminis inebriari terra mea concupivit. Ideoque cum hoc Pentateucho tuo contra Manichæos me satis armaveris, si qua in alios quoque hostes catholicæ fidei munimina comparasti (quia hostis noster, cui mille nocendi artes, tam variis expugnandus est telis, quam oppugnat insidiis) quæso promere mihi de armamentario tuo, et conferre non abnuas arma justitiæ. Sum enim laboriosus, etiam nunc sub magno onere peccator, veteranus in numero peccatorum, sed æterno regi novus in corpore tyro militiæ. Sapientiam mundi miser hucusque miratus sum, et per inutiles litteras reprobatamque prudentiam Deo stultus et mutus fui. Postquam inveteravi inter inimicos meos, et evanui in cogitationibus meis, levavi oculos meos in montes, ad præcepta legis et gratiæ dona suspiciens: unde mihi auxilium venit a Domino, qui non secundum iniquitates retribuens, illuminavit cæcum, solvit compeditum, humiliavit erectum male, ut erigeret humiliatum pie.

3. Sequor igitur, non æquis adhuc passibus, magna justorum vestigia, si possim orationibus vestris apprehendere, in quo Dei miserationibus apprehensus sum. Rege ergo parvulum in terra reptantem, et tuis gressibus ingredi doce. Nolo enim me corporalis ortus magis quam spiritalis exortus ætate consideres. Quippe ætas mihi secundum carnem ea jam est, qua fuit ille ab Apostolis in porta Speciosa, verbi potestate sanatus (Act., III, 7 et IV, 22). In natalibus autem animæ, illius adhuc mihi tempus infantiæ est, quæ intentatis Christo vulneribus

---

(a) Sic MSS. duodecim. At editi habent, *quia fons vitæ aquæ* etc.

arriver au but où Dieu m'a destiné, lorsqu'il eut pitié de moi. Dirigez mes pas comme ceux d'un enfant qui se traîne encore sur la terre. Apprenez-moi à marcher sur vos pas. Car il ne faut pas mesurer mon âge par le temps de ma naissance corporelle, mais par celui qui m'a fait naître à la vie spirituelle. En effet, mon âge, selon la chair, est à peu près celui de l'homme que les apôtres, par la puissance du Verbe, ont guéri à la porte du temple (*Act.*, III, 7) (1). Mais sous le rapport de ma naissance spirituelle, je suis encore à l'âge de ces enfants immolés par les coups et les blessures qu'on croyait porter au Christ et dont le sang innocent, répandu avant l'immolation de l'agneau, fut comme le prélude de la passion de Notre Seigneur. Je ne suis donc encore, par l'âge spirituel, qu'un enfant qui commence à goûter le lait de la parole divine; nourrissez-moi de vos saintes paroles; approchez mes lèvres des mamelles de la foi, de la sagesse et de la charité. A considérer les services que l'on se doit réciproquement, je suis votre frère, mais sous le rapport de la maturité du génie et de l'intelligence, vous êtes mon père, quoique peut-être vous soyez plus jeune que moi, parce que votre prudence qui a devancé les cheveux blancs, vous a élevé jeune encore à la maturité du mérite, et au respect dont on honore la vieillesse. Réchauffez-moi et fortifiez-moi dans les saintes lettres et les études spirituelles, car j'y suis encore bien novice, comme je viens de vous le dire. Après de longues vicissitudes, après beaucoup de naufrages, sans expérience encore, je sors à peine des flots et des tempêtes de ce siècle. Vous qui avez posé le pied sur la terre ferme, recevez-moi dans votre sein, comme dans un port où je trouverai le salut, afin que si vous m'en jugez digne, nous puissions ensuite naviguer ensemble. Cependant soutenez-moi par vos prières comme sur une planche de sauvetage, au milieu des efforts que je fais, pour me tirer des périls de cette vie et de l'abîme du péché, afin que je puisse échapper aux tempêtes de ce monde, comme à un naufrage.

4. C'est pour cela que j'ai eu soin de me débarrasser de mes bagages et des vêtements qui me chargeaient, afin que, selon l'ordre et avec l'aide de Jésus-Christ, dépouillé de tout embarras charnel et des soucis du jour suivant, je puisse traverser cette mer orageuse qui nous sépare de Dieu, et sur laquelle nos péchés soulèvent sans cesse des tempêtes. Je ne me vante pas d'y être parvenu, et si je pouvais m'en glorifier, je m'en glorifierais dans le Seigneur, à qui seul il appartient de conduire à bonne fin les desseins qui sont en nous; mais jusqu'ici mon âme en est encore à désirer l'accomplissement des jugements du Seigneur. Voyez si l'on est effectivement arrivé à suivre la volonté de Dieu, quand on commence seulement à souhaiter de le désirer. J'ai cependant aimé la beauté de sa sainte demeure, et autant qu'il a

(1) On sait que cet homme avait un peu plus de 40 ans.

immolata, digno sanguine agni victimam præcucurrit, et dominicam auspicata est passionem. Atque ideo ut infantem adhuc verbo Dei et spiritali ætate lactentem, educa verbis tuis, uberibus fidei, sapientiæ, caritatis inhiantem. Si officium commune consideras, frater es; si maturitatem ingenii tui et sensuum, pater mihi es; etsi forte sis ævo junior, quia te ad maturitatem meriti et honorem seniorum provexit juvenem cana prudentia. Fove igitur et corrobora me in sacris litteris, et spiritalibus studiis, tempore (ut dixi) recentem, et ob hoc post longa discrimina, post multa naufragia, usu rudem, vixdum a fluctibus sæculi emergentem, tu qui jam solido littore constitisti, tuto excipe sinu, ut in portu salutis, si dignum putas, pariter navigemus. Interea me de periculis vitæ istius et profundo peccatorum evadere nitentem, orationibus tuis tamquam tabula sustine, ut de hoc mundo quasi de naufragio nudus evadam.

4. Idcirco enim me levare sarcinis, et vestimentis onerantibus exsuere curavi, ut undosum hoc, quod inter nos et Deum peccatis interlatrantibus separat, præsentis vitæ salum, omni amictu carnis, et cura diei sequentis, jubente et adjuvante Christo expeditus enatem. Neque id me perfecisse glorior; quod et si gloriari possem, in Domino gloriarer, cujus est perficere, quod nobis adjacet velle : sed concupiscit adhuc anima mea desiderare judicia Domini. Vide quando assequatur effectu Dei voluntatem, qui adhuc ipsum desiderare desiderat. Quod in me tamen est, dilexi decorem domus sanctæ, et quantum in me fuit, elegeram abjectus esse in domo Domini.

dépendu de moi, j'ai cherché à n'y occuper que la dernière place. Mais celui à qui il a plu de me choisir dès le sein de ma mère, et de m'attirer à sa grâce, en me dégageant de l'amour de la chair et du sang, a voulu malgré mon dénûment de tout mérite me tirer de la poussière et d'un abîme de misères, et m'élever du fond de ma bassesse, pour me placer avec les princes de son peuple et m'associer à votre rang afin que je fusse votre égal dans les services à rendre à l'Eglise, malgré la supériorité du mérite qui vous place bien au-dessus de moi.

5. Ce n'est donc pas par présomption, mais par le bon plaisir et l'ordre de Dieu que j'ose vous donner le nom de frère, tout indigne que je sois d'un si grand honneur ; mais je sais que l'esprit de sainteté et de vérité qui vous anime, vous porte plutôt vers ce qui est humble et petit, que vers ce qui est éclatant et élevé. C'est pourquoi j'espère que vous recevrez volontiers et du fond du cœur l'affection que j'ai pour vous ; j'ai même la confiance que vous l'avez déjà agréée par l'intermédiaire du saint évêque Alype, notre père (car il daigne nous permettre de l'appeler ainsi). Il vous aura sans doute donné l'exemple de nous aimer, avant de nous connaître. En effet, nous étions inconnus à lui-même, nous étions éloignés de lui par un long espace de terre et de mer, et cependant il nous a aimés par cet esprit de véritable affection qui pénètre et se répand partout. Il nous a aimés en nous voyant par les yeux de son cœur, et par sa parole il est arrivé jusqu'à nous. Il nous a donné les premiers témoignages de son affection et de votre charité envers nous, en nous envoyant vos ouvrages, et autant il a mis de zèle pour nous faire connaître et aimer votre sainteté, non-seulement par ses paroles, mais encore par des œuvres remplies de votre éloquence et de votre foi, autant, nous l'espérons, il aura apporté de soin à vous inspirer par son exemple de l'affection pour nous. Que la grâce de Dieu soit éternellement avec vous comme elle y est présentement. C'est ce que nous vous souhaitons, ô vénérable et très-cher frère en Jésus-Christ. Nous saluons affectueusement et fraternellement toute votre maison, tous les compagnons de vos travaux et les imitateurs de votre sainteté en Notre Seigneur. Comme gage de notre union spirituelle, nous vous envoyons un pain, que nous vous prions de bénir en le recevant.

Sed cui placuit segregare me ab utero matris meæ, et ab amicitia carnis et sanguinis ad gratiam suam trahere, eidem placuit inopem me omnis boni meriti, suscitare de terra et de lacu miseriarum, ac de luto fæcis educere, ut collocaret me cum principibus populi sui, et partem meam in tua sorte poneret, ut te præstante meritis, officio (a) sociatus æquarer.

4. Præsumptione igitur non mea, sed placito et ordinatione Domini, fraternitatis tuæ mihi fœdus usurpans, tanto indignus honore me dignor; quia te pro tua sanctitate certo scio, nam veritate sapis, non alta sapere, sed humilibus congruere. Ideoque prompte et intime recepturum spero caritatem humilitatis nostræ, quam quidem jam recepisse te per beatissimum sacerdotem Alypium (quia dignatur) patrem nostrum, confido. Is enim sine dubio de se tibi exemplum præbuit nos ante notitiam et supra meritum diligendi, qui incognitos sibi nos, et longinqua soli vel sali intercapedine disparatos, spiritu veræ dilectionis, qui ubique et penetrat et effunditur, et videre diligendo potuit, et alloquendo pertingere. Hic nobis prima affectus sui documenta, et caritatis tuæ pignora in supradicto digno munere librorum dedit. Et quanto studuit impendio, ut sanctitatem tuam non ipsius tantum verbis, sed plenius eloquentia et fide tua cognitam non possemus amare mediocriter, tantopere curasse cumdem credimus, ut nos vicissim ipsius imitatione plurimum diligas. Gratia Dei tecum, ut est, in æternum maneat optamus, frater in Christo Domino unanime, venerabilis, desiderantissime : totam domum, et omnem comitem, et æmulatorem in Domino sanctitatis tuæ, plurimo fraternitatis unanimæ salutamus affectu. Panem unum, quem unanimitatis indicio misimus caritati tuæ, rogamus accipiendo benedicas.

(a) Cisterciensis MS. *officio senatus æquarer*, id est munere presbyteratus.

LETTRE XXVI [1]

Saint Augustin exhorte Licentius, jeune homme distingué par son instruction et la noblesse de sa naissance, et qui avait été autrefois son disciple, à mépriser le monde. Il profite pour cela d'un poëme que Licentius lui-même avait composé et avait envoyé à son précepteur.

AUGUSTIN A LICENTIUS [2].

1. J'ai à peine trouvé l'occasion de vous écrire. Qui le croirait? Il faut cependant que Licentius croie ce que je lui dis. Je ne veux pas que vous cherchiez les causes et les raisons de ce retard. Quand bien même je pourrais les donner, je ne le ferais pas, parce que la confiance que vous avez en moi, n'en a pas besoin. D'abord je ne pouvais donner ma réponse, à ceux par qui j'ai reçu votre lettre. Quant à ce que vous me priez de demander pour vous, je l'ai fait par une lettre autant que cela m'a paru convenable. Vous verrez quel a été le résultat de mes démarches. Si rien n'est encore terminé, dès que je le saurai, ou que vous m'en aurez prévenu vous-même, j'agirai avec plus d'instances. Voilà ce que j'ai à vous dire sur les affaires temporelles, qui sont comme un bruit importun que font autour de nous les chaînes de notre mortalité. Maintenant écoutez en peu de mots les inquiétudes de mon cœur sur votre avenir éternel, et sur ce qui pourrait vous ouvrir le chemin vers Dieu.

2. Mon cher Licentius, en vous voyant repousser et redouter les freins de la sagesse, je crains que vous ne vous laissiez enchaîner trop fortement par les choses mortelles. En effet, ceux que la sagesse a d'abord enchaînés et domptés par les épreuves de certains travaux, sont ensuite délivrés par cette même sagesse qui se donne à eux, pour les laisser en liberté jouir de ses trésors; et ceux qu'elle s'est d'abord attachés par des nœuds de peu de durée, elle les retient ensuite à elle par des embrassements éternels. Rien de plus doux et de plus solide que de pareilles chaînes. Il y avait, j'en conviens quelque poids dans les premières, mais celles-ci sont si douces, qu'on ne sent plus leur pesanteur, bien que leur puissance ne permette pas de les dire légères. Que sont-elles donc? Ce que nous ne pourrions exprimer par des paroles, mais ce que l'on doit croire, espérer et aimer. Les chaînes de ce monde sont du-

---

(1) Ecrite au commencement de l'année 395. — Cette lettre était la 39e dans les éditions antérieures à l'édition des Bénédictins, et celle qui était la 26e se trouve maintenant la 122e.
(2) Licentius était fils de ce Romanien, à qui saint Augustin a adressé la lettre 15. Dans sa jeunesse, son père l'avait mis sous la conduite de saint Augustin, et c'est lui que le saint fait figurer comme interlocuteur dans ses dialogues contre les Académiciens. Il s'était laissé aller à une vie peu conforme aux leçons d'un si grand maître. C'est de ces désordres que saint Augustin cherche à le retirer par des conseils aussi tendres qu'éloquents.

EPISTOLA XXVI

Augustinus Licentium juvenem nobilem et doctum, quondam ipsius discipulum, hortatur ad mundi contemptum, abutens ad hoc ipsius Licentii carmine, quod ad præceptorem scripserat.

LICENTIO AUGUSTINUS.

1. Vix reperi occasionem scribendi tibi, quis credat? Sed mihi tamen Licentium necesse est credere. Nolo te caussas rationesque rimari, quæ etiamsi reddi possent, fidei tamen, qua mihi credis, non cas debeo. Nam et litteras tuas non per eos accepi, per quos non possem scripta redhibere. Quæ autem petisti ut peterem, curavi per epistolam quantum promendum videbatur: sed quid effecerim tu videris. Quod si nondum effectum est, vel cum sciero, agam instantius, vel cum rursus ipse admonueris. Hactenus quæ hujus vitæ vincula perstrepunt, tecum loquutus sim : nunc paucis accipe pectoris mei æstus de spe tua non transitoria, quonam modo via tibi patescat in Deum.

2. Mi Licenti, etiam atque etiam recusantem et formidantem compedes sapientiæ, timeo te rebus mortalibus validissime, et perniciosissime compediri. Nam sapientia quos primo alligaverit, et excitatoriis quibusdam laboribus edomuerit, solvit postea, liberatisque sese donat ad fruendum; et quos primo temporalibus nexibus erudiverit, post æternis amplexibus alligat, quo vinculo nec jocundius nec solidius cogitari quidquam potest. Prima hæc aliquantulum dura esse confiteor : illa vero ultima nec dura dixerim, quia dulcissima sunt: nec mollia, quia firmissima : quid igitur nisi quod dici non potest, quod credi tamen et sperari et amari potest? Vincula vero hujus mundi asperitatem habent veram, jocunditatem falsam ; certum dolo-

res, et ne portent avec elles qu'une fausse douceur, des douleurs certaines et un plaisir incertain ; de durs labeurs et un repos toujours inquiet. Elles nous accablent de misères, et ne nous donnent qu'un vain espoir de bonheur. Voilà les liens dans lesquels vous vous laissez prendre, et auxquels vous présentez votre cou, vos pieds et vos mains, en vous laissant subjuguer par les honneurs de ce monde, en pesant vos actions sur le seul profit que vous en retirez, et en faisant tous vos efforts pour parvenir là où, ni aucune invitation, ni aucune force n'auraient dû vous pousser. Peut-être me répondrez-vous comme l'esclave de Térence : « Oh ! ça ! vous débitez ici des paroles de sagesse (*Adelph.* V, 1). » Recueillez-les cependant, pour qu'il soit dit que je les sème et non que je les répands en vain. Et si, pendant que je chante, vous dansez sur un autre air, je n'en éprouverai pas de peine, car l'air en lui-même n'est pas sans charme, quand bien même il laisserait immobile celui pour lequel on le chante avec l'accent de la charité. J'ai trouvé, dans vos lettres, quelques paroles qui m'ont touché, mais il m'a paru inutile de m'en occuper, lorsque les actions de toute votre vie me remplissent d'une douleur si cuisante.

VERS ADRESSÉS PAR LICENTIUS A AUGUSTIN SON MAITRE (1).

« En cherchant à suivre Varron dans sa route mystérieuse et profonde, mon esprit s'émousse, et, dans son effroi, se détourne de la lumière. Faut-il s'étonner que mes soins et mes peines soient inutiles, lorsque vous ne me prêtez pas une main secourable ? Mon esprit abandonné à lui-même craint de s'élever. Dès que l'amour de la science m'a porté à parcourir les ouvrages profonds de ce grand homme, à en pénétrer le sens mystérieux, à donner avec lui aux nombres leur harmonie, à comprendre dans l'univers les chants majestueux du tonnerre, et la marche régulière des astres ; une nuit profonde m'a enveloppé, et la grandeur même du sujet fut comme un nuage épais qui se répandit sur mon esprit. Plein d'ardeur, je m'efforce de comprendre la forme, et l'essence des choses, des ténèbres également épaisses m'environnent. J'aspire à connaître l'origine des astres, leurs brillantes révolutions, les places que ce savant leur assigne au milieu des nuées, je retombe incertain et ma chute est plus lourde que celle de l'ange qui nous empêche de connaître les secrets du ciel, mon obscurité plus profonde que celle des morts au sein de leurs tombeaux. C'est ainsi que Protée, selon la fable des Grecs, lorsqu'il ne veut pas découvrir

---

(1) Dans d'autres éditions, cette pièce de vers se trouve à la Lettre 40.

rem, incertam voluptatem ; durum laborem, timidam quietem ; rem plenam miseriæ, spem beatitudinis inanem. Hisne tu inseris et collum et manus et pedes, cum et honoribus hujuscemodi subjugari affectas, et facta tua non aliter fructuosa existimas, et ambis inhærere, quo non modo invitatus, sed nec compulsus quidem ire debuisti ? Hic tu fortasse Terentiani servi mihi responsum deberis ; « Ohe, tu verba fundis hic sapientia (*Terentius in Adelphis* v. 1). » Cape igitur ut fundam potius quam effundam. Aut si ego canto, tu autem ad aliam vocem saltas, nec sic quidem me pænitet. Habet enim suam hilaritatem ipsa cantatio, etiam cum ad eam membra non movet, cui plena caritatis modulatione cantatur. Verba quædam in epistolis tuis me moverunt, sed de his tractare, cum factorum vitæque totius tuæ cura excoquat, ineptum putavi.

Carmen Licentii ad Augustinum præceptorem.
3. Arcanum Varronis iter scrutando profundi
Mens hebet, adversamque fugit conterrita lucem.
Nec mirum, jacet omnis enim mea cura legendi
Te non dante manum, et consurgere sola veretur.
Nam simul ut perplexa viri compendia tanti
Volvere suasit amor, sacrosque adtingere sensus,
Quis numerum dedit ille tonos, mundumque to-
                             [nando
Disseruit canere, et pariles agitare choreas,
Implicuit varia nostrum caligine pectus ;
Induxique animo rerum violentia nubem.
Inde figurarum positas sine pulvere formas
Posco amens, aliasque graves offendo tenebras,
Ad summam, astrorum caussas clarosque meatus,
Obscuros quorum ille situs per nubila monstrat.
Sic jacui nutans, ut talem omnino ruinam,
Nec qui nos prohibet latebras agnoscere cœli,
Nec persona daret functorum freta cavernis.

l'avenir à ceux qui l'interrogent, se change en sanglier couvert d'écume, en onde qui fuit et s'échappe, en lion rugissant, en serpent aux horribles sifflements, et s'est laissé prendre un jour au sujet si peu important des abeilles. Mais à moi, qui suis tourmenté par des soins beaucoup plus importants, à moi qui cherche une douce nourriture pour mon âme, Varron cache ses réponses. A qui puis-je adresser mes chants et mes prières? De quelle nymphe, de quel fleuve puis-je implorer le secours? Est-ce vous que j'invoquerai, vous que le souverain maître du brillant Olympe a chargé de dévoiler aux enfants les secrets de la science, et dont il a, dans ce but, rempli l'esprit d'une lumière abondante? O mon maître, venez à mon secours; vous du moins n'abandonnez pas mes forces défaillantes! Commencez avec moi à fouiller et à retourner cette terre sacrée; car le temps s'écoule, et la vieillesse approche. Apollon remplit votre cœur, il vous a concilié la faveur de son père, qui est le père des dieux, et, écartant tout voile, il découvre à votre esprit les secrets de toutes choses. Le soleil n'avait peut-être pas fourni pour vous vingt fois sa carrière, lorsque l'intelligence du monde, qui vaut mieux que toute puissance, et dont aucun nectar n'égale la douceur, a pénétré en vous, a fixé vos pas chancelants, et vous a placé dans un milieu d'où vous pouvez étendre vos regards sur toutes choses. O maître chéri, avancez avec les années; la sagesse s'accroît en raison de l'amour qu'on a pour elle, et trouve toujours de nouveaux faîtes où elle peut s'élever! Suivez la route où vous conduit le brillant fils du Dieu qui lance la foudre, et écartez de nous toutes les difficultés, comme si vous aplanissiez les sommets des montagnes. Et quand le soir de la vie aura préparé pour vous une aurore plus brillante, un jour plus éclatant, du haut du ciel, souvenez-vous de moi; et cependant, sur la terre, vos avides disciples, privés de vos leçons, se déchireront le sein, se rouleront dans la poussière, sans trouver de soulagement à leur douleur; douleur impuissante, mais agréable au ciel, bénie par la religion, justifiée par l'immensité de notre perte. Oh! si la prochaine aurore pouvait, sur ses roues, m'apporter la joie, et ramener les jours anciens que j'ai passés avec vous dans la liberté des plus doux loisirs, en étudiant les lois de la candeur et du bien, alors que nous étions ensemble au milieu de l'Italie, et que nous parcourions les hautes montagnes, ni la

Protea namque ferunt veterum commenta Pelas-
                                               [gum,
Qui dum sollicitis non vult aperire futura,
Spumat aper, fluit unda, fremi leo, sibilat anguis,
Captum aliquando tamen in munera parva volu-
                                               [crum.
At mihi, qui nimium curis gravioribus angor,
Dulcia quæque animæ, subdulcia pabula quæro,
Varronis responsa latent. Quod supplice cantu
Præsidium nymphamve rogem et flumina poscam?
An te voce vocem, clari quem rector Olympi
Fontibus infantum præfecit, et abdita jussit
Ubertate animi longe ructare fluenta?
Ferto magister opem, ac tu tu ne desere vires
Invalidas, mecumque sacras subvertere glebas
Incipe: tempus enim, nisi me mortalia fallunt,
Labitur, in seniumque trahit. Tibi noster Apollo
Corda replet, patremque suum patremque deorum
Conciliat, legemque bonam, pacemque cruentam
Monstrat, et abducto velamine singula pandit.
Viginti emensus nam longos forsitan orbes
Solis eras, cum te ratio pulcherrima mundi,
Ditior imperiis, et nectare dulcior omni
Corripuit, statuitque viagum, medioque locavit,
Omnibus unde aciem possis intendere rebus.
O bone, carpe iter annorum, sapientia quantum
Crescit amore sui, invenies nova culmina semper,
Perge viam qua te soboles præclara tonantis
Perducit, sternens in planos ardua campos.
Et cum luciferos præcordia vesper in ortus
Distulerit, sanctumque super benedixerit ignem,
Sis memor ipse mei: bibulam qui ponitis aurem
Legibus invictis, contundite pectora palmis,
Sternite membra solo, meritosque ciete dolores,
Et prohibete nefas, Deus imperat omnibus unum,
Admonet antistes, venturaque fulmina terrent.
O mihi transactos revocet si pristina soles
Lætificis aurora rotis, quos libera tecum
Otia tentantes, et candida jura bonorum
Duximus Italiæ medio, montesque per altos.
Non me dura gelu prohiberent frigora cano,
Nec fera tempestas Zephyrum, fremitusque Borini,
Quin tua sollicito premerem vestigia passu.
Hoc opus ut jubeas tantum, cruor irriget artus,
Solstitio Neuros, bruma scotabimur Istrum.
Ignotus Garamas solvet mihi vincula gentis.
Xampæosque lacus fugiens Hypancius amnis
Callipidum Scythicas resonat spumosus ad undas.

rigueur de la glace et des froids, ni les tempêtes, soulevées par les combats que se livrent les zéphyrs, ni les frémissements de Borée ne sauraient m'empêcher de suivre avec empressement la trace de vos pas. Pour obéir à vos ordres, je ne craindrais pas d'arroser mes membres de mon sang, j'irais jusque sur la terre des Neures, je suivrais le cours de l'Ister au milieu de ses brumes, j'irais jusqu'au cœur de l'Afrique parcourir le terre des Garamantes. Oui, sur votre ordre et vos conseils, j'irais jusqu'aux lieux où l'Hypanis, fuyant les lacs de Xampée, roule ses flots écumants vers les ondes qui arrosent les déserts de la Scythie, j'irais chez les Leuces, là où la Leucie s'étend vers les régions où se lève le soleil, je ne craindrais pas de parcourir les sommets déserts du vaste Cassus, qui égalent en hauteur les roches des Épidamnes, et d'où je pourrais contempler le repos de l'aurore, le char du soleil séparé de ses coursiers, et le jour assoupi au milieu des ombres de la nuit. Car il n'y a ni fatigue, ni crainte à redouter, là où Dieu entend les prières que les hommes innocents lui adressent à cœur ouvert. J'abandonnerais avec joie les demeures des Romains, leurs palais élevés, leurs maisons qui retentissent de cris de joie et d'un vain tumulte, pour venir tout entier dans votre cœur, sans les liens qui retiennent mon esprit et qui m'empêchent de partir. O docte maître, croyez à mes maux et à ma vraie douleur! Sans vous, la voile de mon esquif ne me promet aucun port. J'erre au loin sur les flots orageux de la vie. Les nautonniers, chassés par des nuages noirs et épais, que la fureur des vents du midi et le souffle strident de l'Eurus a surpris et frappés, et que la tempête a privés de leurs pilotes, deviennent bientôt le jouet des flots qui se brisent et s'élèvent autour d'eux. Ni les planches, ni la proue, ni les voiles de leur navire ne peuvent résister à la violence de la tempête, et ils s'épuisent en vains efforts pour gouverner leur vaisseau. C'est ainsi que je suis ballotté par la violence de mes passions, qui me poussent vers une mer où je vais trouver la mort, sans qu'aucune terre se présente pour me sauver. Mais, ô maître chéri, en repassant dans mon esprit les paroles dictées par la pureté de votre cœur, je suis convaincu qu'il faut y ajouter foi. Oui, comme vous le dites, il n'y a que faussetés et déceptions dans les choses humaines, qui tendent continuellement des filets à notre âme. Mais hélas! j'ai oublié ces jours passés, et je suis en face du présent. Alors je vous étais cher, maintenant je suis effacé de votre cœur. Hélas! malheureux, dans quel lieu

Ibimus et Leucos, qua Leucia solis in ortus
Tenditur : et vasti deserta cacumina Cassi,
Queis Epidamneas æquat sibi Cassia rupes,
Unde quiescentem auroram, carrusque solutos,
Sopitamque diem media sub nocte viderem,
Te suadente petam : nec enim labor aut metus
[ullus
Terret, ubi insontes precibus Deus audit apertis.
Et nunc Romulidum sedes et inania tecti
Culmina, bacchatasque domus, vanosque tumultus
Desererem, et totus semel in tua corda venirem.
Ni mens conjugio incumbens retineret euntem.
Crede meis, o docte, malis, veroque dolori,
Quod sine te nullos promittunt carbasa portus,
Erramusque procul turbata per æquora vitæ.
Præcipites densa veluti caligine nautæ,
Quos furor Australis, stridens et status ab Euro
Perculit, et raptis privavit turbo magistris;
Protinus abruptis miseri volvuntur in undis :
Non forus aut proræ, non lintea deinde procellas
Ferre valent, ratioque jacet stupefacta regendi :
Sic me ventus agit, volvuntque cupidinis æstus
In mare letiferum, nec terræ protinus absunt,

Sed mecum reputans, tua candida verba magister,
Hæc magis esse reor tibi credere, callida res est,
Decipit, atque animis molitur retia nostris.
Præteritos oblitus enim, præsentia præsto :
Nunc tibi care tuo, nos nunc de pectore lapsi.
Heu mihi quo ferar, unde velim tibi pandere men-
[tem.
Ante sub Ægeo optabunt pia tecta palumbes,
Et versa halcyone componet in arbore nidos,
Esuriens vitulos alet ante leæna sequaces,
Atque impasta diu teneros lupa nutriet agnos,
Mutantesque suis divisum pulchra orbem,
Aut Barcæus alet taurum, aut Hyrcania sauros :
Ante Thyesteis iterum male territa mensis,
Interrupta dies refugos vanescat in ortus :
Ante dabunt imbres Nilum, super æthera damæ
Errabunt, montesque canent, et flumina plaudent,
Quam mihi post tergum veniant tua dona magister.
Arcet amor, copulamque tenet communis honesti.
Hic hic regnat imicitiæ decus hoste fugato.
Nam neque propter opes vitreas, aurumque rebelle,
Jungimus assensus animorum : nam neque vulgi
Nos fortuna ruens, quæ separat ardua, junxit.

irai-je, d'où je puisse vous ouvrir mon âme? Mais les colombes chercheront un abri sous le ciel de la mer Égée; l'alcyon établira son nid sur les arbres; la lionne affamée nourrira les jeunes taureaux qui suivront ses traces; la louve, quoique poussée par la faim, allaitera les tendres agneaux; les taureaux iront chercher les pâturages de Barca, et le saurien, sa nourriture dans les montagnes de l'Hyrcanie; le jour, interrompu dans sa course et effrayé par les festins de Thyeste, retournera en arrière; les pluies du ciel formeront un nouveau Nil; les daims erreront au milieu des airs, les montagnes chanteront et les fleuves applaudiront avant, ô maître chéri, que le souvenir de vos bienfaits s'efface de mon cœur! C'est l'affection qui nous lie, et c'est le goût de l'honnête qui en a fait le nœud. Oui, c'est ici que règne l'amitié dans toute sa beauté, après la fuite de l'ennemi. Car ce n'est pas sur les vaines richesses aussi fragiles que le verre, ce n'est pas sur l'or, si rebelle à l'avidité et aux recherches des hommes, que nos âmes se sont rencontrées et mises d'accord; nous n'avons pas été unis l'un à l'autre par la prospérité de la fortune qui divise les hommes lorsqu'elle devient mauvaise, mais en lisant, en quelque sorte, dans l'intérieur de notre âme, mais par les grandes choses que votre esprit a trouvées et que vous avez publiées dans vos livres, et par la sainteté du dogme que vous enseignez. Quoique ma muse soit saisie d'effroi, en voyant de près la hauteur où vous êtes, et qu'elle voile son visage, les liens qui enchaînent nos cœurs et qui les étreignent si tendrement, ne pourraient être rompus par celui qui a brisé les Alpes malgré la dureté et la solidité de leurs rochers, et qui a fait sentir sa violence jusque dans l'intérieur des murs des cités italiennes. Ondes de l'Oxus, qui courez et bouillonnez dans les anfractuosités des monts Paropamises, allez, par votre large cours, séparer les monts Riphées des montagnes Aremphéennes, ainsi que les villes Caspiennes et les demeures des Cimmériens! Vastes plages habitées par les Méotes, mer à laquelle Hellé a donné son nom, étendez-vous au loin entre l'Europe et l'Asie! Les forêts de Dodone ne séparent-elles pas aussi les Molosses pasteurs des frontières de Thalare, également riches en pâturages, et les Arabes issus d'une même souche? L'amitié et la paix n'ont pas toujours régné entre les habitants de Sidon et les descendants de Pélops, ni entre les Phrygiens sacriléges, quoiqu'une hospitalité commune les eût toujours invités à la paix. Dirai-je la dissension qui règne entre ces frères et les combats qu'ils se livrent, les coups portés par des pères, la furie des mères, l'orgueil des enfants? Dans les choses mêmes d'un ordre supérieur, l'accord ne règne pas toujours. Autant

Sed labor interiora legens, vulgata libellis,
Atque animis inventa tuis, et nobile dogma
Indictum, contraque bonus responsa relatus.
Et mea Calliope, quamvis te cominus altum
Horreat, et vultus abscondat, inutile tractans:
Hoc tamem, hoc animi vinclum, nexusque fideles,
Non qui montosis firmatas rupibus alpes
Fregit, et Italicas pressit cum mœnibus urbes,
Rumperet, aut nostro terreret robore quidquam.
Ite procul latices tumidis amfractibus Oxi,
Aut ab Aremphæis Rhiphæos aut oppida Caspii
Cimmeriasque domos sejungere flumine largo:
Motidumque, plagæ, pontus quas obruit Helles,
Europæ atque Asiæ longe discrimina tendant.
Nonne boum per utrumque latus armenta fatigans
Finibus abscidit Thalari Dodona Molossos,
Cognatosque Arabas? nec pacis fœdus amicum
Sidonios inter mansit regnumque Pelopum,
Sacrilegosque Phryges, quamvis pro tempore cunctis
  [ctis
Hospitio commune fuit. Quid denique fratrum
Discidium, pugnasque canam? quid honesta parentum
  [rentum
Verbera, quid matrum furias, natosque superbos?
Est etiam superum concors discordia rerum,
Totque fluunt ritus, quot dat sententia leges.
Nec tenet unus amor, non si mihi murmura centum
Det Boreas, totidemque animas, centumque per ora
Lingua rigens adamante fremat, memorare valebo
Quæ sociata prius veterum natura locorum
Distulit, et tereti limavit glarea mundo.
Sed nos prætereo, quod ab una exsurgimus urbe,
Quod domus una tulit, quod sanguine tangimur uno
Sæclorum, Christiana fides conuexuit, et quod
Nos iter immensum disterminat, et plaga ponti
Interfusa coercet, amor contemnit utrumque.
Gaudia qui spernens oculorum, semper amico
Absenti fruitur; quoniam de corde profundo
Pendet, et internæ rimatur pabula fibræ.
Interea venient quæcumque futura bonorum

de coutumes et de rites, autant d'avis et de lois différentes, et le même amour ne lie pas toutes choses. Non, quand bien même Borée me prêterait le souffle puissant de son haleine, quand bien même une langue aussi dure que le diamant pourrait frémir et s'agiter en moi par cent bouches, je ne saurais rapporter la quantité de lieux que, dans les premiers âges, la nature avait unis, et les changements qu'elle a opérés sur l'enveloppe du globe. Quoique enfants de la même ville, sortis de la même maison, unis par le sang et par la même foi chrétienne, ne sommes-nous pas séparés par des espaces immenses et par de vastes mers, qui semblent se jouer de notre tendresse mutuelle. Mais celui qui dédaigne la joie que nous goûtons par les yeux, peut néanmoins jouir d'un ami absent, parce qu'il est, en quelque sorte, suspendu au fond de notre cœur, et que son souvenir arrive jusqu'aux fibres les plus secrètes de notre âme. Pendant ce temps, je recevrai de vous de nouveaux écrits remplis de salutaires conseils, et qui ne cèdent en rien à la douceur des premiers, lorsqu'après les avoir longtemps médités, vous les avez produits à la lumière comme un miel plus doux que le nectar. Ils vous rendront toujours présent pour moi. Si vous voulez me rendre heureux, envoyez-moi les livres dans lesquels se développe cette douce musique dont votre âme a le secret, car je brûle de les lire. Exaucez mes vœux, et, ainsi, la raison fera arriver jusqu'à moi la vérité plus abondante que les flots de l'Éridan, et la contagion du monde n'arrivera pas jusque dans les champs où je suis retiré. »

4. Si vos vers n'étaient pas bien tournés, si les règles de la quantité n'y étaient pas bien observées, si, par des mesures inégales, ils choquaient l'oreille des auditeurs, certainement vous en auriez honte, et vous n'hésiteriez pas à les corriger, à les rétablir dans leur mesure et leur cadence, mettant tous vos soins et tous vos efforts pour les rendre conformes aux règles de l'art. Eh bien ! lorsque votre vie se passe dans le désordre, quand vous n'êtes plus d'accord avec les lois de votre Dieu, lorsque votre conduite ne répond plus aux vœux honnêtes de vos amis et à l'instruction que vous avez reçue, pensez-vous que ce soit là une chose à laisser de côté et à négliger ? Vous croyez donc que le son de votre bouche est plus utile pour vous que tout le reste, et qu'offenser les oreilles du Seigneur par des mœurs désordonnées, soit chose plus légère que d'exciter contre vous la colère des grammairiens par des syllabes mal arrangées. « Ah ! me dites-vous, si la prochaine aurore pouvait sur ses roues m'apporter la joie, et ramener les jours anciens que j'ai passés avec vous dans la liberté des plus doux loisirs, en étudiant les lois de la

---

Scripta salutiferi sermonis, et illa priorum
Æquiparanda favis, reputans quæ pectore in alto,
Conceptum in lucem vomuisti nectareum mel,
Præsentem ipsa mihi te reddent, si mihi morem
Gesseris, et libros quibus in te lenta recumbit
Musica tradideris, nam ferveo totus in illos.
Annue, sic nobis verum ratione patescat,
Sic plus Eridano fluat, et contagia mundi
Nequidquam volitent nostri circum arva coloni.
4. Si versus tuus momentis inordinatis perversus esset, si suis legibus non staret, si mensuris imparibus aures auditoris offenderet, puderet te certe, nec differres nec desisteres donec ordinares, corrigeres, statueres, æquares versum tuum, discendo et agendo artem metricam acerrimo studio, et labore quolibet : quid cum inordinatus ipse perverteris, cum legibus Dei tui ipse non stas, neque in agenda vita honestis tuorum votis, et huic ipsi eruditioni tuæ concinis, abjiciendum post tergum putas et negligendum ? quasi præ sono linguæ tuæ sis tibi vilior, et incompositis moribus quod offendis aures Dei levius sit, quam si incompositis syllabis tuis grammatica succenseret auctoritas. Scribis :
O mihi transactos revocet si pristina soles
Lætificis aurora rotis, quos libera tecum
Otia tentantes, et candida jura bonorum
Duximus Italiæ medio, montesque per altos :
Non me dura gelu prohiberent frigora cano,
Nec fera tempestas Zephyrum fremitusque Borini,
Quin tua sollicito premerem vestigia passu.
Hoc opus ut jubeas tantum.
Me miserum, si ego non jubeo, si non cogo atque impero, si non rogo, ac supplico. Sed si aures tuæ adversus meas voces clausæ sunt, ori tuo pateant, pateant carmini tuo ; exaudi teipsum durissime, immanissime, surditissime. Quo mihi linguam aureain et cor ferreum ? quibus ego non carminibus, sed lamentationibus sufficiam plangere carmina tua : in quibus video, quam animam, quod inge-

candeur et du bien, alors que nous étions ensemble au milieu de l'Italie et que nous parcourions les plus hautes montagnes, ni la rigueur de la glace et des froids, ni les tempêtes soulevées par les combats que se livrent les zéphirs, ni les frémissements de Borée ne sauraient m'empêcher de suivre avec empressement la trace de vos pas. Ordonnez seulement. » Malheur donc à moi si je n'ordonne pas, si je ne force pas, si je balance à commander, à prier, à supplier ! Si vos oreilles sont fermées à mes paroles, qu'elles s'ouvrent du moins à celles qui sortent de votre bouche. Prêtez l'oreille à vos propres vers. Ecoutez-vous vous-même, cœur dur, cruel et fermé à la vérité ! A quoi sert une langue d'or avec un cœur de fer ? Ce ne sont pas des chants, mais des lamentations que m'inspirent vos vers, qui me font voir, hélas ! quelle est cette âme, quel est ce génie que je ne puis saisir pour en faire un sacrifice à notre Dieu. Vous attendez que je vous ordonne d'être bon, d'être calme et heureux, comme si ce ne serait pas pour moi le plus agréable des jours, que celui où je pourrais jouir de votre génie en Notre Seigneur, ou comme si vous ne saviez pas avec quelle ardeur et quelle avidité je vous souhaite près de moi, ou comme si vous n'en faisiez pas vous-même l'aveu dans vos vers ! Reportez votre esprit au moment où vous m'avez écrit ces vers, et dites-moi maintenant : « Vous n'avez qu'à ordonner. » Voici mes ordres : Donnez-vous à moi, s'il suffit seulement de vous le dire : donnez-vous à mon Dieu, qui est le Dieu de nous tous, à ce Dieu à qui vous êtes redevable de votre génie. Car pour moi, que suis-je, si ce n'est votre serviteur en lui, pour le servir avec vous.

5. Mais ne vous donne-t-il pas des ordres lui-même ? Ecoutez l'Evangile : « Jésus se tenait debout, et s'écriait : Venez à moi vous tous qui pliez sous le poids des afflictions et des peines, et je vous soulagerai. Prenez mon joug sur vous, et apprenez de moi que je suis doux et humble de cœur, et vous trouverez le repos de vos âmes (*Matth.*, XI, 28). » Si ces paroles ne sont pas entendues de vous, ou ne pénètrent pas dans votre cœur, quels ordres, Licentius, pouvez-vous attendre d'Augustin, qui n'est comme vous qu'un serviteur. Ne doit-il pas plutôt gémir de voir sans résultat ceux que vous donne Dieu lui-même. Que dis-je, des ordres ? C'est une invitation, c'est une prière qu'il fait, pour que ceux qui sont dans l'affliction viennent se refaire et se soulager en lui. Peut-être, à un cœur indocile et fier comme le vôtre, le joug du monde paraît-il plus doux que celui du Christ ? Et quand bien même ce serait vraiment un joug, que le Christ nous forcerait à porter ; voyez quel est celui qui nous forcerait, voyez quelle récompense il nous promet ! Allez en Campanie. Apprenez de Paulin, ce saint et illustre serviteur de Dieu, quelle grandeur et quel faste il a rejetés loin de lui, sans la moindre hésitation, pour se mettre sous le joug de Jésus-Christ, avec d'autant plus de courage et de générosité, que son humilité a été plus pro-

---

nium non mihi liceat apprehendere, et immolare nostro ? Exspectas ut ego jubeam, sis bonus, sis quietus, sis beatus; quasi quidquam mihi dierum gratius illucescat, quam ut ingenio tuo fruar in Domino, aut vere tu nescias quam te esuriam et sitiam, aut non hoc ipso id carmine fatearis. Revoca animum quo ista scripsisti, nunc mihi dic : « Hoc opus ut jubeas tantum. » Ecce jussum meum, da mihi te, si hoc opus est tantum : da Domino meo te, qui omnium nostrum dominus est, qui tibi illud donavit ingenium. Nam ego quid sum, nisi servus tuus per ipsum, et conservus sub ipso ?

5. An ipse non jubet ? audi Evangelium : « Stabat (inquit) Jesus, et clamabat : Venite ad me omnes qui laboratis et onerati estis, et ego vos reficiam. Tollite jugum meum super vos, et discite a me, quia mitis sum et humilis corde, et invenietis requiem animabus vestris. Jugum enim meum lene est, et sarcina mea levis est. » Si hæc non audiuntur, aut usque ad aures audiuntur, exspectasne Licenti, ut Augustinus jubeat conservo suo, et non plangat potius frustra jubere Dominum suum; immo non jubere, sed invitare et rogare quodammodo, ut qui laborant, reficiantur, ab eo ? Sed videlicet fortissimo et præfidenti collo, jugum mundi jugo Christi est jocundius : qui si laborare nos cogeret, vide quis cogeret, qua mercede cogeret. Vade in Campaniam, disce Paulinum egregium et sanctum Dei servum, quam grandem fastum sæculi hujus, tanto generosiore, quanto humiliore cervice incunctanter excusserit, ut eam subderet Christi jugo, sicut subdidit : et nunc illo moderatore itine-

fonde et plus instantanée. Maintenant, rendu à la paix par celui qui avait guidé ses pas, il jouit modestement de son obéissance. Allez et apprenez quelle richesse d'esprit il offre à Dieu comme un sacrifice de louange, rapportant à lui seul tout ce qu'il en a reçu de bon, dans la crainte de tout perdre s'il ne rendait pas tout à celui qui lui a tout donné.

6. Pourquoi ces agitations, pourquoi ces incertitudes; pourquoi prêter l'oreille au murmure trompeur des voluptés qui donnent la mort à l'âme, pourquoi vous détourner de nous ? Ces voluptés sont trompeuses et fragiles, elles conduisent à la mort. Elles trompent, croyez le bien, ô Licentius ! Ah ! puisse la vérité, (comme vous le souhaitez dans vos vers) se découvrir à votre esprit, plus abondante que les flots de l'Eridan ! Or, il n'y a que la vérité qui puisse dire le vrai, et la vérité, c'est Jésus-Christ. Allons donc à lui pour ne pas être exposés à la souffrance et pour recevoir de lui un soulagement à nos peines. Soumettons-nous à son joug, et en apprenant de lui qu'il est doux et humble de cœur, nous trouverons le repos pour notre âme. Oui, son joug est doux, et la charge en est légère. Le démon cherche à s'emparer de vous comme d'un ornement précieux : Si vous aviez trouvé un calice d'or dans la terre, vous en feriez don à l'Eglise de Dieu. Vous avez reçu de Dieu un génie qui est un or spiri-

tuel, et vous le consacrez aux passions, et vous vous présentez ainsi vous-même, comme une proie à l'avidité de Satan ! Ne le faites pas, je vous en conjure. Puissiez-vous sentir combien je suis malheureux et combien je souffre dans mon cœur de vous écrire toutes ces choses. Ayez du moins compassion de moi si vous n'avez plus à cœur vos propres intérêts.

LETTRE XXVII [1]

Saint Augustin répond à saint Paulin et lui adresse des témoignages réciproques de bienveillance et d'amitié. Il lui dit quelque chose de Romanien et d'Alype. Il lui parle aussi de Licentius dont la jeunesse lui faisait craindre qu'il ne se tournât tout à fait vers les choses de ce monde.

AUGUSTIN A SON SEIGNEUR SAINT ET VÉNÉRABLE, A SON CHER FRÈRE PAULIN, QU'ON NE SAURAIT ASSEZ LOUER EN JÉSUS-CHRIST, SALUT DANS LE SEIGNEUR.

1. Quoi, homme excellent et bon frère, vous vous croyiez inconnu à mon âme? Je lui dis de souffrir que vous soyez inconnu à mes yeux, et c'est à peine si elle m'obéit ou pour mieux dire, elle ne m'obéit pas. En effet, se soumet-elle à ma volonté lorsque je souffre tant en elle du besoin de vous voir ? Si j'éprouvais des tour-

---

(1) Ecrite au commencement de l'année 395. — Cette lettre était la 23e dans les éditions antérieures à celle des Bénédictins, et celle qui était la 27e se trouve maintenant la 135e.

---

ris sui quietus, et modestus exsultat. Vade, disce quibus opibus ingenii sacrificia laudis ei offerat, refundens illi quidquid boni accepit ex illo, ne amittat omnia, si non in eo reponat a quo hæc habet.

6. Quid æstuas? quid fluctuas? quid imaginationibus mortiferarum voluptatum aurem accommodas, et avertis a nobis? Mentiuntur, moriuntur, in mortem trahunt. Mentiuntur Licenti, sic nobis (sicuti optas) verum ratione patescat ; sic plus Eridiano fluat. Non dicit verum nisi Veritas : Christus est veritas : veniamus ad eum, ne laboremus. Ut ipse nos reficiat, tollamus jugum ejus super nos, et discamus ab eo, quoniam mitis est humilis corde, et inveniemus requiem animabus nostris. Jugum enim ejus lene est, et sarcina ejus levis est. Ornari abs te diabolus quærit. Si calicem aureum invenisses in terra, donares illum ecclesiæ Dei. Accepisti a

Deo ingenium spiritaliter aureum, et ministras inde libidinibus, et in illo satanæ propinas teipsum? Noli obsecro, sic aliquando sentias, quam misero et miserando pectore hæc scripserim ; et miserearis jam mei, si tibi viluisti.

EPISTOLA XXVII

Augustinus Paulino, amplectens illius benevolentiam, et mutuum declarans amorem : nonnulla de Romaniano et Alypio, nec non de Licentio, cujus ætati metuebat, ne vergeret ad ea quæ sunt mundi.

DOMINO VERE SANCTO ET VENERABILI, ET EXIMIA IN CHRISTO LAUDE PRÆDICANDO, FRATRI PAULINO AUGUSTINUS IN DOMINO SALUTEM.

1. O Bone vir et bone frater, latebas animam meam : et ei dico ut toleret, quod adhuc lates oculos meos, et vix mihi obtemperat ; immo non ob-

ments du côté du corps, sans que le calme de mon âme en fût troublé, on pourrait appeler cela de la patience ; mais, comme je ne puis souffrir sans trouble d'être privé de votre vue, mon état n'a rien de commun avec la patience. Qui pourrait, du reste, se résigner à vivre loin d'un homme comme vous ? Il est donc bon que cette privation me soit insupportable, car si je la supportais patiemment, je serais moi-même insupportable. Ce que j'éprouve peut vous surprendre, mais pourtant il en est, comme je dis : Oui, la privation de vous voir me cause une grande douleur, et ma seule consolation est de céder à ma douleur. Je n'aime pas, en effet, cette force de caractère, qui ferait supporter trop aisément l'éloignement d'un homme aussi excellent. L'un et l'autre nous désirons la Jérusalem future, et plus est grande l'impatience avec laquelle nous la désirons, plus nous nous résignons à souffrir tout pour elle. Qui pourrait donc ne pas se réjouir de vous voir, et ne pas être douloureusement affecté quand il n'a point ce bonheur ? Pour moi, je ne puis ni l'un ni l'autre, et si je le pouvais, il y aurait de la dureté de ma part. Je me réjouis donc de ne pas le pouvoir, et j'éprouve en cela quelque consolation. Ce qui adoucit et console un peu ma peine, ce n'est pas la cessation de ma douleur, mais la conscience même de cette douleur. Ne me blâmez pas, je vous prie, avec la sainte gravité qui vous élève au-dessus de tous, et ne dites pas que j'ai tort de m'affliger de ne pas connaître encore votre visage, puisque vous m'avez laissé voir votre esprit, c'est-à-dire l'intérieur de vous-même. Quoi donc si j'avais appris, que vous, mon frère, mon ami, vous qui êtes si grand dans le Seigneur, fussiez quelque part, ou quelle cité vous habitiez sur la terre, croyez-vous que je n'éprouverais pas une grande douleur si je ne pouvais pas connaître votre maison ? Comment donc ne serais-je pas douloureusement affecté de n'avoir pas encore vu votre visage ; où vient se refléter votre âme que je connais comme la mienne.

2. Car j'ai lu votre lettre où coulent pour ainsi dire le lait et le miel et qui porte le cachet de cette simplicité de cœur avec laquelle vous cherchez le Seigneur, et qui exprime si bien le sentiment que vous avez de sa bonté. Tout ce que contient cette lettre concourt à rendre à Dieu la gloire et les honneurs qui lui sont dus. Mes frères l'ont également lue, et éprouvent une joie aussi durable qu'ineffable, en voyant l'abondance et la grandeur des dons que Dieu vous a faits, et qui sont devenus votre bien. Tous ceux qui l'ont déjà lue me l'enlèvent encore, parce qu'elle les enlève eux-mêmes toutes les fois qu'ils la lisent. Il est impossible de dire

---

temperat an vero tolerat? Cur ergo me excruciat desiderium tui apud ipsam intus animam? Nam si molestias corporis paterer, et si non perturbarent æquitatem animi mei, recte illas tolerare dicerer. cum autem non æquo animo fero, quod te non video, intolerabile est istam appellare tolerantiam. Sed quando tu talis es, esse sine te fortasse intolerabilius toleraretur. Bene est ergo, quia æquo animo ferre non possum, quod si æquo animo ferrem, æquo animo ferendus non essem. Mirum est, sed tamen verum, quod mihi accidit : doleo quod te non video, et me ipse consolatur dolor. Ita mihi displicet fortitudo, qua patienter fertur absentia bonorum, sicuti es. Nam et Jerusalem futuram desideramus utique, et quanto impatientius desideramus ipsam, tanto patientius sustinemus omnia propter ipsam. Quis igitur potest non gaudere te viso, ut possit quamdiu te non videt, non dolere ? Ergo neutrum possum, et quoniam si possem, immaniter possem, non posse delector, atque in eo quod delector nonnullum solatium est. Dolentem itaque me non sedatus, sed consideratus consolatur dolor. Ne reprehendas, quæso sanctiore gravitate qua prævales, et dicas non recte me dolere, quod adhuc te non noverim, cum animum mihi tuum, hoc est teipsum interiorem adspiciendum patefeceris. Quid enim si uspiam te vel in terrena tua civitate didicissem fratrem et dilectorem meum, et tantum in Domino ac talem virum, nullumne dolorem sensurum fuisse arbitrareris, si non sinerer nosse domum tuam ? Quomodo ergo non doleam, quod nondum faciem tuam novi, hoc est domum animæ tuæ, quam sicut meam novi ?

2. Legi enim litteras tuas fluentes lac et mel, præferentes simplicitatem cordis tui, in qua quæris Dominum sentiens de illo in bonitate, et afferentes ei claritatem et honorem. Legerunt fratres, et gaudent infatigabiliter et ineffabiliter, tam uberibus et tam excellentibus donis Dei, bonis tuis. Quotquot eas legerunt, rapiunt, quia rapiuntur cum legunt. Quam suavis odor Christi, et quam fragrat ex eis, dici non potest. Illæ litteræ cum te offerunt

quelle suave odeur du Christ s'en exhale. Plus elle vous découvre à nous, plus elle excite en nous l'envie de vous chercher. Elle vous fait d'autant plus désirer, qu'elle vous fait mieux connaître, et nous fait d'autant plus regretter votre absence qu'elle vous rend plus présent aux yeux de notre esprit. Tous vous aiment dans cette lettre et désirent d'être aimés de vous. Nous louons, nous bénissons le Seigneur, dont la grâce vous a fait tel que vous êtes. Dans cette lettre, vous paraissez, comme les apôtres, réveiller le Christ, afin qu'il daigne apaiser les vents et la mer et vous procurer le calme que vous ne cherchez qu'en lui. On y voit une femme qui ne conduit pas son époux à la mollesse, mais retrouve elle-même force et fermeté près de celui dont les os ont été le principe de son être. Comme elle ne forme plus qu'un avec vous, et qu'elle vous est unie par des liens d'autant plus solides et plus spirituels, qu'ils sont plus chastes et plus purs, nous la saluons de nouveau en vous, pour nous acquitter des devoirs que nous devons à votre sainteté. On y voit aussi les cèdres du Liban abattus et couchés sur la terre, devenus une arche dont la charité a rassemblé les parties, fendre sans crainte la corruption, les flots orageux de ce monde. On y voit la gloire acquise par le mépris qu'on en fait, et le monde qui devient l'héritage de ceux qui l'ont délaissé : enfin les fils de Babylone, petits ou grands, c'est-à-dire les vices de ce siècle orgueilleux et troublé y sont tous brisés contre la pierre.

3. Voilà les saints et suaves spectacles que votre lettre présente aux yeux de ceux qui la lisent ; lettre de foi sincère, lettre de bonne espérance, lettre de pure charité. Comme elle respire la soif, le désir et les saintes langueurs, que votre âme éprouve pour arriver au sanctuaire de Notre Seigneur ! Quelle flamme du saint amour, quel trésor de charité et quelle sincérité de cœur elle nous fait découvrir en vous ! Comme elle est pleine de reconnaissance envers Dieu, et combien elle est digne d'obtenir de lui de nouvelles grâces ! Est-ce la douceur ou l'ardeur, est-ce l'onction ou la lumière que l'on doit le plus admirer dans cette lettre ? En effet, elle répand autant de douceur dans notre âme qu'elle y allume d'ardeur ; elle y laisse tomber autant de rosée céleste qu'elle y jette de clarté et de sérénité. Comment puis-je vous en témoigner toute ma reconnaissance, si ce n'est en me donnant tout entier à vous, en celui auquel vous vous êtes donné tout entier vous-même ? Peut-être est-ce peu de chose, mais je n'ai rien de plus à vous offrir, comment

ut videaris, quantum nos excitant ut quæraris : nam et perspicabilem faciunt et desiderabilem. Quanto enim præsentiam tuam nobis quodammodo exhibent, tanto absentiam nos ferre non sinunt. Amant te omnes in eis, et amari abs te cupiunt. Laudatur et benedicitur Deus, cujus gratia tu talis es. Ibi excitatur Christus, ut ventos et maria tibi placare dignetur tendenti ad stabilitatem suam. (a) Videtur a legentibus ibi conjux non dux ad mollitiem viro suo, sed ad fortitudinem redux in ossa viri sui : quam in tuam unitatem redactam et redditam, et spiritualibus tibi tanto firmioribus, quanto castioribus nexibus copulatam, officiis vestræ sanctitati debitis, in te uno (b) resalutamus. Ibi cedri Libani ad terram depositæ, et in arcæ fabricam compagine caritatis erectæ, mundi hujus fluctus imputribiliter secant. Ibi gloria ut acquiratur, contemnitur ; et mundus ut obtineatur, relinquitur. Ibi parvuli, sive etiam grandiusculi filii Babylonis eliduntur ad petram, vitia scilicet confusionis superbiæque sæcularis.

3. Hæc atque hujusmodi suavissima et sacratissima spectacula, litteræ tuæ præbent legentibus, litteræ illæ litteræ fidei non fictæ, litteræ spei bonæ, litteræ puræ caritatis. Quo modo nobis anhelant sitim tuam, et desiderium defectumque animæ tuæ in atria Domini ? quid amoris sanctissimi spirant ? quantam opulentiam sinceri cordis exæstuant ? quas agunt gratias Deo ? quas impetrant a Deo ? Blandiores sunt, an ardentiores ; luminosiores, an fecundiores ? Quid enim est, quod ita nos mulcent ita accendunt, ita compluunt et ita serenæ sunt ? Quid est quæso te, aut quid tibi pro eis rependam, nisi quia totus sum tuus in eo, cujus totus es ? Si parum est, plus certe non habeo. Tu autem fecisti ut non mihi parum videatur, qui me in illa epistola tantis laudibus honorare dignatus es, ut cum tibi me refundo, si parum hoc putem, tibi non credidisse

(a) Sic XXI. MSS. At vulgati habent, *ad stabilitatem suam dignetur. Ibi conjunx excitatur, non dux* etc.
(b) In prius editis, *uno ore salutamus*. In MS. uno Vaticano, *una mente resalutamus*. At in aliis Vaticanis tribus, et in quindecim Gallicanis exhibetur lectio, quam eligimus.

croire cependant que ce soit peu de chose, lorsque dans votre lettre vous avez daigné me combler de tant de louanges. Ainsi, traiter de peu de chose ce que je vous donne, en me donnant à vous, ce serait dire que je ne vous crois pas. J'ai honte de tout le bien que vous pensez de moi, mais je regretterais bien plus encore de ne pas vous croire. Voilà ce qui me reste à faire. Je ne me croirai pas tel que vous le pensez, parce que je ne suis pas tel en effet, mais je croirai que vous m'aimez, parce que je le sens et je le vois clairement. Ainsi je ne serai ni téméraire envers moi, ni ingrat envers vous. En m'offrant tout entier à vous ce n'est pas peu de chose, puisque je vous offre celui que vous aimez si vivement : puisque je vous offre, sinon celui que vous jugez si bon, du moins celui qui vous demande de prier Dieu pour qu'il mérite de le devenir. Je vous conjure de le faire, de peur que vous mettiez moins d'ardeur pour demander à Dieu ce qui me manque encore, en pensant que je suis déjà ce que je ne suis pas.

4. Celui (1) qui portera cette lettre à votre excellence et à votre éminente charité, est le plus cher de mes amis, auquel je suis très-attaché depuis ma jeunesse. Son nom est dans le livre de la *Religion*, que votre sainteté a lu avec plaisir, comme vous me le dites dans votre lettre ; livre que la recommandation et le mérite de celui qui vous l'a envoyé vous a rendu plus agréable encore. Je désire cependant que vous n'ajoutiez pas une foi entière à l'éloge que cet ami vous fera peut-être de moi; car je me suis déjà souvent aperçu que non pas la volonté de mentir, mais l'entraînement de son amitié pour moi rendait ses jugements erronés, et lui faisait croire que j'avais déjà reçu les dons qui sont encore l'objet des souhaits les plus ardents de mon cœur et de mes prières à Dieu. S'il a déjà parlé ainsi en ma présence, que ne dira-t-il pas en mon absence, en écoutant son affection pour moi plutôt que la vérité ? Il pourra satisfaire vos désirs en vous communiquant tous mes livres, car je crois qu'il a entre les mains tous les ouvrages que j'ai écrits, soit contre ceux qui sont hors de l'Eglise de Dieu, soit pour l'édification de nos frères. Mais vous, mon cher et saint Paulin, lorsque vous les lirez, ne vous laissez pas ravir par les choses que la vérité dit par ma faible bouche, de manière à prêter moins d'attention à ce que je dis moi-même, car je crains qu'en écoutant ainsi avec trop d'ardeur ce que la voix de la vérité a inspiré de bon et de juste à son ministre, vous ne pensiez plus à prier Dieu pour les péchés et les fautes que je commets. Dans les choses qui pourront justement vous déplaire, si vous y prêtez une sérieuse atten-

(1) C'est ce Romanien dont saint Augustin fait l'éloge dans son livre de la *Véritable religion*, ch. vii, n° 12.

convincar. Pudet me quidem tantum boni de me credere, sed plus piget tibi non credere. Est quod faciam : non me credam talem qualem putas, quoniam non agnosco ; et credam me abs te diligi, quoniam sentio et plane percipio : ita nec in me temerarius, nec in te ingratus exstitero. Et cum me tibi totum offero, parum non est : offero enim quem vehementissime diligis : et offero, si non qualem me esse arbitraris, eum tamen pro quo, ut talis esse merear, deprecaris. Hoc enim magis jam peto facias, ne minus optes mihi adjici ad id quod sum, dum me existimas jam esse quod non sum.

4. Ecce carissimus meus est, et ab ineunte adolescentia mihi familiariter amicissimus, qui hanc eximietati tuæ ac præstantissimæ caritati epistolam apportat. Hujus nomen est in libro *De Religione*, quem tua sanctitas (quantum litteris indicas) libentissime legit, factus est enim tibi etiam tanti viri, qui tibi eum misit, commendatione jocundior. Neque tamen huic tam familiari amico meo velim credas, quæ de me forte laudans dixerit. Sensi enim etiam ipsum sæpe non mentiendi studio, sed amandi propensione falli judicantem, et arbitrari jam me accepisse quædam, quibus accipiendis a Domino patente ore cordis inhiarem. Et si hoc in os meum, quis non conjiciat quanta de me absente meliora quam veriora lætus effundat ? Librorum autem nostrorum copiam faciet venerabili studio tuo ! nam nescio me aliquid, sive ad eorum qui extra Ecclesiam Dei sunt, sive ad aures fratrum scripsisse, quod ipse non habeat. Sed tu cum legis mi sancte Pauline, non te ita rapiant, quæ per nostram infirmitatem veritas loquitur, ut ea quæ ipse loquor minus diligenter advertas : ne dum avidus hauris bona et recta, quæ data ministro, non ores pro peccatis et erratis, quæ ipse committo. In his enim, quæ tibi recte, si adverteris, displicebunt, ego ipse conspicior : in his autem, quæ per donum Spiritus, quod accepisti, recte tibi

tion, c'est moi-même que vous verrez; mais dans celles qui pourront vous plaire par le don du Saint-Esprit qui est en vous, il faut aimer et louer celui-là seul qui est la source de la vie, celui dans la lumière duquel nous verrons la lumière sans voile, face à face; car présentement nous la voyons seulement en énigme Ainsi, lorsqu'en relisant mes écrits j'y reconnais ce qui tient encore à mon vieux levain, je me juge avec douleur; mais quand j'y trouve ce que par la grâce de Dieu, j'ai dit et tiré de l'azyme de la sincérité et de la vérité, je m'en réjouis dans le Seigneur, mais en tremblant. Qu'avons-nous, en effet, qui ne nous ait été donné? Celui que Dieu a enrichi en abondance de ses dons, vaut mieux que celui qui n'en a reçu qu'un petit nombre. Qui peut le nier? Mais d'un autre côté, il vaut bien mieux rendre grâces à Dieu du petit nombre de dons qu'il nous a faits, que de s'attribuer à soi-même la gloire de ceux qu'il nous a donnés en abondance. Priez pour moi, frère, pour que j'aie toujours les mêmes sentiments, et que ma bouche soit d'accord avec mon cœur. Priez, je vous en conjure, pour que, dans les louanges qui me sont données malgré moi, je loue et j'invoque le Seigneur. Je serai ainsi délivré de mes ennemis.

5. Une chose vous fera encore aimer davantage le frère qui vous remettra cette lettre. Il est parent du vénérable et bienheureux évêque Alype que vous aimez, et cela, avec raison, de tout votre cœur. Car penser avec bienveillance de cet homme, c'est reporter sa pensée sur la grande miséricorde et les bienfaits admirables de Dieu lui-même. En lisant dans votre lettre le passage où vous exprimez le désir qu'il vous écrive son histoire, son affection pour vous le portait à répondre à votre souhait, mais sa modestie l'en empêchait. Le voyant ainsi balancer entre ces deux sentiments, j'ai chargé mes épaules de son fardeau; il m'en avait d'ailleurs prié par une lettre. Ainsi bientôt, si Dieu me vient en aide, je vous mettrai à même d'aimer Alype de tout votre cœur (1).

Je craignais surtout qu'Alype n'osât vous découvrir toutes les grâces que Dieu a mises en lui; car sa lettre, qui certainement n'aurait pas été lue par vous seul, aurait pu faire croire à des esprits peu intelligents que son intention était plutôt de se vanter lui-même, que de rendre hommage aux grâces divines accordées aux hommes. En ménageant ainsi le peu de pénétration des autres, il ne se serait pas fait connaître à vous, qui pourtant savez si bien saisir le vrai sens des choses. J'aurais déjà sa-

(1) La lettre où saint Augustin donnait à saint Paulin les détails qu'il lui avait promis sur la vie d'Alype, n'est pas arrivée jusqu'à nous.

placent in libris meis, ille amandus, ille prædicandus est, apud quem est fons vitæ, et in cujus lumine videbimus lumen, sine ænigmate, sed facie ad faciem; nunc autem in ænigmate videmus. In his ergo, quæ ipse de veteri fermento eructuavi, cum ea legens agnosco, me judico cum dolore : in his vero quæ de azymo sinceritatis et veritatis dono Dei dixi, exsulto cum tremore. Quid enim habemus, quod non accepimus? At enim melior est qui majoribus et pluribus, quam qui minoribus et paucioribus donis Dei dives est : quis negat? Sed rursus melius est, vel de parvo Dei dono gratias ipsi agere, quam sibi agi velle de magno. Hæc ut ex animo semper confitear, meumque cor a lingua mea non dissonet, ora pro me frater. Ora obsecro, ut non laudari volens, sed laudans invocem Dominum, et ab inimicis meis salvus ero.

5. Est etiam aliud, quo istum fratrem amplius diligas : nam est cognatus venerabilis, et vere beati episcopi Alypii, quem toto pectore amplecteris, et merito : nam quisquis de illo vero benigne cogitat, de magna Dei misericordia, et de mirabilibus Dei muneribus cogitat. Itaque cum legisset petitionem tuam, qua desiderare te indicasti, ut historiam suam tibi scribat, et volebat facere propter benevolentiam tuam, et nolebat propter verecundiam suam quem cum viderem inter amorem pudoremque fluctuantem, onus ab illo in humeros meos transtuli : nam hoc mihi etiam per epistolam jussit. Cito ergo, si Dominus adjuverit, totum Alypium inseram præcordiis tuis : nam hoc sum ego maxime veritus, ne ille vereretur aperire omnia, quæ in eum Dominus contulit, ne alicui minus intelligenti (non enim abs te solo illa legerentur) non divina munera concessa hominibus, sed ipsum prædicare videretur, et tu, qui nosti quomodo hæc legas, propter aliorum cavendam infirmitatem, fraternæ notitiæ debito fraudareris, quod jam fecissem, jamque illum legeres, nisi profectio fratris improvisa repente placuisset.

tisfait à votre désir concernant Alype, et déjà vous le connaîtriez sans le départ précipité du frère qui vous portera cette lettre. Je le recommande à votre cœur et à la bienveillance de votre parole. Daignez l'accueillir comme si vous le connaissiez, non pas depuis un jour, mais depuis longtemps, ainsi que je le connais moi-même. En effet, s'il ne craint pas de se montrer tout entier à votre cœur, la douceur de votre langage le guérira sinon entièrement, du moins en grande partie, de ses maux. Mon plus vif désir est de le voir se rendre aux paroles et aux instances de ceux qui aiment sincèrement et non selon le siècle.

6. Si ce frère n'était pas allé vers vous, j'avais résolu de vous écrire pour vous recommander son fils (1) qui est aussi le mien, et dont le nom se trouve dans quelques-uns de mes livres. J'aurais voulu le mettre sous votre main, pour que l'exemple de votre force et de votre fermeté, plutôt que votre parole, lui donnât la consolation, les conseils et l'instruction dont il a besoin. Car je désire ardemment que dans son âge encore tendre, l'ivraie qui germe en lui se change en froment, et qu'il s'en rapporte aux avis de ceux qui ont couru des dangers, plutôt que d'en faire lui-même la périlleuse expérience. Votre charité pourra voir, d'après les vers qu'il m'a adressés et d'après la lettre (2) que je lui ai écrite, ce qui m'afflige, ce que je crains et ce que je désire à son sujet. J'espère que Dieu viendra à mon aide et me délivrera par vous, son ministre, des craintes et des inquiétudes qui m'assiègent. Comme vous devez lire beaucoup de mes écrits, votre amitié me sera plus douce encore si vous daignez corriger et reprendre, avec une charitable sévérité, tout ce qui vous y aura déplu, car vous n'êtes pas celui que je craindrais de voir répandre une huile perfide sur ma tête (*Ps.*, CXL, 6). Non-seulement tous les frères qui sont avec moi, et ceux qui, quelque lieu qu'ils habitent, servent Notre Seigneur, mais encore presque tous ceux qui nous connaissent en Jésus-Christ, saluent, vénèrent, embrassent votre fraternité, votre sainteté, votre bonté. Je n'ose pas vous le demander, mais si les fonctions ecclésiastiques vous laissent quelque loisir, vous voyez quelle est la soif dont toute l'Afrique est altérée comme moi.

(1) Il s'agit de Licentius dont le nom figure dans les livres contre les Académiciens.
(2) Voyez la lettre précédente 26ᵉ.

Quem sic commendo cordi et linguæ tuæ, ut ita comiter ei te præbeas, quasi non nunc illum, sed mecum ante didiceris. Si enim cordi tuo non dubitaverit aperire seipsum, aut ex omni, aut ex magna parte sanabitur per linguam tuam. Volo enim eum numerosius contundi eorum vocibus, qui amicum non sæculariter diligunt.

6. Filium autem ejus filium nostrum, cujus etiam nomen in aliquibus nostris libris invenies : etsi ad tuæ caritatis præsentiam ipse non pergeret, statueram litteris in manum tuam tradere, consolandum, exhortandum, instruendum, non tam oris sono, quam exemplo roboris tui. Ardeo quippe, ut dum adhuc ætas ejus in viridi fœno est, zizania convertat in frugem, et credat expertis quod experiri periculose desiderat. Nunc ergo ex ejus carmine, et ex epistola, quam ad eum misi, intelligit benevolentissima et mansuetissima prudentia tua, quid de illo doleam, quid timeam, quid cupiam. Nec despero affuturum Dominum, ut per te ministrum ejus tantis curarum æstibus liberer. Sane quia multa scripta nostra lecturus es, multo erit mihi gratior dilectio tua, si ex his quæ tibi displicuerint, emendaveris me justus in misericordia, et argueris me. Non enim talis es, cujus oleo timeam impinguari caput meum. Fratres non solum qui nobiscum habitant, et qui ubilibet habitantes Deo pariter serviunt, sed prope omnes qui nos in Christo libenter noverunt salutant, venerantur, desiderant germanitatem, beatitudinem, humanitatem tuam. Non audeo petere, sed si tibi ab ecclesiasticis muneribus vacat (*a*), vides quid mecum sitiat Africa.

(*a*) Editi, *venias et videas quid mecum sentiat Africa*. At MSS. habent his verbis, *venias etc.*, habentque, *vides quid etc.* ac demum ex iis tres. *quid mecum sitiat*, quo verbo pulore alludit Augustinus ad siccitatem Africæ, ut facit rursum in epist. XXXI, et XLII.

LETTRE XXVIII [1]

Saint Augustin écrit à saint Jérôme au sujet de la traduction de l'Ancien Testament, que ce dernier avait faite, quoiqu'on eût déjà celle des Septante; il parle de la réprimande que saint Paul fit à saint Pierre comme il est rapporté au chap. II de l'Épître aux Galates, et demande quelques explications au sujet du mensonge officieux que saint Jérôme semble justifier à cette occasion.

AUGUSTIN A JÉRÔME, SON TRÈS-CHER SEIGNEUR, SON FRÈRE QU'IL EMBRASSE AVEC LA PLUS SINCÈRE CHARITÉ, ET SON COLLÈGUE DANS LE SACERDOCE.

CHAPITRE I. — 1. On ne connaît pas si bien ceux dont on voit tous les jours le visage, que je connais l'application si calme, si douce et si noble de vos études dans le Seigneur. Aussi, pour remplir l'ardent désir que j'ai de vous connaître entièrement, il ne me manque qu'une bien faible partie de vous-même, la présence de votre corps. Mais, d'après ce que le frère Alype, déjà digne alors de l'épiscopat, et aujourd'hui vénérable évêque, m'a dit à son retour, après vous avoir vu, je puis dire qu'en grande partie l'image de votre personne est imprimée dans mon esprit. Pendant qu'il vous voyait, je vous voyais aussi, mais par ses yeux. Car celui qui nous connaît, sait que si nous sommes deux par le corps, notre union, notre affection mutuelle, bien qu'il l'emporte sur moi par ses mérites, font que nous ne formons qu'un seul et même esprit. Comme vous m'aimez déjà par la communion spirituelle qui nous unit vous et moi, et aussi d'après ce qu'a pu vous dire Alype, je ne crois pas agir témérairement comme un étranger en recommandant à votre charité notre frère Profuturus (2), qui, je l'espère, par mes soins et votre aide, tiendra un jour ce que son nom promet. Mais, peut-être est-il déjà tel, qu'il lui conviendrait mieux de me recommander à vous, qu'à moi de vous le recommander. Je ne vous écrirais pas plus longuement, si je voulais me contenter de vous envoyer une lettre ordinaire; mais j'ai dans mon esprit mille choses à vous dire et à vous communiquer sur les études que nous faisons

---

(1) Écrite l'an 394 ou 395. — Cette lettre était la 8e dans les éditions antérieures à l'édition des Bénédictins, et celle qui était la 28e se trouve maintenant la 166e.

(2) Profuturus avait été élevé dans le monastère de saint Augustin, qui avait pour lui une amitié et une confiance sans bornes, comme on peut le voir dans la lettre 38e écrite lorsqu'il se disposait à partir pour se rendre près de saint Jérôme. Il fut élu évêque de Cirte, et mourut peu de temps après, comme l'indique saint Augustin dans sa lettre 71e. C'est pourquoi cette lettre, et c'était la première que saint Augustin, encore simple prêtre, écrivait à saint Jérôme, ne parvint pas à ce dernier à l'époque où elle fut écrite. Profuturus paraît être celui dont on trouve l'éloge, comme évêque de Cirte, dans le livre *De unico baptismo*, (sur un seul baptême) contre Petil. ch. X. C'est à lui également qu'est adressée la lettre 38. Saint Paulin, dans sa lettre 32e, fait mention du même Profuturus. Enfin Evode, évêque d'Usale, qui avait été nourri avec Profuturus dans le même monastère, rapporte, dans la lettre 158 n. 9, qu'il lui était apparu en songe après sa mort, et qu'il lui avait prédit quelque chose qui s'était réalisé.

EPISTOLA XXVIII

Augustinus Hieronymo, de nova post LXX, veteris Testamenti versione, deque Petro reprehenso a Paulo ad Galat. II, expostulans de suscepto hinc patrocinio mendacii officiosi.

DOMINO DILECTISSIMO, ET CULTU (a) SINCERISSIMO CARITATIS OBSEQUENDO ATQUE AMPLECTENDO FRATRI ET COMPRESBYTERO HIERONYMO, AUGUSTINUS.

1. Numquam æque quisquam tam facie cuilibet innotuit, quam mihi tuorum in Domino studiorum quieta, læta, et vere exercitatio liberalis. Quamquam ergo percupiam omnino te nosse; tamen exiguum quiddam tui minus habeo, præsentiam videlicet corporis; quam ipsam etiam postea quam te beatissimus nunc episcopus, tunc vero jam episcopatu dignus, frater Alypius vidit, remansque a me visus est, negare non possum magna ex parte mihi esse relatu ejus impressam : et ante reditum, cum te ille ibi videbat, ego videbam, sed oculis ejus. Non enim animo me atque illum, sed corpore duos, qui noverit, dixerit, concordia dumtaxat et familiaritate fidissima, non meritis quibus ille antecellit. Quia ergo me primitus communione spiritus, quo in unum nectimur, deinde illius ex ore jam diligis; nequaquam impudenter quasi aliquis ignotus commendo germanitati

---

(a) Cisterciensis MS. *observando atque subsequendo magisque amplectendo* etc. *in Domino salutem.*

en Jésus-Christ Notre Seigneur, qui s'est servi de votre charité, pour nous donner tant de connaissances utiles, et comme un viatique, pour le suivre dans le chemin qu'il nous a tracé.

CHAPITRE II. — 2. Nous vous demandons, et toutes les personnes studieuses des églises d'Afrique vous le demandent avec nous, de donner tous vos soins à traduire les ouvrages de ceux qui ont le mieux écrit en grec sur nos saintes Écritures. Vous pouvez, en effet, nous donner la satisfaction de posséder aussi de tels hommes, et surtout l'un d'entre eux dont vous aimez à répéter le nom dans vos lettres. Mais je n'aimerais pas à vous voir traduire en latin les saintes lettres canoniques, à moins de les interpréter comme vous l'avez fait du livre de Job, en indiquant par des signes la différence qui existe entre votre version et celle des Septante, dont l'autorité est toujours d'un très-grand poids. Je serais étonné s'il y avait encore dans le texte hébreu, quelque chose qui eût échappé à la sagacité de tant d'interprètes si versés dans cette langue. Je ne parle pas ici des Septante, ni de cet accord d'interprétation et d'esprit qui s'est trouvé entre eux plus parfait qu'il ne le serait dans le même homme. Je ne veux pas me prononcer sur ce point ; toutefois je pense qu'on doit, sans discussion aucune, reconnaître leur autorité comme supérieure à toute autre. Ce qui m'étonne le plus, c'est que les nouveaux interprètes qui connaissaient si bien, dit-on, la force des mots et la valeur des locutions hébraïques, non-seulement ne s'accordent pas entre eux, mais encore aient laissé beaucoup de choses à découvrir et à développer. Or, ces choses sont, ou obscures ou claires. Si elles sont obscures, ne pourriez-vous pas vous y tromper également ; si elles sont claires, on ne saurait croire que ces interprètes aient pu s'y tromper. Je prie donc votre charité de me donner quelques éclaircissements à ce sujet.

CHAPITRE III. — 3. J'ai lu quelques écrits qu'on vous attribue, sur les épitres de l'apôtre saint Paul. Il m'est tombé sous la main cet endroit de vos explications sur l'épitre aux Galates, où l'apôtre saint Pierre est blâmé d'avoir eu recours à une dangereuse dissimulation. Je suis vivement peiné de voir un homme comme vous, ou l'auteur de cet ouvrage, s'il est d'un autre, se faire en quelque sorte le patron du mensonge, et cette douleur restera en moi, jusqu'à ce qu'on ait levé les doutes que j'ai à cet égard, si toutefois il est possible de les éclaircir. Il est en effet pernicieux de croire à

tuæ fratrem Profuturum, quem nostris conatibus deinde adjutorio tuo vere profuturum speramus ; nisi forte quod talis est, ut ipse tibi per cum fiam commendatior, quam ille per me. Hactenus fortasse scribere debueram, si esse vellem epistolarum sollemnium more contentus : sed scatet animus in loquelas communicandas tecum de studiis nostris, quæ habemus in Christo Jesu Domino nostro : qui nobis multas utilitates et viatica quædam demonstrati a se itineris, etiam per tuam caritatem non mediocriter ministrare dignatur.

CAPUT II. — 2. Petimus ergo, et nobiscum petit omnis Africanarum ecclesiarum studiosa societas, ut interpretandis eorum libris, qui græce Scripturas nostras quam optime tractaverunt, curam atque operam impendere non graveris. Potes enim efficere, ut nos quoque habeamus tales illos viros, et unum potissimum, quem tu libentius in tuis litteris sonas. De vertendis autem in latinam linguam sanctis litteris canonicis laborare te nollem, nisi eo modo quo Job interpretatus es ; ut signis adhibitis quid inter hanc tuam et Septuaginta, quorum est gravissima auctoritas, interpretationum distet, appareat. Satis autem nequeo mirari, si aliquid adhuc in Hebræis exemplaribus invenitur, quod tot interpretes illius linguæ peritissimos fugerit. Omitto enim Septuaginta, de quorum vel consilii vel spiritus majore concordia, quam si unus homo esset, non audeo in aliquam partem certam ferre sententiam, nisi quod eis præeminentem auctoritatem in hoc munere sine controversia tribuendam existimo. Illi me plus movent, qui cum posteriores interpretarentur, et verborum locutionumque Hebræarum viam atque regulas mordicus, ut fertur, tenerent, non solum inter se non consenserunt, sed etiam reliquerunt multa, quæ tanto post eruenda et prodenda remanerent. Et aut obscura sunt, aut manifesta. Si enim obscura sunt, te quoque in eis falli potuisse creditur : si manifesta, illos in eis falli potuisse non creditur. Hujus igitur rei pro tua caritate, expositis caussis, certum me facias obsecraverim.

CAPUT III. — 3. Legi etiam quædam scripta, quæ tua dicerentur, in epistolas apostoli Pauli, quarum ad Galatas, cum enodare velles, venit in manus locus ille, quo apostolus Petrus a perniciosa simu-

l'existence d'un mensonge dans les saintes Ecritures, ou, en d'autres termes, de supposer que ces hommes par lesquels les livres saints ont été écrits et nous ont été transmis, se soient plu à mentir. Autre chose est de savoir, s'il convient à un homme de bien de mentir, autre chose, d'admettre que ceux qui ont écrit les livres saints aient pu commettre quelque mensonge. Bien plus ce n'est pas une question tout autre, mais ce n'est même pas une question. Car, admettre une seule fois le moindre mensonge même officieux dans ce qui doit être pour nous la suprême autorité, c'est anéantir les saintes Ecritures. En effet, dès qu'on y trouvera soit quelque précepte sur les mœurs, de gênant à pratiquer, soit quelque dogme difficile à croire, on aura recours à cette règle pernicieuse qui permet le mensonge officieux.

4. Si l'apôtre saint Paul mentait quand il reprenait saint Pierre, en lui disant : « Si tout Juif que vous êtes, vous vivez à la manière des Gentils et non à celle des Juifs, pourquoi obligez-vous les Gentils à judaïser ? (*Galat.*, II, 14). » Si, tout en disant et en écrivant le contraire, il eût trouvé bon que saint Pierre agît ainsi pour calmer les esprits, que répondrons-nous, lorsque ces hommes pervers, prédits par l'apôtre, se lèveront pour attaquer le mariage, en disant que les raisons alléguées par l'apôtre pour en établir la sainteté et le droit, n'étaient qu'un mensonge pour calmer les hommes qui, par suite de leur attachement à leurs femmes, auraient pu faire du bruit et se révolter, et lorsqu'ils ajouteront que l'apôtre n'a pas parlé comme il le pensait, mais uniquement pour arrêter ces bruits et ces révoltes? Et sans chercher d'autres exemples, dans les louanges que l'Ecriture donne au Seigneur, ne trouvera-t-on pas aussi des mensonges officieux pour rallumer l'amour de Dieu dans les cœurs languissants? Ainsi nulle part dans les livres saints, la vérité n'aura plus ni certitude ni autorité. Cependant avec quel soin ce même apôtre nous recommande la vérité, lorsqu'il dit : « Si Jésus-Christ n'est pas ressuscité, notre prédication est vaine et votre foi l'est également! Nous serons convaincus nous-mêmes d'être faux témoins à l'égard de Dieu, comme ayant rendu ce témoignage contre Dieu, en disant qu'il a ressuscité le Christ qu'il n'a pas ressuscité (*Corinth.*, XV, 14). » Si un homme avait dit à saint Paul; pourquoi ce mensonge vous inspire-t-il tant d'horreur, puisque ce que vous avez dit, quoique faux, tend à la gloire de Dieu? N'aurait-il pas détesté la folie d'un pareil langage? N'aurait-il pas, par toutes

---

latione revocatur. Ibi patrocinium mendacii susceptum esse vel abs te tali viro, vel a quopiam, si alius illa scripsit fateor, non mediocriter doleo, donec refellantur (si forte refelli possunt) ea quæ me movent. Mihi enim videtur exitiosissime credi, aliquid in libris sanctis haberi mendacium; id est eos homines, per quos nobis illa Scriptura ministrata est atque conscripta, aliquid in libris suis fuisse mentitos. Alia quippe quæstio est, sitne aliquando mentiri viri boni : et alia quæstio est, utrum scriptorem sanctarum Scripturarum mentiri oportuerit : immo vero non alia, sed nulla quæstio est. Admisso enim semel in tantum auctoritatis fastigium officioso aliquo mendacio, nulla illorum librorum particula remanebit, quæ non ut cuique videbitur vel ad mores difficilis vel ad fidem incredibilis, eadem perniciosissima regula ad mentientis auctoris consilium officiumque referatur.

4. Si enim mentiebatur apostolus Paulus cum apostolum Petrum objurgans diceret : « Si tu cum sis Judæus, gentiliter et non Judaice vivis, quemadmodum gentes cogis Judaizare (*Gal.*, II, 14)? » Et recte illi videbatur Petrus fecisse, quem non recte fecisse et dixit et scripsit, ut quasi animos tumultuantium deliniret : quid respondebimus, cum exsurrexerint perversi homines, prohibentes nuptias, quos futuros ipse prænuntiavit, et dixerint totum illud, quod idem Apostolus de matrimoniorum jure firmando locutus est (1 *Tim.*, IV, 3. I *Cor.*, VII, 10), propter homines, qui dilectione conjugum tumultuari poterant, fuisse mentitum : scilicet non quod hoc senserit, sed ut illorum placaretur adversitas? non opus est multa commemorare. Possunt enim videri etiam de laudibus Dei esse officiosa mendacia, ut apud homines pigriores dilectio ejus ardescat : atque ita nusquam certa erit in libris sanctis castæ veritatis auctoritas. Nonne adtendimus, eumdem Apostolum cum ingenti cura commendandæ veritatis dicere : « Si autem Christus non resurrexit, inanis est prædicatio nostra : inanis est et fides vestra. Invenimur autem et falsi testes Dei : quia testimonium diximus adversus Deum, quod suscitavit Christum, quem non suscitavit (I *Cor.*, XV, 14)? » Si quis huic diceret ; quid in hoc mendacio perhorrescis, cum id dixeris, quod etiamsi salsum sit,

les paroles et les signes possibles, mis au jour tout ce qui était au fond de son cœur, en s'écriant que ce n'est pas un moindre crime, mais un crime plus grand peut être contre Dieu de louer le mensonge que de blâmer la vérité? Tout homme qui veut connaître les saintes Ecritures, doit s'en approcher avec un cœur qui les croit si saintes et si vraies, qu'il n'ait jamais recours aux mensonges officieux pour en interpréter quelque passage à sa propre satisfaction. Qu'il passe ce qu'il ne comprend pas, plutôt que de préférer son sens à la vérité. Autrement, ce serait vouloir qu'on s'en rapportât à lui et non à l'autorité des divines Ecritures.

5. Je pourrais, selon le peu de science et de lumière que Dieu m'a donné montrer que tous ces témoignages en faveur de l'utilité du mensonge, doivent être compris autrement, et qu'on ne saurait en citer un seul, dont on ne puisse prouver la vérité. Car l'Ecriture est aussi éloignée de recourir au mensonge, que de le favoriser. Mais je laisse cela à votre intelligence. Une lecture attentive et un examen sérieux vous le feront voir, mieux que je ne le vois moi-même. En effet, dans cet examen, votre piété vous fera comprendre qu'il n'y aurait plus de certitude dans l'autorité des divines Ecritures, qu'on y croirait ce que l'on voudrait, et qu'on n'y croirait pas ce que l'on ne voudrait pas, s'il était une fois admis que ces hommes qui nous ont transmis les livres saints, ont pu y faire des mensonges officieux, à moins toutefois que vous ne puissiez nous donner quelques regles qui nous apprennent quand il faut mentir ou quand il ne le faut pas. Si cela est possible, expliquez-le moi sans aucun détour, et donnez-m-en des raisons positives. Veuillez surtout au nom de la vérité même qui s'est faite homme en Notre Seigneur Jésus-Christ, ne pas m'accuser d'impudence ni d'importunité, car je ne serais pas coupable, ou du moins je le serais bien peu, d'avoir par une erreur favorisé la vérité, si dans votre bouche la vérité pouvait favoriser le mensonge.

CHAPITRE IV. — 6. Il y a encore beaucoup d'autres choses touchant nos études chrétiennes, sur lesquelles je voudrais parler avec vous cœur à cœur. Mais les lettres ne suffisent pas pour cela, j'atteindrai bien mieux ce but par l'intermédiaire de ce frère que je me réjouis d'avoir envoyé vers vous, pour qu'il puise dans vos doux et utiles entretiens, les secours et la nourriture spirituels. Cependant, (que cela soit dit sans l'offenser) il n'en puisera pas autant que je le voudrais, quoique je ne me mette en rien au-dessus de lui. J'avoue que mon esprit pourrait peut-être mieux que le

at laudem Dei maxime pertinet? Nonne hujus detestatus insaniam, quibus posset verbis et significationibus, in lucem penetralia sui cordis aperiret, clamans non minore aut fortasse etiam majore scelere in Deo laudari falsitatem, quam vituperari veritatem? Agendum est igitur, ut ad cognitionem divinarum Scripturarum talis homo accedat, qui de sanctis libris tam sancte et veraciter existimet, ut nolit aliqua eorum parte delectari per officiosa mendacia, potiusque id, quod non intelligit, transeat, quam cor suum præferat illi veritati. Profecto enim cum hoc dicit, credi sibi expetit, et id agit, ut divinarum Scripturarum auctoritatibus non credamus.

5. Et ego quidem qualibuscumque viribus, quas Dominus suggerit, omnia illa testimonia, quæ adhibita sunt adstruendæ utilitati mendacii, aliter oportere intelligi ostenderem, ut ubique eorum firma veritas doceretur. Quam enim testimonia mendacia esse non debent, tam non debent favere mendacio. Sed hoc intelligentiæ relinquo tuæ. Admota enim lectioni diligentiori consideratione, multo id fortasse facilius videbis quam ego. Ad hanc autem considerationem coget te pietas, qua cognoscis fluctuare auctoritatem Scripturarum divinarum, ut in eis quod vult quisque credat, quod non vult non credat, si semel fuerit persuasum aliqua illos viros, per quos nobis hæc ministrata sunt, in scripturis suis officiose potuisse mentiri. Nisi forte regulas quasdam daturus es, quibus noverimus, ubi oporteat mentiri, ubi non oporteat. Quod si fieri potest, nullo modo mendacibus dubiisque rationibus id explices, quæso; nec me onerosum aut impudentem judices, per humanitatem veracissimam Domini nostri. Nam, ut non dicam nulla, certe non magna culpa meus error veritati favet, si recte in te potest veritas favere mendacio.

CAPUT IV. — 6. Multa alia cum sincerissimo corde tuo loqui cuperem, et de Christiano studio conferre: sed huic desiderio meo nulla epistola satis est. Uberius idipsum possum per fratrem, quem mittendum et alendum dulcibus atque utilibus sermocinationibus tuis misisse me gaudeo. Et tamen, quantum vellem, nec ipse (quod pace

sien recevoir et contenir une plus grande part de ce qui vient de vous; mais comme je vois son cœur se remplir de plus en plus des dons de la sagesse, je le trouve en cela bien supérieur à moi. A son retour, que Dieu, je l'espère rendra heureux, il versera dans mon cœur quelque chose de la sagesse dont vous aurez comblé le sien, mais il ne remplira pas toutefois le vide qui restera en moi, puisqu'il ne rassasiera pas mon esprit toujours avide de vos pensées. Ainsi je serai le plus pauvre et lui le plus riche. Ce même frère emporte quelques-uns de mes livres. Daignez les lire avec une sincère et fraternelle sévérité, car il est écrit : « Le juste me corrigera dans sa miséricorde, et me reprendra ; mais il ne répandra pas l'huile du pécheur sur ma tête (*Psaume*, CXL, 5). » Le sens que j'attache à ces paroles, c'est que celui qui nous corrige pour nous guérir, nous aime mieux que celui qui répand sur notre tête l'huile de la flatterie. Pour moi je suis un mauvais juge de mes ouvrages, soit par trop de défiance en moi-même, soit par trop d'indulgence. Je vois bien quelquefois mes fautes, mais j'aime mieux qu'elles me soient indiquées par des juges plus habiles que moi. Car, après m'être repris avec raison moi-même, je pourrais peut-être en revenir à me flatter encore, et croire qu'il y a dans ma censure plus de scrupules que de fondement.

LETTRE XXIX [1]

Saint Augustin qui n'était alors que prêtre d'Hippone, écrit à Alype, évêque de Thagaste, pour lui raconter comment il a pu, par ses exhortations obtenir des habitants d'Hippone, de s'abstenir des repas que l'on avait coutume de célébrer dans les églises d'Afrique, aux fêtes des saints [2].

1. L'absence de notre frère Macaire, dont le retour, dit-on, sera prochain, m'a empêché de vous écrire sur l'affaire qui me tient tant à cœur et qui, Dieu aidant, sera menée à bonne fin. Ceux qui étaient présents, pourront informer leurs

---

(1) Écrite l'an 395. — Cette lettre manque dans les éditions antérieures à l'édition des Bénédictins, celle qui était la 29ᵉ se trouve maintenant la 167ᵉ.
(2) Cette lettre a paru pour la première fois dans l'édition des Bénédictins. Elle était tirée d'un manuscrit appartenant aux religieux de Cîteaux du monastère de Sainte-Croix-en-Jérusalem à Rome, et portait cette suscription : Lettre du prêtre de l'église d'Hippone à Alype, évêque de Tagaste, sur ce qui s'est passé le jour de la fête de Léonce (a) jadis évêque d'Hippone.

(a) Saint Augustin, dans son Sermon XIII ch, n sur divers sujets, fait l'éloge de saint Léonce, et dit que c'est lui qui a bâti la basilique qui reçut le nom de Léoncienne. Saint Augustin prononça plusieurs discours dans cette basilique. Il n'y a rien de positif sur l'époque où a vécu saint Léonce, mais tout porte à croire que ce fut sur la fin du troisième siècle, avant le schisme des Donatistes, c'est-à-dire avant l'an 311, puisque les Donatistes célébraient la fête de ce saint comme les Catholiques.

---

ejus dixerim) forsitan capit : quamquam nihilo me illi prætulerim. Ego enim me fateor tui capaciorem : sed ipsum video fieri pleniorem, quo me sine dubitatione antecellit : et postea quam redierit, quod Domino adjuvante prosperatum iri spero, cum ejus pectoris abs te cumulati particeps fuero, non est impleturus, quod in me adhuc vacuum erit atque avidum sensuum tuorum. Ita fiet ut et ego etiam tunc egentior sim, ille copiosior. Sane idem frater aliqua scripta nostra fert secum : quibus legendis si dignationem adhibueris, etiam sinceram atque fraternam severitatem adhibeas quæso. Non enim aliter intelligo quod scriptum est ; « Emendabit me justus in misericordia, et arguet me : oleum autem peccatoris non impinguet caput meum (*Psal.*, CXL, 5) : » nisi quia magis amat objurgator sanans, quam adulator unguens caput. Ego autem difficilime bonus judex lego quod scripserim, sed aut timidior recto, aut cupidior. Video etiam interdum vitia mea ; sed hæc malo audire a (a) melioribus, ne cum me recte fortasse reprehendero, rursus mihi blandiar ; et meticulosam potius mihi videar in me, quam justam tulisse sententiam.

EPISTOLA XXIX

Augustinus presbyter Alypio Thagastensi episcopo narrans quibus adhortationibus obtinuerit demum ut Hipponenses Catholici abhorrerent a luxuriosis conviviis, quæ in sanctorum natalitiis apud Africanas ecclesias celebrare mos erat.

1. De negotio interim, quod non curare non possum, nihil certum scribere potui, absente fratre Macario ; qui cito dicitur rediturus ; et quod Deo adjuvante peragi potuerit, peragetur. De nostra au-

---

(a) MSS. quatuor, *a senioribus*, unus, *a majoribus*.

frères de notre sollicitude pour eux. Cependant la grâce que Dieu nous a accordée, en cette circonstance, mérite d'occuper une place dans le commerce de lettres, par lequel nous nous consolons mutuellement. Nous sommes convaincu que votre sollicitude nous a été d'un grand secours pour recevoir cette grâce que nous n'aurions pas obtenue sans le secours de vos prières.

2. C'est pourquoi je ne veux rien laisser ignorer à votre charité de ce qui a été fait, pour que vous rendiez avec nous grâces à Dieu du bienfait que nous en avons reçu, vous qui avez mêlé vos prières aux nôtres pour l'obtenir. Lorsqu'après votre départ, on vint m'annoncer, comme on me l'avait déjà dit, lorsque vous étiez encore ici, que le peuple faisait du bruit, et déclarait vouloir s'opposer à l'interdiction de cette solennité qu'il appelle « *réjouissances,* » et qu'il devrait plutôt qualifier du nom d'ivrognerie, il arriva, par une secrète disposition de Dieu, que le jour de la quatrième férie, la suite de l'Evangile me présenta, pour sujet de mon discours, ces paroles de l'apôtre : « Ne donnez pas ce qui est saint aux chiens et ne jetez pas vos perles aux pourceaux (*Matth.* VI, 7). » Je fis donc voir ce que c'était que ces chiens et ces pourceaux, de manière à faire rougir ceux qui, par leurs aboiements opiniâtres, s'opposent aux préceptes du Seigneur, et qui se vautrent dans la fange des voluptés charnelles. Je terminai en leur faisant voir combien il était criminel de commettre, sous un prétexte religieux, dans l'intérieur des églises, des désordres qui les feraient écarter des choses saintes et des perles de l'Eglise, s'ils continuaient à s'y livrer même dans l'intérieur de leurs maisons.

3. Quoique mes paroles eussent été bien accueillies, cependant, comme peu d'auditeurs les avaient entendues, l'affaire n'était pas encore terminée d'une manière satisfaisante ; mais quand elles se répandirent au dehors selon les dispositions et l'esprit de ceux qui avaient assisté à mon discours, elles rencontrèrent beaucoup d'opposition. Le quarantième jour (1) après Pâques, une multitude nombreuse se réunit à l'Eglise à l'heure du sermon. On y lut le passage de l'Evangile où Notre Seigneur, après avoir chassé du temple les vendeurs d'animaux, et renversé les tables des changeurs, dit, « que la maison de son père était une maison de prières, et qu'ils en avaient fait une caverne de voleurs, (*Matth.* XXI, 12). » Je re-

(1) C'est-à-dire le jour de l'Ascension, veille de la fête de saint Léonce, cette même année 395. Voyez vers la fin de cette lettre la note des Bénédictins.

tem pro eis sollicitudine, quamquam fratres nostri cives qui aderant securos suos facere possent : tamen digna res epistolari colloquio, quo nos invicem consolamur, a Domino præstita est ; in quo promerendo multum nos adjutos esse credimus ipsa vestra sollicitudine, quæ profecto sine deprecatione pro nobis esse non potuit.

2. Itaque ne prætermittamus vestræ caritati narrare quid gestum sit, ut nobiscum Deo gratias agatis de accepto beneficio, qui nobiscum preces de accipiendo fudistis : cum post profectionem tuam nobis nuntiatum esset tumultuari homines, et dicere se ferre non posse ut illa solemnitas (*a*) prohiberetur, quam *Lætitiam* nominantes, vinolentiæ nomen frustra conantur abscondere, sicut etiam te præsente jamjam nuntiabatur ; opportune nobis accidit occulta ordinatione omnipotentis Dei, ut quarta feria illud in Evangelio capitulum consequenter tractaretur : « Nolite dare sanctum canibus, neque projeceritis margaritas vestras ante porcos (*Matt.*, VII, 6). » Tractatum est ergo de canibus et de porcis, ita ut et pervicaci latratu adversus Dei præcepta rixantes, et voluptatum carnalium sordibus dediti erubescere cogerentur ; conclusumque ita, ut viderent quam esset nefarium, intra ecclesiæ parietes id agere nomine religionis, quod in suis domibus si agere perseverarent, a Sancto et Margaritis ecclesiasticis eos arceri oporteret.

3. Sed hæc quamvis grate accepta fuerint : tamen quia pauci convenerant, non erat satisfactum tanto negotio. Iste autem sermo cum ab eis qui aderant, pro cujusque facultate ac studio, foris ventilaretur, multos habuit contradictores. Postea vero quam dies Quadragesimæ illuxisset, et frequens multitudo ad horam tractationis occurrit, lectum est illud in

(*a*) Exstat Hipponensis concilii anno 393. celebrati canon concilio III. Carthaginensi insertus, *Ut nulli episcopi vel clerici in ecclesia convivantur... Populi etiam ab hujusmodi conviviis, quantum fieri potest prohibeantur,* qui canon procurante haud dubie Augustino tunc presbytero editus fuit. Quippe Aurelium Carthaginensem paulo ante contestatus erat in epist. XXII, ut viis omnibus occurreret huic malo per totam Africam dudum grassanti ; idque ipsi nisi concilii auctoritate tolli non posse insinuarat.

pris et récitai moi-même ce chapitre, en éveillant leur attention sur la question de l'ivrognerie, et leur fis remarquer que Notre Seigneur aurait montré encore plus de dureté et de colère, pour que ces fêtes d'ivrognerie honteuses en tous lieux fussent écartées de son temple, d'où il bannit un commerce toléré par la loi, et qui se faisait pour des choses nécessaires à des sacrifices permis en ce temps-là. Je leur demandai ensuite ce qui ressemblait le plus à une caverne de voleurs : le lieu où l'on vend des choses nécessaires, ou bien celui où l'on boit avec excès.

4. Comme on me tenait des passages de l'Ecriture tout préparés pour en donner lecture, j'ajoutai ensuite que le peuple juif, tout charnel qu'il était, n'avait jamais célébré dans le temple, où l'on n'offrait pas encore le corps et le sang de Jésus-Christ, des fêtes d'ivrognerie, et pas même de repas où la sobriété aurait été observée, et que l'histoire ne présentait aucun cas où les juifs se fussent enivrés publiquement sous un prétexte religieux, si ce n'est pour célébrer la fête de l'idole qu'ils avaient fabriquée (*Exode*, XXII, 6). Je pris alors le livre et leur récitai le passage tout entier. J'ajoutai encore, avec toute la douleur dont j'étais pénétré, les paroles de l'Apôtre, lorsque, pour montrer la différence qui existe entre le peuple chrétien et la dureté des Juifs, il dit que le Christ n'avait pas écrit ses lois sur des tables de pierre, mais sur les tables vivantes du cœur (*Corinth*. III, 3). Je leur demandai encore, si, puisque Moïse avait, en présence du peuple, brisé (*Exode*, XXII, 19) les deux tables de pierre, nous ne pourrions pas à notre tour briser les cœurs des hommes de la nouvelle alliance, qui voulaient faire, pour célébrer chaque fête solennelle de leurs saints, ce que le peuple de l'ancienne alliance n'avait fait qu'une seule fois en faveur d'une idole.

5. Ayant rendu alors au lecteur le livre de l'Exode ; pour montrer, autant que le temps le permettait, l'énormité du crime de l'ivrognerie, je pris le livre de l'apôtre Paul et je lus le passage où, en énumérant d'autres péchés, il dit de l'ivrognerie : « Si quelqu'un de vos frères est, ou fornicateur, ou idolâtre, ou avare, ou médisant, ou ivrogne, ou ravisseur du bien d'autrui, vous ne devez pas manger avec lui (I *Corinth*., V, 11). » Et leur faisant remarquer en gémissant, quel danger il y a de manger avec ceux qui s'enivrent, même quand ce ne serait que dans leurs maisons, je lus le passage qui se trouve un peu plus loin dans la même épître de saint Paul : « Ne vous y trompez pas, ni les fornicateurs, ni les idolâtres, ni les adultères, ni les impudiques, ni les voleurs, ni les

---

Evangelio, ubi Dominus de templo expulsis venditoribus animalium, et eversis mensis nummulariorum dixit, domum Patris sui pro domo orationum speluncam latronum esse factam (*Matt.*, XXI, 12) : quod capitulum, cum eos intentos proposita vinolentiæ quæstione feci, et ipse quoque recitavi; adjunxique disputationem, qua ostenderem quanto commotius et vehementius Dominus noster ebriosa convivia, quæ ubique sunt turpia, de templo expelleret, unde sic expulit concessa commercia ; cum ea venderentur, quæ sacrificiis illo tempore licitis essent necessaria : quærens ab eis, quibus similiorem putarent speluncam latronum necessaria vendentibus, an immoderate bibentibus.

4. Et quoniam mihi præparatæ lectiones suggerendæ tenebantur, adjunxi deinde, ipsum adhuc carnalem populum Judæorum, in illo templo, ubi nondum corpus et sanguis Domini offerebatur, non solum vinolenta, sed nec sobria quidem umquam celebrasse convivia ; nec eos publice religionis nomine inebriatos inveniri in historia, nisi cum esta fabricationis idoli exsolverent (*Exod.*, XXII, 6).

Quæ cum dicerem, codicem etiam accepi, et recitavi totum illum locum. Addidi etiam cum dolore quo potui, quoniam Apostolus ait, ad discernendum populum Christianum a duritie Judæorum (II *Cor.*, III, 3), epistolam suam non in tabulis lapideis scriptam, sed in tabulis cordis carnalibus, cum Moyses famulus Dei, propter illos principes, binas lapideas tabulas confregisset (*Exod.*, XXII, 19), quomodo non possemus istorum corda confringere, qui homines novi Testamenti, Sanctorum diebus celebrandis ea vellent sollemniter exhibere, quæ populus veteris Testamenti et semel et idolo celebravit.

5. Tunc reddito Exodi codice crimen ebrietatis, quantum tempus sinebat, exaggerans sumsi apostolum Paulum, et inter quæ peccata posita esset ostendi, legens illum locum : « Si quis frater nominetur aut fornicator, aut idolis serviens, aut avarus, aut maledicus, aut ebriosus, aut rapax; cum ejusmodi nec cibum sumere (I *Cor.*, V, 11); » ingemiscendo admonens, cum quanto periculo convivaremur cum eis, qui vel in domibus ine-

abominables, ni les avares, ni les ivrognes, ni les médisants, ni les ravisseurs du bien d'autrui, ne posséderont le royaume de Dieu. C'est ce que quelques-uns de vous ont été, autrefois, mais vous avez été purifiés, vous avez été justifiés au nom de Notre Seigneur Jésus-Christ et dans l'esprit de notre Dieu (I *Corinth.*, VI, 9). » Ceci lu, je leur dis de considérer comment ces paroles, « mais vous avez été justifiés, » pouvaient être entendues par des fidèles qui souffraient encore dans leur cœur, c'est-à-dire dans le sanctuaire même du temple de Dieu, les souillures de la concupiscence qui nous ferment la porte du royaume des cieux. De là j'arrivai à cet autre passage de saint Paul : « Lors donc que vous vous assemblez tous dans un même lieu, ce n'est pas manger la cène du Seigneur ; car chacun mange ce qu'il a apporté pour le repas, sans attendre les autres, ainsi les uns n'ont rien à manger, les autres sont dans l'ivresse. Méprisez-vous donc ainsi l'Eglise de Dieu (I *Corinth.*, XI, 20). » Après avoir récité ce passage, je leur fis voir que l'on ne devait pas faire dans l'église des festins même sobres et honnêtes, car l'Apôtre n'a pas dit : N'avez-vous pas des maisons pour vous y enivrer, comme s'il n'avait défendu de s'enivrer que dans l'église ; mais il leur a dit : « N'avez-vous pas vos maisons pour y manger et y boire, » ce que peuvent faire honnêtement, mais hors de l'église, ceux qui ont des maisons pour y prendre les aliments nécessaires. Et cependant telle est la corruption des temps et la dissolution des mœurs, que nous en sommes venus à ne pas souhaiter la sobriété dans les maisons, mais à souhaiter que l'ivrognerie n'y règne pas.

6. Je citai aussi le passage de l'Evangile que j'avais traité la veille, où il est dit sur les faux prophètes : « Vous les reconnaîtrez à leurs fruits (*Math.*, VII, 16). » Ensuite je rappelai à l'assemblée que dans ce passage, par fruits, il fallait entendre les œuvres. Alors je demandai parmi quels fruits l'ivrognerie avait été rangée et je récitai ce passage de l'épître aux Galates : « Il est aisé de connaître les œuvres de la chair, qui sont la fornication, l'impureté, la luxure, l'idolâtrie, les empoisonnements, les inimitiés, les dissensions, les jalousies, les animosités, les querelles, les divisions, les hérésies, l'envie, l'ivrognerie, les débauches et les choses semblables, dont je vous ai dit comme je vous le répète, que ceux qui les commettent n'auront point part au royaume de Dieu (*Gal.*, V, 19). » Après ces paroles, je demandai aux assistants, puisque Dieu voulait qu'on jugeât les hommes par leurs fruits, comment on pourrait prendre pour des chrétiens ceux dont les fruits sont l'ivro-

briantur. Legi etiam illud quod non longo intervallo sequitur : « Nolite errare, neque fornicatores, neque idolis servientes, neque adulteri, neque molles, neque masculorum concubitores, neque fures, neque avari, neque ebriosi, neque maledici, neque raptores regnum Dei possidebunt. Et hæc quidem fuistis : sed abluti estis, sed justificati estis in nomine Domini Jesu Christi, et spiritu Dei nostri (I *Cor.*, VI, 9). » Quibus lectis dixi, ut considerarent quomodo possent fideles audire, *sed abluti estis*, qui adhuc talis concupiscentiæ sordes, contra quas clauditur regnum cælorum, in corde suo, id est in interiore Dei templo esse patiuntur. Inde ventum est ad illud capitulum : « Convenientibus ergo vobis in unum, non est dominicam cœnam celebrare : unusquisque enim propriam cœnam præsumit in manducando ; et alius quidem esurit, alius ebrius est, manducando et bibendo, an ecclesiam Dei contemnitis (I *Cor.*, XI, 10) ? » quo recitato diligentius commendavi, ne honesta quidem et sobria convivia debere in ecclesia celebrari ; quandoquidem Apostolus non dixerit, Numquid domos non habetis ad inebriandos vos, ut quasi tantummodo inebriari in ecclesia non liceret : sed *ad manducandum et bibendum*, quod est qui domos habent, sed præter ecclesiam, ab eis qui domos habent, ubi alimentis necessariis refici possint, et tamen nos ad has angustias corruptorum temporum et diffluentium morum esse perductos, ut iis nondum modesta convivia, sed saltem domesticum regnum ebrietatis optemus.

6. Commemoravi etiam Evangelii capitulum, quod pridie tractaveram, ubi de pseudoprophetis dictum est, « ex fructibus eorum cognoscetis eos (*Matt.*, VII, 16). » Deinde in memoriam revocavi fructus eo loco non appellatos, nisi opera : tum quæsivi inter quos fructus nominata esset ebrietas; et recitavi illud ad Galatas, « Manifesta autem sunt opera carnis, quæ sunt fornicationes, immunditiæ, luxuriæ, idolorum servitus, veneficia, inimicitiæ, contentiones, æmulationes, animositates, dissensiones, hæreses, invidiæ, ebrietates, commessationes, et his similia ; quæ prædico vobis, sicut prædixi, quoniam qui talia agunt regnum Dei non posside-

gneric. Après quoi je lus encore ce qui suit : « Les fruits de l'esprit sont : la charité, la joie, la paix, la patience, l'humanité, la bonté, la foi, la douceur, la tempérance (*Ibid.*, 22). » Je leur fis considérer combien il était honteux et déplorable pour eux de vivre de ces fruits de la chair, non-seulement dans leurs maisons, mais encore de prétendre par là honorer l'Eglise, de sorte que, si on leur en laissait le pouvoir, ils rempliraient l'enceinte de cette vaste basilique d'une foule de gens occupés à boire et à manger ; mais quant à ces fruits spirituels auxquels les convient nos gémissements et l'autorité des divines Ecritures, ils ne veulent pas les offrir à Dieu comme des présents pour célébrer dignement les fêtes des saints.

7. Après cela, je rendis le livre au lecteur. Je les invitai à prier, puis, autant que je le pus et selon l'urgence du moment et les forces que le Seigneur daigna m'accorder, je leur exposai le danger commun que nous courions tous, eux qui avaient été commis à notre garde, et nous qui avions à rendre compte d'eux au Prince des pasteurs. Je les conjurai par son humiliation, par les insignes outrages et les soufflets qu'il avait reçus, par les crachats jetés sur son divin visage, par le roseau mis entre ses mains, par sa couronne d'épines, par son sang et sa croix, d'avoir pitié de moi s'ils n'avaient pas pitié d'eux-mêmes, et de songer à l'ineffable charité dont m'avait entouré le saint et vénérable Valère, qui pour eux, m'avait imposé le dangereux fardeau de leur annoncer la parole de la vérité. Il leur avait souvent dit que si j'étais au milieu d'eux, c'était parce que Dieu avait exaucé ses prières, et qu'en se réjouissant de mon arrivée près de lui, il était loin de croire que ce serait pour me perdre avec eux ou pour assister au spectacle de leur mort, mais pour nous voir tous ensemble marcher à la vie éternelle. Enfin je leur dis que je mettais toute ma confiance en celui qui ne sait pas mentir, et qui, par la bouche de son prophète, annonça la venue de Notre Seigneur Jésus-Christ, en disant : « Si ses enfants abandonnent ma loi et ne marchent pas selon mes préceptes, s'ils violent la justice de mes commandements, je châtierai leurs crimes par la verge, et leur iniquité par le fouet de ma colère, mais je ne retirerai pas ma miséricorde (*Ps.*, LXXXVIII, 31). » J'ajoutai que j'étais assuré que s'ils méprisaient toutes les grandes choses qui venaient de leur être dites et lues, le Seigneur les visiterait avec sa verge et son fouet, plutôt que de les laisser se damner avec ce monde. Je mis dans cette péroraison tout le feu que m'inspiraient la grandeur de la chose et les périls dont il s'agissait, et toute la force

bunt (*Gal.*, v, 19). » Post quæ verba interrogavi, quomodo de fructu ebrietatis agnosceremur Christiani, quos de fructibus agnosci Dominus jussit. Adjunxi etiam legendum quod sequitur : « Fructus autem spiritus est caritas, gaudium, pax, longanimitas, benignitas, bonitas, fides, mansuetudo, continentia (*Ibid.*, 22). » Egique ut considerarent, quam esset pudendum atque plangendum, quod de illis fructibus carnis non solum privatim vivere, sed etiam honorem Ecclesiæ deferre cuperent, et si potestas daretur, totum tam magnæ basilicæ spatium turbis epulantium ebriorumque complerent : de spiritualibus autem fructibus, ad quos et divinarum Scripturarum auctoritate et nostris gemitibus invitarentur, nolunt adferre Deo munera, et his potissimum celebrare festa Sanctorum.

7. Quibus peractis codicem reddidi, et imperata oratione, quantum valui, et quantum me ipsum periculum urgebat, totum tam magnæ basilicæ administrare Dominus dignabatur, constitui eis ante oculos commune periculum, et ipsorum qui nobis commissi essent, et nostrum qui de illis rationem reddituri essemus pastorum principi, per cujus humilitatem, insignes contumelias, alapas, et sputa in faciem, et palmas, et spineam coronam, et crucem ac sanguinem obsecravi, ut si sibi ipsi aliquid offendissent, vel nostri miserentur, et cogitarent venerabilis senis Valerii circa me ineffabilem caritatem, qui mihi tractandi verba veritatis tam periculosum onus non dubitarit propter eos imponere, eisque sæpe dixerit, quod orationes ejus exauditæ essent de nostro adventu ; quos non utique ad communem mortem vel spectaculum mortis illorum, sed ad communem conatum in æternam vitam ad se venisse lætatus est. Postremo etiam dixi certum esse me, et fidere in eum, qui mentiri nescit, qui per os Prophetæ sui pollicitus est de Domino nostro Jesu Christo dicens, « Si reliquerint filii ejus legem meam, et in præceptis meis non ambulaverint ; si justificationes meas profanaverint : visitabo in virga facinora eorum, et in flagellis delicta eorum : misericordiam autem meam non auferam (*Psal.*, LXXXVIII, 31) : » in eum ergo me fidere, quod si hæc tanta, quæ sibi essent lecta et dicta, contemnerent, visitaturus esset in

dont Dieu daigna m'animer. Je n'excitai pas leurs larmes par les miennes ; mais lorsque je les vis pleurer, je ne pus, je l'avoue, retenir mes larmes. Et comme nous pleurions tous ensemble et que j'étais plein d'espoir dans leur repentir et leur amendement, je cessai de parler.

8. Le lendemain, au lever du jour où ils avaient coutume de se préparer à leurs festins ordinaires, on m'annonça que quelques-uns de ceux qui avaient assisté à mon sermon, murmuraient encore, et que sous l'influence de cette habitude si invétérée en eux, ils disaient : « Pourquoi maintenant agir ainsi ? Est-ce que ceux qui, jusqu'à ce jour, n'avaient pas défendu ces fêtes, n'étaient pas chrétiens ? A cette nouvelle, je ne savais plus quels moyens employer pour les émouvoir et les convaincre. Je me disposai cependant, s'ils voulaient persévérer, à leur lire le passage du prophète Ezéchiel, où il est dit, « que la sentinelle n'encourt plus de responsabilité si elle a dénoncé le péril, quand bien même ceux auxquels il a été dénoncé n'auraient pas voulu se mettre sur leurs gardes (*Ezechiel*, XXXIII, 9). » Ensuite j'aurais secoué la poussière de mes vêtements sur eux, et je me serais retiré. Mais dans cette circonstance, le Seigneur a montré qu'il ne nous abandonne pas, et comment il sait nous encourager à mettre toute notre confiance en lui. En effet, avant l'heure à laquelle je devais monter en chaire, je vis venir à moi ceux-là mêmes qui s'étaient plaints de l'opposition qu'on mettait à leur ancienne coutume. Je les accueillis avec bienveillance, et quelques mots suffirent pour les amener à de meilleurs sentiments ; et quand le temps de parler fut venu, je laissai de côté le passage que je m'étais proposé de lire, parce que cette lecture ne me paraissait plus nécessaire. Quant à la question qui avait été faite : « Pourquoi maintenant agir ainsi ? » je me contentai de dire qu'il n'y avait pas de plus courte et de meilleure réponse à faire à cette question, que celle-ci : « Du moins maintenant. »

9. Cependant, pour ne paraître jeter aucun blâme sur ceux qui avant nous avaient permis, ou n'avaient pas osé défendre ces désordres si visibles d'une multitude ignorante, je leur exposai dans quelles circonstances critiques se trouvait l'Eglise, quand ces désordres commencèrent à se montrer. Lorsque après les

---

virga et in flagello, nec eos permissurus cum hoc mundo damnari. In qua conquestione actum ut pro negotii atque periculi magnitudine tutor et gubernator noster animos facultatemque præbebat. Non ego illorum lacrymas meis lacrymis movi : sed cum talia dicerentur, fateor, eorum fletu præventus meum abstinere non potui. Et cum jam pariter flevissemus, plenissima spe correctionis illorum, finis sermonis mei factus est.

8. (a) Postridie vero cum illuxisset dies, cui solebant fauces ventresque se parare, nuntiatur mihi nonnullos, eorum etiam qui sermoni aderant, nondum a murmuratione cessasse, tantumque in eis valere vim pessimæ consuetudinis, ut ejus tantum voce uterentur et dicerent, Quare modo ; non enim, antea qui hæc non prohibuerunt, Christiani non erant? Quo audito, quas majores commovendi eos machinas præpararem, omnino nesciebam : disponebam tamen, si perseverandum putarent, lecto illo loco de Propheta Ezechiele, Explorator absolvitur, si periculum denuntiaverit, etiamsi illi quibus denuntiatur, cavere noluerint (*Ezec.*, XXXIII,9) ; vestimenta mea excutere atque discedere. Tum vero Dominus ostendit quod nos non deserat, et quibus modis in se ut præsumamus hortetur, namque ante horam, qua exhedram adscenderemus, ingressi sunt ad me iidem ipsi, quos audieram de oppugnatione vetustæ consuetudinis fuisse conquestos : quos blande acceptos, paucis verbis in sententiam sanam transtuli : atque ubi ventum est ad tempus disputationis omissa lectione, quam præparaveram, quia necessaria jam non videbatur, de hac ipsa quæstione pauca disserui, nihil nos nec brevius nec verius posse adferre adversus eos qui dicunt, Quare modo, nisi et nos dicamus, Vel modo.

9. Verumtamen ne illi, qui ante nos tam manifesta imperitæ multitudinis crimina vel permiserunt, vel prohibere non ausi sunt, aliqua a nobis

---

(a) Præter istam natalis S. Leontii sollemnitatem, quæ in mense februario, sive post diem Quadragesimæ supra n. 3. designatam proxime occurrebat hoc anno 395. quo Pascha in XXV. Martii incidit ; altera celebrabatur circa festum Ascensionis, ut liquet ex sermone 13. de divers. habito eo die, qui Adscensione Domini, et ipsius Leontii depositione sollemnis erat. Quamquam supra n. 3 suspicari quis possit legendum esse, *dies quadragesima illuxisset*, id est dies Adscensionis : maxime quia conviviis et compotationibus, quibus sese dedere Catholici capiebant, quibusque toto illo die dediti Donatistæ fuerunt, nusquam hic jejunii quadragesimalis religionem Augustinus opposuit.

nombreuses et violentes persécutions, la paix se fut rétablie, beaucoup de Gentils qui voulaient se convertir au christianisme, en étaient empêchés, parce qu'on leur défendait de passer les jours de fête au milieu de l'ivrognerie et des festins auxquels ils se livraient en l'honneur de leurs idoles, et qu'il leur était bien difficile de renoncer à ces désordres auxquels ils étaient accoutumés depuis longtemps. Alors il parut bon à nos ancêtres d'avoir de l'indulgence pour cette faiblesse, et de permettre, sinon avec un semblable sacrilége, du moins par le même luxe de table, la célébration des jours consacrés aux fêtes des saints martyrs, pour remplacer ces anciens festins. Mais des hommes déjà unis entre eux par le nom de chrétiens et soumis au joug d'une sainte autorité, doivent être rappelés aux préceptes salutaires de la sobriété auxquels ils doivent obéir, en l'honneur et par crainte de celui qui les a donnés. C'est pourquoi il est temps que ceux qui ne rougissent plus de s'avouer chrétiens, commencent à vivre selon la volonté du Christ, et renoncent, maintenant qu'ils sont chrétiens, à ce qu'on leur avait permis pour les amener à la religion chrétienne.

10. Ensuite, je les exhortai à imiter les églises d'outre-mer, dans lesquels ces désordres n'avaient jamais paru, ou du moins avaient été supprimés par les soins des saints pasteurs(1) dont on avait écouté la voix. Et comme on me citait, pour exemple, les festins qui avaient lieu chaque jour dans la basilique du bienheureux apôtre saint Pierre, je leur dis d'abord qu'ils ne devaient pas ignorer que ces festins avaient été défendus, que d'ailleurs ils avaient lieu loin de la demeure de l'évêque, et qu'en raison de la multitude des gens charnels, et surtout des étrangers qui arrivent sans cesse dans cette grande ville et qui sont d'autant plus attachés à cette mauvaise coutume que leur ignorance est plus grande, on n'avait pu, jusqu'à ce jour, arrêter ce désordre et ce fléau. J'ajoutai que, d'ailleurs, si nous honorions véritablement l'apôtre saint Pierre, nous devrions suivre ses préceptes, et considérer bien moins la basilique dans laquelle il n'apparait pas, que l'épitre dans laquelle il manifeste sa doctrine. Alors,

(1) Saint Augustin, dans le Livre VI, ch. II, de ses *Confessions*, loue saint Ambroise d'avoir défendu, à Milan, d'apporter des mets en l'honneur des saints, afin de *ne donner aucune occasion de se livrer à l'ivrognerie, et parce que cette coutume ressemblait trop à la superstition et aux Parentales des Gentils*.

affici contumelia viderentur, exposui eis qua necessitate ista in Ecclesia viderentur, exorta : (*a*) scilicet post persecutiones tam multas tamque vehementes, cum facta pace, turbæ gentilium in Christianum nomen venire cupientes hoc impedirentur, quod dies festos cum idolis suis solerent in abundantia epularum et ebrietate consumere, nec facile ab his perniciosissimis et tam vetustissimis voluptatibus se possent abstinere, visum fuisse majoribus nostris, ut huic infirmitatis parti interim parceretur, diesque festos, post eos quos relinquebant, alios in honorem sanctorum Martyrum vel non simili sacrilegio, quamvis simili luxu celebrarentur : jam Christi nomine conligatis, et tantæ auctoritatis jugo subditis salutaria sobrietatis præcepta traderentur, quibus jam propter præcipientis honorem ac timorem resistere non valerent : quocirca jam tempus esse, ut qui non se audent negare Christianos, secundum Christi voluntatem vivere incipiant, ut ea quæ ut essent Christiani concessa sunt, quum Christiani sunt, respuantur.

10. Deinde hortatus sum, ut transmarinarum ecclesiarum, in quibus partim ista recepta numquam sunt, partim jam per bonos rectores populo obtemperante correcta, imitatores esse vellemus. Et quoniam de (*b*) basilica beati apostoli Petri, quotidianæ violentiæ proferebantur exempla; dixi primo audisse nos sæpe esse prohibitum, sed quod remotus sit locus ab episcopi conversatione, et in tanta civitate magna sit carnalium multitudo, peregrinis præsertim, qui novi subinde veniunt, tanto violentius, quanto inscitius illam consuetudinem retinentibus, tam immanem pestem non lum compesci sedarique potuisse. Verumtamen nos si Petrum apostolum honoraremus, debere præcepta ejus audire, et multo devotius epistolam in qua

(*a*) Hanc ipsam ob caussam Gregorius Thaumaturgus, teste vitæ ipsius scriptore Gregorio Nysseno, institutis in honorem sanctorum Martyrum diebus festis indulsit, ut sese in iis fideles exhilararent. Eodem consilio adductus est Gregorius I. Papa ut hæc in lib. IX, epist. LXXI. Mellito Abbati Britanniam pergenti commendaret : *Et quia boves solent in sacrificio dæmonum multos occidere, debet eis etiam hac de re aliqua sollemnitas immutari, ut die dedicationis vel natalitiis sanctorum Martyrum..... religiosis conviviis sollemnitatem celebrent..... ut dum eis aliqua exterius gaudia reservantur, ad interiora gaudia consentire facilius valeant.*
(*b*) Pammachius in uxorissuæ Paulinæ funere au. circiter 397. profusiores epulas pauperibus in S. Petri basilica apposuisse laudatur a Paulino in epist. ad eum scripta, apud Paulin. illustrat. pag. 29 et 30.

prenant le livre en main, je récitai le passage où il dit : « Puisque Jésus-Christ a souffert pour nous la mort en sa chair, armez-vous de cette pensée : que quiconque est mort à la concupiscence charnelle a cessé de pécher : en sorte que durant tout le temps qu'il lui reste de cette vie mortelle, il ne vit plus selon les passions des hommes, mais selon la volonté de Dieu ; car c'est bien assez que dans le temps de votre première vie vous vous soyez abandonnés aux mêmes passions que les Gentils, vivant dans les impudicités, dans les désirs déréglés, dans l'ivrognerie, dans les excès de la table et dans le culte sacrilége des idoles (I *Pierre*, IV, 1). » Après cela, voyant tous les esprits unanimes pour mépriser cette mauvaise coutume, et pour adopter de meilleurs sentiments, j'exprimai le désir de voir tous les fidèles se réunir à midi pour entendre la lecture des livres saints et réciter les psaumes, de manière à célébrer cette journée plus purement et plus saintement qu'autrefois ; ajoutant que, d'après le nombre de ceux qui se réuniraient, il serait facile de connaître ceux qui étaient résolus de vivre selon l'esprit, et ceux qui voulaient continuer à vivre selon la chair. Les lectures habituelles étant finies, je terminai mon discours.

11. Après midi, la multitude afflua plus considérable que le matin, et jusqu'à l'heure où nous sortîmes avec l'évêque du lieu, le temps se passa à lire l'Écriture et à psalmodier. Après notre arrivée, on récita encore deux psaumes. Alors le saint vieillard m'engagea à leur adresser encore quelques paroles, et malgré mon désir de voir finir cette journée si périlleuse, j'obéis à son ordre, et je leur parlai en peu de mots, pour rendre grâces à Dieu. Comme nous entendions le bruit que les hérétiques faisaient dans leur église en célébrant leurs festins accoutumés, et que, pendant mon discours, ils continuaient à boire, je fis au peuple cette comparaison : De même que l'obscurité de la nuit fait bien mieux ressortir l'éclat et la beauté du jour, et que l'opposition et le voisinage du noir rend le blanc plus agréable à la vue, de même, la célébration spirituelle de notre fête eût peut-être été moins douce, sans l'opposition de cette fête charnelle où près de nous on se livre au plaisir de boire et de manger, et je les engageai à ne plus désirer que des festins semblables aux nôtres, s'ils avaient goûté combien le Seigneur est doux ; tandis que ceux qui recherchent avant tout ce qui doit être détruit un jour, doivent trembler, puisque chacun aura le sort de ce qui

voluntas ejus apparet, quam basilicam in qua non apparet, intueri : statimque accepto codice recitavi ubi ait, « Christo enim passo pro nobis per carnem, et vos eadem cogitatione armamini, quia qui passus est carne, desiit a carne, ut jam non hominum desideriis, sed voluntate Dei reliquum tempus in carne vivat. Sufficit enim vobis præteritum tempus voluntate hominum perfecisse, ambulantes in libidinibus, desideriis, ebrietate, commessationibus et nefandis idolorum servitutibus (I *Pet.*, IV, 1). » Quibus gestis, cum omnes uno animo in bonam voluntatem ire contenta mala consuetudine cernerem, optatus sum ut meridiano tempore divinis lectionibus et psalmis interessent, ita illum diem multo mundius atque sincerius placere celebrandum : et certe de multitudine convenientium facile posse apparere, qui mentem, et qui ventrem sequerentur. Ita lectis omnibus sermo terminatus est.

11. Pomeridiano autem die major quam ante meridiem affuit multitudo ; eisque ad horam, qua cum episcopo egrederemur, legebatur alternatim et psallebatur : nobisque egressis duo psalmi lecti sunt. Deinde me invitum, qui jam cupiebam peractum esse tam (a) periculosum diem, jussum compulit senex ut aliquid eis loquerer. Habui brevem sermonem, quo gratias agerem Deo. Et quoniam in hæreticorum basilica audiebamus ab eis solita convivia celebrata, cum adhuc, etiam eo ipso tempore, quo a nobis ista gerebantur, illi in poculis perdurarent ; dixi diei pulcritudinem noctis comparatione decorari, et colorem candidum nigri vicinitate gratiorem : ita nostrum spiritalis celebrationis conventum minus fortasse futurum fuisse jocundum, nisi ex alia parte carnalis ingurgitatio conferretur, hortatusque sum ut tales epulas instanter appeterent, si gustassent quam suavis est Dominus : illis autem esse metuendum, qui tamquam primum sectantur,

(a) In sermone 5, de diversis c. IV. *In ista*, inquit, *civitate, fratres mei, nonne experti sumus, quod recordatur nobiscum sanctitas vestra, quanto periculo nostro de ista basilica ebriositates expulerit Deus ? Nonne seditione carnalium pene mergebatur nobiscum navis ?* quæ verba tamen aliquanto sunt duriora, quam ut referri possint ad id quod Hippone gestum hic narratur, videnturque dicta potius apud Carthaginem, seu apud civitatem in qua erant *multi spectatores theatrorum*.

aura été l'objet de son culte. En effet, c'est à ceux qui font un dieu de leur ventre (*Philip.*, VIII, 19) que s'adressent les reproches de l'Apôtre, qui, dans un autre endroit, dit encore : « La viande est pour le ventre, et le ventre pour les viandes. Dieu détruira l'un et l'autre (I *Corinth.*, VI, 13). » Il faut donc avant tout suivre ce qui ne peut être détruit, ce qui est le plus éloigné des appétits de la chair, et ne peut être atteint que par la pureté de l'esprit. Après avoir développé cette pensée, selon ce que la circonstance et la grâce de Dieu daignaient m'inspirer, on procéda à l'office habituel du soir, et pendant que nous nous retirions avec l'évêque, les frères chantèrent encore une hymne, et une assez grande multitude des deux sexes resta dans l'église, en psalmodiant jusqu'à l'entrée de la nuit.

12. Voici en peu de mots ce que, sans doute, vous désirez savoir. Priez Dieu de daigner détourner tous les scandales et les ennuis qui pourraient contrarier nos efforts. Nous éprouvons le même calme, la même allégresse et la même ferveur que vous, en apprenant les grâces nombreuses que le Seigneur répand sur l'Église de Thagaste. Le navire qui porte nos frères n'est pas encore arrivé. A Hasna, où l'on a pour prêtre notre frère Argentius, les Circoncellions ont envahi notre basilique et brisé l'autel. La cause s'instruit maintenant; et nous vous demandons avec instance le concours de vos prières, pour que l'affaire se passe dans un esprit de paix, et comme il convient à l'Église catholique, afin d'imposer silence à l'hérésie qui ne veut pas rester en repos. J'ai envoyé votre lettre à l'Asiarque (1). Bienheureux frère, persévérez en Notre-Seigneur, et souvenez-vous de nous! Ainsi soit-il.

LETTRE XXX (2)

Saint Paulin n'ayant pas reçu de réponse à sa première lettre, écrit de nouveau à saint Augustin par d'autres messagers.

A LEUR SEIGNEUR ET LEUR SAINT ET CHER FRÈRE AUGUSTIN, PAULIN, PÉCHEUR, ET THÉRÈSE, PÉCHERESSE.

1. Depuis longtemps, très-cher frère en Notre-Seigneur Jésus-Christ, sans que vous le sa-

---

(1) Les Asiarques étaient chez les anciens à la fois prêtres et magistrats. Sous un certain rapport, ils ressemblaient assez aux anciens Ediles romains, qui subsistèrent jusqu'au règne de Constantin. Comme les Ediles, leur fonction principale était de donner à leurs dépens des jeux et des spectacles au peuple. Les Asiarques étaient des dignités sacerdotales du paganisme, et se maintinrent avec leurs marques d'honneur, même longtemps après que les empereurs eurent embrassé le christianisme.

(2) Ecrite l'an 395. — Cette lettre était la 33ᵉ dans les éditions antérieures à l'édition des Bénédictins, et celle qui était la 30ᵉ se trouve maintenant la 172ᵉ.

---

quod aliquando destruetur; cum quisque comes efficiatur ejus rei, quam colit, insultarique Apostolus talibus dicens, « quorum Deus venter (*Philipp.* III, 19), » cum idem alio loco dixerit, « Esca ventri et venter escis : Deus autem et hunc et illas evacuabit (I *Cor.*, VI, 13). » Proinde oportere id sequi, quod non evacuatur, quod remotissimum a carnis affectu spiritus sanctificatione retinetur. Atque in hanc sententiam, pro tempore, cum ea, quae Dominus suggerere dignatus est, dicta essent : acta sunt vespertina, quae quotidie solent : nobisque cum Episcopo recedentibus, fratres eodem loco hymnum dixerunt, non parva multitudine utriusque ad obscuratum diem manente atque psallente.

12. Digessi vobis quantum breviter potui, quod vos audire desiderasse, quis dubitaverit. Orate ut a conatibus nostris omnia scandala et omnia taedia Deus dignetur avertere. Magna sane ex parte vobiscum requiescimus cum alacritate fervoris, quia spiritualis Ecclesiae Thagastensium tam crebra nobis dona nuntiantur. Navis cum fratribus nondum venit. Apud Hasnam, ubi est presbyter frater Argentius, Circumcelliones invadentes basilicam nostram altare comminuerunt. Causa nunc agitur; quae ut pacate agatur et ut Ecclesiam catholicam decet, ad opprimendas linguas haereseos impacatae, multum vos petimus ut oretis. Epistolam Asiarchae misimus. Beatissimi perseveretis in Domino, memores nostri. Amen.

EPISTOLA XXX

Paulinus Augustino, non recepto ab eo responso, denuo per alios scribit.

DOMINO FRATRI SANCTO ET UNANIMO AUGUSTINO, PAULINUS ET THERASIA PECCATORES.

1. Jamdudum, frater id Christo Domino mi unanime, ut te in sanctis et piis laboribus tuis nescientem agnovi, absentemque, vidi, tota mente complexus, alloquio quoque familiari atque fraterno per

chiez, je vous connais, d'après vos saints et pieux travaux : depuis longtemps je vous ai vu malgré votre absence, et je vous ai aimé de tout mon cœur ; j'ai voulu aussitôt me rapprocher (1) de vous par mes lettres, afin de pouvoir nous entretenir ensemble par un commerce familier et fraternel. J'espère que, par la grâce de Dieu, ce que je vous ai écrit est parvenu jusqu'à vous. Mais comme le serviteur, que nous vous avions envoyé avant le commencement de l'hiver pour vous saluer, ainsi que tous les autres frères que nous chérissons en Dieu, n'est pas encore de retour, nous n'avons pas voulu différer plus longtemps l'accomplissement de nos devoirs envers vous, ni modérer notre désir de recevoir de vos lettres. Celle-ci sera donc la seconde que vous recevrez de nous, si la première a mérité de vous parvenir, ou la première, si l'autre n'a pas encore eu le bonheur de tomber entre vos mains.

2. Mais vous, frère spirituel, qui jugez de tout, ne jugez pas de notre affection d'après le seul accomplissement de nos devoirs envers vous, ni d'après la date de notre lettre. Dieu, qui seul et partout répand sa charité dans le cœur des siens, nous est témoin que depuis le jour où, grâce aux bienfaits des vénérables évêques Aurèle et Alype, nous vous avons connu par vos ouvrages contre les Manichéens, nous avons conçu pour vous une telle tendresse, que ce n'était pas une amitié nouvelle qui naissait en nous, mais une vieille amitié qui se réveillait dans notre cœur. En effet, nous savons mieux aimer qu'écrire, et si nous vous connaissons maintenant, c'est que nous vous avons reconnu par les yeux de l'esprit et par le secours de l'homme intérieur. Qu'y a-t-il d'étonnant si, quoique absents, nous sommes présents l'un à l'autre, et si, sans nous connaître, nous nous connaissons déjà? Puisque nous sommes membres d'un même corps et n'avons qu'un même chef; puisque nous sommes comme arrosés de la même grâce, nous vivons du même pain, nous marchons dans les mêmes voies et habitons la même maison ; puisque c'est la même foi, la même espérance qui nous soutiennent dans le temps présent, et font notre force pour nous avancer vers l'éternité, et qu'ainsi nous ne sommes qu'un dans l'esprit et dans le corps de Jésus-Christ, de l'unité duquel nous ne pourrions nous séparer, sans nous anéantir nous-mêmes.

3. Qu'elle est peu de chose la privation que nous impose notre absence corporelle! Qu'y

---

(1) A la place de *audire* dans la phrase du n° 1 : « *per litteras audire properavi*, il faudrait mieux mettre *adire*. En effet c'est une locution familière à saint Paulin, comme on le voit dans sa lettre 15e n° 2 à Pammachius. *Ut te spiritali aditu visitarem*, et dans la lettre 2 à *Severo*. N° 3. *Nos litteris adeas*, L'abbé Dubois cite un manuscrit qui justifie cette leçon.

---

litteras audire properavi. Et credo in manu, et in gratia Domini sermonem meum ad te fui se perlatum : sed morante adhuc puero, quem ad te aliosque dilectos æque Deo salutandos, ante hyemen miseramus, non potuimus ultra et officium nostrum suspendere, et desiderium sermonis tui cupidissimum temperare. Scripsimus itaque iterato nunc, si priores ad te litteræ nostræ pervenire meruerunt : aut primo, si illis in manus tuas perveniendi felicitas non fuit.

2. Sed tu frater spiritualis omnia judicans, amorem in te nostrum ne pendas officio solo, aut tempore litterarum. Dominus enim testis est, qui unus atque idem operatur in suis ubique caritatem suam, jam abinde nobis, ex quo te beneficio venerabilium episcoporum Aurelii et Alypii, per tua in Manichæos opera cognovimus, ita inditam dilectionem tuam, ut nobis non novam aliquam amicitiam sumere, sed quasi veterem caritatem resumere videremur. Denique nunc etsi sermone, non tamen tamquam et affectu rudes scribimus, teque vicissim spiritu per interiorem hominem, quasi recognoscimus. Nec mirum si et absentes adsumus nobis, et ignoti nosmet novimus ; cum unius corporis membra simus, unum habeamus caput, una perfundamur gratia, uno pane vivamus, una incedamus via, eadem habitemus domo. Denique in omne quod sumus, tota spe ac fide, qua stamus in præsenti, nitimur in futurum, tam in spiritu, quam in corpore Domini unum sumus, ne simus nihil si ab uno excidamus.

3. Quantulum ergo est, quod absentia corporalis nobis invidet nostri, nisi sane fructum istum, quo pascuniur oculi temporalium exspectatores : quamvis nec corporalis quidem gratia, temporalis in spiritualibus dici debeat, quibus etiam corporum æternitatem resurrectio largietur, ut audemus in virtute Christi et (a) bonitate Dei Patris vel indigni præsumere. Quare utinam hoc quoque nobis munus annueret gratia Dei, per Dominum nostrum Jesum

---

(a) MSS. quatuordecim, *et bonitatis Dei Patris*.

perdons-nous, si ce n'est ce plaisir dont les yeux se repaissent à la vue des choses périssables? Toutefois, le plaisir même qu'on éprouve à se voir corporellement ne peut pas être considéré comme une chose passagère dans ceux qui vivent spirituellement, puisqu'à la résurrection de la chair, nos corps, par la puissance de Jésus-Christ et la bonté de Dieu le Père, deviendront éternels, comme nous devons l'espérer, tout indignes que nous en sommes. Puissions-nous, par la grâce de Dieu et de Jésus-Christ Notre-Seigneur, voir aussi votre visage sous son enveloppe charnelle! Ce serait non-seulement une grande joie qui comblerait notre désir, mais encore une grande lumière qui viendrait éclairer notre âme, et les trésors qui sont en vous enrichiraient notre indigence. Ce bienfait, vous pouvez nous l'accorder quoique nous soyons éloignés de vous, surtout par l'occasion que vous offrira le retour de nos chers fils en Jésus-Christ, Romain et Agile, que nous vous recommandons comme d'autres nous-mêmes, et que nous attendons quand ils auront rempli l'œuvre de charité, sur l'accomplissement duquel nous appelons votre affection toute particulière. Vous connaissez en effet quelle grande récompense le Tout-Puissant promet au frère qui vient au secours de son frère. Si vous voulez donc nous honorer par eux de quelque fruit de la grâce qui vous a été donnée, vous pouvez le faire en toute sûreté. Ils sont en effet, croyez-le bien, un seul cœur et une seule âme avec nous en Notre-Seigneur Jésus-Christ. Que la grâce de Dieu, qui est en vous, y demeure éternellement, très-cher, très-vénérable et très-désirable frère en Jésus-Christ Notre-Seigneur! Saluez de notre part tous les saints en Jésus-Christ, qui vous sont unis, et recommandez aussi à tous ces saints de joindre leurs prières aux vôtres, pour implorer la miséricorde de Dieu en notre faveur.

Christum, ut etiam in carne faciem tuam videremus : non solum desideriis nostris magnum conferretur gaudium ; sed etiam mentibus lumen adcresceret, et ex tua copia locupletaretur inopia nostra. Quod quidem et absentibus largiri potes, hac præsertim occasione, qua filii nostri unanimes et carissimi nobis in Domino, Romanus et Agilis, quos ut nos alteros tibi commendamus, in nomine Domini revertentur, opere caritatis impleto ; in quo tuæ caritatis affectu specialiter utantur, rogamus. Nosti enim quam celsa promittat Altissimus fratri fratrem adjuvanti. Per hos, si quo me gratiæ, quæ tibi data est, dono remunerari voles, tuto facies. Sunt enim, velim credas, unum cor et una in Domino anima nobiscum. Gratia Dei tecum, ut est, in æternum maneat, frater in Christo Domino unanime, venerabilis, dilectissime, et desiderabilis. Omnes in Christo sanctos, quales tibi cohærere non dubium est, à nobis saluta. Commenda nos omnibus sanctis, ut tecum pro nobis orare dignentur.

DEUXIÈME CLASSE

Lettres que saint Augustin a écrites depuis qu'il fut évêque, jusqu'à la conférence des évêques catholiques à Carthage avec les Donatistes, et au temps de la découverte de l'hérésie Pélagienne en Afrique, c'est-à-dire depuis l'an de Jésus-Christ 396 jusqu'à 410.

LETTRE XXXI [1]

Saint Augustin remercie saint Paulin de sa deuxième lettre. Il lui apprend qu'il a été ordonné coadjuteur de Valère, évêque d'Hippone. Il l'exhorte à venir en Afrique, ce qui serait une grande consolation pour lui, et une grande édification pour tous les autres chrétiens.

A SON TRÈS-CHER SEIGNEUR ET FRÈRE PAULIN, ET A SA TRÈS-CHÈRE SŒUR THÉRÈSE, TOUS LES DEUX REMPLIS DE L'ABONDANCE DE LA GRACE DIVINE, AUGUSTIN, SALUT DANS LE SEIGNEUR.

1. J'avais souhaité que la lettre par laquelle je répondais à la vôtre, si toutefois il est possible de vous répondre d'une manière digne de vous, vous parvînt le plus vite possible, afin que malgré mon absence, je pusse être avec vous. Mais le retard de ma lettre m'a valu le bonheur d'en recevoir une seconde de vous. Que le Seigneur est bon de nous refuser parfois ce que nous lui demandons, pour nous accorder ce que nous aimerions mieux encore. Autre chose est que vous m'eussiez écrit après avoir reçu ma lettre, autre chose est que vous m'écriviez avant de l'avoir reçue. J'aurais certes éprouvé une grande joie à lire votre lettre, mais j'aurais été privé du plaisir que me procure votre dernière, si la mienne était parvenue à votre sainteté aussi vite que je l'avais désiré. Mais avoir déjà présentement celle-ci entre les mains, et en espérer une seconde, c'est un double bonheur pour moi.

[1] Ecrite au commencement de l'année 396. — Cette lettre était la 34ᵉ dans les éditions antérieures à l'édition des Bénédictins, et celle qui était la 31ᵉ se trouve maintenant la 25ᵉ.

II CLASSIS

Epistolæ quas Augustinus jam episcopus ante collationem Carthaginensem cum Donatistis habitam et ante detectam in Africa Pelagii hæresim scripsit, ab anno Christo 396, ad 410.

EPISTOLA XXXI

Paulino pro secundis litteris ab eo receptis, grati animi obsequium exhibet, seque Valerio coepiscopum Hipponensem ordinatum esse renuntians, exoptat ut in Africam trajicere ipse velit, magno cum sibi solatio, tum ceteris Christianis exemplo futurus.

DOMINIS DILECTISSIMIS ET SINCERISSIMIS, VERE BEATISSIMIS ATQUE ABUNDANTISSIMA DEI GRATIA PRÆSTANTISSIMIS FRATRIBUS, PAULINO ET THERASIÆ, AUGUSTINUS IN DOMINO SALUTEM.

1. Cum litteras meas, quibus respondi prioribus vestris, si tamen vestris litteris ullo modo a me responderi potest, celerrime optaverim venire in vestræ caritatis manus, ut quoquo pacto absens cito possem esse vobiscum, lucrum mihi vestræ epistolæ contulit tarditas mea. Bonus Dominus, qui non tribuit sæpe quod volumus, ut quod mallemus adtribuat. Aliud enim est, quod accepta epistola mea scripturi estis, aliud quod non accipiendo scripsistis. Quod cum lætissime legerimus, defuisset nobis certe ista lætitia, si ut optavimus, maximeque voluimus, cito ad vestram sanctitatem nostræ litteræ permeassent. Nunc vero et hæc habere scripta, et illa sperare rescripta, gaudio cumulatiore delectat. Ita nec nostra culpa accusari potest, et Domini largior benignitas fecit, quod nostro desiderio, conducibilius esse judicavit.

Ainsi d'un côté on ne peut pas m'imputer le retard de ma lettre, et d'un autre côté, la bonté de Notre Seigneur a été plus grande, en m'accordant quelque chose de bien meilleur que ce que je lui demandais.

2. Nous avons reçu avec une grande joie en Notre Seigneur, les saints frères Romain et Agile, qui ont été comme une seconde lettre de vous, mais une lettre qui entend et qui répond, et comme une partie de vous-même présente à nos yeux, mais qui a redoublé l'envie que nous avons de vous voir en personne. Quand ou comment nous auriez-vous jamais dit, ou aurions pu nous-mêmes exiger que vous nous disiez sur vous dans vos lettres, tout ce que nous en avons appris par leur bouche. Mais (ce qu'une lettre ne saurait exprimer) il y avait dans leurs récits une telle joie, que nous voyions avec un plaisir ineffable se refléter sur leurs traits et dans leurs yeux votre image, empreinte dans leurs cœurs. Bien plus, une lettre, quelle qu'elle soit, et quelque bonnes choses qu'elle renferme, n'en profite pas elle-même, quoiqu'elle soit d'un grand profit pour ceux qui la lisent ; mais leur entretien, où nous voyions comme une âme sœur de la vôtre, était pour ainsi dire une lettre vivante de vous, d'autant plus sainte à nos yeux, qu'elle était une copie plus fidèle et plus heureuse de vous-même. Aussi, afin d'en imiter et d'en suivre la sainteté, nous l'avons transcrite dans notre cœur, en demandant, et en écoutant avec le plus grand soin tout ce qui vous concerne.

3. Nous n'avons pu sans chagrin les voir s'éloigner sitôt de nous, bien que ce fût vers vous qu'ils retournaient. Voyez, je vous prie, de quels sentiments divers nous étions agités. Nous devions les laisser partir d'autant plus vite, qu'ils désiraient vous obéir plus ponctuellement ; mais plus ils le désiraient, plus ils vous mettaient en notre présence, puisqu'ils nous faisaient voir par là combien vous leur étiez cher. Ainsi, plus leur insistance pour partir nous paraissait juste, plus nous avions de peine à y consentir ; et cette peine eût été insupportable si nous n'avions pas été convaincus que par cette séparation nous n'étions pas séparés. En effet, ne sommes-nous pas membres d'un même corps ? N'avons-nous pas un même chef ? Ne sommes-nous pas arrosés de la même grâce ? Ne mangeons-nous pas le même pain ? Ne marchons-nous pas dans la même voie ? N'habitons-nous pas dans la même maison ? Pourquoi ne nous servirions-nous pas des mêmes paroles que vous reconnaissez sans doute tirées de votre lettre ? Mais pourquoi seraient-elles les vôtres plutôt que les miennes,

---

2. Sanctos fratres Romanum et Agilem aliam epistolam vestram audientem voces atque reddentem, et suavissimam partem vestræ præsentiæ, sed qua vobis visendis inhiaremus avidius, cum magna in Domino jocunditate suscepimus. Unde, aut quando, aut quomodo vel vos præstare, vel nos possemus exigere, ut nos de vobis tanta scribendo doceretis, quanta eorum ore didicimus ? Aderat etiam, quod nulli chartæ adesse potest, tantum in narrationibus gaudium, ut per ipsum etiam vultum oculosque loquentium, vos in cordibus eorum scriptos cum ineffabili lætitia legeremus. Hoc quoque amplius erat, quod pagina quælibet quantacumque bona scripta contineat, nihil ipsa proficit, quamvis ad profectum explicetur aliorum : hanc autem epistolam vestram, fraternam scilicet animam, sic in eorum colloquio legebamus, ut tanto beatior appareret nobis, quanto uberius conscripta esset ex vobis. Itaque illam ad ejusdem beatitatis imitationem, studiosissime de vobis omnia percunctando, in nostra corda transscripsimus.

3. Nec ideo tamen eos tam cito a nobis, licet ad vos remeantes, sine molestia passi sumus, Videte enim, quæso vos, quibus quatiebamur affectibus. Tanto utique dimittendi erant velocius, quanto vobis impensius obedire cupiebant : sed quanto id cupiebant magis, tanto vos nobis præsentius exhibebant : eo quippe indicabant, quam cara vestra viscera essent, tanto igitur eos minus dimittere volebamus, quanto justius ut dimitterentur instabant. O rem non ferendam, nisi « Unius essemus corporis membra, unum haberemus caput, una perfunderemur gratia, uno pane viveremus, una incederemus via, eadem habitaremus domo. » Cur enim non eisdem etiam verbis uteremur ? Agnoscis enim, credo hæc esse ex epistola vestra. Sed cur potius hæc vestra sint verba quam mea, quæ utique quam vera sunt, tam nobis ab ejusdem capitis communione proveniunt ? Et si aliquid proprium vobis donatum habent, tanto magis ea sic dilexi, ut obsiderent viam pectoris mei, neque a corde ad linguam meam ver-

puisque la vérité qu'elles expriment vient de celui qui est notre chef commun? Si elles ont quelque chose qui vous ait été donné personnellement, elles m'en sont d'autant plus chères. Elles se sont emparées de l'entrée de mon cœur, et n'en ont rien laissé passer sur mes lèvres, avant d'avoir pris dans ma pensée le premier rang qu'y occupe tout ce qui vient de vous. Frères saints et chéris de Dieu, qui peut douter qu'un même esprit ne nous anime, sinon celui qui ignore les liens de l'affection qui nous unit?

4. Je voudrais cependant savoir si vous supportez avec plus de patience et de facilité que nous notre absence corporelle. Si c'est vous, je n'aime point, je l'avoue, tant de force, à moins que nous ne soyons pas aussi digne d'être désiré par vous, que nous vous désirons nous-même. Si c'était moi qui eusse la patience de supporter votre absence, je me déplairais à moi-même. En effet, cette patience me ferait chercher avec indifférence les moyens de vous voir. Or, n'est-il pas absurde de regarder comme force ce qui produit l'indifférence? Mais votre charité verra combien je suis retenu ici par les soins de l'Eglise. Notre bienheureux évêque Valère, qui vous salue avec nous, et brûle du même désir de vous voir, non content de m'avoir pour prêtre, a voulu encore, comme vous l'apprendrez de nos frères, m'imposer le fardeau d'être son coadjuteur (1). Dans la grande charité de ce saint homme, et dans le zèle et l'empressement de tout le peuple, j'ai cru voir la volonté du Seigneur; et comme on mettait en avant des exemples précédents qui m'ôtaient toute excuse, je n'ai plus osé résister. Cependant, quoique le joug de Jésus-Christ soit doux et son fardeau léger, si dans cette chaîne il y a quelque chose qui me blesse, dans ce fardeau, quelque chose qui soit pesant pour moi, à cause de ma faiblesse et de mon inexpérience à le porter, je le soutiendrais plus aisément et plus doucement, si j'avais la consolation de vous avoir ici, vous qui vivez, à ce que j'apprends, libre et dégagé (2) des soins de cette espèce. Je puis donc, sans imprudence, vous prier, vous

---

(1) Possidius, ch. VIII dit, que saint Augustin refusait de se laisser ordonner évêque d'Hippone du vivant de Valère, parce qu'il était persuadé qu'il était contraire aux lois de l'Eglise qu'un prêtre acceptât l'épiscopat pendant la vie de son évêque. Cependant il y consentit, quand on lui eut prouvé par beaucoup d'exemples, que cela était admis, non-seulement dans l'Eglise d'Afrique, mais encore dans d'autres églises d'outre-mer. Néanmoins, ayant appris depuis, que ces ordinations avaient été défendues par le concile de Nicée, il déclare dans la lettre 213e, que bien qu'il eût choisi Héraclius pour son successeur, il ne voulait pas qu'on l'ordonnât évêque de son vivant. Ce fut l'an 395 que saint Augustin fut élu évêque, selon la chronologie de Prosper, et à l'approche de la fête de Noël, comme on le voit par la 25e homélie des Cinquante.

(2) Saint Paulin était alors à Nole, libre de tous soins ecclésiastiques. En effet, ce ne fut qu'avec peine qu'il consentit à recevoir la prêtrise dans l'église de Barcelone, et il y mit cette condition, comme il l'écrit à Sévère dans sa lettre 6e, savoir, qu'il ne serait pas attaché au service de cette église. *J'ai été*, dit-il dans cette lettre, *consacré au sacerdoce de Notre-Seigneur, mais non attaché à quelque église particulière.* Il reçut les ordres à Barcelone, le jour de Noël. De là, il se retira à Nole après les Pâques de l'année suivante vers 393 ou 394. On ne peut déterminer au juste s'il fut élevé au siége épiscopal de cette ville avant l'année 409. (Voyez la note jointe à la lettre 95e.)

---

ba transire sinerent, donec tanto (a) priora, quanto sunt vestra, procederent. Sancti fratres et dilecti Deo, notraque invicem membra, quis dubitet nos uno spiritu vegetari, nisi qui non sentit, qua vobis dilectione vinciamur?

4. Vellem tamen scire, utrum hanc absentiam corporalem, vos patientius quam nos, faciliusque toleretis? Si ita est, fateor, non amo istam fortitudinem vestram, nisi forte quia nos tales sumus, ut minus a vobis desiderari, quam vos desiderare debeamus. In me certe si esset patientia vestræ absentiæ perferendæ, displiceret mihi : segniter enim agerem ut vos viderem, quid autem absurdius, quam fortitudine fieri segniorem? Sed qua ecclesiæ cura tenear, ex hoc vestra caritas oportet adtendat quod beatissimus, pater Valerius, qui vos nobiscum quantum salutet, quantumque sitiat, audietis ex fratribus, nec presbyterum me esse suum passus est, nisi majorem mihi coepiscopatus sarcinam imponeret. Quod quidem quia tanta ejus caritate, tantoque populi studio Dominum id velle credidi, nonnullis jam exemplis præcedentibus, quibus mihi omnis excusatio claudebatur, vehementer timui excusare. Sed quamquam jugum Christi per seipsum lene sit, et sarcina levis : tamen propter nostram asperitatem atque infirmitatem, si quid me mordet hoc vinculum, atque urget hoc onus, ineffabiliter mihi aliquanto vestræ præsentiæ solatio, tolerabilius et portabilius redderetur, (b) quos audio curis ejusmodi expeditiores liberioresque vivere

---

(a) In prius editis, *puriora* : sed melius in MSS. *priora*.
(b) Paulinus tunc Nolæ ab ecclesiasticis curis liber agebat. Quippe in Barcinonensi ecclesia presbyterum se consecrari vix consensit demum ea conditione, sicuti ad Severum in epist. VI. scribit, ut eidem ecclesiæ non alligaretur : *in sacer-*

demander, vous conjurer de venir en Afrique, sur cette terre moins fameuse encore par sa sécheresse, qu'altérée de l'ardent désir de posséder des hommes tels que vous.

5. Dieu sait que si je souhaite votre présence corporelle dans ces contrées, ce n'est pas seulement pour ma satisfaction personnelle, ni seulement pour ceux qui ont appris par nous, ou par le bruit qui s'en est répandu, la grandeur de vos saintes résolutions, mais encore pour ceux qui n'en ont pas entendu parler, ou qui, l'ayant entendu, ont peine à y croire, et qui pourtant s'y attacheraient avec ardeur une fois qu'ils en seraient convaincus. Toutes vos actions sont des œuvres de piété et de miséricorde, mais puissent-elles éclater aux yeux des habitants de nos contrées, pour que, témoins du bien que vous faites, ils en glorifient votre Père qui est aux cieux. Des pêcheurs qui, à la voix du Seigneur, avaient quitté leurs filets et leurs barques, s'en réjouirent, en disant qu'ils avaient tout quitté pour suivre le Seigneur. En effet, il méprise tout, celui qui méprise non-seulement ce qu'il a, mais encore tout ce qu'il voulait avoir. Ce qu'on désirait avoir, on le quitte seulement aux yeux de Dieu, mais ce qu'on a, on le quitte même aux yeux des hommes. Je ne sais pourquoi, quand il s'agit des choses superflues et terrestres, on s'attache plus étroitement à celles que l'on possède qu'à celles que l'on désire. En effet, pourquoi celui qui consultait Notre Seigneur sur les moyens d'acquérir la vie éternelle, se retira-t-il si triste, quand il eut entendu qu'il devait vendre tous ses biens, et les distribuer aux pauvres, pour s'en faire un trésor dans le ciel et arriver à la perfection, si ce n'est, comme le dit l'Evangile (*Luc.* XVIII, 12), parce qu'il possédait de grandes richesses? Autre chose, en effet, est de ne pas vouloir s'incorporer ce qui nous manque encore; autre chose est d'arracher de soi-même ce qu'on s'est déjà incorporé. Dans le premier cas, c'est refuser des mets qu'on nous présente, dans le second, c'est comme si on nous coupait nos propres membres. Qu'elle doit donc être grande la joie des chrétiens de nos jours, en voyant l'Evangile de Jésus-Christ faire accomplir avec allégresse, ce que le riche n'entendit qu'avec tristesse de la bouche de Notre Seigneur!

6. Aucunes paroles ne sauraient dire ce qui se passe à ce sujet dans mon esprit, et ce que mon cœur voudrait exprimer. Cependant votre sagesse et votre piété vous font facilement comprendre qu'il ne s'agit pas ici de votre gloire, c'est-à-dire de votre gloire humaine, mais de la gloire du Seigneur qui est en vous. Vous savez en

---

Quare non impudenter ego rogo vos, et postulo, et flagito, ut in Africam majore talium hominum siti, quam siccitatis nobilitate laborantem, venire dignemini.

5. Scit Deus, quia non solum propter desiderium meum, neque solum propter eos qui vel per nos vestrum propositum, vel, undecumque fama prædicante didicerunt, sed etiam propter ceteros qui partim non audiunt, partim audita non credunt, tamen possunt comperta diligere, vos istis terris etiam corporaliter adesse cupimus. Quamvis enim sedulo atque misericorditer id agitis, tamen etiam coram hominibus regionum nostrarum luceant opera vestra, ut videant bona facta vestra, et glorificent Patrem vestrum, qui in cœlis est. Piscatores vocante Domino, quod naviculas et retia dimiserunt, omnia se dimisisse, et Dominum secutos esse etiam commemorando lætati sunt. Et revera omnia contemnit, qui non solum quantum potuit, sed etiam quantum voluit habere, contemnit. Sed in eo quod cupiebatur, oculi Dei testes sunt, in eo quod habebatur, et hominum. Nescio quo autem modo, cum superflua et terrena diliguntur, actius adepta quam cupita constringunt. Nam unde tristis ille discessit, qui consilium vitæ æternæ consequendæ quærebat a Domino, cum audisset vendenda esse omnia sua, et distribuenda pauperibus, et habendum thesaurum in cælo, si vellet esse perfectus: nisi quia magnas, ut evangelium loquitur (*Luc,* XVIII, 22), habebat divitias? Aliud est enim, nolle incorporare quæ desunt, aliud jam incorporata divellere. Illi velut cibi repudiantur, illa velut membra præciduntur. Quanto igitur et quantum mirabili gaudio nostris temporibus Christiana caritas conspicit, per Domini Evangelium cum lætitia fieri, quod ex ore Domini cum tristitia dives audivit?

6. Quamquam nullis verbis explicem conceptionem ac parturitionem cordis mei: tamen quia prudenter et pie intelligitis non esse istam vestram,

---

dotium tantum Domini, inquit, *non etiam in locum ecclesiæ dedicatus.* Quapropter Barcinone in die Natali Domini ordinatus, inde se Nolam recepit post Pascha insequentis anni 393. videlicet, aut 394. Hujus vero loci episcopatum ante annum 409. suscepisse ipsum non liquet. Vide not. in epist. XCV.

effet vous préserver des piéges de l'ennemi, et vous agissez avec tout le soin possible, pour être doux et humbles de cœur comme des disciples de Jésus-Christ. Car il est préférable de garder humblement les biens de la terre, que d'y renoncer orgueilleusement. Or, comme vous comprenez que ce n'est pas votre gloire que j'ai en vue, mais celle du Seigneur, vous voyez combien mes paroles sont au-dessous de la grandeur de mon sujet. En effet, en voulant célébrer les louanges du Christ, j'ai entrepris une chose que la bouche même des anges ne saurait exprimer. C'est cette gloire du Christ que je voudrais montrer aux yeux de habitants de nos contrées, et par l'exemple de votre sainte union, apprendre à l'un et l'autre sexe à fouler aux pieds l'orgueil, et à ne pas désespérer d'arriver à la perfection. Je ne sais donc si vous pouvez agir avec une plus grande charité, qu'en prenant, pour faire connaître ce que vous êtes, autant de soins que vous en avez pris pour le devenir.

7. Je recommande à votre bienveillance et à votre charité Vetustin, pauvre enfant qui ferait pitié aux cœurs les moins religieux. Il vous apprendra lui-même les causes de son malheur et de son voyage. Quant à son désir de se consacrer au service de Dieu, nous en jugerons mieux par la suite du temps, lorsque son âge sera plus avancé, et lorsqu'il sera délivré des craintes qu'il éprouve présentement. J'ai envoyé à votre sainteté et à votre charité trois livres. Plût à Dieu qu'ils soient aussi clairs que grands, vu la grandeur de la question que j'y traite. Car il s'agit du *libre arbitre*. Je n'ai pas craint de vous donner la peine de les lire, connaissant toute la tendresse que vous avez pour moi. Je sais que votre frère Romanien n'a pas ces livres, ou du moins ne les a pas tous. Je ne lui ai pas donné, pour vous les apporter, tous les ouvrages que j'ai écrits. Je me suis contenté de vous les indiquer pour les lire. Romanien d'ailleurs, les avait déjà tous, et les emportait avec lui. C'est par ce frère que je vous ai envoyé ma première réponse (1). La sagesse que le Seigneur a mise en votre esprit, vous a certainement fait voir ce qu'il y a de bon dans le cœur de cet homme, et ce qui peut encore y rester de faiblesse. J'espère que ma lettre vous a montré avec quelle sollicitude je l'ai recommandé ainsi que son fils à votre humanité et à votre charité, et combien sont étroits les liens qui les unissent à moi. Que le Seigneur les édifie par vous. C'est la plus grande grâce que je puisse

(1) C'est la lettre 27e.

hoc est humanam, sed in vobis Domini gloriam. Nam et inimicum cautissime intuemini, devotissimeque agitis, ut tamquam discipuli Christi humiles corde ac mites sitis. Utilius enim terrena opulentia tenetur humiliter, quam superbe relinquitur. Quia ergo recte intelligitis non hanc esse vestram, sed Domini gloriam, videtis quam parva et exigua dixerim. Dixi enim de laudibus Christi, quibus sunt linguæ impares Angelorum. Hanc ergo Christi gloriam etiam oculis nostrorum hominum cupimus admovere; in uno conjugio proposita utrique sexui calcandæ superbiæ, non desperandæ perfectionis exempla. Nescio si quidquam misericordius agitis, quam si tantum nolitis latere, quod tales estis, quantum tales esse voluistis.

7. Vetustinum impiis quoque miserabilem puerum vestræ benignitati caritatique commendo : caussas calamitatis et peregrinationis ejus audietis ex ipso. Nam et propositum ejus, quo serviturum se esse pollicetur Deo, tempus prolixius, et ætas robustior, et transactus timor certius indicabunt. Tres libros, atque utinam tam grandis quæstionis ita explicatores ut grandes, tanto minus metuens in te laborem legendi, quanto ardorem perspicio diligendi, misi sanctitati et caritati tuæ : nam quæstio eorum de « libero arbitrio » est. Hos autem non habere, aut omnes non habere fratrem Romanianum scio, per quem prope omnia, quæ quibuslibet auribus accommodata scribere potui, studio in nos tuo, non apportanda dedi, sed legenda indicavi. Habebat enim jam ille omnia, secumque gestabat : per eum autem prima rescripta transmisi. Credo jam expertam sanctitatem tuam sagacitate spirituali, quam tibi Dominus tribuit, quid et vir boni animo gerat, et quæ in illo infirmitate pars claudicet. Unde humanitati et caritati tuæ tam ipsum quam filium ejus, legisti, ut spero, qua sollicitudine commendaverim, et quanta mihi necessitudine copulati sint. Ædificet eos per te Dominus. Quod ab illo magis petendum est : nam id tu quam velis novi.

8. Adversus paganos te scribere didici ex fratribus, si quid de tuo pectore meremur, indifferenter mitte ut legamus. Nam pectus tuum tale Domini oraculum est, ut ex eo nobis tam placita, et adversus loquacissimas quæstiones explicatissima dari

lui demander, et je sais d'ailleurs que c'est aussi ce que vous voulez.

8. J'ai appris par nos frères que vous écriviez contre les païens. Si nous méritons quelque chose de votre cœur, envoyez-nous indifféremment à lire tous vos écrits. En effet, votre cœur est un tel oracle de Notre Seigneur, qu'il nous fournira, j'en suis convaincu d'avance, les réponses les plus explicites à faire à toutes ces questions plus remplies de paroles que de sens. Je crois que votre sainteté a les livres du bienheureux Pape Ambroise (1). Je désire beaucoup lire ceux qu'il a écrits avec autant de soin que d'abondance contre les ignorants et les superbes, qui prétendent que Notre Seigneur a beaucoup profité des livres de Platon.

9. Notre bienheureux frère Sévère, autrefois notre condisciple, aujourd'hui évêque de Milève (2), et bien connu dans cette ville de tous nos frères, salue votre sainteté, et se joint à nous pour vous rendre les mêmes devoirs. Les frères qui servent avec nous Notre Seigneur le font également, avec autant de zèle qu'ils vous désirent, ils vous désirent autant qu'ils vous aiment, et ils vous aiment autant que vous êtes bon. Nous vous envoyons un pain, qui deviendra un pain de bénédiction par l'affection avec laquelle vous le recevrez. Que Dieu vous préserve à jamais de cette génération corrompue, seigneurs très-chers, très-purs, véritablement bons et remplis de la grâce abondante de Dieu !

LETTRE XXXII (3)

Saint Paulin écrit à Romanien, pour féliciter l'église d'Hippone d'avoir saint Augustin pour coadjuteur de l'évêque. Il exhorte en prose et en vers Licentius, qui lui avait été recommandé par saint Augustin, à mépriser les grandeurs de la cour, et à se consacrer à Jésus-Christ.

AU TRÈS-HONORABLE ET TRÈS-ESTIMABLE FRÈRE
ROMANIEN.
PAULIN ET THÉRÈSE, SALUT.

1. Ami très-cher et très-saint, la veille du jour où nous vous écrivons, les frères dont nous attendions le retour avec tant d'impatience, sont revenus d'Afrique. Ils nous ont apporté des lettres d'Aurèle, d'Alype, d'Augustin, de Profuturus, de Sévère, aujourd'hui tous élevés à l'épiscopat. Heureux d'avoir des nouvelles toutes fraîches de ces saints person-

---

(1) Ces livres de saint Ambroise ont été perdus.
(2) Milève ancien siège épiscopal de Sévère, est aujourd'hui Milah à onze lieues environ à l'ouest de Constantine.
(3) Écrite l'an 396. — Cette lettre était la 36e dans les éditions antérieures à l'édition des Bénédictins et celle qui était la 32e se trouve maintenant la 27e.

---

responsa præsumamus. Libros beatissimi papæ Ambrosii credo habere sanctitatem tuam, eos autem multum desidero, quos adversus nonnullos imperitissimos et superbissimos, qui de Platonis libris Dominum profecisse contendunt, diligentissime et copiosissime scripsit.

9. Beatissimus frater Severus de condiscipulatu nostro Milevitanæ antistes ecclesiæ, bene apud eamdem civitatem fratribus cognitus, debito nobiscum officio sanctitatem vestram salutat. Fratres quoque omnes nobiscum Domino servientes, tam id faciunt, quam vos desiderant : tam vos desiderant, quam vos diligunt : et tam diligunt, quam estis boni. Panis quem misimus, uberior benedictio fiet, dilectione accipientis vestræ benignitatis. Custodiat vos Dominus ab ista generatione in æternum, Domini dilectissimi et sincerissimi, vere benigni, et abundantissima Domini gratia præstantissimi fratres.

EPISTOLA XXXII

Paulinus Romaniano, gratulans ecclesiæ Hipponensi, quod Augustinum meruit episcopi collegam. Licentium, pro quo scripserat Augustinus, hortatur et prosa et carmine, ut contempto aulæ fastu, se dedicet Christo.

DOMINO MERITO PRÆDICABILI, ET HONORANDO FRATRI
ROMANIANO, PAULINUS ET THERASIA.

1. Pridie quam has daremus, reversis ex Africa fratribus nostris, quorum exspectatione nos pendere vidisti, optatissime sanctorum et carissimorum virorum, inde epistolas receperamus, id est Aurelii, Alypii, Augustini, Profuturi, Severi, jam omnium pariter Episcoporum. Ergo tot sanctorum talium recentissimis sermonibus gratulantes, properavimus ad te nostram referre lætitiam, ut tibi quoque ex-

nages, nous nous hâtons de vous faire part de notre joie, et nous aimons à nous réjouir avec vous du succès d'un voyage qui nous remplissait d'inquiétude. Si, par l'arrivée d'autres vaisseaux, vous avez appris la même chose de ces vénérables et bien-aimés frères, nous vous confirmons cette nouvelle, qui redoublera votre joie. Si nous sommes les premiers à vous l'annoncer, félicitez-nous d'avoir acquis par la grâce de Jésus-Christ assez d'affection dans votre patrie pour être les premiers, ou du moins des premiers, à apprendre ce que la divine providence, « toujours admirable dans ses saints (*Ps.*, LXVII, 36), » comme le dit l'Ecriture, y verse de bienfaits.

2. Nous ne vous écrivons pas seulement pour nous réjouir de ce qu'Augustin a reçu l'épiscopat, mais de la faveur divine accordée aux églises d'Afrique, d'entendre les paroles de vie de la bouche d'Augustin qui, par une grâce supérieure de Dieu, a été promu d'une façon nouvelle, et a été consacré, non pour succéder à l'évêque dans son siége, mais pour l'aider dans ses travaux. En effet, du vivant de Valère, Augustin a été nommé co-évêque de l'église d'Hippone. Ainsi le saint vieillard dont l'âme si pure n'a jamais été souillée par le moindre sentiment d'envie, reçoit du Très-Haut la récompense digne de son cœur, celle d'avoir pour collègue le prêtre qu'il désirait si vivement avoir pour successeur de son sacerdoce. Pouvait-on croire que cela pût jamais arriver? Et ne peut-on pas, dans cette œuvre du Tout-Puissant, reconnaître ce que dit l'Evangile : « Ce qui est impossible aux hommes est possible à Dieu (*Luc*, XVIII, 27). » C'est pourquoi, réjouissons-nous dans celui qui, seul, accomplit des merveilles, et qui fait habiter dans la même maison ceux qui sont unis d'âme et de cœur; réjouissons-nous, dis-je, de ce qu'il a jeté les yeux sur notre humilité, et a visité son peuple pour le combler de biens. C'est lui qui a donné une force nouvelle à la maison de David son serviteur, et c'est lui aujourd'hui qui a exalté la force de son Eglise dans ses élus, pour briser comme le dit le prophète, la violence des pécheurs, c'est-à-dire des Donatistes et des Manichéens.

3. Plaise à Dieu que la voix du Seigneur, qui retentit présentement par la bouche d'Augustin, comme une trompette céleste, frappe les oreilles de notre fils Licentius; qu'il l'entende de cette oreille intérieure par laquelle Jésus-Christ entre dans le cœur, et d'où l'ennemi ne peut enlever la parole que Dieu y répand comme une semence divine! C'est alors

spectatum in peregrinatione sollicita gaudium festivissimis conferramus indiciis. Si forte eadem de venerabilibus, et amantissimis viris per aliarum adventus navium comperisti, per nos etiam repetita accipe, et quasi renovata hilaritate rursus exsulta. Quod si primus hic a nobis tibi nuntius veniet, gratulare tantam nobis in tua patria caritatem Christo donante partam, ut quidquid illic divina providentia gerat « mirabilis semper (ut scriptum est) in sanctis suis (*Psal*, LXVII, 36), » vel primi, vel cum primis sciamus.

2. Non autem tantum hoc scribimus gratulandum, quod episcopatum Augustinus acceperit, sed quod hanc Dei curam meruerint Africanæ ecclesiæ, ut verba cælestia Augustini ore perciperent, qui ad majorem Dominici muneris gratiam novo more provectus, ita consecratus est, ut non succederet in cathedra episcopo, sed accederet. Nam incolumi Valerio Hipponensis ecclesiæ coepi-copus Augustinus est. Et ille beatus senex, cui purissimam mentem nulla unquam liventis invidiæ macula suffudit, dignos sui cordis pace nunc ab Altissimo fructus capit, ut quem successorem sacerdotii sui simpliciter op- tabat, hunc mereatur tenere collegam. Credine hoc potuit antequam fieret? Sed in hoc quoque omnipotentis opere dici evangelicum illud potest; « Hominibus hæc ardua, apud Deum autem omnia possibilia (*Luc.*, XVIII, 27). » Exsultemus itaque et lætemur in eo, qui facit mirabilia solus, et qui facit unanimes habitare in domo, quoniam ipse respexit humilitatem nostram, et visitavit in bono plebem suam : qui erexit cornu in domo David pueri sui, et nunc exaltavit cornu Ecclesiæ suæ in electis suis, ut cornua peccatorum, sicut per Prophetam spondet, hoc est Donatistarum Manichæorumque, confringat.

3. Utinam hæc nunc Domini tuba, qua per Augustinum intonat, filii nostri Licentii pulset auditus, sed ut illa audiat aure, qua Christus ingreditur, de qua non rapit Dei semen inimicus. Tunc vere sibi summus Christi pontifex Augustinus videbitur, quia se tunc et exauditum sentiet ab excelso, si quem tibi dignum genuit in litteris, hunc et sibi digne filium pariat in Christo. Nam et nunc, velim credas, flagrantissima de ipso nobis sollicitudine scripsit. Credimus in omnipotentem Christum,

qu'Augustin paraîtrait à lui-même un souverain pontife de Jésus-Christ, car il se sentirait exaucé par le Très-Haut, s'il pouvait enfanter dans Jésus-Christ un fils digne de lui, comme dans les lettres il en a enfanté un digne de vous ! Car, veuillez me croire, il nous a écrit à son sujet une lettre remplie de la plus ardente sollicitude. Espérons que par la toute-puissance du Christ, les vœux spirituels de saint Augustin l'emporteront sur les vœux charnels de notre jeune homme. Il sera vaincu malgré lui ; il sera vaincu par la foi de son saint maître. Il ne remportera pas une mauvaise victoire, à moins qu'il n'aime mieux triompher pour sa perte, que d'être vaincu pour son salut. Pour ne pas remplir envers vous un vain devoir d'humanité fraternelle, nous vous envoyons cinq pains de munition (1) de l'expédition chrétienne, dans les rangs de laquelle nous combattons tous les jours pour faire provision de tempérance. Ces cinq pains sont pour vous et pour notre cher fils Licentius. Nous n'avons pas voulu l'exclure de cette bénédiction, lui que nous désirons attacher comme nous-mêmes à la grâce divine. Nous lui adressons également quelques mots, dans la crainte qu'il refuse de prendre pour lui ce que nous vous avons écrit sur son compte. Ce que l'on dit à Mition s'applique aussi à Œschine (2). Mais pourquoi emprunter les paroles d'un autre, lorsque nous pouvons tout exprimer par nous-mêmes, et qu'il n'est pas d'une tête saine de recourir au langage d'autrui. Grâce à Dieu, nous sommes sains de tête, nous dont Jésus-Christ est le chef. Que Dieu vous conserve pendant de longues années, exempt de tout mal et heureux avec votre maison, ô très-honorable et très-désirable seigneur, notre frère !

Le reste de cette lettre est adressé à Licentius.

4. Ecoutez donc, mon fils, la loi de votre père, c'est-à-dire la loi d'Augustin. Ne repoussez pas les conseils de votre mère, car c'est un nom que la tendresse d'Augustin pour vous lui donne aussi le droit de revendiquer. Il vous a porté dans son sein. Dès votre enfance, il vous a nourri du lait de la sagesse humaine, et maintenant il se réjouit de vous présenter ses mamelles spirituelles pour vous allaiter et vous nourrir dans le Seigneur. Mais bien que vous soyez arrivé à l'âge adulte, on vous voit encore vagissant dans le berceau de la vie spirituelle, balbutiant à peine la parole de Dieu, et vous traînant, en trébuchant encore, dans la voie de Jésus-Christ, où Augustin vous dirige, comme une mère prête le secours de sa main, ou une nourrice vigilante celui de son bras, pour soutenir la faiblesse d'un enfant.

---

(1) *Buccellatum*, est le pain préparé pour les soldats, *quasi confectus ad buccellam* comme par petites bouchées, pour être cuit et conservé plus facilement. Voir Assonien, liv. XVII. — Les manuscrits portent *buccellato* au lieu de *buccellato*.
(2) Ce sont deux personnages de Térence.

---

quod adolescentis nostri votis carnalibus spiritalia vota Augustini prævaleant. Vincetur vel invitus, mihi crede vincetur piissimi parentis fide, ne mala victoria vincat, si maluerit in perniciem suam vincere, quam pro salute superari. Ne vacuum fraternæ humanitatis officium videretur, de buccellato Christianæ expeditionis, in cujus procinctu quotidie ad frugalitatis annonam militamus, panes quinque tibi pariter et filio nostro Licentio misimus. Non enim potuimus a benedictione secernere, quem cupimus eadem nobis gratia penitus annecti. Paucis tamen et ad ipsum loquamur, ne neget sibi scriptum, quod de se tibi scriptum est. Æschino enim dicitur, quod audit Mitio. Sed quid de alienis loquar, cum de proprio cuncta possimus, et aliena loqui non soleat esse sani, capitis? quo Dei gratia sano et salvo sumus, quibus caput est Christus. Incolumem te ætate quamplurima, et beatum semper cum tota domo tua, ut cupimus, habeamus in Christo, Domine frater merito honorandissime et desiderantissime.

4. Audi ergo fili legem patris tui, id est fidem Augustini, et noli repellere consilia matris tuæ, quod æque nomen in te Augustini pietas jure sibi vindicat, qui te tantillum gestavit sinu suo, et a parvulis primo lacte sapientiæ sæcularis imbutum, nunc etiam spiritalibus lactare et enutrire Domino gestit uberibus. Quoniam te adultum ætate corporea, in spiritalibus adhuc cunabulis vagientem, videt adhuc infantem verbo Dei, vixdum in Christo primis passibus et vestigio titubante repentem, si tamen Augustini doctrina tanquam manus matris et ulna nutricis instabilem regat parvulum. Quem si audias et sequaris, ut rursum te sermone Salomonis alliciam, « Fili coronam accipies gratiarum tuo vertici (*Prov.*, IV, 9). » Et tunc vere eris ille non phantasmate somniatus, sed ab ipsa veritate formatus consul et pontifex, vacuas imagines falsi operis

Ecoutez et suivez ses leçons, et pour parler encore avec Salomon, « vous recevrez sur votre tête une couronne de grâce (*Prov.*, IV, 9). » Vous serez alors véritablement consul et pontife, non selon les illusions d'un songe, mais par l'opération de la vérité qui est Jésus-Christ, dont la toute-puissance accomplira en vous, par des effets réels, le présage de votre songe. Oui, vous serez réellement consul et pontife, mon cher Licentius, si vous vous attachez aux pas prophétiques et à la doctrine apostolique d'Augustin, et si vous devenez pour lui ce qu'était Elisée au prophète Elie, et le jeune Timothée au grand et illustre Apôtre. Vous y parviendrez, en vous attachant inséparablement à lui sur la route divine, pour mériter par la perfection de votre cœur d'être élevé au sacerdoce, et de prêcher en maître habile le salut aux peuples de la terre.

5. Mais c'est assez d'avertissements et d'exhortations. Peu de paroles et de peine suffisent, je le pense, mon cher Licentius, pour vous appeler à Jésus-Christ. Déjà, depuis votre enfance, vous avez été excité par l'esprit et la parole d'Augustin, à l'amour de la vérité et de la sagesse, qui l'une et l'autre ne sont autre chose que Jésus-Christ, c'est-à-dire le souverain bien. Si un homme comme lui a eu si peu d'empire sur vous, pour votre bien même, que pourrai-je faire, moi qui suis tellement inférieur à lui et privé de toutes les richesses de son génie. Mais comme ma confiance dans la vertu de sa parole et dans la bonté de votre caractère me fait croire qu'il a déjà été fait en vous plus de choses qu'il n'en reste à faire, j'ai osé ouvrir la bouche, comme méritant la double faveur d'être comparé à Augustin dans la sollicitude qu'il a pour vous, et d'être compté parmi ceux qui aiment votre salut. Quant au moyen d'effectuer votre perfection, je sais bien que la palme appartient à Augustin. Je crains, mon fils, d'avoir blessé vos oreilles par la dureté et l'incorrection de mon langage, et de vous avoir ainsi causé quelque ennui; mais je me suis souvenu de la lettre que vous avez écrite à Augustin, et qui m'a fait connaître votre goût pour la poésie. Moi aussi, je l'ai aimée, lorsque j'étais à votre âge. C'est pourquoi j'aurai recours aux vers, comme à un doux remède, pour calmer la douleur que j'ai pu causer à votre esprit, et comme au moyen le plus propre pour vous rappeler au Seigneur, qui est l'auteur et la source de toute harmonie. Je vous prie donc de les accueillir avec bienveillance, et de ne pas mépriser mes paroles, qui n'ont pour but que votre salut. Quelque méprisables qu'elles puissent être par elles-mêmes, recevez-les comme une preuve de ma sollicitude et de ma tendresse paternelle pour vous. Vous y lirez d'ailleurs le nom de Jésus-Christ, ce nom au-dessus de tout nom, et qui mérite tant de respect, que jamais le cœur d'un fidèle ne doit le mépriser.

Allons, courage ! plus de retard. Rompez les

---

implente Christo solidis suæ operationis effectibus. Vere enim pontifex et vere consul Licenti eris, si Augustini vestigiis propheticis et apostolicis disciplinis, ut sacrato beatus Heliseus Heliæ, ut illustri Apostolo Timotheus adolescens, adhæreas, individuo per itinera divina comitatu, ut et sacerdotium corde perfecto discas mereri, et populis ad salutem magistro ore consulere.

5. Sat hoc monitis et hortatui : modico enim sermone et labore te arbitror, mi Licenti, ad Christum posse incitari, jam a pueris quod studia veritatis et sapientiæ, quod utrumque vere est Christus, et omnis boni summum bonum venerabilis Augustini spiritu et ore flammatum. Qui si parum apud te pro te valuit, quid ego tanto intervallo posterior, et omnium illius opum pauper, efficiam ? Sed quia et illius facultatis potentia, et tui ingenii humanitate confisus, pleniora atque majora in te spero elaborata quam elaboranda, ausus sum hiscere duplici gratia, ut et illi viro debita caritate comparer in sollicitudine tui, et inter eos qui salutem tuam diligunt, vel contestato numerarer affectu. Nam effectus in tui perfectione palmam Augustino potissimum destinatam scio. Vereor, fili, ne aures tuas asperitate temerarii sermonis offenderim, et per aures animo etiam tuo tædii mei vulnus intulerim. Sed in mentem venit epistola tua, qua te musicis familiarem modis intellexi, a quo studio ego ævi quondam tui non abhorrui. Itaque mihi ad tuam mentem, si in aliquo exulcerassem, deliniendam remedium, litteras tuas recordatus reperi, ut te ad Dominum harmoniæ omniformis artificem, modulamine carminis evocarem. Quæso te ut aure audias, neque caussam salutis tuæ in verbis meis spernas; sed piam curam et mentem paternam etiam in despiciendis sermonibus libenter accipias, quibus insi-

liens qui vous attachent au monde. Ne craignez pas le joug si doux du Seigneur. Les choses de cette terre sont belles et font l'admiration des esprits vains, mais l'âme du sage ne s'en laisse pas éblouir. Maintenant, vous voilà livré aux perfides séductions de cette Rome qui peut renverser les plus forts. Je vous en conjure, mon fils, au milieu des enchantements de la grande ville, pensez toujours à Augustin, qui est pour vous un vrai père. Parmi tous les dangers et les faiblesses de cette vie, son image, gardée religieusement dans votre cœur, vous mettra à l'abri de tous périls. Mais ce que je ne cesserai de vous recommander, c'est de quitter la profession des armes, où les chutes sont si fréquentes. La carrière militaire a un éclat qui vous flatte, mais c'est une servitude dont on a peine à sortir. On aime à l'embrasser, et bientôt on regrette de l'avoir suivie. On se plaît à monter au faîte des honneurs, on craint sans cesse d'en descendre, et si l'on chancelle, du haut de ce sommet, la chute n'en est que plus terrible. Maintenant les faux biens du monde vous ravissent, l'ambition vous entraîne au hasard, et la renommée vous emporte sur ses ailes plus fragiles que le verre. Mais une fois que vous aurez pris le baudrier, qu'on ne ceint jamais sans danger, une fois que vous aurez été brisé par des travaux stériles, vous vous accuserez, mais trop tard hélas! de toutes vos vaines espérances, et vous voudrez briser les chaînes que vous vous forgez aujourd'hui. Alors vous vous souviendrez en vain d'Augustin votre père, et vous gémirez d'avoir méprisé ses conseils dictés par l'esprit de vérité. C'est pourquoi, si vous êtes sage, si vous êtes un enfant pieux, écoutez la voix de ceux qui sont vos pères, écoutez les conseils des vieillards. Pourquoi vouloir avec orgueil soustraire votre cou au joug qu'on vous présente? La charge que je vous impose est légère, le joug de Jésus-Christ est doux, sa voix est celle du divin amour; fiez-vous à Dieu. Présentez de vous-même votre tête au joug du Seigneur, prêtez une bouche docile à un frein si doux, et laissez charger vos épaules d'un fardeau si léger. Vous le pouvez encore, maintenant que vous êtes libre, que vous n'êtes retenu par aucuns liens, ni par les soucis du mariage, ni par les honneurs élevés. La véritable et bonne liberté, c'est de servir Jésus-Christ, d'être en lui au-dessus de toutes choses. Il ne craint ni les maîtres des hommes, ni leurs vices, ni l'orgueil des rois, celui qui s'est

tum Christi nomen, quod est supra omne nomen,
    hanc deberi venerationem facit, ut non possit a credente contemni.
Quare age rumpe moras, et vincla tenacia sæcli :
    Nec metuas placidi mite jugum Domini.
Pulcra quidem, sed mira vagis præsentia rerum
    Mentibus, at sapiens non stupet ista animus.
Nunc te sollicitat variis malesuada figuris,
    Heu validos etiam vertere Roma potens.
Sed tibi nate precor, semper pater Augustinus
    Occurset, cunctas Urbis ad illecebras.
Illum tanta inter fragilis discrimina vitæ
    Adspiciens, et habens pectore, tutus eris.
Hoc tamen et repetens iterumque iterumque mo-
                                  [nebo,
    Ut fugias duræ lubrica militiæ.
Blandum nomen honos, mala servitus, exitus æger,
    Quem nunc vel juvat, mox voluisse piget.
Scandere celsa juvat, tremor est descendere celsis :
    Si titubes, summa pejus ab arce cades.
Nunc tibi falsa placent bona, nunc rapit omnibus
                                   [auris,
    Ambitus, et vitreo fert cava fama sinu.

Ast ubi te magno (a) damno succinxerit emto
    Baltheus, et sterilis fregerit inde labor,
Serus et incassum spes accusabis inanes,
    Et modo quæ nectis, rumpere vincla voles.
Tunc reminisceris frustra patris Augustini
    Contemsisse dolens veridicos monitus,
Quare si sapiens, et si pius es puer, audi,
    Et cape verba patrum, consiliumque senum.
Quid retrahis fera colla jugo? mea sarcina lenis,
    Suave jugum Christi est, vox pia, Crede Deo :
Et caput adde jugis, da mollibus ora capistris,
    Demissosque levi subde humeros oneri.
Nunc potes hoc, dum liber agis, dum nulla reten-
                                  [tant
    Vincula, nulla thori cura, nec altus honor.
Hæc bona libertas, Christo servire, et in ipso
    Omnibus esse supra : non dominis hominum,
Non vitiis servit, non regibus ille superbis,
    Tantum qui Christo se dederit Domino.
Nec tibi nobilitas videatur libera, quam nunc
    Sublimem adtonita conspicis Urbe vehi.
Quam cernis tanta sibi libertate videri,
    Ut dedignetur flectere colla Deo.

(a) Ita in potioribus MSS. At in excusis, *damnosus cinxerit æstu.*

donné à Jésus-Christ Notre Seigneur. Ne croyez pas à la liberté de ces puissants que vous voyez portés sur un char superbe au milieu de la ville étonnée. Est-il libre celui qui croit l'être en dédaignant de se soumettre à Dieu ? Il n'est que le malheureux esclave des hommes; il n'est que l'esclave de ses propres esclaves, et les femmes qu'il achète, sont une servitude de plus qu'il achète pour lui. Les ambitieux savent ce qu'il faut souffrir de la part des eunuques et dans les palais des grands. Quiconque aime Rome, aime lui-même son malheur. Au prix de combien de peines et de l'honneur même, coûte ici la chlamyde, là une fonction publique. Et cependant cet homme qui est devenu puissant, et qui aura acheté son élévation au-dessus des autres, ne s'est pas affranchi pour cela de toute servitude. Pendant qu'il se vante hautement dans toute la ville d'être seigneur et maître, il est l'esclave des démons, s'il adore les idoles. O douleur ! voilà donc, mon cher Licentius, les hommes qui vous retiennent à Rome ! Voilà ceux, pour plaire auxquels, vous méprisez le royaume du Christ ! Vous les appelez vos maîtres, vous les saluez en courbant la tête, ces hommes qui sont les esclaves du bois et de la pierre, ces hommes qui vénèrent sous un nom divin l'or et l'argent, et qui n'ont d'autre religion que la maladie de l'avarice ! Qu'il aime ces hommes-là, celui qui n'aime pas Augustin; qu'il n'honore pas le Christ, celui qui se plaît à les honorer. Dieu dit lui-même qu'on ne peut servir deux maîtres à la fois. Il veut notre âme sans partage. Il n'y a qu'une foi, qu'un Dieu, qu'un Christ, Fils unique du Père; il ne peut donc pas y avoir deux services différents pour un seul et même maître. Autant il y a de distance entre le ciel et la terre, autant il en existe entre le royaume du Christ et celui de César. Elevez-vous au-dessus des choses de la terre, et pendant que l'esprit gouverne encore ces membres, pénétrez par votre âme dans les mystères du ciel; la chair ne saurait y mettre d'obstacle. Mourez dès aujourd'hui à tout ce qui tient aux sens, et méditez avec calme sur les biens de la vie céleste. Bien qu'enchaîné dans les liens du corps, vous êtes esprit, si par la pureté de votre âme, vous triomphez de l'œuvre de la chair. Voilà, cher enfant, ce que la sincérité de ma tendresse m'a engagé à vous écrire. Recevez mes conseils, et Dieu vous recevra dans son sein. Croyez, Licentius, que vous avez en moi un autre Augustin. Acceptez donc ces deux pères, qui réunissent leur tendresse sur vous. Si vous nous rejetez, vous vous séparez de nous deux, en nous causant une double douleur. Si vous écoutez nos paroles, c'est un gage d'affec-

Multis ille miser mortalibus, et quoque servis
  Servit, et ancillas ut dominentur, emit.
Norunt Eunuchos et magna palatia passi,
  Et quisquis Romam, sponte miser, patitur :
Quanto sudoris pretio, damnoque decoris
  Constet ibi chlamydis, hic honor officii.
Nec tamen ipse potens, qui celsior omnibus esse
  Emerit, ut nulli serviat, adsequitur.
Cum bene se tota dominum jactaverit Urbe,
  Servit demoniis, si simulacra colit.
Proh dolor ! hos propter remoraris in Urbe Licenti,
  Et regnum Christi spernis, ut his placeas :
Hos vocitas dominos, curva et cervice salutas,
  Quos ligni servos conspicis et lapidis.
Nomine divino argentum venerantur et aurum,
  Relligio est quod amat morbus avaritiæ.
Imprecor hos ut amet, qui non amat Augustinum,
  Non colat et Christum, cui placet hos colere.
Inde ait ipse Deus, Dominis non posse duobus
  Serviri; quoniam mens placet una Deo:
Una fides, deus unus, et unicus e Patre Christus,
  Haud duplex uni servitus est domino.

Quanta etenim cælo ac terris distantia, tanta est
  Cæsaris et Christi rebus et imperiis.
Tollere humo, sed nunc dum spiritus hos regit ar-
  {tus,
Mente polum penetra, nil mora carnis obest.
Corporeis jam nunc morere actibus, et bona vitæ.
  Cœlestis liquido præmeditare animo.
Spiritus es, quamquam tenearis corpore, si nunc
  Mente pia victor carnis opus perimas.
Hæc tibi care puer fido compulsus amore
  Scripsi, si recipis suscipiere Deo.
Crede Augustinum tibi nunc in me geminatum,
  Sume duos una cum pietate patres.
Spernimur ? abstraheris majore dolore duobus :
  Audimur ? pignus dulce duobus eris.
In te læta patrum sudavit cura duorum,
  Et tibi magnus honos lætificasse duos.
Sed me Augustino, cum copulo, non meritorum
  Jacto parem, solo comparo amore tui,
Nam quid ego effundam, rorans tibi paupere rivo?
  Me præter, gemino flumine prolueris,
Frater Alypius est Augustinusque magister,

tion que vous donnez à l'un et à l'autre. Ces deux pères ont avec joie uni leurs peines et leurs soins pour votre honneur, et il sera glorieux pour vous de les avoir à votre tour comblés de joie. En m'unissant ainsi à Augustin, je ne me vante pas de l'égaler en mérite, mais seulement en affection pour vous. Que suis-je, pauvre ruisseau, pour répandre sur vous un peu de mon onde? Mais sans parler de moi, vous pouvez en puiser à deux fleuves abondants. Alype est votre frère, Augustin votre maître. L'un vous est uni par le sang, vous devez à l'autre votre intelligence. Fort d'un tel frère et d'un si grand maître, vous hésitez encore, Licentius, à vous envoler sur leurs ailes vers la région des cieux ! Quoi que vous fassiez, que le monde n'espère plus vous avoir pour ami. Ame due à Jésus-Christ, vous ne devez rien à la terre. Vous avez beau songer à une union splendide et à des honneurs élevés, il faut maintenant vous rendre à celui qui fut autrefois votre maître. Deux justes, j'aime à le croire, viendront bien à bout d'un seul pécheur, et leurs prières fraternelles empêcheront l'accomplissement de vos vœux. Revenez donc où vous appellent la voix d'un père, l'amitié d'un frère, tous deux ornés du sacerdoce. C'est où sont vos vrais biens qu'ils vous invitent; ceux auxquels vous aspirez maintenant sont indignes de vous. Le royaume que vous gardent vos amis, voilà plutôt ce qui vous est destiné. Aspirez avec ardeur à posséder ce royaume, ne livrez pas votre temps à des soins étrangers. Si vous rejetez ce qui est à vous, quelqu'un vous donnera-t-il ce qui ne vous appartient pas ? Vous ne serez plus votre maître, et toujours emporté par les sens vers les choses extérieures, vous serez, hélas! comme exilé de votre propre cœur. Ces vers adressés à un fils par la sollicitude d'un père suffisent pour vous faire voir que ce qu'il craint et ce qu'il veut pour vous, il le craint et le veut pour lui-même. Si vous accueillez cette page, elle vous apportera la vie. Si vous la rejetez, elle portera, un jour, témoignage contre vous. Cher et bien-aimé fils, que Jésus-Christ vous conserve sain et sauf, et vous fasse à tout jamais son serviteur. Vivez, mais vivez pour Dieu, car vivre pour le monde est une œuvre de mort : vivre pour Dieu, voilà la véritable vie.

Sanguinis hic consors, hic sator ingenii.
 Tanto fratre vales et præceptore Licenti,
   Et dubitas pennis talibus astra sequi?
 Quidquid agas (nam te nec speret mundus amicum)
   Non duberis terræ, debita Christo anima.
 Tu thalamos licet, et celsos mediteris honores
   Nunc olim Domino restituere tuo.
 Credo unum vincent justi duo peccatorem,
   Et tua fraternæ vota preces abigent.
 Ergo redi, qua voce parens, qua sanguine frater,
   Ambo sacerdotes te remeare jubent.
 Ad tua te retrahunt, nam nunc aliena petescis,
   Hæc mage, quæ retinent regna tui, tua sunt.
 Hæc repete, his inhia, externis ne contere tempus
   Si tua nolueris, quisquam aliena dabit?
 Non eris ipse tuus, missusque per extera longe
   Sensibus heu proprii pectoris exsul ages.
 Sollicitum satis hæc nato cecinisse parentem,
   Dum tibi quæ mihimet, vel volo, vel metuo.
 Hæc tibi, si recipis, feret olim pagina vitam :
   Si renuis, eadem hæc pagina testis erit.
 Incolumem mihi te, fili carissime, Christus
   Annuat, et servum det sibi perpetuo.
 Vive precor, sed vive Deo ; nam vivere mundo
   Mortis opus, Viva est vivere vita Deo.

LETTRE XXXIII [1]

Saint Augustin écrit à Procnléien, évêque donatiste à Hippone, pour l'inviter à une conférence à l'effet d'apaiser le schisme.

A SON TRÈS-CHER ET HONORABLE SEIGNEUR PROCULÉIEN, AUGUSTIN, SALUT.

1. Je ne dois point, par considération pour les vains jugements d'hommes ignorants, entrer en une longue discussion avec vous sur le titre de ma lettre. En effet, nous cherchons à nous tirer mutuellement d'erreur, et bien qu'ayant une discussion pleine et entière sur la question on puisse douter lequel de nous deux se trompe, nous nous rendons service l'un à l'autre, si nous agissons dans une bonne et sincère intention de mettre fin au malheureux schisme qui nous divise. C'est avec la plus grande sincérité de cœur, et avec la crainte et l'humilité chrétienne que j'agis. Si la pureté de mon intention est ignorée de quelques hommes, elle ne l'est pas de celui qui lit au fond des cœurs. Vous comprenez facilement ce que je n'hésite pas à honorer en vous. Ce que je regarde comme digne de quelque honneur ce n'est point l'erreur de ce schisme dont je voudrais, selon mon pouvoir, guérir tous les hommes, mais c'est vous principalement que j'honore, non-seulement en considération des liens qui unissent tous les hommes entre eux, et qui vous attachent particulièrement à nous, mais encore à cause des signes d'un esprit éminemment pacifique que je remarque en vous, et qui vous feront facilement embrasser la vérité, dès qu'elle vous aura été démontrée : Voilà ce que je n'hésite pas à honorer en votre personne. Je vous dois en outre autant d'affection que nous ordonne d'en avoir les uns pour les autres, celui qui nous a aimés jusqu'à l'opprobre de la croix.

2. Ne soyez pas étonné de mon long silence envers vous. Je ne vous croyais pas l'intention que le frère Evode, dans lequel j'ai pleine confiance, m'a annoncée avec tant de joie. S'étant trouvé, m'a-t-il dit, avec vous dans une maison, et la conversation s'étant engagée sur

---

(1) Écrite l'an 396, peu de temps après que saint Augustin fut fait évêque. — Cette lettre était la 147ᵉ dans les éditions antérieures à l'édition des Bénédictins, et celle qui était la 33ᵉ se trouve maintenant la 30ᵉ.

EPISTOLA XXXIII

Augustinus Proculeiano partis Donatianæ apud Hipponem episcopo, invitans illum ut mutua collatione schisma componatur.

DOMINO HONORABILI ET DILECTISSIMO (a) PROCULEIANO, AUGUSTINUS.

1. Propter imperitorum hominum vanitates diutius apud te de titulo epistolæ meæ disputare non debeo. Cum enim nos revocare invicem ab errore conamur, quamvis ante plenissimam discussionem causæ quibusdam videri possit, quis nostrum erret, incertum : servimus tamen invicem nobis, si bono animo nobiscum agimus, ut a perversitate discordiæ liberemur. Quod me sincero corde agere, et cum tremore Christianæ humilitatis, etiamsi plerisque hominibus apertum non est, videt tamen ille, cui nulla corda clauduntur. Quid autem in te honorare non dubitem, facile intelligis. Non enim errorem schismatis, unde omnes homines, quantum ad me adtinet, cupio sanari, dignum honore aliquo existimo : sed te ante omnia, quod ipsius nobis humanæ societatis vinculo adstringeris, et quod nonnulla in te præeminent placidioris mentis indicia, quibus nullo modo desperandam est, facile te posse veritatem, cum fuerit demonstrata, complecti, sine ullo æstu dubitationis honorandum puto. Dilectionis autem tantum tibi debeo, quantum nobis imperat ipse qui nos dilexit usque ad crucis opprobrium.

2. Sed ne mireris, quod apud benevolentiam tuam tandiu tacui ; non putabam in hac te esse sententia, quam mihi frater Evodius, cui fidem non habere non possum, gaudens indicavit. Nam cum forte contigisset, ut in unam domum conveniretis, et sermo inter vos de spe nostra, hoc est de Christi hereditate ortus esset, ait dixisse benignitatem tuam, velle te bonis viris sedentibus conferre no-

---

(a) Apud Bad. Am. Er. et duos Vatic. MSS. *Proculiano.* Sic etiam in sequentibus epistolis scribitur apud Lov. et plerosque MSS.

notre espérance commune, c'est-à-dire sur l'héritage du Christ, vous lui avez témoigné le désir de conférer avec nous en présence de quelques hommes de bien. J'ai été comblé de joie de ce que vous daignez vous adresser à notre humilité ; je ne puis donc négliger l'occasion que vous m'offrez avec tant de bonté pour chercher et discuter avec vous, selon les forces que le Seigneur daignera m'accorder, la cause, l'origine, les raisons de cette déplorable scission qui a éclaté dans l'Eglise à qui le Christ a dit : « Je vous donne ma paix, je vous laisse ma paix (*Jean*, XIV, 17). »

3. Le frère que je viens de vous nommer, m'a également appris que vous vous étiez plaint de je ne sais quelle réponse injurieuse qu'il vous aurait faite. Je vous prie de ne pas voir en cela une intention de vous outrager. Ses paroles, j'en suis convaincu, ne partaient pas d'un esprit d'orgueil. Je connais assez mon frère. Si dans une discussion pour sa foi, et dans son amour pour l'Eglise, il lui est échappé quelque chose de blessant pour votre gravité, ne prenez pas cela pour une insulte, mais comme un effet de son zèle pour défendre sa foi. Il voulait conférer, discuter, mais ne pas jouer le rôle de complaisant et de flatteur. L'adulation est cette huile dont le prophète ne veut pas engraisser sa tête, quand il dit :

« Que le juste dans sa miséricorde me corrigera et me reprendra, mais l'huile du pécheur n'engraissera pas ma tête (*Psaume*, CXL). » Il aime mieux être corrigé par la sévère miséricorde du juste que d'être loué par la douce onction de la flatterie. C'est pourquoi le Prophète dit aussi : « Ceux qui vous disent heureux, vous jettent dans l'erreur (*Isa.*, III, 12) ». Aussi dit-on avec raison d'un homme que la flatterie a rendu arrogant, « sa tête s'est enflée. » En effet, elle a été ointe de l'huile du pécheur, c'est-à-dire qu'au lieu d'avoir été corrigé par la dure et sévère vérité, il a été trompé par une douce flatterie. Je ne veux point dire par là que vous avez été corrigé par le frère Evode, comme par le juste dont parle l'Ecriture. Je crains que vous ne m'attribuiez la pensée de vouloir vous offenser par mes paroles. J'y prends garde, autant que je le peux ; mais ce juste qui nous redresse, est celui qui a dit : « Je suis la vérité (*Jean*, XIV, 6). » C'est pourquoi toute vérité, quelque dure qu'elle soit, et de quelque bouche qu'elle vienne, est une correction qui nous est infligée, non par l'homme qui nous la dit, et qui est peut-être un pécheur, mais par la vérité même, c'est-à-dire par Jésus-Christ qui est le juste de l'Ecriture, et qui ne permet pas que le parfum de la flatterie, doux il est vrai, mais pernicieux, c'est-

biscum. Quod te multum gaudeo nostræ humilitati offerre dignatum : neque ullo modo possum tantam occasionem benigni animi tui deserere, ut quantum vires Dominus præbere dignabitur, quæram tecum atque discutiam, quæ caussa, quæ origo, quæ ratio in Ecclesiæ Christi, cui dixit, « Pacem meam do vobis, pacem meam relinquo vobis (*Johan.*, XIV, 27), tam lugendæ atque plangendæ discissionis exstiterit.

3. Audivi quidem de memorato fratre te fuisse conquestum, quòd nescio quid tibi contumeliose responderit : quod, quæso te, ne illam contumeliam deputes ; quam certum mihi est non de superbo animo processisse, novi enim fratrem meum, sed si quid in disputando pro fide sua, et pro Ecclesiæ caritate dixit fortasse ferventius, quod tua gravitas nollet audire, non ulla contumacia, sed fiducia nominanda est. Collatorem enim et disputatorem, non assentatorem et adulatorem se esse cupiebat. Nam hoc est oleum peccatoris, quo Propheta non vult impinguari caput. Ita enim dicit ; « Emendabit me justus in misericordia, et arguet me, oleum autem peccatoris non impinguet caput meum (*Psal.*, CXL). » Mavult enim severa misericordia justi emendari, quam leni adulationis unctione laudari. Unde etiam illud propheticum est « Qui vos felices dicunt, in errorem vos mittunt (*Isai.*, III, 12) : » Ideoque de homine, quem falsæ blanditiæ faciunt arrogantem, recte etiam vulgo dicitur ; « Crevit caput. » Impinguatum est enim oleo peccatoris : hoc est, non aspera veritate corrigentis, sed leni falsitate laudantis. Neque hoc in eam partem peto accipias, quasi ego te a fratre Evodio tamquam a justo, emendatum intelligi velim. Vereor enim ne me quoque aliquid contumeliose in te dicere existimes, quod vehementer caveo, quantum possum. Sed justus est ille qui dixit ; « Ego sum veritas (*Johan.* XIV, 6). » Itaque de cujuslibet hominis ore verum cum aliqua asperitate sonuerit, non ab illo homine, qui forte peccator est, sed ab ipsa veritate, hoc est a Christo, qui justus est, emendamur : ne nostrum caput blandæ, sed perniciosæ adulationis unctio,

à-dire l'huile du pécheur, se répande sur notre tête. Si toutefois le frère Evode, pour défendre sa communion, a laissé échapper quelques paroles trop vives, il faut le pardonner à son âge et à l'exigence de sa cause.

4. Je vous prie de ne pas oublier la promesse que vous avez daigné me faire de traiter et d'examiner paisiblement ensemble et en présence d'hommes de votre choix, une question si importante, où il s'agit du salut de tous. Mais je crois nécessaire qu'on écrive tout ce que nous dirons, pour ne pas permettre que nos paroles se perdent en l'air. Nous pourrions ainsi discuter avec plus d'ordre et de tranquillité, et si quelque chose échappait à notre mémoire, il suffirait, pour le retrouver, de lire ce qui aura été écrit. Si vous l'aimiez mieux, nous pourrions, sans l'interposition de personne, et où bon vous semblera, conférer d'abord entre nous, soit par lettres, soit de vive voix, soit par lecture. Il pourrait, en effet, se trouver des auditeurs peu modérés qui, au lieu d'être attentifs à ce que nous discuterons pour notre salut, ne songeraient qu'au plaisir de nous voir aux prises. Nous pourrions ensuite nous-mêmes donner au peuple connaissance de ce qui aura été fait entre nous. Si c'est par lettres que nous conférons, nos lettres seraient lues aux deux partis, afin qu'il n'y ait plus deux peuples, mais un seul. En un mot, vous n'avez qu'à vouloir, à ordonner, et j'accepterai volontiers tout ce qui vous plaira. Je réponds d'avance que mon très-saint et très-vénérable père Valère, qui est présentement absent, acceptera tout ce que nous arrêterons, et l'apprendra avec la plus grande joie, car je sais son amour pour la paix, et combien il déteste tout ce qui tient à la fausse gloire et à la vanité.

5. Qu'avons-nous à faire de toutes ces anciennes querelles? Assez et trop longtemps ont duré les blessures que l'animosité d'hommes orgueilleux ont infligées à nos membres. Ces blessures sont tellement envenimées qu'elles nous ont fait perdre jusqu'au sentiment de la douleur qui nous fait implorer le secours du médecin. Voyez quelle misère et quelle honte ont jeté le trouble dans les maisons et les familles chrétiennes. Les maris et les épouses vivent d'accord sous le même toit, et sont en désunion quand il s'agit de l'autel du Christ. Ils jurent par le Christ d'avoir entre eux la paix, et cette paix ils ne peuvent l'avoir en lui. Les fils habitent avec leurs parents une seule et même maison, et n'ont pas la même maison pour adorer Dieu. Ils espèrent leur héritage, et sont en dispute avec eux sur l'héritage de Jésus-Christ. Les serviteurs et les maîtres ne reconnaissent pas le Maître commun, qui a pris

---

noc est oleum peccatoris impinguet. Quamquam etiam si frater Evodius aliquantum pro suæ communionis defensione turbatior, aliquid elatius animo commotiore dixisset, ætati hominis et necessitati caussæ te oporteret ignoscere.

4. Illud tamen quod promittere dignatus es, peto memineris, ut sedentibus quos ipse delegeris, (dummodo verba nostra non inaniter ventilentur, sed stilo excipiantur, ut et tranquillius et ordinatius disseramus, et si quid forte a nobis dictum de memoria lapsum fuerit, recitatione revocetur) rem tam magnam, et ad salutem omnium pertinentem cum concordia requiramus. Aut si placet, nullo medio interposito, prius nobiscum sive per epistolas, sive per colloquutionem atque lectionem, ubi placuerit, conferamus : ne forte intemperantes nonnulli auditores malint quasimos trum exspectare certamen, quam de nostra salute in nostra colloquutione cogitare: ut quod fuerit inter nos terminatum, postea per nos populus noverit ; aut si per epistolas agi placet, ipsæ plebibus recitentur, ut aliquando non plebes, sed plebs una dicatur. Prorsus sicut volueris, sicut jusseris, sicut tibi placuerit, libenter amplector. Et de animo beatissimi et venerabilis mihi patris Valerii nunc absentis tota securitate polliceor, hoc eum cum magna lætitia cogniturum. Novi enim quantum diligat pacem et nulla vani fastus inanitate jactetur.

5. Rogo te quid nobis est cum veteribus dissensionibus? Hucusque vulnera illa duraverint, quæ animositas hominum superborum nostris membris inflixit : quorum vulnerum putrefactione etiam dolorem perdidimus, quo solet medicus implorari. Vides quanta et quam miserabili fœditate Christianæ domus familiæque (a) turbatæ sint. Mariti et uxores de suo lecto sibi consentiunt, et de Christi altari dissentiunt. Per illum sibi jurant· ut inter se pacem habeant, et in illo habere non possunt. Filii cum parentibus unam domum habent suam, et domum Dei non habent unam. Succedere in eorum

---

(a) MSS. sex, *turpata sint.*

la forme d'un serviteur pour les délivrer tous de l'esclavage, en se faisant esclave lui-même. Les vôtres nous honorent, les nôtres vous honorent également. Les vôtres nous conjurent par notre couronne, comme les nôtres en font autant pour vous. Nous recevons, sans les repousser, les paroles de tous, car nous ne voulons offenser personne. Le Christ seul nous a-t-il offensés pour que nous déchirions ainsi ses membres ? Lorsque des hommes désirent terminer leurs discussions temporelles, ils s'adressent à nous, et quand nous leur sommes nécessaires, ils nous appellent des saints et des serviteurs de Dieu, pour que nous arrangions leurs affaires terrestres. Occupons-nous donc enfin de l'affaire de leur salut et du nôtre. Il ne s'agit là ni d'or, ni d'argent, ni de biens-fonds, ni de troupeaux, toutes choses pour lesquelles ils nous saluent humblement en courbant la tête, et cela pour que nous terminions leurs dissensions humaines, mais il s'agit de Jésus-Christ, notre chef, sur lequel règne entre nous une division aussi honteuse que dangereuse. Qu'ils baissent aussi humblement qu'ils le voudront la tête pour nous saluer, afin que nous les mettions d'accord sur la terre ; ils ne s'abaisseront jamais autant que le divin chef en qui nous ne sommes pas d'accord, lui qui s'est abaissé jusqu'à descendre du haut du Ciel sur la croix.

6. Je vous en prie, je vous en conjure, s'il y a en vous cette humanité que chacun aime à reconnaître, laissez-la éclater dans cette circonstance, si elle n'est pas feinte, pour arriver à des honneurs qui passent si vite; laissez tressaillir en vous les entrailles de la miséricorde, et consentez à discuter avec nous sur toutes ces choses dans un esprit de paix et de conciliation, afin que ce peuple malheureux, qui honore présentement nos dignités, ne nous accable pas, un jour, devant le tribunal de Dieu; mais que, rappelé de ses erreurs et de ses dissensions par notre sincère et réelle charité, il soit dirigé dans le chemin de la vérité et de la paix. Soyez heureux et saint aux yeux de Dieu, honorable et bien-aimé seigneur !

hereditatem cupiunt, cum quibus de Christi hereditate rixantur. Servi et domini communem Dominum dividunt, qui formam servi accepit, ut omnes serviendo liberaret. Honorant nos vestri, honorant vos nostri. Per coronam nostram nos adjurant vestri, per coronam vestram vos adjurant nostri. Omnium verba suscipimus, neminem offendere volumus. Quid nos solus Christus offendit, cujus membra laniamus? Et homines quidem caussas suas sæculares apud nos finire cupientes, quando eis necessarii fuerimus, sic nos sanctos et Dei servos appellant, ut negotia terræ suæ peragant : aliquando agimus et nos negotium salutis nostræ et salutis ipsorum, non de auro, non de argento, non de fundis et pecoribus, pro quibus rebus quotidie submisso capite salutamur, ut dissensiones hominum terminemus, sed de ipso capite nostro tam turpis inter nos et perniciosa dissensio est. Quantumlibet capiti submittant qui nos salutant, ut eos concordes in terra faciamus, de cælo usque ad crucem submissum est caput nostrum, in quo concordes non sumus.

6. Rogo te atque obsecro, si est in te aliqua humanitas, quam multi prædicant, hic appareat bonitas tua, si non propter honores transitorios simulatur, ut contremiscant in te viscera misericordiæ, et velis aliquando rem discuti instando nobiscum orationibus, et omnia pacifice conferendo : ne miseræ plebes, quæ nostris honoribus obsequuntur, premant nos obsequiis suis in judicio Dei sed potius nostra non ficta caritate nobiscum revocatæ ab erroribus et dissensionibus, in veritatis et pacis itinera dirigantur. Opto te coram oculis Dei beatum esse, Domine honorabilis et dilectissime.

LETTRE XXXIV [1]

Un jeune homme qui avait coutume de battre sa mère et qui avait même menacé de lui donner la mort, passa au parti des Donatistes, et fut rebaptisé par eux. Saint Augustin demande qu'on s'enquière si cela avait été fait par l'ordre de l'évêque Proculéïen, comme le prêtre Victor l'avait consigné dans les registres publics, et déclare, si Proculéïn y consent, qu'il est prêt à discuter pacifiquement avec lui la question du schisme.

A SON EXCELLENT ET HONORABLE SEIGNEUR ET FRÈRE EUSÈBE,
AUGUSTIN, SALUT.

1. Dieu, qui lit dans le fond des cœurs, sait qu'autant j'aime la paix chrétienne, autant je suis ému et chagriné par les faits sacriléges de ceux qui persévèrent à la troubler par une dissension aussi indigne qu'impie. Dieu sait que tous les mouvements de mon âme sont des mouvements de paix, et que ce que je fais n'est jamais en vue de forcer quelqu'un à embrasser malgré lui la communion catholique, mais pour faire éclater la vérité aux yeux de tous ceux qui sont dans l'erreur, et la rendre, avec l'aide de Dieu et par notre ministère, assez évidente pour qu'elle se fasse rechercher et embrasser d'elle-même.

2. En effet, sans parler d'autres choses, quoi de plus exécrable, je vous le demande, que ce qui vient d'arriver? Un jeune homme est repris par son évêque; souvent ce furieux accablait sa mère de coups, et les jours [2] mêmes où la sévérité des lois épargne les plus criminels, n'avait pu détourner ses mains impies de meurtrir le sein qui l'avait porté. Chose incroyable, il menace sa mère de passer dans le parti de Donat, et même de la tuer avec la même fureur qu'il avait coutume de la frapper. Après cette menace, il passe dans le parti de Donat. Ce furieux est rebaptisé, et tout frémissant encore du désir de répandre le sang de sa mère, il est revêtu des vêtements blancs. On le place au dedans de la balustrade, sur un lieu élevé, pour le montrer à toute l'assemblée, et pendant que ce fils indigne médite un parri-

---

(1) Ecrite peu de temps après la précédente. — Cette lettre était la 168ᵉ dans les éditions antérieures à l'édition des Bénédictins, et celle qui était la 34ᵉ se trouve maintenant la 51ᵉ.

(2) Saint Augustin désigne le temps de la Passion et même du carême entier, durant lequel cessaient toutes poursuites criminelles. (Voir la loi de Gratien, cod. liv. III, tit. XI, *de feriis*.) L'empereur Arcade ordonne même pendant la quinzaine de Pâque, la cessation de toutes affaires civiles.

EPISTOLA XXXIV

De juvene, qui matrem cædere solitus, demum et mortem minatus transiit ad Donatistas, ab iisque iterato baptizatus est, quod an Proculeiani episcopi mandato factum sit, uti presbyter ipsius Victor publico officio renuntiarat, inquiri postulat Augustinus, sese interim paratum asserens ad totam, si Proculeianus velit, schismatis caussam placide pertractandam.

DOMINO EXIMIO MERITOQUE (a) SUSCIPIENDO ATQUE HONORABILI FRATRI EUSEBIO AUGUSTINUS.

1. Scit Deus, cui manifesta sunt arcana cordis humani, quantum pacem diligo Christianam, tantum me moveri sacrilegis eorum factis, qui in ejus dissensione indigne atque impie perseverant; cumque motum animi mei esse pacificum, neque me id agere ut ad communionem catholicam quisquam cogatur invitus, sed ut omnibus errantibus aperta veritas declaretur, et per nostrum ministerium, Deo juvante, manifestata se amplectendam atque sectandam satis ipsa persuadeat.

2. Quid enim exsecrabilius quæso te, ut alia taceam, quam id quod nunc accidit? Corripitur ab episcopo suo juvenis, crebris cædibus matris insanus, et impias manus nec illis diebus, cum etiam severitas legum sceleratissimis parcit, a visceribus unde natus est revocans. Minatur eidem matri se in partem Donati transiturum, et eam quam incredibili furore solet cædere perempturum. Minatur ei, transit ad partem Donati, rebaptizatur furens, et in maternum sanguinem fremens albis vestibus candidatur. Constituitur intra cancellos eminens atque

---

(a) MSS. sex habent, *suspiciendo*.

cide, on le montre comme un homme régénéré aux yeux de l'assemblée qui gémit.

3. De tels faits peuvent-ils vous plaire, à vous, homme si sérieux et si grave? Je ne puis le croire : je connais trop votre sagesse. Une mère, selon la chair, est frappée dans ses membres qui ont enfanté et nourri un ingrat. L'Eglise, notre mère spirituelle, défend un tel crime : à son tour elle est frappée dans les sacrements par lesquels elle a engendré et nourri spirituellement un ingrat. Ne vous semble-t-il pas entendre ce parricide, frémissant de rage, s'écrier : « — Que ferai-je à l'Eglise qui me défend de tuer ma mère ? J'ai trouvé ce que je dois lui faire. Elle sera frappée elle-même comme elle peut l'être. Qu'il soit fait en moi quelque chose dont tous ses membres se ressentiront ! Je passerai vers ceux qui savent effacer la grâce par laquelle elle m'a engendré, et détruire la forme que j'ai reçue dans son sein. Je tourmenterai mes deux mères par de cruelles tortures, et la dernière qui m'a enfanté sera la première qui me perdra. Pour combler l'une de douleur, je mourrai spirituellement. Pour tuer l'autre, je vivrai selon la chair. » — Attendrons-nous, Eusèbe, mon honorable frère, que ce fils, devenu donatiste, arme en toute sûreté sa main contre une femme malheureuse, accablée de vieillesse, veuve et sans appui, que la religion catholique l'empêchait de frapper? En effet, quelle autre pensée ce furieux avait-il dans l'esprit, quand il disait à sa mère : « Je passerai dans le parti de Donat et je boirai votre sang ? » Et voilà qu'ensanglanté dans sa conscience et revêtu d'habits blancs, il a déjà accompli la première partie de sa promesse. Reste la dernière : celle de boire le sang de sa mère. Si on approuve de pareilles choses, il faut que les clercs qui ont travaillé à sa sanctification, le pressent d'accomplir entièrement son vœu pendant les huit jours qu'il doit porter ses habits blancs.

4. La main du Seigneur est assez puissante pour préserver une veuve malheureuse et désolée de la fureur de ce forcené, et pour le détourner, par les moyens qu'il connaît, d'un dessein si criminel. Pour moi, dans la douleur où je suis, puis-je faire autre chose que de parler ? Quoi ! pendant que ces hommes pourront faire impunément toutes ces choses, on me dirait : Taisez-vous ? Que Dieu me préserve d'une telle lâcheté, lui qui me dit par la voix de son Apôtre, qu'un évêque doit reprendre ceux qui donnent de faux enseignements (*Tit.*, 1, 9), et moi, dans la crainte de leur indignation, je garderais le silence ? Si j'ai voulu faire insérer dans les actes publics un tel sacrilége, c'est pour empêcher qu'on ne dise, dans les autres villes où je jugerai à propos d'en parler, que je déplore un fait imaginaire. Car déjà, à

---

conspicuus, et omnium gementium oculis matricidii meditator tamquam renovatus opponitur.

3. Hæccine tandem tibi placent vir gravissime ? Nequaquam hoc de te crediderim, novi considerationem tuam. Cæditur mater carnalis in membris, quibus genuit et nutrivit ingratum; prohibet hoc Ecclesia mater spiritalis, cæditur et ipsa in Sacramentis quibus genuit et nutrivit ingratum. Nonne tibi videtur dixisse parricidaliter frendens. Quid faciam Ecclesiæ, quæ me prohibet cædere matrem meam? inveni quid faciam, injuriis quibus potest etiam ipsa feriatur; fiat in me aliquid unde membra ejus doleant. Vadam mihi ad eos qui noverunt exsufflare gratiam in qua illi natus sum; destruere formam, quam in utero ejus accepi. Ambas matres meas sævis cruciatibus torqueam : quæ me posterior peperit, efferat prior. Ad hujus dolorem, spiritaliter moriar; ad illius cædem, carnaliter vivam. Quid aliud exspectamus, vir honorabilis Eusebi, nisi ut in miseram mulierem, senectute decrepitam, viduitate destitutam, a cujus cædibus in Catholica prohibebatur, jam Donatista securus armetur? Quid enim aliud furibundo corde concepit, cum diceret matri : Transferam me in partem Donati, et bibam sanguinem tuum? Ecce jam conscientia cruentus, veste dealbatus perfecit partem pollicitationis suæ, restat pars altera, ut matris sanguinem bibat. Si ergo placent ista, urgeatur a clericis et sanctificatoribus suis, ut intra octavas suas totum quod vovit exsolvat.

4. Potens est quidem dextera Domini, quæ furorem illius a misera vidua et desolata compescat, et eum, quibus modis novit, à tam scelerata dispositione deterreat : verumtamen ego tanto animi dolore percussus, quid facerem nisi saltem loquerer ? An vero ista illi faciunt, et mihi dicitur tace ? Avertat a me Dominus hanc amentiam, ut cum ipse mihi imperet per Apostolum suum (*Tit.* 1, 9), et dicat, ab episcopo refelli oportere docentes quæ non oportet, ego illorum indignationibus territus taceam ? Quod enim publicis Gestis hærere volui tam sacrilegum nefas, ad hoc utique volui, ne me quis-

Hippone même, on dit que Proculéïen n'a pas prescrit ce que les registres publics ont rapporté.

5. Puis-je mettre plus de modération dans ma conduite que de traiter une si grave affaire avec vous, aussi distingué par votre dignité que par la prudence et le calme de votre esprit? Je vous prie donc, comme je vous en ai déjà fait prier par nos frères, hommes de bien et d'honneur, que j'ai envoyés à votre excellence, de daigner vous enquérir si Victor, prêtre de Proculéïen, n'a pas reçu de son évêque l'ordre qu'il a inséré dans les registres publics, ou si, par hasard, ceux qui tiennent ces registres ont inséré autre chose que ce que Victor lui-même leur aura dit, quoiqu'ils soient tous de la même communion? Que si Proculéïen consent à traiter paisiblement avec nous toute la question du schisme qui nous divise, afin que l'erreur, qui est déjà assez manifeste, le soit encore davantage, j'y consens de mon côté très-volontiers. J'ai ouï dire en effet que, pour éviter le tumulte d'une nombreuse assemblée, il désirait, en présence seulement de dix hommes graves et honnêtes choisis de part et d'autre, chercher sincèrement avec moi la vérité, selon les Ecritures. Quelques-uns même m'ont rapporté qu'il avait demandé de nouveau pourquoi je n'étais pas allé à Constantine (1), pendant qu'eux-mêmes y étaient réunis en grand nombre, et que je devrais aller à Milève, où ils doivent prochainement tenir un concile. C'est une proposition ridicule, car je n'ai à m'occuper pertinemment que des soins de l'Eglise d'Hippone. Tout doit se passer entre moi et Proculéïen. S'il ne se trouve pas de force à combattre avec moi, qu'il se fasse assister du collègue qu'il voudra. Car nous ne nous occupons pas des intérêts de l'Eglise dans les villes étrangères à notre diocèse, excepté lorsque les évêques de ces villes, nos frères et nos collègues dans le sacerdoce, nous le permettent ou nous en chargent.

6. Je ne comprends pas du reste ce que Proculéïen, qui se dit évêque depuis tant d'années, peut craindre de moi, qui ne suis qu'un novice, et pourquoi il ne veut pas entrer en conférence avec moi. Redoute-t-il mes connaissances dans les belles-lettres, qu'il n'a peut-être pas autant apprises ou qu'il connaît moins que moi? Mais qu'importent les lettres dans une question qu'on doit discuter par les Saintes Ecritures ou par des documents ecclésiastiques ou publics, toutes choses dans les-

---

(1) Constantine était la métropole de la province de Numidie pour le civil, car le premier siége épiscopal de cette province n'était pas fixé dans un lieu déterminé, mais suivait toujours l'évêque le plus ancien dans l'ordination.

---

quam, maxime in aliis civitatibus ubi opportunum fuerit, ista deplorantem fingere aliquid arbitretur, quando etiam apud ipsam Hipponem jam dicitur, non hoc Proculeianum mandasse, quod publicum renuntiavit officium.

5. Quid autem modestius agere possumus, quam ut tam gravem caussam, per te tamen agam, virum et clarissima dignitate præditum, et considerantissima voluntate tranquillum? Peto igitur, sicut jam petivi per fratres nostros bonos atque honestos viros, quos ad tuam eximietatem misi, ut quærere digneris, utrum Proculeiani presbyter Victor non hoc ab episcopo suo mandatum acceperit, quod officio publico renuntiavit; an forte cum et ipse Victor aliud dixerit, falsum illi apud Acta prosecuti fuerint, cum sint communionis ejusdem? Aut si consentit, ut ipsam totam quæstionem dissensionis nostræ placide pertractemus, ut error qui jam manifestus est, manifestius innotescat, libenter amplector. Audivi enim quod dixerit, ut sine tumultu populari adsint nobiscum deni ex utraque parte graves et honesti viri, et secundum Scripturas, quid in vero sit, perquiramus. Nam illud quod rursus eum dixisse nonnulli ad me pertulerunt, cur non ierim Constantinam, quando ibi plures ipsi erant, vel me debere ire (a) Milevim, quod illic, sicut perhibent, concilium proxime habituri sunt, ridiculum est dicere, quasi ad me pertineat cura propria, nisi Hipponensis Ecclesiæ. Mihi tota hujus quæstionis ratio maxime cum Proculeiano est. Sed si forte imparem se putat, cujus voluerit collegæ sui imploret auxilium. In aliis enim civitatibus tantum agimus, quod ad Ecclesiam pertinet, quantum vel nos permittunt, vel nobis imponunt earundem civitatum episcopi fratres et consacerdotes nostri.

6. Quamquam et iste qui se tot annorum episcoporum dicit, quid in me tyrone timeat, quominus mecum velit conferre sermonem, non satis intelligo: si doctrinam liberalium litterarum, quas forte ipse aut non didicit, aut minus didicit, quid hoc

---

(a) MSS. sex, *Milevum.* Bad. Am. *Milenum.* Er. *Milevum.*

quelles Proculéien est versé depuis tant d'années, et où par conséquent il devrait être plus habile que moi ? Enfin, nous avons ici mon frère et mon collègue Samsucius, évêque de l'Eglise des Tours, qui n'a nullement appris ces belles-lettres qui inspirent tant de crainte à Proculéien. Que ce soit avec lui qu'il confère, je l'en prierai, et comme je mets ma confiance dans le nom du Christ, il consentira facilement à me remplacer dans cette affaire. Quoiqu'il soit très-instruit dans la vraie foi, son langage, je l'avoue, est inculte et grossier ; mais comme il combat pour la vérité, Dieu lui viendra en aide, j'en ai la ferme conviction. Il n'y a donc aucune raison pour que Proculéien défère le débat à je ne sais quels autres, et refuse de traiter entre nous une chose qui nous regarde. Cependant, comme je l'ai dit, je ne refuse pas d'entrer en lice avec tous ceux qu'il voudra appeler à son secours.

LETTRE XXXV (1)

Saint Augustin écrit de nouveau à Eusèbe, et le prie de faireréprimer, par l'évêque Proculéien, la licence des clercs donatistes. Autrement, sans que personne ne puisse lui en faire de reproches, il lui en fera une sommation publique et dans les formes.

A SON TRÈS-CHER ET TRÈS-HONORABLE SEIGNEUR ET FRÈRE EUSÈBE.

AUGUSTIN, SALUT.

1. Je n'ai jamais pensé, comme vous le dites, soit par des exhortations, soit par des prières importunes, à vous établir malgré vous juge entre des évêques. Cependant, si telle eût été mon intention, il ne me serait pas difficile de vous démontrer que vous avez toute l'autorité possible pour juger entre nous, dans une affaire aussi connue et aussi évidente, et de vous faire comprendre tout ce que votre conduite a

---

(1) Ecrite l'an 396. — Cette lettre était la 169e dans les éditions antérieures à l'édition des Bénédictins, et celle qui était la 35e se trouve maintenant la 24e.

---

pertinet ad eam quæstionem, quæ vel de sanctis Scripturis, vel documentis ecclesiasticis aut publicis discutienda est, in quibus ille per tot annos versatur, inde in eis deberet esse peritior? Postremo est hic frater et collega meus Samsucius episcopus Turrensis ecclesiæ, qui nullas tales didicit, quales iste dicitur formidare. Ipse adsit, agat cum illo. Rogabo eum, et ut confido in nomine Christi, facile mihi concedet, ut suscipiat in hac re vicem meam, et eum Dominus pro veritate certantem, quamvis sermone impolitum, tamen vera fide eruditum, sicut confidimus, adjuvabit. Nulla ergo caussa est, cur ad alios nescio quos deferat, ne inter nos quod ad nos pertinet peragamus. Nec tamen, ut dixi, etiam illos defugio, si eorum ipse poscit auxilium.

EPISTOLA XXXV

Rursus interpellat Eusebium, ut Clericorum Donatistarum licentiam curet coercendam per Proculeianum episcopum, alioquin ut de se nullus queratur, si hanc illi perferri in notitiam per codices publicos fecerit.

DOMINO EXIMIO MERITOQUE SUSCIPIENDO ET DILECTISSIMO FRATRI EUSEBIO AUGUSTINUS.

1. Non ego recusanti voluntati tuæ judicium, sicut dicis, inter episcopos subeundum molestus exhortator aut deprecator imposui. Quod quidem etiamsi suadere voluissem, possem fortasse facile ostendere, quam valeas judicare inter nos in tam manifesta atque aperta caussa, et quale sit illud quod facis, ut non auditis partibus jam ferre non dubites pro una parte sententiam, qui judicium reformidas, sed hoc, ut dixi, interim omitto. Nihil autem rogaveram aliud honorabilem benignitatem tuam, quod quæso tandem in hac saltem epistola

d'extraordinaire, vous qui craignez de vous poser en juge et qui, sans avoir entendu les deux parties, ne balancez pas à prononcer un jugement sur l'une d'entre elles. Mais, comme je vous l'ai dit, je ne veux pas pour le moment en parler. Je n'avais d'ailleurs demandé rien autre chose à votre bienveillance (ce que je vous prie de vouloir remarquer), du moins dans cette lettre, que de vous informer près de Proculéïen, si les paroles de son prêtre Victor, consignées dans les actes publics, sont conformes à ce qu'il lui a dit, ou si, par hasard, les officiers publics ont mis dans leurs registres autre chose que ce que Victor leur a rapporté. Je désirais aussi connaître les intentions de Proculéïen sur ma proposition de discuter et d'examiner nos différends entre nous. Or, il me semble que prier un homme de demander quelque chose à quelqu'un et de faire savoir sa réponse, ce n'est pas vouloir le constituer juge. C'est donc tout ce que je vous prie encore de vouloir faire présentement, puisque, comme j'en ai fait l'expérience, Proculéïen ne veut pas recevoir mes lettres. S'il avait daigné les accueillir, je n'aurais pas recours à votre excellence. Mais comme il ne le veut pas, je ne puis, me semble-t-il, montrer plus de modération que de prier un homme tel que vous, et qui êtes de ses amis, de l'interroger sur des choses où mon devoir et ma charge me défendent de garder le silence. Vous condamnez la conduite de ce fils qui battait sa mère, et si Proculéïen l'avait su, me dites-vous, il aurait écarté de sa communion ce jeune criminel. A cela je vous réponds en deux mots : Puisque maintenant il le sait, qu'il l'en repousse donc.

2. Voici encore un autre fait : Un ancien sous-diacre de l'Eglise de Spane, nommé Primus, entretenait avec des religieuses des relations qui n'étaient pas dans l'ordre. On voulut les faire cesser, et comme il méprisait les avis salutaires qu'on lui donnait, on le priva de sa cléricature. Irrité de ce châtiment justement infligé, selon la discipline de Dieu, il passa du côté des Donatistes, et fut rebaptisé par eux. Deux de ces religieuses qui faisaient valoir avec lui une ferme appartenant à l'Eglise, le suivirent volontairement ou furent enlevées ; elles ont été également rebaptisées avec lui. Et maintenant le voilà errant avec des troupes de circoncellions, au milieu de femmes vagabondes qui ont renoncé au mariage pour n'être soumises à aucune règle. Au milieu des excès de l'ivrognerie et des débauches, il se réjouit et triomphe, heureux de s'être procuré ainsi une liberté et une licence sans frein, que lui refusait l'Eglise catholique. Peut-être Procu-

---

digneris advertere, nisi ut quæreres a Proculciano, utrum hoc ipse dixeris Victori presbytero suo, quod ab eo sibi dictum publicum officium renuntiavit, an forte qui missi sunt, non quod a Victore audierunt, sed falsum Gestis persecuti sint. Deinde quid illi de tota ipsa quæstione inter nos discutienda videretur. Arbitror autem non judicem fieri eum, qui rogatur ut interroget aliquem, et quod ei responsum fuerit rescribere dignetur. Hoc ergo etiam nunc rogo ut facere non graveris, quia litteras meas, sicut etiam expertus sum, non vult accipere : quod si voluisset, non utique per tuam eximietatem id agerem. Cum autem id non vult, quid possum mitius agere, quam ut per te talem virum, et qui eum diligis, interrogetur aliquid, unde me tacere mea sarcina prohibet? Quod autem mater a filio cæsa, tuæ gravitati displicuit; sed ille, dixisti, si sciret, a communione sua tam nefarium juvenem prohibiturus esset, breviter respondeo; modo cognovit, modo prohibeat.

2. Addo etiam aliud : Subdiaconus quondam Sapniensis ecclesiæ vocabulo Primus, cum ab accessu indisciplinato sanctimonialium prohiberetur, atque ordinata et sana præcepta contemneret, a clericatu remotus est, et ipse irritatus adversus disciplinam Dei transtulit se ad illos, et rebaptizatus est. Duas etiam sanctimoniales (a) concolonas suas de fundo catholicorum Christianorum, sive idem transtulit, sive illum secutæ etiam ipsæ tamen rebaptizatæ sunt ; et nunc cum gregibus Circumcellionum inter vagabundos greges feminarum, quæ propterea maritos habere noluerunt, ne habeant disciplinam, in detestabilis violentiæ bacchationibus superbus exsultat, gaudens latissimam sibi apertam esse licentiam malæ conversationis, unde in Catholica prohibebatur. Et hoc fortasse Proculeianus ignorat. Ergo per tuam gravitatem atque modestiam eidem in notitiam perferatur, jubeat eum, qui non ob aliud illam communionem delegit, nisi quia in Catholica clericatum amiserat, propter inobedien-

(a) Sic Lov, et plerique MSS. At. Bad. Am. et Er. habent, *cum colonis suis*.

léien l'ignore. Veuillez donc porter ces faits à sa connaissance. Qu'il éloigne de sa communion cet homme qui l'a choisie uniquement parce que sa désobéissance et la corruption de ses mœurs lui avaient fait perdre sa cléricature dans l'Eglise catholique.

3. Pour moi, voici avec la grâce de Dieu la conduite que j'observe. Tous ceux que les lois de la discipline donatiste ont obligé de dégrader, et qui veulent passer dans l'Eglise catholique, n'y sont reçus qu'après avoir subi l'humiliation de la pénitence, à laquelle ils auraient été condamnés par les donatistes mêmes, s'ils avaient voulu rester parmi eux. Considérez, je vous prie, combien il est exécrable que ceux dont nous châtions la mauvaise vie avec la sévérité de la discipline ecclésiastique, soient forcés, pour recevoir et mériter un second baptême, de se déclarer païens : Mot affreux ! C'est pour empêcher qu'il ne sortît jamais de la bouche d'un chrétien, que le sang de tant de martyrs a coulé. Et maintenant, comme s'ils étaient des hommes nouveaux et sanctifiés, tandis qu'au contraire ils sont devenus pires qu'auparavant, ils insultent, avec une nouvelle fureur sacrilége, à la discipline catholique qu'ils n'ont pu supporter. Si je n'obtiens rien en priant votre bienveillance de remédier à ces maux, que personne ne se plaigne que je les porte à la connaissance de Proculéïen par les registres publics. C'est un droit qui ne peut m'être refusé dans une cité romaine (1). En effet, puisque Dieu nous ordonne de parler et d'annoncer sa parole, et de réfuter ceux qui donnent de faux enseignements, puisqu'il nous ordonne, dis-je, d'insister à cet égard dans toutes les circonstances possibles, opportunes et inopportunes, comme je peux le prouver par les lettres dominicales et apostoliques, c'est-à-dire par les paroles du Seigneur et des Apôtres, nul homme au monde ne pourra me persuader de garder le silence. Que si nos ennemis ont recours à la violence et au brigandage, Dieu interviendra pour protéger son Eglise, lui qui a soumis à son joug et réuni dans son sein tous les royaumes et toutes les puissances de la terre.

4. Un fermier de l'Eglise avait une fille catéchumène parmi nous. Les Donatistes l'ont engagée, malgré ses parents, à se mettre au nombre de leurs vierges. Le fermier voulait user sévèrement de ses droits paternels pour la ramener à la communion catholique; pour moi, je ne voulais recevoir cette femme, dont

---

(1) Saint Augustin nomme Hippone, ville romaine, parce qu'elle jouissait du droit de cité ou de colonie romaine, car elle est appelée cité romaine dans le IIe liv. c. LXXXIII contre les lettres de Pétilien, et cette même ville est appelée colonie romaine dans le liv. XXII, c. VIII de la *Cité de Dieu*.

---

tiam et perditos mores, a sua communione removeri.

3. Etenim ego, si Domino placet, istum modum servo, ut quisquis apud eos propter disciplinam degradatus ad Catholicam transire voluerit, in humiliatione pœnitentiæ recipiatur, quo et ipsi eum forsitan cogerent, si apud eos manere voluisset. Ab eis vero considera, quæso te, quam exsecrabiliter fiat, ut quos male viventes ecclesiastica disciplina corripimus, persuadeatur eis ut ad lavacrum alterum veniant, atque ut id accipere mereantur, Paganos se esse respondeant; quæ vox ne procederet de ore Christiano, tantus sanguis Martyrum fusus est : deinde quasi renovati et quasi sanctificati, disciplinæ, quam ferre non potuerunt, deteriores facti, sub specie novæ gratiæ, sacrilegio novi furoris insultent. Aut si male facio, per tuam benevolentiam ista corrigenda curare, de me nullus queratur, si hæc illi perferri in notitiam per codices publicos fecero, qui mihi negari, ut arbitror, in Romana civitate non possunt. Nam cum Deus imperet ut loquamur et prædicemus verbum, et docentes quæ non oportet refellamus, et instemus opportune, atque importune sicut dominicis et apostolicis litteris probo, nullus hominum mihi silentium de his rebus persuadendum arbitretur. Violenter autem vel latrocinanter si quid audendum putaverint, non deerit Dominus ad tuendam Ecclesiam suam, qui jugo suo in gremio ejus toto orbe diffuso omnia terrena regna subjecit.

4. Nam cum ecclesiæ quidam colonus filiam suam, quæ apud nos fuerat catechumena, et ab illis seducta est invitis parentibus, ut ibi baptizata etiam sanctimonialis formam susciperet, ad communionem catholicam paterna vellet severitate revocare, et ego feminam corruptæ mentis nisi volentem, et libero arbitrio meliora deligentem suscipi noluissem; ille rusticus etiam plagis instare cœpit, ut sibi filia consentiret; quod statim omnimodo fieri prohibui : tamen per Spanianum transeuntibus nobis, presbyter ipsius stans in medio fundo catholicæ ac laudabilis feminæ, voce impudentissima

le cœur était corrompu, que si elle consentait à revenir parmi nous, et à suivre volontairement une meilleure voie. Pour forcer sa fille à se soumettre à sa volonté, le fermier commença à la frapper. Dès que je l'appris, je m'y opposai absolument. Cependant, en traversant le pays de Spane, un prêtre de Proculéien, se trouvant au milieu d'un héritage appartenant à une femme catholique et digne de tout respect, osa nous insulter avec impudence, en nous appelant à haute voix : « Traditeurs (1) et persécuteurs. » Il prodigua la même insulte à cette femme, qui est de notre communion, et sur les terres de laquelle il se trouvait. En entendant ces injures, non-seulement je me contins moi-même, mais j'apaisai encore l'irritation de ceux qui m'accompagnaient. Et cependant quand je dis : Cherchez ceux qui sont les traditeurs et les persécuteurs, on me répond : Nous ne voulons pas discuter, et nous voulons rebaptiser. Nous voulons tendre des pièges à vos brebis, les déchirer comme des loups. Pour vous, si vous êtes de bons pasteurs, taisez-vous. Car Proculéien m'a-t-il fait dire autre chose, si véritablement c'est par son ordre qu'on me l'a dit : « Si vous êtes chrétiens, laissez cela au jugement de Dieu. Si nous n'en usons pas de même, taisez-vous. » Ce même prêtre, dont je viens de parler, osa également menacer le fermier d'un bien de l'Eglise.

5. Veuillez donc, je vous prie, porter tous ces faits à la connaissance de Proculéien, pour qu'il réprime la folie et les violences de ses clercs, sur lesquelles je n'ai pas voulu garder le silence avec vous, honorable Eusèbe. Je ne vous demande pas de me dire ce que vous pensez de tout cela, car vous pourriez croire que je veux vous imposer le fardeau d'un juge. Je vous prie seulement de m'écrire ce qu'on vous aura répondu. Que la miséricorde vous conserve, excellent, honorable et bien-aimé seigneur et frère.

LETTRE XXXVI (2)

Saint Augustin, dans cette lettre adressée au prêtre Casulan, réfute la dissertation d'un certain citoyen de la ville de Rome (3), qui prétendait qu'on était obligé de jeûner le samedi.

A SON TRÈS-CHER ET TRÈS-HONORÉ FRÈRE CASULAN, SON COLLÈGUE DANS LE SACERDOCE.

AUGUSTIN, SALUT EN NOTRE SEIGNEUR.

CHAPITRE PREMIER. — 1. Je ne sais pas comment il se fait que n'aie pas encore répondu à

---

(1) On a déjà vu ce mot de *traditor* (traditeur) employé dans des lettres précédentes. C'était un nom injurieux que les Donatistes prodiguaient aux Catholiques qu'ils accusaient d'avoir livré les saintes Ecritures.
(2) Ecrite vers la fin de l'année 396, ou vers le commencement de la suivante. — Cette lettre était la 86e dans les éditions antérieures à l'édition des Bénédictins, et celle qui était la 35e se trouve maintenant la 32e.
(3) Casulan, ne voulant pas nommer l'auteur de cette dissertation, l'avait simplement désigné par le nom d'*Urbicus*. Voyez la note ci-contre du texte latin, et Dom Ceillier sur les Lettres de saint Augustin.

---

post nos clamavit, quod traditores et persecutores essemus : quod convicium etiam in illam feminam jaculatus est, quæ communionis est nostræ, in cujus medio fundo stabat, quibus vocibus auditis, non solum meipsum a lite refrenavi, sed etiam multitudinem, quæ me comitabatur, compescui. Et tamen si dicam, Quæratur qui sint vel fuerint traditores vel persecutores. Respondetur mihi. Disputare nolumus, et rebaptizare volumus. Nos oves vestras insidiantibus morsibus luporum more deprædemur; vos, si boni pastores estis tacete. Quid enim aliud mandavit Proculeianus, si vere ipse mandavit : Si Christianus es, serva hoc judicio Dei, nisi nos faciamus, tu tace. Ausus est etiam idem presbyter homini rusticano conductori fundi ecclesiæ comminari.

5. Hæc quoque omnia per te, quæso, noverit Proculeianus, coerceat insaniam clericorum suorum, unde, honorabilis Eusebi, non apud te tacui. Dignaberis itaque non quid tu de his omnibus sentias, ne tibi arbitreris a me judicis onus imponi, sed quid illi respondeant mihi rescribere. Misericordia Dei te incolumem tueatur, domine eximie et merito suscipiende ac dilectissime frater

EPISTOLA XXXVI

Augustini Casulano presbytero refellens Urbici, id est cujusdam e Romana urbe dissertationem pro sabbati jejunio scriptam perquam imperitissime.

DILECTISSIMO ET DESIDERANTISSIMO FRATRI ET COMPRESBYTERO CASULANO, AUGUSTINUS IN DOMINO SALUTEM

CAPUT I. — 1. Nescio unde sit factum, ut primis tuis litteris meas non redderem : non tamen contemtui id

votre première lettre. Ce n'est certainement pas par mépris, car je me réjouis de votre application à l'étude et j'aime votre langage. Je ne saurais trop vous recommander d'employer le temps de votre jeunesse à faire des progrès dans la parole de Dieu, et à vous en pénétrer pour l'édification de l'Eglise. Après avoir reçu votre seconde lettre, à laquelle vous me priez de répondre, avec le droit fraternel de la charité qui nous unit, je n'ai pas voulu différer plus longtemps de me rendre à votre désir si affectueux, et, malgré mes nombreuses occupations, je m'empresse de m'acquitter de ma dette envers vous. Vous me demandez s'il est permis de jeûner le samedi. A cela je vous réponds que si ce n'était pas permis, ni Moïse, ni Elie, ni le Seigneur lui-même, n'auraient pas jeûné pendant quarante jours; d'où il faut conclure par la même raison, que le jeûne n'est pas défendu, même le dimanche. Cependant, si quelqu'un voulait consacrer ce jour au jeûne de la manière que quelques-uns y consacrent le samedi, l'Eglise s'en trouverait, avec raison, scandalisée. En effet, dans toutes les choses sur lesquelles l'Ecriture n'a rien statué, il faut regarder comme loi la coutume du peuple de Dieu, ou les institutions des ancêtres. Si chacun voulait disputer sur ces choses-là, de manière à condamner les uns par les usages des autres, il en résulterait une lutte sans fin, remplie de discussions, où la vérité n'est appuyée sur aucun document, et le feu qu'on mettrait de part et d'autre dans ces disputes, pourrait altérer et obscurcir la sérénité de la charité même. C'est un danger que n'a pas su éviter celui dont vous m'avez envoyé avec votre première lettre la longue dissertation, en me priant d'y répondre.

CHAPITRE II. — 3. Je n'ai pas assez de loisir pour réfuter toutes les opinions qu'il émet. Je dois mon temps à des travaux bien plus pressants et bien plus nécessaires. Mais employez le génie qui éclate dans vos lettres, et que j'aime en vous comme un don de Dieu, à examiner avec attention le discours de ce Romain, et vous verrez qu'il n'a pas craint de déchirer, par des paroles injurieuses, presque toute l'Eglise du Christ, depuis l'Orient jusqu'à l'Occident. Mais, que dis-je, c'est l'Eglise tout entière qu'il a outragée! Car il n'a pas même épargné les Romains dont il croit défendre les usages: ne s'apercevant pas que la violence de ses injures rejaillit également sur eux. En effet, lorsque les arguments lui manquent pour prouver qu'il faut jeûner le samedi, il s'emporte

---

me fecisse scio. Nam et studiis tuis et ipso sermone delector, teque in ista ætate juvenili proficere in verbo Dei et abundare ad ædificationem Ecclesiæ, et opto et exhortor. Nunc vero scriptis tuis alteris sumtis, quibus tibi tandem aliquando respondere jure caritatis, in qua unum sumus, fraterno et æquissimo flagitas, differendum tuæ dilectionis ulterius desiderium non putavi, et inter artissimas occupationes meas suscepi isto me debito apud te absolvere.

2. Quod ergo me consulis, utrum liceat sabbato jejunare: Respondeo, si nullo modo liceret, profecto quadraginta continuos dies nec Moyses, nec Elias, nec ipse Dominus jejunasset. Verum ista ratione concluditur, etiam Dominico die non illicitum esse jejunium. Et quisquis tamen hunc diem jejunio decernendum putaverit, sicut quidam jejunantes sabbatum observant, non parvo scandalo erit Ecclesiæ; nec immerito. In his enim rebus de quibus nihil certi statuit Scriptura divina, mos populi Dei, vel instituta majorum pro lege tenenda sunt. De quibus si disputare voluerimus, et ex aliorum consuetudine alios improbare, orietur interminata luctatio quæ labore sermocinationis cum certa documenta nulla veritatis insinuat, utique cavendum est, ne tempestate contentionis serenitatem caritatis obnubilet. Quod periculum vitare neglexit, cujus mihi prolixam disputationem, ut ei responderem, cum tuis prioribus litteris existimasti esse mittendam.

CAPUT II. — 3. Non autem usque adeo mihi spatia temporum larga sunt, ut ea refellendis singulis sententiis ejus impendam, quæ aliis operibus magis urgentibus explicandis habeo necessaria. Sed eo quo te mihi in tuis epistolis ostendis ingenio, quod in te donum Dei admodum diligo, eumdem sermonem cujusdam, ut scribis, (a) Urbici paulo diligentius ipse considera, et videbis eum pene universam Ecclesiam Christi, ab ortu solis usque ad occasum, verbis injuriosissimis nequaquam lacerare timuisse. Nec dixerim pene universam, sed plane universam.

(a) Cognomen est inditum ab Urbe Roma Hinc Zephirinus papa ab Optato in lib. I. uti et Siricius a Paulino in epist. ii ad Severum, vocatur Urbicus, et in Conc. Arelat. I. de diaconis Urbicis agitur, id est Romanis.

contre le luxe des festins, contre l'ivrognerie qui règne dans les banquets, comme s'il n'y avait pas de milieu entre ne pas jeûner et s'enivrer. S'il en était ainsi, à quoi servirait-il aux Romains de jeûner le samedi, puisque les autres jours où ils ne jeûnent pas, ils sont, selon l'opinion de cet homme, des ivrognes qui font un dieu de leur ventre. Cependant autre chose est d'appesantir son cœur par l'ivrognerie et les débauches de la table, ce qui est toujours un mal; autre chose est de se relâcher de la sévérité du jeûne sans s'écarter des lois de la modération et de la tempérance, ce qu'un chrétien peut faire le dimanche sans encourir le moindre reproche. Que l'auteur de cette dissertation commence par ne pas confondre les repas des saints avec la gourmandise et l'ivrognerie de ceux qui se font un dieu de leur ventre, de peur qu'il ne mette dans cette catégorie les Romains eux-mêmes, quand ils ne jeûnent pas. Alors qu'il s'enquière, non pas s'il est permis de s'enivrer le samedi, ce qui ne l'est pas davantage le dimanche, mais si l'on peut se dispenser de jeûner le samedi, aussi bien que le dimanche.

4. Plût à Dieu qu'en faisant ses recherches et en émettant ses décisions, il ne blasphémât pas aussi ouvertement l'Eglise catholique répandue sur toute la terre, à l'exception des Romains et d'un très-petit nombre d'églises occidentales. Mais qui pourrait supposer qu'au milieu de tant de peuples chrétiens en Orient et de beaucoup de ceux mêmes qui sont à l'Occident, tant de serviteurs et de servantes de Jésus-Christ, mangeant le samedi avec sobriété et modération, soient appelés par lui des gens plongés dans la chair (*Rom.*, VIII, 8) et ne pouvant plaire à Dieu, comme si c'était d'eux qu'il est écrit : « Que les méchants se détournent de moi, je ne veux pas connaître leur voie (*Philip.*, III, 19). » Peut-on souffrir, je le demande encore, qu'en parlant de ces chrétiens, il ose dire : Ils se font un dieu de leur ventre, préférant la loi juive à celle de l'Eglise ; ils sont les fils de la servante dont la loi n'est pas dans la justice, mais dans la volupté (*Galat.*, IV, 31) ; ils ne pensent qu'à la sensualité, sans observer ni règle ni discipline; ils ne sont que chair (*Rom.*, VIII, 5) et n'ont de goût que pour ce qui donne la mort, et beaucoup d'autres choses semblables. S'il parlait ainsi d'un seul serviteur de Dieu, qui oserait l'écouter ? Qui ne se détournerait pas de lui ? Mais comme ces opprobres, ces malédictions s'adressent à l'Eglise tout entière, croissant (*Coloss.*, I, 6) et portant ses fruits dans tout

Nam neque ipsis quorum consuetudinem sibi videtur defendere, invenitur pepercisse Romanis; sed quomodo in eos quoque redundet conviciorum ejus impetus nescit, quoniam non advertit. Nam cum ei argumenta deficiunt, quibus probet sabbato jejunandum, in luxurias epularum et temulenta convivia et nequissimas ebrietates insultabundus inhibitur, quasi non jejunare, hoc sit inebriari. Quod si hoc est, quid ergo prodest Romanis sabbato jejunare; quandoquidem aliis diebus quibus non jejunant, necesse est eos, secundum disputationem hujus, ebriosos et ventricolas judicari. Porro si aliud est gravare corda in crapula et ebrietate, quod semper est malum; aliud est autem modestia et temperantia custodita relaxare jejunium ; quod certe cum fit die Dominico, reprehensorem non habet Christianum, prandia prius sanctorum a voracitate et ebriositate ventricolarum iste discernat, ne Romanos ipsos quando non jejunant ventricolas faciat, et tunc inquirat, non utrum liceat inebriari sabbato, quod nec die Dominico licet; sed utrum nec sabbato jejunandum sit, sicut Dominico non solet.

4. Quod utinam sic quaereret, aut sic afirmaret, ut toto terrarum orbe diffusam, exceptis Romanis, et adhuc paucis Occidentalibus, apertissime non blasphemaret Ecclesiam. Nunc vero quis ferat per omnes Orientales, et multos etiam Occidentales populos Christianos de tot tantisque famulis famulabusque Christi, sabbato sobrie modesteque prandentibus, ab isto dici, quod in carne sint, et Deo placere non possint, et quod de illis sit scriptum, « Recedant iniqui a me, viam eorum nosse nolo : » et quod sint ventricolæ, Judæam Ecclesiæ præponentes et ancillæ filios ; et lege non justa, sed voluptaria, consulentes ventri, non disciplinæ succumbentes; et quod caro sint, et mortem sapiant, et cetera hujusmodi; quæ si de uno quopiam Dei famulo diceret, quis cum audire, quis non devitare deberet? Cum vero his opprobriis atque maledictis insectatur Ecclesiam per totum mundum fructificantem atque crescentem et die sabbati pene ubique prandentem, admoneo quisquis est, ut sese cohibeat. Nam cujus me nomen ignorare voluisti, profecto de illo me judicare noluisti.

CAPUT III. — 5. « Filius hominis, » inquit,

l'univers, et dont la coutume presque générale est de ne pas jeûner le samedi, j'avertis cet homme, quel qu'il puisse être, de réprimer son zèle. Du reste, en voulant me laisser ignorer son nom, c'était vouloir m'empêcher de porter un jugement sur son compte.

CHAPITRE III.—5. « Le fils de l'homme, dit-il, est le maître du sabbat, et ce jour-là, il vaut mieux faire le bien que le mal (*Matth.*, XII, 8). » Si donc nous faisons mal quand nous dînons, il n'y a pas de dimanche où nous vivons saintement. Il avoue bien que les Apôtres ont mangé le jour du sabbat, mais il prétend qu'ils l'ont fait parce que le temps de jeûner n'était pas encore arrivé, et il s'appuie pour cela sur ces paroles du Seigneur : « Des jours viendront où l'époux sera ôté à ses enfants, et alors les fils de l'époux jeûneront, parce qu'il y a un temps de joie et un temps de deuil (*Matt.*, IX, 15).» Il aurait dû d'abord remarquer que dans ce passage, le Seigneur parlait du jeûne en général, et non pas du jeûne du sabbat. Ensuite, quand il veut que l'on entende par jeûne le deuil, et par nourriture la joie, pourquoi ne pense-t-il pas à ce que signifie le passage où il est écrit que « le septième jour Dieu se reposa de toutes ses œuvres (*Gen.*, II, 2). » Certes, le repos de ce septième jour ne signifie pas le deuil, mais bien plutôt la joie. A moins qu'il ne vienne encore dire que ce repos de Dieu et la sanctification du sabbat appellent les Juifs à la joie, et invitent les Chrétiens au deuil. Et cependant, lorsque Dieu a sanctifié le septième jour, en se reposant de toutes ses œuvres, il n'a rien dit du jeûne ni du dîner du sabbat. Lorsque dans la suite il donna au peuple hébreu ses ordres sur la manière d'observer ce même jour, il n'a fait aucune mention s'il fallait ou s'il ne fallait pas manger. Il a seulement prescrit à l'homme de s'abstenir ce jour-là de tout travail, comme de toute œuvre servile, et l'ancien peuple juif, regardant ce repos comme une ombre du repos à venir, s'abstenait de travailler, le jour du sabbat, comme nous voyons encore aujourd'hui les Juifs observer ce commandement. Il ne faut pas penser pour cela que les Juifs charnels comprenaient mal un précepte dont les Chrétiens ont seuls la véritable intelligence. En effet, nous ne le comprenons certainement pas mieux que les prophètes, qui, lorsque ce repos était obligatoire, l'observèrent le jour du sabbat avec la même régularité que les Juifs mettent encore à l'observer. Voilà pourquoi Dieu fit lapider un homme qui avait ramassé du bois le jour du sabbat (*Nomb.*, XV, 35) ; mais nous ne lisons nulle part que quelqu'un ait été lapidé, et ait été jugé digne d'un supplice quelconque, pour avoir jeûné ou dîné le jour du sabbat. De ces deux choses, quelle est celle qui convient au repos et celle

---

« sabbati Dominus est, in quo maxime, bene, quam male facere licet (*Matth.*, XII, 8). » Si ergo male facimus, quando prandemus ; nullo die Dominico bene vivimus. Quod autem fatetur Apostolos sabbato manducasse, et dicit, ut tunc jejunaretur temporis non fuisse, propter quod ait Dominus : « Venient dies ut auferatur sponsus ab eis, et tunc jejunabunt filii sponsi, quia tempus gaudii, et tempus est luctus (*Matth.*, IX, 15). » Primum adtendere debuit, quod illic Dominus de jejunio, non de sabbati jejunio loquebatur. Deinde cum vult intelligi luctum jejunio, cibo gaudium deputandum, cur non cogitat quidquid est illud, quod significare Deus voluit in eo quod scriptum est, eum die septimo requievisse ab omnibus operibus suis (*Gen.*, II, 2), non ibi luctum significatum fuisse, sed gaudium, nisi forte dicturus est, in illa requie Dei et sanctificatione sabbati gaudium Judæis, luctum significatum esse Christianis. Et tamen nec quando sanctificavit Deus diem septimum, quia in illo requievit ab omnibus operibus suis, aliquid de jejunio vel prandio sabbati expressit : nec cum postea populo Hebræo de ipsius diei observatione mandavit, aliquid de alimentis vel sumendis vel non sumendis loquutus est. Vacatio tantum homini a suis, vel a servilibus operibus imperatur ; quam prior populus in umbra accipiens futurorum, sic vacavit ab operibus, quemadmodum nunc Judæos vacare conspicimus ; non ut putatur Judæis carnalibus non recte intelligentibus, quod recte intelligunt Christiani. Neque enim melius hoc intelligimus quam Prophetæ, qui tamen eo tempore, quo ita fieri oportuit, servaverunt hanc sabbati vacationem, quam Judæi putant adhuc esse servandam. Unde illud est, quod lapidare Deus hominem jussit, qui Sabbato ligna collegerat (*Num.*, XV, 35), nusquam autem legimus lapidatum, vel aliquo dignum supplicio judicatum, sive jejunantem sabbato, sive prandentem. Quid tamen horum duorum quieti conveniat, quid labori, iste ipse viderit, qui gaudium

qui convient au travail ? Nous laissons le soin de résoudre cette question à celui qui assigne la joie à ceux qui mangent, et le deuil à ceux qui jeûnent, et qui prétend que Jésus-Christ l'a décidé de même, lorsqu'en parlant du jeûne il dit : « Les enfants de l'époux ne peuvent pas être dans les larmes lorsque l'époux est avec eux (*Matt.*, IX, 15). »

6. Si les Apôtres, dit-il, ont mangé le jour du sabbat, c'est parce que le temps de jeûner ce jour-là n'était pas encore arrivé, et que la tradition des anciens le défendait ; mais est-ce que le temps d'observer le repos le jour du sabbat n'était pas déjà arrivé, et la tradition ancienne ne l'exigeait-elle pas ? Cependant, nous voyons que ce même jour du sabbat, où les disciples de Jésus-Christ mangèrent, ils arrachèrent aussi des épis, ce qu'il n'était pas permis de faire un jour de sabbat, parce que la tradition ancienne le défendait. Qu'il prenne garde qu'on ne lui réponde avec plus de fondement et de vraisemblance, que le Seigneur a voulu, ce jour-là, laisser ses disciples manger et arracher des épis, pour combattre tout à la fois et ceux qui proscrivent le travail le jour du sabbat, et ceux qui prescrivent le jeûne ce même jour. Il a voulu ainsi faire voir que, vu le changement des temps, ces deux pratiques étaient superstitieuses, et que sous l'une et l'autre loi, il voulait que chacun fût libre à cet égard. Je ne dis pas cela comme une chose que je veuille déterminer, mais pour faire voir à cet auteur qu'on pourrait lui répondre des choses bien plus raisonnables que tout ce qu'il dit sur les passages de l'Ecriture.

CHAPITRE IV. — 7. « Comment, dit-il, ne serons-nous pas condamnés avec le Pharisien, en jeûnant seulement deux fois par semaine (*Luc.*, XVIII, 11) ? » comme si le Pharisien avait été condamné pour n'avoir jeûné que deux fois par semaine, et non parce que dans son orgueil il s'élevait au-dessus du Publicain. Il pourrait tout aussi bien dire que ceux qui donnent aux pauvres la dîme de leurs revenus, seront condamnés avec le Pharisien, parce qu'il rangeait cela au nombre de ses bonnes œuvres (ce que toutefois nous voudrions voir pratiquer par beaucoup de chrétiens, tandis qu'au contraire nous en voyons bien peu qui le fassent). Mais ceux qui n'auront été ni injustes, ni adultères, ni ravisseurs, seront-ils condamnés avec le Pharisien, parce qu'il se vantait de ne pas être tel ? Il faudrait être privé de raison pour le croire. Sans aucun doute, toutes les qualités, que le Pharisien se glorifiait d'avoir, sont bonnes en elles-mêmes, pourvu qu'on les possède sans ce vain orgueil d'esprit et de langage qui apparaissait en lui, mais avec cette humble piété qu'il n'avait pas. Jeûner deux fois la semaine est un acte qui ne produit aucun fruit

---

manducantibus, luctum jejunantibus deputavit, vel a Domino deputari intellexit, ubi de jejunio respondens ait, « Non possunt lugere filii sponsi, quandiu cum eis est sponsus (*Matth.*, IX, 15). »

6. Quod autem propterea dicit sabbato Apostolos manducasse, quia nondum erat tempus ut sabbato jejunarent : quod scilicet veterum traditio prohibebat : numquid ergo jam erat tempus ut sabbato non vacarent ? Nonne et hoc traditio veterum prohibebat, et vacare cogebat ? et tamen eo ipso sabbati die, quo Christi legimus manducasse discipulos, vulserunt utique spicas, quod sabbato non licebat, quia veterum traditio prohibebat. Videat igitur ne forte congruentius ei respondeatur ideo Dominum die illo a discipulis hæc duo fieri voluisse : unum de spicis vellendis, alterum de alimentis sumendis ; ut illud esset adversus eos, qui sabbato volunt vacare, hoc autem adversus eos, qui cogunt sabbato ejunare ; cum illud mutato tempore jam superstitiosum esse significasset, hoc autem utroque tempore liberum esse voluisset. Neque id confirmando dixerim, sed quid ei multo aptius, quam sunt ea quæ loquitur, responderi possit ostenderim.

CAPUT IV. — 7. « Quomodo, » inquit, « non cum Pharisæo damnabimur bis in sabbato jejunantes (*Luc.* XVIII, 2) ? » Tamquam Pharisæus ideo damnetur, quia bis in sabbato jejunabat ; et non quia super Publicanum se timidus extollebat. Potest autem iste dicere, etiam illos, qui omnium fructuum suorum decimas dant pauperibus, cum Pharisæo damnari ; quia hoc quoque ille inter sua opera prædicabat : quod cupimus a multis fieri Christianis, et vix paucissimos invenimus. Aut vero qui non fuerit injustus, adulter et raptor, cum Pharisæo damnabitur ; quia ille se talem non esse jactabat, quod certe quisquis sentit, insanit. Porro si hæc sine dubio bona, quæ sibi Pharisæus inesse commemorabat, non habenda sunt cum superbiente jactantia, quæ in illo apparebat ; sed tamen ha-

pour un homme tel qu'était le Pharisien, mais dans un homme humblement fidèle ou fidèlement humble, c'est un acte religieux qui lui sera compté, quoique toutefois l'Evangile ne dise pas que le Pharisien ait été condamné, mais seulement que le Publicain se retira justifié, préférablement à lui.

8. L'auteur de la dissertation prétend que, si l'on comprend bien les paroles de Jésus-Christ : « Si votre justice n'est pas plus abondante que celle des Scribes et des Pharisiens, vous n'entrerez pas dans le royaume des cieux (*Matt.*, v, 21), » on ne peut remplir ce précepte, qu'en jeûnant plus de deux fois la semaine. Il est heureux qu'il y ait sept jours qui, revenant sans cesse sur eux-mêmes, forment la semaine. Si on en retranche deux, pour ne jeûner ni le samedi ni le dimanche, il en reste encore cinq pour surpasser le Pharisien, qui jeûnait seulement deux fois la semaine. Car, en réduisant son jeûne à trois fois la semaine, on l'emporterait encore sur le Pharisien, qui ne jeûnait que deux fois. Que si on jeûnait quatre fois, ou même qu'on ne laissât passer aucun jour sans jeûner, excepté le samedi et le dimanche, on jeûnerait cinq fois par semaine, ce qui est pratiqué par beaucoup de chrétiens pendant toute leur vie, et surtout par ceux qui sont dans les monastères. Ainsi voilà le Pharisien, qui ne jeûnait que deux fois par semaine, de beaucoup surpassé, ainsi que le chrétien même qui jeûne le mercredi, le vendredi et le samedi, comme fait ordinairement le peuple de Rome. Cependant cet homme que je ne connais pas, et que vous appelez simplement Romain, n'en continuera pas moins de traiter de charnels ceux qui jeûnent toute la semaine, excepté le samedi et le dimanche, et qui, ces jours-là même, ne donnent pas à leur corps une nourriture suffisante, comme si le boire et le manger des autres jours n'appartenaient pas à la chair ; et il appelle ami de son ventre celui qui mange le samedi, comme s'il n'y avait que le dîner de ce jour-là qui tournât au profit de la chair.

CHAPITRE V. — 9. Mais il ne se contente pas de ce qui suffit pour l'emporter sur le Pharisien, c'est-à-dire de jeûner trois fois la semaine, il veut encore qu'à l'exception du dimanche, on jeûne les autres jours, et il dit : « Ceux qui,
» purifiés de l'ancienne tache, ne font plus
» qu'une seule chair avec Jésus-Christ, en
» vivant sous sa sainte discipline, doivent bien
» se garder de célébrer des festins de volupté,
» le jour du samedi, avec ceux qui ne reconnais-
» sent pas de lois, avec les princes de Sodome
» et le peuple de Gomorrhe, mais ils doivent,
» avec ceux qui aspirent à la sainteté, et avec
» ceux qui sont dévoués à Dieu, observer de

---

benda sunt cum pietate humili, quæ in illo non erat : sic et bis in sabbato jejunare in homine, qualis fuerat ille Pharisæus, infructuosum est ; in homine autem humiliter fideli, vel fideliter humili, religiosum est : quamvis evangelica Scriptura non dixerit damnatum Pharisæum, sed magis justificatum dixit Publicanum.

8. Verum si hoc modo putat iste intelligendum quod ait Dominus : « Nisi abundaverit justitia vestra plus quam Scribarum et Pharisæorum, non intrabitis in regnum cælorum (*Matth.*, v, 21), et nisi amplius quam bis in sabbato jejunemus, hoc præcepto non possimus implere, bene quod septem dies sunt qui volumine temporum per sua vestigia revocantur. Cum ergo ex his biduum quisque detraxerit, ne sabbato Dominicoque jejunet, remanent dies quinque in quibus Pharisæum superare possit bis in sabbato jejunantem. Puto enim quod si ter in sabbato quis jejunat, jam superat Pharisæum, qui bis in sabbato jejunabat. Quod si et quater, vel etiam ut nullus dierum, excepto sabbato et Dominico, prætermittatur, in hebdomade quinquies jejunetur, quod multi tota vita sua faciunt, maxime in monasteriis constituti : non solum Pharisæus qui bis in sabbato jejunabat, verum etiam Christianus qui quarta et sexta et ipso sabbato jejunare consuevit, quod frequenter Romana plebs facit, in labore jejunii superabitur : et tamen nescio quis iste, ut dicis, Urbicus disputator, etiam si quis quinque continuis præter sabbatum et Dominicum diebus ita jejunet, ut nullo die omnino reficiat corpus, eum carnalem vocat ; quasi cibus et potus ceteris diebus non pertineat ad carnem ; et ventriculam judicat, quasi solius sabbati prandium descendat in ventrem.

CAPUT V. — 9. Huic sane non sufficit quod ad vincendum Pharisæum jam sufficit, ut ter in sabbato jejunetur ; sed excepto Dominico sex ceteris diebus ita jejunare compellit, ut dicat ; « Antiqua remota labe, duo in carne una, Christi jam sub disciplina manentes, non debent cum filiis, sine lege et cum principibus Sodomorum, et cum plebe Gomorræ sabbatorum voluptaria convivia exercere ; sed cum sanctimoniæ incolis ac Deo devotis sollemni et

» plus en plus le jeûne établi légitimement et
» solennellement par les lois de l'Eglise, afin
» que la moindre faute des six jours soit puri-
» fiée par les fontaines du jeûne, de la prière
» et de l'aumône; et que, restaurés par l'alo-
» gie (1) du dimanche, nous puissions tous
» chanter dignement et d'un commun accord :
» *Seigneur, vous avez rassasié l'âme qui était
» vide, et abreuvé l'âme qui avait soif* (Ps., LVI, 9). »
En disant cela, et en exceptant le dimanche
seul de l'obligation du jeûne, non-seulement
il accuse avec autant d'injustice que d'imprévoyance tous les peuples chrétiens de l'Orient
et de l'Occident, mais encore l'Eglise de Rome.
Car, lorsqu'il dit : « Ceux qui vivent sous la
» discipline du Christ ne doivent pas, le sa-
» medi, célébrer des festins de volupté, avec
» ceux qui n'ont pas de lois, avec les princes
» de Sodome et le peuple de Gomorrhe, mais
» ils doivent, avec ceux qui aspirent à la sain-
» teté, et avec ceux qui sont dévoués à Dieu,
» observer de plus en plus le jeûne établi légi-
» timement et solennellement par les lois de
» l'Eglise ; » et lorsque, définissant ce qu'il
entend par jeûner légitimement, il ajoute :
« La moindre faute des six jours est purifiée
» par les fontaines du jeûne, de la prière et de
» l'aumône, » il est clair que, selon lui, ceux
qui jeûnent moins de six jours dans la semaine,
n'observent pas le jeûne légitimement établi,
ne sont pas dévoués à Dieu, et ne peuvent se
purifier des taches de l'erreur que nous imprime
notre condition mortelle. Que ceux de Rome
voient donc ce qu'ils ont à faire, car ils sont
eux-mêmes outrageusement traités dans la
dissertation de cet homme, puisque chez eux,
à l'exception d'un petit nombre de clercs ou de
moines, il est bien difficile de trouver quelqu'un
qui observe le jeûne de tous les jours, d'autant
plus qu'à Rome on ne croit pas devoir jeûner
le jeudi.

10. Ensuite, je le demande : Si une légère
erreur commise chaque jour peut être effacée
par le jeûne qu'on observe ce jour-là, car il
dit « qu'une légère erreur commise pendant les
» six jours de la semaine est effacée et lavée
» par les fontaines du jeûne, de la prière et de
» l'aumône, » comment serons-nous purifiés
de celle où nous serons tombés le dimanche,
jour où le jeûne est un scandale. S'il prétend
que ce jour-là les chrétiens ne commettent
aucune faute, il arrivera que cet homme, ce
grand jeûneur, qui accuse avec tant d'amertume ceux qui ont quelque soin de leur ventre,
attribue au ventre même beaucoup d'honneur
et d'importance, si le jour où l'on dîne on ne

---

(1) On peut voir l'explication de ce mot au nombre 11 de cette lettre.

---

ecclesiastico jure magis ac magis legitime jejunare,
ut sex dierum vel levis error, jejunii, orationis et
eleemosynæ fontibus abluatur, quo possimus Domica alogia refecti omnes æquali corde digne cantare :
Saturasti Domine animam inanem, et potasti animam sitientem (Ps., CVI, 9). » Ista dicens et a frequentia jejunandi solum diem Dominicum excipiens,
non tantum Orientis et Occidentis populos Christianos, in quibus sabbato nemo jejunat; verum et ipsam Romanam ecclesiam improvidus et incautus
accusat. Cum enim dicit; sub disciplina Christi
manentes, non debere cum filiis sine lege, cum
principibus Sodomæ, cum plebe Gomorræ voluptaria
sabbatorum exercere convivia, sed cum sanctimoniæ incolis ac Deo devotis, sollemni et ecclesiastico
jure magis ac magis legitime jejunare : ac deinde
definiens quid sit legitime jejunare, subjungit et
dicit, « ut sex dierum vel levis error, jejunii, orationis et eleemosynæ fontibus abluatur : » profecto
eos qui minus quam sex diebus in hebdomade jejunant, non putat legitime exercere jejunium,
nec Deo esse devotos, nec maculas erroris, quæ de
ista mortalitate contrahuntur, abluere. Videant ergo Romani quid agant, quia etiam ipsi nimium
contumeliose hujus disputatione tractantur; apud
quos omnibus istis sex diebus, præter paucissimos clericos aut monachos, quotus quisque invenitur, qui frequentet quotidiana jejunia? maxime quia ibi jejunandum quinta sabbati non
videtur.

10. Deinde quæro : Si uniuscujusque diei vel
levis error ipsius diei jejunio solvitur vel abluitur :
sic enim dicit, « ut sex dierum vel levis error, jejunii quoque fontibus abluatur : » quid faciemus de
illo errore, qui subrepserit Dominico die, in quo
scandalum est jejunare? Aut si die ipso nullus
Christianis error obrepit, videat homo iste, qui ventricolas tamquam magnus jejunator accusat, quantum honoris et utilitatis ventribus tribuat, si tunc
non erratur, quando prandetur. An forte in jejunio
sabbati tantum bonum constituit, ut aliorum sex
dierum, hoc est, ipsius etiam Dominici vel levem,
sicut dicit, errorem solum jejunium sabbati possit
abolere, et solo ipso die non erratur, quo toto uti-

pèche pas. Est-ce que par hasard il attribuerait au jeûne du samedi la vertu d'effacer seul les fautes que l'on commet pendant les autres six jours de la semaine et même du dimanche, puisqu'il dit que le jeûne du samedi est le seul qui puisse effacer les fautes, et que le jour où l'on jeûne tout entier, est le seul où l'on a le privilége de ne pas pécher? Alors pourquoi, selon la loi chrétienne, met-il le dimanche au-dessus de samedi? Car, selon lui, le samedi est beaucoup plus saint, s'il est vrai que l'on ne commet pas de fautes ce jour-là, et qu'en le consacrant tout entier au jeûne, on efface les péchés des six autres jours de la semaine et même ceux du dimanche. Je pense que vous ne partagez pas une telle prétention.

11. Mais, voyez un peu : cet homme qui se croit si spirituel, et qui appelle charnels ceux qui dînent le samedi, ne se contente pas de prendre le dimanche un frugal dîner, il lui faut ce jour-là l'alogie pour se réjouir. Mais, qu'est-ce que l'*alogie*? C'est un mot tiré du grec, exprimant des festins portés jusqu'au point de faire perdre la raison. C'est pourquoi on appelle *alogues* les animaux privés de raison, auxquels ressemblent ceux qui font consister leur bonheur dans la bonne chère. C'est pourquoi l'on appelle *alogies* ces festins immodérés, où l'esprit qui est le siége de la raison est comme noyé et abruti par les excès du boire et du manger. Et c'est à cause de ces excès de table, c'est dans cette alogie du dimanche consacrée, non à l'esprit, mais au ventre, que selon lui il faut chanter : « Seigneur, vous avez rassasié mon âme qui était vide, vous avez abreuvé mon âme qui était altérée. » O l'homme spirituel! ô l'admirable censeur des gens charnels! ô le grand jeûneur qui ne se fait pas un dieu de son ventre! Voilà celui qui nous avertit de ne pas corrompre la loi du Seigneur par la loi de la bonne chère, de ne pas vendre le pain du ciel pour une nourriture terrestre, et qui ajoute « que c'est la nourriture qui a fait périr Adam dans le Paradis, et qui a dépouillé Esaü de son droit d'aînesse! » Voilà celui qui dit que « la tentation de la bonne chère est le piége dont se sert ordinairement le démon, qu'il nous offre peu pour nous ravir tout; et que l'intelligence de ces préceptes ne fait guère plier ceux qui sont amis de leur ventre. »

12. Ne semble-t-il pas encore, par ces paroles, vouloir aussi établir l'obligation du jeûne le dimanche? Autrement, le samedi, jour où Notre Seigneur reposa dans le sépulcre, sera plus saint que le dimanche où il est ressuscité d'entre les morts. Certainement le samedi serait le jour le plus saint, si, selon les paroles de cet homme, on pouvait par le jeûne observé ce jour-là, éviter toute espèce de péché, et effacer même ceux qu'on a contractés

---

que jejunatur? Quid est ergo quod diem Dominicum sabbato, velut Christiano jure, præponit? Ecce secundum ipsum ipsum dies sabbati multo sanctior invenitur, in quo et non erratur, cum ejus toto spatio jejunatur, et eodem jejunio sex ceterorum dierum, ac per hoc ipsius Dominici error abluitur, puto quod tibi non placet ista præsumtio.

11. Jam vero cum se hominem spiritalem videri velit, et tamquam carnales, pransores sabbati accuset, adtende quemadmodum Dominici diei non parco prandio reficiatur, sed alogia delectetur. Quid est autem alogia, quod verbum ex Græca lingua usurpatum est, nisi cum epulis indulgetur, ut a rationis tramite devietur? Unde animalia ratione carentia dicuntur aloga, quibus similes sunt ventri dediti: propter quod, immoderatum convivium, quo mens, in qua ratio dominatur, ingurgitatione vescendi ac bibendi quodammodo obruitur, alogia nuncupatur. Insuper etiam propter cibum ac potum, non mentis, sed ventris alogia diei Dominici dicit esse cantandum : « Saturasti Domine animam inanem, et potasti animam sitientem. » O virum spiritalem, o carnalium reprehensorem, o magnum jejunatorem, et non ventricultorem! Ecce qui nos admonet ne lege ventris legem Domini corrumpamus, ne panem cœli vendamus esca terrena : et adjungit, « Quia esca Adam paradiso periit, esca Esau primatum amisit. » Ecce qui dicit : « Est enim Satanæ usitata calumnia, tentatio ventris, qui modicum suadet ut auferat totum. Et horum, » inquit, « interpretatio præceptorum ventricolas minus incurvat. »

12. Nonne his verbis suis id agere videtur, ut etiam die Dominico jejunetur? Alioquin sanctior erit sabbati dies, quo Dominus in monumento requievit, quam Dominicus, quo a mortuis resurrexit. Sanctius est enim profecto sabbatum, si secundum verba hujus, in sabbato per jejunium peccatum omne vitatur, et quod diebus aliis contractum est, aboletur: in Dominico autem per escam ventris

pendant les autres jours de la semaine ; tandis que, toujours selon lui, le dimanche, on est tenté par la bonne chère, on s'expose aux embûches du démon, on périt dans le Paradis comme Adam, on perd son droit d'aînesse comme Esaü. Mais alors, pourquoi, par une contradiction nouvelle, ne nous engage-t-il pas à nous contenter le dimanche d'un repas sobre et modeste, comme il convient à un chrétien, mais à chanter au milieu de l'allégresse et des applaudissements d'une alogie : « Seigneur, vous avez rassasié mon âme qui était vide, vous avez abreuvé mon âme qui était altérée. » En effet, si nous ne péchons pas quand nous jeûnons, et si le jeûne du sabbat a la vertu d'effacer les fautes que nous avons commises pendant les six autres jours de la semaine, il n'y a pas de jours plus mauvais que le dimanche, et aucun autre n'est meilleur que le samedi. Croyez-moi, mon cher frère, personne n'entend la loi comme cet homme-là, si ce n'est celui qui ne la comprend pas du tout. En effet, si ce n'est pas la nourriture en général, mais la nourriture défendue qui perdit Adam, si ce n'est pas la nourriture qui perdit Esaü, petit-fils du saint patriarche Abraham, mais la concupiscence d'un mets poussée jusqu'au mépris du sacrement dont son droit d'aînesse était la figure, il n'y a également rien que de saint dans les repas des véritables fidèles, rien que d'impie dans le jeûne des incrédules et des sacriléges. La préférence que l'on doit accorder au dimanche sur le samedi, repose donc sur la foi de la résurrection, et non sur l'habitude de manger et de chanter dans les excès de l'ivresse.

CHAPITRE VI.—13. « Moïse, dit-il, resta quarante jours sans manger de pain ni boire d'eau, et pour nous expliquer ces paroles, il ajoute : Voilà Moïse, cet ami Dieu, cet habitant de la nuit mystérieuse, ce chef du peuple, celui qui lui apporta la loi, qui, en jeûnant pendant six samedis, non-seulement ne commit aucune faute, mais fit une œuvre méritoire. » Ne voit-il pas ce qu'on peut objecter de suite à ces paroles ? En effet, s'il nous propose l'exemple de Moïse, parce qu'il jeûna pendant six samedis, compris dans ces quarante jours, et qu'il veuille en conclure qu'on doit jeûner le samedi, pourquoi n'en conclut-il pas également qu'on doit jeûner le dimanche, car Moïse dut jeûner aussi pendant les six dimanches compris dans ces quarante jours ? Mais il ajoute « que le dimanche était encore réservé avec le Christ, à l'église qui devait bientôt s'établir. » Pourquoi dit-il cela ? Je l'ignore. Si c'est parce que le dimanche est venu maintenant avec le Christ qu'il faut jeûner bien davantage, on doit donc aussi, (à Dieu ne plaise) jeûner le dimanche ? Si au contraire il a parlé ainsi pour prévenir l'ob-

---

tentatio non cavetur, et diabolicæ calumniæ locus datur, et paradiso peritur, et primatus amittitur. Quid ergo est, quod rursus sibi ipse contrarius admonet, ut non prandio modesto, sobrio, Christiano, reficiamur Dominico die, sed in alogia lætantes plaudentesque cantemus : « Saturasti Domini animam inanem, et potasti animam sitientem ? » Nempe si tunc non erramus, quando jejunamus, et aliorum sex dierum errores tunc abluimus, cum sabbato jejunamus ; nullus erit die Dominico deterior, nullus sabbato melior. Crede, dilectissime frater, nemo legem sicut iste intelligit, nisi qui non intelligit (Gen., III, 6). Si enim Adam non cibus, sed prohibitus cibus perdidit (Gen., XXV, 33), et Esau nepotem sancti Abrahæ non esca, sed usque ad contemptum sacramenti, quod in primatu suo habuit, concupita esca damnavit : sic a sanctis et fidelibus pie prandetur, quemadmodum a sacrilegis et incredulis impie jejunatur. Præponitur autem dies Dominicus sabbato fide resurrectionis, non consuetudine refectionis, aut etiam vinolentæ licentia cantionis.

CAPUT VI. — 13. « Moyses, » inquit, « quadraginta diebus panem non manducavit, nec bibit aquam. » Cur autem hoc dixerit, subjungit atque ait, « Ecce Moyses amicus Dei, nubis inquilinus, delator legis, et populi dux, ter bina sabbata jejunio celebrans non offensam, sed meritum collocavit. » Numquid attendit quid hinc possit consequenter opponi ? Quia utique si Moysi jejunantis propterea ponit exemplum, quoniam in illis quadraginta diebus ter bina, sicut loquitur, sabbata jejunavit, et ex hoc vult persuadere, ut sabbato jejunetur : ex hoc ergo persuadeat, ut et Dominico jejunetur, quia in illis quadraginta diebus nihilominus Moyses ter binos Dominicos jejunavit. Sed addit ac dicit, « Et adhuc cum Christo Dominicus dies imminenti Ecclesiæ servabatur. » Quod cur dixerit, nescio. Si enim propterea quia multo magis jejunandum est, postea quam venit cum Christo

jection qu'on pourrait lui faire au sujet du jeûne du dimanche, et qu'il ait ajouté pour cela que la solennité du dimanche était, avec le Christ, réservée à l'église qui devait s'établir plus tard, et pour faire entendre également que Moïse a jeûné le jour qui suit le sabbat, parce que le Christ, qui a consacré la solennité du dimanche, n'était pas encore venu, raison pour laquelle nous n'observons pas le jeûne ce jour-là, pourquoi donc le Christ a-t-il, comme Moïse, jeûné pendant quarante jours? Pourquoi, dans l'espace de ces quarante jours, n'a-t-il pas rompu son jeûne, chaque lendemain du samedi, pour recommencer le repas du dimanche, même avant sa résurrection, comme il a donné son sang à boire à ses disciples, avant de l'avoir répandu à sa passion? Vous voyez donc clairement que ce jeûne, observé par Moïse, pendant quarante jours, ne prouve pas qu'on doive jeûner le samedi plus que le dimanche.

14. Quand il reproche aux dîners du samedi, qui cependant peuvent se passer selon les règles de la modération et de la sobriété, ce qu'on peut reprocher aux festins où règnent l'ivresse et tous les excès de la table, il ne fait pas attention à ce qu'on peut lui objecter sur les dîners du dimanche. Mais il serait inutile de lui répondre sur chaque point, puisqu'il n'attaque le dîner du samedi que sur le luxe et l'intempérance, et qu'il répète sans cesse les mêmes choses sans rien trouver que déjà il n'ait dit, et qui ne regarde pas le sujet en lui-même. Toute la question est de savoir si l'on doit jeûner le samedi, et non pas s'abandonner ce jour-là à des excès, dont se gardent, même le dimanche, ceux qui craignent Dieu, tout en s'abstenant de jeûner. Mais qui serait assez téméraire pour avancer ce qu'il a osé dire? « Comment des choses qui nous portent au péché dans le jour sanctifié, pourraient-elles être reçues par Dieu, et ratifiées par nous-mêmes? » Ainsi il déclare par-là « que le samedi est un jour sanctifié, et que les hommes sont poussés au péché parce qu'ils dînent ce jour-là. » Et la conclusion de tout cela est que, ou le dimanche n'est pas un jour sanctifié, et que le samedi est un jour préférable au dimanche, ou que si le dimanche est un jour sanctifié, quand nous dînons ce jour-là, nous tombons dans le péché.

CHAPITRE VII.—15. Puis il s'efforce de prouver, par des témoignages de l'Ecriture, qu'il faut jeûner le samedi, mais sans y rien trouver qui le prouve. « Jacob, dit-il, mangea, but du vin, et fut rassasié, et il s'éloigna de Dieu son Sauveur (*Exod.*, XXII, x), et vingt-trois mille hommes tom-

---

Dominicus dies: ergo, quod absit, etiam ipso Dominico jejunetur. Si autem timuit, ne propter dierum quadraginta jejunium objiceretur etiam Dominico jejunandum, et ideo addidit, quod adhuc cum Christo imminenti Ecclesiæ dies Dominicus servabatur, ut videlicet ea caussa intelligatur jejunasse Moyses etiam die, qui sequitur sabbatum, quia nondum venerat Christus, per quem factus est ipse dies Dominicus, quo non expediat jejunari : cur ipse Christus quadraginta diebus similiter jejunavit? Cur non in illis diebus quadraginta, per binis, qui sequebantur sabbatum, jejunium solvit, ut jam Dominici diei prandium commendaret etiam ante resurrectionem suam sicut sanguinem suum potandum dedit ante passionem? Vides certe dierum quadraginta jejunium, quod iste commemorat, sic ad rem non pertinere ut sabbato jejunemus, quomodo ad rem non pertinet ut Dominico jejunemus.

14. Prorsus non adtendit, quid ei de die Dominico possit opponi, quando sicut accusanda sunt ebriosa convivia, et omnis vorax ac temulenta luxuries, sic accusat prandia sabbatorum, cum possint et ipsa esse modestorum atque sobriorum. Et ideo non est illi ad singula respondendum, quoniam pro sabbati prandio vitia luxuriæ reprehendendo, eadem atque eadem sæpe dicit, aliud non inveniendo quod dicat, nisi quod inaniter et ad rem non pertinens dicit. Utrum non sit sabbato jejunandum quæritur, non utrum sabbato non sit luxuriandum; quod nec Dominico faciunt, qui Deum timent, quamvis in illo utique non jejunent. Quis autem diceret quod iste ausus est dicere? « Quomodo, inquit, pro nobis, aut per nos rata erunt Deo, aut digna, quæ nos sanctificata die ad peccatum cogant? Sanctificatam diem sabbato confitetur, et ad peccatum dicit cogi homines, quia prandetur. Ac per hoc secundum istum, aut dies Dominicus sanctificatus non est, et incipit esse sabbatum melius : aut si est et Dominicus dies sanctificatus, ad peccatum cogimur, quia prandemus.

CAPUT VII. — 15. Et conatur testimoniis probare divinis sabbato jejunandum. Sed unde hoc probet omnino non invenit. « Manducavit, inquit, et bibit Jacob vinum et satiatus est, et recessit a

bèrent en un seul jour (*Exod.*, XXXII, 28). Mais ce passage ne dit pas : Jacob dîna le samedi et s'éloigna de Dieu son Sauveur. De même, quand l'Apôtre rapporte que vingt-trois mille hommes périrent, il ne dit point, ne dînons pas le samedi comme ces gens-là dînèrent, mais il dit : « Ne commettons pas le péché de fornication, comme firent quelques-uns d'entre eux qui furent frappés de mort jusqu'au nombre de vingt-trois mille (I *Corint.*, X, 8). Que veut encore ce dissertateur quand il dit : « Le peuple s'assit pour boire et pour manger, et se leva ensuite pour s'adonner au jeu (*Exod.*, XXII, 6). » L'Apôtre emploie, il est vrai, ce passage de l'Ecriture, mais contre l'idolâtrie, et non contre le dîner du samedi. Notre homme ne prouve nullement que ce fait soit arrivé un samedi : c'est une simple conjecture de sa part. En effet, de même que l'on peut jeûner, et s'enivrer après le jeûne, si l'on est sujet à l'ivresse, de même on peut, tout en s'abstenant du jeûne, dîner avec sobriété quand on est sobre et tempérant. Pourquoi donc, quand cet homme veut engager à jeûner le samedi, invoque-t-il le passage où l'Aptôre dit : « Ne vous laissez pas aller aux excès du vin, d'où naissent tous les désordres (*Eph.*, V, 18), » comme si saint Paul disait : Evitez le dîner du samedi, d'où naissent tous les désordres. Or, ce précepte de l'Apôtre qui nous ordonne d'é-

viter l'ivresse, d'où naissent tous les désordres, est observé par les chrétiens qui craignent Dieu aussi fidèlement dans le dîner du dimanche que dans le dîner du samedi.

16. « Pour mieux répondre, ajoute-t-il encore, à ceux qui sont dans l'erreur, il suffit de dire que, par le jeûne, on peut bien ne pas mériter de Dieu, mais que du moins on ne l'offense pas; or, il y a déjà du mérite à ne pas l'offenser. Parler de la sorte, c'est ne pas savoir ce qu'on dit. Ainsi, quand les païens jeûnent, ils n'offensent pas Dieu ? Ou si c'est aux chrétiens qu'il a voulu appliquer ce qu'il dit, ils n'offenseraient donc pas Dieu en jeûnant, au scandale de l'Eglise, répandue dans toute la terre ? Ensuite, pour soutenir sa cause, il met en avant des témoignages, tirés de l'Ecriture qui ne prouvent rien, comme par exemple quand il dit : « C'est par le jeûne qu'Elie a mérité d'être enlevé en corps dans le Paradis. » Comme si le jeûne n'était par recommandé par ceux mêmes qui ne l'observent pas le samedi, tout aussi bien qu'il est recommandé par ceux qui ne jeûnent pas le dimanche ; et comme si le jeûne d'Elie n'appartenait pas au temps où le peuple de Dieu jeûnait même le jour du sabbat. On peut appliquer aux quarante jours de jeûne d'Elie, ce que nous avons dit sur le jeûne de Moïse. « C'est par le jeûne, continue-t-il, que

---

Deo salutari suo, et ceciderunt una die viginti tria millia (*Exodi*, XXXII, 628) : » Quasi dictum sit : Prandit sabbato Jacob, et recessit a Deo salutari suo. Et Apostolus quando commemoravit cecidisse tot millia, non ait; Neque prandeamus sabbato, sicut illi pranderunt : sed ait, « Neque fornicemur, sicut quidam eorum fornicati sunt, et ceciderunt una die viginti tria millia (I *Cor.*, X, 8).» Quid sibi etiam vult quod ait,«Sedit autem populus manducare et bibere, et surrexerunt ludere ? » Posuit quidem et Apostolus hot testimonium, sed ut a servitute idolorum, non a sabbati prandio prohiberet. Sabbato autem illud factum esse, iste non probat, sed ut libitum est suspicatur. Sicut autem fieri potest ut jejunetur, et cum jejunium solvitur, si quis ebriosus est, tunc inebrietur : ita fieri potest ut non jejunetur, et si temperantes sunt homines, modestissime prandeatur. Quid est ergo quod sabbati volens persuadere jejunium, adhibet Apostolum testem dicentem, « Nolite inebriari vino, in quo est omnis luxuria (*Ephes.*, V, 18); » quasi diceret, Nolite prandere sabbato, quia ibi est omnis luxuria. Sicut autem

hoc præceptum apostolicum, ne inebrientur vino, in quo est omnis luxuria, observatur a Christianis Deum timentibus, quando prandetur die Dominico, ita observatur quando prandetur et sabbato.

16. « Ut expressius, inquit, errantibus contradicam, nemo jejunio Deum, etsi non promeretur, offendit ; porro et non offendere promereri est. » Quis hoc diceret, nisi qui nollet considerare quid diceret? Ergo pagani quando jejunant, non ideo magis offendunt Deum ? Aut si de Christianis voluit quod dixit intelligi, quis non Deum offendet, si velit cum scandalo totius, quæ ubique dilatatur, Ecclesiæ, die Dominico jejunare ? Deinde subjicit testimonia de Scripturis ad caussam, quam suscepit, nihil valentia. « Jejunio, inquit, Elias paradiso donatus in corpore regnat » quasi jejunium non prædicent qui sabbato non jejunant, sicut jejunium prædicant, qui tamen die Dominico non jejunant : aut Elias eo tempore jejunaverit, quo populus Dei etiam sabbato jejunabat. Quod autem respondimus de quadraginta diebus jejunii Moysi, hoc deputa esse responsum, et de quadraginta diebus Eliæ.

Daniel échappa sain et sauf à la rage des lions, » comme si il avait lu dans l'Ecriture que Daniel eût jeûné le jour du sabbat, ou qu'il eût été, ce jour-là, dans la fosse aux lions ; tandis que l'Ecriture dit au contraire qu'il mangea au milieu d'eux. « C'est par le jeûne, dit-il encore, que les trois enfants ont triomphé dans le cercle de feu qui les emprisonnait, et qu'ils ont reçu et adoré le Seigneur dans la fournaise, où il vint les visiter. » Tous ces exemples des saints ne prouvent pas qu'il y ait un jour déterminé pour le jeûne, et encore moins le jour du sabbat. Non-seulement l'Ecriture ne dit pas que les trois enfants aient été jetés, le jour du sabbat dans la fournaise ardente, mais elle ne dit pas même qu'ils y soient restés assez longtemps pour jeûner. Ils y passèrent à peine une heure, pendant laquelle ils chantèrent leur hymne, et ne se promenèrent au milieu de ces flammes, qui ne les atteignirent pas, que le temps nécessaire pour achever leur cantique : Peut-être cet homme croit-il qu'une heure suffise pour le jeûne. S'il en est ainsi, il n'y a pas besoin de tant s'irriter contre ceux qui dînent le samedi, car le temps qui s'écoule jusqu'à l'heure du dîner, fait un jeûne plus long que celui des trois enfants dans la fournaise.

17. Il invoque encore ce passage où l'Apôtre dit : « Le royaume de Dieu ne consiste pas dans le boire et dans le manger, mais dans la justice, dans la paix et dans la joie que donne le Saint-Esprit (*Rom.*, XIV, 17). » Et cet homme prétend que dans cet endroit, le royaume de Dieu signifie l'Eglise, parce que c'est dans l'Eglise que Dieu a établi son règne. Or, je vous le demande, l'Apôtre, en parlant ainsi, voulait-il prescrire aux chrétiens de jeûner le samedi ? Son intention n'était pas même de parler du jeûne d'un jour quelconque. Saint Paul a parlé ainsi pour reprendre ceux qui, selon l'ancienne loi des Juifs, faisaient consister la pureté dans l'abstinence de certains mets, et pour donner une leçon à ceux qui scandalisaient les faibles en acceptant indifféremment toute espèce de mets et de boissons. C'est pourquoi, quand l'Apôtre a dit : « Ne faites pas périr par votre nourriture celui pour qui Jésus-Christ est mort, n'exposez pas à la médisance des hommes le bien dont nous jouissons (*Rom.*, XIV, 15), » c'est alors qu'il ajoute : « Le royaume de Dieu ne consiste ni dans le boire ni dans le manger (*Rom.*, *ibid.*). » En effet, si l'on interprétait ces paroles de l'Apôtre, comme les entend notre dissertateur, c'est-à-dire que ce royaume de Dieu qui est l'Eglise, consiste, non dans le boire et dans le manger, mais dans le jeûne, il ne s'agirait plus seulement de jeûner le samedi, mais de ne plus ni boire ni manger, de peur de perdre

---

« Jejunio, inquit, Daniel leonum siccam rabiem illæsus evasit, » quasi legerit quod sabbato jejunaverit, aut etiam cum ipsis leonibus sabbato fuerit : ubi tamen legimus quod et pranderit. « Jejunio, inquit, trium fida germanitas ignibus coruscanti carceri dominata, rogi hospitio susceptum Dominum adoravit. » Hæc exempla sanctorum, nec ad persuadendum cujuscumque diei jejunium valent, quanto minus sabbati ? quandoquidem non solum non legitur tres viros sabbato fuisse missos in caminum ignis ardentem ; sed ne illud quidem legitur, tamdiu illic eos fuisse, ut possit quisquam dicere eos jejunasse, immo vero vix unius horæ spatium est, quo eorum confessio hymnusque cantatur. Nec amplius inter illas flammas innoxias deambulaverunt, quam canticum illud terminaverunt. Nisi forte ab isto etiam unius horæ spatium jejunio deputatur. Quod si ita est, non habet quod succenseat pransoribus sabbati. Usque ad horam enim prandii, multo quam in illo camino prolixius jejunatur.

17. Adhibet et illud Apostoli testimonium, ubi ait, « Non est regnum Dei esca et potus, sed justitia et pax, et gaudium in Spiritu-sancto (*Rom.*, XIV, 17). » Et regnum Dei, Ecclesiam vult intelligi, in qua Deus regnat. Obsecro te, numquid hoc agebat Apostolus, cum ista loqueretur, ut sabbato a Christianis jejunaretur ? Sed nec de ipso cujuscumque diei jejunio loquebatur, cum hæc diceret. Dictum est enim adversus eos, qui more Judæorum secundum veterem Legem in observatione quorumdam ciborum putabant esse mundiciam, et ad eorum fratrum admonitionem, per quorum escam et potum indifferenter acceptum scandalizabantur infirmi. Ideo cum dixisset : « Noli illum in esca tua perdere, pro quo Christus mortuus est (*Ibid.*, XV) : » et, « Non ergo blasphemetur bonum nostrum : » tunc adjunxit, « Non enim est regnum Dei esca et potus. » Nam sicut iste verba hæc Apostoli intelligit, ut regnum Dei, quod est Ecclesia, non sit in esca et potu, sed in jejunio : non dico sabbatis jejunare, sed numquam omnino cibum ac potum sumere deberemus, ne de isto Dei regno unquam recederemus. Puto autem quia, ista confitente,

ce royaume de Dieu. Notre homme, cependant, avouera, je l'espère, que s'il y a un jour où nous appartenons plus intimement à l'Eglise, c'est précisément le dimanche où il nous permet de ne pas jeûner.

CHAPITRE VIII.—18. Pourquoi, dit-il encore, craignons-nous d'offrir au principal Seigneur, un sacrifice qui lui est cher, un sacrifice que l'esprit désire, et que l'ange loue? » Puis il invoque le témoignage de l'ange, disant : « La prière est bonne avec le jeûne et l'aumône (*Tob.*, XII, 8). » Je ne sais pourquoi il a dit « au principal Seigneur. » Le copiste s'est sans doute trompé et vous n'avez pas corrigé la faute dans la copie que vous m'avez envoyée. Il veut qu'on entende par sacrifice agréable au Seigneur, le jeûne, comme si dans la question qui nous occupe, il s'agissait du jeûne en général, et non pas seulement du jeûne du samedi. Pour ne pas jeûner le dimanche, manque-t-on d'offrir ce jour-là au Seigneur le sacrifice qui lui est agréable? Notre homme poursuit encore, et amassant pour sa défense témoignages sur témoignages, entièrement étrangers à sa cause, il dit : « Offrez à Dieu un sacrifice de louanges (*Ps.*, XLIX, 14), » et voulant rattacher, je ne sais comment, à la question la parole divine du prophète, il dit : « C'est ce sacrifice-là qu'il faut offrir, et non pas célébrer des festins d'ivresse et de sang, où, grâce au démon, ce sont des blasphèmes qu'on entend, et non les louanges qui sont dues à Dieu. » O aveuglement! O présomption! Quoi, parce qu'on ne jeûne pas le dimanche, on n'offre pas à Dieu ce jour-là le sacrifice de louanges? Y célèbre-t-on par hasard un festin d'ivresse où l'on entend les blasphèmes du démon? Si c'est un crime de parler ainsi, que cet homme comprenne donc que par ces paroles de l'Ecriture : « Offrez à Dieu un sacrifice de louanges, » il ne faut pas entendre le jeûne, car il y a certains jours où l'on ne jeûne pas, et ce sont particulièrement les jours de fêtes. Mais ce sacrifice de louanges dont parle l'Ecriture, est célébré tous les jours par l'Eglise répandue sur toute la surface de la terre. Autrement, comme pendant les cinquante jours qui s'écoulent depuis Pâques jusqu'à la Pentecôte, on ne jeûne pas, ce serait, selon l'opinion de cet homme, des jours étrangers à ce sacrifice de louanges. Or, c'est ce que personne, je ne dis pas un chrétien, mais même un insensé n'oserait dire, puisque c'est seulement pendant ces jours que, dans beaucoup d'églises et même dans toutes, on chante le plus l'*Alleluia*, et qu'il n'y a pas de chrétien, quelque peu instruit qu'il puisse être, qui ne sache que l'*Alleluia* est un cantique de louanges!

19. Il avoue cependant que le dîner du dimanche peut se passer dans la joie, pourvu qu'on en écarte l'ivresse, puisqu'il dit que nous,

---

aliquanto religiosius die Dominico ad Ecclesiam pertinemus, quando tamen et ipso concedente prandemus.

CAPUT VIII. — 18. « Cur, inquit, sacrificium potiori Domino carum murmuramus offerre, quod spiritus desiderat et Angelus laudat? » Deinde adjungit Angeli testimonium dicentis : « Bona est oratio cum jejunio et eleemosyna (*Tob.*, XII, 8). » Quid dixerit, « potiori Domino, » nescio, nisi forte scriptor erravit, et te fugit, ut quod mihi legendum misisti, non emendares. Sacrificium ergo Domino carum, jejunium vult intelligi, quasi de jejunio versetur hæc quæstio, et non de jejunio sabbati. Neque enim Dominicus dies sine sacrificio, quod Deo carum est, peragitur, quia non jejunatur. Sequitur adhuc et ingerit testimonia a caussa, quam defendendam suscepit, penitus aliena. « Immola, inquit, Deo sacrificium laudis (*Psal.*, XLIX, 14) : » et istam vocem divini Psalmi volens ad quod agitur nescio quomodo connectere, « Utique, inquit, non sanguinis aut ebrietatis convivium, quo non laudes debitæ Deo, sed blasphemiæ diabolo suffragante silvescunt. O improvidam præsumtionem! Non ergo immolatur sacrificium laudis Dominico die, quia non jejunatur; sed agitur ebrietatis convivium, et blasphemiæ diabolo suffragante silvescunt. Quod si nefas est dicere; intelligat non jejunium significari in eo quod scriptum est, « Immola Deo sacrificium laudis. » Jejunium quippe certis diebus, et maxime festis non agitur. Sacrificium vero laudis ab Ecclesia toto orbe diffusa diebus omnibus immolatur. Alioquin quod nullus, non dico Christianus, sed nec insanus dicere auderet, dies illi quinquaginta post Pascha usque ad Pentecosten quibus non jejunatur, erunt secundum istum a sacrificio laudis alieni, quibus tantummodo diebus in multis ecclesiis, in omnibus autem maxime cantatur Halleluia, quam vocem laudis esse nullus Christianus, quamlibet imperitus, ignorat.

19. Confitetur tamen etiam ipso die Dominico

qui descendons des Juifs et des Gentils, en grand nombre, chrétiens de nom, mais en petit nombre élus par la foi, nous devons, quand le soir du sabbat brille de lumières, au lieu du sang des victimes, offrir à Dieu le jeûne qui lui est agréable, par les louanges dont il est accompagné, comme un feu qui consumera nos œuvres de péchés. « Alors, » dit-il, « que Dieu satisfait de notre docilité nous exauce, et il y aura des maisons pour boire et manger avec sobriété, et où l'on pourra célébrer dans une douce joie la solennité du dimanche. «Ce ne sera donc plus, comme il le disait plus haut, une *alogie*, mais une *eulogie*. Que lui a fait cependant le samedi que le Seigneur a sanctifié, pour croire qu'on ne peut pas également, ce jour-là, boire et manger dans une douce joie, sans se livrer à l'ivresse, puisque nous pouvons nous y préparer par le jeûne du jour précédent, comme on se prépare, selon lui, au dîner du dimanche par le jeûne du samedi ? Y a-t-il donc un crime à dîner deux jours de suite ? Qu'il voie quel affront il inflige à l'Eglise de Rome elle-même, où l'on jeûne le mercredi, le vendredi et le samedi, et où l'on y dîne trois jours de suite, le dimanche, le lundi et le mardi.

20. « Il est certain, dit-il encore, que la vie des brebis, dépend de la volonté du pasteur ; mais malheur à ceux qui appellent bien ce qui est mal, ténèbres ce qui est lumière, et lumière ce qui est ténèbres ; qui appellent amer ce qui est doux, et doux ce qui est amer (*Isaïe*, v, 20).» Je ne comprends pas trop ce qu'il veut dire par ces paroles, à moins que, comme vous me l'écrivez, votre Urbicus n'ait voulu dire, qu'à Rome le peuple soumis à la volonté de son pasteur observe le jeûne du samedi avec son évêque. Mais s'il vous a écrit cela en réponse à quelque chose de semblable que vous aviez inséré dans une de vos lettres, il ne pourra pas, je l'espère, vous persuader de faire l'éloge d'une ville chrétienne, jeûnant le samedi, et condamner le monde chrétien qui dîne ce jour-là. En effet, lorsqu'il dit : « Malheur à ceux qui appellent bien ce qui est mal, ténèbres ce qui est lumière, lumières ce qui est ténèbres, amer ce qui est doux et doux ce qui est amer ; » s'il veut faire entendre par là que le jeûne du sabbat est ce qu'il appelle bien, lumière et douceur, mais le dîner ce qui est mal, ténèbres et amertume, il condamne ainsi l'univers tout entier dans les chrétiens qui dînent le samedi. Il s'oublie lui-même, et ce qu'il dit dans ses propres écrits, qui puisse le sauver, de tant de témérité et d'audace. Car il ajoute aussitôt avec l'Apôtre : « Que personne ne vous con-

---

non in ebrietate, sed in jucunditate pranderi, cum dicit, debere nos ex Judæis et Gentibus multos Christianos nomine, fide paucos electos, vespertino sabbatorum incenso, pro pecudum victimis jejunium Deo placitum laudibus immolare, cujus fervore cremata deficiant opera delictorum. «Et mane, inquit, exaudiat nos a nobis auditus, et erunt nobis domus ad manducandum et bibendum, non in ebrietate, sed in jucunditate Dominica celebritate perfecta. » Tunc ergo eulogia, non ut superius ait, alogia celebratur. Sed quid eum offendit sabbati dies, quem Dominus sanctificavit, ignoro, ut in eo non putet posse manducari et bibi cum tali jucunditate, quæ careat ebrietate; cum sic ante sabbatum jejunare possimus, quomodo dicit ante Dominicum sabbato jejunandum, an continuo biduo pranderi nefas esse arbitratur? Videat ergo quanta afficiat contumelia ipsam quoque Romanam ecclesiam, ubi et his hebdomadibus, in quibus quarta et sexta et sabbato jejunatur, tribus tamen diebus continuis, Dominico scilicet ac deinde secunda et tertia prandetur.

20. «Ovium vitam certum est, inquit, arbitrio pendere pastorum. Sed væ qui dicunt (*Isa.*, x, 20), quod bonum malum, et tenebras lucem, et lucem tenebras, et amarum dulce, et dulce amarum. Quid sibi velint hæc verba ejus, non satis intelligo. Si enim hæc, ut scribis, sic Urbicus dicit, in Urbe plebs pendens ex pastoris arbitrio cum episcopo suo jejunat sabbato. Si autem sic ad te ista scripsit, quia in epistola tua et ipse quiddam tale scripsisti, non tibi persuadeat urbem Christianam sic laudare sabbato jejunantem, ut cogaris omnem Christianum damnare prandentem. Cum enim dicit, « Væ qui dicunt quod bonum malum, et tenebras lucem, et lucem tenebras, et amarum dulce, et dulce amarum,» jejunium sabbati volens intelligi bonum et lucem et dulce ; prandium vero, malum et tenebras et amarum: quis eum dubitat in omnibus Christianis sabbato prandentibus universum orbem damnare terrarum ? Nec se ipse respicit, nec quid dicat adtendit, ut scriptis suis ab ista præcipiti cohibeatur audacia. Continuo quippe subjunxit : « Nemo ergo vos judicet in esca aut in potu (*Coloss.*, II, 26). » Quod ipse utique facit, qui sabbato sumentes escam, potumque sic ar-

damne pour le boire et pour le manger (*Coloss.*, II, 16), » et c'est précisément ce qu'il fait en accusant hautement ceux qui boivent et mangent le samedi. Comment, en citant ce passage de saint Paul, n'a-t-il point pensé à ce que le même Apôtre dit ailleurs : « Que celui qui mange ne méprise pas celui qui ne mange pas; et que celui qui ne mange pas ne juge pas celui qui mange (*Rom.*, XIV, 3). » Il aurait ainsi gardé, entre ceux qui jeûnent le samedi et ceux qui mangent ce jour-là, cette juste et prudente mesure qui évite les scandales ; alors celui qui mange ce jour-là, ne le mépriserait pas s'il ne mange pas lui-même, et lui-même, s'il ne mange pas, ne jugerait pas celui qui mange.

CHAPITRE IX. — 21. « Saint Pierre même, dit-il, le chef des Apôtres, lui qui garde la porte du ciel, lui, la pierre fondamentale de l'Eglise, après avoir triomphé de Simon, image du démon, qui ne peut être vaincu que par le jeûne, enseigne cette doctrine aux Romains dont la foi est annoncée dans tout l'univers. » Mais est-ce que les autres apôtres ont contrairement à la doctrine de saint Pierre, prescrit de dîner aux chrétiens répandus dans tout le monde ? Saint Pierre et les autres apôtres vécurent entre eux dans une parfaite intelligence. Que cet accord règne également entre ceux qui ont reçu la foi par saint Pierre, et qui jeûnent le samedi, et ceux qui ont reçu la foi par les autres apôtres, et qui dînent ce jour-là. Beaucoup, il est vrai, croient, tandis que la plupart des Romains ne croient pas, que l'apôtre saint Pierre, devant combattre le dimanche avec le magicien Simon, jeûna avec toute l'Eglise de Rome, la veille du jour où il devait courir le danger de cette grande tentation ; et, qu'en considération de son glorieux triomphe, il a conservé cette coutume du jeûne, qui fut imitée par quelques églises d'Occident. Mais si, comme le dit notre homme, le magicien Simon était l'image du démon, il n'est pas seulement un tentateur du samedi ou du dimanche, mais un tentateur de tous les jours. Cependant on ne jeûne pas chaque jour pour se garantir de ses tentations, puisqu'on ne jeûne ni les dimanches, ni les cinquante jours qui suivent Pâques, ni dans la plupart des pays durant les jours de fêtes, et ceux qui sont consacrés solennellement au nom des martyrs. Cependant nous triomphons du démon, si nos yeux sont toujours tournés vers le Seigneur, afin qu'il délivre nos pieds des pièges qui nous sont tendus, pourvu surtout que dans toutes nos actions, même dans le boire ou dans le manger, nous rapportions tout à la gloire de Dieu, en évitant le plus possible d'être une occasion de scandale, ou aux Juifs, ou aux Gentils, ou à l'Eglise de Dieu. C'est à

guit. Quantum erat, ut hinc ei veniret in mentem etiam illud, quod idem Apostolus alibi dicit, « Qui manducat, non manducantem non spernat : et qui non manducat, manducantem non judicet (*Rom.*, XIV, 3)? Istum modum, hoc temperamentum, quo scandala devitaret, inter jejunantes sabbato et manducantes teneret, ut et ipsum non manducantem manducans quisque non sperneret, et ipse non manducans manducantem non judicaret.

CAPUT IX. — 21. « Petrus etiam, inquit, Apostolorum caput cœli janitor, et ecclesiæ fundamentum, exstincto Simone, qui diaboli fuerit nonnisi jejunio vincendi figura, idipsum Romanos edocuit, quorum fides annuntiatur universo orbi terrarum. » Numquid ergo ceteri Apostoli prandere Christianos contra Petrum docuerunt in universo orbe terrarum? Sicut itaque inter se vixerunt concorditer Petrus et condiscipuli ejus, sic inter se concorditer vivant jejunantes quos plantavit Petrus, et sabbato prandentes quos plantaverunt condiscipuli ejus. Est quidem et hæc opinio plurimorum, quam vis eam perhibeant esse falsam plerique Romani, quod apostolus Petrus cum Simone Mago die Dominico certaturus, propter ipsum magnæ tentationis periculum, pridie cum ejusdem urbis ecclesia jejunaverit, et consequuto tam prospero gloriosoque successu, eumdem morem tenuerit, eumque imitatæ sint nonnullæ Occidentis ecclesiæ. Sed si, ut iste dicit, Simon Magus figura erat diaboli; non plane sabbatarius aut Dominicarius, sed quotidianus est ille tentator: nec tamen adversus eum quotidie jejunatur, quando et diebus dominicis omnibus, et quinquaginta post Pascha, et per diversa loca diebus sollemnibus Martyrum et festis quibusque prandetur : et tamen diabolus vincitur, si oculi nostri sint semper ad Dominum, ut ipse evellat de laqueo pedes nostros : et sive manducamus sive bibimus, sive quodcumque facimus, omnia in gloriam Dei faciamus : et quantum in nobis est, sine offensione simus Judæis et Græcis et Ecclesiæ Dei. Quod parum cogitant, qui cum offensione manducant, vel cum offensione jejunant, et per utramlibet intemperantiam scandala conci-

quoi ne pensent guère ceux dont le manger ou le jeûne est une occasion de scandale, et qui, faute de garder une juste mesure dans l'un comme dans l'autre cas, loin de triompher du démon, sont pour lui une occasion de joie et de triomphe.

22. Si l'on répond que ce qui a été enseigné à Rome par saint Pierre, touchant le jeûne du samedi, l'a été également à Jérusalem, par saint Jacques, à Éphèse, par saint Jean, et par chacun des autres apôtres dans divers pays, mais que toutes les autres nations se sont écartées de cette doctrine conservée seulement à Rome; si l'on prétend, au contraire, que la tradition des Apôtres concernant l'observation du jeûne n'a pas été maintenue dans quelques parties de l'Occident où se trouve Rome, mais que c'est l'Orient, d'où l'Evangile s'est répandu dans le monde, qui a conservé fidèlement ce que les Apôtres avaient établi avec saint Pierre, savoir, que le jeûne du samedi n'est pas obligatoire, c'est une question interminable et une source de discussions et de querelles sans fin. Que la foi de l'Eglise universelle, répandue sur toute la terre, soit une et inébranlable dans tous ses membres, quand bien même l'unité de cette foi serait observée avec quelques pratiques différentes, qui pourtant n'en altéreraient pas la vérité. Car, selon la parole du Prophète, « toute la beauté de la fille du roi est au dedans (*Ps.*, XXXXIV, 14), » et ces différentes manières d'observer la foi, sont représentées dans la variété de la robe de la royale fille, dont l'Ecriture dit, « qu'elle est revêtue d'une robe de diverses couleurs avec des franges d'or. » Mais les diverses manières d'observer la foi qui sont représentées par la variété des couleurs de cette robe, ne doivent pas devenir une source de querelles et de divisions qui la déchirent.

CHAPITRE X. — 23. « Enfin, continue ce Romain, si les Juifs, en célébrant le samedi, repoussent le dimanche, comment un Chrétien doit-il célébrer le samedi ? Ou soyons Chrétiens, et observons le dimanche, ou soyons Juifs, et célébrons le samedi, car personne ne peut servir deux maîtres à la fois (*Matt.*, VI, 24). » Ne parle-t-il pas comme s'il y avait un Seigneur pour le samedi et un autre pour le dimanche ? Ne se souvient-il plus de ce qu'il a dit lui-même : « Le fils de l'homme est maître du sabbat (*Luc*, VI, 5). » Quand il veut que nous soyons ennemis du samedi, comme les Juifs le sont du dimanche, n'est-ce pas vouloir nous affranchir de la loi et des prophètes, à l'instar des Juifs, qui ne reçoivent ni l'Evangile, ni les Apôtres ? Penser ainsi, c'est certainement mal penser, vous le comprenez bien vous-même. « Mais, dit-il, toutes les choses anciennes ont

tant, quibus non superatur diabolus, sed lætatur.

22. Quod si respondetur, hoc docuisse Jacobum Jerosolymis, Ephesi Joannem, ceterosque aliis locis, quod docuit Romæ Petrus, id est, ut sabbato jejunetur, sed ab hac doctrina terras ceteras deviasse, atque in ea Romam stetisse. et e contrario refertur Occidentis potius aliqua loca, in quibus Roma est, non servasse quod Apostoli tradiderunt: Orientis vero terras, unde cœpit ipsum Evangelium prædicari, in eo quod ab omnibus simul cum ipso Petro Apostolis traditum est, ne sabbato jejunetur, sine aliqua varietate mansisse : interminabilis est ista contentio, generans lites, non finiens quæstiones. Sit ergo una fides universæ, quæ ubique dilatatur, Ecclesiæ, tanquam intus in membris, etiamsi ipsa fidei unitas quibusdam diversis observationibus celebratur, quibus nullo modo quod in fide verum est impeditur. « Omnis enim pulcritudo filiæ regis intrinsecus (*Ps.*, XLVI, 14); » illæ autem observationes quæ varie celebrantur, in ejus veste intelliguntur, unde ibi dicitur, « in fimbriis aureis circumamicta varietate. » Sed ea quoque vestis ita diversis celebrationibus varietur, ut non adversis contentionibus dissipetur.

CAPUT X. — 23. « Postremo, inquit, si Judæus sabbatum colendo Dominicum negat, quomodo Christianus observat sabbatum ? Aut simus Christiani, et Dominicum colamus ; aut simus Judæi, et sabbatum observemus : nemo enim potest duobus dominis servire (*Matth.*, VI, 24). » Nonne ita loquitur, tamquam sabbati alius dominus sit, alius Dominici ? Nec illud audit, quod et ipse commemoravit ; « Dominus est enim sabbati filius hominis (*Luc.*, VI, 5). » Quod autem ita nos vult esse a sabbato alienos, sicut Judæi sunt a Dominico alieni, nonne tantum errat ut possit etiam dicere, ita nos non debere accipere Legem nec Prophetas, sicut Judæi non accipiunt Evangelium nec Apostolos ? Quod qui sapit, quid mali sapiat utique intelligis. « Sed vetera, inquit, omnia transierunt, et in Christo facta sunt nova, » hoc verum est. Nam propterea sicut Judæi sabbatis non vacamus, etiamsi ad significandam requiem, quæ illo die significata

passé et se sont renouvelées en Jésus-Christ. » Cela est vrai. C'est pourquoi nous ne nous abstenons pas du travail le samedi comme les Juifs, quoiqu'en mémoire du repos signifié par ce jour-là, nous nous relâchions de l'observance du jeûne, tout en conservant la sobriété et la frugalité qui conviennent à un Chrétien. Que si quelques-uns de nos frères ne croient pas, en mémoire du repos du samedi, devoir rompre le jeûne qu'ils observent, n'entrons pas en discussion sur la variété de « cette robe royale, » de peur de déchirer par nos divisions les membres de la reine même, lorsqu'au fond nous avons tous la même foi sur le repos du samedi. En effet, quoique les choses anciennes aient passé, et qu'avec elles soit également passé le repos matériel du sabbat, et bien que nous prenions de la nourriture le samedi et le dimanche, sans nous abstenir superstitieusement du travail, nous ne servons pas pour cela deux maîtres à la fois, puisqu'il n'y a qu'*un seul maître* du sabbat et du dimanche.

24. Mais lorsque cet homme dit que les choses anciennes ont passé, pour « qu'en Jésus-Christ l'autel fît place à un autre autel, le glaive au jeûne, le feu aux prières, les victimes au pain, le sang au calice, » il ne sait donc pas que le nom d'autel est souvent employé dans les livres de la loi et des prophètes, que c'est par ce nom que l'Ecriture désigne l'autel qui fut mis dans le tabernacle par Moïse ; qu'on trouve également dans les écrits des Apôtres un autel, sous lequel les âmes des martyrs élevaient leurs cris vers Dieu? Le jeûne, dit-il, a pris la place du glaive, mais il oublie le glaive à deux tranchants dont sont armés, par les deux Testaments, les soldats de l'Evangile. Le feu, dit-il encore, a fait place aux prières, comme si autrefois on n'eût pas prié dans les temples, et qu'aujourd'hui Jésus-Christ n'ait pas répandu son feu divin dans le monde entier. Quand il dit que les victimes ont fait place au pain, il oublie qu'autrefois on avait coutume de placer les pains de proposition sur la table du Seigneur, et qu'aujourd'hui, il prend sa part du corps de l'Agneau immaculé. Enfin, quand il dit : Le sang a fait place au calice, il oublie que présentement c'est dans le calice qu'il reçoit le sang de Jésus-Christ. Pour expliquer le renouvellement des choses anciennes en Jésus-Christ, n'aurait-il pas mieux et plus convenablement exprimé sa pensée en disant : L'autel a fait place à l'autel, le glaive au glaive, le feu au feu, le pain au pain, la victime à la victime, le sang au sang ? Car nous voyons que dans toutes ces choses, ce qu'il y avait d'ancien et de charnel a fait place à une nouveauté toute spirituelle. C'est dans ce sens que, soit que les uns mangent, soit que les autres observent le jeûne, pendant le septième jour que la révolution des temps ramène périodiquement, il faut comprendre que le sabbat

---

est, Christiana sobrietate et frugalitate servata, jejunii vinculum relaxamus. Et si aliqui fratres nostri requiem sabbati, relaxatione jejunii significandam esse non putant, nequaquam de veste regiæ varietate litigamus, ne ipsius reginæ, ubi unam fidem etiam de ipsa requie retinemus, interiora membra vexemus. Etsi enim quia vetera transierunt, cum eis transiit etiam carnalis vacatio sabbati : non tamen quia sabbato et Dominico sine superstitiosa vacatione prandemus, ideo duobus dominis servimus, quia et sabbati et Dominici unus est dominus.

24. Iste autem qui vetera transisse sic dicit, ut « in Christo cederet ara altari, gladius jejunio, precibus ignis, pani pecus, poculo sanguis, » nescit altaris nomem magis Legis et Prophetarum litteris frequentatum, et altare Deo prius in tabernaculo, quod per Moysen factum est, collocatum ; aram quoque in apostolicis litteris inveniri, ubi Martyres clamant sub ara Dei. Dicit cessisse jejunio gladium, non recordans illum ; quo milites Evangelici armantur ex utroque Testamento, gladium, bis acutum. Dicit cessisse precibus ignem, quasi non et tunc preces deferebantur in templum, et nunc a Christo ignis est missus in mundum. Dicit cessisse pani pecus, tamquam nesciens et tunc in Domini mensa panes propositionis poni solere, et nunc se de agni immaculati corpore partem sumere. Dicit cessisse potulo sanguinem, non cogitans etiam nunc se accipere in poculo sanguinem. Quanto ergo melius et congruentius vetera transisse, et nova in Christo facta esse, sic diceret, ut cederet altare altari, gladius gladio, ignis igni, panis pani, pecus pecori, sanguis sanguini. Videmus quippe in his omnibus carnalem vetustatem spiritali cedere novitati. Sic ergo intelligendum est, sive in isto die volubili septimo prandeatur, sive a quibusdam etiam jejunetur, tamen sabbato spiritali sabbatum

charnel a fait place au sabbat spirituel; puisque dans le sabbat spirituel nous soupirons après le véritable et éternel repos, et que dans le sabbat temporel, on rejette comme superstitieuse la cessation du travail.

CHAPITRE XI. — 25. Tout ce qui suit, et par où l'auteur termine sa dissertation, ainsi que beaucoup d'autres choses que je n'ai pas jugé à propos de rapporter, n'ont aucun rapport à la question où il s'agit simplement de savoir s'il faut jeûner ou non le samedi. Je les soumets à votre examen et à votre jugement, surtout si vous pouvez tirer quelque profit de ce que je vous ai dit. Bien qu'il me semble avoir suffisamment et le mieux possible répondu à toutes les questions de cet homme, si vous me demandez mon avis sur la chose en elle-même, je vous répondrai que dans l'Évangile, dans les écrits des Apôtres, et dans la loi appelée le Nouveau-Testament, je vois la prescription du jeûne, mais que ni dans les préceptes de Jésus-Christ, ni dans ceux des Apôtres, je ne trouve pas de jour spécialement destiné et désigné pour l'observer ou ne pas l'observer. D'où je pense qu'il est plus convenable de ne pas jeûner le samedi, non que par là nous parvenions mieux au repos où nous arrivons par la foi et par la justice, dans lesquelles réside la beauté intérieure de cette fille du roi, mais parce que le repos de ce jour-là est un signe de ce repos éternel qui est le véritable sabbat.

26. Cependant, qu'on observe ou qu'on n'observe pas le jeûne le samedi, ce qui me paraît le plus sûr et le meilleur pour la paix, c'est que « celui qui mange ne méprise point celui qui ne mange pas, et que celui qui ne mange pas ne juge point celui qui mange; car nous ne serons ni plus riches devant Dieu quand nous mangerons, ni plus pauvres quand nous ne mangerons pas (*Rom.*, XIV, 3). » C'est ainsi que, sans offenser personne, nous resterons unis avec ceux parmi lesquels nous vivons, et avec lesquels nous vivons en Dieu. S'il est vrai de dire avec l'Apôtre : « Qu'il est mal à un homme de manger quand il scandalise (*Ibid.*, 20), » il n'est pas bien de scandaliser les autres en jeûnant. Ne ressemblons pas à ceux qui, voyant saint Jean s'abstenir de boire et de manger, disaient : « Il est possédé du démon (*Matt.*, XI, 18), » et n'imitons pas non plus ceux qui, voyant Jésus-Christ boire et manger, disaient : « Voilà un homme qui aime à manger et qui se plaît à boire du vin : c'est un ami des publicains et des pécheurs (*Matt.*, XI, 19). » Car Jésus-Christ, dans ce même endroit de l'Évangile, nous donne un avis très-nécessaire quand il dit : « Et la sagesse a été justifiée par ses enfants. » Or, si vous voulez

---

carnale cessisse : quando in isto sempiterna et vera requies concupiscitur; in illo vacatio temporalis jam superstitiosa comtemnitur.

CAPUT XI. — 25. Cetera quæ sequuntur, quibus suam disputationem iste concludit, sicut alia quædam quæ inde commemoranda non arbitratus sum, multo magis ad caussam non pertinent, in qua de jejunio sabbati vel prandio disputatur. Sed ea tibi ipsi, maxime si ex iis quæ a me dicta sunt aliquid adjuvaris, advertenda et judicanda dimitto. Si autem quoniam huic quantum potui sufficienter respondisse me puto, de hac re sententiam meam quæris, ego in evangelicis et apostolicis litteris, totoque instrumento quod appellatur Testamentum novum, animo id revolvens, video præceptum esse jejunium. Quibus autem diebus non oporteat jejunare, et quibus oporteat, præcepto Domini vel Apostolorum non invenio definitum. Ac per hoc sentio, non quidem ad obtinendam, quam fides obtinet æque justitiam, in qua est pulcritudo filiæ regis intrinsecus, sed tamen ad significandam, requiem sempiternam, ubi est verum sabbatum, relaxationem quam constrictionem jejunii aptius convenire.

26. Verumtamen in hujus sabbati jejunio sive prandio, nihil mihi videtur tutius pacatiusque servari, « quam ut qui manducat non manducantem non spernat, et qui non manducat manducantem non judicet : quia neque si manducaverimus abundabimus, neque si non manducaverimus egebimus (*Rom.*, XIV, 3) : « custodita scilicet eorum inter quos vivimus, et cum quibus Deo vivimus, in his rebus inoffensa societate. Sicut enim quod ait Apostolus verum est, « malum esse homini, qui per offensionem manducat (*Ibid.*, XX) : » ita malum est homini, qui per offensionem jejunat. Non itaque simus eis similes, qui videntes Johannem non manducantem nec bibentem, dixerunt : « Dæmonium habet (*Matt.*, II, 18). » Sed nec rursus eis, qui videntes Christum manducantem et bibentem, dixerunt : « Ecce homo vorax et vinosus, amicus publicanorum et peccatorum. » Rem quippe valde necessariam his dictis Dominus ipse subjecit atque ait : « Et justificata est sapientia in filiis suis. » Qui sint au-

connaître quels sont ces enfants de la sagesse, lisez ce qui en a été écrit:«Les enfants de la sagesse,c'est l'assemblée des justes(*Eccl*.III,1).» Ce sont ceux qui, lorsqu'ils mangent, ne méprisent point ceux qui ne mangent pas, et qui, lorsqu'ils ne mangent pas, ne jugent pas ceux qui mangent, mais qui méprisent et jugent ceux dont le jeûne ou le manger est un scandale pour les autres.

CHAPITRE XII.—27.Pour ce qui concerne le jour du sabbat, la question est facile à résoudre, puisque l'Eglise romaine, ainsi que quelques autres églises, quoique en petit nombre, plus ou moins éloignées de Rome, sont soumises à la discipline du jeûne. Mais jeûner le dimanche est sans contredit un scandale, surtout depuis que nous voyons la détestable hérésie des Manichéens, ouvertement contraire à la foi catholique et aux divines Ecritures, recommander ce jour-là à ses adeptes comme un jour légitimement consacré au jeûne : aussi le jeûne du dimanche en est-il devenu plus affreux ; à moins toutefois que quelqu'un ne soit capable de pousser le jeûne au delà d'une semaine, sans prendre pendant ce temps la moindre nourriture,de manière à s'approcher le plus possible du jeûne de quarante jours, comme quelques-uns l'ont fait ; car des frères, dignes de foi, nous ont assuré qu'un homme était parvenu à pousser son jeûne jusqu'au quarantième jour. De même donc qu'on ne pourrait pas invoquer contre le dîner du samedi le jeûne auquel, du temps de nos pères, Moïse et Elie se sont soumis pendant quarante jours, de même celui qui a pu passer sept jours dans le jeûne, n'a pas expressément choisi le dimanche pour jeûner, mais s'il a jeûné le dimanche, c'est parce que ce jour-là se trouvait parmi ceux qu'il avait consacrés au jeûne. Cependant, si l'on veut interrompre le jeûne continué pendant une semaine, rien n'est plus convenable que de l'interrompre le dimanche. Mais si on ne prend de la nourriture qu'après sept jours, ce n'est pas parce qu'on choisit le dimanche pour jeûner, mais parce que ce jour-là se trouve parmi ceux qu'on avait consacrés au jeûne.

28. Qu'on ne s'inquiète pas si les Priscillianistes, dont la doctrine ressemble tant à celle des Manichéens, prétendent aussi qu'on doit jeûner le dimanche, et se fondent sur un passage des *Actes des Apôtres*, où, lorsque saint Paul était dans la Troade, il est écrit : « Le premier jour qui suit le sabbat, les disciples s'étant assemblés pour rompre le pain, Paul, qui devait partir le lendemain, leur tint un discours qui dura jusqu'à la moitié de la nuit. Ensuite Paul étant descendu du cénacle, où les disciples s'étaient assemblés, pour ressusciter un jeune homme qui, accablé de sommeil, était

---

tem isti, si requiris, lege quod scriptum est ; « Filii sapientiæ Ecclesia justorum (*Eccli.*, III, 1) : » ii sunt, qui quando manducant, non manducantes non spernunt, quando non manducant manducantes non judicant; sed eos plane, qui per offensionem non manducant sive manducant, vel spernunt vel judicant.

CAPUT XII. — 27. Et de die quidem sabbati facilior caussa est, quia et Romana jejunat ecclesia, et aliæ nonnullæ, etiamsi paucæ, sive illi proximæ sive longinquæ : die autem Dominico jejunare scandalum est magnum, maxime postea quam innotuit detestabilis multumque fidei catholicæ scripturisque divinis apertissime contraria hæresis Manichæorum, qui suis auditoribus ad jejunandum istum tamquam constituerunt legitimum diem ; per quod factum est, ut jejunium diei Dominici horribilius haberetur. Nisi forte aliquis idoneus sit nulla refectione interposita ultra hebdomadam perpetuare jejunium, ut jejunio quadraginta dierum, quantum potuerit, appropinquet ; sicut aliquos fecisse cognovimus. Nam et ad ipsum quadragenarium numerum pervenisse quemdam, a fratribus fide dignissimis nobis asseveratum est. Quemadmodum enim veterum patrum temporibus, Moyses et Elias nihil contra prandia sabbatorum fecerunt, cum diebus quadraginta jejunaverunt : ita qui potuerit septem dies jejunando transire, non sibi ad jejunandum eligit Dominicum diem, sed in iis eum invenit, quos jejunaturum se vovit plurimos dies. Jejunium tamen etiam continuatum si in hebdomade solvendum est, nullo congruentius quam Dominico die solvitur. Si autem post hebdomadem corpus reficitur, non utique ad jejunandum dies Dominicus eligitur ; sed in numero, quem voveri placuit, invenitur.

28. Nec illud moveat quod Priscillianistæ Manichæorum simillimi ad jejunandum die Dominico solent testimonium de Apostolorum Actibus adhibere, cum esset apostolus Paulus in Troade. Sic enim scriptum est : « In una autem sabbati congregatis nobis frangere panem, Paulus disputabat

tombé du haut d'une fenêtre, et qu'on emportait mort (*Act.*, xx, 7-11), » l'Ecriture dit encore de cet Apôtre : « Etant remonté, et ayant rompu le pain et mangé, il leur parla encore jusqu'au point du jour et s'en alla. » A Dieu ne plaise que l'on conclue de ce passage, que les Apôtres avaient coutume de jeûner solennellement le dimanche, car le jour qu'on appelait autrefois le premier jour de la semaine, ou le premier après le sabbat, est celui qu'on appelle maintenant le dimanche, comme le prouvent évidemment les Evangiles. En effet, trois évangélistes nomment *una sabbati*, un après le sabbat, le jour de la résurrection de Jésus-Christ, que nous appelons maintenant le dimanche, et saint Matthieu l'appelle *prima sabbati*, le premier jour après le sabbat (*Matt.*, XXVIII, 1). Il est évident que c'est le jour auquel on a donné ensuite le nom de dimanche. Ainsi, ou bien les disciples s'étaient assemblés à la fin du jour du sabbat, c'est-à-dire au commencement de la nuit appartenant déjà à ce jour de la semaine appelé présentement le dimanche, et dans cette même nuit, avant de rompre le pain, comme il est rompu dans le sacrement du corps de Jésus-Christ, saint Paul prolongea son discours jusqu'au milieu de la nuit, et après la célébration des mystères, il adressa de nouveau la parole, jusqu'au point du jour, aux disciples réunis, parce qu'il avait hâte de partir le dimanche de grand matin. Ou bien si les disciples se rassemblèrent le dimanche, non pas à la nuit, mais au jour, selon ce qui est dit, « que Paul discourait avec eux, devant partir le lendemain ; » la seule et véritable cause de la prolongation de son discours, est qu'il devait partir, et qu'avant son départ, il désirait leur donner toutes les instructions nécessaires. Ils n'étaient donc pas là réunis pour jeûner solennellement le dimanche ; mais ils étaient retenus par l'ardeur avec laquelle ils écoutaient un discours nécessaire, qu'ils ne crurent pas devoir interrompre pour prendre de la nourriture. Ils voyaient s'approcher le moment où allait partir l'Apôtre qui, par suite de ses autres voyages, ne les visitait jamais, ou du moins très-rarement, et qui, comme la suite nous l'apprend, allait s'éloigner de cette contrée, sans plus reparaître vivant à leurs yeux. Ce passage fait donc voir évidemment qu'ils n'avaient pas coutume de jeûner le dimanche, et c'est pour nous empêcher de le croire que l'auteur du livre des *Actes* a eu soin d'exposer la cause qui obligea saint Paul à parler si longtemps, et pour nous apprendre également qu'il faut savoir au besoin préférer les choses urgentes au dîner. L'ardeur et l'avidité avec laquelle les assistants écoutaient saint Paul, la pensée de voir bientôt s'éloigner d'eux cette source divine, et le désir d'y étancher leur

---

illis exiturus alia die, produxitque sermonem usque ad medium noctis (*Act.*, xx, 7). » Deinde cum descendisset de cœnaculo, ubi congregati erant, ad resuscitandum adolescentem, qui gravatus somno de fenestra cecidit et mortuus ferebatur, de ipso Apostolo Scriptura sic loquitur, « Ascendens autem, inquit, cum fregisset panem atque gustasset, satisque esset allocutus usque ad diluculum, sic profectus est. » Absit ut hoc sic accipiatur, tamquam solerent Apostoli Dominico die sollemniter jejunare. Una enim sabbati tunc appellabatur dies, qui nunc Dominicus appellatur, quod in Evangeliis apertius invenitur. Nam dies resurrectionis Domini, prima sabbati a Matthæo (*Matt.*, XXVIII, 1), a ceteris autem tribus, una sabbati dicitur : quem constat eum esse, qui Dominicus postea appellatus est. Aut ergo post peractum diem sabbati, noctis initio fuerant congregati, quæ utique nox jam ad diem Dominicum, hoc est ad unam sabbati pertinebat : et ita eadem nocte fracturus panem, sicut frangitur in sacramento corporis Christi, produxit sermonem usque ad medium noctis, ut post sacramenta celebrata, rursus usque ad diluculum alloquens congregatos, quoniam multum festinabat, ut lucescente proficisceretur Dominico die. Aut certe si in una sabbati non per noctem, sed per diem hora Dominici fuerant congregati : eo ipso quo dictum est, « Paulus disputabat illis exiturus alia die, » expressa est caussa producendi sermonis, quia fuerat exiturus, et eos sufficienter instruere cupiebat. Non ergo sollemniter die Dominico jejunabant, sed necessarius sermo, qui studii ferventissimi audiebatur ardore, reficiendi corporis caussa interrumpendus esse non visus est profecturo Apostolo, qui eos, propter alios suos usquequaque discursus, vel alias numquam vel rarissime visitabat ; præsertim quia tunc ex illis terris sicut consequentia docet, ita discessurus erat, ut jam non esset eos in carne visurus. Ac per hoc magis ostenditur Dominicis diebus solita illis non fuisse jejunia ; quia ne hoc crederetur, curavit scriptor libri caussam producendi sermonis exponere : ut sciremus

soif, non avec l'eau de la terre, mais dans les flots de ces paroles sacrées dont on est toujours altéré, leur firent oublier et le dîner et le souper.

29. Mais bien qu'alors la coutume ne fût pas de jeûner le dimanche, l'Eglise n'aurait pas été scandalisée si, dans une nécessité comme celle où se trouva l'Apôtre saint Paul, les disciples n'avaient pris aucune nourriture pendant toute la journée du dimanche, jusqu'au milieu de la nuit, et même jusqu'au point du jour. Mais maintenant que les hérétiques, parmi lesquels les Manichéens sont les plus impies, ont sans aucune nécessité prescrit le jeûne du dimanche et l'ont solennellement consacré, comme le savent tous les chrétiens, je pense, que, fût-on même dans la nécessité où se trouvait l'Apôtre, il ne faudrait pas faire ce qu'il a fait, de peur que le scandale ne produisît plus de mal que la parole ne produirait de bien. Mais enfin, quelque cause ou quelque nécessité qu'un chrétien puisse avoir de jeûner le dimanche, comme les *Actes des Apôtres* nous apprennent que, dans le vaisseau où était saint Paul, le péril du naufrage fit qu'on jeûna pendant quatorze jours, et par conséquent deux dimanches, nous devons regarder comme une règle indubitable, qu'à moins d'avoir fait vœu de ne prendre aucune nourriture pendant plusieurs jours de suite, il ne faut pas jeûner le dimanche.

CHAPITRE XIII. — 30. Pourquoi l'Eglise jeûne-t-elle principalement le quatrième et le sixième jour, c'est-à-dire le mercredi et le vendredi ? C'est que, d'après l'Evangile, ce fut le quatrième jour, qu'on appelle généralement la quatrième férie, que les Juifs tinrent conseil pour faire mourir le Seigneur. Après un jour d'intervalle, c'est-à-dire le soir du lendemain, le Seigneur mangea la Pâque avec ses disciples, et ce soir-là termine le jour que nous appelons le cinquième de la semaine. Le Seigneur fut ensuite livré dans la nuit qui appartenait déjà au sixième jour de la semaine, qui est le jour de sa passion. Ce sixième jour, en commençant par le soir, fut donc le premier jour des azymes. Saint Matthieu, l'évangéliste, dit que le premier jour des azymes, fut le cinquième de la semaine, parce que le soir de ce jour, devait avoir lieu la cène pascale, où l'on commençait à manger le pain sans levain et l'agneau immolé. D'où il résulte que le quatrième jour de la semaine était arrivé quand le Seigneur dit : « Vous savez que la Pâque se

---

si aliqua necessitas oriatur, urgentiori actioni non esse prandium præferendum : quamvis ab istis avidissime audientibus, et ipsum fontem cogitantibus profecturum, atque ideo magna siti non aquæ, sed verbi sine satietate quidquid influebat haurientibus, non tantum carnale prandium, verum etiam cœna contempta est.

29. Sed tunc quamvis Dominico die solita illis jejunia non fuissent, non erat tamen Ecclesiæ tam insignis offensio, si aliqua tali necessitate, qualem apostolus Paulus habuit, die toto Dominico usque ad medium noctis, vel etiam usque ad diluculum reficere corpora non curarent. Nunc vero postea quam hæretici, maxime impiissimi Manichæi, jejunia diei Dominici non aliqua necessitate occurrente peragere, sed quasi sacra sollemnitate statuta dogmatizare cœperunt, et innotuerunt populis Christianis : profecto nec tali necessitate, qualem Apostolus habuit, existimo faciendum esse quod fecit; ne majus malum incurratur in scandalo, quam bonum percipiatur ex verbo. Quidquid tamen causæ vel necessitatis exstiterit, cur homo Christianus die Dominico jejunare cogatur, sicut etiam illud in Actibus Apostolorum invenimus, in naufragii periculo, ubi et ipse Apostolus navigabat, quatuordecim diebus, ac per hoc duobus Dominicis jejunatum (*Act.*, XXVII, 33): nullo modo dubitare debemus, Dominicum diem, quando non plures dies sine ulla refectione continuandi voventur, inter jejuniorum dies non esse ponendum.

CAPUT XIII.—30. Cur autem quarta et sexta maxime jejunet Ecclesia, illa ratio reddi videtur, quod considerato Evangelio, ipsa quarta sabbati, quam vulgo quartam feriam vocant, consilium reperiuntur ad occidendum Dominum fecisse Judæi. Intermisso autem uno die, cujus vespera Dominus Pascha cum discipulis manducavit, qui finis fuit ejus diei, quem vocamus quintam sabbati, deinde traditus est ea nocte quæ jam ad sextam sabbati, qui dies passionis ejus manifestus est, pertinebat. Hic dies primus azymorum fuit a vespera incipiens. Sed Matthæus Evangelista quintam sabbati dicit fuisse primum diem azymorum: quia ejus vespera sequente, futura erat cœna paschalis, qua cœna incipiebat azymum et ovis immolatio manducari. Ex quo colligitur quartam sabbati fuisse, quando ait Dominus : « Scitis quia post biduum Pascha fiet, et filius hominis tradetur ut crucifigatur (*Matt.*, XXVI, 2). » Ac per hoc dies ipse jejunio deputatus est, quia sicut Evangelista sequitur et dicit, « Tunc congre-

fera dans deux jours, et que le Fils de l'homme sera livré pour être crucifié (*Matt.*, XXVI, 2). » Et ce qui fait que ce jour-là est consacré au jeûne, c'est que l'évangéliste ajoute : « Dans le même temps, les princes des prêtres et les sénateurs du peuple s'assemblèrent dans la salle du grand-prêtre appelé Caïphe, et ils délibérèrent de s'emparer de Jésus par la ruse et de le faire mourir. » Après ce jour vient celui dont parle l'Evangile : « Le premier jour des azymes, les disciples vinrent trouver Jésus, et lui dirent : Où voulez-vous que nous vous préparions ce qu'il faut pour manger la Pâque (*Ibid.*, 17). » C'est après ce jour, comme personne ne le conteste, c'est-à-dire le sixième jour de la semaine, que Notre Seigneur fut crucifié. Voilà pourquoi le sixième jour (le vendredi) est justement consacré au jeûne, car le jeûne marque et signifie l'humiliation, comme le dit le Prophète : « J'humiliais mon âme par le jeûne (*Ps.*, XXXIV, 13). »

31. Vient ensuite le samedi, où le corps de Jésus-Christ reposa dans le sépulcre, comme, dans la création du monde, Dieu se reposa ce jour-là de toutes ses œuvres. De là est née cette variété dans *la robe de la reine;* de sorte que les uns, comme les peuples d'Orient, ont jugé à propos de rompre le jeûne, pour exprimer le repos solennel de ce jour, les autres, comme à Rome et dans quelques autres Eglises d'Occident, observent au contraire le jeûne en mémoire de l'humiliation et de la mort du Seigneur. Cependant, le jour qui précède la fête de Pâque en mémoire de ce qui se passa quand la mort de Jésus-Christ comme homme, plongea tous ses disciples dans la douleur, tous les chrétiens observent dévotement le jeûne même ceux qui n'ont pas coutume de jeûner les autres samedis de l'année; ils expriment par là le deuil des disciples, le jour de l'anniversaire de la mort de Jésus-Christ, et les autres samedis, le repos solennel de ce jour. En effet, il y a deux choses qui nous font espérer la béatitude des justes, et la fin de toutes les misères de la vie, savoir, la mort et la résurrection. Dans la mort se trouve le repos dont le Prophète dit : « Enfermez-vous, mon peuple, dans des lieux souterrains; tenez-vous-y cachés pendant quelque temps, jusqu'à ce que la colère de Dieu soit passée (*Isaïe*, XXVI, 20). » Dans la résurrection, est la félicité parfaite de l'homme tout entier, c'est-à-dire dans l'esprit et dans la chair. C'est pourquoi on n'a pas cru devoir marquer ces deux jours par le jeûne, mais plutôt par la joie d'un festin, excepté le samedi pascal, où, comme nous l'avons dit, le deuil des disciples est marqué par un jeûne plus prolongé.

CHAPITRE XIV. — 32. Mais comme nous ne trouvons ainsi que je l'ai rapporté plus haut, ni

---

grati sunt principes sacerdotum et seniores populi in atrium principis sacerdotum, qui dicebatur Caiphas, et consilium fecerunt ut Jesum dolo tenerent et occiderent. » Intermisso autem uno die, de quo dicit Evangelium: « Prima autem azymorum accesserunt discipuli ad Jesum dicentes: Ubi vis paremus tibi comedere pascha (*Ibid.*, XVII)? » Hoc ergo die intermisso passus est Dominus, quod nullus ambigit, sexta sabbati, quapropter et ipsa sexta recte jejunio deputatur : jejunia quippe humilitatem significant. Unde dictum est : « Et humiliabam in jejunio animam meam (*Psal.*, XXXIV, 13). »

31. Sequitur sabbatum, quo die caro Christi in monumento requievit, sicut in primis operibus mundi requievit Deus die illo ab omnibus operibus suis. Hinc exorta est iste in reginæ illius veste varietas, ut alii, sicut maxime populi Orientis, propter requiem significandam mallent relaxare jejunium, alii propter humilitatem mortis Domini jejunare, sicut Romana et nonnullæ Occidentis ecclesiæ. Quod quidem uno die, quo Pascha celebratur propter renovandam rei gestæ memoriam, qua Discipuli humanitus mortem Domini doluerunt, sic ab omnibus jejunatur, ut etiam illi sabbati jejunium devotissime celebrent, qui ceteris per totum annum sabbatis prandent, utrumque videlicet significantes, et in uno anniversario die luctum discipulorum, et ceteris sabbatis quietis bonum. Duo quippe sunt, quæ justorum beatitudinem, et omnis miseriæ finem sperari faciunt, mors et resurrectio mortuorum. In morte requies est, de quo dicitur per Prophetam ; « Plebs mea intra in cellaria tua, abscondere pusillum donec transeat ira Domini (*Isæ.*, XXVI, 20). » In resurrectione autem in homine toto, id est, in carne et spiritu perfecta felicitas. Hinc factum est ut horum duorum utrumque non significandum putaretur labore jejunii, sed potius refectionis hilaritate, excepto paschali uno sabbato, quo discipulorum, sicut diximus, luctus propter rei gestæ memoriam fuerat jejunio prolixiore signandus.

CAPUT XIV. — 32. Sed quoniam non invenimus

dans les Évangiles, ni dans les écrits des Apôtres, appartenant à la révélation du Nouveau-Testament, rien qui prescrive évidemment l'observation du jeûne à des jours bien déterminés, et que cela, joint à beaucoup d'autres choses qu'il est difficile d'énumérer, a produit cette variété dans la robe de la fille du roi, c'est-à-dire de l'Église, je vous citerai à ce sujet ce que me répondit le vénérable Ambroise, évêque de Milan, par qui je fus baptisé. Je me trouvais dans cette ville avec ma mère; nous qui n'étions encore que catéchumènes, nous nous occupions peu d'une pareille question; ma mère, cependant, s'inquiétait de savoir si, suivant la coutume de notre ville, elle devait jeûner le samedi, ou dîner selon l'habitude de l'Église de Milan. Pour dissiper ses doutes à cet égard, j'interrogeai le saint homme de Dieu dont je viens de vous parler : « Que puis-je, dit-il, vous enseigner autre chose que ce que je fais moi-même. » Je croyais que par cette réponse, il nous prescrivait qu'il ne fallait pas jeûner le samedi, comme je savais qu'il ne jeûnait pas lui-même. Mais aussitôt il ajouta : « Quand je suis ici, je ne jeûne pas le samedi. Je jeûne au contraire ce jour-là quand je suis à Rome. Ainsi, dans quelque Église que vous vous trouviez, suivez-en la coutume, si vous ne voulez pas souffrir de scandale ni en causer aux autres. » Je rapportai cette réponse à ma mère, qui la trouva suffisante et qui ne balança pas à obéir. Dans la suite, nous suivîmes nous-mêmes cette règle. Mais comme en Afrique, dans une église ou dans quelques l'église d'une même contrée, les uns dînent, les autres jeûnent le samedi, il faut, selon moi, suivre la coutume de ceux à qui est confiée la charge spirituelle de ces peuples. C'est pourquoi, si vous voulez acquiescer à mon avis, dans une cause sur laquelle, à votre demande et à vos prières, je me suis étendu peut-être plus qu'il ne faut, soumettez-vous à l'usage de votre évêque, et faites, sans aucun scrupule et sans discussion, ce qu'il pratique lui-même.

ut jam supra commemoravi, in evangelicis et apostolicis litteris, quæ ad novi Testamenti revelationem proprie pertinent, certis diebus aliquibus evidenter præceptum observanda esse jejunia, et ideo res quoque ista sicut aliæ plurimæ, quas enumerare difficile est, invenit in veste illius filiæ regis, hoc est Ecclesiæ, varietatis locum; indicabo tibi quid mihi de hoc requirenti responderit venerandus Ambrosius, a quo baptizatus sum, Mediolanensis episcopus. Nam cum in eadem civitate mater mea mecum esset, et nobis adhuc catechumenis parum ista curantibus, illa sollicitudinem gereret utrum secundum morem nostræ civitatis esset sabbato jejunandum, an ecclesiæ Mediolanensis more prandendum, ut hac eam cunctatione liberarem, interrogavi hoc supradictum hominem Dei. At ille, « Quid possum, » inquit, « hinc docere amplius quam ipse facio ? » Ubi ego putaveram nihil eum ista responsione præcepisse, nisi ut sabbato pranderemus hoc quippe ipsum facere sciebam : sed ille sequutus adjecit, « Quando hic sum, non jejuno sabbato; quando Romæ sum, jejuno sabbato: ad quamcumque ecclesiam veneritis, » inquit, « ejus morem servate, si pati scandalum non vultis aut facere. » Hoc responsum retuli ad matrem, eique suffecit, nec dubitavit esse obediendum : hoc etiam nos sequuti sumus. Sed quoniam contingit maxime in Africa, ut una ecclesia vel unius regionis ecclesiæ, alios habeant sabbato prandentes, alios jejunantes; mos eorum mihi sequendus videtur, quibus eorum populorum congregatio regenda commissa est. Quapropter si consilio meo, præsertim quia in hac caussa plus forte quam satis fuit, te petente atque urgente, loquutus sum, libenter adquiescis : Episcopo tuo in hac re noli resistere, et quod facit ipse, sine ullo scrupulo vel disceptatione sectare.

LETTRE XXXVII [1]

Saint Augustin se félicite de ce que Simplicien lisait et approuvait ses ouvrages, et soumet à sa censure, non-seulement ses autres livres, mais encore ceux qu'il avait composés pour répondre aux questions que Simplicien lui avait proposées (2).

A SON BIENHEUREUX SEIGNEUR ET SON VÉNÉRABLE
PÈRE SIMPLICIEN (3).
AUGUSTIN, SALUT DANS LE SEIGNEUR.

1. J'ai reçu la lettre que votre sainteté a daigné m'envoyer. Elle m'a rempli de bonnes et douces joies, parce que j'y vois que vous vous souvenez de moi, que vous m'aimez selon votre habitude, et que vous vous réjouissez des bienfaits dont le Seigneur a daigné me combler par sa miséricorde, et non pour mes mérites. J'y ai trouvé avec bonheur l'affection paternelle dont votre cœur est rempli pour moi. Ce n'est pas chose nouvelle, car depuis longtemps j'en ai déjà fait l'expérience, ô bien-heureux, vénérable et très-aimable seigneur!

2. Si les ouvrages que j'ai composés avec tant de peine, ont eu l'extrême bonheur d'être lus par vous, je le dois au Seigneur, à qui mon âme est soumise, et qui a bien voulu me consoler de mes peines et calmer les inquiétudes qui m'assiégent nécessairement dans de telles œuvres; car, bien que je marche dans le champ ouvert et aplani de la vérité, je crains toujours que mon incapacité ou mon imprudence ne me fasse commettre quelque faute. Mais comme je sais que mes écrits vous plaisent, je sais à qui je plais, puisque je connais quel est celui qui habite en vous. C'est celui qui distribue et dispense tous les dons spirituels et qui rassurera mon obéissance par votre jugement. S'il y a dans mes ouvrages quelque chose qui soit digne de vous plaire, c'est parce que Dieu, voulant se servir de moi, a dit: Que cela soit; et cela a été fait. De même dans l'approbation que vous y donnez, c'est Dieu qui a vu que c'était bon.

3. Pour ce qui regarde les questions que vous m'avez ordonné de traiter, quand bien

---

(1) Tirée du IVᵉ tome des ouvrages de saint Augustin. Écrite environ l'an 397. — La lettre qui était la 37ᵉ dans les éditions antérieures à l'édition des Bénédictins, se trouve maintenant la 109ᵉ.
(2) Voyez ces questions au XXIᵉ volume p. 117.
(3) Simplicien succéda dans l'église de Milan au bienheureux Ambroise en 397, comme on le voit dans le livre IIᵉ des *Rétractations*. En effet, Ambroise mourut la veille de Pâques, suivant Paulin, historien de sa vie, c'est-à-dire le 4 avril, comme on fait foi le martyrologe. Or, en 397, la fête de Pâques tomba le 5 avril. Simplicien fut envoyé à Milan par le pape Damase, selon Baronius, pour assister saint Ambroise dans l'administration de son évêché. Saint Augustin le nomme père de saint Ambroise, parce qu'il avait été son parrain dans le baptême; il le nomme aussi son père, parce qu'il avait beaucoup contribué à sa conversion.

EPISTOLA XXXVII.

Gratulatur sibi Augustinus litterarias suas lucubrationes legi et approbari a Simpliciano; ejusque censuræ subjicit tum ceteros suos libros, tum eos quos de quæstionibus ab ipso propositis conscripsit.

DOMINO BEATISSIMO ET VENERABILITER SINCERISSIMA CARITATE AMPLECTENDO PATRI SIMPLICIANO AUGUSTINUS IN DOMINO SALUTEM.

Plenas bonorum gaudiorum litteras, quod sis memor mei, meque ut soles diligas magnæque gratulationi tibi sit quidquid in me donorum suorum Dominus conferre, dignatus est misericordia sua, non meritis meis, missas munere sanctitatis tuæ accepi: in quibus affectum in me paternum de tuo benignissimo corde non repentinum et novum hausi, sed expertum sane cognitumque repetivi. Domine beatissime et venerabiliter sincerissima caritate amplectende.

2. Unde autem tanta exorta est felicitas litterario labori nostro, quo in librorum quorumdam conscriptione sudavimus, ut a tua dignatione legerentur: nisi quia Dominus, cui subdita est anima mea, consolari voluit curas meas, et a timore recreare, quo me in talibus operibus necesse est esse sollicitum, necubi forte indoctior vel incautior, quamvis in planissimo campo veritatis, offendam. Cum enim tibi placet quod scribo, novi cui placeat; quoniam quis te inhabitet novi. Idem quippe omnium munerum spiritalium distributor atque largitor per tuam sententiam confirmabit obedientiam meam. Quidquid enim habent illa scripta delectatione tua dignum, in meo ministerio dixit Deus, Fiat, et factum est: in tua vero approbatione vidit Deus, quia bonum est.

3. Quæstiunculas sane, quas mihi enodandas jubere dignatus es, etsi mea tarditate implicatus

même mon peu de lumière m'empêcherait de les comprendre, aidé par votre mérite, j'en viendrais à bout. Tout ce dont je vous prie, c'est de prier Dieu pour ma faiblesse ; et soit dans les questions par lesquelles votre bonté paternelle a voulu exercer mon esprit, soit dans tout autre de mes ouvrages qui tomberont entre vos saintes mains ; donnez-y, non-seulement l'attention d'un lecteur, mais encore la sévérité d'un censeur, car si j'y reconnais moi-même les bienfaits et la grâce de Dieu, j'y reconnais aussi mes propres fautes, Adieu.

LETTRE XXXVIII [1]

Saint Augustin parle à Profuturus de la patience qu'il faut avoir dans les maladies, de la mort de l'évêque Megalius, et du soin qu'il faut mettre à réprimer sa colère.

A SON FRÈRE PROFUTURUS, AUGUSTIN, SALUT.

1. Je me trouve bien quant à l'esprit, autant qu'il plaît au Seigneur, et que mes forces me le permettent ; mais, quant au corps, je suis malade et au lit. Je ne puis ni marcher, ni me tenir debout, ni m'asseoir, par suite de gerçures (2) et de tumeurs qui me font bien souffrir. Mais, quoi qu'il en soit, puisque cela plaît à Dieu, que puis-je dire autre chose, sinon que je suis bien. En effet, quand nous ne voulons pas ce qu'il veut, c'est plutôt nous qui sommes en faute que lui, qui ne peut rien faire ni permettre qui ne soit selon le bien. Vous savez cela comme moi, mais comme vous êtes un autre moi-même, j'aime à vous parler comme je me parle à moi-même. Je recommande donc à vos saintes prières et mes jours et mes nuits, mes jours, afin que j'en use avec modération, mes nuits, pour que je les supporte avec patience, afin que, quand bien même je marcherais déjà au milieu des ombres de la mort, le Seigneur soit avec moi et que je ne craigne pas les maux.

2. Vous avez sans doute appris la mort du primat Megalius (3), car au moment où je vous

---

(1) Écrite l'an 397. — Cette lettre était la 149e dans les éditions antérieures à l'édition des Bénédictins, et celle qui était la 38e se trouve maintenant la 243e.
(2) *Rhagades* et *exochades* sont des gerçures et des tumeurs qui nous empêchent de nous asseoir. *Rhagades* vient du grec ῥαγάς fissure, ῥήσσω rompre. C'est un écoulement de sang qu'on appelle *hémorroïdes*. *Exochades* vient de ἐξοχάς (ἐξέχω) s'élever. Ce sont des tumeurs qui empêchent également de s'asseoir.
(3) Megalius était évêque de Calame et primat de Numidie, peut-être que Possidius lui succéda dans l'épiscopat, mais il eut pour successeur dans la primatie, Crescentianus, comme on le voit d'après le concile qui se tint à Carthage, l'an 397. C'est lui qui donna à saint Augustin l'ordination d'évêque, quoique par jalousie il eût écrit une lettre contre lui, encore simple prêtre. Megalius, pressé dans un concile d'évêques de prouver cette accusation, demanda pardon de cette injure et reconnut par écrit que ce qu'il avait dit était faux et calomnieux. C'est ce que l'on voit dans le liv. III, c. XIII, contre les lettres de Pétilien ; dans le liv. III, c. XX contre Cresconius, et dans le liv. IV, c. LXIX, contre le même. C'est peut-être à ces calomnies de Megalius qu'ont trait ces paroles : *Non desunt scandala, non desunt mœrores*, c'est-à-dire, ni les scandales, ni les chagrins ne nous manquent.

---

non intelligerem, tuis meritis adjutus aperirem. Tantum illud quæso, ut pro mea infirmitate deprecaris Deum, et sive in iis quibus me exercere benigne paterneque voluisti, sive in aliis quæcumque nostra in tuas sanctas manus forte pervenerint, quia sicut Dei data, sic etiam mea errata cognosco, non solum curam legentis impendas, sed etiam censuram corrigentis assumas. Vale.

EPISTOLA XXXVIII

Augustinus Profuturo de toleranda adversa valetudine, de morte Megalii, et de cohibenda ira.

FRATRI PROFUTURO AUGUSTINUS.

1. Secundum spiritum, quantum Domino placet, atque vires ipse præbere dignatur, recte sumus : corpore autem ego in lecto sum. Nec ambulare enim, nec stare, nec sedere possum, rhagadis vel exochadis dolore et tumore. Sed etiam sic, quoniam id Domino placet, quid aliud dicendum est, nisi quia recte sumus ? Potius enim si id nolumus quod ille vult, nos culpandi sumus, quam ille non recte aliquid vel facere vel sinere existimandus est. Nosti hæc omnia ; sed quia mihi es alter ego, quid libentius tecum loquerer, nisi quod mecum loquor? Commendamus ergo sanctis orationibus tuis et dies et noctes nostras, ut oretis pro nobis, ne diebus intemperanter utamur ; ut noctes æquo animo toleremus, ut etiamsi ambulemus in medio umbræ mortis, nobiscum sit Dominus, ne timeamus mala.

2. Quod senex Megalius defunctus sit, jam vos audisse quis dubitet ? Erant enim a depositione corporis ejus, cum hæc scriberem, dies ferme vigintiquatuor. Utrum jam (a) videris, disponebas enim,

---

(a) Lov. *inveneris*, At Bad. Am. Er. et MSS. *quatuordecim, jam videris*.

écris, il y a déjà vingt-quatre jours que son corps a été déposé dans la terre. Je désirerais savoir, autant que cela est possible, si, comme vous en aviez l'intention, vous avez déjà vu son successeur à la primatie. Les scandales ne manquent pas, mais nous savons où nous réfugier. Les chagrins ne manquent pas non plus, mais nous savons aussi où trouver nos consolations. Au milieu de toutes ces agitations, vous savez, très-cher frère, avec quel soin on doit veiller, pour que la haine contre qui que ce soit ne pénètre pas au fond de notre cœur, qu'elle n'en ferme pas la porte à Dieu, et ne nous empêche pas de le prier « dans notre chambre, et la porte fermée (*Matt.*, VI, 6). » La haine se glisse facilement en nous, car chacun trouve sa colère juste, et cette colère, en s'invétérant en nous, produit la haine : tandis que la douceur qui se mêle au ressentiment que l'on trouve légitime, retient longtemps la colère dans notre cœur comme dans un vase, jusqu'à ce qu'elle s'aigrisse entièrement, et finisse par infecter le vase lui-même. C'est pourquoi il vaut beaucoup mieux ne pas s'irriter contre quelqu'un même à juste titre, que de nous laisser aller facilement d'une colère, excusable en elle-même, à de la haine contre qui que ce soit. Quand on reçoit des hôtes inconnus, on a coutume de dire, qu'il vaut mieux recevoir un méchant homme que de fermer peut-être par ignorance sa porte à un homme de bien, dans la crainte de l'ouvrir à un méchant. Mais il n'en est pas de même pour les mouvements de l'âme, car il est incomparablement plus salutaire de ne pas ouvrir l'entrée de son cœur à la colère, même légitime, qui vient y frapper, que de l'y laisser pénétrer, lorsqu'il est si difficile ensuite de l'en exclure. Car la colère croît vite ; de petite branche qu'elle était, elle devient bientôt arbre ; elle grandit et s'augmente plus vite qu'on ne le pense, lorsque dans l'ombre elle n'est plus retenue par la honte, et qu'on a une fois laissé le soleil se coucher sur elle. Vous comprendrez certainement dans quelle peine et dans quelle sollicitude je me trouve en vous écrivant cela, si vous vous rappelez ce que vous me disiez dans un certain voyage que nous avons fait ensemble.

3. Je salue mon frère Sévère et ceux qui sont avec lui. Je leur aurais sans doute écrit, si le porteur de cette lettre n'était pas si pressé de partir. Je prie votre sainteté de remercier pour moi notre frère Victor, de m'avoir prévenu de son voyage à Constantine, et de m'aider à obtenir de lui qu'il revienne par Calame, comme il me l'a promis, pour l'affaire qu'il connaît, et dont je suis chargée par les instances de Nectarius le Majeur. Adieu !

---

successorem primatus ejus, si fieri potest, nosse volumus. Non desunt scandala, sed neque refugium; non desunt mœrores, sed neque consolationes Atque inter hæc quam vigilandum si', ne cujusquam odium cordis intima teneat, neque sinat ut oremus Deum in cubiculo nostro clauso ostio, sed adversus ipsum Deum claudat ostium, nosti optime frater; subrepit autem, dum nulli irascenti ira sua videtur injusta. Ita enim inveterascens ira fit odium, dum quasi justi doloris admixta dulcedo, diutius eam in vase detinet, donec totum acescat, vasque corrumpat. Quapropter multo melius, nec juste cuiquam irascimur, quam velut juste irascendo in alicujus odium iræ occulta facilitate delabimur. In recipiendis enim hospitibus ignotis, solemus dicere, multo esse melius malum hominem perpeti, quam forsitan per ignorantiam excludi bonum, dum cavemus ne recipiatur malus, sed in affectibus animi contra est. Nam incomparabiliter salubrius est etiam iræ justæ pulsanti non aperire penetrale cordis, quam admittere non facile recessuram, et perventuram de surculo ad trabem. Audet quippe impudenter etiam crescere citius quam putatur. Non enim erubescit in tenebris, cum super eam sol occiderit. Recolis certe qua cura et quanta sollicitudine ista scripserim, si recolis quid mecum nuper in itinere quodam loquutus sis.

3. Fratrem Severum, et qui cum eo sunt, salutamus. Etiam fortasse ipsis scriberemus, si per festinationem perlatoris liceret. Peto autem ut apud eumdem fratrem nostrum Victorem, cui ago etiam apud tuam sanctitatem gratias, quod Constantinam cum pergeret, indicavit, petendo adjuves propter negotium quod ipse novit, de quo gravissimum pondus pro ea re multum deprecantis Nectarii majoris patior ; per Calamam remeare ne gravetur : sic enim promisit mihi. Vale.

LETTRE XXXIX [1]

Saint Jérôme recommande Présidius [2] à saint Augustin, et le prie de saluer de sa part l'évêque Alype.

A SON TRÈS-SAINT SEIGNEUR LE BIENHEUREUX PAPE [3] AUGUSTIN, JÉRÔME, SALUT EN JÉSUS-CHRIST.

CHAPITRE PREMIER. — 1. Désireux de vous rendre promptement mes devoirs de salutation, je vous avais écrit l'année dernière, par notre frère le sous-diacre Asterius. Je pense que ma lettre vous a été remise. Aujourd'hui je vous écris par mon saint frère le diacre Presidius, d'abord pour me rappeler à votre souvenir, ensuite pour vous recommander le porteur de cette lettre. Il m'est étroitement uni, et je vous prie de l'aider et de le soutenir dans toutes les circonstances où il réclamera votre appui. Ce n'est pas, grâce au Christ, qu'il ait besoin de quelque chose, mais c'est parce qu'il recherche avec avidité l'amitié des hommes de bien, et qu'il regarde comme un grand bienfait l'union qu'il peut contracter avec eux. Il vous expliquera lui-même ce qui l'a obligé de s'embarquer pour l'Occident.

CHAPITRE II. — 2. Quoique établis et retirés dans un monastère, nous sommes encore bien agités par la violence des flots, et nous avons à supporter les peines attachées au pèlerinage de cette vie. Mais croyons en celui qui a dit : « Ayez confiance, j'ai vaincu le monde (*Jean*, XVI, 33); » espérons qu'avec son secours nous triompherons du démon notre ennemi. Je vous prie de saluer de ma part, avec tout le respect possible, notre vénérable frère le pape Alype. Les saints frères qui servent avec nous dans le monastère vous saluent avec empressement. Que le Christ Notre Seigneur Tout-Puissant, vous garde sain et sauf et conserve ma mémoire dans votre cœur, ô très-saint seigneur et vénérable pape !

---

(1) Écrite l'an 397. — Cette lettre était la 17ᵉ dans les éditions antérieures à l'édition des Bénédictins, et celle qui était la 39ᵉ se trouve maintenant la 26ᵉ.
(2) Le nom de *pape* se donnait primitivement à tous les évêques.
(3) Presidius est apparemment le même à qui saint Augustin écrivit l'an 404, la lettre 114ᵉ, et qui avait été fait évêque depuis celle-ci.

EPISTOLA XXXIX.

Hieronymus Augustino, commendans illi Præsidium et salvere jubens Alypium.

DOMINO VERE SANCTO ET BEATISSIMO PAPÆ AUGUSTINO, HYERONYMUS IN CHRISTO SALUTEM

CAPUT I. — Anno præterito per fratrem nostrum Asterium hypodiaconum dignationi tuæ epistolam miseram, promptum reddens salutationis officium, quam tibi arbitror redditam. Nunc quoque per sanctum fratrem meum Præsidium diaconum, obsecro primum ut memineris mei. Deinde ut bajulum litterarum habeas commendatum, et mihi scias germanissimum, et in quibuscumque necessitas postulaverit, foveas atque sustentes ; non quo aliqua re (Christo tribuente) indigeat, sed quo bonorum amicitias avidissime expetat, et se in his conjungendi maximum putet beneficium consequutum. Cur autem ad Occidentem navigaverit, ipso poteris narrante cognoscere.

CAPUT II. — 2. Nos in monasterio constituti, variis hinc inde fluctibus quatimur, et peregrinationis molestias sustinemus. Sed credimus in eo qui dixit, » Confidite, ego vici mundum (*Johan.*, XVI, 33), » quod ipso tribuente et præsule, contra hostem diabolum victoriam consequamur. Sanctum et venerabilem fratrem nostrum Papam Alypium, ut meo obsequio salutes, obsecro. Sancti fratres, qui nobiscum in monasterio Domino serviro festinant, oppido te salutant. Incolumem te et memorem mei, Christus Deus noster tueatur omnipotens, Domine vere sancte et suscipiende Papa.

LETTRE XL [1]

Saint Augustin parle à saint Jérôme du titre du livre publié par ce saint sur les Ecrivains ecclésiastiques. Ensuite il dit qu'il n'y a pas de mensonge dans ce que saint Paul rapporte de la réprimande qu'il avait faite à saint Pierre. Enfin il l'exhorte à mettre au jour les erreurs d'Origène et de tous les hérétiques.

SON TRÈS-CHER SEIGNEUR, SON SINCÈRE ET AIMÉ FRÈRE, ET COLLÈGUE DANS LE SACERDOCE, A JÉRÔME.

AUGUSTIN, SALUT EN NOTRE SEIGNEUR.

CHAPITRE PREMIER. — 1. Je vous rends grâces de ce que, pour une simple salutation de ma part, vous m'avez envoyé une lettre tout entière, beaucoup plus courte que je ne l'aurais voulu, d'un homme tel que vous, dont les discours ne sont jamais assez longs, quelque temps qu'on mette pour les lire. Quoique je sois accablé de soins multipliés pour les affaires des autres et presque toutes temporelles, j'aurais de la peine à vous pardonner la brièveté de votre lettre, si je ne pensais pas à la brièveté plus grande encore de la mienne, à laquelle elle répond. Commencez donc, je vous en prie, un commerce littéraire avec moi, de peur que l'absence corporelle ne finisse par trop nous séparer l'un de l'autre, quoique cependant nous soyons toujours unis d'esprit dans Notre Seigneur, malgré notre silence mutuel. Toutefois, les livres que vous avez écrits sur « le grenier du Seigneur, » vous ont fait connaître entièrement à nous. Si nous ne vous connaissons point, parce que nous n'avons jamais vu votre visage, vous ne vous connaissez pas non plus, car vous ne le voyez pas. Mais si vous ne vous connaissez que parce que vous connaissez votre esprit, nous aussi nous le connaissons par vos ouvrages, dans lesquels nous bénissons le Seigneur de vous avoir fait tel que vous êtes, et pour vous, et pour nous, et pour tous les frères qui vous lisent.

CHAPITRE II. — 2. Un de vos livres est tombé depuis peu entre nos mains. Nous n'en connaissons pas encore le titre qui n'est pas, comme à l'ordinaire, inscrit sur la première page. Le frère, chez qui le livre a été trouvé, disait que vous l'aviez intitulé l'*Epitaphe*. Nous serions portés à croire que c'est effectivement

---

[1] Ecrite l'an 397. — Cette lettre était la 9ᵉ dans les éditions antérieures à l'édition des Bénédictins, et celle qui était la 40ᵉ se trouve maintenant la 62ᵉ.

EPISTOLA XL

Augustinus Hieronymo de titulo vulgati ab ipso libri de Scriptoribus ecclesiasticis. Tum de Petro reprehenso non mendaciter a Paulo, de quo jam eidem scripsit epist. XXVIII *Hortatur postremo ut prodat Origenis et singulorum hæreticorum errata.*

DOMINO DILECTISSIMO, ET CULTU SINCERISSIMO CARITATIS OBSERVANDO ATQUE AMPLECTENDO FRATRI, ET COMPRESBYTERO HIERONYMO, AUGUSTINUS.

CAPUT I. — 1. Habeo gratiam, quod pro suscripta salutatione, plenam mihi epistolam reddidisti, sed breviorem multo, quam ex te vellem sumere, tali viro, a quo tempora quantalibet occupet, nullus sermo prolixus est. Quamquam itaque nos negociorum alienorum, eorumque sæcutarium, curis circumstemur ingentibus; tamen epistolæ tuæ brevitati facile non ignoscerem, nisi cogitarem, quam paucioribus verbis meis redderetur. Quare, aggredere, quæso, istam nobiscum litterariam colloquutionem, ne multum ad nos disjungendos liceat absentiæ corporali: quamquam simus in Domino Spiritus unitate conjuncti, etiamsi ab stilo qui escamus, et taceamus Et libri quidem, quos de horreo dominico elaborasti, pene totum te nobis exhibent. Si enim propterea te non novimus, quia faciem tui corporis non vidimus: hoc modo nec ipse te nosti: nam tu quoque non vides eam. Si autem tibi non ob aliud notus es, nisi quia nosti animum tuum; et nos eum non mediocriter novimus in litteris tuis; in quibus benedicimus Domino, quod tibi, et nobis, omnibusque fratribus qui tua legunt, te talem dedit.

CAPUT II. — 2. Liber quidam tuus inter cetera non diu est ut venit in manus nostras : quæ sit ejus inscriptio, nescimus adhuc. Non enim hoc codex ipse, ut adsolet, in liminari pagina prætendebat. Epitaphium tamen appellari dicebat frater, apud quem inventus est, quod ei nomen tibi placuisse ut inderetur crederemus, si eorum tantum vel vitas, vel scripta ibi legissemus qui jam defuncti essent. Cum vero multorum

le nom qu'il vous a plu de donner à cet ouvrage, si nous y avions lu seulement la vie ou les écrits d'hommes morts. Mais comme vous y faites mention des opuscules d'hommes qui vivaient à l'époque où votre livre a été composé, et qui sont encore vivants aujourd'hui, nous sommes étonné que vous ayez donné ce titre à votre livre, ou que vous laissiez croire que telle a été votre volonté. Du reste, j'y donne ma pleine approbation, parce qu'il a été écrit dans un but d'utilité.

CHAPITRE III. — 3. Dans l'exposition de la lettre de saint Paul aux Galates, j'ai trouvé quelque chose qui m'a fait beaucoup de peine. En effet, si l'on admet qu'il y a des mensonges officieux dans les saintes Écritures, quelle autorité auront-elles encore? Quelle sentence, quel passage pourrait-on en tirer, dont le poids serait assez fort pour abattre l'opiniâtreté du mensonge et de l'erreur? Quelque passage qu'on produise, si votre adversaire pense autrement, il dira que cet endroit est un de ceux où l'auteur a usé de quelque mensonge officieux. Et où ne pourra-t-on pas appliquer cette réponse, si l'on peut croire et affirmer que l'Apôtre a commis un mensonge, quand il dit : « Je prends Dieu à témoin que je ne mens pas en ce que je vous écris (*Galat.*, I, 20), » ainsi que lorsqu'il a dit de Pierre et de Barnabé : « Comme je voyais qu'ils ne marchaient pas droit selon la vérité de l'Évangile (*Gal.*, II, 14). » En effet, si Pierre et Barnabé marchaient droit, saint Paul a menti ; et s'il a menti dans cette occasion, où et quand a-t-il dit la vérité? Paraîtra-t-il avoir dit la vérité, quand il aura parlé dans le sens du lecteur? Et quand le lecteur ne partagera pas son avis, saint Paul sera-t-il accusé d'un mensonge officieux? En adoptant cette marche, les raisons ne manqueront jamais pour croire, que non-seulement il a pu, mais encore qu'il a dû mentir. Il n'est pas nécessaire de développer cela par beaucoup de paroles, surtout près de vous, pour la prévoyante sagesse de qui je crois en avoir dit assez. Je n'ai pas, d'ailleurs, l'arrogante prétention de vouloir enrichir de mes oboles votre génie, que la grâce de Dieu a doté de l'abondance de son or divin. Et personne n'est plus en état que vous de corriger votre ouvrage.

CHAPITRE IV. — 4. Ce n'est pas non plus à moi à vous enseigner ce qu'il faut entendre par ces paroles du même Apôtre : « Je me suis fait Juif avec les Juifs, pour gagner les Juifs (*Corinth.*, IX, 20), » et tout ce qu'il ajoute dans le même endroit, non par esprit de mensonge et de dissimulation, mais par une charité compatissante. Il fait comme celui qui soigne un malade et qui se fait en quelque sorte malade lui-même, non en faisant semblant d'avoir la fièvre comme lui, mais en entrant dans l'esprit

et eo tempore quo scribebatur, et nunc usque viventium, ibi commemorentur opuscula ; miramur, cur hunc ei titulum vel imposueris, vel imposuisse credaris. Sane utiliter a te conscriptum cumdem librum satis approbamus.

CAPUT III. — 3. In exceptione quoque Epistolæ Pauli ad Galatas, invenimus aliquid, quod nos multum moveat. Si enim ad Scripturas sanctas admissa fuerint velut officiosa mendacia, quid in eis remanebit auctoritatis? Quæ tandem de Scripturis illis sententia proferetur, cujus pondere contentiosæ falsitatis obteratur improbitas? Statim enim ut protuleris ; si aliter sapit, qui contra nititur ; dicet illud, quod prolatum erit, honesto aliquo officio scriptorem fuisse mentitum. Ubi enim hoc non poterit, si potuit in ea narratione, quam exorsus Apostolus ait, « Quæ autem scribo vobis, ecce coram Deo quia non mentior (*Gal.* I, 20), » credi affimarique mentitus, eo loco ubi dixit de Petro et Barnaba, « Cum viderem, quia non recte ingrediuntur ad veritatem Evangelii (*Gal.*, II, 14) ? » Si enim recte illi ingrediebantur, iste mentitus est : si autem ibi mentitus est, ubi verum dixit? An ibi verum dixisse videbitur, ubi hoc dixerit, quod lector sapit ; cum vero contra sensum lectoris aliquid occurrerit, officioso mendacio deputabitur? Non enim deesse poterunt caussæ, cur existimetur non solum potuisse, verum etiam debuisse mentiri, si huic regulæ conceditur locus. Non opus est hanc caussam multis verbis agere, præsertim apud te, cui sapienter providentı dictum sat est. Nequaquam vero mihi arrogaverim, ut ingenium tuum, divino dono aureum, meis obolis ditare contendam : nec est quisquam te magis idoneus, qui opus illud emendet.

CAPUT IV. — 4. Neque enim a me docendus es quomodo intelligatur, quod idem dicit, « Factus sum Judæis tamquam Judæus, ut Judæos lucrifacerem (I *Cor.*, IX, 20) : » et cetera quæ ibi dicuntur compassione misericordiæ, non simulatione fallaciæ. Fit enim tamquam ægrotus, qui ministrat ægroto : non cum se febres habere mentitur, sed cum animo condolentis cogitat, quemadmodum sibi serviri vellet, si ipse

du malade pour voir comment il voudrait être servi s'il était malade lui-même. Car saint Paul était Juif, et après être devenu chrétien, il n'avait pas rejeté les sacrements des Juifs, que ce peuple avait reçus dans le temps de la loi et comme il convenait à son état. Il les garda, lorsque déjà il était apôtre de Jésus-Christ, non-seulement pour montrer qu'ils n'étaient pas pernicieux à ceux qui, les ayant reçus de leurs parents par la loi, voudraient y rester attachés, en croyant au Christ, mais pour montrer en même temps qu'ils ne devaient pas mettre, dans ces signes religieux, l'espérance du salut, parce que le salut, représenté par ces sacrements, était descendu sur la terre avec l'avénement de Jésus-Christ. De là vient que l'Apôtre ne voulait pas qu'on imposât aux Gentils un fardeau aussi pesant qu'inutile, par des observances auxquelles ils n'étaient point accoutumés, et qui auraient pu les détourner de la foi (*Act.*, xv, 28).

5. C'est pourquoi l'Apôtre ne reprit pas saint Pierre (*Gal.*, ii, 14), parce qu'il observait les traditions de ses pères ; saint Pierre pouvait le faire sans commettre ni mensonge ni inconvenance, quoique déjà ces traditions fussent superflues ; mais comme on y était accoutumé, elles n'étaient pas nuisibles. Mais s'il reprit saint Pierre, c'est parce qu'il obligeait les Gentils à judaïser, ce qu'il ne pouvait faire d'aucune manière, à moins de regarder ces pratiques comme nécessaires au salut, même après l'avénement de Notre Seigneur. Voilà ce que la vérité réfuta fortement par les paroles apostoliques de saint Paul. Saint Pierre ne l'ignorait pas, mais la crainte de blesser les circoncis l'engageait à agir ainsi. Il est donc vrai que saint Pierre fut repris, et saint Paul a raconté la vérité. Il faut admettre cela, autrement l'Ecriture Sainte, qui n'a été transmise aux siècles à venir que pour être le soutien de la foi, n'aura plus rien de stable et de certain, dès qu'on y admettra l'autorité du mensonge. Il n'est pas possible, ni même à propos, de mettre en lumière tous les maux inexplicables qui seraient la conséquence d'une semblable concession. Nous pourrions le démontrer avec plus d'opportunité et moins de danger dans des conférences entre nous.

6. Saint Paul avait seulement rejeté ce qu'il y avait de mauvais dans les Juifs. D'abord leur ignorance de la justice de Dieu, leur opiniâtreté à vouloir y substituer leur propre justice, et à ne pas se soumettre à la justice divine (*Rom.*, 10, 3). Ensuite, parce qu'après la passion et la résurrection de Jésus-Christ, après l'institution et la manifestation du sacrement de la grâce, selon l'ordre de Melchisédech, ils voulaient toujours célébrer les sacrements anciens, non pour maintenir la coutume d'une antique so-

ægrotaret. Nam utique Judæus erat ; Christianus autem factus, non Judæorum Sacramenta reliquerat, quæ convenienter ille populus et legitimo tempore quo oportebat, acceperat. Itaque suscepit ea celebranda, cum jam Christi esset Apostolus ; sed ut doceret non esse perniciosa iis, qui ea vellent, sicut a parentibus per Legem acceperant, custodire, etiam cum Christo credidissent, non tamen in eis jam constituerent spem salutis ; quoniam per Dominum Jesum salus ipsa, quæ illis Sacramentis significabatur, advenerat. Ideoque gentibus, quod insuetos a fide revocarent onere gravi et non necessario, nullo modo imponenda esse censebat (*Act.* xv, 28).

5. Quapropter non ideo Petrum emendavit, quod paternas traditiones observaret (*Gal.*, ii, 14) : quod si facere vellet, nec mendaciter nec incongrue faceret ; quamvis enim jam superflua, tamen solita non nocerent sed quoniam gentes cogebat Judaizare, quod nullo modo posset, nisi ea sic ageret, tamquam adhuc etiam post Domini adventum necessaria saluti forent : quod vehementer per apostolatum Pauli veritas dissuasit. Nec apostolus Petrus hoc ignorabat : sed id faciebat, timens eos, qui ex circumcisione erant. Ita et ipse vere correctus est, et Paulus vera narravit, ne sancta Scriptura, quæ ad fidem posteris edita est, admissa auctoritate mendacii, tota dubia nutet et fluctuet. Non enim potest aut oportet litteris explicari, quanta et quam inexplicabilia mala consequantur, si hoc concesserimus. Posset autem opportune minusque periculose demonstrari, si coram inter nos colloqueremur.

6. Hoc ergo Judæorum Paulus dimiserat, quod malum habebant : et in primis illud, quod ignorantes Dei justitiam (*Rom*, x, 3), et suam justitiam volentes constituere, justitiæ Dei non sunt subjecti. Deinde quod post passionem et resurrectionem Christi, dato ac manifestato Sacramento gratiæ secundum ordinem Melchisedech, adhuc putabant Sacramenta vetera, non ex consuetudine sollemnitatis, sed ex necessitate salutis esse celebranda. quæ tamen si numquam fuissent necessaria,

lennité, mais comme nécessaires au salut, bien qu'il y eût un temps où ces sacrements ont été nécessaires, car autrement le martyre des « Machabées (*Macchab.*, VII, 1) eût été vain et infructueux. » Enfin, ce qui le sépara des Juifs, ce fut la haine avec laquelle ils poursuivaient, comme ennemis de la loi, les prédicateurs de la grâce chrétienne. Voilà les erreurs et les vices que, dans son ardeur pour gagner Jésus-Christ (*Philipp.*, II, 8), il condamnait et regardait comme de la boue ; mais il ne méprisait pas l'observation des pratiques religieuses établies selon la loi, pourvu qu'on les observât comme avaient fait les anciens, et comme il le faisait lui-même, c'est-à-dire sans en faire dépendre le salut, non comme les Juifs croyaient qu'il fallait les observer, et non avec cette dissimulation fallacieuse, comme celle qu'il avait reprochée à saint Pierre. Si saint Paul a observé les cérémonies anciennes pour faire croire qu'il était Juif et afin de gagner les Juifs, pourquoi n'a-t-il pas sacrifié avec les Gentils, puisqu'il a vécu avec ceux qui n'avaient pas la loi, comme s'il ne l'avait pas lui-même pour les gagner également à Jésus-Christ ? C'est parce qu'il était juif par nature, qu'il a fait cela : et tout ce qu'il a dit n'était pas pour feindre ce qu'il n'était pas, mais par un sentiment de miséricorde, pour venir en aide aux Gentils et aux Juifs. S'il feignait de partager leur erreur, ce n'était pas par l'astuce du mensonge, mais par un sentiment de tendresse et de compassion. C'est une maxime générale qu'il a voulu nous donner en disant dans le même passage : « Je me suis fait faible avec les faibles pour gagner les faibles. Je me suis fait tout à tous pour les gagner tous (I *Corinth.*, IX, 22). » Toutes ces paroles ont pour but de faire voir qu'il prenait en pitié les faiblesses de chacun, comme si elles eussent été les siennes, et quand il disait : « Qui peut être faible sans que je m'affaiblisse avec lui (II *Corinth.*, XI, 29), » il a voulu faire entendre, non qu'il feignait d'avoir les faiblesses des autres, mais qu'il y compatissait.

7. C'est pourquoi, je vous en conjure, armez-vous de la vraie et charitable sévérité chrétienne, pour corriger ce que votre ouvrage peut avoir de répréhensible, et chantez, comme on dit, la *palinodie*. La vérité chrétienne est incomparablement plus belle que l'Hélène des Grecs, et nos glorieux martyrs ont combattu pour cette vérité avec plus de force et de courage contre la Babylone de ce siècle, que tous les héros grecs contre la ville de Troie. Je ne vous dis pas cela pour que vous retrouviez les yeux du cœur, que vous êtes loin d'avoir perdus, mais

---

infructuose atque inaniter pro eis Machabæi martyres flerent (II *Mach.* VII, 1). Postremo istud quod prædicatores gratiæ Christianos Judæi tamquam hostes Legis persequebantur. Hoc atque hujusmodi errores et vitia, dicit se (*a*)damna et stercora arbitratum, ut Christum lucrifaceret (*Psal.*, III, 8) : non observationes Legis, si more patrio celebrarentur, sicut et ab ipso celebratæ sunt sine ulla salutis necessitate (*b*), non sicut Judæi celebrandas putabant, aut fallaci simulatione, quod in Petro reprehenderat. Nam si propterea illa Sacramenta celebravit, quia simulavit se Judæum ut illos lucrifaceret : cur non etiam sacrificavit cum Gentibus, quia et iis qui sine Lege erant, tamquam sine Lege factus est, ut eos quoque lucrifaceret ; nisi quia et illud fecit, ut natura Judæus ; et hoc totum dixit, non ut fallaciter se fingeret esse quod non erat sed ut misericorditer eis ita subveniendum esse sentiret, ac si ipse in eodem errore laboraret ; non scilicet mentientis astu, sed compatientis affectu? Sicut eo ipso loco generaliter intulit, « Factus sum infirmis infirmus, ut infirmos lucrifacerem (I *Cor.*, IX, 22) : » ut sequens conclusio, « Omnibus omnia factus sum, ut omnes lucrifacerem, » ad hoc referenda intelligatur, ut cujusque infirmitatem tamquam in seipso miseratus appareat. Non enim et cum diceret, « Quis infirmatur, et ego non infirmor (II *Cor.*, XI, 39) ? » infirmitatem alterius simulasse se potius quam condoluisse, volebat intelligi.

7. Quare arripe, obsecro te, ingenuam et vere Christianam cum caritate severitatem, ad illud opus corrigendum atque emendandum, et παλινῳδίαν, ut dicitur, cane. Incomparabiliter enim pulcrior est veritas Christianorum, quam Helena Græcorum. Pro ista enim fortius nostri Martyres adversus hanc Sodomam, quam pro illa illi heroes adversus Trojam, dimicaverunt. Neque hoc ideo dico, ut oculos cordis recipias ; quos absit ut amiseris : sed ut advertas, quos cum habeas sanos et vigiles, nescio qua dissimulatione avertisti, ut non intenderes quæ consequantur adversa, si semel cre-

---

(*a*) Sic MSS. prope omnes. At editi habent, *dicit se damnare* etc.
(*b*) Deest, *non*, apud Bad. Am. Er. et plerosque MSS.

afin que, les ayant sains et toujours ouverts, vous puissiez remarquer avec je ne sais quelle dissimulation, vous les avez détournés, au point de ne pas voir les conséquences fâcheuses qui résulteraient de la croyance une fois admise, que les écrivains des livres sacrés aient pu, même dans une intention honnête et pieuse, admettre le mensonge dans une partie quelconque de leurs ouvrages.

CHAPITRE V. — 8. Je vous avais déjà écrit une lettre qui ne vous est pas parvenue, parce que celui à qui je l'avais confiée n'est pas parti(1). En l'écrivant, il m'est venu une pensée que je ne dois pas oublier ici, c'est-à-dire que si vous ne partagez pas mon opinion, et que la vôtre soit meilleure, vous pardonniez à mes craintes. En effet, si vous pensez autrement que moi, et que vous pensiez selon la vérité (car votre opinion ne peut être meilleure que la mienne qu'autant qu'elle sera conforme à la vérité), il n'y aurait pas une grande faute de ma part, si toutefois il y en a une, d'avoir fait tourner mon erreur au profit de la vérité, puisque quelquefois la vérité a tourné au profit du mensonge.

CHAPITRE VI. — 9. Quant à ce que vous avez daigné me répondre au sujet d'Origène, je savais déjà que, non-seulement dans les ouvrages ecclésiastiques, mais encore dans tous les autres, il fallait approuver et louer ce qui est bien et vrai, comme il faut blâmer et reprendre tout ce qui est mauvais et faux. Mais j'aurais désiré, et je désire encore, que votre sagesse et vos lumières nous fassent connaître les erreurs, par lesquelles un si grand homme s'est écarté de la foi et de la vérité. Dans le livre où, autant que vos souvenirs vous l'ont permis, vous avez fait mention des auteurs ecclésiastiques et de leurs écrits, il eût été à mon avis plus à propos, après avoir nommé ceux que vous connaissiez comme hérétiques, d'ajouter les erreurs qu'ils ont commises, et contre lesquelles nous devons être en garde. Mais puisque vous n'avez pas voulu laisser ignorer leurs noms, je désirerais savoir pourquoi vous n'avez pas fait mention de quelques-uns de ces auteurs tombés dans l'hérésie. Peut-être avez-vous craint de trop grossir votre livre, en faisant connaître ce que l'autorité catholique a condamné dans ces hérétiques que vous avez nommés ; mais je vous prie de ne pas regarder comme trop pénible ce surcroît de travail. Votre ouvrage a déjà été, avec la grâce de Notre Seigneur, d'un grand secours pour l'étude des saintes Écritures en langue latine, je vous demande donc, avec toute humilité, et au nom de la charité que j'ai pour nos frères, si vos occupations vous le permettent, de réunir dans un abrégé, tous les dogmes pervers des hérétiques qui, jusqu'à ce jour, se sont efforcés

---

(1) Cette lettre est publiée au n. 30.

---

ditum fuerit, posse honeste ac pie scriptorem divinorum librorum in aliqua sui operis parte mentiri.

CAPUT V. — 8. Scripseram hinc jam aliquando ad te epistolam, quæ non perlata est, quia nec perrexit cui perferendam tradideram : ex qua illud mihi suggestum est, cum istam dictarem, quod in hac quoque prætermittere non debui, ut si alia est sententia tua, eademque est melior, timori meo libenter ignoscas. Si enim aliter sentis, verumque tu sentis (nam nisi verum sit, melius esse non potest) ut non dicam nulla, certe non magna culpa meus error veritati favet, si recte in quoquam veritas potest favere mendacio.

CAPUT VI. — 9. De Origene autem quod rescribere dignatus es, jam sciebam non tantum in ecclesiasticis litteris, sed in omnibus recta et vera, quæ invenerimus, approbare atque laudare, falsa vero et prava improbare atque reprehendere. Sed illud de prudentia doctrinaque tua desiderabam, et adhuc desidero, ut nota nobis facias ea ipsa ejus errata, quibus a fide veritatis ille vir tantus recessisse convincitur. In libro etiam quo cunctos ; quorum meminisse potuisti, scriptores ecclesiasticos et eorum scripta commemorasti, commodius, ut arbitror, fieret, si nominatis eis quos hæresiotas esse nosti, (quando ne ipsos quidem prætermittere volueris,) subjungeres etiam in quibus cavendi essent : quamquam nonnullos etiam præterieris, quod scire cuperem quo consilio factum sit. Aut si illud volumen forte onerare noluisti, ut commemoratis hæreticis, non adderes in quibus eos catholica damnarit auctoritas ; peto ne grave sit litterario labori tuo, quo non mediocriter per Domini Dei nostri gratiam in latina lingua sanctorum studia et accendisti et adjuvisti, id quod tibi per humilitatem meam fraterna caritas indicit, ut si occupationes tuæ sinunt, omnium hæreticorum perversa

d'altérer la foi chrétienne, soit par orgueil, soit par ignorance, soit par opiniâtreté. Cette notice serait fort utile à ceux que d'autres affaires, ou l'ignorance d'une langue étrangère, empêchent de lire et de connaître tant de choses. J'insisterais plus longtemps à ce sujet, si je ne craignais pas de paraître manquer de confiance envers votre charité. En même temps, je recommande à votre bienveillance Paul, notre frère en Jésus-Christ. L'estime, dont il jouit dans notre pays, me permet de vous donner en face de Dieu, le meilleur témoignage possible sur son compte.

LETTRE XLI [1]

Alype et Augustin félicitent Aurèle, évêque de Carthage, de ce qu'il avait permis à de simples prêtres d'adresser des instructions au peuple même en sa présence (2) ; ils le prient de leur envoyer quelques-unes de ces instructions.

A LEUR VÉNÉRABLE ET BIEN-AIMÉ FRÈRE LE PAPE AURÈLE, LEUR COLLÈGUE DANS LE SACERDOCE, ALYPE ET AUGUSTIN, SALUT EN JÉSUS-CHRIST.

1. Notre cœur a été rempli de joie, notre langue a chanté des cantiques d'allégresse, lorsque votre lettre nous a annoncé l'heureuse issue de la sainte pensée que Dieu vous avait inspirée, pour nos frères que vous avez ordonnés, et particulièrement au sujet des sermons, qu'en votre présence, vos prêtres prononcent devant le peuple, votre charité, par leur bouche, pénètre dans les cœurs des hommes avec plus de force et d'éclat que la voix de vos prêtres ne parvient à leurs oreilles. Dieu soit loué ! On ne peut rien penser, rien dire, rien écrire de meilleur que ces mots : Dieu soit loué ! Rien de plus court à dire, de plus agréable à entendre, de plus grand à comprendre, de plus utile à faire. Loué soit Dieu, qui vous a enrichi d'un cœur si dévoué pour vos enfants, qui a mis au jour ce que vous aviez au fond de votre âme, où l'œil de l'homme ne peut pénétrer, et qui vous fait la grâce, non-seulement de vouloir le bien, mais encore le moyen de faire voir ce que vous vouliez ! Qu'il en soit donc ainsi ! Que ces œuvres brillent en présence des hommes, pour qu'ils voient, se réjouissent et glorifient le Père qui est dans les cieux. Puissiez-vous avoir toujours de pareilles joies dans le Seigneur ! Qu'il daigne vous exaucer, lorsque vous le priez pour ceux par la bouche desquels vous aimez à l'en-

---

(1) Écrite peu de temps après que saint Augustin fut fait évêque. — Cette lettre était la 77e dans les éditions antérieures à celle des Bénédictins, et celle qui était la 41e se trouve maintenant la 26e.
(2) La présence ou la permission de l'évêque étaient indispensables pour qu'un simple prêtre pût prêcher dans une église, tant la prédication était regardée comme un privilège attaché à l'épiscopat. Quoique dans les églises d'Orient les prêtres aient eu de bonne heure la faculté de prêcher devant le peuple, témoins les sermons d'Origène et de saint Chrysostome ; cette permission ne paraît pas leur avoir été accordée dans l'Italie et dans les Gaules avant le VIe siècle, où le concile de Vaison la leur donna l'an 529. Saint Augustin fut le premier en Afrique à qui cette faveur fut accordée par l'évêque Valère. Voyez les lettres 21 et 22.

EPISTOLA XLI

Alypius et Augustinus Aurelio gratulantes de sermonibus quos presbyteri præsente ipso ad populum habere cœperant, ipsumque rogantes ut aliqui eorum sermones sibi mittantur.

DOMINO BEATISSIMO ET VENERABILITER SUSCIPIENDO, SINCERISSIMEQUE CARISSIMO FRATRI ET (a) CONSACERDOTI PAPÆ AURELIO, ALYPIUS ET AUGUSTINUS IN DOMINO SALUTEM.

1 Impletum est gaudio os nostrum, et lingua nostra exsultatione, nuntiantibus litteris tuis sanctam cogitationem tuam adjuvante Domino, qui eam inspiravit, ad effectum esse perductam, de dogmata, qui rectitudinem fidei Christianæ usque ad hoc tempus vel impudentia vel imperitia vel pervicacia depravare conati sunt, uno libello breviter digesta edas, in notitiam eorum, quibus aut non vacat propter alia negotia, aut non valent propter alienam linguam tam multa legere atque cognoscere. Diu te rogarem, nisi hoc soleret esse indicium minus præsumentis de caritate. Hunc interea fratrem nostrum Paulum in Christo multum commendo benignitati tuæ, cujus in nostris regionibus existimationi bonum coram Deo testimonium perhibemus.

(a) Ita MSS. omnes. At editi, *et vere sancto Papa*.

tendre parler. Qu'on aille, qu'on marche, qu'on coure dans la voie du Seigneur. Que les petits soient bénis avec les grands, et qu'ils soient comblés de joie à la voix de ceux qui leur disent : « Nous irons dans la maison du Seigneur (*Ps.*, cxxi, 5-1). » Que les uns marchent devant, que les autres les suivent en se faisant les imitateurs des premiers, comme ceux-ci se sont faits les imitateurs de Jésus-Christ ! Que le sentier des fourmis spirituelles soit rempli de travailleuses ! Que le travail des saintes abeilles exhale son parfum ! Que l'arbre de la patience porte ses fruits ; c'est-à-dire la grâce de persévérer jusqu'à la fin pour arriver au salut ! Que le Seigneur ne permette pas que nous soyons tentés au delà de nos forces, mais qu'en permettant la tentation, il fasse que nous puissions la soutenir et en sortir victorieux (I *Corinth.*, x, 13).

2. Priez pour nous, vous qui êtes digne d'être exaucé ! Vous qui vous approchez de Dieu avec le sacrifice d'un sincère amour, vous qui le louez dans vos œuvres. Priez pour que ces œuvres luisent aussi en nous, car celui que vous priez sait avec quelle joie nous les voyons luire en vous. Tels sont nos vœux ! Telle est l'abondance des consolations qui répandent la joie dans notre âme en proportion de nos douleurs. Cela est ainsi, parce que cela nous a été promis ; il en sera de même, ainsi plus tard parce que la promesse nous en a été faite. Nous vous prions, au nom de celui qui vous a accordé ces grâces et qui a répandu par vous sa bénédiction sur le peuple auquel vous vous dévouez, de nous envoyer, après les avoir fait transcrire et corriger, les sermons de vos prêtres, du moins ceux que vous voudrez. Car, de mon côté, je ne néglige pas les ordres que vous me donnez et, comme je vous l'ai déjà souvent écrit, je désire connaître ce que vous pensez sur les sept règles ou clefs de Tichonius (1). Nous vous recommandons beaucoup notre frère Hilarin, médecin d'Hippone et premier magistrat de cette ville. Nous savons toute la peine que vous vous donnez pour notre frère Romain, et nous n'avons rien à souhaiter de plus, sinon que Dieu vous aide dans ce que vous faites pour lui : Ainsi soit-il.

---

(1) Tichonius est l'auteur d'un ouvrage intitulé : *Le livre des règles*. Il en établit sept qui sont comme autant de clefs pour étudier les saintes Écritures. Saint Augustin les expose dans son troisième livre de la *Doctrine chrétienne*, c. XXX.

---

omnibus ordinatis fratribus nostris, et præcipue de sermone presbyterorum, qui te præsente populo infunditur, per quorum linguas clamat caritas tua majore voce in cordibus hominum, quam illi in auribus : Deo gratias. Nam quid melius et animo geramus, et ore promamus, et calamo exprimamus quam, Deo gratias ? Hoc nec dici brevius, nec audiri lætius, nec intelligi grandius, nec agi fructuosius potest. Deo gratias, qui te tam fideli pectore ditavit erga filios tuos, et id quod in intimo animæ habebas, quo humanus oculus non penetrat, eduxit in lucem, donando tibi, non solum ut bene velles, verum etiam in quibus posset apparere quod velles. Ita plane fiat, fiat : luceant hæc opera coram hominibus, ut videant, gaudeant, glorificent Patrem, qui in cælis est. Talibus delecteris in Domino : ipse te pro eis orantem dignetur exaudire, quem tu per eos loquentem non dedignaris audire. Eatur, ambuletur, curratur in via Domini, benedicantur pusilli cum magnis, jucundati in his qui dicunt eis ; « In domum Domini ibimus (*Psal.*, cxxi, 1) : » præcedant illi, et sequantur isti, imitatores facti eorum, sicut et illi Christi. Ferveat iter sanctarum formicarum, fragrent opera sanctorum apum, feratur fructus in tolerantia cum salute perseverandi usque in finem. Nec sinat Dominus tentari supra quam possumus ferre, sed faciat cum tentatione etiam exitum, ut possimus sustinere (I Cor., x, 13).

2. Orate pro nobis digni exaudiri ; cum tanto quippe sacrificio acceditis ad Deum sincerissimæ dilectionis et laudis ejus in operibus vestris : orate ut et in nobis hæc luceant : quoniam novit ille quem oratis, cum quanto nostro gaudio in vobis luceant. Hæc sunt vota nostra, hæ multitudines solatiorum secundum multitudinem dolorum nostrorum in corde nostro jucundant animam nostram, Ita est, quia ita promissum est ; ita erit quod restat, sicut promissum est. Obsecramus te per eum, qui tibi ista donavit, et populum cui servis hac per te benedictione perfudit, ut jubeas singulos, quos volueris sermones eorum conscriptos, et emendatos mitti nobis. Nam et ego quod jussisti non negligo, et de Tychonii septem regulis vel clavibus, sicut sæpe jam scripsi, cognoscere quid tibi videatur exspecto (a). Fratrem Hilarinum Hipponensem Archiatrum et Principalem multum commendamus, Nam de fratre Romano quid satagas novimus, nihilque petendum est nisi ut te pro illo adjuvet Dominus : Amen.

(a) Reliqui versus desiderantur in hactenus editis, nec in MSS. nostris plusquam duobus optimæ notæ Germanensi et Corbeiensi reperiuntur.

LETTRE XLII [1]

Saint Augustin écrit à saint Paulin. Il se plaint de n'avoir pas, depuis plus d'un an, reçu de réponse à ses lettres, et le prie de lui envoyer son ouvrage contre les Païens, dès qu'il l'aura achevé.

Cette lettre fut imprimée pour la première fois dans l'édition des Bénédictins. Elle est tirée d'un *papyrus,* qui avait appartenu à l'église de Narbonne, et qui alors était propriété de l'illustre famille de Phimarcon (2).

A SES HONORABLES SEIGNEURS ET TRÈS-SAINTS FRÈRES EN JÉSUS-CHRIST, PAULIN ET THÉRÈSE, AUGUSTIN, SALUT DANS LE SEIGNEUR.

1. Aurait-on pu croire, aurait-on pu s'attendre que nous serions obligés de vous demander, par notre frère Sévère, une réponse si vivement désirée, et que votre charité ne nous a pas encore faite? Quoi, vous nous laissez passer deux étés, et cela en Afrique, avec une telle soif! Que dirai-je de plus? O vous qui donnez chaque jour ce qui vous appartient, payez-nous donc votre dette. Avez-vous tant différé de m'écrire, parce que vous vouliez, avant de me répondre, achever et m'envoyer l'ouvrage contre les Païens dont j'ai appris que vous vous occupiez et que je désirais si ardemment connaître (3)? Plaise à Dieu que vous admettiez à un si riche festin le long jeûne que vous m'avez fait souffrir de vos écrits pendant un an! Si ce festin n'est pas encore préparé, je ne cesserai de me plaindre, à moins que jusqu'à ce temps vous me donniez de quoi me soutenir. Saluez tous nos frères et surtout Romain et Agile. Ceux qui sont avec moi vous saluent, et leur colère comme la mienne serait moins grande s'ils ne vous aimaient pas tant.

---

(1) Écrite l'an 397, vers la fin du mois d'août. — La lettre qui était la 42e dans les éditions antérieures à l'édition des Bénédictins se trouve maintenant la 232e.
(2) L'abbé Dubois dit qu'il se trouvait dans la bibliothèque de Monsieur de Fief-Marcon.
(3) Voyez plus haut épître XXXI.

EPISTOLA XLII

Augustinus Paulino, flagitans ut litterarum debitum amplius anno integro non redditum exsolvat, mittatque sibi opus adversus Paganos, cum id perfecerit.

Prodit nunc primum ex corticeo codice, qui olim Narbonensis ecclesiæ fuit, nunc vero est illustris familiæ Phimarconensis.

DOMINIS LAUDABILIBUS IN CHRISTO SANCTISSIMIS FRATRIBUS PAULINO ET THERASIÆ AUGUSTINUS IN DOMINO SALUTEM.

1. Num etiam hoc sperari aut exspectari posset, ut per fratrem Severum rescripta flagitaremus, tam diu tam ardentibus nobis a vestra caritate non reddita. Quid est quod duas æstates, easdemque in Africa sitire cogamur? Quid amplius dicam? O qui res vestras quotidie donatis, debitum reddite. An forte quod adversus dæmonicolas te scribere audieram, atque id opus vehementer desiderare me ostenderam, volens perficere ac mittere tanto tempore ad nos epistolas distulisti? Utinam saltem tam opima mensa jam annosum ab stilo tuo jejunium meum excipias, quæ si nondum parata est, non desinemus conqueri, si nos dum illud perficis, non interim relicis. Salutate fratres, maxime Romanum et Agilem. Hinc qui nobiscum sunt vos salutant, et parum nobiscum irascuntur, si parum diligunt.

LETTRE XLIII [1]

Saint Augustin fait voir dans cette lettre avec quelle impudence les Donatistes persistent dans leur schisme, après avoir été convaincus par tant de jugements solennels de la fausseté des prétextes par lesquels ils prétendaient l'autoriser.

A SES TRÈS-CHERS SEIGNEURS ET ESTIMABLES FRÈRES GLORIUS, ELEUSIUS, LES DEUX FÉLIX [2], GRAMMATICUS, ET A TOUS CEUX AUXQUELS CELA PEUT ÊTRE AGRÉABLE. AUGUSTIN, SALUT.

1. L'apôtre saint Paul a dit : « Évitez l'hérétique après l'avoir repris une première fois, sachant que celui qui est en cet état est perverti et qu'il pèche, étant condamné par son propre jugement(*Tit.*, III, 10, 11).» Mais on ne doit pas compter au nombre des hérétiques ceux qui, sans animosité et sans opiniâtreté, défendent une doctrine même fausse et perverse, surtout lorsque cette doctrine n'étant pas le fruit de leur audace et de leur présomption, mais un héritage de leurs pères induits en erreur, ils cherchent avec sollicitude la vérité et sont prêts à se corriger dès qu'ils l'auront trouvée. Si je ne vous croyais pas dans de telles dispositions, je ne vous adresserais peut-être aucune lettre. Quoique dans la crainte de voir les petits et les faibles entraînés à l'erreur, nous recommandions d'éviter l'hérétique enflé d'un odieux orgueil, et que son obstination à soutenir une mauvaise cause a rendu insensé, nous ne le repoussons pas quand nous croyons pouvoir le ramener à la vérité par un moyen quelconque. C'est pourquoi nous avons écrit à quelques-uns des principaux donatistes, non pas des lettres de communion, que déjà depuis longtemps ils refusent de recevoir, à cause de leur éloignement de l'unité catholique répandue par toute la terre, mais des lettres particulières telles que nous pouvons en adresser aux païens. Si toutefois ils les ont lues, ils n'ont pas voulu, ou pour mieux dire ils n'ont pas pu y répondre. Nous avons cru en cela remplir un devoir de charité, que le Saint-Esprit nous commande, non-seulement pour tous les nôtres, mais encore

---

(1) Ecrite vers la fin de l'année 397, ou au commencement de la suivante. — Cette lettre était la 162ᵉ dans les éditions antérieures à l'édition des Bénédictins, et celle qui était la 43ᵉ se trouve maintenant la 16ᵉ.
(2) Ceux à qui s'adresse cette lettre et la suivante, étaient sans doute de la ville de Tibursi, puisque saint Augustin dit au commencement de la lettre 44ᵉ, que Fortunius, évêque donatiste de cette ville était leur évêque. Eleusius paraît être celui dont il est parlé à la fin de la lettre 204, adressée à Dulcitius. Saint Augustin l'appelle son très-cher fils. Eleusius avait été tribun à Thamugade, et il se convertit avec quelques autres par la lecture de ces deux lettres. On trouve plusieurs fois dans les lettres de saint Augustin le nom de l'ancienne cité de Tibursi. Cette ville était située sur la route de Calame à Madaure. Ce n'est plus aujourd'hui qu'un monceau de ruines et le lieu qu'elles occupent se nomme Kremica.

EPISTOLA XLIII

Quanta impudentia Donatistæ persistant in suo schismate tot judiciis convicti.

DOMINIS DILECTISSIMIS ET MERITO PRÆDICANDIS FRATRIBUS GLORIO, ESEUSIO (a), FELICIBUS, GRAMMATICO ET CETERIS OMNIBUS, QUIBUS HOC GRATUM EST, AUGUSTINUS.

CAPUT I. — 1. Dixit quidem apostolus Paulus; « Hæreticum hominem post unam correptionem devita, sciens quia subversus est ejusmodi, et peccat, et est a semetipso damnatus (*Tit*, III, 10). » Sed qui sententiam suam, quamvis falsam atque perversam, nulla pertinaci animositate defendunt, præsertim quam non audacia præsumtionis suæ pepererunt, sed a seductis atque in errorem lapsis parentibus acceperunt, quærunt autem cauta sollicitudine veritatem, corrigi parati, cum invenerint; nequaquam sunt inter hæreticos deputandi. Tales ergo vos nisi esse crederem, nullas fortasse vobis litteras mitterem. Quamquam et ipsum hæreticum quamlibet odiosa superbia tumidum et pervicacia malæ contentionis insanum, sicut vitandum monemus, ne infirmos et parvullos fallat; ita non abnuimus, quibuscumque modis possumus, corrigendum. Unde factum est, ut etiam ad nonnullos Donatistarum primarios scriberemus, non communicatorias litteras, quas jam olim propter suam perversitatem ab unitate catholica, quæ toto orbe diffusa est, non accipiunt; sed tales privatas, qualibus nobis uti etiam ad Paganos licet, quas illi etsi aliquando legerunt, respondere tamen eis sive noluerunt, sive, ut magis. creditur, nequiverunt. Ubi nobis satis visum est implevisse nos officium caritatis,

---

(a) Bad. Am. Er. et unus e Vaticanis MSS. habent, *Felici*. alius Vat. *Felicibus grammaticis*.

pour tous les hommes, lorsqu'il nous dit par la bouche l'Apôtre : « Que le Seigneur fasse croître et augmente de plus en plus la charité que vous avez les uns pour les autres et envers tous (1 *Thessal.*, III, 12). » Dans un autre passage, le Saint-Esprit nous recommande également de reprendre avec douceur ceux qui ont des sentiments contraires à la vérité : « Dans l'espérance, » dit l'Apôtre, « que Dieu leur donnera un jour l'esprit de pénitence pour connaître la vérité, et qu'ils sortiront des pièges du démon qui les retient captifs pour en faire ce qu'il lui plait (II *Timoth.*, II, 26). »

2. J'ai voulu commencer par vous dire ces choses, afin de ne pas laisser croire que je vous aie écrit avec plus de témérité peut-être que de prudence, et que j'aie voulu m'occuper de l'affaire de votre âme, alors que vous n'êtes pas de notre communion. Si cependant je vous écrivais au sujet d'un fonds de terre, ou pour terminer une contestation d'argent, personne sans doute n'y trouverait à redire. Tant les choses de ce monde sont chères aux hommes ! Tant ils se sont avilis à leurs propres yeux. Cette lettre servira donc à ma défense au jugement de Dieu, qui connaît dans quel esprit j'ai agi et qui a dit : « Bienheureux les pacifiques, parce qu'ils seront appelés les enfants de Dieu (*Matt.*, v, 9). »

CHAPITRE II. — 3. Veuillez vous rappeler que pendant que nous étions dans votre ville, et que nous discutions ensemble sur quelques points concernant la communion de l'unité catholique, on produisit de votre part certains actes portant que soixante-dix évêques environ condamnèrent Cécilien, autrefois évêque de notre communion dans l'église de Carthage, ainsi que ses collègues et ceux qui lui avaient donné l'ordination. On y agita aussi la cause de Félix (1), évêque d'Aptonge, dont on regardait la conduite comme beaucoup plus criminelle et plus odieuse que celle des autres. Après la lecture de ces actes, nous répondimes qu'il n'y avait rien d'étonnant si ceux qui firent alors ce schisme, excités par la jalousie et la perversité de quelques hommes, avaient dressé des actes contre les évêques absents, et avaient pu les condamner témérairement sans preuves aucunes, et sans connaissance de cause. Mais nous aussi, nous avons des actes (2) ecclésiastiques

---

(1) Ce Félix avait donné l'ordination à Cécilien que la faction des schismatiques réunis à Carthage, l'an du Christ 311, condamna quoique absent, sous la fausse accusation d'être un des traditeurs, c'est-à-dire de ceux qui, pendant la persécution, avaient livré les saintes Ecritures. On a déjà parlé plusieurs fois des traditeurs : un des moyens employés par les païens pour abolir la religion chrétienne, était de brûler les saintes Ecritures, ils faisaient mettre les évêques en prison, pour les obliger de livrer les livres saints.

(2) Saint Augustin parle de ce qui se passa à Cirte, dans un concile de onze à douze évêques, où présida Secundus, alors primat de Numidie par droit d'ancienneté, car dans les provinces d'Afrique, la primatie n'était pas assignée à un siège épiscopal déterminé, alors que, dans la province proconsulaire, l'évêque de Carthage, jouissait toujours de cette prééminence. Optat, livre Ier contre Parménien, parle de ce concile, et saint Augustin, livre III contre Cresconius c. XXVII, en rapporte les actes. Dans le passage de saint Augustin il y a cependant une erreur à corriger, dans la désignation qu'il fait des consuls.

---

quam non solum nostris, sed et omnibus nos debere sanctus Spiritus docet, qui nobis ait per Apostolum ; « Vos autem Dominus multiplicet, et abundare faciat in caritate, in invicem et in omnes (1 *Thes.*, III, 12). » Monet etiam alio loco, in modestia corripiendos diversa sentientes ; « Ne forte, » inquit, « det illis Deus pœnitentiam ad cognoscendam veritatem, et recipiscant de diaboli laqueis, captivati ab ipso in ipsius voluntatem (II *Tim.*, II, 26). »

2. Hæc præloquutus sum, ne quis me existimet impudentius vobis quam prudentius scripta misisse, et hoc modo vobiscum de negotio animæ vestræ aliquid agere voluisse, quia nostræ communionis non estis : cum tamen si de negotio fundi, aut alicujus pecuniariæ litis dirimendæ vobis aliquid scriberem, nemo fortasse reprehenderet. Usqueadeo carus est hic mundus hominibus, et sibimet ipsi viluerunt. Erit ergo mihi ad defensionem testis hæc epistola in judicio Dei, qui novit quo animo fecerim, et qui dixit ; « Beati pacifici, quia ipsi filii Dei vocabuntur (*Matth.*, v, 9). »

CAPUT II. — 3. Ergo ut meminisse dignamini, cum essemus in vestra civitate, et nonnulla vobiscum de communione Christianæ unitatis ageremus, prolata sunt a partibus vestris Gesta quædam, quibus recitatum est quod septuaginta ferme episcopi Cæcilianum quondam nostræ communionis episcopum Carthaginensis ecclesiæ cum suis collegis et ordinatoribus damnaverunt. Ubi etiam Felicis (a) Aptungitani causa multo præ ceteris invidiosius et criminosius ventilata est. Quæ cum essent cuncta

---

(a) Apud Am. Er. et MSS. decem scribitur, *Felicis Autumnitani.*

dans lesquels Secundus, évêque de Tigisis, alors primat de Numidie, laissa à Dieu le soin de juger les évêques présents qui avaient fait l'aveu d'avoir livré les saintes Écritures, et les maintint dans leurs siéges épiscopaux. Les noms de ces évêques figurent sur la liste de ceux qui condamnèrent Cécilien, dans un autre concile, présidé par le même Secundus. Ce fut, d'après les suffrages de ces évêques à qui il venait de pardonner, quoique convaincus et confessant leur crime, qu'il fut forcé de condamner des absents, comme traditeurs des Livres saints.

4. Nous rappelâmes ensuite que peu de temps après l'ordination de Majorin, que par un crime impie, ils avaient nommé évêque à la place de Cécilien, élevant ainsi autel contre autel, et rompant par leurs furieuses discordes l'unité de Jésus-Christ, nous rappelâmes, dis-je, qu'ils (1) prièrent Constantin, qui gouvernait alors l'empire, de nommer des évêques pour juger, par leur intermédiaire, les différents survenus en Afrique, et qui brisaient le lien de la paix chrétienne; que cela fut fait selon leur désir; que devant Melchiade, alors évêque de la ville de Rome, et ses collègues que l'empereur avait envoyés, sur la prière même des Donatistes, on n'avait pu rien prouver contre Cécilien, quoique mis en présence de ceux qui avaient passé la mer en se portant accusateurs contre lui, qu'ainsi Cécilien fut maintenu dans son épiscopat, et qu'on blâma la conduite de Donat qui l'avait accusé; que malgré tout cela les Donatistes, persistant encore dans leur schisme criminel, le même empereur avait encore fait porter la cause dans un concile tenu à Arles (2), pour l'examiner avec soin et la terminer; que les Donatistes appelèrent encore de ce jugement ecclésiastique, et portèrent de nouveau la cause devant Constantin; que l'affaire en étant venue là, et les deux parties étant présentes, on avait de nouveau reconnu l'innocence de Cécilien; que les schismatiques, malgré leur défaite (3), n'en avaient pas moins persisté dans leur perversité; qu'enfin la cause de Félix, évêque d'Aptonge ne fut pas négligée, mais que sur l'ordre de Constantin, il fut renvoyé devant le procon-

---

(1) Les Donatistes demandèrent pour juges des évêques de la Gaule, parce qu'elle était, disaient-ils, exempte du crime de tradition dont il s'agissait. On envoya à Rome Maternе, évêque de Cologne, Rhétice, évêque d'Autun, Marin, évêque d'Arles, avec quinze autres évêques italiens, et ce fut dans ce concile de Rome, l'an 313, c'est-à-dire deux ans après la naissance du schisme, que le pape Melchiade, déclara Cécilien innocent. (Voyez Optat, livre I*er* contre Parménien).
(2) Le concile d'Arles se tint l'an 314.
(3) Condamnés par l'empereur à Milan, l'an 316.

---

perfecta, respondimus non esse mirandum, si homines qui tunc illud schisma fecerunt, non sine confectione Gestorum, eos in quos fuerant ab æmulis et perditis concitati, absentes caussa incognita, temere damnandos esse putaverunt. Nos autem alia habere Gesta ecclesiastica, in quibus Secundus Tigisitanus, qui tunc agebat in Numidia primatum, præsentes et confessos traditores reliquit Deo judicandos, et eos in episcopalibus sedibus, sicuti erant, manere permisit, quorum nomina inter damnatores Cæciliani numerantur; cum etiam Secundus ipse concilii ejusdem principatum teneret, ubi absentes quasi traditores per eorum sententias damnavit, quibus præsentibus et confessis ignovit.

4. Deinde diximus, aliquanto post Majorini ordinationem, quem contra Cæcilianum nefario scelere levaverunt erigentes altare contra altare, et unitatem Christi discordiis furialibus dissipantes, eos (a) petiisse a Constantino tunc imperatore judices episcopos, qui de suis quæstionibus, quæ in Africa exortæ pacis vinculum dirimebant, (b) arbitrio medio judicarent. Quod postea quam factum est, præsente Cæciliano et illis qui adversus eum navigaverant, judicante (c) Melchiade tunc Romanæ urbis episcopo cum collegis suis, quos ad preces Donatistarum miserat Imperator, in Cæcilianum nihil probari potuisse, ac per hoc illo in episcopatu confirmato Donatum, qui adversus eum tunc aderat, improbatum. Quibus peractis rebus, cum illi omnes in pertinacia scelestissimi schismatis permanerent, post apud Arelatum memoratum Imperatorem eamdem

---

(a) Judices petierunt episcopos ex Gallia; quippe quæ *ab hoc*, ut ajebant, *facinore traditionis de quo agebatur, immunis*, erat. Dati sunt Maternus Agrippinensis, Rheticius Augustodonensis, et Marinus Arelatensis, missique Romam cum aliis quindecim episcopis Italis; quorum in consessu Melchiades Papa Cæcilianum innocentem esse pronuntiavit ex Optato in lib. I, advers. Parmenianum, anno scilicet 313. juxta Aug. in lib. post collat. c. XXXIII.
(b) Bad. Er. et MSS. novem, *arbitrio medio*.
(c) In antiquis codicibus scribitur plerumque *Miltiades*.

sul, et que selon les actes (1) proconsulaires, il fut entièrement justifié de toutes les accusations portées contre lui.

5. Mais comme, ne possédant pas ces actes, dont nous pouvons seulement faire mention, nous ne paraissions pas répondre à vos instantes prières, nous ne perdîmes aucun instant pour les envoyer chercher, afin de vous en donner lecture, comme nous vous l'avions promis. Ceux que nous envoyâmes les chercher, ne mirent que deux jours pour aller jusqu'à Celisy et en revenir dans votre ville, où, comme vous le savez, on vous lut tous ces actes dans l'espace d'un jour, autant que cela fut possible. On commença par ceux où Secundus, évêque de Tigisis, n'osa pas déposer les évêques convaincus sur leur propre aveu d'avoir livré les saintes Écritures, et ne craignit point de déposer Cécilien absent et n'ayant rien avoué, ainsi que ses autres collègues. On donna ensuite connaissance des actes proconsulaires, d'après lesquels Félix, après un sérieux examen, fut reconnu innocent. Vous devez vous rappeler que toutes ces lectures furent faites avant midi. Dans l'après-midi du même jour, on lut les requêtes des Donatistes à Constantin, et ensuite les actes ecclésiastiques rédigés à Rome, par les juges nommés par l'empereur, d'après lesquels Cécilien fut maintenu dans son siége épiscopal, et les accusateurs furent condamnés. Enfin, on vous lut les lettres de Constantin lui-même, où éclatent les témoignages les plus évidents de la vérité de nos paroles.

CHAPITRE III. —6. Après cela, que voulez-vous de plus? Que vous faut-il encore? Il ne s'agit pas ici de votre argent, de votre or, de vos terres, de vos héritages, ni de la santé de votre corps. C'est à vos âmes que nous nous adressons, car il s'agit de la vie ou de la mort éternelle. Réveillez-vous donc! La question qui nous occupe n'a rien d'obscur. Nous ne fouillons pas dans des secrets profonds, que peu d'hommes seulement peuvent pénétrer. La chose est claire, évidente, facile à discerner. Nous disons que c'est par un concile téméraire, quoique nombreux, que des innocents ont été condamnés pendant leur absence. Nous vous le prouvons par des actes proconsulaires, d'après lesquels a été absous de tout crime de tradition, celui que les actes de votre concile avaient déclaré le plus criminel. Nous disons que la sentence contre ceux qu'on accusait d'avoir livré les saintes Écritures, a été rendue par ceux-là mêmes qui avaient commis ce crime,

---

(1) La sentence du proconsul Hélien ou Œlien, dont il est question dans ce passage, est rapportée dans le IIIe livre contre Cresconius. c. LXX. Saint Optat fait également mention de ces actes proconsulaires, qui se rapportent à l'an du Christ 314, selon le témoignage de saint Augustin dans le livre *post collat.* c. XXXIII.

---

caussam diligentius examinandam terminandamque curasse. Illos vero ab ecclesiastico judicio provocasse ut caussam Constantinus audiret. Quo postcaquam ventum est, utraque parte assistente, innocentem Cæcilianum fuisse judicatum, atque illos recessisse superatos, et in eadem tamen perversitate mansisse. Nec de Felicis Aptungitani caussa negligentiam consequutam, sed ad ejusdem principis jussionem proconsularibus Gestis etiam ipsum fuisse purgatum.

5. Sed quia hæc omnia dicebamus tantum, non etiam legebamus, minus profecto vobis agere videbamur, quam de nostra exspectabatis instantia. Quod ubi sensimus, ad ea quæ legenda promiseramus, non distulimus mittere. Quæ omnia dum excurrimus ad ecclesiam Gelizitanam, inde ad vestrum oppidum reversuri, bidui non pleni intermissione venerunt, atque ut nostis, quantum tempus admisit, uno die recitata sunt vobis. Primo ubi Secundus Tigisitanus confessos traditores a collegio suo removere non ausus est, cum quibus postea non confessum et absentem Cæcilianum aliosque suos collegas damnare ausus est. Deinde Gesta proconsularia, ubi Felix diligentissimo examine probatus est innocens. Hæc ante meridiem vobis lecta esse meministis. Post meridiem vero recitavimus preces eorum ad Constantinum, datisque ab eo judicibus Gesta ecclesiastica in Romana urbe habita, quibus illi improbati sunt, Cæcilianus autem in episcopali honore firmatus. Postremo Constantini imperatoris litteras, quibus omnia multo maxime testatissima claruerunt.

CAPUT III. — 6. Quid vultis amplius homines, quid vultis amplius? Non de auro et argento vestro agitur, non terra, non prædia, non denique salus corporis vestri in discrimen vocatur : de adipiscenda vita æterna et fugienda morte æterna compellamus animas vestras. Expergiscimini aliquando; non in aliqua obscura quæstione versamur, non recondita secreta rimamur, quibus penetrandis vel nulla vel rara humana corda sufficiant : res in aperto est. Quid eminet clarius, quid cernitur citius? Dicimus temerario concilio, quamlibet numerosissimo, innocentes absentesque fuisse damnatos. Probamus hoc proconsularibus Gestis, quibus ab omni traditionis

et qui en avaient fait l'aveu. Nous le prouvons par les actes ecclésiastiques où sont nommément désignés les évêques, à qui Secundus, évêque de Tigisis, sous prétexte de conserver la paix, pardonna un crime dont il avait connaissance, et rompit ensuite cette paix, en condamnant d'autres évêques, pour un crime qu'il ne connaissait pas. Ce n'était donc pas dans l'intérêt de la paix qu'il avait agi d'abord, mais par crainte pour lui-même. En effet, Purpurius, évêque de Limat, lui avait objecté que lui Secundus, ayant été emprisonné par ordre du magistrat pour l'obliger à livrer les saintes Écritures, n'avait pas été mis en liberté pour rien, mais pour avoir livré ou fait livrer ce qu'on exigeait de lui, et qu'alors redoutant les conséquences d'un soupçon bien fondé, et sur les conseils du jeune Secundus son parent, et des autres évêques qui étaient de son parti, il avait laissé au jugement de Dieu des crimes sur lesquels il n'y avait aucun doute, et qu'il paraissait ainsi avoir agi en vue de la paix, tandis qu'au contraire, il n'avait consulté que ses propres intérêts.

7. En effet, si l'amour de la paix avait été dans son cœur, il n'aurait pas condamné, à Carthage, de concert avec les traditeurs qu'il laissait au jugement de Dieu, quoiqu'ayant fait en sa présence l'aveu de leur crime, des absents sur la culpabilité desquels il n'avait aucune conviction. Il devait d'autant plus craindre de rompre la paix de l'unité, que de la grande et illustre ville de Carthage ; où le schisme avait pris naissance, le mal se répandrait facilement comme de la tête sur tout le corps de l'Afrique. Carthage est voisine des régions transmarines, et célèbre par toute la terre. L'autorité de son évêque est d'un grand poids. Il pouvait ne prendre aucun souci de la multitude des ennemis qui auraient pu conspirer contre lui, puisqu'il était uni de communion avec l'église de Rome, dont le Siége apostolique a toujours eu partout la primauté, et avec les autres contrées, d'où l'Évangile est venu en Afrique. Il eût été facile à Secundus d'y plaider sa cause, si ses adversaires s'étaient efforcés de lui aliéner l'esprit de ces églises. Quoiqu'il ne voulût pas se réunir à ses collègues qu'il croyait, ou faisait semblant, à ce que prétendent les Donatistes, de croire prévenus contre sa cause, il lui aurait cependant été facile, s'il eût été véritablement ami de la paix, d'apporter tous ses soins pour

---

crimine alienus judicatus est ille, quem maxime criminosum a vestris prolata concilii Gesta sonuerunt. Dicimus a traditoribus confessis, in eos qui traditores dicerentur, dictas fuisse sententias. Probamus hoc ecclesiasticis Gestis, ubi nominatim declarantur, in quibus Secundus Tigisitanus ea, quæ cognovit, velut contuitu pacis ignovit, et cum quibus (*a*) postea non cognovit, discissa pace damnavit. Unde apparuit eum etiam primo non paci consuluisse, sed sibi timuisse. Objecerat ei namque Purpurius (*b*) Limatensis, quod etiam ipse cum detentus esset a curatore et ordine, ut Scripturas traderet, dimissus est, utique non frustra, nisi quia tradidit, aut tradi aliquid jussit. Hanc ille suspicionem satis probabilem metuens, accepto consilio a minore Secundo consanguineo suo, consultisque ceteris, qui cum eo erant episcopis, manifestissima crimina Deo judicanda dimisit, atque ita paci prospexisse visus est ; quod falsum erat, cum sibi prospexerit.

7. Nam si in ejus corde cogitatio pacis habitaret, non apud Carthaginem postea cum traditoribus, quos præsentes atque confessos Deo dimiserat, damnaret crimine traditionis, quos absentes apud eum nemo convicerat. Tanto magis enim timere debuit, ne pax unitatis violaretur, quanto erat Carthago civitas ampla et illustris, unde se per totum Africæ corpus malum, quod ibi esset exortum, tamquam a vertice effunderet. Erat etiam transmarinis vicina regionibus et fama celeberrima nobilis : unde non mediocris utique auctoritatis habebat episcopum, qui posset non curare conspirantem multitudinem inimicorum, cum se videret et Romanæ ecclesiæ, in qua semper apostolicæ cathedræ viguit principatus, et ceteris terris, unde Evangelium ad ipsam Africam, venit, per communicatorias litteras esse conjunctum, ubi paratus esset caussam suam dicere, si adversarii ejus ab eo illas ecclesias alienare conarentur. Quia ergo venire noluit ad hospitium collegarum, quos a suis inimicis contra veritatem suæ caussæ perversos esse sentiebat vel suspicabatur, vel, ut ipsi asserunt, simulabat, tanto magis Secundus, si veræ pacis custos esse voluisset, cavere debuit ne damnarentur absentes, qui judicio eorum omnino interesse noluerunt. Neque enim de presbyteris aut diaconis aut inferioris ordinis clericis,

---

(*a*) Ita MSS. et antiquiores editiones. At Lov. *posteaquam cognovit*.
(*b*) Sic in MSS. plerisque, nec non apud Optatum. At in editionibus Lov. Er. etc. scribitur *Liniacensis* in MS. Gervas. *Laniatensis*.

que ses collègues ne condamnassent pas des absents qui n'avaient pas voulu reconnaître leur juridiction. Car il ne s'agissait pas de simples prêtres, de diacres ou de clercs d'un ordre inférieur, mais d'évêques comme eux, qui pouvaient réserver leur cause tout entière, pour la porter au jugement d'autres collègues, principalement de ceux qui occupaient un siége apostolique, auprès desquels des sentences portées contre des absents n'auraient été d'aucune valeur, étant rendues non par des juges dont ils auraient décliné la juridiction après l'avoir reconnue, mais par des juges qu'ils avaient toujours regardés comme suspects, et devant lesquels ils n'avaient jamais voulu se présenter.

8. Cela aurait dû éveiller toute la sollicitude de Secundus, alors primat, s'il présidait le concile uniquement dans des vues de conciliation et de paix. Il aurait facilement apaisé ou réprimé la rage de ses collègues contre des absents, s'il leur avait dit : « Vous voyez, mes frères, après les maux de la persécution, la paix que, grâce à la miséricorde de Dieu, les puissances séculières ont accordée à l'Église. Devons-nous donc, nous chrétiens et évêques, rompre l'unité chrétienne que les païens nos ennemis commencent à respecter ? Soumettons donc au jugement de Dieu toutes ces causes, tous ces malheurs qui, pendant des temps de trouble, ont affligé l'Église. S'il s'en trouve parmi vous qui connaissent d'une manière certaine des coupables dont ils puissent facilement faire connaître les crimes et les en convaincre malgré leurs dénégations, et qui craignent de communiquer avec eux, qu'ils aillent vers nos frères et nos collègues les évêques des églises d'outre-mer, pour se plaindre de leurs faits et de leur contumace, en refusant à cause de la conscience de leur crime, de se soumettre au jugement de leurs collègues d'Afrique. Alors on les sommera de se présenter, et de répondre aux questions qui leur seront faites. S'ils s'y refusent, ils mettront eux-mêmes leur iniquité et leur perversité au grand jour, et par des lettres synodales indiquant leurs noms, et envoyées partout où est répandue l'Église du Christ ; ils seront exclus de la communion de ces églises, pour empêcher l'erreur de s'élever dans l'église de Carthage. Quand ils auront été exclus de toutes les églises de la terre, nous ordonnerons un autre évêque pour le peuple de Carthage, sans avoir à craindre que les églses d'outre-mer refusent d'entrer en communion avec lui, en ne regardant pas comme déposé de son siége, celui dont on connaissait précédemment l'ordination, et qui aurait peut-être déjà reçu des lettres de communion de

---

sed de collegis agebatur, qui possent aliorum collegarum judicio, præsertim apostolicarum ecclesiarum, caussam suam integram reservare ; ubi contra eos sententiæ dictæ in absentes, nullo modo aliquid valerent, quando eorum judicium non primo aditum postea deseruerunt, sed suspectum semper habitum numquam adire voluerunt.

8. Hæc res maxime sollicitare debuit Secundum, qui tunc erat primas, si propterea concilium regebat, ut paci consuleret : facile enim fortassis rabida in absentes ora placata vel frenata comprimeret, si diceret ; Videtis fratres post tantam stragem persequutionis misericordia Dei a principibus sæculi pacem esse concessam ; non debemus nos Christiani et episcopi unitatem disrumpere Christianam, quam jam paganus non insequitur inimicus. Itaque aut istas omnes caussas, quas clades turbulentissimi temporis inflixit Ecclesiæ, Deo judici dimittamus : aut si aliqui in vobis sunt, qui certa istorum crimina ita noverint, ut ea facile valeant edocere, negantesque convincere, et talibus communicare formidant, pergant ad fratres et collegas nostros transmarinarum ecclesiarum episcopos, et ibi prius de istorum factis et contumacia conquerantur, quod ad judicium collegarum Afrorum male sibi conscii venire noluerint, ut inde illis denuntietur ut veniant, ibique objectis respondeant. Quod si non fecerint, ibi etiam eorum pravitas et perversitas innotescet, missaque (*a*) tractatoria super eorum nomine per totum orbem terrarum quacumque jam Christi Ecclesia dilatata est, ab omnibus ecclesiis eorum communio præcidetur, ne aliquis error in cathedra ecclesiæ Carthaginis oriatur. Tum demum securi episcopum alium plebi Carthaginis ordinabimus, cum a tota Ecclesia isti fuerint separati, ne forte cum alius modo fuerit ordinatus, non ei communicetur ab ecclesia transmarina ; quia iste ab honore depositus non videbitur, quem jam ordi-

---

(*a*) In MSS. aliquot, *tractoria*, quæ hic nihil aliud est quam synodica epistola. Nonnumquam vero diploma est publicæ evectionis usurpandæ, ut in Constantini Edicto ad Ablavium P.P. quo jubet tractorias dari episcopis ad Arelatense concil. venientibus.

quelques églises. Évitons par notre précipitation de faire naitre le dangereux scandale du schisme dans l'unité du Christ, au milieu de ces temps de paix qui ont commencé pour nous. Évitons d'élever un nouvel autel, moins contre Cécilien que contre toute la terre qui, dans son ignorance, est en communion avec lui. »

9. S'il s'était trouvé quelqu'un d'assez ennemi de toute discipline pour refuser d'obéir à un conseil aussi sage et aussi mesuré, qu'aurait-il pu faire? Aurait-il pu condamner quelqu'un de ses collègues absents, sans l'autorisation du primat, et sans avoir les actes du concile? Quand bien même il se serait élevé contre le premier siège d'Afrique une faction assez forte, pour que quelques-uns eussent persisté à vouloir condamner ceux dont le primat voulait différer le jugement, n'aurait-il pas dû plutôt se séparer de ces évêques, inquiets et cherchant à troubler la paix, que de rompre la communion avec le monde entier? Mais comme on ne pouvait rien prouver contre Cécilien et ses ordinateurs devant les évêques d'outre-mer, ils se gardèrent bien, avant de prononcer une sentence contre eux, de déférer leur cause au tribunal de ces évêques, et après l'avoir prononcée, d'en donner connaissance aux églises d'outre-mer, afin qu'elles eussent à rompre toute communion avec des hommes condamnés pour avoir livré les saintes Écritures. Car s'ils avaient agi ainsi, Cécilien et ses collègues étaient là, prêts à en appeler aux juges ecclésiastiques d'outre-mer, pour se justifier devant eux des calomnies de leurs accusateurs.

10. Il est donc à croire que ce concile impie et pervers, était composé d'évêques traditeurs, auxquels Secundus, évêque de Tigisis, avait pardonné, malgré l'aveu qu'ils avaient fait de leur crime. Mais comme le bruit de ce crime s'était répandu au loin, ils en accusèrent d'autres, pour détourner d'eux-mêmes tous soupçons. Ainsi, comme les habitants de l'Afrique, sur la foi de leurs évêques, accusaient faussement des innocents, et propageaient le bruit qu'ils avaient été condamnés, à Carthage, pour avoir livré les saintes Écritures, les véritables traditeurs, grâce à ces rumeurs, restèrent cachés, comme dans un nuage de mensonges. Vous voyez, mes chers frères, que les choses dont quelques-uns des vôtres niaient la vraisemblance ont fort bien pu arriver; c'est-à-dire que des évêques, convaincus sur leur propre aveu d'avoir livré les saintes Écritures, et ayant obtenu que leur crime fût laissé au jugement de Dieu, se soient constitués juges d'évêques absents et les aient condamnés comme traditeurs. Ils saisirent avec d'autant plus d'em-

natum fama celebravit, et ad eum commeare communicatorias litteras fecit; atque ita magnum scandalum schismatis in unitate Christi jam pacatis temporibus oriatur, cum in potestate Acta concilii non volumus præcipitare sententias, dum præpropere nostras et non contra Cæcilianum, sed contra orbem terrarum, qui ei per ignorantiam communicat, altare alterum erigere audeamus.

9. Huic tam sano rectoque consilio quisquis infrenis obtemperare noluisset, quid esset facturus? aut quomodo aliquem absentium collegarum esset damnaturus, cum in potestate Acta concilii non haberet, contradicente primate? Quod si tanta et adversus primam sedem seditio nasceretur, ut nonnulli damnare jam vellent, quos volebat ille differri, quanto melius a talibus inquieta et impacata molientibus, quam a totius orbis communione dissentiretur? Sed quia non erant, quæ in Cæcilianum et ordinatores ejus transmarino judicio probarentur, propterea nec priusquam in eum sententias dicerent, deferre voluerunt, nec posteaquam dixerunt, perseveranter id agere ut ecclesiæ transmarinæ in notitiam perferretur, quorum traditorum in Africa damnatorum communionem vitare deberet. Quia si id facere tentavissent, adessent sibi Cæcilianus et ceteri, et suam caussam adversus fallaces criminatores apud transmarinos ecclesiasticos judices diligentissima discussione purgarent.

10. Itaque concilium illud perversum atque nefarium, maxime ut creditur traditorum fuit, quibus confessis Secundus Tigisitanus ignoverat: ut quoniam de traditione fama crebuerat, infamatis aliis a se averterent suspicionem, et cum homines per Africam totam credentes episcopis falsa de innocentibus loquerentur, quod damnati essent apud Carthaginem traditores, tamquam in nebula mendasinimi rumoris, ipsi qui vere tradiderant latitarent. Unde videtis carissimi, fieri potuisse, quod verisimile non esse quidam vestrum dicebant, ut qui essent de sua traditione confessi, caussamque suam impetravissent Deo dimitti oportere, iidem judices damnatoresque tamquam traditorum absentium postea consedissent. Magis enim amplexi sunt occasionem, qua possent alios falsa criminatione

pressement l'occasion d'accabler les autres par une fausse accusation, qu'ils empêchaient ainsi les hommes de soupçonner et de rechercher leurs propres crimes. En effet, s'il n'était pas possible de condamner dans les autres le mal que l'on fait soi-même, l'Apôtre ne dirait pas : « C'est pourquoi, ô homme, qui que vous soyez qui condamnez les autres, vous êtes inexcusable, parce qu'en les condamnant, vous vous condamnez vous-même, puisque vous faites les mêmes choses que vous condamnez (*Rom.*, II, 1). » Ces paroles expriment si bien ce que firent vos évêques, qu'elles semblent ne s'appliquer et ne convenir qu'à eux.

11. Secundus, en renvoyant leurs crimes au jugement de Dieu, n'a donc pas agi dans des vues de paix et d'unité. Autrement, il aurait pris soin de ne pas laisser un schisme éclater à Carthage, où il n'y avait personne à qui on eût à pardonner un crime avoué, mais où il était aisé de conserver la paix, en s'abstenant de condamner des absents. C'eût été même faire injure à des innocents, que de vouloir leur pardonner, sans qu'ils eussent été convaincus d'un crime, sans qu'ils l'eussent avoué, sans qu'ils fussent présents. Le pardon n'est que pour ceux dont la faute est certaine. Quel a donc été l'aveuglement et la violence de ces hommes, en croyant pouvoir condamner un crime qu'ils ne pouvaient même pas pardonner, puisqu'il leur était inconnu. Mais on laisse au jugement de Dieu des crimes connus, pour empêcher la recherche et la découverte d'autres crimes, et l'on condamne des crimes inconnus, pour en couvrir et en cacher d'autres. Mais, dira-t-on, on connaissait ces crimes. Quand bien même cela serait, ne devrait-on pas épargner des absents? Ils ne se sont pas soustraits à une juridiction, en refusant de reconnaître celle qu'on leur avait imposée. L'Église n'était pas tout entière dans ces seuls évêques d'Afrique ; et ce n'était pas récuser tout jugement ecclésiastique que de ne pas vouloir se présenter devant eux. Il y avait encore des milliers d'évêques au delà de la mer pour les juger, s'ils tenaient pour suspects ceux d'Afrique et de Numidie. Car est-ce en vain que l'Écriture nous dit : « Ne blâmez personne avant de l'avoir interrogé, et quand vous l'aurez interrogé, reprenez-le avec justice (*Eccl.*, XI, 7). » Si donc le Saint-Esprit nous commande de ne blâmer ni de corriger personne avant de l'avoir interrogé, combien est-il plus criminel d'avoir non-seulement blâmé et repris, mais encore d'avoir condamné des évêques qui, étant absents, n'ont pu être ni interrogés, ni entendus sur les crimes qu'on leur imputait ?

12. Des évêques étaient absents : et comme

---

perfunderet, et conversas in eos linguas hominum ab inquisitione criminum suorum hoc modo declinare. Alioquin si fieri non posset, ut quisque mala, quæ ipse committeret, in alio judicaret, non diceret quibusdam Paulus apostolus ; « Propterea inexcusabilis es, o homo omnis qui judicas. In quo enim alium judicas, temetipsum condemnas ; eadem enim agis, quæ judicas (*Rom.*, II, 1). » Quod illi omnino fecerunt, ut hæc verba apostolica integre in eos apteque convenirent.

11. Non ergo tunc Secundus, quando eorum crimina Deo dimisit, paci unitatique consuluit : alioquin magis hoc apud Carthaginem provideret, ne schisma fieret, ubi nullus aderat, cui confesso crimen donare cogeretur ; sed quod erat facillimum tota conservatio pacis esset absentes nolle damnare. Itaque injuriam facerent innocentibus, etiam si eis non convictis neque confessis, neque omnino præsentibus ignoscere voluissent. Ille quippe accipit veniam, cujus culpa certissima est. Quanto ergo immaniores et cœciores fuerunt, qui eos se putaverunt posse damnare, quæ incognita nec donare potuissent ? Sed illic cognita dimissa sunt Deo, ne alia quærerentur : hic incognita damnata sunt, ut illa tegerentur. Sed dicet aliquis, Cognoverunt. Quod etsi concedam, etiam sic absentibus utique parci oportebat. Neque enim judicium deseruerant, ubi numquam omnino constiterant ; nec in illis solis episcopis Afris erat Ecclesia, ut omne judicium ecclesiasticum vitasse viderentur, qui se judicio eorum præsentare noluissent. Millia quippe collegarum transmarina restabant, ubi apparebat eos judicari posse, qui videbantur Afros vel Numidas collegas habere suspectos. Ubi est enim quod Scriptura clamat : « Antequam interroges, ne vituperes quemquam, et cum interrogaveris, corripe juste (*Eccli.*, XI, 7). » Si ergo nec vituperari, nec corripi nisi interrogatum Spiritus-sanctus voluit ; quanto sceleratius non vituperati aut correpti, sed omnino damnati sunt, qui de suis criminibus nihil absentes interrogari potuerunt ?

12. Sed tamen isti, qui licet absentium, et nequaquam judicium deserentium, quia numquam adfuerunt, et semper sibi cuneum illum suspectum

ils avaient toujours déclaré tenir comme suspecte cette réunion de juges, on ne pouvait pas même les accuser de se soustraire à une juridiction qu'ils n'avaient jamais reconnue. Malgré tout cela, les vôtres prétendent avoir condamné des crimes connus. Or, comment les ont-ils connus, je vous le demande, mes frères ? Vous me répondez : Nous ne le savons pas, puisqu'il n'en est pas fait mention dans les actes publics. Eh bien ! moi, je vais vous montrer comment ils ont pu les connaître. Rappelez-vous la cause de Félix, évêque d'Aptonge, et la véhémence avec laquelle les vôtres se sont déchaînés contre lui. Ils connaissaient donc la cause des autres, aussi bien que celle de Félix, qui, après l'examen le plus scrupuleux et le plus sévère, fut trouvé innocent ! Avec combien plus de justice et de sûreté devons-nous croire à l'innocence de ceux qui furent l'objet d'accusations plus légères, et de réprimandes moins rigoureuses, puisqu'on a reconnu innocent celui qu'on avait poursuivi avec tant de violence ?

CHAPITRE IV. — 13. Lorsque nous discutions cette affaire ensemble, un d'entre vous, dit que quelque chose vous avait déplu, et je dois le rappeler ici. Il n'était pas convenable, disait-il, qu'un évêque fût absous par un jugement proconsulaire. Mais Félix avait-il choisi le tribunal proconsulaire ? Ne s'est-il pas conformé en cela à la volonté de l'empereur, qui avait ordonné une enquête, et à qui appartenait surtout le soin d'une affaire, dont il devait rendre compte à Dieu. C'est cet empereur que vos évêques avaient choisi comme juge et arbitre, dans la cause du schisme et de la tradition, c'est à lui qu'ils avaient adressé une requête à ce sujet, c'est à son tribunal qu'ils avaient ensuite appelé : et cependant ils ne voulurent pas reconnaître son jugement. Si l'on doit blâmer celui qui a été absous par un juge de la terre, qu'il n'avait pas choisi lui-même, combien plus sont blâmables ceux qui ont voulu un roi de la terre pour juge de leur cause ! Si d'un autre côté ce n'est pas un crime d'en appeler à l'empereur, il n'y en a pas non plus d'être entendu par lui, ou par ceux auxquels il lui aura plu de déléguer la cause. Celui de vos amis qui a soulevé cette question, voulut aussi faire peser sur l'évêque Félix le blâme, de ce que dans cette cause, un homme avait été appliqué au chevalet, pour subir la torture des ongles de fer. Félix pouvait-il donc s'opposer à ce qu'on apportât tout le soin et toute la sévérité possibles, pour éclairer sa propre cause ? S'y opposer, n'eût-ce pas été faire l'aveu du crime dont on l'accusait ? Cependant ce proconsul au milieu des voix terribles de ses huis-

esse declaraverunt, tamen cognita crimina se damnasse dicunt, quæso vos fratres mei, quomodo cognoverunt? Respondetis ; Nescimus, quandoquidem ipsa cognitio in illis Gestis explicata non est. Sed ego vobis ostendam, quomodo cognoverunt. Adtendite caussam Felicis Aptungitani, et primo legite quam vehementiores in eum fuerunt. Sic ergo et ceterorum caussam noverant, sicut hujus qui postea innocentissimus diligenti et terribili inquisitione probatus est. Quanto itaque justius et tutius et citius innocentes eos existimare debemus, quorum crimina ab istis levius accusata sunt, et parciore reprehensione damnata, quando illa inventus est innocens, in quem multo immanius sævierunt.

CAPUT IV. — 13. An forte sicut quidam dixit, quod quidem cum vobis diceretur, displicuit ; sed tamen prætermittendum non est, ait enim quidam, Non debuit episcopus proconsulari judicio purgari : quasi vero ipse sibi hoc comparaverit, ac non Imperator ita quæri jusserit ; ad cujus curam, de qua rationem Deo redditurus esset, res illa maxime pertinebat. Arbitrum enim et judicem caussæ traditionis et schismatis illi cum fecerant, qui ad eum etiam preces miserant, ad quem postea provocarunt ; et tamen judicio ejus adquiescere notuerunt. Itaque si culpandus est, quem judex terrenus absolvit, cum ipse sibi hoc non poposcisset : quanto magis culpandi sunt, qui terrenum regem suæ caussæ judicem esse voluerunt? Si autem criminis non est provocare ad Imperatorem, non est criminis audiri ab Imperatore. Ergo nec ab illo, cui caussam delegaverit Imperator. Quemdam etiam suspensum equuleo in caussa Felicis episcopi amicus ille voluit criminari, ut quis etiam ungulis vexaretur. Numquid poterat Felix contradicere, ne tanta diligentia vel severitate quæreretur, cum ejus caussam inveniendam cognitor agitaret ? Quid enim erat aliud nolle sic quæri, quam de crimine confiteri ? Et tamen ille ipse proconsul inter præconum terribiles voces et cruentas carnificum manus numquam collegam damnaret absentem, qui judicio ejus se præsentare

siers et des mains ensanglantées de ses bourreaux, n'aurait jamais condamné un collègue absent, refusant de comparaître à son tribunal, tant qu'il y aurait eu d'autres juges devant lesquels il plût plaider sa cause, et s'il l'avait condamné, il aurait, en vertu des mêmes lois dont il était armé, subi des peines aussi justes que méritées.

CHAPITRE V. — 14. Que si les actes proconsulaires vous déplaisent, rendez-vous du moins aux actes ecclésiastiques. On vous les a lus successivement. Dira-t-on par hasard, que Melchiade, évêque de l'église de Rome, ne devait pas avec ses collègues d'outre-mer, connaître d'un jugement rendu par un concile de soixante-dix évêques d'Afrique, et auquel présidait le primat de Tigisis? Mais est-ce qu'il a de lui-même usurpé ce droit? L'empereur sollicité par vous, envoya à Rome des évêques pour siéger comme juges avec Melchiade, et statuer en toute justice sur le fond de la cause. Nous vous le prouvons et par la requête des donatistes, et par les paroles de l'empereur lui-même. Souvenez-vous que toutes ces pièces vous ont été lues. Nous les tenons encore à votre disposition pour les examiner et en prendre copie. Lisez donc et considérez tout attentivement. Voyez avec quel soin tout a été pesé et discuté pour conserver ou rétablir la paix et l'unité; comment on a traité la personne des accusateurs; de quelles taches se sont souillés quelques-uns d'entre eux; remarquez que de leur aveu même il résulte clairement qu'ils n'avaient rien à dire contre Cécilien, mais qu'ils voulurent tout rejeter sur la multitude du parti de Majorin, multitude séditieuse et ennemie de la paix de l'Eglise. Ils voulaient se servir de cette troupe de factieux pour accuser Cécilien, et ils espéraient, à l'aide de ces tumultes et de ces clameurs, pouvoir, sans preuves, sans documents, sans examen de la vérité, tourner à leur guise l'esprit et la décision des juges. Comme si une multitude furieuse, qui s'était enivrée à la coupe de l'erreur et de la corruption, pouvait articuler contre Cécilien des crimes véritables, parce que soixante-dix évêques avaient été assez insensés et assez téméraires, pour condamner leurs collègues absents et innocents, comme l'atteste l'affaire de Félix d'Aptonge? Ils voulaient se servir, pour accuser Cécilien, d'une multitude semblable à celle qu'ils avaient gagnée, pour condamner des innocents sans même les avoir interrogés. Mais ils ne trouvèrent pas de juges auxquels ils pussent inspirer une telle démence.

15. Vous avez assez de sagesse, pour reconnaître en tout cela la perversité des accusateurs et l'intégrité des juges, qui refusèrent

noluisset, cum haberet aliud, quo posset audiri. Aut si damnaret, certe etiam ipsis secularibus legibus pœnas justas et debitas lueret.

CAPUT V. — 14. Quod si Gesta proconsularia displicent, ecclesiasticis cedite. Omnia vobis ordine recitata sunt. An forte non debuit Romanæ ecclesiæ Melchiades episcopus cum collegis transmarinis episcopis illud sibi usurpare judicium, quod ab Afris septuaginta, ubi primas Tigisitanus præsedit, fuerat terminatum? Quid quod nec ipse usurpavit?.Rogatus quippe Imperator, judices misit episcopos, qui cum eo sederent, et de tota illa caussa quod justum videretur statuerent. Hoc probamus et Donatistarum precibus, et verbis ipsius Imperatoris : utraque enim vobis lecta meministis, et inspiciendi ac describendi licentiam nunc habetis. Legite et considerate omnia. Videte quanta cura pacis atque unitatis conservandæ vel restituendæ cuncta discussa sint; quemadmodum accusatorum persona tractata, et quorumdam eorum quibus maculis improbata sit, præsentiumque vocibus liquido constiterit, nihil eos habuisse quod in Cæcilianum dicerent, sed totam caussam in plebem de parte Majorini, hoc est seditiosam et ab Ecclesiæ pace alienatam multitudinem transferre voluisse, ut ab ea videlicet turba Cæcilianus accusaretur, quam solis tumultuosis clamoribus, nulla documentorum adtestatione, nullo veritatis examine, ad suam voluntatem animos judicum detorquere posse arbitrabantur; nisi forte furiosa et poculo erroris atque corruptionis ebria multitudo vera in Cæcilianum crimina diceret, ubi septuaginta episcopi, sicut de Felice Aptungitano constitit, absentes et innocentes collegas, tam insana temeritate damnarunt. Quali enim turbæ illi consenserant, ut adversus innocentes non interrogatos proferrent sententias, a tali turba etiam rursus accusari Cæcilianum volebant. Sed plane non tales invenerant judices, quibus illam dementiam persuaderent.

15. Potestis enim pro vestra prudentia, et illorum perversitatem illic adtendere, et judicum gravitatem, quemadmodum ad extremum persuaderi

jusqu'à la fin d'écouter les dépositions des partisans de Majorin contre Cécilien, partisans dont la personne et le caractère n'inspiraient aucune confiance. Ces juges réclamèrent des accusateurs ou des témoins qui pussent au moins servir à la cause. Il s'en était présenté d'autres qui étaient venus d'Afrique, et que Donat, disait-on, avait fait disparaître. Ce même Donat, après avoir promis, non une fois, mais souvent de les reproduire, ne voulut plus se présenter devant des juges auxquels il avait fait des aveux tels, qu'en refusant de comparaître à leur tribunal, il faisait voir sa crainte d'être présent à sa condamnation, à laquelle il ne pouvait échapper, puisque c'était en sa présence et sur ses propres aveux, qu'on avait établi les faits qui pouvaient le faire condamner. Il parut aussi un libelle revêtu de quelques signatures qui dénonçait Cécilien. L'affaire fut donc examinée de nouveau. On voulait connaître quels étaient les auteurs de ce libelle; et de cet examen il ne résulta rien à la charge de Cécilien. Mais que vous dirai-je que vous ne connaissiez déjà, et que vous ne puissiez lire vous-même, toutes les fois que vous le voudrez?

16. Vous vous rappelez tout ce qu'on a dit sur le nombre de ces soixante-dix évêques, qu'on mettait en avant comme une très-grave autorité. Cependant des hommes très-graves aussi ne voulurent pas s'embarrasser dans ces questions infinies, comme dans une chaîne inextricable. Peu leur importait le nombre de ces évêques, et de quels lieux ils venaient. Ils ne voyaient en eux que des hommes assez téméraires et aveugles, pour oser condamner précipitamment des collègues absents, et qu'on n'avait pas interrogés. Voyez quelle a été la dernière sentence prononcée par le bienheureux Melchiade : Quelle innocence ! Quelle intégrité ! Quelle prévoyance ! Quel amour de la paix ! Il n'osa pas écarter de sa communion des collègues contre lesquels on ne pouvait rien prouver; il blâma seulement avec sévérité Donat, reconnu comme l'auteur de tout le mal, et laissa à tous les autres le choix et la liberté de revenir à la raison et à la vérité, prêt à envoyer des lettres de communion à ceux-là même auxquels on savait que Majorin avait donné l'ordination. Il voulait ainsi que partout où par suite du schisme il y aurait deux évêques : le premier ordonné fût maintenu dans son siége, et qu'on laissât au second le soin de diriger une autre portion du peuple. O excel-

---

non possent, ut a plebe partis Majorini, quæ certam personam non habebat, argueretur Cæcilianus ; et requisiti ab eis essent vel accusatores vel testes vel quoquo modo causæ necessarii, qui simul cum eis ex Africa venerant, et eos præsentes fuisse atque a Donato subtractos esse diceretur. Promisit idem Donatus quod eos esset exhibiturus : quod cum non semel, sed sæpius promisisset, amplius ad illud judicium accedere noluit, ubi jam erat tanta confessus, ut nihil aliud deinceps non accedendo, nisi præsens damnari noluisse videretur; cum tamen ea quæ damnanda essent, eo præsente atque (a) interrogato manifestata fuerint. Accessit et aliud, ut a quibusdam adversus Cæcilianum denuntiationis libellus daretur : post quod factum quemadmodum sit rursus agitata cognitio, et quæ personæ illum libellum dederint, quoque modo nihil in Cæcilianum probari potuerit, quid dicam, cum et audieritis omnia, et quoties volueritis legere possitis ?

16. De numero autem septuaginta episcoporum, cum quasi gravissima opponeretur auctoritas, quæ fuerint dicta meministis ; et tamen viri gravissimi ab infinitis quæstionibus catena quadam inexplicabili sese nectentibus suum temperare arbitrium maluerunt, nequaquam curantes quam multi essent illi episcopi, aut unde collecti, quos videbant tanta temeritate cæcatos, ut in absentes et non interrogatos collegas, tam præcipites auderent proferre sententias. Et tamen qualis ipsius beati Melchiadis ultima est prolata sententia, quam innocens, quam integra, quam provida atque pacifica, qua neque collegas, in quibus nihil constiterat, de collegio suo ausus est removere, et Donato solo, quem totius mali principem invenerat, maxime culpato, sanitatis recuperandæ optionem liberam ceteris fecit, paratus communicatorias litteras mittere etiam iis, quos a Majorino ordinatos esse constaret : ita ut quibuscumque locis duo essent episcopi, quos dissensio geminasset, eum confirmari vellet, qui fuisset ordinatus prior, alteri autem eorum plebs alia regenda provideretur. O virum optimum, o filium Christianæ pacis, et patrem Christianæ plebis. Conferte nunc istam paucitatem cum illa multitudine episcoporum, neque numerum numero, sed pon-

(a) Bad. Am. Er. et MS. Gervas. habent, *interrogante*.

lent homme! O vrai fils de la paix chrétienne! O véritable père du peuple chrétien! Comparez maintenant ce petit nombre à la multitude de vos évêques, non pas le nombre au nombre, mais l'autorité à l'autorité. D'un côté, la vigilance, de l'autre l'aveuglement. Ici, la mansuétude n'a pas altéré l'intégrité, et l'intégrité n'a pas affaibli la mansuétude. Là, au contraire, la crainte se cachait sous la fureur, et la fureur était excitée par la crainte. Les uns s'étaient réunis pour reconnaître les vrais crimes, et repousser les fausses accusations; les autres s'étaient réunis pour cacher les vrais crimes, en condamnant des crimes qui n'existaient pas.

CHAPITRE VI. — 17. Cécilien pouvait-il s'en remettre à de pareils juges, lorsqu'il en avait d'autres auprès desquels il lui était facile de prouver son innocence, si sa cause eût été portée devant eux? Non, il ne pouvait pas se confier à eux, quand bien même il eut été étranger à l'église de Carthage, et subitement ordonné évêque ; quand bien même il eût ignoré ce que pouvait, pour corrompre les méchants et les faibles, une certaine femme très-riche, nommée Lucille (1), que simple diacre encore, il avait offensée, en la réprimandant, au sujet de la discipline ecclésiastique. Mais il fallait que ce nouveau malheur vînt encore couronner l'œuvre d'iniquité. En effet, dans le concile, où des absents et des innocents furent condamnés par ceux qui avaient fait l'aveu d'avoir livré les saintes Écritures, il s'en trouvait un petit nombre qui voulaient cacher leurs crimes, en les faisant retomber sur d'autres, afin de pouvoir par de fausses rumeurs, détourner les hommes de chercher la vérité. Il s'en trouvait donc bien peu qui agissent dans cette vue, quoique leur autorité fût grande par suite de leur liaison avec Secundus, qui, par crainte pour lui-même, leur avait pardonné leur crime. Mais ce fut l'argent de Lucille qui contribua le plus à gagner et à soulever les autres contre Cécilien. Il existe des actes déposés chez Zénophile, personnage consulaire, dans lesquels on voit, qu'un diacre, nommé Nundinarius, ayant été dégradé par Sylvain, évêque de Cirta, et n'ayant pu parvenir à l'apaiser par des lettres d'autres évêques, dévoila, dans sa colère, bien des choses cachées, qu'il porta à la connaissance du public, entre autres que ce sont des évêques de l'église de Carthage qui, corrompus par l'argent de Lucille, élevèrent autel contre autel dans la métropole

(1) Saint Jérôme fait mention de cette Lucille, en parlant des femmes qui jouèrent un assez grand rôle dans les hérésies de ce temps. Voyez lettre de saint Jérôme à Ctésiphon contre Pélage.

dus ponderi comparate : hinc modestiam, inde temeritatem : hinc vigilantiam, inde cæcitatem. Hic nec mansuetudo integritatem corrupit, nec integritas mansuetudini repugnavit : ibi autem et furore timor tegebatur, et timore furor incitabatur. Isti enim convenerant cognitione verorum criminum falsa respuere, illi falsorum damnatione vera celare.

CAPUT VI. — 17. Illisne se tandem Cæcilianus audiendum judicandumque committeret, cum haberet tales, apud quos si ei caussa moveretur, innocentiam suam facillime ostenderet ? non se illis omnino committeret, nec si peregrinus ecclesiæ Carthaginensis subito episcopus esset ordinatus, et ignoraret quid ad corrumpendos animos vel improborum vel imperitorum posset tunc pecuniosissima mulier quædam Lucilla, quam pro disciplina ecclesiastica corripiendo idem cum esset diaconus læserat, etiam hoc enim accesserat malum ad illam perficiendam iniquitatem. Nam in illo concilio, ubi a confessis traditoribus absentes atque innocentes damnati sunt, pauci quidam erant, qui crimina sua infamatis aliis tegere cupiebant, ut homines a veritatis inquisitione averterentur falsis rumoribus avocati. Pauci ergo erant, qui hoc negotium maxime curabant, quamvis in eis esset major auctoritas, propter ipsius Secundi societatem, qui eis pepercerat territus. Ceteri autem Lucillæ pecunia maxime adversus Cæcilianum emti et instigati perhibentur. Exstant (a) gesta apud Zenophilum consularem, ubi Nundinarius quidam diaconus a Sylvano Cirtensi episcopo, quantum ipsius gestis intelligitur degradatus, cum ei satisfacere per aliorum episcoporum litteras frustra conatus esset, multa patefecit iratus, et in judicium publicum protulit : inter quæ id quoque commemoratum legitur, quod Lucillæ pecunia corruptis episcopis, in Carthaginensi ecclesia, in

(a) Isthæc Gesta fuerunt confecta an 320. habenturque in lib. III, cont. Crescon. c. XXIX. Eorumdum etiam meminit Optatus in lib. I. cont. Parmenianum.

de l'Afrique. Je sais bien que l'on ne vous a pas donné lecture de ces actes, mais vous devez vous souvenir, que c'est le temps qui nous a manqué pour cela. Un certain dépit, né de l'orgueil, s'était emparé de ces évêques, qui supportaient avec peine de n'avoir pas eux-mêmes conféré l'ordination à l'évêque de Carthage.

18. D'après tout ce que nous venons de dire, il était manifeste pour Cécilien qu'il n'avait pas affaire à une assemblée de juges, mais à des ennemis gagnés d'avance. Pouvait-il alors, quand bien même il l'aurait voulu, et que le peuple qu'il dirigeait l'eût permis, abandonner son Église, et se retirer dans une maison particulière, abandonnant ainsi, non pas sa cause à l'examen de collègues équitables, mais sa propre personne à la fureur d'une troupe de factieux et à des haines de femme, sachant d'ailleurs que dans l'église d'outre-mer, où ces inimitiés et ces divisions n'avaient pas éclaté, il trouverait des juges intègres et non corrompus, pour examiner sa cause ? Si là ses ennemis ne voulaient rien faire, ils se retranchaient eux-mêmes de la communion de tout l'univers, à cependant on n'avait rien à reprocher ; si, au contraire, ils essayaient d'y accuser Cécilien, alors il se serait présenté lui-même, pour défendre son innocence contre les machinations de ses ennemis. C'est ce qu'il a fait, comme vous le savez, quand ils eurent recouru, mais trop tard, à un tribunal d'outre-mer, alors qu'ils étaient déjà coupables de schisme, et souillés du crime affreux d'avoir élevé autel contre autel. Ils auraient commencé par là, s'ils avaient eu la vérité pour eux ; mais avant de paraître devant des juges, ils voulaient laisser au temps le soin de donner quelque consistance à de fausses rumeurs, et se présenter, précédés de l'opinion populaire favorable à leur cause, ou, ce qui est bien plus croyable, après avoir condamné Cécilien à leur gré, ils se croyaient en sûreté par leur nombre, et n'osaient pas porter une si mauvaise affaire devant un tribunal exempt de corruption, et qui pourrait facilement découvrir la vérité.

CHAPITRE VII. — 19. Mais lorsque les faits leur eurent prouvé que Cécilien restait en communion avec l'univers entier, et que c'était à lui, et non à l'évêque, qu'ils avaient criminellement ordonné, que les églises d'outre-mer envoyaient des lettres de communion, ils eurent honte de garder le silence. On pouvait, en effet, leur demander pourquoi ils souffraient que les églises de tant de peuples restassent par ignorance en communion avec des évêques condamnés, pourquoi eux-mêmes se séparaient

---

Africæ capite, altare contra altare levatum est. Scio quod hæc Gesta vobis non legerimus, sed tempus non fuisse meminisse. Inerat etiam nonnullus dolor animi de typho superbiæ veniens, quod non ipsi ordinaverant Carthagini episcopum.

18. Quibus omnibus rebus, cum eos non veros judices, sed inimicos atque corruptos Cæcilianus convenisse cognosceret ; quando fieri posset, ut vel ipse vellet, vel populus cui præsidebat permitteret, ut relicta ecclesia iret in domum privatam, non collegarum discutiendus examine, sed factionis cuneo et odiis muliebribus trucidandus ? cum sibi præsertim videret apud ecclesiam transmarinam privatis inimicitiis et ab utraque parte dissensionis alienam, incorruptum et integrum examen suæ caussæ remanere. Ubi si nihil adversarii agere vellent, ipsi se ab orbis terrarum innocentissima communione præciderent : Si autem illic eum accusare tentassent, tunc sibi adesset, tunc innocentiam suam adversus eorum machinamenta defenderet, sicut postea factum esse didicistis : cum tamen illi nimis sero quæsissent judicium transmarinum jam schismatis rei, jam levati altaris horrendo scelere maculati. Primo enim facerent, si veritate niterentur : sed falsis rumoribus temporis diuturnitate firmatis, quasi vetusta fama præjudicante ad judicium venire voluerunt. Aut quod magis credendum est, damnato prius, sicut libuit, Cæciliano, quasi securi sibi videbantur præfidentes numero suo, nec audentes alibi commovere caussam tam malam ubi nulla corruptione operante posset veritas inveniri.

CAPUT VII. — 19. Sed posteaquam ipsis rebus experti sunt cum Cæciliano permanere communionem orbis terrarum, et ad eum a transmarinis ecclesiis communicatorias litteras mitti, non ad illum quem ipsi scelerate ordinaverant ; puduit eos semper tacere : quia posset eis objici, cu paterentur ignaram per tot gentes ecclesiam communicare damnatis, et cur se ipsi ab innocentis orbis terrarum communione præciderent, cum tacendo sincero episcopo, quem Carthaginensibus

de la communion de toutes ces églises innocentes, et laissaient ainsi, par leur silence, l'évêque qu'ils avaient ordonné à Carthage, hors de communion avec toute la terre. Ce fut donc à deux fins qu'ils portèrent la cause de Cécilien devant les églises d'outre-mer. Une condamnation obtenue à force de ruse et de fausseté, aurait pleinement satisfait leur animosité : dans le cas contraire, ils étaient résolus de persister dans leur perversité, et de dire qu'ils avaient eu de mauvais juges, comme le disent ordinairement tous les mauvais plaideurs, quand ils ont succombé devant la vérité. Mais admettons que les évêques qui jugèrent là cause à Rome, n'aient pas été de bons juges, ne pouvaient-ils pas en appeler à l'assemblée plénière de l'Église universelle. Dans ce concile, l'affaire aurait été discutée de nouveau avec ceux qui l'avaient primitivement jugée, t leur sentence cassée, s'ils avaient été convaincus d'avoir mal jugé. Ont-ils agi ainsi ? Ju'ils nous le prouvent. De notre côté, nous pouvons prouver le contraire, par cela seul que l'univers entier est séparé de communion avec eux. S'ils ont agi ainsi, ils ont encore succombé dans leur cause : leur séparation en est la preuve la plus claire.

20. Qu'ont-ils fait ensuite ? Les lettres mêmes de l'empereur le montrent suffisamment. Ils avaient eu pour juges des ecclésiastiques, des évêques d'une grande autorité, dont le jugement proclama leur perversité et l'innocence de Cécilien. Ils osèrent accuser ces évêques d'avoir mal jugé, non auprès d'autres collègues, mais auprès de l'empereur lui-même. Ce prince leur donna des juges à Arles, c'est-à-dire un tribunal composé d'autres évêques, non qu'il jugeât cela nécessaire, mais parce qu'il ne put résister à leurs instances et à leur perversité, et qu'il voulait d'ailleurs mettre un frein à une telle impudence. Cet empereur était trop chrétien pour se charger de l'examen de leurs plaintes aussi fausses que séditieuses, et pour juger lui-même de la sentence prononcée par les évêques qui avaient siégé à Rome, il institua, comme je l'ai dit, un tribunal composé d'autres évêques ; mais les Donatistes en appelèrent encore de ces juges à l'empereur. Vous savez combien leur conduite déplut à ce prince. Plût à Dieu que le jugement qu'il rendit eût mis un terme à leurs folies et à leur animosité ! Plût à Dieu qu'ils se fussent rendus à la vérité, comme l'empereur s'était rendu à leurs prières, en jugeant une cause déjà jugée par des évêques. Il ne le fit toutefois que du consentement de ces vénérables prélats, et sous

ordinassent, a toto orbe non communicari : elegerunt, sicut dicitur, (a) « ad duas » agere caussam cum Cæciliano apud ecclesias transmarinas, parati ad utrumque, ut si cum potuissent quacumque versutia falsæ criminationis evincere, satiarent plenissime cupiditatem suam : si autem non possent, in eadem quidem perversitate durarent, sed jam tamen quasi haberent quod dicerent, malos judices se esse perpessos ; quæ vox est omnium malorum litigatorum, cum fuerint etiam manifestissima veritate superati : quasi non eis ad hoc dici posset et justissime dici, Ecce putemus illos episcopos, qui Romæ judicarunt, non bonos judices fuisse : restabat adhuc plenarium Ecclesiæ universæ concilium, ubi etiam cum ipsis judicibus caussa posset agitari, ut si male judicasse convicti essent, eorum sententiæ solverentur. Quod utrum fecerint, probent : nos enim non factum esse facile probamus, ex eo quod totus orbis non eis communicat : aut si factum est, etiam ibi sunt victi ; quod ipsa eorum separatio manifestat.

20. Sed tamen quid postea fecerint, Imperatoris litteris sufficientissime ostenditur. Judices enim ecclesiasticos tantæ auctoritatis episcopos, quorum judicio et Cæciliani innocentia et eorum improbitas declarata est, non apud alios collegas, sed apud Imperatorem accusare ausi sunt, quod male judicarint. Dedit ille aliud Arelatense judicium, aliorum scilicet episcoporum ; non quia jam necesse erat, sed eorum perversitatibus cedens, et omnimodo cupiens tantam impudentiam cohibere. Neque enim ausus est Christianus Imperator sic eorum tumultuosas et fallaces querelas suscipere, ut de judicio episcoporum, qui Romæ sederant ipse judicare ; sed alios, ut dixi, episcopos dedit : a quibus tamen illi ad ipsum rursum Imperatorem provocare maluerunt, qua in re illos quemadmodum detestatur, audistis. Atque utinam saltem ipsius judicio insanissimis animositatibus suis finem posuissent, atque ut eis ipse cessit, ut de illa caussa post episcopos judicaret, o sanctis antistitibus postea veniam petiturus, dum tamen illi quod ulterius dicerent non haberent, si ejus sententiæ non optemperarent, ad

(a) Sic Lov. et MSS. At editiones antiquiores et MS. Fuxensis habent, *ad duas fraudes agere caussam*.

la condition que les Donatistes n'auraient plus rien à dire, s'ils refusaient de se soumettre à la sentence de celui à qui eux-mêmes en avaient appelé. Il ordonna donc aux parties de se rendre à Rome pour plaider leur cause. Cécilien, je ne sais pour quel motif, ne s'y trouva pas. L'empereur, pressé par eux, leur ordonna de le suivre à Milan. Quelques-uns des Donatistes commencèrent alors à s'esquiver, s'indignant sans doute que Constantin ne les eût pas imités, en se hâtant de condamner Cécilien absent. Dès que le prévoyant empereur en fut informé, il fit conduire les autres sous bonne garde à Milan. Cécilien s'y étant rendu, comparut en personne devant l'empereur, comme ce prince l'a écrit lui-même, et après avoir examiné la cause avec tout le soin, toute la prudence, toutes les précautions attestées par les lettres impériales mêmes, l'empereur prononça la sentence qui proclama l'innocence de Cécilien et la perversité de ses accusateurs.

CHAPITRE VIII. — 21. Cependant ils baptisent encore hors de l'Église, et rebaptisent même autant qu'ils peuvent les membres de l'Église. Quoique schismatiques et dissidents, ils offrent le sacrifice. Ils saluent au nom de la paix les peuples qu'ils éloignent de la paix du salut. Ils brisent l'unité chrétienne, ils blasphèment l'héritage du Christ, ils effacent son baptême, et ils ne veulent pas que les puissances de la terre les reprennent et les châtient pour les préserver des peines éternelles qu'ils méritent par leurs sacriléges. Pour nous, nous leur reprochons la fureur de leur schisme, leur folie de donner un second baptême, leur criminelle séparation du Christ, dont l'héritage est répandu par toute la terre. Dans leurs livres comme dans les nôtres, nous leur faisons voir les églises dont chaque jour ils lisent les noms, et avec lesquelles ils ont rompu de communion. Lorsque, dans leurs assemblées, le nom de ces églises est prononcé, ils disent aux lecteurs : « La paix soit avec vous ! » et ils ne sont pas en paix avec les peuples à qui ces lettres saintes ont été adressées. Ils nous reprochent des crimes supposés attribués à des hommes qui sont morts, et auxquels nous sommes étrangers, quand bien même ils seraient véritables. Ils ne comprennent pas qu'ils sont tous compromis dans les griefs que nous leur reprochons, et que ceux qu'ils nous adressent ne tombent que sur la paille ou l'ivraie de la moisson du Seigneur, et ne regardent pas le froment. Ils ne considèrent pas que tout en restant uni de communion avec les méchants, on ne communique réellement avec eux que quand on approuve leur perversité, mais que ceux qui n'approuvent point ces

quem ipsi provocaverunt, sic et illi aliquando cederent veritati. Jussit enim ille ut ei partes ad agendam caussam Romam occurrerent. Quo cum Cæcilianus nescio qua caussa non occurrisset, interpellatus ab eis, præcepit ut Mediolanum sequerentur. Tunc se aliqui eorum subtrahere cœperant fortasse indignati, quia non est eos imitatus Constantinus, ut jam statim atque velociter Cæcilianum damnaret absentem. Quod ubi cognovit providus Imperator, reliquos ab officialibus custoditos fecit Mediolanum pervenire. Quod cum etiam Cæcilianus venisset, ipsum quoque, sicut scripsit, exhibuit, cognitaque caussa, qua diligentia, qua cautela, qua provisione, sicut ejus indicant litteræ, Cæcilianum innocentissimum, illos improbissimos judicavit.

CAPUT VIII. — 21. Et adhuc baptizant extra Ecclesiam, et si possint rebaptizant Ecclesiam ; sacrificant in dissensione et schismate, et pacis nomine populos salutant, quos a pace salutis exterminant. Conscinditur unitas Christi : blasphematur hereditas Christi ; exsufflatur baptisma Christi : et nolunt in se ista per ordinarias humanas potestates flagellis temporalibus emendari, ne in æternas pœnas pro tantis sacrilegiis destinentur. Nos eis objicimus furorem schismatis, rebaptizationis insaniam, ab hereditate Christi, quæ per omnes gentes diffusa est nefariam separationem. De codicibus non tantum nostris, sed etiam eorum, recitamus ecclesias, quarum nomina hodie legunt, et quibus hodie non communicant : quæ cum recitantur in conventiculis eorum, lectoribus suis dicunt, Pax tecum : et cum ipsis plebibus, quibus illæ litteræ scriptæ sunt pacem non habent. Et ipsi nobis objiciunt vel falsa crimina mortuorum, vel etiamsi vera, tamen aliena ; non intelligentes in iis, quæ nos eis objicimus, omnes illos teneri ; in iis vero quæ nobis objiciunt, paleam vel zizania messis Dominicæ reprehendi, ad frumentum autem crimen non pertinere : neque considerantes quia quibus mali placent in unitate, ipsi communicant malis ; quibus autem displicent, et eos emendare non possunt, neque ante tempus messis audent zizania eradicare, ne simul eradicent et triticum, non factis eorum, sed altari Christi

méchants ne peuvent pas les corriger, doivent cependant les supporter, et ne pas arracher l'ivraie avant la moisson, de peur d'arracher aussi le froment ; car ce n'est pas avec les faits de ces méchants, mais avec l'autel de Jésus-Christ qu'ils sont en communion. Ainsi, loin de contracter par là aucune souillure, ils méritent au contraire les louanges que l'Écriture donne à ceux qui, dans la crainte de voir le nom du Christ outragé par les horreurs du schisme, tolèrent, pour l'amour et le bien de l'unité, ce qu'ils haïssent pour l'amour et le bien de la justice.

22. S'ils ont des oreilles, qu'ils entendent ce que l'Esprit-Saint dit aux églises : « Écrivez à l'ange de l'église d'Éphèse, » dit saint Jean dans l'Apocalypse, « voici ce que dit celui qui tient sept étoiles dans sa main droite, et qui marche au milieu des sept chandeliers d'or. Je sais quelles sont vos œuvres, votre travail et votre patience. Je sais que vous ne pouvez souffrir les méchants, et qu'ayant éprouvé ceux qui se disent apôtres, quoiqu'ils ne le soient pas, et les ayant trouvés menteurs, vous avez pris patience ; que vous les avez soufferts à cause de mon nom, et que vous ne vous êtes pas découragés (*Apocal.*, II, 1). » Si ces paroles s'adressaient aux anges des cieux, et non à ceux qui sont préposés à l'Église, l'Apôtre n'aurait pas ajouté : « Mais j'ai contre vous que vous ayez abandonné votre première charité. Souvenez-vous donc d'où vous êtes tombés ; faites pénitence, et reprenez vos premières œuvres, autrement je viendrai à vous, et j'ôterai votre chandelier de sa place, si vous ne faites pénitence. » Ces paroles ne s'adressent certainement pas aux anges, qui conservent toujours la charité. Ceux qui s'en sont écartés et qui en sont déchus, ce sont le démon et ses anges. Ce que saint Jean appelle la première charité de l'ange d'Éphèse, c'est celle qui lui fait supporter les faux apôtres pour l'amour de Jésus-Christ même, celle à laquelle il lui ordonne de revenir, afin de reprendre la pratique de ses premières œuvres. Et nos ennemis nous reprochent les crimes des hommes pervers, crimes qui ne sont pas les nôtres, auxquels nous sommes étrangers, et qu'en partie nous ne connaissons même pas ! Quand bien même ces crimes seraient vrais, quand bien même nous les verrions de nos yeux, si par crainte d'arracher le froment avec l'ivraie, nous les supportions avec charité, bien loin de mériter le moindre reproche, nous serions loués et glorifiés par tous ceux dont le cœur et l'esprit ne sont pas fermés à la voix des saintes Écritures.

23. Aaron tolère la multitude qui demande une idole, qui la fabrique et qui l'adore. Moïse tolère des milliers d'Israélites murmurant contre Dieu et offensant son saint nom. David

communicant : ita ut non solum non ab eis maculentur, sed etiam divinis verbis laudari prædicarique mereantur ; quoniam ne nomen Christi per horribilia schismata blasphemetur, pro bono unitatis tolerant, quod pro bono æquitatis oderunt.

22. Si habent aures, audiant quid Spiritus dicat ecclesiis. Sic enim in Apocalypsi Johannis legitur ; « Angelo, » inquit, « ecclesiæ Ephesi scribe, Hæc dicit qui tenet septem stellas in dextera sua, qui ambulat in medio septem candelabrorum aureorum ; Scio opera tua et laborem et patientiam tuam, et quia non potes sustinere malos, et tentasti eos, qui se dicunt Apostolos esse, et non sunt, et invenisti eos, mendaces, et patientiam habes, et sustinuisti eos propter nomen meum, et non defecisti (*Apoc.* II 1). » Quod si de Angelo superiorum cælorum, et non de præpositis Ecclesiæ vellet intelligi non consequenter diceret : « Sed habeo adversum te, quod Caritatem tuam primam reliquisti. Memor esto itaque unde excideris, et age pænitentiam, et prima opera fac : sin autem, venio tibi, et movebo candelabrum tuum de loco suo, nisi pænitentiam egeris. » Hoc superioribus Angelis dici non potest, qui perpetuam retinent caritatem, unde qui defecerunt et lapsi sunt, diabolus est et angeli ejus. Ergo primam caritatem dicit, quia sustinuit pseudoapostolos propter nomen Christi, quam jubet ut repetat, et faciat priora opera sua. Et objiciuntur nobis crimina malorum hominum non nostra, sed aliena ; et ipsa partim incognita . quæ si etiam vera et præsentia videremus, et zizaniis propter frumenta parcentes, pro unitate toleraremus, non solum nulla reprehensione, sed etiam non parva laude nos dignos diceret, quicumque Scripturas sanctas non corde surdus audiret.

23. Tolerat Aaron multitudinem idolum exigentem et fabricantem et adorantem. Tolerat Moyses adversus Deum tot millia murmurantia, et toties offendentia sanctum nomen ejus. Tolerat David Saülem persequutorem suum, sceleratis moribus cælestia

tolère Saül, son persécuteur, qui abandonnait les choses du ciel pour rechercher par la magie les choses de l'enfer. Il venge sa mort ; il l'appelle le Christ du Seigneur par respect pour le mystère de son onction. Samuel tolère les fils criminels d'Héli et la perversité de ses propres enfants, et le peuple qui n'avait pas voulu les tolérer fut repris par la divine vérité, et châtié par la sévérité de Dieu. Samuel tolère enfin le peuple lui-même qui, dans son orgueil, méprisait son Dieu. Isaïe tolère ceux auxquels il avait à reprocher tant de crimes. Zacharie tolère les Scribes et les Pharisiens, tels que l'Ecriture nous les montre dans ce temps-là. Je sais que j'en passe ici un grand nombre sous silence. Lise qui voudra, lise qui pourra les célestes paroles de l'Ecriture, on verra que les saints serviteurs et les fidèles amis de Dieu ont toujours trouvé bien des coupables à tolérer dans leur peuple. Cependant ils sont restés avec eux en communion des sacrements de ce temps-là, et loin d'en contracter par là aucune souillure, ils ont mérité d'être loués, cherchant, comme dit l'Apôtre, « à conserver l'unité de l'esprit par le bien de la paix (*Ephés.*, IV, 3). » Que nos ennemis considèrent encore tout ce qui s'est passé depuis l'avénement de Jésus-Christ. Combien d'exemples plus nombreux encore de cette sainte tolérance ne trouveraient-ils pas dans le monde entier, si on avait pu les recueillir et les écrire pour leur donner plus d'autorité. Cependant faites attention à ceux que nous avons conservés. Notre Seigneur lui-même tolère Judas, c'est-à-dire un démon, un voleur, un traître qui l'a vendu. Il le laisse participer, avec la troupe innocente de ses Apôtres, à ce prix de notre rédemption qui est connu des fidèles. Les Apôtres tolèrent de faux apôtres. Paul, qui ne cherchait rien pour lui, mais tout pour Jésus-Christ, supporte et fréquente avec une glorieuse tolérance ceux qui cherchaient leurs intérêts et non ceux du Christ. Enfin, comme je l'ai dit précédemment, la parole divine loue, sous le nom d'ange, le chef d'une église, que malgré sa haine pour des méchants qu'il avait éprouvés et reconnus comme tels, les tolère cependant au nom et pour l'amour de Jésus-Christ.

24. En somme, que nos ennemis s'interrogent eux-mêmes. Ne tolèrent-ils pas les meurtres, les incendies des circoncellions, les adorateurs fanatiques de ces prétendus martyrs qui se jettent volontairement dans des précipices. N'ont-ils pas toléré les maux incroyables sous

deserentem, magicis artibus inferna quærentem ; occisum vindicat; Christum etiam Domini propter sacramentum venerandæ unctionis appellat. Tolerat Samuel nefandos filios Heli, perversosque filios suos, quos populus, quia tolerare noluit, divina veritate accusatus, divina severitate correptus est. Tolerat denique ipsum populum superbum contemptorem Dei. Tolerat Isaias in quos tam multa vera crimina jaculatur. Tolerat Ieremias a quibus tanta perpetitur. Tolerat Zacharias Pharisæos et scribas, quales illo tempore fuisse Scriptura testatur. Scio me multos prætermisisse, legant qui volunt, legant qui possunt eloquia cælestia, invenient omnes sanctos Dei servos et amicos semper habuisse quos in suo populo tolerarent; cum quibus tamen illius temporis sacramenta communicantes, non solum non inquinabantur, sed etiam laudabiliter sustinebant, « Studentes, sicut ait Apostolus, servare unitatem spiritus in vinculo pacis. (*Eph.*, IV, 3.) » Attendant etiam post Domini adventum, ubi multo plura hujus tolerantiæ per totum orbem inveniremus exempla, si omnia scribi et in auctoritatem redigi potuissent, tamen hæc ipsa quæ habemus advertite. Tolerat ipse Dominus Judam, diabolum furem et venditorem suum : sinit accipere inter innocentes discipulos, quod fideles noverunt pretium nostrum. Tolerant Apostoli pseudoapostolos, et inter sua quærentes non quæ Jesu Christi, Paulus non sua quærens sed quæ Jesu Christi, cum gloriosissima tolerantia conversatur. Postremo, quod paulo ante commemoravi, divina voce laudatur sub Angeli nomine præpositus ecclesiæ, quod cum odisset malos, eas tamen tentatos et inventos pro nomine Domini toleravit.

24. Ad summam seipsos interrogent : Nonne tolerantur ab eis cædes et incendia Circumcellionum, (*a*) qui sunt veneratores præcipitatorum ultro cadaverum, et sub incredibilibus malis unius Optati per tot annos totius Africæ gemitus ? Parco jam dicere singularum per Africam regionum et civitatum et fundorum tyrannicas potestates, et publica latrocinia. Melius enim vobis hæc vos ipsi dicitis, sive in aurem, sive palam, sicut libitum fuerit. Quocumque enim oculos verteritis, occurret quod dico, vel po-

---

(*a*) In MSS. quindecim omittitur, *qui sunt*, Videbis persimilem locum in lib. I, cont. litt. Petil. c. XXIV.

lesquels Optat(1) a fait gémir l'Afrique pendant tant d'années? Je passe sous silence les brigandages publics et la tyrannie qui pèse sur chaque région, sur chaque cité, sur chaque bourgade de la terre africaine. Vous pourrez bien mieux vous-mêmes vous dire toutes ces choses, soit à l'oreille, soit à haute voix, comme il vous plaira. En effet, de quelque côté que vous tourniez les yeux, vous reconnaîtrez la vérité de ce que je vous dis, ou plutôt de ce que je tais. Nous n'accusons pas en cela ceux que vous aimez. Ce n'est pas à cause de leur tolérance pour les méchants que nous les blâmons, mais à cause de leur intolérable opiniâtreté dans le schisme, à cause de leur impiété d'avoir élevé autel contre autel, à cause de leur séparation de l'héritage de Jésus-Christ, qui, selon la promesse qui en avait été faite, est présentement répandu sur toute la terre. Mais cette paix qu'ils ont violée, cette unité qu'ils ont rompue, ces baptêmes qu'ils se plaisent à réitérer, ces sacrements qu'ils effacent et anéantissent, et dont la sainteté se conserve jusque dans les hommes les plus criminels, voilà ce que nous déplorons, voilà ce qui excite nos larmes et nos douleurs! S'ils font peu de cas de toutes ces choses, qu'ils considèrent les exemples qui prouvent de quelle importance elles sont aux yeux de Dieu. Ceux qui se fabriquèrent une idole ont péri de la mort ordinaire du glaive. La terre s'est ouverte pour engloutir ceux qui ont voulu créer un schisme dans le peuple de Dieu, et leurs adhérents ont été consumés par le feu. A la différence des châtiments on reconnaît la différence des fautes.

CHAPITRE IX. — 25. Les Saintes Ecritures sont livrées aux païens pendant la persécution, ceux qui les ont livrées avouent leur crime, et on en remet à Dieu la punition. Des innocents, sans avoir été entendus, sont condamnés par des hommes téméraires. Des jugements certains établissent l'innocence de celui qui avait été le plus violemment accusé parmi ceux qu'on avait condamnés, sans les avoir entendus. Des évêques sont constitués comme arbitres, et on appelle de leur sentence à l'empereur. On choisit pour juge l'empereur lui-même, et on méprise son jugement. Vous avez lu tout ce qui a été fait alors, et vous voyez tout ce qui se fait présentement. Si vous avez quelque doute sur un point, ouvrez du moins vos yeux sur le reste. Laissons de côté les anciennes chartes, les archives publiques, les actes des villes et des églises; nous avons devant les yeux un bien plus grand livre, la terre entière, où nous lisons l'accomplissement de la promesse consignée dans le livre de Dieu : « Le Seigneur m'a dit : Vous êtes mon fils, et je vous ai engendré aujourd'hui; demandez-moi, et je vous donnerai toutes les nations pour votre héritage, et toute l'étendue de la terre pour la posséder (*Ps.*, II, 7). » Quiconque n'est pas en commu-

---

(1) Evêque de Thamugade. Voir à ce sujet la note de la lettre 53.

---

tius quod taceo. Neque hinc istos, quos ibi diligitis, accusamus. Non enim nobis displicent, quia tolerant malos; sed quia intolerabiliter mali sunt propter schisma, propter altare contra altare, propter separationem ab hereditate Christi toto orbe diffusa, sicut tanto ante promissa est. Violatam pacem, conscissam unitatem, iterata baptismata, exsufflata sacramenta, quæ in sceleratis quoque hominibus sancta sunt, plangimus et lugemus. Quæ si parvi pendunt, intueantur exempla quibus demonstratum est quanti hæc penderit Deus. Qui fecerunt idolum, usitata gladii morte peremti sunt : qui vero schisma facere voluerunt, hiatu terræ principes devorati, et turba consentiens igne consumta est. Diversitate pœnarum, diversitas agnoscitur meritorum.

CAPUT IX. — 25. Traduntur in persequutione sancti codices, confitentur traditores, et Deo dimittuntur. Non interrogantur innocentes, et ab hominibus temerariis damnantur. Probatur integer certis judiciis, qui inter absentes damnatos multo vehementius ceteris criminatus est. Judicium episcoporum ad Imperatorem appellatur. Judex eligitur Imperator. Judicans contemnitur Imperator. Quæ tunc acta sint legistis, quæ nunc agantur videtis : si de illis in aliquo dubitatis, ista jam cernite. Certe non chartis veteribus, non archivis publicis, non Gestis forensibus aut ecclesiasticis agamus. Major liber noster orbis terrarum est, in eo lego completum, quod in libro Dei lego promissum : « Dominus, inquit, dixit ad me; Filius meus es tu, ego hodie genui te : postula a me, et dabo tibi gentes hereditatem tuam, et possessionem tuam terminos terræ. (*Psal.*, II, 7). » Huic hereditati qui non communicat, quoslibet libros teneat, exheredatum se esse cognoscat. Hanc hereditatem quisquis expugnat, alienum se esse a familia Dei satis iudicat. Certe de

nion avec cet héritage, quels que soient les livres qu'il ait en main, doit se regarder comme déshérité. Quiconque attaque cet héritage, indique par là qu'il est étranger à la famille de Dieu. On met en question le crime d'avoir livré les Saintes Écritures, où cet héritage a été promis. Qu'il soit considéré comme ayant livré le testament aux flammes, celui qui plaide contre la volonté du testateur. Que vous a donc fait, ô parti de Donat, que vous a fait l'Église de Corinthe? Ce que je dis de cette Église, je le dis de toutes les autres les plus éloignées. Que vous ont fait ces églises, qui n'ont pu connaître ni ce que vous avez fait vous-mêmes, ni ceux que vous avez diffamés. L'univers entier a-t-il perdu la lumière du Christ, parce que Cécilien a offensé Lucille en Afrique?

26. Que nos ennemis comprennent donc enfin ce qu'ils ont fait. L'espace de quelques années a suffi pour renverser leur ouvrage sous leurs yeux mêmes. Examinez par quelle femme Maximien (1), qu'on dit être parent de Donat, s'est séparé de communion avec Rimien, et comment, au moyen d'une réunion factieuse d'évêques, il a condamné Rimien absent, et s'est fait ordonner évêque à sa place. Comment Majorin, à l'aide d'une assemblée d'évêques vendus à Lucille, a condamné Cécilien absent, et a usurpé son siége épiscopal. Voudriez-vous par hasard regarder comme valide la sentence d'absolution prononcée en faveur de Rimien par les évêques africains de sa communion, contre la faction de Maximien, et rejeter comme nulle celle par laquelle les évêques d'outremer, restés fidèles à l'unité, se déclarèrent en faveur de Cécilien contre la faction de Majorin? Je vous en prie, mes frères, je ne vous demande pas quelque chose de bien grand, ni de difficile à comprendre. L'Église d'Afrique, sous le rapport du nombre et de l'autorité, est bien inférieure à toutes les autres églises réunies de l'univers; et fût-elle même restée dans l'unité, elle serait encore moindre, comparée à toutes les autres nations chrétiennes, que le parti de Maximien comparé à celui de Primien. Ce que je vous demande cependant, et je crois ma demande équitable, c'est que le concile de Secundus, évêque de Tigisis, réuni par les intrigues de Lucille contre Cécilien absent,

(1) Maximien, diacre Donatiste de Carthage, irrité contre Primien son évêque, suscita un nouveau schisme dans le schisme même, coupant ainsi *un morceau du morceau*, comme le dit saint Augustin, dans ses commentaires sur les *Ps.* II-XXXVI où il rapporte la lettre synodale des évêques Donatistes, qui condamnèrent Primien dans le concile de Carbasus, et ordonnèrent Maximien à sa place; mais l'année suivante, un autre concile composé d'autres Donatistes et réuni à Bagaie contre ce nouveau schisme survenu dans leur communion condamna Maximien. Outre les commentaires de saint Augustin sur le psaume XXXVI, on peut encore consulter à cet égard sa lettre 185, numéro 17.

traditione divinorum librorum vertitur quæstio, ubi hereditas ista promissa est. Ille ergo credatur testamentum tradidisse flammis, qui contra voluntatem litigat testatoris. Quid tibi fecit, o pars Donati, quid tibi fecit ecclesia Corinthiorum? Quod autem de ista dico, de omnibus talibus et tam longe positis intelligi volo. Quid vobis fecerunt, quæ nec omnino quid feceritis, nec quos infamaveritis nosse potuerunt? An quia Lucillam Cæcilianus in Africa læsit, lucem Christi orbis amisit?

26. Tandem sentiant quod fecerunt: merito certo annorum intervallo in oculos eorum revolutum est opus ipsorum. Quærite per quam feminam Maximianus, qui dicitur esse Donati propinquus, sese a Primiani communione præciderit, et quemadmodum congregata episcoporum factione, Primianum damnarit absentem, et adversus eum episcopus ordinatus sit: quemadmodum Majorinus per Lucillam congregata episcoporum factione Cæcilianum damnavit absentem, et contra eum episcopus ordinatus est. An forte quod a ceteris Afris suæ communionis episcopis contra factionem Maximiani Primianus purgatus est, valere vultis: et quod a transmarinis unitatis episcopis adversus factionem Majorini Cæcilianus purgatus est, valere non vultis? Rogo, fratres mei, quid magnum peto, quid difficile a vobis intelligi cupio? Multum quidem interest, incomparabiliter distat vel auctoritate vel numero Africana ecclesia, si cum ceteris orbis partibus conferatur: et longe minor est, etiamsi unitas hic esset, longe omnino minor est comparata ceteris Christianis omnibus gentibus, quam pars Maximiani comparata parti Primiani, peto tamen, et justum esse arbitror, ut tantum valeat concilium Secundi Tigisitani, quod Lucilla conflavit adversus absentem Cæcilianum et (a) apostolicam sedem, totumque orbem Cæciliano communicantem, quantum valet concilium Maximianensium, quod similiter femina

(a) In MSS. prope omnibus habetur, *et apostolica sedes*, quæ forte germina lectio est.

contre le siège apostolique, et contre le monde entier avec lequel Cécilien était en communion, n'ait pas plus d'autorité à vos yeux que celui de la faction de Maximien, suscité par je ne sais quelle femme de la même espèce, contre Primien absent, et les autres églises d'Afrique unies de communion avec Primien. Y a-t-il rien de plus clair? Peut-on faire une demande plus juste?

27. Tout ce que je viens de vous dire, vous le voyez, vous le connaissez, vous en gémissez; mais Dieu voit aussi que rien ne vous retiendrait dans votre schisme sacrilége, si vous préfériez le royaume spirituel aux affections de la chair, et si, pour éviter les peines éternelles, vous ne craigniez de blesser des amitiés humaines, qui ne vous serviront de rien au tribunal de Dieu. Allez donc, consultez; demandez à vos amis ce qu'ils peuvent répondre à ce que nous avons dit. S'ils produisent des actes, nous en produisons aussi. S'ils prétendent que les nôtres sont faux, qu'ils ne s'irritent pas si nous en disons autant des leurs. Personne ne peut effacer dans le ciel la constitution de Dieu, pas plus qu'on ne peut effacer son église de la terre. Il a promis à Jésus-Christ le monde entier, et l'église de Jésus-Christ a rempli toute la terre. Elle reçoit les bons et les méchants, mais si sur la terre elle ne perd que les méchants, dans le ciel, elle n'admet que les bons. Ce discours que nous vous adressons avec la grâce de Dieu, qui seul connaît, que c'est l'amour de la paix et notre tendresse pour vous qui nous l'ont inspiré, servira à votre conversion, si vous le voulez, mais si vous le rejetez, il portera témoignage contre vous.

LETTRE XLIV [1]

Saint Augustin rapporte dans cette lettre les conférences préliminaires qu'il a eues, pour rétablir la paix et la concorde, avec Fortunius, évêque donatiste, et témoigne le désir qu'on achève, dans de plus nombreuses réunions, ce qu'on avait commencé à discuter paisiblement.

A SES TRÈS-CHERS SEIGNEURS ET ESTIMABLES FRÈRES ELEUSIUS, CLORIUS ET LES DEUX FÉLIX. AUGUSTIN, SALUT.

CHAPITRE 1er. — 1. En nous rendant à l'église de Cirte (2), nous avons passé par Tibursi (3),

---

(1) Écrite environ le même temps que la précédente. — Cette lettre était la 163e dans les éditions antérieures à l'édition des Bénédictins et celle qui était la 44e se trouve maintenant la 17e.
(2) Saint Augustin et ses compagnons faisaient ce voyage pour ordonner un évêque à la place de Profuturus, mort peu de temps après son élévation à l'épiscopat. (Voir le nombre 13 de cette lettre). On voit au second livre contre les lettres de Pétilien, c. xciv, que Profuturus eut pour successeur Fortuné, l'un des sept évêques choisis pour la défense de l'Église catholique dans la conférence de Carthage l'an 411.
(3) Tibursi était une ville épiscopale de la province de Carthage.

---

nescio quæ conflavit adversus absentem Primianum, et ceteram per Africam multitudinem Primiano communicantem. Quid apertius cernitur? quid æquius postulatur?
27. Videtis hæc omnia, et nostis, et gemitis: et tamen videt et Deus quod vos in tam pestifera et sacrilega præcisione nulla res cogit remanere, si pro adispicendo spiritali regno carnalem superetis affectum, et amicitias hominum, quæ in judicio Dei nihil proderunt, pro devitandis sempiternis pœnis non timeatis offendere. Ecce ite, consulite, quid contra hæc nostra possint respondere cognoscite: si proferunt chartas, proferimus chartas: si falsas nostras esse dicunt, hoc nos de suis dicere non indignentur. Nemo delet de cælo constitutionem Dei, nemo delet de terra Ecclesiam Dei: ille totum orbem promisit, ista tota orbem replevit: et malos habet et bonos, sed nec in terris amittit nisi malos, nec in cælum admittit nisi bonos. Erit autem vobis hic sermo, quem de munere Dei novit ipse, quanta et pacis et vestra dilectione depromsimus, correctio si velitis, testis vero etsi nolitis.

EPISTOLA XLIV

Augustinus refert quæ cœpta sint agi de concordia cum Fortunio Donatistarum episcopo, cupiens ut sine tumultu, quod placide cœptum est, perficiatur conventu frequentiore.

DOMINIS DILECTISSIMIS ET PRÆDICABILIBUS FRATRIBUS ELEUSIO, GLORIO ET FELICIBUS, AUGUSTINUS.

CAPUT I. — 1. Fortunium quem (a) Tubursicum habetis episcopum, per eamdem civitatem, quamquam festinantissime, cum ad Cirtensem Ecclesiam

---

(a) In duobus Vaticanis codicibus, *Tybusircum*.

et, quoique bien pressés, nous avons fait, dans cette ville, une visite à votre évêque Fortunius, que nous avons trouvé en tous points tel que vous aviez eu la bonté de nous le promettre. En effet, lui ayant fait savoir ce que vous nous aviez dit de lui, le désir que nous avions de le voir, il ne s'y refusa pas. En conséquence, nous nous rendîmes près de lui. C'était une déférence que nous devions à son âge, plutôt que d'exiger qu'il vînt nous trouver. Nous nous dirigeâmes donc vers sa demeure, où m'accompagnèrent tous ceux qui alors étaient avec moi. Lorsque nous eûmes pris place chez lui, le bruit de notre arrivée attira bientôt une grande foule dans laquelle se trouvaient bien peu de gens qui désirassent tirer quelque utilité et quelque conseil salutaire de notre conférence, et entendre discuter dans un esprit de piété et de sagesse une question d'une aussi haute importance. La plupart étaient venus là comme ils vont au théâtre, plutôt pour jouir du spectacle de nos discussions, que pour écouter avec une dévotion chrétienne, une instruction concernant leur salut. Aussi nous ne pûmes obtenir d'eux ni silence, ni attention, ni même de retenue ou d'ordre, quand ils nous adressaient la parole, à l'exception de quelques-uns, qui, comme je l'ai dit, étaient venus dans un esprit de simplicité et de religion. C'était un bruit confus de gens qui parlaient librement, sans modération, chacun selon les mouvements qui l'entraînaient, et nous ne pûmes jamais, ni par prières, ni par menaces, les obliger à garder le silence.

2. La discussion s'engagea néanmoins, et nous parlâmes tour à tour pendant quelques heures, autant que nous le permettaient toutefois ces voix tumultueuses, qui, de temps à autre, gardaient un moment le silence. Mais, comme au commencement de la discussion, nous vîmes que ce qui avait été dit échappait à notre mémoire et à celle des gens dont nous cherchions avant tout le salut, nous demandâmes des scribes, pour recueillir nos paroles, afin que vous et nos autres frères absents pussiez prendre connaissance de tout ce qui se serait passé entre nous. Fortunius et ses adhérents s'y refusèrent longtemps; cependant, votre évêque finit par y consentir. Mais les scribes qui étaient présents, et qui auraient pu facilement remplir cette tâche, refusèrent, je ne sais pour quel motif, de nous prêter leur concours. Nous décidâmes les frères qui étaient avec nous à s'en charger, malgré leur peu d'habitude et par conséquent leur lenteur pour un tel travail. Nous promettions, d'ailleurs, de lais-

---

pergeremus experti sumus ita omnino, ut de illo soletis benignissime polliceri. Eam ipsam quippe vestram de illo nobis sermocinationem cum ei renuntiaremus, volentes eum videre, non abnuit. Venimus itaque ad eum; quia ætati ejus id a nobis deferendum videbatur, potius quam exigendum ut ipse ad nos veniret prior. Perreximus ergo comitantibus non paucis, quos forte aggregatos nobis illud tempus invenerat. Cum autem apud eum consedissemus, rumore disperso non parva præterea turba confluxit; sed nobis, in tota illa multitudine perpauci apparebant, qui utiliter ac salubriter agi caussam illam, et tantam reique tantæ quæstionem prudenter et pie discuti cuperent. Ceteri vero magis ad spectaculum quasi altercationis nostræ prope theatrica consuetudine, quam ad instructionem salutis Christiana devotione convenerant. Quapropter nec silentium nobis præbere, nec intente nobiscum atque modeste saltem et ordinate colloqui potuerunt, exceptis, ut dixi, paucis, quorum religiosa et simplex apparebat intentio. Itaque liber pro sui cujusque animi motu immoderate loquentium omnia strepitu turbabantur, nec evincere e sive nos, sive ipse rogando, interdum etiam objurgando potuimus, ut nobis modestum silentium præberetur.

2. Res tamen utcumque agi cœpta est, et aliquot horas in alterno sermone protraximus, quantum vocibus interquiescentibus varie tumultuantium sinebamur. Sed in ipso disputationis exordio, cum videremus ea, quæ dicebantur, subinde labi de memoria vel nostra, vel eorum quorum salutem maxime curabamus: et ut esset nobis cautior modestiorque tractatio, simul ut et vos atque alii fratres, qui absentes erant, quid inter nos actum esset, legendo cognosceretis, postulavimus ut a notariis verba nostra exciperentur. Diu ab illo vel ei consentientibus reluctatum est; postea tamen ipse concessit. Sed notarii qui aderant, atque id strenue facere poterant, nescio qua caussa excipere noluerunt. Egimus saltem ut fratres qui nobiscum erant, quamquam in hac re tardius possent, exciperent, pollicentes nos ibi easdem tabulas relicturos. Consensum est. Ceperunt verba nostra excipi, et aliqua ab invicem ad tabulas dicta sunt. Postea inordinatas perstrepentium interpellationes, et propterea no-

ser un double des tablettes. On y consentit. Nos paroles commencèrent donc à être recueillies, et de part et d'autre bien des choses étaient déjà consignées sur les tablettes, mais les interpellations désordonnées de la foule et l'ardeur même de notre discussion empêchèrent les écrivains de nous suivre et ils cessèrent leur travail. Nous n'arrêtâmes pas pour cela la dispute, et bien des choses furent dites encore, selon la faculté que chacun avait de parler. Je n'ai pas voulu priver votre amitié de tout ce que nous avons dit et fait dans cette cause, autant toutefois que ma mémoire m'a été fidèle. Vous pouvez faire lire ma lettre à Fortunius, pour qu'il reconnaisse la vérité de ce que j'aurai écrit, ou que lui-même vous explique les choses qu'il aurait mieux retenues que moi.

CHAPITRE II. — 3. Il a d'abord daigné louer notre manière de vivre, qu'il disait connaître déjà par le rapport que vous lui en avez fait peut-être avec plus de bienveillance que de vérité. Il ajouta qu'il vous avait dit que tout ce que vous lui aviez appris sur notre compte serait bon, si nous le faisions dans l'église. Nous lui demandâmes alors quelle était cette église dans laquelle il faut être, pour vivre dans le bien, si c'était celle qui, selon les saintes Écritures, devait se répandre sur toute la terre, ou celle qui est établie dans une petite partie de l'Afrique, et qui n'est composée que d'un petit nombre d'Africains ? Ici, il s'efforça d'abord de soutenir que sa communion était répandue dans tout l'univers. Je lui demandai s'il pouvait me donner, pour aller partout où je voudrais, des lettres de communion que nous appelons (1) *lettres formées* ou testimoniales, et j'affirmai, ce qui était d'ailleurs évident pour tous, que par là toute question pouvait être facilement terminée. J'ajoutai que, s'il y consentait, j'étais prêt à envoyer de pareilles lettres à ces églises, que, de part et d'autre, nous reconnaîtrions comme ayant été fondées du temps des apôtres et par leur autorité.

4. Mais comme ce qu'il avait avancé était manifestement faux, après quelques paroles jetées confusément dans la discussion, on ne s'en occupa plus. Il cita entre autres cet avertissement de Jésus-Christ : « Gardez-vous des faux prophètes : il en viendra sous la peau de brebis, mais au-dedans ce sont des loups ravisseurs ; vous les reconnaîtrez à leurs fruits (*Matth.*, VII, 15). » Après lui avoir dit que nous pouvions leur appliquer les mêmes paroles du Seigneur, nous arrivâmes à la question des persécutions, que son parti, prétendait-il, avait si souvent éprouvées, voulant montrer par là

---

(1) C'est au sujet de ces lettres testimoniales que saint Optat pressait les Donatistes. Dans son livre II, il leur dit : *l'univers tout entier par cet échange et ce commerce de lettres formées est uni avec nous de communion*. Les évêques donnaient à leurs diocésains de ces lettres de communion, quand ils étaient obligés de faire quelque voyage. Les évêques mêmes, d'après le vingt-troisième canon de l'église d'Afrique, devaient en demander à leur primat, lorsqu'ils avaient à passer la mer. Le refus qu'on aurait fait, de recevoir de pareilles lettres de la part des Donatistes, était une preuve de leur schisme, et c'est ce qui engage saint Augustin à proposer ce moyen à Fortunius.

---

stram quoque turbulentiorem disputationem notarii non valentes sustinere, cesserunt ; nobis sane non desistentibus, et cuique facultas dabatur, multa dicentibus. Ex quibus omnibus verbis nostris, quantum recordari potui, caussæ totius actionem, dilectionem vestram fraudare nolui. Potestis enim ei litteras meas legere, ut vel approbet vera me scripsisse ; vel ipse vobis, si quid melius recolit, incunctanter insinuet.

CAPUT II. — 2. Primo enim vitam nostram, quam vobis benevolentius fortasse quam verius praedicare dicebat, praedicare dignatus est : adjungens se dixisse vobis, nos omnia, quae de nobis insinuaratis, bene facere potuisse, si in Ecclesia faceremus. Deinde quaerere coepimus, quaenam illa esset Ecclesia, ubi vivere sic oporteret, utrum illa quae, sicut sancta tanto ante Scriptura praedixerat, se terrarum orbe diffunderet, an illa quam pars exigua vel Afrorum vel Africae contineret. Hic primo asserere conatus est, ubique terrarum esse communionem suam. Quaerebam utrum epistolas communicatorias, quas formatas dicimus, posset quo vellem dare, et affirmabam quod manifestum erat omnibus, hoc modo facillime illam terminari posse quaestionem. Parabam autem, ut si consentiret, ad illas ecclesias a nobis tales litteræ mitterentur, quas in apostolicis auctoritatibus pariter legeremus illo jam tempore fuisse fundatas.

4. Sed quia res aperte falsa erat, permixtis verbis cito inde discessum est, inter quæ verba evangelicam illam Domini admonitionem commemoravit, qua dixit ; « Cavete a pseudoprophetis ; multi ad vos venient in vestitu ovium, intus autem sunt lupi rapaces : ex fructibus eorum cognoscetis eos (*Matth.*, VII, 15). » Quæ verba Domini cum dice-

que ceux de sa communion étaient chrétiens, parce qu'ils souffraient persécution. Comme je me préparais à lui répondre d'après l'Évangile même, il me prévint, et me cita le chapitre où le Seigneur dit : « Heureux ceux qui souffrent persécution pour la justice, parce que le royaume des cieux est à eux (*Matth.*, v, 10). » Profitant de sa citation même, je l'invitai aussitôt à examiner si les siens avaient souffert persécution pour la justice. Je voulais, dans cette question, discuter, ce qui était d'ailleurs connu de tous, si au temps de Macaire (1) ils étaient encore dans l'unité de l'Église catholique, ou s'ils ne s'en étaient pas déjà séparés par le schisme. En examinant d'abord s'ils avaient eu raison de se séparer de l'unité du monde entier, on verrait s'ils avaient été persécutés pour la justice, car si leur séparation avait eu lieu sans de justes raisons, il devenait manifeste, que c'était pour l'injustice et non pour la justice qu'ils avaient souffert persécution, et qu'on ne pouvait pas les mettre au nombre de ceux dont l'Apôtre dit : « Heureux ceux qui souffrent persécution pour la justice. » Alors Fortunius rappela la question, plus célèbre que certaine, concernant les traditeurs des Livres saints.

Nous répondîmes, de notre côté, que c'était leur chef qu'on devait avant tout accuser de ce crime, et que, s'ils ne voulaient pas ajouter foi aux témoignages des nôtres, ils ne pouvaient pas nous forcer de nous en rapporter à la parole des leurs.

CHAPITRE III. — 5. Mettant de côté cette question incertaine, je lui demandai comment ils avaient pu se séparer du reste des chrétiens auxquels on n'avait rien à reprocher, et qui, dans leurs églises les plus anciennes du monde, restés fidèles à l'ordre de succession dans l'univers entier, ignoraient entièrement quels étaient en Afrique les traditeurs des saintes Écritures, et ne pouvaient, par conséquent, demeurer en communion, qu'avec ceux qu'ils savaient assis sur les siéges épiscopaux. A cela, Fortunius me répondit que les églises d'outre-mer étaient restées innocentes et irréprochables, jusqu'au moment où elles avaient consenti à l'effusion du sang de ceux qui avaient souffert la persécution de Macaire. Je pouvais lui répondre que l'innocence des églises d'outre-mer, n'avait pu être atteinte par les actes des temps macariens, puisque rien ne prouvait leur complicité dans ces actes ; mais pour abréger la discussion,

(1) Voyez, sur les temps de Macaire, la note sur la lettre vingt-troisième.

remus eadem de illis a nobis posse recitari, ventum inde est ad exaggerationem persequutionis, quam sæpe suam partem pertulisse dicebat ; hinc volens ostendere suos esse Christianos, quia persequutionem paterentur. Inter quæ verba cum ego pararem ex Evangelio respondere, inde capitulum commemoravit prior. Ubi Dominus ait ; « Beati qui persequutionem patiuntur propter justitiam, quoniam ipsorum est regnum cælorum (*Matth.*, v, 10). » Quo loco ego gratulatus, subjeci statim, id ergo esse quærendum, utrum illi persequutionem propter justitiam passi fuerint. In qua quæstione discuti cupiebam, quod quidem omnibus clarum erat, utrum eos in unitate Ecclesiæ constitutos, an schismate jam divisos (*a*) Macariana tempora invenerint, ut qui videre vellent, utrum propter justitiam persequutionem passi fuerint, id potius adtenderent, utrum se recte a totius orbis unitate præciderint.

Quod si injuste fecisse invenirentur, manifestum esset eos propter injustitiam potius quam propter justitiam passos persequutionem : et ideo numero beatorum adjungi non posse, de quibus dictum est « Beati qui persequutionem patiuntur propter justitiam. » Ibi commemorata est famosior quam certior codicum illa traditio. Sed respondebatur a partibus nostris, principes illorum potius fuisse traditores. Quod si de hac re nostrorum litteris nollent credere, nec nos cogi oportere, ut litteris credamus ipsorum.

CAPUT III. — 5. Sed tamen sequestrata ista dubia quæstione, quærebam modo se isti juste separassent ab innocentia ceterorum Christianorum, qui per orbem terrarum successionis ordinem custodientes, in antiquissimis ecclesiis constituti, penitus ignorarent qui fuerint in Africa traditores ; qui certe non possent communicare, nisi eis quos

(*a*) Macarius cujus gesta in Catholicos calumniose objectabant Donatistæ, adeo ut ex ipsius nomine Macarianos illos appellarent, a Constante imperatore circ. an 348, missus fuit in Africam una cum Paulo, tum ut eleemosynas erogaret in pauperes, tum ut singulos ad unitatem catholicam adhortaretur. Cui episcopi Donatistæ, in primis Donatus Carthaginensis et Donatus Bagaiensis vehementer obstiterunt ; quin et in cum concitarunt Circum cellionum furorem : e quibus permulti a militibus necati, et Martyrum titulo apud Donatistas exornati ; inter eos celebriores Marculus et Donatus, scilicet Bagaiensis. Alter aurem Donatus cum iis, qui ad concordiam revocari nollent, fugam postmodum arripuit, sive in exsilium relegatus fuit, ex Optato in lib. III, partim etiam ex Augustino etc..

j'aimai mieux lui demander si, en faisant même un crime aux églises d'outre-mer de leur prétendu consentement aux cruautés de Macaire, il pouvait du moins me prouver que jusqu'à cette époque, les Donatistes étaient restés unis de communion avec les églises d'Orient et de toutes les autres parties de la terre.

6. Alors il produisit un certain livre, par lequel il voulait me montrer que le concile de Sardique (1) avait envoyé des lettres à des évêques africains de la communion de Donat. Pendant qu'il faisait cette lecture, nous entendîmes prononcer le nom de Donat parmi ceux des autres évêques, auxquels ce concile de Sardique avait écrit. Nous demandâmes si c'était ce même Donat faisant partie de leur communion, car il pouvait se faire que ce fût aussi le nom de quelque Donat, évêque d'une autre hérésie, auquel ceux de Sardique eussent écrit, d'autant plus que ces lettres ne faisaient aucune mention de l'Afrique. Comment donc était-il possible de prouver que ce Donat fût le Donat chef des Donatistes, puisqu'on ne pouvait même pas prouver si ces lettres avaient été spécialement adressées à des évêques d'Afrique. Quoique le nom de Donat soit ordinairement un nom africain, il ne serait pas impossible que quelqu'un , en Thrace , portât un nom africain, ou que quelque Africain fût évêque dans cette contrée. Nous ne trouvâmes d'ailleurs dans ces lettres, ni date, ni nom de consul qui pussent nous éclairer d'une manière certaine sur le temps où elles avaient été écrites. Mais comme je ne savais pas l'époque où nous avions entendu dire que les Ariens, au moment de leur séparation de la communion catholique, avaient essayé de se réunir aux donatistes, ce fut mon frère Alype qui me le souffla à l'oreille : alors prenant le livre même, et examinant les décrets de ce même concile, j'y lus qu'Athanase, évêque catholique d'Alexandrie, dont la lutte contre les Ariens a été si animée et si célèbre, et Jules, évêque de l'église de Rome, non moins fervent catholique qu'Athanase , avaient été condamnés par ce concile de Sardique. Il fut donc prouvé pour nous que ce concile était composé d'Ariens auxquels ces évêques catholiques opposaient la plus vive résistance. Nous voulûmes emporter ce livre, pour examiner avec plus de soin les circonstances et les temps, mais Fortunius s'y refusa, en disant que nous le trouverions toujours là,

(1) Sardique était une ville de la Thrace (Bulgarie). Il est ici question du concile arien; tenu à Sardique l'an 347, et où fut condamné Athanase, évêque d'Alexandrie, l'un des plus zélés défenseurs de la doctrine catholique contre les Ariens.

sedere in sedibus episcopalibus audiebant. Respondit, tandiu transmarinarum partium ecclesias mansisse innocentes, donec consensissent in eorum sanguinem, quos Macarianam persequutionem pertulisse dicebat. Ubi ego possem quidem dicere, nec invidia Macariani temporis innocentiam transmarinarum ecclesiarum contaminari potuisse ; quandoquidem nullo modo probaretur illis auctoribus fecisse etiam quæ fecerat. Sed de compendio quærere malui, si Macarii sævitia, ex quo in eam consensisse dicebantur transmarinæ ecclesiæ, suam innocentiam perdiderunt, utrum saltem probaretur usque ad illa tempora Donatistas cum Orientalibus Ecclesiis ceterisque orbis partibus in unitate mansisse.

6. Tunc protulit quoddam volumen, ubi volebat ostendere Sardicense concilium ad episcopos Afros, qui erant communionis Donati, dedisse litteras. Quod cum legeretur, audivimus Donati nomen inter ceteros episcopos, quibus illi scripserant. Itaque flagitare cœpimus ut diceretur, utrum ipse esset Donatus, de cujus parte isti cognominantur: fieri enim potuisse, ut alicui Donato alterius hæresis, episcopo scripserint, cum maxime in illis nominibus nec Africæ mentio facta fuerit. Quomodo ergo posset probare Donatum partis Donati episcopum nomine illo accipiendum esse, quando ne id quidem probare posset, utrum ad Africanarum specialiter ecclesiarum episcopos illæ litteræ missæ fuerint? Quamquam enim Donati nomen Afrum esse soleat, non tamen repugnaret a vero, ut vel partium illarum aliquis vocaretur nomine Afro, vel aliquis Afer in illis partibus constitueretur episcopus. Neque enim in eis vel diem vel consulem invenimus, ut saltem consideratis temporibus certi aliquid eluceret. Sane quoniam nescio quando audieramus Arianos, cum a communione catholica discrepassent, Donatistas in Africa sibi sociare tentasse : ad aurem mihi hoc ipsum frater Alypius suggessit. Tunc accepto ipso volumine, ejusdem concilii statuta considerans, (a) legi Athanasium episcopum Alexandrinum catholicum, cujus maxime adversus

(a) Apud Bad. Am. Er. et plures MSS legit.

quand nous voudrions y chercher quelque chose. Je demandai alors la permission d'y mettre une marque de ma main, par crainte, je l'avoue, que si les circonstances me forçaient à y recourir, on ne m'en présentât un autre, Fortunius n'y consentit pas davantage.

CHAPITRE IV. — 7. Il me demanda ensuite, en me pressant de lui répondre, lequel des deux je croyais juste, de celui qui persécute, ou de celui qui souffre persécution. Je lui répondis que la question n'était pas bien posée ; car il pouvait se faire que l'un et l'autre fussent injustes, ou bien que le moins juste fût le persécuté, et le plus juste, le persécuteur. Il n'est donc pas logique de dire que le plus juste est celui qui souffre la persécution, quoique ce soit ce qui arrive le plus ordinairement. Voyant l'insistance de Fortunius pour établir la justice de son parti sur les persécutions que les siens avaient éprouvées, je lui demandai s'il regardait comme juste et chrétien Ambroise, évêque de l'Eglise de Milan. Il se vit forcé de nier la justice et la foi de ce saint homme. En effet, s'il l'avait avoué, nous lui aurions aussitôt demandé pourquoi il croyait nécessaire de le rebaptiser. Comme il était contraint de dire les motifs pour lesquels on ne devait regarder Ambroise ni comme chrétien, ni comme juste, je lui rappelai alors (1) la persécution que cet évêque avait éprouvée, quand il vit son église entourée et assiégée par des soldats armés. Je lui demandai également s'il croyait juste et chrétien ce Maximien qui avait fait schisme dans leur parti à Carthage, et comme il ne pouvait répondre que négativement, je rappelai à sa mémoire que Maximien souffrit aussi une telle persécution, que son église fut détruite de fond en comble. Je cherchais par ces exemples à lui faire comprendre que même quand on souffre persécution, ce n'est pas pour cela une preuve certaine que l'on soit juste et chrétien.

8. Fortunius raconta encore qu'au commencement de la séparation, ceux qui l'avaient précédé dans le schisme, cherchant tous les moyens possibles d'étouffer la faute de Cécilien et de maintenir l'unité, et avant d'ordonner Majorin à la place de Cécilien, avaient établi (2)

(1) Il s'agit ici de la persécution dirigée contre saint Ambroise par l'impératrice Justine arienne, mère de l'empereur Valentinien.
(2) On appelait *interventor* celui qui gouvernait une église pendant la vacance du siège.

Arianos acerrimarum disputationum conflictus eminuit, et Julium ecclesiæ Romanæ episcopum, nihilominus catholicum, illo concilio Sardicensi fuisse improbatos. Unde apud nos constitit Arianorum fuisse concilium, quibus isti episcopi catholici vehementissime resistebant. Itaque ad diligentiorem etiam temporum discussionem voluimus ipsum volumen accipere atque auferre nobiscum. Qui noluit dare, dicens, ibi nos habere illud, quando aliquid in eo considerare vellemus. Rogavi etiam ut manu mea notari permitteret, fateor, timens ne mihi forte causa exigente, cum petendum esset, pro illo aliud proferretur neque hoc voluit.

CAPUT IV. — 7. Deinde mihi cœpit instare, ut ad interrogationem suam breviter responderem, quærens a me quem justum putarem, eum qui persequeretur, an eum qui persequutionem pateretur. Cui respondebam, non recte ita interrogari : fieri enim posse ut ambo iniqui sint, fieri etiam posse ut iniquiorem justior persequatur. Non ergo esse consequens, ut ideo sit quisque justior, quia persequutionem patitur, quamvis id plerumque contingat. Deinde cum viderem in hoc eum multum immorari, ut justitiam suæ partis ex eo certam vellet intelligi, quia persequutionem passa fuerit ; quæsivi ab eo, utrum justum et Christianum putaret episcopum Mediolanensis ecclesiæ Ambrosium. Cogebatur utique negare, quod ille vir Christianus esset et justus : quia si fateretur, statim objiceremus quod eum rebaptizandum esse censeret. Cum ergo ea loqui cogeretur, quibus ille non esset habendus Christianus et justus, commemoravi quantam persequutionem pertulerit, circumdata etiam militibus armatis ecclesia. Quæsivi etiam utrum Maximianum, qui ab eis apud Carthaginem schisma fecerat, et justum et Christianum putaret. Non poterat nisi negare. Commemoravi ergo etiam illum talem persequutionem pertulisse, ut ecclesia ejus usque ad fundamenta dirueretur. His igitur exemplis ei, si possem, persuadere moliebar, ut desineret dicere persequutionis perpessionem Christianæ justitiæ certissimum esse documentum.

8. Narravit etiam in ipsa schismatis novitate majores suos, cum cogitarent culpam Cæciliani, ne schisma fieret, quoquo modo velle sopire, dedisse quemdam interventorem populo suæ communionis apud Carthaginem constituto, antequam Majorinus adversus Cæcilianum ordinaretur. Hunc ergo interventorem in suo conventiculo a nostris dicebat

provisoirement, pour diriger le peuple de leur communion à Carthage, un chef qui avait été tué par les nôtres dans son église. J'avoue que je n'avais jamais entendu parler de cet événement, au milieu de tant d'accusations contre lesquelles les nôtres avaient eu à se défendre, en objectant à leurs ennemis des faits bien plus graves et plus nombreux que ceux qu'on leur reprochait à eux-mêmes. Après ce récit, Fortunius me demanda avec insistance quel était celui des deux que je croyais juste, de celui qui avait tué ou de celui qui avait été tué, comme s'il m'avait déjà prouvé la réalité du fait. Je lui répondis donc qu'il fallait avant tout examiner si la chose était vraie, car on ne pouvait pas témérairement ajouter foi à tout ce qui se dit; que cependant il pouvait se faire que l'un et l'autre fussent également méchants, ou même qu'un méchant en tuât un autre encore plus méchant que lui. En effet, il peut arriver que celui qui rebaptise un homme et le tue ainsi tout entier corps et âme, soit plus criminel que celui qui lui ôte seulement la vie du corps.

9. Après cela, Fortunius pouvait se dispenser de me demander si des chrétiens et des justes pouvaient tuer un homme quelque méchant qu'il fût ; comme dans l'Eglise catholique, nous donnions le nom de justes à ceux qui se rendent coupables de pareilles actions, qu'il est plus facile aux Donatistes de nous reprocher que d'en donner la moindre preuve, tandis que la plupart d'entre eux, clercs, prêtres et évêques, au milieu de troupes de furieux, ne cessent de commettre, autant qu'ils le peuvent, violences sur violences, meurtres sur meurtres, non-seulement contre les catholiques, mais encore contre leurs propres partisans. Cependant, dissimulant tous ces crimes qu'il connaissait fort bien, il me pressait de dire si jamais aucun juste avait tué un méchant. Cette demande n'appartenait déjà plus à la question, puisque nous déclarions que de pareils actes, fussent-ils couverts du nom de chrétien, ne pouvaient être accomplis par des gens de bien. Cependant pour le ramener à la vraie question, nous lui demandâmes s'il ne croyait pas à la justice d'Elie. Il ne put le nier. Nous lui demandâmes alors combien Elie avait tué de faux prophètes de sa main. Il reconnut donc ce qu'il fallait reconnaître, c'est-à-dire que de telles actions avaient été permises aux justes. Ils agissaient sous l'inspiration d'un esprit prophétique et par l'autorité de Dieu, qui connaît sans doute ceux à qui il est même utile de perdre la vie. Cependant Fortunius me pressait toujours de lui faire voir, depuis les temps de la nouvelle alliance, l'exemple d'un juste qui

---

occisum. Quod fateor, numquam antea prorsus audieram, cum tam multa ab eis objecta crimina refellerentur et redarguerentur a nostris, atque in eos plura et majora jacerentur. Sed tamen postea quam hoc narravit, rursus a me instanter cœpit quærere quem justum putarem, eumne qui occidit, an eum qui occisus esset; quasi jam mihi probavisset, ita ut narraverat, esse commissum. Dicebam ergo, prius utrum verum esset esse quærendum ; non enim temere credi oportere quæcumque dicuntur: et tamen fieri potuisse, ut vel ambo æque mali essent, vel etiam pejorem quisquam malus occideret. Revera enim fieri potest, ut scelerator sit rebaptizator totius hominis, quam solius corporis interemtor.

9. Unde etiam illud, quod a me postea quæsivit, jam quærendum non erat. Ait enim etiam malum non debuisse occidi a Christianis et justis; quasi nos eos, qui hæc in Catholica faciunt, justos vocemus: quæ tamen nobis ab istis dici facilius quam probari solent, cum tam multas violentissimas cædes et strages plerique ipsorum et episcopi et presbyteri et quilibet clerici congregatis turbis hominum furiosissimorum, non catholicis tantum, sed nonnumquam etiam suis, ubi possunt, inferre non cessent. Quæ cum ita sint, dissimulans tamen ad sceleratissimis factis suorum, quæ ipse plus novit, urgebat ut dicerem, quis justorum vel malum aliquem occiderit. Quod etiamsi ad caussam jam non pertinebat; fatebamur enim hæc ubicumque sub nomine Christiano fierent, non fieri a bonis; sed tamen ut admoneretur quid esset quærendum, respondimus, quærentes utrum Elias justus ei videretur fuisse : quod negare non potuit. Deinde subjecimus quam multos pseudoprophetas sua manu peremerit. Hic revera vidit quod videndum erat, talia tum licuisse justis. Hæc enim prophetico spiritu auctoritate Dei faciebant, qui procul dubio novit cui etiam prosit occidi. Exigebat ergo ut docerem jam novi Testamenti temporibus, quis justorum aliquem occiderit, etiam sceleratum et impium.

CAPUT V. 10. — Tunc reditum est ad superiorem

eût tué quelqu'un, même un scélérat ou un impie.

CHAPITRE V. — 10. Nous en revînmes alors à un point que nous avions traité précédemment, et par lequel nous voulions leur montrer que nous ne devions pas lui objecter les crimes des gens de son parti, ni lui nous reprocher ceux que les gens de notre communion pouvaient avoir commis. Je lui montrai par le Nouveau Testament qu'aucun juste ne s'était rendu coupable d'un meurtre, mais que l'exemple même du Seigneur prouvait que des criminels avaient été tolérés par des innocents. Il souffrit en effet près de lui et au milieu de la troupe innocente de ses disciples, jusqu'au dernier baiser de paix, celui qui devait le livrer et qui avait déjà reçu le prix de sa trahison. Il ne leur cacha cependant pas que parmi eux se trouvait un grand criminel, mais il le laissa comme les autres prendre part au sacrement de son corps et de son sang, célébré pour la première fois, et qu'il donna à tous indistinctement. Comme cet exemple avait frappé toute l'assemblée, Fortunius essaya de dire que cette communion avec un scélérat n'avait pas été nuisible aux Apôtres, parce qu'avant la passion du Seigneur, ils n'avaient pas encore reçu le baptême de Jésus-Christ, mais seulement celui de Jean. Quand il eut fini de parler, je lui demandai pourquoi donc l'Evangile disait que Jésus-Christ baptisait plus de monde que saint Jean (*Jean*, IV, 1), puisque lui-même ne baptisait pas, mais ses disciples, c'est-à-dire que c'était par ses disciples qu'il donnait le baptême ; et comment alors ceux-ci pouvaient-ils donner ce qu'ils n'avaient pas reçu. C'est là en effet le principe sans cesse invoqué par les Donatistes. Dira-t-on, ajoutai-je, que le Christ baptisait par le baptême de Jean ? J'avais encore beaucoup de choses à lui dire à ce sujet ; par exemple, pourquoi, lorsqu'on interrogea Jean sur le baptême du Christ, répondit-il : « Celui à qui a l'épouse est l'époux (*Jean*, v, 29). » Or, l'époux ne pouvait pas baptiser par le baptême de Jean, c'est-à-dire par le baptême de l'ami et du serviteur de l'époux, et puis comment les Apôtres auraient-ils pu recevoir l'Eucharistie, s'ils n'avaient pas encore été baptisés, au temps de la Passion ? Comment encore aurait-il été répondu à Pierre, qui voulait être lavé tout entier : « Celui qui a été purifié une fois, n'a pas besoin d'être lavé de nouveau, mais il est entièrement pur (*Jean*, XIII, 10). » En effet, la purification est parfaite, non dans le baptême de Jean, mais dans le baptême du Seigneur, si celui qui l'a reçu s'en montre digne ; s'il en est indigne, les sacrements resteront en lui, non pour son salut, mais pour sa perte. Après

---

tractatum, quo volebamus ostendere, neque nos illis debere objicere suorum scelera, neque illos nobis, si qua invenirentur talia facta nostrorum. De novo enim Testamento ostendi quidem non posse, quod justus quisquam interfecerit aliquem : sed tamen illud probari posse ipso exemplo Domini, sceleratos ab innocentibus fuisse toleratos. Traditorem enim suum, qui jam pretium ejus acceperat, usque ad ultimum pacis osculum inter innocentes secum esse perpessus est. Quibus non tacuit esse inter illos tanti sceleris hominem ; et tamen primum sacramentum corporis et sanguinis sui, nondum illo excluso, communiter omnibus dedit. Quo exemplo cum prope omnes moverentur, tentavit dicere, ante passionem Domini communionem illam cum scelerato non obfuisse apostolis, quia nondum habebant baptismum Christi, sed baptismum Johannis. Quod posteaquam dixit, cœpi ab eo quærere, quemadmodum ergo scriptum esset, quod Jesus baptizaverit plures quam Johannes, cum ipse non baptizaret, sed discipuli ejus, hoc est per suos discipulos baptizaret (*Johan.*, IV, 1). Quomodo ergo dabant, quod non acceperant, quod ipsi maxime solent dicere. An forte Christus baptismo Johannis baptizabat? Deinde in hac sententia multa quæsiturus eram, quomodo ab ipso Johanne tunc quæsitum sit de baptismo Domini, et responderit quod ille haberet sponsam, et ille esset sponsus (*Johan.*, v, 29). Numquid ergo fas erat ut baptismo Johannis baptizaret sponsus, id est baptismo amici vel servi. Deinde quomodo poterant eucharistiam accipere nondum baptizati, aut quomodo Petro volenti ut totum se lavaret, responderit. Quid lotus est semel, non eum oportet iterum lavari, sed est mundus totus (*Johan.*, XIII, 10)? Perfecta enim mundatio non in Johannis, sed in (a) Domini baptismo est, si eo se dignum qui accipit præbeat; si autem indignum, sacramenta in eo non ad salutem, sed ad perniciem, permane-

---

(a) MSS. octo habent, *sed in nomine Domini baptisma est.*

toutes ces questions, Fortunius vit lui-même qu'il n'aurait pas dû m'interroger sur le baptême des disciples du Seigneur.

11. La discussion s'engagea ensuite assez longuement de part et d'autre sur différents points. Fortunius parla entre autres de la persécution que les nôtres allaient exercer sur ceux de sa communion, et nous dit qu'il voulait voir quel rôle nous jouerions dans cette persécution ; si nous donnerions ou ne donnerions pas notre assentiment à de telles violences. Nous lui répondîmes que Dieu voyait le fond de nos cœurs, dans lesquels eux ne pouvaient pas lire ; qu'ils avaient tort de s'alarmer ; que si ces violences avaient lieu, elles seraient l'œuvre des méchants, mais qu'au surplus il y avait parmi eux des hommes bien plus méchants encore que parmi nous. Nous ajoutâmes que si quelques-uns des nôtres se portaient malgré nous à ces violences, quelques efforts que nous eussions faits d'ailleurs pour les en empêcher, nous ne devrions pas pour cela les exclure de la communion catholique, parce que l'Apôtre nous avait appris la tolérance et l'amour de la paix, en nous disant : « Supportez-vous les uns les autres avec charité, ayant soin de conserver l'unité de l'esprit par le lien de la paix (*Eph.*, IV, 3). » Avaient-ils observé cette tolérance et cet esprit de paix, les auteurs de ce schisme, dans lequel ceux qui étaient les plus modérés avaient à souffrir, pour ne pas diviser ce qui était déjà divisé, des maux bien supérieurs à ceux que les Donatistes n'ont pas voulu supporter pour maintenir l'unité ? Nous objectâmes encore qu'aux temps de l'ancienne alliance, la paix de l'unité et la tolérance n'avaient pas été recommandées avec autant d'autorité qu'elles le furent par l'exemple du Seigneur et la charité de l'alliance nouvelle : et que cependant les prophètes et les saints personnages de l'ancienne loi, tout en reprochant à leur peuple ses crimes et ses excès, ne s'en étaient jamais séparés, ni d'unité, ni de communion, ni des sacrements de ce temps-là.

12. Je ne sais comment on en vint ensuite à parler de Genethlius, d'heureuse mémoire, évêque et prédécesseur d'Aurèle à Carthage. Il avait, disait-on, supprimé je ne sais quelle constitution faite contre les Donatistes, et en avait arrêté l'exécution. Comme on le louait beaucoup et qu'on exaltait sa bienveillance, je me permis de dire, au milieu de toutes ces louanges, que cependant si ce même Genethlius était tombé entre leurs mains, ils ne se seraient pas fait scrupule de le rebaptiser. Nous étions déjà debout lorsque nous prononçâmes ces paroles, car nous étions pressés de partir. Le vieillard nous répondit que c'était chose arrêtée

---

bunt tamen. Cum ergo ista quæsiturus essem, etiam ipse vidit de baptismo discipulorum Domini non sibi fuisse quærendum.

11. Inde itum est in aliud, multis ut poterant utrumque sermocinantibus : inter quæ dictum est, quod adhuc eos nostri persequuturi essent : nobisque dicebat, videre se velle quales nos essemus in illa persequutione præbituros, utrum consensuri essemus tali sævitiæ, an nullum commodaturi consensum. Nos dicebamus Deum videre corda nostra, quæ ipsi non possent : et illos temere sibi adhuc ista metuere, quæ si contigerint, a malis contingere, quibus deteriores ipsi habent : nec tamen ideo nos a catholica communione sagregare debere, si qui forte nobis invitis, vel etiam, si valuerimus, contradicentibus factum fuerit, cum tolerantiam pacificam didicerimus, dicente Apostolo ; Sufferentes invicem in dilectione, studentes servare unitatem spiritus in vinculo pacis (*Eph.*, IV, 3). Quam pacem atque tolerantiam illos non tenuisse dicebamus, qui schisma fecerunt, ut nunc inter suos, qui mitiores eorum sunt, graviora tolerent, ne scindatur quod scissum est ; cum leviora nollent pro ipsa unitate tolerare. Dicebamus etiam nondum fuisse temporibus veterum pacem unitatis, et tolerantiam tanta commendatione prædicatam, sicut exemplo Domini et novi Testamenti caritate : et tamen Prophetas illos et sanctos viros dicere solere in populum scelera eorum, cum tamen se ab illius populi unitate et a communione pariter accipiendorum sacramentorum, quæ tunc fuerunt, divellere non tentassent.

12. Inde nescio quomodo ventum est ad commemorationem beatæ memoriæ Genethlii Carthaginensis ante Aurelium Episcopi, quod nescio quam constitutionem datam contra illos compresserit, et effectum habere non siverit. Laudabant illum omnes, et benignissime præferebant. Inter quas 'audes a nobis subjectum est, quod etiam ipse tamen Genethlius, si in eorum manus incidisset rebaptizandus censeretur. Et hæc jam stantes loquebamur, quia discedendi tempus urgeret. Ibi plane ille senex dixit, jam formam esse factam, ut quisquis ad eos fidelium a nobis venerit, baptizetur, quod eum invitum et cum dolore animi dicere, quantum poterat,

chez eux de rebaptiser tout chrétien de notre communion qui se présenterait à eux. Il était facile de voir que c'était malgré lui et avec douleur qu'il nous disait cela. Comme il gémissait sur les violences commises par les siens, et témoignait, ce qui est prouvé d'ailleurs par le témoignage de toute sa ville, son aversion pour de pareils faits, qu'il avait coutume de reprocher à ceux de son parti, avec un esprit de douceur et de modération, nous lui rappelâmes le passage du prophète Ezéchiel où il est dit, qu'il ne faut pas imputer au père la faute du fils, ni au fils celle du père : « Comme l'âme du père est à moi, de même l'âme du fils est également à moi, car l'âme qui aura péché est la seule qui mourra (*Ezech.*, XVIII, 4 et 20). » Alors tout le monde convint que dans de telles discussions, nous devions désormais éviter de nous objecter les uns aux autres les violences exercées par les méchants. Restait encore la question du schisme. Nous exhortâmes Fortunius à se joindre à nous dans un esprit de charité et de paix, pour terminer, par un examen sérieux, cette question si importante. Comme il nous disait avec bonté que nous étions les seuls à lui faire cette demande, et que les autres de notre parti ne semblaient pas y consentir, nous lui promîmes, en le quittant, de lui présenter plusieurs de nos collègues, du moins dix, tout disposés à examiner cette question avec la même bienveillance, la même douceur et le même zèle qu'il avait bien voulu reconnaître et approuver en nous. Fortunius nous promit de fournir un nombre égal de collègues de sa communion.

CHAPITRE VI. — 13. Nous vous prions donc, nous vous conjurons par le sang de Notre Seigneur de lui rappeler sa promesse, et d'insister fortement, pour que cette affaire si heureusement commencée soit conduite à bonne fin, comme vous pouvez déjà l'entrevoir. Je doute cependant que vous trouviez dans vos évêques autant de condescendance au bien commun, et autant de bonne volonté que nous en avons remarqué dans ce vénérable vieillard. En effet, le lendemain il vint nous trouver, et nous entamâmes de nouveau la question ; mais comme nous étions pressés d'aller ordonner un évêque, nous ne pûmes rester plus longtemps avec lui. Nous avions déjà envoyé quelques-uns des nôtres vers le chef des *Célicoles* (1) qui, comme nous l'avions appris, avait établi un nouveau genre de baptême, et avait déjà séduit beaucoup de monde par ce sacrilège. Notre intention était de nous entretenir avec lui, autant que nous le permettrait le court espace

(1) Il est question des Célicoles dans les lois d'Honorius, ces lois disent qu'ils sont soumis aux peines prononcées contre les hérétiques, *s'ils ne se convertissent pas au culte du vrai Dieu et à la religion chrétienne*. On ne sait pas précisément ce que c'était que cette secte *d'adorateurs du ciel*. Elle paraît avoir été un mélange de judaïsme et de paganisme. La loi portée contre eux leur accordait un an pour se convertir.

apparebat. Sane cum etiam ipse multa mala suorum apertissime gemeret, atque ostenderet, quod totius civitatis ejus testimonio probabatur, quam esset remotus a talibus factis, et quæ ipsis suis dicere soleat modesta conquestione proferret, nosque commemoraremus illud Ezechielis Prophetæ, ubi aperte scriptum est, nec filii culpam patri, nec patris culpam filio ejus imputandam, ubi dictum est, « Sicut enim anima patris mea est, ita et anima filii mea est, anima enim quæcumque peccaverit, sola morietur (*Ezech.* x, 20), » placuit omnibus in talibus disputationibus violenta facta malorum hominum nobis ab invicem objici non debere. Remanebat ergo schismatis quæstio. Itaque hortati eum sumus, ut etiam atque etiam placido atque pacato animo annitatur nobiscum, ut diligenti examinatione tanta inquisitio terminum sumat. Ubi ille benigne cum diceret, nos solum ista quærere, nolle autem nostros hæc quæri ; ea facta pollicitatione discessimus, ut exhiberemus ei plures collegas nostros, certe vel decem, qui tanta benevolentia et lenitate et tam pio studio id quæri vellent, quantum in nobis eum jam animadvertisse atque approbare sentiebamus. Hoc etiam de suorum numero et ipse pollicitus est.

CAPUT VI. — 13. Unde vos hortor et obtestor per Domini sanguinem, ut eum promissi sui commoneatis, et gnaviter instetis, ut res cœpta peragatur, quam prope ad finem pervenisse jam cernitis. Quantum enim arbitror, difficillime potestis invenire in episcopis vestris tam utilem animum et voluntatem, quam in isto sene perspeximus. Postero enim die ipse ad nos venit, et hæc iterum quærere cœperamus. Sed quia ordinandi episcopi necessitas nos inde jamjamque rapiebat, diutius cum illo esse nequivimus. Jam enim miseramus ad Majorem Cœlicolarum, quem audieramus novi apud eos baptismi institutorem exstitisse, et multos illo sacrilegio seduxisse, ut cum illo, quantum ipsius temporis

de temps dont nous pouvions disposer. Fortunius ayant appris que ce chef devait venir, et nous voyant occupés d'une autre question, comme il l'était de son côté par je ne sais quelle affaire qui le forçait de partir, se sépara de nous, en nous témoignant beaucoup de bienveillance et de douceur.

14. Je crois que pour éviter cette foule tumultueuse, qui nous est plus nuisible qu'utile, et pour achever, avec l'aide de Dieu, tranquillement et à l'amiable, notre entreprise si importante, nous ferons bien de nous réunir dans quelque petit bourg, où il n'y ait point d'Eglise ni de votre communion ni de la nôtre, mais qui soit habité par des hommes des deux communions, comme l'est, par exemple, le bourg de Titiana. Choisissons dans le diocèse de Tibursi, ou celui de Tagaste, une localité comme celle que j'indique; celle-là même, ou toute autre. Faisons-y porter les livres canoniques, et tous les documents qui pourront être fournis de part et d'autre, afin que, laissant de côté tout autre soin, et n'étant interrompus, s'il plaît à Dieu, par aucun embarras, nous donnions librement à cette affaire tout le temps que nous pourrons, et que chacun de nous, avec le secours du Seigneur, à qui la paix chrétienne est si agréable, nous puissions mener à bonne fin une chose si importante et commencée dans une si bonne intention. Ecrivez-nous quelle est en cela votre manière de voir et celle de Fortunius.

LETTRE XLV [3]

Saint Augustin écrit en son nom et en celui d'Alype à saint Paulin et à Thérèse, pour le prier de rompre enfin le silence qu'il garde depuis deux ans, et de lui envoyer l'ouvrage qu'il avait appris depuis longtemps que saint Paulin composait contre les païens.

Cette lettre n'avait pas encore paru. Elle a été trouvée dans le manuscrit de M. de Fief-Marcon, dont nous avons déjà parlé.

A LEURS TRÈS-CHERS SEIGNEURS ET FRÈRES PAULIN ET THÉRÈSE, ALYPE ET AUGUSTIN, SALUT EN JÉSUS-CHRIST.

1. Je ne sais pourquoi vous avez cessé de nous écrire. Voilà deux années entières que

(1) Ecrite l'an 398. — Cette lettre était la 45e dans les éditions antérieures à l'édition des Bénédictins, et celle qui était la 40e se trouve maintenant la 227e.

patiebantur angustiæ, aliquid loqueremur. Quem posteaquam venturum comperit, videns nos aliud suscepisse negotium, cum et ipsum nescio quæ necessitas profectionis urgeret, benigne a nobis placideque discessit.

14. Videtur autem mihi, ut turbulentas turbas et impedimentum potius quam adjumentum afferentes omnino devitemus, et vere ex animo amico atque tranquillo susceptum tam magnum negotium Domino opitulante peragamus, ad aliquam villam nos convenire debere non magnam, ubi nullius nostrum esset ecclesia; quam tamen villam communiter possident homines et nostræ communionis et ipsius, sicuti est villa Titiana. Sive ergo in Tubursicensi, sive in Thagastensi, talis locus, vel ille quem commemoravi, vel aliquis alius inventus fuerit, faciamus codices canonicos præsto esse. Et si qua proferri potuerint ex utraque parte documenta: ut postpositis ceteris, nulla, si Domino placuerit, interpellante molestia, quotquot diebus potuerimus ad hoc vacantes, et unusquisque nostrum apud suum hospitem Dominum deprecantes, adjuvante ipso cui pax Christiana gratissima est, rem tantam et bono animo cœptam ad inquisitionis terminum perducamus. Rescribite sane, quid de hac re vel vobis vel illi videatur.

EPISTOLA XLV

Augustinus Paulino, rogans ut demum rescribat post biennii silentium, mittatque sibi opus contra paganos, quod ab ipso elaborari dudum audivit.

Prodit nunc primum ex Phimarconensi M.S. supra laudato.

DOMINIS GERMANISSIMIS, DILECTISSIMIS ET IN CHRISTO LAUDABILIBUS PAULINO ET THERASIÆ ALYPIUS ET AUGUSTINUS IN DOMINO SALUTEM.

1. Nequaquam nos nescio qua vestra cessatio, qua esse per totum biennium, ex quo nobis dulcissimi fratres Romanus et Agilis ad vos remeaverunt, nullas a vobis litteras sumsimus, pigros ad scribendum fecit. Nam cum in aliis rebus quanto quisque

nos bien-aimés frères Romain et Agile sont retournés vers vous, et nous n'avons pas encore reçu de vous une seule lettre. Votre silence ne nous a pourtant pas rendus paresseux pour vous écrire. Dans toute autre chose, plus on aime quelqu'un, plus on cherche à l'imiter : ici, c'est tout le contraire. En effet, plus nous vous aimons, plus votre silence nous fait de peine ; aussi nous ne voulons pas vous imiter en cela. Nous vous saluons donc, n'ayant pas à répondre à vos lettres dont aucune ne nous est parvenue. Nous en attendons du moins avec un vif sentiment de douleur, que votre charité sans doute éprouve également, si des lettres écrites par vous ne nous sont parvenues, et si celles que nous vous avons envoyées n'ont pas été remises entre vos mains. S'il en est ainsi, changeons nos plaintes en prières au Seigneur, pour qu'il nous accorde la consolation d'en recevoir.

2. Nous avions ouï dire que vous composiez un ouvrage contre les païens. Si vous l'avez achevé, veuillez sans retard nous l'envoyer par le porteur de cette lettre. C'est un homme qui nous est cher, et nous pouvons sans crainte vous rendre témoignage de l'estime dont il jouit dans notre contrée. Il nous prie d'implo-rer pour lui votre protection près des personnes avec lesquelles il a affaire, car il craint que leur influence ne le fasse succomber dans sa cause, quelque bonne qu'elle soit. Il vous expliquera lui-même ce qu'il y a de mieux à faire dans cette circonstance (1)......... Nous vous remercions sincèrement d'avance auprès de Jésus-Christ, notre Seigneur, si votre bienveillance peut mettre notre frère Christian en toute sécurité.

LETTRE XLVI [2]

Publicola (3) *propose plusieurs questions à saint Augustin.*

A SON CHER ET VÉNÉRABLE PÈRE AUGUSTIN, ÉVÊQUE, PUBLICOLA, SALUT DANS LE SEIGNEUR.

Il est écrit : « Interrogez votre père et il vous instruira ; interrogez vos anciens et ils vous répondront (*Deutér.*, XXXII, 7). » C'est pourquoi j'ai voulu recevoir de la bouche d'un prêtre l'explication de la loi dans la cause suivante que je vais vous exposer dans cette

---
(1) Il y a dans le texte du manuscrit une lacune qui ne permet pas de donner le sens exact de cette phrase.
(2) Écrite vers l'an 398. — Cette lettre était la 153e dans les éditions antérieures à l'édition des Bénédictins et celle qui était la 46e se trouve maintenant la 214e.
(3) Publicola était d'une famille noble de Rome. Il avait épousé Albine fille de Mélanie l'ancienne ; il en eut un fils de son nom, que Mélanie conduisit en Afrique, avant l'invasion des Goths. C'est le jeune Publicola dont il sera parlé dans la lettre 94.

---

amplius diligitur, tanto dignior imitatione videatur, in hac re contra est. Quo enim vos amamus ardentius, eo minus ferimus quod nobis non scribitis ; nec vos in eo volumus imitari. Ecce igitur salutamus vos, si non respondentes epistolis vestris, quæ nullæ ad nos veniunt, saltem expostulantes, et non dolore mediocri, quamvis fortasse etiam caritas vestra similiter conqueratur ; si quidem missas a vobis nostis, quæ ad nos non pervenerunt ; vicissimque a nobis quæ emissæ erant, non sunt vobis datæ. Quod si ita est, querelas nostras convertamus in preces ad Dominum, ne tanta solatia deneget nobis.

2. Scribere te audieramus adversum paganos ; quod si absolutum est, quæsumus ne differas mittere per latorem hujus epistolæ. Carus nobis est, cujus æstimationi in regionibus nostris possumus non temere bonum testimonium perhibere. Rogat per nos sanctimonium vestrum, ut eum commen-dare dignemini cum quibus ei negotium est, et apud quos ne bona caussa ejus opprimatur timet, quid in re agatur commodius ipse narrabit : quid etiam ad singula, quæ forte animum moverint inter............. gratissimum habemus, et apud Dominum Deum nostrum sincerissimæ vestræ benignitati gratias agimus, si per vestram operam de Christiani fratris securitate gaudeamus.

EPISTOLA XLVI

Publicola Augustino proponit multas quæstiones

DILECTO ET VENERABILI PATRI AUGUSTINO EPISCOPO PUBLICOLA.

« Scriptum est ; » Interroga patrem tuum, et indicabit tibi, seniores tuos, et dicent tibi (*Deut.* XXXII, 7). Unde et mihi exquirendam legem de ore sacer-

lettre, pour que vous daigniez m'éclairer sur divers points. J'ai divisé par chapitres les différentes questions que je vous soumets, en vous priant de répondre séparément à chacune d'elles.

QUESTION PREMIÈRE. — Dans le pays des Arzuges (1), comme je l'ai ouï dire, les barbares, avec qui l'on fait un marché pour conduire les voitures publiques ou pour garder les productions de la terre, ont coutume de jurer par leurs démons en présence du tribun ou du dizainier qui préside à la frontière, et alors, sous la garantie d'une lettre délivrée par le dizainier, les propriétaires ou les fermiers, croyant pouvoir compter sur la fidélité de ces barbares, s'en servent pour leurs besoins, ou bien les voyageurs, traversant leur pays, les prennent comme guides et comme escorte. Mais à ce sujet, un doute s'est élevé dans mon esprit. Le voyageur, qui prend pour guides, ou le propriétaire qui emploie comme gardiens ces barbares, dont la fidélité est engagée par un serment fait aux démons, ne sont-ils pas, eux et les choses qui leur appartiennent, souillés par le contact et le serment même de ces infidèles ? Vous devez savoir que le barbare qui jure ainsi, reçoit de l'or des propriétaires pour garder les productions de leurs terres, ou des voyageurs pour les accompagner. Mais malgré ce paiement fait par le propriétaire ou le voyageur, il y a au milieu de cela un serment de mort prêté devant le tribun ou le dizainier. Je crains donc que le serment de ces barbares ne souille celui qui les emploie, ainsi que les choses qu'il confie à leur garde : car, malgré l'or qui a été donné, malgré les gages et les otages qui ont été fournis, il y a toujours, comme je l'ai dit, au milieu de tout cela, un serment d'iniquité. Daignez donc me répondre d'une manière positive et qui ne laisse plus aucun doute à ce sujet.

QUESTION II. — J'ai appris que mes fermiers reçoivent de ces barbares, pour la garde des productions de mes terres, un serment fait au nom des démons ; veuillez donc me dire si ceux qui, pour garder ces productions, jurent par les démons, ne souillent pas ces productions elles-mêmes, et si un chrétien qui le sait et qui en mange, ou qui vit du revenu qu'elles rapportent, ne contracte pas une souillure ?

QUESTION III. — Selon les uns, mes fermiers n'exigent pas ce serment des barbares, selon les autres, ils l'exigent. Si ce dernier rapport est faux, dois-je, par cela seul qu'il m'a été fait,

(1) Les Arzuges étaient une contrée barbare, au midi des Etats de Tunis et de Tripoli, mais plus méridionale du côté de Tripoli, comme on le voit par la lettre 93, nombre 4.

dotis judicavi in caussa tali: quæ qualis sit, per litteras expono, simul etiam ut et ego instruar in diversis caussis. Singulas autem quæstiones et diversas, per capitula designari feci, ad quas singillatim dignare respondere.

QUÆSTIO PRIMA. — In Arzugibus, ut audivi, decurioni qui limiti præ est vel tribuno solent jurare barbari, jurantes per dæmones suos, qui ad deducendas (a) bastagas pacti fuerint, vel aliqui ad servandas fruges ipsas, singuli possessores, vel conductores solent ad custodiendas fruges suscipere, quasi jam fideles, epistolam decurione mittente, vel singuli transeuntes quibus necesse est per eos transire. Mihi autem disceptatio in corde nata est, si ille possessor, qui susceperit barbarum, cujus fides per dæmonum jurationem firma visa est, non coinquinatur vel ipse, vel illa quæ custodit, vel ille qui deducitur a deductore barbaro. Sed hoc debes scire, quia qui jurat barbarus a possessore pro servandis frugibus accipiat aurum, vel a viatore deductor ; sed tamen cum hac veluti mercede, quæ solet dari a possessore, vel a viatore, juramentum etiam illud in medio est mortale datum decurioni vel tribuno : quod perturbat me ne polluat illum, qui suscipit barbari juramentum, vel illa quæ custodit barbarus. Quacumque enim conditione etiam auro dato, et obsidibus datis, ut audivi, tamen juramentum iniquum medium intercessit. Dignare autem mihi definitive rescribere, et non suspense. Quod si ipse scribas dubitanter, ego in majores dubitationes incidere possum, quam antequam interrogassem.

QUÆSTIO II. — Hoc etiam audivi, quia ipsi homines conductores, qui præsunt rei meæ, juramentum per dæmones suos jurantibus barbaris accipiunt pro servandis frugibus. Si ergo cum illi jurant per dæmones suos ut custodiant fruges, non polluunt ipsas fruges, ut si inde manducaverit Christianus

(a) Bastaga a βαστάζω bajulo, *ferculum est*, juxta Lexicon Jurid. *portandis rebus fiscalibus accommodatum*. bastagia vero dicebatur ipsum onus portandarum rerum per jumenta.

m'abstenir de ces fruits ou des revenus qu'ils me rapportent, car il est écrit : « Si quelqu'un dit : Ceci a été immolé aux idoles, n'en mangez pas, à cause de celui qui vous en a donné l'avis (I *Corinth.*, x, 7) ? » S'il en est ici comme de ce qui est immolé aux idoles, que dois-je faire de ces fruits ou de l'argent qu'ils me rapportent ?

QUESTION IV. — Dois-je chercher qui a dit vrai, de celui qui prétend que mes fermiers reçoivent ce serment ou de celui qui affirme le contraire, et faire vérifier par témoins l'assertion de l'un et de l'autre ? Dans ce cas, dois-je, jusqu'à ce que j'aie vu de quel côté est la vérité, m'abstenir et des fruits et de l'argent ?

QUESTION V. — Si le barbare, qui fait ce serment criminel, exige aussi pour sa garantie personnelle, que le même serment soit prêté par le fermier ou le tribun chrétien préposé à la frontière, le chrétien seul est-il souillé par ce serment, et la souillure n'atteint-elle pas aussi les choses pour lesquelles il jure ? Si c'est un païen qui est préposé à la frontière, et qui, pour la garantie personnelle du barbare, lui fait ce serment criminel, ne rend-il pas impurs ceux pour qui il a juré ? Celui que j'aurai envoyé aux Arzuges peut-il recevoir ce serment d'iniquité d'un barbare, et s'il est chrétien, ne sera-t-il pas souillé en le recevant ?

QUESTION VI. — Un chrétien peut-il sciemment manger de ce qui provient d'une grange ou d'un pressoir, d'où l'on a tiré quelque chose pour l'offrir aux démons ?

QUESTION VII. — Peut-il prendre du bois pour son usage dans un bois qu'il sait être consacré au démon ?

QUESTION VIII. — Si quelqu'un achète au marché de la viande qui n'a pas été immolée aux idoles, mais qu'il en doute intérieurement, et que dans la pensée que cette viande n'a pas été immolée, il finisse par en manger, commet-il un péché ?

QUESTION IX. — Lorsque quelqu'un doute si une chose est bonne ou mauvaise, et qu'il la fait dans la pensée qu'elle est bonne, quoique d'abord il ait cru qu'elle était mauvaise, cela doit-il lui être imputé à péché ?

QUESTION X. — Si quelqu'un dit faussement que telle viande a été offerte aux idoles, et qu'ensuite il avoue avoir menti, ce mensonge

---

sciens, vel de pretio ipsarum rerum fuerit, coinquinetur, significare dignare.

QUÆSTIO III. — Item ab alio audivi, quod conductori non juratur a barbaro, et alter dixit, quia juratur conductori. Si etiam falsum mihi dixit ille, qui dixit jurari conductori, si jam pro hoc quod solum audivi, non debeo uti de ipsis frugibus, vel de pretio ipsarum propter auditum solum, quia dictum est ; « Si autem quis dixerit, Hoc immolatitium est idolis, nolite manducare, propter illum, qui indicavit (I *Cor.*, x, 7) : » si tamen etiam hæc caussa similis est caussæ de immolatitio. Quod si ita est, quid debeo de ipsis frugibus, vel de pretio ipsarum facere ?

QUÆSTIO IV. — Si debeo requirere de utroque qui mihi dixit, quia non juratur conductori ; aut qui dixit, quia juratur conductori ; et dictum uniuscujusque probare per testes, qui verum dixit de illis duobus, et tamdiu non contingere de ipsis frugibus, vel de pretio, quamdiu mihi probatum fuerit, si verum dixit ille qui dixit, quia non juratur conductori ?

QUÆSTIO V. — Si barbarus qui per juramentum suum jurat malum, fecerit illum Christianum conductorem vel tribunum qui limiti præest, jurare sibi pro fide illi servanda pro custodiendis frugibus, per ipsum juramentum mortale per quod ipse jurat, si solus ille Christianus coinquinatus sit, si non et illa quorum caussa jurat. Aut si paganus, qui limiti præest, juraverit barbaro pro fide illi servanda per mortale juramentum, si non coinquinat pro quibus jurat. Si quem misero ad Arzuges, si licet ei juramentum accipere a barbaro illud mortale ; et si non coinquinatur, si susceperit tale juramentum Christianus ?

QUÆSTIO VI. — Si de area trituratoria tritici vel cujuscumque leguminis, aut torculari, de quo dæmoni oblatum est, si licet inde manducare Christianum scientem.

QUÆSTIO VII. — De luco si licet ad aliquem usum suum Christianum scientem ligna tollere ?

QUÆSTIO VIII. — Si quis vadens ad macellum emat carnem, quæ non sit immolatitia, et cogitationes duas habuerit in corde, quod immolata sit, et non sit immolata, et illam tenuerit cogitationem qua non immolatam cogitabit, si manducaverit an peccat ?

QUÆSTIO IX. — Si quis bonam rem, de qua dubitat an bona aut mala sit, si faciat putans bonam, cum tamen putasset et malam, si peccatum adscribatur ei ?

QUÆSTIO X. — Si quis dixerit quod immolatitium est mentiens, et postea dixerit iterum, quia mentitus est, et ad fidem vere mentitus est, si licet Chri-

une fois reconnu, un chrétien peut-il manger de cette viande, ou la vendre et en recevoir le prix?

QUESTION XI. — Lorsqu'un chrétien en voyage se trouve pressé par la faim d'un, de deux ou de plusieurs jours, sans pouvoir l'endurer davantage, et que sentant déjà la mort s'approcher de lui, il trouve des mets dans un temple d'idoles, peut-il, s'il n'est vu de personne, et qu'il ne puisse se procurer aucune autre nourriture, manger de ces mets ou doit-il se laisser mourir?

QUESTION XII. — Si un chrétien se voit menacé de mort par un barbare ou un Romain, peut-il les tuer pour éviter de l'être lui-même, ou bien sans les tuer, doit-il simplement se défendre et les repousser, puisqu'il est dit « de ne pas résister au mal (*Matth.*, v, 39)? »

QUESTION XIII. — Si un chrétien a entouré de murs son domaine, pour se protéger contre l'ennemi, est-il devenu homicide pour avoir tué des ennemis, en se défendant du haut de ces murs?

QUESTION XIV. — Un chrétien peut-il boire de l'eau d'un puits ou d'une fontaine, où l'on aurait jeté quelque chose qui eût été offert aux idoles? Peut-il en boire d'un puits, situé dans un temple consacré aux idoles, et qui est devenu désert? Peut-il puiser et boire de l'eau d'un puits situé dans un temple où l'on adore encore les idoles, quoiqu'on n'eût jeté rien d'impur dans ce puits ou dans cette fontaine?

QUESTION XV. — Un chrétien doit-il se baigner dans des bains ou des thermes où l'on sacrifie aux idoles? Peut-il se baigner dans les bains où les païens se sont purifiés pendant leurs jours de fêtes, soit avec eux, soit sans eux?

QUESTION XVI. — Est-il permis à un chrétien de se laver dans la (1) cuve où il sait que se sont lavés des païens venant de sacrifier aux idoles, et dans laquelle ils ont pratiqué quelques-unes de leurs superstitions sacrilèges?

QUESTION XVII. — Un chrétien est invité chez quelqu'un. On lui sert une viande qu'on lui dit avoir été offerte aux idoles : il n'en mange pas. Cette viande est ensuite portée au marché; il l'achète, ou bien on la lui sert chez un autre ami où il a été invité; il ne la reconnait pas et en mange; commet-il un péché?

QUESTION XVIII. — Un chrétien peut-il acheter et manger des légumes ou des fruits, qu'il sait

---

(1) Le *solium* était une espèce de cuve où l'on était assis pour se laver.

---

stianum inde manducare, aut vendere, et de pretio uti ex eo quod audivit?

QUÆSTIO XI. — Si Christianus aliquis ambulans, passus necessitatem, victus fame unius diei, vel bidui, vel multorum dierum, ut jam durare non possit, ita occurrerit, ut in ipsa necessitate famis, in qua sibi videt jam mortem proximare, invenerit cibum in idolio positum, ubi nullus sit hominum, et non possit invenire alium cibum, debet mori aut deinde cibari?

QUÆSTIO XII. — Si Christianus videat se a barbaro vel Romano velle interfici, debet eos ipse Christianus interficere, ne ab illis interficiatur : vel si licet sine interfectione eos repellere vel impugnare, quia dictum est, Non resistere malo (*Matth.*; v, 39)?

QUÆSTIO XIII. — Si murum possessioni debet Christianus facere propter hostem, et si ille Christianus qui fecerit murum, caussa non exsistit homicidii, cum inde aliqui cœperint pugnare, et interficere hostes?

QUÆSTIO XIV. — Si licet de fonte bibere, vel de puteo ubi de sacrificio aliquid missum est? Si de puteo qui in templo est, et desertum factum est, debet Christianus bibere? Si in templo quo colitur idolum, puteus ibi sit vel fons, et nihil ibi factum sit in eodem puteo vel fonte, si debet haurire aquam inde Christianus, et bibere?

QUÆSTIO XV. — Si Christianus debet in balneis lavare, vel in thermis, in quibus sacrificatur simulacris? Si Christianus debet in balneis, quibus in die festo suo pagani loti sunt, lavare, sive cum ipsis, sive sine ipsis?

QUÆSTIO XVI. — Si in solio ubi descenderunt pagani ab idolis venientes in die festo suo, et aliquid illic in solio sacrilegii sui fecerint, et scierit Christianus, si debet in eodem solio descendere?

QUÆSTIO XVII. — Si Christianus invitatus ab aliquo appositam habuerit carnem in escam, de qua dictum fuerit illi, quia immolatitia est, et non manducaverit eam : postea autem ab aliquo translatam ipsam carnem aliquo casu invenerit venalem, et emerit eam, aut appositam habuerit ab aliquo alio invitatus, et non cognoverit eam, et manducaverit, si peccat?

QUÆSTIO XVIII. — Si de horto vel de possessione idolorum vel sacerdotum eorum debet Christianus

provenir d'un jardin ou d'un champ appartenant aux idoles ou à quelqu'un de leurs prêtres ?

Pour vous éviter la peine de chercher tout ce qui a rapport aux serments et aux idoles, j'ai voulu mettre sous vos yeux tout ce qu'avec l'aide de Dieu, j'ai trouvé à cet égard dans les Saintes Ecritures. Si vous y trouvez quelque chose de mieux et de plus clair, veuillez m'en instruire. Pour moi voici ce que j'y ai lu : Laban dit à Jacob : « Que le dieu d'Abraham et le dieu de Nachor soient juges entre nous (*Genès.*, XXXI, 53). » L'Ecriture ne nous dit pas quel était ce dieu de Nachor. Au sujet du serment, j'ai trouvé qu'Abimelech et ceux qui étaient avec lui firent serment à Isaac : « Ils levèrent le matin et se jurèrent une alliance mutuelle (*Gen.*, XXVI, 31). » Mais l'Ecriture ne s'explique pas sur la nature de ce serment. Au sujet des idoles, j'ai trouvé dans le livre des Juges, que le Seigneur ordonna à Gédéon de lui offrir en holocauste le veau qu'il avait tué (*Jug.*, VI, 26); et dans le livre de Josué, fils de Navé, il est ordonné d'apporter dans les trésors du Seigneur tout ce qu'on trouverait d'or, d'argent et d'airain à Jéricho (*Josué*, VI, 19) ; et ainsi furent sanctifiées les dépouilles de cette ville mise en anathème. Mais alors que signifient ces paroles du Deutéronome : « Vous ne laisserez entrer dans votre maison aucune chose qui aura été en abomination, autrement vous serez anathème comme cette chose elle-même (*Deutér.*, VII, 26). » Que le Seigneur vous garde. Je vous salue; priez pour nous.

LETTRE XLVII [1]

Saint Augustin résout quelques-unes des questions qui lui ont été proposées par Publicola.

A SON HONORABLE ET TRÈS-CHER FILS PUBLICOLA, AUGUSTIN, SALUT EN JÉSUS-CHRIST.

1. Les troubles de votre esprit sont devenus les miens dès que votre lettre me les a fait connaître, non pas que tout ce qui vous tourmente produise en moi les mêmes effets. Mais comment vous délivrer de ces doutes ? Voilà, je vous l'avoue, ce qui me trouble moi-même. Et de fait, vous voulez une réponse nette et claire afin qu'après m'avoir consulté, vous ne soyez pas plus tourmenté qu'après ma réponse. Je ne vois pas trop comment cela est en mon pou-

---

(1) Ecrite l'an 398. — Cette lettre était la 154ᵉ dans les éditions antérieures à l'édition des Bénédictins et celle qui était la 47ᵉ se trouve maintenant la 215ᵉ.

---

ciens olus emere, vel aliquem fructum, et inde edere ? Sane de juramento, vel de idolis, ut laborem non patiaris in requirendo, quæ Domino donante invenerimus, ante oculos tuos volui proponere : si quid autem aliud apertius aut melius in Scripturis inveneris, dignare mihi significare. Unde quæ invenimus, hæc sunt, ubi Laban dixit ad Jacob, Deus Abraham et Deus Nachor (*Gen.*, XXXI, 53): quem autem Deum, non significavit Scriptura. Et iterum, Abimelech quando venit ad Isaac ubi juravit, vel qui cum illo erant (*Gen.*, XXVI, 31) : sed quale juramentum, non significavit Scriptura. Iterum de idolis, ubi ad Gedeon dictum est a Domino in libro Judicum, ut de vitulo, quem occiderat, holocaustum faceret (*Jud.*, VI, 26). Et in Jesu Nave de Jericho, ut omne aurum, argentum, et æramentum inferretur in thesauris Domini (*Jos.*, VI, 19), et sanctum vocatum est de civitate, quæ anathema est. Et quid est illud quod in Deuteronomio positum est : Non inferes abominationem in domum tuam, et anathema eris sicut hoc ipsum est (*Deut.*, VII, 26) ? Dominus te servet, saluto te : ora pro me.

EPISTOLA XLVII

Augustinus Publicolæ dissolvit aliquot ex propositis quæstionibus

HONORABILI ET DILECTISSIMO FILIO PUBLICOLÆ, AUGUSTINUS IN DOMINO SALUTEM.

1. Æstus animi tui postea quam didici litteris tuis, etiam mei continuo facti sunt, non quo me omnia talia permoverent, qualibus indicasti te esse permotum : sed quomodo tibi auferrentur hi æstus, fateor, æstuavi; maxime quia petis ut definitive tibi rescriberem, ne in majores dubitationes incideres, quam antequam interrogasses. Hoc enim video non esse in mea potestate. Nam quomodolibet scripsero quæ mihi videntur esse certissima, si tibi non persuasero, proculdubio eris incertior. Non autem sicut mihi adjacet suadere, eo modo

voir; en effet, quelle que soit ma réponse, si je ne parviens à vous persuader les choses qui me paraissent à moi les plus indubitables, vous resterez toujours plus tourmenté. Une chose peut me paraître certaine, sans produire la même persuasion sur l'esprit d'un autre. Cependant, après avoir un peu réfléchi, j'ai cru devoir vous répondre, pour ne pas refuser à votre amitié le faible concours de mon expérience.

2. Vous êtes en doute de savoir si, pour s'assurer de la foi d'un homme, on peut se prévaloir du serment qu'il aurait fait par les démons. Il s'agit ici de considérer avant tout si celui qui aura juré par les faux dieux de garder sa foi, n'a pas commis un double péché en la violant. En effet, si en vertu de son serment, il gardait la foi qu'il a promise, il n'aurait péché que pour avoir juré par de tels dieux, mais personne ne pourrait justement lui reprocher d'être fidèle à sa parole. Si au contraire, après avoir juré par des dieux qu'il ne devait pas invoquer, il agit contre la foi promise, il commet un double péché. Ainsi celui qui s'appuie sur la foi d'un homme qu'il sait avoir juré par les faux dieux, et qui en profite non pour le mal, mais pour quelque chose de bon et de licite, ne s'associe pas pour cela au péché de celui qui a juré par les démons, mais seulement au pacte légitime de celui qui a gardé sa parole. Je ne parle pas ici de cette foi qui, par le baptême, nous rend fidèles en Jésus-Christ. Cette foi est tout autre, et bien plus élevée que celle qui intervient dans les conventions et les accords des hommes. Toutefois, c'est sans contredit un mal bien moins grand de jurer avec vérité par les faux dieux, que de jurer faussement par le Dieu véritable; car plus est sainte la chose par laquelle on jure, plus il est criminel de parjurer son serment. C'est donc une autre question de savoir si on ne pèche pas, en exigeant qu'un idolâtre jure par ses faux dieux, quand celui qui prête ce serment adore les faux dieux. Cette question peut être éclaircie par les témoignages que vous avez invoqués vous-même de Laban et d'Abimelech, si toutefois Abimelech a juré par ses dieux, comme Laban par le dieu de Nachor. C'est là, comme je viens de le dire, une autre question qui m'embarrasserait peut-être, sans les exemples d'Isaac et de Jacob, et quelques autres qui peuvent se rencontrer dans les Saintes Écritures, où je trouve cependant encore quelque chose qui me laisse dans le doute; car il est dit dans le Nou-

---

adjacet etiam persuadere cuilibet. Veruntamen ne tuæ dilectioni negarem operulam meam, post aliquantam deliberationem rescribendum putavi.

2. Movet te certe utrum ejus fide utendum sit, qui ut eam servet per dæmonia juraverit. Ubi te volo prius considerare, utrum si quispiam per deos falsos juraverit se fidem servaturum, et eam non servaverit, non tibi videatur bis peccasse? Si enim tali juratione promissam custodiret fidem, ideo tantum peccasse judicaretur, quia per tales deos juravit: illud autem nemo recte reprehenderet, quia fidem servavit. Nunc vero quia et juravit per quos non debuit, et contra pollicitam fidem fecit quod non debuit, bis utique peccavit: ac per hoc qui utitur fide illius, quem constat jurasse per deos falsos, et utitur non ad malum, sed ad licitum et bonum, non peccato ejus se sociat quo per dæmonia juravit, sed bono pacto ejus quo fidem servavit. Neque hic eam fidem dico servari, qua fideles vocantur qui baptizantur in Christo. Illa enim longe alia est longeque discreta a fide humanorum placitorum atque pactorum. Verumtamen sine ulla dubitatione minus malum est per deum falsum jurare veraciter, quam per Deum verum fallaciter. Quanto enim per quod juratur magis est sanctum, tanto magis est pœnale perjurium. Alia ergo quæstio est, utrum non peccet qui per falsos deos sibi jurari fecit, quia ille qui ei jurat, deos falsos colit. Cui quæstioni possunt illa testimonia suffragari quæ ipse commemorasti de Laban et Abimelech, si tamen Abimelech per deos suos juravit, sicut Laban per Deum (a) Nachor. Hæc, ut dixi, alia quæstio est, quæ me merito fortassis moveret, nisi illa exempla occurrissent de Isaac et Jacob, et si qua alia possunt inveniri. Si tamen illud non adhuc movet quod in novo Testamento dictum est, ne omnino juremus (*Matth.*, v, 35). Quod quidem mihi propterea dictum videtur, non quia verum jurare peccatum est, sed quia pejerare immane peccatum est: a quo nos longe esse voluit, qui omnimodo ne juremus admonuit. Sed tibi aliud videri scio, unde nunc disputandum non est, et illud potius agamus unde me consulendum putasti. Proinde sicut non juras, ita, nec alium si hoc placet jurare compellas: quam-

---

(a) Editi MSS. *per Deum Jacob.* Castigatius citatur a Canonitis, *per Deum Nachor.*

veau Testament « qu'il ne faut pas jurer du tout (*Matth.*, v, 35). » Mais cela me paraît avoir été dit, non pas parce qu'il y a péché à jurer selon la vérité, mais parce que c'est un péché horrible de violer son serment. C'est pourquoi l'Apôtre nous recommande de ne pas jurer du tout, afin de nous préserver du parjure. Mais comme je sais que vous n'êtes pas de cet avis, nous laisserons cette discussion de côté, pour nous occuper préférablement des points sur lesquels vous avez jugé à propos de me consulter. De même que vous ne devez pas jurer, de même aussi ne forcez pas les autres à jurer; mais quoiqu'il nous soit recommandé de ne pas jurer, je ne me souviens pas d'avoir lu dans les Saintes Ecritures qu'il nous soit défendu de recevoir le serment d'un autre. Vous demandez si nous pouvons nous prévaloir de la sécurité établie sur des serments que d'autres se sont faits mutuellement. Si cela ne nous était point permis, je ne sais où nous pourrions trouver sur la terre un lieu pour y vivre. En effet, c'est aux serments des barbares que l'on doit la paix non-seulement des frontières, mais encore de toutes les provinces. Et il s'ensuivrait que toutes les productions de la terre confiées à la garde de ceux qui ont juré par les faux dieux, seraient souillées, ainsi que tout ce qui est protégé par la sécurité que nous procure et nous assure le serment des idolâtres. Cela est tellement hors de raison, que vous devez écarter tous les doutes que vous aviez à cet égard.

3. Si un chrétien laisse enlever de sa grange ou de son pressoir quelque chose qu'il sait devoir être offert aux démons, il pèche, s'il le souffre, lorsqu'il peut l'empêcher. S'il trouve le fait accompli, ou qu'il n'ait pas eu le pouvoir de s'y opposer, il peut se servir sans souillure du reste des fruits dont on a enlevé quelque chose, comme aussi nous pouvons faire usage des fontaines où nous savons qu'on a puisé de l'eau pour les sacrifices. Il en est de même des bains. En effet, nous ne faisons aucune difficulté de respirer l'air auquel nous savons que s'est mêlée la fumée des autels et de l'encens des idoles. Ce qui est défendu, c'est d'user d'une chose quelconque comme un honneur que nous voudrions rendre aux dieux étrangers, ou d'en user de manière à faire croire à ceux qui ne voient pas le fond de notre cœur, que nous honorons des dieux pour lesquels nous n'éprouvons cependant que du mépris. Lorsque sur l'autorisation de l'empereur, nous détruisons des temples, des idoles, des bois consacrés au démon, quoiqu'il soit bien évident qu'en agissant ainsi, nous n'honorons pas ces temples et ces idoles, mais plutôt que nous les détestons, cependant nous devons nous abstenir d'en rien prendre pour notre usage particulier, afin de faire voir qu'en les détruisant, nous agissons par piété et non par avarice.

vis dictum sit ne juremus; nusquam autem in Scripturis sanctis legi meminerim, ne ab alio jurationem accipiamus. Alia vero quæstio est, utrum ea pace debeamus uti, quæ inter alios invicem jurantes facta est. Quod si nolumus, ubi vivamus in terris, nescio utrum invenire possimus. Neque enim tantummodo limiti, sed universis provinciis pax conciliatur juratione barbarica. Unde et illud sequetur, ut non fruges tantum, quæ ab eis custodiuntur, qui per Deos falsos juraverunt, sed ubique inquinata sint omnia, quæ ipsa pace muniuntur, quam juratio illa confirmat. Quod si absurdissimum est dicere, nec illa te moveant quæ movebant.

3. Item si de area vel torculari tollatur aliquid ad sacrificia dæmoniorum sciente Christiano, peccat si fieri permittit, ubi prohibendi potestas est. Quod si factum comperit, aut prohibendi potestatem non habuit, utitur mundis reliquis fructibus unde illa sublata sunt; sicut fontibus utimur, de quibus hauriri aquam ad usum sacrificiorum certissime scimus. Eadem est etiam ratio lavacrorum. Neque enim spiritum deducere de aere dubitamus in quem scimus ire fumum ex aris omnibus et incensis dæmoniorum. Unde apparet illud esse prohibitum, ne in honorem alienorum deorum aliqua re utamur, aut uti existimemur, sic eam accipiendo, ut quamvis animo contemnamus, eos tamen qui nostrum animum ignorant, ad hæc honoranda ædificemus. Et cum templa, idola, luci, et si quid hujusmodi, data potestate evertuntur, quamvis manifestum est cum id agimus, non ea non honorare, sed potius detestari; ideo tamen in usus nostro privatos dumtaxat et proprios non debemus inde aliquid usurpare, ut appareat nos pietate ista destruere, non avaritia. Cum vero in usus communes, non proprios ac privatos, vel in honorem Dei veri convertuntur, hoc de illis fit quod de ipsis homi-

Mais lorsque ces objets, loin de servir à notre usage personnel, sont employés pour l'utilité publique ou pour le culte du vrai Dieu, ils se trouvent purifiés comme les hommes eux-mêmes, qui passent de l'impiété et du sacrilège à la vraie religion. C'est ce que Dieu a voulu faire comprendre par les témoignages que vous avez cités, lorsqu'il ordonna de prendre dans un bois consacré aux dieux étrangers, ce qui était nécessaire pour allumer le feu de l'holocauste (*Jug.*, VI, 26), et de porter dans les trésors du Seigneur l'or, l'argent et l'airain de Jérichо (*Jos.*, VI, 19). C'est pourquoi il est écrit dans le Deutéronome : « Vous ne convoiterez ni leur or, ni leur argent, et vous n'en prendrez rien pour vous, de peur que cela ne vous soit une occasion de chute ; parce que tout cela en abomination devant le Seigneur votre Dieu : vous ne porterez pas dans votre demeure ce qui est digne d'exécration, autrement vous serez anathème comme l'idole même, et vous tomberez, et vous serez souillé par cette abomination, parce qu'elle est anathème (*Deut.*, VII, 25). » Ces paroles montrent évidemment que ces choses sont prohibées pour nos usages particuliers, et qu'il est défendu de les porter dans notre maison, en signe d'hommage et d'honneur, car là est l'abomination et l'exécration,

et non dans le renversement du culte sacrilège qu'on leur rendait.

4. Quant aux viandes et aux mets offerts aux idoles, je n'ai rien à vous dire, sinon ce qu'en a dit l'Apôtre lui-même. Rappelez-vous ses paroles, que je vous expliquerais, selon ma capacité, si elles avaient quelque chose d'obscur. Non, il ne pèche pas, celui qui mange sans le savoir, une viande qu'il avait d'abord rejetée comme ayant été immolée aux idoles. Tous les légumes et tous les fruits, quel que soit le fonds qui les ait produits, sont à celui qui les a créés (*Ps.*, XXIII, 1). « Car la terre et tout ce qu'elle contient est au Seigneur, et toute créature de Dieu est bonne (I *Timoth.*, IV, 4). » C'est seulement lorsqu'une chose que la terre produit a été offerte en sacrifice aux idoles, qu'on peut la regarder comme profanée par l'idolâtrie. Si, en effet, il ne fallait pas manger des légumes provenant d'un jardin d'un temple d'idoles, nous devrions croire que les Apôtres n'auraient dû prendre aucune nourriture à Athènes, parce que cette ville était consacrée à Minerve et à sa divinité. J'en dirai autant d'un puits ou d'une fontaine dans un temple. Il est vrai qu'on éprouve peut-être un peu plus de scrupules, si l'on a jeté dans ce puits ou dans cette fontaine quelque chose provenant des sa-

nibus, cum ex sacrilegis et impiis in veram religionem mutantur. Hoc Deus intelligitur docuisse illis testimoniis quæ ipse posuisti, cum de luco alienorum deorum jussit ligna ad holocaustum adhiberi (*Jud.*, VI, 26): et de Jericho. ut omne aurum, argentum, et æramentum inferretur in thesauros Domini (*Jos.*, VI, 19). Quapropter etiam illud quod in Deuteronomio scriptum est, « Non concupisces argentum vel aurum illorum nec accipies inde tibi, ne excedas propter illud : quoniam abominatio est Domino Deo tuo : et non conferes exsecramentum in domum tuam, et eris anathema, sicut et illud est, et offensione offendes, et coinquinatione inquinaberis abominatione illa, quia anathema est (*Deut.*, VII, 25) : » satis apparet aut ipsos privatos usus in talibus esse prohibitos, aut ne sic inde aliquid inferatur in domum ut honoretur : tunc est enim abominatio et exsecratio; non cum talium (a) sacrilegus honor apertissima destructione subvertitur.

4. De escis autem idolorum nihil amplius nos

debere observare, quam quod præcepit Apostolus, certus esto. Et ideo de hac re verba ejus recole, quæ si obscura essent, pro modulo nostro exponeremus. Non autem peccat, qui cibum postea nesciens manducaverit, quem prius tamquam idolothytum respuit. Olus vel quilibet fructus in quolibet agro natus, ejus est qui creavit; quia « Domini est terra, et plenitudo ejus ; et omnis creatura Dei bona est (*Psal.*, XXIII, 1. I *Tim.*, IV, 4). » Sed si illud, quod in agris nascitur, consecratur idolo, vel sacrificatur, tunc inter idolothyta deputandum est. Cavendum est enim, ne si putaverimus non descendum olere, quod nascitur in horto templi idoli, consequens sit ut existimemus non debuisse Apostolos apud Athenas cibum sumere, quia civitas erat Minervæ ejusque numini consecrata. Hoc et de puteo responderim vel fonte, qui in templo est. Plus autem movet revera, si aliquid sacrificiorum in fontem vel puteum projiciatur. Sed eadem ratio est aeris, qui omnem cum fumum recipit, de quo supra diximus : aut si hoc

(a) In excusis habetur, *talibus, sacrilegiis.* contra in MSS. *talium sacrilegus.* et melius.

crifices, mais il en est de même de l'air qui reçoit, comme nous l'avons dit plus haut, la fumée des autels consacrés aux idoles. On dira peut-être qu'il y a une différence, parce que le sacrifice dont la fumée se confond avec l'air, n'a pas été fait à l'air même, mais à quelque idole ou à quelque démon, tandis que c'est aux eaux qu'on sacrifie, lorsqu'on y jette quelque chose qui a servi aux sacrifices. Mais ne nous servons-nous pas de la lumière du soleil, auquel des peuples sacriléges ne cessent d'offrir des sacrifices ? On sacrifie également aux vents dont nous nous servons néanmoins avec tant d'avantages et d'utilité, quoiqu'ils paraissent absorber et dévorer la fumée des sacrifices qui leur sont offerts. Lorsqu'on doute si une viande a été ou n'a pas été immolée aux idoles, et qu'après avoir acquis la certitude qu'elle ne l'a pas été, on mange de cette viande, on ne pêche pas pour cela, bien qu'on ait pu croire précédemment qu'elle avait été immolée, car il est permis de corriger ses pensées, et de les ramener du faux au vrai. Si, au contraire, on prend pour bien ce qui est mal, et qu'on le fasse, on pêche même en croyant faire bien. Ce sont là des péchés d'ignorance par lesquels, en croyant faire le bien, on fait le mal.

5. Vous me demandez encore si l'on peut tuer un homme pour éviter d'être tué par lui. Je ne le pense pas, à moins qu'on ne soit soldat, ou revêtu de quelque fonction publique, et encore doit-on agir en cela non pour soi mais pour les autres, comme pour la cité où l'on est, et quand on y est légitimement autorisé. Quant à employer la terreur pour repousser des gens qui veulent faire le mal, c'est peut-être rendre service à ces méchants mêmes. Ainsi quand il est dit : « Ne résistez pas au méchant (*Matth.*, v, 39), » ce n'est pas pour nous détourner de reprendre et de corriger les autres, mais pour nous empêcher de trouver du plaisir dans la vengeance qui aime à repaître notre cœur du mal d'autrui. C'est pourquoi celui qui, pour sa défense, entoure son héritage d'un mur, n'est pas coupable d'homicide, si quelqu'un périt écrasé sous les ruines de ce mur. De même un chrétien ne peut être accusé de meurtre, si son bœuf ou son cheval, en frappant quelqu'un, a été cause de sa mort. Autrement il faudrait dire que les bœufs des chrétiens ne doivent pas avoir de cornes, leurs chevaux de pieds, et leurs chiens de dents. Saint Paul, ayant appris que quelques hommes pervers lui tendaient des embûches, se contenta d'en informer le tribun,

ideo putatur distare, quia illud sacrificium, de quo fumus aeri confunditur, non fit ipsi aeri, sed idolo alicui vel dæmonio ; aliquando autem sic mittuntur sacrificia in aquas, ut ipsis aquis sacrificetur : non ideo utique solis hujus luce non utimur, quia ei sacrilegi ubi possunt sacrificare non cessant. Sacrificatur etiam ventis, quibus tamen utimur ad tantas nostras commoditates, cum eorumdem sacrificiorum fumum ipsi quodammodo haurire et vorare videantur. Si quis dubitat de aliqua carne, utrum immolatitia sit, et non est immolatitia, et eam cognitionem tenuerit quod immolatitia non sit, et ea vescatur, non utique peccat : quia nec est, nec jam putatur immolatitia, etsi antea putabatur. Neque enim non licet corrigere cogitationes a falsitate in veritatem. Si quis autem bonum putaverit esse, quod malum est, et fecerit, hoc putando utique peccat. Et ea sunt omnia peccata ignorantiæ, quando quisque bene fieri putat, quod male fit.

5. (*a*) De occidendis hominibus ne ab eis quisque occidatur, non mihi placet consilium ; nisi forte sit miles, aut publica functione teneatur, ut non pro se hoc faciat, sed pro aliis, vel pro civitate, ubi etiam ipse est, accepta legitima potestate, si ejus congruit personæ. Qui vero repelluntur aliquo terrore ne male faciant, etiam ipsis aliquid fortasse præstatur. Hinc autem dictum est. « Non resistamus malo (*Matth.*, v, 39), » ne nos vindicta delectet, quæ alieno malo animum pascit ; non ut correctionem hominum negligamus. Unde nec reus est mortis alienæ, qui suæ possessionis murum circumduxerit, si aliquis ex ipsius ruinis percussus intereat. Neque enim reus est Christianus, si bos ejus aliquem feriendo, vel equus calcem jaciendo aliquem occidat ; aut ideo non debent Christiani boves habere cornua,

---

(*a*) Quid sibi de hac re videretur jam alias aperuerat Augustinus in lib. I, de Libero arbitrio c. v, ubi demum Evodii sententiam comprobavit, n. 13. Eos videlicet apud divinam providentiam haudquaquam esse peccato liberos, *qui pro its rebus, quas contemni oportet, humana cæde polluti sunt.* Imbibit istam doctrinam propinante Ambrosio in lib. III, de Officiis c. IV, hisce verbis : *Non videtur quod vir Christianus, et justus, et sapiens quærere sibi vitam aliena morte debeat : ut pote qui etiam si in latronem armatum incidat, ferientem referire non possit, ne dum salutem defendit, pietatem contaminet.* Hausit etiam ex Cypriano, qui in epist. LVI, absolute pronunciat: *Occidere non licet, sed occidi necesse est.* et in epist. LVII *Occidere innocentibus nec nocentem liceat.*

qui lui donna à cet effet une escorte de soldats armés (*Act.*, XXIII, 23); mais l'Apôtre ne se serait pas imputé à crime la mort de ces scélérats, s'ils étaient tombés sous les coups des soldats qui l'accompagnaient. A Dieu ne plaise qu'on nous impute le mal qui contre notre volonté peut arriver à quelqu'un, lorsque nous ne faisons rien que de bon et de licite! Autrement il ne faudrait avoir chez soi ni ferrements, ni instruments aratoires, de peur que quelqu'un ne s'en servît pour se donner la mort, ou pour la donner à un autre. Il ne faudrait avoir ni arbre, ni corde, dans la crainte que quelqu'un ne se pendît; ni fenêtres, par la raison qu'on pourrait s'en précipiter. Je n'en finirais pas si je voulais énumérer tous les cas de cette espèce. Y a-t-il en effet à l'usage des hommes quelque chose de bon et de licite qui ne puisse être la cause d'un mal?

6. Il ne me reste plus, si je ne me trompe, qu'à dire quelque chose sur le cas où peut se trouver en voyage le chrétien dont vous avez fait mention. Pressé par la faim, et ne pouvant se procurer d'autre nourriture que celle qui est déposée sur un autel d'idole, dans un lieu où il n'est vu de personne, doit-il se laisser mourir de faim, plutôt que de toucher à cette nourriture? Parce que cette viande se trouve déposée dans un temple d'idoles, il ne s'en suit pas qu'elle leur ait été offerte; elle a pu y être laissée soit involontairement, soit à dessein, soit pour tout autre motif, par des voyageurs qui s'étaient détournés de leur route pour prendre leur repas. Je répondrai donc en peu de mots à cette question : ou il est certain que cette nourriture a été offerte aux idoles, ou il est certain qu'elle ne l'a pas été, ou l'on est en doute à cet égard. Si l'on est certain qu'elle a été offerte aux idoles, il convient mieux à un chrétien d'avoir le courage de s'en abstenir. Si l'on sait qu'elle ne l'a pas été ou qu'on l'ignore, on peut, vu la nécessité, en manger sans aucun scrupule de conscience.

aut equus ungulas, aut dentes canis? aut vero quoniam apostolus Paulus (*Act.*, XXIII, 23) satis egit ut in tribuni notitiam perferretur, insidias sibi a quibusdam perditis præparari, et ob hoc deductores accepit armatos, si in illa arma scelerati homines incidissent, Paulus in effusione sanguinis eorum suum crimen agnosceret? Absit ut ea quæ propter bonum ac licitum facimus aut habemus, si quid per hæc præter nostram voluntatem cuiquam mali acciderit, nobis imputetur. Alioquin nec ferramenta domestica et agrestia sunt habenda, ne quis eis vel se vel alterum interimat : nec arbor aut restis, ne quis se inde suspendat: nec fenestra facienda est, ne per hanc se quisque præcipitet. Quid plura commemorem, cum ea commemoranda finire non possim? Quid enim est in usu hominum bono ac licito, unde non possit etiam pernicies irrogari?

6. Restat, ni fallor, ut dicamus aliquid de illo viatore Christiano, quem commemorasti victum famis necessitate, si nihil uspiam invenerit nisi cibum in idolo positum, ubi nullus alius est hominum, utrum ei satius sit fame emori, quam illud in alimentum sumere : in qua quæstione, quoniam non est consequens, ut cibus ille idolothytum sit : potuit enim vel ab eis, qui ibi ab itinere divertentes corpus reficerent, oblivione seu voluntate dimitti, vel illic ob aliam caussam quamlibet poni ; breviter respondeo, aut certum est esse idolothytum, aut certum est non esse, aut ignoratur. Si ergo certum est esse, melius Christiana virtute respuitur : si autem vel non esse scitur, vel ignoratur, sine ullo conscientiæ scrupulo in usum necessitatis assumitur.

LETTRE XLVIII [1]

Saint Augustin écrit à Eudoxe, abbé d'un monastère de l'île de Cabrère (2). Il exhorte les religieux à employer leur repos à la piété, et non à l'indolence, et à prêter leur concours à tous les services que l'Église peut leur demander.

A SON CHER SEIGNEUR, SON DÉSIRABLE FRÈRE ET SON COLLÈGUE DANS LE SACERDOCE, EUDOXE, AINSI QU'A TOUS LES FRÈRES QUI SONT AVEC LUI, AUGUSTIN ET SES FRÈRES, SALUT EN JÉSUS-CHRIST.

1. Quand nous songeons au repos dont vous jouissez en Jésus-Christ, il nous semble le goûter nous-mêmes dans votre charité, malgré la diversité et la difficulté des travaux qui nous accablent. Car n'étant qu'un même corps sous un même chef, vous travaillez en nous, comme nous nous reposons en vous. « Dès qu'un membre souffre, tous souffrent également, et si un membre reçoit quelque gloire, tous les autres s'en réjouissent avec lui (I *Corinth.*, XII, 26). » Nous vous demandons en conséquence, nous vous prions, nous vous conjurons, par la profonde humilité de Jésus-Christ et par la grandeur de sa miséricorde, de ne pas nous oublier dans vos saintes prières, que nous croyons plus vives et plus calmes que les nôtres, qui souvent sont offusquées et affaiblies par les ombres et le tumulte de nos occupations séculières. Quoiqu'elles ne nous concernent pas nous-mêmes, nous en sommes tellement accablés, par ceux qui nous prient de faire mille pas avec eux, et qui nous obligent ensuite d'en faire deux mille autres, que nous avons à peine le temps de respirer. Nous croyons cependant que celui vers lequel s'élèvent les gémissements des captifs et qui voit notre persévérance dans le ministère qu'il a daigné nous imposer, nous délivrera, grâce à vos prières, de toutes nos peines et nous accordera la récompense promise.

2. Pour vous, mes frères, nous vous exhortons dans le Seigneur à persévérer fidèlement jusqu'à la fin dans votre pieuse résolution. Si la sainte Église, Notre Mère, réclame vos soins, gardez-vous pour la servir de vous laisser aller

---

(1) Écrite l'an 398. — Cette lettre était la 81ᵉ dans les éditions antérieures à l'édition des Bénédictins, et celle qui était la 48ᵉ se trouve maintenant la 93ᵉ.

(2) Caprère ou Cabrère, petite île située entre la Toscane et la Corse, Eudoxe y était abbé d'un monastère, Mascezel, prince Maure envoyé par Honoré contre son frère Gildon alors révolté contre les Romains, ayant passé par cette île emmena avec lui quelques solitaires, sans doute Eustase et André, dont saint Augustin parle dans cette lettre. Il passait avec eux les jours et les nuits à prier, à jeûner et à chanter les psaumes. Cette île était nommée Cabrère ou Capraia à cause du grand nombre de chèvres qui s'y trouvaient. C'est avec le poil de ces animaux que les religieux faisaient des *cilices*, ce qui aide à comprendre la fin de cette lettre.

EPISTOLA XLVIII.

Augustinus Eudoxio Abbati monachorum insulæ Caprariæ, exhortans ut otio ad pietatem non ad ignaviam utantur, et sicubi Ecclesia requirat illorum operam, ne detrectent.

DOMINO DILECTO ET EXOPTATISSIMO FRATRI ET COMPRESBYTERO EUDOXIO ET QUI TECUM SUNT FRATRIBUS, AUGUSTINUS ET QUI MECUM SUNT FRATRES IN DOMINO SALUTEM.

1. Quando quietem vestram cogitamus, quam habetis in Christo, etiam nos, quamvis in laboribus variis asperisque versemur, in vestra caritate requiescimus. Unum enim corpus sub uno capite sumus, ut et vos in nobis negotiosi, et nos in vobis otiosi simus. « Quia si patitur unum membrum, compatiuntur omnia membra : et si glorificatur unum membrum, congaudent omnia membra (I *Cor.*, XII, 26). » Admonemus ergo et petimus et obsecramus per Christi altissimam humilitatem et misericordissimam celsitudinem, ut nostri memores sitis in sanctis orationibus vestris, quas vos vigilantiores et magis sobrias habere credimus : nostras enim sæpe sauciat et debilitat caligo et tumultus sæcularium actionum : quas etsi nostras non habemus, eorum tamen qui nos angariant mille passus, et jubemur ire cum eis alia duo, tantæ nobis ingeruntur ut vix respirare possimus : credentes tamen quod ille in cujus conspectu intrat gemitus compeditorum, perseverantes nos in eo ministerio, in quo dignatus est collocare cum promissa mercede, adjuvantibus orationibus vestris ab omni angustia liberabit.

2. Vos autem fratres exhortamur in Domino ut propositum vestrum custodiatis, et usque in finem perseveretis : ac si quam operam vestram mater

à une ardeur trop vive et trop emportée, non plus qu'à une nonchalance qui, par ses charmes, pourrait vous éloigner d'elle. Obéissez avec calme à la voix de Dieu. Portez avec douceur dans votre cœur celui qui vous gouverne, qui conduit dans sa justice ceux qui sont doux et humbles, et qui leur enseigne ses saintes voies (*Ps.*, XXIV, 9). Ne préférez pas votre repos aux besoins de l'Église, et songez que si les hommes de bien ne l'avaient pas assistée dans son enfantement, vous ne seriez pas nés à la vie spirituelle. De même qu'il y a un milieu a tenir entre le feu et l'eau, pour n'être ni brûlé ni submergé, de même il faut avec prudence diriger sa route entre les hauteurs de l'orgueil et l'abîme de la paresse, « sans nous écarter, » comme dit l'Écriture, « ni à droite, ni à gauche (*Deut.*, VII, 11). » Il y a des hommes qui, par trop de crainte de se voir emportés vers les hauteurs de la droite, se laissent tomber et submerger dans l'abîme de la gauche. Il en est aussi qui, pour trop s'écarter de la gauche, dans la crainte d'être engloutis dans la douceur de l'oisiveté, se laissent d'un autre côté corrompre et consumer par le faste et la vanité, et s'évanouissent en étincelles et en fumée. Ainsi donc, très-chers frères, aimez le repos, mais pour vous détacher de tous les plaisirs de la terre, et souvenez-vous qu'il n'y a ici-bas aucun lieu où l'ennemi ne puisse nous tendre des pièges, pour nous empêcher de prendre notre essor vers Dieu ; la crainte de cet ennemi des hommes de bien est de nous voir devenir ses juges, après avoir été ses esclaves. Souvenez-vous aussi qu'il n'y aura pour nous de repos parfait que quand le règne de l'iniquité aura passé, et que la justice se sera changée en jugement.

3. Lorsque vous êtes remplis de courage et d'ardeur, soit dans vos prières, soit dans vos jeûnes, soit dans vos aumônes ; quand vous secourez les indigents ; quand vous pardonnez les injures, comme Dieu nous a pardonné en Jésus-Christ ; quand vous combattez vos mauvaises habitudes, en châtiant votre corps, et en le réduisant en servitude ; lorsque vous souffrez des tribulations, et que vous vous aimez les uns les autres (car que peut supporter celui qui ne pourrait supporter son frère ?) ; lorsque vous voyez l'astuce et les embûches du tentateur, et que, pour repousser et éteindre ses traits embrasés, vous vous servez du bouclier de la foi ; lorsque vous chantez et psalmodiez au fond de vos cœurs en l'honneur de Dieu, ou qu'élevant la voix, vous unissez vos accents aux sentiments de votre âme, faites toutes ces choses pour la gloire de Dieu qui opère tout en tous. Soyez fervents d'esprit, mais

---

Ecclesia desideraveri, nec elatione avida suscipiatis, nec blandiente desidia respuatis, sed miti corde obtemperetis Deo ; cum mansuetudine portantes eum, qui vos regit, qui dirigit mites in judicio, qui docet mansuetos vias suas (*Ps.*, XXIV, 9). Nec vestrum otium necessitatibus Ecclesiæ præponatis, cui parturienti si nulli boni ministrare vellent, quomodo nasceremini, non inveniretis. Sicut autem inter ignem et aquam tenenda est via, ut nec exuratur homo nec demergatur : sic inter apicem superbiæ et voraginem desidiæ iter nostrum temperare debemus, sicut scriptum est, « Non declinantes, neque ad dexteram, neque ad sinistram (*Deut.* XVII, 11). » Sunt enim qui dum nimis timent, ne quasi in dexteram rapti extollantur, in sinistram lapsi demerguntur. Et sunt rursus qui dum nimis se auferunt a sinistra, ne torpida vacationis mollitie sorbeantur, ex altera parte jactantiæ fastu corrupti atque consumti, in favillam fumumque vanescunt. Si ergo dilectissimi diligite otium, ut vos ab omni terrena delectatione refrenetis, et memineritis nullum locum esse, ubi non possit laqueos tendere, qui timet ne revolemus ad Deum ; et inimicum omnium bonorum, cujus captivi fuimus (*a*) judicemus, nullamque nobis esse perfectam requiem cogitemus, donec transeat iniquitas, et in judicium justitia convertatur.

3. Item cum aliquid strenue atque alacriter agitis et impigre operamini, sive in orationibus, sive in jejuniis, sive in eleemosynis ; vel tribuentes aliquid indigentibus, vel donantes injurias, sicut et Deus in Christo donavit nobis ; sive domantes perniciosas consuetudines, castigantesque corpus, et servituti subjicientes ; sive sufferentes tribulationem, et ante omnia vos ipsos invicem in dilectione ; (quid enim sufferat qui fratrem non sufferet ?) sive prospicientes astutiam atque insidias tentatoris, et scuto fidei jacula ejus ignita repellentes et exstinguentes ; sive cantantes et psallentes in cordibus vestris

---

(*a*) Sic nostri omnes MSS. et Vaticani duo. At editi habent, *vindicemus*.

pour que votre âme se glorifie seulement dans le Seigneur. Car la voie droite est celle où nous avons sans cesse les yeux levés vers le Seigneur, qui délivrera nos pieds des piéges qui nous sont tendus. En agissant ainsi, on n'a pas à craindre d'être brisé par le poids des affaires, ni refroidi par le repos. On évite également la turbulence et l'accablement, l'audace, la timidité, la précipitation et la langueur. Faites ces choses, et le Dieu de paix sera avec vous.

4. Que votre charité ne me regarde pas comme importun, si j'ai voulu m'entretenir avec vous, au moins par lettre, en vous parlant de ces devoirs, ce n'est pas que je pense que vous ne les accomplissiez pas ; mais j'ai cru que ce serait pour moi un grand avantage devant Dieu, si, en les accomplissant vous daignez penser à moi qui vous en ai parlé. Déjà, depuis longtemps, la renommée, et les frères Eustase et André, qui étaient venus de votre part, m'avaient apporté la bonne odeur de votre sainte vie en Jésus-Christ. Eustase nous a précédés dans le séjour du repos éternel, qui n'est pas battu comme votre île par les flots de la tempête ; il n'a plus besoin de retourner à Caprère, car il n'a plus à porter les cilices que vous y faites.

LETTRE LXIX[1]

Saint Augustin prie Honoré, évêque donatiste, de lui expliquer, par écrit, comment il pourrait se faire que l'Église, qui, selon les prédictions de l'Écriture, doit être répandue sur toute la terre, se trouvât réduite au seul parti de Donat.

A HONORÉ, ÉVÊQUE DU PARTI DE DONAT, AUGUSTIN, ÉVÊQUE DE L'ÉGLISE CATHOLIQUE.

1. Nous approuvons beaucoup le projet, que vous avez daigné nous communiquer par notre bien-aimé frère Éros, si digne d'être loué en Jésus-Christ, d'entamer avec nous, par lettres, une discussion qui ne puisse être troublée par le bruit de la foule, et qui doit être conduite dans un esprit de paix et de douceur, selon ces paroles de l'Apôtre : « Il ne faut pas qu'un serviteur du Seigneur dispute, mais il doit être modéré envers tout le monde, capable d'instruire, patient, reprenant avec douceur ceux qui ne pensent pas comme lui (II *Timot.*, II, 24). » Voici en peu de mots les points sur lesquels je vous prie de répondre.

---

(1) Écrite l'an 398. — Cette lettre était la 161e dans les éditions antérieures à l'édition des Bénédictins, et celle qui était la 49e se trouve maintenant la 102e.

Domino vel vocibus a corde non dissonis, omnia in gloriam Dei facite, qui operatur omnia in omnibus; atque ita fervete spiritu. ut in Domino laudetur anima vestra. Ipsa est enim actio recti itineris, quæ oculos semper habet ad Dominum, quoniam ipse evellet de laqueo pedes. Talis actio nec frangitur negotio, nec frigida est otio, nec turbulenta, nec marcida est; nec audax, nec fugax ; nec præceps, nec jacens. Hæc agite, et Deus pacis erit vobiscum.

4. Nec importunum me existimet caritas vestra, quia vobis vel per epistolam loqui volui. Non enim hoc vos monui, quod vos non arbitror facere: sed credidi me non parum commendari Deo a vobis, si ea quæ munere illius facitis, cum alloquutionis nostræ memoria faciatis. Nam et ante jam fama, et nunc fratres qui venerunt a vobis. (*a*) Eustasius et Andreas, bonum Christi odorem de vestra sancta conversatione ad nos adtulerunt. Quorum Eustasius in eam requiem præcessit, quæ nullis fluctibus sicut insula tunditur, nec Capratiam desiderat, quia nec cilicio jam quærit indui.

EPISTOLA XLIX.

Augustinus Honorato Donatianæ partis, ut per litteras placide reddat rationem, quomodo nomen Ecclesiæ, quæ utique in toto orbe futura prædicta est in Scripturis, ad ipsos solos reciderit.

HONORATO EPISCOPO PARTIS DONATI, AUGUSTINUS EPISCOPUS ECCLESIÆ CATHOLICÆ.

1. Consilium tuum nobis multum placuit, quod per fratrem Erotem carissimum nobis, et in Christo laudabilem virum mandare dignatus es, ut litteras inter nos agamus, ubi nullus turbarum tumultus perturbare possit disputationem nostram, quæ cum tota lenitate et pace animi suscipienda et

---

(*a*) In editis, *Eustathius*. At in membranis scipritur constanter, *Eustasius*.

2. Comme nous voyons l'Église de Dieu, c'est-à-dire l'Église catholique répandue sur toute la terre, selon les prédictions des prophètes, nous croyons ne pas devoir douter de l'accomplissement si évident de cette sainte prophétie, confirmée par le Seigneur dans l'Évangile, et par les Apôtres qui ont étendu cette Église dans tout l'univers, selon la prédiction qui en avait été faite. En effet, en tête du très-saint livre des psaumes, il est écrit sur le Fils de Dieu : « Le Seigneur m'a dit : vous êtes mon Fils ; je vous ai engendré aujourd'hui ; demandez-moi, et je vous donnerai les nations pour héritage, et j'étendrai votre possession jusqu'aux extrémités de la terre (*Ps.*, II, 7). » Et Notre Seigneur Jésus-Christ dit lui-même que son Évangile sera prêché à toutes les nations (*Matth.*, XXIV, 14). L'apôtre Paul, avant que la parole de Dieu eût pénétré en Afrique, dit au commencement de sa lettre aux Romains : « Jésus-Christ, par qui nous avons reçu la grâce et l'apostolat pour faire obéir à la foi en son nom toutes les nations du monde (*Rom.*, I, 5). » Aussi a-t-il prêché l'Évangile dans toute l'Asie, depuis Jérusalem jusque dans l'Illyrie, et partout il établit et fonda des églises, non pas lui seul mais aussi la grâce de Dieu qui était avec lui, comme il en donne lui-même le témoignage.

Il n'est pas possible d'en douter quand nous trouvons dans ses Épîtres les noms des régions et des villes par où il a passé. Il a écrit aux Romains, aux Corinthiens, aux Galates, aux Éphésiens, aux Thessaloniciens, aux Colossiens. Saint Jean écrit aussi aux sept églises, dont il mentionne l'établissement dans ces régions (*Apocal.*, VIII, 1), et dont le nombre sept représente l'Église universelle, Éphèse, Smyrne, Sardes, Philadelphie, Laodicée, Pergame, Thiatyre. Il est évident que nous sommes aujourd'hui en communion avec toutes ces églises, comme il est évident que vous n'êtes pas en communion avec elles.

3. Nous vous prions donc de nous dire, si toutefois vous le savez, comment Jésus-Christ a perdu son héritage, répandu sur toute la terre, et se trouve tout à coup réduit à l'Afrique seule, qu'il ne possède même pas tout entière. En effet, l'Église catholique est aussi en Afrique, parce que Dieu a voulu qu'elle fût dans l'univers entier, comme il l'a prédit. Mais votre parti de Donat est-il répandu dans tous les lieux où ont pénétré les lettres et la parole des apôtres ? Ne dites pas que notre Église ne s'appelle pas catholique, mais macarienne, comme il vous plaît de la nommer, car vous devez savoir, et il vous est facile de vous en convaincre,

---

agenda est, sicut dicit Apostolus ; « Servum autem Domini litigare non oportet, sed mitem esse ad omnes, docibilem, patientem, in modestia corripientem diversa sentientes (II *Tim.*, II, 24). » Itaque breviter insinuamus, quid a te respondori desideremus.

2. Quoniam Ecclesiam Dei, quæ catholica dicitur, sicut de illa prophetatum est, per orbem terrarum diffusam videmus, arbitramur nos non debere dubitare de tam evidentissima completione sanctæ prophetiæ, quam Dominus etiam in Evangelio confirmavit et Apostoli, per quos eadem Ecclesia dilatata est, sicut de illa prædictum erat. Nam et in capite sacrosancti Psalterii scriptum est de Filio Dei ; « Dominus dixit ad me: Filius meus es tu, ego hodie genui te: postula a me, et dabo tibi gentes hereditatem tuam, et possessionem tuam terminos terræ (*Psal.*, II). » Et ipse Dominus Jesus Christus dicit Evangelium suum in omnibus gentibus futurum (*Matt.*, XXIV, 14). Et apostolus Paulus, antequam sermo Dei in Africam pervenisset, in ipso capite epistolæ, quam scripsit ad Romanos, « Per quem accepimus, » inquit, « gratiam et apostola-

tum, ad obediendum fidei, in omnibus gentibus pro nomine ejus (*Rom.*, I, 5). » Deinde ipse ab Jerusalem in circuitu per totam Asiam usque in Illyricum Evangelium prædicavit, ecclesias constituit atque fundavit, non ipse, sed gratia Dei cum eo, sicut ipse testatur. Quid autem evidentius apparere potest, quam cum in ejus epistolis nomina etiam regionum vel civitatum invenimus. Ad Romanos, ad Corinthios, ad Galatas, ad Ephesios, ad Philippenses, ad Thessalonicenses, ad Colossenses scribit. Johannes etiam scribit ad septem ecclesias, quas commemorat in illis partibus constitutas (*Apoc.*, VIII, 1), in quibus etiam universam Ecclesiam septenario numero intelligimus commendari, Ephesum, Smyrnam, Sardos, Philadelphiam, Laodiciam, Pergamum, Thiatyram. Quibus omnibus hodie communicare manifestum est, sicut manifestum est vos istis ecclesiis non communicare.

3. Quærimus ergo ut nobis respondere non graveris, quam caussam forte noveris, qua factum est ut Christus amitteret hereditatem suam per orbem terrarum diffusam, et subito in solis Afris, nec ipsis omnibus remaneret. Etenim Ecclesia catholica est

que dans toutes ces régions d'où l'Évangile de Jésus-Christ s'est répandu sur toute la terre, on ignore le nom de Donat aussi bien que celui de Macaire, tandis que vous ne pouvez nier que votre parti s'appelle le parti de Donat, et qu'il est connu sous ce nom partout où votre communion est établie. Veuillez donc nous apprendre comment il se fait que le Christ ait perdu son Église dans le monde entier, et ait commencé à ne plus en avoir que parmi vous. C'est à vous à nous le montrer, car pour la vérité de notre cause, il nous suffit de voir dans le monde entier l'accomplissement des prophéties et des saintes Écritures. Voilà ce que j'ai dicté, moi, Augustin, parce que depuis longtemps je désire m'entretenir avec vous. Je crois que, vu le peu de distance qui nous sépare, nous pouvons, sans bruit et avec l'aide de Dieu, discuter ces questions par lettres, autant que le besoin l'exigera.

LETTRE L [1]

Saint Augustin demande aux chefs de la colonie de Suffecte [2], *les renseignements sur la mort de soixante chrétiens, et promet de leur rendre la statue de leur Hercule* [3].

AUX FONDATEURS, AUX CHEFS ET AUX ANCIENS DE LA COLONIE DE SUFFECTE, AUGUSTIN, ÉVÊQUE.

1. Le ciel et la terre ont été frappés de l'énormité de votre crime et de votre cruauté inattendue, qui a ensanglanté vos temples et vos places publiques; votre ville a retenti de cris, de meurtres et de carnage. Vous avez anéanti les lois romaines; vous avez foulé aux pieds la crainte de la justice; vous avez répandu le sang innocent de soixante de nos frères [4]; celui d'entre vous qui en a le plus tué, a été le plus comblé d'éloges, et vous lui avez donné la première place dans votre sénat. Mais venons-en à l'affaire principale. Vous dites que l'Hercule était à vous : nous vous le ren-

---

(1) Ecrite l'an 399. — Cette lettre était la 268e dans les éditions antérieures à l'édition des Bénédictins, et celle qui était la 50e se trouve maintenant la 105e.
(2) Suffecte était une ville épiscopale de Bysacène, ancienne province représentée aujourd'hui par la régence de Tunis. Pérégrin évêque donatiste de cette ville assista à la conférence de Carthage.
(3) L'abbé Dubois prétend sans en donner d'autres preuves que le style et l'objet de cette lettre, qu'elle n'est pas de saint Augustin. — Les Bénédictins qui l'ont insérée sans observation, et Tillemont qui en parle dans la vie de saint Augustin art. 124 sont d'un avis contraire. Pourtant il nous semble que l'abbé Dubois pourrait avoir raison.
(4) Le martyrologe romain fait mention de ces martyrs le 30 août.

---

etiam in Africa, quia per omnes terras eam Deus esse voluit et prædixit. Pars autem vestra, quæ Donati dicitur, non est in omnibus illis locis, in quibus et litteræ et sermo et facta apostolica cucurrerunt. Sed ne dicatis, non vocari ecclesiam nostram catholicam, sed macarianam, sicuti eam vos appellatis; nosse debes, quod facillime potest, in illis omnibus partibus, unde istas terras Evangelium Christi perfudit, nec nomen Donati sciri, nec nomen Macarii. Vestra autem quia Donati pars dicitur, nec vos negare potestis, et omnibus notum est ubicumque est vestra communio. Dignare ergo rescribere nobis, ut sciamus quomodo fieri possit, ut Ecclesiam suam Christus de toto orbe perdiderit, et in vobis solis habere cœperit: vestrum enim est hæc ostendere; nam nobis sufficit ad caussam nostram quod compleri prophetiam et Scripturas sanctas per orbem terrarum videmus. Hoc autem ego Augustinus dictavi: quia olim volo loqui inde tecum.

Videtur enim mihi, vel propter ipsam vicinitatem, posse nos per litteras de hac re colloqui sine aliquo tumultu, adjuvante Deo, quantum ipsa necessitas postulat.

EPISTOLA L

Augustinus Suffectanis expostulans de LX. *Christianorum nece, pollicensque suum illis reddendum Herculem.*

AUCTORIBUS AC PRINCIPIBUS VEL SENIORIBUS COLONIÆ SUFFECTANÆ AUGUSTINUS EPISCOPUS

1. Immanitatis vestræ famosissimum scelus, et inopinata crudelitas terram concutit, et percutit cælum, ut in plateis ac delubris vestris eluceat sanguis, et resonet homicidium. Apud vos Romanæ sepultæ sunt leges, judiciorum rectorum calcatus est terror. Imperatorum certe nulla veneratio nec

drons. Nous avons des métaux, des pierres, des marbres de toute espèce, et une foule d'ouvriers. On travaille avec activité à sculpter, tourner et décorer votre Dieu. Nous l'ornerons de vermillon, pour rehausser encore l'éclat de vos cérémonies sacrées. Si vous prétendez que cet Hercule était à vous, nous nous cotiserons pour vous acheter un dieu. Mais rendez-nous tous nos frères que vous avez massacrés, car il est juste que si nous vous rendons votre Hercule, vous nous rendiez aussi ceux des nôtres auxquels vous avez arraché la vie.

LETTRE LI [1]

Saint Augustin propose brièvement quelques arguments à Crispin [2], évêque donatiste de Calame, et le presse d'y répondre, par écrit, s'il le peut.

1. J'ai donné ce titre [3] à ma lettre parce que les vôtres me reprochent mon humilité. Vous pourriez croire que j'ai voulu par là vous faire quelque injure, si je ne vous priais pas de me répondre de la même manière que je vous écris. Ai-je besoin de vous dire beaucoup de choses sur la promesse que vous m'aviez faite à Carthage, et sur laquelle j'avais tant insisté. Laissons de côté tout ce qui s'est passé précédemment entre nous, pour que ce qui reste encore à faire ne nous cause point d'embarras. Maintenant, avec l'aide de Dieu, il ne peut plus y avoir ni prétexte, ni excuse. Nous sommes tous les deux en Numidie. La distance qui nous sépare n'est pas grande. J'ai appris, par le bruit public, que vous vouliez essayer encore de discuter avec moi sur la question qui nous sépare de communion. Toutes difficultés peuvent facilement disparaître ; répondez seulement à cette lettre, si vous voulez bien, et peut-être cela suffira, non-seulement à nous, mais encore à tous ceux qui désirent nous entendre. Si cela ne suffit pas, nous reprendrons et nous continuerons notre correspondance, jusqu'à ce que cela suffise. Quel plus grand avantage peut nous procurer le voisinage des villes que nous habitons ? J'ai donc résolu de ne traiter cette affaire avec vous que par let-

---

(1) Ecrite l'an 399. — Cette lettre était la 172e dans les éditions antérieures à l'édition des Bénédictins, et celle qui était la 51e se trouve maintenant la 154e.
(2) C'est le même Crispin dont il est parlé dans la lettre 105 et dans le livre III, c. XLVI. contre Cresconius. Possidius en parle aussi dans la vie de saint Augustin.
(3) Le titre auquel saint Augustin fait allusion n'a été trouvé dans aucun manuscrit.

---

timor. Apud vos LX, numero fratrum innocens effusus est sanguis, et si quis plures occidit, functus est laudibus, et in vestram curiam tenuit principatum. Age nunc, principalem veniamus ad caussam. Si Herculem vestrum dixeritis, porro reddemus : adsunt metalla, saxa nec desunt ; accedunt marmorum genera, suppetit artificum copia. Ceterum Deus vester cum diligentia sculpitur, tornatur et ornatur. Addimus et rubricam quæ pingit ruborem, quo possint vota vestra sacra sonare. Nam si vestrum Herculem dixeritis, collatis singulis nummis ab artifice vestro vobis eminus Deum. Reddite igitur animas, quas manus vestra contorsit, et sicuti a nobis vester Hercules redhibetur, sic etiam a vobis tantorum animæ reddantur.

EPISTOLA LI

Augustinus Crispinum Calamensem Donatianæ partis episcopum urget propositis breviter aliquot argumentis, ad ea si potest respondeat per litteras.

1. Quia humilitatem nostram vestri reprehendunt, ideo sic epistolam prænotavi ; quod in tuam contumeliam fecisse videar, si non ita mihi abs te ut rescribatur exspecto. De Carthaginensi promissione tua vel nostra instantia, quid multa commemorem ? Quomodolibet ea gesserimus, transierint, ne quod restat impediat. Nunc excusatio, nisi fallor, nulla est adjuvante Domino ; ambo in Numidia sumus, et nobis loco terrarum invicem propinquamus. Rumor ad me detulit, adhuc te velle mecum disputando experiri de quæstione, quæ nostram dirimit communionem. Vide quam breviter omnes auferantur ambages, ad hanc epistolam responde, si placet, et fortasse sufficiet, non solum nobis, sed et eis, qui nos audire desiderant ; aut si non sufficiet, scripta atque rescripta, donec sufficiant, repetantur. Quid enim nobis commodius poterit exhibere urbium, quas incolimus, tanta vicinitas ? Ego enim statui nihil de hac re agere vobiscum, nisi per litteras, vel ne cui nostrum de memoria, quod dicitur elabatur, vel ne fraudentur talium studiosi, qui forte interesse non possunt. Soletis de præteritis rebus gestis, quæ vultis, falsa jactare, forte non mentiendi

tres. Ainsi rien de ce qui aura été dit par nous, ne s'échappera de notre mémoire ; et d'un autre côté, nous n'en priverons pas ceux qui aiment ces sortes de questions, et qui ne pourraient pas assister à nos conférences. Vous avez d'ailleurs coutume de parler bien inexactement de ce qui s'est passé précédemment, non pas sans doute avec l'intention de mentir, mais par erreur. Si cela vous plaît donc, nous prendrons l'état présent des choses pour base de notre discussion. Vous n'ignorez sans doute pas que, dans les temps de l'ancienne loi, le peuple juif se rendit sacrilège et coupable du crime d'idolâtrie, et que le livre des prophètes fut brûlé par un roi contempteur et impie. De ces deux crimes, celui du schisme n'aurait pas été puni le plus sévèrement, s'il n'avait pas été jugé le plus grave. En effet, vous vous rappelez que la terre s'ouvrit pour engloutir tout vivants les auteurs du schisme, et que leurs adhérents furent consumés par le feu du ciel. L'idole fabriquée et adorée, le livre saint brûlé, n'attirèrent pas sur les coupables un châtiment aussi terrible de la main de Dieu.

2. Pourquoi donc, vous qui avez coutume de reprocher aux nôtres des crimes qui ne sont pas prouvés, et qui le sont plutôt à l'égard de ceux des vôtres qui, par crainte de la persécution, ont livré les Livres saints aux païens, pour les brûler, pourquoi, dis-je, avez-vous reconnu pour évêques, et maintenu dans leurs sièges ceux que vous aviez condamnés comme schismatiques, « par (1) la bouche véridique d'un concile universel, » (je me sers ici de vos propres expressions) non-seulement Félicien de Musti, mais encore Prétextat d'Assuri. Ni l'un ni l'autre n'étaient pas, comme vous le dites à ceux qui ignorent le fond des choses, au nombre de ceux auxquels votre concile avait accordé et fixé un délai, passé lequel ils étaient compris dans la sentence prononcée contre les autres, s'ils n'étaient pas alors revenus à votre communion. Ils étaient de ceux qui furent condamnés le même jour où vous avez accordé un délai aux autres. Si vous le niez, je le prouverai par les paroles de votre concile et par les actes consulaires que nous avons entre les mains, et d'après lesquels vous l'avez vous-mêmes déclaré plusieurs fois. Choisissez donc un autre moyen de défense, si vous le pouvez, pour que nous ne perdions pas notre temps à vous prouver ce que vous niez. Si Félicien et Prétextat étaient innocents, pourquoi les avez-vous condamnés ? S'ils étaient

(1) Saint Augustin parle ici de ce concile de Bagaie tenu par 310 évêques contre les Maximianistes, et dont il est déjà fait mention dans la note de la lettre 43 ; concile où furent condamnés entre autres Félicien et Prétextat, deux des vingt évêques qui avaient ordonné Maximien ; mais on ne put jamais parvenir à les chasser de leurs sièges, quoique Rogat fût déjà nommé pour remplacer Prétextat, et que ce dernier et Félicien eussent été traduits devant deux ou trois proconsuls (dont il est dit dans cette lettre qu'on a les actes proconsulaires). Leurs adversaires mêmes furent contraints par le crédit et l'autorité d'Optat appelé Gildonien, de les recevoir avec honneur. Voyez liv. III, c. xxxix contre Gaudentius et les notes de la lettre 53.

studio, sed errore. Proinde, si placet, de præsentibus illa metiamur. Proculdubio te non fugit prioris populi temporibus et idololatriæ sacrilegium fuisse commissum, et a rege contemptore librum propheticum incensum, quo utroque crimine schismatis malum non puniretur atrocius, nisi gravius penderetur. Profecto enim recordaris quemadmodum schismatis auctores vivos dehiscens terra sorbuerit, et eos qui consenserant, cælo irruens ignis absumserit. Sic nec fabricatum et adoratum idolum, nec sacer liber exustus meruit vindicari.

2. Cur ergo qui soletis nobis objicere, non solum in nostris non probata, sed potius in vestris probata crimina eorum, qui formidine persecutionis impulsi dominicos libros concremandos ignibus tradiderunt ; vos eos quos pro scelere schismatis, « plenarii concilii vestri veridico, » sicut ibi scriptum est, « ore » damnastis, in eodem ipso episcopatu recepistis, in quo damnastis, Felicianum dico Mustitanum, et Prætextatum Assuritanum. Neque enim, sicut ignorantibus dicitis, ex eo numero fuerunt isti, quibus vestrum concilium diem prorogaverat et præfixerat, intra quem nisi ad vestram communionem remeavissent, eadem sententia tenerentur : sed de illo numero isti fuerunt, quos eo die sine dilatione damnastis, quo illis dilationem dedistis. Probabo, si negaveris. Concilium vestrum loquitur : proconsularia Gesta habemus in manibus, quibus id non semel allegastis. Aliam ergo defensionem para, si potes, ne dum negas quod convincam, moras faciamus. Felicianus igitur et Prætextatus si innocentes erant, quare sic damnati sunt ? Si scelerati, quare sic recepti sunt ? Si probaveris innocentes, cur non credamus a multo paucioribus majoribus vestris falso crimine traditionis innocentes potuisse damnari, si a trecentis

coupables, pourquoi les avez-vous reconnus comme évêques? Si vous prouvez leur innocence, pourquoi ne croirions-nous pas à celle de ces évêques que vos prédécesseurs, réunis seulement au nombre de soixante-dix, ont condamnés, comme coupables d'avoir livré les saintes Écritures, quoiqu'ils fussent innocents de ce crime, lorsque trois cent dix de leurs successeurs dans un concile, que vous appelez pompeusement « Concile universel et véridique, » ont condamné, comme coupables du crime de schisme, des évêques qui en étaient innocents? Si, au contraire, vous prouvez la justice de leur condamnation, comment pourrez-vous vous excuser de les avoir reconnus comme évêques, si ce n'est en exagérant l'importance que vous attachez à la paix, jusqu'à montrer qu'il faut tolérer ces sortes de crimes, pour ne pas rompre le lien de l'unité? Plaise à Dieu que vous agissiez ainsi non de bouche, mais de toutes les forces de votre cœur! Alors vous verriez qu'il ne faudrait point, par des calomnies, troubler la paix que le Christ a voulu donner à toute la terre, s'il est permis en Afrique, pour ne pas troubler la paix de Donat, de maintenir dans leur siége épiscopal des évêques condamnés pour un schisme sacrilége.

3. Vous avez aussi coutume de nous reprocher de vous faire persécuter par les puissances séculières. Je ne veux pas entrer en discussion avec vous à ce sujet, ni vous dire quelles peines vous méritez pour un crime aussi grand que celui du schisme, ni la tolérance et la douceur chrétienne qui dirigent tous nos actes ; mais si cette persécution que vous nous reprochez est un crime, pourquoi avez-vous persécuté avec tant de violence les Maximianistes, en invoquant contre eux l'autorité des juges envoyés par les empereurs que l'Évangile a enfantés à Jésus-Christ ? Pourquoi les avez-vous chassés des basiliques, qu'ils occupaient déjà au moment où le nouveau schisme a éclaté? Pourquoi les avez-vous troublés et épouvantés par le bruit des controverses, par les ordres des magistrats et la brutalité des soldats que vous aviez appelés comme auxiliaires de vos violences ? Des traces récentes de ce qui s'est passé, témoignent assez de tout ce qu'ils ont souffert partout dans ce malheureux conflit. Les actes publics font foi des ordres donnés contre eux, et les contrées, où la mémoire d'Optat (1), votre tribun, est en vénération, parlent encore des maux que vous leur avez faits.

4. Vous avez aussi coutume de nous dire que nous n'avons pas le baptême de Jésus-Christ, et qu'il n'est que dans votre communion. Je pourrais à ce sujet discuter longuement ; mais qu'est-

(1) Optat était évêque donatiste de Tamugade. Son nom est devenu célèbre par les maux et les persécutions qu'il fit souffrir à toute l'Afrique. Il reçut le surnom de Gildonien à cause du crédit dont il jouissait près de Gildon, général des armées romaines dans cette partie de l'empire. Ce fut lui qui força les Donatistes à recevoir Félicien de Musti et Prétextat d'Assuri, qu'ils avaient chassés de leur communion.

decem successoribus eorum, ubi etiam pro magno scriptum est, « plenarii concilii ore veridico, in falso crimine schismatis innocentes damnari potuerunt ? Si autem probaveris recte fuisse damnatos, quæ restat defensio, cur in eodem episcopatu recepti sint, nisi ut exaggerans utilitatem salubritatemque pacis, ostendas etiam ista pro unitatis vinculo toleranda ? Quod utinam non oris, sed cordis viribus ageres, profecto perspiceres, quam nullis calumniis per orbem terrarum esset violanda pax Christi, si licet in Africa etiam in sacrilego schismate damnatos, in eodem ipso episcopatu recipi pro pace Donati.

3. Item soletis nobis objicere quod vos per potestates terrenas persequamur. Qua in re non disputo, vel quid vos pro immanitate tanti sacrilegii mereamini, vel quantum nos Christiana temperet mansuetudo : illud dico, si hoc crimen est, cur eosdem Maximianistas per judices ab eis Imperatoribus missos, quos per Evangelium genuit nostra communio, graviter insectati, de basilicis quas tenebant, in quibus eos invenit ipsa conscissio, et controversiarum strepitu et jussionum potentatu et auxiliorum impetu perturbastis ? In qua conflictatione quæ passi sint per loca singula, recentia rerum vestigia contestantur ; quæ jussa sint chartæ indicant, quæ facta sint terræ clamant ; in quibus etiam, Optati illius tribuni vestri sancta memoria prædicatur.

4. Item dicere soletis quod nos Christi baptismum non habeamus, et præter vestram communionem nusquam sit. Possem hinc uberius aliquando disserere. Sed contra vos jam nihil opus est, qui cum Feliciano et Prætextato etiam Maximianistarum baptismum recepistis. Quotquot enim baptizaverunt quando Maximiano communicabant, cum

il besoin de tant de raisonnements avec vous qui avez admis le baptême des Maximianistes en recevant Prétextat et Félicien? En effet, tous ceux qu'ils ont baptisés, lorsqu'ils étaient en communion avec Maximien, et lorsque, par des conflits et des jugements, comme les actes publics en font foi, vous vous efforciez de les chasser de leurs basiliques, (je parle toujours de Félicien et de Prétextat), tous ceux, dis-je, qu'ils ont baptisés, sont restés avec eux et avec vous. Vous communiquez avec eux non-seulement lorsque cela est exigé par des cas de maladies dangereuses, mais encore pendant les solennités de Pâques, dans toutes les grandes villes et dans toutes les églises de leurs cités, et aucun de ces gens-là baptisés hors de votre communion, pendant le schisme qui la divisait, n'a reçu un nouveau baptême. Plût à Dieu que vous pussiez prouver que Félicien et Prétextat ont reconnu l'inutilité du baptême qu'ils avaient donné dans le schisme à ceux qui y étaient avec eux, et la nécessité de les rebaptiser, après avoir été admis dans votre communion. En effet, s'il était nécessaire de donner un nouveau baptême aux uns, il était nécessaire aussi de donner une nouvelle ordination aux autres. Car Félicien et Prétextat avaient perdu leur qualité d'évêques, s'ils ne pouvaient pas baptiser hors de votre communion; et si, en se séparant de vous, ils avaient gardé leur caractère d'évêques, ils pouvaient conférer le baptême. Si, au contraire, ils avaient perdu ce caractère, ils devaient, en revenant à vous, être ordonnés de nouveau, pour recouvrer ce qu'ils avaient perdu. Mais ne craignez rien : Il est aussi certain qu'ils sont revenus à vous avec le même caractère d'épiscopat qu'ils avaient en vous quittant, qu'il est certain que tous ceux qu'ils ont baptisés dans le schisme de Maximien, pouvaient rentrer dans votre communion sans recevoir un second baptême.

5. Y a-t-il assez de larmes pour déplorer que le baptême des Maximianistes soit admis, et que celui de Jésus-Christ répandu par toute la terre soit compté pour rien ! Que vous ayez condamné sans les entendre, ou après les avoir entendus, Félicien et Prétextat, que vous les ayez condamnés justement ou injustement, peu m'importe; mais dites-moi quel est celui des vôtres qui ait jamais entendu ou condamné un évêque des Corinthiens, des Galates, des Éphésiens, des Colossiens, des Philippiens, des Thessaloniciens et de toutes les autres cités dont il est écrit : « Toutes les nations de la terre se prosterneront devant lui pour l'adorer (*Ps.*, XXI, 28). » Ainsi l'on admet le baptême des Maximianistes, et on veut anéantir celui des apôtres, ou, pour mieux dire, le baptême qui ne vient ni des uns ni des autres, mais celui dont il est dit : « C'est celui-là qui baptise (*Jean*,

---

etiam ipsos nominatim, id est Felicianum et Prætextatum de basilicis eorum, sicut gesta testantur, diuturno conflictu judiciorum expellere conaremini; quotquot ergo eo tempore baptizaverunt, nunc secum et vobiscum habent, non solum per ægritudinum pericula, sed etiam per sollemnitates Paschales in tot ecclesiis ad suas civitates pertinentibus, et in ipsis tam magnis civitatibus foris in scelere schismatis baptizatos, quorum nulli baptisma repetitum est. Atque utinam probare possetis, eos quos foris in scelere schismatis Felicianus et Prætextatus tamquam inaniter baptizaverant, ab eis receptis intus quasi utiliter denuo baptizatos. Si enim rursus baptizandi erant isti, rursus ordinandi erant illi. Amiserant enim episcopatum recedentes a vobis, si extra communionem vestram baptizare non poterant. Nam si discedentes episcopatum non amiserant, baptizare utique poterant. Si autem amiserant, ergo ut eis quod amiserant, redderetur, redeuntes ordinari debebant. Sed noli timere, sicut certum est cum eodem illos episcopatu cum quo exierant remeasse, ita certum est omnes quos in Maximiani schismate baptizarunt, sine ulla baptismi repetitione secum vestræ communioni reconciliasse.

5. Quibus igitur sufficimus lacrymis plangere recipi baptismum Maximianistarum, et exsufflari baptismum orbis terrarum? Sive auditos sive inauditos, sive juste sive injuste damnastis Felicianum, damnastis Prætextatum; dic mihi, quem Corinthiorum episcopum audivit, aut damnavit aliquis vestrum? quem Galatarum, quem Ephesiorum, quem Colossensium, Philippensium, Thessalonicensium, ceterarumque omnium civitatum, de quibus dictum est, « Adorabunt in conspectu ejus universæ patriæ gentium (*Psal.*, XXI, 28)? » Ergo istorum baptismus acceptatur, et illorum exsufflatur, qui nec istorum est nec illorum, sed illius de quo dictum est, « Hic est qui baptizat (*Johan.*, 1, 33). » Sed non hinc ago, ad illa quæ præsto sunt, adverte,

I, 33). » Mais je laisse cela de côté. Regardez ce qui est devant vous, ce qui frapperait les yeux d'un aveugle. Quoi, des hommes condamnés par vous ont le baptême, et ceux que vous n'avez pas entendus ne l'ont pas ? Des hommes expressément schismatiques et rejetés de votre communion ont le baptême, et le baptême n'est pas avec ceux qui vous sont inconnus, qui habitent loin de vous, et que vous n'avez jamais ni accusés ni condamnés ? Le baptême est dans une petite partie de l'Afrique, séparée elle-même du reste de l'Afrique, et il n'est point dans les parties de la terre d'où l'Évangile a pénétré en Afrique ! Mais pourquoi vous accabler davantage ? Répondez, je vous prie, à tout ce que je viens de vous dire. Voyez combien, dans votre concile, vous avez exagéré le schisme sacrilège des Maximianistes, les persécutions que vous avez suscitées contre eux de la part des puissances judiciaires ; voyez le baptême que vous avez reconnu, en admettant parmi vous ceux que vous aviez condamnés, et dites-moi, si vous le pouvez, ce que vous pouvez encore inventer pour jeter le trouble dans l'esprit des ignorants, et pourquoi vous vous êtes séparés de la communion de l'univers entier, par un schisme plus criminel et plus impie que celui que vous vous glorifiez d'avoir condamné dans les Maximianistes. Que la paix de Jésus-Christ triomphe dans votre cœur ευτυχως (1).

LETTRE LII (2)

Saint Augustin presse Séverin, son parent, qui avait embrassé le parti donatiste, d'abandonner ce schisme sacrilège.

A SON TRÈS-CHER FRÈRE ET DÉSIRABLE SEIGNEUR SÉVERIN, AUGUSTIN, SALUT.

1. Quoique votre lettre fraternelle, et à laquelle je ne m'attendais plus, me soit parvenue fort tard, je l'ai cependant reçue avec une double joie, en apprenant que celui qui me l'avait apportée était venu expressément pour cela à Hippone. J'ai pensé que si le souvenir de notre parenté s'était présenté à votre esprit, c'est parce votre sagesse, qui m'est assez connue, vous avait fait voir combien il est déplorable qu'unis par les liens du sang, nous soyons désunis dans le corps de Jésus-Christ, surtout parce qu'il vous est facile de reconnaître que « la cité, établie sur la montagne, ne peut, » selon la parole du Seigneur, « rester cachée (*Matth.*, V, 14). » Or, cette cité est l'Église catholique. On l'appelle ainsi du grec (καθολική), parce qu'elle est répandue sur toute la terre.

---

(1) Il nous semble que ce mot grec ici exprime un souhait, et pourrait être traduit par le mot : *Ainsi soit-il*.
(2) Ecrite la même année que la précédente. — Cette lettre était la 170e dans les éditions antérieures à l'édition des Bénédictins, et celle qui était la 52e se trouve maintenant la 155e.

---

ea quæ oculos etiam cæcos feriunt, intuere : damnati habent baptismum ; et inauditi non habent ? Nominatim in scelere schismatis expressi et ejecti habent ; et ignoti, longe peregrini, numquam accusati, numquam judicati non habent ? Qui de præcisa parte Africæ rursus præcisi sunt, habent ; et unde ipsum Evangelium in Africam venit non habent ? Quid pluribus onero ? ad ista responde. Adtende sacrilegium schismatis vestro concilio Maximianistis exaggeratum ; adtende persecutiones per judiciarias potestates, quas eis irrogastis ; adtende baptismum eorum, quem cum eis quos damnastis recepistis ; et responde, si potes, utrum habeatis aliquid unde injiciatis nebulas imperitis ; cur ab orbe terrarum longe majore scelere schismatis separemini, quam quod in Maximianistis vos damnasse gloriamini ? Pax Christi vincat in corde tuo ΕΥΤΥΧΩΣ.

EPISTOLA LII

Augustinus Severino consanguineo suo Donatistæ, ut deserat schisma scelestum et impudens.

DOMINO MULTUM DESIDERABILI ET VALDE CARISSIMO FRATRI SEVERINO AUGUSTINUS.

1. Litteras fraternitas tuæ etsi valde sero, etsi præter quod speraveram, tamen lætus accepi, maximeque ampliori gaudio perfusus sum, cum cognovissem hominem vestrum hac ipsa sola causa venisse Hipponem, ut ad me litteras tuæ fraternitatis afferret. Cogitavi enim non sine caussa hoc exortum esse in animo tuo ut recoleres consanguinitatem nostram ; nisi quia fortasse perspicis, sicut novi non leve pondus prudentiæ tuæ, quam sit dolendum, ut qui secundum carnem fratres sumus, in Christi

Il n'est permis à personne de la méconnaître ; c'est pourquoi, selon la parole de Notre Seigneur Jésus-Christ, elle ne peut rester cachée.

2. Mais le parti de Donat, qui n'existe qu'en Afrique, outrage tout l'univers, et ne considère pas que, devenu comme une branche stérile, qui ne peut plus produire des fruits de paix et de charité, il s'est retranché de la racine des églises d'Orient, d'où l'Évangile est venu en Afrique. Cependant, si on apporte à ceux de votre communion de la terre de ces contrées, ils l'adorent, et si un fidèle en vient et se présente à eux, ils effacent le baptême du Christ qu'il a reçu et le baptisent une seconde fois. Le Fils de Dieu, qui est la vérité même, a dit : « Je suis la vigne dont mes enfants sont les sarments et mon père le vigneron. Toute branche, qui ne porte pas de fruits en moi, mon père la retranchera, mais le sarment qui donne des fruits en moi, mon père le taillera, pour lui en faire porter davantage (*Jean*, xv, 2). » Il n'est donc pas étonnant que ceux qui n'ont pas voulu porter des fruits de paix et de charité, soient retranchés de cette vigne qui s'est étendue sur toute la terre.

3. Si leurs ancêtres, lorsqu'ils ont fait le schisme, avaient reproché de vrais crimes à leurs collègues, ils auraient eu gain de cause près de l'église d'outre-mer, d'où l'autorité de la foi chrétienne a été portée dans ces contrées, et ceux à qui ils reprochaient ces crimes auraient été exclus de l'Église du Christ. Mais comme nous trouvons que ce sont les accusés qui sont en communion avec les églises apostoliques dont ils lisent journellement les noms dans les Livres saints, et que les accusateurs, au contraire, sont séparés de la communion de ces églises, il est indubitable que la bonne cause était du côté de ceux qui ont triomphé devant les juges ? Que si la cause des Donatistes était bonne, et qu'ils n'aient pu le prouver aux églises d'outre-mer, que leur avaient fait les autres églises du monde entier, dont les évêques n'avaient pu condamner témérairement leurs collègues pour des crimes dont ils n'étaient pas convaincus ? Et cependant des innocents sont rebaptisés, et dans ces innocents on efface le baptême de Jésus-Christ. Si ces mêmes Donatistes connaissaient les crimes de leurs collègues d'Afrique, et qu'ils aient négligé de les dénoncer et de les prouver aux églises d'outre-mer, ils se sont séparés d'eux-mêmes de l'unité du Christ par le plus criminel des schismes, et n'ont plus une seule excuse à donner. Et vous, Séverin, vous le savez : vous savez aussi que,

---

corpore non una societate vivamus, præsertim quia facile tibi est attendere et videre civitatem super montem constitutam, de qua Dominus ait in Evangelio, quod abscondi non possit (*Matth.*, v, 14). Ipsa est enim Ecclesia catholica ; unde καθολική græce appellatur, quod per totum orbem terrarum diffunditur. Hanc ignorare nulli licet ; ideo secundum verbum Domini nostri Jesu Christi abscondi non potest.

Pars autem Donati in solis Afris calumniatur orbi terrarum, et non considerat ea sterilitate, qua fructus pacis et caritatis noluit afferre, ab illa radice Orientalium ecclesiarum se esse præcisam, unde Evangelium in Africam venit ; unde terra si eis afferatur, adorant ; fidelis autem si inde veniat, exsufflant etiam et rebaptizant. Hoc enim etiam prædixit Filius Dei qui veritas est, se esse vitem, suos autem filios esse sarmenta, et Patrem suum agricolam. « Sarmentum, » inquit, « quod in me non dat fructum, Pater meus tollet illud : sarmentum autem quod in me dat fructum, purgat illud, ut majorem fructum afferat (*Johan.*, xv, 2). » Non ergo mirum est, si de illa vite quæ crevit et omnes terras implevit, præcisi sunt illi, qui fructum caritatis afferre noluerunt.

3. Qui si vera crimina objecissent collegis suis, majores eorum quando schisma fecerunt, ipsi obtinuissent caussam suam apud ecclesiam transmarinam, unde ad istas partes Christianæ fidei manavit auctoritas, ut illi essent foris, quibus eadem crimina objiciebant. Nunc autem cum illi inveniantur intus communicare ecclesiis apostolicis, quarum nomina in libris sanctis habent et recitant, isti autem foris positi et ab illa communione separati sint, quis non intelligat eos habuisse caussam bonam, qui eam apud medios judices obtinere potuerunt ? Aut si caussam bonam habebant et eam transmarinis ecclesiis probare non potuerunt, quid illos læsit orbis terrarum, ubi episcopi collegas suos, qui apud eos objectis criminibus convicti non erant, temere damnare non possent ? Itaque innocentes rebaptizantur, et Christus in innocentibus exsufflatur. Si autem iidem Donatistæ Afrorum collegarum suorum vera crimina noverant, et neglexerunt ea demonstrare et probare transmarinis ecclesiis, ipsi se ab unitate Christi sceleratissimo schismate præciderunt, non

pour ne pas diviser le parti de Donat, ils ont toléré, pendant de longues années, une multitude de scélérats qui avaient surgi parmi eux, et qu'ils n'ont pas craint pendant ce temps, sur les soupçons les plus vains et les plus faux, de rompre la paix et l'unité de Jésus-Christ.

4. Mais je ne sais, ô mon frère Séverin, quelle accoutumance charnelle vous retient dans ce parti. J'en souffre et j'en gémis depuis longtemps, surtout en pensant à votre sagesse. Depuis longtemps aussi, je désire m'entretenir avec vous à ce sujet. Que nous servent ces vains saluts d'usage, et cette parenté temporelle, si nous méprisons le salut éternel et l'éternel héritage de Jésus-Christ? Ce que je viens de vous écrire suffira, je le pense. C'est sans doute peu de chose, ce n'est même rien pour des cœurs endurcis, mais pour un esprit comme le vôtre, c'est beaucoup, c'est même quelque chose de grand. Ce que je vous dis d'ailleurs ne vient pas de moi, qui ne suis rien et qui mets tout mon espoir en la miséricorde de Dieu, de ce Dieu tout-puissant, qui sera notre juge dans le siècle à venir, si nous l'avons méprisé, comme père, dans le siècle présent.

LETTRE LXIII [1]

Saint Augustin confond l'imposture d'un certain prêtre donatiste qui cherchait à séduire Generosus, catholique de Constantine (2), en prétendant qu'un ange l'avait averti de l'attirer dans le parti de Donat.

A LEUR TRÈS-CHER ET HONORABLE FRÈRE GENEROSUS, FORTUNAT (2), ALYPE ET AUGUSTIN, SALUT DANS LE SEIGNEUR.

CHAPITRE PREMIER. — 1. Vous avez bien voulu nous donner connaissance d'une lettre que vous avez reçue d'un prêtre donatiste. Quoiqu'elle n'ait obtenu que le mépris d'un esprit catholique comme le vôtre, nous vous prions, néanmoins, dans l'intérêt de ce schismatique, de lui envoyer cette réponse, si vous croyez qu'il soit possible de le ramener à la raison. Il vous a écrit qu'un ange lui avait ordonné de vous présenter et de vous expliquer l'ordre et l'établissement successif du christianisme dans votre cité, à vous qui ne faites pas profession d'un christianisme renfermé seulement dans votre ville, ni

---

(1) Ecrite environ l'an 400. — Cette lettre était la 165ᵉ dans les éditions antérieures à l'édition des Bénédictins et celle qui était la 53ᵉ se trouve maintenant la 152ᵉ.
(2) Peut-être celui auquel est adressée la lettre 116ᵉ et qui était alors gouverneur de Numidie.
(3) Evêque de Cirte ou Constantine.

---

habent quod excusent, et vos nostis; maxime quia tam multi scelerati apud eos emerserunt, et toleraverunt illos per tot annos, ne partem Donati conscinderent, et non dubitaverunt illo tempore falsas suspiciones suas objicientes, pacem Christi unitatemque disrumpere, et vos videtis.

4. Sed nescio quæ carnalis consuetudo, frater Severine, ibi vos tenet; et olim doleo, olim gemo, maxime prudentiam tuam cogitans, et olim te videre desidero, ut de hac re tecum loquerer. Quid enim prodest vel salus vel consanguinitas temporalis, si æternam Christi hereditatem salutemque perpetuam in nostra cognatione contemnimus? Hæc me interim scripsisse suffecerit, quæ duris cordibus valde pauca sunt, et prope nulla; animo autem tuo, quem bene novi, valde multa sunt et valde magna. Non enim mea sunt qui nihil sum, nisi quod exspecto misericordiam Dei, sed ipsius Dei omnipotentis, quem quisquis in hoc sæculo contempserit patrem, inveniet in futuro judicem.

EPISTOLA LIII

Confutatur epistola Presbyteri cujusdam Donatistæ qui Generosum catholicum Constantinensem seducere moliebatur, simulans ab Angelo se monitum ut ipsum ad Donatistarum partes adduceret.

DILECTISSIMO ET HONORABILI FRATRI GENEROSO, FORTUNATUS, ALYPIUS ET AUGUSTINUS IN DOMINO SALUTEM.

CAPUT I. — 1. Quoniam nobis notam esse voluisti epistolam, quam ad te Donatistarum presbyter dedit, quamquam eam tu quoque catholico animo deriseris: tamen ut ei potius si non desperate desipit, consulas, hæc ad cum rescripta petimus perferas. Ille enim ordinem Christianitatis civitatis vestræ tibi ut insinuaret, jussisse sibi Angelum scripsit, cum tu teneas Christianitatem, non civitatis tuæ tantum, nec tantum Africæ vel Afrorum, sed totius orbis terræ, quæ annuntiata est et annuntiatur omnibus gentibus. Unde illis parum

même dans l'Afrique, mais de celui qui est répandu sur toute la terre, qui a été et qui est encore annoncé à toutes les nations. Ne suffit-il pas à ces hérétiques, de rester sans rougir retranchés de l'Église, et de ne rien faire, pendant qu'ils le peuvent encore, pour se rattacher à la racine de l'arbre dont ils se sont séparés. Faut-il aussi qu'ils cherchent à en séparer d'autres avec eux, comme des branches arides destinées au feu ? C'est pourquoi si l'ange dont cet homme feint par astuce, comme nous en sommes convaincus d'avoir vu l'apparition, à cause de vous, vous apparaissait à vous-même et vous répétait ce qu'il prétend avoir reçu l'ordre de vous dire, il faudrait vous souvenir de ces paroles de l'Apôtre : « Quand nous vous annoncerions nous-mêmes, ou quand un ange vous annoncerait un évangile différent de celui que nous vous avons annoncé, qu'il soit anathème (*Gal.*, I, 8) ! » Car il vous a été prédit par la voix de Notre Seigneur Jésus-Christ, que son Évangile sera prêché à toutes les nations, et qu'alors ce serait la fin (*Matth.*, XXIV, 14). » Il vous a annoncé par les prophètes et les Apôtres (*Gal.*, III, 16), que des promesses ont été faites à Abraham et à sa race, qui est Jésus-Christ même, quand Dieu disait : « Toutes les nations seront bénies dans votre race (*Gen.*, XII,

4). » Or, puisque vous voyez l'accomplissement de ces promesses, si un ange descendait du ciel et vous disait : Renoncez au christianisme qui est répandu dans tout l'univers, et embrassez le parti de Donat, dont l'ordre et les progrès sont exposés dans la lettre de l'évêque de votre terre, il faudrait lui dire anathème, parce qu'il s'efforcerait de vous séparer du tout, pour vous pousser dans une partie, et vous exclure ainsi des promesses de Dieu.

2. En effet, s'il s'agissait d'établir l'ordre et la succession de tous les évêques, quelle marche plus sûre pourrions-nous adopter qu'en les comptant à partir de saint Pierre que le Seigneur regardait comme la figure de toute l'Église, quand il lui dit : « Je bâtirai mon église sur cette pierre, et les portes de l'enfer ne prévaudront pas contre elle (*Matth.*, XVI, 18). » A Pierre succéda Lin ; à Lin, Clément ; à Clément, Anaclet ; à Anaclet, Évariste ; à Évariste, Alexandre ; à Alexandre, Sixte ; à Sixte, Télesphore ; à Télesphore, Igin ; à Igin, Anicet ; à Anicet, Pie ; à Pie, Soter ; à Soter, Éleuthère, à Éleuthère, Victor ; à Victor, Zéphirin ; à Zéphirin, Calixte ; à Calixte, Urbain ; à Urbain, Pontian ; à Pontian, Anthère ; à Anthère, Fabian ; à Fabian, Corneille ; à Corneille, Luce ; à Luce, Étienne ; à Étienne, Xyste ; à Xyste,

---

est, quod præcisos esse non pudet, nec sibi subveniunt, ut cum possunt, redeant ad radicem, nisi etiam secum alios præcidere, et sicut ligna arida in ignem destinare conentur. Quapropter si tibi ipsi Angelus adstitisset, quem sibi ille propter te adstitisse, quantum arbitramur, astuta vanitate confingit, et hæc ipsa tibi dixisset, quæ iste mandato illius tibi se insinuare dicit, oporteret te apostolicæ sententiæ memorem fieri, qui ait: « Licet si nos, aut Angelus de cælo vobis evangelizaverit, præter id quod evangelizavimus vobis, anathema sit (*Gal.*, I, 8).» Evangelizatum est enim tibi per vocem ipsius Domini Jesu Christi, quod omnibus gentibus annuntiabitur Evangelium ejus, et tunc finis erit (*Matth.*, XXIV, 14). Evangelizatum tibi est per propheticas et apostolicas litteras (*Gal.*, III, 16), quod Abrahæ dictæ sunt promissiones et semini ejus quod est Christus, cum ei diceret Deus ; « In semine tuo benedicentur omnes gentes (*Gen.*, XXII,

4).» Has ergo promissiones tenenti, si tibi Angelus de cælo diceret, Dimitte Christianitatem orbis terræ, et tene partes Donati, cujus ordo tibi exponitur in epistola episcopi tuæ civitatis, anathema esse deberet : quia te a toto præcidere, et in partem contrudere conaretur, et alienare a promissis Dei.

2. Si enim ordo episcoporum sibi succedentium considerandus est, quanto certius et vere salubriter ab ipso Petro numeramus, cui totius Ecclesiæ figuram gerenti Dominus ait, « Super hanc petram ædificabo Ecclesiam meam, et portæ inferorum non vincent eam (*Matt.*, XVI, 18). » Petro enim successit Linus ; Lino, (*a*) Clemens ; Clementi, Anacletus ; Anacleto, Evaristus ; Evaristo, Alexander ; Alexandro, Sixtus ; Sixto, Thelesphorus ; Thelesphoro, Iginus ; Igino, Anicetus ; Aniceto, Pius ; Pio, Soter ; Soteri, Eleutherius ; Eleutherio, Victor ; Victori, Zephirinus ; Zephirino, Calixtus ; Calixto, Urbanus ; Urbano, Pontianus ; Pontiano, Antherus ; Anthero

(*a*) In uno e Vaticanis codicibus, *Lino Cletus, Cleto Clemens* cui ceteri MSS. refragantur. Paulo post pro *Anacletus*, habetur in plerisque MSS. *Anencletus*. Deinde *Alexander* non post *Evaristum*, ut in editis et apud Optatum in lib. II, sed post *Soterem*, sublato prorsus *Eleutherii* nomine, sic recensetur in duodecim MSS. in quibus sunt Vaticani quatuor, *Soteri Alexander Alexandro Victor*. Denique in iisdem codicibus desideratur infra *Marcellinus*.

Denis; à Denis, Félix; à Félix, Eutychien; à Eutychien, Gaïus; à Gaïus, Marcellin; à Marcelin, Marcel; à Marcel, Eusèbe; à Eusèbe, Miltiade; à Miltiade, Sylvestre; à Sylvestre Marc; à Marc, Jules; à Jules, Libère; à Libère, Damase; à Damase, Sirice; à Sirice, Anastase. Dans cet ordre de succession, on ne trouve aucun évêque donatiste. Mais les partisans de Donat envoyèrent d'Afrique, après l'avoir ordonné, un évêque, pour diriger à Rome un petit nombre d'Africains appelés *Montagnards* ou *Cutzupites*.

3. Quand bien même dans cette succession d'évêques depuis Pierre jusqu'à Anastase, qui occupe aujourd'hui le siége apostolique, il s'en serait glissé un coupable d'avoir livré les saintes Écritures, cela ne porterait aucun préjudice à l'Église, ni aux chrétiens innocents auxquels le Seigneur, dans sa prévoyance, a dit au sujet des mauvais pasteurs : Faites ce qu'ils disent, mais ne faites pas ce qu'ils font (*Matt.* XXIII, 3.) Voilà ce qui assure l'espérance des fidèles et qui fait que, se confiant non dans l'homme mais dans le Seigneur, leur espérance peut être renversée par les tempêtes des schismes sacriléges, comme l'ont été ceux qui dans les Livres saints lisent les noms des Églises auxquelles les Apôtres ont écrit, et dans lesquelles ils ne comptent aucun évêque de leur parti. Qu'y a-t-il en effet de plus pervers et de plus insensé que de répondre aux lecteurs, après qu'ils ont lu ces épîtres : La paix soit avec vous, et d'être hors de la paix de ces mêmes Églises auxquelles ces épîtres ont été adressées.

CHAPITRE II. — 4. Cependant pour que ce prêtre donatiste ne se flatte pas trop de cette suite d'évêques qui se sont succédé à Constantine, c'est-à-dire dans votre ville, rappelez-lui ce qui se passa le onzième jour des calendes de juin, en présence de Munatius Félix, flamine perpétuel, curateur de votre ville, sous le huitième consulat de Dioclétien, et le septième de Maximien. Il résulte clairement des actes de cette époque, que l'évêque Paul avait livré les saintes Écritures, et que Sylvain, son sous-diacre, de complicité avec lui, avait livré des objets consacrés au culte quoique soigneuse-

---

Fabianus; Fabiano, Cornelius; Cornelio, Lucius; Lucio, Stephanus: Stephano, Xystus; Xysto, Dionysius; Dionysio, Felix; Felici, Eutychianus; Eutychiano, Gaius; Gaio, Marcellinus; Marcellino, Marcellus; Marcello, Eusebius; Eusebio, Miltiades: Miltiadi, Sylvester; Sylvestro, Marcus; Marco, Julius; Julio, Liberius; Liberio, Damasus; Damaso, Siricius; Siricio, Anastasius. In hoc ordine successionis nullus Donatista episcopus invenitur. Sed ex transverso ex Africa ordinatum miserunt, qui paucis præsidens Afris in urbe Romana (a) Montensium vel Cutzupitarum vocabulum propagavit.

3. In illum autem ordinem episcoporum, qui dicitur ab ipso Petro usque ad Anastasium, qui nunc eamdem cathedram sedet, etiam si quisquam traditor per illa tempora subrepsisset, nihil præjudicaret Ecclesiæ et innocentibus Christianis : quibus Dominus providens, ait de præpositis malis? « Quæ dicunt, facite : quæ autem faciunt, facere nolite : dicunt enim, et non faciunt (*Matth.*, XXIII, 3). Ut certa sit spes (*b*) fidelis, quæ non in homine, sed in Domino collocata, numquam tempestate sacrilegi schismatis dissipetur : sicut isti dissipati sunt, qui legunt in codicibus sanctis ecclesias quibus apostoli scripserunt, et nullum in eis habent episcopum. Quid autem perversius et insanius, quam lectoribus easdem epistolas legentibus dicere. Pax tecum : et ab earum ecclesiarum pace separari, quibus ipsæ epistolæ scriptæ sunt?

CAPUT II. — 4. Tamen ne sibi etiam de Constantinensi, hoc est civitatis vestræ episcoporum ordine blandiatur, recita illi Gesta apud (*c*) Munatium

---

(*a*) Hanc appellationem sortiti sunt Donatistæ, ex eo quod ecclesiam Romæ primam in monte habere cœperint, juxta Hieronymum in Chron. ad an 360. sive uti Optatus in lib. II, refert, a spelunca, quam illic extra civitatem gradibus sepserant, ubi celebrabant conventicula sua : quæ haud dubie spelunca in editione Lco adjacebat. Huic forte profectum etiam nomen *Cutzupitarum*, quod quidem sic legitur in plerisque MSS. At in editis sublato, *t*, *Cuzupitarum*, et in duobus Vatican. MSS. *Cutrumpitarum*. An vero legendum hic *Rupitarum*, seu *Rupitanorum*, ut in lib. de unitate Eccle. c. III. an *Scotolopitarum* deducta voce a σκότος *tenebræ* et τόπος *locus*, quo pacto V. C. Johannes Bapt. Cotelerius legi vult apud Isidor. in Orig. lib. VIII, qui in editis et in veteri codice Corbeiens. habet *Cotopitas*, et in alio Corb. MS. *Contopitas*? An denique castigaudus hic locus ex Hieronymo adversus Luciferian. ubi editi aliqui, *Campitas*, alii habent *Campates*, haud facile dixerimus.
(*b*) Sic Bad. Am. Er. et MSS. At. Lov. habet, *spes fidelibus*.
(*c*) Sic restituimus ad Gestorum exemplum relatum in lib. III. cont. Crescon. c. XXIX. Nempe hic in editis legebatur, *Numacium Felicem Flavium procuratorem*, et in plerisque MSS. *Munatium*, sive *Mannatium Felicem Flavium per procuratorem*. error profectus ex notis F. PP. Gesta illa confecta fuerunt anno 303.

ment cachés, entre autres une lampe et une boîte d'argent. Vous pouvez ajouter qu'un certain Victor lui dit : « Vous en seriez mort, si vous ne les aviez pas trouvées. » C'est ce même Sylvain, traditeur manifeste d'objets sacrés, que votre prêtre donatiste exalte tant dans la lettre qu'il vous a écrite, qui fut ordonné évêque par Secundus, évêque et primat de Tigisis. Qu'ils fassent donc taire l'orgueil de leur langue, et que dans leur délire ils n'accusent pas les autres de crimes dont eux seuls sont coupables. Rappelez-lui, s'il y consent, les actes ecclésiastiques de ce même Secundus, évêque de Tigisis, dans l'assemblée tenue chez Urbain Donat, où il remit au jugement de Dieu les traditeurs qui avaient avoué leur crime, Donat, évêque de Masculi; Marin, évêque des Eaux de Tibilis; Donat, évêque de Calame, tous traditeurs ayant confessé leur sacrilége, et qui l'assistèrent dans l'ordination de Sylvain, traditeur comme eux, et coupable du même crime. Citez encore à votre donatiste les actes de ce qui se passa devant Zénophile, personnage consulaire, où un diacre nommé Nundinarius, irrité contre Sylvain qui l'avait excommunié, dévoila tous ces faits en justice et les prouva par des documents authentiques, par les réponses des témoins, par la production des actes et d'un grand nombre de lettres.

5. Vous pourriez lui citer encore bien d'autres choses, s'il voulait les entendre avec un esprit de sagesse et non de subtilité. Vous lui rappelleriez les requêtes des Donatistes à Constantin, pour le prier d'envoyer, des Gaules, des évêques chargés de juger et terminer les différends des évêques d'Afrique; les lettres de cet empereur, où il annonce l'envoi d'autres évêques à Rome; ce qui se passa dans cette ville, où la cause fut connue et discutée par les évêques qu'il avait envoyés; d'autres lettres encore où cet empereur déclare que les évêques donatistes s'étaient plaints à lui du jugement de leurs collègues, c'est-à-dire des évêques qu'il avait envoyés à Rome; les lettres où il voulut que d'autres évêques fussent envoyés à Arles; celles constatant que les Donatistes en avaient appelé à lui du jugement de ces évêques, et qu'il avait lui-même examiné la cause et jugé entre les parties; enfin celles où il témoigne son indignation contre les accusations dont l'innocence de Cécilien a triomphé. Si votre prêtre donatiste le veut, qu'il entende

---

Felicem Flaminem perpetuum curatorem tunc ejusdem civitatis vestræ, Diocletiano octavum, et Maximiano septimum consulibus, undecimo Kalendas Junias, quibus liquido constitit ita Paulum episcopum tradidisse, ut Silvanus tunc ejus subdiaconus fuerit, et cum illo tradiderit proferens instrumenta Dominica, etiam quæ diligenter fuerant occultata, capitulatam argenteam; et lucernam argenteam, ita ut ei diceret Victor quidam; Mortuus fueras, si non illas invenisses. (*a*) Hunc iste Silvanum, manifestissimum traditorem, pro magno commemorat in epistola, quam tibi scribit, a Secundo Tigisitano primæ sedis episcopo episcopum tunc ordinatum. Quiescat ergo superba eorum lingua, et cognoscat crimina sua, ne delirans loquatur aliena. Recita illi etiam, si volueri, Gesta ecclesiastica ejusdem Secundi Tigisitani in domo (*b*) Urbani Donati habita, ubi confessos traditores judici Deo dimisit, Donatum Masculitanum, Marinum ab Aquis Tibilitanis, Donatum Calamensem, cum quibus confessis traditoribus memoratum traditorem Silvanum eis ordinavit episcopum. Recita illi Gesta apud Zenophilum consularem, ubi Nundinarius quidam diaconus iratus Sylvano, quod ab eo fuerit excommunicatus, hæc omnia judiciis prodidit, quæ certis documentis et responsionibus testium, et recitatione Gestorum, et multarum epistolarum, luce clarius constiterunt.

5. Multa sunt alia quæ illi recitas, si non contentiose agere, sed prudenter audire voluerit : preces Donatistarum ad Constantinum, ut propter ipsam caussam inter Afros episcopos dirimendam judices ex Gallia episcopos mitteret. Litteras etiam ejusdem Imperatoris, ubi episcopos misit ad urbem Romam. Gesta quoque in urbe Roma, ubi ab episcopis quos ille miserat, caussa cognita atque discussa est. Itemque alias litteras, ubi declarat memoratus Imperator eos apud se de collegarum suorum judicio, id est episcoporum, quos ad urbem Romam miserat, fuisse conquestos : ubi etiam alios episcopos voluit apud Arelatum judicare : ubi isti et ab ipsorum judicio ad eumdem Imperatorem appellaverunt : ubi postremo caussam inter partes ipse cognovit : ubi eos vehementissime detestatur innocentia Cæ-

---

(*a*) Editi, *Quem iste Silvanus... in epistola qua scribit* etc. Castigavimus ope MSS. ex quibus liquet pronomen, *iste*, referri ad Presbyterum, cujus hic epistola refutatur.

(*b*) Apud Optatum in lib. I, habetur, *in domo Urbani Carisi, quia*, ut ait, *basilicæ needum fuerant restitutæ*.

toutes ces choses ; alors il gardera le silence et ne tendra plus des piéges à la vérité.

CHAPITRE III. — 6. Du reste, nous nous appuyons moins, pour soutenir notre cause, sur tous ces témoignages, que sur les saintes Ecritures où l'héritage de Jésus-Christ a été promis à toutes les nations de la terre. C'est en vain que les Donatistes qui s'en sont séparés par un schisme sacrilége, lancent contre cet héritage leurs fausses accusations, qui sont comme la paille de la moisson du Seigneur, qui doit rester mêlée au bon grain, jusqu'au jour du dernier jugement, où l'aire sera entièrement vannée. Tous ces crimes vrais ou faux ne regardent donc nullement le froment du Seigneur qui doit croître dans tout le champ, c'est-à-dire dans le monde entier, jusqu'à la fin des siècles. Ce n'est pas le faux ange de votre donatiste qui parle ainsi, c'est Jésus-Christ lui-même dans son Evangile (*Matt.*, XIII, 30). Mais Dieu a justement puni ces malheureux Donatistes accusant de crimes imaginaires des chrétiens innocents qui, sur toute la terre, sont mêlés aux mauvais chrétiens, comme la paille et l'ivraie le sont au bon grain du Seigneur. Dieu, dis-je, les a justement punis, en permettant qu'ils fussent obligés de condamner, dans leur concile universel, les Maximianistes schismatiques parmi eux à Carthage, ces Maximianistes qui non-seulement avaient condamné Primien, mais qui avaient encore baptisé hors de la communion de Primien et rebaptisé ceux que Primien avait déjà baptisés. Dieu leur a donc infligé un double châtiment en permettant qu'après avoir condamné les Maximianistes, ils aient été obligés par Optat le Gildonien (1) de reconnaître comme évêques un Félicien, évêque de Musti ; un Prétextat, évêque d'Assuri, quoiqu'ils les eussent condamnés, et de les recevoir dans leur communion avec tous ceux que ces deux évêques avaient baptisés. S'ils ne se croient pas souillés par ceux qu'ils ont condamnés de leur propre bouche, comme scélérats et sacriléges, et qu'ils ont comparés aux schismatiques de l'Ancien Testament que la terre a engloutis tout vivants : s'ils communiquent avec eux, après les avoir reçus de nouveau avec gloire et honneur dans leur communion, qu'ils ouvrent donc enfin les yeux ; qu'ils reconnaissent leur aveuglement et leur folie, de dire que l'univers entier est souillé par les crimes inconnus de quelques

---

(1) Voyez sur cet Optat la note de la lettre 21 et celle qui se lit ici dans le latin.

---

ciliani fuisse superatos. Quæ si voluerit, audiet, et tacebit, et desinet insidiari veritati.

CAPUT III. — 6. Quamquam nos non tam de istis documentis præsumamus, quam de Scripturis sanctis, ubi hereditas Christi usque ad terminos terræ promissa est in omnibus gentibus: unde isti nefario schismate separati, jactant crimina in paleam messis Dominicæ; quæ necesse est usque ad finem permixta toleretur, donec ultimo judicio tota area ventiletur. Unde manifestum est ista crimina seu vera seu falsa non pertinere ad frumenta Dominica, quæ per totum agrum, id est istum mundum, usque in finem sæculi oportet crescere, sicut non falsus angelus in hujus errore, sed Dominus in Evangelio loquitur (*Matt.*, XIII, 30). Ideoque in Christianos innocentes, qui per totum orbem malis Christianis tamquam paleæ suæ vel zizaniis permixti sunt, multa falsa crimina et vana jactantibus his miseris Donatistis merito Deus reddidit, ut Maximianistas apud Carthaginem schismaticos suos Primiani damnatores, extra Primianum baptizatores, post Primianum rebaptizatores universali concilio suo damnarent: ut ex eorum numero post non parvum tempus quosdam in honoribus episcopatus sui, Felicianum Mustitanum et Prætextatum Assuritanum cogente Optato (*a*) Gildoniano susciperent, cum omnibus, quos damnati extra baptizaverant. Quod si ab eis, quos ore proprio tamquam sceleratos et sacrilegos damnaverunt, et quos illis primis schismaticis, quos vivos terra obruit, compararunt, non maculantur, cum eis rursus in honore suo receptis communicant : evigilent aliquando, cogitent quanta cæcitate, et quanta insania dicant, orbem terrarum ignotis Afrorum criminibus esse maculatum, et hereditatem Christi, quæ promissa exhibita est in omnibus gentibus, peccatis Afrorum per contagionem communicationis fuisse deletam : quando se noluut deletos et maculatos videri, dum eis com-

---

(*a*) Optatus, cui Gildoniano cognomen, ex eo quod cum Gildone Comite tyrannidem in Africa exerceret, episcopus fuit Donatista Gaudentii Thamugadensis decessor ex lib. I, cont. Gaudent. c. XXXVIII. unde Augustinus in lib. II, adversus epist. Parmen. c. II. Donatistis exprobrat : *Optatum Gildonianum decennalem totius Africæ gemitum*, (scilicet ab an. 388 ad 398. quo de satellitio Gildonis accusatus, in carcere exstinctus est, ex lib. II. cont. lit. Petil. c. XCII), *tamquam sacerdotem atque collegam honorantes, in communione tenuerunt.*

Africains, et que l'héritage du Christ promis à toutes les nations a été anéanti par les péchés des Africains et par la contagion de toute communion avec eux, tandis qu'ils ne veulent pas se regarder eux-même comme anéantis, et souillés par le contact de ceux dont ils ont condamné les crimes connus et avérés.

7. C'est pourquoi si l'apôtre Paul dit que Satan se transforme en ange de lumière (II *Corinth.*, XI, 14), il n'est pas étonnant que ses ministres se transforment en ministres de la justice. Si donc ce prêtre qui vous a écrit à vu cet ange, messager de mensonge et d'erreur, voulant séparer des chrétiens de l'unité catholique, c'est Satan qui lui est apparu sous la forme d'un ange de lumière. Si, au contraire, il vous a trompé et n'a rien vu de semblable, il est lui-même un ministre de Satan, se transformant en ministre de la justice. Et cependant, si considérant ces choses, il veut renoncer à toute perversité et à toute opiniâtreté, il pourra se délivrer de sa propre erreur et du crime d'avoir voulu y entraîner les autres.

Si Fortunat et Alype se sont réunis à moi pour vous écrire ces choses, c'est sans haine personnelle contre lui, et en conservant à son égard les sentiments avec lesquels l'Apôtre nous dit : « Il ne faut pas qu'un serviteur du Seigneur dispute, mais il doit être modéré envers tout le monde, capable d'instruire, patient, reprenant avec douceur ceux qui pensent autrement qu'ils ne devraient penser, dans l'espérance que Dieu, pour leur faire connaître la vérité, leur donnera un jour l'esprit de pénitence; et qu'ainsi ils sortiront des piéges du démon, qui les tient captifs, pour en faire ce qu'il lui plaît (II *Tim.*, II, 24)? »

S'il nous est échappé quelques paroles trop sévères, qu'il ne les attribue pas à l'amertume de le voir séparé de nous, mais au désir charitable de le ramener à la vérité. Vivez sain et sauf en Jésus-Christ, très-cher et honorable frère.

AU SUJET DES DEUX LETTRES SUIVANTES

On lit dans les *Retractations* de saint Augustin, livre II, chapitre XX.

Les deux livres intitulés : *Réponse aux questions de Janvier*, contiennent beaucoup de choses sur les sacrements, les unes que l'Eglise observe généralement, les autres qui ne sont que locales, c'est-à-dire qui ne sont pas pratiquées partout de la même manière. On n'a pas pu les mentionner toutes, mais celles que nous rapportons suffisent pour répondre aux questions proposées.

Le premier livre n'est autre chose qu'une lettre, puisqu'on y voit en tête les noms de celui qui l'écrit et de celui à qui elle est adressée. Mais ce qui me porte à mettre cet ouvrage

municant, quorum crimina cognita judicarunt.
7. Quapropter cum Paulus apostolus iterum dicat, quia ipse Satanas transfigurat se in angelum lucis (II *Cor.*, XI, 14): unde non esse mirum, si ministri ejus transfigurant se sicut ministros justitiæ : si vere iste aliquem angelum vidit erroris nuntium, et de unitate catholica Christianos separare cupientem, ipse passus est angelum Satanæ transfigurantem se velut angelum lucis. Si autem mentitur, et nihil tale vidit, ipse est minister Satanæ, transfigurans se velut ministrum justitiæ. Et tamen ista omnia considerans, si nimium perversus et pertinax esse noluerit, poterit ab omni vel aliena vel sua seductione liberari. Nos enim per occasionem tuam sine aliquo odio convenimus, hoc circa cum servantes quod Apostolus dicit; « Servum autem Domini litigare non oportet, sed mitem esse ad omnes, docibilem, patientem, in modestia corripientem diversa sentientes; ne forte det illis Deus pœnitentiam ad cognoscendam veritatem, et resipiscant de diaboli laqueis, captivati ab ipso in ipsius voluntatem (II *Tim.*, II, 24). » Si ergo aliquid aspere diximus, non ad amaritudinem dissensionis, sed ad correctionem dilectionis valere cognoscat. Incolumis vivas in Christo dilectissime et honorabilis frater.

DE DUABUS EPISTOLIS PROXIME SEQUENTIBUS
LIB. II RETRACT. CAPUT XX

Libri duo, quorum est titulus, *Ad inquisitiones Januarii* multa de sacramentis continent disputata, sive quæ universaliter, sive quæ partiliter, id est non peræque in omnibus locis observat Ecclesia, nec tamen commemorari omnia potuerunt, sed satis ad inquisita responsum est: quorum librorum prior, epistola est, habet quippe in capite quis ad quem scribat; sed ideo inter libros annumeratur hoc opus, quoniam sequens qui nomina nostra non habet, multo est prolixior, et in eo multo plura

au nombre de mes livres, c'est que la seconde partie qui ne porte aucun nom, est beaucoup plus étendue et traite de beaucoup plus de choses. Dans le premier livre, j'ai dit, en parlant de la manne, que chacun y trouvait, « selon sa volonté, le goût qui plaisait le plus à sa bouche (chap. III), » ce qu'on ne peut prouver que par le livre de la Sagesse (*Sag.*, XVI, 20), que les juifs ne reconnaissent pas comme une autorité canonique. Mais ma pensée ne s'appliquait qu'aux juifs restés fidèles, et non à ceux qui murmuraient contre Dieu, car ils n'auraient pas certainement demandé d'autre nourriture, si la manne avait eu pour eux le goût qu'ils auraient voulu. L'ouvrage commence par ces mots : « Avant de répondre à vos questions. »

tractantur. In primo igitur quod de manna dixi, « quia unicuique secundum propriam voluntatem in ore sapiebat (*Cap.*, III), » non mihi occurrit unde possit probari, nisi ex libro Sapientiæ, (*Sap.*, XVI, 20), quem Judæi non recipiunt in auctoritatem canonicam; quod tamen fidelibus potuit provenire, non illis adversus Deum murmuratoribus, qui profecto alias escas non desiderarent, si hoc eis saperet manna quod vellent. Hoc opus sic incipit : « Ad ea quæ me interrogasti. »

RÉPONSE AUX QUESTIONS PROPOSÉES PAR JANVIER.

LIVRE PREMIER.

LETTRE LIV [1]

Saint Augustin répond à Janvier et lui enseigne la manière de se conduire dans les choses dont la pratique n'est pas uniforme dans tous les pays et dans toutes les églises, et celles pour lesquelles toutes les églises sont d'accord, c'est-à-dire, sur les sacrements, les jours de fêtes, le jeûne, l'Eucharistie.

A SON TRÈS-CHER FILS JANVIER (2), AUGUSTIN, SALUT DANS LE SEIGNEUR.

CHAPITRE PREMIER. — Avant de répondre à vos questions, j'aimerais connaître d'abord ce que vous y répondriez vous-même, si elles vous étaient proposées, si on vous les avait soumises. En approuvant ou en rectifiant vos réponses, j'aurais pu abréger les miennes, et il m'eût été plus facile de vous confirmer ou de vous reprendre dans vos opinions. Voilà,

[1] Écrite l'an 400. — Cette lettre était la 118e dans les éditions antérieures à l'édition des Bénédictins, et celle qui était la 54e se trouve maintenant la 153e.
[2] On sait seulement au sujet de ce personnage, qu'il faisait profession de piété ; il avait prié saint Augustin de lui indiquer comment il devait se conduire dans certaines circonstances où les usages de toutes les églises n'étaient pas toujours uniformes. Les réponses de saint Augustin auxquelles le droit canon a fait de nombreux emprunts, donnent des détails intéressants sur l'ancienne discipline.

AD INQUISITIONES JANUARII
LIBER PRIMUS

EPISTOLA LIV.

Augustinus Januario respondet, docens quid agendum sit in iis, in quibus regionum aut ecclesiarum consuetudines variant, et in quibus consentiunt ; puta de sacramentis, festis diebus, jejunio et Eucharistia.

DILECTISSIMO FILIO (*a*) JANUARIO AUGUSTINUS IN DOMINO SALUTEM.

CAPUT I. — 1. Ad ea quæ me interrogasti, mallem prius nosse quid interrogatus ipse (*b*) res-

(*a*) In MS. Florincensi inscribitur, *ad Januarium Notarium*, cui suffragatur unus e Sorbonicis.
(*b*) Aliquot MSS. *responderis*. et paulo post, *confirmarem aut corrigerem*.

T. IV.

comme je vous l'ait dit, ce que j'aurais préféré; mais puisque maintenant je dois vous répondre, j'aime mieux vous faire un long discours que de vous faire attendre. Il faut d'abord que vous reteniez comme point principal de cette discussion, que Notre Seigneur Jésus-Christ, comme il le dit dans son Evangile, nous a imposé à un joug fort doux un fardeau léger (*Matt.* XI, 30). En effet, il a lié entre eux les membres de son nouveau peuple par des sacrements dont le nombre est fort petit, mais dont l'observation est facile et la signification merveilleuse, tels que le baptême donné au nom de la sainte Trinité, la communion de son corps et de son sang, et ce qui nous est encore recommandé dans les Ecritures canoniques. J'en excepte les prescriptions contenues dans les cinq livres de Moïse, qui pesaient sur le peuple de l'ancienne alliance, à cause de son état de servitude, et qui convenaient aux dispositions de son cœur et des temps prophétiques où il vivait. Quant à celles qui n'ont pas été écrites, que nous conservons par tradition, et qui sont observées par toute la terre, nous devons croire qu'elles ont été recommandées et établies ou par les apôtres, ou par les conciles généraux dont l'autorité est si utile au salut de l'Eglise. Ce sont, la passion de Notre Seigneur, sa résurrection, son ascension, la descente du Saint-Esprit et autres choses semblables solennellement célébrées chaque année et généralement observées dans toute l'Eglise.

CHAPITRE II. — Il y a aussi des choses qui varient selon les localités : ainsi les uns jeûnent le samedi, les autres ne jeûnent pas ; les uns reçoivent tous les jours le corps et le sang du Seigneur, les autres à certains jours seulement. Dans quelques lieux, on offre quotidiennement le saint sacrifice, dans d'autres on ne l'offre que le samedi et le dimanche ; ailleurs aussi on l'offre seulement le dimanche. L'observation de toutes ces choses est laissée à la liberté de chacun. La règle à suivre par un chrétien sage et prudent, est de se conformer en cela à ce qui se fait dans l'église où il se trouve ; car ce qui n'est ni contre la foi, ni contre les bonnes mœurs, doit être regardé comme indifférent, et observé avec les égards que l'on doit à ceux au milieu desquels on vit.

CHAPITRE III. — Je crois vous avoir déjà dit, cependant je vous le répète, que ma mère qui m'avait suivi à Milan, vit qu'on ne jeûnait pas le samedi dans cette église : elle en fut

---

ponderes : ita enim vel approbando vel emendando responsiones tuas multo brevius possem respondere, et te facillime aut confirmare aut corrigere. Hoc quidem, ut dixi, mallem. Sed tamen ut nunc responderem, malui longiorem facere sermonem, quam dilationem. Primo itaque tenere te volo, quod ex hujus disputationis caput, Dominum nostrum Jesum Christum, sicut ipse in Evangelio loquitur, leni jugo suo nos subdidisse et sarcinæ levi (*Matth.*, XI, 30): unde sacramentis numero paucissimis, observatione facillimis, significatione præstantissimis, societatem novi populi colligavit, sicuti est baptismus Trinitatis nomine consecratus, communicatio corporis et sanguinis ipsius, et si quid aliud in Scripturis canonicis commendatur, exceptis iis quæ servitutem populi Veteris pro congruentia cordis illorum et Prophetici temporis onerabant, quæ et in quinque libris Moysi leguntur. Illa autem quæ non scripta, sed tradita custodimus, quæ quidem toto terrarum orbe servantur, datur intelligi vel ab ipsis Apostolis, vel plenariis Conciliis, quorum est in Ecclesia saluberrima auctoritas, commendata atque statuta retineri, sicuti quod Domini passio et resurrectio et adscensio in cælum, et adventus de cælo Spiritus-sancti, anniversaria solemnitate celebrantur, et si quid aliud tale occurrit quod servatur ab universa, quacumque se diffundit, Ecclesia.

CAPUT II. — Alia vero quæ per loca terrarum regionesque variantur, sicuti est quod alii jejunant sabbato, alii non : alii quotidie communicant corpori et sanguini Domini, alii certis diebus accipiunt : alibi nullus dies prætermittitur, quo non offeratur, alibi sabbato tantum et Dominico, alibi tantum Dominico : et si quid aliud hujusmodi animadverti potest, totum hoc genus rerum liberas habet observationes : nec disciplina ulla est in his melior gravi prudentique Christiano, quam ut eo modo agat, quo agere viderit ecclesiam ad quam forte devenerit. Quod enim neque contra fidem, neque contra bonos mores (*a*) esse convincitur, indifferenter est habendum, et propter eorum inter quos vivitur societatem servandum est.

3. Credo te aliquando ex me audisse, sed tamen

(*a*) Sic MSS. plerique. At editi, *contra bonos mores injungitur.*

troublée et était incertaine sur ce qu'elle devait faire. Comme je me souciais alors fort peu de telles choses, je consultai à cet égard, pour la tranquillité de ma mère, Ambroise, cet homme de sainte et heureuse mémoire. Il me répondit qu'il ne pouvait rien conseiller à ce sujet, si ce n'est ce qu'il faisait lui-même, ajoutant que s'il connaissait quelque chose de mieux, il l'observerait de préférence. Comme il ne me donnait aucune raison de ce qu'il venait de dire, je crus que c'était de sa seule autorité qu'il avait voulu nous avertir de ne pas jeûner le samedi; mais, reprenant la parole, il ajouta : « Lorsque je vais à Rome, je jeûne le samedi ; lorsque je suis ici, je ne jeûne pas. Faites de même, et dans quelque église que vous vous trouviez, observez ce qui s'y pratique, si vous ne voulez pas scandaliser les autres, ni être scandalisé vous-même. » Je rapportai ces paroles à ma mère qui s'y rendit sans hésiter. En repassant souvent dans mon esprit le conseil du saint évêque, je m'y suis toujours tenu, comme à un oracle reçu du ciel. J'ai bien souvent gémi, en voyant le trouble jeté dans la conscience des faibles par les controverses opiniâtres, ou la timidité superstitieuse de quelques-uns de nos frères, qui dans de pareilles questions ne pouvant rien conclure de certain ni d'après l'autorité des saintes Ecritures, ni d'après la tradition de l'Eglise universelle, ni d'après l'utilité qu'on peut en retirer pour sanctifier sa vie, s'appuient, les uns sur la vaine raison que c'est une coutume de leur pays ; les autres qu'ils l'ont vue ailleurs, et se croient d'autant plus savants, que la pérégrination a été plus longue et plus lointaine. Ils soulèvent ainsi des questions sans fin, et ne trouvent bon que ce qu'ils pratiquent eux-mêmes.

CHAPITRE III. — 4. Quelqu'un dira qu'il ne faut pas recevoir l'Eucharistie tous les jours, Demandez-lui pourquoi; il vous répondra qu'il faut choisir à cet effet tous les jours où l'on vit avec plus de pureté et de retenue, pour s'approcher dignement d'un si grand sacrement, car, dit l'Apôtre, « celui qui mange ce pain indignement, mange et boit sa propre condamnation (I *Cor.*, XI, 29). » Un autre, au contraire dira : « Si la grandeur du péché et la violence de la maladie de l'âme sont telles qu'il faille différer d'y appliquer les saints remèdes de la communion, on doit être, par l'autorité de l'évêque, éloigné de l'autel et n'y être rappelé que par la même autorité ; car c'est recevoir indignement l'Eucharistie, que de la recevoir dans le temps où l'on doit faire pénitence. Il ne dépend pas

etiam nunc commemoro. Mater mea Mediolanum me consecuta, invenit ecclesiam sabbato non jejunantem, cœperat perturbari et fluctuare quid ageret : cum ego talia non curabam, sed propter ipsam consului de hac re beatissimæ memoriæ virum Ambrosium : respondit mihi nihil se docere me posse, nisi quod ipse faceret, quia si melius nosset, id potius observaret. Cumque ego putassem, nulla reddita ratione auctoritate sola sua nos noluisse admonere ne sabbato jejunaremus, subsecutus est, et ait mihi. « Cum Romam venio, jejuno sabbato : cum hic sum, non jejuno. Sic etiam tu, ad quam forte Ecclesiam veneris, ejus morem serva, si cuiquam non vis esse scandalo, nec quemquam tibi. » Hoc cum matri renuntiassem, libenter amplexa est. Ego vero de hac sententia etiam atque etiam cogitans, ita semper habui, tamquam eam cœlesti oraculo acceperim. Sensi enim sæpe dolens et gemens multas infirmorum perturbationes fieri, per quorumdam fratrum contentiosam obstinationem, vel superstitiosam timiditatem, qui in rebus hujusmodi, quæ neque Scripturæ sanctæ auctoritate, neque universalis Ecclesiæ traditione, neque vitæ corrigendæ utilitate, ad certum possunt terminum pervenire (tantum quia subest qualiscumque ratiocinatio cogitantis, aut quia in sua patria sic ipse consuevit, aut quia ibi vidit, ubi peregrinationem suam quo remotiorem a suis, eo doctiorem factam putat) tam litigiosas excitant quæstiones, ut nisi quod ipsi faciunt, nihil rectum existiment.

CAPUT III. — 4. Dixerit aliquis non quotidie accipiendam Eucharistiam, quœsieris quare ? Quoniam, inquit, eligendi sunt dies quibus purius homo continentiusque (a) vivit, quo ad tantum sacramentum dignus accedat. « Qui enim manducaverit indigne, judicium sibi manducat et bibit (I *Cor.*, XI, 29). » Alius contra : Immo, inquit, si tanta est plaga peccati, atque impetus morbi ut medicamenta talia differenda sint, auctoritate Antistitis debet quisque ab altario removeri ad agendam pœnitentiam, et eadem auctoritate reconciliari. Hoc est enim indigne accipere, si eo tempore

(a) Lov. *vivat*; et mox, *dignius accedat*. At nostram lectionem præferunt antiquiores editiones, et MSS.

de chacun de s'éloigner ou de se rapprocher à son gré de la communion. Du reste, si les péchés ne sont pas assez grands pour qu'on mérite l'excommunication, le corps du Seigneur est un remède auquel il faut recourir chaque jour. Peut-être est-ce avec raison que, pour terminer le débat, un troisième dira : que chacun reste dans la paix du Christ, et fasse ce qu'il croit devoir faire selon sa foi et sa piété. Personne d'entre eux, en effet, ne profane le corps et le sang du Seigneur, et tous, au contraire, s'efforcent à l'envi d'honorer ce sacrement si salutaire. Il n'y eut entre Zachée et le centurion ni esprit de contestation, ni désir de se préférer l'un à l'autre, lorsque le premier reçut avec joie le Seigneur dans sa maison (*Luc*, XIX, 6), et que le second lui dit : « Seigneur, je ne suis pas digne que vous entriez dans ma demeure (*Matt.*, VIII, 8). » Tous les deux, quoique d'une manière différente, honoraient le Seigneur ; tous les deux étaient de misérables pécheurs ; tous les deux obtinrent miséricorde. De même que dans l'ancien peuple la manne avait dans la bouche de chacun la saveur qu'il lui plaisait d'y trouver de même le sacrement de l'Eucharistie par lequel le monde a été vaincu, a dans le cœur de chaque chrétien une saveur différente. En effet, l'un, par honneur pour ce sacrement, n'ose s'en approcher chaque jour ; l'autre, pour l'honorer également, ne peut laisser passer aucun jour sans le recevoir. Seulement cette nourriture divine ne souffre pas le mépris du chrétien, comme la manne ne souffrait pas le dégoût des Juifs. C'est ce qui fait dire à l'Apôtre que ce sacrement est indignement reçu par ceux qui ne savent pas le distinguer des autres nourritures, ni l'honorer avec la vénération qui lui est due ; car, après avoir dit : « Celui-là mange et boit sa propre condamnation, il ajoute : « en ne discernant pas le corps du Seigneur (I *Corint.*, XI, 22). » C'est ce qu'il est facile de voir en lisant attentivement ce passage de la première épître aux Corinthiens.

CHAPITRE IV. — 5. Qu'un étranger se trouve par hasard dans quelque pays où les fidèles observateurs du carême ne se baignent point et ne rompent pas le jeûne le jeudi. Je ne jeûne pas, dira sans doute cet étranger. Si on lui en demande la raison, il répondra : ce n'est pas l'habitude dans ma patrie. Que fait-il alors, si ce n'est de préférer ses habitudes à

accipiat, quo debet agere pænitentiam ; non ut arbitrio suo, cum libet, vel auferat se communioni, vel reddat. Ceterum peccata si tanta non sunt, ut excommunicandus quisquam homo judicetur, non se debet a quotidiana medicina Dominici corporis separare. Rectius inter eos fortasse quispiam dirimit litem, qui monet ut præcipue in Christi pace permaneant : faciat autem unusquisque quod secundum fidem suam pie credit esse faciendum. Neuter enim eorum exhonorat corpus et sanguinem Domini, sed saluberrimum sacramentum certatim honorare contendunt. Neque enim litigaverunt inter se, aut quisquam eorum se alteri præposuit, Zachæus et ille Centurio, cum alter eorum gaudens in domum suam susceperit Dominum (*Luc.*, XIX, 6), alter dixerit ; « Non sum dignus ut intres sub tectum meum (*Matth.*, VIII, 8) : » ambo Salvatorem honorificantes diverso et quasi contrario modo : ambo peccatis miseri, ambo misericordiam consecuti. Valet etiam ad hanc similitudinem quod in primo populo unicuique manna secundum propriam voluntatem in ore sapiebat, sic (*a*) uniuscujusque in corde Christiani sacramentum illud, quo subjugatus est mundus (II *Retract.*, c. XX). Nam et ille honorando non audet quotidie sumere, et ille honorando non audet ullo die prætermittere. Contemptum solum non vult cibus iste, sicut nec manna fastidium. Inde enim et Apostolus indigne dicit acceptum ab eis, qui hoc non discernebant a ceteris cibis veneratione singulariter debita. Continuo quippe cum dixisset, « Judicium sibi manducat et bibit ; addidit ut diceret, non dijudicans corpus Domini (I *Cor.*, II, 29) : » quod satis toto ipso loco in epistola ad Corinthios prima, si diligenter adtendatur, apparet.

CAPUT IV. — 5. Sit aliquis peregrinus in eo forte loco, ubi perseverantes in observatione Quadragesimæ, nec quinta sabbati (*b*) lavant, relaxantve jejunium : Non, inquit, hodie jejunabo. Quæritur caussa : Quia non fit, inquit, in patria mea. Quid aliud ille, nisi consuetudinem suam consuetudini alterius præponere conatur ? Non

---

(*a*) Sic MSS. quatuor. At excusi, *sic in ore cujusque Christiani* et prosequuntur, *sacramentum illud quomodo sumatur æstimandum* ; exceptis Bad. et Am. qui habent, *quo subjugatus æstimandus*. ubi in MSS. omnibus et Vaticanis et Gallicanis legitur, *quo subjugatus est mundus.* hanc lectionem confirmat Beda vulgatus I *Cor.* II.
(*b*) Lov. *levant*. sed melius Bad. Am. Er. et MSS *lavant*.

celles des autres. Il ne pourra certainement pas me dire qu'il s'appuie en cela sur les saintes Ecritures, ni sur l'autorité de l'Eglise universelle. Il ne me prouvera pas non plus que ceux qui jeûnent le samedi agissent contre la foi, et que lui agit selon la foi ; que les autres sont les violateurs des bonnes mœurs, et que lui en est le gardien fidèle. On viole, au contraire, le repos et la paix en agitant des questions aussi inutiles. J'aimerais bien mieux qu'en pareil cas, si l'un était dans le pays de celui-ci, et celui-ci dans le pays de l'autre, ils se conformassent aux pratiques qu'ils y trouvent établies. Si un chrétien voyageant dans un pays étranger où le peuple de Dieu est plus nombreux et plus fervent voit, par exemple, le saint sacrifice offert deux fois le matin et le soir, le jeudi de la dernière semaine du carême, et que, de retour dans sa patrie, où l'habitude est de l'offrir seulement à la fin du jour, il prétende que cela est mal et illicite, parce qu'il a vu faire autrement ailleurs, ce serait là une puérilité dont nous devons nous garder, mais qu'il faut tolérer dans les autres, et corriger ceux qui sont avec nous.

CHAPITRE V. — 6. Voyez auquel de ces trois genres appartient la première question que vous m'avez posée, et qui est conçue en ces termes : « Que faut-il faire le jeudi de la dernière semaine du carême ? Faut-il offrir le sacrifice le matin, et une seconde fois après le souper parce qu'il est écrit : « Après le souper, Jésus-Christ prit le pain, le rompit, » ou faut-il jeûner, et offrir le sacrifice seulement après le souper ? ou bien jeûner, et souper après l'oblation, comme nous avons coutume de le faire ? » A cela je réponds ; « Si l'autorité des saintes Ecritures nous prescrit ce que nous devons faire, nous devons sans le moindre doute, nous conformer à ce que nous y lisons, nous aurons alors uniquement à examiner comment il faut interpréter le sacrement, et non comment il faut le célébrer. Il en sera de même à l'égard des pratiques que l'Eglise observe par toute la terre : mettre en question s'il faut ou ne faut pas les suivre, serait de la plus insigne folie. Mais ni l'un ni l'autre de ces point ne touchent à votre question. Reste donc ce qui concerne la divergence des usages qui varient selon les localités. En cela, chacun doit se conformer à ce qui se pratique dans l'Eglise où il se trouve, car cette variété locale ne porte atteinte ni à la foi ni aux mœurs qui, d'un côté comme de l'autre, ne sont point intéressées

enim mihi de libro Dei hoc recitaturus est, aut universæ quacumque dilatatur Ecclesiæ plena voce certabit, aut ostendet istum contra fidem facere se autem secundum fidem, moresque hinc optimos aut illum violare, aut se custodire convincet. Violant sane quietem et pacem suam de superflua quæstione rixando. Mallem tamen in rebus hujusmodi, ut et ille in hujus, et hic in illius patria ab eo quod ceteri faciunt non abhorreret. Si vero etiam in aliena patria cum peregrinaretur, ubi major et frequentior et ferventior est populus Dei, vidit, verbi gratia, bis offerri quinta sabbati hebdomadæ ultimæ quadragesimæ, et mane et ad vesperam, veniensque in patriam suam, ubi in fine diei mos est offerri, male atque illicite fieri contendat, quoniam alibi aliter ipse viderit, puerilis est iste sensus, cavendus in nobis, tolerandus (a) in aliis, corrigendus in nostris.

CAPUT V. — 6. Prima ergo inquisitio tua, quam in commonitorio posuisti, ex quo trium istorum generum sit, adtende. Quæris enim his verbis, « quid per quintam feriam ultimæ hebdomadis Quadragesimæ fieri debeat, an offerendum sit mane, et rursus post cœnam, propter illud quod dictum est, Similiter postquam cœnatum est : an jejunandum, et post cœnam tantummodo offerendum : an etiam jejunandum, et post oblationem, sicut facere solemus, cœnandum. » Ad hæc itaque respondeo, ut quid horum sit faciendum, si divinæ Scripturæ præscribit auctoritas, non sit dubitandum quin ita facere debeamus ut legimus, ut jam non quomodo faciendum est quomodo sacramentum intelligendum sit, disputemus. Similiter etiam si quid horum tota per orbem frequentat Ecclesia. Nam et hinc quin ita faciendum sit, disputare insolentissimæ insaniæ est. Sed neque hoc, neque illud inest in eo, quod tu quæris. Restat igitur ut de illo tertio genere sit, quod per loca regionesque variatur. Faciat ergo quisque quod in ea ecclesia in quam venit, invenerit. Non enim quidquam eorum contra fidem fit, aut contra mores, hinc vel inde meliores. His enim caussis, id est aut propter fidem, aut propter mores, vel emendari

(a) Am. Er. MSS. quatuor, *tolerandus et corrigendus in nostris*. Bad. et unus e Regiis codicibus habent, *tollendus et corrigendus in nostris*.

en cela. En pareil cas, on ne doit avoir en vue que la foi et les mœurs, soit en corrigeant ce qui était mauvais, soit en établissant ce qui n'existait pas encore. En effet, tout changement de coutumes, fût-il même utile, apporte toujours quelque trouble par sa nouveauté; c'est pourquoi tout changement qui n'est pas utile, par cela même qu'il apporte un trouble infructueux, est assurément nuisible.

7. Si dans beaucoup d'endroits on offre, le Jeudi-Saint, le saint sacrifice après le repas, il ne faut pas en conclure que ce soit d'après l'Évangile, où il est dit : « De même après la Cène, il prit le calice, le bénit et dit, etc., » car l'apôtre a pu appeler Cène la participation du corps de Jésus-Christ que les apôtres avaient déjà reçu, avant de recevoir le calice, car l'Évangile dit ailleurs : « Lors donc que vous vous assemblez comme vous faites, ce n'est plus manger la Cène du Seigneur (I *Corint.*, XI, 20); » et saint Paul donne ici à l'Eucharistie le nom de Cène du Seigneur.

CHAPITRE VI. — La seule chose qui puisse inquiéter, c'est de savoir si c'est après le repas de ce jour-là qu'il faut offrir ou recevoir l'Eucharistie, parce qu'il est dit dans l'Évangile : « Pendant que les apôtres mangeaient, le Seigneur prit le pain, le bénit (*Matth.*, XXVI, 26), » et plus haut : « Le soir étant venu, Jésus se mit à table avec ses douze disciples, et tandis qu'ils mangeaient, il leur dit : L'un de vous me trahira (*Ibid.*, XX), » après quoi il leur donna le sacrement. Il résulte donc clairement de ces paroles que les disciples n'étaient pas à jeun, lorsqu'ils reçurent pour la première fois le corps et le sang du Seigneur.

8. Mais faut-il pour cela calomnier l'Église universelle, parce qu'elle ne donne l'Eucharistie qu'à ceux qui sont à jeun. C'est le Saint-Esprit même qui a voulu qu'en l'honneur d'un si grand sacrement aucune autre nourriture n'entrât dans la bouche d'un chrétien avant le corps du Sauveur. C'est pourquoi cette coutume est observée dans le monde entier. Si Jésus-Christ a donné le sacrement à ses disciples après qu'ils eurent mangé, ce n'est pas une raison pour que les chrétiens se réunissent pour le recevoir après avoir dîné ou soupé, ou qu'ils le reçoivent au milieu de leur repas même, comme faisaient ceux que l'Apôtre blâme et reprend. Si le Seigneur a donné le sacrement à ses disciples après le repas, c'était, en accomplissant ce dernier acte devant eux, pour graver plus profondément la gran-

---

oportet quod perperam fiebat, vel institui quod non fiebat. Ipsa quippe mutatio consuetudinis, etiam quæ adjuvat utilitate, novitate perturbat. Qua propter quæ utilis non est, perturbatione infructuosa consequenter noxia est.

7. Nec ideo putari debet institutum esse multis locis, ut illo die post refectionem offerratur, quia scriptum est : « Identidem et calicem post cœnam dicens, » etc. Ipsam enim potuit appellare cœnam, qua jam corpus acceperant, ut deinde calicem acciperent. Apostolus namque alibi dicit, « Convenientibus ergo vobis in unum, non est Dominicam cœnam, manducare (I *Cor.*, XI, 20), » hanc ipsam acceptionem Eucharistiæ Dominicam cœnam vocans.

CAPUT VI. — Illud magis movere potuit homines, utrum jam refecti die illa vel offerrent vel sumerent Eucharistiam, quod in Evangelio dicitur; « Cum autem illi manducarent, accepit Jesus panem et benedixit (*Matt.*, XXVI, 26); » cum etiam superius dixisset; « Cum sero autem factum esset, recumbebat cum duodecim, et manducantibus eis dixit, Quoniam unus ex vobis tradet me (*Ibid.*, 20). » Postea enim tradidit sacramentum. Et liquido apparet, quando primum acceperunt discipuli corpus et sanguinem Domini, non eos accepisse jejunos.

8. Numquid tamen propterea calumniandum est universæ Ecclesiæ quod a jejunis semper accipitur? Ex hoc enim placuit Spiritui-sancto, ut in honorem tanti sacramenti in os Christiani prius Dominicum corpus intraret, quam (*a*) ceteri cibi. Nam ideo per universum orbem mos iste servatur. Neque enim quia post cibos dedit Dominus, propterea pransi aut cœnati fratres ad illud sacramentum accipiendum convenire debent, aut sicut faciebant quos Apostolus arguit et emendat, mensis suis ista miscere. Namque Salvator quo vehementius commendaret mysterii illius altitudinem, ultimum hoc voluit altius infigere cordibus et memoriæ discipulorum, a quibus ad passionem digressurus erat. Et ideo non præcepit quo deinceps ordine sumeretur, ut Apostolis, per quos ecclesias dispositurus erat, servaret hunc locum. Nam si hoc ille monuisset, ut post cibos alios semper acciperetur, credo quod eum

(*a*) Ita Lov. et MSS. At. Bad. Am. Er. *quam exteri sibi.*

deur de ce mystère dans le cœur et la mémoire de ceux dont il allait se séparer pour aller à sa passion. Il ne prescrivit pas de quelle manière il fallait par la suite recevoir l'Eucharistie. C'était un soin qu'il laissait à ses apôtres, par qui il devait établir les églises. Car il est à croire que si Jésus-Christ avait ordonné qu'on reçût ce sacrement après avoir mangé, personne n'aurait changé cette coutume. L'Apôtre dit bien, il est vrai, en parlant de ce sacrement : « C'est pourquoi, mes frères, lorsque vous vous réunissez pour manger, attendez-vous les uns les autres. Si quelqu'un est pressé par la faim, qu'il mange dans sa maison, afin que vous ne vous assembliez pas pour votre condamnation (1 *Corint.*, XI, 20), » mais il ajoute immédiatement : « Je règlerai le reste à mon arrivée parmi vous (*Ibid.*, 34). » On peut conclure de là que l'usage de jeûner avant la communion, uniformément observé sur toute la terre, a été prescrit par l'Apôtre, qui ne pouvait dans une lettre établir une règle pour l'Église universelle.

CHAPITRE VII. — 9. Quelques-uns croient, et non sans raison peut-être, qu'une fois l'année, le jour où le Seigneur donna la Cène à ses disciples, on peut offrir le sacrifice et recevoir le corps et le sang de Jésus-Christ, après le repas, pour honorer d'une manière plus expresse la commémoration de ce mystère. Je crois cependant que pour cela, il vaut mieux choisir la neuvième heure, pour que ceux qui ont jeûné puissent assister à l'oblation. Nous n'obligeons donc personne à manger avant la célébration de la Cène du Seigneur, mais nous n'osons pas non plus nous y opposer. Je crois toutefois que cet usage s'est introduit parce que généralement les fidèles ont coutume de se baigner le Jeudi-Saint ; mais comme plusieurs observent le jeûne ce jour-là, on offre le saint sacrifice le matin, en faveur de ceux qui, ne pouvant supporter le jeûne et le bain, se trouvent obligés de dîner, et on l'offre le soir en faveur de ceux qui jeûnent.

10. Si vous me demandez d'où provient la coutume de se baigner le jeudi saint, je n'aurais rien de positif à vous dire à cet égard, si ce n'est que ceux qui doivent être baptisés ce jour-là, ne pourraient pas décemment se présenter pour recevoir ce sacrement, sans s'être préalablement baignés, à cause de la malpropreté que leur a causée la rigoureuse observance du carême ; et alors ils choisissent de préférence, pour se purifier, le jour de l'anniversaire de la Cène de Notre Seigneur. Cette concession faite à ceux qui devaient recevoir le baptême, a engagé beaucoup d'autres à se laver comme eux, et à rompre ainsi leur jeûne. J'ai discuté aussi bien que je l'ai pu les questions que vous m'aviez proposées, mais je vous

---

morem nemo variasset. Cum vero ait Apostolus de hoc sacramento loquens; « Propter quod fratres cum convenitis ad manducandum, invicem, exspectate : Si quis esurit, domi manducet, ut non ad judicium conveniatis (1 *Cor.*, XI, 20) : » statim subtexuit ; « Cetera autem cum venero, ordinabo (*Ibid.*, 34). » Unde intelligi datur, (quia multum erat, ut in epistola totum illum agendi ordinem insinuaret, quem universa per orbem servat Ecclesia) ab ipso ordinatum esse quod nulla morum diversitate variatur.

CAPUT VII.—9. Sed nonnullos probabilis quædam ratio delectavit, ut uno certo die per annum, quo ipsam cœnam Dominus dedit, tamquam ad insigniorem commemorationem post cibos offerri et accipi liceat corpus et sanguinem Domini. Honestius autem arbitror ea hora fieri, ut qui etiam jejunaverit, post refectionem, quæ hora nona fit, ad oblationem possit occurrere. Quapropter neminem (*a*) cogimus ante Dominicam illam cœnam prandere, sed nulli etiam contradicere audemus. Hoc tamen non arbitror institutum, nisi quia plures et prope omnes in plerisque locis eo die lavare consueverunt. Et quia nonnulli etiam jejunium custodiunt, mane offertur propter prandentes, quia jejunia simul et lavacra tolerare non possunt ; ad vesperam vero propter jejunantes.

10. Si autem quæris, cur etiam lavandi mos ortus sit : nihil mihi de hac re cogitanti probabilius occurrit, nisi quia baptizandorum corpora per observationem quadragesimæ sordidata, cum offensione sensus ad fontem tractarentur, nisi aliqua die lavarentur. Istum autem diem potius ad hoc electum, quo cœna Dominica anniversarie celebratur. Et quia concessum est hoc baptismum accepturis, multi cum his lavare voluerunt, jejuniumque rela-

(*a*) MSS. aliquot, *neminem cogit dominica illa cœna prandere*. Bad. Am. et Er. *neminem cogimus dominica illa cœna prandere*.

exhorte à suivre et à pratiquer ce que je vous ai dit, autant que vous le pouvez, et comme il convient à l'esprit de paix et de prudence d'un enfant de l'Eglise. Plus tard et avec la grâce de Dieu, je répondrai aux choses pour lesquelles vous m'avez encore interrogé.

xare. His ut potui disputatis, moneo, ut ea quæ prælocutus sum serves quantum potes, ut decet Ecclesiæ prudentem ac pacificum filium. Alia quæ interrogasti, si Dominus voluerit, alio tempore expediam.

RÉPONSE AUX QUESTIONS DE JANVIER

LIVRE DEUXIÈME.

LETTRE LV [1]

Saint Augustin explique dans cette lettre quelles sont entre les pratiques qui s'observent dans l'Eglise, celles qu'il n'est pas permis de négliger, et celles qu'on pourrait réformer, sans tomber dans un plus grand inconvénient.

CHAPITRE PREMIER. — 1. Après avoir lu votre lettre où vous me demandez de m'acquitter de ma dette au sujet de la solution des autres questions que vous m'avez déjà depuis longtemps proposées, je n'ai pas voulu différer davantage de satisfaire votre studieux désir qui m'est aussi cher qu'agréable. Et bien qu'accablé d'une masse d'occupations, je regarde comme la plus importante celle de répondre à ce que vous me demandez, Je ne veux pas m'arrêter plus longtemps sur votre lettre, dans la crainte qu'elle ne m'empêche de vous payer ce que je vous dois.

2. Vous me demandez pourquoi l'anniversaire de la célébration de la passion de Notre Seigneur ne revient pas chaque année le même jour, comme celui de l'anniversaire de sa naissance. Ensuite vous demandez si cela arrive à cause du sabbat et de la lune, et ce que la lune et le sabbat ont affaire dans cette question. Remarquez avant tout que le jour de la naissance du Sauveur n'est pas célébré comme un sacrement, mais seulement pour rappeler sa naissance à la mémoire des chrétiens. C'est pourquoi il était suffisant de signaler par une fête religieuse le jour où cet événement s'est accompli. Il y a sacrement dans la solennité

---

[1] Ecrite peu de temps après la précédente. — Cette lettre était la 119e dans les éditions antérieures à l'édition des Bénédictins, et celle qui était la 55e se trouve maintenant la 117e

AD INQUISITIONES JANUARII
LIBER SECUNDUS.
EPISTOLA LV

De ritibus Ecclesiæ, vel iis quos negligi nefas est, vel iis qui tollendi sunt, si citra majus incommodum liceat.

CAPUT I. — 1. Lectis litteris tuis, ubi me commonuisti ut debitum redderem de residuis enodandis quæsitionibus, quas jam longe ante quæsiveras, gratissimum mihi atque carissimum desiderium studii tui amplius differri, tolerare non potui; et quamvis in mediis acervis occupationum mearum, hanc feci præcipuam, ut ad ea quæ interrogasti responderem tibi. Diutius autem de tua epistola disputare nolo, ne hoc ipsum me impediat jam tandem reddere quod debeo.

2. Quæris quæ caussa sit, « cur anniversarius dies celebrandæ Dominicæ passionis, non ad eumdem redeat anni diem, sicut dies qua traditur natus. Et deinde subjungis, si hoc fit propter sabbatum et lunam, quid sibi velit in hac re observatio sabbati et lunæ. » Hic primum oportet noveris diem Natalem Domini non in sacramento celebrari, sed tantum in memoriam revocari quod natus sit, ac per hoc nihil opus erat, nisi revolutum anni diem, quo

d'une fête, lorsqu'elle est célébrée en commémoration d'une chose qui a eu lieu, et que cette solennité représente un mystère sacré. C'est pourquoi nous célébrons le jour de Pâques, non-seulement pour rappeler à la mémoire un fait accompli, c'est-à-dire la mort et la résurrection de Jésus-Christ, mais encore pour ne rien omettre de ce qui peut expliquer la signification de ce divin mystère. Car, comme le dit l'Apôtre : « Jésus-Christ est mort pour nos péchés, et il est ressuscité pour notre justification (*Rom.*, IV, 25). » C'est ainsi que dans la passion et la résurrection du Seigneur, a été consacré notre passage de la mort à la vie. Car le mot *Pâque* ne vient pas du grec, comme on le croit généralement, mais de l'hébreu, selon ceux qui connaissent les deux langues, c'est-à-dire qu'il n'est pas dérivé de *passion* (souffrance), parce qu'en grec πάσχειν signifie souffrir, mais d'un mot hébreu qui, comme je l'ai dit, signifie *passage*, c'est-à-dire passage de la mort à la vie. C'est ce que Jésus-Christ a voulu nous faire entendre quand il dit : « Celui qui croit en moi passera de la mort à la vie (*Jean*, V, 24). » Saint Jean a voulu exprimer la même chose, lorsque, parlant de la Pâque que le Seigneur allait célébrer avec ses disciples, et dans laquelle il leur donna la cène mystique, il dit : « Jésus voyant que l'heure était venue de passer du monde à son père, etc. (*Jean*, XIII, 1). » Ainsi donc, dans la passion et la résurrection du Seigneur, est représenté le passage de cette vie mortelle à une autre vie immortelle, c'est-à-dire le passage de la mort à la vie.

CHAPITRE II. — 3. Ce passage se fait en nous par la foi qui nous obtient la rémission de nos péchés, et nous fait espérer la vie éternelle, si nous aimons Dieu et notre prochain, « parce que la foi opère par la charité (*Galat.*, V, 6), » et le juste vit de la foi; mais l'espérance qui se voit n'est plus espérance, car qui est-ce qui espère ce qu'il voit (*Habac.*, II, 4) ? « Mais si nous espérons ce que nous ne voyons pas encore, nous l'attendons par la patience (*Rom.*, VIII, 24). » C'est par cette foi, cette espérance et cette charité qui ont commencé pour nous un nouvel état, celui de la grâce, que nous sommes morts avec Jésus-Christ, et ensevelis avec lui par le baptême, en signe de mort, selon les paroles de saint Paul : « Notre vieil homme a été crucifié avec lui ; et nous sommes ressuscités avec lui, puisqu'il nous a réveillés du sommeil de la mort, et nous a fait asseoir avec lui dans

---

ipsa res acta est, festa devotione signari. Sacramentum est autem in aliqua celebratione, cum rei gestæ commemoratio ita fit, ut aliquid etiam significari intelligatur, quod sancte accipiendum est. Eo itaque modo agimus Pascha, ut non solum in memoriam quod gestum est revocemus, id est quod mortuus est Christus et resurrexit, sed etiam cetera quæ circa ea adtestantur ad (*a*) sacramenti significationem non omittamus. Quia enim, sicut dicit Apostolus, « Mortuus est propter delicta nostra, et resurrexit propter justificationem nostram (*Rom.*, IV, 25) : » transitus quidam de morte ad vitam in illa passione Domini et resurrectione sacratus est. Nam etiam vocabulum ipsum quod « Pascha » dicitur, non græcum, sicut vulgo (*b*) videri solet, sed hæbræum esse dicunt, qui linguam utramque noverunt. Neque enim a passione, quoniam græce πάσχειν dicitur pati, sed ab eo quod transitur, ut dixi, de morte ad vitam, hebræo verbo res appellata est : in quo eloquio Pascha transitus dicitur, sicut perhibent qui hoc sciunt. Quod voluit et ipse Dominus tangere cum dicit : « Qui credit in me, (*c*) transiet de morte ad vitam (*Johan.*, V, 24). » Et maxime idem Evangelista hoc exprimere voluisse intelligitur, cum de celebraturo Domino Pascha cum Discipulis suis, ubi cœnam eis mysticam dedit, « Cum vidisset, inquit, Jesus quia venit ejus hora ut transiret de mundo ad patrem (*Johan.*, XIII, 1). » Transitus ergo de hac vita mortali in aliam vitam immortalem (hoc est enim de morte ad vitam) in passione et in resurrectione Domini commendatur.

CAPUT II. — 3. Hic transitus a nobis modo agitur per fidem, quæ nobis est in remissionem peccatorum, in spem vitæ æternæ, diligentibus Deum et proximum ; quia « fides per dilectionem operatur : et justus ex fide vivit (*Gal.*, V, 6). Spes autem quæ videtur, non est spes. Quod enim videt quis, quid sperat (*Habac.*, II, 4) ? Si autem quod non videmus speramus, per patientiam exspectamus (*Rom.*, VIII,

---

(*a*) Floriacensis codex, *ad sacratam significationem convertere non omittamus.*
(*b*) Ita visum est Irenæo lib. IV, c. XXXIII. Tertulliano lib. cont. Judæos c. X. Lactantio lib. IV, Institut. c. XXVI. Ambrosio de mystico Pascha cap. I.
(*c*) In MS. Floriacensi *transit*; forte pro, *transiit*, uti habet vulgata et græca versio, μεταβέβηκεν.

les demeures célestes (*Rom.*, VI, 6). » De là l'exhortation que nous fait le même Apôtre : « Si vous êtes ressuscités avec le Christ, cherchez ce qui est en haut, là où le Christ est assis à la droite de Dieu. N'ayez du goût que pour les choses du ciel et non pour celles de la terre (*Colos.*, III, 1). » Saint Paul nous dit encore : « Vous êtes morts, et votre vie est cachée en Dieu avec Jésus-Christ, mais lorsque le Christ, qui est votre vie, apparaîtra, vous apparaîtrez avec lui dans la gloire (*Col.*, III, 3). » L'Apôtre nous fait voir clairement par ces paroles que notre passage de la mort à la vie, qui s'opère en nous par la foi, s'accomplit par l'espérance de la gloire future qui nous attend à la dernière résurrection, quand ce qu'il y a de corruptible en nous, c'est-à-dire cette chair dans laquelle nous gémissons, deviendra incorruptible, et que ce corps mortel sera revêtu d'immortalité (*Corinth.*, XV, 53). Nous avons bien déjà les prémices de l'esprit par la foi (*Rom.*, VIII, 23), mais nous gémissons encore en nous-mêmes, dans l'attente de l'adoption, c'est-à-dire de la délivrance de notre corps ; car présentement c'est seulement en espérance que nous sommes sauvés. Tant que nous sommes dans cette espérance, notre corps est mort à cause du péché, mais notre esprit est vivant à cause de la justice. Mais faites attention aux paroles que saint Paul adresse encore aux Romains : « Si l'esprit de celui qui a ressuscité Jésus d'entre les morts habite en vous, celui qui ressuscita le Christ d'entre les morts donnera la vie à vos corps mortels par son esprit habitant en vous (*Rom.*, VIII, 11). » C'est ainsi que toute l'Église, pendant son pèlerinage sur la terre, attend à la fin des siècles ce qui lui a été montré d'avance dans le corps de Notre Seigneur Jésus-Christ, qui est le premier-né d'entre les morts, et la tête dont le corps n'est autre que l'Église.

CHAPITRE III. — 4. Quelques-uns en lisant les paroles souvent répétées par l'Apôtre, où il nous dit que nous sommes morts avec Jésus-Christ, et que nous sommes ressuscités avec lui, et n'en comprenant pas toute la portée, ont cru que cette résurrection était déjà accomplie, et que nous n'en avions plus d'autre à attendre à la fin des siècles. « Tels étaient, comme le dit le même Apôtre, Hyménée et Philète qui se sont écartés de la vérité, en disant que la résurrection était déjà accomplie, et ont ainsi renversé la foi de quelques-uns (*Timot.*, II, 17). » L'un et l'autre sont blâmés par le même Apôtre qui dit cependant que nous sommes ressuscités avec Jésus-Christ. Mais

---

24) : » secundum hanc fidem, et spem, et dilectionem, qua cœpimus esse sub gratia, jam commortui sumus cum Christo, et consepulti illi per baptismum in mortem, sicut dicit Apostolus : « Quia et vetus homo noster simul crucifixus est cum illo ; et resurreximus cum illo : quia simul nos excitavit, et simul sedere fecit in cœlestibus (*Rom.*, VI, 6). » Unde est et illa exhortatio : « Si autem resurrexistis cum Christo, quæ sursum sunt quærite, ubi Christus est ad dexteram Dei sedens ; quæ sursum sunt sapite, non quæ super terram (*Col.*, III, 1). » Sed quod sequitur et dicit ; « Mortui enim estis, et vita vestra abscondita est cum Christo in Deo. Cum Christus apparuerit vita vestra, tunc et vos apparebitis cum illo in gloria (*Ibid.*, V, 3): satis indicat quid velit intelligi ; quia nunc transitus noster de morte ad vitam, qui fit per fidem, spe peragitur futuræ in fine resurrectionis et gloriæ, cum corruptibile hoc, id est caro ista in qua gemimus modo, induct incorruptionem, et mortale hoc induct immortalitatem (I *Cor.*, XV, 53). Nunc enim quidem jam habemus primitias spiritus per fidem (*Rom.*, VIII, 23), sed adhuc in nobis ipsis ingemiscimus, adoptionem expectantes redemptionem corporis nostri. « Spe enim salvi facti sumus. » In hac spe cum sumus, corpus quidem mortuum est propter peccatum, spiritus autem vita est propter justitiam. Sed vide quid sequitur ; « Si autem Spiritus ejus, » inquit, « qui suscitavit Jesum a mortuis habitat in vobis : qui suscitavit Christum a mortuis, vivificabit et mortalia corpora vestra per inhabitantem Spiritum ejus in vobis (*Rom.*, VIII, 11). » Hoc igitur universa Ecclesia, quæ in peregrinatione mortalitatis inventa est, expectat in fine sæculi quod in Domini nostri Jesu Christi corpore præmonstratum est, qui est ex mortuis primogenitus, quia et corpus ejus cui caput est ipse, non nisi Ecclesia est.

CAPUT III. — 4. Nonnulli enim attendentes verba quæ, assidue dicit Apostolus ; quia et mortui sumus cum Christo, et resurreximus cum eo ; nec intelligentes quatenus dicantur, arbitrati sunt jam factam esse resurrectionem, nec ullam ulterius in fine temporum esse sperandam. « Ex quibus est, » inquit, « Hymenæus et Philetus, qui circa veritatem aberraverunt, dicentes resurrectionem jam factam esse, et fidem quorumdam subverterunt (II *Tim.*,

de quelle manière, sinon comme il le dit, par la foi, l'espérance et la charité, selon les prémices de l'esprit (*Rom.*, VIII, 24)? Or, si l'espérance qui se voit n'est plus espérance, si espérant ce que nous ne voyons pas, nous l'attendons par la patience, il nous reste à obtenir la rédemption de notre corps que nous attendons en gémissant en nous-mêmes, selon cette parole : « Réjouissez-vous dans l'espérance, et soyez patients dans la tribulation(*Rom.*,XII,12). »

5. Ce changement qui nous fait entrer dans une vie nouvelle, est donc comme un passage de la mort à la vie ; et ce passage s'opère par la foi, afin que « nous nous réjouissions dans l'espérance, et que nous soyons patients dans la tribulation, » tant que l'homme extérieur se détruit en nous, et que l'homme intérieur se renouvelle de jour en jour. C'est à cause de ce commencement d'une vie nouvelle, c'est à cause de ce nouvel homme dont nous devons nous revêtir en nous dépouillant de l'ancien, et en nous purifiant du vieux levain pour devenir une pâte nouvelle (I *Corint.*, V, 7), puisque Jésus-Christ, qui est notre agneau pascal, a été immolé, c'est, dis-je, à cause de cette vie nouvelle dans laquelle nous entrons, que le premier mois de l'année, qui dans l'Ecriture est appelé le « mois du renouvellement (*Exod.*, XXIII, 15), » a été choisi pour la célébration du mystère pascal. Mais comme dans tout le cours des siècles, le temps du christianisme forme la troisième période, la résurrection du Seigneur s'est accomplie le troisième jour après sa mort. La première période est celle qui s'est écoulée avant la Loi ; la seconde sous la Loi, la troisième sous la Grâce, dans laquelle se sont manifestés les mystères cachés auparavant sous le voile énigmatique des prophéties. C'est aussi ce qu'exprime le nombre des jours de la période lunaire, car dans l'Ecriture le nombre sept est souvent employé dans un sens mystique de perfection, et c'est pour cela qu'on célèbre la solennité de Pâques, la troisième semaine de la lune, le jour qui tombe du quatorze au vingt-un.

CHAPITRE IV. — 6. Il y a encore ici un autre mystère qui vous présentera peut-être quelque obscurité, mais si vous n'êtes pas versé dans de pareilles connaissances, ne vous en attristez pas, et ne croyez pas que je vaille mieux que vous, parce que j'ai appris ces choses dans les études de ma jeunesse. « Car celui qui se glorifie, ne doit se glorifier, dit le prophète, que de savoir et de comprendre que je suis le Seigneur (*Jérém.*, IX, 24). Des hommes, par goût pour de pareilles connaissances,

II, 17). » Idem Apostolus eos arguens detestatur, qui tamen dicit nos resurrexisse cum Christo. Unde, nisi quia hoc per fidem, et spem, et dilectionem factum esse dicit in nobis, secundum primitias Spiritus (*Rom.*, VIII, 24)? Sed quia spes, quæ videtur, non est spes, et ideo si quod non videmus speramus, per patientiam exspectamus : restat utique redemtio corporis nostri, quam exspectantes in nobismetipsis ingemiscimus. Unde est et illud; « Spe gaudentes, in tribulatione patientes (*Rom.*, XII, 12). »

5. Hæc igitur innovatio vitæ nostræ est quidam transitus de morte ad vitam, qui primo fit per fidem, ut in spe gaudeamus, et in tribulatione patientes simus, dum adhuc exterior noster homo corrumpitur, sed interior renovatur de die in diem. (*a*) Propter ipsum initium novæ vitæ, propter novum hominem quem jubemur induere, et exsucare veterem ; expurgantes vetus fermentum, ut simus nova conspersio, quoniam Pascha nostrum immolatus est Christus (I *Cor.*, V, 7) : propter hanc ergo vitæ novitatem, primus mensis in anni mensibus celebrationi huic adtributus est. Nam et ipse dicitur « mensis novorum (*Exodi*, XXIII, 15). » Quia vero in toto tempore sæculi nunc tertium tempus apparuit, ideo resurrectio Domini triduana est. Primum enim tempus est ante Legem, secundum sub Lege, tertium sub gratia, ubi jam manifestatio est sacramenti prius occulti in prophetico ænigmate. Hoc ergo et in lunari numero significatur; quia enim septenarius numerus solet in Scripturis ad quamdam perfectionem mysticus apparere, tertia hebdomada lunæ Pascha celebratur, qui dies occurrit a quarta-decima in vicesimam-primam.

CAPUT IV. — 6. Est illic et aliud sacramentum, quod si tibi obscurum fuerit, quia in talibus inquisitionibus minus eruditus es, non contristeris : nec ideo me putes meliorem, quia hæc in studiis puerilibus didici. « Qui enim gloriatur, in eo glorietur, » inquit, « scire et intelligere, quoniam

---

(*a*) MSS. tres *Propter hoc ipsum initium* etc. Alii sex, *Propter ipsum initium novæ vitæ, novum hominem jubemur induere.*

ont fait beaucoup de recherches sur les nombres et les mouvements des astres, et ceux qui ont le plus approfondi ces questions, ont conjecturé que les phases d'accroissement et de décroissement de la lune, viennent de la conversion de son globe, et non pas de ce qu'elle reçoit une nouvelle substance quand elle s'accroît, ou qu'elle en perd, quand elle décroît, comme le prétendent les manichéens avec autant d'ignorance que de folie. Ils disent en effet que la lune se remplit, comme se remplirait un vaisseau, de quelque portion fugitive de Dieu, portion que dans leurs blasphèmes sacriléges et dans leur cœur impie, ils croient et disent mêlée aux princes des ténèbres, et souillée de leur impureté. En conséquence, ils disent que la lune se remplit lorsque cette portion de Dieu est parvenue, après de grands efforts, à se purifier de toute souillure, et à s'échapper de tous les coins et de tous les cloaques de la terre, pour rentrer en Dieu, qui pleure jusqu'à ce qu'elle lui revienne : qu'ainsi la lune en est remplie pendant la moitié du mois, et que dans l'autre moitié, cette portion fugitive de la substance divine se déverse de la lune dans le soleil, comme d'un vaisseau dans un autre. Et cependant au milieu de tous ces blasphèmes, dignes d'anathème, ils n'ont jamais pu trouver ni expliquer pourquoi à son com-

mencement, comme à son déclin, la lune brille en croissant lumineux, pourquoi elle commence à diminuer au milieu du mois, ni pourquoi elle n'arrive pas pleine jusqu'à la fin du mois, pour se désemplir seulement alors.

7. Ceux qui ont étudié ces choses-là d'après le calcul exact des nombres, de manière non-seulement à expliquer la raison des éclipses de soleil et de lune, mais encore à les prédire longtemps d'avance, et à préciser par des calculs certains l'époque et l'intervalle de leur apparition, de manière que ceux qui lisent et qui comprennent ce que les savants ont écrit, puissent prédire comme eux ces phénomènes, sans se tromper dans leurs prédictions, ceux-là, dis-je, ne sont pas excusables d'avoir eu assez de science pour connaître les merveilles du monde, et de n'avoir pas pu plus facilement en connaître le Maître et le Seigneur (*Sages.*, III, 9) qu'une humble piété suffit pour nous faire trouver. En observant les extrémités du croissant de la lune, qui sont opposées au soleil, soit qu'elle croisse, soit qu'elle décroisse, ils en ont conjecturé qu'elle recevait sa lumière du soleil, et que plus elle s'en éloignait, plus elle absorbait de ses rayons dans la partie qui regarde la terre, tandis qu'au contraire plus elle s'en approchait, après le milieu du mois, plus était éclairée à sa partie supérieure, et qu'alors

---

ego sum Dominus (*Jerem.*, IX, 24): » Nonnulli ergo (*a*) studiosi talium rerum quæsiverunt multa de numeris et motibus siderum. Et qui subtilius ista scrutati sunt, incrementa et decrementa lunaria ex conversione globi ejus conjecerunt, non quod aliquid substantiæ vel accedat cum augetur, vel decedat cum minuitur, quod delira imperitia Manichæi opinantes, repleri eam dixerunt, sicut repletur navis, ex fugitiva Dei parte, quam commixtam principibus tenebrarum et eorum sordibus inquinatam corde atque ore sacrilego et credere et loqui non dubitant. Hinc ergo impleri lunam dicunt, cum eadem pars Dei magnis laboribus ab inquinamento purgata, de toto mundo atque omnibus cloacis fugiens, redditur Deo lugenti dum redeat : repleri vero per mensem dimidium, et alio dimidio in solem refundi, velut in aliam navem. Nec tamen inter istas anathematizandas blasphemias aliquid umquam fingere potuerunt,

cur vel incipiens lucere, vel desinens corniculato lumine fulgeat, aut cur a dimidio mense incipiat minui, et non ad (*b*) refundendum plena perveniat.

7. Illi autem qui hæc certis numeris indagarunt, ita ut et defectus solis et lunæ non solum cur fierent, sed etiam quando futuri essent longe ante prædicerent, et eos determinatis intervallis temporum canonica supputatione præfigerent, litterisque mandarent, quas modo qui legunt atque intelligunt, nihilominus eos prædicunt, nec aliter aut alias accidunt quam prædicunt. Tales ergo (quibus non est ignoscendum, sicut sancta Scriptura dicit ; quia « cum tantum valerent ut possent æstimare sæculum, Dominum ejus, » quem supplici pietate possent, « non facilius invenerunt) (*Sap.*, XIII, 9) « ex ipsis cornibus lunæ quæ a sole aversa sunt, sive crescentis sive decrescentis, conjecerunt eam vel a sole illustrari, et quanto magis ab eo recederet,

---

(*a*) Sic MSS. præstantiores. At Lov. *Studia talium rerum quæsiverunt multa de numeribus* etc.
(*b*) MSS. septem, *ad finiendum plena perveniat.*

elle ne pouvait recevoir aucun rayon du soleil dans la partie de son disque qui fait face à la terre, et que c'était par cette raison qu'elle nous paraissait en décroissance. Si d'un autre côté on admet que la lune a une lumière qui lui est propre, il en résulte qu'il n'y a qu'une moitié de son globe lumineuse, et qu'elle la montre peu à peu à la terre en proportion de son éloignement successif du soleil, jusqu'à ce qu'elle la montre tout entière; et c'est ainsi qu'elle semble prendre de l'accroissement, tandis qu'elle montre seulement ce qu'elle avait déjà, sans avoir reçu la moindre addition au volume de son globe; et puis de nouveau, ce qu'elle avait montré à nos yeux commence à se cacher, et alors elle paraît décroître. Quoi qu'il en soit de ces deux opinions, il est certain pour tout homme qui veut examiner attentivement les diverses phases de ce phénomène, que la lune prend de l'accroissement à nos yeux, par son éloignement successif du soleil, et qu'elle paraît décroître, à mesure qu'elle s'en rapproche peu à peu.

CHAPITRE V. — 8. Faites maintenant attention à ce qu'on lit dans les Proverbes : Le sage demeure comme le soleil, mais l'insensé change comme la lune (*Ecclés.*, xxvii, 12). »

Quel est ce sage qui demeure comme le soleil, sinon ce soleil de justice dont il est dit : « Le soleil de justice s'est levé pour moi ; » soleil que les impies ne verront pas se lever pour eux, car au jour dernier, ils s'écrieront en gémissant : « La lumière de la justice n'a pas lui pour nous ; pour nous le soleil de la justice ne s'est pas levé. (*Sagess.*, v, 6). » Dieu fait lever ce soleil visible aux yeux de la chair sur les bons et sur les méchants, comme il fait pleuvoir sur les justes et sur les injustes. Il s'élève souvent des similitudes entre les choses visibles et celles qui sont invisibles. Quel est donc cet insensé qui change comme la lune, si ce n'est Adam en qui tous les hommes ont péché? En effet, l'âme humaine en s'éloignant du soleil de justice, c'est-à-dire de la contemplation intérieure de l'immuable vérité tourne peu à peu ses aspirations vers les choses de la terre, et l'obscurité se fait de plus en plus dans ce qu'elle a d'intime, et dans ce qu'elle a d'élevé. Mais dès qu'elle commence à revenir à l'immuable sagesse, plus elle s'en approche avec amour et piété, plus l'homme extérieur se détruit, et plus l'homme intérieur reçoit de jour en jour une vie nouvelle. Alors toutes les lumières de l'esprit qui étaient tournées vers les choses

tanto magis ab ea parte quæ terris apparet, radios ejus excipere : quanto autem ad eum magis post dimidium mensem ex alio semicirculo propinquaret, tanto magis a superiori parte illustraret ab ea parte quam terris adverteret non posse excipere radios, et propterea videri decrescere : vel si haberet suum lumen, id habere ex una parte in hemisphærio, quam partem cum *(a)* recedens a sole paulatim terris ostenderet, donec totam ostenderet, quasi augmenta monstrare, dum non addatur quod deerat, sed prodatur quod inerat; ac rursus paulatim abscondere quod patebat, et ideo videri decrescere. Sed quodlibet horum sit duorum, illud certe manifestum est, et cuivis advertenti facile cognitum, quod luna non augeatur ad oculos nostros, nisi a sole recedendo, neque minuatur, nisi ad solem ex parte alia propinquando.

CAPUT V. — 8. Adtende nunc quod in Proverbiis legitur; « Sapiens sicut sol permanet, stultus autem sicut luna mutatur (*Eccli.*, xxvii, 12). » Et quis est sapiens qui permanet, nisi sol ille justitiæ de quo dicitur; « Ortus est mihi sol justitiæ : » et quem sibi non fuisse ortum in die novissima plangentes impii dicturi sunt; « Et justitiæ lumen non luxit nobis, et sol *(b)* non ortus est nobis (*Sap.*, v, 6)? » Nam istum carnis oculis visibilem solem oriri facit super bonos et malos Deus, qui etiam pluit super justos et injustos. Ducuntur autem sæpe ex rebus visibilibus ad invisibilia congruæ similitudines. Quis est ergo ille stultus, qui tamquam luna mutatur, nisi Adam in quo omnes peccaverunt? Anima quippe humana recedens a sole justitiæ, ab illa scilicet interna contemplatione incommutabilis veritatis, omnes vires suas in externa convertit, et eo magis magisque obscuratur in interioribus ac superioribus suis : sed cum redire cœperit ad illam incommutabilem sapientiam, quanto magis ei appropinquat affectu pietatis, tanto magis exterior homo corrumpitur, sed interior renovatur de die

(*a*) MSS. septem, *quam partem cum recedere a sole, paulatim terris donec totam ostenderet, quasi augmenta monstrare.*
(*b*) Lov. *et sol justitiæ non ortus est* etc. abest autem vox, *justitiæ*, a MSS. et antiquioribus editionibus, necnon a græca versione LXX. quam sequuntur Ambrosius ser. 3 et 16. et Gregorius lib. XXXIV moral. c. vi, etc. At Vulgata habet, *sol intelligentiæ.*

d'en bas, s'élèvent vers les choses du ciel. L'âme se détache de tout ce qui tient à la terre, pour mourir de plus en plus au monde et ensevelir sa vie avec le Christ dans le sein de Dieu.

9. L'homme devient donc moins bon, à mesure qu'il dirige ses pensées vers les choses extérieures, et qu'il rejette en quelque sorte son cœur hors de sa vie, quoiqu'alors il paraisse meilleur à la terre, c'est-à-dire à ceux qui n'ont de goût que pour les choses terrestres; car la terre loue le pécheur et bénit ceux qui font le mal. Au contraire, l'homme devient meilleur, lorsqu'il détourne peu à peu ses pensées des choses visibles de ce monde, et qu'il cesse d'y mettre sa gloire, pour tourner toutes les forces de son âme vers ce qu'elle a d'intime et les élever vers les choses invisibles du ciel. Il paraît alors moins bon à la terre, c'est-à-dire ceux qui ont du goût pour les choses terrestres. Voilà pourquoi les impies, dans leur repentir alors inutile, s'écrieront : « Voilà donc ceux que nous avons autrefois tournés en dérision, et qui étaient l'objet de nos outrages : insensés que nous sommes, nous regardions leur vie comme une folie (*Sag.*, v, 3). » Ainsi l'Esprit-Saint, pour nous représenter, par une espèce de similitude, les choses invisibles par les choses visibles, les mystères spirituels par les choses corporelles, a voulu que le passage de cette vie à une autre vie, c'est-à-dire la Pâque, fût célébré le quatorze de la lune, non-seulement à cause de cette troisième période des temps dont j'ai parlé précédemment, et qui est représentée par la troisième semaine de la lune, mais encore pour que comme cet astre qui commence alors à tourner sa partie lumineuse vers le ciel, nous tournions aussi nos pensées vers les choses intérieures, les détournant de celles de la terre. L'Esprit-Saint a également voulu que la célébration pascale allât jusqu'au vingt-unième de la lune, parce que le nombre sept qui se trouve trois fois dans vingt-un, est souvent dans l'Ecriture le symbole de l'universalité, et par conséquent de l'Eglise, qui est universelle.

CHAPITRE VI. — 10. Voilà pourquoi l'apôtre saint Jean, dans son Apocalypse, écrit à sept églises. Mais comme l'Église, tant qu'elle est encore dans cette vie mortelle, est exposée à des changements, elle est souvent désignée dans les Écritures sous le nom de Lune. De là viennent ces paroles : « Ils ont préparé leurs flèches dans le carquois pour percer, par une lune obscure, ceux qui ont le cœur droit (*Psaum.* x, 3, *selon les Septant.*). » Jusqu'au jour où s'accompliront ces paroles de l'Apôtre : « Lorsque le Christ, qui est votre vie, apparaîtra, vous

---

in diem, omnisque lux illa ingenii, quæ ad inferiora vergebat, ad superiora convertitur, et a terrenis quodammodo aufertur, ut magis magisque huic sæculo moriatur, et vita ejus abscondatur cum Christo in Deo.

9. Mutatur ergo in deterius ad exteriora progrediens, et in vita sua projiciens intima sua; et hoc terræ, id est eis qui terrena sapiunt, melius videtur, cum laudatur peccator in desideriis animæ suæ, et qui iniqua gerit, benedicitur. Mutatur autem in melius, cum intentionem suam et gloriam à terrenis, quæ in hoc sæculo apparent, paulatim avertit, et ad superiora (*a*) atque interiora convertit; et hoc terræ, id est eis qui terrena sapiunt, deterius videtur. Unde illi impii postremo infructuosam agentes pœnitentiam, etiam hoc inter multa dicturi sunt. « Ii sunt quos aliquando habuimus in derisum et in similitudinem improperii : nos insensati vitam, illorum æstimabamus insaniam (*Sap.*, v, 3). » Ac per hoc Spiritus-sanctus de visibilibus ad invisibilia, et de corporalibus ad spiritalia sacramenta similitudinem ducens, transitum illum de alia vita in aliam vitam, quod Pascha nominatur, a quarta-decima luna voluit observari, ut non solum propter tempus tertium, quod supra commemoravi, quia inde incipit hebdomada tertia; sed etiam propter ipsam conversionem ab exterioribus ad interiora, de luna similitudo assumeretur : usque ad vicesimam vero et primam, propter ipsum numerum septenarium, quo universitatis significatio sæpe figuratur, qui etiam ipse Ecclesiæ tribuitur, propter instar universitatis.

CAPUT VI. — 10. Ideo Johannes apostolus in Apocalypsi ad septem scribit ecclesias. Ecclesiæ vero adhuc in ista mortalitate carnis constituta, propter ipsam mutabilitatem, lunæ nomine in Scripturis signatur. Unde est illud ; « Paraverunt sagittas suas in pharetra, ut sagittent in obscura luna rectos corde (*Psal.*, x, 3. *secundum* LXX). » Prius enim quam fiat illud, quod dicit Apostolus, « Cum Christus appa-

---

(*a*) Sic MSS. ad quos accedunt Bad. et Am. At Lov. et Er. habent, *et ad superiora ab inferioribus convertit.*

apparaîtrez aussi avec lui dans la gloire (*Coloss.*, III, 4). » Jusque-là, dis-je, l'Église accomplissant son pèlerinage, sera comme dans l'obscurité, et gémira au milieu des iniquités qui l'entourent. C'est pendant ce temps que nous devons craindre les embûches des séducteurs que le prophète désigne sous le nom de flèches. Dans un autre passage, au sujet des fidèles prédicateurs de la vérité, que l'Église enfante de toutes parts, il dit : « La lune est un témoin fidèle dans le ciel (*Psaum.*, LXXXVIII, 38). » Et lorsque le Psalmiste célèbre dans ses chants le règne du Seigneur, il s'écrie : « La justice se lèvera, en ces jours, avec une abondance de paix, jusqu'à ce que la lune périsse (*Ps.* LXXI, 7). » C'est-à-dire que l'abondance de la paix croîtra, au point d'absorber tout ce qui est sujet au changement dans notre condition mortelle. Alors la mort, notre dernière ennemie, sera détruite, et tout ce qui nous résiste dans l'infirmité de la chair, et qui nous empêche encore de jouir d'une paix parfaite disparaîtra, lorsque ce qui est corruptible en nous deviendra incorruptible, et que ce corps mortel sera revêtu de l'immortalité. Nous voyons encore que les remparts de la ville appelée Jéricho, qui en hébreu signifie lune, s'écroulèrent, après qu'on eut promené sept fois autour d'eux l'arche d'alliance. Que signifie cette arche portée sept fois autour de Jéricho, sinon l'annonce du royaume des cieux ? Elle nous montre que toutes les espérances de cette vie, qui sont comme autant de remparts qui empêchent l'espérance d'une vie éternelle de pénétrer dans nos cœurs, seront détruites par les sept dons du Saint-Esprit, et avec le concours du libre arbitre, comme les murs de Jéricho qui, par la seule vertu de l'arche portée autour d'eux, s'écroulèrent d'eux-mêmes (*Josué*, VI, 15), sans avoir reçu aucun choc violent. Nous retrouvons dans les Écritures d'autres passages où, sous l'image symbolique de la lune, elles nous représentent l'Église accomplissant, au milieu des douleurs et des peines de toute espèce, son pèlerinage sur la terre, loin de cette Jérusalem céleste dont les saints anges sont les citoyens.

11. Il ne faut cependant pas pour cela, à l'exemple de ces insensés qui ne veulent pas devenir meilleurs, croire qu'il faut adorer ces astres, parce que l'Écriture les prend comme comparaison pour représenter les mystères divins ; car elle se sert pour le même but de toutes les autres créatures. Ces expressions figurées ne doivent pas non plus nous faire tomber dans la condamnation prononcée par l'Apôtre contre ceux qui ont adoré et servi la créature plutôt que le Créateur, qui est béni dans tous les siècles. Car de même que nous n'adorons

---

ruerit vita vestra, tunc et vos apparebitis cum ipso in gloria (*Col.*, III, 4), » obscura videtur Ecclesia in tempore peregrinationis suæ, inter multas iniquitates gemens ; et tunc sunt timendæ insidiæ fallacium seductorum, quas nomine sagittarum intelligi voluit. Unde alio loco propter nuntios fidelissimos veritatis, quos ubique parit Ecclesia, dicitur ; « Luna testis in cælo fidelis (*Psal.*, LXXXVIII, 38). » Et cum de regno Domini Psalmista cantaret ; « Orietur, » inquit, « in diebus ejus justitia et abundantia pacis, donec interficiatur luna (*Ps.*, LXXI, 7) : » id est, abundantia pacis in tantum crescet, donec omnem mutabilitatem mortalitatis absumat. Tunc novissima inimica destruetur mors, et quidquid nobis resistit ex infirmitate carnis, unde nobis perfecta pax nondum est, consumetur omnino, cum corruptibile hoc induerit incorruptionem, et mortale hoc induerit immortalitatem. Unde et illius civitatis muri, quæ Jericho appellatur, quæ in hebræo eloquio luna interpretari dicitur, septimo circuitu circumacta Testamenti arca corruerunt (*Jos.*, VI, 15). Quid enim nunc aliud agit annuntiatio regni cælorum, quam circumactio arcæ significavit, nisi ut omnia munimenta mortalis vitæ, id est, omnis hujus sæculi, quæ resistit spei futuri sæculi, in dono septenario Spiritus-sancti per liberum arbitrium destruatur ? Ob hoc enim circumeunte arca, non impulsu violento illi muri ceciderunt, sed sponte. Sunt et alia testimonia Scripturarum, quæ nobis ingerunt per commemorationem lunæ Ecclesiæ significationem, quæ in ista mortalitate ab illa Jerusalem, cujus cives sancti Angeli sunt, in ærumnis et laboribus peregrinatur.

11. Non ideo tamen putare debent stulti, qui nolunt in melius commutari, adoranda esse illa luminaria, quia ducitur ex eis aliquando similitudo ad divina mysteria figuranda : ex omni enim creatura ducitur. Nec ideo debemus in sententiam damnationis irruere, quæ ore apostolico de quibusdam profertur, qui coluerunt, et servierunt creaturæ potius quam Creatori, qui est benedictus in sæcula (*Rom.*, I, 23). Sicut enim non adoramus pecora, quamvis dictus sit Christus et agnus et vitulus ; nec feram, quia dictus est leo de tribu Juda ; nec

pas les animaux, parce que Jésus-Christ est désigné sous le d'*agneau* (*Saint Jean*, I, 19) et de *veau* (*Ezéchiel*, XLIII, 19), ni les bêtes féroces, parce qu'il a été appelé le *lion* de la tribu de Juda (*Apocalypse*, V, 5), ni les pierres, parce qu'il a été nommé la *pierre* (*Corinth.*, X, 4), ni la *montagne de Sion*, parce qu'on s'est servi de ce nom pour figurer l'Église (1ʳᵉ *épître de saint Pierre*), de même nous n'adorons ni le soleil ni la lune, quoique ces corps célestes, comme beaucoup de choses du monde, aient servi d'images pour nous représenter les sacrements et nous expliquer les divins mystères.

CHAPITRE VII. — 12. C'est pourquoi nous devons nous moquer des rêveries des mathématiciens, qui, lorsque nous leur reprochons les vaines fictions par lesquelles ils ont précipité les hommes dans l'erreur où ils s'étaient précipités eux-mêmes, trouvent plaisant de nous répondre : Pourquoi donc vous aussi réglez-vous la célébration de Pâques d'après la disposition de la lune et du soleil ? Comme si nous voulions blâmer par là l'ordre et le cours des astres, les changements des saisons établis par le Dieu très-grand et très-bon, et non par la perversité de ceux qui abusent des choses si sagement établies par Dieu, pour porter sur ses œuvres les jugements les plus insensés. Si les mathématiciens nous blâment de tirer des comparaisons des astres et des corps lumineux du ciel, pour figurer mystiquement des sacrements, que les augures nous blâment aussi, s'ils le veulent, de ce que nous disons : « Soyez simples comme la colombe (*Matt.*, X, 16) ; » que les enchanteurs nous blâment, lorsque nous nous servons de ces expressions : « Rusés comme des serpents ; » et les musiciens, parce que nous faisons mention de la harpe dans les psaumes, et de ce que nous tirons des comparaisons de ces choses, pour figurer les mystères du Verbe de Dieu. Que tous ces gens-là disent, si cela leur plaît, que nous tirons des augures, que nous fabriquons des poisons, que nous recherchons les plaisirs du théâtre ; tous ces reproches sont des paroles de délire et de folie.

13. Nous ne tirons donc aucune conjecture de la position du soleil et de la lune ou de la révolution des années et des mois, pour régler nos actions. Ce serait, dans les périlleuses tempêtes de la vie humaine, nous briser contre les écueils d'une misérable servitude, et exposer notre libre arbitre au naufrage. Mais pour figurer saintement nos mystères, nous tirons avec la plus religieuse piété des comparaisons de toute créature, des vents, de la mer, de la terre, des oiseaux, des poissons, des bêtes, des arbres et des hommes. Nous recourons souvent à ces comparaisons dans nos discours tandis

---

lapidem, quia petra erat Christus ; nec montem Sion, quia in ipso figuratur Ecclesia (*Johan.*, I, 29 ; *Ezech.*, XLIII, 19 ; *Apoc.*, V, 5 ; *Matt.*, XXI, 42 ; I *Pet.*, II, 4) : sic nec solem nec lunam, quamvis ex ea cælesti creatura, sicut ex multis terrestribus, sacramentorum figuræ ad informationes mysticas assumantur.

CAPUT VII. — 12. Quapropter Mathematicorum deliramenta cum detestatione irridenda sunt : quibus cum objecerimus vana commenta, unde homines in errorem præcipitant, quo prius præcipitati sunt, garruli sibi videntur, cum dicunt nobis, Cur et vos ad solis et lunæ computationem Pascha celebratis ? quasi nos ordines siderum, aut vicissitudines temporum a summo atque optimo Deo conditas arguamus, et non eorum perversitatem, quæ rebus sapientissime conditis ad stultissimas opiniones abutitur. Nam si Mathematicus nobis contradicturus est de sideribus et luminaribus cæli ad sacramenta mystice figuranda similitudines ducere, contradicant et augures ne dicatur nobis ; « Estote simplices ut columbæ (*Matt.*, X, 16). » Contradicant et marsi, ne dicatur nobis ; « Astuti sicut serpentes. » Contradicant histriones, ne in Psalmis citharam nominemus. Aut quia ex his rebus ad mysteria verbi Dei, similitudinum signa sumuntur, dicant, si placet, vel auspicia nos captare, vel venena conficere, vel theatricas affectare luxurias, quod dementissimum est dicere.

13. Non igitur nos de sole et luna, annuis menstruisve temporibus actionum nostrarum eventa conjicimus, ne in vitæ humanæ periculosissimis tempestatibus tamquam in scopulos miseræ servitutis illisi, a libero arbitrio naufragemus : sed ad rem sacrate significandam similitudines aptas religiosissima devotione suscipimus, sicut de cetera creatura, de ventis, de mari, de terra, de volatilibus, de piscibus, de pecoribus, de arboribus, de hominibus, ad sermonem quidem multipliciter, ad celebrationem vero sacramentorum jam Christiana libertate parcissime ; sicut de aqua, de frumento, de vino, de oleo. In servitute autem Veteris populi etiam multa celebrari imperata sunt, quæ nobis tantummodo

que dans la célébration des sacrements, la foi chrétienne ne nous permet d'employer qu'un fort petit nombre de ces choses, comme l'eau, le froment, le vin et l'huile. Le peuple de l'ancienne alliance avait, pour l'observation de sa loi reçu bien des prescriptions dont nous n'avons conservé que l'intelligence. C'est pourquoi nous n'observons plus ni les jours, ni les années, ni les mois, ni les temps, de peur que l'Apôtre ne nous dise : « Je crains beaucoup que je n'aie travaillé en vain parmi vous (*Gal.*, IV, 11). » Il blâme en effet ceux qui disent : je ne partirai pas aujourd'hui, parce que c'est un jour malheureux, ou parce que la lune se trouve dans telle phase ; ou bien je partirai, pour que mes affaires réussissent, parce que la position des astres m'est propice : Je ne ferai pas de commerce ce mois-ci, parce qu'il est sous l'influence de telle étoile ; ou bien, j'en ferai, parce que tel astre le gouverne : Je ne planterai pas de vigne cette année, parce qu'elle est bissextile. Mais le sage ne blâmera pas ceux qui observant avec intelligence les temps disent : Je ne partirai pas aujourd'hui, parce qu'une tempête s'est élevée, ou, je ne m'embarquerai pas parce que l'hiver n'est pas encore entièrement passé ; ou bien, il est temps de semer, parce que la terre est bien saturée des pluies de l'automne. Le sage ne blâmera pas non plus ceux qui auraient étudié et annoté les effets naturels que peut produire sur l'air et la variation des temps, la marche si régulière des astres dont il a été dit, au moment de leur création : « Qu'ils servent de signes pour marquer les temps et les saisons, les jours et les années (*Gen.*, I, 14). » Si l'Ecriture emprunte non-seulement au ciel et aux astres, mais encore aux créatures inférieures des comparaisons et des figures, pour régler l'ordre et les époques de la célébration des mystères, c'est par un effet de l'éloquence particulière avec laquelle elle enseigne sa doctrine si salutaire, et qui, appropriée au cœur et à l'esprit de ses disciples, les élève des choses visibles aux choses invisibles, des choses corporelles aux choses spirituelles, des temps présents à l'éternité.

CHAPITRE VIII. — 14. Pour célébrer la Pâque, nous ne faisons nullement attention si le soleil est dans le signe du Bélier, comme les astronomes appellent cette partie du ciel, où le soleil se trouve effectivement dans le mois du renouvellement, mais qu'ils donnent à cette place le nom de Bélier ou tout autre qu'ils voudront, nous avons appris, nous, que c'est Dieu qui a créé tous les astres et qui leur a donné dans le ciel l'ordre et la place qu'il lui a plu. Les astronomes peuvent donc établir pour

---

intelligenda traduntur. Non itaque dies observamus et annos et menses et tempora, ne audiamus ab Apostolo : « Timeo (*a*) vos ne forte sine caussa laboraverim in vos (*Gal*, IV, 11). » Eos enim culpat qui dicunt : Non proficiscar hodie, quia posterus dies est, aut julia luna sic fertur : vel, Proficiscar ut prospera cedant, quia ita se habet positio siderum. Non agam hoc mense commercium, quia illa stella mihi agit mensem : vel agam, quia suscepit mensem. Non plantem hoc anno vineam, quia bissextus est. Non autem quisquam sapiens arbitretur observatores temporum reprehendendos, qui dicunt ; Non proficiscar hodie, quia tempestas exorta est : aut non navigem, quia adhuc sunt hybernæ reliquiæ, aut tempus seminandi est, quia imbribus autumnalibus terra satiata est : vel si qui forte alii naturales effectus circa motum aeris et humores ad variandas temporum qualitates in siderum ordinatissima conversione notati sunt, de quibus dictum est cum conderentur : « Et sint in signis et temporibus et in diebus et in annis (*Gen.*, I, 14). » Si quæ autem figuræ similitudinum non tantum de cælo et de sideribus, sed etiam de inferiori creatura ducuntur ad dispensationem sacramentorum, eloquentia quædam est doctrinæ salutaris, movendo affectui discentium accommodata, a visibilibus ad invisibilia, a corporalibus ad spiritalia, a temporalibus ad æterna.

CAPUT VIII. — 14. Nec quisquam nostrum adtendit quod eo tempore, quo Pascha celebramus, sol in ariete est, sicut illi appellant quemdam siderum locum, ubi revera mense novorum invenitur : sed sive illi arietem, sive aliquid aliud eamdem partem cæli vocare voluerint, nos de Scripturis sanctis hoc didicimus, quod omnia sidera Deus condidit, et locis cælestibus quibus voluit, ordinavit : quæ stellis distincta et ordinata in quaslibet partes dividant, quibuslibet vocabulis notent, ubi-

---

(*a*) Editi, *in vobis*. At MSS. habent *in vos* ; juxta græcum textum, εἰς ὑμᾶς

les astres l'ordre et la division qu'ils veulent, leur donner le nom qui leur plaira, partout où sera le soleil, au mois où la nature se renouvelle, la célébration de la Pâque l'y trouvera, en signe de ce renouvellement mystérieux de la vie dont nous avons parlé plus haut. Si la sainte Écriture avait voulu donner le nom de Bélier à cette partie du ciel que les astronomes appellent ainsi, elle n'aurait pas craint de le faire, et d'en tirer quelques figures symboliques, pour exprimer ses mystères, comme elle en a tiré des autres créatures du ciel et de la terre, par exemple, d'Orion, des Pléiades, du mont Sinaï, du mont Sion, des fleuves appelés Géon, Thison, Tigre, Euphrate et du Jourdain, dont le nom est si souvent répété dans les livres saints, comme figure de quelques mystères.

15. Mais quelle différence il y a entre observer les astres, pour voir et examiner l'état de l'atmosphère comme le font les agriculteurs et les marins, ou les pilotes pour marquer les parties du monde et diriger leur course, ou les voyageurs qui s'avancent dans les déserts de sable de notre contrée méridionale, sans voie ni chemins tracés, ou bien encore ceux qui font mention de quelques astres, pour en emprunter des images propres à exprimer quelque chose d'utile ! Quelle différence, dis-je, il y a entre les observations fructueuses, et la folie de ces hommes qui n'observent les astres ni pour déterminer l'état de l'atmosphère ou la route qu'ils doivent suivre dans des régions inconnues, ni pour établir par le calcul la distribution des temps, ni pour en tirer des comparaisons avec les choses spirituelles, mais pour y découvrir ce qui doit fatalement arriver.

CHAPITRE IX. — 16. Voyons maintenant pourquoi l'on a soin que la célébration de la Pâque soit précédée du jour du sabbat, car ce soin est particulier à la religion chrétienne. Les Juifs, pour la célébration de leur Pâque, observant seulement le mois du renouvellement, depuis le quatorzième jusqu'au vingt et unième jour de la lune. Mais comme l'année où le Seigneur mourut, la Pâque arriva de manière que le jour du sabbat se rencontra entre sa mort et sa résurrection, nos pères crurent à propos de joindre cette coutume à celle des Juifs, pour distinguer notre solennité de la leur, et pour que dans la suite les chrétiens observassent, dans la célébration annuelle de la passion du Sauveur, ce qui n'a pas été fait en

---

cumque sol esset mense novorum, illic eum reperiret hæc celebratio, propter similitudinem sacramenti renovandæ vitæ, de qua satis supra disseruimus. Quod si iste locus ille siderum aries vocari posset, propter aliquam figuræ congruentiam, neque de hujusmodi ti eret sermo divinus aliquam sacramenti similitudinem ducere; sicut de aliis non solum cælestibus, sed etiam terrestribus creaturis; sicut de Orione et Plejadibus; sicut de monte Sina et de monte Sion; sicut de fluminibus quæ vocantur, Geon, Phison, Tigris, Euphrates; sicut de ipso toties in sanctis mysteriis (a) nominato fluvio Jordane rerum figurate insinuandarum mysticas similitudines adduxit.

15. Sed quantum intersit inter siderum observationes ad aerias qualitates accommodatas, sicut agricolæ vel nautæ observant; aut ad notandas partes mundi cursumque aliquo et alicunde dirigendum, quod gubernatores navium faciunt, et ii qui per solitudines arenosas in interiora Austri nulla semita certa vel recta gradiuntur; aut cum ad aliquid in doctrina utili figurate significandum, fit nonnullorum siderum aliqua commemoratio: quantum ergo intersit inter has utilitates, et vanitates hominum ob hoc observantium sidera, ut nec aeris qualitates, nec regionum vias, nec solos temporum numeros, nec spiritalium similitudines, sed quasi fatalia rerum jam eventa perquirant, quis non intelligat?

CAPUT IX. — 16. Sed jam deinceps videamus cur etiam id observetur, cum Pascha celebratur, ut sabbatum occurrat, hoc enim proprium Christianæ religionis est. Nam Judæi mensem novorum tantummodo et lunam observant a quartadecima usque ad vicesimam primam. Sed quia illud eorum Pascha, quo passus est Dominus, ita occurrit, ut inter mortem ejus et resurrectionem medius esse sabbati dies, addendum patres nostri censuerunt, ut et nostra festivitas a Judæorum festivitate distingueretur; et quod non frustra factum esse credendum est ab illo, qui est ante tempora, et per quem facta sunt tempora, et qui venit in plenitudine temporum, et qui potestatem habebat ponendi animam suam et iterum recipiendi eam, et ideo non fatalem,

---

(a) Editi et MSS. plures *nobilitato* alii septem *nominato*.

vain comme on doit le croire, par celui qui est avant les temps et qui les a faits, par celui qui est venu dans la plénitude des temps, qui avait le pouvoir de quitter son âme et de la reprendre, et qui attendait non l'heure marquée par le destin, mais celle qui lui paraissait la plus propice pour l'institution du sacrement qu'il voulait établir, lorsqu'il disait à sa mère : « Mon heure n'est pas encore venue (*Jean*, II, 4). »

17. Ce que nous embrassons maintenant par la foi et l'espérance, comme je l'ai dit plus haut et ce que nous voulons acquérir par la charité, c'est un saint et éternel repos, exempt de toutes fatigues et de toutes peines, et nous y arrivons, en sortant de cette vie par ce passage que Notre Seigneur Jésus-Christ a daigné nous signaler et consacrer par sa passion. Il n'y a pas toutefois dans ce repos une inactive indolence, mais une ineffable tranquillité dans une action qui ressemble au repos ; et c'est ainsi que nous nous reposerons des travaux de cette vie, pour nous réjouir dans l'action de la vie future. Mais comme cette action consiste à louer Dieu, sans fatigue de corps, sans les angoisses des chagrins, il ne faut pas croire que le repos par lequel nous passons à cette action soit accompagné d'un travail quelconque et que le repos cesse pour nous, lorsque pour nous commence cette sainte action, car elle ne nous ramène pas aux travaux et aux soucis de cette vie, mais conserve en elle-même tout ce qui constitue le repos, c'est-à-dire l'éloignement de toute fatigue dans l'œuvre, de toute fluctuation dans la pensée. Or, comme c'est par le repos que nous revenons à cette première vie d'où l'âme est tombée dans le péché, ce repos nous est figuré par le sabbat, et cette première vie, qui est rendue à ceux qui ont accompli leur pèlerinage sur la terre, et qui reçoivent comme « l'enfant prodigue la première robe » à leur retour dans la maison paternelle, est figurée par le jour que nous appelons le jour du Seigneur. Cherchez les sept jours dans la Genèse et vous verrez que le septième n'a pas de soir, parce qu'il représente un repos qui n'a pas de fin. La première vie de l'homme n'a pas été éternelle à cause de son péché ; mais le dernier repos sera éternel, et l'éternelle béatitude est réservée au huitième jour, parce que le repos éternel est dans le huitième jour, mais ne s'y termine pas, car alors il ne serait pas éternel. Ainsi le huitième jour sera le même que le premier, pour marquer que la première vie de

sed opportunam sacramento, quod commendare instituerat, horam exspectabat, cum diceret, « Nondum venit hora mea (*Johan.*, II, 4), » in anniversaria passionis ejus celebratione a posteris servaretur.

17. Quod enim nunc, ut superius dixi, fide ac spe gerimus, atque ut ad id perveniamus dilectione satagimus, requies est quædam ab omni labore omnium molestiarum sancta atque perpetua : in eam nobis ex hac vita fit transitus, quem Dominus noster Jesus Christus sua passione præmonstrare ac consecrare dignatus est. Inest autem in illa requie non desidiosa segnitia, sed quædam ineffabilis tranquillitas actionis otiosæ. Sic enim ab hujus vitæ operibus in fine requiescitur, ut in alterius vitæ actione gaudeatur. Sed quia talis actio in Dei laude agitur, sine labore membrorum, sine angore curarum, non ad eam sic transitur per quietem, ut ipsi labor succedat, id est non sic esse actio incipit, ut esse desinat quies : neque enim reditur ad labores et curas ; sed permanet in actione quod ad quietem pertinet, (*a*) nec in opere laborare, nec in cogitatione fluctuare. Quia ergo per requiem ad primam vitam reditur, unde anima lapsa est in peccatum, propterea sabbato requies significatur. Illa autem vita prima, quæ de peregrinatione redeuntibus, et primam stolam accipientibus redditur, per unam sabbati, quem diem Dominicum dicimus, figuratur. Quære septem dies Genesim legens, invenies septimum sine vespera, quia requiem sine fine significat. Prima ergo vita non fuit sempiterna peccanti : requies autem ultima sempiterna est, ac per hoc et octavam sempiternam beatitudinem habebit, quia requies illa, quæ sempiterna est, excipitur ab octavo, non exstinguitur : neque enim esset aliter sempiterna. Ita ergo erit octavus qui primus, ut prima vita non tollatur, sed reddatur æterna.

CAPUT X. — 18. Sabbatum tamen commendatum est priori populo in otio corporaliter celebrandum, ut figura esset sanctificationis in requie Spiritus sancti. Nusquam enim legimus in Genesi sanctificationem per omnes priores dies, sed de solo sabbato dictum est : « Et sanctificavit Deus diem septimum (*Gen.*, II, 3). » Amant enim requiem sive piæ animæ sive iniquæ ; sed qua perveniant ad

(*a*) Ita MSS. omnes. At Lov. habet, *neque enim in opere laboratur, neque in cogitatione fluctuatur.*

l'homme n'est pas anéantie, mais qu'elle lui est rendue pour l'éternité.

CHAPITRE X. — 48. Il a été prescrit au peuple juif de célébrer le sabbat par l'abstention de tout travail corporel, afin que ce repos corporel représentât la sanctification qui nous est donnée dans le repos de l'Esprit-Saint. En effet, nous ne voyons nulle part dans la Genèse, qu'il soit fait mention de sanctification pour les six premiers jours de la semaine, mais en parlant du sabbat elle dit : « Et Dieu sanctifia le septième jour (*Gen.*, II, 3). » Toutes les âmes aiment le repos, celles qui sont pieuses, comme celles qui ne le sont pas. Mais la plupart ignorent les moyens de parvenir à ce qu'elles aiment. Les corps inanimés eux-mêmes tendent au repos par leur propre poids, comme les âmes par leurs aspirations. Car de même que les corps sont emportés par leur poids soit en bas soit en haut, jusqu'à ce que parvenus au point vers lequel ils tendent, ils y trouvent le repos, comme l'huile qui va en bas, si elle est dans l'air, ou qui s'élève si on le met dans l'eau, de même l'âme ne tend à ce qu'elle aime, que pour s'y reposer quand elle y est parvenue. Il y a bien il est vrai beaucoup de choses qui plaisent à l'âme par l'impression qu'elles font sur le corps, mais dans lesquelles elle ne trouve pas le repos éternel, ni même un repos de quelque durée. Ces choses ne font que la souiller, l'appesantir et gêner le poids qui lui est naturel, et qui la porte vers les régions supérieures. Lorsque l'âme cherche et trouve sa joie en elle-même, elle ne la cherche pas dans une chose immuable, et par là elle est coupable d'orgueil, en se prenant pour ce qu'il y a de plus élevé tandis que Dieu est bien au-dessus d'elle. Aussi un tel péché ne reste-t-il pas impuni, car Dieu résiste aux superbes, et ne donne sa grâce qu'aux humbles (*Jacq.*, IV, 6). » Mais lorsqu'elle cherche sa joie en Dieu, elle y trouve le repos qu'elle cherchait vainement ailleurs sans jamais le trouver. C'est pourquoi le Psalmiste nous dit : « Mettez votre joie dans le Seigneur, et il vous accordera ce que votre cœur demande (*Psaum.*, XXXVI, 4). »

19. Si la Genèse ne parle de sanctification que pour le septième jour, où le repos est ordonné, c'est parce que, comme le dit l'Apôtre, « la charité de Dieu s'est répandue dans nos cœurs par les dons du Saint-Esprit (*Rom.*, V, 5), » qui sont au nombre de sept. Ce n'est donc qu'avec l'aide et les dons de Dieu que nous pouvons faire le bien, comme le dit l'Apôtre : « C'est Dieu qui opère en vous et le vouloir et le faire selon qu'il lui plaît (*Philip.*, II, 13). » Nous ne pouvons également nous reposer de nos bonnes œuvres de cette vie, que par les dons de celui qui nous mettra pour l'éternité en possession du véritable et parfait sabbat. Voilà pourquoi il est dit de Dieu : « Après avoir fait tous ces ouvrages, et les avoir trouvés très-bons, il se reposa, le septième jour, de tout ce qu'il avait fait (*Gen.*, I, 31 ; II, 2). » L'Ecriture nous indiquait par ce repos, celui que Dieu donnera aux hommes après leurs bonnes

---

illud quod amant, plurimæ nesciunt: nec aliquid appetunt etiam ipsa corpora ponderibus suis, nisi quod animæ amoribus suis. Nam sicut corpus tamdiu nititur pondere, sive deorsum versus, sive sursum versus, donec ad locum quo nititur veniens conquiescat; pondus quippe olei si dimittatur in aere, deorsum ; si autem sub aquis, sursum nititur : sic animæ ad ea quæ amant propterea nituntur, ut perveniendo requiescant. Et multa quidem per corpus delectant, sed non est in eis æterna requies, nec saltem diuturna ; et propterea magis sordidant animam, et aggravant potius, ut sincerum ejus pondus, quo in superna fertur, impediant. Cum ergo anima seipsa delectatur, nondum re incommutabili delectatur ; et ideo adhuc superba est, quia se pro summo habet, cum superior sit Deus. Nec in tali peccato impunita relinquitur, quia « Deus superbis resistit, humilibus autem dat gratiam (*Jac.*, IV, 6). » Cum autem Deo delectatur, ibi veram, certam, æternam invenit requiem, quam in aliis quærebat, nec inveniebat. Proinde admonetur in Psalmo ; « Delectare in Domino, et dabit tibi petitiones cordis tui (*Psal.*, XXXVI, 4). »

19. Quia ergo « caritas Dei diffusa est in cordibus nostris per Spiritum-sanctum, qui datus est nobis (*Rom.*, V, 5), » ideo sanctificatio in septimo die commemorata est, ubi requies commendatur. Quia vero nec bene operari possumus, nisi dono ejus adjuti, sicut dicit Apostolus, « Deus enim est qui operatur in vobis et velle et operari pro bona voluntate (*Phil.*, II, 13), » nec requiescere poterimus post omnia bona opera nostra, quæ in hac vita gerimus, nisi ejus

œuvres. Ainsi, de même que l'Ecriture nous dit que, lorsque nous faisons le bien c'est Dieu qui opère en nous, et que nos bonnes œuvres sont un effet de sa grâce, de même elle nous dit que lorsque nous nous reposons, c'est Dieu qui se repose en nous, et que ce repos est un bienfait de sa charité.

CHAPITRE XI. — 20. Dans les trois premiers préceptes du Décalogue qui regardent Dieu, le troisième prescrit l'observation du sabbat, car les sept autres concernent l'homme, c'est-à-dire le prochain, « et la loi tout entière est comprise dans deux préceptes (*Matt.*, XXII, 40). » Le premier de ces trois préceptes nous désigne le Père, et nous défend d'adorer toute image de Dieu fabriquée par la main de l'homme, non point parce qu'il n'y a pas d'image de Dieu, mais parce qu'on ne doit pas adorer d'autre image de Dieu, que celle qui est ce qu'il est lui-même, et qu'on ne doit pas adorer cette image au lieu de lui, mais avec lui : et parce que la créature est sujette au changement, il est dit : « toute créature est sujette à la vanité (*Rom.*, VIII, 20), » et chacune en particulier nous fait voir la nature de toutes. C'est pour que nous ne rangions pas parmi les créatures le Fils, ce Verbe de Dieu par qui tout a été fait, que le second précepte dit : « Vous ne prendrez pas en vain le nom du Seigneur votre Dieu (*Exod.*, XX, 7. ; *Deuter.*, V, 11). » Le troisième précepte de la loi, qui prescrit l'observation du sabbat nous désigne le Saint-Esprit, dans lequel nous est donné le repos que nous aimons, mais que nous ne pouvons trouver qu'en aimant Dieu, « lorsque sa charité se répand dans nos cœurs par le Saint-Esprit que nous avons reçu (*Rom..* V, 5). » Mais ce précepte sur l'observation du sabbat, qui a été donné en mémoire du septième jour que Dieu sanctifia, et dans lequel il se reposa de ses œuvres, ne doit pas nous faire croire au repos pendant cette vie, mais diriger l'intention de nos bonnes œuvres vers le repos éternel qui nous est réservé. Rappelez-vous ce que je vous ai déjà dit : « Nous sommes sauvés par l'espérance, mais l'espérance qui se voit n'est pas l'espérance. (*Rom.*, VIII, 24). »

21. Ce n'est que pour entretenir et enflammer le feu de l'amour et de la charité qui tantôt élève notre âme vers les régions supé-

---

dono ad æternitatem sanctificati atque (*a*) perfecti : propterea de ipso Deo dicitur, quia « cum fecisset omnia opera valde bona, septimo die requievit ab omnibus, operibus suis quæ fecit (*Gen.*, I, 3 *et* II, 2). » Futuram enim requiem significabat, quam post bona opera daturus erat nobis hominibus. Sicut enim cum bene operamur, ipse dicitur operari in nobis, cujus munere bene operamur : ita cum requiescimus, ipse requiescere dicitur, quo donante requiescimus.

CAPUT XI. — 20. Hinc est quod etiam in tribus primis præceptis Decalogi quæ ad Deum pertinent, (cetera enim septem ad proximum pertinent, id est ad hominem, quia in duobus præceptis tota Lex pendet (*Matt.*, XXII, 40), tertium ibi de observatione sabbati positum est : ut in primo præcepto Patrem intelligamus, ubi prohibetur coli aliqua in figmentis hominum Dei similitudo ; non quia non habet imaginem Deus, sed quia nulla imago ejus coli debet, nisi illa quæ hoc est quod ipse ; nec ipsa pro illo sed cum illo. Et quia creatura mutabilis est, ac propterea dicitur « omnis creatura vanitati subjecta (*Rom.*, VIII, 20), « quoniam natura universi etiam in parte monstratur ; ne quisquam Filium Dei Verbum, per quod facta sunt omnia, putaret esse creaturam, sequitur aliud præceptum : « Non accipies in vanum nomen Domini Dei tui (*Exodi*, XX, 7 ; *Deut.*, V, 2). » Spiritus autem sanctus, in quo nobis illa requies tribuitur, quam ubique amamus, sed nisi Deum amando, non invenimus, cum caritas ejus diffunditur in cordibus nostris per Spiritum-sanctum qui datus est nobis (*Rom.*, V, 5), quia (*b*) sanctificavit Deus diem septimum in quo requievit, tertio præcepto legis insinuatur, quod scriptum est de observatione sabbati ; non ut jam in ista vita nos quiescere existimemus, sed ut omnia quæ bene operamur non habeant intentionem, nisi in futuram, requiem sempiternam. Memento enim maxime, quod jam supra commemoravi, quod « spe salvi facti sumus ; spes autem quæ videtur non est spes (*Rom.*, VIII, 24). »

21. Ad ipsum autem ignem amoris nutriendum et (*c*) flandum quodammodo, quo tamquam pondere sursum vel introrsum referamur ad requiem,

---

(*a*) Floriac. MS. *atque perfecti sabbati perveneritis ; propterea* etc.
(*b*) Editi, *qui datus est nobis. Quia ergo sanctificavit* etc. sed concinnior lectio est interpunctione mutata, et sublata particula, *ergo*, quæ ab omnibus MSS. abest.
(*c*) Sic in MSS. plurimis. At in editis habetur, *et flammandum*.

rieures, tantôt la fait rentrer en elle-même pour y trouver le repos, que nous sont présentées toutes ces vérités sous des images symboliques. Elles font en effet plus d'impression sur notre esprit, et enflamment mieux notre amour, que si elles nous étaient présentées sans voile et sans aucune comparaison avec les mystères. Il est assez difficile d'en expliquer la raison, cependant c'est un fait, qu'une chose qui nous est présentée sous le voile de l'allégorie, nous frappe, nous charme, davantage et nous parait plus importante que si on nous l'exposait en termes clairs et ordinaires. Je crois que c'est parce que notre âme, tant qu'elle est encore engagée dans des pensées terrestres, est plus lente à s'enflammer, tandis qu'au contraire, lorsqu'elle est portée vers les choses spirituelles par des similitudes corporelles qui en sont les emblèmes, elle acquiert dans cette transition une vigueur nouvelle; aspire avec plus d'ardeur et d'amour, au repos éternel comme le feu d'une torche s'allume plus facilement quand elle est agitée.

CHAPITRE XII. — 22. Parmi les dix préceptes du Décalogue, il n'y a donc que celui qui concerne le sabbat dont l'observation soit symbolique, et nous le comprenons aujourd'hui tout autrement que par la cessation de tout travail corporel; car le sabbat est la figure de ce repos spirituel dont il est dit dans le psaume : « Soyez dans le repos, et voyez que c'est moi qui suis Dieu (*Psaum.*, XLV, 11): » ce repos où sont appelés les hommes par Dieu même qui leur dit : « Venez à moi vous tous qui êtes dans les peines et sous le poids des tribulations, et je vous soulagerai ; prenez mon joug sur vous et apprenez de moi que je suis doux et humble de cœur, et vous trouverez le repos de vos âmes (*Matth.*, XI, 28). » Les autres préceptes du Décalogue, nous les observons tels qu'ils sont donnés, sans y attacher aucun sens figuratif. En effet, nous savons tous qu'il ne faut pas adorer les idoles (*Exod.*, XX, 3), prendre en vain le nom du Seigneur, honorer notre père et notre mère, ne pas commettre d'adultère, ne pas tuer ni voler, ne pas porter de faux témoignage, ne pas désirer la femme du prochain, ne pas convoiter le bien d'autrui (*Deut.*, V, 7). Tous ces commandements n'offrent rien de figuratif, et nous les observons selon le sens propre des mots. Nous ne sommes pas cependant tenus d'observer littéralement le jour du sabbat, comme le font les juifs, c'est-à-dire par la cessation de tout travail corporel, car cette observation, telle qu'elle est prescrite, serait ridicule, si on ne la comprenait pas dans

ista omnia pertinent, quæ nobis figurate insinuantur : plus enim movent et accendunt amorem, quam si nuda sine ullis sacramentorum similitudinibus ponerentur. Cujus rei caussam difficile est dicere. Sed tamen ita se habet, ut aliquid per allegoricam significationem intimatum plus moveat, plus delectet, plus honoretur, quam si verbis propriis diceretur apertissime. Credo quod ipse animæ motus quamdiu rebus adhuc terrenis implicatur, pigrius inflammatur : si vero feratur ad similitudines corporales, et inde referatur ad spiritalia, quæ illis similitudinibus figurantur, ipso quasi transitu vegetatur, et tamquam in facula ignis agitatus accenditur, et ardentiore dilectione rapitur ad quietem.

CAPUT XII. — 22. Ideoque inter omnia illa decem præcepta solum ibi, quod de sabbato positum est, figurate observandum præcipitur, quam figuram nos intelligendam, non etiam per otium corporale celebrandam suscepimus. Cum enim sabbato significatur spiritalis requies, de qua dictum est in Psalmo; « Vacate et videte quoniam ego sum Deus (*Psal.*, XLV, 11) : » et quo vocantur homines ab ipso Domino dicente ; « Venite ad me omnes qui laboratis et onerati estis, et ego vos reficiam : tollite jugum meum super vos, et discite a me, quia mitis sum et humilis corde, et invenietis requiem animabus vestris (*Matt.*, XI, 28) : » cetera tamen ibi præcepta proprie sicut præcepta sunt, sine ulla figurata significatione observamus. Nam et idola non colere manifeste didicimus (*Exodi*, XX, 3) ; et non accipere in vanum nomen Domini Dei nostri, et honorare patrem et matrem, et non mœchari, non occidere, non furari, non falsum testimonium dicere, non concupiscere uxorem proximi, non concupiscere ullam rem proximi (*Deut.*, V, 7), non figurate aliud prætendunt, et mystice aliud significant ; sed sic observantur ut sonant. Observare tamen diem sabbati non ad litteram jubemur, secundum otium ab opere corporali, sicut observant Judæi : et ipsa eorum observatio, quæ ita præcepta est, nisi aliam quamdam spiritalem requiem significet, ridenda judicatur. Unde non inconvenienter intelligimus ad amorem excitandum, quo ad requiem tendimus, valere omnia quæ figurate in Scripturis dicuntur ; quandoquidem id solum in

le sens d'un repos spirituel. De tout cela nous pouvons conclure avec raison que toutes ces figures renfermées dans les Saintes Ecritures tendent uniquement à exciter notre amour pour cet éternel repos auquel nous aspirons, puisque dans le Décalogue il n'y a de figuratif que le précepte concernant le repos, objet de tous nos vœux et de notre amour, mais qu'on ne peut trouver véritablement et saintement qu'en Dieu seul.

CHAPITRE XIII. — 23. Cependant le huitième jour a été, par la résurrection de Jésus-Christ, déclaré le jour du Seigneur, non pour les juifs, mais pour les chrétiens, qui par cette raison ont commencé à le célébrer. Avant la résurrection du corps, les âmes de tous les saints sont déjà dans le repos, mais non pas encore dans cette action divine qui vivifiera les corps quand les âmes les auront repris. Cette action est représentée par le huitième jour qui est aussi le premier, pour nous faire comprendre que la résurrection ne détruit pas ce saint repos, mais qu'elle le glorifie. En effet, avec le corps ne reviendront pas les peines et les tribulations qu'il éprouvait sur la terre, puisqu'alors, selon les paroles de l'Apôtre, il n'y aura plus de corruption, « car il faut que tout ce qui est corruptible en nous devienne incorruptible, et que ce corps mortel soit revêtu de l'immortalité (1 *Corinth.*, XV, 53). » Avant la résurrection du Seigneur le mystère du huitième jour, symbole de la résurrection n'était pas ignoré des saints patriarches que Dieu avait remplis de l'esprit prophétique, comme on le voit par le psaume intitulé « pour le huitième jour, » et par la cérémonie de la circoncision des enfants pratiquée le huitième jour après leur naissance, et par ce passage de l'Ecclésiaste, où il est dit, pour désigner les deux Testaments : « Donnez sept à ceux-ci, et huit à ceux-là (*Ecclé.*, XI, 2). » Avant la résurrection du Seigneur, dis-je, ce mystère du huitième jour était resté caché aux autres hommes, et réservé aux seuls chrétiens. Il n'y avait dans l'ancienne loi que la célébration du sabbat qui fût ordonnée. Les morts demeuraient bien déjà en repos, personne n'était encore ressuscité d'entre les morts, pour ne plus mourir, et sur qui la mort n'eût plus d'empire. La célébration du jour du Seigneur, c'est-à-dire du huitième jour qui est aussi le premier, ne pouvait commencer à être sanctifiée, qu'après l'accomplissement de cette résurrection dans le corps de Jésus-Christ, car il fallait que l'Eglise vît d'abord se réaliser dans son chef, ce que le corps de l'Eglise espère à la fin des siècles. C'est aussi pourquoi les juifs, pour la célébration de leur Pâque où ils devaient immoler et manger un agneau, image

---

Decalogo figurate præcipitur, ubi requies commendatur, quæ ubique amatur, sed in solo Deo certa et sancta invenitur.

CAPUT XIII. — 23. Dies tamen Dominicus non Judæis, sed Christianis resurrectione Domini declaratus est, et ex illo habere cœpit festivitatem suam. Animæ quippe omnium sanctorum ante resurrectionem corporis sunt quidem in requie, sed in ea non sunt actione, qua corpora recepta vegetantur. Talem quippe actionem significat dies octavus, qui et primus, quia non aufert illam requiem, sed glorificat. Non enim redit cum corpore difficultas ex corpore, quia nec corruptio. « Oportet enim corruptibile hoc indui incorruptionem, et mortale hoc indui immortalitatem (1*Cor.*, XV, 53). » Quapropter ante resurrectionem Domini, quamvis sanctos patres plenos prophetico spiritu octavi sacramentum nequaquam lateret, quo significatur resurrectio : (nam et pro octavo Psalmus inscribitur, et octavo die circumcidebantur infantes, et in Ecclesiaste ad duorum Testamentorum significationem dicitur, « Da illis septem et illis octo (*Eccli.*, XI, 2): » reservatum est tamen et occultatum, et solum celebrandum sabbatum traditum est; quia erat antea requies mortuorum : resurrectio autem nullius erat, (*a*) qui resurgens ex mortuis, jam non moreretur, et mors illi ultra non dominaretur, ut postquam facta est talis resurrectio in corpore Domini (ut præiret in capite Ecclesiæ, quod corpus Ecclesiæ speraret in fine) jam etiam dies Dominicus, id est octavus, qui et primus, inciperet celebrari. Ipsa etiam caussa intelligitur, cur observandum Pascha, ubi (*b*) ovem occidere et comedere jubentur, quod manifestissime passionem Domini præfigurat, non eis ita præceptum est, ut attenderent occurrere sabbatum, et cum mense no-

---

(*a*) Editi, *nullius erat, donec veniret Christus, qui resurgens* etc. At MSS carent his verbis, *donec veniret Christus.*
(*b*) Editi, *agnum occidere.* MSS. autem habent, *ovem* : quam vocem hac in re frequens usurpat Augustinus, juxta græcum textum, qui πρόβατον habet, uti observat in q. 42 super Exodum.

manifeste de la passion du Seigneur, n'étaient pas obligés d'attendre que le jour du sabbat se rencontrât dans le mois du renouvellement avec le commencement de la troisième semaine de la lune. Jésus-Christ se réservait de marquer par sa passion ce huitième jour, qui est aussi le premier, et qui devait être appelé le jour du Seigneur.

CHAPITRE XIV. — 24. Faites maintenant attention aux trois jours consacrés par le crucifiement, la sépulture et la résurrection du Sauveur. Le premier représenté par la croix, c'est le temps de la vie présente ; mais la foi et l'espérance peuvent seules nous faire attendre à ce que les deux autres jours nous représentent par la sépulture et la résurrection. Car dans le temps de cette vie, Jésus-Christ dit à l'homme : « Prenez votre croix et me suivez (*Matt*., xvi, 24). » Or, la chair est crucifiée par la mortification de nos membres qui sont sur la terre, c'est-à-dire la fornication, l'impureté, luxure, l'avarice et les autres vices de cette espèce dont le même Apôtre dit: « Si vous vivez selon la chair, vous mourrez, mais si vous faites mourir par l'esprit les œuvres de la chair, vous vivrez (*Rom*., viii, 13) ; » et il dit de lui-même : « Le monde est crucifié pour moi, et je le suis pour le monde (*Gal*., vi, 14). » Et ailleurs encore : « Sachons que notre vieil homme a été crucifié avec lui, afin que le corps du péché soit détruit, et que nous ne soyons plus asservis au péché (*Rom*., vi, 6). » Ainsi le temps de la croix est celui où nos bonnes œuvres tendent à détruire le corps du péché et à effacer l'homme extérieur, pour que l'homme intérieur se renouvelle de jour en jour.

25. Ces œuvres quoique bonnes sont cependant encore pénibles, mais le repos éternel en est la récompense. C'est pourquoi l'Apôtre nous dit : « Réjouissez-vous dans l'espérance, » afin qu'en pensant au repos qui nous est réservé, nous supportions avec joie le travail et les peines. La joie est représentée par la largeur de la croix dans la traverse de bois où les mains sont clouées. Par les mains on entend les œuvres, et par la largeur la joie de celui qui travaille, parce que la joie dilate le cœur et que la tristesse le resserre. Le haut de la croix où touche la tête, représente l'espérance de la rétribution que nous attendons de la sublime justice de Dieu, qui rendra à chacun selon ses œuvres, et qui « accordera la vie éternelle à ceux qui, par leur persévérance dans les bonnes œuvres cherchent la gloire, l'honneur et l'immortalité. «La longueur de la croix, où tout le corps est étendu, exprime la patience, car la longanimité caractérise ceux qui sont patients. Enfin la partie de la croix qui est enfoncée dans la terre marque la profondeur du mystère. Dans cette explication de la croix vous

---

vorum ad tertiam lunæ hebdomadam concurrere, ut eumdem quoque diem Dominus potius sua passione signaret, qui etiam Dominicum, id est, octavum, qui et primus est, declaraturus advenerat.

CAPUT XIV. — 24. Attende igitur sacratissimum triduum crucifixi, sepulti, suscitati. Horum trium quod significat crux, in præsenti agimus vita : quod autem significat sepultura et resurrectio, fide ac spe gerimus. Nunc enim dicitur homini : « Tolle crucem tuam, et sequere me (*Matt*., xvi, 24). » Cruciatur autem caro, cum mortificantur membra nostra, quæ sunt super terram, fornicatio, immunditia, luxuria, avaritia, et cetera hujusmodi, de quibus idem dicit; « Si secundum carnem vixeritis, moriemini : si autem spiritu facta carnis mortificaveritis, vivetis (*Rom*., viii, 13). » Hinc etiam de seipso dicit; « Mundus mihi crucifixus est, et ego mundo (*Gal*., vi, 14). » Et alio loco; « Scientes, » inquit, « quia vetus homo noster simul crucifixus est cum illo, ut evacuetur corpus peccati, ut ultra non serviamus peccato (*Rom*., vi, 6). » Quamdiu ergo id agunt opera nostra ut evacuetur corpus peccati. quamdiu exterior homo corrumpitur, ut interior renovetur de die in diem, tempus est crucis.

25. Hæc sunt etiam bona opera quidem, tamen adhuc laboriosa, quorum merces est requies : sed ideo dicitur, « Spe gaudentes, » ut cogitantes requiem futuram, cum hilaritate in laboribus operemur. Hanc hilaritatem significat crucis latitudo in transverso ligno, ubi figuntur manus. Per manus enim opera intelligimus; per latitudinem hilaritatem operantis, quia tristitia facit angustias; per altitudinem vero cui caput adjungitur, expectationem retributionis de sublimi justitia Dei, qui reddet unicuique secundum opera sua, iis quidem qui secundum tolerantiam boni operis gloriam, et honorem, et incorruptionem quærentibus vitam æternam. Itaque longitudo, qua totum corpus extenditur, ipsam tolerantiam significat, unde longanimes dicuntur qui tolerant. Profundum au-

devez, si je ne me trompe, vous rappeler les paroles de l'Apôtre : « Afin qu'étant enracinés et fondés dans la charité, vous puissiez comprendre avec tous les saints quelle est la longueur, la largeur, la hauteur, la profondeur de ce mystère (*Éphés.*, III, 17). » Ce que nous ne voyons ni ne possédons pas encore, mais que nous embrassons par la foi et l'espérance est figuré dans les deux autres jours de la sépulture et de la résurrection. Les choses que nous sommes obligés de faire dans cette vie, attachés dans la crainte de Dieu comme par les clous de ses préceptes, ne sont pas de celles qui sont désirables par elles-mêmes, quoique nécessaires à notre salut. C'est ce qui fait dire à l'Apôtre : « Transpercez mes chairs des clous de votre crainte (*Ps.*, CXVIII, 120), » et lui fait désirer avant tout « d'être dégagé des liens du corps, et d'être avec Jésus-Christ, » mais il ajoute : « Il est nécessaire pour votre bien que je demeure dans ce corps (*Philip.*, I, 23). » Ce que saint Paul appelle « être dégagé des liens du corps et être avec Jésus-Christ, » est le commencement de ce repos, qui n'est pas interrompu, mais glorifié par la résurrection. Ce repos, nous le possédons déjà par la foi, parce que « le juste vit par la foi (*Habac.*, II, 4). »

Ignorez-vous, dit l'Apôtre, « que nous tous qui avons été baptisés en Jésus-Christ, nous avons été baptisés dans sa mort ? Nous avons donc été ensevelis avec lui par le baptême (*Rom.*, VI, 3). » Comment cela, sinon par la foi ? Car ce mystère n'est pas encore accompli en nous, qui gémissons en nous-mêmes dans l'attente de l'adoption divine et de la rédemption de notre corps. « En effet, c'est en espérance que nous sommes sauvés, mais l'espérance qui se voit n'est pas l'espérance. Qui donc espère ce qu'il voit ? Si nous espérons ce que nous ne voyons pas, nous l'attendons par la patience (*Rom.*, VIII, 24). »

26. Rappelez-vous ce que je vous ai déjà si souvent répété. Nous ne devons pas dans cette vie prétendre au bonheur parfait et à la délivrance de toute peine. Gardons-nous donc de murmurer d'une bouche sacrilége contre Dieu, comme s'il ne tenait pas sa promesse. Il nous a promis, il est vrai, ce qui est nécessaire à cette vie, mais autres sont les consolations des malheureux, autres les joies des bienheureux. « Seigneur, » dit le psalmiste, « vos consolations ont rempli mon âme de joie selon le grand nombre de douleurs qui l'ont accablée (*Psaum.*, XCIII, 19). » Ne murmurons donc pas

---

tem quod terræ infixum est, secretum sacramenti præfigurat. Recordaris enim, nisi fallor, quæ verba Apostoli in ista designatione crucis expediam, ubi ait : « In caritate radicati atque fundati, ut possitis comprehendere cum omnibus sanctis quæ sit longitudo, latitudo, altitudo et profundum (*Ephes.*, III, 71). » Ea vero quæ nondum videmus, et nondum tenemus, sed fide et spe gerimus, in alio biduo figurata sunt. Hæc enim quæ nunc agimus, tamquam clavis præceptorum in Dei timore confixi, sicut scriptum est, « Confige clavis a timore tuo carnes meas (*Psal.*, CXVIII, 120), » in necessariis deputantur, non in eis quæ per seipsa appetenda et concupiscenda sunt. Unde illud optimum se dicit concupiscere « dissolvi, et esse cum Christo. Manere autem in carne necessarium, » inquit « propter vos (*Phil.*, I, 23). » Quod ergo inquit, « dissolvi, et esse cum Christo », inde incipit requies, quæ non interrumpitur resurrectione, sed clarificatur : quæ tamen nunc fide retinetur; « quia justus ex fide vivit (*Habac.*, II, 4). » « An ignoratis », inquit, « quoniam quicumque baptizati sumus in Christo Iesu, in morte ipsius baptizati sumus? Consepulti ergo illi sumus per baptismum in mortem (*Rom.*, VI, 3). » Unde,

nisi fide? Neque enim jam in nobis perfectum est, adhuc in nobismetipsis ingemiscentibus, et adoptionem exspectantibus, redemptionem corporis nostri. « Spe enim salvi facti sumus. Spes autem quæ videtur, non est spes. Quod enim videt quis, quid sperat? Si autem quod non videmus speramus, per patientiam exspectamus (*Rom.*, VIII, 24). »

26. Quod memento quam sæpe commemorem, ne jam nunc in ista vita nos beatos fieri debere arbitremur, et ab omnibus difficultatibus liberos ; ac sic in angustiis rerum temporalium adversus Deum ore sacrilego murmuremus, quasi non exhibea quod promisit. Promisit quidem etiam huic vitæ necessaria, sed alia sunt solatia miserorum, alia gaudia beatorum. « Domine, » inquit, « secundum multitudinem dolorum meorum in corde meo, exhortationes tuæ jocundaverunt animam meam (*Ps.*, XCIII, 19). » Non ergo murmuremus in difficultatibus, ne perdamus latitudinem hilaritatis, de qua dicitur, « Spe gaudentes ; » quia sequitur, « in tribulatione patientes (*Rom.*, XII, 12). » Nova ergo vita in fide nunc inchoatur, et spe geritur : nam tunc perfecta erit, cum absorbebitur mortale a vita, cum absorbebitur mors in victoriam (I *Cor.*, XV, 54 ; *Ibid.*,

dans les peines, pour ne pas perdre cette joie qui dilate le cœur et dont il est dit : « Réjouissez-vous dans l'espérance, mais aussi, soyez patients dans les tribulations (*Rom.*, XII, 12). » La vie nouvelle commence donc dès à présent par la foi, et se soutient par l'espérance. Mais elle sera parfaite lorsque ce qui est mortel en nous aura été absorbé par la vie (I *Corinth.*, XV, 54), » lorsque la mort aura été anéantie par la victoire, lorsque la mort, notre dernière ennemie aura été détruite, lorsque nous aurons été transformés, et que nous serons devenus égaux aux anges. « En effet, dit l'Apôtre, « nous ressusciterons tous, mais nous ne serons pas tous changés (*Ibid.*, LI). » Et le Seigneur lui-même dit : « Ils seront égaux aux anges de Dieu (*Luc.*, XX, 36). » Car dans cette vie où nous sommes retenus dans la crainte, nous ne pouvons atteindre Dieu que par la foi, mais dans l'autre vie, la charité nous le fera atteindre par la vision. « Tant que nous sommes dans le corps, » dit l'Apôtre, « nous voyageons loin du Seigneur, parce que nous marchons par la foi, et que nous n'en sommes pas encore à la claire vision (II *Corinth.*, V, 6). » C'est pourquoi, lorsqu'il dit, en parlant du but qu'il veut atteindre : « Afin que je parvienne à ce but pour lequel Jésus-Christ m'a pris à lui (*Philip.*, III, 12), » il déclare ouvertement que ce but n'a pas encore été atteint par lui. « Mes frères, » dit-il : « Je ne pense pas être encore arrivé au but, »mais comme notre espérance est certaine et fondée sur la promesse de la vérité même, l'Apôtre, après avoir dit : « Nous avons été ensevelis avec lui pour mourir par le baptême, » ajoute : « Afin que, comme le Christ est ressuscité d'entre les morts pour la gloire de son père, nous marchions dans une vie nouvelle (*Rom.*, VI, 4). » Nous marchons donc dans des peines présentes et réelles, mais dans l'espérance d'une vie nouvelle, car saint Paul dit aussi : « Le corps est mort à cause du péché, mais l'esprit est vivant à cause de la justice. Si donc l'esprit de celui qui a ressuscité Jésus-Christ d'entre les morts habite en vous, celui qui a ressuscité Jésus-Christ d'entre les morts donnera aussi la vie à nos corps mortels, par son esprit qui habite en vous (*Rom.*, VIII, 10). »

27. Voilà, d'après l'autorité des Saintes Ecritures et l'accord unanime de l'Eglise universelle répandue sur toute la terre, ce que nous célébrons, chaque année, à la fête de Pâques.

CHAPITRE XV. — C'est là, comme vous le voyez, un grand et divin mystère. Dans les livres de l'Ancien Testament, il n'y a aucun temps prescrit pour la célébration de la Pâque, si ce n'est qu'elle doit avoir lieu dans le mois du renouvellement, depuis le quatorzième jusqu'au vingt-et-unième jour de la lune. Cependant comme l'Evangile nous fait voir en quel jour Jésus-Christ a été crucifié, celui où il a été

---

26), cum illa novissima inimica destructur mors, cum immutati fuerimus, et æquales Angelis effecti. « Omnes enim, » inquit, « resurgemus, sed non omnes immutabimur (*Ibid.*,51). » Et Dominus, « Erunt, » inquit, « æquales Angelis Dei (*Lucæ*, XX, 36). » Apprehensi enim sumus modo in timore per fidem, tunc autem apprehendemus in caritate per speciem. « Quamdiu enim sumus in corpore, peregrinamur a Domino : per fidem enim ambulamus, non per speciem (II *Cor.*, V, 6). » Ipse itaque Apostolus qui dicit, « ut apprehendam sicut apprehensus sum (*Phil.*, III, 12, 13), » aperte se non apprehendisse confitetur. « Fratres, » inquit, « ego me non arbitror apprehendisse. » Sed tamen quia ipsa spes ex promissione veritatis certa nobis est, cum diceret, « Consepulti igitur sumus illi per baptismum in mortem, » subjunxit et ait, « ut quomodo surrexit Christus ex mortuis per gloriam Patris, ita et nos in novitate vitæ ambulemus (*Rom.*, VIII, 10). » Ambulamus ergo in re laboris, sed in spe quietis : in carne vetustatis, sed in fide novitatis. Dicit enim; Corpus quidem mortuum est propter peccatum spiritus autem (*a*) vita est propter justitiam. Si autem spiritus ejus, qui suscitavit Jesum Christum a mortuis habitat in vobis, qui suscitavit Jesum Christum a mortuis, vivificabit et mortalia corpora vestra per inhabitantem Spiritum ejus in vobis (*Rom.*, VIII, 10). »

27. Hæc et ex auctoritate divinarum Scripturarum et universæ Ecclesiæ, quæ toto orbe diffunditur, consensione, per anniversarium Pascha celebrantur.

CAPUT XV. — In magno utique sicut jam intelligis, sacramento. Et in Scripturis quidem veteribus

---

(*a*) Editi, *vivit*. At MSS. *vita est*, juxta græcum, ζωὴ διὰ δικαιοσύνης.

enseveli et celui de sa résurrection, les conciles des Pères ont ajouté à l'observation prescrite par l'Ancien Testament l'observation de ces jours-là, et ont arrêté que tout le monde chrétien suivrait cette règle pour la célébration de la Pâque.

28. Le jeûne de quarante jours est autorisé dans les anciennes Écritures par le jeûne de quarante jours de Moïse (*Exod.*, XXXIV, 28) et d'Élie (II(*Liv. des Rois*, XIX, 8), et dans l'Évangile, par celui que Notre Seigneur a observé pendant un même nombre de jours (*Matt.*, IV, 2), preuve évidente que l'Évangile ne s'écarte pas de la loi et des prophètes. En effet, la loi est personnifiée en Moïse, les prophètes en Élie, au milieu desquels le Sauveur apparut resplendissant de gloire sur une montagne, pour rendre plus authentiques les paroles de l'Apôtre, « la loi et les prophètes lui rendent témoignage. » Dans quelle partie de l'année pouvait-on donc établir plus convenablement le jeûne du carême, que dans celle qui touche au temps de la passion du Seigneur ? Elle nous représente, en effet, cette vie de labeur que nous passons ici-bas, qui doit être accompagnée de tempérance pour observer le jeûne des plaisirs du monde, de ses trompeuses caresses, et des enchantements dont il ne cesse de nous éblouir et de nous entourer. Le nombre de quarante représente, à ce que je crois, le temps de cette vie, parce qu'il contient le nombre dix, image de notre parfaite béatitude, comme le nombre huit, parce que le huitième jour se trouve le même que le premier. En effet, le nombre dix est composé du nombre sept, qui signifie les créatures, et du nombre trois, qui représente l'unité de la Trinité, qui doit être annoncée au monde jusqu'à la fin des siècles. Et comme le monde est nettoyé et purifié par le souffle des quatre vents, soutenu et conservé par les quatre éléments, et varié par le retour des quatre saisons de l'année, le nombre dix, multiplié par quatre, forme celui de quarante, qui, ajouté à dix, donne celui de cinquante, qui est la figure de la récompense de nos travaux et de notre tempérance. Ce n'est pas en vain que Notre Seigneur, après sa résurrection, est demeuré quarante jours sur la terre, en conversant avec ses disciples, et que dix jours après son ascension au ciel, il leur envoya, le jour de la Pentecôte, l'Esprit Saint qu'il leur avait promis. Ce nombre cinquante figure encore un autre mystère. Le nombre sept, qui représente les sept dons du Saint-Esprit, multiplié par lui-même, fait quarante-neuf, et en ajoutant un, pour revenir au premier, comme le huitième y revient, on a le nombre de cinquante jours que l'on célèbre depuis la résurrection, et qui

---

ad agendum Pascha non est præceptum tempus, nisi ex mense novorum, a luna quarta-decima usque ad vicesimam-primam : ex Evangelio tamen, quia manifestum est, quo etiam die Dominus crucifixus sit, et in sepultura fuerit, et resurrexerit, adjuncta est etiam ipsorum dierum observatio per patrum concilia, et orbi universo Christiano persuasum est eo modo Pascha celebrari oportere.

28. Quadragesima sane jejuniorum habet auctoritatem, et in Veteribus libris ex jejunio Moysi (*Exod.*, XXXIV, 28) et Eliæ (III *Reg.*, XIX, 8): et ex Evangelio (*Matt.*, IV, 2), quia totidem diebus Dominus jejunavit, demonstrans Evangelium non dissentire a Lege et Prophetis. In persona quippe Moysi, lex ; in persona Eliæ, Prophetæ accipiuntur, inter quos et in monte gloriosus apparuit ; ut evidentius emineret quod de illo dicit Apostolus, « testimonium habens a Lege et Prophetis. In qua ergo parte anni congruentius observari Quadragesimæ constitueretur, nisi confini atque contigua Dominicæ passioni ? Quia in ea significatur hæc vita laboriosa, cui opus est continentia, ut ab ipsius mundi amicitia jejunetur ; quæ utique fallaciter blandiri et illecebrarum fucos circumspargere atque jactare non cessat. Numero autem quadragenario vitam istam propterea figurari arbitror, quia denarius in quo est perfectio beatitudinis nostræ, sicut in octonario, quia redit ad primum, ita in hoc mihi videtur exprimi : Quia creatura, quæ septenario figuratur, adhæret Creatori, in quo declaratur unitas Trinitatis per universum mundum temporaliter annuntianda: qui mundus et a quatuor ventis delimatur, et quatuor elementis erigitur, et quatuor anni temporum vicibus variatur. Decem autem quater in quadraginta consummantur : quadragenarius autem partibus suis computatus, addit ipsum denarium et fiunt quinquaginta tamquam merces laboris et continentiæ. Neque enim frustra ipse Dominus et quadraginta dies post resurrectionem in hac terra et in hac vita cum Discipulis conversatus est, et postea quam adscendit in cœlum, decem

représentent non plus un temps de peine et de travail, mais un temps de repos et de joie. C'est pour cela que nous cessons le jeûne, et que nous prions debout, comme pour exprimer la résurrection. De là vient que tous les dimanches on garde cette posture à l'autel, et qu'on chante *Alleluia*, ce qui signifie que notre action, dans le ciel, sera de louer Dieu, selon ce qui est écrit : « Heureux ceux qui habitent dans votre maison, ô Seigneur! ils vous loueront pendant tous les siècles (*Ps.*, LXXXIII, 5). »

CHAPITRE XVI. — 29. Ce cinquantième jour est signalé dans les Ecritures ; non-seulement dans l'Evangile, parce que c'est le jour de la descente du Saint-Esprit, mais encore dans l'Ancien Testament, où l'on trouve également cinquante jours depuis la célébration de la Pâque par l'immolation de l'Agneau, jusqu'à celui où la loi écrite par le doigt de Dieu fut donnée, sur le mont Sinaï, à Moïse, serviteur de Dieu. Or, l'Evangile déclare ouvertement que le doigt de Dieu signifie le Saint-Esprit. Car, après qu'un évangéliste a dit : « Je chasse les démons par le doigt de Dieu (*Luc*, XI, 20), » un autre dit : « Je chasse les démons par l'Esprit de Dieu (*Matth.*, XII, 28). » Quel est l'homme qui ne préférerait, aux empires les plus heureux du monde, la joie que nous donne l'intelligence des saints mystères dévoilés à nos yeux par la lumière de la saine doctrine? Dans la concordance fidèle des deux Testaments sur la sainte vérité, ne semble-t-on pas entendre la voix des deux séraphins se répondant l'un à l'autre, en chantant les louanges du Très-Haut : « Saint, saint, saint, le Seigneur Dieu des armées (*Isaïe*, VI, 3)! » Quel accord en effet! D'un côté, l'agneau est immolé, la Pâque est célébrée, et après cinquante jours, la loi écrite par le doigt de Dieu est donnée pour inspirer la crainte ; de l'autre côté, le Christ est immolé et se laisse conduire comme l'agneau au sacrifice, alors, selon la parole du prophète (*Id.* LIII,7), la véritable Pâque est célébrée, et cinquante jours après, l'Esprit Saint, qui est le doigt de Dieu, est envoyé pour inspirer la charité et détourner les hommes de la recherche de leur intérêt personnel, recherche qui leur rend lourd et pénible le joug et le fardeau qu'ils ont à porter, et ne leur permet pas de trouver le repos pour leur âme, car « la charité ne cherche pas ses propres intérêts (I *Cor.*, XIII, 5). » De là l'animosité toujours inquiète des hérétiques dont l'Apôtre compare les efforts à ceux des magiciens de Pharaon : « Comme Jammès et Membrès, dit-il, résistèrent à Moïse, ceux-ci de même résistent à la vérité. Ce sont des hommes corrompus dans l'esprit et pervertis dans la foi ; mais leurs progrès auront des bornes, car leur folie sera connue de tout le monde, comme le fut alors celle de ces magi-

---

diebus interpositis promissum misit Spiritum-sanctum, completo die Pentecostes : qui dies quinquagenarius habet alterum sacramentum, quod septies septem quadraginta novem fiunt : et cum rediitur ad initium, qui est octavus, qui et primus dies, quinquaginta complentur : qui celebrantur post Domini resurrectionem, jam in figura non laboris, sed quietis et lætitiæ. Propter hoc et jejunia relaxantur, et stantes oramus, quod est signum resurrectionis. Unde etiam omnibus diebus Dominicis id ad altare observatur, et halleluia canitur, quod significat actionem nostram futuram non esse nisi laudare Deum, sicut scriptum est : « Beati qui habitant in domo tua Domine, in sæcula sæculorum laudabunt te (*Psal.*, LXXXII, 5). »

CAPUT XVI. — 29. Sed dies quinquagesimus et in Scripturis commendatur ; et non tantum in Evangelio, quia tunc Spiritus-sanctus advenit, sed etiam in Veteribus libris. Nam et ibi postea quam Pascha occiso agno celebraverunt, dies quinquaginta numerantur usque ad diem quo Lex data est in monte Sina famulo Dei Moysi, digito Dei scripta : in libris autem Evangelii apertissime declaratur, digitum Dei significare Spiritum-sanctum. Cum enim unus Evangelista dixisset ; « In digito Dei ejicio dæmonia (*Lucæ*, XI, 20). » alius hoc idem ita dixit ; « In spiritu Dei ejicio dæmonia (*Matth.*, XII, 28). » Qui hanc lætitiam divinorum sacramentorum, cum sanæ doctrinæ (a) luce clarescunt, non præferat universis mundi hujus imperiis, etiam inusita felicitate peatis? Nonne tamquam duo Seraphim clamant ad invicem concinentia laudes altissimi : « Sanctus, sanctus, sanctus, Dominus Deus sabaoth (*Isai*, VI, 3) : » ita duo testamenta fideliter concordantia sacratam concinunt veritatem ? Occiditur ovis, celebratur Pascha, et in-

---

(a) Floriac. MS. *lucra crescunt*.

ciens (II *Tim.*, III, 8). » C'est une corruption de l'esprit qui les remplit de trouble, et qui leur fit manquer le troisième miracle, reconnaissant eux-mêmes que l'Esprit Saint qui était en Moïse leur était contraire, et alors ils s'écrièrent : « Le doigt de Dieu est ici (*Exod.*, VIII, 19). » Mais de même que l'Esprit Saint, lorsqu'on a su l'apaiser et se concilier sa grâce, donne le repos à ceux qui sont doux et humbles de cœur, de même quand on s'en est fait un ennemi, il remplit de trouble et d'inquiétude l'esprit des cruels et des superbes. Ce trouble et cette inquiétude sont représentés par les petites mouches qui firent manquer leur troisième miracle aux magiciens de Pharaon, et qui les forcèrent d'avouer que « le doigt de Dieu était là. »

30. Lisez l'Exode et voyez combien de temps s'écoula entre la célébration de la Pâque des Juifs et le jour où la loi leur fut donnée. Dieu parle à Moïse, au désert de Sinaï, le premier jour du troisième mois, et faites attention à ce qu'il dit entre autres choses : « Allez trouver le peuple, purifiez-le et sanctifiez-le aujourd'hui et demain. Qu'ils lavent leurs vêtements et qu'ils soient prêts pour le troisième jour, car dans trois jours le Seigneur descendra devant tout le peuple sur la montagne du Sinaï (*Exod.*, XIX, 10). » Alors la loi fut donnée le troisième jour du troisième mois. Comptez depuis le quatorzième jour du premier mois, où fut célébré la Pâque, jusqu'au troisième jour du troisième mois, et vous trouverez dix-sept jours du premier mois, trente du second, trois du troisième, et vous aurez le nombre de cinquante jours. La loi enfermée dans l'arche est l'image de la sanctification dans le corps du Seigneur, dont la résurrection nous promet le repos à venir, auquel nous parvenons par la charité que le Saint-Esprit nous inspire. Mais l'Esprit Saint n'était pas encore donné, parce que Jésus-Christ n'était pas encore glorifié (*Jean*, VII, 39): Voilà pourquoi le Prophète s'écrie : « Levez-vous, Seigneur, pour entrer dans votre repos, vous et l'arche de votre sanctification (*Ps.*, CXXXI, 8). » Ainsi là où est le repos, là est aussi la sanctification. Or, nous avons déjà reçu un gage qui nous excite à aimer et à désirer ce bienheureux repos, où tous les hommes, par le passage de cette vie à une autre figurée par la Pâque, sont appelés au nom du Père, du Fils et du Saint-Esprit.

---

terpositis quinquaginta diebus datur Lex ad timorem scripta digito Dei. Occiditur Christus, qui tamquam ovis ad immolandum ductus est, sicut Isaias testatur (*Isaï*, LIII, 7), celebratur verum Pascha, et interpositis quinquaginta diebus datur ad caritatem Spiritus-sanctus, qui est digitus Dei, contrarius hominibus sua quærentibus, et ideo jugum asperum et sarcinam gravem portantibus, nec invenientibus requiem animabus suis; quia caritas « non quærit quæ sua sunt (I *Cor.*, XIII, 5). » Ideo animositas hæreticorum semper inquieta est, quos magorum Pharaonis habere conatum, declarat Apostolus, dicens ; « Sicut enim Jannes et Mambres restiterunt Moysi, sic et isti resistunt veritati, homines mente corrupti, reprobi circa fidem, sed ultra non proficient. Dementia enim eorum erit manifesta omnibus, sicut et illorum fuit (II *Tim.*, III, 8). » Quia enim per ipsam corruptionem mentis inquietissimi fuerunt, in signo tertio defecerunt, fatentes sibi adversum esse Spiritum-sanctum qui erat in Moyse. Nam deficientes dixerunt, « Digitus Dei est hic (*Exodi*, VIII, 19). » Sicut autem conciliatus et placatus Spiritus-sanctus requiem præstat mitibus et humilibus corde, ita contrarius et adversus immites ac superbos inquietudine exagitat. Quam inquietudinem muscæ illæ (*a*) brevissimæ significaverunt, sub quibus magi Pharaonis defecerunt, dicentes, « Digitus Dei est hic. »

30. Exodum lege, et vide ubi Pascha celebraverunt, post quot dies data sit Lex. Loquitur Deus ad Moysen in eremo Sina, die (*b*) primo mensis tertii. Nota ergo unum diem ex ingressu ipsius tertii mensis, et vide quid dicat inter cetera. « Descende, » inquit, « testare populo, et purifica illos hodie et cras, et lavent vestimenta sua, et sint parati in diem tertium. Tertia enim die descendet Dominus in montem Sina coram omni populo (*Exodi*, XIX, 10): » Tunc data est Lex tertio scilicet die tertii mensis. Numera itaque a quarto-decimo primi mensis die, quo factum est Pascha, usque ad diem tertium tertii mensis, et invenies decem et septem dies primi mensis, triginta secundi, tres tertii, qui fiunt quinquaginta. Lex in arca est sanctificatio in corpore Domini, per cujus resurrectionem nobis requies futura promittitur, ad quam percipiendam Spiritu-sancto caritas inspiratur. Spiritus autem nondum

---

(*a*) Editi, *gravissima*. Sed verius MSS. *brevissima*, ut liquet ex lib. III, de Trinit. c. VII.
(*b*) Lov. *die tertio mensis tertii*. Castigavimus ad MSS. duos Vaticanos et Sorbonicum unum, *die primo*.

CHAPITRE XVII. — 31. C'est pour cela que le nombre cinquante multiplié trois fois, en y ajoutant encore celui de trois, pour mieux exprimer l'excellence du mystère, se trouve encore marqué dans l'Evangile par ces cent cinquante-trois gros poissons péchés à droite par l'ordre du Seigneur (*Jean*, XXI, 6) après sa résurrection, ce qui marque la vie nouvelle, et si les filets ne se rompirent pas, c'est pour signifier qu'alors il n'y aura plus d'inquiétude et de division causées par les hérétiques. L'homme alors arrivé à la perfection et à la quiétude, purifié dans son âme et dans son corps par la parole du Seigneur appelée chaste par le Prophète, et qui est comme l'argent épuré et purifié sept fois, l'homme, dis-je, recevra la récompense figurée par le denier de l'Evangile, ce qui forme, par le denier et l'argent épuré sept fois, le nombre de dix-sept; car dans ce nombre, comme dans beaucoup d'autres qui, dans l'Ecriture, représentent autant de figures, se trouve l'image d'un admirable mystère. Aussi n'est-ce pas sans raison que dans le Livre des Rois, le psaume dix-septième est le seul qu'on lise tout entier (II *Rois*, XXII, 2), parce qu'il exprime le royaume où nous n'aurons plus d'adversaires. Ce psaume, en effet, est ainsi intitulé : « Pour le jour où le Seigneur délivra David de la main de tous ses ennemis et même de la main de Saül. » Or, qui est-ce qui est ici figuré par David, sinon celui qui par la chair est sorti de la race de David, c'est-à-dire Jésus-Christ, qui souffre encore présentement dans son corps, qui est l'Eglise, la persécution de ses ennemis. C'est pourquoi, lorsqu'il renversa de sa voix son persécuteur, et qu'en l'attirant à sa vérité, il en fit un de ses membres, il lui cria du haut du ciel avec l'éclat du tonnerre : « Saul, Saul, pourquoi me persécutez-vous (*Act.*, IX, 4) ? » Quand donc le corps du Seigneur sera-t-il délivré de la main de ses ennemis, si ce n'est quand la dernière ennemie, la mort, sera détruite ? Or, ce temps est représenté par le nombre des cent cinquante-trois poissons, puisque le nombre de dix-sept est la racine triangulaire de cent cinquante-trois, qui fait un triangle dont dix-sept est un côté. En comptant depuis un jusqu'à dix-sept, ajoutez tous les nombres intermédiaires, et vous trouverez qu'un et deux font trois, et trois font six, et quatre font dix, et cinq font quinze, et six font vingt-et-un ; ajoutez ainsi les autres nombres et celui de dix-sept lui-même, et vous arriverez à la somme de cent cinquante-trois.

32. Les saintes Ecritures confirment pleinement tout ce que je viens de vous dire sur Pâques et la Pentecôte. L'observation des qua-

---

erat datus, quia Jesus nondum erat clarificatus (*Johan.*, VII, 39). Unde prophetia illa cantata est; « Exsurge Domine in requiem tuam, tu et arca sanctificationis tuæ (*Psal.*, CXXXI, 8). » Ubi requies, ibi sanctificatio. Unde nunc ut amemus et desideremus, pignus accepimus. Vocantur autem ad requiem alterius vitæ, quo ab ista vita transitur, quod Pascha significat, omnes in nomine Patris et Filii et Spiritus-sancti.

CAPUT XVII. — 31. Propterea quinquagenarius numerus ter multiplicatus, addito ad eminentiam sacramenti ipso ternario, et in illis magnis piscibus invenitur, quas jam Dominus post resurrectionem novam vitam demonstrans, a dextera parte levari imperavit (*Johan.*, XXI, 6); nec retia rupta sunt, quia tunc hæreticorum inquietudo non erit. Tunc homo perfectus et quietus, purgatus in animo et in corpore per eloquia Domini casta, argentum igne examinatum terræ purgatum septuplum, accipiet mercedem denarium, ut sint decem et septem. Nam et in hoc numero sicut in aliis multiplices figuras exhibentibus, sacramentum mirabile reperitur. Nec immerito etiam Psalmus septimus-decimus in Regnorum libris solus integer legitur ; quia regnum illud significat, ubi adversarium non habebimus. Titulus enim ejus est, « In die qua eruit eum Dominus de manu omnium inimicorum ejus, et de manu Saul (II *Reg.*, XXII, 2). » Quis enim figuratur in David, nisi ille qui venit secundum carnem ex semine David? Qui utique in corpore suo, quod est Ecclesia, adhuc patitur inimicos. Unde illi persecutori, quem voce mactavit, et in suum corpus trajiciens quodammodo manducavit, sonuit de cœlo ; « Saule Saule, quid me persequeris (*Act.*, IX, 4)? » Quando autem eruetur hoc corpus ejus de manu omnium inimicorum ejus, nisi cum et illa novissima inimica destruetur mors ? Ad hoc tempus pertinuit numerus ille centum quinquaginta trium piscium. Nam et ipse numerus septimus-decimus surgens in trigonum, centum quinquaginta summam complet. Ab uno quippe usque ad decem et septem surgens, omnes medios adde, et invenies : ad unum scilicet adde duo, fiunt utique tria ; adde tria; fiunt sex ;

rante jours qui précèdent le carême est une coutume établie par l'Eglise, ainsi que les huit jours dits des Néophytes, et qui sont distingués des autres jours, de manière à rendre le huitième égal et répondant au premier. Pour ce qui concerne l'*alleluia* que l'on ne doit chanter dans l'Eglise que pendant les cinquante jours entre Pâques et la Pentecôte, ce n'est pas une pratique généralement observée, car il y a des localités où on le chante aussi en d'autres jours, mais partout on le chante depuis Pâques jusqu'à la Pentecôte. Quant à l'usage de se tenir debout pour prier pendant ces cinquante jours et tous les dimanches, j'ignore si c'est une pratique universelle. Autant que je l'ai pu, je vous ai dit la règle suivie à cet égard par l'Eglise, et je crois l'avoir expliquée assez clairement.

CHAPITRE XVIII.—33. Touchant le lavement des pieds que le Seigneur a recommandé comme pratique de l'humilité qu'il était venu nous enseigner, et dont lui-même a donné l'exemple, vous me demandez quel est le temps le plus convenable pour rappeler aux hommes cette grande et sainte action de Jésus-Christ. C'est, à mon avis, l'époque où elle pourrait se graver le plus saintement dans leur mémoire, c'est-à-dire, au temps même de la Passion du Sauveur. Beaucoup n'ont pas voulu observer cette pratique, dans la crainte qu'elle ne parût avoir du rapport avec le sacrement du baptême : quelques-uns même l'ont entièrement supprimée. D'autres aussi, pour la distinguer du baptême et lui donner un caractère plus religieux par la sainteté même du temps où ils la célébreraient, choisirent pour cela le troisième jour dans l'octave du baptême, à cause de l'excellence du nombre trois dans beaucoup de mystères, ou ou bien ils observent le lavement des pieds le jour même de l'octave.

34. Je ne sais vraiment pas pourquoi vous désirez que je vous écrive quelque chose touchant les usages qui varient selon la différence des lieux. Je n'en vois pas la nécessité. La seule et la plus salutaire règle à suivre à cet égard, est que, toutes les choses que nous voyons établies, n'importe où, et qui n'ont rien d'opposé à la foi et aux bonnes mœurs, et dont la pratique peut nous exhorter à une vie meilleure, bien loin de les blâmer, nous devons les louer, les imiter et les suivre, à moins qu'il y ait lieu de craindre de blesser les faibles et de faire ainsi plus de mal que de bien. Mais si dans la pratique d'un usage il y a plus de bien à espérer pour ceux qui voudraient en profiter, que de mal à craindre pour ceux qui la blâmeraient,

---

adde quatuor, fiunt decem ; adde quinque, fiunt quindecim ; adde sex, fiunt viginti-unum : adde ita ceteros, et ipsum decimum-septimum, fiunt centum quinquaginta tria.

32. Hæc de Scripturis firmissime tenentur, id est Paschæ et Pentecostes. Nam ut quadraginta illi dies ante Pascha observentur, Ecclesiæ consuetudo roboravit ; sic etiam ut octo dies Neophytorum distinguantur a ceteris, id est, ut octavus primo concinat. Ut autem halleluia per illos solos dies quinquaginta in Ecclesia cantetur, non usquequaque observatur : nam et aliis diebus varie cantatur alibi atque alibi ; ipsis autem diebus ubique. Ut autem stantes in illis diebus et omnibus Dominicis oremus ; utrum ubique servetur ignoro : tamen quid in eo sequatur Ecclesia, dixi ut potui, et arbitror esse manifestum.

CAPUT XVIII. — 33. De lavandis vero pedibus, cum Dominus hoc propter formam humilitatis, propter quam docendam venerat, commendaverit, sicut ipse consequenter exposuit, quæsitum est quonam tempore potissimum res tanta etiam facto doceretur, et illud tempus occurrit, quo ipsa commendatio religiosius inhæreret. Sed ne ad ipsum sacramentum baptismi videretur pertinere, multi hoc in consuetudinem recipere noluerunt. Nonnulli etiam de consuetudine auferre non dubitaverunt. Aliqui autem ut hoc et sacratiore tempore commendarent, et a baptismi sacramento distinguerent, vel diem tertium octavarum, quia et ternarius numerus in multis sacramentis maxime excellit, vel etiam ipsum octavum ut hoc facerent elegerunt.

34. Miror sane quid ita volueris, ut de iis quæ varie per diversa loca observantur, tibi aliqua scriberem, cum et non sit necessarium, et una in his saluberrima regula retinenda sit, ut quæ non sunt contra fidem, neque contra bonos mores, et habent aliquid ad exhortationem vitæ melioris, ubicumque institui videmus, vel instituta cognoscimus, non solum non improbemus, sed etiam laudando et imitando sectemur, si aliquorum infirmitas non ita impedit, ut amplius detrimentum sit. Si enim eo modo impediat, ut majora studiosorum lucra speranda sint, quam calumniatorum detrimenta metuenda, sine dubitatione faciendum est, maxime id quod etiam de Scripturis defendi potest ; sicut de hymnis et psalmis canendis, cum et ipsius Do-

il faut la suivre sans hésiter, surtout quand il s'agit de choses autorisées par l'Eglise, par exemple, les hymnes, les psaumes dont le chant nous est enseigné et recommandé par l'exemple et les préceptes du Seigneur lui-même et de ses apôtres. Cette coutume si utile et si propre à exciter la piété dans les âmes et à les enflammer du feu de l'amour divin, varie beaucoup dans les différentes églises. On en trouve même en Afrique un bien grand nombre qui apportent trop de négligence à cet égard, au point que les Donatistes nous reprochent de chanter trop sobrement dans l'Eglise les divins cantiques des prophètes, tandis qu'eux, pour enflammer leur ivresse, ne gardent aucune sobriété à chanter des cantiques de leur composition qui les excitent comme (1) le son des trompettes. Le seul temps où les frères réunis dans l'église ne doivent pas chanter, est quand on lit, quand on prêche, quand l'évêque prie à haute voix, ou que le diacre annonce la prière commune.

CHAPITRE XIX. — Dans les autres instants, je ne vois pas ce que les chrétiens peuvent faire de plus utile, de plus saint que de chanter les psaumes.

35. Quant aux nouvelles pratiques établies en dehors de l'habitude commune, et dont on prescrit l'obligation comme celle d'un sacrement, je ne puis les approuver, mais je n'ose pas les blâmer trop ouvertement, dans la crainte d'exciter les scandales de quelques personnes turbulentes ou même pieuses. Ce qui m'afflige le plus, c'est de voir trop de négligence pour observer beaucoup de choses salutaires et prescrites dans les saintes Ecritures. Tout est si plein d'erreurs et de présomption, qu'on blâme plus sévèrement le néophyte qui, pendant les huit premiers jours de son baptême, touche la terre de son pied nu, que celui qui aurait enseveli sa raison dans l'ivresse. Il faut donc, selon moi, supprimer sans hésitation et le plus vite possible, tout ce qui n'est pas autorisé par les saintes Ecritures, ou institué par les conciles des évêques, ou appuyé sur la coutume de l'Eglise universelle, et dont la pratique varie tellement selon la diversité des lieux et des mœurs, qu'il est presque impossible de voir la cause de son institution. Quand bien même on n'y trouverait rien de contraire à la foi, il n'en faudrait pas moins écarter, toutes ces choses parce qu'elles chargent de servitudes la religion même, dont la miséricorde de Dieu a voulu établir et asseoir la liberté sur un très-petit nombre de sacrements dont le but est manifeste. Bien plus tolérable serait la con-

---

(1) On a rétabli dans le texte, d'après les manuscrits la particule *ad* qui manque dans les éditions.

---

mini et Apostolorum habeamus (*a*) documenta et exempla et præcepta. De hac re tam utili ad movendum pie animum, et accendendum divinæ dilectionis affectum, varia consuetudo est, et pleraque in Africa Ecclesiæ membra pigriora sunt : ita ut Donatistæ nos reprehendant, quod sobrie psallimus in ecclesia divina cantica Prophetarum, cum ipsi ebrietates suas ad canticum psalmorum humano ingenio compositorum, quasi (*b*) ad tubas exhortationis inflamment. Quando autem non est tempus, cum in ecclesia fratres congregantur, sancta cantandi, nisi cum legitur aut disputatur, aut antistes clara voce deprecatur, aut communis oratio voce diaconi indicitur ?

CAPUT XIX. — Aliis vero particulis temporum quid melius a congregatis Christianis fiat, quid utilius, quid sanctius, omnino non video.

35. Quod autem instituitur præter consuetudinem, ut quasi observatio sacramenti sit, approbare non possum, etiamsi multa hujusmodi propter nonnullarum vel sanctarum vel turbulentarum personarum scandala devitanda, liberius improbare non audeo. Sed hoc nimis doleo, quod multa quæ in divinis libris saluberrime præcepta sunt, minus curantur; et tam multis præsumptionibus sic plena sunt omnia, ut gravius corripiatur qui per octavas suas terram nudo pede tetigerit, quam qui mentem vinolentia sepelierit. Omnia itaque talia, quæ neque sanctarum Scripturarum auctoritatibus continentur, nec in conciliis episcoporum statuta inveniuntur, nec consuetudine universæ Ecclesiæ roborata sunt, sed pro diversorum locorum diversis moribus innumerabiliter variantur, ita ut vix aut omnino numquam inveniri possint caussæ, quas in eis instituendis homines secuti sunt, ubi facultas tribuitur, sine ulla dubitatione resecanda existimo. Quamvis enim neque hoc inveniri possit, quomodo contra fidem sint : ipsam tamen religio-

---

(*a*) MSS. plures, *habeamus exemplum et præcepta de hac re* etc.
(*b*) Huc revocavimus ex MSS. particulam, *ad*, quæ in editis desideratur.

dition des juifs qui, bien qu'ils aient méconnu le temps de la liberté, sont du moins soumis à des choses établies par la loi de Dieu et non par des opinions humaines. Mais l'Eglise de Dieu établie au milieu de la paille et de l'ivraie tolère bien des choses, sans approuver cependant ni faire ce qui est contraire à la foi ou aux bonnes mœurs.

CHAPITRE XX. — 36. Vous m'avez écrit que plusieurs de nos frères s'abstiennent de manger de la viande, comme d'une chose impure. Cela est contre la foi et contre la saine doctrine. Il est donc inutile d'entrer en discussion à ce sujet, car ce serait faire croire que l'Apôtre ne s'est pas clairement expliqué là-dessus. Cependant entre beaucoup de choses où il déteste cette croyance impie des hérétiques, il dit: L'esprit de Dieu nous avertit expressément que dans la suite des temps plusieurs abandonneront la foi en suivant des esprits d'erreur et des doctrines de démons enseignées par des imposteurs pleins d'hypocrisie, qui auront la conscience cautérisée; qui interdiront le mariage et les viandes que Dieu a créées pour être prises avec action de grâces par les fidèles, et par ceux qui connais- sent la vérité. Car tout ce que Dieu a créé est bon, et on ne doit rejeter aucune des choses qui peuvent être prises avec action de grâces, parce qu'elles sont sanctifiées par la parole de Dieu et par la prière (I *Timoth.*, IV, 2). » Et dans un autre endroit, il s'exprime en ces termes sur le même sujet : « Tout est pur pour ceux qui sont purs, rien n'est pur pour ceux qui sont impurs et infidèles ; mais leur raison et leur conscience sont impures et souillées (*Tit.*, I, 15). » Lisez vous-même le reste, et répétez-le à tous ceux que vous pourrez, pour qu'ils ne rendent pas vaine pour eux la grâce de Dieu qui les a appelés à la liberté. Ils doivent seulement prendre garde d'interpréter cette liberté dans le sens de vivre selon la chair, en rejetant même les abstinences qui se pratiquent pour réprimer les concupiscences de la chair, sous prétexte qu'il ne leur est pas permis de vivre comme les superstitieux et les infidèles.

37. Nous voyons aussi des chrétiens chercher à deviner ce qui leur arrivera, en ouvrant au hasard des pages de l'Evangile (1) : bien que cela vaille mieux que de recourir aux oracles des démons, je ne puis cependant approuver

---

(1) Dans les capitulaires des rois de France de l'an 789, c. IV, il est défendu de recourir aux sortilèges ou divination au moyen des psaumes et de l'Evangile, ou de quelqu'autre manière que ce soit, comme il l'avait déjà été par le concile d'Agde, l'an 406, can. 42, par celui d'Orléans, l'an 511, can. 30, et par celui d'Auxerre, l'an 578, can. 4. On peut voir dans les notes de Baluze, sur les mêmes capitulaires, comment on se servait des livres sacrés pour ces sortilèges.

---

nem, quam paucissimis et manifestissimis celebrationum sacramentis misericordia Dei esse liberam voluit, servilibus oneribus premunt, ut tolerabilior sit conditio Judæorum, qui etiamsi tempus libertatis non agnoverunt, legalibus tamen sarcinis, non humanis præsumtionibus subjiciuntur. Sed Ecclesia Dei inter multam paleam multaque zizania constituta, multa tolerat, et tamen quæ sunt contra fidem vel bonam vitam (*a*) non approbat, nec tacet nec facit.

CAPUT XX. — 36. Itaque illud quod scripsisti, quosdam fratres ita temperare se a carnibus edendis, ut immundas arbitrentur, apertissime contra fidem sanamque doctrinam est. Ex hinc ergo si diutius disputare voluero, potest putari a nonnullis obscure hinc Apostolum præcepisse, qui etiam inter multa quæ de hac re dixit, sic detestatus est hæreticorum impiam opinionem, ut diceret, « Spiritus autem manifeste dicit, quia in novissimis temporibus recedent quidam a fide, adtendentes spiritibus seductionis et doctrinis dæmoniorum, in hypocrisi mendaciloquorum, cauteriatam habentes conscientiam suam, prohibentes nubere, abstinere a cibis, quos Deus creavit ad percipiendum cum gratiarum actione fidelibus, et iis qui cognoverunt veritatem : quia omnis creatura Dei bona est, et nihil abjiciendum, quod cum gratiarum actione percipitur. Sanctificatur enim per verbum Dei et orationem (*Tit.*, I, 15). » Et alio loco de his rebus loquitur : « Omnia munda mundis : immundis autem et infidelibus nihil est mundum, sed polluta sunt eorum et mens et conscientia (I *Timoth.*, IV, 2). » Tu ipse lege cetera, et recita quibus potes, ut ne in se irritam faciant gratiam Dei, quia in libertatem vocati sunt; tantum ne libertatem in occasionem carnis assumant, et ideo jam nolint refrenandæ carnis concupiscentiæ caussa a quibuslibet cibis temperare, quia non eis permittitur superstitiose atque infideliter facere.

37. Ili vero qui de paginis evangelicis sortes

(*a*) Sic in prius excusis. At in MSS. plerisque habetur, *quæ sunt contra fidem nec bonus approbat, nec tacet* etc.

qu'on fasse tourner aux affaires de la terre et aux vanités de cette vie, les oracles divins qui n'ont parlé que pour la vie future.

CHAPITRE XXI. — 38. Si vous croyez que je n'ai pas suffisamment répondu à vos questions, c'est que vous ne connaissez ni la portée de mes forces, ni les occupations qui m'accablent. Je suis loin d'être l'homme auquel vous croyez que rien n'est caché, ce passage de votre lettre m'a affligé, parce qu'il est contraire à la vérité, et je suis étonné que vous ne sachiez pas que, dans les saintes Écritures, comme dans le reste, j'ignore beaucoup plus de choses que je n'en sais. Si mon espérance dans le nom du Christ n'a pas été vaine, c'est que non seulement j'ai cru à la parole de mon Dieu qui fait consister toute la loi et les prophètes dans ces deux commandements, « l'amour de Dieu et du prochain (*Matth.*, XXII, 40); » mais que je l'ai éprouvé et l'éprouve encore tous les jours. Dans tout mystère, dans tout passage des saintes Lettres je vois écrits les mêmes principes : « La fin de la loi, c'est la charité qui part d'un cœur pur, d'une bonne conscience, et d'une foi véritable (I *Timoth.*, I, 5). » Et ailleurs : « La charité est la plénitude de la loi (*Rom.*, XIII, 10). »

39. Pour vous, mon très-cher frère, lorsque vous lirez ces choses ou d'autres semblables, lisez-les, apprenez-les de manière à graver dans votre mémoire la vérité de ces paroles : « La science enfle, la charité édifie ; la charité n'est pas jalouse et ne s'enorgueillit pas (I *Corinth.*, VIII, 1). » Servez-vous donc de la science comme d'une machine pour élever l'édifice de la charité, qui demeurera éternellement, même quand la science sera détruite. La science qui a pour but la charité est très-utile, mais par elle-même et sans cette fin, elle est superflue et même dangereuse. Je sais combien les saintes pensées de votre âme vous gardent et vous protègent à l'ombre des ailes du Seigneur notre Dieu, mais j'ai voulu vous donner brièvement ce conseil, parce que je connais « votre charité qui n'est pas jalouse, » et qui donnera à plusieurs lecture de cette lettre.

---

legunt, etsi optandum est ut hoc potius faciant, quam ad dæmonia consulenda concurrant : tamen etiam ista mihi displicet consuetudo, ad negotia sæcularia, et ad vitæ hujus vanitatem, propter aliam vitam loquentia oracula divina velle convertere.

CAPUT XXI. — 38. Hæc tibi si satis esse ad ea, quæ requisisti, non putaveris, nimis ignoras et vires et occupationes meas. Tantum enim absum ab eo, quod putasti nihil me latere, ut nihil in epistola tua legerim tristius; quia et apertissime falsum est : et miror quia hoc te latet, quod non solum in aliis innumerabilibus rebus multa me latent, sed etiam in ipsis sanctis Scripturis multo nesciam plura quam sciam. Sed ideo spem in nomine Christi non infructuosam gero, quia non solum credidi Deo meo, in illis duobus præceptis totam Legem Prophetasque pendere (*Matth.*, XXII, 40), sed etiam expertus sum, experiorque quotidie; quandoquidem nullum mihi sacramentum, aut aliquis sermo admodum obscurior de sacris litteris aperitur, ubi non eadem præcepta reperiam. « Finis enim præcepti est caritas de corde puro, et conscientia bona et fide non ficta (I *Tim.*, I, 5) ; » et « Plenitudo legis caritas (*Rom.*, XIII, 10). »

39. Itaque et tu carissime, sive ista sive alia, sic lege, sic disce, ut memineris verissime dictum, « Scientia inflat, caritas ædificat. Caritas autem non æmulatur, non inflat (I *Cor.*, VIII, 1). » Sic itaque adhibeatur scientia tamquam machina quædam, per quam structura caritatis adsurgat, quæ maneat in æternum, etiam cum scientia destruetur ; quæ ad finem caritatis adhibita multum est utilis ; per se autem ipsa sine tali fine, non modo superflua, sed etiam perniciosa probata est. Scio autem quam te cogitatio sancta custodiat sub umbraculo alarum Domini Dei nostri. Sed ideo hæc, etsi breviter, monui, quoniam novi eamdem ipsam caritatem tuam, quæ non æmulatur, hanc epistolam multis daturam atque lecturam.

LETTRE LVI [1]

Saint Augustin invite Céler à étudier les saintes Écritures, où il apprendra que cette vie n'est que fumée en comparaison de la vie éternelle. Il l'exhorte à quitter le parti des Donatistes.

A SON EXCELLENT ET HONORABLE SEIGNEUR ET SON TRÈS-CHER FILS CÉLER [2].
AUGUSTIN, SALUT DANS LE SEIGNEUR.

1. Je n'ai oublié ni ma promesse, ni le désir que vous m'avez manifesté, mais le voyage que j'ai dû faire pour visiter les églises confiées à mes soins, ne m'a pas permis de m'acquitter immédiatement par moi-même de ce que je vous devais. Je n'ai pas voulu cependant rester plus longtemps dans vos dettes, du moment où je pouvais vous les payer. J'ai donc délégué mon très-cher fils, le prêtre Optat, pour vous lire à vos heures les plus convenables ce que je vous ai promis, et surtout lorsqu'il verrait qu'il peut le faire d'un trait et sans interruption. Le plaisir que votre Excellence trouvera à l'entendre, l'encouragera à remplir sa commission avec zèle et activité. Je crois du reste que vous n'ignorez pas combien je vous aime, et combien je désire que vous trouviez votre joie dans l'étude salutaire et la connaissance des choses divines et humaines.

2. Si vous ne dédaignez pas la charité de mon zèle et de mon dévouement, vous ferez, je l'espère, dans la foi chrétienne et dans les mœurs qui conviennent à votre rang des progrès assez grands pour attendre, peut-être avec impatience, du moins avec calme et certainement sans inquiétude, sans désespoir, sans la vanité que donne l'erreur, mais avec toute la force qu'on puise dans la vérité, le dernier jour qui dissipera cette fumée et cette vapeur qu'on appelle la vie humaine, jour suprême qu'aucun mortel ne saurait éviter. Autant il est certain que vous vivez, autant il est certain par les enseignements salutaires de la saine doctrine, que cette vie passée dans les plaisirs de la terre est la mort et non la vie, en comparaison de cette vie éternelle qui nous est promise par le Christ et dans le Christ. Si vous examinez sérieusement et avec piété toute la

---

(1) Écrite l'an 400. — C'était autrefois la 237e, et celle qui était la 56e est présentement la 118e.
(2) Céler auquel cette lettre est adressée est celui dont il est parlé dans les lettres 139 et 209. Il était proconsul en Afrique l'an 429, comme il paraît par les lois du code Théodose qui lui sont adressées.

EPISTOLA LVI

Augustinus ad Celerem, jubens eum litterarum sacrarum studio, incumbere, ut discat hanc vitam collatione æternæ, esse fumum ; et Donatistarum secta se abdicet.

DOMINO EXIMIO MERITOQUE HONORABILI ET DILECTISSIMO FILIO CELERI, AUGUSTINUS. (a)

1. Promissi mei et tuæ voluntatis immemor non sum. Sed quoniam visitandarum ecclesiarum ad meam pertinentium curam necessitate profectus sum, nec per me ipse debitum continuo reddere potui : me tibi tamen diutius debere nolui, quod posset et me habente redhiberi. Proinde carissimo filio presbytero Optato delegavi, ut eis horis quas tibi opportuniores videris, tecum legat ea quæ pollicitus sum, cum totum fieri posse persenserit : hoc etiam eximietas tua quam grate acceperit, tam impigre atque acriter facere suadebit. Quantum autem te diligam, salubribusque studiis in rerum divinarum atque humanarum cognitione oblectari atque exerceri velim, credo quod optime intelligas.

2. Caritatem officii mei si non aspernaris, spero in ipsa fide Christiana, et in moribus jam ita constitutæ personæ tuæ congruis, tales te provectus habiturum, ut hujus fumi vel vaporis temporalis, quæ vita humana dicitur, ultimum diem, quem nulli mortalium evitare conceditur, vel avidus vel securus vel certe non desperate sollicitus, non in vanitate erroris, sed in soliditate veritatis exspectes. Quam certum est enim tibi vivere te, tam sit certum doctrina salutari istam vitam, quæ in deliciis temporalibus agitur, in comparatione vitæ æternæ, quæ nobis per Christum atque in Christo promittitur, non vitam sed mortem esse deputandam. Nullo modo autem dubitaverim de

---

(a) In Vaticanis MSS. additur, *in Domino salutem.*

pureté de la doctrine chrétienne, il vous sera aisé de rompre toute liaison avec les Donatistes. La bonté de votre cœur ne me laisse aucun doute à cet égard. Il est, en effet, si facile de démontrer par les preuves les plus fortes et les plus irréfragables l'hérésie de Donat, que les esprits les moins capables pourraient s'en convaincre, s'ils voulaient seulement se donner la peine d'écouter avec patience et attention. Mais ce qui demande plus de force et de fermeté, c'est d'embrasser une doctrine vraie et sainte en elle-même, à laquelle on n'est pas accoutumé ; et de rompre les liens qui nous attachent à une erreur que l'habitude nous a rendue familière. Cependant avec l'aide et les exhortations du Seigneur notre Dieu, il y a tout à espérer de votre caractère viril, et de la généreuse liberté de votre cœur. Que la miséricorde de Dieu vous conserve sain et sauf, excellent et honorable seigneur et très-cher fils.

LETTRE LVII [1]

Saint Augustin avait envoyé à Céler un livre sur le même sujet, et dans lequel il lui avait fait voir avec quelle légèreté les Donatistes s'étaient séparés de l'Église catholique ; il lui promet de nouveaux livres si le premier ne l'a pas entièrement satisfait. Il lui exprime ensuite le désir de pouvoir conférer avec un certain ami donatiste qui était sous les ordres de Céler.

A SON TRÈS-CHER ET HONORABLE SEIGNEUR ET ESTIMABLE FILS CÉLER.

AUGUSTIN, SALUT DANS LE SEIGNEUR.

1. Vous êtes trop sage et trop éclairé, pour ne pas comprendre aisément que le parti de Donat n'avait aucun motif plausible pour se séparer de l'Église catholique qui, selon les promesses des Prophètes et de l'Évangile, est répandue sur toute la terre. S'il était nécessaire d'entrer à ce sujet dans une plus longue discussion, je me souviens de vous avoir envoyé un livre que m'avait demandé de votre part Cécilien, que vous aimez comme votre fils [2], et que j'aime aussi comme s'il était le

---

(1) Écrite l'an 400. — Cette lettre était la 210e dans les éditions antérieures à l'édition des Bénédictins, et celle qui était la 57e se trouve maintenant la 187e.
(2) Le mot *tuum* manque dans l'édition de Louvain, ce qui a engagé quelques critiques à regarder ce mot comme une erreur de copiste, en prétendant que Céler était trop jeune pour avoir un fils qui puisse lui servir d'intermédiaire auprès de saint Augustin, mais Céler était proconsul en Afrique et pouvait fort bien, pour occuper une si haute fonction être dans l'âge d'avoir un fils. Tous les manuscrits de France et du Vatican, donnent *tuus filius*, *meus Cæcilius*, et j'ai conservé dans la traduction le mot *tuus*. Ces expressions de *filius*, sont souvent employées en signe d'affection par saint Augustin. J'ai donc traduit : Cécilien que vous aimez comme votre fils et que j'aime comme s'il était le mien.

---

indole tua, quod ista consuetudine Donatistarum facillime te extrahes, si religiosissime ipsam Christianam puritatem non parvipenderis. Quam inconcussis enim documentorum firmamentis error ille convincatur, non magnum est etiam tardis ingenio, si tantum patienter atque intente audierint, pervidere. Sed ad sectandam insolitam rectitudinem, usitatæ et quasi familiaris perversitatis vinculum abrumpere, majorum virium est. Et nequaquam desperandum adjuvante atque exhortante ipso Domino Deo nostro, de generosa libertate, atque plane virili pectore tuo. Incolumem te Domini Dei nostri misericordia tueatur, domine eximie meritoque honorabilis et dilectissime fili.

EPISTOLA LVII

Augustinus, libro quodam suo in eam rem conscripto, Celerem instruxerat, mera levitate Donatistas se ab Ecclesia catholica segregasse. Cui, si eo codice satisfactum non sit, promittit adhuc scripta. In fine, cum amico quodam Donatista, Celeri subdito conferre cupit.

DOMINO DILECTISSIMO MERITOQUE HONORABILI AC SUSCIPIENDO FILIO CELERI AUGUSTINUS IN DOMINO SALUTEM.

1. Nullam fuisse justam caussam, cur ab orbe terrarum, quo Ecclesia catholica secundum prophetica et evangelica promissa diffunditur, se pars Donati dirimeret, credo quod magis quoque considerans prudentia tua facillime intelligit. De qua re, si diligentior disputatio necessaria est, memini me ad legendum de-

mien. Vous avez déjà depuis longtemps ce livre entre les mains. Si vous avez voulu ou si vous avez pu le lire pour avoir une connaissance de la question, aussi parfaite que vos occupations vous l'auraient permis, je ne doute pas qu'avec votre sagesse ordinaire, vous n'ayez vu que les Donatistes n'ont rien de raisonnable à y répondre. Si ce livre laissait encore quelques doutes dans votre esprit, avec l'aide de Dieu, nous pourrions peut-être les dissiper, ou vous envoyer quelque chose à lire sur le même sujet, cher fils et bien-aimé seigneur, si digne d'être honoré.

2. Je vous prie donc de recommander avec soin l'unité catholique dans le pays d'Hippone à vos hommes, surtout à Paterne et à Mauruse. Je connais tout le zèle qui vous anime, et je crois inutile de vous écrire plus longuement à cet égard. Si vous le voulez, vous pouvez facilement connaître ce qui se passe dans l'étendue de votre juridiction, et ce que nos adversaires font pour leur intérêt personnel. D'après ce qu'on m'a dit, il y a sur vos terres un de vos amis avec lequel je voudrais bien m'entretenir. Favorisez donc cette entrevue ; vous en aurez une grande gloire devant les hommes, et une grande récompense auprès de Dieu. Il m'avait déjà exprimé le désir de me voir par l'intermédiaire d'un certain Carus, mais il craignait je ne sais quelles violences de la part des siens, ce qu'il n'aurait plus à redouter sur vos domaines et sous votre protection. Il ne faut pas aimer en lui ce qui serait uniquement opiniâtreté et non fermeté d'esprit. Il est honteux de changer de doctrine quand cette doctrine a pour elle la sagesse et la vérité, mais il est louable et salutaire d'y renoncer, quand elle est insensée et pernicieuse : car de même que la fermeté empêche l'homme de se dépraver, de même l'opiniâtreté l'empêche de se corriger. Ainsi autant l'une est digne d'être louée, autant l'autre doit être évitée. Le prêtre que je vous ai envoyé confiera le reste à votre sagesse. Que la miséricorde de Dieu vous garde sain et sauf et heureux, très-cher et honorable seigneur et fils.

disse benevolentiæ tuæ codicem, cum id te petisse carrissimus mihi, (a) tuus filius, meus Cæcilius intimasset, qui codex non paucis diebus apud te fuit. Quem si rei hujus cognoscendæ studio, vel inter occupationes tuas legere sive voluisti sive potuisti, non dubito comperisse prudentiam tuam nihil eos habere, quod probabiliter contradicant. Et si quid te forte adhuc movet, quantum Deus donat ac sinit, forte poterimus respondere interroganti, aut ad legendum itidem aliquid dare, domine dilectissime meritoque honorabilis ac suscipiende fili.

2. Quapropter peto unitatem catholicam (b) regioni Hipponensi diligentius commendes hominibus tuis, maxime Paterno et Maurusio. Vigilantiam cordis tui novi, nec opus est, arbitror, plura scribere; cum, si volueris, facillime possis, et quid alii curent et caveant in possessionibus tuis, et in re tua quid agatur addiscere. In re tua esse, mihi valde affirmatum est, amicum, cum quo cupio concordare : peto faveas ad hanc rem, ut et inter homines magnam laudem, et apud Deum habeas magnam mercedem : jam enim mihi per quemdam (c) Carum utriusque nostrum medium mandaverat, se nescio quos violentos suos timere ne faceret, quos in re tua et te favente timere non poterit : nec ipse in eo debes diligere non constantiam, sed plane pertinaciam. Turpe est enim mutare sententiam, sed veram et rectam : nam stultam et noxiam, et laudabile et salubre est. Sicut autem constantia non sinit hominem depravari, sic pertinacia non sinit corrigi : proinde sicut illa laudanda, sic ista est emendanda. Presbyter, quem misi, reliqua tuæ prudentiæ planius intimabit. Incolumem felicemque te Dei misericordia tueatur, domine dilectissime meritoque honorabilis ac suscipiende fili.

(a) In editione Lov. deest, *tuus*. At habent MSS. Vaticani et Gallicani.
(b) Unus e Vatic. MSS. *regionis Hipponensis*.
(c) Lov. omittitur *Carum*, quod nomen ex MSS. restituimus.

LETTRE LVIII [1]

Saint Augustin loue le sénateur Pammachius, de ce que par ses exhortations, il avait ramené ses fermiers et ses tenanciers donatistes à l'Église catholique.

A SON HONORABLE SEIGNEUR PAMMACHIUS [2], SON TRÈS-CHER FILS DANS LES ENTRAILLES DE JÉSUS-CHRIST.

AUGUSTIN, SALUT DANS LE SEIGNEUR.

1. Les bonnes œuvres que la grâce de Jésus-Christ a fait germer en vous, vous ont fait honorer, connaître et chérir de nous dans la charité qui unit tous les membres du Seigneur. Quand bien même je vous verrais tous les jours, vous ne me seriez pas plus connu que vous me l'êtes présentement par l'éclat d'une seule action qui m'a fait voir votre homme intérieur, beau de l'amour de la paix et rayonnant de la lumière de la vérité. Oui, j'ai vu cet homme intérieur; je l'ai connu et je l'ai aimé. C'est à lui que je parle, c'est à lui que j'écris, à cet ami qui m'est cher, et qui malgré l'absence de sa personne s'est montré à moi éloigné de lui. Cependant nous étions déjà ensemble ; nous vivions unis sous le même chef, dans la charité duquel si vous n'aviez pas été si profondément enraciné, vous n'auriez pas eu le même zèle et le même amour pour l'unité catholique : Vos fermiers d'Afrique établis au milieu de la Numidie consulaire, dans le berceau même de l'hérésie donatiste, n'auraient pas trouvé en vous cette éloquence et cette ferveur d'esprit qui les ont portés si promptement à se soumettre à vos conseils : mais ils pensaient qu'un homme comme vous ne pouvait suivre une doctrine, qu'après en avoir reconnu la vérité. Maintenant quelle que soit la distance qui les sépare de vous, ils marcheront avec vous sous le même chef ; avec vous ils seront comptés éternellement parmi les membres de celui par les ordres duquel ils vous servent sur la terre.

2. Cette action qui vous a fait connaître à moi, et par laquelle je vous tiens embrassé dans mon cœur, m'a comblé de joie, et je vous en félicite en Notre Seigneur Jésus-Christ, par cette lettre que je vous envoie comme une marque de ma tendresse pour vous. Je ne puis

---

(1) Écrite sur la fin de 401. — Cette lettre était la 134ᵉ dans les éditions antérieures à l'édition des Bénédictins et celle qui était la 58ᵉ se trouve maintenant la 121ᵉ.

(2) Ce Pammachius était un seigneur romain de l'ordre sénatorial, gendre de Paula, mari de Pauline et ami intime de saint Jérôme qui en fait un grand éloge dans ses lettres 25 et 34. Il mourut prêtre de l'Église de Rome, pendant que les Goths assiégeaient cette ville, vers l'an 410. Le martyrologe met sa mort au 30 août.

EPISTOLA LVIII

Augustinus Pammachio viro senatori gratulatur, quod suos apud Numidiam colonos Donatistas adhortationibus suis adduxerit ad Ecclesiam catholicam.

DOMINO EXIMIO ET MERITO SUSCIPIENDO, ATQUE IN CHRISTI VISCERIBUS DILECTISSIMO FILIO (a) PAMMACHIO, AUGUSTINUS IN DOMINO SALUTEM.

1. Bona opera tua Christi gratia germinantia, te nobis in membris ejus honorandum, et plane notissimum dilectissimumque fecerunt. Neque enim si quotidie faciem tuam viderem, notior mihi esses, quam cum interiorem tuum pacis (b) decore pulcrum ac veritatis luce radiantem, in unius tui facti candore conspexi, conspexi et agnovi, agnovi et amavi. Huic nunc loquor, huic scribo, dilecto amico meo, qui mihi corpore absenti absens innotuit. Verumtamen jam simul eramus, et conjuncti sub uno capite vivebamus, in cujus caritate nisi radicatus esses, non tibi tam dilecta catholica unitas foret, nec colonos tuos afros, eo terrarum, unde Donatistarum furor exortus est, hoc est, in media consulari Numidia constitutos, tali admoneres alloquio, tanto fervore spiritus animares, ut devotione promptissima ad sequendum eligerent, quod te talem ac tantum virum non nisi agnita veritate sequi cogitarent : et tam longe a te locorum intervallis remoti irent sub idem caput, atque in ejus membris in æternum tecum deputarentur, cujus præcepto tibi temporaliter serviunt.

2. In hoc ergo tuo facto te cognitum amplectens, exsultavi ut gratularer tibi in Christo Jesu Domino nostro, tibique has gratulatorias litteras mitterem.

(a) In MSS. quatuor scribitur, *Palmachio*. Porro hunc illum esse Pammachium Romanum civem ac Senatorem clarissimum non dubitamus, qui fuit gener Paulæ, Paulinæ maritus, et Hyeronymo plurimum familiaris.

(b) Sic MSS. At vulgati habent. *pacis decorem*.

rien faire de plus. Ne la regardez pas toutefois comme la mesure de l'affection que je vous porte, mais après l'avoir lue, allez au delà par un élan invisible de l'âme, pénétrez par la pensée au fond de mon cœur, et voyez ce qui s'y passe à votre égard. Car l'œil de la charité pénètre jusqu'au plus intime de sa demeure; jusqu'à ce sanctuaire que nous tenons fermé aux tumultueuses vanités du siècle, lorsque nous y adorons Dieu. Là vous verrez la joie délicieuse que m'a fait éprouver votre sainte action, joie que la bouche ne peut dire et qu'une lettre ne peut exprimer, joie toute brûlante du sacrifice de louanges que j'adresse à celui qui vous a inspiré le dessein et donné le pouvoir d'accomplir une si bonne œuvre. Dieu soit loué de son don ineffable !

3. Combien de sénateurs, comme vous enfants de la sainte Eglise, pourraient faire en Afrique ce que vous y avez fait, en nous comblant de joie ! Mais il y a autant de danger à les y exhorter, que de sécurité à vous féliciter de votre œuvre; car peut-être ne se rendraient-ils pas à nos conseils, et les ennemis de l'Eglise, comme s'ils avaient prévalu sur nous dans leur esprit, en profiteraient pour tromper les faibles et leur tendre des embûches; tandis que vous, par cette œuvre accomplie, vous avez confondu les ennemis de l'Eglise en délivrant les faibles. Il vous suffira de donner connaissance de cette lettre à ceux du sénat avec lesquels vous êtes uni par les liens de la foi, et sur l'amitié et la fidélité desquels vous pouvez compter. Ils penseront peut-être alors qu'ils peuvent faire en Afrique ce que vous y avez fait vous-même, et qu'ils négligent peut-être de faire parce qu'ils le croient impossible. Je n'ai pas jugé à propos de vous parler des nouveaux piéges, préparés par les hérétiques dans la persévérité de leur cœur : j'ai pris en pitié leur prétention de vouloir ébranler une âme aussi fortement attachée que la vôtre à Jésus-Christ. Vous apprendrez tout cela de la bouche de mes frères que je recommande à votre excellence. Veuillez excuser les craintes même vaines que leur inspire la conversion si subite si inattendue de tant d'hommes, dont le salut procuré par vos soins a comblé de joie l'Eglise catholique, notre mère.

---

qualecumque specimen cordis et amoris erga te mei : neque enim amplius potui. Sed quæso ne tu hactenus quidquid te diligo metioris : perlectam transi hanc epistolam transitu invisibili, qui intus iit, et perge cogitando in pectus meum ; et cerne quid illic de te agatur. Patebit enim oculo caritatis cubiculum caritatis, quod claudimus adversus nugas tumultuosas sæculi, cum illic Deum adoramus: et videbis ibi delicias lætitiæ meæ de tam bono opere tuo, quas nec lingua effari, nec stilo exprimere valeo, calentes atque flagrantes in sacrificio laudis ejus, quo inspirante hoc voluisti, et quo adjuvante potuisti. Gratias Deo super inenarrabili dono ejus.

3. O quam multorum tecum pariter senatorum, pariterque sanctæ Ecclesiæ filiorum, tale opus desideramus in Africa, de quali tuo lætamur. Sed illos periculosum est exhortari, tibi securum est congratulari. Illi enim forte non facient, et tamquam nos in animo eorum vicerint inimici Ecclesiæ, decipiendis insidiabuntur infirmis. Tu vero jam fecisti, unde inimici Ecclesiæ liberatis confundantur infirmis. Proinde plurimum commendo est, ut ipse quibus Christiano jure potueris, amica fiducia istam epistolam legas. Si enim ex tuo facto fieri posse in Africa credent, quod forte dum putant fieri non posse, pigrescunt. Insidias autem quas ipsi hæretici distorto corde moliuntur, quoniam (a) risi eos arbitratos valere aliquid in possessione Christi, animo tuo, nec scribere volui. Audies tamen hæc a fratribus meis, quos plurimum commendo eximietati tuæ, in tam magna tamque inopinata salute hominum, de quibus per te Catholica mater exsultat, spernere etiam superflua metuentes.

(a) Lov. *quoniam ipsi eas arbitrantur valere* etc. Prætulinus hic lectionem Bad. Am Er. et MSS. undecim.

LETTRE LIX [1]

Saint Augustin s'excuse envers l'évêque Victorin de ne pouvoir se trouver au concile que cet évêque convoquait. Il le prie de s'entendre avant tout avec l'évêque Xantippe touchant la primatie et le droit de convoquer des conciles.

A SON BIENHEUREUX SEIGNEUR ET VÉNÉRABLE PÈRE VICTORIN, SON COLLÈGUE DANS LE SACERDOCE, AUGUSTIN, SALUT DANS LE SEIGNEUR.

1. Votre lettre de convocation au concile m'est parvenue le cinq des ides de novembre, lorsqu'il faisait déjà nuit, et m'a trouvé peu disposé à me rendre à votre invitation. Mon hésitation vient-elle de mon inexpérience ou d'un motif légitime, c'est à votre sainteté et à votre sagesse d'en juger. J'ai vu dans cette lettre qu'on avait écrit aux deux Mauritanies, mais nous savons que ces provinces ont leurs primats. S'il avait été nécessaire d'appeler des évêques de ces contrées à un concile en Numidie, il aurait fallu que les noms de ceux qui y tiennent le premier rang figurassent dans cette lettre, où j'ai été fort étonné de n'en trouver aucun. En outre, dans celle qu'on a écrite aux évêques de Numidie, on a observé un ordre si peu convenable, que mon nom se trouve le troisième, quoique beaucoup d'évêques soient mes anciens. C'est une injure pour eux, et quelque chose d'odieux qu'on fait peser sur moi. Enfin notre vénérable frère et collègue Xantippe, évêque de Tagose [2], prétend qu'il est primat de droit, qu'il est regardé comme tel par beaucoup d'évêques, et qu'il peut aussi envoyer des lettres de convocation. S'il fait erreur et s'il est facile à votre sainteté de s'en assurer et de le prouver, du moins n'auriez-vous pas dû omettre son nom dans la lettre que vous avez envoyée. S'il n'avait été inscrit qu'au milieu de la liste et non pas en tête, j'aurais

---

(1) Écrite l'an 401. — Cette lettre était la 217ᵉ dans les éditions antérieures à l'édition des Bénédictins, et celle qui était la 59ᵉ se trouve maintenant la 149ᵉ.

(2) L'édition de Louvain donne *Xantippus Tagastensis*, évêque de Tagaste, mais d'après les meilleurs juges, on doit rejeter cette version car au temps même, où saint Augustin écrivait cette lettre, Alype occupait en Numidie le siége épiscopal de Tagaste, à peine avons-nous eu entre les mains deux exemplaires manuscrits de cette lettre. L'un porte *Sanctippum Tagonensem*; l'autre *Sanctippum Tagosensem*. Deux manuscrits du Vatican qui furent examinés sur l'ordre de Clément VIII pour faire les corrections nécessaires à cette lettre s'accordent avec quelques autres manuscrits et avec les notes de Henri de Noris, qui dans le livre II, c. VIII, de son histoire de Pélage dit qu'il faut lire comme il l'a vu

---

EPISTOLA LIX

Augustinus Victorino concilium convocanti, excusatoria, quare ad concilium non venturus sit : rogans ut prius cum Xantippo super jure primatus et concilii convocandi placide componat.

DOMINO BEATISSIMO ET VENERABILI PATRI ET CONSACERDOTI VICTORINO, AUGUSTINUS IN DOMINO SALUTEM.

1. (a) Tractoria ad me quinto idus Novembris venit, jam finito die, et me valde indispositum invenit, ut occurrere omnino non possem. Verumtamen sive imperitiam meam moverit, sive juste motus sim, tuæ sanctitatis et gravitatis est arbitrari. Legi in eadem tractoria etiam ad Mauritanias esse scriptum, quas provincias scimus suos habere primates. Quod si et ex eis ad Numidiam convocandum esset concilium, oportuit utique ut aliquorum Maurorum episcoporum, qui illic priores sunt, nomina in tractoria ponerentur, quod in ista tractoria non reperiens, multum miratus sum. Deinde ad ipsos Numidas ita perturbato et neglecto ordine scriptum, ut nomen meum tertio loco invenerim, qui novi quam post multos episcopos factus sim. Quæ res et aliis injuriosa est satis, et mihi invidiosa. Præterea venerabilis frater et collega noster (b) Xantippus Tagosensis dicit, quod eum primatus ipse contingat, et erga plurimos sic habetur, et tales mittit epistolas. Qui etiam error, si facile inter vestram sanctitatem cognosci et corrigi potest, non debuit tamen in tractoria, quam misit venerabilitas tua, nomen ejus prætermitti. Quod si in mediis locis conscriberetur, et non in primo poneretur, multum mirarer : quanto magis mirandum est, quod nulla ibi

---

(a) Unus e Vaticanis MSS. constanter habet, *Tractatoria*.

(b) Apud Lov. *Xantippus Thagastensis*. Sed aliter legi oportet eruditorum judicio : quippe quo tempore scribebat Augustinus, hoc ipso Alypius Thagastensem Numidiæ sedem occupabat. Porro hujus epistolæ exemplaria MSS. vix duo venerunt in manus nostras; unum ex iis Victorinum præfert, *Sanctippum Tagonensem*; alterum Corbeiense perantiquum et optimæ notæ, *Sanctippum Thagosensem*. Ex duobus autem Vaticanis quæ olim Clemens VIII, jussu ad castigatiorem edendam hanc epistolam inspecta fuerunt, unum cum Corbeiensi consentit. Immo R. P. M [Henricus de Noris Augustinianus Th. Prof. in Historiæ Pelag. lib. II, c. VIII, testatur legi *Xantippum Tagosensem* in tribus Vaticanis codicibus;

déjà eu lieu de m'en étonner. Combien plus grand donc a dû être mon étonnement de voir qu'on n'y avait fait aucune mention de celui qui devait avant tout être appelé à un concile, où il s'agissait de régler la question de la primatie, en présence de tous les évêques de la Numidie.

2. Voilà les motifs pour lesquels j'hésite à me rendre au concile. Je crains même, je vous l'avoue, que la lettre de convocation ne soit fausse, tant elle est irrégulière. J'en suis d'ailleurs empêché par le peu de temps qui me reste et par d'autres soins importants et multipliés. Je prie donc votre sainteté de m'excuser, et avant tout de vous mettre d'accord avec le vénérable Xantippe pour savoir celui de vous deux à qui il appartient de convoquer le concile. Le mieux, à mon avis, serait si tous les deux, et sans préjudice du droit de l'un ni de l'autre, vous convoquiez nos collègues, principalement ceux qui sont à peu près aussi anciens que vous dans l'épiscopat, et qui décideront facilement duquel de vous deux les droits sont le mieux fondés. La question ayant été préalablement résolue entre quelques-uns seulement, et toute erreur ayant disparu, on convoquera alors les évêques les moins anciens dans l'épiscopat, qui doivent, dans cette affaire, s'en rapporter aux plus anciens, mais qui présentement ignorent auquel de vous deux ils doivent s'en rapporter. Je vous adresse cette lettre scellée avec un anneau représentant le visage d'un homme qui regarde de côté.

LETTRE LX [1]

Saint Augustin prévient l'évêque Aurèle qu'un certain Donat et son frère avaient contre son gré quitté le monastère où ils étaient. Il lui dit que c'est une faute assez souvent commise par les moines, et que ce serait faire injure à l'ordre

---

dans trois livres du Vatican, *Xantippum Tagosensem*; et il ajoute « qu'il n'est pas étonnant que la ville de Tagose ne se trouve pas sur les cartes de géographie, car les primats d'Afrique, comme le dit saint Grégoire l. I, épître LII, à Gennadius, résidaient çà et là dans des bourgs, et non dans les villes principales, et du temps de la conférence de Carthage, il y avait 567 évêques dans toute l'Afrique, quoique les tables de Ptolémée et d'Orthelius n'indiquent pas un aussi grand nombre de villes. » Dans la notice des épiscopats d'Afrique, on trouve parmi les évêques de Numidie un Timothée de Tagure, et on trouve également dans la conférence de Carthage deux évêques de Tagore. C'est sans doute une erreur de lettres changées comme cela arrive souvent dans les noms, mais qui ne désigne pas des sièges épiscopaux différents. Pour compléter cette note sur Xantippe, nous dirons encore qu'il était si bien fondé à réclamer le droit de primatie à Tagose, que Victorin fut obligé de le lui céder, et que l'année suivante, saint Augustin lui écrivit la lettre 65e en qualité de primat, et que la même année, le 27 août, il tint à Milève le concile de sa province.

(1) Écrite l'an 401. — Cette lettre était la 76e dans les éditions antérieures à l'édition des Bénédictins, et celle qui était la 60e se trouve maintenant la 86e.

ejus admemoratio facta est, qui maxime ad concilium venire debuit, ut de ipso primatus ordine, coram omnium Numidarum episcopis ecclesiarum primitus ageretur?

2. His de caussis etiam venire dubitarem, ne forte falsa esset tractoria, qua tanta perversitas appareret : quamquam et angustia temporis et aliæ graves necessitates me multipliciter impedirent. Unde peto beatitudinem tuam ut mihi ignoscas, et primo instare digneris, ut inter tuam sanctimoniam et senem Xantippum concorditer constet, quis vestrum debeat convocare concilium : aut certe, quod salubrius arbitror, sine cujusquam præjudicio ambo convocate collegas nostros, eos maxime qui vobis episcopatus ætate vicini sunt, qui facile quis vestrum verum dicat agnoscant, ut inter vos paucos eadem præ ceteris quæstio dirimatur, et errore sublato minores a ceteris convocentur, qui nec possunt nec debent, nisi vobis in hac re tamquam prioribus credere, et nunc ignorant cui vestrum potissimum credant. Hanc epistolam signatam misi annulo qui exprimit faciem hominis adtendentis in litus.

EPISTOLA LX

Augustinus Aurelio significat Donatum et ipsius fratrem se renitente recessisse de monasterio : porro et monachis facilem lapsum, et ordini clericorum injuriam fieri, dum tales in clerum assumuntur.

---

quorum ex fide corrigendas esse editiones monet *Nec mirum,* inquit, Tagosam *urbem in geographicis tabulis non reperiri. Nam Africani primates, ut ait Gregorius lib. I. epist. LXXII. ad Gennadium,* passim per villas, non *in civitatibus primariis residebant ; et tempore collationis Carthaginensis erant in universa Africa episcopi* 567 cum *tamen tot oppida nec Ptolemæi nec Ortelii tabulâ exprimant.* In Notitia episcopatuum Africæ, inter Numidas est Timotheus Tagurensis : occurrunt et duo Tagorenses episcopi in Carthag. collatione I. An forte nomen commutatis, ut sæpe sit, litteris aliter et aliter scriptum sedem non aliam et aliam designat?

des clercs que d'y recevoir ceux qui abandonnent ainsi leur monastère.

A SON BIENHEUREUX SEIGNEUR ET VÉNÉRABLE ET CHER FRÈRE LE PAPE AURÈLE, SON COLLÈGUE DANS L'ÉPISCOPAT, AUGUSTIN, SALUT DANS LE SEIGNEUR.

1. Depuis que nous nous sommes quittés, je n'ai reçu aucune lettre de votre sainteté, excepté celle que je viens de lire sur Donat et son frère, et à laquelle je ne savais trop ce que je devais répondre. Mais après avoir bien réfléchi à ce qui pouvait être le plus utile pour le salut de ceux que nous servons, et auxquels nous donnons la nourriture spirituelle en Jésus-Christ, j'ai cru que ce qu'il y avait de mieux à faire, était de ne pas ouvrir à ceux qui se sont consacrés au service de Dieu cette voie de désertion, et d'éviter de leur laisser croire qu'on puisse les choisir pour quelque chose de mieux, quand ils ne l'ont pas mérité par leur conduite précédente. C'est en effet une faute assez commune aux moines, et ce serait faire une grave injure à l'ordre des clercs, si l'on recevait les déserteurs de monastères dans la sainte milice de la cléricature, où nous n'avons coutume d'admettre que les moines les plus dignes et les plus éprouvés. A moins que, comme on dit vulgairement : mauvais joueur de flûte, bon symphoniste, nous voulions aussi qu'on dise, en se moquant de nous : mauvais moine, bon clerc. Il serait vraiment déplorable d'inspirer aux moines un orgueil si dangereux, et d'infliger un tel affront aux clercs, dans les rangs de qui nous sommes nous-mêmes. Nous avons déjà bien de la peine à faire un bon clerc d'un bon moine qui, malgré tout l'esprit de mortification qu'il peut avoir, manque souvent de l'instruction nécessaire, ou bien a dans sa personne des défauts qui excluent de la cléricature.

2. Quant aux deux moines dont il s'agit ici, votre sainteté paraît croire que c'est par ma volonté qu'ils ont quitté leur monastère, pour être plus utiles à ceux de leur pays; mais c'est une erreur. Ils sont partis d'eux-mêmes, d'eux-mêmes ils ont abandonné leur monastère, malgré tous les efforts que nous avons faits pour les retenir, dans l'intérêt de leur salut. Pour Donat, puisqu'il a été ordonné avant que le concile (1) ait statué quelque chose sur cette question, votre sagesse fera ce qu'elle voudra, pourvu toutefois qu'il se soit corrigé de cet esprit d'orgueil qui le dominait. Quant à son frère, principale cause de la désertion de Donat,

(1) Il s'agit ici du concile de Carthage du 13 septembre de l'an 401, où il fut statué, que si un évêque entreprend d'élever à la cléricature un moine d'un monastère qui n'est pas de son diocèse, ou de le faire supérieur dans un de ses monastères, il sera privé de la communion de tous les autres évêques, et n'aura que celle de son église propre, et quant au moine, qu'il ne restera ni clerc, ni supérieur. C'est de l'exécution de ce canon qu'il est ici question entre Aurèle et saint Augustin qui l'avaient rédigé ensemble. Voyez code africain, c. LXXX.

DOMINO BEATISSIMO ET DEDITA OBSERVANTIA VENERABILI, SINCERITERQUE CARISSIMO FRATRI ET CONSACERDOTI PAPÆ AURELIO, AUGUSTINUS IN DOMINO SALUTEM.

1. Litteras nullas tuæ venerabilitatis, ex quo ab invicem corporaliter digressi sumus, accepi. Nunc vero legi epistolam benignitatis tuæ de Donato et fratre ejus, et quid responderem, diu fluctuavi. Sed tamen etiam atque etiam cogitanti quid sit utile saluti eorum, quibus in Christo nutriendis servimus, nihil mihi aliud occurrere potuit, nisi non esse istam dandam servis Dei, ut se facilius putent eligi ad aliquid melius, si facti fuerint deteriores. Et ipsis enim facilis lapsus, et ordini clericorum fit indignissima injuria, si desertores monasteriorum ad militiam clericatus eligantur, cum ex his qui in monasterio permanent, non tamen nisi probatiores atque meliores in clerum assumere soleamus: nisi forte, sicut vulgares dicunt: Malus choraula bonus symphoniacus est: ita iidem ipsi vulgares de nobis jocabuntur dicentes: Malus monachus bonus clericus est. Nimis dolendum, si ad tam ruinosam superbiam monachos surrigamus, et tam gravi contumelia clericos dignos putemus, in quorum numero sumus; cum aliquando etiam bonus monachus vix bonum clericum faciat, si adsit ei sufficiens continentia, et tamen desit instructio necessaria, aut personæ regularis integritas.

2. Sed de istis credo arbitrata sit beatitudo tua, quod nostra voluntate, ut suis potius corregionalibus utiles essent, de monasterio recessissent. Sed falsum est, sponte abierunt, sponte deseruerunt, nobis quantum potuimus, pro eorum salute, renitentibus. Et de Donato quidem, quia jam factum est, ut antequam de hac re aliquid in concilio statueremus, ordinaretur, si forte a superbiæ perversitate correctus est, quod vult faciat prudentia tua. De fratre

vous savez ce que j'en pense, je n'ai donc rien à vous dire à ce sujet. Je n'ose aller à l'encontre de votre sagesse, de votre rang, de votre charité, et je suis convaincu que vous ferez ce qui vous paraîtra le plus utile et le plus salutaire aux membres de l'Eglise.

LETTRE LXI (1)

Saint Augustin écrit à Théodore, pour lui assurer que les clercs donatistes, qui reviendraient à l'Église catholique, conserveraient leur ordre.

A SON TRÈS-CHER (2) ET HONORABLE FRÈRE THÉODORE, AUGUSTIN, ÉVÊQUE, SALUT DANS LE SEIGNEUR.

1. Lorsque vous m'avez demandé comment nous recevrions les clercs donatistes qui voudraient rentrer dans l'Église catholique, j'ai jugé à propos de vous donner ma réponse dans une lettre à votre adresse, afin que, si quelqu'un vous interrogeait à ce sujet, vous puissiez faire voir, par un écrit de ma main, ce que nous pensons, et ce que nous sommes prêts à faire à cet égard. Sachez donc que nous ne détestons en eux que leur séparation, qui les a rendus schismatiques et hérétiques, et qui les a éloignés de l'unité et de la vérité de l'Église catholique. Nous les condamnons, parce qu'ils ne sont pas en paix avec le peuple de Dieu, qui est répandu sur toute la terre, et qu'ils ne reconnaissent pas le baptême de Jésus-Christ dans ceux qui l'ont reçu. Voilà le mal et l'erreur que nous blâmons en eux, mais en eux aussi nous reconnaissons, nous aimons, nous respectons ce qu'il y a de bien, c'est-à-dire le nom de Dieu et son sacrement. C'est cela même qui nous fait déplorer leur égarement, et nous inspire le désir de les gagner à Dieu par la charité de Jésus-Christ, afin que ce sacrement qu'ils ont, pour leur perte, hors de la paix de l'Église, ils puissent l'avoir, pour leur salut, dans la paix catholique. Si l'on parvenait à détruire le mal qui vient des hommes, pour honorer dans les hommes le bien qui vient de

---

(1) Écrite l'an 401. — Cette lettre était la 123e dans les éditions antérieures à l'édition des Bénédictins, et celle qui était la 61e se trouve maintenant la 204e.
(2) Les manuscrits écrivent comme notre texte, mais l'édition de Louvain porte seulement *dilectissimo fratri Theodoro Augustinus* et en outre Théodore, dans l'argument en tête, y est qualifié d'évêque. Nous ignorons pour quel motif on lui attribue cette dignité. Ce n'est certainement pas parce que saint Augustin l'appelle son frère, nom que dans la lettre 53 qui précède, il donne à Generosus qui était laïque, et qu'il donne même quelquefois aux hérétiques et aux païens, comme on le voit dans les lettres 90 et 232. Enfin il désigne encore par ce nom ce même Théodore ainsi que Maxime, quand il leur dit dans sa lettre 85 : *carissimi filii mei honorabiles viri*, Mes très-chers fils, hommes honorables.

---

vero ejus, cujus vel maxime caussa de monasterio etiam ipse Donatus abscessit, cum intelligas quid sentiam, nescio quid respondeam. Contradicere tamen prudentiæ, honori, caritatique tuæ non audeo; et sane spero id te facturum, quod membris Ecclesiæ salubre perspexeris.

EPISTOLA LXI

Augustinus Theodoro ut prolata hac epistola fidem faciat clericos ex parte Donati venientes ad Ecclesiam catholicam, in suo ipsorum ordine esse recipiendos.

DILECTISSIMO (a) ET HONORANDO FRATRI THEODORO AUGUSTINUS EPISCOPUS IN DOMINO SALUTEM.

1. Cum benevolentia tua mecum loqueretur, quomodo susciperemus clericos ex parte Donati, si voluerint esse catholici, placuit mihi illud quod tibi respondi, etiam hac ad te data epistola exprimere : ut si quis de hac re te interrogaverit, etiam manu mea prolata, quid de hac re sentiamus vel faciamus, ostendas. Scias ergo nos non in eis detestari, nisi dissensionem ipsorum, per quam schismatici vel hæretici facti sunt, quia Ecclesiæ catholicæ unitatem et veritatem non tenent, in eo quod pacem cum populo Dei non habent, qui toto terrarum orbe diffunditur, et in eo quod in hominibus baptismum Christi non agnoscunt. Improbamus ergo malum errorem eorum, quem habent ; bonum autem nomen Dei, quod habent, et sacramentum ejus agnoscimus in eis, et veneramur, et amplectimur. Sed propterea dolemus errantes, et eos per caritatem Christi lucrari Deo cupimus, ut sanctum sacramentum, quod foris ab Ecclesiæ pace habent ad perniciem, in pace Ecclesiæ habeant ad salutem. Si ergo tollantur de medio

---

(a) Sic in MSS. At apud Lov. habetur tantum, *Dilectissimo fratri Theodoro Augustinus* : præctereaque Theodorus in præfixo illo argumento dicitur episcopus; quæ dignitas unde ipsi asseratur ignoramus : certe non ex fratris appellatione, quam Augustinus supra in epistola LIII, Generoso viro laico defert; immo hæreticis interdum et paganis, ut videre est in epistolis XC et CCXXXII. Denique hunc, opinamur, Theodorum cum Maximo designat Augustinus in epist. LXXXV. hisce verbis : *Carissimi filii mei honorabiles viri*, quibus nempe scripserat epist. LXXXIV.

Dieu, alors on verrait régner partout une concorde fraternelle, l'amitié, la paix, et la charité de Jésus-Christ l'emporteraient, dans les cœurs, sur les inspirations du démon.

2. Lorsque des Donatistes viennent à nous, nous ne recevons pas ce qu'il y a de mal en eux, c'est-à-dire leur séparation de la sainte Église et leur égarement, mais tout en rejetant leur hérésie comme un obstacle à la concorde, nous les embrassons comme des frères, et nous demeurons avec eux, comme dit l'Apôtre : « Dans l'unité de l'esprit et dans le lien de la paix (*Eph.*, IV, 3). » Nous reconnaissons en eux les biens qui viennent de Dieu, c'est-à-dire la sainteté du baptême, la bénédiction de l'ordination, la profession de continence, le vœu de virginité, la foi de la Trinité ; mais ces dons spirituels et d'autres semblables demeuraient stériles en eux, parce qu'ils n'étaient pas vivifiés par la charité. Qui peut, en effet, prétendre avoir la charité du Christ, en ne gardant pas l'unité ? Lors donc qu'ils reviennent à la foi catholique, ils ne reçoivent pas ce qu'ils avaient, mais ils reçoivent ce qu'ils n'avaient pas, afin que ce qu'ils possédaient déjà commence à leur être utile ; c'est-à-dire qu'en rentrant dans l'Église catholique, ils reprennent racine dans la charité par le lien de la paix et l'unité de l'esprit, et pour que tous les sacrements de vérité qu'ils avaient déjà ne servent plus à leur damnation, mais à leur salut. Les sarments ne doivent pas se glorifier d'être du bois de la vigne et non de celui des épines, car s'ils ne sont pas unis à la racine, recevant d'elle leur sève et leur vie, ils seront, malgré toute leur apparence, jetés au feu. Mais l'Apôtre a dit de ces branches brisées que « Dieu est assez puissant pour les enter de nouveau (*Rom.*, II, 23). » Ainsi donc, très-cher frère, si vous voyez quelques donatistes doutant du rang qu'ils occuperaient parmi nous, montrez-leur cette lettre que vous reconnaissez bien comme écrite de ma main. Qu'ils la gardent même, s'ils le veulent. Car je prends Dieu à témoin, sur mon âme, que je les recevrai, en leur conservant non-seulement le baptême du Christ qu'ils ont reçu, mais encore le rang qu'ils peuvent avoir dans l'ordination ou dans la profession de continence.

---

mala hominum, et honorentur in hominibus bona Dei ; erit fraterna concordia, et amabilis pax, ut in cordibus hominum vincat persuasionem diaboli, caritas Christi.

2. Itaque cum ad nos veniunt ex parte Donati, mala illorum non suscipimus, id est dissensionem et errorem, sed ipsa tolluntur de medio tamquam impedimenta concordiæ, et amplectimur fratres nostros stantes cum eis, sicut dicit Apostolus, « in (*a*) unitate spiritus, in vinculo pacis (*Eph.*, IV, 3), » et agnoscentes in eis bona Dei, sive sanctum baptismum, sive benedictionem ordinationis, sive continentiæ professionem, sive consignationem virginitatis, sive fidem Trinitatis, et si qua alia sunt : quæ omnia etiamsi erant, nihil tamen proderant, quando caritas non erat. Quis autem vere dicit se habere Christi caritatem, quando ejus non amplectitur unitatem? Cum ergo ad Catholicam veniunt, non hic accipiunt quod habebant : sed ut prodesse illis incipiat quod habebant, accipiunt hic quod non habebant. Hic enim accipiunt radicem caritatis in vinculo pacis, et in societate unitatis : ut non ad damnationem, sed ad liberationem illis valeant omnia, quæ habent, sacramenta veritatis. Non enim debent gloriari sarmenta, quia non sunt spinarum ligna, sed vitis. Si enim non in radice vixerint, cum tota specie sua in ignem mittentur. De quibusdam autem ramis fractis dixit Apostolus, « quia potens est Deus iterum inserere illos (*Rom.*, II, 23). » Et ideo, dilectissime frater, quoscumque illorum videris forte dubitantes quo ordine suscipiantur a nobis : ostende illis istam quam bene nosti manum meam, et si eam apud se habere voluerint, habeant : quia testem Deum facio super animam meam, sic eos me suscepturum, ut non solum baptismum Christi quem acceperunt, ipsum habeant, sed etiam honorem (*b*) sanctimonii et continentiæ.

(*a*) MSS melioris notæ habent, *in unitatem Christi*.
(*b*) Sic vetus codex Corb. At Lov. *pactimonii et continentiam*.

LETTRE LXII [1]

Saint Augustin, Alype et Samsucius [2] *s'excusent auprès de Sévère de ce qui s'est passé au sujet de Timothée.*

A LEUR BIENHEUREUX SEIGNEUR ET TRÈS-CHER FRÈRE SÉVÈRE, LEUR COLLÈGUE DANS LE SACERDOCE, ET A TOUS LES FRÈRES QUI SONT AVEC LUI, ALYPE, AUGUSTIN, SAMSUCIUS ET TOUS LES FRÈRES QUI SONT AVEC EUX, SALUT DANS LE SEIGNEUR.

1. Étant venus à Sousane, et ayant pris connaissance de ce qui s'y était passé pendant notre absence et contre notre volonté, nous avons appris que certaines choses avaient eu lieu, comme on nous l'avait dit, quelques-unes autrement, mais toutes d'une manière regrettable, et que cependant il faut savoir supporter. Autant que nous l'avons pu, et avec l'aide de Dieu, nous avons réparé le mal, tantôt par des reproches, tantôt par des avertissements, tantôt par des prières. Ce qui nous a le plus affligés, après le départ de votre sainteté, c'est que l'on a laissé partir nos frères sans leur donner de guide pour retourner vers vous. Veuillez nous le pardonner, et soyez convaincu qu'il y a plus de crainte que de mauvaise intention. Comme on croyait qu'ils avaient été envoyés par notre fils Timothée, pour vous exciter contre nous, et nous nuire dans votre charité, et que, d'un autre côté, on voulait laisser la question intacte jusqu'à notre arrivée ici, où l'on espérait que nous nous trouverions avec vous, on avait pensé qu'ils ne partiraient pas sans avoir un guide pour les accompagner. Dans tous les cas, on a indubitablement commis une faute en agissant ainsi, comme en disant faussement à Fossor que ces frères étaient déjà partis avec Timothée. Cependant, ce mensonge n'a pas été commis par le prêtre. Notre frère Carcedonius n'en savait absolument rien, comme cela nous a été prouvé, autant que ces choses-là peuvent l'être.

2. Mais pourquoi nous arrêter plus longtemps sur ces détails? Notre fils Timothée,

---

(1) Écrite vers la fin de l'année 401. — Cette lettre était la 241ᵉ dans les éditions antérieures à l'édition des Bénédictins, et celle qui était la 62ᵉ se trouve maintenant la 192ᵉ.
(2) Samsucius était évêque des Tours en Numidie et très-estimé de saint Augustin, comme on le voit dans la lettre 34. Il assista au concile de Carthage de l'an 407, où il fut pris pour juge avec saint Augustin et d'autres par l'évêque Maurence dans un différend que cet évêque avait avec les habitants de Germanie la Neuve.

EPISTOLA LXII

Alypius, Augustinus et Samsucius Severo excusantes quæ in Timothæi negotio gesta sunt.

DOMINO BEATISSIMO ET VENERABILITER CARISSIMO ET SINCERISSIMO FRATRI ET CONSACERDOTI (a) SEVERO, ET QUI TECUM SUNT FRATRIBUS, ALYPIUS, AUGUSTINUS ET SAMSUCIUS, ET QUI NOBISCUM SUNT FRATRES, IN DOMINO SALUTEM.

1. Cum Subsanam venissemus, et quæ illic nobis absentibus contra nostram voluntatem gesta fuerant, quæreremus; quædam sicut audieramus, quædam vero aliter facta, omnia tamen dolenda et (b) toleranda, quantum Dominus adjuvit, partim objurgando, partim monendo, partim orando correximus. Illud sane quod post tuæ sanctitatis profectionem nos plurimum contristavit, quod inde fratres sine itineris duce dimissi sunt, petimus ignoscas, et timidius quam malitiosius factum scias. Cum enim putarent eos a filio nostro Timotheo propterea mitti, ut in nos maxime caritatem tuam ad iracundiam provocarent, vellent autem ipsi nostro adventui, quem tecum futurum sperabant, omnia integra reservare; putaverunt non eos profecturos, si ducem itineris non acciperent. Sed tamen peccatum esse, quis dubitet? Hinc etiam factum est, ut et Fossori diceretur, jam Timotheum cum ipsis fratribus fuisse profectum : quod utique falsum erat. Non tamen a presbytero dictum; et hæc omnia fratrem Carcedonium penitus ignorasse, nobis manifestissime declaratum est, quantum ista manifestari solent.

2. Sed quid pluribus immoremur? Memoratus filius noster Timotheus vehementissime perturbatus, quod dubietatem tam inopinatam invitissimus senserit; indicavit nobis, quod cum ageres cum illo

---

(a) Hic est, nisi fallimur, ille ipse cujus ex nomine Paulinum salutat Augustinus in epist. XXXI, n, 3. *Beatissimus frater Severus de condiscipulatu nostro Milevitana antistes ecclesiæ,* etc.
(b) Lov. *et tollenda.* At MSS. *et toleranda.*

vivement inquiet de se trouver, malgré lui, dans une situation aussi douteuse qu'inopinée, nous déclara que, lorsque vous l'engagiez à servir Dieu à Sousane, il avait, dans un mouvement soudain, juré de ne pas s'éloigner de vous. Nous lui demandâmes ce qu'il prétendait faire à cet égard, et il nous répondit que son serment l'empêchait de se rendre où nous souhaitions qu'il allât, d'autant plus que, libre de toute entrave, il pouvait sans obstacle satisfaire à l'obligation qu'il avait contractée. Nous lui expliquâmes qu'il ne serait pas coupable de parjure, si, par votre volonté et non par la sienne, et pour éviter un scandale, il ne restait pas avec vous, puisqu'en effet, son serment engage sa volonté et non la vôtre ; enfin après nous avoir avoué que vous ne lui aviez rien juré vous-même, il nous a déclaré, comme il convenait à un serviteur de Dieu et à un fils de l'Église, qu'il se conformerait et sans balancer à ce que nous aurions décidé sur son compte avec votre sainteté. Nous vous demandons en conséquence, et nous vous conjurons par la charité du Christ, de vous souvenir de tout ce que nous vous avons dit, et de nous donner une réponse qui nous apporte la joie et la consolation ; car nous qui sommes les plus forts, si toutefois nous osons parler de notre force au milieu de tous les périls et des tentations qui nous assiégent, nous devons, comme dit l'Apôtre, « supporter les faiblesses des infirmes (*Rom.*, xv, 1). » Le frère Timothée n'a pas écrit à votre sainteté, parce que votre saint frère a dû vous apprendre tout ce qui s'est passé. Souvenez-vous de nous, mettez votre gloire dans le Seigneur, bienheureux, vénérable et très-cher seigneur et frère.

LETTRE LXIII [1]

Cette lettre regarde encore Timothée, qui après avoir juré qu'il ne se séparerait pas de Sévère, avait été ordonné sous-diacre à Sousane, dans le diocèse d'Hippone. Saint Augustin déclare que cela a été fait contre sa volonté. Quoique Timothée eût déjà fonctionné comme lecteur dans les églises du diocèse d'Hippone, avant d'avoir rien juré à Sévère, saint Augustin n'avait cependant pas balancé à le lui renvoyer ; il demande en conséquence qu'on le lui renvoie également.

A SON BIENHEUREUX SEIGNEUR, VÉNÉRABLE ET TRÈS-CHER FRÈRE SÉVÈRE, SON COLLÈGUE DANS LE SACERDOCE, ET A TOUS LES FRÈRES QUI SONT AVEC LUI, AUGUSTIN ET SES FRÈRES, SALUT DANS LE SEIGNEUR.

[1] Ecrite l'an 401 un peu après la précédente. — Cette lettre était la 240° dans les éditions antérieures à l'édition des Bénédictins et celle qui était la 63° se trouve maintenant la 18°.

ut apud Subsanam Deo serviret, erupit et juravit, a te omnino non recessurum. Cumque ejus voluntatem requireremus, respondit se hac juratione impediri, quominus ibi esset ubi eum esse etiam antea volebamus : cum jam præsertim de suæ libertatis manifestatione securus sit. Cumque illi aperuissemus, non eum futurum perjurii reum, si non per ipsum, sed per te fieret, ut propter vitandum scandalum tecum esse non posset ; quandoquidem non de tua voluntate, sed de sua jurare potuerit, nec te sibi vicissim aliquid jurasse confessus sit : ad extremum dixit, quod servum Dei, Ecclesiæ filium, dicere oportebat, quidquid nobis cum tua sanctitate de illo fieri placuisset, id se sine dubio secuturum. Proinde petimus, et per caritatem Christi obsecramus prudentiam tuam, ut omnium quæ locuti sumus memineris, et rescriptis tuis nos lætifices. Debemus enim nos firmiores (si tamen inter tanta tentationum pericula dicere hoc audendum est) sicut ait Apostolus infirmorum onera sustinere (*Rom.*, xv, 1). Frater Timotheus ideo non scripsit sanctitati tuæ, quia omnia quæ gesta sunt, sanctus frater tuus significavit. Memor nostri, in Domino glorieris, domine beatissime et venerabiliter carissime et sinceriissime frater.

EPISTOLA LXIII

Rursum de Timotheo qui postquam jurasset se a Severo non recessurum, ordinatus fuerat subdiaconus apud Subsanam in diœcesi Hipponensi, hoc præter suam voluntatem factum esse testatur Augustinus ; Timotheum tamen quem ad Severum redire voluit, declarat lectoris officio jam ante præstitum ipsi juramentum, functum fuisse in ecclesiis diœceseos Hipponensis, adeoque sibi remittendum.

DOMINO BEATISSIMO, ET VENERABILI, ET SINCERISSIMA CARITATE AMPLECTENDO FRATRI ET CONSACERDOTI SEVERO, ET QUI TECUM SUNT FRATRIBUS, AUGUSTINUS, ET FRATRES QUI MECUM SUNT, IN DOMINO SALUTEM.

1. Si dicam, quæ me ipsa caussa cogit dicere, ubi erit sollicitudo caritatis ? Si autem non dicam, ubi

1. Si je dis tout ce que je suis obligé de dire dans l'intérêt de ma cause, où sera la charité? Si je ne le dis pas, où sera la liberté de l'amitié? Après avoir longtemps hésité, j'ai préféré me défendre plutôt que de vous accuser. Vous êtes étonné, me dites-vous dans votre lettre, que nous ayons consenti à tolérer une chose qui nous afflige quand nous aurions pu y apporter remède. Eh! ne peut-on plus s'affliger d'un fait regrettable dès qu'on a tout fait pour y remédier, ou bien ne doit-on pas tolérer une chose fâcheuse, quand on ne peut plus la prévenir ou l'empêcher? Cessez donc de vous étonner, très-cher frère. Timothée a été ordonné sous-diacre à Sousane contre mon avis et contre ma volonté, lorsque nous délibérions encore sur le parti à prendre à son égard. Voilà ce qui m'afflige encore aujourd'hui, quoiqu'il soit retourné auprès de vous. Vous l'avez réclamé et je ne me repens pas d'avoir accédé à vos désirs.

2. Ecoutez aussi ce que nous avons fait par nos reproches, nos exhortations et nos prières, même avant son départ afin que vous ne pensiez pas que nous ayons épargné toute réprimande envers lui, jusqu'au moment où il est retourné près de vous. Nous l'avons blâmé d'abord de ne vous avoir pas obéi, puis d'être retourné vers votre sainteté, sans avoir consulté le frère Carcedonius, ce qui a été l'origine de notre présente tribulation. Nous avons ensuite repris le prêtre et Vérin, qui, d'après ce que nous avions appris, avaient été cause de son ordination. Comme devant nos reproches ils ont avoué qu'ils avaient mal agi, et qu'ils nous ont prié de leur pardonner, il y aurait eu orgueil de notre part, à ne pas croire à leur repentir. Ils ne pouvaient pas d'ailleurs empêcher que ce qui était fait ne fût fait. Nos reproches tendaient donc uniquement à leur faire reconnaître leur faute et à leur en inspirer le repentir. Nos remontrances se sont adressées d'abord à tous pour les engager à ne plus encourir par de tels faits la colère de Dieu, ensuite à Timothée, qui se disait obligé par son serment de retourner vers vous. Nous lui avons fait voir que si vous refusiez de le garder près de vous, puisqu'il avait déjà exercé ici les fonctions de lecteur, (car nous espérions que vous agiriez ainsi dans la crainte de scandaliser les faibles pour qui Jésus-Christ est mort, et par respect pour la discipline de l'Eglise tant négligée aujourd'hui), nous lui avons fait voir, dis-je, qu'il se trouverait dégagé de son serment, et qu'il pourrait, en paix avec sa conscience, servir Dieu à qui nous rendrons un jour compte

---

erit libertas amicitiæ? Verumtamen fluctuans inter rim, elegi me purgare potius quam te arguere. Scripsisti te mirari, nos cum dolore nostro tolerare voluisse, quod correctione emendari potuisset : quasi non sint dolenda quæ male facta sunt, etiamsi quantum possunt, postea corriguntur ; aut non id maxime tolerandum sit, quod cum manifestum sit perperam factum, fieri non possit infectum. Desine itaque mirari frater sincerissime. Nam ordinatus est apud Subsanam subdiaconus Timotheus, præter meum consilium et voluntatem : cum quid de illo agendum esset, adhuc inter nostras alternas sententias deliberatio nutaret. Ecce adhuc doleo, quamvis jam ad te redierit; in quo nos tuæ voluntati paruisse non pænitet.

2. Audi etiam quid objurgando, quid monendo, quid orando correxerimus, et antequam hinc esset profectus ; ne adhuc propterea videatur tibi nihil a nobis tunc fuisse correctum, quia nondum ad vos ipse redierat. Objurgando correximus, primo ipsum qui tibi non obtemperavit, ut inconsulto fratre Carcedonio ad tuam sanctitatem ante proficisceretur, unde origo hujus nostræ tribulationis exorta est : deinde presbyterum et Verinum, per quos ut ordinaretur factum esse comperimus. Cum enim omnes objurgantibus nobis hæc omnia non recte facta esse confessi sunt, et ut sibi ignosceretur rogaverunt ; nimis superbe ageremus, si non crederemus esse correctos. Neque enim agere poterant ut facta non essent : sed nec nos aliud objurgando agebamus, nisi ut se male egisse cognoscerent et dolerent. Monendo autem correximus , primo omnes, ut deinceps talia non auderent, ne iram Dei experirentur : deinde præcipue Timotheum, qui sola juratione se cogi dicebat ad tuam pergere caritatem ; ut si sanctitas tua, quo fore sperabamus, considerans quæ simul locuti fuerimus, propter infirmorum scandalum, pro quibus Christus mortuus est, et propter Ecclesiæ disciplinam, quam periculose negligunt, quoniam hic jam lector esse cœperat, nolles eum esse tecum ; jam liber a vinculo jurationis, æquissimo animo Deo serviret, cui sumus rationem nostrorum actuum reddituri. Ipsum quoque fratrem Carcedonium, monendo ad hoc perduxeramus quantum potuimus, ut etiam ipse patientissime acciperet quid-

de toutes nos actions. Nous avions également, par nos conseils et nos remontrances, amené le frère Carcedonius à se soumettre avec obéissance à la décision que l'intérêt et le maintien de la discipline ecclésiastique nous forceraient de prendre sur le compte de Timothée. Enfin nos prières ont été pour nous-mêmes une espèce de correction, en nous faisant remettre à la miséricorde de Dieu notre administration et l'issue de nos conseils, et à confier à sa main charitable le soin de nous guérir des blessures que les émotions pénibles de cette affaire ont faites à notre cœur. Voilà le mal que nous avons réparé, en recourant tour à tour aux reproches, aux avertissements, aux prières.

3. Mais enfin, en considération du lien de la charité, et pour ne pas nous laisser dominer par Satan, dont nous connaissons les intentions, que devions-nous faire, sinon d'obéir à votre volonté, à vous qui regardiez comme irréparable ce qui était arrivé, à moins qu'on ne restituât à votre droit celui en la personne duquel vous vous plaigniez d'avoir reçu une injure. Le frère Carcedonius lui-même, après un assez vif mouvement de colère, pour laquelle je vous demande d'obtenir le pardon dans vos prières, ne voyant plus que le Christ qui est en vous, a consenti à ce parti. J'hésitais même encore à vous renvoyer Timothée, avant d'avoir adressé une autre lettre à votre sainteté, mais Carcedonius craignant de vous causer quelque peine, a coupé court à toute discussion, et non-seulement permit, mais encore demanda instamment que Timothée vous fût rendu.

4. Pour moi, frère Sévère, je vous fais juge de ma cause. Je suis convaincu que le Christ habite dans votre cœur, qu'il gouverne votre âme qui lui est soumise. Consultez-le, je vous en conjure en son nom. Examinez si on peut s'empêcher de regarder comme lecteur, un homme qui avait commencé à en remplir les fonctions dans une église confiée à mon administration, non pas une fois (1), mais plusieurs autres encore, à Sousane, aux Tours, à Cisan, à Verbal, en compagnie d'un prêtre de l'église de Sousane. Nous avons corrigé ce qui a été fait malgré nous, parce que Dieu le voulait. Dieu veut aussi que vous corrigiez ce qui a été fait à votre insu. Vous comprendrez facilement quel tort serait fait à la discipline ecclésiastique, si un évêque auquel un clerc d'une autre église aurait fait le serment de ne pas le quitter, retenait ce clerc près de lui, sous prétexte qu'il ne veut pas le rendre parjure. Celui qui ne

(1) Cette affaire paraît être la cause du canon publié au concile de Milève, le 27 août de l'année 402. Celui qui aura lu, même une seule fois, dans une église, ne doit pas être retenu par une autre église.

---

quid de illo fieri, conservandæ ecclesiasticæ disciplinæ provisio et necessitas cogeret. Orando autem correxeramus nosipsos, ut et gubernationes et exitus nostrorum consiliorum misericordiæ Dei commendaremus, et si quid indignationis nos momorderat, sub illius medicinalem dexteram confugiendo sanaremur. Ecce quam multa, partim objurgando, partim monendo, partim orando correxeramus.

3. Et nunc considerantes vinculum caritatis, ut non possideamur a satana, non enim ignoramus mentes ejus, quid aliud facere debuimus nisi obtemperare voluntati tuæ, qui non putasti quod factum est corrigi potuisse, nisi ipse, in quo tibi injuriam factam esse conquereris, juri tuo redderetur? Hoc etiam frater ipse Carcedonius, quamvis non post levem animi perturbationem, de qua peto ut ores pro illo, tamen Christum in te cogitans, æquanimiter fecit. Et cum adhuc ego, utrum apud nos remorante Timotheo, alias ad tuam germanitatem litteras cogitandum putarem; veritus est ipse paternam (a) commotionem tuam, et præcidit deliberationem meam, non solum sinens, sed etiam instans, ut tibi Timotheus redderetur.

4. Ego autem, frater Severe, caussam meam judicio tuo dimitto. Certus sum enim Christum habitare in corde tuo : per quem te obsecro ut ipsum consulas, tuæ menti sibi subditæ præsidentem : utrum homo, qui in ecclesia meæ dispensationi credita jam legere cœperat, et (b) non semel, sed iterum et tertio, apud Subsanam et presbytero Subsanensis Ecclesiæ comitatus, et apud Turres, et apud (c) Cizan, et apud Verbalis legerat, non fuisse lector possit aut debeat judicari. Et sicut nos, quod postea nobis invitis factum est, Deo jubente correximus : sic et tu quod prius te nesciente factum est, eodem jubente similiter corrige. Neque enim ve-

(a) Lov. *commonitionem*. MSS omnes, *commotionem*.
(b) Id negotii videtur præbuisse caussam edendi illius canonis in concil. Milevitano dic. XXVII. Aug. an 402. celebrato, *ut quicumque in ecclesia vel semel legerit ab alia ecclesia non teneatur*.
(c) In veteri codice Corb. *Cizan*.

souffrira pas cela, celui qui ne permettra pas à un tel clerc de rester auprès de lui, parce que ce clerc n'a pu jurer que pour lui et non pour un autre, celui-là, dis-je, conservera la paix et la discipline ecclésiastique, et ne pourra encourir le blâme de personne.

LETTRE LXIV [1]

Saint Augustin exhorte le prêtre Quintien à la patience, et exprime le désir de le voir réconcilié avec l'évêque Aurèle. Il parle aussi d'un certain Privation, clerc de l'église de Quintien, que ce dernier reprochait à saint Augustin d'avoir reçu dans son monastère.

A SON TRÈS-CHER SEIGNEUR ET FRÈRE QUINTIEN, SON COLLÈGUE DANS LE SACERDOCE, AUGUSTIN, SALUT DANS LE SEIGNEUR.

1. Nous ne dédaignons pas de regarder les corps les moins beaux et les moins parfaits, parce que nos âmes elles-mêmes n'ont pas encore ce degré de beauté que, selon notre espoir, elles auront un jour, lorsque nous apparaîtra celui qui est la beauté ineffable, et en qui nous croyons sans le voir. En effet, nous serons semblables à lui, quand nous le verrons tel qu'il est. Si vous voulez écouter mes paroles de bon cœur et fraternellement, appliquez-les à votre âme et ne présumez pas trop de sa beauté, mais comme le dit l'Apôtre : « Réjouissez-vous dans l'espérance (*Rom.*, XII, 12), » et faites ce qu'il ajoute : « Réjouissez-vous dans l'espérance, gardant patience dans la tribulation, car nous sommes sauvés par l'espérance (*Rom.*, VIII, 24) », et il dit encore : « L'espérance de ce qui se voit n'est pas une espérance, en effet. Qui espère ce qu'il voit ? Si donc nous espérons ce que nous ne voyons pas, nous l'attendons par la patience (*Rom.*, x, 40). » Que cette patience ne vous fasse pas défaut, et en paix avec votre conscience, attendez le moment du Seigneur. Agissez avec courage, que votre cœur se fortifie et soyez ferme dans l'attente du Seigneur.

2. Il est certain que si vous veniez vers nous, sans être en communion avec le vénérable évêque Aurèle, vous ne pourriez pas être en communion avec nous, mais nous agirions avec la même charité que, sans aucun doute il montrerait lui-même : votre arrivée ne nous serait pas pour cela importune, mais vous devriez de votre côté imiter notre conduite à

---

(1) Ecrite peu de temps après Noël, l'an 398. — Cette lettre était la 253e dans les éditions antérieures à l'édition des Bénédictins, et celle qui était la 64e se trouve maintenant la 22e.

---

reor, ne tu parum intelligas, quantus aditus aperitur ad dissolvendum ordinem ecclesiasticæ disciplinæ, si alterius ecclesiæ clericus cuicumque juraverit quod ab ipso non sit recessurus, cum secum esse permittat, ideo se facere affirmans, ne auctor sit ejus perjurii : cum profecto qui hoc non sinet, nec illum apud ipsum remanere permittet, quia de se non de altero jurare potuit, ipse pacificam regulam sine aliqua reprehensione custodiat.

EPISTOLA LXIV

Augustinus Quintiano, ipsum ad patientiam adhortans et Aurelio episcopo reconciliatum cupiens, agensque de Privatione quem ille suæ ecclesiæ clericum querebatur in monasterium Augustini susceptum fuisse..

DOMINO DILECTISSIMO FRATRI ET COMPRESBYTERO QUINTIANO AUGUSTINUS IN DOMINO SALUTEM.

1. Nos non dedignamur adspicere corpora minus pulcra, præsertim cum ipsæ animæ nostræ non dum pulcræ sint, sicut eas futuras speramus, cum ille ineffabiliter pulcher nobis apparuerit, in quem modo non videntes credimus : tunc enim similes ei erimus, quando videbimus eum sicuti est. Quod et tu de anima tua, si libenter et fraterne me accipis, admonemus ut sentias, nec eamdem pulcram esse præsumas : sed quemadmodum Apostolus præcipit, in spe gaudeas, et quod sequitur facias : Sic enim dicit, « Spe gaudentes in tribulatione patientes. Spe enim salvi facti sumus (*Rom.*, XII, 12) : » sicut rursus idem ipse dicit, « Spes autem quæ videtur, non est spes. Quod enim videt quis, quid sperat? Si autem quod non videmus speramus, per patientiam exspectamus (*Rom*, VIII, 24). » Hæc patientia in te non deficiat, et in bona conscientia sustine Dominum, et viriliter age, et confortetur cor tuum, et sustine Dominum.

2. Manifestum est quidem, quod si ad nos venires, venerabili episcopo Aurelio non communicans, nec apud nos posses communicare : sed ea caritate nos faceremus, qua et illum facere non

votre égard, dans l'intérêt de la discipline de l'Eglise, surtout si votre conscience qui n'est connue que de Dieu et de vous, n'a rien à vous reprocher. Si Aurèle a différé de discuter votre cause, ce n'est point par ressentiment contre vous mais par suite de ses nombreuses affaires. Si vous les connaissiez comme les vôtres, vous ne seriez ni étonné, ni attristé de son silence. Croyez que mes occupations, qui vous sont également inconnues ne sont pas moins nombreuses que les siennes. Vous avez près de vous des évêques plus anciens que moi et d'une plus grande autorité, près desquels vous pourriez suivre les causes de votre église. Je n'ai cependant pas gardé le silence auprès de mon vénérable et très-honoré frère et collègue Aurèle ; je lui ai fait part de vos tribulations et des plaintes contenues dans votre lettre, et j'ai eu soin de lui en donner une copie, pour lui faire connaître votre innocence. J'ai reçu la veille ou l'avant-veille de Noël celle où vous me marquiez qu'il viendrait à Badésilit, et où vous m'exprimiez des craintes sur des troubles qui pourraient y détourner le peuple de Dieu de ses devoirs et de sa foi. Je ne puis m'adresser par lettres à votre peuple, cependant je pourrai répondre à ceux qui m'écriront ; mais vous concevez qu'il m'est impossible, sans y être invité, d'écrire à un peuple qui n'est pas confié à mes soins et à mon administration.

3. Ce que je vous dis ici est pour vous seul, puisque seul vous m'avez écrit, mais vous pouvez faire part de mes paroles à quiconque en aurait besoin. Pour vous, ne scandalisez pas l'Eglise, en lisant au peuple des écritures qui ne sont pas reçues par le canon ecclésiastique. C'est par ces lectures que les hérétiques et les Manichéens qui, d'après ce que j'ai appris, se cachent dans vos campagnes, ont coutume de séduire les âmes sans expérience. J'admire vraiment votre sagesse de m'avertir de ne pas permettre qu'on admette dans mon monastère ceux qui viendraient de votre église, afin, dites-vous, de maintenir ce que nous avons statué dans nos conciles, tandis que vous oubliez quelles sont les écritures canoniques dont le concile d'Hippone (1) a autorisé la lecture au peuple de Dieu. Repassez tous les décrets de ce concile, et retenez bien dans votre mémoire tout ce que vous y aurez lu. Vous y verrez que la défense de recevoir dans un monastère ceux qui viennent d'un endroit quelconque, ne regarde pas les laïques mais seulement les clercs. Il n'y est même pas fait

(1) Concile d'Hippone de l'année 393. Canon 38 ; et concile de Carthage de l'an 397, canon 47 et canon 21.

dubitamus. Nec ideo tamen onerosus nobis esset adventus tuus : quia et te oportet aequo animo facere pro Ecclesiæ disciplina, præsertim salva conscientia, quam tu nosti et Deus. Neque enim et ille si caussam tuam discutiendam distulit, odio tui fecit, et non necessitatibus suis : quas tu si ita nosses quemadmodum tuam nosti, nec mirareris nec contristareris. Quod etiam de nostris petimus credas, quia similiter eas non potes nosse. Sunt autem majores nobis, et auctoritate digniores, et loco viciniores episcopi, per quos facilius possitis ad curam vestram pertinentis ecclesiæ caussas exsequi. Nec ego tamen tacui apud venerabilem et debita mihi pro ejus meritis honorificentia suscipiendum fratrem et collegam meum senem Aurelium, tribulationem vestram et querimoniam litterarum vestrarum ; sed per exemplum epistolæ tuæ, innocentiam tuam ei perferre curavi. Litteras autem tuas vel pridie, vel ante biduum natalis Domini accepi, quando illum insinuasti ad ecclesiam Badesilitanam venturum, a qua timetis Dei plebem conturbari atque corrumpi. Quapropter per litteras quidem alloqui plebem vestram non audeo ; rescribere autem eis, qui mihi scriberent, possem : ultro autem ad plebem scribere, quæ dispensationi meæ commissa non est, unde possem ?

3. Verumtamen quod tibi uni dico, qui mihi scripsisti, per teipsum perveniat ad eos quibus opus est dici. Vos ipsi prius nolite in scandalum mittere Ecclesiam, legendo in populis scripturas, quas canon ecclesiasticus non recepit : his enim hæretici, et maxime Manichæi, solent imperitas mentes evertere, quos in campo vestro libenter latitare audio. Miror ergo prudentiam tuam, quod me admonueris ut jubeam non recipi eos, qui ad nos a vobis ad monasterium veniunt, ut quod statutum est a nobis in concilio permaneret ; et tu non menineris in concilio institutum, quæ sint Scripturæ canonicæ, quæ in populo Dei legi debeant. Recense ergo concilium, et omnia quæ ibi legeris commenda memoriæ ; et ibi etiam invenies, de solis clericis fuisse statutum, non etiam de laicis, ut undecumque venientes non recipiantur in monasterium. Non quia monasterii facta mentio est ; sed quia sic institutum est, ut clericum alienum nemo suscipiat. Recenti autem concilio statutum est, ut de aliquo monasterio qui

mention de monastère. On a seulement arrêté qu'aucun évêque ne devait recevoir des clercs étrangers à son diocèse. Mais dans un concile (1) plus récent, il a été décrété que tous ceux qui se seraient retirés d'un monastère, ou qui en auraient été chassés, ne pourraient pas recevoir la cléricature dans un autre diocèse, ni y être placés à la tête d'un monastère. Si c'est au sujet de Privation que vous éprouvez quelque inquiétude, sachez que nous ne l'avons pas encore admis dans notre monastère. J'ai déféré sa cause au vénérable Aurèle, à la décision de qui je me conformerai. Je suis surpris qu'on regarde comme lecteur quelqu'un qui a lu à peine une seule fois des écritures qui n'étaient même pas canoniques. Si cela suffit pour être lecteur ecclésiastique, les écritures qu'il a lues sont conséquemment ecclésiastiques; si elles ne le sont pas, on a beau les avoir lues dans une église, on n'est pas pour cela lecteur ecclésiastique. Dans tous les cas, je m'en tiendrai pour ce jeune homme à ce qui aura été décidé par le vénérable Aurèle.

4. Si le peuple de Vigésilis, qui nous est uni avec vous dans les entrailles de Jésus-Christ, refuse de recevoir un évêque qui a été dégradé dans un concile général de l'Afrique, il agira sagement, et il ne peut ni ne doit y être forcé. Quiconque emploierait la violence pour l'y contraindre, montrerait ce qu'il est, ce qu'il a été précédemment, quand il ne voulait pas qu'on pensât mal sur son compte. Personne ne fait mieux voir quelle cause il a embrassée, que celui qui a recours aux puissances séculières ou à des moyens de violence, de troubles et de désordres, pour recouvrer un honneur qu'il a perdu. Car ce n'est plus alors consacrer à Jésus-Christ un service qu'il accepte, mais exercer sur des chrétiens une domination qu'ils repoussent. Très-chers frères, soyez bien sur vos gardes. Le démon est très-rusé, mais le Christ est la sagesse de Dieu.

LETTRE LXV (2)

Saint Augustin explique à Xantippe, primat de Numidie, les raisons qui l'ont empêché de confier la direction d'une église au prêtre Abundantius, dont la conduite avait été scandaleuse.

A SON BIENHEUREUX SEIGNEUR ET COLLÈGUE DANS L'ÉPISCOPAT, SON RESPECTABLE PÈRE ET VÉNÉRABLE PRIMAT XANTIPPE, AUGUSTIN SALUT DANS LE SEIGNEUR.

(1) Concile de Carthage tenu le 13 septembre de l'année 401.
(2) Écrite vers l'an 402. — Cette lettre était la 236e dans les éditions antérieures à l'édition des Bénédictins et celle qui était la 65e se trouve maintenant la 80e.

recesserint, vel projecti fuerint, non fiant alibi clerici aut præpositi monasteriorum. Si ergo (a) Privatione te aliquid movit, scias eum a nobis nondum esse susceptum in monasterium : sed causam ipsius ad senem Aurelium misi, ut quod de illo statuerit, hoc faciam. Miror enim utrum jam potest lector deputari, qui nonnisi semel scripturam etiam non canonicas legit. Si enim propterea jam ille lector ecclesiasticus, profecto et illa scriptura ecclesiastica est. Si autem illa scriptura ecclesiastica non est, quisquis eam quamvis in ecclesia legerit, ecclesiasticus lector non est. Tamen de isto adolescente, quod memorato antistiti visum fuerit, hoc oportet observem.

4. Plebs autem Vigesilitana, vobiscum nobis in visceribus Christi carissima, si episcopum in plenario Africæ concilio degradatum suscipere noluerit, sano capite faciet, et nec cogi potest, nec debet. Et quisquis eam violenter coegerit, ostendet qualis sit, et qualis ante fuerit, quando de se nihil mali credi volebat, faciet intelligi. Nullus enim sic proditu qualem caussam habuerit, quam ille qui per sæculares potestates, vel quaslibet violentias, cum perturbatione et querela conatur recipere honorem quem perdidit. Non vult enim volenti Christo servire, sed Christianis nolentibus dominari. Fratres, cauti estote. Multum astutus est diabolus, sed Christus Dei Sapientia est.

EPISTOLA LXV

Augustinus Xantippo Numidiæ primati rationem reddens cur Abundantio presbytero infami ecclesiam committere noluerit.

DOMINO BEATISSIMO ET VENERABILITER SUSCIPIENDO PATRI ET CONSACERDOTI SENI XANTIPPO AUGUSTINUS IN DOMINO SALUTEM.

(a) Forte Privatiano.

1. Après m'être acquitté de mes devoirs envers vous en saluant votre dignité et en me recommandant à vos prières, je vais exposer à votre sagesse le fait suivant. Un certain Abundantius avait été ordonné prêtre dans le village de Strabonia appartenant à mon diocèse. Il ne marchait pas dans la voie des serviteurs de Dieu, et commençait à se faire une mauvaise réputation. J'en fus effrayé. Cependant ne voulant rien croire témérairement sur son compte, je le surveillai de plus près, et je ne négligeai rien pour avoir des renseignements positifs sur sa mauvaise conduite. Je découvris d'abord qu'il avait détourné une somme d'argent qu'un paysan lui avait confiée, et de l'emploi de laquelle il n'a pu rendre un compte vraisemblable. Voici un autre fait qu'il a lui-même avoué : La veille de Noël, où le jeûne était prescrit dans l'église de Gippis, comme partout ailleurs, il prit congé, sur les cinq heures, de son collègue, prêtre de Gippis, sous prétexte de retourner à son église. Cependant, sans être accompagné d'aucun clerc, il resta dans ce même lieu, où il dîna et soupa chez une femme de mauvaise réputation, dans la maison de laquelle il prit son logement. Il n'ignorait pourtant pas, et il a été obligé de le reconnaître, que déjà, pour le même fait, un clerc d'Hippone avait été dégradé. Laissant au jugement de Dieu ce qu'il avait nié, mais fondant le mien sur ce qu'il n'avait pu cacher, j'ai craint de lui confier une église, surtout une église située au milieu d'hérétiques dont la rage ne connaît aucun frein. Il m'a demandé ensuite une lettre pour le prêtre du village d'Armeman, situé sur le territoire de Bulle, d'où il était venu vers nous, en me priant d'y faire mention des faits allégués contre lui, dans la crainte qu'on ne le soupçonnât d'un crime beaucoup plus grave. Son but, me disait-il, était de vivre là plus régulièrement, et sans remplir aucune fonction sacerdotale. Touché de compassion, je fis ce qu'il me demandait, mais j'ai cru devoir vous informer de tout cela, pour que votre religion ne soit surprise par aucun mensonge.

2. J'ai entendu sa cause cent jours avant Pâques, qui doit être cette année le huitième des ides d'avril. J'en préviens votre sainteté, à cause de l'ordonnance du concile (1), dont je lui ai donné connaissance, et d'après laquelle il doit, s'il croit devoir le faire, en appeler de sa cause dans le courant de l'année, sous peine, passé ce temps, de ne plus être entendu. Pour

---

(1) Concile de Carthage du 13 septembre de l'année 401.

---

1. Officio debito meritis tuis, salutans dignationem tuam, tuisque me orationibus valde commendans, insinuo prudentiæ tuæ, Abundantium quemdam in fundo Straboniensi pertinente ad curam (*a*) nostram ordinatum fuisse presbyterum. Qui cum non ambularet vias servorum Dei, non bonam famam habere cœperat ; qua ego conterritus, non tamen temere aliquid credens, sed plane sollicitior factus, operam dedi, si quo modo possem ad aliqua malæ conversationis ejus certa indicia pervenire. Ac primo comperi, cum pecuniam cujusdam rusticani divino apud se commendato intervertisse, ita ut nullam inde posset probabilem reddere rationem. Deinde convictus atque confessus est, die jejunii natalis Domini, quo etiam Gippitana ecclesia sicut ceteræ jejunabant, cum tamquam perrecturus ad ecclesiam suam valefecisset collegæ suo presbytero Gippitano, hora ferme quinta, et cum secum nullum clericum haberet, in eodem fundo restitisse, et apud quamdam malæ famæ mulierem et prandisse et cœnasse, et (*b*) in una domo mansisse. In hujus autem hospitio jam quidam clericus noster Hipponensis remotus erat ; et hoc quia iste optime noverat, negare non potuit. Nam quæ negavit, Deo dimisi, judicans quæ occultare permissus non est. Timui ei committere ecclesiam, præsertim inter hæreticorum circumlatrantium rabiem constitutam. Et cum me rogaret, ut ad (*c*) presbyterum fundi Armemanensis in campo Bullensi, unde ad nos devenerat, caussa ejus insinuata litteras darem, ne quid de illo atrocius suspicaretur, ut illic vivat, si fieri potest, sine officio presbyterii correctior, misericordia commotus feci. Hæc autem me præcipue prudentiæ tuæ intimare oportebat, ne aliqua tibi fallacia subreperet.

2. Audivi autem caussam ejus, cum centum dies essent ad Dominicum paschæ, qui futurus est octavo Idus Aprilis. Hoc propter concilium insi-

---

(*a*) Apud Lov. *vestram*. At in MSS. *nostram*.
(*b*) MSS. omnes habent, *et in vicina et in ea domo*.
(*c*) In MSS. Vaticanis, *ut ac presbyterium*. Tum in altero ex illis, necnon in Corbeiensi legitur, *fundi Armemanensis*.

nous, bienheureux Seigneur et vénérable Père, si nous négligeons de punir, selon les décrets du concile, de pareils dérèglements dans les clercs dont la réputation a déjà commencé à s'obscurcir, nous serons forcés de discuter des choses qu'on ne peut pas vérifier, et il faudra ou condamner ce qui n'est pas certain, ou ne pas nous occuper de faits que nous ne connaissons pas suffisamment. Pour moi, sachant pertinemment qu'un prêtre qui, un jour de jeûne observé dans l'église de l'endroit où il se trouvait, ayant écarté son collègue, prêtre de cette localité, et sans être accompagné d'aucun clerc, avait osé dîner, souper et passer la nuit chez une femme de mauvaise vie, j'ai cru devoir lui interdire les fonctions du sacerdoce, et je craindrais désormais de lui confier une des églises de Dieu. Peut-être en serait-il décidé autrement par un tribunal ecclésiastique, puisque, d'après le décret du concile (1), il faut six évêques pour juger définitivement un prêtre, mais confie, qui voudra, à un tel homme une église de sa juridiction, pour moi je craindrais de confier à de pareils prêtres une partie quelconque du peuple que je dois diriger, surtout quand ces prêtres n'ont aucun antécédent favorable qui puisse faire oublier leurs fautes, car s'ils en commettaient de plus graves encore, je me les imputerais, et ne pourrais m'en consoler.

LETTRE LXVI [2]

Saint Augustin reproche à Crispin, évêque donatiste à Calame (3), de rebaptiser les chrétiens de Mappale, en les forçant par la crainte à recevoir ce nouveau baptême.

1. Vous auriez dû craindre Dieu, mais puisque vous avez voulu vous faire craindre vous-même et imposer ainsi un second baptême aux chrétiens de Mappale(4), pourquoi l'autorité du prince ne serait-elle pas aussi puissante dans une province, qu'une autorité locale dans un village? Si vous comparez les personnes, vous êtes propriétaire, lui est empereur. Si vous comparez

---

(1) Concile de Carthage tenu sous l'épiscopat de Gratus, l'an 348 ou 349, canon 11.
(2) Écrite vers la même époque que la précédente. — Cette lettre était la 173e dans les éditions antérieures à l'édition des Bénédictins, et celle qui était la 66e se trouve maintenant la 170e.
(3) Aujourd'hui Chelma.
(4) Dans le livre II, contre Pétilien, chap. LXXXIII, Saint Augustin déplore ce crime de Crispin évêque donatiste de Calame, qui ayant acheté un fond de terre, ne balança pas, à forcer à recevoir un second baptême 80 personnes, qui gémissaient de cette violence, mais qui cédèrent à la terreur.

---

nuare curavi venerabilitati tuæ, quod etiam ipsi non celavi, sed ei fideliter quid institutum esset aperui : ut si intra annum caussam suam, si forte sibi aliquid agendum putat, agere neglexerit, deinceps ejus vocem nemo audiat. Nos autem, beatissime domine et venerabiliter suscipiende pater, si hæc indicia malæ conversationis clericorum, maxime cum fama non bona eos cœperit comitari, non putaverimus eo modo vindicanda, quo in concilio constitutum est; incipimus cogi ea, quæ sciri non possunt, velle discutere, et aut incerta damnare, aut vere incognita præterire. Ego certe presbyterum, et qui die jejunii, quo ejusdem loci etiam ecclesia jejunabat, valefaciens collegæ suo ejusdem loci presbytero, apud famosam mulierem, nullum secum clericum habens, remanere et prandere et cœnare ausus est, et in una domo dormire, removendum ab officio presbyterii arbitratus sum, timens ei deinceps ecclesiam Dei committere. Quod si forte judicibus ecclesiasticis aliud videtur, quia sex episcopis caussam presbyteri terminari concilio statutum est, committat illi, qui vult, ecclesiam suæ curæ commissam : ego talibus fateor quamlibet plebem committere timeo, præsertim quos nulla bona fama defendit, ut hoc eis possit ignosci : ne si quid perniciosius eruperit, languens imputem mihi.

EPISTOLA LXVI [a]

Expostulat cum Crispino Calamensi, qui Mappalienses metu subactos rebaptizarat.

1. Deum quidem timere debuisti ; sed quia in rebaptizandis (b) Mappaliensibus sicut homo timeri voluisti, cur non valeat jussio regalis in provincia, si tantum valuit jussio provincialis in villa? Si per-

---

(a) Apud octo MSS. titulus iste præfigitur. *Libellus S. Augustini Catholici contra Crispinianum schismaticum.*
(b) In lib. II. contra litt. Petiliani c. LXXXIII. lugere adhuc se dicit Augustinus facinus istud Crispini Calamensis episcopi donatistæ, qui cum emisset possessionem, non dubitavit, imo ut ait, *terroris impetu octoginta ferme animas miserabili gemitu mussitantes rebaptizando submergere.*

les lieux, vous êtes possesseur d'un fonds de terre, lui est maître d'un royaume. Si vous comparez les causes, il veut faire cesser la division, et vous, vous voulez diviser l'unité. Mais ce n'est pas par l'homme que nous voulons vous effrayer, quoique d'après les ordonnances impériales nous pourrions vous faire payer dix livres d'or. Peut-être, direz-vous, que vous n'avez même pas de quoi solder la taxe des rebaptiseurs, car, en effet, vous dépensez beaucoup d'argent pour acheter ceux que vous rebaptisez ; mais, comme je vous l'ai dit, ce n'est pas de l'homme que nous voulons vous faire peur. Que ce soit plutôt le Christ qui vous inspire de la crainte. Que lui répondriez-vous, s'il vous disait : Crispin, il vous en a coûté beaucoup, pour acheter la crainte des Mappaliens, mais n'est-elle d'aucun prix la mort que j'ai subie pour acheter l'amour de tous les peuples de la terre? L'argent qui est sorti de votre bourse pour rebaptiser vos colons, est-il d'une plus grande valeur que le sang qui a coulé de mon côté pour baptiser mes peuples? Il vous en dirait bien davantage si vous vouliez l'écouter, et ce fonds de terre que vous possédez porterait témoignage de l'impiété de vos discours contre le Christ. En effet, si par le droit humain vous croyez posséder solidement ce que vous avez acheté avec votre argent, avec combien plus de raison possède-t-il, par le droit divin, ce qu'il a payé de son sang! Et c'est une possession que rien ne saurait entamer ni détruire, car le prophète a dit : « Il dominera d'une mer à l'autre, et depuis le fleuve jusqu'aux extrémités de la terre (*Psaume* LXXI, 18). » Mais comment pouvez-vous croire que vous ne perdrez pas ce que vous avez acheté en Afrique, vous qui dites que le Christ a perdu le monde entier et qu'il ne lui est resté que l'Afrique ?

2. Qu'est-il besoin d'en dire davantage ? Si c'est de leur plein gré que les Mappaliens ont passé dans votre communion, qu'ils nous entendent tous les deux. On mettra par écrit tout ce que nous dirons ; on leur interprétera en langue punique tout ce qui aura été écrit et que nous aurons signé ; et alors, délivrés de toute crainte de domination violente, ils choisiront le parti qu'ils voudront. On verra, d'après ce que nous aurons dit, si c'est la contrainte qui les retient dans l'erreur, où s'ils ont volontairement embrassé ce qu'ils croyaient la vérité. S'ils ne comprennent pas ce que nous leur dirons, quelle serait donc votre témérité d'avoir surpris et attiré à vous des gens dénués d'intelligence. S'ils sont capables de nous comprendre, qu'ils nous entendent tous les deux, comme je l'ai dit, et qu'ils fassent ensuite ce qu'ils voudront. Si vous croyez que quelques-uns de ceux qui ont passé de vos rangs dans les nôtres, y aient été forcés par leurs maîtres, qu'on fasse pour eux comme pour les

---

sonas compares, tu possessor, ille Imperator. Si loca compares, tu in fundo, ille in regno. Si caussas compares, ille ut divisio resarciatur, tu ut unitas dividatur. Sed nos te de homine non terremus. Nam possemus agere ut decem libras auri secundum imperatoria jussa persolveres. An forte propterea non habes unde reddas quod dare jussi sunt rebaptizatores, dum multum erogas ut emas quos rebaptizes ? Sed nos te, ut dixi, de homine non terremus, Christus te potius terreat. Cui volo scire quid respondeas, si tibi dicat : Crispine, carum fuit pretium tuum ad emendum timorem Mappaliensium, et vilis mors mea ad emendum amorem omnium gentium? Plus valuit rebaptizandis colonis tuis quod numeratum est de saeculo tuo, quam baptizandis populis meis quod manavit de latere meo ? Scio te plura audire posse, si Christo aurem præbeas, et ex ipsa tua possessione admoneri quam impia contra Christum loquamini. Si enim humano jure præsumis firme te possidere quod emisti argento tuo, quanto firmius divino jure possidet Christus quod emit sanguine suo? Et ille quidem inconcusse possidebit totum quod emit, de quo dictum est, « Dominabitur a mari usque ad mare, et a flumine usque ad terminos orbis terræ (*Psal.*, LXXI, 8). » Sed certe quomodo confidis non te perditurum quod in Africa videris emisse, qui Christum dicis toto orbe perdito ad solam Africam remansisse?

2. Quid multa ? Si voluntate sua Mappalienses in tuam communionem transierunt, ambos nos audiant, ita ut scribantur quæ dicemus, et a nobis subscripta eis punice interpretentur, ut remoto timore dominationis eligant quod voluerint. Ex iis enim quæ dicemus apparebit, utrum coacti in falsitate remaneant, an volentes teneant veritatem. Si enim hæc non intelligunt, qua temeritate traduxisti non intelligentes ? Si autem intelligunt,

autres, c'est-à-dire qu'ils nous entendent, vous et moi, et qu'ils choisissent ensuite le parti qui leur plaira. Si vous ne consentez pas à ce que je vous propose, vous ferez voir alors vos doutes sur la justice et la vérité de votre cause? Craignez la colère de Dieu, et pour la vie présente et pour la vie future. Je vous en conjure, par Jésus-Christ, veuillez me répondre.

LETTRE LXVII [1]

Saint Augustin écrit à saint Jérôme pour lui dire qu'il n'avait fait aucun livre contre lui. L'erreur vient sans doute de ce que quelqu'un aura donné le nom de livre à une longue lettre qu'il avait écrite au sujet d'un passage de l'épître aux Galates, que, selon lui, saint Jérôme avait mal interprété.

A SON TRÈS-CHER SEIGNEUR JÉRÔME, SON VÉNÉRABLE FRÈRE EN JÉSUS-CHRIST, ET SON COLLÈGUE DANS LE SACERDOCE, AUGUSTIN, SALUT DANS LE SEIGNEUR.

1. J'ai appris que ma lettre était arrivée en vos mains, et si je n'ai pas eu jusqu'ici le bonheur de recevoir une réponse, je ne l'impute point à vous-même. Il s'est trouvé, sans doute, quelque obstacle. Ce que j'ai à faire est donc seulement de prier Dieu de donner à votre volonté le moyen de m'envoyer ce que vous m'aurez écrit. Quant à celui de m'écrire, il vous l'a déjà donné, il suffira que vous le vouliez. On m'a rapporté une chose que j'ai peine à croire, mais que je n'hésite pas un instant à vous communiquer. Je ne sais quels frères auraient, m'a-t-on dit, fait entendre à votre charité que j'avais écrit un livre contre vous, et que je l'avais envoyé à Rome. C'est contre toute vérité, et je prends notre Dieu à témoin que je n'ai rien fait de pareil. S'il se trouve par hasard, dans mes écrits, quelque chose qui ne soit pas d'accord avec vos sentiments, vous devez reconnaître, ou si vous ne le reconnaissez pas, croire du moins que je n'ai pas eu en cela l'intention de parler contre vous, mais celle d'exprimer librement ma pensée. Quelque chose que je dise, non-seulement je suis toujours disposé à recevoir fraternellement vos observations sur ce qui pourrait vous blesser ou serait contraire à vos sentiments dans mes écrits, et à m'en réjouir même, comme d'une salutaire correction ou comme d'une marque de votre bonté ; mais je vous demande même vos conseils avec la plus vive instance.

---

(1) Ecrite vers 402. — Cette lettre était la 12e dans les éditions antérieurs à l'édition des Bénédictins et celle qui était la 67e se trouve maintenant la 227e.

---

ambos, ut dixi, audiant, et quod voluerint faciant. Si quæ etiam plebes a vobis ad nos transierunt, quas putas a dominis coactas, hoc et ibi fiat, ambos nos audiant, et eligant quod placuerit. Si autem non vis hoc fieri, cui non appareat non vos de veritate præsumere? Sed cavenda est ira Dei et hic et in futuro sæculo. Adjuro te per Christum, ut ad ista respondeas.

EPISTOLA LXVII

Augustinus Hieronymo : negans se scripsisse librum in eum : in hoc falsus, quod aliquis prolixam epistolam librum appellasset.

DOMINO CARISSIMO ET DESIDERATISSIMO, ET HONORANDO IN CHRISTO FRATRI, ET COMPRESBYTERO HIERONYMO, AUGUSTINUS IN DOMINO SALUTEM.

CAPUT I. — 1. Audivi pervenisse in manus tuas litteras meas ; sed, quod adhuc rescripta non merui, nequaquam imputaverim dilectioni tuæ. Aliquid proculdubio impedimenti fuit. Unde agnosco a me Dominum potius deprecandum, ut tuæ voluntati det facultatem mittendi, quod rescripseris. Nam rescribendi jam dedit, quia, cum volueris, facillime poteris.

CAPUT II. — 2. Etiam hoc, ad me sane perlatum, utrum quidem crederem, dubitavi : sed hinc quoque tibi aliquid utrum scriberem, dubitare non debui : hoc autem brevi, suggestum esse caritati tuæ a nescio quibus fratribus, mihi dictum est, quod librum adversus te scripserim, Romamque miserim. Hoc falsum esse noveris ; Deum nostrum testor, hoc me non fecisse. Sed si forte aliqua in aliquibus scriptis meis reperiuntur, in quibus aliter aliquid, quam tu sensisse, reperiar, non contra te dictum, sed quod mihi videbatur, a me scriptum esse, puto te debere cognoscere ; aut si cognosci non potest, credere. Ita sane hoc dixerim, ut ego non tantum paratissimus sim, si quid te in meis scriptis moverit, fraterne accipere quid contra sentias, aut de correctione mea, aut de ipsa tua benevolentia ga-

2. O s'il m'était permis, je ne dis pas d'habiter avec vous, mais du moins de vivre dans votre voisinage, quelle félicité me donneraient dans le Seigneur vos doux et fréquents entretiens! Puisque cette grâce ne m'est pas accordée, tâchez du moins de conserver, d'accroître, de perfectionner ce qui nous tient unis dans le Seigneur, et daignez recevoir avec bienveillance mes lettres, quoique rares. Saluez avec empressement de ma part le saint frère Paulinien (1), et tous les frères qui, avec vous et à cause de vous, trouvent leur joie dans le Seigneur. Souvenez-vous de nous, et que le Seigneur exauce tous vos saints désirs, très-cher et très-désiré seigneur et honorable frère en Jésus-Christ.

LETTRE LXVIII (2)

Saint Jérôme avait reçu la lettre où saint Augustin traite la question du mensonge officieux, mais doutant encore si elle est de saint Augustin, il dit qu'il n'y répondra que quand il en connaîtra certainement l'auteur. Il fait aussi mention de Ruffin sous un nom supposé.

(1) Paulinien était le frère de saint Jérôme.
(2) Ecrite peu de temps après la précédente. — Cette lettre était la 13e dans les éditions antérieures à l'édition des Bénédictins et celle qui était la 68e se trouve maintenant la 88e.

A SON HONORÉ SEIGNEUR, LE BIENHEUREUX PAPE AUGUSTIN, JÉROME, SALUT EN JÉSUS-CHRIST.

1. Au moment même du départ de notre saint fils le sous-diacre Astérius, mon ami, on m'a remis la lettre de votre béatitude, par laquelle vous m'assurez n'avoir envoyé aucun livre contre moi à Rome. Je n'avais rien entendu dire de semblable. Seulement notre frère, le diacre Sysinnius, m'avait remis la copie d'une lettre qui m'était adressée, et dans laquelle vous m'exhortez à chanter la palinodie sur un certain passage de l'Apôtre, et à imiter Stésichore, qui tantôt faisait l'éloge d'Hélène, tantôt la blâmait, et qui ayant perdu la vue pour en avoir dit du mal, la recouvra après en avoir dit du bien. Quoique le style et la manière d'argumenter me parussent être de vous, je n'ai pas cru devoir témérairement vous regarder comme l'auteur de cette lettre. Ma réponse aurait pu vous blesser, et vous auriez eu le droit de me dire qu'avant de vous répondre, j'aurais dû d'abord prouver que cette lettre était de vous. La longue maladie de la sainte et vénérable Paula, est aussi une cause de mon retard à vous écrire. Mon assiduité près de la

visurus; verum etiam hoc a te postulem, et flagitem.

3. O si licuisset, et si non cohabitante, saltem vicino te in Domino perfrui ad crebrum et dulce colloquium. Sed quia id non est datum, peto, ut hoc ipsum, quod in Domino quam possumus simul sumus, conservari studeas, et augeri ac perfici, et rescripta quamvis rara non spernere. Saluta obsequio meo sanctum fratrem Paulinianum, et omnes fratres, qui tecum ac de te in Domino gaudent. Memor nostri exaudiaris a Domino in omni sancto desiderio tuo, Domine carissime et desideratissime, et honorande in Christo frater.

EPISTOLA LXVIII

Hieronymus Augustino, jam accepta epistola, quæ continet quæstionem de mendacio officioso, sed dubitans etiamnum an sit Augustini, negat se responsurum nisi sit certus de auctore. Meminit et Ruffini ficto nomine.

(a) In MSS. undecim omittitur, *necessarii mei*.

DOMINO VERE SANCTO, AC BEATISSIMO PAPÆ AUGUSTINO HIERONYMUS IN CHRISTO SALUTEM.

1. In ipso profectionis articulo, sancti filii nostri Asterii hypodiaconi, (a) necessarii mei, beatitudinis tuæ litteræ supervenerunt, quibus satisfacis, te contra parvitatem meam librum Romam non misisse. Hoc nec ego factum audieram: sed epistolæ cujusdam, quasi ad me scriptæ, per fratrem nostrum Sysinnium diaconum huc exemplaria pervenerunt. In quâ hortaris me, ut παλινωδίαν super quodam Apostoli capitulo canam; et imitari Stesichorum, inter vituperationes et laudes Helenæ fluctuantem; ut qui detrahendo oculos perdiderat, laudando receperit. Ego simpliciter fateor dignationi tuæ, licet stilus et ἐπιχειρήματα tua mihi viderentur; tamen non temere exemplaribus litterarum credendum putavi; ne forte, me respondente læsus, juste expostulares, quod probare ante debuissem tuum esse sermonem, et sic rescribere. Accessit ad moram, sanctæ et venerabilis Paulæ longa infirmitas.

malade m'avait presque fait oublier votre lettre, ou celle de la personne qui a écrit sous votre nom ; puis je me rappelais ce verset de l'Ecclésiaste : « Un discours importun, c'est de la musique dans le deuil (*Eccles.*, XXII, 6). » Si cette lettre est de vous, écrivez-le moi franchement, ou envoyez m'en une copie plus exacte, afin que nous puissions discuter sans aigreur sur le sens des Ecritures. Je pourrai ainsi me corriger de mon erreur, ou prouver qu'il n'y avait pas lieu de me blâmer.

2. Loin de moi la pensée d'oser critiquer les écrits de votre béatitude, j'ai bien assez de corriger les miens sans vouloir encore censurer ceux des autres. Du reste, vous savez fort bien que chacun abonde toujours dans son sens, et qu'il est d'une puérile vanité, selon l'habitude des adolescents, de chercher à rendre son nom glorieux en attaquant les hommes illustres. Je ne suis pas d'ailleurs assez insensé pour me croire blessé par la différence de vos opinions, comme vous ne devez pas l'être non plus, si je ne suis pas de votre avis. La véritable règle pour se reprendre entre amis, est de ne pas toujours, comme dit Perse (1), regarder la besace d'autrui, sans jeter les yeux sur la sienne. Aimez-moi donc comme je vous aime, et jeune que vous êtes, ne provoquez pas un vieillard dans le champ des Ecritures. J'ai eu mon temps, et j'ai couru autant que j'ai pu. A vous maintenant les longues courses, à vous les longs espaces à franchir ; à moi le repos. Et avec votre permission, pour que vous ne soyez pas seul à me citer quelque chose des poëtes, laissez-moi vous rappeler Darès et Entelle (2), et ce proverbe vulgaire, qui dit que le bœuf fatigué n'en est que plus ferme sur ses pieds. J'ai dicté ces lignes avec tristesse. Quand me sera-t-il donc permis de vous embrasser et de conférer avec vous pour nous instruire mutuellement.

3. Calphurnius, surnommé Lanarius, m'a

---

(1) L'édition de Louvain écrit *opera nostra*, c'est-à-dire, de ne pas regarder nos œuvres, mais celles des autres. Erasme a mieux écrit *nostram peram*, c'est-à-dire de ne pas regarder notre besace, mais celle d'autrui. Saint Jérôme fait allusion à la fable d'Esope qui dit que chaque homme a sa besace qu'il porte derrière lui, et qui est remplie de ses défauts, mais qu'il regarde toujours celle de ceux qui le précèdent. C'est aussi à cette idée que se rapportent ces vers de Perse :

Ut nemo in sese tentat descendere nemo,
Sed præcedenti spectatur mantica tergo.

« Tant il est vrai que personne ne veut descendre en soi-même ! personne ! mais on a toujours les yeux fixés sur la besace qui pend au dos de celui qui nous précède. »

La Fontaine, l. I, Fable 7, a également dit :

Le fabricateur souverain
Nous créa besaciers tous de même manière,
Tant ceux du temps passé que du temps d'aujourd'hui
Il fit pour nos défauts la poche de derrière
Et celle de devant pour les défauts d'autrui.

(2) Virgile, *Enéide*, V.

Dum enim languenti multo tempore assidemus, pene epistolæ tuæ, vel ejus qui sub tuo nomine scripserat, obliti sumus, memores illius versiculi ; « Musica in luctu, importuna narratio (*Eccli.*, XXII, 6). » Itaque, si tua est epistola, aperte scribe, vel mitte exemplaria veriora : ut absque ullo rancore stomachi in Scripturarum disputatione versemur, et vel nostrum emendemus errorem, vel alium frustra reprehendisse doceamus.

2. Absit autem a me, ut quidquam de libris beatitudinis tuæ adtingere audeam. Sufficit enim mihi probare mea, et aliena non carpere. Ceterum optime novit prudentia tua, unumquemque in suo sensu abundare, et puerilis esse jactantiæ, quod olim adolescentuli facere consueverant, accusando illustres viros, suo nomini famam quærere. Nec tam stultus sum, ut diversitate explanationum tuarum me lædi putem ; quia nec tu læderis, si nos contraria senserimus. Sed illa est vera inter amicos reprehensio, si nostram (*a*) peram non videntes, aliorum, juxta Persium, manticam consideremus. Superest, ut diligas diligentem te, et in Scripturarum campo, juvenis senem non provoces. Nos nostra habuimus tempora, et cucurrimus quantum potuimus. Nunc, te currente, et longa spatia transmeante, nobis debetur otium : simulque (ut cum venia et honore tuo dixerim) ne solus mihi de poetis aliquid proposuisse videaris, memento Daretis et Entelli, et vulgaris proverbii, quod bos lassus fortius figat pedem. Tristes hæc dictavimus. Utinam mereremur complexus tuos, et collatione mutua vel doceremus aliqua, vel disceremus.

---

(1) Lov *nostra opera*. Sed castigatius Er. *nostram peram*. Quippe Hieronymus alludit ad apologum Æsopi, qui finxit mortalium quemque peram suam, seu manticam propriis vitiis plenam retro pendentem gestare, aliorum vero manticam ante se respicere ; quo spectat illud Persii in Satyris, *Ut nemo in sese tentat descendere nemo ; sed præcedenti spectatur mantica tergo.*

envoyé, avec son audace ordinaire, un libelle rempli d'injures contre moi, et il a eu soin, comme je l'ai appris, de le faire parvenir en Afrique. J'y ai déjà répondu brièvement en partie; je vous envoie une copie de cette réponse, que je me propose de développer davantage et que je vous communiquerai par la première occasion. Je me suis bien gardé d'y porter la moindre atteinte à sa réputation de chrétien, et me suis borné à réfuter son ignorance, ses mensonges et sa méchanceté. Souvenez-vous de moi, saint et vénérable pape. Voyez combien je vous aime, puisque je n'ai pas voulu vous répondre, quoique provoqué par vous, ni vous imputer ce que j'aurais certainement relevé dans un autre. Paulinien, notre frère commun, vous salue humblement.

LETTRE LXIX [1]

Alype et saint Augustin exhortent Castorius à succéder à son frère Maximien, qui pour le bien de la paix s'était démis de l'épiscopat de l'église de Vages (2).

A LEUR TRÈS-CHER SEIGNEUR ET HONORABLE FILS CASTORIUS ALYPE ET AUGUSTIN, SALUT DANS LE SEIGNEUR.

1. L'ennemi des chrétiens avait essayé, à l'occasion de notre bien-aimé fils, votre frère, d'exciter un dangereux scandale dans l'Eglise catholique, notre mère, qui vous a reçu dans l'héritage du Christ, lorsque de la partie retranchée et déshéritée, vous êtes venus vous réfugier dans son sein. Cet ennemi voulait jeter un nuage de tristesse sur la sérénité de la joie que nous avait causée votre bonne et salutaire conversion. Mais le Dieu de miséricorde, le consolateur des affligés, le père des orphelins, ce Dieu qui guérit les infirmes, a permis au démon d'agir ainsi pour que notre joie, en voyant les choses réparées, surpassât la douleur que nous avions éprouvée en les voyant compromises. Il est bien plus glorieux, en effet, d'avoir déposé le fardeau de l'épiscopat, pour ne pas mettre l'Eglise en danger, que de l'avoir accepté pour la diriger et la gouverner. Celui-là montre bien qu'il était digne de l'honneur qu'il avait accepté, qui ne fait rien d'indigne

---

(1) Écrite vers la fin de l'an 402. — Cette lettre était la 238ᵉ dans les éditions antérieures à l'édition des Bénédictins et celle qui était la 69ᵉ se trouve maintenant la 249ᵉ.
(2) C'est ainsi qu'écrivent les manuscrits français et ceux du Vatican; mais quelques critiques veulent qu'on écrive *Bagaiensis*, parce qu'on lit ainsi dans le canon du concile de Milève de l'année 401, canon publié sur la cause même de Maximien. Cependant on doit croire que ce Maximien élu évêque de Vages, est tout autre que le Maximien de Bagaïe qui fut précipité du haut d'une tour par la fureur des Donatistes, comme on le voit par la lettre 185, nombre 27. Cette différence est d'ailleurs facile à remarquer dans les lettres 88 et 185, ainsi que dans le livre III. ch. XLIII contre *Cresconius*.

---

3. Misit mihi, temeritate solita, maledicta sua (a) Calphurnius cognomento Lanarius, quæ ad Africam quoque studio ejus didici pervenisse. Ad quæ breviter ex parte respondi; et libelli ejus vobis misi exemplaria, latius opus, cum opportunum fuerit, primo missurus tempore. In quo illud cavi, ne in quoquam existimationem læderem Christianam, sed tantum ut delirantis imperitique mendacium ac vecordiam confutarem. Memento mei, sancte ac venerabilis papa. Vide, quantum te diligam, ut ne provocatus quidem voluerim respondere, nec credam tuum esse, quod in altero forte reprehenderem. Frater Communis suppliciter te salutat.

EPISTOLA LXIX

Alypius et Augustinus Castorio, ipsum hortantes ut in episcopatu Vaginensis ecclesiæ Maximiano fratri suo gloriose cedenti succedat.

(a) In MSS. tredecim scribitur *Calpurnius*.

DOMINO MERITO DILECTISSIMO, DIGNEQUE HONORABILI ET SUSCIPIENDO FILIO CASTORIO, ALYPIUS ET AUGUSTINUS IN DOMINO SALUTEM.

1. Molitus est quidem adversarius Christianorum, per carissimum atque dulcissimum filium nostrum fratrem tuum, Catholicæ matri, quæ vos in hereditatem Christi ab exheredata præcisione fugientes pio sinu suscepit, periculosissimum scandalum commovere : cupiens videlicet serenitatem gaudii nostri, quæ nobis de bono vestræ conversionis oborta est, fœda innubilare tristitia. Sed Dominus Deus noster misericors et miserator, consolans afflictos, nutriens parvulos, curans infirmos, ad hoc eum aliquid posse permisit, ut rem correctam multo amplius lætaremur, quam dolebamus afflictam. Longe est quippe gloriosius, episcopatus sarcinam propter Ecclesiæ vitanda pericula deposuisse, quam prop-

pour le conserver, quand les intérêts de la paix se trouvent engagés. Dieu a donc voulu, par votre frère, notre fils Maximien montrer aux ennemis de son Eglise qu'elle possède des fils qui ne cherchent pas leurs intérêts, mais ceux de Jésus-Christ. Maximien, en effet, n'a pas renoncé au ministère de dispenser les mystères de Dieu par un esprit de cupidité temporelle, mais par un esprit de paix et de piété, dans la crainte qu'en conservant cet honneur, il ne fît éclater parmi les membres de Jésus-Christ un schisme honteux et funeste. En effet, après avoir abandonné le schisme dans l'intérêt de la paix catholique, rien ne serait plus insensé et plus digne d'exécration, que de troubler ensuite cette paix pour une vaine question d'honneur personnel. Quoi de plus louable, au contraire quoi de plus conforme à la charité chrétienne, après avoir renoncé à l'égarement et à l'orgueil des Donatistes, pour s'attacher à l'héritage de Jésus-Christ, que de prouver ainsi son amour de l'unité par cet éclatant témoignage d'humilité. Ainsi donc autant nous nous réjouissons d'avoir trouvé Maximien assez sage pour ne pas avoir laissé détruire par la tempête de cette tentation, ce que la parole divine avait édifié dans son cœur, autant nous prions Dieu qu'il lui accorde la grâce de faire voir de plus en plus par sa vie et ses mœurs, combien il aurait dignement rempli le ministère de l'épiscopat, si les circonstances lui avaient permis de s'y consacrer. Que la paix éternelle promise à l'Eglise, soit la récompense de votre frère qui a compris que ce qui ne convenait pas à la paix de l'Eglise ne pouvait pas non plus lui convenir à lui-même.

2. Pour vous, très-cher fils, notre consolation et notre joie, vous que de pareilles circonstances n'empêchent pas de recevoir l'épiscopat, il convient à votre caractère de consacrer à Jésus-Christ ce qu'il vous a donné. Votre génie, votre sagesse, votre éloquence, votre gravité, votre tempérance et toutes les autres qualités qui embellissent votre vie, sont des dons de Dieu. Au service de qui pouvez-vous mieux les consacrer qu'à celui de ce Dieu dont vous les avez reçus ? Dans ce service divin, ces dons précieux ne peuvent que se conserver, s'accroître, se perfectionner et attirer sur vous une juste récompense. Ne les faites pas servir au monde avec qui ils s'évanouiraient et périraient. Nous savons qu'avec vous il n'est pas besoin de beaucoup de paroles pour vous faire voir la vanité des espérances de l'homme, l'insatiabilité de ses désirs et l'incertitude de la vie. Bannissez de votre cœur tout ce que vous attendiez du

ter regenda gubernacula suscepisse. Ille quippe se honorem, si pacis ratio pateretur, digne accipere potuisse demonstrat, qui acceptum non defendit indigne. Voluit ergo Deus, etiam per fratrem tuum, filium nostrum Maximianum, ostendere inimicis Ecclesiæ suæ, esse in visceribus ejus, qui non sua quærant, sed quæ Jesu-Christi. Neque enim illud ministerium dispensationis mysteriorum Dei, victus aliqua sæculari cupiditate deseruit, sed pacifica permotus pietate deposuit, ne propter ejus honorem fœdi et periculosa, aut fortasse etiam perniciosa in membris Christi dissensio nasceretur. Quid enim esset cæcius et omni exsecratione dignius, quam propter Ecclesiæ catholicæ pacem schisma deserere, et ipsam pacem catholicam honoris sui quæstione turbare ? Quid enim laudabilius, et Christianæ caritati commodatius, quam derelicta Donatistarum vesana superbia, ita hereditati Christi cohærere, ut testimonium humilitatis, amore probaretur unitatis ? Itaque quantum ad ipsum attinet, sicut cum gaudemus talem inventum, ut quod in ejus corde divinus sermo ædificavit, nequaquam tempestas hujus tentationis everteret : sic optamus et deprecamur a Domino, ut consequenti vita et moribus suis magis magisque declaret, quam bene gesturus fuisset, quod profecto gereret, si hoc oportuisset. Retribuatur ei pax æterna, quæ promissa est Ecclesiæ, qui intellexit sibi non expedire quod paci non expediebat Ecclesiæ.

2. Tu vero fili carissime, non mediocre gaudium nostrum, qui nulla tali necessitate a suscipiendo episcopatu impediris, decet indolem tuam Christo in te dicare quod dedit. Ingenium quippe tuum, prudentia, eloquentia, gravitas, sobrietas, et cetera quibus ornantur mores tui, dona sunt Dei. Cui melius serviunt, quam ei a quo tributa sunt, ut et custodiantur, et augeantur, et perficiantur, et remunerentur ? Non serviant huic sæculo, ne vanescant cum illo atque dispereant. Non diu tecum in hoc agendum novimus, quanta facilitate considers spes inanium hominum, et insatiabiles cupiditates, et incertam vitam. Abjice igitur ex animo quidquid terrenæ atque falsæ felicitatis exspectatione conceperat : operare in agro Dei, ubi certus est fructus,

faux bonheur de la terre. Travaillez dans le champ de Dieu, où il y a des fruits certains à recueillir, et où déjà depuis si longtemps ont été accomplies tant de promesses, qu'il serait insensé de douter de celles qui ne le sont pas encore. Nous vous conjurons, par la divinité et l'humanité de Jésus-Christ, par la paix de cette céleste patrie, où par nos peines passagères dans le pèlerinage de la vie, nous nous préparons un repos éternel, de succéder à votre frère, dans l'épiscopat de l'église de Vages, d'où il n'est pas déchu avec ignominie, mais auquel il a renoncé avec gloire. Faites en sorte que ce peuple qui, comme nous l'espérons, retirera tant de fruits et d'avantages du génie et de l'éloquence dont Dieu vous a gratifié, comprenne que c'est pour ne pas troubler la paix, et non pour se soustraire à tout travail, que votre frère a fait ce qu'il a fait. Nous avons recommandé qu'on ne vous donnât lecture de cette lettre, que lorsque vous seriez déjà en la puissance de ceux auquels vous êtes nécessaire. Pour nous, nous vous possédons et vous tenons embrassé par le lien de l'amour spirituel, parce que notre collége épiscopal a besoin de vous.

Vous saurez plus tard, pourquoi nous ne sommes pas allés nous-mêmes vous trouver.

LETTRE LXX [1]

La témérité des Donatistes accusant les Catholiques d'avoir livré les Saintes Ecritures, se montre dans la cause de Félicien qu'ils avaient d'abord solennellement condamné, et qu'ils avaient ensuite reçu parmi eux avec honneur.

A LEUR TRÈS-CHER SEIGNEUR ET HONORABLE FRÈRE NAUCELLION, ALYPE ET AUGUSTIN.

1. Vous nous avez rapporté la réponse de votre [2] évêque Clarentius au sujet de Félicien évêque de Musti, dans laquelle il avoue que Félicien avait été condamné par les Donatistes, puis rétabli par eux dans sa dignité, mais que Félicien était innocent, qu'il avait été condamné sans avoir été présent, comme il l'a prouvé dans la suite. Je vous rappelle cela, pour qu'on nous dise comment on a pu

---

(1) Ecrite l'an 402. — Cette lettre était la 207e dans les éditions antérieures à l'édition des Bénédictins et celle qui était la 70e se trouve maintenant la 220e.
(2) Un manuscrit du Vatican donne *ab episcopo nostro*. Le pronom *nostro* est une erreur, comme dans le texte des Bénédictins *patre nostro*. Alype et saint Augustin ne pouvaient pas appeler *leur père* ni *leur évêque* Clarentius évêque hérétique. Il est donc nécessaire de remplacer *nostro* par *vestro* et dire *votre père* ou *votre évêque* Clarentius, comme l'écrit d'ailleurs un autre manuscrit.

---

ubi tam multa tanto ante completa sunt promissa, ut ea quæ restant insanissime desperentur. Obsecramus te per Christi divinitatem et humanitatem, per pacem cælestis illius civitatis, inde peregrinantes labore temporali æternam requiem comparamus, ut in episcopatu (a) Vaginensis Ecclesiæ fratri tuo, non ignominiose cadenti, sed gloriose cedenti succedas. Plebs illa cui per tuam mentem ac linguam donis Dei fecundatam et ornatam uberrima incrementa speramus, in te intelligat fratrem tuum non pro sua desidia, sed pro ejus pace fecisse quod fecit. Hæc epistola, mandavimus ut tibi non legeretur, nisi cum te jam tenerent quibus es necessarius. Nos enim te spiritualis amoris vinculo tenemus, quia et nostro collegio multum es necessarius.

Cur autem etiam corporalem præsentiam non exhibuerimus, postea scies.

EPISTOLA LXX

Donatistarum Catholicos traditionis insimulantium temeritas prodit sesse in caussa Feliciani ab ipsis primum solemniter damnati, ac postea in honore suo recepti

DOMINO DILECTISSIMO ET HONORABILI FRATRI (b) NAUCELLIONI ALYPIUL ET AUGUSTINUS.

1. Cum retulisses nobis quid a (c) patre nostro Clarentio responsum fuerit, id est, de Feliciano Mustitano non eum negasse, et damnatum ab ipsis,

---

(a) Sic in MSS Vaticanis et Gallicanis. Attamen legendum aliqui putant, *Bagaiensis* : tum quia sic legitur apud Milevitanum concilium anni 402 in canone edito super hac ipsa Maximiani caussa : tum quia hunc esse unum eumdemque volunt cum Maximiano Bagaiensi, quem vulneratum graviter a Donatistis et de excelsa turri præcipitatum fuisse prodit Augustinus in lib. III, cont. Crescon. c. XLIII. Porro MSS. hoc et illo loco necnon in epist. LXXXVIII et CLXXXV. ubi de eadem Maximiani cæde agitur, consideratis, plurimam discrepantiam reperimus, quam adnotabimus suis locis.
(b) MS. Corbeiensis, *Naucellioni*.
(c) Corbeiensis et Vaticanus MS. *ab episcopo nostro*.

condamner, sans l'entendre, un homme dont ceux qui l'ont condamné reconnaissent eux-mêmes l'innocence. S'il était innocent, on ne devait pas le condamner; s'il était coupable, on ne devait pas, après l'avoir condamné, le rétablir dans sa dignité. Si c'est un innocent que vous avez reçu parmi vous, c'est un innocent que vous avez condamné; si c'est un coupable qui a été condamné, c'est à un coupable que vous avez rendu sa dignité. Si ceux qui l'ont condamné ignoraient son innocence, ne doit-on pas les accuser de témérité d'avoir osé condamner un innocent, sans l'avoir entendu, et sans même le connaître. Nous devons conclure de ce fait, qu'ils ont condamné avec la même témérité ceux qu'ils accusaient odieusement d'avoir livré les Saintes Écritures aux païens. En effet, s'ils ont pu condamner un innocent, ils ont pu de même appeler traditeurs ceux qui ne l'étaient pas.

2. Ce même Félicien condamné par eux est resté longtemps en communion avec Maximien. S'il était innocent avant sa condamnation, pourquoi ensuite, lié de communion avec un criminel comme ce Maximien, a-t-il baptisé beaucoup de personnes hors de la communion des Donatistes. Nous n'en voulons pas d'autres témoins qu'eux-mêmes. N'ont-ils pas agi près du proconsul pour faire exclure de son église Félicien comme schismatique avec Maximien? C'était donc peu de l'avoir condamné absent, sans l'avoir entendu, et innocent, comme ils le prétendent aujourd'hui? Fallait-il encore aller trouver le proconsul, pour le faire chasser de son église? En demandant ainsi son expulsion, ils avouaient eux-mêmes qu'ils le comptaient parmi les condamnés, parmi les criminels et les Maximianistes. Ainsi lorsque Félicien, baptisait dans la communion de Maximien, était-ce le vrai ou un faux baptême qu'il conférait? Si c'était le vrai baptême qu'il donnait dans cette communion, pourquoi rejeter alors le baptême du Christ répandu sur toute la terre? Si le baptême conféré dans la communion de Maximien était faux, pourquoi les Donatistes ont-ils reçu parmi eux Félicien et tous ceux qu'il avait baptisés dans le schisme de Maximien, sans que personne de votre parti ait jugé à propos de leur conférer un nouveau baptême?

et postea in honore suo receptum; sed innocentem fuisse damnatum, quia absens fuerit, et absentem se fuisse probaverit : hoc dicimus, ut ad hoc respondeat, quia non licuit damnari inauditum, quem innocentem fuisse ipsi modo dicunt, quí cum damnaverunt. Aut ergo innocens damnari non debuit, aut nocens recipi damnatus non debuit. Si innocens receptus est, innocens damnatus est : si nocens damnatus est, nocens receptus est. Si nesciebant, qui illum damnaverunt, utrum innocens fuerit, arguendi sunt temeritatis, quia inauditum, innocentem, de quo nesciebant, damnare ausi sunt: et de præsenti facto intelligimus eadem temeritate illos damnasse etiam superiores quos traditionis crimine infamaverunt. Si enim potuit ab ipsis innocens damnari, potuerunt ab ipsis traditores etiam dici qui non erant traditores.

2. Deinde idem Felicianus damnatus ab ipsis multo tempore cum Maximiano communicavit; s innocens erat quando damnatus est, quare posteriore tempore cum scelerato Maximiano communicans multos baptizavit extra communionem ipsorum? Testes sunt ipsi, qui egerunt apud proconsulem, ut idem Felicianus tamquam cum Maximiano de Basilica excluderetur. Parum ergo erat damnasse absentem, damnasse inauditum, damnasse, sicut dicunt, innocentem; insuper et aditus est contra illum proconsul, ut de ecclesia expelleretur. Vel tunc quando illum expellebant de ecclesia, fatentur quia inter damnatos et sceleratos et Maximianistas cum deputaverunt. Quando ergo ille baptizabat homines, Maximiano communicans, baptismum verum dabat an falsum? Si verum baptismum dabat qui cum Maximiano communicabat, quare accusatur baptismus orbis terrarum? Si autem falsum baptismum dabat, quando communicabat cum Maximiano, quare sic sunt recepti cum illo quos in schismate Maximiani baptizavit, et nemo eos in parte vestra rebaptizavit?

LETTRE LXXI [1]

Saint Augustin tâche de détourner saint Jérôme du dessein de traduire de l'Hébreu les livres de l'Ancien Testament. Il l'exhorte à revoir la version des Septante qui était fort corrompue, et dont les copies ne s'accordaient pas. Il loue ensuite sa version du Nouveau Testament.

A SON VÉNÉRABLE SEIGNEUR ET SAINT FRÈRE JÉRÔME, SON COLLÈGUE DANS LE SACERDOCE.

CHAPITRE PREMIER. — 1. Depuis que j'ai commencé à vous écrire et à désirer des lettres de vous, je n'ai jamais trouvé une meilleure occasion de vous en faire parvenir une, que celle de mon cher fils, le diacre Cyprien, serviteur et fidèle ministre de Dieu. J'espère donc par lui, recevoir une lettre de vous et je ne puis en pareille chose avoir une espérance plus certaine, car rien ne manquera pour cela à notre cher fils, ni le zèle pour solliciter une réponse, ni le mérite pour l'obtenir, ni le soin pour la conserver, ni l'empressement pour me l'apporter, ni la fidélité pour me la remettre. Si donc je le mérite d'une manière quelconque, je prie le Seigneur de me venir en aide pour disposer votre cœur à répondre à mon désir et pour qu'aucune volonté plus forte ne s'oppose à votre empressement fraternel. Comme je vous ai déjà écrit deux lettres, sans en avoir reçu aucune de vous, je puis craindre qu'elles ne vous soient point parvenues, c'est pourquoi je vous en envoie une copie. Si vous les avez reçues, si c'est par hasard que les vôtres ne m'ont pas été remises, faites m'en parvenir une copie, si toutefois vous les avez conservées. Sinon écrivez-moi de nouveau, et daignez, si vous le pouvez sans trop de fatigue, m'envoyer une réponse que j'attends depuis longtemps, principalement à propos des questions que je vous ai proposées. Je vous envoie aussi la première lettre que j'avais préparée pour vous, quand je n'étais encore que prêtre. Elle devait vous être remise par notre frère Profuturus qui devint ensuite mon collègue dans l'épiscopat. Il n'a pu vous la porter, parce que les soins de son église le retinrent lorsqu'il se disposait à partir, et peu de temps après il a quitté cette vie mortelle. Je vous envoie donc cette pre-

[1] Écrite l'an 403. — Cette lettre était la 10e dans les éditions antérieures à l'édition des Bénédictins et celle qui était la 71e se trouve maintenant la 6e.

EPISTOLA LXXI

Augustinus Hieronymo, dehortans a libris Testamenti veteris ex Hebræo vertendis, et exhortans ut Septuaginta versionem mire depravatam ac variantem reddat suæ veritati. Novum Testamentum ab eo castigatum probat.

DOMINO VENERABILI, ET DESIDERABILI SANCTO FRATRI ET COMPRESBYTERO HIERONYMO, AUGUSTINUS IN DOMINO SALUTEM.

CAPUT I. — 1. Ex quo cœpi ad te scribere ac tua scripta desiderare, numquam mihi melior occurrit occasio, quam ut per Dei servum ac ministrum fidelissimum, mihique carissimum mea tibi afferretur epistola, qualis est filius noster Cyprianus diaconus. Per hunc certe ita spero litteras tuas, ut certius in hoc rerum genere quidquam sperare non possim. Nam nec studium in petendis rescriptis memorato filio nostro deerit, nec gratia in promerendis, nec diligentia in custodiendis, nec alacritas in perferendis, nec fides in reddendis : tantum si aliquo modo merear, adjuvet Dominus, et adsit cordi tuo et desiderio meo, ut fraternam voluntatem nulla major voluntas impediat.

2. Quia ergo duas jam epistolas misi, nullam autem tuam postea recepi, easdem ipsas rursus mittere volui, credens eas non pervenisse. Quæ etsi pervenerunt, ac fortasse tuæ potius ad me pervenire minime potuerunt, ea ipsa scripta, quæ jam misisti, iterum mitte, si forte reservata sunt : sin minus, rursus dicta quod legam, dum tamen his responderе ne graveris, quod jam diu est ut expecto. Primas etiam quas ad te adhuc presbyter litteras præparaveram mittendas per quemdam fratrem nostrum Profuturum, qui postea collega nobis factus, jam ex hac vita migravit, nec eas tunc ipse perferre potuit, quia continuo dum proficisci disponit, episcopatus sarcina detentus, ac deinde in brevi defunctus est, etiam nunc mittere volui : ut scias in tua colloquia quam olim inarduescam, et quam vim patiar, quod a me tam longe absunt sensus corporis tui, per quos adire possit ad animum tuum animus meus, mi frater dulcissime, et in Domini membris honorande.

CAPUT II. — 3. In hac autem epistola hoc addo,

mière, pour que vous voyez combien depuis longtemps je brûle du désir de m'entretenir avec vous, et combien je souffre de ce que la grande distance qui nous sépare, ne permet pas à mon esprit d'arriver, comme il le veut jusqu'au vôtre, ô mon très-doux et très-honoré frère en Jésus-Christ !

CHAPITRE II. — 3. J'ajoute ici, que depuis ce temps nous avons appris que vous avez traduit Job de l'hébreu. Nous avions déjà de vous une traduction latine du même prophète d'après la version grecque, et où vous aviez marqué par des astériques ce qui se trouve dans l'hébreu et qui manque dans le grec, et avec des obèles (1), ce qui est dans le grec et ne se trouve pas dans l'hébreu. Vous avez mis en cela un soin si admirable, que dans certains passages on voit autant d'étoiles que de mots, pour indiquer que ces mots sont dans l'hébreu et ne se lisent pas dans le grec. Cependant dans cette dernière traduction d'après l'hébreu, on ne trouve pas la même fidélité d'expressions, et ce n'est pas sans quelque trouble et quelque inquiétude, qu'on cherche à savoir pourquoi dans la première traduction les astériques sont mis avec tant de soin, qu'ils indiquent les plus petites particules du discours manquant dans le texte grec et se trouvant dans l'hébreu, tandis que dans l'autre version d'après l'hébreu, ce soin a été tellement négligé, qu'on ne trouve plus ces mêmes particules à leur place. Je voulais vous en citer quelques exemples, mais pour le moment je n'ai pas cette version d'après l'hébreu. Du reste, comme votre esprit va au-devant de tout, non-seulement vous comprenez ce que j'ai dit, mais encore ce que j'ai voulu dire, et cela suffira, je le pense, pour que vous m'expliquiez cette différence dont je ne puis me rendre compte.

4. Je vous avoue toutefois que j'aimerais mieux vous voir traduire les Écritures grecques canoniques d'après les Septante que sur l'hébreu. En effet, dès que votre traduction d'après l'hébreu commencera à être lue dans plusieurs églises, il sera fâcheux que les églises latines aient un texte qui ne s'accordera peut-être pas avec celui des églises grecques, surtout parce qu'avec le texte grec en main, la langue grecque étant très-connue, il nous est facile de répondre à ceux qui nous contredisent. Si quelqu'un trouve dans votre version d'après l'hébreu quelque chose d'insolite et l'accuse de falsification, nous ne pourrons qu'avec peine ou plutôt nous ne pourrons jamais recourir à des témoignages hébraïques, pour lever les objections, et quand bien même nous en produirions, qui pourra souffrir que nous rejetions et condamnions tant d'autorités grecques et latines ? Il peut arriver encore que même les hébreux consultés soient d'un avis différent. Il

---

(1) L'obèle est une raie transversale dont on marquait les fautes dans un ouvrage.

---

quod postea didicimus, Job ex hebræo a te interpretatum, cum jam quamdam haberemus intrepretationem tuam ejusdem Prophetæ ex græco eloquio versam in latinum ; ubi tamen asteriscis notasti quæ in hebræo sunt, et in græco desunt ; obeliscis autem quæ in græco inveniuntur, et in hebræo non sunt, tam mirabili diligentia, ut quibusdam in locis ad verba singula, singulas stellas videamus, significantes eadem verba esse in hebræo, in græco autem non esse. Porro in hac posteriore interpretatione, quæ versa est ex hebræo, non eadem verborum fides occurrit, nec parum turbat cogitantem, vel cur in illa prima tanta diligentia figantur asterisci, ut minimas etiam particulas orationis indicent deesse codicibus græcis, quæ sunt in hebræis ; vel cur in hac altera, quæ ex hebræis est, negligentius hoc curatum sit, ut hæ eædem particulæ locis suis invenirentur. Aliquid inde, exempli gratia, volui ponere : sed mihi ad horam codex defuit, qui ex hebræo est. Verumtamen quia prævolas ingenio, non solum quod dixerim, verum etiam quid dicere voluerim, satis, ut opinor, intelligis, ut, caussa reddita, quod movet edisseras.

4. Ego sane te mallem græcas potius canonicas nobis interpretari Scripturas, quæ Septuaginta interpretum perhibentur. Perdurum erit enim, si tua interpretatio per multas ecclesias frequentius cœperit lectitari, quod a græcis ecclesiis latinæ ecclesiæ dissonabunt, maxime quia facile contradictor convincitur græco prolato libro, id est linguæ notissimæ. Quisquis autem in eo, quod ex hebræo translatum est, aliquo insolito permotus fuerit, et falsi crimen intenderit ; vix aut numquam ad hebræa testimonia pervenietur, quibus defendatur objectum. Quod si etiam perventum fuerit, tot latinas et græcas auctoritates damnari quis feret ? Huc accedit, quia etiam consulti Hebræi possunt aliud respondere : ut tu solus necessarius videaris,

n'y a que vous qui pourriez les convaincre, et quand bien même on vous prendrait pour juge, serait-il étonnant que vous ne puissiez pas les amener à votre avis ?

CHAPITRE III. — 5. Un de nos frères dans l'épiscopat avait introduit dans son église la lecture de votre version. Il vint à lire sur le prophète Jonas, un passage que vous avez interprété tout différemment de ce qu'il était dans la mémoire de tous et de ce qu'on avait lu et récité de tout temps dans l'Eglise. Il s'éleva un tel tumulte parmi le peuple, les Grecs surtout s'agitant et criant à la falsification, que l'évêque fut obligé d'invoquer le témoignage des Juifs : la ville en contenait un grand nombre ; soit ignorance, soit malice, ils répondirent que les textes hébreux, en cet endroit portaient et disaient la même chose que les textes grecs et latins. Il en résulta que l'évêque, après le danger qu'il avait couru d'être abandonné de son peuple, se vit obligé de corriger ce passage comme fautif. C'est ce qui nous fait voir que vous aussi vous pouvez vous tromper quelquefois. Mais voyez ce qui pourrait arriver si pareille chose se rencontrait sur des textes ou des passages qu'on ne pourrait pas vérifier et corriger, par les témoignages comparés des langues en usage.

CHAPITRE IV. — 6. Quant à votre version de l'Évangile d'après le grec, nous ne saurions trop en remercier Dieu, car en la comparant avec le texte grec, on n'y trouve presque aucune différence. Aussi par la production et la comparaison des textes, il nous est facile de confondre et de réfuter ceux qui nous cherchent querelle en s'appuyant sur les inexactitudes des anciennes versions latines. S'il se trouve encore dans votre version, des endroits qui laissent quelque chose à désirer, qui serait assez injuste pour ne pas le pardonner dans une œuvre si utile et qui est au-dessus de tout éloge. Je désirerais beaucoup recevoir de vous des explications sur la différence qu'on rencontre souvent entre les textes hébreux et la version des Septante ; car cette version qui a mérité d'être aussi répandue est d'une grande autorité, puisque c'est celle dont les apôtres ont fait usage, comme l'indiquent leurs écrits, et comme je me souviens que vous l'avez vous-même attesté. Vous rendriez donc un service éminent à l'Eglise, en traduisant avec exactitude et pureté en latin, le texte grec des Septante ; car les traductions latines diffèrent tellement dans les divers manuscrits, qu'on le peut à peine supposer, et on craint si fort de ne pas les trouver conformes au texte grec

qui etiam ipsos possis convincere : sed tamen quo judice miram si potueris invenire.

CAPUT III. — 5. Nam quidam frater noster episcopus, cum lectitari instituisset in ecclesia, cui præest, interpretationem tuam, movit quiddam longe aliter abs te positum apud Jonam prophetam (*Jonæ*, IV, 6), quam erat omnibus sensibus memoriæque inveteratum, et tot ætatum successionibus decantatum. Factus est tantus tumultus in plebe, maxime græcis arguentibus et (a) inclamantibus calumniam falsitatis, ut cogeretur episcopus (ea quippe civitas erat) Judæorum testimonium flagitare. Utrum autem illi imperitia an malitia, hoc esse in hebræis codicibus responderunt, quod et græci et latini habebant atque dicebant. Quid plura? Coactus est homo velut mendositatem corrigere; volens, post magnum periculum, non remanere sine plebe. Unde etiam nobis videtur, aliquando te quoque in nonnullis falli potuisse. Et vide hoc quale sit, in eis litteris, quæ non possunt collatis usitatarum linguarum testimoniis emendari.

CAPUT IV. — 6. Proinde non parvas Deo gratias agimus de opere tuo, quo Evangelium ex græco interpretatus es : quia pene in omnibus nulla offensio est, cum Scripturam græcam contulerimus. Unde, si quisquam veteri falsitati contentiosus faverit, prolatis collatisque codicibus, vel docetur facillime, vel refellitur. Et si quædam rarissima merito movent; quis tam durus est, qui labori tam utili non facile ignoscat, cui vicem laudis referre non sufficit? Quid tibi autem videatur, cur in multis aliter se habeat hebræorum codicum auctoritas, aliter græcorum quæ dicitur Septuaginta, vellem dignareris aperire. Neque enim parvum pondus habet illa, quæ sic meruit diffamari, et qua usos Apostolos, non solum res ipsa indicat, sed etiam te attestatum esse memini. Ac per hoc plurimum profueris, si eam græcam Scripturam, quam Septuaginta operati sunt, latinæ veritati reddideris : quæ in diversis codicibus ita varia est, ut tolerari vix possit ; et ita suspecta, ne in græco aliud inveniatur, ut inde aliquid proferri aut probari dubitetur. Brevem putabam futuram hanc epistolam :

(a) Er. et Lov. *inflammantibus*; aliqui codices, *inclamantibus*.

qu'on n'ose ni les citer ni les employer comme preuves de ce qu'on avance. Je croyais que cette lettre serait courte, mais j'ai trouvé, en la faisant plus longue, je ne sais quelle douceur qui me faisait croire que je parlais avec vous. Je vous en prie par Notre Seigneur, veuillez me répondre surtout, et autant que possible adoucir par vos lettres la peine que j'éprouve d'être privé de votre présence.

LETTRE LXXII [1]

Saint Jérôme se plaint à saint Augustin de ce que la lettre dans laquelle il combat l'explication que lui, Jérôme, avait donnée sur l'endroit de l'épître aux Galates, était répandue par toute l'Italie.

A SON TRÈS-SAINT SEIGNEUR, LE BIENHEUREUX PAPE AUGUSTIN, JÉRÔME, SALUT DANS LE SEIGNEUR.

CHAPITRE PREMIER. — 1. Vous m'écrivez souvent, et sans cesse vous me pressez de répondre à une certaine lettre dont, comme je vous l'ai déjà mandé, j'ai reçu une copie sans signature par mon frère le diacre Sysinnius. Vous me l'aviez, dites-vous, envoyée d'abord par le frère Profuturus, et ensuite par un autre que vous ne nommez pas. Profuturus aurait été empêché de partir, et après son élévation à l'épiscopat, subitement enlevé par la mort. L'autre dont vous taisez le nom, aurait craint les dangers de la mer et n'aurait pas voulu s'embarquer. Puisqu'il en est ainsi, je ne puis assez m'étonner que cette lettre qui est, dit-on, entre les mains de beaucoup de personnes à Rome et en Italie, ne soit pas parvenue à moi seul, à qui seul elle était adressée, surtout parce que ce même frère Sysinnius assure avoir vu, il y a déjà cinq ans, cette lettre parmi d'autres ouvrages de vous, non en Afrique, non chez vous, mais dans une île de l'Adriatique.

2. Il faut écarter tout soupçon sur l'amitié, et parler avec un ami comme avec un autre soi-même. Plusieurs de mes amis, vases du Christ, qui sont fort nombreux à Jérusalem et dans les saints lieux, ont voulu me persuader que vous n'aviez pas agi avec une grande sincérité de cœur, mais un peu par gloriole, pour faire parler de vous, et vous grandir à mes dépens. C'étaient, me disaient-ils encore, pour faire voir que vous me provoquiez, et que j'a-

[1] Écrite l'an 403 ou 404. — Cette lettre était la 14e dans les éditions antérieures à l'édition des Bénédictins et celle qui était la 72e se trouve maintenant la 7e.

sed nescio quomodo ita mihi dulce factum est in ea progredi, ac si tecum loquerer. Sed obsecro te per Dominum, ne te pigeat ad omnia respondere, et præstare mihi, quantum potueris, præsentiam tuam.

EPISTOLA LXXII

Hieronymus Augustino expostulans de illius epistola per Italiam sparsa, qua taxabatur locus non recte expositus in epistola ad Galatas.

DOMINO VERE SANCTO ET BEATISSIMO PAPÆ AUGUSTINO, HIERONYMUS IN DOMINO SALUTEM.

CAPUT I. — 1. Crebras ad me epistolas dirigis; et sæpe compellis ut respondeam cuidam epistolæ tuæ, cujus ad me, ut ante jam scripsi, per fratrem Sysinuium diaconum exemplaria pervenerunt, absque subscriptione tua; et quæ primum per fratrem Profuturum, secundo per quemdam alium te misisse significas: et interim Profuturum retractum de itinere, et episcopum constitutum, veloci morte subtractum: illum, cujus nomen retices, maris ti- muisse discrimina, et navigationis mutasse consilium. Quæ cum ita sint, satis mirari nequeo, quomodo ipsa epistola et Romæ et in Italia haberi a plerisque dicatur, et me solum non pervenerit, cui soli missa et t : præsertim cum idem frater Sysinnius inter ceteros tractatus tuos dixerit eam se non in Africa, non apud te, sed in insula Adriæ, ante hoc ferme quinquennium reperisse.

2. De amicitia omnis tollenda suspicio est, et sic cum amico, quasi cum altero se, est loquendum. Nonnulli familiares mei, et vasa Christi, quorum Jerosolymis et in sanctis locis permagna copia est, suggerebant non simplici a te animo factum, sed laudem atque rumusculos et gloriolam populi requirente, ut de nobis cresceres; ut multi cognoscerent te provocare, me timere; te scribere ut doctum, ma tacere ut imperitum : et tandem reperisse, qui garrulitati meæ modum imponeret. Ego autem, ut simpliciter fatear, dignationi tuæ primum idcirco respondere nolui, quia tuam liquido epistolam non credebam, nec (ut vulgi de quibusdam proverbium

vais peur, que vous m'écriviez comme un savant, et que je me taisais comme un ignorant, et que j'avais enfin trouvé mon maitre pour me fermer la bouche. Pour moi, je vous l'avoue en toute simplicité, je n'ai pas d'abord voulu répondre à votre dignité, parce que je ne vous croyais pas assez sûr que vous fussiez l'auteur de cette lettre, et, comme dit le proverbe, que votre épée fût enduite de miel. Je craignais ensuite de paraître répondre avec trop de hardiesse à un évêque de ma communion, et d'avoir à reprendre quelque chose dans la lettre de celui qui me reprenait, surtout lorsque j'y trouvais quelques passages contraires à la sainte doctrine.

CHAPITRE II. — 3. Enfin, je ne voulais pas vous donner le droit de me dire : Quoi donc? Aviez-vous vu ma lettre? Aviez-vous examiné si elle était signée de ma main, avant d'offenser si légèrement un ami et de faire retomber sur moi la malice des autres? Ainsi donc, comme je vous l'ai déjà mandé, ou envoyez-moi cette lettre signée de vous, ou cessez d'attaquer un vieillard caché dans sa cellule. Que si vous voulez exercer votre force et faire parade de votre science, cherchez des jeunes gens, des savants, des hommes illustres dont le nombre est si grand à Rome, qui puissent et osent entrer en lice avec vous, et se mesurer avec un évêque pour discuter les saintes Ecritures. Autrefois soldat, je suis aujourd'hui vétéran. Je dois célébrer vos victoires et celles des autres, mais ne plus exposer au combat mes membres épuisés. Toutefois prenez garde qu'en me pressant si souvent de vous répondre, vous ne me rappeliez l'histoire de Quintus Maximus qui triompha par sa patience de la fougue du jeune Annibal (1). « Le temps emporte tout, même l'esprit. Je me souviens que dans ma jeunesse j'ai passé des journées entières à chanter, mais j'ai oublié tous ces chants : Mœris n'a bientôt plus même de voix (2).» Mais, pour m'en tenir aux Saintes Ecritures, Berzellaï, de Galaad, cédant à son fils toutes les grâces et les bienfaits dont le comblait le roi David (*Rois*, II, 19, 34), m'apprend qu'il n'appartient pas au vieillard de rechercher de tels biens, ni de les accepter, même quand on les lui offre.

4. Vous jurez que vous n'avez pas écrit de livre contre moi et que, par conséquent, vous n'avez pu envoyer à Rome ce que vous n'avez pas écrit. Vous me dites aussi que s'il se rencontre dans vos ouvrages quelque chose qui diffère de ma manière de voir, vous n'avez pas eu pour cela l'intention de m'offenser, mais

(1) Tite-Live, *Décad.* III, I. II.
(2) Virgile, *Eglogue* IX.

est) litum melle gladium. Deinde illud cavebam, ne episcopo communionis meæ viderer procaciter respondere, et aliqua in reprehendentis epistola reprehenderem ; præsertim cum quædam in illa hæretica judicarem.

CAPUT II. — 3. Ad extremum, ne tu jure expostulares et diceres, Quid enim ? Epistolam meam videras, et notæ tibi manus in subscriptione signa deprehenderas, ut tam facile amicum læderes, et alterius malitiam in meam verteres contumeliam ? Igitur ut ante jam scripsi, aut mitte eamdem epistolam tua subscriptam manu ; aut senem latitantem in cellula lacessere desine. Sin autem tuam vis vel exercere, vel ostentare doctrinam ; quære juvenes, et disertos, et nobiles, quorum Romæ dicuntur esse quam plurimi, qui possint et audeant tecum congredi, et in disputatione sanctarum Scripturarum, jugum cum episcopo ducere. Ego quondam miles, nunc veteranus, et tuas et aliorum debeo laudare victorias, non ipse rursus efflato corpore dimicare ; ne, si me frequenter ad rescribendum impuleris, illius recorder historiæ, quod Hannibalem, juveniliter exsultantem, Q. Maximus patientia sua fregerit (*Titus Livius, Decadis* III, *lib.*, II).
Omnia fert ætas, animum quoque ; sæpe ego longos Cantando pueruum memini me condere soles.
Nunc oblita mihi tot carmina : vox quoque Mœrim Jam fugit ipsa (*Virg., Ecl.*, IX).

Et, ut magis de Scripturis sanctis loquar, Berzellai ille Galaaditites, regis David beneficia, omnesque delicias juveni delegans filio (II *Reg.*, XIX, 34), ostendit senectutem hæc appetere non debere, nec oblata suscipere.

4. Quod autem juras te adversum me librum non scripsisse, neque Romam misisse, quem non scripseris ; sed si forte aliqua in tuis scriptis reperiantur, quæ a meo sensu discrepent, non me a te læsum, eo quod scriptum quod tibi rectum videbatur : Quæso, ut me patienter audias. Non scripsisti librum ; et quomodo mihi reprehensionis a te meæ, per alios scripta delata sunt? Cur habet Italia, quod tu non scripsisti? Qua ratione poscis, ut

uniquement de dire ce qui vous paraissait vrai. Ecoutez-moi, je vous prie, avec patience Vous n'avez pas écrit de livre? Mais comment se fait-il que celui où vous m'avez repris m'ait été apporté par d'autres, et que ce que vous n'avez pas écrit soit répandu dans toute l'Italie? Pourquoi me demandez-vous de répondre à des choses que vous prétendez n'avoir pas écrites. Je ne suis certainement pas assez dépourvu de sens pour me croire offensé de ce que votre opinion diffère de la mienne ; mais blâmer publiquement mes paroles, me demander raison de mes écrits, vouloir me forcer de m'en dédire et à chanter la palinodie, prétendre rendre la lumière à mes yeux, c'est offenser l'amitié, c'est violer les lois. N'ayons pas l'air de nous battre comme des enfants, et prenons garde de fournir à nos amis ou à nos détracteurs des sujets de discussions et de querelles. Je vous écris ainsi, parce que je désire vous aimer sincèrement et chrétiennement, et qu'il n'y ait rien sur mes lèvres qui ne soit au fond de mon cœur. Il ne me convient pas à moi qui depuis mon adolescence jusqu'à ce jour ai mené avec de saints frères dans la retraite d'un monastère, une vie de peine et de labeur, d'oser écrire quelque chose contre un évêque de ma communion, un évêque que j'ai commencé à aimer avant de le connaître, qui le premier m'a appelé à son amitié, et que je me suis réjoui de voir se lever après moi dans l'étude et la science des Saintes Ecritures. Niez donc que ce livre soit de vous, si réellement il n'en est pas, et cessez de solliciter de moi une réponse à des choses que vous n'avez pas écrites. Si vous en êtes l'auteur, avouez-le franchement, afin que si j'écris pour me défendre, la responsabilité en soit à vous qui m'aurez provoqué et non à moi qui aurai été forcé de vous répondre.

CHAPITRE III. — 5. Vous ajoutez en outre, que si quelque chose m'a déplu dans vos ouvrages, et si je veux bien vous en prévenir, vous êtes prêt à recevoir fraternellement mes observations, que vous vous en réjouirez comme d'une marque de bienveillance envers vous, et vous me priez instamment de le faire. Je vais vous dire de nouveau ce que je pense : vous provoquez un vieillard, vous excitez un homme qui veut se taire, vous semblez vouloir faire parade de votre science. Il ne sied pas à mon âge de passer pour malveillant envers quelqu'un pour qui je dois plutôt me montrer favorable. Si des gens pervers trouvent matière à blâmer dans les Evangiles et dans les Prophètes, croyez-vous qu'il ne se puisse pas trouver quelque chose à reprendre et à blâmer dans vos livres, surtout dans l'explication des Ecritures qui présentent souvent de grandes obscurités? Non pas que j'aie encore trouvé dans vos écrits quelque chose de

---

rescribam ad ea, quæ scripsisse te denegas? Nec tam hebes sum, ut, si diversa senseris, me a te læsum putem. Sed si mea cominus dicta reprehendas, et rationem scriptorum expetas, et quæ scripserim, emendare compellas, et ad παλινῳδίαν provoces, et oculos mihi reddas ; in hoc læditur amicitia, in hoc necessitudinis jura violantur. Ne videamur certare pueriliter, et fautoribus invicem vel detractoribus nostris tribuere materiam contendendi ; hæc scribo, quia te pure et Christiane diligere cupio, nec quidquam in mea mente retinere, quod distet a labiis. Non enim convenit, ut ab adolescentia usque ad hanc ætatem, in monasteriolo cum sanctis fratribus labore desudans, aliquid contra episcopum communionis meæ scribere audeam, et eum episcopum, quem ante cœpi amare quam nosse ; qui me prior ad amicitiam provocavit ; quem post me orientem in Scripturarum eruditione lætatus sum. Igitur aut tuum negato librum, si forte non tuus est ; et desine flagitare rescriptum ad ea, quæ non scripsisti : aut si tuus est, ingenue confitere ; ut si in defensionem mei aliqua scripsero, in te culpa sit, qui provocasti, non in me, qui respondere compulsus sum.

CAPUT III. — 5. Addis præterea, te paratum esse, ut, si quid me in tuis scriptis moverit, aut corrigere voluero, fraterne accipias, et non solum mea in te benevolentia gavisurum ; sed, ut hoc ipsum faciam, deprecaris. Rursum dico quod sentio : Provocas senem, tacentem stimulas, videris jactare doctrinam. Non est autem ætatis meæ, putari malevolum erga eum, cui magis favorem debeo. Et si in Evangeliis ac Prophetis perversi homines inveniunt, quod nitantur reprehendere, miraris si in tuis libris, et maxime in Scripturarum expositione, quæ vel obscurissimæ sunt, quædam a rectilinea discrepare videantur? Et hoc dico, non quod in operibus tuis quædam reprehendenda jam censeam. Neque enim lectioni eorum umquam operam dedi : nec horum exemplariorum apud nos

répréhensible, car je ne les ai pas encore lus, et les copies en sont rares dans nos contrées. J'excepte pourtant vos Soliloques et quelques commentaires sur les psaumes, où je pourrais faire voir, si je voulais les examiner, qu'il y a bien des choses qui ne sont pas d'accord, je ne dis pas avec moi, qui ne suis rien, mais avec le sens des anciens interprètes grecs. Adieu, mon très-cher ami, mon fils par l'âge, mon père par la dignité. Je vous prie de faire en sorte que, pour tout ce que vous m'écrirez, je sois le premier à le recevoir.

LETTRE LXXIII [1]

Saint Augustin voyant que saint Jérôme était blessé de ses lettres, tâche de l'apaiser par celle-ci. Il lui annonce qu'il a reçu son apologie contre Ruffin [2] et déplore que la discorde ait brouillé deux hommes si distingués et liés autrefois par la plus étroite amitié.

A SON VÉNÉRABLE SEIGNEUR ET TRÈS-CHER FRÈRE JÉRÔME, SON COLLÈGUE DANS LE SACERDOCE. AUGUSTIN, SALUT DANS LE SEIGNEUR.

CHAPITRE PREMIER. — 1. Avant de lire cette lettre, vous aurez déjà, je le pense, reçu celle que je vous ai envoyée par notre fils, le diacre Cyprien, et dans laquelle vous aurez acquis la certitude que la lettre dont une copie vous est parvenue est effectivement de moi. Aussi je crois déjà vous voir, dans votre réponse, fondre sur moi, comme Entelle [3] frappant de ses gantelets et de ses lanières garnies de plomb l'audacieux Darès. Quoi qu'il en soit, je réponds à la lettre que vous avez daigné m'envoyer par notre saint fils Astérius, dans laquelle, au milieu des marques de la plus bienveillante charité, j'ai trouvé des traces de quelque ressentiment contre moi; c'est pourquoi, tout en éprouvant de la douceur en vous lisant, je me sentais continuellement frappé. Mais voici ce qui m'a le plus étonné : après m'avoir dit que vous n'aviez pas voulu témérairement me croire l'auteur de cette lettre dont vous aviez une copie, parce que, blessé dans vos paroles, j'aurai pu avoir le droit de vous dire, qu'avant de

---

(1) Écrite l'an 404. — Cette lettre était la 15e dans les éditions antérieures à l'édition des Bénédictins et celle qui était la 73e se trouve maintenant la 245e.
(2) Ruffin, prêtre de l'église d'Aquilée, avait été moine et d'abord intime ami de saint Jérôme dont il devint ensuite le plus violent adversaire. Il passa la plus grande partie de sa vie dans l'Orient et à Jérusalem, d'où il revint à Rome, l'an 397, et de là il retourna à Aquilée. Il mourut sur la fin de 410 en Sicile. Il a traduit plusieurs ouvrages d'Origène, l'histoire d'Eusèbe de Césarée, à laquelle il ajouta 2 livres, et plusieurs traités des SS. PP. Il composa lui-même quelques ouvrages qui furent condamnés par le pape Gélase, dans un concile romain de 70 évêques.
(3) Entelle était un lutteur célèbre qui fut défié au combat par Darès, dans les jeux qu'Énée célébra en l'honneur de son père Anchise. Virgile. *Enéide*. 7.

---

copia est, præter Soliloquiorum tuorum libros, et quosdam Commentarios in Psalmos; quos si vellem discutere, non dicam a me, qui nihil sum, sed a veterum Græcorum docerem interpretationibus discrepare. Vale mi amice carissime, ætate fili, dignitate parens : et hoc a me rogatus observa, ut, quidquid mihi scripseris, ad me primum facias pervenire.

EPISTOLA LXXIII

Hieronymum litteris suis nonnihil offensum demulcere studet Augustinus. Apologiam illius contra Ruffinum accepisse se testatur, deplorans tantos inter viros quondam amicissimos tam amarulentam discordiam incidisse.

DOMINO VENERANDO ET DESIDERATISSIMO FRATRI COMPRESBYTERO HIERONYMO, AUGUSTINUS IN DOMINO SALUTEM.

CAPUT I. — 1. Quamvis existimem, antequam istas sumeres, venisse in manus tuas litteras meas, quas per Dei servum, filium nostrum, Cyprianum diaconum misi ; quibus certissime agnosceres meam esse epistolam, cujus exemplaria illuc pervenisse commemorasti; unde jam ne arbitror rescriptis tuis, velut Entellinis glandibus atque acribus cæstibus, tamquam audacem Daretem cœpisse pulsari atque versari : nunc tamen eis ipsis respondeo litteris tuis, quas mihi per sanctum filium nostrum Asterium mittere dignatus es : in quibus multa in me comperi tuæ benevolentissimæ caritatis, et rursus quædam nonnullius (a) a me tuæ offensionis indicia. Itaque, ubi mulcebar legens, ibi continuo feriebar; hoc sane vel maxime admirans, quod, cum dicas te exemplaribus litterarum mearum ideo temere non putasse credendum, ne forte

---

(a) Sic Bad. Er. et sedecim MSS. At Lov. habet, *anima tua*.

me répondre ainsi, vous auriez dû vous assurer si cette lettre était de moi ; vous venez ensuite m'ordonner de déclarer franchement si je l'ai écrite, et de vous en envoyer une copie plus fidèle, afin que nous puissions discuter sans aigreur sur les saintes Ecritures. Comment pourrions-nous entrer sans aigreur dans une telle discussion, si vous vous préparez à m'offenser ; ou si telle n'est pas votre intention, comment, sans avoir été blessé par vous, pourrai-je, comme si je l'avais été, vous dire, qu'avant de me répondre ainsi, c'est-à-dire avant de m'offenser de la sorte, vous auriez dû d'abord prouver que la lettre était de moi ? En effet, si la réponse que vous m'aviez faite ne m'avait pas blessé, je n'aurais eu aucun droit de me plaindre. Mais maintenant, comme vous me répondez de manière à m'offenser, comment pourrons-nous discuter sans aigreur sur les saintes Ecritures ? Pour moi, bien loin de me croire offensé, si vous voulez ou si vous pouvez me démontrer d'une manière certaine que vous avez compris mieux que moi ce passage de l'épître de saint Paul aux Galates, ou toute autre chose des saintes Ecritures, je regarderai comme un avantage et recevrai comme un bien et avec reconnaissance les leçons et les avertissements que vous me donnerez pour m'instruire et pour me corriger.

2. Cependant, mon très-cher frère, si vous ne vous trouviez pas offensé par mes écrits, vous ne pourriez pas me croire blessé par vos réponses, et je ne puis me persuader que, sans vous croire offensé, vous puissiez m'écrire des choses qui m'offensent. Ou si vous m'avez cru assez dépourvu de sens pour me trouver blessé d'une réponse qui n'avait rien d'offensant, cette idée que vous avez eue de moi est en elle-même une offense. Mais comme jamais je ne vous ai donné lieu d'avoir une telle opinion de moi, vous n'auriez pas dû la concevoir à la légère, vous qui n'avez pas voulu témérairement me croire l'auteur de cette lettre, dans laquelle, cependant, vous reconnaissiez mon style. Si donc vous avez vu avec raison que j'aurais le droit de me plaindre si vous regardiez comme venant de moi un écrit qui n'en était pas, à plus forte raison aurais-je ce droit si, sans que je vous en eusse jamais donné l'occasion, vous me jugiez témérairement autre que je ne suis. Ne me croyez donc pas assez dépourvu de sens, pour être capable de me blesser d'une réponse dans laquelle il n'y avait rien d'offensant.

CHAPITRE II. — 3. Reste donc encore une chose : c'est que vous seriez disposé à me blesser dans votre réponse, si vous étiez certain que la lettre fût de moi. Mais comme je ne crois

---

te respondente læsus juste expostularem, quod probare ante debuisses meum esse sermonem, et sic rescribere; postea jubeas, si mea est epistola, aperte me scribere, aut mittere exemplaria veriora; ut absque ullo rancore stomachi in Scripturarum disputatione versemur. Quo pacto enim possumus in hac disputatione sine rancore versari, si me lædere paras ? Aut si non paras, quo modo ego, te non lædente, abs te læsus juste expostularem, quod probare ante debuisses, meum esse sermonem, et sic rescribere, hoc est et sic lædere ? Nisi enim rescribendo læsisses, ego juste expostulare non possem. Proinde cum ita rescribis, ut lædas, quis locus nobis relinquitur in disputatione Scripturarum sine ullo rancore versandi ? Ego quidem absit ut lædar, si mihi certa ratione volueris et potueris demonstrare illud ex epistola Apostoli, vel quid aliud Scripturarum sanctarum te verius intellexisse, quam me : Immo vero absit, ut non cum gratiarum actione lucris meis deputem, si fuero te docente instructus, aut emendante correctus.

2. Verumtamen, tu mihi frater carissime, nisi te putares læsum scriptis meis, non me putares lædi posse rescriptis tuis. Nullo enim modo id de te opinatus fuero, quod non te arbitraris læsum, si sic tamen rescribis ut lædas. Aut si te non sic rescribente, ego propter nimiam stultitiam meam lædi posse putatus sum, hoc ipso læsisti plane, quod de me ita sensisti. Sed nullo modo tu me, quem numquam talem expertus es, temere talem crederes, qui litterarum mearum exemplaribus, etiam cum stilum meum nosses, temere credere noluisti. Si enim non immerito vidisti, me juste expostulaturum fuisse, si temere crederes esse litteras meas, quæ non essent meæ : quanto justius expostularem, meipsum temere putatum talem, qualem me expertus non esset qui putavisset ? Nequaquam ergo ita prolabereris, ut non rescribente quo lædereris, me tamen existimares nimis insipientem, etiam tali tuo rescripto lædi potuisse.

CAPUT II. — 3. Restat igitur, ut lædere me rescribendo disponeres, si certo documento meas esse

pas que vous songiez à m'offenser injustement, je n'ai plus qu'à reconnaître la faute que j'ai commise, en vous blessant le premier dans cette lettre que je ne puis désavouer. Pourquoi, en effet, vouloir lutter contre le courant du fleuve plutôt que de demander pardon? Je vous conjure donc, par la douceur du Christ, de me pardonner si je vous ai offensé, et de ne pas me rendre mal pour mal, en m'offensant à votre tour. Or, vous m'offenseriez si vous gardiez le silence sur les fautes que vous pourriez trouver dans mes paroles et dans mes actions, car si vous repreniez en moi ce qui n'est point blâmable, ce serait vous blesser vous-même plus que moi. Mais il est trop loin de votre caractère et de votre sainte profession de me reprendre uniquement dans l'intention de m'offenser, et de blâmer en moi par esprit de malveillance ce qu'un principe de vérité vous ferait au fond du cœur regarder comme irrépréhensible. Reprenez-moi donc avec bienveillance lorsque vous me croyez en faute, quand même il n'en serait rien, consolez-moi avec la tendresse d'un père, lorsque vous ne trouvez rien à reprendre. Il peut se faire qu'une chose que vous croyez vraie ne le soit pas, sans que la charité ait cessé d'animer votre cœur. Je recevrai toujours avec gratitude toute réprimande dictée par l'amitié, quand bien même je pourrais soutenir ce que sans motif suffisant vous auriez cru devoir condamner. Je reconnaîtrai avec empressement et votre bienveillance et ma faute; et autant que le Seigneur m'en fera la grâce, vous me trouverez toujours ou reconnaissant, ou prêt à corriger ce qui devra l'être.

4. Quoi donc, redouterais-je comme les cestes d'Entelle vos paroles qui, bien que dures, n'en sont pas moins salutaires? Darès recevait des blessures, mais aucun remède pour les soigner; il était vaincu, mais non pas guéri. Pour moi, si je reçois tranquillement vos réprimandes comme un remède bienfaisant, je n'en ressentirai aucune douleur. Si la faiblesse naturelle à l'homme ou la mienne propre me cause quelque affliction, même dans les reproches que j'aurais mérités, il vaut mieux souffrir la douleur d'un remède appliqué à la tête, que de ne pas la guérir pour lui épargner cette douleur. Il avait raison celui qui disait que nos ennemis, en nous faisant des reproches, nous sont souvent plus utiles que les amis qui craignent de nous reprendre. Les premiers, en nous attaquant, nous disent quelquefois des vérités qui servent à nous corriger; les seconds n'usent pas assez de la liberté de la justice en

---

illas litteras nosceres. Atque ita, qui non credo quod injuste me lædendum putares, superest, ut agnoscam peccatum meum, quod prior in illis litteris deserim, quas meas esse negare non possum. Cur itaque conor contra fluminis tractum, ac non potius veniam peto? Obsecro te ergo per mansuetudinem Christi, ut, si læsi te, dimittas mihi, nec me vicissim lædendo malum pro malo reddas. Lædes autem me, si mihi tacueris errorem meum, quem forte inveneris in factis vel dictis meis. Nam si ea in me reprehenderis, quæ reprehendenda non sunt, te lædis magis quam me: quod absit a moribus et sancto proposito tuo, ut hoc facias voluntate lædendi, culpans in me aliquid dente maledico, quod mente veridica esse scis non culpandum. Ac per hoc aut benevolo corde arguas, etiam si caret delicto quem arguendum putas, aut paterno affectu mulceas, quem (a) abjicere nequeas. Potest enim fieri, ut tibi aliud videatur quam veritas habet, dum tamen abs te aliud non fiat quam caritas habet:

(a) Bad. Am. et Er. abjicere nequeas.
(b) Ita MSS plerique. At Lov. velut humana mea.

nam et ego amicissimam reprehensionem gratissime accipiam; etiam si reprehendi non meruit, quod recte defendi potest: aut agnoscam simul et benevolentiam tuam, et culpam meam; et quantum Dominus donat, in alio gratus, in alio emendatus inveniat.

4. Qui ergo, fortasse dura, sed certe salubria verba tua, tamquam cæstus Entelli, pertimescam? Cædebatur ille, non curabatur; et ideo vincebatur, non sanabatur. Ego autem, si medicinalem correptionem tuam tranquillus accepero, non dolebo: si vero infirmitas (b) vel humana vel mea, etiam cum veraciter arguor, non potest nisi aliquantulum contristari; melius tumor capitis dolet, dum curatur, quam dum ei parcitur, non sanatur. Hoc est enim, quod acute vidit, qui dixit, Utiliores esse plerumque inimicos jurgantes, quam amicos objurgare metuentes. Illi enim dum rixantur, dicunt aliquando vera, quæ corrigamus: isti autem minorem, quam oportet, exhibent justitiæ libertatem,

craignant de blesser la douceur de l'amitié. Vous me citez l'exemple du bœuf auquel vous semblez vous comparer, et qui, malgré la fatigue de la vieillesse, n'en continue pas moins de fouler avec vigueur et succès le grain dans l'aire du Seigneur; eh bien, me voilà devant vous! foulez-moi aux pieds sans m'épargner, si j'ai mal parlé de vous. Je supporterai, sans me plaindre, le poids de votre âge, pourvu qu'il puisse broyer la paille de mes erreurs.

5. Vous terminez votre lettre par des mots que je lis et relis sans cesse en soupirant. « Plût à Dieu, dites-vous, que je méritasse vos embrassements, et qu'il me fût permis de conférer avec vous pour nous instruire mutuellement! » Pour moi je vous dis : Puisse le Seigneur m'accorder la grâce d'habiter plus près de vous, afin qu'à défaut de fréquents entretiens, notre correspondance fût du moins plus active! Mais maintenant nous sommes séparés l'un de l'autre par une si grande distance que, lorsque j'étais jeune encore, je me rappelle vous avoir écrit une lettre touchant les paroles de l'Apôtre aux Galates (II, 14), et me voilà devenu vieux sans avoir eu le bonheur de recevoir votre réponse. Je ne sais par quelle circonstance une copie de cette lettre est tombée entre vos mains avant ma lettre elle-même, malgré tous mes soins pour vous la faire parvenir, car l'homme à qui je l'avais confiée ne vous l'a pas remise et ne me l'a pas rapportée. Et pourtant, dans les lettres de vous qui ont pu me parvenir, il y a tant de choses si belles et si grandes, que je préférerais à toutes mes études le bonheur d'être auprès de vous, si cela m'était possible. Cette joie m'étant refusée, je songe à envoyer près de vous, pour qu'il profite de vos leçons, un de nos fils dans le Seigneur. Daignez me répondre à cet égard. Car je n'ai et n'aurai jamais dans la science des saintes Écritures le mérite que je reconnais en vous, et je n'ai juste en cela que ce qu'il faut pour le dispenser au peuple de Dieu. Mes occupations ecclésiastiques ne me permettent pas de m'appliquer à cette étude au delà de ce que l'exigent les besoins spirituels des peuples que je dois instruire.

CHAPITRE III. — 6. Il s'est répandu(1) contre vous en Afrique je ne sais quels écrits injurieux

(1) Les éditions portent *pervenisse audivimus*, nous avons appris qu'il s'est répandu, mais neuf manuscrits donnent avec plus de raison *pervenerunt*. En effet, saint Jérôme dans la lettre 68 se plaint que Ruffin a fait répandre contre lui des écrits injurieux dans toute l'Afrique, et saint Augustin répond qu'il ne sait quels écrits injurieux se sont répandus en Afrique contre saint Jérôme.

dum amicitiæ timent exasperare dulcedinem. Quapropter etsi bos, ut tibi videris, lassus senectute forte corporis, non vigore animi tamen, in area dominica fructuoso labore desudans ; ecce sum, si quid perperam dixi, fortius fige pedem. Non mihi esse debet molestum pondus ætatis tuæ dummodo conteratur palea culpæ meæ.

5. Proinde illud, quod in extremo epistolæ tuæ posuisti, cum magni desiderii suspirio vel lego, vel recolo. « Utinam, » inquis, « mereremur complexus tuos; et collatione mutua vel doceremus aliqua, vel disceremus. » Ego autem dico. Utinam saltem propinquis terrarum locis habitaremus; ut, si non possent misceri nostra colloquia, litteræ possent esse crebriores. Nunc vero tanto locorum intervallo absumus a sensibus nostris, ut de illis verbis Apostoli ad Galatas (*Gal.*, II, 14), juvenem me ad tuam sanctitatem scripsisse meminerim; et ecce jam senex, necdum rescripta meruerim; faciliusque ad te exemplaria epistolæ meæ pervenerint, nescio qua occasione præveniente, quam ipsa epistola me curante. Homo enim, qui ea tunc acceperat, nec ad te pertulit, nec ad me retulit. Tantæ autem mihi in litteris tuis, quæ in manus nostras venire potuerunt, apparent res, ut nihil studiorum meorum mallem, si possem, quam inhære lateri tuo. Quod ego quia non possum, aliquem nostrorum in Domino filiorum erudiendum nobis at te mittere cogito, si etiam de hac re tua rescripta meruero. Nam neque in me tantum scientiæ Scripturarum divinarum est, aut esse jam poterit, quantum inesse tibi video. Et si quid in hac re habeo facultatis, utcumque impendo populo Dei. Vacare autem studiis diligentius quam quæ populi audiunt instruendi, propter ecclesiasticas occupationes omnino non possum.

CAPUT III. — 6. Nescio quæ scripta maledica super tuo nomine ad Africam (*a*) pervenerunt. Accepimus tamen quod dignatus es mittere, illis respondens maledictis. Quo perlecto, fateor, multum

(*a*) Editi, *pervenisse audivimus*. Sed verius MSS. novem, *pervenerunt*. Nempe Hieronymus in epist. LXVIII. conqueritur maledicta Ruffini, studio ejusdem ad Africam pervenisse. respondet Augustinus nescire se quæ in ipsum maledicta isthuc pervenerint.

auxquels vous avez fait une réponse, que vous avez daigné me communiquer. J'avoue qu'en la lisant j'ai éprouvé une vive douleur de voir une telle inimitié éclater entre deux hommes autrefois si unis, et dont l'étroite amitié était connue de presque toutes les églises. Du reste, votre lettre fait voir avec quelle modération vous savez retenir tout ce qui peut exciter votre juste indignation, afin de ne pas rendre injure pour injure. Cependant, si en lisant cette lettre j'ai senti mon cœur se sécher de douleur et frissonner de crainte, que serait-ce donc si les écrits de votre ennemi tombaient entre mes mains? « Malheur au monde à cause des scandales (*Matt.*, xviii, 7). » Voilà donc l'accomplissement de ce que la vérité nous a prédit : « Et parce que l'iniquité sera multipliée, la charité de plusieurs se refroidira (*Matt.*, xxiv, 12). » Quels cœurs pourront désormais s'épancher avec confiance l'un dans l'autre? Dans le sein de qui l'amitié pourra-t-elle se jeter avec sécurité? Quel ami ne redoutera-t-on pas comme un futur ennemi, si une discorde aussi déplorable a pu éclater entre Ruffin et Jérôme? O qu'elle est misérable et digne de pitié la condition humaine! Comment prévoir les sentiments futurs des amis, quand on ne peut même pas connaître leurs intentions présentes? Mais pourquoi s'affliger de l'ignorance où l'on est à l'égard l'un de l'autre, puisque l'homme ne sait pas lui-même ce qu'il sera plus tard. Il connaît à peine ce qu'il est présentement, peut-il dire ce qu'il sera dans l'avenir?

7. Cette connaissance non-seulement de ce qu'on est présentement, mais encore de ce qu'on sera un jour, est-elle le partage des saints et bienheureux anges? Le démon, quand il était encore un ange de bien, aurait-il été heureux s'il avait prévu son iniquité future et son supplice éternel? Je l'ignore, et si vous pensez qu'il est utile de le savoir, je voudrais connaître votre sentiment à cet égard. Voyez le malheur d'être ainsi séparés l'un de l'autre par une telle étendue de terre et de mer : si j'étais moi-même cette lettre que vous lisez présentement, vous pourriez déjà répondre à ma question. Maintenant quand me ferez-vous cette réponse? Quand l'enverrez-vous? Quand me parviendra-t-elle? Quand la recevrai-je? Quoi qu'il en soit, je dois l'attendre avec patience, puisqu'elle n'arrivera jamais aussi vite que je le désire. C'est pourquoi je reviens aux paroles de votre lettre, si douces à mon cœur, si remplies de votre saint désir, je me les approprie

---

dolui inter tam caras familiaresque personas, cunctis pene ecclesiis notissimo amicitiæ vinculo copulatas, tantum malum exstitisse discordiæ. Et tu quidem quantum tibi moderaveris, quantumque teneas aculeos indignationis tuæ, ne reddas maledictum pro maledicto, satis in tuis litteris eminet. Verumtamen si eas ipsas cum legissem, contabui dolore, et obrigui timore; quid de me illa facerent, quæ in te ille scripsit, si in manus meas forte venissent? Væ mundo ab scandalis (*Matt.*, xviii, 7). Ecce fit, ecce prorsus impletur quod Veritas ait; « Quoniam abundabit iniquitas, refrigescet caritasmultorum (*Matt.*, xxiv, 12). Quæ sibi enim jam fida pectora tuto refundantur? In cujus (*a*) sinum tota se projiciat secura dilectio? Quis denique amicus non formidetur quasi futurus inimicus, si potuit inter Hieronymum et Ruffinum hoc, quod plangimus, exoriri? O misera et miseranda conditio! O infida in voluntatibus amicorum scientia præsentium, ubi nulla est præscientia futurorum : Sed quid hoc alteri de altero gemendum putem, quando nec ipse quidem sibi homo est notus in posterum? Novit enim utcumque, vix forte, nunc qualis sit; qualis autem postea futurus sit, ignorat.

7. Hæc porro non tantum scientia, qualis quisque sit, verum etiam præscientia, qualis futurus sit, si est in sanctis et beatis Angelis; et quomodo fuerit diabolus beatus aliquando, cum adhuc angelus bonus esset, sciens futuram iniquitatem suam, et sempiternum supplicium, omnino non video. De qua re, si tamen eam nosse opus est, vellem abs te audiare, quid sentias. Vide, quid faciant terræ ac maria, quæ nos corporaliter dirimunt. Si hæc epistola mea, quam legis, ego essem; jam mihi diceres quod quæsivi. Nunc vero quando rescribes? quando mittes? quando perveniet? quando accipiam? Et tamen utinam quandoque fiat, quod tam cito fieri non posse, quam volumus, quanta possumus tolerantia sustinemus. Unde recurro ad illa verba epistolæ tuæ dulcissima, sanctique desiderii tui plenissima, et ea facio vicissim mea : « Utinam mereremur complexus tuos; et collatione mutua vel doceremus aliqua, vel disceremus : » si tamen esse ullo modo posset quod ego te docerem.

8. In his autem verbis non jam tuis tantum, sed

---

quindecim, *In cujus sensus tota* etc.

pour vous dire : « Plût à Dieu que je méritasse vos embrassements, et qu'il me fût permis de conférer avec vous pour nous instruire mutuellement! » si toutefois vous pouvez apprendre quelque chose de moi.

8. Ces paroles qui ne sont plus seulement les vôtres, mais qui sont aussi les miennes, charment et raniment mon esprit, et sont pour mon cœur une grande consolation, quoique nos vœux mutuels ne soient pas accomplie. Mais cela même rend encore plus vive ma douleur, lorsque je pense que la grâce si désirable pour vous et pour moi, et que Dieu vous avait accordée avec tant d'abondance, à vous et à Ruffin, c'est-à-dire d'être unis par la plus étroite amitié et de vous nourrir ensemble du miel des saintes Ecritures, que cette grâce, dis-je, ait été troublée par une inimitié remplie d'amertume, et qui doit faire redouter un malheur semblable à tout homme, en tout temps et en tout lieu. En effet, quand un tel malheur vous est-il arrivé? Lorsque déjà dans un âge avancé, vous nourrissant de la parole divine, affranchis du fardeau des affaires de ce monde, vous suiviez le Seigneur, vivant ensemble sur cette terre que Jésus-Christ a foulée de ses pieds humains, et où il a dit à ses disciples : « Je vous donne ma paix, je vous laisse ma paix (*Jean*, XIV, 27). » Véritablement « La vie humaine sur la terre, est une tentation (*Job*, VII). » Hélas! que ne puis-je vous rencontrer quelque part? Dans l'excès de ma douleur et de ma crainte, je me jetterais à vos pieds, je les arroserais de toutes mes larmes, et au nom de ma tendresse et de ma charité pour vous, je vous conjurerais, chacun de vous pour lui-même, et tous les deux ensemble, pour ce que vous vous devez mutuellement, ainsi que ce que vous devez aux autres, et surtout aux faibles pour lesquels le Christ est mort, et auxquels vous donnez, sur le théâtre de cette vie, un spectacle si dangereux; je vous conjurerais, dis-je, de ne pas répandre l'un contre l'autre des écrits que vous ne pourriez plus supprimer lorsque la concorde se serait rétablie entre vous, et que vous craindriez de relire aux jours de votre réconciliation, dans la crainte de vous brouiller de nouveau.

9. Cet exemple, je le dis franchement à votre charité, est ce qui m'a le plus effrayé en lisant votre lettre où percent quelques sentiments d'irritation. Je ne veux point parler d'Entelle, ni de ce bœuf fatigué que vous m'avez cités plutôt par plaisanterie que par menaces, mais du passage dont j'ai parlé plus haut, peut-être plus que je ne le devais, mais pas assez pour exprimer mes craintes, et où vous me dites : « De peur que blessé peut-être, vous n'ayez de

---

etiam meis, ubi delector et reficior, et ipso quamvis pendente non adtingente utriusque nostrum desiderio, non parva ex parte consolor : ibi rursus acerrimis dolorum stimulis fodior, dum cogito inter vos, quibus Deus hoc ipsum, quod uterque nostrum optavit, largum prolixumque concesserat, ut conjunctissimi et familiarissimi mella Scripturarum sanctarum pariter lamberetis, tantæ amaritudinis irrepsisse perniciem, quando non, ubi non, cui non homini formidandam : cum eo tempore, quo abjectis jam sarcinis sæcularibus, jam expediti Domnum sequebamini, et in ea terra vivebatis simul, in qua Dominus humanis pedibus ambulans, « Pacem meam, » inquit, « do vobis, pacem meam relinquo vobis (*Johan.*, XIV, 27). » viris ætate maturis, et in eloquio Domini habitantibus vobis accidere potuit? Vere « tentatio est vita humana super terram (*Job.*, VII, 1). » Heu mihi, qui vos alicubi simul invenire non possum, forte ut movear, ut doleo, ut timeo, prociderem ad pedes vestros, fierem quantum valerem, rogarem quantum amarem, nunc unumquemque vestrum pro seipso, nunc utrumque pro alterutro, et pro aliis, et maxime infirmis, pro quibus Christus mortuus est, qui vos tamquam in theatro vitæ hujus cum magno sui periculo spectant, ne de vobis ea conscribendo spargatis, quæ (*a*) quandoque concordantes delere non poteritis, qui nunc concordare nolitis; aut quæ concordes legere timeatis, ne iterum litigetis.

9. Verum dico caritati tuæ, nihil me magis quam hoc exemplum, tremuisse, cum quædam ad me in epistola tua legerem, tuæ indignationis indicia, non tam illa de Entello et bove lasso, ubi mihi potius hilariter jocari, quam iracunde minari visus es, quam illud, quod serio te scripsisse satis apparet, unde supra eloquutus sum, plus fortase quam debui, sed non plus quam timui, ubi aistis ne forte læsus juste expostulares. » Rogo te, si fieri,

---

(*a*) In decem MSS. sic legitur *quæ quoniam concordantes delere non poteritis, concordare nolitis*. In uno Cisterciensi, *quæ quandoque quoniam delere non poteritis, concordare nolitis*.

justes raisons pour vous plaindre. » Cherchons et discutons ensemble, si cela est possible, tout ce qui peut servir à nourrir nos esprits, sans amertume, sans discorde. Mais si je ne puis dire ce qui me paraît répréhensible dans vos écrits, ni vous dans les miens, sans encourir mutuellement un soupçon de jalousie ou sans blesser l'amitié, laissons tout cela de côté. Épargnons-nous tout ce qui peut troubler la tranquillité de notre vie et nuire au salut de notre âme. « Il vaut mieux éviter la science qui enfle, que de blesser la charité qui édifie (I *Corint.*, VIII). » Pour moi, je sens que je suis bien loin d'avoir cette perfection dont il est dit : « Celui-là est un homme parfait qui n'offense point dans ses paroles (*Jac.*, III, 2). » Cependant, avec la miséricorde de Dieu, je crois pouvoir toujours facilement vous demander pardon de mes offenses, que vous devez reprendre, afin que si je vous ai entendu, « Vous gagniez votre frère (*Matt.*, XVIII, 15). « Bien que la distance qui nous sépare vous empêche de le faire directement, vous ne devez pas pour cela me laisser dans l'erreur. A l'égard de toutes les choses que nous voulons connaître, si dans ma conviction je crois, je pense y trouver quelque chose de vrai, et qu'en cela vous ne soyez pas de mon avis, je ferai, avec l'aide du Seigneur, tous mes efforts pour défendre mon opinion sans vous blesser. Si, malgré cela, je m'apercevais que je vous ai offensé, il ne me resterait plus qu'à vous en demander pardon.

10. Si je vous ai déplu ce ne peut être que pour avoir dit ce qu'il ne fallait pas dire, ou pour l'avoir dit autrement qu'il ne le fallait ; il est clair, du reste, que nous nous connaissons l'un l'autre beaucoup moins que nous ne sommes connus par ceux qui sont de notre intimité. Avec mes amis, je l'avoue, j'ai l'habitude de me jeter tout entier dans le sein de leur affection et de leur charité, fatigué que je suis des scandales du siècle. Avec eux je trouve mon repos et ma tranquillité, parce que je sens que Dieu est là, et que c'est à lui que je me livre en toute sécurité, sans avoir à craindre les incertitudes de ce lendemain de la fragilité humaine dont je viens de vous parler en gémissant. Si je vois qu'un homme est brûlant du feu de la charité chrétienne, et que c'est cette charité qui a fait de lui mon fidèle ami, je lui confie volontiers tous mes projets, toutes mes pensées, parce que ce n'est pas à l'homme que je les confie, mais à celui dans lequel il demeure et qui l'a fait tel qu'il est, car " Dieu est charité, et celui qui demeure dans la charité, demeure en Dieu et Dieu en lui (I *Jean*, IV, 12). » Que si cet homme délaisse la charité, il nous cause, en l'abandonnant, autant de douleur qu'il nous

---

potest, ut inter nos quæramus et disseramus aliquid, quo sine amaritudine discordiæ corda nostra pascantur, fiat. Si autem non possum dicere quid mihi emendandum videatur in scriptis tuis, nec tu in meis, nisi cum suspicione invidiæ, aut læsione amicitiæ ; quiescamus ab his, et nostræ vitæ salutique parcamus. Minus certe assequatur illa quæ instat, dum non offendatur illa quæ ædificat (I *Cor.*, VIII, 1). Ego me longe esse sentio ab illa perfectione, de qua scriptum est : « Si quis in verbo non offendit, hic perfectus est vir (*Jac.*, III, 2). » Sed plane in Dei misericordia puto me posse facile abs te petere veniam, si quid offendi : quod mihi aperire debes ; ut, cum te audiero, lucreris fratrem tuum (*Matt.*, XVIII, 15). Neque enim, quia hoc propter longinquitatem terrarum non potes facere inter me et te, propterea debes sincere errare me. Prorsus quod ad ipsas res, quas nosse volumus, adtinet, si quid veri me tenere vel scio, vel credo, vel puto, in quo tu aliter sentis, quantum dat Dominus sine tua injuria conabor asserere. Quod autem pertinet ad offensionem tuam, cum te indignatum sensero, nihil aliud, quam veniam deprecabor.

10. Nec omnino arbitror te succensere potuisse, nisi aut hoc dicerem, quod non debui ; aut non sic dicerem, ut debui : quia nec miror minus nos scire invicem, quam scimur a conjunctissimis et familiarissimis nostris. In quorum ego caritatem, fateor, facile me totum projicio, præsertim fatigatum scandalis sæculi ; et in ea sine ulla sollicitudine requiesco : Deum quippe illic esse sentio, in quem me securus projicio, et in quo securus requiesco. Nec in hac mea securitate crastinum illud humanæ fragilitatis incertum, de quo superius ingemui, omnino formido. Cum enim hominem Christiana caritate flagrantem eaque mihi fidelem amicum factum esse sentio ; quidquid ei consiliorum meorum cogitationumque committo, non homini committo, sed illi, in quo manet, ut talis sit. « Deus enim caritas est ; et qui manet in caritate, in Deo manet, et Deus in eo (*Johan.*, IV, 16) : » quam si deseruerit, tantum faciat necesse est dolorem.

avait causé de joie en y restant fidèle. Faisons cependant en sorte qu'un ami intime devenu notre ennemi soit plutôt obligé de recourir à la ruse pour agir contre nous, que d'avoir réellement à dévoiler dans sa colère quelque chose qui puisse nous être nuisible. Il est facile d'y parvenir, en ne cachant pas ce que l'on fait, et en ne faisant rien qu'il faille cacher. La miséricorde de Dieu donne cette grâce aux hommes bons et pieux. Ils peuvent vivre en toute confiance et en toute liberté avec leurs amis quels qu'ils puissent être un jour, ne découvrant pas les fautes d'autrui qui leur seraient connues, mais ne faisant rien de leur côté dont ils auraient à craindre la révélation. Lorsqu'un calomniateur invente une fausseté contre nous, on n'y croit pas, ou si l'on y croit, la réputation seule peut en souffrir, mais notre salut n'en est pas compromis. Au contraire, le mal que l'on fait est un ennemi que l'on se crée intérieurement, et dont nous entendons la voix accusatrice, quelque silence et quelque discrétion que gardent les amis. C'est pourquoi tout homme sage reconnaîtra quelle consolation et quelle force vous trouvez dans votre conscience, pour supporter patiemment les attaques et l'inimitié incroyable d'un homme avec lequel vous étiez autrefois lié par une si étroite amitié. Quelques calomnies qu'il lance contre vous et quelque créance qu'elles trouvent dans l'esprit des autres, vous savez vous en faire des armes de la gauche aussi efficaces que celles de la droite (1) pour combattre le démon. J'aimerais cependant mieux voir votre ennemi un peu plus doux que de vous voir si bien armé contre lui. C'est un prodige aussi triste que rare de passer ainsi d'une si grande amitié à l'inimitié la plus extrême; c'en serait un plus consolant et plus grand encore de vous voir revenir d'une telle inimitié à votre union d'autrefois.

LETTRE LXXIV (2)

Saint Augustin prie l'évêque Présidius de faire parvenir à saint Jérôme la lettre précédente.

AU BIENHEUREUX SEIGNEUR PRÉSIDIUS, SON VÉNÉRABLE FRÈRE ET SON COLLÈGUE DANS L'ÉPISCOPAT, AUGUSTIN, SALUT DANS LE SEIGNEUR.

1. Je viens vous rappeler la prière que je

---

(1) Saint Paul dit qu'il faut combattre le démon avec toutes les armes, c'est-à-dire avec les maux comme avec les biens. Les biens sont ce qu'il appelle les armes de la droite, et les maux, les armes de la gauche.
(2) Écrite en même temps que la précédente. — Cette lettre était la 16e dans les éditions antérieures à l'édition des Bénédictins et celle qui était la 74e se trouve maintenant la 236e.

---

quantum manes fecerat gaudium. Verumtamen ex amico intimo factus inimicus, quærat sibi potius quod fingat astutus; non inveniat quod prodat iratus. Hoc autem unusquisque facile assequitur, non occultando quod fecerit, sed non faciendo, quod occultari velit. Quod misericordia Dei bonis piisque concedit, ut inter (a) amicos, quoslibet futuros, liberi securique versentur, aliena peccata sibi commissa non prodant; quæ prodi timeant, ipsi nulla committant. Cum enim falsum quid a maledico fingitur; aut omnino creditur; aut certe integra salute, sola fama vexatur. (b) Cum autem malum perpetratur, hostis est intimus, etiam si nullius intimi loquacitate aut lite vulgetur. Quapropter quis prudentium non videat, etiam tu quam tolerabiliter feras amicissimi quondam et familiarissimi incredibiles nunc inimicitias, consolante conscientia; et quemadmodum vel quod jactitat, vel quod a quibusdam forsitan creditur, in sinistris armis deputes, quibus non minus quam dextris contra diabolum dimicatur? Verumtamen illum maluerim aliquo modo mitiorem, quam te isto modo armatiorem. Hoc magnum et triste miraculum est, ex amicitiis talibus ad has inimicitias pervenisse; lætum erit, et multo majus, ex inimicitiis talibus ad pristinam concordiam revertisse.

EPISTOLA LXXIV

Augustinus Præsidium rogat ut superiorem epistolam curet Hieronymo reddendam, utque sibi eumdem suis etiam litteris placet.

DOMINO BEATISSIMO, ET MERITO VENERANDO FRATRI, ET CONSACERDOTI PRÆSIDIO, AUGUSTINUS IN DOMINO SALUTEM.

1. Sicut præsens rogavi sinceritatem tuam, nunc quoque commoneo, ut litteras meas sancto fratri, et compresbytero nostro Hieronymo mittere non

---

(a) Editi, *inimicos*. Prætulimus, *amicos*, quod habent sex MSS.
(b) MSS. quatuordecim. *Quod autem malum perpetratur, hostis est* etc. lectio haudquaquam spernenda.

vous ai faite de vive voix, celle d'envoyer ma lettre à notre saint frère et collègue Jérôme. Pourvu que vous sachiez de quelle manière vous devez lui écrire en ma faveur, je vous envoie une copie des lettres que nous nous sommes écrites l'un à l'autre. Après les avoir lues, votre sagesse verra quelle mesure j'ai cru devoir garder envers lui, et avec quelle raison j'ai craint son émotion. Si je lui ai écrit quelque chose que je n'aurais pas dû lui dire, ou que j'aurais dû lui dire autrement, je prie votre charité fraternelle de me le faire remarquer plutôt qu'à lui, afin que repris par vous, je lui demande pardon de toutes les fautes que je reconnaîtrais avoir commises.

LETTRE LXXV [1]

Saint Jérôme répond enfin aux questions que saint Augustin lui a proposées dans les lettres 28, 40 et 71. Il commence par rendre raison du titre qu'il avait mis à son livre des Ecrivains ecclésiastiques. De là il vient à son explication de l'endroit de l'épître aux Galates, où il est parlé de la correction faite à saint Pierre par saint Paul. Il parle ensuite de sa traduction de l'Ancien Testament, et enfin du sens qu'il avait donné au mot lierre dans le prophète Jonas. Il se défend sur tous ses écrits et ses interprétations avec beaucoup de chaleur.

AU SEIGNEUR VRAIMENT SAINT ET BIENHEUREUX PAPE AUGUSTIN, SALUT DANS LE SEIGNEUR.

CHAPITRE PREMIER. — 1. J'ai reçu tout à la fois par le diacre Cyprien trois lettres de vous, ou plutôt trois petits livres contenant ce que vous appelez diverses questions, et ce que moi je regarde comme des censures de mes ouvrages. Il ne faudrait rien moins qu'un grand livre pour y répondre comme je le voudrais. Je tâcherai cependant, autant qu'il me sera possible, de ne pas excéder la mesure d'une longue lettre, et de ne pas retarder le frère, qui seulement trois jours avant son départ, m'a demandé une réponse. Pris en quelque sorte au dépourvu, je suis obligé de traiter ces questions à la hâte, d'y répondre sans préparation, non avec la réflexion d'un homme qui écrit à loisir, mais avec la précipitation téméraire d'un homme qui dicte rapidement, au risque d'être guidé plus par le hasard que par la science;

---

[1] Ecrite vers la fin de l'an 404. — Cette lettre était la 11e dans les éditions antérieures à l'édition des Bénédictins et celle qui était la 75e se trouve maintenant la 250e.

---

graveris. Ut autem noverit caritas tua, quemadmodum etiam tu illi pro mea caussa scribere debeas, misi exemplaria litterarum, et mearum ad ipsum, et ad me ipsius, quibus lectis pro tua sancta prudentia facile videas et modum meum, quem servandum putavi, et modum ejus, quem non frustra timui. Aut si ego quod non debui, vel quomodo non debui, aliquid scripsi; non ad illum de me, sed ad meipsum potius fraterna dilectione mitte sermonem; quo correctus petam ut ignoscat, si meam culpam ipse cognovero.

EPISTOLA LXXV.

Respondet tandem Hieronymus ad Augustini quæstiones propositas in epist. 28, 40 et 71, scilicet de titulo libri ecclesiasticos scriptores repræsentantis, de Petro reprehenso a Paulo in epist. ad Galatas, de translatione veteris Testamenti, ac de hederæ vocabulo apud Jonam defendens acriter scriptiones et interpretationes suas adversus Augustinum.

DOMINO VERE SANCTO ET BEATISSIMO PAPÆ AUGUSTINO, HIERONYMUS IN CHRISTO SALUTEM.

CAPUT I. — 1. « Tres simul epistolas, immo libellos breves, per diaconum Cyprianum, tuæ dignationis accepi; diversas, ut tu nominas, quæstiones; ut ego sentio, reprehensiones opusculorum meorum continentes, ad quas si respondere voluero libri magnitudine opus erit. Tamen conabor, quantum facere possum, modum non egredi longioris epistolæ, et festinanti fratri moram non facere: qui ante triduum, quam profecturus erat, a me epistolas flagitavit; ut pene in procinctu hæc qualiacumque sunt, effutire compellerer, et tumultuario respondere sermone, non maturitate scribentis, sed dictantis temeritate: quæ plerumque non in doctrinam, sed in casum vertitur: ut fortissimos quoque milites subita bella conturbant, et ante coguntur fugere, quam possint arma corripere.

2. « Ceterum nostra armatura Christus est, et apostoli Pauli institutio, qui scribit ad Ephesios; « Assumite arma Dei, ut positis resistere in die malo (*Ephes.*, VI, 14). » Et rursum; « State succincti lumbos vestros in veritate, et induti loricam justitiæ, et calceati pedes in præparationem Evangelii

ainsi voit-on quelquefois les plus braves soldats surpris par une attaque soudaine, être obligés de prendre la fuite avant même d'avoir pu prendre leurs armes.

2. Du reste, pour nous, nos armes c'est Jésus-Christ, comme nous l'enseigne l'apôtre saint Paul, quand il dit aux Éphésiens : « Prenez les armes de Dieu, afin qu'au jour mauvais vous puissiez résister (*Eph.*, VI, 13); » et quand il ajoute : « Tenez-vous donc prêts, que la vérité soit la ceinture de vos reins, que la justice soit votre cuirasse, que vos pieds soient chaussés pour vous préparer à porter l'Évangile de paix. Surtout prenez le bouclier de la foi, afin que vous puissiez éteindre tous les traits enflammés de l'esprit malin; prenez aussi le casque du salut et le glaive de l'Esprit qui est la parole de Dieu (*Eph.*, VI, 14). » Ce sont là les armes avec lesquelles David marchait au combat (I *Rois*, XVII, 40), et par les cinq pierres polies qu'il ramassa dans le torrent, il nous montrait que ses sens n'avaient contracté aucune souillure, dans les tourbillons de ce siècle; dans sa course il avait bu l'eau du torrent; c'est pourquoi il s'avança la tête levée, et avec l'épée même de Goliath il lui trancha la tête, après avoir frappé au front l'orgueilleux blasphémateur, à cette partie du corps où Ozias, usurpateur du sacerdoce, avait été frappé de la lèpre (II *Par.*, XVI, 19). Puis se glorifiant saintement dans le Seigneur, il s'écriait : « La lumière de votre face resplendit sur nous, ô Seigneur (*Ps.*, IV, 7). » Disons donc aussi nous-mêmes : « Mon cœur est prêt, Seigneur, mon cœur est prêt. Je chanterai et je ferai entendre des accords dans le temps de ma gloire. Levez-vous, harpe et psaltérion ; je me lèverai au point du jour (*Ps.*, LVI, 8); » afin que cette parole : « Ouvrez votre bouche et je la remplirai (*Ps.*, LXXX, 11), » puisse s'accomplir en nous, ainsi que cette autre : « Le Seigneur donnera sa parole à ceux qui évangélisent pour qu'ils aient une grande force (*Ps.*, LXVII, 12). » Vous aussi, je n'en doute pas, vous priez pour que la vérité triomphe dans nos discussions, car vous cherchez la gloire de Jésus-Christ et non la vôtre. Quand vous serez vainqueur, je vaincrai avec vous, si je reconnais mon erreur. Au contraire, si c'est moi qui l'emporte, vous triompherez avec moi. Ce ne sont pas, en effet, les fils qui thésaurisent pour les pères, mais les pères pour les fils (II *Cor.*, XII, 14). Aussi voyons-nous dans les *Paralipomènes* que les enfants d'Israël marchaient au combat dans un esprit de paix (I *Paral.*, XII), et qu'au milieu des glaives, du sang répandu et des cadavres qui jonchaient la terre, ils pensaient à la paix et non à la victoire. Je vais tâcher de répondre à tout ce que vous me demandez, et avec l'aide de Jésus-Christ, de résoudre en peu de mots les nombreuses questions que vous m'avez posées. Je laisse de côté toutes

pacis : super omnia accipientes scutum fidei, in quo possitis universa tela maligni ignita exstinguere : et galeam salutis accipite, et gladium Spiritus, quod est verbum Dei (*Ephes.*, 14).» His quondam telis rex David armatus procedebat ad prælium et (I *Reg.*, XVII, 14) quinque lapides de torrente accipiens lævigatos, nihil asperitatis et sordium inter hujus sæculi turbines in sensibus suis esse monstrabat, bibens de torrente in via : et idcirco exaltatus caput superbissimum Goliath suo potissimum mucrone truncavit, percutiens in fronte blasphemum, et in ea parte corporis vulnerans, in qua et præsumptor sacerdotii Ozias lepra percutitur (II *Par.*, XXVI, 19) : et sanctus gloriatur in Domino, dicens, « Signatum est super nos lumen vultus tui Domine (*Psal.*, IV, 7). » Dicamus igitur et nos; « Paratum cor meum Deus, paratum cor meum; cantabo et psaliam in gloria mea. Exsurge psalterium et cithara ; exsurgam diluculo (*Psal.*, LVI, 8) : » ut in nobis possit impleri : « Aperi os tuum, et ego adimplebo illud (*Psal.*, LXXX, 11):» et « Dominus dabit verbum evangelizantibus virtute multa (*Psal.*, LXVII, 12). » Te quoque ipsum orare non dubito, ut inter nos contendentes veritas superet. Non enim tuam quæris gloriam, sed Christi : cumque tu viceris, et ego vincam, si meum errorem intellexero : et e contrario, me vincente, tu superas; quia non filii parentibus, sed parentes filiis thesaurizant (II *Cor.*, XII, 14). Et in Paralipomenon libro legimus, quod filii Israel ad pugnandum processerint « mente pacifica (I *Paral.*, XII), » inter ipsos quoque gladios et effusiones sanguinis, et cadavera prostratorum, non suam sed pacis victoriam cogitantes. Respondeamus igitur ad omnia, ac multiplices quæstiones, si Christus jusserit, brevi sermone solvamus. Prætermitto salutationis officia, quibus meum demulces caput : taceo de

les salutations officieuses avec lesquelles vous me caressez, et les paroles flatteuses par lesquelles vous cherchez à me consoler de vos censures. J'aborderai les choses mêmes.

CHAPITRE II. — 3. Vous avez, dites-vous reçu d'un de nos frères un livre de moi, sans titre, dans lequel j'ai fait l'énumération des auteurs ecclésiastiques grecs et latins. Vous lui avez demandé, pour me servir de vos propres paroles, pourquoi il n'y avait pas de titre à la première page, et de quel nom il fallait appeler l'ouvrage. Il vous répondit qu'on l'appelait *Epitaphe*. Ce titre, selon vous, serait convenable, si le livre ne faisait mention que de la vie et des écrits seulement des auteurs qui sont morts ; mais comme on y cite les ouvrages de beaucoup de ceux qui vivaient à l'époque où il fut composé, ou même qui existent encore, vous vous étonnez que j'aie ainsi intitulé mon livre. Cependant, avec l'habileté qu'on vous connaît, vous auriez pu à la lecture de l'ouvrage deviner le véritable titre. Vous savez, en effet, que les Grecs et les Latins qui ont écrit la vie des hommes illustres, n'ont jamais donné à leur œuvre le titre d'*Epitaphe*, mais qu'ils ont intitulé leurs livres, « des hommes illustres, » comme par exemple des généraux, des philosophes, des orateurs, des historiens, des poëtes épiques, tragiques, comiques. Le titre d'épitaphe ne convient proprement que quand on parle de ceux qui ne sont plus, comme je me souviens l'avoir fait autrefois à la mort du saint prêtre Népotien d'heureuse mémoire. Ainsi mon livre doit être intitulé : « Des hommes illustres, » ou plus proprement encore : « Des écrivains ecclésiastiques » quoique beaucoup de copistes ignorants l'aient intitulé : *Des auteurs*.

4. En second lieu, vous me demandez pourquoi dans mes Commentaires de l'épître aux Galates, j'ai dit que Paul n'avait pas pu reprendre dans Pierre ce qu'il avait fait lui-même, ni reprocher à un autre la dissimulation dont il aurait été lui-même coupable ; et vous soutenez que la réprimande de l'Apôtre n'était pas une espèce de feinte, mais une correction véritable ; et que je ne devais pas ainsi enseigner le mensonge, mais montrer au contraire, que tout ce qui est dans les Saintes Ecritures, doit être pris à la lettre. A cela je réponds d'abord que vous auriez dû vous rappeler la préface de mes Commentaires où je parle ainsi de ma personne : « Ne pourra-t-on pas me taxer de folie et de témérité, d'oser promettre ce que cet auteur n'a pu faire ? Nullement : Il me semble, au contraire, avoir agi

---

blanditiis, quibus reprehensionem mei niteris consolari. Ad ipsas causas veniam.

CAPUT II. — 3. Dicis accepisse te librum meum a quodam fratre, qui titulum non haberet, in quo Scriptores ecclesiasticos tam græcos quam latinos enumeraverim : cumque ab eo quæreres, ut tuis verbis utar, cur liminaris pagina non esset inscripta, vel quo censeretur nomine ; respondisse, appellari Epitaphium : et argumentaris, quod recte sic vocaretur, si eorum tantum vel vitas vel scripta ibi legisses, qui jam defuncti essent : cum vero multorum, et eo tempore quo scribebatur, et nunc usque viventium commemorentur opuscula, mirari te, cur ei hunc titulum imposuerim. Puto intelligere prudentiam tuam, quod ex opere ipso titulum potueris intelligere. Legisti enim et græcos et latinos, qui vitas virorum illustrium descripserunt, quod numquam Epitaphium huic operi scripserint, sed de illustribus viris, verbi gratia, ducibus, philosophis, oratoribus, historicis, poetis, epicis, tragicis, comicis. Epitaphium autem proprie scribitur mortuorum, quod quidem in dormitione sanctæ memoriæ Nepotiani presbyteri olim fecisse me novi. Ergo hic liber vel de illustribus viris, vel proprie de scriptoribus ecclesiasticis appellandus est : licet a plerisque emendatoribus imperitis, de auctoribus, dicatur inscriptus.

CAPUT III. — 4. Secundo loco quæris, cur dixerim in commentariis epistolæ ad Galatas, Paulum id in Petro non potuisse reprehendere, quod ipse fecerat ; nec in alio arguere simulationem ; cujus ipse tenebatur reus (*Gal.*, II, 11) : et asseris, reprehensionem apostolicam non fuisse dispensatoriam, sed veram ; et me non debere docere mendacium, sed universa, quæ scripta sunt, ita sonare, ut scripta sunt. Ad quæ primum respondeo, debuisse prudentiam tuam præfatiunculæ commentariorum meorum meminisse, dicentis ex persona mea : « Quid igitur ego stultus ac temerarius, qui id pollicear, quod ille non potuit ? Minime : quin potius in eo, ut mihi videor, cautior atque timidior, quod imbecillitatem virium mearum sentiens, Origenis commentarios sequutus sum. Scripsit enim ille vir in epistolam Pauli ad Galatas quinque proprie volumina ; et decimum Stromatum suorum librum, commatico super explanatione ejus sermone com-

avec prudence et timidité, puisque ayant la conscience de ma propre faiblesse, j'ai suivi les commentaires d'Origène. En effet, cet homme a écrit sur l'épître de Paul aux Galates, cinq volumes, et a rempli le dixième livre de ses Stromates d'une explication rapide de la même épître. Il a composé en outre divers autres traités et des abrégés de cette épître, qui suffiraient seuls pour servir de commentaires. Je ne parle pas de Didyme qui est pour moi comme un prophète, ni d'Apollinaire, de Laodicée qui est sorti depuis peu de l'Eglise, ni de Théodore d'Héraclée, ni du vieil hérétique Alexandre, ni d'Eusèbe d'Emèse, qui tous nous ont laissé quelques commentaires sur la même épître. Si de tous les écrits des auteurs que je viens de citer, je faisais quelques extraits, il en résulterait un livre considérable. J'avoue franchement que j'ai lu tous ces ouvrages, et qu'en ayant retenu beaucoup de choses dans ma mémoire, j'ai appelé un secrétaire, et lui ai dicté tout ce qui venait de moi ou des autres, mais sans ordre et sans me souvenir même quelquefois des expressions et des pensées de ces écrivains. Plaise à la miséricorde de Dieu que mon ignorance ne soit pas cause que ce qui a été bien dit par les autres soit perdu, et que ce qui est agréable dans leur ouvrage, ne cesse pas de l'être en passant dans celui d'un autre. » Si donc quelque chose vous semblait répréhensible dans mon interprétation, vous auriez dû chercher d'abord, si ce que j'ai écrit se trouvait dans les auteurs grecs, afin que si vous ne l'y trouviez pas, vous pussiez condamner une opinion qui fût de moi, d'autant plus que dans ma préface j'avoue franchement avoir suivi les commentaires d'Origène, et dicté mes pensées et celles des autres, et qu'à la fin de ce même chapitre que vous blâmez j'ai dit : « Si quelqu'un ne partage pas ma manière de voir, dans le passage où je montre que Pierre n'avait pas péché, et que Paul n'avait pas pu reprendre avec arrogance un apôtre dont l'autorité était plus grande que la sienne, il doit m'expliquer comment Paul a pu blâmer dans un autre, ce qu'il avait fait lui-même. » Par là, j'ai montré que je ne regardais pas comme quelque chose de définitivement arrêté, ce que j'avais vu dans les auteurs grecs, mais que je me contentais d'exposer ce que j'avais lu, laissant au lecteur toute liberté d'admettre ou de rejeter cette opinion.

5. Mais vous, pour éluder ce que je demandais, vous avez eu recours à un nouveau rai-

plevit : tractatus quoque varios, et excerpta, quæ vel sola possent sufficere, composuit. Prætermitto Didymum videntem meum, et (*a*) Laodicenum, de ecclesia nuper egressum, et Alexandrum veterem hæreticum; Eusebium quoque Emiscenum et Theodorum Heracleotem; qui et ipsi nonnullos super hac re commentariolos reliquerunt. E quibus vel si pauca decerperem, fieret aliquid quod non penitus contemneretur. Itaque ut simpliciter fatear, legi hæc omnia, et in mente mea plurima concervans, accito notario, vel mea, vel aliena dictavi, nec ordinis, nec verborum interdum, nec sensuum memor. Jam Domini misericordiæ est, ne per imperitiam nostram ab aliis bene dicta dispereant, et non placeant inter extraneos, quæ placent inter suos. » Si quid igitur reprehensione dignum putaveras in explanatione nostra, eruditionis tuæ fuerat quærere, utrum ea, quæ scripsimus, haberentur in græcis, ut, si illi non dixissent, tunc meam proprie sententiam condemnares : præsertim cum libere in præfatione confessus sim, Origenis commentarios me esse secutum, et vel mea vel aliena dictasse ; et in fine ejusdem capituli, quod reprehendis, scripserim ; « Si cui iste non placet sensus, quo nec Petrus peccasse, nec Paulus procaciter ostenditur arguisse majorem; debet exponere, qua consequentia Paulus in altero reprehendat quod ipse commisit. » Ex quo ostendi, me non ex definito id defendere, quod in græcis legeram, sed ea expressisse quæ legeram, ut lectoris arbitrio derelinquerem, utrum probanda essent an improbanda.

5. Tu igitur, ne quod ego peticram faceres, novum argumentum reperisti, ut assereres, gentiles qui in Christum credidissent, Legis onere liberos ; eos autem qui ex Judæis crederent, Legi esse subjectos : ut per utrorumque personam, et Paulus recte reprehenderet eos, qui Legem servarent, quasi doctor gentium ; et Petrus jure reprehenderetur, qui princeps circumcisionis id imperavit gentibus, quod soli, qui ex Judæis erant, debuerint observare (*Gal.*, II, 8). Hoc si placet, immo quia placet, ut quicumque credunt ex Judæis, debitores

---

(*a*). Editi, et *Apollinarem Laodicenum*. Huc apud MSS. etiam plures irrepsit *Apollinaris* nomen, quod reticebatur in apographo, ut patet ex epist. LXXXII. cap. III. abest quoque a Vaticanis et aliis codicibus melioris notæ.

sonnement. Vous assurez que les gentils qui ont cru en Jésus-Christ étaient libres du joug pesant de la loi, mais que les juifs de naissance qui croyaient dans le Christ s'y trouvaient encore soumis. Ainsi selon vous, Paul, comme docteur des gentils, avait raison de reprendre ceux qui observaient la loi, et Pierre, comme chef de la circoncision, a été justement repris pour avoir voulu imposer aux Gentils ce que les Juifs seuls devaient observer. Si vous pensez, ou plutôt, puisque vous pensez que tous les Juifs qui croient en Jésus-Christ sont tenus de garder la loi, vous, évêque si célèbre dans le monde entier, vous devez faire connaître publiquement votre opinion, et la faire partager par tous vos collègues dans l'épiscopat. Pour moi, retiré dans une pauvre cabane avec des solitaires, c'est-à-dire avec des pécheurs comme moi, je n'ose pas me prononcer sur des choses si grandes et si importantes, et je dois me contenter d'avouer en toute humilité, que je lis les écrits des anciens, et que, selon la coutume généralement adoptée, j'expose les diverses interprétations, afin que chacun choisisse celle qu'il croira la meilleure. C'est la règle que l'on suit, comme vous l'avez vu sans doute, pour les auteurs profanes, comme pour les livres saints, et je pense que vous l'approuvez.

6. Cette interprétation donnée pour la première fois par Origène dans le dixième livre de ses Stromates, où il explique l'épître de Paul aux Galates, et adoptée par ceux qui sont venus après lui, a eu pour objet principal de répondre aux blasphèmes de Porphyre, qui accuse Paul d'audace et d'arrogance, pour avoir osé reprendre Pierre le chef des apôtres, de l'avoir blâmé en face, et d'avoir voulu le contraindre à reconnaître sa faute, c'est-à-dire d'être tombé dans l'erreur où lui Paul, qui en accusait un autre, était tombé lui-même. Que dirais-je de Jean qui, en qualité d'évêque, gouverna longtemps l'Eglise de Constantinople, et qui composa, sur cet endroit de l'épître aux Galates, un livre très-étendu dans lequel il a suivi l'opinion d'Origène et des anciens? Si donc vous m'accusez d'erreur, permettez-moi, je vous prie, de me tromper avec de tels hommes; et puisque vous voyez que beaucoup d'autres partagent mon erreur, produisez au moins un seul homme qui partage la vérité que vous soutenez. Voilà ce que j'avais à vous dire sur l'explication du passage de l'Epître aux Galates.

7. Mais pour ne pas paraître m'appuyer contre votre manière de voir sur un grand nombre de témoignages, et vouloir éluder la vérité en invoquant le nom et l'autorité d'hommes illustres, comme si je n'osais pas entrer de

---

(1) C'est de saint Jean Chrysostôme que saint Jérôme parle ici et qui fut pour la première fois déposé de son siège épiscopal de Constantinople l'an 403 vers le mois de juillet.

---

sint legis faciendæ; tu ut episcopus in toto orbe notissimus, debes hanc promulgare sententiam, et in assensum tuum omnes coepiscopos trahere. Ego in parvo tuguriunculo, cum monachis, id est compeccatoribus meis, de magnis statuere non audeo, nisi hoc ingenue confiteri, me majorum scripta legere, et in commentariis, secundum omnium consuetudinem, varias ponere explanationes, ut et multis sequatur unusquisque quod velit. Quod quidem te puto et in sæculari litteratura, et in divinis libris legisse, et probasse.

6. Hanc autem explanationem, quam primus Origenes in decimo Stromatum libro, ubi epistolam Pauli ad Galatas interpretatur, et ceteri deinceps interpretes sunt sequuti, illa vel maxime caussa subintroducunt, ut Porphyrio respondeant blasphemanti, qui Pauli arguit procacitatem, quod principem apostolorum Petrum ausus est reprehendere, et arguere in faciem, ac ratione constringere, quod male fecerit, id est, in eo errore fuerit, in quo fuit ipse, qui alium arguit delinquentem. Quid dicam de Johanne, qui (a) dudum in pontificali gradu Constantinopolitanam rexit ecclesiam, et proprie super hoc capitulo latissimum exaravit librum, in quo Origenis et veterum sententiam est sequutus ? Si igitur me reprehendis errantem, patere me, quæso, errare cum talibus : et cum me erroris mei multos socios habere perspexeris, tu veritatis tuæ saltem unum adstipulatorem proferre debebis. Hæc de explanatione unius capituli epistolæ ad Galatas.

7. Sed ne videar adversus rationem tuam niti testium numero, et occasione virorum illustrium subterfugere veritatem, nec manum audere conserere,

---

(a) J. Chrysostomus depositus primum an. 403. circ. mens. Jul. tum an. 404. ipso die magni sabbati.

moi-même en lice avec vous, je citerai brièvement des exemples tirés des Ecritures. Dans les Actes des Apôtres, une voix se fait entendre et dit à Pierre : « Lève-toi, Pierre, tue et mange (*Act.*, x, 13). » C'est-à-dire mange de toutes sortes d'animaux, quadrupèdes, reptiles de la terre, oiseaux du ciel. Cette parole nous fait voir que nul homme n'est souillé selon la nature, mais que tous sont également appelés à l'Evangile du Christ. Pierre répondit à cette voix : « Non, Seigneur, car je n'ai jamais mangé rien d'impur ou de souillé. » La voix du Ciel se fit entendre une seconde fois et dit : « N'appelle pas impur ce que Dieu a purifié. » C'est pourquoi il s'en alla à Césarée, « et étant entré dans la maison de Corneille, il ouvrit la bouche et dit : En vérité, je vois bien que Dieu ne fait pas acception de personne, et que dans toute nation, celui qui le craint et opère la justice lui est agréable. » Enfin, « le Saint-Esprit descendit sur eux ; et les fidèles circoncis, qui étaient venus avec Pierre, furent étonnés de voir que la grâce de l'Esprit-Saint se répandait aussi sur les Gentils. Alors Pierre dit : Peut-on refuser l'eau du baptême à ceux qui ont reçu comme nous l'Esprit-Saint ? Et il ordonna alors qu'ils fussent baptisés au nom de Jésus-Christ. Or les Apôtres et les frères qui étaient en Judée apprirent que les Gentils avaient reçu la parole de Dieu. Mais lorsque Pierre se fut rendu à Jérusalem, les fidèles circoncis discutaient contre lui en disant : Pourquoi êtes-vous entré chez des hommes qui n'étaient pas circoncis, et avez-vous mangé avec eux ? » Pierre leur ayant exposé ses raisons, termina ainsi son discours : « Si Dieu leur a donné la même grâce qu'à nous qui avons cru en Notre Seigneur Jésus-Christ, qui étais-je moi, pour m'opposer à Dieu ? Ayant entendu ces paroles, ils se turent et glorifièrent Dieu, en disant : Dieu a donc donné la pénitence aux Gentils pour les conduire à la vie (*Act.*, xiv, 21) ? » Longtemps après, Paul et Barnabé étant venus à Antioche, et ayant réuni les fidèles, « racontèrent les grandes choses que Dieu avait faites avec eux, et comment il avait ouvert la porte de la foi aux Gentils. Quelques-uns venus de la Judée instruisaient les frères et disaient : Si vous n'êtes pas circoncis suivant la coutume de Moïse, vous ne pouvez être sauvés. Une grande sédition ayant éclaté contre Paul et Barnabé, ils résolurent de monter à Jérusalem, » tant ceux qui étaient accusés que ceux qui accusaient, « et d'aller trouver les Apôtres et les

---

breviter de Scripturis exempla proponam. In Actibus apostolorum, « vox facta est » ad Petrum dicens; « Surge Petre, occide et manduca (*Act.*, x, 13), » id est, omnia animalia quadrupedum, et serpentium terræ, et volatilium cœli. Quo dicto, ostenditur nullum hominem secundum naturam esse pollutum, sed æqualiter omnes ad Christi Evangelium provocari. Ad quod respondit Petrus : « Absit, quia numquam manducavi commune et immundum. Et vox ad eum de cœlo secundo facta est, dicens : Quæ Deus mundavit, tu ne commune dixeris. » Ivit itaque Cæsaream ; et ingressus ad Cornelium, « aperiens os suum, dixit ; In veritate comperi, quia non est personarum acceptor Deus : sed in omni gente, qui timet eum, et operatur justitiam, acceptus est illi. » Denique « cecidit Spiritus-sanctus super eos, et obstupuerunt ex circumcisione fideles, qui venerant cum Petro, quod et in nationes gratia Spiritus-sancti fuisset effusa. Tunc respondit Petrus : Numquid aquam quis prohibere potest, ut non baptizentur hi, qui Spiritum-sanctum acceperunt, sicut et nos ? Et jussit eos in nomine Jesu Christi baptizari. Audierunt tamen Apostoli et fratres qui erant in Judæa, quia et gentes receperunt verbum Dei. Cum autem adscendisset Petrus Jerosolymam, disceptabant adversus illum qui erant ex circumcisione, dicentes, Quare introisti ad viros præputium habentes, et manducasti cum illis (*Act.*, xi, 1 *et seq.*) ? » Quibus omni ratione exposita, novissime orationem suam hoc sermone conclusit : « Si ergo eamdem gratiam dedit illis Deus, sicut et nobis qui credidimus in Dominum Jesum Christum ; ego quis eram, qui possem prohibere Deum ? His auditis, tacuerunt ; et glorificaverunt Deum, dicentes, Ergo et gentibus Deus pænitentiam ad vitam dedit (*Act.*, xiv, 21). » Rursum, cum multo post tempore Paulus et Barnabas venissent Antiochiam ; et, congregata ecclesia, retulissent « quanta fecisset Deus cum illis; et quia aperuisset Deus gentibus ostium fidei; quidam, descendentes de Judæa, docebant fratres atque dicebant, Nisi circumcidamini secundum morem Moysi, non potestis salvi fieri. Commota igitur seditione non minima adversus Paulum et Barnabam, statuerunt adscendere » et ipsi, qui accusabantur, et hi qui accusabant, « ad Apostolos et presbyteros Jerosolymam super hac quæstione. Cumque Jerosolymam perrexissent, exsurrexerunt

anciens pour les interroger sur cette question. Lorsqu'ils furent arrivés à Jérusalem, quelques-uns des Pharisiens qui avaient cru en Jésus-Christ se levèrent en disant : Il faut les circoncire et leur ordonner de garder la loi de Moïse. Ces paroles ayant soulevé une grande discussion, Pierre, avec sa liberté ordinaire, dit à l'assemblée : Vous savez, frères, qu'il y a longtemps que Dieu m'a choisi pour faire entendre aux Gentils, par ma bouche, la parole de l'Evangile, et pour qu'ils croient; et Dieu qui connaît les cœurs, leur a rendu témoignage en leur donnant l'Esprit-Saint comme à nous, et n'a fait aucune différence entre nous et eux, en purifiant leurs cœurs par la foi. Maintenant, pourquoi tentez-vous Dieu, en voulant imposer aux disciples un joug que ni vos pères, ni vous, n'avez pu supporter? Mais nous croyons que par la grâce de Notre Seigneur Jésus-Christ nous serons sauvés, et eux comme nous. Alors toute l'assemblée garda le silence (*Act.*, xv), » et l'apôtre Jacques et tous les anciens furent du même avis que Pierre.

8. Tout ce que je viens de dire ne doit pas ennuyer le lecteur, mais, au contraire, cela lui sera aussi utile qu'à moi, pour prouver qu'avant l'apôtre Paul, Pierre n'avait pas ignoré que la loi n'était plus obligatoire après la prédication de l'Evangile, et que bien plus, c'est lui qui, le premier, l'avait déclaré et décrété. Enfin l'autorité de Pierre fut si grande, que Paul, dans son épître aux Galates, écrivit : « Trois ans après, je me rendis à Jérusalem pour visiter Pierre, et je demeurai quinze jours auprès de lui (*Gal.*, I, 18) ; » et plus loin il dit aussi : « Quatorze ans après, je montai de nouveau à Jérusalem avec Barnabé, ayant pris Tite avec nous. Mais j'y montai par suite d'une révélation, et je leur exposai l'Evangile que je prêche au milieu des Gentils (*Gal.*, II, 1). » Paul montre par là qu'il n'aurait pas été assez sûr de lui-même pour prêcher l'Evangile, s'il n'avait pas été encouragé et rassuré par l'approbation de Pierre et de ceux qui étaient avec lui. Aussi ajoute-t-il : « J'exposai ma doctrine en particulier à ceux qui paraissaient avoir quelque autorité, de peur de courir ou d'avoir couru en vain. » Pourquoi dit-il en particulier et non en public ? C'était pour ne pas scandaliser la foi des fidèles Juifs, qui croyaient l'observation de la loi nécessaire même pour ceux qui croyaient dans le Sauveur. Ce fut donc dans le temps où Pierre était allé à Antioche (ce qui ne se trouve pas dans les Actes, mais il faut en croire l'affirmation de l'Apôtre), que Paul, comme il l'écrit, lui résista en face, parce qu'il était répréhensible. En effet, avant l'arrivée de ceux qui vinrent de la part de Jacques, Pierre man-

---

quidam de hæresi Pharisæorum, qui crediderant in Christum, dicentes : Oportet circumcidi eos, et præcipere illis, ut servent Legem Moysi, et cum magna super hoc verbo oriretur quæstio ; Petrus » solita libertate, « Viri, » inquit, « fratres, vos scitis, quoniam ab antiquis diebus in nobis elegit Deus per os meum audire gentes verbum Evangelii, et credere : et qui novit corda Deus, testimonium perhibuit, dans illis Spiritum-sanctum, sicut et nobis, et nihil discrevit inter nos et illos, fide purificans corda illorum. Nunc autem quid tentatis Deum, imponere jugum super cervicem discipulorum, quod neque patres nostri, neque nos portare potuimus ? Sed per gratiam Domini nostri Jesu Christi credimus salvari, quemadmodum et illi. Tacuit autem omnis multitudo (*Act.*, xv), » et in sententiam ejus Jacobus Apostolus, et omnes simul presbyteri transierunt.

8. Hæc non debent molesta esse lectori, sed et illi et mihi utilia, ut probemus, ante apostolum Paulum non ignorasse Petrum, immo principem hujus fuisse decreti, Legem post Evangelium non esse servandam. Denique tantæ Petrus auctoritatis fuit, ut Paulus in epistola sua scripserit : « Deinde post annos tres veni Jerosolymam videre Petrum, et mansi apud eum diebus quindecim (*Gal.*, 1, 13). » Rursumque in consequentibus ; « Post annos quatuordecim ascendi iterum Jerosolymam cum Barnaba assumto et Tito. Adscendi autem secundum revelationem, et exposui eis Evangelium quod prædico inter gentes (*Gal.*, II, 1) : » ostendens se non habuisse securitatem Evangelii prædicandi, nisi Petri, et qui cum eo erant, fuisset sententia roboratus. Statimque sequitur ; « Separatim autem his, qui videbantur aliquid esse, ne forte in vacuum currerem aut cucurrissem. » Quare separatim, et non in publico ? Ne forte fidelibus ex numero Judæorum, qui Legem putabant esse servandam, et sit credendum in Domino Salvatore, fidei scandalum nasceretur. Ergo et eo tempore cum Petrus venisset Antiochiam (licet hoc Apostolorum acta non scribant, sed afflirmanti Paulo credendum sit) in faciem illi Paulus restitisse se scribit, quia reprehensibilis erat. Prius enim quam venirent quidam a Jacobo, cum gentibus edebat : cum autem venissent, subtrahebat se, et segregabat, timens

geait avec les Gentils, mais après leur arrivée, il se retirait, et se séparait des Gentils, craignant les reproches des circoncis ; de sorte que les autres Juifs, ainsi que Barnabé, usèrent de la même feinte. « Mais lorsque je vis, dit Paul, qu'ils ne marchaient pas droit selon la vérité de l'Evangile, je dis à Pierre en présence de tous : Si vous, qui êtes Juif, vous vivez comme les Gentils et non pas comme les Juifs, pourquoi forcez-vous les Gentils à judaïser, etc. ? » Il est donc hors de doute que l'apôtre Pierre a été le premier à porter l'ordonnance dont on l'accuse d'avoir été le prévaricateur. Mais ce qui l'a porté à agir ainsi, c'était uniquement la crainte des Juifs. En effet, l'Ecriture dit que Pierre mangeait d'abord avec les Gentils, mais à l'arrivée de ceux qui avaient été envoyés par Jacques, il se retirait et s'en séparait pour éviter les reproches de ceux qui étaient circoncis. Il craignait de voir les Juifs, dont il était l'Apôtre, renoncer à la foi de Jésus-Christ à l'occasion de ce qu'ils voyaient faire aux Gentils, et comme le bon pasteur, il craignait de perdre le troupeau confié à sa garde.

9. Maintenant que nous avons fait voir la droiture des sentiments de Pierre concernant l'abolition de la loi de Moïse, et que la crainte seule de scandaliser les Juifs l'avait porté à feindre de l'observer ; voyons si Paul, qui a repris Pierre, n'en a pas fait autant que lui. Nous lisons dans le même livre des Actes : « Paul parcourait la Syrie et la Cilicie, affermissant les églises dans la foi. Il arriva à Derbe et à Lystra, et voilà qu'un disciple était là, nommé Timothée, fils d'une veuve, qui avait embrassé la foi, et d'un père gentil. Les frères qui étaient à Lystra et à Icone rendirent un bon témoignage à ce disciple. Paul voulut qu'il partit avec lui, et l'ayant pris, il le circoncit à cause des Juifs qui étaient en ces lieux-là ; car tous savaient que le père de ce Timothée était gentil (*Act.* xv, 41). » O bienheureux apôtre Paul, vous reprochez à Pierre d'avoir usé de feinte en se séparant des Gentils, dans la crainte de scandaliser les Juifs qui étaient venus de la part de Jacques ! Pourquoi, contre votre opinion, avez-vous circoncis Timothée, fils d'un gentil et gentil lui-même, car il n'était pas juif puisqu'il n'avait pas été circoncis ? Vous me répondrez que c'était à cause des Juifs qui se trouvaient là. Vous qui vous pardonnez d'avoir circoncis un disciple sorti des Gentils, ayez donc la même indulgence pour Pierre votre ancien, s'il a fait quelque chose par la crainte des juifs devenus chrétiens. Nous lisons encore dans le même livre des Actes : « Paul, après avoir en-

eos qui ex circumcisione erant. Et consenserunt cum illo ceteri Judæi, ita ut et Barnabas adduceretur ab his in illam simulationem. « Sed cum vidissem, » inquit, « quod non recte ingrediuntur ad veritatem Evangelii, dixi Petro coram omnibus, Si tu, cum sis Judæus, gentiliter et non Judaice vivis ; quomodo cogis gentes Judaizare ? » et cetera. Nulli ergo dubium est, quod Petrus apostolus sententiæ hujus, cujus nunc prævaricator arguitur, primus auctor exstiterit. Caussa autem prævaricationis, timor est Judæorum. Dicit enim Scriptura, quod primum edebat cum gentibus : cum autem venissent quidam a Jacobo, subtrahebat se et segregabat, timens eos qui ex circumcisione erant. Timebat autem Judæos, quorum erat Apostolus : ne per occasionem gentilium a fide Christi recederent, et imitator pastoris boni, perderet gregem sibi creditum.

9. « Sicut ergo ostendimus, Petrum bene quidem sensisse de abolitione Legis Mosaïcæ, sed ad simulationem (a) observandæ ejus timore compulsum : videamus, an ipse Paulus, qui alium arguit, tale quid fecerit. Legimus in eodem libro : » Perambulabat autem Paulus Syriam, et Ciliciam, confirmans ecclesias : pervenitque in Derbem, et Listram, et ecce discipulus quidam erat ibi, nomine Timotheus, filius mulieris viduæ fidelis, patre autem gentili. Huic testimonium reddebant, qui Listris erant et Iconio fratres. Hunc voluit Paulus secum proficisci ; et assumens circumcidit eum propter Judæos, qui erant in illis locis. Sciebant enim omnes quod pater ejus gentilis esset (*Act.*, xv, 41 ; *Act.*, xvi, 1). O beate apostole Paule, qui in Petro reprehenderas simulationem, qua subtraxit se a gentibus propter metum Judæorum, qui a Jacobo venerant, cur Timotheum, filium hominis gentilis, utique et ipsum gentilem, (neque enim Judæus erat, qui non fuerat circumcisus) contra sententiam tuam circumcidere cogeris ? Respondebis mihi, Propter Judæos, qui erant in illis locis. Qui igitur tibi ignoscis in circumcisione discipuli venientis ex gentibus ; ignosce et Petro, præcessori tuo, quod aliquid fecerit metu fide

(a) In uno e Vatic MSS. *observantia ejus.* In Cisterciensi, *observationis.*

core passé plusieurs jours, dit adieu aux frères, et s'embarqua pour la Syrie avec Priscilla et Aquila, mais auparavant il se fit couper les cheveux à Cenchrée, car il avait fait un vœu. (*Act.*, XVIII, 18). » C'est la crainte des Juifs qui l'a forcé de faire ce qu'il ne voulait pas. Soit. Mais pourquoi laissa-t-il croître sa chevelure par suite d'un vœu qu'il avait fait, et se la fit-il couper à Cenchrée, comme la loi de Moïse le prescrivait aux Nazaréens qui se consacraient à Dieu (*Act.*, VI, 18) ?

10. Mais tout cela n'est rien en comparaison de ce qui suit. Saint Luc, auteur du livre sacré des Actes dit : « Lorsque nous arrivâmes à Jérusalem, les frères nous reçurent avec joie. Le jour suivant, Jacques et tous les anciens qui étaient avec lui, après avoir approuvé l'Évangile de Paul, lui dirent : Vous voyez mon frère, combien de milliers de juifs ont cru en Jésus-Christ, et ils sont tous zélés pour la loi. Or, ils ont ouï dire de vous que vous enseignez aux juifs qui sont parmi les gentils de renoncer à Moïse, en disant qu'ils ne doivent pas circoncire leurs enfants, ni suivre l'ancienne coutume. Que faut-il donc faire ? Il faut les assembler, car ils savent que vous êtes arrivé; puis vous ferez ce que nous allons vous dire. Nous avons ici quatre hommes ayant fait vœu comme vous ; prenez-les avec vous, et purifiez-vous avec eux ; faites tous les frais de la cérémonie, afin qu'ils se fassent raser la tête, et par là tout le monde saura que ce qu'on a ouï dire de vous est faux, et que vous marchez dans l'observation de la loi. Paul ayant donc pris ces hommes avec lui, et s'étant purifié, entra le lendemain avec eux dans le temple, annonçant combien de jours leur purification devait durer, et quand l'offrande devait être présentée pour chacun d'eux (*Act.*, XXI).» O Paul, je vous le demande de nouveau : Pourquoi vous êtes-vous fait raser la tête? Pourquoi avez-vous marché nu-pieds selon les cérémonies juives ! Pourquoi avez-vous offert des sacrifices? Pourquoi, selon les prescriptions de la loi, des victimes ont-elles été immolées pour vous? Vous répondrez sans doute, que c'était pour ne pas scandaliser ceux des Juifs qui avaient cru en Jésus-Christ. Vous avez donc feint d'être juif pour gagner les Juifs, et cette feinte vous a été apprise par Jacques et les autres anciens. Cependant vous n'avez pas pu échapper à ce que vous craigniez! « En effet, une sédition s'étant élevée, vous auriez été massacré, sans l'intervention du tribun qui vous délivra et vous fit conduire sous une escorte armée jusqu'à Césarée, de peur que les Juifs ne vous missent à mort comme fourbe et destructeur de la loi (*Act.*, XXIII) De là étant allé à Rome, vous prêchâtes

lium Judæorum. Rursum scriptum est : Paulus vero cum adhuc sustinuisset dies multos, fratribus valedicens, navigavit Syriam, et cum eo Priscilla et Aquila : et totondit sibi in Cenchreis caput ; votum enim habuerat. « Esto, ut ibi timore Judæorum compulsus sit facere quod nolebat ; quare comam nutrivit ex voto, et postea eam in Cenchreis totondit ex Lege, quod Nazarei, qui se Deo voverint, juxta præceptum Moysi facere consueverunt (*Num.*, VI, 18)? »

10. « Verum hæc ad comparationem ejus rei, quæ sequitur, parva sunt. Refert Lucas, sacræ historiæ scriptor; » Cum venissemus Jerosolymam, libenter susceperunt nos fratres (*Act.*, XXI, 17): « Et sequenti die Jacobus et omnes seniores qui cum eo erant, » Evangelio illius comprobato, dixerunt ei : Vides frater quot millia sunt in Judæa, qui crediderunt in Christum, et hi omnes æmulatores sunt Legis. Audierunt autem de te quod, discessionem doceas a Moyse, eorum qui per gentes sunt Judæorum, dicens non debere eos circumcidere filios suos, neque secundum consuetudinem ingredi. Quid ergo est? Utique oportet convenire multitudinem : audierunt enim te supervenisse. Hoc ergo fac quod tibi dicimus ; Sunt nobis viri quatuor votum habentes super se, his assumptis, sanctifica te cum ipsis, et impende in eos, ut radant capita : et scient omnes, quia quæ de te audierunt, falsa sunt : sed ambulas et ipse custodiens Legem. Tunc Paulus, assumptis viris, postera die purificatus, cum illis intravit in templum, annuntians expletionem dierum purificationis, donec offerretur pro unoquoque eorum oblatio (*Ibid.*, 29). O Paule, et in hoc te rursus interrogo, cur caput raseris ; cur nudipedalia exercueris de cerimoniis Judæorum ; cur obtuleris sacrificia, et secundum Legem hostiæ pro te fuerint immolatæ? Utique respondebis ; Ne scandalizarentur qui ex Judæis crediderant. Simulasti ergo Judæum ut Judæos lucrifaceres : et hanc ipsam simulationem Jacobus et ceteri te docuere presbyteri, sed tamen evadere non potuisti. Orta enim seditione cum occidendus esses (*Act.*, XXIII, 23), raptus es a tribuno, et ab eo missus Cæsaream, sub custodia militum diligenti, ne te Judæi quasi simulatorem ac destructo-

l'Évangile aux Juifs et aux Gentils, dans une maison que vous aviez louée, et enfin vous scellâtes de votre sang, sous le glaive de Néron, la doctrine que vous enseigniez (*Act.*, XXVIII).

11. Nous venons de voir que par crainte des Juifs, Pierre et Paul feignirent également d'observer les préceptes de la loi. De quel front, avec quelle audace Paul peut-il donc reprendre dans un autre ce qu'il a fait lui-même? J'ai montré, et beaucoup d'autres avant moi ont montré pour quelle cause ces deux Apôtres avaient agi ainsi. Ces auteurs ne voulaient certainement pas défendre le mensonge officieux, comme vous le dites, mais enseignaient une sage conduite. Leur but était de faire voir la prudence des Apôtres et de réprimer l'impudence du blasphémateur Porphyre, qui reproche à Pierre et Paul de s'être disputés comme des enfants, et qui prétend même que Paul, enflammé de jalousie contre la vertu de Pierre, s'était vanté d'avoir fait ce qu'il n'avait pas fait. Il ajoute que si Paul l'avait fait, il avait insolemment reproché à un autre la faute que lui-même avait commise. Ces interprètes ont expliqué ce passage de l'Épître aux Galates comme ils l'ont pu, mais vous, comment pourrez-vous l'expliquer? Vous avez sans doute quelque chose de meilleur à dire, puisque vous blâmez le sentiment des anciens.

12. Vous m'écrivez dans votre lettre que ce n'est pas à vous à m'apprendre comment on doit entendre les paroles de ce même Apôtre : « Je me suis fait Juif avec les Juifs pour gagner les Juifs (*Cor.*, II, 20); » et tout ce qu'il ajoute dans le même endroit, non par une espèce de feinte et de mensonge, mais par compassion et miséricorde. C'est ainsi que celui qui soigne un malade se fait en quelque sorte malade lui-même, non en faisant semblant d'avoir la fièvre comme lui, mais en entrant dans l'esprit du malade, pour voir comment il voudrait être servi s'il était malade lui-même; car saint Paul était Juif, et après être devenu Chrétien, il n'avait pas rejeté les sacrements des Juifs, que ce peuple avait reçus dans le temps de la loi, et comme il convenait à son état. Il les garda, lorsque déjà il était apôtre de Jésus-Christ, mais seulement pour montrer qu'ils n'étaient pas pernicieux à ceux qui, les ayant reçus de leurs pères selon les règles de la loi, voudraient y rester attachés, même en croyant en Jésus-Christ; mais il leur montrait en même temps qu'ils ne devaient pas mettre, dans ces signes religieux, l'espérance du salut, parce que le salut représenté par ces sacrements était des-

---

rem Legis occiderent : atque inde Romam perveniens, in hospitio, quod tibi conduxeras, Christum et Judæis et gentibus prædicasti : et sententia tua Neronis gladio confirmata est (*Act.*, XXVIII, 14-38).

11. Didicimus, quod propter metum Judæorum, et Petrus et Paulus æqualiter finxerint se Legis præcepta servare. Qua igitur fronte, qua audacia Paulus in altero reprehendat quod ipse commisit? Ego, immo alii ante me exposuerunt caussam, quam putaverant, non officiosum mandacium defendentes, sicut tu scribis, sed docentes honestam dispensationem; ut et Apostolorum prudentiam demonstrarent, et blasphemantis Porphyrii impudentiam coercerent, qui Petrum et Paulum pueriti dicit inter se pugnasse certamine; immo exarsisse Paulum in invidiam virtutum Petri, et ea scripsisse jactanter, quæ vel non fecerit, vel si fecerit, procaciter fecerit id in alio reprehendens, quod ipse commiserit. Interpretati sunt illi ut potuerunt : tu quomodo istum locum edisseres? utique meliora dicturus, qui veterum sententiam reprobasti.

CAPUT IV. — 12. Scribis ad me in epistola tua, « Neque enim a me docendus es, quomodo intelligatur quod idem Apostolus dicit (*Epist.*, IX). » Factus sum Judæis tamquam Judæus, ut Judæos lucrifacerem (I *Cor.*, IX, 20), « Et cetera quæ ibi dicuntur compassione (*a*) misericordiæ, non simulatione fallaciæ. Fit enim tamquam æger, qui ministrat ægroto, non cum se febres habere mentitur, sed cum animo condolentis cogitat, quemadmodum sibi serviri vellet, si ipse ægrotaret. Nam utique Judæus erat; Christianus autem factus, non Judæorum sacramenta reliquerat, quæ convenienter ille populus, et legitimo tempore, quo oportebat, acceperat : ideoque suscepit ea celebranda cum jam Christi esset Apostolus, ut doceret non esse perniciosa his qui ea vellent, sicut a parentibus per Legem acceperant, custodire, etiam cum in Christum credidissent; non tamen in eis jam constituerent spem sa-

---

(*a*) MSS. octo, *compassione misericordi, non simulatione fallaci.*

cendu sur la terre avec l'avènement de Jésus-Christ. » Le sens de tout ce que vous me dites dans votre longue discussion se réduit à ceci : Pierre n'a point commis d'erreur, en pensant que ceux des Juifs qui avaient cru en Jésus-Christ devaient observer la loi, mais il a commis une faute en forçant les Gentils à judaïser, sans les y contraindre toutefois par l'autorité de son enseignement, mais seulement par celle de son exemple ; Paul, de son côté, n'a rien dit de contraire à ce qu'il avait fait, en reprochant à saint Pierre d'obliger les Gentils à judaïser.

13. En somme, toute la question, ou plutôt votre pensée, se réduit à dire qu'après avoir reçu l'Evangile de Jésus-Christ, les Juifs qui croient font bien d'observer les préceptes de la loi, c'est-à-dire d'offrir des sacrifices comme Paul en avait offert, de circoncire leurs fils, comme Paul avait circoncis Timothée, et d'observer le sabbat, comme tous les Juifs l'observent. Or, si vous êtes dans le vrai, nous tombons dans l'hérésie de Cérinthe et d'Ebion, qui, après avoir embrassé la foi de Jésus-Christ, furent anathématisés par nos Pères, par cela seul qu'ils voulaient mêler les cérémonies ou les pratiques religieuses de la loi à l'Evangile du Christ, et qu'ils confessaient et embrassaient la loi nouvelle, sans renoncer à l'ancienne. Que dirai-je des Ebionites qui feignent d'être Chrétiens ? Il y a eu jusqu'à ce jour, dans toutes les synagogues de l'Orient, une secte juive et hérétique qu'on appelle les Minéens, et que les Pharisiens condamnent sous le nom de Nazaréens. Ces Minéens croyent en un Christ Fils de Dieu, né de la Vierge Marie ; ils disent qu'il a souffert sous Ponce Pilate, et qu'il est ressuscité. C'est le même Christ dans lequel nous croyons. Mais ces hérétiques, en voulant être Juifs et Chrétiens, ne sont ni Chrétiens ni Juifs. Je vous prie donc, vous qui voulez guérir la petite blessure que j'ai faite, et qui n'est pour ainsi dire qu'une piqûre, un point d'aiguille, je vous prie, dis-je, de songer à remédier à la blessure que, par votre sentiment, vous faites à l'Eglise avec le fer d'une lance et avec la violence d'un javelot. Autre est le crime d'exposer les divers sentiments des anciens dans l'interprétation des saintes Ecritures, autre est celui d'introduire de nouveau dans le sein de l'Eglise la plus criminelle des hérésies. Si nous étions réduits à la nécessité de recevoir parmi nous les Juifs avec toutes leurs pratiques religieuses, et de leur permettre d'observer dans les églises du Christ ce qu'ils observent dans les synagogues de Satan, je

lutis, quoniam per Dominum Jesum salus ipsa quæ illis sacramentis significabatur, advenerat. » Totius sermonis tui, quem disputatione longissima protraxisti hic sensus est ; ut Petrus non erraverit in eo, quod his, qui ex Judæis crediderant, putaverit Legem esse servandam ; sed in eo a rectilinea deviarit, quod gentes coëgerit Judaïzare. Coëgerit autem non docentis imperio, sed conversationis exemplo. Et Paulus non contraria sit loquutus his quæ ipse gesserat ; sed quare Petrus eos, qui ex gentibus erant, Judaïzare compelleret.

13. Hæc ergo summa est quæstionis, immo sententiæ tuæ, ut post Evangelium Christi, benefaciant Judæi credentes, si Legis mandata custodiant ; hoc est si sacrificia offerant, quæ obtulit Paulus ; si filios circumcidant, si sabbatum servent, ut Paulus in Timotheo, et omnes observavere Judæi. Si hoc verum est ; in Cerinthi et Hebionis hæresim delabimur, qui credentes in Christum, propter hoc solum a patribus anathematizati sunt, quod Legis cerimonias Christi Evangelio miscuerunt, et sic nova confessi sunt, ut vetera non omitterent. Quid dicam de Hebionitis, qui Christianos esse se simulant ? Usque hodie per totas Orientis synagogas inter Judæos hæresis est, quæ dicitur Mineorum, et a Pharisæis nunc usque damnatur, quos vulgo Nazaræos nuncupant, qui credunt in Christum Filium Dei natum de virgine Maria, et eum dicunt esse, qui sub Pontio Pilato passus est, et resurrexit, in quem et nos credimus : sed dum volunt et Judæi esse et Christiani, nec Judæi sunt nec Christiani. Oro ergo te ut, qui nostro vulnusculo medendum putas, quod acu foratum, immo punctum, ut dicitur, hujus sententiæ medearis vulneri, quod lancea, et ut ita dicam (a), phalaricæ mole percussum est. Neque enim ejusdem est criminis in explanatione Scripturarum diversas majorum sententias ponere, et hæresim sceleratissimam rursum in ecclesiam introducere. Sin autem hæc nobis incumbit necessitas, ut Judæos cum legitimis suis suscipiamus, et licebit eis obser-

(a) Phalarica genus teli est, in modum hastæ prægrandi ferro munitum, quod tortilibus nervis, aut machina quædam bellica magno impetu mittebatur.

vous dirai franchement que ce ne serait pas eux qui deviendraient Chrétiens, mais nous qui nous ferions Juifs.

14. Quel est le chrétien qui pourrait entendre tranquillement ce que vous me dites dans votre lettre : « Paul était Juif, et après être devenu chrétien, il n'avait pas rejeté les sacrements des Juifs que ce peuple avait reçus dans le temps de la loi, et comme il convenait alors. Paul les garda lorsque déjà il était apôtre de Jésus-Christ, mais seulement pour montrer qu'ils n'étaient pas pernicieux à ceux qui, les ayant reçus de leurs parents selon les règles de la loi, voudraient y rester attachés, même en croyant en Jésus-Christ. » Je vous en supplie de nouveau, souffrez que j'exprime ici toute ma douleur. Quoi, Paul observait les cérémonies des Juifs, lorsque déjà il était apôtre de Jésus-Christ, et elles n'ont rien de pernicieux, dites-vous, pour ceux qui voudraient y rester attachés selon la tradition de leurs pères ! Pour moi, je dis au contraire, et je proclame librement en face de l'univers entier, que les cérémonies religieuses des Juifs sont pernicieuses et mortelles pour les chrétiens, et que quiconque, soit des Juifs, soit des Gentils, les observe, une fois qu'il est devenu chrétien, tombe dans le gouffre du démon. « Car le Christ est la fin de la loi pour justifier tout croyant, Juif ou Gentil (*Rom.*, x, 4). » Puisque si les Juifs en étaient exceptés, Jésus-Christ ne serait pas la fin de la loi pour justifier ceux qui croient. C'est ce que l'Evangile nous apprend par ces paroles : « La loi et les Prophètes ont duré jusqu'à Jean-Baptiste (*Matt.*, xi, 13) ; *Luc*, xvi, 18), » et ailleurs : « C'est pourquoi les Juifs cherchaient à le faire mourir, non-seulement parce qu'il avait violé le sabbat, mais parce qu'il disait que Dieu était son père, se faisant égal à Dieu (*Jean*, v, 18). » Et nous lisons encore : « Nous avons tous reçu de sa plénitude, grâce pour grâce, car la loi a été donnée par Moïse, mais la grâce et la vérité ont été données par Jésus-Christ (*Jean*, 1, 16). » A la place de la grâce de la loi qui a passé, nous avons reçu la grâce permanente de l'Evangile, et au lieu des ombres et des figures de l'Ancien Testament, la vérité nous est venue par Jésus-Christ. N'est-ce pas ce que nous apprend aussi le prophète Jérémie, lorsqu'il met dans la bouche de Dieu ces paroles : « Le temps viendra, dit le Seigneur, que je ferai une nouvelle alliance avec la maison d'Israël et la maison de Juda, non pas comme celle que je fis avec leurs pères, au jour où je les pris par la main pour les tirer de la terre d'Egypte (*Jer.*, xxxii, 31). » Remarquez bien que ce n'est pas au peuple des Gentils qui n'avaient encore reçu aucun Tes-

---

vare in ecclesiis Christi quod exercuerunt in synagogis satanæ : dicam quod sentio, non illi Christiani fient, sed nos Judæos facient.

14. Quis enim hoc Christianorum patienter audiat, quod in tua epistola continetur : « Judæus erat Paulus ; Christianus autem factus, non Judæorum sacramenta reliquerat, quæ convenienter ille populus et legitimo tempore quo oportebat, acceperat : ideoque suscipit celebranda ea cum Christi esset apostolus ; ut doceret non esse perniciosa his, qui ea vellent, sicut a parentibus per Legem acceperant, custodire. » Rursum obsecro te, ut pace tua meum dolorem audias. Judæorum Paulus cerimonias observabat, cum jam Christi esset apostolus, et dicis eas non esse perniciosas his, qui eas vellent, sicut a parentibus acceperant, custodire ? Ego e contrario loquor, cerimonias Judæorum et perniciosas esse, et mortiferas Christianis ; et quicumque eas observaverit, sive ex Judæis, sive ex gentibus, eum in barathrum diaboli devolutum. « Finis enim Legis Christus, ad justitiam omni credenti, Judæo scilicet et gentili (*Rom.*, x, 4). » Neque enim omni credenti erit finis ad justitiam, si Judæus excipitur. Et in Evangelio legimus, « Lex et Prophetæ usque ad Johannem Baptistam (*Matt.* ii, 23. *Luc.* xvi. 26). » Et in alio loco, « Propterea ergo magis quærebant eum Judæi interficere, quia non solum solvebat sabbatum ; sed et Patrem suum dicebat esse Deum, æqualem se faciens Deo (*Johan.*, v, 28). » Et iterum, « De plenitudine ejus nos omnes accepimus, et gratiam pro gratia, quia Lex per Moysen data est ; gratia autem et veritas per Jesum Christum facta est (*Johan.* 1,, 16). » Pro Legis gratia, quæ præteriit, gratiam Evangelii accepimus permanentem, et pro umbris, et imaginibus veteris Instrumenti, veritas per Jesum Christum facta est. Ieremias quoque ex persona Dei vaticinatur, « Ecce dies venient, dicit Dominus, et consummabo domui Israel, et domui Juda testamentum novum, non secundum testamentum, quod disposui patribus eorum, in die, quando apprehendi manum eorum, ut educerem eos de terra Ægypti (*Jer.*, xxxi,

ment, que Dieu promet le Nouveau Testament de l'Évangile, mais au peuple Juif auquel il avait donné la loi par Moïse, afin que désormais il ne vécût plus dans l'ancienneté de la lettre, mais dans le renouvellement de l'esprit. Paul lui-même, au nom duquel s'élève la question qui nous occupe, parle de la même manière dans plusieurs passages dont je citerai seulement quelques-uns : « Voilà que moi, Paul, je vous dis que si vous êtes circoncis, le Christ ne vous sert de rien (*Gal.*, v, 2). » et encore : « Vous êtes éloignés du Christ vous qui placez votre justice dans la loi ; vous êtes déchus de la grâce (*Gal.*, v, 2). » Et plus bas encore : « Si vous êtes conduits par l'Esprit, vous n'êtes plus sous la loi. » D'où il résulte clairement que celui qui est sous la loi, non par condescendance, comme l'ont cru nos ancêtres, mais véritablement comme vous le croyez vous-même, n'a pas le Saint-Esprit. Or, Dieu nous apprend quels sont les préceptes de la loi : « Je leur ai donné, dit-il, des préceptes qui ne sont pas bons, et des justifications où ils ne peuvent trouver la vie (*Ezech.*, xx, 25). » Je ne dis pas cela pour condamner avec Manès et Marcion, la loi que je reconnais au contraire comme sainte et spirituelle (*Gal.*, IV, 4) avec saint Paul, mais parce que la foi étant venue et les temps accomplis, Dieu a envoyé son Fils, né d'une femme et soumis à la loi, pour racheter ceux qui étaient sous la loi, et pour nous rendre ses enfants adoptifs, afin que nous ne vivions plus sous le pédagogue, mais sous l'héritier adulte et Seigneur.

13. Vous dites encore dans votre lettre : « Que Paul n'a pas repris Pierre pour avoir observé les traditions de ses pères ; que s'il avait voulu les suivre il l'aurait pu sans dissimulation et sans inconvenance. » Pour moi je vous dis, puisque vous êtes évêque, et maître dans les églises de Jésus-Christ, pour prouver la vérité de votre assertion ; prenez quelque Juif devenu chrétien, qu'il fasse circoncire son fils, nouveau-né ; qu'il observe le sabbat ; qu'il s'abstienne des mets que Dieu a créés pour que nous en usions, en lui rendant grâces ; que le quatorzième jour du premier mois il immole un agneau vers le soir ; et quand vous aurez fait cela, ou plutôt, quand vous ne l'aurez pas fait, car je sais que vous êtes chrétien, et que vous ne feriez pas une chose sacrilège, alors, malgré vous, vous changerez d'opinion et vous reconnaîtrez qu'il est plus difficile de justifier ses propres sentiments, que de blâmer ceux des autres. Pour m'empêcher peut-être de vous croire ou plutôt de comprendre ce que vous di-

---

32). » Observa quid dicat, quod non populo gentilium (*a*), et qui ante non receperat Testamentum, sed populo Judæorum, cui Legem dederat per Moysen Testamentum novum Evangelii repromittat ; ut nequaquam vivant in vetustate litteræ, sed in novitate spiritus. Paulus autem, super cujus nomine nunc quæstio ventilatur, crebras hujuscemodi ponit sententias ; et quibus, brevitatis studio, pauca subnectam ; « Ecce ego Paulus dico vobis, quoniam, si circumcidamini, Christus vobis nihil prodest (*Gal.*, v, 2). » Et iterum ; « Evacuati estis a Christo, qui in Lege justificamini ; a gratia excidistis. » Et infra ; « Si spiritu ducimini, jam non estis sub Lege (*Ibid.*, 4). » Ex quo apparet, qui sub Lege est, non dispensative, ut nostri voluere majores, sed vere, ut tu intelligis, eum Spiritum-sanctum non habere. Qualia sint autem præcepta legalia, Deo docente discamus « Ego, » inquit, « dedi eis præceptat non bona, et justificationes in quibus non vivant in eis (*Ezech.*, xx, 25), » Hæc dicimus, non quod Legem juxta Manichæum et Marcionem destruamus, quam et sanctam et spiritalem juxta Apostolum novimus : sed quia postquam fides venit, et temporum plenitudo, misit Deus Filium suum (*b*) factum ex muliere, factum sub Lege : ut eos, qui sub Lege erant, redimeret ; ut adoptionem filiorum reciperemus (*Gal.*, IV, 4) ; et nequaquam sub pædagogo, sed sub adulto et Domino herede vivamus.

13. Sequitur in epistola tua ; « Non ideo Petrum emendavit, quod paternas traditiones observaret ; quod si facere vellet, nec mendaciter, nec incongrue faceret. » Iterum dico, Quando episcopus es, ecclesiarum Christi magister, ut probes verum esse quod asseris, suscipe aliquem Judæorum, qui factus Christianus, natum sibi filium circumcidat, qui observet sabbatum, qui abstineat a cibis, quos Deus creavit ad utendum cum gratiarum actione, qui quarto-decimo die mensis primi agnum mactet ad vesperam ; et cum hoc feceris, immo non feceris, scio enim te Christianum, et rem sacrilegam non

(*a*) MSS. undecim. *cum quo ante non fecerat Testamentum.*
(*b*) Editi, *natum ex muliere*. At MSS. Decem, *factum ex muliere* : sic alibi passim Hieronymus juxta græcum textum.

siez (car il arrive souvent qu'un discours trop long manque de clarté, et que n'étant pas compris il échappe à la censure des ignorants), vous vous êtes plu à répéter (1) : « Paul n'a rejeté que ce qu'il y avait de mal dans les Juifs. Quel est-ce donc ce mal qui était dans les Juifs et que Paul a rejeté? C'est qu'ignorant la justice de Dieu, et voulant y substituer leur propre justice, ils ne sont pas soumis à la justice de Dieu. Ensuite, parce qu'après la passion et la résurrection de Jésus-Christ, après l'institution et la manifestation du sacrement de la grâce, selon l'ordre de Melchisédech, ils voulaient toujours célébrer les sacrements anciens, non pour maintenir la coutume d'une antique solennité, mais comme nécessaires au salut; quoique si ces sacrements n'avaient pas autrefois été nécessaires, le martyre des Machabées eût été infructueux. Enfin ce qui le sépara des Juifs, ce fut la haine avec laquelle ils poursuivaient, comme ennemis de la loi, les prédicateurs de la grâce chrétienne. Tels sont les erreurs et les vices que, dans son ardeur pour gagner Jésus-Christ, il méprisait et regardait comme une boue impure. »

16. Voilà donc, d'après vous, ce que Paul a rejeté comme mauvais dans les Juifs; ensei-

(1) Voyez lettre XL, nomb. 5.

gnez-nous maintenant ce qu'il a retenu de bon. Les pratiques religieuses de la Loi, me direz-vous, que les Juifs pratiquent selon la tradition de leurs pères, et comme les observa Paul lui-même, sans croire qu'elles fussent indispensables au salut. Que voulez-vous dire par ces mots : « Sans être indispensables au salut? » Je ne le comprends pas bien. Si elles ne procurent pas le salut, pourquoi les observer? Si l'on doit les observer, c'est que probablement elles donnent le salut, puisque c'est la fidélité à les observer qui fait les martyrs. En effet, on ne les observerait pas, si elles n'apportaient pas le salut. Car on ne peut pas les mettre au nombre de ces choses indifférentes, qui tiennent le milieu entre le bien et le mal, comme le disent les philosophes. La continence est un bien, la luxure est un mal. Marcher, digérer sa nourriture, se moucher, cracher, tout cela est indifférent. Ce n'est ni bien ni mal. Qu'on le fasse, ou qu'on ne le fasse pas, on n'en est ni plus ni moins juste. Mais observer les pratiques religieuses de la loi n'est pas chose indifférente. C'est un bien ou c'est un mal. Vous dites que c'est un bien ; moi je soutiens que c'est un mal; un mal non-seulement pour les Gentils qui ont cru, mais aussi pour les Juifs qui ont

esse facturum) velis nolis, tuam sententiam reprobabis; et tunc scies opere difficilius esse confirmare sua, quam alienare reprehendere. Ac ne forsitan tibi non crederemus; immo non intelligeremus quid diceres, (Frequenter enim in longum sermo protractus, caret intelligentia; et dum non sentitur, ab imperitis minus reprehenditur) inculcas, et replicas : « Hoc ergo Judæorum Paulus dimiserat, quod malum habebant. Quod est malum Judæorum, quod Paulus dimiserat (Rom., XX, 3)? Utique illud quod sequitur; quod ignorantes, inquit, Dei justitiam, et suam volentes constituere, justitiæ Dei non sunt subjecti, » « Deinde quod post passionem et resurrectionem Christi, dato ac manifestato sacramento gratiæ, secundum ordinem Melchisedech, adhuc putabant, vetera sacramenta non ex consuetudine sollemnitatis, sed ex necessitate salutis esse celebranda. Quæ tamen si nunquam fuissent necessaria, infructuose atque inaniter pro eis Machabæi martyres fierent. Postremo illud, quod prædicatores gratiæ Christianos Judæi, tamquam hostes Legis (Phil., III, 8), persequerentur. Hos atque hujusmodi errores et vitia, dicit se damna et ut stercora arbitratum, ut Christum lucrifaceret. »

16. Didicimus per te, quæ apostolus Paulus mala reliquerat Judæorum : rursum te docente discamus, quæ bona eorum tenuerit. « Observationes, inquies, Legis ; quas more patrio celebrant, sicut ab ipso Paulo celebratæ sunt, sine ulla salutis necessitate. » Id quid velis dicere, Sine ulla salutis necessitate, non satis intelligo. Si enim salutem non afferunt, cur observautur? Si autem observanda sunt, utique salutem afferunt ; maxime quæ observata martyres faciunt. Non enim observarentur, nisi salutem afferent. Neque enim indifferentia sunt inter bonum et malum, sicut philosophi disputant. Bonum est continentia, malum est luxuria; inter utrumque indifferens, ambulare, digerere alvi stercora, capitis naribus purgamenta projicere, sputis rheumata jacere : hoc nec bonum, nec malum est : sive enim feceris, sive non feceris, nec justitiam habebis, nec injustitiam. Observare autem Legis cerimonias, non potest esse indifferens : sed aut malum est, aut bonum est. Tu dicis bonum ; ego assero malum; et malum non solum his qui ex gentibus, sed et his

reçu la foi. Et dans ce passage, si je ne me trompe, pour éviter un péril vous tombez dans un autre. En effet, pour vous prémunir contre les blasphèmes de Porphyre, vous vous jetez dans l'hérésie d'Ebion, en obligeant les Juifs qui croient, à observer les préceptes de la loi. Et comprenant bien que ce que vous dites est dangereux, vous tâchez en vain d'y remédier par des paroles comme celles-ci : « Qu'on pouvait observer les cérémonies de la Loi, sans croire à leur nécessité pour le salut, comme les Juifs croyaient qu'il fallait le faire, et sans recourir à la feinte que Paul avait blâmée dans Pierre. »

17. Ainsi Pierre a feint d'observer la Loi, et le censeur de Pierre l'a observée sans feinte et hardiment. En effet, je lis dans votre lettre (1) : Si Paul a observé les cérémonies anciennes pour faire croire qu'il était Juif, et afin de gagner les Juifs, pourquoi n'a-t-il pas sacrifié avec les Gentils, puisqu'il a vécu avec ceux qui n'avaient pas la Loi, comme s'il ne l'avait pas lui-même, pour les gagner également à Jésus-Christ? C'est parce qu'il était Juif de nation qu'il a fait cela, et tout ce qu'il a dit n'était pas pour feindre ce qu'il n'était pas, mais par un sentiment de miséricorde, pour venir en aide aux Gentils ; et s'il feignait partager leur erreur, ce n'était point par l'astuce du mensonge, mais par un sentiment de compassion. » Vous défendez vraiment bien Paul, en disant qu'il n'a pas feint d'être dans l'erreur des Juifs, mais qu'il la partageait effectivement, et que bien loin de vouloir imiter le mensonge de Pierre, en faisant semblant, par crainte des Juifs, d'être ce qu'il n'était pas, il s'est librement déclaré Juif. Etrange condescendance de l'Apôtre! Il veut faire les Juifs Chrétiens, et il se fait Juif lui-même. Quoi! il ne pouvait ramener les intempérants à la sobriété, sans se déclarer intempérant, ni dans sa miséricorde, comme il le dit lui-même, secourir les malheureux, sans devenir lui-même malheureux! Ils sont, en vérité, bien malheureux et dignes de compassion et de miséricorde ceux qui, par leur opiniâtreté et leur attachement à une loi abolie, ont fait d'un apôtre du Christ un Juif. Il n'y a pas, du reste, une grande différence entre votre opinion et la mienne. Je dis, en effet, que c'est pour ne pas scandaliser les Juifs devenus Chrétiens, que Pierre et Paul ont pratiqué et fait semblant de pratiquer les préceptes de la Loi ; et vous dites, vous, qu'ils l'ont fait par bien-

(1) Voyez la lettre 71 nombre 5.

qui ex Judaico populo crediderunt. In hoc nisi fallor, loco, dum aliud vitas, in aliud devolveris. Dum enim metuis Porphyrium blasphemantem, in Hebionis incurris laqueos ; his qui credunt ex Judæis, observandam Legem esse decernens. Et qui periculosum intelligis esse, quod dicis; rursum illud superfluis verbis temperare conaris, « sine ulla salutis necessitate, sicut Judæi celebranda putabant, aut fallaci simulatione, quod in Petro reprehenderat Paulus. »

17. Petrus igitur simulavit Legis custodiam, iste autem reprehensor Petri, audacter observavit legitima. Sequitur enim in epistola tua. « Nam si propterea illa sacramenta celebravit, quia simulavit se Judæum, ut illos lucrifaceret : cur non etiam sacrificavit cum gentibus, quia et his, qui sine Lege erant, tamquam sine Lege factus est, ut eos quoque lucrifaceret (I Cor., IX, 21); nisi quia et illud fecit, ut natura Judæus; et hoc totum dixit, non ut Paulus se fingeret esse quod non erat, sed ut misericorditer ita subveniendum esse sentiret, ac si ipse in eo errore laboraret; non scilicet mentientis astu, sed compatientis affectu. » Bene defendis Paulum, quod non simulaverit errorem Judæorum, sed vere fuerit in errore. Neque imitari voluerit Petrum mentientem, (a) ut quod erat metu Judæorum dissimularet; sed tota libertate Judæum se esse diceret. Novam clementiam Apostoli ; dum Judæos Christianos vult facere, ipse Judæus factus est. Non enim poterat luxuriosos ad frugalitatem reducere, nisi se luxuriosum probasset, et misericorditer, ut ipse dicis, subvenire miseris, nisi se miserum ipse sentiret. Vere enim miselli, et misericorditer deplorandi, qui contentione sua et amore Legis abolitæ, Apostolum Christi fecere Judæum. Nec multum interest iner meam et tuam sententiam, quia ego dico et Petrum et Paulum, timore fidelium Judæorum, Legis exercuisse, immo simulasse mandata ; tu autem asseris hoc eos fecisse clementer, non mentientis astu, sed compatientis affectu: dummodo illud constet, vel metu, vel misericordia eos simulasse se esse, quod non erant. Illud autem argumentum, quo

(a) Vaticani duo MSS. ut quod non erat metu judeorum simularet.

veillance, non par astuce et mensonge, mais uniquement par sentiment de compassion. Qu'importe, que ce soit par crainte ou par miséricorde, il n'en est pas moins constant qu'ils ont feint d'être ce qu'ils n'étaient pas? L'argument dont vous vous servez contre moi, c'est-à-dire que Paul a dû se faire Gentil avec les Gentils, comme il s'était fait Juif avec les Juifs, prouve plutôt en ma faveur. En effet, de même qu'il n'était pas véritablement Juif, de même il n'était pas véritablement Gentil; et comme il n'était pas véritablement Gentil, il n'était pas non plus véritablement Juif. Il imite les Gentils en recevant dans la foi de Jésus-Christ ceux qui n'étaient pas circoncis, en leur permettant de se nourrir indifféremment de tous les mets condamnés par les Juifs; mais il ne les a pas imités, comme vous le pensez, par le culte des idoles. En effet, pour être en Jésus-Christ, il ne s'agit pas d'être circoncis ou de ne 'être pas : mais d'observer les commandements de Dieu (*Gal.*, v, 6, vi, 13).

18. Je vous demande donc, et je vous prie encore une fois de me pardonner cette petite discussion. Si je suis sorti des bornes que je garde ordinairement, imputez-le à vous, qui m'avez forcé de vous répondre, et qui m'avez rendu aveugle avec Stésichore. Ne me regardez pas comme un docteur du mensonge, quand je m'applique à suivre le Christ qui a dit : « Je suis la voie, la vérité et la vie (*Jean*, xiv, 16). » Il ne peut se faire que celui qui pratique la vérité se soumette au joug du mensonge. Ne soulevez pas contre moi une multitude ignorante qui vous vénère comme évêque, et qui honore en vous le prêtre parlant dans son église, tandis qu'elle fait peu de cas d'un vieillard presque décrépit, dont le bonheur est de vivre dans le calme et la solitude des champs et d'un monastère. Cherchez d'autres que moi à instruire et à reprendre. Nous sommes séparés l'un de l'autre par une si longue étendue de terre et de mer, que le son de votre voix me parvient à peine; et si par hasard vous m'écrivez quelques lettres, Rome et l'Italie les recevront avant moi, à qui seul elles devraient être envoyées.

CHAPITRE V. — 19. Vous me demandez dans d'autres lettres, pourquoi ma première traduction des livres canoniques porte des astérisques et des obèles, tandis que ces signes ne se trouvent pas dans ma nouvelle version. Permettez-moi de vous dire que vous ne semblez pas avoir bien compris ce que vous demandez. La première version est celle des Septante, et tout ce qui est marqué de virgules, c'est-à-dire d'obèles, indique ce que les Septante ont dit de plus que le texte hébreu; et les astérisques marquent ce qui a été ajouté par Origène à l'édition de Théodotion. Ici j'ai traduit du grec, la

---

adversus nos uteris, quod et gentilibus debuerit gentilis fieri, si Judæis Judæus factus est, magis pro nobis facit. Sicut enim non fuit vere Judæus, sic nec vere gentilis erat : et sicut non fuit vere gentilis, sic nec vere Judæus erat. In eo autem imitator gentilium est, quia præputium recipit in fide Christi; et indifferenter permittit vesci cibis, quos damnant Judæi : non cultu, ut tu putas, idolorum. In Christo enim Jesu nec circumcisio est aliquid, nec præputium, sed observatio mandatorum Dei (*Gal.*, v, 6, et cap. vi, 15).

18. Quæso igitur te, et iterum atque iterum deprecor, ut ignoscas disputatiunculæ meæ : et quod modum meum egressus sum, tibi imputes, qui coegisti ut rescriberem, et mihi cum Stesichoro oculos abstulisti. Nec me putes magistrum esse mendacii, qui sequor Christum dicentem, » Ego sum via, veritas et vita (*Johan.*, xiv, 6). « Nec potest fieri, ut veritatis cultor, mendacio colla submittam. Neque mihi imperitorum plebeculam concites, qui te venerantur ut episcopum, et in ecclesia declamantem, sacerdotii honore suspiciunt; me autem, ætatis ultimæ, et pene decrepitum, ac monasterii et ruris secreta sectantem, parvipendunt : et quæras tibi, quos doceas sive reprehendas. Ad nos enim, tantis maris atque terrarum a te divisos spatiis, vix vocis tuæ sonus pervenit. Et si forsitan litteras scripseris, ante eas Italia ac Roma suscipient, quam ad me, cui mittendæ sunt, deferantur.

CAPUT V. — 19. « Quod autem in aliis quæris epistolis, cur mea prior in libris canonicis interpretatio asteriscos habeat, et virgulas prænotatas; et postea aliam translationem absque his signis ediderim : pace tua dixeris, videris mihi non intelligere quod quæsisti. Illa enim interpretatio Septuaginta interpretum est; et ubicumque virgulæ, id est obeli sunt, significatur quod Septuaginta plus dixerint quam habetur in Hebræo : ubi autem asterisci, id est stellæ prælucentes, ex Theodotionis

j'ai exprimé ce que je comprenais dans l'hébreu, m'attachant plutôt à la vérité et à l'exactitude du sens, qu'à l'ordre des mots. Je m'étonne que vous ne lisiez pas la version des Septante dans sa pureté et telle qu'ils l'ont donnée au lieu de la lire telle qu'Origène l'a corrigée ou plutôt corrompue par ses obèles et ses astériques, et que vous ne vous en teniez pas à l'interprétation d'un chrétien, puisque toutes les additions d'Origène à la version des Septante sont tirées d'une édition publiée après la passion de Jésus-Christ par un Juif blasphémateur. Si vous aimez véritablement la traduction des Septante, ne lisez pas ce qui est marqué par des astériques, rayez-le même de vos exemplaires, et vous vous montrerez ainsi partisan des anciens. Si vous le faites, vous serez obligé de condamner les éditions qui se trouvent dans toutes les bibliothèques des églises, car vous en trouverez à peine une ou deux qui n'aient pas les additions d'Origène.

CHAPITRE VI. — 20. Pour me prouver ensuite que je n'aurais pas dû traduire l'Ecriture après les anciens, vous avez recours à un argument tout nouveau. « Ce que les Septante ont traduit est obscur ou clair. Si c'est obscur, on peut croire que vous vous êtes trompé comme eux. Si c'est clair, il est évident qu'ils n'ont pas pu se tromper. » Je vous répondrai par votre propre dilemme. Tous les anciens commentateurs des saintes Ecritures qui nous ont précédé dans le Seigneur, ont traduit des choses obscures ou des choses claires. Si ces choses étaient obscures, comment osez-vous discuter après eux ce qu'ils n'ont pas pu pénétrer. Si ces choses étaient claires, vous prenez une peine inutile de vouloir interpréter ce qui n'a pu leur échapper, surtout dans l'explication des psaumes, sur lesquels les interprètes grecs ont publié beaucoup de volumes, d'abord Origène, ensuite Eusèbe de Césarée, après lui Théodore d'Héraclée, puis dans la suite Astérius de Scythopolis, Apollinaire de Laodicée, Didyme d'Alexandrie. Divers autres docteurs ont donné de petits opuscules sur quelques psaumes, mais je ne parle ici que du livre entier des psaumes. Chez les Latins, Hilaire de Poitiers, et Eusèbe de Verceil ont traduit Origène et Eusèbe de Césarée. Notre Ambroise a suivi, sur quelques points, le premier de ces deux commentateurs. Je prie votre sagesse de me dire comment, dans l'explication des psaumes vous avez pu différer d'opinion avec des interprètes d'une si grande autorité ? Si les

editione ab Origene additum est : et ibi Græca transtulimus ; hic de ipso Hebraico, quod intelligebamus, expressimus, sensuum potius veritatem quam verborum interdum ordinem conservantes. Et miror, quomodo Septuaginta interpretum libros legas non puros, ut ab eis editi sunt, sed ab Origene emendatos, sive corruptos per obelos et asteriscos ; et Christiani hominis interpretatiunculam non sequaris : præsertim cum ea, quæ addita sunt, ex hominis Judæi atque blasphemi, post passionem Christi, editione transtulerit. Vis amator esse verus Septuaginta interpretum ? non legas ea, quæ sub asteriscis sunt ; immo rade de voluminibus, ut veterum te fautorem probes. Quod si feceris, omnes Ecclesiarum bibliothecas condemnare cogeris. Vix enim unus aut alter invenietur liber, qui ista non habeat. »

CAPUT VI. — 20. « Porro quod dicis non debuisse me interpretari post veteres, et novo uteris syllogismo ; » « Aut obscura fuerunt quæ interpretati sunt Septuaginta, aut manifesta. Si obscura, te quoque in eis falli potuisse credendum est. Si manifesta, illos in eis falli non potuisse, perspicuum est. » « Tuo tibi sermone respondeo. Omnes veteres tractatores, qui nos in Domino præcesserunt, et qui Scripturas sanctas interpretati sunt, aut obscura interpretati sunt, aut manifesta. Si obscura, quomodo tu post eos ausus es disserere, quod illi explanare non potuerunt ? Si manifesta, superfluum est te voluisse disserere, quod illos latere non potuit, maxime in explanatione Psalmorum, quos apud Græcos interpretati sunt multis voluminibus, primus Origenes, secundus Eusebius Cæsariensis, tertius Theodorus Heracleotes, quartus Asterius Scythopolitanus, quintus Apollinaris Laodicenus, sextus Didymus Alexandrinus. Feruntur et diversorum in paucos Psalmos opuscula : sed nunc de integro Psalmorum corpore dicimus. Apud Latinos autem Hilarius Pictaviensis, et Eusebius Vercellensis episcopi Origenem et Eusebium transtulerunt, quorum priorem et noster Ambrosius in quibusdam sequutus est. Respondeat mihi prudentia tua, quare tu post tantos et tales interpretes in explanatione Psalmorum diversa senseris ? Si enim obscuri sunt Psalmi, te quoque in eis falli potuisse, credendum est. Si manifesti, illos in eis falli non potuisse creditur : ac per hoc utroque modo superflua erit interpretatio tua ; et hac lege, post priores nullus

psaumes sont obscurs, il est à présumer que vous avez pu vous y tromper. S'ils sont clairs, il est à croire qu'ils n'ont pu s'y méprendre. Dans les deux cas, votre interprétation devient inutile, et en adoptant cette règle, personne n'osera plus rien dire après celui qui aura parlé le premier, et il ne sera plus permis d'écrire sur un sujet dont un autre se serait d'abord emparé. Ayez donc du moins la bonté d'avoir pour les autres l'indulgence que vous avez pour vous-même. En corrigeant et en traduisant du grec en latin, pour ceux qui comme moi parlent cette langue, les anciennes versions des Ecritures, je n'ai nullement eu l'intention de les abolir, j'ai voulu seulement rétablir et publier les paysages qui avaient été omis ou corrompus par les Juifs, afin que nos Latins connussent ce que contient le texte hébreu dans sa pureté. Libre à chacun de ne pas lire ce que j'ai écrit. Qu'il savoure avec délices son vieux vin, et qu'il méprise mon vin nouveau, c'est-à-dire ce que j'ai publié pour expliquer les versions anciennes, et jeter par mon travail quelque lumière sur ce qu'elles peuvent avoir d'obscur. Quant à la meilleure méthode à suivre pour l'interprétation des saintes Ecritures, je crois l'avoir suffisamment démontrée dans le livre que j'ai écrit expressément à ce sujet, ainsi que dans toutes les petites préfaces en tête de mes écrits sur les divins livres, et j'y renvoie le lecteur intelligent. Si, comme vous le dites, vous acceptez mes corrections du Nouveau Testament, parce que, selon vous, beaucoup de personnes connaissant la langue grecque, peuvent juger de mon œuvre, vous auriez dû croire aussi à ma consciencieuse exactitude dans ma version de l'Ancien Testament. Je n'y ai rien mis de mon invention, et je me suis borné à traduire ce que j'ai trouvé dans le texte hébreu. Si vous en doutez, interrogez les Hébreux.

21. Peut-être direz-vous : Que faire si ceux qui comprennent cette langue ne veulent pas répondre ou veulent user de mensonge ? Est-ce que tous les juifs ensemble garderont le silence sur ma version, et ne se trouvera-t-il personne qui sache l'hébreu ? Ou bien tout le monde imitera-t-il ces juifs dont vous parlez et qui dans une petite ville de l'Afrique m'avaient accusé de calomnie ? Car voici la fable que vous me contez dans une de vos lettres (1) « Un de nos frères dans l'épiscopat avait introduit dans son église la lecture de votre version. Il vint à lire sur le prophète Jonas un passage que vous avez interprété tout différemment de ce qu'il était dans la mémoire de tous, et de ce qu'on avait lu et récité de tout temps dans l'Eglise. Il s'éleva un tel tumulte parmi le peuple, les Grecs surtout criant à la falsification, que l'évêque fut obligé d'invoquer le témoi-

---

(1) Voyez la lettre LXXI, nombre 5.

---

loqui audebit ; et quodcumque alius occupaverit, alius de eo scribendi non habebit licentiam. Quin potius humanitatis tuæ est, in quo veniam tibi tribuis, indulgere et ceteris. Ego enim non tam vetera abolere conatus sum, quæ linguæ meæ hominibus emendata de græco in latinum transtuli, quam ea testimonia, quæ a Judæis prætermissa sunt vel corrupta, proferre in medium ; ut scirent nostri quid hebræa veritas contineret. Si cui legere non placet, nemo compellit invitum. Bibat vinum vetus cum suavitate, et nostra musta contemnat, quæ in explanatione priorum edita sunt, ut sicubi illa non intelliguntur, ex nostris manifestiora fiant. Quod autem genus interpretationis in Scripturis sanctis sequendum sit, liber quem scripsi de optimo genere interpretandi, et omnes præfatiunculæ divinorum voluminum, quas editioni nostræ præposuimus, explicant ; ad illasque prudentem lectorem remittendum puto. Et si me, ut dicis, in novi Testamenti emendatione suscipis, exponisque causam cur suscipias ; quia plurimi linguæ græcæ habentes scientiam, de meo possint opere judicare: eamdem integritatem debueras etiam in veteri credere Testamento, quod non nostra confinximus, sed ut apud Hebræos invenimus, divina transtulimus. Sicubi dubitas, Hebræos interroga.

21. Sed forte dices, Quid si Hebræi aut respondere noluerint, aut mentiri voluerint? Tota frequentia Judæorum in mea interpretatione reticebit, nullusque inveniri poterit, qui hebrææ linguæ habeat notionem : aut omnes imitabuntur illos Judæos, quos dicis in Africæ repertos oppidulo in meam conspirasse calumniam ? Hujuscemodi enim in epistola tua texis fabulam (*Ep.*, LXXI, c., III) ? « Quidam frater noster episcopus, cum lectitari instituisset in ecclesia, cui præest, interpretationem tuam, movit quiddam, longe aliter a te positum apud Jonam Prophetam, quam erat omnium sensi-

gnage des juifs (car c'est une ville où il s'en trouve beaucoup). Soit par ignorance, soit par malice, ils répondirent que les textes hébreux, en cet endroit, portaient et disaient la même chose que les textes grecs et latins. Que dire de plus? L'évêque, après le danger qu'il avait couru d'être abandonné de son peuple, fut obligé de corriger ce passage comme fautif. C'est ce qui nous fait voir que vous aussi vous pouvez vous tromper quelquefois. »

CHAPITRE VII. — 22. Vous dites que j'ai mal traduit un mot dans le prophète Jonas, et que la différence de ce seul mot avait excité dans le peuple une telle sédition que l'évêque avait couru le danger de perdre son troupeau, mais vous passez sous silence ce que j'ai mal traduit, m'ôtant ainsi l'occasion de me défendre, et craignant sans doute que ma réponse ne détruisît ce que vous avez dit. Ou bien ne serait-ce pas comme il y a plusieurs années, la citrouille qui serait mise de nouveau en discussion alors que le (1) Cornélius et l'Asinius Pollion de cette époque soutenaient que j'avais traduit le mot de *citrouille* par celui de *lierre*?

Je me suis pleinement justifié de ce reproche dans mon commentaire sur le prophète Jonas. Je me contenterai donc présentement de dire qu'au passage où les Septante ont mis le mot *citrouille*, et Aquila avec les autres interprètes le mot *lierre* qui répond au grec κισσὸν, il y a dans l'hébreu *ciceion*, les Syriens disent communément *ciceia*. C'est une espèce d'arbuste à la feuille large comme celle de la vigne. A peine planté, il atteint promptement la hauteur d'un arbrisseau, se tenant ferme sur sa tige, sans ces soutiens dont les citrouilles et le lierre ont besoin. Si m'en tenant au mot à mot j'avais écrit *ciceion*, personne ne m'aurait compris; si j'avais mis *citrouille*, j'aurais mis ce qui n'est pas dans l'hébreu; j'ai préféré le mot *lierre* pour être d'accord avec les autres interprètes. Si vos juifs, comme vous le dites, ont avancé par malice ou par ignorance que ce qui se trouve dans les livres grecs et latins est conforme au texte hébreu, c'est qu'ils ne savent pas l'hébreu, ou qu'ils ont voulu se moquer de ceux qui aiment les citrouilles. Je finis ma lettre en vous priant de ne pas troubler le repos

(1) Saint Jérôme dans son prophète Jonas. c. IV désigne plaisamment ce critique par les paroles suivantes : *In hoc, loco quidam Canthelius de antiquissimo genere Corneliorum, sive, ut ipse jactat, de stirpe Asinii Pollionis, dudum Romæ dicitur me accusasse sacrilegii, quod pro cucurbita hederam transtulerim; timuit videlicet ne si pro cucurbitis hederæ nascerentur, unde occulte et tenebrose biberet non haberet.* A cet endroit un certain Canthelius de la race antique des Corneilles, ou comme il s'en vante, d'Asinius Pollion, m'accusait depuis longtemps à Rome de sacrilège, pour avoir traduit le mot de Citrouille par celui de lierre. Il craignait sans doute que si le lierre poussait à la place des citrouilles, il n'eût plus le moyen de boire en cachette.

bus memoriæque inveteratum, et tot ætatum successionibus decantatum. Factus est tantus tumultus in plebe, maxime Græcis arguentibus, et inclamantibus calumniam falsitatis, ut cogeretur episcopus (ea quippe civitas erat) Judæorum testimonium flagitare. Utrum autem illi imperitia, an malitia, hoc esse in hebræis codicibus responderunt, quod et græci et latini habebant, atque dicebant. Quid plura? Coactus est homo velut mendositatem corrigere, volens post magnum periculum non remanere sine plebe. Unde etiam nobis videtur aliquando te quoque in nonnullis falli potuisse. »

CAPUT VII. — 22. Dicis me in Jona Propheta male quiddam interpretatum, et seditione populi conclamante, propter unius verbi dissonantiam, episcopum pene sacerdotium perdidisse. Et quid sit illud, quod male interpretatus sim, subtrahis, au-

ferens mihi occasionem defensionis meæ; ne quidquid dixeris, me respondente solvatur : nisi forte, ut ante annos plurimos, cucurbita venit in medium, asserente illius temporis (a) Cornelio et Asinio Pollione, me hederam pro cucurbita transtulisse. Super qua re in commentario Jonæ Prophetæ plenius respondimus. Hoc tantum nunc dixisse contenti, quod in eo loco, ubi Septuaginta interpretes cucurbitam, et Aquila cum reliquis hederam transtulerunt, id est κισσὸν, in hebraio volumine ciceion scriptum habetur, quam vulgo Syri ciceiam vocant. Est autem genus virgulti lata habens folia, in modum pampini : cumque plantatum fuerit, cito consurgit in arbusculam, absque ullis calamorum et hastilium adminiculis, quibus et cucurbitæ, et hederæ indigent, suo trunco se sustinens. Hoc ergo verbum de verbo edisserens, si ciceion transferre voluissem, nullus intelligeret : si cucurbitam,

(a) Censorem illum ex nomine indicat et lepide suggillat Hieronymus in Jon. cap. IV, his verbis. *In hoc loco quidam, Canthelius de antiquissimo genere Corneliorum, sive, ut ipse jactat, de stirpe Asinii Pollionis, dudum Romæ dicitur me accusasse sacrilegii, quod pro cucurbita hederam transtulerim : timuit videlicet ne si pro cucurbitis hederæ nascerentur, unde occulte et tenebrose biberet non haberet.*

d'un vieillard, et de ne plus appeler au combat et à de nouveaux dangers, un vétéran, qui a fait son temps de service. Vous qui êtes jeune et placé sur un siége épiscopal, instruisez les peuples ; enrichissez les maisons et les greniers de Rome des nouvelles productions de la terre d'Afrique. Il me suffit à moi de parler bas, en un coin de monastère, avec quelque pauvre religieux qui me lit ou qui m'écoute (1).

LETTRE LXXVI (2)

Saint Augustin faisant parler l'Eglise catholique exhorte les Donatistes à rentrer en eux-mêmes et à revenir à la communion catholique.

1. Ecoutez, ô Donatistes, ce que vous dit l'Eglise catholique ! « Enfants des hommes, jusqu'à quand votre cœur sera-t-il appesanti ? Pourquoi aimez-vous la vanité, et recherchez-vous le mensonge (*Ps.*, IV, 3) ? » Pourquoi vous êtes-vous séparés de l'unité du monde entier par un schisme sacrilége ? Vous écoutez les mensonges que vous débitent, au sujet de la tradition des livres saints, des hommes trompeurs ou trompés eux-mêmes, vous les écoutez pour mourir dans une séparation hérétique, et vous n'écoutez pas ce que vous disent ces mêmes livres, pour vous laisser vivre dans la paix de la foi catholique. Pourquoi prêtez-vous l'oreille aux discours des hommes qui n'ont jamais pu prouver ce qu'ils avancent, et restez-vous sourds à la voix de Dieu qui crie : « Le Seigneur m'a dit : vous êtes mon fils, je vous ai engendré aujourd'hui ; demandez-moi, et je vous donnerai toutes les nations en héritage, et j'étendrai votre possession jusqu'aux extrémités de la terre (*Ps.*, II, 7). » « Les promesses de Dieu ont été faites à Abraham et à sa race. L'Ecriture ne dit pas : à ceux de sa race, comme si elle en eût voulu marquer plusieurs, mais à sa race, c'est-à-dire à un seul de sa race qui est Jésus-Christ (*Gal.*, III, 16). » « Toutes les nations, dit-elle, seront bénies dans votre race (*Gen.*, XXII, 18). » Ouvrez donc les yeux du cœur ; contemplez l'univers entier, et voyez comment toutes les nations sont bénies dans la race d'Abraham. Il était seul à croire ce qu'il ne voyait pas encore, mais vous qui voyez, vous êtes comme si vous ne voyiez pas. Le sang de Jésus-Christ est le prix de toute la terre,

---

(1) Saint Augustin répond à cette lettre par la lettre 82.
(2) Ecrite sur la fin de l'année 404 ou peu après. — Cette lettre était la 171e dans les éditions antérieures à l'édition des Bénédictins et celle qui était la 75e se trouve maintenant la 60e.

---

id dicerem quod in hebraico non habetur : hederam posui, ceteris interpretibus consentirem. Sin autem Judæi vestri, ut ipse asseris, malitia, vel imperitia hoc dixerunt esse in voluminibus hebræorum, quod in græcis et latinis codicibus continetur ; manifestum est eos aut hebræas ignorare litteras, aut ad irridendos cucurbitarios voluisse mentiri. Peto in fine epistolæ, ut quiescentem senem, olimque veteranum, militare non cogas, et rursum de vita periclitari. Tu qui juvenis es, et in pontificali culmine constitutus, doceto populos ; et novis Africæ frugibus Romana tecta locupleta. Mihi sufficit, cum auditore et lectore pauperculo in angulo monasterii susurrare.

EPISTOLA LXXVI

Sub persona Ecclesiæ catholicæ cohortatur omnes Donatistas, ut resipiscentes redeant ad catholicam communionem.

1. « Vobis Donatistæ, catholica Ecclesia dicit, » Filii hominum, usquequo graves corde ? ut quid diligitis vanitatem et quæritis mendacium ? « Ut quid vos a totius orbis unitate nefario schismatis sacrilegio divisistis ? Adtenditis falsa, quæ vobis dicuntur ab hominibus aut mentientibus aut errantibus, de traditione codicum divinorum, ut in hæretica separatione moriamini ; et non adtenditis quod vobis ipsi codices dicunt, ut in catholica pace vivatis. Quare aperitis aures ad sermonem hominum dicentium quod nunquam probare potuerunt, et surdi estis ad sermonem Dei dicentis, « Dominus dixit ad me, Filius meus es tu, ego hodie genui te postula a me, et dabo tibi gentes hereditatem tuam , et possessionem tuam terminos terræ (*Ps.*, II, 7) ? Abrahæ dictæ sunt promissiones et semini ejus. Non dicit, et seminibus, tamquam in multis, sed tamquam in uno, et semini tuo, quod est Christus (*Gal.*, III, 16). In semine, « inquit, » tuo benedicentur omnes gentes (*Gen.*, XXII, 18). « Erigite oculos cordis, et considerate totum orbem terrarum, quomodo in semine Abrahæ benedicuntur omnes gentes. Tunc ab uno credebatur, quod nondum videbatur : jam vos videtis, et adhuc invi-

et par ce sang il a racheté le monde entier. Vous, pour votre salut, vous ne vous accordez pas avec le monde entier, mais en contestant dangereusement pour une partie, vous perdez le tout. Ecoutez les paroles du psaume, et voyez à quel prix nous avons été rachetés : « Ils ont percé mes pieds et mes mains ; ils ont compté tous mes os ; ils ont pris plaisir à me voir en cet état ; ils ont partagé mes vêtements entre eux, et ont tiré ma robe au sort (*Ps.*, XXI, 18). » Pourquoi voulez-vous partager les vêtements du Seigneur ? Pourquoi ne voulez-vous pas conserver avec l'univers entier cette tunique de la charité préparée au ciel, et répandue sur toute la terre ? Tunique divine que ses bourreaux mêmes n'ont pas osé partager. On lit dans le même psaume que toute la terre la possède : « La terre, dans toute son étendue, se souviendra du Seigneur, et se convertira à lui ; et toutes les nations se prosterneront devant lui pour l'adorer, parce que la souveraineté lui appartient, et qu'il règnera sur tous les peuples (*Ps.*, XXI, 28). » Ouvrez les oreilles du cœur et apprenez « que le Seigneur, le Dieu des dieux a parlé ; et qu'il a appelé la terre depuis les lieux où se lève le soleil, jusqu'à ceux où il se couche : l'éclat de sa gloire et de sa beauté éclatera de Sion (*Ps.*, XLIX, 1, 2). » Si vous êtes sourds à la voix du prophète, écoutez du moins celle de Jésus-Christ lui-même qui vous dit par sa propre bouche, dans son Evangile : « Il fallait que tout ce qui a été écrit de moi, dans la loi de Moïse, dans les Psaumes et dans les Prophètes fût accompli et que la pénitence et la rémission des péchés fussent prêchées en mon nom, au milieu de toutes les nations, en commençant par Jérusalem (*Luc*, XXIV, 44). » Ce que dit le psaume : « Il a appelé toute la terre depuis les lieux où se lève le soleil, jusqu'à ceux où il se couche, » est ce que dit l'Evangile : « La pénitence et la rémission des péchés seront prêchées en son nom au milieu de toutes les nations ; » et ce que est écrit dans le psaume : « Sa gloire éclatera de Sion, » est cela même qu'indiquent ces paroles de l'Evangile : « En commençant par Jérusalem. »

2. Vous prétendez avoir voulu vous séparer de l'ivraie avant le temps de la moisson, parce que vous seul êtes l'ivraie. En effet, si vous étiez le bon grain, vous supporteriez patiemment le mélange de l'ivraie, et vous ne vous sépareriez pas de la moisson de Jésus-Christ. Il a été dit de l'ivraie : « Comme l'iniquité abondera la charité de plusieurs se refroidira (*Matt.*, XXIV, 12). » Mais il a été dit du bon grain : « Celui qui aura persévéré jusqu'à la fin sera sauvé. » Comment donc pouvez-vous croire que l'ivraie s'est multipliée jusqu'à remplir

---

detis. Passio Domini pretium est orbis terrarum ; ille totum orbem redemit : et vos cum toto orbe ad lucrum vestrum non concordatis, sed potius in damnum vestrum in parte litigatis, ut totum perdatis. Audite in Psalmo, quo pretio redemti sumus (*Psal.*, XXI, 18) : » Foderunt, « inquit, » manus meas et pedes, dinumeraverunt omnia ossa mea. Ipsi vero consideraverunt et conspexerunt me, diviserunt sibi vestimenta mea, et super vestimentum meum miserunt sortem. « Quare divisores vestimentorum Domini esse vultis, et tunicam illam caritatis desuper textam, quam nec persecutores ejus diviserunt, tenere cum toto orbe non vultis ? In Psalmo ipso legitur, quia totus orbis eam tenet : « Commemorabuntur, » inquit, « et convertentur ad Dominum universi fines terræ : et adorabunt in conspectu ejus universæ patriæ gentium ; quoniam ipsius est regnum, et ipse dominabitur gentium (*Ibid.*, 28). » Aperite aures cordis, et audite, quia « Deus deorum Dominus locutus est, et vocavit terram a solis ortu usque ad occasum ; ex Sion species decoris ejus (*Ps.*, XLIX, 1). » Si hoc non vultis intelligere, audite Evangelium, jam per os proprium loquente ipso Domino et dicente, « Quia oportebat de Christo compleri omnia, quæ de illo scripta sunt in Lege et Prophetis et Psalmis, et prædicari in nomine ejus pœnitentiam et remissionem peccatorum per omnes gentes, incipiens ab Jerusalem (*Luc*, XXIV, 44). » Quod in Psalmo dixit, « vocavit terram a solis ortu usque ad occasum ; » hoc in Evangelio, « per omnes gentes. » Et quod in Psalmo dixit, « ex Sion species decoris ejus ; » hoc in Evangelio dixit : « incipiens ab Jerusalem. »

2. Fingitis vos ante tempus messis fugere permixta zizania, quia vos estis sola zizania. Nam si frumenta essetis, permixta zizania toleraretis, et a segete Christi non vos divideretis. De zizaniis quidem dictum est, « Quoniam abundabit iniquitas, refrigescet caritas multorum (*Matt.*, XXIV, 12). » Sed et de tritico dictum est,«Qui perseveraverit usque in finem, hic salvus erit. » Quare creditis crevisse zizania et mundum replevisse, triticum autem decre-

toute la terre, et que le bon grain a tellement diminué qu'il ne se trouve plus qu'en Afrique. Vous vous dites chrétiens et vous êtes en contradiction avec le Christ qui a dit : « Laissez croître l'ivraie avec le bon grain jusqu'au temps de la moisson (*Matt.*, XIII, 30). » Mais il n'a pas dit : Que l'ivraie se multiplie et que le bon grain diminue. Il a dit : « Le champ est le monde, » mais non pas, le champ est l'Afrique. Il a dit encore : « La moisson est la fin du temps, » mais non pas, la moisson est le temps de Donat. Il a dit encore : « Les moissonneurs sont les anges, » mais il n'a pas dit : Les moissonneurs sont les chefs des Circoncellions. Par cela seul que vous avez pris l'ivraie pour le bon grain, vous avez montré que vous étiez l'ivraie ; et ce qui est bien plus grave, vous vous êtes séparés du bon grain avant le temps de la moisson. Parmi vos ancêtres, dans le schisme sacrilége desquels vous persévérez, les uns, comme il est prouvé par les actes publics (1), ont livré aux persécuteurs de la foi, les Ecritures saintes et les titres de l'Eglise, d'autres ont laissé impunis ceux qui avaient commis ce crime, et qui l'avaient avoué, et sont demeurés unis de communion avec ces criminels. Et tous ensemble, ayant formé à Carthage une faction furieuse, ont condamné, sans les entendre, des hommes qu'ils accusaient d'avoir livré les saintes Ecritures, crime qu'ils s'étaient pardonné entre eux. Ils ont ordonné évêque contre évêque, et ont élevé autel contre autel. Ensuite ils envoyèrent à l'empereur Constantin une demande pour obtenir que des évêques d'outre-mer fussent établis comme juges dans l'affaire des évêques d'Afrique. On leur accorda les juges qu'ils avaient demandés, et bien loin d'optempérer au jugement rendu contre eux à Rome, ils accusèrent près de l'empereur, comme ayant rendu une sentence injuste, ces évêques qu'il leur avait donnés pour juges. L'empereur envoya à Arles d'autres évêques pour les juger. Ils appelèrent de la sentence de ces nouveaux juges, près de l'empereur qui, après les avoir entendus, les condamna comme calomniateurs. Malgré cela, ils ont persisté dans leur schisme criminel. Réveillez-vous donc pour votre salut, aimez la paix, revenez à l'unité. Nous n'avons jamais refusé de vous dire, toutes les fois que vous l'avez voulu, comment toutes ces choses se sont passées.

3. On s'associe au mal quand on donne son consentement aux actions des méchants, mais non pas quand on tolère l'ivraie dans le champ

(1) Actes passés devant Annotius Félix.

visse, et in sola Africa mansisse ? Christianos vos dicitis, et Christo contradicitis. Ipse dixit, « Sinite utraque crescere usque ad messem (*Matt.*, XIII, 30). » non dixit, Crescant zizania, decrescant frumenta. Ipse dixit, « Ager est hic mundus ; » non dixit, Ager est Africa. Ipse dixit, «Messis est finis sæculi ; » non dixit, Messis est tempus Donati. Ipse dixit, « Messores Angeli sunt ; » non dixit, Messores principes Circumcellionum sunt. Sed quia pro zizaniis triticum accusastis, vos esse zizania demonstratis; et quod est gravius, ante tempus vos a tritico separastis. Majores enim vestri in quorum sacrilega præcisione perseveratis, quidam Gestis municipalibus codices sanctos et instrumenta Ecclesiæ persecutoribus tradiderunt, quidam eos fatentes dimiserunt et eis communicaverunt, et utrique Carthaginem furiosa factione convenerunt, de crimine traditionis, de quo ipsi inter se jam consenserant, inauditos damnaverunt, episcopum contra episcopum ordinaverunt, altare contra altare erexerunt. Postea litteras ad imperatorem Constantinum ut inter Afros episcopi transmarini judicarent miserunt, datis judicibus quos postulaverant et Romæ judicantibus non obtemperaverunt, episcopos apud Imperatorem tamquam male judicaverint arguerunt. Ab aliis rursus episcopis ad Arelatum missis ad ipsum Imperatorem appellaverunt ; ab ipso auditi et calumniatores inventi, in eodem scelere permanserunt. Evigilate ad salutem, amate pacem, redite ad unitatem. Hæc vobis quemadmodum gesta sint, quando vultis, omnia recitamus.

3. Ille communicat malis, qui consentit factis malorum, non qui tolerat in agro dominico zizania usque ad messem, vel paleam usque ad ultimam ventilationem. Si malos odistis, vos ipsi mutamini ab scelere schismatis. Si malorum permixtionem timeretis, (a) Optatum inter vos in apertissima iniquitate viventem per tot annos nos teneretis. Quem cum modo martyrem dicitis, superest ut eum, propter quem mortuus est, Christum dicatis. Postremo quid vos offendit orbis Christianus, a quo vos nefario furore præcidistis ? Et quid vos prome-

(a) Optatus Thamugadensis propter Gildonem in carcere exstinctus est, ex lib. I, cont. litt. Petil. c. XCII.

du Seigneur jusqu'au temps de la moisson, la paille, jusqu'au jour où viendra le grand vanneur. Si vous haïssez les méchants, séparez-vous donc de votre schisme criminel. Si c'était la crainte de rester mêlés avec les méchants qui vous fît agir ainsi, vous n'auriez pas gardé pendant tant d'années au milieu de vous Optat (1), qui vivait ouvertement dans l'iniquité. Puisque vous l'appelez martyr, il ne vous reste plus que d'appeler Christ celui pour qui il est mort. Que vous a fait le monde chrétien, pour vous en séparer avec une fureur aussi impie ? Et en quoi ont mérité de vous les Maximianistes que vous avez condamnés, que par des jugements publics vous avez chassés de leurs églises, et auxquels vous avez rendu ensuite les dignités et les honneurs dont vous les aviez privés? Que vous a fait la paix de Jésus-Christ, cette paix que vous avez violée en vous séparant de ceux que vous calomniez ? Et quel mérite a pour vous la paix de Donat, pour l'amour de laquelle vous recevez au milieu de vous ceux que vous aviez condamnés? Félicien de Musti est maintenant avec vous ; cependant nous avons lu que vous l'aviez d'abord condamné dans votre concile, que vous l'aviez ensuite traduit devant le tribunal du proconsul et attaqué par des actes publics jusque dans sa ville même de Musti.

4. Si c'est un crime d'avoir livré les saintes Ecritures, crime que Dieu a puni de mort dans la personne du roi qui brûla le livre de Jérémie, combien plus est criminel le sacrilége du schisme, dont les auteurs, auxquels vous comparez les Maximianistes, furent engloutis tout vivants dans la terre qui s'ouvrit sous leurs pieds ? Comment donc pouvez-vous nous reprocher d'avoir livré les Livres Saints, ce qu'il vous est impossible de prouver, et recevez-vous dans votre communion ces schismatiques que vous avez condamnés ? Si vous vous croyez justes pour avoir souffert persécution de la part des empereurs, les Maximianistes sont encore plus justes que vous, puisque vous les avez fait persécuter par des juges que les empereurs catholiques vous envoyèrent sur votre demande même. Si vous avez seuls le vrai baptême, comment souffrez-vous le baptême des Maximianistes dans ceux que Félicien a baptisés hors de votre communion, ce Félicien condamné par vous, et que vous avez ensuite reçu dans votre communion avec ceux à qui il avait administré son baptême ? Si vos évêques ne veulent pas conférer avec nous, qu'ils répondent du moins sur tous ces points à vos laïques. Songez, pour votre salut, comment vous devez prendre le refus de vos évêques de s'entretenir avec nous. Si les loups ont tenu conseil pour ne pas répondre aux pasteurs, à quoi songent les brebis d'aller dans les cavernes des loups ?

(1) C'est Optat de Thamugade qui fut tué en prison à cause de Gildon, comme il paraît par le c. IX, du 2e liv. contre Pétilien. Voyez la note de la lettre 51 n. 3.

ruerunt Maximianistæ, quos a vobis damnatos, et per judicia publica de basilicis proturbatos, in suo rursus honore recepistis? Quid vos offendit pax Christi, contra quam vos dividitis ab eis, quos infamatis? Et quid vos promeruit pax Donati, pro qua suscipitis quos damnatis? Felicianus Mustitanus modo vobiscum est. Legimus eum prius in vestro concilio damnatum, et a vobis postea in judicio proconsulis accusatum, et in Mustitana civitate Gestis municipalibus oppugnatum.

4. Si traditio codicum scelerata est, quam Deus in regem, qui Jeremiæ (*Jerem.*, xxxvi) librum incendit, morte (*a*) bellica vindicavit, quanto sceleratius est sacrilegium schismatis, cujus auctores, quibus Maximianistas comparastis, aperta terra vivos absorbuit? Quomodo ergo crimen traditionis nobis objicitis, quod non probatis, et schismaticos vestro et damnatis et acceptatis? Si propterea justi estis, quia persecutionem per Imperatores passi estis, justiores vobis sunt ipsi Maximianistæ, quos per judices ab Imperatoribus catholicis missos vos ipsi persecuti estis. Si baptismum vos soli habetis, quid apud vos facit baptismus Maximianistarum in eis, quos baptizavit Felicianus damnatus, cum quibus est ad vos postea revocatus? Vel vobis laicis ad ista respondeant episcopi vestri, si nobiscum loqui nolunt; et cogitate pro salute vestra, quale sit hoc ipsum, quod nobiscum loqui nolunt. Si lupi concilium fecerunt, ut pastoribus non respondeant ; quare oves consilium perdiderunt, ut ad luporum speluncas accedant?

(*a*) Sic MSS. undecim. Editi vero habent, *morte publica.*

LETTRE LXXVII [1]

Saint Augustin exhorte Félix et Hilarin à ne pas se troubler des scandales qui s'élèvent dans l'Église. Il leur déclare que le prêtre Boniface n'ayant été convaincu d'aucun crime, il ne peut le priver du sacerdoce, surtout après avoir remis son affaire au jugement de Dieu.

A SES TRÈS-CHERS SEIGNEURS ET HONORABLES FRÈRES FÉLIX ET HILARIN, AUGUSTIN, SALUT DANS LE SEIGNEUR.

1. Je ne m'étonne pas que Satan cherche à jeter le trouble dans le cœur des fidèles. Résistez-lui, en restant dans l'espérance des promesses de Dieu, qui ne saurait tromper. Non-seulement il daigne nous promettre des récompenses éternelles si nous croyons et espérons en lui, et si nous persévérons dans sa charité jusqu'à la fin, mais il nous a aussi prédit que dans le cours des siècles, il s'élèverait bien des scandales pour exercer et éprouver notre foi. Il nous dit, en effet, dans son Evangile : « Comme l'iniquité abondera, la charité de plusieurs se refroidira; » mais il ajoute aussitôt : « Celui qui persévérera jusqu'à la fin sera sauvé (*Matth.*, XXIV, 12). » Faut-il donc s'étonner de trouver des hommes qui, ne pouvant corrompre la pureté de la vie des serviteurs de Dieu, cherchent à noircir leur réputation, puisque chaque jour ils blasphèment le Dieu même et le Seigneur de ces fidèles, et ne peuvent supporter tout ce que ce Dieu, dans ses jugements justes et secrets, décide contre leur volonté ? C'est pourquoi je vous exhorte, très-chers et très-honorables frères, à méditer sans cesse avec un cœur vraiment chrétien les paroles de Dieu qui, dans son Ecriture, nous a prédit que toutes ces choses arriveraient, et qui nous a avertis de nous tenir fermes contre les propos médisants et les soupçons téméraires des hommes.

2. Je vous dirai donc, en peu de mots, que le prêtre Boniface n'ayant été convaincu d'aucun crime devant moi, je n'ai pu le croire et ne le crois pas coupable de celui dont on l'accuse. Comment donc pourrais-je ordonner d'effacer son nom du nombre des prêtres, lorsque je dois redouter les paroles du Seigneur, nous disant dans son Evangile : « Vous serez jugés comme vous aurez jugé les autres (*Matth.*, VII, 2) ? » Le différend qui s'est élevé entre lui et Spès est,

---

(1) Ecrite peu de temps avant la lettre suivante. — Cette lettre était la 146ᵉ dans les éditions antérieures à l'édition des Bénédictins et celle qui était la 77ᵉ se trouve maintenant la 41ᵉ.

EPISTOLA LXXVII

Augustinus Felici et Hilarino, ut ne perturbentur abortis in Ecclesia scandalis. Porro de Bonifacio, qui in nullo apud se crimine deprehensus fuerit, statuere non posse ut ejus nomen de presbyterorum albo expungatur, maxime cum ipsius caussam ad Dei judicium transmiserit.

DOMINIS DILECTISSIMIS MERITOQUE HONORANDIS FRATRIBUS, FELICI ET (a) HILARINO, AUGUSTINUS, IN DOMINO SALUTEM.

1. Non miror satanam fidelium animos perturbantem : cui resistite permanentes in spe promissorum Dei, qui fallere non potest : qui non solum nobis in se credentibus, et sperantibus, et in ejus caritate usque in finem perseverantibus polliceri præmia æterna dignatus est, verum etiam temporalia scandala non defutura prædixit, quibus fidem nostram exerceri et probari oporteret. Ait enim, « quoniam abundabit iniquitas, refrigescet caritas multorum (*Matt.*, XXIV 12) : » sed continuo subjecit, « Qui autem perseveraverit usque in finem, hic salvus erit. » Quid ergo mirum, si homines servis Dei detrahunt, et quia eorum vitam pervertere non possunt, famam decolorare conantur, cum ipsum Deum et Dominum eorum quotidie blasphemare non cessent, cum eis displicet quidquid contra eorum voluntatem jusso et occulto judicio facit? Unde exhortor prudentiam vestram, domini dilectissimi meritoque honorandi fratres, ut Scripturam Dei, qui nobis hæc omnia futura prænuntiavit, et adversus ea nos firmos esse præmonuit, contra hominum maledica vaniloquia suspicionesque temerarias corde Christianissimo cogitetis.

2. Breviter itaque dico caritati vestræ, Bonifacium presbyterum in nullo crimine apud me fuisse detectum, nequaquam me de illo tale aliquid credi-

---

(a) MSS. quinque, *Hilario*, alii quinque *Hilariano*.

selon leur demande, soumis au jugement de Dieu, comme vous pouvez vous en assurer vous-mêmes. Que suis-je donc, moi, pour oser prévenir la sentence de Dieu, en effaçant ou en supprimant le nom d'un prêtre que, comme évêque, je n'ai pas dû soupçonner témérairement, et que, comme homme, je n'ai pas pu juger consciencieusement d'après des desseins cachés dans le cœur des hommes. Dans les causes séculières, lorsqu'on s'en réfère à une puissance supérieure, les choses restent dans le même état : jusqu'au jour où est prononcée la sentence dont il n'est plus permis d'appeler, dans la crainte de faire injure aux juges supérieurs, si on changeait quelque chose à ce qu'ils doivent décider, et lorsque l'affaire est encore pendante devant eux. Combien plus grande est la différence qui existe entre la puissance de Dieu et celle des hommes, quelque élevée qu'elle soit d'ailleurs ! Que la miséricorde du Seigneur notre Dieu ne vous abandonne jamais, très-chers et très-honorables frères.

LETTRE LXXVIII (1)

Un nommé Spès, (2) qui était du monastère de saint Augustin, avait été accusé par le prêtre Boniface, d'un crime qu'il rejeta sur son accusateur. Saint Augustin ne pouvant pas connaître la chose par des preuves évidentes, leur ordonna de se rendre au tombeau de saint Félix, prêtre de Nole, afin qu'il plût à Dieu de manifester la vérité par quelque miracle. Ils devaient, sur les ordres de saint Augustin, s'y rendre secrètement ; mais la chose s'étant divulguée, saint Augustin permit pour le moment, que le nom de Boniface ne soit plus cité avec celui des autres prêtres. Saint Augustin exhorte le clergé et le peuple d'Hippone à ne pas juger témérairement, à ne pas s'écarter de la piété, et à ne pas soupçonner de mal tous les autres, à cause des fautes de quelques-uns. Il fait observer qu'il n'y a jamais eu de société si sainte, où il ne s'y soit trouvé quelque coupable.

A SES TRÈS-CHERS FRÈRES, LES CLERCS, LES ANCIENS

---

(1) Ecrite l'an 401. — Cette lettre était la 117e dans les éditions antérieures à l'édition des Bénédictins, et celle qui était la 78e se trouve maintenant la 197e.
(2) Spès et Boniface étaient deux moines d'Hippone qui s'étaient mutuellement accusés de désordres. Saint Augustin les renvoie au jugement de Dieu, en les envoyant à Nole, au tombeau de saint Félix, dans l'espoir qu'un miracle ferait connaître celui des deux qui était coupable.

---

disse vel credere. Quomodo ergo juberem de numero presbyterorum nomen ejus auferri, vehementer terrente Evangelio ubi Dominus ait, « In quo judicio judicaveritis judicabimini (*Matt.*, VII, 2) ? » Cum enim caussa, quæ inter illum et Spem exorta est, sub divino examine pendeat secundum placitum eorum, quod vobis si volueritis poterit recitari ; quis ego sum, ut audeam Dei prævenire sententiam in delendo vel supprimendo ejus nomine, de quo nec suspicari temere mali aliquid episcopus debui, nec dilucide judicare homo de occultis hominum potui, cum in ipsis caussis sæcularibus quando ad majorem potestatem refertur arbitrium judicandi, manentibus sicuti erant omnibus rebus, exspectetur illa sententia, unde jam non liceat provocari, ne superiori cognitori fiat injuria, si ejus pendente judicio aliquid fuerit commutatum ? Et utique multum interest inter divinam et humanam quamlibet excelsissimam potestatem. Domini Dei nostri misericordia numquam vos deserat, domini dilectissimi et honorandi fratres.

EPISTOLA LXXVIII.

Quidam e monasterio Augustini Spes nomine, accusatus a Bonifacio presbytero, crimen in Bonifacium ipsum transtulit. Cum res evidentibus argumentis cognosci ab Augustino non posset, jussus est uterque adire sepulcrum S. Felicis Nolani, ut miraculo transigeretur judicium. Id clam fieri curarat Augustinus : verum quoniam res eruperat in notitiam hominum, permittit interea ut Bonifacii nomen inter presbyteros non recitetur : hortatur omnes ne temere judicent, neve ob paucorum delicta vel ipsi deficiant a pietate, vel de omnibus male suspicentur ; observans nullam fuisse tam felicem sodalitatem, in qua non aliquis flagitiosus exstiterit.

DILECTISSIMIS FRATRIBUS, CLERO, SENIORIBUS ET UNIVERSÆ PLEBI ECCLESIÆ HIPPONENSIS, CUI SERVIO IN DILECTIONE CHRISTI, AUGUSTINUS IN DOMINO SALUTEM.

2. Utinam Scripturæ Dei sollicita mente intendentes, in quibusque scandalis adjutorio nostri sermonis non egeretis, et ille vos potius consolare-

ET A TOUT LE PEUPLE DE L'ÉGLISE D'HIPPONE, QUE JE SERS DANS LA CHARITÉ DE JÉSUS-CHRIST. AUGUSTIN, SALUT DANS LE SEIGNEUR.

1. Plaise à Dieu que vous vous appliquiez à l'intelligence des saintes Ecritures avec une sollicitude telle, que dans tous les scandales dont vous êtes témoins, vous n'ayez pas besoin du secours de notre parole, et que vous trouviez votre consolation dans celui où nous la trouvons nous-mêmes ; car il a non-seulement prédit qu'il rendrait à ses saints et à ses fidèles le bien qu'ils auront fait, mais il a encore annoncé les maux dont ce monde devait être rempli ; et s'il a pris soin de les signaler d'avance, c'était pour que notre espérance des biens qui nous attendent à la fin des siècles, fût plus vive que le sentiment des maux qui doivent précéder. C'est pourquoi l'Apôtre nous dit : « Tout ce qui est écrit, a été écrit pour notre instruction, afin que nous espérions en Dieu par la patience et la consolation des Ecritures (*Rom.*, XV, 4). » En effet, pourquoi Notre Seigneur Jésus-Christ ne s'est-il pas contenté de dire qu'à la fin des temps, les justes brilleront comme le soleil dans le royaume de son Père (*Matt.*, XIII, 43), mais s'est-il encore écrié : « Malheur au monde, à cause des scandales (*Matt.*, XVIII, 7), » sinon pour nous avertir de ne pas nous flatter de pouvoir arriver au séjour de l'éternelle félicité, avant d'avoir été éprouvés, sans défaillance, par les maux passagers de ce monde ? Pourquoi dit-il encore : « Comme l'iniquité abondera, la charité de plusieurs se refroidira, sinon pour exhorter ceux dont il parle ensuite, c'est-à-dire ceux qui par leur persévérance, jusqu'à la fin seront sauvés, à voir sans crainte et sans trouble la charité de plusieurs se refroidir par l'abondance de l'iniquité, à ne point s'attrister de ces iniquités comme de choses surprenantes et inattendues, mais à se préserver du désespoir et du découragement, afin que, voyant l'accomplissement de ce qui avait été prédit, comme devant arriver avant la fin des temps, ils persévérassent avec patience jusqu'à la fin, pour mériter après cela de régner dans une vie qui ne doit pas finir ? »

2. Je ne vous dis pas pour cela, très-chers frères, de ne pas vous affliger du scandale et du trouble jetés dans l'esprit de quelques-uns, par l'affaire du prêtre Boniface, car ceux qui ne s'en affligeraient pas, n'auraient pas en eux la charité de Jésus-Christ, comme l'abondance de la malice du démon serait dans le cœur de ceux qui s'en réjouiraient. Ce n'est pas que j'aie trouvé dans ce prêtre quelque chose qui méritât condamnation, mais c'est que deux de nos frères se trouvent dans une situation telle, que l'un d'eux passe pour un homme perdu, et que la

---

tur, qui consolatur et nos : qui non solum bona, quæ sanctis et fidelibus suis est redditurus, verum etiam mala, quibus erat hic mundus abundaturus ante prædixit, ante conscribenda curavit, ut bona post sæculi finem sequutura certiores exspectaremus, quam mala similiter prænuntiata ante sæculi finem præcedentia sentiremus. Unde Apostolus dicit ; « Quæcumque enim ante scripta sunt, ut nos doceremur scripta sunt, ut per patientiam et consolationem Scripturarum spem habeamus ad Deum. (*Rom.*, XV, 4). » Quid autem opus erat ut ipse Dominus Jesus non solum diceret, « Tunc justi fulgebunt sicut sol in regno Patris sui (*Matt.*, XIII, 43), » quod post sæculi finem futurum est ; verum etiam exclamaret, « Væ mundo ab scandalis (*Matt.*, XVIII, 7) : » nisi ut nobis non blandiremur venire posse ad sedes felicitatis æternæ, nisi temporalibus malis exerciti non defecerimus ? Quid opus fuit ut diceret, « Quoniam abundabit iniquitas, refrigescet caritas multorum : » nisi ut illi de quibus continuo loquutus adjunxit « Qui perseveraverit usque in finem, hic salvus erit, » (*Matt.*, XXIV, 13), cum hac iniquitatis abundantia refrigescentem caritatem viderent, non perturbarentur, non expavescerent, non quasi rebus insperatis et inopinatis contristati deficerent ; sed potius videntes accidere, quæ futura prædicta sunt ante finem, patienter perseverarent usque in finem, ut securi mercerentur regnare post finem in ea vita, quæ non habet finem.

2. Proinde carissimi in isto scandalo, quo de Bonifacio presbytero nonnulli perturbantur, non vobis dico ut non doleatis. Qui enim ista non dolent, non est in eis caritas Christi : qui autem etiam de talibus gaudent, abundat in eis malignitas diaboli. Non quia in memorato presbytero apparuit aliquid, quod dignum damnatione judicaretur ; sed quia duo de domo nostra talem habent caussam, ut unus eorum sine dubio perditus habeatur, et sit alterius fama apud quosdam mala, apud quosdam dubia, etiamsi non sit maculata conscientia. Dolete ista, quoniam dolenda sunt : non tamen sic ut eo dolore vestra caritas a bene vivendo refrigescat, sed potius ad Do-

réputation de l'autre est regardée comme mauvaise par quelques-uns, et comme suspecte par quelques autres, quand même sa conscience ne serait pas souillée. Affligez-vous donc de ces choses, car elles sont déplorables; mais que votre douleur ne refroidisse pas votre charité; qu'elle ne vous éloigne pas d'une bonne et sainte vie; qu'elle vous excite plutôt à prier ardemment le Seigneur de faire éclater promptement par un jugement divin, l'innocence de votre prêtre, s'il est innocent, comme j'aime à le croire, puisqu'il n'a voulu ni répondre aux sollicitations honteuses qui lui étaient faites, ni garder le silence à cet égard, et qu'au contraire, il a cru devoir dévoiler ce qu'il en était. S'il est coupable, ce que je n'ose soupçonner, il a voulu diffamer celui dont il n'a pu souiller la pudeur et l'innocence, comme le dit son accusateur. Alors, priez Dieu pour que l'iniquité de Boniface ne reste pas cachée, et que le crime que les hommes ne peuvent découvrir, soit découvert par un jugement divin.

3. Déchiré depuis longtemps par la douleur que me causait cette affaire, et ne pouvant convaincre ni l'un ni l'autre, quoique je crusse davantage aux paroles du prêtre. J'avais d'abord songé à les renvoyer tous les deux au jugement de Dieu, jusqu'à ce que j'eusse découvert, dans celui qui m'était suspect, quelque chose qui me permît de l'exclure justement de notre maison. Mais comme il cherchait à se faire élever à la cléricature, soit ici par moi-même, soit ailleurs avec mes lettres, et que je ne voulais consentir, en aucune manière, à ordonner un homme dont je pensais tant de mal, ni à donner lieu par ma recommandation de le faire ordonner par quelqu'un de mes frères ; il commença à agir avec turbulence, et à dire que s'il n'était pas promu à la cléricature, le prêtre Boniface ne devait pas être maintenu dans son grade. Voyant dans cette provocation que Boniface ne voulait pas devenir un sujet de scandale pour les faibles, ni pour ceux qui sont disposés à soupçonner la régularité de sa vie, et qu'il était prêt à faire le sacrifice de sa dignité devant les hommes, plutôt que d'entrer dans une discussion qui aurait inutilement troublé l'Eglise, et dans laquelle il n'aurait pu prouver son innocence, à des ignorants et à des hommes trop disposés à soupçonner le mal ; je pris un terme moyen, et je les décidai à se rendre ensemble dans un lieu (1) saint, où quelque intervention terrible de la justice de Dieu mettrait plus facilement au jour ce

(1) C'était en pareil cas la seule manière de se justifier approuvée par l'Eglise et qui s'appelait pour cela *justification canonique*, c'est-à-dire reçue et autorisée par les canons. Il y en avait encore un grand nombre d'autres que l'usage tolérait sans qu'elles fussent approuvées.

minum deprecandum inardescat; ut si innocens est presbyter vester, quod magis credo, quia cum sensisset alterius motum impudicum et immundum, nec consentire voluit nec tacere, cito eum divina sententia manifestatum ministerio proprio repræsentet : si autem male sibi conscius, quod suspicari non audeo, voluit alterius existimationem lædere, cum ejus pudicitiam contaminare non posset, sicut dicit ipse cum quo habet caussam, non eum permittat suam occultare nequitiam, ut quod homines invenire non possunt, de quolibet eorum divino judicio propaletur.

3. Cum enim ista me caussa diu cruciasset, nec invenirem quomodo unus e duobus convinceretur, quamvis magis presbytero credidissem : cogitaveram primo sic ambos Deo relinquere, donec in uno eorum, qui mihi suspectus erat, aliquid existeret, unde non sine justa et manifesta caussa de nostro habitaculo projiceretur. Sed cum promoveri in (a) clericatum, sive illic per me, sive alibi per litteras meas vehementissime conaretur, ego autem nullo modo adducerer ei homini, de quo tantum mali existimarem, manus ordinationis imponere, aut per commendationem meam alicui fratri meo eum subintroducere, turbulentius agere cœpit, ut si ipse in clericatum non promoveretur, nec presbyter Bonifacius in suo gradu esse permitteretur. In qua ejus provocatione cum viderem Bonifacium nolle quibuslibet infirmis et ad suspicionem propensis de suæ vitæ dubitatione scandalum fieri, paratumque esse honoris sui apud homines damnum perpeti potius, quam in ea contentione, in qua non posset ignorantibus et dubitantibus vel ad male suspicandum proclivioribus suam demonstrare conscientiam, usque ad Ecclesiæ perturbationem inaniter progredi : elegi aliquid medium, ut certo placito se ambo constringerent ad locum sanctum se perrecturos, ubi terribiliora

(a) Editi, *in clericatu*. At MSS. habent, *in clericatum*.

qu'il y aurait de criminel dans la conscience de l'un ou de l'autre, et les forcerait, soit par la crainte, soit par quelque châtiment, à confesser la vérité. Sans aucun doute, Dieu est partout; il n'y a pas d'espace qui puisse contenir ou enfermer celui qui a tout créé, aussi est-ce en esprit et en vérité que les vrais adorateurs doivent l'adorer, afin que comme c'est en secret qu'il nous écoute, ce soit également en secret qu'il nous justifie et nous couronne. Cependant dans ses opérations extérieures et sensibles, il a de secrets desseins que nul ne saurait pénétrer; qui pourrait dire pourquoi il opère en certains lieux des miracles qu'il ne fait point ailleurs. Beaucoup de Chrétiens connaissent la sainteté du lieu où repose le corps du bienheureux Félix de Nole; c'est là que j'ai voulu qu'ils se rendissent, parce que, de cet endroit, on pouvait m'écrire plus facilement et plus fidèlement ce qu'il aurait plu à la justice divine de manifester dans l'un où dans l'autre. Nous savons, en effet, qu'à Milan, au tombeau des saints, où les démons sont miraculeusement forcés de faire des aveux, un voleur qui était venu là pour tromper, en faisant de faux serments, fut obligé d'avouer son larcin et de rendre tout ce qu'il avait dérobé. L'Afrique est bien aussi remplie de corps de saints martyrs; cependant nous n'avons jamais appris que de pareils miracles s'y soient opérés. De même que, selon les paroles de l'Apôtre « Tous (les saints) n'ont pas reçu le don de guérir les malades, et tous n'ont pas le discernement des esprits (I *Cor.*, XII, 30), » de même, celui qui distribue ses grâces à chacun, comme il lui plaît, n'a pas accordé à tous les tombeaux des saints, la faveur d'opérer des miracles.

4. Je ne voulais pas vous faire connaître toute la douleur qui m'afflige, dans la crainte de jeter cruellement et sans profit la tristesse et le trouble dans vos cœurs. Peut-être Dieu n'a pas voulu que la chose vous restât cachée pour que vous puissiez le prier avec nous de daigner nous découvrir ce que lui seul connaît dans cette affaire, et ce que nous ne pouvons pénétrer. Je n'ai pas osé supprimer ou effacer le nom de Boniface de la liste de ses collègues, dans la crainte de paraître faire injure à la puissance divine, à l'examen de laquelle la cause est présentement soumise, en prévenant par un jugement anticipé la sentence que Dieu doit prononcer. C'est ce qu'observent les juges même séculiers qui, lorsqu'une cause douteuse est portée devant un tribunal supérieur, n'osent rien changer, tant qu'un pouvoir plus élevé est saisi de l'affaire. D'ailleurs, dans un con-

opera Dei non sanam cujuscumque conscientiam multo facilius aperirent, et ad confessionem vel pœna vel timore compellerent. Ubique quidem Deus est, et nullo continetur vel includitur loco qui condidit omnia, et eum a veris adoratoribus in spiritu et veritate oportet adorari, ut in occulto exaudiens, in occulto etiam justificet et coronet. Verumtamen ad ista quæ hominibus visibiliter nota sunt, quis potest ejus consilium perscrutari. quare in aliis locis hæc miracula fiant, in aliis non fiant? Multis enim notissima est sanctitas loci, ubi beati Felicis Nolensis corpus conditum est, quo volui ut pergerent; quia inde nobis facilius fideliusque scribi potest quidquid in eorum aliquo divinitus fuerit propalatum. Nam et nos novimus Mediolani apud memoriam sanctorum, ubi mirabiliter et terribiliter dæmones confitentur, furem quemdam, qui cum locum venerat ut falsum jurando deciperet, compulsum fuisse confiteri furtum, et quod abstulerat reddere : numquid non et Africa sanctorum Martyrum corporibus plena est? et tamen nusquam hic scimus talia fieri. Sicut enim, quod Apostolus dicit. « non omnes » sancti « habent dona curationum, nec omnes habent dijudicationem spirituum (I *Cor.*, XII, 30) : » ita nec in omnibus memoriis sanctorum ista fieri voluit ille, qui dividit propria unicuique prout vult.

4 Quapropter cum ego noluissem hunc gravissimum dolorem cordis mei vobis perferri in notitiam, ne vos atrociter et inaniter contristando turbarem; fortassis ideo Deus noluit vos latere, ut nobiscum orationibus incumbatis, ut quod ipse in hac caussa novit, nos autem nosse non possumus, etiam nobis manifestare dignetur. Nomen autem presbyteri propterea non ausus sum de numero collegarum ejus vel supprimere vel delere, ne divinæ potestati, sub cujus examine caussa adhuc pendet, facere viderer injuriam, si illius judicium meo vellem præjudicio prævenire : quod nec in negotiis sæcularibus judices faciunt, quando caussæ dubitatio ad majorem potestatem refertur, ut pendente relatione aliquid audeant commutare. Et in episcoporum concilio constitutum est, nullum clericum, qui nondum convictus sit, suspendi a communione debere, nisi ad caussam suam examinandam se non præsentaverit. Bonifacius tamen hanc humilitatem suscepit,

cile (1) d'évêques, il a été décrété qu'aucun clerc, avant d'être convaincu de la faute qu'on lui impute, ne pouvait être retranché de la communion, à moins de ne s'être pas présenté pour être jugé. Boniface s'est humilié jusqu'au point de ne pas accepter de nous des lettres au moyen desquelles il pourrait dans son voyage recevoir les honneurs dus à son rang, afin que, restant inconnus lui et Spès dans les lieux où ils vont, ils fussent reçus et traités l'un et l'autre avec la même égalité. Si maintenant il vous plaît que son nom ne soit pas lu avec celui des autres prêtres, afin d'ôter toute occasion, comme dit l'Apôtre, à ceux qui ne cherchent que des prétextes pour ne pas entrer dans le sein de l'Eglise, ce fait ne doit pas être imputé à nous, mais à ceux qui en auront été la cause. Du reste, qu'importe à Boniface que l'ignorance des hommes ne permette pas que son nom figure sur cette tablette (2), pourvu que par la pureté de sa conscience il reste inscrit sur le livre de vie.

5. Or donc, mes frères, vous qui craignez Dieu, souvenez-vous de ce que dit l'Apôtre Pierre : « Le démon votre ennemi rôde autour de vous comme un lion rugissant, cherchant quelqu'un qu'il puisse dévorer (1 *Pierre*, v, 8). » Il cherche à souiller la réputation de celui qu'il ne peut dévorer après l'avoir séduit pour le mal, afin que devenu un sujet d'opprobre devant les hommes et de médisances de la part des méchants, il succombe et se précipite dans la gueule de son séducteur. Si le démon ne peut parvenir à flétrir la réputation d'un innocent, il cherche à lui persuader par des soupçons malveillants, à mal juger de son frère, et finit par l'entraîner dans les filets qu'il a tendus. Qui pourrait énumérer ou comprendre les ruses et les artifices auxquels Satan a recours ? Pour éviter ces trois pièges que je viens de vous signaler et qui appartiennent particulièrement à l'affaire présente, écoutez ce que Dieu vous dit par l'Apôtre afin de ne pas vous laisser entraîner au mal par l'imitation des mauvais exemples : « N'entrez pas en société avec les infidèles, car quel lien peut-il y avoir entre la justice et l'iniquité ? quelle union entre la lumière et les ténèbres (II *Cor.*, VI, 12) ? » Et dans un autre endroit : « Ne vous laissez pas séduire : Les mauvais entretiens corrompent les mœurs. Soyez sobres, justes, et ne péchez point (I *Cor.*, XV, 33). » Pour que vous ne succombiez pas sous la médisance des détracteurs, voici ce que Dieu vous dit par le prophète : « Ecoutez-moi,

(1) Canon 7 et 8 du troisième concile de Carthage, tenu l'an 397.
(2) Cette tablette où étaient écrits et où on lisait les noms à l'autel, est ce qu'on connaît sous le nom de *sacrés diptyques*. Il y en avait une pour les évêques morts en la communion de l'Eglise catholique, une seconde pour les vivants ce qui se rapporte à l'oraison du canon de la messe qu'on nomme le *memento des vivants*, et une troisième pour les morts en général. Dans la seconde tablette étaient les noms des clercs, celui de l'empereur et des autres personnages considérables.

ut nec litteras acciperet, quibus in peregrinatione honorem suum quæreret, ut in eo loco ubi ambo ignoti sunt, circa ambos æqualitas servaretur. Et nunc si vobis placet ut nomen ejus non recitetur, ne iis, qui ad Ecclesiam accedere nolunt, sicut ait Apostolus (II *Cor.*, XI, 12), demus occasionem quærentibus occasionem; non erit nostrum hoc factum, sed eorum quorum caussa fuerit factum. Quid enim obest homini, quod ex illa tabula non vult eum recitari humana ignorantia, si de libro vivorum non eum delet iniqua conscientia ?

5. Proinde fratres mei, qui timetis Deum, mementote quod ait apostolus Petrus, « Quoniam adversarius vester diabolus tamquam leo rugiens circumit quærens quem devoret (I *Pet.*, v, 8). » Quem non potest devorare seductum ad nequitiam, famam ipsius inquinare conatur, ut si fieri potest opprobriis hominum et malarum linguarum detractione deficiat, et sic in ejus fauces ruat. Si autem famam innocentis maculare potuerit, hoc ei suadere tentat, ut per malivolas suspiciones de fratre suo judicet, et sic ab illo implicatus absorbeatur. Et quis omnes ejus captiones et circumventiones vel comprehendere vel enumerare sufficiat ? Adversus tamen hæc tria, quæ ad caussam præsentem pertinent (a) proprius, ne mala exempla imitando ad nequitiam seducamini, ita vos per Apostolum alloquitur Deus ; « Ne sitis jugum ducentes cum infidelibus. Quæ enim participatio justitiæ cum iniquitate, aut quæ societas luci ad tenebras (II *Cor.*, VI, 13) ? » Item alio loco, « Nolite, » inquit, « seduci : Corrumpunt mores bonos colloquia mala : Sobrii estote justi, et nolite peccare (I *Cor.*, XV, 34). » Ut autem linguis detrahentium non deficiatis, sic per Prophetam dicit : « Audite

(a) MSS. Vaticani cum decem e nostris, *prius*.

vous qui connaissez le jugement, vous, mon peuple, dans le cœur de qui ma loi est gravée : Ne craignez pas les outrages des hommes, et ne vous laissez pas abattre par leurs calomnies ; comptez pour peu de chose d'en être méprisé : car le temps les consumera comme un vêtement, et ils seront comme la laine rongée par la teigne, mais ma justice demeure éternellement (*Isaïe*, LI, 7). » Enfin pour ne pas vous perdre par la malveillance et les faux soupçons contre les serviteurs de Dieu, souvenez-vous de la recommandation de l'Apôtre : « Ne jugez rien avant le temps jusqu'à ce que le Seigneur vienne : il éclairera ce qui est caché dans les ténèbres, et découvrira les pensées les plus secrètes des cœurs : et alors chacun recevra de Dieu la louange qui lui sera due (I *Cor.*, IV, 5). » N'oubliez pas non plus ces paroles du même Apôtre : « C'est à vous de juger ce qui est évident, mais la connaissance de ce qui est caché n'appartient qu'au Seigneur votre Dieu (I *Cor.*, V, 11). »

6. Il est clair que ces choses n'arrivent pas dans l'Eglise sans attrister gravement les saints et les fidèles. Cependant nous trouvons notre consolation dans celui qui a tout prédit, et qui nous a avertis de ne pas nous laisser refroidir par l'abondance de l'iniquité, mais de persévérer jusqu'à la fin pour être sauvés. Pour ce qui me concerne, s'il y a en moi quelque faible rayon de la charité du Christ, qui d'entre vous s'affaiblit sans que je m'affaiblisse moi-même ? Qui d'entre vous est scandalisé, sans que j'en ressente une vive douleur ? C'est pourquoi n'augmentez pas mes tourments en tombant dans de faux soupçons, ou en imitant les péchés des autres. Ne faites pas, je vous en conjure, que je puisse dire de vous « ils ont aggravé la douleur de mes blessures (*Ps.*, LXVIII, 27). » Quant à ceux qui se réjouissent de mes douleurs prédites depuis si longtemps par le psalmite, dans la personne même de Jésus-Christ : « Ceux qui étaient assis à la porte m'insultaient, et ceux qui buvaient du vin me raillaient dans leurs chansons (*Ps.*, LVIII, 13). » Quant à ces hommes, il est bien facile de supporter les outrages de pareilles gens ; nous devons néanmoins prier pour eux et leur vouloir du bien. Que veulent, en effet, ceux qui sont assis à la porte, que cherchent-ils autre chose, sinon, lorsqu'un évêque, ou un clerc, ou un religieux, ou une vierge consacrée au Seigneur vient à faillir, de croire, de publier, de soutenir que tous les autres ne valent pas mieux, quoiqu'on ne puisse pas mettre leurs fautes au grand jour ? Cependant lorsque quelque femme

me qui scitis judicium, populus meus, in quorum corde lex mea est, Opprobrium hominum nolite metuere, et detractione eorum ne superemini, nec quod vos spernant magni duxeritis : sicut enim vestimentum, ita per tempus absumentur, et sicut lana a tinea comedentur ; justitia autem mea in æternum manet (*Isai.*, LI, 7). » Jam vero ne malivolo animo de servis Dei falsa suspicando pereatis, illud apostolicum recordamini, ubi ait, « Nolite ante tempus judicare quidquam, donec veniat Dominus, et illuminet abscondita tenebrarum, et manifestabit cogitationes cordis, et tunc laus erit unicuique a Deo (I *Cor.*, IV, 5). » Et item illud quod scriptum est, « Quæ manifesta sunt, vobis ; quæ autem occulta, Domino Deo vestro (I *Cor.*, V, 11). »

6. Manifestum est quidem, quia ista in Ecclesia non accidunt sine gravi tristitia sanctorum atque fidelium : verumtamen consoletur nos qui cuncta prædixit, atque ut abundantia iniquitatis non refrigescamus, sed usque in finem perseveremus, ut salvi esse possimus, admonuit. Nam quantum ad me adtinet, si est in me quantulacumque caritas Christi, quis vestrum infirmatur, et ego non infirmor ? quis scandalizatur, et ego non uror ? Nolite itaque augere cruciatus meos deficiendo vel in suspicionibus falsis, vel in peccatis alienis. Nolite obsecro vos, ne dicam de vobis, « Et super dolorem vulnerum meorum addiderunt (*Psal.*, LXVIII, 29). » Nam illi qui gaudent de istis doloribus nostris, de quibus in persona corporis Christi tanto ante prædictum est, « Adversus me insultabant qui sedebant in porta, et in me psalebant qui bibebant vinum (*Ibid.*, 13), valde tolerabilius sustinentur ; pro quibus tamen etiam ipsis orare, et bonum eis velle didicimus. Ad quid enim aliud sedent isti, et quid aliud captant, nisi ut quisquis episcopus, vel clericus, vel monachus, vel sanctimonialis ceciderit, omnes tales esse credant, jactent, contendant, sed non omnes posse manifestari ? Et tamen etiam ipsi cum aliqua maritata invenitur adultera, nec projiciunt uxores suas, nec accusant matres suas. Cum autem de aliquibus, qui sanctum nomen profitentur, aliquid criminis vel falsi sonuerit, vel veri patuerit, instant, satagunt, ambiunt, ut de omnibus hoc credatur. Hos ergo de

est convaincue d'adultère, ils ne répudient pas pour cela leurs épouses, ils n'accusent pas leurs mères. Mais qu'ils entendent accuser de crime faux ou véritable quelqu'un de ceux qui font profession d'une vie religieuse, les voilà qui insistent, se remuent, intriguent, pour qu'on enveloppe tous les autres dans une réprobation commune. Ces hommes qui trouvent du plaisir à exercer la malignité de leur langue au sujet de nos douleurs, on peut, si toutefois ce passage de l'Ecriture est susceptible de s'appliquer à des pervers, on peut, dis-je, les comparer à ces chiens qui léchaient les plaies du pauvre Lazare étendu devant la porte du mauvais riche, et qui supportait toutes sortes de peines et d'indignités, jusqu'à ce qu'il fût reçu au repos éternel dans le sein d'Abraham (*Luc*, XVI, 2).

7. N'augmentez pas mes tourments et mes peines, vous qui mettez votre espérance en Dieu. Ne multipliez pas les plaies que ces chiens se plaisent à lécher, vous pour qui nous nous exposons à toute heure, ayant au dehors des combats à soutenir, au dedans des craintes à éprouver, partout du péril à courir ; péril dans la ville, péril dans le désert, péril de la part des gentils, péril de la part des faux frères. Je sais que vous éprouvez de la douleur, mais est-elle plus vive que la mienne? Je sais que vous êtes troublés, et moi je crains qu'au milieu des calomnies des méchants, le faible, pour qui Jésus-Christ est mort, ne succombe et ne périsse. N'augmentez pas ma douleur, parce que ce n'est point ma faute si cette douleur est devenue la vôtre. Je n'avais épargné ni peines, ni efforts, pour prévenir ce malheur, et pour empêcher qu'il ne vînt à votre connaissance, afin d'éviter aux forts une douleur inutile, et aux faibles des troubles dangereux. Mais puisse celui qui a permis que ce scandale vous fût connu afin de vous éprouver, vous donner la force de le supporter ! Puisse-t-il vous instruire des vérités de sa foi, vous affermir par ses leçons et adoucir pour vous les peines et les épreuves des mauvais jours, jusqu'à ce qu'on ait creusé une fosse au pécheur !

8. J'ai appris que quelques-uns d'entre vous étaient plus affligés de ce malheur, qu'ils ne l'avaient été de la chute de ces deux diacres qui avaient quitté le parti de Donat pour revenir à nous ; et dont ils avaient pris occasion pour insulter à la discipline de Proculéien, se vantant, à notre honneur, que jamais rien de semblable n'était arrivé à des clercs instruits dans notre école. Qui que vous soyez qui avez agi ainsi, vous avez mal fait. Dieu vous a appris que quiconque se glorifie, doit se glorifier dans le Seigneur. Reprochez seulement aux hérétiques de n'être pas catholiques. Ne soyez pas

---

nostris doloribus suavitatem suæ malæ linguæ captantes, facile est ut illis canibus comparemus, si forte in malo intelligendi sunt, qui lingebant vulnera pauperis illius, qui ante januam divitis jacebat, et quousque veniret ad requiem sinus Abrahæ (*Lucæ*, XVI, 21), laboriosa et indigna omnia tolerabat.

7. Vos me nolite amplius cruciare, qui aliquam spem habetis ad Deum : vos nolite ipsa vulnera, quæ illi lingunt multiplicare : vos pro quibus periclitamur omni hora, habentes foris pugnas, intus timores ; periculum in civitate, periculum in deserto, periculum ex gentibus, periculum ex falsis fratribus. Scio quia doletis, sed numquid acrius quam ego? Scio quia conturbati estis, et timeo ne inter linguas maledicorum deficiat et pereat infirmus, propter quem Christus mortuus est. Non ex vobis increscat dolor noster, quia non culpa nostra factus est vester. Nam hoc est quod præcavere conatus sum, ut si fieri posset, hoc malum nec vitandum negligeretur, nec in vestram notitiam perferretur, ubi infructuose cruciarentur firmi, et periculose turbarentur infirmi. Sed qui hoc cognito permisit vos tentari, det vobis vires sustinendi, et erudiat vos ex lege sua : doceat et mitiget a diebus maligois, donec fodiatur peccatori fovea.

8. Audio nonnullos vestrum hinc amplius contristari, quam de lapsu duorum illorum diaconorum, qui ex parte Donati venerant, tamquam disciplinæ Proculeiani insultaverint, velut gloriantes de nobis, quod ex nostra disciplina nihil tale in clericis exstitisset, quod quicumque fecistis, fateor vobis, non bene fecistis, Ecce docuit vos Deus, ut qui gloriatur, in Domino glorietur : nec objiciatis hæreticis, nisi quia non sunt catholici ; ne similes eis sitis, qui non habendo quod in caussa suæ divisionis defendant, non nisi hominum crimina colligere affectant, et ea ipsa plura falsissime jactant : ut quia ipsam divinæ Scripturæ veritatem, qua ubique diffusa Christi Ecclesia commendatur, criminari et obscurare non possunt, homines per quos prædicatur adducant in odium, de quibus et fingere quidquid in mentem venerit, possunt. Vos autem non ita didicistis Christum ; si tamen illum

semblables à ceux qui, n'ayant aucune raison pour défendre la cause de leur séparation, se plaisent à ramasser les crimes d'autrui en y ajoutant encore d'odieuses faussetés. Comme ils ne peuvent ni accuser, ni obscurcir la vérité des divines Ecritures qui font connaître l'Église de Jésus-Christ répandue sur toute la terre, ils cherchent à attirer la haine sur les hommes qui annoncent cette vérité, et sur le compte desquels ils répandent toutes les méchancetés qu'ils peuvent inventer. Ce n'est pas là ce qui vous a été enseigné dans l'école du Christ, si toutefois vous l'avez entendu, et si c'est lui qui vous a instruits. Car le Seigneur a prémuni ses fidèles contre les mauvais dispensateurs de sa parole, faisant le mal et prêchant le bien, quand il a dit : « Faites ce qu'ils disent, mais ne faites pas ce qu'ils font, car ils disent et ne font pas (*Matt.*, XXIII, 3). » Priez pour moi, de peur que prêchant les autres, je ne sois réprouvé moi-même. Cependant quand vous vous glorifiez, que ce ne soit pas en moi mais dans le Seigneur. En effet, quelque vigilante que soit la discipline de ma maison, je suis homme, je vis parmi les hommes, et je n'ai pas assez d'arrogance pour oser dire que ma maison soit meilleure que l'arche de Noé, où parmi les huit personnes qui s'y trouvaient, il y eût un réprouvé (*Gen.*, IX, 27). Je n'ose pas dire non plus qu'elle soit meilleure que la maison d'Abraham dont il fut dit : « Chassez l'esclave et son fils (*Gen.*, XXI, 10) ; » meilleure que la maison d'Isaac sur les deux jumeaux duquel Dieu a dit : « J'ai aimé Jacob, et j'ai haï Esaü (*Malac*, I, 2, 3,); » meilleure que la maison de Jacob lui-même, où le fils souilla la couche de son père (*Gen.*, XLIX, 4); meilleure que celle de David, dont un fils ne respecta pas sa propre sœur, et dont l'autre fils se révolta contre la sainte mansuétude de son père (II *Rois.*, XIII, 14) ; meilleure que la demeure de l'apôtre Paul lui-même qui, s'il eût vécu parmi des hommes également bons, n'aurait pas dit ce que j'ai rapporté plus haut : « Combats au dehors, frayeurs au dedans (II *Cor.*, VII, 5). » Il n'aurait pas dit non plus, en parlant de la sainteté et de la foi de Timothée : « Je n'ai personne qui prenne soin de vous autant que lui car tous cherchent leurs propres intérêts et non ceux de Jésus-Christ (*Phil.*, II, 20). » Je me garderai bien de dire que ma demeure soit meilleure que la compagnie de Notre Seigneur Jésus-Christ lui-même, dans laquelle entre des apôtres fidèles, se trouva le traître et voleur Judas ; ni enfin qu'elle soit plus sainte que le ciel, d'où sont tombés les anges rebelles.

---

audistis, et in illo docti estis. Ipse quippe fideles suos securos fecit etiam de dispensatoribus malis, mala ut facientibus, et bona ejus loquentibus, ubi ait, « Quæ dicunt facite: quæ autem faciunt, facere nolite, dicunt enim, et non faciunt (*Matt.*, XXIII,3). » Orate quidem pro me, ne forte aliis prædicans ipse reprobus inveniar: verumtamen cum gloriamini, non in me, sed in Domino gloriamini. Quantumlibet enim vigilet disciplina domus meæ, homo sum, et inter homines vivo, nec mihi arrogare audeo ut domus mea melior sit quam arca Noe (*Gen.*, IX, 27), ubi tamen inter octo homines reprobus unus inventus est: aut melior sit quam domus Abrahæ, ubi dictum est, « Ejice ancillam et filium ejus (*Gen.*, XXI, 10): » aut melior sit quam domus Isaac, (*a*) cujus de duobus geminis dictum est, « Jacob dilexi, Esau autem odio habui (*Malach.*, I, 2): » aut melior sit quam domus ipsius Jacob (*Gen.*, IV 4), «ubi lectum patris filius incestavit : aut melior sit quam domus David (II *Reg.*, XIII, 14, XV, 12), » cujus filius cum sorore concubuit; cujus alter filius contra patris tam sanctam mansuetudinem rebellavit: aut melior quam cohabitatio Pauli apostoli, qui tamen si inter omnes bonos habitaret, non diceret quod superius commemoravi, « foris pugnæ intus timores (II *Cor.*, VII, 5); » nec diceret cum de sanctitate et fide Timothei loqueretur. « Neminem habeo qui germane de vobis sollicitus sit. Omnes enim sua quærunt, non quæ sunt Jesu Christi (*Phil.*, II. 20): » aut melior quam cohabitatio ipsius Domini Christi, in qua undecim boni perfidum et furem Judam toleraverunt: aut melior sit postremo quam cælum, unde angeli ceciderunt.

9. Simpliciter autem fateor caritati vestræ coram Domino Deo nostro, qui testis est super animam meam, ex quo Deo servire cœpi, quomodo difficile sum expertus meliores quam qui in monasteriis profecerunt; ita non sum expertus pejores quam qui in monasteriis ceciderunt, ita ut hinc arbitrer in Apocalypsi scriptum, « Justus justior fiat, et sordidus sordescat adhuc (*Apoc.*, XXII, 11). » Quapropter etsi contristamur de aliquibus purgamentis,

---

(*a*) Editi, *cui de duobus*. At meliores MSS. habent, *cujus*.

9. J'avoue, en toute simplicité devant le Seigneur notre Dieu, qui depuis le jour où j'ai commencé à le servir, est témoin de la vérité de mon cœur, que si j'ai difficilement trouvé de meilleurs chrétiens que ceux qui ont vécu saintement dans les monastères, je n'en ai pas vu de pires que ceux qui s'y sont perdus. En sorte qu'on pourrait appliquer à ces maisons religieuses ces paroles de l'Apocalypse : « Que que juste y devienne plus juste, et que celui qui est souillé, s'y souille encore davantage (*Apoc.*, XXII, 2). » Mais si nous y trouvons des souillures qui nous attristent, nous y trouvons aussi des beautés qui nous charment. Gardez-vous donc bien, à cause du marc qui déplaît à vos yeux, de dédaigner ces pressoirs d'où découle dans les réservoirs du Seigneur l'huile lumineuse dont l'Église est éclairée. Que la miséricorde du Seigneur notre Dieu vous garde en paix contre toutes les embûches de l'ennemi, ô mes bienheureux frères.

LETTRE LXXIX [1]

Saint Augustin écrit à un certain prêtre manichéen, pour l'inviter à résoudre la question à laquelle Fortunat son prédécesseur n'avait pu répondre.

1. Vous avez beau chercher de vains détours, on vous reconnaît de loin pour ce que vous êtes. Les frères m'ont raconté leur entretien avec vous. Vous ne craignez pas la mort; soit! Cependant vous devez craindre cette mort que vous vous donnez à vous-même par vos blasphèmes contre Dieu. Vous regardez cette mort visible que tous les hommes connaissent, comme la séparation de l'âme et du corps. Il n'y a rien de merveilleux à comprendre cela : mais ce qu'il y a d'extraordinaire, c'est ce que vous ajoutez de votre propre fonds, quand vous dites que la mort est la séparation de la bonne et de la mauvaise substance. Car si l'âme est un bien et le corps un mal, celui qui les a unis l'un à l'autre n'est pas bon. Vous dites cependant

---

[1] Écrite l'an 404. — Cette lettre était la 244ᵉ dans les éditions antérieures à l'édition des Bénédictins, et celle qui était la 79ᵉ se trouve maintenant la 198ᵉ.

---

consolamur tamen etiam de pluribus ornamentis. Nolite ergo propter amurcam, qua oculi vestri offenduntur, torcularia detestari, unde apothecæ dominicæ fructu olei luminosioris implentur. Domini Dei nostri misericordia vos adversus omnes insidias inimici in sua pace custodiat, dilectissimi fratres.

EPISTOLA LXXIX

Augustini episcopi ad presbyterum quemdam Manichæum, denuntians ut solvat quæstionem, in qua præcessor ejus Fortunatus defecerat, vel procul a sua ecclesia discedat.

1. Sine caussa tergiversaris, cum longe appareat qualis sis. Quid tecum locuti fuerint fratres, indicaverunt mihi. Bene, quia non times mortem : sed eam mortem debes timere, quam tibi ipse facis talia de Deo blasphemando. Et quod intelligis mortem istam visibilem, quam omnes homines norunt, separationem esse mentis a corpore, non est magnum intelligere : sed quod adjungis de vestro, separationem esse boni a malo : Si mens bonum est et corpus malum, qui ea comiscuit non est bonus : dicitis autem quia Deus bonus ista comiscuit : ergo aut malus est, aut malum timebat. Et tu gloriaris, quia non times hominem, cum Deum talem tibi fingas, qui tenebras timuit, ut commisceret bonum et malum? Noli autem extolli animo, sicut scripsisti, quia vos magnos facimus, eo quod impedire volumus venena vestra, ne ad homines pestilentia serpat : Non enim apostolus, quos canes appellat magnos facit, cum dicit, « Cavete canes (*Phil.*, III, 2)? » aut illos magnos faciebat, quorum sermonem dicebat serpere ut cancrum (II *Tim.*, II, 17). Itaque denuntio tibi in nomine Christi, ut si paratus es, solve quæstionem, in qua deficit præcessor tuus (a) Fortunatus. Et ita

---

(a) Fortunatum in disputatione vicit Augustinus, cum adhuc presbyter esset, ex lib. I, Retract. c. XVI. Jam vero epis-

que c'est le Dieu bon (1) qui a fait cette union. Il était donc mauvais lui-même, ou il craignait le mauvais Dieu. Vous vous glorifiez de ne pas craindre les hommes, et vous vous forgez un Dieu, qui par crainte de l'esprit des ténèbres, a été forcé de mêler le bien et le mal. Ne vous enorgueillissez pas si nous attachons quelque importance à ce que vous faites, pour empêcher que votre venin ne s'insinue dans le cœur des hommes. En effet, l'Apôtre ne cherche pas à faire paraître comme grands ceux qu'il appelle des chiens, en disant : « Gardez-vous des chiens (*Phil.*, III, 2). » Ni ceux dont il comparait la doctrine à une gangrène qui s'insinue et s'accroît insensiblement dans les âmes (II *Tim.*, II, 17). Je vous invite donc au nom du Christ, si vous êtes prêt, à résoudre la question à laquelle Fortunat (2) votre prédécesseur n'a pu répondre lui qui ne s'en alla que pour revenir, après avoir conféré avec ceux de son parti, afin de trouver les moyens de soutenir la discussion avec nos frères, je vous conjure, dis-je, de défendre vous-même votre opinion. Si vous n'êtes pas prêt retirez-vous d'ici. Ne cherchez pas à pervertir les voies du Seigneur, ni à prendre dans vos filets, où à empoisonner de vos erreurs, les âmes des faibles : Autrement prenez garde que la main de Notre Seigneur ne nous fournisse les moyens de vous confondre et de vous couvrir d'une honte à laquelle vous ne vous attendiez pas.

LETTRE LXXX (1)

Saint Augustin prie saint Paulin d'expliquer plus clairement comment nous pouvons reconnaître la volonté de Dieu qui doit être préféré à la nôtre.

A SON FRÈRE PAULIN ET A SA SŒUR THÉRASIE TOUS LES DEUX SAINTS, VÉNÉRABLES ET CHÉRIS DE DIEU. AUGUSTIN, SALUT DANS LE SEIGNEUR.

1. Le très-cher frère Celse m'ayant demandé une réponse, je me suis hâté de payer ma dette ; mais je me suis hâté véritablement. Je pensais qu'il resterait encore quelques jours avec

---

copus aliam cum Felice, qui *Hipponem venerat eumdem seminaturus errorem*, ut ait in lib. II. Retract. c. VIII. disputationem habuit ; anno scilicet 404. ex Actis cum Felice. Huic ergo epistolam hanc scriptam fuisse suspicari licet.
(1) Les Manichéens croyaient à un bon et à un mauvais Dieu, c'est-à-dire au Dieu du bien et au Dieu du mal.
(2) Saint Augustin n'étant encore que prêtre, eut une conférence avec Fortunat, dans laquelle ce dernier fut vaincu comme on le voit dans le premier livre de la revue de ses ouvrages, chapitre 16. Plus tard, lorsque déjà il était évêque, il eut une autre conférence avec Félix « qui était venu à Hippone pour y répandre l'erreur des Manichéens, » comme saint Augustin le dit lui-même, au deuxième livre de la revue de ses ouvrages, chapitre 8. Cette conférence ayant eu lieu l'an 404, d'après ce qu'on lit dans les actes de ce qui se passa avec Félix, il y a quelque apparence que c'est à lui que cette lettre est adressée.
(3) Écrite au mois de mai de l'an 405. — Cette lettre était la 65ᵉ dans les éditions antérieures à l'édition des Bénédictins, et celle qui était la 80ᵉ se trouve maintenant la 199ᵉ.

---

hinc ierat, ut non rediret, nisi, cum suis disputatione collata, inveniret quid contra respondere posset, disputans cum fratribus. Si autem ad hoc non es paratus ; discede hinc, et noli pervertere vias Domini, et illaqueare et venenis inficere animas infirmas, ne adjuvante dextera Domini nostri, quomodo non putaveras erubescas.

EPISTOLA LXXX

Cupit explicari liquidius a Paulino, quonam modo voluntatem Dei, quæ nostræ præferenda est, nosse possimus.

SANCTIS ET DEO DILECTIS, MERITO VENERABILIBUS ET MULTUM DESIDERABILIBUS FRATRIBUS PAULINO ET THERASIÆ, AUGUSTINUS IN DOMINO SALUTEM.

1. Carissimus frater Celsus, cum rescripta reperteret, debitum reddere festinavi, sed vere festinavi. Cum enim eum putarem adhuc aliquot dies nobiscum moraturum, repente comperta occasione navigii, mihi pridianam suam profectionem jam nocte suggessit. Quid facerem cum eum tenere non possem, et quia ad vos, cum quibus ei melius esset, properabat, nec si possem, deberem. Proinde pauca illico hæc arripui dictanda atque mittenda, prolixioris epistolæ me confitens debitorem, cum post reditum venerabilium fratrum nostrorum collegarum meorum (*a*) Theasii et Evo-

---

(*a*) Apud Er. et Lov. *Therasii*. In MS. Gervasiano, *Theasii*. In aliquot aliis, *Theasii* ; hoc pacto etiam scribitur in concilio habito Carthagine die 26. Junii an 404. cujus decreto legati ad Honorium imperatorem contra Donatistas missi sunt Theasius et Evodius, sive Evhodius, ut in membranis habetur ; iidem ipsi, haud dubie, qui visuri erant Paulinum.

nous, quand l'occasion de s'embarquer s'étant tout à coup présentée, il est venu, comme il faisait déjà nuit, m'annoncer son départ pour le lendemain. Que faire? Je ne pouvais pas le retenir, et quand même je l'aurais pu, je ne le devais pas, puisque c'était près de vous, où il sera bien mieux qu'ici, qu'il s'empressait de retourner. J'ai donc saisi à la hâte ce qui me venait dans l'esprit pour le dicter et vous l'envoyer. Je vous dois cependant une plus longue lettre, je vous l'écrirai, quand à leur retour, nos vénérables frères, mes collègues Théase et Evode, m'auront, par leur présence, rassasié en quelque sorte d'une partie de vous-même. Car c'est vous qui avec eux viendrez vers nous, tant leur cœur et leur bouche seront remplis de vous-même. C'est ce que nous espérons avec l'aide du Seigneur. Il y a peu de jours, j'ai déjà confié pour vous une lettre à notre cher fils Fortunatien prêtre de l'Église de Thagaste, qui allait s'embarquer pour Rome. Maintenant je vous prie, selon mon habitude, de faire ce que vous faites toujours. Priez Dieu pour nous, afin qu'il regarde en pitié mon néant et mes peines, et qu'il me pardonne mes péchés.

2. Je désire m'entretenir avec vous par cette lettre, si vous le permettez, comme nous pourrions le faire de vive voix, si j'étais en votre présence. Vous avez déjà répondu, avec un esprit vraiment chrétien et rempli de piété, à une petite question que je vous avais naguère proposée, et vous l'avez fait comme si vous eussiez été près de nous, et que j'eusse entendu votre doux langage; mais votre réponse est beaucoup trop courte, et vous auriez pu y laisser couler plus longtemps et plus abondamment les grâces de votre parole, si après m'avoir dit que vous aviez résolu de rester dans le lieu où vous remplissez si heureusement vos pieux devoirs, sans vouloir toutefois préférer votre volonté à celle de Dieu, s'il lui plaisait de vous ordonner autre chose, vous aviez expliqué plus clairement comment nous pouvons connaître la volonté de Dieu, qui est toujours préférable à la nôtre. Apparait-elle seulement, dans les choses qui arrivent contre notre volonté et vers lesquelles nous sommes entraînés malgré nous? Dans de pareils cas, il arrive ce que nous ne voulons pas, mais nous redressons notre volonté pour la conformer à celle de Dieu, dont nous ne pouvons sans crime méconnaître la sainteté et la grandeur, pas plus qu'on ne pourrait en éviter les effets et la puissance. C'est ainsi que saint Pierre se laissa lier par un autre et conduire où il ne voulait pas. Cependant Pierre y alla, et subit volontairement une mort cruelle.

---

dii, primum vestri ex parte satiatus fuero. Uberius enim ad nos in eorum pectoribus et (*a*) oribus vos esse venturos jamjamque, in Christi nomine atque adjutorio speramus. Cum hæc scriberem, etiam per unanimem filium nostrum (*b*) Thagastensis ecclesiæ presbyterum Fortunatianum Romam navigaturum, aliam epistolam paucis ante diebus jam dederam. Nunc ergo quod soleo rogo, ut quod soletis, faciatis, Oretis pro nobis, ut videat Deus humilitatem nostram, et laborem nostrum, et dimittat omnia peccata nostra.

2. Colloqui autem vobiscum talia cupio, si dignemini, litteris, qualia colloqui possemus, si coram vestris sensibus adessemus. Ecce illam quæstiunculam, quam nuper proposueram, tamquam si præsens præsenti inter dulces loquelas obdicerem, plane Christiano intellectu et devotione solvisti, sed nimis cursim et breviter; posset quippe ibi aliquanto diutius et uberius habitare gratia oris tui, si cum dixisses ita te in illo, quo feliciter uteris loco perseverare decrevisse, ut si quid de te aliud Domino placuerit, ejus voluntatem præferas tuæ, idipsum aliquanto apertius explicares, Quonam modo voluntatem Dei, quæ nostræ voluntati præponenda est, noverimus: utrum tantum in ea re, quam propterea (*c*) volentes perferre debemus, quia et inviti cogeremur. Ibi enim fit quidem quod nolumus: sed ideo nos corrigimus ut velimus, quia ille vult, cujus voluntatis nec excellentiam fas est recusare, nec omnipotentiam licet evitare: sicut Petrum alter cinxit et tulit quo noluerat; verumtamen quo nollet iit, et volens mortem subegit asperam (*Johan.*, XXI, 18). An et ibi ubi est potestas, non mutare sententiam, quamvis aliud occurrat, in quo potius appareat voluntas Dei ad mutandam sententiam nos vocantis,

---

(*a*) Ita in MSS. At in vulgatis, *et orationibus*.
(*b*) Apud Bad. Am. et Er. *Carthaguslinensis ecclesiæ*, In uno e Vatic. MSS. *Thaganensis*.
(*c*) Sic MSS. septem. At Bad. Am. et Er. *propterea præferre debemus*. Lov. *propterea voluntati præferre debemus*. Et mox editiones illæ quatuor habent, *Ibi enim sit quidem quod volumus, sed ideo nos cogimur* etc. substituimus lectionem in melioribus MSS repertam.

Supposons même que nous eussions le pouvoir de ne pas changer notre résolution, ne devrions-nous pas y renoncer dès que nous apercevons par un signe quelconque la volonté de Dieu, nous appelant à une chose contraire à celle que nous avions résolue, quoique notre dessein ne fût pas mauvais en lui-même, et que nous eussions pu nous y tenir, si Dieu ne nous avait pas appelés à un autre parti? Abraham n'était certainement pas coupable en prenant la résolution de nourrir et d'élever son fils et de le conserver, autant qu'il le pourrait, près de lui jusqu'à la fin de ses jours; mais ayant reçu l'ordre de l'immoler, il changea sa résolution, qui en elle-même n'était pas mauvaise, mais qui aurait été criminelle s'il ne l'avait pas changée après l'ordre du Seigneur. Je ne doute pas qu'en cela vous ne soyez de mon avis.

3. Mais la plupart du temps ce n'est ni par une voix du ciel, ni par un prophète, ni par la révélation d'un songe, ni par un de ces transports de l'âme qu'on appelle extase, mais par des choses accidentelles, qui nous appellent à d'autres desseins contraires à notre résolution, que nous sommes forcés de reconnaître que la volonté de Dieu est différente de la nôtre. C'est ainsi qu'après avoir décidé un départ, il surgit tout à coup quelque affaire, que la conscience consultée nous défend d'abandonner, ou qu'après avoir résolu de demeurer en tel endroit, on vient nous annoncer quelque chose qui, d'après la voix de cette même conscience, nous oblige à partir. Je vous prie donc de m'expliquer plus au long et d'une manière plus décisive, ce que vous pensez de cette troisième sorte de motifs de changer de résolution. Nous sommes souvent troublés à cet égard, et il est difficile de ne pas omettre quelque chose qu'il eût été préférable de faire, en persistant à ne rien changer à ce que nous avions résolu et arrêté d'abord. Ce qui n'était pas un mal dans le principe en devient un, lorsque nous ne voulons pas renoncer à notre premier dessein en faveur d'une chose plus grande et plus importante qui est survenue. Sans cette occurrence nous aurions été non-seulement excusables, mais encore dignes de louanges en persistant dans notre première résolution. Il est difficile de ne pas se tromper en pareil cas, et c'est ici surtout que se fait entendre avec autorité la voix du Prophète, quand il s'écrie: « Qui connaît ses fautes (*Ps.*, XVIII, 13)? » Je vous prie donc de me dire ce que vous pensez à cet égard, ce que vous avez coutume de faire dans de pareilles circonstances, ou ce que vous croyez qu'on doive faire.

non quia nostra mala erat, sed in qua recte permaneretur, nisi ab illo in alteram vocaremur. Neque enim malum fuit Abrahæ nutrire et educare filium, quoad posset, quantum in ipso esset, usque ad finem vitæ suæ (*Gen.*, XXII) : sed repente jussus occidere, mutavit utique non prius malam sententiam, sed quæ mala esset, si post jussum mutata non esset, hinc quoque non dubito nihil aliud videri tibi.

3. Sed plerumque non voce de cælo, non per Prophetam, non per revelationem vel somnii vel excessus mentis, qui dicitur exstasis, sed rebus ipsis accidentibus, et ad aliud quam statueramus vocantibus cogimur agnoscere Dei voluntatem esse aliam quam erat nostra: tamquam si proficisci statueremus, et aliquid oriretur quod consulta de officio nostro veritas vetaret deserere, aut decernentibus ibi manere nuntiaretur aliquid, quod eadem veritate consulta nos compelleret proficisci. De hoc tertio genere caussarum mutandæ sententiæ, quid tibi videatur peto mecum plenius et enodatius colloquaris. Sæpe nos quippe conturbat, et difficile est non aliquid quod magis faciendum erat omittere, dum illud mutare (a) nolumus, in quo prius permanere statueramus, non quidem malum, verum jam ideo malum, quia id quod potius agendum est, occurrens deseritur, quod si non occurreret, non solum sine vituperatione, sed etiam cum laude; in illo priore perduraretur. Hic non falli difficile est; hic omnino vox prophetica prævalet, « Delicta quis intelligit (*Psal.*, XVIII, 13). » Hinc oro, participem me facias cogitationum tuarum, quid in talibus vel facere soleas, vel faciendum esse reperias.

(a) Editi, *mutare volumus*. Sed legendum, ut est in MSS. novem, *mutare nolumus*, quo nimirum sit, *ut quod potius agendum est occurrent deseratur*.

LETTRE LXXXI [1]

Saint Jérôme s'excuse envers saint Augustin de lui avoir répondu avec trop peu de ménagement dans sa dernière lettre, qui est la soixante-quinzième. Il le prie de laisser de côté toutes questions contentieuses, et de conférer désormais dans un esprit de paix et de douceur, sur les saintes Écritures.

AU SEIGNEUR VRAIMENT SAINT, AU BIENHEUREUX PAPE AUGUSTIN, JÉROME, SALUT EN JÉSUS-CHRIST.

1. J'ai demandé avec empressement de vos nouvelles à notre saint frère Firmus, et j'ai appris avec joie que vous vous portiez bien. Lui ayant demandé si vous lui aviez remis pour moi une lettre que j'espérais, et que mon amitié me donnait le droit d'exiger, il m'a répondu qu'il était parti d'Afrique sans vous en avoir prévenu. Je vous rends donc mes devoirs par l'intermédiaire de cet ami qui vous porte une si cordiale affection. Je vous prie également de me pardonner la réponse que je n'ai pu refuser, puisque vous la demandiez depuis longtemps et avec instance. J'en ai vraiment honte : ce n'est pas moi qui vous ai répondu, c'est ma cause qui a répondu à la vôtre. Si j'ai commis une faute en vous répondant, permettez-moi de vous dire que c'en est une plus grande de votre part de m'y avoir contraint. Mais laissons de côté toute plainte de ce genre. Qu'il n'y ait plus entre nous qu'une pure et sincère fraternité ; et que désormais nos lettres ne soient plus des lettres de discussion, mais d'affection et de charité. Les saints frères qui servent avec nous le Seigneur vous saluent affectueusement. Saluez aussi de ma part les saints qui portent avec vous le joug si léger de Jésus-Christ, et particulièrement le saint et vénérable pape Alype. Que le Christ notre Dieu tout-puissant vous garde sain et sauf, et conserve ma mémoire dans votre cœur, ô seigneur vraiment saint et bienheureux pape ! Si vous avez lu mon livre des commentaires sur Jonas, vous aurez sans doute pris en plaisanterie la querelle ridicule qu'on m'a cherchée au sujet de la citrouille. Si j'ai repoussé avec le style l'ami qui, le premier, m'a attaqué avec l'épée, la droiteur de votre

[1] Écrite vers l'an 405. — Cette lettre était la 18ᵉ dans les éditions antérieures à l'édition des Bénédictins et celle qui était la 81ᵉ est présentement la 48ᵉ.

EPISTOLA LXXXI

Hieronymus Augustino excusans quod ipsius litteris responderit liberius epistola LXXV rogansque ut omissis contentiosis quæstionibus, deinceps secum invicem amice conferant, et placide versentur in campo sacrarum Scripturarum.

DOMINO VERE SANCTO ET BEATISSIMO PAPÆ AUGUSTINO, HIERONYMUS IN CHRISTO SALUTEM.

1. Cum a sancto fratre nostro (a) Firmo sollicite quærerem, quid ageres, sospitem te lætus audivi. Rursum cum tuas litteras non dico sperarem, sed exigerem ; nesciente te, de Africa se profectum esse dixit. Itaque reddo tibi per eum salutationis officia, qui te unico amore complectitur : simulque obsecro, ut ignoscas pudori meo, quod diu præcipienti ut rescriberem, negare non potui. Nec ego tibi, sed caussæ caussa respondit. Et si culpa est respondisse, quæso ut patienter audias, multo major est provocasse. Sed facessant istiusmodi quærimoniæ : sit inter nos pura germanitas ; et deinceps non quæstionum, sed caritatis ad nos scripta mittamus. Sancti fratres, qui nobiscum Domino serviunt, affatim te salutant. Sanctos qui tecum Christi leve trahunt jugum, præcipue sanctum et suscipiendum papam Alypium, ut meo obsequio salutes, precor. Incolumem te et memorem mei, Christus Deus noster tueatur omnipotens, Domine vere sancte et beatissime papa. Si legisti librum explanationum in Jonam, puto quod ridiculam cucurbitæ non recipias quæstionem. Si autem amicus, qui me primus gladio petiit, stilo repulsus est ; sit humanitatis tuæ atque justitiæ, accusantem reprehendere, non respondentem. In Scripturarum campo, si placet, sine nostro invicem dolore ludamus.

(a) *Firmi* nomen hic loci omittitur in Vaticanisocto, et in aliis sex e nostris MSS. sed in omnibus fere habetur initio epistolæ proxime sequentis.

cœur et votre justice blâmeront le provocateur, et non celui qui n'a fait que se défendre. Exerçons-nous, si cela vous plait, dans le champ des Écritures, mais évitons de part et d'autre tout ce qui pourrait blesser.

LETTRE LXXXII [1]

Saint Augustin répond à trois lettres de saint Jérôme qui sont les 72, 75 et 81. Il traite plus complétement l'endroit de l'épître aux Galates sur lequel ils étaient en discussion. Il fait voir très-solidement que la réprimande faite à saint Pierre par saint Paul était sérieuse, et que saint Pierre la méritait. Du reste il demande pardon à saint Jérôme s'il lui est échappé quelque chose qui ait pu le blesser, et l'assure que ce n'était point sa faute si la lettre que saint Jérôme lui reprochait d'avoir répandue partout, avait fait tant de chemin avant d'arriver jusqu'à lui.

AU BIEN-AIMÉ SEIGNEUR QU'IL CHÉRIT, DANS LES ENTRAILLES DU CHRIST, A SON SAINT FRÈRE JÉRÔME, SON COLLÈGUE DANS LE SACERDOCE.

AUGUSTIN, SALUT DANS LE SEIGNEUR.

CHAPITRE PREMIER. — 1. Déjà depuis longtemps j'ai envoyé à votre charité une longue lettre en réponse à celle que vous vous rappelez sans doute m'avoir adressée par votre saint fils Astérius, aujourd'hui non-seulement mon frère, mais encore mon collègue dans l'épiscopat. Je ne sais pas encore si elle aura eu le bonheur de vous parvenir. Tout ce qui peut me le faire croire, c'est ce que vous m'écrivez par notre cher frère Firmus, quand vous me dites, que « si vous avez repoussé par le style celui qui, le premier vous avait attaqué par l'épée; il est de toute justice que le blâme en retombe sur l'agresseur et non sur celui qui n'a fait que se défendre. » Voilà le seul indice qui puisse me faire conjecturer que vous avez lu ma lettre. J'y ai déploré la discorde qui avait éclaté entre vous et Ruffin, dont l'amitié autrefois si étroite, avait porté la joie partout où le bruit s'en était répandu. Je ne l'ai pas fait pour blâmer votre fraternité, à laquelle je n'oserais imputer la moindre faute dans cette affaire, mais seulement pour gémir sur la misère humaine, qui laisse toujours incertaine la durée des amitiés quelque grandes qu'elles soient, de celles même qu'il faudrait conserver par un dévouement et une charité mutuels. Mais j'aurais bien mieux aimé apprendre par

(1) Ecrite l'an 404 peu de temps après la précédente. — Cette lettre était la 19e dans les éditions antérieures à l'édition des Bénédictins et celle qui était la 82e se trouve maintenant la 292e.

EPISTOLA LXXXII

Receptis ab Hieronymo superioribus epistolis 72, 75, et 80, rescribit accuratius Augustinus de interpretatione loci epistolæ ad Galatas, confirmans quod Petrus merito veraciterque reprehensus fuerit a Paulo. Ceterum deprecatur veniam, si dictis quibusdam incautioribus Hieronymi animum offenderit, excusans quod nulla sua culpa per multorum manus obambularit epistola, prius quam ad eum, cui scripta erat, pervenerat.

DOMINO DILECTISSIMO, ET IN CHRISTI VISCERIBUS HONORANDO, SANCTO FRATRI ET COMPRESBYTERO HIERONYMO, AUGUSTINUS IN DOMINO SALUTEM.

CAPUT I. — 1. Jam pridem tuæ caritati prolixam epistolam misi, respondens illi tuæ, quam per sanctum filium tuum Asterium, nunc jam non solum fratrem, verum etiam collegam meum misisse te recolis. Quæ utrum in manus tuas pervenire me-ruerit, adhuc nescio, nisi quod per fratrem sincerissimum Firmum scribis, si ille, qui te primum gladio petiit, stilo repulsus est; ut sit humanitatis meæ atque justitiæ accusantem reprehendere, non respondentem. Hoc solo tenuissimo indicio utcumque conjicio, legisse te illam epistolam meam. In ea quippe deploravi tantam inter vos exstitisse discordiam, de quorum tanta amicitia, quaquaversum eam fama diffuderat, caritas fraterna gaudebat. Quod non feci reprehendendo germanitatem tuam, cujus in ea re aliquam culpam me cognovisse non ausim dicere; sed dolendo humanam miseriam, cujus in amicitiis mutua caritate retinendis, quantalibet illa sit, incerta permansio est. Verum illud malueram tuis nosse rescriptis, utrum mihi veniam, quam poposceram dederis, quod apertius mihi intimari cupio : quamvis hilarior quidam vultus litterarum tuarum, etiam hoc me impetrasse, significare videatur : si tamen post lectam illam missæ sunt; quod in eis minime apparet.

2. Petis, vel potius fiducia caritatis jubes, ut in

votre réponse, si vous m'aviez accordé le pardon que je vous avais demandé. Je désire le savoir plus positivement. Le ton de gaîté qui règne dans votre lettre semblerait me l'indiquer, si toutefois votre lettre m'a été envoyée, après que vous aviez lu la mienne; mais c'est ce qu'elle ne me fait pas voir assez clairement.

2. Vous me demandez, ou plutôt vous m'ordonnez avec la confiance de la charité de nous exercer et de jouer désormais dans le champ des Écritures, sans nous blesser mutuellement. Pour moi, j'aimerai mieux agir en cela sérieusement qu'en jouant. Si par ce mot vous voulez exprimer le désir de voir s'établir entre nous un commerce plus doux et plus facile, je vous avoue que je désire quelque chose de plus grand de votre bienveillance, de vos forces, de votre sagesse, de votre science, du loisir que vous procure votre retraite, de l'expérience que vous donnent les années, de votre esprit si studieux et si pénétrant. Je voudrais donc qu'avec le secours du Saint-Esprit qui vous a donné tous ces talents, vous pussiez aussi, sous son inspiration, m'aider dans ces grandes et difficiles questions, non pas à jouer dans le champ des saintes Écritures, mais à en gravir les sommités auxquelles je ne puis atteindre qu'à perte d'haleine. Si par ce mot *jeu*, vous avez voulu exprimer la gaîté qui doit régner dans les discussions entre amis, soit qu'elles roulent sur des matières claires et faciles, soit sur des questions difficiles et ardues, apprenez-moi comment nous pouvons y parvenir. Car si par faute d'attention ou d'intelligence, quelque chose nous faisait de la peine, et n'obtenait pas notre approbation dans des questions, où nous cherchons à faire prévaloir un avis contraire, si, dis-je, en pareil cas, nous nous exprimions avec un peu trop de liberté, ne pourrions-nous pas être accusés « d'une vanité puérile, qui cherche à se grandir en attaquant la renommée des hommes illustres (1) »? Ou si nous tâchions, par des paroles plus douces, de corriger ce qui a pu nous échapper involontairement, en réfutant l'avis de l'un de nous, ne pourrait-on pas dire que nous nous servons d'une épée frottée de miel? Il n'y aurait qu'un moyen d'éviter cette faute ou seulement d'en être soupçonné, ce serait quand nous discutons avec un ami plus savant que nous, d'approuver tout ce qu'il dit, et de ne faire, ni objection, ni question même quand il s'agirait de nous instruire.

3. Ce serait alors véritablement jouer comme dans un champ, sans crainte de s'offenser l'un l'autre. Mais à ce jeu, il serait bien étonnant que nous ne fussions pas joués nous-mêmes. Pour moi, j'avoue à votre charité, que j'ai appris à n'accorder qu'aux seules Écritures canoniques,

---

(1) Tous les mots ainsi rappelés sont de la lettre 75 adressée par saint Jérôme à saint Augustin.

Scripturarum campo sine nostro invicem dolore ludamus. Equidem quantum ad me adtinet, serio nos ista, quam ludo, agere mallem. Quod si hoc verbum tibi propter facilitatem ponere placuit; ego fateor, majus aliquid expeto a benignitate virium tuarum, prudentiaque tam docta, et otiosa, annosa, studiosa, ingeniosa diligentia, hæc tibi non tantum donante, verum etiam dictante Spiritu-sancto, ut in magnis et laboriosis quæstionibus, non tamquam ludentem in campo Scripturarum, sed in montibus anhelantem adjuves. Si autem propter hilaritatem, quam esse inter carissimos disserentes decet, putasti dicendum esse, ludamus : sive illud apertum et planum sit, unde colloquimur, sive arduum atque difficile; hoc ipsum, edoce, obsecro te, quonam modo assequi valeamus : ut cum forte aliquid nos movet, quod nobis, etsi non cautius adtendentibus, certe tardius intelligentibus, non probatum est, et quid nobis videatur, contra conemur asserere, si hoc aliquanto securiore libertate dicamus, non incidamus in suspicionem puerilis jactantiæ, quasi nostro nomini famam, viros illustres accusando, quæramus : si autem aliquid asperum, refellendi necessitat, depromtum fuerit; quo tolerabile fiat, leniore circumfundamus eloquio, ne litum melle gladium stringere judicemur. Nisi forte ille modus est, quo utrumque hoc vitium, vel vitii suspicionem caveamus, si cum doctiore amico sic disputemus, ut quidquid dixerit, necesse sit approbare, nec quærendi saltem caussa, liceat aliquantulum reluctari.

3. Tum vero sine ullo timore offensionis tamquam in campo luditur : sed mirum si nobis non illuditur. Ego enim fateor caritati tuæ, solis eis Scripturarum libris, qui jam canonici appellantur, didici hunc timorem honoremque deferre, ut nullum eorum auctorem scribendo aliquid errasse firmissime credam. Ac si aliquid in eis offendero litteris, quod videatur contrarium veritati; nihil aliud, quam vel mendosum esse codicem, vel inter-

ce respect, cette vénération suprême qui me fait croire avec une entière certitude que leurs auteurs n'ont pu commettre aucune erreur. Si donc j'y trouve quelque chose qui me paraisse contraire à la vérité, je ne balance pas à croire, ou que l'exemplaire est fautif en cet endroit, ou que le traducteur n'a pas bien saisi le sens du livre ou que je l'ai mal compris moi-même. Pour les autres écrivains, quelles que soient leur sainteté et leur science, je ne regarde pas comme vrai ce qu'ils disent, uniquement parce que telle a été leur manière de voir, mais quand ils peuvent, soit par les auteurs canoniques, soit par quelque raison probable, me persuader qu'ils ne s'écartent pas de la vérité. Je suis bien persuadé que vous-même, mon frère, vous pensez comme moi ; et vous ne voulez certainement pas qu'on lise vos livres, comme ceux des Prophètes et des Apôtres, dont on ne pourrait sans crime, soupçonner la vérité. Cela est bien loin de votre pieuse humilité et de l'idée modeste que vous avez de vous même, et qui vous a fait dire ; « Dieu veuille que nous méritions vos embrassements, et que nous puissions apprendre dans nos entretiens quelque chose l'un de l'autre. »

CHAPITRE II. — 4. Si, d'après ce que je connais de votre vie et de vos mœurs, je crois que vous avez parlé sincèrement et sans feinte, combien à plus forte raison dois-je croire que l'Apôtre saint Paul n'a pas écrit quelque chose de contraire à sa pensée, lorsque, en parlant de Pierre et de Barnabé, il dit : « Voyant qu'ils ne marchaient pas droit selon la vérité de l'Evangile, je dis à Pierre devant tout le monde : Si vous qui êtes juif, vous vivez comme les Gentils et non comme les Juifs, pourquoi forcez-vous les gentils à judaïser (*Gal.*, II, 14)? » Sur la vérité des écrits et des paroles de qui pourrais-je compter, si l'Apôtre trompait ses fils qu'il enfantait de nouveau, jusqu'à ce que le Christ, c'est-à-dire la vérité même, fût formé en eux ? Quoi ? après avoir dit, au commencement de cette lettre aux Galates : « Je prends Dieu à témoin que je ne mens point en tout ce que je vous écris (*Gal.*, II, 10), » il n'aurait pas écrit sincèrement, et il aurait usé de dissimulation avec ses fils en leur disant qu'il avait vu Pierre et Barnabé ne marchant pas selon la vérité de l'Evangile, et qu'il avait résisté en face à Pierre, uniquement parce qu'il forçait les gentils à judaïser.

5. Mais, dira-t-on, il vaut mieux croire que l'apôtre Paul n'ait point parlé selon la vérité que de soupçonner l'apôtre Pierre d'avoir fait quelque chose de mal. Dieu nous garde de penser ainsi, car avec un tel principe, il faudrait croire que l'Evangile a menti, plutôt que d'admettre que Pierre ait renié le Christ; qu'il faut plutôt accuser de mensonge le livre des

---

pretem non assequutum esse quod dictum est, vel me minime intellexisse, non ambigam. Alios autem ita lego, ut quantalibet sanctitate doctrinaque præpolleant, non ideo verum putem, quia ipsi ita senserunt; sed quia mihi vel per illos auctores canonicos, vel probabili ratione, quod a vero non abhorreat, persuadere potuerunt. Nec te, mi frater, sentire aliud existimo : prorsus, inquam, non te arbitror sic legi tuos libros vel, tamquam Prophetarum, vel Apostolorum : de quorum scriptis, quod omni errore careant, dubitare nefarium est. Absit hoc a pia humilitate et veraci de temetipso cogitatione e qua nisi esses præditus, non utique diceres, « Utinam mereremur complexus tuos, et collatione mutua vel doceremus aliqua, vel disceremus. »

CAPUT II. — 4. Quod si teipsum consideratione vitæ ac morum tuorum, non simulate, nec fallaciter, dixisse credo; quanto magis æquum est me credere Apostolum Paulum non aliud sensisse, quam scripserit, ubi ait de Petro et Barnaba, « Cum viderem quia non recte ingrediuntur ad veritatem Evangelii, dixi Petro coram omnibus; Si tu, cum sis Judæus, gentiliter et non Judaice vivis, quomodo gentes cogis Judaizare (*Gal.*, II, 14)? » De quo enim certus sim quod me scribendo vel loquendo non fallat, si fallebat Apostolus filios suos, quos iterum parturiebat, donec in eis Christus, id est veritas, formaretur. Quibus cum præmisisset, dicens, «Quæ autem scribo vobis, ecce coram Deo quia non mentior (*Gal.*, I, 20) : » non tamen veraciter scribebat, sed nescio qua dispensatoria simulatione fallebat, vidisse se Petrum et Barnabam non recte ad Evangelii veritatem ingredientes, ac Petro in faciem restitisse, non ob aliud nisi quod gentes cogeret Judaizare.

5. At enim satius est credere, apostolum Paulum aliquid non vere scripsisse, quam apostolum Petrum non recte aliquid egisse. Hoc si ita est; dicamus (quod absit) satius esse credere mentiri Evangelium,

Rois, que de regarder un aussi grand prophète que David, choisi expressément par Dieu, non-seulement comme coupable d'avoir convoité et enlevé la femme d'un autre, mais encore d'avoir ajouté l'homicide à l'adultère, en faisant mourir le mari de cette femme. Pour moi, je lirai avec toute confiance et en toute sécurité l'Ecriture sainte dont l'autorité est si grande, qu'elle remonte jusqu'au ciel ; jamais je ne douterai de sa véracité, et c'est elle qui me fera connaître ceux qui sont approuvés, repris ou condamnés. Je ne craindrai pas non plus de regarder comme répréhensible la conduite de quelques hommes, dans lesquels je verrai d'ailleurs les choses les plus dignes de louanges, plutôt que de tenir pour suspectes les divines paroles de l'Ecriture.

6. Les Manichéens ne pouvant fausser le sens de plusieurs passages des livres divins qui condamnent et mettent au grand jour leur criminelle erreur, cherchent à démontrer que ces passages sont altérés, sans attribuer toutefois cette altération aux Apôtres qui les ont écrits, mais à je ne sais quels corrupteurs des textes saints. Ils n'ont cependant jamais pu prouver cette allégation ni par la production d'exemplaires anciens, ni par des textes empruntés à la langue d'après laquelle la version latine a été faite ; aussi vaincus par l'évidence de la vérité connue de tous, ils se sont retirés du débat tout couverts de confusion. Votre sagesse ne voit-elle pas quel champ on ouvrirait à leur malice, si nous disions, non pas que les écrits apostoliques ont été falsifiés par d'autres, mais que les Apôtres eux-mêmes ont écrit des choses contraires à la vérité?

7. Il n'est pas croyable, dites-vous, que Paul ait repris dans Pierre ce qu'il avait fait lui-même. Je ne m'occupe pas maintenant de ce qu'il a fait ; je regarde ce qu'il a écrit : c'est sur ce point que repose toute la question. Mon but est de prouver que l'affirmation des divines Écritures confiées à notre mémoire pour l'édification de notre foi, non par des simples hommes, mais par les Apôtres eux-mêmes, et placées par conséquent au plus haut degré de l'autorité canonique, doit être en tous points regardée comme véridique et hors de toute espèce de doute. En effet, si Pierre a fait ce qu'il a dû faire, Paul a menti en disant qu'il l'avait vu ne marchant pas selon la vérité de l'Evangile. Quiconque fait ce qu'il doit faire, fait bien ; et c'est commettre un mensonge que de dire de quelqu'un qu'il ne marche pas selon la vérité, quand on sait qu'il a fait ce qu'il devait faire. Si au contraire Paul a écrit la

---

quam negatum esse a Petro Christum (*Matt.*, xxvi, 75) ; et mentiri Regnorum librum, quam tantum Prophetam (II *Reg.*, xi, 4), a Domino Deo tam excellenter electum, et in concupiscenda atque abducenda uxore aliena commisisse adulterium, et in marito ejus necando tam horrendum homicidium. Immo vero sanctam Scripturam, in summo et cælesti auctoritatis culmine collocatam, de veritate ejus certus ac securus legam, et in ea homines vel approbatos, vel emendatos, vel damnatos veraciter discam potius quam, facta humana (a) dum in quibusdam laudabilis excellentiæ personis aliquando credere timeo reprehendenda, ipsa divina eloquia mihi sint ubique suspecta.

6. Manichæi plurima divinarum Scripturarum, quibus eorum nefarius errore clarissima sententiarum perspicuitate convincitur, quia in alium sensum detorquere non possunt, falsa esse contendunt : ita tamen, ut eamdem falsitatem non scribentibus Apostolis tribuant, sed nescio quibus codicum corruptoribus. Quod tamen quia nec pluribus sive antiquioribus exemplaribus, nec præcedentis linguæ auctoritate, unde latini libri interpretati sunt, probare aliquando potuerunt : notissima omnibus veritate superati, confusique discedunt. Itane non intelligit prudentia sancta tua, quanta malitiæ illorum patesceret occasio, si non ab aliis apostolicis litteras esse falsatas, sed ipsos Apostolos falsa scripsisse, dicamus ?

7. Non est, inquis, credibile, hoc in Petro Paulum, quod ipse Paulus fecerat, arguisse. Non nunc inquiro quid fecerit ; quid scripserit quæro : hoc ad quæstionem, quam suscepi, maxime pertinet : ut veritas divinarum Scripturarum, ad nostram fidem ædificandam memoriæ commendata, non a quibuslibet, sed ab ipsis Apostolis, ac per hoc in canonicum auctoritatis culmen recepta, ex omni parte verax atque indubitanda persistat. Nam si hoc feci Petrus, quod facere debuit : mentitus est Paulus quod eum viderit non recte ingredientem ad veritatem Evangelii. Quisquis enim hoc facit, quod facere debet, recte utique facit. Et ideo falsum de

---

(a) Lov. *potius quam facta humana, ne dum* etc. sed melius sublato, *ne* ut in aliis editionibus et in MSS.

vérité, il demeure vrai que Pierre ne marchait pas selon la vérité de l'Evangile. Il faisait donc ce qu'il ne devait pas faire : et si Paul avait fait lui-même ce qu'il reproche à Pierre, je croirai plutôt, que s'étant déjà corrigé lui-même, il n'a pu s'empêcher de reprendre son collègue dans l'apostolat, que de supposer qu'il ait commis un mensonge dans son épître, ou dans une épître quelconque, à plus forte raison dans celle qui commence par ces mots : « Je prends Dieu à témoin que je ne mens pas dans ce que je vous écris (*Gal.*, I, 20). »

8. Je crois que Paul a agi ainsi pour forcer les Gentils à judaïser, car Paul l'a écrit, et je ne crois pas qu'il ait menti. Pierre n'agissait donc pas selon la vérité de l'Evangile, car il était contraire à la vérité de l'Evangile, de faire croire aux chrétiens qu'ils ne pouvaient être sauvés sans l'observation des anciens sacrements. C'est là précisément ce que soutenaient à Antioche ceux d'entre les Juifs qui avaient embrassé le christianisme, et contre lesquels Paul combattit avec tant de force et de persévérance. Mais si Paul a fait circoncire Timothée, si par suite d'un vœu il a rasé sa tête à Cenchrée, si à Jérusalem, averti par Jacques, il a pratiqué les cérémonies de la loi avec ceux qui le connaissaient, ce n'était pas pour faire croire que le salut du Christ dépendait de ces cérémonies, mais c'était pour faire voir, qu'il ne fallait pas condamner comme une idolâtrie païenne ces pratiques qui convenaient aux temps anciens, et que Dieu avait ordonné d'établir comme une ombre des choses à venir. Car, d'après ce que lui avait dit Jacques, on l'accusait d'enseigner qu'il fallait renoncer à Moïse. Or, ce serait un crime, pour ceux qui croient en Jésus-Christ, de se séparer d'un de ses prophètes, et de condamner la doctrine de celui dont le Christ lui-même a dit : « Si vous croyiez en Moïse, vous croiriez en moi, puisque c'est de moi qu'il a écrit (*Jean*, V, 46). »

9. Soyez attentifs, je vous prie, aux paroles mêmes de Jacques : « Vous voyez, mon frère, lui dit-il, combien de milliers de Juifs ont cru et tous sont zélés pour la loi. Or, ils ont ouï-dire de vous que vous enseignez aux Juifs, qui sont parmi les Gentils, de se séparer de Moïse, en disant qu'ils ne doivent pas circoncire leurs fils, ni suivre l'ancienne coutume. Que faut-il donc faire ? Certainement, toute cette multitude s'assemblera quand on saura que vous êtes arrivé. Faite donc ce que nous allons vous dire. Nous avons ici quatre hommes qui ont fait un vœu. Prenez-les avec vous, purifiez-vous avec eux, engagez-les à se raser la tête, et par là tout le monde verra que ce qu'on a dit de vous est faux, et que vous marchez selon la loi.

---

illo dicit, qui dicit cum non recte fecisse, quod eum novit facere debuisse. Si autem verum scripsit Paulus ; verum est, quod Petrus non recte tunc ingrediebatur ad veritatem Evangelii. Id ergo faciebat, quod facere non debebat : et si tale aliquid Paulus ipse jam fecerat, correctum potius etiam ipsum credam coapostoli sui correctionem non potuisse negligere, quam mendaciter aliquid in sua epistola posuisse ; et in espitola qualibet : quanto magis in illa, in qua præloquutus ait, « Quæ autem scribo vobis, ecce coram Deo quia non mentior (*Gal.*, I, 20) ? ».

8. Ego quidem illud Petrum sic egisse credo, ut gentes cogeret Judaizare. Hoc enim lego scripsisse Paulum, quem mentitum esse non credo. Et ideo non recte agebat hoc Petrus. Erat enim contra Evangelii veritatem, ut putarent, qui credebant in Christum, sine illis veteribus Sacramentis salvos se esse non posse. Hoc enim contendebant Antiochiæ, qui ex circumcisione crediderant : contra quos Paulus perseveranter acriterque confligit. Ipsum vero Paulum non ad hoc id egisse, quod vel Timotheum circumcidit (*Act.*, XVI, 5), vel Cenchreis votum persolvit (*Act.*, XVIII, 18), vel Jerosolymis a Jacobo admonitus, cum eis, qui noverant, legitima illa celebranda suscepit (*Act.*, XXI, 24) ; ut putari videretur, per ea sacramenta etiam Christianam salutem dari : sed ne illa, quæ prioribus, ut congruebat, temporibus in umbris rerum futurarum Deus fieri jusserat, tamquam idololatriam gentilium damnare crederetur. Hoc est enim quod illi Jacobus ait, auditum de illo esse quod disscissionem doceat a Moyse (*Act.*, XXI, 21). Quod utique nefas est, credentes in Christum disscindantur à Propheta Christi, tamquam ejus doctrinam detestantes atque damnantes : de quo ipse Christus dicit, « Si crederetis Moysi, crederetis et mihi ; de me enim ille scripsit (*Johan.*, V, 46). »

9. Attende enim obsecro ipsa verba Jacobi « Vides, » inquit, » frater, quot millia sunt in Judæa, qui crediderunt in Christum : et bi omnes æmulatores sunt Legis. Audierunt autem de te, quia disscissionem do-

Quant aux Gentils qui ont cru, nous leur avons écrit qu'ils ne devaient rien observer de semblable, mais qu'ils devaient seulement s'abstenir de ce qui est sacrifié aux idoles, du sang et de la fornication (*Act.*, XXI, 20). » Il est clair, à mon avis, que Jacques donna ce conseil à Paul, pour démontrer la fausseté de ce qu'avaient entendu dire sur lui les Juifs qui croyaient en Jésus-Christ et qui, cependant, étaient zélés pour la loi. Ils ne devaient pas croire, en effet, que la doctrine du Christ condamnait comme sacrilèges, les institutions que leur père avaient reçues de Moïse, et qui leur avait été prescrites par l'ordre de Dieu même. Ce n'étaient pas ceux qui comprenaient dans quel esprit les juifs, devenus chrétiens, devaient observer les anciennes cérémonies, et qui savaient que c'était seulement pour honorer la divine autorité et la sainteté prophétique de ces mystères, et non pas pour obtenir le salut, que Jésus-Christ avait révélé et qui se conférait par le sacrement du baptême ; ce n'étaient pas, dis-je, les Juifs devenus chrétiens qui avaient répandu ces bruits sur Paul, mais ceux qui prétendaient, que sans l'observation des pratiques de la loi ancienne, l'Évangile ne suffisait pas aux croyants pour le salut. Ils savaient, en effet, que Paul, cet ardent prédicateur de la grâce, et ennemi déclaré de leurs prétentions, enseignait que l'homme n'était pas justifié par les pratiques de la loi de Moïse, mais par la grâce de Jésus-Christ, dont ces pratiques n'étaient que des figures, et comme l'ombre de cette grâce prédite dans la loi. C'est pour cela, que voulant exciter contre Paul la haine et la persécution, ils l'accusaient d'être l'ennemi de la loi et des divins commandements. L'Apôtre ne pouvait donc plus convenablement échapper à l'envie et à la haine de cette fausse accusation, qu'en observant lui-même les pratiques qu'on l'accusait de condamner comme sacrilèges. Il montrait par là qu'il ne fallait, ni les interdire aux Juifs comme criminelles, ni les imposer aux Gentils comme nécessaires.

10. En effet, si Paul les ayant réprouvées, comme le bruit s'en était répandu, les eût cependant pratiquées, pour cacher par une feinte, le fond de sa pensée, Jacques ne lui aurait pas dit : « Et tous sauront, » mais il lui aurait dit : « Et tous penseront que ce qu'ils ont ouï-dire de vous est faux (*Act.*, XV, 28), » d'autant plus qu'à Jérusalem même, les apôtres avaient déjà décrété qu'on ne devait pas forcer les Gentils à judaïser ; mais ils n'avaient pas décrété qu'on empêcherait les Juifs de pratiquer les cérémonies judaïques. Si ce ne fut qu'après ce décret des

---

ces a Moyse corum, qui per gentes sunt, Judæorum ; dicens non debere circumcidere eos filios suos, neque secundum consuetudinem ingredi. Quid ergo est? Utique oportet convenire multitudinem : audierunt enim te supervenisse : hoc ergo fac, quod tibi dicimus. Sunt nobis viri quatuor votum habentes super se, his assumptis, sanctifica te cum ipsis, et impende in eos ut radant capita : et scient omnes quia, quæ de te audierunt, falsa sunt ; sed sequeris et ipse, custodiens Legem. De gentibus autem qui crediderunt, nos mandavimus, judicantes nihil ejusmodi servare illos, nisi ut se observent ab idolis immolato, et a sanguine, et a fornicatione (*Act.*, XXI, 20). » Non opinor, obscurum est, et Jacobum hoc ideo monuisse, ut scirent falsa esse, quæ de illo audierunt hi, qui cum in Christum ex Judæis credidissent, tamen æmulatores erant Legis, ne per doctrinam Christi velut sacrilega, nec Deo mandante conscripta damnari putarentur, quæ per Moysen patribus fuerant ministrata. Hoc enim de Paulo jactaverant, non illi qui intelligebant quo animo a Judæis fidelibus observari tunc ista deberent, propter commendandam scilicet auctoritatem divinam et sacramentorum illorum propheticam sanctitatem non propter adipiscendam salutem, quæ jam in Christo revelabatur, et per baptismi sacramentum, ministrabatur : sed illi hoc de Paulo sparserant, qui sic ea volebant observari, tamquam sine his in Evangelio salus credentibus esse non posset. Ipsum enim senserant vehementissimum gratiæ prædicatorem et intentioni eorum maxime adversum, docentem non per illa hominem justificari, sed per gratiam Jesu Christi ; cujus prænuntiandæ caussa illæ umbræ in Lege mandatæ sunt. Et ideo illi invidiam et persequutionem molientes concitare, tamquam inimicum legis mandatorumque divinorum criminabantur : cujus falsæ criminationis invidiam congruentius devitare non posset, quam ut ea ipse celebraret, quæ damnare tamquam sacrilega putabatur ; atque ita ostenderet, nec Judæos tunc ab eis tamquam a nefariis prohibendos, nec gentiles ad ea tamquam ad necessaria compellendos.

10. Nam si revera sic ea reprobaret, quemadmodum de illo auditum erat ; et ideo celebranda susci-

Apôtres, que Pierre eut, à Antioche, recours à la feinte par laquelle il obligeait les Gentils à judaïser, c'est-à-dire à faire une chose à laquelle il ne se croyait pas obligé lui-même, quoiqu'en mémoire et par respect des prescriptions de Dieu aux Juifs on leur laissât la libre observation de leurs pratiques religieuses ; il ne faut pas s'étonner que Paul l'ait pressé de se déclarer ouvertement pour ce qu'il se souvenait d'avoir décrété avec les autres apôtres à Jérusalem.

11. Si, au contraire, comme je suis plus porté à le croire, ce fut avant le concile de Jérusalem que Pierre agit de la sorte, on ne doit pas non plus s'étonner si Paul n'a pu souffrir la dissimulation de Pierre, et a voulu qu'il déclarât franchement sa pensée ; que d'ailleurs il n'ignorait pas, soit qu'il lui eût déjà communiqué son Evangile, soit qu'il eût connaissance de la divine révélation faite sur ce sujet à Pierre, à l'occasion de la vocation du centenier Corneille, soit enfin parce qu'il l'avait vu lui-même manger avec les Gentils, avant l'arrivée, à Antioche, de ceux qu'il redoutait. Nous sommes bien éloignés de croire que Pierre fût sur cela d'un autre avis que Paul, qui ne lui apprenait pas ce qu'il y avait de vrai sur ce sujet, mais qui blâmait l'esprit de dissimulation avec lequel il forçait les Gentils à judaïser, parce que par cette feinte, il autorisait les prétentions de ceux qui soutenaient que les croyants ne pouvaient être sauvés par la circoncision et l'observation des autres cérémonies, qui n'étaient que les figures des choses à venir.

12. Paul a donc fait circoncire Timothée afin que les Juifs, et particulièrement les parents de Timothée du côté de sa mère, qui avaient embrassé la foi chrétienne, ne regardassent pas la circoncision comme une idolâtrie détestable, puisque l'une a été ordonnée par Dieu, tandis que l'autre est l'œuvre de Satan. Mais il n'a pas fait circoncire Tite, afin de ne pas favoriser le sentiment de ceux qui croyaient que, sans la circoncision, les chrétiens ne pouvaient pas être sauvés, et qui, pour tromper les Gentils, publiaient partout que Paul était de cet avis. C'est ce qu'il fait assez voir lui-même, quand il dit : « On n'obligea pas Tite, qui était avec moi et qui était Gentil, à se faire circoncire. Et quoiqu'il y eût là de faux frères qui s'étaient introduits par surprise, et qui s'étaient glissés parmi nous pour surveiller la liberté que nous avons en Jésus-Christ, et nous réduire en servitude. Néanmoins nous ne leur

---

peret, ut actione simulata suam posset occultare sententiam; non ei diceret Jacobus, « Et sciunt omnes : » sed diceret, Et putabunt omnes, « quoniam, quæ de te audierunt, falsa sunt (*Act.*, xv, 28) : » præsertim quia in ipsis Jerosolymis Apostoli jam decreverant, ne quisquam gentes cogeret Judaizare : non autem decreverant, ne quisquam tunc Judæos Judaizare prohiberet, quamvis etiam ipsos jam doctrina Christiana non cogeret. Proinde si post Apostolorum decretum Petrus habuit illam in Antiochia simulationem, qua gentes cogeret Judaizare, quod jam nec ipse cogebatur, quamvis propter commendanda eloquia Dei, quæ Judæis sunt credita, non prohibebatur ; quid mirum si constringebat eum Paulus libere asserere, quod cum ceteris Apostolis se Jerosolymis decrevisse meminerat ?

11. Si autem hoc, quod magis arbitror, ante illud Jerosolymitanum concilium Petrus fecit ; nec sic mirum est, quod cum volebat Paulus non timide obtegere, sed fidenter asserere, quod eum pariter sentire jam noverat : sive quod cum eo contulerat Evangelium ; sive quod in Cornelii centurionis vocatione, etiam divinitus cum de hac re admonitum acceperat ; sive quod antequam illi, quos timuerat, venissent Antiochiam, cum gentibus eum convesci viderat. Neque enim negamus in hac sententia fuisse jam Petrum, in qua et Paulus fuit. Non itaque tunc eum quid in ea re verum esset docebat : sed ejus simulationem, qua gentes Judaizare cogebantur, arguebat : non ob aliud, nisi quia sic illa omnia simulatoria gerebantur, tamquam verum esset, quod illi dicebant, qui sine circumcisione præputii atque aliis observationibus, quæ erant umbræ futurorum, putabant credentes salvos esse non posse.

12. Ergo et Timotheum circumcidit propterea, ne Judæis, et maxime cognationi ejus maternæ sic viderentur qui ex gentibus in Christum crediderant, detestari circumcisionem, sicut idolatria detestanda est : cum illam Deus fieri præceperit, hanc satanas persuaserit. Et Titum propterea non circumcidit, ne occasionem daret eis, qui sine illa circumcisione dicebant credentes salvos esse non posse, et ad deceptionem gentium hoc etiam Paulum sentire jactarent. Quod ipse satis significat, ubi ait, « Sed neque Titus, qui mecum erat, cum esset Græcus, compulsus est cir-

cédâmes pas même un moment, afin que la vérité de l'Évangile demeurât parmi vous (*Gal.*, II, 3). » Il est donc évident que Paul avait vu que ces faux frères le guettaient, pour observer s'il ne ferait pas à l'égard de Tite, ce qu'il avait fait à l'égard de Timothée, et ce qu'il pouvait encore faire avec la même liberté dont il avait usé, pour montrer que ces sacrements ne devaient pas être recherchés comme nécessaires, ni condamnés comme sacriléges.

13. Mais, dites-vous, il est à craindre dans cette discussion que nous n'admettions, comme les philosophes, certains actes humains tenant le milieu entre le bien et le mal, sans qu'on puisse cependant les regarder ni comme bonnes ni comme mauvaises actions, pour être ensuite forcés dans ce retranchement, et obligés d'avouer qu'il ne saurait être indifférent d'observer les cérémonies de la loi, et que cette observation est nécessairement ou un bien ou un mal. Si c'est un bien, nous devons les pratiquer ; si c'est un mal, nous devons croire que ce n'est pas dans un esprit de vérité, mais de dissimulation que les Apôtres s'y sont soumis. Ce que je crains pour les Apôtres, ce n'est pas une comparaison avec les philosophes qui dans leurs discussions ne s'écartent pas toujours de la vérité, mais une comparaison avec les avocats qui, dans l'intérêt de leur cause, ont souvent recours aux mensonges. Si dans l'explication de la lettre aux Galates vous avez cru pouvoir, sans blesser les convenances, invoquer l'exemple des avocats pour autoriser la dissimulation de Pierre et de Paul, pourquoi craindrai-je de vous nommer les philosophes dont la science est vaine, non parce qu'ils disent le plus souvent des faussetés, mais parce qu'ils mettent leur confiance dans des choses généralement fausses, et que, lors même qu'ils sont dans la vérité, ils demeurent étrangers à la grâce de Jésus-Christ qui est la vérité même.

14. Ne puis-je pas dire que les cérémonies de l'ancienne loi ne sont pas bonnes, puisqu'elles ne justifient pas les hommes, et qu'elles sont uniquement des figures annonçant la grâce par laquelle nous sommes justifiés, mais que cependant elles ne sont pas mauvaises, puisqu'elles ont été prescrites par Dieu pour des temps et des hommes auxquels elles convenaient ? En cela je m'appuie sur les paroles du Prophète, quand il dit que Dieu a donné à son peuple « des préceptes qui n'étaient pas bons (*Ephe.*, XX, 25). » Peut-être même il avait cette pensée en disant non pas préceptes mauvais, mais seulement préceptes qui n'étaient pas bons, c'est-à-dire, tels que par eux, les hommes pussent devenir bons, et ne le pussent sans eux. Je prie votre bienveillance de me dire si,

cumcidi : propter subintroductos autem falsos fratres, qui subintroierunt perscrutari libertatem (*Gal.*, II, 3) nostram, ut nos in servitutem redigerent ; quibus nec ad horam cessimus subjectione, ut veritas Evangelii permaneat ad vos. Hic apparet, quid eos captare intellexerit, ut non faceret quod in Timotheo fecerat ; et quod ea libertate facere poterat, qua ostenderat, illa sacramenta nec tamquam necessaria debere appeti, nec tamquam sacrilega debere damnari.

13. Sed cavendum est videlicet in hac disputatione, ne sicut *philosophi*, quædam facta hominum media dicamus inter recte factum et peccatum, quæ neque in recte factis, neque in peccatis numerentur ; et urgeamur eo, quod observare Legis cerimonias non potest esse indifferens ; sed aut bonum, aut malum : ut, si bonum dixerimus, eas nos quoque observare cogamur ; si autem malum, non vere, sed simulate ab Apostolis observatas esse credamus. Ego vero Apostolis non tam exemplum philosophorum timeo, quando et illi in sua disputatione veri aliquid dicunt, quam forensium advocatorum, quando in alienarum caussarum actione mentiuntur. Quorum similitudo si in ipsa expositione epistolæ ad Galatas ad confirmandam simulationem Petri et Pauli putata est decenter induci ; quid ego apud te timeam nomen philosophorum, qui non propterea vani sunt, quia omnia falsa dicunt ; sed quia et falsis plerisque confidunt ; et ubi vera inveniuntur dicere, a Christi gratia, qui est ipsa veritas, alieni sunt ?

14. Cur autem non dicam, præcepta illa veterum sacramentorum nec bona esse, quia non eis homines justificantur ; umbræ enim sunt prænuntiantes gratiam, qua justificamur : nec tamen mala, quia divinitus præcepta sunt, tempori personisque congruentia : cum me adjuvet etiam prophetica sententia, qua dicit Deus se illi populo dedisse præcepta non bona (*Ezech.*, XX, 25) ? Forte enim propterea non dixit mala, sed tantum non bona, id est non talia, ut illis homines boni fiant, aut sine illis boni non fiant. Vellem me doceret benigna sinceritas tua, utrum simulate quisquam sanctus orientalis, cum Romam venerit, jejunet sabbato, excepto

lorsque quelque fidèle d'Orient vient à Rome, et que selon la coutume de cette église, il jeûne le samedi, excepté le samedi veille de Pâques, si, dis-je, son jeûne est une feinte. Si nous disons que c'est une feinte, c'est-à-dire un mal, nous condamnons non-seulement l'Eglise de Rome, mais encore beaucoup d'autres Eglises des environs et même d'autres pays plus éloignés où cette coutume est fidèlement observée. Si, au contraire, nous regardons comme un mal de ne pas jeûner le samedi, nous accuserons témérairement un grand nombre d'églises d'Orient et la plus grande partie du monde chrétien ; d'après cela ne devez-vous pas convenir qu'il y a un certain milieu que l'on peut suivre, sans agir pour cela avec dissimulation, mais par convenance et par déférence pour ceux avec qui on se trouve ; et cependant rien de semblable n'est prescrit aux chrétiens dans les livres canoniques. A plus forte raison, dois-je me garder de prendre pour un mal ce que la foi chrétienne m'ordonne de regarder comme une institution de Dieu, cette foi qui nous enseigne que ce n'est point cela qui nous justifie, mais la grâce de Dieu par Notre Seigneur Jésus-Christ.

15. Je dis donc que la circoncision et les autres pratiques de cette espèce, ont été données au peuple juif dans l'Ancien Testament, comme des figures des choses qui devaient s'accomplir par Jésus-Christ ; mais une fois ces choses accomplies, les pratiques légales doivent être regardées par les chrétiens comme un moyen de comprendre les anciennes prophéties, sans qu'il y ait pour eux nécessité de les observer, comme si on attendait encore la révélation de la foi, dont elles étaient les signes et les figures. Quoiqu'on ne dût pas en imposer l'observation aux Gentils, on ne devait pas non plus les interdire aux Juifs qui en avaient l'habitude, comme des pratiques sacriléges et condamnables. Ces pratiques devaient insensiblement et lentement disparaître avec la prédication et les progrès de la vraie foi de Jésus-Christ en la grâce de qui seulement les croyants sauraient qu'ils peuvent être justifiés et sauvés, et non point par les choses des ombres prédites et désormais accomplies. L'action de ces pratiques, qui n'étaient que des ombres de l'avenir, devait s'éteindre au moment où la présence du Seigneur et le ministère apostolique appelaient les Juifs à la grâce. Dès lors, il suffisait pour rendre hommage à leur divine institution, de ne pas les interdire comme des pratiques criminelles et idolâtres. Mais elles devaient s'arrêter là, de peur qu'on ne les regardât comme nécessaires et indispensables au salut, selon l'opinion de ces hérétiques qui voulant être à la fois juifs et chrétiens, n'étaient ni chrétiens, ni juifs. Quoique je n'aie jamais incliné à leur

---

illo die paschalis vigiliæ, quod si malum esse dixerimus ; non solum Romanam ecclesiam, sed etiam multa ei vicina, et aliquanto remotiora damnabimus, ubi mos idem tenetur et manet. Si autem non jejunare sabbato malum putaverimus ; tot ecclesias Orientis, et multo majorem orbis Christiani partem qua temeritate criminabimur ? Placetne tibi, ut medium quiddam esse dicamus, quod tamen acceptabile sit ei, qui hoc non simulate, sed congruenti societate atque observantia fecerit ? Et tamen nihil inde legimus in canonicis libris præceptum esse Christianis. Quanto magis illud malum dicere non audeo, quod Deum præcepisse ipsa Christiana fide negare non possum, qua didici non eo me justificari, sed gratia Dei per Jesum Christum Dominum nostrum ?

15. Dico ergo, circumcisionem præputii, et cetera hujusmodi, priori populo per Testamentum, quod vetus dicitur, divinitus data ad significationem futurorum, quæ per Christum oportebat impleri : quibus advenientibus, remansisse illa Christianis legenda tantum, ad intelligentiam præmissæ prophetiæ, non autem necessario facienda ; quasi adhuc exspectandum esset, ut veniret fidei revelatio, quæ his significabatur esse ventura. Sed quamvis gentibus imponenda non essent, non tamen sic debuisse auferri a consuetudine Judæorum, tamquam detestanda atque damnanda. Sensim proinde atque paulatim fervente sana prædicatione gratiæ Christi, qua sola nossent credentes se justificari, salvosque fieri, non illis umbris rerum antea futurarum, tunc jam venientium atque præsentium, ut in illorum Judæorum vocatione, quos præsentia carnis Domini, et apostolica tempora sic invenerant, omnis illa actio consumeretur umbrarum, hoc eis suffecisse ad commendationem, ut non tamquam detestanda, et similis idololatriæ vitaretur : ultra vero non haberet progressum ; ne putaretur necessaria tamquam vel ab illa salus esset, vel sine illa esse non posset. Quod putaverunt hæretici, qui

avis, vous avez cependant daigné me prémunir avec bienveillance contre leur sentiment. Voilà l'erreur où Pierre est tombé, je ne dis pas en l'adoptant, mais en feignant de l'adopter ; et Paul a eu raison de dire qu'il avait vu Pierre ne pas marcher droit selon la vérité de l'Évangile, et de lui reprocher de forcer les Gentils à judaïser. Paul n'y contraignait personne ; il observa sincèrement, quand il le fallait, ces anciennes cérémonies, uniquement pour montrer qu'elles n'étaient pas condamnables en elles-mêmes. Cependant, il ne cessait de prêcher que ce n'était point par elles, mais par la grâce de la foi révélée, que les fidèles pouvaient être sauvés ; mais il se gardait bien d'en imposer la pratique, d'en proclamer la nécessité. Je crois que l'apôtre Paul a fait ces choses avec sincérité, mais je ne voudrais pas maintenant imposer ni permettre à des juifs devenus chrétiens, rien de pareil ; comme vous, qui croyez que Paul en les observant, a usé de dissimulation, vous ne permettriez à personne de recourir à une feinte semblable.

16. Voulez-vous que je vous dise, à mon tour, que la question, ou plutôt votre sentiment, se réduit à croire qu'après l'Évangile de Jésus-Christ, les Juifs devenus Chrétiens font bien d'offrir des sacrifices comme Paul en a offerts, de circoncire leurs fils comme Paul a circoncis Timothée, d'observer le sabbat comme les Juifs l'observent, pourvu qu'ils fassent toutes ces choses par feinte et par dissimulation ? Avec un tel principe, ce n'est plus dans l'hérésie d'Ébion, ou de ceux qu'on appelle vulgairement Nazaréens, ou dans toute autre erreur ancienne que nous tombons, mais dans je ne sais quel schisme nouveau, d'autant plus dangereux qu'il ne s'appuie pas sur un égarement d'esprit, mais sur le mensonge et sur une volonté bien arrêtée. Si, pour vous justifier de cette opinion, vous répondiez que les Apôtres ont eu alors raison de recourir à la feinte, pour ne pas scandaliser les faibles d'entre les Juifs qui croyaient en Jésus-Christ, mais qui ne comprenaient pas encore qu'il fallût rejeter les cérémonies légales, tandis qu'il y aurait de la folie à les observer de nos jours, où la doctrine de la grâce chrétienne est établie, non-seulement parmi tant de nations, mais encore dans toutes les églises du Christ, par la lecture de la loi et des prophètes, qui nous apprend de quelle manière on doit comprendre mais non pas observer les cérémonies judaïques ; pourquoi ne me serait-il pas permis, à mon tour, de dire que l'apôtre Paul et les autres Chrétiens d'une foi sincère, ont dû honorer ces mystères de l'ancienne alliance, en les observant avec un certain degré de sincérité, afin que ces figures

dum volunt et Judæi esse et Christiani, nec Judæi nec Christiani esse potuerunt. Quorum sententiam mihi cavendam, quamvis in ea numquam fuerim, tamen benevolentissime admonere dignatus es. In cujus sententiæ non consensionem, sed simulationem Petrus timore inciderat (Gal., II, 14), ut de illo Paulus verissime scriberet, quod eum vidisset non recte ingredientem ad veritatem Evangelii, eique verissime diceret, quod gentes Judaizare cogebat. Quod Paulus utique non cogebat, ob hoc illa vetera veraciter, ubi opus esset, observans, ut damnanda non esse monstraret ; prædicans tamen instanter non eis, sed revelata gratia fidei, fideles salvos fieri, ne ad ea quemquam velut necessaria suscipienda compelleret. Sic autem credo Apostolum Paulum veraciter cuncta illa gessisse, nec tamen nunc quemquam factum ex Judæo Christianum, vel cogo, vel sino talia veraciter celebrare : sicut nec tu, cui videtur Paulus ea simulasse, cogis istum, vel sinis talia simulare.

16. An vis, ut etiam ego dicam, hanc esse summam quæstionis, immo sententiæ tuæ, ut post Evangelium Christi, bene faciant credentes Judæi, si sacrificia offerant, quæ obtulit Paulus ; si filios circumcidant, si sabbatum observent, ut Paulus in Timotheo (Act., XVI, 3), et omnes observavere Judæi, dummodo hæc simulate ac fallaciter agant ? Hoc si ita est ; non jam in hæresim Hebionis, vel eorum, quos vulgo Nazaræos nuncupant, vel quamlibet aliam veterem, sed nescio in quam novam delabimur, quæ sit eo perniciosior, quo non errore, sed proposito est ac voluntate fallaci. Quod si respondeas, ut te ab hac purges sententia, tunc Apostolos ista laudabiliter simulasse, ne scandalizarentur infirmi, qui ex Judæis multi crediderant, et ea respuenda nondum intelligebant ; nunc vero confirmata per tot gentes doctrina gratiæ Christianæ, confirmata etiam per omnes Christi ecclesias lectione Legis et Prophetarum, quo modo hæc intelligenda, non observanda recitentur, quisquis ea simulando agere voluerit, insanire : cur mihi non licet dicere, apostolum Paulum, et alios rectæ fidei Christianos, tunc illa vetera sacramenta paululum observando veraciter commendare debuisse, ne

prophétiques observées pieusement par les ancêtres, ne fussent pas regardées par leurs descendants comme des sacriléges diaboliques? Sans doute après l'avénement de la foi dont elles étaient les ombres prophétiques, et qui a été révélée aux hommes par la mort et la résurrection du Seigneur, elles n'avaient plus de but ni en quelque sorte de vie. Cependant on devait les conduire à la sépulture, comme des morts auxquels leurs amis rendent les derniers devoirs avec un respect non simulé, mais sincère et religieux, non pas les abandonner tout à coup aux calomnies de leurs ennemis, comme aux morsures des chiens. Tout Chrétien, fût-il même né Juif, qui voudrait, à l'exemple de saint Paul, les observer maintenant, troublerait des cendres endormies. Il n'accompagnerait pas, ou ne porterait pas pieusement le corps d'un ami défunt, il ne serait plus que l'impie violateur d'un tombeau.

17. J'avoue qu'au passage de ma lettre où je vous dis que Paul, étant déjà Apôtre de Jésus-Christ, avait observé les pratiques religieuses des Juifs, afin de montrer qu'elles n'étaient pas pernicieuses pour ceux qui voudraient les garder conformément à la loi et à la tradition de leurs pères, j'ai négligé de dire « que cette observation devait s'arrêter au temps où la grâce de la loi a commencé à être révélée. » Car jusqu'alors, ces pratiques n'avaient rien de pernicieux. Mais, avec le progrès du temps, elles devaient être abandonnées par tous les Chrétiens. Autrement, on n'aurait pas pu faire de distinction entre les préceptes de Dieu donnés à son peuple par Moïse, et les institutions établies par l'esprit immonde dans les temples des démons. C'est pourquoi je dois plutôt m'accuser de ma négligence que me plaindre de votre réprimande à cet égard. Cependant, longtemps avant d'avoir reçu votre lettre, j'avais, dans un écrit contre le manichéen Fauste, développé, quoique brièvement, ma pensée sur cette même question, sans y omettre ce que j'ai négligé d'ajouter dans ma lettre. Votre bienveillance pourra s'en assurer, si elle daigne lire cet écrit, et les chers frères, qui vous remettront la présente, vous le confirmeront également. Je vous demande donc, au nom de la charité, de croire ce que je vous dis en présence de Dieu et dans toute la sincérité de mon âme; je n'ai jamais pensé que des Juifs devenus Chrétiens dussent, sous aucun prétexte, et

putarentur illæ propheticæ significationis observationes a piissimis patribus custoditæ, tamquam sacrilegia diabolica a posteris detestandæ? Jam enim cum venisset fides quæ prius illis observationibus prænuntiata, post mortem et resurrectionem Domini revelata est, amiserant tamquam vitam officii sui. Verumtamen sicut defuncta corpora, necessariorum officiis deducenda erant quodammodo ad sepulturam, nec simulate, sed religiose; non autem deserenda continuo, vel inimicorum obtrectationibus tamquam canum morsibus projicienda. Proinde nunc quisquis Christianorum, quamvis sit ex Judæis, similiter ea celebrare voluerit, tamquam sopitos cineres eruens, non erit pius deductor, vel bajulus corporis, sed impius sepulturæ violator.

17. Fateor sane, in eo, quod epistola continet mea, quod ideo sacramenta Judæorum Paulus celebranda suscepterat, cum jam Christi esset Apostolus, ut doceret non esse perniciosa his, qui ea vellent, sicut a parentibus per Legem acceperant, custodire, minus me posuisse, « illo dumtaxat tempore, quo primum fidei gratia revelata est : » tunc enim hoc non erat perniciosum. Progressu vero temporis (a) illæ observationes ab omnibus Christianis desererentur; ne si tunc fieret, non discerneretur quod Deus populo suo per Moysen præcepit, ab eo quod in templis dæmoniorum spiritus immundus instituit. Proinde potius culpanda est negligentia mea, quia hoc non addidi, quam objurgatio tua. Verumtamen longe antequam litteras tuas accepissem, scribens contra Faustum Manichæum quomodo eumdem locum, quamvis breviter explicaverim, et hoc illic non prætermiserim, et legere poterit, si non dedignetur, benignitas tua ; et a carissimis nostris, per quos nunc hæc scripta misi, quomodo volueris tibi fides fiet, illud me ante dictasse: mihique de animo meo crede, quod coram Deo loquens, jure caritatis exposco, numquam mihi visum fuisse, etiam nunc Christianos ex Judæis factos, sacramenta illa vetera quolibet affectu, quolibet animo celebrare debere, aut eis ullo modo licere ; cum illud de Paulo semper ita senserim, ex quo illius mihi litteræ innotue-

[a] Editi, progressu vero temporis erat perniciosum, nisi illæ observationes ab omnibus Christianis desererentur; nesi tunc fierent non discernerentur etc. At MSS. viginti carent his verbis, erat perniciosum, nisi. Deinde habent, ne si tunc fieret, id est ne si primo illo tempore desererentur.

dans quelque intention que ce fût, observer les pratiques des anciens temps. Telle a toujours été mon opinion sur saint Paul, depuis que ses épîtres me sont connues; comme vous-même ne croyez pas que personne puisse aujourd'hui faire semblant de les célébrer, quoique les Apôtres aient usé de cette feinte.

18. Lorsque vous dites que vous soutiendrez hardiment contre le monde entier que les cérémonies judaïques sont pernicieuses et mortelles aux Chrétiens, et que quiconque les observerait, Juif ou Gentil, tomberait dans le gouffre de Satan; je suis entièrement de votre avis, et j'ajoute que tout Juif ou Gentil qui les observerait non-seulement avec sincérité, mais même par feinte, tomberait dans le gouffre de Satan. Que voulez-vous de plus? Mais comme vous jugez la dissimulation dont les Apôtres ont usé d'après la différence des temps, de même aussi je juge la conduite de Paul d'après la différence des temps. Ces pratiques qu'il observa alors sincèrement n'autorisent personne à les pratiquer aujourd'hui. Respectables dans ce temps-là, elles seraient condamnables présentement. Ainsi, quoique nous lisions : « La loi et les prophètes n'ont duré que jusqu'à Jean-Baptiste (*Luc*, XVI, 16); » et « les Juifs cherchaient à faire mourir le Christ, non-seulement parce qu'il violait le sabbat, mais encore parce qu'il disait que Dieu était son père, se faisant égal à Dieu (*Jean*, V, 18); » et ailleurs : « Nous avons reçu grâce pour grâce; » puis « la loi a été donnée par Moïse, la grâce et la vérité ont été apportées par Jésus-Christ (*Jean*, I, 16). » Enfin, quoique Dieu ait promis, par Jérémie son prophète, de faire avec la maison de Judas une nouvelle alliance différente de celle qu'il avait faite avec leurs pères (*Jér.*, XXXI, 31), je ne crois pas, malgré tous ces passages de l'Écriture, que les parents du Seigneur l'aient fait circoncire par un esprit de dissimulation. Si, pour repousser cet exemple, on alléguait que l'âge où était alors Jésus-Christ ne lui permettait pas de s'opposer à ces pratiques de la loi, on ne pourra pas dire, je le pense, qu'il ait usé de feinte en disant aux lépreux, non d'après les préceptes de Moïse, mais d'après sa propre parole : « Allez et offrez pour vous le sacrifice que Moïse a prescrit pour leur servir de témoignage (*Marc*, I, 44). » Ce n'était pas non plus par esprit de feinte qu'il monta à Jérusalem le jour de la fête des Tabernacles, ni pour se montrer avec ostentation aux hommes, « puisqu'il s'y rendit non pas publiquement,

---

runt : sicut nec tibi videtur, hoc tempore cuiquam esse simulanda ista, cum hoc fecisse Apostolos credas.

18. Proinde sicut tu e contrario loqueris; et licet reclamante, sicut scribis, mundo, libera voce pronuntias, cerimonias Judæorum et perniciosas esse et mortiferas Christianis; et quicumque eas observaverit, sive ex Judæis, sive ex gentibus, eum in barathrum diaboli devolutum : ita ego hanc vocem tuam omnino confirmo, et addo, Quicumque eas observaverit, sive ex Judæis, sive ex gentibus, non solum veraciter, verum etiam simulate, eum in barathrum diaboli devolutum. Quid quæris amplius? Sed sicut tu simulationem Apostolorum ab hujus temporis ratione secernis : ita ego Pauli apostoli veracem tunc in his omnibus conversationem ab hujus temporis, quamvis minime simulata, cerimoniarum Judaicarum observatione secerno : quoniam tunc fuit approbanda, nunc detestanda. Ita quamvis legerimus, « Lex et Prophetæ usque ad Johannem Baptistam (*Lucæ*, XVI, 16); » et quia « propterea quærebant Judæi Christum interficere, quia non solum solvebat sabbatum, sed et Patrem suum dicebat Deum, æqualem se faciens Deo (*Johan.*, V, 18) : » et quia « gratiam pro gratia accepimus : et quoniam Lex per Moysen data est, gratia autem et veritas per Jesum Christum facta est (*Johan.*, I, 16; *Ibid.*, V, 16); » et quia Jeremiam promissum est, daturum Deum Testamentum novum domui Juda non secundum Testamentum quod disposuit patribus eorum (*Jer.*, XXXI, 31) : non tamen arbitror ipsum Dominum fallaciter a parentibus circumcisum. Aut si hoc propter ætatem minime prohibebat; nec illud arbitror eum dixisse fallaciter leproso, quem certe non illa per Moysen præcepta observanti, sed ipse mandaverat : « Vade et offer pro te sacrificium quod præcepit Moyses in testimonium illis (*Marc.*, I, 44; *Johan.*, VII, 10). » Nec fallaciter adscendit ad diem festum, usque adeo non caussa ostentationis coram hominibus, ut non evidenter adscenderit, sed latenter.

19. At enim dixit idem Apostolus, « Ecce ego Paulus dico vobis, quia si circumcidamini, Christus vobis nihil proderit (*Gal.*, V, 2). » Decepit ergo Timotheum, et fecit ei nihil prodesse Christum. An quia hoc fallaciter factum est, ideo non obfuit? At ipse hoc non posuit, nec ait, Si circumcidamini veraciter, sicut nec fallaciter; sed sine ulla excep-

non pas ouvertement, mais comme en secret (*Jean*, VII, 10). »

19. Lorsque le même Apôtre a dit : « Voilà que moi, Paul, je vous dis que si vous vous faites circoncire, le Christ ne vous servira de rien (*Gal.*, V, 2), » il a donc trompé Timothée et a été cause que le Christ ne lui servit plus de rien. Serait-ce parce que cette circoncision ayant été une feinte, n'a pu nuire à Timothée ? mais l'Apôtre n'a pas dit en faisant distinction si vous êtes circoncis véritablement ou par faute ; il a dit en général et sans aucune exception : « Si vous vous faites circoncire, le Christ ne vous servira de rien. » Si vous voulez donc pour soutenir votre opinion, qu'on sous-entende : « A moins que ce ne soit par dissimulation, » je crois pouvoir vous demander aussi sans témérité, de nous permettre de comprendre ces mots : « Si vous vous faites circoncire » comme s'adressant à ceux qui voulaient être circoncis, parce qu'ils ne croyaient pas sans cela pouvoir être sauvés dans le Christ. C'est donc pour ceux-là seuls qui étaient circoncis dans cet esprit, dans cette volonté, dans cette intention, que le Christ ne servait de rien, comme Paul le dit clairement dans un autre endroit : « Si c'est par la loi qu'on obtient la justice, le Christ est donc mort en vain (*Gal.*, II, 21). » Vous le prouvez vous-même, en citant ce passage de saint Paul : « Vous n'avez plus de part au Christ, vous qui prétendez être justifiés par la loi ; vous êtes déchus de la grâce (*Gal.*, V, 4). » L'Apôtre blâme donc ceux qui croyaient être justifiés par la loi, et non ceux qui observaient les cérémonies légales en l'honneur de leur divin auteur, sachant bien qu'elles avaient été prescrites comme figures prophétiques de la vérité, et jusqu'à quel temps elles devaient durer. De là, les paroles du même Apôtre : « Si vous êtes conduits par l'esprit, vous n'êtes plus sous la loi (*Gal.*, V, 18). » D'où il résulte d'après vos conclusions, que celui qui est sous la loi, non par condescendance, comme vous pensez que nos ancêtres l'ont voulu, mais véritablement comme je l'entends, n'a pas l'Esprit-Saint.

20. C'est une grande question de savoir ce que c'est que d'être sous la loi, tel que l'Apôtre l'entend et le blâme. Ce n'est pas, je le pense, à cause de la circoncision, ou des autres pratiques religieuses observées alors par les Juifs, et abandonnées aujourd'hui par les Chrétiens. L'Apôtre, je pense, avait encore en vue ce précepte de la loi : « Tu ne convoiteras pas (*Exod.*, XX, 8. *Deut.*, V, 20. *Rom.*, VII, 7) ; » précepte, que cependant les Chrétiens doivent observer, et qui est autorisé et recommandé par l'Évangile. C'est là ce que saint Paul appelle une loi sainte, un précepte saint, juste et bon. Ensuite il ajoute : « Ce qui est bon m'a-t-il donc donné la mort ? Nullement : mais le péché pour mieux montrer sa malice, m'a donné

---

tione dixit, « Si circumcidamini, Christus vobis nihil proderit. » Sicut ergo tu vis hic locum dare sententiæ tuæ, ut velis subintelligi, nisi fallaciter : ita non impudenter flagito, ut etiam nos illic intelligere sinas eis dictum, « Si circumcidamini, » qui propterea volebant circumcidi, quod aliter se putabant in Christo salvos esse non posse. Hoc ergo animo, hac voluntate, ista intentione quisquis tunc circumcidebatur, Christus ei nihil omnino proderat. Sicut alibi aperte dicit, « Nam si per Legem justitia, ergo Christus gratis mortuus est (*Gal.*, II, 21). » Hoc declarat et quod ipse commemorasti, « Evacuati estis a Christo, qui in Lege justificamini ; a gratia excidistis (*Gal.*, V, 4). » Illos itaque arguit, qui se justificari in lege credebant, non qui legitima illa in ejus honorem, a quo mandata sunt, observabant, intelligentes, et qua prænuntiandæ veritatis ratione mandata sint, et quousque debeant perdurare. Unde est illud, quod ait, « Si spiritu ducimini, non adhuc estis sub Lege (*Ibid.*, 18) : » unde, velut colligis, apparet qui sub Lege est non dispensative ut nostros putas voluisse majores, sed vere ut ego intelligo, eum Spiritum-sanctum non habere.

20. Magna mihi videtur quæstio, quid sit esse sub Lege sic, quemadmodum Apostolus culpat. Neque enim hoc cum propter circumcisionem arbitror dicere, aut illa sacrificia, quæ tunc facta a patribus, nunc a Christianis non fiunt, et cetera hujusmodi : sed hoc ipsum etiam quod Lex dicit, « Non concupisces (*Exo.*, XX, 17 ; *Deut.*, V, 20 ; *Rom.*, VII, 7 ; *Ibid.*, 12), » quod fatemur certe Christianos debere observare, atque evangelica maxime illustratione prædicari, Legem dicit esse sanctam, et mandatum sanctum, et justum et bonum, deinde subjungit, « Quod ergo bonum est, mihi factum est mors ? Absit : sed peccatum ut appareat peccatum, per bonum mihi operatum est mortem, ut fiat su-

la mort par une chose bonne en elle-même, en sorte que par le précepte le péché a grandi outre mesure (*Rom.*, VIII, 13). » Ce que l'Apôtre dit ici du péché, grandi par le précepte, il le redit ailleurs en ces termes : « La loi est venue pour faire abonder le péché, mais là où il y a eu abondance de péché, il y a eu surabondance de grâce (*Rom.*, V, 20). » Et dans un autre endroit, après avoir précédemment parlé de la dispensation de la grâce, qui seule justifie, saint Paul, s'interrogeant en quelque sorte, dit : « A quoi donc sert la loi ? » Question à laquelle il répond immédiatement : « Elle a été établie à cause de la prévarication, jusqu'à l'avénement du descendant, a qui la promesse avait été faite (*Gal.*, III, 19). » Ceux que l'Apôtre dit être d'une manière condamnable sous la loi, sont ceux que la loi rend coupables, parce qu'ils n'accomplissent pas la loi, et que ne connaissant pas les bienfaits de la grâce qui nous fait accomplir les commandements de Dieu, ils comptent dans un vain élan d'orgueil, pouvoir y parvenir par leurs propres forces, « La plénitude de la loi, dit l'Apôtre écrivant aux Romains, c'est la charité (*Rom.*, XIII, 10), mais la charité de Dieu a été répandue dans nos cœurs, non par nous-mêmes, mais par le Saint-Esprit qui nous a été donné (*Rom.*, V, 5). » Pour développer convenablement une telle question, il faudrait un volume entier. Si donc cette parole de la loi, « Tu ne convoiteras pas (*Rom.*, XIII, 9), » tient l'homme sous le péché, et condamne le prévaricateur plutôt qu'elle ne délivre le pécheur, à moins que la grâce de Dieu ne vienne au secours de la faiblesse humaine, à plus forte raison, les préceptes qui n'étaient que figuratifs, comme la circoncision et les autres pratiques qui ont dû nécessairement cesser lorsque la grâce a commencé à se révéler et à se répandre de plus en plus, ne pouvaient justifier personne. Il ne fallait pas cependant supprimer tout à coup ces pratiques de la loi comme des sacriléges diaboliques, quoique la grâce dont elles étaient les ombres prophétiques commençât à se révéler, mais il fallait en permettre encore un reste d'usage, surtout à ceux qui descendaient de ce peuple à qui elles avaient été prescrites. Elles furent ensuite ensevelies avec les honneurs qui leur étaient dus, et irrévocablement délaissées par les Chrétiens.

21. Que voulez-vous dire, je vous prie, par ces paroles : Non avec condescendance comme l'ont voulu nos ancêtres ? C'est ce que moi j'appelle un mensonge officieux, une espèce de devoir que nous croyons remplir en mentant pour

---

pra modum peccator aut peccatum, per mandatum. » Quod autem hic dicit, Peccatum per mandatum fieri supra modum, hoc alibi ait, « Lex subintravit ut abundaret delictum. Ubi autem abundavit delictum, superabundavit et gratia (*Rom.*, V, 20). » Et alibi, cum superius de dispensatione gratiæ loqueretur, quod ipsa justificet, velut interrogans ait, « Quid ergo Lex ? » atque huic interrogationi continuo respondit, « prævaricationis gratia posita est, donec veniret semen, cui promissum est (*Gal.*, III, 19). » Hos ergo damnabiliter dicit esse sub Lege, quos reos facit Lex, non implentes Legem, dum non intelligendo gratiæ beneficium ad facienda Dei præcepta, quasi de suis viribus superba elatione præsumunt. « Plenitudo enim Legis caritas (*Rom.*, XIII, 10). Caritas vero Dei diffusa est in cordibus nostris, » non per nos ipsos, sed « per Spiritum-sanctum qui datus est nobis (*Rom.*, V, 5). » Sed huic rei quantum satis est explicandæ, prolixior fortasse et sui proprii voluminis sermo debetur. Si ergo illud quod Lex ait, « Non concupisces (*Rom.*, XIII, 9), » si humana infirmitas gratia Dei adjuta non fuerit, sub se reum tenet, et prævaricatorem potius damnat, quam liberat peccatorem ; quanto magis illa, quæ significationis caussa præcepta sunt, circumcisio, et cetera, quæ revelatione gratiæ latius innotescente necesse fuerat aboleri, justificare neminem poterant ? Non tamen ideo fuerant tamquam diabolica gentium sacrilegia fugienda, etiam cum ipsa gratia jam cœperat revelari, quæ umbris talibus fuerat prænuntiata ; sed permittenda paululum, eis maxime qui ex illo populo, cui data sunt, venerant. Postea vero tamquam cum honore sepulta sunt, a Christianis omnibus irreparabiliter deserenda.

24. Hoc autem, quod dicis « Non dispensative, ut nostri voluere majores ; » quid sibi vult, oro te ? Aut enim hoc est, quod ego appello officiosum mendacium, ut hæc dispensatio sit officium velut honestæ mentiendi : aut quid aliud sit, omnino non video, nisi forte, addito nomine dispensationis, sit ut mendacium non sit mendacium, quod si absurdum est ; cur ergo non aperte dicis, officiosum mendacium defendendum ? nisi forte nomen te movet, quia non tam usitatum est in ecclesiasticis libris vocabulum officii, quod Ambrosius noster non

quelque chose qui nous paraît bon, autrement je ne vois pas ce que cela pourrait être, à moins que ce mot de condescendance fasse que le mensonge n'est pas un mensonge. Si cela est absurde, pourquoi ne dites-vous pas franchement que le mensonge officieux est excusable? Serait-ce le mot officieux qui vous offusque, parce que l'expression d'où il est tiré n'est pas usitée dans les livres ecclésiastiques? Cependant notre Ambroise n'a pas craint de l'employer, puisqu'il a intitulé, « des offices, » quelques-uns de ses livres remplis d'utiles préceptes. Est-ce que, par hasard, on doit blâmer celui qui ment officieusement, et condamner celui qui ment par condescendance? Que ceux qui pensent ainsi mentent quand bon leur semblera ; pour moi c'est une grande question de savoir si le mensonge peut être jamais permis à un homme de bien, ou plutôt si cela peut l'être jamais à des Chrétiens, à qui il a été dit : « Il ne doit y avoir dans votre bouche que oui, oui, non, non, afin que vous ne soyez pas condamnés (*Jacq.*, v, 11. *Matt.*, v, 35), » et qui reçoivent avec foi et respect ces paroles du Prophète : « Seigneur, vous perdrez tous ceux qui profèrent le mensonge (*Psaum.*, v, 7). »

22. Mais comme je viens de vous le dire, c'est là une grande question, et tout autre que celle qui nous occupe. Que celui qui regarde le mensonge comme quelquefois excusable, choisisse à son gré les occasions où il croit pouvoir mentir; mais qu'on croie du moins d'une manière inébranlable, et qu'on soutienne, qu'il n'y a aucun mensonge dans les auteurs des saintes Ecritures et surtout des livres canoniques, de peur que les dispensateurs du Christ dont il a été dit : « Ce qu'on demande dans les dispensateurs, c'est que chacun d'eux soit trouvé fidèle (I *Cor.*, IV, 2), » ne paraissent avoir fait de grands progrès dans cette fidélité, pour avoir appris à mentir par condescendance pour la dispensation de la vérité. En latin, le sens intime du mot fidélité est que l'on fait ce que l'on dit. Or, toutes les fois qu'on agit ainsi, il n'y a pas mensonge. L'Apôtre Paul, fidèle dispensateur, a donc écrit avec fidélité, parce qu'il est le dispensateur de la vérité et non du mensonge. Par conséquent il a écrit la vérité, en disant qu'il avait vu Pierre ne marchant pas droit selon la vérité de l'Evangile, et qu'il lui reprocha en face, de forcer les Gentils à judaïser. Quant à Pierre, il reçut avec bienveillance et avec une pieuse humilité, les utiles reproches que la charité de Paul lui adressa en toute liberté. En cela, il donna à ceux qui devaient venir après lui, le rare et saint exemple de ne pas mépriser les réprimandes des plus jeunes, toutes les fois qu'ils se sont écartés du droit chemin; et cet exemple, à mon avis, est plus rare et

---

timuit, qui suos quosdam libros utilium præceptionum plenos, de Officiis voluit appellare. An si officiose mentiatur quisque, culpandus est ; si dispensative, approbandus? Rogo te, mentiatur ubi elegerit qui hoc putat : quia et in hoc magna quæstio est, sitne aliquando mentiri viri boni, immo viri Christiani, qualibus dictum est, « Sit in ore vestro, Est, est (*Jac.*, v, 12) ; Non, non : ut non sub judicio decidatis (*Matt.*,v,37)? » Et qui cum fide audiunt, « Perdes omnes, qui loquuntur mendacium (*Psal.*, v, 7). »

22. Sed hæc, ut dixi, et alia et magna quæstio est : eligat quod voluerit, qui hoc existimat, ubi mentiatur : dum tamen a scribentibus auctoribus sanctarum Scripturarum (*Gal.*, II), et maxime canonicarum, inconcusse credatur, et defendatur omnino abesse mendacium : ne dispensatores Christi, de quibus dictum est, « Hic jam quæritur inter dispensatores, ut fidelis quis inveniatur (I *Cor.*, IV, 2), » tamquam magnum aliquid sibi fideliter didicisse videantur, pro veritatis dispensatione mentiri, cum ipsa fides in latino sermone ab eo dicatur appellata, quia fit quod dicitur. Ubi autem fit, quod dicitur, mentiendi utique non est locus. Fidelis igitur dispensator apostolus Paulus proculdubio nobis exhibet in scribendo fidem : quia veritatis dispensator erat, non falsitatis. Ac per hoc verum scripsit, vidisse se Petrum non recte ingredientem ad veritatem Evangelii (*Gal.*, II, 14) eique in faciem restitisse, quod gentes cogeret Judaizare. Ipse vero Petrus, quod a Paulo fiebat utiliter libertate caritatis, sanctæ ac benignæ pietate humilitatis accepit : atque ita rarius et sanctius exemplum posteris præbuit, quo non dedignarentur, sicubi forte recti tramitem reliquissent, etiam a posterioribus corrigi ; quam Paulus, quo confidenter auderent etiam minores majoribus pro defendenda Evangelica veritate, salva fraterna caritate resistere. Nam cum satius sit, a tenendo itinere in nullo, quam in aliquo declinare ; multo est tamen mirabilius et lauda-

plus saint que celui de Paul, qui nous apprend cependant que les plus jeunes doivent avoir pour la défense de la vérité évangélique, la confiance et le courage de reprendre leurs anciens, sans blesser toutefois la charité fraternelle. Car bien qu'il vaille mieux marcher toujours dans le droit chemin que de s'en écarter dans un cas quelconque, il est plus beau et plus louable de recevoir volontiers une réprimande, que d'avoir le courage de corriger celui qui s'éloigne de la vérité. Gloire donc et louange à la juste liberté de Paul, et à la sainte humilité de Pierre ! Et c'est, selon moi, cette humilité qu'il fallait opposer aux calomnies de Porphyre, plutôt que de donner à cet impie, une nouvelle et plus grande occasion de calomnier les Chrétiens, en les accusant d'user de mensonge dans leurs écrits, ou dans la célébration des mystères de leur Dieu.

23. Vous me demandez de vous citer au moins un auteur dont j'aie suivi le sentiment dans cette question, tandis que vous en citez nominativement plusieurs qui ont été avant vous de l'opinion que vous avancez, et vous me priez, si je vous accuse d'erreur, de vous permettre d'errer avec de si grands hommes. J'avoue n'avoir lu aucun de ces auteurs ; mais parmi les six ou sept que vous me citez, il s'en trouve quatre dont vous détruisez vous-même l'autorité. En effet, vous dites que celui de Laodicée dont vous taisez le nom, est depuis peu sorti du sein de l'Eglise ; qu'Alexandre est un ancien hérétique. Quant à Origène et Didyme, ils ont été dans vos derniers ouvrages réfutés par vous d'une manière assez forte, et sur des questions d'une assez grande importance, quoiqu'Origène ait été précédemment l'objet de vos plus grands éloges. Je pense cependant que si l'on vous permettait d'errer avec eux, vous n'y consentiriez pas vous-mêmes, quoique vous en parliez comme s'ils ne s'étaient pas trompés dans la question présente. Qui voudrait, en effet, errer avec qui que ce fût. Il reste donc encore trois de vos auteurs, Eusèbe d'Emèse, Théodore d'Héraclée et Jean, qui pendant longtemps gouverna en qualité d'évêque, l'Eglise de Constantinople.

24. Mais si vous cherchiez ou si vous vous rappeliez ce qu'ont pensé sur ce point notre (1) Ambroise et notre Cyprien, vous trouveriez peut-être que je ne manquais pas d'auteurs dont je pouvais suivre l'avis sur le point que nous traitons. Mais comme je vous l'ai dit précédemment, les Ecritures canoniques sont les seules pour lesquelles je professe cette libre et louable servitude, elles sont les seules que je

(1) Commentaires de saint Ambroise sur l'épître aux Galates. Saint Cyprien, lettre 71 à Quintus.

bilius, libenter accipere corrigentem, quam audacter corrigere deviantem. Est laus itaque justæ libertatis in Paulo, et sanctæ humilitatis in Petro : quæ, quantum mihi pro modulo meo videtur, magis fuerat adversus calumniantem Porphyrium defendenda, quam ut ei daretur obtrectandi major occasio ; qua multo mordacius criminaretur Christianos fallaciter vel suas litteras scribere, vel Dei sui sacramenta portare.

CAPUT III. — 23. Flagitas, ut aliquem saltem unum ostendam, cujus in hac re sententiam sim sequutus ; cum tu tam plures nominatim commemoraveris, qui te in eo, quod adstruis, præcesserunt ; petens ut in eo, si te reprehendo errantem, patiar te errare cum talibus ; quorum ego fateor neminem legi : sed cum sint ferme sex, vel septem, horum quatuor auctoritatem tu quoque infringis. Nam Laodicenum, cujus nomen taces, de ecclesia dicis nuper egressum ; Alexandrum autem veterem hæreticum ; Origenem vero ac Didymum, reprehensos abs te, lego in recentioribus opusculis tuis, et non mediocriter, nec de mediocribus quæstionibus, quamvis Origenem mirabiliter ante laudaveris. Cum iis ergo errare puto quia nec te ipse pateris ; quamvis hoc perinde dicatur, ac si in hac sententia non erraverint. Nam quis est, qui se velit cum quolibet errare ? Tres igitur restant, Eusebius Emisenus, Theodorus Heracleotes, et quem paulo post commemoras, Johannes qui dudum in pontificali gradu Constantinopolitanam rexit ecclesiam.

24. Porro, si quæras vel recolas quid hinc senserit noster Ambrosius, quid noster itidem Cyprianus, invenies fortasse, nec nobis defuisse, quos in eo, quod asserimus, sequeremur. Quamquam, sicut paulo ante dixi, tantummodo Scripturis canonicis hanc ingenuam debeam servitutem, qua eas solas ita sequar, ut conscriptores earum nihil in iis omnino errasse, nihil fallaciter posuisse non dubitem. Proinde, cum quæro tertium, ut tres etiam ego tribus opponam, possem quidem, ut arbitror, facile reperire, si multa legissem : verumtamen ipse mihi pro his omnibus, immo supra hos omnes apostolus Paulus occurrit. Ad ipsum confugio : ad ipsum ab omnibus, qui aliud sentiunt, litterarum

suive avec la conviction que leurs auteurs ne se sont pas trompés, et n'y ont inséré que ce qui était conforme à l'exacte vérité. Si je cherchais un troisième auteur, pour l'opposer aux trois que vous mettez en avant, il me serait facile, je pense, de le trouver, si je m'étais donné la peine de lire beaucoup. A la place de tous, et au-dessus de tous les autres, je mets l'Apôtre Paul. C'est à lui que j'ai recours; c'est à lui que j'en appelle de tous ceux qui ont commenté cette Epître, et qui sont d'un avis contraire au mien. C'est lui que j'interpelle, c'est à lui que je demande, si quand il a écrit aux Galates qu'il avait vu Pierre ne marchant pas droit selon la vérité de l'Evangile, quand il lui a reproché en face de forcer par sa propre feinte, les Gentils, à judaïser, il a écrit la vérité ou s'il a menti par je ne sais quelle condescendance (*Gal.*, I, 14). Mais je l'entends, au début même de sa lettre me criant avec une solennité religieuse : « Dans les choses que je vous écris, je proteste devant Dieu, que je ne mens pas (*Gal.*, I, 20) ».

25. Que ceux qui pensent autrement me le pardonnent. Mais moi je m'en rapporte plutôt au serment qu'un si grand Apôtre me fait dans sa lettre et à la vérité de ce qu'il dit, qu'à tout autre écrivain, quelque savant qu'il soit, discutant les écrits des autres. Je ne crains pas qu'on dise qu'en défendant ainsi Paul d'avoir feint d'être dans l'erreur des Juifs, je l'accuse d'y avoir été réellement, car il ne feignait pas l'erreur, celui qui usant de la liberté apostolique comme l'exigeait la convenance des temps, honorait au besoin, les antiques cérémonies, non comme des œuvres inventées par satan pour tromper les hommes, mais établies par la providence de Dieu, comme des ombres prophétiques, des choses futures : Il n'était pas non plus dans l'erreur des Juifs celui qui non-seulement savait, mais prêchait avec instance et ardeur que c'était une erreur coupable de vouloir imposer ces pratiques aux Gentils, et de les croire nécessaires à la justification des fidèles, quels qu'ils fussent.

26. Je vous avais dit que Paul s'était fait Juif avec les Juifs et Gentil avec les Gentils, non par astuce et mensonge, mais par charité et compassion. Vous paraissez n'avoir pas fait attention au sens de mes paroles, ou peut-être ne me suis-je pas suffisamment expliqué. En effet, je n'ai pas prétendu dire par là, que c'étaient cette charité et cette compassion qui l'avaient porté à user de feinte, mon but était de prouver toute absence de dissimulation dans ce qu'il faisait comme les Juifs, aussi bien que dans ce qu'il faisait comme les Gentils. C'est vous qui m'avez rappelé mes paroles, et j'avoue avec reconnaissance, qu'en cela vous êtes venu à mon secours. En effet, lorsque dans ma lettre je vous ai demandé comment on pouvait en-

---

ejus tractatoribus provoco : ipsum interrogans interpello et requiro in eo, quod scripsit ad Galatas (*Gal.*, II, 14), vidisse se Petrum non recte ingredientem ad veritatem Evangelii, eique in faciem propterea restitisse, quod illa simulatione gentes judaizare cogebat, utrum verum scripserit, an forte nescio qua dispensativa falsitate mentitus sit. Et audio eum paulo superius in ejusdem narrationis exordio religiosa voce mihi clamantem « Quæ autem scribo vobis, ecce coram Deo quia non mentior (*Gal.*, I, 20). »

25. Dent veniam quilibet aliud opinantes; ego magis credo tanto Apostolo in suis, et pro suis litteris juranti, quam cuiquam doctissimo de alienis litteris disputanti. Nec dici timeo, me sic Paulum defendere, quod non simulorit errorem Judæorum, sed vere fuerit in errore. Quoniam neque simulabat errorem, qui libertate apostolica, sicut illi tempori congruebat, vetera illa sacramenta, ubi opus erat agendo, commendabat ea, non satanæ versutia decipiendis hominibus, sed Dei providentia prænuntiandis rebus futuris prophetice constituta : nec vere fuerat in errore Judæorum, qui non solum noverat, sed etiam instanter et acriter prædicabat eos errare, qui putabant gentibus imponenda, vel justificationi quorumcumque fidelium necessaria.

26. Quod autem dixi eum factum Judæis tamquam Judæum, et tamquam gentilem gentilibus, non mentientis astu, sed compatientis affectu : quemadmodum dixerim parum mihi visus es attendisse; immo ego fortasse non satis hoc explanare potuerim. Neque enim hoc ideo dixi, quod misericorditer illa simulaverit; sed quia sic non ea simulavit, quæ faciebat similia Judæis, quemadmodum nec illa quæ faciebat similia gentibus, quæ tu quoque commemorasti ; atque in eo me, quod non ingrate fateor, adjuvisti. Cum enim abs te quæsissem in epistola mea, quomodo putetur ideo factus Judæis tamquam Judæus, quia fallaciter suscepit

tendre que Paul s'était fait Juif avec les Juifs, en feignant d'observer les pratiques judaïques, tandis que s'étant fait Gentil avec les Gentils, il n'avait pas feint de célébrer les sacrifices des Gentils; vous m'avez répondu, qu'il s'était fait Gentil avec les Gentils, en recevant les incirconcis dans l'Eglise, et en permettant indifféremment l'usage des viandes condamnées par les Juifs. Je vous demanderai donc s'il a usé de dissimulation dans ce qu'il a fait à l'égard des Gentils. Il serait trop contraire au bon sens et à la vérité de penser ainsi. Il faut donc admettre également qu'il n'y a eu de sa part aucune feinte en se conformant aux coutumes des Juifs avec une sage et prudente liberté, et non par un assujettissement servile, ou ce qui serait plus indigne encore, par une condescendance qui aurait fait de lui un dispensateur du mensonge, plutôt qu'un fidèle dispensateur de la vérité.

27. Tous les fidèles, tous ceux qui ont connu la vérité « peuvent regarder comme bon tout ce qui a été créé par Dieu, et on ne doit rien rejeter de ce qui se mange avec action de grâces (I *Tim.*, IV, 4). » Voilà ce que l'Apôtre atteste lui-même (à moins qu'il ne veuille encore ici commettre un mensonge). Ainsi donc Paul considéré non-seulement comme homme, mais aussi comme dispensateur fidèle de la vérité, que non-seulement il connaissait, mais encore qu'il enseignait aux hommes, regardait sincèrement comme bon tout ce qui a été créé par Dieu pour notre nourriture. Serait-ce parce que ce n'est pas en faisant semblant d'observer les sacrifices et les cérémonies des païens, mais en déclarant et en enseignant la vérité au sujet des viandes et de la circoncision, qu'il s'est fait Gentil avec les Gentils, tandis qu'il ne s'est fait Juif avec les Juifs, qu'en se soumettant avec feinte aux cérémonies judaïques? Pourquoi Paul aurait-il gardé la fidélité de véritable dispensateur à l'égard de l'olivier franc, et aurait-il pris je ne sais quel voile de dissimulation, à l'égard des branches naturelles, non détachées du tronc, mais tenant encore à l'arbre lui-même? Quoi! ce serait en enseignant ce qu'il croyait, et en disant ce qu'il pensait être la vérité, qu'il se serait fait Gentil avec les Gentils, et ce serait en disant, en faisant, en écrivant contre sa conscience et sa conviction, qu'il se serait fait Juif avec les Juifs? Dieu nous garde de le croire! Il devait aux uns et aux autres une charité partant d'un cœur pur, d'une bonne conscience et d'une foi véritable. C'est pour cela qu'il s'est fait tout à tous, afin de les gagner tous; non par esprit

---

sacramenta Judæorum, cum et gentibus tamquam gentilis factus sit, nec tamen suscepit fallaciter sacrificia gentium : tu respondisti, in eo factum gentibus tamquam gentilem, quod præputium receperit; quod indifferenter permiserit vesci cibis, quos damnant Judæi : ubi ego quæro utrum et hoc simulate fecerit : quod si absurdissimum atque falsissimum est ; sic ergo et illa, in quibus Judæorum consuetudini congruebat libertate prudenti, non necessitate servili, aut quod est indignius, dispensatione fallaci potius quam fideli.

27. Fidelibus enim, et iis, qui cognoverunt veritatem, sicut ipse testatur (nisi forte et hic fallit) « omnis creatura Dei bona est, et nihil abjiciendum, quod cum gratiarum actione accipitur (I *Tim.*, IV, 4). » Ergo et ipsi Paulo non solum (*a*) viro, verum etiam dispensatori maxime fideli, non solum cognitori, verum etiam doctori veritatis, omnis utique in cibis creatura Dei non simulate, sed vere bona erat. Cur igitur nihil simulate suscipiendo sacrorum cerimoniarumque gentilium, sed de cibis et præputio verum sentiendo ac docendo, tamen tamquam gentilis factus est gentibus, et non potuit fieri tamquam Judæus Judæis, nisi fallaciter suscipiendo sacramenta Judæorum? Cur oleastro inserto servavit dispensationis veracem fidem; et naturalibus ramis non extra, sed in arbore constitutis, nescio quod dispensatoriæ simulationis velamen obtendit? Cur factus tamquam gentilis gentibus, quod sentit docet, quod (*b*) ait sentit: factus autem tamquam Judæus Judæis, aliud in pectore claudit, aliud promit in verbis, in factis, in scriptis? Sed absit hoc sapere. Utrisque enim debebat caritatem de corde puro et conscientia bona, et fide non ficta. Ac per hoc omnibus omnia factus est, ut omnes lucrifaceret, non mentientis astu, sed compatientis affectu, id est non omnia mala hominum fallaciter agendo, sed aliorum omnium malis omnibus, tamquam si sua essent, misericordis medicinæ diligentiam procurando.

(*a*) Lov. *vero*. At aliæ editiones et MSS. *sedecim*, *viro*.
(*b*) In quatuordecim MSS. *quod agit sentit*.

d'astuce et de mensonge, mais par une tendresse compatissante; c'est-à-dire non en faisant semblant de pratiquer ce qu'il y avait de mauvais parmi les hommes, mais en cherchant à guérir par une miséricordieuse sollicitude, les maux des autres comme s'ils eussent été les siens propres.

28. Lorsque Paul ne rejetait pas pour lui-même les cérémonies de l'ancienne alliance, il ne trompait pas par compassion, mais il agissait sincèrement pour honorer de cette manière les institutions établies par Dieu, qui devaient durer jusqu'au temps marqué par le Seigneur, et qu'il ne fallait pas confondre avec les pratiques sacriléges des Gentils. Ce n'était donc pas par un astucieux mensonge, mais par une tendresse compatissante, qu'il se faisait Juif avec les Juifs. Il voulait les tirer de l'erreur, par laquelle ils refusaient de croire en Jésus-Christ, et pensaient qu'en observant leurs anciennes cérémonies, ils pouvaient se purifier de leurs péchés et être sauvés. En agissant ainsi, l'Apôtre voulait les guérir de cette erreur comme si elle eût été la sienne. Il aimait son prochain comme lui-même, et faisait aux autres ce qu'il aurait voulu qu'au besoin les autres fissent à son égard, selon le commandement du Seigneur, qui, après l'avoir donné, avait ajouté : « C'est là la loi et les prophètes (*Matt.*, XVII, 40). »

29. C'est cette même tendresse compatissante que l'Apôtre recommande dans son épître aux Galates, en disant : « Si quelqu'un est tombé par surprise en quelque péché, vous qui êtes spirituels, ayez soin de le relever dans un esprit de douceur, vous souvenant que vous-mêmes vous pouvez être tentés aussi bien que lui (*Gal.*, VI, 1). » N'est-ce pas dire par là : Faites-vous tel qu'il est pour le gagner? Non pas que Paul recommande ainsi de faire semblant de commettre la même faute ou de l'avoir commise, mais d'être attentif aux péchés d'autrui pour voir à quoi on peut être exposé soi-même, et de secourir miséricordieusement les autres comme on voudrait être secouru par eux. Il n'y a certainement en cela ni astuce ni mensonge, mais charité et compassion. C'est ainsi que Paul s'est fait tout à tous pour les sauver tous. Juif avec les Juifs, Gentil avec les Gentils, compatissant envers tout homme engagé dans l'erreur ou dans un péché quelconque, non en feignant d'être ce qu'il n'était pas, mais en pensant que, comme homme, il pouvait tomber lui-même dans le même péché et dans la même erreur.

30. Veuillez, je vous en prie, vous considé-

28. Cum itaque illa Testamenti veteris sacramenta, etiam sibi agenda minime recusabat, non misericorditer fallebat, sed omnino non fallens, atque hoc modo a Domino Deo illa usque ad certi temporis dispensationem jussa esse commendans, a sacrilegis sacris gentium distinguebat. Tunc autem, non mentientis astu, sed compatientis affectu, Judæis tamquam Judæus fiebat, quando eos ab illo errore, quo vel in Christum credere nolebant, vel per vetera (*a*) sacerdotia sua cerimoniarumque observationes, se a peccatis posse mundari, fierique salvos existimabant, sic liberare cupiebat, tamquam ipse illo errore teneretur : diligens utique proximum tamquam seipsum, et hæc aliis faciens, quæ sibi ab aliis fieri vellet, si hoc illi opus esset, quod cum Dominus monuisset, adjunxit, « Hæc est enim Lex et Prophetæ (*Matt.*, XXII, 40). »

29. Hunc compatientis affectum, in eadem epistola ad Galatas præcipit, dicens, « Si præoccupatus fuerit homo in aliquo delicto; vos, qui spirituales estis, instruite hujusmodi in spiritu lenitatis, intendens teipsum, ne et tu tenteris (*Gal.*, VI, 1). » Vide si non dixit, (*b*) Fiere tamquam ille, ut illum lucrifacias. Non utique ut ipsum delictum fallaciter ageret, aut se id habere simularet : sed ut in alterius delicto, quid etiam sibi accidere posset, adtenderet, atque ita alteri, tamquam sibi ab altero vellet, misericorditer subveniret : hoc est non mentientis astu, sed compatientis affectu. Sic Judæo, sic gentili, sic cuilibet homini Paulus in errore, vel peccato aliquo constituto, non simulando, quod non erat, sed compatiendo, quia esse potuisset, tamquam qui se hominem cogitaret, omnibus omnia factus est, ut omnes lucrifaceret.

CAPUT IV. — 30 Teipsum, si placet, obsecro te, pauliper intuere; teipsum, inquam, erga memetipsum; et recole, vel, si habes conscripta, relege

---

(*a*) MSS. duo, *per vetera sacrificia sua*.
(*b*) Editi, *Fieri* unus e Vaticanis MSS. *Fias*. alii plures *Fiere*, quod modo imperativo sic usurpat Augustinus in aliis locis apud MSS.

rer un peu, vous considérer, dis-je, vous-même à l'égard de moi-même. Rappelez-vous, ou si vous en avez gardé copie, relisez les paroles de votre lettre, lettre trop courte hélas! que vous m'avez envoyée par notre frère Cyprien, aujourd'hui mon collègue. Avec quel esprit de vérité, de fraternité, de tendresse, vous avez ajouté, après m'avoir reproché quelques torts envers vous : « C'est là ce qui blesse l'amitié et qui en viole les lois. N'ayons pas l'air de nous quereller comme des enfants, et ne fournissons pas à nos partisans, ou à nos détracteurs, matière à disputes et à querelles. » Je sens que ces paroles non-seulement sont sorties de votre cœur, mais encore ont été dictées par un sentiment de bienveillance, pour mes propres intérêts. Enfin vous ajoutez, et si vous ne l'aviez pas fait, la chose ressortirait assez d'elle-même : « Je vous écris ainsi, parce que je désire vous aimer purement et chrétiennement, et parce que je ne veux point que ma bouche dise moins que ce qui est dans mon cœur. » O saint homme, ô vous que j'aime dans toute la sincérité de mon cœur, comme Dieu lui-même en est témoin, ce que vous me dites dans votre lettre et ce dont je ne puis douter, l'apôtre Paul lui-même l'a exprimé, non pour un homme en particulier, mais aux Juifs, aux Grecs, à tous les Gentils, ses fils qu'il avait enfantés dans l'Evangile, ou à ceux qu'il travaillait à engendrer encore, ainsi qu'à tant de milliers de fidèles chrétiens qui devaient apparaître un jour, et à la mémoire desquels cette lettre devait être transmise, voulant ainsi manifester par la parole tout ce qui était dans son cœur.

31. Assurément vous aussi, vous vous êtes fait vous-même ce que je suis, non par astuce et mensonge, mais par tendresse et compassion, en pensant que vous ne deviez pas me laisser dans la faute où vous croyiez que j'étais tombé, comme vous auriez voulu qu'on vous en retirât si vous y étiez tombé vous-même. J'en rends donc grâces à votre bienveillance, et je vous demande en même temps de n'avoir aucun ressentiment contre moi, si je vous ai exprimé librement la peine que m'avait fait éprouver à moi-même quelques passages de vos écrits. Je désire qu'en cela tous agissent envers moi comme j'ai agi envers vous-même ; je désire que si l'on trouve quelque chose de répréhensible dans mes ouvrages, on ne me prodigue pas des éloges trompeurs, et qu'on ne me blâme pas devant les autres des fautes qu'on me dissimulerait à moi-même. Voilà ce qui, selon moi, blesse véritablement l'amitié et en viole les lois. Il ne faut pas, en effet, regarder comme des amitiés chrétiennes, celles auxquelles on peut appliquer le proverbe vulgaire : « La complaisance fait des amis, la

---

verba tua in illa epistola, quam mihi per fratrem nostrum jam collegam meum Cyprianum, breviorem misisti, quam veraci, quam germano, quam pleno caritatis affectu, cum quædam me in te commisisse expostulasses graviter, subjunxisti, « In hoc læditur amicitia, in hoc necessitudinis jura violantur, ne videamur certare pueriliter, et fautoribus invicem, vel detractoribus nostris tribuere materiam contendendi. » Hæc abs te verba non solum ex animo dicta sentio, verum etiam benigno animo ad consulendum mihi. Denique addis, quod etiam si non adderes, appareret, et dicis, « Hæc scribo, quia pure et Christiane diligere te cupio, nec quidquam in mea mente retinere, quod distet a labiis. » O vir sancte, mihique, ut Deus videt animam meam, veraci corde dilecte, hoc ipsum, quod posuisti in litteris tuis, quod te mihi exhibuisse non dubito, hoc ipsum omnino apostolum Paulum credo exhibuisse in litteris suis, non unicuilibet homini, sed Judæis, et Græcis, et omnibus gentibus filiis suis, quos in Evangelio genuerat, et quos pariendos parturiebat : et deinde posterorum tot millibus fidelium Christianorum, propter quos illa memoriæ mandabatur epistola, ut nihil in sua mente retineret, quod distaret a labiis.

31. Certe factus es etiam tu, tamquam ego, non mentientis astu, sed compatientis affectu, cum cogitares tam me non relinquendum in ea culpa, in quam me prolapsum existimasti, quam nec velles, si eo modo prolapsus esses. Unde agens gratias benevolæ menti erga me tuæ, simul posco, ut etiam mihi non succenseas, quod cum in opusculis tuis aliqua me moverant, motum meum intimavi tibi : hoc erga me ab omnibus servari volens, quod erga te ipse servavi, ut quidquid improbandum putant in scriptis meis, (a) nec laudent subdolo pecto-

---

(a) MSS. quatnordecim, nec claudant subdolo pectore, fortean voluit alludere ad ea Hieronymi verba, nec quidquam in mea mente retinere etc.

vérité engendre la haine (*Tér. And.*, I, 1). » plutôt que cette maxime du sage : « Les blessures d'un ami sont plus salutaires que les baisers d'un ennemi (*Prov.*, XXVII, 6). »

32. Faisons donc tous nos efforts pour apprendre à nos amis qui prennent un intérêt sincère à nos travaux, que l'on peut, même dans la plus étroite amitié, différer d'opinion sur un même sujet, sans que toutefois la charité en soit diminuée, ni que la vérité qu'on doit à l'amitié engendre la haine, soit que le contradicteur ait raison, soit que quelque chose qu'il dise parte d'un esprit véridique, et qu'il n'ait point sur les lèvres quelque chose de moins que ce qu'il a dans le cœur. Nos frères, vos amis, qui selon votre témoignage sont des vases du Christ, doivent être persuadés que ce n'est pas ma faute si ma lettre est tombée entre les mains de plusieurs avant de parvenir jusqu'à vous à qui elle était adressée, et que j'en ai ressenti une bien vive douleur. Il serait trop long et même superflu, si je ne me trompe, de raconter comment cela est arrivé. Pour peu qu'on ajoute foi à mes paroles, il me suffit de dire que cela n'a pas eu lieu par l'intention qu'on me suppose. Ni ma volonté, ni ordre, ni consentement, ni même la moindre pensée de ma part n'y sont pour quoi que ce soit. S'ils ne veulent pas croire ce que je dis ici, en prenant Dieu à témoin de la vérité de mes paroles, je ne vois pas ce qui me reste à faire. Loin de moi pourtant la pensée de croire qu'ils ont cherché par un esprit de malveillance à inspirer sur cela des soupçons à votre sainteté, pour allumer des inimitiés entre nous. Que la miséricorde du Seigneur notre Dieu éloigne de nous un tel malheur. Mais ils ont pu, sans avoir l'intention de me nuire, soupçonner un homme d'avoir succombé à la fragilité humaine. Voilà ce que je puis croire d'eux en toute équité, s'ils sont des vases du Christ, non des vases d'ignominie, mais des vases d'honneur, disposés par Dieu dans la grande maison pour de saints usages. Après que cette protestation sera venue à leur connaissance, s'ils persistent dans leur jugement contre moi, il vous sera facile de voir vous-même qu'ils agiront injustement.

33. Si je vous ai écrit que je n'avais envoyé à Rome aucun livre contre vous, c'est que je ne pouvais pas donner le nom de livre à une lettre, et je ne savais nullement de quoi vous vouliez parler. Je n'avais pas d'ailleurs adressé cette lettre à Rome, mais à vous-même. Je ne pouvais pas penser qu'une lettre écrite avec toute la sincérité de l'amitié, soit pour vous donner un avis, soit pour en recevoir un de vous, pût jamais être regardée comme un li-

---

re, nec ita reprehendant apud alios, ut taceant apud me; hinc potius putius existimans lædi amicitiam et necessitudinis jura violari. Nescio enim, utrum Christianæ amicitiæ putandæ sint, in quibus magis valet vulgare proverbium, « Obsequium amicos, veritas odium parit, » quam ecclesiasticum, « Fideliora sunt vulnera amici, quam voluntaria oscula inimici (*Prov.*, XXVII, 6). »

32. Proinde carissimos nostros, qui nostris laboribus sincerissime favent, hoc potius quanta possumus instantia doceamus, quo sciant fieri posse, ut inter carissimos aliquid alterutro sermone contradicatur, nec tamen caritas ipsa minuatur, nec veritas odium pariat, quæ debetur amicitiæ ; sive illud verum sit, quod contradicitur, sive corde veraci qualecumque sit dicitur, non retinendo in mente, quod distet a labiis. Credant itaque fratres nostri, familiares tui, quibus testimonium perhibes, quod sint vasa Christi, me invito factum, nec mediocrem de hac re dolorem inesse cordi meo, quod litteræ meæ prius in multorum manus venerunt, quam ad te, ad quem scriptæ sunt, pervenire potuerunt. Quo autem modo id acciderit, et longum est narrare, et, nisi fallor, superfluum : cum sufficiat si quid mihi in hoc creditur, non eo factum animo quo putatur; nec omnino meæ fuisse voluntatis aut dispositionis, aut consensionis, aut saltem cogitationis, ut fieret. Hoc si non credunt, quod teste Deo loquor, quid amplius faciam non habeo. Ego tamen absit ut eos credam hæc tuæ sanctitati malevola mente suggerere ad excitandas inter nos inimicitias; quas misericordia Domini Dei nostri avertat a nobis; sed, sine ullo nocendi animo, facile de homine humana vitia suspicari. Hoc enim me de illis æquum est credere, si vasa sunt Christi, non in contumeliam, sed in honorem facta, et disposita in domo magna a Deo, in opus bonum. Quod si post hanc adtestationem meam, si in notitiam eorum venerit, facere voluerint; quam non recte faciant, et tu vides.

33. Quod sane scripseram, nullum me librum adversus te Romam misisse, ideo scripseram, quia et libri nomen ab illa epistola discernebam, unde omnino nescio quid aliud te audisse existimaveram,

belle fait contre vous. Laissant donc vos amis de côté, c'est vous maintenant que je conjure, au nom de la grâce par laquelle nous avons été rachetés, de ne pas m'accuser de flatterie lorsque dans ma lettre j'ai parlé de tous les dons que la bonté de Dieu vous a accordés. Du reste, si je vous ai offensé en quelque chose, pardonnez-le-moi. Et si je vous ai cité avec plus d'imprudence que de science la parole de je ne sais quel poëte, veuillez ne pas vous en faire l'application au delà du sens de mes paroles, puisque j'ai immédiatement ajouté qu'en vous disant cela, je ne prétendais pas vous croire en état de recouvrer les yeux du cœur, que vous êtes loin d'avoir jamais perdus, mais pour vous engager à tourner votre vue toujours saine et toujours vigilante vers la matière sur laquelle nous discutions. J'ai seulement songé dans cette citation à la (1) palinodie que nous devons toujours être prêts à chanter, lorsque nous avons à corriger ou à faire disparaître quelque erreur qui se serait glissée dans nos écrits, mais il n'est jamais entré dans ma pensée de vous attribuer ou de craindre pour votre cœur la cécité de Stésichore. Je vous prie donc de me reprendre avec toute confiance, toutes les fois que vous en verrez le besoin. Car bien que selon les titres d'honneur, qui sont passés en usage dans l'Église, l'épiscopat soit plus élevé que la prêtrise, cependant, en beaucoup de choses, Augustin est inférieur à Jérôme, et d'ailleurs nous ne devons jamais ni dédaigner ni rejeter les réprimandes qui nous sont faites par un inférieur quel qu'il soit.

34. Vous m'avez pleinement convaincu de l'utilité de votre traduction des Écritures, d'après le texte hébreu, afin de rétablir ce qui a été omis ou corrompu par les Juifs. Mais je vous prie de m'indiquer par quel Juif ces omissions ou ces corruptions ont été faites. Est-ce par ceux qui ont traduit l'Écriture avant la venue du Seigneur, et s'il en est ainsi, quels sont ceux ou quel est celui d'entre eux qu'on peut en accuser ? Est-ce par ceux qui sont venus après le Seigneur que ces soustractions et ces changements ont été faits dans les exemplaires grecs, afin de ne pas nous fournir les moyens d'établir contre eux la vérité de la foi

---

(1) Saint Jérôme se rendit enfin au sentiment de saint Augustin comme il le fait voir dans le livre Ier, chap. 8, contre les Pélagiens, où il dit qu'il n'y a que très-peu et même pas du tout d'évêques irrépréhensibles, puisque saint Pierre lui-même a donné à l'Apôtre saint Paul sujet de le réprimander. *Qui est-ce*, dit-il, *qui trouvera mauvais qu'on lui refuse ce que n'a pas eu le prince même des apôtres.* Saint Augustin, dans sa lettre 180e à Océanus, au sujet du mensonge officieux, dit que saint Jérôme a adopté sur les paroles des apôtres, le sentiment du bienheureux Cyprien.

---

et Romam nec ipsam epistolam, sed tibi miseram ; et adversus te non esse arbitrabar, quod sinceritate amicitiæ sive ad admonendum, sive ad te vel me abs te corrigendum fecisse me noveram. Exceptis autem familiaribus tuis, teipsum obsecro per gratiam, qua redemti sumus, ut quæcumque tua bona, quæ tibi bonitate Domini concessa sunt, in litteris meis posui, non me existimes insidioso blandiloquio posuisse. Si quid autem in te peccavi, dimittas mihi. Nec illud quod de nescio cujus poëtæ facto ineptius fortasse quam litteratius a me commemoratum est, amplius quam dixi, ad te trahas : cum continuo subjecerim non hoc ideo me dixisse, ut oculos cordis reciperes, quos absit umquam ut amiseris ? sed ut adverteres quos sanos ac vigiles haberes. Propter solam ergo (a) παλινῳδίαν, si aliquid scripserimus, quod scripto posteriore destruere debeamus, imitandam, non propter Stesichori cæcitatem, quam cordi tuo nec tribui, nec timui, adtingendum illud existimavi : atque identidem rogo, ut me fidenter corrigas, ubi mihi hoc opus esse perspexeris. Quamquam enim secundum honorum vocabula, quæ jam Ecclesiæ usus obtinuit, episcopatus presbyterio major sit : tamen in multis rebus Augustinus Hieronymo minor est : licet etiam a minore quolibet non sit refugienda, vel dedignanda correctio.

34. De interpretatione tua jam mihi persuasisti, qua utilitate scripturas volueris transferre de Hebræis ; ut scilicet ea, quæ a Judæis prætermissa vel corrupta sunt, proferres in medium. Sed insinuare digneris peto, a quibus Judæis, utrum ab eis ipsis, qui ante adventum Domini interpretati sunt ; et si ita est, quibus, vel quonam eorum ; an ab istis posterius, qui propterea putari possunt, aliqua de codicibus græcis vel subtraxisse, vel in eis corrupisse, ne illis testimoniis de Christiana fide convincerentur ? Illi autem anteriores cur hoc facere voluerint, non invenio. Deinde nobis mittas obsecro interpretationem tuam de Septuaginta ; quam te

---

(a) Denique Hieronymus accessisse videtur ad Augustini sententiam in lib. I. adversus Pelagianos c. VIII. ubi inter episcopos irreprehensibilem aut nullum aut rarum esse dicit, quippe cum vel ipse Petrus juxta apostolum Paulum reprehensibilis fuerit. *Quis indignabitur*, inquit, *id sibi denegari, quod princeps Apostolorum non habuit ?*

chrétienne; car je ne vois pas les raisons qui auraient pu engager à agir ainsi ceux qui ont traduit les saints Livres avant la venue de Jésus-Christ. Je vous prie aussi de m'envoyer votre traduction des Septante dont j'ignorais la publication. Je désirerais également lire votre ouvrage dont vous avez fait mention : Sur la meilleure manière de traduire; et connaître jusqu'à quel point, dans les traducteurs de l'Écriture, la connaissance des langues peut concilier ses propres données avec les conjectures de ceux qui expliquent les saints Livres; car quoique la foi des uns et des autres soit sincère et la même, il est nécessaire que l'obscurité d'une foule de passages produise une grande diversité d'opinions. Cette diversité cependant n'est pas incompatible avec l'unité de la foi, puisqu'un traducteur peut donner sur un passage obscur une opinion différente de celle d'un autre interprète, quoique l'un et l'autre aient cependant la même foi.

35. Ce qui me fait surtout désirer votre version des Septante, c'est le besoin que je ressens d'échapper à cette foule ignorante de traducteurs latins, qui ont osé se charger d'une œuvre trop au-dessus de leur incapacité. Je voudrais également, si la chose était possible, faire voir à ceux qui me croient jaloux de vos utiles travaux, que si je ne laisse pas lire dans les églises votre version d'après l'hébreu, c'est uniquement dans la crainte de produire quelque chose de nouveau contre l'autorité des Septante, et d'occasionner par là un grand scandale parmi le peuple de Dieu, dont les oreilles et les cœurs sont accoutumés à une version approuvée par les Apôtres eux-mêmes. C'est pourquoi, si dans l'hébreu, l'arbrisseau dont il est question dans le prophète Jonas (*Jonas*, IV, 6) n'est ni lierre ni citrouille, mais je ne sais quoi qui se soutient par la force seule de son tronc, sans avoir besoin d'aucun appui, j'aimerais mieux que cette plante fût désignée dans toutes les versions latines sous le nom de citrouille; car je pense que les Septante ne se sont servis de cette expression, que parce qu'ils savaient que la plante en question a du rapport avec l'arbrisseau dont parle le Prophète.

36. Je crois avoir répondu suffisamment et peut-être plus qu'il ne faut à vos trois lettres(1), dont deux m'ont été remises par Cyprien et l'autre par Firmus. Répondez-nous ce qui vous paraîtra propre à notre instruction et à celle des autres. Avec l'aide de Dieu, j'apporterai tous les soins possibles à ce que mes lettres vous parviennent avant de tomber en d'autres mains qui pourraient les répandre. Car je ne voudrais pas, je l'avoue, qu'il arrivât à vos lettres ce qui est arrivé à la mienne, ce dont

---

(1) Lettres 72, 75, 81.

---

edidisse nesciebam. Librum quoque tuum, cujus mentionem fecisti, « de optimo genere interpretandi, » cupio legere ; et adhuc nosse, quomodo comquanda sit in interprete peritia linguarum, conjecturis eorum, qui Scripturas edisserendo pertractant; quod necesse est, etiamsi rectæ atque unius fidei fuerint, varias parere in multorum locorum obscuritate sententias : quamvis nequaquam ipsa varietas ab ejusdem fidei unitate discordet; sicut etiam unus tractator, secundum eamdem fidem aliter atque aliter eumdem locum potest exponere, quia hoc ejus obscuritas patitur.

35. Ideo autem desidero interpretationem tuam de Septuaginta, ut a tanta latinorum interpretum, qui qualescumque hoc ausi sunt, quantum possumus imperitia careamus : et hi, qui me invidere putant utilibus laboribus tuis, tandem aliquando, si fieri potest, intelligant, propterea me nolle tuam ex Hebræo interpretationem in ecclesiis legi, ne contra Septuaginta auctoritatem, tamquam novum aliquid proferentes, magno scandalo perturbemus plebes Christi, quarum aures et corda illam interpretationem audire consueverunt, quæ etiam ab Apostolis adprobata est. Unde et illud apud Jonam (*Jonæ*, IV, 6) virgultum, si in Hebræo nec hedera est, nec cucurbita, sed nescio quid aliud, quod trunco suo nixum, nullis sustentandum adminiculis erigatur ; mallem jam in omnibus latinis cucurbitam legi. Non enim frustra hoc puto Septuaginta posuisse, nisi quia et huic simile sciebant.

36. Satis me, immo fortasse plus quam satis, tribus epistolis tuis respondisse arbitror ; quarum duas per Cyprianum accepi, unam per Firmum. Rescribe quod visum fuerit ad nos vel alios instruendos. Dabo autem operam diligentiorem, quantum me adjuvat Dominus, ut litteræ, quas ad te scribo, prius ad te perveniant, quam ad quemquam, a quo latius dispergantur. Fateor enim, nec mihi hoc fieri velle de tuis ad me, quod de meis

vous avez raison de vous plaindre. Conservons cependant entre nous non-seulement la charité, mais encore la liberté de l'amitié. Nous devons nous faire part avec toute franchise de ce qui, dans nos lettres, a pu mutuellement nous blesser, pourvu que nous le fassions dans cet esprit de charité fraternelle qui est agréable aux yeux de Dieu. Si cependant vous ne croyez pas que cela puisse se faire sans blesser l'amitié, ne le faisons pas, car quelque grande que soit cette charité que je voudrais entretenir avec vous, il vaut mieux nous en tenir à une charité moins parfaite que de n'en plus garder aucune.

LETTRE LXXXIII [1]

Saint Augustin fait part à Alype qu'il ne partage pas son opinion sur les biens qui avaient appartenu à Honoré, qu'on tira du monastère de Thagaste pour l'ordonner prêtre de Thiave, et pense que ces biens doivent revenir à l'Église de Thiave et non au monastère de Thagaste.

AU BIENHEUREUX SEIGNEUR ALYPE, SON TRÈS-CHER FRÈRE ET SON COLLÈGUE DANS L'ÉPISCOPAT, ET AUX FRÈRES QUI SONT AVEC LUI, AUGUSTIN ET SES FRÈRES, SALUT DANS LE SEIGNEUR.

1. La tristesse de l'Église de Thiave ne laisse à mon cœur aucun repos, et je n'en goûterai pas avant d'avoir vu les fidèles de cette Église revenus à leur ancienne affection pour vous. C'est à quoi il faut travailler sans relâche. En effet, si l'Apôtre s'est donné tant de peines pour un seul homme, « afin qu'il ne fût pas accablé d'une trop grande tristesse (II *Cor.*, II, 7), » et « pour éviter, dit-il aussi, les surprises de Satan, dont nous connaissons les artifices (II *Cor.*, V, 7), » à plus forte raison devons-nous veiller, afin de ne pas avoir à déplorer un tel malheur pour tout un troupeau, et surtout pour ceux qui sont rentrés maintenant dans l'union et la paix de l'Église catholique, et que je ne puis en aucune façon abandonner. Or, comme le peu de temps que nous sommes restés ensemble ne nous a pas permis de délibérer avec tous les soins possibles, et de tirer au clair la résolution que nous avions à prendre à cet égard, votre sainteté trouvera ici ce que j'ai résolu après mûre réflexion, depuis que

---

(1) Écrite l'an 405. — Cette lettre était la 239ᵉ dans les éditions antérieures à l'édition des Bénédictins, et celle qui était la 83ᵉ se trouve maintenant la 244ᵉ.

---

ad te factum justissime expostulas. Tamen placeat nobis invicem non tantum caritas, verum etiam libertas amicitiæ; ne apud me taceas, vel ego apud te, quod in nostris litteris vicissim nos movet; eo scilicet animo, qui oculis Dei in fraterna dilectione non displicet. Quod si inter nos fieri posse sine ipsius dilectionis perniciosa offensione non putas; non fiat. Illa enim caritas, quam tecum habere vellem, profecto major est : sed melius hæc minor quam nulla est.

EPISTOLA LXXXIII

Augustinus Alypio significans aliam se de bonis, quæ fuerunt Honorati ex Thagastensi monacho presbyteri Thiavensis, iniisse sententiam, sibique demum satius videri, ut ea omnia hereditario velut jure cedant, non monasterio Thagastensi, sed Thiavensi ecclesiæ.

DOMINO BEATISSIMO ET VENERABILITER CARISSIMO AC DESIDERANTISSIMO FRATRI ET COEPISCOPO ALYPIO, ET QUI TECUM SUNT FRATRIBUS, AUGUSTINUS ET QUI MECUM SUNT FRATRES, IN DOMINO SALUTEM.

1. Tristitia (*a*) Thiavensis ecclesiæ cor meum conquiescere non permittit, donec eos tecum audiam in pristinum animum restitutos; quod cito faciendum est. Si enim de homine uno tantum sategit Apostolus dicens, « ne majore tristitia absorbeatur, qui ejusmodi est : » ubi etiam ait, « ut non possideamur a satana, non enim ignoramus mentes ejus (II *Cor.*, II, 7-11) : » quanto magis nos oportet vigilanter agere, ne hoc in toto grege plangamus, et maxime in eis, qui (*b*) nunc catholicæ paci accesserunt, et quos nullo modo relinquere possum. Sed quia temporis non sivit angustia, ut simul nobis inde diligenter deliberatam liceret eliquare sententiam; quid mihi post digressum nostrum diu cogitanti placuerit, accipiat sanctitas tua : et si tibi

---

(*a*) Lov. *Thianensis.* Vetus codex Corbeiensis præfert, *Thiavensis,* quem scribendi modum magis probamus, quia in Indiculo Possidii apud MSS. exemplaria censentur quædam epistolæ *Thiavensibus,* seu commutato *v,* in *b, Thiabensibus* scriptæ.

(*b*) Ita MSS. At Lov. habet, *qui jam catholicæ* etc.

nous nous sommes séparés, et si vous partagez ma manière de voir, qu'on envoie le plus vite possible à ceux de l'Église de Thiave, la (1) lettre que je leur ai écrite en votre nom et au mien.

2. Votre avis est de leur donner une moitié, et de chercher, comme je le pourrai, à leur procurer l'autre moitié. Il vaudrait mieux, selon moi, leur ôter tout. On ne pourrait pas dire alors que c'est pour l'argent, mais pour la justice que nous nous sommes donné tant de peine. Au contraire, si on leur accorde la moitié, et que nous composions ainsi avec eux, il paraîtra que tous nos soins n'ont eu d'autre but que l'argent, et vous comprenez quel malheur peut en résulter. Nous passerons à leurs yeux pour nous être approprié la moitié d'une chose qui leur appartenait, et eux aux nôtres pour des gens assez iniques pour avoir souffert qu'on les aidât de la moitié d'un bien qui appartenait tout entier aux pauvres. Nous devons prendre garde, dites-vous, en voulant rectifier une chose douteuse, d'occasionner de plus grandes blessures ; mais l'inconvénient serait le même en leur accordant la moitié. En effet, la concession de cette moitié porterait ceux qui se retirent dans nos monastères, et à la conversion desquels nous voudrions pourvoir d'une manière certaine, à retarder la vente de leurs biens par mille prétextes excusatoires. Mais votre crainte au sujet d'une question douteuse est-elle comparable au scandale de tout un peuple qui, sur une mauvaise et inévitable apparence, regarderait ses évêques, que jusqu'à ce jour il a eu estime et en honneur, comme souillés d'une sordide avarice.

3. Lorsque quelqu'un se retire dans un monastère avec un désir sincère de se convertir, il ne pense pas à conserver son bien, surtout après avoir été averti que ce serait un grand mal. Si, au contraire, sa conversion n'est pas sincère, et qu'il cherche ses intérêts, mais non ceux de Jésus-Christ, il n'a pas la charité, et sans la charité, à quoi lui servirait de donner son bien aux pauvres, et même « de livrer son corps aux flammes (1 *Cor.*, XIII, 3). » On peut toutefois, comme nous l'avons dit dans notre entretien, éviter un pareil mal pour l'avenir, en admettant dans les monastères ceux qui veulent se convertir, seulement après leur renonciation à ce qu'ils possèdent et à tous les embarras de ce siècle. Mais le seul moyen de sauver les faibles de cette mort spirituelle et d'écarter les obstacles qui s'opposent au salut de ceux

---

(1) Cette Lettre nous manque.

---

quoque placet, jam (*a*) litteræ, quas ad eos communi nomine scripsi, sine dilatione mittantur.

2. Dixisti ut dimidium habeant, et alterum dimidium eis a me undecumque provideretur. Ego autem puto, quia si totum eis auferretur, esset quod diceremur non de pecunia nos, sed de justitia tantopere laborasse. Cum vero dimidium eis concedimus, et eo modo cum est quandoque componimus, satis apparebit nostram curam nihil aliud quam pecuniariam fuisse. Et vides quæ pernicies consequatur. Et illis enim videbimur alienam rem dimidiam tulisse : et illi videbuntur nobis inhoneste et inique se passos fuisse, ut adjuvarentur de dimidio, quod totum pauperum fuerat. Nam quod dixisti, « Cavendum est, ne cum rem dubiam emendari volumus majora vulnera faciamus, tantumdem valebit, si eis dimidium concedatur. » Propter ipsum quippe dimidium, illi quorum conversioni (*b*) consulere volumus, ut hoc exemplo secum agatur, rerum suarum venditionem per moras illas excusatorias dilaturi sunt. Deinde mirum si de re dubia sit totius plebis tam grande scandalum, cum episcopos suos, quos pro magno habent, sordida avaritia maculatos putant, dum maligna species non vitatur.

3. Nam cum quisque ad monasterium convertitur, si veraci corde convertitur, illud non cogitat, maxime admonitus quantum malum sit. Si autem fallax est, et sua quærit, non quæ Jesu Christi, non habet utique caritatem. Et quid ei prodest, si distribuerit omnia sua pauperibus, et tradiderit corpus suum ut ardeat ? Huc accedit, quia illud, sicut jam collocuti sumus, deinceps vitari potest, et agi cum eo qui convertitur, si non potest admitti ad societatem fratrum, antequam se omnibus illis impedimentis exsuerit, et ex otio tendatur cum ejus res jam esse destiterit. Hæc autem mors infirmorum, et tantum impedimentum salutis eorum, pro quibus tantopere laboramus ut eos catholicæ paci lucremur, aliter vitari non potest, nisi ut aper-

---

(*a*) Hæ litteræ non exstant.
(*b*) Apud Lov. omittitur, *consulere* ; quod ex MSS. restituimus.

que nous avons tant de peine à gagner à la paix catholique, est de leur faire voir bien clairement que ce n'est point un motif d'argent qui nous guide. Or, telle ne sera pas la pensée des fidèles de (1) Thiave, si nous ne leur laissons pas le bien qu'ils pensent avoir toujours appartenu à ce prêtre : ce bien n'était pas à lui, mais on aurait dû les en prévenir dès le commencement.

4. La règle à suivre en pareille circonstance est, à mon avis, que tout ce qui appartient à un clerc, d'après le droit de légitime possession, doit revenir à l'Église pour laquelle il aura été ordonné. Or, d'après les lois civiles, le bien dont il s'agit ici, appartient si légitimement à Honoré, que non-seulement s'il avait été ordonné prêtre ailleurs, mais encore s'il était mort dans le monastère de Thagaste sans avoir vendu ou légué ce bien, tout ce qu'il possède aurait passé à ses héritiers comme les trente (2) sous d'or de (3) Privat passèrent à son frère Émilien. Il faut donc prévenir de pareils inconvénients, et si on n'a pas pris toutes ses précautions d'avance, il faut observer en pareille matière, les lois qui régissent la société civile dans le droit de possession, ou de non-possession. Nous éviterons ainsi non-seulement le mal, mais encore ce qui en a l'apparence, et nous conserverons la bonne réputation si nécessaire aux dispensateurs du Christ. C'est pourquoi je laisse à votre prudence le soin d'examiner combien notre conduite était déjà mal interprétée. Dans la crainte de me tromper moi-même, comme cela arrive ordinairement, quand on se laisse trop aller à son propre sentiment, j'ai exposé toute l'affaire à notre frère et collègue (4) Samsucius, sans lui parler cependant de la tristesse de l'Église de Thiave. Je n'ai pas voulu non plus lui communiquer ma manière de voir précédente, je me suis contenté de lui dire ce qui avait paru bon à vous et à moi pour résister aux prétentions de ceux de Thiave. Il a été tout à la fois effrayé de ce que je lui ai dit, et surpris que nous ayons pu être d'abord d'un tel avis, mais ce qui l'a affligé, c'est surtout cette mauvaise apparence indigne non-seulement de nous, mais encore de la vie et des mœurs de qui que ce soit.

5. Je vous conjure donc de signer la lettre

---

(1) Thiave fut érigé en évêché peu de temps après qu'Honoré en eut été ordonné prêtre. Plus tard il en occupa le siége épiscopal. Comme il était encore en Afrique au temps de l'invasion des Vandales, voyant Thiave menacée de siége de la part de ces barbares, il consulta saint Augustin sur ce qu'il avait à faire, et la réponse du saint docteur fait le sujet de la lettre 228e.
(2) Selon Cassiodore, livre Ier, *Varior.*, épitre 10, le sou d'or valait six mille *follis*, ou même sept mille, selon la 25e novelle de Valentinien. Le *follis* revenait à peu près à un sou de notre monnaie, et l'on peut approximativement déterminer la valeur du sou d'or à 300 fr.
(3) Privat est probablement celui dont Évode, dans la lettre 158e, nombre 9, dit qu'il était mort dans le monastère de saint Augustin. On ne peut dire au juste si son frère Émilien, qui hérita de lui, est le même qui était évêque en 416, et qui figure dans la lettre 175e, comme ayant souscrit la lettre du concile de Carthage au pape Innocent Ier.
(4) Samsucius était était évêque des Tours, voyez la note sur le titre de la lettre 72e.

---

tissime intelligant, nullo modo nos de pecunia satagere in talibus caussis. Quod nullo modo intellecturi sunt, nisi illam rem, quam semper presbyteri esse putaverant, eorum usibus relinquamus ; quia etsi ejus non erat, hoc ab initio scire debuerant.

4. Videtur itaque mihi hæc regula esse in rebus hujuscemodi retinenda, ut quidquid eo jure quo talia possidentur, ejus fuerit, qui alicubi clericus ordinatur, ad eam pertineat ecclesiam, in qua ordinatur. Usque adeo autem eodem jure presbyteri Honorati est illud unde agitur, ut non solum alibi ordinatus, sed adhuc in Thagastensi monasterio constitutus, si re sua non vendita, nec per manifestam donationem in quempiam translata moreretur, nonnisi hæredes ejus in eam succederent, sicut frater Æmilianus in illos triginta solidos fratri Privato successit. Hæc ergo ante præcavenda sunt : si autem præcauti non fuerint, ea jura eis servare oportet, quæ talibus habendis vel non habendis secundum civilem societatem sunt instituta : ut ab omni non solum re, sed etiam specie maligna, quantum possumus, nos abstineamus, et bonam famam custodiamus, dispensationi nostræ multum necessariam. Quam vero species maligna sit, adverta, sancta prudentia tua. Excepta illorum tristitia quam experti sumus, ne quid forte ipse fallerer, sicut fieri solet, dum in sententiam meam proclivior erro, narravi caussam fratri et collegæ nostro Samsucio, nondum dicens quod mihi modo videtur, sed illud potius adjungens quod utrique nostrum visum sit, cum illis resisteremus : vehementer exhorruit, et nobis hoc visum esse miratus est : nulla re alia permotus, nisi ipsa specie fœda non nostra, sed cujuslibet vita, ac moribus indignissima.

5. Proinde obsecro te, ut epistolam, quam eis

que j'ai écrite en votre nom et au mien, à ceux de l'église de Thiave, et de la leur envoyer sans délai. Et quand bien même vous ne verriez rien d'injuste dans ce que nous voulions d'abord, n'obligeons pas ceux dont la foi est encore faible à comprendre ce que j'avoue ne pas comprendre encore moi-même. Observons envers eux dans cette cause ce que dit le Seigneur : « J'ai encore beaucoup de choses à vous dire, mais vous ne pouvez pas les porter présentement (*Jean*, XVI, 12). » C'est par compassion pour une telle faiblesse qu'en ordonnant à Pierre de payer le tribut, il dit : « Les fils en sont exempts, mais de peur de les scandaliser, donnez-leur pour vous et pour moi, le statère que vous trouverez dans la bouche du poisson (*Matth.*, XVII, 26). » Lorsque Jésus-Christ envoya Pierre, pour payer l'impôt de la double drachme qui était exigé, il savait bien que par un droit supérieur à tous les autres, il ne devait rien, mais il paya cependant au receveur de l'impôt ce qui était exigé, pour se conformer au droit, en vertu duquel nous avons dit que l'héritier d'Honoré aurait recueilli sa succession, si ce prêtre était mort avant d'avoir procédé à la vente, ou à la donation de son bien. C'est ainsi que Paul, pour ménager les faibles, ne voulut pas recourir au droit que lui donnait l'Eglise, et n'exigea pas la redevance qui lui était due, bien que consciencieusement il le pût faire; il aima mieux empêcher jusqu'à l'ombre de soupçons capables d'altérer la bonne odeur du Christ. Il eut soin d'éviter toute mauvaise apparence partout où il le crut nécessaire, afin même de prévenir ce qui pouvait attrister les hommes. Pour nous qui n'avons pas été si prévoyants, sachons du moins réparer le mal que nous aurions dû prévenir.

6. Enfin comme je crains tout, et comme je me souviens qu'en nous quittant, vous m'avez proposé de me constituer débiteur des frères de Thagaste pour la moitié du prix du bien en question, je ne le refuse pas, si vous croyez la chose juste, mais à la condition de m'acquitter de cette obligation quand j'aurai de quoi y satisfaire, c'est-à-dire quand il pourra échoir, au monastère d'Hippone quelque bien assez considérable pour me permettre de payer sans gêne, et de manière que la somme ayant été partagée proportionnellement au nombre des religieux des deux communautés, une partie revienne à nos frères d'Hippone.

---

communi nomine scripsi, subscriptam non differas mittere. Et si forte illic illud justum apertissime pervides, non cogantur infirmi modo discere quod ego nondum intelligo, ut hoc circa eos in hac caussa servetur, quod Dominus ait, « Multa habeo vobis dicere, sed non potestis illa portare modo (*Johan.*, XVI, 12). » Tali quippe infirmitati parcens, etiam illud de tributo solvendo, ait, « Ergo liberi sunt filii : sed ne scandalizemus eos (*Matth.*, XVII, 26), » et cetera, quando Petrum misit ut didrachmas, quæ tunc exigebantur, solverent. Noverat enim aliud jus, quo nihil tale debebat : sed eo jure tributum ei illa solvebat, quo jure diximus heredem presbyteri Honorati successurum fuisse, si antequam rem suam vel donaret vel venderet, moreretur. Quamquam in ipso Ecclesiæ Paulus (I *Cor.*, IX) apostolus parcit infirmis, et debitum stipendium non exigit certus conscientia quod rectissime exigeret : sed nihil aliud quam suspicionem devitans bonum Christi odorem turbantem, et ab illa maligna specie sese abstinens, in eis regionibus, ubi hoc noverat oportere, et forte antequam tristitiam hominum fuisset expertus. Sed nos tardiores vel experti corrigamus, quod prævidere debuimus.

6. Postremo quia omnia timeo, et memini in digressu nostro quid proposueris, quod me fratres Thagastenses teneant debitorem in dimidio illius pretii ; si hoc justum esse liquido perspicis, ea dumtaxat conditione non abnuo, ut cum habuero reddam, id est, cum aliquid tantum obvenerit Hipponensi monasterio, ubi hoc sine angustia fieri possit; ut tanta ibi summa detracta, non minus quam æqualis pro numero cohabitantium pars ad nostros perveniat.

LETTRE LXXXIV [1]

Saint Augustin s'excuse près de l'évêque Novat de ce qu'il ne lui renvoyait pas son frère, le diacre Lucille qui parlait fort bien la langue punique indispensable aux églises du diocèse d'Hippone.

AU BIENHEUREUX SEIGNEUR AU VÉNÉRABLE FRÈRE [2] NOVAT, SON COLLÈGUE DANS LE SACERDOCE, ET A TOUS LES FRÈRES QUI SONT AVEC LUI,

AUGUSTIN ET SES FRÈRES, SALUT DANS LE SEIGNEUR.

1. Je sais combien je dois paraître dur, et j'en éprouve beaucoup de peine moi-même, de ne pas permettre à mon fils le diacre Lucille, votre frère, de retourner vers votre sainteté, mais lorsque pour les besoins des églises éloignées de vous, vous serez obligé de vous séparer de quelques-uns de vos plus chers élèves, vous comprendrez alors quelle vive douleur je dois éprouver de l'absence et de la séparation de quelques-uns de ceux qui m'étaient unis par la plus grande et la plus douce amitié. Pour vous en citer un seul exemple, les liens du sang qui vous attachent à Lucille, ne sont pas plus forts que ceux de l'amitié qui m'enchaînent à mon frère Sévère, et cependant vous savez combien est rare le bonheur que j'ai de le voir. Ce n'est pas ma faute ni la sienne, mais en vue de la vie du siècle futur qui doit nous réunir à jamais, nous préférons les besoins de l'Eglise notre mère à notre satisfaction temporelle. Il est donc bien plus juste que, dans l'intérêt de l'Eglise, vous supportiez l'absence de ce frère avec lequel vous n'avez pas pris votre nourriture spirituelle dans les champs du Seigneur, aussi longtemps que moi avec mon cher et doux compatriote Sévère. Cependant à peine de loin en loin reçois-je de lui quelques petites lettres qui la plupart encore sont plutôt remplies d'affaires et de soins étrangers à nous-mêmes, et au bonheur que nous goûtions ensemble dans les suaves prairies du Christ.

2. Mais quoi, direz-vous peut-être ? Mon frère ne pourra-t-il pas servir ici les intérêts de l'Eglise ? Est-ce donc pour autre chose que je désire l'avoir près de moi? Sans doute, si par

---

(1) Ecrite l'an 405 ou environ. — Cette lettre était la 242ᵉ dans les éditions antérieures à l'édition des Bénédictins, et celle qui était la 84ᵉ se trouve maintenant la 19ᵉ.
(2) Novat évêque de Steff, capitale des Mauritanies qui assista à la conférence de Carthage en 411, et au concile général d'Afrique tenu à Carthage en 419, est sans doute celui auquel cette lettre est adressée.

EPISTOLA LXXXIV

Novato episcopo Augustinus excusans quod ad ipsum non mittat germanum ipsius Lucillum diaconum, quo latinæ linguæ perito carere non possent ecclesiæ diœcessis Hipponensis.

DOMINO BEATISSIMO ET VENERABILI AC DESIDERABILI FRATRI ET CONSACERDOTI (a) NOVATO, ET QUI TECUM SUNT FRATRIBUS, AUGUSTINUS, ET QUI MECUM SUNT FRATRES, IN DOMINO SALUTEM.

1. Et ego sentio, quamquam durus videar, et meipsum vix fero, quod filium meum diaconum Lucillum germanum tuum sanctitati tuæ non mitto atque permitto. Sed cum ipse quoque aliquos, ex tuis nutrimentis valde carissimos atque dulcissimos, necessitatibus ecclesiarum longe positarum abs te, concedere cœperis : tunc senties quibus desideriorum stimulis fodiar, quod quidam mihi maxima et dulcissima familiaritate conjuncti, non sunt etiam corporaliter mecum. Nam ut longe mittam cogitationem tuam ; quantumlibet valeat germanitas tui sanguinis, non vincit amicitiæ vinculum, quo nobis invicem ego et frater Severus inhæremus : et tamen nosti quam raro eum mihi videre contingat. Atque hoc fecit, non utique voluntas vel mea vel illius ; sed dum matris Ecclesiæ necessitates, propter futurum sæculum, quo nobiscum inseparabiliter convivemus, nostri temporis necessitatibus anteponimus. Quanto ergo æquius te tolerare oportet, pro utilitate ipsius matris Ecclesiæ ejus fratris absentiam, cum quo non tam diu cibum dominicum, ruminas quam diu ego cum dulcissimo concive meo Severo, qui mecum tamen nunc vix, et interdum per exiguas chartulas loquitur, et eas quidem plures aliarum curarum et negotiorum refertas, quam portantes aliquid nostrorum in Christi suavitate pratorum ?

2. Hic forsitan dicas, Quid enim ? Et apud nos

(a) Collationi Carthaginensi interfuit Novatus Sitifensis episcopus, fortean idem ipse cui hæc epistola scripta est.

sa présence près de vous il pouvait aussi utilement qu'ici, gagner des brebis au troupeau du Seigneur et les gouverner avec le même profit pour l'Église, on pouvait avec raison m'accuser de dureté et même d'injustice. Mais comme la dispensation de la parole évangélique est en souffrance dans nos contrées par le manque de ministres qui sachent la langue (1) punique, dont l'usage, au contraire, est familier dans le pays que vous habitez, croyez-vous que ce serait consulter le salut des peuples du Seigneur, que de vous envoyer un homme qui possède ce talent dont il vous est facile de vous passer, et de l'enlever à notre église où nous l'avons souhaité avec tant d'ardeur? Pardonnez-moi donc d'agir contre votre désir et ma volonté même, en faisant ce qui m'est commandé par la nécessité de remplir les devoirs de mon ministère. Le Seigneur dans lequel vous avez mis votre cœur, bénira vos travaux en récompense du bienfait dont nous vous serons redevables. Nos régions vous devront la grâce de pouvoir éteindre leur soif ardente de la parole de Dieu par la parole même de Lucille que vous nous aurez donné. Vous doublerez la reconnaissance que je vous dois déjà en n'insistant pas davantage à ce sujet, ce qui ne servirait qu'à me faire paraître encore plus dur à votre sainte et vénérable bienveillance.

LETTRE LXXXV [2]

Saint Augustin reprend l'évêque Paul de ses légèretés qui scandalisaient toute l'Église. Il l'invite à se corriger et à mener une vie digne d'un évêque.

A SON TRÈS-CHER SEIGNEUR, PAUL, SON COLLÈGUE DANS LE SACERDOCE, ET POUR LE BONHEUR DU-

---

(1) Le texte latin est indubitablement corrompu dans ce passage et il faut substituer au mot *latina*, celui de *punica*. Ce qui fait que saint Augustin a besoin du diacre Lucille, c'est que ce diacre savait la langue punique, dont l'usage était aussi commun à Stif qu'il était rare à Hippone. En effet, Hippone était une ville maritime, en relation continuelle avec l'Italie sous le rapport commercial et autre. Le latin était donc devenu la langue dominante de cette région, surtout pour les ecclésiastiques. Stif, au contraire, était située fort avant dans les terres et près des barbares de l'Afrique, comme il paraît par la lettre 111, nombre 7. Autrement on ne comprendrait pas les instances de saint Augustin, pour conserver dans son église un homme qui parlât uniquement la langue latine. Il avait autour de lui assez de prêtres qui pussent prêcher en latin la parole de l'Évangile. On ne pourrait donc pas admettre le maintien de *latina lingua*, du texte latin, malgré les observations dans lesquelles on dit que l'usage du latin était devenu à cette époque familier dans l'Afrique, puisque saint Augustin dans le livre Ier de ses Confessions. chap. 14, n° 23, dise *qu'il a commencé à apprendre cette langue, au milieu des caresses de ses nourrices*. Les paroles de saint Augustin ne sont pas une preuve suffisante pour détruire l'opinion avancée dans cette note. Peut-être pour soutenir l'avis contraire citera-t-on le proverbe punique qui se trouve dans le sermon 24, chap. 3, et les paroles qui le précèdent : *Je vous parlerai en latin parce que vous ne connaissez pas tous la langue punique*. Ce proverbe prouverait au contraire, comme cela d'ailleurs ressort du sens de toute cette lettre que saint Augustin avait besoin dans son église de Lucille, pour annoncer et répandre en langue punique la foi et la doctrine de Jésus Christ.

(2) Ecrite vers l'an 405. — Cette lettre était la 216ᵉ dans les éditions antérieures à l'édition des Bénédictins, et celle qui était la 85ᵉ se trouve maintenant la 120ᵉ.

---

germanus meus Ecclesiæ non erit utilis, aut propter aliud eum mecum habere desidero? Plane si tantum tibi quantum hic mihi, ejus præsentia lucrandis vel regendis ovibus Domini utilis videretur, non dico duritiam, sed iniquitatem meam nemo non jure culparet. Sed cum (*a*) latina lingua, cujus inopia in nostris regionibus evangelica dispensatio multum laborat, illic autem ejusdem linguæ usus omnino sit; itane censes non saluti plebium Domini oportere consulere, ut hanc facultatem illuc mittamus, et hinc auferamus, ubi eam magno cordis æstu requirimus? Da itaque veniam, quod non solum contra tuum desiderium, sed etiam contra sensum meum facio; quod me facere, sarcinæ nostræ cura constringit. Dabit tibi Dominus, in quo posuisti cor tuum, ut tales sint labores tui, ut pro isto beneficio remuneretis : sic enim regionum nostrarum ardentissimæ siti, diaconum Lucillum tu potius concessisti. Neque enim parum præstabis, cum de hac re nulla petitione me ulterius oneraveris; ne nihil aliud quam durior appaream, venerabili mihi et sanctæ benevolentiæ tuæ.

EPISTOLA LXXXV

Augustinus Paulus quemdam episcoporum objurgat, qui Ecclesiam levitate sua graviter offendebat, ut ad frugem et episcopo dignam vitam redeat.

(*a*) Forte legendum, *Sed cum calleat latinam linguam*. Porro in illis temporibus erat perquam familiaris apud Africam usus latini sermonis, quem *inter blandimenta etiam nutricum* discere cœpit Augustinus, ex lib. I. Confess. c. XIV. n. 23. Hinc est quod punicum proverbium allaturus in Ser. 24 de verbis Apost. c. III. *Latine vobis dicam*, inquit, *quia punice non omnes nostis*.

QUEL IL FAIT DES VŒUX, AUGUSTIN, SALUT DANS LE SEIGNEUR.

1. Vous ne m'appelleriez pas tant inexorable, si vous croyiez à ma sincérité. Que pensez-vous donc de moi, quand vous m'écrivez de telles choses, ne me regardez-vous point comme un homme animé d'un sentiment détestable de division et de haine contre vous? Dieu me garde, qu'après avoir prêché aux autres, je ne devienne réprouvé moi-même, et qu'en voulant tirer la paille de votre œil, je retienne une poutre dans le mien. Il n'en est pas comme vous le pensez. Je vous répète et je prends Dieu à témoin que si vous vouliez pour vous-même ce que je veux pour votre bien, depuis longtemps vous vivriez tranquille en Jésus-Christ, et vous réjouiriez toute l'Église dans la gloire de son nom. Je vous ai déjà écrit, que non-seulement vous étiez mon frère, mais encore mon collègue. Quiconque est évêque de l'Église catholique, quel qu'il soit d'ailleurs, est nécessairement mon collègue, tant qu'il n'a pas été condamné par un jugement ecclésiastique. Si je ne communique pas avec vous, c'est uniquement parce que je ne puis pas vous flatter. Comme c'est moi qui vous ai engendré en Jésus-Christ par l'Évangile, je vous dois plus qu'à tout autre les salutaires reproches de la charité, quelque mordants qu'ils vous paraissent. La joie que m'inspire le grand nombre de ceux, qu'avec l'aide de Dieu, vous avez fait entrer dans le sein de l'Église, ne doit pas non plus m'empêcher de gémir sur le plus grand nombre encore de ceux que vous en avez écartés. Vous avez fait à l'Église de Catague (1) une telle blessure, qu'elle sera incurable, si le Seigneur ne vous délivre pas du joug et des soucis terrestres pour vour ramener à la vie qui convient à un évêque.

2. Mais comme vous vous engagez de plus en plus dans les choses du siècle auxquelles vous aviez renoncé, au delà même de ce que la loi des hommes peut permettre, et que votre train de vie est tel que les revenus de votre église n'y suffisent pas, pourquoi recherchez-vous ma communion (2), vous qui n'avez jamais voulu écouter mes avertissement? Agis-

---

(1) Le texte latin porte *Hipponensem ecclesiam*, c'est probablement une erreur, Paul administrait l'église de Catague en Numidie. C'est celui qui, dans la lettre 96e, est appelé prédécesseur de Boniface, que la lettre 97e qualifie du titre d'évêque de Catague. C'est donc l'église de cette ville, et non celle d'Hippone que Paul scandalisait par la légèreté de sa conduite. Il avait été engendré en Jésus-Christ par saint Augustin lui-même, et c'est ce qui donne au saint docteur le droit de lui adresser des réprimandes aussi sévères. Paul avait, comme saint Augustin, fait l'abandon de tous ses biens, mais il y avait été obligé parce qu'il devait beaucoup au fisc, comme on le voit dans la lettre 96e.
(2) Dans le n° 1er, saint Augustin dit de Paul qu'il doit toujours le considérer comme évêque catholique, tant qu'il n'a pas été condamné par un jugement ecclésiastique. Il lui dit encore ici : *Quid quæris communionem meam* (pourquoi recherchez-vous ma communion)? C'est qu'en effet, si coupable que fût un évêque, il ne pouvait être condamné et déposé que par douze évêques de la province, selon les canons de l'Église d'Afrique. Jusque là on était obligé de le reconnaître pour évêque. Mais l'Église a toujours permis à tout évêque de refuser sa communion au collègue qui s'en serait rendu indigne.

DOMINO SINCERITER DILECTISSIMO ET VOTIS OMNIBUS BEATIFICANDO FRATRI CONSACERDOTI (*a*) PAULO AUGUSTINUS IN DOMINO SALUTEM.

1. Tam inexorabilem me non vocares, nisi etiam mendacem putares. Quid enim aliud de animo meo credis, quando mihi talia scribis, nisi me tenere adversus te nævum discordiæ et odium detestandum : quasi in re manifesta non caveam, ne aliis prædicans, ipsi reprobus inveniar ; aut ita velim ejicere stipulam de oculo tuo, ut in meo trabem nutriam ? non est quod putas. Ecce iterum dico et testor Deum, quia si tu tibi ea velles, quæ tibi ego volo, jam olim securus in Christo viveres, et in nominis ejus gloriam totam ejus Ecclesiam lætificares. Ecce jam scripsi non tantum te esse fratrem meum, sed etiam collegam meum. Neque enim fieri potest, ut non sit collega meus quilibet episcopus Ecclesiæ catholicæ, qualiscumque sit, nullo ecclesiastico judicio damnatus. Sed ut tibi non communicem, nulla caussa est, nisi quia tibi adulari non possum. Tibi enim maxime debeo, quia in Christo Jesu per Evangelium ego te genui, salubrem mordacitatem caritatis veraciter objurgando. Nec ita gaudeo multos in Ecclesiam catholicam adjuvante Domino per te esse collectos, ut non debeam plangere plures inde dispergi. Sic enim vulnerasti ecclesiam Hipponensem, ut nisi te Dominus omnibus curis et sarcinis sæcularibus expeditum, ad veram episcopalem vitam victumque revocaverit, tale vulnus sanari non possit.

(*a*) Cataquensem ecclesiam administrabat Paulus ; quippe is est, ut opinamur, qui in epist. XCVI, dicitur præcessor Bonifacii Cataquensis, juxta epist. XCVII, episcopi.

sez-vous ainsi pour que les hommes me rendent responsable de votre conduite? Je suis déjà assez accablé de leurs plaintes. Vous prétendez en vain que ceux qui parlent mal de vous aujourd'hui sont les mêmes qui vous ont toujours été contraires dans votre vie précédente. Il n'en est rien. Vous êtes mal renseigné sur bien des points, ce qui n'a du reste, rien d'étonnant. Mais cela fût-il vrai, rien dans vos mœurs ne devrait les autoriser à vous reprendre, ni leur fournir l'occasion de blasphémer contre l'Église. Peut-être encore pensez-vous que je vous parle ainsi parce que je n'ai pas accepté vos excuses? Ah! si je vous tiens ce langage, c'est parce que je sais bien que Dieu ne me pardonnerait pas mes fautes si je gardais le silence sur les vôtres. Vous avez, il est certain, un très-bon esprit, mais un esprit quelque fin qu'il soit, n'est rien quand il s'attache aux choses de la terre, tandis qu'un esprit lent et pesant, est en sûreté quand il s'attache aux choses du ciel. L'épiscopat n'est pas un moyen de passer la vie dans les fausses joies du monde. Ce que je vous dis vous sera également enseigné par le Seigneur notre Dieu qui vous a fermé toutes les voies que vous vouliez suivre en vous servant de son nom; et si vous voulez le comprendre, il vous ramènera dans celle pour laquelle le saint fardeau de l'épiscopat vous a été imposé.

LETTRE LXXXVI [1]

Saint Augustin prie Cécilien, gouverneur de Numidie, de comprimer par ses ordonnances les Donatistes des environs d'Hippone, comme il l'avait fait dans les localités voisines.

A SON TRÈS-CHER ET ESTIMABLE FILS, LE TRÈS-ILLUSTRE ET HONORABLE SEIGNEUR, BIEN MÉRITANT EN LA GRACE DE JÉSUS-CHRIST, CÉCILIEN [2], AUGUSTIN SALUT DANS LE SEIGNEUR.

1. L'éclat de votre administration, la renommée de vos vertus, votre zèle si digne d'éloges et la sincérité de votre foi chrétienne, tous ces bienfaits divins dont vous vous réjouissez en celui qui vous les a donnés, et duquel vous en espérez de plus grands encore, m'ont engagé à

---

(1) Écrite l'an 405. — Cette lettre était la 86ᵉ dans les éditions antérieures à l'édition des Bénédictins et celle qui était la 86ᵉ se trouve maintenant la 36ᵉ.
(2) Il est à présumer qu'il s'agit ici de ce Cécilien qui fut dans la suite, vers l'an 469, préfet du prétoire, et auquel saint Augustin adressa une autre lettre dans l'année 414.
Le texte donne à Cécilien le titre de *Præses* (président). En voici la raison : La province de Steffe, l'une des Mauritanies sur les frontières de la Numidie, était une province présidiale, c'est-à-dire gouvernée par un président, et c'est sous ce titre que saint Augustin implore le secours de Cécilien pour protéger son diocèse contre les perturbations et l'invasion des Donatistes.

---

2. Cum autem tu magis magisque implicare te non cesses, ut etiam rebus quibusrenuntiasti, te post renuntiationem inserueris, quod nec apud humanas ipsas leges ullo modo defendi potest : et in ea professione vivere dicaris, cui frugalitas ecclesiæ tuæ sufficere non possit: ut quid quæris communionem meam, cum audire numquam volueris admonitionem meam? an ut quidquid facis mihi imputent homines, quorum querelas sustinere non possum? Frustra autem suspicaris eos esse obtrectatores tuos, qui tibi semper et in vita priore adversati sunt. Non est ita, nec mirum quod multa te latent. Sed etiam si hoc verum esset, nihil in tuis moribus invenire debuerunt, quod recte reprehenderunt, et unde Ecclesiam blasphemarent. Adhuc me putas fortasse ideo ista dicere, qui non accepi satisfactionem tuam. Immo propterea dico, ne ipse non possim satis Deo facere de peccatis meis, si hæc tibi tacuero. Novi quia cor habes, sed et tardum, securum est, quando in cælo est ; et acutum cor nihil est, quando in terra est. Non est episcopatus artificium transigendæ vitæ fallacis. Docebit te quod dico Dominus Deus, qui tibi interclusit omnes vias, ad quas illo uti voluisti, ut dirigat te, si intelligas, in illam viam, propter quam ambulandam tibi tam sancta sarcina imposita est.

EPISTOLA LXXXVI

Augustinus Cæciliano præsidi, ut suo edicto Donatistas in regione Hipponensi et vicinis locis coerceat.

DOMINO EXIMIO, ET IN CHRISTI CARITATE VERE MERITOQUE HONORABILI AC (b) SUSPICIENDO FILIO CÆCILIANO. AUGUSTINUS EPISCOPUS IN DOMINO SALUTEM.

1. Administrationis tuæ claritas et fama virtu-

(b) MSS. aliquot, *suscipiendo* : et in corpore epistolæ, *suscipiende fili*. Hic ipse est, ut putant, Cæcilianus qui Prætorii Præfectus postea fuit an. 409, cuique alteram August. epistolam scripsit an. 413.

faire part dans cette lettre à Votre Excellence, des peines et des soucis qui m'agitent. En effet, autant je me réjouis de ce que vous avez fait avec tant d'efficacité dans les autres parties de l'Afrique pour l'unité catholique, autant j'éprouve de douleur que la contrée d'Hippone et celles qui touchent à la Numidie, n'aient pas encore mérité d'être secourues par la vigueur et l'autorité de vos ordonnances, ô Seigneur illustre très-méritant, honorable et estimable fils en Jésus-Christ. Dans la crainte qu'on n'impute ce mal et ces désordres à ma négligence, moi qui soutiens le fardeau épiscopal d'Hippone, j'ai cru devoir m'en ouvrir à Votre Excellence. Vous apprendrez jusqu'où s'est portée l'audace des hérétiques sur le territoire d'Hippone, si vous daignez entendre ce que mes frères et mes collègues exposeront à Votre Grandeur, ou ce que vous dira le prêtre que j'envoie vers vous avec cette lettre. Avec l'aide de Dieu Notre Seigneur, vous parviendrez sans doute à réprimer l'orgueil et la vanité sacrilége de ces perturbateurs, en employant la crainte pour remède, plutôt que les châtiments comme moyen de répression.

LETTRE LXXXVII [1]

Saint Augustin écrit à Émérite (2), évêque donatiste, et le prie de bien examiner et de dire pour quelle raison plausible il s'est séparé de l'Église.

A SON CHER ET AIMABLE FRÈRE ÉMÉRITE, AUGUSTIN SALUT.

1. Lorsque j'apprends que quelqu'un doué d'un bon esprit et instruit dans les sciences libérales, dans lesquelles toutefois ne réside pas le salut de l'âme, a, sur une question facile, une opinion qui n'est pas conforme à la vérité, plus mon étonnement est grand, plus je désire ardemment de connaître cet homme et de m'entretenir avec lui : ou si je ne le puis, je désire du moins par des lettres, qui volent au loin, arriver jusqu'à son esprit comme je désire également qu'il arrive jusqu'à moi. Sachant que vous êtes un tel homme, je vous vois avec douleur séparé de l'Église catholique qui, selon

---

(1) Écrite environ l'an 405 ou fort peu de temps après. — Cette lettre était la 164e dans les éditions antérieures à l'édition des Bénédictins et celle qui était la 87e se trouve maintenant la 210e.
(2) Émérite était évêque donatiste de Césarée (aujourd'hui Cherchell) en Mauritanie. Il fut un des sept que les Donatistes avaient choisis pour aller défendre leur cause dans la conférence de Carthage. Voyez livre II chapitre LI des Rétractations.
Outre la défense des Donatistes qu'il soutint dans la conférence de Carthage l'an 411, il eut encore une conférence à Césarée même avec saint Augustin qui s'y trouvait en 418 sur la prière du pape Zosime. C'est ce même Émérite qui avait autrefois dicté la sentence du concile de Bagaie contre les Maximianistes.

---

tum, pietatis quoque Christianæ laudanda diligentia et fida sinceritas, quæ tibi divina munera eo donante gaudes tributa, a quo speras promittente potiora, excitaverunt me, ut hoc epistolari alloquio æstus caussarum mearum (*a*) cum excellentia partirer tua. Quantum enim per alias Africæ terras te unitati catholicæ mirabili efficacia consuluisse gaudemus, tantum dolemus regionem Hipponensium regiorum et ei vicinas partes confines Numidiæ, præsidiali edicti tui vigore nondum adjuvari meruisse, Domine eximie, et in Christi caritate vere meritoque honorabilis ac suspiciende fili. Quod ne meæ potius negligentiæ deputetur, qui episcopalem sarcinam Hippone sustineo, tuæ magnificentiæ non tacendum putavi. Quantum etiam in campo Hipponensi hæretica præsumat audacia, si ex fratribus et collegis meis, qui hæc tuæ sublimitati narrare poterunt, vel ex presbytero quem cum litteris misi, fueris audire dignatus, adjuvante Domino Deo nostro, proculdubio providebis ut tumor sacrilegæ vanitatis terrendo sanetur potius, quam ulciscendo resecetur.

EPISTOLA LXXXVII

Augustinus Emerito Donatistæ, adhortans ut adtendat et respondeat, qui justa caussa schisma moverint.

DESIDERABILI ET DILECTO FRATRI (*b*) EMERITO, AUGUSTINUS.

1. Ego cum audio quemquam bono ingenio præditum, doctrinisque liberalibus eruditum, quamquam non illi salus animæ constituta sit, tamen in quæstione facillima, sentire aliud quam veritas postulat, quo magis miror, eo magis exardesco

---

(*a*) Ita MSS. prope omnes. At Editi, *excellentiæ aperirem tuæ.*
(*b*) Emeritus civis Cæsareensis in Mauritania, ibique Donatistarum episcopus fuit, unus eorum septem quos illi ad suam tuendam caussam in collatione Carthaginensi delegerant : ex lib. II. Retract. c. LI.

la parole de l'Esprit-Saint, est répandue dans tout l'univers. J'ignore pour quelles raisons vous avez agi ainsi, car il est certain que la plus grande partie du monde romain, sans parler des nations barbares auxquelles l'Apôtre se disait également redevable (*Rom.*, I, 14), et avec lesquelles nous sommes en communion de foi chrétienne, ne connaît pas le parti de Donat, et ignore complètement quand et pour quels motifs il s'est ainsi séparé de nous. Si vous n'avouez pas que tous les chrétiens sont innocents des crimes que vous reprochez aux Africains, vous êtes forcé d'avouer aussi que vous-même vous êtes souillé de tous les méfaits commis parmi vous par des hommes pervers que, j'aime à le dire, vous ne connaissez pas. En effet, vous n'excluez personne de votre communion, ou du moins cette exclusion a lieu seulement quand les coupables ont commis la faute pour laquelle il y a lieu de la prononcer. Mais le crime n'est-il pas resté quelque temps caché, avant que vous ayez pu le découvrir ? Et n'est-ce pas seulement lorsque les coupables ont été convaincus, que vous les condamnez ? Or, je vous le demande ; ce crime a-t-il pu vous souiller alors qu'il restait caché ? Nullement, me répondrez-vous. Donc, dans aucun temps, il ne pourrait vous souiller, fût-il toujours ignoré : en effet, souvent il y a des crimes qui se découvrent seulement après la mort des coupables, et l'on ne pourrait reprocher aux chrétiens d'avoir eu communication avec ces criminels pendant leur vie. Pourquoi donc avez-vous été assez téméraire pour vous séparer, par un schisme sacrilége, de la communion d'une infinité d'églises d'Orient qui ont toujours ignoré, et qui ignorent encore ce que vous dites, ou plutôt ce que vous inventez sur ce qui s'est passé en Afrique.

2. Il ne s'agit pas présentement de savoir si ce que vous avancez est vrai, quoique nous prouvions, par des raisons bien plus fortes que les vôtres, la fausseté de vos allégations, et que nous déclarions hautement que ce sont ceux de votre parti qui ont commis les crimes que vous reprochez aux nôtres. Mais, comme je viens de vous le dire, c'est une question toute différente, et que nous discuterons quand il le faudra. Maintenant je vous engage seulement à bien considérer que des crimes inconnus, commis par des gens inconnus ne peuvent souiller personne. D'où il résulte évidemment que c'est par un schisme sacrilége que vous vous êtes séparés du reste de l'univers, où l'on a toujours ignoré, et où l'on ignore encore les crimes vrais ou faux que vous reprochez aux Africains.

---

nosse hominem, et cum eo colloqui : vel si id non possim, saltem litteris quæ longissime volant, adtingere mentem ejus, atque ab eo vicissim adtingi desidero. Sicut te esse audio talem virum, et ab Ecclesia catholica, quæ sicut sancto Spiritu prænuntiata est, toto orbe diffunditur, discerptum doleo atque seclusum; quam ob caussam nescio. Nam certum est magnæ parti Romani orbis, ne dicam etiam barbaris gentibus, quibus quoque debitorem se dicebat Apostolus (*Rom.*, I, 14), quorum Christianæ fidei communio nostra contexitur, ignotam esse partem Donati : nec eos omnino scire vel quando vel quibus caussis exorta sit ista dissensio. Quos utique omnes Christianos ab eis criminibus, quæ Afris objicitis, nisi innocentes esse fatearis, cogeris dicere, omnium malis factis obnoxios, cum apud vos perditi, ut mitius dixerim, latent, vos omnes esse pollutos. Non enim neminem de vestra communione pellitis ; aut tunc primum pellitis, cum primum illud, unde pellendus est, fecerit. An non aliquanto tempore latentem, et postea proditum convictumque damnatis ? Quæro igitur utrum vos contaminaverit eo tempore quo latebat ? Respondebis, nullo modo. Nullo ergo tempore contaminaret, etiamsi semper id lateret : nam et mortuorum nonnulla sæpe commissa produntur, nec fraudi est Christianis, qui eis communicavere viventibus. Cur ergo vos tam temeraria atque sacrilega diremtione præcidistis a communione innumerabilium ecclesiarum Orientalium, quas semper latuit, et adhuc latet quod in Africa gestum esse aut docetis aut fingitis ?

2. Alia enim quæstio est, utrum illa vera dicatis, quæ quidem nos multo probabilioribus documentis falsa esse convincimus, et in vestris magis ea ipsa quæ objicitis, tunc probata declaramus. Sed hæc, ut dixi, alia quæstio est, tunc aggredienda et discutienda, cum opus fuerit. Illud nunc adtendat vigilantia mentis tuæ, neminem contaminari posse ignotorum ignotis criminibus. Unde manifestum est a communione orbis, cui seu falsa seu vera crimina, quæ Afris intenditis, prorsus ignota sunt, et ignota semper fuerunt, sacrilego schismate vos esse separatos : quamquam et illud non est tacendum, etiam cognitos malos bonis non obesse in ecclesia, si eos a communione prohibendi aut potestas desit,

Je dois dire aussi que des méchants, reconnus pour tels, ne peuvent, dans l'Église, nuire aux gens de bien, si ceux-ci n'ont pas le pouvoir d'écarter ces méchants de leur communion, ou en sont empêchés par le désir de conserver la paix. Quels sont, en effet, ceux qui, dans le prophète Ezéchiel ont mérité d'être marqués du signe indiqué par Dieu avant la ruine des méchants d'Israël, et qui ont pu échapper sains et saufs à la désolation de Jérusalem, sinon, comme le Prophète nous le fait voir clairement, ceux qui s'affligeaient et gémissaient des iniquités et des péchés commis au milieu d'eux par le peuple de Dieu (*Ezech.*, IX, 4)? Mais qui peut se chagriner et gémir sur une chose qu'il ignore? C'est par la même raison que l'Apôtre saint Paul supporte les faux frères. En effet, ce n'est pas au sujet de gens inconnus qu'il dit : « Tous cherchent leurs intérêts et non pas les intérêts de Jésus-Christ, (*Philip.*, II, 21). » Cependant il les tolérait près de lui, comme il le déclare lui-même. Or, il faut ranger au nombre de ceux qui cherchent leurs intérêts et non les intérêts de Jésus-Christ, les hommes qui par crainte de la mort ont offert de l'encens aux idoles, et livré aux païens les divines Ecritures.

3. Je passe sous silence beaucoup d'autres témoignages des livres saints, pour ne pas allonger cette lettre, et je laisse à votre sagesse le soin d'examiner encore plusieurs points dont je ne fais pas mention. Ce que je viens de vous dire est suffisant, je le pense. Si ces méchants qui se trouvaient en grand nombre dans le peuple de Dieu, n'ont pas perverti ceux qui vivaient avec eux, si, d'un autre côté, cette multitude de faux frères qui étaient avec saint Paul dans la même église, n'est pas une raison pour qu'on le considère comme un homme cherchant ses intérêts et non ceux de Jésus-Christ, il est manifeste qu'en approchant de l'autel de Jésus-Christ avec des méchants que nous connaissons pour tels, nous ne devenons pas méchants comme eux, pourvu que nous n'approuvions pas leur faute et que nous nous séparions d'eux par une bonne conscience. Il est évident encore que pour être le complice d'un voleur, il faut voler avec lui ou l'approuver du cœur. Nous disons cela pour trancher une infinité de questions superflues, sur des actions et des faits qui ne touchent en rien notre cause.

4. Si vous ne pensiez pas ainsi, vous seriez tel que fut Optat dans votre communion, sans que vous l'ayez ignoré. Je suis loin d'avoir cette opinion des mœurs d'Emérite et de ceux qui lui ressemblent, comme il s'en trouve parmi vous qui, je n'en doute pas, sont entièrement

---

aut aliqua ratio conservandæ pacis impediat. Qui sunt enim, qui apud prophetam Ezechielem (*Ezech.*,IX,4), et ante vastationem perditorum signari meruerunt, et cum illi vastarentur evadere illæsi, nisi ut ibi manifestissime ostenditur, qui mærent et gemunt peccata et iniquitates populi Dei, quæ fiunt in medio eorum? quis autem quod ignorat, gemit et mæret? Ex eadem ratione etiam Paulus apostolus falsos fratres tolerat. Non enim de incognitis ait, « Omnes enim sua quærunt, non quæ Jesu Christi (*Phil.*, II, 22) : » quos tamen secum fuisse manifestat. Ex quo autem genere sunt, qui vel thurificare idolis, vel codices divinos tradere, quam mori maluerunt, nisi ex eorum qui sua quærunt, non Jesu Christi.

3. Multa testimonia Scripturarum præterco ne longiorem quam necesse est epistolam faciam, et eruditioni tuæ plura per teipsum consideranda permitto. Quod tamen satis est, vide obsecro : Si tam multi iniqui in uno populo Dei eos, qui secum versabantur, non fecerunt tales, quales ipsi erant; si multitudo illa falsorum fratrum apostolum Paulum, in una cum eis Ecclesia constitutum, non fecit sua quærentem, non quæ Jesu Christi; manifestum est non hoc effici homini, quod est malus quisquam, cum quo ad altare Christi acceditur, etiamsi non sit incognitus, si tantum non approbetur, et a bona conscientia displicendo separetur. Manifestum est igitur non esse aliud cum fure concurrere, nisi vel furari cum eo, vel furtum ejus cordis placito accipere. Hoc nos dicimus, ut quæstiones infinitos atque superfluas de factis hominum, quæ rationem nostram nihil impediunt, auferamus.

4. Sed et vos nisi hoc sentiatis, tales eritis omnes, qualis Optatus in vestra communione vobis non ignorantibus fuit, quod absit ab Emeriti moribus, aliorumque talium, quales apud vos esse non dubito longe a factis illius alienos. Neque enim vobis objicimus, nisi schismatis crimen quam etiam hæresim male perseverando fecistis. Quanti autem divino judicio pendatur hoc facinus, lege quod te legisse non ambigo. Invenies Dathan et Abiron

étrangers aux crimes d'un Optat. Nous n'avons rien autre chose à vous reprocher, si ce n'est votre schisme, changé en hérésie par votre funeste obstination. Pour comprendre toute la gravité de cette hérésie devant Dieu, lisez ce que sans doute vous avez déjà lu, vous verrez Dathan et Abiron engloutis dans un abîme ouvert sous leurs pieds, tous leurs sectateurs consumés par des flammes sortant de terre au milieu d'eux. Ce supplice dont Dieu punit sur-le-champ le crime de l'hérésie, pour nous apprendre à l'éviter, nous marque encore celui qu'au jugement dernier il réserve aux hérétiques que sa patience épargne présentement. Je ne blâme pas les raisons qui vous ont déterminé à ne pas exclure Optat de votre communion, lorsqu'il exerçait son pouvoir avec autant de folie que de fureur, et lorsque toute l'Afrique, gémissant avec vous, se levait pour l'accuser, si toutefois vous êtes tels qu'on le dit, et Dieu sait que non-seulement je le désire, mais aussi que je le crois ; non, dis-je, nous ne vous reprochons pas de n'avoir pas voulu alors excommunier Optat, de peur que son excommunication n'attirât beaucoup de gens dans son parti, et qu'il ne rompît votre communion par la fureur d'un nouveau schisme. Mais voilà précisément, Émérite, mon frère, ce qui vous rend coupable aux yeux de Dieu. Une division dans le parti de Donat, vous paraissait un si grand mal, que vous avez mieux aimé tolérer Optat dans votre communion, que de laisser introduire une division dans votre secte ; et vous ne craignez pas de persévérer dans cette faute commise par vos pères, qui ont divisé l'Eglise de Jésus-Christ.

5. Peut-être dans l'embarras où vous êtes de me répondre, chercherez-vous à défendre Optat ? Ne le faites pas, frère, ne le faites pas, je vous en conjure. Cela ne vous convient pas, que cela convienne à d'autres (si toutefois quelque chose sied aux méchants), il ne convient certainement pas à Émérite de défendre Optat. Peut-être direz-vous qu'il ne vous est pas plus convenable de l'accuser. J'y consens. Prenez alors un terme moyen et dites : « Chacun porte son fardeau (*Gal.*, VI, 5). » « Qui êtes-vous pour juger le serviteur d'autrui (*Rom.*, XIV, 4) ? » Si donc sur le témoignage de toute l'Afrique, je dirai plus, de toutes les contrées où a retenti le nom de Gildon et d'Optat, car ils étaient aussi connus l'un que l'autre, vous n'avez pas osé porter un jugement sur Optat, dans la crainte de juger témérairement de choses inconnues, pouvons-nous donc et devons-nous de notre côté, d'après votre seul témoignage, porter un jugement téméraire sur des hommes qui ont vécu bien longtemps avant nous ? Et comme si

---

hiatu terræ devoratos, ceterosque omnes, qui eis consenserant, igne de medio eorum exsistente consumtos (*Num.*, XVI, 32). Illud ergo scelus ad exemplum devitandi Dominus Deus præsenti supplicio denotavit, ut cum talibus patientissime parcit, quale ultimo judicio reservet, ostenderet. Neque enim reprehendimus rationes vestras, si eo tempore quo vesana potentia furere jactabatur Optatus, cum ejus accusator esset totius Africæ gemitus congemiscentibus vobis, si tamen talis es, qualem te prædicat fama, quod scit Deus me et credere et velle : non ergo reprehendimus si eo tempore, ne multos secum excommunicatus traheret, et communionem vestram schismatis furore præcideret, cum excommunicare noluistis. Sed hoc ipsum est, quod vos arguit in judicio Dei, frater Emerite, quod cum videretis tam magnum malum esse, dividi partem Donati, ut Optatus potius in communione tolerandus existimaretur, quam illud admitteretur ; permanetis in eo malo, quod in dividenda Ecclesia Christi a vestris majoribus perpetratum est.

5. Hic fortasse respondendi angustia tentabis defendere Optatum. Noli frater, noli obsecro, non te decet, et si aliquem alium forte deceat, (si timeam quidquam decet malos) Emeritum certe non decet defendere Optatum. Sed fortasse nec accusare. Ita sit sane. Utere voce media, et dic, Unusquisque sarcinam suam portat (*Gal.*, VI, 5). Tu quis es, qui judicas servum alienum (*Rom.*, XIV, 4) ? Si ergo ad testimonium totius Africæ, immo vero terrarum omnium quaquaversum Gildonis fama fervebat, simul enim et ille notus erat, non ausi estis umquam de Optato judicare, ne temere de incognitis judicaretis ; nos tandem possumus aut debemus de iis, qui ante nos vixerunt, ad vestrum tantummodo testimonium, temerariam de incognitis ferre sententiam ; ut parum sit quod vos ignota criminamini, nisi et nos ignota judicemus ? Non enim Optatum, etiamsi forte falsa periclitatur invidia, sed te defendis, cum dicis, Ignoro qualis iste fuerit. Quanto magis ergo quales fuerint Afri, quos ignotiores arguis, Orientalis orbis ignorat ? a quibus tamen

ce n'était pas assez que vous les condamniez pour des crimes qui vous sont inconnus, devrions-nous encore nous prononcer nous-mêmes sur des choses que nous ne connaissons pas plus que vous ? En effet, ce n'est pas Optat que vous défendez ; fût-il même victime de l'envie ; c'est vous-même, quand vous dites : J'ignore ce qu'il a été. A combien plus forte raison, les églises d'Orient doivent-elles être autorisées à dire qu'elles ne savent pas ce qu'étaient ces évêques africains que vous accusez sans les connaître. Cependant vous vous êtes sacrilégement séparés de ces églises dont vous avez et lisez tous les jours les noms dans les livres canoniques. Si les méfaits de votre évêque de Tamugade (1), tant décrié et tant déshonoré ont pu être ignorés, je ne dis pas de celui de Césarée, mais de celui de Sétif, collègue et contemporain de cet Optat, comment pouvez-vous prétendre que les Eglises de Corinthe, d'Ephèse, de Colosses, de Philippes, de Thessalonique, d'Antioche, du Pont, de la Galatie, de la Cappadoce, et tant d'autres églises fondées par les apôtres en diverses parties du monde, n'ont pu de leur côté, ignorer le prétendu crime des évêques africains, que vous accusez d'avoir livré les saintes Ecritures, ou que leur ignorance à cet égard a été une raison suffisante pour condamner toutes ces Eglises ? Et cependant vous ne communiquez plus avec tous ces peuples. Vous dites qu'ils ne sont pas chrétiens, et vous cherchez par tous les moyens possibles à les rebaptiser. Mais que dire ? Pourquoi me plaindre ? Pourquoi me récrier ? Je parle à un homme de cœur ; il est indigné et je ne fais que partager son indignation. Vous voyez donc assez tout ce que je pourrais ajouter sur ce sujet, si je le voulais.

6. Peut-être vos pères ont tenu entre eux un concile, dans lequel ils ont condamné tout l'univers chrétien, excepté eux-mêmes. Mais la faculté et le droit d'appréciation en sont-ils venus à ce point qu'on puisse croire que le concile des Maximianistes, qui se sont séparés de votre schisme, ne soit d'aucune autorité contre vous, parce que en comparaison de vous ils étaient en petit nombre, et que votre concile doive compter pour beaucoup contre toutes les nations qui sont l'héritage du Christ, qui s'étend jusqu'aux extrémités de la terre ? Il ne faudrait pas avoir de sang dans les veines, pour ne pas rougir d'une telle prétention. Répondez à cela je vous prie ; car j'ai ouï dire à quelques personnes dignes de confiance, que vous me répondriez si je vous écrivais. Je vous ai déjà précédemment adressé une lettre ; vous est-elle parvenue, et m'avez-vous fait une réponse que par hasard je n'aurais pas reçue ? Je l'ignore. Maintenant, je vous prie de répondre ce qu'il vous plaira à mes questions, sans toutefois

(1) Ville d'Afrique sur les confins d'une des Mauritanies et dont Optat était évêque.

ecclesiis, quarum nomina habes in libris et recitas, nefaria dissensione disjungeris. Si Thamugadensem episcopum vestrum famosissimum et pessime diffamatum, non dico Cæsariensis, sed Sitifensis collega ejus ejusdemque temporis ignorabat, quomodo traditores Afros, quicumque illi fuerint, ecclesia Corinthiorum, Ephesiorum, Colossensium, Philippensium, Thessalonicensium, Antiochenorum, Ponti, Galatiæ, Cappadociæ, ceterarumque orbis partium ab Apostolis in Christo ædificatarum, aut nosse potuit, aut damnari a vobis meruit, quia non potuit ? et tamen eis non communicatis, et dicitis non esse Christianos, et eos rebaptizare conamini. Quid dicam ? quid querar ? aut quid exclamem ? Si cum homine cordato loquor, indignationis hujus aculeos tecum participo. Nam vides profecto quæ dicerem, si vellem dicere.

6. An forte fecerunt inter se majores vestri concilium, et damnaverunt præter se totum orbem Christianum ? Itane ad hoc perducta est rerum existimatio, ut concilium Maximianensium, qui de vestra præcisione præcisi sunt, quia vobis comparati paucissimi sunt, non valeat adversus vos : et vestrum concilium valeat adversus gentes hereditatem Christi, et possessionem ejus terminos terræ ? Miror si habet in corpore sanguinem, qui de hac re non erubescit. Rescribe ad ista quæso : a nonnullis enim, quibus non potui non credere, audivi te rescripturum, si tibi scriberem. Jam etiam pridem misi unam epistolam, quam utrum acceperis vel ei responderis, et forte ego tuam non acceperim, nescio. Nunc interim peto ad hæc respondere ne graveris, quod tibi videtur. Sed noli te in alias tollere quæstiones : hinc enim caput est ordinatissimæ inquisitionis, cur schisma factum sit.

7. Nam et terrenæ potestates cum schismaticos persequuntur, ea regula se defendunt, qua dicit Apostolus, « Qui potestati resistit, Dei ordinationi resistit : qui autem resistunt, ipsi sibi judicium adquirunt. Principes enim non sunt timori bono

en entamer d'autres; car, avant tout, il s'agit de savoir pourquoi nous nous trouvons divisés.

7. Lorsque les puissances de la terre sévissent contre les schismatiques, elles s'appuient sur cette règle de l'Apôtre, qui dit : « Celui qui résiste aux puissances, résiste à l'ordre de Dieu, et ceux qui leur résistent, attirent la condamnation sur eux-mêmes. En effet, on n'a point à craindre des princes en faisant le bien, mais en faisant le mal. Voulez-vous ne pas craindre la puissance? Faites le bien, et vous en recevrez des louanges. Car le prince est le ministre pour votre bien ; mais si vous faites mal, vous avez raison de craindre, parce qu'il ne porte pas l'épée en vain, car il est ministre de Dieu pour exécuter sa vengeance, en punissant celui qui fait mal (*Rom.*, XIII, 2). » Toute la question est donc de savoir si le schisme n'est pas un mal, si vous n'avez pas fait un schisme, et si, par conséquent, c'est pour le bien que vous résistez aux puissances et non pour le mal qui attirerait sur vous la condamnation. C'est pourquoi le Seigneur, dans sa prévoyance, ne se borne pas à dire : « Bienheureux ceux qui souffrent la persécution, » mais il ajoute : « Pour la justice (*Matt.*, V, 10). » Je désire donc savoir si cette séparation, dans laquelle vous persistez, est, comme j'ai dit plus haut, une œuvre de justice. Si, au contraire, c'est une iniquité de condamner l'univers chrétien sans l'avoir entendu, ou parce qu'il n'a pas entendu ce que vous avez entendu vous-même, ou parce qu'il ne regarde pas comme prouvé ce que vous avez cru témérairement et ce que vous avez condamné sans preuve certaine ; si c'est une iniquité de vouloir pour cela rebaptiser tant d'Eglises de Notre Seigneur, établies sur la terre par le zèle et la prédication de ses apôtres, ou par lui-même, quand il était encore ici-bas revêtu de l'humanité, que faut-il penser de vous ? Et si vous jugez convenable d'ignorer le mal que font vos collègues d'Afrique, avec qui vous vivez, avec qui vous dispensez les sacrements, ou bien, connaissant ce mal, de le tolérer, pour ne pas diviser le parti de Donat, tandis que, d'un autre côté, vous ne permettez pas aux chrétiens, établis dans les contrées les plus éloignées, d'ignorer ce que vous savez, ou ce que vous croyez, ou ce que vous avez entendu dire, ou même ce que vous inventez sur le compte de quelques Africains ; que faut-il penser de vous, je vous le demande encore? Quelle perversité d'aimer et d'embrasser ainsi sa propre iniquité, et d'accuser ensuite de sévérité toutes les puissances de la terre?

8. Vous direz peut-être : il n'est pas permis

operi, sed malo. Vis autem non timere potestatem? Bonum fac et habebis laudem ex illa. Dei enim minister est tibi in bonum. Quod si malum feceris, time. Non enim frustra gladium portat. Dei enim minister est, vindex in iram ei qui male agit (*Rom.*, XIII, 2). » Tota igitur quæstio est, utrum nihil mali sit schisma, aut utrum schisma non feceritis, ut pro bono opere potestatibus resistatis, non pro malo, unde vobis adquiratis judicium. Propterea providentissime Dominus non ait, « Beati qui persequutionem patiuntur tantum ; sed addidit, propter justitiam (*Matth.*, V, 10). » Si ergo justitia est, quam operati estis in illa dissensione, in qua etiam permanetis, secundum ea quæ supra dixi, nosse abs te cupio. Si autem iniquitas est orbem Christianum damnare inauditum, vel quia non audivit quæ vos audistis, vel quia non ei probatum est quod temere credidistis, et sine certo documento accusastis, et ideo rebaptizare velle tot ecclesias ipsius, Domini, cum hic adhuc esset in carne, et Apostolorum ejus prædicatione ac labore fundatas : quia vobis licet, aut nescire Afros collegas vestros malos simul viventes, simul sacramenta tractantes ; aut etiam scire, sed tolerare, ne pars Donati dividatur: illis autem in orbe remotissimo constitutis, non licet nescire quod vos de Afris aut nostis, aut creditis, aut audistis, aut fingitis . quæ tanta est perversitas amplecti suam iniquitatem, et potestatum accusare severitatem?

8. At enim et malos Christianis non licet persequi. Esto, non liceat : sed nunquid hoc potestatibus ad hoc ipsum ordinatis fas est objicere ? An Apostolum delebimus ? Aut non habent codices vestri quæ paulo ante commemoravi ? Sed vos, inquies, talibus communicare non debetis. Quid ergo ? Vos Flaviano quondam Vicario, partis vestræ homini, quia legibus serviens, nocentes quos invenerat occidebat, non communicastis ? Sed a vobis, inquies, Romani principes adversum nos provocantur. Immo a vobis aversum vos ipsos, qui Ecclesiam, cujus illic, sicut tanto ante prædictum est, jam membra sunt (de Christo enim dictum est , « Et adorabunt eum omnes reges terræ [*Psal.*, LXXI, 11]. ») et præci-

aux chrétiens de persécuter même les méchants? Je le veux bien; mais peut-on faire cette objection aux puissances établies pour la répression du mal? Devons-nous pour cela effacer les paroles de l'Apôtre? Vos livres ne contiennent-ils pas les passages que j'ai rapportés un peu plus haut? Vous me direz peut-être que nous ne devons pas communiquer avec de tels hommes. Quoi donc? N'avez-vous pas communiqué avec Flavien autrefois vicaire et homme de votre parti, parce que pour le service de la loi, il mettait à mort ceux qu'il avait trouvés criminels? Vous me direz encore, c'est vous qui excitez contre nous les princes romains. Non, vous répondrai-je, c'est vous qui les excitez contre vous-mêmes, vous qui, par votre schisme, n'avez pas craint de déchirer l'Église dont ils sont devenus les membres, accomplissant ainsi la prédiction du prophète touchant le Christ : « Tous les rois de la terre l'adoreront (*Psal.*, LXXI, 11); » vous qui persistez à vouloir les rebaptiser ! Si les catholiques demandent protection aux puissances contre les violences des vôtres, violences qui, pour vous qui en êtes innocent, sont un sujet de douleur et de gémissements, ce n'est pas pour vous persécuter, mais pour se défendre, comme l'Apôtre saint Paul, qui avant que l'empire romain fût chrétien, demanda une escorte armée pour le protéger contre les Juifs conjurés pour le mettre à mort (*Act.*, XXIII, 22). Mais ces princes, toutes les fois que l'occasion leur permet de connaître les crimes de votre schisme, prennent contre vous les mesures qu'ils jugent convenables à leur sollicitude et à leur puissance. Car ce n'est pas en vain qu'ils portent l'épée; ils sont les ministres de Dieu, exécuteurs de sa vengeance contre des méchants. Si quelques-uns des nôtres n'agissent pas dans ces circonstances avec la modération chrétienne, nous le déplorons : mais à leur occasion, nous n'abandonnons pas l'Église catholique; nous souffrons qu'il ne nous soit pas possible avant le grand jour de séparer dans l'aire du Seigneur la paille du bon grain (*Matt.*, III, 12); c'est ainsi que vous-même n'avez pas abandonné le parti de Donat, à cause d'Optat que vous n'osiez pas chasser.

9. Mais, direz-vous, pourquoi vouloir nous unir à vous, si nous sommes criminels? Parce que vous vivez encore et que vous pouvez vous corriger si vous le voulez. En effet, en vous réunissant à nous, c'est-à-dire à l'Église de Dieu, à l'héritage du Christ dont l'empire s'étend jusqu'aux limites de la terre, vous vous corrigerez et reprendrez une nouvelle vie en celui qui est la racine. En effet, l'Apôtre parle en ces termes des rameaux brisés : « Dieu est assez puissant pour les enter de nouveau sur le tronc (*Rom.*, XI, 23). » Changez quelque chose à ces sentiments qui vous séparent de nous, quoique les sacrements que vous avez soient saints, puisqu'ils sont les mêmes partout. Nous souhaitons que vous changiez ce qu'il y a

---

sione laniare ausi estis, et rebaptizare pertinaciter audetis. Nostri autem adversus illicitas et privatas vestrorum violentias, quas et vos ibi, qui talia non facitis, doletis et gemitis, a potestatibus ordinatis tuitionem petunt, non qua vos persequantur, sed qua se defendant : sicut apostolus Paulus adversus Judæos conjurantes ut eum necarent, antequam esset Romanum imperium Christianum, egit ut sibi tuitio etiam armatorum daretur. Sed illi principes qualibet occasione cognoscentes vestri schismatis nefas, constituunt adversus vos pro sua sollicitudine ac potestate quod volunt. Non enim frustra gladium portant, Dei enim ministri sunt, vindices in iram in eos qui male agunt. Postremo etiam si aliqui nostrorum non Christiana moderatione ista faciunt, displicet nobis : sed tamen non propter eos relinquimus catholicam Ecclesiam, si eam ante ultimum tempus ventilationis a palea purgare non possumus, quando et vos propter Optatum, cum eum pellere non audebatis, partem Donati non reliquistis.

9. At enim dicitis, Quare nos adjungi vobis vultis, si scelerati sumus? quia vivitis adhuc et corrigi potestis si velitis. Cum enim nobis conjungimini, hoc est Ecclesiæ Dei, hæreditati Christi, cujus possessio sunt termini terræ, vos corrigimini ut in radice vivatis. De ramis enim fractis sic ait Apostolus : « Potens est enim Deus iterum inserere illos (*Rom.*, XI, 23). » Vos ergo mutamini ex ea parte, qua dissentiebatis : quamvis sacramenta, quæ habebatis, cum eadem sint in omnibus, sancta sint. Quapropter vos mutari volumus a perversitate, id est, ut denuo radicetur vestra præcisio. Nam sacramenta quæ non mutastis, sicut habetis, approbantur a nobis, ne forte cum vestram pravitatem corrigere volumus, illis mysteriis Christi, quæ in vestra pra-

de mauvais en vous; afin que, comme une branche séparée de son tronc, vous repreniez racine en l'Église. Car les sacrements auxquels vous n'avez rien changé, nous les approuvons tels que vous les avez, de peur qu'en voulant vous corriger, de votre perversité, nous ne fassions une injure sacrilége aux mystères de Jésus-Christ, que votre schisme a respectés. En effet, la dépravation de Saül n'avait pas altéré l'onction sainte qu'il avait reçue; cette onction à laquelle le roi David, ce pieux serviteur de Dieu, rendit un si grand honneur. Voilà pourquoi nous ne vous rebaptisons pas, et que tout en désirant de vous réunir à la racine, nous approuvons néanmoins la forme du sarment qui en a été coupé, si elle n'a pas été changée; quoique ce sarment, intégralement gardé dans sa forme, ne puisse produire aucun fruit sans sa racine. Autre est la question touchant les persécutions que vous prétendez souffrir de la part des nôtres; dont la mansuétude et la douceur sont pourtant si grandes, tandis qu'au contraire ceux de votre parti exercent contre nous de graves et de nombreuses violences; autre est la question touchant le baptême, et qui se réduit à savoir non où il est, mais où il produit du bien. Car, quelque part qu'il soit, il est le même, mais celui qui le reçoit n'est pas le même partout où il est. C'est pourquoi nous détestons dans le schisme l'impiété particulière des hommes : mais nous vénérons le baptême du Christ partout où nous le trouvons. Il en est de cela comme des drapeaux de l'empereur que les déserteurs emportent avec eux ; on les reconnaît pour ce qu'ils sont, lorsqu'on les a recouvrés intacts, soit qu'on punisse les déserteurs, ou qu'on leur pardonne. Mais, comme je l'ai dit, c'est une autre question qui demande à être traitée avec plus de soin et de recherches. Il faut s'en tenir sur ces choses à ce qui s'observe dans l'Église.

10. Ce qu'il faut chercher, c'est de savoir si c'est votre Église ou la nôtre qui est l'Église de Dieu. Pour cela il faut remonter à la cause pour laquelle vous vous êtes séparés de nous. Si vous ne me répondez pas, je serai placé plus favorablement que vous devant le tribunal de Dieu, puisque j'aurai pour moi de vous avoir écrit une lettre de paix, à vous, qu'au schisme près, je savais être un homme de bien et de grande instruction. Voyez ce que vous aurez à répondre à celui dont la patience est si grande aujourd'hui, et dont, à la fin, le jugement sera si terrible. Si vous me répondez avec le même soin et le même dévouement que j'ai mis à vous écrire, la miséricorde divine permettra que

vitate depravata non sunt, sacrilegam faciamus injuriam. Neque enim et Saul depravaverat unctionem quam acceperat ; cui unctioni tantum honorem rex David pius Dei servus exhibuit. Propterea ergo vos non rebaptizamus, quia radicem vobis reddere cupimus, formam tamen præcisi sarmenti, si non mutata est, approbamus. Quæ tamen quamvis integra, nullo modo est sine radice fructuosa. Alia quæstio est de persecutionibus, quas vos dicitis pati in tanta mansuetudine et lenitate nostrorum. Cum vere illicite ac privatim vestri faciant graviora : alia de baptismate, quod non quærimus ubi sit, sed ubi prosit. Nam ubicumque est, ipsum est : sed non etiam ille, qui hoc accipit, ubicumque est, ipse est. Itaque privatam hominum impietatem detestamur in schismate, baptismum vero Christi ubique veneramur : quia si desertores secum Imperatoris signa traducant, illis vel damnatione punitis, vel indulgentia correctis, salva signa recipiuntur, si salva manserunt. Et si quid de hac re diligentius quærendum est, alia est (ut dixi) quæstio. Hoc enim observandum est in his rebus, quod observat Ecclesia Dei.

10. Quæritur autem utrum vestra, an nostra sit Ecclesia Dei. Quapropter illud quærendum est a capite, cur schisma feceritis. Si non rescripseris, ego apud Deum, quantum credo, facilem caussam habeo ; quia viro, quem audivi, excepto schismate, bonum et liberaliter instructum, pacificantes litteras misi. Tu videris quid illi respondeas, cujus nunc laudanda patientia, in fine vero timenda sententia est. Si autem rescripseris ea cura, qua tibi scriptum vides, aderit misericordia Dei, ut aliquando error qui nos dirimit, et amore pacis et ratione veritatis intereat. Memento quod de (a) Rogatensibus non dixerim, qui vos Firmianos appellare di-

---

(a) Lov. *Rucntensibus*. Sed melius Bad. Am. Er. et MSS. omnes, *Rogatensibus*, id est sectatoribus Rogati Cartennensis in Mauritania Cæsariensi, uti ex epist. XCIII intelligitur, episcopi ; qui olim cum a Donatistis defecisset, multa acerba ab ipsis passus est, juvante eorum partes Firmo Tyranno Gildonis fratre. Unde Augustinus in lib. II. cont. litt. Petiliani c. LXXXIII. *Quis, ait, commemorare sufficiat, bello Firmiano qui a vobis Rogatur Maurus pertulit.*

l'erreur qui nous divise aujourd'hui, disparaisse devant l'amour de la paix et les lumières de la vérité. Souvenez-vous que je ne vous dis rien des Rogatistes (1) qui vous appellent Firmiens (2), comme vous nous appelez Macariens ; que je ne vous dis également rien de votre évêque de Rucat (3), qui avant d'ouvrir les portes à Firmin, fit un pacte avec lui, pour la préservation de ceux de sa secte, et abandonna les catholiques aux fureurs de la soldatesque. Cessez donc d'exagérer dans des lieux communs, ce que vous pouvez avoir vu ou appris sur les actions des nôtres. Vous voyez quel silence je garde sur les vôtres, pour m'occuper uniquement de l'origine de votre schisme, car là est toute la question. Que le Seigneur notre Dieu vous inspire des pensées de paix, très-cher et désirable frère.

LETTRE LXXXVIII (4)

Les clercs catholiques d'Hippone à Janvier, évêque donatiste, pour se plaindre des violences exercées contre les Catholiques par les Circoncellions. C'est le style de saint Augustin, quoique la lettre ait été écrite au nom de son clergé.

LE CLERGÉ CATHOLIQUE D'HIPPONE A JANVIER (5).

1. Vos clercs et vos circoncellions nous persécutent et ne cessent d'exercer contre nous des cruautés inouïes. Quand bien même ils rendraient le mal pour le mal, ils agiraient encore en cela contre la loi du Christ. Mais après avoir considéré tous nos actes et les leurs, nous trouvons que c'est nous qui souffrons ce qui a été écrit : « Ils me rendaient le mal pour le bien

---

(1) Plusieurs éditions portent *Rurcatensibus*, mais tous les manuscrits s'accordent à écrire *Rogatensibus*, ce qui est préférable, parce qu'il s'agit ici des sectateurs de Rogat, évêque de Cartenne, dans la Mauritanie Césarienne, comme on peut le voir dans la lettre 93. Ce Rogat, qui s'était séparé des Donatistes, eut beaucoup à souffrir de leur part, aidés qu'ils étaient par le tyran Firmien, frère de Gildon. Voyez saint Augustin dans le livre 2 chap. III contre Pétilien, où il dit : « Qui pourrait rapporter tout ce que dans la guerre Firmienne Rogat a eu à souffrir. »
(2) Firmus, fils de Nubel, que les Maures regardaient comme leur roi, quoiqu'il fût soumis aux Romains, s'étant révolté contre Valence, après avoir tué Zamma, son propre frère, prit le titre de roi, et se rendit protecteur des Donatistes. Il persécuta les Rogatistes, ou sectateurs de Rogat qui s'étaient séparés du parti de Donat. C'est par suite des persécutions exercées par Firmien contre les Rogatistes sous l'influence des sectateurs de Donat, que ces derniers furent appelés Donatistes firmiens.
(3) Ce nom diversement écrit, comme on le voit dans la note précédente n° 1, est le même que Rusicade, dont la ville actuelle de Philippeville occupe l'ancien emplacement.
(4) Ecrite au commencement de l'année 406. — Cette lettre était la 68° dans les éditions antérieures à l'édition des Bénédictins et celle qui était la 88° se trouve maintenant la 176°.
(5) Ce Janvier était évêque donatiste des Cases-Noires dans la Numidie. Son grand âge lui donnait le titre et la charge de primat dans la secte de Donat, comme on le voit dans l'index de Possidius, c. III. Il assista au concile de Bagaie l'an 394, ainsi qu'à la conférence de Carthage.

---

cuntur, sicut nos Macarianos appellatis. Neque de (a) Rucatensi episcopo vestro, qui cum Firmo pactus perhibetur incolumitatem suorum, ut ei portæ aperirentur, et in vastationem darentur catholici, et alia innumerabilia. Desine ergo locis communibus exaggerare facta hominum, vel audita, vel cognita. Vides enim quæ de vestris taceam, ut de origine schismatis, ubi tota caussa est, res agatur. Dominus Deus inspiret tibi cogitationem pacificam, desiderabilis et dilecte frater.

EPISTOLA LXXVVIII

Clerici Hipponenses catholici ad Januarium episcopum Donatistam expostulantes de Circumcellionum sævitia in catholicos. Stilus est Augustini, quamquam communi clericorum nomine scripta est epistola.

JANUARIO (b) CLERICI CATHOLICI REGIONIS HIPPONENSIUM REGIORUM.

1. Clerici et Circumcelliones vestri novi generis et inauditæ crudelitatis persecutione in nos sæviunt. Qui si malum pro malo redderent, etiam sic contra

---

(a) Sic Lov. At editiones antiquiores et MSS. quatuor habent, *Rusicazensi*. Alii quatuor probæ notæ, *Rusicatensi*. Alius, *Rusicarsensi*.
(b) Erat ille Casensis Nigrensis in Numidia episcopus, ætate superior tunc temporis, et *primas* dictus *partis Donati* in Possidii indiculo c. III, qui in Bagaitano quidem concilio anni 394. nominatur quinto loco . at in Carthaginensi collatione ante Primianum ipsummet subscribit.

(*Ps.*, xxxiv, 12),» et ce que le même prophète dit encore : « Je conservais un esprit de paix avec ceux qui haïssent la paix; lorsque je leur parlais, ils m'attaquaient sans motifs (*Ps.*, cxix). » Votre grand âge vous permet sans doute de connaître parfaitement que le parti de Donat, qu'on appelait d'abord à Carthage le parti de Majorin, accusa, devant l'empereur Constantin, Cécilien alors évêque de l'Eglise de Carthage. Mais dans la crainte qu'vous ne l'ayez oublié, ou que peut-être vous feigniez de l'ignorer, ou qu'enfin, ce que nous ne pensons pas, vous l'ignoriez réellement, nous mettons dans cette lettre la copie du rapport du proconsul Anulin, que le parti de Majorin avait sommé de porter à la connaissance de l'empereur les crimes reprochés par ce parti à Cécilien.

AU TRÈS-AUGUSTE EMPEREUR CONSTANTIN (1),
ANULIN, CONSULAIRE PROCONSUL (2) D'AFRIQUE.

2. « J'ai reçu et fait insérer avec empressement dans mes humbles actes (3), les ordres (4) célestes et adorés de Votre Majesté, et les ai communiqués à Cécilien et à ceux qui sont sous lui, et qu'on appelle clercs. Je les ai exhortés à se réunir d'un commun accord, à se tenir dans l'unité catholique et à s'appliquer au service et au culte de Dieu, considérant la bonté de Votre Majesté qui les exempte de toute charge (5) et respectant comme ils le doivent la sainteté de la

---

(1) Les manuscrits portent en tête de cette lettre A. GGG. NNN. et celui de saint Gervais porte en marge l'interprétation suivante : *Augusto Constantino*. Henri de Valois adopte également cette interprétation, en rapportant l'édit impérial avec cette inscription : *Constantino Maximo Augusto Anulinus* etc. (à Constantin, très-grand, très-auguste, Anulinus). Mais dans la conférence de Carthage iii, n. 216 on lit *Augustis nostris* (sans doute par une erreur de copiste). En effet, lors du troisième consulat de Constantin, c'est-à-dire l'an du Christ 312, où cette relation a été écrite, deux Augustes régnaient à Rome, Constantin et Licinius, mais non pas trois, comme ces notes sembleraient le faire entendre.
(2) Les éditions portent *nunc proconsul*, (aujourd'hui proconsul) mais les manuscrits et de Valois écrivent avec plus de raison V. C. c'est-à-dire, selon l'interprétation commune *Vir Consularis*, (homme consulaire), Dans la conférence de Carthage, on trouve *Vir clarissimus* (homme très-illustre). C'est évidemment une fausse interprétation donnée par le copiste à l'abréviation V. C., car un proconsul écrivant à l'empereur n'aurait pas osé se donner le titre de *homme très-illustre*.
(3) Les éditions suppriment, *mea apud acta*. Nous avons dans notre texte rétabli ces mots qui se trouvent dans le manuscrit.
(4) Eusèbe, dans son histoire ecclésiastique, l. X, c, vii, rapporte ainsi les ordres ou ordonnances, par lesquelles l'empereur veut que les Clercs soient *exempts de toutes charges et de toutes fonctions publiques, dans la crainte que par quelque erreur ou par quelques sacriléges accidentels, ils ne soient distraits du culte dû à la divine majesté; mais plutôt pour qu'ils puissent sans inquiétude se soumettre à la loi*. Ces paroles de Constantin ont été ajoutées nécessairement pour donner quelques éclaircissements sur l'ordonnance impériale.
(5) Les éditions portent : *Indulgentia majestatis vestræ liberati esse videantur catho ici, custodita sanctitate legis debita reverentia divinis*, etc. Cette version serait évidemment contraire au sens de l'ordonnance impériale et même de la raison. Nous avons donc préféré celle que nous insérons dans notre texte, et que nous avons trouvée dans 15 manuscrits.

---

legem facerent Christi. Nunc vero consideratis omnibus factis nostris et vestris, invenimur hoc pati quod scriptum est, « Retribuebant mihi mala pro bonis (*Psal.*, xxxiv, 12). » Et in alio Psalmo : « Cum his qui oderant pacem, eram pacificus ; cum loquebar illis, debellabant me gratis (*Psal.*, cxix, 7). » Nam cum sis in tam grandi constitutus ætate, arbitramur te optime nosse, quod pars Donati, quæ primo apud Carthaginem pars Majorini dicebatur, ultro accusavit Cæcilianum, tunc episcopum ecclesiæ Carthaginensis, apud Imperatorem illum antiquum Constantinum. Sed ne forte aut oblita hoc sit gravitas tua, aut te posse dissimules, aut etiam, quod non putamus, forsitan nescias, exemplum relationis tunc Anulini proconsulis, quem pars Majorini tunc interpellavit, ut ea crimina, quæ objiciebat Cæciliano, ad memoratum Imperatorem ab eodem proconsule mitterentur, his nostris litteris inserimus.

(a) *A. GGG. NNN.* Anulinus (b) *VC. proconsule Africæ.*

2. Scripta (c) « cælestia majestatis vestræ accepta atque adorata, Cæciliano et his qui sub eodem agunt,

---

(a) Hasce notas præferunt MSS. easque Gervasianus codex ad marginem interpretatur, *Augusto Constantino*. Cui interpretationi favet V. C. Henricus Valesius hac eadem relatione edita cum hujusmodi inscriptione, *Constantino Maximo Augustino Anulinus* etc. At in Carthaginensi collatione iii, n. 216. inscribitur, *Augustis nostris*; fortean exscriptoris errore. Quippe Constantino III consule, id est anno Christi 313, quo relatio illa scripta est, imperabant Augusti duo, Constantinus et Licinius; non tres, ut iis notis subintelligendum videretur.
(b) Editi, *nunc proconsul*. Sed melius MSS. et Valesius habent, VC. id est juxta Gemeticensis codicis interpretationem, *Vir Consularis* ; juxta exemplum in Carthagin. collat. *Vir clarissimus* ; quæ posterior interpretatio exscriptoris errori tribuenda. Enimvero proconsul scribens Imperatori haudquaquam se virum clarissimum dixisset.
(c) Scripta hæc refert Eusebius in Ecclesiast. histor. lib. X, c. vii, quibus videlicet imperator vult clericos *ab omnibus omnino publicis functionibus immunes conservari, ne errore aliquo, aut casu sacrilego, a cultu summa divinitati debito abstrahantur; sed ut potius absque ulla inquietudine propria legi deserviant*. Verba sunt Constantini, huic relationi illustrandæ necessario adducta.

loi. Cependant peu de jours après, quelques-uns des clercs, accompagnés d'une multitude de peuple, s'élevèrent contre Cécilien. Ils me présentèrent un paquet enveloppé de parchemin et cacheté, avec un mémoire qui ne l'était pas, me priant avec instance d'envoyer le tout au sacré et vénérable conseil de votre puissance (1). Mon humilité s'est empressée de le faire en vous envoyant également leurs requêtes, afin que Votre Majesté puisse en prendre connaissance. Cependant, il n'y a rien de changé à l'égard de Cécilien (2). J'envoie donc à Votre Majesté les deux mémoires, l'un enveloppé de parchemin et intitulé : *Mémoire de l'Église catholique présenté de la part de Majorin*, l'autre attaché au même parchemin, mais qui n'est point cacheté. Donné à Carthage le dix-septième jour des calendes de mai, notre seigneur Constantin Auguste étant consul pour la troisième fois (3). »

3. A la réception du rapport qui lui avait été envoyé, l'empereur ordonna aux parties de se présenter à Rome devant les évêques constitués comme juges dans cette affaire, où, suivant les actes ecclésiastiques, la cause fut examinée et terminée, et où Cécilien fut déclaré innocent. Ce jugement pacifique rendu par les évêques devait éteindre toute contention et toute animosité. Mais vos pères en appelèrent de nouveau à l'empereur, sous prétexte que l'affaire n'avait pas été bien jugée et que la cause n'avait pas été entendue tout entière. En conséquence, il institua un nouveau tribunal épiscopal à Arles, ville de la Gaule, où beaucoup des vôtres, fatigués de cette vaine et coupable division, entrèrent en accord avec Cécilien ; mais les autres, persistant avec opiniâtreté dans leur querelle, en appelèrent encore une fois au même empereur, qui, se voyant forcé d'intervenir dans ce débat épiscopal, connut lui-même de l'affaire entre les parties et la termina. C'est lui qui, le premier, établit contre vous la loi qui revendique pour le fisc tous les lieux où vous vous

(1) Les éditions donnent : *nominis vestri*. Mais cinq manuscrits et de Valois admettent *numinis vestri*, ce qui est préférable.
(2) Bad. Am. Er. et Lov. donnent, *transmissi libelli duo, unus in aluta subscriptus*, etc. Nous avons, sur la foi des manuscrits, et comme on le voit dans la conférence de Carthage, corrigé ce passage par celui qui figure dans notre texte : *Transmisi libellos duos, unum in aluta supra scriptum*. Valois et quelques autres savants croient que le second mémoire qui n'était pas cacheté, était une supplique que les évêques du parti de Majorin envoyèrent à Constantin pour obtenir des juges gaulois, pour prononcer entre eux et Cécilien et ses collègues. Optat. l. 1er fait mention de ce mémoire ainsi que saint Augustin dans ses lettres XLIII n. 13, et LXXVI, n. 2. La conjecture de M. de Valois est d'autant plus probable, qu'au n. 3 de cette lettre on voit que, sur une nouvelle requête présentée par les évêques du parti de Majorin, Constantin nomma d'autres évêques pour juger de l'affaire dans Arles, ville des Gaules.
(3) C'était donc l'année 313.

quique clerici appellantur, devotio (*a*) mea apud Acta parvitatis meæ insinuare curavit, eosdemque hortata est, ut unitate consensu omnium facta, cum omni cmnino munere indulgentia majestatis vestræ liberati esse videantur (*b*), Catholica custodita, sanctitati legis debita reverentia ac divinis rebus inserviant. Verum post paucos dies exstiterunt quidam adunata secum populi multitudine, qui Cæciliano contradicendum putarent ; quique fasciculum in aluta signatum et libellum sine signo obtulerunt dicationi meæ, atque impendio postularunt, ut ad sacrum et venerabilem comitatum (*c*) numinis vestri dirigerem, quæ manente Cæciliano in statu suo, subjectis eorumdem actis, quo cuncta majestas vestra possit dignoscere, parvitas mea dirigere curavit (*d*). Transmisi libellos duos, unum in aluta suprascriptum ita : Libellus ecclesiæ catholicæ criminum Cæciliani traditus a parte Majorini. Item alium sine sigillo cohærentem eidem alutæ, datum die decimo-septimo Kalend. Maias, Carthagine, Domino nostro Constantino Augusto tertium Cos.

3. Post hanc relationem ad se missam jussit Imperator venire partes ad episcopale judicium in urbe Roma faciendum, ubi quemadmodum dicta atque finita sit, et Cæcilianus innocens judicatus sit, indicant Gesta ecclesiastica. Jam utique post pacificum moderamen judicii episcopalis, omnis contentionis et animositatis pertinacia debebat exstingui. Sed rursus majores vestri ad Imperatorem redierunt, et non recte judicatum, neque omnem

(*a*) Editi omittunt, *mea apud acta*, quæ verba huc revocavimus ex MSS.
(*b*) Editi habent sic : *indulgentia majestatis vestræ liberati esse videantur catholici, custodita sanctitate legis debita reverentia divinis* etc. Prætulimus alteram lectionem in quindecim MSS. repertam.
(*c*) Editi, *nominis vestris*. Sed melius MSS. quinque, necnon Valesius et exemplum collat. Carth. *numinis vestri*.
(*d*) Bad. Am. Er. et Lov. *Transmissi libelli duo, unus in aluta subscriptus* etc. quem locum ad MSS. fidem partim etiam ad exemplum collat. Carthag. correximus. Porro alterum libellum, qui sigillo caruisse dicitur, Valesius aliique putant esse libellum supplicem, quem episcopi partis Majorini ad Constantinum miserunt, petentes ut ex Gallia sibi judices daret, qui inter ipsos ac Cæcilianum ejusque collegas judicarent : cujus libelli exemplum refert Optatus in Lib. I. ejusque mentionem facit Augustinus in epist. XLIII, n. 13 et LXXVI, n. 2.

réunissez. Si nous voulions insérer ici la preuve de tout ce que nous avançons, notre lettre serait beaucoup trop longue. Mais ce que nous ne pouvons pas passer sous silence, c'est ce qui regarde l'affaire de Félix, évêque d'Aptonge, que vos pères, dans un concile tenu à Carthage, appelèrent la source de tous les maux par la bouche même de Secundus, évêque de Tisigio et primat de votre secte. Cette affaire fut donc examinée et jugée publiquement devant l'empereur, d'après les instances mêmes et les sollicitations des vôtres. Cet empereur, dans une lettre dont nous joignons ici la copie, atteste que dans cette cause, c'est vous qui vous êtes constamment montrés auprès de lui comme accusateurs et dénonciateurs.

LES EMPEREURS CÉSARS, FLAVIEN, CONSTANTIN LE GRAND ET VALÈRE LICINIEN A PROBIEN (1), PROCONSUL D'AFRIQUE.

4. « Ælien, votre prédécesseur qui, pendant la maladie de Verus, homme accompli sous tous les rapports et vicaire des préfets du prétoire, a rempli cette charge en Afrique et s'en est acquitté dignement, se crut obligé, entre autres choses, d'appeler devant lui et d'examiner l'affaire, ou plutôt la calomnie qui s'était élevée contre Cécilien, évêque de l'Eglise catholique. Ayant donc fait comparaître devant lui Superius, centenier, Cécilien magistrat de la ville d'Aptonge, Saturnin (2), qui en avait été préfet de police, Calibe le jeune qui l'était présentement, Solon, valet de ville (3) du même lieu ; après avoir entendu ce qu'on objectait à Cécilien, savoir, qu'il avait été consacré évêque par

(1) Baronius, dans ses Annales, croit que cette lettre fut écrite à Probien avant le concile d'Arles, l'an 314, et dit que Ingentius fut représenté à ce concile. M. de Valois, assure au contraire, qu'elle fut écrite pendant le 4ᵉ consulat de Constantin et de Licinius, c'est-à-dire l'an 315, ou Pétrone Probien fut proconsul d'Afrique. Il y a aussi une ordonnance de Constantin à Probe du 1ᵉʳ avril 314, où M. Godefroi croit qu'il faut lire à Probien.
(2) C'est ce Calidius ou Claudius Satarianus, comme on le lit dans le premier livre d'Optat, qui avait été préfet de police de la ville d'Aptonge, dans le temps où l'on persécutait les chrétiens pour leur faire livrer les saintes Ecritures, l'an 303 de l'ère chrétienne, sous le huitième consulat de Dioclétien, et le septième de Maximien. On le fit comparaître, afin que par son témoignage et par les actes publics de sa magistrature, on pût découvrir si Félix, évêque d'Aptonge, et ordinateur de Cécilien, avait livré les livres sacrés. Ce fut aussi pour la même raison que l'on fit comparaître Superius, centenier, parce que les magistrats se servaient des soldats et de leur centenier pour arracher par force les livres saints des mains des chrétiens. Pour le même motif également, on fit venir Alsius Cécilien, parce qu'il avait été magistrat ou Duumvir de la ville d'Aptonge pendant le temps de cette persécution, et qu'on voulait examiner une lettre qu'il avait écrite à Félix. Quant à Calibe le jeune, qu'Optat appelle Calide Gratien, il fut aussi appelé pour représenter les actes publics de la ville datés du temps des magistrats précédents, parce qu'il en était gouverneur cette année 314, lorsqu'on s'occupait de l'affaire de Félix.
(3) C'étaient ceux dont les officiers des villes se servaient pour l'exécution de leurs ordres.

causam auditam esse conquesti sunt. Unde ille alterum episcopale judicium dedit habendum in Arelatensi Galliæ civitate, ubi multi vestri vana et diabolica dissensione damnata, cum Cæciliano in concordiam redierunt. Alii vero pertinacissimi et litigiosissimi ad eumdem Imperatorem appellaverunt. Postea et ipse coactus episcopalem causam inter partes cognitam terminavit, et primus contra vestram partem legem constituit, ut loca congregationum vestrarum fisco vindicarentur, quarum omnium rerum documenta si vellemus inserere, nimium longas litteras facere nos. Illud tamen nullo modo prætermittendum est, quomodo Felicis Aptungensis, quem fontem omnium malorum in concilio Carthaginensi, ab Secundo Tigisitano primate patres vestri fuisse dixerunt, urgentibus apud Imperatorem vestris, publico judicio causa discussa atque finita sit. Nam memoratus Imperator in hac ipsa causa vestros apud se accusatores et assiduos interpellatores litteris suis fuisse testatur, quarum exemplum infra scripsimus.

IMPERATORES CÆSARES FLAVII, CONSTANTINUS MAXIMUS, ET VALERIUS LICINIUS AD PROBIANUM PROCONSULEM AFRICÆ.

4. « Ælianus prædecessor tuus, merito, dum vir perfectissimus Verus vicarius præfectorum tunc per Africam nostram incommoda valetudine teneretur, ejusdem partibus functus, inter cetera etiam id negotium vel invidiam, quæ de Cæciliano episcopo Ecclesiæ catholicæ videtur esse commota, ad examen suum atque jussionem credidit esse revocandam. Etenim cum jam Superium Centurionem et Cæcilianum magistratum Aptungitanorum, et (a)

(a) Hic ille est Calidius Satarianus, ut legitur apud Optatum in lib. I. qui Curator civitatis Aptungensis fuerat tempore persecutionis tradendorum codicum, id est Diocletiano VIII et Maximiano VII Coss. anno Chr. 303, isque idcirco in judicium inductus est, ut ex ejus fide et ex Gestis municipalibus apud ipsum olim confectis investigaretur utrum Felix episcopus Cæciliani ordinator prodidisset sacros codices. Eamdem ob causam vocati sunt Superius centurio, quia nimirum militibus et centurione utebantur magistratus cum Scripturas a Christianis vi extorquerent, et Alsius Cæcilianus, quod ejusdem persecutionis tempore magistratum seu duumviratum municipii Aptungensis gessisset, quodque examinanda esset ipsius ad Felicem epistola. Calibus vero junior qui apud Optatum Calidius Gratianus appellatur, quia cu-

Félix, auquel on reprochait d'avoir livré les Saintes Écritures; Félix fut reconnu innocent de ce fait. Or, comme Maxime prétendait qu'Ingentius, décurion de la ville de Ziques (1) avait falsifié une lettre de Cécilien, ancien décemvir, nous avons vu par les actes que ce même Ingentius avait été mis sur le chevalet, mais n'avait pas été torturé d'après la déclaration qu'il avait faite d'être décurion de Ziques. En conséquence nous voulons, nous, Constantin Auguste, que ce même Ingentius soit envoyé sous bonne garde devant notre conseil, afin que l'affaire étant examinée en présence (2) de ceux qui la poursuivent, et qui ne cessent chaque jour de nous importuner, ils se voient publiquement convaincus de calomnier sans motif l'évêque Cécilien et de s'élever avec violence contre lui. Par là, toutes les contentions de cette espèce étant apaisées, comme il le faut absolument, le peuple pourra désormais, sans division, pratiquer sa religion avec le respect convenable. »

5. Puisque les choses sont comme vous le voyez, pourquoi cherchez-vous à exciter la haine contre nous au sujet des ordonnances impériales qui ont été portées contre vous, puisque c'est vous-mêmes qui vous les êtes attirées ? Si les empereurs n'ont rien à ordonner dans de pareilles causes, si un tel soin ne regarde pas des empereurs chrétiens, pourquoi alors vos pères ont-ils porté la cause de Cécilien devant l'empereur par l'intermédiaire du proconsul ? Pourquoi ont-ils de nouveau accusé près de l'empereur l'évêque contre lequel, quoique absent, vous aviez déjà porté une sentence arbitraire ? Pourquoi, quand il fut déclaré innocent, avez-vous inventé des calomnies près de ce même empereur contre Félix, son ordinateur ? Et maintenant ne subsiste-t-il pas tout entier et dans toute sa vigueur contre vous, ce jugement que vos ancêtres ont recherché, qu'ils ont arraché par leurs sollicitations continuelles et qu'ils ont préféré à celui des évêques ? Si les jugements

---

(1) Il s'agit sans doute ici de la ville de Ziques appelée par Ptolémée dans la description de l'Afrique, *sicca veneria*, patrie d'Arnobe, précepteur de Lactance. Salluste fait également mention de cette ville dans la guerre de Jugurtha. C'est aujourd'hui la ville de Kef sur les frontières de l'Algérie et du royaume de Tunis, à 20 lieues environ S. O. de Tunis.

(2) Le texte des Bénédictins porte *qui in præsentiarum agunt*. Il y a certainement ici une erreur. Il faut lire *qui in præsentia rem agunt* ceux qui poursuivent présentement l'affaire.

Saturninum excuratorem, et Calibium juniorem ejusdem civitatis curatorem, atque Solonem servum publicum supra scriptæ civitatis, præsentes esse fecisset, audientiam præbuit competentem : adeo ut cum Cæciliano fuisset objectum, quod a Felice eidem episcopatus videretur esse delatus, cui divinarum Scripturarum proditio exustio videretur objecta, innocentem de eo Felicem fuisse constiterit. Denique cum Maximus Ingentium decurionem Ziquensium civitatis, epistolam Cæciliani (a) exduumviri falsasque contenderet, eumdem ipsum Ingentium suspensum actis, quæ suberant, pervidimus, et ideo minime tortum, quod se decurionem Ziquensium civitatis asseveraverit. Unde volumus ut eumdem ipsum (b) Ingentium sub idonea prosecutione ad comitatum meum Constantini Augusti mittas, ut illis qui in præsentiarum agunt, atque diuturnis diebus interpellare non desinunt, audientibus et coram assistentibus apparere et intimari possit, frustra eos Cæciliano episcopo invidiam comparare, atque adversus eum violenter insurgere voluisse. Ita enim fiet ut omissis, sicut oportet, ejusmodi contentionibus, populus sine dissensione aliqua religioni propriæ cum debita veneratione deserviat.

5. Hæc cum videas ita se habere, quid est quod nobis de Imperatorum jussionibus, quæ contra vos constituuntur, invidiam concitatis, cum hoc totum vos potius antea feceritis ? Si nihil debent in his caussis Imperatores jubere, si ad Imperatores Christianos hæc cura pertinere non debet, quis urgebat majores vestros caussam Cæciliani ad Imperatorem per proconsulem mittere, et episcoporum contra quem absentem jam sententias quoquo m -

---

rator erat ejus anni, scilicet 314, quo agitabatur quæstio de Felice, accitus est, forte ut Acta municipalia superioris temporis magistratuum proferret.

(a) Editi, *ex divino jure*. MSS. plerique *exduumviris*. Sed legendum haud dubie uno verbo, *exduumviri*, agitur nempe de Alsii Cæciliani epistola ab ipso post duumviratum scripta, ut patet ex Gestis purgationis Felicis.

(b) Censet Baronius hanc epistolam ad Probianum scriptam esse ante Arelatense concilium anni 314, et Ingentium concilio huic exhibitum dicit. Contra Henricus Valesius affirmat datam epistolam consulatu Constantini et Licinii IV, id est an. 315, quo anno Petronius Probianus proconsulem Africæ fuisse constat, cum ex codice Theod. in tit. de Appellat. tum ex eo quod Ælianus, qui ejus prædecessor hic dicitur, proconsulatum Africæ sustinuerit consulatu Volusiani et Anniani id est an. 314. At quo mense proconsulatum adierit Probianus, et utrum non ante initium an. 315, minime ostendit Valesius. Porro exstat Constantini constitutio *ad Probum* data 1. April. an. 314 ubi Godefridus legendum conjicit, *ad Probianum*.

impériaux vous déplaisent, qui vous a forcés de vous les attirer? En élevant vos clameurs contre l'Eglise catholique, à cause des décrets portés contre vous par les empereurs, c'est comme si ceux qui avaient fait jeter Daniel aux lions pour être dévoré avaient crié contre le prophète, en se voyant dévorés par les monstres auxquels il avait échappé. Car il est écrit : « Il n'y a pas de différence entre les menaces du roi et la colère du lion (*Prov.*, XIX, 12).» Des calomniateurs avaient fait jeter Daniel dans la fosse aux lions. Son innocence triompha de leur malice. Il sortit sain et sauf de cette fosse, tandis que ses ennemis y périrent. De même vos ancêtres ont exposé Cécilien et ceux de son parti à la colère du prince. Mais son innocence a triomphé, et vous souffrez à votre tour de la part de ces mêmes princes ce que les vôtres ont voulu faire souffrir à ceux qu'ils avaient dénoncés. Car il est écrit : « Celui qui creuse une fosse pour son prochain, y tombera lui-même (*Eccl.*, XXVII, 29).

6. Vous n'avez donc aucun sujet de plainte contre nous. La mansuétude de l'Eglise catholique n'aurait nullement cherché à réveiller les ordonnances des empereurs, si vos clercs et vos circoncellions, en troublant notre repos par leurs violences, leur méchanceté, leur furie et leurs dévastations, ne nous avaient point mis dans la nécessité de rappeler et de faire revivre ces ordonnances contre vous. En effet, avant que ces nouvelles lois, dont vous vous plaignez, eussent paru en Afrique, vos gens dressaient des embûches à nos évêques sur les chemins. Ils accablaient de coups nos clercs et nos laïques, et mettaient le feu à leurs maisons. Un prêtre même, pour avoir de sa propre et libre volonté choisi l'unité de notre communion, a été arraché de sa demeure; meurtri de coups, roulé dans un bourbier, habillé de jonc (1) ; et après avoir été un sujet de douleur pour les uns, un sujet de risée pour les autres, après avoir été promené pompeusement comme un criminel et conduit partout où vos gens l'ont voulu, il a pu à peine, le douzième jour, être relâché par eux.

(1) *Buda* n'est pas, comme on le croit, un mot appartenant à la langue vulgaire de l'Afrique. C'est un de ces mots de l'ancienne latinité qui, comme tant d'autres, s'est conservé dans le langage du peuple et a reparu dans le langage de la décadence. *Buda* désigne une plante aquatique comme le jonc. La racine de ce mot se trouve dans le vieux mot latin *Buo* (mouiller, laver,) que nous retrouvons avec le même sens dans la basse latinité. *Buo*, laver ; *Buanderia*, femme qui lave, d'où notre mot français *buanderie*. Saint Augustin, dans le l. III, c. XLVIII contre Cresconius, montre lui-même ce que signifie le mot *buda*, lorsque reprenant le même trait, il dit que, *vestitus amictu junceo dehonestatus fuit* c'est-à-dire, on lui mit par dérision un vêtement de jonc. *Buda* est donc certainement, ou le jonc ou la fleur de jonc. Donatus, sur le deuxième livre de l'Enéide, dit : *ulvam a plerisque dici eam esse quam vulgo budam appellant.* L'Ulve (herbe des marais) est ce qu'on appelle dans la langue du peuple *buda*.

do dixeratis, iterum apud Imperatorem accusare ; quo innocente pronuntiato, ordinatori ejus Felici alias apud eumdem Imperatorem calumnias machinari ? Et nunc quid aliud quam ipsius majoris Constantini judicium contra vestram partem vivit, quod majores vestri elegerunt, quod assiduis interpellationibus extorserunt, quod episcopali judicio prætulerunt ? Si displicent imperialia judicia ; qui primitus Imperatores ad ea vobis excitanda coegerunt ? Sic enim modo contra Catholicam clamatis in his, quæ contra vos ab Imperatoribus decernuntur, quemadmodum si vellent adversus Danielem clamare, qui liberato illo eisdem leonibus consumendi missi sunt, a quibus eum ipsi primitus consumi voluerunt. Scriptum est enim, « Nihil interest inter minas regis et iram leonis, Danielem calumniosi inimici in lacum leonum mitti coegerunt : vicit innocentia ejus illorum malitiam ; illæsus inde levatus est; ipsi illuc missi perierunt. Similiter majores vestri Cæcilianum et ejus societatem regiæ iræ consumendam objecerunt, cujus innocentia liberata, ab eisdem regibus eadem vos patimini, quæ illos vestri pati voluerunt : quoniam scriptum est, « Qui parat proximo foveam, ipse incidet in eam (*Eccl.*, XXVII, 29). »

6. De nobis ergo quod queramini non habetis ; et tamen Ecclesiæ catholicæ mansuetudo, etiam ab his Imperatorum jussionibus omnino conquieverat, nisi vestri clerici et circumcelliones, per suas immanissimas improbitates furiosasque violentias quietem nostram perturbantes atque vastantes, hæc in vos recoli et renovari coegissent. Nam priusquam recentiores leges istæ, de quibus modo queriminis venissent in Africam, insidias in itineribus nostri, episcopis tetenderunt, conclericos nostros plagis immanissimis quassaverunt, laicis quoque et plagas gravissimas inflixerunt, et intulerunt eorum ædificiis incendia. Presbyterum etiam quemdam, quia propria et libera voluntate unitatem nostræ communionis elegit, de domo sua raptum, et pro arbitrio immaniter cæsum in gurgite etiam cænoso volutatum, (a) buda vestitum, cum quibusdam do-

(a) In excusis *burda.* In tribus MSS. *bsuda.* At in aliis plerisque scribitur, *buda* sic etiam in epist. CV. ubi ille, de uo agitur, presbyter Restitutus Victorianensis nominatur. Quid autem sit buda, docet Augustinus in lib. III, cont.

Proculéien (1), interrogé par notre évêque au sujet de ces faits, négligea de faire aucune enquête ; interrogé une seconde fois, il se contenta de déclarer par un acte public qu'il n'avait rien à dire sur ce sujet. Et ceux qui ont fait cela sont aujourd'hui vos prêtres. Chaque jour ils nous épouvantent de leurs menaces et nous persécutent autant qu'ils le peuvent.

7. Cependant notre évêque ne s'est pas plaint aux empereurs des injures et des persécutions auxquelles l'Eglise catholique a été exposée dans notre pays. Il s'est contenté d'assembler un concile et de vous solliciter dans un esprit de paix, de vous réunir avec nous, pour voir si, dans une conférence (2), il ne serait pas possible de faire disparaître l'erreur qui vous sépare de nous, et faire goûter les joies de la paix à ceux qui ont dans le cœur la charité fraternelle. Que répondit Proculéien ? Que vous assembleriez un concile de votre côté, et que là vous verriez ce que vous avez à répondre. Pressé de nouveau de remplir sa promesse, il répondit, comme les actes publics en font foi, qu'il se refusait à une conférence pacifique. Ensuite comme la barbarie de vos clercs et de vos circoncellions connue de tout le monde, ne cessait pas, l'affaire fut portée devant les juges ; et quoique Crispin eût été déclaré hérétique, l'indulgence de l'Eglise catholique empêcha pas qu'il fût soumis à l'amende (3) de dix livres d'or que les empereurs avaient établie contre les hérétiques ; et cependant il ne craignit pas d'en appeler encore aux empereurs. Si son appel eût le résultat que vous connaissez, vous devez vous en prendre à cet appel même et à la méchanceté déployée précédemment par les vôtres. Toutefois après le décret même rendu sur l'intercession de nos évêques auprès de l'empereur, Crispin fut exempté de l'amende de dix livres d'or. Bien plus, nos évêques envoyèrent du sein de leur concile (4), des députés à la cour afin d'obtenir pour tous les évêques et les clercs de votre parti l'exemption de l'amende de dix livres d'or décrétée contre les hérétiques et à laquelle ils (5) avaient été condamnés. Ils se contentèrent d'en demander l'application à ceux dans les localités desquels l'Eglise catholique aurait à souffrir des violences de la part des vôtres. Mais lorsque les députés arrivèrent à Rome, les cruautés horribles et récemment exercées contre l'évêque catholique de Bagaie (6), indignèrent

(1) Proculéien, évêque donatiste d'Hippone à qui est adressée la lettre 33.
(2) Il s'agit ici de la conférence offerte par les Catholiques aux Donatistes.
(3) Voyez livre III chap. XLVI et XLVII contre Cresconius, et Possidius, chap. XII.
(4) Concile de Carthage tenu le 26 juin de l'année 404.
(5) Voyez lettre 185e chap. VII, n° 26 et 37.
(6) Il s'agit ici de Maximien. Les ruines de Bagaie assez bien conservées sont appelées aujourd'hui par les Arabes Ksar Bagaie.

lendum, quibusdam ridendum in pompa sui facinoris ostentassent, abductum inde quo voluerunt, vix post dies duodecim dimiserunt. Unde conventus municipalibus Gestis a nostro episcopo Proculeianus, cum ab inquirenda caussa dissimulasset, et iterum continuo conventus esset, nihil se dicturum amplius Gestis expressit. Et hodie illi qui hoc fecerunt, presbyteri vestri sunt, adhuc nos insuper territantes, et sicut potuerint persequentes.

7. Nec tamen de his injuriis et persecutionibus, quas Ecclesia catholica in regione nostra tunc pertulit, Imperatoribus conquestus est episcopus noster. Sed facto concilio placuit in pacifice conveniremini, quo, si fieri posset, haberetis inter vos collationem, et errore sublato, fraterna caritas pacis vinculo lætaretur. Et in ipsa conventione quid Proculeianus primo responderit, quod concilium facturi essetis, et illic visuri quid respondere deberetis. Deinde quid postea, cum propter suam promissionem denuo conventus esset, Actis expresserit, recusans pacificam collationem, ipsa Gesta instruant gravitatem tuam. Deinde cum vestrorum clericorum et circumcellionum notissima omnibus non cessaret immanitas, dicta caussa est, cum Crispinus judicatus hæreticus, nec pœna decem librarum auri, quæ in hæreticos ab Imperatoribus fuerat constituta per mansuetudinem catholicam feriri permissus est, et tamen ad Imperatores appellandum putavit. Cujus appellationis quod ita responsum est, nonne vestrorum præcedens improbitas, et eadem ipsius appellatio extorsit ut fieret : nec tamen etiam post ipsum rescriptum, intercedentibus apud Imperatorem nostris episcopis, eamdem auri condemnatione multatus est? Ex concilio autem nostri episcopi legatos ad comitatum miserunt, qui

Cresconium c. XLVIII. cum camdem retexens historiam ait Restitutum fuisse *amictu junceo dehonestatum.* Est igitur aut juncus, aut certe storea ex junco, juxta Isid. Gloss. in quo tamen prave legitur, *buda historia,* pro, *est storea.* Porro Donatus in II, Æneid. ait *ulvam a plerisque dici eam esse quam vulgo budam appellant.*

tellement l'empereur, qu'elles firent naître les lois existant aujourd'hui contre vous. Dès que vous avez commencé à ressentir la sévérité de ces lois, je ne dis pas pour votre mal, mais plutôt pour votre bien, que deviez-vous faire, si ce n'est de vous adresser à nos évêques pour les convoquer comme ils vous avaient convoqués eux-mêmes, afin que la vérité pût sortir de cette conférence?

8. Non-seulement vous ne l'avez pas fait, mais les vôtres redoublent encore présentement de cruauté envers nous. Ils ne se contentent plus d'employer pour nous frapper et nous percer, les bâtons et l'épée, mais par une barbarie incroyable, ils nous brûlent les yeux avec de la chaux détrempée dans du vinaigre; ils pillent nos demeures; ils ont fabriqué pour leur usage des armes gigantesques et terribles avec lesquelles ils courent de tous côtés, menaçants et respirant le carnage, les rapines, l'incendie; crevant les yeux aux malheureux qu'ils rencontrent. Ce sont ces excès qui nous ont forcés de nous plaindre premièrement à vous, pour vous prier de considérer combien des vôtres, je dirai plus, comment vous tous, qui prétendez souffrir la persécution, vous demeurez tranquilles dans vos maisons ou dans celles des autres, sous ces lois des empereurs catholiques que vous regardez comme terribles, tandis que nous avons à souffrir des maux inouïs de la part des vôtres. Vous vous dites persécutés, et les vôtres nous assomment de leurs bâtons, nous percent de leurs glaives. Vous vous dites persécutés, et nos maisons sont pillées et ravagées par vos gens armés! Vous vous dites persécutés, et les vôtres nous brûlent les yeux avec de la chaux et du vinaigre! Ajoutez encore à cela que si quelques-uns de ces furieux se donnent la mort (1), vous en faites pour nous un sujet de reproche, et pour vous un sujet de gloire. Ils ne s'imputent pas le mal qu'ils nous font, et nous imputent celui qu'ils se font à eux-mêmes. Ils vivent comme des brigands, meurent comme des circoncellions, et sont considérés comme des martyrs. Et cependant on n'a jamais appris que des brigands crevassent les yeux à ceux qu'ils avaient dépouillés. Les brigands enlèvent bien à la lumière ceux qu'ils tuent; mais n'enlèvent pas la lumière aux vivants.

9. Cependant si quelques-uns des vôtres tom-

---

(1) Les Circoncellions, dans leur aveugle fanatisme, se donnaient eux-mêmes la mort pour être honorés ensuite comme des martyrs, comme on le voit dans la lettre 185° n° 12.

---

impetrarent, ut non omnes episcopi, et clerici partis vestræ ad eamdem condemnationem decem librarum auri, quæ in omnes hæreticos constituta est, tenerentur; sed hi soli in quorum locis aliquas a vestris violentias Ecclesia catholica pateretur. Sed cum legati Romam venerunt, jam cicatrices episcopi catholici (a) Bagaitani horrendæ ac recentissimæ Imperatorem commoverent, ut leges tales mitterentur, quales et missæ sunt. Quibus in Africam venientibus, cum utique non ad malum, sed ad bonum cœpissetis urgeri, quid facere debebatis nisi et vos mittere ad episcopos nostros, ut quomodo vos ipsi convenerant, sic convenirentur a vobis, et potius collat one veritas appareret?

8. Non solum autem non fecistis, sed pejora mala nobis vestri nunc faciunt. Non tantum nos fustibus quassant ferroque concidunt: verum etiam in oculos exstinguendos calcem mixto aceto incredibili excogitatione sceleris mittunt. Domus insuper nostras compilantes, arma sibi ingentia et terribilia fabricarunt, quibus armati per diversa discurrunt, comminantes atque anhelantes cædes, rapinas, incendia, cæcitates. Quibus rebus compulsi sumus tibi primitus conqueri, ut consideret gravitas vestra quam multi vestrum, immo vos omnes, qui vos pati dicitis persecutionem, sub ipsis quasi terribilibus Imperatorum catholicorum legibus, in possessionibus vestris et alienis securi sedeatis, et nos a vestris tam inaudita mala patiamur. Vos dicitis pati persecutionem; et nos ab armatis vestris fustibus et ferro concidimur. Vos dicitis pati persecutionem; et nostræ domus ab armatis vestris compilando vastantur. Vos dicitis pati persecutionem; et nostri oculi ab armatis vestris calce et aceto exstinguuntur. Insuper etiam si quas mortes sibi ultro ingerunt, nobis volunt esse invidiosas, vobis gloriosas. Quod nobis faciunt, sibi non imputant; et quod sibi faciunt, nobis imputant. Vivunt ut latrones, moriuntur ut circumcelliones, honorantur ut martyres: et tamen nec latrones aliquando audivimus eos, quos deprædati sunt, excæcasse. Occisos auferunt luci, (b) non vivis auferunt lucem.

(a) Apud Lov. et Er. *Vagitani*. At in MSS. septem probæ notæ scribitur, *Bagaitani* nec multum aliter in ceteris, scilicet in tribus Vaticanis, *Bagaitani*; in alio item Vaticano *Bagartani*; in Cisterciensi, *Bigaitani*; in editis Bad. et Am. *Bacaitani*. Confer lib. III. cont. Cresconium c. XLIII.
(b) In editis deest, *non*; quæ negatio reperitur in MSS. quindecim.

bent entre nos mains, nous les protégeons avec amour contre tout mal. Nous nous entretenons avec eux, nous leur lisons tout ce qui peut les convaincre de leur erreur, qui sépare des frères de leurs frères. Nous faisons tout ce que le Seigneur a prescrit par son prophète Isaïe, en disant : « Écoutez, vous qui respectez la parole du Seigneur, dites à ceux qui vous haïssent et qui vous ont en exécration, vous êtes nos frères; afin que le nom du Seigneur soit honoré, qu'il soit en gloire devant eux, et qu'eux-mêmes soient confondus (*Isaïe*, LXVI, 5). » Si l'évidence de la vérité, si la beauté de la paix a frappé quelques-uns d'entre eux, nous les réunissons à la charité du Saint-Esprit et au corps de Jésus-Christ, mais sans leur donner pour cela une seconde fois le baptême, qu'ils ont déjà reçu, et dont, pauvres déserteurs, ils conservent le signe et l'empreinte royale. Car il est écrit : « Leur cœur est purifié par la foi (*Act.*, XV, 9), » et ailleurs « La charité couvre la multitude des péchés (1 *Pierre*, IV, 8). » Mais si par l'excès de leur endurcissement, ou par une mauvaise honte, ils n'osent pas endurer les reproches de ceux avec lesquels ils débitaient tant de calomnies et inventaient tant de maux contre nous, si surtout par crainte de s'exposer avec nous aux maux qu'ils nous faisaient souffrir, ils ne veulent pas s'unir à Jésus-Christ, nous les laissons partir sains et saufs, comme ils l'avaient été pendant leur séjour au milieu de nous. Nous recommandons le plus possible à nos laïques de ne faire aucun mal à ceux des vôtres qui tombent entre leurs mains, mais de nous les amener, pour les corriger et les instruire. Quelques-uns de ces laïques nous écoutent et se conforment à nos avertissements autant qu'ils le peuvent; d'autres agissent avec ceux qu'ils prennent comme avec des brigands, parce que leurs violences donnent le droit de les considérer comme tels. Quelques-uns les repoussent en les frappant, pour prévenir les coups dont ils sont menacés. Quelques autres aussi livrent à la justice ceux qu'ils ont saisis, et ne les épargnent pas malgré notre intercession, dans la crainte d'éprouver d'eux les maux terribles qu'ils redoutent. Cependant ces malheureux, tout en conservant leur caractère et leurs habitudes de brigands, veulent encore être honorés comme des martyrs.

10. Le désir que nous vous exprimons par cette lettre et par les frères que nous vous envoyons, est avant tout, de vous voir entrer en conférence pacifique avec nos évêques, pour que l'erreur, n'importe où elle se trouve, soit supprimée, sans blessure pour personne. Nous ne désirons pas la punition des égarés, mais leur retour à la vérité. Nous demandons que vous vous réunissiez du moins entre vous, puisque vous avez rejeté toute conférence avec nos évêques. Il vaudrait bien mieux agir ainsi entre

---

9. Nos interim si quando vestros tenemus, cum magna dilectione servamus illæsos, loquimur illis, et legimus omnia, quibus error ipse convincitur, qui fratres a fratribus separat, facimus quod Dominus per Isaiam prophetam præcepit, dicens : « Audite qui pavetis verbum Domini ; dicite, Fratres nostri estis, his qui vos oderunt, et qui vos exsecrantur, ut nomen Domini honorificetur, et appareat illis in jocunditate ; ipsi autem erubescant (*Isai.*, LXVI, 5). » Ac sic aliquos eorum considerantes evidentiam veritatis, et pulcritudinem pacis, non baptismo quem jam sicut regalem caracterem tamquam desertores acceperant, sed fidei quæ illis defuit, et Spiritus-sancti caritati et Christi corpori sociamus. Scriptum est enim Fide mundans corda eorum : Itemque scriptum est, Caritas cooperit multitudinem peccatorum. Si autem vel nimia duritia, vel pudore non ferentes eorum insultationem, cum quibus contra nos tam multa falsa jactabant, et tam multa mala excogitabant, vel magis timore, ne qualia nobis antea faciebant, talia nobiscum jam patiantur, unitati Christi consentire noluerint, sicut illæsi retenti sunt, sic a nobis dimittuntur illæsi: hoc quantum possumus monemus, etiam laicos nostros ut eos illæsos teneant, et nobis corripiendos instruendosque perducant. Sed aliqui nos audiunt, et si possunt faciunt. Alii cum his quemadmodum cum latronibus agunt, quis eos revera tales patiuntur. Aliqui ictus eorum suis corporibus imminentes feriendo repellunt, ne ab eis ante feriantur. Aliqui apprehensos judicibus offerunt, nec nobis intercedentibus eis parcunt, dum ab eis pati mala immania pertimescunt. In quibus omnibus illi non deponunt facta latronum, et honorem sibi exigunt martyrum.

10. Hoc est ergo desiderium nostrum, quod tuæ gravitati per has litteras, et per fratres, quos misimus, allegamus. Primum si fieri potest, ut cum episcopis nostris pacifice conferatis, ut in quibus

vous, afin de faire parvenir ce que vous aurez rédigé et signé, à l'empereur lui-même, plutôt qu'aux autorités secondaires dont le pouvoir se borne à faire exécuter les lois portées contre vous. Vos collègues qui s'étaient rendus par mer auprès des préfets (1), dirent qu'ils venaient pour être entendus avec notre saint et digne père Valentin, évêque catholique, qui se trouvait alors à la cour, ce qui ne pouvait leur être accordé par le juge obligé de se conformer aux lois établies contre vous. Votre évêque n'était point d'ailleurs venu pour cela, et n'avait reçu à cet effet aucun mandat de ses collègues. Il eût été bien préférable de déférer l'affaire à l'empereur, qui n'est pas soumis aux mêmes lois, et qui a le pouvoir d'en faire d'autres à sa volonté. Après avoir pris connaissance de vos conférences, il aurait pu prononcer un jugement sur la cause elle-même tout entière, bien que déjà terminée depuis longtemps. Nous ne voulons pas conférer avec vous pour que cette cause soit arrêtée une seconde fois, mais pour montrer qu'elle est finie, à ceux qui l'ignorent encore. Si vos (2) évêques voulaient y consentir, vous n'auriez rien à y perdre, mais tout à y gagner. Vous manifesteriez ainsi votre volonté et l'on ne pourrait pas raisonnablement vous accuser, de vous défier de votre propre cause? Croyez-vous peut-être que cela vous est défendu? Vous n'ignorez pas cependant que Jésus-Christ Notre Seigneur s'est entretenu de la loi avec le démon, et que non-seulement les juifs, mais encore les philosophes païens ont conféré avec saint Paul sur la secte des Stoïciens et des Epicuriens (*Act.*, XVII, 18). Peut-être direz-vous que les lois portées par l'empereur ne vous permettent pas de conférer avec nos évêques? Eh bien ! réunissez-vous à vos évêques qui sont dans la région d'Hippone, où nous avons tant à souffrir des vôtres. Nous aimerions bien mieux voir vos gens venir à nous avec des lettres de votre part, que vos soldats avec des armes?

11. Enfin envoyez-nous par les mêmes frères que nous vous dépêchons, une réponse conforme à nos souhaits. Si vous ne le voulez pas, entendez-vous du moins avec les vôtres dont nous

---

(1) Cela concerne les actes produits dans la conférence de Carthage, 3. N° 124 *in judicio habita præfecturæ, ubi se pars adversa* (id est Donatistarum) *audiri tantopere flagitavit,* c'est-à-dire, actes faits et publiés au tribunal du prétoire où la partie adverse, c'est-à-dire les Donatistes, demanda à être entendue. Ces actes, dans la même conférence n° 141 sont notés comme faits à Ravenne le 3e jour des calendes de février, sous le 3e consulat d'Arcadius et de Probus, c'est-à-dire l'année 406 de Jésus-Christ.

(2) Trois manuscrits du Vatican et plusieurs autres manuscrits français portent : *nostri episcopi noluerint* (c'est-à-dire si nos évêques ne le veulent pas), mais cette version ne répondrait pas au sens de la phrase.

---

fuerit inventus, non homines, sed error ipse tollatur ; ut homines non puniantur, sed corrigantur ; ut vos modo conveniatis, quia eorum conventionem antea contemsistis. Quanto melius enim hoc inter vos facitis, ut quod egeritis conscriptum et subscriptum Imperatori mittatis, quam ut hoc apud terrenas potestates fiat, quæ non possunt nisi jam datis contra vos legibus (*a*) inservire ? Vestri enim collegæ qui navigaverant apud (*b*) præfectos dixerunt se audiri venisse. Et nominaverunt sanctum patrem nostrum catholicum episcopum Valentinum, qui tunc in comitatu erat, dicentes cum illo se velle audiri : quod eis non poterat judex concedere, qui jam secundum leges, quæ contra vos constitutæ sunt, judicabat; nec ille episcopus ita venerat, aut aliquod tale mandatum a suis episcopis acceperat. Quanto ergo melius ipse Imperator, qui non est eisdem legibus subditus, et qui habet in potestate alias leges ferre, cum ei collatio vestra fuerit recitata, de tota ipsa caussa poterit judicare quamvis jam olim dicta fuerit terminata ? Sed ideo nos conferre volumus, non ut caussa iterum finiatur ; sed ut eis qui nesciunt jam finita monstretur. quod si hoc facere (*c*) vestri episcopi voluerint, quid inde perditis, et non potius adquiritis, quia voluntas vestra innotescit, ne diffidentia merito reprehendatur? An forte putatis non licere fieri, cum non vos lateat, quod Dominus Christus etiam cum diabolo de Lege locutus est (*Matth.*, IV, 1) ; quod cum Paulo apostolo (*Act.*, XVII, 18), non solum Judæi, sed etiam de hæresi Stoicorum et Epicureorum philosophi gentium contulerunt ? An forte istæ leges Imperatoris, vos non permittunt nostros episcopos convenire ? Ecce interim episcopos vestros, qui sunt in regione Hipponensi, ubi a vestris tanta mala patimur, convenite. Quanto enim licentius et liberius ad nos, per vestros vestra scripta, quam eorum arma perveniunt ?

(*a*) Sic in tredecim MSS. At in prius editis habetur, *sævire*.
(*b*) Huc spectant Gesta, quæ producuntur in Carthaginensi collatione III, n. 124, *in judicio habita præfecturæ, ubi se pars adversa* (id est Donatistarum) *audiri tantopere flagitavit,* quæve in eadem collat. n. 141 notantur confecta Ravennæ die 3 Kal. Febr. Arcadio et Probo IV. Coss. id est an. Chr. 406.
(*c*) Vaticani tres et e Gallicanis plures MSS. habent, *nostri episcopi noluerint*.

avons tant à souffrir. Faites-nous voir quelle est cette vérité pour laquelle vous prétendez souffrir persécution, tandis que c'est nous qui sommes exposés à la cruauté des vôtres. Si vous pouvez nous convaincre que c'est nous qui sommes dans l'erreur, vous nous accorderez sans doute de ne pas recevoir un nouveau baptême de vos mains, car il est juste que vous fassiez pour nous, qui avons été baptisés par ceux qu'aucun de vos jugements n'a condamnés, ce que vous avez fait pour ceux qui pendant si longtemps ont été baptisés par Félicien de Musti et Prétextat d'Assuri, alors que vous aviez recours à l'autorité des juges séculiers pour chasser ces évêques de leurs églises, parce qu'ils étaient dans la communion de Maximien, avec lequel ils ont été expressément et nominativement condamnés par vous dans le concile de Bagaïe (1). Nous prouvons tout cela par les actes judiciaires et municipaux, où vous alléguez votre concile même, pour montrer aux juges que vous chassiez de leurs églises ceux qui ne partageaient point votre schisme. Et cependant, vous qui vous êtes séparés de la race d'Abraham en qui sont bénies toutes les nations de la terre (*Gen.*, XXII, 18), vous ne voulez pas être chassés de vos églises, non-seulement par des juges séculiers, comme vous l'avez fait à l'égard de vos schismatiques, mais encore par les rois de la terre, qui, selon l'accomplissement des paroles du prophète, adorent Jésus-Christ, et devant lesquels vous avez succombé dans l'accusation portée par vous contre Cécilien.

12. Si vous ne voulez ni nous entendre, ni vous instruire, venez vous-mêmes, ou envoyez vers nous des gens pour voir vos soldats armés, quoique aucun soldat, même parmi les Barbares, n'ait jamais compté au nombre de ses armes la chaux et le vinaigre pour aveugler ceux qu'il combat. Si vous nous refusez cela même, écrivez du moins aux vôtres de renoncer à leurs fureurs, de cesser de nous piller, de nous massacrer, de nous crever les yeux. Nous ne voulons pas vous dire pour cela de les condamner, nous vous prions seulement d'examiner comment vous n'êtes pas souillés par le contact des brigands qui sont dans votre communion, comme nous vous l'avons prouvé; tandis que nous le serions, nous, par le prétendu crime de ceux que vous accusez, sans aucune preuve, d'avoir livré les saintes Ecritures? Choisissez en cela le parti que vous voudrez. Si vous méprisez nos plaintes, nous ne nous repentirons pas d'avoir voulu agir envers vous dans un esprit de paix; mais Dieu, en protégeant son Eglise, vous fera repentir d'avoir méprisé nos humbles remontrances.

---

(1) Ce concile a été tenu l'an 394.

---

11. Postremo per istos ipsos fratres nostros, quos ad vos misimus, talia rescribite. Si autem et hoc non vultis, saltem cum vestris a quibus talia patimur nos audite. Ostendite nobis veritatem, pro qua vos pati dicitis persecutionem, cum patiamur nos vestrorum tantum crudelitatem. Si enim nos esse in errore conviceritis, forte concedetis nobis ut non rebaptizemur a vobis, justum existimantes, ut nobis hoc præstetis, qui baptizati sumus ab eis, quos nullo judicio damnastis, quod præstitistis eis, quos Felicianus Mustitanus, et Prætextatus Assuritanus per tam longum tempus baptizaverunt, quando eos per judicum jussa de basilicis pellere conabamini, quia Maximiano communicabant, cum quo a vobis in concilio Bagaitano expresse nominatimque damnati sunt. Quæ omnia Gestis judicialibus et municipalibus demonstramus, ubi et ipsum concilium vestrum allegatis, dum vultis judicibus ostendere, quod schismaticos vestros de basilicis pelleretis. Et tamen qui ab ipso semine Abrahæ (*Gen.*, XXII, 18), in quo omnes gentes benedicuntur, schisma fecistis, de basilicis pelli non vultis, non per judices, sicut schismaticis vestris vos fecistis, sed per ipsos reges terræ, qui completa prophetia Christum adorant, apud quos Cæcilianum accusantes victi recessistis.

12. Si autem nec audire nec docere nos vultis, venite aut mittite nobiscum in regionem Hipponensium, qui videant armatum exercitum vestrum; quamvis nullus miles numero armorum suorum calcem et acetum addidit ad oculos barbarorum. Si neque hoc vultis, saltem scribite ad illos, ut jam ista non faciant, ut jam se a cædibus nostris, a rapinis, ab excæcatione compescant. Nolumus dicere, Damnate illos. Vos enim videritis quomodo vos non inquinent, quos modo ostendimus in vestra communione latrones, et nos inquinent quos numquam potuistis ostendere traditores. Ex his omnibus eligite quod volueritis. Si autem querelas nostras contemseritis, nos minime pænitebit ordine pacifico agere voluisse. Aderit Dominus Ecclesiæ suæ, ut vos potius humilitatem nostram contemsisse pæniteat

LETTRE LXXXIX [1]

Saint Augustin écrit à Festus pour lui démontrer la justice des lois portées pour réprimer les Donatistes. Il regrette que dans les régions d'Hippone, Festus, malgré ses lettres, n'ait pas encore pu les ramener à la vérité; et qu'au contraire, leurs violences contre les Catholiques ne font que s'accroître.

A SON TRÈS-CHER ET HONORABLE SEIGNEUR ET ESTIMABLE FILS FESTUS [2], AUGUSTIN, SALUT EN NOTRE SEIGNEUR.

1. Si des hommes convaincus d'erreur, de coupable division et de fausseté en toutes choses, osent sans cesse faire des menaces à l'Eglise catholique uniquement occupée de leur salut, combien plus est-il juste et même nécessaire que ceux qui combattent pour la paix, pour l'unité chrétienne et pour la vérité, si visible aux yeux même de ceux qui feignent de ne pas la voir et qui s'efforcent de la cacher aux autres, emploient tout leur zèle et toute leur activité, non-seulement pour défendre et fortifier ceux qui sont déjà catholiques, mais aussi pour convertir ceux qui le ne le sont pas encore. Car si l'opiniâtreté emploie toutes ses forces pour rester dans le mal, il convient que la constance en déploie de plus grandes encore dans le bien qu'elle poursuit avec persévérance, sachant qu'en cela elle plaît à Dieu, et ne saurait déplaire aux hommes sages.

2. Mais quoi de plus malheureux et de plus pervers que la conduite des Donatistes? Ils se glorifient de souffrir la persécution, et bien loin d'être confondus par la répression de leur iniquité, ils veulent encore s'en faire un sujet de gloire. Dans leur aveuglement et dans leur coupable animosité, ils feignent d'ignorer que ce n'est pas la souffrance, mais la cause qui fait les martyrs. On pourrait dire cela contre ceux qui seraient seulement enveloppés dans les ténèbres de l'hérésie, et qui seraient justement punis pour leur sacrilége, sans s'être cependant rendus coupables d'aucune violence envers personne. Mais que peut-on dire contre ceux dont il faut réprimer la perversité par la crainte des amendes, ou auxquels il faut apprendre par

---

(1) Ecrite la même année que la précédente. — Cette lettre était la 167e dans les éditions antérieures à l'édition des Bénédictins et celle qui était la 89e se trouva maintenant la 157e.
(2) La fin de cette lettre indique que ce Festus auquel saint Augustin s'adresse, était un officier de l'empire qui avait de grands biens dans le territoire d'Hippone, et qui montrait quelque négligence pour ramener à son autorité et à l'unité chrétienne, ceux de sa juridiction qui s'étaient séparés de l'Eglise catholique.

EPISTOLA LXXXIX.

Augustinus Festo, docens recte legibus reprimi Donatistas: et indicans in regione Hipponensi nondum eos festi litteris correctos, sed adhuc intolerabiliter grassari.

DOMINO DILECTISSIMO ET HONORABILI AC SUSCIPIENDO FILIO FESTO, AUGUSTINUS IN DOMINO SALUTEM.

1. Si pro errore homines et damnabili dissensione et convicta modis omnibus falsitate tanta præsumunt, ut eorum salutem requirenti catholicæ Ecclesiæ tam audacter insidiari minarique non cessent; quanto magis æquum est, et oportet eos, qui pacis et unitatis Christianæ asserunt veritatem, omnibus etiam dissimulantibus et cohibentibus manifestam, satagere insanter atque impigre, non solum pro eorum munimine qui jam catholici sunt, verum etiam pro eorum correctione qui nondum sunt? Nam si pertinacia insuperabiles vires habere conatur, quantas decet habere constantiam, quæ in eo bono, quod perseveranter atque infatigabiliter agit, et Deo placere se novit, et procul dubio non potest hominibus prudentibus displicere?

2. Quid autem infelicius atque perversius, sicut Donatistæ faciunt, qui se persecutionem perpeti gloriantur, quam de coercitione iniquitatis suæ non solum nescire confundi, sed etiam velle laudari, ignorantes cæcitate mirabili, vel animositate damnabili se scire dissimulantes, quod martyres veros non faciat pœna, sed caussa? Et hoc quidem adversus eos dicerem, quos sola caligo hæretici erroris involveret, pro quo sacrilegio pœnas dignissimas luerent, nec tamen ulla quemquam violenta insania lædere auderent. Adversus autem istos quid dicam, quorum tam perniciosa perversitas, vel damnorum terrore coercetur, vel docetur exsilio quam (a) ubi-

---

(a) In prius editis, *quam quod ubique.* Sed concinnius in MSS. sublato, *quod,* habetur, *quam ubique diffusa* etc.

l'exil, qu'elle est répandue par toute la terre, comme il a été prédit, cette Eglise qu'ils aiment mieux attaquer que de reconnaître? Si l'on comparait ce qu'une sévérité pleine de miséricorde leur fait souffrir, avec les actes qu'ils commettent dans leur furieuse audace, il serait facile de voir quels sont ceux qui méritent d'être appelés persécuteurs? Bien plus, ne pourrait-on pas justement les comparer à de mauvais fils qui, par le fait seul de leur mauvaise conduite et sans jamais porter une main criminelle sur les auteurs de leurs jours, font souffrir à la piété paternelle une persécution bien cruelle, tandis que l'amour des parents se montre d'autant plus ardent qu'il met plus d'énergie à les contraindre à la pratique du bien.

3. Il existe des actes publics que vous pouvez lire si vous le désirez, et dont je vous prie même de prendre connaissance. Vous y verrez la preuve que les ancêtres de ceux qui, les premiers, se sont séparés de la paix de l'Eglise, ont osé accuser Cécilien près de l'empereur Constantin par l'intermédiaire du proconsul Anulin. S'ils avaient triomphé dans le jugement qui fut rendu, Cécilien aurait-il souffert de la part de l'empereur autre chose que la peine prononcée contre eux quand ils succombèrent devant la sentence impériale? Si, donc ils avaient eu le dessus dans leurs accusations, s'ils avaient pu faire chasser Cécilien et ses collègues des siéges qu'ils occupaient, ou même attirer sur eux un châtiment plus grave encore, que la colère du prince n'aurait pu manquer de faire tomber sur une opiniâtreté possible après une décision défavorable, alors certes, les Donatistes n'auraient pas manqué de se glorifier de leur prétendue sollicitude et de leur prévoyance pour les intérêts de l'Eglise. Mais aujourd'hui qu'ils ont été vaincus, aujourd'hui qu'ils n'ont pu prouver en rien leurs allégations, ils appellent persécution la peine de leur iniquité. Non-seulement ils ne mettent aucune borne à leur fureur, mais encore ils réclament les honneurs du martyre. Cependant, qu'ont fait les empereurs chrétiens et catholiques dans leurs ordonnances contre l'opiniâtreté et l'iniquité de ces schismatiques, si ce n'est de se conformer au jugement de Constantin, près duquel ils avaient accusé Cécilien. Préférant l'autorité de l'empereur à celle des évêques d'outre-mer, ils remirent entre ses mains la cause de l'Eglise. Un jugement épiscopal avait été rendu contre eux à Rome, ils en appelèrent à l'empereur. Un second jugement fut encore prononcé contre eux à Arles par des évêques, ils en appelèrent de nouveau à l'autorité impériale. Et cependant condamnés en définitive par l'empereur lui-même, ils persistèrent dans leur perversité. Je crois que le démon lui-même, s'il avait été vaincu autant de fois par l'autorité du juge qu'il avait choisi,

---

que diffusa sit Ecclesia, sicut futura prædicta est, quam malunt oppugnare quam agnoscere? Et si ea quæ per misericordissimam disciplinam patiuntur, comparentur eis factis, quæ furiosa temeritate committunt, quis non videat, qui magis persecutores vocandi sunt? Quamquam filii mali eo tempore quo perdite vivunt, etiamsi nullas violenter inferant manus, parentum pietatem gravius persequuntur, quam cum illos pater aut mater, quanto amplius diligunt, tanto amplius ad bonam vitam sine ulla dissimulatione compellunt.

3. Exstant publicorum monumentorum firmissima documenta, quæ potes legere, si volueris, immo peto et hortor ut legas; quibus probatur quod majores eorum, qui primi se Ecclesiæ pace diviserunt, ultro per Anulinum tunc proconsulem apud Constantinum imperatorem accusare ausi sunt Cæcilianum. In quo utique judicio si vicissent, quid erat Cæcilianus ab Imperatore passurus, nisi quod in istos postea quam victi sunt pronuntiavit? Sed videlicet si eis accusantibus atque superantibus Cæcilianus ejusque collegæ pellerentur sedibus, quas tenebant, vel etiam in sua conspiratione durantes gravius punirentur; (neque enim poterat victos et resistentes regia censura contemnere,) tunc isti provisionem suam et pro Ecclesia sollicitam curam prædicandam laudibus ventilarent. Nunc autem quia ipsi superati sunt, quia ea, quæ intendebant, probare minime potuerunt, si quid pro sua iniquitate patiuntur, persecutionem vocant; nec tantum furorem perditum minime reprimunt, verum etiam honorem martyrum quærunt: quasi vero Christiani catholici Imperatores adversus eorum pertinacissimam iniquitatem aliud sequantur quam Constantini judicium, apud quem ultro Cæciliani accusatores fuerant, cujus auctoritatem omnibus transmarinis episcopis prætulerunt, ut non ad illos, sed ad illum Ecclesiæ caussam deferrant: ut ab eo datum in urbe Roma episcopale judicium, in quo primum victi sunt, rursus apud illum accusarent; ut ab al-

n'aurait pas l'impudence de vouloir encore défendre sa cause.

4. Mais, dira-t-on, ce sont là des jugements humains sujets à l'erreur, aux surprises, à la corruption. Pourquoi donc alors accuser le monde chrétien et le diffamer, en lui imputant les crimes de je ne sais quels traditeurs des saintes Écritures? Devrait-il s'en rapporter à des accusateurs vaincus plutôt qu'à des juges choisis par eux-mêmes? Ces juges auront à répondre devant Dieu de leur jugement bon ou mauvais. Mais qu'a fait l'Église répandue sur toute la terre, et que ces gens prétendent rebaptiser, parce que dans une affaire dont elle ne pouvait savoir la vérité, elle a cru devoir s'en rapporter à ceux qui en avaient jugé avec connaissance de cause, plutôt qu'à ceux qui, malgré leur défaite, n'ont pas voulu se rendre? O le grand crime vraiment de toutes les nations de la terre que Dieu a promis de bénir dans la race d'Abraham, ce qu'il a fait selon ses promesses! Quand toutes ces nations se lèvent et vous disent d'une voix unanime: Pourquoi voulez-vous nous rebaptiser? vous leur répondez: Parce que vous ignorez quels sont ceux qui en Afrique ont livré les saintes Écritures, et que dans une chose que vous ignoriez, vous avez préféré vous en rapporter à des juges plutôt qu'à des accusateurs. Si personne ne porte la charge du crime d'autrui, comment l'univers entier serait-il responsable du crime que quelqu'un a commis en Afrique? Et si un crime inconnu ne peut peser sur personne, comment l'univers a-t-il pu connaître le crime des juges ou des accusés? O vous tous qui avez du bon sens, voyez quelle est la justice des hérétiques! Parce que le monde ne condamne pas un crime inconnu, le parti de Donat condamne l'univers entier sans l'avoir entendu. Mais il suffit à toutes les nations d'être en possession des promesses de Dieu, de voir accompli en elles ce que les Prophètes ont prédit il y a si longtemps, et de reconnaître, dans les saintes Écritures, l'Église qui reconnaît Jésus-Christ pour son roi. Car dans les livres où nous lisons les prédictions qui regardent le Christ et que nous voyons accomplies dans l'Évangile, nous trouvons aussi ce qui a été prédit touchant l'Église, et s'est accompli dans l'univers entier.

5. Pour peu qu'on ait de bon sens, on sera peu touché de ce qu'ils ont coutume de dire touchant le baptême: savoir que le vrai baptême du Christ est celui qui est donné par un homme juste; puisque l'univers entier admet comme vérité certaine et évangélique, ce que nous dit saint Jean: « Celui qui m'a envoyé vous baptiser dans l'eau m'a dit lui-même: Celui sur lequel vous verrez descendre et se repo-

---

tero apud Arelatum dato episcopali judicio ad illum appellarent: apud quem tamen novissime superati, in sua perversitate permanserunt. Puto quod ipse diabolus, si auctoritate judicis, quem ultro elegerat, toties vinceretur, non esset tam impudens ut in ea caussa persisteret.

4. Sed hæc humana judicia deputentur, et circumveniri ac falli, vel etiam corrumpi potuisse dicantur. Cur ergo adhuc accusatur Christianus orbis terrarum, et nescio quibus traditorum criminibus infamatur, qui utique nec potuit nec debuit nisi electis judicibus potius quam victis litigatoribus credere? Habent apud Deum illi judices caussam suam sive bonam sive malam: quid fecit Ecclesia toto orbe diffusa, quæ non ob aliud ab istis rebaptizanda censetur, nisi quia in ea caussa, in qua quid viri esset judicare non potuit, eis potius qui judicare potuerunt, quam eis qui nec superati cesserunt, credendum putavit? O magnum crimen omnium gentium, quas in semine Abrahæ benedicendas promisit Deus (*Gen.*, XXII, 18), et sicut promisit exhibuit! quæ cum una voce dixerint, Quare nos vultis rebaptizare; Respondetur eis, Quia nescitis qui fuerint in Africa sanctorum codicum traditores, et in eo quod nesciebatis, judicibus magis quam accusatoribus credere voluistis. Si crimen alienum non gravat quemquam, quid pertinet ad orbem terrarum quod in Africa quisque commisit? Si crimen incognitum non gravat quemquam, unde potuit orbis terrarum cognoscere vel crimen judicum vel reorum? Judicate qui cor habetis. Hæc est hæretica justitia, ut quia orbis terrarum non damnat crimen incognitum, pars Donati damnet orbem terrarum inauditum. Sed sane sufficit orbi terrarum tenere promissiones Dei, et in se videre compleri quod Prophetæ tanto ante cecinerunt; in eisdem Scripturis agnoscere Ecclesiam, ubi et rex ejus Christus agnoscitur. Ubi enim de Christo talia prædicta sunt, qualia completa in Evangelio legimus, illic prædicta sunt de Ecclesia, qualia compleri toto orbe jam cernimus.

5. Nisi forte quemquam prudentium permove-

ser le Saint-Esprit sous la forme d'une colombe, c'est celui-là qui baptise dans le Saint-Esprit (*Jean*, I, 13). » C'est pourquoi l'Eglise, tranquille sur ce qui concerne le baptême, ne met pas son espérance dans l'homme, dans la crainte de tomber sous le coup de cette sentence qui dit : « Maudit soit celui qui met son espérance dans l'homme (*Jér.*, XVII, 5). » Mais elle met tout son espoir en Jésus-Christ, qui a pris la forme d'un esclave, sans perdre celle de Dieu, et dont il a été dit : « C'est celui-là qui baptise. » Ainsi, quel que soit l'homme qui a le ministère de son baptême, et quelles que soient les fautes qui pèsent sur lui, ce n'est pas lui qui baptise, c'est celui sur lequel descendit la colombe. Mais des gens dont les pensées sont si vaines, ne peuvent d'aucun côté échapper à l'absurdité de leur raisonnement. En effet, quand ils reconnaissent pour bon et vrai le baptême conféré parmi eux par quelque coupable dont les crimes sont ignorés, nous leur disons : Quel est donc alors celui qui baptise? Ils ne peuvent rien nous répondre sinon que c'est Dieu. Peuvent-ils dire, en effet, qu'un homme adultère peut sanctifier, quelqu'un? Alors nous répliquons : « Si donc, lorsqu'un homme dont la bonté est manifeste baptise, c'est lui-même qui sanctifie ; mais quand celui qui baptise est un homme dont l'iniquité est cachée, ce n'est pas lui, mais Dieu qui sanctifie ; alors ceux qui sont baptisés doivent préférer de l'être par un méchant dont la malice est ignorée, plutôt que par un homme manifestement bon. Car il vaut mieux que ce soit Dieu qui sanctifie qu'un homme même juste, quelle que puisse être sa justice. Or, s'il est absurde de souhaiter d'être baptisé par un adultère dont le crime est ignoré, plutôt que par un homme d'une chasteté reconnue, il faut conclure que quel que soit celui par le ministère duquel le baptême est conféré, ce baptême est valable, parce que celui sur lequel est descendu la colombe est véritablement celui qui baptise.

6. Cependant, malgré cette vérité évidente qui frappe les oreilles et le cœur de tous les hommes, telle est, pour quelques-uns, la profondeur de l'abîme où les ont jetés leurs mauvaises habitudes, qu'ils aiment mieux résister à toutes les autorités et à tous les raisonnements possibles que de s'y soumettre volontairement. Ils y résistent de deux manières, ou par la cruauté, ou par la nonchalance. Quel remède peut donc employer l'Eglise dont la charité maternelle veut le salut de tous, et qui brûle du désir de guérir la frénésie des uns et la léthargie des autres ? Peut-elle ou doit-elle les mépriser et les abandonner ? Il faut nécessairement

---

bit, quod de baptismo solent dicere, tunc esse verum baptismum Christi, cum ab homine justo datur, cum et hinc teneat orbis terrarum evidentissimam et evangelicam veritatem, ubi Johannes ait, Qui me misit baptizare in aqua, ipse mihi dixit: Super quem videris Spiritum descendentem quasi columbam, et manentem super eum, ipse est qui baptizat in Spiritu-sancto (*Johan.*, I, 33). Unde secura Ecclesia spem non ponit in homine, ne incidat in illam sententiam in qua scriptum est, Maledictus omnis qui spem suam ponit in homine (*Jer.*, XVII, 5) : sed spem suam ponit in Christo, qui sic accepit formam servi, ut non amitteret formam Dei, de quo dictum est, « Ipse est qui baptizat. » Proinde homo quilibet minister baptismi ejus, quamcumque sarcinam portet, non iste, sed super quem columba descendit, ipse est qui baptizat. Illos autem vana sentientes, tanta absurditas sequitur, ut quo ab ea fugiant non inveniant. Cum enim fateantur ratum et verum esse baptismum, quando baptizat apud eos aliquis criminosus, cujus crimina latent, dicimus eis, Quis tunc baptizat ? nec habent quid respondeant nisi, Deus: neque enim possunt dicere quod homo adulter quemquam sanctificet. Quibus respondemus, Si ergo cum baptizat homo justus manifestus, ipse sanctificat ; cum autem baptizat homo iniquus occultus, tunc non ipse, sed Deus sanctificat ; optare debent qui baptizantur, ab occultis malis hominibus potius baptizari, quam a manifestis bonis. Multo enim eos melius Deus, quam quilibet homo justus sanctificat. Quod si absurdum est, ut quisque baptizandus optet ab occulto adultero potius baptizari, quam a manifesto casto, restat utique ut quilibet ministrorum hominum accesserit, ideo ratus sit baptismus, quia super quem descendit columba, ipse baptizat.

6. Et tamen cum tam perspicua veritas aures et corda hominum feriat, tanta quosdam malæ consuetudinis vorago submersit, ut omnibus auctoritatibus rationibusque resistere, quam consentire malint. Resistunt autem duobus modis, aut sæviendo aut pigrescendo. Quid igitur hic faciat Ecclesiæ medicina, salutem omnium materna caritate conquirens, tamquam inter phreneticos et lethargicos æstuans ? Numquid contemnere, numquid desi-

qu'elle soit importune aux uns et aux autres, par cela même qu'elle n'est l'ennemie ni des uns ni des autres. En effet, les frénétiques n'aiment pas qu'on les lie, les léthargiques qu'on les réveille. Mais l'ardente charité ne se rebute pas, elle réprime avec persévérance la frénésie des uns et stimule la léthargie des autres, en les embrassant tous dans un seul et même amour. Elle les importune, mais elle les aime également. Les frénétiques et les léthargiques s'indignent d'être molestés tant qu'ils sont malades, mais ils confondent ensemble leur reconnaissance et leur joie une fois qu'ils sont guéris.

7. Les Donatistes se trompent, quand ils pensent et se vantent que nous les recevons parmi nous tels qu'ils étaient. Nous les recevons quand ils sont entièrement changés ; parce qu'ils commencent seulement à être catholiques quand ils ont cessé d'être hérétiques. En effet, nous ne sommes pas ennemis de leurs sacrements, communs d'ailleurs entre eux et nous, parce que ces sacrements ne viennent pas des hommes, mais sont d'institution divine. Ce que nous voulons leur ôter, c'est l'erreur dont ils sont malheureusement imbus, mais non les sacrements qu'ils ont reçu comme nous, et qu'ils gardent pour leur peine et leur condamnation, s'ils les gardent indignement, quoique toutefois ils les aient véritablement avec eux. Une fois que leur erreur a disparu, une fois qu'ils ont renoncé au schisme qui les séparait de nous, ils passent de l'hérésie à la paix de l'Eglise, cette paix qu'ils n'avaient pas et sans laquelle ce qu'ils avaient leur était funeste. Mais, s'ils se déguisent pour passer à nous, ce n'est pas notre affaire, c'est à Dieu d'en juger. Cependant quelques-uns dont on croyait le retour peu sincère, mais seulement inspiré par la crainte de la loi, se sont montrés plus tard dans diverses épreuves préférables à d'anciens catholiques. Il n'est donc pas inutile d'agir avec énergie et persévérance. Et ce n'est pas seulement par des terreurs humaines qu'il faut battre en brèche le mur des mauvaises habitudes, il faut encore par l'autorité des enseignements divins et par de sages raisons, réveiller la foi et éclairer l'intelligence.

8. Puisqu'il en est ainsi, vous saurez que vos hommes qui habitent sur le territoire d'Hippone sont encore Donatistes, et que vos lettres sont restées sans effet sur eux. Il n'est pas à propos de vous écrire pourquoi elles n'ont été d'aucune utilité, mais envoyez quelqu'un de vos serviteurs ou de vos amis à la discrétion desquels vous puissiez avoir confiance ; recommandez-leur non pas de se rendre d'abord sur les lieux, mais de venir avant tout nous trouver à l'insu des vôtres, pour délibérer avec nous sur ce qu'i y a à faire avec l'aide de Dieu. Ce n'est pas seul

---

stere vel debet vel potest ? Utrisque sit necesse est molesta, quia neutris est inimica. Nam et phrenetici nolunt ligari, et lethargici nolunt excitari : sed perseverat diligentia caritatis, phreneticum castigare, lethargicum stimulare, ambos amare. Ambo offenduntur, sed ambo diliguntur ; ambo molestati, quamdiu ægri sunt indignantur, sed ambo sanati gratulantur.

7. Denique non sicut putant, et sicut jactant, tales eos suscipimus quales fuerunt, sed omnino mutatos ; quia esse catholici non incipiunt, nisi hæretici esse destiterunt. Neque enim sacramenta eorum nobis inimica sunt, quæ cum illis nobis sunt communia ; quia non humana sunt, sed divina. Proprius eorum error auferendus est, quem male imbiberunt, non sacramenta quæ similiter acceperunt, quæ ad pœnam suam portant et habent, quanto indignius habent, sed tamen habent. Errore itaque derelicto, separationis pravitate correcta, ab hæresi ad Ecclesiæ pacem transeunt quam non habebant, sine qua illis perniciosum fuerat quod habebant, Sed si cum transeunt, ficti sunt, non est hoc jam nostrum, sed Dei judicium. Et tamen quidam cum ficti putarentur, quoniam jussionis ad nos terrore transierunt, tales posterius in nonnullis tentationibus inventi sunt, ut quibusdam veteribus catholicis præferrentur. Non ergo nihil agitur, cum instanter agitur. Neque enim solis humanis terroribus murus duræ consuetudinis expugnatur ; sed etiam divinis auctoritatibus atque rationibus fides et intelligentia mentis instruitur.

8. Quæ cum ita sint, noverit benignitas tua homines vestros, quia in regione Hipponensi sunt, adhuc esse Donatistas, nec apud eos quidquam valuisse tuas litteras. Cur autem non valuerint, non opus est scribere ; sed mitte aliquem tuorum, vel domesticorum, vel amicorum, cujus huc fidei possis injungere, qui non ad ea loca, sed ad nos primitus veniat illis omnino nescientibus, et nobiscum primitus consilio pertractato, quod agendum Domino adjuvante visum fuerit, agat. Neque enim tantum pro eis agimus cum hoc agimus, sed etiam

lement pour eux que nous agissons ainsi, mais encore pour les nôtres qui sont déjà catholiques, et pour lesquels le voisinage de vos hommes est tellement dangereux, que nous ne pouvons nous dispenser d'y apporter toute l'attention possible. J'aurai pu vous écrire plus brièvement, mais j'ai voulu que vous eussiez une lettre de moi, pour vous mettre à même de connaître non-seulement vous-même les motifs de mon inquiétude, mais encore de pouvoir répondre à ceux qui vous dissuaderaient de concourir avec moi à l'œuvre de la conversion des vôtres, ou qui nous reprocheraient de solliciter ce concours. Si j'ai fait quelque chose d'inutile en vous écrivant ce que vous aviez déjà appris ou ce que vous aviez pensé vous-même, si j'ai été importun en envoyant une si longue lettre à un homme occupé comme vous l'êtes des affaires publiques, je vous prie de me le pardonner, pourvu toutefois que vous ne méprisiez pas mes avis et mes prières. Ainsi, que la miséricorde de Dieu soit avec vous.

LETTRE XC [1]

Nectarius, païen, intercède auprès de saint Augustin pour ses concitoyens, habitants de la colonie de Calame [2], doublement coupables d'avoir non-seulement violé l'édit tout récemment porté par César, défendant de sacrifier aux idoles, mais encore d'avoir, à l'occasion de leurs sacrifices, outragé les chrétiens.

A SON TRÈS-HONORÉ SEIGNEUR ET JUSTEMENT CHÉRI FRÈRE AUGUSTIN, ÉVÊQUE, NECTARIUS.

1. Puisque vous savez combien est grand l'amour de la patrie, je ne vous en dirai rien. cet amour est le seul qui soit à juste titre plus fort que celui des parents. Si pour les hommes de bien il y avait un terme et une mesure aux services qu'ils doivent rendre à leur patrie, je mériterais d'être excusé de ne plus pouvoir la servir dignement. Mais l'attachement à la cité s'accroît de jour en jour, et plus l'âge nous rap-

---

(1) Ecrite l'an 408 au mois de juin. — Cette lettre était la 210ᵉ dans les éditions antérieures à l'édition des Bénédictins et celle qui était la 90ᵉ se trouve maintenant la 175ᵉ.
(2) Calame, aujourd'hui Ghelma.

---

pro nostris jam factis catholicis, quibus illorum vicinitas sic infesta est, ut contemni a nobis nullo modo possit. Et hoc quidem breviter scribere poteram, sed volui te habere aliquid litterarum nostrarum, quo rationem curæ meæ non solum ipse cognosceres, sed etiam cuicumque dissuadenti ne tuorum correctioni operam instanter impendas, nobisque detrahenti quod talia velimus, habeas quod respondeas. Quod si superfluo feci, quod jam ista vel didiceras, vel ipse cogitaveras, aut onerosus fui quod curis publicis tam occupato prolixam epistolam ingessi, peto des veniam, dum tamen quod suggessi et rogavi non spernas, sic te tueatur misericordia Dei.

EPISTOLA XC

Augustino Nectarius paganus, agens ut suis civibus coloniæ Calamensis condonentur, quæ expetendæ erant ab ipsis pœnæ, non modo violati Cæsaris edicti recentissimi prohibentis ne sacra sollemnia idolis fierent, sed etiam injuriarum quibus ipsi sacrorum suorum occasione Christianos affecerant.

DOMINO INSIGNI ET MERITO SUSCIPIENDO FRATRI AUGUSTINO EPISCOPO NECTARIUS.

1. « Quanta sit caritas patriæ, quoniam nosti, prætereo. Sola est enim quæ parentum jure vincat affectum. Cui si ullus esset consulendi modus aut finis bonis, dignæ jam ab ejus muneribus meruimus excusari. Sed quoniam crescit in dies singulos dilectio et gratia civitatis, quantumque ætas fini proxima est, tantum incolumem ac florentem relinquere patriam cupimus, idcirco gaudeo primum quod apud instructum disciplinis omnibus virum mihi hic est sermo institutus. In Calamensi colonia multa sunt, quæ merito diligamus, vel quod in ea geniti sumus, vel quod eidem magna contulisse videmur officia. Hæc ergo, domine præstantissime et merito

proche de la fin de la vie, plus nous désirons laisser notre patrie heureuse et florissante ; c'est pourquoi je me réjouis avant tout d'avoir à traiter avec un homme rempli de toutes les sciences et de toutes les connaissances possibles. Il y a bien des choses qui m'attachent à la colonie de Calame, d'abord j'y suis né, ensuite j'ai conscience de lui avoir rendu quelques services. Aujourd'hui une faute de ses habitants vient de la faire tomber dans un grand malheur, ô éminent Seigneur digne de tout notre respect : si nous sommes jugés d'après la rigueur du droit public, nous devons nous attendre à être punis sévèrement ; mais il est du devoir d'un évêque de s'occuper du salut des hommes, d'intervenir dans leur cause pour améliorer leur position et d'implorer le pardon de leurs fautes auprès du Dieu Tout-Puissant. C'est pourquoi je vous supplie et je vous demande avec toute l'ardeur possible, que si la faute de ceux de Calame ne peut être excusée, l'innocent soit du moins protégé et que le châtiment ne tombe pas sur lui. Faites donc pour nous ce que l'excellence de votre cœur voit que nous aurions à demander. Il est facile de fixer une taxe pour la réparation des dommages. Nous demandons seulement qu'on nous épargne les supplices. Vivez agréable à Dieu, ô éminent Seigneur et frère si digne d'être aimé.

LETTRE XCI [1]

Saint Augustin répondant à Nectarius, blâme les sacrifices des païens, et énumère les outrages dont les chrétiens ont été récemment victimes de la part des habitants de Calame. Il lui dit qu'il aurait consulté avec beaucoup plus de bienveillance leurs intérêts, si l'impunité de leur crime n'était pas un encouragement à en commettre de semblables.

A L'EXCELLENT SEIGNEUR ET FRÈRE NECTARIUS AUGUSTIN,

1. Je ne suis pas étonné que, malgré le froid de la vieillesse, vous conserviez un amour si ardent et si vif pour votre patrie. Je vous en loue. Je vois même avec plaisir que cet amour n'est pas seulement un sentiment du cœur, mais que vous aimez à montrer par votre vie tout entière et par vos actions, qu'il n'y a pour des gens de bien aucun terme, aucune mesure dans les services qu'ils peuvent rendre à leur pays. C'est pourquoi ma joie serait grande de vous voir citoyen de cette patrie céleste, dont le saint amour nous soutient dans les périls et les tra-

[1] Ecrite la même année que la précédente au mois d'août. — Cette lettre étoit la 202ᵉ dans les éditions antérieures à l'édition des Bénédictins et celle qui était la 91ᵉ se trouve maintenant la 182ᵉ.

suscipiende, non levi populi sui erratu prolapsa est. Quod quidem si juris publici rigore metiamur, debet plecti severiori censura. Sed episcopum fas non est, nisi salutem hominibus impertire, et pro statu meliore caussis adesse, et apud omnipotentem Deum veniam aliorum merer delictis. Quamobrem quanta possum supplicatione deposco, ut si defendenda res est, innoxius defendatur, ab innocentibus molestia separetur, Præsta hoc quod secundum naturam tuam pervides postulari. De damnis facilis potest haberi taxatio, tantum supplicia deprecamur. Acceptior Deo vivas, domine insignis et merito suscipiende frater.

EPISTOLA XCI

Invehitur Augustinus in Paganorum sacra, et injurias Christianis recens illatas a Calamensibus enumerat ; ostendens ipsorum saluti benignius longe consultum iri, si non impunito eo scelere ad audenda similia provocentur.

DOMINO EXIMIO MERITOQUE HONORABILI FRATRI NECTARIO AUGUSTINUS.

1. Jam senio frigescentibus membris, fervere animum tuum patriæ caritate, nec miror, et laudo, teque non tantum tenere memoriter, verum etiam vita ac moribus demonstrare, quod nullus sit patriæ consulendi modus aut finis bonis, non invitus, immo etiam libens accipio. Unde supernæ cujusdam patriæ, in cujus sancto amore pro nostro modulo inter eos, quibus ad illam capessendam consulimus, periclitamur atque laboramus, talem etiam teipsum

vaux que nous souffrons selon nos forces, au milieu de ceux que nous cherchons à y faire arriver, et de vous compter parmi le petit nombre de ceux qui sont présentement comme des voyageurs sur la terre, travaillant sans cesse et sans relâche pour leur bonheur mutuel. Vos efforts eraient d'autant meilleurs qu'ils seraient consacrés à une cité bien plus grande et bien plus sainte où vous trouverez une joie sans fin, dans une paix éternelle, après l'avoir servie avec un zèle et une constance sans bornes.

2. En attendant que vous puissiez, comme je l'espère, obtenir cette céleste patrie, déjà sans doute l'objet de vos sages pensées et où votre père qui vous a engendré pour elle, vous a déjà précédé (1), pardonnez-nous, si pour notre patrie que nous ne voulons pas abandonner, nous attristons la vôtre que vous désirez « laisser florissante » Si nous examinions avec vous de quelles fleurs vous voulez parler, il serait facile de vous démontrer comment une cité doit fleurir. Le plus illustre de vos poëtes a montré quelles sont ces fleurs de l'Italie. Pour nous, nous n'avons pas trouvé dans votre patrie ces grands hommes qui sont comme les fleurs des cités, mais des armes pour nous outrager ; que dis-je, des armes ! Nous y avons trouvé des flammes pour nous incendier. Que si un tel crime restait impuni, si aucun châtiment n'atteignait les coupables, croyez-vous que vous pourriez laisser votre patrie florissante ? O fleurs qui ne produiraient pas de fruits, mais seulement des épines ! Voyez maintenant si vous aimez mieux que votre patrie fleurisse par la piété, ou par l'impunité, par la correction des mœurs, ou par la sécurité donnée à l'audace. En comparant l'un et l'autre, vous verrez si vous nous surpassez en amour pour votre patrie, et si vous désirez plus sincèrement et mieux que nous de la voir florissante.

3. Consultez un peu ces mêmes livres de la République, d'où vous avez puisé ce sentiment si digne d'un bon citoyen, c'est-à-dire que pour les hommes de bien, il n'y a ni mesure, ni terme dans les services qu'ils peuvent rendre à leur patrie. Voyez, je vous prie, avec quel éloge on y célèbre la frugalité, la continence, la fidélité au lien conjugal, la chasteté, l'honnêteté et la probité dans les mœurs. Voilà ce qui donne de la puissance à une cité, voilà ce qui permet de la dire véritablement florissante. Ces mœurs sont enseignées dans toutes les églises qui se multiplient sur la terre, comme dans de saintes écoles des peuples, où l'on apprend surtout les

(1) Le père de Nectarius était mort chrétien.

civem habere vellemus, ut ejus portiunculæ in hac terra peregrinanti, nullum consulendi modum finemque censeres, tanto effectus melior, quanto meliora civitati officia debita prærogares, in ejus æterna pace nullum gaudendi finem inventurus, cujus ad tempus laboribus nullum tibi finem statueres consulendi.

2. Verum hoc donec fiat, (neque enim desperandum est, illam te patriam posse adquirere, vel jam adquirendam prudentissime cogitare, ad quam te pater etiam, qui in ista genuit, antecessit) hoc ergo donec fiat, da nobis veniam, si propter patriam nostram, quam cupimus numquam relinquere, contristamus patriam tuam, quam cupis florentem relinquere. De cujus quidem floribus, si cum tua prudentia disputemus, non est verendum ne tibi difficile persuadeatur, aut vero etiam non facile occurrat, quemadmodum florere civitas debeat. Commemoravit Poeta ille vestrarum clarissimus litterarum quosdam flores Italiæ, sed nos in vestra patria non tam experti sumus, quibus floruerit terra illa viris, quam quibus arserit armis : immo vero non armis, sed flammis ; nec arserit, sed incenderit. Quod tantum scelus si fuerit impunitum, nulla digna correctione parvorum, florentem te patriam putas relicturum ? o flores non plane fructuum, sed spinarum ! Compara nunc utrum malis florere patriam tuam pietate, an (a) impunitate, correctis moribus, an securis ausibus. Compara ista, et vide utrum in patriæ tuæ amore nos vincas ; utrum eam magis veriusque cupias florere quam nos.

3. Intuere paululum ipsos de Republica libros, unde illum affectum amantissimi civis ebibisti, quod nullus sit patriæ consulendi modus, aut finis bonis. Intuere, obsecro te, et cerne quantis ibi laudibus frugalitas et continentia prædicetur, et erga conjugale vinculum fides, castique honesti ac probi mores, quibus cum præpollet civitas, vere florere dicenda est. Hi autem mores in ecclesiis toto orbe crescentibus, tamquam in sanctis auditoriis populorum docentur atque discuntur, et maxime pietas,

(a) Lov. an impietate. MSS. vero, an impunitate.

devoirs de la piété par laquelle on honore le vrai Dieu, ce Dieu de vérité qui non-seulement nous ordonne d'entreprendre, mais encore nous met à même d'accomplir tout ce qui rend l'esprit humain capable et digne d'habiter un jour avec lui, cette céleste et éternelle patrie. C'est pour cela qu'il a prédit la chute de cette multitude de faux dieux et ordonné d'en détruire les images. En effet, il n'y a rien qui rende les hommes moins sociables et plus corrompus que l'exemple et l'imitation de ces dieux, tels qu'ils sont décrits et représentés dans les livres du paganisme.

4. Aussi, ces grands hommes qui cherchaient dans des discussions particulières plutôt que dans des actions publiques, ce qui pouvait faire la grandeur des républiques et des cités de la terre, telles qu'ils se les figuraient; ont-ils cru que pour former et instruire l'esprit de la jeunesse, il fallait lui proposer l'exemple des hommes recommandables par leur vertu, et non l'imitation de leurs dieux. En effet, ce jeune homme de la comédie de Térence (*Eun. Act.*, III, *Sc.*, 3) qui, à la vue d'un tableau peint sur une muraille où était représenté l'adultère du roi des dieux, sentit redoubler le feu de la passion qui l'entraînait, stimulé qu'il était par une si grande autorité, aurait évité la faute dans laquelle il tomba, et n'en aurait pas eu même la pensée, s'il avait mieux aimé imiter Caton que Jupiter. Mais pouvait-il faire cela, lorsque dans les temples il était forcé d'adorer Jupiter plutôt que Caton ? Peut-être le doit-on chercher dans les raisons par lesquelles on peut confondre les impies de leur dissolution et de leur superstition sacriléges. Mais enfin lisez et repassez dans ces mêmes livres *de la République*, tout ce qu'on y dit avec tant de sagesse, savoir, que les actions décrites dans les comédies ne seraient jamais approuvées, si elles ne s'accordaient pa avec les mœurs de ceux devant qui on les représente. Ainsi l'autorité des grands *hommes qui ont illustré la République*, et le sentiment de ceux qui ont le mieux parlé de ce genre de gouvernement, prouvent suffisamment que les hommes les plus pervers se pervertissent davantage encore par l'imitation de leurs dieux, qui ne sont pas de vrais dieux, mais les dieux du mensonge et de la fiction.

5. Peut-être direz-vous : Tout ce qu'on a décrit autrefois sur la vie et les mœurs des dieux, doit être autrement compris et interprété par des hommes sages, et naguère encore dans les temples où le peuple était assemblé, nous avons entendu à ce sujet de salutaires interprétations. Mais je vous le demande, les hommes

---

qua verus et verax colatur Deus; qui hæc omnia, quibus animus humanus(*a*) divinæ societati ad inhabitandam æternam cœlestemque civitatem instruitur et aptatur, non solum jubet aggredienda, verum etiam donat implenda. Inde est quod deorum multorum falsorumque simulacra, et prædixit eversum iri, et præcepit everti. Nihil enim homines tam insociabiles reddit vitæ perversitate, quam illorum deorum imitatio, quales describuntur et commendantur litteris eorum.

4. Denique illi doctissimi viri, qui rempublicam civitatemque terrenam, qualis eis esse debere videbatur, magis domesticis disputationibus acquirebant, vel etiam describebant, quam publicis actionibus instituebant atque formabant, egregios atque laudabiles, quos putabat homines, potius quam deos suos imitandos proponebant erudiendæ indoli juventutis. Et revera Terentianus ille adolescens, qui spectans tabulam victam in pariete, ubi pictura inerat de adulterio regis deorum, libidinem, qua rapiebatur, stimulis etiam tantæ auctoritatis accendit, nullo modo in illud flagitium vel concupiscendo laberetur, vel perpetrando immergeretur, si Catonem maluisset imitari quam Jovem : sed quo pacto id faceret, cum in templis adorare cogeretur Jovem potius quam Catonem ? Verum hæc ex comœdia, quibus impiorum luxus et sacrilega superstitio convinceretur, proferre forsitan non debemus. Lege vel recole in eisdem libris quam prudenter disseratur, nullo modo potuisse scriptiones et actiones recipi comœdiarum, nisi mores recipientium consonarent : ita clarissimorum virorum in republica excellentium, et de republica disputantium auctoritate firmatur, nequissimos homines fieri deorum imitatione pejores, non sane verorum, sed falsorum atque fictorum.

5. At enim illa omnia, quæ antiquitus de vita deorum moribusque conscripta sunt, longe aliter sunt intelligenda atque interpretanda sapientibus. Ita vero in templis populis congregatis recitari hujusce modi salubres interpretationes heri et nudiustertius audivimus. Quæso te siccine cæcum est hu-

---

(*a*) Ita editi. At MSS. Vaticani et quatuordecim e nostris habent, *divina societate*.

ont-ils les yeux tellement fermés à la vérité, qu'ils ne puissent voir et comprendre des choses si claires et si évidentes? La peinture, le bronze, la sculpture, les écrits, la lecture, la scène, les chants, les danses étalent et montrent dans tous les lieux les adultères de Jupiter. Il vaudrait bien mieux que, du moins, dans le Capitole, on lût quelque chose de lui, défendant de pareils désordres. Mais si, sans la moindre opposition, ces exemples de déshonneur et d'impiété, fourmillent au milieu des peuples, lorsque ces infamies sont un sujet d'adoration dans les temples et de risée dans les théâtres, lorsque, en les honorant par des victimes, on dévaste le troupeau du pauvre; lorsque, pour les représenter sur la scène par le jeu et les danses des histrions, on dissipe le patrimoine des riches, peut-on dire que les cités sont florissantes? Ce sont des fleurs qui ne naissent pas sur une terre fertile, et qui n'ont pas leurs racines dans quelque riche vertu; mais pour les faire éclore, on leur a trouvé une terre digne d'elles, la déesse Flore dont les jeux se célèbrent sur la scène avec une telle turpitude et une licence si effrénée, que chacun peut comprendre quel démon est cette déesse qu'on ne peut apaiser ni par des sacrifices d'oiseaux et de quadrupèdes, ni même par le sang humain, mais à laquelle il faut, ô crime impardonnable, immoler la pudeur humaine !

6. Je vous dis cela parce que vous m'avez écrit que la fin prochaine de votre vie, vous faisait désirer de laisser votre patrie heureuse et florissante. Que toutes ces choses vaines et insensées disparaissent, que les hommes soient rappelés à la piété, à la chasteté et au culte du vrai Dieu; alors vous verrez votre patrie florissante, non, d'après l'opinion des insensés, mais au jugement des sages et selon la vérité, puisque c'est par là que cette patrie terrestre deviendra une portion de cette patrie céleste à laquelle nous sommes appelés dès notre naissance, non par le corps, mais par la foi, et dans laquelle tous les saints et fidèles serviteurs de Dieu, après l'hiver des travaux de cette vie, fleuriront à jamais dans l'éternité. Nous avons donc à cœur, d'un côté, de ne pas renoncer à la douceur chrétienne, mais d'un autre côté, de ne pas laisser impuni dans votre ville, un exemple pernicieux pour les autres cités. Comment pouvons-nous y parvenir? Dieu nous y aidera si lui-même n'est pas trop indigné contre ceux de Calame. Car quelles que soient les voies de douceur et de modération que nous voulions suivre dans notre sévérité, nous pourrions être arrêtés, si Dieu en avait quelque dessein secret, s'il voulait châtier de si grands criminels, par le fouet de son courroux, ou si, par une peine plus terrible encore, il laissait les coupables

manum genus adversus veritatem, ut tam aperta et manifesta non sentiat? Tot locis pingitur, funditur, tunditur, sculpitur, scribitur, legitur, agitur, cantatur, saltatur Jupiter, adulteria tanta committens; quantum erat ut in suo saltem Capitolio ista prohibens legeretur? Hæc mala dedecoris, impietatisque plenissima, si nemine prohibente in populis ferveant, adorentur in templis, rideantur in theatris, cum his victimas immolant vastetur pecus etiam pauperum, cum hæc histriones agunt et saltant effundantur patrimonia divitum, civitates florere dicuntur? Horum plane florum non terra fertilis, non aliqua opulens virtus, sed illa dea Flora digna mater inventa est, cujus ludi scenici tam effusiore et licentione turpitudine celebrantur, ut quivis intelligat quale dæmonium sit, quod placari aliter non potest, nisi illic non aves, non quadrupedes, non denique sanguis humanus, sed multo scelestius pudor humanus tamquam immolatus intereat.

6. Hæc dixi propter quod scripsisti, quantum tibi ætas fini proxima est, cupere te, ut patriam tuam incolumem ac florentem relinquas. Tollantur illa omnia vana et insana, convertantur homines ad verum Dei cultum moresque castos et pios, tunc patriam tuam florentem videbis, non opinione stultorum, sed veritate sapientium, cum hæc patria carnalis generationis tuæ, portio fuerit illius patriæ, cui non corpore, sed fide nascimur; ubi omnes sancti et fideles Dei post labores velut hyemales vitæ hujus, intermina æternitate florebunt. Nobis itaque cordi est, neque Christianam amittere mansuetudinem, neque perniciosum ceteris imitationis exemplum in illa civitate relinquere. Quomodo id agamus, aderit Deus, si eis non ita graviter indignetur. Alioquin et mansuetudo, quam servare cupimus, et disciplina, qua uti moderate nitimur, impediri potest, si Deo aliud in occulto placet, sive judicanti hoc tantum malum flagello acriore plectendum, sive etiam vehementius irascenti, si non correctis, nec ad se conversis, ad tempus esse voluerit impunitum.

7. Præscribit nobis quodammodo prudentia tua

impunis momentanément, sans être corrigés ni convertis à lui.

7. Votre sagesse nous fait remarquer quelle doit être la conduite d'un évêque ; vous nous dites que votre patrie, par la faute de ses habitants, vient de tomber dans un grand malheur, et que si l'on mesure cette faute avec la rigueur du droit public, ils doivent s'attendre à être punis sévèrement ; mais vous ajoutez : « Qu'il est du devoir d'un évêque de s'occuper du salut des hommes, d'intervenir dans leurs affaires, pour améliorer leur situation présente, et d'implorer du Dieu Tout-Puissant le pardon de leurs fautes. » Nous tâcherons effectivement que personne ne soit puni trop sévèrement, ni par nous, ni par ceux près desquels nous intercédons. Nous désirons procurer aux hommes le salut qui consiste dans le bonheur de bien vivre, et non dans le pouvoir de faire le mal en toute sûreté. Nous demandons à Dieu, le pardon de nos fautes et celui des péchés d'autrui, mais nous ne pouvons l'obtenir que pour ceux qui sont convertis. Vous ajoutez encore : « Je vous supplie et je vous demande avec toute l'ardeur possible que si la faute de ceux de Calame ne peut être excusée, l'innocent soit du moins défendu, et que le châtiment ne tombe pas sur lui. »

8. Ecoutez donc en peu de mots ce qui s'est passé, et discernez vous-même les innocents des coupables. Au mépris des nouvelles lois (1), le jour des calendes de juin, sans que personne s'y opposât, les païens célébrèrent leurs solennités sacriléges avec une telle audace, que rien de pareil ne s'était jamais vu, même au temps de Julien. Ils firent passer les troupes bruyantes de leurs danseurs dans la rue et devant les portes de l'église. Les clercs essayèrent de s'opposer à une chose aussi illicite qu'indigne, l'Eglise fut criblée de pierres. Huit jours après, l'évêque ayant notifié aux magistrats les lois qui d'ailleurs étaient connues de tous, et les ordres ayant été donnés pour les faire exécuter, l'église fut de nouveau assaillie à coups de pierres. Le lendemain, nos clercs, pour arrêter au moins ces furieux par la crainte, s'étant présentés devant les magistrats et demandant que leurs plaintes fussent insérées dans les actes publics, ce droit leur fut refusé. Ce même jour, comme par un coup du ciel pour les effrayer, une forte grêle tomba sur la ville en réciprocité des pierres lancées contre l'église. A peine la grêle eut-elle cessé, que pour la troisième fois des pierres furent lancées contre le sanctuaire divin. On mit le feu à l'église et aux habitations ecclé-

(1) Il s'agit ici de la loi d'Honorius du 24 novembre 407, par laquelle il était défendu aux païens de célébrer leur solennités, comme on le voit dans l'appendice du code de Théodose, page 35.

de persona episcopali, et dicis patriam tuam non levi populi sui errato prolapsam : quod quidem si juris publici rigore metiamur, debet plecti severiore censura ; « Sed episcopum, inquis, fas non est nisi salutem hominibus impertire, et pro statu meliore caussis adesse, et apud omnipotentem Deum veniam aliorum mereri delictis. » Hoc omnino servare conamur, ut severiore censura nemo plectatur, neque a nobis, neque ab alio ullo intercedentibus nobis ; et salutem hominibus cupimus impertire, quæ posita est in recte vivendi felicitate, non in male faciendi securitate. Veniam quoque non tantum nostris, verum et aliorum instamus delictis mereri, quod impetrare nisi pro correctis omnino non possumus. Adjungis etiam et dicis, « Quanta possum supplicatione deposco, ut si defendenda res est, innoxius defendatur, ab innocentibus molestia separetur. »

8. Accipe breviter quæ commissa sint, et noxios ab innocentibus ipse discerne. Contra recentissimas (a) leges, calendis Juniis festo Paganorum sacrilega sollemnitas agitata est, nemine prohibente, tam insolenti ausu, ut quod nec Juliani temporibus factum est, petulantissima turba saltantium in eodem prorsus vico ante fores transirent ecclesiæ. Quam rem illicitissimam atque indignissimam clericis prohibere tentantibus, Ecclesia lapidata est. Deinde post dies ferme octo, cum leges notissimas episcopus ordini replicasset, et dum ea quæ jussa sunt, velut implere disponunt, iterum Ecclesia lapidata est. Postridie nostris ad imponendum perditis metum, quod videbatur apud Acta dicere volentibus publica jura negata sunt. Eodemque ipso die, ut vel divinitus terrerentur, grando lapidationibus reddita est ; qua transacta continuo tertiam lapidationem, et postremo ignes ecclesiasticis tectis atque hominibus intulerunt ; unum servorum Dei, qui oberrans occurrere potuit, occiderunt, ceteris

(a) Intelligit legem Honorii, paganis prohibentem *quidquam sollemnitatis agitare* ; datam Cartio 24 Nov. an. 407, juxta App. cod. Th. pag. 35.

siastiques. On tua même un serviteur de Dieu qui cherchait à s'échapper, tandis que les autres clercs se cachaient et fuyaient de toutes parts. L'évêque lui-même fut forcé de se retirer et de se cacher dans un lieu, d'où, tremblant et les membres contractés par l'effroi, il entendait les cris de ceux qui le cherchaient pour lui donner la mort, et qui se faisaient des reproches à eux-mêmes de ce qu'ils ne pouvaient trouver l'évêque pour achever leur crime. Tout cela s'est passé depuis environ dix heures jusqu'à la nuit avancée. Aucun de ceux dont l'autorité aurait pu apaiser ces désordres n'est intervenu, excepté un seul étranger qui arracha des mains de ces assassins plusieurs serviteurs de Dieu et qui parvint à obliger les pillards à rendre beaucoup d'objets qu'ils avaient extorqués par la force. Or l'exemple de ce seul homme a fait voir que tous les désordres auraient pu facilement être prévenus ou arrêtés, si les citoyens et surtout les magistrats s'y étaient opposés.

9. Ainsi donc dans toute la ville, il serait difficile de discerner les innocents des coupables, ou peut-être seulement les moins coupables de ceux qui le sont davantage. La faute est moindre pour ceux qui, retenus par la crainte et surtout par celle d'offenser les personnages les plus importants de la ville, et dont ils connaissaient l'inimitié pour l'Eglise, n'ont pas osé secourir les chrétiens. On doit regarder comme coupables tous ceux qui, sans avoir pris part à ces crimes les ont cependant laissé commettre et s'en sont réjouis; comme plus coupables encore ceux qui ont commis ces infamies; mais comme les plus criminels de tous, ceux qui les ont encouragées. Sur ce dernier point, ne prenons pas des soupçons pour la vérité; ne cherchons pas à découvrir une chose qu'on ne pourrait savoir qu'en l'arrachant à force de tourments, de la bouche de ceux qui en sont instruits. Pardonnons à la crainte de ceux qui ont mieux aimé prier Dieu pour l'évêque et ses serviteurs, que d'offenser les hommes puissants dont ils connaissaient l'inimitié envers l'Eglise. Mais pour les autres, croyez-vous qu'il ne faille leur imposer aucune peine, et qu'on doive laisser impuni l'exemple qu'ils ont donné d'une fureur aussi atroce qu'insensée? Nous ne voulons pas satisfaire à des sentiments de colère, en vengeant le passé : mais la charité même nous ordonne de pourvoir à l'avenir. Les chrétiens, sans renoncer à leur douceur, savent comment ils doivent châtier les méchants d'une manière utile et salutaire à eux-mêmes. Car les méchants ont non-seulement la santé et la vie, mais ils ont encore de quoi vivre et de quoi mal vivre. Laissons-leur les deux

---

partim ubi potuerant latitantibus, partim qua potuerant fugientibus, cum interea contrusus atque coartatus quodam loco se occultaret episcopus, ubi se ad mortem quærentium voces audiebat sibique increpantium, quod eo non invento gratis tantum perpetrassent scelus. Gesta sunt hæc ab hora ferme decima usque ad noctis partem non minimam. Nemo compescere, nemo subvenire tentavit illorum, quorum esse gravis posset auctoritas, præter unum peregrinum, per quem et plurimi servi Dei de manibus interficere conantium liberati sunt, et multa extorta prædantibus; per quem clarum factum est, quam facile illa vel omnino non fierent, vel coepta desisterent, si cives, maximeque primates ea fieri perficique vetuissent.

9. Proinde in universa illa civitate non innocentes a nocentibus, sed minus nocentes a nocentioribus poteris fortasse discernere. Nam in parvo peccato illi sunt, qui metu deterriti, maximeque ne offenderent eos, quos in illo oppido plurimum posse, et inimicos Ecclesiæ noverant, opem ferre non ausi sunt : scelerati autem omnes, quibus etsi non facientibus, neque immittentibus, tamen volentibus ista commissa sunt : sceleratiores, qui commiserunt; sceleratis ini, qui immiserunt. Sed de immissione suspicionem putemus esse non veritatem, nec ea discutiamus, quæ nisi tormentis eorum, per quos inquiruntur, inveniri omnino non possunt. Demus etiam veniam timori eorum, qui potius Deum pro episcopo et servis ejus deprecandum, quam potentes inimicos Ecclesiæ offendendos esse putaverunt. Quid eos qui restant, nullane censes disciplina coercendos, et proponendum existimas impunitam tam immanis furoris exemplum? Non præterita vindicando pascere iram nostram studemus; sed mis ricordier in futurum consuetudo satagimus. Habent homines mali, ubi et per Christianos non solum mansuete, verum etiam utiliter salubriterque plectantur. Habent enim quod corpore incolumi vivunt, habent unde vivunt, habent unde male vivunt. Duo prima salva sint, ut quos pæniteat sint; hoc optamus, hoc quantum in nobis est, etiam impensa opera instamus. Tertium vero, si Deus voluerit, tamquam putre noxiumque resecari, valde misericorditer puniet. Si autem vel amplius voluerit, vel ne hoc quidem permiserit;

premiers points, la santé et la vie, afin qu'ils puissent se repentir. Voilà ce que nous souhaitons ; voilà à quoi nous désirons contribuer autant qu'il dépend de nous. Quant au troisième point, c'est-à-dire au moyen de mal vivre, si Dieu désire que ce moyen leur soit ôté comme quelque chose qui leur est nuisible, ce sera leur faire, en les punissant, une grande miséricorde. Si Dieu veut quelque chose de plus, ou si même il ne veut pas cela, il y a dans les trésors de sa sagesse et de sa justice des conseils dont nous ne saurions pénétrer la profondeur. Pour nous, nous devons borner nos soins et notre devoir à n'agir que selon l'étendue de nos lumières, en priant Dieu de bénir nos intentions et le désir que nous avons d'être utiles à tout le monde ; et surtout de ne laisser rien s'accomplir par notre faute qui puisse tourner à notre propre désavantage et à celui de son Eglise. Il sait du reste bien mieux que nous-mêmes, ce qui doit être fait à cet égard.

10. Lorsque nous sommes allés à Calame pour consoler la douleur et l'affliction de beaucoup des nôtres, ou apaiser la colère de plusieurs d'entre eux, nous avons fait avec les chrétiens tout ce que nous avons cru nécessaire dans les circonstances présentes. Les païens, cause de tous ces maux, demandèrent à nous voir : nous les avons admis, et nous avons profité de cette occasion pour leur donner des avertissements sur ce qu'ils devaient faire, s'ils étaient sages, non-seulement pour écarter les soucis et les craintes du moment présent, mais encore pour arriver au salut éternel. Ils nous écoutèrent sur bien des choses, et aussi nous adressèrent plusieurs demandes. Mais loin de nous d'être des serviteurs qui aimeraient à s'entendre supplier par ceux qui ne supplient pas Notre Seigneur. La sagacité de votre esprit vous fera comprendre que tous nos efforts doivent tendre à ce que, sans nous écarter de la mansuétude et de la modération chrétiennes, nous détournions les uns d'imiter la perversité des méchants, et que nous engagions les autres à imiter l'exemple de ceux qui se sont convertis. Quant aux dommages qui ont été causés, ils seront supportés par les chrétiens, ou réparés par la générosité de leurs frères. Nous ne voulons que gagner les âmes, même au prix de tous les dangers et de tout notre sang. Puissions-nous en gagner beaucoup à Calame, et ne pas être empêchés d'arriver ailleurs au même but, par l'exemple de ce qui s'est passé chez vous. Que la miséricorde de Dieu nous accorde la grâce de nous réjouir de votre salut !

altioris et profecto justioris consilii ratio penes ipsum est : a nobis curam officiumque oportet impendi, quousque videre conceditur, deprecantibus eum, ut animum nostrum approbet, quo cunctis volumus esse consultum, nihilque fieri sinat per nos, quod et nobis et Ecclesiæ suæ non expedire longe melius novit ipse quam nos.

10. Modo cum apud Calamam essemus, ut nostri in tam gravi dolore vel consolarentur afflicti, vel sedarentur accensi, quantum potuimus quod in tempore oportuisse existimavimus, cum Christianis egimus. Deinde etiam ipsos paganos, mali tanti caput et caussam, petentes ut ab eis videremur, admisimus, ut hac occasione admoneremus eos, quid facere deberent, si saperent, non tantum pro removenda præsenti sollicitudine, verum etiam pro inquirenda salute perpetua. Multa a nobis audierunt, multum etiam ipsi rogaverunt : sed absit ut tales servi simus, quos ab eis rogari delectet, a quibus noster Dominus non rogatur. Unde pervides pro vivacitate mentis tuæ, ad hoc esse nitendum servata mansuetudine, et moderatione Christiana, ut aut ceteros deterreamus eorum imitari perversitatem, aut ceteros optemus eorum imitari correctionem. Damna quæ illata sunt, vel tolerantur a Christianis, vel resarciuntur per Christianos. Animarum nos lucra, quibus adquirendis cum periculo etiam sanguinis inhiamus, et in loco illo quæstuosius provenire, et aliis locis illo exemplo non impediri desideramus. Dei misericordia nobis præstet de tua salute gaudere.

LETTRE XCII [1]

Saint Augustin console la veuve Italica sur la mort de son mari, et réfute l'opinion de ceux qui disaient, qu'on peut voir Dieu par les yeux du corps.

A L'ILLUSTRE DAME ITALICA [2], SA CHÈRE ET HONORÉE FILLE EN JÉSUS-CHRIST, AUGUSTIN, ÉVÊQUE, SALUT EN NOTRE SEIGNEUR.

1. Je vois par votre lettre et par les paroles de celui qui me l'a apportée, que vous désirez vivement en recevoir une de moi, dans l'espérance d'y trouver quelques consolations. Vous verrez quel fruit vous en pouvez retirer ; pour moi je ne dois ni refuser, ni différer de satisfaire à votre désir. Avant tout, cherchez votre consolation dans la foi, l'espérance et dans la charité que le Saint-Esprit répand dans le cœur des fidèles dont il nous donne ici-bas quelques gages, pour nous en faire désirer la plénitude. Vous ne devez pas en effet vous regarder comme abandonnée, puisque par la foi vous possédez Jésus-Christ présent au fond de votre cœur. Vous ne devez pas non plus vous attrister comme les Gentils qui n'ont pas d'espérance, tandis que la nôtre est appuyée sur la promesse infaillible de Dieu, que de cette vie nous passerons à une autre, où nous retrouverons ceux qui, en sortant de celle-ci, nous ont devancés, mais que nous n'avons pas perdus, et que dans cette vie future ils nous seront d'autant plus chers, qu'ils nous seront plus connus, et où nous pourrons les aimer sans craindre d'en être jamais séparés.

2. Quoique ici-bas cet époux, dont le départ vous a fait veuve, vous fût bien connu, il se connaissait cependant beaucoup mieux lui-même. D'où vient cela, puisque vous voyiez son visage qu'il ne voyait pas lui-même ? Parce que la connaissance la plus certaine de nous-mêmes est au dedans de nous, et que personne ne peut pénétrer jusque-là pour connaître ce qu'est l'homme, si ce n'est l'esprit de l'homme qui est en lui. Mais lorsque le Seigneur sera venu,

---

(1) Écrite l'an 408. — Cette lettre était la 6ᵉ dans les éditions antérieures à l'édition des Bénédictins, et celle qui était la 92ᵉ se trouve maintenant la 176ᵉ.
(2) Cette dame Italica paraît être celle à qui saint Jean Chrysostôme adressa sa lettre 170ᵉ dans laquelle il exhorte cette dame romaine, très-influente par sa position et ses richesses, à employer tous les moyens, soit par elle-même, soit par les autres, à l'effet d'apaiser les troubles et l'orage qui avaient éclaté dans l'Église d'Orient.

EPISTOLA XCII

Augustinus Italicæ viduæ, consolans illam super obitu mariti, ac refellens eorum opinionem, qui dicebant, Deum videri oculis corporeis.

DOMINÆ EXIMIÆ ET MERITO PRÆSTANTISSIMÆ, ATQUE IN CHRISTI CARITATE HONORANDÆ FILIÆ (a) ITALICÆ, AUGUSTINUS EPISCOPUS IN DOMINO SALUTEM.

1. Non solum litteris tuis, verum etiam ipso referente qui pertulit, comperi multum te flagitare litteras meas, credentem quod ex eis consolationem habere plurimam possis. Tu itaque videris quid exinde capias, ego tamen eas negare vel differre non debui. Consoletur autem te fides et spes tua, et ipsa caritas quæ diffunditur in cordibus piorum per Spiritum-sanctum, cujus nunc aliquid pro pignore accepimus, ut ipsam plenitudinem desiderare noverimus. Non enim te desolatam putare debes, cum in interiore homine habeas præsentem Christum per fidem in corde tuo : Aut sic te contristari oportet, quemadmodum gentes quæ spem non habent, cum veracissima promissione speremus nos de hac vita, unde migraturi quosdam nostros migrantes non amisimus, sed præmisimus, ad eam vitam esse venturos, ubi nobis erunt quanto notiores, tanto utique cariores, et sine timore ullius discessionis amabiles.

2. Hic autem etsi conjux tuus, cujus abscessu vidua diceris, tibi notissimus erat, sibi tamen notior erat quam tibi. Et unde hoc, cum tu ejus corporalem faciem videres, quam ipse utique non videbat, nisi quia notitia nostri certior intus est, ubi nemo scit quæ sunt hominis, nisi spiritus hominis qui in ipso est : sed cum venerit Dominus, et illuminaverit abscondita tenebrarum, et manifestaverit cogitationes cordis, tunc nihil latebit proximum in proximo, nec erit quod suis quisque aperiat, abscondat alienis, ubi nullus erit alienus. Lux vero ipsa, qua illuminabuntur hæc omnia, quæ modo in

---

(a) Huic ipsi, ut videtur, Italicæ scripta est Johannis Chrysostomi epistola CLXX, qua is Romanam præpotentem feminam adhortatur, ut pro sua facultate, per se, seu per alios diligentiam adhibeat ad sedandam tempestatem in Orientali ecclesia excitatam.

lorsqu'il aura éclairé ce qui est caché dans les ténèbres, et qu'il aura mis au jour les plus secrètes pensées des cœurs, alors il n'y aura plus rien de caché pour nous dans notre prochain, il n'y aura plus rien qu'on puisse dévoiler aux siens et cacher aux étrangers, là où nul ne sera étranger. Mais cette lumière même, qui nous découvrira tout ce qui est présentement caché dans les cœurs, quel langage pourrait en exprimer la nature ou la grandeur? Qui pourrait du moins la concevoir avec sa faible intelligence? Cette lumière n'est autre chose que Dieu lui-même, parce que « Dieu est lumière, et qu'il n'y a pas de ténèbres en lui (I *Jean*, 1, 5). » Mais cette lumière n'est visible qu'aux âmes pures, et non aux yeux du corps. L'âme alors sera donc capable de voir cette lumière qu'elle ne peut voir encore maintenant.

3. Mais cette lumière, l'œil du corps ne peut la voir maintenant, et ne le pourra pas même alors. Car la chose que l'œil du corps peut apercevoir, occupe nécessairement un espace dans un lieu quelconque, et par conséquent, n'est pas tout entière dans chaque partie de l'espace qu'elle remplit, elle doit occuper un espace plus petit par sa moindre partie, et plus grand par sa plus grande. Il n'en est pas de même du Dieu invisible et incorruptible, « qui, seul possède l'immortalité et habite une lumière inaccessible, ce Dieu que nul homme n'a vu et ne peut voir (I *Tim.*, VI, 16). » C'est-à-dire ce Dieu qui ne peut être vu par l'homme avec les yeux dont il voit les choses corporelles. Car si Dieu était invisible et inaccessible à l'âme des hommes pieux, l'Ecriture ne dirait pas: « Approchez-vous de lui, afin d'en être éclairés (*Ps.*, XXXIII, 6). » Si ce Dieu était invisible aux âmes saintes, l'Ecriture ne dirait pas non plus : « Nous le verrons tel qu'il est (I *Jean*, III, 2), » car comprenez bien toute la pensée de saint Jean : « Mes chers fils, » dit-il, « nous sommes les enfants de Dieu, mais on n'a pas encore vu ce que nous serons un jour. Nous savons que quand il aura apparu, nous serons semblables à lui, parce que nous le verrons tel qu'il est (I *Jean*, III, 2). » Nous le verrons donc autant que nous serons semblables à lui, comme nous le voyons d'autant moins présentement, que nous sommes plus éloignés de cette divine ressemblance. Nous le verrons donc par où nous lui ressemblerons. Mais qui serait assez insensé de dire, que c'est par le corps, que nous sommes présentement, ou que nous serons un jour semblables à Dieu ? Cette ressemblance est dans l'homme intérieur, qui se renouvelle dans la connaissance de Dieu, selon l'image de celui qui l'a créée. Nous lui ressemblerons d'autant plus que nous aurons fait plus de progrès dans sa connaissance et dans son amour: « Car quoique notre homme extérieur se détruise, l'homme intérieur se renouvelle de

---

cordibus recondantur, qualis aut quanta sit, quis lingua proferat, quis saltem infirma mente contingat? Profecto lux illa Deus ipse est, quoniam « Deus lux est, et tenebræ in eo non sunt ullæ (I *Joh.*,1,5),» sed lux mentium purgatarum, non istorum corporis oculorum. Erit ergo tunc mens idonea, quæ illam lucem videat, quod nunc nondum est.

3. Hoc autem oculus videre corporis neque nunc potest, neque tunc poterit. Omne quippe quod oculis corporis conspici potest, in loco aliquo sit necesse est, nec ubique sit totum, sed minore sui parte minorem locum occupet, et majore majorem. Non ita est Deus invisibilis et incorruptibilis, « Qui solus habet immortalitatem, et lucem habitat inaccessibilem ; quem nemo hominum vidit nec videre potest (I *Tim.*, VI, 16). » Per hoc enim videri ab homine non potest, per quod videt homo corpore corpora. Nam et si mentibus piorum esset inaccessibilis, non diceretur, « Accedite ad eum, et illuminamini (*Psal.*, XXXIII, 6) : » et si mentibus piorum esset invisibilis, non diceretur, « Videbimus eum sicuti est (I *Johan.*, III, 2). » Nam perspice totam ipsam in epistola Johannis sententiam ; « Dilectissimi, inquit, filii Dei sumus, et nondum apparuit quid erimus. Scimus quia cum apparuerit similes ei erimus, quoniam videbimus eum sicuti est (*Ibid.*, 2). » In tantum ergo videbimus, in quantum similes ei erimus ; quia et nunc in tantum non videmus, in quantum dissimiles sumus. Inde igitur videbimus, unde similes erimus. Quis autem dementissimus dixerit, corpore nos vel esse, vel futuros esse similes Deo? In interiore igitur homine ista similitudo est; qui renovatur in agnitionem Dei, secundum imaginem ejus, qui creavit illum. Et tanto efficimur similiores illi, quanto magis in ejus cognitione et caritate proficimus : quia« etsi exterior homo noster corrumpitur, sed interior renovatur de die in diem (II *Cor.*, 16) : » ita sane ut in hac vita quantuscumque provectus sit, longe absit ab illa perfectione similitudinis, quæ idonea erit ad videndum Deum,

jour en jour (II *Cor.*, IV, 16). » Sans que nous puissions néanmoins, quelques progrès spirituels que nous fassions dans cette vie, arriver à cette parfaite ressemblance qui nous permettra de voir Dieu, comme le dit l'apôtre, « face à face (I *Cor.*, XIII, 12). » Si par ces paroles nous voulions comprendre un visage corporel, il s'en suivrait que Dieu en aurait un comme le nôtre et que quand nous le verrons « face à face » il y aurait une certaine distance entre lui et nous ; s'il y a une distance, il faut dire qu'il y aura une fin ; qu'il y aura des membres d'une certaine grandeur et d'autres absurdités semblables, auxquelles on ne saurait penser sans impiété, et par lesquelles l'homme charnel, ne comprenant pas les choses qui sont de l'esprit de Dieu, se perd et s'égare dans des erreurs et des chimères.

4. Parmi ces gens-là, il s'en trouve, comme je l'ai appris, quelques-uns qui prétendent que présentement nous voyons Dieu par l'esprit, et qu'alors il sera visible aux yeux du corps, même aux impies. Voyez un peu jusqu'où, sans crainte et sans pudeur, ils osent pousser l'extravagance de leur langage. Précédemment, ils disaient que Jésus-Christ n'avait donné qu'à sa propre chair, le privilége de voir Dieu avec les yeux du corps ; ils ont ajouté ensuite que les saints, en reprenant leur enveloppe corporelle, à la résurrection, verront Dieu de la même manière : maintenant ils accordent cette possibilité aux impies. Qu'ils donnent tout ce qu'ils veulent à qui ils veulent : Qui voudrait contrarier des gens qui donnent du leur? Car, « celui qui débite le mensonge, donne ce qui lui est propre (*Jean*, VIII, 44). » Mais vous et ceux qui, avec vous, s'en tiennent à la saine doctrine, gardez-vous bien de tirer rien de pareil de votre propre fonds ; mais lorsque vous lisez : « Heureux ceux qui ont le cœur pur, car ils verront Dieu (I *Cor.*, XIII, 12), » comprenez que les impies ne le verront pas, parce que les impies ne sont pas heureux et n'ont pas le cœur pur. De même quand vous lisez, « Nous ne voyons Dieu présentement que comme en énigme et dans un miroir mais alors nous le verrons face à face (*Matth.*, V, 8), » comprenez que nous le verrons alors face à face avec les mêmes yeux par lesquels nous le voyons aujourd'hui, comme énigme et dans un miroir, et que dans ces deux cas, ces yeux sont ceux de l'homme intérieur, à qui seul il est réservé de le voir, non-seulement dans ce pèlerinage, où nous marchons avec la foi et où l'on n'a que le miroir et l'énigme, mais encore lorsque nous serons arrivés dans cette patrie où nous pourrons le contempler par une claire vision ; et c'est ce que l'apôtre veut nous faire entendre, en disant que nous le verrons « face à face. »

5. Que l'homme charnel, enivré de pensées charnelles, écoute ces paroles de l'apôtre : «Dieu

---

sicut dicit Apostolus. « facie ad faciem (*Cor.*, XIII, 12). » In quibus verbis certe si corporalem faciem voluerimus accipere, consequens erit, ut etiam Deus talem habeat faciem ; et sit aliquod intervallum inter nostram et ipsius, cum eum videbimus facie ad faciem. Et si intervallum, utique finis, et membrorum habitus terminatus, et cetera absurda dictu que et cogitatu impia, quibus animalis homo, non percipiens quæ sunt spiritus Dei, fallacissimis vanitatibus luditur.

4. Dicant enim quidam eorum, qui talia garriunt, sicut ad me potuit pervenire, nos Deum videre nunc mente, tunc corpore, ita ut etiam impios eum pari modo asseverent esse visuros. Vide quantum in pejus profecerit, dum sine limite timoris vel pudoris, hac atque illac vagabunda fertur impunita loquacitas. Antea dicebant, carni suæ tantum hoc præstitisse Christum, ut corporeis oculis videret Deum : deinde addiderunt etiam, omnes sanctos receptis in resurrectione corporibus, eodem modo Deum esse visuros : nunc jam i tam possibilitatem etiam impiis donaverunt. Donent sane quantum volunt, et quibus volunt. Nam quis audeat contradicere hominibus de suo donantibus ?« Qui enim loquitur mendacium, de suo loquitur (*Johan.*,VIII,44).» Tu autem cum his qui sanam doctrinam tenent, nihil istorum audeas usurpare de tuo : sed cum legis, « Beati mundo corde, quoniam ipsi Deum videbunt (I *Cor.*, XIII, 12); » intellige impios non visuros : neque enim beati et mundi corde sunt impii. Item cum legis, « Videmus nunc per speculum in ænigmate, tunc autem facie ad faciem (*Matth.*, V, 8) :» intellige inde nos tunc visuros facie ad faciem, unde videmus nunc per speculum in ænigmate. Hoc autem utrumque interioris hominis munus est, sive cum in ista peregrinatione adhuc per fidem ambulatur, in qua utitur speculo et ænigmate, sive in illa patria cum per speciem contemplabitur, pro qua visione positum est, « facie ad faciem. »

est esprit, et il faut que ceux qui l'adorent, l'adorent en esprit et en vérité (*Jean*, IV, 24). » Qui oserait affirmer qu'on peut voir la substance de Dieu avec les yeux du corps? Ceux qui pensent ainsi croient sans doute être très-subtils dans leur raisonnement et nous confondre en nous disant : Le Christ a-t-il pu, ou n'a-t-il pas pu donner à sa chair le privilége de voir son père? Si nous leur répondons qu'il ne l'a pas pu, ils nous accuseront de porter atteinte à la toute-puissance divine. Si nous leur accordons qu'il l'a pu, ils concluront de notre réponse que leur raisonnement était juste. J'aime bien mieux la folie de ceux qui prétendent que la chair se convertira un jour en substance divine, et qu'elle sera ce que Dieu est lui-même. Ils la rendraient du moins ainsi capable de voir Dieu, ce qu'elle ne peut faire maintenant à cause de la grande différence qui la sépare de lui. Mais leur foi, je pense, et peut-être leurs oreilles se refuseraient à une telle erreur. Si on les pressait par les mêmes questions, si on leur demandait si Dieu peut ou ne peut pas faire cela ; en répondant qu'il ne le peut pas, ils diminuent sa puissance ; en accordant qu'il le peut, ils avouent que Dieu pourra un jour, être vu avec les yeux du corps. Qu'ils dénouent donc le dilemme qu'ils nous proposent comme celui que nous leur proposons. Nous leur demanderons ensuite pourquoi ils attribuent aux yeux seuls du Christ, et non à ses autres sens, un privilége si admirable. Dieu sera donc aussi un son, pour que les oreilles puissent l'entendre, une odeur, pour que l'odorat puisse le sentir, une liqueur, pour être atteint par le goût, quelque chose de massif, pour être atteint par le toucher? Non, diront-ils. Quoi donc? Dieu peut-il faire que cela soit, ou ne le peut-il pas? S'ils répondent qu'il ne le peut pas, pourquoi mettent-ils ainsi des bornes à la toute-puissance divine? S'ils répondent qu'il le peut, mais qu'il ne le veut pas, pourquoi accorder ce privilége seulement aux yeux de Jésus-Christ, et en priver les autres sens de son corps? Peuvent-ils donc pousser leur folie aussi loin qu'ils le veulent? Pour nous, ce ne sont pas des bornes que nous voudrions mettre à leur folie, nous voudrions la guérir tout à fait.

6. Nous aurions bien d'autres raisons à produire, pour réfuter leur démence. Si elle arrive jusqu'à vos oreilles, lisez-leur ce que je vous écris, et ne craignez pas de me faire part, comme vous le pourrez de leurs réponses. C'est parce que la vue de Dieu nous est promise pour récompense de notre foi que nos cœurs doivent être purifiés par la foi. Or, si cette vue pouvait

---

5. Audiat caro carnalibus ebria cogitationibus ; « Spiritus est Deus, et ideo qui adorant Deum, in spiritu et veritate oportet adorare (*Johan.*, IV, 24).» Si adorare, quanto magis videre? Quis enim audeat affirmare Dei substantiam corporaliter videri, cum eam noluerit corporaliter adorari? Sed argute sibi videntur dicere, et quasi interrogando premere, Potuit Christus carni suæ præstare, ut oculis corporeis videret Patrem, an non potuit? Ut si non potuisse responderimus, omnipotentiæ Dei nos derogasse proclament : si autem potuisse concesserimus, argumentationem suam ex nostra responsione concludant. Quanto jam tolerabilius desipiunt, qui carnem asserunt conversum iri in substantiam Dei, et hoc futuram esse quod Deus est, ut sic eam saltem videndo Deo faciant idoneam, nunc tanta diversitate dissimilem. Quam vanitatem credo istos abigere a fide sua, fortasse et ab auribus. Et tamen si interrogatione de hoc similiter urgeantur, possitne Deus hoc, an non efficere possit ; utrum ejus potestati detrahent, si non posse responderint, an hoc futurum fatebuntur, si posse concesserint? Quomodo ergo exirent de hoc laqueo alieno, sic exeant de suo. Deinde cur solis oculis corporeis Christi, hoc donum adtributum esse contendunt, non etiam ceteris sensibus? Sonus ergo erit Deus, ut possit etiam auribus percipi? Et halitus erit, ut sentiri possit olfactu? Et liquor aliquis erit, ut possit et bibi? Et moles erit, ut possit et tangi? Non, inquiunt. Quid ergo? An illud potest Deus, et hoc non potest? Si non posse dixerint, cur derogant omnipotentiæ Dei? Si posse et nolle responderint, cur solis oculis favent, invident autem ceteris sensibus corporis Christi? An quousque volunt, desipiunt? Quanto nos melius, qui non eorum insipientiæ terminos figimus, sed ut desipiant prorsus, nolumus!

6. Multa proferri possunt ad istam dementiam refutandam. Sed si aliquando irruerint auribus tuis, hæc interim eis lege, et quid respondeant non nogat te rescribere ut potes. Ad hoc enim fide corda nostra mundantur, quia nobis fidei merces visio Dei promittitur. Quæ si per corporis oculos erit, frustra ad eam percipiendam sanctorum animus exercetur : immo vero tam perverse sentiens animus non in se exercetur, sed totus in carne est. Ubi enim

avoir lieu par les yeux du corps, c'est en vain que pour en jouir, les saints travailleraient à purifier leur âme. Aussi ceux qui ont des sentiments si pervers, ne s'occupent-ils nullement de leur âme, et s'enfoncent-ils tout entiers dans la chair. Ils y font en quelque sorte leur demeure, et s'y attachent d'autant plus, que c'est par là qu'ils espèrent voir Dieu. Je laisse à votre intelligence le soin de juger de la grandeur d'un tel mal, plutôt que de chercher à vous l'expliquer par un long discours. Que votre cœur demeure toujours sous la protection du Seigneur, illustre et excellente dame et notre respectable fille dans la charité de Jésus-Christ. Saluez vos bien-aimés fils, qui sont aussi les miens en notre Seigneur, avec le dévouement que je dois à vos mérites.

LETTRE XCIII [1]

Saint Augustin réfute une lettre d'un certain Vincent, évêque du schisme de Rogat, à Cartenne (2). Il lui dit, qu'autrefois il avait été d'avis, qu'il ne fallait pas agir par la force avec les hérétiques, mais par la raison et par la parole de Dieu, mais que d'après les conseils des autres et de ce qu'il avait vu par lui-même, il avait changé d'avis, et qu'il croyait nécessaire d'invoquer les lois de la puissance temporelle contre les ennemis de la foi, pourvu qu'on le fit dans l'intention de les ramener à la vérité, et non par esprit de vengeance. Ensuite il combat, par un grand nombre de raisons, l'opiniâtreté des Donatistes et leur obstination sacrilége à rebaptiser les chrétiens.

A SON TRÈS-CHER FRÈRE VINCENT, AUGUSTIN.

CHAPITRE PREMIER. — 1. J'ai reçu une lettre que je dois vous attribuer, car elle m'a été remise par un catholique qui m'a assuré, qu'elle était de vous, je le crois incapable de mentir ; mais quand bien même elle ne serait pas de vous, j'ai pensé qu'il fallait répondre à celui qui l'a écrite, quel qu'il soit. Vous me trouverez aujourd'hui bien plus ami et désireux de la paix que lorsque vous m'avez connu jeune encore, à Carthage, du vivant de Rogat à qui vous avez succédé. Mais les Donatistes sont si remuants, qu'il me paraît utile de les retenir, et de les corriger par l'autorité des puissances temporelles établies de Dieu. Déjà beaucoup

---

(1) Écrite l'an 408. — Cette lettre était la 46ᵉ dans les éditions antérieures à l'édition des Bénédictins, et celle qui était la 93ᵉ, se trouve maintenant la 181ᵉ.
(2) Aujourd'hui Ténès.

---

tenacius habitabit et fixius, nisi unde se Deum visurum esse præsumit ? Quod certe quantum malum sit, intelligentiæ potius dimitto tuæ, quam longo sermone molior explicare. (a) In protectione Domini semper habitet cor tuum, Domina eximia et merito præstantissima, atque Christi caritate honoranda filia ? Honorabiles tecum nobisque in Domino dilectissimos filios tuos debito meritis vestris officio resaluta.

EPISTOLA XCIII.

Augustinus Vincentii e schismate Rogatiano episcopi Cartennensis epistolam refellens dicit visum sibi fuisse aliquando, non vi cum hæreticis, sed verbo Dei et ratione agendum ; verum sententiis aliorum exemplisque superatum mutasse sententiam, et arbitrari leges principum recte implorari adversus hostes fidei, modo id fiat animo corrigendi, non studio vindicandi : aliaque subjicit permulta contra pervicaciam et anabaptismum Donatistarum.

DILECTISSIMO FRATRI VINCENTIO, AUGUSTINUS.

CAPUT I.— 1. Accepi Epistolam, quam tuam esse mihi non incredibile visum est. Adtulit enim eam, quem catholicum Christianum esse constaret, qui, ut opinor, mihi mentiri non auderet. Sed et si forte non sunt litteræ tuæ, ego ei qui scripsit rescribendum putavi. Nunc me potius quietis esse avidum et petentem, quam tunc cum me adolescentem, vivo adhuc Rogato cui successisti, apud Carthaginem noveras. Sed Donatistæ nimium inquieti sunt, quos per ordinatas a Deo potestates cohiberci atque corrigi mihi non videtur inutile. Nam de multorum jam correctione gaudemus, qui tam veraciter unitatem catholicam tenent atque defendunt, et a pristino errore se liberatos esse lætantur, ut eos cum magna gratulatione miremur. Qui tamen nescio qua vi

---

(a) Reliqua verba prorsus absunt a MSS. sedecim.

d'entre eux ramenés par ce moyen, sont pour nous un sujet de joie, comme aussi un sujet d'admiration, quand nous considérons la sincérité avec laquelle ils retiennent et défendent l'unité catholique, et la joie qu'ils ressentent d'avoir été délivrés de leur ancienne erreur. Cependant, telle est la force d'une mauvaise habitude, que jamais ils n'auraient songé à se corriger, si la crainte des lois ne les eût forcés à rechercher la vérité; et ne leur eût fait penser, qu'en souffrant avec une vaine et infructueuse patience ces peines temporelles pour l'orgueil et la perversité des hommes, et non pour la justice, ils devaient s'attendre à recevoir de Dieu les châtiments réservés aux impies, qui ont méprisé ses avertissements et ses corrections paternelles. Voilà ce qui les a rendus dociles à la vérité, et capables de reconnaître cette Eglise répandue sur toute la terre, selon les promesses faites et annoncées, non par les fables et les calomnies humaines, mais par les Livres Saints où Jésus-Christ est annoncé, et sur la foi desquels ils croient, sans l'avoir vu, qu'il est maintenant élevé au plus haut des cieux. N'aurais-je donc pas été l'ennemi du salut de tous ces hommes-là, si j'avais détourné mes collègues de cette sollicitude paternelle, par suite de laquelle nous voyons aujourd'hui beaucoup de donatistes déplorer leur ancien aveuglément? Ils croyaient bien, sans l'avoir vu, que le Christ était élevé au plus haut des cieux, mais ils niaient, même en le voyant, que sa gloire fût répandue sur toute la terre. Cependant le prophète a clairement annoncé l'une et l'autre chose, lorsqu'il dit : « O Dieu, élevez-vous au plus haut des cieux, et que votre gloire éclate sur toute la terre (*Ps.*, CVII, 6) ! »

2. C'eût été rendre le mal pour le mal à ces hommes autrefois nos ennemis acharnés, troublant notre paix et notre repos par des violences et des embûches de toute espèce, que de ne pas chercher les moyens de les effrayer et de les corriger. En effet, si quelqu'un voyait son ennemi devenu furieux dans un transport de fièvre, courir vers un précipice, ne serait-ce pas lui rendre le mal pour le mal, que de le laisser courir à la mort, plutôt que de le saisir et de le lier? Ce frénétique prendrait ce service et cet acte de charité pour un outrage et pour un effet de haine, mais revenu à la santé, il rendrait à son libérateur des actions de grâces d'autant plus abondantes, que celui-ci l'aurait moins ménagé. O si je pouvais vous montrer combien nous avons déjà ramené à la foi catholique de circoncellions, déplorant leur vie passée, et la malheureuse erreur par laquelle ils croyaient servir l'Eglise de Dieu, en faisant tout ce que leur inspirait leur inquiète témérité! Cependant

consuetudinis, nullo modo mutari in melius cogitarent, nisi hoc terrore perculsi, sollicitam mentem ad considerationem veritatis intenderent, ne forte si non pro justitia, sed pro perversitate et præsumtione hominum ipsas temporales molestias; infructuosa et vana tolerantia paterentur, apud Deum postea non invenirent nisi debitas pœnas impiorum, qui ejus tam lenem admonitionem, et paterna flagella contemserint : ac sic ista cogitatione dociles facti, non in calumniis et fabulis humanis, sed in divinis libris promissam per omnes gentes invenirent Ecclesiam ; quam suis oculis reddi conspicerent, in quibus et Christum prænuntiatum, etiam non visum super cælos esse minime dubitarent. Numquidnam ego istorum saluti invidere debebam, ut collegas meos ab hujusmodi paterna diligentia revocarem, per quam factum est, ut multos videamus accusare suam pristinam cæcitatem? qui cum super cælos exaltatum Christum, etiam non videntes credebant; gloriam tamen ejus super omnem terram, etiam videntes negabant, cum Propheta utrumque una sententia tanta manifestasione complexus sit, dicens, « Exaltare super cælos Deus, et super omnem terram gloria tua (*Psal.*, CVII, 6). »

2. Istos ergo atroces quondam inimicos nostros, pacem et quietem nostram variis violentiarum et insidiarum generibus graviter infestantes, ut sic contemneremus et toleraremus, ut nihil omnino, quod ad eos terrendos ac corrigendos valere posset, excogitaretur et ageretur a nobis, vere malum pro malo redderemus. Si enim quisquam inimicum suum periculosis febribus phreneticum factum, currere videret in præceps, nonne tunc potius malum pro malo redderet, si eum sic currere permitteret, quam si corripiendum ligandumque curaret ? Et tamen tunc ei molestissimus, et adversissimus videretur, quando utilissimus et misericordissimus exstitisset? sed plane salute reparata tanto uberius ei gratias ageret, quanto sibi cum minus pepercisse sensisset. O si possem tibi ostendere, ex ipsis Circumcellionibus quam multos jam

ils n'auraient jamais étendus à la santé, s'ils n'avaient pas été retenus, comme les frénétiques, par les liens de ces lois qui vous déplaisent. Il y avait encore un autre genre de maladie très-grave, c'était celle de ces gens qui, sans avoir la même turbulence et la même audace, empêchés seulement par une ancienne et pesante léthargie, nous disaient : Ce que vous nous dites est vrai ; il n'y a rien à y répondre, mais il nous est pénible de renoncer à la tradition de nos ancêtres. N'était-il pas nécessaire d'employer contre les malades de cette espèce le remède salutaire de la crainte des peines temporelles, pour les tirer de ce sommeil funeste, et les réveiller au salut de l'unité? Combien en est-il maintenant parmi eux, qui se réjouissent avec nous, tout en regrettant leurs anciennes œuvres qui pèsent encore sur leur conscience, et qui nous savent gré de les avoir molestés, parce qu'autrement ils auraient péri dans le mal de leur apathie, comme dans un sommeil mortel.

3. Mais, direz-vous, ces moyens ne profitent pas à tous. Faut-il donc renoncer à la médecine parce qu'il y a des maladies incurables? Vous ne songez qu'à ceux qui sont tellement endurcis dans le mal, que le châtiment même n'a pas produit d'effet sur eux. C'est de tels hommes qu'il a été écrit : « J'ai flagellé en vain vos fils ; ils n'ont pas accepté le châtiment (*Jérém*, II, 30). » Cependant leur châtiment n'avait pas été l'effet de la haine mais de la charité. Vous devez aussi songer au grand nombre de ceux dont le salut est pour nous un sujet de joie. Si on se contentait de les effrayer sans les instruire, ce serait là une tyrannie cruelle. D'autre part, si on se bornait à les instruire, sans leur inspirer quelque crainte, endurcis dans leurs habitudes invétérées, ils arriveraient bien difficilement à prendre la voie qui mène au salut. Nous en connaissons aussi plusieurs qui, tout en admettant la vérité manifestée par des preuves divines, nous exprimaient leur désir d'entrer dans la communion de l'Église catholique, mais aussi leur crainte d'être exposés à la haine violente des hommes pervers, haine cependant qu'ils devraient mépriser pour la justice et la vie éternelle. Il faut supporter la faiblesse de ces gens-là, et attendre que la force leur vienne, mais non pas les désespérer. Nous ne devons pas oublier ce que le Seigneur a dit à Pierre encore faible : « Vous ne pouvez pas maintenant me suivre, mais vous me suivrez plus tard (*Jean*, XIII, 36). » En faisant marcher de pair une crainte utile et un enseignement salutaire, pour

---

catholicas manifestos habeamus, damnantes suam pristinam vitam et miserabilem errorem, quod se arbitrabantur pro Ecclesia Dei facere quidquid inquieta temeritate faciebant : qui tamen ad hanc sanitatem non perducerentur, nisi legum istarum, quæ tibi displicent, vinculis tamquam phrenetici ligarentur. Quid illud alterum genus morbi gravissimi eorum, qui turbulentam quidem audaciam non habebant, sed quadam vetusta socordia præmebantur, dicentes nobis, Verum quidem dicitis, non est quod respondeatur ; sed durum est nobis traditionem parentum relinquere : nonne salubriter regula (*a*) temporalium molestiarum excutiendi erant, ut tamquam de somno lethargico emergerent, et in salutem unitatis evigilarent? Quam multi ex ipsis nunc nobiscum gaudentes, pristinum pondus perniciosi sui operis accusant, et fatentur nos sibi molestos esse debuisse, ne tamquam mortifero somno, ita morbo veternosæ consuetudinis interirent.

3. At enim quibusdam ista non prosunt. Numquid ideo negligenda est medicina, quia nonnullorum est insanabilis pestilentia? Tu non adtendis nisi eos, qui ita duri sunt, ut nec istam recipiant disciplinam. De talibus enim scriptum est, « Frustra flagellavi filios vestros, disciplinam non receperunt (*Jer.*, II, 30), » puto tamen quia dilectione, non odio flagellati sunt. Sed debes etiam tam multos adtendere, de quorum salute gaudemus. Si enim terrerentur, et non docerentur, improba quasi dominatio videretur. Rursus si docerentur et non terrerentur, vetustate consuetudinis obdurati ad capessendam viam salutis pigrius moverentur : quandoquidem multi, quos bene novimus, reddita sibi ratione et manifestata divinis testimoniis veritate, respondebant nobis, cupere se in Ecclesiæ catholicæ communionem transire, sed violentas perditorum hominum inimicitias formidare ; quas quidem pro justitia et pro æterna vita utique contemnere debuerunt : sed talium infirmitas, donec firmi efficiantur, sustinenda est, non desperanda. Nec obliviscendum quod ipse Dominus adhuc infirmo Petro ait, « Non potes me modo sequi, sequeris autem postea (*Johan.*, XIII, 36). » Cum vero

---

(*a*) Lov. *regula temporali*. Bad. Am. Er. et MSS. plures, *regula temporalium*.

que d'un côté la lumière de la vérité dissipe les ténèbres de l'erreur, et que de l'autre, la force de la crainte brise les liens des mauvaises habitudes, nous parvenons, comme je l'ai dit, à nous réjouir du salut de beaucoup d'hommes, qui avec nous bénissent et remercient Dieu, d'avoir accompli la promesse qu'il avait faite de faire servir les rois de la terre devenus serviteurs du Christ, à la guérison des malades et des infirmes.

CHAPITRE II. — 4. Celui qui nous épargne, n'est pas toujours notre ami ; et celui qui nous châtie n'est pas pour cela notre ennemi. Les blessures faites par un ami, sont meilleures que les baisers d'un ennemi et mieux vaut une tendresse sévère, qu'une douceur trompeuse. On rend plus de service à quelqu'un qui a faim, en lui ôtant son pain, lorsque tranquille sur sa nourriture, il néglige la justice, qu'on ne ferait dans le même cas en lui donnant du pain, pour le séduire et l'attirer à l'injustice. Celui qui lie un frénétique, et réveille un léthargique, les aime tous les deux, quoiqu'il les tourmente l'un et l'autre. Qui peut nous aimer plus que Dieu? Cependant il ne cesse de mêler à la douceur de ses leçons la salutaire terreur de ses châtiments. Aux doux moyens par lesquels il nous console, il mêle aussi le mordant remède de la tribulation. Il éprouve par la faim ses pieux et saints prophètes : il punit sévèrement la rébellion de son peuple ; et pour faire triompher la vertu dans la faiblesse, il ne délivre pas l'Apôtre de l'aiguillon de la chair, malgré sa prière trois fois renouvelée. Aimons nos ennemis, parce que cela est juste et que Dieu nous l'ordonne, afin d'être les fils de notre père qui est aux cieux, qui fait lever son soleil sur les bons et les méchants, et qui fait descendre sa rosée sur les justes et sur les injustes (*Matth.*, v, 45). Mais tout en le louant de ses bienfaits, n'oublions pas qu'il châtie aussi ceux qu'il aime.

5. Vous pensez que personne ne doit être forcé à la justice Vous lisez cependant que le père de famille a dit à ses serviteurs : « Tous ceux que vous trouverez, forcez-les d'entrer (*Luc.*, XIV, 23). » Vous lisez aussi que Saul, appelé ensuite Paul, fut forcé par une grande violence du Christ de reconnaître et d'embrasser la vérité (*Act.*, IX, 5.) Vous ne croyez sans doute pas que l'argent, ou tout autre bien de ce monde, soit plus cher aux hommes que cette lumière du jour, que nous recevons par les yeux? Cependant Paul renversé par une voix céleste, perdit cette lumière, et ne la recouvra, qu'après s'être incorporé à la sainte Eglise.

---

terrori utili doctrina salutaris adjungitur, ut non solum tenebras erroris lux veritatis expellat, verum etiam malæ consuetudinis vincula vis timoris abrumpat, de multorum sicut diximus salute lætamur, benedicentium nobiscum, et gratias agentium Deo, quod sua pollicitatione completa, qua reges terræ Christo servituros esse promisit, sic curavit morbidos, sic sanavit infirmos.

CAPUT II. — 4. Non omnis qui parcit, amicus est : nec omnis qui verberat, inimicus. Meliora sunt vulnera amici, quam voluntaria oscula inimici (*Prov.*, XXVII, 6). Melius est cum severitate diligere, quam cum lenitate decipere. Utilius esurienti panis tollitur, si de cibo securus justitiam negligat, quam esurienti panis frangitur, ut injustitiæ seductus adquiescat. Et qui phreneticum ligat, et qui lethargicum excitat, ambobus molestus, ambos amat. Quis nos potest amplius amare, quam Deus? Et tamen nos non solum docere suaviter, verum etiam salubriter terrere non cessat. Fomentis lenibus, quibus consolatur, sæpe etiam mordacissimum medicamentum tribulationis adjungens, exercet fame Patriarchas etiam pios et religiosos : populum contumacem pœnis gravioribus agitat : non aufert ab Apostolo stimulum carnis tertio rogatus, ut virtutem in infirmitate perficiat. Diligamus etiam inimicos nostros, quia hoc justum est, et hoc præcipit Deus, ut simus filii Patris nostri qui in cælis est (*Matt.*, v, 45), qui facit solem suum oriri super bonos et malos, et pluit super justos et injustos. Sed sicut ista dona ejus laudamus, ita etiam flagella ejus in eos, quos diligit, cogitemus.

5. Putas neminem debere cogi ad justitiam, cum legas patrem familias dixisse servis, « Quoscumque inveneritis cogite intrare (*Lucæ*, XIV, 23) : » cum legas etiam ipsum primo Saulum, postea Paulum (*Act.*, IX, 5), ad cognoscendam et tenendam veritatem, magna violentia Christi cogentis esse compulsum: nisi forte cariorem putas hominibus esse pecuniam, vel qualemlibet possessionem, quam lucem istam, quæ oculis carpitur. Hanc ille cælesti prostratus voce subito amissam non recuperavit, nisi cum sanctæ incorporaretur Ecclesiæ. Et putas nullam vim adhibendam esse homini, ut ab erroris pernicie liberetur : cum ipsum Deum, quo nemo

Pensez-vous après cela qu'on ne doive faire aucune violence à l'homme, pour le délivrer de l'erreur, quand Dieu lui-même nous en donne évidemment l'exemple, ce Dieu qui nous aime plus que personne puisque le Christ nous dit : « Personne ne vient à moi si le père ne l'attire (*Jean*, VI, 44). » Or, c'est ce qui se passe dans le cœur de tous ceux qui se convertissent à Dieu, par crainte de sa colère divine. Ne savez-vous pas que quelquefois le voleur répand de l'herbe, pour attirer les brebis hors du bercail, et que le pasteur se sert quelquefois de la verge, pour y faire rentrer le troupeau dispersé ?

6. Sara, en ayant reçu le pouvoir n'affligeait-elle pas la servante rebelle ? Et cependant elle ne haïssait pas Agar qu'elle aimait jusqu'à lui permettre de devenir mère, mais elle voulait dompter en elle l'esprit de rébellion et d'orgueil. Or, vous n'ignorez pas que ces deux femmes, Sara et Agar, et leurs deux fils Isaac et Ismaël, représentent ici les enfants de l'esprit et ceux de la chair. Et quoique nous lisions, que la servante et son fils ont été durement traités par Sara, l'Apôtre saint Paul nous dit « qu'Isaac a effectivement été persécuté par Ismaël, mais » ajoute-t-il, « comme alors celui qui était né selon la chair, persécutait celui qui était né selon l'esprit, ainsi en est-il aujourd'hui (*Gal.*, IV, 29). » Par là, l'Apôtre montre à ceux qui peuvent le comprendre, que l'Eglise catholique par l'orgueil et l'impiété des hommes charnels souffre bien plus persécution, que ceux qu'elle s'efforce de convertir par la crainte et les peines temporelles. Ainsi tout ce que fait la vraie et légitime mère, quelque dur et amer que nous paraisse son traitement, ne rend pas le mal pour le mal, mais elle applique le remède salutaire de la correction, pour éloigner de nous le mal de l'iniquité, et cela, non par haine, ni pour nuire, mais par amour, et pour guérir. Ainsi, puisque les bons et les méchants font et souffrent souvent les mêmes choses, ce n'est ni par ce qu'ils font, ni par ce qu'ils souffrent, mais par les causes mêmes qu'il faut établir entre eux une différence. Pharaon écrasait le peuple de Dieu par de pénibles travaux (*Exod.*, V, 9) ; Moïse châtiait par des peines sévères l'impiété de ce même peuple (*Exod.*, XXXII, 27). L'un et l'autre faisaient les mêmes choses, mais non dans le même but. C'était l'esprit d'orgueil et de domination qui poussait le premier, c'était la charité et l'amour qui enflammaient le second. Jézabel fit mourir les prophètes (III *Rois*, XVIII, 4), et Elie les faux prophètes (III *Rois*, XVIII, 40). Ici, évidemment ceux qui donnent la mort ou qui la reçoivent, n'ont pas le même mérite.

7. Considérez maintenant, les temps du Nou-

---

nos utilius diligit, certissimis exemplis hoc facere videas, et Christum audias dicentem, « Nemo venit ad me, nisi quem Pater adtraxerit (*Johan.*, VI, 44), » quod fit in cordibus omnium, qui se ad eum divinæ iracundiæ timore convertunt; et noveris aliquando furem avertendis pecoribus pabulum spargere, et aliquando pastorem flagello ad gregem pecora errantia revocare.

6. Nonne contumacem ancillam data sibi potestate, Sara potius affligebat (*Gen.*, XVI, 7)? Et utique non eam, quam superius beneficio suo matrem fecerat, crudeliter oderat; sed in ea superbiam salubriter edomabat. Non autem ignoras, quod istæ duæ mulieres Sara et Agar, et duo filii earum Isaac et Ismaël, pro spiritualibus et carnalibus figurentur. Et cum legamus ancillam et filium ejus a Sara passos graves molestias, Paulus tamen apostolus dicit, quod ab Ismaële persecutionem sit passus Isaac. « Sed sicut tunc, » inquit, « ille qui erat secundum carnem, persequebatur eum, qui erat secundum spiritum, ita et nunc (*Gal.*, IV, 29) ut qui possunt intelligant, magis Ecclesiam catholicam persecutionem pati superbia et impietate carnalium, quos temporalibus molestiis atque terroribus emendare conatur. Quidquid ergo facit vera et legitima mater, etiamsi asperum amarumque sentiatur, non malum pro malo reddit ; sed bonum disciplinæ, expellendo malum iniquitatis, apponit, non odio nocendi, sed dilectione sanandi. Cum boni et mali eadem faciunt, eademque patiuntur, non factis et pœnis, sed caussis utique discernendi sunt. Pharao populum Dei duris laboribus adterebat (*Exod.*, V, 9); Moyses eumdem populum impie agentem duris coërcitionibus affligebat (*Exodi*, XXXII, 27) : similia fecerunt, sed non similiter prodesse voluerunt : ille dominatione inflatus, iste (*a*) dilectione inflammatus est. Jezabel occidit Prophetas (III *Reg.*, XVIII, 4), Elias occidit pseudoprophetas (*Ibid.*, 40), puto

---

(*a*) Editi, *zelo inflammabus est*. At MSS. sedecim habent, *dilectione*.

veau Testament, alors que la douceur et la charité ne devaient pas seulement résider dans le cœur, mais encore éclater au grand jour. Pierre reçoit de Jésus-Christ l'ordre de remettre son épée dans le fourreau (*Matt.*, XXVI, 52), et nous apprenons qu'il ne devait pas la tirer même pour défendre le Christ. Nous lisons ailleurs que les Juifs battirent de verges l'Apôtre saint Paul (*Act.*, XVI, 22, 23), et que les Grecs battirent également de verges le juif Sosthène à la place de saint Paul (*Act.*, XVIII, 17). La similitude du fait rapproche les uns et les autres ; n'est-ce pas la cause qui en fait toute la différence ? Dieu n'épargna pas son propre fils, mais il le livra pour nous tous (*Rom.*, VIII, 32), et il est dit du Fils : « Il m'a aimé et s'est livré lui-même pour moi (*Gal.*, II, 20). » Il a été dit de Judas, que Satan entra en lui pour lui faire livrer le Christ (*Jean*, XIII, 2). Lorsque le Père a livré son Fils, et le Fils, son propre corps, et Judas son Seigneur, pourquoi Dieu est-il saint et l'homme criminel ? Si ce n'est parce que dans une action qui est la même, le motif est tout différent. Trois croix étaient dressées dans le même lieu. Sur l'une était le larron qui devait être sauvé, sur l'autre, le larron qui devait être condamné ; au milieu d'eux était le Christ qui devait sauver l'un et condamner l'autre. Quoi de plus semblable entre elles que ces trois croix ? Quoi de plus différent entre eux que ceux qui y étaient attachés ? Saint Paul est livré à un geôlier pour être lié et enfermé (*Act.*, XVI, 23) ; mais est-il un geôlier de prison plus cruel que Satan, à qui cependant saint Paul lui-même livra un homme, pour que sa chair fût mortifiée, il est vrai, mais pour que son âme fût sauvée au jour de Notre Seigneur Jésus-Christ (I *Cor.*, V, 5). Que dirons-nous à ce sujet ? Celui qui est cruel livre un homme à quelqu'un qui est plus doux que lui ; celui qui est miséricordieux en livre un à quelqu'un qui est beaucoup plus cruel. Apprenons par là, mon frère, à distinguer, dans la similitude des actes, la différence du principe des actions. Ne calomnions pas les yeux fermés et n'accusons pas ceux qui veulent du bien à la place de ceux qui font le mal. De même, lorsque l'Apôtre dit qu'il a livré des hommes à Satan pour qu'ils apprissent à ne pas blasphémer, a-t-il rendu le mal pour le mal, ou n'a-t-il pas plutôt jugé comme une bonne œuvre de guérir le mal par le mal ?

8. S'il était toujours louable de souffrir la persécution, il suffisait au Seigneur de dire : « Heureux ceux qui sont persécutés, » sans ajouter, « à cause de la justice (*Matth.*, V, 10). »

---

quod diverso sint merita facientium, diversa passorum.

7. Adspice etiam tempora novi Testamenti, quando jam ipsa mansuetudo caritatis non solum in corde erat servanda, verum etiam in luce monstranda, quando Petri gladius in vaginam revocatur a Christo, et ostenditur non debuisse de vagina eximi nec pro Christo (*Matth.*, XXVI, 53). Legimus tamen non solum, quod ceciderunt Judæi Paulum apostolum, verum etiam quod ceciderunt et Græci pro Paulo apostolo Sosthenem Judæum (*Act.*, XVI, 23 et *cap.*, XVI, 17) : nonne similitudo facti quasi utrosque conjungit, et tamen eos caussæ dissimilitudo discernit ! Nempe Deus proprio Filio non pepercit, sed pro nobis omnibus tradidit illum (*Rom.*, VIII, 32) : nempe de Filio ipso dicitur, « Qui me dilexit, et tradidit semetipsum pro me (*Gal.*, II, 20) : » nempe et de Juda dicitur, quod introierit in eum satanas (*Johan.*, XIII, 2), ut traderet Christum. Cum ergo et Pater tradiderit Filium suum, et ipse Christus corpus suum, et Judas Dominum suum, cur in hac traditione Deus est pius, et homo reus nisi quia in re una, quam fecerunt, caussa non una est, oh quam fecerunt ? Tres cruces in loco uno erant ; in una, latro liberandus : in alia, latro damnandus ; in media, Christus, alterum liberaturus, alterum damnaturus : quid similius istis crucibus ? quid dissimilius istis pendentibus ? Traditus est Paulus includendus et colligandus (*Act.*, XVI, 23), sed quolibet custode carceris pejor est utique satanas ; cui tamen ipse Paulus tradidit hominem in interitum carnis, ut spiritus salvus sit in die Domini Jesu (I *Cor.*, V, 5). Et hic quid dicimus ? Ecce mitiori tradidit crudelis traditor, crudeliori tradidit misericors traditor. Discamus frater in similitudine operum discernere animos operantium, nec clausis oculis calumniemur, et benevolos pro nocentibus accusemus. Item cum ait idem Apostolus tradidisse se quosdam satanæ, ut discerent non blasphemare (I *Tim.*, I, 20), malum pro malo reddidit, an potius malos etiam per malum emendare, bonum opus esse judicavit ?

8. Si semper esset laudabile persecutionem pati, sufficeret Domino dicere, « Beati qui persecutionem patiuntur ; » nec adderet, « propter justitiam (*Matt.*, V, 10). » Item si semper esset culpabile persecu-

De même, s'il était toujours criminel de persécuter les autres, il n'aurait pas été écrit dans les livres saints : « Je persécutais celui qui attaquait secrètement son prochain (*Ps.*, c, 5). » Il peut donc arriver que celui qui souffre la persécution soit un homme injuste, et que celui qui l'a fait souffrir soit un homme juste. Sans doute les méchants ont persécuté les bons, comme aussi les bons ont persécuté les méchants, mais avec cette différence, que les premiers ont eu pour mobile l'injustice, les seconds le désir d'une salutaire correction. Ceux-là agissent avec cruauté, ceux-ci avec modération ; les méchants par cupidité, les bons par charité. Celui qui tue ne regarde pas comment il déchire, mais celui qui veut guérir prend garde à ce qu'il coupe. L'un en veut à la vie, et l'autre veut arrêter les progrès du mal. Les impies ont tué les Prophètes, et les Prophètes ont tué les impies. Les Juifs ont flagellé le Christ, et le Christ flagella les Juifs. Les Apôtres ont été livrés par les hommes aux puissances de la terre, et les Apôtres ont livré les hommes à la puissance des enfers. Que faut-il considérer dans tous ces exemples ? Il faut examiner qui agissait pour la vérité, qui pour l'injustice ; qui voulait nuire, qui cherchait à corriger.

CHAPITRE III. — 9. Mais, direz-vous, on ne trouve pas dans l'Evangile, ni dans les livres des Apôtres, qu'ils aient jamais eu recours aux rois de la terre contre les ennemis de l'Eglise. On n'y trouve pas effectivement un tel exemple, mais alors cette prophétie n'était pas encore accomplie. « Et maintenant, ô rois, comprenez, instruisez-vous juges de la terre ; servez le Seigneur dans la crainte (*Ps.*, II, 10). » Alors s'accomplissait encore cette parole du même Psalmiste : « Pourquoi les nations ont-elles frémi ? Pourquoi les peuples forment-ils de vains projets ? Les rois de la terre seront levés, et les princes se sont réunis contre le Seigneur et contre son Christ (*Ps.*, II, 1, 2). » Mais si les événements, que les Prophètes nous rapportent, sont des figures de ce qui devait arriver, le roi qu'on appelait Nabuchodonosor, représente l'état où se trouvait l'Eglise au temps des Apôtres, et celui où elle est aujourd'hui. Lorsque Nabuchodonosor forçait les saints et les justes d'adorer son idole, et les faisait jeter dans la fournaise quand ils s'y refusaient, il figurait le temps des Apôtres et des martyrs. Mais il figure ce qui s'accomplit aujourd'hui, lorsque, converti au culte du vrai Dieu, il ordonne que tous ceux qui, dans son royaume, blasphèmeraient contre le Dieu de Sidrach,

---

tionem facere, non scriptum esset in sanctis libris, « Detrahentem proximo suo occulte, hunc persequebar (*Psal.*, c, 5). » Aliquando ergo et qui eam patitur, injusius est, et qui eam facit, justus est. Sed plane semper, et mali persecuti sunt bonos, et boni persecuti sunt malos : illi nocendo per injustitiam, illi consulendo per disciplinam : illi immaniter, illi temperanter : illi servientes cupiditati, illi caritati. Nam qui trucidat, non considerat quemadmodum laniet : qui autem curat, considerat quemadmodum secet, ille enim persequitur sanitatem, ille putredinem. Occiderunt impii Prophetas, occiderunt impios et Prophetæ. Flagellaverunt Judæi Christum, Judæos flagellavit et Christus. Traditi sunt Apostoli ab hominibus potestati humanæ, tradiderunt et Apostoli homines potestati satanæ. In his omnibus quid adtenditur, nisi quis eorum pro veritate, quis pro iniquitate, quis nocendi caussa, quis emendandi ?

CAPUT III. — 9. Non invenitur exemplum in evangelicis et apostolicis litteris, aliquid petitum a regibus terræ pro Ecclesia, contra inimicos Ecclesiæ. Quis negat non inveniri ? Sed nondum implebatur illa prophetia : « Et nunc reges intelligite, erudimini qui judicatis terram; servite Domino in timore (*Psal.*, II, 10). » Adhuc enim illud implebatur, quod in eodem Psalmo paulo superius dicitur, « Quare fremuerunt gentes, et populi meditati sunt inania ? Adstiterunt reges terræ, et principes convenerunt in unum adversus Dominum, et adversus Christum ejus (*Ps.*, II, 1, 2). » Verumtamen si facta præterita in propheticis libris figuræ fuerunt futurorum, in rege illo, qui appellabatur Nabuchodonosor, utrumque tempus figuratum est, et quod sub Apostolis habuit, et quod nunc habet Ecclesia. Temporibus itaque Apostolorum et Martyrum illud implebatur quod figuratum est, quando rex memoratus pios et justos cogebat adorare simulacrum, et recusantes in flammam mittebat. Nunc autem illud impletur quod paulo post in eodem rege figuratum est, cum conversus ad honorandum Deum verum, decrevit in regno suo, ut quicumque blasphemaret Deum Sidrac, Misac, et Abdenago (*Dan.*, III, 9), pœnis debitis subjaceret. Prius ergo tempus illius regis significabat priora tempora regnum infidelium, quos passi sunt Christiani pro impiis : posterius vero tempus illius regis, signifi-

Misach et Abdenago, soient punis comme ils le méritent(1) (*Dan.*, III, 9). Ainsi les premiers temps de ce roi représentent l'époque des rois infidèles, où les chrétiens ont souffert ce que les impies auraient dû souffrir ; et les derniers temps de ce prince représentent l'époque des rois devenus fidèles, sous qui les impies souffrent ce qu'on faisait autrefois souffrir aux chrétiens.

10. Quant aux chrétiens égarés et séduits par des pervers, il faut aussi les contraindre, et ramener au bercail les brebis errantes, mais avec mansuétude et une douce sévérité, afin que par l'exil et les amendes, ils apprennent à considérer ce qu'ils souffrent, pourquoi ils souffrent, et à préférer ce qu'ils lisent dans les saintes Ecritures aux rumeurs et aux calomnies des hommes. En effet, qui de nous, qui de vous n'approuve pas les lois portées par les empereurs contre les sacrifices des païens? Cependant le châtiment porté contre ce crime est bien plus terrible, puisque c'est la peine capitale. Pour vous, dans les châtiments qu'on vous inflige, on a plutôt en vue de vous donner des avertissements pour vous faire renoncer à votre erreur, que de vous punir d'un crime. Car on peut, sans doute, dire de vous, ce que l'Apôtre dit des Juifs : « Je leur rends ce témoignage, qu'ils ont du zèle pour le Seigneur, mais non selon la science. Ignorant la justice de Dieu, et voulant établir leur propre justice, ils ne se sont pas soumis à celle du Seigneur (*Rom.*, X, 23). » En effet, voulez-vous établir autre chose que votre propre justice quand vous dites : Il n'y a de justifiés que ceux qui ont pu être baptisés par nous ? La seule différence qu'il y ait entre vous et les Juifs, dans la pensée de l'Apôtre, c'est que vous avez les sacrements chrétiens dont ils sont encore privés. Du reste, sous le rapport de ces paroles : « Ignorant la justice de Dieu, ils veulent établir la leur ; ils ont du zèle pour Dieu, mais non selon la science, » vous leur êtes parfaitement semblables, excepté ceux d'entre vous qui, sachant où est la vérité, osent cependant encore, dans leur animosité et leur perversité, combattre cette vérité (2) qui leur est très-connue. L'impiété de ces hommes-là surpasse peut-être l'idolâtrie ; mais comme ils ne peuvent pas en être facilement convaincus,

---

(1) Sidrach, Misach et Abdenago étaient ces trois Juifs à qui Nabuchodonosor avait donné sa confiance et dont Daniel, 3. 12, dit : *Sunt ergo viri judæi, quos constituisti super opera regionis Babylonis, Sidrach, Misach et Abdenago*, c'est-à-dire, il y a certains Juifs que tu as établi sur les affaires de la province de Babylone, savoir : Sidrach, Misach et Abdenago ; ils furent jetés dans la fournaise ardente et sauvés miraculeusement.
(2) Cinq manuscrits français donnent : *contra veritatem etiam impietatem defendunt, quæ idololatriam forsitan superat.* Trois manuscrits du Vatican portent ceci : *contra veritatem etiam sibi notissimam dimicantes impietatem defendunt. Horum quippe*, etc. — Le sens de la première version est : « Ils défendent l'impiété au lieu de défendre la vérité, ce qui surpasse l'idolâtrie. » Le sens de la seconde version est : « En combattant contre la vérité qui leur est connue, ils défendent l'impiété.

---

cavit tempora posteriorum regum jam fidelium, quos patiuntur impii pro Christianis.
10. Sed plane in eis, qui sub nomine Christi errant seducti a perversis, ne forte oves Christi sint errantes, et ad gregem taliter revocandæ sint, temperata severitas et magis mansuetudo servatur, ut coercitione exsiliorum atque damnorum, admoneantur considerare quid, quare patiantur, et discant præponere rumoribus et calumniis hominum Scriptura quas legunt. Quis enim nostrum, quis vestrum non laudat leges ab Imperatoribus datas adversus sacrificia paganorum ? Et certe longe ibi pœna severior constituta est ; illius quippe impietatis capitale supplicium est. De vobis autem corripiendis atque coercendis, habita ratio est, quo potius admoneremini ab errore discedere, quam pro scelere puniremini. Potest enim fortasse etiam de vobis dici, quod ait Apostolus de Judæis, « Testimonium illis perhibeo ; quia zelum Dei habent, sed non secundum scientiam. Ignorantes enim Dei justitiam, et suam volentes constituere, justitiæ Dei non sunt subjecti (*Rom.*, X, 2). » Quid enim aliud et vos quam vestram justitiam vultis constituere, quando non dicitis justificari nisi eos, qui a vobis potuerint baptizari ? In hac ergo apostolica sententia, quam de Judæis protulit, hoc distat is a Judæis, quod vos habetis sacramenta Christiana, quibus illi adhuc carent. Ceterum ad hoc quod ait, « Ignorantes Dei justitiam, et suam volentes constituere, » et quod « zelum Dei habent, sed non secundum scientiam (*Ibid.*, 3), » pares estis omnino, exceptis dumtaxat illis, quicumque in vobis sunt, scientes quid verum sit, et pro animositate suæ perversitatis, contra veritatem etiam (*a*) sibi notissimam dimi-

---

(*a*) MSS. quinque Gallicani. *contra veritatem etiam impietatem defendunt, quam idololatriam forsitan superat.* Vaticani tres *contra veritatem etiam sibi notissimam dimicantes impietatem defendunt. Horum quippe* etc.

car ce mal est caché dans leur cœur, vous êtes tous regardés comme moins éloignés de nous que les païens, et vous êtes punis avec moins de sévérité. Ce que je dis de tous les Donatistes peut s'appliquer à tous les hérétiques qui, malgré leur initiation aux sacrements chrétiens, sont séparés de la vérité et de l'unité de Jésus-Christ.

11. Pour ce qui nous regarde, vous qui non-seulement êtes appelés donatistes à cause de votre communion avec Donat, mais encore Rogatistes à cause de Rogat, vous paraissez plus doux parce que vous ne participez pas aux cruautés de ces barbares Circoncellions, mais on ne dit pas qu'une bête est douce quand elle ne blesse personne, parce qu'elle n'a ni dents, ni griffes. Vous ne voulez, dites-vous, faire aucun mal, moi je crois que vous ne le pouvez pas. Vous êtes en effet trop peu nombreux pour oser, malgré votre envie, entreprendre quelque chose contre les multitudes qui vous sont opposées. Mais supposons que vous ne veuilliez point ce que vous ne pouvez pas. Supposons que, pour observer la parole de l'Evangile : « Si quelqu'un veut vous prendre votre tunique et plaider contre vous laissez-lui votre manteau (*Mat.*, v, 40), » loin de rendre injure pour injure; quand on vous persécute, vous ne veuilliez même pas vous défendre par les voies de la loi ; ce n'est pas ainsi que Rogat votre chef, a compris et a accompli cette parole de l'Apôtre, lui qui, pour je ne sais quelles choses que vous prétendiez être à vous, contesta avec tant d'opiniâtreté qu'il porta l'affaire jusque devant les tribunaux. Si on lui avait dit : Quel Apôtre, même dans l'intérêt de la foi, a jamais défendu son bien en justice, comme vous avez dit dans votre lettre : « Quel Apôtre, même dans l'intérêt de la foi, a jamais envahi le bien d'autrui ? » Il n'aurait trouvé dans les Livres Saints aucun exemple d'un fait pareil : mais il aurait trouvé sans doute quelque moyen légitime de défense s'il était resté dans la véritable et légitime Eglise, et s'il ne s'était pas servi du nom de la véritable Eglise pour se maintenir impudemment dans la possession de ce qui n'appartenait qu'à elle.

CHAPITRE IV. — 12. Quand il s'est agi d'obtenir et de faire exécuter les ordonnances des puissances séculières contre les schismatiques et les hérétiques, ceux qui s'étaient séparés de vous ont montré, d'après ce que nous avons appris, une extrême violence contre vous, et contre les Maximianistes, comme le prou-

---

cantes. Horum quippe impietas, etiam idololatriam forsitan superat. Sed quia non facile convinci possunt (in animo namque latet hoc malum) omnes tamquam (*a*) a nobis minus alieni, leniori severitate coercemini. Et hoc quidem, vel de omnibus hæreticis, qui Christianis sacramentis imbuuntur, et a Christi veritate sive unitate dissentiunt, vel Donatistis omnibus dixerim.

11. Quid autem ad vos adtinet, qui non solum cum illis communiter Donatistæ a Donato, verum etiam proprie Rogastistæ a Rogato appellamini, mitiores quidem esse videmini, quia cum Circumcellionum immanissimis gregibus non sævitis : sed nulla bestia, si neminem vulneret, propterea mansueta dicitur, quia dentes et ungues non habet. Sævire vos nolle dicitis ; ego non posse arbitror. Ita enim estis numero exigui, ut movere vos contra adversarias vobis multitudines non audeatis, etsi cupiatis. Sed ponamus vos etiam nolle, quod non valetis ; ponamus vos evangelicam sententiam, qua scriptum est, « Si quis tibi voluerit tunicam tollere, et judicio tecum contendere ; dimitte illi et pallium (*Matth.*, v, 40), » sic intelligere, sic tenere, ut persequentibus vos non solum nulla injuria, verum etiam nullo jure resistendum putetis : hunc certe intellectum Rogatus auctor vester, aut non habuit, aut non implevit; qui de nescio quibus rebus, ut dicitis vestris, acerrima perseverantia, etiam forensi disceptatione conflixit. Cui si diceretur, Quis umquam Apostolorum in caussa fidei, res suas judicio publico defendit ? sicut tu in epistola tua posuisti, « Quis umquam Apostolorum in caussa fidei res alienas invasit ? » nullum quidem in divinis litteris hujus facti reperiret exemplum : sed tamen forte inveniret aliquam veram defensionem, si veram Ecclesiam retineret, et non sub Ecclesiæ veræ nomine impudenter aliquid possideret.

CAPUT IV. — 12. Quod autem pertinet ad terrarum potestatum jussa, contra schismaticos aut hæreticos vel impetranda vel exseranda, illi quidem a quibus vos separastis acerrimi fuerunt, et contra vos, quantum audire potuimus; et contra Maximianistas, quod Gestorum etiam certis documentis

---

(*a*) In octo MSS. *tanquam non a nobis nimis alieni.*

vent les actes publics. Cependant vous n'étiez pas encore séparés d'eux (1), lorsque dans leur requête à l'empereur Julien ils disaient; « qu'auprès de lui la justice seule trouvait place. » Ils savaient cependant bien que Julien était apostat et adonné à l'idolâtrie ; et en disant, que la justice seule avait place auprès de celui, près duquel l'idolâtrie en occupait une si grande, ils avouaient, ou que la justice est une idolâtrie, ou qu'ils avaient odieusement menti. Qu'il y ait eu erreur dans les mots, je le veux bien, mais que direz-vous du fait en lui-même ? S'il ne faut rien demander à l'empereur, quelque juste (2) que cela puisse être, pourquoi l'a-t-on demandé à Julien ?

13. Doit-on seulement s'adresser à l'empereur pour recouvrer son bien, et non pour le prier de punir ceux qu'on dénonce à la justice. On s'éloignerait encore,de la conduite des Apôtres, en recourant aux puissances pour recouvrer son bien, puisqu'ils n'en n'ont jamais donné l'exemple. Cependant lorsque vos ancêtres ont accusé Cécilien, alors évêque de l'Eglise de Carthage, comme un criminel avec lequel ils ne voulaient pas communiquer ; quand ils l'accusèrent, dis-je, près de l'empereur Constantin par l'intermédiaire du proconsul Anulin, ils ne réclamaient pas des biens qu'ils avaient perdus, mais comme nous le pensons et comme l'issue du jugement l'a prouvé, ils attaquaient calomnieusement un innocent. Que pouvaient-ils faire de plus abominable ? Ils le livrèrent au jugement des puissances séculières, comme un véritable criminel, (imputation aussi fausse qu'indigne) pourquoi nous reprochez-vous de faire ce que vos ancêtres, sur une simple présomption, ont fait les premiers. Cependant nous ne les accuserions pas d'avoir agi ainsi, s'ils n'y avaient pas été poussés par un esprit de haine et de méchanceté, mais par le désir de reprendre et corriger.Nous ne craignons pas de vous accuser, vous qui nous avez fait un crime de nous plaindre des ennemis de notre communion près d'un empereur chrétien, tandis que le mémoire remis par un ancêtre du proconsul Anulin, pour être envoyé à l'empereur Constantin, portait pour inscription : « Mémoire de l'Eglise catho-

---

(1) Il faut conclure de là que le schisme des Rogatistes ne s'éleva pas avant l'année 361, vers la fin de laquelle Julien succéda à l'empire à la mort de Constance. Quant à cette requête pleine de flatterie, adressée par les Donatistes, pour se faire rendre les églises qui leur avaient été ôtées d'après l'ordre de Constantin, voyez saint Augustin livre II, chap. LXII et LXVIII, contre les lettres de Pétilien, ainsi que dans la lettre 185e. Voyez également Optat, livre II.
(2) L'édition de Louvain : *Si nihil injustum ab Imperatore*, c'est-à-dire si on ne doit rien demander d'injuste à l'empereur. Et plus bas : *quod injustum putatum est*, c'est-à-dire : pourquoi demander quelque chose d'injuste à Julien. Mais dans les manuscrits et dans les anciennes éditions on lit : *Justum*.

---

probamus : sed tamen (a) nondum ab eis separati eratis, quando Juliano imperatori in sua petitione dixerunt, quod « apud eum sola justitia locum haberet; » quem certe apostatam noverant, et idololatriis deditum sic videbant, ut aut justitiam esse idololatriam faterentur, aut se scelerate mentitos, negare non possent, ut apud eum dicerent solam locum habere justitiam ; apud quem magnum locum cernerent habere idololatriam. Sed fuerit error in verbo, de facto ipso quid dicis ? Si nihil (b) justum ab Imperatore petendum est, cur a Juliano petitum est, quod justum putatum est ?

13. An hoc petendum est, ut sua quisque recuperet, non ut aliquem, quo ab Imperatore coerceatur, accuset ? Interim et in suarum rerum recipiendarum repetitione ab apostolicis exemplis receditur; quia hoc fecisse nemo invenitur illorum. Sed tamen cum majores vestri ipsum Cæcilianum tunc ecclesiæ Carthaginensis episcopum, cui tamquam criminoso communicare noluerunt, apud principem Constantinum per Anulinum proconsulem accusaverunt, non res suas amissas repetiverunt, sed innocentem (sicut existimamus, et sicut ipse judiciorum exitus docuit) calumniose appetiverunt, quo quid sceleratius ab eis fieri potuit ? Si autem (sicut falso arbitramini) vere criminosum judicandum terrenis potestatibus tradiderunt, quid nobis objicitis, quod vestrorum præsumtio primitus fecit : quod eos non argueremus quia fecerunt, si non animo invido et noxio, sed emendandi et corrigendi voluntate fecissent. Vos autem indubitanter arguimus,

---

(a) Hinc porro intelligitur Rogatistatum schisma non exortum fuisse ante annum 361. sub cujus anni finem demortuo Constantio Julianus rerum potitus est. De illa autem Donatistarum adulatoria petitione, qua supplicarunt sibi restitui basilicas jussu Constantini ipsi ablatas, legendus Augustinus in lib. II. cont. litt. Petiliani c. XCII et XCVII. et in epist. CV. itemque Opatus in lib. II.
(b) Lov. *Si nihil injustum ob imperatore* etc. moxque, *quod injustum putatum est*. Sed melius MSS. et antiquiores editiones utroque loco *justum*.

lique, présenté de la part de Majorin, contre les crimes de Cécilien. » Nous les en accusons d'autant plus, qu'après avoir accusé eux-mêmes, auprès de l'empereur, Cécilien qu'ils auraient d'abord dû convaincre près de ses collègues d'outre-mer, ils refusèrent d'écouter Constantin, qui voulait renvoyer à des évêques une affaire épiscopale qui lui avait été déférée. Bien plus, après avoir succombé dans leur cause, ils ne voulurent pas entrer en paix avec leurs frères, et en appelèrent une seconde fois au même empereur. Ils accusèrent même de nouveau près du prince séculier, non-seulement Cécilien, mais encore les évêques qu'on leur avait donnés pour juges. Un nouveau jugement épiscopal intervint : ils en appelèrent de rechef au même empereur ; et malgré le jugement que le prince prononça avec connaissance de cause entre les parties, ils n'en demeurèrent pas moins ennemis de la vérité et de la paix.

14. Si Cécilien et ses collègues avaient succombé sous l'accusation de vos ancêtres, Constantin aurait-il statué contre eux autre chose que ce qu'il statua contre les accusateurs eux-mêmes, qui n'ayant pu prouver ce dont ils accusaient, ne voulurent pas, même après leur défaite, reconnaître la vérité? Car cet empereur est le premier qui dans cette cause, décida que les biens des personnes convaincues de schisme, et qui refusaient opiniâtrement de revenir à l'unité, seraient acquis au fisc. Sans doute, si vos ancêtres avaient triomphé dans leurs accusations, si l'empereur avait prononcé un pareil décret contre la communion de Cécilien, vous auriez voulu qu'on vous appelât les sentinelles vigilantes de l'Eglise, les défenseurs de l'unité et de la paix. Mais n'ayant pu rien prouver contre ceux qu'ils accusaient, et ne voulant pas se corriger et rentrer dans le sein de cette paix qui leur était offerte, ils qualifient de crime indigne, les décrets portés contre eux par les empereurs. Ils crient que personne ne doit être forcé de revenir à l'unité, qu'il ne faut pas rendre le mal pour le mal. Que signifient ces cris, sinon ce que quelqu'un (1) disait de vous : « Il n'y a de saint que ce que nous voulons? » Il n'était cependant pas bien difficile de voir et de comprendre que le jugement rendu contre vous par Constantin était toujours en vigueur jugement promulgué contre vos ancêtres qui revinrent si souvent à la charge pour accuser, sans preuves convain-

(1) Celui qui a écrit ces paroles est un certain Tychonius, africain d'origine et dont il est question au n. 43 de cette lettre.

quibus crimen videtur, de inimicis communionis nostræ, Christiano Imperatori aliquid conqueri, cum libellus (a) a majoribus vestris Anulino proconsuli datus, et Constantino imperatori mittendus, ita suprascriptus sit : « Libellus Ecclesiæ catholicæ, criminum Cæciliani, traditus a parte Majorini. Illos autem magis hinc arguimus, quia cum apud Imperatorem ultro Cæcilianum accusassent, quem primo utique apud collegas transmarinos convincere debuerunt, ipso Imperatore longe ordinatius agente, ut episcoporum caussam ad se delatam, ad episcopos mitteret, nec victi pacem cum fratribus habere voluerunt : sed rursus ad eumdem Imperatorem venerunt ; rursus non Cæcilianum tantum, verum etiam datos sibi episcopos judices, apud terrenum regem accusaverunt : rursus ab alio episcopali judicio ad eumdem Imperatorem appellaverunt. Nec eo ipso inter partes cognoscente atque judicante, vel veritati vel paci cedendum esse duxerunt.

14. Quid autem aliud statueret Constantinus adversus Cæcilianum et socios ejus, si essent vestris majoribus accusantibus victi, quam quod statuit in eos ipsos, qui cum ultro accusassent nec ea quæ intendebant, probare potuissent, noluerunt veritati consentire, nec victi. Ille quippe Imperator primus constituit in hac caussa, ut res convictorum, et unitati pervicaciter resistentium, fisco vindicarentur. Sed videlicet si vestris majoribus accusantibus atque superantibus, contra communionem Cæciliani Imperator tale aliquid decrevisset, provisores Ecclesiæ, defensores pacis et unitatis nominari velletis. Cum vero in eos, qui ultro accusantes nihil probare potuerunt, nec oblato sibi gremio pacis, quo correcti exciperentur, consentire voluerunt. ab Imperatoribus talia decernentur, indignum facinus clamitatur ; neminem ad unitatem esse cogendum, malum pro malo reddendum nemini esse contenditur. Quid est aliud quam id quod de vobis quidam scripsit : « Quod volumus sanctum est ? » Et nunc non erat magnum neque difficile considerare atque cogitare Constantini judicium atque sententiam contra vos vigere quæ vestris majoribus Cæcilianum apud Imperatorem totiens accusantibus, et non convincen-

(a) Libellus de quo in epist. LXXXVIII. n. 2.

cantes, l'évêque Cécilien auprès de l'empereur, jugement qui doit être suivi et exécuté par ses successeurs chrétiens catholiques, toutes les fois que votre obstination nous obligerait d'agir contre vous.

15. Il était bien facile de penser cela et de vous dire à vous-mêmes : Que Cécilien ait été innocent ou qu'il ait été coupable, sans qu'on ait pu le convaincre, peut-on en faire un crime à la société chrétienne répandue sur toute la terre? Pourquoi ne pourrait-il pas ignorer ce que les accusateurs eux-mêmes n'ont pu prouver? Pourquoi tous ceux que le Christ a semés dans son champ, c'est-à-dire dans le monde, et qu'il veut laisser croître au milieu de l'ivraie jusqu'au jour de la moisson, pourquoi tant de milliers de fidèles, répandus parmi toutes les nations, dont le Seigneur a comparé la multitude aux étoiles du ciel et aux grains de sable de la mer, et qu'il a promis de bénir dans la race d'Abraham, cesseraient-ils d'être comptés parmi les chrétiens, parce que dans une cause à laquelle ils n'ont pas assisté, ils ont préféré s'en rapporter au juge prononçant sous sa responsabilité, plutôt qu'à des plaideurs qui avaient succombé? Certes il n'est personne dont le crime puisse souiller ceux mêmes qui l'ignorent : comment donc les fidèles répandus sur toute la terre pouvaient-ils connaître le crime de ceux qu'on accusait d'avoir livré les saintes Ecritures, et que les accusateurs, quand bien même ils l'auraient connu avec certitude, ne pouvaient pas prouver? L'ignorance même dans laquelle étaient ces fidèles montre assez qu'ils étaient innocents de ce crime. Pourquoi donc accuser des innocents de faux crimes uniquement parce qu'ils n'ont pas eu connaissance de ces crimes vrais ou imaginaires, mais qui ne les regardaient en rien? Qui pourra compter sur son innocence, si ignorer le crime des autres est un crime qui retombe sur nous-mêmes? Si donc, en vertu de leur ignorance, tant de peuples et de nations sont, comme nous l'avons dit, entièrement innocents, quel crime affreux n'est-ce pas de se séparer de la communion de ces innocents? Les actes criminels qu'on ne peut ni prouver ni faire croire aux innocents, ne doivent être imputés à souillure à personne, s'il est vrai surtout qu'on peut les tolérer, même quand ils sont connus, pour ne pas se séparer de la communion des innocents. En effet, il ne faut pas abandonner les bons à cause des méchants, mais il faut tolérer les méchants à cause des bons. C'est pourquoi les prophètes ont toléré ceux contre qui ils parlaient avec tant de force, sans toutefois quitter

tibus, adversus vos promulgata est ; eamque necessario æqui ceteros Imperatores, maxime catholicos Christianos, quotiens de vobis aliquid agere vestræ obstinationis necessitas cogit.

15. Facile erat ista cogitare, ut vobis ipsis aliquando diceretis, Si Cæcilianus vel innocens fuit, vel nocens convinci non potuit, qui in hoc negotio tam longe lateque diffusa societas Christiana peccavit? Cur orbi Christiano non licuit ignorare, quod non potuerunt qui accusaverunt demonstrare ? Cur illi quos Christus in agro suo, id est in hoc mundo, seminavit, et inter zizania crescere usque ad messem præcepit : cur tot millia fidelium in omnibus gentibus, quorum multidudinem stellis cæli et arenæ maris Dominus comparavit, quos in semine Abrahæ benedicendos promisit ei reddidit, propterea negantur esse Christiani, quia in hac caussa in qua discutienda non interfuerunt, judicibus potius suo periculo judicantibus, quam victis litigatoribus credere maluerunt ? Certe nullius crimen maculat nescientem. Quomodo fideles toto orbi diffusi, criminem traditorum cognoscere poterant, quod accusatores etiamsi noverant, tamen eis ostendere non valebant ? Hos ergo ab hoc crimine innocentes esse, nempe ipsa ignorantia facillime ostendit. Cur ergo innocentes falsis criminibus accusantur, quia crimina aliena seu falsa seu vera nescierunt ? Quis locus innocentiæ reservatur, si crimen est proprium, nescire crimen alienum ? Porro si tot gentium populos, ipsa ignorantia, sicut dictum est, innocentes ostendit, quam magnum crimen est ab istorum innocentium communione separari? Nam et facta nocentium, quæ innocentibus demonstrari, vel ab innocentibus credi non possunt, non inquinant quemquam, si propter innocentiam consortium etiam cognita sustinentur. Non enim propter malos boni deserendi, sed propter bonos mali tolerandi sunt : sicut toleraverunt Prophetæ, contra quos tanta dicebant, nec communionem sacramentorum illius populi relinquebant ; sicut ipse Dominus nocentem Judam usque ad condignum ejus exitum toleravit, et eum sacram cœnam cum innocentibus communicare permisit: sicut tolerarunt Apostoli eos, qui per invidiam (quod ipsius diaboli vitium est) Christum annuntiabant ; sicut toleravit Cyprianus col-

la communion des sacrements qui les liaient avec eux. C'est ainsi que Notre Seigneur lui-même a toléré le coupable Judas jusqu'à sa fin qui fut digne de ses crimes, et lui a permis de prendre part avec les innocents au festin sacré de la dernière cène. C'est ainsi que les apôtres ont toléré ceux qui, par envie (ce qui est le vice du démon), annonçaient Jésus-Christ. C'est ainsi que Cyprien toléra dans ses collègues l'avarice, qu'avec l'Apôtre, il appelle idolâtrie. Enfin toutes les choses qui se sont passées alors parmi les évêques, eussent-elles été connues de quelques-uns, sont présentement ignorées de tout le monde; pourquoi donc faire acceptation de personnes? Pourquoi la paix n'est-elle pas aimée de tout le monde? Voilà à quoi vous devriez penser, si toutefois vous n'y pensiez pas déjà. Mais il était meilleur pour vous, d'aimer les biens de la terre, si la crainte de les perdre, pouvait vous faire revenir à la vérité, que d'aimer la vaine gloire des hommes, qui vous échapperait croyez-vous, si vous vous rendiez à la vérité que vous connaissez fort bien.

CHAPITRE V. — 16. Vous devez donc voir, comme je le pense, qu'il ne faut pas considérer la contrainte en elle-même, mais la chose à laquelle on est contraint, c'est-à-dire si c'est au bien ou au mal. Non pas que quelqu'un puisse devenir bon malgré lui; mais la crainte de souffrir ce qu'il ne veut pas, le fait renoncer à l'opiniâtreté qui le retenait, ou le pousse malgré lui à reconnaître la vérité qu'il ignorait. Cette crainte le force à rejeter le faux qu'il soutenait, ou à chercher le vrai qu'il ne connaissait pas, et par suite à s'attacher volontairement à ce qui était d'abord contraire à sa volonté. Il serait peut-être inutile d'en dire davantage à ce sujet, si de nombreux exemples n'en attestaient pas la vérité. Nous voyons en effet, non pas seulement tels ou tels hommes, mais une foule de cités qui avaient été donatistes et qui sont maintenant catholiques, détester avec force leur diabolique séparation, aimer avec ardeur l'unité. Cependant c'est grâce à cette crainte, qui vous déplaît, que ces cités sont devenues catholiques par les lois des empereurs, depuis Constantin, près duquel vos ancêtres accusèrent Cécilien, jusqu'aux princes qui règnent aujourd'hui, et qui maintiennent avec vigueur et avec justice la sentence de celui que vos ancêtres avaient choisi pour juge, et dont ils avaient préféré le tribunal celui à des évêques.

17. Ce sont ces exemples, mis sous mes yeux par mes collègues, qui m'ont fait renoncer à ma première résolution; car mon premier sentiment était de ne forcer personne à revenir à l'unité de Jésus-Christ, mais d'agir par la parole, combattre par le raisonnement, et vaincre par la raison, pour ne pas avoir de faux catho-

---

legarum avaritiam, quam secundum Apostolum appellat idololatriam. Postremo quidquid tunc inter illos episcopos gestum est, etiamsi forte ab aliquibus eorum sciebatur, si non sit acceptio personarum nunc ab omnibus ignoratur. Cur ergo (a) non ab omnibus pax amatur? Hæc facillime cogitare possetis, aut fortasse etiam cogitatis. Sed melius erat, ut amaretis possessiones terrenas, quas timendo perdere cognitæ veritati consentiretis, quam ut amaretis vanissimam hominum gloriam, quam vos putatis perdere, si cognitæ veritati consenseritis.

CAPUT V. — 16. Vides itaque jam, ut opinor, non esse considerandum quod quisque cogitur, sed quale sit illud quo cogitur, utrum bonum an malum: non quo quisque bonus possit esse invitus; sed timendo quod non vult pati, vel relinquit impedientem animositatem, vel ignoratam compellitur cognoscere veritatem, ut timens vel respuat falsum, de quo contendebat, vel quærat verum, quod nesciebat, et volens teneat jam quod nolebat. Superfluo hoc fortasse diceretur quibuslibet verbis, si non tam multis ostenderetur exemplis. Non illos aut illos homines, sed multas civitates videmus fuisse Donatistas, nunc esse catholicas, detestari vehementer diabolicam separationem, diligere ardenter unitatem. Quæ tamen timoris hujus, qui tibi displicet, occasionibus catholicæ factæ sunt per leges Imperatorum, a Constantino apud quem primum vestri ultro Cæcilianum accusaverunt, usque ad præsentes Imperatores, qui judicium illius, quem vestri elegerunt, quem judicibus episcopis prætulerunt, justissime contra vos custodiendum esse decernunt.

17. His ergo exemplis a collegis meis mihi propositis cessi. Nam mea primitus sententia non erat

---

(a) Sic MSS. et editi præter Lov. qui habet, *cur ergo nunc ab omnibus*, etc.

liques en ceux que nous avions connus comme hérétique déclarés. Ce ne sont pas des paroles de contradiction, mais des exemples clairement démontrés, qui m'ont fait revenir de ma première opinion. En effet, on m'opposait d'abord ma propre ville qui, bien que tout entière donatiste, s'était convertie à l'unité catholique par la crainte des décrets impériaux, et qui aujourd'hui déteste si fortement votre pernicieuse opiniâtreté, qu'elle semble n'avoir jamais été dans l'hérésie de Donat. Il en est ainsi de beaucoup d'autres qu'on m'a citées nominativement, ce qui m'a fait reconnaître la vérité de ce qui a été écrit : « Donnez au sage l'occasion, et il deviendra plus sage (*Prov.*, IX, 9). » Combien en effet, connaissons-nous de donatistes qui depuis longtemps, voulaient être catholiques et qui frappés de l'évidence de la vérité, différaient cependant de jour en jour leur conversion, dans la crainte de s'attirer la haine de ceux de leur parti? Combien d'autres étaient retenus, non par l'évidence de la vérité, ce qui n'a jamais été votre fort, mais par les liens d'une habitude invétérée, pour que cette divine parole s'accomplit en eux : « Ce n'est pas par des paroles qu'on pourra corriger le mauvais serviteur : même quand il comprendra, il n'obéira pas (*Prov.*, XXIX, 19). » Combien aussi en était-il qui regardaient le parti de Donat comme la véritable Eglise, parce que la sécurité dont ils jouissaient les rendait engourdis, nonchalants, dédaigneux, pour connaître l'Eglise catholique? A combien encore l'entrée de cette véritable Eglise n'était-elle pas fermée, par les rumeurs de la malveillance, qui répétait partout que nous offrions je ne sais quoi sur l'autel du Seigneur ? Enfin il en était plusieurs qui, pensant qu'il importait peu dans quel parti on fût chrétien, demeuraient dans le parti de Donat, simplement parce qu'ils y étaient nés et que personne ne les forçait à s'en séparer pour revenir à l'Eglise catholique ?

18. La terreur de ces lois, par la promulgation desquelles les rois servent le Seigneur avec crainte, a été tellement utile à tous ces hommes, que maintenant les uns disent : Depuis longtemps nous voulions cela ; mais rendons grâces à Dieu qui nous a fourni l'occasion de le faire, et qui a coupé court à tous nos délais. Les autres disent : Depuis longtemps nous savions que cela était vrai, mais nous ne savons par quelle malheureuse habitude nous étions retenus ; rendons grâces au Seigneur, qui a brisé nos liens, et nous a enchaînés par ceux de la paix. Quelques-uns disent : Nous ne savions pas que là était la vérité, et nous ne voulions pas l'apprendre ; mais la crainte nous a rendus attentifs pour la reconnaître, et nous

---

nisi neminem ad unitatem Christi esse cogendum, verbo esse agendum, disputatione pugnandum, ratione vincendum, ne fictos catholicos haberemus, quos apertos hæreticos noveramus. Sed hæc opinio mea, non contradicentium verbis, sed demonstrantium superabatur exemplis. Nam primo mihi opponebatur civitas mea, quæ cum tota esset in parte Donati, ad unitatem catholicam timore legum imperialium conversa est, quam nunc videmus ita hujus vestræ animositatis perniciem detestari, ut in ea numquam fuisse credatur. Ita aliæ multæ, quæ mihi nominatim commemorabantur, ut ipsis rebus agnoscerem etiam in haccaussa recte intelligi posse quod scriptum est, « Da sapienti occasionem, et sapientior erit (*Prov.*, IX, 9). » Quam multi enim, quod certo scimus, jam volebant esse catholici, manifestissima veritate commoti, et offensionem suorum reverendo quotidie differebant. Quam multos non veritas, in qua numquam præsumsistis, sed obduratæ consuetudinis grave vinculum colligabat, ut in eis compleretur divina illa sententia, « Verbis non emendabitur servus durus : si enim et intellexerit, non obediet (*Prov.*, XXIX, 19). » Quam multi propterea putabant veram ecclesiam esse partem Donati, quia eos ad cognoscendam catholicam veritatem securitas torpidos, fastidiosos, pigrosque faciebat. Quam multis aditum intrandi observabant rumores maledicorum, qui nescio quid aliud nos in altare Dei ponere jactitabant. Quam multi nihil interesse credentes in qua quisque parte Christianus sit, ideo permanebant in parte Donati, quia ibi nati erant, et eos inde discedere, atque ad Catholicam nemo transire cogebat.

18. His omnibus harum legum terror, quibus promulgandis reges serviunt Domino in timore, ita profuit, ut nunc alii dicant, jam hoc volebamus ; sed Deo gratias, qui nobis occasionem præbuit jamjamque faciendi, et dilationum morulas amputavit. Alii dicant, Hoc esse verum jam sciebamus; sed nescio qua consuetudine tenebamur : gratias Domino, qui vincula nostra disrupit, et nos ad pacis vinculum transtulit. Alii dicant, Nesciebamus hic esse veritatem, nec eam discere volebamus ; sed nos ad eam cognoscendam metus fecit intentos, quo timui-

avons eu peur que, sans rien gagner du côté des choses éternelles, nous fussions exposés à perdre quelque chose de nos biens temporels : rendons grâces au Seigneur qui, par l'aiguillon de la crainte, nous a fait sortir de notre négligence pour que, sous l'influence de cette crainte, nous fussions forcés de chercher ce que nous ne nous serions jamais donné la peine de connaître dans le repos et la sécurité. Il en est aussi qui disent : Nous étions effrayés d'entrer dans la sainte Église par de fausses rumeurs, dont nous n'aurions jamais reconnu la fausseté, si nous n'y étions pas entrés, et nous n'y serions pas entrés sans la contrainte : rendons grâces à Dieu qui a dissipé notre hésitation par le fouet de sa bienveillance, et qui nous a fait voir combien étaient vains les mensonges débités contre son Église : nous croyons maintenant que les auteurs de cette hérésie n'ont porté que de fausses accusations contre l'Église catholique, puisque leurs descendants en ont inventé de pires encore. Enfin, il en est qui disent : Nous pensions que peu importait le parti où l'on observait la loi du Christ : mais rendons grâces à Dieu qui nous a retirés du schisme, et qui nous a fait comprendre qu'il convenait au seul et vrai Dieu d'être adoré dans l'unité.

19. En m'opposant aux sentiments de mes collègues, n'aurais-je pas porté atteinte aux dons mêmes du Seigneur, en empêchant les brebis du Christ errantes sur vos montagnes, c'est-à-dire sur les hauteurs de votre orgueil, de rentrer dans le bercail de la paix, où il n'y a qu'un seul troupeau et un seul pasteur ? Devais-je m'opposer à ce soin tutélaire, pour vous éviter la perte des biens que vous prétendez être les vôtres, et pour vous permettre de proscrire tranquillement le Christ ? Fallait-il vous laisser faire des testaments selon le droit romain, lorsque par vos calomnies et vos incriminations, vous déchirez le Testament fait par Dieu en faveur de vos pères, et où il est écrit : « Toutes les nations seront bénies en votre race (*Gen.*, XXVI, 4). » Fallait-il vous laisser la liberté d'acheter et de vendre, lorsque vous osez diviser ce que le Christ a acheté en se laissant vendre lui-même ? Fallait-il respecter comme valables les donations que chacun de vous peut faire à qui bon lui semble, pour laisser sans valeur la donation que le Dieu des dieux a faite à ses fils qu'il a appelés à son héritage, depuis les lieux où se lève le soleil, jusqu'à ceux où il se couche ? Fallait-il empêcher qu'on ne vous exilât de la terre où vous êtes nés, lorsque vous vous efforcez d'exiler le Christ du royaume acheté au prix de son sang, et qui s'étend d'une mer à l'autre, et depuis le fleuve, jusqu'aux extrémités de l'univers ? Ah ! Que les rois de la terre continuent

---

mus ne forte sine ullis rerum æternarum lucris damno rerum temporalium feriremur : gratias Domino, qui negligentiam nostram stimulo terroris excussit, ut saltem solliciti quæreremus, quod securi numquam nosse curavimus. Alii dicant, Nos falsis rumoribus terrebamur intrare, quos falsos esse nesciremus, si non intraremus ; nec intraremus, nisi cogeremur : gratias Domino, qui trepidationem nostram flagello abstulit, expertos docuit quam vana et inania de Ecclesia sua mendax fama jactaverit : hinc jam credimus et illa falsa esse, quæ auctores hujus hæresis criminati sunt, quando posteri eorum tam falsa et pejora finxerunt. Alii dicant, Putabamus quidem nihil interesse ubi fidem Christi teneremus : sed gratias Domino, qui nos a divisione collegit, et hoc uni Deo congruere, ut in unitate colatur, ostendit.

19. His ergo dominicis lucris impediendis, ad contradicendum me opponerem collegis meis, ne in montibus et collibus vestris, id est in timoribus superbiæ vestræ, Christi oves errantes in pacis ovile colligerentur, ubi est unus grex et unus pastor. Ita sane huic provisioni contradicere debui, ne res quas dicitis vestras, perderetis, et securi Christum proscriberetis : ut jure Romano testamenta conderetis, et jure divino patribus conditum Testamentum, ubi scriptum est, « In semine tuo benedicentur omnes gentes (*Gen.*, XXVI, 4), » calumniosis criminationibus rumperetis : ut in emtionibus et venditionibus liberos contractus haberetis, et vobis dividere quod Christus emit venditus auderetis : ut quod quisque vestrum cuiquam donasset, valeret, et quod donavit Deus deorum, a solis ortu usque ad occasum vocatis filiis non valeret : ut de terra corporis vestri in exsilium non mitteremini, et de regno sanguinis sui, a mari usque ad mare, et a flumine usque ad terminos orbis terræ Christum exsulem facere conaremini ? immo vero serviant reges terræ Christo, etiam leges ferendo pro Christo. Majores vestri Cæcilianum et

a servir le Christ, même en faisant des lois pour Jésus-Christ! Vos ancêtres, par de fausses accusations, ont exposé Cécilien et ses collègues à la rigueur et au châtiment des princes de la terre; et bien ! les lions se tournent vers les calomniateurs pour briser leurs os, sans que Daniel intervienne en leur faveur, Daniel dont on a reconnu l'innocence, et qui a été délivré de la fosse où ses calomniateurs ont péri. En effet : « Celui qui creusé une fosse à son prochain, il est juste qu'il y tombe lui-même. (*Prov.*, XXVI, 27). »

CHAPITRE VI.—20. O frère, pendant que vous vivez encore, sauvez-vous de la colère qui tombera un jour sur les opiniâtres et les superbes! La terreur des puissances temporelles, quand elle s'oppose à la vérité, est une épreuve glorieuse pour les justes et les forts, et pour les faibles, une dangereuse tentation : mais quand elle éclate en faveur de la vérité, elle est pour les sages qui s'égarent un avertissement utile, et pour les insensés, une tribulation infructueuse. En effet, toute puissance vient de Dieu, et quiconque résiste à la puissance, résiste aux ordres de Dieu même. Les princes ne sont pas redoutables dans les bonnes œuvres, mais seulement dans les mauvaises. Voulez-vous donc n'avoir rien à redouter des puissances? Faites le bien, et cette puissance vous louera. Si la puissance punit quelqu'un en faveur de la vérité, celui qui s'est corrigé reçoit des louanges de cette puissance. Si elle est hostile à la vérité et frappe quelqu'un qui y soit attaché c'est une victoire et une couronne pour celui qui a été persécuté. Pour vous, vous ne vous faites pas assez le bien pour n'avoir rien à craindre de la puissance, à moins que ce ne soit bien faire que de rester paisible, sans calomnier, il est vrai, un de vos frères, mais en attaquant tous nos frères établis parmi toutes les nations du monde, auxquelles les prophètes, le Christ, les apôtres rendent témoignage, en disant : « Toutes les nations seront bénies en votre race (*Gen.*, XXV, 4). » Et ailleurs : « Du lever du soleil au couchant, un sacrifice sera offert à mon nom, parce que mon nom a été glorifié dans toutes les nations, dit le Seigneur (*Mal.*, I, 11). » Faites bien attention à ces paroles. Ce n'est ni Donat, ni Rogat, ni Vincent, ni Hilaire, ni Ambroise, ni Augustin qui dit cela, mais c'est le Seigneur qui le dit, comme il dit également ailleurs : « Et en lui seront bénies toutes les tribus de la terre; toutes les nations le glorifieront. Béni soit le Seigneur Dieu d'Israël, qui seul opère des miracles; que son nom glorieux soit béni dans l'éternité et dans les siècles des siècles; et toute la terre sera remplie de sa gloire. Ainsi soit-il, ainsi soit-il (*Ps.*, LXXI, 17, 18, 19). » Et vous qui êtes à Cartenne avec une dizaine de Roga-

---

socios ejus regibus terræ puniendos falsis criminibus objecerunt : convertantur leones ad comminuenda ossa calumniantium, nec Daniel ipse intercedat, innocens comprobatus, et de lacu quo illi pereunt liberatus. « Qui enim parat proximo suo foveam, ipse justius cadet in eam (*Prov.*, XXVI, 27).»

CAPUT VI. — 20. Eripe te frater, dum in hac carne vivis, ab ira quæ ventura est pertinacibus et superbis. Terror temporalium potestatum, quando veritatem oppugnat, justis fortibus gloriosa probatio est, infirmis periculosa tentatio : quando autem veritatem prædicat, errantibus (*a*) cordatis utilis admonitio est, et insensatis inutilis afflictio. Non est tamen potestas nisi a Deo : qui autem resistit potestati, Dei ordinationi resistit. Principes enim non sunt timori bono operi, sed malo. Vis autem non timere potestatem? bonum fac, et habebis laudem ex illa. Sive enim potestas veritati favens alicui quem corrigat, laudem habet ex illa qui fuerit emendatus: sive inimica veritati in aliquem sæviat, laudem habet ex illa qui victor fuerit coronatus. Tu autem non bonum facis, ut timere non debeas potestatem : nisi forte bonum est sedere, et non adversus fratrem detrahere, sed adversus fratres omnes in omnibus gentibus constitutos, quibus testimonium perhibent Prophetæ, Christus, Apostoli, cum legitur, « In semine tuo benedicentur omnes gentes (*Gen.*, XXVI, 4) : » cum legitur, « Ab ortu solis usque ad occasum sacrificium mundum offertur nomini meo; quoniam glorificatum est nomen meum in gentibus, dicit Dominus (*Mala.*, I, 11). » Audi, « dicit Dominus ; » non, dicit Donatus, aut Rogatus, aut Vincentius, aut Hilarius, aut Ambrosius, aut Augustinus ; sed, « dicit Dominus : » cum legitur, « Et benedicentur in eo omnes tribus terræ, omnes gentes magnificabunt eum. Benedi-

---

(*a*) Bad. Am. et Er. *errantibus et discordantibus, cordatis* etc.

tistes qui sont restés avec vous, vous dites que cela ne soit pas, que cela ne soit pas!

21. Vous savez que l'Evangile dit : « Il fallait que tout ce qui a été écrit sur moi dans la loi, dans les prophètes et dans les psaumes fût accompli. Alors il leur ouvrit l'entendement, pour qu'ils comprissent l'Ecriture, et leur dit : Il a été écrit : Il fallait que le Christ souffrît, et que le troisième jour il ressuscitât d'entre les morts, et qu'on prêchât en son nom la pénitence et la rémission des péchés parmi toutes les nations, en commençant par Jérusalem (*Luc*, XXIV, 44-46). » Vous avez lu également, dans les Actes des Apôtres, comment cet Evangile commença à Jérusalem, où le Saint-Esprit remplit d'abord le cœur des cent vingt disciples, et comment de là cet Evangile se répandit parmi toutes les nations, comme le Seigneur, avant de monter au ciel, l'avait dit à ses Apôtres : « Vous me rendrez témoignage à Jérusalem, et dans toute la Judée et la Samarie et jusqu'aux extrémités de la terre (*Act* , I, 8). » Or, leur parole a retenti sur toute la terre, et s'est répandue jusqu'aux extrémités de l'univers. Et vous osez encore contredire ce témoignage divin si solidement établi, manifesté avec tant d'éclat et de lumière, et vous prétendez encore que l'héritage du Christ est proscrit, et que, malgré la pénitence prêchée en son nom parmi toutes les nations, comme il l'a dit, nul de ceux qui seront touchés de cette prédication, dans quelque partie du monde que ce puisse être, ne peut recevoir la rémission de ses fautes, s'il ne cherche et ne trouve pas un certain Vincent de Cartenne, caché dans la Mauritanie Césarienne, où quelqu'un de ses neuf ou dix adhérents ! Que n'ose pas l'orgueil qui se cache sous une enveloppe mortelle ! Dans quel abîme ne se précipite pas la présomption de la chair et du sang ! Est-ce là l'œuvre de bien qui vous met au-dessus de la crainte des puissances? Quoi vous osez dresser un tel piége au fils de votre mère encore faible et petit et pour qui Jésus-Christ est mort ; contre ce fils qui, ne pouvant recevoir la nourriture paternelle, doit encore être nourri du lait de sa mère? Et vous venez m'opposer les livres d'Hilaire, pour nier la grandeur de l'Eglise qui va toujours croissant parmi toutes les nations, jusqu'à la fin des siècles, et que Dieu, contre votre incrédulité, a promise au monde, en appuyant sa promesse sur un serment ! Vous eussiez déjà été bien malheureux de ne pas croire à cette promesse, au moment où elle a été faite, et vous venez encore la contredire, quand elle est accomplie !

CHAPITRE VII. — 22. Mais vraiment, savant historien, vous avez trouvé quelque chose

---

ctus Dominus Deus Israël, qui facit mirabilia solus : et benedictum nomen gloriæ ejus in æternum, et in sæculum sæculi : Et replebitur gloria ejus omnis terra, fiat, fiat (*Psal.*, LXXI,17, 18, 19).» Et tu sedes Cartennis, et cum decem Rogatistis, qui remansistis, dicis, Non fiat, non fiat.

21. Audis loqui Evangelium, « Oportebat impleri omnia, quæ scripta sunt in Lege, et Prophetis, et Psalmis de me : tunc aperuit illis sensum, ut intelligerent Scripturas ; et dixit eis, Quoniam sic scriptum est, et sic oportebat pati Christum, et resurgere a mortuis tertia die, et prædicari in nomine ejus pœnitentiam et remissionem peccatorum per omnes gentes, incipientibus ab Jerusalem (*Lucæ*, XXIV, 44, 46). » Legis etiam Actus Apostolorum, quemadmodum hoc Evangelium cœperit ab Jerusalem, ubi primo illos centum-viginti Spiritus-sanctus implevit, atque inde in Judæam atque Samariam, et in omnes gentes exierit, sicut eis dixerat adscensurus in cælum, « Eritis mihi testes in Jerusalem, et in tota Judæa et Samaria, et usque in fines terræ (*Act*.,I,8):» quia in omnem terram exivit sonus corum, et in fines orbis terræ verba eorum. Et tu contradicis divinis testimoniis tanta firmitate roboratis, tanta luce manifestatis, et ad istam proscriptionem Christi hereditatem perducere conaris, ut cum in ejus nomine, sicut dixit, prædicetur pænitentia in omnibus gentibus, quisquis hac fuerit prædicatione commotus, in qualibet parte orbis terrarum, nisi quæsierit et invenerit latentem in Mauritiana Cæsariensi Cartennensem Vincentium, aut aliquem ex ejus novem aut decem consortibus, dimitti ei peccata non possint. Quid non audeat typhus morticinæ pelliculæ, quo non se præcipitet præsumtio carnis et sanguinis ? Hoccine est bonum opus tuum, propter quod non timeas potestatem ? Tantum scandalum ponis adversus filium matris tuæ, parvulum scilicet et infirmum, propter quem Christus est mortuus, nondum cibo paterno idoneum, sed adhuc materno lacte nutriendum : et Hilarii libros mihi opponis, uti neges Ecclesiam crescentem in omnibus gentibus usque in finem sæculi, quam Deus contra incredulitatem vestram cum juratione promisit ? Et cum essetis infelicissimi, si tunc quando promitte-

de grand à produire contre les témoignages de Dieu ! Vous dites, en effet, que la partie du monde, où la foi chrétienne est connue, est bien petite en comparaison de l'univers entier: Mais vous ne voulez pas faire attention, ou vous feignez de ne pas savoir chez combien de nations barbares l'Evangile a pénétré en si peu de temps, que les ennemis mêmes du Christ ne peuvent plus douter, que dans peu de temps arrivera ce que Jésus répondit à ses disciples, lui demandant ce qu'il entendait par la fin du monde : « Et cet Evangile sera prêché dans l'univers entier, pour servir de témoignage à toutes les nations, et alors la fin viendra (*Matth.*, XXIV, 14). » Criez, soutenez tant que vous pourrez, que l'Evangile aurait beau être prêché chez les Perses et chez les Indiens, où il l'est effectivement depuis longtemps, quiconque l'aurait entendu et ne viendrait pas à Cartenne, ou dans le voisinage de Cartenne, ne pourrait être entièrement purifié de ses fautes. Si vous ne dites pas cela, c'est dans la crainte qu'on ne se moque de vous, et si vous le dites, comment voulez-vous qu'on ne pleure pas sur vous ?

23. Vous croyez aussi être bien subtil, en disant que ce n'est pas par l'étendue de sa communion dans toutes les parties de la terre, mais uniquement par l'observation de tous les préceptes divins et de tous les sacrements, que l'Eglise est appelée catholique. Mais quand il serait vrai que ce nom de catholique viendrait de ce que l'Eglise seule possède et embrasse véritablement la totalité des choses, dont quelques parties se trouvent en diverses sectes hérétiques, ce n'est pas sur ce mot-là que nous nous appuyons pour prouver que l'Eglise est répandue dans toutes les nations, mais en nous reposant sur les promesses de Dieu et sur tant d'oracles évidents de la vérité même. Du reste, je vois bien que votre but principal est de nous persuader que les Rogatistes seuls méritent d'être appelés catholiques, parce qu'ils observent tous les préceptes divins et tous les sacrements, et que vous êtes les seuls chez lesquels le Fils de l'homme trouvera la foi, quand il viendra. Pardonnez-le-nous, mais nous ne le croyons pas. Peut-être, pour expliquer qu'on trouvera en vous cette foi que le Seigneur, comme il l'a dit, ne trouvera plus sur la terre, vous pousserez l'audace jusqu'à dire qu'il faut vous considérer comme étant déjà dans le ciel (*Luc*, XVIII, 8). Cependant l'Apôtre nous a ordonné d'être si prudents à cet égard, qu'il nous a déclaré que quand bien même un ange du ciel viendrait nous annoncer un Evangile différent de celui que nous avons reçu, il faudrait

batur resisteretis, nunc etiam cum redditur contradicitis.

CAPUT VII. — 22. Sed historicus doctus magnum aliquid invenisti, quod contra Dei testimonia proferendum putares. Dicis enim, « Quantum ad totius mundi pertinet partes, modica pars est in compensatione totius mundi, in qua fides Christianus nominatur : » nec vis adtendere, aut te nosse dissimulas, in quam multas jam barbaras nationes tam parvo tempore venerit Evangelium, ut nec inimici Christi dubitare jam possint brevi tempore futurum, quod discipulis respondit de sæculi fine quærentibus, « Et prædicabitur hoc Evangelium in universo orbe, in testimonium omnibus gentibus ; et tunc veniet finis (*Matth.*, XXIV, 14). » In hoc et clama et contende, quantum potes, etiamsi apud Persas et Indos Evangelium prædicetur, ubi quidem jam diu prædicatur, nisi quisquis hoc audierit, Cartennas venerit, vel in viciniam Cartennensium, mundari omnino a delictis suis non poterit. Itane si carueris ista voce, rideri te metuis : et cum ea non careas, fleri, te non vis ?

23. Acutum autem aliquid tibi videris dicere, cum Catholicæ nomen non ex totius orbis communione interpretaris, sed ex observatione præceptorum omnium divinorum, atque omnium sacramentorum : quasi nos, etiamsi forte hinc sit appellata Catholica, quod totum veraciter teneat, cujus veritatis nonnullæ particulæ etiam in diversis inveniuntur hæresibus, hujus nominis testimonio nitamur ad demonstrandam Ecclesiam in omnibus gentibus, et non promissis Dei et tam multis tamque manifestis oraculis ipsius veritatis. Sed nempe hoc est totum, quod nobis persuadere conaris, solos remansisse Rogatistas, qui catholici recte appellandi sint, ex observatione præceptorum omnium divinorum atque omnium sacramentorum ; et vos esse solos, in quibus inveniat fidem cum venerit filius hominis. Da veniam, non credimus. Licet enim et hoc audeas forsitan dicere, ut in vobis possit inveniri fides, quam se in terra non inventurum Dominus dixit, non vos in terra, sed in cælo esse deputandos (*Lucæ*, XVIII, 8) : nos tamen Apostolus ita cautos reddidit, ut etiam Angelum de cælo nobis aliud evangelizantem, præterquam quod accepimus, anathema debere

lui dire anathème (*Gal.*, I, 8). Or, comment pouvons-nous nous appuyer sur les passages des divines Ecritures, qui nous montrent clairement la venue de Jésus-Christ, si nous ne reconnaissons pas l'Eglise, dont l'établissement y est aussi clairement indiqué? Quelques moyens que vous preniez pour vous opposer à la simplicité de la vérité, par quelque nuage de ruse et de fausseté que vous vouliez l'obscurcir, nous dirons anathème à quiconque viendra nous annoncer que le Christ n'a pas souffert, et n'est pas ressuscité le troisième jour, parce que la vérité évangélique nous dit : « Il fallait que le Christ souffrît, et que le troisième jour il ressuscitât d'entre les morts (*Luc*, XXIV, 46). » Nous dirons encore anathème à quiconque viendrait nous dire que l'Eglise peut se trouver en dehors de la communion de toutes les nations, parce que, conformément à la même vérité, nous lisons : « Que la pénitence et la rémission des péchés devaient être prêchées, à toutes les nations, au nom du Christ, en commençant par Jérusalem (*Luc*, XXIV, 47) » et nous devons être inébranlables pour dire avec l'Apôtre : « Celui qui viendra vous annoncer autre chose que ce qui vous a été annoncé, qu'il soit anathème (*Gal.*, I, 8). »

CHAPITRE VIII. — 24. Si nous n'écoutons pas le parti même tout entier des Donatistes, se donnant comme l'Eglise de Jésus-Christ, parce qu'ils ne peuvent s'appuyer sur aucun témoignage des livres divins, combien moins encore, je vous le demande, devons-nous écouter les Rogatistes, qui n'oseraient pas même interpréter en leur faveur ce passage de l'Ecriture : « Où nous menez-vous paître, où vous reposez-vous au midi (*Cant.*, I, 6) ? » Si par ce passage des Ecritures, il faut entendre le midi de l'Afrique, occupé surtout par le parti de Donat et qui est situé sous un climat brûlant, les Maximianistes l'emporteront sur vous sous ce rapport, eux dont le schisme a éclaté dans la province de Byzacène (1), et dans celle de Tripoli. Mais si les Arzuges (2) contestent et prétendent que ce passage de l'Ecriture les regarde beaucoup plus, comment alors la Mauritanie Césarienne, beaucoup plus voisine du couchant que du midi, et qui ne veut pas même passer pour une partie de l'Afrique, pourra-t-elle interpréter à son avantage ce mot de *midi*, je ne dis pas au préjudice de toute la terre, mais à celui des Donatistes, dont le parti de Rogat est un petit lambeau détaché d'un plus grand? Qui serait assez imprudent pour interpréter à son profit quelque chose d'allégorique, sans avoir des témoigna-

---

(1) C'est présentement le royaume de Tunis.
(2) L'Arzuge était une contrée de l'Afrique limitrophe de la province de Byzacène (aujourd'hui pays de Tunis, et de celle de Tripoli, et qui confinait aux Barbares de l'Afrique.

---

esse præceperit (*Gal.*, I. 8). Quomodo autem confidimus ex divinis litteris accepisse nos Christum manifestum, si non inde accepimus et Ecclesiam manifestam ? Quaslibet quisque ansas et uncos adversus simplicitatem veritatis intexat, quaslibet nebulas callidæ falsitatis effundat, sicut anathema erit, qui annuntiaverit Christum neque passum esse, neque tertia die resurrexisse ; quoniam in veritate evangelica accepimus, « Oportebat Christum pati, et resurgere a mortuis tertia die (*Lucæ*, XXIV, 46) : sic erit anathema quisquis annuntiaverit Ecclesiam præter communionem omnium gentium; quia eadem veritate consequenter accepimus, « et prædicari in nomine ejus pænitentiam et remissionem peccatorum per omnes gentes, incipientibus ab Jerusalem ; » et inconcusse tenere debemus, « quisquis vobis annuntiaverit, præterquam quod accepistis, anathema sit *Ibid.*, 47).

CAPUT VIII. — 24. Si autem universos Donatistas non audimus, se pro Ecclesia Christi supponentes, quia nullum pro se testimonium de divinis libris proferunt, quo id doceant ; quanto minus, rogo te, Rogatistas audire debemus, qui nec illud pro se interpretari conabuntur, quod scriptum est, « Ubi pascis, ubi cubas in meridie (*Cant.*, I, 6) ? » Si enim hoc loco Scripturarum meridies Africa intelligenda est in parte Donati, quod sub cœli ferventiori plaga est, omnes vos Maximianistæ superabunt, quorum schisma in Byzantio, et in Tripoli exarsit. Sed confligant cum eis Arzuges, et hoc magis ad se pertinere contendant : Mauritania tamen Cæsariensis, occidentali quam meridianæ parti vicinior, quando nec Africam se vult dici, quomodo de meridie gloriabitur, non dico adversus orbem terrarum, sed adversus ipsam partem Donati, unde pars Rogati, brevissimum fuctum de frusto majore præcisum est? Quis autem non impudentissime nitatur aliquid in allegoria positum pro se interpretari, nisi habeat et manifesta testimonia, quorum lumine illustrentur obscura ?

ges évidents qui jetteraient quelque lumière sur des choses obscures?

25. Ce que nous avons coutume de dire à tous les Donatistes, combien à plus forte raison devons-nous vous le dire? S'ils peuvent (ce qui est impossible) invoquer quelque juste motif en leur faveur, pour avoir séparé leur communion de celle du reste de la terre, et pour appeler leur communion l'Eglise de Jésus-Christ; sous prétexte qu'ils se sont avec justice et avec raison séparés de la communion des autres peuples, comment savez-vous si dans la société chrétienne répandue de tous côtés, et avant votre propre séparation, il ne s'est pas rencontré dans des pays très-éloignés quelques hommes qui aient eu un motif plausible de faire communion à part, sans que le bruit de leur séparation et de la justice de leurs griefs soit arrivé jusqu'à vous? Comment pouvez-vous être l'Eglise de Jésus-Christ, plutôt que ceux qui se sont peut-être séparés les premiers? Il en résulte que si vous ne le savez pas, vous ne pouvez savoir ce que vous êtes vous-mêmes, et c'est ce qui arrivera nécessairement à tous ceux dont la société ne sera pas fondée sur le témoignage divin, mais sur leur propre témoignage? Vous ne pouvez pas dire : que si cela était arrivé, vous l'auriez su, puisque il vous serait impossible même de dire, combien il y a de partis en Afrique rostis de celui de Donat, surtout parce que ceux qui se séparent les uns des autres croient agir avec d'autant plus de justice qu'ils sont moins nombreux et par conséquent moins connus. C'est pourquoi vous ne sauriez dire, si avant que le parti de Donat séparât sa justice et sa sainteté de l'iniquité du reste des hommes, il n'y a pas eu quelque part, dans un pays opposé au midi de l'Afrique, quelques justes en très-petit nombre, et par cela même peu connus, qui se soient séparés les premiers, pour quelque cause légitime, du côté du Septentrion, et ne forment pas plutôt que vous la véritable Eglise de Dieu, comme une Sion spirituelle, dont la séparation aura prévenu la vôtre, et qui sera plus fondée à s'appliquer ce verset du psaume : « La montagne de Sion est du côté de l'Aquilon; c'est la ville du grand Roi (*Ps.*, XLVII, 3), » que ne l'est le parti de Donat à interpréter en sa faveur cette parole des cantiques : « Où paissez-vous vos troupeaux, où vous reposez-vous au midi (*Cant.*, I, 6). »

26. Et cependant vous craignez que la contrainte déployée par les lois impériales pour vous ramener à l'unité, ne donne aux Juifs et aux Païens l'occasion de blasphémer le nom de

---

25. Quod autem omnibus Donatistis dicere solemus, quanto vobis fortius dicimus ; Si possunt (quod fieri non potest) aliqui habere caussam justam, qua communionem suam separent a communione orbis terrarum, eamque appellent Ecclesiam Christi, quod se juste ab omnium gentium communione separaverint ; unde scitis in Christiana societate, tam longe lateque diffusa, ne forte antequam vos separaretis, jam se aliqui justa caussa separaverant in longinquissimis terris, unde ad vos eorum justitiæ fama non potuerit pervenire? Quomodo in vobis potest esse Ecclesia, potius quam in illis, qui se priores forte separaverunt ? Ita fit ut cum hoc nescitis, incerti vobismetipsis sitis, quod necesse est contingat omnibus, qui pro sua societate utuntur testimonio non divino, sed suo. Neque enim potestis dicere, Si hoc contigisset, nos latere non posset, cum in Africa ipsa, quot jam partes factæ sint ex parte Donati, si interrogemini, non dicatis : præsertim quia tanto sibi videntur qui hoc faciunt justiores, quanto fuerint pauciores; et utique tanto sunt latentiores. Ac per hoc incerti estis, ne forte aliqui pauci justi, et ideo minime noti, alicubi longe contra Africæ meridiem, antequam pars Donati justitiam suam a ceterorum hominum iniquitate secerneret, se primitus caussa æquissima separaverint in latere aquilonis, et ipsa sit potius Ecclesia Dei tamquam Sion spiritalis, quæ vos omnes justa separatione prævenit, multoque præsumtius pro se interpretetur, quod scriptum est, « Mons Sion, latera Aquilonis, civitas regis magni (*Psal.*, XLVII, 3), » quam pro se interpretatur pars Donati, « Ubi pascis, ubi cubas in meridie (*Cant.*, I, 6). »

26. Et tamen vereris, ne cum imperialibus legibus ad unitatem cogimini, nomen Dei a Judæis et paganis diutius blasphemetur : quasi nesciant Judæi quemadmodum primus populus Israel etiam bello delere voluerit duas illas tribus et dimidiam, quæ ultra Jordanem terras acceperant quando eas putaverunt se ab unitate sui populi separasse. Pagani vero magis nos blasphemare possunt de legibus, quas contra idolorum cultores Christiani Imperatores tulerunt : et tamen ex eis multi correcti, et ad Deum vivum verumque conversi sunt, et quotidie convertuntur. Sed plane et

Dieu, et de persister longtemps encore dans leurs blasphèmes, comme si les Juifs ne savaient pas comment le premier peuple d'Israël a voulu détruire, même par la guerre, les deux tribus et la moitié de celle qui avait reçu des terres au delà du Jourdain, quand ils crurent qu'elles s'étaient séparés de l'unité du peuple. Quant aux Païens, ils pourraient plutôt blasphémer contre nous au sujet des lois que les empereurs chrétiens ont portées contre les adorateurs des idoles : et cependant beaucoup d'entre eux se sont convertis et se convertissent encore chaque jour au Dieu vivant et véritable. Assurément si les Juifs et les Païens croyaient que les Chrétiens sont aussi peu nombreux que vous l'êtes, vous qui prétendez être les seuls chrétiens, ils ne daigneraient pas blasphémer contre vous, mais ils ne cesseraient d'en rire. Ne craignez-vous pas que les Juifs ne vous disent : Si c'est votre petit nombre qui forme l'Église du Christ, où est donc ce que votre Paul appelle votre Église, lorsque proclamant la multitude des Chrétiens supérieure à celle des Juifs, il s'écrie : « Réjouissez-vous stérile qui n'enfantiez pas : poussez des cris d'allégresse, vous qui ne deveniez pas mère, parce qu'il a été accordé plus de fils à la femme délaissée qu'à celle qui a un mari (*Gal.*, IV, 27). » Leur répondrez-vous : Nous sommes d'autant plus justes, que nous sommes peu nombreux ? Et ne faites-vous pas attention qu'ils vous répondraient à leur tour : Quels que vous prétendiez être, vous n'êtes cependant pas ceux dont il a été dit : « Il a été accordé beaucoup de fils à la femme délaissée, » puisque vous êtes restés en si petit nombre.

27. M'opposerez-vous ici l'exemple de ce juste au temps du déluge, qui seul a été trouvé digne d'être sauvé avec sa famille. Voyez cependant combien en cela vous vous écartez encore de la justice ! Jusqu'à ce que vous soyez réduits à sept, et que vous, vous fassiez le huitième, nous ne pouvons pas vous reconnaître comme juste. Et encore pour cela faudrait-il savoir, si quelqu'autre ne s'est pas emparé, avant Donat, de cette espèce de justice dans un pays éloigné, en se séparant pour quelque motif plausible, et se préservant ainsi avec sept autres des siens, du déluge de ce monde. Puisque vous ignorez si cela a eu lieu, et que vous n'en avez pas entendu parler, comme beaucoup de peuples chrétiens établis dans les régions les plus lointaines, n'ont jamais entendu prononcer le nom de Donat, vous ne savez pas où est l'Église. Elle sera là, où aura été fait pour la première fois, ce que vous avez fait ensuite, si jamais il y a eu une cause légitime qui pût vous autoriser à vous séparer de la communion de toutes les nations.

CHAPITRE IX. — 28. Pour nous, nous sommes certains que personne ne peut se séparer justement de la communion de toutes les

---

Judæi et Pagani, si tam paucos putarent esse Christianos, quam pauci vos estis, qui solos vos Christianos esse perhibetis, nec blasphemare nos dignarentur, sed numquam ridere cessarent. Non timetis ne vobis dicant Judæi, Ubi est quod Paulus vester Ecclesiam vestram intelligit, ubi dictum est, « Lætare sterilis, quæ non paris, erumpe et exclama, quæ non parturis ; quoniam multi filii desertæ, magis quam ejus quæ habet virum (*Gal.*, IV, 27), » præponens multitudinem Christianorum multitudini Judæorum, si Christi Ecclesia est paucitas vestra ? Hoccine illis dicturi estis, Ideo magis justi sumus, quia pauci sumus : nec adtenditis eos responsuros, Quoslibet vos esse dicatis, non tamen estis illi, de quibus dictum est, « Multi filii desertæ, » si tam exigui numero remansistis ?

27. Hic tu oppositurus es exemplum justi illius in diluvio, qui cum domo sua solus liberari dignus inventus est. Vides ergo quam longe sis adhuc a justitia ? prorsus donec ad septem remaneas, quibus tu sis octavus, justum te esse non dicimus : si tamen non istam justitiam, sicus dicebam, præripuit aliquis ante partem Donati, et cum suis septem justa aliqua caussa commotus, se longe alibi separavit, et a mundi hujus diluvio liberavit. Quod cum ignoretis an factum sit, atque ita vobis inauditum, sicut multis populis Christianorum in longinquis terris constitutorum nomen Donati inauditum est, incerti estis ubi sit Ecclesia. Ibi enim erit, ubi primum forsitan factum est, quod postea vos fecistis ; si potuit esse ulla justa caussa, qua vos a communione omnium gentium separare possetis.

CAPUT IX.—28. Nos autem ideo certi sumus, neminem se a communione omnium gentium juste separare potuisse, quia non quisque nostrum in justitia sua, sed in Scripturis divinis quærit Ecclesiam, et ut promissa est, reddi conspicit. Ipsa est enim de qua dicitur, « Sicut lilium in medio spinarum, ita pro-

nations parce que chacun de nous doit chercher l'Église, non dans sa propre justice, mais dans les saintes Écritures (1) qui nous la montrent comme elles nous l'ont promise, car c'est elle dont il est dit : « Comme le lis est entre les épines, ainsi apparaît mon amie au milieu des autres filles (*Cant.*, II, 2). » Or, quoique celles-ci soient comparées à des épines par la dépravation de leurs mœurs, elles ne laissent pas d'être des filles par la communion des mêmes sacrements. C'est l'Église qui dit : « J'ai crié vers vous des extrémités de la terre dans l'angoisse de mon cœur (*Ps.*, LX, 3). » Et encore ailleurs : « Le chagrin s'est emparé de moi, à cause des pécheurs qui abandonnent votre loi (*Ps.*, CXVIII, 53). » Et encore : J'ai vu les insensés, et je séchais de douleur (*Ps.*, CXVIII, 158). » C'est elle qui dit à son époux : « Où menez-vous paître vos brebis ? Où vous reposez-vous au midi, de peur que, voilée, je ne m'égare au milieu des troupeaux de vos compagnons (*Cant.*, I, 6). » La même chose est dite ailleurs : « Apprenez-moi la force de votre droite ; faites-moi connaître ceux dont le cœur est instruit dans la sagesse (*Ps.*, LXXXIX, 12), » c'est-à-dire, quels sont ceux qui sont brillants de lumière et embrasés de charité, et en qui vous vous reposez comme au midi, de peur que, voilée, c'est-à-dire cachée et inconnue, je me précipite non pas au milieu de vos troupeaux, mais au milieu des troupeaux de vos compagnons, c'est-à-dire des hérétiques. Le Psalmiste appelle ceux-ci compagnons, comme les épines ont été appelées filles, à cause de la communion des sacrements, car il est dit d'eux ailleurs : : « Vous ne faisiez qu'un avec moi ; vous étiez mon guide et mon ami ; vous partagiez avec moi une douce nourriture ; nous marchions d'un commun accord dans la maison du Seigneur. Que la mort vienne sur eux, et qu'ils descendent tout vivants dans les enfers (*Ps.*, LIV, 14), comme Dathan et Abiron, auteurs de cette séparation impie.

29. C'est à l'Église que l'époux répond tout aussitôt : « Si vous ne vous connaissez pas vous-même, ô vous qui êtes belle entre toutes les femmes, sortez, allez sur les traces des troupeaux, et, menez paître vos chevreaux autour des tentes des pasteurs (*Cant.*, I, 7). » O réponse du plus doux des époux ! Si vous ne vous connaissez pas vous-même, dit-il ! Une ville bâtie sur le haut d'une montagne, ne peut être cachée (*Matth.*, V, 14). C'est pourquoi vous n'êtes pas voilée, ni exposée à vous jeter au milieu des troupeaux de mes compagnons, car je suis la montagne élevée au-dessus du sommet des

---

(1) Cette belle et grande pensée de saint Augustin attaque directement le principe de tous les schismes passés et présents qui ont divisé et divisent encore l'Église.

---

xima mea in medio filiarum (*Cant.*, II, 2) : « quæ nec spinæ dici possunt, nisi malignitate morum ; nec filiæ, nisi communione sacramentorum. Ipsa est enim quæ dicit, « A finibus terræ ad te clamavi, cum anxiaretur cor meum (*Psal.*, LX, 3). » Quæ in alio Psalmo dicit, « Tædium detinuit me a peccatoribus derelinquentibus legem tuam (*Psal.*, CXVIII, Zain. 53) : » et, « Vidi insensatos, et tabescebam (*Ibid.*, Res. 158). » Ipsa est, quæ dicit sponso suo, « Ubi pascis, ubi cubas in meridie ; ne forte fiam sicut operta super greges sodalium tuorum (*Cant.* I, 6). » Id est quod alibi dicitur, « Dexteram tuam notam fac mihi, et eruditos corde in sapientia (*Psal.*, LXXXIX, 12) : » in quibus luce fulgentibus et caritate ferventibus quasi in meridie requiescis : ne forte velut operta, id est occulta et ignota, irruam non in gregem tuum, sed in greges sodalium tuorum, id est, hæreticorum. Quos ita sodales dicit, sicut spinas illas filias, propter communionem sacramentorum. De quibus alibi dicitur, « Tu vero unanimis meus, et dux meus, et notus meus, qui simul mecum dulces capiebas cibos, in domo Domini ambulavimus cum consensu : Veniat mors super illos, et descendant in infernum viventes (*Ps.* LIV, 14); sicut Dathan et Abiron, impiæ separationis auctores.

29. Ipsa est cui continuo respondetur, « Nisi cognoveris temetipsam, o pulcra inter mulieres, exi tu in vestigiis gregum, et pasce hædos tuos in tabernaculis pastorum (*Cant.*, I, 7). » O responsio dulcissimi sponsi ! « Nisi cognoveris temetipsam, » inquit. Quia utique non potest civitas abscondi supra montem constituta (*Matth.*, V, 14) : et ideo non es operta, ut incurras in greges sodalium (a) meorum. Ego enim sum mons paratus in cacumine montium, ad quem venient universæ gentes : « Nisi ergo cognoveris temetipsam, » non in verbis calumniosorum, sed in testimoniis librorum meorum. « Nisi cognoveris temetipsam, » quia de te dictum

---

(a) Editi, *sodalium tuorum*. At MSS. septemdecim habent, *meorum*.

plus hautes montagnes, à laquelle viendront toutes les nations de la terre. Vous pourriez bien « ne pas vous reconnaître » dans le discours des calomniateurs, mais vous vous connaîtrez dans les témoignages que vous rendent mes livres. « Ne pas vous reconnaître ! » Mais c'est de vous qu'il a été dit : Etendez au loin des cordes, et affermissez solidement des pieux, portez-les toujours de plus en plus loin, à droite ou à gauche : car votre race aura les nations pour héritage, et vous repeuplerez les villes qui étaient désertes. Ne craignez rien, vous triompherez. Ne rougissez pas de ce que vous étiez auparavant détestée ; vous oublierez à jamais ce qui faisait le sujet de votre honte, et vous ne vous souviendrez plus de l'opprobre de votre veuvage. Car je suis le Seigneur qui prend soin de vous former. Le Seigneur est mon nom. Celui qui vous délivre est le Dieu d'Israël qui sera invoqué dans tout l'univers (*Isaïe*, LIV, 2 etc.). « Ne pas vous reconnaître, vous, ô la plus belle des femmes (*Cant.*, I, 7); » vous de qui il est dit : « Le roi a désiré votre beauté (*Ps.*, XLIV, 12) » vous de qui il a été dit : « Des fils vous sont nés pour succéder à vos pères ; et vous les établirez princes sur toute la terre *Ps.*., XLIV, 17) ! Si vous ne vous connaissez pas vous-mêmes, sortez. » Je ne vous chasse pas, mais sortez, vous-mêmes, pour qu'on dise de vous : Ils sont sortis d'entre nous, mais ils n'étaient pas de nous. « Sortez sur les traces des troupeaux ; » je ne dis pas sur mes traces, mais sur les traces des troupeaux : je ne dis pas d'un seul troupeau, mais des troupeaux séparés et errants. « Paissez vos chevreaux, » non comme Pierre, à qui il est dit ; Paissez mes brebis (*Jean*, XXI, 17); « mais paissez vos chevreaux autour des tentes des pasteurs, » non près de la tente du pasteur où il n'y a qu'un seul troupeau et un seul pasteur. Car l'Église se connaît elle-même, de peur qu'il ne lui arrive ce qui est arrivé à ceux qui ne se sont pas connus en elle.

30. C'est d'elle qu'il est dit, par comparaison du petit nombre de ses enfants avec la multitude des méchants : « La voie qui mène à la vie est étroite et difficile, et il y en a peu qui y marchent (*Matth.*, VII, 14). » Et c'est aussi de la multitude de ses enfants qu'il est dit : « Votre race sera comme les étoiles du ciel et le sable de la mer (*Gen.*, XXII, 17). » En effet, les fidèles, les saints et les bons sont peu nombreux en comparaison du grand nombre des méchants, mais ils sont nombreux quand on les regarde en eux-mêmes. Car il est dit : « Celle qui était abandonnée a plus d'enfants que celle qui avait un mari (*Gal.*, IV, 27). » Plusieurs viendront de l'Orient et de l'Occident et prendront place avec Abraham, Isaac et Jacob dans le royaume des cieux (*Matth.*, VIII, 11). Dieu veut se former un peuple nombreux, zélé pour les bonnes œuvres. Saint Jean a vu dans son Apocalypse des mil-

---

est : Porrige longius funiculos, et palos validos confirma : etiam atque etiam in dexteram atque sinistram extende. Semen enim tuum hereditabit gentes, et civitates quæ desertæ erant, inhabitabis. Non est quod metuas, prævalebis enim, nec erubescas quod detestabilis fueris. Confusionem enim in perpetuum obliviscerís, ignominiæ viduitatis tuæ non eris memor. Ego enim sum Dominus qui facio te, Dominus nomen ei. Et qui eruit te, ipse Deus Israël universæ terræ vocabitur (*Isa.*, LIV, 2, 4). « Nisi cognoveris temetipsam, o pulcra inter mulieres (*Cant.*, I, 7) : » quia de te dictum est, Concupivit rex speciem tuam (*Ps.*, XLIV, 12) : quia de te dictum est, Pro patribus tuis nati sunt tibi filii, constitues eos principes super omnem terram (*Ibid.*, 17). » Nisi ergo cognoveris temetipsam, exi tu : » non ego te ejicio, sed exi tu, ut dicatur de te : Ex nobis exierunt, sed non erant ex nobis. « Exi tu in vestigiis gregum, » non in vestigiis meis, sed in vestigiis gregum : nec unius gregis, sed gregum divisorum et errantium. « Et pasce hædos tuos, » non sicut Petrus, cui dicitur, Pasce oves meas ; sed « pasce hædos tuos in tabernaculis pastorum, » non in tabernaculo pastoris, ubi est unus grex et unus pastor (*Johan.*, XXI, 17). Cognoscit enim semetipsam, ne hoc ei contingat, quia hoc contigit eis, qui se in illa non cognoverunt.

30. Ipsa est, de cujus paucitate dicitur in comparatione plurimorum malorum, « quia angusta et arta via est, quæ ducit ad vitam, et pauci sunt qui ambulant in ea (*Matt.*, VII, 14). » Et rursus ipsa est, de cujus multitudine dicitur, » Sic erit semen tuum, sicut stellæ cæli, et sicut arena maris (*Gen.*, XXII, 17). » Iidem quippe fideles sancti et boni, in comparatione plurium malorum pauci sunt, et per se ipsi multi sunt : quia multi filii desertæ, magis quam ejus quæ habet virum (*Gal.*, IV, 27) : Et multi ab Oriente et Occidente venient, et recumbent cum

liers d'hommes en si grand nombre, qu'on ne pourrait les compter, de toute tribu et de toute langue, revêtus de robes blanches, et ayant à la main les palmes de la victoire (*Apoc.*, VII, 9). C'est toujours cette même Église qui est quelquefois obscurcie, et comme dérobée aux yeux par la multitude des scandales, lorsque les pécheurs tendent leur arc dans l'obscurité, pour percer de leurs traits ceux qui ont le cœur droit (*Ps.*, x, 2). Mais même alors elle resplendit dans ses enfants les plus forts. Et si dans ces paroles divines il faut chercher plusieurs sens, ce ne serait pas en vain qu'il a été dit de la race d'Abraham : Elle sera « comme les étoiles du ciel, et comme le sable qui est au bord de la mer (*Gen.*, XII, 17). » Par les étoiles du ciel, il faut peut-être entendre les âmes fermes et éclairées, qui sont en petit nombre dans l'Église, et par le sable du rivage de la mer, la grande multitude des faibles et des charnels, qui paraît quelquefois en repos, lorsque le temps est calme est tranquille, mais qui est troublée et submergée par les flots et les tempêtes des tribulations et des tentations.

31. C'est un de ces temps d'orage qu'Hilaire a décrit dans l'endroit où vous avez cru trouver de quoi éluder tant de témoignages de l'Ecriture, comme s'il avait voulu dire, que l'Eglise avait disparu de la terre (1). Mais c'est comme si vous vouliez prétendre, qu'il n'y avait plus d'Eglises en Galatie lorsque l'Apôtre disait aux Galates : « O insensés que vous êtes, qui vous a fascinés à ce point que vous finissiez par la chair, vous qui aviez commencé par l'esprit (*Gal.*, III, 1). » C'est ainsi que vous calomniez ce savant évêque, qui voulait seulement réprimander les cœurs languissants et timides, qu'il enfantait de nouveau jusqu'à ce que le Christ fût formé en eux. Qui ignore en effet qu'à cette époque beaucoup d'hommes peu sensés s'étaient laissé tromper par des mots obscurs, et pensaient que la foi des Ariens n'était pas différente de la leur? D'autres cédaient à la crainte, et ne marchant pas selon la vérité de l'Evangile, feignaient d'approuver la doctrine des Ariens. On leur pardonna néanmoins lorsqu'ils reconnurent leur erreur, mais vous n'auriez pas voulu qu'on leur pardonnât. Or, vous ne com-

(1) Le passage de saint Hilaire, dont Vincent abusait, est tiré du livre des conciles contre les Ariens où ce saint dit : *Excepté Eleusius et le petit nombre de ceux qui sont avec lui, personne dans les dix provinces de l'Asie où je me trouve, ne connaît véritablement Dieu.* Mais Vincent abusait évidemment des paroles du saint évêque, comme on le voit par l'explication même de saint Augustin disant que saint Hilaire ne blâmait que l'ivraie ou le mauvais grain de ces dix provinces.

Abraham, Isaac, et Jacob in re no cælorum (*Matt.*, VIII, 11) ; et quia exhibet sibi Deus populum abundantem æmulatorem bonorum operum : et multa millia, quæ numerare nemo potest, videntur in Apocalypsi, ex omni tribu et lingua, in stolis albis palmisque victricibus (*Apoc.*, VII, 9). Ipsa est quæ aliquando obscuratur, et tamquam obnubilatur multitudine scandalorum, quando peccatores intendunt arcum, ut sagittent in obscura luna rectos corde (*Psal.*, x, 2). Sed etiam tunc in suis firmissimis eminet. Et si aliqua in his verbis divinis distributio facienda est, fortasse non frustra dictum sit de femine Abrahæ, « Sicut stellæ cæli, et sicut arena, quæ est ad oram maris (*Gen.*, XXII, 17) ; » ut in stellis cæli pauciores, firmiores, clarioresque intelligantur ; in arena autem maritimi littoris magna multitudo infirmorum atque carnalium ; quæ aliquando tranquillitate temporis quieta et libera apparet, aliquando autem tribulationum et tentationum fluctibus operitur atque turbatur.

31. Tale tunc erat tempus, de quo scripsit (a) Hilarius, unde putasti insidiandum contra testimonia tot divina, tamquam perierit Ecclesia de orbe terrarum. Potes hoc modo dicere, nec tot ecclesias Galatiæ tunc fuisse, quando dicebat Apostolus, « O stulti Galatæ, quis vos fascinavit, ut cum spiritu cœperitis, nunc carne consummemini (*Gal.*, III, 1)?» Sic enim calumniaris docto viro, qui tardicordes et timidos graviter increpabat, quos iterum parturiebat, donec Christus formaretur in eis. Quis enim nescit illo tempore obscuris verbis multos parvi sensus fuisse delusos, ut putarent hoc credi ab Arianis, quod etiam ipsi credebant : alios autem timore cessisse et simulate consensisse, non recte ingredientes ad veritatem Evangelii, quibus tu postea correctis, sic quemadmodum ignotum est, nolles ignosci? Prorsus non nosti litteras Dei. Lege enim quid de Petro scripserit Paulus, et quid inde etiam senserit Cyprianus; et non tibi displiceat Ecclesiæ mansuetudo, quæ membra Christi disper-

(a) Abutebatur Vincentius isto Hilarii testimonio ex lib. de Synodis adversus Arianos, ubi dicit, *Nam absque Eleusio et paucis cum eo, ex majori parte Asianæ decem provinciæ, intra quas consisto, vere Deum nesciunt.* Quod quidem facile intelligitur ex verbis Augustini respondentis, *decem provinciarum Asianarum zizania redargui* ab Hilario.

prenez pas les livres divins. Lisez ce que Paul a écrit sur Pierre, et ce que Cyprien en a pensé. Alors vous ne trouverez rien à redire à la douceur et à la mansuétude de l'Eglise, qui rassemble les membres dispersés du Christ, et ne les disperse pas quand ils sont unis. Car entre ceux mêmes qui demeurèrent fermes et qui étaient en état de comprendre ce qu'il y avait de captieux dans les paroles des hérétiques, et qui étaient peu nombreux en comparaison des autres, les uns étaient exilés pour avoir courageusement défendu la foi de l'Eglise, et les autres se tenaient cachés en diverses parties du monde. C'est ainsi que l'Eglise qui va croissant par toutes les nations, s'est conservée dans le pur froment du Seigneur, et le sera jusqu'à ce qu'elle ait reçu dans son sein toutes les peuples, et même les nations barbares. En effet, l'Eglise, est ce bon grain que le Fils de l'homme a semé et dont il a prédit l'accroissement parmi l'ivraie, jusqu'au jour de la moisson. Or, le champ où le Fils de l'homme a semé est le monde, et le jour de la moisson, c'est la fin des siècles.

32. Hilaire reprenait donc ceux qui dans les dix provinces d'Asie représentaient l'ivraie, et non le bon grain ; mais peut-être aussi s'adressait-il au bon grain qui était en danger de se corrompre, et auquel il adressait des reprimandes d'autant plus fortes qu'il les croyait plus nécessaires. Telle est en effet la manière de réprimander employée par les Ecritures canoniques. Elles s'adressent à tous pour être entendues de quelques-uns. Car lorsque l'Apôtre dit aux Corinthiens : « Comment s'en trouve-t-il parmi vous qui osent dire que les morts ne ressusciteront pas (I *Cor.*, XV, 12) ? » Il montre évidemment que tous ne pensaient pas ainsi, mais qu'il y en avait parmi eux qui partageaient cette erreur ; et pour que les bons ne fussent pas séduits par les mauvais, il leur dit : « Ne vous laissez pas séduire ; les mauvais entretiens corrompent les mœurs. Soyez sobres, justes et ne péchez pas. Il en est quelques-uns parmi vous qui ne connaissent pas Dieu. Je vous le dis pour vous faire honte (I *Cor.*, XV, 33). » Il leur dit aussi : « Puisqu'il y a parmi vous des jalousies et des disputes, n'est-il pas visible que vous êtes charnels et que vous vous conduisez selon l'homme (I *Cor.*, III, 3). » Ne dirait-on pas que l'Apôtre s'adresse à tous ? Cependant vous voyez combien est grave ce qu'il dit. Or, si dans la même Epître nous ne lisions pas : « Je rends pour vous à mon Dieu des actions de grâces continuelles, à cause de la grâce de Dieu qui vous a été donnée en Jésus-Christ, et des richesses dont vous avez été comblés en lui en tout ce qui est des dons de

---

sa colligit, non collecta dispergit : quamquam et illi, qui tunc firmissimi fuerunt, et verba hæreticorum insidiosa intelligere potuerunt, pauci quidem in comparatione ceterorum, sed tamen etiam ipsi quidam pro fide fortiter exsulabant, quidam toto orbe latitabant. Ac sic Ecclesia, quæ per omnes gentes crescit, in frumentis dominicis conservata est, et usque in finem, donec omnino gentes omnes, etiam barbaras teneat, conservabitur. Ipsa est enim Ecclesia in bono semine, quod seminavit filius hominis, et usque ad messem crescere inter zizania, prænuntiavit (*Matth.*, XIII, 30). Ager autem mundus est, messis finis est sæculi.

32. Hilarius ergo decem provinciarum Asianarum aut zizania non triticum arguebat, aut ipsum etiam triticum, quod defectu quodam periclitabatur, quanto vehementius, tanto utilius arguendum putabat. Habent enim etiam Scripturæ canonicæ hunc arguendi morem, ut tamquam omnibus dicatur, et ad quosdam verbum perveniat. Quod enim Apostolus dicit ad Corinthios : « Quomodo dicunt quidam in vobis, quia resurrectio mortuorum non est (I *Cor.*, XV, 12) ? » Manifestat utique non omnes esse tales, verumtamen et tales non extra, sed in eis fuisse testatur : a quibus ne illi seducerentur, qui non ita sentiebant, paulo post monuit dicens, « Nolite seduci, Corrumpunt mores bonos colloquia mala. Sobrii estote (*a*) justi, et nolite peccare. Ignorantiam enim Dei quidam habent. Ad reverentiam vobis loquor (*Ibid.*, 33). » Quod autem dicit, « Cum enim sint inter vos æmulatio et contentio, nonne estis carnales, et secundum hominem ambulatis (I *Cor.*, III, 3) ? » tamquam omnibus dicit. Et vides quam sit grave quod dicit. Proinde nisi in ipsa epistola legeremus, « Gratias ago Deo meo semper pro vobis in gratia Dei, quæ data est vobis in Christo Jesu, quia in omnibus ditati estis in illo in omni verbo et in omni scientia, sicut testimonium Christi

---

(*a*) Er. et Lov. *juste*, juxta græcum textum, δικαίως. At Bad. Am. et sedecim MSS. cum vulgata habet, *justi*.

la parole et de la science ; le témoignage de Jésus-Christ ayant été ainsi confirmé parmi vous, de sorte que nulle grâce ne vous manque (I *Cor.*, I, 4). » Si nous ne lisions pas, dis-je, ces paroles, nous pourrions croire que tous les Corinthiens étaient charnels, vivant de la vie animale, n'ayant pas l'intelligence des choses qui sont de l'esprit de Dieu, querelleurs, jaloux, et marchant selon l'homme (I *Cor.*, II, 14). » Comprenons donc que ces paroles: « Tout le monde est plongé dans le mal (I *Jean*, V, 19), » doivent s'entendre de l'ivraie qui est répandue partout : et que ces autres: Le Christ est propitiation pour nos péchés, non-seulement pour les nôtres mais pour ceux du monde entier, ont été dites à cause du froment qui se trouve dans tout l'univers.

33. L'abondance des scandales refroidit la charité de plusieurs, et plus le nom du Christ est glorifié, plus il y a de méchants qui se réunissent dans la communion de ses sacrements, et s'endurcissent dans leur perversité ; mais ils sont comme la paille qui sera séparée du bon grain quand viendra le jour de la grande séparation. Les méchants n'étoufferont pas le froment du Seigneur, peu abondant en comparaison de l'ivraie, mais abondant en lui-même : c'est-à-dire les méchants n'étoufferont pas les élus de Dieu qui seront rassemblés à la fin des temps, comme le dit l'Evangile, des quatre vents, depuis une extrémité du ciel jusqu'à l'autre (*Matth.*, XXIV, 31). Car c'est la voix de ses élus qui dit : « Sauvez-moi, Seigneur, parce qu'il n'y a plus de saints, parce que les vérités disparaissent d'entre les enfants des hommes (*Ps.*, XI, 2). » Et c'est d'eux que le Seigneur dit, en voyant l'abondance de l'iniquité, « celui qui aura persévéré jusqu'à la fin sera sauvé (*Matth.*, XXIV, 13). » Enfin la suite du Psaume où il est dit: « C'est vous, Seigneur, qui nous sauverez et qui nous préserverez de cette génération jusqu'à l'éternité (*Ps.*, XI, 8), » fait bien voir qu'il ne s'agit pas ici d'un seul homme, mais de beaucoup d'autres. Car c'est à cause de cette abondance d'iniquité prédite par le Seigneur, qu'il a été écrit: « Quand le Fils de l'homme viendra, croyez-vous qu'il trouve encore de la foi sur la terre (*Luc*, XVIII, 8). » Le doute de celui qui sait tout a présagé notre doute à nous-même sur ce point, c'est-à-dire le doute de l'Eglise, qui à force d'être trompée sur le compte de beaucoup de ceux dans lesquels elle avait mis son espérance, et et qui se sont montrés tout autres qu'elle l'avait cru, est ainsi troublée dans les siens, au point de ne plus vouloir trop facilement croire quelque chose de bon sur le compte d'aucun d'eux. Cependant il n'est pas permis de douter

---

confirmatum est in vobis, ita ut nihil desit vobis in ulla gratia (I *Cor.*, I, 4); » putaremus omnes Corinthios carnales et animales, non percipientes quæ sunt spiritus Dei, contentiosos, æmulos, secundum hominem ambulantes (I *Cor.*, II, 14). Itaque et totus mundus in maligno positus est (I *Johan.*, V, 19), propter zizania, quæ sunt per totum mundum : et Christus propitiator est peccatorum nostrorum, non tantum nostrorum, sed et totius mundi, propter triticum quod est per totum mundum.

33. Refrigescit autem caritas multorum propter scandalorum abundantiam, quanto magis magisque glorificato Christi nomine congregantur in communionem sacramentorum ejus etiam maligni, et perseveranter omnino perversi, sed tamen tamquam palea de area dominica nonnisi ultima ventilatione separandi. Non exstinguunt isti frumenta Dominica, in eorum quidem comparatione pauca, sed multa per seipsa ; non exstinguunt electos Dei congregandos in fine sæculi, sicut Evangelium loquitur, a quatuor ventis, a summis cælorum usque ad terminos eorum (*Matt.*, XXIV, 31). Ipsorum enim vox est ; « Salvum me fac Domine, quoniam defecit sanctus ; quoniam diminutæ sunt veritates a filiis hominum (*Psal.*, XI, 2). » De quibus et Dominus dicit inter abundantiam iniquitatis, « Qui perseveraverit usque in finem, hic salvus erit (*Mat.*, XXIV, 13). » Denique non unum hominem, sed plures in eodem Psalmo loqui consequentia docent ubi dicitur, « Tu Domine servabis nos, et custodies nos a generatione hac in æternum (*Psal.*, XI, 8). » Propter hanc enim abundantiam iniquitatis, quam Dominus futuram esse prædixit, etiam illud positum est, « Cum venerit filius hominis, putas inveniet fidem in terra (*Lucæ*, XVIII, 8). » Dubitatio enim cuncta scientis nostram in illo dubitationem præfiguravit, quando Ecclesia ex multis, de quibus multum speravit, sæpe decepta, quod aliter quam credebantur inventi sunt, sic perturbatur in suis, ut de nullo facile boni aliquid velit credere. Ipsos tamen quorum inventurus est fidem in terra, per totum agrum cum zizaniis crescere, dubitare fas non est.

34. Ipsa est ergo Ecclesia, quæ intra sagenam dominicam cum malis piscibus natat, a quibus corde

que ceux dans lesquels le Seigneur trouvera de la foi sur la terre auront cru avec l'ivraie dans toute l'étendue de son champ.

34. C'est donc l'Église elle-même qui, selon la parabole de la pêche, nage dans le filet du Seigneur avec les mauvais poissons ; elle s'en sépare toutefois par le cœur et par les mœurs, afin de se montrer à son époux, aussi glorieuse que pure et sans tache. Quant à la séparation effective, l'Église attend qu'elle se fasse comme celle des bons et des mauvais poissons sur le rivage de la mer, c'est-à-dire à la fin des siècles; cependant elle corrige ceux qu'elle peut et tolère ceux qu'elle ne peut pas corriger, mais l'iniquité de ces derniers ne lui fait pas abandonner l'union avec les bons,

CHAPITRE X. — 35. Veuillez donc, frère, ne pas combattre tant de témoignages divins, si clairs, si indubitables, en cherchant pour les calomnier, quelques passages que vous trouvez dans les écrits des évêques, soit de ceux qui, comme Hilaire, ont vécu dans notre communion depuis votre séparation, soit de ceux qui vivaient au temps où l'unité n'était pas encore divisée par le schisme de Donat, comme Cyprien et Agrippin (1), parce que ces écrivains-là n'ont pas l'autorité des Livres canoniques. Leurs livres ne nous fournissent pas des preuves et des témoignages assez irrécusables, pour ne pas nous permettre de penser autrement qu'eux, sur des choses où ils se seraient peut-être avancés au delà de la vérité. Nous, ne balançons pas à nous mettre au même rang et nous ne dédaignons pas de nous appliquer à nous-mêmes cette parole de l'Apôtre : « Si vous avez un sentiment qui ne soit pas conforme à la vérité, Dieu vous éclairera. Toutefois marchons dans la lumière que nous avons déjà reçue (*Phil.*, III, 15). » C'est-à-dire, tenons-nous et marchons dans la voie, qui est le Christ, et dont le Psalmiste parle en ces termes : « Que Dieu ait pitié de nous et nous bénisse. Qu'il fasse briller son visage sur nous, pour que nous connaissions, Seigneur, votre voie sur la terre, et votre salut dans toutes les nations (*Ps.*, LXVI, 2). »

36. S'il vous plaît de suivre l'autorité du saint évêque et glorieux martyr Cyprien, qu'il ne faut pas cependant, comme je l'ai dit, confondre avec celle des Livres canoniques, pourquoi ne le suivez-vous pas également dans son amour pour l'unité de la terre entière et de toutes les nations, et dans sa fermeté pour la défendre. N'oubliez pas qu'il a traité d'arrogants et de superbes ceux qui auraient voulu, en se regardant comme les seuls justes, se séparer de cette unité, et qu'il a tourné en ridicule la hardiesse de ceux qui voulaient s'attribuer ce que le Seigneur n'a pas même accordé à ses Apôtres, c'est-à-dire d'arracher

---

(1) L'évêque Agrippin fut le successeur de saint Cyprien dans l'évêché de Carthage.

---

semper et moribus separatur atque discedit, ut exhibeatur viro suo gloriosa, non habens maculam neque rugam. Corporalem autem separationem in littore maris, hoc est, in fine sæculi exspectat, corrigens quos potest; tolerans quos corrigere non potest : non tamen propter eorum quos non corrigit iniquitatem, ipsa bonorum deserit unitatem.

CAPUT X. — 35. Noli ergo frater contra divina tam multa, tam clara, tam indubitata testimonia, colligere velle calumnias ex episcoporum scriptis, sive nostrorum, sicut Hilarii ; sive antequam pars Donati separaretur, ipsius unitatis, sicut Cypriani et Agrippini : primo, quia hoc genus litterarum ab (*a*) auctoritate canonis distinguendum est. Non enim sic leguntur tamquam ita ex eis testimonium proferatur, ut contra sentire non liceat, sicubi forte aliter sapuerunt quam veritas postulat. In eo quippe numero sumus, ut non dedignemur etiam nobis dictum ab Apostolo accipere, « Et si quid aliter sapit is, id quoque Deus vobis revelabit. Verumtamen in quod pervenimus, in eo ambulemus (*Phil.*, III, 15), » in illa via scilicet, quæ est Christus. De qua via ita Psalmus loquitur : « Deus misereatur nostri, et benedicat nobis, illuminet vultum suum super nos : ut cognoscamus in terra viam tuam, in omnibus gentibus salutare tuum (*Psal.*, LXVI, 2). »

36. Deinde si sancti Cypriani episcopi et gloriosi martyris te delectat auctoritas, quam quidem sicut dixi, a canonica auctoritate distinguimus ; cur in eo te non delectat, quod unitatem orbis terræ atque omnium gentium, et diligendo tenuit, et disputando defendit : quod eos qui se tamquam justos ab ea separare voluissent arrogantissimos et superbissimos judicavit, irrideus eos hoc sibi assu-

---

(*a*) MSS. melioris notæ habent, *a canonicis auctoritate*.

l'ivraie avant le temps de la moisson, et de séparer la paille d'avec le bon grain, avant le jour destiné à nettoyer l'aire du Seigneur. Pourquoi, je vous le demande aussi, ne le suivez-vous pas, quand il démontre clairement que personne ne peut être souillé par les péchés des autres, prétexte invoqué par l'impiété de tous ceux qui veulent se séparer? Lors même que ses sentiments étaient moins conformes à la vérité, il n'a jamais demandé que ses collègues qui étaient d'un avis contraire au sien, fussent jugés ou séparés de sa communion. Dans la lettre à Jubaïen, qui fut d'abord lue au concile (1), dont vous invoquez l'autorité pour rebaptiser, saint Cyprien, tout en avouant qu'autrefois on avait admis dans l'Eglise, sans leur conférer un nouveau baptême, des chrétiens baptisés dans une autre communion, croit cependant qu'ils étaient comme sans baptême; mais il croit la paix de l'Eglise si utile et si salutaire, que pour maintenir cette paix, il n'exclut pas même ces chrétiens des fonctions ecclésiastiques.

37. Vous avez trop d'esprit pour ne pas voir que cela ruine entièrement votre parti. En effet, si la communication des sacrements avec les pécheurs, comme vous le croyez, a suffi pour faire périr l'Eglise, qui était répandue sur la terre (et c'est pour cela que vous vous en êtes séparés), elle avait déjà péri depuis longtemps, puisque d'après Cyprien elle admettait dans son sein des gens sans baptême; et ainsi Cyprien lui-même se trouvait sans Eglise qui pût le régénérer. A plus forte raison il n'en existait plus pour régénérer Donat, votre chef et votre patriarche, venu au monde longtemps après Cyprien. Si cependant, du temps même où l'on était admis sans baptême, il y avait une église qui enfantait Cyprien et Donat même, il est clair que les justes ne sont pas souillés par les péchés des autres, avec qui ils sont unis dans la communion des mêmes sacrements. Ainsi vous n'avez aucune excuse pour vous laver du crime de vous être séparés de l'unité, et l'on voit s'accomplir en vous cet oracle de l'Ecriture sainte : « Le méchant fils se donne pour juste, mais il ne saurait se laver de la tache de sa séparation (*Prov.*, XXIV, *selon les Septante*) (2). »

(1) Concile tenu à Carthage l'an 256.
(2) Ce passage ne se trouve pas dans la Vulgate, mais dans les Septante, il se trouve inséré au chap. XXIV des proverbes entre les versets 22 et 23, où le texte grec porte Ἔκγονον κακὸν δίκαιον ἑαυτὸν κρίνει, τὴν δ'ἔξοδον αὐτοῦ οὐκ ἀπένιψεν Saint Jérôme dans son livre Ier, chap. XII, contre Pélage, cite ce passage qu'il interprète en ces termes : *Filius*

mere, quod nec Apostolis concessit Dominus, ut ante tempus zizania colligerent (*Matth.*, XIII, 30), aut tamquam ipsis palam ferre et aream purgare concessum sit, paleas conarentur a tritico separare : quod unumquemque peccatis alienis maculari non posse monstravit, quam sibi omnes impiæ seditionis auctores solam caussam separationis assumunt : quod in eo ipso, in quo aliter sapuit, collegas diversa sentientes, nec judicandos, nec a jure communionis amovendos esse decrevit : quod in ea ipsa epistola ad Jubaianum, quæ in concilio (cujus auctoritatem ad rebaptizandum sequi vos dicitis) primitus recitata est, cum fateatur in præteritum sic esse admissos in Ecclesiam, qui fuerant alibi baptizati, ut denuo non baptizarentur, unde illos sine baptismo fuisse arbitratur ; tantum tamen ponit utilitatis et salubritatis in pace Ecclesiæ, ut propter illam non eos credat ab Ecclesiæ muneribus separari ?

37. Qua in re, sicut ingenium tuum novi, facillime perspicis totam caussam vestram penitus eversam et exstinctam. Si enim sacramenta cum peccatoribus communicando, sicut putatis, periit Ecclesia, quæ fuerat in orbe terrarum, (nam vos ideo separastis) jam prius tota perierat, cum, sicut dicit Cyprianus, in eam sine baptismo admittebantur : ac sic nec ipse Cyprianus habebat in qua Ecclesia nasceretur ; quanto magis multo posterior vester auctor paterque Donatus? Si autem illo tempore, cum in eam sine baptismo admittebantur, erat tamen Ecclesia, quæ pareret Cyprianum, pareret et Donatum, manifestum est non contaminari justos alienis peccatis, quando cum eis sacramenta communicant. Ac per hoc separationem, qua existis ab unitate, qua excusatione possitis abluere non habetis, impleturque in vobis sanctæ Scripturæ illud oraculum (*b*), « Filius malus ipse se justum dicit, exitum autem suum non abluit (*Prov*, 24). »

38. Meritis autem Cypriani sic non æquatur,

(*a*) Carthagine habito an. 156.
(*b*) Absunt hæc a vulgata. Sed habentur apud LXX inserta inter vers. 22 et 23. ubi græcus textus ita fert : Ἔκγονον κακὸν δίκαιον ἑαυτὸν κρίνει, τὴν δ'ἔξοδον αὐτοῦ οὐκ ἀπένιψεν quem locum Hieronymus in lib. I, adversus Pelag. c. XII, citas his verbis : *Filius malus justum se facit, et non lavat exitum suum.*

38. On ne prétend pas plus s'égaler à Cyprien, qui à cause de la similitude des sacrements n'ose pas rebaptiser, même les hérétiques, qu'on ne prétend s'égaler à saint Pierre, parce qu'on ne force pas les Gentils à Judaïser. Mais la faiblesse et la correction de saint Pierre sont rapportées dans les Ecritures canoniques, tandis que les sentiments de Cyprien sur le baptême, contraires à la règle et à la coutume de l'Eglise, ne se trouvent pas dans les livres canoniques, mais dans les siens et dans les lettres d'un concile. Cependant on n'y voit pas qu'il ait changé de sentiments, quoiqu'il ne soit pas invraisemblable qu'un si grand homme ait pu se corriger. Peut-être même les preuves de son retour à une saine croyance ont-elles été supprimées par ceux qui se réjouissaient de son erreur, et qui n'auraient pas voulu se priver du patronage d'un si grand homme. Il s'en trouve même qui prétendent que Cyprien n'a jamais eu cette opinion, mais qu'elle lui a été imputée par des imposteurs. En effet, l'authenticité des livres d'un seul homme, fût-il des plus illustres comme Cyprien, ne peut-être certainement reconnue comme celle des livres canoniques, traduits en tant de langues, successivement et religieusement conservés dans l'Eglise. Pourtant il s'est encore trouvé des imposteurs qui ont tenté de falsifier ces livres canoniques, et de produire bien des choses sous le nom des Apôtres. Vains efforts! Nos saintes Ecritures sont trop bien connues, trop publiées et aussi trop vénérées! Mais enfin cet effort d'une audace impie, en s'attaquant à ce qui était appuyé sur une masse de témoignages et sur une notoriété si bien établie, a prouvé ce qu'on pourrait tenter contre des livres qui n'avaient pas pour base l'autorité canonique.

39. Nous ne voudrions pas dire néanmoins que telle n'a pas été l'opinion de Cyprien, et cela pour deux raisons. D'abord c'est que son style a une physionomie particulière, à laquelle il est facile de le reconnaître ; ensuite, parce que ce que nous cherchons à établir contre vous, se trouve invinciblement démontré dans ses écrits, et que le prétexte que vous avez mis en avant pour vous séparer de nous, c'est-à-dire la crainte d'être souillés par les péchés d'autrui, est complètement anéantie. Car il paraît, par les livres de saint Cyprien, que l'on demeurait uni avec les pécheurs dans la participation des mêmes sacrements, puisque l'on recevait, même dans l'Eglise, des gens qui, selon votre opinion, et, comme vous le prétendez, selon celle de Cy-

---

malus justum se facit et non lavat exitum suum, c'est-à-dire, le mauvais fils se donne pour juste, mais il ne se lave pas de sa séparation.

---

qui propter paria sacramenta nec ipsos hæreticos audet rebaptizare, sicut non æquatur meritis Petri, quisquis non cogit gentes Judaizare. Sed illa Petri non tantum claudicatio, verum etiam correctio Scripturis canonicis continetur : Cyprianus autem sensisse aliter de baptismo, quam forma et consuetudo habebat Ecclesiæ, non in canonicis, sed in suis et in concilii litteris invenitur : correxisse autem istam sententiam non invenitur, non incongruenter tamen de tali viro existimandum est quod correxerit, et fortasse suppressum sit ab eis, qui hoc errore nimium delectati sunt, et tanto velut patrocinio carere noluerunt. Quamquam non desint, qui hoc Cyprianum prorsus non sensisse contendant, sed sub ejus nomine a præsentoribus atque mendacibus fuisse confictum. Neque enim sic potuit integritas atque notitia litterarum unius quamlibet illustris episcopi custodiri, quemadmodum Scriptura canonica, tot linguarum litteris, et ordine, et successione celebrationis ecclesiasticæ custoditur, contra quam tamen non defuerunt, qui sub nominibus Apostolorum multa confingerent. Frustra quidem, quia illa sic commendata, sic celebrata, sic nota est : verum quid possit adversus litteras, non canonica auctoritate fundatas, etiam hinc demonstravit impiæ conatus audaciæ, quod et adversus eas, quæ tanta notitiæ mole firmatæ sunt, sese erigere non prætermisit.

39. Nos tamen duas ob res, non negamus illud sensisse Cyprianum : quod et stilus ejus habet quamdam propriam faciem, qua possit agnosci : et quod ibi magis contra vos nostra caussa demonstratur invictior, vestræque separationis præsumtio, videlicet ne macularemini peccatis alienis, tota facilitate subvertitur, cum apparet in litteris Cypriani, communicata esse cum peccatoribus sacramenta, cum admissi sunt in Ecclesiam, qui secundum vestram, et sicut vultis, illius sententiam, baptismum nan habebant, et tamen Ecclesiam non perisse, sed in sui generis dignitate per totum orbem sparsa dominica frumenta mansisse. Ac per hoc si perturbati tamquam ad aliquem portum sic ac auctoritatem Cypriani confugitis, videtis, quem illic scopulum vester error offendat : si autem jam

prien lui-même, n'avaient pas reçu le baptême, et que cependant pour cela l'Eglise n'avait pas péri, et que le froment du Seigneur, répandu sur toute la terre, n'avait rien perdu de sa dignité. Si donc, nochers troublés, vous vous réfugiez dans l'autorité de Cyprien comme dans un port, vous voyez contre quel écueil votre erreur vient se briser. Que si vous n'osez pas vous réfugier de ce côté, vous luttez en vain, et votre naufrage est certain.

40. Ainsi donc, ou Cyprien n'a nullement pensé ce que vous dites, ou il est revenu ensuite à la règle de la vérité, ou cette tache d'un cœur si pur et si candide a été couverte et effacée par l'abondance de la charité, avec laquelle il défend vigoureusement l'unité de l'Eglise qui va croissant par toute la terre, et par sa persévérance à maintenir le lien de la paix. Car il a été écrit : « La charité couvre la multitude des péchés (I *Pierre*, IV, 8). » En outre, s'il y avait quelque chose à retrancher dans cette branche si féconde, le père de famille l'a supprimé par le fer du martyre. Car le Seigneur dit : « Mon père taille la branche qui en moi produit du fruit, pour qu'elle en donne davantage (*Jean,* xv, 2). » Et comment a-t-il mérité cette grâce, sinon parce qu'il est resté attaché à la vigne qui étend ses rameaux de toutes parts, et qu'il n'a pas abandonné la racine de l'unité. En effet, il aurait eu beau offrir son corps aux flammes, s'il n'avait pas eu la charité, son martyre ne lui aurait servi de rien.

41. Faites encore attention aux lettres de Cyprien, et voyez combien il trouve inexcusable celui qui, sous prétexte de sa propre justice, veut se séparer de l'unité de l'Eglise que Dieu, selon ses promesses immuables, à répandue par toute la terre, et comprenez combien est vraie la sentence que je viens de vous citer : « Le méchant fils se donne pour juste, mais il ne peut se laver de la souillure de sa séparation (*Prov.*, xxiv, *selon les Septante*). » Dans une lettre qu'il écrivit à Antonien, il traite du sujet qui nous occupe présentement, mais citons ses propres paroles : « Parmi les évêques qui nous ont précédés dans cette même province, il s'en est trouvé quelques-uns pensant qu'il ne fallait accorder aux adultères ni le sacrement de la réconciliation, ni l'entrée et le retour à la pénitence. Cependant malgré la dureté ou l'opiniâtreté de leur réprimande, ces évêques ne se sont pas pour cela séparés de la communion de leurs collègues, et n'ont pas brisé l'unité de l'Eglise catholique; ils ne crurent pas que parce que quelques-uns accordaient la réconciliation aux adultères, celui qui la refusait dût, pour cela, se séparer de l'Eglise. Pourvu que le bien de la concorde ne soit pas brisé, et que le sacrement indissoluble de l'unité soit respecté, chaque évêque règle et dirige ses actes comme il l'entend, sauf à

---

nec illuc confugere audetis, sine ullo luctamine naufragatis.

40. Porro autem Cyprianus, aut non sensit omnino quod eum sensisse recitatis; aut hoc postea correxit in regula veritatis; aut hunc quasi nævum sui candidissimi pectoris cooperuit ubere caritatis, dum unitatem Ecclesiæ toto orbe crescentis, et copiosissime defendit, et perseverantissime tenuit vinculum pacis. Scriptum est enim, « Caritas cooperit multitudinem peccatorum (I *Pet.*, IV, 8). » Accessit huc etiam, quod tamquam sarmentum fructuosissimum, si quid in eo fuerat emendandum, purgavit Pater falce passionis. « Sarmentum, ait Dominus, quod in me dat fructum, purgat illud Pater meus, ut majorem fructum afferat (*Johan.*, xv, 2). » Unde, nisi quia hærens in diffusione vitis, radicem non deseruit unitatis (I *Cor.*, xiii, 3) ? Nam etsi traderet corpus suum ut arderet, caritatem autem non haberet, nihil ei prodesset.

41. Atdende adhuc paululum in litteras Cypriani, ut advertas quam inexcusabilem ostenderit, qui se voluerit unitate Ecclesiæ (quam Deus in omnibus gentibus promisit et reddidit) quasi justitiæ suæ caussa separare, magisque intelligas quam sit vera sententia paulo ante a me commemorata, « Filius malus ipse se justum dicit, exitum autem suum non abluit (*Prov.*, 24 *sec.*LXX). » Ponit in quadam epistola sua, quam scripsit ad Antonianum, rem quamdam satis rei de qua nunc agimus necessariam, sed «melius ejus verba inserimus.) Antecessores, inquit, nostri quidam de episcopis isthic in provincia nostra, dandam pacem mœchis non putaverunt, et in totum pænitentiæ locum contra adulteria clauserunt: non tamen a coepiscoporum suorum collegio recesserunt, aut catholicæ Ecclesiæ unitatem vel duritie vel censuræ suæ obstinatione ruperunt, ut quia apud alios adulteris pax dabatur, qui non dabat, de Ecclesia separaretur. Manente concordiæ vinculo,

en rendre compte au Seigneur. » Que dites-vous à cela, Vincent, mon frère? Vous voyez que tous les soins tous les efforts de ce grand homme de cet ami de la paix, de ce courageux martyr, ont toujours eu pour but de maintenir le bien de l'unité. Le voyez-vous lui-même comme dans le travail de l'enfantement, pour faire naître non-seulement ceux qui n'étaient encore que conçus dans Jésus-Christ, mais aussi pour que ceux qui étaient déjà nés de cette divine origine, ne mourussent pas en quittant le sein de leur mère.

42. Mais faites bien attention à ce que Cyprien a rapporté pour prouver l'impiété des séparatistes. En effet, si les évêques qui accordaient la réconciliation aux adultères repentants, communiquaient avec ces adultères, ceux qui ne l'accordaient pas, n'étaient-il pas souillés par par le contact de leurs collègues? Mais, si ce qui est conforme à la vérité et à la conduite équitable et méritoire de l'Eglise, on fait bien d'accorder la réconciliation aux adultères repentants, ceux qui fermaient aux adultères tout retour à la pénitence, n'agissaient-ils pas avec impiété, en refusant de guérir les membres de Jésus-Christ, et en fermant les portes de l'Eglise à ceux qui y frappaient? Ne se mettaient-ils pas par leur dureté et leur cruauté en opposition avec la patience et la miséricorde de Dieu, qui laissait vivre ces coupables pour qu'ils pussent se guérir et se purifier par le repentir, par le sacrifice d'un esprit contrit, et l'offrande à Dieu d'un cœur brisé par les tribulations? Leur erreur aussi barbare qu'impie, ne souillait cependant pas les évêques miséricordieux et pacifiques, restés en communion des sacrements chrétiens avec ces coupables, et les tolérant dans les filets de l'unité, jusqu'au jour de la séparation des bons et des méchants sur le rivage de la mer; ou si ces évêques indulgents en étaient souillés, l'Eglise était détruite par cette communion avec les méchants, et alors il n'y avait plus d'Eglise pour enfanter Cyprien. Si, au contraire, ce qui est certain, l'Eglise est demeurée intacte, il est positif que les péchés d'autrui ne peuvent souiller personne dans l'unité du Christ, pourvu qu'on n'approuve pas les faits des méchants, de peur d'être souillé par leurs fautes par une semblable communication, et pourvu également que ce soit pour rester en société avec les bons qu'on tolère les méchants, comme la paille dans l'aire du Seigneur jusqu'au jour où apparaîtra le grand juge pour la séparation. Puisqu'il en est ainsi, comment vous serait-il possible d'excuser votre schisme? N'êtes-vous pas de mauvais fils qui vous donnez pour justes, et qui ne pouvez pas vous laver de votre séparation?

43. Si je voulais vous rapporter tout ce que Tychonius, cet homme de votre communion, a inséré dans ses écrits où il s'est montré votre

---

et perseverante catholicæ Ecclesiæ individuo sacramento, actum suum disponit et dirigit unusquisque episcopus, rationem propositi sui Domino redditurus (*Epist.*, VII.)»] Quid ad hæc dicis, frater Vincenti? nempe intueris hunc tantum virum, p.-cificum episcopum, et fortissimum martyrem nihil vehementius sategisse, quam ne unitatis vinculum rumperetur. Vides eum parturientem, non solum ut parvuli in Christo concepti nascantur, verum etiam ne jam nati, de sinu matris excussi, moriantur.

42. Po ro autem ipsam rem, quam contra impios separatores commemoravit, attende : Si adulteris communicabant, qui pænitentibus adulteris pacem dabant, numquid illi qui hoc non faciebant, collegio maculabantur istorum? Si autem quod veritas habet, et quod Ecclesia merito, tenet, recte pænitentibus adulteris pax dabatur, illi qui in totum locum pænitentiæ contra adulteros claudebant, impie utique agebant, qui membris Christi sanitatem negabant, et claves Ecclesiæ pulsantibus subtrahebant, et misericordissimæ patientiæ Dei, quæ illos propterea sinebat vivere, ut pænitendo sanarentur sacrificio contriti spiritus et contribulati cordis ablato, dura crudelitate contradicebant. Nec tamen istos misericordes et pacificos, cum eis Christiana sacramenta communicantes, et eos intra unitatis retia tolerantes, donec ad littus perducti separarentur, tam immanis eorum error et impietas inquinabat, aut si inquinabat, jam tunc Ecclesia malorum communione deleta est, nec erat quæ pareret ipsum Cyprianum. Si autem, quod certum est, permansit Ecclesia, certum est etiam peccatis alienis, in unitate Christi, neminem posse maculari, non malorum factis consentientem, ne ipsis peccatis communicando polluatur, sed propter societatem bonorum, malos tamquam paleas usque ad ultimam ventilationem in area dominica tolerantem. Quæ cum ita sint,

adversaire plutôt que celui de l'Eglise catholique, et où il a reconnu qu'il s'était, sans raison, séparé de la communion des évêques africains, comme ayant livré les saintes Ecritures ; ce qui a suffi à Parménien pour lui imposer silence ; si je pouvais, dis-je, vous rappeler tout ce que Tychonius a dit, qu'auriez-vous à répondre, si ce n'est ce qu'il a dit de vous-mêmes et que j'ai cité un peu plus loin : « Il n'y a que ce que nous voulons qui soit saint ? » Car ce Tychonius, homme de votre parti, comme je l'ai dit, cite un concile (1) tenu à Carthage par deux cent soixante-dix de vos évêques, et où, après une délibération qui dura, sans désemparer, pendant soixante-quinze jours, il fut arrêté par un décret solennel, que si ceux qu'on accusait du crime immense d'avoir livré les saintes Ecritures persistaient à refuser un second baptême, on communiquerait avec eux comme s'ils étaient innocents. Il rapporte encore que, conformément au décret de ce concile tenu par vos deux cent soixante-dix évêques, Deuterius, évêque de votre parti pour la ville de Macriane, reçut dans son église une multitude de gens accusés du même crime avec lesquels il resta en communion, et que depuis lors, Donat ne cessa pas de communiquer avec Deuterius, non-seulement avec ce Deuterius, mais encore avec tous les évêques de la Mauritanie, accusés d'avoir livré les saintes Ecritures, et qui avaient refusé d'être rebaptisés, et cela pendant l'espace de quarante ans, jusqu'à la persécution de Macaire.

44. Vous me direz peut-être : « Quel est ce Tychonius et pourquoi me l'objecter ? » Tychonius est celui à qui Parménien, dans ses réponses, cherche à imposer silence, et qu'il veut empêcher d'écrire de pareilles choses. Il ne les réfute pas toutefois ; mais, comme je l'ai dit plus haut, il le presse seulement sur un

(1) Il n'est fait nulle part ailleurs, mention de ce concile, qui ne paraît pas avoir été tenu avant l'année 330. Si toutefois il a eu lieu du temps de Tychonius qui, d'après Gennadius, florissait après l'année 380, *adhuc vivebant multi, per quos hæc certissima et apertissima esse ostenderentur*, c'est-à-dire, bien des gens vivaient encore, qui auraient pu certifier la réalité de toutes ces choses. Ce qu'il y a de certain, c'est que le schisme de Donat, qui s'éleva en 305 et qui n'éclata avec force que dans l'année 311, était déjà bien répandu, lorsqu'un si grand nombre d'évêques se réunirent à Carthage, siége du Primat de l'église d'Afrique, comme l'observe avec raison Henri Valois qui en conclut que ce synode se rapporte au temps de Donat, et non pas à l'année 308, comme le prétendent Balduini et Baronius, opinion que ces deux écrivains appuient sur le passage de saint Augustin, mal interprété par eux, et que Valois voudrait écrire ainsi : *sed etiam universis Maurorum episcopis, quos dicit per annos quadraginta usque ad persecutionem per Macarium*, etc., c'est-à-dire, Donat demeura en communion non-seulement avec Deuterius, *mais encore tous les évêques de la Mauritanie*, qu'il dit avoir été en communion avec Donat, pendant 40 ans, jusqu'à la persécution de Macaire, etc.. Cependant la version de communie, quoique moins claire, se trouve dans tous les manuscrits.

ubi est præsumtio separationis vestræ? Nonne illi mali estis, ipsi vos justos dicitis, exitum autem vestrum non abluitis?

43. Jam si velim et illa commemorare, quæ Tychonius, homo communionis vestræ, scriptis suis inseruit, qui magis contra vos pro Ecclesia catholica scripsit, frustra se ab Afrorum, quasi traditorum communione secernens, quo uno eum Parmenianus suffocat ; quid respondere poteritis, nisi quod de vobis idem Tychonius dixit, et ergo paulo ante recolui, «Quod volumus sanctum est ? » Scribit enim ille Tychonius, homo ut dixi, vestræ communionis, a ducentis et septuaginta episcopis vestris (a) concilium Carthagini celebratum : in quo concilio per septuaginta et quinque dies postpositis omnibus præteritis, limatam esse sententiam, atque decretum, ut traditoribus immensi criminis reis, si baptizari nollent, pro integris communicaretur. Deuterium etiam (b) Macrianensem episcopum communionis vestræ, dicit traditorum plebem congregatam Ecclesiæ miscuisse, et secundum statuta illius concilii a ducentis et septuaginta episcopis vestis facti, fecisse cum traditoribus unitatem eique Deuterio post hoc factum jugiter communicasse Donatum ; nec solum huic Deuterio, sed etiam universis Maurorum episcopis per quadraginta annos, quos dicit usque ad persecutionem per Macarium sanctam, traditoribus sine baptismo communicasse.

44. Sed dicis, quis mihi est Tychonius ?

(a) Nullum alibi reperire est vestigium concilii hujus : quod quidem non ante annum 330, celebratum fuisse videtur si quidem tempore Tychonii, qui post annum 388, floruisse intelligitur ex Gennadio, *adhuc vivebant multi, ut hic ait Augustinus, per quos certissima et apertissima esse ostenderentur*, quæ ille obtendebat. Certe Donatistarum schisma, quod an. 305 excitatum, nonnisi anno 311 perfecte coaluit, erat jam roboratum et maxime confirmatum, cum tantus episcoporum numerus in urbem Africæ primariam convenit, uti recte observat Henricus Valesius, qui subinde synodum istam ad Donati Carthaginensis tempora pertinere contendit, non autem ad annum 308, ut Balduini et Baronii opinio, concepta ex hoc ipso Augustini loco non probe intellecto ; ubi Valesius vellet sic legi : *sed etiam universis Maurorum episcopis, quos dicit per annos quadraginta, usque ad persecutionem per Macarium* etc. Lectio tamen vulgata, quamquam minus aperta, reperitur in omnibus MSS.

(b) Lov. *Macrianensem*. At Bad. Am. Er. Et MSS. *Macrianensem*.

point, et lui demande pour quelle raison il disait de telles choses sur l'Eglise répandue dans le monde entier et pourquoi, puisque les péchés d'autrui ne souillaient personne dans l'unité catholique, il s'était éloigné de la communion des évêques africains, comme entachés du crime d'avoir livré les Livres Saints, et avait passé dans le parti de Donat. Parménien pouvait simplement répondre que tout ce qu'il avançait n'était que mensonges; mais, comme le dit ce même Tychonius, bien des gens vivaient encore, qui pouvaient certifier la réalité de tout ce qu'il avançait.

45. Mais je n'en dirai pas davantage à ce sujet. Dites si vous voulez que Tychonius a menti. J'en reviens à Cyprien, dont vous-même avez fait mention. Or, si d'après les écrits de Cyprien on est souillé par les péchés des autres dans l'unité de l'Eglise, l'Eglise avait déjà péri avant Cyprien, et il n'en existait plus pour l'engendrer en Jésus-Christ. Mais si c'est un sacrilège de penser ainsi, et s'il est certain que l'Eglise n'avait pas péri, personne n'est souillé par les péchés d'autrui dans l'unité de cette Eglise. C'est donc en vain, mauvais fils, que vous prétendez être justes; vous ne pouvez ni vous laver, ni vous purifier de votre séparation.

CHAPITRE XI. — 46. Vous me direz peut-être : Pourquoi nous recherchez-vous? Pourquoi nous recevez-vous, nous que vous appelez hérétiques? Il est facile de vous répondre en peu de mots : nous vous cherchons, parce que vous périssez, afin de nous réjouir de votre retour au lieu d'avoir à déplorer votre perte. Si nous vous appelons hérétiques, c'est pendant que vous refusez de revenir à l'unité catholique, pendant que vous êtes encore engagés et retenus dans les liens de l'erreur. Mais quand vous rentrez parmi nous vous n'êtes plus ce que vous étiez auparavant, et ce ne sont pas des hérétiques qui passent dans notre camp. Baptisez-moi donc, dites-vous. Je le ferais, si vous n'aviez pas déjà été baptisé, ou si vous aviez été baptisé dans le baptême de Donat et de Rogat et non dans celui de Jésus-Christ. Ce ne sont pas les sacrements chrétiens qui vous rendent hérétiques, mais votre malheureuse séparation. Le mal qui est venu de vous ne peut pas faire méconnaître le bien qui est resté en vous, ce bien que vous avez pour votre mal, si vous ne l'avez pas de la source même d'où découle le bien qui est en vous. Car tous les sacrements du Seigneur proviennent de l'Eglise catholique. Vous les avez, et vous les donnez, comme vous les avez reçus avant votre séparation de l'unité. Il n'est pas dit que vous ne les avez plus, parce que vous n'êtes plus là d'où ils viennent. Nous ne changeons pas en vous ce que vous avez de commun avec nous. Vous êtes avec nous en beaucoup de choses; car il a été dit de ceux qui vous ressemblent : « Ils étaient

---

Ille est Tychonius, quem Parmenianus rescribendo compescit, et eum deterret ne talia scribat ; non tamen refellit ea ipsa quæ scribit : sed uno, sicut supra dixi, cum premit, quod cum talia diceret de Ecclesia toto orbe diffusa, et quod neminem in ejus unitate macularent, aliena peccata ; ab Afrorum se tamen quasi traditorum contagione removebat, et erat in parte Donati. Posset autem dicere Parmenianus, ista cum omnia esse mentitum : sed sicut idem Tychonius commemorat, adhuc vivebant multi, per quos hæc certissima et apertissima esse ostenderentur.

45. Sed de his taceo, contende Tychonium esse mentitum : ad Cyprianum te revoco, cujus mentionem ipse fecisti. Prorsus secundum scripta Cypriani, si peccatis alienis in unitate quisque maculatur, jam ante Cyprianum periit Ecclesia, nec erat unde exsisteret ipse Cyprianus. Si autem hoc sentire sacrilegum est, et certum est Ecclesiam permanere ; nemo alienis peccatis in ejus unitate maculatur ; frustra filii mali justos vos dicitis, exitum vestrum non abluitis, non purgatis.

CAPUT XI. — 46. Cur ergo, inquis, nos quæritis : cur sic suscipitis quos hæreticos dicitis ? Vide quam facile breviterque respondeam. Quærimus vos quia peristis, ut de inventis gaudeamus, de quibus perditis dolebamus. Hæreticos autem vos esse dicimus; sed antequam ad pacem catholicam convertamini, antequam errore, quo irretiti estis, exsuamini. Cum autem transitis ad nos, prius utique relinquitis quod eratis, ne ad nos hæretici transeatis. Baptiza ergo me, inquis. Facerem, si baptizatus non esses, aut si Donati vel Rogati, non Christi baptismo baptizatus esses. Non sacramenta Christiana faciunt te hæreticum, sed prava dissensio. Non propter malum, quod processit ex te, negandum est bonum, quod remansit in te; quod malo tuo habes, si non ibi habes unde est bonum quod

en beaucoup de choses avec moi (*Ps.*, LIV, 19). » Mais nous corrigeons ce qui vous sépare de nous, et nous voulons que vous receviez ce que vous n'avez pas là où vous êtes. Or, vous êtes avec nous dans le baptême, dans le symbole, dans les autres sacrements du Seigneur ; mais vous n'êtes pas avec nous dans l'esprit de l'unité, dans les liens de la paix, en un mot vous n'êtes pas avec nous dans l'Eglise catholique. Voilà ce qui vous manque, dès que vous l'aurez, ce que vous avez déjà pourra vous être utile. Nous ne recevons pas les vôtres parmi nous, comme vous le pensez ; nous recevons ceux qui se séparent de vous pour les rendre nôtres. Mais pour qu'ils commencent à être à nous, ils doivent d'abord cesser d'être à vous. Car nous ne voulons pas réunir à nous les partisans de l'erreur que nous haïssons, mais nous voulons les réunir à nous pour qu'ils ne soient plus ce que nous détestons.

47. Mais, direz-vous, l'Apôtre Paul a rebaptisé après Jean. A-t-il rebaptisé après un hérétique ? Si vous avez l'audace d'appeler hérétique cet ami de l'époux, et de dire qu'il n'a pas été dans l'unité de l'Eglise, déclarez-le par écrit. Mais s'il y a de la folie à penser et à parler ainsi, il convient à votre sagesse d'examiner pourquoi l'Apôtre Paul a rebaptisé après Jean. S'il l'a fait après son égal, vous devez tous, tant que vous êtes, vous rebaptiser les uns les autres. S'il l'a fait après un plus grand que lui, vous devez vous-mêmes rebaptiser après Rogat. S'il l'a fait après son inférieur, Rogat devait rebaptiser après vous ceux que vous aviez baptisés, lorsque vous n'étiez qu'un simple prêtre. Mais si le baptême, qui est conféré aujourd'hui, a la même valeur dans tous ceux qui le reçoivent, quelque inégalité de mérite qui existe entre ceux qui le confèrent, parce que c'est le baptême du Christ, et non le baptême de ceux par lesquels il est administré, vous devez comprendre que si Paul a rebaptisé quelques-uns de ceux qui avaient été baptisés par saint Jean, c'est qu'ils n'avaient pas le baptême de Jésus-Christ, mais seulement celui de Jean. Car le baptême de Jean est celui dont les divines Ecritures parlent ainsi dans plusieurs endroits, et dont le Seigneur lui-même dit : « D'où venait le baptême de Jean ? Du ciel ou des hommes (*Matth.*, XXI, 25) ? » Mais le baptême que Pierre a donné n'était pas celui de Pierre, mais celui du Christ. Et celui que Paul a donné n'était pas le baptême de Paul, mais le baptême du Christ ; comme celui que donnaient, du temps des Apôtres, ces hommes qui, bien loin d'annoncer Jésus-Christ avec une in-

habes. Ex catholica enim Ecclesia sunt omnia dominica sacramenta, quæ sic habetis et datis, quemadmodum habebantur et dabantur, etiam prius quam inde exiretis. Non tamen ideo non habetis, quia ibi non estis, unde sunt quæ habetis. Non in vobis mutamus in quibus nobiscum estis; in multis enim estis nobiscum ; nam et de talibus dictum est, « Quoniam in multis erant mecum (*Ps.*, LIV, 19) : » sed ea corrigimus in quibus nobiscum non estis, et ea vos hic accipere volumus, quæ non habetis illic ubi estis. Nobiscum autem estis in baptismo, in symbolo, in ceteris dominicis sacramentis. In spiritu autem unitatis, et vinculo pacis, in ipsa denique catholica Ecclesia, nobiscum non estis. Hæc si accipiatis, non tunc aderunt, sed tunc proderunt quæ habetis. Non ergo sicut putatis suscipimus vestros, sed suscipiendo efficimus nostros qui recedunt a vobis, ut suscipiantur a nobis : et ut incipiant esse nostri, prius desinunt esse vestri. Nec nobis conjungi compellimus operarios erroris, quem detestamur : sed ideo nobis illos homines conjungi volumus, ne hoc sint, quod detestamur.

47. Sed baptizavit, inquis, post Johannem Paulus apostolus. Numquid post hæreticum ? Aut si forte audes illum amicum sponsi hæreticum dicere, et in unitate Ecclesiæ non fuisse, volo et hoc scribas. Si autem hoc dementissimum est, vel sentire, vel dicere, jam tuæ prudentiæ est considerare, quare post Johannem Paulus apostolus baptizaverit. Si enim post æqualem, omnes post vos baptizare debet is, Si post majorem, debes et tu post Rogatum. Si post minorem, debuit post te Rogatus, cum presbyter baptizasses. Si autem baptismus, qui nunc datur, ideo pariter valet in eis, quibus datur, quamvis sint imparis meriti per quos datur, quia Christi est, non eorum a quibus ministratur ; puto quod jam intelligas, ideo Paulum dedisse quibusdam baptismum Christi, quia Johannis baptismo fuerant baptizati, non Christi. Johannis quippe baptismus ille dictus est, sicut multis locis divina Scriptura testatur, quod et ipse Dominus dicit : « Baptismus Johannis unde erat ? de cœlo, an ex hominibus (*Matth.*, XXI, 25) ? » Baptismus autem quem dedit Petrus, non erat Petri, sed Christi ; et quem dedit Paulus non erat

tention pure, l'annonçaient par un sentiment d'envie, n'était pas leur baptême, mais celui de Jésus-Christ. De même celui que donnaient, du temps de saint Cyprien, ceux qui enlevaient par fraude les terres d'autrui et qui grossissaient leurs biens par leurs usures, n'était pas leur baptême, mais celui de Jésus-Christ ; et parce que c'était le baptême du Christ, quoiqu'il fût conféré par des gens dont le mérite était inégal, il était d'une égale vertu pour tous ceux qui le recevaient. Autrement, si le baptême était d'autant meilleur qu'il est donné par un plus digne ministre, l'Apôtre n'aurait pas eu raison de rendre grâces à Dieu de ce qu'il n'avait baptisé aucun des Corinthiens, excepté Crispus, Caïus et la maison de Stephanas. Car alors les Corinthiens auraient été d'autant mieux baptisés, que saint Paul était au-dessus des autres ministres de l'Evangile. Enfin quand cet Apôtre dit : « J'ai planté et Apollon a arrosé (I *Cor.*, III, 6). » Il semble vouloir dire qu'il a évangélisé et qu'Apollon a baptisé. Apollon était-il donc meilleur que Jean ? Pourquoi alors Paul n'a-t-il pas rebaptisé après Apollon, lui qui avait baptisé après Jean ; sinon parce que ce dernier baptême, quel que fût celui qui l'eût donné, était celui de Jésus-Christ, tandis que l'autre, donné par n'importe qui, bien qu'ouvrant la voie qui mène à Jésus-Christ, était simplement le baptême de Jean.

48. Il paraît odieux de dire, qu'on a rebaptisé après Jean, et qu'on ne rebaptise pas après des hérétiques, comme il le peut être aussi de dire qu'on a rebaptisé après saint Jean, et qu'on n'a pas rebaptisé après des ivrognes ? Je cite ce vice de préférence, parce qu'on ne peut le cacher, qu'il faudrait être aveugle pour ne pas voir combien il est répandu partout, et parce que l'Apôtre le place ainsi que l'hérésie, au milieu des œuvres de la chair qui nous ferment l'entrée au royaume de Dieu. « Il est aisé » dit-il, « de reconnaître les œuvres de la chair qui sont : La fornication, l'impureté, l'impudicité, la luxure, l'idolatrie, les empoisonnements, les inimitiés, les dissensions, les jalousies, les animosités, les disputes, les hérésies, les envies, les ivrogneries, les débauches, et autres choses semblables. Je vous déclare, comme je vous l'ai déjà déclaré, que ceux qui commettent ces fautes, ne posséderont pas le royaume de Dieu (*Gal.*, v, 19). » On ne rebaptise pas après un hérétique, quoiqu'on ait baptisé après Jean, par la même raison que bien qu'on ait rebaptisé après Jean, on ne rebaptise pas après quelqu'un qui serait adonné à l'ivrogne-

---

Pauli, sed Christi ; et quem dederunt qui tempore Apostolorum non caste, sed per invidiam Christum annuntiabant, non erat eorum, sed Christi ; et quem dederunt qui tempore Cypriani fundos insidiosis fraudibus rapiebant, usuris multiplicantibus fœnus augebant, non erat eorum, sed Christi. Et quia Christi erat, ideo quamvis non per æquales daretur eis, tamen quibus dabatur æqualiter proderat. Nam si tanto melius quisque baptizatur, quanto a meliore fuerit baptizatus, non recte gratias agit Apostolus (1 *Cor.*, I, 14), quod neminem Corinthiorum baptizaverit, nisi Crispum et Gaium et Stephanæ domum. Tanto enim melius baptizarentur, quanto erat Paulus melior, si ab ipso baptizarentur. Denique cum dicit, « Ego plantavi, Apollo rigavit (1 *Cor.*, III, 6), » videtur significare se evangelizasse, illum baptizasse. Numquid melior Apollo, quam Johannes ? Cur ergo post istum non baptizavit, qui post Johannem baptizaverat ; nisi quia iste baptismus, per quemlibet datus, Christi erat : ille autem, per quemlibet datus, quamvis Christo viam præpararet, tamen Johannis erat ?

48. Invidiose dici videtur, Post Johannem baptizatum est, et post hæreticos non baptizatur : sed potest et hoc invidiose dici, post Johannem baptizatum est, et post ebriosos non baptizatur. Melius enim hoc vitium commemoro, quod nec occultare possumus in quibus regnat ; et quam multi ubique sint, quis vel cæcus ignorat ? Et tamen inter opera carnis, quæ qui agunt, regnum Dei non possidebunt, etiam hoc ponit Apostolus ; ubi etiam hæreses enumerat : « Manifesta autem, » inquit, « sunt opera carnis, quæ sunt fornicationes, immunditiæ, luxuria, idolorum servitus, veneficia, inimicitiæ, contentiones, æmulationes, animositates, dissensiones, hæreses, invidiæ, ebrietates, comessationes, et his similia, quæ prædico vobis sicut prædixi, quoniam qui talia agunt, regnum Dei non possidebunt (*Gal.*, v, 19). » Hac ergo ratione, quamvis baptizatum sit post Johannem, non baptizatur post hæreticum, qua ratione quamvis baptizatum sit post Johannem, non baptizatur post ebriosum : quoniam et hæreses et ebrietates in eis operibus sunt, quæ opera qui agunt, regnum Dei non possidebunt. Nonne tibi videtur

rie, quoique les hérésies et les ivrogneries, soient comptées au nombre des œuvres qui excluent du royaume de Dieu. Ne vous paraît-il pas indigne et intolérable de dire : que l'on rebaptise après celui qui, loin d'être adonné au vin n'en faisait même aucun usage, et qui a ouvert les voies pour arriver au royaume de Dieu, et que l'on ne rebaptise pas après un ivrogne qui est exclu du royaume du ciel? Que répondre à cela, le baptême, après lequel l'Apôtre a rebaptisé dans le Christ, était le baptême de Jean, mais le baptême conféré par un homme en état d'ivresse est le baptême de Jésus-Christ. Entre Jean et un homme adonné au vin, il y a certainement de grandes différences et de grandes oppositions ; entre le baptême du Christ et le baptême de Jean il n'y a pas d'opposition, mais il y a beaucoup de différence. Entre un Apôtre et un ivrogne il y a également une grande différence ; il ne s'en trouve pas entre le baptême du Christ donné par un Apôtre, et le baptême du Christ conféré par un ivrogne. De même entre Jean et un hérétique, il y a beaucoup de différence et d'opposition, et entre le baptême de Jean et le baptême de Jésus-Christ conféré par un hérétique, il n'y a rien de contraire, mais il y a des différences essentielles. Entre le baptême de Jésus-Christ donné par un apôtre et le baptême de Jésus-Christ conféré par un hérétique, il n'y a ni contrariété, ni différence ; car quelle que soit l'inégalité de mérite de ceux qui confèrent le baptême du Christ, l'essence du sacrement est toujours la même.

49. Mais pardon, je me suis trompé, en vous citant l'exemple du baptême, conféré par un ivrogne. Je croyais parler à un donatiste quelconque et non à un rogatiste. Car dans le petit nombre de vos collègues et même parmi tous vos clercs, il vous serait peut-être difficile de trouver un homme adonné à la boisson, sans compter que votre foi est catholique, non par l'étendue de votre communion dans le monde entier, mais par l'observation de tous les préceptes divins et de tous les sacrements de Jésus-Christ, et que c'est en vous seul que sera trouvée cette foi, lorsque le Fils de l'homme, à son arrivée, n'en trouvera plus sur la terre. En effet, vous n'avez plus rien de charnel vous n'êtes plus de cette terre, mais vous êtes déjà céleste, et c'est dans le ciel que vous habitez (*Jacq.*, IV, 6). Ne tremblez-vous pas quand vous parlez ainsi de vous-même, ne songez-vous pas que Dieu résiste aux superbes, et donne sa grâce aux humbles de cœur? N'êtes-vous pas touché de componction en lisant ce passage de l'Evangile où Notre Seigneur dit : « Lorsque le Fils de l'homme viendra, croyez-vous qu'il trouvera encore de la foi sur la terre (*Luc*, XVIII, 8). » Car prévoyant qu'il se trouverait quelques hommes assez orgueilleux pour s'arroger cette foi, il dit à quelques-uns qui se croyaient jus-

---

quasi intolerabiliter indignum, ut cum baptizatum fuerit post eum, qui non sobrie vinum bibens, sed vinum omnino non libens, regno Dei viam paravit; non baptizetur post ebriosum, qui regnum Dei non possidebit? Quid hic respondetur, nisi quia ille baptismus erat Johannis, post quem Christi baptismo baptizavit Apostolus ; iste autem baptismus Christi est, quo baptizavit ebriosus ? Inter Johannem et ebriosum a contrario multum interest : inter baptismum Christi et baptismum Johannis non a contrario, sed tamen multum interest. Inter Apostolum et ebriosum multum interest : inter baptismum Christi, quem dedit Apostolus, et baptismum Christi quem dedit ebriosus, nihil interest. Sic inter Johannem et hæreticum, a contrario multum interest ; et inter baptismum Johannis, et inter baptismum Christi, quem dat hæreticus, non a contrario, sed multum interest. Inter baptismum autem Christi, quem dedit Apostolus, et baptismum Christi, quem dat hæreticus, nihil interest. Agnoscitur enim sacramentorum species æqualis, etiam cum magna differentia est in hominum meritis.

49. Sed, da veniam, erravi, quando te volui de ebrioso baptizante convincere; excidebat mihi cum Rogatista me rem habere, non cum qualicumque Donatista. Potes enim tu in tam paucis collegis tuis, et in omnibus clericis vestris nullum invenire forsitan ebriosum. Vos enim estis, qui non ex totius orbis communione, sed ex observatione præceptorum omnium divinorum atque omnium sacramentorum tenetis catholicam fidem : in quibus eam solis inventurus est, cum venerit filius hominis, quando non inveniet fidem in terra : quia nec terra estis, nec in terra, sed cælestes in cælo habitatis. Nec timetis, nec adtenditis, quia Deus superbis resistit, humilibus autem dat gratiam (*Jacobi*, IV, 6)? Nec vos Evangelii locus ipse compungit, ubi Dominus ait ; « Cum venerit filius hominis, putas inveniet

tes, et méprisaient les autres, cette parabole que vous connaissez : « Deux hommes montèrent au temple pour prier ; l'un était Pharisien, l'autre Publicain (*Luc*, XVIII, 10). » Cherchez dans le reste de cette parabole la réponse que vous pouvez vous faire à vous-même. Cependant voyez attentivement si dans le petit nombre des vôtres, il ne se trouverait pas un ivrogne qui rebaptisât. Car c'est aujourd'hui un vice qui domine tellement, et qui ravage tant d'âmes, que je serais bien étonné s'il n'avait point pénétré au milieu d'un petit troupeau, bien que vous vous vantiez d'avoir fait la séparation des brebis d'avec les boucs, avant la venue du Fils de l'homme qui est le seul bon pasteur.

CHAPITRE XII. — 50. Écoutez donc par ma voix, ce que vous disent les bons grains, qui, jusqu'au jour où l'on viendra les vanner, souffrent au milieu de la paille dans la grange du Seigneur (*Mat.*, III, 12), c'est-à-dire sur toute la terre, que Dieu a appelée à lui depuis l'Orient jusqu'à l'Occident (*Ps.*, CXII, 13), et où se trouvent beaucoup d'enfants qui célèbrent ses louanges. Quiconque profitant de la loi portée par les empereurs vous persécute, non par le désir de vous corriger, mais par un esprit de haine nous le blâmons. Toute chose terrestre n'est justement possédée par personne, si ce n'est par le droit divin, d'après lequel tout appartient aux justes, ou par le droit humain qui dépend de la puissance des rois de la terre. Vous regarderiez donc sans raison comme votre bien des choses que vous possédez sans être justes, et que vous avez perdues d'après l'ordre et les lois donnés par les puissances temporelles, et vous invoqueriez en vain les peines que vous vous êtes données pour amasser ces biens, puisqu'il est écrit : « Les justes recueilleront le fruit du travail des impies (*Pro.*, XIII, 22). » Cependant, nous blâmons quiconque prenant occasion de ces lois portées par les rois serviteurs du Christ, pour corriger votre impiété, convoite avec avidité et s'approprie les choses qui vous appartiennent ; comme nous blâmons aussi tous ceux qui, par avarice et non par justice, retiennent le bien des pauvres, les basiliques dans lesquelles vous vous réunissez, et que vous possédez sous le nom d'Églises, quoique réellement elles n'appartiennent qu'à la véritable Église qui est celle de Jésus-Christ. Nous ne désapprouvons pas moins quiconque reçoit ceux que vous avez rejetés d'entre vous pour cause d'infamie ou de crime, comme on recevrait ceux qui auraient vécu parmi vous, sans autre reproche que l'hérésie qui vous sépare de nous. Mais il ne vous est pas

fidem in terra (*Luc.*, XVIII, 3)? » Continuo quippe tamquam præsciens nonnullos sibi superbe arrogaturos hanc fidem, dixit ad quosdam, qui sibi justi videbantur, et spernebant ceteros, similitudinem hanc, « Duo quidam adscenderunt in templum orare, unus Pharisæus et alter Publicanus (*Lucæ*, XVIII, 10), » et cetera. Jam tibi quæ sequuntur, ipse responde. Inspice tamen diligentius ipsos paucos vestros, utrum nullus illic baptizet ebriosus. Tam enim late vastat hæc pestilentia animas, et tanta libertate dominatur, ut multum mirer, si non etiam vestrum gregiculum penetravit : quamvis ante ipsum adventum filii hominis, unius boni pastoris, jam vos oves ab hædis separasse jacteris.

CAPUT XII. — 50. Audi sane per me vocem dominicorum frumentorum, in area dominica usque ad ultimam ventilationem inter paleam laborantium (*Matt.*, III, 12), per totum scilicet mundum ; quia Deus vocavit terram a solis ortu usque ad occasum (*Psal.*, CXII, 3) ; ubi etiam pueri laudant Dominum : Quicumque vos ex occasione legis hujus imperialis, non dilectione corrigendi, sed inimicandi odio persequitur, displicet nobis. Et quamvis res quæque terrena non recte a quoquam possideri possit, nisi vel jure divino, quo cuncta justorum sunt, vel jure humano, quod in potestate regum est terræ : ideoque res vestras falso appellatis, quas nec justi possidetis, et secundum leges regum terrenorum amittere jussi estis ; frustraque dicatis, Nos eis congregandis laboravimus. cum scriptum legatis, « Labores impiorum justi edent (*Prov.*, XIII, 22). » Sed tamen quisquis ex occasione hujus legis, quam reges terræ Christo servientes, ad emendandam vestram impietatem promulgaverunt, res proprias vestras cupide appetit, displicet nobis. Quisquis denique ipsas res pauperum, vel basilicas congregationum, quas sub nomine Ecclesiæ tenebatis (quæ omnino non debetur nisi ei Ecclesiæ, quæ vera Christi Ecclesia est, non per justitiam, sed per avaritiam tenet, displicet nobis. Quisquis pro aliquo flagitio vel facinore projectum a vobis ita suscipit, sicut suscipiuntur qui (excepto errore quo a nobis separamini) sine crimine apud vos vixerunt, displicet nobis. Sed nec facile ista monstratis, et si monstretis, nonnullos toleramus, quos corrigere vel punire non possumus : neque propter paleam relinquimus

facile de prouver ces griefs en quelqu'un des nôtres, et si vous pouviez les prouver, nous vous dirions : Il est des coupables que nous ne pouvons ni corriger, ni punir, et que cependant nous tolérons parmi nous, car nous ne quittons pas l'aire du Seigneur, à cause de la paille qui la souille encore ; nous ne rompons pas les filets du Seigneur à cause des mauvais poissons qu'ils contiennent ; et à cause des boucs qui ne seront séparés des brebis que le dernier jour, nous n'abandonnons pas le troupeau du Seigneur, enfin nous ne désertons pas la maison de Dieu à cause de ces vases devenus des vases d'ignominie.

CHAPITRE XIII. — 51. Pour vous, frère, il me semble que si vous méprisiez cette vaine gloire humaine et les reproches des insensés qui pourraient vous dire : « Pourquoi détruisez-vous ce que vous aviez élevé auparavant (1) ; » vous reviendriez sans aucun doute à l'Église que vous savez, comme je le vois, être la seule et véritable Église. Et je n'ai pas besoin de chercher bien loin les preuves de votre sentiment à cet égard. En effet, au commencement de cette lettre à laquelle je réponds, vous dites : Je vous ai connu lorsque vous étiez encore bien loin de la foi chrétienne, appliqué à l'étude des lettres, ami zélé de la paix et de l'honnêteté ; et depuis que vous vous êtes converti à la foi chrétienne, comme je l'ai appris de beaucoup de personnes, vous donnez tous vos soins à l'étude et à l'explication (2) des lois divines. »
Ce sont là certainement vos paroles, si c'est vous qui m'avez adressé cette lettre. Or, puisque vous avouez que je me suis converti à la foi chrétienne, mais non au parti des Donatistes et de Rogat, vous avouez nécessairement que la foi chrétienne existe en dehors des Rogatistes et des Donatistes. Cette foi, comme nous le disons, est répandue parmi toutes les nations qui, selon le témoignage de Dieu, sont bénies dans la race d'Abraham (*Gen.*, XXIII, 18). Pourquoi balancez-vous donc encore à embrasser ce que vous croyez, si ce n'est parce que vous n'avez pas cru autrefois ce que vous croyez présentement, ou parce que vous avez honte d'avoir défendu une opinion autre que celle que vous avez aujourd'hui ? Ainsi vous avez honte de vous corriger, et vous ne rougissez pas de demeurer dans votre erreur. Ce qui pourtant est bien digne de honte.

52. Voilà précisément ce que dit l'Ecriture : « Il y a une honte qui produit le péché, et il y a une honte qui produit la grâce et la gloire

---

(1) Ces mots *destruis quæ prius ædificabas*, manquent dans la plupart des manuscrits et des anciennes éditions.
(2) L'expression de *legalis* est assez souvent et surtout par Tertullien, employée dans le sens de la loi divine.

---

aream Domini, neque propter pisces malos rumpimus retia Domini, neque propter hædos in fine segregandos, deserimus gregem Domini, neque propter vasa facta in contumeliam, migramus de domo Domini.

CAPUT XIII. — 51. Tu autem frater, quantum mihi videtur, si vanam gloriam hominum non attendas, et insensatorum contemnas opprobrium, qui dicturi sunt, Quare modo (*a*) destruis quæ prius ædificabas : sine dubio transies ad Ecclesiam, quam veram sentire te intelligo ; nec hujus sententiæ tuæ testimonia longe peto. Tu quippe in ejusdem tuæ epistolæ principio, cui nunc respondeo, hæc verba posuisti : « Cum optime, inquis, noverim te longe adhuc a fide Christiana sepositum, et studiis olim deditum litterarum, quietis et honestatis fuisse cultorem ; cumque postea conversus ad Christianam fidem (ut ex multorum relatione cognovi) disputationibus legalibus operam dares. » Certe si tu ad me illam epistolam misisti, hæc verba tua sunt. Cum ergo fatearis me conversum ad Christianam fidem, cum ego nec ad Donatistas, nec ad Rogatistas conversus sim ; sine ulla dubitatione confirmas, et præter Rogatistas, et præter Donatistas esse Christianam fidem. Hæc ergo fides, sicut dicimus, in omnibus gentibus dilatatur, quæ secundum Dei testimonium in semine Abrahæ benedicuntur (*Gen.*, XXII, 18). Quid igitur adhuc dubitas tenere quod sentis, nisi quia id quod nunc sentis, vel aliquando non sensisse, vel aliud defendisse confunderis ; et dum erubescis corrigere errorem, non erubescis permanere in errore ; quod utique potius erubescendum fuit ?

52. Hoc est illud quod Scriptura non tacuit ; Est confusio adducens peccatum, et est confusio adducens gratiam et gloriam (*Eccl.*, IV, 25). « Confusio adducit peccatum, cum erubescit quisque pravam mutare sententiam, ne aut inconstans putetur, aut (*b*) diu errasse seipso judice teneatur : ita « descendunt in infernum viventes (*Ps.*, LIV, 16), »

(*a*) MSS. plerique et antiquiores editiones carent his verbis : *destruis quæ prius ædificabas*.
(*b*) Sic MSS. plerique et editiones Bad. Am. Er. At Lov. habet, *aut diversus a se ipso judice* etc.

(*Eccl.*, IV, 25). » La honte qui produit le péché, est celle qui nous fait rougir de changer nos mauvais sentiments, dans la crainte d'être accusés d'inconstance, ou de paraître avouer nous-mêmes notre longue et dangereuse erreur. C'est ainsi qu'on « descend tout vivant dans les enfers (*Ps.*, LIV, 16), » c'est-à-dire avec le sentiment de sa perdition. Et c'est aussi ce qui a été figuré par Dathan, Abiron et Coré, engloutis tout vivants dans la terre qui s'ouvrit sous leurs pieds. Mais la honte qui produit la grâce et la gloire, est celle qui nous fait rougir de notre propre iniquité et qui nous rend meilleurs par le repentir. Voilà ce que vous empêche de faire cette honte fatale qui vous domine. Vous craignez que des hommes qui ne savent pas ce qu'ils disent, vous objectent ces paroles de l'Apôtre : Si j'édifie ce que j'ai détruit précédemment, je m'avoue moi-même prévaricateur (*Gal.*, II, 18). » Si ces paroles pouvaient s'appliquer à ceux qui, après s'être corrigés de l'erreur, annoncent la vérité qu'ils combattaient, elles s'adresseraient à saint Paul le premier, en qui les Eglises de Jésus-Christ louaient Dieu, quand elles entendaient l'Apôtre prêcher la foi qu'il avait autrefois persécutée.

53. Ne croyez pas qu'on puisse passer de l'erreur à la vérité, ni d'un péché grand ou petit à la conversion sans le repentir et la pénitence. Mais ce qui est une erreur et une impudence, c'est de vouloir en tirer un motif pour calomnier l'Eglise, que tant de divins témoignages nous donnent pour la seule et véritable Eglise du Christ. Que lui reproche-t-on, en effet ? Elle traite autrement ceux qui, l'ayant abandonnée, reviennent à elle par la pénitence; et autrement ceux qui, n'ayant jamais été à elle, reçoivent sa paix pour la première fois. En effet, elle humilie davantage les premiers, et reçoit dans son sein les seconds avec plus de douceur ; mais elle embrasse et les uns et les autres du même amour, et s'attache avec une maternelle charité à les guérir également. Voici une lettre peut-être plus longue que vous ne le voudriez. Elle eût été beaucoup plus courte, si je n'eusse pensé qu'à vous, en vous répondant. Mais, quand bien même elle vous serait inutile, elle profitera, je l'espère, à ceux qui la liront avec la crainte de Dieu, et sans acception de personnes. Ainsi soit-il.

id est, suam perditionem sentientes, quos Dathan et Abiron et Chore hiatu terræ absorpti, tanto ante futuros figuraverunt. Confusio autem adducit gratiam et gloriam, cum erubescit quisque de propria iniquitate, et pænitendo in melius commutatur : quod te facere piget illa perniciosa confusione superatum, ne tibi ab hominibus nescientibus quid loquantur, objiciatur illa apostolica sententia, « Si enim quæ destruxi, eadem iterum ædifico, prævaricatorem meipsum constituo (*Gal.*, II, 18). » Quæ si dici posset etiam in eos, qui veritatem correcti prædicant, quam perversi oppugnabant, in ipsum Paulum primitus diceretur, in quo Ecclesiæ Christi magnificabant Deum, audientes quod evangelizaret fidem, quam aliquando vastabat.

53. Nec quemquam putes ab errore ad veritatem, vel a quocumque seu magno seu parvo peccato ad correctionem sine pænitentia posse transire. Sed nimis impudens error est, hinc velle calumniari Ecclesiam, quam tot divinis testimoniis constat esse Ecclesiam Christi, quod aliter tractat illos qui eam deserunt, si hoc ipsum pænitendo corrigant, aliter illos qui in ea nondum fuerunt, et tunc primum ejus pacem accipiunt; illos amplius humiliando, istos lenius suscipiendo, utrosque diligendo, utrisque sanandis materna caritate serviendo. Habes epistolam prolixiorem fortasse quam velles. Esset autem multo brevior, si te tantum in respondendo cogitarem. Nunc vero etiamsi tibi nihil prosit, non puto nihil eis profuturam, qui eam legere cum Dei timore, et sine personarum acceptione curaverint. Amen.

LETTRE XCIV [1]

Saint Paulin remercie saint Augustin du livre, ou de la lettre qu'il a reçue de lui; il fait l'éloge de sainte Mélanie, la mère, et de son petit-fils Publicola, décédé depuis peu de temps. Il expose à saint Augustin ses pensées sur ce qui fera dans le ciel, après la résurrection, l'occupation des saints.

À LEUR SAINT, BIENHEUREUX, RESPECTABLE PÈRE, FRÈRE, MAITRE ET VÉNÉRABLE ÉVÊQUE AUGUSTIN, PAULIN, PÉCHEUR, ET THÉRÈSE, PÉCHERESSE, SALUT.

1. Votre parole est un flambeau qui éclaire mes pas, et le sentier où je marche. Aussi toutes les fois que je reçois des lettres de votre bienheureuse sainteté, je sens se dissiper les ténèbres de mon ignorance. Elles sont comme un collyre de tendresse, répandu sur les yeux de mon esprit. Je vois alors plus clairement. Elles dissipent la nuit qui couvrait mon intelligence, comme elles écartent les nuages de mes doutes. Ce bonheur que m'a toujours procuré le bienfait de vos lettres, je l'ai surtout éprouvé par le dernier ouvrage que votre sainteté m'a fait remettre, par notre cher et digne frère béni du Seigneur, Quintus [2], diacre. Il y avait déjà longtemps qu'il était à Rome, où j'étais allé moi-même, selon ma coutume, après les fêtes de Pâques, visiter et honorer les tombeaux des apôtres et des martyrs [3], lorsqu'il m'a rendu la bénédiction que votre bouche le chargeait de me donner. Cependant, j'oubliai tout le temps qu'à mon insu il avait passé à Rome, et il me semblait qu'il s'était tout récemment éloigné de votre présence et qu'il venait à peine de vous quitter lorsque je l'ai vu et qu'il m'a remis votre ouvrage, où l'on respire comme l'odeur de votre suavité, et d'où s'exhale un parfum du ciel. J'avoue pourtant que je n'ai pu lire à Rome votre livre aussitôt que je l'ai reçu.

---

(1) Ecrite l'an 408, le 15° de mai. — Cette lettre était la 249° dans les éditions antérieures à l'édition des Bénédictins et celle qui était la 94°, se trouve maintenant la 178°.
(2) Quintus est sans doute le même dont parle encore saint Augustin dans sa lettre 149°. et qui aurait été promu au sacerdoce depuis ce premier voyage en Italie.
(3) Cette pratique d'honorer les tombeaux des apôtres, des martyrs et des autres saints, était religieusement observée par les premiers Chrétiens, quoique souvent attaquée par les hérétiques. Saint Paulin en parle encore dans sa lettre 13° à Sévère, dans la 16° à Delphin, évêque de Bordeaux, et dans la 25° à Dictrice, évêque de Rouen. Cet hommage rendu aux tombeaux des apôtres et des martyrs, était traité d'idolâtrie par la secte des Eunomiens dans le IV° siècle. C'est à ce sujet qu'Astérius, évêque catholique d'Amasie, disait : « Nous n'adorons pas les martyrs, mais nous les honorons comme les vrais adorateurs de Dieu. Cette vénération que nous avons pour eux, n'est pas un culte que nous rendons à des hommes, elle n'est qu'un effet de notre admiration pour ceux qui, au jour des épreuves, ont offert dans leurs personnes un noble et saint sacrifice à Dieu. Si nous plaçons leurs restes dans de précieux reliquaires, si nous élevons pour eux de magnifiques maisons de repos, c'est uniquement pour engager les autres à imiter leur mort glorieuse. »

EPISTOLA XCIV

Paulinus Augustino gratias agens pro libro vel epistola ab ipso recepta; prosequitur laudes Melaniæ senioris, et unici ejus filii Publicolæ nuper defuncti. Nonnulla de futura in cœlis actione beatorum post resurrectionem.

SANCTO DOMINI BEATISSIMO ET UNICE NOBIS UNANIMO, AC VENERABILI PATRI, FRATRI, MAGISTRO AUGUSTINO EPISCOPO, PAULINUS ET THERASIA PECCATORES.

1. Lucerna semper est pedibus meis verbum tuum, et lumen semitis meis. Ita quotiescumque litteras beatissimæ sanctitatis tuæ accipio, tenebras insipientiæ meæ discuti sentio, et quasi collyrio (a) declarationis infuso oculis mentis meæ, purius video, ignorantiæ nocte depulsa, et caligine dubitationis abstersa. Quod cum sæpe alias per munera epistolarum tuarum mihi donatum senserim, tum præcipue isto recentium litterarum libello, cujus mihi tam gratus quam dignus portitor fuit vir benedictus Domini frater noster Quintus Diaconus : qui longo quidem post,eaquam ad Urbem venerat intervallo, cum eo juxta solemnem meum morem, post Pascha Domini, pro Apostolorum et Martyrum veneratione venissem, benedictionem oris tui reddidit nobis ; verumtamen oblitterato, quod nesciente me Romæ consumserat, tempore, recentissimus mihi visus est a conspectu tuo, ita ut tunc statim eum a te mihi venisse vix crederem, cum primum videbam et cum mihi plenum odorem suavitatis tuæ in eloquiis tuis cælestis unguenti castitate fragrantibus offerebat. Fateor tamen venerandæ unanimitati tuæ, non po-

---

(a) Editio Lov. habet, *delectationis*.

Le tumulte y est si grand, que je n'aurais pu y examiner votre œuvre avec assez de soin, et en jouir comme je le désirais. Car je n'aurais pu résister au désir de la lire en entier, dès que j'en aurais commencé la lecture. Ainsi, comme il arrive ordinairement que la certitude de trouver un repas tout préparé nous fait supporter notre faim, de même j'ai réprimé celle de mon esprit, avide de tout ce qui vient de vous, d'autant plus que j'avais l'espoir de me rassasier, puisque je tenais entre mes mains votre ouvrage, qui était comme le pain de mon désir, et qui a été si doux à ma bouche pendant que je le dévorais. J'ai ainsi suspendu le désir ardent de goûter le miel qui découle de vos écrits, jusqu'à ce que j'eusse quitté Rome et que je pusse interrompre ma route pendant un jour pour faire une halte à Formies (1) afin de donner toute mon attention à votre ouvrage, et savourer, loin des affaires et du bruit, les délices spirituelles de votre livre.

2. Mais quelle réponse un homme, aussi humble et aussi terrestre que moi, peut-il faire à la sagesse qui vous a été donnée d'en haut, cette sagesse que personne ne saurait comprendre, à moins d'être sage de la sagesse de Dieu, à moins d'être éloquent de l'éloquence divine? Comme je sais que c'est Jésus-Christ même qui parle en vous, c'est Dieu que je louerai en louant vos discours, et je ne craindrai plus les terreurs de la nuit. En effet, l'esprit de vérité qui parle par votre bouche, m'a appris à modérer les mouvements de mon esprit dans tous les accidents inséparables de cette vie mortelle, comme vous en avez eu vous-même un exemple dans cette bienheureuse mère et aïeule Mélanie (2), pleurant la mort de son fils unique (3) avec une douleur muette, mais non sans verser des larmes maternelles. Cette douleur si grave et si modérée, vous l'avez d'autant mieux comprise, que la sainteté de votre esprit vous rapprochait plus de celui de cette femme si parfaite en Jésus-Christ. Sans rien perdre de la force virile de votre âme, vous avez également compris le cœur d'une mère, avec lequel le vôtre a tant de ressemblance. Vous avez vu les larmes qu'une affection naturelle a fait d'abord verser à Mélanie, et qu'elle répandit ensuite pour un

---

(1) Formies, aujourd'hui *Formello*, à 5 lieues environ de Rome.
(2) Sainte Mélanie, dont saint Paulin parle ici, était fille du consul Marcel. Elle perdit presque en même temps, son époux et ses deux enfants. Elle se retira bientôt dans la Palestine, et passa ensuite en Égypte, où elle employa sa fortune qui était considérable, à soutenir jusqu'à cinq mille solitaires que la persécution des Ariens avaient forcés de se retirer dans ces régions-là. Elle bâtit plus tard un monastère à Jérusalem, où elle passa vingt-cinq ans avec cinquante recluses, dans les exercices de la plus sincère piété. Pallade, Ruffin, saint Jérôme et saint Paulin font de grands éloges de cette dame romaine. Elle était mère d'Albine à qui saint Augustin adresse la lettre 126e.
(3) Publicola, que saint Paulin appelle le fils unique de Mélanie, n'était que son petit fils.

---

tuisse me volumen ipsum, statim ut acceperam, Romæ legere. Tantæ enim illic turbæ erant, ut non possem munus tuum diligenter inspicere, et eo, ut cupiebam, perfrui; scilicet ut perlegerem jugiter, si legere cœpissem. Itaque ut fieri solet secura exspectatione convivii præparati, avidæ licet mentis esuriem refrenavi, et spe certa capiendæ saturitatis, cum in manu tenerem panes desiderii mei in volumine devorando, quod postea voranti mihi et in more et in ventre dulcissimum fuit, inhiantem in favos litterarum tuarum gulam facile suspendi, donec Urbe proficiscerer, et interponendum ad itineris stativa diem, quem in oppido Formiano habuimus, totum huic operi maniciparem, ut in deliciis epistolæ tuæ spiritualibus ab omni fæce curarum et suffocatione turbarum liber epularer.

2. Quid ergo humilis et terrenus respondeam ad hanc sapientiam, quæ data est tibi desuper, quam hic mundus non capit, et quam nemo sapit, nisi sapientia Dei sapiens, et Dei verbo eloquens? Itaque quia experimentum habeo Christi in te loquentis, in Deo laudabo sermones tuos, et non timebo a timore nocturno. Quia docuisti me in spiritu veritatis (a) salubre moderari in occiduis mortalibus animi temperamentum, quo et illam beatam matrem et aviam Melania flevisse carnalem obitum unici (b) filii, taciturno quidem luctu, non tamen sicco a maternis lacrymis dolore vidisti. Cujus quidem modestas et graves lacrymas, sicut propior vel æqualior animæ ejus spiritus altius intellexisti, et perfectæ in Christo feminæ, salva virilis animi fortitudine, cor materuum de cordis tui similitudine melius ex æquo statu contemplatus es, ut eam primum pro naturali affectione permotam, deinde caussa potiore compunctam flevisse perspiceres, non tam illud humanum, quod unicum filium conditione mortali defunctum in præsenti sæculo amisisset,

(a) Editio Lov. *salvare*.
(b) Publicolæ.

motif plus élevé; car ce n'était plus de la mort d'un fils unique, soumis à la même condition que tous les hommes, qu'elle s'affligeait, mais de ce que la mort l'avait surpris encore engagé dans les vanités du siècle. En effet, il n'avait pas encore renoncé au faste de la dignité sénatoriale; il n'avait pas été enlevé de terre dans les conditions que rêvait pour lui la sainte ambition de sa mère, qui aurait voulu le voir passer de la gloire de la conversion à la gloire de la résurrection, pour jouir du même repos et de la même couronne avec celle qui lui avait donné le jour, si pendant sa vie il avait imité l'exemple de sa mère, et qu'il eût préféré le sac à la toge, et le monastère au sénat.

3. Cependant cet homme, comme je crois déjà l'avoir dit à votre sainteté, a quitté ce monde, enrichi de bonnes œuvres. S'il n'a pas au dehors montré la noble humilité de sa mère, il l'a du moins portée dans son esprit. En effet, il a été, d'après la parole de l'Evangile, si doux dans ses mœurs, et si humble de cœur (*Matt.*, XI, 29), que l'on peut croire avec raison qu'il est entré dans le repos du Seigneur. « Car des richesses sont réservées à l'homme pacifique (*Ps.*, XXXVI, 37); « et ceux qui sont doux posséderont la terre (*Matth.*, V, 4), » « ils plairont à Dieu dans la région des vivants (*Ps.*, CXIV, 9). » Non-seulement par une affection tacite, mais encore par des œuvres manifestement accomplies, il a suivi le conseil de l'Apôtre. Etabli en dignité et en honneur à côté des grands du siècle, il ne goûtait pas les grandeurs comme un homme enivré de la gloire de la terre, mais comme un parfait imitateur du Christ, il s'unissait aux humbles (*Rom.*, XII, 16), et s'appliquait tous les jours à secourir leurs misères. C'est pourquoi sa race est devenue puissante sur la terre, parmi ceux que leur élévation fait appeler des dieux; et les bénédictions qui ont visité sa famille et sa maison font éclater sa sainteté et ses mérites. Car, comme dit le Psalmiste : « La postérité des justes sera bénie; la gloire et les richesses seront dans sa maison (*Ps.*, CXI, 2). Ce n'est pas cette gloire fragile, ce ne sont pas ces richesses qui passent qui seront dans sa maison, cette maison qui est construite dans le ciel, non par le travail des mains, mais par la sainteté des œuvres. Mais je n'en dirai pas davantage sur la mémoire d'un homme qui m'était aussi cher qu'il était dévoué à Jésus-Christ, car je crois vous en avoir assez parlé dans mes lettres précédentes. Je ne pourrais pas non plus parler de la bienheureuse

quam quod propemodum in sæculari vanitate præventum (quia necdum illum deseruerat senatoriæ dignitatis ambitio; non juxta sanctam votorum suorum avaritiam cogitaret assumtum, ut de conversionis gloria transisset ad gloriam resurrectionis, communem cum matre requiem, coronamque capturus, si in hujus sæculi vita matris exemplo saccum togæ, et monasterium Senatui prætulisset.

3. Verumtamen idem vir, ut et antea (*a*) retulisse me puto sanctitati tuæ his operibus locupletatus abcessit, ut maternæ humilitatis nobilitatem si veste non gesserit, tamen mente prætulerit. Ita enim secundum verbum Domini mitis moribus fuit et humilis corde (*Matth.*, XI, 29), ut non immerito credatur introisse in requiem Domini. Quoniam sunt reliquæ homini pacificos (*Psal.*, XXXVI, 37), et mansueti possidebunt terram (*Matth.*, V, 4), placebunt Deo in regione vivorum (*Psal.*, CXIV, 9). Nam certe et illud Apostoli, non solum tacito mentis affectu, sed et conspicuis religiosus implevit officiis, ut cum esset altorum hujus sæculi in ordine et honore collega, non tamen ut gloriosus terræ, alta saperet, sed ut Christi perfectus imitator humilibus consentiret (*Rom.*, XII, 16), et tota etiam die misereri et commodare persisteret. Unde et semen ejus potens in terra factum est, inter eos qui dii fortes terræ nimium elevati sunt: ut etiam de beatissima familiæ ac domus ejus visitatione sanctum hominis meritum reveletur. « Generatio, » inquit, « rectorum benedicetur : gloria, » non caduca, « et divitiæ, » non labentes, « in domo ejus (*Psal.*, CXI, 2) : domo, quæ ædificatur in cælis, non labore manuum, sed operum sanctitate. Sed cesso plura de memoria tam dilecti mihi quam Christo devoti hominis enarrare, cum et pristinis litteris non pauca super eo narrasse me reputem, et nihil possim de beata hujus filii matre et sanctorum (*b*) pari radice ramorum, Melania melius aut sanctius prædicare, quam sanctitas tua in eam profari et disputare dignata est, ut quia ego peccator immunda labia habens, nihil dignum loqui potueram, ut longinquus a meritis fidei ejus animæque virtutibus, tu ille vir Christi, doctor Israhel in Ecclesia veritatis procurante in melius Dei

---

(*a*) Editio Lov. *retuli ex voto sanctitatis tua.*
(*b*) *Patre.*

mère de ce fils, de Mélanie, la souche (1) de ces pieux rameaux, mieux que ce que votre sainteté a daigné en dire elle-même. Pécheur que je suis, et dont les lèvres ne sont pas encore purifiées, moi qui suis si loin du mérite d'une telle foi et des vertus d'une telle âme, je ne saurais en parler dignement. Mais vous, l'homme du Christ, le docteur d'Israël dans l'Eglise de la vérité, vous étiez tout préparé par la grâce de Dieu à célébrer dignement les louanges de cette âme si virile en Jésus-Christ; vous qui, par la ressemblance qui vous en rapprochait, aviez pu comprendre tout ce qu'il y avait en elle de force divine, et qui pouviez mieux que personn elouer tant de piété unie à tant de vertu.

CHAPITRE II. — 4. Vous daignez me demander quelle sera, après la résurrection de la chair, l'occupation (2) des bienheureux dans le siècle futur; mais c'est moi qui vous consulte sur l'état présent de ma vie, comme mon maitre et mon médecin spirituel, pour que vous m'appreniez à faire la volonté de Dieu, à suivre le Christ à votre exemple, et à mourir de cette mort évangélique, par laquelle nous devançons volontairement la dissolution charnelle de notre être. Cette mort évangélique n'est pas la mort ordinaire, elle est celle qui nous retire en pensée de la vie de ce monde qui est pleine de tentations, et qu'un jour vous me disiez être une tentation continuelle. Plaise à Dieu que je dirige si bien mes pas sur les vôtres, que je puisse, à votre exemple, rompre mes liens et délier les vieilles chaussures de mes pieds, pour courir et bondir librement dans la voie que vous suivez, et mourir, comme vous êtes mort, à cette vie, afin de ne vivre que pour Dieu et pour Jésus-Christ, qui vit en vous et dont votre corps, votre cœur et votre bouche expriment si bien et la mort et la vie. Car votre cœur ne goûte plus rien des choses de la terre, votre bouche ne parle pas des œuvres des hommes, mais la parole du Christ abonde dans votre cœur, et l'esprit de vérité s'échappe de votre bouche avec l'impétuosité d'un fleuve qui vient de bien haut, et qui réjouit de ses eaux la Cité de Dieu.

5. Quelle vertu peut nous donner cette mort évangélique, si ce n'est la charité qui est forte comme la mort. Car l'effet de la charité est d'anéantir pour nous toutes les choses de la

---

(1) L'édition de Louvain au lieu de *pari radice*, donne *patre*, qu'il faudrait interpréter dans le même sens que la version du texte *pari radice*.
(2) La même édition porte, *actio nostra* c'est-à-dire quelle sera notre occupation. La version des Bénédictins est préférable.

---

gratia, parareris dignior tam virilis in Christo animæ prædicator, qui et mentem ejus divina virtute firmatam, ut dixi, spiritu propiore conspiceres, et mixtam cum virtute pietatem eloquio digniore laudares.

CAPUT II.—4. Quæ vero post resurrectionem carnis in illo sæculo beatorum futura sit (a) actio, tu me interrogare dignatus es. At ego de præsenti vitæ meæ statu ut magistrum et medicum spiritalem consulo, ut doceas me facere voluntates Dei, tuisque vestigiis ambulare post Christum, et (b) morte ista evangelica prius emori, qua carnalem resolutionem voluntario prævenimus excessu; non obitu, sed sententia recedentes ab hujus sæculi vita, quæ tota tentationum, vel ut tu aliquando ad me locutus es, tota tentatio est. Utinam ergo sic dirigantur viæ meæ post vestigia tua, ut exemplo tuo solvens calciamentum vetus de pedibus meis, disrumpam vincula mea, et liber exsultem ad currendum viam, quo possim assequi mortem istam, qua tu mortuus es huic sæculo, ut vivas Deo in Christo vivente in te, cujus et mors et vita in corpore tuo et corde et ore cognoscitur. Quia non sapit cor tuum terrena, nec os tuum loquitur opera hominum; sed verbum Christi abundat in pectore tuo; et spiritus veritatis effunditur in lingua tua, superni fluminis impetu lætificans civitatem Dei.

5. « Quæ autem virtus hanc in nobis efficit mortem, nisi caritas, quæ fortis est ut mors? Sic enim oblicterat nobis et perimit hoc sæculum, ut impleat mortis effectum per affectum Christi, in quem conversi avertimur ab hoc mundo, et cui viventes morimur ab elementis hujus mundi. Nec tamquam viventes in eorum conspectu, (c) visuque decernimus; quia portio nostra mors Christi est : cujus a mortuis resurrectionem non apprehendimus in gloria, nisi morte ejus in cruce mortificatis membris et sensibus carnis imitemur; ut jam non nostra voluntate vivamus, sed illius, cujus voluntas sanctificatio nostra est; et qui ideo pro nobis mor-

---

(a) Editio Lov. *actio nostra*.
(b) Ed. Lov. *mortem istam evangelicam pr. em. quam carn. res. vol. præveniamus.* quos locos, aliosque plures ad Phimarconensem codicem correximus.
(c) MSS. Phimarc. *usuque*.

terre, et de produire en nous l'effet de la mort, en nous attachant à Jésus-Christ, vers lequel nous ne pouvons nous tourner, qu'en nous détournant des choses d'ici-bas. Or, pour vivre en Jésus-Christ, il faut mourir à tout ce qui est de ce monde ; car ce n'est pas vivre en Jésus-Christ, que de rester en présence de tout ce qui tient à la terre pour en jouir, puisque notre partage est la mort du Christ, à la résurrection duquel nous n'aurions pas de part dans la gloire, si, par la mortification de nos membres et de nos sens charnels, nous n'imitions pas sa mort et sa mortification sur la croix. Ce n'est pas selon notre volonté, mais selon la sienne, que nous devons vivre, car la volonté du Christ est notre sanctification. Il est mort pour nous, et il est ressuscité pour que nous vivions, non pour nous, mais pour lui qui est mort pour nous. Il nous a donné son esprit, pour garantie de sa promesse, comme il nous a donné un gage de la vie bienheureuse qui nous est réservée, en plaçant dans le ciel son corps qui est comme la tête de ce corps que tous ensemble nous formons en lui. Ainsi donc, le Seigneur est notre attente ; la substance qu'il a formée est montée jusqu'à lui, en lui et par lui, qui a pris un corps conforme à notre humilité et à nos misères, pour le conformer ensuite à la gloire du sien, et le placer avec lui dans les cieux. C'est pourquoi ceux qui sont trouvés dignes de la vie éternelle, auront part à la gloire de son royaume, pour être éternellement avec lui, comme le dit l'Apôtre, et pour demeurer avec lui, comme le Seigneur lui-même l'a dit à son père : « Je veux que là où je suis, ils soient avec moi (*Jean*, XVII, 24). »

6. C'est là sans doute ce que veut dire le Psalmiste par ces paroles : « Heureux ceux qui habitent dans votre maison ; ils vous loueront éternellement (*Ps.*, LXXXIII, 5). » Or, je crois que ces louanges seront chantées par des voix, malgré les changements qui auront lieu dans le corps des saints à leur résurrection, afin qu'ils soient semblables à celui dans lequel le Seigneur s'est fait voir après sa résurrection d'entre les morts. Et elle a brillé comme une vive image de la résurrection des hommes ; et Jésus-Christ, en ressuscitant avec le même corps dans lequel il avait souffert, a été pour tous, comme un miroir où nous pouvons contempler ce que sera le nôtre, après notre résurrection. En effet, après être ressuscité dans la même chair, avec laquelle il était mort et avait été enseveli, il a fait voir aux yeux, et fait entendre aux oreilles de ceux auxquels il s'est montré, que tous ses membres avaient conservé les mêmes fonctions. Si les anges dont la nature est entièrement spirituelle, ont une langue pour chanter les louanges du Créateur, et lui rendre d'éternelles actions de grâces, à plus forte raison devons-nous croire que les hommes, quoique spiritualisés dans leurs

---

tuus est, et resurrexit, ut jam non nobis, sed illi vivamus, qui pro nobis mortuus est, et resurrexit, et dedit nobis pignus repromissionis suæ spiritu suo, sicut pignus vitæ nostræ posuit in cœlis in corpore suo, quod est (*a*) caput corporis nostri. Unde nunc exspectatio nostra, Dominus est, et substantia, quæ ab ipso facta est apud ipsum, et in ipso, est per ipsum, qui conformatus est corpori humilitatis nostræ ut nos conformaret corpori gloriæ suæ, et secum in cœlestibus collocaret. Propterea et qui digni fuerunt vita æterna, erunt in gloria regni ejus, ut cum ipso sint, sicut Apostolus ait (1 *Thess.*, IV, 16), et cum ipso maneant, sicut et ipse Dominus ad Patrem dixit, » Volo ut ubi ego sum, et illi sint mecum (*Johan.*, XVII, 24).

6. « Sine dubio hoc illud est, quod in Psalmis habes, » Beati qui habitant in domo tua ; in sæcula sæculorum laudabunt te (*Psal.*, LXXXIII, 5). » Puto autem hanc laudationem vocibus concinentium esse promendam : etsi immutabuntur sanctorum resurgentium corpora, ut sint sicut et Domini corpus post resurrectionem apparuit : in qua utique resurrectionis humanæ viva imago præfulsit ; ut Dominus ipse, qui in corpore ipso, quo passus fuerat, et resurrexerat, quasi speculum contemplationis omnibus fuerit. Qui utique cum in eadem carne, qua mortuus et sepultus fuerat, resurrexisset, omnium omnia officia membrorum expressa oculis et auribus hominum sæpe (*b*) collatus exhibuit. Quod si etiam Angeli, quorum simpliciter spiritalis est creatura, linguas habere dicuntur, quibus utique laudes Domino creatori cantant, et gratias referre non desinunt ; quanto magis hominum, etsi spiritalia jam post resurrectionem corpora, manentibus tamen

---

(*a*) MS. Phimarc. omittit, *caput*.
(*b*) Ed. Lov. *collata*.

corps après la résurrection, mais conservant, dans leur chair glorifiée, tous leurs membres avec les mêmes formes et les mêmes proportions, auront aussi dans leur bouche une langue produisant des sons, pour chanter les louanges de Dieu, et exprimer par des paroles les joies de leur cœur et les mouvements de leur âme. Peut-être même le Seigneur ajoutera-t-il dans son royaume, à la gloire de ses élus, la grâce de chanter ses louanges avec une langue et une voix d'autant plus parfaites, que leur corps aura été transformé en une nature bien plus heureuse et bien supérieure. Car dans des corps devenus spirituels, leur langage ne serait plus celui des hommes, et leurs paroles seraient celles des anges dans les cieux, telles que l'Apôtre en entendit dans le paradis (II *Cor.*, XII, 4). Aussi, dit-il, ces paroles ne peuvent être prononcées par une bouche humaine, parce que, parmi les récompenses destinées aux saints, leur est réservée celle de parler de nouvelles langues, dont il n'est pas permis aux hommes de faire usage sur la terre, mais seulement à ceux qui sont arrivés à la gloire de l'immortalité, et dont il a été dit : « Ils élèveront la voix et chanteront des cantiques (*Ps.*, LXIV, 14). » Ce sera sans doute dans le Ciel, où ils seront avec le Seigneur, goûtant les délices et l'abondance de la paix, se réjouissant devant le trône de l'Agneau, mettant à ses pieds leurs coupes et leurs couronnes, et chantant à sa gloire un cantique nouveau au milieu des chœurs des anges, au milieu des Vertus, des Dominations, des Trônes, et mêlant leur voix à celle des Chérubins, des Séraphins et des quatre animaux de l'Apocalypse, pour s'écrier tous ensemble : « Saint, saint, saint est le Seigneur et le Dieu des armées (*Isaïe*, VI, 2) ; » et le reste que vous connaissez.

7. Voilà sur quoi je vous prie de me dire ce que vous savez et ce que vous pensez, à moi votre enfant, dont vous avez coutume de supporter, en homme parvenu au comble de la sagesse, la faiblesse et l'ignorance. Je sais en effet que vous avez été éclairé de l'esprit de révélation, par celui qui est le prince et la source de toute sagesse, at qu'ainsi vous connaissez le passé, vous voyez le présent, et pouvez juger de l'avenir. Dites-moi donc ce que vous pensez de ces voix éternelles des êtres célestes, et même de ceux qui sont placés au-dessus des cieux, en présence du Très-Haut. Dites-moi de quels organes ils se servent pour chanter leurs cantiques. Car lorsque l'Apôtre dit : « Si je parlais le langage des anges (I *Cor.*, XIII, 1) ; » il semble indiquer qu'ils ont un langage propre à leur nature, et pour ainsi dire à leur famille céleste, et d'autant plus élevé au-dessus des pensées et des paroles des hommes, que la nature et la demeure des anges sont au-dessus

---

glorificatæ carnis omnibus membris, et per omnia membra formis et numeris suis, et linguas habebunt in oribus suis, et unguis effantibus dabunt voces, quibus divinas laudes vel sensuum suorum gaudiorumque affectus per verba depromant. Forte etiam hoc gratiæ gloriæque opposituro sanctis suis Domino, in sæculis regni sui, ut tanto potioribus linguis et vocibus canant, quanto ad beatiorem naturam corporum beata immutatione profecerint, ut in corporibus jam spiritalibus constituti, jam forsitan non humanis, sed illis angelicis atque cælestibus, quales Apostolus audivit in paradiso (II *Cor.*, XII, 4), sermonibus eloquantur. Et ideo forsitan homini ineffabiles eos sermones fuisse testatus est, quia sanctis, inter alias præmiorum species, jam novæ linguæ parantur. Quibus idcirco hominibus hujus sæculi adhuc uti non licet, ut jam his gloriæ suæ congruentibus immortales loquantur, de quibus dictum est, « Etenim clamabunt et hymnum dicent; procul dubio in cælestibus, ubi cum Domino erunt, et delectabuntur in abundantia pacis, gaudentes in conspectu throni, mittentes ante pedes Agni pateras et coronas, et canentes ei canticum novum, aggregati choris Angelorum, Virtutum, Dominationum, Thronorum, ut et ipsi cum Cherubim atque Seraphim, et quatuor illis animalibus voce perpetua concinentes dicant, « Sanctus, Sanctus, Sanctus Dominus Deus sabaoth (*Isaï*, VI, 3), » et reliqua quæ nosti.

7. Hoc est ergo quod egenus et pauper ego ille insipiens et parvulus tuus, quem ut verus sapiens ferre consuesti, rogo ut me scientiam vel opinionem super hoc tuam docear ; (quia scio te illuminatum spiritu revelationis ab ipso duce et fonte sapientiam, ut sicut præterita cognosvisti, et præsentia vides, ita etiam de futuris (*a*) æstimes ;) quid censeas de his cælestium creaturarum, vel etiam super

---

(*a*) MS. Phimarc. *quid estimes*.

de la nature et de la demeure terrestre des hommes. Mais peut-être, par le « langage des Anges » l'Apôtre entend-il la variété des sons et des paroles, de même que, discutant sur la diversité des grâces de Dieu, il compte parmi celles que le Seigneur nous accorde, les diverses espèces de langues, signifiant ainsi le pouvoir qui serait donné à chaque élu dans le ciel, de parler la langue de beaucoup de nations. Mais la voix de Dieu qui, du fond des nuées, s'est fait souvent entendre aux saints, prouve assez qu'il peut exister un langage, sans qu'on ait besoin d'une langue, ce membre de notre corps tout à la fois si petit et si grand; et c'est peut-être parce que Dieu a voulu que la langue fût l'organe de la parole (1), qu'il a appelé *langue*, les paroles des natures mêmes immatérielles comme celles des Anges. C'est ainsi que l'Ecriture elle-même nous représente les diverses opérations de Dieu, par le nom des divers membres de notre corps. Priez donc Dieu pour nous, et instruisez-nous.

8. Autant notre cher frère Quintus avait mis peu d'empressement, en vous quittant, pour venir vers nous, autant il est pressé de s'éloigner de nous, pour aller vous rejoindre. Et rien ne prouve mieux l'insistance qu'il a mise pour nous presser de vous répondre, que cette cette lettre que nous vous envoyons, où il y a plus de ratures que de lignes, ce qui vous fera voir combien nous avons mis de hâte (2) à vous l'écrire. En effet, il est venu nous demander notre dépêche la veille des ides de mai, et il est parti le jour des ides, avant sexte. Voyez, si en vous disant cela, je le recommande ou je l'accuse près de vous. Mais il est plutôt digne d'éloge que de blâme pour s'être hâté de s'éloigner des ténèbres, pour retourner aux rayons lumineux qui l'éclairent, car nous ne sommes que ténèbres, en comparaison de la lumière qui brille en vous.

---

(1) L'édition de Louvain porte : *quia sine hoc membro in quo est vocis officium Deus possit etiam in corpore angelorum creare*, c'est-à-dire, parce que sans ce membre, dont Dieu a fait l'organe de la voix, Dieu pourrait aussi créer dans le corps des anges, etc. Dans ce passage et dans quelques autres, nous suivons le manuscrit Phimarc.

(2) Scheda est nécessairement une faute du copiste, car σχέδη en grec signifie un feuillet, et la lettre de saint Paulin est trop longue pour avoir ce sens. Il faudrait donc, à la place de *scheda* mettre *schedia*. En effet σχεδία en grec signifie un ouvrage fait à la hâte, et c'est bien là le sens que comporte la phrase de saint Paulin ; car sa lettre a plus de ratures que de lignes, parce qu'elle a été faite à la hâte.

---

cœlos in conspectu altissimi agentium vocibus sempiternis, quibus tandem organis exprimantur. Quamvis enim Apostolus dicendo, « Si linguis Angelorum loquar (I *Cor.*, XIII, 1), » proprium quemdam illos suæ naturæ, vel, ut ita dixerim, gentis habere sermonem ostenderit, tanto humanis sensibus et eloquiis altiorem, quanto ipsa Angelorum creatura et statio mortalibus (*a*) incolis et terrenis sedibus præstat: attamen forsitan linguas Angelorum pro generibus vocum atque sermonum dixerit, sicut et de charismatum varietate differens inter dona gratiarum numerat genera linguarum, utique hoc in signo esse significans, quod multarum gentium sermone loqui singulis donaretur. Sed et vox Dei sæpe ad sanctos emissa de nube, ostendit posse loquelam esse sine lingua. Siquidem lingua corporis membrum sit pusillum, et malum, et magnum. Sed forte ex hoc ipso, quia (*b*) in hoc membro vocis officium Deus posuit, etiam incorporeæ Angelorum creaturæ sermones ei voces linguam vocaverit, sicut Scriptura solet Deo quoque secundum species operationum, nomina adsignare membrorum. Ora pro nobis, et doce nos.

8. Frater noster carissimus et dulcissimus Quintus, quam tarde ad nos remeat a vobis, tam cito a nobis ad vos redire festinat: instantiam vero ejus in litteris exigendis et hæc epistola lituris quam versibus crebrior loquitur, commemorati exactoris nimiam festinationem scheda fecit. Nam pridie Idus Maias venit ad nos ut rescripta peteret, et idibus ante sextam dimitti obtinuit. Videte ergo utrum eum commendaverim, vel accusaverim hujusmodi testimonio. Forte enim, immo sine dubio laudabilis magis quam culpabilis judicabitur, qui a tenebris, quod in comparatione vestri luminis sumus, justissime refestinavit ad lucem suam.

(*a*) MS. Phimarc. ad litter. *in cœlis.*
(*b*) *Quia sine hoc membro in quod est vocis officium Deus possit etiam in corpore Angelorum creare*, quibus locis et nonnullis alliis Phim. cod. sequimur.

T. IV.

43

LETTRE XCV [1]

Saint Augustin, en réponse à la lettre précédente, traite de l'état de la vie présente, ainsi que de la qualité et de la nature du corps des bienheureux, et dit de quel usage seront les membres après la résurrection.

A SES TRÈS-CHERS, TRÈS-SINCÈRES, TRÈS-SAINTS ET VÉNÉRABLES FRÈRES ET SEIGNEURS PAULIN ET THÉRÈSE, SES CONDISCIPLES [2] DANS L'ÉCOLE DE JÉSUS-CHRIST, AUGUSTIN, SALUT EN NOTRE SEIGNEUR.

1. Lorsque nos frères, qui sont pour nous comme pour vous des amis intimes, et que vous avez coutume de saluer avec la même affection qu'ils vous saluent eux-mêmes, vous aurons vus et seront restés près de vous, ce sera moins une augmentation de notre bonheur qu'une consolation de nos maux. Autant que possible, nous cherchons à éviter tout ce qui peut motiver et rendre nécessaire un tel voyage; et malgré nos efforts, nous n'y parvenons jamais, je ne sais à quoi cela tient; je crois vraiment que c'est en punition de nos péchés. Mais quand ils seront de retour vers nous après vous avoir vus, alors sera accompli ce qui a été écrit : « Vos exhortations ont réjoui mon âme, en proportion des douleurs infinies dont j'étais affligé (*Ps.*, XCIII, 19). » Lorsque vous aurez appris, de la bouche de Possidius [3], la triste cause qui lui procure la joie d'être avec vous, vous reconnaîtrez la vérité de ce que je vous dis. Et cependant, pour jouir de votre présence, qui de nous ne passerait volontiers les mers? Ce motif n'est-il pas ce qu'on peut trouver de

---

(1) Écrite vers la fin de l'année 408. — Cette lettre était la 250ᵉ dans les éditions antérieures à l'édition des Bénédictins et celle qui était la 95ᵉ se trouve maintenant la 177ᵉ.

(2) Comme saint Augustin, dans la lettre précédente, avait été salué par le titre de maître et évêque, il rend à saint Paulin son salut, avec le titre de condisciple. On en peut donc conclure que l'épiscopat ne fut pas conféré à saint Paulin avant l'année 409; car saint Augustin n'aurait pas manqué de le saluer par un titre plus élevé que celui qu'il lui donne dans sa réponse. Ruffin, dans la lettre II, du livre sur la *Bénédiction des Patriarches*, qu'il paraît avoir écrite vers la même époque, favorise cette conjecture, car dans cette lettre, il appelle saint Paulin son frère, et ne lui donne pas le titre d'évêque. Mais plus tard dans la lettre 149, écrite vers l'an 405, et dans le livre I, chap. X, de la *Cité de Dieu*, où il est question d'une chose qui s'était passée l'an 410, saint Augustin donne à saint Paulin, le nom et le titre d'évêque.

(3) Possidius, évêque de Calame, comme nous l'indiquent les lettres 91 et 104, avait passé la mer pour se rendre près de l'empereur, afin de plaider la cause de son Église qui avait beaucoup souffert des spoliations, des incendies et des meurtres suscités et exercés par les païens de Calame. Ce voyage, comme l'indique la lettre 104, eut lieu vers la fin de l'année 408 (époque où cette sédition eut lieu) ou au commencement de l'année 409. Dans tous les cas, il est certain que

---

EPISTOLA XCV

Augustinus superiori epistolæ respondens agit de præsentis vitæ statu, necnon de qualitate corporis beatorum, deque membrorum officiis post resurrectionem.

DOMINIS CARISSIMIS ET SINCERISSIMIS, SANCTIS ET DESIDERABILIBUS ET VENERABILIBUS FRATRIBUS, SUB MAGISTRO DOMINO JESU (a) CONDISCIPULIS, PAULINO ET THERESIÆ AUGUSTINUS IN DOMINO SALUTEM.

1. Cum vos fratres nostri conjunctissimi nobis, quos nobiscum desiderati desiderare, et salutati resalutare consuestis, assidue vident, non tam augentur bona nostra, quam consolantur mala. Nam ipsas caussas et necessitates, et quantum valemus, devitare conamur, et tamen nescio quomodo, credo pro meritis nostris, deesse non possunt : sed cum ad nos veniunt, et vident nos, fit quod scriptum est, « Secundum multitudinem dolorum meorum in corde meo, exhortationes tuæ jocundaverunt animam meam (*Ps.*, XCIII, 19). Proinde ad istam lætitiam, qua vobiscum est frater (b) Possidius, cum ex ipso audieritis, quam tristis eum caussa compulerit, hoc me verissime dicere cognoscetis : et tamen siquisquam nostrum propter hoc solum iret trans mare, ut vestra præsentia frueretur, quid hac caussa justius, quid posset dignius inveniri ? Sed et vincula nostra non ferrent, quibus religati sumus infirmorum

---

(a) Quia *magister et episcopus* in superiore epistola salutatus fuit Augustinus, idcirco reddit salutem hisce verbis. Ex quibus obiter conjectare nobis licet dignitatem episcopalem ante annum 409, non collatam fuisse Paulino; cui alioquin ornatior titulus debitus atque ipsi ab Augustino adscribendus fuerat. Porro conjecturæ favet Ruffinus, qui in epistola nuncuppatoria II, libri de benedictionibus Patriarcharum, quem circiter id tempus scripsisse videtur, non episcopum, sed fratrem ipsum appellat. Deinceps vero episcopus ab Augustino dicitur in epistola CXLIX, scripta versus an. 413. et in libr., de civitate Dei c. X ubi de re agitur, quæ anno 410 contigit.

(b) Possidius Calamensis episcopus acturus caussam ecclesiæ suæ, quæ expilationem, incendia, cædes perpessa erat a paganis Calamensibus, uti docent epistolæ XCXI et CIV, navigavit ad Imperatorem, ex eadem epist. CIV, sub finem vide-

plus juste et de plus digne ? Mais les liens qui nous attachent au service des faibles ne nous permettent pas de nous éloigner d'eux, à moins que nous n'y soyons d'autant plus impérieusement obligés que leur état présente plus de danger. Tout cela est-il épreuves ou punitions que le Seigneur nous envoie ? Je l'ignore. Tout ce que je sais, c'est qu'il ne nous punit pas selon l'étendue de nos fautes et de nos iniquités, puisqu'il mêle tant de consolations à nos douleurs, et qu'il agit en cela comme un habile et merveilleux médecin, pour nous empêcher de trop aimer le monde et d'y succomber.

2. Je vous avais demandé dans ma lettre précédente quelle serait, selon vous, la vie éternelle des Saints. Vous m'avez répondu avec raison, qu'il s'agissait avant tout de s'enquérir de l'état de la vie présente ; c'est fort bien, mais pourquoi me consulter à votre tour sur cette chose que j'ignore autant que vous, ou que vous savez aussi bien et peut-être mieux que moi ? En effet, vous m'avez dit avec vérité, qu'il faut d'abord mourir volontairement de la mort évangélique, qui prévient la dissolution de notre corps, non en mourant réellement, mais en se retirant par la pensée de la vie de ce monde. Rien, en effet, de plus simple et de plus certain que cette vérité, qu'il faut vivre dans cette vie mortelle de manière à mériter l'immortelle vie. Mais ce qui embarrasse les hommes comme moi, dans leur conduite et dans leurs recherches, c'est de savoir comment il faut vivre parmi ceux, ou pour ceux qui n'ont pas encore appris à vivre en mourant, non de la mort qui s'opère par la dissolution du corps, mais en détournant notre âme de l'amour des choses qui flattent nos sens. Car la plupart du temps, nous croyons ne pouvoir leur être utile qu'en nous conformant un peu nous-mêmes aux choses d'où nous voudrions les tirer. Qu'arrive-t-il alors ? C'est que le charme de ces choses se glisse insensiblement dans notre cœur, au point de nous faire trouver du plaisir à parler de ces choses vaines, et à prêter une oreille complaisante à ceux qui nous en parlent. Elles nous font sourire d'abord, et nous font ensuite éclater de rire. Ainsi notre âme, se chargeant de la poussière et de la boue des affections terrestres, s'élève plus difficilement et plus lentement vers Dieu pour vivre de la vie

---

ce fut lui qui apporta à saint Paulin cette lettre 95 écrite à Carthage, où se trouvait alors saint Augustin, comme l'indique la lettre 121. C'est à ce Possidius que l'on doit tout ce qu'on sait de la vie de saint Augustin, avec lequel il vécut 40 ans. Saint Augustin avait été son maître, et après l'avoir élevé dans son monastère, il ne l'en tira que pour le faire évêque de Calame. Possidius, selon la coutume des autres élèves de saint Augustin, établit un monastère à Calame. Il assista tantôt seul, tantôt en compagnie de saint Alype et de saint Augustin, à tous les conciles et à toutes les conférences qui eurent lieu depuis l'an 403 jusqu'à l'an 419. Pendant le siège des Vandales, il se renferma dans Hippone, et y fut témoin des dernières actions et de la mort de saint Augustin. Il avait alors 33 années d'épiscopat, et mourut dans un âge très avancé, puisqu'il n'écrivit la vie de son vénérable et saint maître que longtemps après la prise d'Hippone et la désolation de toute l'Afrique.

---

servire languoribus, nec eos praesentia corporali relinquere, nisi cum hoc cogunt tanto imperiosius quanto periculosius aegrotando. Utrum exerceamur his, an potius plectamur nescio, nisi quod non secundum peccata nostra facit nobis, neque secundum iniquitates nostras retribuit nobis qui tanta solatia doloribus miscet agitque mirabili medicina, ne amemus mundum, ne deficiamus in mundo.

2. Quaesivi abs te prioribus litteris, qualisnam tibi videatur futura aeterna vita sanctorum : sed bene mihi respondisti, etiam de praesentis vitae statu adhuc esse utique consulendum : nisi quod me consulere voluisti, quod aut magis aut mecum nescis, aut magis quam ego forsitan scis; quippe qui etiam verissime dixeris evangelicam mortem prius emoriendum, quam carnalem resolutionem voluntario praeveniamus excessu, non obitu, sed sententia recedentes ab hujus saeculi vita. Simplex haec actio, et nullo dubitationis aestu fluctuat, quod ita nos vivere oportere censemus in hac vita mortali, ut vitae immortali quodammodo coaptemur. Verum omnis quaestio, quae agentes quaerentesque conturbat homines, qualis ego sum, illa, est quonam modo vivendum sit, vel inter eos, vel propter eos, qui nondum vivere moriendo noverunt, non resolutione corporis sed quodam se a corporalibus illecebris avertentes mentis affectu. Plerumque enim videtur nobis, quod nisi eis aliquantulum congruamus ad ea ipsa, unde illos extrahi cupimus, nihil cum eis salubriter agere poterimus. Quod cum facimus, talium delectatio subrepit et nobis, ut saepe etiam loqui vana delectet, auremque prae-

---

licet anni CCCCVIII. (quo anno laeditio illa contigisse videtur) seu initio 409. quandoquidem is dubio procul perlator fuerit epistolae hujus XCV, ad Paulinum scriptae Carthagine, cum ibi hyemaret Augustinus, juxta epist. CXXI.

évangélique, en mourant de la mort évangélique. Que si quelquefois nous parvenons à nous élever, nous entendons en nous une voix qui nous crie : Très-bien ! très-bien ! Et cette voix ne vient pas des hommes ; car personne ne peut sentir ce qui se passe ainsi dans l'esprit d'un autre : mais au fond de nous-mêmes, s'élève dans le secret de notre âme ce cri approbateur et mystérieux, qui faisait dire à l'Apôtre qu'il avait été soufflété par l'ange de la tentation. Voilà pourquoi la vie de l'homme sur la terre est une tentation continuelle, puisqu'il y a tentation, même dans les efforts qu'il fait pour rendre sa vie terrestre semblable à celle dont il jouira dans le ciel,

3. Et quand il faut punir ou pardonner, quel est notre embarras, puisque dans les deux cas nous avons en vue le salut de ceux que nous croyons dignes de punition ou d'indulgence. Mais il est difficile de démêler la mesure à garder dans la punition ; car il faut considérer, non-seulement la nature et le nombre des fautes, mais encore les forces de chacun, ce qu'il peut ou ce qu'il ne peut pas supporter, de peur, non-seulement d'arrêter sa marche dans la perfection, mais encore de le voir faillir dans sa route. Je ne sais même pas si la crainte de la punition suspendue sur les hommes, n'en a pas perdus plus qu'elle n'en a corrigés. Et combien il est triste de penser que souvent en punissant le coupable, on le fait périr, et qu'en le laissant impuni, on en fait périr un autre. Pour moi, j'avoue que je commets souvent cette faute, et que j'ignore quand et comment je puis observer ce qui a été écrit : « Reprenez devant tout le monde ceux qui pèchent, pour inspirer la crainte aux autres (I *Timoth.*, v, 20). » Et ces paroles de Jésus-Christ : « Si votre frère a péché, reprenez-le entre vous et lui seul (*Matth.*, xviii, 15). » Et ce conseil de saint Paul : « Ne jugez pas avant le temps (I *Cor.*, iv, 5). » Et cette recommandation de l'Évangile : « Ne jugez pas afin que vous ne soyez pas jugés (*Matth.*, vii, 1). » (Ici le Seigneur n'ajoute pas « avant le temps (1). » Et c'est ce qui est écrit : « Qui êtes-vous, pour oser ainsi condamner le serviteur d'autrui ? S'il tombe, ou s'il demeure ferme, cela regarde son maître, mais il demeurera ferme, car Dieu est assez puissant pour le soutenir (*Rom.*, xiv, 4). » L'Apôtre parle ici de ceux qui sont dans l'Église ; il ordonne ensuite qu'ils soient jugés, quand il dit : « Pourquoi entreprendrai-je de juger ceux qui sont hors de l'Église ? Ce sont ceux qui sont dans l'Église que vous avez droit de juger. Retranchez ce

---

(1) Le texte latin a confondu le passage de saint Paul avec celui de saint Matthieu.

---

bere loquentibus, nec arridere tantum, sed etiam risu vinci ac solvi : ita pulveris quibusdam, vel etiam luteis affectibus nostras animas aggravantes laboriosius et pigrius levamus ad Deum, ut vivamus evangelicam vitam, moriendo evangelicam mortem. Quod si aliquando successerit, statim subjicietur, Euge, Euge, non ab hominibus ; neque enim quisquam hominum sentit in alio talem mentis agnitionem : sed in quodam intus silentio nescio unde clamatur Euge, Euge. Propter hoc genus tentationis ab angelo colaphizatum se tantus Apostolus confitetur. Ecce unde vita humana super terram tota tentatio est ; quando et ibi homo tentatur, ubi quantum potest vitæ cœlestis similitudini coaptatur.

3. Quid dicam de vindicando, vel non vindicando ? quandoquidem hoc totum ad eorum salutem proficere volumus, in quos vindicandum aut non vindicandum esse arbitramur. Quis etiam sit vindicandi modus, non solum pro qualitate vel quantitate culparum, verum etiam pro quibusdam viribus animorum, quid quisque sufferat, quid recuset, ne non solum non proficiat, sed etiam deficiat, quam profundum et latebrosum est ? impendentem quoque vindictam metuentes, quæ ab hominibus metuitur, nescio utrum plures correcti sunt, quam in deterius abierunt. Quid cum sæpe accidat, ut si in quemquam vindicaveris, ipse pereat ; si inultum reliqueris, alter pereat ? Ego in his quotidie peccare me fateor, et ignorare quando, quove modo custodiam id quod scriptum est, « Peccantes coram omnibus argue, ut ceteri timorem habeant (I *Tim.*, v, 20) ; » et quod scriptum est, « Corripe eum inter te et ipsum solum (*Matth.*, xviii, 15) ; » et quod scriptum est, « Nolite ante tempus judicare (I *Cor.*, iv, 5), » « ut non judicemini (*Matt.*, vii, 1) ; » neque enim hic addidit ante tempus : et quod scriptum est, « Tu quis es, qui judicas alienum servum ? suo domino stat aut cadit, stabit autem. Potens est enim Deus statuere illum (*Rom.*, xiv, 4) ; » unde confirmat de his se dicere, qui intus sunt : et rursus eos judicari jubet, cum dicit, « Quid enim mihi de his, qui

méchant du milieu de vous (II *Cor.*, v, 12, 13).» Quels soucis, quelles angoisses pour déterminer jusqu'à quel point il faut exécuter ce qu'on croit devoir faire, et pour qu'il n'arrive pas à celui qu'on punit « d'être accablé d'un excès de tristesse (II *Cor.*, II, 8), » comme celui dont parle l'Apôtre qui, pour montrer toute l'importance de sa recommandation, ajoute : « Afin que Satan ne nous possède pas, car nous n'ignorons pas ses artifices. » Que d'incertitudes, que de sujets de trembler, quelles ténèbres, ô mon cher Paulin, saint homme de Dieu ! N'est-ce pas là ce qui a fait dire au Psalmiste : « Je me suis senti saisi de crainte et d'effroi, et j'ai été environné de ténèbres : et j'ai dit : Qui me donnera des ailes comme à la colombe, pour m'envoler vers les lieux où je trouverai du repos ? Voilà que je me suis enfui au loin, et j'ai demeuré dans le désert (*Ps.*, LIV, 6, 7, etc.);» mais peut-être le Psalmiste a-t-il éprouvé dans le désert même ce qu'il ajoute : « J'attendais celui qui pût me sauver de l'abattement et de la tempête. » Tant il est vrai que la vie de l'homme sur la terre, est une tentation continuelle ! (*Job*, VII, 1).

4. Et les saintes Écritures mêmes nous ne pouvons qu'y toucher, et non les approfondir. Dans la plupart des passages nous cherchons ce que nous pourrons entendre plutôt que nous ne trouvons un sens assuré, sur lequel notre esprit puisse se fixer ; et cette réserve pleine de sollicitude vaut mieux encore que des affirmations téméraires. Souvent aussi quelqu'un qui ne pense pas selon la chair, que l'Apôtre appelle la mort, scandaliserait, dans ses explications, celui qui pense encore selon la chair. Ainsi, il y a péril à dire, ce que l'on pense, douleur à ne pas le dire, danger mortel à dire le contraire. Lorsque dans un sentiment de fraternelle charité, nous trouvons quelque chose à reprendre dans les discours où les écrits de ceux qui sont dans l'Église, et que nous le déclarons publiquement, quelle faute ne commet-on pas contre nous, en attribuant notre conduite, non à un sentiment de bienveillance, mais à une pensée de haine et d'envie ! De même aussi, quelle faute ne commettons-nous pas envers ceux qui nous reprennent, en leur prêtant l'intention de nous offenser plutôt que celle de nous corriger ! De là ces inimitiés qui naissent entre des personnes unies d'abord par la plus étroite amitié, et tandis que l'un s'emporte contre l'autre, tandis qu'on se déchire ainsi mutuellement, il est à craindre que tous ne se perdent ensemble. Ah ! comme je l'ai dit plus haut : « Qui donc me donnera des ailes

---

foris sunt, judicare ? Nonne de his, qui intus sunt, vos judicatis ? auferte malum ex vobis ipsis (I *Cor.*, v, 12 et 13). » Quod cum etiam faciendum videtur, quatenus fiat, quantæ curæ ac timoris est ? ne forte contingat quod de illo ipso intelligitur in secunda ad eosdem epistola cavendum admonere, « ne majore tristitia absorbeatur qui ejusmodi est (II *Cor.*, II, 8). » Et ne quisquam hoc non multum curandum putaret, ibi ait, « ut non possideamur a satana: non enim ignoramus mentes ejus. » Quis in his omnibus tremor, mi Pauline, sancte homo Dei ? quis tremor, quæ tenebræ ? Nonne putavimus de his esse dictum, « Timor et tremor venerunt supra me, et contexerunt me tenebræ ? et dixi, Quis dabit mihi pennas sicut columbæ, et volabo et requiescam ? Ecce elongavi fugiens, et mansi in deserto (*Psal.*, LIV, 6, 7 ,etc.). » Verumtamen etiam in deserto ipso fortassis expertus sit, quod adjungit, « Exspectabam eum qui me salvum faceret a pusillanimitate et tempestate. » Nempe ergo tentatio est vita humana super terram (*Job.*, VII, 1).

4. Quid, ipsa divina eloquia, nonne palpantur potius, quam tractantur a nobis ? dum in multo pluribus quærimus potius quid sentiendum sit, quam definitum aliquid fixumque sentimus ? et ea cautio cum sollicitudinis plena sit, multo melior est tamen, quam temeritas affirmandi. Nonne in multis, si non secundum carnem homo sapiat, quam mortem dicit esse Apostolus, magno scandalo erit ei, qui adhuc secundum carnem sapit ? ubi et dicere quid sentias periculosissimum, et non dicere laboriosissimum, et aliud quam sentis dicere perniciosissimum est ? Quid, cum ea quæ non approbamus in eorum, qui intus sunt, sermone velscriptis, putantesque id ad fraternæ caritatis libertatem pertinere, judicium nostrum non occultamus, et hoc non benevolentia, sed invidia facere credimur, quantum peccatur in nos? et cum similiter eos, qui nostras sententias reprehendunt, lædere potius, velle, quam corrigere suspicamur, quantum peccamus in alios ? certe hinc exsistunt inimicitiæ plerumque etiam inter carissimas familiarissimasque personas, dum, supra quam scriptum est, unus pro altero inflatur adversus alterum, et dum mordent et comedunt invicem, timendum est ne consumantur ab invicem. « Quis ergo dabit mihi pennas sicut

comme à la colombe, pour m'envoler vers les lieux où je trouverai le repos (*Ps.*, LIV, 7)? » Est-ce parce que les dangers où nous nous trouvons nous paraissent plus grands que ceux que nous n'avons pas encore éprouvés? je l'ignore; mais s'il en est ainsi, l'abattement et la tempête du désert me paraissent préférables à ce que nous souffrons ou craignons dans le tumulte du monde.

5. J'approuve donc beaucoup votre opinion, qu'il faut s'occuper d'abord de l'état de cette vie, si toutefois on peut appeler état, ce qui coule si rapidement. J'ajoute encore qu'il faut s'occuper de ce qui concerne les choses d'ici-bas, avant de nous enquérir de ce que sera cette vie future, vers laquelle nous conduit le pèlerinage de la vie présente. Mais je vous ai interrogé sur ce que vous pensez à cet égard, comme si j'avais déjà réglé d'une manière fixe et positive ma vie dans ce monde, au point d'être en toute sécurité à cet égard, tandis que, dans beaucoup de points, et surtout dans ceux que je vous ai désignés brièvement, mais aussi bien que je l'ai pu; je me trouve encore très-embarrassé. Mais comme cette ignorance et ces difficultés me paraissent venir de ce que, dans cette grande variété de mœurs, eu des âmes, ayant chacune leurs faiblesses et leurs volontés secrètes, il s'agit pour nous de diriger, non le peuple de la terre non le peuple romain, mais celui de la Jérusalem céleste, j'ai mieux aimé vous parler de ce que nous serons un jour, que de ce que nous sommes aujourd'hui. En effet, quoique nous ignorions les biens de la vie future, nous sommes cependant assurés sur un point de la plus haute importance; c'est que dans cette vie céleste, nous n'avons pas à craindre les maux que nous éprouvons ici-bas.

6. Quant au moyen de régler cette vie temporelle, afin d'arriver à la vie de l'éternité, je sais que nous devons réprimer tous les désirs charnels, et ne retenir du plaisir des sens, que ce qu'il faut pour soutenir la vie présente et pour tolérer avec courage et patience toutes les misères et tous les chagrins temporels pour la vérité de Dieu, comme pour notre salut éternel et celui de notre prochain. Je sais également que nous devons apporter tout le zèle de la charité, afin de ne rien négliger pour que notre prochain se conduise pendant cette vie, de manière à mériter la vie éternelle. Je n'ignore pas non plus que nous devons préférer les choses spirituelles aux choses temporelles, ce qui ne change pas à ce qui change; et que l'homme y parvient plus ou moins, selon le plus ou moins de secours que lui prête la grâce de Dieu par Notre Seigneur Jésus-Christ. Pourquoi tous les hommes ne reçoivent-ils pas ce secours dans la même proportion, mais chacun d'une manière

---

columbæ, et volabo, et requiescam (*Psal.*, LIV, 7)? » Sive enim quia pericula, in quibus versatur, graviora sunt, quam inexperta, sive quia revera ita est; quælibet pusillanimitas tempestasque deserti mihi videtur minus molesta, quam ea, quæ vel patimur, vel timemus in turbis.

5. Proinde multum approbo sententiam tuam, de hujus vitæ statu esse agendum, vel potius cursu quam statu. Addo aliud, quia prius hoc requirendum atque tenendum est, quam illud, quale futurum sit, quo iste fert cursus. Inde ergo interrogavi quid sentias, quasi hujus vitæ recta regula retenta atque servata jam securi simus, cum in tam multis, maximeque in his quæ breviter, ut potui, commemoravi, periculosissime laborare me sentiam. Sed quia omnis hæc ignorantia et difficultas hinc mihi videtur exsistere, quod in magna varietate morum, et animarum occultissimas voluntates atque infirmitates habentium, rem populi gerimus, non terreni atque Romani, sed Jerosolymitani cœlestis, magis me libuit loqui tecum ex illo quod erimus, quam ex isto quod sumus. Ibi enim etsi nescimus quæ bona futura sunt, non tamen de parva re certi sumus, quod ista mala ibi non erunt.

6. De agenda ergo ista temporali vita, eo modo, per quem veniendum est ad æternam, novi concupiscentias carnales esse frenandas : tantumque remittendum in delectationes sensuum corporalium, quantum sustentandæ hujusmodi agendæque vitæ satis est, omnesque molestias temporales, pro veritate Dei, et salute æterna nostra et proximi, patienter fortiterque tolerandas. Novi etiam proximo ad hoc consulendum omni studio caritatis, ut istam vitam recte gerat propter æternam. Præponenda etiam nobis spiritalia carnalibus, incommutabilia mutabilibus, et hæc omnia tanto magis minusve posse hominem, quanto magis minusve adjuvatur gratia Dei, per Jesum Christum Dominum nostrum. Cur autem ille sic, ille autem sic

différente? Je l'ignore; mais ce que je sais, c'est que Dieu agit en cela avec une équité qui n'est connue que de lui seul. Si vous avez quelques notions claires à me donner sur ce que j'ai dit précédemment, c'est-à-dire comment il faut vivre avec les hommes, veuillez, je vous prie, m'en instruire. Si ces points vous embarrassent comme moi, veuillez en conférer avec un de ces doux médecins du cœur, soit que vous le rencontriez là où vous êtes, soit à Rome où vous allez tous les ans, et écrivez-moi ce que vous aurez appris de lui, ou ce que le Seigneur vous aura dévoilé dans vos entretiens à l'un et à l'autre.

7. Comme vous m'avez interrogé sur la résurrection des corps et sur les fonctions futures des membres parvenus à l'état d'incorruptibilité et d'immortalité, voici ce que je vous en dirai en peu de mots; et si cela ne suffit pas, avec l'aide de Dieu, je pourrai plus tard mieux développer cette question. En tout cas il faut s'en tenir fermement au témoignage si clair et si véridique de la sainte Ecriture, c'est-à-dire que ces corps visibles et terrestres que saint Paul appelle des corps animaux, deviendront des corps tout spirituels à la résurrection des fidèles et des justes. Mais comme cette qualité spirituelle du corps est quelque chose que nous n'avons pas éprouvé, j'ignore de quelle manière on peut la faire comprendre et l'expliquer aux autres. Ce qu'il y a de certain, c'est qu'il n'y aura plus là de corruption, et qu'alors les corps n'auront plus besoin de cette nourriture corruptible, dont ils ne peuvent se passer présentement. Ce n'est pas toutefois qu'ils ne pourraient pas en prendre. Ils le pourront toujours, mais ce pouvoir ne sera plus ni un besoin ni une nécessité. Autrement le Seigneur, après sa résurrection, n'aurait pas pris de nourriture, en nous donnant par cela même, la preuve et le type de la résurrection corporelle. C'est ce qui a fait dire à l'Apôtre: « Si les morts ne ressuscitent pas, le Seigneur n'est pas ressuscité (I *Cor.*, xv, 16). » En effet, il a apparu avec tous ses membres, il s'en est servi, et a montré la place de ses plaies (*Jean*, xx, 20). J'ai toujours entendu par ce mot plaies celui de cicatrices. Il les montra, non par nécessité, mais par un effet de sa toute-puissance: puissance dont il a donné surtout la preuve, soit lorsqu'il s'est montré sous une autre forme (*Luc*, xxiv, 13. *Jean*, xx, 15. *Marc*, xvi, 12), soit quand il s'est manifesté avec son vrai corps à ses disciples réunis dans le cénacle dont les portes étaient fermées. (*Jean*, xx, 19).

8. Ici s'élève naturellement la question de savoir, si les anges ont des corps répondant à

---

adjuvetur, vel non adjuvetur nescio. Id tamen Deum summa sibique nota æquitate facere scio. Propter illa vero, quæ supra commemoravi, quemadmodum vivendum sit cum hominibus, si quid tibi exploratum liquet, edoce me obsecro. Sin et te ita ut me movent ista, confer ea cum aliquo mansueto cordis medico, sive illic inveneris ubi degitis, sive cum Romam toto anniversario pergitis, et quod per illum tibi loquentem, seu vobis colloquentibus Dominus aperuerit, scribe mihi.

7. De resurrectione autem corporum, membrorumque in illa incorruptione atque immortalitate futuris officiis, quoniam vicissim me interrogasti quid sentiam, audi breviter quod, si non satis erit, poterit, si Dominus adjuverit, latius disputari. Firmissime tenendum est, unde Scripturæ sanctæ verax et clara sententia est, visibilia ista corpora atque terrena, quæ nunc animalia dicuntur, spiritalia futura in resurrectione fidelium atque justorum. Porro spiritalis corporis qualitas inexperta nobis, quemadmodum vel comprehendi, vel insinuari possit, ignoro. Corruptio ibi certe nulla erit, ac per hoc nec isto quo nunc indigent corruptibili cibo, tunc indigebunt; nec tamen eum capere non poterunt, veraciterque consumere potestate, non necessitate. Alioquin nec Dominus eam post resurrectionem accepisset, qui nobis ita præbuit corporalis resurrectionis exemplum, ut hinc Apostolus dicat « Si mortui non resurgunt, neque Christus resurrexit (I *Cor.*, xv, 16). » Qui cum membris omnibus appareret, eorumque officiis uteretur, loca etiam vulnerum demonstravit (*Johan*, xx, 10). Quas ego cicatrices, non ipsa vulnera semper accepi, et eas ipsas potestate, non necessitate. Cujus potestatis facilitatem tunc maxime ostendit, cum vel in alia forma se demonstravit vel in domo discipulis constitutis, cum ostia clausa essent, verus apparuit (*Lucæ*, xxiv, 13. *Johan*, xx, 15. *Marci*, xvi, 12. *Johan*, xx, 19).

8. Hinc oritur de Angelis quæstio, utrum habeant corpora suis officiis et concursationibus congrua, an tantummodo spiritus sint? Si enim habere

leur ministère et à leurs courses, ou s'ils sont seulement des esprits? Si nous disons qu'ils ont des corps, on nous objectera ce passage du Psalmiste : « Il a fait les esprits, ses ambassadeurs (*Ps.*, CIII, 4). » Si nous disons qu'ils n'en ont pas, nous serons encore plus embarrassés d'expliquer comment ils auraient pu, sans être revêtus d'un corps, se manifester aux yeux des hommes qui leur ont donné l'hospitalité, leur ont lavé les pieds, et leur ont servi à boire et à manger (*Gen.*, XVIII, 2 et XIX, 1). Il paraît plus facile de croire, qu'on appelle les anges des esprits, comme on appelle les hommes des âmes, comme dans cet endroit de la Genèse où il est dit, que Jacob descendit en Egypte avec un grand nombre d'âmes (*Gen.*, XLVI, 17); et certes, on ne peut pas dire que ces âmes là n'avaient pas de corps. On ne peut pas croire non plus que si les anges n'étaient pas revêtus de formes corporelles, les hommes auraient pu s'acquitter de ces devoirs envers eux. En outre dans l'Apocalypse, on voit la taille et la grandeur d'un ange nettement déterminées. Or, cela ne convient évidemment qu'à des corps, et doit nous faire croire qu'il n'y a rien d'illusoire ni de faux dans ces apparitions des anges aux hommes, apparitions qui s'expliquent d'ailleurs par cette agilité et cette vertu des corps spirituels. Mais, soit que les anges aient des corps, soit qu'on puisse expliquer comment, sans corps, ils ont pu faire toutes ces choses, toujours est-il que dans cette cité des saints où les élus, rachetés par Jésus-Christ de la corruption terrestre, seront réunis à la multitude des anges ; des sons et des voix perceptibles aux sens serviront à exprimer toutes les pensées du cœur, qui alors ne seront plus secrètes, car dans cette société divine, nulle pensée ne restera cachée au prochain. Il n'y aura plus, à mon avis, qu'un accord unanime pour chanter les louanges de Dieu, non-seulement par l'esprit, mais aussi par le corps devenu spirituel.

9. Si vous savez, ou si vous avez appris de personnes plus éclairées que moi quelque chose de plus conforme à la vérité, j'attends à cet égard les renseignements que vous voudrez bien me donner. En attendant, relisez encore ma lettre (1) à laquelle le départ si précipité de Quintus a été cause que vous avez répondu avec tant de hâte. Je ne m'en plains pas. Je ne fais que vous le rappeler, afin que ce qui a été oublié, me soit rendu avec usure. Dites-moi aussi ce que vous pensez sur le repos nécessaire à un chrétien, pour apprendre lui-même ou pour apprendre aux autres la sagesse chrétienne et sur celui dont je croyais que vous jouissiez, et qui, à ce que j'ai appris, est troublé par une infinité d'occupations. Cherchez donc, et voyez ce que j'avais voulu apprendre de vous.

---

(1) Cette lettre que saint Augustin prie saint Paulin de relire, ne nous est pas parvenue.

---

dixerimus, occurrit nobis, « Qui facit Angelos suos spiritus (*Psal.*, CIII, 4). » Si autem non habere dixerimus, plus habet scrupuli, quomodo scriptum sit, eos corporeis hominum sensibus sine corpore præsentatos, hospitio susceptos, pedes eis lotos, edentibus et bibentibus ministratum (*Gen.*, XVIII, 2-3 et XIX, 1). Facilius enim videri potest, sic esse spiritus Angelos dictos, ut homines animas, sicut scriptum est cum Jacob in Ægyptum tot animas (*Gen.*, XLVI, 27) descendisse (neque enim corpora non habebant) quam ut illa omnia sine corporibus gesta credantur. Deinde certa quædam in Apocalypsi Angeli statura definitur in ea mensura, quæ nisi corporum esse non possit, ut quod hominibus apparuerit non ad falsitatem, sed ad illam potestatem ac facilitatem spiritalium corporum referatur. Sed sive habeant Angeli corpora, sive quisquam possit ostendere, quemadmodum corpora non habentes gerere illa omnia potuerint ; in illa tamen civitate sanctorum, ubi etiam per Christum redemti a generatione hac, in æternum conjungentur millibus Angelorum, voces corporales non latentes animos indicabunt : quia in illa societate divina nihil cogitationis proximo poterit occultari ; sed erit consonans in Dei laude concordia, non solum spiritu, verum etiam spiritali corpore expressa, hoc mihi videtur.

9. Interim si quid congruentius veritati vel jam tenes, vel a doctioribus audire potueris, per te nosse studiosissime expecto. Recense hanc epistolam meam, cui quoniam festinantissime te respondisse de diaconi festinatione caussatus es, ideo non conqueror, sed potius commemoro, ut quod tunc omissum est, nunc reddatur. Et de otio quippe Christiano ad percipiendam vel discendam Christianam sapientiam quid sentias ; et de otio quod

(Et d'une autre main).
Souvenez-vous de nous, et vivez heureux, élus de Dieu, qui faites notre joie et notre consolation.

LETTRE XCVI [1]

Saint Augustin écrit à Olympius dont il avait appris, la récente élévation à une nouvelle dignité, celle de maître des offices (2), dignité qui lui avait été conférée après la mort de Stilicon dans l'année 408. Saint Augustin prie Olympius de rectifier ce qu'il pouvait y avoir de défectueux dans l'acquisition que Paul, prédécesseur de Boniface, évêque de Catague avait faite assez peu régulièrement, de quelques biens qu'il avait légués à son église.

A SON TRÈS-CHER SEIGNEUR ET TRÈS-HONORÉ FILS OLYMPIUS QU'IL CHÉRIT PARMI LES MEMBRES DE JÉSUS-CHRIST, AUGUSTIN.

1. Quelque élevé que vous soyez dans le cours de cette vie, nous écrivons cependant avec toute confiance au très-cher Olympius, fidèle et sincère serviteur avec nous de Notre Seigneur Jésus-Christ. Nous savons, en effet, que ce nom est pour vous plus glorieux que toute gloire, et plus élevé que toute élévation. Le bruit public nous a appris votre promotion à une dignité bien plus éminente que celle que vous possédiez; mais cette nouvelle ne nous avait pas encore été confirmée, lorsque l'occasion s'est présentée de vous adresser cette lettre. Cependant comme nous savons que vous avez appris du Seigneur à ne pas vous laisser enivrer par les grandeurs, mais à condescendre à l'état des humbles, nous présumons que quel que soit le faite d'honneur où vous êtes parvenu, vous recevrez notre lettre avec votre bienveillance habituelle, ô très-honoré seigneur. et digne d'être aimé parmi les membres de Jésus-Christ. Nous aimons à croire que vous userez avec sagesse du bonheur temporel en vue des biens éternels. afin que plus vous serez puissant dans cette république terrestre, plus vous puissiez mériter cette cité céleste, qui vous a enfanté à Jésus-Christ. Ces soins et ces services vous seront payés avec usure dans la région des vivants, et dans la vie future où vous

---

(1) Écrite vers le mois de septembre de l'année 408. — Cette lettre était la 124e dans les éditions antérieures à l'édition des Bénédictins, et celle qui était la 96e se trouve maintenant la 183e.
(2) La dignité de maître des offices était une des plus recherchées de l'empire. Ce haut fonctionnaire avait sous ses ordres tous les officiers du palais du prince, et même l'intendance des bâtiments et des domaines impériaux. Il présidait également à une infinité d'autres emplois fort importants. Cet Olympius a qui cette lettre est adressée, est celui qui s'empara de l'esprit de l'empereur Honorius et organisa le complot, dans lequel succombèrent Stilicon et ses amis.

---

putabam tuo, cujus mihi occupationes incredibiles nuntiatæ sunt, require et vide, quid a te scire quæsierim. (Et alia manu) memores nostri felices vivite, magna gaudia et solatia nostra sancti Dei.

EPISTOLA XCVI

Augustinus Olympio, quem audierat provectum recens ad novam dignitatem, (scilicet Magistri officiorum, quod ipsi munus post Stilichonis necem an. 408, collatum fuit,) commendat impense caussam Bonifacii Cataquensis episcopi, super possessione quadam ecclesiæ ab ipsius prædecessore non sine fraude comparata.

DOMINO DILECTISSIMO ET IN CHRISTI MEMBRIS HONORABILITER AMPLECTENDO FILIO OLYMPIO, AUGUSTINUS.

1. Quidquid sis secundum sæculi hujus cursum, nos tamen carissimo et sinceriissimo conservo nostro Olympio Christiano fidissime scribimus. Hoc enim tibi esse scimus omni gloria gloriosius, et omni sublimitate sublimius. Fama quippe ad nos pertulit, honorem te adeptum esse celsiorem; quæ utrum vera esset, nondum apud nos fuerat confirmatum, cum hæc scribendi provenit occasio. Sed quoniam novimus te a Domino didicisse, non alta sapere, sed humilibus consentire, quolibet culmine provectus esses, non aliter quam soles litteras nostras te accepturum esse præsumimus, domine dilectissime, et in Christi membris honorabiliter amplectende fili. Temporali vero felicitate ad æterna lucra te prudenter usurum minime dubitamus, ut quanto plus potes in hac terrena republica, tanto plus impendas cælesti illi, quæ te in Christo peperit, civitati, quod tibi uberius rependatur in regione viventium, et in vera pace securorum ac sine fine manentium gaudiorum.

goûterez en paix des joies pures qui n'auront pas de fin.

2. Je recommande de nouveau à Votre Charité la requête de mon saint frère et collègue Boniface, pour que ce qui n'a pu être fait jusqu'ici, puisse se faire présentement. Il aurait pu, sans aucune formalité, continuer à retenir le bien que son prédécesseur avait acquis quoique sous un nom supposé et dont il avait commencé à jouir comme d'un bien de l'Eglise. Cependant, comme ce prédécesseur était débiteur envers le fisc, nous ne voulons pas avoir ce scrupule sur la conscience. En effet, une fraude envers le fisc, n'en est pas moins une fraude. Ce Paul, après avoir été élevé à l'épiscopat renonça à tous ses biens, à cause d'une dette immense qu'il avait envers le fisc. Cependant s'étant fait rembourser une certaine somme d'argent qui lui était due, il en acheta, comme au profit de l'Eglise, de petites pièces de terre, du revenu desquelles il pût vivre ; mais il fit cette acquisition sous le nom d'une maison alors très-puissante, pour pouvoir selon son habitude, vivre tranquille, sans rien payer au fisc, et sans avoir rien à craindre des collecteurs d'impôts. Après la mort de Paul, son successeur dans cette Eglise, ne voulut pas se mettre en possession de ces champs, et quoiqu'il pût demander à l'empereur remise des sommes dues au fisc par son prédécesseur pour ces petites pièces de terre, il aima mieux avouer franchement que Paul, quoique débiteur du fisc, les avait achetées de son propre argent dans une vente faite à l'encan (1). En agissant ainsi, Boniface désirait voir l'Eglise rester en possession de ces terres, et les devoir à la libéralité manifeste d'un empereur chrétien, et non à l'injustice secrète d'un évêque. Si cela ne se peut pas, les serviteurs de Dieu préfèrent le travail et la misère, à la jouissance d'un bien dont l'acquisition frauduleuse pèserait sur leur conscience.

3. Voilà sur quoi nous appelons vos bons offices et vos recommandations. Boniface n'a pas voulu alléguer les premières concessions qu'on lui avait faites, pour ne pas se priver des moyens de présenter une nouvelle supplique ; car on ne lui avait pas d'abord donné une réponse conforme à ses désirs. Mais maintenant, que votre bienveillance habituelle s'appuie sur un degré de puissance bien plus élevé, nous espérons que, avec l'aide de Dieu, vous obtiendrez facilement ce que nous vous demandons. Si vous demandiez en votre nom ces mêmes terres, pour en faire vous-même donation à l'Eglise de Cataque, qui pourrait vous

---

(1) Amerbach et Erasme ont : *de Ascario*; mais l'édition de Louvain et les manuscrits donnent *de hastario*. Hastarium était la place publique où l'on vendait à l'encan les biens des débiteurs, des proscrits, etc. de *hasta* lance, pique, toute vente publique était annoncée par une pique.

---

2. Sancti fratris et coepiscopi mei Bonifacii petitionem tuæ rursus caritati commendo, ne forte nunc fieri possit quod ante non potuit. Cum enim posset sine ulla forsitan quæstione quod præcessor ejus, quamvis sub alieno nomine, comparaverat, et sub ecclesiæ nomine possidere jam cœperat, consequenter etiam ipse retinere : nolumus tamen, quoniam fisci debitor fuit, hunc scrupulum habere in conscientia. Neque enim fraus ista, quia fisco fiebat, ideo non fiebat. Et ille quidem Paulus, postquam episcopus factus est, renuntiaturus suis omnibus rebus propter immensum cumulum fiscalium debitorum, exacta quadam cautione, in qua certum et pondus debebatur argenti, hos exiguos agellos, unde victum sustentaret, tamquam ecclesiæ comparavit, sub nomine tunc potentissimæ demus ut etiam ex ipsis, morem suum sequens, cum fisco non solveret, nullas exactorum molestias pateretur. Iste autem qui eidem ecclesiæ illo defuncto est ordinatus, timuit hos agros suscipere : et cum posset pro solis fiscalibus debitis, quæ de memoratis possessiunculis ille contraxerat, imperiale beneficium postulare, totum maluit confiteri, quod eas Paulus de argento proprio, cum esset fisco obnoxius, de (a) hastario emerat : ut eas ecclesia, si fieri potest, non occulta episcopi iniquitate, sed manifesta Christiani Imperatoris liberalitate possideat. Quod si fieri non potest, melius inopiæ laborem servi Dei tolerant, quam ut necessariorum facultatem cum conscientia fraudis obtineant.

3. Ad hoc tuum suffragium petimus impartiri digneris : quia id quod primo impetratum est, noluit allegare, ne iterum supplicandi sibi intercluderet facultatem : non enim erat ad desiderata res-

---

(a) Bad. Am. et Er. habent, *de Ascario*. At Lov. et MSS. *de hastario*. Porro hastarium dicebatur, ubi spolia seu proscriptorum bona vendebantur.

en blâmer? Qui ne dirait hautement que vos démarches ne viennent d'une cupidité terrestre, mais de votre piété chrétienne. Je prie Dieu, seigneur mon fils, de vous couvrir de sa miséricorde, et de vous rendre de jour en jour plus heureux en Jésus-Christ.

LETTRE XCVII [1]

Saint Augustin exhorte Olympius à maintenir les lois publiées en Afrique du vivant de Stilicon, pour la destruction des idoles et la répression des hérétiques. Il le prie d'employer toute son autorité et tout son zèle, pour faire comprendre aux ennemis de l'Église que ces lois ont été établies d'après la volonté de l'empereur et que la mort de Stilicon n'en a nullememt diminué la vigueur,

A SON EXCELLENT ET ILLUSTRE SEIGNEUR OLYMPIUS, SON HONORABLE FILS EN LA CHARITÉ DU CHRIST, AUGUSTIN, SALUT EN NOTRE SEIGNEUR.

1. Dès le moment que nous apprîmes, par un bruit qui n'était pas encore confirmé, l'élévation où votre mérite vous a porté, nous n'avons pas douté de vos bonnes dispositions envers l'Église de Dieu, dont nous nous réjouissons de vous voir le véritable fils, ce que d'ailleurs votre lettre nous a suffisamment prouvé. Aussi après avoir lu cette lettre où, comme s'il y avait de notre part lenteur et hésitation, vous nous exhortez avec tant de bienveillance à vous dire comment le Seigneur, aux bienfaits duquel vous devez ce que vous êtes, pourrait se servir de votre religieuse obéissance pour le bien de son Église, nous vous écrivons avec une plus grande confiance, très-illustre et puissant seigneur et honoré fils dans la charité de Jésus-Christ.

2. Plusieurs de mes saints frères et collègues, à la suite d'un grand trouble qui désola l'Église, sont partis, presque comme des fugitifs, vers la très-glorieuse cour. Peut-être les avez-vous déjà vus, ou avez-vous, par une occasion opportune, reçu d'eux quelques lettres de Rome même. Pour moi, quoique je n'aie eu aucun moyen de me concerter avec eux, je n'ai pas voulu, pour vous écrire, laisser échapper l'occasion du départ d'un de mes frères et collègues dans le sacerdoce, qu'une affaire où il y va de la vie d'un de ses concitoyens, a forcé de partir même au milieu de l'hiver, pour se

---

[1] Ecrite vers la fin de l'an 408. — Cette lettre était la 129e dans les éditions antérieures à l'édition des Bénédictins, et celle qui était la 97e se trouve maintenant la 184e.

---

ponsum. Nunc vero cum sis eadem benignitate qua soles, sed amplior potestate, non desperamus, adjuvante Domino, meritis tuis hoc facile posse concedi : cum etiam si tuo nomine eadem loca peteres, et memoratæ ecclesiæ ipse donares, quis reprehenderet, aut quis non maxime prædicaret petitionem tuam, non terrenæ cupiditati, sed Christianæ pietati servientem? Domini Dei nostri misericordia te in Christo feliciorem tueatur, Domine fili.

EPISTOLA XCVII

Augustinus Olympio, ut tueatur leges de confringendis idolis et hæreticis corrigendis, quæ vivo Stilichone missæ sunt in Africam, faciatque pro auctoritate et industria sua ut eas ex Imperatoris voluntate constitutas esse, adeoque post Stilichonis necem nihilominus vigere intelligant Ecclesiæ inimici.

DOMINO EXIMIO ET MERITO PRÆSTANTISSIMO, MULTUMQUE IN CHRISTI CARITATE HONORANDO FILIO OLYMPIO, AUGUSTINUS IN DOMINO SALUTEM.

1. Quamvis mox ut audivimus te merito sublimatum, cum ipsa fama nondum nobis certissima esset, nihil aliud de animo tuo credidimus erga Ecclesiam Dei, cujus te veraciter filium esse gaudemus, quam quod tuis litteris mox aperuisti : tamen etiam illis lectis, quibus ultro dignatus es, etiamsi pigri et cunctantes essemus, exhortationem benevolentissimam mittere, ut instruente humilitate nostra, per religiosam obedientiam tuam, Dominus, cujus munere talis es, Ecclesiæ suæ jam jamque subveniat, majore fiducia tibi scribimus domine eximie et merito præstantissime multumque in Christi caritate honorande fili.

2. Et fratres quidem multi sancti collegæ mei, graviter Ecclesia perturbata profecti sunt pene fugientes ad gloriosissimum comitatum, quos sive jam videris, sive litteras eorum ab urbe Roma opportunitatis cujusquam occasione acceperis : ego tamen licet nullum consilium cum eis communicare potuerim, non potui prætermittere per hunc fratrem et compresbyterum meum, qui urgente necessitate pro salute civis sui, etiam media hyeme quomodo-

rendre également à la cour. Je m'empresse donc de vous saluer et de vous prier par la charité que vous avez en Notre Seigneur Jésus-Christ, de vous hâter d'accomplir avec toute la diligence possible cette œuvre salutaire de faire connaître aux ennemis de l'Église, que les lois portées en Afrique du vivant de Stilicon (1) pour le renversement des idoles et la répression des hérétiques, ont été établies par la volonté du très-pieux et fidèle empereur; car il s'en trouve beaucoup qui répètent faussement ou qui croient réellement, que cela s'est fait à l'insu et contre la volonté de l'empereur, et qui, par là, jettent le trouble dans l'esprit des ignorants et excitent contre nous leur inimitié et leur violence.

3. Cette demande et ces avertissements que je vous adresse recevraient, je n'en doute pas, l'assentiment de tous mes collègues d'Afrique. Je crois qu'à la première occasion qui s'en présentera, il faut se hâter de prévenir ces hommes vains dont nous cherchons le salut, quoiqu'ils soient nos adversaires, que les lois qui ont été établies pour la protection de l'Église du Christ l'ont été bien plus par le fils de Théodose que par Stilicon. Le prêtre, porteur de cette lettre, étant du pays de Milève, a reçu de son évêque, mon vénérable frère Sévère, qui vous salue avec la même tendresse que moi, l'ordre de passer par Hippone, où je suis. Depuis longtemps, au milieu des troubles et des tribulations de l'Église, Sévère et moi cherchions en vain, sans pouvoir la trouver, l'occasion de vous écrire. Je vous avais déjà adressé une lettre touchant l'affaire de mon saint frère et collègue Boniface, évêque de Cataque; mais nous ne prévoyions pas encore les maux bien plus graves qui devaient nous accabler. Quant au moyen de réprimer ces désordres et aux mesures les plus chrétiennes à prendre pour y arriver, les évêques (2) qui ont passé la mer pour agir d'un commun accord avec la bonté de votre cœur, s'entendront facilement avec vous, autant que le permettra la brièveté du temps qu'ils

---

(1) Comme il a été déjà parlé plusieurs fois de ce Stilicon et d'Olympius à qui saint Augustin adresse cette seconde lettre, il n'est pas inutile de donner quelques détails sur ces deux personnages qui ont joué un si grand rôle au commencement du cinquième siècle. Stilicon était vandale de naissance et avait été choisi par l'empereur Théodose pour être le tuteur de son fils Honorius et pour remplir la charge de principal ministre, dans le gouvernement de l'empire d'Occident. Il avait épousé Sérène, nièce de l'empereur, et cet honneur, ainsi que l'autorité immense dont il jouissait, excitèrent son ambition au point de vouloir s'emparer du trône et y élever son fils Eucher. A cet effet, il remplit l'empire de trouble et de désolation, en le livrant aux Vandales, aux Alains, aux Suèves, aux Bourguignons qu'il fit entrer dans les Gaules et dans l'Espagne, vers la fin de l'année 406. Ses desseins furent découverts par Olympius, et l'empereur Honorius fit tuer cet ambitieux à Ravenne le 23 août 408. Sérène sa femme et Eucher son fils eurent bientôt le même sort. Cependant il avait précédemment rendu de grands services à l'empire, et signalé le règne du faible Honorius par de grandes victoires. Ministre vigilant et ferme, il comprima une révolte en Afrique. Habile général, il battit les Goths en Grèce, en Thrace, en Illyrie, écrasa Alaric à Pollentie, et Radagaise à Florence. Beaucoup d'historiens ont cru cet homme innocent du crime dont il fut accusé. Olympius reçut en récompense du service qu'il avait rendu, la charge de maître des offices. Zosime, quoique ennemi des chrétiens, assure, comme saint Augustin lui-même, dans les deux lettres qu'il lui adresse, qu'il était très-attaché à l'Église catholique. Il tomba promptement en disgrâce, fut rétabli puis disgracié de nouveau; et enfin Constance qui avait épousé Placidie, sœur d'Honorius, le fit assommer après lui avoir fait couper les oreilles.

(2) Il s'agit ici des évêques Restitut et Florence qui furent députés vers l'empereur contre les hérétiques et les païens, d'après un décret du concile tenu à Carthage le 13 octob. de l'an 408, comme on peut le voir par le concile d'Afrique c. LXXIII.

---

cumque ad illas partes venire compulsus est, et salutare et admonere caritatem tuam, quam habes in Christo Jesu Domino nostro, ut opus tuum bonum diligentissima acceleretur instantia, quo noverint inimici Ecclesiæ leges illas, quæ de idolis confringendis et hæreticis corrigendis vivo Stilichone in Africam missæ sunt, ex voluntate Imperatoris piissimi et fidelissimi constitutas: quo nesciente vel nolente factum sive dolose jactant sive libenter putant; atque hinc animos imperitorum turbulentissimos reddunt, nobisque periculose ac vehementer infestos.

4. Hoc autem quod petendo vel suggerendo admoneo præstantiam tuam, non dubito omnium per Africam collegarum meorum fieri voluntate: arbitrorque quacumque primitus exorta occasione facillime posse ac debere maturari, ut noverint, sicut dixi, homines vani, quorum et adversantium salutem requirimus, leges quæ pro Christi Ecclesia missæ sunt, magis Theodosii filium quam Stilichonem curasse mittendas. Propterea quippe memoratus presbyter harum perlator, cum e regione sit Milevitana, ab episcopo suo venerabili fratre meo Severo, qui tuam mecum sincerissimam dilectionem multum salutat, per Hipponem-regium, ubi ego sum, transire jussus est: quia simul essemus in magnis Ecclesiæ tribulationibus et perturbationibus, quærebamus occasionem scribendi ad eximietatem tuam, et non inveniebamus. Jam quidem unam epistolam miseram in negotio sancti fratris et collegæ mei Bonifacii episcopi Cataquensis; sed nondum ad nos pervenerant graviora, quæ

doivent passer à Rome. Cependant il ne faut pas différer de faire connaître à la province d'Afrique les sentiments du très-clément et très-religieux prince envers l'Église; mais avant même d'avoir vu les évêques qui sont partis vers vous, il faut accélérer tous les moyens que votre vigilance jugera à propos de prendre pour les membres du Christ qui sont dans de si cruelles tribulations. Je vous le demande, je vous en prie, je vous en conjure. Cependant, au milieu de tous les maux que nous souffrons, le Seigneur nous a donné une grande consolation en vous donnant beaucoup plus de puissance que vous n'en aviez, alors même que nous nous réjouissions déjà de vos bonnes et grandes œuvres pour le bien de l'Église.

4. Nous avons à nous féliciter certainement de la foi solide et durable de quelques-uns, et même d'un assez grand nombre de donatistes qui, grâce à ces lois, sont revenus à la religion chrétienne ou à la paix catholique, et pour le salut éternel desquels nous ne craignons pas de nous exposer aux dangers dans cette vie temporelle. C'est pourquoi nous avons maintenant à supporter de violentes inimitiés de la part de ceux qui sont trop endurcis dans leur perversité, et que quelques-uns des donatistes mêmes supportent avec la même patience que nous; mais leur faiblesse nous inspire encore beaucoup de crainte, jusqu'à ce qu'ils aient appris, avec l'aide de la miséricorde et de la grâce de Dieu, à mépriser courageusement la vie présente et les jours si fugitifs de l'homme. J'ai envoyé un mémoire pour les évêques, mes frères. Si, comme je le pense, ils ne sont pas encore près de vous, je prie votre Excellence de remettre ce mémoire à leur arrivée. Nous avons tant de confiance dans la sincérité de votre cœur, que, avec l'aide du Seigneur notre Dieu, nous désirons vous avoir non-seulement pour auxiliaire, mais encore pour conseiller.

---

nos vehementius agitarent: quibus comprimendis vel corrigendis quemadmodum meliore secundum Christi (*a*) viam consilio succurratur, commodius (*b*) episcopi qui propterea navigaverunt, cum tanta benignitate tui cordis acturi sunt, qui potuerunt communi consilio diligentius deliberatum aliquid ferre, quantum temporis permittebat angustia. Illud tamen quo animum clementissimi et religiosissimi principis erga Ecclesiam provincia noverit, nullo modo esse differendum, sed etiam antequam episcopos, qui profecti sunt, videas, quam primum tua præstantissima pro Christi membris in tribulatione maxima constitutis vigilantia potuerit, accelerandum suggero, peto, obsecro, flagito. Neque enim parvum in his malis solatium Dominus obtulit, quod te voluit multo amplius posse quam poteras, quando jam de tuis multis ac magnis operibus bonis gaudebamus.

4. Multum sane de quorumdam, neque paucorum fide firma et stabili gratulamur, qui ex occasione legum ipsarum ad Christianam religionem vel catholicam pacem conversi sunt; pro quorum salute sempiterna nos in hac temporali etiam periclitari delectat. Propterea enim maxime ab hominibus nimium dureque perversis, nunc inimicitiarum graviores impetus sustinemus, quos nonnulli eorum nobiscum patientissime sustinent: sed plurimum infirmitati metuimus, donec discant et valeant, adjuvante misericordissima gratia Domini, sæculum præsens et hominum diem robore cordis valentiore contemnere. Commonitorium quod misi fratribus episcopis, si ut puto nondum ibi sunt, ab eximietate tua illis tradatur, cum venerint. Tantam quippe tui sincerissimi pectoris habemus fiduciam, ut adjuvante Domino Deo nostro non solum impertitorem auxilii te velimus, verum etiam consilii participem.

(*a*) Bad. Am. et Er. *secundum misericordiam*.
(*b*) Restitutus nimirum et Florentius episcopi, ex decreto concilii Carthagine habiti 13 octob. an. 408. legationem ad Imperatorem susceperant contra paganos et hæreticos, ut videre est in Concil. Africano c. LXXVII.

LETTRE XCVIII [1]

L'évêque Boniface avait demandé à saint Augustin comment il se pouvait faire que la foi des parents fût profitable aux enfants au baptême, et que l'impiété de ces mêmes parents ne leur fût pas nuisible après le baptême. Il avait également demandé comment ceux qui offrent les enfants au baptême pouvaient répondre que les enfants croyaient, puisque effectivement les enfants ne croient pas, et qu'il est incertain s'ils croiront un jour. C'est à ces questions que saint Augustin répond dans cette lettre.

A BONIFACE [2], SON COLLÈGUE DANS L'ÉPISCOPAT, AUGUSTIN, SALUT EN NOTRE SEIGNEUR.

1. « Vous me demandez « si l'impiété des parents qui offrent des sacrifices aux démons pour guérir leurs enfants baptisés ; nuit à ces enfants, et si cela ne leur nuit pas, comment la foi des parents peut être profitable aux enfants dans le baptême, tandis que leur impiété ne leur fait aucun tort. » Je vous réponds à cela, que la vertu de ce sacrement, c'est-à-dire du baptême qui nous incorpore à Jésus-Christ, est si grande, que l'enfant engendré par la chair, une fois régénéré par la volonté spirituelle d'un autre, ne peut plus être souillé ni enchaîné par le péché d'autrui, si sa volonté y demeure étrangère. « L'âme du père est à moi » dit le Seigneur, « et l'âme du fils est à moi, mais c'est l'âme qui aura péché, qui mourra (*Ez.*, XVIII, 4). » Or, l'âme d'un enfant ne pèche pas, lorsque, sans qu'il le sache, ses parents ou tout autre, s'efforcent de le guérir par des sacrifices aux démons ; et si l'âme a contracté d'Adam une tache qui ne pouvait être effacée que par la grâce du sacrement du baptême, c'est que cette âme n'avait pas encore sa vie à part, et qu'elle n'était pas encore une autre âme, dont on pût dire : « L'âme du père est à moi, et l'âme du fils est à moi. » Mais quand l'homme a commencé à être lui-même, et qu'il est devenu autre que celui qui l'a engendré, il n'est plus enchaîné par le péché d'un autre, à moins

---

(1) Écrite la même année que la précédente. — Cette lettre était la 23e dans les éditions antérieures à l'édition des Bénédictins et celle qui était la 98e se trouve maintenant la 163e.
(2) Boniface est cet évêque connu par son aversion pour le mensonge, comme il est dit au numéro 7 de cette lettre. Il est à présumer que c'est le même évêque de Cataque, dont il est parlé dans les deux lettres précédentes, et qui ne voulut point par pureté de conscience, entrer en possession des terres que son prédécesseur avait acquises, en fraudant le fisc. Saint Augustin dans ses lettres 143 et 149, *fait mention de Boniface son saint frère et son collègue dans l'épiscopat*. Boniface évêque de Cataque, assista à la conférence de Carthage.

EPISTOLA XCVIII

Augustinus Bonifacio episcopo, respondens qui fiat, ut infantibus in baptismo prosit parentum fides, cum post baptismum non noceat illis parentum impietas : deinde quomodo susceptores in baptismo respondeant, illos credere, cum parvuli revera non credant, et incertum sit an sint credituri.

(a) BONIFACIO COEPISCOPO, AUGUSTINUS IN DOMINO SALUTEM.

1. Quæris a me, « utrum parentes baptizatis parvulis suis noceant, cum eos dæmoniorum sacrificiis sanare conantur. Et si non nocent, quomodo eis prosit cum baptizantur parentum fides, quorum eis non potest obesse perfidia. » Ubi respondeo, tantam illius sacramenti, hoc est baptismi salutaris esse virtutem in sancta compage corporis Christi, ut semel generatus per aliorum carnalem voluptatem, cum semel regeneratus fuerit per aliorum spiritalem voluntatem, deinceps non possit vinculo alienæ iniquitatis obstringi, cui nulla sua voluntate consentit. « Et anima enim patris mea est, inquit, et anima filii mea est. Anima quæ peccaverit, ipsa morietur (*Ezech.*, XVIII, 4). » Non autem peccat ipsa, parentes ei omnino nescienti, vel quilibet alius adhibet sacrilegia dæmoniorum. Sed ideo ex Adam traxit, quod sacramenti illius gratia solveretur, quia nondum erat anima separatim vivens, id est altera anima, de qua diceretur, « Et anima patris mea est, et anima filii mea est. » Jam itaque cum homo in seipso est, ab eo qui genuit alter effectus, peccato alterius sine sua consensione non tenetur obnoxius.

(a) Bonifacium hunc, præditum ea religione, *ut soleret vehementer cavere mendacium*, uti dicitur infra n. 7, haud immerito credideris esse illum ipsum Cataquensem episcopum, qui agros a prædecessore suo cum aliqua fisci fraude comparatos ecclesiæ, suscipere præ conscientiæ sinceritate verebatur, Bonifacii *sancti fratris et coepiscopi sui* meminit Augustinus in epist. CXLIII. et CXLIX. Interfuit Carthaginensi collat. Bonifacius Cataquensis.

qu'il n'y ait donné son consentement. L'homme a été souillé par le péché d'Adam, parce qu'il était avec lui et en lui lorsque ce péché a été commis; mais on n'est plus responsable du péché d'un autre, dès qu'on commence à vivre de sa propre vie, et qu'il se peut dire : « C'est l'âme qui aura péché qui mourra. »

2. Lorsque nous sommes régénérés par le secours d'une volonté étrangère, lors qu'on nous présente à la consécration du baptême, cela se fait par l'opération du seul Esprit qui est le principe de notre régénération; car il n'est pas dit, dans l'Ecriture, qu'on est régénéré par la volonté des parents, ou la foi de ceux qui nous présentent au baptême, ou de ceux qui l'administrent, mais qu'on est régénéré « par l'eau et le Saint-Esprit (*Jean*, III, 5). » C'est donc par l'eau, qui représente extérieurement le sacrement de la grâce, et par l'Esprit qui procure intérieurement le bienfait de la grâce, en brisant les liens du péché, et en réconciliant avec Dieu ce qu'il y a de bon dans notre nature, que sont régénérés dans le Christ seul, ceux qui sont nés du seul Adam. L'Esprit qui régénère est donc le même qui agit, et dans ceux qui présentent l'enfant au baptême, et dans l'enfant qui renaît en le recevant, et par cette communauté du même Esprit, la volonté des parents est utile à l'enfant. Mais lorsque les parents pèchent envers l'enfant, en l'offrant au démon, et en cherchant à l'enchaîner dans ses liens par des sacriléges, comme il n'y a pas communauté d'âme entre les parents et l'enfant, il n'y pas non plus communauté de péché. Car la faute ne se communique point par la volonté d'un autre, comme la grâce se communique par l'unité de l'Esprit-Saint. Il peut se faire que le même Esprit-Saint soit dans deux hommes, et que par là, la même grâce soit commune entre eux, sans qu'ils le sachent mutuellement; mais comme une même âme ne peut pas être à la fois dans ces deux hommes, la faute ne peut pas non plus être commune à celui qui pèche et à celui qui ne pèche pas. Un enfant, après avoir été engendré selon la chair, peut donc être régénéré par l'Esprit de Dieu qui efface le péché que l'enfant a contracté par sa génération charnelle. Mais une fois régénéré par l'Esprit de Dieu, il ne peut plus être engendré selon la chair et contracter de nouveau le péché originel, qui a été effacé en lui. Ainsi l'enfant une fois revêtu de la grâce de Jésus-Christ, ne peut plus la perdre que par sa propre impiété, si avec l'âge il est devenu méchant. Car alors il commencera à commettre des fautes, qui lui seront propres, que la

---

Traxit ergo reatum, quia unus erat cum illo et in illo a quo traxit, quando quod traxit admissum est. Non autem trahit alter ab altero, quando sua unoquoque propria vita vivente jam est unde dicatur, « Anima quæ peccaverit, ipsa morietur. »

2. Ut autem possit regenerari per officium voluntatis alienæ, cum offertur consecrandus, facit hoc unus Spiritus, ex quo regeneratur oblatus. Non enim scriptum est; Nisi quis renatus fuerit ex parentum voluntate, aut ex offerentium vel ministrantium fide ; sed, « Nisi quis renatus fuerit ex aqua et Spiritu-sancto (*Johan.*, III, 5). » Aqua igitur exhibens forinsecus sacramentum gratiæ, et Spiritus operans intrinsecus beneficium gratiæ, solvens vinculum culpæ, reconcilians bonum naturæ, regenerant hominem in uno Christo, ex uno Adam generatum. Regenerans ergo Spiritus in majoribus offerentibus, et parvulo oblato renatoque communis est : ideo per hanc societatem unius ejusdemque Spiritus prodest offerentium voluntas parvulo oblato. Quando autem in parvulum majores peccant, offerentes eum atque obligare conantes dæmonum sacrilegis vinculis, non est anima utrorumque communis, ut etiam culpam possint habere communem. Non enim sic communicatur culpa per alterius voluntatem, quemadmodum communicatur gratia per sancti Spiritus unitatem. Potest enim et in hoc et in illo homine esse unus Spiritus-sanctus, etiamsi invicem nesciant, per quem sit utriusque gratia communis. Non autem potest Spiritus hominis esse et hujus et illius, per quem peccante altero, et altero non peccante, sit tamen culpa communis. Ac per hoc potest parvulus semel ex parentum carne generatus Dei Spiritu regenerari, ut ex illis obligatio contracta solvatur. Non potest autem semel Dei Spiritu regeneratus ex parentum carne regenerari, ut obligatio, quæ soluta est, iterum contrahatur. Et ideo semel perceptam parvulus Christi gratiam non amittit, nisi propria impietate, si ætatis accessu tam malus evaserit. Tunc enim etiam propria incipiet habere peccata, quæ non regeneratione auferantur, sed alia curatione sanentur.

3. Verumtamen recte dicuntur parentes, vel quicumque majores, filios seu quoslibet parvulos baptizatos dæmoniorum sacrilegiis obligare conantes,

régénération spirituelle ne saurait effacer, mais qui demanderont d'autres remèdes.

3. On a cependant raison d'appeler homicides, selon l'esprit, les parents qui s'efforcent d'attacher dans les liens sacrilèges des démons, soit leurs fils, soit d'autres enfants baptisés, car, s'ils ne leur ôtent pas véritablement la vie, ils ne s'en constituent pas moins homicides, autant qu'ils le peuvent. On peut donc leur dire justement, pour les détourner d'un tel crime, ne tuez pas vos petits enfants, puisque l'Apôtre nous dit : « N'éteignez pas le Saint-Esprit (*Thess.*, v, 19). » Non pas toutefois qu'on puisse l'éteindre, mais ceux qui agissent comme s'ils voulaient l'éteindre, sont aussi coupables que s'ils pouvaient y parvenir. On doit comprendre dans ce sens ce que le bienheureux Cyprien dit dans sa lettre touchant « ceux qui sont tombés », et où, il s'élève contre ceux qui, au temps de la persécution, avaient immolé aux idoles : « On a poussé le crime et le sacrilège si loin, que les parents ont de leurs propres mains posé leurs enfants sur des idoles ou les leur ont fait toucher, leur faisant perdre ce qu'ils avaient gagné aussitôt après leur naissance (*S. Cyprien, de Lapsis*). » Ces enfants ont perdu ces biens dans l'esprit et dans la volonté de ceux qui avaient commis un si grand crime à leur égard, mais ils ne les ont pas perdus en eux-mêmes, autrement ils seraient restés sous le coup de la sentence divine, et condamnés sans pouvoir se défendre. Or, telle n'était pas la pensée de saint Cyprien, autrement il ne se serait pas hâté de prendre la défense de ces enfants, en disant : « Quand viendra le jour du jugement dernier, ces enfants ne s'écrieront-ils pas : « Nous n'avons rien fait, nous n'avons pas abandonné le pain et le calice du Seigneur, pour nous précipiter vers des mets profanes. C'est la perfidie des autres qui nous a perdus ; ce sont nos pères qui ont été nos meurtriers! Ce sont eux qui n'ont pas voulu que nous eussions l'Église pour mère, et le Seigneur pour père. Faibles et imprévoyants, ne comprenant pas l'énormité d'un tel crime, nous y avons participé par la faute des autres, c'est la ruse d'autrui qui nous a surpris et trompés (*S. Cyp., de Lapsis*). » Saint Cyprien n'aurait pas ajouté cette défense à ce qu'il avait dit précédemment, s'il ne l'avait pas trouvée juste et pouvant servir aux enfants au jour du jugement de Dieu. Car s'il est vrai de dire, nous n'avons rien fait, « c'est l'âme qui a péché qui mourra, » la justice de Dieu ne fera pas périr ces malheureux enfants, que leurs parents ont perdus par leur crime, autant que cela dépendait d'eux.

4. On rapporte, dans la même lettre, le trait suivant : Des parents, obligés de fuir, avaient dans leur trouble abandonné leur petite fille

---

spiritaliter homicidæ. Nam in illis quidem interfectionem non faciunt, sed quantum in ipsis est, interfectores fiunt. Recte illis dicitur, quando ab hoc scelere prohibentur, Nolite occidere parvulos vestros. Dicit enim et Apostolus, « Spiritum nolite exstinguere (1 *Thess.*, v, 19) : » non quia ille exstingui potest, sed quantum in ipsis est, exstinctores ejus merito dicuntur, qui sic agunt ut exstinctum velint. Isto sensu recte intelligi potest, quod scripsit beatissimus Cyprianus in epistola de Lapsis, cum eos qui tempore persecutionis idolis immolaverant arguens, « Ac ne quid deesset, inquit, ad criminis cumulum, infantes quoque parentum manibus impositi vel adtrectati, amiserunt, parvuli, quod in primo statim nativitatis exordio fuerant consecuti. » Amiserunt, dixit, quantum adtinuit ad illorum scelus, a quibus amittere coacti sunt. Amiserunt in eorum mente ac voluntate, qui in illos tantum facinus commiserunt. Nam si in seipsis amisissent, remansissent utique divina sententia sine ulla defensione damnandi. Quod si sanctus Cyprianus arbitraretur, non eorum defensionem continuo subjiceret, dicens, « Nonne illi, cum judicii dies venerit, dicent, Nos nihil fecimus, nec derelicto cibo et poculo Domini, ad profana contagia sponte properavimus : perdidit nos aliena perfidia, parentes sensimus parricidas : illi nobis Ecclesiam matrem, illi patrem Dominum negaverunt, ut dum parvi et improvidi, et tanti facinoris ignari per alios ad consortium criminis jungimur, aliena fraude caperemur ? » Hanc defensionem non subnecteret, nisi justissimam crederet, et in Dei judicio parvulis profuturam. Si enim vere dicitur, nos nihil fecimus, « Anima quæ peccaverit, ipsa morietur ; » nec illi peribunt sub Dei justo judicio, quos parentes suo scelere, quantum ad seipsos adtinet, perdiderunt.

4. Illud vero quod in eadem commemoratur epistola, quamdam parvulam turbatis in fugam parentibus, nutrici derelictam, atque ab eadem nutrice dæmonum sacrilegiis impactam, postea in

aux soins de sa nourrice. Celle-ci, après l'avoir fait participer aux sacrifices sacrilèges des démons, l'apporta ensuite dans l'Église, où l'enfant rejeta de sa bouche, avec des mouvements extraordinaires, l'Eucharistie qu'on lui avait fait prendre. Je vois dans ce fait un avertissement de Dieu, pour montrer aux parents de quelle faute ils se rendent coupables envers leurs enfants par une telle iniquité, ou plutôt pour leur faire comprendre, par les mouvements et l'agitation du corps de ceux qui ne pouvaient pas parler, ce qu'ils avaient à faire eux-mêmes, eux qui, après un si grand crime, osent s'approcher des sacrements, au lieu de s'en abstenir par esprit de pénitence. Car il ne faut pas croire que lors même que la Providence divine se manifeste par des enfants, il y a eu de leur part raison ou connaissance ; pas plus que lorsque Dieu voulut réprimer la folie d'un prophète, en faisant parler une ânesse (*Nomb.*, XXII, 18), il ne faudrait pour cela admirer la sagesse de semblables animaux. Or si un animal irraisonnable a pu faire entendre un son semblable à celui des hommes, il faut l'attribuer à un miracle divin, et non à l'âne lui-même. A plus forte raison le Tout-Puissant a pu, dans l'âme d'un enfant, non dépourvu de raison, mais en qui la raison était encore endormie, montrer, par les gestes et les mouvements corporels, ce que devaient faire ceux qui avaient péché envers eux-mêmes et envers leurs enfants. Du reste, comme un enfant ne peut pas rentrer dans celui qui lui a donné le jour, de manière à ne faire avec lui et en lui qu'un seul et même homme, mais qu'il doit en être entièrement séparé, ayant son âme et sa chair à lui seul, il faut s'en tenir à la parole de l'Écriture : « C'est l'âme qui aura péché qui mourra. »

5. Il y a des gens qui, lorsqu'ils présentent leurs enfants pour recevoir le baptême, ne le font pas avec la foi, que ces enfants sont, par la grâce du Saint-Esprit, régénérés pour la vie éternelle et qui regardent ce sacrement comme un moyen propre à conserver ou à redonner la santé à ces enfants. Ne vous en inquiétez pas ; ces enfants n'en sont pas moins régénérés pour cela, bien qu'ils n'aient pas été présentés au baptême dans cette intention. En effet, c'est par le concours (1) des parents que s'accom-

---

(1) Les éditions de Bade Amerbach, Erasme et Louvain, ont admis, dans leur texte, quelques mots du n. 3, qui troublent le sens de la phrase, et qui sont absents de six manuscrits du Vatican et de dix-sept autres que nous avons examinés. Les éditions précitées écrivent : *Celebrantur enim per eos necessaria ministeria. Filios autem seu quoslibet parvulos dæmoniorum sacrilegiis obligare conantes, spiritaliter sunt homicidæ. Nam in illis quidem interfectionem non faciunt, sed quantum in ipsis est, interfectores fiunt. Et recte illis dicitur, quando ab hoc scelere prohibentur, Nolite occidere parvulos vestros.*

---

ecclesia illatam sibi eucharistiam miris motibus respuisse ; ideo mihi videtur divinitus factum, ne majores putarent nihil se in parvulos in illa iniquitate peccare, sed potius intelligerent, per illum significantem quodammodo gestum corporis eorum, qui loqui non poterant, se mirabiliter admoneri quid ipsi facere deberent, qui post tantum illud nefas (*a*) sacramentis salutaribus irruebant, unde se utique pænitendo abstinere deberent. Nec cum tale aliquid divina providentia per infantulos agit, ipsos id agere scientia vel ratione credendum est. Neque enim quia cujusdam Prophetæ dementiam Deus voluit etiam asina loquente coercere, ideo admiranda est asinorum sapientia (*Num.*, XXII, 28). Porro si per animal irrationale sonuit aliquid homini simillimum, quod miraculo divino, non cordi asinino tribuendum sit : ita potuit omnipotens per infantis animam, non ubi ratio nulla erat, sed ubi adhuc sopita erat, gestu corporis ejus ostendere, quid illi, qui et in se et in parvulos suos peccaverant, curare deberent. Cæterum cum infans non redeat in parentem, ut cum illo et in illo unus homo sit, sed omnino alter sit, habens carnem suam et animam suam, « Anima quæ peccaverit ipsa morietur. »

5. Nec illud te moveat, quod quidam non ea fide ad baptismum percipiendum parvulos ferunt, ut gratia spirituali ad vitam regenerentur æternam, sed quod eos putant hoc remedio temporalem retinere vel recipere sanitatem. Non enim propterea illi non regenerantur, quia non ab istis hac intentione offeruntur. Celebrantur enim per eos necessaria ministeria,(*b*) et verba sacramentorum, sine qui-

---

(*a*) Vaticani MSS. et e Gallicis quatuor habent, *gratia sacramenti salutaris irruebant.* Alii tres, *sacramento salutari.*
(*b*) Bad. Am. Er. et Lov. nonnulla hic admisere verba ex n. 3. adscita, quæ sensum perturbant, et quæ prorsus absunt a MSS. tum Vaticanis sex, tum aliis septemdecim per nos inspectis. Nempe editiones illæ sic habuerunt : *Celebrantur enim per eos necessaria ministeria. Filios autem seu quoslibet parvulos dæmoniorum sacrilegiis obligare conantes, spiritaliter sunt homicidæ. Nam in illis quidem interfectionem non faciunt, sed quantum in ipsis est, interfectores fiunt. Et recte illis dicitur, quando ad hoc scelere prohibentur. Nolite occidere parvulos vestros. Non autem recte his dicitur, Nolite verba sacramentorum, sine quibus consecrari parvulus non potest recitare. Spiritus autem* etc.

plissent toutes les cérémonies et que se prononcent toutes les paroles sans lesquelles l'enfant ne serait pas baptisé. Mais l'Esprit divin qui habite dans tous les saints, dont le feu de la charité forme et produit cette unique colombe d'argent dont parle le Prophète (1), accomplit son opération, malgré l'ignorance et même le crime et l'indignité de ceux qui présentent l'enfant au baptême. En effet, l'enfant est offert pour recevoir la grâce spirituelle non-seulement par ceux qui le portent dans leurs bras, quelque bons et fidèles qu'ils soient d'ailleurs ; mais aussi et surtout par la société tout entière des fidèles et des saints. Car il faut comprendre qu'il est présenté par tous ceux qui désirent qu'il soit baptisé et dont la charité qui est en chacun d'eux, concourt à lui procurer le don du Saint-Esprit. C'est donc l'Église notre mère, cette assemblée de tous les saints, qui agit en cela. Le sacrement du baptême est toujours valable, même quand il est conféré à des hérétiques, parce que c'est toujours le baptême de Jésus-Christ ; et quoiqu'il ne suffise pas pour faire participer à la vie éternelle ces hérétiques, qui sont d'autant plus coupables de demeurer hors du troupeau du Seigneur, qu'ils en portent le cachet et le caractère, il suffit cependant pour la consécration ; et la saine doctrine de l'Église nous apprend que tout en ramenant ces hérétiques à l'unité, il n'est pas nécessaire de leur conférer un nouveau baptême. Si donc le baptême conserve toute sa validité, même chez les hérétiques, à plus forte raison doit-il la conserver dans l'Église catholique, quoique ce soit par le ministère de la paille que le froment est présenté à la purification, pour être incorporé à la masse du bon grain au milieu de l'aire du Seigneur.

6. On se tromperait toutefois en croyant que le lien du péché qui nous attache à Adam, ne peut être brisé, qu'autant que les parents offrent leurs enfants au baptême du Christ, comme vous semblez le croire, quand vous dites : « Puisque les enfants tiennent de leurs parents les péchés qui les rendent passibles de la justice de Dieu, il est nécessaire qu'ils soient justifiés par la foi de ces mêmes parents. » Il en est beaucoup qui ne sont pas offerts au baptême par leurs parents, mais par des étrangers quelconques, comme par exemple des fils d'es-

---

Non autem recte his dicitur, Nolite verba sacramentorum, sine quibus consecrari parvulus non potest recitare, Spiritus autem etc., c'est-à-dire : En effet, c'est par leur concours que s'accomplissent toutes les cérémonies nécessaires. Mai quand ils cherchent à engager leur fils, ou tout autre enfant dans les liens sacriléges du démon, ils en sont les homicides selon l'esprit. Ils ne leur ôtent pas la vie, mais autant que possible, ils deviennent assassins, et c'est avec raison qu'on leur dit, pour les empêcher de commettre un tel crime, *ne tuez pas vos enfants*. Tandis qu'on ne leur dit pas : Ne récitez pas les paroles sacramentelles sans lesquelles l'enfant ne peut être baptisé. Mais l'Esprit divin, etc.
(1) Par ces mots *l'unique colombe d'argent*, on entend l'Église une et universelle. (Ps LXVII, 14.)

---

bus consecrari parvulus non potest. Spiritus autem ille sanctus qui habitat in sanctis, ex quibus una columba deargentata caritatis igne conflatur : agit quod agit etiam per servitutem, aliquando non solum simpliciter ignorantium, verum etiam damnabiliter indignorum. Offeruntur quippe parvuli ad percipiendam spiritalem gratiam, non tam ab eis, quorum gestantur manibus (quamvis et ab ipsis, si et ipsi boni fideles sunt) quam ab universa societate sanctorum atque fidelium. Ab omnibus namque offerri recte intelliguntur, quibus placet quod offeruntur, et quorum sancta atque individua caritate ad communicationem sancti Spiritus adjuvantur. Tota hoc ergo mater Ecclesia, quæ in sanctis est, facit : quia tota omnes, tota singulos parit. Nam si Christiani baptismi sacramentum, *(a)* quando unum atque idipsum est, etiam apud hæreticos valet et sufficit ad consecrationem, quamvis ad vitæ æternæ participationem non sufficiat; quæ consecratio reum quidem facit hæreticum extra Domini gregem habentem dominicum characterem, corrigendum tamen admonet sana doctrina, non iterum similiter consecrandum : quanto potius in catholica Ecclesia etiam per stipulæ ministerium frumenta purganda portantur, ut ad massæ societatem mediante area perducantur ?

6. Illud autem nolo te fallat, ut existimes reatus vinculum rex Adam tractum, aliter non posse disrumpi, nisi parvuli ad percipiendam Christi gratiam a parentibus offerantur. Sic enim scribens dicis, « ut sicut parentes fuerunt auctores ad eorum pœnam, per fidem parentum identidem justificentur :» cum videas multos non offerri a parentibus, sed etiam a quibuslibet extraneis, sicut a dominis servuli aliquando offeruntur. Et nonnumquam mortuis parentibus suis, parvuli baptizantur ab eis oblati, qui illis hujusmodi misericordiam præbere potuerunt. Aliquando etiam quos crudeliter parentes ex-

(a) Editi, *quod unum.* At MSS omnes, *quandv unum.*

claves par leurs maîtres. Il arrive même qu'après la mort des parents, les enfants sont présentés au sacrement par ceux qui veulent leur rendre ce service de charité. On en voit même souvent qui, après avoir été exposés sans pitié par leurs parents et abandonnés à quiconque voudrait les nourrir, sont recueillis par des vierges sacrées qui les présentent au baptême ; et certainement ces vierges n'ont jamais été mères, et la sainteté de leurs vœux les empêche à jamais de l'être : et cela se fait dans le sens de l'Évangile où il est écrit : Le Seigneur ayant demandé lequel s'est montré véritablement le prochain de l'homme blessé par des voleurs et laissé à demi-mort sur le chemin, on lui répondit : « Celui qui a exercé la miséricorde envers lui (*Luc*, x, 37). »

7. La question que vous posez à la fin de votre lettre, vous a sans doute paru bien difficile à résoudre, et cela par l'aversion si forte que vous avez pour le mensonge. Vous me dites : « Si, en vous présentant un enfant, je vous demandais : sera-t-il chaste ? ou ne sera-t-il pas voleur, une fois qu'il sera grand ? Vous répondriez sans doute : Je n'en sais rien. Si je vous demandais encore si, dans le bas-âge où il est, il a de bonnes ou de mauvaises pensées ?

Vous me répondriez encore : Je n'en sais rien. En conséquence, si vous n'osez promettre rien de certain sur les mœurs futures et sur les pensées présentes de cet enfant, pourquoi, quand ils les offrent au baptême, les parents se rendent-ils garants de la foi de leurs enfants, et répondent-ils qu'ils font ce que leur âge ne leur permet pas de comprendre ou ne leur laisse entrevoir que d'une manière très-obscure ? En effet, nous demandons à ceux qui nous présentent un enfant au baptême, croit-il en Dieu ? et, au nom d'un âge qui ignore même s'il y a un Dieu, ils répondent : Il croit en Dieu ; et c'est ainsi qu'ils répondent à chaque question qu'on leur fait. Or, je suis étonné que les parents puissent répondre avec tant de confiance, et assurer que l'enfant a toutes les dispositions pour le bien à l'heure même où on le baptise, et où celui qui administre le sacrement fait de pareilles questions. Cependant, si, à la même heure, j'ajoutais : Cet enfant sera-t-il chaste, ou ne sera-t-il pas un voleur ? Je ne crois pas que quelqu'un serait assez hardi pour dire ce que cet enfant sera ou ne sera pas, comme on me répond sans hésitation, qu'il croit en Dieu et qu'il se convertit à lui ? » Enfin, comme conclusion de

---

posuerunt (*a*) nutriendos a quibuslibet, nonnumquam a sacris virginibus colliguntur, et ab eis offeruntur ad baptismum. Quæ certe proprios filios nec habuerunt ullos, nec habere disponunt : ac per hoc nihil aliud hic fieri vides, nisi quod in Evangelio scriptum est, cum Dominus interrogasset, quis illi a latronibus sauciato, et semivivo in via derelicto proximus fuisset : responsum est enim, « Qui in illum fecit misericordiam (*Lucæ*, x, 37). »

7. Difficillimam sane quæstionem tibi proposuisse visus es, in extremo inquisitionis tuæ, ea videlicet intentione, qua soles vehementer cavere mendacium « Si constituam, inquis, ante te parvulum, et interrogem, utrum cum creverit futurus sit castus, vel fur non sit futurus : sine dubio respondebis, Nescio. Et utrum in eadem parvula ætate constitutus, cogitet aliquid boni vel mali : dices, Nescio. Si itaque de moribus ejus futuris nihil audes certi promittere, et de ejus præsenti cogitatione : quid est illud quod quando ad baptismum offeruntur, pro eis parentes tamquam fidedictores respondent, et dicunt illos facere, quod illa ætas cogitare non potest ; aut si potest, occultum est ? Interrogamus enim eos a quibus offeruntur, et dicimus, Credit in Deum ? de illo ætate, quæ utrum sit Deus, ignorat : respondent, Credit : et ad cetera sic respondetur singula, quæ quæruntur. Unde miror parentes in istis rebus, tam fidenter pro parvulo respondere, ut dicant cum tanta bona facere, quæ ad horam qua baptizatur, baptizator interrogat, tamen eadem hora si subjiciam, erit castus qui baptizatur, aut non erit fur : nescio utrum audet dicere aliquis, Aliquid horum erit, aut non erit : sicut mihi sine dubitatione respondet, quod credat in Deum, et quod se convertat ad Deum. » Deinde scripta tua concludens, adjungis et dicis : Ad istas » ergo quæstiones peto breviter respondere digneris, ita ut non mihi de consuetudine præscribas, sed rationem reddas. »

8. His litteris tuis lectis et relectis, et quantum temporis angustiæ sinebant considerans, recordatus sum Nebridium amicum meum, qui cum esset rerum obscurarum ad doctrinam pietatis maxime pertinentium diligentissimus et acerrimus inquisi-

---

(*a*) Sic Er. et Lov. At MSS. plerique, nec non editio Bad. habent, *nutriendi*.

votre lettre, vous me dites : « Je vous prie de répondre brièvement à ces questions, en vous appuyant, non pas sur l'usage et sur l'habitude, mais sur la raison. »

8. Après avoir lu et relu votre lettre, et l'avoir examinée autant que me le permettait la brièveté du temps, je me suis souvenu de mon ami Nébride. Il s'occupait avec un zèle infatigable de sujets obscurs, surtout de ceux qui touchent à la doctrine de la piété. Il détestait les courtes réponses aux grandes questions, et il supportait mal quiconque lui demandait de répondre en peu de mots ; et si la position du questionneur le lui permettait, Nébride par l'indignation qui éclatait dans sa voix et sur son visage lui imposait silence ; et il croyait que ceux qui se contentaient de peu de mots, pour des choses sur lesquelles il y aurait tant à dire, ne méritaient pas une réponse. Pour moi, je n'agirai pas comme Nébride envers vous. Je sais que vous êtes évêque, occupé, comme moi, de beaucoup de soins, et que vous n'avez pas plus le temps de lire quelque chose d'étendu que moi de l'écrire. Nébride était encore jeune quand il ne voulait pas qu'on lui répondît brièvement, et, dans nos entretiens, il m'interrogeait sur une infinité de choses ; c'était un oisif qui en interrogeait un autre. Mais vous, c'est en pensant à qui vous faites une pareille demande, que vous me commandez d'être bref sur une question aussi importante. Je le ferai donc autant que je le pourrai. Que Dieu veuille m'aider pour que je puisse répondre à votre désir !

9. Souvent nous disons, aux approches de Pâques, c'est demain ou après-demain la passion du Seigneur, quoiqu'il y ait déjà biendes années qu'il a souffert la mort, et que sa passion n'ait eu lieu qu'une seule fois. Le jour de Pâques, nous disons : C'est aujourd'hui que le Seigneur est ressuscité, quoique depuis sa résurrection beaucoup d'années se soient déjà écoulées. Cependant il n'y a personne d'assez insensé pour nous accuser de mensonge quand nous parlons ainsi, et pour ne pas voir que ces mots indiquent simplement les anniversaires des jours où ces choses sont arrivées. Il n'est donc pas question de l'époque même de ces événements mais du retour de cette époque par la révolution des temps, et pour désigner le jour de la célébra-tion d'un mystère depuis longtemps accompli. Le Christ n'a été immolé en lui-même qu'une seule fois ; cependant on l'immole dans le sacrement, non-seulement pendant les solennités de Pâques, mais encore tous les jours en présence du peuple ; et ce n'est pas mentir que d'avancer et de répondre que Jésus-Christ s'immole chaque jour. Car si les sacrements n'avaient pas une certaine ressemblance avec les choses dont ils sont le signe ils ne seraient nullement des sacrements. Or c'est par cette ressemblance que la plupart du temps ils reçoi-

or, valde oderat de quæstione magna responsionem, brevem. Et quisquis hoc poposcisset, ægerrime ferebat, eumque, si ejus persona pateretur, vultu indignabundus et voce cohibebat, indignum deputans qui talia quæreret, cum de re tanta, quam multa dici possent deberentque nesciret. Sed ego tibi non similiter, ut solebat ille, successeo. Es enim episcopus multis curis occupatus, ut ego. Unde nec tibi facile vacat prolixum aliquid legere, nec mihi scribere. Nam ille tunc adolescens, qui talia breviter nolebat audire, et de multis in nostra sermocinatione quærebat, ab otioso quærebat otiosus. Tu vero cogitans nunc, quis et a quo ista flagitas, breviter de re tanta respondere me jubes. Ecce facio quantum possum, Dominus adjuvet, ut quod postulas possim.

9. Nempe sæpe ita loquimur, ut Pascha propinquante dicamus, crastinam vel perendinam Domini passionem, cum ille ante tam multos annos passus sit, nec omnino nisi semel illa passio facta sit. Nempe ipso die dominico dicimus, Hodie Dominus resurrexit; cum ex quo resurrexit tot anni transierint. Cur nemo tam ineptus est, ut nos ita loquentes arguat esse mentitos, nisi quia istos dies secundum illorum, quibus hæc gesta sunt, similitudinem nuncupamus, ut dicatur ipse dies qui non est ipse, sed revolutione temporis similis ejus : et dicatur illo die fieri, propter sacramenti celebrationem, quod non illo die, sed jam olim factum est ? Nonne semel immolatus est Christus in seipso, et tamen in sacramento non solum per omnes Paschæ solemnitates, sed omni die populis immolatur, nec utique mentitur, qui interrogatus eum responderit immolari ? Si enim sacramenta quamdam similitudinem earum rerum, quarum sacramenta sunt, non haberent, omnino sacramenta non essent. Ex hac autem similitudine plerumque etiam ipsarum rerum nomina accipiunt. Sicut ergo secundum quemdam

vent les noms des choses mêmes. De même donc que le sacrement du corps de Jésus-Christ est en quelque manière le corps de Jésus-Christ, de même que le sacrement du sang de Jésus-Christ est le sang de Jésus-Christ, de même aussi le sacrement de la foi est la foi. Or, croire, c'est avoir la foi. Et quand on répond qu'un enfant qui n'a pas encore le sentiment de la foi, croit en Dieu, on répond qu'il a la foi à cause du sacrement de la foi, et qu'il se convertit à Dieu à cause du sacrement de la conversion, parce que cette réponse appartient à la célébration du sacrement. Lorsque l'Apôtre parle du baptême, il dit : « Nous avons été ensevelis avec le Christ par le baptême, pour mourir au péché (*Rom.*, VI, 4). » Il ne se contente pas de dire que nous représentons Jésus-Christ enseveli, mais il dit : « Nous avons été ensevelis avec lui, » donnant ainsi au sacrement d'une si grande chose le nom de la chose même.

10. C'est pourquoi l'enfant, quoiqu'il n'ait pas encore la foi qui réside dans la volonté de croire, est déjà devenu fidèle par le sacrement de la foi. Car de même qu'on répond qu'il croit, de même on dit qu'il est fidèle, non parce qu'il a acquiescé à la foi par l'action de la volonté et de l'intelligence, mais par la réception du sacrement de la foi. Lorsque l'homme commencera à faire l'usage de sa raison, il ne recevra pas une seconde fois le sacrement du baptême mais il le comprendra, et en embrassera la vérité, en s'y unissant volontairement. Tant qu'il ne pourra pas user de cette volonté, le sacrement qu'il aura reçu n'en pourra pas moins le protéger contre les puissances ennemies. Telle en est la vertu que si même, avant qu'il puisse faire usage de sa raison, il vient à quitter cette vie, il sera, par ce sacrement et la charité de l'Église, délivré avec la grâce de Jésus-Christ, de cette condamnation qui, par un seul homme, est entrée dans le monde entier. Celui qui ne croit pas cela ou qui doute que cela se puisse faire, est infidèle, quoiqu'il ait reçu le sacrement de la foi ; et il vaut beaucoup moins que l'enfant qui, n'ayant pas encore la conscience de la foi, n'y oppose cependant pas l'obstacle d'une volonté contraire, ce qui suffit pour lui rendre le sacrement salutaire. J'ai répondu, je le pense, à toutes vos questions d'une manière insuffisante pour des hommes moins capables que vous et aimant à discuter ; mais je pense en avoir dit plus qu'il n'en faut, pour ceux qui aiment la paix et qui ont de l'intelligence, et j'ai basé ma réponse, non sur la force des habitudes et de la coutume, mais sur ce que ces habitudes et cette coutume ont de positif et de salutaire.

modum sacramentum corporis Christi corpus Christi est, sacramentum sanguinis Christi sanguis Christi est, ita sacramentum fidei fides est. Nihil est autem aliud credere, quam fidem habere. Ac per hoc cum respondetur parvulus credere, qui fidei nondum habet affectum, respondetur fidem habere propter fidei sacramentum, et convertere se ad Deum propter conversionis sacramentum, quia et ipsa responsio ad celebrationem pertinet sacramenti. Sicut de ipso baptismo Apostolus, « Consepulti, » inquit, « sumus Christo per baptismum in mortem. » Non ait, sepulturam significavimus : sed prorsus ait, « Consepulti sumus. » Sacramentum ergo tantæ rei nonnisi ejusdem rei vocabulo nuncupavit.

10. Itaque parvulum, etsi nondum fides illa, quæ in credentium voluntate consistit, jam tamen ipsius fidei sacramentum fidelem facit. Nam sicut credere respondetur, ita etiam fidelis vocatur, non rem ipsa mente annuendo, sed ipsius rei sacramentum percipiendo. Cum autem homo sapere cœperit, non illud sacramentum repetet, sed intelliget, ejusque veritati consona etiam voluntate coaptabitur. Hoc quamdiu non potest, valebit sacramentum ad ejus tutelam adversus contrarias potestates : et tantum valebit, ut si ante (*a*) rationis usum ex hac vita emigraverit, per ipsum sacramentum commendante Ecclesiæ caritate, ab illa condemnatione, quæ per unum hominem intravit in mundum, Christiano adjutorio liberetur. Hoc qui non credit, et fieri non posse arbitratur, profecto infidelis est, etsi habeat fidei sacramentum : longeque melior est ille parvulus, qui etiamsi fidem nondum habeat in cogitatione, non ei tamen obicem contrariæ cogitationis opponit, unde sacramentum ejus salubriter percipit. Respondi sicut existimo, quæstionibus tuis, quantum adtinet ad minus capaces et ad contentiosos, non satis ; quantum autem ad pacatos et intelligentes, plus forte quam sat est. Nec tibi ad excusationem meam objeci firmissimam consuetudinem, sed saluberrimæ consuetudinis reddidi quam potui rationem.

(*a*) MSS. prope omnes habent, *ante majoris usum ætatis*.

LETTRE XCIX [1]

Saint Augustin exprime la douleur qu'il ressent des calamités qui frappent les Romains.

A LA TRÈS-RELIGIEUSE SERVANTE DE DIEU ITALICA, VRAIMENT DIGNE D'ÊTRE LOUÉE PARMI LES MEMBRES DU CHRIST, AUGUSTIN, SALUT EN NOTRE SEIGNEUR.

1. Avant de vous écrire, j'avais déjà reçu vos trois lettres, l'une qui demandait une réponse, la seconde qui m'annonçait qu'elle vous était parvenue, la troisième, remplie des marques de votre bienveillance sur l'affaire de la maison qui touche à la nôtre, et qui appartient au jeune et illustre Julien. A la réception de votre lettre, je n'ai pas différé d'un moment à vous répondre, parce que votre intendant m'a écrit qu'il avait une occasion toute prête pour envoyer à Rome. Sa lettre m'a vivement affligé, parce qu'elle ne m'apprend rien de ce qui se passe à Rome [2] et dans les environs de cette ville, car je désirais savoir ce qu'il y a de certain dans ce qu'un bruit confus m'en a appris, et auquel je ne voulais pas ajouter foi. Nos frères, dans leurs lettres précédentes, nous avaient déjà annoncé des choses bien dures et bien fâcheuses, mais bien plus légères que ce qu'on nous annonce aujourd'hui. Je ne saurais dire, quel a été mon étonnement, de voir nos saints frères les évêques laisser échapper l'occasion du voyage de vos gens, et votre lettre elle-même ne rien nous dire sur vos peines et vos tribulations, que le sentiment de la charité nous rend communes avec vous. Peut-

---

[1] Ecrite vers la fin de l'année 408, ou au commencement de la suivante. — Cette lettre était la 133e dans les éditions antérieures à l'édition des Bénédictins et celle qui était la 99e se trouve maintenant la 92e.
[2] Saint Augustin fait ici allusion aux désastres éprouvés par les Romains au premier siège de Rome par Alaric, qui eut lieu vers la fin de l'année 408. En effet, Alaric, après avoir reçu l'or par lequel Rome voulut se racheter, avait levé le siège; mais comme le dit Zozime dans son Ve livre, c'est-à-dire au commencement de l'année 409 : *Mediocre jam laxamentum hoc malorum esse videbatur, quo tempore Honorius quidem imperator Ravennæ consulatum inibat octies hunc honorem consecutus; in Oriente vero Theodosius Augustus jam tertium consul;* c'est-à-dire : Cela paraissait déjà un faible soulagement pour tant de maux. A cette époque, Honorius, empereur, commençait son 9e consulat, et Théodose Auguste, en Orient, était déjà consul pour la 3e fois. Il n'est pas inutile d'ajouter à ces renseignements fournis par Zozime que l'an 409 on ne put s'accorder sur la paix entre Honorius et Alaric. Ce dernier, blessé d'une lettre d'Honorius, retourna à Rome, l'assiégea de nouveau, et obligea le sénat et le peuple à recevoir pour empereur Attale, sénateur romain. Au commencement de l'année suivante, Alaric ôta l'empire à Attale, et, n'ayant pu s'entendre avec Honorius, retourna à Rome, et l'assiégea pour la 3e fois. Les Romains éprouvèrent les maux les plus cruels. Enfin, le 24 août, les Goths, étant entrés dans la ville, y mirent tout à feu et à sang. Ils épargnèrent néanmoins les églises surtout celle de saint Pierre et saint Paul.

EPISTOLA XCIX

Ex romanorum calamitate susceptum animo dolorem commiserationemque significat.

RELIGIOSISSIMÆ ATQUE IN CHISTI MEMBRIS MERITO SANCTEQUE LAUDABILI FAMULÆ DEI ITALICÆ, AUGUSTINUS IN DOMINO SALUTEM.

1. Tres epistolas tuæ benignitatis acceperam, cum ista rescripsi. Unam quæ adhuc meas litteras exigebat, alteram quæ ad te jam pervenisse indicabat, tertiam quæ benevolentissimam pro nobis curam tuam etiam de domo clarissimi et egregii juvenis Juliani, quæ nostris adhæret parietibus, continebat. Qua accepta continuo respondere non distuli, quia procurator eximietatis tuæ cito se Romam posse mittere, scripsit : cujus litteris graviter contristati sumus, quod ea quæ illic in Urbe (a) vel circa Urbem geruntur, non nobis insinuare curavit, ut certum apud nos fieret, quod incertæ famæ credere nolebamus. Fratrum quippe litteris ante transmissis, quamvis molesta et dura, multo tamen leviora nuntiata sunt. Plus sane quam dici potest miratus sum, quod nec tanta occasione hominum tuorum fratres sancti episcopi scripserint, nec epistola tua quidquam nobis de tantis tribulationibus vestris insinuaverit; quæ utique per viscera caritatis et nostræ sunt; nisi forte faciendum non putasti, quod nihil prodesse duxisti, aut nos tuis litteris mæstificari noluisti. Prodest aliquid, quantum ego arbitror, etiam ista cognoscere. Primo quia injustum est gaudere velle cum gaudentibus, et flere non velle cum flentibus.

(a) Tangit hic allatam Romano populo cladem prima obsidione Urbis per Alaricum : quæ quidem ad finem an. 408 pertinere videtur. Quippe accepto a Romanis auro cum recessisset Alaricus, *Mediocre jam laxamentum hoc malorum esse videbatur, quo tempore Honorius quidem imperator Ravennæ consulatum inibat, octies honorem hunc consecutus; in Oriente vero Theodosius Augustus jam tertium consul, uti scribit Zozimus in lib.* V, id est initio an. 409.

être avez-vous agi de la sorte dans la crainte de nous attrister, ou parce que vous jugiez inutile de nous en parler. Il nous est cependant utile d'apprendre ce qui en est. D'abord parce qu'il n'est pas juste de vouloir se réjouir de la joie des autres, et de ne pas pleurer avec ceux qui pleurent. Ensuite parce que la tribulation produit la patience, la patience l'épreuve, l'épreuve l'espérance, et que l'espérance ne trompe pas, car la charité a été répandue dans nos cœurs par le Saint-Esprit qui nous a été donné.

2. A Dieu ne plaise que nous refusions d'entendre les maux et les tristesses de ceux qui nous sont si chers! Je ne sais comment il se fait, que quand un membre souffre, sa douleur devient plus légère si les autres membres souffrent avec lui ; et ce soulagement de douleur ne vient pas d'un partage commun des mêmes maux, mais de la consolation que l'on trouve dans la charité des autres. En effet, bien que les uns souffrent par les maux qui les accablent, les autres souffrent avec eux en les apprenant, et tous se trouvent réunis dans une tribulation commune, comme ils le sont dans la même épreuve, dans la même espérance, dans le même amour, dans le même esprit. Mais pour tous, notre consolation est dans le Seigneur qui nous a prédit ces maux temporels et nous a promis après eux des biens éternels. Il ne faut pas se laisser abattre pendant le combat, quand on veut, après le combat, recevoir la couronne du vainqueur. C'est Dieu qui donne des forces aux combattants, et qui leur réserve les dons ineffables de la victoire.

3. Que ma réponse ne vous empêche pas de m'écrire, car vos lettres ont beaucoup diminué mes craintes par de très-bonnes raisons. Nous saluons vos petits enfants, et nous souhaitons qu'ils grandissent pour vous dans le Christ. Quoiqu'ils soient encore dans un âge bien tendre, ils voient déjà combien est funeste et dangereux l'amour des choses d'ici-bas. Dieu veuille que les maux qui ébranlent et qui frappent ce que l'âge a endurci, corrigent du moins ce qui est encore tendre et flexible. Pour ce qui concerne la maison de Julien, je ne puis que vous remercier de vos soins et de votre sollicitude à cet égard. Ils ne veulent pas de celle que nous pouvons donner, et nous ne pouvons pas donner celle qu'ils voudraient avoir. Elle n'a pas été laissée à l'Église par mon prédécesseur, comme on le leur a dit faussement ; elle fait partie de son ancien fonds, et tient à une ancienne église comme celle de Julien tient à l'église que nous possédons aujourd'hui.

Deinde quia tribulatio patientiam operatur, patientia probationem, probatio spem, spes autem non confundit, quia caritas Dei diffusa est in cordibus nostris per Spiritum-sanctum, qui datus est nobis.

2. Absit itaque ut recusemus audire etiam quæ amara et tristia sunt erga carissimos nostros. Nescio quo enim modo minus fit quod patitur unum membrum, si compatiuntur alia membra. Nec ipsa mali relevatio fit per communionem cladis, sed per solatium caritatis, ut quamvis alii ferendo patiuntur, alii cognoscendo compatiuntur, communis sit tamen tribulatio, quibus probatio, spes, dilectio, spiritusque communis est. Omnes autem nos Dominus consolatur, qui et hæc temporalia mala prædixit, et post hæc bona æterna promisit : nec debet cum præliatur infringi, qui vult post prælium coronari, vires illo subministrante certantibus, qui præparat ineffabilia dona victoribus.

3. Rescripta illa nostra non tibi ad nos auferant scribendi fiduciam, præsertim quia timorem nostrum non improbabili defensione lenisti. Parvulos tuos resalutamus; et in Christo tibi grandescere optamus, qui jam in hac ætate cernunt quam sit amor hujus sæculi periculosus et noxius; atque utinam cum magna et dura (a) quatiuntur, parva et flexibilia corrigantur. De domo illa quid dicam, nisi benignissimæ tuæ curæ gratias agam? Nam eam, quam dare possumus, nolunt ; quam volunt autem, dare non possumus. Neque enim sicut falso audierunt, a decessore meo relicta est ecclesiæ, sed inter antiqua ejus prædia possidetur, et antiquæ alteri ecclesiæ sic cohæret, quemadmodum ista de qua agitur alteri.

(a) Editi, *patiuntur*, MSS. vero, *quatiuntur*.

LETTRE C [1]

Saint Augustin prie Donat, proconsul d'Afrique, de réprimer les Donatistes mais de ne pas les punir de mort.

A SON EXCELLENT TRÈS-HONORÉ ET TRÈS-ILLUSTRE FILS DONAT [2], AUGUSTIN, SALUT EN NOTRE-SEIGNEUR.

1. Je ne voudrais pas que l'Eglise d'Afrique au milieu des afflictions qu'elle éprouve, eût besoin de recourir à la protection d'aucune puissance temporelle, mais puisque, comme le dit l'Apôtre, « toute puissance vient de Dieu (*Rom.*, XIII, 1), » nous devons croire, en la voyant protégée par des enfants aussi sincèrement dévoués que vous à l'Eglise catholique notre mère, que notre secours est dans le nom du Seigneur, qui a fait le ciel et la terre. C'est pour nous certainement une grande consolation, qui nous vient du ciel, qu'un homme attaché comme vous, au nom du Christ, ait été élevé à l'honneur du proconsulat, et que votre bonne volonté se trouve réunie à tant de puissance, pour réprimer les crimes et l'audace sacrilége des ennemis de l'Eglise, illustre Seigneur et très-honorable Fils. Nous ne craignons qu'une seule chose de votre justice, c'est que tout mal commis contre la société chrétienne, par des hommes impies et ingrats, ne soit considéré par vous comme plus grave, que s'il était commis envers tout autre, et que vous ne punissiez selon la grandeur du crime, plutôt que selon l'esprit de la mansuétude chrétienne. Nous vous conjurons, par Notre Seigneur Jésus-Christ, de n'en rien faire. Nous ne cherchons pas à nous venger de nos ennemis sur cette terre, et les maux que nous souffrons, ne doivent pas nous faire oublier ce que nous a ordonné celui, pour la vérité et le nom duquel nous les endurons. Nous aimons nos ennemis et nous prions pour eux. Nous désirons que la crainte des juges et des lois les ramène à la vérité, pour les préserver des peines du juge-

---

(1) Ecrite l'an 408. — Cette lettre était la 127ᵉ dans les éditions antérieures à l'édition des Bénédictins et celle qui était la 100ᵉ se trouve maintenant la 159ᵉ.
(2) Ce Donat était proconsul d'Afrique à la fin de l'année 408, comme le prouve la Loi qui lui fut adressée le 24 novembre. Il n'exerça pas cette charge au delà du milieu de l'année 410, car on trouve une loi adressée à Macrobe, proconsul en Afrique le 25 juin de cette même année 410.

EPISTOLA C

Augustinus Donato proconsuli Africæ, ut Donatistas coerceat, non occidat.

DOMINO EXIMIO MERITOQUE HONORABILI INSIGNITERQUE LAUDABILI FILIO (a) DONATO, AUGUSTINUS DOMINO SALUTEM.

1. Nollem quidem in his afflictationibus esse Africanam Ecclesiam constitutam, ut terrenæ ullius potestatis indigeret auxilio. Sed quia sicut Apostolus dicit, « Non est potestas nisi a Deo (*Rom.*, XIII, 1); » proculdubio cum per vos sincerissimos Catholicæ matris filios eidem subvenitur, auxilium nostrum in nomine Domini est, qui fecit cælum et terram. Quis enim non sentiat in tantis malis non parvam nobis consolationem divinitus missam, cum tu vir talis et Christi nominis amantissimus, proconsularibus es sublimatus insignibus, ut ab sceleratis et sacrilegis ausibus inimicos Ecclesiæ bonæ tuæ voluntati potestas sociata cohiberet, domine eximie meritoque honorabilis insigniterque laudabilis fili? Denique unum solum est, quod in tua justitia pertimescimus, ne forte quoniam quidquid mali contra Christianam societatem ab hominibus impiis ingratisque committitur, profecto gravius est et atrocius, quam si in alios talia committantur, tu quoque pro immanitate facinorum, ac non potius pro lenitatis Christianæ consideratione censeas coercendum : quod te per (b) Jesum Christum ne facias obsecramus. Neque enim vindictam de inimicis in hac terra requirimus, aut vero ad eas angustias animi nos debent coartare quæ patimur, ut obliviscamur quid nobis præceperit, pro cujus veritate ac nomine patimur : diligimus inimicos nostros et oramus pro eis. Unde ex occasione terribilium judicum ac legum, ne in

---

(a) Donatus proconsulatum Africæ gerebat exeunte an. 408 uti colligitur ex lege ad eum data 24 Novemb. quo munere functus non est ultra medium an 410; quippe hoc anno 410, die 25 Junii data reperitur alia lex ad Africæ proconsulum Macrobium.
(b) MSS. omnes uno excepto, *per ipsum Christum*.

ment éternel, mais nous ne voulons pas leur mort. Nous ne voulons pas qu'on néglige toute action légale envers eux, mais nous ne voulons pas non plus qu'on leur fasse subir les supplices qu'ils ont mérités. Réprimez leurs fautes, mais de manière à leur laisser le bénéfice du repentir.

2. Nous vous demandons en conséquence, lorsqu'on porte devant votre tribunal des causes concernant l'Église, quelque injure, quelque affliction qu'elle ait eu à supporter, d'oublier la puissance de vie et de mort que vous avez, pour vous souvenir seulement de notre prière. Très-cher et très-honorable fils, ne regardez pas comme vile et méprisable cette demande que nous vous adressons de ne pas faire mourir ceux pour la conversion desquels nous prions le Seigneur. Indépendamment du devoir que nous avons de rester fidèles à notre vocation qui est de vaincre le mal par le bien, Votre Prudence devra considérer que les ecclésiastiques seuls ont le droit de porter à votre tribunal des causes qui appartiennent à l'Église. Or si vous croyez devoir prononcer des condamnations à mort contre des hommes qui se sont rendus coupables des crimes dont nous nous plaignons, vous nous empêcherez de porter à votre connaissance les affaires de cette espèce. Et les enne-mis de l'Église redoubleront d'audace pour nous perdre, en apprenant notre résolution de nous laisser ôter la vie par eux, plutôt que de la leur faire perdre par la sévérité de vos jugements. N'accueillez donc pas avec dédain ce conseil, cette demande, cette prière. Considérez aussi, que quand bien même je ne serais pas évêque et que vous seriez encore plus élevé que vous ne l'êtes, je pourrais toujours m'adresser à vous avec toute la même confiance. Qu'un édit de Votre Excellence fasse connaître le plus vite possible, aux Donatistes, que les lois portées contre eux sont toujours en pleine vigueur ; car ils pensent et publient qu'elles sont annulées, c'est pour eux un motif de ne point nous épargner. Vous rendrez utiles et fructueux nos peines et nos dangers, en réprimant, par les lois impériales, la vanité et l'orgueil impie de ces hérétiques, de manière à ne pas laisser croire à eux ou à leurs partisans, que c'est pour la vérité et la justice qu'ils supportent les châtiments qu'on leur inflige. Il faudrait pour cela, quand ils sont traduits devant vous, qu'on eût le moyen de les convaincre et de les instruire de leur erreur par des preuves évidentes, insérées dans les actes de Votre Excellence, ou dans ceux de juges inférieurs, afin que ceux qui sont détenus par vos ordres, pussent changer leur

---

æterni judicii pœnas incidant, corrigi eos cupimus, non necari ; nec disciplinam circa eos negligi volumus, nec (a) suppliciis quibus digni sunt exerceri. Sic igitur eorum peccata compesce, ut sint quos pæniteat peccasse.

2. Quæsumus igitur ut cum Ecclesiæ causas audis, quamlibet nefariis injuriis appetitam vel afflictam esse cognoveris, potestatem occidendi te habere obliviscaris, et petitionem nostram non obliviscaris. Non tibi vile sit, neque contemtibile, fili honorabiliter dilectissime, quod vos rogamus ne occidantur, pro quibus Dominum rogamus ut corrigantur. Excepto etiam quod a perpetuo proposito recedere non debemus vincendi in bono malum : illud quoque prudentia tua cogitet, quod caussas ecclesiasticas insinuare vobis nemo præter ecclesiasticos curat. Proinde si occidendos in his sceleribus homines putaveritis, deterrebitis nos, ne per operam nostram ad vestrum judicium aliquid tale perveniat : quo comperto illi in nostram per-niciem licentiore audacia grassabuntur, necessitate nobis impacta et indicta, ut etiam occidi ab eis eligamus, quam eos occidendos vestris judiciis ingeramus. Hanc admonitionem, petitionem, obsecrationem meam ne quæso aspernanter accipias. Neque enim te arbitror non recolere, magnam me ad te et multo quam nunc es altius sublimatum, etiamsi episcopus non essem, fiduciam tamen habere potuisse. Cito interim per edictum excellentiæ tuæ noverint hæretici Donatistæ, manere leges contra errorem suum latas, quas jam nihil valere arbitrantur et jactant, ne vel sic nobis parcere aliquatenus possint. Plurimum autem labores et pericula nostra, quo fructuosa sint, adjuvabis, si eorum vanissimam et impiæ superbiæ plenissimam sectam non ita cures imperialibus legibus comprimi, ut sibi vel suis videantur qualescumque molestias pro veritate atque justitia sustinere : sed eos, cum hoc abs te petitur, rerum certarum manifestissimis documentis apud Acta vel præstantiæ tuæ vel mi-

---

(a) Vaticani tres, et Gallicani totidem MSS. habent, *nec supplicia*.

opiniâtreté en bonne volonté, et donner aux autres, pour leur bien, communication et lecture de ces actes. Car ce serait se donner un soin plus pénible qu'utile, quoiqu'il s'agisse de changer un grand mal en un grand bien, que de contraindre les hommes au lieu de les instruire.

LETTRE CI [1]

L'évêque Memorius avait demandé à saint Augustin ses livres sur la musique. Saint Augustin lui en envoie le 6e livre, et lui promet de lui envoyer les autres quand il les aura revus. Il profite de cette occasion pour parler des arts, qu'on appelle libéraux, qualification qui n'est vraie qu'autant qu'ils servent à faire aimer la piété.

A SON BIENHEUREUX ET TRÈS-CHER ET TRÈS-SAINT FRÈRE MEMORIUS (1), SON COLLÈGUE DANS L'ÉPISCOPAT, AUGUSTIN, SALUT EN NOTRE SEIGNEUR.

1. Je ne devrais pas vous écrire sans vous envoyer les livres que la sainte affection qui nous lie vous donne le droit de me demander. Par cette marque d'obéissance je répondrais du moins à tous les éloges dont vous avez daigné, je ne dis pas m'honorer, mais plutôt m'accabler ; mais lors même que je succombe sous leur poids, je me relève, parce que je me sens aimé par vous. En effet, ce n'est pas un homme ordinaire qui me chérit, qui me relève, qui me choisit, mais un pontife du Seigneur que je sais être agréable à Dieu. Aussi lorsque ce cœur si pur et si bon, où vous m'avez donné une place, s'élève vers lui, il m'y porte et m'y élève en même temps moi-même. Je devrais donc vous envoyer maintenant les livres que je vous avais promis de corriger. Je ne vous les envoie pas, parce que je n'y ai pas fait les

---

(1) Écrite l'an 408. — Cette lettre était la 131e dans les éditions antérieures à l'édition des Bénédictins et celle qui était la 101e se trouve maintenant la 162e.

(2) Tous les manuscrits, ainsi que les éditions, écrivent *Memoria* ; peut-être faudrait-il lire *Memoris*, d'après le liv. I. ch. IV, contre Julien, ainsi que selon Mercator, dans son livre ch. IV, de ses *Observations* contre Julien, où il l'apostrophe en ces termes : *Tunc sanctæ ac beatæ recordationis Memoris episcopi filius ? Tu Julianæ primariæ feminæ, et qua nihil honestius inter reverendissimas matronas invenias, utero editus ?... degenerasse eos in te nulli dubium erit, qui sanctos illorum hominum mores, sanctam vitam, institutumque noverit.* C'est-à-dire : Es-tu bien le fils de l'évêque Mémor de bienheureux souvenir? Est-ce bien Julienne, cette femme si éminente, si vertueuse, si respectable parmi toutes les dames romaines, qui t'a donné le jour? Combien tu as dégénéré d'eux! Personne n'en pourra douter, pour peu qu'il connaisse les saintes mœurs et la sainte vie de ces personnages. Ughellus, dans le sixième tome de l'*Italie sacrée*, compte Memorius parmi les évêques de Capoue, mais il ne s'appuie en cela que sur l'autorité de Baronius et de Bellarmin. Memorius ou Mémor, était, comme on le voit, père de Julien, adversaire de saint Augustin, et chef des Pélagiens après la mort de Pélage et de Célestius.

---

norum judicum convinci atque instrui patiaris, ut et ipsi qui te jubente adtinentur, duram, si fieri potest, flectant in melius voluntatem, et ea ceteris salubriter legant. Onerosior est quippe quam utilior diligentia, quamvis ut magnum deseratur malum, et magnum teneatur bonum, cogi tantum homines, non doceri.

EPISTOLA CI

Augustinus Memorio episcopo libros ipsius de Musica flagitanti, sextum librum mittit, et ceteros, si repererit, mittendos pollicetur ; eaque occasione agit de disciplinis, quas falso liberales dici ostendit, nisi adsit studium Christianæ pietatis.

DOMINO BEATISSIMO ET VENERABILITER CARISSIMO, ET SINCERITER DESIDERANTISSIMO FRATRI ET COEPISCOPO (a) MEMORIO, AUGUSTINUS IN DOMINO SALUTEM.

1. Nullas jam reddere debui litteras sanctæ caritati tuæ sine his libris, quos a me sancti amoris jure violentissimo flagitasti, ut hac saltem obedientia responderem epistolis tuis, quibus me magis onerare quam honorare dignatus es. Quamquam ubi succumbo quia oneror ; ibi etiam, quia diligor, sublevor Neque enim a quolibet diligor, sublevor, eligor ; sed ab eo viro et Domini sacerdote, quem sic acceptum Deo sentio, ut cum animam tuam tam bonam levas ad Dominum, quoniam in illa me habes, leves et me. Debui ergo nunc libros mittere, quos emendaturum me esse promiseram : et ideo

---

(a) Sic in omnibus MSS et editis scribitur hoc loco, ubi forte legendum, *Memori*, juxta lib. I. contra Julian. c. IV. necnon secundum Mercatorem, in lib. Subnotat. c. IV ubi Julianum interpellat his verbis ? *Tunc sanctæ ac beata recordationis Memoris episcopi filius ? Tu Julianæ primariæ femina, et qua nihil honestius inter reverentissimas matronas invenias, utero editus ?... degenerasse eos in te nulli dubium erit, qui sanctas illorum hominum mores sanctam vitam, institutumque noverit.* Memorium Capuanis episcopis accenset Ughellus in Italiæ sacræ tomo VI. haudquaquam ulla præterquam Baronii et Bellarmini auctoritate fretus.

corrections nécessaires. Ce n'est pas en cela la volonté qui m'a manqué, mais le pouvoir. Je suis, en effet, accablé de soins nombreux et importants, mais il y aurait eu ingratitude et dureté de ma part, d'obliger notre saint frère et collègue Possidius, en qui vous me retrouverez moi-même, ou à ne pas vous voir du tout, vous qui me portez une affection si tendre, ou à se présenter chez vous sans une lettre de moi. Il est mon fils, c'est moi qui l'ai nourri autant que l'a permis ma faiblesse, non de ces sciences que les esclaves des diverses passions appellent libérales, mais du pain de la parole de Notre-Seigneur.

2. Que peut-on dire à ces hommes, qui malgré leur iniquité et leur impiété, prétendent avoir reçu une instruction libérale, sinon ce que nous lisons dans les lettres vraiment libérales : « Si le Fils vous affranchit, vous serez véritablement libres (*Jean*, VIII, 36). » En effet, c'est lui qui nous fait connaître ce qui est libéral dans les sciences ainsi nommées par ceux qui n'ont pas été appelés à la véritable liberté. Ces connaissances, en effet, ne sont conformes à la liberté, qu'autant qu'elles le sont à la vérité. C'est pourquoi le Fils lui-même nous dit : « Et la vérité vous délivrera (*Jean*, VIII, 36). » Or, il n'y a rien de convenable à notre liberté, ni dans ces fables nombreuses et impies dont les poëtes remplissent leurs ouvrages, ni dans ces mensonges pompeux et soigneusement ornés des orateurs, ni dans les susceptibilités verbeuses des philosophes, qui n'ont nullement connu Dieu ou qui, s'ils l'ont connu, ne l'ont pas glorifié comme Dieu, ou ne lui ont pas adressé des actions de grâces, mais qui se sont évanouis dans leurs vaines pensées, et dont le cœur insensé, n'a fait que s'obscurcir de plus en plus. En se disant sages, ils ont tourné à la folie ; à la place de la gloire et de la majesté d'un Dieu incorruptible, ils ont placé l'image de l'homme corruptible, des oiseaux, des quadrupèdes, des serpents : ceux d'entre eux qui se sont abstenus du culte des idoles, ou qui ne s'y sont pas entièrement adonnés, ont néanmoins adoré et servi la créature, plutôt que le Créateur. Gardons-nous d'appeler arts libéraux les vanités, les folies, les mensonges, les vaines niaiseries et l'erreur orgueilleuse de ces malheureux, qui n'ont pas connu, par Jésus-Christ Notre-Seigneur, la grâce de Dieu, qui seule peut nous délivrer du corps de cette mort. Non, tous ces hommes là ne l'ont pas connu, même dans ce qu'ils ont pensé et dit de vrai. Quant à l'histoire dont les écrivains déclarent avoir foi à tout ce qu'ils racontent, peut-être a-t-elle en elle-même quelque chose qui soit digne de la connaissance des hommes libres,

non misi, quia non emendavi : non quia nolui, sed quia non potui, curis videlicet multis et multum prævalentibus occupatus. Nimis autem ingratum ac ferreum fuit, ut te, qui nos sic amas, hic sanctus frater et collega noster Possidius, in quo nostram non parvam præsentiam reperies, vel non disceret, vel sine litteris nostris disceret. Est enim per nostrum ministerium non litteris illis, quas variarum servi libidinum, liberales vocant, sed dominico pane nutritus, quantus ei potuit per nostras angustias dispensari.

2. Quid enim aliud dicendum est eis, qui cum sint iniqui et impii, liberaliter sibi videntur eruditi, nisi quod in litteris vere liberalibus legimus, « Si vos filius liberaverit, tunc vere liberi eritis (*Johan.*, VIII, 36). » Per eum namque præstatur, ut ipsæ etiam, quæ liberales disciplinæ ab eis, qui in libertatem vocati non sunt, appellantur, quid in se habeant liberale noscatur. Neque enim habent congruum libertati, nisi quod habent congruum veritati. Unde ille ipse Filius, « Et veritas, inquit, liberabit vos (*Ibid.*). » Non ergo illæ innumerabiles et impiæ fabulæ, quibus vanorum plena sunt carmina poetarum, ullo modo nostræ consonant libertati; non oratorum inflata et expolita mendacia; non denique ipsorum philosophorum garrulæ argutiæ, qui vel Deum prorsus non cognoverunt, vel cum cognovissent Deum, non sicut Deum glorificaverunt, aut gratias egerunt, sed evanuerunt in cogitationibus suis, et obscuratum est insipiens cor eorum, et dicentes se esse sapientes, stulti facti sunt : et immutaverunt gloriam incorrupti Dei in similitudinem imaginis corruptibilis hominis et volucrum atque quadrupedum et serpentium ; vel qui istis simulacris non dediti, aut non nimis dediti, coluerunt tamen et servierunt creaturæ potius quam Creatori. Absit omnino ut istorum vanitates et insaniæ mendaces, ventosæ nugæ ac superbus error, recte liberales litteræ nominentur, hominum scilicet infelicium, qui Dei gratiam per Jesum Christum Dominum nostrum, qua sola liberamur de corpore mortis hujus, non co-

puisque tout en rapportant le bien et le mal des hommes, elle dit pourtant la vérité. Mais comme les historiens n'ont pas été aidés par le Saint-Esprit dans la connaissance des faits qu'ils rapportent, et que par suite de la faiblesse humaine, ils sont forcés de recueillir des bruits répandus çà et là, je ne vois pas comment ils ne se tromperaient pas dans une infinité de circonstances. Il y a cependant en eux quelque chose qui se rapproche de la liberté, s'ils ne commettent pas volontairement de mensonges, et s'ils ne trompent les hommes que parce qu'ils ont été trompés eux-mêmes par suite de la faiblesse humaine.

3. Cependant comme c'est dans les sons que l'on remarque le mieux quelle est dans toute sorte de mouvements la valeur des nombres, et que cette étude, nous conduisant ainsi par degrés jusqu'aux secrets les plus intimes et les plus élevés de la vérité, découvre à ceux qui l'aiment et la recherchent, la sagesse et la Providence divine en toutes choses, j'ai voulu, pendant que mon esprit était libre, de tout souci et de toute occupation plus importante et plus nécessaire préluder à cette étude de la vérité par les écrits que vous m'avez demandés. Lorsque j'ai composé six livres sur le rythme seul, je me disposais à en écrire encore six autres sur la mélodie, lorsque j'en aurais le loisir. Mais quand une fois le fardeau des affaires ecclésiastiques me fut imposé, toutes ces délices se sont échappées de mes mains, et j'ai même avec peine aujourd'hui retrouvé ce livre que j'ai recherché pour me conformer à votre volonté qui est pour moi un ordre. Si je peux vous envoyer l'ouvrage je ne me repentirai pas d'avoir répondu à votre désir; mais peut-être vous repentirez-vous de me l'avoir demandé avec tant d'instance. Il est très-difficile de comprendre seul les cinq premiers livres; il faut avoir quelqu'un qui, non-seulement distingue les personnes des interlocuteurs, mais encore qui fasse sentir par la prononciation la durée des syllabes, de manière à rendre sensibles à l'oreille les diverses espèces de nombres, surtout, parce que dans quelques-uns de ces nombres, se trouvent par intervalles des repos mesurés, qui ne peuvent être compris qu'autant qu'une bonne prononciation les fait sentir à l'oreille.

4. Je n'ai pas voulu différer de vous envoyer le sixième livre, que j'ai trouvé corrigé et où j'ai recueilli tout le fruit qu'on peut tirer des autres. Peut-être ne déplaira-t-il pas trop à votre gravité. Quant aux cinq autres, ils ne valent pas la peine qu'on les lise et qu'on en

---

gnoverunt, nec in eis ipsis, quæ vera senserunt. Historia sane, cujus scriptores fidem se præcipue narrationibus suis debere profitentur, fortassis habeat aliquid cognitione dignum liberis, cum sive bona sive mala hominum, tamen vera narrantur. Quamvis in eis cognoscendis qui Spiritu-sancto non adjuti sunt, rumoresque colligere ipsa humanæ infirmitatis conditione compulsi sunt, quemadmodum non fallerentur in plurimis, omnino non video: est tamen in eis aliqua propinquitas libertatis, si voluntatem mentiendi non habent, nec homines fallunt, nisi cum ab hominibus humana infirmitate falluntur.

3. Verum quia in omnibus rerum motibus quid numeri valeant, facilius consideratur in vocibus, eaque consideratio quibusdam quasi gradatis itineribus nititur ad superna intima veritatis, in quibus viis ostendit se sapientia hilariter, et in omni providentia occurrit amantibus: initio nostri otii cum a curis majoribus magisque necessariis vacabat animus, volui per ista, quæ a nobis desiderasti, scripta proludere, quando conscripsi de solo rhythmo sex libros, et de melo scribere alios forsitam sex, fateor, disponebam, cum mihi otium futurum sperabam. Sed posteaquam mihi curarum ecclesiarum sarcina imposita est, omnes illæ deliciæ sugere de manibus, ita ut vix nunc ipsum codicem inveniam, quoniam tuam voluntatem, nec petitionem sed jussionem, contemnere nequeo. Quod sane opusculum si potuero mittere, non quidem me tibi obtemperasse, verumtamen te hoc a me tantopere flagitasse pænitebit. Difficillime quippe intelliguntur in eo quinque libri, si non adsit qui non solum disputantium possit separare personas, verum etiam pronuntiando ita sonare morulas syllabarum, ut eis exprimantur sensumque aurium feriant genera numerorum: maxime quia in quibusdam etiam silentiorum dimensa intervalla miscentur, quæ omnino sentiri nequeunt, nisi auditorem pronuntiator informet.

4. Sextum sane librum quem emendatum reperi, ubi est omnis fructus ceterorum, non distuli mittere caritati tuæ: fortassis ipse tuam non multum refugiet gravitatem. Nam superiores quinque vix filio nostro et condiacono Juliano, quoniam et ipse jam nobiscum commilitat, lectione et cognitione digni

prenne counaissance, du moins c'est l'avis de notre cher fils Julien, qui est déjà engagé par l'ordre du diaconat dans notre sainte milice. Je n'ose pas dire que je l'aime plus que vous, parce que je ne dirais pas la vérité ; mais cependant j'ose dire que mon désir de le voir est plus grand que celui de vous voir vous-même. Il peut vous paraître étonnant qu'ayant pour tous les deux la même affection, je désire voir l'un plutôt que l'autre. Cela vient de ce que j'ai plus d'espoir de voir Julien que vous. En effet, je pense que si vous lui permettez de venir vers nous, il le fera volontiers, comme cela convient à son âge, surtout parce qu'il n'est pas encore retenu par des occupations majeures ; qu'il vienne, et me fasse ainsi bientôt jouir de votre présence à vous-même. Je n'ai pas marqué la mesure des vers de David, parce que je l'ignore. L'interprète n'a pu faire passer de la langue hébraïque, que je ne connais pas, la mesure de ces vers dans sa traduction, dans la crainte que l'assujetissement du mètre ne le forçât de s'écarter par trop du véritable sens des mots et de la pensée. Au reste, si j'en crois ceux qui savent cette langue, les vers hébreux ont des mesures certaines. Car le saint Prophète aimait la pieuse musique, et c'est lui, plus que tout autre, qui m'a donné l'envie de l'étudier. Demeurez à jamais sous la protection du Très-Haut, vous tous qui habitez sous le même toit, père, mère, frères, fils, et vous tous, enfants d'un même père, souvenez-vous de nous.

Touchant la lettre suivante, voyez le livre II, chapitre XXXI, des *Rétractations*, où saint Augustin dit :

Cependant, un de mes amis que je désirais beaucoup voir se convertir au christianisme, proposa six questions qu'on m'envoya de Carthage pour les résoudre contre les Païens, surtout parce qu'il prétendait que quelques-unes avaient été posées par le philosophe Porphyre, qui, à mon avis, n'est pas ce Porphyre de Sicile, dont la réputation s'est répandue au loin. J'ai réuni ces six questions dans un seul livre peu étendu, et qui a pour titre : *Six questions expliquées contre les Païens*. La première traite de la résurrection ; la seconde, du temps de la propagation de la religion chrétienne ; la troisième, de la distinction et de la différence des sacrifices ; la quatrième, de cette parole de l'Évangile : « On se servira envers vous de la même mesure dont vous vous serez servis envers les autres (*Matth.*, VII, 2) ; » la cinquième, du Fils de Dieu, selon Salomon ; la sixième, du prophète Jonas. Or, lorsque dans la seconde j'ai dit : « Le salut de cette religion qui seule promet le vrai salut, et qui est vraie dans ses

promesses, n'a jamais manqué à aucun de ceux qui en ont été dignes, et n'a manqué qu'à ceux qui ne l'étaient pas, » je n'ai pas voulu dire par là que personne en ait été digne par ses propres mérites, mais je me suis conformé aux paroles de l'Apôtre : « Ce n'est pas à cause de leurs œuvres, mais de la volonté de celui qui appelle qu'il a été dit : L'aîné sera assujetti au plus jeune (*Rom.*, II, 12). » Or, cette sorte de vocation, l'Apôtre l'attribue au décret de Dieu, quand il dit « que nous avons été appelés non pas selon nos œuvres, mais selon le décret et la grâce de Dieu (II *Tim.*, I, 9). » C'est encore pour cela qu'il dit : « Nous savons que tout contribue au bien de ceux qui aiment Dieu, de ceux qu'il a appelés selon son décret pour être saints (*Rom.*, VIII, 28). » C'est de cette vocation qu'il dit : « Nous prions Dieu qu'il vous tienne pour dignes de sa sainte vocation (II *Thes.*, I, 11). » Ce livre, après la lettre qui est en tête, commence par ces mots : « Quelques-uns sont en peine de savoir. »

tietur vobis (*Matth.*, VII, 2). » quinta de Filio Dei secundum Salomonem, sexta de Jona propheta. In quarum secunda quod dixi, « Salus religionis hujus, per quam solam veram salus vera veraciterque promittitur, nulli umquam defuit, qui dignus fuit, et cui defuit, dignus non fuit, » non ita dixi tamquam ex meritis suis quisquam dignus fuerit : sed quemadmodum ait Apostolus, « Non ex operibus, sed ex vocante dictum esse. Major serviet minori (*Rom.*, IX, 12). » Quam vocationem ad Dei propositum adscrit pertinere. Unde dicit, « Non secundum opera nostra, sed secundum suum propositum et gratiam (II *Tim.*, I, 9). » Unde item dicit, « Scimus quia diligentibus Deum omnia cooperantur in bonum iis, qui secundum propositum vocati sunt sancti (*Rom.*, VIII, 28). » De qua vocatione ait, « Ut dignos vos habeat vocatione sua sancta (II *Thess.*, I, 11). » Hic liber post epistolam, quæ postmodum a capite addita est, sic incipit : « Movet quosdam, et requirunt. »

RÉPONSE A SIX QUESTIONS CONTRE LES PAIENS.

LIVRE UNIQUE.

LETTRE CII [1]

Saint Augustin envoie à Deogratias la solution de six questions proposées à ce prêtre par un Païen, et qu'il avait transmises à saint Augustin pour les résoudre.

A SON TRÈS-CHER FRÈRE ET COLLÈGUE DANS LE SACERDOCE, DEOGRATIAS, AUGUSTIN, SALUT EN NOTRE SEIGNEUR.

1. Vous avez préféré me renvoyer les questions qu'on vous avait proposées. Ce n'est point par paresse, je le pense, mais par affection

[1] Écrite l'an 408. — Cette lettre était la 49ᵉ dans les éditions antérieures à l'édition des Bénédictins et celle qui était la 102ᵉ se trouve maintenant la 109ᵉ.

SEX QUÆTIONES CONTRA PAGANOS
EXPOSITÆ
LIBER UNUS
seu
EPISTOLA CII.

Augustinus Deogratias presbytero mittens solutionem quæstionum sex propositarum a pagano quodam, quas ipse Augustino exsolvendos transmiserat.

SINCERISSIMO FRATRI ET COMPRESBYTERO DEOGRATIAS, AUGUSTINUS IN DOMINO SALUTEM.

1. Quæstiones tibi propositas mihi delegare maluisti, non, ut opinor, pigritia, sed quod ea quoque ipsa quæ nosti, libentius per nos audis, dum nos nimis diligis. At ego propterea malebam a te illas aperiri, quod ille ipse amicus, qui eas proposuit, quantum ex hoc conjici datur, quod mihi ad quasdam epistolas non rescripsit, quasi nos verecunda-

pour nous, que vous aimez mieux nous entendre sur des choses qui vous sont connues. J'aurais cependant désiré que vous eussiez répondu vous-même à ces questions, parce que l'ami qui les a proposées n'ayant pas répondu à quelques-unes de mes lettres, je dois en conclure qu'il craint de partager ma manière de voir. Il a sans doute eu pour cela ses raisons. Je suppose toutefois, et ma supposition n'a rien de malveillant pour lui, ni de déraisonnable en elle-même, car vous savez combien je l'aime, et quelle douleur j'éprouve de ce qu'il n'est pas encore chrétien. Je suppose, dis-je, que celui qui n'a pas voulu me répondre, ne veut pas que je lui écrive. Comme les affaires très-pressées dont je suis accablé ne m'ont pas empêché de satisfaire à votre demande, dans la crainte de contrarier votre sainte volonté, qui est si chère à mon cœur, je vous prie de faire aussi de votre côté ce que j'ai à vous demander. Répondez brièvement, comme vous me dites qu'il l'a souhaité, à toutes les questions qu'il vous a adressées, ce que du reste vous auriez pu faire avant ma réponse. En effet vous verrez, en lisant ma lettre, que je n'ai rien dit qui vous fût inconnu, et que vous n'eussiez pu trouver, quand bien même j'aurais gardé le silence. Je vous prie de réserver mon travail pour ceux à l'étude et au goût desquels vous verrez qu'il peut convenir, et le vôtre sera pour cet ami, à qui il conviendra beaucoup mieux, ainsi qu'à d'autres qui aiment à voir de pareilles questions traitées à votre manière, et parmi lesquels je vous prie de me compter. Vivez toujours en Jésus-Christ, en vous souvenant de moi.

PREMIÈRE QUESTION

De la Résurrection.

Quelques-uns sont en peine de savoir quelle est la résurrection qui nous est promise ; celle du Christ, ou celle de Lazare. « Si c'est celle du Christ, disent-ils, comment la résurrection de ceux qui ont été engendrés par la voie commune, peut-elle ressembler à la résurrection de celui dont le corps n'a pas été formé selon les conditions ordinaires de la nature humaine ? Si c'est celle de Lazare, elle ne nous convient pas davantage. En effet, lorsque Lazare est ressuscité, son corps n'avait pas encore subi de décomposition (*Jean*, XI, 43) et c'était toujours le corps de cet homme qu'on appelait Lazare. Tandis que lorsque nous ressusciterons, le nôtre sera après bien des siècles, tiré de la confusion universelle. Ensuite si après la résurrection notre état futur est assez heureux pour n'avoir à craindre ni les injures du corps, ni la nécessité de la faim, pourquoi le Christ,

---

tur sequi : viderit quam ob caussam. Hoc tamen suspicor, nec suspicio mea vel malevola est vel absurda, cum et optime noveris quantum eum diligam, quantoque mihi dolori sit, quod nondum Christianus est ; et utique non inconvenienter arbitror eum, quem video mihi rescribere noluisse, nihil sibi a me scribi voluisse. Proinde obsecro te, ut quemadmodum ego tibi parui, atque inter meas artissimas occupationes, tuam sanctam mihique carissimam voluntatem offendere timui, si non facerem quod petisti, ita tu quoque facias quod peto. Hoc est autem, ut breviter quemadmodum a te, sicut mihi indicasti, postulavit, ad omnia illi respondere non graveris, quod et ante facere potuisti. Scies enim cum legeris, nihil pene a me dictum, quod ipse non noveras, aut quod me tacente nosse non poteras. Sed hoc opus meum rogo habeas cum ceteris, quorum studio scis convenire. Tuum vero illud quod flagito, habeat ipse qui hoc potissimum congruit, et ceteri quos non parum ista delectant, quemadmodum dici possunt abs te, inter quos et ipse sum. Vivas semper in Christo nostri memor.

QUÆSTIO PRIMA.
De Resurrectione.

2. Movet quosdam, et requirunt de duabus resurrectionibus quæ conveniat promissæ resurrectioni, utrumnam Christi an Lazari ? Si Christi, inquiunt, quomodo potest hæc convenire resurrectioni natorum ex semine, ejus qui nulla seminis conditione natus est ? Si autem Lazari resurrectio convenire asseritur, ne hæc quidem congruere videtur. Siquidem Lazari resurrectio facta sit de corpore nondum tabescente (*Johan.*, XI, 43), de eo corpore, quo Lazarus dicebatur: nostra autem multis sæculis post ex confuso eruetur. Deinde si post resurrectionem, status beatus futurus est, nulla corporis injuria, nulla necessitate famis, quid sibi vult cibatum Christum fuisse, et vulnera monstra-

après sa résurrection, a-t-il pris de la nourriture et a-t-il montré ses plaies. S'il l'a fait pour convaincre un incrédule, c'est une feinte : s'il a montré quelque chose de vrai et de réel, nous garderons donc encore les blessures que nous aurons reçues pendant notre vie ? »

3. A cela on répond : La résurrection du Christ représente bien mieux que celle de Lazare, la résurrection qui nous est promise. Lazare est ressuscité, mais pour mourir de nouveau, tandis que « le Christ, » selon ce qui est écrit, « se levant du milieu des morts, ne meurt plus, et la mort n'aura plus d'empire sur lui (*Rom.*, vi, 9). » C'est aussi ce qui a été promis à ceux qui ressusciteront à la fin des siècles, et qui régneront éternellement avec lui, quoique Jésus-Christ ne soit pas né de l'homme, tandis que nous sommes nés d'un père et d'une mère, cette différence de naissance du Christ et de la nôtre n'en met pas entre notre résurrection et la sienne, pas plus qu'il n'y en a entre sa mort et celle des autres hommes. En effet, parce qu'il n'est pas né de l'homme, sa mort n'en a pas été moins véritable ; comme la naissance du premier homme, qui n'a rien de semblable à la nôtre, puisqu'il a été formé de la terre et nous par des parents, n'a apporté ou n'a mis aucune différence entre notre mort et la sienne. Ainsi la différence de naissance n'en met pas plus entre la résurrection des uns et des autres qu'entre leur mort même.

4. Si les infidèles ne veulent pas croire ce qui a été écrit de la formation du premier homme, qu'ils examinent, s'ils en sont capables, les nombreuses espèces d'animaux formés de la terre sans parents, et qui cependant par leur union produisent leurs semblables. La diversité de leur origine n'influe en rien sur la nature de ceux qui sont sortis de la terre ou de ceux qui ont été créés selon la loi ordinaire. Ils vivent et meurent de la même manière, quoiqu'ils soient nés différemment. Ainsi il n'est pas absurde de croire que des corps qui ont eu une naissance toute différente, auront la même résurrection. Les hommes incapables de voir jusqu'où doit aller et où doit s'arrêter la différence entre les choses, dès qu'ils remarquent quelque dissemblance dans l'origine et les productions l'appliquent également à ce qui en est la conséquence. Ils devraient donc aussi soutenir que l'huile qu'on exprime de certains animaux, ne doit pas nager sur l'eau comme celle qu'on tire de l'olive, puisque ce qui produit l'une est si différent de ce qui produit l'autre ; la première provenant des animaux, la seconde, d'un fruit.

5. Quant à ce qui concerne cette différence, savoir, que le corps du Christ, sans avoir souf-

---

visse ? Sed si propter incredulum fecit, finxit : si autem verum ostendit, ergo in resurrectione accepta futura sunt vulnera.

3. Quibus respondetur, ideo non Lazari resurrectionem, sed potius Christi congruere promissæ resurrectioni ; quia Lazarus ita resurrexit, ut iterum moreretur, « Christus » autem (sicut de illo scriptum est) « surgens a mortuis, jam non moritur, et mors illi ultra non dominabitur (*Rom.*, vi, 9). » Quod etiam promissum est resurrecturis in fine sæculi, et cum illo regnaturis in æternum. Sic autem non pertinet ad resurrectionem differentia nativitatis Christi et nostræ, quod ille sine virili semine, nos autem ex viro et femina creati sumus, sicut etiam non pertinet ad ipsius mortis differentiam. Non enim propterea illius non vera mors fuit, quia sine virili semine natus est, sicut nec ipsius primi hominis aliter exorta caro quam nostra (quandoquidem ille sine parentibus de terra creatus est, nos vero ex parentibus) aliquid adtulit ad differentiam mortis, ut aliter ille moreretur, aliter nos. Sicut autem ad mortis, sic nec ad resurrectionis differentiam valet diversa nativitas.

4. Sed ne hoc ipsum, quod scriptum est de primo homine, similiter infideles homines nolint credere, quærant vel animadvertant, si vel hoc possunt, quam multorum animalium genera sine parentibus ex terra procreentur, quæ tamen coeundo pariant etiam ipsa sui simile, nec propter diversitatem nativitatis intersit aliquid ad naturam eorum, quæ procreata sunt ex terra, et eorum quæ illis coeuntibus orta sunt. Similiter enim vivunt, similiterque moriuntur, quamvis dissimiliter nata sint. Ita non est absurdum, ut similiter resurgant corpora, quæ dissimiliter orta sunt. Hujusmodi autem homines non valentes intueri, ad quam rem intersit aliquid diversum, et ad quam non intersit, ubi adverterint aliquam distantiam primordiorum, etiam omnia consequentia distare oportere contendunt. Possunt tales putare, oleum ex adipibus non debere natare super aquam, sicut illud quod ex oliva est ; quo-

fert de dissolution ni de putréfaction, est ressuscité le troisième jour, tandis que les nôtres, après un long espace de temps, seront tirés de ce mélange universel de la matière dans lequel ils s'étaient dissous, ce sont deux choses impossibles à la puissance humaine, mais facile à la toute-puissance divine. En effet, de même que le rayon visuel ne parvient pas plus lentement aux objets éloignés qu'à ceux qui sont plus rapprochés, mais atteint les deux distances avec la même rapidité, de même lorsque « dans un clin d'œil (I *Cor*., xv, 52), » comme le dit l'Apôtre, aura lieu la résurrection des morts, il sera aussi facile à la volonté ineffable et à la toute-puissance de Dieu, de ressusciter les corps récemment privés de la vie, que ceux qui, depuis longtemps ont été consumés. Ces choses paraissent incroyables à quelques hommes, parce qu'ils ne les ont jamais vues ; cependant toute la nature est pleine de pareils miracles ; et si nous ne les admirons pas, ce n'est point parce qu'ils seraient trop aisés à notre raison de les examiner et de les comprendre, mais parce que l'habitude de les voir (1) nous les a rendus plus familiers, et que pour cela même, ils ne nous paraissent dignes ni de nos recherches, ni de notre examen. Pour moi et pour tous ceux qui, avec moi, cherchent à comprendre les choses que Dieu a cachées à nos regards, et celles qu'il a mises sous nos yeux, nous admirons autant un petit grain de senevé, renfermant et cachant en lui tout ce qui sera un jour un grand et bel arbre, que le vaste sein de l'univers qui, après avoir reçu et absorbé les corps humains dans leur dissolution, les rendra intacts et entiers à la résurrection future.

6. Si le Christ après sa résurrection a pris de la nourriture, et que dans la résurrection qui nous est promise nous n'en éprouvions pas le besoin, qu'y-a-t-il en cela de contradictoire ? Ne lisons-nous pas que les Anges ont également mangé, et de la même manière, non sous une apparence illusoire, mais en toute réalité, sans besoin toutefois, mais par un effet de leur puissance. La terre, quand elle est altérée, absorbe l'eau autrement que les rayons brûlants du soleil. La terre, c'est par besoin ; le soleil c'est par sa force. Dans la résurrection future, le corps jouirait d'un bonheur imparfait s'il ne pouvait pas prendre de nourriture ; et sa félicité serait également imparfaite s'il en éprouvait le besoin. Je pourrais ici m'étendre davantage sur les changements qui arrivent

(1) L'édition de Louvain écrit *vivendi consuetudine*, c'est-à-dire, par l'habitude de vivre au milieu de etc., mais les autres manuscrits portent *videndi consuetudine*, c'est-à-dire, par l'habitude de les voir.

niam longe est utriusque origo dissimilis, quando illud ex ligno, hoc ex carne profluxerit.

5. Quantum autem adtinet ad illam differentiam, quod Christi corpus, non dissolutum tabe atque putredine, die tertio resurrexit, nostra vero post longum tempus, ex quadam, quo soluta discesserant, confusione reparabuntur ; humanæ facultati utrumque impossibile est, divinæ autem potestati utrumque facillimum. Ut enim radius oculi nostri, non citius pervenit ad propinquiora, tardius ad longinquiora, sed utraque intervalla parili celeritate contingit : ita cum « in ictu oculi (I *Cor*., xv, 52), » sicut Apostolus dicit, fit resurrectio mortuorum, omnipotentiæ Dei et ineffabili nutui tam facile est quæque recentia, quam diuturno tempore dilapsa cadavera suscitare. Incredibilia sunt hæc quibusdam, quia inexperta ; cum omnis natura rerum tam sit plena miraculis, ut non quasi facili pervestigatione rationis, sed videndi consuetudine (a), mira non sint, atque ob hoc, nec consideratione, nec inquisitione digna videantur. Nam ego, et mecum quicumque invisibilia Dei per ea, quæ facta sunt, intelligere moliuntur, aut non minus aut amplius admiramur, in uno seminis tam parvulo grano, omnia quæ laudamus in arbore tamquam liciata latuisse, quam mundi hujus tam ingentem sinum, quæ de corporibus humanis dum dilabuntur assumit, resurrectioni futuræ tota et integra redditurum.

6. Quomodo autem contrarium est, et Christum post resurrectionem cibatum, et in resurrectione quæ promittitur ciborum indigentiam non futuram ; cum et Angelos legamus ejusdemmodi escas eodemque modo sumsisse, non ficto et inani phantasmate, sed manifestissima veritate ; nec tamen necessitate, sed potestate ? Aliter enim absorbet terra aquam sitiens, aliter solis radius candens. Illa indigentia, iste potentia. Futuræ ergo resurrectionis corpus, imperfectæ felicitatis erit, si cibos sumere non potuerit : imperfectæ felicitatis, si cibis

(a) Lov. *vivendi consuetudine*. At alii libri editi et MSS *videndi*.

aux qualités des corps célestes, et sur l'empire qu'ils exercent sur les inférieurs; mais j'ai résolu de répondre brièvement, et je n'écris ceci que pour des esprits qu'il suffit d'avertir.

7. Que celui qui a proposé ces questions sache que le Christ, après sa résurrection, a montré des cicatrices et non pas des blessures à des disciples qui doutaient. C'est pour eux également qu'il a voulu boire et manger, non pas une seule fois, mais souvent, afin de leur faire voir qu'il était un corps et non un esprit, et que son apparition était réelle et non pas imaginaire. Mais ces cicatrices auraient été fausses, si précédemment il n'avait pas reçu de blessures, et cependant ces cicatrices elles-mêmes ne seraient pas restées, s'il ne l'avait pas voulu. Il l'a voulu pour des raisons qui entraient dans le but de sa grâce providentielle, pour prouver à ceux qu'il édifiait dans une foi vraie et réelle, que ce corps qu'ils voyaient était bien celui qui avait été crucifié. Pourquoi donc venir nous dire : « Si le Christ l'a fait à cause d'un incrédule, c'est une feinte ? » Si un brave soldat, en combattant pour la patrie, avait reçu de nombreuses et honorables blessures, et avait prié un habile médecin de les traiter de manière que les cicatrices de ses plaies lui restassent comme des titres d'honneur et que ce médecin capable cependant de les effacer, les lui eût laissées, dirait-on pour cela que ce médecin aurait fait de fausses cicatrices, parce que, pouvant par son art les empêcher de paraître, les aurait à dessein rendues apparentes par un effet de ce même art? Ainsi donc, comme je l'ai dit plus haut, les cicatrices de Jésus-Christ ne seraient fausses, que s'il n'y avait pas eu précédemment de blessures.

SECONDE QUESTION.

De l'époque de l'avénement du christianisme.

8. On propose encore une autre objection, que l'on prétend bien plus forte contre les Chrétiens, et que l'on dit tirée de Porphyre : « Si Jésus-Christ, dit-on, est la voie du salut, la grâce et la vérité (*Jean*, XVIII, 6), comme il le dit lui-même, et s'il n'y a de retour à l'innocence que pour les âmes qui croient en lui, qu'ont fait les hommes de tous les siècles qui ont vécu avant lui? Je laisse de côté les temps qui ont précédé le royaume du Latium, et je prends, si l'on veut, le Latium même comme le commencement du genre humain. Dans ce Latium, avant la fondation de la ville d'Albe, on a adoré les dieux. Dans Albe, il y a eu des

eguerit. Possem hic de commutationibus corporalium qualitatum, et de præpotenti valentia in inferiora corpora corporum superiorum latius disputare : sed breviter mihi respondere propositum suffecerit.

7. Sciat sane qui has proposuit quæstiones, Christum post resurrectionem cicatrices, non vulnera demonstrasse dubitantibus, propter quos etiam cibum ac potum sumere voluit, non semel, sed sæpius, ne illud non corpus, sed spiritum esse arbitrarentur, et sibi non solide, sed imaginaliter apparere. Tunc autem illæ falsæ cicatrices fuissent, si nulla vulnera præcessissent : et tamen nec ipsæ essent, si eas esse noluisset. Voluit autem certæ dispensationis gratia, ut eis quos ædificabat in fide non ficta, non aliud pro alio, sed hoc quod crucifixum viderant, resurrexisse monstraret. Quid est ergo quod dicitur, «Si propter incredulum fecit, finxit ? » quasi vero si quisquam vir fortis pro patria dimicans, multa adversa vulnera exciperet, et peritissimo medico, qui hæc ita curare valeret, ut cicatrices nullæ apparerent, ipse potius diceret, sic se velle sanari, ut magis essent in corpore suo vestigia vulnerum tamquam tituli gloriarum, ideo ille medicus cicatrices finxisse diceretur, quia cum per artem efficere potuerit ut non essent, certa existente caussa, per artem effecit potius ut essent : quæ uno solo modo, sicut superius dixi, falsæ convincerentur, si nulla vulnera sanarentur.

QUÆSTIO SECUNDA.
De tempore christianæ religionis.

8. Item alia proposuerunt, quæ dicerent de Porphyrio contra Christianos tamquam validiora decerpta. « Si Christus se, inquiunt, salutis viam dicit, gratiam, et veritatem, in seque solo ponit animis sibi credentibus reditum ; quid egerunt tot sæculorum homines ante Christum? Ut dimittam, inquit, tempora ante Latium regnatum, ab ipso Latio quasi principium humani nominis sumamus. In ipso Latio ante Albam dii culti sunt. In Alba æque religiones ritusque valuere templorum. Non paucioribus sæculis ipsa Roma, longo sæculorum tractu sine Christiana lege fuit. Quid, inquit, actum de tam innumeris animis, qui omnino in culpa nulla sunt :

religions et des rites dans les temples. Et Rome même, combien de siècles a-t-elle été sans connaître la loi chrétienne? Que sont devenues tant de milliers d'âmes à qui l'on ne saurait reprocher la moindre faute, puisque celui en qui l'on prétend qu'il faut croire, ne s'était pas encore montré aux hommes? L'univers même tout entier a eu comme Rome des temples où les dieux ont été adorés. Pourquoi donc celui qu'on appelle le Sauveur s'est-il caché pendant tant de siècles? Et qu'on ne dise pas que Dieu a pourvu au bonheur du genre humain par l'ancienne loi des Juifs, car ce n'est qu'après un long espace de temps que la loi juive a paru et a été en vigueur dans un coin de la Syrie, d'où elle s'est répandue ensuite jusqu'aux frontières de l'Italie, et seulement après César Caïus, ou du moins pendant son règne? Or, que sont devenues les âmes de Romains et des Latins qui ont été privés, jusqu'aux temps des Césars, de la grâce de Jésus-Christ, qui n'était pas encore venu sur la terre? »

9. Pour répondre à cette objection, nous demanderons d'abord à ceux qui nous la font, de nous dire si le culte de leurs dieux, dont on peut déterminer les dates d'une manière certaine, a été utile aux hommes. S'ils disent qu'il n'a servi en rien au salut des âmes, ils le détruisent avec nous et en avouent la vanité. Pour nous, nous démontrons qu'il a même été pernicieux; mais c'est déjà beaucoup qu'eux-mêmes en reconnaissent l'inutilité. Si, au contraire, ils défendent ce culte et soutiennent qu'il a été sagement institué, je demande ce que sont devenus ceux qui sont morts avant l'institution du paganisme; puisqu'ils ont été privés de ce prétendu moyen de salut. Que s'ils ont pu être purifiés d'une autre manière, pourquoi leur postérité n'a-t-elle pas persévéré dans ce moyen? Qu'était-il besoin d'instituer de nouvelles consécrations qui n'avaient pas existé précédemment?

10. Si nos contradicteurs prétendent que les dieux ont toujours existé, et ont toujours eu le pouvoir de sauver ceux qui les adoraient, mais que sachant ce qui convient à certains temps et à certaines localités, à cause de la variété des choses qui s'agitent sur la terre, ils ont voulu être servis différemment, selon la différence des temps et des lieux, pourquoi attaquent-ils la religion chrétienne par une objection à laquelle ils ne pourraient pas répondre, si nous la leur faisions pour leurs propres dieux? D'un autre côté, s'ils peuvent y répondre, c'est autant en faveur de notre religion que de la leur. En effet, de même que peu importe la diversité des rites qui conviennent aux divers temps et aux diverses localités, pourvu que ce qu'on adore soit saint, de même peu importe la variété des sons dont on se sert

---

siquidem is, cui credi posset, nondum adventum suum hominibus commodarat? Orbis quoque cum ipsa Roma in ritibus templorum caluit. Quare, inquit, Salvator qui dictus est, sese tot sæculis subduxit? Sed ne, inquit, dicant lege Judaica vetere hominum curatum genus, longo post tempore lex Judæorum apparuit ac viguit angusta Syriæ regione, postea vero prorepsit etiam in fines Italos; sed post Cæsarem Caium, aut certe ipso imperante. Quid igitur actum de Romanis animabus vel Latinis, quæ gratia nondum advenientis Christi viduatæ sunt, usque in Cæsarum tempus (*Johan.*, XIV, 6)? »

9. Huic propositioni respondetur, ut primo ipsi dicant, utrum profuerint hominibus deorum suorum sacra, quæ constat certis temporibus instituta. Quæ si negant aliquid profuisse ad animarum salutem, nobiscum ea destruunt, et esse inania confitentur. Nos quidem etiam perniciosa monstramus; sed parum non est ut ipsi interim prius inania fateantur. Si vero ea defendunt, et sapienter atque utiliter asserunt instituta; quæro quid actum sit, de his, qui antequam hæc instituta essent, morte obierunt: hæc enim utique salute atque utilitate fraudati sunt. Si autem potuerunt alio modo purgari, cur non idem modus perseveravit in posteros? Quid opus erat instituere novitias consecrationes, quæ antiquitus non fuerunt?

10. Hic si dicunt deos quidem ipsos semper fuisse, et ad liberandos cultores suos pariter ubique valuisse; sed pro varietate rerum temporalium ac terrenarum, quæ scirent certis temporibus locisque congruere, in his alias atque alias, alibi atque alibi, aliter atque aliter sibi voluisse servari: cur hanc quæstionem Christianæ religioni ingerunt, in qua nobis ipsi pro diis suis aut respondere non possunt, aut si possunt, in eo ipso sibi etiam pro nostra religione respondeant, ita nihil interesse pro diversa temporum locorumque congruentia, quam diversis sacramentis colatur, si quod colitur sanctum est, sicut nihil interest pro diversa linguarum auditorum-

pour se faire entendre à des hommes de différentes langues, pourvu que ce que l'on dit soit vrai. La seule différence qui existe, c'est que les hommes peuvent, par un certain pacte de société, instituer des sons par lesquels ils peuvent se communiquer ce qu'ils pensent, tandis que les sages n'ont suivi que la volonté de Dieu pour établir les pratiques religieuses convenables à la divinité. Cette volonté divine n'a jamais fait défaut au salut des mortels justes et pieux, et si chez divers peuples qui sont unis dans une même religion, il se trouve quelque variété dans le culte, il faut voir jusqu'où va cette différence, et faire la part de la faiblesse humaine, sans blesser toutefois l'autorité de Dieu.

11. Nous disons que le Christ est la parole de Dieu, par laquelle tout a été fait, en sorte qu'il est son fils, parce qu'il est sa parole, et une parole non prononcée une seule fois et qui a passé, mais une parole immuable, éternelle et subsistant sans changement dans le sein immuable du père, une parole gouvernant toute créature spirituelle et corporelle selon la convenance des temps et des lieux, une parole qui est la sagesse et la science même, et à qui il appartient de tout régler et de tout gouverner, dans le temps et de la manière qu'elle le juge convenable. Cette parole, c'est-à-dire le Christ, est toujours le fils de Dieu co-éternel au père et comme le père, immuable sagesse par qui la nature tout entière a été créée, et par la participation de laquelle toute âme raisonnable devient capable de jouir du bonheur éternel. Il est toujours le même, soit avant qu'il eût propagé la race des Hébreux, pour figurer son avénement et sa manifestation par des mystères conformes à sa mission, soit pendant l'existence même du peuple d'Israël, soit quand, s'étant revêtu de la chair dans le sein d'une vierge, il s'est montré aux hommes sous une forme mortelle; il a donc toujours été le même, comme il l'est encore aujourd'hui, qu'il accomplit tout ce qu'il a prédit par les Prophètes, et comme il le sera jusqu'à la fin des siècles, où il fera la séparation des saints et des impies, et rendra à chacun selon ses œuvres.

12. C'est pourquoi, depuis le commencement du genre humain, tous ceux qui ont cru en lui et qui l'ont connu d'une manière quelconque, tous ceux qui, selon ses préceptes, ont marché pendant leur vie, dans les voies de la justice et de la piété, ont, sans aucun doute, été sauvés par lui, en quelque temps et en quelque partie de la terre qu'ils aient vécu. Ainsi, de même que nous croyons en lui demeurant en son père, et étant venu parmi nous revêtu de la chair, de même les anciens croyaient en lui

que congruentia, quam diversis sonis dicatur, si quod dicitur verum est : dum hoc sane intersit, quod linguæ sonos, quibus inter se sua sensa communicent, etiam homines pacto quodam societatis sibi instituere possunt ; quibus autem sacris divinitati congruerent, voluntatem Dei secuti sunt, qui recte sapuerunt. Quæ omnino numquam defuit ad salutem justitiæ pietatique mortalium, et si qua in aliis atque in aliis populis, una eademque religione sociatis varie celebrantur, quatenus fiat plurimum refert, quo et humana exhorteur vel toleretur infirmitas, et divina non oppugnetur auctoritas.

11. Quamobrem cum Christum dicamus Verbum Dei, per quod facta sunt omnia, et ideo filium, quia Verbum, nec Verbum dictum atque transactum, sed apud incommutabilem Patrem incommutabile ipsum atque incommutabiliter manens, sub cujus regimine universa creatura spiritalis et corporalis, pro congruentia temporum locorumque administratur, cui moderandæ et gubernandæ, quid, quando et ubi, circa eam fieri oporteat, sapientia et scientia penes ipsum est : profecto et antequam propagaret Hebræorum gentem, per quam sui adventus manifestationem congruis sacramentis præfiguraret, et ipsis temporibus Israëlitici regni, et deinde cum se in carne de virgine accepta mortalibus mortaliter demonstravit, et deinceps usque nunc, cum implet omnia, quæ per Prophetas ante prædixit, et ab hinc usque ad finem sæculi, quo sanctos ab impiis diremturus est, et sua cuique retributurus, idem ipse est Filius Dei, Patri coæternus, et incommutabilis Sapientia, per quam creata est universa natura, et cujus participatione omnis rationalis anima fit beata.

12. Itaque ab exordio generis humani, quicumque in eum crediderunt, eumque utcumque intellexerunt, et secundum ejus præcepta pie et juste vixerunt, quandolibet et ubilibet fuerint, per eum proculdubio salvi facti sunt. Sicut enim nos in eum credimus et apud Patrem manentem, et qui in carne jam venerit : sic credebant in eum antiqui, et

demeurant dans le Père, et devant venir sur la terre sous une forme humaine. Et quoique par suite de la diversité des temps, on annonce aujourd'hui, comme un fait accompli, ce qui alors était annoncé comme un événement futur, la foi n'a pas varié pour cela, et le salut est toujours le même. Parce qu'une seule et même chose est annoncée et prophétisée par des rites et des sacrements différents, il n'en faut pas conclure que cette chose n'est pas toujours la même et qu'elle apporte un salut différent. Quant au temps où doit s'accomplir la délivrance toujours une, toujours la même, des fidèles et des saints, c'est à Dieu d'en décider selon sa sagesse, et à nous d'obéir. Ainsi, quoique la religion du Christ ait paru sous divers noms et sous des formes différentes, quoiqu'elle ait été d'abord cachée et qu'ensuite elle se soit montrée manifestement, quoiqu'elle ait été adoptée primitivement par un petit nombre d'hommes, et que plus tard elle l'ait été par un nombre plus considérable, c'est toujours la même et la véritable religion.

13. Nous ne voulons pas leur objecter que Numa Pompilius institua parmi les Romains des dieux bien différents de ceux qui étaient précédemment adorés dans l'Italie; ni leur dire qu'au temps de Pythagore on commença à professer une philosophie qui, avant lui, n'existait pas, ou qui n'était connue que d'un petit nombre d'adeptes vivant sous des coutumes et des pratiques différentes ; mais ces dieux étaient-ils de vrais dieux? Etaient-ils dignes d'être adorés? Cette nouvelle école de philosophie a-t-elle été de quelque utilité pour le salut des âmes? Voilà ce qui nous occupe, voilà sur quoi nous appelons la question et sur quoi nous voulons discuter. Qu'ils cessent donc de nous faire une objection, qu'on peut faire également à toute secte, à toute religion. Puisqu'ils avouent que les choses de ce monde ne vont pas au hasard, mais sont conduites par la Providence divine, il faut aussi qu'ils avouent que ce qui est propre et convenable à chaque temps est au-dessus des vues et de la prévoyance des hommes, et qu'il n'appartient qu'à la Providence de Dieu de les diriger et de les régler.

14. S'ils disent que la doctrine de Pythagore n'a pas été embrassée ni toujours, ni partout, parce que Pythagore était un homme, et que cela n'était pas en son pouvoir, peuvent-ils dire également que lorsqu'il vivait, et dans les endroits du monde où sa philosophie fut enseignée, tous ceux qui ont pu la connaître y ont ajouté foi et ont voulu la suivre? Je dirai plus : Si Pythagore avait eu assez de puissance pour enseigner son dogme où et quand il vou-

---

apud Patrem manentem, et in carne venturum. Nec quia pro temporum varietate nunc factum annuntiatur, quod tunc futurum prænuntiabatur, ideo fides ipsa variata, vel salus ipsa diversa est. Nec quia una eademque res, aliis atque aliis sacris et sacramentis vel prædicatur aut prophetatur, ideo alias atque alias res, vel alias atque alias salutes oportet intelligi. Quid autem quando fiat quod ad unam eamdemque fidelium et piorum liberationem pertineat, consilium Deo tribuamus, nobis obedientiam teneamus. Proinde aliis tunc nominibus et signis, aliis autem nunc, et prius occultius, postea manifestius, et prius a paucioribus, postea a pluribus, una tamen eademque religio vera significatur et observatur.

13. Nec nos eis objicimus, quod aliter Numa Pompilius deos colendos Romanis instituit, atque aliter ab eis vel Italis antea colebantur, nec quod Pythagoreis temporibus illa philosophia celebrata est, quæ antea vel omnino non erat, vel in paucissimis eadem sentientibus, non tamen eodem ritu viventibus fortasse latitabat: sed utrum illi dii, veri aut colendi sint ; et utrum illa Philosophia animarum saluti aliquid prosit, hoc cum eis agimus, hoc in quæstionem vocamus, hoc disputando convellimus. Desinant igitur objicere nobis, quod omni sectæ, et omni nomini religionis objici potest. Cum enim non fortuito labi, sed divina providentia tempora ordinari fateantur, quid cuique tempori aptum et opportunum sit, humanum consilium prætergreditur, et illinc disperitur, unde ipsa providentia rebus consulit.

14. Si enim dixerint, propterea non semper nec ubique fuisse Pythagoricam disciplinam, quia Pythagoras homo fuit, neque hoc in potestate habere potuit : numquid hoc etiam dicere possunt, eo ipso tempore quando fuit, et in his terrarum locis ubi illa philosophia viguit, omnes qui cum audire potuerunt, etiam credere sectarique voluisse? Ac per hoc magis si tantæ potestatis fuisset Pythagoras, ut ubi vellet, et quando vellet, sua dogmata prædicaret, et si haberet etiam cum ea potestate

drait, et si avec cette puissance il eût encore possédé la prescience universelle des choses, il ne se serait montré que dans les temps et dans les lieux où il aurait prévu qu'il trouverait des hommes qui croiraient à son dogme. Nos adversaires n'objectent pas contre le Christ que sa doctrine n'est pas suivie par tous les hommes, car ils sentent bien qu'on pourrait retourner cette objection contre la sagesse de leurs philosophes ou contre la puissance de leurs dieux. Que répondraient-ils si, sans vouloir sonder la profondeur de la sagesse divine, où il y a peut-être quelque dessein divin que nous ne pouvons pénétrer, et sans toucher à d'autres causes, que les sages peuvent chercher à approfondir, nous leur dirons seulement en peu de mots, pour ne pas trop prolonger cette discussion, que Jésus-Christ n'a voulu se montrer (1) aux hommes et leur annoncer sa doctrine que quand et où il savait qu'il trouverait des hommes qui croiraient en lui? Car il prévoyait que dans les lieux et dans les temps où sa parole n'a pas été prêchée, les hommes seraient, même après la prédication de son Évangile, tels que l'ont été, en grande partie, ceux qui, ayant vu le Sauveur pendant qu'il était sur la terre, n'ont pas voulu le reconnaître comme Dieu, quoiqu'il eût rappelé bien des morts à la vie; comme nous voyons encore aujourd'hui bien des hommes qui, malgré l'accomplissement manifeste des prophéties, ne veulent pas croire en lui, et aiment mieux résister à la vérité par des subtilités humaines que de se rendre à des témoignages si clairs, si évidents, si sublimes et si glorieusement répandus dans le monde entier. Et pourtant, l'esprit de l'homme si faible et si petit ne devrait-il, avant tout, s'attacher à ce que Dieu lui fait connaître de sa vérité. Doit-on donc s'étonner si Jésus-Christ, qui connaissait l'infidélité des premiers siècles, n'ait pas voulu se manifester ni annoncer sa doctrine à ceux dont il prévoyait l'incrédulité pour sa parole et ses miracles? En effet, il est

(1) Les semi-Pélagiens de Marseille produisaient ce passage pour défendre leur erreur. Averti de cette chose par saint Hilaire, dans le nombre 3 de la lettre 219e, saint Augustin expliqua sa pensée dans le chapitre 9 du livre de *la prédestination des Saints*, où il dit : Ne voyez-vous donc pas que je n'ai voulu dire que ce seul mot de la prescience de Jésus-Christ, parce que j'ai cru que cela suffisait pour confondre l'infidélité des Païens, qui nous faisaient cette objection? Car qui peut douter que Jésus-Christ n'ait prévu quels seraient ceux qui croiraient en lui, et cela, en quel temps et en quels lieux? Mais je n'ai pas cru devoir discuter, si, quand on leur aurait annoncé Jésus-Christ, ils auraient eu foi en lui, de leur propre vouloir, ou si c'était Dieu qui leur aurait donné cette foi, c'est-à-dire si cela était un effet de la prescience ou de la prédestination. Quant à ce que j'ai dit, que le Christ n'avait voulu se montrer aux hommes, et leur annoncer sa doctrine, que quand et où il savait qu'il trouverait des hommes qui croiraient en lui, c'est comme si je disais, que Jésus-Christ n'a voulu se montrer aux hommes et leur faire annoncer sa doctrine, que dans les lieux et dans les temps où il savait que devaient être ceux qui avaient été élus en lui, avant la création du monde.

summam rerum præscientiam, nusquam et numquam appareret, nisi ubi et quando sibi homines credituros esse præposceret. Proinde cum Christo non objiciant, quod ejus doctrinam non omnes sequuntur; sentiunt enim et ipsi nequaquam hoc recte objici posse, vel philosophorum sapientiæ vel etiam numini deorum suorum : quid respondebunt si excepta alia altitudine sapientiæ et scientiæ Dei, ubi fortassis aliud divinum consilium longe secretius latet, sine præjudicio etiam aliarum forte caussarum, quæ a prudentibus investigari queunt, hoc solum eis brevitatis gratia, in hujus quæstionis disputatione dicamus, (a) tunc voluisse hominibus apparere Christum, et apud eos prædicari doctrinam suam, quando sciebat, et ubi sciebat esse, qui in eum fuerant credituri? His enim temporibus et his locis, quibus Evangelium ejus non est prædicatum, tales omnes in ejus prædicatione futuros esse sciebat, quales non quidem omnes, sed tamen multi in ejus corporali præsentia fuerunt, qui in eum non suscitatis ab se mortuis credere voluerunt : quales etiam nunc multos videmus, cum tanta manifestatione de illo compleantur præconia Prophetarum, nolle adhuc credere, et malle humana astutia resistere, quam tam clare atque perspicue tamque sublimi et sublimiter diffamatæ divinæ (b) ce-

(a) Semipelagiani Massilienses locum hunc producebant in sui erroris præsidium. Cujus rei admonitus Augustinus ab Hilario in epistola 219. sic demum vindicavit et explicuit suam sententiam in lib. de Prædestinatione Sanctor. c. IX, *Cernitisne me sine præjudicio latentis consilii Dei aliarumque caussarum, hoc de præscientia Christi dicere voluisse, quod convincendæ paganorum infidelitati, qui hanc objecerant quæstionem, sufficere videretur? Quid enim est verius, quam præscisse Christum, qui et quando et quibus locis in eum fuerant credituri? Sed utrum prædicato sibi Christo a seipsis habituri essent fidem, an Deo donante sumturi, id est utrum tantummodo eos præscierit, an etiam prædestinaverit Deus, quærere ac differre tunc necessarium non putavi. Proinde quod dixi, tunc voluisse hominibus apparere Christum, et apud eos prædicari doctrinam suam, quando sciebat, et ubi sciebat esse, qui in eum fuerant credituri; posset etiam sic dici, tunc voluisse hominibus apparere Christum, et apud eos prædicari doctrinam suam, quando sciebat, et ubi sciebat esse, qui electi fuerunt in ipso ante mundi constitutionem.*

(b) Ita MSS. melioris notæ. At editi hic et infra habent, *credere*.

permis de croire que, dans ces premiers temps, tous auraient été tels qu'ont été et tels que nous en voyons tant d'autres ; depuis l'avénement du Christ jusqu'à nos jours.

15. Cependant, depuis le commencement du genre humain, Dieu a toujours annoncé la venue du Messie par des prophéties plus ou moins claires, selon que sa divine providence le jugeait convenable à la diversité des temps. Toujours il y a eu des hommes qui ont cru en lui, depuis Adam jusqu'à Moïse, non-seulement dans le peuple d'Israël, qui par un mystère particulier, a été une nation prophétique, mais encore parmi les autres nations, et cela, longtemps avant l'incarnation de Jésus-Christ. En effet, dans les livres saints des Hébreux, on en voit quelques-uns, déjà du temps d'Abraham, qui n'étaient pas de sa race, ni du peuple d'Israël, qui n'appartenaient même en rien à ce peuple, et à qui Dieu cependant a fait part de ce mystère. Pourquoi ne croirions-nous pas, que chez les autres peuples, il y a eu aussi quelques hommes qui ont joui de la même faveur divine, quoique l'Écriture n'en fasse pas mention ? Ainsi le salut de cette religion, la seule véritable, la seule qui puisse nous promettre le vrai salut, n'a jamais manqué à celui qui en était digne et n'a fait défaut (1) qu'à celui qui ne le méritait pas, et depuis le commencement de la race humaine jusqu'à la fin des siècles, cette religion est et sera prêchée sur la terre, aux uns pour leur récompense, aux autres pour leur condamnation. Il en est donc à qui elle n'a pas été annoncée, parce que Dieu savaient qu'ils n'y croiraient pas. Comme il en est d'autres à qui elle l'a été, quoiqu'ils ne dussent pas y croire, afin de servir d'exemple aux premiers. Pour ceux à qui elle a été annoncée, et qui ont cru, Dieu leur réserve le royaume des cieux et la sainte société des anges.

TROISIÈME QUESTION.

De la différence des sacrifices.

16. Occupons-nous maintenant de la question suivante : « Les Chrétiens, » dit-on, « condamnent les rites de nos sacrifices, les victimes,

---

(1) Saint Augustin, dans le livre de la prédestination, chapitre VIII, explique ce passage. « Si on demande, dit-il, comment on peut se rendre digne du salut ; il y a des gens qui répondent que c'est par la volonté humaine. Nous disons nous, que c'est par la grâce ou la prédestination divine.

---

dere auctoritati. Quamdiu parvus et infirmus est intellectus hominis, divinæ debet cedere veritati. Quid ergo mirum si tam infidelibus plenum orbem terrarum Christus prioribus sæculis noverat, ut eis apparere, vel prædicari merito nollet, quos nec verbis, nec miraculis suis credituros esse præsciebat ? Neque enim incredibile est tales fuisse tunc omnes, quales ab ejus adventu usque ad hoc tempus, tam multos fuisse et esse miramur.

15. Et tamen ab initio generis humani, alias occultius, alias evidentius, sicut congruere temporibus divinitus visum est, nec prophetari destitit, nec qui in eum crederent defuerunt, ab Adam usque ad Moysen, et in ipso populo Israel, quæ speciali quodam mysterio gens prophetica fuit, et in aliis gentibus antequam venisset in carne. Cum enim nonnulli commemorantur in sanctis hebraicis libris jam ex tempore Abrahæ, nec de stirpe carnis ejus, nec ex populo Israel, nec ex adventitia societate in populo Israel, qui tamen hujus sacramenti participes fuerunt : cur non credamus etiam in ceteris hac atque illac gentibus, alias alios fuisse, quamvis eos commemoratos in eisdem auctoritatibus non legamus? Ita salus religionis hujus, per quam solam veram salus vera veraciterque promittitur, nulli umquam defuit qui dignus fuit, et cui defuit, (a) dignus non fuit. Et ab exordio propagationis humanæ, usque in finem, quibusdam ad præmium, quibusdam ad judicium prædicatur. Ac per hoc et quibus omnino annuntiata non est, non credituri præsciebantur : et quibus non credituris tamen annuntiata est, in illorum exemplum demonstrantur : quibus autem credituris annuntiatur, in regno cælorum et sanctorum Angelorum societati præparantur.

QUÆSTIO TERTIA.

De sacrificiorum distinctione.

16. Jam videamus eam, quæ sequitur, quæstionem. « Accusant, » inquit, « ritus sacrorum, hostias, thura, et cetera, quæ templorum cultus exercuit ; cum idem cultus ab ipsis, » inquit, « vel a Deo quem colunt exorsus est temporibus priscis, cum inducitur Deus primitiis egnisse. »

(a) In hæc verba S. Augustinus in libro de Prædest. SS. c. x. *Si discutitur*, inquit, *et quæratur unde quisque sit dignus non desunt qui dicant voluntate humana : nos autem dicimus, gratia vel prædestinatione divina.*

l'encens et tout ce qui se pratique dans les temples, quoique dès les premiers temps ce même culte ait commencé par eux ou par le Dieu qu'ils adorent, et qui selon eux a eu besoin des prémices de la terre. »

17. Comme cette question est basée sur le passage de nos saintes Écritures, où il est dit : « Caïn offrait à Dieu des fruits de la terre, et Abel les prémices de son troupeau (*Gen.*, IV, 4), » nous répondons que ce passage indique seulement à quelle haute antiquité remonte le sacrifice que les saintes et véridiques Écritures nous recommandent d'offrir au seul et vrai Dieu, non point parce que Dieu en a besoin, puisque nous lisons dans ces mêmes Écritures : « J'ai dit au Seigneur, vous êtes mon Dieu, parce que vous n'avez aucun besoin de mes biens (*Ps.*, XV, 2), » mais lorsque Dieu agrée ou rejette ces offrandes, il ne consulte en cela que l'intérêt des hommes, car ce n'est pas à lui, mais à nous que profite le culte que nous lui rendons. Quand il nous inspire et nous apprend les moyens de l'honorer, c'est pour notre plus grande utilité, mais non parce qu'il a besoin de nos hommages. Tous ces sacrifices sont des signes qui nous invitent à approfondir, à connaître et à nous remettre en mémoire les choses dont ils sont les images. Pour discuter ce sujet d'une manière suffisante, il ne faudrait pas le traiter avec la brièveté que nous nous sommes proposé de mettre dans nos réponses. Au reste, nous en avons déjà parlé longuement dans quelques autres ouvrages (1), et ceux qui avant nous ont expliqué les saintes Écritures ont suffisamment démontré que les sacrifices de l'Ancien Testament n'étaient que des ombres et des figures.

18. Cependant quelque désir que nous ayons d'être bref, nous ne pouvons nous dispenser de dire, que les faux dieux, qui sont des anges prévaricateurs, n'auraient jamais, malgré leurs séductions, exigé de leurs adorateurs, des temples, des sacerdoces, des sacrifices, et tout ce qui s'y rapporte, s'ils n'avaient pas su que tout cela n'appartient qu'au seul et vrai Dieu. Quand ce culte est rendu à Dieu, selon ce qu'il lui a plu d'inspirer et d'enseigner aux hommes, il est de la vraie religion. Lorsqu'on le rend aux démons, pour satisfaire leur orgueil et leur impiété, il est une superstition aussi coupable que dangereuse. C'est pourquoi, ce que les hommes, versés dans la connaissance de l'Ancien et du Nouveau Testament, blâment dans les cérémonies sacriléges des Païens, ce n'est pas d'élever des temples, d'instituer des sacerdoces, de faire des sacrifices, mais d'ho-

(1) Livre XXII contre Fauste et chapitre XIX et XX du livre X de la Cité de Dieu.

17. Huic respondetur, quoniam ex illo Scripturarum nostrarum loco hæc quæstio proposita agnoscitur, ubi scriptum est, « Cain ex fructibus terræ, Abel autem ex primitivis ovium obtulisse munus Deo (*Gen.*, IV. 4). » Hinc potius esse intelligendum, quam sit res antiqua sacrificium, quod non nisi uni Deo vero offerri oporteret veraces et sacræ litteræ monent: non quod illo egeat Deus, cum in eisdem ipsis litteris apertissime sit scriptum, « Dixi Domino, Deus meus es tu, quoniam bonorum meorum non eges (*Psal.*, XV, 2) : » sed quod etiam in his, vel acceptandis vel reprobandis vel percipiendis, non nisi hominibus consulat. Nobis enim prodest colere Deum, non ipsi Deo. Cum ergo inspirat et docet quomodo colendus sit, non solum sua nulla indigentia facit, sed nostra maxima utilitate. Significativa sunt autem omnia talia sacrificia, et quarumdam rerum similitudines, quibus admoneri nos oportet ad ea ipsa, quorum similitudines sunt, sive scrutanda, sive noscenda, sive recolenda. De quare, quantum satis est, disserenda, non brevis sermo flagitandus est, quo nunc respondere nobis propositum est; præsertim quia in aliis opusculis nostris, de hac re multa jam diximus. Et quia ante nos Dei eloquia tractaverunt, de similitudinibus sacrificiorum veteris Testamenti, tamquam umbris figurisque futurorum copiose locuti sunt.

18. Hoc sane nec in ista brevitate prætereundum est, quod templum, sacerdotium, sacrificium, et alia quæcumque ad hæc pertinentia, nisi uni vero Deo deberi nossent dii falsi, hoc est dæmones, qui sunt prævaricatores angeli, numquam hæc sibi a cultoribus suis, quos decipiunt, expetissent. Verum hæc cum exhibentur Deo, secundum ejus inspirationem atque doctrinam, vera religio est : cum autem dæmonibus, secundum eorum impiam superbiam, noxia superstitio. Quapropter qui Christianas litteras utriusque Testamenti sciunt, non hoc culpant in sacrilegis ritibus paganorum, quod construant templa, et instituant sacerdotia, et faciant sacrificia; sed quod hæc idolis et dæmoniis exhibeant. Et idola quidem omni sensu carere, quis dubitet? Verumtamen cum his locantur sedibus, honorabili sublimitate, ut a precantibus atque im-

norer par là des idoles et des démons. Car, quoique ces idoles soient privées de tout sens, quand on les voit placées avec honneur sur des autels élevés, et comme attentives aux prières et aux sacrifices qu'on leur offre, la ressemblance de leurs membres inertes avec des créatures douées de vie et de raison, frappe les esprits faibles, qui les prennent pour des êtres vivants et respirants, surtout en voyant avec quelle vénération la foule se presse autour de leurs autels, pour les adorer.

19. C'est à cette maladie d'esprit, c'est à ces impressions dangereuses que l'Écriture cherche à apporter un remède lorsque pour graver dans notre esprit une chose connue, elle dit de ces faux dieux : « Ils ont des yeux et ne voient pas, ils ont des oreilles et n'entendent pas (*Ps.*, CXIII, 5). » Plus la vérité de ces paroles est claire et compréhensible pour tous, plus elle inspire une honte salutaire à ceux qui en tremblant rendent des honneurs divins à de telles idoles, les vénèrent, les adorent comme si elles vivaient, leur adressent des prières, leur immolent des victimes, leur font des vœux qu'ils accomplissent, et finissent par être séduits au point de ne plus oser croire ces vaines images privées de sens. On ne doit pas croire toutefois que nos livres saints se bornent à condamner l'impression produite par ces idoles sur l'esprit et le cœur des hommes, car l'Écriture dit positivement : « Tous les dieux des nations sont des démons (*Ps.*, XCV, 5). » La doctrine des Apôtres ne se contente pas de dire comme saint Jean, « Mes frères, gardez-vous des idoles (I *Jean.*, V, 21). » Mais elle nous dit aussi avec saint Paul, « Quoi donc ? est-ce que je dis que ce qui est immolé aux idoles ait quelque vertu ? Ou que l'idole soit quelque chose ? Mais ce que les Gentils immolent c'est aux démons qu'ils l'immolent et non pas à Dieu. Or, je veux que vous n'ayez aucune société avec les démons (I *Cor.*, X, 9). » On peut conclure de ces paroles de l'Écriture, que dans la superstition des Gentils, ce n'est pas l'immolation elle-même qui est blâmée par la vraie religion, puisque les premiers saints ont immolé à Dieu, mais celle qui est faite aux faux dieux et aux démons. En effet, de même que la vérité exhorte les hommes à entrer en société avec les anges, de même l'impiété les pousse à la société des démons, à qui est réservé le feu éternel, comme aux saints la gloire de régner dans l'éternité.

20. Les impies croient en vain excuser par de belles interprétations, ce qu'il y a de sacrilège dans le culte qu'ils rendent à leurs idoles! Toutes ces interprétations rapportent le culte à la créature et non au Créateur, à qui seul est dû ce service et ce culte de la religion; désigné par les Grecs sous le nom de λατρεία (latrie,

---

molantibus adtendantur, ipsa similitudine animatorum membrorum atque sensuum, quamvis inusitata et examina, afficiunt infirmos animos, ut vivere ac spirare videantur; accedente præsertim veneratione multitudinis, qua tantus eis cultus impenditur.

19. Quibus morbidis et pestilentiosis affectibus medetur Scriptura divina, quæ rem quidem notam, sed tamen salubri remedio admonitionis inculcat, dicens, « Oculos habent et non vident, aures habent et non audiunt (*Psal.*, CXIII, 5); » et cetera talia. Hæc enim verba, quo magis aperta et populariter vera sunt, eo magis incutiunt salubrem pudorem illis, qui cum talibus simulacris divinum cum timore cultum exhibent, eaque viventibus similia venerantes adorantesque contuentur, eisque velut præsentibus preces allegant, victimas immolant, vota persolvunt, sic afficiuntur omnino, ut ea sensu carentia putare non audeant. Ne arbitrentur autem isti hoc solum nostros libros velle sonare, quod hujuscemodi affectus humano cordi ex idolis inascitur: apertissime scriptum est. « Quoniam omnes dii gentium dæmonia (*Psal.*, XCV, 5). » Unde et apostolica disciplina non solum dicit, quod apud Johannem legitur, « Fratres, cavete a simulacris (I *Johan.*, V, 21) : » verum etiam quod apud Paulum. « Quid ergo ? dico quod idolis immolatum sit aliquid, aut idolum est aliquid ? Sed quæ immolant gentes, demoniis et non Deo immolant (I *Cor.*, X, 19). » Unde fatis intelligi potest, non tam ipsam immolationem, (nam vero Deo prisci sancti immolaverunt) sed quod diis falsis et impiis dæmoniis immolatur, reprehendi a vera religione in superstitionibus gentium. Sicut enim veritas hortatur homines fieri socios sanctorum Angelorum, ita seducit impietas ad societatem dæmoniorum, cui præparatur ignis æternus, sicut regnum æternum societati sanctorum.

20. Neque illinc excusant impii sua sacrilega sacra et simulacra, quod eleganter interpretantur quid quæque significent. Omnis quippe illa inter-

ou culte de latrie). Nous ne disons pas que la terre, la mer, le ciel, le soleil, la lune, les étoiles et quelques autres puissances célestes placées hors de la portée de notre vue, soient des démons ; mais comme toutes les créatures sont partagées en deux classes, l'une corporelle, et l'autre incorporelle ou spirituelle, il est évident que tout ce que nous faisons avec un sentiment de piété et de religion, part de la volonté de l'âme, qui est une créature spirituelle, et préférable à tout ce qui est corporel. Il faut donc en conclure qu'on ne doit pas offrir de sacrifices à la créature corporelle. Reste la spirituelle qui est sainte ou impie : sainte comme sont les bons anges et les hommes qui servent Dieu selon sa doctrine ; impie comme les hommes iniques et les mauvais anges, qu'on appelle démons. Il ne faut donc pas sacrifier à une créature spirituelle, quelque juste qu'elle soit, car plus elle est sainte et soumise à Dieu, moins elle se juge digne d'un honneur qu'elle sait n'être dû qu'à Dieu seul. Combien donc, est-il plus condamnable de sacrifier aux démons, c'est-à-dire à ce qu'il y a de plus inique parmi les créatures spirituelles, habitant cette basse et obscure région du ciel comme une prison aérienne, et prédestinés à un supplice éternel. C'est pourquoi, lorsque les Païens disent qu'ils sacrifient à des puissances supérieures du ciel qui ne sont pas des démons, et qu'il n'y a entre leur culte et le nôtre qu'une différence de nom, c'est-à-dire qu'ils appellent dieux, ce que nous appelons anges, ils sont le jouet des démons qui multiplient leurs ruses pour les tromper, et qui font leur jouissance et en quelque sorte leur pâture de l'erreur des hommes. Les saints anges n'approuvent d'autre sacrifice que celui qui, selon la saine doctrine de la vraie sagesse et de la vraie religion, est offert au seul et vrai Dieu, pour le service duquel ils s'unissent en une sainte société. Ainsi, de même que l'impiété et l'orgueil soit des hommes, soit des démons, désirent ou exigent ces honneurs qui sont dus à Dieu seul, de même la piété et l'humilité des hommes justes et des bons anges, les refusent quand on les leur offre, et montrent à qui ils sont dus. C'est ce que les saintes Écritures nous apprennent par des exemples nombreux.

21. Il y a une différence de sacrifices, selon la différence des temps. Autres ont été ceux qui ont précédé la manifestation du Nouveau Testament, établi sur la vraie victime du prêtre unique et souverain, c'est-à-dire sur l'effusion du sang de Jésus-Christ ; autre est celui que, conforme à la manifestation

---

pretatio ad creaturam refertur, non ad Creatorem, cui uni debetur servitus religionis illa, quæ uno nomine λατρεία græce appellatur. Nec dicimus terram, maria, cælum, solem, lunam, stellas et quasdam non in promptu sitas cælites potestates esse dæmonia : sed cum omnis creatura partim corporalis sit, partim vero incorporalis, quam etiam spiritalem vocamus, manifestum est, id quod a nobis pie ac religiose fit, a voluntate animi proficisci, quæ creatura spiritalis est, et omni corporali præponenda. Unde colligitur corporali creaturæ non esse sacrificandum. Restat spiritalis, quæ vel pia vel impia est : pia scilicet, in hominibus et Angelis justis, et Deo rite servientibus : impia vero in hominibus et angelis iniquis, quos etiam dæmones dicimus. Ac per hoc nec spiritali, quamvis justæ creaturæ sacrificandum est. Quoniam quanto magis pia est et subdita Deo, tanto minus se tali honore dignatur, quam scit non deberi nisi Deo. Quanto ergo perniciosius est sacrificare dæmoniis, hoc est iniquæ spiritali creaturæ, quæ in hoc proximo et caliginoso cælo habitans, tamquam in aerio carcere suo, prædestinata est supplicio sempiterno ? Quamobrem etiam cum se homines superioribus cælestibus potestatibus, quæ non sunt dæmonia, sacrificare dicunt, et solius nominis interesse arbitrantur, quod illis deos, nos eos Angelos appellamus, non se opponunt eis ludificandis multiplici fallacia, nisi dæmones, qui errore delectantur, et quodammodo pascuntur humano. Quoniam sancti Angeli non approbant sacrificium, nisi quod ex doctrina veræ sapientiæ, veræque religionis offertur uni vero Deo, cui sancta societate deserviunt. Proinde sicut impia superbia, sive hominum, sive dæmonum, sibi hos divinos honores exhiberi vel jubet vel cupit : ita pia humilitas vel hominum, vel Angelorum sanctorum, hæc sibi oblata recusavit, et cui deberentur, ostendit. Cujus rei manifestissima in sacris litteris nostris exempla monstrantur.

21. Dispertita autem divinis eloquiis sacrificia pro temporum congruentia, ut alia fierent ante manifestationem novi Testamenti, quod ex ipsa vera et unius sacerdotis victima, hoc est, ex effuso Christi sanguine ministratur, et aliud nunc quod huic manifestationi congruum, qui jam declarato

de la nouvelle alliance, nous offrons, nous tous qui portons le nom de chrétiens, et qui est autorisé par les livres des prophètes et le saint Évangile. En effet, quoiqu'il n'y ait eu rien de changé à l'égard de Dieu et de la vraie religion, mais seulement à l'égard des sacrifices et des sacrements, ce changement pourrait paraître téméraire, s'il n'avait pas été prédit longtemps d'avance. De même qu'un homme offrant à Dieu, le matin, un sacrifice qui serait tout autre le soir, selon la convenance de la journée, ne changerait pour cela ni de Dieu ni de religion, comme celui par exemple qui saluerait son ami, le soir, autrement que le matin, ne changerait rien pour cela à la nature et à l'intention de son salut; de même dans le cours des siècles, quoique les saints des premiers temps lui aient offert un sacrifice différent de ceux d'aujourd'hui, il n'y a pas en cela de présomption humaine, mais un ordre et une autorité émanant de Dieu. Il y a bien changement dans la manière de célébrer les saints mystères, selon la convenance des temps, mais il n'y a ni changement de Dieu, ni changement de religion.

QUATRIÈME QUESTION

Sur cette parole de l'Écriture : « Vous serez mesurés de la même mesure dont vous aurez mesuré. »

22. Examinons maintenant la question posée sur la proportion des supplices avec les péchés. On a sur cette question calomnié l'Évangile. En effet, « Jésus-Christ, » dit notre contradicteur, « menace de supplices éternels, ceux qui ne croient pas en lui (*Jean*, III, 18) et ailleurs il dit : « Vous serez mesurés de la même mesure dont vous aurez mesuré (*Matt.*, VII, 2). » Il y a ici ridicule et contradiction. En effet, si le Christ doit punir selon une certaine mesure, comme toute mesure est nécessairement circonscrite dans un certain espace de temps, que signifient ces mesures du supplice éternel ? »

23. Il est difficile de croire que cette objection ait été faite par un philosophe ; car on dit que toute mesure est circonscrite dans un certain espace de temps. Cela serait vrai, s'il s'agissait seulement de la mesure des heures, des jours, des années et même des syllabes, qui, tantôt brèves, tantôt longues, se mesurent par le temps même de la prononciation. Mais les muids, les boisseaux, les urnes, les amphores sont aussi des mesures, et ne servent pourtant pas à mesurer le temps. Comment donc toute mesure serait-elle circonscrite dans un certain espace de temps? Les païens ne disent-ils pas eux-mêmes, que le soleil est éternel. Ils ne craignent cependant pas d'en mesurer la grandeur par les règles de la géométrie, et de déterminer cette grandeur proportionnellement à celle de la terre. Qu'ils puissent ou qu'ils ne

---

nomine Christiani appellamur, offerimus, non solum evangelicis, verum etiam propheticis litteris demonstratur. Mutatio quippe non Dei, non ipsius religionis, sed sacrificiorum et sacramentorum impudenter nunc videretur prædicata, nisi fuisset ante prædicta. Quemadmodum enim unus idemque homo, si Deo mane aliud offerat, aliud vespere, pro congruentia diurni temporis, non Deum mutat, nec religionem, sicut nec salutem qui alio modo mane, alio vespere salutat : ita in universo tractu sæculorum, cum aliud oblatum est ab antiquis sanctis, aliud ab eis qui nunc sunt offertur, non humana præsumtione, sed auctoritate divina, temporibus congrua sacra mysteria celebrantur, non Deus aut religio commutatur.

QUÆSTIO QUARTA

De eo quod scriptum est, In qua mensura mensi fueritis remetietur vobis.

22. Jam nunc deinde videamus, quale sit quod de mensura peccati atque supplicii proposuit, sic Evangelio calumniatus. « Minatur, inquit, Christus sibi non credentibus, æterna supplicia, et alibi ait (*Johan.*, III, 18); » « In qua mensura mensi fueritis, remetietur vobis. Satis, inquit, ridicule atque contrarie. Nam si ad mensuram redditurus est pœnam, et omnis mensura circumscripta est fine temporis, quid sibi volunt minæ infiniti supplicii (*Matth.*, VII, 2). »

23. Istam quæstionem a qualicumque philosopho esse objectam atque propositam, difficile est credere : quippe qui ait, « omnis mensura circumscribitur tempore, » quasi non soleat nisi temporum esse mensura, sicut horarum et dierum et annorum, vel sicut dicimus brevem syllabam simplum habere temporis, ad syllabam longam. Puto enim modios et rabones, urnas et amphoras, non temporum esse mensuras. Quomodo ergo omnis mensura circumscribitur tempore? Nonne ipsi dicunt, solem istum sempiternum esse : qui tamen quantus sit ad terram, men-

puissent pas la déterminer, toujours est-il que le globe du soleil a une mesure qui lui est propre et qu'ils connaissent s'ils sont capables de la déterminer, qu'ils ignorent, au contraire, s'ils sont incapables d'en faire le calcul. Cependant elle n'en existe pas moins. Une chose peut donc être éternelle et avoir une mesure certaine de ce qu'elle est en elle-même. Je ne parle ici de l'éternité du soleil que pour me conformer à leur opinion, que pour les convaincre par leurs propres sentiments et les forcer d'avouer que quelque chose peut être éternel, et borné à une certaine mesure. Ainsi ils ne peuvent se refuser à croire au supplice éternel dont le Christ menace les méchants, en s'appuyant sur ces paroles de Jésus-Christ : « Vous serez mesurés de la même mesure dont vous aurez mesuré. »

24. Si le Christ avait dit, ce que vous aurez mesuré, on vous le mesurera ; cela ne voudrait pas dire que ce que nous aurons fait aux autres, on nous le fera à nous-mêmes ; comme on peut dire : vous recueillerez ce que vous aurez planté, quoique personne ne plante le fruit, mais l'arbre, et que ce soit le fruit et non l'arbre que l'on récolte. On désigne seulement par là l'espèce d'arbre et on ne veut dire autre chose, sinon qu'après avoir planté un figuier, ce ne sont pas des noix que l'on récolte. De même si l'on disait, ce que vous aurez fait souffrir aux autres, vous le souffrirez vous-mêmes ; ces paroles ne signifieraient point que celui qui aurait séduit, serait séduit à son tour; mais ce qu'il aura fait contre la loi par ce péché, la loi à son tour le fera contre lui ; c'est-à-dire que comme il aura rejeté de sa vie la loi qui défend un tel crime, de même la loi le rejettera de la vie et de la société des hommes qu'elle gouverne et régit. Quand Jésus-Christ aurait dit encore, on vous fera la même mesure que vous aurez faite aux autres, il ne s'ensuivrait pas pour cela que les peines dussent être en tous points égales au péché. Ainsi, par exemple, il y a une grande différence entre le froment et l'orge, et on pourrait dire, on vous mesurera autant que vous aurez mesuré, c'est-à-dire autant de froment que d'orge. S'il s'agissait de douleurs, et qu'on dît : Autant vous en aurez fait souffrir aux autres, autant vous en souffrirez vous-mêmes, il pourrait se faire que la douleur qu'on souffre fût aussi forte que celle qu'on a fait souffrir aux autres, mais qu'elle se prolongeât plus longtemps. Ces deux douleurs seraient égales du côté de la violence ; elles ne le seraient pas sous le rapport de la durée. Si nous disions de deux lampes, qu'elles ont jeté un éclat aussi vif l'une que l'autre, dirions-nous quelque chose de

suris geometricis perscrutari audent et renuntiare? Quod sive possint sive non possint, constat eum tamen propriam sui orbis habere mensuram. Quia et si comprehendunt quantus sit, mensuram ejus comprehendunt ; et si hoc non assequuntur, mensuram ejus utique non comprehendunt : nec ideo nulla est, quia homines eam nosse non possunt. Potest igitur aliquid et sempiternum esse, et certam sui modi habere mensuram. Secundum ipsos enim de solis æternitate locutus sum, ut sua sententia convincantur, atque concedant esse posse aliquid cum mensura sempiternum. Ac sic non ideo putent non esse credendum de supplicio sempiterno, quod minatus est Christus, quia idem dixit, « In qua mensura mensi fueritis, remetietur vobis. »

24. Si enim dixisset, Quod mensi fueritis, hoc metietur vobis ; etiam sic non omnino ad eamdem rem ex omni parte necesse esset referre sententiam. Possumus enim recte dicere, Quod plantaveris, hoc decerpes ; quamvis nemo plantet pomum sed lignum, decerpat autem pomum magis quam lignum ; sed illud dicimus secundum arboris genus ; quia non ficum plantat unde nucem decerpat. Ita dici posset, Quod feceris patieris ; non ut si stuprum fecerit, stuprum patiatur ; sed quod peccato isto fecit legi, hoc ei lex faciat, id est quia legem talia prohibentem de sua vita abstulit, auferat eum etiam ipsa lex de hominum vita quam regit. Item si dixisset, Quantum mensi fueritis, tantum remetietur vobis ; nec sic esset consequens, ut omni modo æquales peccatis pœnas intelligere deberemus. Neque enim æqualia sunt verbi gratia, triticum et hordeum ; et profecto dici posset, Quantum mensi fueritis tantum remetietur vobis, hoc est quantum tritici, tantum hordei. Quod si de doloribus ageretur, atque diceretur, Quantum dolorem ingesseritis, tantus ingeretur vobis ; fieri posset ut tantus dolor esset, quamvis tempore diuturnior, hoc est mora major, vi par. Neque enim si de duabus lucernis dicamus, Tantum ignis iste caluit, quantum ille ; ideo falsum erit, quia una earum forte citius extincta est. Non itaque si aliquid secundum aliud

faux, parce que l'une se serait peut-être éteinte plus vite que l'autre ? Ainsi ce qu'il y a d'inégal sous certains rapports entre deux choses d'ailleurs égales, ne détruit pas ce qu'il y a d'égal entre elles.

25. Lorsque Jésus-Christ dit : « Vous serez mesurés de la même mesure dont vous aurez mesuré, » il est évident qu'autre chose est la mesure, autre chose est ce qui est mesuré. Car il pourrait se faire par exemple qu'on donnât à un homme mille boisseaux de froment au même boisseau avec lequel il n'en aurait donné qu'un seul. La mesure serait bien la même, mais la quantité serait très-différente. Je ne dirai rien de la différence des choses mêmes, comme si l'on donnait par exemple du froment, et même de l'or à un homme au même boisseau avec lequel il aurait mesuré de l'orge, ou qu'on lui rendit même plusieurs boisseaux d'or pour un boisseau d'orge. Ainsi quoiqu'il y ait une grande différence entre les choses, l'espèce et la quantité, on peut dire avec vérité : « On a mesuré pour lui de la même mesure dont il a mesuré. » Les paroles de Jésus-Christ s'expliquent suffisamment par ce qui précède. En effet, il avait dit précédemment : « Ne jugez pas, pour que vous ne soyez point jugés ; car vous serez jugés comme vous aurez jugé les autres. » Cela veut-il dire que ceux qui ont jugé injustement, seront injustement jugés ? Non certes : car il n'y a pas d'injustice en Dieu. Mais quand Jésus-Christ dit : « Vous serez jugés comme vous aurez jugé les autres ! » c'est comme s'il disait : La volonté par laquelle vous aurez bien fait, servira à votre délivrance ; la volonté qui vous aura servi à faire le mal, servira à votre châtiment. Si quelqu'un était condamné à perdre les yeux, pour en avoir fait l'instrument de ses mauvais désirs, il n'aurait pas à se plaindre quand on dirait : Vous serez punis par ces mêmes yeux par lesquels vous avez péché. En effet, comme chacun se sert de son propre jugement bon ou mauvais, pour faire le bien ou le mal, il n'est pas injuste qu'il soit jugé dans ce qu'il juge, c'est-à-dire qu'il porte la peine de son propre jugement, puisque les maux qu'il souffre sont la conséquence de son esprit qui a mal jugé.

26. Outre les supplices extérieurs, qui sont réservés aux suites de la mauvaise volonté, il y a une autre punition qui s'exerce dans l'âme ; où l'action de la volonté est la mesure certaine de toutes les actions humaines. Dans ce for intérieur, le châtiment suit immédiatement

tantum est, secundum aliud non est tantum, quia non omni modo tantum est, ideo falsus est modus in quo tantum est.

25. Cum vero dixerit, « In qua mensura mensi fueritis, remetietur vobis ; » cumque manifestum sit, aliud esse mensuram in qua metitur aliquid, aliud ipsam rem quæ metitur : jam fieri potest, ut in qua mensura homines mensi essent, verbi gratia, modium tritici, in ea illis metirentur millia modiorum, ut et tam multum interesset in quantitate frumenti, et nihil in mensura : ut taceam de ipsarum rerum diversitate ; quia non solum fieri potest, ut in qua mensura quis mensus fuerit hordeum, in ea illi metiatur triticum ; sed in qua mensura mensus fuerit frumentum, in ea illi metiatur aurum, et frumenti sit unus modius, auri autem, quamplurimi. Ita cum sine comparatione rerum ipsarum, et genus, et quantitas differat ; dici tamen rectissime potest, In qua mensura mensus est, in ea illi metitum est. Unde autem hoc dixerit Christus, paulo superius satis elucet : « Nolite, inquit, judicare, ut non judicemini. In quo enim judicio judicaveritis, judicabimini. » Numquid si iniquo judicio judicabunt, inique judicabuntur ? Absit. Nulla quippe iniquitas apud Deum. Sed ita dictum est, « In quo judicio judicaveritis, » in eo « judicabimini ; » tamquam diceretur, In qua voluntate benefeceritis, in ipsa liberabimini ; vel in qua voluntate malefeceritis, in ipsa puniemini. Velut si quisquam ad turpem concupiscentiam oculis utens, excæcari juberetur, recte utique audiret, In quibus oculis peccasti, in eis supplicium meruisti. Judicio enim quisque animi sui, seu bono seu malo utitur vel ad benefaciendum vel ad peccandum. Unde non iniquum est, ut in quo judicat in eo judicetur, hoc est ut in ipso animi sui judicio pœnas luat, cum ea mala patitur, quæ male judicantem animum consequuntur.

26. Alia namque sunt manifesta tormenta quæ post futura præparantur, etiam ipsa ex eodem malæ voluntatis cardine (a) adtracta : In ipso autem animo, ubi appetitus voluntatis humanorum omnium est mensura factorum, continuo pœna sequitur cul-

(a) Sic MSS. quatuordecim. At editi habent *cardine extracta*.

la faute, et ce châtiment est souvent d'autant plus grand, que l'aveuglement et l'endurcissement du cœur nous le font moins sentir. C'est pourquoi Jésus-Christ, après avoir dit : « Vous serez jugés comme vous aurez jugé, » ajoute : « Et vous serez mesurés à la même mesure dont vous aurez mesuré, » c'est-à-dire, que comme la volonté d'un homme de bien est a mesure du bien qu'il fait, elle sera aussi la mesure de la félicité dont il sera récompensé. De même la volonté du méchant est la mesure du mal qu'il fait, et sera également la mesure des misères et des châtiments qui lui sont réservés. Car comme c'est par la volonté que l'on est bon ou méchant, bon quand on veut le bien, méchant quand on veut le mal, c'est aussi par la volonté que nous sommes heureux ou malheureux ; c'est-à-dire que ce bonheur ou ce malheur est le résultat de la volonté, qui est la mesure de tout ce que nous faisons de bien ou de mal. C'est sur la qualité de la volonté et non sur l'espace de temps que se mesurent les bonnes ou les mauvaises actions. Autrement ce serait une plus grande faute d'abattre un arbre que de tuer un homme ; car il faut beaucoup de temps et des coups répétés pour abattre un arbre, tandis que peu de temps et un seul coup suffisent pour tuer un homme. Cependant si pour ce crime si grand, mais commis en si peu de temps, un homme était condamné à la déportation perpétuelle, la peine serait trouvée trop douce, quoiqu'il n'y ait aucune proportion entre le temps que doit durer son châtiment et le peu de temps qu'il lui a fallu pour commettre son crime. Quelle contradiction peut-on donc trouver en ce qu'il y a des supplices pareillement longs ou pareillement éternels, mais plus doux pour les uns, plus sévères pour les autres ? Si la durée du châtiment est égale, mais que la rigueur ne le soit pas, c'est que les péchés ne se mesurent point par le temps qu'il a fallu pour les commettre, mais sur la volonté de ceux qui les ont commis.

27. C'est la volonté elle-même qui est punie, soit par le supplice du corps, soit par le supplice de l'âme. C'est elle qui trouve sa jouissance dans le péché, c'est elle aussi qui doit en porter la peine. Celui qui juge sans miséricorde, doit être jugé sans miséricorde. Cette sentence de l'Écriture montre que la mesure est toujours la même, c'est-à-dire que la même proportion reste entre le péché et la peine, mais que cette proportion consiste en ce qu'il ne sera point fait à l'homme ce qu'il n'aura pas fait pour les autres. Le jugement de Dieu sur l'homme sera éternel, quoique le jugement exercé par l'homme dans son péché n'ait été que de courte durée. S'il y a des supplices sans fin pour des crimes qui n'ont été que passa-

pam, plerumque major non sentientis cæcitate graviore. Ideo cum dixisset, « In quo judicio judicaveritis, judicabimini ; » secutus adjunxit, « Et qua mensura mensi fueritis, metietur vobis. » In voluntate propria, metietur bonus homo bona facta, et in ea metietur ei beatitudo. Itemque in voluntate propria, metietur malus homo mala opera, et in ea metietur ei miseria : quoniam ubi quisque bonus est, cum bene vult, ibi etiam malus cum male vult. Ac per hoc ibi etiam fit vel beatus vel miser, hoc est in ipso suæ voluntatis affectu, quæ omnium factorum meritorumque mensura est. Ex qualitatibus quippe voluntatum, metietur non ex temporum spatiis, sive recte facta sive peccata metimur. Alioquin majus peccatum haberetur, arborem dejicere quam hominem occidere. Illud enim fit longa mora, ictibus multis ; hoc uno ictu, brevissimo tempore : pro quo tamen exigui temporis tam grandi peccato, si perpetua deportatione homo puniretur, etiam mitius cum illo actum, quam dignus fuerat, diceretur : quamvis in spatio temporali longitudo pœnæ cum brevitate facinoris nullo modo sit comparanda. Quid ergo contrarium est, si erunt pariter longa, vel etiam pariter æterna supplicia, sed aliis alia mitiora, vel acriora : ut quibus tempus æquale est, non sit æqualis asperitas, propter mensuram etiam peccatorum, non in productione temporum, sed in voluntate peccantium ?

27. Voluntas quippe ipsa punitur, sive animi supplicio sive corporis ; ut quæ delectatur in peccatis, ipsa plectatur in pœnis ; et ut qui judicat sine misericordia sine misericordia judicetur : et in hac quippe sententia, ad hoc solum eadem mensura est, ut quod non præstitit, non ei præstetur : atque ita quod ipse judicatur, æternum erit ; quamvis quod judicavit, æternum esse nequiverit. In eadem igitur mensura, quamvis non æternorum malefactorum, æterna supplicia remetiuntur ; ut quia æternam voluit habere peccati perfructionem, æternam vindictæ inveniat severitatem. Non autem sinit proposita brevitas

gers, la mesure est toujours la même, parce que, comme le pécheur aurait voulu jouir éternellement du plaisir qu'il trouvait dans son péché, il doit trouver dans le châtiment qu'il en subit une sévérité éternelle. La brièveté que je me suis imposée dans mes réponses, ne me permet pas de recueillir tout ou seulement une partie de ce que les Saintes Écritures disent sur les péchés et la punition des péchés, pour en dire ici clairement ce que j'en pense. Peut-être même, si j'en avais le loisir, mes forces n'y suffiroient pas. Cependant je crois avoir suffisamment démontré qu'il n'y a rien de contraire entre l'éternité des supplices et les paroles de l'Écriture qui nous disent que les hommes seront mesurés à la mesure des fautes qu'ils auront commises.

CINQUIÈME QUESTION.

Du Fils de Dieu selon Salomon.

28. Après cette question tirée, comme les autres, de Porphyre, notre contradicteur ajoute ceci : « Vous daignerez certainement me faire connaître si Salomon a véritablement dit : Dieu n'a pas de Fils. »

29. La réponse est facile : non-seulement Salomon n'a pas dit cela, mais au contraire il a dit que Dieu a un Fils. Car la sagesse dit par sa bouche : « Dieu m'a engendré avant toutes les collines (*Prov.*, VIII, 25). » Et qu'est-ce que le Christ, sinon la sagesse de Dieu ? Dans un autre endroit des Proverbes, Salomon dit également : « C'est Dieu qui m'a enseigné la sagesse, et j'ai connu la science des saints. Quel est celui qui est monté au ciel et qui en est descendu ? Qui est-ce qui a renfermé les vents dans son sein ? Qui a resserré les eaux comme dans un vêtement ? Qui est-ce qui a rempli toute l'étendue de la terre ? Quel est son nom, et quel est celui de son Fils (*Prov.*, XXX, 3, 4) ? » De ces deux passages que je viens de citer, l'un se rapporte au Père ; celui-ci : « quel est son nom ? » comme il avait été dit également : « c'est Dieu qui m'a enseigné la sagesse. » L'autre se rapporte évidemment au Fils : « Quel est le nom de son Fils ? » comme s'y rapportent également les paroles suivantes : « Qui est-ce qui est monté au ciel, et qui en est descendu ? » Ainsi saint Paul nous dit lui-même : « Celui qui est descendu du ciel, est celui-là même qui est monté au plus haut des cieux (*Éphes.*, IV, 10). » Quand Salomon dit : « Qui est-ce qui tient les vents enfermés dans son sein ? », il désigne les âmes des fidèles comme renfermées et comme cachées dans le sein de Dieu, selon cette parole de l'Apôtre : « Vous êtes morts, et ce que vous avez de vie est caché en Dieu avec Jésus-Christ (*Col.*, III, 3). » Que signifient encore ces paroles :

---

responsionis meæ, ut colligam omnia, vel certe quamplurima, quæ de peccatis, et de peccatorum pœnis sancti libri habent, atque ex his unam eruam sine ulla ambiguitate sententiam, si tamen id valeam viribus mentis, etiamsi congruum nanciscar otium. Nunc tamen arbitror satis esse monstratum, non esse contrarium æternitati suppliciorum, quod in eadem mensura redduntur, in qua peccata commissa sunt.

QUÆSTIO QUINTA.
De Filio Dei secundum Salomonem.

28. Post hanc quæstionem, qui eas ex Porphyrio proposuit, hoc adjunxit. « Sane etiam de illo, inquit, me dignaberis instruere, si vere dixit Salomon, Filium Deus non habet. »

29. Cito respondetur, Non solum hoc non dixit, verum etiam dixit quod Deus habeat Filium. Apud eum enim Sapientia loquens ait, « Ante omnes colles genuit me (*Prov.*, VIII, 25). » Et quid est Christus, nisi Dei Sapientia? Item quodam loco Proverbiorum, « Deus, inquit, docuit me sapientiam, et scientiam sanctorum cognovi. Quis adscendit in cælum, et descendit? Quis collegit ventos in sinum? Quis convertit aquam in vestimento? Quis tenuit fines terræ? Quod nomen est ei, aut quod nomen est Filii ejus (*Prov.*, XXX, 3)? » Horum duorum, quæ in extremo commemoravi, unum retulit ad Patrem, id est, « Quod nomen est ei ; » propter quod dixerat, « Deus docuit me sapientiam ; » et alterum evidenter ad Filium, cum ait, « aut quod nomen est filii ejus ; » propter cetera, quæ de Filio magis intelliguntur, hoc est, « Quis adscendit in cælum, et descendit ; » quod Paulus ita commemorat, « Qui descendit, ipse est et qui adscendit super omnes cælos (*Eph.*, IV, 10) : Qui collegit ventos in sinum, » id est, animas credentium in occultum atque secretum : quibus dicitur, Mortui enim estis, et vita vestra abscondita est cum Christo in Deo : « Quis convertit aquam in vestimento (*Col.*, III, 3); »

« Qui a resserré les eaux comme dans un vêtement ? » Elles désignent « tous ceux qui ont été baptisés en Jésus-Christ et qui se sont revêtus de Jésus-Christ même (*Gal.*, III, 27). » Enfin quand Salomon dit : « Quel est celui qui a embrassé toute l'étendue de la terre ? » il indique celui qui a dit à ses disciples : « Vous me rendrez témoignage à Jérusalem, dans toute la Judée, dans la Samarie, et jusqu'aux extrémités de la terre (*Act.*, I, 18). »

SIXIÈME QUESTION.

Du prophète Jonas.

30. Cette dernière question, posée sur Jonas, n'est pas tirée de Porphyre, mais est posée dérisoirement par les Païens : « Que doit-on penser de Jonas qui, dit-on, est resté trois jours dans le ventre d'une baleine. Il est incroyable, invraisemblable, ἀπίθανον qu'un homme, dévoré avec ses vêtements, ait pu rester trois jours dans le corps d'un poisson. Si c'est une figure, daignez me l'expliquer ; dites-moi aussi ce que veut dire cette citrouille qui poussa sur la tête de Jonas après qu'il eut été revomi par la baleine ? Pourquoi cette citrouille a-t-elle poussé ainsi (*Jonas*, II, 1, IV, 6). » Je me suis aperçu que ce genre de questions faisait beaucoup rire les Païens.

31. On répond à cela, ou qu'il ne faut croire à encore des miracles divins, ou qu'il n'y a pas de raison pour qu'on n'ajoute pas foi à celui-ci. Nous ne pourrions pas croire nous-mêmes que le Christ est ressuscité le troisième jour, si la foi des Chrétiens redoutait les railleries des Païens. Mais comme notre ami ne nous a pas demandé, s'il fallait croire que Lazare fût ressuscité le quatrième jour, ou Jésus-Christ le troisième, je suis étonné qu'il ait posé comme incroyable, la question touchant Jonas, à moins de penser par hasard, que la résurrection d'un mort, sortant vivant de son sépulcre, soit chose plus facile et plus croyable, que la conservation d'un homme vivant dans le vaste sein d'une baleine. Sans parler de ce que les hommes, qui en ont été témoins, rapportent de la grandeur de ces monstres marins, on a pu juger, par les côtes de la baleine exposées en public, à Carthage, combien d'hommes pouvaient être contenus dans le ventre de ce monstre, et quelle grandeur devait avoir l'ouverture de sa gueule, presque semblable à une porte servant d'entrée à cette espèce de caverne. Mais peut-être, comme notre païen l'a dit, les habits de Jonas l'ont empêché d'être englouti

---

ut dici posset, « Quotquot in Christum baptizati estis, Christum induistis (*Gal.*, III, 27). Quis tenuit fines terræ ; » qui dixit discipulis suis, « Eritis mihi testes in Jerusalem, et in tota Judæa, et Samaria, et usque in fines terræ (*Act.*, I, 8). »

QUÆSTIO SEXTA

De Jona Propheta.

30. Postrema quæstio proposita est de Jona, nec ipsa quasi ex Porphyrio, sed tamquam ex irrisione paganorum. Sic enim posita est : « Deinde quid sentire, inquit, debemus de Jona, qui dicitur in ventre ceti triduo fuisse ; quod ἀπίθανον est et incredibile, transvoratum cum veste hominem, fuisse in corde piscis. Aut si figura est, hanc dignaberis pandere. Deinde quid sibi etiam illud vult, supra evomitum Jonam cucurbitam natam ; quid caussæ fuit, ut hæc nasceretur (*Jon.*, II, 1, 4, 6) ? » Hoc enim genus quæstionis, multo cachinno a paganis graviter irrisum animadverti.

31. Ad hoc respondetur, quod aut omnia divina miracula credenda non sint ; aut hoc cur non credatur, caussa nulla sit. In ipsum autem Christum, quod tertio die resurrexerit, non crederemus, si fides Christianorum cachinnum metueret paganorum. Cum autem hinc quæstionem non proposuerit amicus noster, Utrum credendum sit, vel Lazarum resuscitatum esse quarto die, vel ipsum Christum tertio die resurrexisse ; multum miror hoc quod factum est de Jona, eum pro incredibili posuisse : nisi forte facilius putat mortuum de sepulcro resuscitari, quam vivum in tam vasto ventre beluæ potuisse servari. Ut enim omittam commemorare, quanta magnitudo beluarum marinarum ab eis, qui experti sunt, indicetur ; venter quem costæ illæ muniebant, quæ Carthagine in publico fixæ populo notæ sunt, quot homines in spatio suo capere posset, quis non conjiciat, quanto hiatu patebat os illud, quod velut janua speluncæ illius fuit ? Nisi forte, ut posuit, vestis esset impedimento, ne Jonas vorari posset illæsus, quasi per angusta sese coartaverit, qui per abruptum aeris præcipitatus, sic exceptus est, ut prius reciperetur ventre bestiæ, quam dente laceraretur. Quamquam Scriptura neque nudum neque vestitum in illud an-

tout entier sans meurtrissures, comme si le Prophète s'était fait petit pour se glisser à peine par un passage si étroit ; tandis que, précipité du haut du vaisseau il fut reçu dans la gueule du monstre et pénétra dans son ventre, avant d'avoir pu être déchiré par ses dents. L'Écriture ne dit pas du reste, si c'est nu ou vêtu qu'il fut jeté dans cette espèce de caverne, en sorte qu'au besoin on peut croire qu'il était nu quand il fut précipité du haut du navire, et que, dépouillé de ses vêtements, il pouvait être plus facilement absorbé par le monstre, comme il faut qu'un œuf, pour être avalé, soit dépouillé de sa coque. On se préoccupe des vêtements du Prophète, comme si l'on avait dit qu'il avait passé par une fenêtre très-étroite, ou qu'il était entré dans un bain, où l'on pourrait même entrer tout habillé. Ce ne serait pas commode, mais il n'y aurait là rien de merveilleux.

32. Ce qu'il y aurait peut-être d'incroyable dans ce miracle, c'est que la vapeur du ventre par laquelle s'humecte la nourriture, ait pu être tempérée dans ce monstre, de manière qu'un homme y pût y conserver la vie. Mais combien n'est-il pas plus incroyable, que les trois hommes jetés dans la fournaise ardente par l'ordre d'un roi impie, aient pu se promener au milieu des flammes sans en être atteints et sans recevoir aucune blessure ! S'ils ne veulent croire à aucun des miracles divins, il faut entrer avec eux dans un autre genre de discussion. En effet, ils ne doivent pas invoquer un seul fait comme incroyable et le poser en question, mais ils doivent agir de même envers tous les autres faits semblables, et envers ceux qui leur paraissent encore plus merveilleux. Et si cependant ce qui est écrit sur Jonas, l'était sur Apulée de Madaure ou sur Apollonius de Tyane, dont ils rapportent tant de prodiges, sans témoignages d'auteurs authentiques, quoique les démons fassent quelquefois des choses semblables à celles des saints anges, non en réalité, mais en apparence, non par l'effet de leur sagesse, mais par l'effet de leur fausseté et de leurs ruses ; si, dis-je, quelque chose de semblable était rapporté sur ceux qu'ils appellent avec de pompeux éloges des mages et des philosophes, ce n'est plus le rire qui éclaterait dans leur bouche, mais des cris de victoire et de triomphe. Qu'ils se moquent donc de nos saintes Écritures : qu'ils en rient autant qu'ils le voudront, pourvu que de jour en jour ils deviennent moins nombreux, et que leurs rangs s'éclaircissent ou par la mort des uns, ou par la conversion des autres, et que nous voyions s'accomplir toutes les choses qui ont été prédites par les Prophètes, sur les combats inutiles de ces Païens contre la vérité ; sur leurs vaines clameurs et leur extinction successive ; et qui non-seulement nous ont laissé à nous leurs descendants, leurs prophéties par écrit

---

trum dejectum esse dixerit, ut possit intelligi illuc etiam nudus irruisse, si forte opus erat, tamquam ovo corium, ita illi vestem detrahi, quo facilius sorberetur. Sic enim sunt homines de Prophetæ hujus veste solliciti, quasi aut per fenestram parvam repsisse, aut in balneas intrasse dicatur ; quo etiam si necesse esset intrare vestitum, vix molestum esset, non tamen mirum.

32. Sed habent revera quod non credant in divino miraculo, vaporem ventris, quo cibi madescunt, potuisse ita temperari, ut vitam hominis conservaret. Quanto incredibilius ergo proponerent, tres illos viros ab impio rege in caminum missos, deambulasse in medio iguis illæsos ? Quapropter si nulla isti divina miracula volunt credere, alia disputatione refellendi sunt. Neque enim debent unum aliquid tamquam incredibile proponere, et in quæstionem vocare, sed omnia quæ vel talia, vel etiam mirabiliora narrantur. Et tamen si hoc, quod de Jona scriptum est, Apuleius Madaurensis, vel Apollonius Tyaneus fecisse diceretur, quorum multa mira nullo fideli auctore jactitant, quamvis et dæmones nonnulla faciant Angelis sanctis similia, non veritate, sed specie, non sapientia, sed plane fallacia : tamen si de istis, ut dixi, quos magos vel philosophos laudabiliter nominant, tale aliquid narraretur, non jam in buccis creparet risus, sed typhus. Ita rideant Scripturas nostras, quantum possunt, rideant, dum per singulos dies rariores paucioresque se videant, vel moriendo, vel credendo : dum impleantur omnia, quæ prædixerunt qui hos contra veritatem inaniter pugnaturos, vane latraturos, paulatim defecturos, tanto ante prædixerunt : nobisque posteris suis, non solum ea legenda dimiserunt, verum experienda promiserunt.

33. Non sane absurde, neque importune requiritur, quid ista significent, ut cum hoc expositum

mais nous ont aussi promis que nous en verrions l'accomplissement.

33. On peut raisonnablement et même utilement demander ce que signifie le miracle de Jonas, afin que l'explication qu'on en donnera, fasse croire, que non-seulement ces choses sont arrivées, mais encore qu'elles ont été annoncées comme figures de certaines vérités. Il faut donc commencer par croire que le prophète Jonas est resté pendant trois jours dans le vaste sein d'un monstre marin, si l'on veut pénétrer pourquoi Dieu a voulu que cela fût, car ce qui a été fait ne l'a pas été sans un dessein de la Providence. Si nous sommes excités à la foi par de simples figures de mots qui ne reposent sur aucun acte, combien plus nous doit y porter ce qui ne nous est pas annoncé par des figures, mais par des faits positifs. Car de même que l'homme s'énonce par des paroles, de même la puissance divine parle par des faits, et de même aussi que le langage humain tire et reçoit un nouvel éclat de mots nouveaux et peu usités, mais employés avec goût et mesure, de même l'éloquence divine s'enrichit en quelque sorte par des faits merveilleux qu'elle annonce par des figures.

34. Mais pourquoi nous demander ce que Dieu a voulu figurer par le miracle de Jonas, dévoré par une baleine et rendu, le troisième jour, vivant à la lumière du ciel, puisque le Christ lui-même nous l'explique, en disant : « Cette génération mauvaise et adultère demande un prodige, et on ne lui en donnera pas d'autre que celui du prophète Jonas. Car comme Jonas a été trois jours et trois nuits dans le ventre d'une baleine, de même le Fils de Dieu sera trois jours et trois nuits dans le sein de la terre (*Matt.*, XII, 39). » Quant à rendre raison des trois jours qui se sont écoulés entre la mort de Jésus-Christ et sa résurrection, en comprenant le tout par la partie, en sorte que depuis le premier jour jusqu'au dernier, on puisse compter les trois jours avec leurs nuits, cela serait trop long à dire, et je l'ai déjà souvent expliqué dans d'autres ouvrages. Ainsi donc, de même que Jonas a été précipité du haut d'un navire dans le ventre de la baleine, de même Jésus-Christ a été précipité du haut de la croix dans le sépulcre ou dans les profondeurs de la mort. Jonas été précipité pour le salut de ceux que la tempête mettait en péril, Jésus-Christ l'a été pour le salut de ceux qui flottent sur la mer orageuse de cette vie. Jonas avait reçu l'ordre de prêcher la vérité aux Ninivites, mais sa prédication n'a pu aller jusqu'à eux, qu'après qu'il eût été revomi par la baleine : de même les prophéties, quoique annoncées longtemps d'avance aux nations, ne leur sont parvenues qu'après la résurrection de Jésus-Christ.

35. Quant à la tente que le Prophète

---

fuerit, non tantum gesta, sed etiam propter aliquam significationem conscripta esse credantur. Prius ergo non dubitet Jonam prophetam in alvo ingenti marinæ beluæ triduo fuisse, qui vult scrutari, cur hoc factum sit : non enim frustra factum est, sed tamen factum est. Si enim movent ad fidem, quæ figurate tantum dicta, non facta sunt ; quanto magis movere debent, quæ figurate non tantum dicta, sed facta sunt ? Nam sicut humana consuetudo verbis, ita divina potentia etiam factis loquitur. Et sicut sermoni humano verba nova, vel minus usitata, moderate ac decenter adspersa, splendorem addunt : ita in factis mirabilibus congruenter aliquid significantibus, quodammodo luculentior est divina eloquentia.

34. Proinde quid præfiguraverit, quod Prophetam belua illa devoratum, tertio die vivum reddidit, cur a nobis quæritur, cum hoc Christus exponat ? « Generatio, inquit, prava et adultera signum quærit, et signum non dabitur ei, nisi signum Jonæ prophetæ : sicut enim Jonas fuit in ventre ceti tribus diebus et tribus noctibus : sic erit filius hominis in corde terræ tribus diebus et tribus noctibus (*Matth.*, XII, 13). » De ipso autem triduo mortis Domini Christi, quomodo ratio reddatur, cum a parte totum intelligitur : in die primo et novissimo, ut toti tres dies, id est cum suis noctibus computentur, longum est disserere, et in aliis sermonibus jam sæpissime dictum est. Sicut ergo Jonas ex navi in alvum ceti, ita Christus ex ligno in sepulcrum vel in mortis profundum. Et sicut ille pro his qui tempestate periclitabantur, ita Christus pro his qui in hoc sæculo fluctuant. Et sicut primo jussum est, ut prædicaretur Ninivitis a Jona, sed non ad eos pervenit prædicatio Jonæ, nisi postea quam eum cetus evomuit : ita prophetia præmissa est ad gentes, sed nisi post resurrectionem Christi non pervenit ad gentes.

35. Jam vero quod tabernaculum sibi constituit,

dressera pour lui en face de Ninive et où il s'arrêtera en attendant ce qui devait arriver à cette ville, c'était une autre figure, par laquelle il représentait le peuple d'Israël selon la chair. Il était rempli de tristesse au sujet du salut des Ninivites, c'est-à-dire au sujet de la rédemption et de la délivrance des peuples, d'où Jésus-Christ est venu appeler, non les justes, mais les pécheurs à la pénitence (*Luc*, v, 32). La citrouille qui couvrait de son ombre la tête de Jonas, représentait les promesses de l'Ancien Testament, où déjà les biens mêmes prédits par ces promesses, et qui, étant, comme le dit l'Apôtre, « l'ombre des biens à venir (*Col.*, II, 17), » servait d'abri et de défense aux hommes dans la terre de promission contre les douleurs cuisantes de cette vie. Ce ver du matin qui rongea et fit sécher la citrouille, est ce même Jésus-Christ dont la bouche ayant répandu l'Évangile sur la terre, a fait sécher et disparaître toutes ces figures et toutes ces ombres en vigueur dans le peuple d'Israël. Maintenant ce peuple privé de son royaume de Jérusalem, sans sacerdoce, sans sacrifices (ce qui était pour lui l'ombre de l'avenir), dispersé et captif, se dessèche et se consume dans le feu de ses tribulations, comme Jonas sous l'ardeur du soleil (*Jonas*, IV, 8), et sa douleur n'a point de bornes. Cependant Dieu a plus à cœur le salut des nations et de ceux qui font pénitence, que la douleur de son Prophète, et l'ombre qui lui était si agréable.

36. Que les Païens rient encore, et que dans leur orgueil, ils tournent en dérision cette interprétation d'un mystère prophétique, en voyant Jésus-Christ comparé à un ver, pourvu que ce ver les consume peu à peu, selon cette parole de Dieu même, parlant par la bouche d'Isaïe : « Écoutez-moi, mon peuple, vous qui connaissez la justice, et qui portez ma loi dans vos cœurs. Ne craignez pas les opprobres des hommes ; ne vous laissez point abattre par leurs calomnies, et ne faites pas grand cas de leur mépris. Ils seront consumés par le temps comme un vêtement, et seront, comme la laine, rongés par la teigne ; mais ma justice demeure éternelle (*Isaïe*, LI, 7). » Pour nous, reconnaissons ce ver du matin, puisque dans le Psaume intitulé : « Pour le secours du matin, » il ne dédaigne pas de s'appeler lui-même de ce nom, en disant : « Je suis un ver et non pas un homme, je suis l'opprobre des hommes et le mépris du monde (*Ps.*, XXI, 7). » Cet opprobre est celui qu'Isaïe nous dit de ne pas craindre, « Ne craignez pas l'opprobre des hommes (*Isaïe*, LI, 7). » Ils sont rongés par ce « ver » comme par la teigne, ceux qui, sous sa dent évangélique, s'étonnent de voir leur nombre diminuer et s'éteindre de jour en jour. Pour nous, reconnaissons ce « ver, » et pour le salut que

et consedit ex adverso civitatis Ninive, quid ei futurum esset exspectans, alterius significationis personam Propheta gestabat. Præfigurabat enim carnalem populum Israël. Nam huic erat et tristitia de salute Ninivitarum, hoc est de redemptione et liberatione gentium. Unde venit Christus vocare, non justos, sed peccatores in pænitentiam (*Lucæ*, v, 32). Umbraculum ergo cucurbitæ super caput ejus, promissiones erant veteris Testamenti, vel ipsa jam munera, in quibus erat utique, sicut dicit Apostolus, « umbra futurorum (*Col.*, II, 17), » tamquam ab æstu temporalium malorum in terra promissionis defensaculum præbens. Vermis autem matutinus, quo rodente cucurbita exaruit, idem ipse rursus Christus occurrit, ex cujus ore Evangelio diffamato, cuncta illa, quæ temporaliter apud Israëlitas velut umbratili prius significatione viguerunt, evacuata marcescunt. Et nunc ille populus amisso Jerosolymitano regno, et sacerdotio, et sacrificio (quod totum umbra erat futuri) in captiva dispersione magno æstu tribulationis aduritur, sicut Jonas (*Jon.*, IV, 8), quo! scriptum est, « solis ardore, et dolet graviter ; et tamen dolori ejus atque umbræ, quam diligebat, salus gentium (*a*) pænitentiumque præponitur.

36. Adhuc cachinnent pagani, et jam vermem Christum, et hanc interpretationem prophetici sacramenti superbiore garrulitate derideant, dum tamen et ipsos sensim paulatimque consumat. Nam de omnibus talibus Isaias prophetat, per quem nobis dicit Deus ; « Audite me, qui scitis judicium populus meus, in quorum corde lex mea est : opprobria hominum nolite metuere, et detractione eorum ne superemini, nec quod vos spernant magni duxeritis : sicut enim vestimentum, ita per tempus absumentur, et sicut lana a tinea comedentur ; justitia autem mea in æternum manet (*Isa.*, LI, 7). » Nos ergo agnoscamus vermem matu-

(*a*) MSS. Vaticani tres et alii e nostris duo *pænitentiaque*.

Dieu nous réserve, supportons les opprobres des hommes. Jésus-Christ est un « ver » à cause de l'humilité de la chair dont il s'est revêtu ; peut être aussi parce qu'il est né d'une vierge ; car le ver, quoiqu'il naisse de la chair ou de quelque autre matière terrestre, n'est pas le produit de l'alliance des sexes. Jésus-Christ est le ver du matin, parce que c'est au point du jour qu'il est ressuscité. La citrouille dont parle l'Écriture, pouvait aussi se dessécher sans être rongée par un ver. Car si Dieu avait besoin d'un ver pour faire sécher cette plante, pourquoi dire un ver du matin, sinon pour désigner celui qui, dans le Psaume, nous dit : « Pour le secours du matin, mais je suis un ver et non un homme. »

37. Quoi de plus clair que cette prophétie dont nous voyons l'accomplissement. Si l'on s'est moqué de ce ver lorsqu'il était suspendu à une croix, comme il est écrit dans le même Psaume : « Ils m'ont outragé par leurs paroles et ils ont branlé la tête. Il a espéré en Dieu ; que Dieu le délivre, que Dieu le sauve s'il le veut (*Ps.*, XXI, 8) ; » si l'on s'est moqué de ce « ver » pendant que s'accomplissaient les paroles du même Psaume : « Ils ont percé mes mains et mes pieds, ils ont compté tous mes os : et, repaissant leurs yeux de l'état où ils m'avaient mis, ils se sont partagés mes vêtements, et ont tiré ma robe au sort (*Ps.*, XXI, 19).» Et ici la prophétie annoncée dans l'Ancien Testament est aussi claire que ce qui est dit dans l'Évangile : Si, dis-je, on s'est moqué de ce ver quand il était dans cet état d'humiliation, s'en moquera-t-on encore lorsqu'on verra l'accomplissement de la suite de ce même Psaume : « Tous les pays de la terre se souviendront du Seigneur et se convertiront à lui. Toutes les nations l'adoreront et se prosterneront en sa présence, parce que la souveraineté appartient au Seigneur et qu'il dominera sur tous les peuples (*Ps.*, XXI, 28). » C'est ainsi que les Ninivites se sont souvenus du Seigneur et se sont convertis à lui. Le salut promis à la pénitence des nations, et qui a été figuré il y a si longtemps par le miracle de Jonas, faisait gémir de douleur Israël, qui, aujourd'hui, privé de l'ombre qui le couvrait, gémit dans la douleur cuisante qui le consume. Chacun peut, à son gré, expliquer tout ce qui est encore couvert de mystères dans l'histoire de Jonas, pourvu qu'il suive en cela les règles de la foi. Quant aux trois jours que le Prophète a passés dans le ventre de la baleine (*Jonas*, II, 1), on ne

---

tinum, quia et in illo psalmo cujus titulus inscribitur, « Pro susceptione matutina, » hoc se ipse nomine appellare dignatus est : « Ego, inquit, sum vermis, et non homo ; opprobrium hominum, et abjectio plebis (*Psal.*, XXI, 7). » Hoc opprobrium de illis opprobriis est, quæ jubemur non metuere per Isaiam dicentem, « Opprobria hominum nolite metuere (*Isai.*, LI, 7). » Ab isto verme tamquam a tinea comeduntur, qui sub ejus dente evangelico per singulos dies paucitatem suam deficiendo mirantur. Nos hunc agnoscamus, et pro salute divina, humana opprobria sufferamus. Vermis est propter humilitatem carnis ; fortassis etiam propter virginis partum. Nam hoc animal plerumque de carne, vel de quacumque re terrena, sine ullo concubitu nascitur. Matutinus est, quia diluculo resurrexit. Poterat utique illa cucurbita et sine ullo vermiculo arescere. Postremo si habebat Deus ad hoc vermem necessarium, quid opus erat addere matutinum, nisi ut ille vermis agnosceretur, qui cantat « pro susceptione matutina, Ego autem sum vermis, et non homo ?

37. Quid ista prophetia jam ipso rerum effectu et adimpletione lucidius ? Si irrisus est vermis iste cum penderet in cruce, sicut in eodem Psalmo scriptum est, « Locuti sunt labiis, et moverunt caput : Speravit in Deum, eruat eum, salvum faciat eum, quoniam vult cum (*Psal.*, XXI, 8) : » cum completa sunt quæ ibi prædixit, « Foderunt manus meas et pedes, dinumeraverunt omnia ossa mea : Ipsi vero consideraverunt, et conspexerunt me, diviserunt sibi vestimenta mea, et super vestem meam miserunt sortem (*Ibid.*, 19) : quod tanta manifestatione futurum in libro antiquo prophetari, quanta manifestatione factum in novo Evangelio recitatur. Sed si hac humilitate, ut dicere cœperam, iste vermis irrisus est, numquid adhuc irridendus est cum ea compleri cernimus, quæ consequentia Psalmus ipse habet, « Commemorabuntur et convertentur ad Dominum universi fines terræ : et adorabunt in conspectu ejus universæ patriæ gentium : quoniam Domini est regnum, et ipse dominabitur gentium (*Ibid.*, 28). » Sic commemorati sunt Ninivitæ, et conversi sunt ad Dominum. Hanc salutem pœnitentiæ gentium tanto ante præfiguratam in Jona, dolebat Israël, sicut nunc dolet umbra nudatus, et æstu sauciatus. Liceat sane cuilibet quamlibet aliter, dum tamen

peut pas eu donner d'autres interprétations que celles que le maître céleste nous a données lui-même dans son Évangile.

38. Nous avons résolu, comme nous l'avons pu, toutes les questions qui nous ont été posées ; mais que celui qui les a faites se hâte de devenir chrétien, de peur qu'en posant sans fin des questions sur les Livres Saints, il ne finisse sa vie avant de passer de la mort à la vie. Il est excusable, avant d'avoir reçu les sacrements chrétiens, d'avoir voulu s'éclairer sur la résurrection des morts, ainsi que sur l'avénement si tardif de Jésus-Christ sur la terre, comme aussi sur quelques autres questions plus ou moins grandes auxquelles toutes les autres se rapportent ; mais en faire comme celle sur ces paroles : « Vous serez mesurés à la même mesure dont vous aurez mesuré, » ou comme celle qui concerne Jonas, ou toute autre de ce genre, avant de penser à se faire chrétien, c'est ne penser ni à son âge, ni à la condition humaine. Il y a d'innombrables questions qu'il ne faut pas entamer avant d'avoir reçu la foi, de peur que la vie ne finisse sans la foi. Mais quand on est chrétien, les âmes fidèles peuvent se faire une sainte et agréable récréation de ces questions, et communiquer sans orgueil aux autres ce qu'elles y auront découvert. Quant à ce qui reste inconnu et caché, nous pouvons nous y résigner avec patience, sans risque pour notre salut.

LETTRE CIII [1]

Nectarius avait demandé grâce pour ses concitoyens à Saint Augustin qui, dans la lettre 91, lui avait répondu qu'il ne convenait pas à l'indulgence chrétienne de laisser entièrement impuni le crime commis à Calame. Nectarius (2) lui écrit de nouveau et lui demande, avec les supplications les plus douces, de pardonner à tous sans exception.

A SON HONORABLE SEIGNEUR ET DIGNE FRÈRE AUGUSTIN, NECTARIUS, SALUT DANS LE SEIGNEUR.

1. En lisant la lettre de Votre Sainteté, dans laquelle vous renversez le culte des idoles et

---

(1) Écrite au mois de mars l'an 409. — Cette lettre était la 253e dans les éditions antérieures à l'édition des Bénédictins et celle qui était la 103e se trouve maintenant la 212e.

(2) Nectarius avait été environ huit mois sans répondre à saint Augustin, il espérait sans doute que la mort de Stilicon et les révolutions survenues dans l'empire, rendraient la condition des païens meilleure. Son espérance fut trompée; car, au mois de janvier 409, l'empereur Honorius publia une loi qui confirmait les dispositions les plus sévères des lois antérieures contre les payens. Ce fut alors que Nectarius, l'avocat de ces derniers, se décida enfin à répondre à saint Augustin. Voyez les lettres 90 et 91. Celle-ci est une réponse à la lettre 91e.

---

secundum regulam fidei, cetera omnia quæ de Jona (*Jonæ*, II, 1) propheta mysteriis operta sunt, aperire. Illud plane quod in ventre ceti triduo fuit, fas non est aliter intelligere, quam ab ipso cælesti magistro in Evangelio commemoravimus revelatum.

38. Proposita exposuimus ut potuimus : sed ille qui proposuit, jam sit Christianus, ne forte cum exspectat ante librorum sanctorum finire quæstiones, prius finiat vitam istam, quam transeat a morte ad vitam. Ferri enim potest, quod antequam Christianis sacramentis imbuatur, quærit de resurrectione mortuorum. Concedendum etiam fortassis quod de Christo quæsivit, cur tanto post venerit, vel si quæ sunt aliæ paucæ et magnæ quæstiones, quibus cetera inserviunt. Si autem qualis est illa, « In qua mensura mensi fueritis, metietur vobis; » vel qualis ista de Jona; etiam omnes tales antequam sit Christianus finire cogitat, perparum cogitat vel conditionem humanam, vel ætatem jam suam. Sunt enim innumerabiles, quæ non sunt finiendæ ante fidem, ne finiatur vita sine fide. Sed plane retenta jam fide, ad exercendam piam delectationem mentium fidelium studiosissime requirendæ, et quod in eis eluxerit, sine typho arrogantiæ communicandum; quod autem latuerit, sine salutis dispendio tolerandum.

EPISTOLA CIII

Nectario petenti veniam tribui civibus suis rescripserat Augustinus in epist. 97, non decere Christianam benevolentiam, ut insigne illud Calamensium scelus impunitum omnino dimittatur. Huic rursum scribit Nectarius, blandiens ac suppliciter suadens, ut iis parcatur sine ulla exceptione.

DOMINO RECTE AC MERITO SUSCIPIENDO, ET OMNIBUS MODIS HONORANDO FRATRI AUGUSTINO, NECTARIUS IN DOMINO SALUTEM.

1. Sumtis litteris eximietatis tuæ, quibus idolorum cultum, et templorum ceremonias de-

les cérémonies célébrées dans leurs temples, il me semblait entendre la voix d'un philosophe, non pas assurément de celui qu'on nous représente assis dans un coin obscur de l'Académie, plongé dans une profonde rêverie, la tête sur les genoux, et qui, pauvre de science, et ne trouvant dans son esprit rien qui provienne de lui, attaque par ses calomnies les illustres découvertes et les brillantes pensées des autres; mais vivement frappé du charme de vos paroles, je croyais voir devant moi Cicéron même, ce grand homme, cet ancien consul, qui, après avoir sauvé la vie à tant de ses concitoyens, et le front ceint de lauriers, apportait dans les écoles étonnées de la Grèce, les témoignages des victoires qu'il avait remportées au forum, et qui, fatigué et comme hors d'haleine, déposait cette éclatante trompette, que dans une juste indignation, il avait fait si souvent retentir contre les parricides de la République, et réunissait ensemble les longs plis de sa toge pour s'en faire un manteau grec.

2. Lorsque vous nous appeliez à la religion et au culte du Dieu suprême, j'ai écouté volontiers votre voix, je l'ai écoutée avec bonheur, lorsque vous nous engagiez à lever les yeux vers la céleste patrie, car la patrie dont vous voulez parler, n'est pas cette cité entourée de murailles, ni celle que les philosophes dans leurs traités appellent la patrie commune à tous, c'est-à-dire le monde, mais celle que le Dieu tout-puissant habite avec les âmes qui ont bien mérité de lui, celle vers laquelle toutes les religions, toutes les lois, dirigent nos aspirations par des voies et des sentiers divers. Cité divine, que la parole ne peut faire connaître et que la pensée peut à peine concevoir. Cependant, quoiqu'elle soit digne de tous nos désirs et de tout notre amour, on ne doit pas, je pense, négliger non plus celle où nous sommes nés, celle où nos yeux ont vu pour la première fois la lumière du jour, celle qui nous a nourris, où nous avons été élevés, et pour en revenir plus particulièrement à mon sujet, celle à propos de laquelle les hommes les plus instruits nous disent qu'il y a, après la mort du corps, des demeures célestes préparées pour ceux qui ont bien mérité de leur patrie natale. Les mêmes auteurs nous enseignent encore que les services rendus à la terre où nous avons reçu le jour sont comme des degrés qui nous élèvent à la divine cité, et que les hommes plus particulièrement admis au céleste séjour sont ceux qui ont sauvé leur pays par leurs conseils et leurs œuvres. Lorsque vous nous dites en plaisantant que c'est moins par les armes que par les flammes et l'incendie que brille notre ville, et qu'elle produit plus d'épines que de fleurs, nous ne pouvons regarder ce reproche comme bien sérieux, car vous savez que la plupart du temps les fleurs naissent des épines, que ce sont les épines qui

---

struxisti, audire mihi visus sum Philosophi vocem, non illius, quem in Academia Liceove memorant, tenebrosis humo angulis residentem, ex profunda quadam cogitatione demersum, reductis ad frontem caput implicuisse genibus, ut aliorum præclara inventa doctrinæ egenus, quidam calumniator oppugnet, assertaque præclare, cum suum nihil defendat, accuset: sed plane excitatus oratione tua ante oculos stetit M. Tullius consularis, qui innumeris civium capitibus conservatis, forensis campi signa victricia stupentibus Græciæ scholis, laureatis inferret, tubamque illam canoræ vocis et linguæ, quam in criminum reos et reipublicæ parricidas, spiritu justæ indignationis inflaverat, anhelus inverteret, togamque ipsam rugarum paginis resolutis, palliorum imitatus speciem, retorqueret.

2. Ergo cum nos ad exsuperantissimi Dei cultum religionemque compelleres, libenter audivi, cum cœlestem patriam intuendam esse suaderes, gratanter accepi. Non enim illam mihi civitatem dicere videbare, quam muralis aliquis gyrus coercet, nec illam, quam philosophorum tractatus mundanam memorans communem omnibus profitetur; sed quam magnus Deus, et bene meritæ de eo animæ habitant atque incolunt, quam omnes leges diversis viis et tramitibus appetunt, quam loquendo exprimere non possumus, cogitando forsitan invenire possemus. Hæc ergo licet principaliter appetenda atque diligenda sit; tamen illam non arbitror descerendam, in qua nati et geniti sumus: quæ prima nobis usum lucis hujus infudit, quæ aluit, quæ educavit, et ut quod ad caussam proprie pertinet, dicam, de qua bene meritis viris, doctissimi homines ferunt, post obitum corporis in cælo domicilium præparari, ut promotio quædam ad supernam præstetur, his hominibus, qui bene de genitalibus urbibus meruerunt; et hi magis cum Deo habitant, qui salutem dedisse, aut consiliis, aut operibus pa-

produisent les roses et que les épis mêmes du froment sont garnis d'un rempart hérissé, de sorte que ce qui est doux est souvent mêlé avec ce qui est dur et rude.

3. Vous finissez votre lettre en disant que l'Église ne demande pas à être vengée par la mort ou le sang des coupables, mais par la privation des biens qu'ils craignent le plus de perdre. Pour moi, si je ne me trompe, je pense qu'il est plus dur d'être privé de son bien que de la vie même. Les livres, comme vous le savez, répètent souvent que la mort ôte le sentiment de tous les maux, et qu'une vie d'indigence rend malheureux pour toujours. Car il est plus triste de vivre dans la misère que de trouver dans la mort la fin de sa misère même. N'est-ce pas ce qu'indique votre œuvre de tous les jours ? Lorsque vous soutenez les pauvres, lorsque vous soignez les malades et que vous appliquez des remèdes à toutes les maladies du corps, tous vos soins ne tendent-ils pas à ôter aux affligés le sentiment de leurs peines et à en faire cesser la durée ? Quant à la qualité des fautes, peu importe ce qu'elles sont en elles-mêmes, dès qu'on en implore le pardon. En effet, si le repentir mérite le pardon et purifie le coupable, certes le repentir est dans celui qui supplie, qui embrasse les pieds pour obtenir indulgence, et si, selon l'opinion de quelques philosophes, toutes les fautes sont égales, on doit leur accorder à toutes un pardon commun. Parler avec emportement, c'est une faute ; dire des injures ou commettre des crimes, c'est également une faute ; dérober le bien d'autrui, profaner des lieux sacrés, c'est encore un péché ; mais toutes ces fautes cependant doivent également obtenir indulgence et pardon. Enfin, il n'y aurait pas de pardon à accorder s'il n'y avait pas eu de fautes commises.

4. Maintenant que je vous ai répondu, non pas comme j'aurais dû, mais comme j'ai pu, en vous disant trop peut-être ou bien pas assez, il ne me reste plus qu'à vous prier, qu'à vous conjurer de penser à ce que vous êtes, à ce que votre profession demande, à vos œuvres de tous les jours, et plût à Dieu que vous fussiez ici présent, pour voir mes douleurs et mes larmes. Songez à l'aspect d'une cité d'où l'on arrache les habitants pour les conduire au supplice. Songez aux cris et aux lamentations des mères, des épouses, des enfants, des parents, à la honte de ceux qui peuvent revenir dans leur patrie libres, mais après avoir subi la torture ; songez enfin à toutes ces douleurs, à tous ces gémissements renouvelés par la vue des blessures et des cicatrices. Lorsque vous vous serez représenté un tel spectacle, songez alors avant tout à Dieu, à ce que diront les hommes ; appelez dans votre cœur les sentiments de bonté, d'amitié, d'union et cherchez la louange plutôt dans le pardon que dans la

---

triæ doceantur. Jam illud quod jocularitor dignatus es dicere, Urbem nostram non armis, sed flammis incendiisque flagrare, et spinas magis ingenerare quam flores, non est maxima reprehensio, cum sciamus flores ex spinis plerumque generari. Nam et rosas ex spinis gigni quis dubitat, et fruges ipsas aristarum vallo sepiri, ita ut asperis suavia plerumque misceantur.

3. Postremum fuit in litteris præstantiæ tuæ, non caput aut sanguinem in Ecclesiæ postulari vindictam, sed quibus rebus maxime metuunt spoliandos. Ego autem (nisi me opinio fallit) sic arbitror, gravius esse spoliari facultatibus, quam occidi. Siquidem quod frequentatum in litteris nosti, mors malorum omnium aufert sensum, egestosa vita æternam parit calamitatem, gravius est enim male vivere, quam mala morte finire. Hoc etiam operæ vestræ indicat ratio, in quibus pauperes sustinetis, morbidos curatione relevatis, medicinam afflictis corporibus adhibetis : id postremo modis omnibus agitis, ut diuturnitatem calamitatis afflicti non sentiant. Quod autem ad modum pertinet peccatorum, nihil interest, quale videatur esse peccatum, cui indulgentia postulatur. Primum enim si pænitentia et veniam tribuit, et purgat admissum ; pænitet utique illum, qui rogat, qui pedes complectitur. Et si, ut quibusdam philosophis placet, omnia peccata paria sunt, indulgentia omnibus debet esse communis, petulantius locutus est aliquis ; peccavit convicia aut crimina ingessit, æque peccavit : aliena quisquam diripuit, inter delicta numeratur : loca profana sacrave violavit, non est ab indulgentia secernendus. Postremo nullus esset veniæ locus, nisi peccata præcederent.

4. Nunc quoniam non quantum debui, sed quantum potui, majus ut dicitur, minusve respondi, oro atque obsecro, utinam præsentem possem, ut etiam lacrymas meas pervideres, ut qui sis, quid profitearis,

vengeance. Ce que je viens de vous dire concerne ceux qui ont fait l'aveu de leur crime. Votre religion vous a fait une loi de pardonner à ces coupables, et je ne saurais trop vous en féliciter. Maintenant, on ne saurait dire quelle cruauté il y aurait à poursuivre des innocents et à faire peser une accusation capitale sur ceux qui n'ont point trempé dans le crime. S'ils parvenaient à se faire absoudre, songez, je vous prie, au blâme et à la haine qui retomberaient sur les accusateurs, obligés de laisser les innocents en repos après avoir volontairement relâché les coupables. Que le Dieu tout-puissant vous garde et vous conserve comme le soutien de sa loi et comme l'ornement de notre siècle.

LETTRE CIV [1]

Saint Augustin répond à tous les points de la lettre précédente, et réfute particulièrement l'opinion des Stoïciens sur l'égalité des péchés.

A SON EXCELLENT SEIGNEUR ET HONORABLE FRÈRE NECTARIUS.

AUGUSTIN, SALUT DANS LE SEIGNEUR.

CHAPITRE PREMIER. — 1. J'ai lu votre lettre, par laquelle vous avez répondu longtemps après à celle que je vous ai adressée, lorsque mon saint frère Possidius, mon collègue dans l'épiscopat, se trouvait encore parmi nous, et avant qu'il se fût embarqué. Celle que vous avez daigné m'envoyer par lui, je l'ai reçue le sixième jour des calendes d'avril, près de huit mois après celle que je vous avais écrite. J'ignore entièrement la cause du retard que nos lettres ont éprouvé pour nous parvenir mutuellement. Peut-être votre sagesse avait-elle jugé à propos de ne pas me répondre alors, et s'est-elle décidée à le faire présentement. S'il en est ainsi, j'ai lieu de m'en étonner. Auriez-vous appris (ce que j'ignore encore), que mon frère Possidius, qui permettez-moi de vous le dire, aime vos concitoyens plus que vous ne les aimez vous-même, a obtenu contre eux un châtiment plus sévère ? Votre lettre, en effet, semble m'indiquer que telle était votre crainte, lorsque vous me disiez de me représenter « l'aspect d'une cité d'où l'on arrache les habitants pour les conduire au supplice; de me figurer les cris et les lamenta-

---

[1] Écrite après le 6° des Calendes de mars l'an 409. — Cette lettre était la 254° dans les éditions antérieures à l'édition des Bénédictins et celle qui était la 104° se trouve maintenant la 191°.

---

quid agas, etiam atque etiam cogites; intendas qua sit illius species civitatis, ex qua ad supplicium ducendi extrahuntur; quæ sit matrum, quæ conjugum, quæ liberorum, quæ parentum lamentatio, quo pudore ad patriam ventre possint, liberati, sed torti; quos renovat dolores aut gemitus, consideratio vulnerum et cicatricum. Et his omnibus pertractatis, Deum primo consideres, hominumque cogites famam, bonitatem amicam potius, familiaremque conjunctionem, et ignoscendo potius laudem quam vindicando conquiras. Atque hæc de his dicta sint, quos verus confessionis suæ reatus adstringit. Quibus quidem legis contemplatione, quod laudare non desino, veniam tribuistis. Jam illud explicari vix potest, quantum crudelitatis sit, innocentes appetere, et eos, quos a crimine constat esse discretos, in judicium capitis devocare. Quos si purgari contigerit, cogites quæso, quanta accusatorum liberabuntur invidia, cum reos sponte dimiserint, victi, reliquerint innocentes. Deus summus te custodiat, et legis suæ te conservet præsidium atque ornamentum nostrum.

EPISTOLA CIV

Ad superioris epistolæ capita singula respondet Augustinus; id præter alia refellens, quod ex Stoicorum placito Nectarius induxerat, omnia peccata esse paria.

DOMINO EXIMIO MERITOQUE HONORABILI AC SUSCIPIENDO FRATRI NECTARIO AUGUSTINUS IN DOMINO SALUTEM.

CAPUT I. — 1. Legi litteras benignitatis tuæ, quibus mihi longe postea respondisti, quam meas ad te perferendas dedi. Nam ego rescripseram, cum adhuc nobiscum esset, neque navigasset sanctus frater, et coepiscopus meus Possidius. Illas autem quas mei caussa illi dignatus es reddere, accepi VI. cal. Aprili post menses ferme octo, quam scripseram. Cur ergo ad te tam sero mea scripta pervenerint, aut ad me tua, prorsus ignoro. Nisi forte modo rescribere prudentiæ tuæ placuerit, quod facere ante contemseras. Hoc si ita est, miror unde sit. An aliquid audisti, quod nos adhuc latet, fratrem meum

tions des mères, des épouses, des enfants, des parents; de songer à la honte de ceux qui peuvent revenir libres dans leur patrie, mais après avoir subi la torture, et de penser enfin à toutes ces douleurs, à tous ces gémissements renouvelés par la vue des blessures et des cicatrices. Loin de nous la pensée de faire ou de solliciter rien de pareil contre aucun de nos ennemis. Mais comme je vous l'ai dit, si quelque bruit semblable est arrivé jusqu'à vous, dites-le-nous clairement, pour empêcher que de telles choses ne se fassent, ou pour que nous puissions répondre à ceux qui croiraient.

2. Relisez plutôt ma lettre, à laquelle vous avez tardé si longtemps de répondre, vous y verrez assez l'expression de nos sentiments à cet égard, mais ayant oublié, comme je le vois, ce que je vous avais répondu, vous entrez dans un exposé de choses tout à fait contraires à ce que je vous ai dit. En effet, croyant sans doute vous rappeler le contenu de ma lettre, vous mettez dans la vôtre, comme venant de moi ce que je ne vous ai jamais dit. Vous prétendez, en effet, que je termine ma lettre en vous disant « que l'Église ne demande pas à être vengée par la mort ou le sang des coupables, mais en les privant des biens qu'ils craignent le plus de perdre. »

Voulant montrer ensuite combien cela serait mal, vous ajoutez « que selon vous, si toutefois vous ne vous trompez pas, il est plus dur d'être privé de son bien, que de la vie même, » et pour faire voir plus clairement de quel bien vous parlez, vous ajoutez « que je dois connaître ce qui est si souvent répété dans les livres, savoir, que la mort ôte le sentiment de tous les maux, mais qu'une vie d'indigence rend malheureux pour toujours » puis vous concluez, « qu'il est plus triste de vivre dans la misère que de trouver dans la mort la fin de sa misère même. »

3. Pour moi, je ne me souviens pas d'avoir jamais lu, ni dans nos livres saints à l'étude desquels j'avoue m'être appliqué beaucoup trop tard, ni dans vos livres que j'ai étudiés dès mon enfance, qu'une vie de misère rend malheureux pour toujours. En effet, la pauvreté, quelque pénible qu'elle soit, loin d'être un péché, est souvent un moyen qui nous empêche d'en commettre. Par conséquent personne, pour avoir vécu pauvrement, ne doit craindre après cette vie si courte, un malheur éternel pour son âme. Dans cette vie même que nous passons sur la terre, il ne peut pas y avoir de malheur éternel, puisque bien loin d'être éternelle elle est d'une si courte durée,

---

Possidium adversus cives tuos (quos, pace tua dixerim, multo salubrius diligit ipse quam tu) quo plectantur severius impetrasse. Nam hoc et epistola tua te metuere indicat, cum admones ut mihi ante oculos constituam, qualis illa sit species civitatis, ex qua ad supplicium ducendi extrahuntur: quæ sit matrum, quæ conjugum, quæ liberorum, quæ parentum lamentatio : quo pudore ad patriam venire possint liberati, sed torti, quos renovet dolores aut gemitus consideratio vulnerum et cicatricum. Absit, ut ista cuiquam inimicorum nostrorum vel per nos, vel per quemquam, quod ingeratur, instemus; sed, ut dixi, si aliquid tale ad fama pertulit, apertius edissere, ut noverimus, vel quid agere ne ista fiant, vel quid hæc credentibus respondere debeamus.

2. Litteras meas potius intuere, quibus te rescribere piguit, illic enim satis expressi animum nostrum; sed, ut opinor, oblitus quid tibi rescripserim, omnino mihi alia longe diversa et dissimilia retulisti. Quippe quasi recordatus, quod in litteris meis posui ; hoc tuis inseruisti, quod omnino non posui. Postremum enim fuisse in litteris meis dicis, non caput aut sanguinem in Ecclesiæ postulari vindictam, sed rebus, qui maxime metuunt spoliandos. Deinde ostendens quantum sit hoc mali adjungis, atque, ante contexis; nisi te opinio fallit, arbitrari gravius esse, spoliari facultatibus, quam occidi. Atque ut apertius exponas, de quibus facultatibus dixeris, pergis atque addis, me frequentatum in litteris nosse, quod mors malorum omnium auferat sensum, egestosa autem vita æternam parias calamitatem. Deinde conclusisti, gravius esse in malis vivere, quam mala morte finire.

3. Et ego quidem nec in nostris, ad quas me serius fateor animum applicuisse, quam vellem, nec in vestris, quas ab ineunte ætate didici, litteris uspiam legisse recolo, quod egestosa vita æternam pariat calamitatem. Nam nec umquam peccatum est laboriosa paupertas, et est aliquanta restrictio et coercitio peccatorum. Ac per hoc non est metuendum ne cuiquam post hanc brevem vitam, hoc ad æternam valeat animæ calamitatem, quod pauper hic vixerit ; et in hac ipsa, quam in terris degimus, nullo modo ulla calamitas æterna esse poterit; cum eadem vita æterna esse non possit, quæ nec

à quelque vieillesse qu'on parvienne. J'ai plutôt lu dans les livres dont vous me parlez, qu'elle est bien courte cette vie dont nous jouissons ici-bas, et dans laquelle vous pensez, d'après vos livres qui le répètent si souvent, qu'on peut être à jamais malheureux. Quelques-uns de vos auteurs disent, il est vrai, que la mort est la fin de tous les maux, mais tous ne sont pas de cette opinion, qui est celle des Epicuriens, et de tous ceux qui pensent que l'âme est sujette à la mort. Mais ceux que Cicéron appelle des philosophes *consulaires*, comme signe de son estime pour leur autorité, pensent que l'âme ne s'éteint pas avec le dernier jour de notre vie, mais qu'elle change seulement de demeure, et que selon le bien ou le mal qu'elle a fait, elle subsiste dans un état de béatitude ou de misère. Cela s'accorde avec les livres saints, dans lesquels je voudrais être plus instruit. La mort est donc la fin de tous les maux pour ceux dont la vie a été chaste, pieuse, fidèle et innocente, mais non pour ceux qui, brûlant du désir des frivolités et des vanités de la terre, sont, malgré l'apparence de leur bonheur, déjà malheureux ici-bas par la perversité de leur volonté, et qui, après leur mort, sont forcés de reconnaître et d'éprouver de plus grandes misères encore.

4. Or, puisque tout ce que je viens de dire est souvent répété dans vos auteurs que vous estimez le plus et dans nos livres divins, ô vous qui aimez tant votre patrie de la terre, craignez pour vos concitoyens une vie de luxe et de plaisir, mais non une vie de misère et d'indigence; ou si c'est la pauvreté que vous redoutez pour eux, enseignez-leur à éviter cette pauvreté qui, bien qu'entourée de tous les bonheurs terrestres, les laisse toujours insatiables, et qui, selon les paroles mêmes de vos auteurs, reste toujours la même dans le besoin comme dans l'abondance. Toutefois, dans la lettre à laquelle vous avez répondu, je n'ai pas dit qu'il fallait punir vos concitoyens quoiqu'ennemis de l'Eglise, par cette pauvreté qui nous prive des choses nécessaires à la vie, et au secours de laquelle vient cette piété que vous avez jugé à propos de nous rappeler, lorsque nous soutenons les pauvres, nous soignons les malades, et appliquons des remèdes à toutes les maladies du corps, quoiqu'il vaudrait encore mieux se trouver dans une telle pauvreté, que d'être dans l'abondance de toutes choses pour assouvir nos mauvaises passions. Mais à Dieu ne plaise que j'aie jamais pensé à réduire à un tel chagrin et à une telle misère les habitants de Calame.

CHAPITRE II. — 5. Repassez ma lettre, si vous avez cru qu'elle méritait d'être conservée,

---

saltem diuturna est, ad quamlibet ætatem, senectutemque pervenerit. Hoc enim potius in illis litteris legi, quoniam vita ipsa, qua fruimur, brevis est, in qua tu arbitraris, et frequentatum in litteris jam mones, æternam esse posse calamitatem: mortem autem malorum omnium esse finem, habent quidem vestræ litteræ, sed nec ipsæ omnes, Epicureorum est quippe ista sententia, et si qui alii mortalem animam putant. At illi quos Tullius quasi consulares philosophos appellat, quod eorum magnipendat auctoritatem, quoniam cum extremum diem fungimur, non exstingui animam, sed emigrare censent, et ut merita quoque ejus asserunt seu bona, seu mala, vel ad beatitudinem, vel ad miseriam permanere. Hoc congruit et litteris sacris, quarum me cupio litteratorem. Malorum ergo finis est mors, sed in eis quorum casta, pia, fidelis, innocens vita, non in eis qui temporalium nugarum et vanitatum cupiditate flagrantes, et cum hic sibi felices videntur, ipsa voluntatis pravitate miseri convincuntur, et post mortem graviores miserias non habere tantum, verum etiam sentire coguntur.

4. Hæc ergo cum et vestris quibusdam, quas honorabilius habetis, et nostris omnibus litteris frequententur, o bone dilector etiam terrenæ patriæ tuæ, luxuriosam vitam time civibus tuis, non egestosam : aut si egestosam times, illam potius egestosam mone devitandam; quæ magna licet rerum terrenarum prosperitate circumfluat, eis tamen insatiabiliter inhiando, ut vestrorum ipsorum verbis utar auctorum, neque copia neque inopia minuitur. Verumtamen in illis, quibus respondisti litteris meis, inimicos Ecclesiæ cives tuos, nec illa egestate dixi emendandos, ubi necessaria naturæ desunt, cui succurrit misericordia, de qua nobis etiam præscribendum putasti, quod operum nostrorum hoc indicet ratio, quibus pauperes sustinemus, morbidos curatione relevamus, medicinam afflictis corporibus adhibemus (quamquam et sic egere utilius sit, quam ad satiandam nequitiam rebus omnibus abundare.) Sed absit, ut ego illa coercitione ad

car, quoique vous ne l'ayez pas relue pour y répondre, peut-être l'aurez-vous conservée, pour qu'on la mît sous vos yeux, quand vous la redemanderiez, et faites attention à ce que j'y ai dit. Vous y trouverez certainement les paroles suivantes auxquelles vous n'avez pas répondu. Je répète ici ces paroles : « Nous ne voulons pas satisfaire à des sentiments de colère en vengeant le passé, mais la charité même nous ordonne de pourvoir à l'avenir. Les chrétiens, sans renoncer à leur douceur, savent comment ils doivent châtier d'une manière utile et salutaire pour l'avenir. Les méchants ont non-seulement la santé et la vie, mais ils ont encore de quoi vivre et de quoi mal vivre. Laissons-leur les deux premiers points, la santé et la vie, afin qu'ils puissent se repentir. Voilà ce que nous souhaitons ; voilà à quoi nous désirons contribuer autant qu'il dépend de nous. Quant au troisième point, c'est-à-dire au moyen de mal vivre, si Dieu désire que ce moyen leur soit ôté, comme quelque chose qui leur est nuisible, ce sera leur faire, en les punissant, une grande miséricorde. » Si vous aviez relu ces paroles, quand vous avez daigné me répondre, vous auriez vu qu'il y avait plus d'outrage pour nous que de bienveillance pour eux, à nous prier d'épargner le dernier supplice et la torture à ceux dont vous prenez les intérêts, puisque j'ai déclaré que nous voulions leur conserver la vie saine et sauve. Vous n'auriez pas non plus eu à redouter pour eux, cette indigence qui les aurait réduits à vivre de la charité d'autrui, puisque j'ai dit en second lieu, qu'il fallait leur laisser de quoi vivre. Quant au troisième point, c'est-à-dire à ce qui leur donne les moyens de mal vivre, ou pour ne pas parler d'autre chose, aux moyens qu'ils ont de se fabriquer des statues d'argent pour leurs fausses divinités, dont ils maintiennent le culte sacrilége en incendiant l'église de Dieu, en livrant à la populace la subsistance des pauvres religieux, en répandant le sang innocent, dites-nous, vous qui consultez les intérêts de votre cité pourquoi vous craignez de leur ôter ce moyen de mal vivre, pourquoi voulez-vous, par une impunité pernicieuse, qu'on leur laisse ce qui sert d'aliment à leur audace ? Dites-nous, apprenez-nous, après y avoir bien réfléchi, quel mal on ferait en les punissant de la sorte, mais faites bien attention à ce que nous disons, et, sous une apparence de prière, ne jetez pas indirectement sur nos paroles, de fausses et insidieuses accusations.

6. Que vos concitoyens se rendent respectables et dignes d'être honorés, par la pureté de

hanc ærumnam eos, de quibus agimus, redigendos esse censuerim.

CAPUT II. — 5. Recense epistolam meam, si tamen dignam habuisti, si non quam relegeres, cum ei fuisset respondendum, saltem quam ita reponeres, ut tibi jubenti, cum volueris proferretur, et adtende quid dixerim, hoc profecto invenies, cui te non respondisse, quantum existimo, fatearis. Nam ex epistola illa mea verba nunc insero, « Non præterita, inquam, vindicando pascere iram nostram studemus, sed misericorditer in futurum consulendo satagimus. Habent homines mali ubi et per Christianos non solum mansuete, verum etiam utiliter salubriterque plectantur. Habent enim quod corpore incolumi vivunt, habent unde vivunt, habent unde male vivunt. Duo prima salva sint, ut quos pæniteat, sint, hoc optamus, hoc, quantum in nobis est, etiam impensa opera instamus. Tertium vero si Dominus voluerit, tamquam putre noxiumque resecare, valde misericorditer puniet. » Hæc verba mea si recensuisses, cum mihi rescribere dignareris, non solum de morte, sed et de tormentis corporalibus evitandis eorum, pro quibus agis, nos invidiosius, quam officiosius rogandos putares; quorum dixi, velle nos in eis salvum esse, quod incolumes corpore vivunt. Nec egestosam vitam, ut victu indigerent ab aliis impartito, per nos eis utique formidares; quorum et illud secundum dixi velle nos salvum, quod habent unde vivunt. Tertium vero quod habent unde male vivunt, id est, ut nihil aliud dicam, certe unde falsorum deorum argentea fabricavere simulacra, pro quibus vel servandis, vel adorandis, vel sacrilego ritu adhuc colendis, usque ad ecclesiæ Dei prosiliatur incendium, et religiosissimorum pauperum sustentacula infelici vulgo diripienda præbeantur, sanguisque fundatur, tu qui tuæ consulis civitati, quare metuis resecari, ne omnimoda impunitate perniciosa nutriatur et roboretur audacia? Hoc nobis edissere, hoc doce circumspecta disputatione quid mali sit, diligenter adtende quod dicimus, ne id quod vobis dicimus, velut specie petendi quodammodo accusatione obliqua objicere videaris.

6. Sint honesti cives tui, probis moribus, non superfluis facultatibus non eos volumus ad aratrum Quintii, et ad Fabricii focum per nos illa coerci-

leurs mœurs, et non par le superflu de leurs biens. Nous ne voulons pas, en les punissant, les réduire à la charrue de Quintius, ni au foyer de Fabricius; quoique cette pauvreté, bien loin d'avoir avili ces chefs de la République Romaine, les ait, au contraire, rendus plus chers à leurs concitoyens, et les ait fait paraître plus dignes de gouverner leur patrie. Nous ne voulons pas non plus qu'il reste seulement dix livres d'argent aux riches de votre ville, comme à ce Ruffin qui fut deux fois honoré du consulat, somme que la sévérité du censeur, trouva encore trop forte et dont elle voulut retrancher quelque chose. Les mœurs de notre siècle si pâle et sans vigueur, nous engagent à traiter avec plus de douceur, les âmes amollies de nos jours. La douceur chrétienne regarderait comme trop dur, ce qui a paru juste aux censeurs de Rome. Voyez cependant la différence : posséder une telle somme d'argent fut regardé à Rome comme une faute punissable, et de notre côté, pour les fautes les plus graves, nous nous contentons de laisser aux coupables, une somme égale à celle de Ruffin. Ce qui fut alors considéré comme un crime, nous voulons que ce soit aujourd'hui le châtiment d'un crime. Mais il y a cependant une chose que l'on peut et que l'on doit faire, c'est d'un côté, de ne pas pousser la sévérité jusqu'à ce point, et de l'autre, de ne pas laisser l'impunité triompher et se déchaîner en toute sécurité. Ce serait pousser des malheureux à imiter de pareils exemples, et les conduire ainsi à des peines terribles qu'ils ne voient pas présentement. Permettez-nous du moins d'inspirer quelque crainte, pour leurs biens superflus, à ceux qui incendient et pillent notre nécessaire. Qu'il nous soit permis de rendre à nos ennemis le service et le bienfait de les préserver de faire quelque chose de mal, en leur inspirant la crainte de se voir privés des choses dont la perte n'est point un mal. Agir ainsi, ce n'est pas se venger d'un crime, c'est donner un conseil salutaire. Ce n'est pas infliger un supplice aux coupables, c'est les en préserver.

7. Lorsque, par un sentiment de douleur, on empêche un imprudent de s'accoutumer à des crimes qui lui attireraient les peines les plus terribles, on ressemble à celui qui saisirait un enfant par les cheveux, pour l'empêcher de caresser des serpents. Par cette précaution inspirée par la tendresse, mais qui peut paraître désagréable à cet enfant, on préserve ses membres de toutes blessures, et en l'effrayant, on le préserve d'une chose qui mettrait son salut et sa vie en danger. La bienfaisance ne con-

tione perduci. Qua paupertate illi Romanæ reipublicæ principes non solum non viluerunt civibus suis, sed ob eam fuerunt præcipue cariores, et patriæ gubernandis opibus aptiores. Ne illud quidem optamus aut agimus, ut patriæ tuæ divitibus illius Ruffini bis consulis (a) argenti solum decem pondo remaneant, quod tunc laudabiliter severa censura adhuc resecandum tamquam vitium judicavit. Tantum nos consuetudo decoloris ætatis nimium marcidas animas mitius contrectare persuadet, ut mansuetudini Christianæ, quod illis censoribus justum visum est, nimium videatur : et vides quam multum intersit, utrum punienda culpa sit tantum habere, an propter alias gravissimas culpas, ut tantum quis habeat permittere; quod tunc jam fuit peccatum, nunc volumus sit saltem pœna peccati. Sed est quod fieri possit, et debeat, ut nec usque ad ista progrediatur severitas, nec nimis secura lætetur et debacchetur impunitas, et imitationis exemplum ad gravissimas et occultissimas pœnas infelicibus proponatur. Saltem concede, ut nimium superfluis suis timeant, qui necessaria nostra incendere ac vestare moliuntur. Liceat et hoc beneficium tribuere inimicis nostris, ut dum metuunt rebus, quas noxium non est amittere, metuant sibi noxium est, non conentur admittere. Neque enim hæc dicenda est vindicta peccati, sed tutela consilii : non est hoc irrogare supplicium, sed ab excipiendo supplicio communire.

7. Quisque imprudentem cum aliquo sensu doloris privat, ne supervacuis sceleribus assuefactus pœnas atrocissimas pendat ; puero capillos vellit, ne serpentibus plaudat ; atque ita, ubi molesta dilectio est, nullum membrum læditur, unde autem deterret, salus et vita periclitatur. Non tunc benefici sumus, cum id quod a nobis petitur, facimus, sed cum id facimus, quod non obsit petentibus. Nam pleraque non dando prosumus, et noceremus, si dedissemus. Unde illud proverbium, Nec puero gladium. « Tu vero, » inquit Tullius, « ne unico quidem filio. » Quo enim quemquam maxime diligimus, eo minus ei debemus, in quibus magno pe-

(a) Lov. argenticulus decerpendo remaneat.

siste pas toujours à accorder ce qu'on nous demande, mais à faire ce qui peut être utile à ceux qui nous sollicitent. En effet, la plupart du temps nous faisons du bien en refusant, et nous aurions fait du mal en accordant. De là vient le proverbe : Ne donnez pas une épée à un enfant, pas même « à votre fils unique, » dit Cicéron. Plus nous aimons quelqu'un, moins nous devons lui confier ce qui pourrait le mettre en danger. Je crois, sans erreur, qu'il s'agissait des richesses, lorsque Cicéron parlait ainsi. Or, comme il est dangereux de donner certaines choses à ceux qui en feraient un mauvais usage, c'est leur rendre service que de les en priver. Lorsque les médecins voient la nécessité d'employer le fer et le feu pour arrêter les progrès d'une gangrène, ils ne sont que miséricordieux en s'endurcissant contre les larmes que leur opération fait verser. Si, lorsque nous étions enfants, ou même déjà un peu grands, nous avions obtenu de nos parents ou de nos maîtres, grâce et pardon pour toutes les fautes que nous pouvions commettre, qui de nous en grandissant, ne serait pas devenu insupportable? Qui de nous aurait jamais appris quelque chose d'utile? C'est par prévoyance et non par cruauté que l'on agissait ainsi à notre égard. N'ayez donc pas, dans la cause qui nous occupe uniquement, pour but d'obtenir, n'importe comment de nous, ce que vous demandez pour vos concitoyens, mais pesez toute chose avec soin et prudence. S'il vous plaît de négliger le passé, puisque ce qui est fait ne peut plus ne pas être, songez du moins à l'avenir. Prenez en considération, non ce que désirent ceux qui vous sollicitent, mais ce qui peut leur être utile. Ce ne serait pas les aimer sincèrement que de craindre d'être moins aimé d'eux, en leur refusant ce qu'ils nous demandent. Souvenez-vous que vos livres mêmes ne louent celui qui gouverne la patrie, que quand il cherche plutôt ce qui est utile à ses concitoyens, que ce qui leur est agréable.

CHAPITRE III. — 8. « Peu importe, dites-vous, quelle est la qualité du péché, lorsqu'on demande pardon. » Cela serait vrai s'il s'agissait de punir et non de corriger les hommes. Plaise à Dieu que ce ne soit pas le plaisir de la vengeance qui pousse un chrétien à condamner et à punir, et que pour pardonner une offense, il n'attende pas, mais prévienne même la prière de celui qui demande pardon! Mais s'il agit ainsi, dans la crainte de haïr quelqu'un, de rendre le mal pour le mal, de se laisser emporter au désir de nuire, et pour se préserver du plaisir de se voir vengé par la loi, il ne doit pas pour cela négliger de pourvoir à l'avenir, et d'arrêter les projets des méchants. En effet, il peut arriver qu'en se laissant trop emporter par la haine contre un autre, on ne fasse rien pour le corriger, et que par amitié

---

riculo peccatur, committere. Et de divitiis, ni fallor, cum hæc ageret, loquebatur. Proinde quæ periculose male utentibus committuntur, salubriter etiam plerumque detrahuntur. Medici cum vident secandam urendamque putredinem sæpe adversus multas lacrymas misericorditer obsurdescunt. Si quoties parvuli, vel etiam grandiusculi veniam peccantes deprecati sumus, toties a parentibus, vel magistris accepissemus, quis nostrum tolerandus crevisset? quis aliquid utile didicisset ? providenter ista, non crudeliter fiunt. Ne quæso in hac caussa nihil aliud intendas, nisi quemadmodum apud nos efficias, quod rogaris a tuis : omnia vero diligenter considera. Si præterita negligis, quæ fieri jam infecta non possunt : aliquantum prospice in posterum, non quid cupiant, qui te rogant, sed quid eis expediat prudenter adtende. Non sane fideliter eos amare convincimur, si hoc solum intuemur, ne, non faciendo quod poscunt, minuatur quod amamur ab eis. Et ubi est, quod et vestræ litteræ illum laudant patriæ rectorem, qui populi utilitati magis consulat quam voluntati ?

CAPUT III. — 8. Nihil interest, inquis, « quale videatur esse peccatum cum indulgentia postulatur. » Recte hoc diceres si de puniendis, non de corrigendis hominibus ageretur. Absit enim a corde Christiano, ut libidine ulciscendi ad pœnam cujusque rapiatur. Absit ut in dimittendo cuique peccatum, aut non præveniat preces rogantis, aut certe continuo subsequatur: sed hoc utique ne oderit hominem, ne malum pro malo retribuat, ne nocendi inflammetur ardore, ne vindicta etiam lege debita pasci desideret; non autem ne consulat, ne prospiciat, ne compescat a malis. Fieri enim potest, ut vehementius adversando, emendationem cujusque negligat hominis, quem gravius odit ; et nonnulla molestia reddat coercendo meliorem, quem maxime diligit.

et tendresse, on afflige quelqu'un pour le rendre meilleur.

9. « Le repentir, » dites-vous, « mérite le pardon et purifie le coupable. » Oui, quand c'est un repentir inspiré par la vraie religion, et la pensée du jugement futur de Dieu, mais non pas ce repentir, qu'on montre pour un moment aux hommes, ou qu'on feint d'avoir, non afin d'effacer une faute pour l'éternité, mais pour mettre présentement à l'abri de toute peine une vie qui doit bientôt finir. Voilà pourquoi à l'égard des chrétiens qui ont demandé pardon du crime dans lequel ils ont trempé, soit en négligeant de porter secours à l'église incendiée, soit en participant aux pillages les plus criminels, nous avons cru que leur douleur et leur repentir leur seraient salutaires, et qu'il suffirait, pour les corriger, de la foi qui est dans leur cœur, et qui leur permet de considérer ce qu'ils doivent redouter du jugement de Dieu. Mais quel repentir peut guérir ceux qui non-seulement négligent de reconnaître la source divine de toute miséricorde, mais encore ne cessent de la tourner en ridicule et de la blasphêmer? Cependant contre ces hommes mêmes, nous n'avons gardé aucune animosité dans notre cœur où règne celui dont nous craignons le jugement dans la vie future, et dont nous espérons le secours dans la vie présente. Nous croyons toutefois montrer de la prévoyance à leur égard, en châtiant leur vanité, sans cependant leur ôter ce qui leur est nécessaire, et en inspirant quelque crainte à des hommes qui ne craignent pas Dieu. Il ne faut pas qu'une dangereuse sécurité, leur permette d'offenser plus grièvement encore ce Dieu qu'ils méprisent. Leur impunité ne servirait qu'à pousser les autres à les imiter et à se conduire plus criminellement encore. Enfin nous prions Dieu en faveur de ceux pour qui vous nous priez, mais pour qu'il les appelle à lui ; pour que, purifiant leur cœur par la foi ; il leur apprenne à se pénétrer d'un véritable et sincère repentir.

10. Voilà comment, permettez-nous de vous le dire, nous aimons d'une manière plus réglée et plus utile que vous, ceux contre lesquels vous nous croyez irrités, et pour qui nous prions Dieu de leur accorder des biens beaucoup plus grands que les maux que nous voudrions leur voir éviter. Si vous les aimiez avec ce sentiment de charité qui vient de Dieu, et non de cet amour terrestre qui vient des hommes, si vous aviez été sincère, en m'exprimant votre plaisir à entendre les paroles par lesquelles je vous exhortais au culte et à la religion du Dieu tout-puissant, non-seulement vous leur souhaiteriez les mêmes choses que nous leur souhaitons, mais vous leur donneriez le conseil de les acquérir. Ainsi se terminerait avec une joie commune l'affaire qui fait l'objet de vos solli-

---

9. Nam et pœnitentia, sicut scribis, « impetrat veniam, et purgat admissum, » sed illa quæ in vera religione agitur, quæ futurum judicium Dei cogitat; non illa quæ ad horam hominibus, aut exhibetur, aut fingitur, non ut a delicto anima purgetur in æternum, sed ut interim a præsenti metu molestiæ vita cito peritura liberetur. Hinc est quod Christianis confidentibus atque deprecantibus, qui delicto illo fuerant implicati, vel non succurrendo arsuræ Ecclesiæ, vel de sceleratissimis rapinis aliquid auferendo, pœnitentiæ dolorem fructuosum esse credidimus, ei-que ad correctionem sufficere existimavimus, quod inest cordibus eorum fides, qua considerare possent, quid de divino judicio formidare deberent. Quæ autem pœnitentia sanare potest eos, qui fontem ipsum indulgentiæ non solum agnoscere negligunt, quod etiam irridere ac blasphemare non desinunt : et contra hos tamen inimicitias in corde non retinemus, quod illi patet ac nudum est, cujus et in præsenti, et in futura vita et timemus judicium, et speramus auxilium. Sed arbitramur nos etiam pro ipsis aliquid providere, si homines qui Deum non timent, aliquid timeant, quo non eorum lædatur utilitas, sed vanitas castigetur; ne ab eis Deus ipse quem spernunt, noxia securitate, audacioribus factis gravius offendatur et ne aliis ad imitandum, eadem ipsa securitas multo perniciosius proponatur. Denique pro quibus abs te rogamur, nos pro illis Deum rogamus, uti eos ad se convertat, ut fide mundans corda eorum, veracem ac salubrem agere pœnitentiam doceat.

10. Ecce quanto eos, quibus nos arbitraris irasci, pace tua dixerim, ordinatius quam tu, utiliusque diligimus, pro quibus et ad evitanda tanto majora mala, et ad consequenda tanto majora bona, deprecamur. Quos etiam tu, si ex Dei cælesti munere, non ex hominum terreno more diligeres, sinceriterque mihi rescriberes, quod cum te ad exsuperantissimi Dei cultum religionemque compellerem, libenter audieris, non solum hæc eis optares, sed eis ad hæc ipse præires. Sic omne apud nos tuæ petitio-

citations. Ainsi vous mériteriez cette céleste patrie, vers laquelle vous m'avez entendu, dites-vous avec joie, vous inviter à lever les yeux, et votre amour pour la patrie qui vous a engendré selon la chair, serait véritable et pieux, en cherchant à obtenir pour vos concitoyens, la grâce de la félicité éternelle, au lieu de la vanité de ces joies temporelles et de cette pernicieuse impunité.

11. Je vous ai exposé ici toutes les pensées et tous les vœux de mon cœur. Mais ce qui est encore caché dans le dessein de Dieu, je dois avouer que je l'ignore, car je suis homme. Quel que soit cependant ce dessein, il est plus juste, plus sage, plus irrévocablement arrêté et incomparablement meilleur que tout ce qui s'agite dans l'esprit des hommes. En effet, c'est avec vérité qu'il est écrit dans nos livres : « Il y a diverses pensées dans le cœur de l'homme, mais le conseil du Seigneur demeure éternellement (*Prov.*, XIX, 21). » Ce que le temps doit apporter, ce que nous pourrons rencontrer de facilités ou de difficultés, ce que notre volonté peut tout à coup décider dans les choses présentes, soit par l'amendement des coupables, soit par l'espoir seul de cet amendement, voilà des choses que Dieu seul connaît mais que nous ignorons. Il nous est également impossible de savoir, si Dieu est assez irrité contre eux pour les punir plus sévèrement par l'impunité qu'ils demandent, ou si dans sa miséricorde, il veut leur infliger la même punition que nous, où les frapper d'une peine plus dure, mais plus salutaire, qui les fasse par une vraie conversion, recourir à sa miséricorde et non à celle des hommes, et qui change en joie, tous les sujets de crainte et les moyens de terreur, que nous préparions contre eux. Pourquoi donc, avant le temps, nous tourmenter vous et moi, sur ce que nous ne pouvons savoir. Laissons un peu de côté tous ces soins dont l'heure n'est pas encore venue, et occupons-nous, s'il vous plaît, de ce qui est toujours pressant. En effet, il n'y a pas de temps où il ne convienne, et où il ne faille agir pour nous rendre agréables à Dieu, quoiqu'il soit très-difficile, ou même impossible d'arriver dans cette vie, à cette perfection exempte de tout péché. C'est pourquoi, coupant court à tout délai, ayons recours à la grâce de celui à qui l'on peut appliquer avec raison, les paroles flatteuses d'un de vos poëtes à je ne sais quel illustre personnage de l'ancienne Rome, paroles qu'il dit cependant avoir empruntées à la Sybille de Cumes. « Sous un chef tel que vous, s'il reste encore quelques traces de notre crime, elles s'effaceront et la terre

---

nis negotium cum magno et sano gaudio finiretur. Sic illam cælestem patriam, quam cum intuendam esse suaderem, libens te accepisse dixisti, ex hujus etiam, quæ te carnaliter genuit, vera et pia dilectione promereris, vere consulens tuis non ad vanitatem lætitiæ temporalis, nec ad impunitatem perniciosissimam sceleris, sed ad gratiam sempiternæ felicitatis.

11. Habes expositas in hac caussa cogitationes et vota pectoris mei. Quid autem lateat in consilio Dei, fateor, homo sum, nescio. Quidquid illud est, id est justius, atque sapientius, et firmissime stabilitum, incomparabili excellentia præ omnibus mentibus hominum. Verum est quippe quod legitur in libris nostris. « Multæ cogitationes sunt in corde viris consilium autem Domini manet in æternum. » Proinde quid tempus afferat, quid nobis facultatis aut difficultatis oriatur, quid postremo voluntatis ex rerum præsentium, vel correctione, vel spe, subito possit existere, utrum Deus sic indignetur his factis, ut ea, quam petunt, impunitate magis severiusque puniantur, an illo modo, quo nobis placet, coercendos misericorditer judicet, an aliqua duriore, sed salubriore eorum præcedente correctione, nec ad hominum, sed ad suam misericordiam veraci conversione, quidquid terroris præparabatur, avertat et convertat in gaudium, jam novit ipse, nos autem ignoramus. Quid ergo hic ante tempus, inter nos ego et præstantia tua frustra laboremus? Seponamus paululum curam, cujus hora non est, et quod semper instat, si placet, agamus. Nullum enim tempus est, quo non deceat, et oporteat agere, unde Deo placere possimus, quod in hac vita usque ad eam perfectionem impleri, ut nullum omnino peccatum insit in homine, aut non potest, aut forte difficilimum est: unde præcisis omnibus dilationibus, ad illius gratiam confugiendum est, cui verissime dici potest quod carmine adulatorio nescio cui nobili dixit, qui tamen ex Cumæo, tamquam ex prophetico carmine se accepisse confesus est,

Te duce, si qua manent sceleris vestigia nostri,
Irrita perpetua solvent formidine terras.

Hoc enim duce, solutice omnibus dimissisque peccatis, hac via ad cælestem patriam pervenitur, cu-

sera délivrée des craintes qui l'agitaient perpétuellement (*Virgil. Eglog.*, 4). » En effet, quand on a pour guide et pour chef Jésus-Christ, tous les péchés étant remis, on parvient à cette céleste patrie, dont le séjour a paru avoir pour vous tant de charmes, lorsque, autant que je l'ai pu, je la recommandais à votre amour.

CHAPITRE IV. — 12. En me disant, que toutes les lois aspirent à cette céleste patrie par des voies et des sentiers différents, vous me faites craindre que prenant le chemin où vous marchez comme pouvant y conduire vous ne négligiez de suivre celui par lequel seul on peut y arriver. Mais en faisant bien attention à l'expression dont vous vous êtes servi, je crois pouvoir, sans être accusé d'imprudence, expliquer autrement votre pensée. Vous n'avez pas dit en effet, que toutes les lois, par des voies et des sentiers divers, font voir cette patrie céleste, la trouvent, l'obtiennent, y conduisent, y aboutissent, ou quelque chose de ce genre, mais en disant que toutes les lois y *aspirent*, je trouve, après avoir bien pesé votre expression, que vous n'avez pas désigné la possession de la chose, mais seulement le désir de la posséder. Par là vous n'avez pas exclu la loi véritable, comme vous n'avez pas admis celles qui sont fausses. Car la loi qui conduit à ce but y aspire, mais toute loi qui aspire à ce but n'y conduit pas. Il n'y a d'heureux que celui qui peut y parvenir. Sans doute, nous voulons tous être heureux, c'est-à-dire que tous nous y aspirons. Cependant malgré notre volonté, nous ne pouvons pas tous arriver au bonheur, c'est-à-dire nous ne pouvons pas tous obtenir ce qui fait l'objet de nos aspirations. Celui-là seul l'obtient, qui marche non-seulement dans la voie où l'on aspire, mais encore dans celle où l'on arrive, laissant les autres suivre les routes, où l'on désire il est vrai le bonheur, mais par lesquelles on ne peut y arriver. Aucune route ne serait fausse si on n'y aspirait à rien, ou si on pouvait atteindre la vérité désirée. Si par ces différentes voies vous entendez non des voies qui soient contraires l'une à l'autre, mais qui ne diffèrent entre elles que comme les préceptes, qui malgré leur différence, concourent cependant tous à former une bonne et sainte vie, les uns en traitant de la chasteté, les autres de la patience, ceux-ci de la fidélité, ceux-là de la miséricorde, non-seulement par ces voies et ces sentiers divers on aspire, mais encore on arrive à la céleste patrie. Dans les saintes Écritures, on parle des « voies » et de la « voie. » Des « voies, » comme dans ce passage : « J'enseignerai vos voies aux pécheurs et ils se convertiront à vous (*Ps.*, L, 15). » De la voie, comme dans cet autre endroit du Psalmiste : « Conduisez-moi dans votre voie, et je marcherai dans votre vérité (*Ps.*, LXXXV, 11). » Ces voies

---

jus habitatione cum eam tibi amandam, quantum potui, commendarem, admodum delectatus es.

CAPUT IV.—12. Sed quia dixisti, quod omnes eam leges diversis viis et tramitibus appetant; vereor ne forte, cum putas etiam illam viam, in qua nunc constitutus es, eo tendere, pigrior sis ad eam tenendam, quæ illuc sola perducit. Sed rursus verbum quod posuisti diligenter adtendens, videor mihi tuam non impudenter aperire sententiam : neque enim dixisti, quam omnes leges diversis viis et tramitibus assequuntur, aut ostendunt, aut inveniunt, aut ingrediuntur, aut obtinent, aut aliquid ejusmodi, sed dicendo, « appetunt, » librato verbo, atque perpenso, non adeptionem significasti, sed adipiscendi cupiditatem. Ita nec illam, quæ vera est, exclusisti, nec alias, quæ falsæ sunt, admisisti : et illa quippe appetit, quæ perducit, nec perducit omnis, quæ hoc appetit ; quo quisquis perducitur, sine ulla dubitatione beatus est. Beati autem omnes esse volumus, hoc est, appetimus, nec tamen omnes qui volumus possumus, hoc est, quod appetimus, adipiscimur. Ille ergo adipiscitur, qui viam tenet, non solum qua id appetit, sed qua etiam pervenitur, relinquens alios in itineribus appetendi, sine fine adipiscendi. Quoniam nec error esset si nihil appeteretur, nec si appetita veritas teneretur. Si vero diversas vias ita dixisti, ut non intelligamus adversas, sicut dicimus diversa præcepta, quæ tamen omnia bonam ædificent vitam, alia de castitate, alia de patientia, alia de fide, alia de misericordia, et si quæ sunt cetera, non solum appetitur viis et tramitibus ita diversis illa patria, verum etiam reperitur. Nam et in Scripturis sanctis et viæ leguntur, et via : viæ, sicut illud est, « Docebo iniquos vias tuas, et impii ad te convertentur (*Ps.*, L, 15) : » via, sicut illud, « Deduc me in via tua, et ambulabo in veritate tua (*Ps.*, LXXXV, 11). » Non aliæ illæ, alia ista, sed omnes una, de quibus alio loco eadem sancta Scriptura dicit, « Universæ viæ Domini misericordia et veritas (*Psal.*, XXIV, 10) : » quæ si dili-

ne sont pas différentes les unes des autres, et toutes ensemble n'en font qu'une, selon cette autre parole de l'Écriture sainte : « Toutes les voies du Seigneur sont miséricorde et vérité (*Ps.*, XXIV, 10). » Il faudrait un long discours, pour développer convenablement ces paroles divines, où l'esprit trouverait autant de consolation que de douceur. J'y reviendrai une autre fois, s'il en est besoin.

13. Présentement je pense en avoir assez dit pour vous répondre ; et puisque Jésus-Christ a dit : « Je suis la voie (*Jean.* XIV-6), » c'est en lui qu'il faut chercher miséricorde et vérité, de peur qu'en cherchant ailleurs, nous ne nous égarions, et que nous ne marchions dans la voie où l'on aspire à la céleste patrie, mais qui n'y conduit pas. Si par exemple nous suivions cette voie où vous nous dites que « tous les péchés sont égaux, » ne serions-nous pas rejetés bien loin de cette patrie de la vérité et du bonheur ? Quoi de plus absurde, en effet, et de plus insensé que de prétendre, que celui qui s'est laissé aller à un rire immodéré, et celui qui a été assez barbare pour mettre sa patrie en feu ont commis une faute égale ? Cette opinion de quelques philosophes n'est pas une de ces voies différentes qui conduisent au céleste séjour, mais une voie de perversité qui conduit à l'erreur la plus dangereuse. Vous ne la rapportez pas il est vrai, comme étant conforme à votre manière de voir, mais vous avez cru cependant devoir l'alléguer pour la défense de vos concitoyens. En l'adoptant, nous aurions dû pardonner à ceux qui ont poussé la fureur jusqu'à livrer l'église de Calame aux flammes, comme nous aurions pardonné à des hommes qui nous auraient attaqués par quelques propos offensants.

14. Mais voyez un peu comment vous établissez votre raisonnement. Si tous les péchés sont égaux, d'après l'opinion de quelques philosophes, on doit « leur accorder à tous un pardon égal. » Ensuite comme si vous vouliez vous-même prouver qu'effectivement toutes les fautes sont égales, vous ajoutez : « Si quelqu'un a parlé avec trop d'emportement, il a péché ; s'il a commis des crimes ou dit des injures, il a péché également. » Cela n'est pas prouver la vérité de ce qu'on avance, mais, c'est avancer sans aucune preuve un sentiment erroné. Quand vous dites : « Il a péché également, » aussitôt on vous répondra : non, il n'a pas péché également. Peut-être exigerez-vous que je le prouve ? mais vous, avez-vous prouvé que sa faute est égale ? Faut-il faire attention à ce que vous ajoutez : Il a dérobé le bien d'autrui, c'est une action qu'il faut ranger parmi les péchés. » En disant cela, vous paraissez avoir

---

genter considerentur, copiosum pariunt sermonem, intellectumque suavissimum, quod si opus fuerit, in tempus aliud differam.

13. Nunc autem, quod satis esse arbitror pro suscepto officio rescribendi præstantiæ tuæ, quoniam Christus dixit, « Ego sum via (*Johan.*, XIV, 6), » in illo quærenda est misericordia et veritas ; ne si alibi quæsierimus erremus, tenentes appetentem viam, sed non etiam perducentem. Velut si hanc ipsam tenere vellemus, unde quiddam commemorasti, « omnia peccata esse paria ; » nonne ab illa patria veritatis, et beatitatis, nos longe exsules mitteret? quid enim absurdius, quid insanius dici potest, quam ut ille, qui aliquanto immoderatius riserit, et ille qui patriam truculentius incenderit, peccasse judicentur æqualiter ? Quam quidem tu ex quorumdam philosophorum opinione non diversam viam, quæ tamen ducit ad cælestem habitationem, sed plane perversam, quæ ducit ad perniciosissimum errorem, non pro tuo sensu, sed pro caussa civium tuorum adhibendam putasti ; ut sic ignoscamus eis, quorum sævientium ignibus arsit Ecclesia, quemadmodum ignosceremus, si ab eis aliquo petulanti convicio appeteremur.

14. Sed quemadmodum id adstruxeris vide : « Et si, ut quibusdam, inquis, philosophis placet, omnia peccata paria sunt, indulgentia omnibus debet esse communis. » Deinde cum quasi moliris ostendere omnia paria esse peccata, subjungis et dicis, « Petulantius locutus est aliquis, peccavit ; convicia aut crimina ingessit, æque peccavit. » Hoc non est docere, sed id quod perverse sentitur, sine ulla documentorum adstructione proponere. Ad hoc enim, quod dicis, « æque peccavit, » cito respondetur, non æque peccavit. Exigis fortassis ut probem : quid enim tu, quod æque peccaverit, jam probasti ? An illud quod jungis audiendum est? « Aliena quisque diripuit, inter delicta numeratur. » Hic etiam tu ipse verecundatus es : puduit enim te dicere quod peccavit æqualiter ; sed, « inter delicta, inquis, numeratur. » Non autem ibi quæstio est utrum et hoc inter delicta numeretur, sed utrum hoc illi delicto æqualitate jungatur. Aut si propterea sunt paria,

éprouvé quelque honte. En effet, vous n'avez pas osé dire qu'il a péché également, mais vous vous contentez de dire « que cette action doit être rangée parmi les péchés. » Il ne sagit pas ici d'examiner si on doit ranger cela parmi les fautes, mais de voir, si dérober le bien d'autrui est une faute égale à un délit beaucoup moindre. Si d'après l'opinion de vos philosophes, ces deux actions sont égales, parce que l'une et l'autre sont des péchés, les rats et les éléphants sont égaux, parce que les uns et les autres sont des animaux. Il n'y aura pas non plus de différence entre les mouches et les aigles, parce que les uns et les autres ont des ailes.

15. Vous allez encore plus loin et vous dites : « Il a profané les lieux sacrés, on ne doit pas pour cela lui refuser le pardon. » En parlant de lieux sacrés qui ont été violés vous arrivez au crime de vos concitoyens ; vous ne mettez pas toutefois cette action au même rang qu'une parole prononcée avec emportement : vous vous contentez d'implorer pour ces profanateurs l'indulgence, qu'on peut avec raison demander aux chrétiens, à cause de l'abondance de leur miséricorde, mais non à cause de l'égalité des péchés. Je vous ai cité plus haut, les paroles de nos livres saints : «Toutes les voies du Seigneur sont miséricorde et compassion. (Ps., xxiv, 10). « C'est pourquoi c'est en cessant de haïr la vérité, que les pécheurs de Calame obtiendront cette miséricorde, qui d'après le droit chrétien leur est due, non pas comme s'ils avaient commis une faute égale à celle d'une parole de colère et d'emportement, mais comme à tout homme sincèrement et véritablement repentant, quelle que soit l'énormité de son crime. Pour vous, homme digne de louanges, gardez-vous d'enseigner tous ces paradoxes insensés des Stoïciens, à votre cher Paradoxe (1), que nous désirons pour vous voir grandir dans la vraie piété qui donne le bonheur. Quel malheur pour un jeune homme, au cœur noble et généreux, et quel danger pour vous-même, si votre fils regardait une injure lancée contre un étranger quelconque, comme une faute égale, je ne dis pas à un parricide, mais seulement à une injure adressée à son père ?

16. Vous avez donc raison, en plaidant la cause de vos concitoyens, d'invoquer la miséricorde des chrétiens et non la dureté des stoïciens, qui serait plus nuisible qu'utile aux intérêts de ceux que vous soutenez. Cette miséricorde même, si nous ne l'avions pas dans notre cœur, ne pourrait être fléchie ni par vos demandes, ni par vos prières, puisque vos stoïciens la considèrent comme un défaut, et l'excluent du cœur d'un sage, qui doit être selon eux inflexible comme le fer. Vous devriez plutôt vous souvenir des paroles de votre Cicé-

---

(1) Il y a ici un jeu de mots : le fils de Nectarius s'appelait *Paradoxus* ou *Paradoxe*.

---

quia utraque delicta sunt ; mures et elephanti pares erunt, quia utraque sunt animalia ; muscæ et aquilæ, quia utraque volatilia.

15. Adhuc etiam progrederis, et conjectas : « Loca profana, sacraque violavit, non est ab indulgentia secernendus. » Hic sane de violatis sacris locis, ad facinus tuorum civium pervenisti : verum locutioni petulanti, nec tu ipse coæquasti ; tantummodo eis petisti indulgentiam, quæ recte petitur a Christianis propter abundantem miserationem, non propter peccatorum paritatem. Ego autem supra posui scriptum in litteris nostris, « Universæ viæ Domini misericordia et veritas (*Psal.*, xxiv, 10).» Consequentur itaque misericordiam, si non oderint veritatem. Quæ non quasi æque peccantibus, ac si petulantius locuti sint ; sed de scelere immanissimo atque impio recte pænitentibus Christiano jure debetur. Tu vero vir merito laudabilis, ne quæso ista paradoxa Stoicorum sectanda doceas Paradoxum tuum, quem tibi optamus vera pietate ac felicitate grandescere. Nam quid generosus adolescens sapere iniquius, et tibi ipsi periculosius potest, quam si convicio in quemlibet extraneum jaculato, non dico parricidium, sed ipsum in patrem convicium coæquaverit ?

16. Convenienter itaque apud nos pro civibus tuis agis, ingerendo nobis misericordiam Christianorum, non duritiam Stoicorum : quæ caussæ a te susceptæ, non modo nihil suffragatur, verum etiam multum adversatur. Nam ipsam misericordiam, quam si non habeamus, nulla tua petitione, nullis illorum precibus flecti poterimus, in vitio Stoici ponunt, eamque a sapientis animo penitus expellunt, quem prorsus ferreum et inflexibilem volunt. Melius itaque tibi occurreret de tuo Cicerone quod diceres, qui Cæsarem laudans, « Nulla, inquit, de virtutibus tuis admirabilior, vel gratior misericordia est (*Orat. pro* II, *Ligario*). » Quanto

ron qui, pour louer César, lui disait : « La plus admirable et la plus agréable de toutes vos vertus, est la miséricorde (1). » Combien plus cette miséricorde doit-elle éclater dans l'Église et dans le cœur de ceux qui suivent celui qui a dit : « Je suis la voie (*Jean*, xiv, 6); toutes les voies du Seigneur sont miséricorde et vérité (*Ps.*, xxiv, 10). » Ne craignez donc pas que nous cherchions la perte des innocents, nous qui ne voulons pas même livrer les coupables au supplice qu'ils méritent. Nous en sommes empêchés par cette miséricorde que nous aimons dans le Christ avec la vérité. Mais épargner et favoriser des vices pour ne pas attrister la volonté des pécheurs, ce n'est pas être miséricordieux, pas plus que si nous ne voulions point arracher un couteau des mains d'un enfant, de peur de l'entendre pleurer, sans songer qu'une grave blessure ou la mort même serait peut-être la suite de ce manque de précaution. Réservez donc, pour un temps plus important, les démarches que vous faites près de nous en faveur de ces hommes que, permettez-moi de vous le dire, vous n'aimez pas tant, que vous aimez certainement moins que nous. Répondez-nous plutôt pourquoi vous tardez à entrer dans la voie que nous suivons, et par laquelle nous voudrions vous conduire avec nous à cette patrie céleste, qui est, comme nous le savons, l'objet de vos désirs et de votre joie.

(1) Cicéron, discours pour Ligarius.

17. Il y a, dites-vous, parmi les citoyens de votre patrie terrestre, quelques innocents, quoique tous ne le soient pas. Cependant, si vous avez relu ma lettre, vous avez dû voir que vous êtes loin de le prouver. Lorsque répondant à ce que vous m'aviez écrit concernant le désir de laisser votre patrie florissante, j'ai dit que nous n'en avions senti que les épines et non les fleurs vous avez cru que je plaisantais. Dieu me garde de plaisanter en présence de si grands malheurs. Quoi, lorsque les ruines de l'Eglise incendiée fument encore, nous aurions le cœur de badiner ? Quoique je ne trouve innocents que ceux qui étaient absents, ou ceux qui ont eu à souffrir de la violence des méchants, ou qui n'ont eu ni les moyens, ni l'autorité nécessaire pour empêcher le mal, cependant j'ai, dans ma réponse, établi une différence entre ceux qui étaient plus coupables et ceux qui l'étaient moins. Je n'ai pas rangé dans la même classe ceux qui ont commis tant de désordres, et ceux qui ont craint d'offenser les puissants ennemis de l'Église, les auteurs du mal, ou ceux qui n'en ont été que les instigateurs. Nous n'avons réclamé aucune peine contre ceux qui ont poussé les autres à ces violences, parce que pour découvrir la vérité, il aurait fallu recourir aux tortures, pour lesquelles nous avons la plus profonde horreur. Cependant, d'après le principe des stoïciens,

magis debet ea in Ecclesiis prævalere, quando eum sequuntur qui dixit, « Ego sum via (*Johan.*, xiv, 6); » et legunt, « Universæ viæ Domini misericordia et veritas (*Ps.*, xxiv, 10).» Noli ergo metuere innocentibus, ne moliamur exitium, qui nec nocentes volumus ad dignum supplicium pervenire : prohibente nos illa misericordia, quam in Christo cum veritate diligimus. Sed qui vitiis nutriendis parcit et fovet, ne contristet peccantium voluntatem, tam non est misericors, quam qui non vult cultrum rapere puero, ne audiat plorantem, et non timet, ne vulneratum doleat vel exstinctum. Serva ergo tempori opportuno quod apud nos agas, pro his hominibus, in quorum dilectione (da veniam) non solum nos minime præcedis, sed nec adhuc sequaris ; et rescribe potius quid te de hac via moveat, quam tenemus, et in qua nobiscum ad supernam patriam, qua te delectari novimus et gaudemus, ut gradiaris instamus.

17. Cives autem carnalis patriæ tuæ, et si non omnes, sed quosdam innocentes quidem dixisti, verumtamen quod relecta illa epistola mea debes advertere, non defendisti. Quorum non flores, sed spinas nos sensisse cum diceremus, respondens ad illud quod scripseras, florentem te cupere patriam relinquere, jocari me putasti. Hoc scilicet in malis tantis libeat, ita est prorsus. Fumant adhuc ruinæ incensæ Ecclesiæ, et in ea caussa nos jocamur? Et ego quidem quamvis innocentes illic mihi non occurrerent, nisi qui aut absentes fuerunt, aut mala illa perpessi sunt, aut nullis ad prohibendum viribus, vel auctoritate valuerunt, tamen nocentiores a minus nocentibus in rescribendo distinxi, aliamque caussam posui eorum, qui timuerunt offendere potentes inimicos Ecclesiæ, aliam eorum, qui hoc committi voluerunt, aliam eorum, qui commiserunt, aliam eorum qui immiserunt; nihil agi de immissoribus volens, quia hoc sine tormentis cor-

qui veulent que tous péchés soient égaux, tous vos concitoyens seraient également coupables, et comme dans leur dureté ces philosophes blâment toute miséricorde, il faudrait, d'après leur opinion, ne pardonner à aucun citoyen de Calame, mais les punir tous également. Écartez donc le plus que vous pourrez une pareille doctrine pour défendre la cause que vous soutenez. Souhaitez plutôt que nous agissions en chrétiens, comme nous souhaitons d'avoir avec nous dans le Christ ceux à qui nous pardonnons, de peur que notre pardon ne tourne à leur perte. Que le Dieu de miséricorde et de vérité daigne vous accorder le vrai bonheur.

LETTRE CV [1]

Saint Augustin exhorte les Donatistes à rentrer dans l'unité. Il leur fait voir que les lois portées contre eux par les empereurs catholiques étaient aussi justes que nécessaires ; que la sainteté du baptême est l'effet de la grâce de Dieu, et non pas celui du mérite de l'homme qui l'administre. Il ajoute ensuite que l'Église catholique est facile à reconnaître dans les saintes Écritures, et enfin qu'il faut tolérer les méchants qui s'y trouvent.

AUGUSTIN, ÉVÊQUE CATHOLIQUE, AUX DONATISTES.

CHAPITRE PREMIER. — 1. La charité du Christ à laquelle nous voudrions gagner tous les hommes, autant que cela dépend de notre volonté, ne nous permet pas de garder le silence. Si vous nous haïssez parce que nous prêchons la paix catholique, nous ne sommes pourtant en cela que les serviteurs de Dieu qui nous dit : « Bienheureux les pacifiques, parce qu'ils seront appelés enfants de Dieu (*Matth.*, v, 9). » Comme nous lisons également dans l'Écriture : « J'étais pacifique avec ceux qui haïssaient la paix ; lorsque je leur en parlais, ils me persécutaient sans raison (*Ps.*, cxix, 7). » C'est pour cela que quelques-uns des prêtres de votre parti nous ont fait dire : Éloignez-vous de nos peuples, sinon nous vous tuerons. Combien plus justement nous leur disons : Ne vous éloignez pas, mais approchez-vous en paix, non de nos peuples, mais des peuples de celui dont nous sommes tous les sujets. Si vous ne le voulez pas, et que vous soyez toujours ennemis de la paix, éloignez-vous plutôt vous-mêmes des peuples pour qui Jésus-Christ a versé son sang, et dont vous voulez faire vos peuples, pour qu'ils ne soient pas ceux de Jésus-Christ, quoique ce soit pour-

---

(1) Écrite l'an 409. — Cette lettre était la 160e dans les éditions antérieures à l'édition des Bénédictins et celle qui était la 105e se trouve maintenant la 194e.

---

poralibus a proposito nostro abhorrentibus fortasse non potest inveniri. Stoici autem tui omnes æqualiter nocentes esse concedunt, quibus placet omnia paria esse peccata; qui etiam duritiam suam qua misericordiam vituperant, huic sententiæ sociantes, nullo modo censent omnibus pariter ignoscendum, sed omnes pariter esse puniendos. Remove ergo illos quam longissime potes a patrocinio caussæ istius, et opta potius, ut tamquam Christiani agamus, ut sicut optamus nos in Christo eos, quibus parcimus, adquiramus, ne perniciosa illis dissolutione parcamus. Deus misericors et verax te felicitate vera donare dignetur.

EPISTOLA CV

Donatistas ad unitatem exhortans, ostendit leges juste necessarioque in eos latas fuisse ab Imperatoribus catholicis. Baptismi sanctitatem ex divini muneris gratia, non ex ministri hominis meritis pendere probat. Deinde catholicam Ecclesiam in sacris Scripturis agnosci: ac demum repertos in malos tolerari oportere.

AUGUSTINUS EPISCOPUS CATHOLICUS DONATISTIS.

CAPUT I. — 1. Caritas Christi, cui omnem hominem quantum ad nostram pertinet voluntatem lucrari volumus, tacere nobis non permittit. Si propterea nos odistis, quia pacem vobis catholicam prædicamus: nos Domino servimus dicenti, « Beati pacifici, quoniam ipsi filii Dei vocabuntur (*Matth.*, v, 9): » et in Psalmo scriptum est, « Cum iis, qui oderunt pacem, eram pacificus; cum loquebar eis, debellabant me gratis (*Psal.*, cxix, 7). » Propterea mandaverunt nobis quidam presbyteri partis vestræ, dicentes, Recedite a plebibus nostris, si non vultis ut interficiamus vos. Quanto justius eis nos dicimus, Immo vos non recedite, sed accedite pacati ad plebes non nostras, sed illius cujus omnes sumus: aut si non vultis et impacati estis, vos potius recedite a plebibus, pro quibus Christus suum sanguinem fudit; quas ideo vultis vestras facere ne Christi

tant en son nom que vous vous efforcez de les gagner à vous. Vous êtes semblables à un serviteur qui aurait volé des brebis à son maître, et qui, pour cacher son larcin, imprimerait la marque de son maître à tout ce qui naîtrait des brebis qu'il a dérobées. C'est ce qu'ont fait vos ancêtres. Ils ont séparé de l'Église de Jésus-Christ les peuples qui avaient le baptême du Christ, et ils ont conféré le baptême du Christ à tous ceux qui sont venus se ranger parmi eux. Mais le Seigneur punira les voleurs, s'ils ne se corrigent pas, et en ramenant à son troupeau les brebis égarées, il n'effacera point sur elles la marque, qui est la sienne.

2. Vous nous accusez d'avoir livré les saintes Écritures, crime que vos ancêtres n'ont jamais pu prouver contre les nôtres, et que vous ne pourrez jamais prouver contre nous. Que voulez-vous que nous fassions ? Lorsque nous vous disons d'examiner avec calme votre cause et la nôtre, vous ne savez nous répondre qu'avec un esprit d'orgueil et de folie. Il nous serait cependant facile de vous faire voir que les vrais traditeurs sont ceux qui ont condamné pour ce crime, dont ils étaient innocents, Cécilien et ses compagnons. Vous nous dites : Éloignez-vous de nos peuples, ces peuples auxquels vous enseignez à croire en vous et non en Jésus-Christ. Vous leur dites que c'est ce crime de tradition, que vous ne pouvez pas prouver, qui a réduit l'Église de Jésus-Christ à la seule partie de l'Afrique en communion avec Donat. Or, vous n'appuyez cela ni sur la Loi, ni sur les Prophètes, ni sur les Psaumes, ni sur les livres des Apôtres, ni sur l'Évangile, mais uniquement sur l'égarement et les préventions de votre cœur, ainsi que sur les calomnies de vos ancêtres. Le Christ, au contraire, dit : « Que la pénitence et la rémission des péchés seront prêchées en son nom parmi toutes les nations, à commencer par Jérusalem (*Luc*, XXIV, 47). » Voilà l'Église manifestée par Jésus-Christ même, avec laquelle vous n'êtes pas en communion, et tandis que vous entraînez les autres dans votre perdition, vous ne voulez pas être sauvés vous-mêmes.

CHAPITRE II. — 3. Si votre ressentiment contre nous vient de ce que vous êtes forcés de revenir à l'unité par les ordonnances des empereurs, c'est vous qui en êtes cause, vous qui, par vos violences et vos menaces, nous avez empêchés de prêcher la vérité partout où nous voulions la répandre, et qui n'avez pas permis aux autres de l'entendre en paix et en sécurité. Cessez donc de vous irriter ; ne portez pas ainsi le trouble dans votre âme, et si cela vous est possible écoutez avec calme ce que nous vous disons. Rappelez-vous les faits de vos circoncellions et de vos clercs qui marchaient toujours à leur tête, et vous verrez alors quelle

---

sint, quamvis eas sub ejus nomine possidere conemini : tamquam si servus furetur oves de grege Domini sui, et quaecumque ex illis nata fuerint, characterem Domini sui eis infigat, ne furtum ejus possit agnosci. Sic enim fecerunt majores vestri, separaverunt ab Ecclesia Christi populos habentes baptismum Christi, et quicumque illis accreverunt, baptismo Christi eos baptizaverunt. Sed Dominus et fures punit, si non se correxerint, et oves ab errore revocat ad gregem, nec in eis suum exterminat characterem.

2. Dicitis nos traditores, quod nec majores vestri in majores nostros potuerunt, nec vos in nos probare ullo modo poteritis. Quid vobis vultis faciamus, qui quando vobis dicimus ut caussam nostram et vestram patienter audiatis, non nostis nisi superbire et insanire ? Nam utique ostenderemus vobis, quia potius illi traditores fuerunt, qui Caecilianum et socios ejus quasi traditionis crimine damnaverunt. Et dicitis, Recedite a plebibus nostris; quas docetis ut vobis credant, et Christo non credant. Vos enim eis dicitis, propter traditores, quos non ostendistis, remansisse Ecclesiam Christi in sola Africa partis Donati : quod non de Lege, non de Propheta, non de Psalmo, non de Apostolo, non de Evangelio, sed de corde vestro, et de parentum vestrorum calumniis recitatis. Christus autem dicit, « praedicari in nomine suo paenitentiam et remissionem peccatorum, per omnes gentes incipientibus ab Jerusalem (*Lucae*, XXIV, 47) : » cui Ecclesiae ex ore Christi manifestatae, vos non communicatis, et alios in vestram perditionem trahentes, liberari non vultis.

CAPUT II. — 3. Si autem ideo vobis displicemus, quia per Imperatorum jussiones ad unitatem cogimini, hoc vos fecistis, qui ubicumque vellemus praedicare veritatem, ut eam quisque securus audiret et volens eligeret, numquam permisistis per violentias et terrores vestros. Nolite stridere, et perturbare animas vestras ; patienter, si fieri potest, considerate quod dicimus, et recolite facta Circumcellionum vestrorum, et clericorum qui duces eorum semper fuerunt, et videbitis quae caussa vobis

a été la cause des lois portées contre vous, et dont vous vous plaignez injustement, puisque c'est vous qui avez forcé les empereurs à les promulguer. Sans aller chercher bien loin dans le passé, souvenez-vous seulement de ce que vous avez fait récemment. Marc, prêtre de Casphalia s'est fait catholique sans y avoir été contraint par personne, mais de sa seule et propre volonté. Pourquoi les vôtres l'ont-ils poursuivi, et l'auraient-ils tué, si la main de Dieu n'avait arrêté leur violence par des hommes qui sont venus à son secours ? Restitut de Victoria a également passé de son plein gré à la religion catholique. Pourquoi a-t-il été arraché de sa maison, roulé dans un bourbier, battu, habillé de joncs, retenu je ne sais combien de jours en captivité, et rendu à la liberté uniquement parce que Proculéien craignait d'être obligé de comparaître pour cette cause ? Marcien d'Urges est rentré de lui-même dans l'unité catholique; pourquoi, tandis qu'il se dérobait à votre fureur, son sous-diacre a-t-il été frappé jusqu'à mort par les vôtres ? Pourquoi vos clercs l'ont-ils accablé de pierres ? N'est-ce pas pour ce crime que leurs maisons ont été démolies ?

4. Qu'est-il besoin d'en dire davantage ? na-guère encore vous avez envoyé un crieur à Sinite, pour publier à haute voix, que quiconque serait en communion avec Maximin verrait sa maison brûlée. Mais quand il n'était pas encore rentré dans l'unité de l'Église, ni même revenu de son voyage d'outre-mer, qu'avions-nous fait, sinon d'envoyer un de nos prêtres à Sinite, pour visiter nos catholiques, sans faire ni tort ni peine à personne, mais uniquement pour prêcher, dans sa propre demeure, la paix catholique à ceux qui voudraient entendre sa parole ? Vous l'avez pourtant chassé de là avec la dernière iniquité. Et quand l'un des nôtres, Possidius, évêque de Calame se rendait à Figuli, pour y visiter le petit nombre de catholiques que nous y avons, et pour inviter par la parole de Dieu les hommes de bonne volonté à rentrer dans l'unité de Jésus-Christ, ceux de votre parti lui ont dressé sur son chemin des embûches à la manière des voleurs, et n'ayant pu le faire tomber dans leurs piéges, ils l'attaquèrent ouvertement dans le village de Lives, mirent le feu à la maison où il s'était retiré, et l'auraient brûlé tout vivant, si les habitants de ce village, pour se préserver du danger qui les menaçait eux-mêmes, n'avaient éteint par trois fois les flammes de l'incendie que vous aviez

---

hoc excitaverit. Unde injuste querimini, quia vobis omnia ista ut juberentur coegistis. Nam ut longe præterita et multa non repetamus, saltem recentia facta vestra cogitate. Marcus presbyter Casphaliensis a nemine coactus, propria voluntate catholicus factus est. Quare illum vestri persequuti sunt, et pene occidissent, nisi Deus manus per homines supervenientes violentias eorum compressisset. Restitutus Victorianensis ad catholicam nullo cogente se transtulit. Quare raptus est de domo sua, cæsus, in aqua volutatus, (a) luda vestitus, et nescio quot dies in captivitate retentus est, nec libertati propriæ fortasse restitutus esset, nisi jam pene propter ipsam caussam Proculeianus sibi exhibitionem videret imminere. Marcianus Urgensis catholicam unitatem propria voluntate delegit. Quare subdiaconum ejus, cum ipse fugisset, prope usque ad mortem cæsum, clerici vestri lapidibus obruerunt, quorum domus pro suo scelere eversæ sunt.

4. Quid amplius dicamus ? modo præconem misistis, qui clamaret Siniti, »Quisquis (b) Maximino communicaverit, incendetur domus ejus : qui antequam ipse ad Catholicam conversus esset, et nondum de transmarinis remeasset, ad quid aliud presbyterum Siniti miseramus, nisi ut nulli molestus nostros visitaret, et in domo juris sui positus, pacem catholicam volentibus prædicaret ? quem vos inde cum gravi injuria projecistis. Quid aliud agebamus, quando unus nostrum Calamensis episcopus Possidius ibat ad fundum (c).Figulinensem, nisi ut nostri, quamvis pauci, qui illic erant, visitarentur, et audito verbo Dei ad unitatem Christi qui vellent converterentur ? Cui ambulanti viam suam, latronum more insidiati sunt, et quia in eorum insidias cadere non potuit, eum aperta violentia in fundo (d) Livetensi pene vivum cum domo, quo fugerat, incenderant, nisi tertio suppositas flammas coloni ejusdem fundi propter periculum suæ salutis

---

(a) Bad. Am. Er. et MSS quatuor, *bruda vestitus.*
(b) MSS. Vaticani tres, cum aliis duobus habent, *Maximiano.* Bad. Am. et Er. *Maximiniano.* Sed melius Lov. et MSS. plures, *Maximino.* uti scribitur in epistola XXIII. ad eumdem data, et in lib. XXII. de civit. Dei c. VIII.
(c) Apud Lov. scribitur, *Fugilinensem.* At aqud Bad. Am. Er. et MSS. novem, *Figulinensem.*
(d) MSS. septem habent, *in fundo Olivetensi.*

allumé. Cependant lorsque Crispin, à cause de ce fait, a été cité au tribunal proconsulaire et condamné comme hérétique, c'est par l'intercession de ce même évêque Possidius qu'il a été exempté de l'amende de dix livres d'or. Méconnaissant cette bienveillance et cette mansuétude, Crispin osa en appeler aux empereurs catholiques. C'est ce qui attira sur vous avec plus de sévérité la colère de Dieu contre laquelle vous murmurez.

5. Vous voyez avec quelle violence vous vous élevez contre la paix de Jésus-Christ, et que ce n'est pas pour lui, mais pour vos iniquités que vous souffrez. Quelle est donc votre folie? Vous vivez dans le mal, vous commettez des actes de brigandage, et lorsqu'on vous punit selon les lois de la justice, vous prétendez à la gloire et à la couronne des martyrs! Si sans autre autorité que votre audace, vous forcez violemment les hommes à partager votre erreur ou même à y persister, ne devons-nous pas à plus forte raison recourir aux puissances temporelles que Dieu, selon sa prophétie, a soumises au Christ, pour résister à vos fureurs, et pour que tant d'âmes malheureuses, délivrées de votre domination, soient arrachées à une vieille erreur, et rendues à la lumière de la pure vérité? Vous dites que nous forçons malgré eux, les hommes à rentrer dans l'Église du Christ : beaucoup, au contraire, désirent d'y être forcés, pour échapper ainsi à votre tyrannie. C'est un aveu qu'ils nous font avant et après leur conversion.

6. Cependant lequel vaut mieux, de produire de véritables ordonnances impériales en faveur de l'unité, ou de fausses indulgences en faveur de la perversité? C'est cependant ce que vous avez fait, et vous avez ainsi subitement rempli l'Afrique des conséquences funestes de votre mensonge. En agissant ainsi, vous avez montré que le parti donatiste n'a de confiance que dans le mensonge, et qu'il est ainsi battu et ballotté par tous les vents, selon les paroles de l'Écriture : « Celui qui met sa confiance dans les faussetés se repait de vents (*Prov.*, x, 4). » En effet, ces prétendues immunités que vous vous vantez d'avoir obtenues ne sont pas plus vraies que les crimes dont vous avez accusé Cécilien, et Félix évêque d'Aptonge, son ordinateur, ni que toutes les autres calomnies que vous avez coutume de répandre contre les Catholiques, pour éloigner des malheureux de la paix de l'Église de Jésus-Christ, et pour vous en séparer vous-mêmes. Pour nous, ce n'est pas sur la puissance des hommes que nous nous appuyons, quoiqu'il soit beaucoup plus honorable, de s'appuyer sur l'autorité des empereurs que sur les circoncellions, et qu'il vaille mieux

---

extinguerent : et tamen cum Crispinus propter hoc factum in proconsulari judicio convinceretur hæreticus, ejusdem episcopi Possidii intercessu decem libras auri non est exactus. Cui benevolentiæ et mansuetudini ingratus, ad Imperatores catholicos ausus est appellare. Unde hanc in vos iram Dei, de qua murmuratis, multo importunius et vehementius provocavit.

5. Videtis quia vos contra pacem Christi violenter insurgitis, et patimini non pro ipso, sed pro iniquitatibus vestris. Quia est ista dementia, ut cum male vivitis, latronum facta faciatis ; et cum jure punimini, gloriam Martyrum requiratis? Si ergo vos privata vestra audacia tam violenter cogitis homines aut ire in errorem, aut permanere in errore ; quanto magis nos debemus per ordinatissimas potestates, quas Deus secundum suam prophetiam subdidit Christo, resistere furoribus vestris, ut miseræ animæ de vestra dominatione liberatæ, eruantur de vetustissima falsitate, et assuescant in apertissima veritate? Nam quod a nobis nolentes dicitis cogi, multi etiam se cogi volunt ; quod nobis antea et postea confitentur, ut vel sic evadant oppressiones vestras.

6. Et tamen quid est melius, proferre veras Imperatorum jussiones pro unitate, an falsas indulgentias pro perversitate, quod vos fecistis, et mendacio vestro subito totam Africam implestis. In quo facto nihil aliud ostendistis, nisi partem Donati semper de mendacio præsumentem, omni vento jactari et circumferri, sicut scriptum est, « Qui fidit in falsis, hic pascit ventos (*Prov.*, x, 4). Sicut enim vera fuit ista indulgentia, sic vera sunt crimina Cæciliani, et traditio Felicis Aptungensis, per quem ordinatus est, et quidquid aliud contra catholicos dicere consuevistis, ut a pace Ecclesiæ Christi infelices separetis, et infeliciter separemini. De nulla quidem nos hominis potestate præsumimus, quamvis utique multo sit honestius præsumere de Imperatoribus quam præsumere de Circoncellionibus, præsumere de legibus quam præsumere de seditionibus. Sed meminimus scriptum esse, « Maledictus omnis qui spem suam ponit in homine (*Jerem.*, xvii, 5). » Unde ergo præsumimus, si vultis

mettre sa confiance dans les lois établies que dans les séditions. Mais nous nous souvenons de ces paroles de l'Écriture : « Maudit soit, celui qui met son espérance en l'homme (*Jérém.*, XVII, 5). » Voulez-vous savoir en qui nous mettons notre confiance ? En celui dont le Prophète a dit : « Tous les rois de la terre l'adoreront, et toutes les nations lui seront soumises (*Ps.*, LXXII, 11) ! » Voilà la puissance à laquelle nous avons recours, puissance devenue celle de l'Église, selon la promesse que le Seigneur lui en avait faite.

7. En effet, si les empereurs étaient dans l'erreur, ce qu'à Dieu ne plaise, ils publieraient des lois pour leur erreur contre la vérité, lois qui serviraient à éprouver les justes et à leur faire obtenir la couronne de gloire, pour le courage avec lequel ils refuseraient de faire ce qu'on ordonne contre les commandements et les défenses de Dieu. Nabuchodonosor avait ordonné d'adorer sa statue d'or : ceux qui s'y refusèrent furent agréables à Dieu qui défendait un tel sacrilége. Mais quand les empereurs sont dans la vérité, et qu'ils donnent en faveur de cette vérité des ordres contre l'erreur, tout homme qui les méprise s'expose à être condamné, et non-seulement il sera puni par les hommes, mais encore par Dieu, pour avoir refusé d'obéir à ce que la vérité lui avait ordonné, par le cœur et la bouche du prince. C'est ainsi que Nabuchodonosor (*Daniel*, III, 96), touché et changé par le miracle, qui avait sauvé la vie aux trois jeunes gens jetés dans la fournaise, porta en faveur de la vérité contre l'erreur, un édit ordonnant, que quiconque blasphèmerait le Dieu de Sidrach, de Misach et d'Abdenago, serait puni de mort, et que sa maison serait détruite : et vous ne voulez pas que les empereurs chrétiens ordonnent quelque chose de semblable contre vous, lorsqu'ils savent que vous effacez le sceau divin de Jésus-Christ, dans ceux que vous rebaptisez ? Si les ordonnances royales ne devraient pas être employées pour favoriser la prédication, et le développement de la religion, ainsi que pour empêcher les sacriléges, pourquoi vous-mêmes faites-vous le signe de la croix, lorsque vous entendez lire l'édit de Nabuchodonoser, dont l'Écriture rapporte ainsi les paroles : « Il m'a plu d'annoncer hautement les signes et les prodiges que le Seigneur Dieu, très-élevé et très-puissant a faits autour de moi, de publier quelle est la grandeur et la puissance de son règne, qui est un règne éternel, et une puissance qui subsis-

---

nosse, illum cogitate, de quo Propheta præanuntiavit, dicens, « Adorabunt eum omnes reges terræ, et omnes gentes servient illi (*Psal.*, LXXI, 11). » Et ideo hac Ecclesiæ potestate utimur, quam ei Dominus et promisit et dedit.

7. Imperatores enim si in errore essent, quod absit, pro errore suo contra veritatem leges darent, per quas justi probarentur et coronarentur, non faciendo quod illi juberent, quia Deus prohiberet. Sicut jusserat Nabuchodonosor, ut aurea statua adoraretur; quod qui facere noluerunt, Deo talia prohibenti placuerunt. Quando autem Imperatores veritatem tenent, pro ipsa veritate contra errorem jubent, quod quisquis contemnserit, ipse sibi judicium adquirit. Nam inter homines pœnas luit, et apud Deum (*a*) Fontem non habebit, qui hoc facere noluit, quod ei per cor regis ipsa veritas jussit. Sicut ipse Nabuchodonosor postea miraculo salutis trium puerorum commotus atque mutatus, pro veritate contra errorem edictum proposuit, ut quicumque blasphemarent deum Sidrach, Misach et Abdenago, in interitum irent, et domus eorum in dispersionem (*Dan.*, III, 96) : et non vultis ut tale aliquid contra vos jubeant Imperatores Christiani, cum sciant a vobis in eis, quos rebaptizatis, Christum exsufflari ? Si jussiones regum non pertinent ad prædicandam religionem et sacrilegia prohibenda, quare ad edictum regis talia jubentis etiam ipsi vos signatis ? An ignoratis verbo regis esse, « Signa et ostenta, quæ fecit mihi Dominus Deus excelsus ; placuit mihi in conspectu meo annuntiare, quam magnum et potens sit regnum ejus, regnum sempiternum et. Potestas ejus in sæcula sæculorum (*Dan.*, III, 99) ? » An cum hoc audieritis, non respondetis, « Amen ; » et hoc dicto clara voce ad edictum regis, vos in sancta solemnitate signatis ? Sed modo quia nihil apud Imperatores potestis, nobis inde vultis facere invidiam. Si autem aliquid possetis, quanta faceretis ; quando nihil potestis, et non cessatis ?

8. Scitote quod primi majores vestri caussam Cæciliani ad Imperatorem Constantinum detulerunt. Exigite hoc a nobis, probemus vobis, et si non pro-

---

(*a*) Lov. *fortem non habebit*. At editiones antiquiores ferunt, *frontem non habebit*, cui lectioni suffragantur MSS. tredecim. Alludere videtur Augustinus ad illud Apostoli, Rom XIII, 5. *Ideo necessitate subditi estote, non solum propter iram, sed etiam propter conscientiam.*

tera, dans tous les siècles des siècles (*Daniel*, III, 99). » Lorsque vous entendez ces mots, n'avez-vous pas coutume de répondre *amen*, et ne faites-vous pas le signe de la croix, dans la sainte solennité du Samedi saint (1)? Comme vous êtes sans crédit auprès des empereurs, vous cherchez à faire retomber sur nous la haine que vous inspirent les ordonnances. Mais si vous pouviez quelque chose, que ne feriez-vous pas lorsque, ne pouvant rien, vous ne cessez ni vos calomnies, ni vos violences contre nous?

8. Sachez que vos ancêtres ont les premiers porté la cause de Cécilien, devant l'empereur Constantin (2). Exigez que nous vous le prouvions, et si nous ne vous le prouvons pas, faites de nous ce que vous voudrez. Comme Constantin n'osa pas porter un jugement dans une affaire qui regardait un évêque, il délégua des évêques pour la discuter et la terminer. Cela eut lieu à Rome sous la présidence de Melchiade, évêque de cette église, auquel s'adjoignirent plusieurs de ses collègues. Ces juges ayant proclamé l'innocence de Cécilien et condamné Donat (3), qui avait fait le schisme à Carthage, ceux de votre parti mécontents du jugement des évêques devant lesquels ils avaient succombé, en appelèrent de nouveau à l'empereur. Comment, en effet, un mauvais plaideur pourrait-il faire l'éloge des juges qui l'ont condamné? Alors cet empereur si clément, nomma de nouveaux évêques pour les juger à Arles, ville de la Gaule. Les vôtres encore une fois condamnés en appelèrent à l'empereur lui-même, qui ayant pris connaissance de l'affaire, déclara Cécilien innocent, et ses ennemis calomniateurs. Malgré tant de défaites, les vôtres ne se tinrent pas en repos. Félix, évêque d'Aptonge, par qui Cécilien avait été ordonné, devint l'objet de leurs plaintes continuelles près de l'empereur. Ils l'accusaient d'avoir livré les saintes Écritures et prétendaient que Cécilien ne pouvait être légitimement évêque, puisqu'il avait été ordonné par un traditeur. Sur l'ordre de l'empereur, l'affaire ayant été portée devant le proconsul Elien, Félix fut reconnu et déclaré innocent.

9. Alors Constantin fut le premier qui publia une loi très-sévère contre le parti de Donat. Son exemple fut imité par ses fils (4), qui prescrivirent les mêmes choses que leur père. Le successeur de Constance, Julien, renégat et ennemi du Christ, sur les supplications de vos évêques Rogatien et Ponce, donna au parti de

---

(1) Dans l'office des Goths on lisait ces paroles de l'édit de Nabuchodonosor, le samedi saint, et l'on répondait, *Amen*.
(2) Voyez dans la lettre 43 l'histoire de cet appel. Remarquons en passant, que c'étaient les schismatiques, qui les premiers avaient soumis cette affaire aux juges séculiers.
(3) Evêque des Cases-noires, celui dont le nom demeura à tout le parti.
(4) Constance et Constant.

---

haverimus, facite de nobis quidquid potueritis. Sed quia Constantinus non est ausus de caussa episcopi judicare, eam discutiendam atque finiendam episcopis delegavit. Quod et factum est in urbe Roma præsidente Melchiade episcopo illius Ecclesiæ cum multis collegis suis. Qui cum Cæcilianum innocentem pronuntiassent, et Donatum qui schisma Carthagini fecerat, sententia percussissent, iterum vestri ad Imperatorem venerunt, de judicio episcoporum, in quo victi fuerant, murmurarunt. Quomodo enim potest malus litigator laudare judices, quibus judicantibus victus? Iterum tamen clementissimus Imperator alios judices episcopo dedit apud Arelatum Galliæ civitatem, et ab ipsis vestri ad ipsum Imperatorem appellarunt, donec etiam ipse caussam cognosceret, et Cæcilianum innocentem, illos calumniosos pronuntiaret. Nec sic toties victi quieverunt, sed de Felice Aptungitano, per quem Cæcilianus fuerat ordinatus, quotidianis interpellationibus ipsi Imperatori tædium fecerunt, dicentes eum esse traditorem. Et ideo Cæcilianum episcopum esse non posse, quod a traditore fuerit ordinatus; donec et ipse Felix jussu Imperatoris caussa cognita ab Æliano proconsule innocens probaretur.

9. Tunc Constantinus prior contra partem Donati severissimam legem dedit. Hunc imitati filii ejus talia præceperunt. Quibus succedens Julianus desertor Christi et inimicus, supplicantibus vestris Rogatiano et Pontio, libertatem (*a*) perditionis parti Donati permisit: denique tunc reddidit basilicas hæreticis, quando templa dæmoniis, eo modo putans Christianum nomen posse perire de terris, si unitati Ecclesiæ, de qua lapsus fuerat, invideret, et sacrilegas dissensiones liberas esse permitteret. Hæc erat ejus prædicanda justitia, quam supplicantes Rogatianus et Pontius laudaverunt, di-

---

(*b*) Sic meliores MSS. At vulgati habent, *perditioni partis*.

Donat, une liberté de perdition. Il rendit aux hérétiques leurs églises, en même temps qu'il relevait les temples consacrés aux démons, pensant qu'il pourrait faire disparaître le nom chrétien qu'il avait abandonné, s'il laissait toute liberté aux schismes et aux dissensions sacriléges. Telle était la justice que Rogatien et Ponce, osèrent louer et célébrer dans leur requête en disant à ce prince apostat, « qu'il n'y avait qu'en lui seul que la justice, eût quelque place. » Jovien qui lui succéda, étant mort bientôt après, ne porta aucune ordonnance contre vous. Mais lisez celle de Valentinien, son successeur. Lisez quand vous voudrez celles qui furent établies contre votre schisme, par Gratien et Théodose. Pourquoi vous étonner des lois des fils de Théodose (1)? Devaient-ils dans cette cause suivre une autre marche que celle qui avait été établie par le jugement de Constantin, et observé religieusement par tant d'empereurs chrétiens?

10. C'est donc à Constantin, comme nous l'avons dit, et comme nous pouvons le prouver, quand vous le voudrez et si vous l'ignorez, que vos auteurs ont de leur propre chef déféré la cause de Cécilien. Constantin est mort, mais son jugement, contre vous subsiste toujours, c'est le jugement de cet empereur, devant qui vos ancêtres ont porté leur cause, à qui ils se sont plaints des évêques qui leur étaient donnés comme juges, à qui ils ont appelé du jugement rendu par des évêques; c'est le jugement de ce même empereur qu'ils importunèrent de leurs plaintes contre Félix évêque d'Aptonge, et par qui ils ont été tant de fois confondus et condamnés. Malgré tout cela ils ne se sont relâchés en rien de leur fureur et de leur haine, triste héritage qu'ils ont laissé à leurs descendants, et par lequel ils vous ont rendu si odieuses les lois des empereurs chrétiens. Si vous le pouviez, vous exciteriez contre nous, non pas Constantin, qui fut chrétien et ami de la vérité, mais vous appelleriez volontiers du fond des enfers l'apostat Julien. Si du reste cela vous était permis, ce serait un grand malheur pour vous, car est-il une mort plus terrible pour l'âme que la liberté de l'erreur?

CHAPITRE III. — 11. Mais laissons tout cela de côté. Aimons la paix, que tout homme savant ou ignorant regarde comme préférable à la discorde. Chérissons et gardons l'unité. Voilà ce qu'ordonnent les empereurs; voilà ce qu'ordonne le Christ lui-même, car lorsque les princes commandent le bien, c'est le Christ qui le commande par leur intermédiaire; c'est lui qui nous conjure par l'Apôtre, de parler tous le même langage, d'éloigner de nous toute es-

(1) Honorius et Arcadius.

centes homini apostatae, quod « apud eum sola justitia haberet locum. » Huic successit Jovianus, qui quoniam cito mortuus est, nihil de rebus talibus jussit. Deinde Valentinianus; legite quæ contra vos jusserit. Inde Gratianus et Theodosius; legite quando vultis, quæ de vobis constituerint. Quid ergo de filiis Theodosii miramini, quasi aliud in hac caussa sequi debuerint, quam Constantini judicium per tot Christianos Imperatores firmissime custoditum?

10. Ad Constantinum autem, sicut diximus, sicut vobis quando vultis, si tamen ignoratis, ostendimus, majores vestri caussam Cæciliani ultro detulerunt. Defunctus est Constantinus, sed judicium Constantini contra vos vivit, quo vestri caussam miserunt, apud quem judices episcopos reprehenderunt, ad quem a judicibus episcopis appellaverunt, quem tædiosissime de Felice Aptungitano interpellaverunt, a quo toties convicti et confusi redierunt, et a pernicie furoris et animositatis suæ non recesserunt; eamque vobis posteris suis hereditariam reliquerunt, ut tam impudenter de jussionibus Christianorum Imperatorum faciatis invidiam, cum vobis liceret, non quidem jam Constantinum Christianum, quia veritati favit, contra nos interpellaretis, sed apostatam Julianum ab inferis excitaretis; quasi vero si aliquid tale contingeret, esset magnum malum nisi vobis. Quæ est enim pejor mors animæ, quam libertas erroris?

CAPUT III. — 11. Sed jam tollamus ista omnia de medio, amemus pacem, quam omnis doctus et indoctus intelligit præponendam esse discordiæ; diligamus et teneamus unitatem. Hoc jubent Imperatores, quod jubet et Christus; quia cum bonum jubent, per illos non jubet nisi Christus. Et nos etiam per Apostolum obsecrat, ut idipsum dicamus omnes, et non sint in nobis schismata, neque dicamus, Ego quidem sum Pauli, ego autem Apollo, ego vero Cephæ, ego autem Christi (*Cor.*, I, 10); sed simul omnes non simul nisi Christi, quia nec divisus est Christus, nec Paulus crucifixus est pro nobis; quanto minus Donatus? nec in nomine Pauli bapti-

pèce de divisions, et de ne pas dire : « Moi je suis à Paul, un autre je suis à Apollon, celui-ci je suis à Céphas (I *Corint.*, I, 10) ; » mais que nous disions tous ensemble : Nous sommes à Jésus-Christ, puisque Jésus-Christ ne se divise pas, et que ce n'est pas Paul, et encore moins Donat qui a été crucifié pour nous ; puisque ce n'est pas au nom de Paul, encore moins au nom de Donat, que nous avons été baptisés. Voilà ce que nous disent les empereurs, parce qu'ils sont chrétiens catholiques, et non pas serviteurs des idoles comme votre Julien, ni hérétiques comme quelques autres qui ont persécuté l'Église catholique, et sous lesquels les vrais Chrétiens ont souffert, non de justes supplices, comme vous pour vos erreurs et votre hérésie, mais des persécutions glorieuses pour la défense de la vérité catholique.

12. Écoutez avec quelle vérité Dieu, qui tient dans sa main le cœur des rois, nous dit par la voix des empereurs, dans ces mêmes lois que vous dites avoir été portées contre vous, mais qui ont été plutôt portées en votre faveur, si vous les compreniez bien. Écoutez, dis-je, ces paroles du prince (1) : « Si la consécration religieuse du baptême est comptée pour rien dans ceux qui auront été baptisés, lorsqu'ils l'auront été par des ministres réputés comme pécheurs, il sera nécessaire de réitérer ce sacrement, toutes les fois que celui qui l'aura conféré, aura été trouvé indigne. Ainsi notre foi ne dépendra plus de notre propre volonté, ni du bienfait de la grâce divine, mais du mérite des prêtres et de la qualité des clercs. » Que vos évêques réunissent donc mille conciles pour répondre à ces seules paroles, et s'ils le peuvent, nous consentons à tout ce que vous voudrez. En effet, voyez quelle est la perversité et l'impiété de vos sentiments quand vous dites, selon votre coutume, que si le ministre est bon, il sanctifie lui-même celui qu'il baptise, mais que c'est Dieu qui sanctifie, lorsque le ministre est méchant et que le baptisé l'ignore. Si cela est vrai, il faudrait souhaiter d'être baptisé par des méchants qu'on ne connaît pas comme tels, plutôt que par des hommes reconnus comme bons, afin de pouvoir être mieux sanctifié par Dieu que par l'homme. Loin de nous une pareille démence ! Pourquoi ne disons-nous pas avec plus de vérité, et ne pensons-nous pas avec plus de raison, que c'est toujours Dieu qui produit la grâce et l'effet du baptême, et que l'homme en cela ne fait que prêter son ministère. Si le ministre est homme de bien, il est uni à Dieu, et agit conjointement avec lui ; s'il est méchant, Dieu se sert de lui pour opérer ce qu'il y a de visible dans le sacrement du baptême, et en opère in-

---

(1) Ces paroles sont sans doute celles de la loi portée par les empereurs Constantin, Constance et Valentinien, dont il est fait mention dans le code de Théodose Livre XVI, t. VI. *Ne sanctum baptisma iteretur.* Leg. 2. Contre la réitération du saint baptême.

---

zati simus ; quanto minus in Donati ? Hoc dicunt et Imperatores, quia Christiani catholici sunt, non idolorum servi, sicut vester Julianus ; non hæretici, sicut quidam fuerunt, et Ecclesiam catholicam persecuti sunt, quando veri Christiani non pro hæretico errore pœnas justissimas sicut nos, sed pro catholica veritate passiones gloriosissimas pertulerunt.

12. Attendite quam manifestissima veritate per cor regis, quod in manu Dei est, ipse Deus dixerit in ista lege, quam contra vos prolatam dicitis. Attendite quid habeant verba principis : (a) « Nam si in eis, qui primo initiati sunt, idcirco religio baptismatis judicatur infirma, quod ii a quibus accipitur, peccatores putentur ; toties renovari necesse erit traditum sacramentum, quoties indignus fuerit inventus collati baptismatis administrator ; et fides nostra non ex nostræ voluntatis arbitrio, neque ex divini muneris gratia, sed ex meritis sacerdotum et clericorum qualitate pendebit. » Faciant mille concilia episcopi vestri, huic uni sententiæ respondeant, et ad quod voluerit consentimus vobis. Videte enim quam perverse et impie dicatur, quod dicere soletis, quia si bonus sit homo, ipse sanctificat eum quem baptizat ; si autem malus sit, et nesciat ille qui baptizatur, tunc Deus sanctificat. Hoc si verum est, optare ergo debent homines, ut a malis ignoratis baptizentur, potius quam a notis bonis, ut magis a Deo quam ab homine possint sanctificari, sed absit a nobis ista dementia. Quare ergo non verum dicimus, et recte sapimus, quia semper Dei est illa gratia et Dei sacramentum, hominis autem solum ministerium ; qui si bonus est, adhæret Deo, et operatur cum Deo ; si autem malus est, operatur per illum Deus visibilem sacramenti formam, ipse autem donat invisibilem gratiam. Hoc sapiamus omnes, et non sint in nobis schismata.

CAPUT IV. — 13. Concordate nobiscum fratres,

visiblement la grâce. Soyons tous de cette opinion, et qu'il n'y ait plus de divisions entre nous.

CHAPITRE IV. — 13. Soyez donc d'accord avec nous, frères, nous vous aimons, nous voulons pour vous ce que nous voulons pour nous-mêmes. Si, ce qui augmente votre haine contre nous vient de ce que nous ne voulons ni vous laisser dans l'erreur, ni périr dans votre égarement, dites-le à Dieu dont nous redoutons les menaces contre les mauvais pasteurs auxquels il dit : « Vous n'avez pas rappelé ce qui était égaré, et vous n'avez pas cherché ce qui était perdu (*Ezéch.*, XXXIV, 4). » Voilà ce que Dieu fait pour vous par notre ministère, soit par des prières, soit par des menaces, soit par des corrections, soit par des dommages et des pertes, soit par des peines et des épreuves, soit par des avertissements secrets en visitant votre cœur, soit par les lois des puissances temporelles. Comprenez donc enfin ce qu'on vous demande. Dieu ne veut pas vous laisser périr dans votre schisme sacrilége; il ne veut pas que vous restiez séparés de l'Église catholique qui est votre mère. Vous n'avez jamais pu rien prouver contre nous. Vos évêques convoqués par nous, n'ont jamais voulu entrer en conférences pacifiques et amicales, comme s'ils redoutaient de s'entretenir avec des pécheurs. Qui pourrait supporter un tel orgueil? L'Apôtre Paul n'a-t-il pas conféré avec des pécheurs et des sacriléges? Lisez les actes des Apôtres. Le Seigneur lui-même ne s'est-il pas entretenu sur la loi avec les Juifs qui l'ont crucifié, et ne leur a-t-il pas répondu convenablement sur les questions qu'ils lui proposaient? Enfin, quoique le démon soit le plus grand des pécheurs qui ne pourra jamais être converti à la justice, le Seigneur lui-même a-t-il dédaigné de lui répondre sur quelques points de la loi? Que tout cela soit dit pour vous faire comprendre, que si vos évêques ne veulent pas conférer avec nous, c'est qu'ils savent et regardent d'avance leur cause comme perdue.

14. Nous ne comprenons pas ce que peuvent alléguer pour eux ou plutôt contre eux-mêmes, des hommes qui trouvent uniquement leur plaisir dans les dissensions et dans les calomnies. Pour nous c'est dans les Écritures que nous reconnaissons le Christ, c'est dans les Écritures que nous reconnaissons l'Église. Puisque ces Écritures sont les mêmes pour vous que pour nous, pourquoi ne sommes-nous pas d'accord pour y trouver et y reconnaître ensemble et le Christ et l'Église? Si nous reconnaissons Jésus-Christ dans ces paroles de l'Apôtre : « Des promesses ont été faites à Abraham et à celui qui devait naître de lui, l'Écriture ne dit pas, et à ceux qui naîtront comme si elle eût voulu en marquer plusieurs, mais elle dit, en parlant d'un seul, et à celui qui naîtra de vous, c'est-à-dire à Jésus-Christ

---

diligimus vos, hoc vobis volumus quod et nobis. Si propterea nos gravius odistis, quia errare vos et perire non permittimus, hoc Deo dicite, quem timemus minantem malis pastoribus, et dicentem, « Quod erraverat, non revocastis, et quod perierat, non inquisistis (*Ezech.*, XXXIV, 4). » Hoc vobis per nos Deus ipse facit, sive obsecrando, sive minando, sive corripiendo, sive damnis, sive laboribus, sive per suas occultas admonitiones vel visitationes, sive per potestatum temporalium leges. Intelligite quid vobiscum agatur, perire vos non vult Deus in sacrilega discordia alienatos a matre vestra Catholica. Nihil in nos aliquando probare potuistis; vestri episcopi conventi a nobis numquam nobiscum pacifice conferre voluerunt, quasi fugientes cum peccatoribus loqui. Quis ferat istam superbiam, quasi Paulus apostolus non contulerit cum peccatoribus et cum valde sacrilegis? legite Actus Apostolorum, et videte. Quasi ipse Dominus non cum Judæis, a quibus crucifixus est, sermones de Lege habuerit, eisque congruenter responderit? Postremo diabolus est primus omnium peccatorum, qui converti ad justitiam numquam poterit, et tamen nec ipse Dominus de Lege dedignatus est ei respondere : ut intelligatis istos ideo nobiscum nolle conferre, quia caussam suam perditam norunt.

14. Nos ignoramus, quid adversus seipsos homines jactent, qui calumniosis dissensionibus gaudent. In Scripturis discimus Christum, in Scripturis discimus Ecclesiam. Has Scripturas communiter habemus, quare non in eis et Christum et Ecclesiam communiter retinemus? Nos ubique agnovimus eum de quo dicit Apostolus, « Abrahæ dictæ sunt promissiones et semini ejus ; non dicit, Et seminibus, tamquam in multis, sed tamquam in uno, Et semini tuo, quod est Christus (*Gal.*, III, 16); ibi agnovimus Ecclesiam, de qua dicit Deus ad Abraham, « In semine tuo benedicentur omnes gentes

(*Gal.*, III, 16). » Nous reconnaissons aussi l'Église dans les paroles que Dieu adresse à Abraham : « Toutes les nations seront bénies dans votre race (*Gen.*, XII, 3). » Si nous reconnaissons le Christ prophétisant sur lui-même dans ces paroles de David : « Le Seigneur m'a dit : Vous êtes mon fils et je vous ai engendré aujourd'hui (*Ps.*, II, 7). » Nous avons aussi reconnu l'Église dans celles qui suivent : « Demandez-moi, et je vous donnerai les nations pour votre héritage, et l'étendue de toute la terre pour votre domaine (*Ps.*, XXXXIX, 2). » Si nous avons reconnu le Christ dans ce qui est écrit : « Le Seigneur qui est le Dieu des dieux a parlé, » nous reconnaissons aussi l'Église dans ce qui suit : « Il a appelé toute la terre depuis le Levant jusqu'au Couchant. » Si nous reconnaissons le Christ dans ce passage de l'Écriture : « Et semblable à l'époux sortant du lit nuptial, il s'est levé comme un géant pour faire sa course (*Ps.*, XVIII, 6), » nous reconnaissons aussi l'Église dans ce qui est écrit plus haut : « Le bruit de leur voix a retenti partout le monde, et leurs paroles se sont répandues jusqu'aux extrémités de la terre. Il a établi son tabernacle dans le soleil (*Ibid.*, 5); » car ce tabernacle n'est autre chose que l'Église placée dans le soleil, c'est-à-dire, répandant une lumière qui se manifeste à tous les peuples jusqu'aux confins de l'univers. Si nous reconnaissons le Christ dans ces paroles d'un Psaume : « Ils ont percé mes pieds et mes mains, ils ont compté tous mes os, ils m'ont considéré et regardé dans cet état, ils se sont partagé mes vêtements et ont tiré ma robe au sort (*Ps.*, XXI, 17). » Nous reconnaissons aussi l'Église dans les paroles qui viennent ensuite : « Toute l'étendue de la terre se souviendra du Seigneur et se convertira à lui, et toutes les nations du monde l'adoreront, parce que c'est au Seigneur qu'il appartient de régner, et qu'il dominera au milieu des peuples (*Ibid.*, 28). » Si nous reconnaissons Jésus-Christ dans ces paroles du même Prophète : « Élevez-vous, ô mon Dieu, au-dessus de tous les cieux (*Ps.*, LVI, 6) ! » Nous reconnaissons aussi l'Église dans celles qui suivent : « Et que votre gloire se répande par toute la terre. » Si nous reconnaissons Jésus-Christ dans ce qui est écrit : « O mon Dieu, donnez au roi votre jugement, et au fils du roi votre justice (*Ps.*, LXXI, 2), » nous reconnaissons aussi l'Église dans ce que dit le même Psaume : « Sa domination s'étendra d'une mer à l'autre, et depuis le fleuve jusqu'aux extrémités de la terre : Les Éthiopiens se prosterneront devant lui, et il fera mordre la poussière à ses ennemis. Les rois de Tharse et les îles lui feront des présents, les rois de l'Arabie et de Saba lui apporteront des dons; tous les rois de la terre l'adoreront et toutes les nations lui seront soumises (*Ibid.*, 8). »

(Gen., XII, 3). » Ubi agnovimus Christum in Psalmo de se prophetantem, « Dominus dixit ad me, Filius meus es tu, ego hodie genui te (*Psal.*, II, 7); » ibi agnovimus Ecclesiam, in eo quod sequitur, « Postula a me, et dabo tibi gentes hereditatem tuam, et possessionem tuam terminos terræ. » Ubi agnovimus Christum in eo quod scriptum est, « Deus deorum Dominus locutus est (*Ps.*, XLIX, 2); » ibi agnovimus et Ecclesiam in eo quod sequitur, « Et vocavit terram a solis ortu usque ad occasum. » Ubi agnovimus Christum in eo quod scriptum est, « Et ipse tamquam sponsus procedens de thalamo suo, exsultavit ut gigas ad currendam viam (*Psal.*, XVIII, 6) ; » ibi agnovimus et Ecclesiam in eo quod paulo superius dicitur, « In omnem terram exivit sonus eorum, et in fines orbis terræ verba eorum. In sole posuit tabernaculum suum (*Ibid.*). » Ipsa est Ecclesia in sole posita, hoc est in manifestatione omnibus nota, usque ad terminos terræ. Ubi agnovimus Christum, in eo quod scriptum est, « Foderunt manus meas, et pedes, dinumeraverunt omnia ossa mea ; ipsi vero consideraverunt et adspexerunt me, diviserunt sibi vestimenta mea, et super vestimentum meum miserunt sortem (*Psal.*, XXI, 17); » ibi agnovimus et Ecclesiam in eo quod paulo post in Psalmo ipso dicitur, « Commemorabuntur et convertentur ad Dominum universi fines terræ, et adorabunt in conspectu ejus universæ patriæ gentium : quoniam Domini est regnum, et ipse dominabitur gentium (*Ibid.*, 28). » Ubi agnovimus Christum in eo quod scriptum est, « Exaltare super cælos Deus; » ibi agnovimus et Ecclesiam in eo quod sequitur, « et super omnem terram gloria tua (*Ps.*, LVI, 6). » Ubi agnovimus Christum in eo quod scriptum est, « Deus judicium tuum regi da, et justitiam tuam filio regis (*Psal.*, LXXI, 2); » ibi agnovimus et Ecclesiam, in eo quod de illo in Psalmo ipso dicitur, « Et dominabitur a mari usque ad mare, et a flumine usque ad termi-

15. Si nous reconnaissons le Christ dans ces paroles de Daniel : « Une pierre détachée de la montagne sans le secours de la main des hommes a brisé tous les royaumes de la terre, (*Daniel*, II, 34), »c'est-à-dire les royaumes qui mettaient leur confiance dans le culte des démons nous reconnaissons aussi l'Église dans ce que le même Prophète ajoute, « que cette pierre s'est accrue et est devenue une grande montagne qui a rempli toute la terre. » Si nous reconnaissons le Christ dans ce qui est dit : « Le Seigneur l'emportera sur ses ennemis et abattra tous les dieux des nations de la terre (*Soph.*, II, 11), » nous reconnaissons l'Église dans ce qui suit : « Toutes les îles des nations seront en adoration en sa présence, et chacun dans son pays l'adorera. » Si nous reconnaissons Jésus-Christ dans ces paroles du Prophète: « Dieu viendra du côté du midi, et le Saint viendra de la montagne ombragée, et sa puissance ouvrira les cieux (*Habac.*, III, 3), » nous reconnaissons l'Église dans ce que le même Prophète ajoute aussitôt : « Toute la terre est remplie de ses louanges. » En effet, Jérusalem, d'où le nom du Christ s'est répandu sur toute la terre, est située au midi, comme il est dit dans le livre de Josué, et c'est là que se trouve cette montagne ombragée, c'est-à-dire le mont des Olives, d'où le Christ monta vers le Ciel, pour que sa vertu en ouvrît l'entrée, et que l'Église fût remplie de sa gloire par toute la terre. Si nous avons reconnu le Christ dans la prédiction d'Isaïe : « Il a été mené à la mort comme une brebis qui va être immolée, et il est demeuré sans parole et sans voix comme un agneau entre les mains de celui qui le tond (*Isaïe*, LIII, 7), » et dans tout ce que le même Prophète nous dit de la Passion du Seigneur, nous reconnaissons aussi l'Église dans les paroles qu'Isaïe ajoute à celles qui précèdent : Réjouissez vous stériles qui n'enfantiez pas, chantez des cantiques de louanges, poussez des cris d'allégresse, vous qui n'étiez pas mère, parce qu'il est accordé plus de fils à celle qui était abandonnée qu'à celle qui avait un mari. Car le Seigneur a dit : « Prenez pour vos tentes beaucoup de terrain ; étendez vos peaux hardiment, vous n'avez rien à craindre. Portez-en les cordages au loin, et affermissez les pieux ; étendez-vous toujours de plus en plus à droite et à gauche, car votre postérité aura les nations pour héritage, et vous remplirez les villes qui étaient désertes. Ne craignez rien, vous l'emporterez : ne rougissez pas d'avoir été détestée : vous oublierez pour toujours votre confusion, et vous ne vous souviendrez plus de la honte de votre veuvage, parce que je suis le Seigneur, et c'est moi qui vous ai créée. Le

---

nos orbis terrarum. Coram illo procident Æthiopes, et inimici ejus terram lingent. Reges Tharsis et insulæ munera offerent ; reges Arabum et Saba dona adducent; et adorabunt eum omnes reges terræ, omnes gentes servient illi (*Ibid.*, 8). »
15. Ubi agnovimus Christum in eo quod scriptum est, « Lapidem de monte sine manibus præcisum, fregisse omnia regna terrarum (*Dan.*, II, 34), » utique illa quæ de culturis dæmonum præsumebant; ibi agnovimus et Ecclesiam, in eo quod dictum est, « Lapidem ipsum crevisse, et factum montem magnum, et replevisse omnem terram. » Ubi agnovimus Christum in eo quod scriptum est, « Prævalebit Dominus adversus eos, et exterminabit omnes deos gentium terræ (*Soph.*, II, 11) ; » ibi agnovimus et Ecclesiam, in eo quod illic sequitur, « Et adorabunt in conspectu ejus unusquisque de loco suo omnes insulæ gentium. » Ubi agnovimus Christum in eo quod scriptum est, « Deus ab Africo veniet et sanctus de monte umbroso; operiet cælos virtus ejus (*Habac.*, III, 3) ; » ibi agnovimus Ecclesiam, in eo quod sequitur, « et laudis ejus plena est terra (*Jos.*, XV, 8). » Ab Africo enim posita est Jerusalem, sicut legitur in libro Jesu Nave, unde nomen Christi diffusum est ; et ibi est mons umbrosus, mons Oliveti, unde adscendit in cælum ut cooperiret cælos virtus ejus, et impleretur Ecclesia per omnem terram laudis ejus. Ubi agnovimus Christum in eo quod scriptum est, « Sicut ovis ad immolandum ductus est, et sicut agnus coram tondente se fuit sine voce, sic non aperuit os suum (*Isa.*, LIII, 7), » et cetera quæ illic de ejus passione dicuntur ; ibi agnovimus et Ecclesiam, in eo quod illic dicitur, « Lætare sterilis, quæ non paris ; erumpe et exclama, quæ non parturis ; quoniam multi filii desertæ, magis quam ejus quæ habet virum. Dixit enim Dominus : Dilata locum tabernaculi tui, et aulæas tuas configae, non est quod parcas: Porrige longius funiculos, et palos validos confirma, etiam atque etiam in dexteram atque sinistram extende. Semen enim tuum hereditabit gentes, et civitates quæ desertæ erant inhabitabis. Non est quod metuas, prævalebis enim; nec erubescas, quod detestabilis fueris. Confusionem enim in perpetuum

Seigneur est mon nom ; et celui qui vous délivrera est le Dieu d'Israël, qui s'appellera le Dieu de toute la terre (*Isaïe*, LIV, 1).»

CHAPITRE V. — 16. Nous ne savons pas ce que vous voulez dire au sujet de ces traditeurs, que vous n'avez jamais pu convaincre ostensiblement de leur prétendu crime. Je ne dis pas que ce soient plutôt vos pères qui en aient été atteints et convaincus. Nous n'avons pas à nous occuper du fardeau des autres, si ce n'est pour ramener au bien, dans un esprit de douceur et avec la sollicitude de la charité, ceux que nous pouvons convertir, soit par une correction, soit par quelque moyen de discipline salutaire. Mais pour ceux que nous ne pouvons pas corriger, lorsque la nécessité ou le salut des autres l'exige, nous participons avec eux aux sacrements du Seigneur, sans participer pour cela à leurs fautes, dont une part ne retomberait sur nous qu'autant que nous les aurions favorisées de fait et de consentement. Nous les supportons en ce monde, où l'Église catholique est répandue parmi toutes les nations, ce monde que le Seigneur appelle son champ ; nous les supportons, dis-je, comme de l'ivraie mêlée avec le froment, comme la paille avec le bon grain sur l'aire de l'unité catholique, ou comme les mauvais poissons renfermés avec les bons dans les filets de la Parole et du Sacrement, jusqu'au jour où le champ sera moissonné, l'aire nettoyée par le vanneur, et les filets tirés sur le rivage. Autrement nous pourrions arracher le bon grain au lieu de l'ivraie, ou en devançant le jour où le froment doit être nettoyé dans l'aire, pour être serré dans le grenier, l'exposer à être mangé par les oiseaux. Nous les supportons de peur que le schisme ne déchire les filets et qu'en voulant nous garder des mauvais poissons, nous ne tombions dans l'abîme d'une funeste erreur. C'est par ces symboles et d'autres figures semblables que le Seigneur a voulu apprendre la tolérance à ceux qui le servent, dans la crainte que les bons, se croyant souillés par le mélange des méchants, ne perdent les faibles et ne se perdent eux-mêmes par des séparations téméraires et faites par les hommes, avant le temps déterminé par Dieu. Le maître divin a tellement voulu nous préserver d'un tel danger qu'il a pris soin de rassurer la conscience des peuples, même à l'égard des mauvais pasteurs. Il a prévenu les fidèles qu'il ne fallait pas, à cause de ces pasteurs indignes, abandonner la chaire où s'enseigne la doctrine salutaire, et où les méchants mêmes sont forcés de prêcher le bien. En effet, ce qu'ils disent n'est pas d'eux, mais de Dieu même qui a établi la doctrine de la vérité dans la chaire de l'unité. C'est pourquoi la parole véridique de Jésus-Christ, qui est la vérité même, nous dit au su-

---

obliviscaris, ignominiæ viduitatis tuæ non eris memor; quoniam ego sum Dominus, qui feci te, Dominus nomen ei. Et qui eruit te, ipse Deus Israël universæ terræ vocabitur.

CAPUT V. — 16. Non novimus quid de traditoribus dicatis, quos numquam convincere, numquam ostendere potuistis. Non dico, quia vestri potius in tali crimine deiecti et confessi manifestentur : quid ad nos pertinet de sarcinis alienis? nisi ut quos possumus corrigamus, vel correptione vel quacumque disciplina in spiritu mansuetudinis et diligentia caritatis; quos autem corrigere non valemus, etiamsi necessitas cogit pro salute ceterorum ut Dei sacramenta nobiscum communicent, peccatis tamen eorum non communicemus, quod non fit nisi consentiendo et favendo. Sic enim eos in isto mundo, in quo Ecclesia catholica per omnes gentes diffunditur, quem agrum suum Dominus dicit, tamquam zizania inter triticum, vel in hac unitatis area tamquam paleam permixtam frumento, vel intra retia verbi et (*a*) sacramenti tamquam malos pisces cum bonis inclusos, usque ad tempus messis aut ventilationis aut littoris toleramus, ne propter illos eradicemus et triticum, aut grana nuda ante tempus de area separata, non in horreum mittenda purgemus, sed volatilibus colligenda projiciamus; aut disruptis per schismata retibus, dum quasi malos pisces cavemus, in mare perniciosæ libertatis excamus. Propter hoc enim his atque aliis similitudinibus Dominus servorum suorum tolerantiam confirmavit, ne dum se boni putant malorum permixtione caparsi, per humanas et temerarias dissensiones ante tempus, aut parvulos perdant, aut parvuli pereant. Quod usque adeo cælestis magister cavendum præmonuit, ut etiam de præpositis malis plebem securam faceret, ne propter illos doctrinæ salutaris cathedra desereretur, in qua coguntur etiam mali bona dicere. Neque enim sua sunt quæ dicunt, sed Dei

(*a*) In MSS. aliquot, *vel intra retia verbi et sacramenta*.

jet de ces pasteurs faisant le mal qui vient d'eux et prêchant le bien qui vient de Dieu : « Faites ce qu'ils disent, mais ne faites pas ce qu'ils font (*Matth.*, XXIII, 3) : car ils disent et ne font pas. » Jésus-Christ n'aurait pas dit : Ne faites pas ce qu'ils font, si ce qu'ils font n'était pas visiblement mauvais.

17. Ne nous perdons pas nous-mêmes, à cause des méchants, par une division criminelle ; quoique nous puissions vous prouver, si vous le voulez, que ce qui a porté vos ancêtres à se séparer de nous, n'est pas l'horreur du mal, mais le désir d'opprimer les innocents. Mais quels qu'aient été les uns et les autres, c'est à eux à porter leur fardeau. Nous avons tous les mêmes Écritures, et si c'est en elles que nous avons connu le Christ, c'est également en elles que nous avons connu l'Église. Si vous ne vous séparez pas de Jésus-Christ, pourquoi vous séparez-vous de son Église. Si en vertu de la vérité des saintes Écritures vous croyez en Jésus-Christ, qui vous apparait dans les Livres saints, quoique vous ne le voyiez pas, pourquoi refusez-vous de reconnaître l'Église, que non-seulement vous trouvez dans ces livres, mais que vous voyez de vos yeux. En vous disant ces choses et en vous exhortant au bien de la paix, de l'unité et de la charité, nous sommes devenus vos ennemis, et vous nous menacez de nous tuer, parce que nous vous disons la vérité et, qu'autant du moins qu'il est en notre pouvoir, nous ne voulons pas vous laisser périr dans l'erreur. La seule vengeance que nous demandons à Dieu, c'est de détruire en vous votre erreur, et de vous permettre de goûter avec nous la joie de la vérité. Ainsi soit-il.

qui in cathedra unitatis doctrinam posuit veritatis. Proinde ille verax et ipsa veritas de præposita sua mala facientibus, et Dei bona dicentibus ait, « Quæ dicunt, facite ; quæ autem faciunt, facere nolite ; dicunt enim, et non faciunt (*Matth.*, XXIII, 3). » Non utique diceret, Quæ faciunt, facere nolite, nisi manifesta essent mala quæ faciunt.

17. Non ergo propter malos in mala dissensione pereamus : quamvis vestros majores non exsecratores malorum, sed accusatores innocentium fuisse, si velitis possimus ostendere. Sed quicumque illi et qualescumque fuerint, portent sarcinas suas. Ecce Scripturæ communes, ecce ubi novimus Christum, ecce ubi novimus Ecclesiam. Si Christum ipsum tenetis, ipsam Ecclesiam quare non tenetis ? Si in ipsum Christum quem legitis, et non videtis, tamen propter veritatem Scripturarum creditis ; quare Ecclesiam negatis, quam et legitis et videtis ? Hæc vobis dicendo et ad hoc bonum pacis et unitatis et caritatis vos compellendo, inimici vobis facti sumus ; et mandatis quia occidetis nos, qui veritatem vobis dicimus, et in errore vos perire quantum possumus non permittimus. Vindicet nos Deus de vobis, ut ipsum errorem vestrum in vobis occidat, et nobi cum de veritate gaudeatis (*b*). Amen.

(*a*) Apud Bad. Am. Er. et MSS. quosdam, deest, *Amen*. In aliis MSS. loco ejus habetur, *valete*.

FIN DU TOME QUATRIÈME.

TABLE DES MATIÈRES DU TOME QUATRIÈME.

APPENDICE DU TOME PREMIER DE L'ÉDITION DES BÉNÉDICTINS.

	Pages.
AVERTISSEMENT sur le livre de la grammaire et sur les trois opuscules suivants	1
Traité de la Grammaire	3
Principes de Dialectique	52
Les dix catégories d'Aristote	71
Principes de Rhétorique	104
Fragment de la seconde règle de saint Augustin	122
De la Vie érémitique	125

TOME DEUXIÈME DE L'ÉDITION DES BÉNÉDICTINS.

PRÉFACE du Tome deuxième	167
Ordre chronologique des Lettres de saint Augustin	175
Table des Lettres de saint Augustin, rangées selon l'ordre des matières principales	237

PREMIÈRE CLASSE DES LETTRES DE SAINT AUGUSTIN.

(Lettres écrites avant l'épiscopat de Saint Augustin, depuis l'an 386 jusqu'à l'an 395.)

Lettres.	Pages.	Lettres.	Pages.
I. Saint Augustin à Hermogénien	244	XV. Saint Augustin à Romanien	273
II. Saint Augustin à Zénobe	246	XVI. Le grammairien Maxime à saint Augustin	274
III. Saint Augustin à Nébride	247	XVII. Saint Augustin au grammairien Maxime	276
IV. Saint Augustin à Nébride	251		
V. Nébride à saint Augustin	252	XVIII. Saint Augustin à Célestin	280
VI. Nébride à saint Augustin	253	XIX. Saint Augustin à Gaius	281
VII. Saint Augustin à Nébride	254	XX. Saint Augustin à Antonin	282
VIII. Nébride à saint Augustin	259	XXI. Saint Augustin à l'évêque Valère	284
IX. Saint Augustin à Nébride	260	XXII. Saint Augustin à Aurèle, évêque de Carthage	287
X. Saint Augustin à Nébride	262		
XI. Saint Augustin à Nébride	264	XXIII. Saint Augustin à Maximin évêque donatiste	293
XII. Saint Augustin à Nébride	267		
XIII. Saint Augustin à Nébride	268		
XIV. Saint Augustin à Nébride	270	XXIV. Saint Paulin à l'évêque Alype	299

Lettres.	Pages.	Lettres.	Pages.
XXV. *Saint Paulin à saint Augustin*....	303	XXVIII. Saint Augustin à saint Jérôme.	320
XXVI. Saint Augustin à Licentius, avec le *Carmen Licentii*...........	307	XIX. Saint Augustin à Alype, évêque de Thagaste..................	324
XXVII. Saint Augustin à saint Paulin..	314	XXX. *Saint Paulin à saint Augustin*....	332

DEUXIÈME CLASSE DES LETTRES DE SAINT AUGUSTIN.

(Lettres écrites depuis la Consécration épiscopale de saint Augustin, jusqu'à la conférence de Carthage avec les Donatistes : de l'an 396 à l'an 410.)

XXXI. Saint Augustin à saint Paulin...	335	LIX. Saint Augustin à Victorin.......	488
XXXII. *Saint Paulin à Romanien*.......	340	LX. Saint Augustin à Aurèle.........	489
XXXIII. Saint Augustin à Proculéien, évêque donatiste d'Hippone...	347	LXI. Saint Augustin à Théodore......	491
XXXIV. Saint Augustin à Eusèbe......	351	LVII. Alype, Samsucius et saint Augustin à Sévère...................	493
XXXV. Saint Augustin au même Eusèbe.	355	LXIII. Saint Augustin au même Sévère.	494
XXXVI. Saint Augustin à Casulau.....	357	LXIV. Saint Augustin à Quentien......	497
XXXVII. Saint Augustin à Simplicien...	380	LXV. Saint Augustin au primat Xantippe..........................	499
XXXVIII. Saint Augustin à Profuturus.	381		
XXXIX. *Saint Jérôme à saint Augustin*.	383	LXVI. Saint Augustin à Crispin de Calame.........................	501
XL. Saint Augustin à Saint Jérôme....	384		
XLI. Alype et Saint Augustin à Aurèle..	389	LXVII. Saint Augustin à saint Jérôme..	503
XLII. Saint Augustin à saint Paulin....	391	LXVIII. *Saint Jérôme à saint Augustin*...	504
XLIII. Saint Augustin à Glorius, Eleusius, Félix et Grammaticus.........	393	LXIX. Alype et saint Augustin à Castorius...........................	506
XLIV. Saint Augustin à Glorius, Eleusius et aux deux Félix.........	411	LXX. Alype et saint Augustin à Naucellion......................	508
XLV. Saint Augustin à saint Paulin...	421	LXXI. Saint Augustin à saint Jérôme...	510
XLVI. *Publicola à saint Augustin*.......	422	LXXII. *Saint Jérôme à saint Augustin*....	513
XLVII. Saint Augustin à Publicola.....	429	LXXIII. Saint Augustin à saint Jérôme.	526
XLVIII. Saint Augustin à Eudoxe......	432	LXXIV. Saint Augustin à Possidius.....	523
XLIX. Saint Augustin à Honoré........	434	LXXV. Saint Jérôme à saint Augustin..	524
L. Saint Augustin aux anciens de la Colonie de Suffecte..............	436	LXXVI. Saint Augustin aux Donatistes.	543
LI. Saint Augustin à Crispin, évêque donatiste de Calame............	437	LXXVII. Saint Augustin à Félix et Hilarin......................	547
LII. Saint Augustin à Séverin.........	441	LXXIII. Saint Augustin au clergé et au peuple d'Hippone............	548
LIII. Fortunat, Alype et saint Augustin à Generosus.................	443	LXXIX. Saint Augustin à un prêtre manichéen	556
LIV. Saint Augustin à Janvier, réponse à plusieurs questions...........	449	LXXX. Saint Augustin à saint Paulin...	557
LV. Saint Augustin au même Janvier...	456	LXXXI. *Saint Jérôme à saint Augustin*..	560
LVI. Saint Augustin à Céler..........	483	LXXXII. Saint Augustin à saint Jérôme.	561
LVII. Saint Augustin au même Céler...	484	LXXXIII. Saint Augustin à l'évêque Alype et à son clergé.........	584
LVIII. Saint Augustin à Pammachius...	485	LXXXIV. Saint Augustin à l'évêque Noval	588

TABLE DES MATIÈRES

Lettres.	Pages.
LXXXV. Saint Augustin à l'évêque Paul	589
LXXXVI. Saint Augustin à Cécilien, gouverneur de Numidie	591
LXXXVII. Saint Augustin à Émérite, évêque donatiste	592
LXXXVIII. *Les clercs d'Hippone à Janvier, évêque donatiste*	600
LXXXIX. Saint Augustin à Festus	611
XC. *Nectarius à saint Augustin*	616
XCI. Saint Augustin à Nectarius	617
XCII. Saint Augustin à la veuve Italica	624
XCIII. Saint Augustin à Vincent, évêque rogatiste de Cartenne	628
XCIV. *Saint Paulin à saint Augustin*	667
XCV. Saint Augustin à saint Paulin	674
XCVI. Saint Augustin à Olympius, maître des Offices	681
XCVII. Saint Augustin au même Olympius	683
XCVIII. Saint Augustin à l'évêque Boniface	686
XCIX. Saint Augustin à la veuve Italica	674
C. Saint Augustin à Donat, proconsul d'Afrique	696
CI. Saint Augustin à l'évêque Némorius	698
Extrait des Rétractations *au sujet de la lettre suivante :*	
CII. Saint Augustin à l'évêque Deogratias : réponse à six questions, contre les Païens	702
CIII. *Nectarius à saint Augustin*	725
CIX. Saint Augustin à Nectarius	728
CV. Saint Augustin aux Donatistes : exhortation à rentrer dans l'Unité	740

FIN DE LA TABLE DU TOME QUATRIÈME.

Saint-Quentin. — Imp. Jules Moureau.

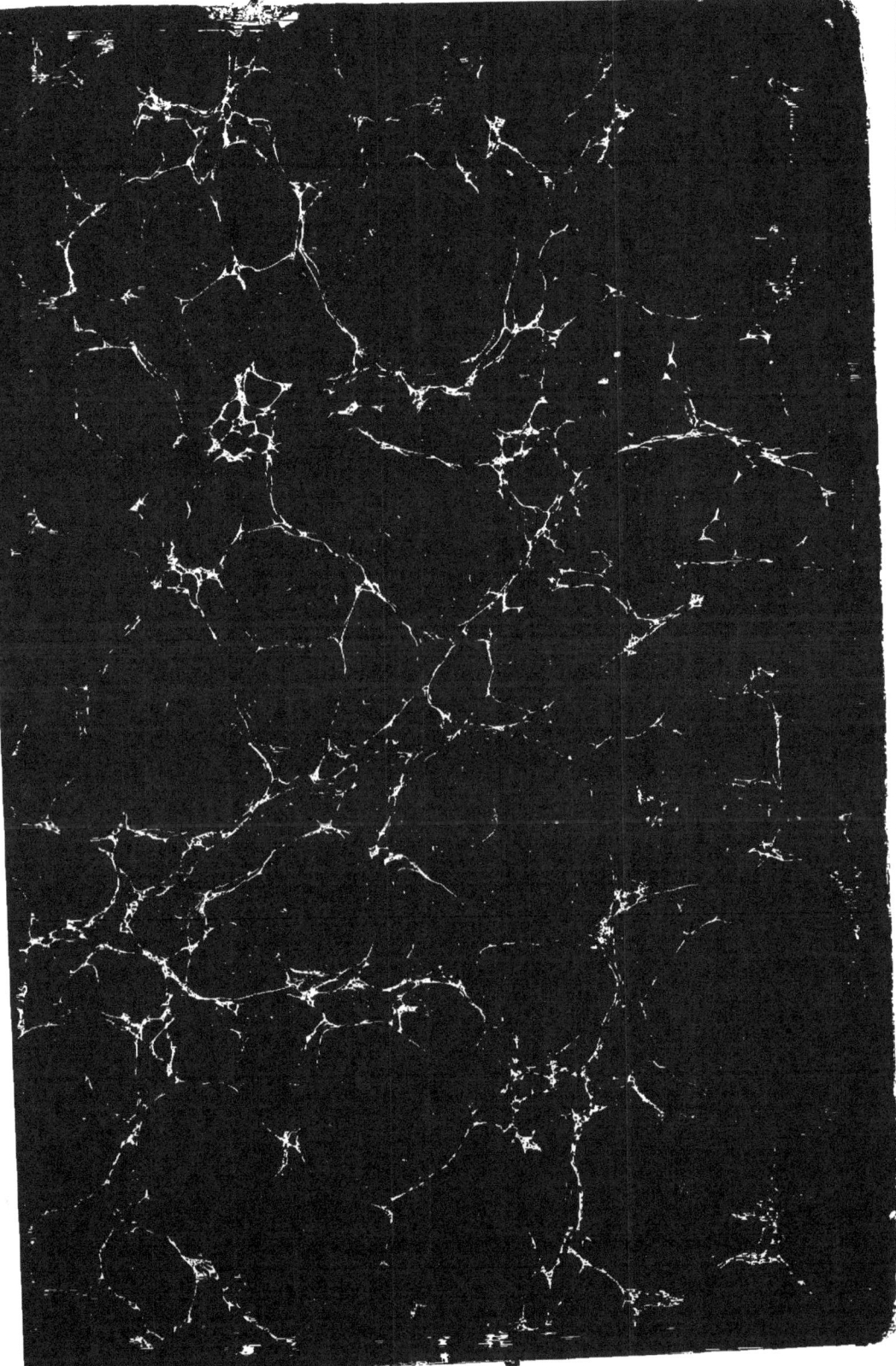

www.ingramcontent.com/pod-product-compliance
Lightning Source LLC
Chambersburg PA
CBHW060859300426
44112CB00011B/1258